Droit général de l'Union européenne

Dans la même collection

Droit privé

Introduction au droit, J.-L. Aubert et É. Savaux
Droit civil. Les obligations :
– vol. 1 : *L'acte juridique*, J. Flour, J.-L. Aubert et É. Savaux
– vol. 2 : *Le fait juridique*, J. Flour, J.-L. Aubert et É. Savaux
– vol. 3 : *Le rapport d'obligation*, J. Flour, J.-L. Aubert et É. Savaux
Droit civil. Introduction. Biens. Personnes. Famille, Y. Buffelan-Lanore et V. Larribau-Terneyre
Droit civil. Les biens, M.-L. Mathieu
Droit civil. Les obligations, Y. Buffelan-Lanore et V. Larribau-Terneyre
Droit commercial et des affaires, D. Legeais
Droit commercial. Actes de commerce. Commerçants. Fonds de commerce. Contrats commerciaux. Concurrence. Instruments de paiement et de crédit, D. Houtcieff
Droit des entreprises en difficulté, P.-M. Le Corre et E. Le Corre-Broly
Droit de la concurrence interne et européen, M. Malaurie-Vignal
Droit de la consommation, Y. Picod
Droit des contrats internationaux, M.-É. Ancel, P. Deumier et M. Laazouzi
Droit de la distribution, M. Malaurie-Vignal
Droit de la famille, P. Courbe et A. Gouttenoire
Droit des sûretés, M. Bourassin et V. Brémond
Droit du travail, A. Cœuret, B. Gauriau et M. Miné
Droit international privé, T. Vignal
Droit pénal spécial, M. Véron
Gestion des ressources humaines, J.-P. Citeau et Y. Barel
Procédure civile, G. Couchez et X. Lagarde
Voies d'exécution, G. Couchez et D. Lebeau

Droit public

Droit administratif, P. Chrétien, N. Chifflot et M. Tourbe
Droit administratif des biens, Ph. Godfrin et M. Degoffe
Droit administratif des obligations, J.-C. Ricci et F. Lombard
Droit constitutionnel, B. Chantebout
Droit constitutionnel, F. Mélin-Soucramanien et P. Pactet
Droit européen des droits de l'Homme, C. Gauthier, S. Platon et D. Szymczak
Droit général de l'Union européenne, M. Blanquet
Les institutions administratives, H. Oberdorff et N. Kada
Libertés publiques et droits de l'Homme, G. Lebreton

Marc Blanquet
Professeur à l'Université Toulouse 1 Capitole

Directeur de l'Institut de recherche en droit européen,
international et comparé (IRDEIC)
Chaire Jean Monnet *ad personam*

Droit général de l'Union européenne

11e édition

2018

SIREY

DALLOZ

31-35, rue Froidevaux – 75685 PARIS CEDEX 14

ISBN 978-2-247-18003-5

À mon père.

Sommaire

Une table des matières détaillée figure à la fin de l'ouvrage.

Principaux sigles et abréviations

ACP	Afrique. Caraïbes. Pacifique
ADE	*Annuaire de droit européen*
ADUE	*Annuaire de droit de l'Union européenne*
AELE	Association européenne de libre-échange
AFDI	*Annuaire français de droit international (Paris)*
aff. (aff. jtes)	Affaire (affaires jointes)
AII	Accord interinstitutionnel
AIPN	Autorité investie du pouvoir de nomination
AJDA	*Actualité juridique – droit administratif*
AUE	Acte unique européen
BCE	Banque centrale européenne
BEI	Banque européenne d'investissement
Bull. CE/UE	*Bulletin des Communautés européennes/de l'Union européenne*
CAEU	Commission chargée des affaires européennes
Cons. const	Conseil constitutionnel
CDE	*Cahiers de droit européen*
C.E.	Conseil d'État
CE	Communauté européenne
CECA	Communauté européenne du charbon et de l'acier
CEDH	Cour européenne des droits de l'Homme
CEE	Communauté économique européenne
CEEA	Communauté européenne de l'énergie atomique
cf.	*Confer*
CIG	Conférence intergouvernementale
CIJ	Cour internationale de justice
CJ	Cour de justice (à partir du 1er décembre 2009)
CJCE	Cour de justice des Communautés européennes (jusqu'au 1er décembre 2009)
CJUE	Cour de justice de l'Union européenne
CMLR	*Common Market Law Review*
CNUCED	Conférence des Nations unies pour la coopération et le développement
COM	Documents de travail de la Commission
Conv. EDH	Convention européenne de sauvegarde des droits de l'homme
COREPER	Comité des représentants permanents
COSAC	Conférence des organes spécialisés dans les affaires communautaires
CPJI	Cour permanente de justice internationale
D.	*Recueil Dalloz-Sirey, Dalloz*
DO	Dépenses obligatoires
DNO	Dépenses non obligatoires
ECLI	*European Case Law Identifier* : identifiant européen de la jurisprudence
EDCE	*Études et documents du Conseil d'État*
EEE	Espace économique européen

EL J.	*European Law Journal*
EL Rev.	*European Law Review*
ELSJ	Espace de liberté, de sécurité et de justice
FED	Fonds européen de développement
FEADER	Fonds européen agricole pour le développement rural
FEAGA	Fonds européen agricole de garantie
FEDER	Fonds européen de développement économique régional
FEOGA	Fonds européen d'orientation et de garantie agricole
GATS	Accord général sur le commerce et les services
GATT	Accord général sur les tarifs douaniers et le commerce
GP	*La Gazette du Palais*
JAI	Coopération dans le domaine de la justice et des affaires intérieures
J.-Cl. Europe	*Jurisclasseur Europe*
JCP	*Jurisclasseur périodique. La Semaine juridique*
JDE	*Journal de droit européen* (succède au *Journal des Tribunaux. Droit européen* en 2008)
JDI	*Journal de droit international*
JORF	*Journal officiel de la République française*
JOCE	*Journal officiel des Communautés européennes*
JOUE	*Journal officiel de l'Union européenne*
JTDE	*Journal des tribunaux. Droit européen* (devient *Journal de droit européen* en 2008)
L	Loi
LO	Loi organique
Leb.	*Recueil Lebon* (décisions du Conseil d'État)
LGDJ	Librairie générale de droit et de jurisprudence
LPA	*Les Petites Affiches*
MAE	Mandat d'arrêt européen
NB	*Nota bene*
NEI	Nouveaux États indépendants
np	Non publié
OIT	Organisation internationale du travail
OLAF	Office de lutte anti-fraude
OMC	Organisation mondiale du commerce
OPOCE	Office des publications officielles des Communautés européennes
Ord.	Ordonnance
PAC	Politique agricole commune
P.E.	Parlement européen
P.E. Doc. séance	Documents de séance du Parlement européen
PECO	Pays d'Europe centrale et orientale
PESC	Politique étrangère et de sécurité commune
PPU	Procédure préjudicielle d'urgence
PTOM	Pays et territoires d'Outre-mer
PUAM	Presses universitaires d'Aix-Marseille
PUF	Presses universitaires de France
PUG	Presses universitaires de Grenoble
Q.E.	Question écrite
QPC	Question prioritaire de constitutionnalité
Rec.	*Recueil de la jurisprudence de la Cour de justice de l'Union européenne*
RCADI	*Recueil des cours de l'Académie de droit international de La Haye*
Rép. communautaire	*Encyclopédie juridique*, Dalloz, *Répertoire de droit communautaire*
RAE	*Revue des affaires européennes*

RDP	*Revue du droit public*
RDR	*Revue de droit rural*
RDUE	*Revue du droit de l'Union européenne* (a succédé en 2000 à la *Revue du marché unique européen*)
RFAP	*Revue française d'administration publique*
RFDA	*Revue française de droit administratif*
RFDC	*Revue française de droit constitutionnel*
RGDIP	*Revue générale de droit international public*
RIDC	*Revue internationale de droit comparé*
RIE	*Revue d'intégration européenne*
RMCUE	*Revue du Marché commun et de l'Union européenne*
RMUE	*Revue du Marché unique européen* (devient la *Revue du droit de l'Union européenne* en 2000)
RTDE	*Revue trimestrielle de droit européen*
RUDH	*Revue universelle des droits de l'homme*
RUE	*Revue de l'Union européenne* (succède à la *Revue du Marché commun et de l'Union européenne*)
SEAE	Service européen pour l'action extérieure
SEBC	Système européen de Banques centrales
SGAE	Secrétariat général des affaires européennes
SGCI	Secrétariat général du comité interministériel pour les questions de coopération économique et européenne
SME	Système monétaire européen
Ss	sous (renvoi à un paragraphe du texte)
T	Tribunal (ex TPI) (à partir du 1er décembre 2009)
TCE	Traité instituant la CE
TDC	Tarif douanier commun
TDP	*Tribune du droit public*
TFP	Tribunal de la fonction publique
TFUE	Traité sur le fonctionnement de l'Union européenne
TPI	Tribunal de première instance (jusqu'au 1er décembre 2009)
TRIPS	Accords (cadre OMC) sur la propriété intellectuelle
TUE	Traité sur l'Union européenne
UE	Union européenne
UEM	Union économique et monétaire
UEO	Union de l'Europe occidentale
ULB	Université libre de Bruxelles

Modes de citation des sources juridiques

Mode de citation de la jurisprudence

Sigle de la juridiction, date de l'arrêt, noms des parties, numéro de l'affaire, et selon que la date soit antérieure ou postérieure à 2012, *Recueil* de la jurisprudence, page, ou référence ECLI (*European Case Law Identifier*).

Exemples :
CJCE 25 juill. 1991, *Emmot*, aff. C-208/90, *Rec.* I-4269.
TPI 3 mars 1998, *Carlsen*, aff. T-610/97, *Rec.* II-485.
CJ 8 juin 2017, *Vinyls Italia*, aff. C-54/16, ECLI:EU:C:2017:433.

Nota bene :
1. À partir du 1er décembre 2009, les trois juridictions composant la Cour de justice de l'Union européenne sont la Cour de justice (CJ), le Tribunal (T.) et le Tribunal de la fonction publique (TFP), ce dernier disparaissant le 1er septembre 2016.
2. En cas de publication sommaire au *Recueil* (avant 2012), la page indiquée est affectée du signe *.
3. Pour des décisions antérieures à 2012 et non publiées, la référence ECLI sera indiquée.
4. À partir du 1er juillet 2018, afin de mieux assurer la protection des données personnelles des personnes physiques impliquées dans une procédure préjudicielle, le nom de ces personnes est remplacé par des initiales (fictives), avec éventuellement un élément distinctif entre parenthèses ; exemple : aff. C-451/16, *MB (Changement de sexe et pension de retraite)*.

Mode de citation des articles des traités

Numéro de l'article, abréviation de l'intitulé du traité concerné (Communauté concernée), ou Union européenne (UE) ou FUE pour le traité sur le fonctionnement de l'Union européenne.

Exemples :
14 CEEA
55 UE

Mode de citation des actes publiés au *Journal officiel de l'Union européenne*

Sigle du *Journal officiel*, série, numéro et page, enfin, date de publication.

Exemple :
JOUE n° L 7/1 du 10 janv. 2009.

Nota bene :

1. *Le Journal officiel des communautés européennes* (*JOCE*) est devenu le *Journal officiel de l'Union européenne (JOUE)* à compter du 1er janvier 2003.

2. Les deux séries principales du *JOUE* sont la série L (Législation) et la série C (communications et informations) ; il existe des sous-séries : sous-série « CA » contenant les appels à manifestation d'intérêt, ou avis de vacance ; et depuis le 1er janvier 2016, la sous-série « I » (LI et CI) donnant plus de souplesse en cas de changement dans le contenu prévu du journal officiel.

Bibliographie générale

On signalera, à propos des diverses questions, les principaux ouvrages ou articles qui leur sont consacrés.

On se bornera à indiquer ici les livres qui traitent du droit de l'Union dans son ensemble et les revues, recueils, ou sites Internet qui constituent les instruments de base de tout travail en ce domaine.

I. Traités ou manuels

ADAM (R.) et TIZZANO (A.), *Lineamenti di diritto dell'Unione europea*, 3e éd., Torino, Giappichelli, 2014.

ALONSO GARCIA (R.), *Sistema juridico de la Union europea*, 3e éd., Pamplona, Civitas ediciones, 2012.

ARNULL (A.), DASHWOOD (A.), DOUGAN (M.), ROSS (M.), SPAVENTA (E.) et WYATT (D.), *European Union Law*, 5e éd., London, Sweet & Maxwell, 2006.

BARNARD (C.) et PEERS (S.), *European Union Law*, Oxford, Oxford University Press, 2014.

BERGER (J.-S.) et ROBIN-OLIVIER (S.), *Droit européen*, 2e éd., Paris, PUF, « Thémis droit », 2011.

BERRAMDANE (A.) et ROSSETTO (J.), *Droit de l'Union européenne, institutions et ordre juridique*, coll. « Cours », 3e éd., Paris, LGDJ, 2017.

BIEBER (R.), EPINEY (A.), HAAG (M.), et KOTZUR (M.), *Europarecht*, Buch, Lehrbuch, Nomos, 2018.

BLECKMANN (A.) et COEN (M.), *Europarecht*, 6e éd., Cologne, Heymans, 1997.

BLUMANN (C.) et DUBOUIS (L.), *Droit institutionnel de l'Union européenne*, 6e éd., Paris, LexisNexis, 2016.

BONNET (B.) (dir.), Traité des rapports entre ordres juridiques, Paris, LGDJ, 2016.

BOULOUIS (J.), *Droit institutionnel de l'Union européenne*, 6e éd., Paris, Montchrestien, 1997.

CANNIZARO (E.), *Il diritto dell'integrazione europea. L'ordinamento dell'Unione*, Torino, Giappichelli, 2014

CATALANO (N.), *Manuel de droit des Communautés européennes*, 2e éd., Dalloz-Sirey, 1964.

CEREXHE (E.), *Le droit européen : les institutions*, 3e éd., Louvain, Nauwelaerts, 1989.

CHALMERS (D.) *et a.*, *European Union Law*, 3e éd., Cambridge, Cambridge University Press, 2014.

CLERGERIE (J.-L.), GRUBER (A.) et RAMBAUD (P.), *L'Union européenne*, coll. « Précis », 11e éd., Paris, Dalloz, 2016.

COUTRON (L.), *Droit de l'Union européenne*, coll. « Mémentos », 3e éd., Paris, Dalloz, 2015.

CUTHBERT (M.), *European Union Law*, 8e éd., London, Sweet & Maxwell, 2011.

DASHWOOD (A.), DOUGAN (M.), RODGER (B.), SPAVENTA (E.) et WYATT (D.), *European Union Law*, 6th ed., Oxford, Hart Publishing, 2011.

DONY (M.), *Droit de l'Union européenne*, 6e éd., Bruxelles, Éd. de l'Université de Bruxelles, 2015.

DUTHEIL DE LA ROCHÈRE (J.), *Introduction au droit de l'Union européenne*, « Les fondamentaux », 6e éd., Paris, Hachette Supérieur, 2010.

FAIRHURST (J.), *Law of the European Union*, coll "The foundations studies in law series", 11th ed., Harlow, 2016.

GANSHOF VAN DER MEERSCH (W.J.) (dir.), *Traité de droit des Communautés européennes*, Bruxelles, Larcier, 1969.

GAUTIER (M.), *Droit institutionnel de l'Union européenne*, Licence Droit, Paris, PUF, 2010.

GAUTRON (J.-C.), *Droit européen*, « Mémentos », 14e éd., Paris, Dalloz, 2012.

HARGREAVES (S.), *EU Law*, Oxford, Oxford University Press, 2009

HERDEGEN (M.), *Europarecht*, 19e éd., Munchen, Verlag C.-H. Beck, 2017.

HORSPOOL (M.) et HUMPHREYS, *European Union Law*, coll. "Core Text Series", 8th ed. Oxford, Oxford University Press, 2014.

JACQUÉ (J. P.), *Cours général de droit communautaire*, Académie de droit européen, Recueil des cours, vol. 1, 1991, p. 237.

JACQUÉ (J. P.), *Droit institutionnel de l'Union européenne*, « Mémentos », 9e éd., Paris, Dalloz, 2018.

KAPTEYN (P.J.P.), MC DONNEL (A.M.), MORTELMANS (K.J.M.) et TIMMERMANS (C.W.A.), *The Law of the European Union and the European Communities*, 4e éd., Waterloo, Kluwer, 2008.

LABOUZ (M.-F.), *Droit communautaire européen général*, Bruxelles, Bruylant, 2003.

LASOK (D.), *Law and Institutions of the European Union*, 7e éd., Londres, Butterworths, 2001.

LENAERTS (K.) et VAN NUFFEL (P.), BRAY (R.), *European Union Law*, 5e éd., London, Sweet & Maxwell, 2011.

LOUIS (J.-V.) et RONSE (T.), *L'ordre juridique de l'Union européenne*, « Dossiers de droit européen », Bâle-Bruxelles-Paris, Helbing et Lichtenhahn, Bruylant, LGDJ, 2005.

MANIN (P.), *Union européenne. Institutions. Ordre juridique. Contentieux*, Paris, Pedone, 2005.

MATHIJSEN (P.S.R.F.), *A guide to European Community Law*, 10e éd., London, Sweet & Maxwell, 2010.

MEHDI (R.), *Institutions européennes*, Hachette supérieur, 2007.

MOLINA DEL POZZO (C.-F.), *Derecho de la Union europea*, 2e éd., Madrid, Reus, 2015.

MONJAL (P.-Y.), *Droit de l'Union européenne*, « Connaissance du droit », Paris, Dalloz, 2007.

OBERDORFF (H.), *L'Union européenne*, coll. « Europa », 2e éd., Grenoble, PUG, 2010.

Oppermann (T.), Classen (C.-D.), et Nettesheim (M.), *Europarecht*, 7e éd., Munchen, Verlag C.-H. Beck, 2016.

Pertek (J.), *Droit des institutions de l'Union européenne*, « Thémis », 5e éd., Paris, PUF, 2016.

Pescatore (P.), *Le droit de l'intégration*, Leyde, Sijthoff, 1972 ; rééd. coll. « Droit de l'Union européenne. Grands écrits », n° 1, Bruxelles, Bruylant, 2005.

Pescatore (P.), *L'ordre juridique communautaire*, coll. « Droit de l'Union européenne. Grands écrits », n° 3, Bruxelles, Bruylant, 2006.

Quermonne (J.-L.), *Le système politique de l'Union européenne*, coll. « Clefs », 9e éd. Paris, LGDJ, 2015.

Rideau (J.), *Droit institutionnel de l'Union européenne*, 6e éd., Paris, LGDJ, 2010.

Roux (J.), *Droit général de l'Union européenne*, coll. « Objectif Droit », 5e éd., Paris, LexisNexis, 2016.

Shütze (R.), *European Union Law*, 2e éd., Cambridge, Cambridge University Press, 2015.

Simon (D.), *Le système juridique communautaire*, 3e éd., Paris, PUF, 2001.

Teitgen (P.H.), *Droit institutionnel communautaire*, Paris, « Les Cours de droit », 1977-1978.

Tesauro (G.), *Diritto dell'Unione europea*, 7e éd., Padoue, CEDAM, 2012

Thiele (A.), *Europarecht*, 15e éd., Niederle Media, 2018.

Trente ans de droit communautaire, Communautés européennes, Commission, collection « Perspectives européennes », Luxembourg, OPOCE, 1982.

Van Raepenbusch (S.), *Droit institutionnel de l'Union européenne*, 2e éd., Bruxelles, Larcier, 2016.

Verhoeven (J.), *Droit de la Communauté européenne*, 2e éd., Bruxelles, Larcier, 2001.

II. Répertoires et commentaires

Andriantsimbazovina (J.), Blanquet (M.), Fines (F.) et Gaudin (H.), *Les grands arrêts de la Cour de justice de l'Union européenne*, coll. « Grands arrêts », tome 1 *Droit constitutionnel et institutionnel de l'Union européenne*, Paris, Dalloz, 2014.

Barav (A.) et Philip (C.), *Dictionnaire juridique des Communautés européennes*, Paris, PUF, 1993.

Bertoncini (Y.), Chopin (T.), Dulphy (A.), Kahn (S.) et Manigaud (C.), *Dictionnaire critique de l'Union européenne*, Paris, Armand Colin, 2008.

Burgorgue-Larsen (L.), Levade (A.) et Picod (F.) (dir.), *Traité établissant une Constitution pour l'Europe*. Partie II, *La Charte des droits fondamentaux de l'Union. Commentaire article par article*, t. 2, Bruxelles, Bruylant, 2005.

Burgorgue-Larsen (L.), Levade (A.) et Picod (F.) (dir.), *Traité établissant une Constitution pour l'Europe, commentaire article par article, Parties I et IV*, t. 1, Bruxelles, Bruylant, 2007.

Constantinesco (V.) *et al.* (dir.), *Traité instituant la CEE. Commentaire article par article*, Economica, 1992 et *Traité sur l'Union européenne. Commentaire article par article*, Paris, Economica, 1995.

CRAIG (P.), et DE BURCA (G.), *EU law : text, cases, and materials*, 6th ed., Oxford, New York, Oxford University Press, 2015.

DEGRYSE (C.), *Dictionnaire de l'Union européenne*, Bruxelles, De Boeck, 2007.

Dictionnaire permanent, Droit européen des affaires, éd. législatives et administratives.

DUBOUIS (L.) et GUEYDAN (C.), *Grands textes du droit de l'Union européenne*, tome 1, 8e éd., Paris, Dalloz, 2010.

Encyclopédie juridique, Dalloz, *Répertoire de droit communautaire*, 4 volumes.

Joly communautaire (faisant suite au *Dictionnaire du Marché commun*) ; cessation des mises à jour à partir du 1er janvier 2011.

Jurisclasseur Europe, Éditions techniques, 7 volumes.

KADDOUS (C.) et PICOD (F.), *Traité sur l'Union européenne. Traité sur le fonctionnement de l'Union européenne. Charte des droits fondamentaux. Traités MES et SCG*, 8e éd., Berne-Bruxelles-Paris, Stämpfli-Bruylant-LexisNexis, 2017.

KARPENSCHIF (M.) et NOURISSAT (C.) (dir.), *Les grands arrêts de la jurisprudence de l'Union européenne*, 2e éd., Paris, PUF, coll. « Thémis », 2014.

LEGER (P.) *et al.* (dir.), *Commentaire article par article des traités UE et CE*, Dalloz, 2000.

LENAERTS (K.) et TIZZANO (A.), *Code de l'Union européenne*, coll. « Codes en poche », Bruxelles, Bruylant, 2014.

MASCLET (J.-C.), *Les grands arrêts de droit communautaire*, coll. « Que sais-je ? », 2e éd., Paris, PUF, 2007.

MEGRET (J.) *et al.*, *Commentaire. Droit de l'Union européenne*, Bruxelles, Éd. Université de Bruxelles, depuis 1970 (3e éd. en cours).

NASCIMBENE (B.), *Unione europea*, 3e éd., Turino, Giappichelli, 2016.

PICOD (F.) (dir.), *Jurisprudence de la CJUE. Décisions et commentaires*, Bruxelles, Bruylant, annuel depuis 2014

PINGEL (I.) (dir.), *Commentaire article par article des traités UE et CE*, 2e éd., Bâle, Paris, Bruxelles, Helbing Lichtenhahn, Dalloz, Bruylant, 2010.

PRIOLLAUD (F.-X.) et SIRITZKY (D.), *La Constitution européenne. Texte et commentaires*, Paris, La documentation française, 2005.

PRIOLLAUD (F.-X.) et SIRITZKY (D.), *Le traité de Lisbonne. Texte et commentaire article par article des nouveaux traités européens (TUE – TFUE)*, Paris, La documentation française, 2008.

PRIOLLAUD (F.-X.) et SIRITZKY (D.), *Les traités européens après le traité de Lisbonne*, Paris, La documentation française, 2016.

RAMBAUD (P.), *Les grandes décisions de la jurisprudence communautaire*, 3e éd., Paris, Hachette supérieur, 2007.

RIDEAU (J.) (dir.), *Union européenne. Commentaire des traités modifiés par le traité de Nice du 26 février 2001*, LGDJ, 2001.

RIDEAU (J.) et PICOD (F.), *Code des procédures juridictionnelles de l'Union européenne*, 2e éd., Paris, Litec, 2002.

TIZZANO (A.), *Trattati dell'Unione Europea et della Communita europea*, Milano, Giuffre, 2004.

III. Mélanges

Mélanges Blumann : *L'identité du droit de l'Union européenne. Mélanges en l'honneur de Claude Blumann*, Bruxelles, Bruylant, 2015.

Mélanges Constantinesco : *Europe(s), Droit(s) européen(s). Une passion d'universitaire. Liber amicorum en l'honneur du professeur Vlad Constantinesco*, Bruxelles, Bruylant, 2015.

Mélanges Dubouis : *Au carrefour des droits. Mélanges en l'honneur de Louis Dubouis*, Paris, Dalloz, 2002.

Mélanges Flaesch-Mougin : *Abécédaire de droit de l'Union européenne, en l'honneur de Catherine Flaesch-Mougin*, coll. « Droits européens », Rennes, Presses universitaires de Rennes, 2017.

Mélanges Gautron : *Les dynamiques du droit européen en début de siècle. Études en l'honneur de Jean-Claude Gautron*, Paris, Pedone, 2004.

Mélanges Isaac : *Mélanges en hommage à Guy Isaac : Cinquante ans de droit communautaire*, Toulouse, Presses de l'Université des sciences sociales de Toulouse, 2004.

Mélanges Jacqué : *Chemins d'Europe. Mélanges en l'honneur de Jean-Paul Jacqué*, Paris, Dalloz, 2010.

Mélanges Louis : *Mélanges en hommage à Jean-Victor Louis*, Bruxelles, Éditions de l'Université libre de Bruxelles, 2003.

Mélanges Manin : *L'Union européenne : Union de droit, Union des droits. Mélanges en l'honneur de Philippe Manin*, Paris, Pedone, 2010.

Mélanges Masclet : *La constitution, l'Europe et le droit. Mélanges en l'honneur de Jean-Claude Masclet*, Paris, Publications de la Sorbonne, 2013.

Mélanges Molinier : *Mélanges en l'honneur du Professeur Joël Molinier*, Paris, LGDJ, 2012.

Mélanges Raux : *Le droit de l'Union européenne en principes. Liber amicorum en l'honneur de Jean Raux*, Rennes, Éditions Apogée, 2005.

Mélanges Skouris : *La Cour de justice de l'Union européenne sous la présidence de Vassilios Skouris (2003-2015). Liber amicorum Vassilios Skouris*, Bruxelles, Bruylant, 2015.

Mélanges Teitgen : *Études de droit des Communautés européennes. Mélanges offerts à Pierre-Henri Teitgen*, Paris, Pédone, 1984.

Mélanges Vandersanden : *Promenades au sein du droit européen. Mélanges en hommage à Georges Vandersanden*, Bruxelles, Bruylant, 2008.

IV. Revues spécialisées

A. Langue française

Annuaire de droit européen, depuis 2003. Devenu en 2011 *Annuaire de droit de l'Union européenne.*

Cahiers de droit européen, trois numéros par an, Bruxelles, depuis 1965.

Europe, onze numéros par an, depuis 1991.
Journal des tribunaux. Droit européen, dix numéros par an, Bruxelles, depuis 1992 ; devenu en 2008 *Journal de droit européen*.
Revue de l'Union européenne, dix numéros par an (remplace la *Revue du Marché Commun et de l'Union européenne, depuis 1958*).
Revue des affaires européennes, quatre numéros par an, depuis 1991.
Revue du droit de l'Union européenne, revue trimestrielle, depuis 2000 (remplace la *Revue du Marché unique européen*, depuis 1991).
Revue trimestrielle de droit européen, depuis 1965.

B. Autres langues

Common Market Law Review (quatre numéros par an).
Europarecht.
European Law Journal (six numéros par an).
European Law Review (six numéros par an).
Il Diritto dell'Unione Europea.
Journal of Common Market Studies.
Noticias de la Union europea.
Revista de instituciones europeas.
Revista de Derecho comunitario Europeo.
Rivista de diritto europeo.
Yearbook of European Law.

IV. Documentation émanant de l'Union européenne

Site EUR-Lex, ayant fusionné depuis 2004 avec le système CELEX (système interinstitutionnel de documentation automatisée pour le droit communautaire), Commission des Communautés (ce système informatique est gratuit et accessible sur Internet, *via* le serveur interinstitutionnel Europa ; adresse : *http://europa. eu. int*).

Journal officiel de l'Union européenne

- série L (Législation),
- série C (Communications),
- annexe : Débats du Parlement européen.

Les *JO* L & C sont disponibles notamment sur :
Eur-Lex : http://eur-lex.europa.eu/RECH_legislation.do?ihmlang=fr

V. Autres ressources internet

Journal officiel de l'Union européenne
http://eur-lex.europa.eu/JOIndex.do

Base de données des procédures interinstitutionnelles (Prélex)
http://ec.europa.eu/prelex/apcnet.cfm?CL=fr

Observatoire législatif
http://www.europarl.europa.eu/oeil/index.jsp?language=fr

Code de rédaction interinstitutionnel
http://publications.europa.eu/code/fr/fr-000500.htm

Accès numérique à la jurisprudence de la Cour
http://curia.europa.eu/jcms/jcms/Jo2_7045/

« Reflets » ; informations rapides sur les développements juridiques présentant un intérêt pour l'Union européenne
http://curia.europa.eu/jcms/jcms/Jo2_7063/

Notes de doctrine sur les arrêts de la Cour
http://curia.europa.eu/jcms/jcms/Jo2_7083/

Glossaire
http://europa.eu/legislation_summaries/glossary/index_fr.htm

Catalogue des bibliothèques de la Commission européenne ECLAS
http://ec.europa.eu/eclas/F

Portail d'informations sur les questions européennes
http://www.touteleurope.fr/

Quelques « laboratoires d'idées » européens
http://www.ceps.eu/
http://www.epc.eu/
http://www.friendsofeurope.org/
http://www.ose.be/
http://www.notre-europe.eu/

Moteur de recherche vers les « working papers » en droit de l'Union européenne
http://eiop.or.at/erpa/

***Working papers* du Centre Jean Monnet**
http://centers.law.nyu.edu/jeanmonnet/papers/

Avertissement

Distinct du *droit européen* créé par ou à l'intérieur du Conseil de l'Europe (*Europe des « 47 »* depuis l'adhésion du Monténégro), le *droit de l'Union européenne* est celui de l'organisation d'intégration de l'Europe, correspondant au « modèle communautaire » (*Europe des « 28 », des « 27 » après le Brexit*). Ce fut longtemps, dès lors, le *droit communautaire* puis la création, en 1992, de l'Union européenne conduisit à distinguer, en son sein, le droit communautaire au sens strict, c'est-à-dire celui qui exprimait la spécificité du « premier pilier » de l'Union (pilier communautaire), et plus largement un *droit de l'Union européenne* composite, couvrant aussi les 2e et 3e piliers de l'Union, dans lesquels la logique juridique était davantage d'essence intergouvernementale que spécifiquement représentative du projet d'intégration. L'intérêt de l'étude du droit de l'Union européenne consistait cependant toujours à mettre en évidence, en son sein, la spécificité du droit et du modèle communautaire.

Le traité de Lisbonne, entré en vigueur le 1er décembre 2009, clarifie à certains égards les choses en supprimant la Communauté européenne (mais pas la Communauté européenne de l'énergie atomique), de sorte qu'il convient désormais de ne plus évoquer *le droit communautaire* (l'expression conserve cependant une pertinence pour exprimer le rattachement au modèle communautaire et elle sera toujours utilisée comme synonyme de *droit de l'Union européenne* dans le présent ouvrage par souci de cohérence, puisque c'est en ces termes que s'exprime l'ensemble de la jurisprudence classique), mais le *droit de l'Union européenne* couvrant principalement l'Union et accessoirement la Communauté européenne de l'énergie atomique.

Le droit de l'Union européenne constitue désormais un imposant corps de règles qui s'insèrent dans les branches les plus diverses de notre droit. Le droit commercial ne peut pas ne pas intégrer les apports du droit commercial de l'Union, le droit social ou pénal ceux du droit social ou pénal de l'Union… Il existe un droit de l'Union agricole, financier et fiscal, des transports, des brevets, mais aussi de l'environnement, de la santé publique etc., dont l'enseignement et l'étude ne peuvent généralement être réalisés qu'en étroite symbiose avec le droit national régissant la matière. De même pour le droit de l'Union se développant en matière de visas, d'immigration, de coopération policière, judiciaire ou douanière. Ce sont là autant de rameaux particuliers du *droit spécial de l'Union européenne.*

Le *droit général de l'Union européenne*, un peu à l'image du droit administratif général ou du droit pénal général, regroupe les règles communes, valables indifféremment pour chacune des branches du droit matériel ou spécial. Les auteurs s'accordent habituellement à reconnaître que les grands titres en sont : la structure institutionnelle de l'Union, les sources du droit de l'Union, le contentieux et les rapports entre le droit de l'Union et les droits nationaux. Son contenu a donc une dominante institutionnelle même s'il dépasse clairement cette dimension, alors que le droit spécial est davantage un droit substantiel, matériel. Par-delà son intérêt propre, le droit général constitue un point de passage obligé et préalable : on ne peut aborder l'étude utile de quelque branche du droit spécial sans connaître les principes et les règles du droit général de l'Union européenne qui en constitue en quelque sorte la « grammaire commune ».

Depuis 1962, les programmes nationaux des études dans les Facultés de droit comportaient un cours d'*Organisations européennes*, en quatrième année, pour les étudiants de droit public. L'autonomie pédagogique consécutive à la loi d'orientation sur les universités de 1968 favorisa la création, dans plusieurs universités, de cours de *Droit communautaire, institutionnel, commercial, social, fiscal...* Mais c'est en 1977 (arrêté du 7 juillet, par la suite arrêté du 30 avril 1997), vingt ans après la signature du traité de Rome instituant la Communauté économique européenne, que le *droit communautaire* a fait son apparition officielle parmi les matières qui devaient être obligatoirement enseignées aux étudiants en droit pendant leur troisième année d'études (licence), où il rejoignait le droit international public. Le programme de cet enseignement, laissé à la libre détermination des universités, coïncidait généralement avec le *droit communautaire général* (souvent sous l'intitulé *droit communautaire institutionnel*).

Le nouveau cadre de l'autonomie pédagogique des Universités voit désormais souvent les enseignements de droit de l'Union européenne distinguer une première approche strictement institutionnelle (*Institutions européennes*) et un deuxième cours de *droit de l'Union européenne* consacré à l'ordre juridique de l'Union. C'est souvent en Master qu'est abordé le contentieux de l'Union européenne. Cet ouvrage couvre ces trois types d'enseignements.

Après un chapitre préliminaire proposant une indispensable présentation de l'*intégration européenne (Communautés européennes et Union européenne)*, la matière sera traitée ici en **trois parties**, consacrées aux trois systèmes formant le droit général de l'Union européenne :

Première partie	Le système institutionnel
Deuxième partie	Le système juridique
Troisième partie	Le système judiciaire

Chapitre préliminaire

Communautés européennes et Union européenne

Bitsch (M.-T.), *Histoire de la construction européenne*, Bruxelles, Éditions Complexe, 1999.
Christophe Tchakaloff (M.-F.), *Les grandes étapes de l'organisation de l'Europe*, 2e éd., Paris, PUF, coll. « Que sais-je ? », 1999.
Gillingham (J.), *European Integration 1950-2003: Superstate or New Market Economy*, Cambridge, Cambridge University Press, 2003.
Le Goff (J.), *The birth of Europe*, Oxford, Blackwell, 2005.
Soulier (G.), « Histoire de la construction européenne », *J.-Cl. Europe*, fasc. 100.
Teyssier (de) (F.) et Baudier (G.), *La construction de l'Europe*, Paris, PUF, coll. « Que sais-je ? », n° 3535, 2000.
Toulemon (R.), *La construction européenne*, Paris, de Fallois, Le Livre de poche, 1994.
Zorgbibe (C.), *Histoire de l'Union européenne*, Paris, Albin Michel, 2005.

1. L'intégration européenne a connu plusieurs phases et plusieurs supports structurels. La phase historique et novatrice de création de trois Communautés a été suivie d'évolutions qui ont notamment conduit, entre 1993 et 2009, à la mise en place d'une Union européenne dont ces Communautés (réduites à deux depuis l'expiration du traité CECA le 23 juillet 2002) constituaient le fondement et le noyau véritablement inspiré par la logique originale de l'intégration, le concept d'Union permettant de façon pragmatique d'accompagner ce cœur intégré par des secteurs de coopération intergouvernementale plus classique. Depuis le traité de Lisbonne, entré en vigueur le 1er décembre 2009, l'Union européenne a été refondée et la Communauté européenne a disparu.

§ 1. Création des Communautés

Bailleux (J.), *Penser l'Europe par le droit. L'invention du droit communautaire en France*, Nouvelle bibliothèque de thèses, science politique, Paris, Dalloz, 2014.
Constantinesco (L.-J.), « Fédéralisme-constitutionnalisme ou fonctionnalisme ? », in *Mélanges F. Dehousse*, Paris, Bruxelles, Nathan, Éditions Labor, 1979, vol. 2, p. 19.
Deniau (J.-F.), *L'Europe interdite*, Paris, Seuil, 1977.
divers, *La relance européenne et les traités de Rome*, Bruxelles / Paris, Bruylant / LGDJ, 1989.
Kusters (H. J.), *Fondements de la CEE*, Luxembourg, OPOCE, coll. « Europe », 1990.

POIDEVIN (R.), *Histoire des débuts de la construction européenne, 1948-1950*, Bruxelles, Bruylant, 1986.
SAINTE LORETTE (L.) (DE), *Le Marché commun*, Paris, Armand Colin, 1958.
TEITGEN (P.-H.), « Les étapes de l'idée européenne », *EDCE* 1963. 13.
WILKENS (A.) (dir.), *Le plan Schuman dans l'histoire. Intérêts nationaux et projet européen*, Bruxelles, Bruylant, 2004.

A. Le plan Schuman et la CECA

1° Le plan Schuman

2. Le projet contenu dans la déclaration faite le 9 mai 1950 à Paris par le ministre des Affaires étrangères Robert Schuman – et qui a reçu son nom, même si c'est Jean Monnet qui en fut le père spirituel – a renouvelé la *manière d'aborder le problème de la construction européenne* et a définitivement engagé celle-ci dans la *voie communautaire*.

Certes, la tentation première, aussi ancienne que l'expression des « États-Unis d'Europe », avait été de construire l'Europe sur le modèle américain, c'est-à-dire fédéral, mais elle s'était, par deux fois, révélée une voie sans issue : le projet Briand, présenté par le ministre français le 7 septembre 1929 à l'Assemblée générale de la SDN et formalisé ensuite dans le « mémorandum sur l'organisation d'un régime d'union fédérale européenne » n'avait connu aucune suite et le « message aux Européens » par lequel les représentants des mouvements fédéralistes de dix-neuf pays avaient conclu leur congrès de La Haye (8-10 mai 1948) avait été totalement dénaturé avec la création, le 5 mai 1949, du Conseil de l'Europe, simple organisation de coopération, démunie de pouvoirs et de réelles perspectives. Il faut dire que ce congrès de La Haye avait surtout été marqué par une division entre les fédéralistes purs (tels Denis de Rougemont qui rédigera le « Message » final) et les « unionistes » qui, comme Winston Churchill, ne donnaient pas forcément une forme fédérale aux « États-Unis d'Europe » qu'ils souhaitaient.

Tirant la leçon de cette impossibilité de mettre en place une intégration politique, qui heurtait de front les souverainetés nationales, le plan Schuman vise à refaire démarrer la construction de l'Europe selon une méthode s'inspirant d'un pragmatisme prudent : « L'Europe ne se fera pas d'un coup, ni dans une construction d'ensemble ; elle se fera par des réalisations concrètes créant d'abord une solidarité de fait. » On reconnaît là l'approche fonctionnaliste proposée par David Mitrany (notamment dans *A working peace system. An argument for the functional development of international organization*, Oxford University Press, 1944) comme alternative à un fédéralisme inaccessible directement : le « fonctionnalisme » écarte ainsi à la fois l'intégration globale au profit d'une intégration par secteurs et l'intégration politique au profit de l'intégration d'abord économique, la dimension politique s'imposant progressivement dans un second temps, du fait de la mécanique inexorable de la solidarité de fait, et de la fusion des intérêts. Par une sorte de postulat (où la part de pari est inévitable), Jean Monnet et Robert Schuman considéraient qu'en construisant l'Europe économique on construirait à terme l'Europe politique, les nations qui se seraient engagées dans le processus d'unification économique se trouvant entraînées, bon gré mal gré, par un « système d'engrenage » dans la voie de la construction politique. « Par la mise en commun de productions de base et l'institution d'une Haute Autorité nouvelle, dont les décisions lieront la France, l'Allemagne et les pays qui y adhéreront, cette proposition réalisera les premières assises concrètes d'une fédération européenne indispensable à la préservation de la paix » précisait la Déclaration du 9 mai, en suggérant de commencer par le secteur du charbon et de l'acier, la mise en commun de ces ressources nécessaires à la préparation de la guerre apparaissant en outre comme le meilleur moyen de la rendre impossible entre des nations qui s'étaient si souvent affrontées. Pour se manifester sur le terrain économique, le projet, on le voit, dépassait à l'évidence cette dimension, au moins à deux titres. D'une part l'objectif central était de garantir une paix durable entre les nations européennes (on retrouve « la paix qui marche » de David Mitrany), ce qui était sans doute plus signifiant en 1950 qu'en 2018, le citoyen européen du XXIe siècle ayant tendance à considérer cette réussite majeure de l'intégration comme étant quelque chose de naturel, alors que l'Europe n'avait jamais connu soixante ans de paix depuis des siècles. En second lieu, la mise en place d'une autorité supranationale liant les États révèle que l'objectif n'est plus une simple coopération intergouvernementale, internationale, mais une intégration pour laquelle la souveraineté étatique n'est plus un tabou intangible et absolu. *Objectif d'intégration* et *méthode fonctionnaliste* caractérisent ainsi le « modèle communautaire ».

2° La CECA

3. L'acceptation de cette proposition française par l'Allemagne, à qui elle était adressée, et par quatre autres États (Belgique, Italie, Luxembourg et Pays-Bas) – la Grande-Bretagne en revanche s'était rapidement déclarée non intéressée – devait être formalisée après une négociation rapide, par la signature à Paris, le 18 avril 1951, d'un traité instituant la Communauté européenne du charbon et de l'acier (CECA). L'objectif était de créer, aux dimensions des six États, un vaste marché commun du charbon et de l'acier où règnent la libre circulation et la libre concurrence, et d'en confier la gestion à une « communauté », nouvelle forme d'institution politique, bientôt qualifiée de « supranationale ».

Certains traits essentiels des structures communautaires datent de cette première expérience et notamment les quatre institutions essentielles. C'est une *Haute Autorité* composée de personnalités indépendantes des États, qui a la responsabilité de gérer le marché commun et reçoit à cet effet des pouvoirs de décision obligatoire, tant réglementaires qu'administratifs, s'exerçant non seulement sur les États membres, mais encore directement sur les entreprises du secteur. Le contrôle politique de la Haute Autorité est confié à l'*Assemblée.* Un *conseil spécial de ministres*, où siègent les représentants des États membres, garantit que la Haute Autorité agit en liaison étroite avec les gouvernements nationaux. Une *Cour de justice* assure le règne du droit à l'intérieur du système. Enfin, gage de sa liberté d'action, la Haute Autorité dispose de *ressources propres* pour financer ses interventions : elle est autorisée à établir un *prélèvement* – véritable impôt européen – sur les entreprises du secteur.

B. La CEE et l'Euratom

4. Le double échec du traité instituant une *Communauté européenne de défense* (signé le 27 mai 1952 mais dont l'Assemblée nationale française devait refuser le 30 août 1954 d'autoriser la ratification), et de l'avant-projet de traité créant une *Communauté politique européenne* (élaboré par l'Assemblée de la CECA et mettant en place une véritable puissance diplomatique européenne, transmis le 9 mars 1953 et auquel les gouvernements ne donnèrent aucune suite), a confirmé qu'il ne fallait pas « brûler les étapes », l'euphorie de la réussite de la CECA ne devant pas faire oublier le pragmatisme et la prudence du fonctionnalisme reposant d'abord sur l'intégration économique. Après une période de doute vis-à-vis du modèle communautaire lui-même, les ministres des Affaires étrangères des « Six », à la Conférence de Messine (1er et 2 juin 1955), reconnurent que la logique interne de l'entreprise commencée en 1950 commandait de dépasser la CECA en étendant l'intégration européenne à toute l'économie. Ils acceptèrent en outre l'idée d'une nouvelle intégration sectorielle dans le domaine spécifique de l'énergie nucléaire (à laquelle la France était attachée et dont on pouvait penser à l'époque qu'elle représentait l'énergie du futur) et chargèrent en conséquence un comité intergouvernemental, sous la présidence de P.H. Spaak, homme d'État belge, d'élaborer un rapport sur les « possibilités d'une Union économique générale, ainsi que sur une union dans le domaine nucléaire ».

5. *Le rapport Spaak* (remis le 21 avril 1956) ouvrit rapidement la voie à une négociation qui conduisit, le 25 mars 1957, au Capitole de Rome, à la signature de deux traités.

L'un instituait une *Communauté européenne de l'énergie atomique* (CEEA, « Euratom »), visant à promouvoir l'utilisation de l'énergie nucléaire à des fins pacifiques et le développement d'une puissante industrie nucléaire.

L'autre, de portée plus considérable, instituait une *Communauté économique européenne* (CEE, « Marché commun »). Comme dans le traité CECA, on y retrouve la distinction entre les objectifs ultimes et les engagements immédiats. Les buts politiques sont inscrits dans le Préambule, où les signataires se déclarent « déterminés à établir les fondements d'une Union sans cesse plus étroite entre les peuples européens ». Les engagements concrets, consignés dans les articles du traité et étalés dans le temps visent à créer, selon la formule du rapport Spaak : « une vaste zone de politique commune, constituant une puissante unité de production et permettant une expansion continue, une stabilité accrue, un relèvement accéléré du niveau de vie ». À cette fin, le traité prévoit d'abord la création d'un *marché commun*, c'est-à-dire un marché unique, étendu à l'ensemble des territoires des « Six » et devant présenter les mêmes caractéristiques qu'un marché national : ce qui implique la création d'une *union douanière* (libre circulation interne des marchandises et protection externe par un tarif douanier commun) mais aussi la libre circulation des facteurs de production (personnes, entreprises, services, capitaux) et une protection de la libre concurrence. Mais le traité CEE prévoit également l'harmonisation des politiques économiques générales et la mise en œuvre de politiques sectorielles communes, notamment dans les domaines de l'agriculture, des transports, et des relations commerciales avec les États tiers.

6. Sur le plan institutionnel, les traités de Rome reprennent le modèle CECA mais dans une formule moins ouvertement *supranationale*. La mission des institutions de la CEE n'étant pas seulement de *gestion* mais encore de *législation*, le centre de gravité n'est plus, comme dans la CECA, l'organe indépendant – qui, au surplus, perd son titre de *Haute Autorité* pour celui plus neutre de *Commission* – mais l'organe intergouvernemental (le *Conseil* composé de ministres), même si la dominante reste celle de l'intégration et non de la coopération intergouvernementale classique grâce au principe selon lequel le Conseil vote à la majorité (principe essentiel pour un système d'intégration caractérisé par une gestion nouvelle des souverainetés étatiques qui n'en sont plus l'alpha et l'omega), par le maintien d'un quasi-monopole de l'initiative au profit de la Commission et par l'octroi d'un pouvoir de délibération à l'*Assemblée*. En outre, si l'autonomie financière leur est promise, les deux nouvelles Communautés dépendent, dans l'immédiat, pour leur financement, de contributions étatiques, à l'image de conventionnelles organisations internationales.

§ 2. Évolution des Communautés

7. Cette évolution peut être présentée sous quatre angles. Dans le cadre même des Communautés d'origine, des ajustements sont venus confirmer et conforter la logique du modèle, réalisant un achèvement de celui-ci, qu'il s'agisse de franchir les étapes programmées par les traités initiaux ou de relancer le processus. Ce cadre communautaire a ensuite fait l'objet d'un dépassement et a été créée l'Union européenne, système complexe et composite mêlant subtilement la logique d'intégration et celle de coopération intergouvernementale. Les élargissements ont représenté une évolution quantitative tout à fait spectaculaire, au point d'en être qualitative, le nombre d'États membres passant en soixante ans de six à vingt-huit. Enfin, l'évolution des Communautés a été marquée par des tentatives peu concluantes de réaménagement, par les traités d'Amsterdam, en 1997, et de Nice, en 2001.

A. Achèvement des Communautés

Andriantsimbazovina (J.) et Geslot (C.), *Les Communautés et l'Union européenne face aux défis de l'élargissement*, Travaux de la CEDECE, Paris, La documentation française, 2005.

Carreau (D.), « Vers une zone de stabilité monétaire : la création du Système monétaire européen au sein de la CEE », *RMC* 1979. 399.

Doersh (H.), Michiels (M.) et Louis (J. V.), *L'Union économique et monétaire, 1970-1973*, Bruxelles, Éd. de l'Université de Bruxelles, 1977.

Joly (G.), *Le processus d'élargissement de l'Union européenne*, *RMCUE* n° 457, 2002. 239.

Newhousse (J.), *30 juin 1965 à Bruxelles*, Paris, Fondation nationale des sciences politiques, 1969.

Puissochet (J.-P.), *L'élargissement des Communautés européennes*, Paris, Éd. techniques et économiques, 1974.

Serre de La (F.), « La CEE et la crise de 1965 », *Revue française de science politique* 1971. 402.

Serre de La (F.), *L'adhésion de la Grande-Bretagne aux Communautés européennes*, Paris, La documentation française, Notes et études documentaires, n° 3882-83 et n° 3984-86.

Sohier (J.), « Observations comparatives sur les conditions d'adhésion de l'Espagne et du Portugal », *CDE* 1985. 584.

8. Outre l'unification des institutions, parachevée par le traité de Bruxelles du 8 avril 1965, qui institue « un Conseil unique et une Commission unique des Communautés européennes », ces ajustements ne portant pas atteinte à la structure même des Communautés ont consisté à achever la mise en place du modèle communautaire, dans sa logique d'intégration, et à achever, par une relance du processus, l'entreprise centrale de construction d'un marché commun ou unique.

1° Achèvement du modèle communautaire

Hervouet (F.) (dir.), *Démarche communautaire et construction européenne*, colloque CEDECE de Poitiers, Paris, La documentation française, 2001.

9. Soucieux de ménager les transitions, notamment pour les innovations institutionnelles les plus sensibles, les auteurs des traités en avaient prévu la mise en œuvre progressive, voire hypothétique. Il s'agissait donc ici, soit de franchir des étapes programmées, soit de concrétiser un potentiel politiquement majeur et dès lors inscrit dans les traités mais au titre d'évolution possible.

10. • ***Le vote à la majorité qualifiée*** au sein du Conseil des ministres, par lequel la CEE devait se distinguer radicalement d'une simple organisation internationale de coopération où règne l'unanimité, c'est-à-dire le droit de veto, devait faire l'objet d'une généralisation progressive. À la veille de la date décisive du 1er janvier 1966, qui constituait l'étape programmée dans le traité de Rome, il fut remis en cause par le gouvernement français qui considérait l'unanimité comme le rempart ultime contre une « dérive supranationale » que traduisaient notamment les propositions institutionnelles de la Commission, au printemps 1965 en matière de ressources propres et de pouvoirs de l'Assemblée. Refusant de siéger au sein du Conseil à partir du 30 juin 1965, la France ouvrit la « crise de la chaise vide » à laquelle il n'a été mis fin que par le « compromis de Luxembourg » du 30 janvier 1966, qui a gravement et durablement faussé l'équilibre institutionnel voulu par les traités. La France y obtenait, en effet, outre la marginalisation de la Commission, dont la liberté d'allure était rognée, l'abandon de fait du vote majoritaire au profit de la recherche du consensus, c'est-à-dire la pérennisation d'une sorte de droit de veto. Il devait en résulter une inflexion significative de la pratique communautaire vers l'intergouvernemental qui, pendant une quinzaine d'années au moins (le compromis de Luxembourg, sans jamais avoir été abrogé, n'a plus été invoqué à partir de 1982), en neutralisant ce que l'approche intégrée garantissait en termes d'efficacité de prise de décision, aurait pu condamner cette démarche en la faisant rentrer dans le rang des organisations de coopération.

11. • ***Les traités CEE et Euratom***, cette fois en tant qu'évolution possible, prévoyaient que les contributions financières des États membres, alimentant leurs budgets, pourraient être remplacées par des *ressources propres* et notamment par les recettes provenant du tarif douanier commun lorsque celui-ci aurait été définitivement mis en place. À cette fin, ils organisaient une procédure complexe : proposition de la Commission, décision du Conseil statuant à l'unanimité après consultation de l'Assemblée et adoption par les États membres conformément à leurs règles constitutionnelles respectives, ce double verrou gouvernemental étant à la hauteur des enjeux d'une telle évolution, symboliquement et concrètement essentielle pour donner une autonomie financière aux Communautés et les distinguer encore plus du modèle des organisations internationales. Malgré une première tentative malheureuse en 1965, les deux nouvelles Communautés ont pu, comme la CECA, commencer à accéder à l'autonomie financière à partir du 1er janvier 1971, conformément à la décision du 21 avril 1970, remplaçant les contributions financières par des ressources propres aux Communautés européennes. Parallèlement, l'Assemblée voyait croître ses pouvoirs budgétaires en vertu du traité de Luxembourg du 22 avril 1970 et du traité de Bruxelles du 22 juillet 1975.

12. • ***Le traité CECA*** dès 1951, puis les deux traités de Rome prévoyaient que les membres de l'Assemblée des Communautés, temporairement désignés en leur sein par les parlements nationaux, devraient être élus au *suffrage universel direct* et selon une procédure uniforme dans tous les États membres, et il s'agissait là d'une autre évolution simplement envisagée par les traités tellement elle était révolutionnaire. Comme pour les ressources propres, le passage à l'élection directe exigeait donc, cependant, le double accord unanime des États membres (décision à l'unanimité du Conseil et ratifications nationales). L'opposition persistante de certains gouvernements, où l'hostilité gaulliste à une clause jugée symbolique de la supranationalité tint la place essentielle, laissa longtemps sans suite le projet élaboré dès le 17 mai 1960 par l'Assemblée. Le veto français ayant été levé à la conférence au sommet des chefs d'État et de gouvernement d'octobre 1972, il fallut encore attendre que le « Sommet » de Paris de décembre 1974 donne l'impulsion politique décisive. La décision unanime du Conseil fut acquise le 20 septembre 1976 et les premières élections directes purent se dérouler le 12 juin 1979, conférant à l'Assemblée une légitimité accrue et aux Communautés une singularité institutionnelle inédite dans l'histoire de l'humanité.

2° Achèvement du marché commun : l'Acte unique

De Ruyt (J.), *L'Acte Unique européen*, Éd. de l'Université de Bruxelles, 1987.
Jacqué (J. P.), « L'Acte unique européen », *RTDE* 1986. 575.

13. L'AUE, signé les 17 et 28 février 1986, marque la volonté politique des États membres de mettre fin à la stagnation de la construction communautaire, enlisée depuis dix ans du fait des désordres économiques mondiaux et des désaccords internes.

L'AUE regroupe formellement (d'où son intitulé peu explicite) deux catégories de dispositions : d'une part, des amendements au Traité de Rome, d'autre part, indépendantes des traités communautaires, des « dispositions sur la coopération européenne en matière de politique étrangère », envisagées plus loin.

Première révision substantielle du traité CEE depuis 1957, l'AUE vise à la relance de la construction communautaire par la réalisation d'un grand *marché intérieur* à l'échéance fin 1992, qui accomplirait les promesses non tenues du Marché commun (dont l'achèvement, selon le traité de Rome devait intervenir en 1970), et par l'extension de la compétence communautaire à la recherche et au développement technologique ainsi que, plus timidement, à l'environnement, la politique sociale et la politique régionale. Ce faisant, les États se ralliaient à la stratégie de relance, à la fois mobilisatrice et sans risques, proposée par Jacques Delors. Mobilisatrice, parce que la suppression de toutes les entraves physiques, techniques et fiscales qui perturbaient encore la libre circulation améliorerait le taux de croissance de l'économie communautaire, sa capacité à créer des emplois et sa compétitivité. Sans risques, parce que les trois cents mesures nécessaires à cet effet étaient déjà identifiées dans le *Livre blanc* de la Commission sur l'achèvement du marché intérieur (juin 1985).

À travers une définition renouvelée du marché intérieur (« espace sans frontières intérieures dans lequel est assurée la libre circulation des marchandises, des personnes, des services et des capitaux »), assortie du principe de solidarité financière (« cohésion économique et sociale ») à défaut duquel les objectifs du marché intérieur n'auraient été ni acceptables ni supportables par les pays moins favorisés de la Communauté (Espagne,

Portugal, Irlande, Grèce), les Douze, réconciliés, procèdent à une véritable novation des objectifs du traité de Rome : réaliser par-delà le marché commun un véritable espace économique intégré et solidaire. En acceptant les améliorations institutionnelles indispensables à la réalisation du marché intérieur (extension des pouvoirs d'exécution de la Commission, plus grande implication du Parlement au processus normatif à travers la procédure de coopération et, spécialement, passage au vote à la majorité qualifiée au sein du Conseil pour le rapprochement des législations), ils confirment le principe du vote majoritaire, et le rejet d'une pratique qui avait profondément affecté le fonctionnement de la Communauté.

B. Dépassement des Communautés

Bloes (R.), *Le plan Fouchet et le problème de l'Europe politique*, Bruges, Éd. du Collège d'Europe, 1971.

Burner (J.), « Rapport Tindemans : une tentative mort-née de l'union politique de l'Europe », *RMC* 1976. 548.

Capotorti (F.) et autres, *Le traité d'Union européenne*, Bruxelles, Éd. de l'Université de Bruxelles, 1985.

Covillers (C.), *Y a-t-il une politique extérieure des Communautés européennes ?*, Paris, PUF, 1987.

Schoutheete de (Ph.), *La coopération politique européenne*, 2e éd., Bruxelles, Labor, 1986.

1° La coopération en marge des traités communautaires

14. La question du prolongement de l'unification européenne en dehors du cadre économique et social couvert par les traités communautaires est aussi ancienne que les traités eux-mêmes. Mais elle a été marquée, dans un premier temps, par une véritable « guerre de religion » entre la France et ses partenaires, ceux-ci considérant que le modèle des institutions communautaires intégrées s'imposait naturellement et le général de Gaulle ne faisant confiance qu'à une coopération entre États de type intergouvernemental ou confédéral. C'est ainsi, notamment, qu'échoua en 1961-1962, le « plan Fouchet » tendant à la création d'une *Union* qui aurait eu une politique étrangère commune, une politique de défense et qui aurait assuré la coopération des États en matière de science, de culture et de défense des droits de l'Homme, mais pour laquelle la France n'acceptait qu'une structure institutionnelle intergouvernementale reposant sur un Conseil réunissant les chefs de gouvernement trois fois par an et dans l'intervalle, les ministres des Affaires étrangères, et dont, au surplus, elle entendait absolument écarter la Grande-Bretagne.

Au « Sommet » de La Haye, en 1969, les partenaires de la France, s'ils n'abandonnent pas leurs conceptions institutionnelles fédérales ou supranationales, renoncent à en faire un thème de discussion et d'action dans la Communauté. Il est désormais tacitement admis que l'extension des activités communes au-delà du domaine couvert par les traités sera recherchée par la coopération intergouvernementale. Et la *Coopération politique*, que les six chefs d'État et de gouvernement s'engagent à mettre en place, pour « coordonner leurs positions à l'égard des problèmes de politique étrangère les plus importants », en est la première application.

15. Le rapport Davignon, adopté par les ministres des Affaires étrangères à Luxembourg le 27 octobre 1970, réaffirme que « les développements actuels des Communautés européennes imposent aux États membres de se doter des moyens d'harmoniser leurs points de vue en matière de politique internationale » et définit les méthodes et les instances de la *coopération politique européenne*. Il ne s'agit pas d'une politique étrangère commune mais d'un effort sincère de parvenir, par une information et des consultations régulières, notamment au cours de réunion des ministres des Affaires étrangères, à des attitudes partagées par tous les pays membres vis-à-vis des pays tiers et, le cas échéant, à des actions communes. Les rapports de Copenhague (1973) et de Londres (1981) ainsi que la déclaration solennelle sur l'Union européenne (1983) viendront, ensuite, renforcer les obligations des États (obligation de consulter leurs partenaires non seulement avant de fixer définitivement leur propre position, mais encore avant de lancer des initiatives nationales sur toute question importante de politique étrangère qui touchent les « Dix »), préciser les conditions de fonctionnement des organes de la coopération politique ainsi que les liens entre la coopération politique et les institutions communautaires.

16. La politique étrangère, si elle est le principal, n'est pas le seul domaine couvert par le mécanisme de coopération politique. Une *coopération technique policière* en matière de lutte contre les actes de terrorisme, qui s'appuie depuis 1976 sur des réunions des ministres de l'Intérieur, témoigne de la volonté politique des États de lutter ensemble contre les actes qui portent atteinte au fonctionnement démocratique de leurs sociétés (« groupe Trevi »). Une coopération visant à instaurer graduellement un *espace judiciaire européen*, en commençant par le domaine pénal et notamment la répression des actes de terrorisme, réunit régulièrement les ministres de la Justice.

La coopération politique, c'est-à-dire tout ce qui se fait entre États membres en dehors du cadre des traités mais dans la même volonté de créer une Europe forte et unie, est « fondée sur l'appartenance à la Communauté européenne » et s'étend automatiquement aux pays adhérents. Si elle se distingue des Communautés, elle fait cependant partie intégrante de l'*Europe communautaire*.

17. La décision des chefs d'État et de gouvernement, prise au « Sommet » de Paris en décembre 1974, de se réunir trois fois par an en *Conseil européen* pour traiter à la fois des problèmes communautaires et des questions de coopération politique manifeste que les plus hauts responsables politiques sont désormais engagés en première ligne et en permanence dans l'œuvre de construction européenne, mais aussi souligne la nécessaire cohérence entre les deux branches de l'Europe communautaire. Le risque existait alors que les affaires communautaires soient traitées comme des affaires relevant de la simple coopération intergouvernementale et que la Communauté soit subordonnée à une organisation inter-étatique.

18. Le second volet de l'AUE (v. ss 13) a consisté à institutionnaliser et codifier, sans pour autant les communautariser, les pratiques intergouvernementales antérieures de la coopération politique et il se substitue aux Déclarations de Luxembourg, de Copenhague et de Londres. La coopération est étendue aux aspects politiques et économiques de la sécurité. Si timide qu'elle soit, cette mention des questions de défense dans un traité européen est prometteuse. La réforme ne touche pas aux objectifs de la coopération politique, qui restent toujours aussi limités, mais leur insertion dans un engagement juridique contribue à conforter le mécanisme institué.

Enfin, l'AUE consacre l'existence du *Conseil européen*, dont il fixe la composition et qui se trouve ainsi institutionnalisé plus de dix ans après sa création.

Si bien que l'AUE constitue à la fois un retour à l'idéologie des fondateurs, avec l'élargissement du vote majoritaire et la relance du processus économique d'unification du marché, et la réconciliation officielle des deux approches, naguère opposées, qui ont marqué la construction européenne, la coopération interétatique et la logique supranationale, préfigurant ainsi la future Union européenne.

2° La restructuration autour des traités communautaires : la création de l'Union européenne

Boulouis (J.), « À propos des dispositions institutionnelles du Traité sur l'Union européenne », *Rev. aff. eur.* 4, 1992. 5.

Curtin (D.), « The constitutionnal structure of the Union : a Europe of bits and pieces », *Common Market Law Review* 1993. 17.

Douriaux (Y.), *Le traité sur l'Union européenne*, A. Colin, 1992.

Everling (U.), « Reflections on the structure of the European Union », *Common Market Law Review* 1992. 1053.

Pliakos (A.D.), « La nature juridique de l'Union européenne », *RTDE* 1993. 187.

Serre de La (F.), Raux (J.) et Boissieu (C.) (de), spécial Maastricht, *Regards sur l'actualité* n° 180, La documentation française, avr. 1992.

Sorasio (D.), v° *Union européenne*, *Rép. communautaire*, Dalloz.

19. Si l'AUE avait surtout permis de rattraper l'objectif initial – réaliser un marché unique –, le traité de Maastricht, lui, franchit « une nouvelle étape dans le processus d'intégration européenne engagé par la création des Communautés européennes » (Préambule). Dépassant l'objectif économique de la Communauté et affirmant explicitement la vocation politique de l'Union européenne, il constitue véritablement l'étape la plus importante depuis le traité de Rome.

a) Le concept d'Union européenne

20. Ce concept fut d'abord celui des gouvernements. Les chefs d'État et de gouvernement réunis en sommet à Paris en octobre 1972 expriment ainsi leur intention de parvenir à l'Union européenne avant la fin de la décennie. C'est l'objet du *rapport Tindemans* (*Bull. CE*, suppl. 1/76), qui ne constitue pas une nouvelle charte européenne, ni un schéma de constitution européenne (comme la Commission et le Parlement en avaient proposé dans leurs propres rapports : *Bull. CE*, suppl. 5/75 et 9/75) mais renferme une série de propositions tendant à renforcer la cohésion interne et externe de l'Europe communautaire. Dans cette perspective, il prend pour base les institutions existantes avec comme objectif essentiel de les renforcer (élection directe du Parlement, et octroi à celui-ci de l'initiative législative) et de combattre la dérive intergourvernementale (retour au vote majoritaire au sein du Conseil). S'il recommande l'intégration dans les compétences communautaires des matières de coopération politique, en faisant du Conseil « un centre de décision unique », il ne propose pas d'appliquer les procédures communautaires à celles-ci. Plus ambitieux, il propose aussi que les États membres transforment progressivement leur coopération politique en une « politique extérieure commune », expliquant que la différence essentielle consiste en ceci que, dans une politique extérieure commune, il y a obligation d'aboutir à un point de vue commun, ce qui voudrait dire que les tendances minoritaires devraient se rallier aux tendances de la majorité à l'issue du débat. Enfin, il constate également que l'Union européenne restera incomplète aussi longtemps qu'elle n'aura pas une politique de défense commune et propose que les participants à la coopération politique procèdent régulièrement à des échanges de vues sur les problèmes spécifiques de l'Europe en matière de défense et qu'ils organisent leur coopération dans la production des armements. Malgré le réalisme de certaines de ses propositions, le rapport, plusieurs fois à l'ordre du jour du Conseil européen, n'a pratiquement pas eu de suites directes.

Certes, l'objectif d'une Union européenne, envisagé comme un processus qui ne retrancherait rien aux traités communautaires, mais au contraire renforcerait les pouvoirs et les compétences des institutions, unifierait l'action communautaire et la coopération politique et, enfin, ouvrirait à l'action commune des secteurs nouveaux, fut réaffirmé à plusieurs reprises par les États (spécialement dans la *Déclaration solennelle sur l'Union européenne* adoptée par le Conseil européen de Stuttgart en 1983 : *Bull. CE* n° 6/83, point 1.6.1.). Mais c'est plutôt le Parlement européen qui, au lendemain de sa première élection directe en juin 1979, s'empara de cette idée d'Union européenne et s'engagea formellement dans la voie de la *transmutation* des Communautés en Union européenne. Sous l'impulsion d'une figure historique de la construction européenne, Altiero Spinelli, le Parlement adopta le 14 février 1984 un *projet de traité d'Union européenne* et le transmit aux États aux fins de ratification directe sans signature préalable. Il s'agissait d'un véritable projet de constitution européenne en quatre-vingt-sept articles ; il substituait aux trois Communautés une entité unique – l'Union – dont les compétences étaient élargies notamment à la politique étrangère, avec possibilité d'extension à la politique de défense et dont les institutions étaient réformées : le Parlement recevait un pouvoir de codécision et le Conseil européen devenait une institution (cf. Capotorti et autres, *Le traité d'Union européenne*, Éd. de l'Université de Bruxelles, 1985).

Cette démarche quasi constituante n'eut pas l'écho que le Parlement espérait lors des élections européennes de 1984, et ne fut pas soutenue par les gouvernements qui lui préférèrent la méthode révisionniste en signant l'Acte unique européen : celui-ci affirme que « les Communautés européennes et la coopération politique européenne ont pour objectif de contribuer ensemble à faire progresser concrètement l'Union européenne » (art. 1), mais il ne crée pas l'Union européenne. Le Parlement tenta de réactiver ce lien entre la création d'une Union européenne et la constitutionnalisation à l'occasion des élections européennes de 1989, sa « nouvelle stratégie » consistant à organiser, en même temps que ces élections un référendum portant sur un mandat constituant qui serait donné au futur Parlement pour qu'il élabore une constitution de l'Union européenne. Seule l'Italie suivit cette voie, et ce sont les gouvernements qui reprirent alors l'initiative pour créer l'Union européenne avec le traité de Maastricht.

b) La conclusion du traité de Maastricht

21. La cause déterminante de la création de l'Union européenne tient à des défis extérieurs. L'effondrement de l'empire soviétique, la démocratisation de l'Europe orientale, l'unification allemande, les nouvelles candidatures à l'adhésion, les craintes de mouvements migratoires massifs en provenance de l'Est ou du Sud, imposèrent en effet à la Communauté l'obligation d'accroître sa capacité d'action extérieure.

Lorsque s'écroule le mur de Berlin, en novembre 1989, la Communauté est certes engagée, sur la base du *Rapport Delors* produit le 12 mai, dans la voie de l'Union économique et monétaire, au motif principal que les avantages du marché unique ne seraient pas complets sans l'élimination définitive de l'incertitude des taux de change et des coûts de transaction. Mais ce n'est que dans le contexte d'un soutien apporté à son unification que la République fédérale d'Allemagne accepte le principe et le calendrier d'une *Conférence intergouvernementale sur l'Union économique et monétaire*. C'est dans la perspective d'une unification devenue imminente qu'elle suscite bientôt une initiative franco-allemande afin de prouver que la construction européenne restait une priorité pour l'Allemagne unifiée comme elle l'avait été depuis le Plan Schuman. Dans leur message du 19 avril 1990, MM. Kohl et Mitterrand soulignent la nécessité d'accélérer la construction politique de l'Europe des Douze et de donner une suite concrète à la volonté exprimée par les signataires de l'AUE de « transformer l'ensemble des relations entre les États membres en une Union européenne » et de doter celle-ci « des moyens nécessaires » (Préambule). Ils invitent le prochain Conseil européen à lancer les travaux préparatoires à une *Conférence intergouvernementale sur l'Union politique*, qui serait chargée notamment « de renforcer la légitimité démocratique de l'Union, de rendre plus efficaces les institutions, d'assurer l'unité et la cohérence de l'action de l'Union dans les domaines économique, monétaire et politique, de définir et de mettre en œuvre une politique étrangère et de sécurité commune ». Accepté à l'issue du Conseil européen le 27 avril, le principe de cette deuxième conférence intergouvernementale sur l'Union politique a été définitivement acquis au Conseil européen de Dublin le 26 juin, et son ordre du jour établi lors du Conseil européen de Rome le 28 octobre.

Ouvertes à l'issue du Conseil européen réuni à Rome les 14 et 15 décembre 1990, les deux conférences intergouvernementales ont poursuivi leurs travaux en parallèle tout au long de l'année 1991. Ceux-ci se sont conclus à l'issue du Conseil européen réuni à Maastricht les 9 et 10 décembre 1991, par un accord des chefs d'États ou de gouvernement sur *le projet de traité sur l'Union européenne*, qui allait être signé par les ministres des Affaires étrangères et des Finances, après mise au point juridique des textes, le 7 février 1992.

Le résultat est un texte de cent douze pages au *JOCE* (n° C 191 du 29 juill. 1992), incluant, à côté du traité lui-même, dix-sept protocoles et trente-quatre déclarations, dont la structure et la rédaction se ressentent des contraintes inhérentes à une négociation diplomatique à douze et à la mise au point de laborieux compromis. Quant au fond, en effet, l'accord final n'a été acquis que par la disparition de toute référence à la *vocation fédérale* de l'Union, qui avait cependant la faveur de la majorité des États, par l'acceptation d'une « différenciation » (accord social à onze, sans le Royaume-Uni ; clause d'exemption concernant le passage à la monnaie unique consentie au Royaume-Uni et au Danemark) et par le renvoi des questions non résolues à une révision du traité dès 1996 (clause de « rendez-vous »).

À la suite des difficultés de ratification rencontrées, notamment au Danemark, et qui n'ont pu être surmontées que par la Décision des chefs d'État et de gouvernement réunis au sein du Conseil européen du 12 décembre 1992 (*JOCE* n° C 348/2 du 31 déc. 1992) explicitant la portée des exemptions consenties au profit de cet État, l'entrée en vigueur du traité sur l'Union européenne, escomptée pour le 1er janvier, a été retardée au 1er novembre 1993.

c) L'architecture générale de l'Union « fondée sur les Communautés »

De Witte (B.), « The pillar structure and the nature of the European Union : greek temple or french cathedral ? », in Heukels (T.), Blokker (N.), Brus (M.) (éd.), *The European Union after Amsterdam*, Kluwer Law International, 1998.

GAUTIER (M.), *L'influence du modèle communautaire sur la coopération en matière de justice et d'affaires intérieures. Étude des actes de l'Union européenne du point de vue de l'État membre (l'exemple français)*, thèse, Bordeaux, 2001.

ISAAC (G.), « Le « pilier » communautaire de l'Union européenne, un « pilier » pas comme les autres », *CDE* n° 1-2, 2001. 45.

TERPAN (F.), *La politique étrangère et de sécurité commune de l'Union européenne*, Bruxelles, Bruylant, 2003.

22. L'apport fondamental du traité de Maastricht est l'institutionnalisation de l'Union européenne, dans un compromis qui se situe entre les orientations du rapport Tindemans et le projet du Parlement européen. Le traité se qualifie lui-même comme « une nouvelle étape dans le processus créant une union sans cesse plus étroite entre les peuples de l'Europe », dans la droite ligne du traité de Rome qui en avait établi « les fondements ». D'où il résulte que l'Union européenne n'est qu'une étape intermédiaire dans un processus dont l'aboutissement ne fait pas l'objet de précision nouvelle, toute référence à sa « vocation fédérale », longtemps présente dans les versions successives du projet de traité, ayant finalement été écartée.

Cependant, le traité ne transforme pas les Communautés en Union, comme le prévoyait le projet de traité d'Union européenne du Parlement, en 1984. De même, aucune nouvelle entité juridique n'est créée à côté des Communautés, contrairement à ce que pourrait laisser penser la formule : « Les Hautes Parties Contractantes instituent entre elles une Union européenne ». En effet, dépourvue de personnalité juridique, et notamment de capacité d'engagement international, ce qui représente un handicap majeur pour affirmer son identité sur la scène internationale, ainsi que de budget et de moyens financiers propres, l'Union n'a pas, à ce moment, d'existence autre que politique. Elle permet de réaliser l'unité d'un triptyque composite : « L'Union est fondée sur les Communautés européennes complétées par les politiques et formes de coopération instaurées par le présent traité. Elle a pour mission d'organiser de façon cohérente et solidaire les relations entre les États membres et entre leurs peuples ».

Le panneau central du triptyque est constitué par les Communautés (l'acquis communautaire étant complété par la création de l'Union économique et monétaire) et demeure dans la logique du modèle d'intégration, tandis que les deux volets latéraux sont la politique étrangère et de sécurité commune (PESC) et la coopération dans les domaines de la justice et des affaires intérieures (JAI), le prix à payer pour que les États membres acceptent cette « européanisation » dans des secteurs sensibles étant que cela ne se fasse pas par une « communautarisation » mais par la voie intergouvernementale. Ce faisant, l'Union européenne s'écarte à certains égards de la méthode fonctionnaliste de Jean Monnet et Robert Schuman puisque, poursuivant dans la voie esquissée par l'AUE, elle institutionnalise le recours simultané aux procédures communautaires intégrées et à celles de la coopération intergouvernementale en s'efforçant de les réconcilier et de les faire converger ; d'un autre côté, le traité de Maastricht, en octroyant à la Communauté européenne de nouvelles compétences non strictement économiques, constitue une preuve spectaculaire de réussite du pari fonctionnaliste.

Le caractère unitaire du triptyque, bien sûr, résulte de son indissociabilité : l'Union forme un tout et, en particulier, il ne peut être envisagé de devenir membre d'une de ses composantes à l'exclusion des autres. Mais c'est le recours aux mêmes institutions qui est le principal moyen d'assurer l'unité de l'ensemble : « L'Union dispose d'un cadre institutionnel unique qui assure la cohérence et la continuité des actions menées en vue d'atteindre ses objectifs ». Cela signifie que l'Union comportant trois composantes emprunte à l'une d'entre elles son cadre institutionnel, d'autant plus nécessairement que les autres n'en ont pas. Ce cadre institutionnel unique est donc essentiellement communautaire, même si le Conseil choisira de s'intituler « Conseil de l'Union européenne » (*JOCE* n° L 281/18 du 16 nov. 1993) et la Commission « Commission européenne » : le Parlement, le Conseil et la Commission exercent des attributions, dans le cadre d'un détriplement fonctionnel et dans des conditions différentes au titre des trois composantes de l'Union. Le seul organe spécifique de l'Union est le Conseil européen, chargé, au titre de ses trois composantes, de lui donner « les impulsions nécessaires à son développement » et de définir ses « orientations politiques générales ».

d) Les composantes de l'Union européenne initiale

• La composante communautaire (« 1er pilier »)

23. La création de l'Union est l'occasion de la plus importante réforme du traité CEE depuis 1957.

– ***Le changement de dénomination*** – la Communauté économique européenne devenant la Communauté européenne (CE) – tire les conséquences de l'évolution déjà accomplie ainsi que de l'attribution de nouvelles compétences non économiques (santé, culture…).

– C'est l'apparition de la notion de ***citoyenneté de l'Union*** dans le traité CE qui marque, de la façon la plus claire, que la Communauté a franchi les limites des domaines économique et social. Il semblait, en effet, difficile de bâtir une union politique réelle sans donner de véritables droits et devoirs aux citoyens qui la composent. Notion dynamique, la citoyenneté de l'Union est appelée à évoluer à mesure que progressera l'Union. Outre la liberté de circulation et de séjour dans l'espace communautaire, indépendamment de l'exercice d'une activité économique, la citoyenneté européenne comporte d'ores et déjà un certain nombre de droits civiques nouveaux.

Tout citoyen de l'Union, résidant dans un autre État membre dont il ne possède pas la nationalité, a, dans les mêmes conditions que les ressortissants de cet État, le droit de vote et d'éligibilité aux élections municipales (Direct. du 19 déc. 1994, *JOCE* n° L 368/38 du 31 déc. 1994 ; loi organique n° 98-404 du 25 mai 1998, déterminant les conditions d'application de l'article 88-3 de la Constitution, relatif à l'exercice par les citoyens de l'Union européenne résidant en France du droit de vote et d'éligibilité aux élections municipales, *JO* 26 mai 1998, p. 7975 ; cf. M.-F. Verdier, « Le droit de vote et d'éligibilité des citoyens de l'Union européenne aux élections municipales », *RTDE* 1999. 59) et aux élections européennes (Direct. du 6 déc. 1993, *JOCE* n° L 329/34 du 30 déc. 1993). En outre, sur le territoire d'un État tiers où son État d'origine n'est pas représenté, tout citoyen de l'Union pourra bénéficier de la protection des autorités diplomatiques et consulaires de tout autre État membre dans les mêmes conditions que les nationaux de cet État (décision des représentants des gouvernements des États membres réunis au sein du Conseil le 19 décembre 1995, concernant la protection des citoyens de l'Union européenne par les représentations diplomatiques et consulaires, *JOCE* n° L 314/73 du 28 déc. 1995). Enfin, pour défendre les droits qu'il tire des traités, le citoyen de l'Union a le droit de pétition devant le Parlement européen et peut adresser des plaintes relatives à des cas de mauvaise administration dans l'action des institutions ou organes communautaires au *médiateur* parallèlement institué (R. Kovar et D. Simon, « La citoyenneté européenne », *CDE* 1993. 285).

– Le traité CE est complété par des dispositions qui aménagent la mise en place de l'***Union économique et monétaire***. Réalisant un véritable saut qualitatif et parachevant la construction économique de l'Europe, celle-ci devient désormais une des missions de la Communauté, à côté du marché unique et des politiques communes. L'Union économique est fondée sur une coordination des politiques économiques des États membres (lesquelles demeurent cependant largement des compétences nationales), sur le marché intérieur et sur la définition d'objectifs communs, et conduite conformément au respect du principe d'une économie de marché ouverte où la concurrence est libre. Parallèlement, mais de façon beaucoup plus ambitieuse, concrètement autant que symboliquement, l'*Union monétaire* comporte la fixation irrévocable des taux de change, conduisant à l'instauration d'une monnaie unique, ainsi que la définition et la conduite d'une politique monétaire et d'une politique de change uniques dont l'objectif principal est de maintenir la stabilité des prix et de soutenir les politiques économiques générales dans la Communauté. La procédure et le calendrier de la mise en place par étapes de l'Union monétaire se révéleront efficaces, le passage effectif à l'euro, le 1er janvier 1999, constituant une étape historique dans la construction de l'Europe.

– Indépendamment du domaine économique et monétaire, les ***compétences de la Communauté*** sont soit renforcées soit complétées de manière très substantielle. La consolidation concerne les compétences introduites par l'AUE (cohésion économique et sociale, recherche et développement et environnement), ainsi que les relations extérieures (coopération au développement). De nouveaux champs d'action, largement étrangers à sa sphère d'activité économique traditionnelle, font leur entrée officiellement dans la compétence de la Communauté. Il s'agit de l'éducation et de la formation professionnelle (déjà discrètement évoquées dans le traité de Rome), ainsi que des politiques de la jeunesse, de la culture, de la santé publique (même si, pour tous ces domaines, il s'agit d'actions d'encouragement excluant en principe toute harmonisation des législations et réglementations nationales). Il s'agit ensuite de la politique industrielle, des réseaux transeuropéens (transports, télécommunications, énergie...), de la protection des consommateurs, du régime des visas pour les ressortissants de pays tiers ainsi que de la politique sociale (sur la base d'un accord à onze, à l'exception du Royaume-Uni).

– Le ***volet institutionnel*** de la réforme du traité de Rome renforce de manière significative la légitimité démocratique du système communautaire. Poursuivant le mouvement inauguré par l'AUE, il s'agit d'abord d'un élargissement du champ d'application de la procédure de coopération entre le Conseil et le Parlement, de l'avis conforme du Parlement et du vote à la majorité qualifié au sein du Conseil. Véritables innovations, il s'agit ensuite de l'association du Parlement à la désignation des membres de la Commission, sous forme d'un droit d'investiture et surtout d'un accès véritable du Parlement au pouvoir législatif, sous forme d'un droit de codécision, qui lui permet d'arrêter certains actes conjointement avec le Conseil.

– Il est enfin à rappeler que figurent dans ce premier pilier, sans changement comparable à ceux ayant affecté l'ex CEE, les deux autres Communautés européennes, Euratom et la CECA ; celle-ci disparaîtra lors de l'expiration du traité de Paris le 23 juillet 2002.

• La composante PESC (« 2e pilier »)

24. Deuxième composante de l'Union européenne, la *politique étrangère et de sécurité commune* (PESC) fait disparaître un tabou vivace depuis l'épisode malheureux de la Communauté européenne de défense et de la Communauté politique. En effet, c'est une politique commune qui se substitue désormais à la coopération politique, en la renforçant et en l'élargissant. Le renforcement, il est vrai, demeure limité, dans la mesure où la procédure d'adoption des positions et des actions communes requiert bien sûr toujours l'unanimité. La véritable nouveauté est que la PESC inclut désormais l'ensemble des questions relatives à la sécurité de l'Union, « y compris la définition à terme d'une politique de défense commune qui pourrait conduire le moment venu à une défense commune ». À quoi s'ajoute le fait que l'Union de l'Europe occidentale (UEO), seule véritable alliance ouest-européenne, est enfin considérée comme le bras militaire de l'Union, ainsi que l'idée en avait déjà été émise à l'époque du Rapport Tindemans. C'est à l'UEO, en effet, « qui fait partie intégrante du développement de l'Union européenne », qu'il appartiendrait d'élaborer et de mettre en œuvre les décisions et les actions de l'Union européenne qui ont des implications dans le domaine de la défense. Comment ne pas souligner, cependant, que l'ensemble de ce dispositif n'exprime alors qu'une volonté politique pour un avenir encore largement indéterminé ?

• La composante justice et affaires intérieures (« 3e pilier »)

25. Troisième composante de l'Union européenne, la *coopération dans les domaines de la justice et des affaires intérieures* est à la fois le corollaire inéluctable de la totale liberté de circulation des personnes dans la Communauté (y compris les ressortissants des pays tiers) et la conséquence du refus de la majorité des États membres d'accepter, au moins dans un premier temps, la « communautarisation » d'une matière aussi sensible. À cet effet, la politique d'asile, les règles régissant le franchissement des frontières extérieures, les politiques d'immigration et la politique à l'égard des ressortissants des pays tiers, la lutte contre la toxicomanie, contre la fraude de dimension internationale, la coopération judiciaire en matière civile et pénale, la coopération douanière et policière sont considérées par les États membres comme des questions d'intérêt commun. La coopération intergouvernementale dont elles font l'objet repose sur l'exigence d'unanimité et prend la forme de positions communes et d'actions communes, comme dans le domaine de la PESC, ainsi que de conventions entre les États membres. Même s'il ne s'agit que d'un premier pas, le mouvement amorcé ici confirme la volonté des États européens de dépasser l'« Europe marchande » des premiers temps communautaires.

C. Élargissements des Communautés et de l'Union

1° Le premier élargissement

26. Soucieux d'éviter toute organisation contraignante de nature à limiter sa liberté d'action, le Royaume-Uni s'est systématiquement tenu à l'écart de la construction communautaire originelle. Bien plus, à défaut d'avoir réussi à en éviter la mise en place, il s'efforça, dans un premier temps, de limiter le contrecoup du marché commun en rassemblant autour de lui l'Autriche, le Danemark, la Norvège, le Portugal, la Suède et la Suisse au sein de l'Association européenne de libre-échange (AELE, traité de Stockholm du 20 novembre 1959).

Lorsque, « rompant avec mille ans d'histoire », il se ravisa et entreprit avec persévérance, à partir de 1961, d'adhérer aux Communautés, il se heurta au refus obstiné de la France : en janvier 1963, le général de Gaulle, qui refuse l'adhésion aux conditions et dans l'esprit envisagé par les Britanniques, interrompt unilatéralement les négociations qui s'étaient ouvertes, considérant le Royaume-Uni comme plus atlantique qu'européen ; en 1967, le veto français empêche l'ouverture même des négociations. L'obstacle français ayant finalement été levé par le président Pompidou à la Conférence au sommet de La Haye (1er et 2 déc. 1969), la négociation qui se déroula en 1970 et 1971 aboutit, le 22 janvier 1972, à la signature de *l'acte d'adhésion* du Royaume-Uni mais aussi du Danemark, de l'Irlande et de la Norvège. Les Norvégiens ayant décidé en dernière minute, par référendum, de rester au-dehors, c'est une Communauté élargie à « neuf » qui s'ouvrit le 1er janvier 1973.

Soucieuse de se protéger contre les risques de dénaturation, la Communauté avait fait accepter, à l'occasion de ce premier élargissement, le principe que l'adhésion se réalise sans remise en cause du système (principe de l'« acquis communautaire »). Malgré cela, il est apparu rapidement que, en dehors même des difficultés opérationnelles causées par le simple accroissement numérique, l'augmentation des facteurs d'hétérogénéité compliquait considérablement l'entreprise d'intégration : les intérêts particuliers des nouveaux venus ont, par exemple, rendu beaucoup plus difficile les accords sur les questions-clés comme les prix agricoles, la pêche ou l'énergie, sans parler du lancinant problème de la contribution britannique au budget communautaire.

2° L'élargissement méridional

27. La perspective d'un *deuxième élargissement* des Communautés vers le sud devait être abordée avec prudence. Certes, la Grèce (qui bénéficiait depuis 1961 d'un régime d'association à finalité d'adhésion) puis le Portugal et l'Espagne ayant retrouvé des régimes politiques de démocratie pluraliste et fait acte officiel de candidature (respectivement les 12 juin 1975, 28 mars 1977 et 28 juillet 1977), leur adhésion apparaissait politiquement souhaitable, sinon inévitable. Mais des difficultés considérables tenant au niveau de développement économique des candidats et aux répercussions d'une nouvelle augmentation du nombre des pays membres sur le fonctionnement des Communautés ainsi que les craintes spécifiques éprouvées par certains États membres devant le potentiel agricole de l'Espagne expliquent que l'élargissement méridional se soit réalisé en deux temps : 1er janvier 1981 pour la Grèce (acte d'adhésion du 28 mai 1979) et 1er janvier 1986 pour l'Espagne et le Portugal (acte d'adhésion du 12 juin 1985) et que la Communauté ait opposé un refus courtois à la demande d'adhésion turque.

3° L'élargissement septentrional

28. Les années quatre-vingt-dix s'ouvrent avec les perspectives offertes par la chute du mur de Berlin (perspectives d'élargissement de grande ampleur) et par le traité de Maastricht mettant en place l'Union européenne et renforçant la dimension politique de l'intégration européenne (entreprise d'approfondissement de l'intégration). La priorité donnée au renforcement préalable de la construction existante ne fut que partiellement respectée à l'occasion de l'élargissement aux pays de l'AELE. Alors qu'elles n'auraient dû commencer qu'après l'entrée en vigueur du TUE, les négociations d'adhésion s'ouvrirent dès février 1993 et trois nouveaux États (République de Finlande, République d'Autriche, Royaume de Suède) sont devenus membres de l'Union européenne le 1er janvier 1995 (Traité d'adhésion du 24 juin 1994), la Norvège ayant une fois encore renoncé à ratifier le traité après l'avoir signé. Cet élargissement, il est vrai, ne posait guère de difficultés en raison du niveau économique élevé des candidats et parce que, membres de l'AELE, ils participaient à l'Espace économique européen mis en place par le Traité de Porto de mai 1992 entre l'AELE et les Communautés, de sorte que des liens importants existaient déjà avec le marché communautaire.

4° L'élargissement historique

29. Les années quatre-vingt-dix ont vu se multiplier les candidatures : Chypre, Bulgarie, Hongrie, Pologne, République tchèque, Slovaquie, Roumanie, Slovénie, Estonie, Lettonie, Lituanie, Malte (douze).

Ce sont pour l'essentiel des États (PECO ou NEI) (pays de l'Europe centrale et orientale ou nouveaux États indépendants) de l'ex-bloc de l'Est, et leur candidature revêtait une forte signification symbolique et politique. Si cet élargissement peut être qualifié d'historique, c'est donc pour deux raisons : l'importance du nombre d'entrants d'abord (dix d'un coup en 2004 ; soit 36 % de surface et 20 % de population en plus) et la taille atteinte (vingt-cinq États en 2004, puis vingt-sept en 2007 ; plus de 500 millions d'habitants depuis 2010) ; le symbole de la réunification du continent, idéologiquement partagé depuis quarante ans, ensuite.

Cet élargissement pose deux types de problèmes.

D'abord des *problèmes institutionnels* auxquels les traités d'Amsterdam et de Nice tenteront de répondre, le système institutionnel communautaire, conçu pour six, ne pouvant certainement pas fonctionner efficacement à vingt-sept.

Ensuite, ces adhésions posent brutalement le *problème de l'hétérogénéité :* le PIB moyen des dix pays adhérant en 2004 est plus bas de 40 % que la moyenne des PIB des quinze qu'ils rejoignent. Le dilemme entre l'élargissement ou l'approfondissement est donc particulièrement difficile.

D'où une *démarche progressive et sélective :* le Conseil européen de Copenhague, en juin 1993, avait fixé des critères objectifs :

– disposer d'institutions stables garantissant démocratie, primauté du droit, droits de l'Homme, respect des minorités ;

– avoir une économie de marché viable et pouvant supporter la concurrence intra-communautaire ;

– pouvoir reprendre l'acquis communautaire et avoir mis en place une structure administrative et juridictionnelle permettant de l'appliquer correctement.

Il faut ajouter à cela un critère passé inaperçu à l'époque relatif à la capacité d'assimilation de l'Union européenne.

Pour Chypre, où le problème était politique, la décision de commencer les négociations en janvier 1998 avait déjà été prise en 1994. Pour les autres, la Commission, le

16 juillet 1997, a rendu un avis sur les candidatures et a « présélectionné » cinq autres pays : Pologne, Hongrie, République tchèque, Estonie et Slovénie pour lesquels les négociations ont commencé en mars 1998. Le Conseil européen d'Helsinki, en décembre 1999, a ouvert aux six autres candidats (Slovaquie, Lettonie, Lituanie, Roumanie, Bulgarie et Malte) l'accès aux négociations, à partir de février 2000.

Une autre innovation de cet élargissement a consisté à organiser une véritable *stratégie de préadhésion*, avec la mise en place d'un substantiel « partenariat pour l'adhésion », à trois volets : adoption progressive de l'acquis communautaire (soit quelque 1 400 textes normatifs) ; familiarisation avec les programmes et les méthodes communautaires ; enfin, des aides financières de préadhésion. Le programme d'aide communautaire aux pays d'Europe centrale et orientale (Phare) a d'abord constitué le principal instrument financier de cette stratégie à partir de 1994, le budget Phare s'élevant à plus de 10 milliards d'euros pour la période 2000-2006. Cette aide a ensuite pris la forme d'un Instrument d'aide de préadhésion (IAP), mobilisant 11,5 milliards d'euros pour la période 2007-2013, et 11,7 milliards pour 2014-2020.

Le traité d'Athènes a été signé le 16 avril 2003 et dix États (tous les candidats qui négociaient sauf la Roumanie et la Bulgarie) sont entrés dans l'Union le 1er mai 2004 (actes relatifs à l'adhésion des dix nouveaux États membres, *JOUE* n° L 236/1 du 23 sept. 2003), après une campagne de ratifications dans laquelle tous les candidats sauf Chypre ont organisé un référendum. Au total, en moyenne, l'adhésion a recueilli 78 % des suffrages.

Comme lors des élargissements précédents, des mécanismes de sauvegarde ont été mis en place pour faire face à toute conséquence imprévue. D'autres questions ont été résolues par la mise en œuvre de mesures transitoires, qui étalent sur plusieurs années l'impact de questions sensibles, telles que la libre circulation des travailleurs (une préoccupation des anciens États membres) ou l'achat de biens (une préoccupation des nouveaux États membres).

Au regard des progrès accomplis dans la mise en œuvre des critères de Copenhague, l'adhésion de la Bulgarie et de la Roumanie s'est effectuée le 1er janvier 2007, le traité d'adhésion ayant été signé à Luxembourg le 25 avril 2005 (*JOUE* n° L 157/11 du 21 juin 2005).

Le différentiel de développements exigeait de la part de l'Union de maintenir au-delà des adhésions une aide, une solidarité vis-à-vis des nouveaux membres dont l'appréciation était délicate. Des experts ont estimé que sur six ans, le coût de l'élargissement pour l'Union était de 67 milliards d'euros, ce qui peut apparaître considérable mais doit être comparé aux 600 milliards d'euros que la réunification avait coûté à l'Allemagne sur une période de neuf ans (de 1990 à 1999).

5° L'élargissement, quelles limites ?

PETIT (Y.), « Quelques réflexions sur la capacité d'intégration de l'Union européenne », *RMCUE* mars 2007, n° 506, p. 153.

30. Il ne faut pas perdre de vue la problématique même de l'élargissement. Si l'on considère l'Union comme un grand marché, l'objectif sera, sans doute ni problème, de l'élargir toujours plus, la seule limite étant que les mécanismes décisionnels puissent fonctionner. En revanche, si l'on considère qu'il faut partager plus que l'intérêt commercial et économique pour appartenir à cette Union, si l'on insiste donc sur la dimension politique de celle-ci, il faut alors veiller à ce que des communautés de valeurs et de principes existent vraiment. À trop s'élargir, l'Union risque donc de devenir de plus en plus puissante économiquement mais de moins en moins efficace et même de moins en moins visible d'un point de vue politique. C'est déjà le cas : l'Europe est un géant économique et commercial. C'est la première puissance commerciale du monde, la deuxième puissance économique (voire la première si l'on prend la méthode de cumul des PIB) (du moins avant le Brexit) ; elle est, dans un secteur essentiel pour l'avenir, le premier exportateur mondial de services, loin devant les États-Unis, mais il est clair qu'elle n'est pas la première puissance du monde...

31. Si l'on met à part les candidatures atypiques de l'Islande et de la Turquie, la problématique des élargissements concerne essentiellement les Balkans occidentaux. L'Union considère, de manière stratégique, que les États de cette région ont *vocation à se rapprocher d'elle*. Le Conseil européen de Thessalonique, en juin 2003, a donc entériné la perspective d'une adhésion future à l'Union européenne pour l'ensemble des États des Balkans occidentaux, le processus passant par l'étape essentielle de la conclusion d'accords de stabilisation et d'association poursuivant trois objectifs : la stabilisation et la transition rapide vers une économie de marché ; la promotion d'une coopération régionale ; la préparation de l'adhésion. Globalement, ces pays posent des problèmes pour satisfaire aux critères de Copenhague, ajoutant souvent à l'instabilité de la région des insuffisances structurelles de leur économie, et des efforts à faire en matière de lutte contre la corruption ou la criminalité organisée. Le 6 février 2018, la Commission a adopté une stratégie (« Une perspective d'élargissement crédible ainsi qu'un engagement de l'Union européenne renforcé pour les Balkans occidentaux ») confirmant cette perspective générale d'élargissement à la région, tout en soulignant que le processus en cours est à la fois objectif et fondé sur le mérite, c'est-à-dire dépendant des résultats concrets atteints par les candidats. Chaque année, la Commission fait le point sur les différentes candidatures, en novembre jusqu'en 2016, le point de 2017 ayant été décalé jusqu'au printemps 2018 (Note de la Commission du 17 avril 2018 ; conclusions du Conseil du 26 juin 2018 et du Conseil européen du 28 juin 2018).

L'avenir des élargissements peut être présenté en cinq temps.

a) Premier aboutissement : la Croatie

32. La ***Croatie*** a fait acte de candidature le 21 février 2003 et a obtenu le statut de candidat le 18 juin 2004. Le Conseil européen de décembre 2004 a demandé au Conseil de parvenir à un accord en vue de l'ouverture des négociations d'adhésion le 17 mars 2005, pour autant que la Croatie coopère pleinement avec le Tribunal pénal international pour la Yougoslavie (TPIY). En attendant, un accord d'association et de stabilisation avec l'Union européenne est entré en vigueur le 1er février 2005. Le manque de coopération avec le TPIY a finalement entraîné un report de l'ouverture des négociations au 3 octobre 2005. En juin 2011, la Commission a recommandé que l'adhésion de la Croatie se fasse en juillet 2013, et le traité a été signé le 9 décembre 2011. Un référendum ayant approuvé l'adhésion à 66 %, la Croatie est donc le 28e État membre de l'Union.

b) La bulle islandaise

33. Véritable surprise, la candidature de l'***Islande*** a été annoncée en septembre 2008, dans un contexte de crise économique soudaine et dramatique pour cette île, le parapluie de l'euro était sans doute alors la motivation essentielle. Le processus a suivi son cours, la demande officielle d'adhésion étant formulée le 23 juillet 2009 et les négociations ont été ouvertes le 27 juillet 2010. Ces négociations ont rapidement progressé du fait de l'appartenance de l'Islande à l'Espace économique européen, ce qui implique une large convergence avec les normes de l'Union, malgré des discussions plus difficiles pour les secteurs de la pêche et de l'agriculture (syndrome « norvégien ») et un contentieux bancaire avec le Royaume-Uni et les Pays-Bas. Mais c'est surtout l'évolution de l'état d'esprit du candidat qui a condamné l'entreprise. En avril 2013, une coalition de centre droit eurosceptique a remporté les élections législatives avec la promesse de mettre fin à ce processus d'adhésion. Les négociations sont suspendues depuis mai 2013 et la candidature a été retirée le 12 mars 2015.

c) Demain

34. Les négociations d'adhésion avec la Turquie ont été ouvertes en 2005 mais ne progressent que lentement. Des négociations d'adhésion avec le Monténégro et la Serbie sont en cours depuis, respectivement, 2012 et 2014.

– La candidature de la ***Turquie*** est la plus ancienne de toutes. Dès 1963, un accord d'association est conclu entre la Communauté économique européenne et la Turquie, dans lequel il est fait référence à une perspective d'adhésion. La candidature date du 14 avril 1987. En 1995, une union douanière est constituée et, en décembre 1999 à Helsinki, le Conseil européen décide d'accorder à la Turquie le statut officiel de pays candidat à l'adhésion. Il estime alors que ce pays possède les fondements d'un système démocratique, mais présente des lacunes graves en termes de droits de l'Homme et de protection des minorités. Le 6 octobre 2004, la Commission a publié une communication sur l'adhésion de la Turquie : au regard des changements survenus ces dernières années, la Commission considère que le pays satisfait suffisamment aux critères politiques de Copenhague et elle suggère une ouverture des négociations d'adhésion mais sous conditions. Elle propose également, et c'est une innovation, d'encadrer les négociations de façon étroite en appliquant une stratégie très contraignante, reposant sur trois piliers. La Commission souligne aussi que l'adhésion ne pourra avoir lieu avant 2014. C'est sur ces bases que le Conseil européen de Bruxelles des 16 et 17 décembre 2004 a décidé que les négociations d'adhésion de la Turquie s'ouvriraient le 3 octobre 2005. À peu près la moitié des chapitres de négociation ont été ouverts, encore deux en novembre 2015 et juin 2016. Ces négociations se sont avérées chaotiques, d'indiscutables progrès de la Turquie dans le domaine politique pouvant les favoriser, mais la question chypriote, par exemple, demeurant problématique. La réserve de l'Union, s'exprimant notamment par la déclaration du nouveau président de la Commission en 2014 annonçant qu'il n'y aurait aucune adhésion avant 2019 au moins, a pu provoquer une réaction d'amertume turque rendant plus difficile les négociations. En 2016, des événements particuliers ont influé sur celles-ci. Les difficultés de l'Union face à la crise des migrants l'ont conduite, notamment par une déclaration Union européenne/Turquie du 18 mars 2016, à solliciter la coopération de ce pays, de manière à éviter que nombre de migrants affrontent la traversée en mer si meurtrière à destination des côtes grecques. En revanche, la vigueur de la réaction de l'exécutif turc après la tentative de coup d'État du 15 juillet 2016 a obligé l'Union à faire le constat de reculs sensibles quant au respect des droits fondamentaux, notamment la liberté d'expression, et le droit à un procès équitable. Le rapport d'avril 2018 de la Commission est très critique et le Conseil de juin 2018 en a tiré les conséquences : le processus est au point mort.

– Un accord de stabilisation et d'association (ASA) a été signé avec le ***Monténégro*** le 15 octobre 2007 et est finalement entré en vigueur le 1er mai 2010, le délai ayant conduit à conclure un accord intérimaire sur le commerce et les mesures d'accompagnement, entré en vigueur le 1er janvier 2008. Le Monténégro a posé sa candidature à l'adhésion à l'Union en décembre 2008 et a obtenu le statut de candidat en décembre 2010. La Commission, le 12 octobre 2011, a établi un constat positif et recommandé l'ouverture des négociations. L'obligation de visa pour les ressortissants du Monténégro a été levée à compter du 19 décembre 2009, et les négociations ont été lancées en 2012. En juin 2018, trente-et-un des trente-cinq chapitres ont été ouverts et trois clôturés.

– Depuis 2001, la ***Serbie*** entretenait des relations avec l'Union dans le cadre de la *task force* consultative UE-RFY (TFC), ensuite été remplacée par un dialogue permanent renforcé (DPR) dont la mission était d'encourager et de contrôler les réformes sur la base du partenariat européen adopté par le Conseil de l'Union en juin 2004 et mis à jour en janvier 2006. Après la dissolution de l'Union étatique, le dialogue permanent renforcé s'est poursuivi séparément avec la Serbie et avec le Monténégro. La conclusion d'un Accord de stabilisation et d'association (ASA) a été particulièrement chaotique ; la négociation en a été lancée dès 2005, mais ont été suspendues le 3 mai 2006, avant que le processus de paraphage et de conclusion de l'accord, commencé en novembre 2007, soit gelé en janvier 2008, la raison de ces troubles étant toujours le manque de coopération de la Serbie avec le Tribunal pénal international pour l'ex-Yougoslavie (TPIY). L'Union avait également proposé à la Serbie un *accord intérimaire sur le commerce et les mesures d'accompagnement*. Accord intérimaire et ASA ont été finalement signés le 29 avril 2008 mais le Conseil a décidé que la mise en œuvre de l'Accord intérimaire et la ratification de l'ASA seraient subordonnés à la pleine coopération de la Serbie avec le TPIY. L'obligation de visa pour les ressortissants serbes (non-résidents du Kosovo) a été levée le 19 décembre 2009. En juin 2010, les progrès de cette coopération ont été jugés suffisants pour lancer le processus de ratification de l'ASA par les 27, et l'ouverture de négociations a été recommandée en octobre 2011, et elles ont été lancées en 2014. En 2016, à la suite d'élections nationales anticipées en avril, le programme du nouveau gouvernement serbe a fait de l'adhésion de la Serbie à l'Union un objectif prioritaire. La Serbie a pris d'importantes mesures pour atteindre cet objectif, ce qui a permis l'ouverture des quatre premiers chapitres des négociations d'adhésion, y compris sur l'état de droit et la normalisation de ses relations avec le Kosovo. Le rythme général des négociations d'adhésion à l'Union dépendra tout particulièrement de l'existence de progrès durables dans ces deux domaines. À cet égard, un accord de 2017 a garanti un bon fonctionnement des services judiciaires au Kosovo, pour toutes les communautés. En juin 2018, quatorze chapitres avaient été ouverts et deux clôturés.

d) Après-demain

35. C'est là que se ressent la volonté stratégique de l'Union, convaincue que l'adhésion des États concernés est indispensable pour stabiliser cette partie du continent européen.

– L'***Albanie*** a conclu un accord de stabilisation et d'association le 12 juin 2006, qui est entré en vigueur en 2009. Elle a posé sa candidature à l'adhésion en avril 2009. En juin 2010, a été confirmée l'intention de lever en automne de la même année l'exigence européenne de visa pour les citoyens albanais. Le bon déroulement des élections en 2013 a fait avancer cette candidature de même qu'un effort important dans la lutte contre la corruption et la criminalité. La première réunion du Dialogue de haut niveau s'est tenue le 12 novembre 2013. En mai 2014, l'Albanie a adopté une feuille de route présentant et structurant les réformes prévues au titre des priorités clés et le statut d'État candidat a été accordé à l'Albanie le 27 juin 2014. Les années suivantes, des progrès notables ont été enregistrés, notamment des réformes du système judiciaire et de l'administration publique, et les droits fondamentaux sont apparus comme largement respectés. La Commission a donc recommandé en novembre 2016 l'ouverture de négociations d'adhésion. Le rapport d'avril 2018 confirmant les progrès dans les secteurs critiques, le Conseil du 26 juin 2018 a admis que la consolidation de ces progrès pourrait permettre de lancer ces négociations en juin 2019.

– La ***Bosnie-Herzégovine***, pendant longtemps, ne disposait pas d'un cadre contractuel la reliant à l'Union européenne. Pour qu'il y ait quand même un contact a été créée en 1998 une *task-force* consultative (TFC) rebaptisée « Surveillance du processus de réforme » en janvier 2006 afin de marquer le début d'une nouvelle phase, à savoir l'ouverture des négociations sur un accord de stabilisation et d'association (ASA) en novembre 2005. L'ASA a été signé le 16 juin 2008 et l'obligation de visa a été levée à l'automne 2010. La situation a longtemps été bloquée par un manque de consensus national, par des problèmes de non-exécution d'un arrêt de la CEDH, et par le refus du pays de régler un conflit commercial avec la Croatie. 2015 a été une année de reprise de l'élan et de la dynamique d'adhésion. Un programme de réformes a été adopté en juillet dans le cadre d'un consensus politique mais ceci restait fragile. La Commission, fin 2015 « attendait de voir » la mise en œuvre. En 2016, la Bosnie-Herzégovine a répondu aux priorités découlant de son processus de réforme. La demande formelle d'adhésion a été présentée le 15 février 2016 et le statut de candidat a été envisagé par le Conseil le 20 septembre 2016. Dans son rapport d'avril 2018, la Commission reste assez floue, évoquant des progrès « encore nécessaires », et le Conseil, en juin 2018, a recommandé de traduire la demande formelle d'adhésion en progrès concrets sur le terrain.

– L'***ancienne République yougoslave de Macédoine*** a signé un accord de stabilisation et d'association (ASA) avec les Communautés européennes et leurs États membres à Luxembourg le 9 avril 2001, et il est entré en vigueur le 1er avril 2004. En mars 2004 la Macédoine a présenté une demande d'adhésion et elle a obtenu le statut de candidat en décembre 2005. La Commission a considéré que les progrès accomplis étaient satisfaisants en octobre 2009 et a recommandé l'ouverture des négociations d'adhésion. Depuis le 19 décembre 2009, il n'y a plus d'obligation de visa pour les ressortissants de Macédoine. Même conclusion favorable aux négociations en novembre 2010 puis en octobre 2011, octobre 2012 et octobre 2013, le souhait étant exprimé que le problème du nom du pays (nom d'une province grecque) soit réglé. Cette accumulation sans lendemain de recommandations d'ouverture des négociations est problématique, la constance de la Commission découlant de sa conviction que les problèmes qui se posent trouveraient plus facilement une réponse dans le cadre de véritables négociations d'adhésion. Le 29 mars 2012 s'est d'ailleurs ouvert un «dialogue de haut niveau sur l'adhésion», mais fin 2014, la Commission a conclu que le processus d'adhésion était dans l'impasse. Même Bilan fin 2015. Fin 2016, la Commission a constaté la poursuite de la crise politique dans le pays, conditionnant sa recommandation d'ouverture des négociations par l'accomplissement de progrès dans l'application de l'accord de Pržino, notamment en ce qui concerne la tenue d'élections parlementaires crédibles et la réalisation d'avancées substantielles sur le plan de la mise en œuvre des réformes prioritaires à opérer d'urgence. Le nouveau gouvernement, en juin 2017 a fait de ces négociations une absolue priorité. En avril 2018, la Commission a encore proposé d'ouvrir les négociations, saluant notamment un accord avec la Grèce sur la question du nom. Le Conseil de juin 2018 a décidé que si les progrès se confirmaient, l'ouverture des négociations pourrait se faire en juin 2019.

– Le 20 avril 2005, la Commission européenne a adopté la communication au Conseil sur le ***Kosovo*** « un avenir européen pour le Kosovo » qui renforce l'engagement de la Commission à l'égard du Kosovo et, le 20 janvier 2006, le Conseil a adopté un *partenariat européen pour la Serbie et le Monténégro, y compris le Kosovo* traçant le cadre d'un accompagnement par l'Union des évolutions de la situation sensible de cette province serbe, ce cadre se plaçant dans la ligne de la résolution n° 1244/1999 du Conseil de sécurité des Nations unies. Le Kosovo a déclaré son indépendance en février 2008 et adopté une constitution entrée en vigueur le 15 juin. L'Union, dont vingt-trois États membres sur vingt-huit ont reconnu cette indépendance, a mis sur pied une mission « État de droit » dans le cadre de la Politique européenne de sécurité et de défense (PESD), baptisée « EULEX », opérationnelle depuis avril 2009, et a nommé un représentant spécial. Les Conseils européens de décembre 2007 et de février 2008 ont confirmé que l'Union était disposée à apporter son concours au développement économique et politique du Kosovo en offrant une perspective européenne claire, conformément à la perspective européenne générale de la région. Dans sa communication du 17 décembre 2009, intitulée « Kosovo. Vers la concrétisation de la perspective européenne », la Commission rappelle cette perspective et propose d'entamer un processus qui devrait conduire les citoyens kosovars à pouvoir voyager dans l'Union sans visa et de commencer les préparatifs d'un accord commercial global dès que le Kosovo satisfera aux conditions requises à cet effet. L'accord de stabilisation et d'association est entré en vigueur le 1er avril 2016, et une feuille de route sur la libéralisation du régime des visas a conduit la Commission à présenter officiellement en mai 2016 une proposition visant à supprimer l'obligation de visa, à la double condition que soit l'accord sur la délimitation de la frontière avec le Monténégro et que soit renforcée la lutte contre la criminalité organisée et la corruption. Un programme de réformes européen a été élaboré pour faciliter la mise en œuvre nécessaire de l'ASA. Le Kosovo a rempli ses dernières obligations internationales portant sur la mise en place des chambres spécialisées et d'un ministère public spécialisé chargés d'enquêter sur les allégations de crimes internationaux commis dans le cadre du conflit au Kosovo. Le mandat d'EULEX (mission civile « État de droit » dans le cadre de la PESD) (police, justice, douanes) a été prolongé jusqu'en juin 2018, puis jusqu'en juin 2020. Le Kosovo doit approfondir sa participation au dialogue avec la Serbie, notamment en ce qui concerne la mise en œuvre de l'ensemble des accords, mais la situation politique reste très compliquée.

e) Remarques finales

36. Trois évolutions notables sont à souligner. D'abord une évolution de la problématique même de l'élargissement, ensuite des évolutions stratégiques vis-à-vis des Balkans occidentaux, enfin l'inversion du processus d'élargissement avec la première décision d'un État membre de quitter l'Union.

– ***Évolution de la problématique de l'élargissement*** : on peut se demander si, depuis quelques années, ne se dégagent pas d'autres critères que les stricts critères de Copenhague, par exemple liés à la coopération régionale imposée aux candidats, ou tenant à la coopération avec le Tribunal pénal international pour l'ex-Yougoslavie. Cependant, jusqu'à présent, les conditions de fond de l'élargissement, même diversifiées, étaient uniquement à remplir par les États candidats. Les conclusions de Copenhague, en 1993, évoquaient pourtant aussi « la capacité de l'Union européenne à assimiler de nouveaux membres tout en maintenant l'élan de l'intégration européenne ». Un rapport spécial de la Commission (rapport spécial sur la capacité de l'Union européenne à intégrer de nouveaux membres du 8 novembre 2006, COM(2006)649), est revenu sur ce concept, qui semble s'imposer sous la forme de la « capacité d'intégration » de l'Union, et qui a été précisé, cette capacité étant notamment à apprécier en termes institutionnels et financiers. Au total pourrait ici apparaître un nouveau critère rendant plus difficiles les adhésions et qui avait à peine été évoqué en 1993 à Copenhague. La prise en compte de cette capacité d'absorption ou d'intégration correspond en tous cas à une inversion de la perspective jusque-là adoptée pour les élargissements.

– ***Évolution de la stratégie pour les Balkans occidentaux*** : la stratégie pour 2016 a connu des évolutions méthodologiques. Appliquant le principe de la « priorité aux fondamentaux », la nouvelle approche pilote se concentre sur les priorités politiques et les faiblesses relevées dans les pays concernés par l'élargissement. La nouvelle présentation s'applique aux domaines suivants :

– état de droit et droits fondamentaux (fonctionnement du système judiciaire, corruption, criminalité organisée, liberté d'expression) ;

– critères économiques ;

– réforme de l'administration publique ;

– trois chapitres étroitement liés à ceux qui précèdent (marchés publics, statistiques, contrôle financier).

Dans chacun de ces domaines, l'état d'avancement ainsi que les progrès accomplis seront évalués en fonction d'une échelle d'évaluation standard à cinq niveaux. Pour l'état d'avancement, phase initiale (un certain degré de préparation) ; modérément préparé ; bien préparé ; bien avancé. Pour mesurer les progrès accomplis, l'appréciation ira du recul aux progrès importants en passant par aucun progrès, progrès modestes et progrès satisfaisants.

Le 6 février 2018 a été présentée la stratégie « *Une perspective d'élargissement crédible ainsi qu'un engagement de l'Union européenne renforcé pour les Balkans occidentaux* » (COM(2018)65) articulée sur six initiatives phares assorties d'un effort financier et d'actions spécifiques par lesquelles l'Union veut donner une nouvelle impulsion aux réformes menées par les Balkans occidentaux dans des domaines d'intérêt mutuel : consolidation de l'état de droit ; coopération en matière de sécurité et de migration grâce à des équipes communes d'enquête et à l'Agence européenne de garde-frontières et de garde-côtes ; connectivité dans les secteurs des transports et de l'énergie avec une extension de l'union de l'énergie aux Balkans occidentaux ; développement socio-économique, avec un accent particulier sur les domaines de l'éducation et de la santé ; stratégie numérique, avec la réduction des frais d'itinérance et un soutien au déploiement de haut débit dans la région ; réconciliation et relations de bon voisinage, compte tenu de l'histoire troublée de la région, avec notamment un appui à la lutte contre l'impunité et pour la justice transitionnelle. Cette stratégie s'inscrit dans la stratégie plus vaste visant à renforcer l'Union à l'horizon 2025. Sans être une échéance d'ores et déjà fixée, 2025 peut cependant apparaître comme une cible raisonnablement envisageable pour l'adhésion de la Serbie et du Monténégro, dont les négociations sont déjà engagées, la stratégie précisant les conditions de succès : le ***Monténégro*** doit obtenir des résultats concrets notamment dans les domaines de l'état de droit et de la lutte contre la corruption et la criminalité organisée ; et pour la ***Serbie***, un consensus politique durable devra permettre d'avancer sur les importantes réformes nécessaires en ce qui concerne l'état de droit et l'économie, et de normaliser complètement les relations avec le Kosovo. Le document indique aussi que la Commission est disposée à élaborer des recommandations relatives à l'ouverture de négociations d'adhésion avec l'***Albanie*** et l'***ancienne République yougoslave de Macédoine*** (2030 serait une échéance à envisager pour ces deux pays), et à se prononcer sur la demande d'adhésion de la ***Bosnie-Herzégovine*** quand celle-ci aura répondu à un questionnaire détaillé. Lors du Sommet des Balkans occidentaux organisé à Londres le 10 juillet 2018, la Commission a notamment présenté son projet de *Nouvel instrument de garantie* qui, devrait être lancé en 2019, avec une enveloppe de 150 millions d'euros pour 2019-2020, cette garantie permettant de mobiliser 1 milliard d'euros pour des investissements dans le domaine socio-économique durable et l'intégration régionale dans la zone des Balkans occidentaux.

– ***Inversion du processus : le premier retrait*** : le référendum du 23 juin 2016 a abouti à la décision du Royaume-Uni de quitter l'Union européenne, malgré une décision des Chefs d'État ou de gouvernement réunis au sein du Conseil européen pour un « Nouvel arrangement pour le Royaume-Uni dans l'Union européenne », le 19 février 2016, qui avait dangereusement tangenté les lignes rouges du projet d'intégration pour essayer de donner satisfaction au Premier ministre britannique et éviter ainsi le Brexit. Le manque de préparation flagrant a retardé le début du processus de retrait, la Cour suprême britannique ayant notamment jugé le 24 janvier 2017, par une majorité de huit sur onze membres, que le gouvernement devait consulter le Parlement avant de lancer les négociations de sortie de l'Union européenne. Malgré la faible majorité dont elle disposait, et malgré le retentissement de la question pour un Royaume de moins en moins uni, l'Écosse ayant voté contre le Brexit à 62 % et l'Irlande du Nord à 56 %, Theresa May a obtenu le vote du Parlement et le processus de retrait (article 50 UE) a pu être amorcé le 29 mars 2017. Le 22 septembre 2017, le Royaume-Uni a confirmé l'objectif de retrait pour le 29 mars 2019, trois problèmes particuliers restant à préciser. D'abord la durée des négociations pourrait être prolongée avec l'accord de tous les États membres. Ensuite, le Royaume-Uni a souhaité qu'une fois le retrait acté, une période de transition de deux ans démarre, pendant laquelle les relations le liant à l'Union resteraient en l'état, afin d'assurer une sortie de l'Union « *en douceur et ordonnée* ». Enfin se posait la question des engagements financiers du Royaume-Uni pour la période de programmation budgétaire en cours se terminant fin 2020, le chiffrage de la part à assumer pour le Royaume-Uni différant entre les estimations de ce dernier (20 milliards) et celles de l'Union (entre 50 et 60 milliards d'euros). Le 8 décembre 2017, la Commission européenne a recommandé au Conseil européen de conclure la première phase des négociations et de passer à la seconde, compte tenu des acquis des négociations sur trois points délicats : les droits des citoyens (les citoyens de l'Union vivant au Royaume-Uni et les citoyens britanniques installés dans l'Union conserveront les mêmes droits une fois que le Royaume-Uni aura quitté l'Union) ; le dialogue sur l'Irlande/Irlande du Nord (le Royaume-Uni reconnaît la singularité de l'île d'Irlande et a pris des engagements importants pour éviter la mise en place d'une frontière physique) ; le règlement financier (le Royaume-Uni a consenti à ce que les engagements pris à 28 soient honorés à 28, donc y compris par lui-même jusqu'à fin 2020, comme s'il était encore membre de l'Union, ce qui correspondra à 45 ou 55 milliards d'euros, l'accord n'étant pas totalement fixé). Sur cette base, le 15 décembre 2017, le Conseil européen (à 27) a décidé que l'on pouvait effectivement passer à la 2° phase des négociations, c'est-à-dire la négociation de l'accord de retrait, le timing prévu étant que ces discussions devraient aboutir à l'automne 2018, l'accord de retrait devant être accompagné d'une déclaration politique définissant clairement les contours de la future relation entre l'Union et le Royaume-Uni. Le 20 décembre 2017, Michel Barnier, négociateur en chef de l'Union, a présenté les directives de négociation à propos de la période de transition permettant un « retrait ordonné ». Cette période (deux ans pour T. May à partir du 29 mars 2019 ; au maximum jusqu'au 31 décembre 2020 (programmation financière en cours) pour M. Barnier) devra respecter quatre principes : l'intégrité du marché intérieur, l'intégrité de l'Union douanière, l'application au Royaume-Uni de toutes les nouvelles règles de l'Union européenne adoptées pendant la transition, et de toutes les politiques de l'Union, et le respect de l'autonomie de décision de l'Union européenne, le Royaume-Uni devenant un pays tiers le 30 mars 2019 et ne participant dès lors plus au processus décisionnel. Le 19 mars 2018, l'accord s'est fait sur une période de transition allant du 30 mars 2019 au 31 décembre 2020. Le Conseil européen a exprimé des orientations le 23 mars 2018 et le 29 juin 2018, s'inquiétant notamment du manque de réalisme des propositions du Royaume-Uni quant aux relations futures. Le livre blanc proposé par le gouvernement britannique en juillet 2018 a surtout suscité des controverses internes et son contenu (zone de libre-échange pour le commerce des biens, arrangement douanier simplifié, fin du « passeport financier » en matière bancaire, maintien de la participation à certaines agences de l'Union, fin de la libre circulation des personnes) ne semble pas correspondre aux axes principaux des négociateurs de l'Union, notamment quant à l'indivisibilité des libertés du marché intérieur, et ne semble pas résoudre le problème particulier de la frontière entre Irlande et Irlande du Nord. Sur le *Brexit*, cf. le dossier, *RTDE* 2016, n° 4, pp. 689 à 788.

D. Réaménagements des Communautés et de l'Union

37. Une fois mis en place, en 1993, le nouveau système englobant les Communautés intégrées dans le complexe composite de l'Union, les perspectives d'élargissement massif exigeaient des adaptations que l'on a tenté en deux temps de réaliser sous forme de simples réaménagements dont le manque d'ampleur a signifié l'échec.

1° Le traité d'Amsterdam

Divers, « Le traité d'Amsterdam », *RTDE* n° spécial 4, 1997. 709 à 1102.

Duff (A.), *The treaty of Amsterdam*, Londres, Federal Trust, Sweet & Maxwell, 1997.

Labayle (H.), « La coopération européenne en matière de justice et d'affaires intérieures et la Conférence intergouvernementale », *RTDE* 1997. 1.

Lejeune (Y.) (études coordonnées par), *Le Traité d'Amsterdam, espoirs et déceptions*, Bruxelles, Bruylant, 1998.

Louis (J.-V.), « Le traité d'Amsterdam. Une occasion perdue », *Rev. du Marché unique européen* n° 2, 1997. 5.

MAGANZA (G.), « Réflexions sur le Traité d'Amsterdam. Contexte général et quelques aspects particuliers », *AFDI* 1997. 657.

MANIN (P.) (dir.), *La révision du traité sur l'Union européenne, perspectives et réalités*, Rapport du groupe français d'étude pour la CIG 96, Paris, Pedone, 1996.

MASSIMO (S.) et FERNANDEZ FERNANDEZ (R.), « Le traité d'Amsterdam ; une évaluation critique », *RMC* 1997. 667.

MATTERA (A.) (dir.), *La Conférence intergouvernementale sur l'Union européenne*, Paris, Clément Juglar, 1996.

OLESTI RAYO (A.), *Los principíos del Tratado de la Unión Europea. Del Tratado de Maastricht al Tratado de Amsterdam*, Barcelona, Ariel éd., 1998.

PREDIERI (A.) et TIZZANO (A.) (dir.), *Il Trattato di Amsterdam*, Milan, Giuffré éd., 1999.

SAURON (J.-L.), « Le traité d'Amsterdam, une réforme inachevée ? », *D.* 1998, huitième cahier, chron. Sorasio (D.), v° *Union européenne (Traité d'Amsterdam), Rép. communautaire*, Dalloz.

TEZLAN (E.), « Les coopérations dans les domaines de la justice et des affaires intérieures dans le cadre de l'Union européenne et le Traité d'Amsterdam », *CDE* 1998. 661.

VERDERANE (G.), « Le Traité d'Amsterdam et ses suites : instruments de réalisation d'une identité européenne dans le domaine de la politique extérieure », *Rev. du Marché unique européen* n° 1, 1999. 15.

38. Conformément à la clause de rendez-vous, inscrite dans le Traité de Maastricht, et après un travail intense de préparation (cf. Centre européen de sciences politiques, *La Conférence intergouvernementale*, Presses de Sciences Po, 1996), une Conférence intergouvernementale (« CIG 1996 ») s'est ouverte le 29 mars 1996, à l'issue du Conseil européen de Turin, et a été conclue par les chefs d'État ou de gouvernement lors du Conseil européen d'Amsterdam, les 16 et 17 juin 1997.

39. Force est de constater que ces derniers, prioritairement attachés, à cette même date, à lever les derniers obstacles sur la voie de la monnaie unique, n'ont pas saisi l'occasion pour réaliser une nouvelle avancée de la construction européenne. Non seulement ils se sont abstenus de tout ajout concernant les finalités de l'Union (le traité d'Amsterdam sera dépourvu de tout préambule), mais, surtout, n'ont même pas réussi à préparer l'Union aux futurs élargissements en adaptant les mécanismes de décision prévus par et pour six États à une Europe élargie à vingt ou vingt-cinq membres (le nombre des commissaires et la repondération des voix au sein du Conseil étant renvoyés à un accord à intervenir au mieux à l'occasion du prochain élargissement).

40. En revanche, Amsterdam aura permis de donner à l'Union deux objectifs nouveaux, en réponse aux préoccupations des citoyens, la « promotion de l'emploi » et la mise en place d'un « espace de liberté, de sécurité et de justice », et de la faire progresser selon la technique des « petits pas », au titre de chacun de ses trois « piliers » :

– le premier pilier (communautaire) voit l'extension et la simplification de la procédure de codécision législative ainsi que l'élargissement (emploi, politique commerciale commune) et le renforcement (santé publique, environnement, protection des consommateurs) des compétences de la Communauté européenne ;

– le deuxième pilier (PESC) est renforcé à travers des organes et procédures nouvelles et la consolidation des relations avec l'UEO, mais surtout l'affirmation de la vocation du Conseil de l'Union à prendre les décisions politiques concernant les missions dites de « Petersberg », à savoir missions humanitaires et d'évacuation, missions de maintien de la paix et les missions de forces de combat pour la gestion des crises, y compris les missions de rétablissement de la paix (cf. D. Vignes, « Et si Amsterdam avait fait encore autre chose de bien : permettre de réaliser la politique de défense commune ? », *RMC* 1999. 77) ;

– le troisième pilier (jusque-là paralysé) est désormais réduit aux domaines touchant le droit pénal et la police (« dispositions relatives à la coopération policière et judiciaire en matière pénale »), au bénéfice d'une « communautarisation » (passage dans le premier pilier) massive, qui porte sur les frontières intérieures et extérieures, sur les politiques des visas, d'asile, d'immigration et sur la coopération judiciaire en matière civile.

Si bien qu'il est permis de se demander si l'innovation majeure d'Amsterdam n'aura pas été la rupture avec le dogme unitaire de la construction communautaire où tous les États membres avancent d'un même pas et souscrivent les mêmes engagements. Sacrifiant l'uniformité synonyme d'immobilisme, et afin d'éviter, notamment à la veille de nouveaux élargissements, que le rythme de la construction européenne ne continue d'être conditionné par les États membres les moins rapides, le traité d'Amsterdam accepte pour la première fois d'organiser *la différenciation* des engagements souscrits par les États membres. La « coopération renforcée », qu'il autorise à l'intérieur et dans le cadre institutionnel de l'Union (y compris à l'intérieur de la Communauté européenne) devrait permettre aux États membres plus ambitieux de progresser entre eux, tout en laissant la porte ouverte aux autres membres susceptibles de les rejoindre ultérieurement (v. ss 69 à 83).

41. Le traité d'Amsterdam modifiant le traité sur l'Union européenne, les traités constituant les Communautés européennes et certains actes connexes, a été signé le 2 octobre 1997 par les ministres des Affaires étrangères ; avec les treize protocoles et les soixante déclarations qui l'accompagnent, il a été publié au *JOCE* n° C 340 du 10 novembre 1997 (où il représente cent cinquante pages). Ses dispositions, ainsi que la nouvelle numérotation des articles, titres et sections qu'il instaure, sont entrées en vigueur le 1er mai 1999 (*JOCE* n° C 120/24 du 1er mai 1999), après ratification par les quinze États signataires. Simultanément, le Conseil européen de Cologne (3-4 juin 1999) a ouvert une nouvelle étape de la construction européenne à travers deux initiatives majeures. En matière de PESC, et dans le contexte de l'intervention de l'OTAN au Kosovo, il décidait de doter l'Union, avant la fin de l'an 2000, des moyens de remplir effectivement les missions de prévention des conflits et de gestion des crises (« missions de Petersberg ») qu'elle exerce désormais sur la base du nouveau traité, c'est-à-dire de mettre en place les structures politico-militaires pour que l'Union soit capable de déployer des forces militaires crédibles hors de ses frontières, ce qui revient à programmer l'intégration de l'UEO à l'UE dans les mêmes délais. Dans le domaine institutionnel, il décidait de convoquer, pour le début de l'an 2000, une nouvelle conférence des représentants des gouvernements des États membres (CIG), chargée de résoudre les trois questions institutionnelles qui n'avaient pas été réglées à Amsterdam et qui devaient l'être avant le prochain élargissement.

2° Le traité de Nice

BERROD (F.) et PIETRI (M.), « Nice ou la victoire des États membres », *Europe* janv. 2001, *Rép.* p. 3.
FAVRET (J.-M.), « Le traité de Nice du 26 février 2001 : vers un affaiblissement irréversible de la capacité d'action de l'Union européenne ? », *RTDE* 2001. 271.
LOUIS (J.-V.), « Le traité de Nice », *JTDE* n° 76, févr. 2001, p. 25.
PESCATORE (P.), « Nice-aftermath », *Common Market Law Review*, vol. 2, avr. 2001, p. 265.
PETITE (M.), « Nice, traité existentiel, non essentiel », *RDUE* n° 4, 2000. 887.
RIDEAU (J.) (dir.), *Union européenne. Commentaire des traités modifiés par le traité de Nice*, Paris, LGDJ, 2001.
TOUSCOZ (J.), « Un large débat. L'avenir de l'Europe après la conférence intergouvernementale de Nice (CIG 2000) », *RMC* 2001. 225.

42. Au-delà des trois « reliquats d'Amsterdam » (envergure de la Commission, pondération des voix et vote à la majorité qualifiée), l'agenda de la CIG, ouverte le 14 février 2000, s'est rempli jusqu'à donner lieu, sous la pression des élargissements à réaliser, à une véritable discussion d'ensemble, oscillant entre les exigences d'adaptation et les dangers de dévoiement, dont l'objet n'était rien moins que de réorganiser le système communautaire et finalement d'influer sur l'avancée du processus communautaire lui-même.

a) La réorganisation du système communautaire

43. Elle s'est avérée difficile en ce qu'elle consistait à modifier les équilibres du système politique, le renforcement de l'efficacité du système juridictionnel posant moins de problèmes.

– Le ***système politique*** constitue un mécanisme original de représentation savamment équilibrée d'intérêts, et la discussion a porté à la fois sur la représentation des intérêts nationaux, et celle de l'intérêt général communautaire.

La *représentation des intérêts des États membres* se matérialisait à cette époque par la pondération des voix qui leur sont affectées au Conseil de l'Union européenne lors des votes à la majorité qualifiée, le système évitant à la fois les dictatures liées à la taille (grands États) ou au nombre (petits États). Le passage programmé à ce moment-là de quinze (cinq grands, dix petits) à vingt-sept (six grands, vingt-et-un petits) exigeait un renforcement du poids des grands États, ce qui fut envisagé selon les dispositifs déjà mentionnés dans le protocole annexé au traité d'Amsterdam : nouvelle pondération ou double majorité (en voix et en population représentée). Le traité de Nice combine les deux, le système de prise de décision à la majorité qualifiée applicable à partir du 1er janvier 2005 comportant alors trois volets. La nouvelle pondération des voix s'étage entre 29 ou 27 voix pour les « grands », et 3 (Malte) ou 4 pour les plus petits États, la majorité qualifiée de ces voix évoluant au rythme des adhésions depuis le taux à quinze (62 sur 87, soit 71,2 %), jusqu'à atteindre 258 sur 345 (74,8 %) (ramenée à 255 pour cet horizon à 27. Plus tard, l'adhésion de la Croatie conduira à une majorité qualifiée de 260 voix sur 352). Le deuxième volet a consisté à exiger, en même temps, que la décision recueille le vote favorable de la majorité des États membres (ou les deux tiers si le Conseil ne se prononce pas sur la base d'une proposition de la Commission). Enfin, troisième volet, le plus novateur, un État peut demander la vérification que la majorité réunie représente au moins 62 % de la population totale de l'Union (« filet démographique ») ; à défaut, la décision ne sera pas adoptée.

La *représentation de l'intérêt général communautaire* est assurée par la Commission européenne, et le traité CE (art. 213 *[ex 157]*) insiste lourdement sur la nécessaire et logique indépendance de ses membres vis-à-vis de leurs États d'origine. Certaines ambiguïtés liées à la place des gouvernements dans la procédure de nomination des commissaires, de même que, parfois, le profil ou le destin politique national de ceux-ci a cependant conduit à ce que les États membres tiennent à « leur(s) » commissaire(s), d'où le problème quantitatif posé par l'élargissement, une Union à vingt-sept devant compter, selon le système en vigueur avant le traité de Nice, trente-trois commissaires, ce qui a été considéré comme excessif, à la fois au regard des missions de la Commission et compte tenu du manque de *leadership* de son président. Le traité de Nice a répondu à ces deux problèmes. Il a organisé d'abord en deux temps un plafonnement du nombre des commissaires : le collège entrant en fonction en 2005 serait composé d'un national par État membre, ce qui correspond au renoncement des États les plus peuplés de proposer deux commissaires (solution déjà inscrite dans le protocole d'Amsterdam) ; par ailleurs, le principe fut posé selon lequel, à partir de la première Commission nommée après que l'Union compte vingt-sept membres, le nombre de commissaires serait inférieur au nombre d'États, le Conseil devant alors décider à la fois du nombre de membres de la Commission et des modalités d'une rotation égalitaire entre les États (ces discussions certainement fort délicates étant donc renvoyées à plus tard). Le traité s'est préoccupé également d'assurer une promotion du président de la Commission, à la fois organique, sa désignation relevant du Conseil européen, à la majorité qualifiée, et fonctionnelle, puisqu'il a été acté qu'il déciderait de l'organisation interne de l'institution, attribuerait les responsabilités aux commissaires et pourrait remanier celles-ci en cours de mandat ; la nomination des vice-présidents et la possibilité de demander la démission d'un membre de la Commission ont participé aussi de cette « présidentialisation ».

– Le ***système juridictionnel*** a été modifié à la fois plus discrètement et plus profondément. Si le plus spectaculaire a peut-être été la possibilité de créer de nouvelles juridictions, les *chambres juridictionnelles*, spécialisées dans certains contentieux, il faut aussi relever l'indéniable promotion du tribunal de première instance, désormais véritable juge de droit commun pour les recours directs et qui pourra même recevoir compétence pour les questions préjudicielles dans certains domaines (ce qui n'a toujours pas été fait (v. ss 1168 et 1450).

b) L'avancée du processus communautaire

44. Ce qui caractérise ce processus, on l'a vu, est son objectif et sa philosophie (l'intégration et non la coopération) et sa vocation à dépasser la dimension économique pour investir de plus en plus le domaine politique, selon la méthode fonctionnaliste. Sur ces deux points, le traité de Nice ne laisse pas d'être ambigu.

– Si l'***objectif d'intégration*** n'est que faiblement renforcé dans ce qui fait son originalité, il peut apparaître comme menacé par les améliorations apportées à la technique hétérodoxe de la coopération renforcée.

Le symbole du modèle intégratif est certainement la *prise de décision à la majorité*, et non à l'unanimité du Conseil. À cet égard, le traité de Nice poursuit, certes, l'extension du champ de ce vote majoritaire, avec vingt-sept dispositions concernées, ce qui est cependant moins que prévu, et on doit noter que s'agissant des « domaines clés » (fiscalité, politique sociale, politique de cohésion, asile et immigration, politique commerciale commune), les résultats sont négatifs (maintien de l'unanimité pour la fiscalité par exemple) ou partiels (ainsi du passage à la majorité différé à 2007 pour la politique de cohésion).

En revanche, les « coopérations renforcées » pouvant apparaître comme une rupture, dans le traité d'Amsterdam, avec le modèle communautaire classique, font l'objet d'une incontestable promotion avec le traité de Nice ; leur champ d'application est étendu, avec une logique irréprochable, au deuxième pilier, mais surtout leurs mécanismes sont assouplis, par la suppression du droit de veto des États pour les 1er et 3e piliers, et par un abaissement du seuil exigé, la majorité des États membres jusque-là, huit États avec le traité de Nice, ce qui, pour une Communauté à vingt-sept (nombre de membres envisagé par le traité de Nice), représente moins du tiers.

– La ***vocation politique*** de la Communauté et de l'Union est particulièrement sensible avec la défense des droits fondamentaux progressivement réalisée au sein de l'ordre juridique communautaire. À cet égard, en marge de la CIG mais au même moment, était élaborée une Charte des droits fondamentaux de l'Union européenne (proclamée lors du Conseil européen de Nice) susceptible de synthétiser et symboliser cette dimension. Le traité de Nice, s'il marque une avancée en dotant l'Union d'un système préventif vis-à-vis des violations des droits de l'Homme dans les États membres, n'a fait cependant aucune mention de la Charte, lui refusant par là une portée juridique contraignante. On signalera aussi la prise d'autonomie de la politique de défense de l'Union européenne par rapport à l'UEO, qui n'est plus considérée comme son « bras armé ».

Le traité de Nice était assorti de quatre protocoles et vingt-sept déclarations (dont vingt-quatre vraiment « adoptées » par la CIG), et deux de ces textes semblaient tout particulièrement conditionner l'avenir de la construction européenne, à court et plus long terme. Il s'agit, bien sûr, du Protocole sur l'élargissement de l'Union déterminant l'adaptation du système institutionnel, mais aussi de l'importante « déclaration relative à l'avenir de l'Union ». Sacrifiant à une pratique désormais traditionnelle, la Conférence a constaté que les dossiers qu'elle avait abordés n'avaient pas tous été réglés par le traité de révision et a annoncé la convocation d'une prochaine CIG, en 2004, dont l'ordre du jour a été précisé. Couronnant un débat, large et approfondi, sur l'avenir de l'Union, notamment organisé selon une déclaration adoptée lors du Conseil européen de Laeken, en décembre 2001, il a été indiqué que cette CIG serait consacrée à la délimitation des compétences entre l'Union et les États membres, au statut de la Charte des droits fondamentaux, à la simplification des traités, et au rôle des Parlements nationaux dans l'architecture européenne, autant de thèmes qui ne pouvaient que donner une dimension « constitutionnelle » aux futurs débats.

Signé le 26 février 2001, le traité de Nice (*JOCE* n° C 80 du 10 mars 2001) a été ratifié par l'ensemble des États, parfois avec difficulté (un premier référendum, en Irlande, avait été négatif), et le traité a pu entrer en vigueur le 1er février 2003.

§ 3. La refondation de l'Union européenne : la fin de la Communauté européenne

45. C'est une refondation qui aurait pu se faire par la voie « constitutionnelle » (« traité établissant une constitution pour l'Europe ») mais qui a finalement été réalisée sur la base du traité modificatif de Lisbonne du 13 décembre 2007, entré en vigueur le 1er décembre 2009.

A. La tentative constitutionnelle : un nouveau traité de Rome

Blumann (C.), « Traité établissant une constitution pour l'Europe. Genèse, contenu, postérité (Traité de Lisbonne) », *J.-Cl. Europe*, fasc. 120.

Burgorgue-Larsen (L.), Levade (A.) et Picod (F.) (dir.), *Traité établissant une Constitution pour l'Europe, commentaire article par article*, t. 1, Bruxelles, Bruylant, 2007.

Constantinesco (V.), Gautier (Y.) et Michel (V.) (dir.), *Le traité établissant une Constitution pour l'Europe, analyses et commentaires*, Strasbourg, Presses de l'Université de Strasbourg, 2005.

Dony (M.) et Bribosia (E.), Commentaire de la Constitution de l'Union européenne, Bruxelles, Éditions de l'Université de Bruxelles 2005

Guillermin (G.), « Quelques réflexions sur la notion de constitution européenne », in *Cinquante ans de droit communautaire, Mélanges en hommage à Guy Isaac*, Presses de l'Université des sciences sociales de Toulouse, 2004.

Levade (A.) (dir.), « La constitution européenne, une constitution ? », *RAE* 2001-2002, n° 6.

Louis (J.-V.), « Le projet de constitution : continuité ou rupture ? », *CDE* mars-avr. 2003, p. 215.

Monjal (P.-Y.), « Le projet de traité établissant une constitution pour l'Europe : quels fondements théoriques pour le droit constitutionnel de l'Union européenne ? », *RTDE* 2004. 443.

Philip (C.), *La Constitution européenne*, Paris, PUF, coll. « Que sais-je ? », 2004.

Piris (J.-C.), *Le traité constitutionnel pour l'Europe : une analyse juridique*, Bruxelles, Bruylant, 2006.

Priollaud (F.-X.) et Siritzky (D.), *La Constitution européenne. Texte et commentaires*, Paris, La documentation française, 2005.

Revue du droit public (numéro spécial), « Constitution européenne », *RDP* 2002, n° 6.

Triantafyllou (D.N.), *La Constitution européenne selon le traité de Rome de 2004. Les choix clés de la Conférence intergouvernementale*, Bruxelles, Bruylant, 2005.

1° La méthode et l'originalité juridique

46. Il a été décidé de préparer la CIG prévue par le traité de Nice par une « Convention » sur le modèle de celle qui avait rédigé la Charte des droits fondamentaux. Composée de représentants des Parlements nationaux, des chefs d'État ou de gouvernement (dans les deux cas, à la fois pour les États membres et les treize États candidats), du Parlement européen et de la Commission européenne, et présidée par M. Valéry Giscard d'Estaing, la Convention s'est rapidement donné pour mission de rédiger une constitution pour l'Union européenne, ce qui illustre à la fois une tentative et une tentation constitutionnelle. Le résultat fut un projet de traité établissant une Constitution pour l'Europe approuvé, en tant que « bonne base de départ » par le Conseil européen de Thessalonique du 20 juin 2003. La Conférence intergouvernementale ensuite réunie, conformément à la procédure de révision des traités, d'abord en échec en décembre 2003 à la suite de l'opposition de l'Espagne et de la Pologne, a fini par adopter une version légèrement modifiée le 18 juin 2004, signée à Rome le 29 octobre 2004 (*JOUE* n° C 310/1 du 16 déc. 2004).

Contrairement à l'opinion commune, l'originalité, ici, ne consistait pas en une labellisation constitutionnelle plus apparente ou symbolique que réelle (juridiquement, il s'agissait indiscutablement d'un traité, reposant sur une base juridique consistant à adopter des traités de révision et rien dans la méthode, qu'il s'agisse de la convention ou des référendums d'autorisation de ratifier, ne permet de revenir sur ce constat) et moins novatrice qu'on pouvait le croire (la fonction constitutionnelle des traités communautaires a été reconnue, y compris par la Cour de justice des Communautés pour qui le traité CE(E) constitue la « Charte constitutionnelle de base » de la Communauté) (CJCE 23 févr. 1986, *Les Verts*, aff. 294/83, *Rec*. 339). En somme, il s'agissait de passer d'un traité déjà qualifié, par la doctrine et le juge, de « constitution » à un traité baptisé « constitution »... En revanche, ce traité innovait par rapport aux autres traités de révision (Maastricht, Amsterdam, Nice) puisqu'il ne se contentait pas de réviser les traités antérieurs mais qu'il les abrogeait (v. ss 584).

2° Le contenu

47. Si l'on s'en tient à la partie générale de ce texte (correspondant au droit général de l'Union), le projet renouvelait profondément l'architecture de l'Union, désormais dotée de la personnalité juridique, alors que la Communauté européenne disparaissait.

L'architecture institutionnelle évoluait également de manière sensible. Le Conseil européen était présidé par une personnalité qu'il élirait, un ministre des Affaires étrangères de l'Union présiderait la formation du Conseil des affaires étrangères tout en appartenant à la Commission, le président de la Commission serait élu par le Parlement en fonction du résultat des élections européennes : si ces réformes amélioraient certainement la « visibilité » extérieure et la légitimité démocratique de l'Union, elles pouvaient aussi multiplier les risques de conflits internes.

La majorité qualifiée au Conseil devait, selon la Convention, être simplifiée, à partir de 2009 : majorité des États membres représentant les 3/5e de la population de l'Union. Ce fut là une des difficultés majeures pour la CIG et le projet final a prévu une majorité qualifiée de 55 % des États membres représentant 65 % de la population de l'Union. Lorsque la proposition ne venait pas de la Commission ou du ministre des Affaires étrangères, ces exigences passaient à 72 % des États représentant 65 % de la population. Le système devait s'appliquer à partir du 1er novembre 2009, avec quelques dispositions compliquant encore le mécanisme jusqu'en 2014. La complexité du résultat était ici à la mesure de la difficulté consistant en ce que l'Union alors à vingt-cinq comptait dix-neuf petits États membres pour six « grands », ce qui était loin de l'équilibre initial d'une Communauté des six partagée entre trois « grands » et trois petits ou moyens.

Les bases et les instruments juridiques de l'Union avaient fait également l'objet d'un renouvellement complet. Les compétences étaient ventilées en catégories génériques (compétences exclusives, compétences partagées, compétences pour des actions d'appui, de coordination ou de complément) ou restaient particularisées (compétence de coordination des politiques économiques et de l'emploi ; politique étrangère et de sécurité commune). Le dispositif normatif comprenait désormais la loi européenne (correspondant sensiblement aux anciens règlements de base), la loi-cadre européenne (ancienne directive), le règlement européen (acte de mise en œuvre ayant les caractéristiques, soit d'un ancien règlement, soit d'une ancienne directive), la décision européenne, les recommandations et les avis.

Du point de vue de l'ordre juridique, deux apports de ce traité doivent être soulignés : la Charte des droits fondamentaux formait la deuxième partie du traité, acquérant ainsi valeur de droit positif. Par ailleurs, l'article I-6 réalisait une confirmation explicite de la primauté du droit de l'Union vis-à-vis du droit des États membres.

Le traité constitutionnel ne devait entrer en vigueur qu'après ratification par les vingt-cinq puis vingt-sept États membres, la date mentionnée à l'article IV-447 (1er nov. 2006) étant rapidement apparue comme condamnée par les aléas de ces ratifications nationales. En effet, la légitimation citoyenne attachée à une autorisation de ratifier donnée par référendum a incité certains États membres à choisir cette voie risquée et peu prévisible, mais paraissant adaptée à une « constitution ». À la suite de référendums négatifs, en 2005, en France et aux Pays-Bas, le processus a été gelé dans certains États et le traité constitutionnel n'a finalement été ratifié que par dix-huit membres sur vingt-sept, ce qui a ouvert une véritable crise de l'intégration européenne.

B. La solution du traité modificatif de Lisbonne

ANDRIANTSIMBAZOVINA (J.), BLUMANN (C.), GAUDIN (H.) et PICOD (F.) (dir.), *Le traité de Lisbonne : pourquoi faire simple quand on peut faire compliqué*, *ADE*, vol. IV, 2006, Bruylant, 2009. 7.

BERRAMDANE (A.), « Le traité de Lisbonne et le retour des États », *JCP* 27 févr. 2008, n° 9-10, p. 23.

BROSSET (E.), CHEVALLIER-GOVERS (C.), EDJAHARIAN (V.) et SCHNEIDER (C.) (dir.), *Le traité de Lisbonne, reconfiguration ou déconstitutionnalisation de l'Union européenne*, Bruxelles, Bruylant, 2009.

CRAIG (P.), « The Treaty of Lisbon, process, architecture and substance », *EL Rev.* 2008. 137.

FERNANDEZ LIESA (C.-R.) et DIAZ BARRADO (C.-M.), *El Tratado de Lisboa : analisis y perpectivas*, Madrid, Dykinson, 2008.

GAUTRON (J.-C.), « Le traité de Lisbonne ou le retour de la realpolitik », *RAE* 2007-2008/2, p. 163

GRILLER (S.) et ZILLER (J.), *The Lisbon Treaty. EU Constitutionalism without a Constitutional Treaty*, Wien, Springer, 2008.

JACQUET (J.-P.), « Le traité de Lisbonne, une vue cavalière », *RTDE* n° 3, 2008. 439.

LENAERTS, (K.), « De Rome à Lisbonne, la Constitution européenne en marche ? », *CDE* n° 3-4, 2008. 229.

Louis (J.-V.), « Le traité de Lisbonne », *JTDE* n° 144, 2007. 289.
Mangas Martín (A.), « Un tratado no tan simple : el realismo mágico del funcionalismo », *Revista de derecho comunitario europeo*, 12, n° 30, 2008. 335.
Oberdorff (H.), « Le traité de Lisbonne, une sortie de crise pour l'Union européenne », *RDP* 2008. 774.
Pernice (I.) et Tanchev (E.), *Ceci n'est pas une constitution : constitutionalisation without a Constitution ?*, Baden-Baden, Nomos, 2009.
Picod (F.) (dir.), *Le traité de Lisbonne*, *RAE* 2/2007-2008.
Picod (F.), « Le traité de Lisbonne », *J.-Cl. Europe*, fasc. 10.
Picod (F.), « Le traité de Lisbonne : une nouvelle chance pour l'Europe », *JCP* 2009, n° 52, 581. 13
Priollaud (F.-X.) et Siritzky (D.), *Le traité de Lisbonne. Texte et commentaire article par article des nouveaux traités européens (TUE – TFUE)*, Paris, La documentation française, 2008.
Simon (D.) (dir.), « Le traité de Lisbonne, oui, non, mais à quoi ? », *Europe* n° 7, juill. 2008, p. 24.
Van Raepenbusch (S.), « La réforme institutionnelle du traité de Lisbonne : l'émergence juridique de l'Union européenne », *CDE* n° 5-6, 2007. 573.
Ziller (J.), *Les nouveaux traités européens, Lisbonne et après*, coll. « Clefs-Politique », Paris, Montchrestien, coll. « Clefs. Politique », 2008.

48. Le problème à résoudre était délicat puisqu'il fallait prendre en compte à la fois le refus de deux États membres fondateurs mais aussi la pleine acceptation de dix-huit autres et les idées balançaient entre un « mini-traité », évitant l'habillage ostensiblement « constitutionnel » ou d'autres modifications plus cosmétiques qui permettraient de conserver l'essentiel de ce texte, notamment du point de vue institutionnel ou en matière de droits fondamentaux.

Le Conseil européen de Bruxelles du 23 juin 2007 a assigné à une CIG réunie à partir du 23 juillet un mandat très précis de quinze pages, qui a permis d'avancer avec une rapidité surprenante. Du point de vue du calendrier, ce traité a été approuvé lors du Conseil européen de Lisbonne des 18 et 19 octobre 2007 malgré les difficultés créées par les réticences de la Pologne essentiellement. Il a été officiellement signé à Lisbonne le 13 décembre 2007 (*JOUE* n° C 306/1 du 17 déc. 2007), et les ratifications devaient en principe être achevées avant les élections européennes de juin 2009. Sur vingt-sept États, vingt-six devaient approuver ou ratifier au terme d'une procédure parlementaire, un seul devant organiser un référendum (l'Irlande était le seul État constitutionnellement tenu de le faire). Le 12 juin 2008, 53,4 % des Irlandais ont rejeté, par référendum, le traité de Lisbonne. Des difficultés sont également apparues en Pologne, le président refusant de signer malgré la ratification approuvée par la Diète, tant que l'Irlande n'aurait pas approuvé le traité. En Allemagne, le président a dû attendre que se prononce le Tribunal constitutionnel de Karlsruhe, dont la décision de juin 2009 a obligé à adopter une loi, de sorte que le processus de ratification n'a pu être achevé qu'en septembre. Restait un cas très épineux : la république tchèque. Présidée par un eurosceptique, elle a d'abord pu masquer son hostilité politique derrière un problème juridique, puisqu'elle devait attendre une décision de la Cour constitutionnelle. Le 26 novembre 2008, la reconnaissance par la cour constitutionnelle de la conformité du texte du traité à la loi fondamentale du pays a semblé régler la question puisqu'il ne manquait plus qu'un vote du Parlement. 2009 a alors vu une succession de problèmes, de crises gouvernementales, avec une nouvelle saisine de la Cour constitutionnelle. Le nœud du problème restait le cas irlandais. L'Irlande a obtenu un certain nombre de garanties et le référendum du 2 octobre 2009 a été un succès pour le traité de Lisbonne, avec 67,13 % de oui, ce qui a permis la ratification irlandaise et polonaise en octobre. La Cour de la république tchèque s'étant prononcée favorablement le 3 novembre, le président tchèque a encore essayé une manœuvre dilatoire, revendiquant une dérogation à la Charte des droits fondamentaux liée à l'affaire des Sudètes, datant de l'immédiat après-Deuxième Guerre mondiale. Il a fini par obtenir un protocole dérogatoire, comme l'ont également, depuis le traité de Lisbonne, la Pologne et le Royaume-Uni. L'entrée en vigueur du traité est intervenue le 1er décembre 2009 (pour les versions consolidées du traité sur l'Union européenne et du traité sur le fonctionnement de l'Union européenne, cf. *JOUE* n° C 83/1 du 30 mars 2010).

Ce traité de Lisbonne n'est pas un « traité simplifié » ou un « mini-traité ». Il réalise deux cent quatre-vingt-dix-sept modifications des traités antérieurs, compte des centaines de pages, et est assorti de trente-sept protocoles et d'une décision additionnelle des chefs d'État ou de gouvernement réunis au sein du Conseil, soixante-six déclarations étant annexées.

La plupart des dispositions institutionnelles du traité constitutionnel (nouveau système de vote avec double majorité au Conseil, président stable pour le Conseil européen, statut d'institution pour celui-ci…) sont reprises, mais tous les éléments symboliques (« Constitution », « lois », ministre des Affaires étrangères, mention expresse de l'hymne, de la devise, du drapeau…) sont abandonnés, parfois de manière ambiguë : ainsi, il n'y aura plus de « lois » mais certains actes seront des « actes législatifs ». La Charte des droits fondamentaux est exclue du texte des traités mais l'article 6 du Traité sur l'Union européenne dispose qu'elle a la même valeur juridique que les traités. De manière comparable, l'article explicitant la primauté du droit de l'Union sur le droit des États membres n'est pas repris, mais une Déclaration (n° 17) relative à la primauté rappelle comme étant bien établie cette primauté et renvoie, directement et par le moyen d'un avis du service juridique du Conseil, à la jurisprudence de la Cour de justice pour en apprécier la portée. Dans ces deux derniers cas, il semble qu'il y ait eu la volonté de contrer l'image de ces dispositions plus que leur contenu (« déconstitutionnalisation » plus formelle que matérielle).

Du point de vue du cadre général, à la différence du traité constitutionnel, les traités antérieurs ne sont pas abrogés mais révisés. Pour autant, ce cadre général est sensiblement renouvelé : la Communauté disparaît (comme avec le traité constitutionnel), le terme étant partout remplacé par « Union ». L'article 1er, *in fine*, UE précise que « l'Union se substitue et succède à la Communauté européenne ». L'Union acquiert la personnalité juridique et est fondée sur deux traités : le traité sur l'Union européenne (TUE), qui garde son nom, et le traité sur le fonctionnement de l'Union (TFUE), version révisée du traité instituant la Communauté européenne. La structure en trois piliers est abandonnée. C'est désormais en dehors de l'Union que se maintient la Communauté européenne de l'énergie atomique (pour la version consolidée du traité instituant la Communauté européenne de l'énergie atomique [CEEA], cf. *JOUE* n° C 84/1 du 30 mars 2010), le traité CEEA maintenant de forts liens institutionnels et juridiques avec l'Union européenne. Pour autant, même si, dans les traités sur lesquels est fondée l'Union, les termes « Communauté » et « communautaire » ont disparu, il convient de ne pas oublier ce qu'est l'acquis communautaire et la méthode communautaire, ou le modèle communautaire, qui conservent une pleine pertinence pour comprendre les caractéristiques du droit général de l'Union européenne.

Première partie

Système institutionnel de l'Union européenne

Quermone (J.-L.), *Le système politique de l'Union européenne*, coll. « Clefs », 9e éd., Montchrestien, 2015.

49. Les traités communautaires, le traité sur l'Union européenne et le traité sur le fonctionnement de l'Union européenne ont un objet résolument institutionnel ; ils ne se bornent pas à créer des droits et obligations, mais, dépassant le plan contractuel, ils font œuvre de fondation et d'organisation et se présentent surtout comme des *Chartes constitutives* (selon la Cour, on doit même les qualifier de « chartes constitutionnelles », CJCE 23 avr. 1986, *Parti écologiste « Les Verts »*, aff. 294/83, *Rec.* 339).

Dans son arrêt *Costa* (15 juill. 1964, aff. 6/64, *Rec.* 1141), la Cour de justice fournit un recensement quasi exhaustif des éléments composant le système institutionnel communautaire en soulignant, à propos du traité CEE, qu'il a « institu(é) une communauté de durée illimitée, dotée d'attributions propres, de la personnalité, de la capacité juridique, d'une capacité de représentation internationale et plus précisément de pouvoirs réels issus d'une limitation de compétence ou d'un transfert d'attributions des États à la Communauté ».

Ce système se traduit donc par la création de nouvelles entités personnalisées, distinctes des États fondateurs, la détermination de leurs objectifs et de leurs pouvoirs (Chapitre 1), la définition de leur structure et de leurs organes (Chapitre 2), l'indication de leurs moyens d'action (Chapitre 3). On fera une place spéciale aux règles régissant les relations extérieures (Chapitre 4).

Chapitre 1

Statut et compétences

Section 1

Statut

§ 1. L'« INSTITUTION » DE L'UNION EUROPÉENNE

50. Contrairement aux fédérations, qui trouvent habituellement leur source dans des constitutions, actes de droit interne, et comme les organisations internationales, les Communautés sont nées de traités multilatéraux, négociés au cours de conférences internationales, signés par les plénipotentiaires des six États fondateurs, ratifiés et entrés en vigueur selon les principes classiques du droit des traités. Les articles 1er du traité de Paris du 18 avril 1951 et des deux traités de Rome du 25 mars 1957 ont été rédigés en termes homologues : « Par le présent traité, les Hautes Parties Contractantes instituent entre elles une Communauté européenne du charbon et de l'acier »... « une Communauté économique européenne »... « une Communauté européenne de l'énergie atomique ».

Le souci de donner à la construction communautaire la plus grande souplesse possible et notamment, devant les risques d'un refus, la volonté de permettre, le cas échéant, la ratification séparée de l'un des deux traités de Rome, ont conduit à la juxtaposition de *trois* communautés distinctes, dont l'indépendance juridique ne sera pas remise en cause malgré l'unification des organes parachevée dans le « traité de fusion » du 8 avril 1965 et malgré l'appellation apparemment unitaire « Communauté européenne » introduite par le traité de Maastricht, mais qui ne recouvre que l'ancienne CEE. La réalité, conjuguant unité et individualité, était rendue par l'utilisation courante du concept de « Communautés européennes », par exemple pour le « budget des Communautés européennes » ou le statut des fonctionnaires « des Communautés européennes » (art. 283 CE).

Paradoxalement pour un *traité-fondation*, le traité CECA n'avait été conclu que pour cinquante ans (art. 97) ; en revanche, les traités de Rome ont été conclus « pour une durée illimitée » (art. 312 CE *[ex 240]* et art. 208 CEEA), ce qui est plus conforme aux finalités permanentes de l'intégration européenne. Très tôt, les États (conclusions du Conseil du 29 avril 1991) ont décidé que la CECA ne serait pas prolongée au-delà de son terme en 2002 et ont organisé la reprise progressive des secteurs sidérurgique et charbonnier par le traité CE dans sa configuration de l'époque, sauf à y inclure, entre-temps, les dispositions du traité CECA qui seraient jugées utiles ou nécessaires. Un protocole annexé au traité de Nice, s'appliquant à compter du 24 juillet 2002, a réglé les conséquences financières de l'expiration de la CECA, avec la constitution d'un Fonds de recherche du charbon et de l'acier, et a confirmé l'application de principe du traité CE.

Malgré la nuance retenue en 1992 lors du traité de Maastricht et maintenue avec le traité de Lisbonne, ce n'est pas un traité « instituant l'Union européenne » (à l'image du projet *Spinelli* adopté par le Parlement européen le 14 février 1984) mais un traité « sur l'Union européenne » qui a ensuite été adopté. Pour autant, l'article 1er en a toujours repris le modèle des traités communautaires : « Par le présent traité, les Hautes Parties Contractantes instituent entre elles une Union européenne, ci-après dénommée "Union" ». Les articles 53 UE et 356 FUE confirment que ces deux traités de base de l'actuelle Union sont conclus « pour une durée illimitée ».

§ 2. L'appartenance à l'Union européenne

Blumann (C.) (dir.), *Les frontières de l'Union européenne*, coll. « Droit de l'Union européenne », Bruxelles, Bruylant, 2013.

Gaudin (H.) (dir.), « L'État membre de l'Union européenne », *ADE* 2004, pp. 3 à 256.

Molinier (J.) (dir.), *Les principes fondateurs de l'Union européenne*, coll. « Droit et justice », Paris, PUF, 2005.

I. L'adhésion à l'Union européenne

51. La qualité d'État membre n'est pas limitée aux *fondateurs*. Le projet d'intégration régionale présenté en 1950 par Robert Schuman s'adressait à tous les États européens ; à ceux qui n'ont pas jugé bon de participer avec les « Six » aux actes de fondation, les traités ont toujours offert la possibilité de l'adhésion.

A. Conditions de forme et de procédure

52. Le traité de Maastricht a remplacé des procédures spécifiques d'adhésion à chacune des trois Communautés (art. 98 CECA ; art. 237 CEE ; art. 205 CEEA) par une procédure unique d'adhésion à l'Union européenne qui implique adhésion simultanée aux Communautés. Le traité de Lisbonne se situe dans le prolongement direct de cette procédure unifiée.

1° Les procédures originaires d'adhésion aux Communautés

53. Les trois traités prévoyaient que l'État qui souhaitait devenir membre adressait sa demande au Conseil, lequel devait obligatoirement demander l'avis de la Commission avant de se prononcer. Mais ensuite la procédure différait sensiblement.

Dans la CECA, elle était purement communautaire et les États membres n'intervenaient pas ; c'était le Conseil qui, à l'unanimité, fixait lui-même les conditions de l'adhésion ; il s'agissait donc d'un acte unilatéral de la Communauté elle-même, l'adhésion prenant effet par le seul dépôt fait par le candidat de son instrument d'adhésion auprès du gouvernement français, dépositaire du Traité de Paris. Au contraire, les Traités de Rome prévoyaient en la matière la compétence non de la Communauté mais des États membres et une procédure conventionnelle : les conditions de l'admission et les adaptations aux traités faisaient l'objet d'un accord entre les États membres et les États adhérents, qui exigeait la ratification de l'ensemble des uns et des autres, en conformité avec leurs règles constitutionnelles respectives. Quant à la procédure des négociations avec les pays candidats (arrêtée au sommet de La Haye le 2 décembre 1969 à l'occasion du premier élargissement), elle se révéla beaucoup plus « communautaire » que ne semblaient l'imposer les traités.

Pour éviter les divergences, la négociation ne se déroulait pas entre les États membres et les candidats, mais entre la Communauté d'une part, les candidats d'autre part, au sein d'une « conférence entre les Communautés européennes et les États ayant demandé l'adhésion », la Communauté intervenant au nom et pour le compte des États membres (formellement le Traité d'adhésion du 22 janvier 1972, par exemple, se présente comme un traité entre dix parties, négocié par une onzième).

Concrètement, la négociation était menée, du côté des Communautés, par le Conseil, le rôle de la Commission consistant à présenter des propositions en vue d'établir, entre les États membres, une base commune de négociations et ensuite, à jouer l'« honnête courtier » entre les membres et les candidats.

2° La procédure unique d'adhésion à l'Union européenne

54. L'article O du traité sur l'Union européenne *[devenu art. 49 UE]* (qui transpose au niveau de l'Union la rédaction de l'article 237 CEE dans sa rédaction issue de l'AUE) a unifié la procédure d'adhésion et l'actuelle rédaction (art. 49 UE) issue du traité de Lisbonne retient sensiblement la même procédure, ajoutant simplement que le Parlement européen et les parlements nationaux sont informés de la demande d'adhésion, ce qui relève davantage du symbole d'une logique institutionnelle valorisant les institutions parlementaires que de la disposition opérationnelle influant véritablement sur la procédure. L'adhésion doit obligatoirement passer par une demande du candidat, l'Union ne pouvant solliciter une candidature, par une procédure d'*invitation* comme celles que peuvent pratiquer certaines organisations internationales, sinon officieusement ; « l'État demandeur adresse sa demande au Conseil, lequel se prononce à l'unanimité après avoir consulté la Commission et après approbation du Parlement européen, qui se prononce à la majorité des membres qui le composent. (...).

Les conditions de l'admission et les adaptations que cette admission entraîne en ce qui concerne les traités sur lesquels est fondée l'Union font l'objet d'un accord entre les États membres et l'État demandeur. Ledit accord est soumis à la ratification par tous les États contractants conformément à leurs règles constitutionnelles respectives ».

Tous les États devant ratifier, il faut admettre que l'optique peut être différente entre les anciens États membres, qui doivent accepter d'accueillir le ou les candidats, et ces derniers, devant confirmer leur souhait de rejoindre l'Union. Les procédures internes autorisant la ratification peuvent donner lieu à référendum, ce qui introduit, dans une perspective comme dans l'autre, des possibilités de refus final. Il est à rappeler que par deux fois, en 1972 et en 1994, à la suite de référendums, la Norvège a renoncé à entrer dans la Communauté après avoir signé un traité d'adhésion.

Cet accord d'adhésion participe des sources primaires du droit de l'Union.

Malgré la simplification introduite à partir de 1992, les instruments de l'adhésion d'un État représentent toujours un ensemble complexe de textes au contenu et à la nature juridique divers, ainsi qu'on peut en juger à la lecture du *JOCE* n° L 236 du 23 septembre 2003 qui publie les « Actes relatifs à l'adhésion de la République tchèque, de la République d'Estonie, de la République de Chypre, de la République de Lettonie, de la République de Lituanie, de la République de Hongrie, de la République de Malte, de la République de Pologne, de la République de Slovénie et de la République slovaque à l'Union européenne », à savoir :

• ***des actes des institutions communautaires, à caractère interne à l'Union européenne*** :
– avis de la Commission du 19 février 2003 sur les demandes d'adhésion à l'Union européenne présentées par chacun des dix candidats,
– dix résolutions législatives du Parlement européen portant sur chaque demande d'adhésion,
– décision du Conseil de l'Union européenne du 14 avril 2003 relative à l'admission de la République tchèque, de la République d'Estonie, de la République de Chypre, de la République de Lettonie, de la République de Lituanie, de la République de Hongrie, de la République de Malte, de la République de Pologne, de la République de Slovénie et de la République slovaque à l'Union européenne,
– avis concernant l'entrée en vigueur du traité d'adhésion,

• ensuite, un certain nombre d'***actes internationaux*** :
– Traité entre le Royaume de Belgique, le Royaume de Danemark, la République fédérale d'Allemagne, la République hellénique, le Royaume d'Espagne, la République française, l'Irlande, la République italienne, le Grand-Duché de Luxembourg, le Royaume des Pays-Bas, la République d'Autriche, la République portugaise, la République de Finlande, le Royaume de Suède, le Royaume-Uni de Grande-Bretagne et d'Irlande du Nord (États membres de l'Union européenne) et la République tchèque, la République d'Estonie, la République de Chypre, la République de Lettonie, la République de Lituanie, la République de Hongrie, la République de Malte, la République de Pologne, la République de Slovénie, la République slovaque relatif à l'adhésion de la République tchèque, de la République d'Estonie, de la République de Chypre, de la République de Lettonie, de la République de Lituanie, de la République de Hongrie, de la République de Malte, de la République de Pologne, de la République de Slovénie et de la République slovaque à l'Union européenne,
– acte relatif aux conditions d'adhésion de la République tchèque, de la République d'Estonie, de la République de Chypre, de la République de Lettonie, de la République de Lituanie, de la République de Hongrie, de la République de Malte, de la République de Pologne, de la République de Slovénie et de la République Slovaque, et aux adaptations des traités sur lesquels est fondée l'Union européenne,
– dix-huit annexes comprenant des listes contenues dans le traité,
– dix protocoles,
– acte final de la Conférence d'adhésion, assorti de deux déclarations communes, de quarante-deux « autres déclarations » et d'un « échange de lettres ».

Au total, cet ensemble occupe 988 pages du *Journal officiel.*

B. Conditions de fond de l'adhésion

55. Compte tenu de la nature de l'entreprise d'intégration lancée dès le début des années cinquante, il est normal que les traités aient toujours réservé l'adhésion aux *États européens*, ce qui a longtemps été la seule double condition expresse, tout « État européen » pouvant présenter une demande d'adhésion.

56. La ***condition statutaire*** (être un État) n'a jamais encore posé de problème. Il faut seulement que le candidat soit reconnu comme État par tous les États membres. Le passé récent a cependant montré, avec le démantèlement de la Yougoslavie, que les États membres pouvaient avoir des appréciations distinctes, sinon divergentes vis-à-vis de la proclamation d'un nouvel État (échelonnement de la reconnaissance pour la Croatie, et dix ans après sa déclaration d'indépendance en février 2008, le Kosovo est reconnu par

115 États dans le monde mais seulement 23 des 28 membres de l'Union...), d'où des reconnaissances plus ou moins empressées. Cette condition pourrait donc avoir à jouer dans des hypothèses semblables de bouleversements historiques.

57. La ***condition géographique*** (être un État *européen*) a suscité de plus en plus d'incertitudes au fur et à mesure que l'Union s'étendait, les réponses des géographes pouvant ne pas être forcément les plus pertinentes en la matière. Si les limites au sud de l'Europe semblent clairement marquées par la Méditerranée, ce qui a pu être rappelé lors d'une amorce de candidature du Maroc en 1987, et si elles ont longtemps paru simples quant à l'ouest (même si la candidature de l'Islande a pu conduire un temps à modifier les lignes), c'est bien à l'est que se pose de façon délicate la question, la candidature turque illustrant sans doute l'insuffisance de la seule analyse géographique. Il est tentant de se référer aux travaux du Conseil de l'Europe qui a défini la notion d'État européen : « État dont le territoire national est situé en totalité ou en partie sur le continent européen et dont la culture est étroitement liée à la culture européenne » (Recommandation de l'Assemblée parlementaire du 4 octobre 1994). Le Conseil de l'Europe, avec quarante-sept États membres, semble à cet égard avoir atteint ses limites (en ajoutant cependant le Belarus qui n'est toujours pas membre du Conseil de l'Europe). Peut-être l'Union pourrait-elle, dans les cas difficiles, considérer que la condition d'État européen est remplie du fait de l'appartenance au Conseil de l'Europe. Il est en tous cas certain que ce critère d'apparence objective sera envisagé en liaison avec les autres conditions de fond qui se sont progressivement dégagées, d'abord en pratique, sur la base d'interprétations des traités, puis, pour certaines, de façon plus explicite. La Cour de justice a pu préciser que les conditions d'adhésion sont déterminées par les autorités prévues dans le cadre de la procédure d'adhésion sans qu'il soit possible d'en fixer au préalable le contenu par voie judiciaire (CJCE 22 nov. 1978, *Lothar Mattheus*, aff. 93/78, *Rec.* 2203).

58. C'est essentiellement le cas de la ***condition politique*** : par le préambule du traité CEE, les fondateurs ont invité à s'associer à leur effort les autres peuples d'Europe « qui partagent leur idéal », c'est-à-dire qui sont « résolus à affermir la sauvegarde de la paix et de la liberté ». Les prises de position répétées de l'ensemble des institutions communautaires, ainsi que leur attitude sans équivoque au regard des relations à établir puis des candidatures d'États longtemps dominés par des régimes autoritaires (Grèce, Portugal, Espagne), signifiaient clairement que l'existence d'une forme d'État démocratique, au sens d'une organisation politique libérale, était une condition de l'adhésion. La mise en place de l'élection directe du Parlement européen a rendu encore plus évidente cette exigence, ainsi que l'ont constaté les chefs d'État et de gouvernement au Conseil européen de Copenhague (8 avr. 1978), qui ont déclaré « solennellement que le respect et le maintien de la démocratie représentative et des droits de l'Homme dans chacun des États membres constituent des éléments essentiels de l'appartenance aux Communautés ».

Avec le traité d'Amsterdam, les principes sur lesquels est fondée l'Union (« principes de la liberté, de la démocratie, du respect des droits de l'Homme et des libertés fondamentales ainsi que de l'État de droit » ; cf. J. Molinier (dir.), *Les principes fondateurs de l'Union européenne*, coll. « Droit et justice », Paris, PUF, 2005) ont été inscrits à l'article 6, § 1, UE *[ex F, § 1]* et sont devenus une condition formelle de l'adhésion dans la rédaction de l'article 49 UE alors adoptée (« Tout État européen *qui respecte les principes énoncés à l'article 6, paragraphe 1er*, peut demander à devenir membre de l'Union »).

Le traité de Lisbonne conserve la même approche, avec cependant deux modifications. D'abord, l'article 49 UE indique désormais que l'Union est ouverte à tous les États européens « qui respectent les valeurs visées à l'article 2 *et s'engagent à les promouvoir en commun* ». Le traité dépasse donc une simple exigence de respect, en demandant un engagement plus actif consistant à « promouvoir » ces valeurs (en somme une adhésion véritable). La seconde modification concerne justement ces valeurs. En premier lieu, ce sont des « valeurs » et non plus des « principes ». Il ne faut pas exagérer la portée de cette modification sémantique, le préambule de la Charte des droits fondamentaux, par exemple, distinguant les *valeurs* de dignité humaine, ou de liberté ou de solidarité et les *principes* de démocratie ou d'État de droit, alors que l'article 2 UE qualifie de « valeur » à la fois la dignité humaine, la liberté, la démocratie et l'État de droit. Quant à la liste, par rapport à l'article 6 § 1 UE de la version d'Amsterdam, elle comprend, en plus des principes antérieurs, le respect de la dignité humaine, de l'égalité, et le respect des droits des personnes appartenant à des minorités (ce ne sont pas, c'est à noter, les droits « des minorités »). Par ailleurs, même s'il ne les inclut pas formellement dans la liste des valeurs, l'article 2 UE précise que « ces valeurs sont communes aux États membres, dans une société caractérisée par le pluralisme, la non-discrimination, la tolérance, la justice, la solidarité et l'égalité entre les femmes et les hommes ». Étant donné que le Préambule de la Charte fait de la solidarité et de l'égalité des « valeurs universelles », on peut penser que les « valeurs visées à l'article 2 », selon la formule de l'article 49 UE, peuvent concerner les deux listes qui y figurent. Il y a là, en tous cas, une sorte de fiche d'identité politique des États susceptibles d'appartenir à l'Union européenne, et il faut mesurer le caractère fondamental de la question : comme la Cour de justice a pu le proclamer, le 18 décembre 2014, dans l'*avis 2/13*, ECLI:EU:C:2014:2454, la Cour de justice, après avoir présenté les traits identitaires du système juridique caractérisant l'Union européenne, ajoute qu'« *une telle construction juridique repose sur la prémisse fondamentale selon laquelle chaque État membre partage avec tous les autres États membres, et reconnaît que ceux-ci partagent avec lui, une série de valeurs communes sur lesquelles l'Union est fondée, comme il est précisé à l'article 2 TUE* » (Pt 168). Il faut concevoir que le modèle même de l'intégration n'est ni acceptable, ni compréhensible, en termes de souveraineté exercée partiellement en commun par des États, si ces États partenaires ne sont pas « sûrs » c'est-à-dire ne partagent pas les mêmes valeurs politiques essentielles. Le respect de ces principes n'a donc rien d'anecdotique et conditionne non seulement l'adhésion d'un État candidat mais l'ensemble du modèle d'intégration.

59. Enfin, même si elle n'est toujours pas mentionnée dans cette disposition de base qu'est l'article 49 UE, une quatrième condition, classiquement considérée comme une ***condition technique***, a été prise en compte lors de tous les élargissements : celle du *respect de l'acquis communautaire.* Sa signification était claire et essentielle à l'origine, lors du premier élargissement : il s'agissait de pérenniser les traités institutifs, de manière à ce que les inévitables négociations d'adhésion ne se traduisent en rien par une renégociation, une remise en cause de ces traités de base, auxquels les candidats sont invités à « adhérer » dans toutes les acceptions du terme, c'est-à-dire non seulement dans leurs dispositions expresses, mais également dans leurs objectifs et dans toute la logique du système, tel que prévu dans ces traités mais aussi tel qu'il s'est développé sur leur base ; les États candidats doivent donc accepter tous les actes pris sur le fondement des traités et, plus généralement tout ce que, à des titres divers, recouvre l'œuvre des Communautés depuis leur création. Le principe, dont on voit qu'il dépasse là la seule dimension technique, a pour corollaire la règle selon laquelle la solution des problèmes d'adaptation qui se poseraient doit être recherchée par l'établissement de mesures transitoires et non par des modifications des règles existantes (cf. F. Granell, « Les périodes transitoires des différents élargissements de la Communauté européenne », *RMC* 1986. 1995), de même que l'obligation, qui a toujours existé, d'adhérer d'un même mouvement à l'ensemble des Communautés ou, par la suite, à la fois aux Communautés et à l'Union.

Plus récemment, la signification même du principe a pu être quelque peu perdue de vue, dans la mesure où la dimension technique de *reprise de l'acquis communautaire* est devenue particulièrement lourde pour les États candidats, compte tenu du volume de la législation de l'Union à intégrer dans leur ordre juridique, d'où une focalisation sur cet aspect. Il est compréhensible qu'ait alors été mis en avant ce qui n'est qu'une conséquence pratique ou technique du principe.

L'ampleur et les difficultés propres à l'élargissement historique amorcé dès les années quatre-vingt-dix a conduit le Conseil européen de Copenhague, en juin 1993, à fixer des critères (« critères de Copenhague ») d'apparence objective, ce qui permettait d'organiser de façon rationnelle et progressive l'entrée des nombreux candidats (v. ss 29). Ces critères, qui recouvrent notamment la *condition politique* et la *condition technique*, consistent à vérifier que le candidat dispose d'institutions stables garantissant démocratie, primauté du droit, droits de l'Homme, respect des minorités, ou encore qu'il peut reprendre l'acquis communautaire et a mis en place une structure administrative et juridictionnelle permettant de l'appliquer correctement. La vérification de la *capacité économique* des candidats, avec une économie de marché viable et pouvant supporter la pression concurrentielle à, l'intérieur de l'Union fait également partie de ces critères, mais de façon significative et éventuellement paradoxale pour une union à vocation première économique, elle n'a jamais été consacrée en tant que condition explicite d'adhésion, ce qui souligne l'importance politique et stratégique des élargissements, les problèmes économiques pouvant être gérés postérieurement à l'adhésion, par des mécanismes de dérogations ou de périodes transitoires. L'importance de ces critères pratiques dans les processus de pré-adhésion récents a conduit le traité de Lisbonne à les inclure dans la procédure même d'adhésion puisque l'article 49 UE précise désormais que lorsque le Conseil se prononce à propos d'une demande d'adhésion, « les critères d'éligibilité approuvés par le Conseil européen sont pris en compte ».

II. La question du caractère définitif de l'appartenance à l'Union européenne

Candusseau (P.), « L'entrée du R.U. dans la CEE est-elle renégociable ? », *RMC* 1974. 177.

Dehousse (F.), « Réflexions sur le droit de retrait et la politique de la “chaise vide” », *Revue belge de droit international* 1968. I.

Harrisson (R. J.), « La renégociation anglaise et le référendum du 5 juin », *RMC* 1975. 195.

A. La prévision de la durée

1° Le principe de la durée illimitée

60. Au contraire du statut du Conseil de l'Europe, par exemple, les traités communautaires ne prévoyaient pas que les États qu'ils regroupent puissent perdre leur qualité de membres ; ils étaient muets tant sur le *droit de retrait* que sur la possibilité d'une *exclusion*. Il fallait en déduire que les États membres ne pouvaient pas dénoncer unilatéralement les traités ; combiné avec la durée illimitée de ceux-ci, cela signifiait que l'appartenance aux Communautés ou à l'Union après 1992 était définitive. Le traité de Maastricht inscrivant dans son premier article le principe d'une « union sans cesse plus étroite » ne pouvait que confirmer le caractère inéluctable et sans retour du phénomène. Au-delà des textes, cette règle apparaît comme particulièrement en phase avec l'objectif même de l'entreprise : l'intégration régionale implique nécessairement que les États s'engagent de manière irréversible et *intuitu personae* (peut-on penser que la France aurait accepté le système communautaire si l'Allemagne pouvait le quitter à son gré ?).

Il est également indéniable que cette rigidité rapproche plus les Communautés et l'Union d'une construction fédérale que d'une organisation internationale.

2° Les conséquences du principe

61. L'interdiction juridique du retrait unilatéral ne pouvait cependant être surestimée.

D'abord, parce que, sans se retirer formellement des Communautés, un État membre pouvait largement faire obstacle à leur fonctionnement, dans la mesure où celui-ci exige une collaboration étroite, en pratiquant ce que l'on a appelé la « politique de la chaise vide », c'est-à-dire en refusant de siéger dans les institutions et en particulier au sein du Conseil. On sait que l'attitude française entre juin 1965 et février 1966 entraîna une léthargie proche de l'asphyxie (v. ss 10).

Ensuite, parce que, même dans une fédération, la sécession n'est pas inconcevable ; *a fortiori* dans les Communautés. La sécession d'un membre des Communautés a cependant toujours été considérée comme fortement improbable, tant parce que l'intégration a rapidement atteint dans bien des domaines un « point de non-retour » qui la rendrait économiquement et socialement insupportable, que parce que le système communautaire a été conçu comme suffisamment souple pour permettre aux États qui auraient des griefs contre la Communauté de faire pression, de l'intérieur, pour obtenir satisfaction (c'est cette carte que joua délibérément le gouvernement travailliste en 1974 dans le cadre de ce que l'on appela la « renégociation » de l'entrée de la Grande-Bretagne dans le Marché commun ; un référendum comme celui organisé au Royaume-Uni en 1975 peut constituer un important moyen de pression ; la Grèce, en 1981, suite à un changement de majorité, tenta aussi cette carte de la renégociation).

Enfin, il paraît évident que l'ensemble des partenaires ne pouvaient ignorer, le cas échéant, même dans cette période initiale où n'existait pas de droit de retrait, la position prise explicitement ou implicitement par l'État qui montrerait ne pas vouloir continuer à remplir les obligations lui incombant en tant que membre. À la limite, ils auraient toujours pu, d'un commun accord, soit accepter le départ de l'un d'eux (par exemple à l'occasion d'un refus isolé de ratifier un traité de révision, à l'image de ce qu'ont pu faire, dans le passé le Danemark ou l'Irlande), soit même mettre fin aux Communautés.

B. L'affectation de la durée

1° Le retrait partiel indirect

62. Ceci a pu correspondre à la situation d'un État membre accordant une autonomie, voire l'indépendance, à un territoire qui faisait jusque-là partie intégrante (éventuellement sous une forme particulière) des Communautés ou de l'Union. Dans l'avenir pourrait intervenir une variante dans laquelle une partie d'un État membre déclare unilatéralement son indépendance et met l'État membre devant le fait accompli.

La première configuration est notamment illustrée par le cas du Groenland, province danoise, intégré à ce titre depuis 1973 au territoire communautaire ; son statut, dans le cadre danois, ayant changé en 1979, le Groenland a été placé, en 1985, sur la liste des territoires associés à la Communauté (*JOCE* n° L 29/1 du 1er févr. 1985). Il ne fait donc plus partie, depuis, d'un territoire européen quasiment amputé à cette occasion de la moitié de sa surface.

Le cas de l'Algérie fut assez curieux. Ayant, en 1957, un statut départemental dans le cadre français, l'Algérie était visée par l'article 227 § 2 du traité CEE, mettant en place un régime spécial pour « *l'Algérie et les départements d'outre-mer français* ». Curieusement, l'indépendance de l'Algérie, en 1962, n'a pas clairement mis fin à cette situation, puisqu'elle était visée explicitement, en tant qu'« Algérie » et pas en tant que département français. Il a fallu attendre l'accord du 26 avril 1976 entre la Communauté et l'Algérie pour préciser la question, et le traité de Maastricht, pour que l'Algérie ne soit plus citée dans l'article 227 § 2.

La question peut se poser sous une tout autre forme, celle d'une partie (région, province) d'un État membre souhaitant son indépendance mais qui veut continuer à appartenir à l'Union européenne. Face à une telle éventualité, en 2004, a été définie au niveau de l'Union la « doctrine Prodi » : « Une région nouvellement indépendante deviendrait, du fait de son indépendance, un pays tiers par rapport à l'Union et tous les traités ne s'appliqueraient plus à son territoire dès le premier jour de son indépendance. Il lui faudrait donc « se porter candidate pour devenir un membre de l'Union, puis des négociations seraient engagées pour l'intégrer à l'Union. D'emblée il apparaît que de telles négociations seraient paradoxalement plus faciles à mener mais plus difficiles à conclure que les négociations actuelles avec les États des Balkans. Plus faciles à mener parce qu'un territoire qui a fait partie de l'Union remplit à l'évidence nombre des conditions exigées pour l'adhésion, mais plus difficile à conclure dans la mesure où l'unanimité des États membres est requise, ce qui peut être délicat s'agissant de l'État dont s'est détachée la région sécessionniste. Tout dépend ici des conditions, du climat dans lequel s'est opérée cette prise d'indépendance. Ces dernières années, deux cas se sont présentés, qui pourraient revenir dans l'actualité. C'est d'abord l'Écosse qui a organisé en septembre 2014 un référendum d'indépendance finalement négatif. L'incertitude sur « l'acte 2 », c'est-à-dire l'adhésion à l'Union, a pu peser, le Royaume-Uni, mais aussi l'Espagne ayant fait savoir qu'ils voteraient contre une telle adhésion. La position de l'Espagne s'explique par son souhait d'éviter la contagion d'une éventuelle indépendance écossaise vis-à-vis de la Catalogne et la question catalane a fini par se poser avec une majorité pour les indépendantistes au référendum de septembre 2015, et un nouveau référendum le 1er octobre 2017, suivi dans des conditions assez chaotiques par une déclaration unilatérale d'indépendance, un mandat d'arrêt européen lancé par l'Espagne à l'encontre des leaders indépendantistes, un Président de l'exécutif catalan en fuite en Belgique et… une réaction gênée de l'Union qui s'en tient à la doctrine Prodi. Le Brexit pourrait relancer sous une nouvelle forme le cas écossais. L'Ecosse, qui a largement voté contre le Brexit, a programmé la décision d'organiser un nouveau référendum pour l'automne 2018 (après la fin des négociations sur le Brexit), le référendum lui-même, initialement envisagé pour fin 2018, semble avoir été retardé au printemps 2019 en raison du mauvais score des indépendantistes écossais aux législatives britanniques en juin 2017. Une éventuelle indépendance mais vis-à-vis d'un Royaume-Uni qui ne serait plus membre de l'Union faciliterait sans doute l'adhésion ultérieure.

2° La suspension temporaire, succédané d'exclusion

a) La procédure de l'article 7 UE

63. Depuis le traité d'Amsterdam (v. ss 58), le conditionnement politique de l'adhésion est explicite et repose sur l'adhésion, lors de cette étape en 1997, aux « principes de la liberté, de la démocratie » et sur le « respect des droits de l'homme et des libertés fondamentales, ainsi que de l'État de droit, principes qui sont communs aux État membres ». S'agissant à la fois d'une condition d'adhésion et de principes proclamés comme étant « communs aux États membres », il était logique que le traité d'Amsterdam ajoute, à l'article suivant (art. 7 UE) une procédure sanctionnant un État membre qui ne respecterait *plus* ces principes communs. Comme cela a pu être précisé (v. ss 58), un État membre qui ne respecterait plus ce qui doit unir les États membres de l'Union européenne ne devrait plus pouvoir appartenir à l'Union. Pour autant, il ne s'agit pas de l'exclusion à laquelle il aurait été possible de penser, mais plus subtilement et de façon compatible avec le caractère à ce moment-là illimité de l'appartenance, d'**une procédure de suspension partielle et temporaire des droits liés à l'appartenance**, notamment le droit de vote au Conseil, par une décision du Conseil à la majorité qualifiée, après que le Conseil (au niveau des chefs d'État ou de gouvernement) ait constaté (unanimité, proposition d'un tiers des États membres ou de la Commission ; avis conforme du Parlement européen) « l'existence d'une violation grave et persistante » de ces principes par un État membre.

L'État concerné, bien sûr, ne participe pas à ces votes. S'il ne s'agit pas d'une véritable exclusion, puisque seuls certains droits sont suspendus, et non les obligations, **c'est une « mise à l'écart »** affectant indiscutablement l'appartenance à l'Union pendant un temps : sur la base d'une confiance dans les traditions politiques des États membres, un problème de ce type est considéré comme forcément accidentel et provisoire.

Le traité de Nice a abordé, en tous cas, la question dans une perspective *a priori* plus opérationnelle. Il complète d'abord le dispositif par une procédure d'alerte : sur proposition motivée d'un tiers des états membres, du Parlement ou de la Commission, le Conseil, statuant à la majorité de quatre-cinquième de ses membres, et après avis conforme du Parlement, peut constater qu'il existe un risque clair de violation grave des droits fondamentaux par un État membre, et lui adresser des recommandations appropriées. Par ailleurs, le contrôle de la Cour est désormais prévu, mais limité aux seules questions de procédure.

Le traité de Lisbonne reprend ce mécanisme à triple détente, avec, sur l'initiative du Parlement européen, de la Commission ou d'un tiers des États membres, la constatation du risque clair de violation grave (par le Conseil à la majorité des 4/5e et approbation du Parlement) ; sur la proposition d'un tiers des États membres ou de la Commission, ensuite, la constatation de la violation grave et persistante (par le Conseil européen désormais, à l'unanimité après approbation du Parlement) ; et enfin la décision de suspendre certains droits, notamment le droit de vote au Conseil (décision du Conseil à la majorité qualifiée). Quant au contrôle juridictionnel, l'article 269 FUE restreint la recevabilité des recours en annulation à l'égard des actes du Conseil européen et du Conseil dans le cadre de cette procédure, le recours ne pouvant être introduit que par l'État visé, dans un délai d'un mois, et uniquement pour violation des conditions de procédure prévues à l'article 7 UE ; la Cour doit statuer dans un délai d'un mois.

b) La pratique de l'article 7UE

64. Cette procédure a pu être qualifiée d'arme nucléaire ce qui révèle sans doute qu'au-delà de son importance symbolique, est admise sa valeur tout au plus dissuasive, mais que sa mise en œuvre n'était pas réellement envisagée, malgré l'apparence pragmatique des trois niveaux d'alerte puis de constat et enfin d'action. Le constat, exigeant l'unanimité du Conseil européen, constitue sans doute un verrou difficilement franchissable. Toujours est-il que cette situation a pu apparaître comme problématique ces dernières années. La situation en Hongrie a ainsi conduit le Parlement européen à exprimer sa préoccupation quant au respect des valeurs de l'article 2 UE et face à ce qu'il considère comme une « grave détérioration de l'État de droit, de la démocratie et des droits fondamentaux ces dernières années » dans ce pays (Résolution du 17 mai 2017 (P8 TA(2017)0216), s'ajoutant aux résolutions du 10 mars 2011 sur la loi hongroise sur les médias (*JOUE* n° C 199/154 E du 7 juill. 2012), du 16 février 2012 sur les « récents événements politiques en Hongrie » (*JOUE* n° C 249/27 E du 30 août 2013), du 3 juillet 2013 sur « la situation en matière de droits fondamentaux: normes et pratiques en Hongrie » (*JOUE* n° C 75/52 du 26 févr. 2016), et du 10 juin (*JOUE* n° C 407/46 du 4 nov. 2016) et 16 décembre 2015(P8 TA(2015)0461) sur la situation en Hongrie). La résolution du 17 mai 2017 notamment indique clairement que pour le Parlement, la situation en Hongrie « justifie le lancement de la procédure prévue à l'article 7, paragraphe 1, du traité UE ».

Cette difficulté à engager la procédure a conduit la Commission à adopter le 11 mars 2014 une communication adressée au Parlement européen et au Conseil intitulée « Un nouveau cadre de l'UE pour renforcer l'État de droit » (COM(2014)158 : cf. Kochenov (D.), Pech (L.), et Platon (S.), « Ni panacée, ni gadget : le nouveau cadre de l'Union européenne pour renforcer l'État de droit », *RTDE* 2015, n° 4, p. 689.), c'est-à-dire un « mécanisme de sauvegarde de l'État de droit » ayant pour objectif de permettre à la Commission de trouver une solution avec l'État membre concerné, afin d'y empêcher l'apparition d'une menace systémique envers l'État de droit qui pourrait se transformer en un « risque clair de violation grave » au sens de l'article 7 du TUE, nécessitant le déclenchement des mécanismes prévus audit article. Concrètement, cette nouvelle « procédure pré-article 7 » qui comprend trois étapes (évaluation, recommandation, suivi) a déjà été activée vis-à-vis de la Pologne: le 13 janvier 2016, a été lancée une enquête préliminaire sur la réforme controversée du Tribunal constitutionnel. Le dialogue n'a pas porté ses fruits et le 1er juin, la Commission a publié un « avis » formel sur « l'État de droit » dans le pays, puis deux recommandations successives, le 27 juillet et le 21 décembre, celle-ci estimant qu'une menace systémique envers l'État de droit subsistait en Pologne et qu'il fallait y remédier d'urgence. Le 26 juillet 2017, la Commission n'a pu qu'adopter une troisième recommandation pour confirmer ses inquiétudes quant aux réformes du système judiciaire polonais, demandant notamment aux autorités polonaises de ne pas révoquer ou mettre à la retraite forcée des juges de la Cour suprême et menaçant des foudres de l'article 7 et d'un recours en manquement la Pologne, et donnant finalement une impression d'impuissance. De guerre lasse, la Commission, le 20 décembre 2017, a adopté une nouvelle recommandation (UE)(2018/103) mais a parallèlement constaté « qu'il existe clair d'une violation grave de l'État de droit en Pologne » et elle a déclenché pour la première fois l'article 7 (COM(2017)835), alors que le Parlement européen, le 15 novembre, avait lui-même décidé de préparer une demande formelle d'activation du processus, ce qui explique qu'il ait formellement approuvé l'initiative de la Commission par une résolution du 1er mars 2018 (P8_TA-PROV(2018)0055). Le Conseil a organisé une audition sur ce sujet le 26 juin 2018. La Hongrie ayant cependant déjà annoncé son intention de bloquer la procédure de l'article 7 au niveau du Conseil européen, d'autres solutions palliatives sont envisagées ou engagées. On peut sans doute distinguer des palliatifs financiers ou judiciaires.

Au titre des palliatifs financiers, la Commission a présenté en mai 2018 ses propositions de perspectives financières 2021-2027 (COM(2018)322) et elles envisagent de réduire ou suspendre les versements des fonds structurels à un État membre en cas de « défaillance généralisée de l'état de droit » dans celui-ci ; ceci s'accompagne d'une proposition de règlement « relatif à la protection du budget de l'Union en cas de défaillance généralisée de l'état de droit dans un État membre » (COM(2018)324) qui précise qu'une « mise en péril de l'indépendance du pouvoir judiciaire » peut constituer une telle défaillance généralisée, et qui détaille le mécanisme consistant à désarmer le droit de veto national par l'utilisation d'un système de majorité qualifiée inversée : la sanction proposée par la Commission est réputée adoptée par le Conseil si celui-ci ne le refuse pas à la majorité qualifiée dans un délai d'un mois. La légitimation d'un tel dispositif consiste à soutenir que les intérêts financiers de l'Union sont menacés dès lors qu'un État membre ne dispose plus de juridictions indépendantes puisque cet État ne pourra plus garantir une bonne gestion financière des fonds européens.

Quant aux palliatifs judiciaires, ils sont doubles. Il y a la possibilité pour la Cour de justice de constater un manquement. Dans le cas du « problème polonais », cela pourrait conduire la Cour à se prononcer sur la conformité des réformes judiciaires polonaises au droit de l'Union ; la Cour a été saisie le 15 mars 2018 (aff. C-192/18, *Commission c/ Pologne*) pour juger la loi polonaise du 12 juillet 2017 relative à l'organisation des juridictions de droit commun et si est en cause *a priori* le respect des dispositions de droit de l'Union sur l'égalité homme/femme, le respect de l'article 19 UE et de la Charte des droits fondamentaux conduira aussi la Cour à considérer comme une violation du droit de l'Union toute atteinte à l'indépendance des juridictions. Le 2 juillet 2018, la Commission a engagé une nouvelle procédure en manquement à l'encontre des réformes polonaises de décembre 2017 relatives à la Cour suprême, la Pologne, selon la Commission, ayant porté atteinte au principe de l'indépendance judiciaire. Ces actions seront d'autant plus efficaces que dans un deuxième registre, la Cour de justice a utilisé la voie préjudicielle pour tenter de contrer l'inefficacité de l'article 7 UE, s'agissant de l'atteinte à l'état de droit sous l'angle de l'indépendance de la justice : l'arrêt de base est ici celui qu'a rendu la Grande chambre le 27 février 2018, *Associação Sindical dos Juízes Portugueses*, aff.

C-64/16, ECLI:EU:C:2018:117, dans lequel la Cour, sans renier l'approche « droits fondamentaux » de l'article 47 de la Charte des droits fondamentaux (droit à un recours effectif et à un tribunal impartial), la complète par un raisonnement mobilisant le cœur du système juridictionnel de l'Union c'est-à-dire la coopération entre la Cour de justice et les juridictions nationales, consacrée à l'article 19 UE. Cet article, pour la Cour, « concrétise la valeur de l'État de droit affirmée à l'article 2 TUE », ce lien entre le respect des valeurs communes (État de droit et justice) et la structure *multi-level* du contentieux de l'Union (v. ss 1124) conduisant la Cour à identifier une claire obligation des États membres de garantir que les juridictions participant à ce système respectent la condition d'indépendance qui fait partie de la définition européenne d'une « juridiction » (v. ss 1437). Sur cette base, on a observé une première action combinée de la Cour de justice et des juridictions d'autres États membres pour lutter contre l'atteinte à l'indépendance des juridictions en Pologne, la High Court irlandaise demandant à la Cour de justice si elle pouvait refuser d'exécuter un Mandat d'arrêt européen parce que le système judiciaire de l'État d'émission (en l'occurrence la Pologne) ne fonctionne plus selon le principe de l'État de droit. Il s'agissait notamment pour le juge irlandais de demander s'il pouvait dans un tel cas s'abstenir de suivre toutes les étapes définies par la jurisprudence *Aranyosi et Căldăraru* (arrêt du 5 avr. 2016, aff. C-404/15 et C-659/15 PPU, ECLI:EU:C:2016:198 ; v. ss 822), de manière à pouvoir plus facilement écarter ce Mandat d'arrêt européen. La Cour de justice a maintenu l'exigence des deux phases de la jurisprudence *Aranyosi*, ne s'est pas prononcée directement sur la législation polonaise, mais a admis que le juge national irlandais facilite sa mise en œuvre du Protocole *Aranyosi* en utilisant les éléments de la procédure de l'article 7 UE et notamment le fait que la Commission ait lancé cette procédure à l'encontre de la Pologne (arrêt de la Grande chambre du 25 juillet 2018, *LM*, aff. C-216/18 PPU, ECLI:EU:C:2018:586).

3° Le droit de retrait volontaire

Blumann (C.), « L'apport du droit de retrait à la qualification juridique de l'Union européenne », in *Mélanges en l'honneur de Philippe Manin*, Paris, Pedone, 2010, p. 53.

Guillard (C.), « Le projet de constitution européenne et le retrait volontaire de l'Union », *La Tribune de droit public* 1/2004, p. 47.

Hillion (C.), « Le retrait de l'Union européenne. Une analyse juridique », *RTDE* 2016. 719.

Louis (J.-V.), « Le droit de retrait de l'Union européenne », *CDE* n° 3-4, 2006. 293.

Mehdi (R.), « commentaire de l'article I-60 (Le retrait volontaire de l'Union) », in L. Burgorgue-Larsen, A. Levade et F. Picod (dir.), *Traité établissant une Constitution pour l'Europe, commentaire article par article*, t. 1, Bruxelles, Bruylant, 2007, p. 735.

Parent (C.), « Le droit de retrait de l'Union européenne », *RDP* 2016, n° 3, p. 935.

Weerts (J.), « L'évolution du droit de retrait de l'Union européenne et sa résonance sur l'intégration européenne », *CDE* 2012. 345.

65. Le traité de Lisbonne met en place (art. 50 UE) un *principe* (« Tout État membre peut décider, conformément à ses règles constitutionnelles, de se retirer de l'Union »), assorti de la *garantie* que représente cette référence aux règles constitutionnelles, devant empêcher une majorité d'occasion de lancer de façon purement politique une revendication de retrait, et une *procédure* que le traité constitutionnel intitulait « retrait volontaire de l'Union » : l'État membre notifie son intention au Conseil européen, qui adopte des « orientations » à la lumière desquelles l'Union négocie et conclut avec cet État un accord fixant les modalités de retrait. Cet accord de retrait est conclu par le Conseil, à la majorité qualifiée (sans que l'État en cause participe à ce vote) et après approbation du Parlement européen. Si c'est, en principe, l'entrée en vigueur de l'accord qui met fin à l'application des traités à l'État concerné, une alternative est prévue, garantissant un véritable « droit » de retrait : à défaut d'accord, les traités sur lesquels est fondée l'Union cessent d'être applicable au sécessionniste deux ans après la notification de son intention, sauf si le Conseil européen unanime, en accord avec l'État en cause, proroge ce délai.

Si l'absence de procédure explicite de retrait ou d'exclusion pendant longtemps n'empêchait finalement pas d'envisager un tel retrait unilatéral mais était adaptée à la nature même de l'intégration européenne, il faut en déduire que la consécration d'un tel droit, s'il peut être significatif d'un mouvement apparent de recul du phénomène d'intégration dans le traité de Lisbonne, avait sans doute des vertus immédiates destinées à faciliter, en rassurant les États membres, la ratification de ce traité, la réalité de l'intégration faisant que la mise en œuvre de cette procédure n'est sans doute guère moins aléatoire que celle des solutions pratiques naguère envisagées comme palliant l'absence de droit de retrait explicite (sur le cas du Brexit, v. ss 36).

III. La question du caractère uniforme de l'appartenance à l'Union européenne

Blanquet (M.), « Commentaire de l'article I-44, les coopérations renforcées », in Burgorgue-Larsen (L.), Levade (A.) et Picod (F.) (dir.), *Traité établissant une Constitution pour l'Europe, commentaire article par article*, t. 1, Bruxelles, Bruylant, 2007, p. 579.

Bribosia (H.), « Différenciation et avant-gardes au sein de l'Union européenne », *CDE* n° 1-2, 2000. 57-115.

Bribosia (H.), « Les coopérations renforcées et les nouvelles formes de flexibilité en matière de défense dans la Constitution européenne », *RDUE* n° 4, 2004. 647.

Bribosia (H.), *Les coopérations renforcées : quel modèle d'intégration différenciée pour l'Union européenne ?*, Institut universitaire européen, thèse, Florence, 2007.

Centre de droit européen, « La différenciation en droit de l'Union européenne », Atelier doctoral, Paris 2, *ADUE* 2013, pp. 104-240.

Chaltiel (F.), « Le traité d'Amsterdam et la coopération renforcée », *RMC* 1998. 289.

Constantinesco (V.), « Les clauses de "coopération renforcée" », *RTDE* 1997. 751.

Ehlermann (C. D.), « Différenciation, flexibilité, coopération renforcée : les nouvelles dispositions du traité d'Amsterdam », *Rev. Marché unique européen* n° 3, 1997. 53.

Guillard (C.), « Coopérations renforcées », *J.-Cl. Europe*, fasc. 180.

Guillard (C.), *L'intégration différenciée dans l'Union européenne*, Bruxelles, Bruylant, coll. « Droit de l'Union européenne, thèses », 2006.

Labayle (H.), « Amsterdam ou l'Europe des coopérations renforcées », *Europe* mars 1998, p. 4.

Louis (J.-V.), « Coopération rapprochée, un nouveau mode de coopération renforcée ? », in *L'identité du droit de l'Union européenne. Mélanges en l'honneur de Claude Blumann*, Bruxelles, Bruylant, 2015, p. 213.

Manin (P.) et Louis (J. V.), *Vers une Europe différenciée ?*, Paris, Pedone, 1996.

Marciali (S.), *La flexibilité du droit de l'Union européenne*, Bruxelles, Bruylant, coll. « Droit de l'Union européenne, thèses », 2007.

Monjal (P.-Y.), « Le traité d'Amsterdam et la procédure en constatation politique de manquement aux principes de l'Union », *LPA* 10 juin 1998, p. 8.

Philippart (E.), « Un nouveau mécanisme de coopération renforcée pour l'Union élargi », *Notre Europe, Études et recherches* n° 22, mars 2003.

Rodrigues (S.), « Le traité de Nice et les coopérations renforcées au sein de l'Union européenne », *RMC* janv. 2001, n° 444, p. 11.

Rossi (L.-S.), « Intégration différenciée au sein et à l'extérieur de l'Union : de nouvelles frontières pour l'Union ? », in G. Amato, H. Bribosia, B. de Witte (dir.), *Genèse et destinée de la Constitution européenne*, Bruxelles, Bruylant, 2007, p. 1219.

A. Problématique générale

66. Les traités ne consacrent pas l'existence de *membres à statut spécial :* contrairement à certaines organisations internationales (UNESCO, OMS...), qui admettent des membres de plein exercice et des membres à droits restreints, l'Union ne connaît que des *États membres*, qui bénéficient en principe tous des mêmes droits et obligations.

À cet égard, le « régime spécial d'association », prévu par l'article 198 FUE au profit des pays et territoires entretenant des relations particulières avec des États membres (PTOM) ne constitue pas une véritable association, qui comporterait une participation spécifique aux instances de l'Union, mais plutôt une modalité particulière de l'extension territoriale des traités ; de même, l'État tiers qui aurait conclu un accord d'association, par exemple sur la base de l'article 217 FUE, reste en dehors de l'Union et n'appartient pas à celle-ci (v. ss 527) (sur la participation des États tiers à certaines structures ou à certaines procédures de l'Union, cf. cependant C. Rapoport, *Les partenariats entre l'Union européenne et les États tiers européens. Étude de la contribution de l'Union européenne à la structuration juridique de l'espace européen*, Bruxelles, Bruylant, coll. « Droit de l'Union européenne, thèses », 2011).

Pour autant, malgré l'affirmation de façade de l'unité du droit de l'Union et de l'uniformité des engagements des États membres, les hypothèses de « différenciation », où certains États membres sont régis par des règles différentes des règles générales qui sont censées s'appliquer à tous, se sont cependant multipliées dès la fin des années quatre-vingt, dans deux logiques différentes : une logique de dérogation à la règle commune, et une logique de renoncement à la règle commune, sans doute plus problématique.

1° La différenciation/dérogation à la règle commune

67. Il y a différenciation dès qu'un État obtient le droit de ne pas appliquer une règle qui a vocation à s'appliquer en principe à tous. De tels régimes dérogatoires ont pris une place croissante au sein du système communautaire en relation directe avec les élargissements et l'hétérogénéité des adhérents. Schématiquement ces dérogations correspondent aux concepts de l'« Europe à plusieurs vitesses » ou de l'« Europe à géométrie variable » ou même « à la carte », selon qu'elles sont voulues et organisées ou au contraire qu'elles sont subies et concédées.

Dans le premier cas (« plusieurs vitesses »), la dérogation est passagère et limitée, d'entrée de jeu, dans le temps : ainsi des périodes de transition consenties dans les traités d'adhésion pour permettre aux nouveaux membres de reprendre progressivement l'« acquis communautaire », ou encore du statut d'« États membres faisant l'objet d'une dérogation » organisé aujourd'hui par l'article 139 FUE pour ceux au sujet desquels le Conseil n'a pas décidé qu'ils remplissent les conditions d'adoption de l'euro.

Dans le second cas (« géométrie variable » pouvant dégénérer en une Europe « à la carte »), au contraire, il s'agit de la volonté de certains États membres de bénéficier d'une réglementation dérogatoire qui leur permet de laisser inappliquée (aussi longtemps qu'ils ne changeront pas d'avis) la règle commune. L'écart par rapport à l'orthodoxie communautaire constitue le prix politique à payer pour obtenir (généralement dans les heures ultimes de la négociation) l'unanimité indispensable à la révision des traités. Dans l'Acte unique européen, c'est l'article 95, § 4, CE *[désormais art. 114, § 4, FUE]*, qui autorise un État membre appartenant à la minorité lors d'un vote à la majorité qualifiée à conserver un niveau de protection plus élevé que celui atteint par la décision d'harmonisation. Dans le traité de Maastricht, ce sont les facultés de non-participation (*opting out*) à la monnaie unique consenties au Royaume-Uni et au Danemark (Protocoles n°s 11 et 12), ou les dispositions dérogatoires en faveur du Royaume-Uni dans le domaine social (Protocole n° 14).

Dans le traité d'Amsterdam, ce sont les dispositions dérogatoires en faveur des États membres qui refusent la « communautarisation » partielle du 3e pilier (Protocole sur la position du Royaume-Uni et de l'Irlande, Protocole sur la position du Danemark), qui ne veulent pas être concernés par l'intégration de l'« acquis de Schengen » dans le cadre de l'Union européenne (Protocole intégrant l'« acquis de Schengen » dans le cadre de l'UE), ou qui s'opposent simplement à ce que la libre circulation des personnes au titre de l'article 14 CE *[désormais art. 26 FUE]* puisse concerner les ressortissants des pays tiers et pas seulement les ressortissants communautaires (Protocole sur l'application de certains aspects de l'article 14 CE du traité instituant la CE au Royaume-Uni et à l'Irlande).

On retrouve ce phénomène avec le traité de Lisbonne et notamment les protocoles n° 16 sur « certaines dispositions relatives au Danemark », n° 20 « sur l'application de certains aspects de l'article 26 du TFUE au Royaume-Uni et à l'Irlande », n° 21 « sur la position du Royaume-Uni et de l'Irlande à l'égard de l'espace de liberté, de sécurité et de justice », n° 22 « sur la position du Danemark », ou n° 30 « sur l'application de la Charte des droits fondamentaux de l'Union européenne à la Pologne et au Royaume-Uni », disposant que rien dans le Titre IV de la Charte (Solidarité) ne crée des droits justiciables applicables à la Pologne ou au Royaume-Uni, sauf si ces États ont prévu de tels droits dans leur législation nationale.

2° La différenciation/renoncement à la règle commune

68. La logique est ici différente, même si certaines hypothèses peuvent se rattacher d'une certaine manière aux deux phénomènes ici distingués (dérogation ou renoncement à la règle commune). Il s'agit d'une réflexion liée à la perspective d'élargissement historique de l'Union dans les années quatre-vingt-dix, c'est-à-dire la prise de conscience des problèmes qu'allait poser le passage à « une autre dimension », l'Union passant en quelques années quasiment du simple au double (de 15 à 28) pour le nombre de membres. Et cette réflexion prospective (antérieure aux élargissements eux-mêmes) a conduit à développer deux idées, correspondant à deux formes de différenciation, chacune de ces idées portant atteinte à un principe essentiel. La première, finalement non retenue, aurait consisté à différencier le statut des membres de l'Union, avec une adhésion sans doute facilitée, dans le contexte compliqué qui était celui des candidatures des PECO, pour les membres « de seconde catégorie », ne participant pas à toutes les politiques de l'Union. La seconde, qui a en revanche prospéré, reposait sur l'idée *a priori* séduisante selon laquelle si l'on respecte absolument le dogme du droit commun à l'ensemble des États membres, toute avancée dans la voie de l'intégration, toute adoption d'une politique nouvelle ne peut véritablement se faire qu'avec l'accord de tous les membres, et donc au rythme imposé par le plus lent ou le plus réticent d'entre eux. L'idée consiste donc ici à admettre de rompre avec ce dogme pourtant fondamental et à considérer que si un groupe d'États membres veut aller plus loin ou plus vite que les autres dans le processus d'intégration, il doit pouvoir le faire dans le cadre de l'Union. Il y a donc ici deux fortes justifications à un tel abandon formel d'un dogme quarantenaire : résoudre la contradiction entre approfondissement et élargissement dans une Union toujours plus hétérogène, mais aussi éviter les coopérations entre États membres hors du cadre communautaire ou de l'Union (exemple : le SME originaire, ou la coopération Schengen). C'est ce qui a conduit le traité d'Amsterdam à consacrer cette forme de différenciation où, face au constat qu'il n'est pas possible de développer une action à l'échelle de l'Union, on renonce à ce qu'elle participe du droit commun aux États membres, mais on met à disposition des États intéressés une formule leur permettant de développer des règles qui ne s'appliquent qu'à leur groupe restreint, tout en restant dans le cadre général de l'Union. Si l'on reprend les différents modèles identifiables pour la différenciation/dérogation, on se rend compte qu'il est absolument impératif pour cette nouvelle forme de progression différenciée de rester dans une logique d'Europe à plusieurs vitesses, un peloton de tête pouvant à tout moment être rejoint par les retardataires, et surtout pas de fragmenter l'ordre juridique de l'Union selon une logique d'Europe à la carte, où les États choisiraient les actions auxquelles ils participent ou pas, ce qui ruinerait le modèle communautaire à la fois juridiquement (compte tenu que le droit de l'Union prime sur le droit des États membres en tant que droit commun s'imposant sur des droits particuliers, plus que comme un droit supérieur qui l'emporterait sur des droits inférieurs), et politiquement (si les États membres ne participent qu'aux politiques qui leur sont directement et immédiatement profitables, il n'y a plus l'équilibre et la solidarité qui transcendent la distinction contributeur/bénéficiaire).

B. Les coopérations renforcées

69. Cette procédure existe donc depuis le traité d'Amsterdam. Il faut en retracer rapidement l'évolution, avant de présenter le régime juridique issu du traité de Lisbonne, les premières applications qui en ont été faites à partir de 2010, et les premiers enseignements apportés par un contentieux qui s'est développé dès 2013.

1° Évolution

70. Le traité d'Amsterdam a inséré une clause générale dans le TUE (art. 43 à 45 UE *[ex K 15 à K 17]*), complétée par des dispositions spécifiques au pilier communautaire (art. 11 CE *[ex 5 A CE]*) ou au 3ᵉ pilier (art. 40 UE *[ex K 12]*) a autorisé ceux des États membres qui sont déterminés à approfondir la construction européenne (soit pour introduire de nouvelles formes d'action commune, soit pour accélérer la conduite d'actions existantes) à recourir aux institutions, procédures et mécanismes, et actes juridiques prévus par le traité sur l'Union européenne et le traité instituant la Communauté européenne, sans porter préjudice aux intérêts légitimes d'autres États membres qui ne veulent pas ou ne peuvent prendre part encore à ces progrès.

Néanmoins, compte tenu des risques, la consécration du principe s'est accompagnée, pour sa mise en œuvre, d'un encadrement rigoureux, spécialement dans le pilier communautaire, où elle s'effectuait, en outre, sous le contrôle de la Cour de justice.

En effet, aux sept conditions prévues par la clause générale de l'article 43 UE *[ex K 15]*, venaient s'ajouter cinq critères additionnels spécifiques énumérés à l'article 11, § 1, CE *[ex 5 A]*. On en retiendra notamment que la coopération renforcée devait englober « au moins une majorité d'États membres », ce qui aboutissait à renforcer le poids relatif des petits États, ne pouvait concerner « des domaines relevant de la compétence exclusive de la Communauté », ni affecter ses « politiques, actions ou programmes », et enfin devait rester « dans les limites des compétences conférées à la Communauté ».

Le lancement d'une coopération renforcée ne pouvait intervenir que sur proposition de la Commission (ce qui constitue une garantie pour la Communauté) et, après consultation du Parlement européen, par une décision du Conseil prise à la majorité qualifiée, ce qui excluait, en principe, le droit de veto. Toutefois, chaque État membre bénéficiait d'une clause de sauvegarde lui permettant de bloquer le passage au vote, s'il invoquait « des raisons de politique nationale importantes », auquel cas le Conseil pouvait, à la majorité qualifiée, renvoyer la question devant le Conseil réuni au niveau des chefs d'État ou de gouvernement en vue d'une décision à l'unanimité.

Il a été établi, d'emblée, que la mise en œuvre d'une coopération renforcée conduit non seulement à une différenciation matérielle des obligations des États membres, mais encore à une différenciation institutionnelle. Si tous les membres du Conseil peuvent participer aux délibérations, seuls ceux représentant les États membres participant à la coopération renforcée prendront part à l'adoption des décisions et seront pris en compte pour l'établissement de l'unanimité ou de la majorité qualifiée. En revanche, les autres institutions impliquées dans le processus de décision (notamment le Parlement européen et la Commission) statueront dans leur formation complète, sans distinction entre nationalité d'État membre.

Enfin, si la participation ultérieure d'un État membre à la coopération renforcée était toujours possible, elle était néanmoins subordonnée à une décision de la Commission.

71. Les précautions entourant la mise en œuvre des coopérations renforcées dans la version d'Amsterdam étaient telles que le dispositif n'a jamais joué. La CIG 2000 s'est donc emparée de ce thème, initialement non inscrit à son agenda, pour tenter d'en faire, grâce au traité de Nice, un instrument viable de gestion de la diversité découlant des futurs élargissements, le débat portant à la fois sur la fonction du procédé et la correction de son dispositif.

Le débat de fond était nécessaire puisqu'il existe plusieurs modèles d'Europe différenciée, le problème consistant à permettre une Europe pragmatique *à plusieurs vitesses*, sans tomber dans l'Europe *à la carte* ruinant la logique juridique et politique de l'unité et de l'intégration. À cet égard, si la conception d'une *avant-garde ouverte et fonctionnelle*, ou d'un *groupe pionnier* est admissible, elle ne doit pas consister à mettre en place un *noyau dur*, un *Directoire* fermé sur lui-même.

Le dispositif a été refondu, le traité UE en posant les principes généraux (art. 43, 43 A, 43 B, 44, 44 A et 45), alors que les clauses spécifiques, désormais au nombre de trois, une par « pilier » (art. 11 et 11 A CE pour le premier, art. 27 A à 27 E UE pour le deuxième, art. 40, 40 A et 40 B UE pour le troisième), se limitent pour l'essentiel à une dimension procédurale.

Les exigences générales imposées aux coopérations renforcées à partir du traité de Nice ont été au nombre de quatre : l'objectif doit être de renforcer l'intégration (et pas seulement les objectifs *de l'Union*), le nombre minimum de membres a été fixé *ne varietur* à huit, ce qui revient à diminuer le seuil au fur et à mesure des adhésions, la clause de dernier ressort a été remaniée, le Conseil devant vérifier que les objectifs visés ne peuvent être atteints « dans un délai raisonnable », et, enfin, quatrième exigence, a été maintenue la clause d'ouverture initiale mais aussi permanente de ces coopérations spéciales vis-à-vis de tous les États membres de l'Union.

Il faut ajouter six limites générales : le respect des traités (et pas seulement comme dans la version d'Amsterdam, leurs « principes ») et du cadre institutionnel unique, le respect des acquis (acquis communautaire et des deux autres piliers), le respect des États « out » (leurs compétences, droits, obligations), le respect des domaines de compétence (pas de révision subreptice des traités par ce procédé et sanctuarisation maintenue et élargie du domaine de compétence communautaire exclusive), le respect des principes du marché européen (libre circulation, concurrence, cohésion), et le respect du dispositif Schengen.

En ce qui concerne les coopérations renforcées du premier pilier, le traité de Nice a maintenu et clarifié l'exigence de proposition de la Commission (« verrou communautaire »), supprimé le « verrou gouvernemental », c'est-à-dire l'ancien droit de veto de chaque État membre, remplacé par une possibilité d'évocation par le Conseil européen, et crée un « verrou parlementaire » avec un avis conforme du Parlement européen requis dans les domaines de codécision.

Le traité d'Amsterdam n'avait pas prévu le recours aux coopérations renforcées dans le deuxième pilier alors qu'il était généralement admis que la formule était particulièrement adaptée à ce domaine. Le traité de Nice les a autorisées, moyennant une limitation fonctionnelle (elles ne pourraient porter que sur la mise en œuvre d'une action commune ou d'une position commune) et matérielle (ont été exclues les questions ayant des implications militaires ou dans le domaine de la défense), et une procédure de mise en œuvre plus exigeante, puisque l'on retrouve le droit de veto des États.

Peu de changement pour le troisième pilier, sinon un renforcement du rôle de la Commission pouvant relayer l'initiative des États par une proposition au Conseil (elle n'était que « consultée » antérieurement), sans pour autant disposer ici d'un droit de veto, et la suppression, comme dans le premier pilier, du droit de veto des États.

Malgré la présence de la procédure des coopérations renforcées depuis le traité d'Amsterdam et les simplifications issues du traité de Nice, au moment des négociations du traité constitutionnel et du traité de Lisbonne, aucune coopération renforcée n'avait jamais été lancée. Ceci ne pouvait qu'inciter à en simplifier encore plus les procédures et les conditions. Il convient cependant de réaliser que la seule existence de cette formule, même non mise en œuvre, a parfois pu suffire, en tant que moyen de pression, à faciliter l'adoption de manière commune de certaines décisions difficiles (on pense au statut de la société européenne ou au mandat d'arrêt européen).

2° Régime juridique

Chevallier-Govers (C.), « Le traité de Lisbonne et la différenciation dans l'espace de liberté, de sécurité et de justice », in E. Brosset, C. Chevallier-Govers, V. Edjaharian et C. Schneider (dir.), *Le traité de Lisbonne. Reconfiguration ou déconstitutionnalisation de l'Union européenne ?*, Bruxelles, Bruylant, 2009, p. 263.

Guillard (C.), « Le traité modificatif et les coopérations renforcées », *ADE* 2006. 177.

Guillard (C.), « Coopérations renforcées », *J.-Cl. Europe*, fasc. 180, 2014.

Hamonic (A.), « La coopération structurée permanente : un dispositif procédural de trop ? », *RUE* 2014, n° 578, p. 269.

72. L'essentiel du régime des coopérations renforcées se situe désormais à l'article 20 UE et 326 à 334 FUE.

Il faut distinguer le régime général et des domaines particuliers.

a) Régime général

73. Il est simple et au-delà de la réglementation on perçoit la logique du dispositif :

– ***art. 20 UE*** : « Les États membres qui souhaitent instaurer entre eux une coopération renforcée... peuvent recourir aux institutions de celle-ci et exercer ces compétences en appliquant les dispositions appropriées des traités, dans les limites et selon les modalités prévues (par les traités) ». Ce qu'il faut comprendre ici est qu'il s'agit d'éviter qu'un groupe d'États membres, voulant faire quelque chose et n'y parvenant pas à vingt-huit dans le cadre de l'Union, le fasse en dehors de l'Union par un traité international du type des accords de Schengen. Le but est donc de leur proposer une solution aménagée mais interne à l'Union (c'est un moindre mal en quelque sorte).

– ***art. 20 UE*** : « Les coopérations renforcées visent à favoriser la réalisation des objectifs de l'Union, à préserver ses intérêts et à renforcer son processus d'intégration ». On perçoit ici la prise en compte du danger de désintégration. Le système ne peut donc jouer que de manière positive par rapport aux objectifs de l'Union qui restent le cap à conserver. À certains égards, le dispositif ne devrait pas s'appeler « coopération renforcée » mais « intégration partielle » ou « accélérée ».

– ***art. 326 FUE*** : dans le même esprit visant à éviter l'atteinte à la logique de l'intégration, et presque de manière incantatoire tant le principe même de la coopération renforcée apparaît ici comme perturbant : « Les coopérations renforcées respectent les traités et le droit de l'Union. Elles ne peuvent porter atteinte ni au marché intérieur ni à la cohésion économique, sociale et territoriale. Elles ne peuvent constituer ni une entrave ni une discrimination aux échanges entre les États membres ni provoquer de distorsions de concurrence entre ceux-ci ».

– ***art. 20 UE*** : le recours à une coopération renforcé ne peut se faire que dans le cadre des compétences **non exclusives** de l'Union (ni monnaie commune, concurrence, union douanière, conservation des ressources halieutiques, politique commerciale). On voit là que c'est un mode de partage des compétences... partagées non plus comme en principe entre l'Union et les États membres, mais entre l'Union et un groupe d'États membres.

– ***art. 20 TUE*** : « Les coopérations renforcées... sont ouvertes à tout moment à tous les États membres » : là encore la logique est transparente. Il ne s'agit pas de mettre en place des clubs fermés. C'est une logique de rythme différent, de géométrie variable et pas d'Europe à la carte ou de membres de 1er ou 2° rang. Les traductions de ce **principe d'ouverture** sont multiples : L'Article 328 FUE prévoit que « Lors de leur instauration, les coopérations renforcées sont ouvertes à tous les États membres, sous réserve de respecter les conditions éventuelles de participation fixées par la décision d'autorisation. Elles le sont également à tout autre moment, sous réserve de respecter, outre lesdites conditions, les actes déjà adoptés dans ce cadre ». C'est même un **principe d'ouverture maximum** : « La Commission et les États membres participant à une coopération renforcée veillent à promouvoir la participation du plus grand nombre possible d'États membres » (art. 328 FUE *in fine*).

– ***art. 20 UE*** : La décision autorisant une coopération renforcée est adoptée par le Conseil **en dernier ressort**, lorsqu'il établit que les objectifs recherchés par cette coopération « ne peuvent être atteints dans un délai raisonnable par l'Union dans son ensemble », et « à condition qu'au moins **neuf États membres** y participent ». Il faut souligner l'importance de cette **condition de dernier ressort**. Quand un objectif est ciblé, il faut essayer de l'atteindre à vingt-huit avec les procédures « normales ». Et ce n'est qu'en cas d'échec inéluctable (par exemple si l'unanimité est requise et que certains États membres sont vigoureusement opposés sans espoir qu'ils changent d'avis) qu'on peut envisager la solution de la coopération renforcée. Il est aussi intéressant de s'arrêter sur la question du **nombre minimum** d'États membres ; selon les traités, le régime prévoyait une proportion minimum (la moitié des membres avec Amsterdam) ou un nombre fixe (huit avec Nice ce qui pour une Europe à quinze représentait la majorité). Ces deux démarches sont en réalité bien différentes. Avec un nombre fixe, plus l'Union s'élargit, moins ce nombre représente une proportion importante de membres, donc plus c'est accessible : c'est bien la logique d'un instrument de gestion des élargissements qui apparaît ici.

– ***Quant à la procédure de lancement***, les États membres qui souhaitent instaurer entre eux une coopération renforcée adressent une demande à la Commission en précisant le champ d'application et les objectifs poursuivis par la coopération renforcée envisagée. La Commission peut soumettre au Conseil une proposition en ce sens. Si elle ne soumet pas de proposition, la Commission en communique les raisons aux États membres concernés. L'autorisation de procéder à une coopération renforcée visée au premier alinéa est accordée par le Conseil à la majorité qualifiée, sur proposition de la Commission et après approbation du Parlement européen (art. 329 § 1 FUE).

– S'agissant du ***régime juridique des coopérations renforcées une fois lancées***, l'article 20, § 4, UE précise que les actes qui seront adoptés dans ce cadre ne lient que les États membres participants et ne participent pas de l'acquis de l'Union que doivent accepter les États candidats à l'adhésion. L'article 331 FUE détaille la procédure permettant à un État membre de rejoindre une coopération renforcée déjà en cours.

L'article 332 FUE pose par ailleurs le principe du financement des dépenses résultant d'une coopération renforcée par les seuls États membres participants, amendé d'une exception, les coûts administratifs occasionnés pour les institutions restant à la charge du budget de l'Union, et d'une possible dérogation, le Conseil, à l'unanimité de *tous* ses membres, pouvant, après consultation du Parlement européen, décider d'un autre mode de financement.

b) Régimes dérogatoires

74. Ils sont multiples et portent sur les domaines qui faisaient l'objet des anciens piliers. Il faut ajouter en tant que particularité que le traité de Lisbonne a multiplié les « *clauses passerelles* » permettant, sans utiliser la lourde procédure de révision, de substituer une procédure de décision à la majorité qualifiée à une procédure exigeant dans la rédaction initiale ou générale du traité l'unanimité, ou de substituer la procédure législative ordinaire à une exigence de procédure législative spéciale. Ces possibilités existent aussi dans le cadre des coopérations renforcées (art. 333 FUE), ce qui revient à combiner alors souplesse et flexibilité.

– ***Dans le domaine de la PESC***, la demande est adressée au Conseil, transmise pour avis au haut représentant de l'Union pour la politique étrangère et la politique de sécurité (avis sur la cohérence avec la PESC), et à la Commission (avis, notamment, sur la cohérence avec les autres politiques de l'Union), et transmise pour simple information au Parlement européen. L'autorisation est accordée par le Conseil par une décision adoptée à l'unanimité.

– En matière de ***coopération judiciaire en matière pénale***, la situation est assez originale. Une coopération renforcée sera *réputée accordée* à au moins neuf des États membres (sans décision du Conseil) dès lors qu'un projet de directive, situé dans l'un des deux domaines énoncés aux articles 82 et 83 FUE (en substance la coopération policière et judiciaire dans les matières pénales ayant une dimension transfrontière, pour l'article 82, et l'établissement de règles minimales pour la définition des infractions pénales et des sanctions dans des domaines de criminalité tels que terrorisme, traité des êtres humains, trafic de drogue, blanchiment d'argent, corruption, contrefaçon de moyens de paiement, criminalité organisée… pour l'article 83), aura fait l'objet d'un veto de la part d'un ou plusieurs États membres, la procédure ne prévoyant qu'une simple information du Parlement, du Conseil et de la Commission.

Dans ce domaine de la coopération judiciaire pénale, il y a un 2ᵉ cas de figure, prévu à l'article 86 FUE : la possibilité de créer un parquet européen chargé de poursuivre les infractions portant atteinte aux intérêts financiers de l'Union. C'est en principe le Conseil qui prend la décision, à l'unanimité mais l'art. 86 admet qu'en l'absence d'unanimité, un groupe d'au moins neuf États membres peut demander que le Conseil européen soit saisi. En l'absence de consensus, ce groupe d'au moins neuf États membres informe de son intention Commission, Conseil et Parlement européen et l'autorisation est réputée accordée.

– Dans le cadre de la ***politique de sécurité et de défense commune***, peuvent être distinguées trois formes de coopération renforcée.

1. « Coopération structurée permanente » (art. 42, § 6, et art. 46 UE) : sont concernés les États membres disposant de capacités militaires plus élevées et qui ont souscrit des engagements plus contraignants en la matière en vue des missions les plus exigeantes. Ici, aucun nombre minimum d'États n'est requis, la décision étant prise par le Conseil à la majorité qualifiée (ce qui est à considérer comme un élément favorisant

l'émergence d'une Europe de la Défense), après consultation du haut représentant pour les affaires étrangères et la politique de sécurité, et sans que le Parlement soit associé. Un protocole (n° 10) annexé au traité de Lisbonne précise le cadre de cette coopération structurée.

2. Participation d'un « groupe d'États membres » à des missions extérieures de maintien de la paix, prévention des conflits ou renforcement de la sécurité internationale (art. 44 UE). Ces États, sur la seule condition d'y consentir et d'avoir les capacités nécessaires, se voient confier ces missions par le Conseil et en gèrent entre eux les modalités en association avec le haut représentant.

3. Coopération entre des États membres au sein de l'*Agence européenne de la défense et de l'armement*, « ouverte à tous les États membres qui souhaitent y participer » (art. 45, § 2, TUE) et au sein de laquelle des « groupes spécifiques » peuvent être constitués autour de projets communs.

3° Premières applications

Louis (J.-V.), « La pratique de la coopération renforcée », *CDE* 2013, n° 2, p. 277.

Martucci (F.), « Les coopérations renforcées quelques années plus tard : une idée pas si mauvaise que cela ? », in *Europe(s), Droit(s) européen(s) : une passion d'universitaire : Liber amicorum en l'honneur du professeur Vlad Constantinesco*, Bruxelles, Bruylant, 2015, p. 385.

Pilczer (J.-S.), « Le parcours contentieux de la coopération renforcée en matière de taxe sur les transactions financières », *CDE* 2014, n° 3, p. 597.

75. ***La première coopération renforcée*** a été mise en place en matière de divorce. La Commission avait adopté, le 17 juillet 2006, une proposition de règlement du Conseil modifiant le règlement CE n° 2201/2003 en ce qui concerne la compétence et instituant des règles relatives à la loi applicable en matière matrimoniale (*règlement « Rome III »*) (COM(2006)399). Cette proposition, fondée sur l'article 61, point c), et sur l'article 67, § 1, CE, devait être approuvée à l'unanimité par le Conseil, mais celui-ci, dans ses conclusions des réunions des 5 et 6 juin 2008, a dû faire le constat « des difficultés insurmontables qui existent, rendant impossible l'unanimité, aujourd'hui et dans un avenir proche », face, spécialement, à l'opposition des États de *common law*, ajoutant que « les objectifs [du règlement proposé] ne pourraient pas être réalisés dans un délai raisonnable en appliquant les dispositions pertinentes des traités », ce qui revenait à se placer dans une logique de coopération renforcée (*JOUE* n° C 236 E 179 du 12 août 2011). Une demande a donc été présentée en ce sens par quinze États membres (huit États membres ont adressé une demande dès juillet 2008, sept autres les rejoignant individuellement entre août 2008 et juin 2010), la Grèce se retirant finalement le 3 mars 2010, et la Commission a adressé au Conseil une proposition, le 24 mars 2010 (COM(2010)104). Le Conseil, sur cette base, a adopté, le 12 juillet 2010, la *décision n° 2010/405/UE autorisant une coopération renforcée dans le domaine de la loi applicable au divorce et à la séparation de corps*, aboutissant à l'adoption du règlement UE n° 1259/2010 du 20 décembre 2010 *mettant en œuvre une coopération renforcée dans le domaine de la loi applicable au divorce et à la séparation de corps* (*JOUE* n° L 343/10 du 29 déc. 2010). Le règlement, qui concerne donc à l'origine quatorze États membres (Belgique, Bulgarie, Allemagne, Espagne, France, Italie, Lettonie, Luxembourg, Hongrie, Malte,

Autriche, Portugal, Roumanie et Slovénie) est entré en application à partir du 21 juin 2012. La Grèce a rejoint ce groupe à partir du 29 juillet 2015, et l'Estonie le 11 février 2018.

76. ***La deuxième coopération renforcée*** a constitué une solution que vingt-cinq États membres (tous sauf l'Espagne et l'Italie) ont tenté d'apporter à la complexe question du brevet européen. En la matière, deux types de systèmes ont été combinés depuis des années en Europe, dont aucun ne met véritablement en œuvre un instrument juridique communautaire : les systèmes nationaux des brevets et le système européen des brevets, spécialement organisé sur la base de la Convention sur la délivrance de brevets européens (Convention de Munich de 1973) à laquelle tous les États membres de l'Union ont adhéré et qui a institué l'Office européen des brevets qui délivre les brevets devenant ensuite des brevets nationaux soumis aux règles nationales. À l'heure actuelle, trente-huit pays sont membres de l'Organisation européenne des brevets.

Pendant des années, les États membres ont recherché un accord sur un système de brevet unitaire et sur l'invite du Conseil européen de mars 2000, la Commission a présenté une Proposition de règlement du Conseil, du 1er août 2000, *sur le brevet communautaire* (COM(2000)412). Cette proposition consistait à faire adhérer la Communauté à la Convention sur le brevet européen de Munich, combinant l'existence d'un brevet unitaire valable pour l'ensemble de la Communauté et une délivrance par l'Office européen des brevets (de Munich). La Commission, dans une communication de 2007 (COM(2007)165), a ensuite proposé d'intégrer à la fois le brevet européen et le futur brevet communautaire. Le 30 juin 2010, elle a adopté une proposition de règlement du Conseil *sur les dispositions relatives à la traduction pour le brevet de l'Union européenne* (COM(2010)350) et c'est sur ce problème des traductions que l'opposition de deux États membres s'est cristallisée. Lors de la session du Conseil du 10 novembre 2010, il a été pris acte de l'absence d'unanimité concernant la proposition de règlement sur les dispositions relatives à la traduction, et le 10 décembre 2010, l'existence de difficultés insurmontables rendant impossible l'unanimité à cette date et dans un proche avenir a été confirmée. Étant donné qu'un accord sur cette proposition de règlement sur les dispositions relatives à la traduction était nécessaire pour parvenir à un accord final sur la création d'une protection par brevet unitaire dans l'Union, il a été établi que l'objectif consistant à créer une protection par brevet unitaire dans l'Union ne pourrait pas être atteint dans un délai raisonnable en appliquant les dispositions pertinentes des traités. Douze États membres ont alors, par lettres à la Commission des 7, 8 et 13 décembre 2010, indiqué leur souhait de lancer entre eux une coopération renforcée, treize autres se joignant ensuite à l'initiative, laissant uniquement en dehors du projet les deux États membres hostiles au régime linguistique proposé, à savoir l'Espagne et l'Italie.

Le 10 mars 2011, le Conseil a *autorisé le lancement de la coopération renforcée* (décision n° 2011/167/UE, *JOUE* n° L 76/53 du 22 mars 2011) après que le Parlement européen ait donné, le 15 février, son accord pour l'utilisation de cette procédure. La situation a été rendue d'autant plus tendue que le 8 mars 2011, par son *avis n° 1/09* (cf. D. Simon, « Avis négatif sur le projet de création d'une juridiction des brevets », *Europe* n° 5-2011, étude 5), la Cour de justice a jugé que le projet d'accord international créant un système unifié de règlement des litiges en matière de brevets européens et communautaires était incompatible avec les traités de base de l'Union.

Le 13 avril 2011, la Commission a présenté deux propositions de règlements *mettant en œuvre la coopération renforcée*, notamment, pour la deuxième proposition, quant aux modalités de traduction (COM(2011)215 et 216), et l'Italie et l'Espagne ont maintenu leur hostilité en intentant un recours que la Cour de justice a rejeté, validant ainsi cette coopération renforcée (CJ (Gr. ch.) 16 avr. 2013, *Espagne et Italie c/Conseil*, aff. C-274/11 et C-295/11, ECLI:EU:C:2013:240). Le Conseil a obtenu un accord unanime sur les orientations des deux propositions de règlements le 26 juin 2011 et la décision finale a été prise le 17 décembre 2012 (l'Espagne a intenté deux recours en annulation contre ce règlement qui ont été rejetés par la Cour le 5 mai 2015) (aff. C-146/13, ECLI:EU:C:2015:298, et aff. C-147/13, ECLI:EU:C:2015:299). Il restait alors à se mettre d'accord sur l'accord relatif à la juridiction unifiée du brevet, dernier élément de ce « paquet brevet ». La plupart des États membres (vingt-quatre, dont l'Italie) ont signé l'accord le 19 février 2013, la Bulgarie l'a fait le 3 mars 2013 et il ne manquerait donc que l'Espagne. L'entrée en vigueur a été programmée au moment où treize ratifications auront été effectuées dont l'Allemagne, la France et le Royaume Uni. Cinq ans après la signature, en février 2018, on en était à quinze ratifications, mais sans le Royaume-Uni (malgré le *Brexit*, le Royaume-uni a finalement ratifié le 26 avril 2018) ni l'Allemagne (en juin 2017, une plainte devant le Tribunal constitutionnel fédéral a retardé ou remis en cause cette ratification).

77. ***La troisième coopération renforcée*** concerne le projet de taxe sur les transactions financières mais si les négociations ont été lancées, elles peinent à aboutir. En septembre 2011 la Commission européenne a adopté une proposition de directive créant une taxe sur les transactions financières pour toute l'Union Européenne, concrétisant ou préfigurant un dispositif discuté depuis longtemps au niveau mondial. La proposition prévoyait l'harmonisation de la base imposable et l'institution de taux minimaux pour toutes les transactions financières (du marché secondaire), lorsqu'au moins une institution financière de l'Union était impliquée dans la transaction. Le taux minimal était de 0,1 % pour les transactions portant sur les actions et les obligations et de 0,01 % pour celles portant sur les produits dérivés, tels que les options, les contrats à terme, les contrats différentiels, les instruments de couverture portant sur les taux d'intérêt. La taxe devait s'appliquer à tous les marchés (les marchés régulés ainsi que les marchés de gré à gré), à tous les instruments (actions, obligations, produits dérivés etc.) et à tous les acteurs (banques, banques fictives, gestionnaires d'actifs etc.). Cela devait ainsi réduire les risques de distorsions entre les différents segments du marché et de planification fiscale, de délocalisation et de substitution.

Le Conseil, en 2012, a pris acte que l'unanimité, nécessaire pour l'adoption de cet acte, ne pourrait être atteinte dans un avenir prévisible. Fin septembre 2012, la Commission a reçu des demandes de onze États membres (Belgique, Allemagne, Estonie, Grèce, Espagne, France, Italie, Autriche, Portugal, Slovénie et Slovaquie), la priant de présenter une proposition de décision du Conseil visant à autoriser une coopération renforcée. Le 23 octobre 2012, la Commission a proposé au Conseil d'autoriser la coopération renforcée dans le domaine de la taxe sur les transactions financière. Le 12 décembre 2012, le Parlement européen a donné son accord et, le 22 janvier 2013, le Conseil a adopté la décision autorisant les onze États membres à établir, par le biais de la coopération renforcée, un système commun de taxe sur les transactions financières.

Le 14 février 2013, la Commission européenne a adopté une *proposition de directive du Conseil mettant en œuvre une coopération renforcée dans le domaine de la taxe sur les transactions financières*. Comme demandé par onze États membres impliqués (Belgique, Allemagne, Estonie, Grèce, Espagne, France, Italie, Autriche, Portugal, Slovénie et Slovaquie), cette proposition reprenait largement la proposition initiale de 2011. Par le biais de cette taxe, le secteur financier devrait participer aux coûts de reconstruction des économies et de renflouement des finances publiques des États membres participants. Les recettes annuelles estimées sont de l'ordre de 30 à 35 milliards d'euros, elles représentent 0,4 à 0,5 % du PIB des États membres participants.

Les discussions au sein du Groupe de travail du Conseil ont connu en 2014 des difficultés, une proposition de la France a été jugée très en retrait. La France a alors tenté de relancer l'entreprise à l'occasion de la Grande conférence sur le climat fin novembre 2015, le fruit de cette taxe devant pouvoir financer des initiatives dans ce domaine. Ceci n'a permis qu'un accord minimaliste sur de « grands lignes », cet aboutissement basique étant cependant suffisant pour qu'un des participants, l'Estonie, se retire. En juin 2016, les dix États restants n'ont pu faire mieux que de conclure qu'un accord « était possible ». En 2017, les négociations ont été entravées par la Belgique (qui craint que la TTF ne s'applique pas dans ses voisins du Benelux alors que le Brexit conduit à essayer d'attirer de grandes banques) et dans une moindre mesure par la Slovaquie qui critique les exemptions admises par le projet. On mesure le caractère critique de la situation, le minimum de neuf partenaires pour lancer la coopération renforcée étant menacé.

78. ***La quatrième coopération renforcée*** concerne le parquet européen. La proposition de créer un Parquet européen date de 2013. Fin 2016 une coopération renforcée a été proposée (par la France et l'Allemagne notamment). *Le règlement créant le Parquet européen* a été adopté le 12 octobre 2017 par le Conseil (*JOUE* n° L 283/1 du 31 oct. 2017). Vingt États membres, dont la France, participent à ce règlement dans le cadre d'une coopération renforcée. Le Parquet sera créé en 2020 et se situera à Luxembourg. Le Parquet comprendra un Procureur par État membre et de Procureurs européens délégués dans chaque État membre, chargés de conduire les investigations et de traduire en justice les auteurs d'infractions préjudiciables aux intérêts financiers européens (fraudes à la TVA, ou en matière de PAC ou de fonds structurels). Ne sont pas concernés les États membres bénéficiant d'une exemption dans le domaine de la justice (Royaume-Uni, Irlande, Danemark), ceux qui voient là une nouvelle atteinte à leur souveraineté qu'ils refusent (Pays-Bas, Suède) et certains États ayant peut-être particulièrement à craindre d'une efficacité renforcée de la lutte contre les fraudes (Hongrie, Pologne et Malte).

79. ***La cinquième coopération renforcée*** est une coopération structurée permanente. Le traité de Lisbonne prévoit cela en matière de défense. Il s'agit pour un certain nombre d'États membres de *renforcer leur coopération dans le domaine de la sécurité et de la défense* en développant conjointement des capacités de défense, en investissant dans des projets communs et en renforçant l'état de préparation opérationnelle et la contribution de leurs forces armées. Le 13 novembre 2017, les ministres de vingt-trois États membres ont signé une notification conjointe sur la coopération structurée permanente (CSP) et l'ont remise à la haute représentante et au Conseil. Le 7 décembre 2017, l'Irlande et le Portugal ont également notifié leur décision de participer à la CSP. Le 11 décembre 2017, le Conseil a donc adopté une *décision établissant la coopération structurée permanente* (CSP) entre 25 États membres (tous sauf Malte, Danemark et le Royaume-Uni). Sont envisagés des projets de développement de matériels (parmi plus de cinquante projets envisagés, chars, drones, avions de transport militaire, un hôpital de campagne européen…). Les participants s'engagent aussi à augmenter régulièrement leur budget de défense (déc. (PESC) 2017/2315, *JOUE* n° L 331/57 du 14 déc. 2017).

4° Premiers contentieux

80. Le contentieux des coopérations renforcée est arrivé dans le prétoire de la Cour de justice à partir de 2013 (CJ 16 avr. 2013, *Espagne et Italie c/Conseil*, aff. C-274/11 et aff. C-295/11, ECLI:EU:C:2013:240), et il semble possible d'en distinguer deux catégories, sur la base de l'arrêt du 30 avr. 2014, *Royaume-Uni c/ Conseil*, aff. C-209/13, ECLI:EU:C:2014:283 : un *contentieux constitutionnel* consistant à contrôler les décisions autorisant une coopération renforcée (illustré par les deux arrêts précités), et un *contentieux matériel* intervenant éventuellement ensuite et visant à contrôler un acte adopté au titre de la mise en œuvre de la coopération renforcée autorisée (pour les premiers exemples, CJ 5 mai 2015, deux arrêts, *Espagne c/Parlement et Conseil*, aff. C-146/13 et *Espagne c/Conseil*, aff. C-147/13, préc.). On se limitera aux premiers enseignements du contentieux portant sur les aspects « constitutionnels » du lancement des coopérations renforcées.

81. En premier lieu, la Cour a dû vérifier le respect du *principe du dernier ressort* significatif de ce que ce procédé reste conditionné par l'existence d'un problème ayant affecté d'une manière ou d'une autre une procédure « orthodoxe » (concernant l'ensemble des membres) ou empêchant d'envisager l'aboutissement d'une telle procédure. Dans l'arrêt du 16 avril 2013, *Espagne et Italie c/Conseil*, aff. C-274/11 et aff. C-295/11, (préc.), la Cour confirme l'« importance particulière » de cette condition, et a d'abord apprécié le changement de formulation du traité de Lisbonne. La rédaction précédente (les objectifs des coopérations renforcées « ne peuvent être atteints, dans un délai raisonnable, en appliquant les dispositions pertinentes des traités ») ayant été simplifiée : « les objectifs recherchés par cette coopération ne peuvent être atteints dans un délai raisonnable par l'Union dans son ensemble », la Cour a dû expliciter ce changement de formulation signifiant qu'il n'est plus nécessaire d'avoir préalablement tenté d'adopter un acte de l'Union selon une voie « orthodoxe », l'appréciation du Conseil pouvant donc reposer soit sur les difficultés (un long délai), voire le blocage (vote négatif) d'une telle procédure, soit désormais directement sur la conviction de l'impossibilité de faire aboutir une telle entreprise. L'arrêt du 16 avril 2013 va permettre à la Cour d'interpréter cette impossibilité d'adopter une telle réglementation dans un avenir prévisible en termes de *possibilité et de recherche de compromis* qui permettrait, même après un premier échec, d'adopter une réglementation pour l'ensemble de l'Union, tel étant toujours l'idéal à préserver, la Cour précisant que « Les intérêts de l'Union et le processus d'intégration ne seraient à l'évidence pas préservés si toute négociation infructueuse pouvait conduire à une ou plusieurs coopérations renforcées au détriment de la recherche d'un compromis permettant d'adopter une réglementation pour l'Union dans son ensemble » (point 49). Elle a d'ailleurs dû approfondir la question car les deux États requérants soutenaient que les négociations menées antérieurement au vote négatif du Conseil étaient moins variées et approfondies que ce que prétendait le Conseil, de sorte qu'existeraient encore de réelles chances de parvenir à un compromis. La Cour affiche d'emblée sa position: « le Conseil est le mieux placé pour apprécier si les États membres font preuve d'une volonté de compromis et sont en mesure de soumettre des propositions susceptibles de conduire à l'adoption d'une réglementation pour l'Union dans son ensemble dans un avenir prévisible » (point 53), cette confiance conduisant logiquement la Cour à s'en tenir en l'espèce à un contrôle restreint de cette appréciation du Conseil.

82. Les États requérants avaient soulevé une problématique non expressément prévue dans les traités, dont la logique peut être ainsi présentée : quand une compétence de l'Union peut être exercée par une prise de décision du Conseil à la majorité qualifiée, il y aurait là l'acceptation qu'une telle majorité impose une voie normative commune, y compris vis-à-vis d'États ayant éventuellement exprimé leur opposition par un vote négatif. En revanche, quand la base juridique attribuant une compétence à l'Union, comme c'était le cas avec l'article 118 FUE s'agissant du régime linguistique des titres européens de propriété intellectuelle, exige l'unanimité lors du vote du Conseil, cela signifierait que cette institution ne peut pas passer outre l'opposition d'un État membre, ce qui serait pourtant le cas si était alors autorisée une coopération renforcée réunissant les États ayant voté favorablement et excluant les États en opposition. On reconnaît là, de la part des États requérants, une approche en termes de détournement de pouvoir que la Cour va rejeter. Elle relève d'abord sobrement que « rien dans les articles 20 UE ou 326 FUE à 334 FUE n'interdit aux États membres d'instaurer entre eux une coopération renforcée dans le cadre des compétences de l'Union qui doivent, selon les traités, être exercées à l'unanimité » (point 35). Puis elle déduit de l'article 333 § 1 FUE (qui évoque justement cette situation de coopération renforcée vis-à-vis d'une disposition des traités prévoyant l'unanimité au Conseil) que « tout au contraire », « de telles compétences se prêtent… à une coopération renforcée » (*ibidem*), traçant un tableau des hypothèses d'absence d'unanimité pouvant être « due à des causes différentes, telles qu'un manque d'intérêt d'un ou de plusieurs États membres ou l'incapacité des États membres, qui se montreraient tous intéressés à l'adoption d'un régime au niveau de l'Union, de parvenir à un accord sur le contenu d'un tel régime » (point 36).

83. Enfin, les États requérants argumentaient aussi à propos de l'article 327 FUE qui dispose que « les coopérations renforcées respectent les compétences, droits et obligations des États membres qui n'y participent pas. Ceux-ci n'entravent pas leur mise en œuvre par les États membres qui y participent », ce qui est finalement une déclinaison du principe général de coopération loyale dans sa dimension de loyauté structurelle. La Cour de justice a adopté ici une attitude ambivalente, soulignant l'importance de cette obligation (« … il est certes essentiel qu'une coopération renforcée ne conduise pas à l'adoption de mesures qui empêchent les États membres non participants d'exercer leurs compétences et leurs droits et d'assumer leurs obligations… », tout en veillant à ce qu'elle n'empêche pas toute coopération renforcée) (« … il est en revanche loisible aux participants à cette coopération d'instaurer des règles avec lesquelles ces États non participants ne seraient pas d'accord s'ils participaient à celle-ci ») (point 82).

§ 3. La personnalité juridique

Bribosia (E.) et Weyenbergh (A.), « La personnalité juridique de l'Union européenne », in M. Dony (dir.), *L'Union européenne et le monde après Amsterdam*, coll. « Études européennes », Bruxelles, Éditions de l'Université de Bruxelles, 1999, p. 37.

Constantinesco (V.) et Petculescu (I.), « La personnalité de l'Union », in V. Constantinesco, Y. Gautier et V. Michel (dir.), *Le traité établissant une Constitution pour l'Europe, analyses et commentaires*, Strasbourg, Presses de l'Université de Strasbourg, 2005, p. 65.

LOUIS (J.-V.), « La personnalité juridique internationale de la Communauté et de l'Union européenne », in J.-V. Louis, M. Dony (dir.), *Commentaire J. Mégret*, vol. 12, *Relations Extérieures*, Bruxelles, Éditions de l'Université de Bruxelles, 2005, p. 25.
TIZZANO (A.), « La personnalité internationale de l'Union européenne », in *Mélanges M. Waelbroeck*, Bruxelles, Bruylant, 1999, vol. 1, p. 169.

1° Le principe

84. ***La situation communautaire d'origine*** : les signataires des traités qui instituaient les Communautés ont entendu reconnaître à chacune d'elles une personnalité juridique distincte de celle des membres, et ils l'ont affirmé expressément dans des textes de portée générale (art. 6 CECA, 281 CE *[ex 210]*, 184 CEEA). Cela signifie qu'existaient trois (puis deux lorsque la CECA a disparu) personnes distinctes les unes des autres, malgré la fusion des institutions agissant au nom de ces personnes, puisque le traité du 8 avril 1965, ayant fusionné les exécutifs, avait aussi envisagé, mais finalement repoussé à un avenir indéterminé (art. 32) la fusion des Communautés. Cela signifiait aussi que seules les Communautés disposaient de la personnalité, leurs institutions et organes ne l'ayant pas (CJCE 12 juill. 1957, *Algéra*, aff. jtes 7/56 et 3 à 7/57, *Rec.* 118 ; cependant, v. ss 436 à 440). Créées par des États, regroupant des États, disposant de pouvoirs et de compétences qui appartiennent habituellement à des États (v. ss 102), les Communautés étaient naturellement des personnes morales de droit public (CJCE 15 juill. 1960, *Lachmüller*, aff. jtes 43-48/59 et 16 déc. 1960, *Fiddelaar*, aff. 44/59, *Rec.* 953 et 1094). Possédant une personnalité distincte de celle des États, les Communautés pouvaient disposer d'un budget autonome, d'un patrimoine, d'organes distincts, d'agents leur étant propres...

85. ***La coexistence complexe des Communautés et de l'Union européenne*** : contrairement aux Communautés, l'Union européenne créée en tant que structure composite par le traité de Maastricht ne s'est pas vu reconnaître explicitement la personnalité juridique, qui aurait fait d'elle un sujet de droit international distinct des Communautés et des États membres, par sa charte constitutive (J. Charpentier, « De la personnalité juridique de l'Union européenne », in *Mélanges Peiser*, Grenoble, PUG, 1995, p. 93 ; M. Pechstein, « Une personnalité juridique pour l'UE ? », *Rev. aff. eur.* 1996. 229). Certes, juridiquement, ce n'était pas un argument décisif pour la lui refuser (cf. l'avis de la Cour internationale de justice, du 11 avril 1949, dans l'affaire de la réparation des dommages subis au service des Nations unies, *Rec.* 1949. 174, et A. Tizzano, « La personnalité internationale de l'Union européenne », *RMUE* 4/1998, p. 11) et d'aucuns ont pu ainsi estimer que la possibilité, donnée par le traité d'Amsterdam, de désigner un « représentant spécial » était le signe d'une *personnalité fonctionnelle* de l'Union. Pour autant, la situation était particulièrement ambiguë, l'Union, dans son premier pilier, disposant des personnalités juridiques des Communautés et, dans les piliers intergouvernementaux, devant s'appuyer sur celles-ci, de façon indirecte, ou sur celle des États. Ainsi du mécanisme de sanctions internationales (v. ss 559 à 563), dans lequel une décision de l'Union au titre de la PESC devait être relayée par un acte de la Communauté pour devenir opératoire. Le véritable obstacle à la reconnaissance d'une personnalité internationale dans le chef de l'Union provenait de la volonté contraire de certains États membres, renouvelée à l'occasion de la « CIG 96 » qui a conduit au Traité d'Amsterdam, ce qui est compréhensible dans la mesure où la personnalisation de l'Union se conçoit difficilement en tant que « quatrième personnalité », s'ajoutant à celles des trois Communautés mais, au contraire, en tant que remplaçant et absorbant celles-ci, de sorte que se posait l'épineuse question de la compatibilité de la personnalisation de l'Union avec le maintien de son architecture « en piliers » (cf. E. Bribosia et A. Weyembergh, « La personnalité juridique de l'Union européenne », étude préc.). C'est pourquoi seul le traité de Lisbonne a pu mettre en place à nouveau une situation simple et claire.

86. ***L'apport du traité de Lisbonne*** : l'article 47 UE dispose très nettement que « l'Union a la personnalité juridique », l'article 1er, alinéa 3, UE précisant que l'Union se substitue et succède à la Communauté européenne. On peut cependant estimer que cette Union nouvelle, disposant de la personnalité juridique, succède à la Communauté européenne mais aussi à l'ancienne Union européenne sans personnalité juridique. Par ailleurs, la Communauté européenne de l'énergie atomique demeure et conserve sa personnalité juridique. Ainsi, un système à deux personnes juridiques (Union européenne et Euratom) succède à un système à deux personnes juridiques (Communauté européenne et Euratom). Il faut admettre que l'apport est plus sensible en termes de clarification que d'innovation, ce qui n'a pas empêché les États membres, dans la déclaration n° 24 annexée au traité de Lisbonne, de préciser, exorcisme d'une éventuelle interprétation constructive se fondant sur cette personnalité, que cette attribution de la personnalité juridique à l'Union ne l'autorise en aucun cas à légiférer ou à agir au-delà des compétences que les États lui ont attribuées dans les traités.

2° Le contenu

87. La personnalité juridique a donné aux Communautés puis à l'Union vocation à devenir sujet de droit dans les différents ordres juridiques où elles étaient amenées à intervenir.

a) La personnalité juridique dans l'ordre juridique de l'Union

88. Les droits et obligations de l'Union sont détaillés par les traités d'une manière spécifique, qui traduit toute leur singularité, sans qu'il ait été possible de faire référence à une capacité générique. S'agissant, du reste, d'une personne publique et de ses relations fonctionnelles avec les autres sujets de l'ordre juridique de l'Union, États membres ou particuliers, il est plus exact de parler de pouvoirs et compétences (v. ss 91 à 182). Dans leur mise en œuvre, l'Union est représentée par ses institutions, chacune dans le cadre de ses attributions (art. 13, § 2, UE). Il faut cependant ajouter que depuis des années, se sont développées d'autres personnes juridiques au sein même de la structure des Communautés puis de l'Union. Pour des raisons essentiellement fonctionnelles, la BEI, ou les « agences » de l'Union disposent de la personnalité juridique. Avec le traité de Lisbonne, apparaît même la situation inédite d'une « institution de l'Union », la BCE, qui possède sa propre personnalité juridique.

b) La personnalité juridique dans les ordres juridiques nationaux

89. Bien que personne publique, l'Union doit aussi être mise à même de faire face aux exigences de sa « vie privée ». Le traité prévoit expressément que, « dans chacun des États membres, l'Union possède la capacité juridique la plus large reconnue aux personnes morales par les législations nationales : elle peut, notamment, acquérir ou aliéner des biens mobiliers et immobiliers et ester en justice » (art. 335 FUE et 185 CEEA). S'agissant de la « capacité civile » de l'Union, il n'y a pas eu d'inconvénient à la définir indirectement par renvoi au droit national et de manière générique par référence à des personnes morale de droit interne. D'autant que l'intention est sans équivoque : la vie privée de l'Union doit pouvoir se déployer sans aucun obstacle d'aucune sorte ; en particulier, il est évident qu'elle peut passer tous contrats, spécialement pour le recrutement du personnel qu'elle engage sous sa responsabilité. Si la CECA était représentée par ses institutions, chacune dans le cadre de ses attributions, les traités de Rome, en revanche, conféraient à la Commission un monopole de représentation dans les ordres juridiques nationaux. En pratique, cependant, celui-ci a été écarté au profit de chaque institution et organe assimilés pour la passation des actes juridiques d'engagement du personnel ou d'exécution des budgets, ce monopole ne subsistant qu'en matière de représentation des Communautés en justice devant les juridictions nationales. Le traité de Lisbonne, s'il confirme le principe de la représentation « interne » de l'Union par la Commission, précise que « toutefois, l'Union est représentée par chacune des institutions, au titre de leur autonomie administrative, pour les questions liées à leur fonctionnement respectif » (art. 335 FUE, *in fine*).

Conformément au Protocole sur les privilèges et immunités de l'Union européenne, « l'Union et la CEEA jouissent sur le territoire des États membres des immunités et privilèges nécessaires à l'accomplissement de leur mission » (considérant 1 du Protocole) (cf. C. Schmidt, « Le protocole sur les privilèges et les immunités des CE », *CDE* 1991. 67 ; I. Pingel, « Commentaire du Protocole sur les privilèges et immunités de l'Union européenne », in L. Burgorgue-Larsen, A. Levade et F. Picod (dir.), *Traité établissant une Constitution pour l'Europe, commentaire article par article*, t. 1, Bruxelles, Bruylant, 2007, p. 926 ; I. Pingel, « Les immunités de l'Union européenne », in A. Peters, E. Lagrange, S. Oeter, et C. Tomuschat (dir.), *Immunities in the Age of Global Constitutionalism*, Leiden, Boston, Brill, Nijhoff, 2015, p. 301). Leurs locaux, bâtiments et archives sont inviolables ; leurs biens et avoirs ne peuvent faire l'objet de mesures de contrainte sans autorisation de la Cour de justice ; les opérations qu'elles réalisent bénéficient d'exemptions fiscales et douanières. Les membres des institutions, les représentants des États membres participant aux travaux des institutions, les missions des États tiers accréditées auprès de l'Union, les fonctionnaires et agents, bénéficient de diverses garanties, privilèges et exemptions. On relèvera que l'Union et la CEEA ne disposent pas de l'immunité de juridiction (art. 274 FUE, 155 CEEA) et que celle-ci n'est reconnue aux fonctionnaires et agents que pour les actes accomplis par eux « en leur qualité officielle » (Protocole, art. 11).

c) La personnalité juridique internationale

90. Le traité CECA était très explicite, précisant que la Communauté disposait de la capacité juridique *internationale* (art. 6, al. 2, CECA), les deux traités de 1957 étant moins précis sur cette dimension de la personnalité juridique, dont on devine qu'elle constitue l'essentiel de la problématique, l'importance juridique et politique de l'intégration européenne étant davantage révélée par la compétence pour conclure un traité international que par celle permettant de signer un contrat de location d'un immeuble, ce qui a conduit la Cour de justice à préciser que la formule des traités CE et CEEA, selon laquelle « la Communauté a la personnalité juridique », visait surtout la personnalité internationale (CJCE 31 mars 1971, *Commission c/Conseil*, aff. 22/70, *Rec.* 262). D'une manière générale, les traités ont fait des Communautés et désormais de la CEEA et de l'Union des sujets du droit international. On vérifiera de manière approfondie (v. ss 510 à 576) que, sous réserve de demeurer dans les limites de leurs compétences matérielles fixées par les traités, elles ont vocation à se servir de l'ensemble des moyens d'action internationale, et, spécialement, à conclure des accords internationaux.

Section 2
Compétences

Blanquet (M.), « Compétences de l'Union. Architecture générale. Délimitation », *J.-Cl. Europe*, fasc. 170, 2012.

Boskovits (K.), *L'articulation des compétences normatives entre la Communauté et ses États membres*, Athènes, Bruxelles, Sakkoulas, Bruylant, 1999.

Constantinesco (V.), *Compétences et pouvoirs dans les Communautés européennes. Contribution à l'étude de la nature juridique des Communautés européennes*, Paris, LGDJ, 1974.

Constantinesco (V.) et Michel (V.), v° *Compétences communautaires*, *Rép. communautaire*, Dalloz.

de La Rosa (S.), « Le traité de Lisbonne et la répartition des compétences entre l'Union et les États membres. Clarification ou régression ? », *ADE* 2006. 101.

Edjaharian (V.), « Les compétences dans le traité de Lisbonne : la constitutionnalisation de l'Union européenne interrogée », in E. Brosset, C. Chevallier-Govers, V. Edjaharian et C. Schneider (dir.), *Le traité de Lisbonne. Reconfiguration ou déconstitutionnalisation de l'Union européenne*, Bruxelles, Bruylant, 2009, p. 227.

Lenaerts (K.), *Le juge et la constitution aux États-Unis d'Amérique et dans l'ordre juridique européen*, Bruxelles, Bruylant, 1988.

Michel (V.), *Recherches sur les compétences de la Communauté*, L'Harmattan, Paris, 2003.

Michel (V.), « Institutions et compétences, que reste-t-il de la réforme ? », *ADE* 2006. 81.

Michel (V.), « Les compétences : les mots et les choses », *Europe* n° 7-2008, dossier spécial, n° 6, p. 43.

Neframi (E.) (dir.), *Objectifs et compétences dans l'Union européenne*, coll. « Droit de l'Union européenne », colloques, Bruxelles, Bruylant, 2012.

Ronse (T.), *Les compétences de l'Union européenne*, 3e éd., coll. « commentaire J. Mégret, série Ordre juridique de l'Union et contentieux européen », Institut d'études européennes, ULB, Bruxelles, Éditions de l'Université de Bruxelles, 2017.

91. La théorie du droit fait des « normes de compétence » une catégorie particulière, que ce soit en tant qu'élément d'analyse dynamique de l'ordre juridique (cf. H. Kelsen, *Théorie pure du droit*, 2e éd., Paris, Dalloz, 1962, p. 258 et s.), ou en tant que normes primaires ou normes « sur la production juridique » (cf. N. Bobbio, « Nouvelles réflexions sur les normes primaires et secondaires », in C. Perelman (dir.), *La règle de droit*, Bruxelles, Bruylant, 1971, p. 104). S'agissant de l'intégration européenne, la question se pose de façon particulièrement sensible, puisqu'il ne s'agit de rien moins que de gouverner une relation entre l'ordre juridique de l'Union et les ordres juridiques des États membres, celui-là étant autonome mais intégré dans ceux-ci. La Cour de justice privilégie cette fonction « institutionnelle » et semble refuser d'envisager que des règles de compétence puissent être considérées comme conférant des droits aux particuliers, ce qui exclut que leur violation puisse engager la responsabilité extracontractuelle de l'Union (arrêts du Tribunal du 3 mars 2010, *Artegodan*, aff. T-429/05, *Rec.* II-491, et de la Cour du 19 avr. 2012, *Artegodan*, aff. C-221/10 P, ECLI:EU:C:2012:216 ; pour un refus relatif aux principes d'attribution des compétences et de subsidiarité, cf. l'arrêt du 3 mai 2017, *Sotiropoulou e.a.*, aff. T-531/14, ECLI:EU:T:2017:297) (v. ss 1389).

Ces caractères de spécificité rendent donc essentielle l'identification de la *Charte des compétences de l'Union européenne*, mais les traités initiaux, jusqu'au traité de Lisbonne, se caractérisaient cependant par une approche lacunaire et assez confuse, ce qui a exigé et exige encore de prendre en compte, en plus de ce droit primaire, la jurisprudence, de manière à rendre compte plus largement de ce que la Cour a désigné en tant que *système de (ou des) compétences* (CJCE 26 mars 1987, *Commission c/Conseil*, aff. 45/86, *Rec.* 1493 ; CJCE 4 avr. 2000, *Commission c/Conseil*, aff. C-269/97, *Rec.* I-2257 ; TPI 17 déc. 2003, *British Airways c/Commission*, aff. T-219/99, *Rec.* II-5917 ; CJCE 12 sept. 2006, *Laserdisken*, aff. C-479/04, *Rec.* I-8089 ; TPI 10 mai 2007, *Royaume d'Espagne c/Commission*, aff. T-99/05, *Rec.* II-40* ; *avis 2/13* du 18 déc. 2014, ECLI:EU:C:2014:2454), ou *ordre des compétences* (*avis 1/91*, du 14 déc. 1991, *Rec.* I-6079 et *avis 1/00*, du 18 avr. 2002, *Rec.* I-3493 ; arrêts du 30 mai 2006, *Commission c/Irlande*, aff. C-459/03, *Rec.* I-4635 et du 3 sept. 2008, *Kadi et El Barakaat*, aff. C-402/05 P et C-415/05 P, *Rec.* I-6351 ; *avis 2/13*, préc. ; ou arrêt du 6 mars 2018, *Achmea*, aff. C-284/16, ECLI:EU:C:2018:158). La Cour, spécialement dans son *avis 2/13*, a souligné l'importance et la signification d'un tel système ou d'un tel ordre, en évoquant un « système de compétences délicatement équilibré sur lequel l'Union est fondée et qui caractérise sa relation avec les États membres » (point 34), et en reliant « l'ordre des compétences fixé par les traités » à « l'autonomie du système juridique de l'Union » (point 17).

Si l'on se borne à son expression dans les traités, cette *charte des compétences*, absolument diluée et « introuvable » jusqu'au traité de Lisbonne, peut désormais être identifiée. Elle a pour siège essentiel l'article 5 du traité sur l'Union européenne, présentant synthétiquement les principes régissant respectivement la *délimitation* et l'*exercice* des compétences de l'Union, ainsi que le Titre 1 de la première partie du traité sur le fonctionnement de l'Union dressant une typologie des catégories de compétences de l'Union associée à une détermination de leur domaine, ce qui est une démarche tout à fait nouvelle par rapport aux traités initiaux.

Il importe de prendre conscience de la nature des compétences de l'Union européenne, avant de présenter le double système de détermination et d'exercice de ces compétences.

§ 1. Nature des compétences attribuées à l'Union

92. Les traités institutifs ont confié aux Communautés et à l'Union des compétences dont l'ampleur et la nature sont sans commune mesure avec celles des organisations internationales classiques et qui peuvent faire l'objet de deux classifications significatives.

I. Compétences de contrôle et compétences d'action

A. Les compétences de contrôle

93. Les traités confèrent d'abord une *compétence générale* pour contrôler le respect des obligations souscrites par les États ; cette compétence est naturellement confiée à des institutions totalement indépendantes des États. Il s'agit avant tout de la Commission, qui « surveille l'application du droit de l'Union sous le contrôle de la Cour de justice de l'Union européenne » (art. 17, § 1, UE) ; si elle estime qu'un État a manqué à une obligation qui lui incombe en vertu du traité, elle pouvait elle-même dans le traité CECA (art. 88), constater le manquement, et dans le cadre des autres Communautés puis désormais de l'Union (art. 258 FUE et 140 CEEA), c'est le plus souvent elle qui déclenchera la procédure de manquement. Dans tous les cas, c'est la Cour de justice de l'Union européenne qui a le dernier mot et son arrêt est obligatoire pour les États (v. ss 1333). Ainsi, chaque fois que les traités créent des obligations pour les États, ils accordent simultanément aux institutions une compétence de contrôle.

Outre ce pouvoir général, les traités accordent dans un certain nombre de cas particuliers des *pouvoirs d'autorisation* par lesquels les institutions sont habilitées à autoriser, approuver ou refuser d'approuver des actes pris par les États (par ex., art. 42 FUE, ou art. 108 FUE, s'agissant d'autorisations de l'octroi d'aides d'État). La Commission, spécialement, a la responsabilité de mettre en œuvre les *clauses de sauvegarde* autorisant les États à déroger à leurs obligations (par ex., art. 114, § 10, FUE).

B. Les compétences d'action

94. Ce sont les plus importantes. L'Union est chargée d'agir, c'est-à-dire de prendre les mesures nécessaires à la réalisation des buts qui ont motivé sa création et qui sont sa raison d'être. Les compétences d'action ne pouvaient pas être fixées en termes généraux, comme les compétences de contrôle. Elles sont définies par les traités sous forme d'objectifs à atteindre (buts : art. 3 UE, art. 1er, CEEA) et jusqu'au traité de Lisbonne, de catégories d'actions à accomplir à cet effet (art. 3 CE, art. 2, CEEA).

95. S'agissant des objectifs :

Article 3 UE

1. L'Union a pour but de promouvoir la paix, ses valeurs et le bien-être de ses peuples.

2. L'Union offre à ses citoyens un espace de liberté, de sécurité et de justice sans frontières intérieures, au sein duquel est assurée la libre circulation des personnes, en liaison avec des mesures appropriées en matière de contrôle des frontières extérieures, d'asile, d'immigration ainsi que de prévention de la criminalité et de lutte contre ce phénomène.

3. L'Union établit un marché intérieur. Elle œuvre pour le développement durable de l'Europe fondé sur une croissance économique équilibrée et sur la stabilité des prix, une économie sociale de marché hautement compétitive, qui tend au plein-emploi et au progrès social, et un niveau élevé de protection et d'amélioration de la qualité de l'environnement. Elle promeut le progrès scientifique et technique. Elle combat l'exclusion sociale et les discriminations, et promeut la justice et la protection sociales, l'égalité entre les femmes et les hommes, la solidarité entre les générations et la protection des droits de l'enfant. Elle promeut la cohésion économique,

sociale et territoriale, et la solidarité entre les États membres. Elle respecte la richesse de sa diversité culturelle et linguistique, et veille à la sauvegarde et au développement du patrimoine culturel européen.

4. L'Union établit une union économique et monétaire dont la monnaie est l'euro.

5. Dans ses relations avec le reste du monde, l'Union affirme et promeut ses valeurs et ses intérêts et contribue à la protection de ses citoyens. Elle contribue à la paix, à la sécurité, au développement durable de la planète, à la solidarité et au respect mutuel entre les peuples, au commerce libre et équitable, à l'élimination de la pauvreté et à la protection des droits de l'Homme, en particulier ceux de l'enfant, ainsi qu'au strict respect et au développement du droit international, notamment au respect des principes de la charte des Nations unies.

6. L'Union poursuit ses objectifs par des moyens appropriés, en fonction des compétences qui lui sont attribuées dans les traités.

Article 1er CEEA

La Communauté a pour mission de contribuer, par l'établissement des conditions nécessaires à la formation et à la croissance rapides des industries nucléaires, à l'élévation du niveau de vie dans les États membres et au développement des échanges avec les autres pays.

96. S'agissant des actions à mener :

Article 3 CE (pour mémoire)

1. Aux fins énoncées à l'article 2, l'action de la Communauté comporte, dans les conditions et selon les rythmes prévus par le présent traité :

a) l'interdiction, entre les États membres, des droits de douane et des restrictions quantitatives à l'entrée et à la sortie des marchandises, ainsi que de toutes autres mesures d'effet équivalent ;

b) une politique commerciale commune ;

c) un marché intérieur caractérisé par l'abolition, entre les États membres, des obstacles à la libre circulation des marchandises, des personnes, des services et des capitaux ;

d) des mesures relatives à l'entrée et à la circulation des personnes conformément au titre IV ;

e) une politique commune dans les domaines de l'agriculture et de la pêche ;

f) une politique commune dans le domaine des transports ;

g) un régime assurant que la concurrence n'est pas faussée dans le marché intérieur ;

h) le rapprochement des législations nationales dans la mesure nécessaire au fonctionnement du marché commun ;

i) la promotion d'une coordination entre les politiques de l'emploi des États membres en vue de renforcer leur efficacité par l'élaboration d'une stratégie coordonnée pour l'emploi ;

j) une politique dans le domaine social comprenant un Fonds social européen ;

k) le renforcement de la cohésion économique et sociale ;

l) une politique dans le domaine de l'environnement ;

m) le renforcement de la compétitivité de l'industrie de la Communauté ;

n) la promotion de la recherche et du développement technologique ;

o) l'encouragement à l'établissement et au développement de réseaux transeuropéens ;

p) une contribution à la réalisation d'un niveau élevé de protection de la santé ;

q) une contribution à une éducation et à une formation de qualité ainsi qu'à l'épanouissement des cultures des États membres ;

r) une politique dans le domaine de la coopération au développement ;

s) l'association des pays et territoires d'outre-mer, en vue d'accroître les échanges et de poursuivre en commun l'effort de développement économique et social ;

t) une contribution au renforcement de la protection des consommateurs ;

u) des mesures dans les domaines de l'énergie, de la protection civile et du tourisme.

2. Pour toutes les actions visées au présent article, la Communauté cherche à éliminer les inégalités, et à promouvoir l'égalité, entre les hommes et les femmes.

Article 2 CEEA

Pour l'accomplissement de sa mission, la Communauté doit, dans les conditions prévues au présent traité :

a) développer la recherche et assurer la diffusion des connaissances techniques ;

b) établir des normes de sécurité uniformes pour la protection sanitaire de la population et des travailleurs et veiller à leur application ;

c) faciliter les investissements et assurer, notamment en encourageant les initiatives des entreprises, la réalisation des installations fondamentales nécessaires au développement de l'énergie nucléaire dans la Communauté ;

d) veiller à l'approvisionnement régulier et équitable de tous les utilisateurs de la Communauté en minerais et combustibles nucléaires ;

e) garantir, par les contrôles appropriés, que les matières nucléaires ne sont pas détournées à d'autres fins que celles auxquelles elles sont destinées ;

f) exercer le droit de propriété qui lui est reconnu sur les matières fissiles spéciales ;

g) assurer de larges débouchés et l'accès aux meilleurs moyens techniques, par la création d'un marché commun des matériels et équipements spécialisés, par la libre circulation des capitaux pour les investissements nucléaires et par la liberté d'emploi des spécialistes à l'intérieur de la Communauté ;

h) instituer avec les autres pays et avec les organisations internationales toutes liaisons susceptibles de promouvoir le progrès dans l'utilisation pacifique de l'énergie nucléaire.

Avec le traité de Lisbonne, l'Union a abandonné la technique de la liste globale d'actions à mener et l'article 3 CE a été remplacé par une typologie ordonnée selon les rapports entre la compétence de l'Union et celles des États membres (v. ss 139).

Il doit être particulièrement souligné que ces compétences d'action s'exercent dans des domaines traditionnellement réservés aux États.

On notera en outre que, jusqu'au traité de Maastricht, transformant la Communauté *économique* européenne en Communauté européenne, il s'agissait toujours de compétences économiques et sociales, les dispositions CEE consacrant la compétence générale de la Communauté, les dispositions des deux autres traités le caractère sectoriel de ceux-ci. Ce n'est plus le cas désormais et la dimension strictement économique est clairement dépassée (entrée et circulation des personnes, santé, éducation, culture, protection des consommateurs, coopération judiciaire, etc.).

II. Compétences de type international et de type étatique

97. Élément déterminant de la singularité de la construction communautaire, les Communautés ont été habilitées dès l'origine à mettre en œuvre, outre des compétences de type international, des compétences de type interne ou étatique.

A. Les compétences de type international

98. Classiques, elles ne mettent les institutions de l'Union « en prise » qu'avec les appareils étatiques, mais l'Union en possède la gamme complète, y compris celles qui comportent la plus forte intensité.

1° Information et consultation

99. Comme toutes les organisations internationales, même de simple coopération, les Communautés disposent d'un pouvoir étendu d'*information* et de *consultation.* « Pour l'accomplissement des tâches qui lui sont confiées », donc de manière tout à fait générale, la Commission peut recueillir toutes informations et procéder à toutes vérifications nécessaires (art. 337 FUE) ; de nombreuses dispositions spécifiques font obligation aux États d'informer ou de consulter les institutions communautaires, notamment avant l'adoption des mesures qu'ils envisagent de prendre (art. 108, § 3, FUE, art. 121, § 3, al. 2, FUE, et 34 CEEA, par ex.).

2° Coordination

100. Il s'agit, en second lieu, de pouvoir de *coordination des politiques et des comportements* des États.

Dans la typologie classique des actes, la *recommandation,* c'est-à-dire l'invitation à suivre telle ou telle ligne de conduite, mais qui « ne lie pas » les États (art. 288 FUE) apparaît comme l'instrument adéquat (v. ss 639). La Commission, jusqu'au traité de Lisbonne, était ainsi habilitée par le traité à formuler des avis et des recommandations « sur toutes les matières faisant l'objet du... traité » (211 CE). Désormais, une disposition spéciale et nouvelle, l'article 292 FUE, est consacrée aux recommandations et c'est le Conseil qui est principalement visé (« le Conseil adopte des recommandations... »), le traité ajoutant que « La Commission ainsi que la Banque centrale européenne dans les cas spécifiques prévus par les traités, adoptent des recommandations ». C'est sans doute là souligner que le Conseil est l'institution de prédilection pour la démarche de coordination. Les traités offrent des exemples de recommandations de la Commission (art. 60, al. 2, FUE, pour la libéralisation des services au-delà de ce qu'impose le traité ; art. 97, al. 3, FUE, pour la réduction par les États membres de certains frais en matière de transports, art. 117, § 2, FUE, pour les distorsions de concurrence), et principalement du Conseil (art. 46, § 6, UE en matière de coopération structurée permanente ; art. 121, § 2, et § 4, FUE, en matière de grandes orientations des politiques économiques des États membres ; art. 126, § 7, FUE, quant aux déficits excessifs des États membres ; art. 148, § 4, FUE, pour les questions d'emploi ; art. 165, § 4, FUE, dans le domaine de l'éducation et du sport ; art. 166, § 4, FUE, pour la formation professionnelle ; art. 167, § 5, pour la culture ; art. 168, § 6, quant à la politique de santé publique).

Depuis quelques années semble se dessiner un retour à la coordination en tant qu'action privilégiée de la Communauté et de l'Union. Les nouvelles compétences communautaires en 1992 (santé, culture...) limitent à ce rôle l'intervention communautaire et s'est même développée, dans le cadre conceptuel de la « nouvelle gouvernance » une méthode décisionnelle, en principe complémentaire par rapport aux méthodes législatives caractéristiques de l'intégration, mais dont on peut se demander si elle ne représente pas pour certains une alternative par rapport à ces dernières, ce qui pourrait être en phase avec une vision minorée, internationaliste, de l'intégration : il s'agit de la *méthode ouverte de coordination,* systématisée par le Conseil de Lisbonne en mars 2000. Cette méthode consiste à définir des lignes directrices pour l'Union, assorties de calendriers spécifiques pour réaliser les objectifs à court, moyen et long termes fixés par les États. Des indicateurs quantitatifs et qualitatifs et des critères d'évaluation permettent de comparer les meilleures pratiques, procéder à un suivi, une évaluation et un examen par les pairs. C'est une autre manière de concevoir une convergence européenne, reposant sur la valeur de l'exemple, plus que sur l'autorité de la norme (cf. S. de La Rosa, *La méthode ouverte de coordination dans le système juridique communautaire*, Travaux du CERIC, Bruxelles, Bruylant, 2007 ; A. Iliopoulou, « La méthode ouverte de coordination : un nouveau mode de gouvernance dans l'Union européenne », *CDE* n° 3-4, 2006. 315).

Quoi qu'il en soit, avec le traité de Lisbonne, c'est une catégorie entière de compétences de l'Union, listées à l'article 6 FUE, qui consistent à « mener des actions pour appuyer, coordonner ou compléter l'action des États membres », ce qui permet de dépasser la mise en évidence d'*instruments* de coordination ou de *procédures* de coordination pour constater l'existence de *compétences* de coordination. Il s'agit des compétences pour la protection et l'amélioration de la santé humaine ; en matière d'industrie ; dans le domaine de la culture ; du tourisme ; de l'éducation, formation professionnelle, jeunesse et sport ; de la protection civile ; et de la coopération administrative.

À cette catégorie s'ajoutent (art. 5 FUE) la compétence de coordination de l'Union en matière de politique économique, assurée spécialement par les « grandes orientations » adoptées par le Conseil, et la compétence de coordination des politiques de l'emploi, au travers de « lignes directrices » de l'Union. Sur un mode mineur, l'article 5, § 3, FUE admet que l'Union « peut prendre des initiatives » pour assurer la coordination des politiques sociales des États membres.

3° Contrôle

101. Quant aux compétences de *contrôle*, elles s'expriment sous forme d'actes non obligatoires (avis de la Commission attirant l'attention sur les risques d'infraction ; recommandations suggérant l'attitude conforme au droit), mais aussi d'actes obligatoires (décisions de la Commission en matière d'autorisations ou de dérogations, décisions de la Commission et arrêts de la Cour constatant les manquements).

B. Les compétences de type interne

Blumann (C.), *La fonction législative communautaire*, Paris, LGDJ, 1995.

102. Au-delà de l'ensemble de ces pouvoirs, qui ne mettent ses institutions en rapport qu'avec les États membres, l'Union dispose surtout de pouvoirs qu'elle exerce *directement sur les citoyens des États*. Ce sont ces compétences, du type de celles qui sont normalement réservées aux États, qui constituent la véritable originalité.

Certes, les traités n'accordent pas aux institutions le pouvoir d'appliquer la contrainte aux particuliers (ils font cependant obligation aux États membres d'exécuter par la force les actes des institutions : art. 299 FUE) (v. ss 1069), mais ils leur accordent des pouvoirs de types judiciaire, administratif et surtout législatif, qui atteignent directement les opérateurs économiques et, d'une manière générale, les ressortissants des États membres et font d'eux, outre des sujets de leur droit national, des sujets du droit de l'Union.

Le *règlement*, qui est directement applicable dans tous les États membres (art. 288 FUE), et qui permet de créer immédiatement des normes générales et impersonnelles pour les ressortissants des États et pas seulement pour les États eux-mêmes, est l'expression évidente d'un pouvoir législatif de l'Union de plus en plus explicite dans les traités successifs et s'exprimant clairement depuis le traité de Lisbonne avec la notion d'« acte législatif » (v. ss 608). Les institutions de l'Union sont habilitées aussi à adresser aux particuliers des *décisions* qui sont pour eux obligatoires en tous leurs éléments (art. 288 FUE), et, le cas échéant, à prononcer à leur encontre des sanctions pécuniaires ou non (v. ss 1066). La *gestion administrative directe*, qui met les institutions en contact immédiat avec les individus est soit prévue par les traités, soit susceptible d'être généralisée par actes des institutions (v. ss 1052 à 1054). Le prétoire de la Cour de justice de l'Union est ouvert aux particuliers (art. 263, 265, 268 FUE), et celle-ci peut être conduite à les condamner à payer des amendes (art. 261 FUE) (v. ss 1408). Enfin, avec les pays tiers, l'Union est habilitée à conclure des accords internationaux par lesquels sont créés directement des droits ou des obligations pour les particuliers, et qui ont force de droit positif sur le territoire des États membres (v. ss 986).

§ 2. Le système de détermination des compétences

Jacqué (J. P.), « La communautarisation des politiques nationales », *Revue Pouvoirs* n° 48, 1989. 19.

Tizzano (A.), « Quelques observations sur le développement des compétences communautaires », *ibid.*, 81.

Usher (J.A.), « The scope of Community Competence. Its Recognition and Enforcement », *Journal of Common Market Studies*, n° 2, December 1985, p. 121.

103. La notion même de compétence et de titre de compétence doit préalablement être précisée. La notion permet d'abord de dépasser une conception personnelle ou patrimoniale pour la détention d'un *pouvoir* par une autorité publique : la compétence est le titre juridique permettant à son titulaire d'exercer tel ou tel pouvoir, cette approche étant nécessaire pour construire une théorie et un régime de limitation et contrôle du pouvoir. La notion de compétence résulte donc principalement de l'institutionnalisation du pouvoir (politique) et de la volonté d'en rationaliser l'exercice. Dès lors, cette démarche implique la détermination, au sein même de la compétence, non seulement des *pouvoirs* attribués à l'autorité, mais des conditions d'exercice de ceux-ci, c'est-à-dire essentiellement leur *domaine* et *les objectifs* pour lesquels ces pouvoirs ont été attribués au titulaire. On pourrait donc traduire cette analyse en considérant qu'un titre de compétence se compose essentiellement de trois éléments, un domaine de compétence, un ou des objectifs, un ou des pouvoirs attribués, ces éléments pouvant être plus ou moins explicités, c'est-à-dire que selon les cas, les trois composantes peuvent être expressément déterminées par le texte de base, ou seulement une ou deux, celles qui ne sont pas fixées explicitement devant alors être précisées, spécialement par le juge.

L'article 5 UE met en évidence, s'agissant de la délimitation des compétences de l'Union, la place cardinale du principe d'*attribution*, signifiant dans l'absolu que l'Union n'est compétente que lorsque des compétences lui ont été expressément *conférées*. Sans que le principe soit remis en cause, il a dû composer avec diverses méthodes d'ajustement des compétences, permettant d'identifier des compétences *reconnues* à l'Union au-delà des compétences explicites, conférées.

I. Le principe d'attribution des compétences

A. Consécration du principe

104. ***Dès l'origine***, le traité CEE comportait un article 4, § 1, 2e alinéa, selon lequel « chaque institution agit dans la limite des attributions qui lui sont conférées par le présent traité ». Cette consécration est indirecte ou partielle en ce qu'elle s'applique aux attributions « des institutions » et non aux compétences de la Communauté ou de l'Union. Si, dans un premier temps, elle servait de révélateur d'un principe général des compétences d'attribution non explicite, elle en est, depuis la consécration de celui-ci, une déclinaison particulière. Il est à noter que le traité de Lisbonne, selon une tendance générale, exprime la volonté d'accroître la contrainte de ce principe en spécifiant que chaque institution agit dans les limites des attributions qui lui sont conférées « dans les traités, conformément aux procédures, conditions et fins prévues par ceux-ci » (art. 13, § 2, UE). On peut cependant relever que, paradoxalement, la nouvelle formulation a relativisé l'origine même de l'attribution (attribution « dans » et non plus « par » les traités) et que les précisions données pourraient concerner plus l'exercice que l'allocation de ces attributions.

105. C'est le ***traité de Maastricht*** qui, avec l'article 3 B, devenu l'article 5 CE, a consacré de manière générale, pour la Communauté, ce principe : « la Communauté agit dans les limites des compétences qui lui sont conférées et des objectifs qui lui sont assignés par le présent traité », la Cour insistant sur la signification fondamentale au plein sens du terme du principe, l'ordre communautaire étant un « ordre institutionnel basé sur le principe des compétences d'attribution » (*avis 2/94* du 28 mars 1996, *Rec.* I-1759, point 30 ; plus récemment, CJCE 3 sept. 2008, *Kadi et Al Barakaat*, aff. C-402/05 P et C-415/05 P, *Rec.* I-6351, point 203).

106. Le ***traité de Lisbonne***, au prix d'une redondance assez surprenante, entend insister sur deux points : ce sont les États membres qui, au travers des traités, confèrent des compétences à l'Union, et la fonction du principe est de limiter plus que de légitimer les compétences de celle-ci, dans un système général de répartition entre l'Union et les États membres. L'article 5, § 2, UE adopte donc une formulation négative et insistant sur le rôle des États (« … l'Union n'agit que dans les limites des compétences que les États membres lui ont attribuées dans les traités pour atteindre les objectifs que ces traités établissent ») et insiste ensuite sur une interprétation jusque-là implicite : « Toute compétence non attribuée à l'Union dans les traités appartient aux États membres », avec un curieux écho dans l'article 4, § 1, UE : « Conformément à l'article 5, toute compétence non attribuée à l'Union dans les Traités appartient aux États membres », repris de surcroît dans la Déclaration n° 18, annexée au traité, concernant la délimitation des compétences. La volonté d'empêcher toute interprétation dynamique des attributions de compétence, largement vaine dans la mesure où il s'agit justement d'interpréter de telles attributions, est quasiment obsessionnelle dans le traité et se retrouve également dans la Déclaration n° 24 relative à la personnalité juridique de l'Union dont il est souligné qu'elle « n'autorisera en aucun cas l'Union à légiférer ou à agir au-delà des compétences que les États membres lui ont attribuées dans les traités ».

Pour autant, le traité de Lisbonne clarifie le statut du principe. D'une part, l'article 5, § 2, UE précise, ce qui n'était pas le cas jusque-là, qu'il énonce le « principe d'attribution ». Quant à l'article 5, § 1, UE, il présente trois principes importants, qu'il ventile en deux fonctions : le principe d'attribution régit la délimitation des compétences ; les principes de subsidiarité et de proportionnalité régissent l'exercice des compétences.

B. Traductions du principe

107. L'exigence reposant sur ce principe possède des traductions à deux niveaux, celui de la méthode même d'attribution, et celle de la vérification, organisée sous l'angle contentieux, d'une base juridique adéquate.

1° Les compétences explicites

108. Il s'agit là d'identifier ce qui caractériserait les traités sur lesquels repose l'intégration européenne et il semblerait logique de distinguer à cet égard la situation antérieure au traité de Lisbonne et l'apport de celui-ci. Cette présentation consiste à souligner la confusion qui aurait régné dans un premier temps, avec des attributions éparpillées dans les traités, à caractère fonctionnel et non matériel, ce qui aurait conduit à l'importance de la jurisprudence pour compléter cette attribution hétérogène et lacunaire, le traité de Lisbonne apportant enfin une clarification et une rationalisation. Si ces grands axes sont exacts, il convient cependant d'en préciser le détail, ce qui conduit à relativiser les conclusions.

La présentation classique insiste sur *deux caractéristiques* des traités originaires : l'absence de partie consacrée spécifiquement aux compétences, d'où un éparpillement de ces attributions de compétences à la Communauté dans l'ensemble des traités et spécialement dans les dispositions sur les libertés de circulation et les politiques et, par ailleurs, le choix d'une approche fonctionnelle plutôt que matérielle, les attributions se faisant sous l'angle des objectifs à atteindre, avec en général l'indication de la procédure, des pouvoirs associés, plutôt que par la détermination d'un domaine particulier. Ces deux traits semblent à la source d'une grande ambiguïté et tranchent avec la pratique fréquente des constitutions fédérales consacrant une partie essentielle à définir une sorte de catalogue des compétences de la fédération, sous forme de domaines ou de sous-domaines, parfois de manière très détaillée. Ainsi la Loi fondamentale allemande attribue à la compétence législative fédérale, exclusive ou concurrente, une cinquantaine de domaines, et l'on peut identifier dans les énumérations caractérisant chacun d'entre eux à peu près cent quarante sous-domaines expressément cités. Ces dispositions, clairement regroupées dans un Titre consacré à la législation de la fédération, ont une double portée d'identification des compétences législatives et d'indication de la répartition de ce type de compétences entre la fédération et les états fédérés.

Si le traité de Lisbonne semble avoir radicalement modifié la technique d'attribution des compétences s'agissant de chacun de ces deux aspects, il n'est pas certain que cela change fondamentalement la situation.

En effet, le traité sur le fonctionnement de l'Union européenne, pour la première fois, contient un Titre (Titre 1 de la Première partie) intitulé « Catégories et domaines de compétences de l'Union », où d'aucuns voudraient voir un véritable « catalogue » des compétences de l'Union. Il est certain que ce Titre permet (v. ss 139) d'établir une typologie des compétences de l'Union en fonction du degré de dessaisissement des États membres, ce qui relève donc de la répartition, et des « catégories » de compétences (exclusives, partagées ou d'appui). En revanche, la dimension « domaines » est décevante et la situation n'est pas radicalement modifiée. Les traités antérieurs, en effet, même s'ils privilégiaient l'approche fonctionnelle (ainsi la Communauté n'était-elle pas compétente « en matière agricole » mais l'article 33 CE lui assignait cinq objectifs : accroître la productivité de l'agriculture en développant le progrès technique, en assurant le développement rationnel de la production agricole ainsi qu'un emploi optimal des facteurs de production, notamment de la main-d'œuvre ; assurer ainsi un niveau de vie équitable à la population agricole, notamment par le relèvement du revenu individuel de ceux qui travaillent dans l'agriculture ; de stabiliser les marchés ; garantir la sécurité des approvisionnements ; assurer des prix raisonnables dans les livraisons aux consommateurs) pouvaient également pratiquer la détermination de domaines ou sous-domaines : ainsi de la politique sociale, pour laquelle l'article 136 CE définissait des objectifs, l'article 137 identifiant par énumération assortie de précisions onze domaines, et les pouvoirs associés.

Le traité de Lisbonne systématise cette démarche, la définition de chaque type de compétences (exclusives, partagées, d'appui) comprenant une liste de domaines. L'article 3 FUE assigne un caractère exclusif aux compétences dans cinq domaines : politique commerciale commune, conservation des ressources biologique de la mer, concurrence, politique monétaire, et Union douanière. L'article 4 FUE cite, pour les compétences partagées, onze domaines : marché intérieur, politique sociale, cohésion économique, sociale et territoriale, agriculture et pêche, transport, énergie, environnement, protection des consommateurs, « enjeux communs de sécurité en matière de santé publique », réseaux transeuropéens, espace de liberté, de sécurité et de justice. L'article 6 FUE énumère enfin sept domaines pour les compétences d'appui, de coordination ou de complément : protection et l'amélioration de la santé humaine, l'industrie, la culture, le tourisme, la protection civile, la coopération administrative, et l'ensemble des sous-domaines : éducation, formation professionnelle, jeunesse et sport.

Pour autant, il faut noter l'absence de caractère exhaustif, ce qui distingue la méthode de celle du « catalogue ». Si les listes de domaines de compétences exclusives et d'appui sont « fermées », il n'en va pas de même pour les compétences partagées, le traité (art. 4 FUE) précisant qu'il s'agit là de la situation de principe, les compétences non situées expressément parmi les compétences exclusives ou d'appoint étant des compétences partagées, ce qui le conduit dès lors, à ne lister de manière non limitative que les principaux domaines concernés.

Il faut ajouter que l'article 2, § 6, FUE spécifie que « l'étendue et les modalités d'exercice des compétences de l'Union sont déterminés par les dispositions des traités relatives à chaque domaine », ce qui revient à renvoyer, notamment pour l'étendue même de la compétence, c'est-à-dire son domaine exact, à l'ensemble du traité et plus spécialement sa troisième partie, consacrée aux politiques et actions internes de l'Union, cette partie reprenant très largement l'ancien traité CE et sa méthode d'attribution, hétérogène et largement fonctionnelle.

Il faut donc admettre que la détermination des compétences de l'Union se fera largement dans la droite ligne des principes établis par la jurisprudence antérieure de la Cour.

2° L'exigence de base juridique appropriée

Corre (D.), *Recherche sur les bases juridiques en droit communautaire*, thèse, Bordeaux, 2002.

KOHLER (C.) et ENGEL (J.-C.), « Le choix approprié de la base juridique pour la législation communautaire : enjeux constitutionnels et principes directeurs », *Europe* janv. 2007, chron., p. 5.
LE BOT (F.), « Les évolutions du contentieux de la base juridique des actes », in *L'identité du droit de l'Union européenne. Mélanges en l'honneur de Claude Blumann*, Bruxelles, Bruylant, 2015, p. 677.
WACHSMANN (A.), « Le contentieux de la base juridique dans la jurisprudence de la Cour de justice », *Europe* janv. 1993, chron., p. 1.

109. Le principe d'attribution exige de pouvoir identifier la « base juridique appropriée » dans les traités, pour chaque action de l'Union. La Cour de justice a jugé que « le choix de la base juridique appropriée revêt une importance de nature constitutionnelle » (CJCE 6 déc. 2001, *avis 2/00, Protocole de Carthagène, Rec.* I-9713 ; ou arrêt du 4 mai 2012, *In 't Veld c/ Conseil*, aff. T-529/09, ECLI:EU:T:2012:215). De fait, on peut facilement comprendre cette importance, et à deux titres. D'abord, la base juridique va permettre de déterminer l'équilibre des pouvoirs, le rôle respectif des institutions et dès lors l'équilibre des légitimités pour l'acte en cause. Il est à noter, de plus, que cette doctrine sur la base juridique vaut aussi vis-à-vis des actes portant conclusion d'accords externes de l'Union, ce contentieux de la base juridique étant donc également essentiel au regard de la répartition des compétences externes (cf. par ex. CJCE 6 déc. 2001, *avis 2/00, Protocole de Carthagène*, préc.). Ensuite, il faut comprendre que lorsqu'un acte concerne, par exemple, la mise sur le marché de produits de tabac, il peut être motivé par un objectif de santé publique (réduire la consommation du tabac) ou le souci de bien organiser le commerce communautaire de produits sur le marché européen. Dès lors, la base juridique choisie (article 168 FUE, base de la politique de la santé ou article 114 FUE, base de la compétence d'harmonisation pour le fonctionnement du marché intérieur) exprime toute la « philosophie » de l'acte au travers de son « centre de gravité ».

110. Ce « contentieux de la base juridique » peut être synthétisé rapidement en quatre points.

C'est, d'abord, à partir d'*éléments objectifs*, et donc susceptibles de contrôle juridictionnel que doit s'effectuer le choix de la base juridique (CJCE 11 juin 1991, *Commission c/Conseil [Dioxyde de titane]*, aff. C-300/89, *Rec.* I-2867, CJCE 4 avr. 2000, *Commission c/Conseil*, aff. C-269/97, *Rec.* I-2257). Ainsi, le but ou le contenu de l'acte constitueront-ils de tels éléments objectifs.

En deuxième lieu, lorsqu'une *dualité de l'acte* (double objectif, ou double dimension) rend la question délicate, doit s'appliquer la méthode de la distinction entre l'accessoire et le principal, ce dernier, significatif du « centre de gravité » de l'acte, déterminant alors la base pertinente (CJCE 17 mars 1993, *Commission c/Conseil*, aff. C-155/91, *Rec.* I-939, CJCE 30 janv. 2001, *Espagne c/Conseil*, aff. C-36/98, *Rec.* I-779).

Exceptionnellement, l'impossibilité de départager deux ou plusieurs objectifs à la fois indissociables et essentiels conduit à la solution de la *base juridique double ou multiple* (CJCE 19 sept. 2002, *Huber*, aff. C-336/00, *Rec.* I-7699, CJCE 12 déc. 2002, *Commission c/Conseil*, aff. C-281/01, *Rec.* I-2049). Mais non seulement c'est alors exceptionnel (faveur pour la base juridique unique ; à noter cependant deux arrêts du 10 janvier 2006 (*Commission c/Parlement et Conseil*, aff. C-178/03, *Rec.* I-107 et *Commission c/Conseil*, aff. C-94/03, *Rec.* I-1) pour lesquels il semblait envisageable d'identifier une base juridique unique, la Cour ayant cependant choisi la solution plurielle face à la diversité des argumentations proposées). Cf. aussi, pour des recours à la solution de la double base, les arrêts du 6 nov. 2008, *Parlement c/ Conseil*, aff. C-155/07, *Rec.* I-8103 et du 3 sept. 2009, *Parlement c/ Conseil*, aff. C-166/07, *Rec.* I-7135 (dans les deux cas, c'est une dimension internationale qui a conduit à retenir la solution rare de la double base juridique, l'Union ne maîtrisant pas le champ des instruments en cause du fait de cette dimension, ce qui exclut la base unique, et dans les deux cas, le Parlement s'oppose à une vision commune du Conseil et de la Commission).

Sont cependant posées des limites, le procédé *a priori* commode des bases multiples étant exclu en cas d'incompatibilité des procédures respectives associées à ces bases plurielles ou lorsque ce cumul de bases juridiques pourrait porter atteinte aux droits du Parlement (CJCE 10 janv. 2006, *Commission c/Conseil*, aff. C-94/03, *Rec.* I-1). À signaler aussi l'hypothèse, rare, d'un choix alternatif entre deux bases juridiques (TPI 10 mai 2007, *Espagne c/Commission*, aff. T-99/05, *Rec.* II-40*). Autant l'exclusion de la base multiple est l'expression même du bon sens dès lors qu'un cumul exigerait de réunir deux procédures incompatibles entre elles, autant la dimension objective est moins flagrante quand l'exclusion vient de ce que le cumul porterait atteinte aux prérogatives du Parlement : c'est là un choix politiquement inattaquable mais qui peut finalement conduire à privilégier les prérogatives du Parlement par rapport à celles d'un Conseil qui, en défendant les intérêts des États membres, exprime lui aussi l'un des principes majeurs de légitimation de l'Union.

111. On doit ensuite signaler certains contentieux de la base juridique particuliers.

S'est ainsi développé un ***contentieux « interpilier »*** de la base juridique qui était essentiel notamment dans les années 2000 pour l'intervention de l'Union dans des secteurs à grands enjeux de souveraineté, les règles du contentieux de la base juridique permettant là de choisir entre une approche plus intergouvernementale (2° ou 3° pilier) ou plus intégrée (1er pilier) : question de la compétence pénale de l'Union (CJCE 13 sept. 2005, *Commission c/Conseil*, aff. C-176/03, *Rec.* I-7879), question des sanctions internationales (par ex. TPI 12 juill. 2006, *Ayadi c/Conseil*, aff. T-253/02, *Rec.* II-2139 ; TPI 12 juill. 2006, *Hassan*, aff. T-49/04, *Rec.* II-52* ; TPI 31 janv. 2007, *Leonid Minin c/ Commission*, aff. T-362/04, *Rec.* II-2003 ; arrêt de la Cour (Gr. ch.) du 3 sept. 2008, *Yassin Abdullah Kadi et Al Barakaat International Foundation c/ Conseil et Commission*, aff. C-402/05 P et C-415/05 P, *Rec.* I-6351 ; T 14 oct. 2009, *Bank Melli Iran*, aff. T-390/08, *Rec.* II-3967), ou lutte contre le terrorisme (arrêt « PNR », CJCE 30 mai 2006, *Parlement c/Conseil et Commission*, aff. C-317/04 et C-318/04, *Rec.* 4721). Dans l'Union « lisbonnisée », c'est-à-dire *a priori* unifiée et ne connaissant plus la division entre trois piliers, le maintien de blocs particuliers, tels que la Politique étrangère et de sécurité commune (PESC), gardant la marque de la spécificité du deuxième pilier, ou l'Espace de liberté, de sécurité et de justice (ELSJ), héritier dans une certaine mesure du troisième pilier, fait que les règles de tels contentieux interpiliers conservent leur intérêt. On a ainsi vu apparaître des conflits de base juridique PESC *vs* ELSJ (par ex. arrêt rendu par la Grande chambre le 19 juill. 2012, *Parlement c/ Conseil*, aff. C-130/10, ECLI:EU:C:2012:472) (***contentieux « post-interpiliers »***).

S'est également fait jour un nouveau ***contentieux de l'initiative citoyenne européenne*** (ICE) : l'article 4, § 2, sous b), du règlement (UE) n° 211/2011 du Parlement européen et du Conseil, du 16 février 2011, relatif à l'initiative citoyenne (*JOUE* n° L 65/1 du

11 mars 2011) soumet l'enregistrement d'une proposition d'initiative citoyenne par la Commission à la condition que cette proposition ne soit pas « manifestement en dehors du cadre des attributions de la Commission en vertu desquelles elle peut présenter une proposition d'acte juridique de l'Union aux fins de l'application des traités ». Ceci ne pouvait que nourrir un nouveau type de contentieux lié aux bases juridiques, que l'on pourrait qualifier de *contentieux de la base juridique envisageable* et dont, dès les premières affaires, la dialectique particulière a été clairement mise en lumière. Les requérants revendiquaient un contrôle orienté en faveur des souscripteurs à une telle initiative, en soulignant l'objectif, à privilégier, de participation démocratique des citoyens de l'Union, et en réclamant qu'il soit tenu compte de leur côté « néophyte ». Le Tribunal, tout en considérant cet aspect politique comme tout à fait digne de respect va cependant indiquer la majeure de son raisonnement : l'ICE n'est pas un dispositif de discussion citoyenne mais s'inscrit dans le cadre du pouvoir d'initiative normative de la Commission. Il doit donc être jugé par rapport au principe des compétences d'attribution, ne devant pas autoriser l'Union à légiférer dans un domaine pour lequel aucune compétence ne lui a été attribuée. Même si le Tribunal admet qu'il s'agit là d'un examen préalable, un examen plus approfondi et plus classique pouvant ensuite être mené dans un deuxième temps en cas d'enregistrement de l'initiative citoyenne, il va rapidement s'inscrire de plus en plus nettement dans le cadre habituel du contentieux de la base juridique (arrêts du 30 sept. 2015, *Anagnostakis*, aff. T-450/12, ECLI:EU:T:2015:739 ; du 19 avr. 2016, *Costantini*, aff. T-44/14, ECLI:EU:T:2016:223 ; ou du 10 mai 2016, *Balázs-Árpád Izsák*, aff. T-529/13, ECLI:EU:T:2016:282).

C. Signification du principe

112. La traduction première de ce principe des compétences d'attribution se fait souvent en termes négatifs vis-à-vis de l'Union et à cet égard la formulation du traité de Lisbonne est significative. Ainsi, selon la formule traditionnelle, la compétence nationale demeurerait la règle, la compétence de l'Union relevant de l'exception, ce qui devrait se traduire juridiquement en termes de non-présomption, exigence de titre juridique explicite, et interprétation restrictive. L'insistance sur le caractère limité des compétences de l'Union, du fait de ce principe, va dans le même sens, de même que le parallèle immédiatement développé avec le principe de spécialité des organisations internationales. Ainsi, ce sont à la fois les questions du potentiel opérationnel et de la nature juridique de l'Union qui trouveraient dans ce principe le soutien à des thèses dévalorisant la structure intégrée européenne.

Sur ces deux derniers points, il faut être prudent. En effet, le principe implique plus un caractère « délimité » des compétences qu'un caractère « limité ». Tout dépend, en effet, des compétences attribuées. Quant au parallèle, on peut en faire un autre : le schéma de répartition des compétences dans un État fédéral obéit le plus souvent au même principe, les états fédérés disposant de la compétence de principe et l'État fédéral « n'ayant qu'une » compétence d'attribution.

De plus, l'idée d'une compétence européenne exceptionnelle, la compétence des États étant la règle, n'exprime que la *logique des traités*, qui laisse la place à la *logique du système*, lequel, même s'il est « basé » sur ce principe, obéit à ses objectifs et ses exigences propres, dans les limites, certes, de l'acceptable par les États membres qui disposent toujours de l'instrument de la révision, mais au moyen principal de la maîtrise de l'interprétation des titres de compétence celle-ci relevant de la Cour de justice. Les techniques d'attribution des compétences impliquent donc qu'une large part soit laissée à l'interprétation et celle-ci est faite par le juge, selon les principes de l'intégration européenne, et consiste à effectuer une véritable « reconstitution » (expression utilisée par A. Tizzano, « Les compétences de la Communauté », in *Commission européenne. Trente ans de droit communautaire*, Luxembourg, OPOCE, p. 46) de tous les éléments constitutifs des compétences : leur domaine, les pouvoirs associés, et les objectifs poursuivis.

Il faut donc comprendre le principe d'attribution non comme limitant l'identification des compétences à celles listées dans le traité mais à celles dont la reconstitution peut être faite sur la base des dispositions des traités et spécialement en fonction des objectifs prévus par ceux-ci.

II. La nature des attributions de compétences

A. Irréversibilité ou péremption des compétences ?

113. Les attributions de compétence aux Communautés et désormais à l'Union ont été dotées par la Cour de justice d'une véritable *intangibilité*, connaissant deux traductions, en termes d'irréversibilité et d'invulnérabilité.

1° Irréversibilité

114. La Cour a donné une réelle solennité au caractère définitif des attributions de compétences car il est en phase avec la notion même de processus d'intégration, la nature « fondative », ou « institutionnelle » des traités de base, et leur durée illimitée. Dans l'arrêt *Costa* (CJCE 15 juill. 1964, aff. 6/64, *Rec.* 1141 ; cf. aussi l'arrêt du 13 juillet 1972, *Commission c/Italie*, aff. 48/71, *Rec.* 529), la Cour évoque la « limitation *définitive* » des droits souverains des États membres. Dans le même esprit, dans l'arrêt *Simmenthal* (CJCE 9 mars 1978, aff. 106/77, *Rec.* 629, point 18), elle s'appuie sur « le caractère effectif d'engagements *inconditionnellement et irrévocablement* assumés par les États membres » et là encore donne du poids à l'argument, en invoquant un risque de mise en question des « bases même de la Communauté ». Ce thème de l'irréversibilité a été heureusement rendu par la formule de M. Flory évoquant un « effet de cliquet » (« Irréversibilité et point de non-retour », in P. Gerbet et D. Pepy [dir.], *La décision dans les Communautés européennes*, coll. « Grands colloques européens », Bruxelles, Presses universitaires de Bruxelles, 1969, p. 439) et se conjugue avec le respect de l'acquis communautaire, de même qu'avec le phénomène complémentaire couramment évoqué de *spill over* (effet d'entraînement automatique du processus d'intégration) pour dessiner une franche dynamique communautaire.

2° Invulnérabilité

115. Cela signifie que les attributions de compétence à la Communauté ou désormais à l'Union ne sauraient être remises en cause par des problèmes pouvant affecter leur mise en œuvre, que ce soit pour des raisons d'efficacité ou des raisons de légalité.

116. Sur le terrain de l'***efficacité et du pragmatisme***, on peut évoquer la situation du non-exercice de la compétence communautaire mettant en péril l'intérêt général de la Communauté et des États membres, et le souci de la Cour d'éviter que la solution retenue (la Cour a identifié une obligation d'action des États au titre de leur qualité de membre de la Communauté et dans l'intérêt commun) (v. ss 176 à 179) aboutisse à remettre en cause la compétence communautaire. Alors que la Communauté était compétente pour mettre en place une politique de conservation des ressources halieutiques, ce qu'elle ne parvenait pas à faire en raison d'un blocage de la prise de décision du Conseil en la matière, et alors même qu'il y avait urgence biologique à légiférer, la Cour a d'abord précisé que cette défaillance n'avait pas eu pour effet « de priver la Communauté de sa compétence en la matière et de restituer ainsi aux États membres une latitude discrétionnaire dans le domaine considéré » (CJCE 10 juill. 1980, *Commission c/Royaume-Uni*, aff. 32/79, *Rec.* 2923), la Cour allant ensuite plus loin et ayant recours à l'affirmation du caractère exclusif de la compétence communautaire ainsi mise en péril par son absence d'exercice : « le transfert de la compétence en la matière, étant total et définitif, au profit de la Communauté, une telle carence n'a pu en aucun cas, restituer aux États membres la compétence et la liberté d'agir unilatéralement en ce domaine » (CJCE 5 mai 1981, *Commission c/Royaume-Uni*, aff. 804/79, *Rec.* 1045).

117. ***En termes de légalité***, deux types d'approches ont pu être rencontrées : la revendication de la caducité des attributions de compétences à la Communauté ou la mise en œuvre d'une approche reposant sur la réciprocité des engagements souscrits par les États. La Cour a énergiquement et systématiquement rejeté ces thèses.

– Ainsi, le ***non-exercice***, même prolongé, des compétences de l'Union ne peut conduire à en déduire leur caducité. La Cour a jugé (CJCE 14 déc. 1971, *Commission c/France*, aff. 7/71, *Rec.* 1003) qu'« un dessaisissement des attributions… conférées et le retour des objets qu'elles concernent dans le domaine de compétence des seuls États membres ne pourraient intervenir qu'en vertu d'une disposition expresse du traité ». Autrement dit, cette caducité ne se présume pas mais le retour en arrière serait possible par voie expresse, la solution étant, comme pour les points précédents, reliée à la nature même de l'ordre juridique communautaire.

– Quant à l'invocation de la ***logique de réciprocité***, elle a consisté pour certains États membres à tenter de s'appuyer sur une faute, une illégalité, un manquement aux obligations découlant des traités dont se seraient rendus coupables leurs partenaires dans le lien d'intégration, pour se considérer comme déliés de leurs propres engagements, le résultat pouvant être apprécié en termes de liberté d'action recouvrée par l'État considéré ou de retour d'un chef de compétence au bénéfice de l'État alors qu'il l'avait transféré au niveau communautaire.

S'il est évident que la logique revendiquée est ici celle du droit international d'essence conventionnelle, il faut cependant relever que la « réciprocité » en cause est double, puisque certains États ont ainsi tenté de faire jouer *l'exceptio non adimpleti contractus* sur la base de la prétendue violation du traité par un autre signataire de cette convention (un autre État membre), ce qui est une configuration classique, mais d'autres espèces ont vu un État membre s'appuyer sur le comportement fautif des institutions de la Communauté. Dans les deux cas, la jurisprudence de la Cour est très claire pour refuser de faire jouer cette exception, ce qui représente donc une protection de l'intégrité des attributions de compétences à l'Union : « un État membre ne saurait… exciper du principe de réciprocité et alléguer une méconnaissance éventuelle du traité par un autre État membre pour justifier son propre manquement » (parmi une jurisprudence étoffée, on peut citer, à titre d'exemple, CJCE 14 févr. 1984, *Commission c/Allemagne*, aff. 325/82, *Rec.* 777 ; ou CJCE 2 juin 2005, *Commission c/Luxembourg*, aff. C-266/03, *Rec.* I-4805). Plus largement, « la mise en œuvre du droit communautaire par les États membres ne peut être soumise à une condition de réciprocité » (CJCE 9 juill. 1991, *Commission c/Royaume-Uni*, aff. C-146/89, *Rec.* I-3533). De même, s'agissant d'une réciprocité entre État membre et institution européenne, « l'éventuelle inexécution, par la Commission, des obligations qui lui incombent à l'égard d'autres États membres ne saurait dispenser l'un d'eux de l'exécution des obligations qui lui sont, à bon droit, imposées par des mesures prises en application des traités » (CJCE 16 juin 1966, *Allemagne c/Commission*, aff. 52 et 55/65, *Rec.* 227).

Dans tous les cas, cette protection de l'intégrité des attributions de compétences à l'Union se fonde sur la nature même de l'entreprise d'intégration et de l'ordre juridique que cette dernière a mis en place, et elle ne constitue, bien entendu, qu'une règle d'interprétation jurisprudentielle des traités, le « retour en arrière » pouvant toujours intervenir de manière explicite par révision de ceux-ci.

B. Attribution de compétence ou transfert de compétence ?

118. La question a souvent été posée depuis les débuts de l'intégration européenne : les compétences européennes sont-elles des compétences d'origine étatique que les États membres, selon telle ou telle modalité, « transfèrent » ou « délèguent » à la Communauté, ou sont-elles des compétences nouvelles, *attribuées*, simplement « créées » par l'accord des États ? Il va sans dire que l'alternative, puisque c'est le plus souvent ainsi que le débat est présenté, n'est pas sans incidence sur la détermination même de ces compétences, ni sur la manière d'envisager les contraintes pesant sur les États membres. De même n'est pas indifférent le choix, souvent mis en valeur, entre une approche en termes de « limitations de compétences (étatiques) » ou de « transferts de compétences » dès lors que l'on peut appliquer ce modèle à des compétences relevant de la souveraineté des États membres, la conception répandue d'une souveraineté « une et indivisible » conduisant alors à admettre éventuellement des limitations de la souveraineté mais non des transferts de parts de souveraineté, phénomène qui impliquerait une divisibilité de celle-ci.

1° Diversité des approches constitutionnelles

a) Présentation

119. L'approche se fait parfois sous l'angle des « limitations de souveraineté » (Italie, article 11 de la Constitution) ou des « restrictions à l'exercice de la souveraineté nationale » (Grèce, art. 28, § 3, de la Constitution).

120. On trouve également des démarches apparemment très neutres mais correspondant à la ***thèse de l'attribution*** : ainsi, aux Pays-Bas (art. 92 de la Constitution), des compétences législatives, administratives et judiciaires peuvent être « conférées par un traité, ou en vertu d'un traité, à des organisations de droit international public ». Ce modèle de l'attribution est le plus souvent inscrit dans un cadre qui permet d'en éviter les dérives : ainsi le texte constitutionnel belge n'évoque que l'attribution de « l'exercice de pouvoirs déterminés » (art. 34 de la Constitution) ; de même, le Luxembourg (art. 49 *bis* de la Constitution) se contente d'une possible dévolution, qui plus est temporaire, de l'exercice d'attributions à des institutions de droit international. La même logique se retrouve quand le texte constitutionnel se limite à envisager l'attribution de l'exercice de compétences (provenant de la Constitution il est vrai) (Espagne, art. 93 de la Constitution), la même phrase considérant cependant le phénomène comme une « cession ».

121. Certains textes se rangent clairement dans ce ***modèle du transfert, de la cession*** : c'est le cas avec la Loi fondamentale allemande (art. 23, § 1, de la Constitution) évoquant le transfert des droits de souveraineté ; de même la Constitution autrichienne accepte-t-elle (art. 9, § 2, de la Constitution) que la Fédération puisse transférer certains de ses droits de souveraineté à des institutions internationales et à leurs organes. La République slovaque peut, par un traité international, « transférer l'exercice d'une partie de ses compétences aux Communautés européennes et à l'Union européenne » (art. 7, § 2, de la Constitution). La Slovénie peut « transférer l'exercice d'une partie de ses droits souverains à des organisations internationales » (article 3 a, de la Constitution). En Suède, « Le *Riksdag* peut transférer à l'Union européenne son pouvoir de décision dans la mesure où cela n'affecte pas les principes de la Constitution » (art. 5 de la Constitution). La Pologne a une approche comparable : l'article 90, § 1, de la Constitution admet que la Pologne puisse « céder, en vertu d'un traité, à une organisation internationale ou à un organisme international les compétences des pouvoirs publics sur des questions particulières ».

122. La Constitution grecque utilise un autre modèle, celui de la ***reconnaissance par l'État*** : « il est possible de reconnaître, par voie de traité ou d'accord, des compétences prévues par la Constitution à des organes d'organisations internationales » (art. 28, § 2, de la Constitution). S'agissant cependant de compétences « prévues par la Constitution », la reconnaissance ici s'apparente vraiment aux approches précédentes, marquées par l'idée que ce sont des compétences étatiques dans leur nature, par leur origine, qui sont attribuées sous certaines modalités à la Communauté.

123. Il est rare que les constitutions nationales s'engagent dans un modèle juridique classique bien déterminé, ce qui est pourtant le cas du Danemark, avec la ***délégation***, qui demeure dans le cadre général de compétences étatiques par leur origine (art. 20, § 1, de la Constitution) : les attributions dont sont investies les autorités du Royaume aux termes de la Constitution peuvent être déléguées par une loi et, dans une mesure à déterminer, à des autorités en vertu d'une convention passée par accord réciproque avec d'autres États.

124. De façon plus originale et souvent ambiguë, certaines constitutions ont recours à la ***notion de mise en commun***, sous plusieurs formes. Ainsi la Constitution portugaise (art. 7, § 6, de la Constitution) évoque « l'exercice en commun, grâce à la coopération ou grâce aux institutions de l'Union, des pouvoirs nécessaires à l'édification et à l'approfondissement de l'Union européenne ». De même « La République (française) participe aux Communautés européennes et à l'Union européenne, constituées d'États qui ont choisi librement, en vertu des traités qui les ont instituées, d'exercer en commun certaines de leurs compétences » (art. 88-1 de la Constitution), la Constitution française consentant par ailleurs, pour les nécessités de l'Union économique et monétaire ou pour la libre circulation, à des « transferts de compétences » (art. 88-2).

La Constitution hongroise (art. 2 A, § 1) tente de préciser le concept de mise en commun de l'exercice des compétences : « La République de Hongrie, en tant que membre de l'Union européenne peut, en application d'un traité, exercer certaines compétences constitutionnelles en commun avec d'autres États membres dans la mesure nécessaire à l'exercice des droits et des obligations prévus par les traités de fondation de l'Union européenne et des Communautés européennes… ; ces compétences sont exercées séparément et au moyen des institutions de l'Union européenne ».

125. Cette « communauté » correspond sensiblement aussi à ***l'approche en termes de « concours » des États membres*** : en Allemagne, l'État « concourt » au développement de l'Union européenne (Loi fondamentale, art. 23, § 1), ses assemblées concourant aux « affaires de l'Union européenne » (Loi fondamentale, art. 23, § 2) et son gouvernement concourant aux actes normatifs de l'Union (Loi fondamentale, art. 23, § 3). La Constitution autrichienne retient la même approche mais uniquement pour la PESC : l'Autriche concourt à la politique étrangère et de sécurité commune de l'Union européenne (art. 23, f, § 1, de la Constitution).

b) Appréciation

126. Ces approches constitutionnelles nationales pourraient conduire à identifier quatre approches : celle de la *limitation*, celle, majoritaire, du *transfert*, celle de l'*attribution*, et celle, plus intéressante mais parfois ambiguë, de la *mise en commun* ou du *concours*.

Il y a également deux techniques qui accompagnent le modèle choisi, valorisant ou dépréciant l'opération : la valorisation se fait en se plaçant sous l'angle de la souveraineté, la dépréciation consiste à se limiter à la question de « l'exercice » de compétences voire de pouvoirs.

La valeur de ces approches constitutionnelles nationales est cependant sans doute moins explicative qu'instrumentale, l'important n'étant certainement pas tant le choix du modèle de la cession ou du transfert ou de la limitation que le fait que ce soit prévu dans la constitution, voulu par l'État (« choisi librement ») et soumis, dès lors, par la constitution à des réserves, des conditions de forme et des limites de fond (« dans la mesure nécessaire à… », « dans la mesure où… »…) permettant de contrôler la validité constitutionnelle des évolutions de l'intégration.

2° Identification de l'approche de la Cour de justice

127. Même si sa terminologie n'est pas absolument uniforme, et si elle associe parfois indistinctement deux modèles différents (limitation/transfert), la Cour de justice privilégie indéniablement l'analyse du système communautaire d'attribution des compétences en termes de *transferts*. L'exemple le plus significatif en est fourni par l'arrêt *Costa* (15 juill. 1964, aff. 6/64, *Rec.* 1141) :

« … une communauté dotée d'attributions propres… et plus précisément de pouvoirs réels issus d'une limitation de compétence ou d'un transfert d'attributions des États à la communauté ; …le transfert opéré par les États, de leur ordre juridique interne au profit de l'ordre juridique communautaire, des droits et obligations correspondant aux dispositions du traité, entraîne… une limitation définitive de leurs droits souverains ».

Il a été relevé, fort pertinemment (P. Reuter, *Organisations européennes*, Paris, PUF, 1965, p. 217) que « ce vocabulaire permet tout d'abord de mieux revendiquer le caractère exclusif des compétences communautaires, même dans des cas où le traité ne le pose pas expressément ; d'autre part, ce vocable tend à présenter la Communauté comme revêtue – partiellement – de compétences étatiques et à souligner son caractère fédéral ». C'est qu'en effet, à travers la notion de transfert, la source, l'origine des compétences permet aussi d'en qualifier la nature : ce que les traités auraient attribué aux Communautés, ce seraient des « droits souverains » (CJCE 5 févr. 1963, *Van Gend et Loos*, aff. 26/62, *Rec.* 3), et donc la notion de transfert hausse l'attribution de compétence au rang d'un instrument de remaniement des souverainetés. On sait qu'à cet égard, la Cour a continuellement avancé dans cette perspective : dès l'arrêt *Van Gend en Loos*, la Cour expliquait, avec une prudence égale à l'audace du propos, que « les États ont limité, *bien que dans des domaines restreints*, leurs droits souverains ». Dans l'arrêt *Costa*, tout en conservant la réserve du « domaine restreint », la Cour évoque donc la « limitation *définitive* » de ces droits souverains. Enfin, dans l'*avis 1/91* (CJCE 14 déc. 1991, *Rec.* I-6079), la Cour se réfère à sa propre jurisprudence pour rappeler que « selon une jurisprudence constante de la Cour, les traités communautaires ont instauré un nouvel ordre juridique au profit duquel les États ont limité, *dans des domaines de plus en plus étendus*, leurs droits souverains ».

Sur un plan plus pratique, on relèvera que cette démarche permet en outre de définir le contenu des compétences communautaires par référence à l'extension qu'elles revêtent pour les États. Ainsi, dans son *avis 1/75* (11 nov. 1975, *Rec.* 1355), la Cour considère que « la notion (de politique commerciale) a le même contenu, qu'elle s'applique dans la sphère d'action internationale d'un État ou dans celle de la Communauté » (ce qui permet à la Communauté de bénéficier de toutes les extensions futures de cette politique dans la sphère d'action des États) (v. ss 521). De même estime-t-elle qu'il résulte... « de la nature même des choses que la compétence réglementaire *ratione materiae* de la Communauté s'étend également – dans la mesure où une compétence analogue appartient aux États, en vertu du droit international – à la pêche en haute mer » ; et *a fortiori*, bien évidemment, la Communauté est-elle compétente pour réglementer les activités dans les nouvelles zones de pêche étendues à 200 milles par une action concertée des États décidée à La Haye en décembre 1976 (CJCE 14 juill. 1976, *Kramer*, aff. 3, 4, et 6/76, *Rec.* 1279).

Quoi qu'il en soit, une telle analyse en termes de transferts doit, pour le moins, être relativisée pour tenir compte de ce que les compétences de l'Union sont en principe seulement concurrentes ; on devrait alors parler de transfert sous condition suspensive d'exercice par l'Union ; mais y aurait-il alors une différence substantielle avec la conception qui verrait dans l'attribution de compétence une soustraction à la compétence exclusive des États, assortie d'une ouverture à la compétence dominante de l'Union ?

128. Mais c'est surtout, parce qu'elle implique une identité de la perte et de l'acquis que la notion de transfert peut paraître insuffisante dans le contexte particulier de l'intégration européenne. Cette approche ne correspond pas à nombre de compétences de l'Union qui n'ont de sens que parce qu'elles sont exercées par une organisation regroupant plusieurs États. La compétence pour développer une politique commune, quelle qu'elle soit, ou un marché commun, ne correspond à aucun transfert puisque les États, de manière isolée, ne disposaient évidemment pas d'une telle compétence. Pour retenir cette approche comme modèle général, il faudrait confondre la compétence et le domaine de compétence, en négligeant les pouvoirs associés ou encore l'objectif poursuivi. Ainsi la mise en place d'une politique agricole commune peut s'analyser comme un transfert de compétence si l'on considère que la matière agricole relève désormais de l'Union et non des États membres réduits essentiellement à un rôle de mise en œuvre. En revanche, si l'on estime que l'objectif poursuivi est la création d'une politique commune, d'un marché commun agricole, il est évident qu'il s'agit là d'une compétence nouvelle qui ne saurait être concevable pour un État isolément et qui n'a de sens que pour la nouvelle organisation.

Par ailleurs, le modèle du transfert ne permet pas de rendre compte de la disparition de certaines compétences, comme celles consistant à créer des droits de douanes ou d'autres restrictions aux échanges entre États membres, qui sont perdues par les États sans pour autant appartenir désormais à l'Union.

De plus, pour l'Union, le prétendu transfert s'accompagne d'une mutation, dans la mesure où cette compétence, compte tenu de son champ d'application plus étendu, bénéficie nécessairement de la primauté.

129. Ceci conduit à douter de la pertinence d'un modèle explicatif unique, sauf à envisager celui, moins classique, de la mise en commun des compétences.

– Il n'y a sans doute pas de modèle explicatif unique si l'on en reste à l'alternative traditionnelle. Il y a selon les cas limitation, transfert, création *ab initio*, c'est-à-dire que l'on trouve à la fois des créations de compétences nouvelles et des attributions de compétences initialement étatiques. La situation consistera le plus souvent en une combinaison de tous ces phénomènes ou en une possible analyse d'une même réalité selon des voies différentes. Le contenu même du titre de compétence, c'est-à-dire la diversité de ses composantes, explique aussi la difficulté à proposer une modélisation uniforme. Ainsi, la détermination des pouvoirs associés est importante : selon que la compétence permette à la Communauté d'adopter des normes contraignantes ou de simplement appuyer l'action des États membres, on se rend compte qu'il ne peut y avoir une explication commune. Une autre erreur classique consiste à confondre le domaine de la compétence et l'objectif poursuivi : ainsi la mise en place d'une politique agricole commune, ainsi que cela a été évoqué plus haut, peut s'analyser comme un transfert de compétence si l'approche matérielle est privilégiée, ou d'une compétence nouvelle si l'objectif poursuivi est considéré comme déterminant. La démarche ouverte de la jurisprudence *Costa*, associant les approches de limitation et de transfert ne correspond donc pas à de l'imprécision mais à un souci d'adaptation à la réalité du phénomène de l'intégration.

– Pour les États, il s'agira moins d'un véritable dessaisissement que d'une mise et d'un exercice en commun de la compétence dans le cadre d'une structure institutionnelle qui leur fait une large place.

Plutôt que des transferts, on préférera donc voir dans les attributions de compétences faites par les traités la création de « compétences communes » (H. Lesguillons, *L'application d'un traité fondation : le traité instituant la CEE*, Paris, LGDJ, 1968, spéc. p. 103). Dans tous les cas, il semble que la notion de « compétence commune » soit justifiable. Pour les compétences nouvelles, elles n'ont de sens que parce qu'il s'agit justement de fonctions exercées en commun, au niveau communautaire, par un groupe d'États. Compétences « communes » rend donc bien compte de ce qu'il ne saurait s'agir de compétences que pourrait exercer un État isolément. Quant au phénomène de transfert, on peut aussi considérer qu'il s'agit d'une mise en commun des compétences, non pas seulement de l'exercice de la compétence, ce qui supposerait que le titulaire de la compétence demeure l'État, les mécanismes communautaires ne représentant alors qu'un modèle d'exercice, mais une mise en commun de la compétence elle-même, au moyen d'une organisation commune qui devient titulaire de la compétence et de mécanismes de décision en commun. Cette notion de communauté des compétences est la seule qui permette de concevoir le phénomène même de l'intégration, c'est-à-dire qui implique la subordination juridique des États membres compatible avec le maintien de leur souveraineté puisqu'ils ne sont pas soumis à une entité externe, étrangère mais à un système auquel ils participent, auquel, pour reprendre les termes de la Loi fondamentale allemande, ils « concourent ».

III. Les méthodes d'ajustement des compétences

130. Les inconvénients qui découlent du principe d'attribution sont particulièrement pénalisants dans le cadre d'une entreprise d'intégration, c'est-à-dire d'un processus « sans cesse plus étroit » dont la progression ne peut qu'être entravée par la méthode d'ajustement des compétences qui s'impose au regard de ce principe : la révision des traités. Cette rigidité a pu être dépassée par l'inscription au sein même des traités d'une *réserve de compétences subsidiaires* qui permet de compléter les compétences explicitement conférées, et en second lieu grâce au développement par la Cour de justice d'une dynamique conception des *compétences implicites* permettant de prolonger ces compétences explicites.

A. La méthode de complément des compétences (compétences « subsidiaires »)

Lesguillons (H.), « L'extension des compétences de la CEE par l'article 235 », *AFDI* 1974. 886.

Olmi (G.), « La place de l'article 235 CEE dans le système des attributions de compétence à la Communauté », in *Mélanges Dehousse*, Labor, Bruxelles et Nathan, Paris, 1979, p. 279.

Schwartz (I.), « Le pouvoir normatif de la Communauté notamment en vertu de l'article 235 », *RMC* 1976. 280.

Weitzel (L.), « Commentaire de l'article 308 », in I. Pingel (dir.), *Commentaire article par article des traités UE et CE*, 2e éd., Bâle, Paris, Bruxelles, Helbing Lichtenhahn, Dalloz, Bruylant, 2010, p. 1899.

131. Les traités de base, d'emblée, ont prévu une procédure permettant de réaménager les différentes composantes d'une compétence entre elles, c'est-à-dire plus précisément de porter les *pouvoirs* à la hauteur des *objectifs*, dans la mesure où les traités ne l'auraient pas fait de manière suffisante, le *domaine* d'une telle opération étant largement défini puisque simplement relié au « fonctionnement du marché commun ». Parfois présenté comme permettant d'identifier des « compétences subsidiaires », il s'agit certainement d'une véritable réserve de compétence, ou de compétences de complément, à distinguer des compétences de prolongement que sont les compétences implicites résultant de l'ajustement jurisprudentiel.

1° Cadre juridique initial

a) Dispositif initial

132. Jusqu'à l'entrée en vigueur du traité de Lisbonne, la disposition pertinente, jamais modifiée depuis l'origine (art. 235 CEE, puis 308 CE) était la suivante : « Si une action de la Communauté apparaît nécessaire pour réaliser, dans le fonctionnement du marché commun, l'un des objets de la Communauté, sans que le présent traité ait prévu les pouvoirs d'action requis à cet effet, le Conseil, statuant à l'unanimité sur proposition de la Commission et après consultation de l'Assemblée, prend les dispositions appropriées ». Si la procédure décisionnelle était lourde (unanimité), il faut souligner qu'elle était purement communautaire, non suspendue à une ratification des États membres et surtout qu'elle aménageait de larges possibilités d'ajustement assorties d'un conditionnement souple. Autorisé à prendre « les dispositions appropriées », le Conseil a donc pu utiliser l'ensemble des instruments juridiques communautaires, qu'il s'agisse d'une décision ou d'un règlement ; il a pu créer des moyens d'intervention nouveaux, notamment financiers (capacité d'emprunt), créer des organes nouveaux (FEDER, agences), leur conférer éventuellement la personnalité juridique. Ce sont aussi de véritables politiques communautaires nouvelles qui ont été fondées sur ce dispositif (avant, le plus souvent, d'être « explicitées » en tant que compétence par une révision des traités) : politique de protection de l'environnement, politique régionale, ou politique de protection des consommateurs. La Cour de justice a également admis que cet article permettait au Conseil « de prendre toutes dispositions appropriées également dans le domaine des relations extérieures » (31 mars 1971, *Commission c/Conseil*, aff. 22/70, *Rec.* 263), le Conseil pouvant dès lors agir par voie d'accords conclus avec des pays tiers (v. ss 537), ou utiliser ce fondement pour infliger des sanctions internationales contre des activités terroristes (TPI 21 sept. 2005, *Kadi c/Conseil et Commission*, aff. T-315/01, *Rec.* II-3649 ; CJCE 3 sept. 2008, *Kadi et Al Barakaat*, aff. C-402/05 P et C-415/05 P, *Rec.* I-6351).

b) Encadrement initial

133. Certes, les traités ont fixé des conditions assez précises pour l'utilisation de cette réserve de compétence. Avant tout, il fallait que l'action envisagée tende à « réaliser… l'un des objets de la Communauté ». Il s'agissait, bien sûr, notamment des objets énumérés dans les articles 2 et 3 CE, dont la formulation était déjà très compréhensive, et qui, interprétés à la lumière du Préambule ou même de certains accords politiques entre États membres (par exemple, programme d'action des Communautés en matière d'environnement, *JOCE* n° C 112 du 20 déc. 1973) se sont révélés d'une richesse insoupçonnée. « L'amélioration constante des conditions de vie » visée au Préambule, le « développement harmonieux des activités économiques dans l'ensemble de la Communauté », mentionné à l'article 2, ont permis de fonder des interventions proprement inimaginables en 1957, en matière de protection de l'environnement ou du consommateur. La question de la prise en considération des objectifs de la PESC, c'est-à-dire non strictement « communautaires », s'est posée dans le contexte de la lutte contre le terrorisme international.

Le TPI et la Cour de justice ont tous deux affirmé nettement l'impossibilité d'utiliser l'article 308 en vue de la réalisation d'un objectif de la PESC, mais le contexte sensible les a conduits tous les deux à admettre finalement de combiner les articles 60, 301 et 308 CE pour adopter, au plan communautaire, des sanctions financières contre des personnes liées au terrorisme international, dans le prolongement d'une décision PESC, selon des raisonnements différents mais tous deux assez malaisés, le TPI identifiant une « passerelle » entre le pilier 1 (Communautés) et le pilier 2 (PESC) de l'Union, que constitueraient les articles 60 et 301, autorisant dès lors dans ce cadre très particulier l'utilisation de l'article 308 ; la Cour, quant à elle, a admis que les articles 60 CE et 301 CE, en ce qu'ils prévoient une compétence communautaire pour imposer des mesures restrictives de nature économique afin de mettre en œuvre des actions décidées dans le cadre de la PESC, sont l'expression d'un *objectif implicite et sous-jacent*, à savoir celui de rendre possible l'adoption de telles mesures par l'utilisation efficace d'un instrument communautaire, ce qui permet d'envisager l'utilisation de l'article 308.

Il faut également que l'action envisagée apparaisse « nécessaire » pour la réalisation d'un objet communautaire, mais l'appréciation en a été largement discrétionnaire et le contrôle par la Cour de justice réduit. Quant à l'exigence que le traité n'ait pas prévu les pouvoirs d'action requis à cet effet, elle doit être interprétée en ce sens que la procédure est utilisable lorsque tout pouvoir d'action *fait défaut*, mais encore lorsque des pouvoirs existent, mais sont jugés *insuffisants* (CJCE 12 juill. 1973, *Massey-Ferguson*, aff. 8/73, *Rec.* 897) ou encore lorsque ces pouvoirs d'action ne peuvent être *déduits implicitement* du traité (CJCE 28 mars 1996, *avis 2/94*, *Rec.* I-1759, point 29 ; CJCE 3 sept. 2008, *Kadi et Al Barakaat*, aff. C-402/05 P et C-415/05 P, préc., point 211). Une autre condition de mise en œuvre du dispositif est que l'action envisagée « ait trait au fonctionnement du marché commun » mais la formule est interprétée comme exigeant un simple « lien » (cf. CJCE 3 sept. 2008, *Kadi et Al Barakaat*, aff. C-402/05 P et C-415/05 P, préc., point 229) avec le fonctionnement du marché commun, cette relation étant, il faut en convenir, assez aisée à mettre en évidence.

L'approche très compréhensive du dispositif explique qu'il ait joué un rôle majeur dans le développement du dynamisme de l'intégration européenne, que l'on peut mettre en relation de manière significative avec la procédure de révision des traités, sous deux angles. Il s'agit d'abord d'un palliatif précieux en cas de défaillance de la procédure de révision. L'absence de révision entre 1957 et 1986 a ainsi conduit à une utilisation intense du procédé (au moment de la conclusion du traité sur l'Union européenne, on comptait plus de 650 actes adoptés sur cette base juridique), le rythme s'étant logiquement ralenti à partir de là du fait des révisions régulières.

La seule véritable limite est ensuite clairement qu'il n'est pas possible de substituer cette procédure à celle de révision, la Cour l'ayant clairement affirmé lorsqu'elle a refusé d'y voir un fondement possible pour l'adhésion de la Communauté européenne à la Convention européenne de sauvegarde des droits de l'Homme (CJCE 28 mars 1996, *avis 2/94*, préc.).

2° Cadre juridique issu du traité de Lisbonne

134. La nouvelle approche des compétences dans le traité constitutionnel et le traité de Lisbonne, plus cohérente, plus systématique, aurait pu logiquement conduire à renoncer à cette procédure d'ajustement. Si cela n'a pas été le cas, et si les deux textes ont conservé ce que le traité constitutionnel appelait la « clause de flexibilité », l'encadrement en est *a priori* plus strict. L'article 352 FUE dispose que :

« 1. Si une action de l'Union paraît nécessaire, dans le cadre des politiques définies par les traités, pour atteindre l'un des objectifs visés par les traités, sans que ceux-ci n'aient prévus les pouvoirs d'action requis à cet effet, le Conseil, statuant à l'unanimité sur proposition de la Commission et après approbation du Parlement européen, adopte les dispositions appropriées.

2. La Commission, dans le cadre de la procédure de contrôle du principe de subsidiarité visée à l'article 3 *ter*, paragraphe 3, du traité sur l'Union européenne, attire l'attention des parlements nationaux sur les propositions fondées sur le présent article.

3. Les mesures fondées sur le présent article ne peuvent pas comporter d'harmonisation des dispositions législatives et réglementaires des États membres dans les cas où les traités excluent une telle harmonisation.

4. Le présent article ne peut servir de fondement pour atteindre un objectif relevant de la politique étrangère et de sécurité commune et tout acte adopté conformément au présent article respecte les limites fixées par l'article 40, second alinéa, du traité sur l'Union européenne ».

Pour être complet, il faut ici ajouter la Déclaration n° 42 synthétisant la jurisprudence « constante » existante : faisant partie intégrante d'un « ordre institutionnel basé sur le principe des compétences d'attribution », l'article 352 FUE :

« ne saurait constituer un fondement pour élargir le domaine des compétences de l'Union au-delà du cadre général résultant de l'ensemble des dispositions des traités, et en particulier de celles qui définissent les missions et les actions de l'Union. Cet article ne saurait en tous cas servir de fondement à l'adoption de dispositions qui aboutiraient en substance, dans leurs conséquences, à une modification des traités échappant à la procédure que ceux-ci prévoient à cet effet ».

Si l'on synthétise, on peut lire dans ce nouveau dispositif *six réponses* censées empêcher l'utilisation extensive passée et directement dictées par ces expériences : suppression du lien avec l'instrument englobant et dynamique du « marché intérieur » et interdiction de l'harmonisation dans les domaines où le traité l'exclut, exclusion de la mise au service d'un but de la PESC, rappel du principe des compétences d'attribution, cantonnement de l'extension des domaines de compétence de l'Union, interdiction de la révision subreptice, mobilisation de la vigilance des parlements nationaux par le biais du principe de subsidiarité. Ce dernier élément est la seule véritable innovation et il restera à en apprécier la portée. Le reste correspond largement à des principes qui étaient déjà, on l'a observé, affirmés en jurisprudence sans que cela en ait freiné le dynamisme. Quant au lien désormais distendu entre l'article 352 et le marché intérieur, il est rétabli par le protocole n° 27 sur le marché intérieur et la concurrence visant expressément l'article 352.

Il est particulièrement significatif de voir l'insistance sur l'interdiction d'élargissement des domaines de compétence de l'Union au-delà du cadre général résultant de l'ensemble des dispositions des traités, ce cadre général étant suffisamment ample et offrant un potentiel de développement quasiment inépuisable sans qu'il soit nécessaire d'aborder l'apport de l'article 352 en termes d'extension des « domaines » de compétence. Il est donc probable que malgré ces précautions, ce dispositif pourra continuer à jouer son rôle d'ajustement.

B. La méthode de prolongement des compétences (compétences « implicites »)

135. Le droit des organisations internationales, de manière classique (avis de la CIJ du 11 avr. 1949), a développé une théorie, ou une méthode d'interprétation dite des « *implied* *powers* », ou, de façon moins rigoureuse, des « compétences implicites », mais la doctrine avait d'abord estimé que le principe des compétences d'attribution interdisait une semblable construction juridique pour les Communautés. La Cour s'est cependant engagée dans cette voie dès 1956 (CJCE 29 nov. 1956, *Fédération charbonnière de Belgique*, aff. 8/55, *Rec.* 291) et elle admet à partir de 1960, sans conteste, que des compétences normatives peuvent résulter implicitement du texte du traité, voire de son économie générale (CJCE 15 juill. 1960, *Italie c/Haute Autorité*, aff. 20/59, *Rec.* 663).

Cette méthode est ambivalente en ce qu'elle semble pouvoir être traduite à la fois par une reconnaissance implicite d'extensions matérielles des compétences et par une reconnaissance de pouvoirs implicites ou « impliqués ». L'ajustement des compétences de l'Union, sur ce modèle, concerne donc essentiellement ces deux phénomènes d'ajustement du domaine de compétence et des pouvoirs associés.

On peut relever cependant que la troisième composante de la compétence (l'objectif assigné), en vertu de laquelle l'ajustement se fera le plus souvent, peut, elle-même, être « ajustée ». L'exemple de l'avis 1/78 (CJCE 4 oct. 1979, *Accord international sur le caoutchouc naturel, Rec.* 2871) montre que les objectifs ne sont pas une donnée claire et immuable. Si le juge raisonne pour cerner un domaine de compétence ou pour accepter ou non tel ou tel instrument à partir de l'objectif, il peut aussi interpréter ou actualiser ces objectifs tels qu'indiqués dans le traité. En l'espèce, l'objectif à considérer ne devait pas être celui qui, selon la lettre du traité, visait la *libéralisation* du commerce mondial mais on devait pouvoir y inclure plus largement l'*organisation* (même restrictive) du commerce mondial.

Il faut admettre qu'il est parfois délicat d'identifier la perspective exacte : s'agit-il d'une extension du domaine ou des pouvoirs caractérisant une compétence ? Ainsi, lorsqu'est en cause la possibilité de conclure des traités internationaux dans un domaine matériel donné, on pourrait croire (et telle est souvent la présentation proposée) qu'il s'agit d'une question de domaine (domaine externe) alors qu'est en cause, dans un domaine matériel ouvert à la compétence de la Communauté (par exemple les transports routiers), l'utilisation de tel ou tel pouvoir (possibilité d'avoir recours à la conclusion d'un accord externe).

Pour une perspective consistant à permettre la prise en compte des évolutions en matière de conception même des *domaines de compétence*, on peut citer comme exemple celui du domaine de la politique commerciale commune, dont il fallait savoir s'il pouvait intégrer le système des préférences tarifaires généralisées. La Cour l'admet car il y a là « l'expression d'une nouvelle conception des relations économiques internationales faisant une large place à des objectifs de développement » (CJCE 26 mars 1987, *Commission c/Conseil*, aff. 45/86, *Rec.* 1493).

136. Mais l'essentiel a consisté ici à admettre des compétences implicites au sens de *pouvoirs* impliqués, implicites. Il s'agit ici de reconnaître que l'Union doit disposer d'une possibilité d'action juridique (pouvoir réglementaire, ou pouvoir de conclure un engagement international) qui ne lui a pas été conférée explicitement par les traités. La jurisprudence permet d'identifier des pouvoirs externes impliqués et des pouvoirs internes impliqués.

Les *compétences externes implicites*, dans ce sens-là, sont particulièrement importantes dans la mesure où l'utilisation de cette méthode pour reconnaître à la Communauté des pouvoirs d'action internationale, alors que seuls des pouvoirs de réglementation interne d'un domaine (dont l'ajustement n'est pas en cause donc) étaient prévus par le traité, a permis une progression spectaculaire du statut de la Communauté européenne en tant qu'acteur sur la scène internationale. Si ce n'est donc qu'un exemple de ce mécanisme juridique, c'est incontestablement le meilleur ou le plus éclatant, sur le plan politique ou symbolique. La question des compétences implicites externes sera développée ultérieurement (v. ss 530 à 536). On se bornera à rappeler ici la célèbre affaire de l'AETR (CJCE 31 mars 1971, *Commission c/Conseil*, aff. 22/70, *Rec.* 263). En 1970, la CEE ne disposait que de quelques compétences explicites pour conclure des traités internationaux (art. 111 et 113 : accords tarifaires et commerciaux ; art. 238 : accords d'association) et rien ne lui permettait, *a priori*, de négocier et conclure un accord international sur les transports routiers (AETR). La Cour estime cependant que la Communauté ayant compétence pour prendre, dans ce secteur, des règles communes, et la Communauté ayant effectivement arrêté de telles règles communes, l'effectivité, la portée de ces dernières serait menacée si les États pouvaient s'engager internationalement en la matière. C'est le *critère de l'affectation*. A ensuite prospéré un autre volet de cette jurisprudence s'appliquant aux hypothèses dans lesquelles la compétence interne n'a pas été exercée, de sorte que ne peut jouer le critère d'affectation des règles communes, mais un *critère de nécessité* (CJCE 26 avr. 1977, *avis 1/76*, *Rec.* 741). Dans un second temps, dans les années quatre-vingt-dix (CJCE 15 nov. 1994, *avis 1/94*, *Rec.* I-5267 ; CJCE 24 mars 1995, *avis 2/92*, *Rec.* I-521) se serait développée une vision plus restrictive, la Cour ayant ensuite adopté une approche plus pragmatique que synthétique avec l'*avis 1/03* du 7 février 2006 (*Rec.* I-1145) : la reconnaissance d'une compétence implicite externe exclusive n'est possible qu'au terme d'une « analyse globale et concrète » de la nature et du contenu de l'accord envisagé, mais aussi de la réglementation communautaire en vigueur ou à intervenir qui ferait ressortir que cet accord est susceptible de porter atteinte à l'application uniforme et cohérente des règles communautaires et au bon fonctionnement du système qu'elles instituent (sur ces jurisprudences, v. ss 531 à 534). Le traité de Lisbonne a codifié cette jurisprudence, explicitant l'implicite en quelque sorte ; l'article 216, § 1, FUE prévoit désormais que :

> « L'Union peut conclure un accord avec un ou plusieurs pays tiers ou organisations internationales lorsque les traités le prévoient ou lorsque la conclusion d'un accord, soit est nécessaire pour réaliser, dans le cadre des politiques de l'Union, l'un des objectifs visés par les traités, soit est prévue dans un acte juridique contraignant de l'Union, soit encore est susceptible d'affecter des règles communes ou d'en altérer la portée ».

137. Mais on peut trouver des *exemples purement internes de pouvoirs impliqués*. On doit ainsi considérer que c'est sur la base de la théorie des pouvoirs implicites que la Cour a validé la création de *comités de gestion* ou de *réglementation* et leur insertion originale dans le processus de décision communautaire (v. ss 420), ou encore l'adoption d'actes non prévus à l'article 249 CE [*désormais art. 288 FUE*], tels que décisions *sui generis*, bilans programmes… (v. ss 677), ou la publication des règlements urgents par affichage (v. ss 655).

138. D'autres illustrations jurisprudentielles permettent de préciser la méthode de raisonnement du juge.

Ainsi, l'article 118 du traité CEE indiquant pour la Commission la fonction de promouvoir une collaboration étroite entre les États membres dans le domaine social, il faut admettre « sous peine d'enlever tout effet utile à cette disposition, qu'il confère par là même, nécessairement les pouvoirs indispensables pour s'acquitter de cette mission ». En l'occurrence était en cause le pouvoir de prendre une décision obligatoire (de nature cependant simplement procédurale) à propos de l'organisation de consultations entre les États membres ; le raisonnement se fait en terme d'effet utile et de nécessité (CJCE 9 juill. 1987, *Allemagne, France, Pays-Bas, Danemark et Royaume-Uni c/Commission*, aff. 281, 283, 284, 285 et 287/85, *Rec.* 3203).

La même nécessité commande de reconnaître le pouvoir d'établir et modifier la nomenclature afférente au TDC, nécessaire pour l'effet utile du pouvoir du Conseil, expressément conféré celui-là, de procéder à des modifications tarifaires (CJCE 27 sept. 1988, *Commission c/Conseil*, aff. 165/87, *Rec.* 5545).

Est enfin significatif le raisonnement du TPI, dans son arrêt du 17 septembre 2007, *France c/Commission* (aff. T-240/04, *Rec.* II-4035), dans lequel se posait la question de savoir si la Commission, dans le cadre Euratom, pouvait disposer d'une compétence réglementaire alors même qu'aucune disposition du traité CEEA ne lui confère explicitement pareil pouvoir. Le Tribunal, reprenant pour l'essentiel des principes apparaissant désormais comme classiques, permet cependant de s'interroger à deux titres sur la signification et la mise en œuvre de cette méthode.

Le Tribunal présente le « pouvoir réglementaire implicite » qu'il se propose d'identifier éventuellement comme une « dérogation au principe d'attribution posé par l'article 3, § 1, CEEA », ce qui justifierait une appréciation stricte et une identification « exceptionnelle ». Si, *formellement*, l'approche en termes de dérogation est concevable, dans la mesure où une action normative d'une institution ne pourra s'appuyer sur une disposition expresse du traité, *substantiellement* et en toute logique, c'est plus douteux puisque la reconnaissance de compétences implicites revient pour le juge à considérer que l'économie générale du traité et les implications des attributions expresses de compétence conduisent à une telle identification. Dès lors, et encore une fois à condition de ne pas s'arrêter à une conception purement formelle pouvant d'ailleurs expliquer que le juge, dans cet arrêt, insiste jusqu'à l'excès sur les exigences du principe de sécurité juridique, les pouvoirs impliqués devraient plutôt s'analyser comme une *traduction particulière du principe des compétences d'attribution* (compétence considérée par le juge comme ayant été nécessairement attribuée) que comme une dérogation à ce principe.

En revanche, le caractère restrictif de la démarche n'est pas à remettre en cause mais il découle donc du raisonnement même de reconnaissance des pouvoirs impliqués et non du caractère dérogatoire de ces derniers. L'arrêt du Tribunal est ici exemplaire, en ce qu'il repose sur la condition de nécessité dont dépend toute identification d'un pouvoir impliqué. En l'occurrence, s'agissant de l'adoption d'un règlement par la Commission, il fallait que la forme réglementaire soit nécessaire pour assurer l'effet utile du mécanisme prévu par le traité Euratom, ce qui n'était pas le cas, du fait que les mesures d'organisation interne telles que les lignes directrices ou les codes de conduite non seulement auraient permis d'atteindre l'objectif visé, mais l'auraient fait dans une sécurité juridique équivalente, du fait des exigences de la jurisprudence communautaire vis-à-vis de ce type d'actes (cf. CJCE 13 nov. 1991, *France c/ Commission*, aff. C-303/90, *Rec.* I-5315, ou TPI 9 juill. 2003, *Archer Daniels Midland*, aff. T-224/00, *Rec.* II-2597).

IV. La répartition des compétences entre l'Union et les États membres

Boskovits (K.), *Le juge communautaire et l'articulation des compétences normatives entre la Communauté européenne et ses États membres*, Athènes-Bruxelles, Sakkoulas-Bruylant, 1999.

Cross (E.D.), « Preemption of member state law in the European Economic Community : a frame work for analysis », *CMLR* 1992. 447.
Louis (J.V.), « Quelques réflexions sur la répartition des compétences entre la Communauté européenne et ses États membres », *Revue d'intégration européenne*, Montréal, 1979. 355.

139. Pendant longtemps, cette répartition des compétences entre les Communautés et les États membres n'était pas formalisée dans le traité, de sorte que c'est uniquement la jurisprudence qui avait permis d'organiser une matière qui ne laissait pas d'être assez confuse. Le traité de Lisbonne, ici, a considérablement éclairci la situation, avec une véritable et inédite typologie des compétences de l'Union (Titre 1 de la première partie du TFUE : « catégories et domaines de compétences de l'Union »), présentant les compétences exclusives de l'Union (art. 2, § 1, et art. 3 FUE), les compétences partagées (art. 2, § 2, et art. 4 FUE), et les compétences d'appui, de coordination ou de complément (art. 2, § 5, et art. 6 FUE), ces trois types de rapports entre les compétences de l'Union et celles des États membres devant être présentés : partage des compétences, exclusivité des compétences, concours des compétences.

140. Des compétences atypiques (PESC, politiques économique, et de l'emploi) s'ajoutent à ces trois catégories principales (art. 2, § 3 et § 4, art. 5 FUE) et seront présentées ensuite.

A. Le partage des compétences

1° L'identification des compétences partagées

a) Caractérisation

141. Dans le cadre d'une compétence partagée, l'Union et les États membres peuvent légiférer et adopter des actes juridiquement contraignants. Cela a toujours été considéré comme la situation de principe, ce que confirme le traité de Lisbonne puisque l'article 4 FUE précise que « l'Union dispose d'une compétence partagée avec les États membres lorsque les traités lui attribuent une compétence qui ne relève pas des domaines visés aux articles 3 [compétences exclusives] et 6 [compétences d'appui, de coordination ou de complément] ».

b) Domaine

142. En tant que type de compétence de droit commun, cette catégorie ne peut donner lieu, à la différence des autres, à une détermination du domaine sous forme de liste fermée. Le traité (art. 4 FUE) se contente donc de lister les « principaux domaines » concernés : marché intérieur, politique sociale (pour les aspects définis dans le traité), cohésion économique, sociale et territoriale, agriculture et pêche (sauf la conservation des ressources biologiques de la mer), environnement, protection des consommateurs, transports, réseaux transeuropéens, énergie, espace de liberté, de sécurité et de justice, enjeux communs de sécurité en matière de santé publique (pour les aspects définis dans le traité, ce qui renvoie à l'article 168 FUE, ces « enjeux communs » correspondant à la prise de mesures fixant des normes élevées de qualité et de sécurité des organes et substances d'origine humaine, du sang et des dérivés du sang ; à la prise de mesures dans les domaines vétérinaire et phytosanitaire ayant directement pour objectif la protection de la santé publique ; et à l'adoption de mesures fixant des normes élevées de qualité et de sécurité des médicaments et des dispositifs à usage médical). Les paragraphes 3 et 4 de l'article 4 FUE identifient également deux domaines relevant des compétences partagées mais dans lesquels le partage se fait de façon particulière : la recherche, développement technologique et Espace, et la coopération au développement et aide humanitaire.

2° L'organisation du partage des compétences

143. Pendant longtemps, c'est de manière purement jurisprudentielle qu'a pu être dégagée ce que l'on appelait souvent la « théorie de la préemption ». Avec le traité de Lisbonne, une formalisation est intervenue, l'article 4, § 2, FUE indiquant que « Les États membres exercent leur compétence dans la mesure où l'Union n'a pas exercé la sienne », mais au prix d'une régression.

a) La théorie classique de la préemption : le principe de substitution

144. Cela signifie que les États conservent la compétence de légiférer ou de prendre des engagements conventionnels avec les pays tiers aussi longtemps que et dans la mesure où les autorités communautaires ne sont pas encore intervenues dans le domaine en cause. Seul donc l'exercice effectif des compétences communautaires exclut progressivement la compétence nationale. Cette solution était la seule compatible avec des attributions de compétence faites par catégories d'actions à mener, laissant le choix de la date, de l'opportunité et de l'ampleur des interventions ; seule aussi de nature à écarter le risque du *vide juridique* qui, autrement, résulterait de la carence législative de la Communauté, à l'origine, ou de l'Union actuellement.

145. S'est donc développée, très tôt, en jurisprudence un triptyque retraçant les trois phases de la substitution.

– ***Compétence non exercée*** : aussi longtemps que la Communauté n'a pas encore exercé sa compétence, les États sont autorisés à maintenir ou à prendre dans le cadre national les mesures appropriées. S'ils continuent ainsi d'exercer leur compétence propre, celle-ci, cependant, n'est déjà plus discrétionnaire. Elle est liée, tout d'abord, par les stipulations générales du traité ainsi que par les principes généraux du droit communautaire : ainsi, dans le domaine agricole, tant qu'une organisation commune de marché n'a pas encore été mise en place, les États sont parfaitement en droit de maintenir ou même d'adopter des dispositions nationales dans ce secteur, mais à condition qu'elles ne portent pas atteinte aux règles de libre circulation inscrites dans le traité (ce qui réduit considérablement leurs possibilités : CJCE 16 mars 1977, *Commission c/ France*, aff. 68/76, *Rec.* 515 ; 25 sept. 1979, *Commission c/France*, aff. 232/78, *Rec.* 2729) ; ainsi, encore, la réglementation intérimaire des ressources de pêche, autorisée dans l'attente des décisions du Conseil, ne peut méconnaître le principe de non-discrimination entre ressortissants de la Communauté (CJCE 16 févr. 1978, *Commission c/Irlande*, aff. 61/77, *Rec.* 417). Mais, en outre, l'action des États est subordonnée au respect des « obligations de coopération résultant pour eux du traité et notamment de son article 5 *[devenu art. 10 CE ; désormais art. 4, § 3, UE]* ». À ce titre, ils doivent impérativement éviter de gêner l'action de la Communauté et notamment de rendre plus difficile son intervention ultérieure tant par la voie de mesures internes que conventionnelles : ainsi, l'exercice de la compétence nationale ne doit pas rendre plus difficile, en créant une situation nouvelle, l'édiction déjà laborieuse de la politique commune de la pêche (aff. 61/77, préc.) ; dans les traités qu'ils passent avec les pays tiers, les États doivent prendre des précautions, notamment quant à la durée de leur engagement, afin de ne pas compromettre leur remplacement par des accords communautaires ultérieurs. Bien plus, à partir du moment où les institutions communautaires auraient ouvert la procédure tendant à l'exercice de leur compétence et notamment pour se substituer aux États membres dans les conventions internationales auxquelles ils sont parties ou les organisations internationales dont ils sont membres, les États ont l'obligation d'utiliser tous les moyens juridiques et politiques dont ils disposent pour les y aider (CJCE 14 juill. 1976, *Kramer*, aff. jtes 3, 4, 6/76, *Rec.* 1279).

– ***Compétence exercée partiellement*** : le plus souvent, on se trouve dans une situation où la Communauté a commencé à exercer sa compétence dans un certain domaine, mais se trouve loin de l'avoir épuisée. L'intervention des États, toujours possible, devra comme dans le cas précédent, respecter les traités, les principes généraux ainsi que l'obligation de coopération, mais en outre être compatible avec les mesures déjà arrêtées par les instances communautaires, c'est-à-dire ne pas mettre en danger les objectifs ou le fonctionnement du régime instauré. L'exemple type, ici, est celui de la politique agricole commune. Ainsi, lorsque la Communauté a mis en place une organisation commune pour un produit déterminé, cette intervention n'aboutit pas nécessairement au dessaisissement pur et simple des États. Certes, ceux-ci sont tenus de s'abstenir de toute mesure qui serait de nature à y déroger ou à y porter atteinte (CJCE 18 mai 1977, *Van der Hazel*, aff. 111/76, *Rec.* 901 ; 26 févr. 1980, *Vriend*, aff. 94/79, *Rec.* 327) ; notamment, depuis la fin de la période de transition, il n'est pas possible à un État membre de maintenir une organisation nationale de marché dont le fonctionnement serait incompatible avec l'organisation mise en place à l'échelon de la Communauté (CJCE 29 nov. 1978, *Redmond*, aff. 83/78, *Rec.* 2347 ; 26 juin 1979, *Pigs and Bacon*, aff. 177/78, *Rec.* 2161). Mais ils conservent, par exemple, une compétence propre pour la fixation des prix de détail ; ils peuvent même intervenir unilatéralement dans le mécanisme des prix à la production qui fait l'objet spécifique de l'organisation commune, dès lors cependant qu'ils ne mettent pas en danger les objectifs ou le fonctionnement de celle-ci (CJCE 2 févr. 1977, *Amsterdam Bulb*, aff. 50/76, *Rec.* 137 ; 12 juill. 1979, *Grosoli*, aff. 223/78, *Rec.* 2621 ; 17 janv. 1980, *Kefer et Delmelle*, aff. 95 et 96/79, *Rec.* 2429).

– ***Compétence exercée en totalité*** : dès lors que la Communauté a intégralement exercé sa compétence dans certains domaines, « les dispositions prises par elle sont exclusives de toutes dispositions divergentes des États membres » (aff. 61/77, préc.). Au besoin, le principe de la primauté du droit communautaire sur le droit national (v. ss 785) priverait d'effet les dispositions nationales contraires. Ainsi, à partir du moment où la Communauté eut édicté et mis en place, par le règlement du 28 juin 1968, le tarif extérieur commun, les États membres sont devenus radicalement incompétents pour prendre des dispositions divergentes en la matière : l'octroi de contingents tarifaires, les modifications autonomes des droits, l'octroi de franchises douanières ne peuvent relever que de décisions des autorités communautaires (art. 25 CEE *[abrogé par le traité d'Amsterdam]* et 28 CEE *[désormais art. 31 FUE]*). On relèvera que l'intervention communautaire interdit aux États membres non seulement de légiférer en la matière, mais encore de s'engager conventionnellement avec des pays tiers (CJCE 31 mars 1971, *Commission c/Conseil*, aff. 22/70, *Rec.* 263). Ainsi, par exemple, l'intervention de la directive n° 79/409 concernant la conservation des oiseaux sauvages retirait aux États toute compétence externe en la matière, comme le précisent les considérants de la décision du Conseil du 24 juin 1982, concluant au nom de la Communauté la Convention sur la conservation des espèces migratrices appartenant à la faune sauvage (*JOCE* n° L 210/10 du 19 juill. 1982). C'est ce que rappelle la Cour de justice dans son avis 2/91 (CJCE 19 mars 1993, Convention n° 170 de l'OIT, *Rec.* I-1061) : « le caractère exclusif ou non de la compétence de la Communauté ne découle pas seulement des dispositions du Traité, mais peut dépendre également de l'étendue des mesures prises par les institutions communautaires pour l'application de ces dispositions et qui sont de nature à priver les États membres d'une compétence qu'ils pouvaient exercer auparavant à titre transitoire ». Inversement, la conclusion par la Communauté d'un accord externe interdit aux États non seulement de s'engager internationalement en la matière, mais encore de prendre des dispositions législatives divergentes. On tombe alors dans une situation d'exclusivité de la compétence de la Communauté ou, aujourd'hui, de l'Union, du fait de son exercice.

b) Le traité de Lisbonne et la régression

146. Jusqu'au traité de Lisbonne, ce principe de préemption aboutissait à un mouvement largement à la discrétion des autorités communautaires et à un *spill over* inéluctable, irréversible. Le traité de Lisbonne corrige ces traits, avec une sorte de frein affectant le processus, et une possible *inversion* de la substitution.

– *D'abord*, s'agissant du mouvement conduisant l'Union à progressivement « couvrir » le domaine en cause, s'est exprimée une volonté de freiner ou ralentir le phénomène : un Protocole n° 25 sur l'exercice des compétences partagées précise que selon les Hautes parties contractantes, « lorsque l'Union mène une action dans un certain domaine, le champ d'application de cet exercice de compétence ne couvre que les éléments régis par l'acte de l'Union en question et ne couvre donc pas tout le domaine », ce qui trahit l'approche restrictive qui était celle des rédacteurs du traité de Lisbonne.

– *Mais surtout*, le partage des compétences n'est plus conçu comme évoluant inéluctablement vers une forme d'exclusivité des compétences de l'Union par exercice, le retour en arrière, la « renationalisation » des compétences étant non seulement envisagée mais organisée. Déjà, l'article 2, § 2, FUE, présentant les compétences partagées, ne se contente pas de synthétiser le principe classique établi en jurisprudence selon lequel « Les États membres exercent leur compétence dans la mesure où l'Union n'a pas exercé la sienne... » mais ajoute que « les États membres exercent à nouveau leur compétence dans la mesure où l'Union a décidé de cesser d'exercer la sienne ». Ce dernier aspect est détaillé dans une Déclaration (n° 18) concernant la délimitation des compétences :

> « Lorsque les traités attribuent à l'Union une compétence partagée avec les États membres dans un domaine déterminé, les États membres exercent leur compétence dans la mesure où l'Union n'a pas exercé la sienne ou a décidé de cesser de l'exercer. Ce dernier cas de figure peut se produire lorsque les institutions compétentes de l'Union décident d'abroger un acte législatif, en particulier en vue de mieux garantir le respect constant des principes de subsidiarité et de proportionnalité. Sur l'initiative d'un ou de plusieurs de ses membres (représentants des États membres) et conformément à l'article 241 du traité sur le fonctionnement de l'Union, le Conseil peut demander à la Commission de soumettre des propositions visant à abroger un acte législatif (...).
>
> De même, les représentants des gouvernements des États membres, réunis en Conférence intergouvernementale, conformément à la procédure de révision ordinaire prévue à l'article 48, § 2 à 5, du traité sur l'Union européenne, peuvent décider de modifier les traités, y compris en vue d'accroître ou de réduire les compétences attribuées à l'Union dans lesdits traités ».

La Cour avait pourtant solennellement affirmé le caractère définitif des attributions de compétences (v. ss 114), car c'est une expression de la notion même de processus d'intégration. Il semble donc que le traité de Lisbonne amorce une nouvelle approche, pouvant signifier que si les compétences exclusives demeurent irréversibles, les compétences partagées ne le seraient plus.

c) Le traité de Lisbonne et les compétences partagées sans préemption

147. Le partage habituel des compétences, sur le modèle allemand de la *concurrence* de celles-ci, sera écarté dans des secteurs où il est plus opportun d'envisager des compétences *parallèles*, l'objectif principal consistant ici à accroître l'action européenne globale et non à compenser une compétence accrue de l'Union par une diminution des efforts nationaux. C'est l'objet des paragraphes 3 et 4 de l'article 4 FUE écartant la « préemption », respectivement, en matière de recherche, développement technologique et Espace, et pour la coopération au développement et l'aide humanitaire. Dans ces domaines, l'exercice de la compétence de l'Union ne peut avoir raisonnablement pour effet d'empêcher les États membres d'exercer la leur.

B. L'exclusivité des compétences

1° Les compétences exclusives de l'Union

GAUTIER (Y.), « La compétence communautaire exclusive », in *Mélanges en hommage à Guy Isaac*, Presses de l'Université des sciences sociales de Toulouse, 2004, p. 165.

148. Il convient de distinguer l'exclusivité « dérivée » de l'étendue des mesures prises par les institutions de l'Union pour l'application du traité (exclusivité par exercice exhaustif des compétences partagées) de l'exclusivité « consubstantielle » à la compétence (exclusivité par nature) qui a d'abord été constatée incidemment par le juge avant d'être prévue par le traité lui-même.

a) Situation antérieure au traité de Lisbonne : le raisonnement prétorien incident

149. Il est quelques domaines dans lesquels la Cour de justice a affirmé l'existence de compétences communautaires *exclusives*, à l'expiration d'un certain délai, indépendamment du fait que la Communauté ait ou non exercé ses pouvoirs. Dans la pratique, cependant, cette affirmation n'a généralement et paradoxalement pas eu pour effet de bannir radicalement toute intervention nationale : compte tenu de ce que la Communauté n'a, le plus souvent, pas encore exercé complètement sa compétence à l'expiration du délai (soit du fait de la carence des institutions, soit en matière d'engagements internationaux, parce que certains États, en fait d'Europe de l'Est, ne voulaient pas traiter avec la Communauté qu'ils ne reconnaissaient pas à l'époque), et afin d'éviter les vides juridiques, les États sont demeurés habilités à régir la matière, mais en étant alors soumis à l'autorisation, au contrôle ou même à l'approbation des institutions communautaires. L'affirmation du caractère exclusif, dans ce contexte, a donc moins eu pour objet de proscrire l'intervention concurrente des États membres que de conforter une compétence communautaire affaiblie par les difficultés de sa mise en œuvre.

150. Ainsi en a-t-il été, tout d'abord, en matière de *politique commerciale commune*, où la Cour semble bien avoir reconnu à la Communauté, depuis l'expiration de la période de transition le 1er janvier 1970, une compétence exclusive pour prendre des mesures conventionnelles (11 nov. 1975, *avis 1/75*, *Rec.* 1359) ou des mesures autonomes (15 déc. 1976, *Donckerwolcke*, aff. 41/76, *Rec.* 1934). Au motif que la politique commerciale commune est conçue par l'article 133 CE [*ex 113*] « dans la perspective du fonctionnement du marché commun, pour la défense de l'intérêt global de la Communauté, à l'intérieur duquel les intérêts particuliers des États membres doivent trouver à s'ajouter mutuellement », l'action unilatérale des États, nécessairement génératrice de disparités, est jugée inconcevable. L'inachèvement de la politique commerciale commune au 1er janvier 1970 a cependant rendu nécessaire, sinon une « redélégation » aux États membres, du moins une « habilitation spécifique de la part de la Communauté » (aff. 41/76, préc.). Différents dispositifs d'« encadrement » des mesures nationales de politique commerciale ont été mis en place, telle la décision du Conseil du 19 décembre 1972 (*JOCE* n° L 299 du 31 déc. 1972) ou la décision du 27 mars 1975 concernant les régimes autonomes d'importation à l'égard des pays à commerce d'État (*JOCE* n° L 99 du 21 avr. 1975). En matière externe, surtout, il était hors de question, pour des raisons pratiques, qu'au 1er janvier 1970 l'ensemble des accords commerciaux passés par les États membres aient été remplacés par des accords communautaires, sans compter le refus des pays d'Europe de l'Est de reconnaître la Communauté. La décision du 16 décembre 1969 (*JOCE* n° L 326/39 du 29 déc. 1969) a donc prévu un régime de prorogation ou de tacite reconduction des accords nationaux en vigueur, ainsi qu'un régime provisoire (jusqu'au 31 déc. 1972) leur permettant de passer de nouveaux accords bilatéraux, notamment avec les pays de l'Est, sur proposition de la Commission et autorisation du Conseil.

151. De même, la Cour a affirmé que la Communauté avait une compétence exclusive pour prendre des mesures de *conservation des ressources biologiques de la mer*, dans le cadre de la politique commune de la pêche, tant de manière autonome que sous la forme d'engagements contractuels avec les pays tiers, à l'expiration du délai fixé à l'article 102 de l'Acte d'Adhésion de 1972, c'est-à-dire à compter du 1er janvier 1979 (14 juill. 1976, *Kramer*, aff. 3, 4 et 6/76, *Rec.* 1279). Cela signifiait qu'avant cette date, les compétences étant concurrentes, les États membres pouvaient encore prendre, dans un cadre national, les mesures de conservation appropriées, tant que les autorités communautaires n'auraient pas statué, sous réserve qu'ils respectent les dispositions pertinentes, tant de fond que de forme, du droit communautaire (CJCE 4 oct. 1979, *France c/Royaume-Uni*, aff. 141/78, *Rec.* 2923) ; en cas de carence prolongée du Conseil pour intervenir, ils avaient même l'obligation d'agir, les mesures de conservation à prendre devant être conçues de manière à répondre à l'intérêt collectif de la Communauté (CJCE 10 juill. 1980, *Commission c/Royaume-Uni*, aff. 32/79, *Rec.* 2403). À l'expiration de cette période, et devant la carence persistante du Conseil, les mesures de conservations nationales en vigueur continuent de s'appliquer et les États membres peuvent même leur apporter toutes adaptations exigées par les nécessités biologiques et techniques, mais ils n'exercent plus une « compétence propre » ; ne pouvant désormais agir, dans le « cadre nouveau, caractérisé par la compétence exclusive de la Communauté… que comme gestionnaires de l'intérêt commun », ils doivent au préalable non seulement consulter mais obtenir l'accord de la Commission (CJCE 5 mai 1981, *Commission c/Royaume-Uni*, aff. 804/79, *Rec.* 1045).

b) L'apport du traité de Lisbonne : la détermination systématique par le traité

152. L'article 2, § 1, FUE définit d'abord ce qui caractérise une compétence exclusive de l'Union : « seule l'Union peut légiférer et adopter des actes juridiquement contraignants, les États membres ne pouvant le faire par eux-mêmes que s'ils sont habilités par l'Union ou pour mettre en œuvre les actes de l'Union ».

L'article 3 FUE s'emploie à fixer le domaine des compétences exclusives et le fait selon deux démarches successives.

Il identifie d'abord ***cinq domaines*** : outre la *politique commerciale commune* et la *conservation des ressources biologique de la mer*, c'est-à-dire les deux domaines déjà identifiés par la Cour (mais s'agissant de la politique commerciale commune, le traité de Lisbonne étend le caractère exclusif à l'ensemble de la matière commerciale alors que les traités antérieurs l'excluaient s'agissant notamment des questions sensibles comme les services culturels et audiovisuels, d'éducation, services sociaux et de santé) (art. 133, § 6, CE) ou le limitaient aux seuls aspects commerciaux des questions de propriété intellectuelle (sur cette question, v. ss 522), s'ajoutent l'*union douanière* et la *politique monétaire* pour les États membres dont la monnaie est l'euro, le caractère exclusif de la compétence européenne n'étant en rien douteux pour ces deux secteurs, et, en dernier lieu, la compétence pour l'établissement des *règles de concurrence* nécessaires au fonctionnement du marché intérieur, la précision s'imposant dans un domaine où la répartition se fait entre les autorités de l'Union et des États membres en fonction de la « dimension » européenne ou non des problèmes de compétence. Il est à souligner que des domaines tels que la politique agricole commune, contrairement à ce que pensaient nombre de commentateurs, n'ont pas été intégrés à cette liste.

Dans ces cinq domaines ainsi listés, la compétence exclusive de l'Union est à la fois interne et externe ; mais l'article 3 FUE, dans un § 2, aborde ensuite la ***question spécifique de la compétence externe de l'Union***, en tenant compte à l'évidence de l'expansion qu'elle a pu connaître sous sa forme implicite (v. ss 530), précisant donc que « l'Union dispose également d'une compétence exclusive pour la conclusion d'un accord international lorsque cette conclusion est prévue dans un acte législatif de l'Union, ou est nécessaire pour permettre à l'Union d'exercer sa compétence interne, ou dans la mesure où elle est susceptible d'affecter des règles communes ou d'en altérer la portée. »

Le lien entre le caractère implicite et le caractère exclusif de la compétence externe de l'Union est donc (relativement) précisé, alors que la jurisprudence, si elle distinguait les deux questions, pouvait parfois les confondre également (v. ss 534). Si l'article 3, § 2, FUE semble imposer largement un caractère exclusif aux compétences externes implicites, sauf lorsque l'acte interne de base du raisonnement n'est pas de nature législative, on peut cependant s'interroger sur la combinaison avec d'autres dispositions du traité précisant que certaines compétences externes de l'Union ne préjugent pas de la compétence des États membres pour négocier dans les enceintes internationales et conclure des accords internationaux (art. 191, § 4, FUE, pour l'environnement, art. 209, § 2, FUE pour la coopération au développement, art. 212, § 3, FUE quant à la coopération technique, financière et technique avec les États tiers, et art. 214, § 4, FUE pour l'aide humanitaire).

2° Les compétences retenues des États membres

153. Conformément au principe des compétences d'attribution, toutes les compétences non conférées ou non reconnues à l'Union (qu'elles se situent ou non dans le champ d'application du droit de l'Union) restent, dans une logique de *compétence de principe*, retenues par les États (et pas seulement celles qui ont été expressément *réservées* de manière principale) (par exemple l'article 346 FUE admettant que les États membres prennent les mesures qu'ils estiment nécessaires à la protection des intérêts essentiels de leur sécurité) ou secondaire, sous forme de dérogation admise (ainsi de l'article 36 FUE légitimant des interdictions ou restrictions nationales à la libre circulation des marchandises pour des motifs d'appréciation nationale tels que la moralité publique, l'ordre public, la sécurité publique, etc.).

Dans ces domaines, les États conservent l'intégralité de leurs pouvoirs, mais ces compétences sont celles *d'États membres* et pas seulement d'États, ce qui signifie que leur exercice n'est pas exempt d'une certaine *emprise communautaire* dont on peut relever deux manifestations, utilisant respectivement l'instrument du raisonnement en termes *d'effet utile* et la logique du *principe de coopération loyale*.

D'abord, ne sont pas exclues, selon la formule de la Cour, « des incursions de la compétence communautaire dans les souverainetés nationales, là où elles sont nécessaires pour que du fait des pouvoirs retenus par les États membres, l'effet utile du traité ne soit pas grandement diminué et sa finalité compromise » (23 févr. 1961, *Gezamenlijke*

Steenkolenmijnen, aff. 30/59, *Rec.* 46). Ainsi, par exemple, même si une matière comme la politique de l'enseignement et de la formation ne faisait pas partie en tant que telle, à l'époque, du domaine que le traité soumettait à la compétence des institutions, cela ne signifiait pas que les mesures prises par les États en ce qui la concerne puissent limiter de quelque façon l'exercice des compétences attribuées à la Communauté : les États ne sauraient invoquer leur compétence retenue en la matière pour imposer aux enfants des travailleurs migrants bénéficiaires du droit de séjour un régime discriminatoire pour l'admission aux établissements d'enseignement (CJCE 3 juill. 1974, *Casagrande*, aff. 9/74, *Rec.* 73).

Plus largement, l'ensemble des obligations actives et passives découlant du *devoir de coopération loyale* des États membres valent aussi dans le domaine des compétences retenues. La prescription selon laquelle : « Les États membres prennent toute mesure générale ou particulière propres à assurer l'exécution des obligations découlant des traités ou résultant des actes des institutions de l'Union. Les États membres facilitent l'accomplissement par l'Union de sa mission et s'abstiennent de toute mesure susceptible de mettre en péril la réalisation des objectifs de l'Union » (art. 4, § 3, UE, cf., aussi art. 192 CEEA et, pour mémoire, art. 86 CECA, et 10 CE *[ex 5]*), n'est pas limitée, en effet, aux domaines de compétence de l'Union et pourra conduire, selon un principe de « transcendance » (cf. M. Blanquet, *L'article 5 du traité CEE. Recherches sur les obligations de fidélité des États membres de la Communauté*, LGDJ, 1994, p. 311) tant à un devoir des États membres de prendre des mesures dans un domaine pourtant retenu (domaine pénal par exemple), qu'à des interdictions d'utiliser une de ces compétences (v. ss 175).

C. Le concours des compétences

154. L'articulation est ici différente et davantage fonctionnelle. Des compétences de l'Union vont être considérées comme devant simplement apporter le concours de celle-ci à l'exercice de compétences des États membres sans qu'il y ait en rien partage de ces compétences, qui restent nationales, ni que ces compétences des États membres soient considérées comme excluant pour autant toute action au niveau de l'Union. C'est donc bien un « type » particulier d'articulation entre les deux niveaux, dans lequel l'Union, par des compétences secondes, va apporter une plus-value à l'exercice de compétences restant principalement nationales. Ce concours, selon la formulation de l'article 6 FUE, peut prendre la forme d'un appui, d'une coordination, ou d'un complément, l'article 6 FUE précisant cependant que l'action de l'Union menée à ce titre se fait dans une « finalité européenne ».

On se bornera à signaler (puisque cela n'interfère pas avec la typologie des compétences) que dans une certaine mesure, la situation symétrique existe, à savoir le concours de compétences des États membres apporté à la mise en œuvre des compétences de l'Union (cf. *infra*, Deuxième partie, chapitre 3).

155. L'origine de ce type particulier de compétences se situe en 1992, lors de la transformation de la Communauté économique européenne en Communauté européenne ; de nouvelles compétences ont été attribuées par les États membres à celle-ci, dont les dimensions extra économiques étaient patentes (ainsi de la compétence en matière de santé publique ou de culture). Le « prix à payer » a consisté à exclure ces compétences de la logique irréversible du principe de préemption, l'idée générale n'étant pas d'aboutir à terme et potentiellement à un transfert total de la compétence au niveau européen mais de faire bénéficier ces compétences nationales (et qui devaient le rester) d'une plus-value, une valeur ajoutée, selon l'expression consacrée (cf. ainsi la « véritable valeur ajoutée européenne » mentionnée par le *Rapport de la Commission sur la mise en œuvre de plusieurs programmes d'action dans le domaine de la santé*, COM(1999)463), par l'effet d'un appui, d'une coordination ou d'un complément à ce niveau européen. L'article 2 § 5 FUE confirme l'existence de cette catégorie de compétences n'ayant pas vocation à remplacer les compétences des États membres et s'exerçant de façon seconde sur la base préalable des politiques nationales. L'article 6 FUE énumère les sept domaines concernés: protection et amélioration de la santé humaine, industrie, culture, tourisme, protection civile, coopération administrative, et l'ensemble formé par l'éducation, formation professionnelle, jeunesse et sport. La distinction est spécialement délicate en matière de santé publique puisque si, de façon générale « *la protection et l'amélioration de la santé humaine* » relève, conformément à toute la « généalogie » de la compétence sanitaire communautaire depuis 1992, de ces compétences d'appui, les « *enjeux communs de sécurité en matière de santé publique* » marquent une compétence partagée, correspondant à la prise de mesures fixant des normes élevées de qualité et de sécurité des organes et substances d'origine humaine, du sang et des dérivés du sang, à la prise de mesures dans les domaines vétérinaire et phytosanitaire ayant directement pour objectif la protection de la santé publique, et à l'adoption de mesures fixant des normes élevées de qualité et de sécurité des médicaments et des dispositifs à usage médical (art. 168, § 4, FUE).

156. Si la philosophie générale de ce groupe de compétences est largement commune, on peut tenter d'en distinguer plusieurs types, qui sont parfois combinés dans un même domaine sectoriel.

Aide à la coopération : l'Union doit d'abord, dans les domaines concernés, « *encourager la coopération entre les États membres* ». C'est le cas en matière d'enseignement (art. 165, § 1, FUE), de culture (art. 167, § 2, FUE), de santé (art. 168, § 2, FUE, le principe général étant ici doublé par une insistance particulière sur l'encouragement à la coopération entre les États membres visant à améliorer la complémentarité de leurs services de santé dans les régions frontalières), et de protection civile (art. 196, § 1, FUE ; là encore, la formule générale est accompagnée d'une précision (art. 196, § 1, b) quant à la promotion par l'Union d'une « *coopération opérationnelle rapide et efficace à l'intérieur de l'Union entre les services de protection civile nationaux* »). On peut assimiler à ces cas de figure le domaine du tourisme, dans lequel la compétence de l'Union consiste à « *favoriser la coopération entre États* » (art. 195, § 1, b). Dans ces cas de figure, on trouve une « logique 28+1 », l'Union n'étant pas insérée dans un réseau se limitant aux États membres qu'elle est simplement chargée d'animer.

Appui et complément : ici la logique serait plutôt du « 1+1 », l'action de l'Union se situant par rapport à celle de chaque État membre. Dans l'absolu, il existe une distinction entre l'appui et le complément, constituant souvent deux temps successifs d'un même mouvement, celui-ci pouvant pourtant se limiter à l'une des deux dimensions. L'attribution de compétence se fait souvent **en citant les deux composantes** (*appuyer et compléter l'action des États membres*) : c'est le cas pour l'enseignement (art. 165, § 1), la formation professionnelle (art. 166, § 1), la culture (art. 167, § 2), ou encore pour certains aspects de la protection civile, l'action de l'Union visant ici à « *soutenir et à compléter l'action* *des États membres aux niveaux national, régional et local portant sur la prévention des risques, sur la préparation des acteurs de la protection civile dans les États membres et sur l'intervention en cas de catastrophes naturelles ou d'origine humaine à l'intérieur de l'Union* ». Le traité **distingue cependant parfois les deux dimensions**, par exemple dans le domaine de l'industrie (art. 173, § 3) ou de la coopération administrative (art. 197, § 2) où seul l'*appui* est prévu, ou en matière de santé, où l'aspect « *complémentaire* » est souligné de façon générale (art. 168, § 1 , al. 2) et vis-à-vis de la lutte contre les effets nocifs de la drogue (art. 168, § 1, al. 3), l'« *appui* » n'apparaissant que « *si nécessaire* » et par rapport à une intervention de base d'encouragement à la coopération (art. 168, § 2). Ailleurs, c'est l'ensemble de l'action d'appui et de complément qui n'est mis en œuvre que « *si nécessaire* », au vu, semble-t-il, là encore, de l'insuffisance de l'encouragement à la coopération (art. 165, § 1, pour l'enseignement, art. 167, § 2, pour la culture). Cette dimension « subsidiaire » devient parfois purement « facultative », comme pour la coopération administrative, pour laquelle le traité souligne lourdement qu'« *aucun État membre n'est tenu de recourir à cet appui* ».

Coordination : dans deux domaines, on retrouve un schéma « 28+1 », le « 1 » étant plutôt ici la Commission que l'Union, avec une coordination entre les politiques nationales « en liaison avec la Commission ». C'est le cas en matière de santé (art. 168, § 2), les États devant coordonner « entre eux, en liaison avec la Commission, leurs politiques et programmes dans les domaines visés au paragraphe 1 », et dans le domaine de l'industrie, la coordination apparaissant ici de façon plus restrictive : selon l'article 173, § 2, FUE, « les États membres se consultent mutuellement en liaison avec la Commission et, pour autant que de besoin, coordonnent leurs actions ». Et le traité, dans les deux domaines, précise de la même manière ce qu'est alors le rôle de la Commission, où l'on reconnaît une logique de « nouvelle gouvernance », de *benchmarking* et de méthode ouverte de coordination (« MOC » : cf. S. de la Rosa, *La méthode ouverte de coordination dans le système juridique communautaire*, Bruxelles, Bruylant, 2007) : « La Commission peut prendre toute initiative utile pour promouvoir cette coordination, notamment des initiatives en vue d'établir des orientations et des indicateurs, d'organiser l'échange des meilleures pratiques et de préparer les éléments nécessaires à la surveillance et à l'évaluation périodiques. Le Parlement européen est pleinement informé » (art. 173, § 2, pour l'industrie, l'article 168, § 2, reproduisant la même formule pour la santé, à ceci près que les initiatives de la Commission doivent être prises « *en contact étroit avec les États membres* »).

157. Si l'on tente d'identifier des traits caractérisant l'ensemble de la catégorie, au-delà des différences liées à tel ou tel domaine, on peut en trouver deux :

– ***Procédure décisionnelle*** : Si les consultations du comité des régions et du comité économique et social sont exigées de façon variable selon les domaines, le point commun est que dans tous les cas, le Parlement européen et le Conseil peuvent statuer conformément à la **procédure législative ordinaire**, pour l'éducation et le sport (art. 165, § 4), la formation professionnelle (art. 166, § 4), la culture (art. 167, § 5), la santé (art. 168, § 5), l'industrie (art. 173, § 3), le tourisme (art. 195, § 2), la protection civile (art. 196, § 2) et la coopération administrative (art. 197, § 2). Si la nature des actes législatifs est parfois indéterminée (« *mesures* » pour la formation professionnelle, « *mesures spécifiques* » pour l'industrie, « *mesures particulières* » pour le tourisme, « *mesures nécessaires* » en matière de protection civile), dans trois secteurs il est indiqué que sont adoptées selon la procédure législative ordinaire des « *actions d'encouragement* » (art. 165, § 4 pour l'éducation et le sport ; art. 167, § 5 pour la culture) ou « *mesures d'encouragement* » (art. 168, § 5 pour la santé). La compétence en matière de coopération administrative est la seule à préciser qu'il s'agira de *règlements* (art. 197, § 2). Le temps n'est plus, on le voit, à considérer que ce type de compétence, par nature, exclurait tout acte juridiquement contraignant de la part de l'Union, notamment lorsque l'objectif ne consiste qu'à « *promouvoir* » la coordination entre les États membres, ce qu'avait déjà infirmé la Cour (CJCE 9 juill. 1987, *Allemagne, France, Pays-Bas, Danemark et Royaume-Uni c/ Commission*, aff. 281, 283, 284, 285 et 287/85, *Rec.* 3203). Le traité (art. 2, § 5, al. 2 FUE) supprime définitivement toute ambiguïté en évoquant les « *actes juridiquement contraignants de l'Union adoptés sur la base des dispositions des traités relatives* » aux domaines de compétences d'appui, de coordination ou de complément. Par ailleurs, en plus de cette action législative, le Conseil, sur proposition de la Commission, peut adopter des **recommandations** dans le domaine de l'éducation et du sport (art. 165, § 4), de la formation professionnelle (art. 166, § 4), de la culture (art. 167, § 5) et de la santé (art. 168, § 6).

– ***Réserve systématique*** : Quelle que soit la forme que prend l'action législative de l'Union, le traité FUE précise dans toutes les hypothèses qu'elle se fait « *à l'exclusion de toute harmonisation des dispositions législatives et règlementaires des États membres* » (art. 165, § 4 pour l'éducation et le sport ; art. 166, § 4 pour la formation professionnelle ; art. 167, § 5 pour la culture ; art. 168, § 5 en matière de santé ; art. 173, § 3 pour l'industrie ; art. 195, § 2 quant au tourisme ; art. 196, § 2 pour la protection civile ; et art. 197, § 2 en matière de coopération administrative). Pour systématique qu'elle soit, et même si elle est annoncée dès la présentation liminaire des compétences d'appui (art. 2, § 5, al. 2, FUE), cette réserve est plus significative de la logique générale de ce type de compétence que d'une réelle impossibilité d'harmonisation dans les secteurs considérés. D'une part, nombre des dispositions régissant telle ou telle de ces compétences renvoient expressément à d'autres bases juridiques pour poursuivre les objectifs en question ; c'est le cas pour la protection de la santé (« *un niveau élevé de protection de la santé humaine est assuré dans la définition et la mise en œuvre de toutes les politiques et actions de l'Union* », art. 168, § 1), en matière de culture (« *L'Union tient compte des aspects culturels dans son action au titre d'autres dispositions des traités* », art. 167, § 4), et pour l'industrie (« *L'Union contribue à la réalisation des objectifs visés au paragraphe 1 au travers des politiques et actions qu'elle mène au titre d'autres dispositions des traités* », art. 173, § 3). En second lieu, si l'harmonisation est exclue sur le fondement juridique particulier de l'une de ces bases juridiques d'appui ou de complément, la base générale d'harmonisation (art. 114 FUE) permettra une telle harmonisation dès lors que les mesures en cause ont « *pour objet l'établissement et le fonctionnement du marché intérieur* », y compris dans les domaines relevant d'une compétence d'appui.

D. Les compétences atypiques

158. Sont « atypiques » des compétences ne correspondant pas à un « type », une catégorie de compétences, et dès lors étant d'une certaine façon « *inclassables* » dans les trois catégories inventoriées par le traité c'est à dire les compétences exclusives, partagées ou apportant un simple concours. Si ce constat peut surprendre, dans la mesure où l'article 4, § 1, FUE semble donner un statut de compétence de droit commun aux compétences partagées (« *L'Union dispose d'une compétence partagée avec les États membres lorsque les traités lui attribuent une compétence qui ne relève pas des domaines visés aux articles 3 et 6* », c'est-à-dire les catégories respectives des compétences exclusives et des compétences d'appui, régulation ou complément), il faut admettre que le traité FUE envisage de manière particulière, et sans les inclure dans aucune des trois catégories génériques, deux (et en réalité trois) compétences de l'Union : l'article 2 indique en effet (§ 3) que « *les États membres **coordonnent leurs politiques économiques et de l'emploi** selon les modalités prévues par le présent traité, pour la définition desquelles l'Union dispose d'une compétence* ». La démarche est curieuse, qui vise les États membres et non l'Union, celle-ci n'intervenant qu'en second lieu, avec cette précision selon laquelle elle « *dispose d'une compétence* ». De même pour la politique étrangère et de sécurité commune, l'article 2 § 4 précisant que « *l'Union dispose d'une compétence, conformément aux dispositions du traité sur l'Union européenne, pour définir et mettre en œuvre **une politique étrangère et de sécurité commune**, y compris la définition progressive d'une politique de défense commune* ».

159. ***Coordination des politiques économiques et de l'emploi*** **:** l'annonce faite à l'article 2, § 3, FUE est précisée à l'article 5, dont, assez logiquement, les deux premiers paragraphes déclinent les deux politiques annoncées. Plus curieusement, un paragraphe 3 indique que « *l'Union peut prendre des initiatives pour assurer la coordination des politiques sociales des États membres* ». L'ensemble laisse perplexe quant à la nature des compétences en cause. Ces politiques n'étant visées ni à l'article 3 (*compétences exclusives de l'Union*), ni à l'article 6 (*compétences d'appui, de coordination ou de complément*), elles devraient compter au nombre des compétences partagées, selon les termes de l'article 4, § 1, FUE. Le caractère non exhaustif de la liste figurant à l'article 4, § 2 et la présence explicite de « *la politique sociale, pour les aspects définis dans le présent traité* » dans cette liste confirmeraient plutôt cette analyse. Dès lors, la présence « hors catégories » de ces trois domaines s'expliquerait par la démarche retenue, celle de la coordination, qui situerait donc ces compétences dans une « zone mixte », entre les compétences partagées et les compétences de coordination. Si l'examen du dispositif lié à la **politique économique** (art. 120 et s. FUE) permet de comprendre son caractère atypique très particulier, c'est plus surprenant quant à la **politique de l'emploi**, pour laquelle on retrouve toutes les caractéristiques classiques des compétences d'appui, de coordination ou de complément. En effet, l'article 147 FUE, de façon « typique », prévoit que « *l'Union contribue à la réalisation d'un niveau d'emploi élevé en encourageant la coopération entre les États membres et en soutenant et, au besoin, en complétant leur action* ». Cette disposition ajoute – et l'on reconnaît un autre trait caractéristiques des compétences d'appoint – que « *ce faisant, elle respecte pleinement les compétences des États membres en la matière* ». De même, l'article 149 reprend l'approche décisionnelle classique pour cette catégorie de compétences, avec des « *actions d'encouragement* » adoptées « *conformément à la procédure législative ordinaire* » ; la dimension de coordination est traduite, là encore de façon classique, par l'appel aux « *échanges d'information et de meilleures pratiques* » ; enfin, la traditionnelle interdiction d'harmonisation des dispositions nationales se retrouve au dernier alinéa de l'article 149.

160. La ***Politique étrangère et de sécurité commune*** est à peine signalée dans le Titre du Traité FUE consacré aux « *catégories et domaines de compétences de l'Union* » (art. 2, § 4) et est véritablement traitée dans le seul Traité UE. C'est sans doute là l'expression de ce que même si la structuration de l'Union en « piliers » a été abandonnée avec le traité de Lisbonne, l'ancien « deuxième pilier » conserve largement sa singularité et sa dominante plus intergouvernementale qu'intégrée. L'article 24, § 1, al. 2, UE l'admet, affichant d'emblée que « *la politique étrangère et de sécurité commune est soumise à des règles et procédures spécifiques* », au nombre desquelles figurent l'unanimité en tant que principe décisionnel, l'exclusion d'actes législatifs et l'incompétence, sauf rares exceptions, de la Cour de justice de l'Union européenne. On peine, pour tout dire, à identifier là une véritable « compétence de l'Union européenne ».

§ 3. Le système d'exercice des compétences

Blanquet (M.), « Compétences de l'Union. Exercice des compétences. Régulation », *J.-Cl. Europe*, fasc. 175, 2014.

Bribosia (H.), « Subsidiarité et répartition des compétences entre la Communauté et les États membres », *Rev. Marché unique européen* n° 4, 1992. 165.

Clergerie (J.-L.), *Le principe de subsidiarité*, Paris, Ellipses, 1997.

Constantinesco (V.), « Le principe de subsidiarité, un passage obligé vers l'Union européenne », in *Mélanges Boulouis*, Paris, Dalloz, 1991, p. 35.

Constantinesco (V.), « Les compétences et le principe de subsidiarité », *RTDE* n° 2, 2005. 305.

Divers, « La subsidiarité », *Rev. aff. eur.*, n° spécial 1998.

Feral (P.A.), « Le principe de subsidiarité dans l'Union européenne », *RDP* 1996. 203.

Lenaerts (K.) et Ypersele (P. Van), « Le principe de subsidiarité et son contexte », *CDE* 1994. 3.

Michel (V.), *Protocole sur l'application des principes de subsidiarité et de proportionnalité*, in Burgorgue-Larsen (L.), Levade (A.) et Picod (F.) (dir.), *Traité établissant une Constitution pour l'Europe, commentaire article par article*, t. 1, Bruxelles, Bruylant, 2007, p. 895.

Sauron (J.-L.), « La mise en œuvre retardée du principe de subsidiarité », *RMC* 1998. 645.

161. Étant données la définition fonctionnelle des compétences communautaires et la tentation permanente des institutions de tout régler dans les moindres détails – afin, notamment, d'éviter que les différences législatives n'engendrent des distorsions de concurrence – le risque était grand que l'exhaustivité des interventions de la Communauté ne transforme les compétences des États membres en peau de chagrin.

Aiguisée par les excès qui ont parfois accompagné l'inévitable accélération des interventions communautaires requises par la mise en place du *marché intérieur*, cette prise de conscience ne pouvait, bien évidemment, que dissuader les États de consentir de nouvelles attributions de compétences à la Communauté. Si bien que doter la Communauté d'un mécanisme de régulation allait devenir le prix à payer pour une extension des compétences communautaires à des domaines nouveaux et figurer au cœur des négociations de la *Conférence intergouvernementale sur l'Union politique* (1991).

La solution inscrite dans le traité de Maastricht a consisté, sans remettre en cause le système fonctionnel d'attribution des compétences, à réguler solennellement l'*exercice de ces compétences* qui, auparavant, n'était soumis à aucune condition générale. Pour définir, dans les domaines où la Communauté est compétente, l'étendue et l'intensité de l'action que celle-ci peut entreprendre, l'article 3, B, CE, devenu lors du traité d'Amsterdam article 5 CE, introduit dans le système institutionnel communautaire les principes nouveaux de *subsidiarité* et de *proportionnalité*, ce dernier ayant cependant déjà été développé en jurisprudence, à la différence de la subsidiarité mais de la même façon qu'un autre principe régulateur de *fidélité*, ou *coopération loyale*.

La première formalisation des travaux de la Convention européenne ayant préparé le traité constitutionnel (premier projet d'articles 1 à 16) comportait une disposition (art. 8) identifiant ainsi les « principes fondamentaux » du système des compétences : « La délimitation et l'exercice de compétences de l'Union sont régis par les principes d'attribution, de subsidiarité, de proportionnalité et de coopération loyale », ce qui permettait de distinguer un système de délimitation des compétences, régi par le principe d'attribution et un système de régulation de l'exercice des compétences, mobilisant les trois derniers principes cités.

Le traité constitutionnel finalement adopté, comme le traité de Lisbonne, pourraient apparaître en retrait par rapport à cette présentation initialement envisagée. L'article 5, § 1, UE (de même que l'article I-11, § 1, du traité constitutionnel) est, certes, encore plus net quant à la distinction des systèmes (« Le principe d'attribution régit la délimitation des compétences de l'Union. Les principes de subsidiarité et de proportionnalité régissent l'exercice de ces compétences ») mais l'abandon apparent du principe de coopération loyale pourrait troubler dans la mesure où il est manifeste qu'il joue un tel rôle de régulation. Ce n'est cependant que parce que les rédacteurs du traité ont souhaité valoriser ce principe et l'ériger finalement en principe de définition de l'Union elle-même ; il apparaît dès lors à l'article précédent, mais on le retiendra cependant en tant que principe de régulation.

I. Le principe de subsidiarité

A. Fondement et nature

162. Le principe selon lequel la Communauté ne doit agir que lorsqu'un objectif peut être mieux réalisé au niveau communautaire qu'au niveau des États membres était déjà en germe dans le traité CECA (art. 5) (v. ss 1017), implicite dans les traités de Rome (308 CE *[ex 235]*) et expressément mentionné dans l'Acte unique européen qui n'autorisait l'intervention de la Communauté en matière d'environnement que dans la mesure où les objectifs visés par le traité « peuvent être mieux réalisés au niveau de la Communauté qu'au niveau des États membres pris isolément » (art. 174, § 4, CE *[ex 130 R]*).

Mentionné déjà dans le Préambule du traité de Maastricht, rendu applicable, par l'article 2 UE dernier alinéa *[ex art. B]*, à l'ensemble de l'Union européenne et donc aux trois (puis deux) Communautés et aux deux piliers de coopération intergouvernementale, le principe de subsidiarité est désormais, depuis le traité de Lisbonne, défini par l'article 5, § 3, UE en des termes qui ne sont pas dépourvus d'ambiguïté :

« En vertu du principe de subsidiarité, dans les domaines qui ne relèvent pas de sa compétence exclusive, l'Union intervient seulement si, et dans la mesure où les objectifs de l'action envisagée ne peuvent pas être atteints de manière suffisante par les États membres, tant au niveau central qu'au niveau régional et local, mais peuvent l'être mieux, en raison des dimensions ou des effets de l'action envisagée, au niveau de l'Union. »

Ainsi, le principe de subsidiarité est un principe régulateur de l'exercice des compétences et non un principe d'attributions des compétences, dont on pourrait déduire une liste des compétences nationales et/ou des compétences de l'Union. Il ne trace pas une frontière rigide entre les compétences des États membres et celles de l'Union, mais permet d'organiser, *pour chaque domaine de compétence concurrente*, un partage, qui peut varier dans le temps, suivant les circonstances et les nécessités des objectifs visés. Si bien que la mise en œuvre de la subsidiarité pose au moins autant de problèmes qu'elle vise à en résoudre. Il est à souligner qu'à la différence des principes de proportionnalité et de coopération loyale qui permettent la régulation générale du système d'exercices des compétences, le principe de subsidiarité (à l'image du principe de préemption), ne gouverne que l'exercice des compétences partagées.

B. Contenu

163. L'exercice des compétences partagées est désormais doublement conditionné par une insuffisance de l'action étatique et par une meilleure efficacité au niveau de la Communauté. Cette définition s'éloigne du concept de subsidiarité tel qu'il était défini dans l'article 174, § 4, CE *[ex 130 R]*. En effet, ce dernier instaurait une sorte de compétition entre les États et la Communauté, celle-ci exerçant sa compétence pourvu que son action soit *plus efficace* que celle des États pris isolément, même si l'action de ces derniers était satisfaisante ou efficace.

Le traité actuel, lui, confère un rôle secondaire à l'Union, qui ne peut intervenir que si l'action des États est insuffisante, le traité de Lisbonne précisant que cette appréciation doit être faite à la fois au niveau central et en prenant en compte le potentiel de l'action régionale et locale. L'article 5, § 3, UE doit être lu en rapport avec l'affirmation du Préambule et de l'article 1er UE qui définissent une Union européenne « dans laquelle les décisions sont prises (…) le plus près possible des citoyens ».

Le critère de la localisation du pouvoir de décision n'est donc pas le niveau le plus efficace, mais *le niveau efficace le plus bas*. En outre, la possibilité d'intervention de l'Union semble d'autant plus limitée que ce n'est qu'« en raison des dimensions ou des effets de l'action envisagée » que l'Union est réputée plus efficace pour agir. Le système repose donc sur l'idée que l'exercice de la compétence revient en principe aux États, sauf pour l'Union à faire la preuve (… « intervient seulement si, et dans la mesure où »…) que son intervention se justifie au regard des critères et conditions posés. La compétence étatique se présumerait donc, sauf preuve contraire motivée apportée par l'Union.

C. Champ d'application

164. Il est logique que le principe de subsidiarité, y compris dans la mise en œuvre de l'article 352 FUE, ne s'applique qu'aux compétences concurrentes, partagées, et non aux compétences exclusives de l'Union. En effet, pour ces dernières, la question de savoir à quel niveau la compétence doit être exercée a trouvé une réponse par les auteurs du traité lui-même : ils l'ont attribuée en bloc et *a priori* à l'Union. On le sait, depuis le traité de Lisbonne, l'identification de ces champs de compétence exclusive a été considérablement facilitée. Pour autant, il ne s'agit là que des compétences exclusives « par nature », de sorte que n'apparaissent pas les compétences concurrentes devenues exclusives par exercice intégral (v. ss 145) et qui ne devraient plus, elles non plus, être affectées par la subsidiarité.

D. Mise en œuvre

165. Le principe a suscité un tel engouement que les États se sont empressés d'en faire une règle de comportement politique à effet immédiat, sans attendre l'entrée en vigueur du traité de Maastricht (conclusions du Conseil européen de Birmingham, 16 oct. 1992) et ont défini une « approche globale de l'application du principe de subsidiarité » (conclusions du Conseil européen d'Edimbourg, 12 déc. 1992). C'est ensuite un « accord interinstitutionnel entre le Parlement européen, le Conseil et la Commission sur les procédures pour la mise en œuvre du principe de subsidiarité » (*Bull. CE* 10/93, point 2.2.2.) qui fut conclu le 25 octobre 1993 par lequel ces trois institutions s'engageaient à justifier, aux différents stades de la procédure décisionnelle, qu'elles respectaient bien le principe. L'efficacité de ces textes, de valeur juridique inégale, laissant à désirer (CJCE 13 mai 1997, *Allemagne c/Parlement européen et Conseil*, aff. C-233/94, *Rec.* I-2405), leurs contenus ont été amalgamés, sans ajout véritable, dans le *Protocole sur l'application des principes de subsidiarité et de proportionnalité* annexé au traité instituant la Communauté européenne par le traité d'Amsterdam, ce qui leur a donné une force juridique égale à celle du traité et a ouvert la voie au contrôle de ces engagements par la Cour de justice. Le traité de Lisbonne a repris, en l'adaptant, ce Protocole (Protocole n° 2). Si son apport essentiel concerne la question du contrôle, il détaille aussi, mais de façon plus synthétique que la version précédente, la simple mise en œuvre des principes de subsidiarité (et de proportionnalité, ici réunis) tout au long du processus législatif.

S'agissant, d'abord, de l'élaboration même des propositions d'acte législatif, la Commission doit respecter une *obligation d'ouverture*, principe consacré par le traité d'Amsterdam, et qui contraint la Commission, sauf urgence motivée, à accentuer (« larges consultations ») sa pratique traditionnelle de consultations multiples. L'appréciation de la subsidiarité, notamment pour les deux paramètres de l'insuffisance d'action nationale et de meilleure efficacité communautaire, exige en effet de disposer d'éléments d'information que seule une telle ouverture peut garantir. La Commission, dans ses différents rapports sur l'application du principe de subsidiarité, a relié à ce dernier sa méthode, de plus en plus utilisée, consistant à générer un débat dans les milieux intéressés, notamment par les consultations croisées, mais aussi par la publication de documents de réflexion ou d'orientation (« Livres verts », « Livres blancs »). Ces débats préalables portent à la fois sur le fond du problème concerné par l'action envisagée, mais aussi sur la question particulière de l'opportunité d'une intervention communautaire. Cette « ouverture » est appréciable quantitativement et qualitativement : quantitativement, elle a eu pour effet une régression spectaculaire des propositions législatives de la Commission (61 en 1990, 49 en 1993, 19 en 1996) ; qualitativement, elle a suscité, en 1997, la réprobation du Parlement européen, s'élevant contre le danger qu'il y aurait à remplacer l'activité normative (qui permet sa propre intervention) par la multiplication de simples documents de réflexion. Outre l'ouverture, la Commission s'est aussi reconnue dans les premières années d'application du principe de subsidiarité une *obligation de réexamen*, la conduisant à revoir les propositions pendantes en 1993, qui ont été, pour certaines, retirées, ou révisées dans le sens d'une approche moins détaillée (pour autant le Tribunal de première instance a pu affirmer le caractère non rétroactif de la subsidiarité : TPI 21 févr. 1995, *VSOB*, aff. T-29/92, *Rec.* II-289) ; dès 1993, la Commission s'est aussi livrée à un réexamen de la législation existante et a identifié des « réglementations à refondre », des « réglementations à simplifier » et des « réglementations à abroger ». On peut penser, avec le Parlement européen (résolution du 13 mai 1997), que la Commission entremêle ici confusément la subsidiarité avec d'autres finalités, telles que la simplification, ou la codification, lesquelles relèvent de la technique normative plutôt que de la régulation de l'exercice des compétences (v. ss 662).

166. On note ensuite, s'agissant des propositions elles-mêmes, une obligation procédurale et une obligation substantielle.

Du point de vue procédural, tout « projet législatif », ainsi que les projets modifiés, doivent être transmis aux parlements nationaux. S'il s'agira le plus souvent d'une proposition de la Commission, qui doit alors assurer elle-même cette transmission, le Protocole envisage plus largement toutes les situations d'initiative pouvant être à la base, de façon plus ponctuelle, d'une procédure législative dans les traités, c'est-à-dire les initiatives du Parlement européen (le Parlement en assure la transmission), les initiatives d'un groupe d'États membres, les demandes de la Cour de justice, les recommandations de la Banque centrale européenne ou les demandes de la Banque européenne d'investissement (dans ces hypothèses, ce sera le Conseil qui transmettra aux parlements nationaux).

Substantiellement, toute proposition doit satisfaire à une *obligation de motivation* correspondant au conditionnement de l'action de l'Union réalisé par la subsidiarité : la première version du Protocole était impérative (« Pour toute proposition de texte législatif communautaire, les motifs sur lesquels elle se fonde *font l'objet d'une déclaration* tendant à la justifier en démontrant qu'elle est conforme aux principes de subsidiarité et de proportionnalité »), quand celle issue du traité de Lisbonne se veut incitative (« Tout projet d'acte législatif *devrait comporter une fiche* contenant des éléments circonstanciés permettant d'apprécier le respect des principes de subsidiarité et de proportionnalité »). Si le premier protocole détaillait à l'extrême toute une série de lignes directrices, cela n'empêchait pas des motivations se bornant parfois platement à reproduire les termes mêmes de l'article 5 CE. Le Protocole actuel est plus synthétique quant au contenu de la « fiche ». Si certains éléments concernent indiscutablement plutôt la proportionnalité (charge induite la moins élevée possible, ou à la mesure de l'objectif) ou les deux principes à la fois (évaluation de l'impact financier et implications sur la règlementation nationale, y compris régionale), le Protocole, s'agissant spécifiquement de la subsidiarité, se contente d'indiquer que « les raisons permettant de conclure qu'un objectif de l'Union peut être mieux atteint au niveau de celle-ci s'appuient sur des indicateurs qualitatifs et, chaque fois que c'est possible, quantitatifs ».

167. Cette obligation de motivation des propositions se prolonge par une obligation de *motivation spécifique des actes eux-mêmes*. Les deux branches (Conseil et Parlement européen) de l'autorité législative, conjointement avec la Commission, qui conserve un rôle important dans l'ensemble des procédures décisionnelles, doivent vérifier le respect de la subsidiarité quant au contenu de l'acte (et la proportionnalité quant au choix des instruments juridiques). Le rapport interinstitutionnel du 25 octobre 1993, qui a codifié la mise en œuvre du principe entre les trois institutions, se borne à préciser que cette vérification « ne peut être disjointe de l'examen quant au fond ». On peut cependant estimer que la réalité de cette opération doit être formalisée par une motivation explicite mais l'effectivité de cette contrainte reste finalement douteuse ; la motivation des propositions, on l'a indiqué, est parfois incantatoire et insignifiante, et cette motivation des actes eux-mêmes ne paraît guère représenter une garantie plus efficace dans la mesure où la Cour de justice, dans un arrêt du 13 mai 1997 (*Allemagne c/Parlement européen et Conseil*, aff. C-233/94, préc.), a adopté une position assez souple, admettant qu'il n'était même pas exigé que le principe de subsidiarité soit mentionné expressément, dès lors qu'apparaissent les raisons conduisant à estimer que celui-ci est respecté.

Le Protocole étant focalisé sur les « actes législatifs », il faut convenir que d'autres types d'actes de l'Union pris au titre de compétences partagées devront respecter le principe de subsidiarité sans que leur soit applicable (car pas forcément adapté sans doute) ce *modus operandi* particulier.

168. Est enfin prévue, annuellement, une obligation pesant sur la Commission *de présenter un rapport* sur l'application de l'article 5 UE au Conseil européen, au Parlement européen, au Conseil et (innovation du traité de Lisbonne) aux parlements nationaux. Depuis le traité d'Amsterdam, ce rapport est également « transmis » au Comité économique et social ainsi qu'au Comité des régions ; ce rapport correspond à une procédure d'évaluation de la mise en œuvre du principe, ce qui lui confère une double dimension de bilan pratique et de réflexion sur les difficultés rencontrées et les progrès à accomplir.

E. Contrôle

Bertrand (B.), « Un principe saisi par le droit. La justiciabilité du principe de subsidiarité en droit de l'Union européenne », *RTDE* 2012, n° 2, p. 329.

Domestici-Met (A.), « Les parlements nationaux et le contrôle du respect du principe de subsidiarité », *RMCUE* févr. 2009, n° 525, p. 88.

169. La charge politique incontestable de la subsidiarité pousse à envisager, ou à revendiquer des procédures de contrôle politique, mais en tant que principe juridique, son effectivité passe par un contrôle juridictionnel. Le traité de Lisbonne innove sur ces deux plans.

170. ***Le contrôle politique*** est revendiqué par des organes dépourvus d'un véritable pouvoir décisionnel dans les procédures de l'Union et qui sont sensibles aux fonctions politiques de la subsidiarité, notamment à sa signification au regard des principes de proximité (auquel est particulièrement attaché le Comité des régions), et de démocratie (qui explique l'intérêt des parlements nationaux).

– Le ***Comité des régions*** se considère comme un garant naturel de la subsidiarité en ce qu'il représente au niveau de l'Union les intérêts des collectivités locales et il a revendiqué à ce titre, pendant la préparation du traité d'Amsterdam, diverses prérogatives : être associé à la préparation du programme annuel de la Commission (il possédait déjà la possibilité d'émettre un avis sur ce programme), être destinataire du rapport spécifique sur le principe de subsidiarité (ceci a été inscrit dans le traité), et une consultation particulière et préalable pour qu'il puisse vérifier le respect de la subsidiarité avant l'adoption de chaque acte communautaire. Ce dernier point n'a pas été admis, et si l'on peut reconnaître que l'avis du comité des régions est indiscutablement à prendre en considération, on peut douter qu'il constitue *le* gardien de la subsidiarité, car il représente une conception orientée (dans le sens de la promotion des compétences locales) plus qu'équilibrée de la subsidiarité, dont il fait, par ailleurs, une lecture faussée, la problématique des compétences partagées entre l'Union et les États membres étant perçue au travers du prisme des compétences locales.

Sans donner totale satisfaction au Comité des régions, le traité de Lisbonne a renforcé la perspective régionale et locale dans la définition même du principe, le caractère insuffisant de l'action des États membres devant être appréciée en tenant compte des possibilités d'action à ces niveaux ; dans la fiche que doit comporter toute proposition doivent figurer les éléments permettant d'apprécier son impact sur la réglementation à mettre en œuvre par les États membres, y compris le cas échéant la réglementation régionale. Lorsque les propositions sont transmises aux parlements nationaux, il appartient à ceux-ci de consulter, le cas échéant, les parlements régionaux possédant des pouvoirs législatifs. Quant au Comité des régions lui-même, il obtient sa légitimation active pour saisir éventuellement la Cour de justice (v. ss 1263).

– Les ***parlements nationaux*** souhaitent que la subsidiarité leur permette d'enrayer le phénomène d'« évasion des compétences législatives » au profit de l'Union et ils ont toujours revendiqué un contrôle de ce principe, par des voies individuelles ou collectives. Les procédures individuelles (par exemple celle que prévoit l'article 88-4 de la Constitution française) permettent aux chambres parlementaires d'être informées des propositions d'actes de l'Union, de manière à pouvoir exprimer un avis (qui comporte, dans l'exemple français, une rubrique spéciale au regard de la subsidiarité) que leur gouvernement peut intégrer dans sa ligne de négociation au sein du Conseil, pour l'adoption définitive de l'acte. Ce contrôle, qui n'est qu'indirect, a cependant souvent été stérilisé par l'étroitesse des délais conduisant les parlementaires à communiquer leur position alors que l'acte était déjà adopté (sur l'évolution des procédures associant les chambres parlementaires françaises à l'activité de l'Union européenne, v. ss 389 et 390). Les procédures collectives consisteraient à créer un organe communautaire spécifique représentant les Parlements nationaux ; de multiples propositions ont été présentées depuis 1990, allant de la formule « lourde » d'un Sénat européen, véritable deuxième chambre parlementaire, à un organe ad hoc, uniquement chargé de la subsidiarité (type « haut Conseil de la subsidiarité » ou « Chambre de la subsidiarité »). Dans un Protocole annexé au traité d'Amsterdam, a été privilégiée une autre solution consistant à utiliser la COSAC (Conférence des organes parlementaires spécialisés pour les affaires communautaires) qui réunit depuis 1989 des représentants des Parlements des États membres et du Parlement européen ; la COSAC pouvant « adresser au Parlement européen, au Conseil, et à la Commission toute contribution qu'elle juge appropriée sur les activités législatives de l'Union, notamment en ce qui concerne l'application du principe de subsidiarité ».

Le traité de Lisbonne a considérablement renforcé ce rôle des institutions parlementaires nationales quant au contrôle de la subsidiarité, au travers du *Protocole sur le rôle des Parlements nationaux* et du *Protocole sur l'application des principes de subsidiarité et de proportionnalité*. Le rôle de la coopération parlementaire, au travers de la COSAC, est confirmé et renforcé par le Titre II du premier de ces protocoles (v. ss 387), mais c'est surtout un contrôle parlementaire individuel qui est mis en place, sous forme d'une procédure de contrôle politique *a priori*, se greffant sur les obligations de transmission des propositions législatives aux parlements des États membres. Le traité de Lisbonne valorise doublement ce rôle des parlements nationaux puisque l'article 5, § 3, alinéa 2, UE, à propos du principe de subsidiarité, souligne que « les parlements nationaux veillent au respect du principe de subsidiarité conformément à la procédure prévue dans ce Protocole », la même précision étant réitérée à l'article 12, point b, UE, au titre des principes démocratiques.

Dans les huit semaines de la transmission, tout parlement national peut en effet adresser un avis motivé aux présidents du Parlement européen, du Conseil, et de la Commission, exposant les raisons pour lesquelles il estime que le projet en cause ne respecte pas le principe de subsidiarité. Il appartient à chaque Parlement national de consulter le cas échéant les parlements régionaux disposant de compétences législatives. Chaque Parlement monocaméral dispose de deux voix ; chaque chambre d'un Parlement bicaméral a une voix. Si les avis motivés représentent le tiers des voix attribuées, l'auteur de la proposition législative est tenu de réexaminer sa proposition (procédure dite du « ***carton jaune*** »). Dans le domaine de la coopération policière et de la coopération judiciaire en matière pénale, ce seuil est abaissé à un quart. L'institution dont émane le projet d'acte législatif peut, au titre de ce « réexamen », et par une décision motivée, décider, soit de maintenir le projet, soit de le modifier, soit de le retirer. Par ailleurs, lorsque, dans le cadre de la procédure législative ordinaire, c'est au moins une majorité simple des voix attribuées aux parlements nationaux qui soutient le non-respect de la subsidiarité par une proposition législative de la Commission, celle-ci la réexamine et peut là encore, la maintenir, la modifier ou la retirer. Si elle maintient sa position, la Commission devra, dans un avis motivé, justifier la raison pour laquelle elle estime sa proposition conforme à la subsidiarité et cet avis, ainsi que ceux des parlements nationaux, seront renvoyés au législateur (le Parlement européen et le Conseil), qui se prononcera dans le cadre de la première lecture. Si le législateur estime que la proposition législative n'est en effet pas compatible avec le principe de subsidiarité, il peut la rejeter à la majorité de 55 % des membres du Conseil ou de la majorité des voix exprimées au Parlement européen (procédure dite du « carton rouge » ou, de manière plus appropriée, « ***carton orange*** »). On retrouve là, mais au niveau législatif et non exécutif, une logique qui n'est pas éloignée de certaines procédures classiques de comitologie (v. ss 420), l'alerte donnée par des autorités nationales conduisant la Commission à revoir une proposition et le législateur étant éventuellement amené à trancher.

Le premier « carton jaune » est intervenu en mai 2012, vis-à-vis d'une proposition de règlement de la Commission relatif au droit de mener des actions collectives dans le contexte de la liberté d'établissement et de la libre prestation des services (« Monti II »). Douze parlements nationaux, à hauteur de 19 voix sur les 54 allouées alors pour une Union à 27, ont estimé que la proposition n'était pas conforme au principe de subsidiarité, notamment en régissant le droit de grève, et la Commission a finalement retiré sa proposition.

C'est ensuite en octobre 2013 que la proposition de règlement portant création du Parquet européen a suscité la réaction négative de quatorze chambres des parlements nationaux représentant 18 votes sur 56 (Europe à 28) alors que, s'agissant de l'Espace de liberté, de sécurité et de justice, le seuil exigé est du quart des voix attribuées, soit, ici, 14. La Commission, après avoir analysé de manière très rigoureuse les avis motivés reçus des parlements nationaux a cependant décidé, le 27 novembre 2013, de maintenir la proposition, assurant que les arguments des parlements nationaux seraient cependant dument pris en considération dans la suite du processus législatif.

Le troisième « carton jaune » a porté sur la proposition de révision de la directive concernant le détachement de travailleurs, présentée le 8 mars 2016, cette proposition, politiquement sensible et très « clivante » entre les États membres, modifiant les règles en matière de détachement, notamment en prévoyant que les travailleurs détachés bénéficieront de manière générale des mêmes règles en matière de conditions de rémunération et de travail que les travailleurs locaux. En réponse à la proposition de la Commission, quatorze chambres de parlements nationaux de onze États membres, représentant un total de 22 voix, ont émis des avis motivés négatifs. Après avoir examiné les avis exprimés par différents Parlements nationaux, la Commission européenne a adopté le 20 juillet 2016 une communication jugeant la proposition sur le détachement de travailleurs en accord avec le principe de subsidiarité, d'où son maintien.

171. ***Le contrôle juridictionnel*** pose le problème de la « justiciabilité » du principe de subsidiarité ; celle-ci a quelque temps suscité doutes et réticences, en raison de la dimension politique de l'appréciation de subsidiarité, vis-à-vis de laquelle, selon les commentateurs, la Cour de justice n'aurait pas disposé d'instruments juridiques adéquats. Techniquement impossible, un tel contrôle serait, de plus, politiquement dangereux car relevant du « gouvernement des juges ». Cette approche pouvait laisser sceptique, car l'interprétation politique de la subsidiarité ne doit pas faire oublier son affirmation en tant que principe juridique ; de surcroît, la Cour disposait déjà de toute une jurisprudence relative au principe de proportionnalité prouvant qu'elle peut contrôler des appréciations délicates de la nécessité ou du caractère suffisant de moyens au regard d'un objectif ; enfin, il ne faut pas oublier que la Cour de justice exerçait déjà un rôle comparable à celui d'une Cour constitutionnelle fédérale, la conduisant à arbitrer des conflits de compétence entre la Communauté et ses États membres. Elle avait par ailleurs développé une jurisprudence intéressante, fondée sur l'article 10 CE, par laquelle elle censurait les États membres ou la Communauté quand ils violaient la « fidélité communautaire » dans l'exercice de leurs compétences, ce qui constituait déjà un contrôle subtil de régulation de l'exercice des compétences, à l'image de ce que pouvait être le contrôle de la subsidiarité. C'est pourquoi la Cour n'a pas hésité à confirmer la *justiciabilité* du principe de subsidiarité lui-même (CJCE 12 nov. 1996, *Royaume-Uni c/Conseil*, aff. C-84/94, *Rec.* I-5755) qui, conditionnant l'exercice des compétences de l'Union, relève bien du contrôle juridictionnel de la compétence, et selon les procédures de droit commun, *a priori* ou surtout *a posteriori*, alors qu'était parfois évoquée la mise en place d'une voie de droit spécifique.

Dans un premier temps, le caractère délicat des appréciations en cause a pu conduire à l'opinion que le juge, une fois posé le principe même de son contrôle, se contenterait d'un contrôle minimum limité à l'absence d'erreur manifeste d'appréciation, à l'image de ce qu'il fait en matière de proportionnalité. Pourtant, l'évolution a vu la Cour contrôler vraiment la justification d'une action de l'Union (par exemple, CJCE 10 déc. 2002, *British American Tobacco et Imperial Tobacco*, aff. C-491/01, *Rec.* I-11453 ; CJCE 22 mai 2003, *Commission c/Allemagne*, aff. C-103/01, *Rec.* I-5369 ; CJCE 9 oct. 2001, *Royaume des Pays-Bas c/Parlement européen et Conseil*, aff. C-377/98,

Rec. I-7079 ; CJCE 12 juill. 2005, *Alliance for Natural Health e. a.*, aff. C-154 et 155/04, *Rec.* I-6451 ; TPI 27 sept. 2006, *GlaxoSmithKline Services c/Commission*, aff. T-168/01, *Rec.* II-2969 ; CJCE 24 avr. 2008, *Arcor*, aff. C-55/06, *Rec.* I-2931 ; CJCE 17 juill. 2008, *Coleman*, aff. C-303/06, *Rec.* I-5603 ; TPI (Ord.) 26 sept. 2008, *Ellinikos Niognomon*, aff. T-312/08 R, *Rec.* II-204* ; TPI 3 sept. 2009, *Cheminova e. a.*, aff. T-326/07, *Rec.* II-2685 ; CJCE 8 sept. 2009, *Commission c/Parlement et Conseil*, aff. C-411/06, *Rec.* I-7585 ; CJ (Ord.) 9 mars 2010, *Buzzi Unicem*, aff. C-478 et 479/08, *Rec.* I-31* ; CJ 9 mars 2010, *ERG e. a.*, aff. C-379 et 380/08, *Rec.* I-2007 ; CJ 8 juin 2010, *Vodafone*, aff. C-58/08, *Rec.* I-4999 ; CJ 12 mai 2011, *Luxembourg c/Parlement et Conseil*, aff. C-176/09, *Rec.* I-3727 ; CJ 18 juin 2015, *Estonie c/ Parlement et Conseil*, aff. C-508/13, ECLI:EU:C:2015:403); CJ 4 mai 2016, *Pologne c/ Parlement et Conseil*, aff. C-358/14, ECLI:EU:C:2016:323 ; CJ 4 mai 2016, *Philip Morris Brands e.a.*, aff. C-547/14, ECLI:EU:C:2016:325 ; ou T 16 mai 2017, *Landeskreditbank Baden-Württemberg c/ BCE*, aff. T-122/15, ECLI:EU:T:2017:337) et confirmer, par exemple, qu'« en raison des effets de l'approche commune instaurée par le règlement n° 717/2007, l'objectif poursuivi par celui-ci pouvait être mieux réalisé au niveau communautaire » (CJ 8 juin 2010, *Vodafone*, aff. C-58/08, préc.), ce qui exprime bien la substance d'un contrôle complet des motifs de l'acte et non un contrôle minimum. La Cour va parfois plus loin dans la précision, validant la démarche du législateur de l'Union « dès lors que celui-ci a estimé sur la base d'éléments circonstanciés et sans commettre d'erreur d'appréciation que l'intérêt général de l'Union pouvait être mieux servi par une action au niveau de celle-ci » (CJ 18 juin 2015, *Estonie c/ Parlement et Conseil*, aff. C-508/13, préc.), la référence n'étant pas pas, on le voit, une erreur « manifeste » d'appréciation. Si le plus souvent, la Cour vérifie, dans cette ligne, que l'objectif en cause « pouvait être mieux réalisé au niveau de l'Union » (arrêt du 18 juin 2015, *Estonie c/ Parlement et Conseil*, aff. C-508/13) ; arrêt du 4 mai 2016, *Pologne c/ Parlement et Conseil*, aff. C-358/14) ; arrêt du 4 mai 2016, *Philip Morris Brands e.a.*, aff. C-547/14), le Tribunal a semblé identifier deux approches alternatives, d'une manière plus fidèle à la rédaction de l'article 5, § 3, UE « le principe de subsidiarité implique… de vérifier si l'objectif de l'action envisagée peut être mieux réalisé au niveau de l'Union *ou si* un tel objectif pouvait être réalisé d'une manière aussi effective au niveau national » (arrêt du 16 mai 2017, *Landeskreditbank Baden-Württemberg c/ BCE*, aff. T-122/15, ECLI:EU:T:2017:337).

À cet égard, la Cour semble parfois avoir tendance à amalgamer pour ne pas dire confondre le principe de subsidiarité et celui de proportionnalité dans leur définition même : « le contrôle du respect du principe de subsidiarité comporte un double niveau. En effet, il convient d'examiner, en premier lieu, si l'objectif de l'action envisagée peut être mieux réalisé au niveau communautaire et, en second lieu, si l'intensité de l'action entreprise n'excède pas la mesure nécessaire pour atteindre l'objectif que cette action vise à réaliser » (CJCE 10 déc. 2002, *British American Tobacco et Imperial Tobacco*, aff. C-491/01, préc.). Le fait que le traité, avant la formulation plus précise du traité de Lisbonne, se réfère explicitement au « principe de subsidiarité » sans évoquer en parallèle le terme de « proportionnalité » quand il en présentait le contenu peut expliquer cette approximation. En revanche, elle opère de plus en plus clairement le départ entre les deux principes quant à l'intensité de son contrôle, soulignant le contrôle minimum du principe de proportionnalité et le contrôle complet du principe de subsidiarité (cf. notamment CJ 8 juin 2010, *Vodafone*, aff. C-58/08, préc. ; ou CJ 12 mai 2011, *Luxembourg c/ Parlement et Conseil*, aff. C-176/09, préc.).

Par ailleurs, la jurisprudence de la Cour montre l'approche globale qu'elle fait des deux « indicateurs » figurant dans le traité, c'est-à-dire l'appréciation des « dimensions » ou des « effets » de l'action envisagée, la démarche consistant finalement à rapprocher le principe de subsidiarité de principes de base du marché européen, qu'il s'agisse de l'interdiction des entraves aux libertés de circulation ou de l'affectation du commerce entre les États membres. Par exemple, ne viole pas le principe de subsidiarité l'interdiction de commercialiser des compléments alimentaires non conformes à une directive car « laisser aux États membres le soin de réglementer le commerce des compléments alimentaires non conformes à la directive n° 2002/46 verrait se perpétuer l'évolution hétérogène des réglementations nationales et, partant, les obstacles aux échanges entre États membres et les distorsions de concurrence en ce qui concerne ces produits. Aussi, l'objectif auquel contribuent les dispositions des articles 3, 4, § 1, et 15, deuxième alinéa, sous b), de ladite directive ne saurait être réalisé de manière satisfaisante par une action entreprise au niveau des seuls États membres et supposait une action au niveau communautaire » (CJCE 12 juill. 2005, *Alliance for Natural Health e.a.*, aff. C-154/04 et C-155/04, *Rec.* I-6451). De même, « dans le cadre de l'article 81, § 1, CE, le principe de subsidiarité est concrétisé par la limitation de l'interdiction qui y est prévue aux accords entre entreprises, aux décisions d'associations d'entreprises et aux pratiques concertées *qui sont susceptibles d'affecter le commerce entre États membres* (…) [la décision de la Commission] est donc conforme au principe de subsidiarité lorsqu'elle établit à suffisance de droit que le commerce entre États membres est susceptible d'être affecté par l'accord entre entreprises, la décision d'association d'entreprises ou la pratique concertée dont elle examine la légalité » (TPI 27 sept. 2006, *GlaxoSmithKline Services c/Commission*, aff. T-168/01, *Rec.* II-2969).

Le Traité de Lisbonne a amélioré le dispositif de contrôle juridictionnel en ouvrant l'accès au recours en annulation (art. 263 FUE) aux autorités revendiquant classiquement un rôle politique de gardiens de ce principe.

C'est le cas pour le comité des régions, qui devient un « requérant institutionnel non privilégié » (v. ss 1262) pouvant agir pour la sauvegarde de ses prérogatives. Sans que l'on puisse être certain que cela recouvre exactement les mêmes hypothèses (v. ss 1263), le Protocole n° 2 sur l'application des principes de subsidiarité et de proportionnalité précise que le comité peut invoquer le respect de la subsidiarité en attaquant en annulation un acte législatif pour l'adoption duquel le Traité FUE prévoit sa consultation.

Autre innovation, l'article 8 du Protocole n° 2 admet qu'un recours en annulation soit formé par un État membre (ce qui correspond à une hypothèse classique, les États membres étant depuis toujours des requérants privilégiés en l'espèce) ou « transmis par celui-ci conformément à son ordre juridique au nom de son parlement national ou d'une chambre de celui-ci ». Contrairement à l'innovation touchant le Comité des régions, le traité de Lisbonne n'ajoute pas ici à l'article 263 FUE une nouvelle catégorie de requérants puisque le truchement des États membres (concrètement leur exécutif) reste imposé ; la révision de la Constitution française du 4 février 2008, exigée par la décision n° 2007/560 du Conseil constitutionnel du 20 décembre 2007 semble cependant adopter une autre vision, soulignant le rôle des assemblées, puisque l'article 88-6 alinéa 2 de la Constitution prévoit désormais que « chaque assemblée *peut former un recours* devant la Cour de justice de l'Union européenne contre un acte législatif européen pour violation du principe de subsidiarité. Ce recours est transmis à la Cour de justice de l'Union européenne par le Gouvernement ».

II. Le principe de proportionnalité

Rifat Tinç (M.), *Le contrôle de proportionnalité des mesures nationales restrictives des échanges*, thèse, Strasbourg, 2009.

172. C'est la jurisprudence de la Cour de justice qui a introduit dans l'ordre juridique communautaire le principe de proportionnalité sur une inspiration qui serait celle du droit allemand. S'il est indéniable que les premières discussions approfondies dans le prétoire de la Cour à ce propos se trouvent souvent dans des arrêts rendus sur question préjudicielle de juridictions allemandes, la discussion évoquant parfois le statut constitutionnel du principe en Allemagne (CJCE 24 juin 1970, *Oehlmann*, aff. 73/69, *Rec.* 467, sur question du *Bundesfinanzhof* ; CJCE 17 déc. 1970, *Internationale Handelsgesellschaft mbH*, aff. 11/70, *Rec.* 1125, en réponse au Verwaltungsgericht (tribunal administratif) de Francfort-sur-le-Main ; ou CJCE 17 déc. 1970, *Köster*, aff. 25/70, *Rec.* 1161, le juge *a quo* étant le *Hessischer Verwaltungsgerichtshof*, Cour administrative du Land de Hesse), il faut cependant admettre que ce principe est présent sous une forme ou une autre dans la plupart des ordres juridiques, le souci de la mesure et la crainte de l'excès ayant sans doute quelque chose d'universel.

L'article 5, alinéa 3, CE *[ex 3 B]*, issu du traité de Maastricht, a codifié ce principe jurisprudentiel, du moins en ce qui concerne l'action de la Communauté :

> « L'action de la Communauté n'excède pas ce qui est nécessaire pour atteindre les objectifs du présent traité. »

Avec le traité de Lisbonne, la formulation, à l'article 5, § 4, UE, se fait plus précise, ne serait-ce qu'en termes d'explicitation de ce qu'il s'agit bien là du principe de proportionnalité :

> « En vertu du principe de proportionnalité, le contenu et la forme de l'action de l'Union n'excède pas ce qui est nécessaire pour atteindre les objectifs des traités ».

Le principe de proportionnalité, finalement inscrit dans les traités dans le sillage du principe de subsidiarité et souvent lié à ce dernier, a donc en réalité ***un champ d'application plus étendu que celui de la subsidiarité*** : il est appelé à jouer même dans le domaine des compétences exclusives et ne se limite pas à l'action normative de l'Union mais couvre aussi des actes éventuels d'administration directe ou le prononcé de sanctions par exemple. Le Tribunal a pu ainsi préciser qu'« en tant que principe général de l'Union, le principe de proportionnalité est un critère de la légalité de tout acte des institutions de l'Union, y compris les décisions que la Commission adopte en sa qualité d'autorité de la concurrence » (T 8 avr. 2014, *ABN Amro Group c/ Commission*, aff. T-319/11, ECLI:EU:T:2014:186).

Ce statut de principe général du droit de l'Union signifie aussi que la proportionnalité va permettre de réguler non seulement l'exercice des compétences de l'Union mais également de celles des États membres, la formule du traité, on l'a noté, ne concernant que les compétences de l'Union. La Cour de justice a cependant confirmé que le principe de proportionnalité « doit être respecté en tant que tel aussi bien par le législateur communautaire que par les législateurs et les juges nationaux qui appliquent le droit communautaire » (CJCE 5 juin 2008, *Industria Lavorazione Carni Ovine*, aff. C-534/06, *Rec.* I-4129 ; CJCE 17 janv. 2008, *Viamex Agrar Handel et ZVK*, aff. C-37/06 et C-58/06, *Rec.* I-69).

Les deux principes ***n'ont pas, non plus, la même fonction*** : la subsidiarité permet de répondre à la question du partage des compétences concurrentes entre plusieurs titulaires, s'agissant de savoir qui, dans un cas déterminé, doit agir ; la proportionnalité intervient dans un deuxième temps pour savoir jusqu'où peut aller l'exercice de la compétence.

Si la subsidiarité n'apparaissait pas dans la jurisprudence avant sa consécration par le traité de Maastricht, le fait qu'il s'agisse pour la proportionnalité d'une codification d'un principe jurisprudentiel a pu poser un problème spécifique de source de l'autorité juridique du principe. Le statut de principe général de droit communautaire avait été reconnu à la proportionnalité avant même la consécration générale du traité, la Cour se référant déjà à une « jurisprudence constante » qui aurait consacré cette appartenance à la catégorie des principes généraux du droit communautaire (CJCE 11 juill. 1989, *Schräder HS Kraftfutter*, aff. 265/87, *Rec.* 2237 ; ou CJCE 13 nov. 1990, *The Queen c/ Ministry of Agriculture, Fisheries and Food, ex parte Fedesa e.a.*, aff. C-331/88, *Rec.* I-4023). Le juge a ensuite pris acte de ce que le traité de Maastricht l'avait consacré et implicitement défini, la formule devenant : « élevé au rang des principes généraux du droit communautaire avant d'être consacré par l'article 3 B, paragraphe 3, du traité » (TPI, 5 juin 1996, *NMB France e.a. c/ Commission*, aff. T-162/94, *Rec.* II-427). Depuis, si, le plus souvent, il a continué à invoquer le statut de principe général de droit communautaire, (par ex. TPI 11 sept. 2002, *Pfizer Animal Health c/ Conseil*, aff. T-13/99, *Rec.* II-3305 ; CJCE 10 déc. 2002, *British American Tobacco et Imperial Tobacco*, aff. C-491/01, *Rec.* I-11453 ; CJCE 23 mars 2006, *Unitymark et North Sea Fishermen's Organisation*, aff. C-535/03, *Rec.* I-2689 ; TPI 9 juill. 2009, *Melli Bank c/ Conseil*, aff. T-246/08 et T-332/08, *Rec.* II-2629) ou « principe général de droit de l'Union » (CJUE 17 oct. 2013, *Billerud Karlsborg et Billerud Skärblacka*, aff. C-203/12, ECLI:EU:C:2013:664 ;), il lui arrive aussi d'être plus neutre, en se contentant de viser le « principe général de proportionnalité » (CJCE 19 sept. 2000, *Ampafrance et Sanofi*, aff. C-177/99 et C-181/99, *Rec.* I-7013 ; ou T 30 avr. 2014, *Euris Consult c/ Parlement*, aff. T-637/11, ECLI:EU:T:2014:237), ou le « principe général de l'Union » (T 8 avr. 2014, *ABN Amro Group c/ Commission*, aff. T-319/11, ECLI:EU:T:2014:186), ou de se concentrer sur le fondement donné par le traité (principe « consacré par l'article 3 B du traité », ou par « l'article 5, 3° alinéa, CE », respectivement T 29 sept. 2000, *International Potash Company c/ Conseil*, aff. T-87/98, *Rec.* II-3179 ; et T 9 sept. 2010, *Usha Martin c/ Conseil et Commission*, aff. T-119/06, *Rec.* II-4335).

173. Concrètement, la proportionnalité signifie que, dans la mise en œuvre d'une compétence, si l'Union a le choix entre plusieurs modes d'action, elle doit retenir, à efficacité égale, celui qui laisse le plus de liberté aux États, aux particuliers, aux entreprises ; à cet égard, il y a lieu d'examiner soigneusement si une intervention par voie législative s'avère nécessaire ou si d'autres moyens peuvent être utilisés : reconnaissance mutuelle, recommandation, soutien financier, encouragement à la coopération entre États, adhésion à une convention internationale. Mais le principe, en tant que critère d'efficacité, va au-delà de cette première exigence. Il implique, en outre, que si la règle contraignante s'avère indispensable, son contenu ne doit pas se traduire par un excès de réglementation :

toutes choses égales par ailleurs, il convient de donner la préférence aux directives par rapport aux règlements et aux directives cadres par rapport aux mesures plus détaillées.

L'article 296 FUE rappelle désormais cette exigence :

« Lorsque les traités ne prévoient pas le type d'acte à adopter, les institutions le choisissent au cas par cas, dans le respect des procédures applicables et du principe de proportionnalité ».

La Cour (CJCE 5 mai 1998, *The Queen*, aff. C-157/96, *Rec.* I-2211) a précisé que « le principe de proportionnalité, qui fait partie des principes généraux du droit communautaire, exige que les actes des institutions ne dépassent pas les limites de ce qui est approprié et nécessaire à la réalisation des objectifs légitimes poursuivis par la réglementation en cause, étant entendu que lorsqu'un choix s'offre entre plusieurs mesures appropriées, il convient de recourir à la moins contraignante, et que les inconvénients causés ne doivent pas être démesurés par rapport aux buts visés », ce qui permet d'identifier d'emblée *trois dimensions :* caractère approprié, caractère nécessaire, caractère non disproportionné.

174. Ce principe représente en tous cas l'instrument le plus utilisé par le juge communautaire pour contrôler l'intensité des politiques de l'Union comme celle des actes nationaux intervenant dans le cadre des objectifs de l'Union européenne.

Dans un premier temps le principe de proportionnalité s'est surtout manifesté au soutien des droits subjectifs des particuliers, aux prises avec une action d'une institution communautaire ou d'une autorité nationale qui restreindrait l'exercice d'un droit reconnu par le droit communautaire : la Cour a d'ailleurs facilité l'invocation de ce principe par les particuliers en lui reconnaissant un effet direct (CJCE 15 avr. 1997, *Bakers of Nailsea*, aff. C-27/95, *Rec.* I-1848).

Mais le principe gouverne également les relations entre l'Union et les États membres (cf. par ex. CJCE 19 nov. 1998, *Royaume-Uni c/Conseil*, aff. C-150/94, *Rec.* I-7235), celle-là devant, à ce titre, adopter les mesures susceptibles d'atteindre l'objectif visé qui soient les moins contraignantes vis-à-vis des États.

Si la Cour est assez rigoureuse quand est en cause un acte national limitant un droit reconnu par le droit de l'Union (à cet égard, le « test de proportionnalité » est le verrou essentiel lui permettant de contenir les mesures nationales motivées par des « raisons impérieuses d'intérêt général » ; cf. pour des affirmations nettes, CJCE 25 juill. 1991, *Säger*, aff. C-76/90, *Rec.* I-4221 ; CJCE 12 févr. 1996, *Reisebüro Broede*, aff. C-3/95, *Rec.* I-6511), elle fait parfois preuve d'un *self restrain* quand il s'agit de vérifier la proportionnalité d'une décision de l'Union. Cela se traduit par le fait que dans des domaines comme ceux de la politique agricole commune (CJCE 11 juill. 1989, *Schräder*, aff. 265/87, *Rec.* 2237 ; CJCE 13 nov. 1990, *Fedesa e.a.*, aff. C-331/88, *Rec.* I-4023 ; CJCE 5 oct. 1994, *Crispoltoni e.a.*, aff. C-133/93, C-300/93 et C-362/93, *Rec.* I-4863 ; CJCE 5 mai 1998, *National Farmers' Union e.a.*, aff. C-157/96, *Rec.* I-2211 ; CJCE 12 juill. 2001, *Jippes e.a.*, aff. C-189/01, *Rec.* I-5689 ; CJCE 15 janv. 2002, *Weidacher*, aff. C-179/00, *Rec.* I-501 ; CJCE 7 sept. 2006, *Espagne c/Conseil*, aff. C-310/04, *Rec.* I-7285 ; CJCE 17 janv. 2008, *Viamex Agrar Handel et ZVK*, aff. C-37/06 et C-58/06, *Rec.* I-69 ; CJCE 11 juin 2009, *Agrana Zucker*, aff. C-33/08, *Rec.* I-5035 ; TPI 2 oct. 2009, *République de Chypre c/Commission*, aff. T-300/05 et T-316/05, *Rec.* II-192*), de la politique commerciale et de la lutte anti-dumping (TPI 5 juin 1996, *NMB e.a. c/ Commission*, aff. T-162/94, *Rec.* II-427), ou de la conservation des ressources halieutiques (TPI 6 déc. 2001, *Area Cova e.a. c/Commission et Conseil*, aff. T-196/99, *Rec.* II-3597), le raisonnement du juge consiste à considérer (pour prendre l'exemple des arrêts précités relatifs à la politique agricole commune) que « eu égard au large pouvoir d'appréciation dont dispose le législateur communautaire en matière de politique agricole commune, seul le caractère manifestement inapproprié d'une mesure arrêtée en ce domaine, par rapport à l'objectif que l'institution compétente entend poursuivre, peut affecter la légalité d'une telle mesure ».

Même si la jurisprudence offre régulièrement des exemples d'actes de l'Union censurés pour violation du principe de proportionnalité (cf., par ex., CJCE 6 déc. 2005, *ABNA e.a.*, aff. C-453/03, C-11, 12 et 194/04, *Rec.* I-10423) on peut donc souligner cette tendance du juge européen à se limiter à un contrôle restreint du respect de la proportionnalité par l'Union. Pour autant, si le pouvoir d'appréciation du législateur européen doit être respecté, et si, à l'inverse, il ne faut pas verser dans un gouvernement des juges, le contrôle mené devra traduire un équilibre entre ces deux exigences. Ainsi, même en présence d'un pouvoir d'appréciation du législateur européen, celui-ci « est tenu de baser son choix sur des critères objectifs » (par ex. CJCE 16 déc. 2008, *Arcelor Atlantique et Lorraine*, aff. C-127/07, *Rec.* I-9895 ; CJ 8 juin 2010, *Vodafone e.a.*, aff. C-58/08, *Rec.* I-4999 ; ou CJ 17 oct. 2013, *Schaible*, aff. C-101/12, ECLI:EU:C:2013:661). Certains arrêts révèlent le raisonnement du juge, expliquant qu'« il ne s'agit pas de savoir si la mesure adoptée par le législateur était la seule ou la meilleure possible, mais si elle était manifestement inappropriée » (CJCE 12 juill. 2001, *Jippes e.a.*, aff. C-189/01, *Rec.* I-5689 ; CJCE 7 sept. 2006, *Espagne c/Conseil*, aff. C-310/04, *Rec.* I-7285 ; CJCE 4 oct. 2007, *Geuting*, aff. C-375/05, *Rec.* I-7983 ; CJCE 17 janv. 2008, *Viamex Agrar Handel et ZVK*, aff. C-37/06 et C-58/06, *Rec.* I-69 ; CJ 8 juin 2010, *Vodafone e.a.*, aff. C-58/08, cité *supra* ; ou T 16 sept. 2013, *ATC e.a. c/ Commission*, aff. T-333/10, ECLI:EU:T:2014:842). À cet égard, le juge tient compte de ce qu'il intervient *a posteriori* pour évaluer un choix qui, lui, s'est fait *a priori*. Il précise donc que « le jugement sur la proportionnalité d'un acte de l'Union ne saurait dépendre d'appréciations rétrospectives concernant son degré d'efficacité. Lorsque le législateur de l'Union est amené à apprécier les effets futurs d'une réglementation à prendre alors que ces effets ne peuvent être prévus avec exactitude, son appréciation ne peut être censurée que si elle apparaît manifestement erronée au vu des éléments dont il disposait au moment de l'adoption de la réglementation en cause » (CJCE 12 juill. 2001, *Jippes e.a.*, aff. C-189/01, préc. ; ou CJ 17 oct. 2013, *Billerud Karlsborg et Billerud Skärblacka*, aff. C-203/12, ECLI:EU:C:2013:664). L'important est bien ce pouvoir d'appréciation qui conditionne l'application même du test de proportionnalité (« le principe de proportionnalité ne saurait trouver à s'appliquer que dans les cas dans lesquels l'auteur de l'acte contesté dispose d'une marge d'appréciation » : T 30 avr. 2014, *Euris Consult c/ Parlement*, aff. T-637/11, ECLI:EU:T:2014:237), et qui, certes encadré, ne doit pas être supprimé.

D'aucuns ont pu stigmatiser le fait que cette approche aboutisse à réduire le contrôle des trois dimensions du principe (caractère approprié, caractère nécessaire et caractère non disproportionné) au contrôle, qui plus est restreint, d'une seule de ces dimensions : le caractère approprié (en ce sens, cf. les critiques de l'Avocat général Verica Trstenjak sous CJCE 14 mai 2009, *Azienda Agricola Disarò Antonio e.a.*, aff. C-34/08, *Rec.* I-4023). Il apparait cependant que le juge aboutit à la conclusion globale en termes de caractère « manifestement inapproprié » en vérifiant en réalité toutes les dimensions du principe, que ce soit la nécessité de la mesure ou l'absence de « mesure alternative permettant d'atteindre cet objectif de manière aussi efficace tout en restreignant dans une moindre mesure les droits [des opérateurs économiques en cause] » (CJCE 10 déc. 2002, *British American Tobacco et Imperial Tobacco*, aff. C-491/01, préc., point 139). La Cour, parfois, tout en vérifiant en apparence le seul caractère « manifestement inapproprié » se place clairement dans l'optique de vérifier que des charges liée à un certain régime ne sont pas « manifestement disproportionnées par rapport aux avantages en découlant » (CJ 12 mai 2011, *Luxembourg c/ Parlement et Conseil*, aff. C-176/09, *Rec.* I-3727), ou que les mesures excédaient ou non « ce qui était nécessaire » pour atteindre l'objectif (TPI 3 févr. 2005, *Chiquita Brands e.a. c/ Commission*, aff. T-19/01, *Rec.* II-315 ; ou TPI 10 juin 2009, *Pologne c/ Commission*, aff. T-257/04, *Rec.* II-1545).

III. Le principe de fidélité ou coopération loyale

Blanquet (M.), *L'article 5 du traité CEE. Recherches sur les obligations de fidélité des États membres de la Communauté*, Paris, LGDJ, 1994.

Blanquet (M.), « Commentaire de l'article I-5 », in Burgorgue-Larsen (L.), Levade (A.) et Picod (F.) (dir.), *Traité établissant une Constitution pour l'Europe, commentaire article par article*, t. 1, Bruxelles, Bruylant, 2007, p. 96.

Delcourt (C.), « Le principe de coopération loyale entre les institutions dans le traité établissant une Constitution pour l'Europe », in *Liber amicorum J. Raux*, Rennes, Apogée, 2006, p. 459.

175. La jurisprudence de la Cour de justice est désormais constante et catégorique, faisant du concept de « coopération loyale » un principe général. Plus exactement, il s'agit d'un *principe directeur* des relations entre les États membres et les institutions communautaires : « les relations entre les États membres et les institutions communautaires sont régies, en vertu de l'article 5 du traité CEE, par un principe de coopération loyale » (CJCE 13 juill. 1990, Ord., *Zwartveld*, aff. C-2/88, *Rec.* 3365) ; c'est aussi un *principe bilatéral*, la Cour évoquant la « règle imposant aux États membres et aux institutions communautaires des devoirs *réciproques* de coopération loyale » (CJCE 10 févr. 1983, *Luxembourg c/Parlement européen*, aff. 230/81, *Rec.* 255 ; ou, par ex. CJ 4 sept. 2014, *Espagne c/ Commission*, aff. C-197/13 P, ECLI:EU:C:2014:2157) ; c'est aussi un principe s'appliquant dans les rapports entre les institutions communautaires (CJCE 27 sept. 1988, *Grèce c/Conseil*, aff. 204/86, *Rec.* 5323 ; cf. aussi, par ex. TFP 30 avr. 2009, *Aayhan e.a.c/Parlement*, aff. F-65/07, *Rec. FP* I-A-1-1054, II-A-1-567) ; la Cour a pu également en confirmer l'applicabilité à l'ancien troisième pilier de l'Union (CJCE 16 juin 2005, *Pupino*, aff. C-105/03, *Rec.* I-5285 ; TPI 9 sept. 2010, *Al-Aqsa*, aff. T-348/07, *Rec.* II-4575).

Si la Cour s'est largement appuyé sur l'article 10 CE [*ex 5*] pour identifier et faire jouer le principe, elle a fini par l'en distinguer, l'article 10 étant *l'expression partielle* (car se limitant aux devoirs des États membres, mais révélatrice de l'ensemble) « de la règle plus générale imposant aux États membres et aux institutions communautaires des devoirs réciproques de coopération et d'assistance loyale » (CJCE 15 janv. 1986, *Hurd*, aff. 44/84, *Rec.* 29 ; pour d'autres approches soulignant l'*inspiration* de l'article 10 CE par le principe général, cf. par ex. CJCE 12 mai 2005, *Commission c/Grèce*, aff. C-415/03, *Rec.* I-3875 ou T. 13 sept. 2010, *Grèce c/Commission*, aff. T-415, 416 et 423/05, *Rec.* II-4749).

La Cour de justice a *valorisé* le principe de coopération loyale en le reliant au concept de Communauté de droit : « dans (une) Communauté de droit, les relations entre les États membres et les institutions communautaires sont régies, en vertu de l'article 5 du traité CEE, par un principe de coopération loyale… » (CJCE 13 juill. 1990, Ord., *Zwartveld*, aff. C-2/88, préc.) et a également eu l'occasion, dans la même ordonnance, d'en affirmer la *justiciabilité* (« chargée, en vertu de l'article 164 du traité CEE, de veiller au respect du droit dans l'interprétation et l'application de ce traité, la Cour doit, dans ces circonstances, pouvoir assurer le contrôle juridictionnel du respect de l'obligation de coopération loyale qui s'impose, dans le cas d'espèce, à la Commission »), et l'*autorité* (le protocole sur les privilèges et immunités des Communautés ne saurait « en aucun cas permettre aux institutions communautaires de ne pas respecter l'obligation de coopération loyale »). Pour autant, l'article 10 CE a été jugé comme ne conférant pas de droits aux particuliers (par ex. CJ 26 mai 2016, *NN (L) International*, aff. C-48/15, ECLI:EU:C:2016:356).

Mais c'est bien le traité de Lisbonne qui a consacré ce principe à l'article 4 du TUE actuel et selon deux modalités.

D'abord, il reprend, presqu'à l'identique (paragraphe 3, deuxième et troisième alinéa), les termes de l'ancien article 10 CE à partir duquel la Cour a bâti le principe :

> « Les États membres prennent toute mesure générale ou particulière propre à assurer l'exécution des obligations découlant des traités ou résultant des actes des institutions de l'Union.
>
> Les États membres facilitent l'accomplissement par l'Union de sa mission et s'abstiennent de toute mesure susceptible de mettre en péril la réalisation des objectifs de l'Union ».

En second lieu, il marque la véritable consécration du principe, à l'alinéa 1er de ce paragraphe, par une formule synthétique précédant la reprise de l'ancien article 10 CE :

> « En vertu du principe de coopération loyale, l'Union et les États membres se respectent et s'assistent mutuellement dans l'accomplissement des missions découlant des traités ».

Cette formule tire son origine des travaux de la Convention constitutionnelle (premier projet d'articles 1er à 16, première ébauche du traité établissant une constitution pour l'Europe), une disposition (art. 8) identifiant les « principes fondamentaux » du système des compétences. Ce projet d'article établissait la liste des quatre principes pertinents (attribution, subsidiarité, proportionnalité et coopération loyale), le projet d'article 9 comprenant alors cinq formules synthétiques correspondant à chacun des principes. On retrouve aux alinéas 2, 3 et 4 de l'actuel article 5 UE quatre de ces formules, la cinquième, consacrée à la coopération loyale, se retrouvant donc à l'article 4 dont elle ouvre le paragraphe 3.

Cette formulation très générale de l'alinéa 1er de l'article 4, § 3, UE a pu susciter l'inquiétude de certains commentateurs, le risque étant peut-être de passer de réelles obligations de coopération loyale telles qu'identifiées par la Cour à un vague principe de partenariat amical sans portée juridique (voir dans cette tonalité banalisante les conclusions de l'Avocat général Eleanor Sharpston évoquant « l'esprit de coopération loyale » ou la « courtoisie entre États membres » dans ses conclusions sous l'arrêt du 15 avril 2010 *Fundación Gala-Salvador Dalí et Visual Entidad de Gestión de Artistas Plásticos*, aff. C-518/08, *Rec.* I-3091).

Elle présente cependant le mérite de combler les espaces entre le texte de l'ancien article 10 CE, qui ne visait que les États membres, et l'interprétation de la Cour s'en inspirant pour identifier un principe général de coopération loyale ; il est finalement positif que cette formule additionnelle soit un support textuel pour les obligations de l'Union vis-à-vis des États membres et les obligations entre États membres (cette dernière dimension étant moins apparente mais pouvant se déduire de la formule selon laquelle l'Union et les États membres se respectent et s'assistent mutuellement).

Le traité de Lisbonne a également consacré une dimension du principe de coopération loyale jusque-là uniquement jurisprudentielle (CJCE 27 sept. 1988, *Grèce c/Conseil*, aff. 204/86, préc.), l'article 13, § 2, UE précisant que « Les institutions pratiquent entre elles une coopération loyale. »

La régulation de l'exercice des compétences réalisée par ce principe consiste, sans que soit jamais remise en cause la possession d'une compétence, à obliger tel ou tel partenaire du « lien communautaire » à utiliser une de ses compétences dans l'intérêt commun, ou à ne pas pouvoir l'utiliser dans la mesure où serait mis en péril l'intérêt commun.

A. La régulation imposant l'exercice de la compétence

a) Sont ici concernées les ***obligations de coopération*** (v. ss 1018 à 1020).

176. Au-delà de la mise en œuvre administrative de base, ceci pourra prendre la forme d'une éventuelle exigence d'un complément normatif national pour un règlement, le raisonnement étant alors que « les États membres avaient… en vertu des dispositions générales de l'article 5 du traité, l'obligation de tout faire pour assurer l'effet utile de l'ensemble des dispositions du règlement » qu'il s'agissait, en l'espèce, de compléter (CJCE 17 déc. 1970, *Otto Scheer*, aff. 30/70, *Rec.* 1197). De même, quand bien même les États membres restent-ils titulaires de la compétence en matière pénale, il peut leur incomber de prendre toutes mesures propres à garantir la portée et l'efficacité du droit de l'Union et notamment, alors même que ce ne serait pas prévu par un règlement, doter celui-ci d'un régime efficace de sanction, y compris pénales si nécessaire (CJCE 2 févr. 1977, *Amsterdam Bulb*, aff. 50/76, *Rec.* 137 ; l'arrêt de base est ici CJCE 21 sept. 1989, *Commission c/Grèce*, aff. 68/88, *Rec.* 2965 ; cf. aussi, notamment CJCE 10 juill. 1990, *Hansen*, aff. C-326/88, *Rec.* I-291 ; CJCE 26 oct. 1995, *Siesse*, aff. C-36/94, *Rec.* I-3573 ; CJCE 26 sept. 1996, *Allain*, aff. C-341/94, *Rec.* I-4631 ; CJCE 27 févr. 1997, *Ebony Maritime SA*, aff. C-177/95, *Rec.* I-1111 ; CJCE 8 juill. 1999, *Nunes*, aff. C-186/98, *Rec.* I-4883 ; CJCE 26 sept. 2000, *Engelbrecht*, aff. C-262/97, *Rec.* I-7321 ; CJCE 4 mars 2004, *Allemagne c/Commission*, aff. C-344/01, *Rec.* I-2081 ; CJCE 16 oct. 2003, *Ireland c/Commission*, aff. C-339/00, *Rec.* I-11757).

Signalons également ici le rôle essentiel imposé aux juridictions nationales « en tant qu'organes d'un État membre » (cf. CJCE 9 mars 1978, *Simmenthal*, aff. 106/77, *Rec.* 629) (v. ss 810) pour assurer l'effectivité du droit de l'Union. Selon une formulation particulièrement explicite de la Grande chambre de la Cour « Il ressort (…) d'une jurisprudence constante que tout juge national, saisi dans le cadre de sa compétence, a, en tant qu'organe d'un État membre, l'obligation, par application du principe de coopération énoncé à l'article 10 CE, d'appliquer intégralement le droit de l'Union directement applicable et de protéger les droits que celui-ci confère aux particuliers, en laissant inappliquée toute disposition éventuellement contraire de la loi nationale, que celle-ci soit antérieure ou postérieure à la règle du droit de l'Union » (CJ 8 sept. 2010, *Winner Wetten*, aff. C-409/06, *Rec.* I-8015 ; ou CJ 6 sept. 2012, *Philips Electronics UK*, aff. C-18/11, ECLI:EU:C:2012:532).

Le caractère fondamental de la coopération des États membres est parfois encore plus évident quand la Cour embrasse à la fois leur rôle dans la mise en œuvre et la « sanction » du droit de l'Union : « Il incombe… aux États membres, notamment, en vertu du principe de coopération loyale, énoncé à l'article 4, paragraphe 3, premier alinéa, TUE, d'assurer, sur leur territoire, *l'application et le respect du droit de l'Union* » (*avis 1/09* du 8 mars 2011, *Rec.* I-1137 ; ou arrêt du 27 févr. 2018, *Associação Sindical dos Juízes Portugueses*, aff. C-64/16, aff. C-64/16, ECLI:EU:C:2018:117).

La « coopération » des États membres à la réalisation des objectifs des traités, c'est-à-dire leur rôle spécifique au titre de membre de l'Union ne se limite pas à une action en aval des actes de celle-ci (mise en œuvre). Il est certains contextes dans lesquels cette coopération va se substituer à la compétence décisionnelle des institutions européennes. L'arrêt *AETR* avait déjà identifié une action des États membres « dans l'intérêt et pour le compte de la Communauté, conformément aux obligations qui leur incombent en vertu de l'article 5 du traité » (CJCE 31 mars 1971, *Commission c/Conseil*, aff. 22/70, *Rec.* 263, att. 90). Mais il faut surtout souligner le cas où le législateur de l'Union, par son inaction, son blocage, met en péril l'intérêt général commun. La Cour de justice a alors considéré que les États membres, non seulement pouvaient mais devaient agir à la place des institutions. Dans l'hypothèse où la compétence de l'Union doit être considérée comme exclusive, et où ne peut plus être envisagée la mise en œuvre, par les États, d'une compétence « concurrente », la Cour n'en a pas moins confirmé l'action nationale et a précisé, de manière significative, que les États membres jouaient finalement là un rôle de « gestionnaire de l'intérêt commun » (CJCE 5 mai 1981, *Commission c/Royaume-Uni*, aff. 804/79, *Rec.* 1045). Et la Cour de préciser qu'il s'agit là pour les États membres d'une « mise en œuvre du devoir de coopération que leur impose, dans une situation caractérisée par la carence du législateur communautaire, l'article 5 du traité, en vue de la réalisation des objectifs de l'organisation commune des marchés » (CJCE 28 mars 1984, *Pluimreeslachterij*, aff. 47 et 48/83, *Rec.* 1721 ; CJCE 17 mai 1990, *Dietz-Matti*, aff. C-158/89, *Rec.* I-2032).

b) Découlent ensuite du principe de coopération loyale des ***obligations générales d'assistance, de collaboration*** :

177. *Obligations des États membres d'aider les institutions de l'Union* à accomplir leurs missions, par la fourniture d'informations, mais aussi une éventuelle obligation de consultation spontanée (CJCE 7 mai 1987, *Commission c/Belgique*, aff. 186/85, *Rec.* 2029) ou de « coopération de bonne foi » à toute enquête de la Commission (par exemple CJCE 11 déc. 1985, *Commission c/Grèce*, aff. 192/84, *Rec.* 3967, CJCE 13 juill. 2004, *Commission c/Italie*, aff. C-82/03, *Rec.* I-6635 ; ou, par ex. CJ 15 mars 2017, *Commission c/ Espagne*, aff. C-563/15, ECLI:EU:C:2017:210).

178. *Obligations des institutions de l'Union d'aider les autorités nationales* dans le cadre de la mission « communautaire » de celles-ci (la Cour précise qu'il s'agit d'aider les autorités des États membres « chargées de veiller à l'application et au respect du droit communautaire dans l'ordre juridique national ») (Ord., aff. C-2/88, préc. ; CJCE 28 févr. 1991, *Delimitis*, aff. C-234/89, *Rec.* I-935 ; CJCE 11 juin 1991, *Athanasopoulos*, aff. C-251/89, *Rec.* I-2797). Ceci a pu se traduire, concrètement, par une obligation, à la charge de la Commission, de fournir des documents et des témoignages de fonctionnaires européens à une juridiction nationale (dans sa mission communautaire) (Ord., aff. C-2/88, préc.) ou par une obligation de transmettre des « données économiques et juridiques » nécessaires à un juge national (CJCE 28 févr. 1991, *Delimitis*, préc.).

179. *Devoir d'un État membre « d'assister tout autre État membre* auquel il incombe une obligation en vertu du droit communautaire » (CJCE 27 sept. 1988, *Matteucci*, aff. 235/87, *Rec.* 5589 ; CJCE 5 oct. 1994, *Van Munster*, aff. C-165/91, *Rec.* I-4661) ou devoir pour les autorités d'un État membre de coopérer avec les instances d'autres États membres, dans un souci d'efficacité dans l'application et le respect du droit communautaire (CJCE 11 juin 1991, *Athanasopoulos*, aff. C-25/89, préc.).

B. La régulation interdisant l'exercice de la compétence

180. Le dernier visage de cette régulation consiste en une obligation d'abstention de l'exercice d'une compétence et cela correspond au volet « loyauté » de la coopération loyale.

1° Il y a d'abord une loyauté fonctionnelle

181. Cette dimension du principe, appuyée principalement sur le deuxième alinéa de l'article 10 CE *[désormais troisième alinéa, in fine, de l'article 4, § 3, UE]*, oblige les États membres à préserver les effets des actions, décisions de l'Union, au-delà même de la stricte portée juridique contraignante de ces dernières.

Ceci peut se déployer, soit au travers d'une jurisprudence fondée sur « l'application pleine et uniforme » du droit communautaire (par exemple CJCE 10 janv. 1985, *Leclerc*, aff. 229/83, *Rec.* 1) ou « l'unité et l'efficacité » du droit communautaire (CJCE 16 juin 1987, *Commission c/Italie*, aff. 118/85, *Rec.* 2599) soit par l'exploitation du raisonnement en termes d'effet utile (cf. T. 2 mars 2010, *Arcelor c/Parlement européen et Conseil*, aff. T-16/04, *Rec.* II-211). Et la dimension fonctionnelle du principe de loyauté dépasse cette perspective strictement normative. Au-delà du respect du « plein effet » des règles communes, c'est la capacité d'action (éventuellement future) de l'Union européenne qui est protégée. À noter, par exemple, la conception développée par la Commission dans ses observations dans l'affaire 32/79 : « l'article 5 du traité CEE (impose) aux États membres une obligation générale de coopération, impliquant l'interdiction... de toute mesure nationale en contradiction ou en conflit avec des principes généraux d'une politique commune en voie d'élaboration » (CJCE 10 juill. 1980, *Commission c/ Royaume-Uni*, *Rec.* 2403).

On retrouve cette logique dans la *délibération 1/78*, reliant l'équivalent de l'article 10 CE dans le traité Euratom (art. 192 CEEA) à l'interdiction de porter atteinte à l'« autonomie d'action (de la Communauté) dans les relations extérieures » (CJCE 14 nov. 1978, *Rec.* 2179, point 33).

2° Il existe ensuite une loyauté structurelle

182. La jurisprudence est ici plus limitée, mais elle permet cependant d'identifier une obligation des États membres de « ne pas prendre des mesures susceptibles d'entraver le fonctionnement interne des institutions de la Communauté » (CJCE 15 sept. 1981, *Lord Bruce*, aff. 208/80, *Rec.* 2205 ; pour un risque de surcharge de la juridiction communautaire, à éviter au nom de la coopération loyale, cf. CJCE 20 oct. 2005, *Ten Kate Holding Musselkanaal e.a.*, aff. C-511/03, *Rec.* I-8979 ; pour un comportement risquant de rendre plus difficile pour l'Union européenne le recrutement de contractuels : CJ 4 févr. 2015, *Melchior*, aff. C-647/13, ECLI:EU:C:2015:54 ; ou de fonctionnaires expérimentés : CJ 10 sept. 2015, *Wojciechowski*, aff. C-408/14, ECLI:EU:C:2015:591). D'abord reliée simplement à l'article 5 du traité, cette obligation fut rapidement déduite plus largement de la « règle imposant aux États membres et aux institutions communautaires des devoirs réciproques de coopération loyale » (CJCE 10 févr. 1983, *Luxembourg c/Parlement européen*, aff. 230/81, *Rec.* 255 ; CJCE 28 nov. 1991, *Luxembourg c/Parlement européen*, aff. C-213/88 et C-39/89, *Rec.* I-5643). Non seulement l'obligation est réciproque, mais elle prend une dimension plus large que l'interdiction des « entraves au fonctionnement », remplacée par l'invocation de « l'obligation du respect des compétences respectives des États membres » et d'une institution communautaire (en la circonstance, le Parlement européen). C'est donc la protection de la structure institutionnelle communautaire et de la répartition des compétences qui est assurée par cette référence à la coopération loyale des États membres et des institutions dans une claire logique de régulation.

Dans le même esprit, on peut relever que la Cour, dans l'arrêt *Hurd* a déduit de l'article 5 CEE (premier support des devoirs de coopération loyale avant l'art. 10 CE et l'art. 4, § 3, FUE) (« expression de la règle plus générale imposant aux États membres et aux institutions communautaires des devoirs réciproques de coopération et d'assistance loyales ») une obligation de « ne pas porter atteinte, par des mesures unilatérales, au système de financement de la Communauté et de répartition des charges financières entre les États membres » (CJCE 15 janv. 1986, aff. 44/84, *Rec.* 29). Manque aussi aux obligations de l'article 10 CE un État membre compromettant le principe d'unité dans la représentation internationale de l'Union et de ses États membres et affaiblissant leur pouvoir de négociation (CJ 20 avr. 2010, *Commission c/ Suède*, aff. C-246/07, *Rec.* I-3317).

On peut donc conclure que cette « coopération loyale » oblige à ne pas perturber le « système communautaire » dont elle exprime la logique, dans toutes les dimensions de ce dernier.

Chapitre 2

Structure institutionnelle

BLANQUET (M.) (dir.), *La prise de décision dans le système de l'Union européenne*, Bruxelles, Bruylant, coll. « Droit de l'Union européenne, colloques », 2011.

BOSSE-PLATIÈRE (I.), « La refonte institutionnelle » in J. Andriantsimbasovina, C. Blumann, H. Gaudin et F. Picod (dir.), *ADE* vol. IV, 2006. 123.

CONSTANTINESCO (V.), « La question du gouvernement de l'Union européenne », *Europe* juill. 2002, chron. 8.

DOUTRIAUX (Y.) et LEQUESNE (C.), *Les institutions de l'Union européenne*, 8e éd., Paris, La documentation française, coll. « Réflexe Europe », 2010.

GERKRATH (J.), *L'émergence d'un droit constitutionnel pour l'Europe*, Études européennes, Éd. Université de Bruxelles, 1997.

GUTIERREZ ESPADA (C.) et CERVELL HORTAL (M.-J.), « El Tratado de Lisboa y las instituciones de la Union », in C.R. Fernandez Liesa, C.M. Diaz Barrado (dir.), *El Tratado de Lisboa : analisis y perpectivas*, Madrid, Dykinson, 2008, p. 165

JACQUÉ (J.-P.), « Le cadre institutionnel de l'Union européenne », in M. Dony et E. Bribosia (dir.), *Commentaire de la Constitution de l'Union européenne*, Bruxelles, Éd. de l'Université de Bruxelles, 2005, p. 141 et s.

JACQUÉ (J.-P.), « Les réformes institutionnelles introduites par le traité de Lisbonne », in E. Brosset, C. Chevallier-Govers, V. Edjaharian et C. Schneider (dir.), *Le traité de Lisbonne. Reconfiguration ou déconstitutionnalisation de l'Union européenne*, Bruxelles, Bruylant, 2009, p. 57

MEGRET (J.) (dir.), *Le droit de la Communauté européenne et de l'Union européenne*, volume 11, *Les institutions*, Éd. Université de Bruxelles, 2001.

PESCATORE (P.), « L'exécutif communautaire : justification du quadripartisme institué par les traités de Paris et de Rome », *CDE* 1978. 387.

PICOD (F.), « Le nouveau cadre institutionnel de l'Union européenne », *JCP* 2010, étude 400

QUERMONNE (J.-L.) (sous la présidence), *L'Union européenne en quête d'institutions légitimes et efficaces*, Rapport au Commissariat général du plan, La documentation française, 1999.

TINDEMANS (L.), « Rapport au Conseil européen sur l'Union européenne », *Bull. CE*, suppl. 1/76.

VEDEL (G.), « Rapport du groupe *ad hoc* pour l'examen du problème des compétences du Parlement européen », *Bull. CE*, suppl. 4/72.

Van Raepenbusch (S.), « Les réformes institutionnelles du traité de Lisbonne : l'émergence juridique de l'Union européenne », *CDE* 2007. 573

183. Le « modèle communautaire » installé à partir de 1951 proposait un système institutionnel inédit, ne se prêtant ni à la présentation classique souvent de mise pour les organisations internationales (différenciation des organes principaux mis en place par le traité institutif et des organes secondaires créés par décision des organes principaux), ni à celle qui éclaire traditionnellement l'organisation des pouvoirs publics dans un État, c'est-à-dire la distinction entre un pouvoir exécutif, un pouvoir législatif et un pouvoir judiciaire. La première approche eût été formelle et non signifiante et la seconde semblait aboutir à une impasse, la structure communautaire ne permettant pas d'identifier clairement les trois « pouvoirs » classiques.

Il est dès lors opportun de prendre en considération la présentation faite par les traités eux-mêmes.

Jusqu'au traité de Lisbonne, les articles 7 CE *[ex 4]* et 3 CEEA permettaient d'identifier les cinq « institutions » de la Communauté :

> « La réalisation des tâches confiées (à chacune des Communautés) est assurée par :
> – un Parlement européen ;
> – un Conseil ;
> – une Commission ;
> – une Cour de justice ;
> – une Cour des comptes » (art. 7 CE *[ex 4]*, 3 CEEA).

184. Dans la terminologie spécifique des traités, seuls ces cinq organes avaient droit à l'appellation d'*institution*, à laquelle certaines procédures se réfèrent spécialement, d'où l'importance, notamment sur le terrain contentieux, de faire cette distinction entre les institutions et les simples organes, présentés alors à l'article 7, § 2, CE (« le Conseil et la Commission sont assistés d'un Comité économique et social et d'un Comité des régions exerçant des fonctions consultatives »), ou à l'article 8 CE (« Il est institué… une Banque centrale européenne »…), ou encore à l'article 220 CE présentant la mission du tribunal de première instance. Atypique, et instance de l'Union européenne plus que des Communautés, le Conseil européen, quant à lui, était présenté à l'article 4 UE.

Rappelons d'emblée que chacun des trois traités communautaires reproduisant, avec quelques variantes, la même structure quadripartite (la Cour des comptes n'a été consacrée qu'en 1992 en tant qu'institution), ceci aurait pu conduire à la mise en place, en 1958, de douze institutions. Dans la réalité, un *tronc commun institutionnel* a été instauré en deux temps. La *Convention relative à certaines institutions communes*, signée en même temps que les traités de Rome, a immédiatement décidé que ne seraient effectivement mises en place qu'une seule Assemblée et une seule Cour de justice pour les trois Communautés. Le *traité de Bruxelles*, dit *de fusion*, du 8 avril 1965, a ensuite remplacé, à compter du 1er août 1967, la Haute Autorité de la CECA, la Commission CEE et la Commission CEEA, qui jusqu'alors fonctionnaient parallèlement, par une *Commission unique*, de même que les trois Conseils par un *Conseil unique* des Communautés européennes. Depuis, chacune des quatre institutions uniques a exercé les attributions qui lui sont conférées par trois puis deux traités différents, dans le cadre de ce que l'on pourrait appeler un *dédoublement fonctionnel*.

Ce dédoublement fonctionnel est devenu plus complexe encore avec le traité de Maastricht, en 1992, qui (en tenant compte de la modification du traité d'Amsterdam en 1997, s'agissant du statut de la Cour des comptes) permettait d'identifier, à son article 3, un « cadre institutionnel unique », important pour assurer la cohérence d'une Union alors composite et reposant sur un pilier communautaire et deux piliers intergouvernementaux, ce cadre étant décliné dans les articles suivants, ce qui permettait de voir qu'il regroupait les cinq institutions communautaires (jouant dès lors un rôle d'institution de l'Union par un nouveau dédoublement fonctionnel) ainsi que le Conseil européen (d'essence intergouvernementale mais ayant, par dédoublement fonctionnel mais de façon symétrique, un rôle s'étendant au pilier communautaire).

185. Avec le traité de Lisbonne, l'identification se fait de manière particulièrement nette et la liste est plus longue.

L'article 13 UE indique donc que :

« Les institutions de l'Union sont :
– le Parlement européen,
– le Conseil européen,
– le Conseil,
– la Commission européenne (ci-après dénommée « Commission »),
– la Cour de justice de l'Union européenne,
– la Banque centrale européenne,
– la Cour des comptes ».

186. Par ailleurs, l'article 13 UE fournit deux informations supplémentaires permettant d'organiser et de compléter cet ensemble.

D'une part, le TUE présente les traits généraux de ces institutions sauf pour la Banque centrale européenne et la Cour des comptes qui ne sont abordées que dans le Traité sur le fonctionnement de l'Union, ce qui conduit à pouvoir voir là des institutions, sinon de deuxième ordre, du moins à caractère plus technique.

D'autre part, il est indiqué que le Parlement européen, le Conseil et la Commission, c'est à dire le système politique traditionnel communautaire, sont assistés par deux organes consultatifs : le Comité économique et social et le Comité des régions.

Dès lors, on sera conduit à mettre d'abord en évidence le *système politique* de l'Union européenne, composé de toutes les structures permettant de représenter un certain intérêt, valant légitimité, dans les processus de prise de décision : la Commission représente et promeut l'intérêt général de l'Union ; le Conseil et le Conseil européen permettent de défendre les intérêts des États membres ; le Parlement européen représente les citoyens de l'Union. Le Comité économique et social représente les intérêts s'exprimant dans la société civile, et le Comité des régions représente les collectivités régionales et locales au sein de l'Union. Le rôle des parlements des États membres sera inclus dans ce système politique.

Sera ensuite présenté le *système de contrôle*, et si deux de ses modalités se démarquent indiscutablement de la dimension politique de l'intégration (contrôle juridictionnel et contrôle financier), ce n'est pas le cas du « contrôle citoyen » qui se développe parallèlement à la montée en puissance de la citoyenneté européenne.

En troisième lieu doivent être présentées des *structures à caractère administratif*, dont certaines accompagnent simplement le fonctionnement des institutions, mais dont d'autres, dotées de la personnalité juridique, manifestent une tendance lourde significative d'une identité administrative de l'Union, à relier à un phénomène d'émergence d'un droit administratif de l'Union européenne.

Seront enfin présentées les *structures bancaires et monétaires*, qui dépassent indiscutablement leur statut d'établissement bancaire, notamment en ce que la Banque centrale européenne est désormais une institution de l'Union européenne, et parce que l'Union monétaire joue un rôle déterminant dans la prise de conscience par les citoyens de cette dimension européenne.

Section 1
Les structures politiques

187. Le système « de gouvernement » de l'Union mobilise des institutions qui, de manière plus ou moins directe, peuvent se targuer d'une légitimité démocratique, l'élection du Parlement européen au suffrage universel direct en étant le symbole le plus manifeste. Pour autant, il convient, avant d'aborder sous cet angle l'étude des structures concernées, d'envisager en quoi il est pertinent d'adopter une telle approche en termes de système politique. Du point de vue institutionnel, notamment, le principe en général associé à un système politique, et à l'aune duquel, d'ailleurs, on va l'inscrire dans telle ou telle catégorie, est le principe de séparation des pouvoirs. Classiquement, on a pu faire valoir qu'un tel principe serait inconnu du système institutionnel communautaire, cette particularité étant en général interprétée comme prouvant l'absence de dimension démocratique ou simplement politique de l'intégration européenne. Il faudra donc aussi envisager cette question préalable.

Au-delà, il faudra montrer que le principe démocratique a acquis une valeur dans l'ordre juridique de l'Union et que le traité de Lisbonne permet désormais plus clairement encore d'identifier un véritable « modèle démocratique » de l'Union.

1° L'approche en termes de système politique

MAGNETTE (P.), *Le régime politique de l'Union européenne*, 3e éd., Paris, Presses de sciences politique, 2009.

a) Système institutionnel et légitimités

188. Dans le système originel communautaire, la structure institutionnelle a pu être analysée comme étant dominée par une sorte de *quadripartisme*, ou comme reposant sur un *triangle majeur*. La situation, aujourd'hui, permet à la fois de simplifier et de compléter cette approche.

L'identification de ***quatre institutions de base*** consistait à montrer que chacune était représentative d'un principe déterminé, disposait d'une assise politique et sociologique distincte et exprimait une légitimité propre, le Conseil représentant les intérêts des États membres, la Commission, l'intérêt commun, c'est-à-dire celui de la Communauté elle-même, le Parlement, les intérêts des peuples des États et la Cour de justice le principe de l'État de droit. Ce *quadripartisme*, c'est-à-dire la présence nécessaire et la combinaison de ces quatre composantes, a pu être analysé comme exprimant le génie (mais aussi le pari) des fondateurs des Communautés, qui avaient décidé d'en faire à la fois le fondement et le moteur de l'intégration communautaire.

Sans sous-estimer l'apport de la Cour de justice au développement de l'intégration, il paraît sain de considérer que sa mission se situe sur un terrain plus juridique que politique, de sorte que le *système de gouvernement* communautaire reposait alors sur un *triangle institutionnel* dont les sommets étaient le Conseil, la Commission et le Parlement et dont la signification ne pouvait s'appréhender que vis-à-vis de la prise de décision, les procédures décisionnelles consistant à faire intervenir ces différents acteurs dans un ordre commandé par leur fonction de représentation d'intérêt : ainsi, c'est parce qu'elle représente l'intérêt commun que la Commission a été dotée d'une fonction générale d'initiative, la logique d'un système d'intégration voulant que l'intérêt des États membres puisse être pris en compte dans une discussion (au Conseil) se faisant sur une base (la proposition de la Commission) inspirée par la poursuite de l'intérêt commun.

189. Ces analyses reposant sur la vision des pères fondateurs peuvent être reprises dans leur logique tout en intégrant les diverses évolutions du système. Il est d'abord possible de compléter ce schéma, tout en lui conservant sa simplicité, c'est-à-dire en associant à une certaine institution ou un certain organe la représentation unique d'un certain intérêt : ceci conduit à prendre en compte les organes consultatifs devant ou pouvant intervenir dans les procédures décisionnelles parce qu'ils sont chargés de la représentation d'un intérêt politique spécifique, représentatif de la société politique européenne, dans sa composition ou sa construction. Le *comité économique et social* permet donc d'éclairer la prise de décision par la représentation des intérêts socio-économiques se dégageant de la société civile, et le *comité des régions* traduit la structuration territoriale d'une Union ne se limitant pas à la conjugaison d'un niveau européen et d'un niveau étatique mais comptant une « troisième dimension » de gouvernance territoriale avec les collectivités régionales et locales dont l'expression des intérêts n'est plus considérée, désormais et à la différence de la situation initiale, comme s'intégrant à celle de l'intérêt des États membres.

Il faut aussi admettre que certains errements de l'évolution ont conduit à créer des structures dont la fonction de représentation d'intérêt rejoint celle d'une autre institution, ce qui brouille quelque peu la logique d'ensemble du système. C'est ainsi que la représentation de l'intérêt des États membres est désormais assurée à la fois par le Conseil et le Conseil européen.

On peut également projeter l'analyse en termes de légitimité sur la problématique de la nature même de l'Union, celle-ci pouvant être éclairée par la mise en évidence d'une *double légitimité* qui était rendue de façon particulièrement claire par le traité constitutionnel dont l'article I-1 se référait à « la volonté des citoyens et des États d'Europe ». L'implication des États membres et le lien direct avec les citoyens, qui traduit à la fois l'implication juridique directe des ressortissants des États membres et la dimension politique des droits de ces derniers, conduit assez naturellement l'analyse vers ce que d'aucuns appellent une *fédération d'États Nations*.

b) Système institutionnel et séparation des pouvoirs

Bertrand (B.), « Le principe de l'equilibre institutionnel : la double inconstance », *Europe*, 2016, n° 6, p. 5.

Blumann (C.), « Équilibre institutionnel et séparation des pouvoirs en droit communautaire », in *Mélanges Paris II*, *Clés pour le siècle*, Paris, Dalloz, 2000, p. 1639.

CONSTANTINESCO (V.), « L'équilibre institutionnel dans la Constitution de l'Union européenne », in *Le droit de l'Union européenne en principes. Liber Amicorum en l'honneur de Jean Raux*, Rennes, Apogée, 2006, p. 481.

GEORGOPOULOS (T.), « Doctrine de séparation des pouvoirs et intégration européenne », in M. Blanquet (dir.), *La prise de décision dans le système de l'Union européenne*, Bruxelles, Bruylant, coll. « Droit de l'Union européenne, colloques », 2011.

LE BOT (F.), *Le principe de l'équilibre institutionnel en droit de l'Union européenne*, thèse, Paris II, 2012.

ROJAS HUTINEL (N.), *La séparation des pouvoirs dans l'Union européenne*, thèse, Paris-Est, 2014.

ROLAND (S.), *Le triangle décisionnel communautaire à l'aune de la théorie de la séparation des pouvoirs. Recherches sur la distribution des pouvoirs législatif et exécutif dans la Communauté*, Bruxelles, Bruylant, coll. « Droit de l'Union européenne, thèses », 2008.

190. La répartition des fonctions entre les institutions ne correspond pas *a priori* au schéma étatique hérité d'une lecture plus classique que précise, et pour tout dire assez caricaturale (Montesquieu promeut un principe de distinction et de non cumul des fonctions, plus que de séparation des pouvoirs), du système préconisé et surtout popularisé par Montesquieu (*De l'Esprit des lois*, Genève, Barrillot & fils, 1748) dans lequel le Parlement est le législateur, le gouvernement est l'exécutif, les juges exerçant le pouvoir juridictionnel. Dans l'Union, le pouvoir législatif appartenait au Conseil qui l'exerçait seul initialement et le partage désormais avec le Parlement européen, le pouvoir budgétaire est également partagé, le Parlement peut renverser la Commission, mais pas le Conseil. En outre, si la Commission, en principe, est à considérer comme l'exécutif, le Conseil cumule des fonctions législatives, exécutives, et gouvernementales.

Le contexte initial de mise en place d'une communauté à vocation socio-économique plus que politique explique (de la même façon que cela permet de comprendre également l'indifférence initiale vis-à-vis de la protection des droits fondamentaux) que l'organisation des pouvoirs ait été davantage conçue dans une optique d'efficacité et surtout de répartition entre la *légitimité intégrative* (Commission représentant l'intérêt général) et la *légitimité étatique* (Conseil). Ce n'est que dans un deuxième temps que la *légitimité démocratique* qu'incarne le Parlement européen a conduit à la revalorisation de sa place dans le système.

Si l'on comprend la vision quelque peu exacerbée de la problématique qui a pu prospérer au moment du débat sur la « Constitution européenne » et qui repose sur l'article 16 de la Déclaration des droits de l'Homme et du citoyen de 1789 (« Toute société dans laquelle la garantie des droits n'est pas assurée, ni la séparation des pouvoirs déterminée, n'a point de constitution »), il convient plus sereinement de prendre conscience qu'existe un principe général d'*équilibre institutionnel* jouant sensiblement, quant au système de l'Union, le rôle du principe de séparation des pouvoirs, et qui, en tous cas, est, dans ce système, un instrument du principe démocratique.

On connaît le destin du principe de séparation des pouvoirs, présent déjà dans les écrits d'Aristote (*Politique* VI, XI, I), mais n'ayant alors d'autre fonction que celle de permettre une organisation rationnelle du gouvernement. C'est Locke (*Essai sur le gouvernement civil*, 1690) qui, sous une forme particulière excluant le pouvoir judiciaire, donne une signification politique à cette doctrine, ce que confirmera, en termes de protection des droits, Montesquieu, en faisant un véritable « Credo de la démocratie libérale » (selon la formule de P.-M. Gaudemet).

191. Dans la jurisprudence de la Cour de justice est rapidement apparu un principe général d'« équilibre des pouvoirs, caractéristique de la structure institutionnelle de la Communauté » (CJCE 13 juin 1958, *Méroni c/Haute autorité*, aff. 9/56, *Rec.* 11) jouant d'emblée le même rôle de protection des droits (en l'occurrence des entreprises CECA) face à l'action des pouvoirs publics. Mais c'est plutôt sous l'expression d'« équilibre institutionnel » que le principe a été ensuite exploité (CJCE 17 déc. 1970, *Köster*, aff. 25/70, *Rec.* 1161), juridiquement relié à l'expression du principe d'attribution des compétences, l'article 7 CE prévoyant que « chaque institution agit dans les limites des attributions qui lui sont conférées par le présent traité ». La Cour en a donc déduit, par exemple, que « dans le cadre de l'équilibre des pouvoirs entre les institutions prévu par les traités, la pratique du Parlement européen ne saurait... enlever aux autres institutions une prérogative qui leur est attribuée par les traités eux-mêmes » (CJCE 10 juill. 1986, *Wybot*, aff. 149/85, *Rec.* 2391), ou plus largement que « le respect de l'équilibre institutionnel implique que chacune des institutions exerce ses compétences dans le respect de celles des autres » (CJCE 22 mai 1990, *Parlement c/Conseil*, C-70/88, *Rec.* I-2041 ; CJCE 6 mai 2008, *Parlement européen c/Conseil*, aff. C-133/06, *Rec.* I-3189 ; arrêt du 28 juill. 2016, *Conseil c/Commission*, aff. C-660/13, ECLI:EU:C:2016:616 ; ou arrêt du 25 oct. 2017, *Commission c/ Conseil*, aff. C-687/15, ECLI:EU:C:2017:803), ce qui n'est pas sans rappeler le développement des obligations déduites du principe de coopération loyale (v. ss 182) en termes de respect des compétences respectives entre les États membres et les institutions communautaires (CJCE 10 févr. 1983, *Luxembourg c/Parlement européen*, aff. 230/81, *Rec.* 255 ; CJCE 28 nov. 1991, *Luxembourg c/Parlement européen*, aff. 213/88 et C-39/89, *Rec.* I-5643). La Cour insiste désormais sur le fait que ce principe est une « caractéristique de la structure institutionnelle de l'Union » dans ses différents traits, qu'il s'agisse du pouvoir d'initiative législative de la Commission (arrêt du 6 sept. 2017, *Slovaquie et Hongrie c/ Conseil*, aff. C-643/15 et C-647/15, ECLI:EU:C:2017:631 ; mais un droit de veto de celle-ci serait contraire au principe d'équilibre institutionnel : arrêt du 14 avr. 2015, *Conseil c/ Commission*, aff. C-409/13, ECLI:EU:C:2015:217) ou du partage du pouvoir législatif entre le Conseil et le Parlement européen (arrêt du 21 juin 2018, *Pologne c/ Parlement et Conseil*, aff. C-5/16, ECLI:EU:C:2018:483), qui s'inscrivent « dans le principe d'attribution des pouvoirs consacré à l'article 13, paragraphe 2, TUE et, plus largement, dans le principe d'équilibre institutionnel, caractéristique de la structure institutionnelle de l'Union ». Quant à ce rapprochement entre le système de répartition des compétences entre les différentes institutions et le principe d'équilibre institutionnel, il prend parfois un sens plus fonctionnel, la Cour jugeant qu'un tel système « a pour but d'assurer le respect de l'équilibre institutionnel prévu par les traités » (par ex. arrêt du 19 avr. 2012, *Artegodan c/ Commission*, aff. C-221/10 P, ECLI:EU:C:2012:216).

Si l'on en restait alors essentiellement à une fonction de régulation de l'exercice des compétences, le fait que soient en cause les prérogatives du Parlement et la valorisation politique de celui-ci du fait de son élection directe ont donné une dimension supplémentaire à ce principe d'équilibre institutionnel ou des pouvoirs. S'agissant de la compétence consultative du Parlement, la Cour juge que « cette compétence représente un élément essentiel de l'équilibre institutionnel voulu par le traité. Elle est le reflet..., au niveau de la Communauté, d'un principe démocratique fondamental, selon lequel les peuples participent à l'exercice du pouvoir par l'intermédiaire d'une assemblée représentative » (CJCE 29 oct. 1980, *Roquette*, aff. 138/79, *Rec.* 3333 ; du 7 mars 2017, RPO, C-390/15, EU:C:2017:174 ; ou arrêt du 6 sept. 2017, *Slovaquie et Hongrie c/ Conseil*, aff. C-643/15 et C-647/15, préc.).

Ainsi, c'est la montée en puissance du Parlement qui va conduire à mettre ce principe d'équilibre institutionnel au service de l'expression du principe démocratique, non pas uniquement, comme le principe de séparation des pouvoirs et dans la logique de l'arrêt *Meroni*, dans une logique principale de *limitation du pouvoir* pour préserver les droits, mais dans une optique de *participation du peuple à l'exercice du pouvoir*. Ainsi, ce principe général de l'Union est peut-être plus directement encore relié au principe démocratique que le classique principe de séparation des pouvoirs d'essence sans doute plus libérale que démocratique.

2° L'identification d'une démocratie européenne

Blanquet (M.), « Quelle démocratie pour l'Europe ? Introduction », in S. Peruzzetto (dir.), in *Trajectoires de l'Europe, unie dans la diversité depuis 50 ans*, Paris, Dalloz, 2008.

Castor (C.), *le principe démocratique dans le droit de l'Union européenne*, thèse, Paris II, 2009

Chevallier (J.), « L'Union européenne comme espace démocratique », in *L'identité du droit de l'Union européenne. Mélanges en l'honneur de Claude Blumann*, Bruxelles, Bruylant, 2015, p. 77.

Oberdorff (H.), « Le principe démocratique dans l'Union européenne », in E. Brosset, C. Chevallier-Govers, V. Edjaharian et C. Schneider (dir.), *Le traité de Lisbonne. Reconfiguration ou déconstitutionnalisation de l'Union européenne*, Bruxelles, Bruylant, 2009, p. 181.

a) Système institutionnel et principe démocratique

192. La Cour de justice a développé deux lignes jurisprudentielles reposant respectivement sur la notion de « société démocratique » et sur les exigences du « principe démocratique », ce qui revient respectivement à soumettre, et à relier le système institutionnel à ce principe.

Depuis 1975 (CJCE 28 oct. 1975, *Rutili*, aff. 36/75, *Rec.* 1219), la Cour apprécie les éventuelles atteintes que pourraient porter les institutions de l'Union aux droits inhérents à la « société démocratique », ce qui revient à se référer à la jurisprudence traditionnelle de la Cour européenne des droits de l'Homme. L'arrêt *Handyside* (CEDH 7 déc. 1976, série A, n° 24) évoque à cet égard le « pluralisme, la tolérance et l'esprit d'ouverture » comme caractérisant une telle société démocratique, l'arrêt *Young, James et Webster* (CEDH 13 août 1981, série A, n° 44) ajoutant le juste traitement des minorités, la liberté de pensée, de conscience, de religion, la liberté d'expression, le droit à des élections libres, le droit de ne pas subir de torture ou de traitement inhumain ou dégradant, la prééminence du droit, ou le droit au juge. C'est là une conception large de la démocratie réunissant des droits de protection (droits de l'Homme, libertés fondamentales), des principes d'égalité, des droits de participation et des droits de solidarité.

La Cour a surtout jugé, à propos des prérogatives du Parlement européen, et spécialement le fait qu'il doive être consulté par le Conseil, qu'il s'agit là, comme indiqué plus haut (cf. *supra*, 1°, *L'approche en termes de système politique*) d'un « reflet », au niveau de la Communauté, « d'un principe démocratique fondamental selon lequel les peuples participent à l'exercice du pouvoir par l'intermédiaire d'une assemblée représentative » (CJCE 29 oct. 1980, *Roquette*, aff. 138/79, *Rec.* 3333). C'est là une appréciation du système institutionnel communautaire qui, d'abord timide, puis plus directe (dans l'arrêt Roquette, la Cour évoque un reflet « bien que limité » du principe démocratique, ce caractère limité disparaissant ensuite de la jurisprudence : CJCE 11 juin 1991, *Commission c/ Conseil*, aff. C-300/89, *Rec.* I-2867) n'a rien d'incantatoire, la Cour lui donnant une véritable portée pratique en déclinant cette exigence démocratique en termes d'effectivité des pouvoirs du Parlement (obligation d'attendre l'avis du Parlement dans l'arrêt *Roquette*, obligation de le reconsulter dans l'arrêt du 16 juillet 1992, *Parlement européen c/Conseil*, aff. C-65/90, *Rec.* I-4593).

b) L'identité politique de l'Union

193. Depuis le traité de Maastricht, le traité sur l'Union identifiait également une série de principes sur lesquels était fondée l'Union et qui dessinait un profil politique de celle-ci, et de ses États membres : liberté, démocratie, respect des droits de l'Homme et des libertés fondamentales de même que de l'État de droit (art. 6, § 1, UE). On sait (v. ss 58 et 63) qu'à partir du traité d'Amsterdam, cette identification a acquis une effectivité en conditionnant à la fois l'adhésion et la « pleine appartenance », les États membres pouvant être suspendus de certains droits en cas de grave manquement. Avec le traité de Lisbonne, le « profil politique » est défini par des « valeurs fondatrices » (art. 2 UE), reprenant les anciens « principes fondateurs » de l'ancien article 6, § 1, UE, complétés par le respect de la dignité humaine, de l'égalité, et le respect des droits des personnes appartenant à des minorités ; de plus, un alinéa 2 rappelle l'approche jurisprudentielle en termes de « société démocratique », en précisant que « ces valeurs sont communes aux États membres dans une société caractérisée par le pluralisme, la non-discrimination, la tolérance, la justice, la solidarité et l'égalité entre les femmes et les hommes ». La Cour de justice peut notamment jouer sur le rapprochement entre les valeurs de démocratie et de l'État de droit, notamment en reliant cette dernière aux exigences du système juridictionnel dont le droit de l'Union a besoin dans les États membres pour être mis en œuvre : « L'existence même d'un contrôle juridictionnel effectif destiné à assurer le respect du droit de l'Union est inhérente à un État de droit ». On trouve notamment cette stratégie de la Cour de justice dans les arrêts du 18 déc. 2014, *Abdida*, aff. C-562/13, ECLI:EU:C:2014:2453 ; du 6 oct. 2015, *Schrems*, aff. C-362/14, ECLI:EU:C:2015:650 ; du 28 mars 2017, *Rosneft*, aff. C-72/15, ECLI:EU:C:2017:236 ; ou du 27 févr. 2018, *Associação Sindical dos Juízes Portugueses*, aff. C-64/16, ECLI:EU:C:2018:117.

c) Un modèle démocratique

194. Le traité constitutionnel consacrait un titre entier à « la vie démocratique de l'Union », ce qui exprimait sans doute la dimension politique inhérente à une charte « constitutionnelle ». Le traité de Lisbonne, à cet égard, et comme sur bien des plans, n'a en rien correspondu à une entreprise de « déconstitutionnalisation » (sinon au plan purement formel ou symbolique) et a repris ces « dispositions relatives aux principes démocratiques » (Titre II du traité sur l'Union européenne) qui permettent d'identifier un véritable modèle spécifique de démocratie, l'article 10 distinguant clairement la « démocratie représentative », sur laquelle « le fonctionnement de l'Union est fondé » (art. 10, § 1, UE), qui a jusqu'à présent plutôt inspiré l'évolution du système institutionnel européen, avec spécialement la promotion régulière des prérogatives et de la légitimité du Parlement européen, et la « démocratie participative » (dialogue, transparence vis-à-vis de la société civile et des associations, c'est-à-dire la « société civile organisée » ; le traité de Lisbonne n'a cependant pas repris l'expression même de « démocratie participative », en tant que pendant à la démocratie représentative. Pour autant, la substance du modèle est conservée) qui correspond d'avantage aux valeurs mises en avant depuis quelques années dans le cadre de la « nouvelle gouvernance européenne » (cf. M. Blanquet : « Le système communautaire à l'épreuve de la gouvernance européenne : pour une nouvelle gouvernance raisonnée », in *Mélanges en hommage à Guy Isaac, « 50 ans de droit communautaire »*, Presses de l'Université des sciences sociales de Toulouse, 2004, p. 239 ; Stéphanou (C.), « La nouvelle gouvernance européenne : bilan et perspectives », *CDE* 5-6/2006, p. 581).

Le modèle démocratique de l'Union combine donc ces deux types de démocratie.

195. S'agissant de la ***démocratie représentative***, si le traité insiste sur la représentation « directe » des citoyens européens au Parlement européen (art. 10, § 2, al. 1er), il précise également (al. 2) que le Conseil et le Conseil européen participent également, dans le système institutionnel de l'Union, de cette démocratie représentative, mais indirectement, en ce qu'ils sont eux-mêmes démocratiquement responsables devant leurs parlements nationaux ou devant leurs citoyens. L'article 12 UE associe également, dans cette perspective, les parlements nationaux au « bon fonctionnement de l'Union ». C'est là rappeler que le système politique comme juridique ou judiciaire de l'Union sont à considérer comme des systèmes intégrés, ne valant pas tant en eux-mêmes que dans la manière particulière dont ils combinent l'action commune et les ressources des ordres nationaux.

196. Quant à la ***démocratie participative***, elle se concrétise spectaculairement dans l'initiative populaire organisée par l'article 11, § 4, UE et permettant à un million au moins de citoyens européens, ressortissants d'un « nombre significatif » d'États membres d'inviter (terme *a priori* peu contraignant sauf à considérer l'imperium politique du caractère populaire de cette initiative) la Commission à soumettre une proposition d'acte juridique de l'Union (v. ss 276). L'article 11 décline plus classiquement l'obligation pour les institutions de l'Union de donner aux « citoyens et associations représentatives » la possibilité de faire connaître et d'échanger publiquement leurs opinions dans tous les domaines d'action de l'Union, le devoir pour ces institutions d'entretenir un dialogue ouvert, transparent et régulier avec ces associations représentatives et la société civile, et l'obligation de la Commission de procéder à de « larges consultations des parties concernées » pour assurer la cohérence et la transparence des actions de l'Union. On peut regretter que la faveur pour le développement des partis politiques au niveau européen soit limitée (art. 10, § 4, UE) au volet « représentatif » de cette démocratie, ce qui pourrait confirmer certaines craintes inspirées par la « nouvelle gouvernance européenne » vis-à-vis de la tendance, dans ce cadre conceptuel, à privilégier une approche non politique, les « parties concernées » étant alors plutôt des représentants d'intérêts catégoriels porteurs d'une expertise ponctuelle considérée comme une garantie d'efficacité dans la prise de décision, alors que la « politisation » du système pourrait apparaître, selon cette doctrine, comme un risque d'inefficacité.

Si le modèle démocratique européen est constitué par ces deux volets *complémentaires*, il importe cependant que la faveur pour la participation ne se transforme pas en une *alternative* vis-à-vis du développement de la démocratie représentative, ce que pourrait faire craindre un arrêt comme celui du tribunal de première instance du 17 juin 1998, *UEAPME*, aff. T-135/96, *Rec.* II-2335 : dans le domaine de la politique sociale, une directive avait été adoptée par le Conseil, mettant en œuvre un accord-cadre sur le congé parental conclu initialement entre des organisations professionnelles. Le Tribunal, vis-à-vis d'une procédure prévue par cet accord cadre qui ne prévoyait pas la participation du Parlement européen, rappelle la jurisprudence selon laquelle c'est là, dans le système communautaire, le reflet d'un principe démocratique fondamental de participation des peuples à l'exercice du pouvoir (jurisprudence *Roquette*), mais admet que ce principe, « en l'absence de participation du Parlement européen au processus d'adoption d'un acte législatif », soit assuré « de manière alternative, en l'occurrence par l'intermédiaire des partenaires sociaux ayant conclu l'accord auquel le Conseil, statuant à la majorité qualifiée, sur proposition de la Commission, confère une assise législative au niveau communautaire ». La représentativité des partenaires sociaux remplace alors celle du Parlement européen, ce qui peut laisser perplexe sur cette ouverture vers une Union européenne « post parlementaire » (cf. M. Blanquet, « Le système communautaire à l'épreuve de la gouvernance européenne : pour une nouvelle gouvernance raisonnée », in *Mélanges en hommage à Guy Isaac, « 50 ans de droit communautaire »*, préc.).

Le « système politique de l'Union européenne » est formé par quatre « institutions », le Parlement européen, le Conseil européen, le Conseil, et la Commission européenne, et par deux organes consultatifs : le Comité économique et social et le Comité des régions. Il convient de mettre à part le Conseil européen, qui n'était pas une « institution communautaire » ; seront ensuite vues les trois institutions politiques communautaires, le « triptyque » classique (Parlement, Commission, Conseil), puis les deux organes consultatifs. Il faudra ensuite souligner qu'avec le traité de Lisbonne, les parlements des États membres accèdent à un rôle dans le système de l'Union.

§ 1. L'instance de direction : le Conseil européen

Blanc (D.), « L'exclusion du Conseil européen de la fonction législative : la lettre et l'esprit », *RTDE* 2017. 9.

Blumann (C.), « Le Conseil européen », *RTDE* 1976. 1.

Capotorti (F.), « Le statut juridique du Conseil européen à la lumière de l'Acte unique », in *Du droit international au droit de l'intégration, Liber Amicorum Pierre Pescatore*, Nomos Verlag, Baden-Baden, 1987, p. 79.

Jacqué (J.-P.), « Conseil européen », *J.-Cl. Europe*, fasc. 221. 2018.

Michéa (F.), « Le rôle du Conseil européen après Lisbonne. Lecture critique des traités modifiés », *RUE* 2012, n° 555, p. 76.

Picod (F.), « Le rôle du Conseil européen dans le processus de décision », *RDP* n° 4, 2002. 1187.

Taulegne (B.), *Le Conseil européen*, PUF, 1993.

197. Dès 1961, de manière irrégulière et surtout lorsque les crises de la Communauté l'exigeaient, des « *sommets européens* » réunissaient les chefs d'État (le président de la République française) ou de gouvernement (pour les autres États membres).

Le Conseil européen, héritier de ces sommets, apparaît en 1974, à partir d'une pure initiative politique, et n'est alors pas exempt d'ambiguïtés : *ambiguïté formelle* car le fondement juridique de cette création n'est qu'un « *communiqué* » à l'issu du sommet de Paris des 9 et 10 décembre 1974 ; *ambiguïté substantielle* aussi parce qu'aux termes de ce communiqué, « les chefs de gouvernement ont... décidé de se réunir, accompagnés des ministres des Affaires étrangères, trois fois par an et chaque fois que nécessaire, en Conseil de la Communauté et au titre de la coopération politique ». Le Conseil européen détient ainsi, d'abord, trois fonctions caractéristiques, qu'il est seul à même de remplir, et qui ont motivé sa création : il peut être le lieu d'échanges de vues libres et informels entre les principaux dirigeants des États membres (*conversations au coin du feu*) ; il peut délibérer à la fois de sujets qui relèvent de la compétence communautaire, de questions de coopération politique (coopération extra communautaire et d'essence purement intergouvernementale qui s'était développée timidement, et en marge des traités, depuis 1970) et de tout autre sujet d'intérêt commun ; il peut donner une impulsion générale en faisant appel aux capacités de progrès de la Communauté. Mais, dès sa première session, il a accepté, en outre, et c'est là sa quatrième fonction de base d'agir comme *instance d'appel* pour des dossiers qui lui sont renvoyés par les instances inférieures, spécialement le Conseil des ministres (par exemple, pour la fixation de la contribution britannique au budget). Outre cette dualité marquée par la différence de nature des activités ainsi « chapeautées », qui impliquait que cet organe ne puisse qu'être extérieur à la structure des Communautés sans leur être totalement étranger toutefois, on notera l'évidente perturbation vis-à-vis des délicats équilibres institutionnels strictement communautaires. À cet égard, la Déclaration solennelle sur l'Union européenne signée à Stuttgart le 19 juin 1983 ajouta à cette confusion en disposant que quand le Conseil européen agit dans les matières relevant des Communautés européennes, il le fait « en tant que Conseil au sens des traités ».

L'évolution a permis de préciser et de stabiliser à la fois le statut organique et fonctionnel du Conseil européen, dont le traité de Lisbonne fait une institution de l'Union au plein sens de l'expression.

I. Statut organique

A. Composition

198. L'Acte unique, après douze ans de pratique informelle, a fixé dans le droit primaire à la fois le principe de l'existence du Conseil européen et sa composition : Le Conseil européen réunissait les chefs d'État ou de gouvernement des États membres (dans le contexte français éventuel de « cohabitation », ce sont ces deux autorités qui représentent la France ; cf., pour la Pologne, le renvoi de la Cour constitutionnelle à la coopération entre les autorités constitutionnelles face à une revendication unilatérale de participation du président, décision du 20 mai 2009, *Kpt* 2/08) ainsi que le président de la Commission, ceux-ci étant « assistés » par les ministres chargés des affaires étrangères des États membres et par un membre de la Commission. De la même façon que la Cour de justice est « assistée » d'Avocats généraux qui ne participent pas à l'élection du président de la Cour, on pouvait considérer que les membres à part entière du Conseil européen étaient donc uniquement les chefs d'État ou de gouvernement et le président de la Commission, le statut de ce dernier permettant aussi de distinguer le Conseil européen de la formation particulière du Conseil de l'Union se réunissant parfois, à partir du traité de Maastricht *au niveau des chefs d'État ou de gouvernement*, puisque la Commission n'est qu'invitée à participer aux sessions du Conseil, aux termes de son règlement intérieur. Selon la Déclaration n° 4 jointe au traité de Maastricht, le président du Conseil européen « invite » les ministres de l'économie et des finances à participer, lorsque le Conseil européen examine des questions relatives à l'Union économique et monétaire.

Le traité de Lisbonne innove ici (reprenant en cela le traité constitutionnel) en allégeant la composition de base, ce que le nombre croissant d'États membres explique aisément. Le Conseil européen (art. 15, § 2 UE) est composé des chefs d'État ou de gouvernement des États membres, de son président, et du président de la Commission.

À ce premier cercle s'ajoute la présence permanente du haut représentant de l'Union pour la politique étrangère et la politique de sécurité, mais qui se contente de « participer » aux travaux du Conseil européen. On peut aussi identifier un « troisième cercle », élargi, mais non permanent, avec l'assistance possible, pour les membres du premier cercle, d'un ministre ou d'un Commissaire européen, lorsque l'ordre du jour l'exige. Enfin, l'article 235 FUE indique que le président du Parlement européen « peut être invité » à « être entendu » par le Conseil européen, ce qui n'exprime pas une franche tonalité de participation à une discussion.

B. Présidence

Haroche (P.), « La présidence du Conseil européen : histoire d'un mythe constitutionnel », *RMCUE* mai 2010, n° 538, p. 277.

199. Le Conseil européen était présidé jusqu'au traité de Lisbonne par le chef d'État ou de gouvernement de l'État présidant le Conseil de l'Union européenne pendant le semestre, c'est-à-dire l'État assurant, pour six mois, la présidence de l'Union (v. ss 222). En revanche, le traité de Lisbonne (comme le traité constitutionnel) prévoit que le Conseil européen est sous l'autorité d'un président, qui n'exerce pas de mandat national (on peut supposer qu'en général il en aura exercé auparavant) et qui est élu par le Conseil européen lui-même, à la majorité qualifiée (la logique aurait pu imposer l'unanimité) pour deux ans et demi, mandat renouvelable une fois. La même procédure permet au Conseil européen de mettre fin à son mandat en cas d'empêchement ou de faute grave. Ainsi, le chef du gouvernement suédois sera le dernier à avoir présidé un Conseil européen, en décembre 2009, au titre de sa présidence tournante de six mois. Deux questions « stratégiques » doivent ici être évoquées : le choix d'une présidence spécifique et le choix du président.

200. Si le traité de Lisbonne, dans le sillage du traité constitutionnel, a souhaité doter le Conseil européen d'une présidence stable et spécifique, c'est pour assurer une « visibilité » internationale, un « leadership » identifiable dans les relations diplomatiques. Il s'agit en somme du syndrome illustré naguère par la formule prêtée au Secrétaire d'État américain Henry Kissinger qui, dans les années 1970, se serait interrogé : « La Communauté européenne, quel numéro de téléphone ? ».

201. La question du profil de ce président est double. En termes d'expérience politique, le profil-type est celui d'un homme d'État européen ayant exercé des fonctions de chef d'État ou de chef du gouvernement. En somme, un ancien membre du Conseil européen disposé à se consacrer à plein temps, durant son mandat, à cette présidence européenne. Reste une dimension plus personnelle, celle de l'autorité politique pouvant découler de cette expérience et de la personnalité même du titulaire, l'équation pour les membres du Conseil européen consistant à choisir plutôt une personnalité de premier plan capable d'investir la fonction, ou plutôt un président susceptible de ne pas trop obombrer le rôle des autres membres du Conseil européen ou de certains (on pense au « couple » franco-allemand). Le 19 novembre 2009, M. Herman Van Rompuy (ancien Premier ministre belge) a été élu premier président stable du Conseil européen. Il a été réélu, dans une certaine discrétion, le 1er mars 2012. Le 30 août 2014 a été élu l'ancien Premier ministre polonais Donald Tusk, investi dans ses fonctions le 1er novembre 2014 et réélu, malgré l'opposition de la Pologne, le 9 mars 2017.

Le président du Conseil européen assure la représentation extérieure de l'Union pour les matières relevant de la PESC sans préjudice des attributions du haut représentant de l'Union pour les affaires étrangères et la politique de sécurité. On peut ajouter le rôle de représentation extérieure du président de la Commission pour noter que le souci patent et légitime de donner à l'Union une « visibilité » extérieure sur la scène diplomatique a peut-être conduit le traité de Lisbonne à mettre en place un système « à trois » qui pourrait devenir conflictuel et être source, au contraire de l'effet recherché, de confusion (v. ss 511).

C. Siège

202. C'est en réalité une question qui connaît deux dimensions : une dans le temps (le rythme des réunions ; quand siège le Conseil européen ?), et une dans l'espace (le lieu des réunions ; où siège le Conseil européen ?).

Initialement programmé pour se réunir trois fois par an, le Conseil européen, depuis l'Acte unique, devait simplement le faire « au moins deux fois par an », ce qu'a confirmé le traité de Maastricht, la formulation de l'article D UE établissant un lien logique avec les deux présidences semestrielles de l'Union : chaque État président l'Union pour six mois devait avoir « son » Conseil européen. Dans la réalité, il y avait fréquemment trois ou quatre réunions annuelles puisqu'au-delà des deux conseils européens « locaux », organisés dans une ville de « l'État président » (Conseil européen de Nice…), il restait cependant toujours possible d'organiser, dans des villes où siègent des institutions européennes, des réunions supplémentaires, le Conseil européen pouvant également tenir des réunions informelles. Une déclaration annexée au Traité de Nice a prévu qu'à partir de 2002, une réunion du Conseil européen par présidence se tiendrait à Bruxelles, cette localisation fixe, quasiment « institutionnelle », devenant générale lorsque l'Union compterait dix-huit membres. Depuis 2003, le Conseil européen se réunit toujours à Bruxelles. Le traité de Lisbonne prévoit que le Conseil européen se réunit deux fois par semestre, ajoutant une possibilité de réunion extraordinaire, à l'initiative du président de l'institution.

II. Statut fonctionnel

A. Attributions

203. Une des grandes nouveautés du traité de Maastricht a consisté à définir le rôle du Conseil européen : l'article 4 UE, ex article D, indiquait que le Conseil européen

« donne à l'Union les impulsions nécessaires à son développement et en définit les orientations politiques générales » : c'est là la légitimité de cet organe, laquelle ne pouvait correspondre à une mission de représentation d'intérêts comme c'était le cas pour les institutions communautaires, sauf à considérer que l'intérêt des États membres est défendu par deux formations : le Conseil de l'Union européenne et le Conseil européen. Le traité de Lisbonne a conservé sensiblement la même formulation : l'article 15 UE dispose désormais dans son paragraphe 1 que « le Conseil européen donne à l'Union les impulsions nécessaires à son développement et en définit les orientations et les priorités politiques générales », tout en affichant d'emblée une précision qui s'imposait sans doute : « il n'exerce pas de fonction législative ».

Ce rôle général, dans l'Union divisée en piliers, avant le traité de Lisbonne, était précisé pour la PESC : le Conseil européen définissait les principes et les orientations générales de la PESC mais ce rôle était ici prolongé depuis le traité d'Amsterdam par une compétence pour décider, sur proposition du Conseil, de stratégies communes précisant leurs objectifs, leur durée et les moyens nécessaires, (art. 13 UE). On retrouvait également la même mission en matière de *politique économique*, le Conseil adressant au Conseil européen un rapport sur son projet relatif aux grandes orientations des politiques économiques des États membres et le Conseil européen « débat(ant) d'une conclusion » sur ce thème (art. 99, § 2, CE, ex art. 103). Dans le domaine de la *politique monétaire*, l'article 113 CE (ex art. 109 B) prévoyait aussi que la BCE adresse un rapport annuel au Conseil européen. De même, le Conseil et la Commission adressaient chaque année un rapport conjoint au Conseil européen sur la situation de l'*emploi* dans la Communauté ; le Conseil européen l'examinait et « adopt(ait) des conclusions », sur lesquelles le Conseil se basait pour élaborer des « lignes directrices » (art. 128 CE).

On peut aussi rappeler que le Conseil européen pouvait intervenir, lors de l'instauration d'une coopération renforcée, pour une « décision à l'unanimité » (2e pilier), ou pour une « évocation » (1er et 3e piliers) préalable à une décision du Conseil.

Avec le traité de Lisbonne, on peut identifier quatre types d'interventions principales et significatives du Conseil européen.

1° Déclinaisons particulières du rôle général

204. Le Conseil européen « identifie les intérêts et objectifs stratégiques de l'Union » en matière d'action extérieure (art. 22, § 1, UE ; cf. aussi art. 16, § 6, UE). Le traité insiste à cet égard : le Conseil européen « identifie les intérêts stratégiques de l'Union, fixe les objectifs et définit les orientations générales de la politique étrangère et de sécurité commune, y compris pour les questions ayant des implications en matière de défense. Il adopte les décisions nécessaires » (art. 26, § 1, UE) (cet ajout est à noter puisque ce sont certainement là des « décisions » au sens de l'article 288 FUE, c'est-à-dire des actes « obligatoires dans tous leurs éléments »). Il est compréhensible, compte tenu de sa nature, que le Conseil européen conserve un rôle déterminant dans le domaine de la PESC. Le Conseil européen, sur la base du rapport du Conseil, « débat d'une conclusion sur les grandes orientations des politiques économiques des États membres et de l'Union » (art. 121 FUE), « examine, chaque année, la situation de l'emploi dans l'Union et adopte des conclusions à ce sujet, sur la base d'un rapport annuel conjoint du Conseil et de la Commission » (art. 148 FUE). Le Conseil européen « définit les orientations stratégiques de la programmation législative et opérationnelle dans l'espace de liberté, de sécurité et de justice » (art. 68 FUE).

2° Implication dans les grandes procédures de l'Union

205. Il « peut constater l'existence d'une violation grave et persistante par un État membre des valeurs visées à l'article 2 » (art. 7, § 2, UE) ; il joue désormais un rôle central dans la procédure ordinaire de révision des traités (art. 48 UE) : le projet lui est transmis par le Conseil et il se prononce à la majorité simple. C'est le président du Conseil européen qui, éventuellement, convoque une Convention. Il a également de nombreuses attributions valant pouvoir de révision simplifiée des traités : il peut « adopter une décision modifiant tout ou partie des dispositions de la troisième partie du traité sur le fonctionnement de l'Union européenne » (art. 48, § 6, UE). Il peut autoriser le Conseil à passer de l'unanimité à la majorité qualifiée, ou de la procédure législative ordinaire à une procédure spéciale (art. 48, § 7, UE) et multiples exemples dans le TFUE, notamment pour la modification des attributions du Parquet européen (art. 86, § 4, FUE). Pour la procédure d'adhésion, c'est lui qui approuve les critères d'éligibilité (art. 49 UE) ; il tient enfin un rôle essentiel dans la nouvelle procédure de retrait d'un État membre (art. 50 UE).

3° Rôle de « chef de l'Union »

206. Au sein du système institutionnel, le Conseil européen acquiert une place importante, jouant à certains égards un rôle de « chef de l'État », on pourrait dire de « chef de l'Union ». En tenant compte des élections au Parlement européen, et après avoir procédé aux consultations appropriées, c'est lui, statuant à la majorité qualifiée, qui propose au Parlement européen un candidat à la fonction de président de la Commission (art. 17, § 7, UE). C'est lui qui nomme ensuite, à la majorité qualifiée, la Commission. Il adopte à l'unanimité, sur initiative du Parlement européen et avec son approbation, une décision fixant la composition du Parlement européen (art. 14, § 2, UE). Il peut modifier le nombre de membres de la Commission par dérogation au système organisé à partir de novembre 2014 par le traité (art. 17, § 5, UE). C'est le Conseil européen qui établit aussi à l'unanimité le système de rotation égalitaire pour les membres de la Commission (art. 17, § 5, UE et art. 244 FUE). Il nomme le haut représentant de l'Union pour les affaires étrangères et la politique de sécurité et peut mettre fin à son mandat (art. 18 UE). C'est lui, également, qui adopte des décisions sur la liste des formations du Conseil et sur leur présidence (art. 236 FUE), et c'est enfin lui qui nomme les membres du Directoire de la Banque centrale européenne (art. 283 FUE).

4° Rôle d'évocation

207. Sa composition éminente désigne assez naturellement le Conseil européen pour un tel rôle, dans des cas délicats, même si (cf. *infra*, C) c'est sans doute au détriment de la « méthode communautaire ». Dans le domaine de la PESC, si un membre du Conseil déclare que, pour des raisons de politique nationale vitales et qu'il expose, il a l'intention de s'opposer à l'adoption d'une décision devant être prise à la majorité qualifiée, il n'est pas procédé au vote. Le haut représentant recherche, en étroite consultation avec l'État membre concerné, une solution acceptable pour celui-ci. En l'absence d'un résultat, le Conseil, statuant à la majorité qualifiée, peut demander que le Conseil européen soit saisi de la question en vue d'une décision à l'unanimité (art. 31, § 2, UE). Sur ce modèle, lorsqu'un membre du Conseil déclare qu'un projet d'acte législatif en matière de sécurité sociale porterait atteinte à des aspects importants de son système de sécurité sociale ou en affecterait l'équilibre financier, il peut demander que le Conseil européen soit saisi (art. 48 FUE). De même, lorsqu'un membre du Conseil estime que certains projet de directive dans le domaine de la coopération judiciaire pénale porteraient atteinte aux aspects fondamentaux de son système de justice pénale, il peut demander que le Conseil européen soit saisi (art. 82 et 83 FUE). S'agissant de la possible création, par le Conseil unanime, d'un Parquet européen, en l'absence d'unanimité, un groupe composé d'au moins neuf États membres peut demander que le Conseil européen soit saisi du projet de règlement. Dans ce cas, la procédure au Conseil est suspendue. Après discussion, et en cas de consensus, le Conseil européen, dans un délai de quatre mois à compter de cette suspension, renvoie le projet au Conseil pour adoption (art. 86 FUE). De la même façon, s'agissant de la prise de mesures relatives à la coopération policière, et si le Conseil ne parvient pas à l'unanimité requise, un groupe composé d'au moins neuf États membres peut demander que le Conseil européen soit saisi du projet de mesures (art. 87 FUE).

Sur un mode un peu différent, on peut aussi noter qu'en cas de difficulté de ratification pour un traité de révision, « le Conseil européen se saisit de la question » (art. 48, § 5, UE).

B. Fonctionnement

208. La ***préparation des réunions***, traditionnellement, sollicite les Conseils (de ministres) spécialisés, qui sont naturellement chargés de la préparation de fond des interventions du Conseil européen. Mais les ministres des Affaires étrangères, qui assistaient toujours au Conseil européen et disposent de l'aide du COREPER (v. ss 225), ont été chargés de la supervision d'ensemble. Une réunion du Conseil des Affaires étrangères précède toujours celle du Conseil européen. Certains sujets font, en quelque sorte, partie du *domaine réservé :* même s'ils sont formellement préparés par le Conseil et le COREPER, ils échappent en fait à leur emprise ; il n'est pas exclu en effet que le Conseil européen crée des groupes de travail composés de fonctionnaires nationaux, qui lui font rapport directement : ainsi, notamment, tout le schéma relatif à l'instauration du nouveau SME fut mis au point, au cours de l'année 1978, en dehors des organes communautaires, qui furent placés devant le fait accompli et n'eurent plus qu'à le mettre en œuvre. Le traité de Lisbonne précise que le Conseil européen est assisté par le secrétariat général du Conseil (art. 235, § 4, FUE).

209. S'agissant de la ***prise de décision***, traditionnellement, en tant que conférence diplomatique, intergouvernementale, le Conseil européen ne se prononçait que par consensus, le Traité sur l'Union européenne, avant le traité de Lisbonne, prévoyant cependant exceptionnellement une « décision à l'unanimité » (art. 23 UE).

Le traité de Lisbonne conserve la même logique de principe, l'article 15, § 4, UE indiquant que « le Conseil européen se prononce par consensus, sauf dans les cas où les traités en disposent autrement ». Si l'on reprend les diverses attributions particulières mentionnées ci-dessus, on relèvera 11 cas de décision par consensus (art. 16, § 6, 26, § 1, et 48, § 3, UE ; art. 48, 68, 82, 83, 86, 87, 121, 148 FUE), trois spécifiant d'ailleurs de manière superfétatoire que s'applique cette procédure de principe (art. 82, 83 et 87 FUE). On trouve cette situation essentiellement dans le rôle déclinant la mission générale d'initiative et dans le rôle d'évocation. S'ajoutent onze procédures exigeant le vote à l'unanimité (c'est-à-dire que l'abstention des membres présents ou représentés, ici, ne fait pas obstacle à l'adoption de la décision, art. 235, § 1, al. 3, FUE) : art. 7, § 2, 14, § 2, 17, § 5 (deux décisions distinctes), 22, § 1, 31, § 2, 48, § 6, 48, § 7, 50 UE ; art. 86, § 4, et 244, FUE. Ce type de procédure intervient dans toutes les catégories d'attributions, même si elle est rare dans les compétences d'évocation. Le vote à la majorité qualifiée est rare (art. 17, § 7, et 18, UE ; art. 236 et 283 FUE) et ne concerne que le rôle en tant que « chef de l'Union ». Enfin, le traité, héritage du passé, prévoit un seul cas particulier de vote à la majorité simple, dans le cadre de la procédure de révision des traités (art. 48 UE) à quoi il faut ajouter un cas générique : l'article 235, § 3, FUE indique que le Conseil européen statue à la majorité simple pour les questions de procédure et pour adopter son règlement intérieur.

L'article 235, § 1, FUE précise qu'en cas de vote formel, chaque membre du Conseil européen peut recevoir délégation mais d'un seul des autres membres ; les règles de vote à la majorité qualifiée au Conseil (art. 16, § 4, UE et art. 238, § 2, FUE) s'appliquent au Conseil européen s'il vote à cette majorité. Dès lors qu'il y a vote, on retrouve un nombre de votants correspondant au nombre des États membres, puisque ni le président, ni le président de la Commission ne prennent part au vote.

210. Le Conseil européen publie des ***déclarations*** (essentiellement en matière de politique internationale) soigneusement mises au point et approuvées par les différentes délégations ; il n'est fait aucun compte rendu des *conversations au coin du feu* qu'il continue à ménager, même si l'augmentation du nombre d'États membres rend le cadre moins propice à ces apartés ; pour le reste, il est seulement diffusé un *résumé des conclusions* adopté sous la responsabilité de la présidence, et à propos duquel les malentendus n'ont pas toujours été évités. On peut noter que si, jusqu'en décembre 2009, étaient diffusées des « conclusions de la Présidence », après chaque réunion, depuis mars 2010, ce sont des « conclusions du Conseil européen ». Lors de la réélection de Donald Tusk cependant, il a été impossible d'adopter des conclusions du Conseil européen, puisqu'elles le sont à l'unanimité et que la Pologne s'y opposait, de sorte qu'ont été publiées des « conclusions du président du Conseil européen ».

C. Insertion dans le système institutionnel de l'Union

1° Problème de cohérence institutionnelle

211. Le Conseil européen appartenait au cadre institutionnel unique de l'Union européenne, lequel, selon l'ancien article 3 UE, assurait à l'Union « la cohérence et la continuité des actions menées en vue d'atteindre ses objectifs, tout en respectant et en développant l'acquis communautaire ». Pourtant, si cette unité se traduisait principalement par l'utilisation des institutions communautaires (premier pilier) par l'ensemble de l'Union, le Conseil européen apparaissait plutôt symétriquement comme un organe de l'Union jouant aussi un rôle pour les Communautés.

L'enracinement du Conseil européen a donc logiquement pu être ressenti comme une dérive intergouvernementale de la Communauté portant atteinte à la logique et à l'équilibre de sa structure institutionnelle d'origine, reflet du « modèle communautaire ». Ceci se ressent dans tous les équilibres qui caractérisaient ce modèle originel.

212. ***La Commission***, en effet, ne dispose pas vis-à-vis du Conseil européen du quasi-monopole de proposition qu'elle a par rapport au Conseil ; de plus, comment l'organe « d'initiative » qu'elle est pourrait-il ne pas être affecté par la création d'une instance « d'impulsion » ? Elle peut difficilement résister à la tentation de se retrancher toujours plus au second plan par rapport à un organisme qui prend avec éclat et autorité les initiatives politiques (l'adoption du Système monétaire européen, par exemple, a fait suite à une initiative franco-allemande au sein du Conseil européen).

213. ***Le Conseil*** n'est plus l'instance d'arbitrage suprême et les dossiers difficiles sont « débloqués » au Conseil européen, l'autorité des membres de cet aréopage intergouvernemental l'emportant alors sur l'efficacité des procédures communautaires intégrées. Avant le traité de Lisbonne, ceci signifiait qu'une procédure de décision par consensus remplaçait alors, le plus souvent, une procédure de décision à la majorité qualifiée.

214. ***Le Parlement***, s'il était peu présent dans les « équilibres d'origine » avait conquis un véritable statut, notamment depuis son élection au suffrage universel direct. Sans exercer un réel contrôle sur le Conseil, il pouvait « l'entendre » (ancien art. 197 CE) selon son propre règlement intérieur, ce qui n'était pas prévu vis-à-vis du Conseil européen, qui devait simplement lui présenter un rapport après chaque réunion ainsi qu'un rapport écrit annuel sur les progrès de l'Union (ancien art. 4 UE) mais qui se situait dans une sorte de stratosphère inaccessible. Le règlement intérieur du Parlement (version 2008 par exemple) prévoyait (art. 103) que le Conseil européen pouvait demander la parole pour faire une déclaration mais le dispositif des questions parlementaires n'évoquait pas le Conseil européen. Le Parlement, par ailleurs, exerçait surtout son influence politique dans les mécanismes de codécision le liant au Conseil, ce qui ne comportait aucun équivalent vis-à-vis du Conseil européen.

215. Enfin, ***le contrôle juridictionnel*** organisé notamment sur les actes du Conseil et significatif de la « Communauté de droit » n'existait pas s'agissant des actes du Conseil européen. Les actes du Conseil européen n'étaient pas prévus dans les dispositions du traité comme pouvant donner lieu au contrôle de la Cour. On sait qu'elle a, à cet égard, une vision non formaliste (v. ss 1238). Mais les juges européens ont déclaré irrecevables les recours en annulation à l'encontre de ces Déclarations du Conseil européen, à la fois le TPI (Ord. du 14 juill. 1994, *Roujansky*, aff. T-584/93, *Rec.* II-585) et la CJCE (Ord. du 13 janv. 1995 ; *Roujansky* ; aff. C-253/94 P ; *Rec.* I-9 ; Ord. du 13 janv. 1995, *Bonnamy c/Conseil*, aff. C-264/94 P, *Rec.* I-15). De même, le TPI a refusé d'adopter, à rebours de la tendance générale, dans le cadre du recours en responsabilité non contractuelle, une interprétation des « institutions » y intégrant le Conseil européen (Ord. du 17 déc. 2003, *Krikorian e.a. c/Parlement e.a.*, aff. T-346/03, *Rec.* II-6037).

2° Promotion institutionnelle par le traité de Lisbonne

216. Le traité de Lisbonne a fait du Conseil européen une institution de l'Union, ce qui a plusieurs conséquences. Cela a été souligné, le mode de décision se diversifie et se rapproche de celui du Conseil, tout en conservant une procédure de principe « internationale » (consensus). Le Parlement européen en a également tiré des conséquences, par exemple à l'article 117 de son règlement intérieur, élargissant les questions écrites au président du Conseil européen. C'est désormais celui-ci, d'ailleurs, qui doit présenter un rapport au Parlement après chaque réunion du Conseil européen (art. 15, § 6, d, UE). Les traités ont également intégré le Conseil européen dans les mécanismes contentieux alignant largement sa légitimation passive sur celle du Parlement : la Cour de justice pourra donc contrôler la légalité des actes du Conseil européen destinés à produire des effets juridiques à l'égard de tiers (art. 263 FUE) ou censurer sa carence (art. 265 FUE). Son statut d'institution lui ouvre de plus les voies de la légitimation active pour le recours en carence et l'intègre dans le cadre du recours en responsabilité non contractuelle.

L'interprétation peut être double. S'agit-il de consacrer une prise d'importance qui s'était développée de manière progressive et d'imposer une autorité ultime sur l'Union par une enceinte encore marquée du sceau de l'intergouvernemental ? S'agit-il, au contraire, de forcer cette institution à se couler dans une logique d'intégration ? L'avenir le dira et les personnalités qui ont depuis 2010 à défricher ce terrain seront sans doute déterminantes.

§ 2. Le Conseil

Blumann (C.), « Conseil de l'Union européenne », *J.-Cl. Europe*, fasc. 219, 2015.

Hayes-Renshaw (F.) et Wallace (H.), *The Council of Ministers*, 2e éd., Basingstoke, Macmillan, 2006.

Pingel (I.), « Commentaire des articles 202 et suinvants CE », in I. Pingel (dir.), *Commentaire article par article des traités UE et CE*, 2e éd., Bâle, Paris, Bruxelles, Helbing Lichtenhahn, Dalloz, Bruylant, 2010, p. 1354 et s.

217. Incarnation des intérêts nationaux, il assure l'insertion dans le système de l'Union des États membres et de leurs gouvernements ; il s'y taillait à l'origine la part du lion, le traité CE étant même à cet égard plus « intergouvernemental » que le traité CECA, et donc plus généreux sur les prérogatives du Conseil, mais l'évolution l'a conduit à partager son pouvoir de « législateur » avec un Parlement européen incarnant une légitimité démocratique dont le Conseil, au demeurant, peut également se réclamer. En effet, l'article 10 UE rappelle que les États membres sont représentés « au Conseil par leurs gouvernements, eux-mêmes démocratiquement responsables, soit devant leurs parlements nationaux, soit devant leurs citoyens ».

I. Organisation et fonctionnement

218. Institution à composition intergouvernementale, il était exposé au risque de dégénérer en une conférence diplomatique ordinaire ; il n'y a pas totalement échappé.

A. Composition

219. Le Conseil est un collège de représentants des gouvernements ; l'article 2 du traité de Bruxelles prévoyait sobrement : « chaque gouvernement y délègue un de ses membres » ; d'où l'appellation habituelle de « Conseil des ministres », issue de celle qu'avait jadis retenu officiellement le traité CECA (art. 7) : « Conseil spécial de ministres ». La création de l'Union européenne conduira à marquer le caractère général de l'institution par la dénomination de « Conseil de l'Union européenne » (la Commission préférant alors l'expression plus ambivalente de « Commission européenne »), mais les traités mentionnent simplement l'appellation « Conseil », y compris le traité de Lisbonne alors que le traité constitutionnel avait réactivé l'appellation « Conseil des ministres ». Depuis le traité de Maastricht, la composition du Conseil a été définie en termes nouveaux (art. 203 CE) : « Le Conseil est formé par un représentant de chaque État membre au niveau ministériel habilité à engager le gouvernement de cet État », ce que le traité de Lisbonne a repris en modifiant simplement la fin de la formule, le « représentant de chaque État membre au niveau ministériel » devant être désormais « habilité à engager le gouvernement de l'État membre qu'il représente *et à exercer le droit de vote* » (art. 16, § 2, UE), la précision ne semblant pas indispensable. Cette nouvelle rédaction, à partir de 1992, laisse la possibilité aux États de faire siéger dans les cas où il n'existe pas de ministre compétent (par exemple, en matière culturelle) au sein du gouvernement national, les membres d'exécutifs d'entités infra-étatiques (ministres d'un *land* allemand ou d'une région belge). Elle exclut que le Conseil se réunisse « au niveau des chefs d'État ou de gouvernement », ce que les traités prévoyaient expressément entre le traité de Maastricht et le traité de Lisbonne (par ex. art. 7, § 2, TUE, art. 121 CE, art. 122 CE, art. 214 CE ; la première décision du Conseil « réuni au niveau des chefs d'État ou de gouvernement » a été prise le 3 mai 1998 pour arrêter la liste des États remplissant les conditions nécessaires pour l'adoption de la monnaie unique le 1er janvier 1999 : *JOCE* n° L 139/30 du 11 mai 1998).

220. Si le ministre des Affaires étrangères est considéré, en quelque sorte, comme le « principal » représentant de son pays dans le Conseil, la pratique a consacré la participation aux réunions de celui-ci d'autres ministres – de l'agriculture, des transports, des finances, de l'industrie... en fonction de l'ordre du jour – soit aux côtés des ministres des Affaires étrangères, soit, le plus souvent, seuls. Cette généralisation des Conseils sectoriels – dénommés « Conseils spécialisés » – (vingt-deux dans les années quatre-vingt-dix, seize en 2002) qui ont naturellement tendance à élaborer des politiques propres et s'efforcent de jouir de la plus grande autonomie, a engendré un manque d'unité et de cohérence gravement préjudiciable (contradictions entre la politique agricole commune et la politique des affaires extérieures ou la politique budgétaire, notamment). Aussi s'accordait-on à la fin des années quatre-vingt-dix à juger tout à fait impérative la restauration d'une coordination des travaux du Conseil ; si le « Conseil général » (Affaires étrangères) apparaissait ici comme disposant d'une vocation toute particulière (consacrée par le règlement intérieur) à jouer un tel rôle, il faut admettre qu'il a progressivement été largement absorbé par la PESC qui se développait. Un arbitrage du Conseil Ecofin (Économie et finances) dès lors qu'est en cause le budget de l'Union a pu, également, être envisagé. Quoi qu'il en soit, le traité de Nice n'a pas fait évoluer cette problématique mais une véritable réforme interne du Conseil a cependant été réalisée à partir du règlement intérieur du 22 juillet 2002 (confirmée par les règlements suivants, de 2004 et 2006) qui a réduit à neuf le nombre de formations et a clairement dédoublé les fonctions du Conseil « Affaires générales et relations extérieures », qui pouvait désormais tenir des sessions distinctes, avec des ordres du jour séparés et éventuellement à des dates différentes, consacrées respectivement à sa fonction de coordination générale, le conduisant aussi naturellement à jouer un rôle de préparation et de suivi des réunions du Conseil européen, et à sa fonction au titre de l'action externe de l'Union. Le traité constitutionnel poursuivait cette logique, séparant complètement, en deux formations distinctes, le « Conseil des affaires générales » et le « Conseil des affaires étrangères », innovant, en revanche, en prévoyant la nomination par le Conseil européen d'un ministre des affaires étrangères de l'Union qui aurait présidé ce Conseil des affaires étrangères tout en étant vice-président de la Commission.

Le traité de Lisbonne reprend la même dissociation (art. 16, § 6, UE), le Conseil des affaires générales assurant la cohérence entre toutes les formations du Conseil et le Conseil des affaires étrangères, présidé par le haut représentant de l'Union pour les affaires étrangères et la politique de sécurité (avatar du « ministre » prévu par le traité constitutionnel), assurant la cohérence de l'action extérieure de l'Union. Ces deux formations doivent cependant être considérées comme remplissant des fonctions spéciales de coordination sans pour autant bénéficier d'une prévalence hiérarchique par rapport aux autres formations. Le traité de Lisbonne renvoie, s'agissant du nombre de formations du Conseil, à la détermination d'une liste par le Conseil européen (art. 236 FUE), mais dès l'entrée en vigueur du traité de Lisbonne, une décision n° 2009/878 (UE) du Conseil (Affaires générales) du 1er décembre 2009 a établi la liste des formations du Conseil autres que les deux visées directement par le traité (*JOUE* n° L 315/46 du 2 déc. 2009), cette liste présentant dix formations dont les appellations ont été légèrement modifiées par la décision modificative n° 2010/594 (UE) du Conseil européen du 16 septembre 2010 (*JOUE* n° L 263/12 du 6 oct. 2010) : les dix formations listées en annexe du règlement intérieur du Conseil sont les suivantes : Affaires générales ; Affaires étrangères ; Affaires économiques et financières ; Justice et affaires intérieures (JAI) ; Emploi, politique sociale, santé et consommateurs ; Compétitivité (marché intérieur, industrie, recherche et espace) ; Transports, télécommunications et énergie ; Agriculture et pêche ; Environnement ; Éducation, jeunesse, culture et sport. Le Conseil constitue cependant une institution unique, de sorte qu'un acte juridique portant sur n'importe quelle matière relevant de la compétence de l'Union peut être adopté en principe par n'importe quelle formation, quelle que soit sa spécialité. Des réunions conjointes (dîtes « jumbo ») de plusieurs formations sont possibles mais de plus en plus rares.

Le traité de Lisbonne consacre aussi (art. 137 FUE) une pratique qui s'était développée, consistant à réunir un Conseil des ministres des finances des États membres de la zone euro (dix-neuf États membres en 2018) : l'*Eurogroupe*, les modalités de fonctionnement étant fixées par un Protocole soulignant que la Commission participe aux réunions, que la BCE « est invitée » à le faire et que l'Eurogroupe élit un président pour deux ans et demi, à la majorité de ses membres (v. ss 446).

B. Fonctionnement

221. Il est régi par les traités et, surtout, par le règlement intérieur que le Conseil adopte lui-même (Décis. n° 2009/937 [UE] du 1er déc. 2009, *JOUE* n° L 325/36 du 11 déc. 2009).

1° Présidence du Conseil

a) Problématique générale et évolution

222. Le système caractérisant les Communautés s'exprimait, jusqu'au traité de Lisbonne, à l'article 203, alinéa 2, CE : « la présidence est exercée à tour de rôle par chaque État membre du Conseil pour une durée de six mois selon un ordre fixé par le Conseil, statuant à l'unanimité ». Plus que les traités, qui ne lui confient que des responsabilités secondaires et procédurales, ce sont les développements de la pratique qui ont donné son véritable statut à la présidence du Conseil, qui est aussi celle de l'Union (cf. M. Ayral, « La présidence du Conseil », *RMC* 1975. 163 et J. L. Dewost, « La présidence dans le cadre institutionnel des Communautés européennes », *RMC* 1984. 3 ; cf. aussi réponse du Conseil à la Q.E. n° 1157/92, *JOCE* n° C 247/48 du 24 sept. 1992). Son « rôle interne » s'est renforcé au fur et à mesure de la multiplication des « Conseils spécialisés » (adoption du programme de travail de l'Union, détermination du nombre et fixation du calendrier des réunions des différentes formations du Conseil, distribution des dossiers entre les différents conseils) et aussi du fait de l'effacement relatif de la Commission en tant que « faiseur de compromis ». Son « rôle externe » s'est aussi développé dans les rapports avec l'Assemblée comme en matière de relations extérieures, spécialement au titre de la PESC.

Un tel système est à la fois source de dynamisme, avec un nouvel élan donné tous les six mois, chaque État membre mettant un point d'honneur à « réussir » sa présidence, c'est-à-dire à faire avancer ou aboutir le plus de dossiers possibles pendant cette période ne revenant que tous les 14 ans, mais aussi d'une indiscutable discontinuité déstabilisante spécialement pour les partenaires extérieurs de l'Union. Ce dernier travers a pu être atténué par des pratiques telles que celle de la *troïka*, associant pour certaines missions, des représentants de trois présidences successives (celle du moment, la précédente et la suivante).

b) Le traité de Lisbonne

223. Le traité de Lisbonne a conservé le « système de rotation égale » (art. 16, § 9, UE) mais ne formalise pas lui-même le mécanisme, l'article 236 FUE renvoyant à cet égard à une décision du Conseil européen. Le traité fixe cependant la présidence du Conseil des affaires étrangères qui est sorti du système tournant et est présidé de façon continue par le haut représentant de l'Union pour les affaires étrangères et la politique de sécurité. On rappelle aussi, même s'il ne s'agit pas là d'une formation du Conseil, mais d'une déclinaison informelle et partielle du Conseil, que l'*Eurogroupe* élit un président pour deux ans et demi. Pour le système de base, le traité comportait, en annexe (Déclaration n° 9), un « projet de décision du Conseil européen relative à la présidence du Conseil », sur la base duquel a été prise la décision n° 2009/881 (UE) du Conseil européen du 1er décembre 2009 (*JOUE* n° L 315/50 du 2 déc. 2009), et la décision d'application n° 2009/908 (UE) du Conseil du 1er décembre 2009 (*JOUE* n° L 322/28 du 9 déc. 2009) : la solution combine les dispositions des traités antérieurs et leurs aménagements pratiques, avec une présidence assurée par un groupe de trois États pour une période de dix-huit mois, ce qui revient à reprendre à la fois la présidence tournante pour chaque État membre pendant six mois (la décision du Conseil détermine la présidence de chaque semestre depuis l'Espagne au premier semestre 2010 jusqu'à la Finlande pour le premier semestre 2020) et les avantages en termes de continuité de la *troïka*, notamment grâce à l'établissement en commun d'un programme prévisionnel global de dix-huit mois. On parle désormais de « trio », le premier ayant été formé par l'Espagne, la Belgique et la Hongrie, ce qui a permis d'apercevoir quelques difficultés liées à l'établissement de ce programme dix-huit mois à l'avance, les aléas de la conjoncture imposant alors en fin de cycle des réaménagements. À l'intérieur d'un trio de présidences, celles-ci peuvent s'apporter une aide mutuelle, notamment en remplaçant un président en cas de besoin (art. 20, § 2 du règlement intérieur).

Le 26 juillet 2016, le Conseil a adopté une décision (UE) 2016/1316 (*JOUE* n° L 208/42 du 2 août 2016) établissant une version révisée de l'ordre dans lequel les États membres sont appelés à exercer la présidence du Conseil de l'Union jusqu'en 2030. La décision tient compte de l'adhésion de la Croatie ; elle modifie également l'ordre des présidences pour 2017, car le Royaume-Uni devait exercer la présidence au second semestre, ce qui aurait été paradoxal en période de négociation du Brexit. Les présidences successives à partir de 2018 seront les suivantes : 2018 : Bulgarie/Autriche ; 2019 : Roumanie/Finlande ; 2020 : Croatie/Allemagne ; 2021 : Portugal/Slovénie… jusqu'à 2030 : Slovaquie/Malte. Le Conseil est appelé à se prononcer avant le 31 décembre 2029 sur l'ordre des présidences à partir du 1er janvier 2031.

2° Le secrétariat général du Conseil

224. Le Conseil est assisté d'un secrétariat général, placé sous la responsabilité d'un *secrétaire général*, qui était en outre, depuis le traité d'Amsterdam, « haut représentant pour la PESC », lui-même assisté d'un *secrétaire général adjoint*, chargé de la gestion du secrétariat général, l'un et l'autre désignés à l'unanimité par le Conseil (art. 207 CE).

La volonté, traduite par cette fonction de haut représentant pour la PESC, de donner une visibilité à l'action extérieure de l'Union se concrétisait, on l'a mentionné, dans le traité constitutionnel, par la mise en place, originale, d'un ministre des Affaires étrangères de l'Union, qui succédait d'une certaine manière au haut représentant. Le traité de Lisbonne a repris cette idée, sous une forme plus neutre, celle d'un *haut représentant de l'Union pour les affaires étrangères et la politique de sécurité commune* qui est nommé par le Conseil européen, à la majorité qualifiée, avec l'accord du Président de la Commission et conduit la politique étrangère et de sécurité commune et la politique de sécurité et de défense commune, en contribuant à leur élaboration par ses propositions et à leur exécution en tant que mandataire du Conseil. Il préside le Conseil des affaires étrangères tout en faisant partie de la Commission dont il est un des vice-présidents et dont il prend en charge les responsabilités en matière de relations extérieures (v. ss 514).

Le *secrétaire général* reprend donc sa dimension administrative, tout en conservant une importance certaine dans le fonctionnement institutionnel, avec notamment la signature des procès-verbaux des sessions du Conseil, la transmission officielle des actes pour publication au *Journal officiel*, le dépôt auprès de lui de certains accords, ou la responsabilité de la gestion des crédits budgétaires du Conseil ou du Conseil européen. Il est nommé par le Conseil à la majorité qualifiée (art. 240, § 2, FUE) et il est également Secrétaire général du Conseil européen.

Le secrétariat général est un organisme logistique qui rassemble plusieurs centaines de fonctionnaires et constitue en outre, une sorte de « chef de cabinet » collectif de la présidence, assurant la permanence de celle-ci et garantissant sa continuité, à la fois conseiller et greffier du Conseil. Comptant environ 3 000 fonctionnaires et agents, le Secrétariat général est divisé en sept directions générales, auxquelles il faut ajouter le Cabinet du secrétaire général et l'important service juridique.

Le haut représentant est, quant à lui, assisté d'un Service européen pour l'Action extérieure (SEAE) composé de personnels issu des départements correspondants de la Commission européenne, du Secrétariat général du Conseil et des services diplomatiques des États membres (art. 27, § 3, UE) (v. ss 515).

3° Le COREPER

BLUMANN (C.), « COREPER », *J.-Cl. Europe*, fasc. 220.

CONSTANTINESCO (V.) et SIMON (D.) (dir.), *Le COREPER dans tous ses États*, Presses universitaires de Strasbourg, 2001.

225. *Le Comité des représentants permanents*, dont l'existence n'a été, pendant plusieurs années, fondée que sur le seul règlement intérieur du Conseil, avant d'être mentionnée, du reste de manière assez laconique, par l'article 4 du traité de Bruxelles puis à l'article 207, § 1, CE *[désormais art. 240 FUE]* (« Un comité composé des représentants permanents des États membres est responsable de la préparation des travaux du conseil et de l'exécution des mandats qui lui sont confiés par celui-ci »), est désormais consacré, avec le traité de Lisbonne, dans le traité sur l'Union européenne lui-même (art. 16, § 7) en plus du traité sur le fonctionnement de l'Union (art. 240). Le traité de Lisbonne, de plus, a modifié son intitulé pour le désigner désormais comme le comité des représentants permanents *des gouvernements* des États membres, de manière à souligner que s'y expriment les positions des gouvernements. Il a pris, au fil des années, une place centrale dans le système de décision communautaire (cf. J. Salmon, « Les représentations permanentes auprès de la CEE et de l'Euratom », in *Les missions permanentes auprès des organisations internationales*, tome 1, Bruxelles, Bruylant, 1971, p. 561 ; Van Rijn, « Le COREPER dans les Communautés élargies », *CDE* 1972. 637 ; A. Mangas Martin, « La participation du COREPER au processus de décision communautaire », *CDE* 1980. 25 ; Fiona Hayes-Renshaw, C. Lequesne et P. Mayor Lopez, « The Permanent Representations of the Members States to the European Communities », *Journal of Common Market Studies*, vol. XXVIII, n° 2, déc. 1989, p. 119). Il est à la fois une instance de dialogue et une instance de contrôle politique.

Il est le *lieu où se développe un double dialogue* : dialogue des représentants permanents entre eux et dialogue de chacun d'entre eux avec sa capitale. Le représentant permanent est à la fois l'avocat de son gouvernement, chargé de convaincre ses partenaires du bien-fondé de la position qu'il défend, et, simultanément, l'avocat de la position des autres États membres et de celle de la Commission auprès de sa propre capitale. Le COREPER, sorte de « Conseil des ambassadeurs » est ainsi, sous sa double forme (COREPER, 2e partie, composé des ambassadeurs représentants permanents : COREPER 1re partie, composé des représentants permanents adjoints), le creuset où une certaine opinion communautaire finit par se former par confrontation, voire par dépassement des opinions des États membres et de la Commission. Le COREPER 1re partie prépare les travaux de six formations du Conseil (« Agriculture et pêche », « Compétitivité », « Transports, télécommunications et énergie », « Environnement », « Éducation, jeunesse, culture et sport » et « Emploi, politique sociale, santé et consommateurs »). Le COREPER 2e partie prépare les travaux de quatre formations (« Affaires générales », « Affaires étrangères », « Affaires économiques et financières » et « Justice et affaires intérieures »). A la veille de chaque réunion du COREPER, ses travaux sont préparés par les collaborateurs des Représentants permanents : Groupe Mertens pour le COREPER 1re partie et Groupe Antici pour le COREPER 2e partie.

Instance de contrôle politique, le COREPER oriente et supervise les travaux des multiples groupes d'experts (environ 150 ; cf. la liste dans le document 10356/15 du Conseil du 28 juillet 2015) qui fonctionnent en permanence au Conseil sur les sujets les plus divers. Ceux-ci sont composés tantôt de collaborateurs des ambassadeurs, résidant à Bruxelles, tantôt d'experts venus des capitales. Le COREPER s'efforce, pour alléger les travaux des ministres, de résoudre à son propre niveau les questions que les experts n'ont pas tranchées ; en outre, il joue le rôle de filtre entre les différents dossiers en instance, qu'il convient ou non de porter à l'attention des ministres. Concrètement, les questions résolues au niveau du COREPER seront inscrites à l'ordre du jour et au PV d'une réunion du Conseil en tant que « point A », c'est-à-dire adoptées par le Conseil, mais sans débat des ministres, seuls les « points B » étant discutés par les membres du Conseil. Si c'est là un élément important de rationalisation du travail du Conseil, il ne faut pas en déduire que le COREPER exercerait un pouvoir de décision : ses membres sont liés par les positions gouvernementales et le Conseil peut toujours revenir sur une décision du COREPER.

Enfin, il est à noter que dans certains domaines, existent des comités spécifiques, le plus souvent prévus directement par les traités et créés par décision du Conseil et chargés de coordonner les activités dans un domaine particulier, mais sans préjudice de la responsabilité centrale du COREPER. Il s'agit du *Comité économique et financier* (art. 134 FUE), du *Comité de l'emploi* (art. 150 FUE), du *Comité permanent institué afin d'assurer à l'intérieur de l'Union le renforcement de la coopération en matière de sécurité intérieure* (dit « *COSI* ») (art. 71 du TFUE), du *Comité de la protection sociale* (art. 160 FUE), du *Comité politique et de sécurité* (*COPS*) (art. 38 UE), du *Comité spécial agricole* créé par une décision intergouvernementale en 1960, du *Comité des services financiers* créé en 2003, du *Comité chargé des aspects civils de la gestion des crises* créé en 2000, du *Comité militaire de l'Union européenne* (*CMUE*), créé en 2001, ou du *Comité de sécurité* créé en 2013.

4° Sessions du Conseil

226. Organisme intermittent, le Conseil est réuni en sessions à l'initiative d'un de ses membres, de son président ou de la Commission. Elles sont très fréquentes et souvent longues (« les marathons »). Les réunions du Conseil ont lieu à Bruxelles (où est situé son « siège ») en général, sauf en avril, juin et octobre, où il tient ses sessions à Luxembourg, en vertu du protocole n° 6 sur la fixation des sièges des institutions et de certains organes, organismes et services de l'Union européenne.

Ces réunions ont lieu en principe à huis clos ; seuls les membres de la Commission y ont droit d'accès et de parole et, le cas échéant, la BCE. Dans le souci de « transparence », et à la suite du Conseil européen d'Édimbourg (11 et 12 déc. 1992), la possibilité de « débats publics » (en fait retransmis par des moyens audiovisuels, le premier ayant eu lieu le 1er février 1993) a été ouverte, d'abord prévue par le règlement intérieur. Le traité de Lisbonne fait une distinction selon que le Conseil délibère et vote ou non sur un projet d'acte législatif (art. 16, § 8, UE) ; si tel est le cas, le Conseil « siège en public ». La même disposition précise que de ce fait, chaque session du Conseil est divisé en deux parties, respectivement consacrées aux délibérations sur les actes législatifs et aux activités non législatives (v. ss 414). Concrètement, l'ordre du jour des réunions du Conseil est divisé en deux parties: une partie intitulée « Délibérations législatives », et une partie intitulée « Activités non législatives », les points figurant dans chacune de ces parties étant eux-mêmes subdivisés en points « A » (adoptés sans débat) et points « B » (faisant l'objet d'un débat) (art. 3, § 6 du règlement intérieur). Un astérisque identifie clairement dans l'ordre du jour les points sur lesquels un vote pourra être demandé. Outre cette obligation posée par les traités de siéger en public en matière législative, l'article 8 du règlement intérieur établit les cas et les conditions dans lesquels le Conseil ouvre au public ses délibérations sur les actes non législatifs (en principe, la première délibération du Conseil sur de nouvelles propositions non législatives mais « importantes » est ouverte au public lorsque ces propositions sont relatives à l'adoption de normes juridiques obligatoires dans ou pour les États membres), ainsi que les cas où le Conseil tient des débats qui peuvent être publics (débats publics ponctuels sur des questions importantes touchant aux intérêts de l'Union européenne et de ses citoyens) ou doivent l'être (débats du Conseil des affaires générales sur le programme de dix-huit mois d'un trio de présidences ; débats d'orientation sur les priorités de telle ou telle formation du Conseil ; débats après la présentation par la Commission de son programme quinquennal, de son programme de travail annuel et de sa stratégie politique annuelle).

C. Règles et modes de votation

HERVÉ (A.), « Quelles évolutions pour la majorité qualifiée ? », *RMCUE* 2008. 448.

JACQUÉ (J. P.), « Le vote au Conseil de l'Union européenne », in M. Blanquet (dir.), *La prise de décision dans le système de l'Union européenne*, Bruxelles, Bruylant, 2011, p. 61.

PICOD (F.) (dir.), *Le principe majoritaire en droit de l'Union européenne*, coll. « Droit de l'Union européenne », Bruxelles, Bruylant, 2016.

227. Rompant avec la règle classique du droit international, selon laquelle l'égalité souveraine des États ne s'accommode que de l'unanimité et du droit de veto, les auteurs des traités communautaires ont consacré trois modalités de vote, dont deux à la majorité. Dès lors que le Conseil peut se prononcer selon une voie majoritaire, sa nature change, en ce qu'il ne peut plus être vu uniquement comme une conférence interétatique mais révèle alors son rôle d'institution de l'Union. C'est donc plus par l'aménagement de ses procédures décisionnelles que par la marginalisation de son rôle que l'organe intergouvernemental a pu s'insérer dans le « modèle communautaire ».

1° Le vote à la majorité simple

228. Présenté par les traités antérieurs au traité de Lisbonne (art. 205, § 1, CE) comme le droit commun, la procédure de principe, ce vote simple (quatorze États membres pour une Union à vingt-sept, quinze États membres pour une Union à vingt-huit) n'était, en fait, appelé à jouer que dans des cas limités (art. 207 et 208 CE, art. 284 CE, par exemple), à savoir lorsque les traités, ce qui est rare, ne précisent pas selon quelle procédure doit se prononcer le Conseil.

Le traité de Lisbonne faisant du vote à la majorité qualifiée la procédure de principe (art. 16, § 3, UE), les cas où le Conseil se prononce à la majorité simple sont désormais uniquement ceux pour lesquels le traité prévoit expressément cette procédure. C'est ainsi le cas (art. 240 FUE) pour décider de l'organisation de son secrétariat général ou pour l'adoption de son règlement intérieur, ou plus largement pour les questions de procédure. C'est aussi à la majorité simple que le Conseil peut demander à la Commission de procéder à des études (art. 241 FUE), ou peut arrêter le statut des comités prévus par les traités (art. 242 FUE).

2° Le vote à la majorité qualifiée

229. Le vote majoritaire, remplaçant progressivement l'unanimité, pour devenir le principe à la fin de la période de transition, était la grande innovation des traités communautaires, où l'on a même voulu voir le principal symbole de la « supranationalité ». Pour l'essentiel, c'est sous cette forme particulière de « majorité qualifiée » que s'est exprimé ce principe majoritaire.

Le traité de Lisbonne clarifie d'ailleurs la situation, comme indiqué, en faisant du vote à la majorité qualifiée le système décisionnel de droit commun au sein du Conseil (art. 16, § 3, UE).

a) Problématique générale et évolution

230. Le système de la majorité qualifiée fait l'objet depuis 1957 d'un aménagement particulièrement élaboré, dans le double souci d'éviter de donner aux « petits » États membres un rôle disproportionné, sans conduire pour autant à l'écrasement des moins puissants : les votes de chaque État sont pondérés en fonction d'un critère général démographique, politique et économique et le seuil de la majorité qualifiée fixé sensiblement aux deux tiers (cf. W. Nicol, « Historique de la composition de la majorité qualifiée au Conseil », *RMC* 1986. 135, et D. Vignes, « Le calcul de la majorité qualifiée, un cassetête pour 1996 », *RMC* 1994. 561). Mais l'effet politique de la transposition mécanique de ce dispositif conçu pour la Communauté à « Six », alors que le nombre des États membres a plus que quadruplé au fil des élargissements, est de diminuer progressivement le poids relatif des grands États dans le processus de décision. L'Europe des « Douze » a vu ainsi la disparition définitive du principe originaire selon lequel une décision ne peut être prise contre la volonté de deux « grands » États membres.

À la veille de la clôture des négociations d'adhésion avec l'Autriche, la Finlande, la Norvège et la Suède, la question la plus délicate à régler fut celle de la fixation de la majorité qualifiée au sein du Conseil. À la suite des pressions exercées par le Royaume-Uni et l'Espagne, en vue du maintien de la minorité de blocage à vingt-trois voix, les ministres des affaires étrangères des « Douze » sont parvenus, lors de leur réunion informelle du 27 mars 1994, à un *compromis*, dit « de Ioannina », auquel se rallièrent les adhérents. « Si des membres du Conseil représentant un total de vingt-trois à vingt-cinq voix indiquent leur intention de s'opposer à la prise d'une décision par le Conseil à la majorité qualifiée, le Conseil fera tout ce qui est en son pouvoir pour aboutir, dans un délai raisonnable et sans porter préjudice aux limites obligatoires de temps fixées par les traités et le droit dérivé... à une solution satisfaisante qui puisse être adoptée par soixante-cinq voix... » (décision du Conseil du 29 mars 1994, dans sa version du 1er janvier 1995, *JOCE* n° C 1/1 du 1er janv. 1995). Cette possibilité aurait été utilisée au moins une fois, lors de la session du Conseil des 24 et 25 octobre 1995 (cf. réponse du Conseil à la QE E-0316/96, de James Moorhouse ; *JOCE* n° C 280 du 25 sept. 1996).

Dans la Communauté à « Quinze », l'Allemagne, la France, l'Italie et le Royaume-Uni disposaient chacun de dix voix, l'Espagne de huit voix, la Belgique, la Grèce, les Pays-Bas et le Portugal de cinq voix, l'Autriche, la Suède chacune de quatre voix, le Danemark, l'Irlande et la Finlande chacun de trois voix, enfin le Luxembourg de deux voix, la majorité qualifiée étant de soixante-deux voix sur quatre-vingt-sept. Ce qui signifiait qu'aucun État membre seul, ni même deux « grands » ne disposaient de la minorité de blocage ; de même, à eux seuls, les cinq « grands » ne pouvaient minoriser les dix « petits » ; sans compter que chaque fois que le Conseil décide sans proposition préalable de la Commission, les soixante-deux voix devaient exprimer le vote favorable d'au moins dix États, ce qui représente pour la minorité, une protection supplémentaire.

231. On comprend que, dans la perspective d'un élargissement de l'Union européenne à vingt ou vingt-cinq États membres, la question de la repondération des voix au sein du Conseil ait tenu une place centrale dans les travaux de la CIG 96, à la demande des « grands » qui proposaient soit que la proportion des voix dont ils bénéficient par rapport aux « petits » fût augmentée soit l'introduction d'une double majorité prévoyant que pour être adoptée au sein du Conseil une décision devrait non seulement recueillir un nombre de voix constituant une majorité qualifiée, mais également correspondre à un seuil, à déterminer, de la population de l'Union (M. de l'Écotais, « La pondération des voix au Conseil des ministres de la CE », *RMC* 1996. 388 et 617 ; D. Vignes, « Le calcul de la majorité qualifiée : un casse-tête pour 1996 », *RMC* 1994. 561). Cette question n'a cependant reçu d'autre réponse, compte tenu du refus des « petits » États membres, qu'une *clause de rendez-vous* à l'occasion du prochain élargissement, assortie d'une prorogation du *compromis de Ioannina (Protocole sur les institutions dans la perspective de l'élargissement de l'Union européenne).*

Cette question a donc tenu une place de choix dans les débats de la CIG 2000, contribuant certainement à donner de celle-ci une image dominante et peu flatteuse de marchandage mesquin entre intérêts nationaux. Le souci des équilibres d'ensemble ou particuliers (entre tel et tel État), et la focalisation sur les minorités de blocage plutôt que sur les majorités requises ont, semble-t-il, fait pièce de l'objectif consistant à fournir à la Communauté élargie un mode efficace de prise de décision, la complexité du résultat étant à la mesure de l'âpreté des négociations. Le traité de Nice prévoyait qu'à partir du 1er janvier 2005 (date ramenée au 1er novembre 2004 par l'acte d'adhésion lié à l'élargissement du 1er mai 2004), un nouveau système de vote à la majorité qualifiée s'appliquerait. D'une part, la pondération a été revue, étagée entre vingt-neuf voix pour les quatre grands États et trois pour Malte. Le traité organisait ensuite le système selon le rythme d'avancement (incertain en 2001) de l'élargissement. Il prévoyait ainsi que si l'Union comptait toujours quinze membres en 2005, la majorité qualifiée s'établirait alors à 169 voix sur 237 (ce qui correspond à 71,31 %, soit sensiblement le même seuil qu'avec le système antérieur, 62 voix sur 87 représentant 71,26 %). Au fur et à mesure des adhésions, le taux devait évoluer, jusqu'à atteindre, pour vingt-sept États membres, une majorité requise de 258 voix sur 345, soit une exigence renforcée à 74,78 %, ce qui, finalement, une fois négociée l'adhésion de la Roumanie et de la Bulgarie, a été ramené à 255 voix. Avec l'adhésion de la Croatie en 2013, cette majorité qualifiée a été de 260 voix sur 352.

232. Par ailleurs, une décision devant être prise à la majorité qualifiée devait, dans ce nouveau système, satisfaire désormais à une, voire deux conditions supplémentaires.

Outre cette majorité des voix, en effet, la décision n'était considérée comme adoptée que si ces voix traduisaient le vote favorable de la majorité des États membres (par ex., quatorze des vingt-sept États membres) si le Conseil se prononce sur proposition de la Commission, la majorité devant correspondre au moins au deux tiers des membres (par ex., dix-huit des vingt-sept États membres) sans une telle proposition, la logique étant ici de remplacer la garantie pour l'intérêt général communautaire qu'apporte l'intervention de la Commission par un plus large consensus entre les États.

De plus, un « filet démographique » a été obtenu par les grands États : un membre du Conseil pouvait, en effet, à partir du traité de Nice, demander la vérification que cette majorité représentait au moins 62 % de la population totale de l'Union (dans la situation à quinze États membres antérieure au traité de Nice, *de facto*, la majorité qualifiée correspondait à un minimum de 58 % de la population) ; à défaut, la décision ne serait pas considérée comme adoptée.

b) Les solutions du traité de Lisbonne

233. La question de la majorité qualifiée a compté parmi les plus difficiles à régler pour la CIG de 2003-2004 comme pour celle de 2007. Il ne faut donc guère être surpris de la complexité du résultat proposé par le traité de Lisbonne. Le régime de la majorité qualifié s'appréhende au travers de l'article 16, § 4, du TUE « modifié », de l'article 238, § 2, FUE, mais aussi du Protocole sur les dispositions transitoires et de la Déclaration *ad* article 16, paragraphe 4, du traité sur l'Union européenne et article 238, paragraphe 2, du traité sur le fonctionnement de l'Union européenne contenant un Projet de décision du Conseil relative à la mise en œuvre de ces mêmes articles.

– ***Jusqu'au 31 octobre 2014*** s'est appliqué le système mis en place par le traité de Nice (260 voix sur 352, majorité des membres, possible vérification des 62 % de la population).

– ***Au 1er novembre 2014*** est entré en vigueur le système du traité de Lisbonne, défini par l'article 16, § 4, UE et 238, § 2, FUE et déterminant à la fois la majorité requise, la minorité de blocage, et des possibilités d'écarter le système.

La majorité qualifiée se définit alors comme étant égale à au moins 55 % des membres du Conseil (soit quinze pour une Europe à vingt-sept, seize pour une Europe à vingt-huit) et représentant des États membres réunissant au moins 65 % de la population de l'Union (soit un groupe de 333 millions d'habitants). Une minorité de blocage doit inclure au moins quatre États, faute de quoi (dès lors que vingt-cinq États sur vingt-huit votent pour la proposition) la majorité qualifiée est réputée acquise, quel que soit le pourcentage de population correspondant.

Deux cas particuliers sont prévus.

Lorsque le Conseil ne statue pas sur proposition de la Commission ou du haut représentant de l'Union pour les affaires étrangères et la politique de sécurité, la majorité qualifiée se définit comme étant égale à au moins 72 % des membres du Conseil (soit vingt pour vingt-sept États membres, vingt-et-un pour l'Union à vingt-huit membres), représentant des États membres réunissant au moins 65 % de la population de l'Union.

Dans les cas où tous les membres du Conseil ne prennent pas part au vote en application des traités, le calcul de la majorité qualifiée est le même en termes de pourcentage d'États (55 % ou 72 %), et de population (65 %), mais la minorité de blocage doit ici inclure au moins le nombre minimal de membres du Conseil représentant plus de 35 % de la population des États membres participants, plus un membre, faute de quoi la majorité qualifiée est réputée acquise (art. 238, § 3, FUE)

Ce système était susceptible d'être écarté de deux manières *entre le 1er novembre 2014 et le 31 mars 2017*. D'abord, un membre du Conseil pouvait demander que la décision soit prise à la majorité qualifiée calculée selon le système antérieur du traité de Nice (Protocole sur les dispositions transitoires). En second lieu, selon un dispositif dans lequel on reconnaît le « compromis de Ioanina », si des membres du Conseil, représentant au moins trois-quarts de la population, ou au moins trois quarts du nombre des États membres nécessaires pour constituer une minorité de blocage (soit 27 % de la population et (pour 55 %) dix États ou (pour 72 %) seize États) indiquent leur opposition à l'adoption d'un acte par le Conseil à la majorité qualifiée, le Conseil en délibère. Le Conseil, au cours de cette délibération, fait tout ce qui est en son pouvoir pour aboutir, dans un délai raisonnable et sans porter préjudice aux limites obligatoires de temps fixées par le droit de l'Union, à une solution satisfaisante pour répondre aux préoccupations soulevées par les membres du Conseil « en opposition » (Déclaration ad article 16§ 4 UE et article 238, § 2, FUE).

– ***Depuis le 1er avril 2017***, seule cette dernière possibilité d'écarter le système de Lisbonne a été maintenue, selon une formule différente. Si des membres du Conseil, représentant au moins 55 % de la population (soit 19,25 %), ou au moins 55 % du nombre des États membres (soit huit) nécessaires pour constituer une minorité de blocage indiquent leur opposition à l'adoption d'un acte par le Conseil à la majorité qualifiée, le Conseil en délibère. Le Conseil, au cours de cette délibération, est tenu aux mêmes efforts que dans la formule de la période précédente.

234. Si la vision théorique du modèle européen d'intégration souligne l'importance de ce que le vote de principe, qui est aussi désormais le système de votation le plus utilisé, soit un vote à la majorité, notamment du point de vue de la gestion des souverainetés étatiques, et donc en termes de spécificité de ce modèle par rapport au droit des organisations internationales, une certaine présentation réaliste conduit parfois à contester les traductions pratiques de ce principe, en faisant valoir que même lorsque les traités permettent une décision à la majorité qualifiée, l'unanimité serait quasiment la règle, les adoptions obtenues malgré des votes contraires étant exceptionnelles. On peut essayer de se faire une idée plus précise en considérant les votes publics du Conseil, sur les actes législatifs, recensés dans le Registre public du Secrétariat général de l'Institution. Si l'on prend en compte les votes intervenus à partir de l'entrée en vigueur de la procédure à la majorité qualifiée du traité de Lisbonne sur une période suffisamment significative (jusqu'au 17 juillet 2017, soit 224 votes), on recense 207 votes devant se faire à la majorité qualifié (et seulement 17 à l'unanimité ce qui traduit de manière spectaculaire le caractère privilégié de ce mode de votation de principe). Sur ces 207 cas, il est vrai que 131 décisions ont été prises à l'unanimité, 45 ont été adoptées malgré des abstentions, et 31 l'ont été grâce aux règles du vote majoritaire, malgré des oppositions de certains membres, soit 15 %. On comprend la relativisation des « réalistes » ; pour autant cela représente quand même un nombre non négligeable de votes, parfois importants, et il faut aussi tenir compte que dans de multiples occasions, des États *a priori* opposés à une délibération, se rendant compte que la majorité qualifiée est quand même atteinte, se résignent au moment du vote et votent pour le texte, ce qui aboutit certes à une unanimité… mais grâce au système de majorité qualifiée.

3° Le vote à l'unanimité

235. Même si le vote majoritaire est emblématique du modèle communautaire intégré, et s'il est dès lors essentiel, tant sur le plan des principes que de l'efficacité décisionnelle, que le système de votation de principe mais surtout le système le plus souvent d'application selon les traités soit de type majoritaire, il faut admettre que les traités communautaires ont aussi toujours prévu des cas où le Conseil ne peut se prononcer qu'à l'unanimité, celle-ci pouvant avoir plusieurs significations. À noter, en effet, que, si l'unanimité est considérée comme acquise même si un ou plusieurs États s'abstiennent (le veto exigeant donc un vote contre formel), elle est de plus en plus difficile à obtenir à mesure que le nombre des États augmente, au point d'être considérée comme empêchant l'efficacité décisionnelle dans une Union élargie. À souligner, au contraire et paradoxalement, que l'unanimité, lorsqu'elle est pour le Conseil le seul moyen de s'écarter d'une proposition de la Commission (art. 293 FUE) (v. ss 269), facilite, par la difficulté à la réunir, le processus décisionnel au lieu de le paralyser.

L'évolution de la construction communautaire, c'est à dire la fin de la période de transition, l'Acte unique, puis les traités de Maastricht, d'Amsterdam, de Nice et de Lisbonne, a consisté à transformer certaines de ces exigences d'unanimité en procédures de décision à la majorité qualifiée. C'est là le signe le plus clair de la « communautarisation » d'un domaine, c'est à dire de son inscription dans la logique de l'intégration.

Il peut être significatif d'envisager les dernières évolutions en la matière.

236. Avec ***le traité d'Amsterdam***, l'unanimité était encore d'application dans quarante-quatre cas, que l'on peut ranger en trois catégories :

D'abord un *domaine « constitutionnel »* communautaire, n'ayant pas vocation à disparaître au profit de la décision majoritaire, la nature même des décisions en matière d'élection du Parlement, de création de ressources ou de reconnaissance de nouveaux pouvoirs imposant logiquement cette exigence d'accord unanime (art. 190, § 4, 269, 308 CE).

Ensuite les *domaines de coopération* des deuxième et troisième piliers de l'Union, dans lesquels l'unanimité constituait aussi la procédure naturelle de prise de décision. La démarche de l'évolution apparaît plus globale ici : c'est le changement de nature, de logique de ces domaines, PESC et Coopération policière et judiciaire en matière pénale qui impliquera l'abandon de l'unanimité.

Enfin, le dernier ensemble pouvait être considéré comme celui des *décisions susceptibles de passer le l'unanimité à la majorité*, l'unanimité ne résultant que de la réticence de certains États membres ; c'était donc le champ encore ouvert aux progrès de la communautarisation : articles 93, 157, § 3, 175, § 2, CE…

237. ***Le traité de Nice***, même s'il ne satisfaisait pas aux vœux des présidences portugaise et française qui avaient identifié une cinquantaine de dispositions devant passer de l'unanimité à la majorité, a réalisé cependant, dès son entrée en vigueur, vingt-deux passages à la majorité (deux pour le TUE, vingt pour le TCE), cinq autres étant prévus mais différés ou suspendus à l'adoption d'actes ultérieurs.

238. ***Le traité de Lisbonne*** substitue la majorité qualifiée à l'unanimité pour une vingtaine de décisions du Conseil, dans les domaines de la liberté d'établissement, de la politique économique et monétaire, de l'espace de liberté, de sécurité et de justice, de la culture, de la politique commerciale commune, de même que pour certaines dispositions institutionnelles. Il crée, par ailleurs, une vingtaine de nouvelles bases juridiques prévoyant la majorité qualifiée.

Il met en place, de plus, des « clauses-passerelle » permettant de faciliter ce passage de l'unanimité à la majorité qualifiée dans des cas particuliers : art. 312 FUE (cadre financier pluriannuel) (Conseil européen) ; art. 153, § 2, FUE (politique sociale) ; art. 192, § 2, FUE (environnement) ; art. 81, § 3, FUE (coopération en matière civile) ; art. 31, § 3, UE (PESC) (Conseil européen) ; art. 333 FUE (coopérations renforcées). Il y a aussi une passerelle plus « large » : l'article 48, § 7, TUE (révision simplifiée) (Conseil européen) : passage à la majorité d'une disposition du TFUE ou du Titre V du TUE ou passage au sein du TFUE d'une procédure législative spéciale à la procédure législative ordinaire. Sont cependant prévues des réserves (inapplicable pour une décision à implication militaire ou dans le domaine de la défense) et l'exigence d'une intervention des parlements nationaux puisque l'opposition d'un parlement national dans les six mois empêche la décision d'entrer en vigueur.

L'article 238, § 4, FUE précise que l'abstention des membres présents ou représentés ne fait pas obstacle à l'adoption des délibérations du Conseil à l'unanimité, ce qui signifie qu'il s'agit d'une unanimité des suffrages exprimés, mais aussi qu'une politique « de la chaise vide » est susceptible de bloquer la procédure.

4° Le « compromis de Luxembourg » : le consensus sans vote

239. La mise en œuvre du vote majoritaire fut contestée par la France à la veille de sa généralisation (fin de la seconde étape de la période de transition, v. ss 10). Le volet principal de ce que l'on a appelé le « compromis de Luxembourg », qui mit fin à la crise le 30 janvier 1966, se lit comme suit :

> « I. Lorsque, dans le cas de décisions susceptibles d'être prises à la majorité sur proposition de la Commission, des intérêts très importants d'un ou plusieurs partenaires sont en jeu, les membres du Conseil, s'efforceront, dans un délai raisonnable, d'arriver à des solutions qui pourront être adoptées par tous les membres du Conseil, dans le respect de leurs intérêts mutuels et de ceux de la Communauté, conformément à l'article 2 du traité.
>
> II. En ce qui concerne le paragraphe précédent, la délégation française exprime que, lorsqu'il s'agit d'intérêts très importants, la discussion devra se poursuivre jusqu'à ce que l'on soit parvenu à un accord unanime.
>
> III. *Les six délégations constatent qu'une divergence subsiste* sur ce qui devrait être fait au cas où la conciliation n'aboutirait pas complètement. »

240. Ce texte (réintroduisant le droit de veto) qui, au demeurant, ne constitue qu'un « accord sur un désaccord » (passage en italique), ne saurait avoir juridiquement modifié les traités. Mais il est devenu, en quelque sorte, et notamment à l'occasion du premier élargissement, partie intégrante d'une sorte de « code de bonne conduite politique » admis par l'ensemble des États membres : personne ne contestait plus, en effet, l'impossibilité politique d'imposer à un État membre des décisions portant atteinte à ses « intérêts très importants ». Le véritable problème était d'éviter le recours abusif à ce « compromis ». Dans un premier temps, en effet, et sauf en matière budgétaire, ou pour des questions d'ordre tout à fait mineur, la recherche de l'unanimité devint la procédure normale de délibération, ce qui a contribué à accroître l'intransigeance des partenaires et conduit à un véritable blocage de l'activité législative du Conseil. Au sein du Conseil, on ne passait plus au vote (J. Kranz, « Le vote dans la pratique du Conseil des ministres des CE », *RTDE* 1982. 403) ; en effet, passer au vote et exiger l'unanimité alors que les traités prévoyaient la décision à la majorité qualifiée eût été une violation des traités. Après que les chefs d'État et de gouvernement eux-mêmes aient estimé qu'il fallait renoncer à la pratique qui consistait « à subordonner au consentement unanime des États membres la décision sur toute question » (« Sommet » de Paris du 10 déc. 1974), des progrès timides ont été obtenus, puis un véritable « coup d'arrêt » aux abus a été porté le 18 mai 1982 (sans que le compromis ait jamais été abrogé formellement), lorsque la majorité du Conseil a estimé que le « compromis de Luxembourg » n'était pas d'application pour une décision de gestion (fixation annuelle des prix agricoles, c'est-à-dire en réalité une décision d'importance). Enfin le retour à la pratique du vote au sein du Conseil devait être favorisé par la modification de son règlement intérieur intervenue le 20 juillet 1987, aux termes de laquelle : « Le Conseil procède au vote à l'initiative de son président. Le président est par ailleurs tenu d'ouvrir une procédure de vote à l'initiative d'un membre du Conseil ou de la Commission pour autant que la majorité des membres qui composent le Conseil se prononce en ce sens. »

Quoi qu'il en soit, la remise en cause du vote majoritaire a été l'élément déterminant de la « dérive intergouvernementale » du Conseil, ses membres oubliant là qu'ils constituent une institution communautaire et se comportant, dans l'exercice de leurs attributions, comme une conférence diplomatique.

Des procédures reproduisant la logique du compromis sont cependant apparues au sein même des traités. Le traité d'Amsterdam s'est inspiré de ce mécanisme dans deux secteurs : celui des coopérations renforcées (art. 40 UE et 11 CE), et dans les cas où le Conseil peut prendre des décisions à la majorité qualifiée en matière de PESC (art. 23, § 2, UE) : dans les deux cas, il s'agissait cependant moins d'un consensus sans vote que d'un changement d'autorité compétente, puisque le Conseil pouvait demander que la question soit alors soumise au Conseil européen en vue d'une décision à l'unanimité. Dans les traités actuels, on retrouve aussi ce type de procédure dans les cas d'*évocation* par le Conseil européen (v. ss 207).

II. Attributions

241. Classiquement, elles se prêtaient d'autant plus mal à une présentation synthétique qu'elles résultaient d'une foule de dispositions dispersées dans les traités (l'article 202 CE se contentait sobrement de prévoir que le Conseil « assure la coordination des politiques économiques générales des États membres » et « dispose d'un pouvoir de décision », le reste de la disposition se bornant à organiser la répartition des compétences d'exécution entre le Conseil et la Commission) (v. ss 290).

L'évolution fondamentale du modèle institutionnel entre le traité de Paris et les traités de Rome a consisté à déplacer le centre de gravité du système au profit du Conseil dont le rôle, d'accessoire dans la CECA, est devenu dominant dans la CEE, avant d'évoluer, désormais, vers une forme d'équilibre avec le Parlement européen.

Le traité de Lisbonne rend compte de cet équilibre en même temps qu'il définit plus nettement qu'auparavant les fonctions du Conseil : celui-ci « exerce, conjointement avec le Parlement européen, les fonctions législatives et budgétaires. Il exerce des fonctions de définition des politiques et de coordination conformément aux conditions prévues par les traités » (art. 16, § 1, UE).

Le Conseil apparaît avant tout comme un ***organe cumulant le pouvoir « législatif » et « budgétaire »***, qu'il partage avec le Parlement, et un pouvoir « gouvernemental », notamment en matière de politique extérieure et de pouvoir règlementaire (d'exécution). C'est dire qu'il est difficilement classable dans des catégories connues. Pour avoir un ordre d'idée quantitatif de l'activité du Conseil, on peut se référer aux différents actes auxquels ont abouti ces activités : en 2017, le Conseil a arrêté 131 règlements, dont 54 en codécision avec le Parlement ; il a adopté 18 directives, dont 14 en codécision avec le Parlement, et 406 décisions, dont 22 en codécision avec le Parlement.

Pour le reste, et au titre de ses prérogatives « gouvernementales », il faut souligner ***l'importance du rôle du Conseil en matière extérieure***, qu'il s'agisse de la conclusion des accords internationaux, de l'action extérieure, ou des responsabilités en matière de PESC (v. ss 541).

L'article 218 FUE indique que c'est le Conseil qui autorise l'ouverture de négociations extérieures, qui arrête les directives de négociation, qui autorise la signature et qui conclut les accords externes.

S'agissant globalement de l'action extérieure de l'Union, elle est élaborée, selon les lignes stratégiques fixées par le Conseil européen, par le Conseil des affaires étrangères qui en assure la cohérence (art. 16, § 6, UE).

La politique étrangère et de sécurité commune, qui reste soumise à des règles et procédures spécifiques est « définie et mise en œuvre par le Conseil européen et le Conseil, qui statuent à l'unanimité, sauf dans les cas où les traités en disposent autrement » (art. 24, § 1, UE). L'article 26, § 2, UE précise le rôle particulier du Conseil dans ce cadre : « Le Conseil élabore la politique étrangère et de sécurité commune et prend les décisions nécessaires à la définition et à la mise en œuvre de cette politique, sur la base des orientations générales et des lignes stratégiques définies par le Conseil européen ». Et lorsqu'une situation internationale exige une action opérationnelle de l'Union, la responsabilité du Conseil est claire puisque c'est alors lui qui « adopte les décisions nécessaires » (art. 28, § 1, UE).

Enfin, de manière traditionnelle, et dès les premiers traités communautaires, le Conseil s'est vu confier une ***mission générale de coordination*** entre les États membres et les Communautés. Au titre de l'article 26 CECA, il devait « harmoniser l'action de la Haute Autorité et celle des gouvernements responsables de la politique économique générale de leur pays » ; au titre de l'article 115 CEEA, « coordonner les actions des États membres et de la Communauté ». Surtout, au titre de l'article 202 CE, il assurait « une coordination des politiques économiques générales des États membres ».

On retrouve cette fonction dans le traité de Lisbonne, spécialement dans deux cadres. D'abord, la politique économique des États membres. L'article 121, § 2, FUE confère au Conseil la responsabilité d'élaborer, sur recommandation de la Commission, un projet pour les grandes orientations des politiques économiques des États membres et de l'Union ; il en fait rapport au Conseil européen. Celui-ci, sur la base du rapport du Conseil, débat d'une conclusion sur les grandes orientations des politiques économiques des États membres et de l'Union, et sur base de cette conclusion, le Conseil adopte une recommandation fixant ces grandes orientations et en informe le Parlement.

On peut ensuite considérer que le Conseil joue un rôle de coordination pour la coopération judiciaire en matière pénale et la coopération policière notamment en ce qu'il doit fixer les limites et conditions dans lesquelles ces deux coopérations peuvent se traduire par l'action d'agents d'un État membre sur le territoire d'un autre (art. 89 FUE).

§ 3. La Commission

Bernard (E.), « La Commission européenne », *Rép. communautaire*, Dalloz, 2012.
Blin (O.), « 50 ans de Commission européenne ou la légitimité intégrative en question... », in *Mélanges en hommage à Guy Isaac*, Presses de l'Université de sciences sociales de Toulouse, 2004, p. 287.
Jacqué (J.-P.), « La Commission européenne après Lisbonne. Déclin ou changement de paradigme ? », in *Europe(s), Droit(s) européen(s) : une passion d'universitaire. Liber amicorum en l'honneur du professeur Vlad Constantinesco*, Bruxelles, Bruylant, 2015, p. 241.
Jorda (J.), *Le pouvoir exécutif de l'Union européenne*, Aix, Presses universitaires d'Aix-Marseille, 2001.
Louis (J.-V.), « Des partis politiques et de l'élection du président de la commission », *CDE* 2013. 5.
Machini Camio (A.) et Machini Camio (F.), « La Commission », *Commentaire Mégret*, 2e éd., vol. 9, Bruxelles, Éd. de l'Université de Bruxelles, 2000, p. 191.
Pertek (J.), « Commission européenne. Organisation et fonctionnement » ; « Commission européenne. Pouvoirs », *J.-Cl. Europe*, fasc. 230 et 231.
Stancanelli (P.), « La Commission et le traité de Lisbonne », *RAE* 2009-2010/1, p. 11.
Hooghe (L.), *The European Commission and the integration of Europe*, Cambridge, Cambridge University Press, 2001.

242. Assignée à la représentation autonome de l'intérêt commun, et comme telle organe « révolutionnaire » du système de l'Union européenne, c'est aussi elle que la pratique a le plus affaiblie.

I. Organisation et fonctionnement

A. Composition et statut des membres

1° La répartition et le nombre des membres

243. À la suite du traité de Bruxelles (art. 11), qui a harmonisé les procédures de recrutement, et jusqu'à l'élargissement de 2004, la Commission se composait de 20 membres (art. 213 CE *[ex 157]*), le traité se bornant à préciser qu'ils ne pouvaient être choisis que parmi les nationaux des États membres, qu'aucun État membre ne pouvait avoir plus de deux nationaux au sein de la Commission, tout en en comptant au moins un. Dans la pratique, les sièges de commissaires avaient fait l'objet d'une répartition nationale, chacun des cinq « Grands » États disposant de deux sièges, les autres d'un seul.

Les perspectives d'élargissement ont alors conduit à un intense débat, la Commission étant considérée comme déjà surdimensionnée avec ses vingt membres, et ne pouvant, dès lors, pas fonctionner correctement avec les vingt-cinq ou trente commissaires promis par les futures adhésions. En effet, l'éparpillement des responsabilités qui résulte de l'augmentation constante du nombre des commissaires nuit à la cohérence des activités du collège et il est même permis de se demander si le principe de collégialité n'est pas remis en cause dès lors que chaque commissaire a tendance à considérer que son secteur de compétence relève de sa seule responsabilité. Ce thème avait déjà beaucoup occupé la CIG de 96, mais, à Amsterdam, les « grands États » avaient refusé la mise en place d'une Commission resserrée qui les aurait conduits à disposer chacun d'un commissaire de sa nationalité. Si bien que le *Protocole sur les institutions dans la perspective de l'élargissement de l'Union européenne* s'était borné à prévoir qu'en principe, à la date du prochain élargissement, la Commission ne comporterait pas plus d'un national par État membre, mais « à condition toutefois qu'à cette date la pondération des voix au sein du Conseil ait été modifiée… d'une manière acceptable pour tous les États membres », ce qui pouvait laisser craindre un maintien du *statu quo*.

244. Le traité de Nice est cependant parvenu à organiser un plafonnement du nombre de commissaires, moyennant la division du processus en deux étapes, celle de la représentation égalitaire, puis celle de la rotation égalitaire.

À partir de 2005 (date ramenée au 1er novembre 2004 par l'Acte d'adhésion), en effet, la Commission a été composée d'un national de chaque État membre (fin du privilège des grands États). Dans un second temps, la première Commission entrant en fonction postérieurement à la vingt-septième adhésion devait compter un nombre de commissaires inférieur au nombre d'États membres, ce « décrochage » étant particulièrement difficile à faire admettre par des « petits » États pour lesquels la présence d'un national à la Commission apparaît comme une compensation vis-à-vis de leur faible représentation au Conseil (songeons aux 4 voix sur un total de 345 promises au Luxembourg, pour une Union à 27 membres, par la *Déclaration relative à l'élargissement de l'Union européenne*). Il devait alors revenir au Conseil de déterminer à l'unanimité ce nombre et, surtout, les complexes modalités de la rotation égalitaire entre les États, le protocole sur l'élargissement de l'Union européenne adopté à Nice prévoyant notamment que la composition du collège doit toujours « refléter d'une manière satisfaisante l'éventail démographique et géographique de l'ensemble des États membres de l'Union ».

245. Le traité de Lisbonne a repris la stratégie progressive du traité de Nice, prévoyant que la Commission nommée entre l'entrée en vigueur de ce traité et le 31 octobre 2014 serait composée d'un ressortissant de chaque État membre, y compris son président et le haut représentant de l'Union pour les affaires étrangères et la politique de sécurité, qui en est l'un des Vice-présidents, ce qui est une originalité de cette composition, cet héritier du « ministre des Affaires étrangères » imaginé par le traité constitutionnel étant à la fois membre de la Commission, président d'une des formations du Conseil (Conseil des affaires étrangères), et « participant » aux travaux du Conseil européen.

À partir du 1er novembre 2014, la Commission devait comprendre un nombre de membres, y compris son président et le haut représentant de l'Union pour les affaires étrangères et la politique de sécurité, correspondant aux deux tiers du nombre d'États membres, à moins que le Conseil européen, statuant à l'unanimité, ne décide de modifier ce nombre. Pour une Union à vingt-sept membres, cela aurait fait dix-huit commissaires (dix-neuf pour une Union à vingt-huit), les États membres étant traités « sur un strict pied d'égalité » pour la détermination de l'ordre de passage et du temps de présence de leurs ressortissants au sein du collège ; en conséquence, l'écart entre le nombre total des mandats détenus par les ressortissants de deux États membres donnés ne devait jamais être supérieur à un (cf. art. 17, § 5, UE et art. 244 FUE). Sous cette réserve, chacune des Commissions successives devait être constituée de manière à « refléter d'une manière satisfaisante » l'éventail démographique et géographique de l'ensemble des États membres de l'Union. Par ailleurs, une Déclaration annexée au traité précisait que la Commission devrait prendre toutes les mesures utiles pour faire en sorte que les « réalités politiques, sociales et économiques de tous les États membres » soient pleinement prises en compte, même pour les pays qui ne comptent pas de ressortissant parmi les commissaires.

246. La perspective de ce nombre de commissaires inférieur au nombre d'États membres, non problématique en théorie vis-à-vis de la logique du système institutionnel puisque les commissaires ne représentent pas les intérêts de leur État d'origine au sein du collège et, à la limite, doivent oublier leur nationalité d'origine, a cependant, en pratique, toujours déplu aux petits États membres, dont les gouvernements et les opinions publiques ont du mal à ne pas trouver rassurante la présence d'un national au sein de la Commission. La ratification du traité de Lisbonne a été marquée par un référendum négatif en Irlande, le 13 juin 2008, et il a donc fallu convenir d'arrangements pour convaincre le gouvernement et le peuple irlandais de voter différemment lors du second référendum, organisé le 2 octobre 2009. L'Irlande étant un « petit » État, la question du décrochage du nombre de commissaires a donc constitué une sorte de monnaie d'échange et le Conseil européen, les 11 et 12 décembre 2008, a conclu qu'« à condition que le traité de Lisbonne entre en vigueur, une décision sera prise, conformément aux procédures juridiques nécessaires, pour que la Commission puisse continuer de comprendre un national de chaque État membre » (conclusions reprises par le Conseil européen des 18 et 19 juin 2009). L'accord s'engageait donc à prendre en compte les « préoccupations du peuple irlandais », mais renvoyait la solution juridique après la ratification irlandaise, de manière à permettre l'entrée en vigueur du traité de Lisbonne. Il restait alors à trouver les « procédures juridiques nécessaires » et il est apparu possible de ne pas procéder à une révision du traité. En effet, pour des circonstances exigeant une adaptation *a priori* technique, le traité a toujours prévu une possibilité de modifier le nombre de membres de la Commission. Avant le traité de Lisbonne, c'est le Conseil, à l'unanimité, qui disposait de cette compétence (art. 213, § 1, al. 2, CE) ; le traité de Lisbonne prévoit de façon comparable que le Conseil européen, statuant à l'unanimité, peut modifier le nombre de commissaires prévu par le traité pour la période postérieure au 1er novembre 2014, c'est-à-dire le nombre correspondant aux deux tiers du nombre d'États membres (art. 17, § 5, al. 1er, UE, *in fine*). Le Conseil européen a donc adopté une décision le 22 mai 2013 (décision 2013/272/UE, *JOUE* L 165/98 du 18 juin 2013) visant à la fois les engagements pris vis-à-vis de l'Irlande et la composition de la Commission à partir du 1er novembre 2014, l'article 1er de cette décision disposant que « La Commission est composée d'un nombre de membres, y compris son président et le haut représentant de l'Union pour les affaires étrangères et la politique de sécurité, égal au nombre d'États membres ». On peut être perplexe face à ce montage juridique jetant à bas une réforme institutionnelle décisive pourtant partie intégrante du traité de Lisbonne. La décision de 2013 promet certes un réexamen au vu des « effets sur le fonctionnement de la Commission » avant la nomination de la Commission en 2019, mais il est peu probable que ce réexamen revienne sur cette « version irlandaise » du traité.

2° La désignation des membres

247. Elle dépend des conditions imposées aux candidats et d'une procédure qui a profondément été modifiée au fil de l'évolution de l'intégration européenne, ce qui révèle que la nature et les fonctions de cette institution la situent au cœur du « modèle communautaire ».

a) Critères de désignation

248. Dans la logique de la mission assignée à la Commission, les traités ont toujours souligné comme principales conditions de fond devant présider au choix des commissaires leur « compétence générale » et les « garanties d'indépendance » qu'ils offrent (cf. art. 213 CE), ce qui tend, *a priori*, à privilégier « l'équation personnelle » des candidats plutôt que leur origine nationale. L'article 17, § 3, alinéa 2, UE issu du traité de Lisbonne ajoute parmi les critères de choix leur « engagement européen ».

b) Procédure de désignation

249. Cette procédure a été modifiée, ce qui est significatif de son importance, par les traités de Maastricht, d'Amsterdam, de Nice et de Lisbonne. Les axes de l'évolution sont clairement la recherche d'une *légitimité plus assurée* et d'une *efficacité renforcée* par le biais de la présidentialisation. Ces deux tendances dessinent en tous cas le profil d'une institution éminemment politique, contrairement à l'image que l'on a parfois d'elle.

Selon l'article 11 du traité de fusion des exécutifs, en 1965, repris dans le traité CEE (art. 158) « les membres de la Commission (étaient) nommés d'un commun accord par les Gouvernements des États membres » pour un mandat de quatre ans renouvelables. La simplicité de la formule ne doit pas masquer son ambiguïté : une véritable dérive « unilatéraliste » a caractérisé la pratique, les États membres se contentant d'entériner les propositions de chacun d'entre eux, ce qui pouvait conduire à considérer fâcheusement les commissaires comme les représentants de leurs États membres respectifs.

Le président et les vice-présidents (six pour une Commission de vingt membres) étaient nommés selon la même procédure pour deux ans, ce qui n'interdisait pas une grande stabilité, puisque Jacques Delors, notamment, a pu présider la Commission de 1984 à 1995.

Le Parlement européen a longtemps réclamé une association à cette procédure de désignation, qui lui paraissait découler de la logique du système institutionnel et d'une sorte de parallélisme des formes, puisqu'il pouvait, par la motion de censure, mettre fin aux fonctions de la Commission ; cette revendication a connu le succès en ***cinq étapes***.

250. D'abord, l'étape de la ***pratique symbolique*** : le président de la Commission, lors d'un renouvellement de cette dernière, présentait traditionnellement son programme au Parlement européen, qui ouvrait alors un débat clôturé par un vote ; dès 1983, le Parlement a intitulé ce vote, dans son règlement intérieur, « motion d'investiture », même si, intervenant après la nomination de la Commission, ce vote n'avait rien d'une véritable « investiture » dans un régime parlementaire.

251. Ensuite, l'étape décisive, de la ***consécration***, avec le traité de Maastricht, qui modifie profondément la procédure de désignation des commissaires, donnant au Parlement un pouvoir d'*approbation*. Le mandat de la Commission passe aussi à cinq ans, soit la même durée que celui du Parlement. Les Gouvernements des États membres désignent, d'un commun accord, après consultation du Parlement européen, la personnalité qu'ils envisagent de nommer président de la Commission. Ils désignent ensuite, en consultation avec le président désigné, les personnalités qu'ils envisagent de nommer commissaires. Président et commissaires désignés sont alors soumis, en tant que collège, à un vote d'approbation du Parlement, faisant plus nettement penser à une « investiture » d'un gouvernement par l'Assemblée dans un régime parlementaire classique, cette approbation permettant la nomination définitive, d'un commun accord, par les Gouvernements des États membres. Le Parlement, en organisant notamment de redoutables auditions individuelles pour les commissaires pressentis, a manifesté une claire volonté de rendre effective sa participation.

252. En troisième lieu, le Traité d'Amsterdam a mis en place un système de ***double approbation*** : le Parlement devait en effet approuver la désignation par les Gouvernements des États membres, d'un commun accord, de la personnalité qu'ils envisageaient de porter à la présidence de la Commission. Après que les Gouvernements, désormais d'un commun accord avec le président désigné (signe de présidentialisation de l'institution), aient choisi les personnalités pressenties pour être commissaires, on retrouvait le vote d'approbation du Parlement pour l'ensemble du collège, commandant la nomination par les Gouvernements.

253. Le traité de Nice a correspondu à la « ***communautarisation*** » de la procédure, puisque le « commun accord des gouvernements des États membres » a disparu. C'est le Conseil, réuni au niveau des chefs d'État et de gouvernement, et à la majorité qualifiée, qui désignait la personnalité qu'il envisageait de porter à la présidence, la désignation devant être approuvée par le Parlement. Le Conseil, à la majorité qualifiée, adoptait ensuite d'un commun accord avec le président désigné la liste des autres commissaires, conformément aux propositions de chaque État membre. Après l'approbation du collège par le Parlement, la nomination relevait alors de la compétence du Conseil, statuant toujours à la majorité qualifiée.

254. L'étape du traité de Lisbonne, reprenant ici intégralement le traité constitutionnel, est celle de l'***élection***, et même de l'élection politique, ce qui confirme, à quelques détails près, la logique parlementaire. Le président de la Commission est proposé par le Conseil européen, à la majorité qualifiée, « en tenant compte des élections au Parlement européen » (art. 17 UE) et est ensuite « *élu* par le Parlement européen à la majorité des membres qui le composent », ce qui implique de distinguer ces deux phases de proposition et d'élection.

– ***Proposition*** : le traité n'est finalement pas très contraignant pour le Conseil européen qui doit faire une proposition « en tenant compte » des élections européennes, et « après avoir procédé aux consultations appropriées ». Les partis politiques européens ont cependant joué crânement la carte de la logique parlementaire dès 2014, en désignant à l'avance leurs candidats « chefs de file » (« *spitzenkandidat* ») (les principaux étaient le libéral Jean-Claude Juncker préféré à Michel Barnier par le Parti populaire européen, et le socialiste Martin Schulz). L'opinion publique a cependant assez peu pris conscience de cette dimension des élections. Le résultat du vote a logiquement conduit à ce que Jean-Claude

Juncker soit désigné par le Conseil européen le 27 juin 2014, mais 26 membres sur 28 seulement ont soutenu ce choix ce qui montre que tous les chefs d'État ou de gouvernement ne se sentaient pas forcément liés par ce mécanisme du *spitzenkandidat*. Dès 2017, et en ayant en vue le renouvellement de 2019, certains membres du Conseil européen, comme le Président français, ont exprimé des réserves sur ce mécanisme, aboutissant à ce qu'à l'issue d'une réunion informelle des Chefs d'État ou de gouvernement, le 23 février 2018, le président du Conseil européen prévienne que celui-ci « ne peut garantir à l'avance qu'il proposera un des candidats en tête de liste pour la présidence de la Commission. Il n'y a pas d'automaticité dans ce processus ». On soit mesurer ici l'enjeu qui consiste à rester dans une logique plutôt intergouvernementale, ce que les Chefs d'État ou de gouvernement préfèreraient à l'évidence, par rapport à la solution beaucoup moins « contrôlable » du jeu politique et politicien.

– ***Élection*** : c'est une élection et non plus une « approbation », se faisant qui plus est à une majorité renforcée : jusque-là les approbations du Parlement étaient données à la majorité des suffrages exprimées alors que cette élection se fait désormais à la majorité des membres, ce qui renforce la légitimité du président de la Commission, ne serait-ce que vis-à-vis des autres commissaires. Le candidat proposé par le Conseil européen (Jean-Claude Juncker) a été élu par le Parlement européen le 15 juillet 2014, par 422 voix contre 250 oppositions. Pour autant, il s'agit d'une élection particulière puisqu'à candidat unique. Le traité (art. 17, § 7, UE) se contente d'indiquer qu'en cas d'échec, le Conseil européen propose un nouveau candidat dans un délai d'un mois, rien n'étant prévu pour l'hypothèse d'un refus réitéré sauf sans doute pour le Conseil européen à renouveler sa proposition jusqu'à aboutissement. Cette hypothèse n'est pas purement théorique : les réticences exprimées en 2018 par des membres ou le président du Conseil européen à propos du système du « *spitzenkandidat* » ont inquiété le Parlement européen, ce système relativisant le pouvoir de proposition du Conseil européen et valorisant symétriquement l'élection par le Parlement. Et si la transparence du processus n'est pas totale, la légitimité du président de la Commission en sort sans doute cependant renforcée. Le Parlement, par une résolution votée à une large majorité le 7 février 2018, s'est dit « prêt à rejeter tout candidat à la présidence de la Commission qui n'a pas été désigné *'Spitzenkandidat'* en amont des élections européennes » (Résolution P8 TA (2018)0030).

Les autres membres sont proposés par le Conseil, en accord avec le président élu, sur la base des suggestions des États membres. Le haut représentant de l'Union pour les affaires étrangères et la politique de sécurité, qui est l'un des vice-présidents de la Commission, est nommé par le Conseil européen, à la majorité qualifiée, avec l'accord du président de la Commission. Président élu, haut représentant de l'Union pour les affaires étrangères et la politique de sécurité nommé et commissaires proposés, en tant que collège, font alors l'objet d'un vote d'approbation du Parlement européen, la Commission étant ensuite nommée par le Conseil européen, à la majorité qualifiée.

3° Le statut des membres

255. Traduisant la nature même de la Commission et sa place parmi les institutions, l'article 213 CE précisait que les commissaires « exercent leurs fonctions en pleine indépendance dans l'intérêt général des Communautés ». La rédaction issue du traité de Lisbonne, pour être moins synthétique, respecte cette même logique. L'article 17, § 1, UE rappelle que la Commission « promeut l'intérêt général de l'Union », et son § 3, alinéa 3, précise qu'elle « exerce ses responsabilités en toute indépendance », ce qui implique de protéger les commissaires à la fois à l'égard des intérêts publics et des intérêts privés.

256. Cette indépendance, les traités s'efforcent, avant tout, de la garantir dans les rapports des commissaires avec les États membres : dans l'accomplissement de leurs tâches (et sous réserve de la situation particulière du haut représentant qui peut être mandataire du Conseil pour la politique étrangère et de sécurité commune), ils ne sollicitent ni n'acceptent d'instructions d'aucun gouvernement ni d'aucun organe ou organisme. En retour, cette indépendance est aussi une obligation pour les États membres qui se sont engagés à la respecter et à ne pas chercher à influencer les membres de la Commission (art. 245 FUE). L'indépendance de la Commission vis-à-vis des États membres s'exprime aussi dans le fait que sa responsabilité politique ne puisse être engagée que devant le seul Parlement européen (v. ss 335).

Au-delà, les commissaires se voient aussi interdire toutes activités incompatibles avec leurs fonctions, ce qui exclut, notamment, qu'ils soient membres d'un parlement national ou du Parlement européen.

257. Pour autant, il ne faut pas oublier que les membres de la Commission sont des hommes et des femmes politiques. Dès lors ils peuvent « participer à la politique » (selon les termes du code de conduite de la Commission) au niveau national (appartenance à un parti politique, participation à des campagnes électorales moyennant un « congé électoral non rémunéré ») comme européen pendant leur mandat. Le code de conduite du 31 janvier 2018 prévoit spécialement que les membres de la Commission pourront se présenter aux élections européennes et faire campagne sans se mettre en congé de l'institution (innovation actée par le Parlement européen le 7 février 2018). Ils peuvent de même être désignés comme « *spitzenkandidat* » par un parti politique européen.

258. S'agissant des intérêts privés, les commissaires ne peuvent exercer une autre activité professionnelle, rémunérée ou non, et doivent même s'abstenir d'accepter certaines fonctions ou certains avantages, après cessation de leur mandat, par devoir « d'honnêteté et de délicatesse » (art. 245 FUE), certaines affaires fâcheuses s'étant cependant réglées « à l'amiable ».

La violation de ces obligations ou toute « faute grave » ne peut être sanctionnée que par la Cour de justice, à la requête du Conseil (statuant à la majorité simple) ou de la Commission, la Cour pouvant prononcer une démission d'office ou la déchéance du droit à pension. On peut signaler la mansuétude de la Cour qui a constaté dans un arrêt *Commission c/Edith Cresson*, du 11 juillet 2006 (aff. C-432/04, *Rec.* I-6387) que celle-ci avait manqué à ses obligations mais que la simple constatation de ce manquement constituait une sanction appropriée, d'où le maintien des droits à pension.

Afin de concrétiser les obligations des traités et pour répondre aux graves critiques dont certains de ses membres étaient l'objet, la Commission a adopté, le 9 mars 1999, deux « codes de conduite », définissant des règles claires de comportement pour les commissaires et pour leurs relations avec les directions générales (cf. *Bull. UE* 3-1999, point 1.10.17). Au titre du Code de conduite, dès leur entrée en fonction et par la suite, les commissaires publient une déclaration de leurs intérêts financiers, éléments de patrimoine et activités du conjoint. Même si c'est symbolique, il faut aussi signaler que les commissaires nouvellement nommés prononcent un serment devant la Cour de justice, s'engageant à respecter leurs obligations. Une déclaration est également publiée pour les cadeaux d'une valeur supérieure à 150 euros faits aux commissaires. En 2016, « l'affaire *Barroso* » a troublé l'opinion, la Médiatrice européenne, et la Commission elle-même, avec une inédite pétition des fonctionnaires. L'ancien président de l'institution, de 2004 à 2014, ayant été recruté, après la cessation de ses fonctions, par la Banque d'affaire américaine Goldman Sachs (qui conseille notamment le gouvernement britannique dans les négociations du Brexit), le comité d'éthique *ad hoc*, le 31 octobre 2016, n'a pu cependant que constater que s'il s'agissait certainement là d'un choix « peu judicieux », le code de conduite avait été respecté, ce dernier prévoyant un « délai de refroidissement » de dix-huit mois entre la cessation des fonctions et ce genre d'embauche dans le secteur privé, indiscutablement lié aux anciennes fonctions de l'intéressé, le délai ayant été de vingt mois en l'espèce. Ceci a conduit la Commission, le 31 janvier 2018, à adopter un nouveau code de conduite (*JOUE* n° C 65/7 du 21 févr. 2018) plus strict. Le délai de refroidissement est porté à deux ans pour les anciens commissaires et trois ans pour un ancien président de la Commission. La portée du code de conduite est renforcée par la mise en place d'un comité d'éthique indépendant désormais permanent et la possibilité pour la Commission d'adresser un blâme public (pratique inaugurée par anticipation le 21 décembre 2016 à propos de l'ancienne commissaire N. Kroes). Des règles plus strictes ont été retenues quant aux intérêts financiers des commissaires. Ils seront tenus de déclarer tout investissement supérieur à 10 000 euros, qu'il puisse ou non y avoir conflit d'intérêt. En cas de conflit d'intérêt dû à un bien déterminé appartenant à un commissaire, le président sera habilité à demander la cession de ce bien ou son placement dans un trust aveugle. Le code définit aussi pour la première fois un tel conflit d'intérêt : « Il y a conflit d'intérêts lorsqu'un intérêt personnel peut influencer l'exercice indépendant de leurs fonctions. Les intérêts personnels comprennent notamment, mais pas exclusivement, tout bénéfice ou avantage potentiel pour eux-mêmes, leur conjoint, leur partenaire ou les membres en ligne directe de leur famille. Il n'y a pas de conflit d'intérêts lorsqu'un membre est concerné du seul fait qu'il appartient à la population dans son ensemble ou à une large catégorie de personnes ». Le souci de transparence conduit à une publication bimestrielle par la Commission des frais de mission de ses membres.

B. Organisation

1° Le président

259. Le rôle du président de la Commission (Jean-Claude Juncker pour 2014-2019), initialement d'ordre essentiellement administratif (convocation et présidence des réunions) et protocolaire (représentation de la Commission à l'extérieur), a progressivement acquis une dimension politique forte. Outre que le président siège à part entière au Conseil européen, le traité d'Amsterdam consacrait la « présidentialisation » de la Commission : non seulement le président intervenait dans le choix des autres commissaires, mais encore il était précisé qu'il « doit jouir d'un large pouvoir discrétionnaire dans l'attribution des tâches au sein du collège, ainsi que dans tout remaniement de ces tâches en cours de mandat » (*Déclaration nº 32 relative à l'organisation et au fonctionnement de la Commission*, insérée dans l'Acte final d'Amsterdam) et que « la Commission remplit sa mission dans le respect des orientations politiques définies par son président » (art. 219 CE).

Le traité de Nice a encore renforcé cette présidentialisation, le nouveau libellé de l'article 217 CE prévoyant que le président décide de l'organisation interne de la Commission, les responsabilités étant réparties par lui entre les commissaires. Le traité confirme qu'il peut remanier cette répartition en cours de mandat et il est précisé que les membres de la Commission exercent leurs fonctions sous son autorité, devant aussi présenter leur démission à sa demande, approuvée par le collège. Un arrêt du Tribunal du 12 mai 2015 (*Dalli c/ Commission*, aff. T-562/12, ECLI:EU:T:2015:270) a illustré, malgré un flou quant à la différence entre le pouvoir de démissionner d'office et celui de demander la démission, ce pouvoir classique d'un « chef de l'exécutif ». Le pourvoi à l'encontre de cette décision a été rejeté par la Cour de justice par ordonnance du 14 avril 2016, *John Dalli*, aff. C-394/15 P, ECLI:EU:C:2016:262. Autre signe de la maîtrise que l'on veut donner au président sur son équipe (à l'image de celle d'un chef de gouvernement), le nombre de vice-présidents qu'il peut nommer, là encore après approbation du collège, n'est plus fixé par le traité.

Le traité de Lisbonne a confirmé cette présidentialisation, par les nouvelles modalités d'élection du président par le Parlement, par le lien avec les élections européennes (v. ss 254), ce qui donne un *leadership* politique du président se matérialisant par ses *orientations politiques* (cf. en juillet 2014, les orientations politiques données par le Président Juncker : « Un nouvel élan pour l'Europe : mon programme pour l'emploi, la croissance, l'équité et le changement démocratique »), et des *lettres de mission* qu'il adresse à chaque commissaire. La « ligne politique » ainsi définie doit être prise en considération dans l'ensemble des activités de la Commission, ce qui est assuré au niveau du Collège comme en ce qui concerne l'administration de la Commission. Pour le Collège, se tiennent des « débats d'orientation » entre les commissaires, quatre à six fois par an. Quant à l'autorité de cette dimension politique sur les travaux des services administratifs, elle a pu notamment, à partir de 2014, se traduire par le fait que la réunion hebdomadaire entre Commissaire et Directeur général dépendant de lui (réunion dite « jour fixe ») se double d'une réunion « jour fixe stratégique », au moins une fois tous les deux mois, associant au Commissaire et au Directeur général un vice-président ainsi que le secrétariat général et le service juridique. L'autorité du président est également renforcée par le traité de Lisbonne en ce que celui-ci le libère notamment de l'obligation d'obtenir l'accord du collège pour la demande de démission des commissaires ou la nomination des vice-présidents (à l'exception du haut représentant). Une des innovations en 2014 a consisté à créer la fonction de premier vice-président. Il y a, dans la Commission nommée en 2014, sept vice-présidents (dont le premier vice-président et le haut représentant de l'Union pour les affaires étrangères et la politique de sécurité). La mission du président, de plus, est pour l'essentiel déterminée par le traité sur l'Union (art. 17, § 6) plus que par le traité sur le fonctionnement de l'Union (art. 248).

2° La spécialisation des commissaires

260. Malgré son caractère collégial, la Commission procède entre ses membres à une répartition relativement précise des tâches pour ce qui est de la préparation et de l'exécution des décisions ; chacun des membres a une responsabilité particulière pour un ou plusieurs des grands secteurs d'activité de la Communauté (commissaire aux transports, au commerce, à la concurrence, à l'environnement, affaires maritimes et pêche, aux affaires économiques et financières, fiscalité et douanes, au marché intérieur, industrie, entreprenariat et PME, à l'action pour le climat et énergie, à l'éducation, culture, jeunesse et sport, à la santé et sécurité alimentaire, à l'agriculture et développement rural, etc. cf. K. Van Miert, « La répartition des portefeuilles au sein de la Commission et le problème de la collégialité », in *Mélanges Dehousse*, p. 175) ; il a sous son autorité la ou les directions générales (au nombre de trente-et-une), et les services ou offices chargés de ces secteurs.

261. La présidentialisation de la Commission et la volonté du nouveau président, en 2014, d'en faire une institution plus politique a conduit à une réorganisation structurelle transcendant cette spécialisation : sur la base des priorités stratégiques identifiées dans le programme du président sont créées des « équipes de projet » regroupant plusieurs commissaire sous l'autorité d'un vice-président.

C. Fonctionnement et gouvernance

1° Le principe du fonctionnement collégial

262. Les traités, explicités par le règlement intérieur (C(2000) 3614, règlement intérieur du 29 nov. 2000, modifié par les décisions 2010/138 de la Commission du 24 févr. 2010, *JOUE* n° L 55/60 du 5 mars 2010, et la décision 2011/737, *JOUE* n° L 296/58 du 15 nov. 2011), et ses modalités d'application (décision du 24 juin 2013, C(2013)3837), par les méthode de travail définies en début de mandat (cf. la communication du président C(2014)9004 du 11 nov. 2014), ou la communication du président et du vice-président « La gouvernance au sein de la Commission européenne » du 11 octobre 2017 (document C(2017)6915) prévoient que le fonctionnement de la Commission est *collégial*. Autrement dit, tous les actes que les traités ou les règlements d'application confient expressément à la Commission – règlements, décisions, propositions – doivent être pris par la Commission elle-même. Il ne lui est pas possible de donner à l'un de ses membres, dans le domaine de sa responsabilité particulière, une délégation de pouvoir qui lui conférerait une indépendance comparable, par exemple, à celle d'un ministre dans son département. La méconnaissance de ce principe de collégialité constitue une violation des formes substantielles affectant la légalité d'un acte de la Commission (CJCE 15 juin 1994, *BASF*, aff. C-137/92, *Rec.* I-2555).

Pour éviter que ce système collégial ne conduise à un encombrement de ses réunions tel qu'elle serait paralysée, la Commission fait appel à diverses procédures. Tout d'abord, les délibérations sur les dossiers très importants ou particulièrement complexes sont préparées par des réunions *ad hoc* des membres les plus intéressés. Une réunion hebdomadaire des collaborateurs directs des commissaires (chefs de cabinet) examine les questions les plus techniques de son ordre du jour pour simplifier et accélérer les travaux. Pour les affaires les moins controversées, il est largement fait recours au système de la « procédure écrite » : les membres de la Commission reçoivent communication du dossier et de la proposition de décision ; si dans un délai déterminé ils n'ont pas présenté de réserve ou d'opposition, la proposition est réputée adoptée. Enfin, pour les mesures de gestion et d'administration courante, la Commission peut habiliter le membre responsable à les prendre en son nom, sous son contrôle (délégation de signature et non de pouvoir, ce qui a permis à la Cour de justice de valider ce procédé qui ne contredit pas le principe de collégialité, les décisions restant imputables au délégant, c'est-à-dire la commission dans sa collégialité : CJCE 23 sept. 1986, *Akzochemie*, aff. 5/85, *Rec.* 2585) : beaucoup des actes « répétitifs » de la politique agricole commune, par exemple, sont adoptés suivant cette procédure (CJCE 23 sept. 1986, *Akzochemie*, aff. 5/85, préc. ; pour un exemple d'admission d'une décision de retrait de financement communautaire par le seul Commissaire à la pêche, TPI 12 mars 2003, *Maja*, aff. T-254/99, *Rec.* II-757). Les décisions d'adresser un avis motivé et de saisir la Cour de justice, dans le cadre du recours en manquement, doivent en revanche être adoptées par le collège lui-même et ne constituent pas des mesures d'administration et de gestion (CJCE 29 sept. 1998, *Commission c/Allemagne*, aff. C 191/95, *Rec.* I-5449).

Seules donc les questions d'une certaine importance sont inscrites à l'ordre du jour des séances de la Commission, qui se réunit chaque semaine pendant une journée au moins. Dans la pratique, les commissaires se réunissent tous les mercredis à Bruxelles, sauf durant les sessions plénières du Parlement européen, pendant lesquelles cette réunion a lieu le mardi, et à Strasbourg.

Pour les questions les plus délicates, les commissaires siègent seuls, sans la présence d'aucun fonctionnaire à l'exception du secrétaire général. Pour les autres affaires, les fonctionnaires responsables peuvent être appelés en séance. Bien que les décisions de la Commission puissent être prises à la majorité, nombre d'entre elles sont l'expression d'un consentement unanime ; au demeurant, lorsqu'il y a vote, la minorité est, bien sûr, solidaire de la décision prise.

2° La gouvernance institutionnelle et administrative

263. Le secrétariat général, directement rattaché au président, gère le processus décisionnel collégial, et assure la coordination et l'efficacité de la Commission. Un conseil d'administration présidé par le Secrétaire général et réunissant les directeurs généraux et les cabinets chargés du budget, des ressources humaines et des technologies de l'information formule des orientations stratégiques et assure une surveillance sur la gestion institutionnelle et administrative.

264. La gouvernance de la Commission repose sur un « cadre de performance » combinant la fixation d'objectifs (la planification stratégique et de programmation permet de décliner les orientations politiques du président par des plans stratégiques pluriannels et des plans de gestion annuels pour chaque service de la Commission), l'affectation de ressources (budget et ressources humaines) en fonction de ces objectifs, un suivi et des rapports réguliers sur la réalisation des objectifs (un rapport annuel d'activité est établi par chaque service), et des évaluations régulières. Un contrôle interne est assuré, avec un service d'audit interne (SAI : ce service a remplacé en 2000 la fonction de contrôleur financier) qui aide la Commission à améliorer sa gouvernance en évaluant les processus de gestion de risques, de contrôle interne et de gouvernance, et un comité de suivi des audits (CSA) qui contrôle la qualité des travaux d'audit interne, veille à l'indépendance du SAI et au suivi des recommandations d'audit.

II. Attributions

265. Les traités n'ont jamais réussi à proposer une présentation synthétique satisfaisante pour les attributions de la Commission. C'est désormais l'article 17, § 1, UE qui donne la liste de ces fonctions de la Commission, dans le double cadre de l'Union européenne et d'Euratom :

> « La Commission promeut l'intérêt général de l'Union et prend les initiatives appropriées à cette fin. Elle veille à l'application des traités ainsi que des mesures adoptées par les institutions

en vertu de ceux-ci. Elle surveille l'application du droit de l'Union sous le contrôle de la Cour de justice de l'Union européenne. Elle exécute le budget et gère les programmes. Elle exerce des fonctions de coordination, d'exécution et de gestion conformément aux conditions prévues par les traités. À l'exception de la politique étrangère et de sécurité commune et des autres cas prévus par les traités, elle assure la représentation extérieure de l'Union. Elle prend les initiatives de la programmation annuelle et pluriannuelle de l'Union pour parvenir à des accords interinstitutionnels ».

L'approche est plutôt analytique et il importe d'ériger ici en majeure la première phrase de l'article : s'il est une fonction emblématique de la Commission, c'est celle de devoir promouvoir l'intérêt général de l'Union, et les attributions qui suivent, qui ne sont même pas exhaustives, d'autres pouvant apparaître dans d'autres dispositions des traités, ne font que décliner cette logique, que l'on synthétisera en trois missions caractéristiques. C'est directement parce qu'elle représente l'intérêt général de l'Union que la Commission exerce une *mission générale d'initiative* et une mission de « *garde des traités* » ; sa nature en fait par ailleurs un organe fondamentalement *exécutif.*

A. La Commission, organe d'initiative

1° La mission générale d'initiative

266. Garante de l'intérêt général de l'Union, la Commission est conçue comme l'institution « motrice » de l'intégration européenne dont elle doit conduire le développement. À cet effet, elle est chargée d'une « mission générale… d'initiative » (CJCE 26 févr. 1976, *SADAM*, aff. 88 à 90/75, *Rec.* 323). De fait, la philosophie des rédacteurs des traités apparaît clairement : à l'initiative de toutes les procédures importantes, on *doit*, le plus souvent, ou on *peut* trouver une proposition de la Commission, afin que le processus soit entamé sur des bases conformes à l'intérêt de l'Union, la prise en considération d'autres points de vue, notamment l'intérêt individuel des États membres, n'intervenant qu'ultérieurement. La politisation de l'institution, sans doute plus marquée avec le traité de Lisbonne (v. ss 259) ne doit pas être considérée comme portant atteinte à cette mission, la détermination de l'intérêt général de l'Union étant cependant peut-être un peu plus conditionnée par une « vision » de l'intérêt général de l'Union.

267. C'est ainsi que la Commission présente le projet de budget (art. 314 FUE) (alors qu'elle ne présentait qu'un « avant-projet » avant le traité de Lisbonne), qu'elle peut proposer une révision des traités (art. 48 UE), ou qu'elle demande au Conseil l'ouverture de négociations externes (art. 218, § 3, FUE).

Mais l'essentiel est assurément l'initiative législative.

2° Le pouvoir de proposition législative

Kovar (R.), « La Commission est en droit de retirer une proposition législative qu'elle ne reconnaît plus comme sienne », *CDE* 2015. 349.

Petite (M.), « Avis de temps calme sur l'article 189 A, § 1 : point d'équilibre entre le droit d'initiative de la Commission et le pouvoir décisionnel du Conseil », *RMUE* 1998. 197.

268. C'est *dans l'exercice du pouvoir normatif* que le pouvoir d'initiative de la Commission prend toute sa signification, dans la mesure où elle y bénéficie d'un quasi-monopole et où sa proposition est valorisée par le traité. Il convient cependant d'établir une distinction. Dans la version d'origine des traités de Rome, le pouvoir normatif n'était attribué qu'au Conseil, de sorte que le pouvoir de proposition de la Commission pouvait en même temps être analysé sous deux angles, celui du *poids de la proposition*, question de l'équilibre entre la représentation de l'intérêt général de la Communauté (Commission) et celle de l'intérêt des États membres (Conseil), illustrant le problème du caractère plus ou moins intégré ou intergouvernemental de la prise de décision, et celui du *monopole de la proposition*, révélant la philosophie de la prise de décision normative dans ce système.

Désormais, les deux questions peuvent être quelque peu dissociées, dans la mesure où la fonction législative n'est plus l'apanage du Conseil mais est partagée entre le Conseil et le Parlement européen (art. 14 et 16 UE).

a) Poids de la proposition vis-à-vis du Conseil

269. ***Difficulté pour s'écarter de la proposition de la Commission*** : selon l'article 293, § 1, FUE, lorsque le Conseil statue sur proposition de la Commission, il ne peut s'en écarter qu'à l'unanimité, sauf exceptions ; il sera donc souvent plus facile (la procédure de principe étant le vote à la majorité qualifiée) pour le Conseil de suivre la proposition que de l'écarter. Le Traité souligne, cependant, que cette exigence ne joue pas dans la procédure budgétaire ni dans le cadre de la conciliation au sein de la procédure législative, ce qui est bien significatif que dès lors qu'est plutôt en cause la relation privilégiée entre le Conseil et le Parlement, cette règle régissant les relations Commission/Conseil est écartée.

270. ***Facilitation de la décision sur base d'une proposition de la Commission*** : autre élément de valorisation de la proposition de la Commission, lorsque le Conseil se prononce à la majorité qualifiée, le label d'intérêt général de l'Union lié à la présence d'une proposition de la Commission va conduire à faciliter la prise de décision si le Conseil se prononce sur la base d'une telle proposition. Dans le système s'appliquant depuis le 1er novembre 2014, les articles 16, § 4, UE et 238, § 2, FUE fixent les conditions de la majorité qualifiée au Conseil à 55 % des membres du Conseil et 65 % de la population de l'Union s'il statue sur proposition de la Commission (ou du haut représentant), et si ce n'est pas le cas, il faudra réunir au moins 72 % des États membres représentant au moins 65 % de la population de l'Union.

271. ***Maîtrise de sa proposition par la Commission*** : la Commission peut modifier, voire retirer sa proposition tant que le Conseil n'a pas statué (art. 293, § 2, FUE). Ceci est un élément de souplesse, pouvant revêtir une double dimension.

Une *dimension technique* d'abord, conduisant au retrait de propositions devenues caduques notamment en raison d'un changement de circonstances ou à l'occasion de l'entrée en fonction d'une nouvelle Commission « nettoyant » l'agenda législatif des propositions non encore examinées.

Une *dimension politique* ensuite, dans deux cadres.

Récemment, la procédure de contrôle du respect de la subsidiarité (art. 7 du *Protocole n° 2 sur l'application des principes de subsidiarité et de proportionnalité*) permet à la Commission de retirer une proposition à la suite d'un « carton jaune » adressé par les parlements des États membres (v. ss 170).

Mais c'est surtout le cadre du débat législatif qui est important, en ce que ce droit de retrait permet à la Commission d'arriver à ses fins, en adaptant son texte ou en le retirant en cas de contexte défavorable, ce qui a, dès l'origine, pu donner une position politiquement centrale de la Commission au sein des débats du Conseil. En d'autres termes, les États membres, s'ils ont des opinions divergentes, ne peuvent arriver à une décision majoritaire que s'ils rejoignent la proposition de la Commission, sans pouvoir y apporter de changements ; dans un tel cas, seule la Commission peut modifier sa proposition afin de permettre cette connexion. Celle-ci acquiert ainsi un véritable pouvoir de négociation au sein du Conseil où elle peut jouer en permanence le rôle d'« honnête courtier », de conciliateur entre les gouvernements, où elle peut aussi exercer l'impulsion et la pression nécessaires pour dégager des formules d'entente, voire s'opposer à toute décision, par le retrait pur et simple de sa proposition (par exemple, le 3 mai 1989, la Commission a retiré sa proposition de directive relative au droit de séjour généralisé). L'extension de la codécision (entre le Conseil et le Parlement) a cependant transformé ce rôle, la place de la Commission au sein des travaux du Conseil devenant moins déterminante puisque le centre de gravité du jeu législatif est désormais plutôt lié aux conditions du dialogue entre le Conseil et le Parlement européen. Le « pouvoir de négociation » de la Commission est donc désormais, pour elle, situé aussi dans les points d'appui qu'elle peut avoir auprès du Parlement (cf. à cet égard l'Accord-cadre sur les relations entre le Parlement européen et la Commission européenne du 20 octobre 2010, *JOUE* n° L 304/47 du 20 nov. 2010 ; et l'accord entre le Parlement européen et la Commission européenne portant modification du point 4 de l'Accord-cadre sur les relations entre le Parlement européen et la Commission européenne (*JOUE* n° L 45/46 du 17 févr. 2018). C'est dans ce contexte renouvelé que la Cour de justice a dû se prononcer sur l'utilisation par la Commission de son droit de retrait des propositions, la question étant de savoir si elle pouvait avoir une sorte de droit de veto par un tel retrait qui serait consécutif à un accord entre les deux détenteurs du pouvoir législatif, accord que le retrait réduirait à néant. La Cour avait déjà évoqué ce droit de retrait (CJCE 14 juill. 1988, *Fédiol*, aff. 188/85, *Rec.* 4221) mais jamais dans ce cadre sensible, un *modus vivendi* mou ayant jusque-là permis aux trois protagonistes de s'entendre à l'amiable, le Parlement ayant une position changeante et assez malaisée, initialement en faveur du droit de retrait de la Commission, puis beaucoup plus réservée dès lors qu'il a acquis un statut de colégislateur. L'affaire concernait la procédure à utiliser pour octroyer des aides aux pays tiers (art. 212 FUE), la proposition de la Commission prévoyant pour cet octroi l'adoption de mesures d'exécution par elle-même, alors que les deux colégislateurs, après quelques divergences, se sont accordés sur le recours à la procédure législative. Considérant que sa proposition était dénaturée, la Commission l'a alors retirée. Le Conseil (et non le Parlement) a alors saisi la Cour. Dans son arrêt du 14 avril 2015, *Conseil c/ Commission*, aff. C-409/13, ECLI:EU:C:2015:217, la Cour a confirmé le droit de retrait pour la Commission dès lors que le Conseil ne s'est pas prononcé (ce qui révèle que ce droit de retrait ne peut jouer qu'en première lecture de la procédure législative, la deuxième lecture se faisant sur la base d'une position arrêté par le Conseil), et dans le respect du principe de coopération loyale, ce qui implique un dialogue préalable avec les législateurs (pas de retrait brutal). Le contrôle mené par la Cour de manière à ce que ce retrait ne soit pas assimilable à un pur et simple droit de veto consiste à exiger de la Commission une motivation de cet acte (en l'occurrence, la dénaturation de la proposition est admise par la Cour qui rejette le recours du Conseil.)

272. ***Tempérance dans la pratique du pouvoir de proposition*** : le rôle que les auteurs des traités ont ainsi voulu confier à la Commission dans le processus décisionnel s'est d'abord notablement transformé dans la pratique, et même avant que la promotion du Parlement européen ne fasse « bouger les lignes ». On peut identifier une tempérance qualitative et quantitavive.

Qualitativement, dès les années soixante-dix, on a pu constater l'érosion du pouvoir d'initiative de la Commission et la modification de son pouvoir de négociation (J.-L. Dewost, « Les relations entre le Conseil et la Commission dans le processus de décision communautaire », *RMC* 1980, p. 289). La Commission a, dans le souci louable de les voir accepter, introduit dans l'élaboration de ses propositions un élément de « pré-négociation » (utilisation de l'instrument de la *communication* qui sert à effectuer un sondage politique du Conseil, ou du *document de travail* des services, qui sont discutés dans les groupes ou au COREPER) qui, d'une part, a retardé la mise au point de certains textes, d'autre part, a conduit à n'accepter des textes que sur la base du plus petit commun dénominateur. Il en est résulté que la vision et la perspective « communautaires » dont la Commission devait être garante ont été trop souvent méconnues.

Quantitativement, le programme « mieux légiférer » qui est devenu à l'aube des années 2000 une préoccupation majeure de l'Union européenne (v. ss 662) s'est traduit par la volonté de la Commission de réduire sensiblement le nombre de ses propositions.

b) Monopole de la proposition

273. ***Maintien du monopole de la proposition législative*** : initialement, l'obligation, quasi systématique, du Conseil de ne se prononcer que sur proposition de la Commission correspondait à l'idée que le pouvoir normatif (« législatif ») largement dévolu au Conseil, d'essence intergouvernementale, n'était en effet concevable, dans un cadre d'intégration, que moyennant cette préalable prise en compte de l'intérêt communautaire, sur la base duquel pouvait alors se développer la discussion des intérêts nationaux. Ce caractère quasi systématique ne concernait bien sûr que le pilier communautaire dans l'Union précédant le traité de Lisbonne. Pour le 2e pilier (PESC), c'était le Conseil qui avait l'initiative des stratégies communes et il était simplement prévu que le Conseil puisse demander à la Commission de lui présenter des propositions pour la mise en œuvre d'une action commune. Au sein du 3e pilier, l'initiative était partagée entre la Commission et « tout État membre ».

Ce principe du monopole d'initiative décisionnelle de la Commission est clairement maintenu en tant que tel par le traité de Lisbonne, du moins pour la fonction législative : « un acte législatif de l'Union ne peut être adopté que sur proposition de la Commission, sauf dans les cas où les traités en disposent autrement » (art. 17, § 2, UE).

On trouvera spécialement des cas de partage de l'initiative entre la Commission et les États membres dans les anciens deuxième et troisième piliers : pour la politique de sécurité et de défense commune, l'initiative est partagée entre le haut représentant de l'Union pour les affaires étrangères et la politique de sécurité et un État membre (art. 42, § 4, UE) ; pour l'espace de liberté, de sécurité et de justice, la Commission partage, pour certains domaines (coopération judiciaire pénale et coopération policière notamment) l'initiative avec les États membres (un quart des États membres) (art. 76 FUE).

Le partage se fait, ailleurs, entre la Commission et la Banque centrale européenne, dans plusieurs domaines relevant de l'Union économique et monétaire (art. 129, § 4, FUE, 219, § 1, FUE), mais on ne se situe pas là, certainement, dans un domaine législatif mais simplement gouvernemental ; il faut d'ailleurs signaler que dans ce domaine, l'initiative de la Commission ne correspond pas toujours à une « proposition », mais une « recommandation » (art. 121, 126, § 13, 219, § 1, 2 et 3, FUE).

Le principe et l'exception sont inversés pour les actes non législatifs : pour les « autres actes », en effet, l'initiative appartient à la Commission « lorsque les traités le prévoient » (art. 17, § 2, UE) (ces actes « exécutifs » seront toutefois souvent pris par la Commission elle-même).

274. ***Aménagements au monopole de proposition*** : dans un système répondant de plus en plus aux canons de la démocratie, le monopole de l'initiative législative de la Commission peut heurter. Se sont donc développées des solutions de compromis tentant de combiner un monopole significatif du modèle communautaire intégré et la logique démocratique, sous forme de *droits d'initiative indirects.*

275. C'est le cas d'abord, pour le *Parlement européen,* qui peut, depuis le traité de Maastricht, demander à la Commission de présenter une proposition. Avec le traité de Lisbonne, il peut « à la majorité des membres qui le composent, demander à la Commission de soumettre toute proposition appropriée sur les questions qui lui paraissent nécessiter l'élaboration d'un acte de l'Union pour la mise en œuvre des traités » (art. 225 FUE). Et le traité de Lisbonne d'ajouter dans la même disposition une pression supplémentaire, précisant que « si la Commission ne soumet pas de proposition, elle en communique les raisons au Parlement européen ». Certes, cette disposition ne va guère au-delà du droit qu'accordait déjà en la matière le traité (aujourd'hui art. 241 FUE) au Conseil. On peut cependant noter que le Parlement en vient parfois à rédiger dans le détail une proposition législative : ainsi de la *Résolution du 9 juin 2016 pour une administration de l'Union européenne ouverte, efficace et indépendante* (2016/2610(RSP) demandant à la Commission d'examiner une proposition de règlement jointe à la Résolution et de l'inscrire dans son programme de travail de l'année 2017, ce qu'elle a refusé de manière argumentée (v. ss 670). Dans le même esprit, il convient de rappeler qu'en vertu de l'article 135 FUE, pour les questions relevant de plusieurs dispositions relatives à l'Union économique et monétaire, « le Conseil ou un État membre peut demander à la Commission de formuler, selon les cas, une recommandation ou une proposition. La Commission examine cette demande et présente ses conclusions au Conseil sans délai ». Pas plus qu'en vertu des deux dispositions précitées, la Commission n'est ici obligée de faire une proposition sur demande du Parlement, et, de plus, la pratique antérieure voyait déjà le Parlement suggérer à la Commission de prendre certaines initiatives, mais cette procédure ouvre cependant la voie à des pressions politiques, voire juridictionnelles renforcées.

276. C'est ensuite le cas, avec le traité de Lisbonne, de l'*initiative citoyenne.*

– ***Cadre juridique*** : L'article 11, § 4, UE disposant que :

« Des citoyens de l'Union, au nombre d'un million au moins, ressortissants d'un nombre significatif d'États membres, peuvent prendre l'initiative d'inviter la Commission européenne, dans le cadre de ses attributions, à soumettre une proposition appropriée sur des questions pour lesquelles ces citoyens considèrent qu'un acte juridique de l'Union est nécessaire aux fins de l'application des traités ».

Les modalités, selon l'article 24, alinéa 1er, FUE, devaient être précisées par un règlement adopté selon la procédure législative, ce qui a été fait le 16 février 2011, le Parlement européen et le Conseil arrêtant le règlement n° 211/2011 relatif à l'initiative citoyenne (*JOUE* n° L 65/1 du 11 mars 2011) applicable à compter du 1er avril 2012. Il prévoit la constitution d'un comité de citoyens (au moins sept citoyens résidant dans au moins sept États membres différents ; les organisations ne peuvent le faire mais peuvent soutenir une initiative) qui doit d'abord demander à la Commission d'enregistrer sa proposition d'initiative ; la Commission dispose alors pour ce faire de deux mois et rend publique cette proposition ; le comité dispose ensuite de douze mois pour réunir au moins un million de déclarations de soutien de citoyens provenant d'au moins un quart des pays de l'Union, et ayant recueilli, dans chacun de ces États, un minimum fixé par une annexe du règlement (par exemple 55 500 signatures minimum pour la France) ce qui doit ensuite être validé par les autorités nationales (dans chaque État membre, des autorités sont identifiées à cette fin), après quoi le comité de citoyens peut présenter l'initiative citoyenne à la Commission, laquelle dispose de trois mois pour exposer dans une communication ses conclusions juridiques et politiques et organiser une audition publique au Parlement européen permettant au comité de présenter l'initiative citoyenne.

Comme c'est le cas en matière d'initiative indirecte, la Commission n'est cependant pas tenue d'adopter une proposition. Si elle n'entend pas agir, la Commission devra toutefois motiver son refus.

Le 13 septembre 2017, la Commission a proposé une réforme du règlement de 2011 (COM(2017)482) de manière à rendre l'initiative citoyenne plus accessible et moins lourde. L'âge requis pour soutenir une initiative serait ainsi abaissé à 16 ans et de multiples dispositifs d'assistance et d'information permettraient d'encourager ces initiatives. Le Conseil a défini sa position le 28 juin 2018, approuvant de façon générale ces modifications mais préférant en rester au système précédent quant à l'âge requis (à savoir l'âge permettant de voter aux élections européennes).

– ***Pratique*** : une cinquantaine d'initiatives ont été lancée entre 2012 et 2018 et quatre sont arrivées à recueillir le soutien requis. La première, portant sur *l'accès à l'eau potable*, a donné lieu à une communication de la Commission le 19 mars 2014 dans laquelle celle-ci annonçait un renforcement de la législation et l'organisation d'une consultation publique sur le sujet. Des initiatives législatives en ont résulté (par exemple une proposition de révision de la directive sur l'eau potable adoptée par la Commission le 1er février 2018, COM(2017)753). La deuxième (« *un de nous* »), relative à la dignité humaine et au droit à la vie (problème de l'utilisation d'embryons humains dans la recherche notamment), a fait l'objet d'une communication du 28 mai 2014 dans laquelle la Commission a décidé de ne pas présenter de proposition législative. La troisième initiative clôturée visait à *interdire la vivisection* et la Commission, dans une communication du 3 juin 2015 a estimé que la législation en vigueur (directive 2010/63/UE) est un cadre tout à fait approprié tenant compte des préoccupations traduites par l'initiative citoyenne. La Commission a simplement organisé une conférence scientifique sur le sujet. La troisième initiative réussie demandait *l'interdiction du glyphosate* et la Commission, dans une communication du 12 décembre 2017, n'a pu que rappeler le renouvèlement de l'autorisation accordée à cet herbicide le 27 novembre 2017. En revanche, elle a admis que ce dossier avait posé le problème des expertises scientifiques et a indiqué qu'elle présenterait des propositions pour modifier la législation alimentaire quant à la transparence de l'évaluation des risques. Une consultation publique a été lancée le 23 janvier 2018 et une proposition de révision du règlement sur la législation alimentaire générale a été adoptée le 17 avril 2018 (COM(2018)179).

– ***Contentieux*** : l'article 4, paragraphe 2, sous b), du règlement (UE) n° 211/2011 soumet l'enregistrement d'une proposition d'initiative citoyenne par la Commission à la condition que cette proposition ne soit pas « manifestement en dehors du cadre des attributions de la Commission en vertu desquelles elle peut présenter une proposition d'acte juridique de l'Union aux fins de l'application des traités ». Le Tribunal, dès 2015, a dû contrôler des refus d'enregistrements par la Commission et a posé les grands axes et la logique propres à ce nouveau type de contentieux lié aux bases juridiques, que l'on pourrait qualifier de contentieux de la base juridique envisageable (v. ss 111) : dès l'arrêt du 30 sept. 2015, *Anagnostakis*, aff. T-450/12, EU:T:2015:739, le Tribunal tient particulièrement compte de la fonction du dispositif (renforcer la citoyenneté européenne et améliorer le fonctionnement démocratique de l'Union par une participation des citoyens à la vie démocratique de l'Union) dans son appréciation sourcilleuse du respect des exigences de motivation posées par l'article 296 FUE par la Commission, ce qui est en phase avec sa jurisprudence selon laquelle ce contrôle de la motivation doit tenir compte être appréciée au regard non seulement du libellé, mais aussi du contexte de l'acte en cause (Ord. du 14 nov. 2013, *J c/Parlement*, aff. C-550/12 P, ECLI:EU:C:2013:760, point 19). En revanche, il va refuser une interprétation laxiste qui aurait consisté à supprimer toute exigence au nom de l'objectif de débat démocratique associé à l'initiative citoyenne. Dans l'affaire *Costantini* (arrêt du 19 avr. 2016, aff. T-44/14, ECLI:EU:T:2016:223), les requérants soutenaient que l'interprétation stricte de cette condition de l'article 4, paragraphe 2, sous b) méconnaissait les objectifs mêmes de l'initiative citoyenne ; ils invoquaient trois arguments au soutien d'un contrôle réduit de la Commission lorsqu'elle doit enregistrer ou non une initiative. La Commission devrait se limiter à vérifier si « le fond de l'initiative porte sur un sujet sur lequel le comité des citoyens et les institutions peuvent dialoguer » : un contrôle ainsi orienté et limité serait conforme à « l'objectif du mécanisme de l'initiative citoyenne, qui est d'accroître la participation démocratique des citoyens » ; la Commission devrait ensuite tenir compte du caractère de néophytes et non spécialistes en droit de l'Union des membres des comités de citoyens ; le règlement, enfin, en n'excluant qu'une proposition « manifestement » en dehors du champ de l'Union, devrait inciter à la bienveillance la Commission en raison du caractère très souvent controversé de la recherche de base juridique appropriée. Le Tribunal va rappeler que la condition de l'article 4, § 2, b, du règlement doit être appréciée à l'aune de l'article 5 UE, c'est-à-dire le principe d'attribution régissant la délimitation des compétences de l'Union, et de l'article 13, § 2, UE, déclinant le principe quant aux attributions des différentes institutions. Le principe de base régissant le raisonnement du Tribunal est que l'objectif de participation démocratique des citoyens de l'Union sous-jacent au mécanisme de l'initiative citoyenne est indéniable et digne de respect, mais qu'il ne saurait faire échec au principe des compétences d'attribution ni autoriser l'Union à légiférer dans un domaine pour lequel aucune compétence ne lui a été attribuée: le mécanisme de l'initiative citoyenne européenne n'a pas pour objet ou pour objectif d'initier un simple dialogue entre les citoyens et les institutions, mais d'inviter la Commission, dans le cadre de ses attributions, à soumettre une proposition d'acte.

B. La Commission « gardienne des traités »

277. Selon l'article 17 UE, la Commission « veille à l'application des traités ainsi que des mesures adoptées par les institutions en vertu de ceux-ci ». Garante de l'intérêt général de l'Union, c'est dans la logique même de l'intégration que soit chargé d'une telle mission un organe de l'Union (cf. rapports R. Kovar et W. Much, in *La Commission et l'élargissement de l'Europe*, colloque de Liège, 1972, p. 65 et 101). Mais si cela conduit la Commission à *veiller au respect* des traités, la même logique lui donne le rôle principal pour *contrôler les dérogations* admises par le droit de l'Union.

1° Contrôle du respect des traités

278. À cette fin, la Commission doit posséder, d'une part, des pouvoirs efficaces d'*information*, et d'autre part, des moyens *d'action.*

a) Pouvoirs d'information

279. L'obligation pour les États membres de communiquer à la Commission des renseignements, de lui notifier des mesures ou des projets de mesures, ou de lui signaler des situations de fait ou de droit, procède d'abord de certains fondements à caractère particulier.

Ce particularisme peut être *matériel*, au sens où dans certains domaines, les États membres sont tenus d'adresser des informations à la Commission : ainsi de l'article 108, § 3, FUE aux termes duquel « la Commission est informée en temps utile pour présenter ses observations des projets tendant à instituer ou modifier des aides » ; de même avec l'article 121, § 3, alinéa 2, FUE enjoignant aux États membres de transmettre à la Commission des informations sur les mesures importantes qu'ils ont prises dans le domaine de leur politique économique.

Le particularisme peut être *formel* et lié à l'utilisation de certains instruments : les directives, notamment, contiennent toujours une disposition, devenue quasiment une clause de style, qui exige des États membres qu'ils notifient à la Commission les mesures qu'ils auront prises pour se conformer à ces directives.

Mais ces deux types de fondements particuliers ne parviennent pas à conférer à la Commission un véritable droit général à l'information.

On pourrait croire qu'un tel fondement général existe, à l'article 337 FUE : « Pour l'accomplissement des tâches qui lui sont confiées, la Commission peut recueillir toutes informations et procéder à toutes vérifications nécessaires, dans les limites et conditions fixées par le Conseil, statuant à la majorité simple ». S'il est vrai que cette disposition précise les pouvoirs d'information de la Commission, en les étendant aux vérifications sur place, il n'y a pas de consensus pour lui reconnaître ce rôle de fondement général au droit d'information de la Commission. Comme la Commission et l'Avocat général Reischl l'ont remarqué, dans l'affaire 188 à 190/80 (CJCE 6 juill. 1982, *France, Italie, Royaume-Uni c/Commission, Rec.* 2545), il serait illogique, voire « absurde » de soumettre au Conseil les conditions d'une information de la Commission par les États membres. Une telle analyse revient à limiter la portée *intuitu personae* de l'article 337 aux entreprises et autres tiers. La Cour a donc utilisé, pour donner une portée vraiment générale à ce droit de la Commission à l'information, véritable pouvoir, les obligations de coopération loyale exprimées à l'article 10 CE (aujourd'hui art. 4, § 3, UE). Opérant un rapprochement entre la mission de la Commission consistant à veiller à l'application du droit de l'Union, telle que l'exprime l'article 17 UE, et le devoir, mentionné à l'article 4, § 3, UE, pour les États membres, de « faciliter l'accomplissement par l'Union de sa mission », la Cour en déduit une obligation des États de communiquer à la Commission toute information qu'elle leur demanderait (CJCE 24 mars 1988, *Commission c/Grèce*, aff. 240/86, *Rec.* 1835), ou de collaborer de bonne foi à toute enquête de la Commission (CJCE 11 déc. 1985, *Commission c/Grèce*, aff. 192/84, *Rec.* 3967) (v. ss 177).

b) Moyens d'action

280. La Commission, sur base de ces informations, dispose de moyens d'action pour assurer le respect du droit de l'Union par les particuliers, par les États membres, et par les autres institutions de l'Union.

281. ***Vis-à-vis des particuliers***, les violations du droit de l'Union sont principalement sanctionnées par les autorités des États membres, en vertu de leur obligation de coopération, car l'article 10 CE (aujourd'hui art. 4, § 3, UE) « impose aux États membres de prendre toutes mesures propres à garantir la portée et l'efficacité du droit communautaire » (CJCE 21 sept. 1989, *Commission c/Grèce*, aff. 68/88, *Rec.* 2965) ce qui inclut l'obligation de prendre les sanctions appropriées (v. ss 1071). La Communauté dispose cependant ponctuellement d'un pouvoir de sanction et c'est alors la Commission qui exerce cette compétence, dépourvue en toute hypothèse d'un caractère pénal, sanctions non pécuniaires pour Euratom, sanction pécuniaires pour l'Union, notamment en matière de concurrence (v. ss 1066), ces sanctions étant parfois spectaculairement élevées (amende de 2,42 milliards d'euros pour Google en juin 2017, ou de 2,93 milliards pour le « cartel des camions » en juillet 2016...)

282. ***Vis-à-vis des États membres***, seul un contrôle « communautaire » était conforme à la nature de l'intégration : outre certaines procédures spéciales (art. 96 et 108 FUE), la Commission dispose de la procédure générale d'infraction (art. 258 et 259 FUE) qui lui permet, au terme d'une instance précontentieuse significative de l'éminence de son rôle, de saisir la Cour de justice pour faire constater les « manquements » qu'elle leur reproche (v. ss 1325 à 1327). Dans l'ensemble de cette procédure, la Commission jouit d'un pouvoir discrétionnaire d'appréciation sur l'opportunité des poursuites.

283. ***Vis-à-vis des autres institutions de l'Union***, la Commission dispose de diverses possibilités pour assurer le respect du droit de l'Union. Elle est un « requérant privilégié » dans le cadre du recours en annulation (art. 263 FUE), pouvant à ce titre demander à la Cour de justice le contrôle de légalité d'un acte du Conseil, par exemple, sans avoir d'intérêt particulier à agir. Elle peut aussi agir en carence, lorsque l'inaction d'une institution la conduit à ne pas respecter les traités (art. 265 FUE). Elle peut enfin demander l'avis de la Cour de justice quant à la compatibilité d'un accord externe envisagé avec le droit de l'Union (art. 218, § 11, FUE).

2° Contrôle des dérogations aux traités

284. C'est la Commission qui assure la gestion des « clauses de sauvegarde », c'est-à-dire qui autorise, dans certains cas particuliers, des mesures dérogatoires aux traités. Ici encore, la nature du système d'intégration interdisait que les États décident eux-mêmes pour ces instruments de souplesse et de pragmatisme. Aujourd'hui que la plupart des clauses générales de sauvegarde sont devenues caduques avec l'expiration de la période de transition, ce sont soit les Actes d'adhésion, soit des accords concernant les relations avec des pays tiers, soit des règlements concernant telle ou telle politique commune qui habilitent la Commission (cf. A. Manin, « À propos des clauses de sauvegarde », *RTDE* 1970. 3 ; G. Talgorn, « Les mesures de sauvegarde dans le cadre des accords externes de la CEE », *RTDE* 1978. 694). On trouve cependant à l'article 114, § 10, FUE la solution des clauses de sauvegarde, liée aux dérogations admises d'un État membre vis-à-vis d'une mesure d'harmonisation.

C. La Commission, organe d'exécution des traités et des actes du Conseil

285. Même s'il est délicat, dans le système européen, d'identifier un « pouvoir exécutif » au sens organique, il est indéniable que la Commission, pour certaines de ses attributions, exerce un tel pouvoir, au plan interne, par ses compétences d'exécution administratives et budgétaires, et au plan externe, par son rôle de négociateur des accords internationaux de l'Union. Il importe de prendre conscience de la portée générale de cette mission d'exécution et de voir comment elle est exercée, spécialement sous l'angle de la fonction « règlementaire » d'exécution des actes normatifs.

1° Le caractère général de la fonction d'exécution

a) Mesures d'exécution à portée générale

286. La Commission est d'abord chargée d'adopter les *mesures d'exécution à portée générale*. Il s'agit donc ici de compétences normatives, mais subordonnées (textes d'application). Chargée d'« assurer la réalisation des objectifs » fixés par le traité CECA, c'est-à-dire établir et faire fonctionner un marché commun du charbon et de l'acier, la Commission/Haute Autorité y possédait les compétences normatives les plus étendues. Dans le cadre de l'Union (cf. *infra*, 2°), la Commission détient une compétence pour prendre les mesures d'exécution des règles arrêtées par l'« attelage législatif » Conseil – Parlement européen. Cela peut correspondre à une compétence réglementaire, notamment la prise de règlements d'exécution, pour mettre en œuvre les « règlements de base ». La Commission prend, chaque année plusieurs milliers de tels actes.

b) Compétence d'exécution à caractère particulier

Ce sont également des *compétences d'exécution à caractère particulier*, c'est-à-dire des compétences de gestion et on peut distinguer un rôle de gestionnaire administratif et un rôle de gestionnaire financier.

287. ***Gestion administrative*** : la Commission est l'autorité qui assure la gestion concrète, au jour le jour, des politiques et des programmes de l'Union (contrôle des ententes et positions dominantes, gestion de la PAC…) et d'Euratom (contrôle des installations nucléaires, approvisionnement en matière fissible).

288. ***Gestion financière*** : c'est globalement la Commission (art. 17, § 1, UE) qui exécute le budget sous sa responsabilité (le Parlement européen lui donnant décharge). De manière plus individualisée, la Commission est chargée de la gestion des « fonds » de l'Union, c'est à dire une individualisation dans le budget. La Commission gère ainsi le Fonds social européen (prévu dès 1958, réformé en 1971), le FEOGA (de 1962 à 2005), le FEAGA et le FEADER depuis, le FEDER (1975), le FED (existant depuis 1957 mais non budgétisé et fonctionnant encore au moyen de contributions des États membres), et l'IFOP, créé en 1993.

c) Les fonctions d'exécution externes

289. La Commission, dès l'origine, a été chargée de conduire la négociation des accords externes entre la Communauté et un ou plusieurs États tiers ou organisations internationales. C'est bien là une compétence exécutive, non seulement parce que c'est une tâche traditionnelle des pouvoirs exécutifs nationaux, mais aussi parce que le traité CE (art. 300) lui assignait strictement cette dimension : la Commission devait demander au Conseil, par voie de recommandation, l'autorisation d'ouvrir ces négociations, sa mission s'exerçant ensuite dans le cadre des directives adressées par le Conseil et en consultation avec des comités spéciaux désignés par celui-ci. La compétence de la Commission comportait l'authentification (signature ou paraphe de l'accord) du texte convenu, pouvant même aller jusqu'à la conclusion de l'accord. Celle-ci relevait, en principe, de la compétence du Conseil, mais il pouvait, depuis le traité de Maastricht, déléguer cette responsabilité à la Commission.

Le traité de Lisbonne (art. 218 FUE) reprend le même schéma mais en donnant plus de marges de manœuvre au Conseil. L'initiative est prise par la Commission ou par le haut représentant de l'Union pour les affaires étrangères et la politique de sécurité (quand l'accord envisagé porte exclusivement ou principalement sur la PESC). En fonction de la matière de cet accord, le Conseil désigne le négociateur ou le chef de l'équipe de négociation de l'Union. De même la possible habilitation pour approuver des modifications au nom de l'Union se fera au profit du « négociateur » (art. 218, § 7, FUE) (v. ss 548).

2° La compétence d'exécution des actes normatifs

a) Reconnaissance du pouvoir d'exécution des actes normatifs

290. En vertu de l'article 211 CE *[ex 155]*, le Conseil avait la possibilité de conférer de manière généreuse, sinon générale « l'exécution des règles qu'il établit ». En fait, et sauf dans les domaines agricoles, de l'union douanière et des entraves techniques, tout se passa comme si les États membres voulaient rester, même pour les mesures d'exécution, au niveau du Conseil, au sein duquel ils estiment mieux sauvegarder leurs intérêts (au besoin par l'usage du veto) et ceci non seulement pour l'adoption de règles générales mais même pour certaines décisions individuelles, par exemple d'exécution du budget (cf. CJCE 24 oct. 1989, *Commission c/Conseil*, aff. 16/88, *Rec.* 3457, et *RTDE* 1990. 170, note C. Blumann). Tout ceci au détriment de l'efficacité de la prise de décision dans la Communauté, le Conseil, divisé et encombré, étant incapable de prendre les mesures d'application nécessaires ou ne les prenant qu'avec un retard considérable. D'où l'intérêt de l'amendement apporté par l'AUE à l'article 145 CE *[devenu 202]* qui disposait clairement que la délégation à la Commission était désormais la règle, le Conseil ne pouvant se réserver d'exercer directement des compétences d'exécution que « dans des cas spécifiques » (cf. C. Blumann, « Le pouvoir exécutif de la Commission à la lumière de l'AUE », *RTDE* 1988. 23). La mise en œuvre d'une telle rétention, par deux règlements du 24 avril 2001, en matière de visas et de contrôle des frontières, revendiquée au nom d'un « rôle renforcé » des États dans ces domaines, illustre la conception du Conseil vis-à-vis de ces « cas spécifiques », la Cour de justice semblant plutôt lui emboîter le pas (CJCE 18 janv. 2005, *Commission c/Conseil*, aff. C-257/01, *Rec.* I-345).

On ne retrouve pas exactement les mêmes formules dans le traité de Lisbonne, s'agissant de la détermination des attributions exécutives du Conseil ou de la Commission. Il est vrai que désormais, a eu lieu une clarification en termes de « fonctions » : le Parlement européen et le Conseil exercent conjointement les fonctions législative et budgétaire (art. 14 et 16 UE) ; en revanche, la détermination de la fonction exécutive est moins nette. L'article 17, § 1, UE indique que la Commission « exerce des fonctions de coordination, d'exécution et de gestion conformément aux conditions prévues par les traités » et le paragraphe 2 du même article distingue les « actes législatifs » et les « autres actes », dont on peut penser qu'il s'agit essentiellement des actes d'exécution, précisant juste que ces « autres actes sont adoptés sur proposition de la Commission lorsque les traités le prévoient ». Une vision plus précise se dégage de la lecture du traité sur le fonctionnement de l'Union à propos des « actes juridiques de l'Union » (v. ss 611). On peut désormais identifier pour la Commission une *compétence réglementaire déléguée* (un acte législatif peut déléguer à la Commission « le pouvoir d'adopter des actes non législatifs de portée générale qui complètent ou modifient certains éléments non essentiels de l'acte législatif », art. 290, § 1, FUE), et une *compétence exécutive de principe mais conditionnée* : l'article 291, § 2, FUE prévoit que « lorsque des conditions uniformes d'exécution des actes juridiquement contraignants de l'Union sont nécessaires, ces actes confèrent (notons l'indicatif présent valant impératif) des compétences d'exécution à la Commission, ou, dans des cas spécifiques dûment justifiés (...) au Conseil », cette condition participant d'une logique de subsidiarité puisque l'article 291, § 1, FUE rappelle que, de manière générale, « les États membres prennent toutes les mesures de droit interne nécessaires pour la mise en œuvre des actes juridiquement contraignants de l'Union ».

b) Encadrement des actes d'exécution des actes normatifs

Déléguées ou conférées par principe, les compétences d'exécution de la Commission font l'objet d'un encadrement par les États membres, soit par le truchement du Conseil soit par celui de « comités » intergouvernementaux spécialement créés (« comitologie »).

291. S'agissant des ***actes délégués***, le traité encadre strictement cette délégation, prévoyant d'abord de manière générale que « Les actes législatifs délimitent explicitement les objectifs, le contenu, la portée et la durée de la délégation de pouvoir. Les éléments essentiels d'un domaine sont réservés à l'acte législatif et ne peuvent donc pas faire l'objet d'une délégation de pouvoir » (art. 290, § 1, al. 2, FUE). Le traité ajoute, de façon plus particularisée, que « Les actes législatifs fixent explicitement les conditions auxquelles la délégation est soumise, qui peuvent être les suivantes : a) le Parlement européen ou le Conseil peut décider de révoquer la délégation ; b) l'acte délégué ne peut entrer en vigueur que si, dans le délai fixé par l'acte législatif, le Parlement européen ou le Conseil n'exprime pas d'objections » (art. 290, § 2, FUE).

292. S'agissant des ***actes d'exécution***, le traité (art. 291, § 3, FUE) indique que « le Parlement européen et le Conseil, statuant conformément à la procédure législative ordinaire, établissent au préalable les règles et principes généraux relatifs aux modalités de contrôle par les États membres de l'exercice des compétences d'exécution par la Commission ». On reconnaît là la « comitologie » déjà développée depuis longtemps pour l'exercice des compétences d'exécution de la Commission. Il s'agit d'un encadrement intergouvernemental de cette compétence exécutive, la Commission étant assistée par des comités d'experts nationaux, chargés de rendre un avis, diversement contraignant, sur ses projets d'acte d'exécution. Des décisions « comitologie », du 13 juillet 1987 (*JOCE* n° L 197/33 du 18 juill. 1987), du 28 juin 1999 (*JOCE* n° L 184/23 du 17 juill. 1999), modifiée le 17 juillet 2006 (Décis. n° 2006/512/CE, *JOUE* n° L 200/11 du 22 juill. 2006) et désormais le règlement (UE) n° 182/2011 du Parlement européen et du Conseil, du 16 février 2011 *établissant les règles et principes généraux relatifs aux modalités de contrôle par les États membres de l'exercice des compétences d'exécution par la Commission* (*JOUE* n° L 55/13 du 28 févr. 2011, p. 13) ont codifié plusieurs procédures. Actuellement coexistent la procédure consultative et la procédure d'examen (pour le détail de cette « comitologie », v. ss 420). La Commission a déposé une proposition de révision du règlement n° 182/2011 le 14 févr. 2017 (COM(2017)85).

§ 4. Le Parlement européen

Bieber (R.), et Haag (M.), « Parlement européen. Composition. Organisation. Fonctionnement », *J.-Cl. Europe*, fasc. 210, 2014.

Bieber (R.), et Haag (M.), « Parlement européen. Attributions », *J.-Cl. Europe*, fasc. 211, 2014.

Costa (O.), *Le Parlement européen, assemblée délibérante*, ULB, Bruxelles, « coll. IEE », 2001.

Craig (P.), « The role of the European Parliament under the Lisbon Treaty », in S. Griller, J. Ziller (ed.), *The Lisbon Treaty. EU Constitutionalism without a Constitutional Treaty*, Wien, Springer, 2008, p. 109.

Earnshaw (D.) et Judge (D.), *The European Parliament*, 2e éd., Basingstoke, Palgrave, 2008.

Hrbek (R.) et autres, *Parlement européen. Bilan-perspectives 1979-1984*, Bruges, De Tempel, 1984.

Jacobs (F.), Corbett (R.) et Shackleton (M.), *The European Parliament*, 7e éd., London, John Harper Publishing, 2007.

Jacqué (J.-P.) et autres, *Le Parlement européen*, Paris, Economica, 1984.

Jacqué (J. P.), « Le Parlement européen », *Rép. communautaire*, Dalloz, 2011.

Louis (J.V.) et autres, *Le Parlement européen dans l'évolution institutionnelle*, Bruxelles, Éd. de l'Université de Bruxelles, 1988.

Rittberger (B.), *Building Europe's Parliament : Democratic Representation Beyong the Nation-State*, Oxford, Oxford University Press, 2005.

293. Dès l'origine, l'organisation prévue entre six États de démocratie libérale ne pouvait omettre de faire place à une représentation « des peuples des États réunis dans la Communauté » (art. 20 CECA, 189 CE). Dès 1951, la première Communauté (Communauté européenne du charbon et de l'acier) comportait donc parmi ses institutions une « Assemblée commune ». En 1957, les deux traités de Rome fondant la Communauté économique européenne et la Communauté européenne de l'énergie atomique prévoient chacun une « Assemblée », et la *Convention relative à certaines institutions communes* du 25 mars 1957 met alors raisonnablement en place une « Assemblée unique ». La neutralité de ces dénominations officielles et successives cache une réticence des États membres à reconnaître une dimension vraiment parlementaire à un organe qui, très tôt, manifestera l'ambition inverse, en se baptisant lui-même, par des résolutions de 1958 et 1962, « Assemblée parlementaire européenne », puis « Parlement européen ».

Ce n'est cependant qu'en 1986 que l'Acte unique européen consacrera officiellement cette appellation dont il convient de se demander si elle représente autre chose qu'un vain symbole en vérifiant que le Parlement européen est réellement devenu comparable à un Parlement national traditionnel, à la fois quant à sa composition, son organisation, et ses attributions.

I. Composition

A. Désignation

294. Dès le traité CECA, il était admis que l'Assemblée pouvait être formée de délégués désignés annuellement en leur sein par les parlements nationaux ou « élus au suffrage universel direct, selon la procédure fixée par chaque Haute Partie Contractante » (art. 21 CECA). Le traité CEE remplaça l'alternative par une approche évolutive, considérant que l'Assemblée était formée de délégués désignés par les parlements nationaux en leur sein selon une procédure fixée par chaque État membre, et que l'Assemblé élaborerait « des projets en vue de permettre l'élection au suffrage universel direct selon une procédure uniforme dans tous les États membres » (art. 138 CEE) posant clairement le principe et en réglant la mise en œuvre (après la proposition de l'Assemblée, décision du Conseil à l'unanimité, et ratification par chacun des États selon les procédures constitutionnelles respectives). Les deux principes programmés du suffrage direct et de la procédure uniforme furent cependant difficiles à mettre en application.

Les premières élections directes ne purent avoir lieu que du 7 au 10 juin 1979, après un long cheminement à travers une foule d'obstacles politiques et techniques (cf. *L'élection du Parlement européen au suffrage universel direct*, dossier constitué par P. Quentin, La documentation française, *Problèmes économiques et sociaux* n° 307, avr. 1977).

Le 20 septembre 1976, le Conseil avait été en mesure d'adopter l'« Acte portant élection des représentants à l'Assemblée au suffrage universel direct » (Acte de Bruxelles) (*JOCE* n° L 278 du 8 oct. 1976 ; cf. B. Paulin et J. Forman, *CDE* 1976. 506). Les États membres n'avaient cependant pu se mettre d'accord sur une « procédure électorale uniforme » ; tout en confirmant que tel était bien leur objectif, et que les règles de compétence prévues notamment à l'article 138 CEE demeuraient d'application à cet effet, l'« Acte » prévoyait qu'en attendant, la procédure électorale serait régie, dans chaque État membre, par des dispositions nationales. C'est dire que, longtemps, ces élections « européennes » n'eurent guère cette dimension, ni quant à leur *électorat*, déterminé selon le principe de nationalité, seuls les nationaux votant, sauf exceptions, dans chaque État membre, ni quant aux *modalités* mêmes de l'élection (ces scrutins n'ont même pas lieu le même jour, puisque l'on vote selon les habitudes nationales du jeudi au dimanche). Chacun des États était donc libre d'adopter un mode de scrutin en conformité avec les traditions électorales nationales, ce qu'ils firent tous (d'où une absence criante d'uniformité), sauf la France, qui, rompant la tradition de la Ve République, choisit (mais pour des raisons internes) le scrutin proportionnel (répartition des restes à la plus forte moyenne, aux listes bloquées et seuil de 5 % des voix) et, innovant dans l'histoire électorale française, l'appliqua dans le cadre national, c'est-à-dire avec une circonscription électorale unique (L. du 7 juill. 1977, *JO* 8 juill. 1977, p. 3579 ; Décr. du 8 févr. 1979, *JO* 1er mars 1979, p. 491 ; cf. J.-L. Burban, « La France et les élections européennes », *RMC* 1977. 337).

La situation, depuis, a diversement évolué.

1° S'agissant de l'électorat

295. Le traité de Maastricht l'a enfin dessiné selon un mode européen avec le droit de vote et d'éligibilité reconnu par l'article 19 CE [*ex 8 B*] à tout citoyen de l'Union (v. ss 23) résidant dans un État membre dont il n'est pas ressortissant, dans les mêmes conditions que les ressortissants de cet État ; les modalités de cette réforme ont fait l'objet de la directive du 6 décembre 1993 (*JOCE* n° L 329/34 du 30 déc. 1993 ; cf. en outre F. Chaltiel, « La loi française sur le droit de vote des citoyens européens aux élections européennes », *RMC* 1994. 528) et elle s'est appliquée pour la première fois à l'occasion des élections de juin 1994. Jusqu'au traité de Lisbonne, le Parlement européen était composé de « représentants des peuples des États réunis dans la Communauté » (art. 189 CE), ce qui pouvait s'interpréter de deux manières : soit il s'agissait de représenter « chacun » des peuples de ces États membres, soit la représentation était celle de « l'ensemble » des peuples réunis. Le choix de la nouvelle procédure, avec le traité de Maastricht, constituait un argument de poids en faveur de la seconde analyse, puisqu'elle n'aurait eu aucun sens dans le cadre de la première. Pour autant, il ne s'agissait pas là, à l'évidence, de consacrer *un* « peuple européen » hypothétique. Le traité de Lisbonne, en modifiant la fonction de représentation du Parlement européen, désormais composé de « représentants des citoyens de l'Union » (art. 14, § 2, UE), confirme l'homogénéité et l'unité de ce corps politique que forme l'ensemble des citoyens de l'Union. Le conseil constitutionnel français, dans sa décision du 3 avril 2003, à propos de la loi sur l'élection des conseillers régionaux et des représentants au Parlement européen (Décis. n° 2003-468 DC), avait d'ailleurs déjà explicitement reconnu que le Parlement européen représente les citoyens européens.

296. Ce caractère désormais plus européen de l'électorat doit être cependant mis en miroir avec la question de la *participation aux élections européennes*. Le taux de participation n'a cessé de baisser depuis les premières élections : 62 % en 79 ; 49,5 % en 1999 ; 43 % en 2009 ; 42,5 % en 2014. On peut s'interroger sur la tendance et sur le niveau de cette participation, les deux pouvant faire craindre *a priori* que les citoyens européens ne se sentent pas vraiment et de moins en moins concernés par cette démocratie en construction, qui se ferait donc quelque peu artificiellement à leur insu ou en tous cas dans une indifférence majeure.

S'agissant de l'évolution, la baisse est sensible il est vrai, mais pour les premiers scrutins, la proportion d'États membres pratiquant le vote obligatoire était d'un tiers (trois États sur neuf) et elle n'a cessé de fortement diminuer : toujours un tiers (quatre sur douze) en 1989, mais quatre sur vingt-huit en 2014. Ceci ne peut que réduire mécaniquement le taux général de participation.

S'agissant du niveau, il est vrai que les élections européennes sont souvent celles qui connaissent les taux d'abstention les plus élevés par rapport aux autres élections nationales et si 42,5 % est une moyenne, c'est quand même avec quatre États pratiquant le vote obligatoire, ce qui implique, dans d'autres États membres, une participation encore inférieure à cette moyenne. En 2014, l'abstention en Slovaquie s'est ainsi élevée à 87 %. Pour autant, le phénomène n'est pas forcément inquiétant. S'agissant de la Slovaquie, c'est paradoxalement parce que l'intégration européenne « n'est pas un sujet » politique, au sens où il y a un consensus général à son sujet (on parle du « paradoxe slovaque »). Par ailleurs, il faut établir des comparaisons avec des élections législatives comparables, c'est-à-dire dans des systèmes composites à plusieurs niveaux comme les élections pour élire des membres d'un Parlement fédéral. En Suisse, la participation aux élections législatives fédérales, sur la période 1979-2011, s'est située entre 42 et 49 %. Aux États-Unis, si c'est entre 53 et 55 % pour les élections couplées à l'élection présidentielle, en revanche, pour les élections du « *mid term* » présidentiel, la participation est inférieure à 40 %.

297. Une idée a pu être lancée, consistant à lier ce caractère européen de l'électorat avec des listes transnationales, paneuropéennes, plutôt que les listes nationales utilisées depuis l'origine, tant il est vrai que le problème de la démocratie européenne repose sans doute sur l'absence d'un débat politique de niveau européen. Le Président de la République française, en 2017, a ainsi proposé d'utiliser les sièges libérés par le Royaume-Uni en 2019 pour mettre en place de telles listes transnationales dès les élections de 2019. Sur les 73 sièges libérés, 27 auraient été utilisés pour ces listes, ce qui aurait renforcé la notion de citoyenneté européenne, le caractère européen de l'élection, et aurait pu susciter un vrai débat politique à l'échelle européenne. Chaque citoyen européen aurait disposé de deux voix, une nationale, une européenne. C'est ce qui a conduit la commission des affaires constitutionnelles du Parlement européen à proposer ce système, le 23 janvier 2018 (A8-0007/2018). Mais le Parlement européen, le 7 février 2018, a rejeté cette idée (par 368 voix contre 274) (P8 TA(2018)0029).

2° S'agissant de la procédure électorale

298. Le traité de Maastricht avait maintenu l'objectif d'uniformisation des procédures électorales, tout en introduisant l'exigence d'un avis conforme du Parlement dans la procédure, par ailleurs inchangée, prévue à l'article 190, § 4, CE *[ex 138]*. Mais le nouveau principe de subsidiarité ne pouvait manquer de relativiser cet objectif. Le traité d'Amsterdam, prenant acte avec réalisme de l'impossibilité jusque-là d'aboutir à une « procédure uniforme dans tous les États membres », a ouvert une alternative entre cette formule et celle, apparemment moins contraignante, d'une « élection… au suffrage universel direct… conformément à des principes communs à tous les États membres » (art. 190, § 4, CE *[ex 138]*). Profitant de cette nouvelle liberté sans attendre l'entrée en vigueur du traité, le Parlement européen, dans sa résolution du 15 juillet 1998, a proposé un scrutin de liste de type proportionnel, des circonscriptions régionales, mais aussi la liberté de mettre en place une circonscription nationale dans les États de population inférieure à 20 millions d'habitants, la liberté de fixer un seuil minimal pour la répartition des sièges, et la liberté d'autoriser le scrutin préférentiel (*JOCE* n° C 292/66 du 21 sept. 1998). Le Conseil, par décision du 25 juin et du 23 septembre 2002 (*JOUE* n° L 283/1 du 21 oct. 2002), a modifié dans cette logique réaliste l'Acte de Bruxelles de 1976, laissant des marges de liberté aux États membres mais posant certains principes communs comme le choix de la représentation proportionnelle ou la fixation possible d'un seuil minimal, ne dépassant pas 5 %, pour l'attribution des sièges. L'article 223 FUE reprend le même système souple admettant les « principes communs » à défaut d'une « procédure uniforme » qui reste cependant un objectif, la procédure traduisant les mêmes équilibres que précédemment : élaboration du projet par le Parlement, décision du Conseil à l'unanimité selon une procédure législative spéciale après approbation du Parlement, puis approbation par les États membres selon leurs règles constitutionnelles respectives.

299. L'évolution au sein des États membres a semblé elle-même un temps converger vers le choix d'un système proportionnel régional. En témoignent l'abandon par le Royaume-Uni, en 1999, de son système traditionnel de scrutin majoritaire, ou le choix français, par la loi du 11 avril 2003, de substituer huit circonscriptions régionales à la circonscription nationale unique adoptée en 1977. Le choix initial de la circonscription unique, nationale, visait à rassurer les opposants gaullistes, l'idée étant de ne pas attaquer « par le bas » (en donnant une dimension politique aux régions) une souveraineté étatique malmenée « par le haut » par l'élection du Parlement européen au suffrage universel direct. Cette crainte, recevable en 1977, ne l'était plus en 2003, d'où ce choix des huit circonscriptions pour essayer de rapprocher les élus européens des électeurs (les députés européens représentent entre cinq (Pays-Bas) et treize (Danemark) fois plus d'habitants que les députés nationaux. Le lien citoyen est donc moins évident). Paradoxalement, c'est ce même souci d'« intéressement » des électeurs qui a conduit, en 2018, à revenir à la circonscription nationale unique pour les élections de 2019, avec, paradoxalement, cette fois-ci, les critiques du parti gaulliste (loi n° 2018-509 du 25 juin 2018 relative à l'élection des représentants au Parlement européen, *JORF* n° 145 du 26 juin 2018).

B. Nombre de sièges et répartition

À l'origine, le Parlement européen comptait 78 membres (en 1951), répartis selon le poids démographique des États membres, et l'Acte de Bruxelles, en 1976, avait consacré à la fois le principe de l'égalité des sièges attribués aux quatre plus grands États, et le phénomène de la surreprésentation des trois plus petits. La décision du Conseil du 1er février 1993 (*JOCE* n° L 33/15 du 9 févr. 1993) a pris en compte l'unification de l'Allemagne, rompant avec l'égalité entre les plus grands États, et majoré le nombre des sièges attribués aux États grands et moyens.

Si bien qu'avec l'adhésion de l'Autriche, de la Finlande et de la Suède, le Parlement se composait de 626 membres.

300. ***Le traité d'Amsterdam*** s'est efforcé de baliser l'exercice auquel allaient être confrontés les négociateurs des futures adhésions en décidant en préalable que le nombre des membres du Parlement européen ne devait pas dépasser 700 (art. 189 CE) et que toute modification du nombre des sièges devrait « assurer une représentation appropriée des peuples des États réunis dans la Communauté » (art. 190 CE), ce qui devrait conduire à réduire les excessives « sur-représentations ».

301. ***Le traité de Nice*** a tenté de régler plus précisément cette question difficile, au prix d'un renoncement au plafond de 700 (rehaussé à 732), d'une réduction des sièges attribués aux quinze membres de l'Union avant le futur élargissement historique (ainsi, si l'Allemagne conservait ses 99 députés, la France, l'Italie et le Royaume-Uni passaient à 72 représentants dans la configuration d'une Europe à vingt-sept), et d'une progressivité particulièrement complexe, le système n'étant véritablement applicable que pour les élections de 2009.

302. ***Avec l'élargissement de 2007***, et vingt-sept États membres, le Parlement comptait donc, jusqu'à juin 2009, 785 députés, ainsi répartis :

Allemagne : 99 ; France, Italie, Royaume-Uni : 78 ; Espagne, Pologne : 54 ; Roumanie 35 ; Pays-Bas : 27 ; Belgique, Grèce, Hongrie, République tchèque, Portugal : 24 ; Suède : 19 ; Autriche, Bulgarie : 18 ; Danemark, Finlande, Slovaquie : 14 ; Irlande, Lituanie : 13 ; Lettonie : 9 ; Slovénie : 7 ; Chypre, Estonie, Luxembourg : 6 ; Malte : 5.

303. ***Le Traité d'adhésion de la Bulgarie et de la Roumanie*** ayant prévu qu'en 2009 se mettrait en place une nouvelle répartition, respectant le plafond de 736 députés, la nouvelle ventilation fut dès lors la suivante lors des élections de 2009 :

Allemagne : 99 ; France, Italie, Royaume-Uni : 72 ; Espagne, Pologne : 50 ; Roumanie : 33 ; Pays-Bas : 25 ; Belgique, Grèce, Hongrie, République tchèque, Portugal : 22 ; Suède : 18 ; Autriche, Bulgarie : 17 ; Danemark, Finlande, Slovaquie : 13 ; Irlande, Lituanie : 12 ; Lettonie : 8 ; Slovénie : 7 ; Chypre, Estonie, Luxembourg : 6 ; Malte : 5.

304. ***Le traité de Lisbonne*** (art. 14, § 2, UE), reprenant en cela le traité constitutionnel, fixe un minimum de sièges par État (6), mais aussi un maximum (96), ce qui se traduit par une réduction du nombre de représentants élus en Allemagne. Il rehausse également le nombre maximum de membres du Parlement, porté à 750. Un compromis avec le texte du traité a conduit à admettre le chiffre de 751 (750 « plus le président »). La répartition, ce qui est nouveau, n'est pas déterminée dans son détail, mais simplement éclairée par l'énoncé d'un principe : la représentation des citoyens est assurée « de façon dégressivement proportionnelle ». Sur ces bases, il appartenait au Conseil européen sur initiative et avec l'approbation du Parlement européen, de fixer le détail de cette composition par une décision. En décembre 2008, le Conseil européen ayant conclu que si le traité de Lisbonne entrait en vigueur, il s'appliquerait immédiatement aux institutions de l'Union, cela a conduit le Parlement européen à passer de 736 membres (Nice) à 751 membres. En tout, douze pays ont gagné un total de 18 députés : l'Espagne (+ 4), la France, le Royaume-Uni, la Suède, l'Autriche (+ 2 chacun), l'Italie, la Pologne, les Pays-Bas, la Bulgarie, la Lettonie, la Slovénie et Malte (+ 1 chacun). Normalement, l'Allemagne devait en perdre 3 (passant à 96), mais il était difficile de revenir sur leur élection en 2009, de sorte que le nombre de députés a temporairement été de 754.

305. L'adhésion de la Croatie, en juillet 2013, a conduit à l'arrivée de 12 députés croates. Le Parlement européen a donc compté 766 membres de manière temporaire, le respect du plafond de 750 (en fait, donc, 751) étant assuré après les élections de 2014 : Allemagne 96 ; France 74 ; Italie, Royaume-Uni : 73 ; Espagne 54 ; Pologne 51 ; Roumanie 32 ; Pays-Bas : 26 ; Belgique, Grèce, Hongrie, République tchèque, Portugal 21 ; Suède 20 ; Autriche 18 ; Bulgarie 17 ; Danemark, Finlande, Slovaquie 13 ; Croatie, Irlande, Lituanie 11 ; Lettonie, Slovénie : 8 ; Chypre, Estonie, Luxembourg, Malte : 6.

306. Le départ des 73 députés britanniques, pour un Brexit au 31 mars 2019, aurait pu permettre de passer à 678 sièges dès les élections de mai 2019. Le Parlement, le 7 février 2018 (résolution précitée), a proposé au Conseil européen une composition à 705 sièges, 27 des sièges servant à réduire les écarts de représentation entre les États membres, les 46 autres étant réservés pour de futures adhésions. La France et l'Espagne gagnent 5 sièges, l'Italie et les Pays-Bas 3, l'Irlande 2, La Finlande, la Pologne, la Roumanie, la Slovaquie, la Suède, la Croatie, l'Estonie, le Danemark, l'Autriche 1 siège. Le Conseil européen a adopté la décision (UE) 2018/937 le 29 juin 2018 (*JOUE* n° L 165 I/1 du 2 juill. 2018).

C. Le statut des membres

307. Les dispositions applicables à l'élu européen (l'appellation officielle en français est « député au Parlement européen », article 1er, § 2, du règlement du Parlement) qui figuraient dans l'« Acte de Bruxelles » étaient très sommaires et renvoyaient, pour l'essentiel, soit aux traités originaires, soit à des mesures d'application (qui ne sont pas intervenues), soit, le plus souvent explicitement ou implicitement, aux législateurs nationaux, qui se sont généralement bornés à rendre applicables aux députés européens les dispositions régissant, notamment en termes d'indemnités, les parlementaires nationaux (cf. J.-L. Burban, « Sources communautaires et sources nationales des règles applicables au parlementaire européen », *AFDI* 1979. 779).

Soucieux de réduire les inconvénients de cet enchevêtrement des compétences communautaires et nationales, et de mettre fin à la situation difficilement acceptable de députés d'un même Parlement ayant des situations matérielles respectives très différentes selon leur État d'origine, le traité d'Amsterdam (art. 190, § 5, CE) a prévu que le Parlement européen fixe « le statut et les conditions générales d'exercice des fonctions de ses membres, après avis de la Commission et avec l'approbation du Conseil statuant à l'unanimité ». Un projet, adopté par le Parlement dès le 3 décembre 1998, s'est cependant heurté à l'opposition du Conseil.

Si le traité de Nice a assoupli la procédure en admettant une approbation du Conseil à la majorité qualifiée, il a maintenu l'exigence d'unanimité quant au régime fiscal des députés ou anciens députés. Une initiative du Parlement, à partir de 2002, sur ces nouvelles bases, a conduit à un intense travail qui a cependant connu l'échec : un désaccord sur le montant unifié de la rémunération des députés a finalement privé le projet de la majorité requise au Conseil, le 26 janvier 2004.

Un statut des députés européens a fini par être adopté le 28 septembre 2005 (Décis. 2005/684 du Parlement européen, *JOUE* n° L 262/1 du 7 oct. 2005), portant essentiellement sur ces questions d'indemnités, son application étant cependant retardée jusqu'au début de la législature suivant les élections européennes de 2009.

1° Durée et nature du mandat

308. Les représentants sont élus pour cinq ans (art. 14, § 3, UE) et le mandat est représentatif (cf. article 2 du règlement du Parlement, ou article 3 du Statut qui proscrivent tout mandat impératif).

2° Incompatibilités

309. Mettant fin à une longue controverse, l'« Acte » de Bruxelles autorisait, sans l'imposer, le cumul du mandat européen et du mandat parlementaire national (art. 5). L'union personnelle qu'établissait le système ancien est progressivement devenue exceptionnelle, ce qui n'a pas été sans incidence, notamment, sur l'assiduité et le « style » de la participation des députés. En revanche, l'élu européen s'est vu interdire, uniformément, un certain nombre de fonctions au niveau communautaire (membre de la Commission, de la Cour de justice... ; fonctionnaire ou agent des institutions), ainsi que l'appartenance au gouvernement d'un des États membres, sans préjudice de la liberté pour chaque État de fixer au plan national, les autres incompatibilités qu'il jugerait bon (en France, la loi du 7 juillet 1977, dans le souci d'assurer une totale égalité de traitement, leur étendait les dispositions du Code électoral applicables aux députés). L'évolution a fini par imposer l'idée d'une incompatibilité avec un mandat parlementaire national : solution imposée en France par les lois organiques du 5 avril 2000 (cf. art. LO 137-1 du Code électoral), elle fait partie des « principes communs » retenus par la décision du Conseil du 25 juin et 23 septembre 2002, moyennant quelques accommodements pour certains États membres jusqu'en 2009.

3° Immunités

310. En matière d'immunités, les dispositions du Protocole sur les privilèges et immunités de l'Union européenne (Protocole n° 7 annexé aux traités, chapitre 3) s'appliquent aux députés au Parlement européen. Ceux-ci sont *irresponsables*, c'est-à-dire à l'abri de toutes recherches, détention ou poursuites pour les opinions ou les votes émis dans l'exercice de leurs fonctions. S'agissant de l'*inviolabilité*, si c'est de manière générale qu'aucune restriction d'ordre administratif ou autre n'est apportée au libre déplacement des membres du Parlement européen se rendant au lieu de réunion du Parlement européen ou en revenant, c'est en revanche « durant la durée des sessions » et de façon différenciée selon qu'ils sont ou non sur le territoire de leur État membre qu'ils sont protégés. En effet, s'ils ne peuvent, sur le territoire de tout autre État membre que le leur, ni être détenus ni faire l'objet de poursuites judiciaires (sauf en cas de flagrant délit), ils ne bénéficient, en revanche, sur leur territoire national, que des immunités reconnues aux membres du parlement de leur État, ce qui implique des traitements différenciés entre députés européens. Le règlement du Parlement (art. 5) souligne que « l'immunité parlementaire n'est pas un privilège personnel du député, mais une garantie d'indépendance du Parlement dans son ensemble et de ses députés ».

311. La limitation dans le temps de cette immunité a conduit le Parlement à préciser que la « session » débute à la fin de la session précédente et se termine au moment où commence la suivante, de sorte que le Parlement est en session pendant toute la législature (cinq fois un an) et pas uniquement pendant les « périodes de session ». La Cour a validé cette solution (CJCE 12 mai 1964, *Wagner*, aff. 101/63, *Rec.* 383 ; CJCE 10 juill. 1986, *Wybot et Faure*, aff. 149/85, *Rec.* 2391).

312. Le Parlement peut lui-même lever cette immunité selon une procédure organisée dans son règlement (art. 9). Toute demande adressée au président par une autorité compétente d'un État membre en vue de lever l'immunité d'un député est communiquée en séance plénière et renvoyée à la commission compétente (la procédure peut également, à la demande d'un député ou ancien député, consister en une défense de l'immunité). La commission présente une proposition de décision motivée qui recommande l'adoption ou le rejet de la demande, et ce rapport de la commission est inscrit d'office en tête de l'ordre du jour de la première séance suivant son dépôt. Aucun amendement à la ou aux propositions de décision n'est recevable. Le débat ne porte que sur les raisons qui militent pour et contre chacune des propositions de levée, de maintien ou de défense d'un privilège ou de l'immunité. La ou les propositions de décision contenues dans le rapport sont mises aux voix à l'heure des votes qui suit le débat.

4° Régime indemnitaire

313. Ce sont des dispositions nationales qui ont régi la question de l'indemnité parlementaire et de son régime d'imposition, en l'alignant généralement sur l'indemnité nationale, jusqu'à l'entrée en vigueur, en juillet 2009, du Statut. Ceci entraînait des inégalités matérielles difficilement admissibles entre les élus européens en provenance des différents pays (si un député italien recevait, en 2009, une indemnité de 11 779 euros, son homologue hongrois touchait 760 euros) que l'Assemblée a compensé par un régime pouvant apparaître comme généreux d'avantages et indemnités pour « charges de mandat ». Avec le nouveau Statut, la rémunération de base est fixée à 38,5 % de la rémunération de base d'un juge de la Cour de justice, ce qui correspond mensuellement et avant imposition, à 8 484,05 euros en 2017. Après déduction de l'impôt européen et de la cotisation d'assurance accidents, elle se monte à 6 611,47 euros mais est également imposable par les États membres.

314. Certains avantages et indemnités s'ajoutent au traitement de base :

– *Indemnité de frais généraux* : 4 342 euros/mois en 2017. Elle couvre les frais de bureau du député dans le pays d'origine. Elle peut être réduite de moitié si le député n'assiste pas à la moitié des séances plénières d'une année. La transparence s'agissant de ces frais généraux n'est pas remarquable, le Parlement ayant plusieurs fois rejeté des amendements qui l'auraient améliorée. Le refus de communiquer des documents sur ce sujet à des journalistes a été à l'origine d'un recours devant le Tribunal (aff. T-662/15, *Delić c/ Parlement*).

– *Remboursement des frais de voyage* : c'est le cas pour les activités directement liées à leur participation aux travaux du Parlement. Pour les déplacements indirects (tenue de conférences par exemple), un remboursement forfaitaire annuel de 4 264 euros est prévu.

– *Indemnités journalières* : 306 euros/jour de présence aux réunions des organes du Parlement.

– *Indemnité d'assistance parlementaire* : 24 164 euros/mois sont dépensés par le Parlement pour chaque député pour lui permettre d'employer des assistants. Pour éviter des abus, cette somme n'est pas versée au député mais en tant que salaire aux assistants. Pour la même raison, il est impossible d'engager un parent proche. Un député peut engager au maximum trois assistants accrédités sur les lieux de travail du Parlement et des assistants locaux. Malgré ces précautions, plusieurs affaires ont conduit le Parlement à considérer que des fonds avaient été détournés, l'indemnité étant versée à du personnel n'ayant aucun lien avec la mission européenne du député (cf. par exemple l'arrêt du 7 mars 2018, *Jean-Marie Le Pen c/ Parlement européen*, aff. T-140/16, ECLI:EU:T:2018:122, par lequel le Tribunal a confirmé une décision du secrétaire général du Parlement européen relative au recouvrement de 320 026,23 euros indûment versés au titre de l'indemnité d'assistance parlementaire entre 2009 et 2014.

II. Organisation et fonctionnement

315. L'Assemblée commune de la CECA avait immédiatement adopté un fonctionnement de type parlementaire, qui fut consacré par les traités de Rome et accentué encore par le Parlement élu.

L'Assemblée arrête librement son *règlement intérieur* (cf. le règlement pour la 8e législature, en janvier 2017) ; capacité qu'elle utilise non seulement pour organiser son fonctionnement interne, mais encore pour « optimiser » les conditions d'exercice de ses pouvoirs et ses relations avec les autres institutions.

A. Organisation interne

1° Structures de direction

a) Présidence

316. Dans la direction des travaux de l'Assemblée, comme dans le domaine des relations extérieures, le président joue un rôle déterminant, sans commune mesure avec les présidents des parlements nationaux (cf. A. Souloumiac, « La Présidence de l'Assemblée européenne », *RDP* 1980. 1303). Le président dirige l'ensemble des activités du Parlement, il le représente vis-à-vis de l'extérieur (tant pour les relations internationales que pour tout acte administratif, judiciaire ou financier) et dans ses relations avec les autres institutions de l'Union. Il préside des délibérations de l'Assemblée et en assure le bon déroulement. Le président ouvre, suspend et lève les séances. Il statue sur la recevabilité des amendements, sur les questions adressées au Conseil et à la Commission et sur la conformité des rapports avec le règlement. Il assure l'observation du règlement, maintient l'ordre, donne la parole, déclare les discussions closes, met les questions aux voix et proclame les résultats des votes. Pour autant, il ne peut pas véritablement participer aux débats, sauf à quitter son fauteuil de président.

Il est élu pour deux ans et demi (soit une moitié de législature) au scrutin secret et à la majorité absolue (pendant les trois premiers tours de scrutin) des suffrages exprimés sur proposition d'un groupe politique ou du « seuil bas » (soit un vingtième des députés qui composent le Parlement). Pour les derniers présidents, le socialiste allemand Martin Schulz a été élu le 17 janvier 2012 et réélu le 1er juillet 2014. Le 17 janvier 2017 a été élu l'italien, membre du Parti populaire européen Antonio Tajani.

b) Bureau

317. Le Bureau est l'organe de direction administrative et financière du Parlement européen dont il établit l'état prévisionnel du budget et règle toutes les questions administratives, de personnel et d'organisation, de même que les questions liées à la conduite des séances. C'est le Bureau qui nomme le Secrétaire général du Parlement.

Il est formé du président du Parlement, et des quatorze vice-président, que le Parlement élit également. Les cinq questeurs, élus de même par le Parlement, et qui sont en charge des questions administratives touchant directement les députés participent au bureau, avec voix consultative.

c) Conférence des présidents

318. Formée par le président du Parlement et les présidents des groupes politiques (un représentant des députés non-inscrits y participe avec voix consultative), la Conférence des présidents est en charge de l'organisation des travaux, des questions de programmation législative et des relations avec les autres institutions de l'Union de même qu'avec les parlements nationaux. Il existe aussi une conférence des présidents des commissions du Parlement, et une conférence des présidents de délégations, qui peuvent adresser des recommandations à la Conférence des présidents s'agissant de problèmes intéressant les commissions ou les délégations.

2° Structures de travail parlementaire

319. Il s'agit, de façon traditionnelle pour une institution parlementaire, des commissions. Le Parlement crée librement en son sein des *commissions permanentes* (au nombre de vingt, dont la commission de l'agriculture et du développement rural, des budgets, du contrôle budgétaire, des pétitions, ou de l'environnement, santé publique et sécurité alimentaire ; la commission des affaires étrangères est divisée en deux sous-commissions en charge respectivement des droits de l'Homme et de la sécurité et la défense), ou *spéciales* (pouvant être constituées à tout moment sur proposition de la Conférence des présidents ; le mandat de ces commissions est de douze mois au maximum, à moins qu'à l'issue de cette période, le Parlement ne le prolonge ; en 2018, par exemple, commissions spéciales sur le terrorisme, sur la procédure d'autorisation des pesticides par l'Union, et sur la criminalité financière, la fraude fiscale et l'évasion fiscale), qui suivent les affaires dans le détail et préparent les avis que le Conseil demande, de même que les résolutions d'initiative du Parlement. Chaque membre de l'Assemblée est, en principe, membre à part entière d'une commission et membre suppléant d'une autre. Depuis l'élection directe, les commissions tiennent en public quelques-unes de leurs séances, en principe pendant la semaine suivant celle d'une période de session.

Il existe également des *commissions d'enquête*, ayant un rôle de contrôle politique et vues à ce titre (v. ss 351).

On peut aussi relever l'existence de *délégations interparlementaires* assurant le lien avec des parlements nationaux.

3° Structures politiques

320. Ces structures sont d'abord les *groupes politiques* du Parlement, mais en reproduisant la structuration classique des parlements nationaux, ils correspondent à la fois à une réalité (les députés sont élus sur des listes présentées par des formations politiques dans les États membres) et à une entreprise consistant à développer une vie politique au niveau européen, ce qui se traduit par le soutien aux *partis politiques* européens.

a) Groupes politiques du Parlement européen

LAURENT (S.), « Vers une clarification du statut juridique des groupes politiques au Parlement européen », *RDUE* n° 2, 2005. 311.

321. Non seulement les membres du Parlement européen n'ont jamais siégé ni par délégations nationales ni par ordre alphabétique, mais ils se sont rapidement constitués en *groupes politiques* multinationaux dont ils ont obtenu la reconnaissance officielle : les groupes bénéficient de moyens en locaux et en personnel (dans le budget 2018, les emplois temporaires dévolus aux groupes politiques s'élèvent à 1 135), et surtout d'importantes prérogatives (sièges dans les commissions, temps de parole, droit d'initiatives diverses). Pour favoriser le travail transnational, tout groupe politique doit être composé de députés appartenant à plus d'un État membre. Ce fut longtemps une incitation (nombre minimum de députés nécessaire pour constituer un groupe d'autant moins élevé que le nombre de nationalités représentées était important) avant de devenir une condition de base : désormais, tout groupe politique est composé de députés élus dans au moins un quart des États membres, et le nombre minimum de députés nécessaires pour constituer un groupe politique est fixé *ne varietur* à vingt-cinq.

Le Parlement de la 8e législature (2014-2019) comptait initialement sept groupes mais le groupe Europe des Nations et des libertés a réussi à se constituer en juin 2015. Existent donc huit groupes : Groupe du Parti populaire européen (219 membres) ; Groupe de l'Alliance progressiste des socialistes et démocrates (189 membres) ; Groupe des conservateurs et réformistes européens (71 sièges) ; Alliance des démocrates et des libéraux pour l'Europe (68 sièges) ; les Verts – Alliance libre européenne (52 sièges) ; Gauche unitaire européenne/Gauche verte nordique (51 sièges) ; Europe de la liberté et de la démocratie directe (44 sièges) ; Europe des Nations et des libertés (36 sièges). S'ajoutent des non-inscrits (20 députés) qui, à l'image d'un groupe, disposent d'un secrétariat et de prérogatives régies par le Bureau.

b) Partis politiques européens

322. Ces groupes préfigurent la mise en place de véritables partis politiques au niveau européen ; si le traité de Maastricht se contentait (art. 191 CE *[ex 138 A]*) de saluer leur importance de manière quasi incantatoire, le traité de Nice a ajouté une base juridique pour adopter, en codécision, un statut de ces partis, notamment les règles relatives à leur financement, ce qui a été fait avec le règlement n° 2004/2003 du Parlement européen et du Conseil du 4 novembre 2003 (*JOUE* n° L 297/1 du 15 nov. 2003). Il définit comme parti politique au niveau européen un parti ou une alliance de partis représenté dans au moins un quart des États membres par des parlementaires européens, nationaux, ou régionaux, ou ayant obtenu au moins 3 % des suffrages exprimés dans un quart au moins des États membres lors des dernières élections européennes. Ces partis doivent, de plus, respecter les principes de liberté, de démocratie, des droits de l'homme, des libertés fondamentales et de l'État de droit, et avoir participé aux élections européennes ou en avoir exprimé l'intention. Le Parlement européen gère les crédits disponibles pour assurer le financement de ces partis, 15 % de la somme étant attribuée en parts égales entre tous les partis européens reconnus comme tel, et 85 % étant partagés entre ceux qui ont des élus au Parlement européen, proportionnellement au nombre de ces derniers. Le cadre juridique a été revu avec le règlement n° 1141/2014 du Parlement européen et du Conseil du 22 octobre 2014 (*JOUE* n° L 317/1 du 4 nov. 2014) (cf. la décision du Bureau du Parlement européen du 12 juin 2017 fixant les modalité d'application de ce règlement (*JOUE* n° C 205/2 du 29 juin 2017) qui a notamment mis en place une Autorité pour les partis politiques européens et les fondations politiques européennes à des fins d'enregistrement, de contrôle et de sanction desdits partis et desdites fondations. L'enregistrement est obligatoire pour obtenir le statut juridique européen, qui comporte une série de droits et d'obligations. Afin de prévenir tout conflit d'intérêts éventuel, l'Autorité est indépendante).

323. Jusqu'en 2017, le financement s'est effectué sous la forme d'une subvention de fonctionnement. À compter de 2018, il a pris la forme d'une contribution (pour les partis politiques et non les fondations). Les règles relatives à ce type de financement étaient précisées au titre VIII de la partie II du règlement financier. La contribution versée pouvait couvrir jusqu'à 85 % des dépenses remboursables d'un parti, le reste devant être assuré par des ressources propres telles que les cotisations et les dons. La contribution peut être affectée aux dépenses directement liées aux objectifs statutaires du parti, à savoir les **dépenses dites « remboursables »**, telles que les frais de réunions et de représentation, les coûts de publication, les frais administratifs et les frais de personnel et de déplacement, les dépenses des campagnes électorales européennes. La contribution ne peut être affectée, entre autres, aux **dépenses non remboursables** suivantes: les dépenses de campagne pour les référendums et les élections (hormis les élections européennes), le financement direct ou indirect de partis nationaux, de candidats électoraux, le service des dettes.

324. La Commission a lancé une révision le 13 septembre 2017 (COM(2017)481) visant à accroître la dimension européenne, et à organiser une distribution plus équitable des fonds, l'objectif étant que les nouvelles règles soient applicables pour 2019. Un accord est rapidement intervenu entre le Parlement et le Conseil. Le Parlement a adopté le texte le 17 avril 2018 et le Conseil le 26 avril. Il s'agit surtout de ***mettre fin à certaines pratiques abusives***, telles que la création de partis politiques européens parrainés par un groupe restreint de partis et de personnes, dont l'objectif premier est de recevoir des fonds de l'Union. Désormais des partis seulement, et non plus des personnes physiques, pourront parrainer la création de partis politiques européens. Le parrainage de plusieurs partis européens est interdit. Cela mettra fin aux affiliations à plusieurs partis et à la création de pseudo-partis qui sont parrainés principalement par des membres à titre individuel. L'objectif est de faire en sorte que les partis politiques européens aient une véritable dimension européenne. Le ***financement*** des partis politiques européens devrait également être ***plus proportionnel*** au poids qu'ils représentent aux élections européennes. Le montant réparti proportionnellement au nombre de députés dont ils disposent au Parlement européen passe de 85 % à 90 % (la proposition initiale était de 95 %). La contribution, qui pouvait représenter 85 % des dépenses remboursables d'un parti, passe aussi à 90 %, et à 95 % pour les fondations politiques européennes. Cette modification prend en compte les difficultés que les partis et fondations ont éprouvées pour atteindre le seuil actuel. Cela atténuera le risque que les partis et fondations recourent à des pratiques financières douteuses pour atteindre le niveau requis de ressources propres. Le règlement (UE, Euratom) 2018/673 du Parlement européen et du Conseil a été adopté le 3 mai 2018 (*JOUE* n° L 114/1 du 4 mai 2018).

325. En 2017, 30,8 millions d'euros ont été accordés à seize partis politiques européens, et 18,8 millions à 15 fondations. Dans le budget 2018, les partis politiques européens bénéficient de 32 millions d'euros et les fondations 19 millions.

326. Le traité reconnaît que « les partis politiques au niveau européen contribuent à la formation d'une conscience politique européenne et à l'expression de la volonté des citoyens de l'Union » (art. 10, § 4, UE). Là est sans doute en effet une condition essentielle pour que la démocratisation, indéniable, du système institutionnel et décisionnel de l'Union ne se fasse pas quasiment à l'insu des citoyens européens comme c'est trop souvent le cas, et dès lors de manière artificielle. Pour que le système démocratique de l'Union ne « tourne pas à vide », un débat politique de dimension européenne doit exister, les élections européennes se traduisant encore plutôt par une addition de débats nationaux, et les partis politiques européens apparaissent, par-delà les approximations du dispositif, comme un élément essentiel de structuration d'un tel forum politique européen.

B. Organisation des travaux

1° Lieu de travail

327. À la base, il s'agit de la question du *siège*. Les traités ont toujours prévu (aujourd'hui art. 341 FUE) que le siège des institutions « est fixé du commun accord des gouvernements des États membres ». Il se trouve qu'en l'espèce ce « commun accord » a longtemps été contrarié par l'ambition de trois États membres d'accueillir sur leur sol le Parlement européen ; d'où l'adoption en 1965 d'un régime de compromis que l'on pensait provisoire du fait qu'il se traduisait par un éclatement du travail parlementaire peu propice à son efficacité : le Secrétariat général du Parlement était fixé à Luxembourg, Strasbourg était qualifié de « lieu de travail provisoire », pour les séances plénières, et les commissions prirent l'habitude de se réunir à Bruxelles. Malgré de multiples tentatives, telles que des résolutions du Parlement, des recours devant la Cour de justice (CJCE 10 févr. 1983, *Luxembourg c/Parlement européen*, aff. 230/81, *Rec.* 255 ; CJCE 1er oct. 1997, *France c/ Parlement européen*, aff. C-345/95, *Rec.* I-5215), et la construction effrénée d'hémicycles à Luxembourg, à Bruxelles puis à Strasbourg, pour faire évoluer ou pour pérenniser la situation, le traité d'Amsterdam, le 2 octobre 1997, a confirmé dans un Protocole la solution initiée par le Conseil européen d'Edimbourg, en 1992, qui consiste à attribuer à Strasbourg le siège du Parlement (s'y déroulent les douze périodes de session plénières mensuelles), les périodes de session plénières additionnelles (six par an) et le travail des commissions se déroulant à Bruxelles, et le Secrétariat général restant à Luxembourg. Le surcoût lié à ce nomadisme a pu être estimé, en 2012 (observations du Parlement dans l'arrêt du 13 déc. 2012, *France c/ Parlement européen*, aff. C-237/11 et C-238/11, ECLI:EU:C:2012:796), à 160 millions d'euros, mais la Cour, dans l'arrêt précité, a condamné la tentative du Parlement de remplacer une période de session de quatre jours par deux périodes de deux jours car si cela faisait faire des économies au Parlement, le « compte » des douze périodes de session plénières à Strasbourg n'y était plus (sur la question du siège, v. ss 449).

2° Calendrier des travaux

328. Il est rythmé par la distinction entre les sessions, les périodes de session et les séances.

Aux termes de l'article 229 FUE, « Le Parlement tient une *session* annuelle. Il se réunit de plein droit le deuxième mardi de mars ». Dans la pratique, la session annuelle n'est jamais close, cinq sessions s'enchaînant sans interruption pour couvrir l'intégralité de la législature. La *période de session* est la réunion, de quatre jours, que tient en règle générale le Parlement chaque mois.

Le président, à la demande de la majorité des membres qui composent le Parlement ou à la demande de la Commission ou du Conseil, et après avoir consulté la Conférence des présidents, peut convoquer en *période de session extraordinaire* le Parlement (art. 229, al. 2, FUE). Le président a de surcroît la faculté, avec l'accord de la Conférence des présidents, de convoquer le Parlement à titre exceptionnel, en cas d'urgence (art. 146 du règlement du Parlement).

La période de session se décompose en *séances* qui sont publiques, conformément à la tradition parlementaire.

3° Déroulement des travaux

329. Maîtresse de ses *sessions*, l'Assemblée est aussi maîtresse de son *ordre du jour*, qu'elle adopte au début de chaque période de session sur la base d'un projet établi par la Conférence des présidents (qui se prononce à la suite de recommandations de la Conférence des présidents des commissions) et qui peut être modifié, *in extremis*, à la demande d'une commission, d'un groupe politique ou d'un groupe d'un vingtième des députés (« seuil bas »). La Conférence des présidents peut proposer la *répartition du temps de parole*, que confirme, sans débat, le Parlement. Pour la première partie des débats, le temps de parole est réparti à égalité entre tous les groupes politiques pour une première fraction ; une deuxième fraction est répartie entre les groupes politiques au prorata du nombre total de leurs membres ; un temps de parole global est également reconnu aux non-inscrits. Dans la suite des débats, le temps de parole n'est pas réparti à l'avance, le Président pouvant accorder la parole à des députés, en règle générale pour un maximum d'une minute, et en essayant de faire en sorte que soient alternativement entendus des orateurs de différentes tendances politiques et en provenance de différents États membres. Le Président peut aussi donner la parole à un député qui indique, en levant un carton bleu, qu'il souhaite poser à un autre député, au cours de l'intervention de ce dernier, une question d'une durée maximale d'une demi-minute, en lien avec les propos de ce dernier (qui doit accepter).

Les députés ont le droit de s'exprimer dans la *langue officielle* de leur choix. Les débats sont interprétés simultanément dans chacune des autres langues officielles et dans toute autre langue que le Bureau estime nécessaire.

330. Les votes sont regroupés à la fin de chacune des périodes de session. Ceci se traduit par une forme de complexité dans les « listes de votes » regroupant des dizaines de votes qui se succèdent en rafale et exigent une grande attention. D'où peut-être la procédure à certains égards déconcertante des « corrections de vote » : les députés peuvent adresser une correction d'un de leurs votes (lorsque celui-ci s'est fait par appel nominal) jusqu'au vendredi de la deuxième semaine suivant la période de session, à midi. Le résultat du scrutin ne sera pas modifié mais leur vote sera corrigé, ce qui peut correspondre à la prise de conscience d'une erreur ou à des calculs politiques plus complexes, un député pouvant voter dans un sens contraire à la ligne indiquée par son groupe et revendiquer ensuite une simple erreur. On peut rester surpris du nombre de corrections, certains députés en faisant plus de cent en 18 mois. Le principe est le *vote* à la majorité absolue des suffrages exprimés (art. 231 FUE) et le règlement intérieur du Parlement (art. 168) fixe le *quorum* au tiers des membres ; cependant, tout vote sera valable, quel que soit le nombre des votants, si, à l'occasion du vote, le président ne constate pas, à la demande d'au moins quarante députés, que le quorum n'est pas atteint.

Le Parlement vote normalement à main levée, le Président pouvant cependant à tout instant décider de recourir au système de vote électronique. Il est procédé au vote par appel nominal si un groupe politique ou quarante députés le demandent. Si le président décide que le résultat d'un vote à main levée est douteux, le Parlement est consulté par le système de vote électronique. En cas de panne de ce dernier, le Parlement est alors consulté par assis et levé.

III. Attributions

331. L'Assemblée, dans le système communautaire, était particulièrement « mal lotie », les rédacteurs des traités de Rome l'ayant seulement dotée de « pouvoirs de délibération et de contrôle » (137 CEE) très éloignés de pouvoirs « parlementaires » identitaires que sont le pouvoir de contrôle politique, le pouvoir budgétaire et le pouvoir législatif ; mais c'est la seule institution qui ait vu s'accroître notablement ses prérogatives, tant par modifications formelles des traités (traités budgétaires de 1970 et 1975 puis, à partir de l'AUE, tous les traités de révision), que de manière informelle, par voie de pratiques et surtout d'accords interinstitutionnels (sur ces différents procédés, cf. notamment G. Isaac, chronique financière, *RTDE* 1975. 717), au fil d'une véritable et persévérante « lutte pour le pouvoir » (que l'élection directe n'a fait qu'aiguiser).

Le Parlement européen a ainsi réussi à obtenir progressivement les trois types de pouvoirs caractérisant les institutions parlementaires, le plus difficile ayant été sans doute de passer d'un pouvoir de délibération à un pouvoir de codécision. La conquête, *a priori* logomachique, du nom de « Parlement » correspond donc bien à une réalité.

Le traité de Lisbonne présente désormais un Parlement européen disposant des pouvoirs traditionnels de tout véritable parlement : « Le Parlement exerce, conjointement avec le Conseil, les fonctions législative et budgétaire. Il exerce des fonctions de contrôle politique et consultatives conformément aux conditions prévues par les traités. Il élit le président de la Commission » (art. 14, § 1, UE).

A. Contrôle politique

Chauchat (M.), *Le contrôle politique du Parlement européen sur les exécutifs communautaires*, Paris, LGDJ, 1989.

332. Premier pouvoir du Parlement européen (et seul dans le traité CECA), le contrôle politique exercé sur la Commission s'est affiné au cours des années, en même temps qu'il a été complété par un contrôle portant sur le Conseil – mais dans un style différent, ce dernier n'étant pas, comme la Commission, responsable devant le Parlement – ainsi que sur les organes de la *coopération intergouvernementale*, voire sur le Conseil européen.

On peut distinguer un contrôle organique faisant intervenir le Parlement sur les conditions de nomination ou de censure d'autres institutions de l'Union et un contrôle fonctionnel sur les activités de l'Union.

1° Contrôle organique

333. Il peut être d'*approbation* et conditionner l'entrée en fonction des membres d'autres institutions, ou de *sanction* et provoquer la sortie de ces fonctions.

a) Investiture et nominations

334. L'essentiel est ici la participation du Parlement à la nomination des membres de la Commission. L'évolution a été retracée plus haut (v. ss 249), mais sa substance consiste à avoir transformé une simple association formelle, voire symbolique, à une procédure de nomination fondamentalement intergouvernementale en une véritable logique d'investiture, là résidant vraiment la dimension politique de ce contrôle. On sait que ce n'est qu'avec les traités de Maastricht et d'Amsterdam que le Parlement a obtenu un droit de coinvestiture de la Commission sous la forme d'un vote d'« approbation » du président et des autres membres désignés avant leur nomination formelle par les gouvernements des États membres. L'organisation minutieuse par son règlement intérieur de l'audition des personnalités proposées au sein de ses commissions compétentes, de la présentation du programme de la future Commission et les conditions concrètes dans lesquelles a été investie la Commission Santer en janvier 1995 (*JOCE* n° C 43 du 20 févr. 1995) montrent que le Parlement a décidé d'emblée de tirer le maximum de profit de cette nouvelle compétence. En 2004 comme en 2009 ou en 2014, la composition de la Commission en cours d'investiture a dû être modifiée à la suite de l'opposition politique du Parlement à l'égard d'un ou plusieurs des commissaires pressentis.

Le traité de Lisbonne, on l'a vu, renforce cette dimension d'*investiture* de la participation du Parlement à la nomination de la Commission puisqu'il prévoit que le Conseil européen propose un candidat à la présidence de cette dernière « en tenant compte des élections au Parlement européen » et que ce président de la Commission est élu par le Parlement européen à la majorité de ses membres, le schéma étant très proche des conditions de formation d'un gouvernement dans un régime parlementaire, ceci étant renforcé par la pratique du « *spitzenkandidat* » (v. ss 254).

Sans qu'il y ait la même portée politique, on peut signaler, parce que cela renforce la position du Parlement dans le système institutionnel de l'Union et parce que cela contribue à une démocratisation de l'ensemble de ce système, qu'il est aussi associé à d'autres procédures de nomination. C'est le Parlement qui élit le Médiateur au scrutin secret, à la majorité des suffrages exprimés, pour la durée de la législature (art. 228 FUE et art. 219 à 221 du règlement du Parlement) (v. ss 398). Il est consulté pour la nomination des membres de la Cour des comptes (art. 286 FUE et art. 121 du règlement du Parlement), et pour celle du président, du vice-président et des membres du Directoire de la Banque centrale européenne (art. 283, § 2, FUE et art. 122 du règlement du Parlement). Avec le traité de Lisbonne, le Parlement propose également un candidat pour appartenir au comité de sept personnalités chargé d'examiner l'adéquation des candidats aux postes de juge et d'avocat général de la Cour de justice et du Tribunal (art. 255 FUE et art. 120 du règlement du Parlement européen).

b) Censure

335. C'est, en revanche, depuis l'origine des Communautés que le Parlement peut, comme dans un régime parlementaire, par le vote d'une motion de censure, contraindre la Commission à démissionner (art. 17, § 8, UE et art. 234 FUE). On peut apprécier de trois manières cette procédure.

336. On peut dans un premier temps trouver remarquable qu'une institution supranationale dispose de cet instrument traditionnel des régimes parlementaires nationaux, qui plus est depuis les traités communautaires d'origine.

337. Dans un deuxième temps, il faut admettre que la procédure est cependant très contraignante : pour éviter les abus, le traité institue un délai de réflexion de 72 heures avant le vote, et exige que soient atteintes la majorité des 2/3 des suffrages exprimés et la majorité des membres composant l'Assemblée ; et le règlement intérieur canalise les initiatives : la motion de censure ne peut être déposée que par 1/10e des membres de l'Assemblée (voire plus de 1/5° si une motion a été mise aux voix au cours des deux mois précédents), et le vote se fait par appel nominal, ce qui rend plus délicat pour un député ayant approuvé la nomination de la Commission de voter contre cette même Commission. On reconnaît cependant là des techniques classiques de rationalisation du parlementarisme. Plus inquiétant est sans doute le fait qu'à ce jour, jamais le Parlement n'ait censuré la Commission. S'il est vrai qu'à partir de 1972 des motions ont été déposées et certaines mises aux voix, aucune n'a recueilli la double majorité requise. On peut tenter d'expliquer le phénomène par la mauvaise orientation de la procédure. Il est évident, en effet, que ce moyen de sanction n'existe pas et ne saurait exister à l'encontre du Conseil, composé de représentants des gouvernements, de sorte qu'elle ne vise que la Commission, soit l'institution qui propose et exécute la politique et non celle qui en décide. Ce défaut rédhibitoire priverait en somme de toute utilité la procédure.

338. Ce serait là se méprendre. Dans un troisième temps de réflexion, il faut se rendre compte que le véritable instrument efficace (et constructif) de contrôle politique est la *menace de censure*, plus que la censure. Et le Parlement européen est passé maître dans le maniement de cette menace de censure, qu'il a sophistiquée : ainsi, en 1997, quand, après avoir envisagé le vote juridiquement discutable d'une « censure avec sursis », il a voté une « censure à retardement » à propos de l'affaire de la vache folle. Le rapport d'une commission parlementaire d'enquête étant accablant sur la gestion de cette crise par la Commission, le Parlement a adopté une résolution, en février 1997, annonçant qu'il censurerait la Commission à la fin de l'année si celle-ci, dans ce délai, n'avait pas scrupuleusement suivi les recommandations de ce rapport. La Commission, quasiment sous tutelle, s'est exécutée (cf. M. Blanquet, « Le contrôle parlementaire européen sur la crise de la vache folle », *RMCUE* 1998, n° 420, p. 457). De même, la démission spectaculaire sans précédent de la Commission présidée par Jacques Santer le 15 mars 1999, qui clôturait une confrontation institutionnelle de quatre mois, ne faisait que devancer le vote inéluctable et annoncé de la censure (cf. J. V. Louis, « Une crise salutaire ? », *RMUE* 1/1999, p. 5).

2° Contrôle fonctionnel

339. La mission de contrôle du Parlement s'exerce plus quotidiennement sur les activités mêmes des autres institutions de l'Union, le Parlement devant obligatoirement recevoir certaines informations et ayant des moyens divers pour en obtenir.

a) Rapports et débats

340. Les différents organes d'action sont appelés à exposer et défendre régulièrement leurs activités et politiques dans des *rapports* adressés au Parlement, qui discute de manière approfondie et au terme de ses *débats*, fait connaître sa position en votant une *résolution.*

341. *Au rapport général* sur l'activité de l'Union, que les traités (art. 233 FUE) lui font obligation de présenter chaque année, la Commission a rapidement adjoint son « programme annuel de travail » : sur cette base, le « discours programme du président de la Commission », au cours de la période de session de février était chaque année suivi d'un débat général sur la politique passée et future, clôturé par une résolution sur la politique générale de la Communauté.

Aujourd'hui, le *rapport général* est examiné au sein des commissions et ne donne plus lieu à un débat en séance plénière, le *programme de travail* de la Commission pour l'année à venir fait généralement l'objet d'une présentation au Parlement au cours de la session d'octobre et d'une résolution de celui-ci en décembre.

Constituent les autres temps forts du contrôle, les débats, clôturés ou non par le vote d'une résolution, qui suivent, *tous les six mois*, la présentation du programme de la Présidence du Conseil par le ministre des Affaires étrangères accédant à la présidence. De même (art. 15, § 6, UE), le président du Conseil européen présente un rapport au Parlement après chaque réunion du Conseil européen. Nouvelle première institutionnelle, depuis 1995 le Parlement organise, lors d'une de ses sessions d'octobre/novembre, un débat annuel sur *l'état de l'Union*, auquel participent le Conseil et la Commission. On peut ajouter le rapport annuel du Médiateur et le rapport de ce dernier sur chacune de ses enquêtes, et le rapport annuel du président de la Banque centrale européenne. Le président de la Cour des comptes peut également être invité à venir s'expliquer devant le Parlement.

342. Le Parlement va exprimer sa position à l'issue de ces moments forts, mais également de façon plus générale lorsqu'il le juge opportun. Lors de chaque période de session, un ou deux créneaux d'au moins 60 minutes chacun sont réservés dans le projet d'ordre du jour aux *débats sur un thème d'actualité d'intérêt majeur pour la politique de l'Union européenne*. Un groupe politique ou un nombre de députés atteignant le « seuil bas » (un vingtième du nombre de membres) au moins peuvent demander que soit inscrit à l'ordre du jour du Parlement un *débat extraordinaire sur un thème d'intérêt majeur concernant la politique de l'Union européenne*. Le débat est clôturé sans que soit adoptée une résolution. Normalement, il n'est pas organisé plus d'un débat extraordinaire au cours d'une période de session. Sur demande présentée par une commission, une délégation interparlementaire, un groupe politique ou un nombre de députés atteignant au moins le seuil bas, peut aussi être organisé un débat sur un *cas urgent de violation des droits de l'homme, de la démocratie et de l'état de droit.*

343. Dans ce dernier cas de débat relatif à un cas urgent de violation des droits de l'homme, de la démocratie et de l'état de droit, des *propositions de résolution* sur les sujets choisis peuvent être déposées par une commission, un groupe politique ou un nombre de députés atteignant au moins le seuil bas. Le Président et les présidents unanimes des groupes politiques peuvent décider qu'une proposition de résolution est mise aux voix sans débat. Tout député peut, par ailleurs, déposer une *proposition de résolution* (en moins de deux cents mots) portant sur un sujet situé dans le cadre des activités de l'Union européenne qui sera soumise au vote du Parlement, à l'issue d'une procédure dominée par la commission parlementaire compétente et la Conférence des présidents.

b) Questions et interpellations

344. L'article 230 FUE autorise les parlementaires à poser des questions à la Commission. On a pu noter que le Conseil ne semblait pas être visé. C'est dans la logique d'un pouvoir de contrôle parlementaire européen pouvant difficilement s'exercer, sans doute, sur une institution composée de membres de gouvernements nationaux. Le système a cependant rapidement été étendu, avec son consentement, au Conseil et, depuis le « sommet » de Paris de décembre 1974, à la conférence des ministres des Affaires étrangères. On retrouve aujourd'hui, à l'article 36 UE, dans le domaine de la politique étrangère et de sécurité commune, la possibilité pour le Parlement de poser des questions au Conseil et au Haut représentant de l'Union pour la politique étrangère et la politique de sécurité. Ces questions constituent, grâce à leur diversité, un instrument de contrôle vivant et spontané.

345. ***Les questions écrites*** (c'est-à-dire avec demande de réponse écrite) peuvent être posées par tout député (maximum vingt questions sur une période de trois mois) au président du Conseil européen, au Conseil, à la Commission ou à la vice-présidente de la Commission/Haute représentante de l'Union pour les affaires étrangères et la politique de sécurité. Elles appellent en principe une réponse dans un délai de six semaines (ou trois si elles sont prioritaires). Elles sont publiées avec leurs réponses éventuelles, sur le site internet du Parlement.

346. ***Les questions orales*** (demande de réponse orale suivie d'un débat) peuvent être posées aux mêmes destinataires, excepté le président du Conseil européen par une commission, un groupe politique ou un nombre de députés atteignant au moins le « seuil bas » (un vingtième des députés) sous réserve de la décision de la conférence des présidents. Elles sont communiquées à leur destinataire une semaine au moins avant la séance à l'ordre du jour de laquelle elles figurent (questions à la Commission ou au Haut représentant), ou trois semaines au moins (questions au Conseil).

347. ***Les interpellations*** sont de deux types. Les *petites interpellations* correspondent à des questions avec demande de réponse écrite qu'une commission, un groupe politique ou 5 % des députés peuvent poser, sur des sujets bien précis, au Conseil, à la Commission ou au Haut Représentant. Le délai demandé pour la réponse est de deux semaines. Les *grandes interpellations*, avec réponse écrite suivie d'un débat peuvent être activées par les mêmes interpellants. Après réception de la réponse écrite, la question est inscrite à l'ordre du jour d'une séance du Parlement.

348. ***L'heure des questions*** peut durer jusqu'à… 90 minutes, à chaque période de session plénière. Il s'agit d'un apport de l'adhésion britannique, en 1973, ce type de séance existant au Parlement anglais. Deux traits caractérisent ces séances : leur cohérence et leur dynamisme. Cohérence car elles sont consacrées à un ou plusieurs thèmes horizontaux décidés par la conférence des présidents un mois avant la période de session concernée ; dynamisme parce que le député dispose d'une minute pour formuler sa question (qu'il a révélée peu avant la séance) et le commissaire de deux minutes pour lui répondre. Le député peut éventuellement poser une question complémentaire, d'une durée maximale de trente secondes et ayant un lien direct avec la question principale, le commissaire disposant alors de deux minutes pour fournir un complément de réponse. En 2011, une version expérimentale de l'heure des questions a été tentée, les questions n'étant plus communiquées à l'avance mais posées directement en séance.

349. À titre indicatif, au cours de l'année 2017, le Parlement a posé 7 563 questions écrites, dont 7 411 à la Commission, et 101 questions orales, dont 87 à la Commission.

c) Pétition

350. Tout citoyen européen (ainsi que les personnes résidant ou ayant leur siège social dans un État membre) peut présenter au Parlement européen une pétition sur un sujet relevant des domaines d'activité de l'Union et qui le concerne directement.

Consacrée par le traité de Maastricht, cette procédure était déjà organisée précédemment dans le règlement du Parlement (ce qui illustre le phénomène d'utilisation par l'institution de son pouvoir d'auto-organisation en tant qu'instrument de « lutte pour le pouvoir ») et il existe depuis 1987 une commission des pétitions qui peut élaborer un rapport, un avis, ou transmettre au Parlement une proposition de résolution. Le rôle du Parlement, ici, consiste le plus souvent à transmettre aux instances compétentes (Commission européenne avec demande de saisine de la Cour de justice...), ou à prendre contact avec les autorités nationales en cause, ou à aiguiller le pétitionnaire vers d'autres procédures (Cour européenne des droits de l'Homme, médiateurs nationaux ou de l'Union). On a compté environ 1 000 pétitions en 2017.

d) Investigation

GÖRLITZ (N.), « Le droit d'enquête du Parlement européen », *CDE* 2013, n° 3, p. 783.

351. L'officialisation, là encore, par le traité de Maastricht, d'une pratique jusque-là codifiée dans son seul règlement intérieur fut sans doute de nature à « muscler » encore les instruments d'informations du Parlement (désormais art. 226 FUE). À la demande du quart de ses membres, celui-ci peut constituer une *commission d'enquête* pour examiner les allégations d'infraction ou de mauvaise administration dans l'application du droit communautaire, sauf si les faits allégués sont en cause devant une juridiction et aussi longtemps que la procédure juridictionnelle n'est pas achevée. L'existence de la commission temporaire d'enquête prend fin par le dépôt de son rapport. Les modalités d'exercice de ce droit d'enquête ont fait l'objet d'une décision du Parlement, du Conseil et de la Commission du 19 avril 1995 (*JOCE* n° L 113/2 du 19 mai 1995). Le traité de Lisbonne a entendu souligner l'importance de ces prérogatives pour une institution parlementaire, en donnant au Parlement européen le pouvoir d'initiative et de dernier mot pour l'adoption du règlement définissant les modalités d'exercice de son droit d'enquête, avec cependant l'approbation du Conseil et de la Commission (art. 226, al. 3, FUE). Ont ainsi été clôturées en 2017 une commission d'enquête sur la mesure des émissions dans le secteur de l'automobile, et une commission d'enquête sur le blanchiment de capitaux, l'évasion fiscale et la fraude fiscale.

B. Pouvoir budgétaire

HOUBE (M.-H.), « La procédure budgétaire à l'épreuve du traité de Lisbonne », *RUE* 2012, n° 559, p. 370.

ISAAC (G.), « La redistribution des pouvoirs financiers entre les institutions », *RTDE* 1977. 736, et chronique financière, *RTDE* 1980. 325 et 1981. 483.

Regnier-Heldmaier (C.), « La distinction DO-DNO, instrument de lutte pour le pouvoir budgétaire », *RMC* 1994. 81.

Potteau (A.), « La régressivité de la procédure budgétaire introduite par le traité de Lisbonne », *Europe* n° 4, avr. 2011, p. 5.

352. Ce fut pendant un temps le principal pouvoir du Parlement, le seul qui lui permettait sinon de s'imposer, du moins de négocier d'égal à égal avec le Conseil. Aussi en fit-il, jusqu'au traité de Maastricht, l'instrument privilégié de sa volonté politique. Le traité de Lisbonne (art. 14 UE) indique que désormais le Parlement européen exerce, conjointement avec le Conseil, la fonction budgétaire. Si ce traité a profondément remanié la procédure d'adoption du budget, les prérogatives du Parlement vis-à-vis de l'exécution de celui-ci n'ont pas varié.

1° Adoption du budget

353. S'il importe de rappeler l'évolution et les prérogatives notables acquises par le Parlement, au titre de l'importance que ce pouvoir eut longtemps pour le Parlement, il faudra voir en quoi la procédure actuelle, qui est désormais une simple « procédure législative spéciale », sorte d'« acte législatif de finance », à l'image des lois de finance nationales, modifie les équilibres acquis.

a) Évolution et situation antérieure au traité de Lisbonne

354. L'article 272 CEE *[devenu 203 CE]*, dans sa rédaction de 1957, n'accordait à l'Assemblée qu'un pouvoir consultatif : comme les autres institutions, elle élaborait l'état prévisionnel de ses dépenses ; l'avant-projet de budget était préparé par la Commission ; le projet de budget arrêté par le Conseil était transmis à l'Assemblée, qui avait le droit d'en débattre et de proposer des modifications ; après quoi c'était le Conseil qui arrêtait définitivement le budget. Ayant fait triompher sa thèse selon laquelle le remplacement des contributions financières des États membres par des ressources propres aux Communautés appelait un accroissement de ses pouvoirs budgétaires (cf. G. Isaac, chronique financière, *RTDE* 1975. 710), l'Assemblée est devenue, grâce à deux modifications successives des dispositions financières originaires (traités de Luxembourg du 22 avr. 1970 et de Bruxelles du 22 juill. 1975) *codétentrice de l'autorité budgétaire*. Elle partage depuis avec le Conseil le pouvoir budgétaire selon un système inédit, fondé sur des textes (272 CE *[ex 203]*) souvent obscurs, et qui se sont révélés, dans la pratique, assez nettement déséquilibrés à son profit. Après le succès limité de la déclaration commune du Parlement, du Conseil et de la Commission du 30 juin 1982 (*JOCE* n° C 194 du 28 juill. 1982), c'est l'Accord interinstitutionnel du 29 juin 1988, sur la discipline budgétaire et l'amélioration de la procédure budgétaire (*JOCE* n° L 185/33 du 15 juill. 1988), englobant la procédure budgétaire annuelle dans une programmation pluriannuelle en commun, qui a enfin permis d'établir, à partir de 1988, la « paix budgétaire » entre les deux branches de l'autorité budgétaire (cf. H. J. Timmann, « La procédure budgétaire pour l'exercice 1989 et la première application de l'Accord interinstitutionnel », *RMC* 1989. 235).

Cette démarche a été confirmée dans l'Accord interinstitutionnel du 29 octobre 1993 (*JOCE* n° C 331/1 du 7 déc. 1993 ; cf. Guy Isaac, « L'encadrement à moyen terme des finances publiques communautaires. L'Accord interinstitutionnel sur la discipline budgétaire et l'amélioration de la procédure budgétaire », *Rev. franç. de finances publiques* 1994. 9) et par l'Accord interinstitutionnel du 6 mai 1999 (*JOCE* n° C 172 du 18 juin 1999). Ces accords ont abouti à mettre en place et à rendre essentielles des *perspectives financières* pluriannuelles fixant des plafonds de dépense ne privant pas d'incidence la procédure budgétaire mais la rendant moins déterminante et, en tous cas, moins conflictuelle (cf. l'A II du 17 mai 2006 fixant le cadre financier pluriannuel de l'Union pour la période 2007-2013, *JOUE* n° C 139 du 14 juin 2006).

Dans ce cadre, le Parlement disposait de quatre prérogatives : un droit de proposer des modifications, un droit d'amendement, un droit d'arrêter le budget, et un droit de rejet.

355. ***Droit de proposer des modifications*** : l'Assemblée possédait un simple « droit de proposer des modifications » (ce qui laissait au Conseil le *dernier mot*) sur les dépenses dites *obligatoires* de la Communauté, qui représentèrent longtemps une part massivement prépondérante du budget. Mais il s'agissait, en fait, de dépenses inévitables qu'aucune des deux branches de l'autorité budgétaire ne pouvait éluder : « Les dépenses que l'autorité budgétaire est tenue d'inscrire au budget en vertu d'un engagement juridique pris aux termes des traités ou des actes arrêtés en vertu de ceux-ci », précise l'A II du 6 mai 1999 ; elles étaient essentiellement représentées par des dépenses agricoles qui découlaient de la fixation par le Conseil des prix agricoles communs. Ceci éclaire la logique du système. Ces dépenses dites obligatoires l'étaient dans la mesure où elles permettaient la mise en œuvre des actes arrêtés par le Conseil dans le processus législatif. La faiblesse des prérogatives du Parlement en l'espèce n'était donc qu'un moyen d'éviter que celui-ci puisse, par le biais budgétaire, porter atteinte à ce pouvoir législatif qu'il ne détenait pas (simplement consulté pour le domaine agricole).

356. ***Droit d'amendement*** : en revanche, et c'est là qu'a résidé la principale progression, l'Assemblée a acquis un véritable *droit d'amendement* sur les dépenses dites *non obligatoires* puisque non imposées par un acte juridique préexistant. Dès lors, le Parlement pouvait intervenir sans interférer avec ce pouvoir normatif à l'écart duquel il était maintenu. Dans la réalité, ces DNO, sur lesquelles l'Assemblée a obtenu le dernier mot, si elles ont été longtemps réduites, ont fini par représenter environ les deux tiers du budget et surtout correspondaient aux secteurs les plus dynamiques de l'activité communautaire (crédits du Fonds social, du FEDER, de la politique énergétique, industrielle...) ; depuis la création de l'Union européenne en 1992, elles englobaient même les dépenses opérationnelles de la PESC et de la JAI, qui sont en principe budgétisées (art. 28 UE *[ex J.18]* et 41 UE *[ex K.13]* ; cf. A II du 6 juill. 1997 concernant le financement de la PESC, repris dans l'A II du 6 mai 1999 [préc.], et Y. Petit, « Le traité d'Amsterdam et le financement de la PESC », *Europe*, janv. 1998, chron. p. 5). Or, en seconde lecture, à la majorité des membres qui la compose et des 3/5e des suffrages exprimés, l'Assemblée pouvait imposer sa volonté au Conseil pour modifier leur répartition, augmenter leur volume ou même en créer de nouvelles. Le droit d'augmenter les DNO ne pouvait cependant être sans limite et faisait objet d'un encadrement régi par le paragraphe 9 de l'article 272 CE [*ex 203*], dont il résultait que l'Assemblée dispose d'une « marge de manœuvre » minimale, qu'elle utilise librement, mais qu'elle ne peut dépasser sans l'accord du Conseil, c'est-à-dire que le « déplafonnement » du droit d'amendement exigeait le consentement de l'autre branche de l'autorité budgétaire. Quant à la possibilité, en créant des lignes budgétaires nouvelles et en y inscrivant des crédits, de disposer d'un substitut du droit d'initiative législative, elle était limitée par l'incapacité où se trouve généralement la Commission d'exécuter des dépenses qui n'ont pas une « base législative » dans un règlement du Conseil (cf. G. Isaac, chron. fin., *RTDE* 1980. 334 ; CJCE 12 mai 1998, *Royaume-Uni c/Commission*, aff. C-106/96, *Rec.* I-2729). C'est ainsi la nature des dépenses (DO/DNO) qui déterminait pour l'essentiel le partage du pouvoir budgétaire entre le Parlement et le Conseil.

357. ***Arrêt du budget*** : une fois expirés les délais et achevée la procédure, c'est au président de l'Assemblée qu'il revenait de constater l'*arrêt définitif* du budget dans son ensemble (272, § 7, CE) et d'en assurer la publication. Cette prérogative, qui devait seulement symboliser le transfert de pouvoirs budgétaires opéré au profit de l'organe représentatif des peuples, plaçait, en outre, le Parlement dans une position de force pour clore à son avantage des procédures contestées par le Conseil qui était ainsi mis devant le fait accompli (cf. notamment, les décisions du président du Parlement du 23 décembre 1980 et du 21 décembre 1981 ; cf. G. Isaac, chronique financière, *RTDE* 1981. 488) avant que la Cour de justice n'interdise une telle pratique d'arrêt unilatéral du budget (3 juill. 1986, *Conseil c/Parlement*, aff. 34/86, *Rec.* 2156), le Parlement n'ayant pas toujours gain de cause dans son inexorable combat pour l'accroissement de ses prérogatives.

358. ***Rejet du budget*** : l'Assemblée était aussi en droit, à la majorité des membres la composant et des 2/3e des suffrages exprimés, de *rejeter le projet de budget dans son ensemble* et de demander qu'un nouveau projet lui soit soumis par le Conseil. L'utilisation d'une telle arme, de nature à perturber gravement le fonctionnement de l'Union (devant alors fonctionner sous un régime délicat de « douzièmes provisoires » jusqu'à l'aboutissement tardif d'une nouvelle procédure budgétaire), n'est concevable que pour manifester un désaccord politique important avec le Conseil. L'expérience, peu concluante, qu'en fit le nouveau Parlement élu en repoussant le 15 décembre 1979 le budget de l'exercice 1980 lui a laissé un goût d'amertume (cf. chronique financière, préc., *RTDE* 1981. 484). Il a cependant rejeté également le budget 1985.

b) Procédure mise en place par le traité de Lisbonne

359. L'article 314 FUE indique clairement l'équilibre entre les deux autorités budgétaires : « le Parlement européen et le Conseil, statuant conformément à une procédure législative spéciale, établissent le budget annuel de l'Union ». On le comprend, la distinction DO/DNO n'est plus de mise, le partage à la fois de la fonction législative et de la fonction budgétaire entre les deux institutions étant désormais acté par le traité sur l'Union (art. 14§ 1 et 16§ 1 UE). L'ensemble de la procédure est corsetée dans des délais stricts (des dates limites et des durées maximales pour chaque étape) dont on comprend la finalité, le budget devant absolument être adopté à temps sous peine de commencer l'année suivante sous le régime des douzièmes provisoires, assurant une simple survie de l'institution. Pour autant, le contrôle juridictionnel a semblé à l'égard de ces délais de la procédure budgétaire plutôt compréhensif, la Cour ayant eu l'occasion en 1988 de sanctionner en tant que carence un retard du Conseil, ce qu'elle ne fit pas, considérant que dès lors que le projet de budget avait été déposé avant le prononcé de l'arrêt, il n'y avait plus de carence (arrêt du 12 juil. 1988, *Parlement européen c/ Conseil*, aff. 377/87, *Rec.* 4017. L'Avocat général Mischo a illustré ce pragmatisme non formaliste en relevant que « l'obligation de présenter un budget complet doit l'emporter sur l'obligation de le présenter avant [une certaine date] dans les situations extrêmes où ces deux exigences ne sont pas conciliables » (point 98 des conclusions du 26 mai 1988.)

Le déroulement de cette procédure, comptant désormais une seule lecture et non deux comme auparavant, s'organise en quatre phases :

360. ***Première phase : établissement du projet.*** C'est la Commission qui, consolidant les états prévisionnels dressés par chaque institution, établit le projet de budget (avant le 1er juillet), qu'elle soumet au Parlement et au Conseil (avant le 1er septembre).

Deuxième phase : positionnement du Conseil. Celui-ci arrête sa position vis-à-vis du projet de la Commission et en informe le Parlement (avant le 1er octobre).

Troisième phase : réaction du Parlement. Il dispose de quarante-deux jours pour approuver ou amender (à la majorité de ses membres) la position du Conseil. Le droit d'amendement du Parlement est donc généralisé. La procédure peut s'achever si le Parlement approuve, ou ne se prononce pas dans le délai, ou si le Conseil, dans les dix jours de la transmission d'amendements du Parlement, déclare les approuver. Ces possibilités d'adoption précoce peuvent apparaître comme propices à des procédures budgétaires simplifiées, ce que n'a pas semblé confirmer le premier exercice, pour le budget 2011. Sinon, s'ouvre une phase de conciliation, nouveauté procédurale, signe de l'assimilation à la procédure législative, mais en réalité, plutôt une formalisation de la concertation entre les deux institutions qui existait déjà à ce stade.

Quatrième phase : conciliation. Le président du Parlement, en accord avec le président du Conseil, convoque un comité de conciliation composé des membres du Conseil ou de leurs représentants et d'autant de membres représentant le Parlement. Ce comité a vingt-et-un jours pour trouver un accord. Si c'est le cas, le Parlement et le Conseil disposent d'un délai de quatorze jours pour approuver ce projet commun, et le président du Parlement européen peut alors constater que le budget est définitivement adopté. Le budget sera aussi réputé adopté sur la base du projet commun si l'une des deux institutions approuve ce dernier sans que l'autre statue dans le délai.

En cas d'échec, les solutions varient. Si cet échec est dû à l'inaboutissement de la conciliation (ce qui est arrivé dès la première application de la procédure pour le budget 2011, mais également en 2013 ou 2015) ou au rejet du projet commun par une des deux institutions, l'autre ne statuant pas, ou au rejet par le Parlement, même si le Conseil donne son approbation, la Commission doit présenter un nouveau projet de budget. Dans les trois cas signalés, le nouveau projet de budget présenté par la Commission traduisant le quasi-compromis obtenu en conciliation a finalement été adopté.

En revanche, si c'est le Conseil qui rejette ce projet commun alors que le Parlement l'approuve, ce dernier va pouvoir, dans un délai de quatorze jours, confirmer tout ou partie de ses amendements initiaux, en votant à une majorité renforcée (majorité de ses membres représentant les 3/5e des suffrages exprimés) qui était celle valant pour les seules DNO dans la situation antérieure. Le budget sera alors adopté sur la base des amendements confirmés ou, pour les amendements non confirmés, sur la base du projet de conciliation.

361. C'est toujours le président du Parlement qui constate que le budget est définitivement adopté (art. 314, § 9, FUE) ; en symétrique à la vaine prétention du Parlement d'utiliser cette prérogative en tant qu'arme de combat contre le Conseil (v. ss 357), le Conseil a revendiqué une double signature du budget par le président du Parlement mais aussi celui du Conseil, le partage de la fonction budgétaire devant logiquement suivre les règles du partage de la fonction législative, pour laquelle est prévue cette double signature. Le Conseil soutenait également que l'article 314, § 1, FUE, prévoyant que « le Parlement et le Conseil… établissent le budget annuel de l'Union » exigerait un acte conjoint, après que le Président du Parlement ait constaté de manière purement déclaratoire la fin de la procédure. La Cour de justice a privilégié la lettre de l'article 314, § 9, FUE et refusé la thèse du Conseil : la procédure budgétaire est une procédure législative *spéciale* : CJ 17 sept. 2013, *Conseil c/ Parlement*, aff. C-77/11, ECLI:EU:C:2013:559.

362. Présentée comme une simplification de la procédure, et plutôt saluée par la doctrine comme par le Parlement lui-même (Résol. 20 févr. 2008 sur le traité de Lisbonne, *JOUE* n° C 184 E/27 du 6 août 2008), qui, du moins en apparence, paraît plutôt en sortir renforcé du fait de la portée élargie de son possible dernier mot, cette réforme, qui supprime finalement la possibilité de surmonter des visions différentes de la part du Conseil et du Parlement par la répartition du droit de décider en dernier ressort sur, chacun, une part du budget (DO pour le Conseil, DNO pour le Parlement), exige désormais un accord sur l'ensemble des lignes budgétaires, ce qui pourrait provoquer, comme a semblé le montrer l'exemple du budget 2011, des adoptions budgétaires animées, jusqu'à ce qu'un nouvel équilibre entre les institutions se stabilise au fil de l'expérience de la nouvelle procédure.

363. Le traité de Lisbonne, dans un article nouveau (art. 312 FUE) consacre le respect, par le budget annuel, d'un cadre financier pluriannuel (au moins cinq ans). Il s'agit là encore d'une procédure législative spéciale, celle d'approbation, puisque le cadre financier prendra la forme juridique d'un règlement adopté à l'unanimité (sauf autorisation de statuer à la majorité qualifiée donnée par le Conseil européen) par le Conseil avec l'approbation du Parlement. C'est cette programmation pluriannuelle, assortie d'une discipline budgétaire par des plafonds sectoriels indépassables (v. ss 475) qui sécurise désormais la procédure budgétaire annuelle.

2° Exécution du budget

364. Cette intervention a dépassé la simple fixation purement mécanique des comptes d'un exercice budgétaire, *a posteriori*, pour prendre une véritable dimension d'appréciation politique de la gestion de la Commission ; en effet, alors que les traités n'envisageaient pas le refus de décharge, le Parlement a organisé, dans son règlement, diverses modalités allant de l'octroi au refus de décharge, en passant par son ajournement.

Depuis le traité de Maastricht, le Parlement a obtenu que ce pouvoir *a posteriori* se double d'un pouvoir de contrôle en temps réel sur l'exécution du budget, puisque désormais, il peut toujours demander à entendre la Commission sur son exécution des dépenses ou sur le fonctionnement des systèmes de contrôle financier.

C. Pouvoir législatif

Blanc (D.), « Le Parlement européen législateur », in M. Blanquet (dir.), *La prise de décision dans le système de l'Union européenne*, Bruxelles, Bruylant, 2011, coll. « Droit de l'Union européenne, colloques », p. 91.

Quinty (D.) et Joly (G.), « Le rôle des parlements européens et nationaux dans la fonction législative », *RDP* 1991. 436.

365. À l'origine, l'Assemblée des Communautés n'exerçait aucune des prérogatives d'un parlement en matière législative : elle ne possédait ni le pouvoir d'initiative, réservé à la Commission, ni le pouvoir de décision, réservé au Conseil. L'évolution a connu trois phases.

Dans un premier temps, sous l'influence d'un Parlement pugnace, appuyé par la Cour de justice et régulièrement rejoint par les États membres « maîtres des traités », se sont développés les modes d'association du Parlement européen à un pouvoir de décision qui ne lui appartenait pas. La procédure de *consultation*, qui a longtemps été la seule, fut ainsi suivie de la procédure de *concertation*, puis de *coopération*, et prit parfois la forme d'une procédure d'avis conforme, désormais désignées en tant que procédure d'*approbation*.

Mais le saut qualitatif fut réalisé avec le traité de Maastricht : si la consécration d'un droit d'initiative indirect est essentiellement symbolique (v. ss 275), l'introduction, même à caractère limité, de la procédure de *codécision* a fait accéder le Parlement européen au rôle de colégislateur qu'il revendiquait. La réforme est d'importance puisque dès lors, même si ce n'était que conjointement avec le Conseil, pour la première fois, le Parlement devenait *auteur* de certains actes communautaires. Nombre de règlements de base n'étaient plus, dès lors, des règlements « du Conseil », adoptés après avis du Parlement européen, mais des règlements « du Parlement européen et du Conseil ».

L'élargissement du champ de cette procédure a permis au traité de Lisbonne, franchissant un pas supplémentaire, d'en faire la *procédure législative ordinaire* (art. 289 FUE), les autres procédures associant le Conseil et le Parlement, selon des modalités différentes, étant des *procédures législatives spéciales*, le critère de l'acte législatif étant donc essentiellement formel et consistant en une procédure d'adoption associant le Conseil et le Parlement européen. Les articles 14 et 16 UE posent le principe selon lequel ces deux institutions exercent conjointement la fonction législative. Selon l'article 289, § 2, deux cas de figure symétriques sont envisagés pour les procédures spéciales, selon qu'il s'agira d'un acte législatif du Parlement avec la participation du Conseil ou d'un acte législatif du Conseil avec la participation du Parlement.

La première hypothèse correspond à des *actes législatifs* bien particuliers et pour tout dire d'avantage à des actes statutaires concernant le Parlement lui-même : art. 223 FUE : fixation du statut et des conditions générales d'exercice des fonctions des députés européens ; art. 226 FUE : détermination des prérogatives des commissions d'enquête du Parlement ; art. 228, § 4, FUE : fixation du statut et des conditions générales d'exercice des fonctions du médiateur qu'il élit lui-même. On aura donc tendance à considérer que les véritables *procédures législatives*, dans ces procédures spéciales, sont celles recouvrant la deuxième hypothèse, qui recouvre en réalité les différentes modalités d'association du Parlement au pouvoir décisionnel du Conseil apparues au fil de l'évolution et évoquées ci-dessus.

Pour respecter l'évolution chronologique, il est dès lors indiqué d'examiner d'abord les procédures législatives spéciales, puis la procédure législative ordinaire.

1° Les procédures législatives spéciales : l'association du Parlement au pouvoir législatif

a) La procédure de consultation

366. *Quant à son domaine*, la *consultation obligatoire*, qui interdit au Conseil de décider sans que le Parlement ait au préalable donné un avis sur la proposition de la Commission et qui était au départ le seul mode de participation du Parlement à la fonction législative (dix-neuf cas dans le traité CEE et douze dans le traité Euratom), est encore prévue par les traités dans un certain nombre de circonstances parfois particulièrement sensibles pour les États membres, ce qui explique qu'ils veuillent s'en tenir à ce niveau minimum d'association du Parlement à la prise de décision de l'Union (art. 113 FUE pour l'harmonisation des législations fiscales en matière d'impôts indirects ; art. 153 FUE pour l'action de l'Union dans le domaine de la sécurité sociale et protection sociale, de la représentation des travailleurs ou des conditions d'emploi des ressortissants de pays tiers en situation régulière ; art. 81, § 3, FUE pour la coopération judiciaire civile quant au droit de la famille ; art. 87 et art. 89 FUE pour la coopération policière opérationnelle et les conditions d'action policière sur le territoire d'un autre État membre). En outre, le Parlement avait obtenu de la Commission/Haute Autorité l'engagement de le consulter sur toutes les « décisions importantes » en matière CECA et le Conseil pratique lui aussi la *consultation facultative*. Malgré cela, la consultation systématique ne fut pas toujours respectée : parfois le Conseil n'hésita pas à changer la base juridique d'un acte pour se passer de l'avis du Parlement ou, dans le même but, à recourir à la formule de la décision des représentants des États membres réunis au sein du Conseil (v. ss 701).

367. *L'effectivité de la consultation* a été renforcée par la Cour de justice qui a rappelé solennellement que la consultation « est le reflet (...) au niveau de la Communauté, d'un principe démocratique fondamental, selon lequel les peuples participent à l'exercice du pouvoir par l'intermédiaire d'une Assemblée représentative » (29 oct. 1980, *Roquette*, aff. 138/79, *Rec.* 3333), ce dont elle a déduit que le Conseil avait non seulement l'obligation de demander l'avis, mais encore d'attendre qu'il soit rendu (même arrêt *Roquette*, aff. 138/79), ce qui pourrait aboutir à donner à ce dernier un droit de veto. La Cour a donc ajouté ultérieurement que cet avis du Parlement devait être rendu dans un délai raisonnable, au nom des principes de coopération loyale et d'équilibre institutionnel (CJCE 30 mars 1995, *Parlement européen c/Conseil*, aff. C-65/93, *Rec.* I-643). Le traité peut aussi prévoir que le Conseil détermine ce délai en fonction de l'urgence éventuelle, comme en matière de conclusion d'accord externe (art. 218, § 6, b FUE).

La même signification démocratique de la consultation a conduit la Cour à préciser qu'une « reconsultation » du Parlement était nécessaire chaque fois que le texte finalement adopté par le Conseil « s'écarte dans sa substance même de celui sur lequel le Parlement a déjà été consulté, à l'exception des cas où les amendements correspondent, pour l'essentiel, au souhait exprimé par le Parlement lui-même » (16 juill. 1992, *Parlement c/ Conseil*, aff. C-65/90, *Rec.* I-4593 ; *RTDE* 1993. 119, note M. Chauchat).

b) La procédure de concertation

368. C'est, ici, une valorisation interinstitutionnelle et non judiciaire de la consultation. Cette procédure résulte en effet de la « Déclaration commune de l'Assemblée, du Conseil et de la Commission » adoptée le 4 mars 1975 (*JOCE* n° C 89 du 22 mars 1975 ; cf. G. Isaac, chronique financière, *RTDE* 1977. 801), en application de l'engagement du « sommet » de Paris de décembre 1974. En vertu de cet accord, il est institué une procédure de concertation entre l'Assemblée et le Conseil, avec le concours actif de la Commission, qui s'ouvre lorsque le Conseil entend s'écarter de l'avis adopté par l'Assemblée. La *commission de concertation*, composée des membres du Conseil et d'une délégation du Parlement conduite par son président, aux travaux de laquelle participe la Commission, a pour but de rechercher un accord entre les deux institutions, en principe dans un délai de trois mois. Lorsque les vues des deux institutions sont suffisamment rapprochées, le Parlement doit rendre un nouvel avis et le Conseil décide. Ce mécanisme, qui peut être rapproché de la procédure de la *commission mixte paritaire* (Assemblée nationale-Sénat) dans le système français, n'introduit finalement qu'un veto suspensif au profit de l'Assemblée, tout en laissant inentamés les pouvoirs du Conseil ; il permet, cependant, au Parlement de négocier directement avec le Conseil et est de nature à modifier le climat de leurs relations.

Il n'a, cependant, pas donné les résultats escomptés (cf. D. Strasser, « Travaux de concertation législative », in *Les finances de l'Europe*, Bruxelles, Labor, 1984, p. 572) : la procédure fut rarement menée à son terme avec succès (cf. cep. C. Berger, « Un exemple de concertation réussie », *RMC* 1987. 161) ; le plus souvent elle ne s'est pas achevée (soit que le Conseil ait passé outre au point de vue du Parlement, soit qu'il ait différé indéfiniment toute décision) ou ne s'est jamais ouverte malgré la demande du Parlement. C'est que la concertation ne s'applique qu'à une part restreinte du domaine législatif (les « actes communautaires de portée générale qui ont des implications financières notables et dont l'adoption n'est pas imposée par des actes préexistants »). Loin d'être élargi, comme le souhaitaient le Parlement et la Commission (cf. projet de *deuxième déclaration* relative à la procédure de concertation transmis le 16 décembre 1981, *Bull. CE* 3/82), ce champ d'application a été grignoté par les procédures de coopération et codécision qui valorisent plus efficacement, il est vrai, le rôle du Parlement. La concertation, pour autant, n'a pas disparu (cf. la déclaration jointe à l'accord interinstitutionnel du 6 mai 1999 sur la discipline budgétaire et l'amélioration de la procédure budgétaire, *JOCE* n° C 172/1 du 18 mai 1999, et l'accord interinstitutionnel du 17 mai 2006 fixant le cadre financier pluriannuel de l'Union pour la période 2007-2013, *JOUE* n° C 139 du 14 juin 2006) mais ne devrait plus concerner que ce domaine budgétaire et la concertation entre les autorités budgétaires sur les dépenses.

c) La procédure de coopération

369. Introduite par l'AUE essentiellement dans le domaine crucial de la mise en place du marché unique (art. 6 AUE), elle a été à la fois étendue à des domaines nouveaux par le traité de Maastricht, puis finalement largement vidée de son contenu au profit de la procédure de codécision. Dès le traité d'Amsterdam, elle ne conservait qu'une place résiduelle, exclusivement dans le cadre de l'Union économique et monétaire (art. 99 CE *[ex 103]*, 102 CE *[ex 104 A]*, 103 CE *[ex 104 B]* : *politique économique* ; art. 106 CE *[ex 105 A]* : *politique monétaire*) et le traité de Lisbonne l'a fait disparaître complètement, confirmant son statut de procédure d'étape, voire de laboratoire pour la procédure de codécision.

L'originalité de la coopération, préfigurant en cela la future codécision, consistait en un système de *double lecture* permettant au Parlement d'influencer directement les modalités de la prise de décision par le Conseil sans remettre en cause cependant ni le dernier mot de celui-ci ni le rôle moteur de la Commission. La position commune arrêtée par le Conseil sur proposition de la Commission et après avis du Parlement était en effet soumise à celui-ci pour une seconde lecture. Si le Parlement rejetait, à la majorité absolue de ses membres, cette position commune, le Conseil ne pouvait la reprendre définitivement en seconde lecture qu'à *l'unanimité*. Si le Parlement votait à la même majorité des amendements à cette position commune, ceux-ci évitaient transmis au Conseil et à la Commission. Si la Commission reprenait à son compte les amendements du Parlement, le Conseil pouvait les adopter en seconde lecture à la majorité qualifiée ; en revanche, l'unanimité était nécessaire pour que le Conseil adopte les amendements du Parlement non acceptés par la Commission ou s'il voulait modifier la proposition réexaminée par celle-ci.

d) La procédure d'approbation

370. C'est l'Acte unique européen, en 1986, qui a d'abord prévu cette procédure en matière externe, sous l'appellation de procédure *d'avis conforme* du Parlement, celui-ci étant requis pour la conclusion des accords d'adhésion à la Communauté et pour les accords d'association.

Le traité de Maastricht a élargi le champ de l'avis conforme, l'imposant pour tout accord externe créant un cadre institutionnel spécifique, ou ayant des implications budgétaires notables, ou impliquant la modification d'un acte adopté en codécision, mais il l'a surtout introduit dans le domaine normatif interne, c'est-à-dire dans le domaine législatif, avec un champ d'application limité (droit de séjour des citoyens européens, détermination des missions des fonds structurels, missions de contrôle prudentiel de la BCE, modifications de certains éléments du statut du système européen de banques centrales, adoption d'une procédure électorale uniforme...), champ encore restreint par le traité d'Amsterdam (faisant ainsi passer les dispositions relatives aux droits des citoyens européens sous l'emprise de la codécision) qui a cependant prévu *l'avis conforme* du Parlement pour constater (art. 7 UE) qu'un État membre viole, de manière grave et persistante, les principes fondamentaux de la démocratie et de l'état de droit.

Du point de vue procédural, on pouvait noter que l'avis conforme, dans ce domaine interne, connaissait deux modalités différentes : si le Parlement devait, de manière générale, exprimer son approbation à la majorité de droit commun, c'était parfois une exigence renforcée (majorité des 2/3 des suffrages exprimés représentant la moitié des membres du Parlement pour l'article 7 UE, ou majorité des membres du Parlement pour la procédure électorale uniforme). Ceci n'est pas indifférent pour l'évolution de cette procédure. En effet, elle s'est avérée plus adaptée à ces hypothèses particulières qu'à une stricte et ordinaire dimension législative. De sorte que les occurrences dans lesquelles le Parlement donnait un avis conforme à la majorité des suffrages exprimés ont été généralement modifiées par le traité de Lisbonne, qui prévoit à la place la procédure législative ordinaire (statuts du SEBC, art. 129, § 3, FUE ; missions et organisation des fonds structurels, art. 177 FUE), voire la consultation (missions de contrôle prudentiel de la BCE, art. 127, § 6, FUE) et que ne subsistent, au titre de la procédure approbation, que les hypothèses particulières évoquées plus haut, que l'on peut classer en cinq catégories.

– *Approbation en matière institutionnelle :* art. 14 UE (fixation de la composition du Parlement) ; art. 17 UE (investiture de la Commission) ; art. 223 FUE (procédure électorale uniforme).

– *Approbation en matière constitutionnelle :* art. 48 UE (révision) ; art. 49 UE (adhésion) ; art. 50 UE (retrait) ; art. 329 FUE (coopérations renforcées) ; compétences de complément (art. 352 FUE).

– *Approbation en matière fondamentale :* art. 19 UE (mesures anti discrimination) ; art 25 FUE (droits des citoyens).

– *Approbation en matière pénale :* art. 82 et 83 FUE (règles en matière de coopération pénale) ; art. 86 FUE (Parquet européen).

– *Approbation en matière financière :* art. 311 FUE (règlements financiers) ; art. 312 FUE (cadre financier pluriannuel).

2° La procédure législative ordinaire : l'exercice par le Parlement du pouvoir législatif

PENNERA (C.) et SCHOO (J.), « La codécision. Dix ans d'application », *CDE* n° 5-6, 2004. 531.

Potteau (A.), « Les actes codécidés par le Parlement européen et le Conseil », *RAE* 2015, n° 4, p. 599.

371. Introduite par le traité de Maastricht, la procédure de codécision se traduit, phénomène essentiel dans le cadre de la promotion démocratique de l'Union européenne, par l'adoption d'actes conjoints du Parlement et du Conseil, signés par les deux Présidents, le Parlement devenant donc législateur ou plutôt co-législateur. Le traité de Maastricht introduisit d'emblée cette procédure dans quinze domaines aussi importants qu'hétérogènes, la procédure de *codécision* ayant ensuite été étendue par le traité d'Amsterdam à vingt-quatre domaines supplémentaires, dont quinze par substitution à des procédures antérieures de consultation ou de coopération (cf. C. Reich, « Le traité d'Amsterdam et le champ d'application de la procédure de codécision », *RMC* 1997. 665 ; L. Descot, « L'affermissement du Parlement européen par le traité d'Amsterdam, l'exemple de la codécision », *TDP* 1998, n° spécial *Actualité du traité d'Amsterdam*, p. 38), si bien qu'elle a représenté dès cette date la procédure législative dominante (plus de 50 % de l'ensemble de l'activité législative communautaire).

Sans associer systématiquement, comme ceci avait pu être envisagé un temps, le passage à la majorité qualifiée et l'adoption de la codécision, le traité de Nice n'en a pas moins étendu encore le champ de cette procédure à 7 dispositions (art. 13, 62, 63, 65, 157, 159 et 191 CE). On peut cependant observer que des mesures de nature législative adoptées à la majorité qualifiée, comme en matière de politique agricole commune, n'ont pas accédé pour autant à la codécision avec le traité de Nice.

Le traité de Lisbonne, qui fait de la codécision la « procédure législative ordinaire » (art. 289 FUE), élargit encore son champ d'application, sans pour autant l'associer systématiquement, lui non plus, à la procédure de vote à la majorité au Conseil dont il fait pourtant la procédure de droit commun.

Du point de vue de son déroulement, la procédure, en 1992, s'inspirait très largement de la procédure de coopération, mais y ajoutait deux éléments essentiels : la phase du *Comité de conciliation* et l'impossibilité pour le Conseil d'imposer sa volonté au Parlement, même à l'unanimité. La complexité apparente du mécanisme conduisit les deux colégislateurs à conclure entre eux des accords interinstitutionnels, le 21 octobre 1993 d'abord, puis, après que le traité d'Amsterdam ait simplifié la procédure, la *Déclaration commune sur les modalités pratiques de la nouvelle procédure de codécision* (*JOCE* n° L 148/1 du 28 mai 1999).

L'article 294 FUE présente la procédure législative ordinaire comme comportant trois lectures entre lesquelles s'insère le mécanisme de conciliation.

a) Première lecture

372. Le Parlement adopte sa position en première lecture sur la proposition législative. Aucun délai n'est fixé.

Si la position du Parlement ne contient aucun amendement et si le Conseil accepte également la proposition originale, l'acte est adopté par le Conseil à la majorité qualifiée, puis signé par les présidents du Parlement européen et du Conseil et publié au *Journal officiel*.

Si le Parlement adopte sa position avec des amendements, s'ouvrent deux possibilités : soit le Conseil approuve tous les amendements et n'apporte pas d'autres modifications à la proposition originale, l'acte est alors adopté par le Conseil à la majorité qualifiée, puis signé et publié ; soit le Conseil n'approuve pas tous les amendements ou les rejette, à la majorité qualifiée. Sa position est alors transmise au Parlement pour la deuxième lecture. Le Conseil doit informer pleinement le Parlement des raisons qui l'ont conduit à adopter cette position, et la Commission communique au Parlement son avis sur cette position.

b) Deuxième lecture

373. Le Parlement examine la position du Conseil. Dans un délai de trois mois (qui peut être prolongé d'un mois), il peut :

– approuver la position du Conseil ou ne pas se prononcer. L'acte est alors réputé adopté, puis signé et publié (deuxième lecture anticipée) ;

– rejeter la position du Conseil à la majorité absolue de ses membres. La procédure est alors définitivement close ;

– proposer des amendements à la position du Conseil à la majorité absolue de ses membres. La position du Parlement est ensuite soumise au Conseil et à la Commission. Le Conseil dispose d'un délai de trois mois (qui peut être prolongé d'un mois) pour agir. Si le Conseil approuve tous les amendements du Parlement, l'acte est réputé adopté et et est ensuite signé et publié. Si le Conseil n'accepte pas tous les amendements du Parlement, il en informe celui-ci et la procédure de conciliation est engagée dans un délai de six semaines.

c) Conciliation et troisième lecture

374. Les textes qui n'ont pu être adoptés en première ou en deuxième lecture font l'objet d'une procédure de conciliation : un comité de conciliation est convoqué, réunissant des représentants de chaque État membre et un nombre égal de membres du Parlement européen, regroupés au sein d'une délégation respectant l'importance relative des groupes politiques. La Commission participe activement à ces travaux de conciliation conformément à sa vocation d'origine.

Le comité examine la position du Conseil et les amendements adoptés par le Parlement en deuxième lecture. Il dispose d'un délai de six semaines (qui peut être prolongé de deux semaines) pour trouver un compromis et élaborer un projet commun.

Si le Comité de conciliation ne se met pas d'accord sur un projet commun dans le délai prévu, l'acte est réputé non adopté et la procédure est terminée.

Si le Comité de conciliation approuve le projet commun, celui-ci est soumis au Conseil et au Parlement pour confirmation. Le Conseil et le Parlement disposent d'un délai de six semaines (qui peut être prolongé de deux semaines) pour l'approuver ; le Conseil statue à la majorité qualifiée et le Parlement à la majorité des suffrages exprimés. Lorsque les deux institutions ont approuvé le texte, il est signé et publié.

D'apparence complexe, cette procédure n'est qu'adaptée aux particularités institutionnelles de l'Union et malgré les craintes qu'elle a pu soulever, il faut admettre qu'elle fonctionne de manière satisfaisante, tant du point de vue de son efficacité que de l'influence qu'elle permet au Parlement d'exercer sur le contenu de la législation de l'Union. En termes d'efficacité, la plupart des dossiers sont conclus en première lecture ou en deuxième lecture anticipée (54 % pour la 5e législature (1999-2004) ; 92 % pour la 6e (2004-2009) ; 93 % pour la 7e (2009-2014), et 97 % pour la première moitié de la 8e législature (2014-2016) : 75 % en première lecture et 22 % en deuxième lecture anticipée). La conciliation et la troisième lecture sont finalement rares (2 % des procédures pour la 7e législature et aucun exemple pour la première moitié de la 8e). Ceci s'explique notamment par l'intensité des discussions entre la Commission et les deux législateurs, notamment au sein des structures informelles de négociation que sont les « trilogues » réunissant l'équipe de négociation du Parlement (rapporteur du dossier, président de la commission compétente, rapporteurs fictifs d'autres groupes politiques), celle du Conseil (président du COREPER 1 ou 2), et une équipe de la Commission comprenant des membres de la Direction générale qui a élaboré la proposition. Les traités ne formalisent pas ce dispositif du trilogue qui peut se dérouler à n'importe quel moment de la procédure législative, mais le règlement du Parlement européen (art. 69 *septies*) l'organise. Le Médiateur européen s'est ainsi ému, dans un rapport de juillet 2016, du manque de transparence de ces discussions. Le Parlement européen, dans une résolution du 28 avril 2016 relative aux questions d'accès aux documents (v. ss 409) a souligné le délicat équilibre à trouver entre cette transparence et les exigences d'une négociation politique efficace, qualifiant les trilogues de « phases décisives du processus législatif ». Le Tribunal a eu à se prononcer sur cet équilibre et a condamné le Parlement à donner accès à certains documents élaborés dans le cadre des trilogues (arrêt du 22 mars 2018, *De Capitani*, aff. T-540/15, ECLI:EU:T:2018:167), tout en reconnaissant que les échanges interinstitutionnels dans ce cadre des trilogues peut relever de l'exception à l'accès aux documents prévue pour les « avis juridiques » (arrêt du 15 sept. 2016, *Smith Freehills LLP*, aff. T-710/14, ECLI:EU:T:2016:494).

D. Rôle en matière de relations extérieures

375. Alors que les *traités initiaux* se bornaient à prévoir son intervention seulement pour les accords d'association (238 CEE et 206 CEEA) sous la forme d'une consultation postérieure à la signature quoiqu'antérieure à la conclusion par le Conseil, l'Assemblée a obtenu d'être tenue informée tout au long du processus diplomatique, tant pour les accords d'association que pour les accords commerciaux ou économiques avec les pays tiers. Aux termes de la procédure dite « Luns/Westerterp » (du nom des présidents du Conseil qui l'ont acceptée pour le compte de celui-ci), le Parlement reçoit relativement tôt et à titre officieux (en commissions) une information sur les accords envisagés et peut ainsi procéder à un premier débat d'orientation en séance plénière, avant même l'ouverture des négociations. Les commissions parlementaires sont ensuite informées par la Commission tout au long de ces dernières. Puis, avant la signature de l'accord, un représentant du Conseil expose au Parlement les résultats des négociations. Enfin, après la signature mais avant la conclusion, le Parlement est informé en assemblée plénière sur l'essentiel de la teneur des accords commerciaux et consulté formellement sur la conclusion des accords économiques et des accords d'association.

Par modification de l'article 238 CEE, l'*AUE* a donné au Parlement un véritable droit de veto pour les accords d'association, sous la forme d'un pouvoir d'*avis conforme à la majorité absolue de ses membres*, exigence particulièrement difficile à satisfaire et rapidement considérée comme une « malfaçon » (sur la première utilisation de ce nouveau pouvoir cf. M. Silvestro, « Les protocoles financiers CEE-Israël », *RMC* 1990. 462).

Sans préjudice de procédures d'information aux stades antérieurs (à définir par adaptation des accords interinstitutionnels existants ; cf. *Code de conduite* adopté par le Parlement européen et la Commission le 9 mars 1995), les traités de *Maastricht* et d'*Amsterdam* (art. 300 CE *[ex 228]*) ont codifié, en l'étendant, le rôle du Parlement au stade de la conclusion des accords externes. Exceptionnellement, certains accords ont été soumis, avant conclusion par le Conseil, à l'avis conforme du Parlement (*à la majorité absolue des suffrages exprimés*, cette fois, même pour les accords d'association) : les accords d'association visés à l'article 310 CE [*ex 238*] ainsi que les autres accords qui créent un cadre institutionnel spécifique en organisant des procédures de coopération, les accords ayant des implications budgétaires notables pour la Communauté (notion explicitée par la Cour dans un arrêt du 8 juillet 1999, *Parlement c/Conseil*, aff. C 164 et 165/97, *Rec.* I-1139) et les accords impliquant une modification d'un acte adopté selon la procédure de codécision. En principe, tous les autres accords faisaient l'objet d'une consultation obligatoire, c'est-à-dire que le Conseil ne pouvait les conclure sans avoir au préalable obtenu l'avis du Parlement. Seuls les accords commerciaux fondés sur l'article 133 CE *[ex 113]*, les plus nombreux, mais souvent d'importance mineure, étaient dispensés de tout avis préalable du Parlement.

376. Le ***traité de Nice*** a tiré les conséquences de cette implication grandissante du Parlement dans l'action internationale de la Communauté, lui ouvrant la possibilité de saisir la Cour de justice d'une demande d'avis sur la compatibilité d'un accord envisagé avec les dispositions du traité CE (art. 300, § 6 *[ex 228]*).

377. Le ***traité de Lisbonne*** reprend les acquis de cette évolution (art. 218 FUE ; v. ss 541). On peut considérer que le Parlement est toujours au moins consulté pour la conclusion d'un accord externe (art. 218, § 6, b). Pour les accords commerciaux cependant, la procédure (art. 207 FUE) est dérogatoire et ne prévoit qu'une information du Parlement par la Commission, mais la logique semble plutôt devoir être celle d'une *lex specialis* et le caractère général de la consultation prévue par l'article 218, § 6, b, FUE devrait imposer la consultation du Parlement pour les accords commerciaux également, d'autant que l'exclusion explicite des accords commerciaux pour la consultation du Parlement a été supprimé par le traité de Lisbonne dans la procédure de droit commun de l'article 218 FUE (elle figurait à l'article 300, § 3, CE). En revanche, la consultation du Parlement européen est écartée quand un accord porte exclusivement sur la PESC.

Cette consultation se mue en approbation (avis conforme) dans six cas (art. 218, § 6, a, FUE) : accords d'association, accord d'adhésion de l'Union à la Convention européenne de sauvegarde des droits de l'Homme et de libertés fondamentales, accords créant un cadre institutionnel spécifique en organisant des procédures de coopération, accords ayant des implications financières notables pour l'Union, accord couvrant des domaines auxquels s'applique la procédure législative ordinaire (alors que les traités, jusque-là, se contentaient d'exiger l'avis conforme du Parlement s'il y avait lieu de *modifier un acte adopté en codécision*) ou une procédure législative spéciale avec approbation exigée du Parlement.

Le traité de Lisbonne confirme que le Parlement est immédiatement et pleinement informé à tous les étapes de la procédure (art. 218, § 10, FUE) et qu'il peut demander l'avis de la Cour sur la compatibilité de l'accord envisagé avec les traités primaires de l'Union (art. 218, § 11, FUE).

Il faut ajouter que les pouvoirs budgétaires du Parlement lui permettent indirectement d'exercer une influence dans certains domaines de l'action extérieure pour lesquels ses compétences sont restreintes. C'est le cas avec le financement des décisions PESC ou le contrôle budgétaire du Service de l'action extérieure de l'Union européenne.

§ 5. Les organes politiques consultatifs

378. Selon l'article 13, § 4, UE (ainsi que, curieusement, l'article 300, § 1, FUE), « Le Parlement européen, le Conseil et la Commission sont assistés d'un Comité économique et social et d'un Comité des régions exerçant des fonctions consultatives ». Il faut clairement distinguer ces organes, qui ne sont pas pour autant des « institutions » de l'Union, des multiples organes relevant de l'administration consultative. Tout au contraire, antidotes de la technocratie, expression au niveau de l'Union de la représentation des intérêts, ces organes consultatifs à compétence générale permettent une association des milieux professionnels et syndicaux au fonctionnement de l'Union, participant de la logique générale du système *politique* de l'Union organisant la prise en compte équilibrée de certains intérêts (v. ss 151) pour composer les procédures décisionnelles. Pour autant, leur inscription dans le système de représentation d'intérêts est quelque peu brouillée par l'article 300, § 4, FUE rappelant que les membres de ces deux comités exercent leurs fonctions « dans l'intérêt général de l'Union », ce qui aurait pu révéler leur nature technique plutôt que politique, mais qu'il faut comprendre sans doute comme signifiant qu'ils doivent prendre conscience de leur qualité de membre d'un organe de l'Union (c'est ce que prévoit également l'article 285 FUE quant aux membres de la Cour des comptes) et non qu'ils devraient représenter ou promouvoir, comme la Commission (art. 17, § 1, UE), l'intérêt général de l'Union et non celui de la société civile ou des collectivités régionales et locales.

I. Le Comité économique et social (européen)

Ferte (H.) et Roncin (S.), « Quel avenir pour le Comité économique et social européen ? », *RMCUE* n° 444, 2001. 52.

A. Composition et fonctionnement

379. Le projet de départ dépassait certainement ici la dimension d'une assistance technique des institutions pour rejoindre le concept de démocratie économique et sociale ; à cet égard, le CES est vraiment à rapprocher du « double » dont l'a doté le traité de Maastricht : le comité des régions, dont la charge politique est encore plus évidente.

Le comité économique et social (art. 300, § 2, FUE) « est composé de représentants des organisations d'employeurs, de salariés et d'autres acteurs représentatifs de la société civile, en particulier dans les domaines socio-économique, civique, professionnel et culturel ». Le règlement intérieur révèle que le comité s'est depuis longtemps structuré en trois groupes : groupe des travailleurs, groupe des employeurs, et groupe des activités diverses.

Il compte au maximum 350 membres selon le traité, le nombre exact étant déterminé par une décision du Conseil à l'unanimité. Les 350 membres pour l'Union à vingt-huit États (après correction en septembre 2015 de la situation résultant de l'adhésion de la Croatie qui avait un temps conduit à dépasser le plafond de 350) correspondent à la répartition suivante : Allemagne, France, Italie, Royaume-Uni : 24 ; Espagne et Pologne : 21 ; Roumanie : 15 ; Belgique, Grèce, Pays-Bas, Portugal, Autriche, Suède, République tchèque, Hongrie, Bulgarie : 12 ; Croatie, Danemark, Irlande, Finlande, Lituanie, Slovaquie : 9 ; Lettonie, Slovénie : 7 ; Estonie : 6 ; Chypre, Luxembourg et Malte : 5.

Les membres du CES sont nommés pour cinq ans (c'était quatre ans jusqu'au traité de Lisbonne et on reconnaît la volonté d'alignement sur la durée du mandat du Parlement européen) par le Conseil, à la majorité qualifiée (c'était l'unanimité jusqu'au traité de Nice) qui adopte la liste conformément aux propositions faites par chaque État membre, après consultation de la Commission et après avoir éventuellement recueilli l'avis des organisations européennes représentatives des différents secteurs économiques et sociaux et de la société civile.

Le comité, depuis le traité de Maastricht, est maître de son règlement intérieur (il en a adopté une version codifiée le 14 juillet 2010) (*JOUE* n° L 324/52 du 9 déc. 2010) ; il élit son président pour deux ans et demi, la rotation entre les trois groupes étant la règle traditionnelle. Des sections spécialisées permanentes, ainsi que des sous-comités étudient les questions et préparent les textes qui seront arrêtés par le Comité.

B. Attributions

380. Le Conseil ou la Commission étaient tenus de le *consulter obligatoirement* (une trentaine de cas à la charge du Conseil pour l'ex Communauté européenne, un peu moins de dix pour le traité CEEA concernant ici la Commission).

Les traités prévoyaient également la *consultation facultative*, quand le Conseil ou la Commission le jugent opportun. Revendication constante du comité, la possibilité pour lui d'émettre un *avis de sa propre initiative* a été acceptée par le Conseil (inscription dans le règlement intérieur) en 1974 et consacrée avec le traité de Maastricht, sans limite matérielle (« dans les cas où il le juge utile »), ce qui a pu le conduire à s'exprimer au-delà du strict domaine économique et social : on peut y voir le révélateur d'une revendication par le comité d'un statut revalorisé d'« institution » pour laquelle il pourrait être concurrencé par le plus récent comité des régions, à moins qu'il ne profite, dans son sillage, d'une revalorisation d'ensemble du statut des comités consultatifs à dimension politique.

Enfin, le traité d'Amsterdam, tout en conservant au comité la seule fonction d'assistance du Conseil et de la Commission, (art. 7 CE) a admis que le Parlement européen puisse aussi le consulter, (art. 262 CE, dern. al.), ce que le traité de Lisbonne consacre totalement en élargissant expressément la fonction d'assistance du CES au Parlement européen.

L'influence du Comité CECA (équivalent du CES pour l'ancienne CECA), où siégeaient tous les responsables de premier plan du secteur, sur la Commission qui recherchait systématiquement son accord, était prépondérante. En revanche, en dépit de la qualité de ses avis et de leur quantité (Le CES produit en moyenne 170 documents consultatifs et avis par an), le Comité économique et social joue un rôle réduit dans la prise des décisions communautaires et désormais de l'Union ; si son indépendance et son champ d'action se sont développés, il a parfois paru entravé par des tensions catégorielles internes, peut-être accentuées par sa structuration à tendance conflictuelle ; il peut, pour le moins, être perçu comme un instrument d'information des partenaires sociaux sur les projets de l'Union.

II. Le Comité (européen) des régions

Bourrinet (J.), *Le Comité des régions de l'Union européenne*, Economica, 1997.

Cole (T.), "The Committee of Regions and Subnational Representation to the European Union", *Maastricht Journal of European and Comparative Law*, 2005. 49.

Constantinesco (V.), Chronique d'une ascension : l'évolution du Comité des régions, in M.-T. Bitsch (dir.), *Le fait régional et la construction européenne*, Bruxelles, Bruylant, 2003, p. 213.

Feral (A.), *Le Comité des régions de l'Union européenne*, PUF, 1998.

Guilloud (L.), « Le Comité des régions, un organe paradoxal de l'Union européenne », *RMCUE* oct.-nov. 2009, n° 532, p. 582.

381. Innovation du traité de Maastricht, le Comité des régions instaure une représentation des entités infra-étatiques dans le système institutionnel communautaire. L'institutionnalisation des liens entre la Communauté et les structures territoriales internes des États membres s'est longtemps heurtée à deux obstacles : l'obstacle objectif de la diversité des systèmes nationaux, et l'obstacle subjectif d'une réticence des États membres vis-à-vis d'une intrusion de la Communauté dans un domaine relevant de leur souveraineté.

Son régime, étroitement calqué sur celui du Comité économique et social, traduit les modalités et la nature de cette représentation.

A. Statut

382. Comme le Comité économique et social, le Comité des régions comprend 350 membres, répartis de la même façon entre les États membres. Le parallélisme avec le comité économique et social peut être discutable, en ce que, s'il n'y a rien à redire à la reprise du même nombre de membres, l'identité de répartition entre les États n'est évidemment pas dictée par la prise en compte des forces locales respectives, alors que cela aurait dû être le cas.

Malgré sa dénomination, il est composé de représentants des collectivités régionales *et locales*, désignés pour quatre ans d'abord, pour cinq ans depuis le traité de Lisbonne par le Conseil de l'Union statuant, jusqu'au traité de Nice, à l'unanimité et, depuis, à la majorité qualifiée, conformément aux propositions faites par chaque État membre. Le traité CE, là encore jusqu'au traité de Nice, laissait ces derniers libres de choisir les « représentants des collectivités régionales et locales » (art. 263 CE), le choix étant double : élus ou fonctionnaires, et répartition entre les différents niveaux de l'organisation territoriale. Le traité d'Amsterdam a précisé que ses membres ne peuvent appartenir au Parlement européen, signe de cohérence d'un système institutionnel (au sens large) dans lequel le comité des régions prend désormais toute sa place. Si le traité de Nice a plafonné à 350 le nombre des membres du comité, l'évolution la plus notable est cependant l'exigence que les membres, conformément à la vocation politique de l'organe, soient titulaires d'un mandat électoral au sein d'une collectivité régionale ou locale, ou soient politiquement responsables devant une assemblée élue (actuellement art. 300, § 3, FUE).

Le comité désigne parmi ses membres, pour deux ans et demi, son président et établit son règlement intérieur (cf. règlement intérieur au *JOUE* n° L 6/14 du 9 janv. 2010), mais ce n'est qu'avec le traité d'Amsterdam que le comité des régions, cinq ans après le comité économique et social, a été dispensé sur ce point de l'approbation du Conseil. Le même traité d'Amsterdam lui a donné une autonomie administrative en supprimant le Protocole traitant de la structure commune aux deux comités.

Du point de vue de son organisation interne, le Comité des régions comprend cinq groupes politiques, confirmant qu'il faut voir en lui un organe politique et non administratif : le groupe du Parti populaire européen, celui du Parti des socialistes européens (PSE), celui du Groupe de l'Alliance des démocrates et des libéraux pour l'Europe (ALDE) et celui de l'Union pour l'Europe des Nations – Alliance européenne (UEN-EA) et celui des conservateurs européens et des réformistes (ECR). Ont aussi été mises en place six commissions couvrant les différents champs pertinents pour le Comité : commission de la politique de cohésion territoriale ; commission de la politique économique et sociale ; commission de l'éducation, de la jeunesse et de la recherche ; commission de l'environnement, du changement climatique et de l'énergie ; commission de la citoyenneté, de la gouvernance, des affaires institutionnelles et extérieures ; commission des ressources naturelles.

B. Attributions

383. Le comité des régions exerce sa mission consultative sous trois formes.

Sa ***consultation obligatoire***, initialement beaucoup plus rare que celle du comité économique et social, était limitée, avec le traité de Maastricht, à cinq domaines : cohésion économique et sociale, réseaux d'infrastructure transeuropéens, santé, éducation et culture. Ce champ a été substantiellement élargi par le traité d'Amsterdam avec cinq autres secteurs politique de l'emploi, politique sociale, environnement, formation professionnelle et transports ; le traité de Lisbonne élargit encore son champ de consultation obligatoire en ajoutant la protection civile, le changement climatique, l'énergie et les services d'intérêt général.

Il peut ensuite être ***consulté facultativement***, quand elle le juge opportun, par une des trois institutions, particulièrement en matière de coopération transfrontalière.

Il dispose enfin de la possibilité d'émettre un ***avis d'initiative***, celle-ci pouvant être autonome (quand le comité juge cet avis utile) ou sollicitée (il est informé des demandes d'avis adressées au comité économique et social et peut alors, si des intérêts régionaux spécifiques sont en jeu, ajouter son propre avis). Notons que le règlement intérieur du Comité des régions admet que celui-ci organise des discussions générales sur des « questions politiques d'actualité à implications régionales ou locales », et adopte des résolutions « d'urgence exceptionnelle ».

Au-delà de l'extension, signalée, de son domaine de consultation obligatoire, le traité de Lisbonne a sensiblement valorisé la position du Comité des régions, en amont et en aval de cette consultation intervenant dans la procédure législative. D'abord *en amont*, indirectement, en demandant à la Commission, dans ses propositions d'acte législatif, de tenir, le cas échéant, compte de la dimension régionale et locale des actions envisagées (Protocole sur l'application des principes de subsidiarité et de proportionnalité, art. 2) ; ensuite *en aval*, puisque le Comité des régions obtient une légitimation active conditionnée pour le recours en annulation, l'article 263 FUE lui permettant d'intenter un tel recours pour la « sauvegarde de (ses) prérogatives », le protocole précité précisant que cela peut être le cas vis-à-vis d'un acte législatif pour l'adoption duquel le FUE prévoit la consultation du comité, si cet acte ne respecte pas le principe de subsidiarité (art. 8 du Protocole).

Cette « assistance » des deux comités consultatifs est susceptible de préfigurer une évolution du système institutionnel européen, surtout avec un comité des régions à la stature clairement politique et à la démarche offensive, pouvant s'appuyer sur le potentiel, encore ambigu, du principe de subsidiarité dont une lecture revient à insister, au niveau de l'Union européenne, sur le rôle démocratique essentiel des pouvoirs locaux. Les nouvelles possibilités contentieuses offertes au Comité des régions traduisent en tous cas clairement une forme de rapprochement d'un statut véritablement « institutionnel ».

§ 6. Le rôle des parlements des États membres

Alloiteau (S.), « Les parlements nationaux dans le traité d'Amsterdam », *Actualité du traité d'Amsterdam, TDP*, n° spécial, 1998. 1.

Delcamp (A.), « Les parlements nationaux et l'Union européenne : de la reconnaissance à l'engagement », *RUE* 2011, n° 544, p. 7.

Fartunova (M.), « Les prérogatives des parlements nationaux dans les constitutions nationales au regard de la construction européenne », *RAE* 2015, n° 3, p. 457.

Fromage (D.), « Le rôle des parlements nationaux en vertu du traité de Lisbonne : l'exemple du contrôle du respect du principe de subsidiarité en Espagne », *RAE* 2015, n° 3, p. 483.

Martinelli (S.), « Le rôle des Parlements nationaux dans l'architecture européenne », *RDUE* n° 4, 2004. 753.

Matthieu (H.), « La COSAC, une instance européenne à la croisée des chemins », *RDUE* n° 2, 2005. 345.

Picod (F.), « Les parlements nationaux et l'Union européenne », *RAE* 2014, n° 1, p. 6.

Picod (F.), Arlettaz (J.) et Coutron (L.), (dir.), « Les parlements nationaux et l'Union européenne », *RAE* 2015, n° 3.

Rideau (J.) (dir.), *Les États membres de l'Union européenne*, Paris, LGDJ, 1997.

Roland (S.), « Quand le performatif tient lieu d'argumentaire : la contribution des parlements nationaux au bon fonctionnement de l'Union », *RUE* 2012, n° 556, p. 178.

Sauron (J.-L.), « Le contrôle parlementaire de l'activité gouvernementale en matière communautaire en France », *RTDE* 1999. 171.

384. Il a longtemps été difficile d'admettre une participation des Parlements nationaux au système de l'Union européenne. La légitimité qu'ils représentent n'était pas négligée mais ils apparaissaient comme des « concurrents » d'un Parlement européen porteur de cette même légitimité et qui était engagé dans un véritable combat pour porter ses prérogatives à la hauteur de cette légitimité. Le fait que le Parlement européen soit désormais inscrit dans un système européen dont il exerce, certes en partie, la fonction législative et le souhait de développer la dimension démocratique de l'Union ont conduit à conférer à ces Parlements nationaux, avec le traité de Lisbonne, un véritable rôle au sein du système de l'Union.

I. La timidité de la reconnaissance communautaire

385. Le système communautaire initial ignorait les parlements nationaux, simplement invités à désigner en leur sein les membres du Parlement européen. Il est vrai que leur rôle essentiel est le contrôle qu'ils exercent sur leur propre gouvernement pour tout ce qui touche aux activités communautaires, et que celui-ci relève de l'organisation et de la pratique constitutionnelle propre à chaque État membre. Par la suite, l'élection directe du Parlement européen et le renforcement progressif de ses pouvoirs n'ont pas manqué d'être ressentis comme un affaiblissement relatif de leur influence.

Force est de constater qu'au sein du système institutionnel communautaire, les relations entre les parlements nationaux et le Parlement européen ont longtemps été faiblement coopératives, comme le montre le succès limité des travaux en commun au sein des « Assises parlementaires » de Rome en 1990 ou des réunions semestrielles de la « Conférence des organes spécialisés dans les affaires communautaires (COSAC) », inaugurées à Paris les 16 et 17 novembre 1989. D'où la tentative de relance à travers deux *Déclarations* annexées à l'Acte final de la Conférence intergouvernementale qui a négocié le traité de Maastricht. La *Déclaration (nº 13) relative au rôle des parlements nationaux dans l'Union européenne*, afin d'encourager une plus grande participation des parlements nationaux aux activités de l'Union demandait aux gouvernements de veiller à ce que leurs parlements puissent disposer des propositions législatives de la Commission en temps utile pour leur information ou pour un éventuel examen et souhaitait des rencontres régulières entre parlementaires nationaux et européens. Précisément, la *Déclaration (nº 14) relative à la Conférence des Parlements* invitait le Parlement européen et les parlements nationaux à se réunir en tant que de besoin en formation de Conférence des Parlements (Assises) qui avait vocation à être consultée sur les grandes orientations de l'Union et devant laquelle le président du Conseil européen et le président de la Commission étaient conviés à présenter un rapport sur l'état de l'Union.

Le rôle des parlements nationaux dans l'Union européenne connaît, sur l'insistance de la France, une promotion formelle avec le traité d'Amsterdam, puisqu'il y fait l'objet, cette fois, d'un *Protocole*. Quant au fond, cependant, celui-ci prenant acte de l'échec des propositions de seconde chambre interparlementaire ou d'un Haut conseil interparlementaire qui se serait prononcé sur le respect du principe de subsidiarité, ne comporte aucune mention de la Conférence des Parlements. En revanche, il impose, pour restituer une efficacité au contrôle des parlements nationaux, que les propositions législatives de la Commission soient communiquées suffisamment à temps pour que le gouvernement de chaque État membre puisse veiller à ce que le parlement national de son pays les reçoive comme il convient et surtout qu'un délai de six semaines soit normalement observé entre la présentation officielle d'une proposition législative par la Commission (ou d'une mesure relevant du 3e pilier) et son inscription à l'ordre du jour du Conseil. En outre, le *Protocole* officialise la COSAC et l'insère dans le système institutionnel : à son initiative, elle peut soumettre toute contribution qu'elle juge appropriée à l'attention des institutions ; elle peut aussi se saisir de toute proposition législative et notamment relevant de la mise en œuvre de l'espace de liberté, de sécurité et de justice et du respect du principe de subsidiarité ; enfin, à l'initiative commune d'au moins deux gouvernements, elle peut être saisie d'un projet d'acte communautaire ou de l'Union. La COSAC réunit chaque semestre, dans le pays exerçant la présidence de l'Union européenne, six représentants des Commissions des affaires européennes des parlements de l'Union et six représentants du Parlement européen.

II. L'apport du traité de Lisbonne

386. Les parlements des États membres apparaissent désormais, selon un traité de Lisbonne reprenant ici comme souvent les innovations qui avaient pu être dictées par la logique et les exigences « constitutionnelles » du traité établissant une constitution pour l'Europe, comme pleinement impliqués dans le « système » de l'Union européenne, ce rôle étant consacré à l'article 12 du TUE :

« Les parlements nationaux contribuent activement au bon fonctionnement de l'Union :

a) en étant informés par les institutions de l'Union et en recevant notification des projets d'actes législatifs de l'Union conformément au protocole sur le rôle des parlements nationaux dans l'Union européenne ;

b) en veillant au respect du principe de subsidiarité conformément aux procédures prévues par le protocole sur l'application des principes de subsidiarité et de proportionnalité ;

c) en participant, dans le cadre de l'espace de liberté, de sécurité et de justice, aux mécanismes d'évaluation de la mise en œuvre des politiques de l'Union dans cet espace, conformément à l'article 70 du traité sur le fonctionnement de l'Union européenne et en étant associés au contrôle politique d'Europol et à l'évaluation des activités d'Eurojust, conformément aux articles 88 et 85 dudit traité ;

d) en prenant part aux procédures de révision des traités, conformément à l'article 48 du présent traité ;

e) en étant informés des demandes d'adhésion à l'Union, conformément à l'article 49 du présent traité ;

f) en participant à la coopération interparlementaire entre parlements nationaux et avec le Parlement européen, conformément au protocole sur le rôle des parlements nationaux dans l'Union européenne ».

Ce traité de Lisbonne semble marquer un choix plus déterminé d'impliquer les parlements des États membres dans la vie démocratique de l'Union, à moins que ce soit la conséquence d'un nouvel équilibre dans lequel la place et le rôle des États membres sont revalorisés. La tendance générale est dessinée par de multiples traits : les parlements des États membres sont informés de la demande d'adhésion d'un État candidat (art. 49 UE) ; les projets de révision de la Constitution de l'Union leur sont notifiés (art. 48, § 2, UE) ; la procédure même de révision, confirmant la méthode de la Convention, leur donne un rôle actif (art. 48, § 3, UE) ; ils peuvent s'opposer à la révision particulière que constitue la « clause passerelle » de l'article 48, § 7, UE) (v. ss 605) ; ils disposent par ailleurs de prérogatives rappelées de façon particulières dans le domaine de la coopération judiciaire en matière pénale et de la coopération policière mais ne faisant que reprendre des prérogatives plus générales (art. 69 FUE) et au sein de l'espace de liberté, de sécurité et de justice : participation aux mécanismes d'évaluation (art. 70 FUE), information sur les travaux du comité chargé de la coopération opérationnelle pour la sécurité intérieure (art. 71 FUE), contrôle politique d'Europol (art. 88, § 2, FUE), évaluation d'Eurojust (art. 85, § 2, FUE), mais l'essentiel correspond sans doute à la valorisation de l'information des parlements des États membres et à leur rôle opérationnel en matière de contrôle du principe de subsidiarité, avec à la fois un mécanisme d'alerte précoce et une possibilité d'engager le contrôle juridictionnel, ces deux apports essentiels étant précisés par deux protocoles annexés au traité de Lisbonne.

387. D'abord, le *Protocole sur le rôle des parlements nationaux* en fait des destinataires directs (sans intervention des gouvernements) de l'ensemble des documents de consultation de la Commission (livres blancs, livres verts, communications) ainsi que de tous les projets d'actes législatifs. Un délai minimum de huit semaines, sauf urgence, est imposé entre cette mise à disposition des projets et leur inscription à l'ordre du jour du Conseil en vue d'une adoption ou d'une prise de position s'inscrivant dans une procédure législative. Ce protocole évoque aussi les modalités de la coopération interparlementaire entre le Parlement européen et les parlements nationaux. Le Protocole reprend, par ailleurs, les principes de la coopération interparlementaire donnant un rôle privilégié à la COSAC, ayant toujours un rôle indirect d'initiative en pouvant soumettre toute contribution aux institutions de l'Union mais surtout un rôle d'animation de la coopération interparlementaire par l'échange d'information et de meilleures pratiques entre parlements et par l'organisation de conférences interparlementaires « notamment pour débattre des questions de politique étrangère et de sécurité commune, y compris la politique de sécurité et de défense commune ». Concrètement, la coopération interparlementaire dispose d'un instrument informatique, la plate-forme IPEX (*Interparliamentary EU Information Exchange*), qui permet l'échange d'informations (chaque chambre parlementaire des parlements nationaux possède un correspondant IPEX) mais dont se sert également la Commission pour communiquer avec les parlements des États membres et leur adresser ses documents. L'encombrement de cet outil et la nécessité de le rendre opérationnel dans toutes les langues de l'Union a conduit à mettre en place, le 28 juin 2011, une version deux fois plus performante.

388. Ensuite le *Protocole sur l'application des principes de subsidiarité et de proportionnalité* met en place une véritable procédure de contrôle du respect du principe de subsidiarité donnant le principal rôle aux parlements des États membres (v. ss 170). Avant de proposer un acte législatif, la Commission envoie toutes ses propositions législatives aux parlements nationaux en même temps qu'au législateur de l'Union (de même pour les résolutions législatives du Parlement européen et les positions du Conseil des ministres). Dans les huit semaines de la transmission, tout parlement national peut adresser un avis motivé aux présidents du Parlement européen, du Conseil, et de la Commission. Il appartient à chaque parlement national de consulter le cas échéant les parlements régionaux disposant de compétences législatives. Chaque parlement monocaméral dispose de deux voix, chaque chambre d'un parlement bicaméral ayant une voix : si les avis motivés représentent le tiers des voix (un quart dans certains secteurs liés à l'Espace de liberté, sécurité et justice) attribuées, la Commission est tenue de *réexaminer* sa proposition (maintien, modification ou retrait). L'ensemble du processus utilise la plate-forme IPEX, toutes les institutions parlementaires ayant ainsi la possibilité de se rendre compte en temps réel, par exemple, que tel parlement a décidé d'examiner particulièrement tel document, et un signal d'alerte affichant clairement un éventuel soupçon ou un avis motivé envoyé à l'Union.

Est particulièrement significative de ce nouveau rôle des parlements nationaux leur irruption (certes indirecte) dans le champ des procédures contentieuses. En effet l'article 8 du Protocole prévoit la compétence de la Cour de justice de l'Union européenne pour se prononcer sur des recours pour violation du principe de subsidiarité par un acte législatif de l'Union, ces recours pouvant être formés « par un État membre ou transmis par celui-ci conformément à son ordre juridique au nom de son parlement national ou d'une chambre de celui-ci » (v. ss 171 et 1262).

III. L'organisation du rôle du Parlement français

Blanc (D.), *Les Parlements européen et français face à la fonction législative communautaire. Aspects du déficit démocratique*, Paris, L'Harmattan, 2004.

Blanc (D.), « Le rôle des assemblées parlementaires en France au titre de l'article 88-4 de la Constitution. Essai d'identification entre au-delà et en deçà », *RAE* 2015, n° 3, p. 497.

Fuchs-Cessot (A.), *Le Parlement à l'épreuve de l'Europe et de la Ve République*, Paris, LGDJ, 2004.

Nuttens (J. D.), *Le Parlement français et l'Europe : l'article 88-4 de la Constitution*, Paris, LGDJ, 2001.

389. À l'occasion de la révision constitutionnelle rendue indispensable pour la ratification du traité de Maastricht, le Parlement a obtenu l'insertion dans la constitution d'un article 88-4 prévoyant l'obligation du gouvernement de transmettre aux chambres du Parlement les propositions d'actes communautaires ou de l'Union « comportant des dispositions de nature législative », c'est-à-dire qui contiennent des mesures qui, si elles étaient prises par la France, relèveraient du domaine de la loi en vertu de la Constitution (art. 34), la logique principale étant plus liée à la répartition interne de la compétence normative entre le gouvernement et le Parlement qu'à la résorption du problème d'implication du Parlement français dans l'intégration européenne. C'est le Conseil d'État qui a été chargé de faire le tri entre les propositions. La révision constitutionnelle du 25 janvier 1999, préalable à la ratification du traité d'Amsterdam, a ensuite donné la faculté au Gouvernement de soumettre d'autres textes européens justifiant une prise de position parlementaire (« clause facultative »), la perspective débordant alors de la question des domaines respectifs de la loi et du règlement.

Le vote de résolutions permet à chaque assemblée de faire connaître sa position sur le texte examiné à Bruxelles. À noter que le gouvernement s'est engagé à soulever *l'exception de réserve parlementaire* si l'agenda du Conseil ne laisse pas au Parlement le temps nécessaire à l'examen d'un projet d'acte à propos duquel il a manifesté l'intention de faire connaître son opinion (circulaire du 19 juillet 1994, relative à la prise en compte de la position du Parlement français dans l'élaboration des actes communautaires, *JO* 21 juill. 1994, p. 10510). Les premières années de fonctionnement du système n'ont cependant pas permis de conclure à un véritable impact des positions parlementaires sur les négociations au sein du Conseil.

Ceci a cependant donné une importance renouvelée aux *délégations pour les Communautés européennes* (*pour l'Union européenne* depuis 1994) qui ont été instituées dans chacune des deux chambres du Parlement français par une loi du 6 juillet 1979, au moment où se réunissait le Parlement européen élu au suffrage direct. Longtemps peu actives, elles ont été renforcées par la loi du 10 mai 1990 (*JO* 11 mai 1990, p. 5619 ; cf. H. Groud, *RDP* 1991. 1309) et la loi *Pandraud* du 10 juin 1994 qui a prévu que le gouvernement communique à la délégation « tout document nécessaire établi par les différentes institutions de l'Union européenne ». Une circulaire du Premier ministre du 22 novembre 2005 relative à l'application de l'article 88-4 de la Constitution a également conduit à renforcer l'effectivité de ce rôle des instances parlementaires.

390. Mais c'est bien le traité de Lisbonne et les avancées quant au rôle des parlements nationaux qui ont conduit à revoir le dispositif en France. La révision constitutionnelle exigée par la ratification et se traduisant par la loi constitutionnelle du 23 juillet 2008 a adapté le texte constitutionnel aux nouvelles prérogatives des parlements, le dispositif essentiel étant désormais composé de trois articles :

Article 88-4

« Le Gouvernement soumet à l'Assemblée nationale et au Sénat, dès leur transmission au Conseil de l'Union européenne, les projets d'actes législatifs européens et les autres projets ou propositions d'actes de l'Union européenne.

Selon des modalités fixées par le règlement de chaque assemblée, des résolutions peuvent être adoptées, le cas échéant en dehors des sessions, sur les projets ou propositions mentionnés au premier alinéa, ainsi que sur tout document émanant d'une institution de l'Union européenne.

Au sein de chaque assemblée parlementaire est instituée une commission chargée des affaires européennes ».

Article 88-6

« L'Assemblée nationale ou le Sénat peuvent émettre un avis motivé sur la conformité d'un projet d'acte législatif européen au principe de subsidiarité. L'avis est adressé par le président de l'assemblée concernée aux présidents du Parlement européen, du Conseil et de la Commission européenne. Le Gouvernement en est informé.

Chaque assemblée peut former un recours devant la Cour de justice de l'Union européenne contre un acte législatif européen pour violation du principe de subsidiarité. Ce recours est transmis à la Cour de justice de l'Union européenne par le Gouvernement.

À ces fins, des résolutions peuvent être adoptées, le cas échéant en dehors des sessions, selon des modalités d'initiative et de discussion fixées par le règlement de chaque assemblée. À la demande de soixante députés ou de soixante sénateurs, le recours est de droit ».

Article 88-7

« Par le vote d'une motion adoptée en termes identiques par l'Assemblée nationale et le Sénat, le Parlement peut s'opposer à une modification des règles d'adoption d'actes de l'Union européenne dans les cas prévus, au titre de la révision simplifiée des traités ou de la coopération judiciaire civile, par le traité sur l'Union européenne et le traité sur le fonctionnement de l'Union européenne, tels qu'ils résultent du traité signé à Lisbonne le 13 décembre 2007 ».

Ceci a donc conduit à la transformation des *délégations* en *commissions chargées des affaires européennes (CAEU)*, dans chacune des deux chambres. La révision du Règlement de l'Assemblée nationale du 27 mai 2009 a étendu le nombre de membres de la CAEU de trente-six à quarante-huit, la Commission du Sénat restant dans un premier temps à trente-six sénateurs, passant ensuite à quarante-et-un. En vertu d'un principe de double appartenance, les parlementaires doivent être membres à la fois de cette commission et d'une commission législative, ce qui assure à l'examen des textes européens l'expertise des commissions spécialisées et en même temps permet de « diffuser » une vision européenne sur les travaux de toutes ces commissions.

Désormais, ces Commissions ont plusieurs types de missions, relevant à la fois du contrôle mais aussi de l'information sur l'Union européenne.

Au titre du contrôle, les CAEU entendent ainsi notamment le ministre chargé des affaires européennes à l'issue de chaque Conseil européen. Elles sont destinataires de façon exhaustive des documents européens (« documents E »), ce qui les conduit à en examiner environ mille par an. Le Gouvernement s'est engagé à réserver sa position au Conseil pendant un délai minimum de huit semaines à compter de la transmission des projets d'actes législatifs et d'un mois pour les autres projets d'actes, ce délai pouvant être toutefois réduit, d'un commun accord, par des procédures d'examen d'urgence pour certains types d'actes. Le résultat des examens aboutit soit à des « conclusions », qui n'engagent que la commission (ainsi pour la XIVe législature, entre 2012 et 2017, la Commission de l'Assemblée a adopté 82 conclusions), soit à des propositions de résolution, une éventuelle adoption aboutissant alors à un acte de l'Assemblée elle-même

(79 pour cette XIVe législature). S'agissant de la procédure de contrôle de la subsidiarité, des délais ont été mis en place, de manière à accélérer la procédure, chaque étape de pouvant prendre que quinze jours à l'Assemblée, quinze jours ou un mois au Sénat.

Au titre de l'information, les commissions apportent désormais un éclairage européen sur l'ensemble des projets et propositions de loi nationaux.

La révision de 2008 a également permis d'améliorer le suivi de ces activités ; l'article 48 de la Constitution précise désormais qu'« une semaine de séance sur quatre est réservée par priorité et dans l'ordre fixé par chaque assemblée au contrôle de l'action du Gouvernement et à l'évaluation des politiques publiques » ; c'est dans ce cadre que le Gouvernement sera amené régulièrement à rendre compte de son action européenne au regard des positions prises par les chambres parlementaires.

Section 2

Les structures de contrôle

§ 1. Le contrôle juridictionnel : la Cour de justice de l'Union européenne

I. Structure

391. V. ss 1140.

II. Attributions

392. V. ss 1161.

§ 2. Le contrôle financier : la Cour des comptes

Bernicot (J.-F.), « La Cour des comptes européennes », *Revue du Trésor* n° 6, 2007. 555.
de Crouy Chanel (I.) et Perron (C.), *La Cour des comptes européenne*, Paris, PUF, 1998.
Delon Desmoulin (C.), *Droit budgétaire de l'Union européenne*, Paris, LGDJ, 2011.
Desmoulin (G.), « Cour des comptes », *J.-Cl. Europe*, fasc. 240, 2017.
Desmoulin (G.), « La Cour des comptes et les États : qui contrôle qui ? Indépendance de la Cour des comptes européenne et souveraineté des États membres », *RMCUE* 2005. 515.
Lamarque (D.), « Cour des comptes européenne. Normes d'audit et méthodes de contrôle », in G. Orsoni (dir.) *Finances publiques. Dictionnaire encyclopédique*, 2e éd., Paris, Economica, 2017, p. 266.

393. Créée à l'initiative du Parlement européen par le traité de Bruxelles du 22 juillet 1975, pour remplacer la Commission de contrôle (CEE – Euratom) et le commissaire aux comptes (CECA), la Cour des comptes des Communautés européennes est chargée du *contrôle financier externe* (cf. G. Isaac, chronique financière, *RTDE* 1977. 783).

Seules des raisons de prestige expliquent à la fois son nom (car elle n'est pas une juridiction) et sa promotion par le traité de Maastricht (art. 7 CE) au rang d'institution (car elle n'exprime aucune légitimité spécifique). Avant cette consécration, le statut de la Cour des comptes était difficile à cerner car la Cour de justice admettait de l'assimiler aux institutions s'agissant des questions de personnel, tout en refusant d'en faire une institution « au sens des traités » (CJCE 4 févr. 1982, *Adam c/Commission*, aff. 828/79, *Rec.* 269). Elle n'en exerce pas moins une magistrature financière qui fait d'elle la véritable « conscience financière de l'Europe ».

Le traité de Lisbonne confirme qu'elle est une « institution de l'Union » (art. 13, § 1, UE), mais elle est la dernière de la liste et il est précisé qu'à la différence des autres (mais à l'image de la Banque centrale européenne), son statut général comme détaillé sera contenu dans le traité sur le fonctionnement de l'Union, alors que pour les institutions « constitutionnelles », seules les dispositions de détail sont renvoyées au traité sur le fonctionnement de l'Union (art. 13, § 3, UE), ce qui n'est pas sans rappeler sa situation entre les traités de Maastricht, qui en a fait une institution communautaire, et d'Amsterdam, qui ne l'avait inséré dans le « cadre institutionnel unique de l'Union » que cinq ans plus tard.

I. Composition et fonctionnement

394. Les membres de la Cour (depuis le traité de Nice, le principe est que la Cour compte un « ressortissant de chaque État membre ») (art. 285 FUE) sont nommés pour six ans par le Conseil (à la majorité qualifiée avec le traité de Nice) après consultation du Parlement (et audition des candidats par sa commission de contrôle budgétaire). Quant à leur statut, l'innovation fondamentale est qu'ils n'exercent plus leurs fonctions, comme les membres de l'ancienne Commission de contrôle, à temps partiel, mais à plein temps et qu'ils sont obligatoirement choisis parmi les personnalités appartenant ou ayant appartenu dans leurs pays respectifs aux Cours des comptes ou aux organismes analogues. Leur indépendance fonctionnelle est garantie dans les mêmes termes et procédures que celle de la Cour de justice. Depuis 2004, un Code de conduite précise les obligations des membres de la Cour en termes d'intégrité, d'indépendance ou d'impartialité. La Cour élit son président ; l'organisation intérieure qu'elle s'est donnée elle-même allie la division du travail (chaque membre, dans un premier temps, puis des « groupes d'audit » par la suite, pour éviter trop de morcellement, se voient confier un secteur spécifique de vérification et de contrôle), et la collégialité (principe affirmé par le règlement intérieur de la Cour) : les avis et rapports sont adoptés par la Cour elle-même. La situation n'est pas sans rappeler l'organisation et le fonctionnement de la Commission européenne (v. ss 260 et 262).

Le traité de Nice a prévu qu'elle pouvait créer en son sein des chambres afin d'adopter certaines catégories de rapports ou d'avis. Depuis 2010 existent cinq chambres.

Condition d'efficacité et de crédibilité, les membres de la Cour ont obtenu d'être assistés de collaborateurs en nombre suffisant (le tableau des effectifs dans le budget 2018 fait état de 708 emplois permanents et 145 emplois temporaires) et de haut niveau de formation (plus de 70 % d'administrateurs).

II. Attributions

395. Les compétences de la Cour sont extrêmement étendues, puisqu'elle est chargée d'examiner les comptes de la totalité des recettes et des dépenses de l'Union, qu'elles soient budgétisées ou non (BEI, FED...), de même que les comptes de tout organisme créé par l'Union (agences, Écoles européennes...). Son contrôle porte non seulement sur la légalité et la régularité, mais encore sur la *bonne gestion financière* des opérations. (La première « déclaration d'assurance » concernant la fiabilité des comptes ainsi que la légalité et la régularité des opérations sous-jacentes figure au *JOCE* n° C 352/5 au 30 déc. 1995.)

Ses pouvoirs ont été notablement renforcés par rapport à ceux de la Commission de contrôle. Le contrôle, qui a lieu sur pièces et sur place (art. 287, § 3, FUE), s'exerce en effet non seulement auprès des institutions de l'Union, mais encore dans les États membres (la plus grande partie des opérations de recette et de dépense de l'Union sont effectuées par les services des douanes et organismes d'intervention agricole des États). À cet effet, une collaboration – dont la mise au point se poursuit – est prévue entre la Cour européenne et les Cours et autres organismes nationaux de contrôle : l'article 287, § 3, FUE place cette relation entre la Cour et ses partenaires nationaux sous l'égide d'une « coopération empreinte de confiance et respectueuse de leur indépendance ». Ce climat est sans préjudice de l'obligation pour les institutions nationales de contrôle de fournir leur assistance à la Cour (arrêt de Grande chambre du 15 nov. 2011, *Commission c/ Allemagne*, aff. C-539/09, *Rec.* I-11235).

396. Elle est appelée à jouer un *double rôle* :

La Cour exerce une fonction d'*assistance des autorités budgétaires* (Conseil et Parlement) et spécialement du Parlement, pour l'exercice de son propre droit de contrôle politique de l'exécution du budget ; elle est ainsi amenée à collaborer étroitement avec la commission du *contrôle budgétaire* de l'Assemblée ; la Cour des comptes ne veut pas apparaître pour autant comme étant au service du Parlement européen, mais une collaboration avec la commission de contrôle budgétaire de l'Assemblée est cependant organisée par les règlements intérieurs des deux institutions, aboutissant à une coordination du contrôle politique et du contrôle financier externe. Le traité prévoit explicitement que la Cour des comptes aide le Parlement lorsque celui-ci donne décharge de l'exécution du budget à la Commission (art. 319, § 1, FUE). Depuis le traité de Maastricht, la Cour doit également fournir au Conseil et au Parlement une Déclaration d'assurance concernant la fiabilité des comptes, ainsi que la légalité et la régularité des opérations sous-jacentes (DAS), intégrée au Rapport annuel et publié au *JOUE* (art. 287, § 1, FUE).

Cette assistance se manifeste ensuite par une compétence consultative de la Cour, les institutions *devant* (pour l'adoption des règlements financiers, ou des textes portant sur la responsabilité des ordonnateurs et des comptables, selon l'article 322 FUE, de même qu'en matière de protection des intérêts financiers de l'Union, avec l'article 325 FUE) ou *pouvant* (art. 287, § 4, FUE) demander l'avis de la Cour.

Mais en outre elle est chargée d'une responsabilité propre, le *contrôle permanent des comptes*, qu'elle exerce de façon autonome, ce qui la différencie d'un simple organe auxiliaire comme le Comité économique et social. Cette fonction se matérialise dans l'élaboration d'un *rapport annuel* dont la nature et les objectifs recoupent à la fois ceux du rapport public de la Cour des comptes française et ceux du rapport accompagnant le projet de loi de règlement du budget. Ce rapport, en effet, accompagné des réponses des institutions (mais non des États membres) aux observations de la Cour, n'est pas seulement examiné par le Parlement européen, mais il est publié au *JOUE*. Le contrôle des structures accessoires de l'union (agences...) conduit à adopter annuellement, en plus du rapport général, une vingtaine de *rapports spécifiques*. En outre, la Cour peut, à tout moment, prendre l'initiative et présenter ses observations sur toutes questions financières, prérogative consacrée à l'article 287, § 4, FUE et qu'elle exploite sans timidité, sous forme de *rapports spéciaux*.

Du point de vue contentieux, le traité de Maastricht, en lui donnant le statut d'institution, lui a ouvert l'accès au recours en carence, le traité d'Amsterdam ayant poursuivi ce processus en lui permettant de saisir la Cour de justice de recours en annulation pour défendre ses prérogatives (art. 230 CE [*désormais art. 263 TFUE]*).

§ 3. Le contrôle citoyen

397. La question du lien entre les ressortissants des États membres de l'Union européenne et les pouvoirs publics exerçant au niveau de l'Union des prérogatives d'ordre étatique peut être abordée en amont de l'exercice de ces prérogatives, en termes de légitimité, mais aussi en aval, sous l'angle de la relation entre ces ressortissants et ces pouvoirs publics. La consécration de la citoyenneté européenne confère une dimension politique et pas seulement administrative à cette problématique. C'est donc un véritable modèle de pouvoirs publics que veut mettre en place l'Union qui, à cette fin, s'est dotée, à la fois, de structures permettant aux citoyens de lancer un contrôle de leurs droits de citoyens vis-à-vis des institutions de l'Union, et de principes devant garantir une « bonne gouvernance » européenne.

I. Structures spécifiques

A. Le médiateur

Blumann (C.), « Médiateur européen », *J.-Cl. Europe*, fasc. 212, 2015.

Diamandouros (P. N.), « Le médiateur européen dans la Constitution européenne », in C. Kaddous et Andreas Aver (dir.), *Les principes fondamentaux de la Constitution européenne*, dossiers de droit européen, n° 15, Bâle, Bruxelles, Paris, Helbing & Lichtenhahn, Bruylant, LGDJ, 2006, p. 329.

Dupont – Lassalle (J.), « La pratique du Médiateur européen : un succès d'estime ? », *RAE* 2013, n° 2, p. 277.

Karagiannis (S.) et Petit (Y.), *Le médiateur européen, bilan et perspectives*, coll. « Rencontres européennes », Bruxelles, Bruylant, 2008.

Magnette (P.), « Entre contrôle parlementaire et "État de droit" : le rôle politique du médiateur dans l'Union européenne », *Revue française de science politique* n° 6, 2001. 933.

Martinez Navarro (M.), « Le Médiateur européen et le juge de l'UE », *CDE* 2014. 389.

Pliakos (A.), « Le médiateur de l'Union européenne », *CDE* 1994. 604.

Pierucci (A.), « Le médiateur européen », *RMC* 1993. 818.

398. Innovation du traité de Maastricht (art. 195 CE [*désormais art. 228 FUE*]), c'est la transposition au niveau de l'Union des pratiques nationales proposant aux citoyens des moyens d'action non contentieux pour améliorer leurs relations avec l'administration. Il serait réducteur de ne voir en lui qu'un dispositif souple permettant d'offrir une alternative commode aux actions contentieuses. Par ses rapports, sa pression sur les institutions, de même que par l'adoption par ces institutions de « codes de bonne conduite » provenant souvent de son initiative, le Médiateur exprime une véritable « conscience citoyenne » au cœur des institutions de l'Union.

1° Statut

399. Le médiateur est élu par le Parlement après chaque élection et pour la durée de la législature. Il exerce ses fonctions en toute indépendance. Dans l'accomplissement de ses devoirs, il ne sollicite ni n'accepte d'instructions d'aucun gouvernement, institution, organe ou organisme. Pendant la durée de ses fonctions, il ne peut exercer aucune autre activité professionnelle rémunérée ou non. Il ne peut être déclaré démissionnaire d'office que par la Cour de justice à la requête du Parlement, s'il ne remplit plus les conditions nécessaires à l'exercice de ses fonctions ou s'il a commis une faute grave.

Son statut, ainsi que les conditions générales d'exercice de ses fonctions sont fixés par un règlement pris sur l'initiative du Parlement conformément à une procédure législative spéciale, après avis de la Commission et avec l'approbation du Conseil (Décis. du 9 mars 1994, *JOCE* n° L 113 du 4 mai 1994).

Ce statut révèle l'étroite connexion entre le Médiateur et le Parlement européen, celui-là ayant été conçu à l'origine sans doute comme un complément logique de la procédure de pétition devant celui-ci. Pour autant, si la dépendance de l'organe en tant que tel est indéniable, elle ne semble pas avoir influé sur l'indépendance qu'impose le traité à ses activités.

Le caractère particulier de cet organe a conduit le juge de l'Union à tantôt bien faire la différence vis-à-vis des institutions, refusant ainsi la possibilité de faire constater la carence du médiateur (TPI, Ord. du 22 mai 2000, *Associazione delle Cantine Sociali Venete*, aff. T-103/99, *Rec.* II-4165), mais tantôt accepter, en revanche, de viser au titre de la responsabilité non contractuelle de l'Union la réparation d'un préjudice causé par l'action du Médiateur européen (CJCE 23 mars 2004, *Médiateur européen soutenu par Parlement européen c/Frank Lamberts*, aff. C-234/02 P, *Rec.* I-2803 ; TPI 24 sept. 2008, *M. c/Médiateur*, aff. T-412/05, *Rec.* II-197*) (v. ss 1346) (pour un préjudice moral évalué à 7 000 euros, T 29 avr. 2015, *Staelen c/ Médiateur européen*, aff. T-217/11, ECLI:EU:T:2015:238 ; CJ (Gr. ch.) 4 avr. 2017, *Médiateur européen c/ Staelen*, aff. C-337/15 P, ECLI:EU:C:2017:256).

2° Attributions

400. Le médiateur est avant tout chargé de recevoir les plaintes de tout citoyen de l'Union, ainsi que de toute personne physique ou morale résidant ou ayant son siège statutaire dans un État membre et relative à des cas de *mauvaise administration* dans l'action des institutions, organes ou organismes de l'Union, à l'exclusion de la Cour de justice de l'Union dans l'exercice de ses fonctions juridictionnelles, ce qui exclut la mauvaise administration des institutions nationales ou locales même lorsqu'elles sont chargées de faire appliquer le droit de l'Union.

Le médiateur a ensuite pour rôle de procéder à des enquêtes sur la base des plaintes mais aussi – ce qui le distingue par exemple de son homologue français – de sa propre initiative. Dans le cas où son enquête conclut à un cas de mauvaise administration, il saisit l'institution concernée, qui dispose d'un délai de trois mois pour lui faire tenir son avis. Il transmet ensuite un rapport au Parlement et à l'institution concernée. La personne dont émane la plainte est informée du résultat des enquêtes. Chaque année, le médiateur présente un rapport au Parlement sur le résultat de ses enquêtes. Ceci lui a notamment permis, dans son *troisième rapport annuel* (1997) publié le 20 avril 1998, de définir la *mauvaise administration :* « lorsqu'un organisme public n'agit pas en conformité avec une règle ou un principe ayant pour lui force obligatoire » (*JOCE* n° C 380 du 7 déc. 1998). La conception retenue est cependant large, notamment parce qu'il y aura mauvaise administration en cas de violation des principes de « bonne administration », ce qui conduit à pouvoir poursuivre des retards, ou des problèmes de transparence, des refus de répondre, de même qu'en cas de violation des droits fondamentaux. L'importance du nombre de plaintes relatives à l'accès aux documents et l'inutilité, en la circonstance, de passer par la longue étape de la demande d'avis à l'institution en cause, ont conduit à mettre en place en l'espèce une procédure accélérée, en février 2018, permettant de rendre une décision dans les deux mois.

Le rapport du Médiateur pour l'année 2017 révèle qu'il a enregistré 2 181 plaintes, dont 751 relevaient de son mandat. Il a aussi répondu à 1 135 demandes d'information. Il a ouvert 447 enquêtes (433 sur la base de plaintes et 14 de sa propre initiative), et en a clôturé 363 (dont 15 de sa propre initiative) durant l'année. Le Médiateur, quand il a été saisi valablement en 2017, a ouvert une enquête dans 17 % des cas, et a transmis à un autre organisme compétent dans 52,8 % des cas.

S'agissant des renvois, 54,3 % des plaignants ont été orientés vers un membre du « Réseau européen des Médiateurs », à savoir un médiateur national ou régional dans les États membres, ou encore la commission des pétitions du Parlement européen ; dans 6,3 % des cas, le dossier a été transféré à la Commission et dans 39,4 % à une autre institution ou autre organe.

57,3 % des enquêtes menées en 2017 concernaient la Commission (4,9 % le Parlement, 3,8 % le Service européen d'action extérieure, 7,8 % les agences de l'Union...)

S'agissant des affaires clôturées, 20,6 % portaient sur les obligations de transparence et d'accès aux documents, 16,8 % la culture du service (respect des délais, langues), et 16,5 % le respect des droits procéduraux. Les droits fondamentaux étaient en cause dans 12,1 % des cas et les questions d'éthique dans 3,6 %.

Dans 164 dossiers, il n'a pas été constaté de mauvaise administration (45,2 %). Dans 166 cas, l'institution concernée a accepté une solution à l'amiable ou a réglé le litige (45,7 %). Dans 24 espèces (6,6 %), ont été identifiés des aspects relevant de la mauvaise administration. Le juge de l'Union n'est cependant pas lié par les appréciations du Médiateur (T 13 nov. 2015, *ClientEarth c/Commission*, aff. T-424/14 et T-425/14, ECLI:EU:T:2015:848).

Le juge définit *a priori* de manière souple le comportement qui doit être celui du Médiateur dans ses enquêtes : il n'est pas tenu d'office, dans le contexte d'une enquête d'initiative, de cesser d'investiguer lorsqu'une personne concernée par cette investigation s'y oppose. Rien ne lui impose d'obtenir l'accord du plaignant pour enquêter auprès d'une institution ou d'un organe de l'Union. De même, aucune disposition ne lui impose d'enquêter de sa propre initiative uniquement lorsqu'un intérêt public supérieur le justifie. Toutefois, « son devoir de mener une enquête avec diligence lui impose de tenir compte de l'ensemble des éléments pertinents lorsqu'il procède à des actes d'investigation. Parmi ces éléments figurent l'attitude des personnes concernées et l'intérêt public de l'enquête. Le Médiateur dispose d'un pouvoir d'appréciation dans la pondération de ces éléments afin de décider s'il y a lieu de poursuivre ou non une enquête » : T 29 avr. 2015, *Staelen c/ Médiateur européen*, aff. T-217/11, ECLI:EU:T:2015:238. Pour autant, « lorsqu'il s'agit de rendre compte du contenu d'un document qui lui a été transmis, aux fins d'appuyer... les conclusions auxquelles il parvient dans le cadre d'une décision clôturant une enquête, il ne dispose que d'une marge d'appréciation réduite, voire inexistante » (CJ (Gr. ch.) 4 avr. 2017, *Médiateur européen c/ Staelen*, aff. C-337/15 P, ECLI:EU:C:2017:256).

B. Le contrôleur de la protection des données

401. Le traité d'Amsterdam avait prévu à l'article 286 CE la mise en place d'un régime de protection et de circulation des données à caractère personnel, s'appliquant aux institutions et organes communautaires. Dans ce cadre, il prescrivait l'institution par le Conseil d'un organe indépendant de contrôle. Le règlement (CE) n° 45/2001 du Parlement européen et du Conseil du 18 décembre 2000 (*JOUE* n° L 8/1 du 12 janv. 2001) (art. 41) dispose qu'« il est institué une autorité de contrôle indépendante dénommée le contrôleur européen de la protection des données ». Il est nommé, ainsi que le contrôleur adjoint, par le Parlement européen et le Conseil, d'un commun accord, pour une durée de cinq ans, sur la base d'une liste établie par la Commission à la suite d'un appel public à candidatures ; les garanties d'indépendance ainsi que l'expérience et la compétence notoire en matière de contrôle de la protection des données sont les critères indiqués. Le contrôleur et le contrôleur adjoint bénéficient du protocole sur les privilèges et immunités de l'Union européenne dans les mêmes conditions que les juges et le greffier de la Cour de justice.

Le traité de Lisbonne a supprimé l'article 286 CE, remplacé par l'article 16 FUE posant clairement le droit de toute personne à la protection des données à caractère personnel la concernant, ce qui constitue désormais une base juridique solide pour ce droit, de portée générale pour l'ensemble de l'Union, et renvoyant au législateur européen la compétence pour fixer les règles de ce régime, dont le traité précise simplement que « le respect de ces règles est soumis au contrôle d'autorités indépendantes ».

L'évolution de la législation sur la protection des données personnelles (Règlement (UE) 2016/679 du Parlement européen et du Conseil du 27 avril 2016 relatif à la protection des personnes physiques à l'égard du traitement des données à caractère personnel et à la libre circulation de ces données (RGPD), *JOUE* n° L119/1 du 4 mai 2016, entré en vigueur le 25 mai 2018 ; et Directive (UE) 2016/680 du Parlement européen et du Conseil du 27 avril 2016 relatif à la protection des personnes physiques à l'égard du traitement des données à caractère personnel par les autorités compétentes à des fins de prévention et de détection des infractions pénales, d'enquête et de poursuites en la matière ou d'exécution de sanctions pénales et à la libre circulation de ces données, *JOUE* n° L 119/89 du 4 mai 2016, entrée en vigueur le 6 mai 2018) ont conduit à l'adoption d'une proposition de révision du règlement n° 45/2001 (COM(2017)8), le 10 janvier 2017. Il s'agira de permettre au CEPD de vérifier le respect des dispositions du RGPD à toutes les opérations de traitement effectuées par une institution ou un organe de l'Union (adoption programmée en septembre 2018).

Exerçant ses fonctions en toute indépendance, le contrôleur est d'abord chargé de *conseiller* l'ensemble des institutions et des organes de l'Union, soit de sa propre initiative, soit en réponse à une consultation pour toutes les questions concernant le traitement de données à caractère personnel, en particulier avant l'élaboration par ces institutions et organes de règles internes relatives à la protection des libertés et droits fondamentaux des personnes à l'égard du traitement des données à caractère personnel (C'est le service « politique et consultation » qui est en charge de cette mission). Le RGPD a institué un comité européen de la protection des données en tant qu'organe indépendant de l'Union doté de la personnalité juridique, ce comité devant notamment conseiller la Commission. La proposition de janvier 2017 considère cependant que le Contrôleur européen de la protection des données devrait continuer d'exercer ses fonctions de contrôle et de conseil pour toutes les institutions et tous les organes de l'Union, que ce soit de sa propre initiative ou sur demande.

402. Toute personne peut présenter une *réclamation* au contrôleur européen de la protection des données si elle estime que les droits qui lui sont reconnus à l'article 16 FUE ont été violés à la suite du traitement de données à caractère personnel la concernant, effectué par une institution ou un organe de l'Union et c'est alors le service « Contrôle et mise en application » qui est compétent. Le contrôleur est en principe chargé de répondre à la réclamation dans les six mois, l'absence de réponse dans ce délai équivalant à un rejet de la réclamation. Toute personne employée par une institution ou un organe communautaire peut également présenter une réclamation au contrôleur pour une violation alléguée des dispositions du règlement régissant le traitement des données à caractère personnel, sans passer par les voies officielles

403. Le contrôleur effectue des *enquêtes*, soit de sa propre initiative, soit sur la base de ces réclamations et informe les personnes concernées du résultat de ses investigations dans un délai raisonnable. A l'issue de l'enquête, le contrôleur peut formuler ses conclusions sur la violation alléguée des dispositions de protection des données et peut ensuite prendre diverses mesures : conseiller les personnes concernées dans l'exercice de leurs droits ; saisir le responsable du traitement en cas de violation alléguée des dispositions régissant le traitement des données à caractère personnel et, le cas échéant, formuler des propositions tendant à remédier à cette violation et à améliorer la protection des personnes concernées ; ordonner que les demandes d'exercice de certains droits à l'égard des données soient satisfaites lorsque de telles demandes ont été rejetées en violation du règlement ; adresser un avertissement ou une admonestation au responsable du traitement ; ordonner la rectification, le verrouillage, l'effacement ou la destruction de toutes les données lorsqu'elles ont été traitées en violation des dispositions régissant le traitement de données à caractère personnel et la notification de ces mesures aux tiers auxquels les données ont été divulguées ; interdire temporairement ou définitivement un traitement ; saisir l'institution ou l'organe concerné et, si nécessaire, le Parlement européen, le Conseil et la Commission ; saisir la Cour de justice dans les conditions prévues par le traité ; intervenir dans les affaires portées devant la Cour. Les recours contre ses décisions peuvent, en sens inverse, être portés devant la Cour de justice.

404. Le contrôleur présente au Parlement européen, au Conseil et à la Commission un rapport annuel sur ses activités, qu'il publie parallèlement.

Il s'exprime également largement à propos de la jurisprudence de la Cour, en tirant des enseignements qu'il utilise dans sa mission de conseil aux institutions, notamment dans la perspective de la révision du règlement n° 45/2001. Le contrôleur s'est ainsi réjoui de l'arrêt de la Cour du 9 mars 2010 (*Commission c/Allemagne*, aff. C-518/07, *Rec.* I-1885) qui renforce le principe d'indépendance absolue de tous les contrôleurs de la protection des données. En revanche, sa position n'a pas été suivie par la Cour dans une affaire posant le problème de conciliation entre le principe de protection des données et celui de transparence et de droit d'accès aux documents (CJCE 29 juin 2010, *Commission c/ Bavarian Lager*, aff. C-28/08 P, *Rec.* I-6055.).

II. Structuration générale du contrôle citoyen

Berthier Demonfort (S.), *Le principe d'ouverture en droit de l'Union européenne : contribution à l'étude de l'influence des citoyens dans la prise de décision européenne*, thèse, Limoges, 2016.

Blanchet (T.), « Transparence et qualité de la législation », *RTDE* 1997. 916.

Bradley (K. St C.), « La transparence de l'Union européenne : une évidence ou un trompe-l'œil », *CDE* n° 3-4, 1999. 283.

Brizard (S.), « Le droit d'accès du public aux documents non publiés des institutions communautaires », *RMCUE* févr. 2007, n° 505, p. 127.

Feral (A.), « L'accès du public aux documents des institutions communautaires : la consécration d'un droit fondamental de l'Union européenne », *Europe* juill. 2001, chron. 6.

Garin (A.), *Le droit d'accès aux documents : en quête d'un nouveau droit fondamental dans l'Union européenne*, thèse Paris II-Genève, 2014.

Monet (H.) et Gherghinaru (R.), « L'accès du public aux documents des institutions européennes », *JDE* 2013, n° 201, p. 254.

Rideau (J.) (dir.), *La transparence dans l'Union européenne. Mythe ou principe juridique ?*, LGDJ, 1999.

Tournepiche, (A.-M.), « Vers de nouveaux champs d'application pour la transparence administrative en droit communautaire », *CDE* n° 5-6, 2007. 623.

405. Les Communautés européennes se sont développées, à l'origine, sous une logique dominante de négociations économiques entre représentants de gouvernements. C'est dire si, dans cette optique, l'opacité voire le secret était la règle. Au fur et à mesure que l'intégration européenne s'est rapprochée de sa vocation politique, que le Parlement européen a pris de l'importance, que la citoyenneté européenne a été consacrée, il est apparu nécessaire d'adopter une autre conception générale et les principes d'ouverture et de transparence ont été consacrés, sous la pression de l'Assemblée voyant là, au demeurant, un vecteur important pour sa propre promotion, jusqu'à participer d'une conception du principe démocratique que le traité de Lisbonne systématise (v. ss 196).

La notion de « transparence » regroupe essentiellement les questions d'accès à l'information et aux documents de l'Union, l'ouverture des débats du Conseil en tant que législateur, ainsi que l'encadrement des activités de lobbying, mais elle est également liée à la production de textes plus clairs (v. ss 662), la codification et la qualité rédactionnelle du droit dérivé.

A. La consécration du principe d'ouverture/transparence

406. S'il a d'abord semblé difficile de distinguer un principe de base de ce qui en constituait sans doute des déclinaisons particulières, le traité de Lisbonne met en résonance plusieurs principes généraux dont les rapports mutuels ne sont pas toujours évidents à cerner.

1° La recherche d'un principe général

407. La première véritable consécration du principe de transparence se trouve dans une simple Déclaration (n° 17) relative au droit d'accès à l'information, *annexée au traité de Maastricht*, évoquant, plutôt qu'un principe général, la question particulière de la « transparence du processus décisionnel », mais lui donnant une double dimension, administrative certes (cette transparence « renforce... la confiance du public envers l'administration ») mais également politique (elle renforce « le caractère démocratique des institutions »). Cette dernière dimension fut confirmée dans une Déclaration interinstitutionnelle du 25 octobre 1993, dont l'intitulé est tout un programme : « Déclaration... sur la démocratie, la transparence et la subsidiarité », (*Bulletin des Communautés européennes* n° 10, 1993. 128).

C'est le traité d'Amsterdam qui va inscrire ce principe dans le droit primaire. En même temps qu'il en consacre des dimensions particulières (droit d'accès aux documents, art. 255 CE ; conséquence spéciale pour le Conseil, art. 207, § 3, CE), il modifie l'article 1er du traité sur l'Union (c'est dire le caractère fondamental de la consécration), présentant celle-ci comme une Union dans laquelle les décisions sont prises non seulement (comme dans la rédaction issue du traité de Maastricht) « le plus près possible des citoyens », mais désormais aussi « dans le plus grand respect du principe d'ouverture », dont on a considéré qu'il correspondait largement au principe de transparence.

La portée, en tant que principe, de la transparence n'apparaît pas de façon évidente à la lecture de la jurisprudence de la Cour, qui manifeste souvent le souci de préciser que, notamment dans le cadre de la règlementation sur les marchés publics, s'impose le « principe d'égalité de traitement et... l'obligation de transparence qui en découle », veillant dans son raisonnement à bien distinguer « ce principe et... cette obligation » (par ex. CJ 18 nov. 2010, *Commission c/Irlande*, aff. C-226/09, *Rec.* I-11807). Mais des arrêts insistant sur la portée de certaines applications de ce principe comme le droit d'accès aux documents, mis en relation avec la dimension démocratique des institutions, doivent conduire à admettre que le juge voit là un principe de portée générale (TPI 11 déc. 2001, *Petrie* ; aff. T-191/99, *Rec.* II-3677). La Cour admet le caractère de « principe » de la transparence, mais souligne cependant que les États membres doivent se voir reconnaître une marge d'appréciation pour sa mise en œuvre (CJCE 23 déc. 2009, *Serrantoni*, aff. C-376/08, *Rec.* I-12169).

De même, le droit dérivé, notamment les directives en matière de marchés publics, font une distinction entre les « principes du traité » (principes de la libre circulation des marchandises, de la liberté d'établissement et de la libre prestation de services) et les « principes qui en découlent », comme l'égalité de traitement, la non-discrimination, la reconnaissance mutuelle, la proportionnalité et la transparence (cf. cons. 2 de la directive n° 2004/18/CE du Parlement européen et du Conseil du 31 mars 2004 *relative à la coordination des procédures de passation des marchés publics de travaux, de fournitures et de services*, *JOUE* n° L 134/114 du 30 avr. 2004), ce qui, là encore, ne constitue pas une consécration explicite mais admet le caractère de principe et une portée générale.

2° La combinaison de principes généraux

408. Le traité de Lisbonne conserve, à l'article 1er UE le « plus grand respect possible du principe d'ouverture » en tant qu'identifiant politique de l'Union, mais précise (art. 11, § 2, UE) que les institutions « entretiennent un dialogue ouvert, transparent et régulier avec les associations représentatives et la société civile », dans le Titre consacré aux « principes démocratiques ». Le traité sur le fonctionnement de l'Union, avant de détailler le contenu et les conséquences du principe, le reformule de façon générale : « Afin de promouvoir une bonne gouvernance, et d'assurer la participation de la société civile, les institutions, organes et organismes de l'Union œuvrent dans le plus grand respect possible du principe d'ouverture », ajoutant au paragraphe 3 du même article que « chaque institution assure la transparence de ses travaux ». Ce principe, déjà ambivalent avec sa dimension d'ouverture et de transparence, est donc relié non seulement aux principes démocratiques, mais à celui de bonne gouvernance, qui est une doctrine plutôt qu'un principe général (cf. Gouvernance européenne. Livre blanc, COM(2001)428 du 25 juill. 2001) et pourquoi pas à celui de bonne administration, lequel fait partie, quant à lui, des « principes généraux de l'État de droit communs aux traditions constitutionnelles des États membres » (TPI 30 janv. 2002, *Max mobil c/Commission*, aff. T-54/99, *Rec.* II-313) et dont semble proche, ne serait-ce que dans la liste des dispositions de la Charte des droits fondamentaux de l'Union européenne, le droit d'accès aux documents (respectivement art. 42 et 41).

B. L'accès aux documents des institutions et organes

409. Conformément à la *Déclaration (n° 17) relative au droit d'accès à l'information*, annexée au traité de Maastricht et aux conclusions des Conseils européens de Birmingham, Édimbourg et Copenhague, le Conseil et la Commission s'accordèrent le 6 décembre 1993 sur un *Code de conduite concernant l'accès du public aux documents du Conseil et de la Commission* (*JOCE* n° L 340/41 du 31 déc. 1993). Puis le Conseil adopta le 20 décembre la décision mettant en œuvre, pour ce qui le concerne, ledit Code (*JOCE* n° L 340/43 du 31 déc. 1993), la Commission faisant de même le 8 février 1994 (*JOCE* n° L 46/60 du 18 févr. 1994).

L'ensemble de ces textes organisaient l'accès du public à tout « document », c'est-à-dire tout écrit, quel que soit son support, contenant des données existantes détenues par la Commission ou le Conseil. Il s'agissait donc essentiellement des documents « internes » qui n'avaient pas été définitivement mis au point ou qui n'étaient pas destinés à être publiés. Ils précisaient les modalités de traitement des demandes d'accès ainsi que les limites et les exceptions à cet accès. Ainsi, lorsque le document détenu par une institution avait pour auteur une personne physique ou morale, un État membre, une autre institution ou organe communautaire ou tout autre organisme national ou international, la demande devait être adressée à l'auteur du document. Surtout, ils prévoyaient que les institutions *doivent refuser* l'accès à tout document dont la divulgation pourrait porter atteinte à la protection de l'intérêt public, la protection de l'individu et de la vie privée, la protection du secret en matière commerciale et industrielle, la protection des intérêts financiers de la Communauté, la protection de la confidentialité demandée par la personne physique ou morale qui a fourni l'information ou requise par la législation de l'État membre qui a fourni l'information. Enfin, ils *autorisaient les institutions à refuser* l'accès afin d'assurer la protection du secret des délibérations de leurs instances. La mise en œuvre de ces limites et exceptions, devant faire l'objet de décisions motivées, a été soumise au contrôle du juge communautaire (TPI 19 oct. 1995, *John Carvel et Guardian*, aff. T-194/94, *Rec.* II-2765 ; TPI 5 mars 1997, *WWF UK c/Commission*, aff. T-105/95, *Rec.* II-313 : F. Belaich, « Les obligations de la Commission en matière de transparence », *RMC* 1998. 710 ; TPI 3 mars 1998, *Carlsen*, aff. T-610/97, *Rec.* II-485 ; TPI 17 juin 1998, *Svenka journalistförbundet*, aff. T-174/95, *Rec.* II-2289). À l'invitation du médiateur (cf. rapport spécial du 15 déc. 1997, *JOCE* n° C 44/9 du 10 févr. 1998), la plupart des institutions et organes ont adopté des dispositions similaires (Parlement européen ; *JOCE* n° L 263/27 du 25 sept. 1997 ; Comité économique et social : *JOCE* n° L 339/18 du 10 déc. 1997 ; Comité des régions : *JOCE* n° L 351/70 du 23 déc. 1997 ; Banque européenne d'investissement : *JOCE* n° C 243/13 du 9 août 1997 ; Fondation européenne pour la formation : *JOCE* n° C 369/10 du 6 déc. 1997 ; Cour des comptes : *JOCE* n° C 295 du 23 sept. 1998 (pour une nouvelle décision de la Cour des comptes, *JOUE* n° C 96/1 du 20 avr. 2005) ; BCE : *JOUE* n° L 80/42 du 18 mars 2004).

410. La Cour de justice ayant souligné la fragilité de cet accès aux documents qui ne bénéficiait d'aucune base juridique explicite dans les traités (CJCE 30 avr. 1996, *Pays-Bas c/Conseil*, aff. C-58/94, *Rec.* I-2169), le traité d'Amsterdam est venu consacrer un véritable droit subjectif, dans le champ des trois piliers de l'Union. À cette fin, non seulement, comme indiqué plus haut, il s'est référé de façon générale au principe d'ouverture dès l'article 1er UE, mais il a ajouté surtout un nouvel article 255 CE dans le traité instituant la Communauté européenne qui formule le nouveau droit : « Tout citoyen de l'Union et toute personne physique ou morale résidant ou ayant son siège dans un État membre a un droit d'accès aux documents du Parlement européen, du Conseil et de la Commission ». Les principes généraux et les limites qui, pour des raisons d'intérêt public ou privé, régissent l'exercice de ce droit d'accès devaient être fixés par le Conseil en codécision avec le Parlement dans les deux ans suivant l'entrée en vigueur du traité, chacune des trois institutions concernées pouvant ensuite intégrer des dispositions particulières dans son règlement intérieur. C'est finalement le 30 mai 2001 que le règlement n° 1049/2001 *relatif à l'accès du public aux documents du Parlement, du Conseil et de la Commission* a été adopté (*JOCE* n° L 145/43 du 31 mai 2001). Il insiste sur l'approche très large des documents concernés, l'indifférence de leur support notamment, le champ d'application couvrant tous les documents établis, ou reçus par les trois institutions, ou en leur possession dans tous les domaines d'activité de l'Union européenne. Le règlement prévoit des exceptions à l'accès, celui-ci étant désormais la règle, lorsqu'une divulgation pourrait porter atteinte à l'intérêt public, au respect de la vie privée et de l'intégrité de l'individu, à des intérêts commerciaux, des procédures juridictionnelles ou avis juridiques, aux objectifs d'activités d'inspection, d'enquête ou d'audit, ou à la confidentialité demandée par un tiers ayant fourni le document ou requise par la législation d'un État membre (ou à la demande de celui-ci). Les modalités pratiques reprennent celles du régime précédent, considéré comme ayant correctement fonctionné. La Banque centrale européenne a adopté des règles spécifiques d'accès à ses documents (décision BCE/2004/3 du 4 mars 2004, *JOUE* n°L80/42 du 18 mars 2004). Le contentieux qui s'est développé sur ces questions d'accès montre un juge communautaire pouvant se montrer très exigeant vis-à-vis des institutions communautaires dans l'interprétation des exceptions admises (par exemple TPI 13 avr. 2005, *Verein für Konsumentenin-formation*, aff. T-2/03, *Rec.* II-1121 ; CJCE 18 déc. 2007, *Suède c/Commission e.a.*, aff. C-64/05 P, *Rec.* I-11389) mais semblant plus enclin à la souplesse dans des domaines sensibles tels que la lutte contre le terrorisme (par exemple, TPI 26 avr. 2005, *Sison*, aff. T-110, 150 et 405/03, *Rec.* II-1429). Si la jurisprudence est parfois subtile s'agissant de la communication de documents liés à une affaire juridictionnelle (cf. TPI 12 sept. 2007, *Association de la presse internationale c/Commission*, aff. T-36/04, *Rec.* II-3201 ; la Cour raisonne à partir de la reconnaissance de l'existence d'une présomption générale de confidentialité liée aux procédures juridictionnelles en cours : arrêt (Gr. ch.) du 21 sept. 2010, *Suède e.a. c/ API et Commission*, aff. C-514/07 P, C-528/07 P, et C-532/07 P, *Rec.* I-8533), ou la diffusion des avis juridiques des services des institutions, (cf. CJCE 1er juill. 2008, *Suède et Turco*, aff. C-39/05 P et C-52/05 P, *Rec.* I-4723 ; CJ 21 juill. 2011, *Suède c/ MyTravel et Commission*, aff. C-506/08 P, *Rec.* I-6237), une tendance nette se dégage, consistant à distinguer l'activité administrative qui, si elle est soumise à un principe d'accès, « n'exige pas la même étendue de l'accès aux documents que l'activité législative d'une institution communautaire » (CJ 29 juin 2010, *Commission c/Technische Glaswerke Ilmenau*, aff. C-139/07 P, *Rec.* I-5885 ; CJ 21 sept. 2010, *Suède e.a. c/API et Commission*, aff. C-514/07 P, C-528/07 P et C-532/07 P, *Rec.* I-8533). On rappelera aussi (v. ss 400) que le Médiateur européen exerce un contrôle massif dans ce domaine de l'accès aux documents.

411. Le traité de Lisbonne, dans l'article 15 FUE, renforce ce droit d'accès, l'élargissant aux documents de toute institution, organe et organisme de l'Union, et précisant qu'il joue « quel que soit leur support » (art. 15, § 3, FUE). La Charte des droits fondamentaux donne un double écho sous cet angle à ce droit d'accès, l'article 42 le consacrant en tant que droit, et l'article 41 en faisant une composante du droit à une bonne administration, s'agissant des dossiers qui « concernent » le demandeur. C'est par règlement adopté selon la procédure législative ordinaire que les législateurs de l'Union fixeront les principes généraux de ce droit et les limites qui peuvent exister pour des raisons d'intérêt public ou privé. Il combine ce cadre général et l'obligation de « chaque institution » d'assurer la transparence de ses travaux, notamment au moyen de son règlement intérieur. Il indique aussi, au titre de précision vis-à-vis de l'extension réalisée du champ d'application du principe, que les deux autorités législatives assurent la publicité des documents relatifs aux procédures législatives, et que la Cour de justice, la Banque centrale européenne et la Banque européenne d'investissement, en revanche, ne sont visées que lorsqu'elles exercent des fonctions administratives.

412. Sur la base des traités issus du traité de Lisbonne, la Cour de justice a maintenu les orientations de sa jurisprudence. ***Quant au champ d'application du régime*** elle a notamment rappelé qu'il faut retenir une « définition large » de la notion de « document » concerné par ce régime d'accès, précisant cependant que sont concernés les documents « existants », en possession des institutions ou organes, et non ceux que l'on pourrait créer dans l'absolu à partir de banques de données par exemple ; cependant, doivent être qualifiées de document existant toutes les informations qui peuvent être extraites d'une base de données électronique dans le cadre de son utilisation courante à l'aide des outils de recherche préprogrammés, même si ces informations n'ont pas encore été affichées sous cette forme ou n'ont jamais fait l'objet d'une recherche par les agents des institutions (CJ 11 janv. 2017, *Typke* *c/ Commission*, aff. C-491/15 P, ECLI:EU:C:2017:5). S'agissant des limitations concernant l'accès aux documents à caractère juridictionnel, puisque l'article 15§ 3 al 4 ne soumet la Cour de justice de l'Union, la BCE et la BEI au régime du droit d'accès aux documents que pour leur activité administrative, elle a précisé que des mémoires établis par un État membre dans le cadre d'une action en manquement et détenus par la Commission n'entraient pas dans le champ de cette exception (arrêt de Grande chambre du 18 juill. 2017, *Commission c/ Breyer*, aff. C-213/15 P, ECLI:EU:C:2017:563). Le Tribunal a aussi indiqué qu'un État membre relève du droit commun de ce régime et, en tant que demandeur, doit accepter les mêmes limites que n'importe quel particulier, sans que le principe de coopération loyale lui donne une position privilégiée (arrêt du 13 sept. 2013, *Pays-Bas c/ Commission*, aff. T-380/08, ECLI:EU:T:2013:480). Il a également précisé que l'Office antifraude (OLAF) participant de la Commission, il est soumis au régime du règlement 1049/2001 (arrêt du 26 avr. 2016, *Strack c/ Commission*, aff. T-221/08, ECLI:EU:T:2016:242).

En matière d'exceptions aux obligations de communication, on retrouve des **exceptions absolues**, comme la *protection de l'intérêt public* (cf. par ex. l'arrêt du 29 nov. 2012, *Thesing et Bloomberg Finance c/ BCE*, aff. T-590/10, ECLI:EU:T:2012:635 ; mais diffuser la partie d'un accord externe envisagé faisant ressortir une divergence d'interprétation quant à la base juridique ne porte pas atteinte à l'intérêt public lié aux relations internationales de l'Union : arrêt du 3 juill. 2014, *Conseil c/in 't Veld*, aff. C-350/12 P, ECLI:EU:C:2014:2039) *ou de la vie privée et l'intégrité de l'individu* (cf. par ex. l'arrêt du 21 sept. 2016, *Secolux c/ Commission*, aff. T-363/14, ECLI:EU:T:2016:521) et des **exceptions relatives**, comme la *protection des intérêts commerciaux* (par ex. arrêt du 13 sept. 2013, *Pays-Bas c/ Commission*, aff. T-380/08, ECLI:EU:T:2013:480), *ou des activités d'inspection, d'enquête et d'audit* (par ex. arrêt du 24 mai 2011, *Batchelor c/ Commission*, aff. T-250/08, *Rec.* II-2551 ; pour la reconnaissance d'une « présomption générale » de confidentialité (comme en matière d'affaire en cours devant une juridiction), la divulgation des dossiers dans une procédure de contrôle des aides d'État étant considérée comme portant atteinte en principe aux objectifs des activités d'enquête, arrêt (Gr. ch.) du 29 juin 2010, *Commission c/ TGI*, aff. C-139/07 P, *Rec.* I-5885 ; ou 14 juill. 2016, *Sea Handling SpA*, aff. C-271/15 P, ECLI:EU:C:2016:557 ; pour cette présomption dans le cadre du contrôle des concentrations, arrêt du 28 juin 2012, *Commission c/Éditions Odile Jacob*, aff. C-404/10 P, ECLI:EU:C:2012:393 ; pour les documents liés à une phase précontentieuse du manquement : 14 nov. 2013, *Liga para a Protecção da Natureza (LPN) et Finlande c/Commission*, aff. C-514/11 P et C-605/11 P, ECLI:EU:C:2013:738 ; pour la procédure de sanction des ententes : 27 févr. 2014, *Commission c/EnBW*, aff. C-365/12 P, ECLI:EU:C:2014:112). S'agissant de l'atteinte à l'*efficacité du processus décisionnel*, en revanche, le juge en reste à la vérification qu'il n'y a pas de risque d'atteinte grave, sans admettre de présomption générale (par ex. arrêt du 20 sept. 2016, *PAN Europe c/ Commission*, aff. T-51/15, ECLI:EU:T:2016:519 ; ou arrêt du 22 mars 2018, *De Capitani*, aff. T-540/15, ECLI:EU:T:2018:167, à propos des documents des trilogues).

413. Une révision du règlement n° 1049/2001 relatif à l'accès du public aux documents du Parlement européen, du Conseil et de la Commission était en cours d'examen depuis 2008 (COM(2008)229), mais la Commission a choisi de présenter parallèlement une autre proposition pour tenir compte de l'extension du champ d'application du droit d'accès par le traité de Lisbonne (document COM(2011)137 du 21 mars 2011). Cette proposition était encore en attente de décision de la commission parlementaire en juillet 2018.

C. L'accès aux travaux du Conseil

414. Le caractère traditionnellement non public des sessions et délibérations du Conseil, qui relèvent du secret professionnel, fait l'objet de critiques récurrentes, notamment dans les hypothèses où il joue un rôle de *législateur*. Les évolutions réalisées à la suite du Conseil européen d'Édimbourg (11 et 12 déc. 1992) et formalisées déjà dans le règlement intérieur du Conseil du 6 décembre 1993 (*JOCE* n° L 304 du 10 déc. 1993) et le *Code de conduite* du 2 octobre 1995, ont trouvé un fondement explicite dans le nouvel alinéa ajouté à l'article 151 CE *[devenu, après modification par le traité d'Amsterdam, art. 207, § 3]* et une formulation opérationnelle dès la version du règlement intérieur du 31 mai 1999 (*JOCE* n° L 147/13 du 12 juin 1999).

S'agissant des débats, celui-ci confirme que sont de plein droit publics (en fait retransmis par des moyens audiovisuels, le premier ayant eu lieu le 1er février 1993) les débats d'orientation sur le programme de travail semestriel présenté par la Présidence et, le cas échéant, le programme de travail annuel de la Commission, tout autre débat pouvant faire l'objet d'une même retransmission publique sur décision unanime du Conseil ou du COREPER.

S'agissant des délibérations, le traité prévoyait qu'en tout état de cause, les résultats et les explications de votes, ainsi que les déclarations inscrites au procès-verbal, sont rendus publics « lorsque le Conseil agit en qualité de législateur », le règlement intérieur énumérant à cet effet les cas où le Conseil agit en sa qualité de législateur, y compris au titre du 3e pilier (art. 7) et prévoyant des modalités de publicité non automatiques et/ou réduites, dans les autres cas (cf. le règlement intérieur du Conseil : Décis. n° 2009/937 (UE) du 1er déc. 2009, *JOUE* n° L 325/36 du 11 déc. 2009).

Le traité de Lisbonne clarifie la situation. L'article 16, § 8, UE indique que « le Conseil siège en public lorsqu'il délibère et vote sur un projet d'acte législatif ». Il précise même selon une tonalité qui aurait plutôt eu sa place dans le traité sur le fonctionnement de l'Union, qu'à cet effet, « chaque session du Conseil est divisée en deux parties, consacrées respectivement aux délibérations sur les actes législatifs de l'Union et aux activités non législatives ». Quant à l'article 15 FUE, siège principal du principe d'ouverture et de transparence, il se contente d'annoncer que « le Parlement européen siège en public, ainsi que le Conseil lorsqu'il délibère sur un projet d'acte législatif ». Il apparaît clairement, une fois de plus, qu'il faut distinguer un principe de transparence à caractère administratif, mais qui prend une dimension particulière, non pour certains organes mais pour la *fonction législative*, ce que l'on pourrait appeler l'ouverture de la fonction législative. Ainsi que cela a été précisé, la jurisprudence de la Cour insiste désormais sur ce *distinguo* entre la fonction législative et la fonction administrative quant à la portée des obligations de transparence (v. ss 410).

D. La transparence du lobbying

Monjal (P.-Y.), « La transparence des lobbies ou l'habit neuf en forme de cape d'invisibilité des groupes de pression européens », *RDUE* 2015, n° 1, p. 5.

415. L'action de transparence, on l'a souligné, vise à corriger certains traits traditionnels du système institutionnel européen portant préjudice à la légitimation démocratique

que l'Union ambitionne de faire reconnaître par les citoyens européens. A ce titre, le principe d'ouverture peut aboutir à des conséquences néfastes en termes de transparence lorsqu'il conduit à faire graviter autour des institutions une myriade de bureaux de représentation de groupes d'intérêt extrêmement variés cherchant ouvertement à exercer une influence sur les processus décisionnels européens, ce que les citoyens voient souvent à la fois comme un symbole et une tare du système européen. C'est pourtant au titre des « principes démocratiques » que, de manière générale « les institutions entretiennent un dialogue ouvert, transparent et régulier avec les associations représentatives et la société civile » (art. 11, § 2, UE), et qu'en particulier, « en vue d'assurer la cohérence et la transparence des actions de l'Union, la Commission européenne procède à de larges consultations des parties concernées ». Compte tenu du pouvoir d'initiative de la Commission, c'est d'abord auprès d'elle que se sont installées les officines de lobbying, puis, les prérogatives législatives du Parlement augmentant, elles se sont également intéressées à lui. Mais c'est d'abord de manière autonome que chacune de ces deux institutions a tenté de clarifier le phénomène, avec des « registres de transparence », dès 1996 pour le Parlement et en 2008 pour la Commission. La systématisation est venue avec un Livre vert de la Commission du 3 mai 2006 : « Initiative européenne en matière de transparence » (COM(2006)194) et un accord institutionnel « sur l'établissement d'un registre de transparence pour les organisations et les personnes agissant en qualité d'indépendants qui participent à l'élaboration et à la mise en œuvre des politiques de l'Union européenne » a été conclu le 23 juin 2011 entre les deux institutions (*JOUE* n° L 191/29 du 22 juill. 2011). Le registre commun enregistre les organismes en cause, permettant l'information des citoyens. Il est assorti d'un code de conduite et d'un mécanisme d'alerte. Un problème demeure : environ 10 000 entités sont recensées sur les quelques 30 000 qui existent sans doute. D'où des tentatives d'évolution du système pour passer du principe du volontariat à un enregistrement obligatoire, auquel, qui plus est, serait associé le Conseil : cf. par ex. la décision du Parlement européen du 15 avril 2014 sur la modification de l'accord interinstitutionnel relatif au registre de transparence (2014/2010(ACI)) ; la Commission a organisé une consultation publique sur ce thème en 2016 et a présenté une proposition de réforme le 28 septembre 2016 (COM(2016)627) pour établir un registre obligatoire. Les négociations entre les trois institutions ont été lancées le 17 avril 2018.

Section 3
Les structures administratives

416. Si l'on peut désormais identifier un véritable système politique de l'Union, non dépourvu d'une légitimité démocratique directe (Parlement européen) ou indirecte, par l'intervention, dans telle procédure de nomination par exemple, de ce Parlement européen, ou le truchement des autorités démocratiques des États membres (Conseil, Conseil européen, Commission) et significatif d'un processus de prise de décision synthétisant les intérêts considérés comme légitimes (intérêt général de l'Union pour la Commission, intérêt des États membres pour le Conseil européen et le Conseil, intérêt des citoyens européens pour le Parlement, intérêt des « forces vives » de la société civile pour le Comité économique et social, intérêt des collectivités territoriales pour le Comité des régions), existe également un système administratif composé « d'organes et d'organismes », dont le traité de Lisbonne a consacré la prise en compte en multipliant les références à l'ensemble des « institutions, organes et organismes » de l'Union. Certains de ces organes sont prévus par les traités, la plupart ont été créés par les institutions ; certains sont des structures auxiliaires sans personnalité juridique, d'autres sont personnalisés. Il convient de distinguer, d'une part, l'ensemble formé par la multitude d'organes consultatifs à caractère technique assistant les institutions, et d'autre part la « comitologie » mettant en œuvre des comités qui représentent en réalité des procédures d'encadrement intergouvernemental du pouvoir d'exécution de la Commission. Les structures dotées de la personnalité juridique représentent un véritable phénomène désormais, rompant avec une réticence traditionnelle, cette décentralisation fonctionnelle contribuant à dessiner un modèle administratif de l'Union européenne préfigurant sans doute l'émergence d'un droit administratif de l'Union européenne (sur ce phénomène, cf. J.-B. Auby et J. Dutheil de La Rochère (dir.), *Droit administratif européen*, 2e éd., Bruxelles, Bruylant, 2014, J. Schwarze, *Droit administratif européen*, 2e éd., Bruxelles, Bruylant, 2009, ou J. Ziller, « L'émergence d'un droit administratif de l'Union européenne », *RAE* 2016, n° 2, p. 255).

§ 1. Les comités consultatifs techniques

I. Les comités « des traités »

417. Aux termes de l'article 242 FUE, le Conseil, à la majorité simple, arrête, après avis de la Commission, le statut des « Comités prévus par les traités », ce qui leur confère une forme d'unité statutaire. Outre le COREPER, à la dimension politique évidente (v. ss 225), on peut signaler les comités suivants :

– Comité consultatif des transports (art. 99 FUE), que la Commission consulte « chaque fois qu'elle le juge utile en matière de transports » ;
– Comité économique et financier (art. 134 FUE) ; si son prédécesseur (« comité monétaire ») était spécifiquement qualifié par le traité de comité « de caractère consultatif », le comité économique et financier a une mission plus large, de promotion de la coordination des politiques économiques des États membres. Il fait des rapports au Conseil et à la Commission et remplit à la fois des missions consultatives et des missions préparatoires vis-à-vis des travaux du Conseil dans ce domaine ;
– Comités spéciaux des articles 207 FUE et 218 FUE ; ces comités spéciaux assistent la Commission ou le négociateur de l'Union dans la négociation d'un accord commercial ou d'un accord avec un État tiers ou une organisation internationale ;
– Comité du Fonds social européen (art. 163 FUE) ; il assiste la Commission dans l'administration du Fonds social européen ;
– Comité de l'emploi (art. 150 FUE) ; si le traité continue à préciser qu'il est « à caractère consultatif », on retrouve, à l'image du Comité économique et financier à la fois des missions de consultation et de préparation de certains travaux du Conseil ;
– Comité scientifique et technique (134 CEEA). La Commission peut le consulter dans tous les cas où elle le juge opportun.

II. Les groupes et comités auxiliaires

418. Ils sont créés par et auprès de l'institution qui en éprouve le besoin. Ils sont très nombreux et leur classification est particulièrement malaisée (cf. M. Ayral, « Essai de classification des groupes et comités », *RMC* 1975. 330 et « Liste des comités fonctionnant auprès de la Commission et du Conseil », *Bull. CE*, suppl. 2/80 ; ou encore, Comité économique et social, *Les comités consultatifs à composition socio-économique*, Bruxelles, Éd. Delta, 1980).

Tant le Conseil que la Commission peuvent en effet créer, sur la base des pouvoirs découlant de leur autonomie institutionnelle, les organes les plus divers chargés de les assister dans l'exercice de leurs missions. On sait que le Conseil se fait assister par de nombreux groupes *d'experts gouvernementaux*, coordonnés par le COREPER (v. ss 225) (par ex., dix-huit groupes de travail couvrent le champ du Conseil agriculture et pêche, eux-mêmes divisés en trente spécialités sectorielles (telle culture), ou horizontales, comme le sous-groupe « simplification de la PAC »). La Commission, de son côté, crée, en fonction des besoins, des groupes *ad hoc d'experts nationaux* qui l'aident à mettre au point ses propositions et a institué un certain nombre de comités consultatifs permanents (tels les multiples comités consultatifs agricoles ou le comité consultatif des consommateurs).

419. Sont également à signaler les comités de représentation *des milieux socioprofessionnels*. Ils ont longtemps été appelés « groupes consultatifs ». Cette appellation, notamment préconisée par la décision n° 2004/391/CE de la Commission du 23 avril 2004 *relative au fonctionnement des groupes consultatifs dans le domaine de la politique agricole commune* (*JOUE* n° L 120/50 du 24 avr. 2004) était destinée à éviter la confusion avec les « comités consultatifs » de comitologie. Dans le domaine de la Politique agricole commune, cela représentait trente groupes consultatifs, réunissant approximativement 2 000 experts 85 fois par an, composés de représentants des milieux socioprofessionnels désignés par les groupes d'intérêt de dimension communautaire : producteurs agricoles et coopératives agricoles, industries agricoles et alimentaires, commerce des produits agricoles et alimentaires, travailleurs des secteurs agricoles et alimentaires, consommateurs et environnementalistes. Ce type de structure permet à la Commission de connaître l'opinion de ces milieux sur les problèmes que peuvent poser le fonctionnement des différentes organisations communes de marchés et les autres domaines couverts par la politique agricole commune et par la politique du développement rural. Ces groupes sont donc consultés par la Commission sur tous les aspects relatifs à la PAC et à la politique de développement rural. Le président de chaque groupe peut aussi proposer à la Commission de consulter le groupe sur une affaire relevant de la compétence de ce dernier. Quand un groupe adopte un avis à l'unanimité, les résultats de ses délibérations sont communiqués par la Commission aux autres Institutions si le groupe le propose. La Commission n'est pas liée par l'avis de ces groupes, mais *en tient le plus grand compte* et informe leurs représentants de la façon dont elle les a pris en considération. Depuis 2014 (Décis. 2013/767/UE de la Commission du 16 déc. 2013, *JOUE* n° L 338/115 du 17 déc. 2013), ces groupes ont été remplacés par des *groupes de dialogue civil* composés d'organisations non gouvernementales de niveau européen, y compris d'associations représentatives, de groupes d'intérêts socioéconomiques, d'organisations de la société civile et de syndicats qui sont enregistrés dans le registre de transparence européen commun qui jouent le même rôle. La réforme, visant à intensifier le dialogue citoyen, a abouti à faire participer 43 nouvelles organisations représentatives.

Au-delà, le Conseil a pu instituer un certain nombre de comités destinés soit à faciliter une attitude commune des États (ex. Comité des gouverneurs des banques centrales) ou permettant d'organiser une collaboration étroite entre les États et la Commission (ex.

Comité consultatif pour les marchés publics) ou entre les États, la Commission et les partenaires sociaux (Comité permanent de l'emploi).

§ 2. Le complexe de la comitologie

Bianchi (D.), *Le rôle de la comitologie dans la politique agricole commune*, thèse, Paris II, 2010.

Blumann (C.), « Comitologie et administration indirecte », in Dutheil de la Rochère (J.) (dir.), *L'exécution du droit de l'Union, entre mécanismes communautaires et droits nationaux*, Bruxelles, Bruylant, coll. « Droit de l'Union européenne », 2009, p. 139.

420. On appelle « comitologie » (cf. W. Nicoll, « Qu'est-ce que la comitologie ? », *RMC* 1987. 185 et 703), l'ensemble des dispositifs d'encadrement par des comités, toujours composés d'experts nationaux, de l'exercice des compétences d'exécution conférées à la Commission sur la base de l'article 291 FUE *[ex 202 CE]*, ces dispositifs étant déterminés initialement (art. 202 CE) par le Conseil, et désormais (art. 202 FUE) par règlement du Parlement européen et du Conseil adopté selon la procédure législative ordinaire.

Si ces comités existent en tant que tels, ils ne sont que la matérialisation organique de procédures d'exécution relevant de la Commission européenne, ce qui a conduit le Tribunal de première instance, s'agissant notamment de l'accès aux documents, à juger qu'il fallait considérer que les « comités de comitologie » participaient de la Commission elle-même (TPI 19 juill. 1999, *Rothmans International BV*, aff. T-188/97, *Rec.* II-2463). De fait, ces comités sont présidés par un représentant de la Commission, qui en assure en outre le secrétariat.

Il s'agit ici d'une initiative remarquable, car nullement imposée par le traité, mais pouvant se prévaloir de plusieurs considérations logiques ou opportunes. Il est d'abord possible d'y voir l'expression d'une révérence pour le postulat majeur de l'administration indirecte (v. ss 1055), chargeant les États membres de la mise en œuvre du droit de l'Union, ce que confirme l'article 291, § 1, FUE, ce souci étant d'ailleurs opportun en pratique puisqu'il permet d'associer à la prise des mesures d'exécution des autorités nationales qui seront en charge de leur mise en œuvre concrète ; on peut aussi y voir un système d'alerte permettant, selon plusieurs formules, le retour à la compétence du Conseil en cas de désaccord des États membres, la compétence exécutive de la Commission n'étant alors conférée en quelque sorte que sous présomption d'accord général sur les actes d'exécution.

421. Aussi est-ce moins la généralisation de leur institution (on en comptait 266 en 2009, au moment de l'entrée en vigueur du traité de Lisbonne) que la multiplication et l'utilisation empirique des types de comités (exprimant chacun un équilibre des pouvoirs différent) qui a motivé la « codification » de cette pratique, sur le fondement des dispositions introduites au sein de l'article 202 CE. Les trois actes « comitologie » ont respectivement mis en place une typologie classique de ces comités (Décis. n° 1987/373/CE du 17 juill. 1987, *JOCE* n° L 197/33 du 18 juill. 1988 ; cf. C.-D. Ehlermann, « La nouvelle décision cadre du Conseil… », *RMC* 1988. 232), ajouté en second lieu des critères de choix et assuré une participation du Parlement devenu colégislateur (Décis. n° 1999/468/CE du 28 juin 1999, *JOCE* n° L 184/23 du 17 juill. 1999, mod. par Décis. n° 2006/512/

CE du Conseil du 17 juill. 2006, *JOUE* n° L 200/11 du 22 juill. 2006), le troisième acte simplifiant le système (Règl. UE n° 182/2011 du Parlement européen et du Conseil du 16 févr. 2011, établissant les règles et principes généraux relatifs aux modalités de contrôle par les États membres de l'exercice des compétences d'exécution par la Commission, *JOUE* n° L 55/13 du 28 févr. 2011).

I. La configuration classique de la « comitologie »

422. S'il est vrai que, classiquement, on distingue plusieurs types de *comités*, il est plus rationnel de distinguer les *procédures*, certains comités pouvant alternativement utiliser l'une ou l'autre de ces procédures. Ainsi en 2003, sur 256 comités, 100 étaient exclusivement « de réglementation », et 74 exclusivement « de gestion ».

A. La procédure des comités de gestion

423. « Inventés » par les fondateurs de la politique agricole commune en 1962, pour la gestion des organisations de marchés agricoles, leur nombre est monté autour de 75 (dont longtemps 20 en matière agricole, un pour chaque catégorie de produits, avant la mise en place de l'organisation commune de marché unique (Règl. CE n° 1234/2007 du Conseil du 22 octobre 2007 portant organisation commune des marchés dans le secteur agricole et dispositions spécifiques en ce qui concerne certains produits de ce secteur, *JOUE* n° L 299/1 du 16 nov. 2007) qui a conduit à la mise en place du comité de gestion de l'organisation commune des marchés agricoles).

Ils étaient composés d'experts représentant les États membres, votant selon la même pondération des voix qu'au Conseil, et présidés par un représentant de la Commission, qui en assure en outre le secrétariat. La Commission devait obligatoirement soumettre au comité le projet de mesure qu'elle envisageait de prendre :

– en cas d'avis favorable du comité, adopté à la majorité qualifiée, ou en cas d'absence d'avis (absence de majorité qualifiée pour ou contre le projet), la Commission pouvait arrêter des mesures, immédiatement applicables ;

– en cas d'avis défavorable du comité, la Commission pouvait également prendre des mesures, car la gestion des marchés requiert des décisions rapides ; cependant celles-ci étaient immédiatement communiquées au Conseil qui, statuant à la majorité qualifiée, pouvait prendre une décision différente dans le délai d'un à trois mois.

Juridiquement, cette procédure s'est vu reprocher de constituer une ingérence dans le droit de décision de la Commission, au point de remettre en cause son indépendance et d'interposer entre le Conseil et la Commission un organe non prévu par le traité, ce qui aurait pour effet de fausser les rapports inter-institutionnels et l'exercice du pouvoir de décision. La Cour de justice l'a cependant expressément validée, au double motif qu'elle fait partie des modalités auxquelles le Conseil est implicitement autorisé par le traité à subordonner l'exercice des pouvoirs qu'il confère à la Commission, et qu'elle n'aboutit pas à donner au comité le pouvoir de prendre des décisions aux lieu et place de la Commission ou du Conseil : dès lors, le mécanisme n'altère pas la structure communautaire ni l'équilibre institutionnel (CJCE 17 déc. 1970, *Köster*, aff. 25/70, *Rec.* 1161). La Cour a même autorisé le Conseil à avoir recours à la procédure des comités de gestion, malgré la compétence exclusive que l'article 274 CE conférait à la Commission pour l'exécution du budget (désormais l'article 317 FUE précise que la Commission exécute le budget « en coopération avec les États membres »), pour des décisions individuelles à incidences budgétaires, telle la signature d'un contrat de recherche (CJCE 24 oct. 1989, *Commission c/Conseil*, aff. 16/88, *Rec.* 3457, et *RTDE* 1990. 170, note C. Blumann).

Politiquement, la procédure s'analysait, en quelque sorte, comme un *système d'alarme :* lorsque la Commission s'écarte d'un avis donné à la majorité qualifiée, c'est-à-dire auquel se sont ralliés la plupart des représentants des États, c'est le signe d'une situation difficile ou de l'existence d'un problème sérieux. Il est alors raisonnable que le Conseil lui-même puisse en délibérer.

Dans la pratique, la procédure a fonctionné de manière pleinement satisfaisante et sur une grande échelle, les cas d'avis négatifs étant rarissimes (moins de 1 % des saisines).

B. La procédure des comités de réglementation

424. Ils ont été institués, à partir de 1968, notamment en matière de législation douanière, de politique commerciale, de réglementation vétérinaire et alimentaire et enfin (pas moins de 25 comités) pour procéder à l'adaptation au progrès technique ou scientifique des directives d'harmonisation des normes techniques. Leur composition et leur fonctionnement était comparable à ceux des comités de gestion, mais ils permettaient au Conseil d'exercer une influence plus grande encore que dans ces derniers. En effet, la Commission ne pouvait adopter les mesures qu'elle lui avait soumises que si le comité avait rendu un avis favorable ; en cas d'avis négatif ou d'absence d'avis, elle pouvait seulement soumettre une proposition au Conseil, celui-ci disposant alors d'un délai – fixé dans chaque acte de base mais qui ne saurait dépasser trois mois – pour soit adopter les mesures proposées, soit toujours à la majorité qualifiée indiquer à la Commission son opposition à sa proposition (ce qui permettait à celle-ci de lui en présenter une autre). À défaut et passé ce délai, la Commission retrouvait sa compétence et arrêtait elle-même les mesures proposées. Cette procédure a été validée par la Cour de justice (5 oct. 1977, *Tedeschi*, aff. 5/77, *Rec.* 1555).

C. La procédure des comités consultatifs

425. Lorsque le Conseil choisit d'instaurer un comité de type purement consultatif, celui-ci émet son avis sur le projet de mesures à prendre par la Commission, le cas échéant en procédant à un vote. La Commission *tient le plus grand compte* de l'avis émis et informe le comité de la façon dont elle en a tenu compte mais, naturellement, elle n'est pas tenue de suivre cet avis. Cette procédure, la plus respectueuse des compétences de la Commission, est en quelque sorte la procédure de droit commun et les comités consultatifs ont été, de loin, depuis l'origine, les plus nombreux (environ deux cents).

D. La procédure de sauvegarde

426. Procédure très rarement utilisée, elle permettait à la Commission, en cas d'urgence, de prendre une décision et d'en informer le Conseil sans obligation d'obtenir préalablement l'approbation d'un comité. La mesure était ensuite étudiée par un comité et tous les États membres pouvaient saisir le Conseil qui disposait alors de trois mois pour prendre une décision différente ou confirmer, modifier ou abroger la décision de la Commission par un vote à la majorité qualifiée. À défaut de décision du Conseil dans les trois mois, la mesure de la Commission expirait.

II. L'adaptation de la « comitologie »

BLUMANN (C.), « Le Parlement européen et la Comitologie : une complication pour la CIG 1996 », *RTDE* 1996. 1.

BLUMANN (C.), « Une nouvelle forme de comitologie : la décision du 17 juillet 2006 instaurant la procédure de règlementation avec contrôle », in Andriantsimbazovina (J.), Blumann (C.), Gaudin (H.), Picod (F.) (dir.), *ADE*, vol. IV, 2006, Bruxelles, Bruylant, 2008, p. 345.

CAUNES (K.), « Et la fonction exécutive européenne créa l'administration à son image... Retour vers le futur de la comitologie », *RTDE* n° 2, 2007. 297.

KORTENBERG (H.), « Comitologie : le retour », *RTDE* 1998. 317.

NUTTENS (J.-D.), « La comitologie et la conférence intergouvernementale », *RMC* 1996. 314.

SAURON (J.-L.), « Comitologie : comment sortir de la confusion ? », *RMUE* n° 1, 1999. 31.

SZAPIRO (M.), « Comitologie : rétrospective et perspective après la réforme de 2006 », *RDUE* n° 3, 2006. 545.

427. Cette adaptation, principalement, a consisté à tenir compte de l'évolution du pouvoir « législatif » communautaire, la montée en puissance du Parlement européen n'étant pas compatible avec les équilibres traduits par la comitologie classique, qui se limitaient à organiser le duo Commission/États membres. Elle a ensuite été une entreprise de rationalisation du système.

A. L'intégration du Parlement européen dans la comitologie

428. Le Parlement a toujours montré une réticence de principe devant les procédures des comités de gestion et de réglementation dans la mesure où, permettant au Conseil de se substituer à la Commission, elles le priveraient de l'influence qu'il peut exercer sur les décisions d'exécution à travers son contrôle étroit de la Commission (au point de demander d'emblée l'annulation de la décision « comitologie » : CJCE 27 sept. 1988, *Parlement c/Conseil*, aff. 302/87, *Rec.* 5615).

Dès l'entrée en vigueur du traité de Maastricht, il demanda l'adaptation de celle-ci au motif qu'elle ne s'appliquait qu'à l'exécution des actes du Conseil et non à l'exécution des actes conjoints du Conseil et du Parlement, adoptés selon la procédure de codécision (Résolution du 16 déc. 1993, *JOCE* n° C 20/176 du 24 janv. 1994). Mais il n'obtint que la conclusion, le 20 décembre 1994, d'un *modus vivendi* avec le Conseil et la Commission (*JOCE* n° C 102/1 du 4 avr. 1996) qui, dans l'attente d'un examen par la CIG 96, se borne à prévoir une information complète du Parlement sur toutes les mesures relevant de la comitologie lorsque la législation de base est adoptée en codécision. Au surplus, ce *modus vivendi* n'est entré en application réelle qu'en avril 1996 à la suite de son acceptation formelle par les trois institutions sous la pression du blocage des crédits budgétaires nécessaires à la réunion des comités.

Le texte approuvé à Amsterdam (*Déclaration n° 31*) se bornait à inviter la Commission à présenter une proposition de modification de la « décision comitologie ». La « deuxième décision comitologie » (Décis. n° 1999/468/CE du 28 juin 1999, *JOCE* n° L 184/23 du 17 juill. 1999) solennise, d'abord, les obligations d'information figurant dans le *modus vivendi :* la Commission doit informer régulièrement le Parlement des travaux des comités, lui transmettre les documents liés à ces travaux et notamment les mesures ou les propositions de mesures à prendre qu'elle adresse au Conseil. Surtout est organisée une plus grande participation du Parlement dans les cas où l'acte de base conférant les compétences d'exécution à la Commission a été adopté en codécision : lorsqu'il considère respectivement qu'un projet de mesure soumis à un comité ou une proposition présentée au Conseil dans le cadre de la procédure de réglementation excède les compétences d'exécution prévues dans l'acte de base, le Parlement est en mesure de voir son avis pris en considération, même si, naturellement, la Commission ou le Conseil ont le dernier mot. Ces nouvelles modalités ont été précisées par un accord entre le Parlement et la Commission (*JOCE* n° L 256 du 10 oct. 2000). Enfin, pour assurer une meilleure information du public, le nouveau texte prévoit que les principes et les conditions d'accès aux documents de la Commission (v. ss 409) sont étendus aux comités, que celle-ci publie la liste de tous les comités chargés de l'assister dans l'exercice de ses fonctions d'exécution, ainsi qu'un rapport annuel sur les travaux de ces comités.

La décision n° 2006/512/CE du Conseil du 17 juillet 2006 (*JOUE* n° L 200/11 du 22 juill. 2006) a introduit une variante de la procédure de règlementation, la procédure de *règlementation avec contrôle*, tenant plus directement compte du rôle de colégislateur du Parlement, sans pour autant qu'il soit strictement à égalité avec le Conseil. En substance, pour les mesures de portée générale ayant pour objet de modifier les éléments non essentiels d'un acte adopté en codécision, si le comité rendait un *avis favorable* à la majorité qualifiée, le Parlement et le Conseil disposaient chacun de trois mois pour s'opposer à la mesure s'ils considéraient que la mesure excédait les compétences prévues dans l'acte de base, ou qu'elle n'était pas compatible avec le but ou le contenu de l'acte de base, ou qu'elle ne respectait pas les principes de subsidiarité et de proportionnalité. Un tel grief suffisait pour un rejet. En cas *d'avis défavorable ou en l'absence d'avis* du comité, la Commission renvoyait tout d'abord la mesure devant le Conseil, qui disposait de deux mois pour s'opposer à la mesure proposée, à la majorité qualifiée, la renvoyant par-là devant la Commission, ou pour adopter la mesure ou ne pas se prononcer à la majorité qualifiée dans ce délai, ce qui conduisait alors la Commission à soumettre la proposition au Parlement qui, à son tour, disposait de deux mois supplémentaires pour procéder à son évaluation (cf. la Communication de la Commission du 23 novembre 2007 au Parlement européen et au Conseil, *Adaptation à la procédure de réglementation avec contrôle*, COM(2007)740).

B. La rationalisation de la comitologie

429. La décision n° 1999/468 (préc.) a entrepris de fixer des critères permettant de choisir entre les différentes procédures d'exécution. Elle se contente en réalité d'indiquer des « critères » devant « inspirer » le choix de l'une ou l'autre des procédures, et si elle est parfois catégorique (lorsqu'un acte prévoit sa propre adaptation par les procédures d'exécution, « ces mesures seront arrêtées selon la procédure de réglementation »), elle reste le plus souvent prudente : les mesures de gestion (avec quelques exemples comme les mesures d'application de la PAC ou de la politique de la pêche) « devraient être arrêtées selon la procédure de gestion » ; les mesures de portée générale (quand il s'agit de mettre en application les éléments essentiels d'un acte de base) « devraient être arrêtées selon la procédure de réglementation » et la procédure consultative est appliquée « chaque fois qu'elle est considérée comme la plus appropriée ». La Cour a cependant conféré une certaine autorité à ces critères (CJCE 21 janv. 2003, *Commission c/Parlement européen et Conseil*, aff. C-378/00, *Rec.* I-937).

III. La renovation de la « comitologie »

430. Si l'adaptation de la comitologie, en 1999 et 2006, tenait compte des modifications affectant la fonction législative communautaire, la réforme de 2011 est due aux modifications du pouvoir d'exécution de l'Union, introduites par le traité de Lisbonne. Désormais, le pouvoir exécutif peut se traduire par des actes « délégués » ou des actes « d'exécution » (art. 290 et 291 FUE) (v. ss 612 à 614).

A. La suppression de la comitologie pour les actes délégués

431. Pour les actes délégués (art. 290 FUE), la procédure n'est pas sans rappeler celle de la procédure de règlementation avec contrôle, sauf qu'aucune consultation de comité n'est prévue, la Commission soumettant directement (sans doute, cependant, après consultation de comités d'experts) aux deux législateurs, désormais pleinement à égalité, la proposition de mesure qui ne pourra entrer en vigueur que si dans un délai, fixé par l'acte législatif de base, ni le Conseil, ni le Parlement n'expriment d'objection. On notera que contrairement à la procédure de règlementation avec contrôle, les motifs légitimes d'objection ne sont plus spécifiés, ce qui augmente le pouvoir d'opposition des législateurs, en phase avec la logique de « délégation ». De plus, autre innovation liée à ce nouveau contexte, l'un ou l'autre des législateurs peuvent prendre une décision radicale : « révoquer la délégation ». Le règlement de 2011, en tous cas, n'a pas touché à cette procédure de réglementation avec contrôle et la Commission devait mener à bien avant juillet 2014 son remplacement par la délégation dans les actes où elle était prévue. Des difficultés dans les négociations interinstitutionnelles ont retardé le processus, le Conseil refusant des propositions de la Commission en raison de ce qu'il considérait comme un affaiblissement des prérogatives des experts nationaux, et le dialogue s'est amélioré avec l'Accord interinstitutionnel 2016/512 « Mieux légiférer » du 13 avril 2016 (*JOUE* n° L 123/1 du 12 mai 2016), aboutissant à une proposition de règlement présentée par la Commission le 14 déc. 2016 (COM(2016)798), de nouvelles négociations interinstitutionnelles étant lancées le 8 février 2018.

B. La réforme de la comitologie pour les actes d'exécution

432. Le traité de Lisbonne, pour le reste, exigeait de revoir complètement le dispositif de la comitologie, ce qui a été fait par le règlement n° 182/2011 du Parlement et du Conseil du 16 février 2011 *établissant les règles et principes généraux relatifs aux modalités de contrôle par les États membres de l'exercice des compétences d'exécution par la Commission* (*JOUE* n° L 55/13 du 28 févr. 2011), entré en vigueur le 1er mars 2011. Il faut d'abord préciser que le droit de regard obtenu en 1999 par le Parlement est maintenu et élargi au Conseil. Désormais, lorsqu'un acte de base est adopté selon la procédure législative ordinaire, le Parlement européen ou le Conseil peut à tout moment indiquer à la Commission que, selon lui, un projet d'acte d'exécution excède les compétences d'exécution prévues dans l'acte de base. En pareil cas, la Commission réexamine le projet d'acte d'exécution, en tenant compte des positions exprimées, et informe le Parlement européen et le Conseil de son intention de maintenir, modifier ou retirer le projet d'acte d'exécution.

433. Les comités sont ici maintenus mais les procédures sont modifiées, à l'exception de la procédure des comités consultatifs, inchangée et qui continuera à être utilisée pour la prise de mesures sans grande incidence.

En revanche, les procédures de gestion et de règlementation sont remplacées par une procédure d'*examen*, dans laquelle le renvoi au Conseil est remplacé par la saisine d'un comité d'*appel*.

La Commission doit envoyer au comité d'examen le projet d'acte au moins quatorze jours avant la réunion, de manière à ce que les positions intergouvernementales puissent être sereinement définies, ce qui constitue à la fois une innovation du règlement n° 182/2011, une rupture vis-à-vis de la pratique traditionnelle de la comitologie, et un rappel du contrôle que doivent être en mesure d'exercer les représentants des États membres. Justement, la Commission, malgré cette réforme, a continué sa pratique consistant à soumettre un projet de règlement au comité au cours même de la réunion convoquée pour l'examen de celui-ci. Dans son arrêt du 20 sept. 2017, *Tilly-Sabco c/ Commission*, aff. C-183/16 P, ECLI:EU:C:2017:704, la Cour rejette vigoureusement la défense de la Commission, justifiant son comportement par la crainte de fuites, puisque cette crainte pouvant toujours être invoquée, la prendre en compte reviendrait à dispenser systématiquement la Commission du respect du délai de quatorze jours. Il y a donc une erreur de procédure que le Tribunal s'est abstenu de relever dans son arrêt et la Cour annule l'arrêt du Tribunal et le règlement d'exécution de la Commission, défendant par-là la position des États membres dans la fonction d'exécution.

Si la Commission obtient, devant le comité d'examen, un *vote favorable* à la majorité qualifiée, elle peut adopter l'acte.

Si le comité ne réunit la majorité qualifiée ni favorablement ni négativement par rapport à la proposition (situation *d'absence d'avis*), la Commission se trouvera dans une situation plus souple que dans les anciennes formules. Elle peut adopter l'acte mais peut aussi le réexaminer et en soumettre une nouvelle version au comité, sauf dans certains domaines (fiscalité, services financiers, santé et sécurité, mesures de sauvegarde, politique commerciale commune) où elle ne pourra pas adopter l'acte en cas d'absence d'avis. Elle aura la même interdiction si le comité, sans pour autant réunir une majorité qualifiée, s'est prononcé contre la proposition à la majorité simple ; dans le domaine de la politique commerciale commune cependant (mesures anti dumping ou compensatoires définitives), dans un tel cas de vote négatif à la majorité simple, la Commission, après avoir négocié avec les États membres, dispose de quatorze jours à un mois pour soumettre un projet de mesure au comité d'appel qui a lui-même entre quatorze jours et un mois pour se réunir et prendre une décision définitive.

En cas *d'avis défavorable* à la majorité qualifiée, la Commission ne saisit plus le Conseil mais, dans un délai d'un mois, un comité d'appel, composé d'un représentant de chaque État membre (au niveau approprié) et présidé par un représentant de la Commission. Ce comité pourra voter des amendements au texte, l'adopter ou le rejeter. La Commission peut aussi choisir, à la place du comité d'appel, de saisir à nouveau, dans un délai de deux mois, le comité d'examen.

434. Les années 2016 et 2017 ont vu le dossier de l'autorisation du Glyphosate, substance active utilisée dans les pesticides et herbicides les plus communs, sur lequel s'opposent radicalement les écologistes et les agriculteurs, montrer les limites de la comitologie, ses blocages, et la possibilité, pour des États membres divisés et hésitants, de s'en remettre à une Commission n'appréciant pas forcément d'être obligée de prendre position, notamment quant à l'autorisation de substances sensibles, sans que les États membres aient pu dégager une véritable position politique (la Commission précisait avoir été dans cette inconfortable situation dix-sept fois en 2015 et 2016), ce qui met en évidence le problème d'une procédure d'exécution censée intervenir en aval des choix politiques. Elle a donc lancé une réforme du système le 14 février 2017 (COM(2017)85), la proposition consistant à responsabiliser les États membres de quatre manières.

– D'abord avec une modification des règles de vote lors de la dernière étape de la procédure (comité d'appel), seules les voix pour ou contre un acte étant prises en compte, ce qui réduira le recours aux abstentions et le nombre de situations dans lesquelles, le comité ne dégageant aucune position, la Commission est obligée d'agir sans disposer d'un mandat clair de la part des États membres.

– Ensuite est recherchée une plus grande transparence du vote au niveau du comité d'appel, en rendant publics les votes émis par les représentants des États membres.

– Il est proposé que la Commission puisse saisir une deuxième fois le comité d'appel, mais au niveau ministériel, si les experts nationaux ne prennent pas position, ce qui permettra de garantir que les décisions sensibles sont examinées au niveau politique approprié.

– Enfin, la Commission demande à pouvoir saisir le Conseil des ministres pour avis si le comité d'appel n'est pas en mesure de prendre position.

§ 3. Les agences : la décentralisation fonctionnelle

I. Le cas particulier de l'Agence d'approvisionnement d'Euratom

435. C'est un organisme d'intervention dont le rôle est de pourvoir à l'approvisionnement de la Communauté en matières nucléaires et d'assurer la régulation du marché. À cette fin, elle dispose d'un droit d'option sur les minerais, matières brutes et matières spéciales produites sur le territoire des États ainsi que du droit exclusif de conclure des contrats sur la fourniture des mêmes produits en provenance de l'intérieur ou de l'extérieur de la Communauté (52 CEEA). Compte tenu du caractère commercial accentué de ses activités, l'Agence a été dotée de la personnalité juridique et de l'autonomie financière ; ses statuts, arrêtés par le Conseil, ont déterminé son capital social ainsi que les modalités de sa gestion commerciale (54 CEEA). L'Agence demeure, cependant, sous le contrôle de la Commission, qui lui donne des directives, dispose d'un droit de veto sur ses décisions et nomme son Directeur général. Tout acte de l'Agence est susceptible de recours devant la Commission (53 CEEA).

II. Le phénomène général de la multiplication des agences

BADRE (D.), *Rapport d'information du Sénat sur l'évaluation de l'activité des agences européennes*, n° 17, session 2009-2010.

BERNARD (E.), « Quels pouvoirs pour les agences de l'Union européenne ? », *CDE* 2014, n° 3, p. 637.

BERTRAND (B.), « La compétence des agences pour prendre des actes normatifs ; le dualisme des pouvoirs d'exécution », *RTDE* 2015, n° 1, p. 21.

BLANQUET (M.) et DE GROVE-VALDEYRON (N.) (dir.), *La création de l'Autorité européenne de sécurité des aliments. Enjeux et perspectives*, Toulouse, Presses de l'Université des sciences sociales de Toulouse, 2005.

CHAMON (M.), « Les agences décentralisées et le droit procédural de l'UE », *CDE* 2016. 541.

CHITI (E.), « Les agences et l'administration directe dans l'Union européenne », in J.-B. Auby et J. Dutheil de La Rochère (dir.), *Droit administratif européen*, 2e éd., Bruxelles, Bruylant, 2014, p. 149.

CHITI (E.), « Les agences, l'administration indirecte et la coadministration », in J.-B. Auby et J. Dutheil de La Rochère (dir.), *Droit administratif européen*, 2e éd., Bruxelles, Bruylant, 2014, p. 357.

CLEMENT-WILZ (L.), « Les agences de l'Union européenne dans l'entre-deux constitutionnel », *RTDE* 2015, n° 2, p. 337.

COUZINET (J.-F.) (dir.), *Les agences de l'Union européenne*, Études de l'IREDE, Toulouse, Presses de l'Université des sciences sociales de Toulouse, 2002.

DAVID (J.), « Les recours administratifs contre les actes des agences européennes », *RTDE* 2016, n° 2, p. 275.

DE GROVE-VALDEYRON (N.), « Les agences de la Communauté sont-elles des autorités de régulation ? », *JCP* cahiers de droit de l'entreprise, n° spécial, 6 mai 2004, p. 22.

GERADIN (D.) *et a.* (Ed.), *Regulation through Agencies in the European Union*, Cheltenham, Edward Elgar, 2006.

KREHER (A.) (éd.), *The new European Agencies*, EUI Working paper, *RSC* n° 96/49.

MAJONE (G.), « The new European Agencies : regulation by information », *Journal of european public policy*, 1997, vol. 4, n° 2, p. 262.

MEHDI (R.), « Le pouvoir de décision à l'épreuve de l'"agenciarisation" de l'Union. Quelques questions constitutionnelles », in *L'identité du droit de l'Union européenne. Mélanges en l'honneur de Claude Blumann*, Bruxelles, Bruylant, 2015, p. 693.

MOLINIER (J.) (dir.), *Les agences de l'Union européenne*, Bruxelles, Bruylant, 2011.

MULLER (I.), « Les organismes communautaires décentralisés », *LPA* 22 janv. 1997, p. 23.

436. La structure centralisée des services des institutions a été parfois ressentie comme inadéquate ; une certaine décentralisation, sous la forme de l'octroi de la personnalité juridique et d'une individualisation financière, peut constituer une dimension indispensable de la mise en œuvre de certaines politiques. De véritables *établissements publics communautaires* ont ainsi été créés sur la base de l'article 308 CE *[ex 235 CEE, désormais art. 352 FUE]* : le *Fonds européen de coopération monétaire* (Règl. du 3 avr. 1973, *JOCE* n° L 89 du 5 avr. 1973 ; V. Louis, *CDE* 1973. 255), dont la personnalisation a une valeur hautement symbolique, ses activités préfigurant celle d'une banque centrale et qui a cédé la place à la BCE ; le *Centre européen pour le développement de la formation professionnelle* (Règl. du 10 févr. 1975, *JOCE* n° L 39 du 13 févr. 1975) ainsi que la *Fondation européenne pour l'amélioration des conditions de vie et de travail* (Règl. du 25 mai 1975, *JOCE* n° L 138 du 30 mai 1975), dont la personnalisation permet la prise en charge par les partenaires sociaux de missions de recherche et d'animation en matière sociale ; l'*Agence européenne de coopération* (Règl. du 26 oct. 1981, *JOCE* n° L 328 du 16 nov. 1981), l'*Agence européenne pour l'environnement* (Règl. du 7 mai 1990, *JOCE* n° L 120/1 du 11 mai 1990) et la *Fondation européenne pour la formation* (Règl. du 7 mai 1990, *JOCE* n° L 131/1 du 23 mai 1990) ou, plus récemment, l'*Agence européenne pour l'évaluation des médicaments*, devenue *Agence européenne des médicaments* (Règl. du 22 juill. 1993, *JOCE* n° L 214/1 du 24 août 1993), l'*Observatoire européen des drogues et des toxicomanies* (Règl.du 8 févr. 1993, *JOCE* n° L 36/1 du 12 févr. 1993), *l'Office de l'harmonisation dans le marché intérieur* (Règl. du 20 déc. 1993, *JOCE* n° L 11/1 du 14 janv. 1994 ; devenu *l'Office de l'Union européenne pour la propriété intellectuelle* (EUIPO) avec l'entrée en vigueur, le 23 mars 2016, du nouveau règlement sur la marque de l'Union), ainsi que l'*Agence européenne pour la sécurité et la santé au travail* (Règl. du 18 juill. 1994, *JOCE* n° L 216 du 20 août 1994), l'*Office communautaire des variétés végétales* (Règl. du 27 juill. 1994, *JOCE* n° L 227 du 1er sept. 1994), le *Centre de traduction des organes de l'Union européenne* (Règl. du 28 nov. 1994, *JOCE* n° L 314 du 7 déc. 1994), l'*Observatoire européen des phénomènes racistes et xénophobes* (Règl. du 2 juin 1997, *JOCE* n° L 151 du 10 juin 1997, devenu *l'agence des droits fondamentaux de l'Union européenne*), règlement (CE) n° 168/2007 du 15 février 2007 (*JO* n° L 53/2 du 22 févr. 2007) et l'*Agence européenne pour la reconstruction* (Règl. du 15 nov. 1999, *JOCE* n° L 299 du 20 nov. 1999).

Le phénomène s'est ensuite développé dans le contexte de la « nouvelle gouvernance européenne », l'agence apparaissant comme une solution institutionnelle dépolitisée, spécialisée, efficace et facilitant les relations avec les *parties prenantes* du secteur concerné. Plus spécialement, la formule est apparue particulièrement adaptée à une action de régulation d'un secteur technique, en permettant une combinaison harmonieuse du pouvoir de décision politique et de l'expertise indépendante, ces agences de régulation offrant, de plus, la perspective d'une nouvelle « géométrie » quant aux relations entre les États membres et l'Union européenne : l'expertise au soutien de la réglementation européenne avait été gérée jusque-là par certaines recettes institutionnelles « communautaires » : comitologie pour la prise des mesures d'exécution, et « coopération » pour l'information soutenant le travail de législation (cf. par ex. la directive n° 93/5 du 25 février 1993 *relative à l'assistance des États membres à la Commission et coopération entre eux en matière d'examen scientifique pour les denrées alimentaires, JOCE* n° L 52/18 du 4 mars 1993). Ces liens avec les États membres, au travers des agences, s'établissent désormais dans un autre cadre, celui des réseaux d'autorités de régulation, animés par une agence européenne.

Ont été alors créés *L'Autorité européenne de sécurité des aliments* (Règl. du 28 janv. 2002, *JOUE* n° L 31 du 1er févr. 2002 ; cf. M. Blanquet et N. de Grove Valdeyron (dir.),

La création de l'Autorité européenne de sécurité des aliments, enjeux et perspectives, Études de l'IREDE n° IV, Presses de l'Université des sciences sociales de Toulouse, 2005), l'*Agence européenne pour la sécurité maritime* (Règl. du 27 juin 2002, *JOUE* n° L 208 du 5 août 2002), l'*Agence européenne de la sécurité aérienne* (Règl. du15 juill. 2002, *JOUE* n° L 240 du 7 sept. 2002), l'*Agence européenne chargée de la sécurité des réseaux et de l'information* (Règl. 10 mars 2004, *JOUE* n° L 77 du 13 mars 2004), le *Centre européen de prévention et de contrôle des maladies* (Règl.du 21 avr. 2004, *JOUE* n° L 142/1 du 30 avr. 2004), l'*Agence ferroviaire européenne* (Règl. n° 881/2004 du 29 avr. 2004, *JOUE* n° L 220/3 du 21 juin 2004), *l'Agence du GNSS européen* (Règl. n° 1321/2004 du 12 juill. 2004, *JOUE* n° L142M/139 du 30 mai 2006), l'*Agence communautaire de contrôle des pêches* (Règl. n° 768/2005 du 26 avr. 2005, *JOUE* n° L 128/1 du 21 mai 2005), l'*Agence européenne des produits chimiques* (Règl. n° 1907/2006 du 18 déc. 2006, *JOUE* n° L 396/1 du 30 déc. 2006), l'*Agence de coopération des régulateurs de l'énergie* (Règl. n° 713/2009 du 13 juill. 2009, *JOUE* n° L 211/1 du 14 août 2009), l'*Office de l'Organe des régulateurs européens des communications électroniques* (Règl. n° 1211/2009 du 25 nov. 2009, *JOUE* n° L 337/1 du 18 déc. 2009), *l'Autorité bancaire européenne, ou Autorité européenne de surveillance* (Règl. n° 1093/2010 du 24 nov. 2010, *JOUE* n° L 331/12 du 15 déc. 2010), *l'Autorité européenne de surveillance des assurances et des pensions professionnelles* (Règl. n° 1094/2010 du 24 nov. 2010, *JOUE* n° L 331/48 du 15 déc. 2010), l'*Autorité européenne des marchés financiers* (Règl. (UE) n° 1095/2010 du 24 nov. 2010 (*JOUE* n° L 331/84 du 15 déc. 2010), et le *Conseil de résolution unique* (Règl. 806/2014 du 15 juill. 2014, *JOUE* n° L 225/1 du 30 juill. 2014).

Soulignant la prolifération et l'hétérogénéité de tels organes, le Parlement européen a recommandé le respect d'un cadre uniforme pour leur création (résolution du 19 janv. 1993, *JOCE* n° C 42 du 15 févr. 1993), ce qui s'est avéré difficile. L'échec d'un projet d'accord interinstitutionnel proposé par la Commission le 25 février 2005 et *visant à définir les conditions relatives à la création, au fonctionnement et au contrôle des agences européennes* (COM(2005)59), a conduit à la formule moins ambitieuse d'une communication de la Commission, le 11 mars 2008 (*Agences européennes. Orientations pour l'avenir*, COM(2008)135) mais sur cette base, les trois institutions ont pu dégager le 12 juin 2012 une « approche commune », assortie d'une « feuille de route » de 30 initiatives à concrétiser permettant régulièrement de mesurer les progrès dans la mise en cohérence du phénomène dont l'ampleur ne peut être niée (dans le budget 2018, il apparaît que 5 700 emplois se répartissent dans ces agences, essentiellement des emplois temporaires). Depuis 2012 on peut signaler, en 2013, des lignes directrices sur la prévention et la gestion des conflits d'intérêts ; en 2014, la mise au point d'une « boîte à outils » contenant les procédures à suivre pour créer une agence. À partir de 2015 était disponible un modèle de rapport annuel d'activité consolidé, et à partir de 2016 se sont appliquées des lignes directrices pour le document de programmation des agences. Progressivement, les actes fondateurs des anciennes agences sont mis en conformité avec cette approche.

437. À côté de ces « agences décentralisées », correspondant plutôt à l'ancien premier pilier de l'Union (« Agences communautaires »), s'ajoutent des structures personnalisées dans le cadre des anciens deuxième et troisième piliers.

Pour le deuxième pilier, il s'agit d'organismes hérités des structures de l'Union de l'Europe occidentale : l'*Institut d'études de sécurité de l'Union européenne* (créé par une action commune du 20 juill. 2001, *JOCE* n° L 200/1 du 25 juill. 2001) et le *Centre satellitaire de l'Union européenne* (action commune du 20 juill. 2001, *JOCE* n° L 200/5 du 25 juill. 2001) (cf. V. Kronenberger : « La naissance d'établissements publics de l'Union européenne : réflexions à propos de l'Institut d'études de sécurité et du centre satellitaire », *Europe* mars 2002, chron. n° 3). Une action commune n° 2004/551/PESC du Conseil du 12 juillet 2004 (*JOUE* n° L 245/17 du 17 juill. 2004) a créé l'*Agence européenne de défense*. Ces agences ne sont pas couvertes par l'approche commune.

Pour le troisième pilier (agences concernées par l'approche commune), on peut évoquer ici *l'Office européen de police (Europol)* (Convention du 26 juill. 1995, *JOCE* n° C 316 du 27 nov. 1995 ; cf. J.-L. Clergerie, « Europol ou l'amorce d'une police fédérale européenne », in *Mélanges en hommage à Guy Isaac*, Presses de l'Université des sciences sociales de Toulouse, 2004, tome 1, p. 333) et *Eurojust* (décision du Conseil du 28 févr. 2002, *JOUE* n° L 63 du 6 mars 2002 ; v. ss 1539). Depuis 2006 existe également le CEPOL (*Collège européen de police*), devenu *l'Agence de l'Union européenne pour la formation des services répressifs* (Règl. (UE) 2015/2219 du 25 nov. 2015, *JOUE* n° L 319/1 du 4 déc. 2015). Il faut ajouter l'*Institut européen pour l'égalité Homme/Femme* (Règl. n° 1922/2006 du 20 déc. 2006, *JOUE* n° L 403/9 du 30 déc. 2006), le *Bureau européen d'appui en matière d'asile* (Règl. UE n° 439/2010 du 19 mai 2010, *JOUE* n° L 132/11 du 29 mai 2010), ainsi que l'*Agence des droits fondamentaux de l'Union européenne* (Règl. n° 168/2007 du 15 févr. 2007, *JOUE* n° L 53/1 du 22 févr. 2007) ; peuvent aussi être reliés à cet ancien 3° pilier, de même qu'un organisme relevant de l'ancien « premier pilier-*bis* », c'est-à-dire le Titre IV du traité CE relatif aux visas, asile, immigration et autres politiques liées à la libre circulation des personnes : l'*Agence européenne pour la gestion de la coopération opérationnelle aux frontières extérieures des États membres de l'Union européenne* (*Agence Frontex*, opérationnelle au 1er mai 2005, Règl. n° 2007/2004 du Conseil du 26 oct. 2004, *JOUE* n° L 349/1 du 25 nov. 2004 ; réformée par le règlement 2016/1624 du 14 sept. 2016, *JOUE* n° L 251/1 du 16 sept. 2016 et devenue *Agence européenne de garde-frontières et de garde-côtes (Frontex)*) ; l'*Agence européenne pour la gestion opérationnelle des systèmes d'information à grande échelle au sein de l'ELSJ* (Règl n° 1077/2011 du 25 oct. 2011, *JOUE* n° L 286/1 du 1er nov. 2011)

438. Par ailleurs, une nouvelle catégorie d'agences, les *agences exécutives* apparaît comme une solution d'*externalisation maîtrisée* en matière de gestion des programmes de l'Union, permettant d'éviter certaines dérives liées à la solution traditionnelle consistant pour la Commission à confier cette gestion à des *Bureaux d'assistance technique (BAT)* privés. Ces agences sont des organismes de l'Union investis d'une mission de service public et ont la personnalité juridique (cf. Règl. n° 58/2003 du Conseil du 19 déc. 2002 *portant statut des agences exécutives chargées de certaines tâches relatives à la gestion de programmes communautaires*, *JOUE* n° L 11/1 du 16 janv. 2003). L'existence de ce statut fait que ces agences ne sont pas concernées par l'approche commune. Pour la création de ces agences exécutives, cf. la décision de la Commission du 15 décembre 2004 instituant pour une durée de six ans une *agence exécutive pour le programme de santé publique* (désormais prolongée en tant qu'*Agence exécutive pour la santé et les consommateurs*, *JOUE* n° L 369/73 du 16 déc. 2004) ; la décision n° 2007/60 de la Commission du 26 oct. 2006 créant l'*Agence exécutive du réseau transeuropéen de transport* (*JOUE* n° L 32/88 du 6 févr. 2007), la décision n° 2007/372 de la Commission du 31 mai 2007 créant l'*Agence exécutive pour la compétitivité et l'innovation* (*JOUE* n° L 140/52 du 1er juin 2007), la décision n° 2008/37 de la Commission du 14 décembre 2007 créant l'*Agence exécutive du Conseil européen de la recherche* (*JOUE* n° L 9/15 du 12 janv. 2008), et la décision n° 2008/46 de la Commission du 14 décembre 2007 créant l'*Agence exécutive pour la recherche* (*JOUE* n° L 11/9 du 15 janv. 2008) ; cf. aussi la décision de la Commission n° 2009/336 du 20 avril 2009 instituant *l'Agence exécutive « Éducation, audiovisuel et culture »* (*JOUE* n° L 101/26 du 21 avr. 2009).

439. La Cour de justice a d'abord eu une ***attitude de méfiance*** vis-à-vis de ce qu'elle voyait comme des délégations permettant de contourner les contraintes et garanties s'appliquant aux institutions. Elle a jugé dans son arrêt du 13 juin 1958, *Méroni*, aff. 9/56, *Rec.* 11, à propos de la création des « organismes de Bruxelles » par la Haute Autorité qu'un tel organisme créé ne saurait être investi que de pouvoirs d'exécution définis et circonscrits d'une façon bien précise et ne saurait se voir confier une compétence discrétionnaire comportant notamment des choix de politique économique, qui constituerait pour les institutions une abdication de leur responsabilité contraire aux traités. Si elle a validé par la suite cette pratique en affirmant que les institutions de la Communauté ont la compétence de mettre en place, dans le respect des traités, « une structure organique appropriée », telle qu'un établissement public (dans le cas d'espèce, un « établissement public international », CJCE 26 avr. 1977, *Fonds d'immobilisation de la navigation intérieure*, avis 1/76, *Rec.* 754), elle a maintenu des limites dans tous les cas où les institutions prétendraient leur confier, notamment, un pouvoir normatif ou de décision obligatoire vis-à-vis de tiers : les limites résultant déjà de la jurisprudence *Méroni*, mais aussi d'autres : ainsi, les structures et l'organisation des pouvoirs de l'établissement doivent être conformes aux exigences « impliquées par les notions mêmes de communauté et de politique commune », et notamment, l'organe de gestion ne saurait être constitué exclusivement de représentants d'États, ce qui aboutirait à substituer ceux-ci à la Communauté et à ses institutions. La Cour a ensuite jugé à propos d'une « commission administrative » que cette dernière, au vu des règles régissant la possibilité pour le Conseil de déléguer des compétences d'exécution à la Commission, et compte tenu des possibilités contentieuses de contrôle, ne pouvait se voir habilitée à prendre « des actes revêtant un caractère normatif » (CJCE 14 mai 1981, *Romano*, aff. 98/80, *Rec.* 1241).

440. La jurisprudence a eu ensuite pour souci principal d'intégrer ces structures nouvelles de l'action publique européenne dans le cadre sécurisant de l'Union de droit, alors que les traités, dans leur organisation, notamment, des voies de droit permettant de contrôler la légalité de cette action, ne les visaient pas expressément. Dans un arrêt du 8 octobre 2008, *Sogelma c/ Agence européenne pour la reconstruction*, aff. T-411/06, *Rec.* II-2771, le Tribunal pose ainsi le principe selon lequel « tout acte émanant d'un organisme communautaire destiné à produire des effets juridiques vis-à-vis des tiers doit être susceptible d'un contrôle juridictionnel », ce qui revient à admettre le recours vis-à-vis d'actes des agences de l'Union européenne. Il reviendra au traité de Lisbonne de les inscrire vraiment dans le système de contrôle juridictionnel sous l'appellation générique d'« organismes », s'ajoutant aux « institutions » et aux « organes » de l'Union que ce soit pour le recours en annulation (art. 263 FUE permettant à la Cour de justice de contrôler la légalité des actes des organismes de l'Union destinés à produire des effets juridiques à l'égard des tiers), le recours en carence (art. 265 FUE), le renvoi préjudiciel en interprétation ou appréciation de validité (art. 267 FUE), ou l'exception d'illégalité (art. 277 FUE).

Le traité les inscrit également par de multiples dispositions dans la logique du système financier d'ensemble de l'Union (art. 123, 124, 127, § 4 ou 130 FUE). Plus largement, l'article 15 UE les mentionne dans le champ du principe d'ouverture, du droit d'accès aux documents, l'article 16 UE les vise pour le régime de protection des données personnelles, l'article 228 FUE précise qu'ils entrent dans le domaine d'action du Médiateur européen, l'article 287 FUE précise les contours de l'action de la Cour des comptes à leur égard, l'article 325 les prend en compte dans le régime de la lutte contre la fraude et la protection des intérêts financiers de l'Union, et l'article 298 FUE indique qu'ils doivent pouvoir s'appuyer sur une administration européenne ouverte, efficace et indépendante.

C'est donc désormais dans un cadre juridique sécurisé que la Cour aborde la question des pouvoirs qui peuvent être confiés aux agences. Est significatif à cet égard l'arrêt du 22 janvier 2014, *Royaume-Uni c/ Conseil* (aff. C-270/12, ECLI:EU:C:2014:18), portant sur l'Autorité européenne des marchés financiers dans lequel elle « revisite » ses jurisprudences classiques, *Méroni* et *Romano* en soulignant les différences de l'espèce et de l'époque. Elle rappelle que les organismes de Bruxelles étaient des entités de droit privé et écarte les limites de la jurisprudence *Méroni* dès lors que les pouvoirs dont dispose l'AEMF sont encadrés de façon précise par le règlement de création et sont susceptibles d'un contrôle juridictionnel au regard des objectifs fixés par l'autorité délégante. Quant à l'interdiction de prendre des actes normatifs résultant de la jurisprudence *Romano*, elle est replacée dans le nouveau cadre du traité de Lisbonne, la Cour rappelant que son contrôle juridictionnel complet s'exerce désormais à l'égard des actes, y compris de portée générale, des organismes de l'Union, et remarquant que ce contrôle s'exerce déjà sur les organismes institués par le législateur de l'Union qui ont été dotés de pouvoirs pour adopter des actes juridiquement contraignants à l'égard de personnes physiques ou morales dans des domaines spécifiques, telles que l'Agence européenne des produits chimiques, l'Agence européenne des médicaments, l'Office de l'harmonisation dans le marché intérieur (marques, dessins et modèles), l'Office communautaire des variétés végétales ainsi que l'Agence européenne de la sécurité aérienne.

Section 4

Les structures bancaires et monétaires

§ 1. La Banque européenne d'investissement (BEI)

Peraldi-Leneuf (F.), « Banque européenne d'investissement », *J.-Cl. Europe*, fasc. 242, 2012.

441. Instituée par l'article 9 CE *[abrogé par le traité de Lisbonne]*, faisant l'objet d'un chapitre du TFUE et de statuts figurant dans un protocole annexé au traité, cette banque est un véritable établissement public international autonome par rapport aux institutions de l'Union. La Banque, dont les actionnaires sont les États membres, qui lui apportent son capital social (243 milliards d'euros en capital souscrit), profite de sa puissance financière et de sa position sur les marchés pour octroyer aux meilleures conditions des prêts et des garanties (v. C. Spiron, *La BEI Aspects juridiques de ses opérations de financement*,

Études suisses de droit international, Zurich, 1990 ; le volume annuel des prêts atteignait 76,3 milliards d'euros en 2016) de manière à « contribuer… au développement équilibré et sans heurt du marché intérieur dans l'intérêt de l'Union » (art. 309 FUE), ce que la Cour de justice a jugé suffisant pour assimiler cet « organisme communautaire » à une « institution », au sens de la procédure de responsabilité non contractuelle de la Communauté (notamment CJCE 2 déc. 1992, *SGEEM c/BEI*, aff. C-370/89, *Rec.* I-6211).

La participation des États membres au capital de la Banque est calculée selon le poids économique de chaque État dans l'Union européenne (exprimé par le PIB) lors de leur accession à l'Union européenne. La structure de la BEI comprend un Conseil des gouverneurs (un ministre par État membre), un Conseil d'administration de vingt-neuf membres (un par État membre et un représentant de la Commission) compétent pour les opérations de prêts, un Comité de direction de neuf membres qui assure la gestion courante et un comité de vérification de six membres, nommés par le Conseil des gouverneurs.

En 1994, fut fondé le Fonds européen d'investissement (FEI), dont la BEI est l'actionnaire majoritaire (à 62 %), et qui a pour mission de fournir du capital-risque et d'octroyer des garanties en faveur des petites et moyennes entreprises. En 2000, les relations entre le FEI et la BEI ont été précisées : le FEI et la BEI formant désormais le « Groupe BEI ».

§ 2. La Banque centrale européenne (BCE)

Adalid (S.), *La Banque centrale européenne et l'Eurosystème. Recherches sur le renouvellement d'une méthode d'intégration*, coll. « Droit de l'Union européenne, série Thèses », Bruxelles, Bruylant, 2015.

Amtenbrink F. et J. de Haan : « The European Central Bank : an independent specialized organization of Comunity lax : a comment », *CMLR* vol. 39, 2002, n° 1, p. 65.

Chemain (R.), *L'union économique et monétaire. Aspects juridiques et institutionnels*, Paris, Pedone, 1996.

Devoluy (M.), *La Banque centrale européenne*, Paris, PUF, 2000.

Louis (J.V.), « L'Union économique et monétaire », *CDE* 1992. 251.

442. Conformément au principe de l'indépendance absolue du pouvoir monétaire qu'ils entendaient promouvoir, les rédacteurs du traité de Maastricht ont confié l'exercice des compétences qu'ils attribuaient à la Communauté européenne en matière monétaire à des organes indépendants non seulement des États membres, mais encore des institutions communautaires elles-mêmes, par dérogation aux règles générales du traité. À cette fin, l'IME (Institut monétaire européen) qui la préfigurait dès le 1er janvier 1994, puis la Banque centrale européenne (BCE), instituée au stade de la monnaie unique, possèdent la personnalité juridique ainsi qu'une capacité propre de décision – y compris normative et répressive pour la BCE – sous le seul contrôle de légalité de la Cour de justice.

443. La BCE, entrée en fonction le 1er juin 1998 et régie par les articles 13 UE, 282 à 284 FUE et les 50 articles du Protocole qui contient ses statuts, complétés par son règlement intérieur, modifié le 22 avril 1999 (*JOCE* n° L 125/34 du 19 mai 1999), est une véritable banque (dont le capital s'élève à 10,8 milliards d'euros), et pas seulement une autorité responsable de la politique monétaire. Ses organes de décision sont le Directoire et le Conseil des gouverneurs. Le Directoire est constitué d'un président, d'un vice-président et de quatre membres, tous nommés, depuis le traité de Lisbonne, par le Conseil européen statuant à la majorité qualifiée, sur recommandation du Conseil et après consultation du Parlement européen et du Conseil des gouverneurs pour un mandat de huit ans non renouvelable. Le Conseil des gouverneurs réunit, outre les membres du Directoire, les gouverneurs des banques centrales nationales dont la monnaie nationale est l'euro (précision heureuse apportée par le traité de Lisbonne, car dans le cadre juridique précédent, le traité, comme le Protocole mentionnaient les gouverneurs des banques centrales « nationales » (art. 112 CE ; art. 10.1 du Protocole), seules des dispositions « transitoires », à l'article 43.4 du Protocole, expliquant qu'il fallait entendre par là les banques centrales des États sans dérogation, c'est-à-dire ayant l'euro pour monnaie). Le Directoire met en œuvre la politique monétaire conformément aux orientations et aux décisions arrêtées par le Conseil des gouverneurs. Le souci d'efficacité et la logique d'indépendance ont imposé et permis, lors de l'élargissement, de remanier le système de prise de décision au sein du Conseil des gouverneurs ; chaque membre du Conseil dispose d'une voix mais il était prévu depuis 2002 que si le nombre de membres atteignait dix-huit, les membres du Directoire garderaient une voix mais seuls quinze gouverneurs pourraient voter, la détermination de ces droits de vote se faisant en répartissant les États membres en groupes homogènes du point de vue de leur poids économique et financier et les voix faisant l'objet d'une rotation au sein des groupes. Ce dispositif est entré en vigueur en 2015 lorsque la Lituanie a adhéré à la zone euro (en 2018, il y a dix-neuf États membres de la zone euro). Il y a deux groupes ; les gouverneurs du premier (composé de l'Allemagne, la France, l'Italie, l'Espagne et les Pays-Bas) se partagent quatre droits de vote, et ceux du second (les quatorze autres États membres de la zone euro) disposent de onze droits de vote. Dans chaque groupe, les gouverneurs utilisent les droits de vote disponibles selon une rotation mensuelle.

La BCE, à certains égards, se rapprochait dès l'origine d'une institution, par son pouvoir d'initiative dans le domaine monétaire (art. 107, § 5, CE *[devenu art. 12, 9 § 3, FUE]*, art. 111 CE *[désormais art. 219 FUE]*), son pouvoir consultatif, y compris pour la révision des traités (art. 48 UE) son pouvoir réglementaire (art. 110 CE *[désormais art. 132 FUE]* : la BCE arrête des règlements, prend des décisions, émet des recommandations et des avis) et son statut contentieux, notamment au regard du recours en annulation : ses actes pouvaient faire l'objet, depuis le traité de Maastricht, d'un recours en annulation et elle pouvait intenter un tel recours, à l'image d'institutions comme la Cour des comptes ou, jusqu'au traité de Nice le Parlement européen, pour « la sauvegarde de ses prérogatives ».

C'est donc, sous cet angle, logiquement (sous réserve de la personnalité juridique propre qu'elle conserve) que le traité de Lisbonne fait de la BCE une « institution de l'Union » (art. 13 UE), mais elle est traitée uniquement dans le TFUE, comme la Cour des comptes, et non, comme les autres institutions, à la fois dans le TUE pour les traits principaux et le TFUE pour les détails. Pour autant, même si, techniquement, cela peut se comprendre comme une dévalorisation, celle-ci est moins compréhensible que pour la Cour des comptes, la BCE payant certainement ici plutôt son caractère spécialisé.

§ 3. Le Système européen de banques centrales et l'eurosystème

Martucci (F.), « Système européen de banques centrales. BCE et Eurosystème. Organisation », *J.-Cl. Europe*, fasc. 243, 2015.

Martucci (F.), « Système européen de banques centrales. BCE et Eurosystème. Pouvoirs », *J.-Cl. Europe*, fasc. 243, 2017.

444. La BCE est le pivot d'un réseau prévu lui-même par le traité : le système européen de banques centrales (SEBC), défini à l'article 107 CE, composé de la BCE et des banques centrales de l'ensemble des États membres de l'Union, qu'ils aient ou non adopté l'euro pour monnaie. Le système est très centralisé, les banques centrales nationales agissant « conformément aux orientations et instructions de la BCE » (*Protocole sur les statuts du SEBC et de la BCE*, art. 14.3). Ses missions sont fondamentales : aux termes de l'article 127, § 2, FUE elles consistent à définir et mettre en œuvre la politique monétaire de l'Union, conduire les opérations de change, détenir et gérer les réserves officielles de change des États membres, et promouvoir le bon fonctionnement des systèmes de paiement. On se rend compte qu'il est en réalité difficile de vraiment distinguer la BCE et l'ensemble de ce réseau gravitant autour d'elle, l'intégration entre le niveau européen et le niveau national étant particulièrement poussée. Ce rôle en matière monétaire explique que la présence de représentants des États non-membres de la zone euro ait pu décontenancer et c'est pourquoi le SEBC coexistait avec une entité non prévue par le traité CE quant à elle, l'*Eurosystème*, regroupant autour de la BCE les banques centrales des États membres de la zone euro (dix-neuf en 2018). Le traité de Lisbonne consacre désormais cet Eurosystème à l'article 282, § 1, FUE et dans le Protocole sur les statuts du SEBC et de la BCE. La véritable autorité monétaire de la zone euro est cet Eurosystème, plus que le SEBC (l'art. 282, § 1, FUE précise que c'est cet Eurosystème qui conduit la politique monétaire de l'Union), mais le Protocole, qui intègre *a minima* la distinction des deux (simplement à l'article 1er) continue à ne viser pour la quasi-totalité de ses dispositions que le SEBC, les *dispositions transitoires* indiquant que pour nombre de dispositions, il faut entendre par « État membre », « État membre dont la monnaie est l'euro » et par « Banque centrale nationale », « Banque centrale dont la monnaie est l'euro ». Même si ce n'est pas précisé, il faut donc traduire le plus souvent « SEBC » par « Eurosystème », le premier n'étant conservé à titre principal dans les textes que parce qu'il constitue l'aboutissement ultime de la monnaie commune et unique.

§ 4. La question des institutions de la zone euro

Fabrini (F.), Hirsch Ballin (E.) et Somsen (H.) (eds.), *What form of government for the european Union and the Eurozone ?*, Oxford, Hart Publishing, 2015.

445. L'importance prise, notamment dans le contexte de la crise financière, par les mécanismes de la zone euro et leur incidence directe sur le quotidien de millions de citoyens européens pose la question de la structuration institutionnelle de cette zone, de cette Union à dix-neuf et non à vingt-huit ; si l'interrogation est pour l'essentiel levée s'agissant de l'exécutif, en revanche le problème resté posé pour une éventuelle structure parlementaire spécifique.

446. ***L'Eurogroupe*** : c'est dès 1997, à la suite de la mise en place de l'Union économique et monétaire que le Conseil européen a créé l'Eurogroupe, c'est-à-dire une sorte de formation restreinte du Conseil ECOFIN, se limitant à réunir les ministres des finances des États membres de la zone euro. La première réunion s'est tenue le 4 juin 1998 et c'est à partir du Conseil européen de Nice, en décembre 2000, que le nom « Eurogroupe » va s'imposer. La pratique s'est installée d'une telle réunion (à 19), la veille de tout Conseil (à 28) ECOFIN. Le traité de Lisbonne consacre désormais l'existence de cet Eurogroupe à l'article 137 FUE, même si le Protocole n° 14 (*Protocole sur l'Eurogroupe*) précise que c'est une réunion informelle. La structuration existe cependant (la BCE est invitée à prendre part à ces réunions, l'Eurogroupe élit un président pour deux ans et demi, à la majorité des États membres de la zone euro) et le rôle de cette instance « informelle » est essentiel puisque dès lors que les représentants des États non-membres de la zone euro ne votent pas sur les questions monétaires au sein du Conseil ECOFIN, c'est finalement l'Eurogroupe qui est la véritable instance décisionnaire, sans préjudice des responsabilités de la BCE.

447. ***Un Parlement de la zone euro ?*** La question qui se pose désormais est celle d'un « Parlement de la zone euro ». En effet, l'union monétaire ne s'est pas vraiment accompagnée d'une union budgétaire et économique, de sorte que les États membres restent largement compétents en matière de politique budgétaire, ce qui se traduit par un contrôle parlementaire exercé au niveau national. Les tentatives pour avoir une dimension européenne plus réelle en matière de politique économique (Pacte de stabilité et de croissance en 1997, « six pack » en 2011 (ensemble de cinq règlements et une directive de novembre 2011 réformant le Pacte de stabilité et de croissance et ayant notamment créé le Semestre européen), traité sur la stabilité, la coordination et la gouvernance signé le 2 mars 2012 par vingt-cinq États membres et entré en vigueur le 1er janvier 2013) se sont limitées à une coordination non vraiment sanctionnée, de sorte que le Parlement européen n'est que faiblement sollicité. Certes, dans l'absolu, un contrôle parlementaire existe, même si c'est au niveau national mais selon les États membres, ce contrôle est soit réel, soit symbolique. Le traité sur la stabilité, la coordination et la gouvernance a prévu (art. 13) une « conférence interparlementaire » composée des représentants des commissions concernées du Parlement européen et des parlements nationaux des vingt-cinq États signataires. Elle se réunit depuis octobre 2013 deux fois par an, avec pour objectif de « de débattre des politiques budgétaires et des autres questions régies par le (...) traité » mais de manière pour l'instant symbolique. D'où l'idée de créer un véritable Parlement de la zone euro, qui améliorerait institutionnellement la gouvernance de la zone euro. Cela permettrait aussi une légitimation et une appropriation des réformes à mener plus satisfaisantes. Il existe trois options. La première consisterait à améliorer la conférence interparlementaire de l'article 13 : il s'agirait, à l'image de l'Eurogroupe, d'une réunion préparatoire à dix-neuf, la veille de la conférence à vingt-cinq. La deuxième serait de créer une assemblée de la zone euro mixant parlementaires nationaux et européens. La troisième option serait vraiment la création d'un « Parlement de la zone euro », nouvelle institution. D'aucuns considèrent que cela pourrait se doubler de la mise en place d'un ministre des finances de l'Union, ou d'un Haut Représentant pour la politique monétaire de l'Union.

§ 5. Les structures de stabilisation financière

448. La crise financière ayant sévi à partir de 2008 a mis en péril la stabilité financière de certains États membres de la zone euro et dès lors s'est imposée la nécessité, malgré certains principes de départ, de mettre en place des structures de stabilisation financière, selon un principe de solidarité au plein sens du terme, c'est-à-dire la conscience de la communauté d'intérêts d'États partageant une monnaie commune. La succession de solutions d'urgence ou plus pérennes, de « mécanismes » ou de « fonds », d'instruments internationaux, ou circonscrits à la zone euro, ou relevant de l'Union européenne, peut apparaître comme quelque peu chaotique.

Le 9 mai 2010, les chefs d'État ou de gouvernement de la zone euro se sont accordés sur la création du *Fonds européen de stabilité financière* (*FESF)*, devenu opérationnel le 4 août 2010 après ratifications. Le FESF a son siège à Luxembourg et c'est la Banque européenne d'investissement qui en assure la gestion administrative dans le cadre d'un contrat de service.

Sa capacité financière a été portée le 11 mars 2011 à 440 milliards d'euros (correspondant à un maximum de prêts des États membres), mais en coopération avec le FMI (250 milliards) et avec l'apport du *Mécanisme européen de stabilisation financière* relevant de l'Union européenne (à 27 et non limitée aux 17 de la zone euro, à l'époque), mis en place par le règlement n° 407/2010 du 11 mai 2010 (*JOUE* n° L 118/1 du 12 mai 2010) et qui permet à la Commission, sur autorisation du Conseil et avec la garantie des États membres, d'emprunter 60 milliards sur les marchés, il peut mobiliser 750 milliards d'euros. Le 27 octobre 2011, la capacité financière du FESF a été encore renforcée, grâce à des « effets de levier » n'exigeant pas de mise supplémentaire de fonds de la part des États membres, à hauteur de 1 000 milliards d'euros.

Le 11 mars 2011, il a été décidé de remplacer ces deux instruments par le *Mécanisme européen de stabilité (MES)*, d'une capacité d'intervention financière de 500 milliards d'euros. Le traité FUE a été révisé (la révision est entrée en vigueur le 1er mai 2013), un § 3 étant ajouté à l'article 136 : « Les États membres dont la monnaie est l'euro peuvent instituer un mécanisme de stabilité qui sera activé si cela est indispensable pour préserver la stabilité de la zone euro dans son ensemble. L'octroi, au titre de ce mécanisme, de toute assistance financière nécessaire, sera subordonnée à une stricte conditionnalité ».

Le traité mettant en place ce mécanisme a été signé le 2 février 2012 par les représentants des États membres de la zone euro, son entrée en vigueur s'étant faite le 27 septembre 2012. Le MES n'est pas une initution ni un organe de l'Union européenne ; c'est une institution financière internationale ayant son siège à Luxembourg et régi par le droit international public. Si un État membre de la zone euro est en difficulté (mais ce n'est pas tant cette difficulté qui va conduire à déclencher le mécanisme que le danger pour la zone euro dans son ensemble), 80 milliards d'euros pourront être immédiatement versés pour le renflouer. S'ajoutent potentiellement 620 milliards d'euros de capital « non libéré », qui devra être appelé par les contributeurs. La conditionnalité prévue par l'article 136, § 3, FUE se concrétise par un protocole d'accord entre l'État concerné et la Commission, en liaison avec la BCE, agissant au nom du MES. C'est donc une situation dans laquelle deux institutions de l'Union vont agir mais pas dans le cadre de l'Union, ce qui constitue une situation juridique subtile mais acceptée par la Cour de justice (arrêt en Assemblée plénière du 27 nov. 2012, *Pringle*, aff. C-370/12, ECLI:EU:C:2012:756). Les actes de ces institutions, dans ce cadre, ne sont pas des actes de droit de l'Union et ne peuvent donc pas être contestés devant la Cour de justice de l'Union européenne. En revanche, la Cour a admis un recours en indemnité dès lors que ces institutions, même dans ce cadre externe, se bornent à exercer les attributions que leur confient les traités sur lesquels l'Union est fondée (pour la Commission, promouvoir l'intérêt général de l'Union, ou surveiller le respect du droit de l'Union) : arrêt du 20 sept. 2016, *Ledra Advertising c/ Commission et BCE*, aff. C-8/15 P à C-10/15 P, ECLI:EU:C:2016:701 (v. ss 1346).

En dehors de ces mécanismes essentiels, existent d'autres systèmes : le *mécanisme de soutien financier à moyen terme des balances des paiements des États membres* (Règl. n° 332/2002 du Conseil du 18 février 2002, *JOCE* n° L 53/1 du 23 févr. 2002). Doté de 50 milliards d'euros, il est destiné aux pays n'appartenant pas à la zone euro, et a servi à aider la Lettonie, la Hongrie ou la Roumanie. L'aide à la Grèce correspondait quant à elle à un dispositif *ad hoc*, pour un total de 110 milliards d'euros (30 du FMI et 80 des autres États), puisque le mécanisme de stabilisation n'existait pas encore.

Chapitre 3

Les moyens d'action

Section 1

Le siège et le régime linguistique

BEAUFAYS (J.), « Une capitale pour l'Europe », in *Mélanges Dehousse*, Paris-Bruxelles Nathan-Labord, 1979, tome 2, p. 103.

FENET (A.), « Diversité linguistique et construction européenne », *RTDE* 2001. 235.

GOMEZ DE ENTERIA (C.), « Dans les coulisses du Parlement européen, neuf langues et trois procédures », *Revue française d'administration publique* 1992. 425.

HEUSSE (M.-P.), « Le multilinguisme ou le défi caché de l'Union européenne », *RMC* 1999. 202.

MILIAN-MASSANA (A.), « Le régime linguistique de l'Union européenne et l'incidence du droit communautaire sur la mosaïque linguistique européenne », *Rivista di Diritto europeo* 1995. 485.

§ 1. LE SIÈGE

449. Les négociateurs des traités originaires n'ayant pu se mettre d'accord sur le siège des Communautés renvoyèrent, chaque fois (189 CEEA, 289 CE *[ex 216]*) à une décision unanime des gouvernements des États membres. Le choix d'un siège définitif, préfigurant celui de la capitale de l'Europe, n'ayant jamais pu être fait et une véritable compétition s'étant ouverte entre plusieurs États membres, les institutions sont longtemps restées installées dans le provisoire. Le compromis a résulté de la décision des représentants des gouvernements des États membres qui accompagna la signature du traité de fusion le 8 avril 1965 : « Luxembourg, Bruxelles et Strasbourg demeurent les lieux de travail provisoires des institutions de la Communauté. »

Le Conseil se réunit normalement à Bruxelles, où il a son secrétariat, mais à Luxembourg, aux mois d'avril, juin et octobre.

La Commission est installée à Bruxelles, sauf quelques services à Luxembourg.

Le Comité économique et social siège à Bruxelles, le Comité consultatif CECA siégeait à Luxembourg.

Conformément à la vocation de capitale juridique et financière reconnue à Luxembourg, la Cour de justice reste dans le Grand-Duché, (de même qu'y demeurèrent les services financiers de la CECA) ; la BEI y fut transférée en 1968 ; plus tard, le Fonds européen de coopération monétaire et la Cour des comptes y furent aussi installés.

Quant au Parlement européen (sur la question du lieu de travail du Parlement, v. ss 327), son secrétariat général et ses services sont installés à Luxembourg, alors que, depuis l'origine, il tient ses séances plénières à Strasbourg, initialement dans les locaux de l'Assemblée consultative du Conseil de l'Europe (et, depuis 1979 trois sessions par an à Luxembourg), tandis que ses commissions se réunissent essentiellement à Bruxelles, pour être plus proches des services de la Commission et du Conseil. Cette situation, malcommode et coûteuse pour l'ensemble des institutions (cf. rapport spécial de la Cour des comptes « relatif à la politique immobilière des institutions », *JOCE* n° 221 du 3 sept. 1979 ; le surcoût a été estimé en 2006 à 205 millions d'euros), paraissait proprement déraisonnable pour l'Assemblée, à propos de laquelle on a pu parler de « nomadisme ». Sa mise en demeure aux gouvernements des États membres d'avoir à prendre position sur le siège des institutions au plus tard le 15 juin 1981 étant restée sans suite, le Parlement élu a tenté par voie de résolutions de réduire de trois à deux, voire à un, ses lieux de travail. Mais, si la Cour de justice lui a reconnu le droit de supprimer les sessions plénières qu'il tenait à Luxembourg ainsi que de tenir à Bruxelles des sessions plénières exceptionnelles, elle lui a en revanche refusé de transférer à Strasbourg et Bruxelles le personnel du secrétariat (CJCE 10 févr. 1983 et 10 avr. 1984, *Luxembourg c/P.E.*, aff. 230/81 et 108/83, *Rec.* 255 et 1945 ; 22 sept. 1988, *France c/P.E.*, aff. 358/85, *Rec.* 4821).

450. La décision prévue par les traités et si longtemps différée a été finalement prise par les chefs d'État et de gouvernement le 12 décembre 1992 (*JOCE* n° C 341/1 du 23 déc. 1992). Elle transforme les lieux de travail provisoires en *sièges* des institutions tout en codifiant les pratiques du Parlement : « Le Parlement européen a son siège à Strasbourg où se tiennent les douze périodes de sessions plénières mensuelles y compris la session budgétaire. Les périodes de sessions plénières additionnelles se tiennent à Bruxelles. Les commissions du Parlement européen siègent à Bruxelles. Le secrétariat général du Parlement européen et ses services restent installés à Luxembourg. »

Enfin, la décision du 29 octobre 1993 (*JOCE* n° C 323 du 30 nov. 1993) fixe le siège de nombreux organismes et services et spécialement de la Banque centrale européenne (Francfort).

À Amsterdam, la France a obtenu que le contenu de ces deux décisions soit amalgamé au sein du *Protocole sur la fixation des sièges des institutions et de certains organismes et services des Communautés européennes ainsi que d'Europol* afin de lui conférer la force juridique du traité.

Quant à la Cour de justice, elle a eu l'occasion de confirmer que le Parlement ne peut fixer un nombre de sessions à Strasbourg inférieur à douze (CJCE 1er oct. 1997, *France c/ Parlement européen*, aff. C-345/95, *Rec.* I-5215 ; CJ 13 déc. 2012, *France c/ Parlement européen*, aff. C-237/11 et C-238/11, ECLI:EU:C:2012:796 ; v. ss 327).

Le traité de Lisbonne a maintenu le principe d'une fixation du siège des institutions de l'Union « du commun accord des gouvernements des États membres » (art. 341 FUE), et a repris le Protocole d'Amsterdam (Protocole n° 6 annexé au traité). Il est à noter que le Protocole reste muet quant au siège du Conseil européen (depuis 2017, le bâtiment « Europa », à Bruxelles, est devenu le siège des deux institutions représentant les États membres : Conseil et Conseil européen), et quant au siège des différentes agences de l'Union (à l'exception d'Europol) dont le saupoudrage sur l'ensemble du territoire de l'Union a cependant ravivé les tensions entre les États membres.

§ 2. Le régime linguistique

Commission européenne (Direction générale de la traduction), *Étude sur la traduction et le multilinguisme*, étude, 2009.

Pingel (I.) (dir.), *Le multilinguisme dans l'Union européenne*, coll. « Cahiers européens », Paris, Pedone, 2015.

Pingel (I.), « Le Brexit et le régime linguistique des institutions de l'Union européenne », *RTDE* 2017, n° 4, p. 657.

Wagner (E.), Bech (S.) and Martínez (J. M.), *Translating for the European Union*, Manchester, St Jerome Publishing, 2002.

451. Alors que le traité CECA fut rédigé en français, cette langue seulement faisant foi (art. 100), les traités de Rome furent, en revanche, rédigés en allemand, français, italien et néerlandais, les quatre versions faisant foi (314 CE *[ex 248]*) ; enfin, lors de l'adhésion des nouveaux États membres, il fut précisé que les versions anglaise, danoise, irlandaise, grecque, espagnole, portugaise, finnoise, suédoise, estonienne, hongroise, lettonne, lituanienne, maltaise, polonaise, slovaque, slovène et tchèque faisaient également foi (« langues des traités »).

Le traité de Lisbonne a été rédigé en un exemplaire unique dans les vingt-trois langues du traité (les mêmes auxquelles s'ajoutent le bulgare et le roumain) (art. 55 UE s'appliquant par renvoi de l'article 358 FUE à ce dernier traité), chacune faisant foi. L'article 55 précise que les traités peuvent également être traduits dans toute autre langue déterminée par les États membres parmi celles qui, en vertu de l'ordre constitutionnel de ces derniers, jouissent d'un statut de langue officielle sur tout ou partie de leur territoire. Un État membre ayant recours à cette possibilité fournit simplement une copie certifiée de la traduction, qui est versée aux archives du Conseil. L'adhésion, le 1er juillet 2013, de la Croatie, conduit à ajouter une vingt-quatrième langue officielle.

Quant au régime linguistique des institutions, il est fixé, sans préjudice des dispositions prévues dans le règlement de procédure de la Cour de justice de l'Union européenne (v. ss 1187), par le Conseil statuant à l'unanimité, par voie de règlement, conformément à l'article 342 FUE. Le règlement n° 1, du 15 avril 1958, tel que modifié par les différents actes d'adhésion, érige vingt-quatre langues (allemand, anglais, bulgare, croate, danois, espagnol, estonien, finnois, français, grec, hongrois, irlandais, italien, letton, lituanien, maltais, néerlandais, polonais, portugais, roumain, slovaque, slovène, suédois et tchèque) au rang de « langues officielles et de travail des institutions de la Communauté ». À noter que si l'élargissement de 2004 a ajouté à lui seul neuf nouvelles langues officielles, ce n'est que le 13 juin 2005 que le Conseil a ajouté l'irlandais comme vingt-et-unième langue officielle et de travail, alors qu'il n'était jusque-là que « langue des traités », moyennant une période transitoire jusqu'en 2007 pendant laquelle la traduction en irlandais n'a pas été systématique (Règl. n° 920/2005 du Conseil du 13 juin 2005, *JOUE* n° L 156/3 du 18 juin 2005 ; prorogé jusqu'au 31 déc. 2016 par le règlement (UE) n° 1257/2010 du Conseil du 20 déc. 2010, *JOUE* n° L 343/5 du 29 déc. 2010 ; prorogé avec des restrictions jusqu'au 31 déc. 2021 par le règlement (UE, Euratom) 2015/2264 du Conseil du 3 déc. 2015, *JOUE* n° L 322/1 du 8 déc. 2015). De même, des difficultés de recrutement de traducteurs maltais ont-elles abouti à un régime dérogatoire temporaire de trois ans pour cette langue (Règl. nº 930/2004 du Conseil du 1er mai 2004, *JOUE* nº L 169 du 1er mai 2004).

Cela signifie que, s'agissant des actes juridiques, « les textes adressés par les institutions à un État membre ou à une personne relevant de la juridiction d'un État membre sont rédigés dans la langue de cet État » (et seule cette version linguistique fait foi).

L'article 24 FUE précise que « tout citoyen de l'Union peut écrire à une institution ou organe… dans l'une des langues visées à l'article 55, paragraphe 1 [UE]… et recevoir une réponse rédigée dans la même langue ».

452. En revanche, les règlements et autres textes de portée générale sont rédigés dans toutes les langues officielles et sont publiés au *JOUE* en autant de versions linguistiques, étant entendu qu'ils font tous également foi, c'est-à-dire que si des divergences existent entre les textes, l'interprétation doit être celle qui résulte du rapprochement des versions dans toutes les langues officielles (CJCE 12 nov. 1969, *Stauder*, aff. 29/69, *Rec.* 419 ; 3 mars 1977, *Kerry Milk*, aff. 80/76, *Rec.* 425), le juge devant aussi tenir compte de l'économie générale et de la finalité de la réglementation, et donner priorité, en cas de versions non concordantes, à celle qui est de nature à sauvegarder son effet utile (pour un exemple d'une jurisprudence constante, cf. CJCE 9 mars 2000, *Evanlischer Krankenhausverein*, aff. C-437/97, *Rec.* I-1157 ; ou CJ 29 avr. 2010, *M e.a.*, aff. C-340/08, *Rec.* I-3913).

En outre, lorsque les institutions tiennent leurs réunions officielles, les vingt-quatre langues sont parlées et interprétées sur les autres ; tous les documents officiellement soumis aux institutions existent dans les vingt-quatre langues, même si, dans les services, ce sont essentiellement l'anglais et le français qui sont utilisés et se sont imposés comme langues de travail dans les réunions informelles et dans les services.

Depuis 2004, un allégement a pu être trouvé avec une procédure d'« interprétation à la demande » pour le Conseil.

Si toutes les langues officielles peuvent être « langues de travail », les règlements intérieurs des institutions peuvent identifier des « langues procédurales » : à la Commission, les trois langues procédurales sont l'anglais, le français et l'allemand et cela signifie que les documents internes de l'institution seront rédigés dans une de ces langues. Les députés européens reçoivent les documents de travail dans leur propre langue.

La « contrainte linguistique » qui résulte de ce multilinguisme constitue un lourd handicap : outre son coût (traduction, interprétation et services annexes représentent près de 1 % du budget de l'Union ; parmi les personnels statutaires de l'Union, on trouve 4 300 traducteurs et 800 interprètes, sans compter les collaborateurs extérieurs) et son incommodité, il contribue à la paralysie décisionnelle quand il est utilisé à des fins dilatoires (songeons que onze langues se traduisaient déjà par cent-dix combinaisons possibles, et que vingt-quatre langues permettent cinq-cent-cinquante-deux combinaisons, même si la pratique des « langues pivots » permet de réduire cette charge).

Ce multilinguisme résulte cependant d'une exigence politique (égalité entre les États et transparence démocratique vis-à-vis des citoyens) et, plus encore, d'une exigence de sécurité juridique et d'égalité des droits, puisque, du moins pour tous les textes qui reçoivent et doivent recevoir une application directe dans chacun des États membres, il était indispensable que les administrateurs et les tribunaux chargés de les appliquer et les particuliers auxquels ils s'appliquent puissent en prendre connaissance dans leurs langues nationales. Pour autant, la Cour de justice a refusé de consacrer en tant que principe général de droit de l'Union l'obligation « en toutes circonstances » de rédiger dans sa langue tout ce qui serait susceptible d'affecter les intérêts d'un citoyen ; un traitement différencié des langues officielles de l'Union est admissible pour autant qu'un objectif légitime d'intérêt général soit invoqué et sa réalité démontrée, et ceci dans le respect du principe de proportionnalité (arrêt de la Grande chambre du 5 mai 2015, *Espagne c/ Conseil*, aff. C-147/13, ECLI:EU:C:2015:299). Il arrive également qu'on puisse avoir le sentiment que la prise de conscience du coût du multilinguisme intégral l'emporte sur le souci de sécurité juridique (ainsi de l'arrêt du 12 mai 2011, *Polska Telefonia Cyfrowa sp. z o.o.*, aff. C-410/09, *Rec.* I-3853 admettant que des lignes directrices ne soient pas publiées en polonais dès lors qu'elles ne peuvent être imposées à un particulier, tout en acceptant qu'elles fondent une décision d'une autorité administrative adressée à un particulier).

Il faut ajouter que si l'Union compte vingt-quatre langues officielles, elle compte aussi environ soixante langues régionales ou minoritaires, qui font parfois l'objet d'une reconnaissance constitutionnelle dans un État membre. L'article 55, § 2, UE, après avoir listé les vingt-quatre langues officielles, ajoute que le traité pourra aussi être traduit dans toute autre langue qui jouirait d'un statut de langue officielle en vertu de l'ordre constitutionnel d'un État membre, sur tout ou partie de son territoire. Rappelons aussi que la Charte des droits fondamentaux (art. 22) dispose que l'Union respecte la diversité linguistique. Des accords ont été conclus avec certains États, tels l'Espagne pour le basque, le catalan, le valencien (cf. l'accord administratif du Conseil du 7 novembre 2005, et un arrangement administratif avec la Commission (2006/C 73/06 ; *JOUE* n° 73/14 du 25 mars 2006), et le Royaume-Uni pour le gallois et le gaëlique écossais. Les traductions dans ces langues peuvent être faites, mais aux frais des États concernés. De même pour l'interprétation, lorsque des représentants régionaux siègent au Conseil (rare mais possible), au Comité des régions ou au Comité économique et social européen : l'interprétation, (toujours aux frais de l'État) peut être faite à partir de ces langues (mais pas vers elles).

Section 2
Le personnel

HAY (R.), *La Commission européenne et l'administration de la Communauté*, série Documentation européenne, 3/89, OPOCE.

DALLE-CRODE (S.), *Le fonctionnaire communautaire : droits, obligations et régime disciplinaire*, coll. « Administration et fonction publique », Bruxelles, Bruylant, 2008.

GOVAERE (I.) et VANDERSANDEN (G.) (dir.), *Fonction publique communautaire. Nouvelles règles et développements contentieux*, Bruxelles, Bruylant, 2008.

OBERDORFF (H.), « La fonction publique européenne », in J.-B. Auby et J. Dutheil de la Rochère (dir.), *Droit administratif européen*, 2e éd., Bruxelles, Bruylant, 2014, p. 291.

PILORGE-VRANCKEN (J.), *Le droit de la fonction publique de l'Union européenne*, coll. « Droit de l'Union européenne », Bruxelles, Bruylant, 2017.

VANDERSANDEN (G.), « Le statut des fonctionnaires des CE », in *Le droit de la CEE*, préc., vol. 15, p. 20.

§ 1. Généralités

I. Textes applicables

453. L'existence de trois Communautés et leur mise en place successive a conduit, dans un premier temps, à la juxtaposition de trois corps d'agents soumis à des régimes différents ; notamment, le « statut des fonctionnaires et le régime applicable aux autres agents », édicté par le Conseil sur la base des articles 212 CE et 186 CEEA (*JOCE* du 14 juin 1962) s'écartait du statut des personnels de la CECA (décision de la conférence des présidents des institutions du 28 janvier 1956), sur trois points : hiérarchie différente des grades, niveau d'ensemble du barème des rémunérations inférieur de 3 % et régime de pension moins libéral. Le traité de fusion du 8 avril 1965 a unifié la fonction publique des trois Communautés (art. 24) qui est désormais soumise à un texte unique (adopté par le Conseil à la majorité qualifiée ; sur proposition de la Commission et après consultation des autres institutions concernées) : le statut des fonctionnaires des Communautés européennes et le régime applicable aux autres agents de ces Communautés ont fait l'objet d'un règlement du 29 février 1968 (*JOCE* n° L 56 du 4 mars 1968) modifié à de très nombreuses reprises (cf. spécialement le règlement n° 723/2004 CE du Conseil du 22 mars 2004, *JOUE* n° L 124/1 du 27 avr. 2004 consacrant un important mouvement de réforme). En outre, les personnels bénéficient des dispositions (art. 11 à 15) désormais unifiées du Protocole sur les privilèges et immunités de l'Union européenne, annexé au traité de Lisbonne.

II. Conception générale

454. La conception générale de la fonction publique de l'Union se distingue radicalement des autres fonctions publiques internationales fondées sur le recrutement temporaire, le plus souvent, de fonctionnaires nationaux détachés, sans véritable sécurité de l'emploi ni possibilité de carrière. Il s'agit d'un système de *fonction publique fermée*, semblable à la fonction publique française ou allemande, dans lequel de véritables fonctionnaires sont titulaires de leur emploi et ont une *vocation à la carrière*. Les institutions de la CECA, à l'origine, n'avaient accordé que des contrats de durée déterminée. Dès 1956, le statut donnait aux fonctionnaires qui en bénéficiaient des garanties d'emploi, un système de carrière. Ce régime n'était pas évidemment adapté au recrutement de chercheurs et de personnel technique travaillant aux programmes pluriannuels de recherche nucléaire ; il fut cependant étendu en 1962 à l'ensemble des personnels de l'Euratom. Ultérieurement, la Commission a proposé un système de contrats pour tout le personnel dont l'activité est directement liée à un programme de recherche : désormais, l'ensemble du personnel rémunéré sur les crédits de recherche, et sous réserve des droits acquis, se voit proposer un régime d'agents contractuels (temporaires, généralement cinq ans renouvelables, règlement n° 2615/76, *JOCE* n° L 299/1 du 29 oct. 1976).

§ 2. Régimes juridiques

I. Les fonctionnaires

455. « Est fonctionnaire des Communautés... toute personne qui a été nommée dans les conditions prévues (au) statut dans un emploi permanent d'une des institutions des

Communautés » (art. 1er *bis* du statut). Les fonctionnaires sont recrutés par un acte unilatéral de l'autorité compétente et se trouvent dans une situation légale et réglementaire, c'est-à-dire qu'ils sont intégralement soumis au droit communautaire précisé dans le statut, lequel, résultant d'un règlement du Conseil, peut être modifié unilatéralement (CJCE 2 nov. 1976, *Petersen*, aff. 102/75, *Rec.* 1777, et 19 mars 1975, *Gillet*, aff. 28/74, *Rec.* 463). Le recrutement par concours est le principe, sauf pour les plus hauts emplois (directeurs généraux et directeurs), ou pour des emplois spécialisés, dans des cas exceptionnels (art. 29, § 2, du statut) ce qui facilite la pratique du recrutement de fonctionnaires nationaux détachés (cf. réponse de la Commission à la question écrite n° 112/80, *JOCE* n° C 312/37 du 29 nov. 1980). La réforme de 2004 met en place un système de recrutement par concours pour des grades spécifiques, ce qui simplifie les classements après recrutement.

Depuis le 1er janvier 2003, fonctionne un office interinstitutionnel de recrutement (Office européen de sélection du personnel, EPSO).

La réforme entreprise entre 2000 et 2004 a eu pour objectif de promouvoir la responsabilisation, la mobilité, l'évaluation, la formation continue.

Elle se traduit notamment par une modification de la structure même de la fonction publique européenne. Depuis 1962 existaient quatre catégories (A, B, C, D) comprenant chacune jusqu'à huit grades eux-mêmes divisés en huit échelons, avec un principe d'avancement automatique d'échelon tous les deux ans.

La réforme a eu pour objectif une plus grande responsabilisation (davantage de promotions fondées sur le mérite) et une moindre rigidité, avec une échelle unique de rémunération (notamment une grille unique de salaires à partir du 1er mai 2006) comportant seize grades (chacun comptant cinq échelons) répartis en deux « groupes de fonctions » qui remplacent les quatre catégories. Le groupe de fonctions des « administrateurs » (ancienne catégorie A) correspond aux grades 5 à 16, le grade 5 étant le niveau d'entrée des diplômés universitaire, l'entrée pouvant se faire aux grades 6 ou 7 pour des fonctions spécialisées. Les administrateurs occupent des fonctions de conception, d'analyse ou de conseil liées à l'élaboration des politiques. Les traducteurs et interprètes relèvent de cette catégorie. Le groupe de fonction des « Assistants », anciennes catégories B, englobent les grades de 1 à 11. Ils correspondent à des fonctions techniques et de gestion. Le troisième groupe de fonctions (ancienne catégorie C) est celle des secrétaires/commis, occupant des fonctions d'appui administratif et de gestion (grades de 1 à 6). La catégorie D a été progressivement supprimée et remplacée par celle des nouveaux agents contractuels.

II. Les autres agents

456. Dans les conditions prévues au « régime applicable aux autres agents », les institutions peuvent engager par contrats différentes catégories d'agents qui se voient appliquer soit le droit de l'Union, soit le droit national.

A. Les agents non permanents relevant du droit de l'Union

457. Les ***temporaires*** occupent un emploi compris dans le « tableau des effectifs » mais auquel les autorités budgétaires ont conféré un caractère temporaire, ou bien à titre temporaire un emploi permanent (ce qui sera le cas, surtout, des personnels de recherche).

La Commission s'est fixé pour objectif de transformer tous les postes temporaires en postes permanents (à l'exception des postes de l'OLAF, l'Office européen de lutte antifraude) mais ce type d'agents correspond à certains besoins : exécuter des tâches inhabituelles (hautement spécialisées) ou ponctuelles ; compenser les pénuries d'effectifs lorsque les listes de réserve des concours sont épuisées ; travailler pour les cabinets des commissaires ; répondre à des besoins particuliers dans le secteur scientifique. Les contrats ont habituellement une durée maximale de six ans, sauf pour les agents des cabinets de commissaires, liés au mandat de ce dernier.

458. Les ***auxiliaires*** étaient engagés pour remplir des tâches précaires par nature ou en l'absence du titulaire. Sauf dans le cas de l'intérim, ils n'étaient pas affectés à un emploi compris dans le tableau des effectifs et étaient rémunérés sur des crédits globaux ouverts à cet effet aux institutions. En cas d'abus, c'est-à-dire si des tâches permanentes leur étaient confiées durant une longue période, le juge « requalifiait » le contrat en contrat d'agent temporaire (CJCE 1er févr. 1979, *Desharmes*, aff. 17/78, *Rec.* 189). Le contrat des agents auxiliaires était conclu pour une durée déterminée ; il était renouvelable. La durée effective de l'engagement d'un agent auxiliaire, y compris la durée du renouvellement éventuel de son contrat, ne pouvait excéder trois ans et la réforme a fait qu'il ne pouvait se prolonger au-delà du 31 décembre 2007. Aucun nouvel agent auxiliaire ne pouvait être engagé après le 31 décembre 2006, cette catégorie étant destinée à disparaître. La réforme consacrée en 2004 par la modification du statut et du régime applicable aux agents fait en effet apparaître une nouvelle catégorie : les *agents contractuels (CAST)*, qui remplacent le personnel auxiliaire et qui comprennent deux catégories :

– les *agents contractuels « 3 a »* (« tâches non essentielles ») engagés par contrat d'une durée maximale de cinq ans, renouvelable une fois et susceptible d'être suivi d'un contrat à durée indéterminée. Ils travaillent dans les agences et les offices et en remplacement, notamment, des agents locaux (des règles particulières s'appliquent au personnel local pendant une période de transition), dans les représentations et délégations de la Commission, ou dans les directions générales de la Commission pour des tâches manuelles ou d'appui administratif. Les agents contractuels assimilés à l'ancienne catégorie D peuvent travailler dans les services de la Commission ;

– les *agents contractuels « 3 b »* (« tâches auxiliaires »), qui remplacent les agents auxiliaires de la Commission et travaillent sur la base de contrats à durée déterminée d'une durée minimale de trois mois et maximale de trois ans. Ils sont recrutés dans les directions générales de la Commission pour des tâches autres que manuelles ou d'appui administratif, pour remplacer des fonctionnaires en congés maladie, ou pour augmenter temporairement les effectifs dans une période chargée, ou pour apporter une compétence spécialisée dont un besoin ponctuel se fait sentir.

La carrière des agents contractuels est organisée en dix-huit grades, répartis entre quatre groupes de fonctions : Groupe I (grades 1 à 3) : tâches manuelles et d'appui administratif. Groupe II (grades 4 à 7) : tâches de bureau et de secrétariat, de gestion de bureau et autres tâches équivalentes. Groupe III (grades 8 à 12) : tâches d'exécution, de rédaction, de comptabilité et autres tâches techniques équivalentes. Groupe IV (grades 13 à 18) : tâches administratives, de conseil, linguistiques, et tâches techniques équivalentes.

459. Les ***conseillers spéciaux*** sont des personnalités engagées en raison de qualifications professionnelles exceptionnelles pour prêter leur concours à une des institutions de l'Union soit de façon régulière, soit pendant des périodes déterminées et nonobstant d'autres activités professionnelles, ce qui implique, en général, un engagement à temps partiel. La durée du contrat d'un conseiller spécial ne peut excéder deux ans. Ce contrat est renouvelable. Ils sont eux aussi rémunérés sur des crédits globaux ouverts à cet effet à la section du budget afférente à l'institution dont ils relèvent. La rémunération du conseiller spécial est fixée par entente directe entre l'intéressé et l'autorité.

460. Les ***experts nationaux détachés*** (cf. la décision de la Commission du 12 novembre 2008 relative au régime applicable aux experts nationaux détachés et aux experts nationaux en formation professionnelle auprès des services de la Commission, document C [2008] 6866 final) appartiennent généralement à la fonction publique des États membres de l'Union. Ils répondent à un double besoin : apporter à la Commission leur expérience des questions sur lesquelles ils sont experts et faire bénéficier leur administration d'origine des connaissances acquises lors de leur détachement dans les services de l'Union européenne. Le détachement se traduit par un accord entre l'administration de la Commission et l'administration d'origine. Les détachements ont en principe une durée minimale de six mois et maximale de quatre ans. Un même expert ne peut prétendre à un second détachement qu'après une période minimale de six ans. L'administration nationale d'origine continue à assurer la rémunération de l'expert détaché, la Commission leur versant une indemnité journalière et éventuellement une indemnité mensuelle liée à la distance entre le lieu de détachement et le lieu initial d'exercice.

Engagés par contrats de durée déterminée ou indéterminée, mais ne pouvant le plus souvent dépasser un certain plafond, ces catégories d'agents se distinguent des fonctionnaires en ce qu'ils n'ont pas droit à faire carrière, et sont soumis à renouvellement. Ils relèvent non seulement des dispositions de leurs contrats, mais encore des dispositions du « régime » qui leur est applicable et qui, sur de nombreux points, renvoie au « statut des fonctionnaires ».

B. Les agents non permanents de droit privé local

461. Pour pourvoir des tâches matérielles ou de service, ou, en dehors des pays de l'Union, des tâches plus diverses, les institutions peuvent recruter des *agents locaux*. Il s'agit alors de contrats de louage de service fondés sur la réglementation du droit du travail du pays où l'agent exerce ses fonctions.

§ 3. Contentieux

462. Si les litiges entre l'institution et les *agents locaux* en service dans un pays tiers sont soumis à une instance d'arbitrage dans les conditions définies dans la clause compromissoire figurant dans le contrat de l'agent, le contentieux des fonctionnaires et des autres agents relève de la juridiction de l'Union et a fait l'objet d'une organisation reconnaissant d'abord une compétence de première instance au TPI. Dans un deuxième temps, ce contentieux a relevé en première instance d'un tribunal spécialisé, le Tribunal de la fonction publique de l'Union européenne créé par la décision n° 2004/752 du Conseil du 2 novembre 2004 (*JOUE* n° L 333/7 du 9 nov. 2004) (v. ss 1132). La réforme de la Cour de justice de l'Union européenne (v. ss 1137) a conduit à la suppression de ce dernier le 1er septembre 2016, et au retour de ce contentieux dans les compétences du Tribunal.

§ 4. Effectifs et caractéristiques

I. Effectifs

463. La fonction publique de l'Union est la plus nombreuse des fonctions publiques internationales, et représentait, en 2018, 36 819 emplois permanents et 9 044 emplois temporaires ou contractuels. La Commission occupe à elle seule 23 405 emplois permanents. Pour autant, l'ensemble de cette fonction publique représente moins d'agents que l'administration de la Ville de Paris par exemple.

Institutions	**2018**	
	Emplois permanents (AD-AST-AST/SC)	**Emplois temporaires (AD-AST– AST/SC)**
Parlement européen	5 405 (2 641-2 560-204)	1 277 (541-736-0)
Conseil et Conseil européen	2 995 (1 435-1 380-180)	35 (22-13-0)
Commission :		
– *Administration*	18 363 (11 642-6 085-636)	376 (252-89-35)
– *Recherche et développement technologique (CCR, actions indirectes)*	3 229 (1 824-1 381-24)	0
– *Offices*	1 658 (493-1 147-18)	45 (21-24-0)
– *Agences décentralisées*	104 (69-35-0)	5 599 (4101-1497-1)
– *Entreprises communes*	51(39-12-0)	315 (276-39-0)
– *Agences exécutives*	0	614 (551-63-0)
Service européen pour l'action extérieure	1 594(943-590-61)	1 (0-1-0)
Cour de justice de l'Union européenne	1 539 (948-557-34)	524 (319-202-3)
Cour des comptes	708 (538-168-2)	145 (71-59-15)
Comité économique et social européen	629 (313-281-35)	38 (20-15-3)
Comité des régions	435 (258-170-7)	55(39-16-0)
Médiateur européen	45 (29-15-1)	20 (10-10-0)
Contrôleur européen de la protection des données	64 (47-15-2)	0
Total	**36 819 (21 219-14 396-1 204)**	9 044 (6223-2764-57)

Tableau réalisé sur la base du budget 2018 ; les emplois sont répartis entre les institutions et organes, les emplois permanents et emplois temporaires étant présentés séparément ; est également indiquée la répartition entre les fonctions d'administrateurs (AD), d'assistants (AST), et d'assistants-secrétaires ou secrétaires-commis (AST/SC).

II. Administratifs et chercheurs

464. On doit savoir que le personnel de la Commission n'est pas composé seulement de « bureaucrates », ou « administratifs », mais encore de « chercheurs », ingénieurs et techniciens (environ 3 200) affectés soit dans les quatre établissements du Centre Commun de recherche, soit dans des « actions indirectes », c'est-à-dire auprès d'organismes publics ou privés associés à la Communauté.

III. Catégories d'emplois

465. Les agents chargés des tâches de conception, de direction ou d'étude représentent une proportion beaucoup plus importante que dans une administration nationale (on note, sur le total, 53,4 % de fonctions d'administrateurs) ; il est vrai que les services communautaires doivent plutôt être comparés aux administrations centrales d'un État. Le système d'administration indirecte (v. ss 1055) conduit en effet à ce que l'ensemble des administrations nationales des États membres puisse être à certains égards considéré comme formant l'administration de contrôle et de mise en œuvre de l'Union.

IV. Nationalités

466. Le statut des fonctionnaires prévoyant que le recrutement du personnel doit se faire « sur une base géographique aussi large que possible parmi les ressortissants des États membres », la pratique en a déduit la règle dite de *l'équilibre géographique*. Cependant, « aucun emploi ne doit être réservé aux ressortissants d'un État membre déterminé » (art. 27), ce qui ne va pas sans exiger parfois de difficiles arbitrages de la Cour de justice (4 mars 1964, *Lassale*, aff. 15/63, *Rec.* 59 ; 29 oct. 1975, *Marenco*, aff. 81/74, *Rec.* 1247), mais n'empêche pas, dans les degrés élevés de la hiérarchie, l'existence d'un véritable « cadastre des nationalités » (D. Strasser) assez rigide. La même exigence est prévue par le « régime applicable aux autres agents » et, chaque année, la Commission, doit rendre compte dans un rapport du respect de cet équilibre pour les agents temporaires et la nouvelle catégorie d'agents contractuels. L'élargissement important de 2004 s'est traduit par un large mouvement de recrutement. Entre le 1er mai 2004 et la fin 2010, la Commission a recruté 4 004 fonctionnaires et agents temporaires originaires des nouveaux États membres.

Section 3

Le financement de l'Union

Brehon (N.-J.), *Le budget de l'Europe*, Paris, LGDJ, 1997.

Constantinesco (V.), « Les ressources propres de l'Union européenne en crise : quelle issue ? », in *Mélanges en l'honneur de Robert Hertzog*, Paris, Economica, 2010.

Delon Desmoulin (C.) *Droit budgétaire de l'Union européenne*, LGDJ, 2011

Dussart (V.) (dir.), *les finances communautaires à l'aube des perspectives financières 2007-2013*, Toulouse, Presses de l'Université Toulouse 1 Capitole, 2011.

Houser (M.), « La fédéralisation du budget de l'Union européenne. Une étape décisive vers l'émergence d'une politique budgétaire communautaire », *RDUE* n° 4, 2009. 681.

Isaac (G.), « Budgets. Les principes budgétaires. Le contenu des budgets », *J.-Cl. Europe*, fasc. 250 et 251.

Isaac (G.) (dir.), *Les ressources financières de la CE*, Paris, Economica, 1986.

Jacquet (J.-P.), v° *Budget*, *Rép. communautaire*, Dalloz.

Lechantre (M.) et Schajer (D.), *Le budget de l'Union européenne*, coll. « Réflexe Europe », Paris, La documentation française, 2004.

Megret (dir.), « Le droit de la Communauté économique européenne », vol. 11, *Les finances de l'Union européenne*, 2e éd., Bruxelles, Éd. Université de Bruxelles, 1999.

Molinier (J.), « Budget de l'Union européenne. Contenu du budget », *J.-Cl. Europe*, fasc. 199.

Petit (Y.), *Les finances de l'Union européenne*, Documents d'études n° 5.03, Paris, La documentation française, 2012.

Potteau (A.), *Recherches sur l'autonomie financière de l'Union européenne*, Paris, Dalloz, 2004.

Saurel (S.), *Le budget de l'Union européenne*, coll. « Réflexe Europe », Paris, La documentation française, 2010.

Steckel-Montes (M.-C.), *L'essentiel des finances publiques communautaires*, 2e éd., Paris, Gualino, 2007.

Strasser (D.), *Les finances de l'Europe*, Paris, LGDJ, 1990.

§ 1. Les besoins de financement

I. La nature des dépenses

467. Contrairement à la plupart des organisations internationales, l'Union européenne doit faire face non seulement à des dépenses de fonctionnement administratif, mais surtout à des dépenses opérationnelles, qui correspondent à la mise en œuvre des politiques communes bénéficiant d'un financement solidaire.

Certes, c'est très progressivement qu'un budget opérationnel s'est mis en place dans le cadre de la CEE. Dans les premières années, seuls les crédits de *Fonds social européen* (institué par l'art. 146 CE *[désormais art. 162 FUE]* pour améliorer les possibilités d'emploi des travailleurs) s'ajoutent aux frais de fonctionnement des institutions naissantes et l'ensemble reste minime. C'est le démarrage du financement de la politique agricole (création du *Fonds européen d'orientation et de garantie agricole*, FEOGA, règlements n° 25, *JOCE* n° 30 du 20 avr. 1962, p. 951, et n° 17/64, *JOCE* du 27 févr. 1964, p. 586) qui a provoqué une véritable « explosion » des dépenses vers 1966-1967 (le budget augmente de 420 % en 1966 et de 280 % en 1967). Ultérieurement, ce fut l'amplification du Fonds social (réforme réalisée par la décision du 1er févr. 1971, *JOCE* n° L 28 du 4 févr. 1971) et la création du *Fonds européen de développement régional* (FEDER, Règl. du 18 mars 1975, *JOCE* n° L 73 du 21 mars 1975, mod. le 6 févr. 1979, *JOCE* n° L 35 du 9 févr. 1979). Enfin, depuis 1994, le budget général des Communautés est devenu le budget général de l'Union européenne, accueillant certaines dépenses au titre de la PESC (art. 28 UE).

Tant l'ampleur que la structure des dépenses se sont ainsi progressivement transformées au cours des trente dernières années. Les dépenses du budget général de l'Union européenne pour 2018 s'élevaient à 160,1 milliards d'euros en crédits pour engagements, et 144,6 milliards d'euros en crédits de paiement, ce qui représente sensiblement la moitié du budget d'un État comme la France (en comparant plutôt les recettes que les dépenses, puisqu'il y a, contrairement au budget européen, déficit ; en 2018, les recettes nettes de la France s'élèvent à 300 milliards d'euros), un peu moins de la moitié du budget de l'Allemagne (335 milliards pour 2018, budget en équilibre), et presque le triple du budget d'un État comme la Finlande (55,6 milliards d'euros en 2018) ; telles sont, en tous cas, les références pertinentes pour toute comparaison : le budget ordinaire du Conseil de l'Europe, par exemple, pour 2018, n'est que de 466 *millions* d'euros, soit une toute autre échelle. Un autre indicateur conduit cependant à relativiser : le budget de l'Union représente sensiblement 1 % du revenu national brut (RNB) combiné de ses États membres, alors que pour la moyenne des budgets des États membres, c'est 44 % et que pour un État fédéral, ce rapport se situe entre 15 et 20 %. Dans le même sens, on peut observer que ce budget ne dépasse pas 2 % des dépenses publiques dans l'ensemble de l'Union. C'est dire que ceci ne permet guère à l'Union de jouer de son budget en tant qu'instrument d'intégration.

La ventilation de ces crédits (en crédits d'engagement, CE, et en crédits de paiement, CP) en grands secteurs (sont ici repris les domaines distingués par les perspectives financières (v. ss 474) est significative des activités menées par l'Union et de la hiérarchie de celles-ci (chiffres du budget 2018, en milliards d'euros).

Rubrique	**CE**	**CP**	**% du budget (CE)**
1. Croissance intelligente et inclusive			
1 a. Compétitivité pour la croissance et l'emploi	22,001	20,097	13,74
1 b. Cohésion économique, sociale et territoriale	55,532	46,527	34,68
2. Croissance durable : ressources naturelles	59,285	56,083	37,03
– dont Aides directes & dépenses de marché	*43,234*	*43,188*	*27,00*
3. Sécurité et Citoyenneté	3,493	2,980	2,18
4. L'Europe dans le monde	9,568	8,906	5,98
5. Administration	9,665	9,666	6,04
Dont Dépenses administratives des institutions	*7,579*	*7,580*	*4,73*
6. Compensations	0	0	0
Autres instruments spéciaux	0,566	0,419	0,35
Total :	**160,113**	**144,680**	**100**
% du RNB	***1,01***	***0,91***	

468. Ainsi, les dépenses de fonctionnement des institutions, qui couvrent essentiellement les traitements des fonctionnaires et salaires des agents, ne représentent que 6 % du budget total, malgré la charge importante due aux exigences du régime linguistique en termes de besoin d'interprètes et traducteurs.

Parmi les dépenses strictement opérationnelles, il convient sans doute de descendre au deuxième niveau de généralité des catégories des perspectives financières, pour individualiser les politiques. On mentionnera d'abord l'ensemble formé par la *Politique agricole commune*, avec son volet de politique des marchés agricoles (43,2 milliards d'euros) et son volet politique de développement rural (14,3 milliards d'euros), soit 57,5 milliards d'euros. On peut sans doute ajouter le milliard d'euros dévolu à la Pêche. Cela reste le poste le plus important (encore, sa part relative connaît-elle une forte baisse, puisqu'en 1980 encore, le seul FEOGA-Garantie [dépenses de soutien des marchés agricoles] représentait 71 % du budget) ; mais l'explication de cette prédominance est simple : la politique agricole commune est la seule politique que les États membres ont accepté de transférer et de financer intégralement du niveau national au niveau communautaire, même si l'action de développement rural fait d'avantage appel au cofinancement et si la « renationalisation » de la politique agricole commune reste un sujet de débats toujours d'actualité. Ainsi la communication de la Commission du 29 novembre 2017 pour dessiner la PAC d'après 2020 (« L'avenir de l'alimentation et de l'agriculture », COM(2017)713), sous l'invocation du principe de subsidiarité et d'un simple nouveau modèle de mise en œuvre, présente bien un schéma dans lequel la « voilure » de la PAC est réduite et la part des États membres redéployée. Sous la question des compétences et des possibilités de choix, le problème financier est fondamental ; la preuve en est que le document de réflexion du 28 juin 2017 relatif à l'avenir des finances de l'Union (COM(2017)358) insiste sur les perspectives de réduction des crédits consacrés à la politique agricole commune, ce qu'a confirmé la proposition de cadre financier pour 2021-2027, le 2 mai 2018.

On trouve ensuite *les actions de cohésion*, pour 55,5 milliards d'euros, c'est-à-dire l'action des fonds structurels, l'ancienne « politique régionale », visant la réduction des inégalités et le soutien du développement régional. Si la PAC illustre la fonction allocative du budget, c'est ici une fonction redistributive qui est censée être exercée. L'élargissement de l'Union a modifié la position du curseur dans cette politique, certains États traditionnellement bénéficiaires étant désormais sollicités au titre d'une solidarité européenne dont l'objectif est d'avantage de promouvoir l'homogénéité de l'ensemble européen, de manière à faciliter le fonctionnement du marché intérieur, que de lutter contre les déficits de développement.

Loin derrière, les *dépenses de compétitivité*, soutenant la croissance et l'emploi : 22 milliards d'euros pour la recherche, l'innovation, l'éducation, la formation, les réseaux, le marché intérieur, la politique sociale.

L'action extérieure de l'Union mobilise 9,5 milliards d'euros, ce total devant lui aussi être précisé. En réalité, la véritable politique extérieure représente 7,9 milliards d'euros, avec l'aide au développement, l'action humanitaire, la Politique extérieure et de sécurité commune, la politique de voisinage et de partenariat. Le montant alloué à la coopération, en revanche, au sein de ce volet « action extérieure » ne rend que partiellement compte de la politique effectivement menée dans ce domaine, dont le financement non budgétisé (FED) reste important. À ces 7,9 milliards, s'ajoutent 1,6 milliard d'aide de pré-adhésion ces dépenses étant plus à visée « intérieure » qu'étrangère finalement, puisque la problématique est celle de l'élargissement de l'Union.

L'ensemble « Sécurité et citoyenneté » regroupe les anciennes rubriques Liberté, sécurité, justice (asile, migration, sécurité intérieure, justice, protection civile) et les dépenses de « citoyenneté » en matière de santé publique, de protection des consommateurs, de culture, de jeunesse. Le total (3,4 milliards) est faible mais l'incidence de l'action normative européenne est ici sans commune mesure avec l'impact de son action budgétaire, comme c'est aussi le cas *dans le domaine environnemental* (522 millions pour les dépenses spécifiques). De plus, qu'il s'agisse de la protection de l'environnement (depuis 1986), de la protection de la santé ou de la protection des consommateurs (depuis 1992), s'applique le principe d'intégration (ou les « clauses de transversalité ») aux termes duquel nulle action ou politique de l'Union ne peut ignorer ces objectifs, de sorte qu'aux montants associés aux politiques « spécifiques », il faudrait ajouter celui de toutes les actions référencées au titre d'une autre politique mais ayant partiellement un de ces objectifs.

II. L'ENCADREMENT DES DÉPENSES

469. La problématique du financement du budget des Communautés puis de l'Union est simple. Les besoins n'ont cessé, assez logiquement, de croître au fil des progrès de l'intégration, du développement de nouvelles politiques, des élargissements alors que les recettes étaient en régression naturelle pour certaines, justement au fur et à mesure des élargissements (v. ss 488), et de toutes façons limitées et difficiles à augmenter en raison de la conjonction entre l'opposition de certains États membres et une procédure exigeant la double unanimité des signatures et des ratifications (art. 269 CE et aujourd'hui art. 311 FUE).

À ceci s'ajoute l'impossibilité de résoudre cette difficile équation par les deux moyens commodes que pourraient être le déficit budgétaire et le recours à l'emprunt.

S'agissant du déficit, il est interdit par le traité : l'article 310, § 1, FUE, (comme, avant lui, l'article 268, § 1, CE) dispose que « le budget doit être équilibré en recettes et en dépenses », ce que précise le Règlement Financier (Règlement [CE, Euratom] n° 1605/2002 du Conseil du 25 juin 2002 *portant règlement financier applicable au budget général des Communautés européennes*, *JOUE* n° L 248/1 du 16 sept. 2002), à son article 14, § 1 : « le budget doit être équilibré en recettes et en crédits de paiement ».

Quant à l'emprunt, s'il n'est pas exclu (v. ss 505), ce n'est en toutes hypothèses, que pour financer des prêts et donc pas pour contribuer à l'équilibre du budget.

Les problèmes d'ajustement étaient donc inévitables et ont conduit, dans la première moitié des années quatre-vingt, la Communauté au bord de la cessation de paiements, des solutions de fortune en termes d'avances remboursables ou non remboursables de la part des États membres étant indispensables avant qu'un desserrement des recettes soit laborieusement admis.

Il faut, qui plus est, être conscient que la procédure budgétaire impliquant à la fois le Parlement européen et le Conseil, dans des proportions de plus en plus égalitaires, spécialement à partir des traités budgétaires de Luxembourg, du 22 avril 1970, et de Bruxelles, du 22 juillet 1975, exacerbait cette tension, le Parlement étant soucieux, surtout à partir de l'élection directe, de soutenir le développement des actions communautaires, alors que le Conseil et donc les États membres étaient inquiets face à l'augmentation des dépenses.

Il n'est donc pas surprenant qu'aient été organisées des procédures d'encadrement des dépenses, d'abord de façon spécifique, puis en tant que perspective d'ensemble s'imposant à la procédure budgétaire.

A. Les anciens dispositifs particuliers

470. Si le problème d'adéquation des dépenses aux recettes était général, il se traduisait de manière particulièrement aigüe sous certaines formes, notamment celle du partage conflictuel des compétences entre les deux autorités budgétaires en fonction de la distinction entre dépenses obligatoires (DO) et dépenses non obligatoires (DNO), et dans un certain domaine, celui des dépenses agricoles.

Ont donc été imaginés des dispositifs particuliers pour résoudre ces difficultés particulières.

1° Le taux maximal d'augmentation des DNO

471. Pendant longtemps, le Parlement européen ne disposait pas d'un véritable pouvoir législatif (v. ss 365), et utilisait de façon offensive les pouvoirs budgétaires qui lui avaient été reconnus en 1970 et 1975. La procédure budgétaire reposait (art. 272, § 4, CE) sur une distinction entre les dépenses imposées par les traités et les actes pris sur leur fondement (*dépenses obligatoires*) et les autres dépenses (*dépenses non obligatoires*), le Parlement européen ayant le dernier mot sur celles-ci, et un simple droit de proposer des modifications pour celles-là. Il est clair que les dépenses obligatoires n'étant pas négociables, la seule catégorie susceptible de se traduire par des modifications au cours de la procédure budgétaire était celle des DNO, et le véritable droit d'amendement du Parlement, conjugué à la claire volonté de celui-ci de marquer son soutien au développement des activités communautaires, ne laissait pas d'inquiéter les États membres, d'où, à l'article 272, § 9, CE, la définition d'un « taux maximal d'augmentation » des DNO : constaté par la Commission sur la base de paramètres économiques objectifs (évolutions du PNB, des budgets nationaux, du coût de la vie), il s'imposait dans chaque procédure budgétaire, avec deux éléments de souplesse : si le Conseil, dans le projet de budget, dépassait la moitié de ce taux maximal, le Parlement pouvait encore amender le budget à hauteur de la moitié de ce taux ; de plus, un accord entre le Conseil et le Parlement pouvait conduire à augmenter ce taux si nécessaire. Le traité de Lisbonne a supprimé cette distinction entre les deux catégories de dépenses.

2° La ligne directrice agricole

472. La discipline budgétaire et les dépenses agricoles ont toujours entretenu des rapports conflictuels. Cette discipline, initialement, ne devait exister que pour les dépenses agricoles ; le refus de la France, ne voulant pas stigmatiser les agriculteurs, a conduit à un système global mais, de 1988 à 2006, est restée une particularité pour les dépenses agricoles : la *ligne directrice agricole*, consistant pour les dépenses agricoles à avoir un taux de croissance annuel maximum de 74 % par rapport au taux d'accroissement annuel du PNB de la Communauté, en partant, en 1988, d'un montant de départ de

27,5 milliards d'écus (décision n° 88/377/CE, complétée par l'Accord interinstitutionnel du 22 juin 1988, dans le cadre du *Paquet Delors I*). Au lendemain du Traité de Maastricht et du Conseil européen d'Edimbourg (décembre 1992), le cadre financier a été remanié (*Paquet Delors II*). Le nouvel Accord de discipline budgétaire pour la période 1993-1999 (*JOCE* n° C 331 du 7 déc. 1993) et la décision n° 94/729/CE (*JOCE* n° L 293 du 12 nov. 1994) ont reconduit la ligne directrice agricole. L'Agenda 2000 l'a prolongée au sein des perspectives financières 2000-2006 (*JOCE* n° C 172/1 du 18 juin 1999). Le règlement CE n° 2040/2000 du Conseil du 26 septembre 2000 organisant la discipline budgétaire (*JOCE* n° L 244/27 du 29 sept. 2000) a pris pour la ligne directrice agricole une nouvelle référence de base (dépenses de 1995 et non plus celles de 1988), et a élargi sa portée, l'appliquant, en plus des dépenses agricoles traditionnelles, aux nouvelles mesures de développement rural (constituant le « deuxième pilier de la politique agricole commune »), aux mesures vétérinaires et phytosanitaires, à l'instrument de pré-adhésion agricole, et à la partie du montant disponible pour les adhésions au titre de l'agriculture, ce qui conduisait cette ligne directrice à ne plus correspondre exactement à la rubrique 1 (agriculture) des perspectives financières.

Le règlement CE n° 1290/2005 sur le financement de la politique agricole commune (*JOUE* n° L 209/1 du 11 août 2005) a incorporé les règles propres à la discipline budgétaire mais compte tenu de la nouvelle ventilation des rubriques dans les perspectives financières 2007-2013, le dispositif spécifique de la ligne directrice n'apparaît plus, les plafonds « de droit commun » étant considérés comme désormais suffisants.

B. L'actuel système général de discipline budgétaire

473. À partir de 1988, l'évolution des budgets généraux a été conditionnée par des « perspectives financières » pluriannuelles présentant le double avantage de constituer un cadre limitant à moyenne échéance la croissance des dépenses, rubrique par rubrique, et de faciliter – et apaiser – la discussion budgétaire annuelle.

1° Les cadres financiers pluriannuels

474. Le premier cadre financier (*paquet Delors I*) portait sur les exercices 1988-1992 et s'est matérialisé juridiquement par une décision 88/377/CEE du Conseil du 24 juin 1988 concernant la discipline budgétaire (*JOCE* n° L 185/29 du 15 juill. 1988), la décision n° 88/376/CEE du Conseil du 24 juin 1988 sur les Ressources propres (*JOCE* n° L 185/24 du 15 juill. 1988) et un accord interinstitutionnel du 29 juin 1988 sur la discipline budgétaire (*JOCE* n° L 185/33 du 15 juill. 1988).

C'est ensuite la période 1993-1999 qui a correspondu au *paquet Delors II*, au lendemain d'un traité de Maastricht qui n'était pas déterminant en tant que facteur d'évolution, les nouveaux domaines (piliers 2 et 3) ne relevant pas, du moins à l'origine, du budget général qui restait celui « des Communautés ». Pourtant, la mise au point de ce nouveau cadre fut difficile, exigeant non seulement plus de temps que prévu mais l'intervention du Conseil européen et même de la Cour de justice (CJCE 7 déc. 1995, *Conseil c/Parlement européen*, aff. C-41/95, *Rec.* I-4411). Ce n'est que le 31 octobre 1994 que furent adoptées les décisions 94/728/CE et 94/729/CE du Conseil relatives au système des ressources propres (*JOCE* n° L 293/9 du 12 nov. 1994) et à la discipline budgétaire (*JOCE* n° L 293/14 du 12 nov. 1994).

Sur la base de la réflexion prospective de la Commission sur les politiques européennes menée en 1997 dans l'*Agenda 2000*, le cadre 2000-2006 a adapté le système de discipline budgétaire au contexte des réformes de la PAC et des fonds structurels elles-mêmes déterminées en partie par les perspectives d'élargissement de l'Union.

Les perspectives financières 2000-2006 ont été juridiquement organisées par l'accord interinstitutionnel du 6 mai 1999 sur la discipline budgétaire et l'amélioration de la procédure budgétaire (*JOCE* n° C 172/1 du 18 juin 1999) et un nouveau règlement (CE) n° 2040/2000 du Conseil du 26 septembre 2000 sur la discipline budgétaire (*JOCE* n° L 244/27 du 29 sept. 2000), accompagné d'une nouvelle décision Ressources propres n° 2000/597 du Conseil du 29 septembre 2000 (*JOCE* n° L 253/42 du 7 oct. 2000).

Le cadre 2007-2013 fut, lui aussi, difficile à adopter, la proposition de la Commission datant de 2004 pour une conclusion le 17 mai 2006 (Accord interinstitutionnel sur la discipline budgétaire et la bonne gestion financière, *JOUE* n° C 139/1 du 14 juin 2006) (et une nouvelle décision n° 2007/436 sur les ressources propres le 7 juin 2007, *JOUE* n° L 163/17 du 23 juin 2007). On note cependant une forme d'assouplissement par la diminution du nombre de rubriques distinguées dans les perspectives financières.

Le traité de Lisbonne, outre qu'il supprime la distinction entre les DO et les DNO, consacre un chapitre spécial au « cadre financier pluriannuel » (art. 312 FUE) (v. ss 363) qui ne sera plus porté par un accord interinstitutionnel mais par un règlement adopté selon une procédure législative spéciale, le Conseil se prononçant à l'unanimité avec approbation du Parlement (à la majorité de ses membres). La lourdeur de la procédure est telle que le traité prévoit d'emblée que ce cadre pourrait ne pas être adopté à temps et il envisage lui-même un système transitoire de prorogation des dispositifs précédents (art. 312, § 4, FUE).

La Commission a présenté le 29 juin 2011 sa proposition pour le cadre financier 2014-2020 (proposition de règlement, COM(2011)398), de même qu'un projet d'accord interinstitutionnel afin d'adapter le dispositif de discipline budgétaire en vigueur, mis en place avant l'entrée en vigueur du traité de Lisbonne (COM(2011)403). Le cadre financier pluriannuel pour la période 2014-2020 a donc fait l'objet du règlement (UE, Euratom) n° 1311/2013 du Conseil du 2 décembre 2013 (*JOUE* n° L 347/884 du 20 déc. 2013). Un cadrage pluriannuel présente des avantages en termes de rationalisation et de sécurisation budgétaire mais peut apparaître comme un carcan contraignant en cas de circonstances imprévues. C'est ce qui s'est passé pour ce cadre 2014-2020, spécialement en raison des crises humanitaires et des problèmes de sécurité. Les marges disponibles au moyen de la réserve pour aides d'urgence et de l'instrument de flexibilité ayant été utilisées pendant les premières années, il est apparu nécessaire de reconstituer ces marges, notamment en prévoyant que les montants non utilisés du Fonds de solidarité de l'Union européenne et du Fonds européen d'ajustement à la mondialisation seraient mis à la disposition de l'instrument de flexibilité. Le règlement (UE, Euratom) 2017/1123 du Conseil du 20 juin 2017 (*JOUE* n° L 163/1 du 24 juin 2017) a donc modifié le cadre financier.

La Commission a présenté le 2 mai 2018 la proposition de règlement du Conseil fixant le cadre financier pluriannuel pour la période 2021-2027 (COM(2018)322), en même temps qu'une communication en présentant les objectifs et les principes (« Un budget moderne pour une Union qui protège, qui donne les moyens d'agir et qui défend. Cadre financier pluriannuel 2021-2027, COM(2018)321), un cadre pour une Union réduite à 27 »).

2° Les plafonnements de dépenses

475. Le système de discipline budgétaire repose sur un double plafonnement de la dépense. Au plafonnement global s'ajoutent des plafonds particuliers pour chacune des rubriques identifiées par les perspectives financières, qui correspondent à une classification politique des dépenses.

476. Initialement, le système comptait six rubriques en 1988, puis sept en 1994, huit en 2000 (onze en comptant les sous-rubriques) : 1) Agriculture, avec deux sous-rubriques distinctes : dépenses pour la politique agricole commune (PAC) (essentiellement les mesures de marché et les aides directes aux agriculteurs) et développement rural et mesures d'accompagnement introduites lors de la réforme de la PAC de 1992 ; 2) Actions structurelles, avec deux sous-rubriques : Fonds structurels, et Fonds de cohésion ; 3) Politiques internes ; 4) Actions extérieures ; 5) Administration ; 6) Réserves ; 7) Stratégie de pré-adhésion ; 8) Compensation.

477. Le cadre pour 2007-2013 retenait six rubriques et était donc simplifié et moins rigide. En effet, plus les ressources se répartissent dans un grand nombre de rubriques, plus le système est rigide et empêche une utilisation plus efficace des ressources pour atteindre les objectifs de l'Union. Un nombre plus limité de rubriques permet de refléter les grands objectifs politiques et de disposer d'une marge de manœuvre indispensable pour les développements, qui ne peuvent pas toujours être prévus de façon précise presque dix ans à l'avance. 1) Croissance durable (sous-rubriques : Compétitivité pour la croissance et l'emploi, Cohésion pour la croissance et l'emploi) ; 2) Conservation et gestion des ressources naturelles (une seule sous-rubrique : Dépenses de marché et paiements directs) ; 3) Citoyenneté, liberté, sécurité et justice (sous-rubriques : Liberté, sécurité et justice, Citoyenneté) ; 4) L'Union européenne, acteur mondial (aucune sous-rubrique) ; 5) Administration (sans sous-rubrique) ; 6) Compensations (sans sous-rubrique), cette rubrique ayant cessé d'être provisionnée depuis 2010.

478. Le cadre pour la période 2014-2020 a sensiblement conservé la classification du précédent exercice, simplement adaptée aux axes de la stratégie Europe 2020 pour l'emploi, une croissance intelligente, durable et inclusive (COM(2010)2020) : 1) Croissance intelligente et inclusive (sous-rubriques : Compétitivité pour la croissance et l'emploi, Cohésion économique, sociale et territoriale) ; 2) Croissance durable : ressources naturelles (une seule sous-rubrique: Dépenses relatives au marché et paiements directs ; 3) Sécurité et citoyenneté (aucune sous-rubrique) ; 4) L'Europe dans le monde (aucune sous-rubrique) ; 5) Administration (une seule sous-rubrique: dépenses administratives des institutions) ; 6) Compensations (aucune sous-rubrique), cette rubrique n'ayant été provisionnée que pour 2014 (Croatie).

479. La proposition pour 2021-2027 se veut plus centrée sur les priorités politiques de l'Union. Elle reposerait sur sept rubriques (Marché unique, innovation et numérique ;

cohésion et valeurs, ressources naturelles et environnement, gestion des migrations et des frontières, sécurité et défense, voisinage et reste du monde, administration publique européenne) divisées en dix-sept sous-rubriques.

480. *Chaque rubrique est plafonnée* de façon étanche, pour chacun des budgets annuels de la période considérée, le solde de l'une d'entre elles ne pouvant servir à financer le déficit d'une autre. Ceci permet une grande finesse dans l'exécution budgétaire, la Commission pouvant, par exemple, mettre en œuvre, chapitre par chapitre, un système d'alerte et de suivi mensuel des dépenses afin que, si un risque de dépassement du plafond de la sous-rubrique « dépenses de la PAC » apparaît, elle puisse prendre au plus tôt les mesures appropriées dans le cadre de ses pouvoirs de gestion, puis, si ces mesures se révèlent insuffisantes, elle propose d'autres mesures au Conseil, devant alors statuer dans un délai aussi bref que possible.

L'addition des plafonds des différentes rubriques permet d'obtenir le *plafond global*, pour chaque année, des crédits d'engagement. Par ailleurs, le montant des recettes est limité (désormais 1,23 % du RNB de l'Union) (v. ss 493). Dès lors, afin de vérifier la compatibilité des perspectives financières avec ce plafond des ressources propres, un plafond annuel est également établi pour les crédits de paiements. Ce plafond est global et n'est pas réparti par rubrique. Il est aussi exprimé en pourcentage du RNB estimé de l'Union. Toutefois il existe une *marge pour imprévus* entre le plafond des ressources propres et le plafond des crédits pour paiements, qui a une double fonction : permettre de procéder à une révision des perspectives financières, en cas de besoin, pour faire face à des dépenses imprévues lors de l'adoption initiale de ces perspectives financières ; contribuer à absorber les conséquences d'une croissance économique plus faible que prévu ; en effet, dans une telle circonstance où le RNB effectif est moins élevé que prévu, le plafond des crédits pour paiements, qui est un montant absolu, peut être financé dans les limites du plafond des ressources propres exprimé en pourcentage du RNB, en utilisant la marge.

Les ressources propres nécessaires au financement du budget 2018 représentent 0,91 % du total du RNB.

§ 2. Les sources de financement

I. Les contributions financières

481. Le financement par des contributions financières étatiques (exigeant un consentement annuel des parlements nationaux) qui est toujours la règle pour les organisations internationales, présente un caractère seulement historique ou résiduel dans les Communautés.

A. Financement initial du budget général

482. Les traités de Rome prévoyaient (à la différence de la CECA qui prélevait un impôt sur les entreprises) que les dépenses du budget de la CEE (art. 200 *[abrogé]*), ainsi que du budget de fonctionnement comme du budget de recherche et d'investissement de l'Euratom (art. 172) étaient couvertes par des contributions financières réparties entre les États membres selon un certain nombre de « clés » : une *clé générale*, fondée sur des critères avant tout politiques (Allemagne, France et Italie : 28 % ; Belgique et Pays-Bas : 7,9 % ; Luxembourg : 0,2 %) ; et des *clés tenant davantage compte des capacités contributives*, pour les dépenses du Fonds social inscrites au budget CEE et les dépenses du budget de recherche et d'investissement d'Euratom. En outre, le Conseil, statuant à l'unanimité, était autorisé (art. 200.3 CEE *[abrogé]*) à modifier ces clés, possibilité à laquelle il eut rapidement recours. Il apparut, en effet, dès 1960, lorsque commencèrent à être jetées les bases de la politique agricole commune, que la clé générale fixée à l'article 200 était une clé conçue pour des dépenses administratives de volume limité, qui ne pouvait convenir pour le financement d'interventions agricoles massives. À partir de 1962, les dépenses du FEOGA, en accroissement vertigineux, furent couvertes par des contributions financières calculées selon une succession de clés spécifiques qui présentaient l'originalité d'avoir un caractère « actif » (tenant compte des importations nettes de produits agricoles, elles pénalisaient les États membres grands importateurs et devaient les inciter à jouer le jeu de la « préférence communautaire » qui veut que chacun s'approvisionne en priorité à l'intérieur de la Communauté), mais qui, surtout, n'étaient fixées que pour une durée limitée (de 1962 à 1965, Règl. n° 25 du 4 avr. 1962, préc. ; de 1966 à 1970, Règl. 26 juill. 1966, *JOCE* n° 165 du 20 sept. 1966 ; cf. J.-P. Vergès, « Le financement de la politique agricole commune », *RTDE* 1965. 521 et 1967. 30). Les inconvénients de ce mécanisme qui subordonnait le développement de la principale politique communautaire à des accords précaires et à des marchandages permanents sur la part de financement prise en charge par chaque partenaire conduisit à son abandon au profit d'un système de ressources propres, garantissant le financement durable des politiques communes.

B. Financement actuel du FED

483. Aujourd'hui, le système des contributions financières ne subsiste plus que pour le financement (hors budget) des dépenses de coopération au développement (dons et prêts à conditions spéciales) du *Fonds européen de développement* (cf. F. Baron et G. Vernier, *Le FED*, « Que sais-je ? », Paris, PUF, 1981) que les États refusent toujours de budgétiser, malgré la proposition de la Commission (dès 1973) et les pressions du Parlement européen.

D'abord créée pour cinq ans par la Convention d'application relative à l'association des pays et territoires d'outre-mer annexée au traité CEE, le FED fut régulièrement renouvelé par des accords internes entre les États membres, visant à mettre en œuvre les conventions de Yaoundé (1963 et 1969) et de Lomé (1975, 1979, 1985 et 1989). Le FED est alimenté par des contributions selon des clés de répartition qui ont évolué et qui ont été chaque fois négociées au coup par coup, en tenant compte de la capacité contributive mais aussi de considérations politiques. L'Allemagne et la France, dont les apports cumulés représentent encore près de la moitié du total, ont toujours été les plus importants contributeurs ; depuis le 5e FED, pour la première fois, la contribution de l'Allemagne a dépassé légèrement celle de la France (cf. au *JOCE* n° L 156/108 du 29 mai 1998, la clé de financement des 12 840 millions d'écus du 8e FED). Le 9e FED, lié aux accords de Cotonou signés le 23 juin 2000 (*JOCE* n° L 317 du 15 déc. 2000) était doté de 13,5 milliards d'euros pour cinq ans, auxquels s'ajoutent 9,9 milliards de reliquats des précédents FED. Le 10e FED couvrait la période 2008 à 2013 et disposait d'un budget total de 22,7 milliards d'euros. Sur ce montant, 21,9 milliards étaient alloués aux pays ACP, 286 millions aux PTOM et 430 millions à la Commission pour couvrir les dépenses engagées pour la programmation et la mise en œuvre du FED (cf. la décision n° 1/2006 du Conseil des ministres ACP – CE du 2 juin 2006 *précisant le cadre financier pluriannuel pour la période 2008-2013 et modifiant l'accord de partenariat ACP-CE révisé*, *JOUE* n° L 247/22 du 9 sept. 2006). Le 11e FED 2014-2020 est doté d'un budget de 30,5 milliards d'euros et est entré en vigueur le 2 mars 2015. On peut distinguer trois types de programmation financière.

– *Les programmes nationaux des pays de la zone ACP* : 21 milliards d'euros (soit environ 69 % du budget) sont gérés par la Commission européenne en coopération avec le pays partenaire, par l'élaboration conjointe d'un Programme indicatif national (PIN). Les domaines d'action prioritaires sont 1) la gouvernance (y compris l'appui budgétaire), 2) l'agriculture durable et la sécurité alimentaire et 3) l'énergie.

– *Les programmes régionaux* : ces programmes mobilisant 3,34 milliards d'euros, (environ 11 % du total) sont gérés par la Commission qui élabore avec une ou plusieurs organisations régionales mandatée à cet effet un programme indicatif régional (PIR). Il y avait 6 PIR dans le 10e FED mais la fusion de deux régions a limité à 5 le PIR pour le 11° FED : Afrique de l'Ouest ; Afrique centrale ; Afrique de l'Est, australe et Océan Indien ; Caraïbes ; Pacifique.

– *Les programmes transversaux (programme intra-ACP)* : 3,59 milliards d'euros (environ 11 %) sont consacrés à des projets transversaux touchant toute la zone ACP (contribution au Fonds mondial de lutte contre la tuberculose et la malaria, à la Facilité de paix africaine, à l'Alliance globale contre le changement climatique, etc.)

Il ne faut pas confondre le caractère pluriannuel du FED, qui correspond vraiment à une allocation de ressources sur cinq ans, c'est-à-dire un budget pluriannuel, avec l'encadrement du budget général de l'Union dans un cadre financier pluriannuel, ce budget général restant, lui, annuel.

Les ressources du FED sont des contributions *ad hoc* des États membres de l'Union. Tous les cinq ans, une réunion intergouvernementale permet de déterminer le montant global attribué au Fonds et superviser son exécution. C'est ensuite la Commission qui gère le FED.

La question de la budgétisation du FED est renvoyée à 2020, qui marquera à la fois la fin des perspectives financières 2014-2020 et l'échéance des Accords de Cotonou. La proposition de cadre financier 2021-2027 présentée par la Commission le 2 mai 2018 propose cette budgétisation du FED.

II. Les ressources propres

Brehon (N.-J.), « Vers un nouveau financement de l'Union », Fondation Robert Schuman, *Question d'Europe* n° 257, oct. 2012.

Dussart (V.), « Le financement de l'Union européenne : nouvelles problématiques à l'orée du xxie siècle », in *Mélanges en hommage à Guy Isaac*, Toulouse, Presses de l'Université des sciences sociales de Toulouse, 2004, tome 2, p. 889.

Isaac (G.), « Ressources propres attribuées aux Communautés européennes », *Dictionnaire encyclopédique de finances publiques*, Paris, Economica, 1991.

Isaac (G.), chron. fin., *RTDE* 1973. 670, 1978. 649 et 1980. 302.

484. Ce sont des recettes affectées une fois pour toutes à l'Union pour financer son budget et lui revenant de droit, sans qu'une décision ultérieure des autorités nationales doive intervenir. Gage de son autonomie financière et de sa liberté d'action vis-à-vis des États membres, les ressources propres sont l'élément majeur de la constitution financière de l'Union, même si elles ne sont pas toutes l'expression d'un véritable pouvoir fiscal communautaire (cf. G. Isaac, *RTDE* 1973. 712, et « La notion de ressources propres », in *Les ressources financières de la CE*, préc., p. 70).

Après une tentative malheureuse en 1965, la décision du 21 avril 1970 (*JOCE* n° L 94/19 du 28 avr. 1970) relative au remplacement des contributions financières par des ressources propres aux Communautés, adoptée en application des articles 269 CE *[désormais art. 311 FUE]* et 173 CEEA, a organisé la mise en place progressive, à partir du 1er janvier 1971, d'un « système de ressources propres » pour alimenter le *budget général* des Communautés (créé par le traité de fusion de 1965, ce *budget général* a couvert, depuis le traité budgétaire du 22 avril 1970, les dépenses administratives de la CECA et les recettes y afférentes, les dépenses et les recettes de la CEE ainsi que les dépenses et les recettes tant administratives que de recherche et d'investissement de l'Euratom).

Si cette autonomie financière est apparue, sur le plan des principes, comme essentielle à la spécificité de l'intégration européenne, en termes d'émancipation vis-à-vis des États, elle n'a pas réussi à assurer une sécurité de financement pour l'Union européenne et elle semble surtout ne pas être parvenue à rompre la logique voyant les États membres en tant que contributeurs ; autant dire que la question se pose de savoir s'il s'agit véritablement d'un dispositif de ressources *propres* à l'Union.

A. Les catégories

485. Hormis quelques recettes mineures du type impôt sur les traitements et salaires des fonctionnaires et agents (cf. V. Dussart, « Un impôt méconnu : l'impôt sur les fonctionnaires et agents de l'Union européenne », in *Mélanges offert en l'honneur du Professeur Beltrame*, Aix-Marseille, PUAM, 2010) ou amendes prononcées par les institutions, les ressources propres comprennent essentiellement trois et, depuis 1988, quatre composantes.

1° Première ressource

486. Union douanière, la Communauté a supprimé les droits sur les échanges intra-communautaires mais se protège des importations en provenance de pays tiers par un tarif douanier devenu commun en juillet 1968. Puisque les *droits de douane* sont perçus aux frontières extérieures sur les importations, quel que soit le lieu de consommation, il est naturel et logique qu'ils reviennent à la Communauté plutôt qu'aux États membres qui les perçoivent. Il s'agit là, en quelque sorte, de *ressources propres par nature*, qui ont été affectées au budget communautaire par fractions croissantes entre 1971 et 1975 et enfin en 1988 pour les droits de douane CECA.

2° Deuxième ressource

487. Les *prélèvements agricoles* instaurés à partir de 1962 étaient comparables, à certains égards et malgré une technique différente (caractère variable), aux droits de douane et constituaient aussi des ressources propres *par nature*. La décision du 21 avril 1970 a donc transféré en bloc et dès le 1er janvier 1971 le produit de l'ensemble des taxes variables perçues sur les échanges de produits agricoles avec les pays non membres, dans le cadre d'une organisation commune des marchés, auxquelles sont assimilées les cotisations à la production et au stockage instaurées dans le cadre de l'organisation du marché du sucre et de l'isoglucose. Du fait des engagements souscrits lors des accords de l'Uruguay Round, la Communauté a dû remplacer ces prélèvements variables par des droits agricoles fixes, s'apparentant d'avantage à la technique de la tarification douanière, de sorte que la décision n° 2007/436 du 7 juin 2007 relative au système des ressources propres (*JOUE* n° L 163/17 du 23 juin 2007) a assimilé ces droits aux droits de douane ; seule a subsisté un temps dans cette catégorie la *cotisation sucre* mais la suppression, à partir du 30 septembre 2017, du régime de quotas pour le sucre a mis fin à ce régime.

3° Troisième ressource

488. Ces deux premières ressources propres « par nature » (on parle aujourd'hui de ressources propres « traditionnelles ») étant insuffisantes pour couvrir les besoins, et surtout ne pouvant que se réduire substantiellement au fur et à mesure que des États tiers, grands partenaires commerciaux naturels, entraient dans la Communauté, ce qui supprimait alors tout droit agricole et tout droit de douane sur les opérations commerciales avec eux, la décision du 21 avril 1970 a prévu que le solde du budget serait financé par des ressources « provenant de la TVA et obtenues par l'application d'un taux qui ne peut dépasser 1 % à une assiette déterminée d'une manière uniforme pour les États membres selon les règles communautaires » : *les ressources TVA*. Il s'agissait donc d'une capacité financière égale, à ce moment, à 1 % de l'assiette normalisée de la TVA, à laquelle les autorités budgétaires de la Communauté avaient librement accès, en fonction de leurs besoins, chaque année. La formulation de la décision du 21 avril 1970 révélait clairement l'intention de faire de cette ressource une véritable recette fiscale. Pour autant, le taux évoqué était un taux plafond et non un taux fixe, le taux annuel pouvant varier selon les exigences pour assurer l'équilibre du système (CJCE 31 mars 1992, *Conseil c/ Parlement européen*, aff. C-284/90, *Rec. CJCE* 1992, p. I-2277). La mise au point de l'application par les États de l'assiette uniforme de la TVA ayant demandé des délais supplémentaires, ce n'est qu'en 1980 que, pour la première fois, le budget général fut intégralement financé par des ressources propres.

489. Compte tenu de l'épuisement de la capacité financière de la Communauté, la « deuxième décision ressources propres » (du 7 mai 1985, *JOCE* n° L 128/15 du 14 mai 1985) a porté le taux de la ressource TVA à 1,4 % à compter du 1er janvier 1986. Mais la « quatrième décision ressources propres » (*JOCE* n° L 293/9 du 12 nov. 1994) a organisé son retour progressif à 1 % entre 1995 et 1999, l'assiette TVA s'étant révélée « régressive », c'est-à-dire pénalisante pour les États les moins prospères. La décision du 29 septembre 2000 (*JOCE* n° L 253/42 du 7 oct. 2000) confirme cette érosion, prévoyant que le taux maximal d'appel de la TVA passe à 0,75 % en 2002, puis 0,5 % en 2004.

La décision Ressources propres 2007/436 du 7 juin 2007 a porté à 0,3 % le taux d'appel maximal de la TVA, ce qu'a maintenu la décision 2014/335/ du 26 mai 2014.

Le même défaut de la TVA, dont l'assiette est quasiment réduite à la consommation et ne tient donc pas compte de paramètres intégrés dans le calcul du PNB vraiment significatifs de la prospérité d'une économie nationale comme l'investissement ou les exportations nettes, a conduit, en 1988, à imaginer un système d'écrêtement de l'assiette TVA à 55 % du PNB des États (ce qui ne réduit quasiment pas l'assiette des États prospères mais diminue sensiblement celle des moins prospères, pour lesquels en règle générale l'assiette TVA est proche du PNB). En 1992, il a été décidé de faire passer ce taux à 50 % en 1995 pour les États les plus en retard et en 1999 de façon générale. Les décisions ressources propres de 2007 et 2014 ont maintenu cet écrêtement à 50 %.

Au total, le manque d'harmonisation totale de la TVA au niveau européen, ces mouvements désordonnés du taux plafond, cet écrêtement, ainsi que les corrections accordées à certains États membres (v. ss 494) confirment la nature non fiscale de cette ressource, le taux utilisé étant un taux d'appel plus qu'un taux d'imposition, et « l'assiette » étant moins une assiette fiscale qu'un simple paramètre de calcul d'une ressource.

4° Quatrième ressource

490. Sur la base de la « troisième décision ressources propres » (24 juin 1988, *JOCE* n° L 185/24 du 15 juill. 1988), la Communauté bénéficie, avec effet au 1er janvier 1988, d'une *quatrième ressource* d'équilibre du budget obtenue par application d'un taux à fixer chaque année dans le cadre de la procédure budgétaire à une assiette représentant la somme des produits nationaux bruts (PNB) aux prix du marché (désormais est pris en compte le Revenu national brut, RNP, paramètre plus performant). Cette référence au RNB permet de prendre en compte des paramètres économiques non couverts par l'assiette TVA (cette dernière se limite sensiblement à la consommation alors que le RNB tient compte des exportations nettes, des investissements, etc.), et apparaît comme plus révélatrice de la capacité contributive réelle des États. Ressource de complément initialement, elle est devenue la ressource d'équilibre général du système à la suite des déceptions et des renoncements liés à la ressource TVA. Il s'agit vraiment de la ressource assurant l'équilibre puisqu'est d'abord calculée la différence entre le montant des dépenses et le montant des autres recettes, cette différence étant alors répartie entre les États membres par application de ce taux, recalculé chaque année, à leur RNB. Pour 2018, le taux est de 0,6524 %.

B. L'évolution

491. Le système des ressources propres a déçu beaucoup des espoirs placés en lui.

1° Diversification relative

492. Un des intérêts du système consistait, avec trois puis quatre ressource différentes, à diversifier le système de financement du budget européen. L'évolution de la part de ces quatre ressources dans le total des recettes révèle l'échec de cet aspect. Si l'on prend, comme c'est désormais la règle, en considération les droits agricoles et les droits de douane, en tant que « ressources propres traditionnelles, on observe que ces ressources représentaient en 1980 51,8 % du budget ; elles couvraient en 2000 19 % du total ; 13 % en 2010 ; et 15,79 % en 2018. La recette TVA participait en 1980 pour 48,2 % au financement du budget général, sa part passant à 38,7 % en 2000, 11,1 % en 2010, et 11,9 % en 2018. Quant à la recette RNB, si, lors de sa création en 1988, elle assurait 10,9 % des ressources, c'était déjà 42,1 % en 2000, 75,9 % en 2010, et 71 % en 2018. Cette part du lion révèle que cette seule recette est désormais la ressource principale du budget, les autres devenant accessoires ».

2° Plafonnement et relativisation de l'autonomie

493. A partir de 1988, un plafond global de ressources propres a été déterminé. Jusqu'en 1994, il s'élevait à 1,2 % du PNB mais s'est avéré trop contraignant et fut porté à 1,21 % en 1995 par la « quatrième décision ressources propres », qui a exigé, une fois encore (art. 269 CE) non seulement l'unanimité au sein du Conseil mais encore la ratification des États membres, c'est-à-dire l'approbation de chacun des parlements nationaux. Le plafond a ensuite évolué : 1,22 % en 1996, 1,26 % en 1998 et 1,27 % en 1999. Un changement « technique » est intervenu en 2002, puisqu'a été pris en compte à ce moment-là le RNB (revenu national brut), à la place du PNB, 1,27 % du PNB correspondant alors à 1,24 % du RNB, ce taux passant à 1,23 % du RNB avec la décision du Conseil n° 2010/196/UE, Euratom du 16 mars 2010 (*JOUE* n° 87/31 du 7 avr. 2010). La décision 2014/335/UE, Euratom du Conseil du 26 mai 2014 relative au système des ressources propres de l'Union européenne (*JOUE* n° L 168/105 du 7 juin 2014) a conservé le même plafond. Les ressources propres nécessaires au financement du budget 2018 représentent 0,91 % du RNB, la marge étant donc de 0,32 %. Les dépenses d'engagement sont, quant à elles, plafonnées à 1,29 % du RNB. L'important reste cette lourde procédure maîtrisée par les États membres : l'autonomie financière espérée reste donc relative.

3° Corrections et réductions

494. Le système des ressources propres n'a pas tenu intégralement ses promesses sur un troisième point ; alors qu'il devait éliminer totalement les marchandages entre États sur le poids de leur participation respective au budget, il a dû composer avec des revendications nationales qui ont abouti à une collection de « corrections » parmi lesquelles il faut mettre à part celle qui concerne le Royaume-Uni, qui a obtenu de haute lutte la première de ces corrections, dont toutes les autres ont découlé.

a) La correction britannique

495. Le Royaume-Uni avait conscience, avant même son adhésion, des problèmes que poserait son équation particulière : un État conservant de fortes importations en provenance d'États tiers (*Commonwealth* oblige), et ayant un faible secteur agricole ne pouvait qu'occuper une place importante dans le financement des ressources propres tout en étant faiblement concerné par les plus fortes dépenses (celles de la politique agricole commune) du budget communautaire. D'où des aménagements négociés dans le traité d'adhésion et qui devaient s'appliquer de 1973 à 1977, mais qui ont été prolongés jusqu'en 1980. A partir de 1979, le Premier ministre britannique, Margareth Thatcher, a lancé une importante campagne sur le thème du « *I want my money back* » (formule du 30 novembre 1979), visant à faire accepter d'une part la « situation inacceptable » du Royaume-Uni, et par ailleurs sa qualité de « contributeur net ». La Communauté accéda d'abord à la première demande, par des mécanismes ponctuels (d'où l'affichage du terme de « chèque »), les 30 mai 1980, 26 octobre 1982, et 19 juin 1983. Il s'agissait de jouer sur un renforcement des dépenses, ce qui ne mettait donc pas à mal le système ni la notion de ressources propres.

496. C'est le Conseil européen de Fontainebleau, le 26 juin 1984 qui admit, pour mettre fin aux marchandages incessants, et en contrepartie d'une augmentation du plafond des ressources propres, ce qui pouvait apparaître comme une simple pérennisation du mécanisme de correction, mécanisme formalisé dans la « deuxième » (1985) et vraiment pérennisé dans la « troisième décision ressources propres » (1988), mais qui surtout, à la différence des aménagements précédents, ne portait plus sur les dépenses mais bien sur le système même des ressources propres, avec la consécration de la notion controversée de « contributeur net ». En simplifiant (le mécanisme de la décision de 1985 était simple mais celui de la décision de 1988 l'a considérablement compliqué), le Royaume-Uni voit corriger sa participation à la ressource TVA à hauteur des deux tiers de la différence entre sa part dans cette ressource et son quota de bénéfice des dépenses communautaires, ces deux tiers ne lui incombant plus, et ses versements au titre des ressources propres sont diminués. La « cinquième décision ressource propre » de septembre 2000 a maintenu le système tout en ajustant la correction au profit du Royaume-Uni. La sixième décision du 7 juin 2007 a adapté le mode de calcul de la correction britannique de manière à ce que celui-ci participe à l'effort financier lié à l'élargissement de 2004, sauf pour les dépenses agricoles et une partie des dépenses de développement rural. Cela s'est traduit par une réduction de la correction, le surcoût pour le Royaume-Uni étant cependant plafonné. Le Conseil européen des 7 et 8 février 2013 ayant conclu que ce mécanisme devait continuer à s'appliquer, la 7° décision ressources propres du 26 mai 2014 l'a maintenu pour la période 2014-2020. La limitation des versements du Royaume-Uni porte désormais sur sa participation à la ressource RNB.

b) Les corrections en faveur d'autres États membres

497. La correction au profit du Royaume-Uni a été à l'origine d'autres corrections, soit directement en ce qu'il s'agissait de réduire la part de certains États membres dans le financement de la correction britannique, soit indirectement parce que des États invoquaient à leur tour leur situation de contributeur net.

498. S'agissant du *financement de la correction britannique*, l'Allemagne a obtenu d'être exonérée du tiers de la charge qui aurait dû être la sienne. L'Espagne et le Portugal ont obtenu un allègement de leur contribution mais uniquement entre 1988 et 1992. Désormais, la charge financière de la correction au profit du Royaume-Uni est ajustée de manière à limiter la contribution financière de l'Allemagne, des Pays-Bas, de l'Autriche et de la Suède à un quart de leur contribution normale (cf. par exemple l'article 5 de la décision Ressources propres du 26 mai 2014).

499. La décision de 2007 a admis des *corrections pour d'autres États membres* en situation de contributeurs nets, ce qui ressemble *a priori* à la correction britannique mais doit en être également distingué puisque ces nouvelles corrections ne sont accordées que pour la durée d'un cadre financier pluriannuel, devant éventuellement être renégociés à son terme, et que, par ailleurs, elles sont financées par l'ensemble des États membres (y compris par le bénéficiaire). Si l'on considère la période 2014-2020 couverte par la décision ressources propres de 2014, on identifie deux types de corrections. D'une part, le taux d'appel de la ressource TVA est réduit de moitié (0,15 % au lieu de 0,3 %) pour l'Allemagne, les Pays-Bas et la Suède (pour la période 2007-2013, le taux nominal d'appel de la TVA était réduit de 0,3 % à 0,225 % pour l'Autriche, 0,15 % pour l'Allemagne, et 0,10 % pour les Pays-Bas et la Suède). Par ailleurs, le Danemark, les Pays-Bas, la Suède et l'Autriche bénéficient de réductions brutes de leur contribution annuelle fondée sur le RNB. Pour le Danemark, les Pays-Bas et la Suède, c'est une réduction sur l'ensemble de la période, respectivement de 130 millions d'euros, 695 millions d'euros et 185 millions d'euros chaque année. Pour l'Autriche, cela s'est limité à 30 millions en 2014, 20 millions en 2015 et 10 millions en 2016.

500. Il est notable également que ces marchandages éloignent radicalement les taux applicables aux ressources propres et spécialement le taux applicable à l'assiette TVA des *taux d'imposition* en lesquels certains auraient voulu qu'ils se transforment, c'est-à-dire d'une logique d'imposition européenne. Ils révèlent leur nature : ce ne sont que des taux d'appel.

4° Maintien d'une logique de contribution des États

501. Non seulement l'admission de ces corrections relève d'une logique qui n'est pas celle des ressources propres mais cela semble désormais entériné. La présentation des ressources propres dans les documents budgétaires est déconcertante ; désormais, elle consiste à proposer dans le budget un « récapitulatif du financement du budget général par type de ressource propre et par État membre », mais si l'expression « ressources propres » est conservée pour l'ensemble (le total donne lieu à une colonne « Ressources propres totales », ce qui permet de respecter l'article 311 FUE selon lequel « le budget est, sans préjudice des autres recettes, intégralement financé par des ressources propres », l'ensemble des ressources est ventilé par État membre, et sont distinguées deux catégories de ressources propres : les « ressources propres traditionnelles » (cotisations sucre et droits de douane), et les « contributions nationales » (notons les pudiques guillemets) (« ressource propre TVA », « ressource propre RNB », « correction britannique », et « réduction en faveur du Danemark, des Pays-Bas, de l'Autriche et de la Suède »). La logique de contribution des États est même poussée jusqu'à établir pour chaque État membre sa « part dans le total des 'contributions nationales' ». À partir de là, le document de réflexion du 28 juin 2017 relatif à l'avenir des finances de l'Union (COM(2017)358) montre un double phénomène de glissement pernicieux mais significatif. La Commission traduit « ressources propres traditionnelles » par « ressources propres véritables », ce qui montre bien qu'il est des ressources propres qui n'en sont pas véritablement ; par ailleurs, alors que l'article 311 FUE fait des ressources propres la majeure du système de financement de l'Union, on peut lire que le système est « basé principalement sur les contributions des États membres ». Un Groupe de haut niveau sur les ressources propres, installé le 1er février 2014 sous la direction de l'ancien Commissaire Mario Monti (Déclaration commune sur les ressources propres, Document du Conseil n° 17312/14, p. 4), a présenté en janvier 2017 ses conclusions (Rapport « Financement futur de l'Union européenne ») et admet que « le système actuel de financement… s'est progressivement mué en un système de contributions nationales, dans lequel le budget de l'Union est perçu comme un jeu à somme nulle entre des contributeurs nets et des bénéficiaires nets ».

C. L'avenir

502. Le 29 juin 2011, la Commission européenne avait présenté un paquet de propositions législatives et outre le cadre financier 2014-2020, elle avait publié sa proposition de décision du Conseil relative aux ressources propres 2014-2020 (COM(2011) 510). La proposition comprenait dans ses considérants une résolution significative du problème affectant le système des ressources propres : « Le système des ressources propres devrait, dans la mesure du possible, reposer sur des ressources propres autonomes, dans l'esprit du traité, plutôt que sur les contributions financières des États membres que ceux-ci considèrent généralement comme des dépenses nationales ». La Commission souhaitait mettre en place une nouvelle ressource TVA plus simple (ce que n'a pas fait la décision du 26 mai 2014), créer une nouvelle ressource propre avec la taxe sur les transactions financières (on sait que l'échec de cette création a suscité le lancement d'une coopération renforcée elle-même en difficulté, v. ss 77), et simplifier par un régime de forfait les mécanismes de correction (là encore, la décision de 2014 n'a pas concrétisé ces espoirs).

503. La note de synthèse du Groupe de Haut niveau, en janvier 2017, a recommandé pour l'avenir d'avoir de nouvelles ressources découlant de la consommation, de la production et des politiques environnementales. L'idée serait qu'un lien apparaisse clairement avec les objectifs de l'Union, de sorte que ressorte également mieux la valeur ajoutée européenne : TVA réformée, Ressource basée sur l'impôt sur les sociétés (les deux joueraient un vrai rôle pour lutter contre la fraude et l'évasion fiscale), taxe sur les transactions financières ; taxe sur le CO^2, sur l'électricité, redevance sur les carburants ou taxes sur les importations de marchandises venant de pays tiers ayant des émissions élevées… en somme, des ressources propres qui joueraient un rôle écologique. Le document de réflexion de la Commission européenne sur l'avenir des finances de l'Union, le 28 juin 2017, va dans le même sens. Tout en suggérant cinq scenarii envisageables, il suggère de simplifier, voire supprimer, la ressource TVA ; de profiter du Brexit pour mettre fin au système des corrections nationales ; de faire en sorte que de nouvelles ressources ne servent pas uniquement à financer le budget mais jouent un rôle actif dans les politiques de l'Union (taxes énergétiques, environnementales, ou ressource liée à l'impôt sur les sociétés permettant de renforcer le marché intérieur…) ; de baser une nouvelle ressource propre sur les recette de seigneuriage (émission de monnaie) ; de considérer comme des ressources du budget de l'Union les sommes résultant directement des politiques et compétences de celle-ci : produit des enchères de quotas d'émission, primes sur les émissions des véhicules, frais acquittés par les personnes franchissant une frontière de l'Union (à long terme).

504. Le 2 mai 2018, la Commission a présenté une proposition de décision du Conseil relative au système des ressources propres de l'Union (COM(2018)325) (cf. aussi la résolution du Parlement européen de mars 2018 sur la réforme des ressources propres), dans laquelle elle admet que les ressources TVA et RNB « sont, en substance, des contributions nationales ». Elle prévoit notamment d'augmenter le plafond des appels annuels aux ressources propres pour les paiements à 1,29 % du RNB et à 1,35 % du RNB pour les engagements (perspective de budgétisation du FED et financement de priorités nouvelles). Les frais de perception des États membres passeraient de 20 à 10 %. Les corrections seraient supprimées. Quant à la structure des ressources, aucune modification ne serait apportée aux « ressources propres traditionnelles » (droits de douane) ; la ressource TVA serait simplifiée (concentration sur les opérations taxées au taux normal ; rationalisation de la procédure de calcul de l'assiette TVA ; et application d'un taux d'appel uniforme sur l'assiette taxée au taux normal) ; la ressource RNB serait maintenue, de même que sa fonction d'équilibrage, et un « paquet » de trois nouvelles ressources seraient créés, plus liées aux politiques et aux objectifs politiques de l'Union : une part de l'assiette commune consolidée pour l'impôt sur les sociétés, ce qui permettrait d'établir un lien direct entre le financement du budget de l'Union et les avantages dont bénéficient les entreprises exerçant des activités au sein du marché unique ; une part des recettes tirées de la mise aux enchères des quotas du système européen d'échange de quotas d'émission, le lien étant fait avec l'objectif de lutte contre le changement climatique ; et une contribution nationale calculée en fonction du volume des déchets d'emballages en plastique non recyclés, qui inciterait les États membres à réduire les déchets d'emballages et encouragerait la transition de l'Europe vers une économie circulaire grâce à la mise en œuvre de la stratégie européenne sur les matières plastiques. L'objectif serait d'avoir une structure des ressources reposant sur les droits de douane pour 15 %, sur la ressource TVA pour 14 %, sur la ressource RNB pour 58 %, sur la nouvelle ressource « sociétés » pour 6 %, sur la ressource « quotas d'émission » pour 2 %, et sur la ressource « déchets d'emballage » pour 4 %.

III. Les instruments d'emprunt/prêt

Andre (C.) et Blackie (P.), « Les instruments d'emprunt/prêt dans le cadre des instruments financiers de la Communauté », in *Économie européenne, Revue de la Commission des Communautés*, juill. 1980.

Couzinet (J.-F.), « Les Communautés européennes et l'emprunt », *RMC* 1979. 123.

505. À côté des recettes budgétaires, l'Union dispose de ressources financières obtenues par des emprunts et utilisées pour financer par des prêts certaines opérations notamment d'investissement. La gamme et le volume de ces ressources se sont progressivement élargis depuis la création des Communautés, et surtout dans la perspective de l'épuisement du plafond de 1 % des ressources TVA (cf. chron. fin. *RTDE* 1980. 312). Il est cependant nécessaire de préciser que si l'Union peut emprunter, elle ne peut utiliser cette ressource pour financer son budget. C'est donc d'avantage un instrument d'action qu'un instrument de financement. Dans les rôles traditionnellement reconnus à l'action budgétaire publique, la possibilité de jouer sur l'emprunt est importante, notamment en tant qu'instrument de relance d'une économie. La Commission a envisagé, en 2010, de lancer des emprunts obligataires permettant de financer de grands projets européens, se heurtant à l'opposition de certains États membres dont l'Allemagne. Le développement des mécanismes de stabilité financière ont conduit à développer et diversifier ces opérations, l'Union intervenant soit par des prêts soit par des garanties (v. ss 448).

Une garantie budgétaire est accordée par l'Union aux différentes opérations de prêts. Les prêts du mécanisme de stabilisation financière, les prêts Euratom aux États membres, et les prêts de soutien des balances de paiement sont directement couverts par le budget de l'Union. Les financements par la BEI d'investissements dans des pays tiers, les prêts d'assistance macro-financière à des pays tiers, et les prêts Euratom aux pays tiers sont couverts par le Fonds de garantie relatif aux actions extérieures. La garantie de l'Union couvre aussi une partie des opérations de financement et d'investissement assurées par la BEI au titre de son action « infrastructures et innovations », et par le Fonds européen d'investissement (FEI) pour ce qui concerne l'aide aux PME. Le reste des opérations d'investissement pour stimuler la croissance économique (Fonds européen pour les investissements stratégiques : EFSI) est réalisé par le groupe BEI à ses propres risques. Il existe un Fonds de garantie de l'EFSI, géré par la Commission.

Début 2017, l'encours couvert par le budget de l'Union s'élevait à 83,2 milliards d'euros, avec 53,6 milliards portant sur les prêts dans les États membres, et 29,6 milliards pour les opérations vers les pays tiers.

A. Emprunts Communauté européenne – Union européenne

506. Aucun article du traité CEE ne mentionnant l'emprunt comme pouvant être une ressource de la Communauté, c'est en se fondant sur les compétences subsidiaires (actuel art. 352 FUE) que le Conseil a progressivement doté la CEE de capacités d'emprunt lui permettant de tirer parti du crédit que lui confère la disposition des ressources propres. Les *emprunts balance des paiements* ont été instaurés par les règlements du 17 février 1975 (*JOCE* n° L 46 du 20 févr. 1975 ; cf. J.-P. Vergès, « Chronique de finances européennes », *RSF* 1976. 767) pour venir en aide aux difficultés de balance des paiements des États membres consécutives au renchérissement des prix des produits pétroliers. La Communauté était autorisée à émettre des emprunts à concurrence de 3 milliards de dollars américains et à les reprêter aux États membres qui s'engageaient à respecter certaines disciplines économiques et monétaires. Cette capacité d'emprunt a ensuite été haussée à 6 milliards d'écus, en même temps que la garantie des bailleurs de fonds qui, jusque-là, était accordée par les États membres, était reportée sur le budget communautaire (Règl. du 16 mars 1981, *JOCE* n° L 73 du 19 mars 1981) et finalement portée à 14 milliards (Règl. du 24 juin 1988, *JOCE* n° L 78/1 du 8 juill. 1988). Le *Nouvel instrument communautaire* (NIC) créé par la décision du 16 octobre 1978 (*JOCE* n° L 298/9 du 25 oct. 1978) ouvrait une capacité d'emprunt de 1 milliard d'UCE (unité de compte européenne) (débloqués par le Conseil par tranches successives), dont le produit était exclusivement affecté à l'octroi de prêts pour des projets d'investissement dans les secteurs de l'énergie, de l'industrie et des travaux d'infrastructure, ces prêts étant accordés à des projets conformes aux objectifs économiques de la Communauté. Cet instrument était géré en étroite collaboration par la Commission et la BEI. Cette capacité d'emprunt a été doublée, et sa mise en œuvre assouplie par la décision du 15 mars 1982 (*JOCE* n° L 78/19 du 24 mars 1982) puis accrue de 3 milliards par la décision *NIC III* et encore de 750 millions par la décision NIC IV (*JOCE* n° L 71/34 du 14 mars 1987 : cf. P. Tabary, « Le nouvel instrument communautaire, une coopération efficace au service d'investissements prioritaires pour l'Europe », *RMC* 1990. 203). À hauteur d'un milliard d'UCE par an, du 1er janvier 1979 au 31 décembre 1983, les prêts du NIC et de la BEI dans les pays les moins prospères participant au Système monétaire européen (Irlande, Italie) ont pu bénéficier d'une bonification d'intérêt de 3 % financée par le budget général des Communautés (Règl. du 3 août 1979, *JOCE* n° 200 du 8 août 1979). Le dernier remboursement des sommes prêtées dans ce cadre remonte à 2004.

507. À partir de 1990, la CEE a eu recours à la technique des emprunts/prêts pour accorder une assistance financière à moyen terme à toute une série de pays tiers.

• ***Assistance aux pays d'Europe centrale et orientale*** : cf. par ex. la décision n° 1999/732/CE du Conseil du 8 novembre 1999 portant attribution d'une aide macrofinancière supplémentaire à la Roumanie (*JOCE* n° L 294/29 du 16 nov. 1999).

• ***Assistance aux pays de la CEI et de la Mongolie*** : par ex. décision n° 97/787/CE du Conseil du 17 novembre 1997 portant attribution d'une aide financière exceptionnelle à l'Arménie et à la Géorgie (*JOCE* n° L 322/37 du 25 nov. 1997) ; ou décision n° 2009/890/CE du Conseil du 30 novembre 2009 accordant une assistance macro-financière à l'Arménie (*JOUE* n° L 320/3 du 5 déc. 2009).

• ***Assistance en faveur des pays des Balkans occidentaux*** : décision n° 97/471/CE du Conseil du 22 juillet 1997 concernant l'octroi d'une aide macro-financière à l'ancienne République yougoslave de Macédoine (*JOCE* n° L 200/59 du 29 juill. 1997) ; ou décision n° 2009/892/CE du Conseil du 30 novembre 2009 accordant une assistance macro-financière a la Serbie (*JOUE* n° L 320/9 du 5 déc. 2009).

• ***Assistance en faveur des pays tiers méditerranéens*** : décision n° 2007/860/CE du Conseil du 10 décembre 2007 portant attribution d'une aide macro-financière de la Communauté au Liban (*JOUE* n° L 337/111 du 21 déc. 2007).

• ***Assistance macro-financière aux pays tiers (AMF)*** : fin 2016, ces prêts aux pays tiers s'élevaient à 2,9 milliards d'euros, 75 % étant représentés par les prêts à l'Ukraine.

L'Union a également mis en place des mécanismes plus institutionnalisés.

• ***Mécanisme d'aide pour les problèmes de balance des paiements*** : l'Union européenne (règlement CE n° 332/2002 du Conseil du 18 février 2002 établissant un mécanisme de soutien financier à moyen terme des balances des paiements des États membres) (*JOUE* n° L 53/1 du 23 févr. 2002) peut accorder des prêts à des États membres éprouvant des difficultés ou des menaces graves de difficultés dans la balance des paiements courants ou dans celle des mouvements de capitaux. Seuls les États membres qui n'ont pas adopté l'euro peuvent bénéficier de ce mécanisme dont l'encours avait été limité en 2002 à 12 milliards d'euros, portés à 25 milliards en 2008, et à 50 milliards en 2009 (règlement CE n° 431/2009 du Conseil du 18 mai 2009 modifiant le règlement CE n° 332/2002) (*JOUE* n° L 128/1 du 27 mai 2009).

• ***Mécanisme européen de stabilisation financière*** : là, il s'agit, à l'inverse, de la solidarité vis-à-vis des États membres ayant l'euro pour monnaie : règlement UE n° 407/2010 du Conseil du 11 mai 2010 (*JOUE* n° L 118/1 du 12 mai 2010) (v. ss 448). Ce mécanisme continue à jouer, les prêts accordés s'étendant jusqu'à 2026.

Il est à noter que certaines opérations de gestion des crises ne sont pas couvertes par le budget de l'Union et ne présentent donc pas de risque pour lui. C'est le cas du mécanisme de prêt à la Grèce, du Fonds européen de stabilité financière (FESF) créé de manière temporaire en 2010, ou du Mécanisme européen de stabilité (MES) qui est une organisation financière intergouvernementale.

B. Emprunts Euratom

508. Le traité Euratom, au contraire du traité CEE, autorise formellement le recours à l'emprunt. Mais son article 172.4 ayant été interprété restrictivement, c'est ici encore sur la base des compétences subsidiaires (203 CEEA) que fut adoptée la décision du 29 mars 1977 habilitant à contracter les emprunts Euratom en vue d'une contribution au financement des centrales nucléaires de puissance (*JOCE* n° L 88/9 du 6 avr. 1977). Devant le succès de cet instrument, le montant total des emprunts Euratom que la Commission est autorisée à contracter a été porté à 2 puis à 3 et enfin à 4 milliards d'écus (Décis. du 23 avr. 1990, *JOCE* n° L 112/26 du 3 mai 1990). Une décision n° 94/179/Euratom du Conseil du 21 mars 1994 (*JOCE* n° L 84/41 du 29 mars 1994) a modifié la décision n° 77/270/Euratom en vue d'habiliter la Commission, par extension du champ d'application des mécanismes précédents, à contracter des emprunts Euratom pour contribuer au financement de l'amélioration du degré de sureté et d'efficacité du parc nucléaire de certains pays tiers avec la même limite de 4 milliards d'euros.

Les prêts Euratom aux États membres et aux pays tiers éligibles (Russie, Arménie, Ukraine) restent plafonnés à 4 milliards d'euros. On peut citer un prêt à l'Ukraine de 300 millions d'euros en 2013.

C. Emprunts BEI

509. La *Banque européenne d'investissement* (BEI) créée par l'article 9 CE *[abrogé par le traité de Lisbonne]* a pour mission, par l'octroi de prêts et garanties, de faciliter le financement de projets visant à la mise en valeur des régions moins développées, à la modernisation d'entreprises ou la création d'activité nouvelles ou, enfin, ayant un intérêt commun pour plusieurs États membres ; elle a été habilitée, en outre, à octroyer des prêts dans les pays tiers. L'encours total des prêts et garanties accordés ne devant pas excéder 250 % du montant du capital souscrit par les États membres, plusieurs augmentations de celui-ci ont accompagné le développement de son activité. Le capital souscrit de la BEI est actuellement de 243 milliards d'euros. En 2016, l'encours total des prêts accordés s'élevait à 76,3 milliards d'euros, 78 milliards en 2017, pour 901 projets. Entre 1958 et 2017, la BEI a investi plus de 1 000 milliards d'euros.

Chapitre 4

Les relations extérieures

AYBERG (U.), *Le mécanisme de la prise des décisions communautaires en matière de relations internationales*, Bruylant, Bruxelles, 1978.

BALMONT (L.) et BOURRINET (J.), *Les relations extérieures de l'Union européenne*, Paris, PUF, coll. « Que sais-je ? », n° 1837, p. 1995.

BOULOUIS (J.), « La jurisprudence de la CJCE relative aux relations extérieures des Communautés », *RCADI* 1978. II. 335.

CREMONA (M.) et DE WITTE (B.) (Ed.), *EU Foreign Relations Law : Constitutional Fundamentals*, Oxford and Portland, Hart, 2008.

DASHWOOD (A.), « External relations provisions of the Amsterdam treaty », *Common Market Law Review* 5, 1998. 1019.

DASHWOOD (A.) et MARESCEAU (M.), *Law and Practice of EU External Relations*, Cambridge, Cambridge University Press, 2008.

DE BAERE (G.), *Constitutional Principles of EU External Relations*, Oxford, Oxford University Press, 2008.

DEMARET (P.) (dir.), *Relations extérieures de la communauté européenne et marché intérieur : aspects juridiques et fonctionnels*, collège d'Europe, Bruges, 1988.

EECKHOUT (P.), *External Relations of the European Union, Legal and Constitutional Foundations*, Oxford, Oxford University Press, 2004.

FERNANDEZ SOLA (N.), *El reparto de competencias entre la Comunidad Europea y sus Estados miembros en el ámbito de las relaciones exteriores, con especial referencia a los acuerdos internacionales*, thèse, Saragosse, 1988.

FLAESCH-MOUGIN (C.), « Le traité de Maastricht et les compétences externes de la CE », *CDE* 1993. 351.

FLAVIER (H.), *La contribution des relations extérieures à la construction de l'ordre constitutionnel de l'Union européenne*, coll. « Droit de l'Union européenne, série Thèses », Bruxelles, Bruylant, 2012.

GRARD (L.), *La condition internationale de l'Union européenne après Nice*, *RAE* 2000/4, p. 374.

GROUX (J.) et MANIN (Ph.), *Les Communautés européennes dans l'ordre international*, Commission des communautés, coll. « Perspectives européennes », Luxembourg, OPOCE, 1984.

KADDOUS (C.), « L'action extérieure de l'Union européenne après Lisbonne : adaptations ou novations majeures », in Andriantsimbazovina (J.), Blumann (C.), Gaudin (H.), Picod (F.) (dir.), *ADE* 2006, vol. IV, 2008. 223.

KADDOUS (C.), « External Action under the Lisbon Treaty », in I. Pernice et E. Tanchev (ed.), *Ceci n'est pas une constitution : constitutionalisation without a Constitution ?*, Baden-Baden, Nomos, 2009, p. 172.

KEUKELEIRE (S.) et MAC NAUGHTAN (J.), *The foreign Policy of the European Union*, Basingstoke, Palgrave Macmillan, 2008.

KOVAR (R.), « La contribution de la Cour de justice au développement de la condition internationale de la CEE », *CDE* 1978. 527.

LAMBLIN– GOURDIN (A.-S.) ET MONDIELLI (E.) (dir.), *Le droit des relations extérieures de l'Union européenne après le traité de Lisbonne*, coll. « Droit de l'Union européenne, série colloques », Bruxelles, Bruylant, 2013.

LOUIS (J.-V.) et DONY (M.) (dir.), *Relations extérieures*, 2e éd., coll. « Commentaire J. Mégret », Bruxelles, Éd. de l'ULB, 2005.

MAC GOLDRICK (D.), *International relations law of the European Union*, Law series, Londres, Longman, 1997.

MADDALON (P.), « L'action extérieure de l'Union européenne », in Simon (D.) (dir.), *Le traité de Lisbonne : oui, non, mais à quoi ?*, *Europe* juill. 2008, p. 61.

NEFRAMI (E.), « Renforcement des obligations des États membres dans le domaine des relations extérieures », *RTDE* 3/2009, p. 601.

NEFRAMI (E.), *L'action extérieure de l'Union européenne*, Systèmes, Paris, LGDJ, 2010.

PERRAKIS (S.), « Les relations extérieures de la Communauté européenne après l'Acte unique européen », *RMC* 1989. 488.

PESCATORE (P.), « Les relations extérieures des Communautés européennes », *RCADI* 1961, vol. 103-II.

PUISSOCHET (J.-P.), « L'affirmation de la personnalité internationale des Communautés européennes », in *Mélanges Boulouis*, p. 437.

RAUX (J.), *Les relations extérieures de la Communauté économique européenne*, Cujas, 1966.

ROYER (P.-A.), « Les limites de l'engagement conventionnel de l'Union européenne », *RDUE* n° 4, 2007. 869.

WOUTERS (J.), COPPENS (D.) et DE MEESTER (B.), « The European Union's external relations after the Lisbon Treaty », in S. Griller, J. Ziller (ed.), *The Lisbon Treaty. EU Constitutionalism without a Constitutional Treaty*, Wien, Springer, 2008, p. 143.

510. On sait (v. ss 90) que les traités mentionnent formellement la personnalité internationale de l'Union (art. 47 UE) et celle d'Euratom (art. 184 CEEA). À ce titre, celles-ci prennent donc place parmi les *sujets du droit international* – à côté des États membres et sans porter atteinte à leur propre qualité de sujets du droit des gens – c'est-à-dire qu'elles ont vocation à se servir de l'ensemble des moyens d'action internationale (droit de conclure des traités, droit de légation, droit de présenter des réclamations ou d'agir devant une juridiction internationale, droit de devenir membre d'une organisation internationale), ainsi qu'à engager leur responsabilité internationale. Sur ce terrain comme à de nombreux autres égards, l'Union européenne apparaît dans un « entre-deux », n'ayant certainement pas toutes les prérogatives internationales d'un État, mais disposant d'une capacité externe sans commune mesure avec celle des organisations internationales. Bien sûr, cette personnalité que les États membres ont voulu reconnaître dès l'origine aux trois Communautés ne saurait s'imposer aux tiers : l'exercice effectif des capacités internationales des Communautés postulait leur reconnaissance par les États tiers et les organisations internationales (alors que cette question de reconnaissance, au demeurant, ne se pose en principe que vis-à-vis des États et pas des organisations internationales). À cet égard, le refus anachronique de reconnaissance par l'Union soviétique et les pays d'Europe de l'Est fut un réel handicap ; des relations diplomatiques officielles ne furent établies qu'à la suite de la reconnaissance mutuelle de la CEE et du Conseil d'assistance économique mutuelle (*JOCE* n° L 157/34 du 24 juin 1988, et J. Bel, « Les relations entre la Communauté et le CAEM », *RMC* 1988. 313).

Surtout, la personnalité que les fondateurs ont voulu reconnaître aux Communautés et désormais à l'Union et à Euratom n'est pas, en elle-même, génératrice de compétences ; celles-ci ont été déterminées et doivent être recherchées dans les traités institutifs. Après avoir abordé la question de la représentation internationale de l'Union, on distinguera à cet effet les relations avec les États tiers et avec les organisations internationales.

Section 1
La représentation internationale de l'Union

§ 1. Évolution

511. La création de l'Union européenne composite, en 1992, avait conduit à abandonner, en matière de Politique étrangère et de sécurité commune, le principe jusque-là retenu pour la Communauté d'une représentation internationale unique assurée par la Commission. Dans ce nouveau cadre, d'essence intergouvernementale, l'article 18 UE attribuait la charge de la représentation de l'Union à sa présidence, assistée par le secrétaire général, haut représentant pour la PESC.

La problématique de cette représentation internationale de la Communauté et désormais de l'Union comporte plusieurs volets, pouvant être déclinée en termes d'efficacité, de visibilité ou de lisibilité. Il n'est pas certain que la situation organisée par le traité de Lisbonne réponde à ces exigences, la suppression de la structure en pilier n'ayant pas conduit, en l'espèce à abandonner la pluralité de représentation internationale de l'Union. On peut identifier plusieurs problèmes potentiels.

– Selon l'article 17 UE, la Commission « assure la représentation extérieure de l'Union » de droit commun, c'est-à-dire « à l'exception de la politique étrangère et de sécurité commune et des autres cas prévus par les traités ». S'agissant de la PESC, l'article 27, § 2, UE désigne le haut représentant de l'Union pour les affaires étrangères et la politique de sécurité pour représenter l'Union dans les matières relevant de cette politique. Mais selon l'article 15, § 6, UE, « le président du Conseil européen assure, à son niveau et en sa qualité, la représentation extérieure de l'Union pour les matières relevant de la politique étrangère et de sécurité commune, sans préjudice des attributions du haut représentant de l'Union pour les affaires étrangères et la politique de sécurité ». On peut penser que la répartition des rôles entre le président du Conseil européen et le haut représentant dépendront effectivement du « niveau » requis, c'est-à-dire que celui-ci siègera dans les enceintes ministérielles et celui-là dans celles réunissant des chefs d'État ou de gouvernement.

– Peut aussi se poser le problème de la conciliation entre cette fonction de « représentation extérieure » de la Commission (art. 17 UE) et, notamment, l'article 16, § 6, UE selon lequel « le Conseil des affaires étrangères élabore l'action extérieure de l'Union selon les lignes stratégiques fixées par le Conseil européen et assure la cohérence de l'action de l'Union » ; face à la signature par la seule Commission d'un addendum à un mémorandum avec la Suisse, la Cour juge que même non contraignant, un tel accord suppose d'apprécier les intérêts de l'Union dans le contexte des relations avec un État tiers : dès lors, il s'agit d'un acte *d'élaboration de l'action extérieure* relevant du Conseil et non d'un acte de *représentation extérieure* (CJ (Gr. ch.) 28 juill. 2016, *Commission c/ Conseil*, aff. C-660/13, ECLI:EU:C:2016:616).

512. Avec le traité d'Amsterdam était apparue la possibilité pour le Conseil de désigner un représentant spécial mandaté pour une question particulière relevant de la PESC (ancien art. 18, § 5, UE). Le traité de Lisbonne confirme cette possibilité mais le Conseil confère le mandat sur proposition du haut représentant de l'Union, sous l'autorité duquel ce mandat devra être exercé (art. 33 UE).

Dans la pratique, la représentation extérieure de la Communauté avait pu être organisée, pour certaines missions, en rassemblant trois présidences successives du Conseil, ce qui, vis-à-vis des États tiers, permettait de donner des gages de cohérence et de continuité (pratique de la « troïka »). Le traité de Lisbonne (cf. déclaration n° 9 ad art. 16, § 9, UE ; décision n° 2009/881 UE du Conseil européen du 1er déc. 2009, *JOUE* n° L 315/50 du 2 déc. 2009, et décision d'application n° 2009/908 UE du Conseil du 1er décembre 2009, *JOUE* n° L 322/28 du 9 déc. 2009) consacre cette pratique avec des groupes prédéterminés de trois États membres assurant successivement la présidence (« trio ») (v. ss 223), même si cela concerne toutes les formations du Conseil à l'exception de la formation des affaires étrangères, toujours présidée par le haut représentant de l'Union. Ces trois présidences successives se dotent d'un programme sur 18 mois dont les aspects externes ne sont pas absents. Ainsi le premier trio (Espagne, Belgique, Hongrie), dans son document du 29 juin 2011, faisant le bilan des dix-huit mois, a-t-il insisté sur la conclusion d'accords commerciaux ou de libre-échange.

513. Est à envisager également le cas particulier de la représentation de l'Union devant une juridiction internationale. S'agissant du dépôt d'observations devant le Tribunal international du droit de la mer par la Commission, le Conseil a estimé que cela aurait dû relever de sa compétence au titre de l'article 218, § 9, FUE pour établir « les positions à prendre au nom de l'Union dans une instance créée par un accord lorsque cette instance est appelée à adopter des actes ayant des effets juridiques ». La Cour, saisie par le Conseil, va s'appuyer sur l'article 335 FUE qui concerne pourtant *a priori* un aspect « interne » : la capacité juridique de l'Union « dans chacun des États membres », et qui consacre en l'espèce le principe de la représentation par la Commission, pour rappeler que cet article exprime un principe général en vertu duquel l'Union possède la capacité juridique et est représentée, à cet effet, par la Commission. Dès lors, c'est de manière restrictive qu'il faut interpréter les dispositions qui dérogeraient à ce principe, à l'image de l'article 218, § 9, ce qui conduit la Cour à valider l'intervention de la Commission devant le Tribunal international (CJ (Gr. ch.) 6 oct. 2015, *Conseil c/ Commission*, aff. C-73/14, ECLI:EU:C:2015:663).

§ 2. Structuration

Gatti (M.), *European External Action Service ; Promoting Goherence through Autonomy and Coordination*, Leiden, Brill Nijhoff, 2016.

Schneider (C.), « Le service européen d'action extérieure (SEAE), évolutionnisme ou illusionnisme du système d'action extérieure de l'Union ? », *L'identité du droit de l'Union européenne. Mélanges en l'honneur de Claude Blumann*, Bruxelles, Bruylant, 2015, p. 783.

514. Le haut représentant, s'il se voit donc concurrencé par diverses autorités qui pourraient l'empêcher de donner à l'Union une véritable visibilité par son positionnement fort sur la scène internationale, n'en demeure pas moins essentiel au sein du dispositif mis en place par le traité de Lisbonne.

Il en va d'abord ainsi ***du fait de sa position institutionnelle*** tout à fait particulière (à la fois président du Conseil chargé des affaires étrangères et vice-président de la Commission, ce qui reflète les deux volets, intergouvernemental et intégré, de l'action externe de l'Union), par le fait qu'il est visé par l'article 18 UE, comme (et avec) les institutions majeures de l'Union (des « institutions » au plein sens du terme comme la BCE ou la Cour des comptes voient, en revanche, leur statut précisé uniquement dans le traité sur le fonctionnement de l'Union), par la procédure de sa désignation (il est nommé par le Conseil européen à la majorité qualifiée avec l'accord du président de la Commission (avec la même procédure pour le démettre de ses fonctions) et doit, en tant que membre de la Commission, être également approuvé par le Parlement européen).

Ses attributions et responsabilités sont ensuite considérables. L'article 18, § 2, UE prévoit que le haut représentant conduit la politique étrangère et de sécurité commune de l'Union. Il contribue par ses propositions à l'élaboration de cette politique et l'exécute en tant que mandataire du Conseil. Il agit de même pour la politique de sécurité et de défense commune. Cette action exécutive est confirmée à l'article 26, § 3, UE : « La politique étrangère et de sécurité commune est exécutée par le haut représentant et par les États membres, en utilisant les moyens nationaux et ceux de l'Union ». L'article 18, § 4 lui donne pour mission, au titre de ses fonctions de vice-président de la Commission, de veiller à la cohérence de l'action extérieure de l'Union (selon une formulation plus large, l'article 26, § 2, UE précise que « Le Conseil et le haut représentant de l'Union pour les affaires étrangères et la politique de sécurité veillent à l'unité, à la cohérence et à l'efficacité de l'action de l'Union ». Il est chargé, au sein de la Commission, des responsabilités qui incombent à cette dernière dans le domaine des relations extérieures et de la coordination des autres aspects de l'action extérieure de l'Union. Mais sa fonction hybride, en quelque sorte, l'emporte sur ce statut de membre de la Commission, puisque l'art. 18, *in fine*, précise que s'il est soumis aux procédures régissant le fonctionnement de la Commission quand il agit en tant que vice-président de celle-ci, et qu'il en exerce les responsabilités dans le domaine de l'action extérieure de l'Union, en revanche, ce n'est que si ces procédures sont compatibles avec ses missions au titre de la PESC et de sa responsabilité de président du Conseil des affaires étrangères. Il représente l'Union pour les matières relevant de la politique étrangère et de sécurité commune. Il conduit au nom de l'Union le dialogue politique avec les tiers et exprime la position de l'Union dans les organisations internationales et au sein des conférences internationales (article 27, § 2, UE). Il faut, à ce tableau déjà impressionnant, ajouter son autorité, gage de cohérence, vis-à-vis des représentants spéciaux (art. 33 UE), sur les délégations de l'Union (art. 221 FUE) et sur le nouveau service européen pour l'action extérieure (SEAE).

515. Ce SEAE est prévu par l'article 27, § 3, UE :

« Dans l'accomplissement de son mandat, le haut représentant s'appuie sur un service européen pour l'action extérieure. Ce service travaille en collaboration avec les services diplomatiques des États membres et est composé de fonctionnaires des services compétents du secrétariat général du Conseil et de la Commission ainsi que de personnel détaché des services diplomatiques nationaux. L'organisation et le fonctionnement du service européen pour l'action extérieure sont fixés par une décision du Conseil. Le Conseil statue sur proposition du haut représentant, après consultation du Parlement européen et approbation de la Commission. »

Peut-être que dans ce service hybride réside finalement un progrès important du traité de Lisbonne pour la cohérence et la visibilité de l'action internationale de l'Union, même s'il n'est pas entièrement inédit puisque succédant à l'unité de planification de la politique et d'alerte rapide mis en place par le traité d'Amsterdam. Le nouveau service a été organisé par la décision n° 2010/427/UE du 26 juillet 2010 (*JOUE* n° L 201/30 du 3 août 2010), et assure de façon cohérente l'assistance non seulement du haut représentant mais aussi celle du président de la Commission, de la Commission et apporte un soutien aux autres institutions et organes de l'Union, s'agissant d'une action extérieure. En 2018, le SEAE comptait environ 1 600 agents, quasiment tous permanents.

Section 2

Les relations avec les États tiers

§ 1. Le droit de traiter

516. Jusqu'au traité de Lisbonne, il était nécessaire de distinguer le cas de l'Union européenne « extra-communautaire » qui, sans pour autant disposer de personnalité internationale, pouvait conduire à la conclusion d'accords externes dès lors que c'était « nécessaire » dans le cadre de la PESC (art. 24 UE) et de la coopération policière et judiciaire en matière pénale (art. 38 UE), celui de l'Euratom qui, comme avant elle la CECA, disposait également d'une compétence générale pour conclure des accords dans tout le champ de sa compétence (art. 101 CEEA), et celui de la Communauté européenne pour laquelle le traité CE ne permettait *a priori* de fonder juridiquement la conclusion d'un traité que sur les quelques attributions explicites qu'il contenait.

Dans le contexte de l'Union « unifiée » par le traité de Lisbonne, la problématique a évolué, tant en ce qui concerne le caractère général du droit de traiter que vis-à-vis de la spécificité de la PESC. C'est dans ce contexte qu'il convient d'envisager comment sont déterminées les compétences externes de l'Union et de l'Euratom, comment elles sont concrétisées par la conclusion d'accords externes et comment elles peuvent être combinées avec les compétences externes conservées par les États membres, ce qui donne lieu à la pratique fréquente des accords mixtes.

I. La détermination des compétences externes

A. Compétences externes de l'Union

517. Contrairement aux deux autres traités institutifs d'une Communauté, le traité CE ne contenait aucune disposition attribuant à la Communauté européenne un pouvoir général de conclusion d'accords internationaux pour atteindre les objectifs qu'il lui fixait. Néanmoins, la Cour de justice a estimé qu'un tel pouvoir découlait du « système du traité », ce qui a permis d'éviter que ses possibilités d'intervention sur la scène internationale ne soient réduites aux seules attributions expresses de compétence externe.

Le traité de Lisbonne a en quelque sorte codifié cette jurisprudence et l'article 216 FUE contient désormais un fondement général au droit de l'Union de conclure des traités, disposant que « l'Union peut conclure un accord avec un ou plusieurs pays tiers ou organisations internationales lorsque les traités le prévoient ou lorsque la conclusion d'un accord, soit est nécessaire pour réaliser, dans le cadre des politiques de l'Union, l'un des objectifs visés par les traités, soit est prévue dans un acte juridique contraignant de l'Union, soit encore est susceptible d'affecter des règles communes ou d'en altérer la portée ».

1° Compétences expresses

Blin (O.), « L'article 113 CE après Amsterdam », *RMC* 1998. 447.

Dony (M.), « Quel avenir pour la politique commerciale de l'UE ? », *RTDE* 2017, n° 2, p. 189.

Gilsdorf (P.), « Portée et délimitation des compétences communautaires en matière de politique commerciale », *RMC* 1989. 195.

Neframi (E.), « Quelques réflexions sur la réforme de la politique commerciale par le traité d'Amsterdam », *CDE* 1998. 17.

518. Il s'agit des cas où les traités sur lesquels est fondée l'Union prévoient expressément que celle-ci peut conclure des accords avec des États tiers (l'article 216 admet aussi, on l'a vu, que le fondement se trouve dans un acte contraignant de droit dérivé, à l'image de la directive 2014/59/UE du Parlement europeen et du Conseil du 15 mai 2014 établissant un cadre pour le redressement et la résolution des établissements de crédit et des entreprises d'investissement (*JOUE* n° L 173/190 du 12 juin 2014) prévoyant la conclusion d'accords « avec un ou plusieurs pays tiers concernant les modalités de la coopération entre les autorités de résolution et les autorités des pays tiers concernées, entre autres aux fins de l'échange d'informations liées à la planification des mesures de redressement et de résolution concernant des établissements, des établissements financiers, des entreprises mères et des établissements de pays tiers » : art. 93, § 1). Plusieurs typologies sont concevables, soit « historiques » et s'appuyant sur l'ancienne distinction entre l'Union (PESC) et les Communautés (Politique commerciale...), soit s'efforçant d'identifier successivement des fondements pour la conclusion de certains types d'accords (accord d'association), ou d'accords ayant certains objets particuliers (accords de réadmission, accords sur les taux de change...), ou d'accords dans certains domaines (environnement, monnaie, aide humanitaire...) ou au titre de certains types de relations (relations commerciales, relations de voisinage, relations d'association...), le plus simple consistant à distinguer deux groupes de compétences expresses permettant à l'Union de conclure des accords internationaux, les unes étant prévues au titre de l'action extérieure de l'Union, les autres donnant une dimension externe aux politiques ou actions internes de l'Union (on peut signaler aussi l'hypothèse particulière d'une disposition du traité prévoyant que l'Union conclut *un certain traité*, à l'image de l'article 6, § 2, UE s'agissant de l'adhésion à la Convention européenne des droits de l'Homme) (v. ss 756).

a) Les accords au titre de l'action extérieure

519. Le traité sur l'Union européenne permet d'identifier deux types de compétences expresses, respectivement liées à la *politique de voisinage* et à la *PESC*. Le traité sur le fonctionnement de l'Union européenne, dans sa partie consacrée à « l'action extérieure de l'Union » distingue la *politique commerciale commune*, la politique de *coopération au développement*, *l'aide humanitaire*, la *coopération économique, financière et technique*, et les *accords d'association*.

520. • ***PESC*** : même si la PESC ne se limite pas à la conclusion d'accords internationaux, l'action diplomatique exigeant surtout toute une gamme d'actes unilatéraux, le traité de Lisbonne indique très clairement que « l'Union peut conclure des accords avec un ou plusieurs États ou organisations internationales dans les domaines relevant du (...) chapitre » consacré à la PESC (art. 37 UE). La formulation est beaucoup plus simple que celle de l'ancien article 24 UE précédant le traité de Lisbonne, qui prévoyait cette possibilité lorsque c'était nécessaire, et qui précisait expressément que les institutions de l'Union étaient liées par de tels accords, précision sans doute exigée par l'ambiguïté résultant de l'absence de personnalité juridique de l'Union dans cette période. Ces accords seront souvent liés à une opération de l'Union sur le territoire d'un État tiers, par exemple le déploiement d'une force de police, à l'occasion duquel des accords avec l'État en cause ou avec des États s'associant à l'opération seront nécessaires. La compétence au titre de la PESC est cependant spécifique, et repose sur les dispositions du traité sur l'Union européenne et non sur la partie du traité sur le fonctionnement de l'Union consacrée à l'action extérieure. Elle est également déconnectée de la typologie principale des compétences de l'Union, l'article 2 FUE rappelant cette compétence sans l'inclure dans aucune des trois catégories identifiées, compétences exclusives, compétences partagées et compétences d'appui. Le caractère de droit commun des compétences partagées (art. 4, § 1, FUE) inciterait à considérer que la PESC relève de ce modèle, les modalités du partage étant cependant spécifiques en ce que l'exercice de sa compétence par l'Union n'affecte pas la compétence des États membres en matière de politique étrangère (cf. *Déclarations n° 13 et 14 annexées au traité de Lisbonne*).

521. • ***Politique commerciale commune (art. 207 FUE)*** : déjà pendant la période de transition, l'article 111 CE *[abrogé par le traité d'Amsterdam]* autorisait la Communauté à conclure avec les pays tiers des accords sur le tarif douanier commun (*accords tarifaires*) et la CEE participa effectivement, au sein du GATT, aux négociations multilatérales visant à un abaissement général des droits de douane (négociation Dillon, de 1960 à 1962, puis négociation Kennedy, de 1964 à 1967). Mais, depuis l'expiration de la période transitoire le 1er janvier 1970, l'article 133 CE *[désormais art. 207 FUE]* lui attribue compétence pour traiter avec les pays tiers sur l'ensemble de la politique commerciale, c'est-à-dire non seulement en matière de droits de douane mais encore de restrictions quantitatives, des crédits à l'exportation, etc. Sur la base de cet article, la Communauté conclut, dans les rapports bilatéraux, des *accords commerciaux*, de *coopération commerciale*, de *libre-échange*, mais encore des accords *d'aide alimentaire*, etc., et, dans le cadre multilatéral, des accords généraux (Tokyo Round, 1973-1979), portant sur quelques produits (Accords multifibres au 20 déc. 1973, renouvelé depuis), ou sur un produit de base, etc. Pour autant, la compétence commerciale de l'Union reste logiquement liée à l'union douanière dont elle est une conséquence, ce qui explique nombre de traits caractérisant cette compétence, tant quant à son caractère exclusif que s'agissant de sa portée.

C'est la Cour de justice qui a d'abord affirmé le caractère exclusif de la compétence commerciale communautaire (CJCE 11 nov. 1975, *avis 1/75*, *Rec.* 1355), estimant que toute compétence parallèle des États membres mettrait en péril la défense de l'intérêt commun assurée de façon globale par cette compétence de la Communauté. Dès lors, les États membres ne pourront agir en la matière qu'en tant que recours, en cas de difficultés, et sur habilitation communautaire expresse (CJCE 15 déc. 1976, *Donckerwolke*, aff. 41/76, *Rec.* 1921). Le traité de Lisbonne (art. 3, § 1, FUE) confirme que la compétence de l'Union est exclusive dans le domaine de la politique commerciale commune.

Ce caractère exclusif ne rend que plus essentielle la question de la portée de cette compétence commerciale. Dans sa rédaction initiale, le traité (art. 113 CEE) donnait une liste des instruments utilisables : « la conclusion d'accords tarifaires et commerciaux, l'uniformisation des mesures de libération, la politique d'exportation, ainsi que les mesures de défense commerciale ». Mais la Cour de justice a rapidement souligné que la compétence communautaire devrait être entendue largement et que la Communauté devait avoir, à ce titre, accès aux instruments les plus modernes de l'action commerciale internationale, même non visés expressément dans le traité. Dans son *avis 1/75* (CJCE 11 nov. 1975, *Rec.* 1355), où elle confirme que le domaine de la politique commerciale commune englobe nécessairement les régimes d'aide à l'exportation, elle précise que « la notion a le même contenu qu'elle s'applique dans la sphère d'action internationale d'un État ou dans celle de la Communauté », identité qui protège efficacement la compétence communautaire. Bien plus, dans son *avis 1/78* (CJCE 4 oct. 1979, *Rec.* 2871), elle souligne « qu'une politique commerciale ne pourrait plus être conduite utilement si la Communauté n'était pas en mesure de disposer aussi des moyens d'action plus élaborés mis en œuvre pour le développement du commerce international... on ne saurait donc imprimer à l'article 113 une interprétation dont l'effet serait de limiter la politique commerciale commune à l'utilisation des instruments destinés à avoir une prise sur les seuls aspects traditionnels du commerce extérieur à l'exclusion de mécanismes plus élaborés... » ; en décidant concrètement que la matière couverte par l'accord de 1979 sur le caoutchouc naturel rentre dans le domaine de la politique commerciale commune visée à l'article 113, elle confirme qu'à côté des instruments « classiques » du commerce international, il convient désormais d'inclure les *accords de produits de base* et autres instruments comportant des mécanismes de stabilisation agissant sur les prix ou sur les quantités de certains produits au niveau du marché mondial ou au niveau des marchés régionaux (cf. encore : CJCE 26 mars 1987, *Commission c/ Conseil*, aff. 45/86, *Rec.* 1517).

522. Le champ d'application de la politique commerciale au sens de l'article 133 CE *[ex 113]* ne concernait cependant que le commerce des marchandises et n'englobait pas les services (mis à part les services n'impliquant pas de déplacements transfrontaliers ni du prestataire ni du bénéficiaire), y compris les transports, pas plus que les droits de propriété intellectuelle (CJCE 15 nov. 1994, *avis 1/94*, *Rec.* I-5267). Il s'agissait là, compte tenu des nouvelles données des échanges internationaux, d'un grave handicap, qui a été comblé en trois temps.

Les négociateurs du traité d'Amsterdam se sont d'abord refusé à éliminer ce handicap, se contentant d'inscrire, dans un § 5 nouveau de l'article 133 CE *[ex 113]*, une *clause évolutive* à cet effet, verrouillée par l'exigence de l'unanimité au sein du Conseil (possibilité d'étendre le champ de l'article 133 aux négociations et aux accords internationaux concernant les services et les droits de propriété intellectuelle).

Le traité de Nice a, dans un deuxième temps, plus nettement étendu le champ de la politique commerciale commune aux accords relatifs aux aspects commerciaux des services et de la propriété intellectuelle, moyennant de nombreuses réserves : absence de caractère exclusif pour ces nouveaux domaines (art. 133, § 5, al. 4, CE) ; exclusion des hypothèses où des dispositions d'un tel accord excèderaient les compétences internes de la Communauté (notamment en postulant une harmonisation dans un domaine pour lequel le traité l'exclut) (§ 6, al. 1er) ; en toutes hypothèses, ne participent pas de la politique commerciale commune et de la compétence exclusive qui lui est associée les accords en matière de commerce des services culturels et audiovisuels, des services d'éducation, des services sociaux et de santé humaine (§ 6, al. 2). Par ailleurs, cette extension de la portée de l'article 133 réalisée par le traité de Nice ne peut concerner les accords en matière de transports (§ 6, al. 3). Le traité de Nice a également repris la technique de la *clause évolutive* (§ 7), le Conseil pouvant, à l'unanimité, étendre la portée de la politique commerciale commune aux accords internationaux portant sur la propriété intellectuelle (au-delà, donc des « aspects commerciaux » de cette propriété intellectuelle).

Le traité de Lisbonne, enfin, a intégré ces nouveaux aspects dans la *notion* même de politique commerciale commun, au lieu d'aborder la problématique en termes d'extension du *champ d'application* de cette politique. L'article 207 FUE a, en effet, revu la liste des instruments associés à cette politique, évoquant désormais au titre de la compétence exclusive de l'Union « les modifications tarifaires, la conclusion d'accords tarifaires et commerciaux relatifs aux échanges de marchandises et de services, et les aspects commerciaux de la propriété intellectuelle, les investissements étrangers directs, l'uniformisation des mesures de libéralisation, la politique d'exportation ainsi que les mesures de défense commerciale ». Si la réserve en matière de transports est maintenue (§ 5), de même qu'est affirmé le principe d'une non affectation de la délimitation des compétences entre l'Union et les États membres et le respect des domaines où l'harmonisation est exclue (§ 6), en revanche les autres précautions prises par le traité de Nice changent ici de signification, les domaines sensibles (commerce des services culturels et audiovisuels d'un côté, des services sociaux, d'éducation ou de santé de l'autre) étant bien dans le champ de la compétence exclusive moyennant simplement une procédure de vote du Conseil à l'unanimité, qui plus est uniquement lorsque ces accords, respectivement, risquent de porter atteinte à la diversité culturelle et linguistique de l'Union ou de perturber gravement l'organisation des services sociaux, d'éducation ou de santé et de porter atteinte à la responsabilité des États membres pour la fourniture de ce type de services (§ 4, al. 3). La stratégie commerciale de l'Union, reposant sur les accords de libre-échange de « nouvelle génération » a permis à la Cour de justice de développer encore la conception extensive de la compétence commerciale (cf. l'*avis 2/15* du 16 mai 2017 (Assemblée plénière), ECLI:EU:C:2017:376, relatif à la conclusion de l'accord de libre-échange avec Singapour) (v. ss 553).

523. • ***Coopération au développement*** : l'article 209 FUE stipule nettement que « l'Union peut conclure avec les pays tiers et les organisations internationales compétentes tout accord utile à la réalisation des objectifs » de coopération au développement visés à l'article 21 UE et à l'article 208 FUE. C'est le traité de Maastricht qui a prévu un cadre spécifique dans les traités pour des actions qui, jusque-là, utilisaient des instruments plus généraux, tels que les bases de la politique commerciale, ou les accords d'association ou encore les compétences subsidiaires de l'article 308 CE *[désormais art. 352 FUE]*. Selon l'article 4 FUE, il s'agit d'une compétence partagée particulière, en ce qu'elle ne saurait empêcher les États membres, par préemption, d'exercer leurs propres compétences en la matière. Comme pour la PESC, les instruments juridiques utilisables peuvent être unilatéraux (procédure législative ordinaire) ou conventionnels. La base juridique spécifique n'est cependant déterminante que pour les actes unilatéraux, les accords internationaux comportant une dimension de coopération au développement étant conclus sur le fondement de la politique commerciale ou en tant qu'accords d'association.

524. • ***Aide humanitaire*** : l'article 214 FUE correspond à l'introduction par le traité de Lisbonne d'un cadre juridique spécifique pour l'aide humanitaire et son paragraphe 4 permet expressément à l'Union de « conclure avec les pays tiers et les organisations internationales compétentes tout accord utile à la réalisation des objectifs » dans ce domaine, que l'on trouve à l'article 214, § 1, FUE et à l'article 21 UE. Comme pour la coopération au développement, il s'agit d'une compétence partagée sans effet de préemption, l'action des États membres et de l'Union se complétant et se renforçant mutuellement.

525. • ***Coopération économique, financière et technique*** : ce chapitre regroupant, avec le traité de Lisbonne, les articles 212 et 213 FUE est complémentaire des dispositions relatives à la coopération au développement, l'article 212 précisant que ce type de coopération intervient vis-à-vis de pays tiers autres que les pays en développement. La possibilité de conclure des accords est explicite mais exprimée sous une forme édulcorée, puisqu'il est seulement prévu que « les modalités de la coopération de l'Union peuvent faire l'objet d'accords entre celle-ci et les tierces parties concernées » (art. 212, § 3).

526. • ***Politique de voisinage*** : si l'on pouvait considérer que c'était là un type particulier de coopération économique, financière et technique (voire de coopération au développement selon le partenaire), avec un instrument spécifique comme le règlement CE n° 1638/2006 du Parlement européen et du Conseil du 24 oct. 2006 *arrêtant des dispositions générales instituant un instrument européen de voisinage et de partenariat* (*JOUE* n° L 310/1 du 9 nov. 2006), il faut noter qu'avec le traité de Lisbonne, cette coopération particulière est consacré par une disposition spécifique : l'article 8 UE prévoit l'établissement d'un espace de prospérité et de bon voisinage au moyen de relations privilégiées, l'article 8, § 2, précisant qu'à cette fin, « l'Union peut conclure des accords spécifiques avec les pays concernés. Ces accords peuvent comporter des droits et obligations réciproques ainsi que la possibilité de conduire des actions en commun. Leur mise en œuvre fait l'objet d'une concertation périodique ». La rédaction de l'article 8 révèle, pour les « accords de voisinage », une parenté étroite avec les accords d'association prévus à l'article 217 FUE.

527. • ***Accords d'association*** : correspondant à une des quelques compétences externes expresses présentes depuis l'origine dans le traité CEE (art. 238) puis CE (art. 310), l'article 217 FUE prévoit que : « l'Union peut conclure avec un ou plusieurs pays tiers ou organisations internationales des accords créant une association caractérisée par des droits et obligations réciproques, des actions en commun et des procédures particulières. » Il s'agit là d'une habilitation quasi générale, les *accords d'association* pouvant régir toutes les matières couvertes par le traité et pas seulement le domaine commercial, l'originalité semblant devoir résider dans le caractère institutionnalisé de l'association et sa permanence : elle se caractérise par des « liens privilégiés et particuliers avec un État tiers qui au moins partiellement participe au régime communautaire » (CJCE 30 sept. 1987, *Demirel*, aff. 12/86, *Rec.* 3747).

Dans la pratique, cette base juridique a surtout servi à conclure plusieurs catégories d'accords :

1° des accords avec des pays européens, préparatoires à l'adhésion de ceux-ci, organisant l'ensemble de leurs relations économiques avec la CEE (accords d'association avec la Grèce du 9 juill. 1961 ; avec la Turquie du 12 sept. 1963) ; ou préalables à l'adhésion (« accords européens » signés à partir de 1991 notamment avec la Tchécoslovaquie, la Pologne, la Hongrie ; cf. F. S. Bengen, « Les "accords européens" », *Rev. Marché unique européen* 2/92, p. 25) ; les accords de stabilisation et d'association avec la Macédoine et la Croatie en 2001, ou l'Albanie en 2006, le Monténégro en 2007, la Bosnie et la Serbie en 2008 poursuivent la même finalité. On peut se demander si les accords d'association avec la Géorgie et la Moldavie (entrés en vigueur le 1er juill. 2016), ou avec l'Ukraine (entré en vigueur le 1er sept. 2017) ont le même objectif ou relèvent plutôt de la logique de voisinage.

2° des accords avec des pays non européens, mais ayant entretenu des *relations particulières avec un État membre*, et visés expressément dans le traité de Rome et ses annexes, établissant une coopération économique en vue de leur développement (conventions de Yaoundé des 20 juill. 1963 et 29 juill. 1969 avec dix-huit États indépendants africains et malgache ; accord de 1969 avec le Maroc et la Tunisie…). À cet égard, il convient de rappeler qu'au-delà de cette base générale pour les accords d'association, les traités organisent un régime d'association particulier avec les pays et territoires d'outre-mer (4e partie du TFUE, articles 198 à 204) ;

3° mais bientôt, cet article est devenu une base juridique suffisante chaque fois que la Communauté voulait établir avec un État quel qu'il soit une coopération privilégiée sans perspective possible d'adhésion (ainsi les accords signés en 1976 et 1977 avec l'ensemble des États du Machrek et Israël, d'où du reste, la notion même d'association avait été bannie à la demande des partenaires, comme dans les conventions de Lomé (accords de « coopération »), puis Cotonou (accord de « partenariat ») qui prolongent celle de Yaoundé, qui ne sont pas qualifiées, ou, plus récemment, les « accords euro méditerranéens » qui s'affichent ostensiblement « d'association », ou, encore, les « accords de partenariat et de coopération » avec certains États issus de l'ex-URSS).

4° On peut penser que les accords d'association dont le Conseil a ouvert les négociations le 16 décembre 2014 avec les principautés d'Andorre, de Monaco et de Saint Marin correspondent à une autre logique (de voisinage particulier), qu'exprime la Déclaration 3 *ad* article 8 TUE annexée à ce traité : « l'Union prendra en compte la situation particulière des pays de petite dimension territoriale entretenant avec elle des relations spécifiques de proximité ». L'objectif est ici d'élargir le marché intérieur sans que ces micro-États aient à s'inscrire dans une mécanique institutionnelle sans doute peu faite pour eux.

b) Les accords au titre des politiques internes

528. Il existe un phénomène de parallélisme entre les compétences internes et externes de l'Union, ayant pour implication principale la déduction de compétences externes implicites (v. ss 136 et 530 à 536). Il arrive cependant que les traités explicitent la possibilité, dans le cadre d'une politique ou action interne, de recourir à la conclusion d'accords internationaux. Ces derniers ne participeront donc pas vraiment de « l'action extérieure » de l'Union et ne seront d'ailleurs, en général, pas évoqués dans la cinquième partie du traité sur le fonctionnement de l'Union qui lui est consacrée, sauf pour les accords monétaires et de change qui n'y figurent que pour souligner leur particularité procédurale (art. 219 FUE).

529. On peut distinguer ici quatre situations, selon la manière dont les traités explicitent cette compétence internationale.

1) ***Les accords de réadmission de la politique d'immigration*** : dans le cadre de l'ancien troisième pilier, l'article 38 UE étendait à ce domaine de la coopération policière et judiciaire en matière pénale la possibilité de conclure des accords internationaux ouverte par l'article 24 UE au profit du deuxième pilier. Avec le traité de Lisbonne, l'article 79, § 3, FUE précise que dans le cadre de la politique d'immigration, l'Union peut conclure avec des pays tiers des accords visant la réadmission, dans les pays d'origine ou de provenance, de ressortissants de pays tiers qui ne remplissent pas ou plus les conditions d'entrée, de présence ou de séjour sur le territoire de l'un des États membres. La politique d'immigration en elle-même aurait pu, en toute logique, être rattachée à l'action extérieure de l'Union, mais c'est son ancrage dans l'espace de liberté, de sécurité et de justice qui explique qu'il y ait là le volet externe explicite d'une politique interne.

2) ***Les accords dans le cadre de la politique monétaire*** : les données en l'espèce sont que la politique monétaire, s'agissant des pays ayant l'euro pour monnaie, est une compétence exclusive de l'Union (art. 3 FUE), mais qu'il ne faut pas établir de prolongement vis-à-vis de la politique économique, pour laquelle l'Union n'a qu'une compétence de coordination, même si celle-ci est susceptible de revêtir une forme particulière pour les États membres ayant l'euro pour monnaie (art. 5, § 1, FUE). Dès lors, au titre de cette compétence exclusive, l'article 219 FUE indique une procédure particulière, impliquant la Banque centrale européenne, pour conclure des accords internationaux sur des questions « se rapportant au régime monétaire ou de change ».

3) ***Les accords réglant les modalités de la coopération internationale*** : dans le cadre de plusieurs politiques internes, est prévue une coopération avec les pays tiers et les organisations internationales et le traité précise que les modalités de cette coopération peuvent faire l'objet d'accords entre l'Union et les tierces parties concernées. C'est le cas pour la politique de la recherche (art. 186 FUE) et pour la politique de l'environnement (art. 191, § 4, FUE). Dans ce dernier cas, l'ampleur de cette dimension internationale doit être relevée, car les objectifs mêmes de cette politique « interne » ont cette dimension. En effet, l'article 191, § 1, FUE identifie en tant qu'objectif « la promotion, sur le plan

international, de mesures destinées à faire face aux problèmes régionaux ou planétaires de l'environnement, et en particulier la lutte contre le changement climatique ». C'est pourquoi la compétence pour conclure des traités doit être vue comme un prolongement explicite d'une compétence interne, même si en l'occurrence la distinction n'est pas des plus nettes puisque l'article 21, § 2, f) UE range la contribution « à l'élaboration de mesures internationales pour préserver et améliorer la qualité de l'environnement et la gestion durable des ressources naturelles mondiales, afin d'assurer un développement durable » au nombre des objectifs de l'action extérieure de l'Union.

4) ***Les compétences favorisant la coopération internationale*** : même si la dimension explicite du droit de traiter est ici plus diffuse, on considère habituellement que c'est aussi le cas pour certaines politiques internes pour lesquelles les traités prévoient que l'action de l'Union consiste notamment à favoriser la coopération avec les pays tiers et les organisations internationales compétentes dans le secteur en cause : éducation et sport (art. 165, § 3, FUE), formation professionnelle (art. 166, § 3, FUE), culture (art. 167, § 3, FUE) et santé publique (art. 168, § 3, FUE).

2° Compétences implicites

Bourgeois (J.), « L'avis de la CJCE à propos de l'Uruguay Round : un avis mitigé », *Rev. Marché unique européen* 1994-4, p. 11.
Dutheil de La Rochère (J.), « L'ère des compétences partagées : à propos de l'étendue des compétences externes de la Communauté européenne », *RMC* 1995. 461.
Groux (J.), « Le parallélisme des compétences internes et externes de la CEE », *CDE* 1978. 3.
Michel (V.), « Les compétences externes implicites : continuité jurisprudentielle et classification méthodologique », *Europe* oct. 2006, p. 4.
Raux (J.), « Le droit des relations extérieures : la dynamique des compétences implicites en question », in *Études en l'honneur de Jean-Claude Gautron*, Paris, Pedone, 2004, p. 793.

L'opinion dominante qui voulait que la CEE n'ait d'autre compétence externe que celle qui lui est expressément attribuée a été écartée par une construction jurisprudentielle qui, de l'arrêt *AETR* (CJCE 31 mars 1971, *Commission c/Conseil*, aff. 22/70, *Rec.* 263) à l'avis 1/76 (CJCE 26 avr. 1977, *Rec.* 754) en passant par l'arrêt *Kramer* (CJCE 14 juill. 1976, aff. jtes 3,4 et 6/76, *Rec.* 1308) a réalisé une novation de la dimension internationale de la Communauté.

a) Identification des critères

530. La jurisprudence classique a permis de distinguer deux types de raisonnements du juge aboutissant à la reconnaissance d'une compétence implicite externe, respectivement sur la base du critère d'affectation et du critère de nécessité.

531. • ***Le critère d'affectation : la jurisprudence AETR***. Dans l'arrêt *AETR*, où il s'agissait de savoir qui, de la Communauté ou des États membres, était compétent pour conclure l'Accord européen relatif au travail des équipages des véhicules effectuant des transports internationaux par route (AETR), négocié dans le cadre de la Commission économique pour l'Europe des Nations unies, la Cour écarte une fois pour toutes le principe que la Communauté n'aurait que des compétences expresses. Pour elle, l'article 210 *[devenu 281 CE et abrogé par le traité de Lisbonne]* selon lequel « la Communauté a la personnalité juridique »... « signifie que, dans les relations extérieures, la Communauté jouit de la capacité d'établir des liens contractuels avec les États tiers dans toute l'étendue du champ des objectifs définis dans la première partie du traité » ; de plus, « en vue d'établir, dans un cas déterminé, si la Communauté a la compétence pour prendre des engagements internationaux, il convient de prendre en considération le système du traité aussi bien que ses dispositions matérielles », et conclut : « une telle compétence résulte non seulement d'une attribution explicite par le traité... mais peut découler également d'autres dispositions du traité et d'actes pris par les institutions de la Communauté ». En même temps, l'arrêt *AETR* ouvrait la voie à une évolution qui allait consacrer le parallélisme des compétences internes et externes de la CEE. La Cour y ajoute, en effet, que, en particulier, chaque fois que pour la mise en œuvre d'une politique commune prévue par le traité, la Communauté a pris des dispositions instaurant, sous quelque forme que ce soit, des *règles communes*, les États membres ne sont plus en droit, qu'ils agissent individuellement ou même collectivement, de contracter avec les États tiers des obligations *affectant ces règles*, car, au fur et à mesure de l'instauration de ces règles communes, la Communauté seule est en mesure d'assumer et d'exécuter, avec effet pour l'ensemble du domaine d'application de l'ordre juridique communautaire, les engagements contractés à l'égard d'États tiers.

532. • ***Le critère de nécessité : la jurisprudence « Avis 1/76 »***. On pouvait se demander, même après l'arrêt *Kramer*, si l'attribution de compétences externes à la Communauté était subordonnée dans chaque cas à l'exercice effectif préalable de ses compétences internes dans le même domaine. Mais, dans son avis 1/76, la Cour a levé toute hésitation à cet égard en affirmant : « chaque fois que le droit communautaire a établi dans le chef des institutions de la Communauté des compétences sur le plan interne en vue de réaliser un objectif déterminé, la Communauté est investie de la compétence pour prendre les engagements internationaux *nécessaires* à la réalisation de cet objectif, même en l'absence d'une disposition expresse à cet égard ».

En constatant que la Communauté peut également prendre des engagements internationaux dans les domaines pour lesquels elle n'a pas reçu explicitement de compétence en vue de la conclusion de traités internationaux, dans la mesure nécessaire à l'exercice des compétences qui sont les siennes sur le plan interne, la Cour consacrait intégralement le principe du parallélisme des compétences, avec ce résultat que la Communauté avait désormais le choix d'exercer sa compétence externe en recourant, soit à une action interne autonome suivie d'une action externe, soit directement à une action externe. Mais on remarquera que le parallélisme est le résultat et non la cause de l'attribution implicite de la compétence externe ; le véritable fondement de la compétence externe réside dans le *prolongement automatique de la compétence interne*. Il s'ensuit que la compétence interne exigée doit être normative, car on voit mal comment les compétences conférées à la Communauté ou désormais à l'Union pourraient engendrer la possibilité de conclure un accord international lui-même créateur de droits et obligations, si elles n'étaient pas assorties, dans l'ordre interne, de ce pouvoir normatif.

b) Évolutions de la jurisprudence

533. • ***Les avis 1/94*** (CJCE 15 nov. 1994, *Rec.* I-5267) et ***2/92*** (CJCE 24 mars 1995, *Rec.* I-521), en adoptant une conception restrictive des compétences implicites externes, relativisent cependant la jurisprudence antérieure. D'abord, ils soulignent que si le pouvoir d'édicter des règles sur le plan interne ouvre bien une compétence externe, une compétence interne ne peut engendrer de compétence externe *exclusive* que si elle a été exercée, soit de manière complète (harmonisation exhaustive), soit au moins, « en grande partie ». Ensuite, si la Cour confirme que la compétence externe fondée sur les pouvoirs d'action interne de la Communauté peut être exercée sans qu'il y ait eu au préalable adoption d'un acte législatif interne, et devenir aussi exclusive, cette jurisprudence vise le cas où la conclusion d'un accord international est nécessaire pour réaliser les objectifs du traité, qui ne peuvent être atteints par l'établissement de règles autonomes. Cette démarche plus fine, refusant tout automatisme et tout caractère intégral à la compétence communautaire externe exclusive est illustrée et confirmée par les arrêts portant sur les accords « ciel ouvert » : CJCE 5 nov. 2002, *Commission c/Danemark*, aff. C-467/98, *Rec.* I-9519, CJCE 5 nov. 2002, *Commission c/Suède*, aff. C-468/98, *Rec.* I-9575, CJCE 5 nov. 2002, *Commission c/Finlande*, aff. C-469/98, *Rec.* I-9627, CJCE 5 nov. 2002, *Commission c/Belgique*, aff. C-471/98, *Rec.* I-9681, CJCE 5 nov. 2002, *Commission c/Luxembourg*, aff. C-472/98, *Rec.* I-9741, CJCE 5 nov. 2002, *Commission c/Autriche*, aff. C-475/98, *Rec.* I-9797, CJCE 5 nov. 2002, *Commission c/Allemagne*, aff. C-476/98, *Rec.* I-9855.

534. • ***L'avis 1/03*** (CJCE 7 févr. 2006, *Rec.* I-1145) a permis de préciser plusieurs dimensions de la problématique.

1) *Distinction entre le fondement (implicite) et la nature (exclusive) de la compétence.* On trouve dans cet avis une distinction nette entre le fondement implicite et la nature éventuellement exclusive de la compétence externe de la Communauté, seule cette deuxième question étant ici posée à la Cour. La Communauté peut disposer « de la compétence pour prendre les engagements internationaux nécessaires à la réalisation de cet objectif, même en l'absence d'une disposition expresse à cet égard » ; « cette compétence de la Communauté peut être exclusive ou partagée avec les États membres ». Donc, le constat de l'existence d'une compétence externe implicite de la Communauté n'emporte pas forcément pour conséquence concrète la conclusion purement communautaire de l'accord mais peut déboucher sur une conclusion mixte. La précision n'est pas anodine tant la confusion est souvent faite entre les deux caractéristiques de la compétence communautaire dégagée implicitement à partir des années soixante-dix : compétence implicite certes, mais aussi compétence logiquement exclusive, ce qui a souvent armé les critiques les plus vives à l'égard de la théorie même des compétences implicites. Si la Cour a longtemps pratiqué ici un raisonnement global encourageant à la confusion, cette distinction dans l'avis 1/03 n'est cependant pas une innovation, la Cour ayant déjà mis en évidence la déconnexion des deux questions, notamment dans l'avis 2/91 (elle le fera aussi dans l'affaire *MOX* : CJCE 30 mai 2006, *Commission c/Irlande*, aff. C-459/03, *Rec.* I-4635). Pour autant, la distinction reste fort délicate à trancher, en ce que le raisonnement conduisant à la reconnaissance d'une compétence implicite comporte une dimension de nécessaire « dépossession » de leur compétence pour les États membres, le critère d'affectation, notamment, semblant décisif pour la nature, ici, de la compétence, alors qu'il intervient aussi pour reconnaître son existence. Ainsi, dans la partie la plus innovante de l'avis 1/03, relative à l'approche concrète, la Cour, alors même que seule lui était posée la question du caractère exclusif ou partagé de la compétence communautaire, conclut qu'il faut « effectuer une analyse globale et concrète en vue de vérifier si la Communauté dispose de la compétence

pour conclure un accord international et si cette compétence est exclusive » ce qui revient à joindre les deux problématiques dans l'analyse proposée et à reprendre une analyse effectivement globale.

2) *Clarification opératoire du critère d'affectation.* L'avis permet de clarifier ce critère d'affectation et si l'on a surtout considéré qu'il y avait là une approche pratique, on peut plutôt y voir une systématisation comportant une dimension, nouvelle, à caractère concret.

La jurisprudence permettait d'identifier plusieurs hypothèses de compétence externe implicite à considérer comme exclusive du fait du critère d'affectation des règles internes préalables : hypothèses de l'identité des domaines (les engagements internationaux relèvent du domaine d'application des règles communes, hypothèse *AETR*), ou en tout cas d'un domaine déjà couvert en grande partie par de telles règles (cas dans *l'avis 2/91*), de la projection externe de la compétence interne (lorsque la Communauté a inclus dans ses actes législatifs internes des clauses relatives au traitement à réserver aux ressortissants de pays tiers ou qu'elle a conféré expressément à ses institutions une compétence pour négocier avec les pays tiers (*avis 1/94* et *avis 2/92*), et de l'harmonisation totale. La Cour estime ici que ces hypothèses « ne sont… que des exemples dont la formulation trouve son origine dans les contextes particuliers pris en considération par la Cour », l'*avis 1/03* préférant identifier de manière plus générale les deux catégories dans lesquelles s'insèrent ces divers cas d'emploi du critère de l'affectation : « incompatibilité avec l'unité du marché commun et l'uniformité du droit communautaire (arrêt *AETR*) », et « affectation… par l'atteinte à la nature des règles communautaire existantes (*avis 1/94* ; v. aussi l'arrêt *Commission c/Danemark*, préc.) ». Si la Cour rejette ces deux hypothèses, elle poursuit son analyse en mettant en évidence une affectation concrète du fait de la confrontation entre les règles communautaires et celles contenues dans l'accord envisagé. Il s'agit d'une « analyse concrète de la relation qui existe entre l'accord envisagé et le droit communautaire en vigueur et dont il ressort que la conclusion d'un tel accord est susceptible d'affecter les règles communautaires », ce qui relève donc d'une *affectation du fait de la relation entre les règles*, ce que la Cour détaille ensuite : « il y a lieu d'effectuer une analyse globale et concrète en vue de vérifier si la Communauté dispose de la compétence pour conclure un accord international et si cette compétence est exclusive. À cette fin, doivent être pris en considération non seulement le domaine couvert tant par les règles communautaires que par les dispositions de l'accord envisagé, pour autant que celles-ci sont connues, mais également la nature et le contenu de ces règles et dispositions, afin de s'assurer que l'accord n'est pas susceptible de porter atteinte à l'application uniforme et cohérente des règles communautaires et au bon fonctionnement du système qu'elles instituent ». Et le caractère concret de la démarche n'empêche pas de prendre en compte dans cette analyse globale « non seulement l'état actuel du droit communautaire dans le domaine concerné, mais également ses perspectives d'évolution, lorsque celles-ci sont prévisibles au moment de cette analyse ».

c) Codification par le traité de Lisbonne

535. Le traité de Lisbonne a doublement fait écho à la jurisprudence de la Cour relative aux compétences externes implicites.

De façon générale, l'article 216 FUE synthétise cette jurisprudence, indiquant que l'Union peut conclure un accord avec un ou plusieurs pays tiers ou organisations internationales, **outre les hypothèses où les traités le prévoient explicitement** « lorsque la conclusion d'un accord, soit est nécessaire pour réaliser, dans le cadre des politiques de l'Union, l'un des objectifs visés par les traités, soit est prévue dans un acte juridique contraignant de l'Union, soit encore est susceptible d'affecter des règles communes ou d'en altérer la portée », ce qui recouvre à la fois le critère de nécessité et deux formes du critère d'affectation, sa formulation générale et l'hypothèse particulière de la « projection externe de sa compétence interne ».

Le traité de Lisbonne insiste également, au risque de possibles confusions, sur les cas dans lesquels cette compétence externe de l'Union **sera exclusive** : selon l'article 3, § 2, FUE, au-delà des cinq domaines explicites de compétence exclusive (art. 3, § 1, FUE) l'Union « dispose (...) d'une compétence exclusive pour la conclusion d'un accord international lorsque cette conclusion est prévue dans un acte législatif de l'Union, ou est nécessaire pour lui permettre d'exercer sa compétence interne, ou dans la mesure où elle est susceptible d'affecter des règles communes ou d'en altérer la portée ».

536. La Cour de justice a eu l'occasion d'éclairer cette novation. Elle insiste sur le fait que le traité de Lisbonne se limite « à codifier, fût-ce partiellement, la jurisprudence antérieure relative à la compétence internationale de l'Union issue, notamment, de l'arrêt *AETR* » (arrêt du 26 nov. 2014, *Green Network*, aff. C-66/13, EU:C:2014:2399), ce qui, d'une part, l'autorise à interpréter ces nouvelles dispositions « à la lumière des précisions fournies à leur égard par la Cour dans l'arrêt *AETR* et dans la jurisprudence développée à partir de cet arrêt » (arrêt de Grande chambre du 4 sept. 2014, *Commission c/ Conseil*, aff. C-114/12, EU:C:2014:2151; même position de la Grande chambre dans *l'avis 1/13* du 14 oct. 2014, EU:C:2014:2303) et la conduit donc, dans un deuxième temps, à refuser la thèse selon laquelle le traité de Lisbonne aurait eu pour objectif d'adopter une vision plus restrictive en matière de compétence externe de l'Union. La Cour par ailleurs, va projeter sur le rapport entre les articles 216 et 3, § 2, FUE sa position traditionnelle consistant à bien distinguer, dans l'absolu, la question de l'existence d'une compétence externe, éventuellement explicite, de l'Union, et celle, en aval, de son éventuel caractère exclusif (tout en admettant que certains critères sont communs) ; à cet égard, elle se veut très pédagogue dans l'arrêt (Gr. ch.) du 5 déc. 2017, *Allemagne c/ Conseil*, aff. C-600/14, ECLI:EU:C:2017:935, rappelant cette distinction et montrant que c'est finalement ce que traduit, dans le traité FUE, la dualité des articles en cause. Elle explique qu'il découle du libellé même de l'article 216, dans lequel il n'est opéré aucune distinction selon la nature exclusive ou partagée de la compétence externe de l'Union, que l'Union est investie d'une telle compétence dans quatre cas de figure, l'hypothèse dans laquelle la conclusion d'un accord est susceptible d'affecter des règles communes ou d'en altérer la portée, hypothèse dans laquelle la compétence de l'Union est, en vertu de l'article 3, § 2, FUE, exclusive, ne constituant par exemple que l'un de ces cas de figure. Au total précise-t-elle, une compétence externe de l'Union peut exister en dehors des cas de figure prévus à l'article 3, § 2, FUE.

3° Compétences subsidiaires

RAUX (J.), « Le recours à l'article 235 CEE en vue de la conclusion d'accords externes », in *Mélanges Teitgen*, Pedone, 1984, p. 407.

537. Dans l'arrêt *AETR*, la Cour a confirmé aussi que l'article 308 CE *[ex art. 235 CEE, et désormais art. 352 FUE]* permet au Conseil de prendre toutes dispositions appropriées : « également dans le domaine des relations extérieures ». Subsidiaire, le recours à cet article doit être écarté dès lors qu'il existe une compétence externe (CJCE 26 mars 1987, aff. 45/86, préc.) même implicite ; en revanche, il s'impose en l'absence de compétence interne ; en outre, il y sera fait recours lorsque l'action interne fondant la compétence repose elle-même sur cette disposition.

C'est ainsi que l'« accord-cadre de coopération commerciale et économique » avec le Canada, entré en vigueur le 1er octobre 1976 (*JOCE* n° L 260 du 24 sept. 1976) était fondé *à la fois* sur l'article 113 et sur l'article 235, dès lors que la coopération s'étend au domaine économique, en général, aux domaines technologique, scientifique, industriel, minier et agricole, en particulier, et qu'elle dépasse le champ de la coopération commerciale liée à l'article 113.

L'article 308 CE permit aussi de fonder l'action conventionnelle de la Communauté dans le domaine de l'environnement : cf. par exemple : Convention avec la Suisse relative à la protection du Rhin contre la pollution chimique (*JOCE* n° L 240/35 du 19 sept. 1977) ; Convention de Paris pour la prévention de la pollution marine d'origine tellurique (*JOCE* n° L 194/5 du 25 juill. 1975) ; Convention de Barcelone concernant la protection de la Méditerranée contre la pollution (*JOCE* n° L 240 du 19 sept. 1977) ; Convention relative à la conservation de la vie sauvage et du milieu naturel de l'Europe (*JOCE* n° L 38 du 10 févr. 1982) ; Convention sur la conservation des espèces migratrices appartenant à la faune sauvage (*JOCE* n° L 210/10 du 19 juill. 1982).

C'est sur ce fondement qu'ont été développés aussi des actions externes ensuite dotées de fondements spécifiques explicites, comme en matière de coopération économique, financière et technique ou quant à la politique de voisinage.

Si les formules générales de l'article 216 FUE et spécialement la référence à la nécessité de conclure un accord pour réaliser un des objectifs du traité peuvent s'appliquer à la fois aux compétences implicites (critère de nécessité) et à ces compétences subsidiaires, il convient de ne pas négliger la différence qu'il peut y avoir entre un raisonnement de juge déduisant implicitement des traités un prolongement de ses dispositions expresses et une procédure par laquelle les institutions de l'Union peuvent compléter ces dispositions.

B. Compétences externes d'Euratom

538. Contrairement au traité CEE, les deux autres traités communautaires consacraient d'emblée *expressément* le parallélisme des compétences internes et externes.

Pour la CECA, ce parallélisme ne pouvait conduire bien loin dans la mesure où les compétences internes étaient ici plus de gestion que de législation et surtout parce que la politique commerciale, même intracommunautaire, étaient expressément réservée aux États membres (art. 71). Dès lors, les accords conclus par la Communauté seule avec les États tiers sont restés exceptionnels ; on peut citer l'accord de consultation réciproque avec la Suisse du 7 mai 1956 (*JOCE CA* 1957/85) et un arrangement avec les États-Unis, concernant l'acier, conclu sur la base de la compétence subsidiaire ouverte par l'article 95 alinéa 1er, CECA (*JOCE* n° L 307/11 du 1er nov. 1982). Le plus souvent, systématisant la règle contenue à l'article 14 de la *Convention relative aux dispositions transitoires*, la Haute Autorité/Commission a négocié en qualité de « mandataire commun » des gouvernements des États membres, ceux-ci concluant ensuite l'accord avec l'État tiers conjointement avec la Communauté : cf. par exemple l'accord d'association avec le Royaume-Uni du 21 décembre 1954 ; le protocole CECA à l'accord-cadre de coopération entre les Communautés et le Canada (*JOCE* n° L 260/32 du 24 sept. 1976).

Conformément à l'importance qu'y attachaient ses promoteurs, le traité CEEA est celui qui contient l'ensemble le plus systématique de dispositions dans le domaine des relations extérieures. D'abord, il charge expressément la Communauté d'« instaurer avec les autres pays et avec les organisations internationales toutes liaisons susceptibles de promouvoir le progrès dans l'utilisation pacifique de l'énergie nucléaire » (art. 2, h) ; ensuite, il consacre un chapitre distinct aux « relations extérieures » ; enfin, son article 101 contient la formulation la plus explicite du principe du parallélisme : « Dans le cadre de sa compétence, la Communauté peut s'engager par la conclusion d'accords ou conventions avec un État tiers, une organisation internationale ou un ressortissant d'un État tiers. »

Par-là, l'Euratom est habilité à traiter non seulement dans les matières faisant l'objet d'attributions spécifiques (cf. par exemple, l'article 206, rédigé dans les mêmes termes que l'article 310 CE *[désormais art. 217 FUE]* pour les *accords d'association*), mais au-delà, sa compétence externe est homogène avec sa compétence interne. De très nombreux *accords de coopération nucléaire* ont été conclus très tôt avec les pays les plus divers (États-Unis, 29 mai-19 juin 1958 ; Royaume-Uni, 9 févr. 1959 ; Canada, 6 oct. 1959, etc., ou plus récemment, l'accord en matière de fusion avec les États-Unis, *JOCE* n° L 148 du 1er juin 2001).

Il est à noter que la Cour de justice, ici encore, fait prévaloir une interprétation large et modernisée de la compétence communautaire.

539. Dans sa *délibération 1/78* (CJCE 14 nov. 1978, *Rec.* 2151) concernant la Convention relative à la « protection physique » des installations et matières nucléaires, qui était en cours de négociation au sein de l'Agence internationale de l'énergie atomique (AIEA), elle a affirmé que la protection physique rentre dans la notion bien comprise de « contrôle de sécurité » telle qu'envisagée par les auteurs du traité. Pour elle, en effet, le préambule ainsi que l'article 2 (e) démontrent que cette notion a une portée bien plus large que la simple substitution d'une destination différente à la destination déclarée par l'utilisateur de matières nucléaires ; elle concerne, au contraire, tout détournement de matières nucléaires impliquant un risque d'une atteinte aux intérêts vitaux des populations et des États. Il en découle, d'une part, que la Communauté est compétente sur la base du chapitre VII pour arrêter des mesures internes de protection physique et d'autre part, sur la base de l'article 101 pour souscrire à des engagements internationaux en la matière.

540. *Quant aux procédures*, la Commission est compétente, ici, non seulement pour négocier, mais encore pour conclure, mais elle négocie « selon les directives du Conseil », et conclut seulement après avoir obtenu l'approbation du Conseil statuant à la majorité qualifiée. Cependant, pour les accords dont l'exécution n'exige pas une intervention du Conseil et peut être assurée dans la limite du budget, elle négocie et conclut librement. Enfin, les accords d'association sont conclus par le Conseil (art. 206 ; cf. J. Raux, « La procédure de conclusion des accords externes de l'Euratom », *RGDIP* 1963. 1019).

II. La conclusion des accords externes

Flaesch-Mougin (C.), « L'article 218 TFUE, une 'norme autonome et générale de portée constitutionnelle' » ?, in *L'identité du droit de l'Union européenne. Mélanges en l'honneur de Claude Blumann*, Bruxelles, Bruylant, 2015, p. 337.

FLAVIER (H.), « Parlement européen et relations extérieures : une révolution démocratique en marche », *RTDE* 2016, n° 2, p. 293.

PALOMARES AMAT (M.), « El procedimiento de celebración de los accuerdos internacionales de las Comunidades Europeas », *Gaceta juridica de la CE*, Madrid, 1998 D-30.

DE WALSCHE (A.), « L'article 228 révisé par le traité d'Amsterdam », in *L'UE et le monde après Amsterdam*, dir. M. Dony, *Études européennes*, Bruxelles, Éd. de l'Université de Bruxelles, 1999.

A. Procédure de droit commun

541. Elle est codifiée à l'article 218 FUE (« norme autonome et générale de portée constitutionnelle » selon la Cour : arrêt du 16 juill. 2015, *Commission c/ Conseil*, aff. C-425/13, ECLI:EU:C:2015:483). Après des contacts exploratoires, la Commission adresse au Conseil une recommandation par laquelle elle lui demande d'autoriser l'ouverture des négociations ; l'autorisation donnée par le Conseil est habituellement assortie de directives de négociation. Cette négociation était, jusqu'au traité de Lisbonne, menée par des fonctionnaires de la Commission sous la responsabilité de celle-ci, les négociateurs devant cependant agir en consultation étroite avec un *comité* désigné par le Conseil, composé de représentants des États membres. Avec le traité de Lisbonne, le Conseil, en autorisant l'ouverture des négociations, désigne le négociateur ou le chef de l'équipe de négociation de l'Union, le principe de négociation par la Commission, jusque-là général, ne semblant plus s'imposer que dans le domaine de la politique commerciale commune. On retrouve la même pratique d'un *comité spécial* en consultation avec lequel doivent être conduites les négociations. Si les directives de négociation du Conseil peuvent parfaitement organiser les liens et les procédures entre la Commission et ce comité spécial, et si elles peuvent requérir que la Commission fournisse des informations au comité spécial ou au Conseil, elles ne peuvent lui imposer des positions de négociation détaillées, et le comité spécial a une fonction seulement consultative (arrêt du 16 juill. 2015, *Commission c/ Conseil*, aff. C-425/13, préc.).

Lorsque les partenaires se sont mis d'accord sur un projet de texte, le négociateur de l'Union procède au *paraphe*, fait rapport au Conseil, et lui propose d'engager l'Union.

Dans le silence du traité, le Conseil s'est inspiré de la pratique des relations entre États et utilise, pour réaliser l'engagement international de l'Union, deux procédures : la *procédure solennelle*, fondée sur la distinction entre la signature de l'accord paraphé et sa conclusion, seule cette dernière ayant pour effet d'engager l'Union au regard du cocontractant (la *conclusion* en ce sens correspond à la *ratification* par les États) ; la *procédure simplifiée*, dans laquelle la signature de l'accord, à elle seule, porte engagement de l'Union.

La signature, dans l'un et l'autre cas, est autorisée par le Conseil, qui désigne le ou les mandataires habilités à y procéder. Il peut également autoriser l'application provisoire de l'accord avant son entrée en vigueur.

542. Quelle que soit la procédure utilisée, l'acte par lequel le Conseil approuve en définitive le projet d'accord revêtait initialement la forme soit d'un *règlement* (systématiquement privilégié jusqu'en 1986) soit d'une *décision sui generis* sans destinataire (v. ss 676) pratique dominante, et sans qu'un critère parfaitement univoque de choix puisse être décelé. Le traité de Lisbonne précise que c'est par « décision » que le Conseil statue. Quelle que soit son appellation, souvent malheureuse, cet acte *ne conclut pas l'accord* ; il porte approbation interne de l'accord, habilitation à signer, ou à notifier que l'approbation interne a eu lieu, et contient parfois des dispositions concernant l'exécution de l'accord dans l'Union. La conclusion véritable résulte soit de la signature, soit de l'échange, du dépôt ou de la notification de l'acte d'approbation.

C'est à la majorité qualifiée que le Conseil se prononce, tout au long de la procédure.

Lorsque le traité prévoit l'intervention obligatoire de l'Assemblée, le Conseil utilise systématiquement la procédure solennelle et demande l'avis après la signature et avant la conclusion. Avec le traité de Lisbonne, on peut considérer que dans la procédure de droit commun, il y a toujours association du Parlement européen par voie de consultation (art. 218, § 6, b, FUE). Par ailleurs, le Parlement est immédiatement et pleinement informé à toutes les étapes de la procédure.

Depuis le traité d'Amsterdam, cette procédure de droit commun qui, jusque-là, ne réglait que la négociation et la conclusion des accords, a été complétée en légalisant la pratique de l'*application provisoire* des accords dès leur signature ainsi que leur *suspension*. Le Conseil statue dans les mêmes conditions que pour la conclusion de l'accord, mais le Parlement, quelle que soit la forme de son intervention en matière de conclusion, ne possède ici que le droit d'être informé. Cette même procédure est applicable pour établir les propositions à prendre au nom de l'Union dans une instance créée par un accord lorsque cette instance est appelée à adopter des décisions ayant des effets juridiques, à condition qu'il ne s'agisse pas d'actes complétant et modifiant le cadre institutionnel de l'accord (art. 218, § 9, FUE).

B. Procédures spéciales

543. On les trouve plus ou moins nettement discernables en tant que cas particuliers au sein même de l'article 218 FUE ; des « dispositions particulières », en tant que *lex specialis* par rapport à l'article 218 sont prévues à l'article 207, § 3, FUE en matière de politique commerciale commune ; enfin l'article 219 FUE prévoit une procédure dérogatoire vis-à-vis de l'article 218 dans le domaine des accords de change et monétaires.

1° Cas particuliers dans la procédure de droit commun

544. On peut en identifier quatre.

a) Accords au titre de la PESC

545. Même si le traité de Lisbonne a unifié l'Union, supprimé les piliers, et si, en l'espèce, l'article 218 FUE remplace à la fois l'article 300 CE (premier pilier) et l'article 24 UE (d'application pour les deux autres piliers), les particularités de la PESC apparaissent au sein même de la procédure prévue par l'article 218. La négociation de l'accord et formellement l'initiative d'une demande d'ouverture des négociations au Conseil relève du haut représentant de l'Union pour les affaires étrangères et la politique de sécurité et non de la Commission s'agissant de la PESC. Quant au principe d'intervention du Parlement européen, il est écarté lorsque l'accord porte exclusivement sur la PESC (art. 218, § 6, al. 2, FUE) et c'est désormais la seule exclusion alors que jusqu'au traité de Lisbonne, cela valait pour les accords commerciaux et les accords de l'ex-troisième pilier. Pour autant, la Cour a jugé que l'obligation de tenir informé le Parlement de toutes les étapes de la procédure de conclusion d'un accord externe (art. 218, § 1 0, FUE) joue pour tous les accords conclus par l'Union y compris dans le cadre de la PESC (cf. l'arrêt de la Grande chambre du 24 juin 2014, *Parlement c/ Conseil*, aff. C-658/11, ECLI:EU:C:2014:2025) et quelle que soit l'implication du Parlement dans la procédure elle-même, qu'il soit ou non consulté, et qu'il ait ou non à approuver l'accord, cette exigence reposant non seulement sur le rôle démocratique du Parlement mais aussi sur les nécessités d'unité et de cohérence de l'action extérieure de l'Union. Faute d'information appropriée, la décision de conclusion sera annulée (arrêt de la Grande chambre du 14 juin 2016, *Parlement c/ Conseil*, aff. C-263/14, ECLI:EU:C:2016:435)

b) Exigence d'approbation du Parlement européen

546. Si le principe est celui de la consultation du Parlement, l'article 218 exige l'approbation de celui-ci dans six cas (art. 218, § 6, a, FUE) : accords d'association, accord d'adhésion de l'Union à la Convention européenne de sauvegarde des droits de l'Homme et de libertés fondamentales, accords créant un cadre institutionnel spécifique en organisant des procédures de coopération, accords ayant des implications financières notables pour l'Union, accord couvrant des domaines auxquels s'applique soit la procédure législative ordinaire (ce qui est plus large que l'hypothèse jusque-là visée, consistant à vérifier s'il y avait lieu de *modifier un acte adopté en codécision*), soit une procédure législative spéciale avec approbation du Parlement. On note en tous cas le souci de projeter au plan externe la même répartition des pouvoirs que celle qui est retenue au plan interne (pour la mise en évidence de la symétrie, arrêt du 24 juin 2014, *Parlement c/ Conseil*, aff. C-658/11, préc.).

c) Exigence d'unanimité au Conseil

547. Si le principe est celui de la décision à la majorité qualifiée, l'article 218, § 8, alinéa 2, prévoit que le Conseil statue à l'unanimité lorsque l'accord porte sur un domaine pour lequel l'unanimité est requise pour l'adoption d'un acte de l'Union (on retrouve notamment la PESC) ainsi que pour les accords d'association et les accords de coopération économique, financière et technique avec les États candidats à l'adhésion. Le Conseil statue également à l'unanimité pour l'accord portant adhésion de l'Union à la Convention européenne de sauvegarde des droits de l'Homme et des libertés fondamentales, cet accord n'entrant en vigueur qu'après son approbation par les États membres, conformément à leurs règles constitutionnelles respectives.

d) Dérogation au principe d'engagement de l'Union par le Conseil

548. Le principe selon lequel seul le Conseil engage l'Union (confirmé, pour la « Communauté » par l'arrêt CJCE 9 août 1994, *France c/Commission*, aff. C-327/91, *Rec.* I-3641) connaît une exception, motivée par des considérations pratiques. L'article 218, § 7, FUE réserve la possibilité pour le Conseil, lors de la conclusion d'un accord, d'habiliter le négociateur à approuver lui-même les modifications au nom de l'Union, lorsque l'accord prévoit que ces modifications doivent être adoptées selon une procédure simplifiée ou par une instance créée par ledit accord.

2° Dispositions spéciales pour les accords commerciaux

549. Le traité de Nice avait multiplié les particularités s'agissant de la conclusion des accords commerciaux, ceci étant le prix à payer pour l'élargissement de son champ d'application. Le traité de Lisbonne reste dans cette ligne, l'article 207, § 3, posant le principe de l'application de la procédure de droit commun de l'article 218 « sous réserve des dispositions particulières » qu'il pose lui-même, en tant que *lex specialis*. C'est la Commission qui mène les négociations en consultation avec un comité spécial ; cette exigence de la compétence de la Commission dans ce domaine particulier est défendue par la Cour quand elle est négligée par le Conseil (arrêt du 25 oct. 2017, *Commission c/ Conseil*, aff. C-389/15, ECLI:EU:C:2017:798. Si la conclusion des accords commerciaux se fait à la majorité qualifiée, l'unanimité est exigée dans les domaines du commerce des services, des aspects commerciaux de la propriété intellectuelle, et des investissements directs étrangers, dès lors que l'accord comprend des dispositions pour lesquelles cette unanimité est requise de manière interne à l'Union. De plus, l'unanimité s'impose en matière de commerce des services culturels et audiovisuels « lorsque ces accords risquent de porter atteinte à la diversité culturelle et linguistique de l'Union » et dans le domaine des services sociaux, d'éducation et de santé « lorsque ces accords risquent de perturber gravement l'organisation de ces services au niveau national et de porter atteinte à la responsabilité des États membres pour la fourniture de ces services » (art. 207, § 4, al. 3, a et b, FUE). De telles conditions, filles de difficultés de négociations, sont certainement mères de difficultés d'interprétation…

3° Procédure dérogatoire pour les accords de change et monétaires

550. L'ensemble de la procédure visée à l'article 218 FUE est écarté pour les accords se rapportant au régime monétaire ou de change, notamment pour y faire une place à la BCE. « Le Conseil, sur recommandation de la Commission et après consultation de la BCE, décide des arrangements relatifs aux négociations et à la conclusion de ces accords. Ces arrangements doivent assurer que l'Union exprime une position unique. La Commission est pleinement associée aux négociations », ce qui signifie qu'elle ne sera pas le négociateur. Sans préjudice de ces arrangements, les accords formels portant sur un système de taux de change pour l'euro vis-à-vis des monnaies d'États tiers sont conclus par le Conseil statuant à l'unanimité, soit sur recommandation de la BCE, soit sur recommandation de la Commission et avis de la BCE, après consultation du Parlement (art. 219, § 1, FUE).

III. Le croisement des compétences externes : les accords mixtes

Bourgeois (H.-J.), Dewost (J. L.) et Gaifee (M.-A.) (dir.), *La Communauté européenne et les accords mixtes. Quelles perspectives ?*, Presses universitaires européennes, Modave, 1997.

Heliskoski (J.), *Mixed Agreements as a Technique for Organizing the International Relations of the European Community and its Member States*, The Hague, Kluwer, 2001.

Koutrakos (P.) et Hillion (C.) (Ed.), *Mixed Agreements Revisited : the EU and its member States in the world*, Oxford and Portland, Hart, 2010.

NEFRAMI (E.), *Recherches sur les accords mixtes de la Communauté européenne*, Bruxelles, Bruylant, coll. « Droit de l'Union européenne, thèses », 2007.

NEUWAHL (N.A.), « Joint participation in international treaties and the exercise of power by the E.E.C. and its member states : mixed agreements », *Common Market Law Review* 1991. 717.

TESTA (G.), « L'intervention des États membres dans la procédure de conclusion des accords d'association de la CEE », *CDE* 1966. 492.

1° Pratique des accords mixtes

551. Seul le traité CEEA (art. 102) mentionne expressément la technique des *accords mixtes* c'est-à-dire des accords ou conventions conclus avec un État tiers ou une organisation internationale et auxquels sont parties outre la Communauté, un ou plusieurs États membres. Mais son utilisation a été générale dans la pratique des trois Communautés. C'est que les nécessités de l'action internationale s'accommodent mal des lignes de partage souvent artificielles, parfois dans une même matière, des compétences communautaires et de celles qui sont demeurées nationales ; il devient alors inévitable pour assurer la cohérence de l'action ou réaliser un équilibre des concessions réciproques, qu'un accord ou une convention dépasse, par son objet, les matières qui sont strictement de la compétence communautaire. Ainsi, l'accord d'association avec la Grèce de 1961 la faisant bénéficier d'une aide financière qui ne relevait pas de la compétence de la CEE, la France exigea qu'il fut conclu à la fois par la Communauté et l'ensemble de ses États membres. La conclusion mixte des Conventions de Yaoundé, pour le même motif, était justifiable.

Mais l'utilisation quasi systématique de l'accord mixte, parfois même dans des conditions manifestement abusives (accord d'association avec le Nigeria de 1966) a des motifs essentiellement politiques : la réticence des États membres à s'effacer derrière la Communauté, aujourd'hui l'Union. C'est qu'en effet, outre ses inconvénients pratiques, la technique de l'accord mixte fait la part belle aux États et, en revanche, aboutit à « banaliser » la compétence communautaire. Au niveau de la négociation, déjà, où participent, outre les négociateurs de l'Union, des délégations de chacun des États membres. Surtout, l'accord doit ensuite être signé et conclu non seulement par l'Union mais par chacun de ses États : pratiquement, l'Union ne peut procéder à la conclusion que lorsque la totalité des États membres ont ratifié, ce qui restitue à chacun des États un droit de veto, même si l'accord, du point de vue de l'Union, peut être conclu par le Conseil à la majorité. Cette pratique entraîne des retards parfois très importants dans la mise en vigueur des accords (par exemple, l'accord de coopération CEE-Algérie, signé le 26 avril 1976, n'a pu entrer en vigueur que le 1er novembre 1978 ; l'accord sur le caoutchouc naturel de 1979 n'a pu être conclu par la Communauté que le 8 avril 1982 : *JOCE* n° L 111/22 du 24 avril 1982 ; il en va de même pour les accords successifs avec les États ACP) et l'Union est obligée de signer des accords intérimaires permettant l'application immédiate des clauses commerciales des accords de coopération (cf. J. Raux, chron. « Accords externes », *RTDE* 1976. 348 et 1978. 465). Si le traité de Lisbonne a, d'une certaine manière, renvoyé aux accords mixtes en matière d'environnement (art. 191, § 4, FUE), de coopération au développement (art. 211 FUE) et de coopération économique, financière et technique (art. 212, § 3, FUE) (v. ss 555), il a aussi expressément imposé cette technique pour la sensible adhésion de l'Union à la convention européenne des droits de l'homme (art. 218, § 8, FUE) (v. ss 757).

La stratégie commerciale de l'Union européenne fait désormais la part belle aux Accords de libre-échange « de nouvelle génération » : Accords récemment conclus avec le Canada et le Vietnam ; en cours de négociation avec les États-Unis, le Mercosur, le Japon, la Thaïlande, l'Indonésie, les Philippines ; ou devant être négociés (Australie, Nouvelle-Zélande) ou modernisés (Turquie, Mexique). L'ampleur du champ de ce type d'instrument a conduit à privilégier la conclusion mixte mais la Cour de justice a dû analyser le phénomène de manière précise (v. ss 552).

2° Attitude de la Cour de justice

Dony (M.), « L'avis 2/15 de la Cour de justice : un 'jugement de Salomon' ? », *RTDE* 2017, n° 3, p. 525.

Hervé (A.) : « L'avis 2/15 de la Cour de justice. Et maintenant, que faire du partage des compétences entre l'Union et ses États ? », *CDE* 2017, n° 3, p. 693.

552. La jurisprudence de la Cour de justice a validé la pratique des accords mixtes et, si elle s'est efforcée d'en limiter les abus, leur fait cependant une place grandissante.

Ainsi, la *Convention internationale sur la protection physique des matières nucléaires* a-t-elle fait l'objet d'une conclusion mixte (*JOCE* n° L 149 du 17 juin 1980) avec l'aval formel de la Cour ; dans sa *délibération 1/78* (CJCE 14 nov. 1978, *Rec.* 2151), celle-ci reconnaît en effet que le recours à l'accord mixte est tout indiqué lorsque « la matière d'un accord ou d'une convention relève pour partie de (la compétence) des États membres » et elle en profite pour préciser qu'« il n'est pas nécessaire de révéler ou de fixer, à l'égard des autres parties à la Convention, la répartition des compétences en la matière entre la Communauté et les États membres, d'autant plus que celle-ci est susceptible d'évoluer au cours du temps. Il suffira d'affirmer à l'égard des autres parties contractantes que la matière donne lieu à un partage de compétences à l'intérieur de la Communauté, étant entendu que la nature exacte de ce partage est une question interne dans laquelle les États tiers n'ont pas à intervenir » (v. ss 555).

Alors que tous les accords sur les produits de base sans exception avaient fait l'objet d'une conclusion mixte, la Commission entreprit de faire dire par la Cour que le nouvel *accord sur le caoutchouc* pouvait être conclu par la Communauté seule. La Cour, dans son *avis 1/78* (préc.), manifeste une certaine rigueur en estimant que la conclusion mixte n'est possible que dans la mesure où des *dispositions essentielles* échappent à la compétence communautaire, mais conclut que tout dépend, en l'espèce, « des modalités du financement des opérations du stock régulateur qu'il est envisagé d'instituer par cet accord : si les charges du financement de ce stock incombaient au budget de la Communauté, il s'agirait d'une compétence exclusive de la Communauté ; si par contre, ces charges étaient supportées directement par les États membres, cette circonstance impliquerait la participation de ces États à l'accord, ensemble avec la Communauté ». Cette solution relative aux questions de financement ne vaut que dans les hypothèses où l'accord comporte un mécanisme financier et non lorsque l'accord réglemente l'exercice par les États d'une activité financière ou, *a fortiori*, lorsque l'organisation ne possède qu'un budget de fonctionnement (*avis 1/94*) ; il n'empêche qu'elle fait la part belle aux États qui conservent un accès à l'accord mixte, dès lors qu'ils sont prêts à payer. Dans la pratique, on relèvera que l'accord sur le caoutchouc naturel a fait l'objet d'une conclusion mixte (*JOCE* n° L 111/22 du 24 avr. 1982), tandis que l'accord sur l'huile d'olive a été conclu par la Communauté seule (*JOCE* n° L 237 du 24 déc. 1979). De même, contrairement à ce qui s'était fait jusque-là, c'est la Communauté seule qui a conclu la plupart des accords du Tokyo Round (*JOCE* n° L 71 du 17 mars 1980).

Outre les modalités de financement de l'accord, les contraintes statutaires éventuelles de l'organisation internationale dans le cadre de laquelle un accord est conclu peuvent imposer la mixité (CJCE 19 mars 1993, *avis* 2/91, *Rec.* I-1061).

La jurisprudence *AETR* et *avis 1/76* (v. ss 530 à 532), en élargissant la compétence externe de la CEE, était de nature à réduire les hypothèses d'accords mixtes ; sa relativisation ultérieure (v. ss 533) a, naturellement l'effet inverse. Ainsi, la Cour ayant décidé qu'il concerne des matières de *compétences partagées* entre la Communauté et les États membres (CJCE 15 nov. 1994, *avis 1/94, Rec.* I-5267), l'Accord de Marrakech, instituant l'Organisation mondiale du Commerce, est un accord mixte qui n'a été conclu par la Communauté que « pour ce qui concerne les matières relevant de sa compétence » (Décis. Conseil n° 94/800, *JOCE* n° L 336/1 du 23 déc. 1994).

Le contentieux de la base juridique est souvent déterminant en la matière. Selon que la base juridique pour l'Union sera, par exemple, la base commerciale (compétence exclusive) ou environnementale (compétence partagée), la conclusion se fera ou non par accord mixte (ainsi le protocole de Carthagène relevant selon son « centre de gravité » des dispositions environnementales a-t-il été conclu de manière mixte : CJCE 6 déc. 2001, *avis 2/00, Rec.* I-9717).

553. Compte tenu du nombre considérable d'accords de libre-échange de « nouvelle génération » destinés à structurer la nouvelle politique commerciale de l'Union, il était important que la Cour détermine s'ils devaient, au vu de cette dominante commerciale, être conclus par l'Union seule, ou si, du fait de l'ampleur de leur champ, ils devaient aussi être conclus par les États membres. La Cour s'est prononcée dans l'*avis 2/15* du 16 mai 2017, ECLI:EU:C:2017:376 et l'importance de cette prise de position dépasse son objet particulier, l'Accord avec Singapour. L'avis a été rendu en Assemblée plénière et vingt-cinq États membres ont présenté des observations. C'est que l'ensemble de la stratégie commerciale de l'Union était en cause, la dimension politique étant centrale : d'un côté, l'Union européenne ne souhaite pas alourdir la procédure de conclusion de ces accords en devant obtenir la ratification par chacun des États membres (ce qui se traduit par un aléa affaiblissant sans doute la position de négociatrice de la Commission vis-à-vis des partenaires ; cf. les problèmes de ratification du CETA (Canada) au Parlement wallon en 2016) ; mais les États membres, et les opinions publiques des États membres peuvent rester méfiants face à l'envergure de tels accords, ne serait-ce que parce que le libre-échange touche forcément des produits sensibles, en termes de sécurité alimentaire notamment, et parce qu'il peut affecter certains secteurs économiques nationaux. La Cour pouvait partir du traité qui, comme cela a été vu *supra*, définit les instruments relevant de la compétence commerciale exclusive de l'Union : « les modifications tarifaires, la conclusion d'accords tarifaires et commerciaux relatifs aux échanges de marchandises et de services, et les aspects commerciaux de la propriété intellectuelle, les investissements étrangers directs, l'uniformisation des mesures de libéralisation, la politique d'exportation ainsi que les mesures de défense commerciale » (art. 207, § 1, FUE). Par ailleurs, la jurisprudence est claire : un accord relève de la politique commerciale commune quand il « porte spécifiquement » sur les échanges commerciaux avec les États tiers, ce qui est le cas quand « il est essentiellement destiné à les promouvoir, à les faciliter ou à les régir et a des effets directs et immédiats sur ceux-ci » (par ex. CJ

(Gr. ch.) 18 juill. 2013, *Daiichi Sankyo Co. Ltd*, aff. C-414/11, ECLI:EU:C:2013:520). La Cour a donc passé au crible tous les secteurs de l'accord, à savoir les engagements relatifs à l'accès au marché, à la protection des investissements, à la protection de la propriété intellectuelle, en matière de concurrence, de développement durable, de services et de marchés publics dans le domaine des transports, d'investissements autres que directs, ainsi que les dispositions institutionnelles et relatives au règlement des différends entre investisseurs et États. Au total, sa conclusion est double. D'une part, elle adopte une fois encore une vision extensive de la politique commerciale commune (ce qui va à la fois dans le sens de la jurisprudence mais aussi de la succession des traités), beaucoup plus large que celle que proposaient les conclusions de l'avocat général ; pour autant, elle estime que relèvent d'une compétence partagée les engagements portant sur les investissements autres que directs, le règlement des différends, et les mécanismes procéduraux liés à ces deux points. L'accord doit donc faire l'objet d'une conclusion mixte. Cela pourrait inciter la Commission, à l'avenir, à traiter de ces deux questions en marge de la conclusion des futurs accords de nouvelle génération.

3° Accords mixtes et Union européenne

554. La multiplication des clauses prévoyant un dialogue politique (ou même concernant la sécurité depuis la création de l'Union européenne) a ouvert un nouveau champ pour les accords mixtes (accord de Porto du 2 mai 1992, créant l'Espace économique européen ; « accords européens » avec la Pologne, la Hongrie... ; « accords euro méditerranéens » avec la Tunisie, le Maroc...) sans préjudice de la conclusion d'accords par le Conseil de l'Union européenne dans les champs de la PESC et de la coopération policière et judiciaire en matière pénale, autorisée par le traité d'Amsterdam (art. 24 UE *[ex J 14]*).

Est apparu ici un type nouveau de mixité par rapport aux accords mixtes antérieurs à l'entrée en vigueur du traité de Maastricht. En effet, aux cas classiques de mixité *Communauté/États membres* s'ajoutait une nouvelle configuration, celle dans laquelle étaient en cause des matières s'inscrivant dans le cadre des piliers intergouvernementaux de l'Union. La formule utilisée dans ces différents accords pour marquer cette évolution était significative à plus d'un titre : ces accords ont été signés et conclus « au nom des États membres de l'Union européenne agissant dans le cadre de l'Union ». Cette formulation signifie que les États membres agissant collectivement dans le cadre de la PESC ou du 3e pilier restent les seuls véritables interlocuteurs sur le plan international, à l'exclusion de l'Union elle-même en tant que sujet autonome. La suppression des piliers par le traité de Lisbonne devrait supprimer ce type de mixité.

4° Accords mixtes et répartition des compétences et des obligations

555. C'est la problématique juridique la plus sensible. Le traité CE et désormais le traité FUE ont parfois consacré implicitement cette pratique en prévoyant que « dans le cadre de leurs compétences respectives, l'Union et les États membres coopèrent avec les pays tiers », ce qui est le cas en matière d'environnement (art. 191, § 4, FUE), de coopération au développement (art. 211 FUE) et de coopération économique, financière et technique (art. 212, § 3, FUE), cette formulation illustrant le problème de la répartition des obligations entre l'Union et ses États membres. En d'autres termes, lorsque l'Union et ses États membres concluent un accord mixte avec des pays tiers, l'Union est-elle engagée uniquement pour la partie de l'accord relevant de ses compétences (ce que pourraient ne pas avoir à accepter les États tiers), ou pour l'ensemble (ce qui peut sembler contraire au principe d'attribution des compétences, l'Union s'engageant au-delà de ses compétences) ?

Deux types de situations se rencontrent. Pour certains accords mixtes, le texte même de la convention comporte une répartition précise des compétences respectives entre l'Union et ses États membres (c'est la pratique des « listes de compétences »), cette répartition pouvant même intégrer un principe d'adaptation aux progrès de l'intégration (cf. l'exemple de la Convention des Nations unies sur le droit de la mer). Dans une telle hypothèse, les États tiers partenaires donnent donc leur consentement à une répartition de l'effet obligatoire de la convention entre l'Union et ses États membres.

Sinon, dans le cas général, la Cour de justice a nettement indiqué, on l'a souligné, une absence de répartition de l'effet obligatoire de l'accord entre les signataires européens, la répartition entre eux étant une « question interne dans laquelle les États tiers n'ont pas à intervenir » (CJCE 14 nov. 1978, *délibération 1/78*, préc.), l'Union et les États membres étant « conjointement responsables à l'égard [des États cocontractants] de l'exécution de toute obligation résultant des engagements souscrits » (CJCE 2 mars 1994, *Parlement européen c/Conseil*, aff. C-316/91, *Rec.* I-625). L'évocation, dans le traité (art. 191, § 4, FUE pour l'environnement par exemple) ou dans le texte de l'accord des « compétences respectives » de l'Union et des États membres doit alors se comprendre comme une répartition interne des compétences de *mise en œuvre* de l'accord, ce caractère interne, qui vis-à-vis de l'extérieur se traduit par le fait que l'Union et ses États membres sont considérés comme une partie contractante globale mais composite, étant essentiel pour préserver l'autonomie de l'ordre juridique de l'Union à laquelle la Cour de justice est très attachée. La distinction des compétences respectives, si elle n'affecte donc pas, dans cette conception, le caractère obligatoire des engagements souscrits, ne s'inscrit pas non plus à rebours du principe des compétences d'attribution, l'Union ne mettant en œuvre que les dispositions relevant de sa compétence.

§ 2. Le droit de légation

Sauvignon (E.), « Les Communautés européennes et le droit de légation actif », *RMC* 1978. 176.

556. C'est le droit de recevoir ou d'envoyer, de manière permanente, des agents diplomatiques, quel que soit leur titre ou leur rang.

I. Droit de légation passif

557. Pour l'Union, *le droit de légation passif* est reconnu de manière incidente dans l'article 16 du Protocole sur les privilèges et immunités selon lequel l'État membre sur le territoire duquel est situé le siège de l'Union doit accorder aux missions des États tiers accréditées auprès de l'Union les privilèges et immunités diplomatiques d'usage. Ce droit a fait l'objet d'une mise en œuvre systématique dès la CECA, les seules réticences venant, un temps, des pays socialistes d'Europe. Le nombre des missions diplomatiques d'États tiers accréditées auprès de l'Union et de la CEEA est de 163 en juillet 2018.

Dans le silence des textes, les procédures et compétences internes ont été définies par accord entre le Conseil et la Commission. L'établissement de relations diplomatiques doit obtenir le consentement unanime des États membres ; la procédure d'accréditation des chefs de mission, où la Commission avait le premier rôle, a été remise en cause, à la demande de la France, dans le « compromis » de Luxembourg. Les lettres de créance sont remises au président du Conseil (désormais du Conseil européen) et au président de la Commission séparément, en principe le même jour et sans cérémonial (le service du protocole précise « costume de ville sombre ou costume national »).

II. Droit de légation actif

558. Le droit de légation actif, c'est-à-dire l'accréditation auprès des gouvernements des États tiers de représentations diplomatiques des Communautés, s'est heurté, dans sa mise en œuvre, aux réticences des États membres qui craignent qu'elles ne supplantent leurs propres représentations nationales, aggravées par l'incertitude en l'absence de texte, sur l'institution communautaire – Conseil ou Commission ? – dont elles dépendraient. Ainsi n'a-t-il existé qu'un seul exemple de représentation diplomatique de la Communauté elle-même : la mission que la Haute Autorité de la CECA a maintenue à Londres de 1954 à 1973.

Pour le reste, la pratique a donné naissance à une double représentation, du Conseil et de la Commission, auprès des pays tiers. Le Conseil est représenté par la représentation diplomatique de l'État membre assurant la Présidence du Conseil. Quant à la Commission, ses délégations sont devenues, avec le traité de Lisbonne, les délégations « de l'Union » et elles sont placées sous l'autorité du haut représentant de l'Union pour les affaires étrangères et la politique de sécurité (art. 221 FUE) et non plus, comme auparavant, sous celle du président de la Commission. On comptait, en juillet 2018, 144 délégations auprès de pays ou organisations internationales. Ces *délégations* sont créées en fonction des nécessités pratiques, mais sous le contrôle de l'autorité budgétaire (Conseil et Parlement). L'article 31.1 du protocole n° 2 de la Convention de Lomé constitua la base juridique, en ce qui concerne les pays ACP. La création des autres délégations s'est fondée, au plan interne, sur le pouvoir d'organisation de la Commission, ainsi que, au plan externe, sur des arrangements bilatéraux ou des accords de siège avec les pays d'accueil. Malgré leur nom, ces *délégations* se sont toujours vu reconnaître un statut diplomatique par l'État d'accueil et exercent des responsabilités semblables à celles des missions diplomatiques traditionnelles. Les traités sollicitent directement ces délégations et les associent aux missions diplomatiques et consulaires des États membres pour coopérer dans la mise en œuvre de la PESC et pour contribuer à la protection diplomatique des citoyens de l'Union sur le territoire des pays tiers (art. 35 UE).

§ 3. Le droit d'imposer des sanctions internationales

Beaucillon (C.), *Les mesures restrictives de l'Union européenne*, coll. « Travaux de droit international et européen », Bruxelles, Bruylant, 2013.

Bertrand (B.), « La particularité du contrôle juridictionnel des mesures restrictives », *RTDE* 2015, n° 3, p. 555.

Cujo (E.), *Les réactions décentralisées de l'Union européenne à l'illicite*, thèse, Paris X, 2002.

Simon (D.), « Le Tribunal de première instance des Communautés : professeur de droit international », *Europe* déc. 2005, p. 6.

559. La possibilité pour la Communauté de prononcer des sanctions économiques, du type embargo, à l'encontre d'États tiers, non seulement en réaction à des comportements lésant les intérêts communautaires ou d'États membres mais aussi pour manifester plus généralement une réprobation politique face à une atteinte aux droits de l'Homme, ou à un acte d'agression militaire a été consacrée dans les faits assez tôt. Avant même le traité de Maastricht, des sanctions au titre de la politique commerciale commune (art. 113 CEE *[devenu 133 CE]*) avaient été adoptées dans cet esprit contre l'Union soviétique, l'Afrique du Sud, ou l'Irak. Du point de vue théorique, et au regard du droit international qui n'admet que précautionneusement la légalité de ces « réactions décentralisées à l'illicite » de la part des États, les admettre de la part d'une institution telle que la Communauté pourrait s'avérer très déstabilisant, sauf à considérer qu'au travers de la Communauté, ce sont les États membres qui agissent, et cela même quand les sanctions ne sont pas prononcées, comme cela a pu être le cas, par la Communauté « et ses États membres ».

560. La situation de l'Union européenne, depuis le traité de Maastricht, poussait d'ailleurs à de telles conceptions tant étaient étroitement imbriquées la décision des États membres dans le cadre de la PESC et la mise en œuvre des sanctions, en aval, par la Communauté. Le dispositif reposait d'abord sur une position commune ou une action commune, au titre du pilier PESC, prévoyant « une action de la Communauté visant à interrompre ou à réduire, en tout ou partie, les relations économiques avec un ou plusieurs États tiers », à la suite de laquelle, sur la base de l'article 301 CE (interruption des relations économiques avec des États tiers) (et éventuellement de l'article 60 CE relatif aux mesures restrictives en matière de libre circulation des capitaux, si un volet des sanctions concernait les mouvements de capitaux), le Conseil, à la majorité qualifiée sur proposition de la Commission, c'est-à-dire selon une procédure marquée du sceau de la méthode communautaire, prenait « les mesures urgentes nécessaires ». Le premier exemple de cette procédure montre bien l'enchaînement des phases intergouvernementale puis communautaire, avec, s'agissant de sanctions à infliger à la Libye, des orientations générales du Conseil européen, le 29 octobre 1993, une position commune PESC du 22 novembre 1993 puis deux règlements du Conseil prononçant les sanctions économiques (ensemble publié au *JOCE* n° L 295 du 30 nov. 1993), ce qui illustre bien, au-delà même d'une cohérence d'ensemble souhaitable, une véritable confusion des différentes phases ; pour un autre exemple de sanctions visant le Soudan, position commune PESC du 9 janv. 2004 (*JOUE* n° L 6/1 du 10 janv. 2004) et règlement CE du 26 janvier 2004 (*JOUE* n° L 21/1 du 28 janv. 2004). La Cour de justice a confirmé la possibilité pour une mesure communautaire de politique commerciale de viser « des objectifs de politique étrangère et de sécurité » (CJCE 17 oct. 1995, *Werner*, aff. C-70/94, *Rec.* I-3189 ; CJCE 17 oct. 1995, *Leiffer*, aff. C-93/94, *Rec.* I-3231). Elle a, surtout, situé ce type de sanction dans le cadre d'une mission fondamentale, voire universelle qui serait ainsi remplie par l'Union et la Communauté, au-delà de toute « contre mesure » répondant à un préjudice qui aurait été causé à l'Union ou à ses membres : le règlement CE en cause avait ici « un objectif d'intérêt général (...) fondamental pour la communauté internationale qui consiste à mettre un terme à l'état de guerre dans la région et aux violations massives des droits de l'Homme et du droit international humanitaire dans la république de Bosnie-Herzégovine » (CJCE 30 juill. 1996, *Bosphorus Hava Yollari Turizm ve Ticaret AS*, aff. C-84/95, *Rec.* I-3953). Même si l'Union européenne préfère, dans des circonstances de ce genre, situer sa propre action dans le prolongement de sanctions décidées par le Conseil de sécurité de l'ONU, ce n'est pas systématique et elle peut agir de manière spontanée, se comportant alors comme dépositaire d'une part des intérêts fondamentaux de cette communauté humaine et internationale, ce qui peut s'interpréter de trois manières : soit c'est le signe que la communauté internationale s'organise et que les organisations internationales en forment des acteurs de plus en plus actifs à côté des États (perspective moins relationnelle, plus institutionnelle pour les relations internationales), soit c'est l'indice d'une spécificité de l'Union européenne par rapport aux organisations internationales « ordinaires », soit ce n'est dû qu'à cette procédure complexe faisant qu'au-delà des sanctions strictement communautaires, l'essentiel reste une décision unanime des États membres, de sorte qu'il s'agirait finalement là d'une forme coordonnée d'action des États membres.

561. La lutte contre le terrorisme international s'est considérablement renforcée après 2001 et le juge communautaire a eu à connaître de nombreuses sanctions prises dans ce cadre, soit de façon autonome par l'Union (CJCE 27 févr. 2007, *Segi* et *Gestoras Pro Amnistia*, aff. C-355/04 P et aff. C-354/04 P, *Rec.* I-1657 et I-1579 ; CJCE 18 janv. 2007, *PKK et KNK c/Conseil*, aff. C-229/05 P, *Rec.* I-439 ; TPI, 12 déc. 2006, *Organisation des Modjahedines du peuple d'Iran (OMPI) c/Conseil*, aff. T-228/02, *Rec.* II-4665 ; TPI 11 juill. 2007, *Stichting Al-Aqsa c/Conseil*, aff. T-327/03, *Rec.* II-79* ; TPI 11 juill. 2007, *Sison c/Conseil*, aff. T-47/03, *Rec.* II-73*), soit en tant que mise en œuvre par l'Union de « listes noires » (ou *smart sanctions*) adoptées par résolution du Conseil de sécurité de l'ONU (TPI 21 sept. 2005 *Yusuf, Al Barakaat et autres c/Conseil et Commission*, aff. T-306/01, *Rec.* II-2387 ; TPI 21 sept. 2005, *Kadi c/Conseil et Commission*, aff. T-315/01, *Rec.* II-3649 ; TPI 12 juill. 2006, *Ayadi c/Conseil*, aff. T-253/02, *Rec.* II-2139 ; TPI 12 juill. 2006, *Hassan*, aff. T-49/04, *Rec.* II-52* ; TPI 31 janv. 2007, *Leonid Minin c/Commission*, aff. T-362/04, *Rec.* II-2003). Si ce dernier groupe d'affaires a conduit la Cour de justice, contredisant sévèrement le Tribunal, à affirmer l'autonomie de l'ordre juridique de l'Union vis-à-vis de l'ordre international (CJCE 3 sept. 2008, *Kadi et El Barakaat*, aff. C-405 et C-415/05 P, *Rec.* I-6351) (v. ss 693), cet ensemble a, pour ce qui concerne le dispositif particulier des sanctions internationales, confirmé la grande difficulté à identifier la base juridique pertinente, entre la base intergouvernementale de la PESC et la base communautaire de mise en œuvre. Le Tribunal, comme la Cour de justice, ont finalement retenu la triple base juridique communautaire composée des articles 60, 301 (bases précitées) et 308 CE (compétences subsidiaires *[désormais art. 352 FUE]*), mais avec des argumentations qui, pour être différentes, n'en traduisent pas moins toutes deux l'inextricable de la situation. Le Tribunal établit en effet que les articles 301 et 60 « sont des dispositions tout à fait spécifiques » puisqu'elles établissent une passerelle entre les piliers 2 et 1, prévoyant expressément qu'une action de la Communauté puisse s'avérer nécessaire pour réaliser un objectif de la PESC. Le Tribunal va alors considérer que le raisonnement ayant conduit à inscrire l'article 308 dans le traité CE peut être présenté, dans cette nouvelle réalité interpiliers, sous une nouvelle forme : les pouvoirs de sanction économique et financière prévus par les articles 301 et 60 CE, avec l'exigence du lien avec le régime d'un État tiers, peuvent s'avérer insuffisants pour atteindre l'objectif poursuivi, c'est-à-dire en l'occurrence, un objectif de la PESC, la lutte contre le terrorisme international et son financement, cet objectif pouvant, en effet, être déconnecté d'une action spécifiquement dirigée vers un pays tiers ou son régime dirigeant. Cela légitime l'emploi d'une triple base juridique, réunissant les articles 60, 301 et 308 CE, avec la triple vérification habituelle, concernant ce dernier : objet assigné à la Communauté (oui, du fait des liens avec les objectifs de la PESC, ici, et de la nécessaire prise en compte des évolutions du contexte international), action nécessaire de la Communauté (oui, car c'est ce qui ressort de la position commune du Conseil PESC prescrivant l'imposition de sanctions par la Communauté), et pouvoirs d'action insuffisants (vérification faite sous l'angle, déjà évoqué, de l'étroitesse des articles 60 et 301 CE en ce qu'ils restent conditionnés par les liens avec un État tiers ou ses dirigeants).

562. La Cour de justice, dans l'arrêt *Kadi* de 2008, rejette sèchement cette argumentation mais en vient à la même solution pragmatique de la triple base juridique (art. 60, 301 et 308), selon un raisonnement très différent mais assez torturé lui aussi. Les articles 60 CE et 301 CE, en ce qu'ils prévoient une compétence communautaire pour imposer des mesures restrictives de nature économique afin de mettre en œuvre des actions décidées dans le cadre de la PESC, sont pour la Cour l'expression d'un *objectif implicite et sous-jacent*, à savoir celui de rendre possible l'adoption de telles mesures par l'utilisation efficace d'un instrument communautaire. Cet objectif peut être considéré comme constituant un objet de la Communauté au sens de l'article 308 CE, ce qui rend pertinente cette partie de la base juridique composite (cet article étant mobilisé pour la dimension non étatique des « cibles »). Ce recours à l'implicite et au sous-jacent donnait la mesure des difficultés rencontrées pour insérer la nécessaire action anti-terroriste de l'Union dans un cadre de droit primaire non adapté.

563. La suppression des piliers par le traité de Lisbonne pouvait donc légitimement nourrir l'espoir d'une simplification du dispositif, ce qui n'est pas totalement le cas. Le titre IV du TFUE, composé de l'unique article 215, traite des « mesures restrictives » mais reprend finalement la logique composite et en deux phases du dispositif précédent, avec une décision adoptée selon les règles spécifiques de la PESC (unanimité notamment), suivie des « mesures nécessaires » qu'adopte dans un deuxième temps le Conseil, statuant à la majorité qualifiée, sur proposition conjointe du haut représentant de l'Union pour les affaires étrangères et la politique de sécurité et de la Commission, l'objet pouvant être l'interruption ou la réduction, en tout ou en partie, des relations économiques et financières avec un ou plusieurs pays tiers (dans ce cas le Conseil en informe le Parlement européen) ou des mesures restrictives à l'encontre de personnes physiques ou morales, de groupes ou d'entités non étatiques.

La situation est loin d'être simplifiée, d'autant que la nouvelle version de l'ancien article 60 CE ne donne pas lieu à une traduction intégrée à ce Titre IV spécifique (« mesures restrictives ») mais à l'article 75 FUE qui, au titre de l'espace de liberté, de sécurité et de justice, permet au Parlement européen et au Conseil, en ce qui concerne la prévention du terrorisme et des activités connexes, ainsi que la lutte contre ces phénomènes, de statuer par voie de règlements conformément à la procédure législative ordinaire, pour définir un cadre de mesures administratives concernant les mouvements de capitaux et les paiements, telles que le gel des fonds, des avoirs financiers ou des bénéfices économiques qui appartiennent à des personnes physiques ou morales, à des groupes ou à des entités non étatiques, sont en leur possession ou sont détenus par eux, ce qui ne fait que rendre plus complexe le panel de procédures différentes applicables.

La Cour de justice a eu à se prononcer, dans une sorte de contentieux « post-interpiliers » et cela lui a permis à la fois de saluer l'apport de cette modification du droit primaire et préciser ce qui devait encore l'être : l'arrêt rendu par la Grande chambre le 19 juillet 2012, *Parlement c/ Conseil* (aff. C-130/10, ECLI:EU:C:2012:472), concernait le règlement (UE) n° 1286/2009 du Conseil du 22 décembre 2009 qui avait été adopté pour tenir compte de l'arrêt *Kadi* du 3 septembre 2008 précité en garantissant que les droits fondamentaux de la défense, et en particulier celui d'être entendu, soient respectés ; ce règlement était fondé sur l'article 215, § 2, FUE, (« mesures restrictives ») figurant dans la cinquième partie du traité FUE, relative à l'action extérieure de l'Union européenne qui renvoie au chapitre 2 du titre V du traité UE contenant les « dispositions spécifiques concernant la politique étrangère et de sécurité commune » ; il s'agit donc de la base juridique « mesures restrictives PESC ». Le Parlement militait pour une autre base juridique, l'article 75 FUE, qui fait partie du chapitre 1 (« Dispositions générales ») du titre V (« L'espace de liberté, de sécurité et de justice ») de la troisième partie (« Les politiques et actions internes de l'Union ») du traité FUE et qui concerne les possibilités d'action, dans le cadre de l'ELSJ, pour « la prévention du terrorisme et des activités connexes, ainsi que la lutte contre ces phénomènes ».

Fondamentalement, les difficultés de la période « Nice » provenaient de l'absence de base explicite pour les mesures antiterroristes visant des personnes ou entités non étatiques, ce qui avait exigé le recours à l'article 308 CE pour compléter les articles 60 et 301 CE, avec des circonvolutions assez malaisées et différentes entre la Cour et le Tribunal pour le justifier. Le traité de Lisbonne en a tenu compte et la Cour souligne que l'article 215 FUE a été conçu pour apporter la base requise. S'agissant de l'héritage des articles 60 et 301, la Cour vérifie que l'article 215 vise, comme l'article 301 CE, l'interruption ou la réduction, en tout ou en partie, des relations économiques avec un ou plusieurs États tiers. Elle relève que les articles 301 CE et 215, § 1, FUE ont d'ailleurs un libellé similaire. S'agissant de l'article 60 CE relatif aux mesures restrictives en ce qui concerne les mouvements de capitaux et les paiements, qui était applicable dans les cas envisagés à l'article 301 CE et qui prévoyait l'application de la procédure visée à ce même article, l'article 215, § 1, FUE contient une référence aux relations financières pour couvrir les domaines visés auparavant par ledit article 60. En bref, la Cour constate que l'article 215 FUE a repris le contenu des articles 60 et 301 CE, et que son § 2 permet désormais au Conseil d'adopter des mesures restrictives à l'encontre de personnes physiques ou morales, de groupes ou d'entités non étatiques. Mais s'il n'est plus nécessaire de recourir à la 3e base juridique (compétences subsidiaires de l'ancien art. 308 CE, désormais 352 FUE) les difficultés subsistent car les deux bases, la base « action extérieure » (qui ne mentionne pas comme objectif la lutte contre le terrorisme) et la base ELSJ, lutte contre le terrorisme, sont incompatibles, ayant des procédures décisionnelles trop différentes (unanimité au Conseil et consultation du Parlement d'un côté ; procédure législative ordinaire de l'autre), la Cour validant finalement la base PESC en jugeant que l'objectif visant à lutter contre le terrorisme international et son financement afin de préserver la paix et la sécurité au niveau international correspond aux objectifs des dispositions des traités relatives à l'action extérieure de l'Union. Dès lors, en effet, que le terrorisme constitue une menace pour la paix et la sécurité internationale, les actions menées par l'Union dans le cadre de la PESC ainsi que les mesures prises pour l'application de cette politique dans le cadre de l'action extérieure de l'Union, et notamment les mesures restrictives au sens de l'article 215, § 2, FUE, peuvent avoir pour objet de lutter contre celui-ci. La Cour, au point 64, s'appuie ici sur l'article 43, § 1, UE, dont il ressort que toutes les missions relevant de la politique de sécurité et de défense commune « peuvent contribuer à la lutte contre le terrorisme, y compris par le soutien apporté à des pays tiers pour combattre le terrorisme sur leur territoire ».

Section 3

Les rapports avec les organisations internationales

AUVRET-FINCK (J.), *La participation des CE à l'activité conventionnelle et aux structures organiques internationales*, thèse, Strasbourg, 1985.

AUVRET-FINCK (J.), « Les obstacles internes à l'affirmation de la Communauté et de l'Union européenne dans les organisations internationales », in *Mélanges en hommage à Guy Isaac*, Toulouse, Presses de l'Université des sciences sociales de Toulouse, 2004, p. 449.

AZOULAI (L.), « The Acquis of the European Union and International Organizations », *EL J.* 2005. 196.

CAROTENUTO (C.), *La participation de la Communauté européenne et de ses États membres aux organisations internationales*, thèse, Strasbourg, 1999.

DORMOY (D.), « Le statut de l'Union européenne dans les organisations internationales », in *L'Union européenne et les organisations internationales*, Bruxelles, Éd. Bruylant et de l'Université de Bruxelles, 1997, p. 36.

FLAESCH-MOUGIN (C.), « Les relations avec les organisations internationales et la participation à celles-ci », in J.-V. Louis, M. Dony (dir.), *Commentaire J. Mégret, Le droit de la CE et de l'Union européenne, Relations extérieures*, vol. 12 : Bruxelles, Éd. de l'Université de Bruxelles, 2005, p. 337 à 437

JACQUÉ (J. P.), « La participation de la CEE aux organisations internationales universelles », *AFDI* 1975. 924.

KOVAR (R.), « La participation de la CEE aux conventions multilatérales », *AFDI* 1975. 903.

LE TALLEC (G.), « Quelques aspects des rapports entre la CEE et les organisations internationales », *RMC* 1972. 636.

MAES (A.), « La Communauté européenne, les organisations intergouvernementales et les accords multilatéraux », *RMC* 1977. 395.

ROTT (M.), *La participation de la CEE à la gestion des accords multilatéraux*, thèse, Toulouse, 1979.

SACK (J.), « The European Community's membership of international organizations », *Common Market Law Review* 1995. 1227.

SERMET (L.), « Actualité de l'adhésion de la CE aux organisations internationales et aux traités », *AFDI* 1997. 671.

§ 1. LES RELATIONS ENTRE L'UNION ET LES ORGANISATIONS INTERNATIONALES

I. LE DROIT DE TRAITER ET LE DROIT DE LÉGATION

564. Dans les domaines de leurs compétences, l'Union et la CEEA sont habilitées à contracter aussi bien avec des organisations internationales qu'avec des États (art. 216 FUE et 101 CEEA), de sorte que nombre de développements relatifs, ci-dessus, au droit de traiter avec les États tiers sont également applicables à l'hypothèse de liens conventionnels avec des organisations internationales, ce qui a été signalé dans lesdits développements. Il faut souligner que les articles 217 FUE et 206 CEEA prévoient expressément que même des accords d'association peuvent être passés avec des organisations internationales. La pratique fournit ainsi l'exemple d'accords d'aide alimentaire passés sur la base de l'article 133 CE *[désormais art. 207 FUE]* avec le *Programme alimentaire mondial* (PAM) (*JOCE* n° L 243/6 du 5 sept. 1974) ou avec l'*Office de secours et de travaux pour les réfugiés de Palestine (UNRWA)* (*JOCE* n° L 243/107 du 5 sept. 1974), avec le *Fonds des Nations unies pour l'enfance (UNICEF)*, etc. On citera de même, par exemple, les accords (mixtes) entre la Belgique, le Danemark, la RFA, l'Irlande, l'Italie, le Luxembourg, les Pays-Bas, la CEEA et l'Agence internationale de l'énergie atomique (AIEA) du 5 avril 1973 (*JOCE* n° L 51 du 22 févr. 1978) ou entre le Royaume-Uni, la CEEA et l'AIEA des 19 et 27 juillet 1978.

Quant au droit de légation, on signalera que l'Union a établi neuf délégations auprès d'organisations internationales : pour l'Organisation des Nations unies, à New York, à Paris, Rome, et Genève, à Addis-Abeba pour l'Union africaine, à Strasbourg pour le Conseil de l'Europe (depuis 2008), à Jakarta, pour l'ASEAN, à Vienne, pour l'ensemble des organisations internationales qui y sont installées, et à Genève pour l'OMC.

II. Le droit d'établir des liaisons et coopérations

565. Les trois traités communautaires mettaient en place une sorte de gradation s'agissant des liens à établir avec des organisations internationales.

Avec les organes des Nations unies, de leurs institutions spécialisées, et de l'Accord général sur les tarifs douaniers et le commerce (GATT) (mentionné jusqu'au traité d'Amsterdam), la Commission était expressément chargée d'établir « toutes liaisons utiles », et, d'une manière générale, avec « toutes organisations internationales » les « liaisons opportunes » (art. 93 CECA, 302 CE *[ex 229 CEE]* et 199 CEEA). Il s'est agi là d'établissement de liaisons entre la Commission et les secrétariats des organisations internationales : échanges d'information, consultations mutuelles, études en commun, assistance technique. Les traités, donnant en la matière des pouvoirs propres à la Commission, ne prévoyaient aucune forme particulière pour l'établissement de ces liaisons ; dans la pratique, la Commission a établi un réseau serré de liaisons avec un nombre considérable d'organisations universelles ou régionales, le plus souvent sur la base de simples échanges de lettres, et exceptionnellement d'accords formels (« accords de liaison » avec le BIT, *JOCE CA* n° 11 du 14 août 1953 ; *JOCE* n° 18 du 9 mars 1961 ; *JOCE* n° C 24/8 du 1er févr. 1990).

Avec le Conseil de l'Europe et l'OECE/OCDE, les articles 94 CECA, 303-304 CE *[ex 230-231CEE]* et 200-201 CEEA prévoyaient que les *Communautés* et non plus la seule Commission établissent non plus de simples liaisons mais « toutes coopérations utiles », ou « une étroite coopération », formules suggérant des relations privilégiées à la limite de l'adhésion des Communautés à ces organisations, laquelle sera souvent difficile à envisager pour des raisons politiques, juridiques ou pratiques. La perspective d'adhésion à la Convention européenne de sauvegarde des droits de l'Homme et des libertés fondamentales, confirmée par le traité de Lisbonne (v. ss 757) pourrait cependant dériver vers la question de l'adhésion au Conseil de l'Europe. La différence entre cette compétence des Communautés et non plus de la Commission devait également être interprétée comme interdisant à la Commission d'agir sans intervention du Conseil. Dans la pratique, depuis la CECA, l'Assemblée des Communautés a ainsi organisé, tous les ans, une réunion avec l'Assemblée consultative du Conseil de l'Europe, et un échange de documentations et d'informations. Des consultations réciproques ont lieu entre la Commission et les instances du Conseil de l'Europe, sur la base de l'échange de lettres du

18 août 1959 remplacé par celui du 16 juin 1987 (*JOCE* n° L 273/35 du 26 sept. 1987). En vertu des accords « Berlin plus » de 2003, un lien fonctionnel est également établi avec l'OTAN.

On compte, en juillet 2018, 38 bureaux de liaison d'organisations internationales auprès de l'Union européenne, parmi lesquelles l'Association européenne de libre-échange (AELE), la Banque mondiale, le Conseil de l'Europe, le Comité international de la Croix-Rouge, le Haut-Commissariat des Nations unies pour les réfugiés, Interpol, la Ligue des États arabes, l'ONU de même que certains de ses programmes (Programme des Nations unies pour le développement, Programme des Nations unies pour l'environnement (PNUE), Fonds des Nations unies pour l'enfance (UNICEF), Fonds de développement des Nations unies pour la femme), l'Organisation internationale du travail, l'Organisation mondiale de la propriété intellectuelle (OMPI), l'Organisation mondiale de la santé (OMS), le Programme alimentaire mondial (PAM), l'Organisation européenne des brevets, l'Union africaine, ou encore l'Ordre souverain militaire hospitalier de Malte...

Si le traité CEEA en est resté à cette présentation gradué et différenciée, le traité de Lisbonne a synthétisé les trois articles du traité CE en une seule disposition, l'article 220 FUE, qui ne vise plus que l'Union et non la Commission et qui distingue les « coopérations utiles » que l'Union établit avec les organes des Nations unies et de leurs institutions spécialisées, avec le Conseil de l'Europe, avec l'Organisation pour la sécurité et la coopération en Europe et avec l'Organisation de coopération et de développement économique. En outre, et de façon plus générale, l'Union assure « les liaisons opportunes » avec d'autres organisations internationales. L'article 220 FUE ajoute que le haut représentant de l'Union pour les affaires étrangères et la politique de sécurité et la Commission sont chargés de sa mise en œuvre.

§ 2. La participation organique de l'Union aux organisations internationales

I. Le statut de membre

566. Par-delà les habilitations explicites figurant à l'origine dans les articles 303-304 CE, la Cour de justice, considérant que la capacité internationale des Communautés est complète et qu'elles doivent, indifféremment, pouvoir s'engager par voie conventionnelle ou au sein d'une organisation internationale quand cela est nécessaire, a reconnu qu'elles sont habilitées à *devenir membres* de toutes organisations internationales et à y assumer des engagements obligatoires, chaque fois que l'objet de ces organisations entre dans le champ de leur compétence externe.

Dans son arrêt *Kramer* (14 juill. 1976, préc.), elle a admis clairement le principe du remplacement à terme des États membres par la CEE au sein de la Commission des pêcheries, organe de gestion de la *Convention sur les pêcheries de l'Atlantique du Nord-Est* de 1969. Dans son *avis 1/76* (26 avr. 1977, préc.), elle a confirmé que la Communauté aurait « compétence... de concourir (avec des États tiers) à la mise en place d'une structure appropriée », dans le cas particulier un établissement public international, mais aussi bien une organisation internationale, et même la possibilité de confier à cette structure « des pouvoirs décisionnels adéquats », c'est-à-dire, même, le cas échéant, des pouvoirs de décision obligatoire.

Ainsi habilitée à acquérir le *statut de membre à part entière*, soit en participant à la négociation et à la conclusion de l'accord créant ladite organisation (ce qui est implicitement admis par l'article 218, § 6, FUE), soit, s'il s'agit d'une organisation déjà existante, par adhésion ou accession, la CEE a participé, notamment, à la création de l'Organisation des pêches de l'Atlantique du Nord-Ouest (24 oct. 1978), de l'Organisation des pêches de l'Atlantique du Nord-Est (18 nov. 1980) dont elle est devenue membre à titre exclusif. C'est, en revanche, conjointement avec ses États qu'elle participe aux organes de gestion des accords sur les produits de base ou qu'elle a participé en 1990 à la création de la Banque européenne pour la reconstruction et le développement (BERD), dont elle est devenue membre fondateur et actionnaire. Le 26 novembre 1991, la Communauté européenne est devenue, pour la première fois, membre à part entière d'une institution spécialisée de l'ONU : l'organisation pour l'alimentation et l'agriculture-FAO (J. Schwob, « L'amendement à l'acte constitutif de la FAO visant à permettre l'admission en qualité de membre... de la CEE », *RTDE* 1993. 1).

Depuis le 1er janvier 1995, la Communauté européenne est membre originel (conjointement avec ses États membres) de la nouvelle Organisation mondiale du Commerce, issue de l'Accord de Marrakech du 15 avril 1994 (qui succède au GATT).

II. Les autres statuts

567. Dans les cas où les traités habilitent l'Union à devenir membre d'une organisation internationale (c'est-à-dire quand la spécialité de celle-ci relève d'une compétence de l'Union), il peut arriver qu'elle se heurte à des difficultés juridiques ou politiques pour y accéder (la charte constitutive de l'organisation peut ne reconnaître comme membres que des États ; ou certains pays membres de cette organisation peuvent être hostiles à cette perspective comme ce fut longtemps le cas des pays d'Europe de l'Est) ; il peut arriver aussi que l'Union elle-même ne juge pas indispensable d'y acquérir le statut de membre (par exemple, si l'activité de l'organisation ne comporte pas l'adoption d'actes à caractère contraignant). Dans toutes ces hypothèses, et *a fortiori* lorsque les traités lui interdiraient une accession, il arrive que l'Union (avant elle, la Communauté) doive ou souhaite se contenter d'un statut inférieur, qui lui permette de *participer aux travaux réguliers des organes ou d'une organisation*, sans en être membre.

Le plus souvent, les Communautés, et notamment la Communauté européenne ont obtenu, dans toutes les organisations internationales qui présentent un intérêt pour elles – et sur la base de délibérations des instances compétentes – un *statut d'observateur permanent* ou équivalent, qui leur confère, outre une reconnaissance formelle, la possibilité de participer sans droit de vote à la quasi-totalité des travaux ou organes. Il en est ainsi, notamment, auprès de l'Assemblée générale, du Conseil économique et social, certaines commissions économiques régionales des Nations unies, l'OIT, l'OMS, l'UNESCO, le PAM, ou la CNUCED. Par la résolution 65/276 du 3 mai 2011, l'Assemblée générale lui a donné un statut d'observateur permanent à l'ONU autorisant les représentants de l'Union à s'exprimer en séance, présenter des propositions, etc. On peut noter la particularité du Fonds monétaire international : c'est, là, la Banque centrale européenne qui a le statut d'observateur. L'Union partage fréquemment le statut d'observateur avec des organisations internationales de type classique, auxquelles elle se trouve ainsi assimilée *de facto*, du moins pour le moment. Du fait de sa nature propre, elle devrait, en principe, bénéficier d'un statut supérieur à celui d'observateur lorsque l'organisation dont il s'agit débat de questions entrant, ne serait-ce que partiellement, dans la compétence de la Communauté et spécialement lorsque l'organisation est une mesure de négociation d'un accord que seule la Communauté est compétente pour négocier et conclure.

On notera, cependant, en ce qui concerne les rapports entre la CEE et l'OCDE, que la Communauté, sans être membre de cette organisation, y est *davantage qu'observateur*. Sur la base du Protocole additionnel n° 1 à la Convention créant l'OCDE, la Commission siège dans toutes les instances sans attendre d'y être invitée et y a automatiquement droit de parole ; elle y négocie, selon les directives du Conseil, les États membres y exerçant seuls le droit de vote ; enfin, elle participe en tant que membre au Comité d'aide au développement (CAD). On retrouve un tel statut de *plein participant* n'excluant finalement que le droit de vote (mais pas la participation à un consensus) à la CNUCED ou à l'OACI.

De même, jusqu'en 1995, cette fois non sur la base d'un texte, mais d'une coutume, la CE qui n'était pas formellement Haute Partie Contractante de l'Accord général sur les tarifs et le commerce (GATT), y négociait et signait tous les accords, y était représentée dans tous les organes, était éventuellement mise en cause dans le mécanisme des « plaintes », comme une Haute Partie Contractante (cf. O. Blin, *La Communauté européenne, le GATT et l'OMC*, thèse, Toulouse, 1997).

On peut enfin évoquer le cas de certaines « enceintes internationales » qui, pour ne pas être des « organisations internationales », n'en jouent pas moins un rôle important : les Groupes de pays les plus industrialisés (G7, G20 notamment). Le président de la BCE et celui de l'Eurogroupe, sans être membres, sont invités à assister aux travaux du G7 ; le commissaire chargé des affaires économiques et monétaires peut l'être occasionnellement. Quant au G20, qui offre plus de latitude, y participent les présidents de la Commission et du Conseil européen.

III. Les modalités de la représentation de l'Union dans les organisations internationales

568. Si ces modalités correspondent d'abord à des questions pratiques, se pose essentiellement la question de la cohérence entre les États membres et l'Union dans les enceintes internationales (il arrive que l'Union soit seule à participer à une organisation internationale sans que ce soit le cas de ses États membres, mais c'est extrêmement rare ; c'est le cas pour certaines organisations en matière de pêche ; pour un exemple, v. ss 566). Le problème de l'éventuelle participation conjointe de l'Union et des États membres *ut singuli* à une organisation est particulièrement délicat en raison de la déconnexion possible avec la répartition des compétences entre eux, dans le droit de l'Union, ce qui permet d'avoir une situation de compétence exclusive de l'Union en matière commerciale par exemple, à combiner avec le fait que l'Union mais aussi ses États membres sont membres de l'OMC ; il est même arrivé à la Cour de conclure à une compétence exclusive de l'Union touchant à l'activité d'une organisation à laquelle seules ses États membres participaient (CJCE 19 mars 1993, *avis 2/91*, *Rec.* I-1061).

A. Modalités pratiques

569. La représentation de la Communauté puis de l'Union dans les organisations internationales, et quel que soit le statut qu'elle y a obtenu, est assurée selon des pratiques qui se sont progressivement dégagées. Comme la plupart des organisations dont les activités intéressent l'Union s'occupent également de questions relevant de la compétence des États membres, on a très souvent recours, en plus de la représentation des délégations nationales des États membres, à une formule de représentation de l'Union dite *bicéphale*, assurée à la fois par la Commission et par l'État membre exerçant la présidence du Conseil, le représentant de la Commission étant normalement le porte-parole de l'Union pour les questions relevant de la compétence de celle-ci. C'est le mode de représentation qui a été retenu, notamment, pour l'Assemblée générale de l'ONU, le Conseil économique et social, ou la CNUCED.

Cette formule, qui répond souvent à des nécessités pratiques, et correspond au même état d'esprit qui a conduit à la généralisation des accords mixtes, mais manque de rigueur juridique, ne saurait avoir aucun caractère de règle. D'autres formules, plus conformes aux dispositions du traité (art. 218 FUE) se sont dégagées au fil des années, en particulier pour les négociations des accords de produits de base. C'est ainsi qu'une *délégation unique* composée de représentants de la Commission et des États membres, et dont la Commission était le porte-parole a représenté la Communauté pour négocier l'accord international sur le blé de 1971, le sucre de 1973, le cacao de 1975. Le 30 mars 1981, le Conseil a décidé que désormais tous les accords sur les produits de base sans exception, malgré leur caractère mixte, seraient négociés selon cette formule.

Enfin, quand elle est partie contractante à un accord, l'Union participe également, le cas échéant, aux *organes de gestion* de celui-ci. Dans certains cas (accord sur le blé, Convention de Paris pour la prévention de la pollution marine d'origine tellurique), l'Union dispose, en tant que telle, d'un nombre donné de voix. Dans d'autres cas (accords sur le café, cacao, étain), elle dispose, pour les questions de sa compétence, des voix groupées de ses États membres. À l'évidence, il ne saurait découler de la participation conjointe de l'Union et de ses États membres un renforcement quantitatif de leurs positions, de sorte que s'applique ici un principe selon lequel ce seront soit les États membres, soit l'Union qui voteront, mais pas les deux à la fois.

B. Exigence d'unité

570. En tout état de cause, l'exigence d'une unité de représentation internationale de la Communauté et désormais de l'Union (CJCE 15 nov. 1994, *avis 1/94*, *Rec.* I-5267) impose une *coopération étroite* entre les États membres et les institutions de l'Union qui peut revêtir plusieurs formes.

1° Obligation générale

571. La Cour de justice, après des prises de position peu explicites mais déjà significatives (*Délibération 1/78* du 14 nov. 1978, *Rec.* 2179) a établi un lien entre « l'exigence d'unité dans la représentation internationale de la Communauté » et la « coopération étroite » entre les États membres et la Communauté dans la pratique mixte des relations internationales, cela pouvant concerner la négociation mais aussi la mise en œuvre d'un accord (CJCE 19 mars 1993, *avis 2/91*, *Rec.* I-1061). Quant au fondement juridique, on peut relever une forme de réserve dans cette simple référence à une « coopération étroite », une coopération « nécessaire », une « obligation de coopération » certes, mais au regard de laquelle, il appartient simplement « aux institutions communautaires et aux États membres de prendre toutes les mesures nécessaires pour assurer au mieux une telle coopération ». Même si la logique est clairement celle de l'obligation de coopération loyale (art. 5 CEE, puis 10 CE, désormais art. 4, § 3, UE (v. ss 175), il semble y avoir dans ces prises de position une volonté de ne pas relier expressément ce volet externe à cette obligation juridiquement contraignante. Il en va de même de l'*avis 1/94* (préc.) qui, dans la ligne de la *délibération 1/78* et de l'*avis 2/91*, aborde spécifiquement la question de « l'obligation de coopération entre les États membres et institutions communautaires », en termes de coopération *étroite*, de devoir de coopération *particulièrement impérieux*, mais sans relier ce raisonnement, contre toute logique, au principe de coopération loyale exprimé partiellement dans le traité dont il constitue pourtant une évidente déclinaison. La jurisprudence plus récente a cependant reconnu plus clairement ce lien (CJCE 14 juill. 2005, *Commission c/Allemagne*, aff. C-433/03, *Rec.* I-6985 ; CJCE 2 juin 2005, *Commission c/Luxembourg*, aff. C-266/03, *Rec.* I-4805 ; CJCE 30 mai 2006, *Commission c/Irlande*, aff. C-459/03, *Rec.* I-4635 ; CJCE 20 avr. 2010, *Commission c/Suède*, aff. C-246/07, *Rec.* I-3317.

Il est même des situations dans lesquelles la coopération requise est particulièrement impérieuse sans que soit vraiment en cause pourtant l'unité de représentation de l'Union devant composer avec des appartenances conjointes de l'Union et des États membres. Il s'agit du cas où l'Union ne peut pas conclure un engagement international parce que celui-ci se situe dans le cadre d'une organisation internationale et qu'elle ne peut statutairement en être membre alors que la convention en question est réservée à l'adhésion des membres de l'organisation (l'OIT). Dans une espèce où une partie de la convention relevait d'une compétence exclusive de l'Union, la Cour, toujours sans se référer aux devoirs de coopération loyale de l'article 5 CEE à l'époque, en a pourtant appliqué un des volets les plus significatifs, celui de l'action des États membres devant agir en tant que gestionnaires de l'intérêt commun (v. ss 176) : en effet, dans un tel cas, la compétence externe (de l'Union) « pourrait, le cas échéant, être exercée par l'intermédiaire des États membres agissant solidairement dans l'intérêt » de celle-ci (*avis 2/91* du 19 mars 1993, préc.).

2° Traductions particulières dans les traités

572. On peut dégager des traités une disposition générale et plusieurs cas sectoriels.

573. ***De manière générale***, aux termes de l'article 218, § 9, FUE, « Le Conseil, sur proposition de la Commission [...], adopte une décision [...] établissant les positions à prendre au nom de l'Union dans une instance créée par un accord, lorsque cette instance est appelée à adopter des actes ayant des effets juridiques, à l'exception des actes complétant ou modifiant le cadre institutionnel de l'accord ». Dans une affaire où le Conseil, compte tenu de l'impact sur la politique agricole commune, avait adopté une telle décision indiquant aux États membres ce que devait être leur vote au sein des instances de l'Organisation internationale de la vigne et du vin (OIV), alors que l'Union n'est pas membre de cette Organisation, la Cour, sur recours de l'Allemagne, a précisé que l'article 218, § 9 fait référence à une instance créée par « un accord », sans préciser que l'Union doit être partie à un tel accord. De même, la référence, dans ladite disposition, à des positions à prendre « au nom de l'Union » ne présuppose pas que cette dernière devrait être partie à l'accord ayant créé l'instance internationale en cause. Et la Cour de faire référence à l'*avis 2/91* précité qui évoquait une action solidaire des États membres agissant dans l'intérêt de l'Union. La Cour a donc validé ce pouvoir du Conseil vis-à-vis de positions que doivent prendre les États membres dans une organisation internationale à laquelle l'Union ne participe pas (arrêt (Gr. ch.) du 7 oct. 2014, *Allemagne c/ Conseil*, aff. C-399/12, ECLI:EU:C:2014:2258).

574. Jusqu'au traité de Maastricht, l'article 116 CEE prévoyait explicitement en matière de ***politique commerciale commune*** que les États membres, s'agissant des questions revêtant un intérêt particulier pour le marché commun, mènent « une action commune dans le cadre des organisations économiques ».

On retrouve cette explicitation de l'obligation générale d'unité en matière économique et monétaire, à l'article 138 FUE (succédant à l'art. 111, § 4, CE) selon lequel au sein des institutions et des conférences internationales du secteur, le Conseil adopte une décision établissant des positions communes pour les questions revêtant un intérêt particulier pour l'union économique et monétaire. C'est aussi le Conseil qui peut adopter « les mesures appropriées pour assurer une représentation unifiée au sein » de ces institutions et conférences internationales. On relève que contrairement à l'article 116 CEE, renvoi est fait par le traité à des décisions du Conseil (prises après consultation de la BCE). Sur la base de l'article 111, § 4, CE, le Conseil européen des 11 et 12 décembre 1998 a ainsi préconisé une représentation principalement articulée autour du Conseil et de la BCE, la Commission étant associée dans la mesure nécessaire pour pouvoir s'acquitter du rôle que lui attribue le traité.

575. Mais ce sont surtout les ***dispositions relatives à la PESC*** qui précisent les obligations des États membres (art. 34 UE) au sein des organisations internationales de façon générale et au sein du Conseil de sécurité des Nations unies en particulier.

S'agissant des obligations générales des États membres au sein des organisations internationales dont ils sont membres, l'article 34 en définit certaines jouant entre eux (ils doivent coordonner leur action), d'autres vis-à-vis de l'Union (ces États membres à la fois de l'Union et d'une organisation internationale doivent défendre dans cette deuxième enceinte les positions de l'Union) et vis-à-vis des États membres ne participant pas à l'organisation internationale en question (ils doivent les tenir informés de toute question présentant un intérêt commun).

Le haut représentant de l'Union pour les affaires étrangères et la politique de sécurité tient ici un rôle essentiel, devant assurer l'organisation de la coordination et devant également être tenu informé des questions d'intérêt commun en cas de participation de certains États membres à une organisation internationale. Le traité (art. 34, § 2, UE) relie cette obligation d'information, à la fois des États membres absents et du haut représentant, à la double obligation de solidarité imposée en matière de politique étrangère et de sécurité commune aux États membres par l'article 24, § 3, UE : *solidarité politique mutuelle* entre États membres et *esprit de loyauté et de solidarité mutuelle*, déclinaison manifeste de l'obligation de coopération loyale de l'article 4, § 3, UE, en ce que « les États membres appuient activement et sans réserve la politique extérieure et de sécurité de l'Union dans un esprit de loyauté et de solidarité mutuelle et respectent l'action de l'Union dans ce domaine » (art. 24, § 3, al. 1er, UE), ce que complète utilement l'alinéa 2 : les États membres « s'abstiennent de toute action contraire aux intérêts de l'Union ou susceptible de nuire à son efficacité en tant que force de cohésion dans les relations internationales ».

L'article 34 précise ensuite les obligations pesant particulièrement sur les États membres qui font partie du Conseil de sécurité des Nations unies et l'on retrouve les mêmes dimensions que pour les obligations générales, selon une formulation révélatrice des multiples équilibres subtils à concilier :

« Les États membres qui sont aussi membres du Conseil de sécurité des Nations unies se concerteront et tiendront les autres États membres ainsi que le haut représentant pleinement informés. Les États membres qui sont membres du Conseil de sécurité défendront, dans l'exercice de leurs fonctions, les positions et les intérêts de l'Union, sans préjudice des responsabilités qui leur incombent en vertu des dispositions de la charte des Nations unies. Lorsque l'Union a défini une position sur un thème à l'ordre du jour du Conseil de sécurité des Nations unies, les États membres qui y siègent demandent que le haut représentant soit invité à présenter la position de l'Union ».

Le traité de Lisbonne a supprimé la distinction, faite jusque-là par l'article 19 UE entre les membres et les membres permanents du Conseil de sécurité, ce qui répond à une logique toute « communautaire » mais néglige peut-être la spécificité de leur pouvoir en vertu des règles de l'ONU, à savoir leur droit de veto. Quant à la *demande* que soit entendu le haut représentant, elle ne saurait préjuger de son acceptation au sein du Conseil de sécurité.

3° Autres matérialisations

576. Les modalités de cette coopération étroite peuvent être précisées dans un accord interinstitutionnel (cf. l'« arrangement » entre le Conseil et la Commission « concernant la préparation des réunions de l'OAA ainsi que les interventions et les votes », CJCE 19 mars 1996, *Commission c/Conseil*, aff. C-25/94, *Rec.* I-1497 ; ou l'arrangement du 19 décembre 1991 entre le Conseil et la Commission s'agissant de la FAO, ou l'accord du 17 novembre 2003 pour le *Codex alimentarius*) ou un acte de droit dérivé comme l'acte de conclusion d'une Convention institutive par le Conseil pouvant préciser comment se coordonnent les positions respectives de l'Union et des États membres (c'est ainsi le cas pour la Convention des Nations unies sur le droit de la mer s'agissant de la participation conjointe à l'Autorité internationale des fonds marins).

Deuxième partie

Système juridique de l'Union européenne

LOUIS (J.-V.) et RONSE (T.), *L'ordre juridique de l'Union européenne*, Bâle-Bruxelles-Paris, Helbing & Lichtenhahn-Bruylant-LGDJ, coll. « Dossiers de droit européen », 2005.

PESCATORE (P.), *L'ordre juridique des Communautés européennes*, Presses universitaires de Liège, 1975 ; réimpr., coll. « Droit de l'Union européenne. Grands écrits », n° 3, Bruxelles, Bruylant, 2006.

577. On appelle *ordre juridique* un ensemble organisé et structuré de normes juridiques possédant ses propres sources, doté d'organes et procédures aptes à les émettre, à les interpréter ainsi qu'à en faire constater et sanctionner, le cas échéant, les violations.

Si les approches théoriques de la notion sont légion, les plus significatives étant certainement issues des conceptions institutionnelles, normativistes et post-normativistes, l'accord est plus général pour reconnaître à tout ordre juridique des caractères d'unité, de cohérence, de complétude et d'efficacité.

L'ordre juridique interne, ou national, est en vigueur à l'intérieur de la collectivité étatique ; il connaît une centralisation quasi complète des fonctions de création et d'application du droit, c'est-à-dire qu'il a essentiellement pour sources la constitution et la loi, actes unilatéraux émanant des pouvoirs publics nationaux, mis en œuvre par les organes gouvernementaux et sanctionnés par les juridictions.

L'ordre juridique international régit essentiellement les relations entre États ; il se caractérise par une décentralisation très poussée des fonctions qui laisse aux États le contrôle direct sur ses sources (coutume, traités), sur sa mise en œuvre (exécution par les États eux-mêmes) comme sur sa sanction (pas de recours au juge sans consentement préalable des parties).

La Cour de justice des Communautés a affirmé, dans une formulation ramassée désormais classique (15 juill. 1964, *Costa c/ENEL*, aff. 6/64, *Rec.* 1141) que le droit communautaire constitue : « un ordre juridique propre, intégré au système juridique des États membres ».

Elle entend par là, en premier lieu, que l'on est en présence d'un véritable « ordre juridique », avec toutes ses composantes : « en effet, le traité ne se borne pas à créer des obligations réciproques entre les différents sujets auxquels il s'applique, mais établit un ordre juridique nouveau qui règle les pouvoirs, droits et obligations desdits sujets, ainsi que les procédures nécessaires pour faire constater et sanctionner toute violation éventuelle » (CJCE 13 nov. 1964, *Commission c/Luxembourg* et *Belgique*, aff. jtes 90 et 91/63, *Rec.* 1220).

En substituant la qualification « ordre juridique propre » à l'expression « nouvel ordre juridique de droit international », qu'elle utilisait initialement mais fugitivement (une seule occurrence) (CJCE 5 févr. 1963, *Van Gend et Loos*, aff. 26/62, *Rec.* 3), la Cour entend, en deuxième lieu, marquer spécialement l'autonomie de l'ordre communautaire par rapport à l'ordre juridique international et souligner le degré poussé de centralisation de la création et de l'application des normes, qui fait intervenir essentiellement des institutions communautaires, et qui le rapproche d'un ordre interne.

En précisant, enfin, qu'il s'agit d'un ordre juridique « intégré au système juridique des États membres », la Cour souligne le trait le plus original de l'ordre juridique communautaire, qui concerne sa portée, notamment ses rapports avec l'ordre juridique interne des États membres.

Ultérieurement, la Cour a synthétisé sa position dans une formulation encore plus explicite (*avis 1/91* du 14 déc. 1991, *Rec.* I-6079) :

« (...) le traité CEE, bien que conclu sous la forme d'un accord international, n'en constitue pas moins la charte constitutionnelle d'une Communauté de droit... les traités communautaires ont institué un nouvel ordre juridique au profit duquel les États ont limité, dans des domaines de plus en plus étendus, leurs droits souverains et dont les sujets sont non seulement les États membres mais également leurs ressortissants. Les caractéristiques essentielles de l'ordre juridique communautaire ainsi constitué sont en particulier sa primauté par rapport aux droits des États membres ainsi que l'effet direct de toute une série de dispositions applicables à leurs ressortissants et à eux-mêmes. »

Elle a également dissipé tout malentendu : un « ordre juridique nouveau » ne signifie pas un ordre juridique « de plus » mais un « ordre juridique *d'un genre nouveau* » (CJ 18 déc. 2014, *avis 2/13*, ECLI:EU:C:2014:2454).

On s'attachera donc à vérifier l'autonomie comme l'originalité du système juridique de l'Union quant à ses *sources* (Chapitre 1), à sa *portée* (Chapitre 2) et à sa *mise en œuvre* (Chapitre 3).

Chapitre 1

Les sources du droit de l'Union

MONJAL (P.-Y.), *Les normes de droit communautaire*, Paris, PUF, coll. « Que sais-je ? », PUF, 2000.

MONJAL (P.-Y.), *Recherches sur la hiérarchie des normes communautaires*, Paris, LGDJ, 2000.

578. Alors que l'article 38 du Statut de la Cour internationale de justice, en énumérant les règles applicables par celle-ci, fournit indirectement une liste des sources du droit international, il n'est rien d'équivalent pour le droit de l'Union. Le régime des sources (catalogue et hiérarchie) y résulte non seulement des traités institutifs, mais encore de la pratique des institutions et des États membres, et surtout, d'une systématisation par la Cour de justice elle-même.

Le noyau central, et quantitativement prépondérant, est représenté par ce que l'on appelle le *droit de l'Union au sens étroit :* il s'agit des traités institutifs, *source primaire* (Section 1), ainsi que des règles contenues dans les actes pris par les institutions en application de ces traités, *sources dérivées* (Section 2).

Mais, au *sens large*, constituent du droit de l'Union l'ensemble des règles de droit applicables dans l'ordre juridique de l'Union (au sens où la Cour de justice de l'Union européenne assure « le respect du droit dans l'interprétation et l'application des traités », article 19 UE), même non-écrites, comme les principes généraux du droit ou la jurisprudence de la Cour (Section 5), ou dont l'origine est extérieure à l'ordre juridique de l'Union, comme le droit issu des relations extérieures de celle-ci (Section 3) ou le droit complémentaire (Section 4) composé des actes conventionnels conclus entre les États membres pour l'application des traités.

Sur la doctrine, en tant que source indirecte ou informelle du droit de l'Union européenne, cf. Picod (F.) (dir.), *Doctrine et droit de l'Union européenne*, coll. « Droit de l'Union européenne. Colloques », Bruxelles, Bruylant, 2009.

Section 1
Les sources primaires

§ 1. LA COMPOSITION DU DROIT PRIMAIRE

579. Le droit *primaire* des Communautés et de l'Union a toujours été constitué par de multiples sources, l'un des objets et des mérites du « traité établissant une constitution pour l'Europe » ayant été de tenter de rétablir une unicité plus conforme à la vocation « constitutionnelle » de ce droit primaire. Au fil des évolutions des Communautés, et de l'apparition de l'Union européenne, un nombre croissant d'instruments sont entrés dans ce « bloc de primarité », d'où des problèmes de recensement et de rapports mutuels.

I. Inventaire du droit primaire

A. Vision d'ensemble

580. Une approche à la fois historique et analytique permet d'identifier trois catégories d'actes.

1° Les actes originaires

581. C'est ce qui a formé originellement le droit primaire. Pour la CECA, le principal instrument était le *traité de Paris* du 18 avril 1951, qui est entré en vigueur le 23 juillet 1952 et a expiré le 23 juillet 2002. Il était accompagné de nombre d'annexes et protocoles additionnels (dont les importants protocoles sur le statut de la Cour de justice et sur les privilèges et immunités), ayant la même valeur juridique que le traité. Pour la CEE et la CEEA, il s'agit des deux *traités de Rome*, du 25 mars 1957, accompagnés de multiples annexes et protocoles dont le plus important définit le statut de la Banque européenne d'investissement ; s'y ajoutent, notamment, les protocoles signés le 17 avril 1957 à Bruxelles sur les privilèges et immunités, sur la Cour de justice. Tous ces textes sont entrés en vigueur le 14 janvier 1958. Le traité CEEA est encore en vigueur.

2° Les actes structurels

582. Les instruments juridiques donnant sa structure et sa dimension à l'édifice communautaire, et à l'Union, font partie de cette « charte » de base.

a) Il faut envisager ici d'abord ***les traités d'adhésion*** des différents États membres qui ont rejoint les « six » (en quatre vagues), et les « actes d'adhésion » qui, à chaque fois, adaptent la structure de l'Union à sa nouvelle dimension.

Ces actes d'adhésion, multiples et de nature diverse (v. ss 54) qui adaptent et complètent les traités antérieurs, constituent aussi des sources de droit primaire (NB : sur les conditions et les limites dans lesquelles les actes d'adhésion confèrent valeur de droit communautaire primaire à certaines dispositions de droit dérivé ; cf. CJCE 28 avr. 1988, *SA Laissa*, aff. jtes 31 et 35/86, *Rec.* 2285). Ce sont les :

– actes relatifs à l'adhésion aux Communautés européennes du Royaume du Danemark, de l'Irlande et du Royaume-Uni, du 22 janvier 1972, entrés en vigueur le 1er janvier 1973 (*JOCE* n° L 73 du 27 mars 1972) ;

– actes relatifs à l'adhésion de la République hellénique aux Communautés, du 24 mai 1979, entrés en vigueur le 1er janvier 1981 (*JOCE* n° L 291 du 19 nov. 1979) ;

– actes relatifs à l'adhésion du royaume d'Espagne et de la République portugaise du 12 juin 1985 (*JOCE* n° L 302 du 15 nov. 1985) ;

– actes relatifs à l'adhésion de la république d'Autriche, de la république de Finlande et du royaume de Suède, du 24 juin 1994 (*JOCE* n° C 241 du 29 août 1994 et L 1 du 1er janv. 1995) ;

– actes relatifs à l'adhésion des dix nouveaux États membres ayant adhéré en 2004 (*JOUE* n° L 236/1 du 23 sept. 2003) ;

– acte relatif aux conditions d'adhésion à l'Union européenne de la République de Bulgarie et de la Roumanie et aux adaptations des traités sur lesquels est fondée l'Union européenne (*JOUE* n° L 157/203 du 21 juin 2005).

– acte relatif aux conditions d'adhésion à l'Union européenne de la République de Croatie et aux adaptations du traité sur l'Union européenne, du traité sur le fonctionnement de l'Union européenne et du traité instituant la Communauté européenne de l'énergie atomique (*JOUE* n° L 112/3 du 24 avr. 2012).

b) On trouvera aussi ***les « grands » traités de révision*** des traités originels : Acte unique signé à Luxembourg et à La Haye les 17 et 28 février 1986, entré en vigueur le 1er juillet 1987 (v. ss 13) (*JOCE* n° L 169 du 29 juin 1987), le traité signé à Maastricht le 7 février 1992 (v. ss 19), le traité d'Amsterdam signé le 2 octobre 1997 (v. ss 38), le traité de Nice signé le 26 février 2001 (v. ss 42), et le traité de Lisbonne du 13 décembre 2007 (v. ss 48) qui, en plus de cette fonction de « correction », ont aussi eu un rôle de « construction », notamment en regroupant sous des dispositions communes les traités communautaires *stricto sensu* et d'autres formes d'action commune (Acte unique), ou en mettant en place sous l'appellation globale d'Union européenne une structure composite et évolutive centrée sur les trois traités communautaires (Traité de Maastricht, avec un « reformatage » dû au traité d'Amsterdam). Ce traité de Maastricht ne constituait du droit « communautaire » au sens strict que dans celles de ses dispositions qui modifiaient les traités communautaires de base, à savoir les Titres II, III, IV et VII de ce traité. En revanche, les autres dispositions, et notamment celles des titres V et VI, correspondant aux 2e et 3e piliers, d'une certaine manière, pouvaient être considérées comme relevant de la catégorie du droit communautaire complémentaire (v. ss 695) mais plus simplement formaient déjà le cadre d'un « droit de l'Union européenne ».

Là encore, ces traités ont été accompagnés de protocoles et annexes ayant la même valeur juridique puisque faisant l'objet de la même procédure de conclusion et d'entrée en vigueur (art. 51 UE) (17 protocoles pour le traité de Maastricht, 13 pour le traité d'Amsterdam, 4 pour le traité de Nice, 37 pour Lisbonne). Ces traités étaient également suivis de « déclarations » : 34 pour Maastricht, 60 pour Amsterdam, 24 pour Nice (plus 3 dont la CIG a « pris acte »), 65 pour Lisbonne. Même si certaines obscurités demeurent sur quelques points, le fait que ces déclarations, simplement annexées à l'Acte final de la Conférence intergouvernementale adoptant les Traités, expriment l'accord unanime des États membres, explique que le TPI comme la Cour aient indiqué qu'il peut incomber aux institutions de « tenir compte » d'une déclaration annexée à un traité (TPI 7 juin 2001, *Agrana Zucker*, aff. T-187/99, *Rec.* II-1587, CJCE, Ord. du 5 nov. 2002, *Agrana Zucker*, aff. C-321/01 P, *Rec.* I-10027). Il s'agissait cependant là d'une configuration particulière, car une annexe d'un acte d'adhésion (droit primaire) se référait à cette déclaration. Plus habituellement, la Cour refuse qu'une déclaration puisse constituer une base juridique pour adopter un acte de l'Union (CJCE 28 nov. 2006, *Parlement européen c/ Conseil*, aff. C-413/04, *Rec.* I-11221). La Cour a paru également adopter une vision globale pour les protocoles et les déclarations, jugeant que « Les protocoles et annexes d'un acte d'adhésion constituent des dispositions de droit primaire qui, à moins que l'acte d'adhésion n'en dispose autrement, ne peuvent être suspendues, modifiées ou abrogées que selon les procédures prévues pour la révision des traités originaires. » (CJCE 11 sept. 2003, *Autriche c/Conseil*, aff. C-445/00, *Rec.* I-8549).

3° Les actes institutionnels

583. Il s'agit d'une série d'actes, de nature juridique variable, relatifs à la structure institutionnelle des Communautés et de l'Union et à leurs moyens : traités mais aussi décisions des institutions (dans le cadre de procédures simplifiées de révision : (v. ss 604 et 605), ou enfin d'actes de nature particulière : « décisions » exigeant une ratification par les États membres.

À s'en tenir aux seules modifications les plus importantes, on citera :

– Les actes instaurant le « tronc commun institutionnel » : *Convention relative à certaines institutions communes*, signée et entrée en vigueur en même temps que les traités de Rome ; *traité instituant un Conseil unique et une Commission unique des Communautés* et protocole unique sur les privilèges et immunités, signés à Bruxelles le 8 avril 1965, entrés en vigueur en août 1967.

– Les « traités budgétaires » (accroissant les pouvoirs financiers du Parlement européen) de Luxembourg, du 22 avril 1970, entré en vigueur le 1er janvier 1971, et de Bruxelles, du 22 juillet 1975, entré en vigueur le 1er juin 1977.

– La décision du 21 avril 1970, *relative au remplacement des contributions financières par des ressources propres aux Communautés*, fondée sur les articles 269 CE *[ex 201]* et 173 CEEA, entrée en vigueur le 1er janvier 1971, aujourd'hui remplacée par la décision du 29 septembre 2000 relative au système des ressources propres (*JOCE* n° L 253/42 du 7 oct. 2000) ; et la décision du 20 septembre 1976, *portant élection des représentants à l'Assemblée au suffrage universel direct*, entrée en vigueur le 1er juillet 1978, qui dès lors qu'elles ont du faire l'objet d'une adoption par les États membres, doivent être assimilées aux traités proprement dits.

B. Situation actuelle

584. Depuis le 1er décembre 2009, date de son entrée en vigueur, c'est le traité de Lisbonne du 13 décembre 2007 qui, largement, structure le droit primaire, même si les sources primaires évoquées ci-dessus, pour la plupart, restent toujours à considérer.

Le traité constitutionnel aurait radicalement changé la situation, parce que ce nouveau traité ne se contentait pas de réviser les traités fondateurs, il les abrogeait. L'article IV-437 indiquait dans le détail que le traité instituant la Communauté européenne ainsi que le traité sur l'Union européenne étaient abrogés de même que les actes les ayant modifiés ou complétés. Le traité CEEA restait en vigueur mais était modifié par un Protocole. Les traités d'adhésion étaient abrogés par principe mais certaines de leurs dispositions bien précisées restent en vigueur.

Le traité de Lisbonne, au sens strict du terme, compte sept articles, le premier étant relatif aux modifications à apporter au Traité sur l'Union européenne, le deuxième regroupant les modifications à apporter au traité instituant la CE, qui devient le traité sur le fonctionnement de l'Union européenne. Donc on en revient à la technique de la révision, abandonnant celle de l'abrogation tentée par le traité constitutionnel.

Désormais, l'article 1er du TUE dispose que « l'Union est fondée sur le présent traité et sur le traité sur le fonctionnement de l'UE (ci après dénommés « les traités »). Ces deux traités ont la même valeur juridique. L'Union se substitue et succède à la Communauté européenne ». Ce sont désormais là les deux principales sources primaires. Il convient cependant d'ajouter deux éléments.

D'abord le traité instituant la Communauté européenne de l'Energie Atomique (Euratom) subsiste toujours, désormais en marge de « l'Union » alors qu'Euratom appartenait, avant Lisbonne, au premier pilier de l'Union.

Ensuite, il faut sans doute faire une place particulière à la Charte des droits fondamentaux de l'Union européenne dont le texte est annexé au traité de Lisbonne. L'article 6, § 1, UE proclame en effet que cette Charte « a la même valeur juridique que les traités ».

II. Coherence du droit primaire

585. Il faut envisager trois temps successifs dans cette problématique.

A. Question initiale des relations entre les traités communautaires

586. Le traité de Bruxelles de 1965, dit de « fusion des exécutifs », n'a unifié que les institutions (Commissions et Conseils du moins, les Assemblées et Cours ayant été unifiées *ab initio* par convention dès le 25 mars 1957) des trois Communautés, mais prévoyait que ces institutions exercent leurs pouvoirs dans le cadre de chacune des Communautés, conformément aux dispositions de chacun des traités. Ainsi, à défaut d'une « unification des traités », renvoyée à une date indéterminée (art. 32 du Traité de Bruxelles), les traités communautaires constituaient trois (puis deux en 2002) groupes d'engagements indépendants les uns des autres. Leurs rapports mutuels restaient régis par l'article 305 CE *[abrogé par le traité de Lisbonne]*, qui, conformément aux règles du droit international, stipulait que les dispositions du traité CE (traité général) ne modifient pas celles du traité CECA et ne dérogent pas aux stipulations du traité CEEA (traités spéciaux).

Il s'ensuivait que les règles spécifiques du traité CECA ne pouvaient s'appliquer dans le cadre CE (par exemple, les dispositions plus libérales concernant la recevabilité des recours en annulation : CJCE 14 déc. 1962, *Confédération nationale des producteurs de fruits et légumes*, aff. 16 et 17/62, *Rec.* 901). De même, chaque fois que le traité CECA réglait une matière de manière exhaustive, le traité CE ne pouvait s'appliquer (CJCE 10 mai 1960, *Hauts Fourneaux de Givors*, aff. 27 à 29/58, *Rec.* 527). En revanche, en cas de lacune des traités spéciaux, les dispositions du traité ainsi que du droit dérivé CEE s'appliquaient aux produits relevant du traité CECA sans qu'aucun acte spécifique ou autre interprétation, déclaration interprétative ne soit exigé à cette fin (CJCE 15 déc. 1987, *Deutsche Babcock*, aff. 328/85, *Rec.* 5119 et 15 nov. 1994, avis 1/94, *Rec.* I-5267).

Cette indépendance respective des traités a été largement tempérée par la volonté de la Cour de justice de faire prévaloir une plus grande harmonisation en interprétant les dispositions des traités communautaires à la lumière les uns des autres. D'abord manié avec précaution, en face d'analogies évidentes, ce principe d'interprétation a permis à la Cour de s'appuyer sur les dispositions d'un traité pour interpréter les dispositions obscures d'un autre : ainsi affirma-t-elle que la thèse des requérants concernant le sens de l'article 65 CECA pouvait trouver un « appui indirect » dans la rédaction de l'article 81 CE [*désormais art. 101 FUE*] (18 mai 1962, *Comptoirs de vente de la Ruhr*, aff. 13/60, *Rec.* 165) ; de même, tira-t-elle argument des articles 241 CE *[désormais art. 277 FUE]* et 156 CEEA pour donner une portée générale à l'exception d'illégalité dans le cadre CECA (13 juin 1958, *Méroni*, aff. 9/56, *Rec.* 11) et aligna-t-elle le dispositif de renvoi préjudiciel du traité CECA sur celui du traité CEE (CJCE 22 févr. 1990, *Busseni*, aff. 221/88, *Rec.* 495). Mais on peut se demander si elle n'a pas considéré, de manière plus audacieuse, que le traité CE était une norme fondamentale (*lex generalis*) à la lumière de laquelle les autres traités communautaires (en tant que *lex specialis*) devaient être systématiquement interprétés : ainsi, lorsqu'elle a estimé que les dispositions (sommaires) du traité Euratom sur le Marché commun des produits nucléaires devaient être « replacées dans la perspective du traité instituant la CEE » et, dès lors « ... apparaissent comme n'étant rien d'autre que l'application à un domaine hautement spécialisé des conceptions juridiques qui inspirent la structure du marché commun général » (14 nov. 1978, délibération 1/78, *Rec.* 2151 et *JDI* 1979. 929).

B. Le traité de Maastricht et la question des rapports entre le traité sur l'Union européenne et le traité CE

Isaac (G.), « Le "pilier" communautaire de l'Union européenne, un "pilier" pas comme les autres », *CDE* n° 1-2, 2001. 45.

587. Selon l'article 47 UE, véritable « clause d'intégrité » du pilier communautaire dans la version issue du traité de Maastricht, « aucune disposition du présent traité n'affecte les traités instituant les Communautés européennes ni les traités et actes subséquents qui les ont modifiés ou complétés ». L'article 46 UE précisait que les dispositions des traités communautaires « qui sont relatives à la compétence de la CJCE et à l'exercice de cette compétence » sont applicables, entre autres, aux articles 46 à 53 UE, donc à l'article 47, ce qui revenait à ériger la Cour, comme a pu l'écrire Guy Isaac, en « garde-frontière » du pilier communautaire (ou, pourrait-on dire, en « gardien du temple » compte tenu de la représentation classique de l'Union sous forme de temple grec aux trois piliers), ou en chaperon, protecteur de l'intégrité de celui-ci.

La Cour, rapidement, a montré qu'elle entendait exercer ce rôle. Dès sa première saisine sur la base de l'article 47 UE dans l'affaire dite du visa de transit aéroportuaire, elle a contrôlé la légalité d'une action commune adoptée par le Conseil dans le cadre du 3e pilier, alors que selon la Commission, la décision entrait dans le champ de l'article 100C CE (abrogé par Amsterdam) qui aurait dû en constituer la base juridique. La Cour a admis, ce qui n'était pas évident, le recours en annulation contre les actes des institutions communautaires adoptés dans le cadre des piliers non communautaires. Elle a, par ailleurs, jugé que l'article 47 ne s'appliquait pas uniquement aux dispositions du TUE (ne devant donc pas affecter le TCE) mais aussi aux actes adoptés en vertu de ces dispositions du TUE (le droit dérivé du TUE en quelque sorte) : CJCE 12 mai 1998, *Commission c/Conseil*, aff. C-170/96, *Rec.* I-276.

C. La situation actuelle

588. Deux points doivent être précisés.

• ***S'agissant des rapports entre le TUE et le TFUE*** : l'article 47 a été remplacé, avec le traité de Lisbonne, par l'article 40 UE : « La mise en œuvre de la politique étrangère et de sécurité commune n'affecte pas l'application des procédures et l'étendue respective des attributions des institutions prévues par les traités pour l'exercice des compétences de l'Union visées aux articles 3 à 6 du traité sur le fonctionnement de l'Union européenne. De même, la mise en œuvre des politiques visées auxdits articles n'affecte pas l'application des procédures et l'étendue respective des attributions des institutions prévues par les traités pour l'exercice des compétences de l'Union au titre [de la PESC] ». Ainsi la « non contamination » est devenue mutuelle, ce qui en change la philosophie, et ne joue que vis-à-vis de l'ancien 2e pilier (PESC) et non l'ancien 3e pilier.

• ***S'agissant des rapports entre les deux traités sur lesquels est fondée l'Union européenne et le traité Euratom*** : le traité Euratom (CEEA) donne la liste des dispositions du TUE et du TFUE qui lui sont applicables (art. 106 *bis*, § 1) (notamment la procédure de révision « des traités »). Il précise aussi que dans ce contexte, l'expression « les traités » englobe le traité CEEA. L'article 106 *bis*, § 3, indique ensuite clairement la logique de *lex specialis* par rapport aux deux traités fondant l'Union européenne : « Les dispositions du traité sur l'Union européenne et du traité sur le fonctionnement de l'Union européenne ne dérogent pas aux dispositions du présent traité ».

§ 2. Le contenu des traités

589. La structure des différents traités communautaires était sensiblement identique et s'ordonnait autour de quatre catégories de clauses, pouvant apparaître comme traduisant la composition caractéristique des actes de droit primaire. On retrouve la même structure dans les traités actuels.

I. Le preambule et les dispositions liminaires

Molinier (J.) (dir.), *Les principes fondateurs de l'Union européenne*, Paris, PUF, coll. « Droit et justice », 2005.

Potvin-Solis (L.) (dir.), *Les valeurs communes dans l'Union européenne*, onzièmes journées Jean Monnet, coll. « Colloques Jean Monnet », Bruxelles, Bruylant, 2014.

590. Les buts ultimes, éthiques et politiques, qui animaient les chefs des États fondateurs, apparaissent en termes similaires au début et à la fin des préambules. Les buts socio-économiques (« constitution économique et sociale ») propres à chacune des trois Communautés sont énoncés dans d'autres passages des préambules et repris d'une façon plus concise dans les articles liminaires des traités (art. 2 CE [pour mémoire], et actuellement, art. 3 UE, et art. 1er et 2 CEEA), qui énumèrent en outre les différentes actions qui doivent être menées par les institutions pour les atteindre (pour l'Union européenne actuelle, cet aspect, autrefois objet de l'article 3 CE relève désormais des articles 3 à 14 FUE ; au travers, d'abord, des compétences de l'Union et ensuite par l'énoncé de dispositions d'application générale). Dès le traité de Maastricht, le traité sur l'Union européenne a également proposé une sorte de « fiche d'identité politique », en énumérant les principes sur lesquels était fondée l'Union (art. 6 UE dans sa version antérieure au traité de Lisbonne). C'est désormais l'article 2 UE qui joue ce rôle, sous l'angle des valeurs fondatrices de l'Union :

> « L'Union est fondée sur les valeurs de respect de la dignité humaine, de liberté, de démocratie, d'égalité, de l'État de droit, ainsi que de respect des droits de l'Homme, y compris des droits des personnes appartenant à des minorités. Ces valeurs sont communes aux États membres dans une société caractérisée par le pluralisme, la non-discrimination, la tolérance, la justice, la solidarité et l'égalité entre les femmes et les hommes ».

L'ensemble de ces dispositions contiennent des objectifs et des principes à caractère général et ne se prêtent guère, *a priori*, à une application directe ; elles ne sauraient cependant être considérées comme de simples déclarations d'intention, ne serait-ce, s'agissant de ces valeurs, qu'en raison du lien direct avec la procédure d'adhésion (v. ss 51) et la procédure de suspension de l'article 7 UE (v. ss 63).

Au contraire, si la Cour de justice, depuis longtemps, n'exclut pas de s'y référer, exactement comme à toute autre disposition des traités (par exemple au préambule CEE, pour confirmer le principe de l'effet direct du droit communautaire : 5 févr. 1963, *Van Gend et Loos*, aff. 26/62, préc. ; à l'article 2 CE, pour préciser que le champ d'application du traité est limité aux « activités économiques » ; 12 déc. 1974, *Walrave*, aff. 36/74, *Rec.* 1405), elle leur assigne surtout une place spécifique dans la mise en œuvre de la méthode d'interprétation finaliste dont ils constituent le fondement et le moyen privilégié (21 févr. 1973, *Europembalage*, aff. 6/72, *Rec.* 215 ; cf. aussi P. Pescatore, « Les objectifs de la Communauté européenne comme principes d'interprétation dans la jurisprudence de la Cour de justice », in *Mélanges Ganshof van der Meersch*, Bruxelles-Paris, Bruylant-LGDJ, 1972, p. 325). Définissant les objectifs que les auteurs des traités se sont assignés, placés volontairement en tête des traités, il doit leur être reconnu un caractère « fondamental » ; comme tels, ils commandent impérativement l'interprétation de l'ensemble des traités. Ainsi, « parce qu'ils fixent les objectifs fondamentaux de la Communauté », ces articles doivent toujours être respectés (CJCE 21 juin 1958, *Groupements des hauts fourneaux et aciéries belges*, aff. 8/57, *Rec.* 229) ; leur réalisation présente un caractère « impératif » (CJCE 10 déc. 1974, *Charmasson*, aff. 48/74, *Rec.* 1383) ; leur effet utile ne saurait être compromis (CJCE 12 déc. 1974, *Walrave*, aff. 36/74, préc.). À noter que le traité n'établit pas de hiérarchie à l'intérieur des objectifs fondamentaux, qui ont tous un caractère également impératif ; ce qui ne manque pas, parfois, de poser des problèmes de conciliation (CJCE 21 juin 1958, *Groupement des hauts fourneaux...*, aff. 8/57, préc.) ; mais la Cour a précisé que l'incapacité des institutions communautaires à réaliser dans les délais l'un de ces objectifs (mise en place de la politique agricole commune) ne saurait légitimer la méconnaissance d'un autre de ces objectifs (libre circulation des produits) (10 déc. 1974, *Charmasson*, aff. 48/74, préc.).

Enfin, par-delà l'intérêt qu'elles présentent en matière d'interprétation, les dispositions concernées jouent un rôle de premier plan pour la mise en œuvre des « compétences potentielles » de l'Union (v. ss 131). Où, en effet, mieux que dans les articles liminaires, est-il possible de découvrir ces « objectifs visés par les traités », qui sont la principale condition du recours aux articles 352 FUE et autres ? Malgré le défaut de référence explicite, la pratique montre même tout le parti qui a, ainsi, pu être tiré du préambule du traité CEE notamment au titre de « l'amélioration constante des conditions de vie... de leurs peuples », pour fonder nombre d'interventions en matière de politique de l'environnement (par exemple directive du 8 décembre 1975, concernant la qualité des eaux de baignade, *JOCE* n° L 31/1 du 5 févr. 1976), de protection du consommateur (directive du 19 juin 1979, concernant l'indication des prix des denrées alimentaires, *JOCE* n° L 158/19 du 26 juin 1979) ou pour la création de la Fondation européenne pour l'amélioration des conditions de vie et de travail, de Dublin (Règl. du 26 mai 1975, *JOCE* n° L 139 du 30 mai 1975).

II. Les clauses institutionnelles

591. Ce sont celles qui mettent en place le « système institutionnel » de l'Union, au sens large, tel qu'il a été décrit dans la première partie (fondation des Communautés et de l'Union ; organisation, fonctionnement et pouvoirs des institutions ; finances ; fonction publique, relations extérieures). La plupart d'entre elles (mais pas toutes) figuraient dans les traités communautaires sous l'intitulé : « Les institutions » et sont désormais distribuées entre le traité sur l'Union européenne (son Titre III regroupe les « dispositions relatives aux institutions ») et le traité sur le fonctionnement de l'Union qui, d'une part, dans sa première partie, pose des « principes » tels que les catégories et domaines de compétences ou des principes institutionnels tels que la bonne gouvernance, la transparence ou la protection des données à caractère personnel (art. 15 et 16 FUE), avant de consacrer sa sixième partie aux « dispositions institutionnelles et financières ».

III. Les clauses materielles

592. Constituant, quantitativement, la plus grande partie des traités, du moins les traités « communautaires » et le traité sur le fonctionnement de l'Union européenne, il s'agit des dispositions qui définissent le régime économique et social (économique et technique pour l'Euratom) institué par ceux-ci. Substantiellement, elles sont naturellement différentes, malgré la communauté d'inspiration de l'ensemble de ces traités (notamment en matière de libre circulation), compte tenu des domaines qu'elles avaient ou ont à régir et des solutions particulières que ceux-ci appellent ; du reste, à l'intérieur même du traité sur le fonctionnement de l'Union figurent des différences non négligeables suivant les secteurs et les activités économiques concernés.

Quant à la technique juridique mise en œuvre dans la rédaction des clauses matérielles, on oppose traditionnellement les deux traités communautaires spécialisés (CECA et Euratom), *traités-lois*, au traité CE (désormais TFUE) *traité-cadre*. C'est un fait que le traité CECA contenait lui-même une codification complète et détaillée du régime applicable aux États membres comme aux particuliers dans le secteur charbon-acier, c'est-à-dire une véritable « législation », ne laissant à la Haute Autorité qu'une mission d'exécution. S'agissant de réaliser une intégration économique d'ensemble, l'ampleur des problèmes et la complexité des solutions interdisait ce procédé : les clauses matérielles du traité CE, et aujourd'hui du traité FUE se bornent, le plus souvent, à formuler les objectifs à atteindre et les principes à mettre en œuvre par les institutions. Dans le « cadre » ainsi défini par le traité, et qui leur laisse un pouvoir d'appréciation considérable, ce sont ces dernières qui élaborent la « législation » : c'est le cas, tout spécialement, en matière de « politiques communes » (politique agricole commune : art. 38 à 43 FUE ; politique des transports : art. 90-91 FUE ; politique de conjoncture : art. 121 FUE ; politique commerciale commune : art. 207 FUE), mais aussi, par exemple, pour la libre circulation des travailleurs (art. 46 FUE) ou la libération de l'établissement (art. 50 FUE). Quant aux clauses matérielles du traité Euratom, elles font appel, en réalité, tant à la technique du traité-loi qu'à celle du traité-cadre, avec cette particularité cependant que les compétences confiées aux institutions sont plus souvent opérationnelles (par exemple en matière de recherche : chapitre Ier) que normatives.

Enfin, quant à la nature et aux effets des dispositions matérielles des traités, une différence doit être faite entre les dispositions *directement applicables*, qui, en elles-mêmes, font naître des droits dont les particuliers peuvent se prévaloir et les dispositions qui doivent faire l'objet au préalable de mesures d'application émanant soit des institutions soit des États membres : la Cour de justice, en fixant les critères de cet effet direct et en les appliquant, a progressivement dressé la liste des dispositions qui relèvent de l'une ou l'autre catégorie (v. ss 961).

IV. Les clauses finales

593. Comme dans tous les traités internationaux, elles concernent les modalités d'engagement des parties ainsi que leur entrée en vigueur et leur révision.

Traités solennels, les traités formant l'essentiel du droit primaire ont été soumis à ratification par chacun des États contractants conformément à leurs règles constitutionnelles respectives et ne pouvaient entrer en vigueur qu'après le dépôt de l'instrument de ratification par l'ensemble des signataires.

À noter que le traité de Paris a été rédigé en une seule langue, le français, et que le gouvernement français en était le dépositaire (art. 99-100) ; en revanche, les traités de Rome, dont le gouvernement italien a été dépositaire, ont été rédigés en quatre langues (allemand, français, italien et néerlandais), les quatre textes faisant également foi (art. 314 CE *[ex 248]*). En vertu des actes d'adhésion, les textes établis en langue anglaise, danoise, irlandaise, grecque, espagnole, portugaise, finnoise, suédoise, estonienne, hongroise, lettonne, lituanienne, maltaise, polonaise, slovaque, slovène, tchèque, roumaine et bulgare (« langues des traités ») faisaient foi dans les mêmes conditions que les textes originaux. Les traités actuels, adoptés dans le cadre du traité de Lisbonne, ont été rédigés en un exemplaire unique dans ces vingt-trois langues, le texte établi dans chacune de ces langues faisant également foi, et l'ensemble étant déposé auprès du gouvernement de la République italienne (v. ss 451, pour le régime linguistique des traités). L'adhésion de la Croatie a rajouté la langue croate à cette liste.

Les clauses concernant la révision des traités ainsi que leurs rapports avec les autres engagements internationaux des États membres méritent des développements particuliers (v. ss 597 à 600).

§ 3. Le statut du droit primaire

594. C'est une réflexion sur la nature même du droit primaire qui permet d'en comprendre l'autorité juridique.

I. Nature du droit primaire

595. Ces « traités », au sommet de la pyramide des sources du droit de l'Union européenne, se caractérisent depuis toujours par deux traits. D'abord le constat, indiscutable, de la *nature formellement conventionnelle* de ce bloc fondamental, le plus souvent considérée comme une faiblesse du système au regard de sa vocation ou de ses ambitions fédérales, alors que ce n'est pas forcément rédhibitoire, rien n'excluant, dans l'absolu, qu'un traité international serve à des États pour former un nouvel État. La plupart des commentateurs mettent ensuite en évidence une *ambivalence*, une *ambiguïté* de ces traités, qualifiés, selon les auteurs, de « traité/constitution », de « traité constituant », de « traités constitutionnels », de traités constitutifs ayant un « caractère constitutionnel », de traités ayant une « fonction constituante », le processus mis en œuvre étant une « intégration constitutionnalisée ».

Ainsi qu'on a pu le souligner (v. ss 46), à cet égard, le rendez-vous manqué de la « Constitution européenne » n'a pas été un évènement décisif du point de vue juridique, puisque d'une part, ce traité établissant une constitution pour l'Europe restait un traité, et surtout parce qu'au-delà de la doctrine, cela fait longtemps que la Cour a elle-même franchi le pas et utilise une grille terminologique et conceptuelle de type constitutionnel pour appréhender le droit primaire. Depuis l'arrêt *Les Verts* (23 avr. 1986, *Les Verts*, aff. 294/83, *Rec.* 1339), la Cour juge que : « La CEE est une Communauté de droit en ce que ni ses États membres, ni ses institutions n'échappent au contrôle de la conformité de leurs actes à la *charte constitutionnelle de base* qu'est le traité ». Le traité, plus tard et dans la même ligne, a été présenté comme formant la « charte constitutionnelle d'une Communauté de droit » (CJCE 14 déc. 1991 ; avis 1/91 ; *Rec.* I-6079) cette intimité entre la « charte constitutionnelle de base » et la « Communauté de droit » étant essentielle, car la « promotion » constitutionnelle est alors chargé de sens et prend une dimension plus forte, pas uniquement formelle ou strictement structurelle (charte *constitutive*) mais relevant du constitutionnalisme, c'est-à-dire d'une conception de la constitution en tant qu'instrument de garantie des droits. On retrouve cette approche lorsque la Cour juge que « le contrôle, par la Cour, de la validité de tout acte communautaire au regard des droits fondamentaux doit être considéré comme l'expression, dans une communauté de droit, d'une *garantie constitutionnelle* découlant du traité CE en tant que système juridique autonome » (CJCE 3 sept. 2008, *Yassin Abdullah Kadi et Al Barakaat International Foundation c/Conseil et Commission*, aff. C-402/05 P et C-415/05 P, *Rec.* I-6351).

Quoi qu'il en soit, c'est donc sous l'angle de ce parallèle avec les constitutions qu'il convient d'envisager ce qui caractérise le régime juridique de ce droit primaire.

II. Autorité du droit primaire

596. Elle résulte de son rang, en cas de conflit avec d'autres normes, ainsi que des conditions de sa révision.

A. Prééminence du droit primaire

597. Les règles des traités se situent au sommet de la hiérarchie de l'ordre juridique de l'Union. Elles prévalent à l'égard de l'ensemble des autres sources du droit de l'Union sans exception. Vis-à-vis notamment du droit dérivé (actes unilatéraux des institutions) et du droit issu des relations extérieures (traités et accords conclus par les institutions), les traités institutifs en constituant à la fois le fondement, le cadre et les limites (cf. art. 13, § 2, UE). Cette primauté est garantie par de nombreuses voies de droit juridictionnelles qui permettent notamment de sanctionner la « violation des traités » (art. 263 FUE, 265 FUE, 267 FUE). S'agissant des accords internationaux à conclure par les institutions, un contrôle préventif est même prévu par l'article 218, § 11, FUE qui permet au Conseil, à la Commission, au Parlement européen (depuis le traité de Nice) ainsi qu'à tout État membre d'interroger à cet effet la Cour de justice, un avis négatif de celle-ci ne pouvant être surmonté que par une révision formelle du traité, la parallèle étant évident vis-à-vis du contrôle de constitutionnalité des engagements internationaux organisé à l'article 54 de la Constitution française (cf. par ex. CJCE 26 avr. 1977, *avis 1/76*, *Rec.* 741, *avis 1/91* du 14 déc. 1991, *Rec.* I-6079 ou *avis 1/00* du 18 avr. 2002, *Rec.* I-3493) (v. ss 1219).

Les traités primaires l'emportent aussi sur les autres traités conclus entre eux par les États membres : notamment, ceux qui avaient été conclus avant leur entrée en vigueur ne demeurent valables, conformément à la règle de droit international sur les traités consécutifs, que dans la mesure où ils sont compatibles avec eux (ainsi le traité Benelux continue-t-il à produire ses effets : art. 350 FUE et 202 CEEA ; en revanche les États membres ne peuvent plus se prévaloir des traités ou conventions existant entre eux pour soumettre un différend relatif à l'interprétation ou à l'application des traités sur lesquels est fondée l'Union à un mode de règlement autre que ceux prévus qui imposent l'intervention de la Cour de justice : art. 344 FUE et 193 CEEA).

De même, les traités primaires l'emportent-ils sur les traités qui seraient éventuellement conclus par les États membres avec des États tiers postérieurement à leur entrée en vigueur. À cet égard le traité Euratom institue même un contrôle préventif systématique avec communication obligatoire à la Commission de tous les projets d'accords ou de conventions avec un État tiers ou une organisation internationale, dans la mesure où ils intéressent le champ d'application du traité, prise de position de la Commission sur leur comptabilité et, en dernier ressort de la Cour de justice (sur la première utilisation de l'art. 103 CEEA, cf. CJCE 14 nov. 1978, *délibération 1/78*, *Rec.* 2151).

Finalement, et conformément aux règles du droit international, le droit primaire ne cède le pas qu'aux traités conclus par les États membres avec des États tiers antérieurement à leur entrée en vigueur (art. 351 FUE et 105 CEEA). C'est-à-dire que les États membres ne peuvent invoquer les dispositions du droit de l'Union pour se dispenser d'exécuter les obligations qu'ils auraient souscrites antérieurement (pour un rappel, cf. par exemple CJCE 18 nov. 2003, *Budějovický Budvar*, aff. C-216/01, *Rec.* I-13617) ; en revanche, ils ne sauraient se prévaloir, à l'encontre de l'Union, de droits qu'ils tireraient de ces conventions antérieures (CJCE 27 févr. 1962, *Commission c/Italie*, aff. 10/61, *Rec.* 22). Et encore doivent-ils s'efforcer de se délier de leurs engagements antérieurs contraires aux traités par les négociations appropriées et le cas échéant avec l'aide des autres États membres (art. 351, al. 2, FUE, et 106 CEEA), ceci pouvant prendre la forme d'une révision ou d'une dénonciation (CJCE 14 sept. 1999, *Commission c/Belgique*, aff. C-170/98, *Rec.* I-5493). La Cour a même précisé que dans la mesure où l'accord en cause contient une clause de dénonciation, l'État membre est obligé de la mettre en œuvre et que l'ensemble du dispositif ménage et respecte les principes du droit des traités (CJCE 4 juill. 2000, *Commission c/Portugal*, aff. C-62/98, *Rec.* I-5171, et CJCE 4 juill. 2000 ; *Commission c/ Portugal*, aff. C-84/98, *Rec.* I-5215). La Cour a adopté ici une conception particulièrement exigeante, censurant des États membres à ce titre alors même que le conflit avec les traités était plus virtuel et potentiel que réel, les engagements antérieurs des États membres pouvant simplement, en l'espèce, priver l'Union d'une possibilité d'action future, ce qui semble relever d'une logique d'obligation de coopération loyale plutôt que de stricte application de l'article 307 (CJCE 3 mars 2009, *Commission c/Autriche*, aff. C-205/06, *Rec.* I-1301 ; et *Commission c/Suède*, aff. C-249/06, *Rec.* I-1335).

Il est donc recevable de conclure à une véritable prééminence du droit primaire sur l'ensemble de l'ordre juridique de l'Union européenne.

B. Révision du droit primaire

Bieber (R.), « Les limites matérielles et formelles à la révision des traités établissant la CE », *RMC* 1993. 343.

Gaudin (H.), La procédure de révision des traités, in Blanquet (M.) (dir.), *La prise de décision dans le système de l'Union européenne*, Bruxelles, Bruylant, 2011.

Philip (C.) et Debard (T.) (dir.), *Les procédures de révision des traitéscommunautaires : du droit international au droit constitutionnel*, Journée d'études CEDECE de Lyon, Bruxelles, Bruylant, 2001.

1° Dispositif classique de la procédure ordinaire

598. Il faut l'envisager dans sa forme unifiée pour l'ensemble du droit primaire par le traité de Maastricht et en vigueur jusqu'en 2009, puisque c'est le dispositif qui a été utilisée pour toutes les révisions de ces dernières années. La procédure de révision des « traités sur lesquels est fondée l'Union » a été unifiée dans l'article 48 UE (qui, en 1992, se substituait aux art. 96 CECA, 236 CEE, 204 CEEA). L'*initiative* pouvait venir soit des gouvernements des États membres soit de la Commission, ce qui excluait, notamment, que le Parlement européen puisse déclencher formellement la procédure et l'obligeait en fait, comme lorsqu'il voulut obtenir l'accroissement de ses pouvoirs financiers (cf. G. Isaac, chron. fin., *RTDE* 1975. 719), à user de ses moyens de pressions sur la Commission. Le projet tendant à la révision devait, ensuite, être soumis au Conseil qui, après avoir consulté le Parlement et, le cas échéant, la Commission et le Conseil de la BCE, délibérait en vue de l'émission d'un avis favorable à la majorité simple (une des rares illustrations de cette formule de vote). Enfin, le président du Conseil convoquait en conférence diplomatique les représentants des gouvernements des États membres qui négociaient et arrêtaient d'un commun accord le contenu d'un traité de révision, lequel n'entrait en vigueur qu'après avoir été ratifié par tous les États membres en conformité de leurs règles constitutionnelles respectives. Cette procédure était particulièrement originale dans la mesure où la phase internationale ou diplomatique, qui fait intervenir les États membres et confère le dernier mot à chaque parlement national, était précédée d'une phase intégrée qui assurait l'association des institutions de l'Union.

2° Évolution et procédure ordinaire actuelle

a) Évolution

599. Malgré l'originalité signalée, l'ensemble de la procédure demeurait imprégnée de technique intergouvernementale, comme le montre l'exemple des CIG de 1996 et 2000, machineries lourdes et opaques qui, après de longues négociations, à raison d'une réunion mensuelle au niveau des ministres des Affaires étrangères et un arbitrage ultime au sein du Conseil européen lui-même (respectivement à Amsterdam et Nice), ont débouché sur nombre de compromis diplomatiques habiles mais aux antipodes d'une démarche constituante, laquelle peut être conçue comme tentant un équilibre entre les garanties à assurer à des principes essentiels (élément de rigidité) tout en permettant les adaptations nécessaires d'un régime politique (élément de souplesse) (cf. Centre européen de Sciences po., *La conférence intergouvernementale, enjeux et documents*, Paris, Presses de Sciences po., 1996 ; H. Kortenberg, « La négociation du traité d'Amsterdam, une vue cavalière », *RTDE* 1997. 709 ; L. Burgorgue-Larsen, « La CIG 2000 ou la conférence de la dernière chance », *Europe* n° 11, nov. 2000, p. 3). Le rythme de plus en plus rapide des révisions (trente ans avant l'Acte unique, six ans avant Maastricht, cinq ans avant Amsterdam, quatre ans avant Nice, trois ans avant la tentative constitutionnelle) et la pratique désormais systématique des « clauses de rendez-vous », chaque traité de révision renvoyant lui-même à une future CIG (ainsi le traité de Nice annonçant une CIG en 2004) sont autant de signes que la procédure intergouvernementale a de plus en plus de mal à satisfaire aux besoins d'adaptation des traités. La technique de la « Convention » utilisée pour élaborer la Charte des droits fondamentaux de l'Union européenne (quinze représentants des chefs d'État ou de gouvernement, un représentant de la Commission, seize membres du Parlement européen, trente membres des Parlements nationaux) (formule moins diplomatique et relevant plutôt d'une logique d'adoption ou de révision constitutionnelle) est alors apparue comme une alternative possible, d'où son utilisation (mais d'avantage en complément qu'en tant que véritable substitut) pour la révision ayant abouti à la signature du traité établissant une Constitution pour l'Europe. La procédure ordinaire de révision adoptée par le traité de Lisbonne se situe dans le prolongement direct du dispositif classique, mais porte quelques traces de cette problématique.

b) Procédure ordinaire actuelle

600. Elle est organisée par l'article 48 UE. L'initiative peut venir d'un gouvernement d'État membre, de la Commission ou du Parlement européen ; elle est soumise au Conseil qui transmet au Conseil européen, et notifiée aux parlements nationaux. Une décision favorable du Conseil européen à la majorité simple, après consultation du Parlement européen et de la Commission (et éventuellement de la Banque centrale européenne) permet la convocation, par le président du Conseil européen, d'une Convention composée de représentants des Parlements nationaux et européen, des chefs d'État ou de gouvernement, et de la Commission (le Conseil européen à la majorité simple et avec l'approbation du Parlement européen peut décider de ne pas convoquer de Convention et d'établir directement un mandat pour une CIG). La Convention adopte par consensus une recommandation adressée à une Conférence des représentants des gouvernements des États membres, laquelle arrête d'un commun accord les modifications à apporter au traité instituant la Constitution. Les États membres devront alors ratifier ces amendements, mais, si, au bout de deux ans après la signature du traité de révision, 4/5e des États ont procédé à la ratification, d'autres n'y parvenant pas, le Conseil européen « se saisit de la question ». Autrement dit, la logique intergouvernementale n'est pas écartée, la révision étant toujours assurée selon les règles des traités internationaux, la seule altération étant cet ajout de la Convention, qui ne se substitue donc pas à la Conférence intergouvernementale mais dont on peut espérer qu'en préparant ses travaux selon une autre logique (plus « constitutionnelle »), il *projettera cette logique* sur la Conférence.

Il y a cependant une nouveauté relative à cette révision : le traité précise que les projets de révision peuvent tendre à accroitre mais aussi à *réduire* les compétences attribuées à l'Union (art. 48, § 2, UE). La portée de cet ajout est cependant d'ordre plutôt symbolique et doit être située sur le plan politique. Il s'agit là de tenir compte des problèmes de ratification du traité constitutionnel, dont on entend également un écho à la fin du dispositif ordinaire évoquant la situation d'une ratification peinant à être complète. La précision était donc essentiellement destinée à faciliter la ratification du traité de Lisbonne.

3° Les procédures particulières

601. L'équilibre caractérisant la procédure ordinaire a toujours pu être rompu au profit de la logique intergouvernementale ou au profit de la dimension institutionnelle purement communautaire. Une autre adaptation peut consister à maintenir l'équilibre mais selon une formule allégée, faisant l'économie de la conférence intergouvernementale.

a) Les pratiques à prépondérance intergouvernementales

602. Elles n'apparaissent pas dans le dispositif même de révision que prévoient les traités, qu'il s'agisse des anciens instruments ou de l'actuel traité sur l'Union européenne, mais ce sont des pratiques indiscutables.

603. On peut en identifier de deux types.

• Naguère, on a pu traiter avec *désinvolture* la dimension communautaire, les États membres étant admis à *réviser les traités en dehors des exigences qu'ils prévoient*, et notamment, en éludant la phase communautaire, au motif que les traités communautaires relèvent toujours des règles impératives du droit international, conformément auxquelles l'accord de toutes les parties à un traité suffit pour le réviser (procédure de l'« acte contraire » ; cf. M. Deliège-Seguaris, « Révision des traités européens en dehors des procédures prévues », *CDE* 1980. 539), comme le prouvent deux précédents fâcheux (traité signé le 27 octobre 1956, tirant les conséquences du retour de la Sarre à la RFA et convention de Rome, du 25 mars 1957, relative à certaines institutions communes aux Communautés). Cependant, une telle éventualité paraît tout à fait improbable, *a fortiori* depuis l'élection directe de l'Assemblée (chacune des quatre institutions ayant eu l'occasion d'affirmer son attachement à la procédure prévue [arrêt de la Cour de justice du 8 avr. 1976, *Defrenne*, aff. 43/75, *Rec.* 455 ; réponse du Conseil à la question écrite n° 398/77 : *JOCE* n° C 270 du 10 nov. 1977, p. 18 ; résolution de l'Assemblée du 8 mai 1969 et rapport Burger, P.E. Doc, séance n° 215/1968-69] et son respect depuis 1957 ayant été sans faille) et ne pourrait se produire que par inadvertance, par exemple dans un « accord mixte » ou dans une convention conclue par les États membres pour l'application des traités (à noter, au contraire, que la convention de Luxembourg sur le brevet communautaire, du 15 décembre 1975, prévoit expressément dans son article 93 : « aucune disposition de la présente convention ne peut être invoquée pour faire échec à l'application d'une disposition du traité instituant la CEE ».)

• En revanche, on l'a signalé, s'est généralisée désormais la formule d'accès plus direct à la phase intergouvernementale (appelées parfois « clause de rendez-vous »), par des conférences intergouvernementales programmées dans le traité lui-même : c'était le cas avec l'article N § 2 du traité de Maastricht (convocation d'une conférence de révision en 1996), et on retrouve une telle convocation dans le protocole n° 11 sur les institutions annexé au traité d'Amsterdam (réexamen complet du système institutionnel un an au moins avant que l'Union ne compte plus de vingt États membres), de même que dans la Déclaration relative à l'avenir de l'Union annexée au traité de Nice.

b) Les procédures purement internes à l'Union

604. Si on se limite aux traités actuels, là encore, il ne faut pas chercher ces procédures dans le cadre de l'article 48 UE consacré à la révision « des traités », mais on peut trouver des procédures simplifiées, voire très simplifiées, ne mobilisant que des autorités de l'Union et qui peuvent permettre la modification de certaines dispositions institutionnelles des traités ou, plus largement, l'établissement et la révision de dispositions statutaires figurant dans les traités ou dans les protocoles annexés aux traités et qui « en font partie intégrante » (art. 51 UE).

C'est ainsi que certains articles des statuts de la BCE et du système européen de banques centrales peuvent être modifiés par le Parlement européen et le Conseil, selon la procédure législative ordinaire, sur recommandation de la BCE et après consultation de la Commission ou sur propositions de la Commission et après consultation de la BCE (art. 129, § 3, FUE).

De même, alors que le statut de la Cour de justice de l'union européenne est fixé par un protocole (art. 281 FUE) participant dès lors du droit primaire, l'article 281, alinéa 2, FUE admet qu'à l'exception de ses dispositions relatives au statut de ses membres et au régime linguistique, le statut peut être révisé par le Parlement européen et le Conseil selon la procédure législative ordinaire, soit sur demande de la Cour de justice et après consultation de la Commission, soit sur proposition de la Commission et après consultation de la Cour de justice.

On trouve par ailleurs une procédure très simplifiée pour modifier le nombre d'avocats généraux de la Cour de justice (demande de la Cour de justice, et décision unanime du Conseil, art. 252 FUE).

c) Les procédures allégées mais équilibrées

605. Elles ont toujours existé et traduisent une formule allégée par rapport à la procédure ordinaire, mais en reprenant l'équilibre substantiel. Elles correspondent cependant à deux démarches distinctes. Si certaines sont plutôt des déclinaisons d'un principe politiquement décisif, d'autres sont véritablement des procédures simplifiées de révision et ces dernières sont, quant à elles, prévues à l'article 48 UE

• ***Les procédures déclinant un principe essentiel*** : on pourrait considérer que la logique, ici, n'est plus exactement celle d'une modification des traités : il s'agit plutôt de concrétiser un potentiel sur le principe duquel le traité a consacré un accord des États membres que ces derniers doivent, le moment venu, renouveler solennellement pour sa mise en application (dans les premières versions des traités) ou pour son développement (actuellement), la phase intergouvernementale étant cependant débarrassée de la lourde CIG au profit d'une simple exigence de ratification selon les règles constitutionnelles.

On retrouve cette logique pour trois principes essentiels. Il en est ainsi de *l'autonomie financière* (ressources propres), l'article 311 FUE permettant au Conseil à l'unanimité après consultation du Parlement européen et sous réserve des ratifications nationales, de revoir le système des ressources propres (nouvelles ressources ou abrogation d'anciennes ressources). Même logique pour la *légitimité démocratique :* une procédure électorale pour les élections européennes pourra être adoptée sur proposition du Parlement européen par une décision unanime du Conseil, après approbation du même Parlement européen et ratification des États membres (art. 223, § 1, FUE). C'est enfin le cas pour la *citoyenneté européenne*, pour compléter les droits qui lui sont associés (art. 25 FUE : décision unanime du Conseil, sur proposition de la Commission et après consultation du Parlement européen, puis ratification par les États membres).

• ***Les procédures de révision simplifiée*** : l'article 48 UE relatif, dans la version issue du traité de Lisbonne, aux différentes procédures de révision, consacre ses deux derniers paragraphes à ce qu'il nomme les « Procédures de révision simplifiées ». Il en existe deux, correspondant en fait à des logiques différentes.

Il y a d'abord la procédure simplifiée du fait de *son domaine.* L'article 48, § 6, UE propose une procédure simplifiée pour la révision de la troisième partie du traité sur le fonctionnement de l'Union, relative aux politiques et actions internes de l'Union, ce qui s'explique sans doute par la nature plus « législative » que « constitutionnelle » de ce type de dispositions. L'initiative appartient à tout gouvernement d'un État membre, au Parlement européen ou à la Commission, qui s'adresse au Conseil européen, lequel adopte alors, à l'unanimité, après consultation du Parlement européen et de la Commission ainsi que de la Banque centrale européenne dans le cas de modifications institutionnelles dans le domaine monétaire, une décision modifiant tout ou partie des dispositions de cette troisième partie, sans que cela puisse cependant accroître les compétences attribuées à l'Union. Cette décision européenne n'entre en vigueur qu'après son approbation par les États membres, conformément à leurs règles constitutionnelles respectives.

Il y a ensuite la procédure simplifiée du fait de *son objet*, qui consiste justement en une simplification des traités. Cette formule, prévue par l'article 48, § 7, FUE (« clause passerelle générale ») est plus originale dans les composantes de son équilibre. Elle joue dans deux hypothèses : lorsque le traité sur le fonctionnement de l'Union ou le Titre du traité sur l'Union consacré à son action extérieure prévoit que le Conseil statue à l'unanimité dans un domaine ou dans un cas déterminé, le Conseil européen peut adopter une décision autorisant le Conseil à statuer à la majorité qualifiée dans ce domaine ou dans ce cas (ceci ne s'applique pas aux décisions ayant des implications militaires ou dans le domaine de la défense) ; en second lieu, lorsque le traité sur le fonctionnement de l'Union prévoit que des actes législatifs sont adoptées par le Conseil conformément à une procédure législative spéciale, le Conseil européen peut adopter une décision européenne autorisant l'adoption desdits actes conformément à la procédure législative ordinaire. Dans les deux hypothèses, le Conseil européen statue à l'unanimité, après approbation du Parlement européen, qui se prononce à la majorité des membres qui le composent et les initiatives du Conseil européen à ce titre sont transmises aux parlements nationaux. En cas d'opposition d'un parlement national notifiée dans un délai de six mois après cette transmission, la décision n'est pas adoptée. En l'absence d'opposition, le Conseil européen peut adopter ladite décision.

Section 2

Les sources dérivées

AUTEXIER (C.), « L'hétérogénéité du droit communautaire dérivé », *RIDC* 1982. 337.

BLUMANN (C.), « Actes législatifs et mesures d'exécution dans le projet de constitution pour l'Europe », in *Mélanges en l'honneur de J.-C. Gautron*, Paris, Pedone, 2004.

KOVAR (R.), *Le pouvoir réglementaire de la CECA*, Paris, LGDJ, 1964.

LOUIS (J.-V.), *Les règlements de la CEE*, Bruxelles, Presses Université de Bruxelles, 1969.

MEHDI (R.) et PICOD (F.), « Commentaire de l'article I-33 (Actes juridiques de l'Union) », in Burgorgue-Larsen (L.), Levade (A.) et Picod (F.) (dir.), *Traité établissant une Constitution pour l'Europe, commentaire article par article*, t. 1, Bruxelles, Bruylant, 2007, p. 439.

Morand (C.-A.), *La législation dans les Communautés européennes*, Paris, LGDJ, 1968.
Ritleng (D.), « La nouvelle typologie des actes de l'Union. Un premier bilan critique de son application », *RTDE* 2015, n° 1, p. 7.
Simon (D.), *La directive européenne*, Paris, Dalloz, 1997.
Van Raepenbusch, (S.), « Les instruments juridiques de l'Union européenne », in M. Dony et E. Bribosia (éd.), *Commentaire de la Constitution de l'Union européenne*, Bruxelles, Éd. de l'Université de Bruxelles, 2005.

606. Les actes unilatéraux des institutions constituent le deuxième ensemble des sources du droit de l'Union. Du point de vue quantitatif, il n'est pas anodin de rappeler qu'au moment de l'entrée en vigueur du traité de Lisbonne, fin 2009, le droit de l'Union européenne était notamment constitué de quelque 6 140 règlements et d'un peu moins de 1 820 directives en vigueur dans les vingt-sept États membres.

La disposition centrale à prendre en considération est l'article 288 du traité FUE, établissant la « nomenclature » officielle :

> « Pour exercer les compétences de l'Union, les institutions adoptent des règlements, des directives, des décisions, des recommandations et des avis ».

Il convient cependant de préciser l'évolution complexe de la problématique avant de faire une présentation analytique de ces instruments « de la nomenclature », puis de montrer que les institutions ont également utilisé des actes « hors nomenclature ». Sera ensuite présenté leur régime d'édiction.

§ 1. Approche génerale

607. Si l'on réfléchit à la gamme d'instruments juridiques fournis aux institutions par les traités sur lesquels ont été fondés les Communautés et l'Union européenne, deux problématiques doivent être abordées pour rendre compte à la fois de la nature et des évolutions de cette intégration européenne : le rapport avec le pouvoir législatif et le caractère unique ou diversifié de la nomenclature proposée par les traités.

I. Droit dérivé et législation

Guilloud (L.), *La loi dans l'Union européenne. Contribution à la définition des actes législatifs dans un ordre juridique d'intégration*, Bibliothèque constitutionnelle et de science politique, t. 134, Paris, LGDJ, 2010.

608. On ne se trouve plus ici en face d'un droit conventionnel, mais d'un droit *légiféré*, c'est-à-dire d'un corps de règles sécrété par l'Union elle-même, de manière quasi autonome, malgré son caractère *dérivé des traités*, donc pris en application et pour l'application de ceux-ci.

On sait, en effet (v. ss 102) que dans le cadre de l'Union (et déjà des Communautés européennes) – et c'est la caractéristique principale qui les distingue des organisations internationales classiques pour les rapprocher d'un ordre juridique interne – la capacité de créer des règles de droit ayant été institutionnalisée, c'est-à-dire confiée à certains organes qui l'exercent selon une procédure préétablie, on est en présence d'un pouvoir normatif tout à fait comparable à un pouvoir législatif. À cet égard, et malgré la prudence des rédacteurs des traités originels qui se sont gardés d'utiliser les termes « loi » ou « législation » (le traité CE, à l'image de ce qui existe encore actuellement, prévoyait dès 1957 des « règlements », des « directives », des « décisions », des « avis » et des « recommandations », en gommant la distinction valant hiérarchisation habituelle dans les ordres nationaux entre loi et règlement), la Cour de justice n'a pas hésité à évoquer « le système législatif du traité » (17 déc. 1970, *Köster*, aff. 25/70, *Rec.* 1161), ou le « pouvoir législatif de la Communauté » (9 mars 1978, *Simmenthal*, aff. 106/77, *Rec.* 629).

Le traité d'Amsterdam, lui, a sauté plus carrément le pas, ou a accru l'ambiguïté, en évoquant explicitement le Conseil « agissant en sa qualité de législateur » (art. 207 CE) (cf. P.-Y. Monjal, « La qualité de législateur du Conseil des ministres de l'Union européenne selon son règlement intérieur : dilution ou fondation d'une notion ? », *Europe* févr. 2000, chron. 2). Sans compter la *Déclaration n° 39* annexée à l'Acte final, relative à la qualité rédactionnelle de la *législation communautaire.*

Mais les catégories, pour autant, restaient les mêmes qu'en 1957 et les traités ne permettaient en rien de marquer une hiérarchie entre les différentes catégories d'actes, aucune n'ayant vocation à s'imposer à l'autre (impossible, par exemple, de conclure qu'un règlement, parce que règlement, s'impose à une directive, parce que directive). Les efforts tentés à Maastricht comme à Amsterdam en vue d'établir une « hiérarchie des normes » ont échoué (P.-Y. Monjal, *Recherches sur la notion de hiérarchie des normes en droit communautaire*, Paris, LGDJ, 2000 ; R. Kovar, « La Déclaration n° 16 annexée du traité sur l'Union européenne, chronique d'un échec annoncé », *CDE* 1997. 3 ; E. Tizzano, « La hiérarchie des normes communautaires », *Rev. Marché unique* 1995. 319).

609. Le traité constitutionnel, dans la logique même qui conduisait à ne pas lui refuser le label constitutionnel, a totalement assumé à la fois le caractère législatif de certains actes (dont il faut comprendre que comme pour la « constitution », sa reconnaissance au profit de l'Union européenne n'est pas sans signification politique, notamment pour des traditions comme celle de la philosophie politique française dans laquelle, que ce soit dans la logique de la souveraineté nationale, ou dans celle de la souveraineté populaire, on aboutit à une valorisation, voire à une sacralisation de la loi, en tant qu'acte des représentants de la Nation ou en tant qu'expression de la volonté générale) et la hiérarchisation entre les niveaux de législation secondaire (législatif) et tertiaire (administratif ou réglementaire). En effet, s'il conservait de façon accessoire les catégories non juridiquement impératives de l'avis et de la recommandation, il distribuait ensuite les types d'actes que pouvaient adopter les institutions en deux catégories dont le départ se faisait sans ambiguïté : les « actes législatifs » et les « actes non législatifs ». Dans la première catégorie, on distinguait la « loi européenne » et la « loi-cadre européenne », et dans la seconde, le « règlement européen » et la « décision européenne ».

Même si, ceci vient d'être rappelé, il s'agissait là plus d'une clarification que d'une audace aventureuse, les mêmes raisons qui ont conduit à en rabattre en passant d'un traité « établissant une constitution » à un « traité modificatif » ont également abouti à ce que le traité de Lisbonne reprenne presque à l'identique les cinq catégories originelles du traité de Rome.

Mais là comme ailleurs, les avancées du traité de Lisbonne, si elles ne sont pas forcément mises en avant à la façon « clinquante » du traité constitutionnel, peuvent se révéler tout aussi profondes à y regarder de plus près. C'est le cas s'agissant de la dimension législative. En effet, le traité sur le fonctionnement de l'Union permet assez facilement d'identifier des « procédures législatives » : l'article 289 FUE précise que « la procédure législative ordinaire consiste en l'adoption d'un règlement, d'une directive ou d'une décision conjointement par le Parlement européen et le Conseil, sur proposition de la Commission. Cette procédure est définie à l'article 294 » (§ 1) et que « dans les cas spécifiques prévus par les traités, l'adoption d'un règlement, d'une directive ou d'une décision par le Parlement européen avec la participation du Conseil ou par celui-ci avec la participation du Parlement européen constitue une procédure législative spéciale » (§ 2) ; par ce truchement procédural, on parvient assez directement aux « actes législatifs », puisque le traité précise (art. 289, § 3, FUE) que « les actes juridiques adoptés par procédure législative constituent des actes législatifs ».

Cette situation conduit à se poser la question, dans le cadre de ce qui est désormais le droit positif de l'Union, de l'éventuelle identification d'un « pouvoir législatif » et de la situation en termes de hiérarchisation entre les actes législatifs et les actes non législatifs.

A. Identification organique d'un pouvoir législatif

610. On le voit dans l'article 289, l'identification du caractère législatif se fait par la voie procédurale, et au travers de cette identification procédurale, c'est une identification organique. Est, en effet, ici décisive l'association du Conseil et du Parlement européen. C'est ce que confirme le traité sur l'Union européenne, dont les articles 14 et 16, à défaut d'indiquer que le Conseil et le Parlement européen exercent le « pouvoir législatif » disposent cependant que, conjointement, ils exercent « les fonctions législative et budgétaire ». On peut identifier là une logique politique de double légitimité de l'Union, reposant sur les États membres (représentés au Conseil), et sur les citoyens européens (représentés par le Parlement européen), mais cela reste embryonnaire car dans les procédures législatives spéciales, le pouvoir du Parlement peut être fort réduit (consultation). Par ailleurs, il peut y avoir consultation du Parlement dans l'adoption d'un acte non législatif, de sorte que ce n'est là qu'une *identification organique imparfaite* du pouvoir législatif. Quant à l'*identification matérielle*, qui aurait permis, à l'image de la Constitution française de 1958, de déterminer un « domaine législatif », elle n'existe pas, si ce n'est ponctuellement et de manière négative, l'article 24 UE excluant l'adoption d'actes législatifs dans le domaine de la PESC.

B. Hiérarchisation du dispositif

HOFFMANN (H.), « Législation, Delegation and Implementation under the treaty of Lisbon : Typology Meets Reality », *EL J.* 2009, vol. 15, p. 482.

PONZANO (P.), « Executive and delegated acts : the situation after the Lisbon Treaty », in S. Griller, J. Ziller (ed.), *The Lisbon Treaty. EU Constitutionalism without a Constitutional Treaty*, Wien, Springer, 2008, p. 135.

611. Le droit dérivé, quand bien même le parallèle avec les actes législatifs serait essentiel, ne se limite pas, à l'évidence, à ce type d'actes. Le traité constitutionnel, là encore, clarifiait les choses, en divisant l'ensemble des actes en « actes législatifs » et « actes non législatifs », la hiérarchie entre eux étant dès lors aussi claire que leur caractérisation. Ceci n'est pas repris par le traité de Lisbonne. On sait que certains règlements, certaines décisions, certaines directives peuvent être des actes législatifs, mais cela dépend de leur procédure d'adoption. Peuvent donc exister des règlements, directives, ou décisions non législatifs. Le traité de Lisbonne donne cependant des éléments de hiérarchisation, avec deux situations (sur l'ensemble de la question de la hiérarchisation du droit dérivé, v. ss 644).

1° La délégation

BLUMANN (C.), « À la frontière de la fonction législative et de la fonction exécutive : les "nouveaux" actes délégués », in *Mélanges en l'honneur de J. P. Jacqué*, Paris, Dalloz, 2010.

612. L'article 290 FUE prévoit qu'un « acte législatif peut déléguer à la Commission le pouvoir d'adopter des actes non législatifs de portée générale qui complètent ou modifient certains éléments non essentiels de l'acte législatif. Les actes législatifs délimitent explicitement les objectifs, le contenu, la portée et la durée de la délégation de pouvoir. Les éléments essentiels d'un domaine sont réservés à l'acte législatif et ne peuvent donc pas faire l'objet d'une délégation de pouvoir ». Il précise que l'adjectif « délégué » ou « déléguée » est inséré dans l'intitulé des actes délégués (*a priori*, règlement ou directive). Sur la distinction entre les deux fonctions envisagées (« compléter » ou « modifier » l'acte législatif) (cf. l'arrêt du 17 mars 2016, *Parlement européen c/ Commission*, aff. C-286/14, ECLI:EU:C:2016:183).

2° L'exécution

613. L'article 291, § 2, FUE dispose que « lorsque des conditions uniformes d'exécution des actes juridiquement contraignants de l'Union sont nécessaires, ces actes confèrent des compétences d'exécution à la Commission ou, dans des cas spécifiques dûment justifiés et dans les cas prévus aux articles 24 et 26 du traité sur l'Union européenne, au Conseil ». Et d'ajouter (§ 4) que la précision « d'exécution » est insérée dans l'intitulé de ces actes, qui, ici peuvent donc être des règlements, directives ou décisions d'exécution.

La Cour a eu l'occasion de tracer un cadre de distinction entre les actes délégués et les actes d'exécution en insistant sur la volonté du législateur (celui-ci dispose d'un pouvoir d'appréciation pour conférer à la Commission la possibilité d'agir par voie d'acte délégué ou d'acte d'exécution), et en restant assez limité sur d'éventuels critères objectifs : « l'attribution d'un pouvoir délégué vise l'adoption de règles qui s'insèrent dans le cadre réglementaire tel que défini par l'acte législatif de base ». En revanche, par un acte d'exécution, la Commission doit simplement « préciser le contenu d'un acte législatif, afin d'assurer sa mise en œuvre dans des conditions uniformes dans tous les États membres » (CJ 18 mars 2014, *Commission c/ Parlement et Conseil*, aff. C-427/12, ECLI:EU:C:2014:170).

614. Ainsi, avec le traité de Lisbonne, se dégage une *double nomenclature*, le type d'acte ne correspondant pas toujours à la même fonction ou à la même procédure d'adoption. En effet, si sont prévus cinq types d'actes, pour trois d'entre eux (règlements, directives, décisions), l'acte pourra être soit législatif, soit non législatif et là, même si le traité n'est pas clair, il faut considérer que les actes du Conseil seul, du Conseil après avis du Parlement mais dans une procédure non législative, de la Commission, et des autres institutions (Conseil européen) ou organes de l'Union sont des actes non législatifs.

Comme le précisait le traité constitutionnel, les actes non législatifs peuvent être directement fondés sur les traités ou sur des actes de droit dérivé, et c'est dans ce dernier cas que l'on distingue les *actes délégués* (de la Commission) (qui ne peuvent suivre qu'un acte législatif) et les *actes d'exécution* (de la Commission ou du Conseil) qui peuvent concerner tout acte juridiquement contraignant, donc par exemple un acte non législatif ou un acte délégué. Pour autant, cette distinction n'impose pas clairement une hiérarchie. Certes, quand un acte d'exécution sera chargé d'exécuter un acte législatif, il lui sera soumis. Mais *quid* du rapport entre un acte législatif et un acte d'exécution qui serait directement fondé sur le traité ? Et *quid* du rapport entre un acte législatif « ordinaire » et un acte législatif « spécial » ?

II. Unicité ou pluralité de nomenclature

615. À certaines périodes de son évolution, l'Union européenne a connu une pluralité de nomenclatures proposées par les traités pour le droit dérivé.

Il en était déjà ainsi avec les trois Communautés d'origine, puisqu'aux cinq catégories d'actes CE et Euratom (règlement, directive, décision, avis, recommandation) correspondaient, pour la CECA, un ensemble de décisions générales (correspondant aux règlements), recommandations (correspondant aux directives), décisions individuelles (comparables aux décisions) et avis (art. 14 CECA). Pour autant, la différence était terminologique et les correspondances manifestes.

Il n'en allait pas de même, entre 1992 et 2009, lorsque l'Union européenne était structurée en trois piliers, car chacun de ces piliers comprenait sa propre nomenclature. Le pilier communautaire, logiquement, reprenait la nomenclature prévue dans les traités de Rome, mais les deux autres piliers ont conduit à l'adoption d'actes qu'il convient de signaler puisqu'on les rencontre dans la jurisprudence de la Cour et qu'ils ont pu rester en vigueur au-delà de l'application du traité de Lisbonne.

A. Actes de l'ancien deuxième pilier (PESC)

1° L'action commune

616. Arrêtée par le Conseil à l'unanimité, l'action commune s'appliquait à une situation requérant une action opérationnelle de l'Union et précisait ses objectifs, les moyens à mettre à disposition de l'Union, et leurs conditions et durée de mise en œuvre. Elle « engageait » ces derniers « dans leurs prises de position et dans la conduite de leur action » (art. 14, § 3, UE) ; il semble, dès lors, difficile d'identifier là une réelle contrainte juridique, d'autant que la Cour de justice n'avait pas compétence pour la PESC. L'ensemble du régime (action nationale d'application imposant une simple information permettant une « concertation préalable » au sein du Conseil, mesures nationales d'urgence admises moyennant information du Conseil, délibération du Conseil pour trouver une solution appropriée en cas de « difficulté majeure » d'un État membre pour appliquer une action commune) portait la marque de l'action intergouvernementale.

2° La position commune

617. Adoptée par le Conseil à l'unanimité, elle participait aussi de la mise en œuvre des stratégies communes, déterminant la position de l'Union sur telle ou telle question de manière à améliorer la coordination. La formulation contrastée de la contrainte pesant sur les États (« les États doivent veiller à la conformité de leurs politiques nationales avec les positions communes ») (art. 15 UE) conduit à la même conclusion que pour les actions communes.

3° La stratégie commune

618. La stratégie commune fut introduite parmi les instruments de la politique étrangère et de sécurité commune (PESC) par le traité d'Amsterdam. « Décidée », dans des domaines particuliers où les États membres ont des intérêts communs importants, par le Conseil européen, elle semblait prolonger, en la particularisant, la mission de ce dernier (définir les principes et les orientations générales) dans le cadre du deuxième pilier.

Matériellement, une stratégie commune précisait son objectif, sa durée et les moyens que devaient fournir l'Union et les États membres. Le Conseil jouait un rôle central, en amont (il recommandait des stratégies communes au Conseil européen) comme en aval (Il en assurait la mise en œuvre, notamment par le biais d'actions communes et de positions communes).

Les objectifs poursuivis par la mise en place de ce nouvel instrument consistaient à permettre l'expression d'une vision globale, et, d'autre part, à faciliter la prise de mesures d'exécution à la majorité qualifiée. Il n'est pas certain qu'elles aient atteint l'un ou l'autre de ces buts.

B. Actes de l'ancien troisième pilier (JAI-Coopération policière et judiciaire en matière pénale)

619. Il a existé une « action commune JAI » qui a été utilisée de 1993 à 1999. C'était une action coordonnée des États membres, menée au nom ou dans le cadre de l'Union, lorsque les objectifs de l'Union pouvaient être mieux réalisés par une action commune que par les États membres agissant isolément, en raison des dimensions ou des effets de l'action envisagée. Elle a été supprimée par le traité d'Amsterdam et remplacée par des « décisions » et « décisions-cadres », actes plus contraignants *a priori* plus efficaces et qui correspondaient mieux au 3e pilier tel que réorganisé par ce traité d'Amsterdam.

1° La position commune

620. Elle a été créée par le traité de Maastricht (position commune JAI) et conservée, à la différence de l'action commune, par le traité d'Amsterdam, dans le nouveau titre VI du traité sur l'Union européenne (coopération policière et judiciaire pénale).

L'article 34, § 2, a, UE précisait que le Conseil, en arrêtant un tel acte, définissait l'approche de l'Union sur une question déterminée. Il le faisait à l'unanimité, ce qui engageait les États membres à s'y conformer dans leur ordre interne, de même qu'ils devaient défendre ces positions communes dans leur action internationale (art. 37 UE).

2° La décision-cadre

621. Elle était utilisée pour rapprocher les dispositions législatives et réglementaires des États membres. Proposée sur l'initiative de la Commission ou d'un État membre, elle devait être adoptée à l'unanimité. Elle liait les États membres quant au résultat à atteindre et laissait les instances nationales décider de la forme et des moyens pour ce faire. On note d'emblée la parenté avec la directive. Le traité prévoyait cependant ici explicitement que la décision-cadre ne saurait produire d'effet direct. Si ceci la distinguait effectivement de la directive CE, il est clair que les autres formes d'invocabilité admises par la Cour (v. ss 995) pouvaient être reconnues à la décision cadre.

3° La décision

622. Elle visait tout autre objectif que le rapprochement des dispositions législatives et réglementaires des États membres. Contraignante mais sans effet direct, elle était mise en œuvre au niveau de l'Union par des mesures adoptées par le Conseil à la majorité qualifiée.

Les décisions et décisions cadres se rapprochaient vraiment du droit communautaire au sens strict. La Cour de justice était compétente pour se prononcer sur leur légalité, par la voie du recours en annulation, ou lorsque le renvoi préjudiciel spécial prévu à l'article 35 UE avait été accepté par l'État membres concerné.

S'agissant de l'interprétation de ces actes, la Cour disposait, dans les mêmes conditions, du renvoi préjudiciel. Elle était également compétente (art. 35, § 7, UE) pour trancher un différend entre États membres concernant l'interprétation de ces actes, que le Conseil n'aurait pu régler.

§ 2. La nomenclature officielle des sources du droit dérivé

623. Si l'article 288 FUE, dans son premier alinéa, identifie les cinq catégories d'actes à la disposition des institutions, ses quatre alinéas suivants contiennent une présentation systématique des effets juridiques caractérisant chacune d'entre elles et les distinguant les unes des autres. Dès lors, la nature d'un acte ne dépend pas tant de sa dénomination par l'autorité qui l'a pris, que de son objet et de son contenu au regard des définitions ainsi fournies par le traité, et la Cour se réserve le droit de procéder à sa requalification (CJCE 14 déc. 1962, aff. jtes 16-17/62, *Confédération nationale des producteurs de fruits et légumes*, *Rec.* 901 ; 15 juill. 1963, *Plaumann*, aff. 25/62, *Rec.* 197).

I. Le règlement

Kovar (R.), « Le règlement est directement applicable dans tout État membre : certes mais encore », in *Mélanges en l'honneur du Professeur Joël Molinier*, Paris, LGDJ, 2012, p. 355.

624. Il est, de loin, la principale source de droit dérivé. C'est à travers lui que s'exprime, par excellence, le pouvoir législatif de l'Union. L'article 288 donne de ses effets juridiques une définition complète et sans ambiguïté qui lui confère une nature et une efficacité tout à fait comparables à celle de la loi dans les systèmes nationaux.

A. Le règlement « a une portée générale »

625. Comme la loi, il contient des prescriptions générales et impersonnelles, c'est-à-dire statue abstraitement. C'est là la condition *sine qua non* de la fonction normative qu'il est appelé à jouer dans le système du traité. La Cour de justice évoque ici la « fonction législative du règlement » (CJCE 21 janv. 1999, *France c/Comafrica*, aff. C-73/97, *Rec.* I-185). Mais ce sont là également les caractéristiques, dans un ordre national, d'un acte règlementaire administratif ; de fait, même s'il n'existe qu'une seule catégorie juridique de règlement, la pratique a très tôt distingué des *règlements de base*, arrêtés par le Conseil ou codécidés par le Conseil et le Parlement européen, et des *règlements d'exécution* adoptés généralement par la Commission selon des procédures imprégnées de « comitologie » qui doivent en toute logique respecter les règlements de base exécutés (CJCE 10 mars 1971, *Deutsche Tradax GmbH*, aff. 38/70, *Rec.* 145). La Cour de justice a consacré cette distinction des règlements de base et des règlements d'exécution : CJCE 17 déc. 1970, *Köster*, aff. n° 25/70, *Rec.* 1161.

Le règlement s'oppose ainsi à la décision prévue par l'article 288, qui est un acte à caractère particulier ; comme l'indique la Cour de justice, « les traits essentiels de la décision résultent de la limitation des destinataires auxquels elle s'adresse, alors que le règlement, de caractère essentiellement normatif, est applicable non à des destinataires limités, désignés et identifiables, mais à des catégories envisagées abstraitement et dans leur ensemble » (CJCE 14 déc. 1962, *Fédération nationale de la boucherie*, aff. jtes 19-22/62, *Rec.* 943). La Cour avait, du reste, déjà eu l'occasion de préciser que la décision générale CECA est celle qui « établit les principes normatifs, pose de façon abstraite les conditions de leur application et formule les conséquences juridiques qui en découlent » (CJCE 21 juin 1958, *Wirtschafvtsvereinigung Eisen-und Stahlindustrie*, aff. 13/57, *Rec.* 261), n'hésitant pas, même, à qualifier de telles décisions d'« actes quasi législatifs… ayant un caractère normatif *erga omnes* » (CJCE 20 mars 1959, *Firma I. Nold*, aff. 18/57, *Rec.* 89).

B. Le règlement « est obligatoire dans tous ses éléments »

626. Obligatoire, le règlement se distingue des recommandations et des avis qui, selon l'article 288 « ne lient pas ». Obligatoire *en tous ses éléments*, il interdit aux États toute application incomplète (CJCE 7 févr. 1973, *Commission c/Italie*, aff. 39/72, *Rec.* 101) ou sélective (CJCE 30 nov. 1972, *Granaria*, aff. 18/72, *Rec.* 1172). Surtout, *obligatoire en tous ses éléments*, le règlement s'oppose à la directive qui ne lie que « quant au résultat ». À travers le règlement, l'autorité de l'Union dispose d'un *pouvoir normatif complet* ; elle peut non seulement prescrire un résultat, mais encore imposer toutes les modalités d'application et d'exécution jugée opportunes. Cela ne veut pas dire, cependant, que les règlements doivent obligatoirement fixer eux-mêmes l'ensemble des modalités de leur exécution et application ; de même qu'il existe des « lois imparfaites », il peut exister des règlements incomplets, c'est-à-dire qui renvoient, explicitement ou implicitement, aux autorités nationales ou communautaires le soin de prendre des mesures de mise en œuvre (v. ss 1030).

C. Le règlement « est directement applicable dans tout État membre »

627. Seule catégorie d'actes pour laquelle le traité le prévoit expressément, le règlement est *directement applicable*, c'est-à-dire qu'il produit par lui-même et automatiquement, sans aucune interposition des autorités nationales, des effets juridiques dans l'ordre interne des États membres et doit recevoir application sur leur territoire (v. ss 1032 à 1035, pour les cas particuliers d'exécution d'un règlement). La Cour en a déduit non seulement qu'aucune « réception », c'est-à-dire prise en charge par un acte juridique de droit interne, n'est requise, mais encore que celle-ci est proscrite : « sont contraires au traité, toutes modalités d'exécution dont la conséquence pourrait être de faire obstacle à l'effet direct des règlements communautaires et de compromettre ainsi leur application simultanée et uniforme dans l'ensemble de la Communauté » (CJCE 7 févr. 1973, *Commission c/Italie*, aff. 39/72, préc.). Le règlement est directement applicable *dans* tout État membre et non pas *par* tout État membre ; cela signifie clairement qu'il s'adresse directement aux sujets du droit interne des États membres et qu'il ne saurait avoir pour destinataires exclusifs les seuls États et institutions ; en d'autres termes, le règlement engendre par lui-même des droits et des obligations pour les particuliers eux-mêmes, ainsi que le confirme la Cour de justice : « en raison de sa nature même et de sa fonction dans le système des sources de droit communautaire, il produit des effets immédiats et est, comme tel, apte à conférer aux particuliers des droits que les juridictions nationales ont l'obligation de protéger » (CJCE 14 déc. 1971, *Politi*, aff. 43/71, *Rec.* 1039 ; 10 oct. 1973, *Variola*, aff. 34/73, *Rec.* 990) sans préjudice, pour cette aptitude de principe, à tenir compte de certains cas où seraient nécessaires des mesures d'application (v. ss 982). Enfin, le règlement est directement applicable dans *tout* État membre ; ceci signifie non pas qu'un règlement ne pourrait régir, le cas échéant, la situation spécifique d'un pays déterminé à l'exclusion de celle des autres, mais qu'il entre en vigueur et s'applique simultanément et uniformément dans l'ensemble de la Communauté, c'est-à-dire sur le territoire de l'ensemble des États membres. La Cour a d'ailleurs précisé que les règlements, en tant qu'actes institutionnels pris sur base du traité, ont, en principe, le même champ d'application géographique que le traité lui-même (CJCE 16 févr. 1978, *Commission c/Irlande*, aff. 61/77, *Rec.* 417).

II. La directive

628. Elle représente une méthode de législation à deux étages qui s'apparente à la technique de la loi-cadre complétée par des décrets d'application. En cela, elle constitue un instrument original qui paraît particulièrement bien adapté à la complémentarité des niveaux étatiques et de l'Union dans le système européen intégré, en ce qu'elle combine une norme européenne fixant un objectif à atteindre et une mise en œuvre par les États membres qui conservent la compétence pour choisir la forme et les moyens. En toutes hypothèses, la directive est aussi un révélateur particulièrement significatif de l'ordre juridique de l'Union, par les difficultés qu'elle peut susciter comme par la subtilité des solutions qu'elle a permis de dégager.

Son inscription à la nomenclature correspond sans doute à la volonté des rédacteurs des traités d'offrir aux institutions, à côté du règlement, instrument d'uniformisation juridique, une formule fondée sur un partage des tâches et une collaboration entre le niveau européen et le niveau national, donc plus souple et respectueuse des particularités nationales, spécialement adaptée à la fonction du rapprochement des législations nationales. Il faut cependant se garder d'un malentendu qui opposerait le règlement, instrument de l'intégration, à la directive, instrument de simple coopération : la directive est bien un instrument d'intégration et la compétence nationale correspond bien à une mise en œuvre, conditionnée par l'acte communautaire. Si la Cour utilise certes parfois le terme d'« exécution » pour l'action nationale, elle évoque souvent aussi une

« traduction », ou « introduction » de la directive, la formule de la « transposition » étant certainement la plus traditionnelle. Ces trois dernières formulations résonnent fâcheusement selon une tonalité que l'on pourrait croire dualiste, proche de la « réception », ou « transformation » et on préférera retenir l'expression de « mise en œuvre » beaucoup plus adéquate.

629. L'analyse « coopérative » de la directive, trop souvent adoptée, consiste à la comprendre comme offrant, concédant aux États membres un espace où ils pourraient défendre leurs intérêts particuliers ; la logique de la directive paraît plutôt consister en une réalisation optimale des objectifs visés plutôt qu'en un quelconque équilibre entre ces objectifs et l'intérêt propre de chaque État. La liberté des États est donc une *liberté d'adaptation*, de manière à ce que soient choisis, dans chaque État membre, les moyens et les formes les plus appropriés, les plus adaptés au contexte national, tant il est évident qu'il ne s'agira pas toujours des mêmes, selon les États membres. L'objectif ultime est donc d'atteindre les objectifs de l'Union de manière peut-être différenciée mais toujours selon les voies les plus efficaces.

Aux termes de l'article 288 FUE, « la directive lie tout État membre destinataire quant au résultat à atteindre, tout en laissant aux instances nationales la compétence quant à la forme et aux moyens ». Chacun des termes de cette définition semble avoir été choisi pour opposer radicalement la directive au règlement, mais ce texte est finalement trompeur, à la fois quant à l'absence de portée générale et en ce qui concerne l'apparent équilibre entre l'obligation et la compétence des États membres : il est sans doute plus conforme à la réalité juridique de le présenter comme associant à une obligation absolue de résultat une liberté relative quant à la forme et aux moyens.

A. La directive n'a pas en principe de portée générale

630. À première vue, on n'aperçoit pas comment il pourrait en être autrement, puisque le traité prévoit qu'elle ne « lie » que ses « destinataires », c'est-à-dire les États (la recommandation CECA, quant à elle, pouvait être adressée aussi bien aux entreprises qu'aux États membres). Mais ce serait oublier que la directive est un mécanisme « à double détente » : chaque fois que sa mise en œuvre nationale passe par des mesures législatives ou réglementaires, elle acquiert, au niveau final, un effet normatif. Lorsque la directive est adressée à tous les États membres, ce qui est le cas le plus fréquent et fait donc l'objet d'une mise en œuvre simultanée dans l'ensemble de la Communauté, elle se présente comme un procédé de législation indirecte, qui semble bien être sa fonction propre dans le système du traité : la Cour la qualifie alors d'« acte ayant une portée générale » (CJCE 22 févr. 1984, *Kloppenburg*, aff. 70/83, *Rec.* 1075) et le tribunal de première instance est allé jusqu'à reconnaître à cet acte une « portée générale normative » (TPI, Ord. du 20 oct. 1994, *Asocarne*, aff. T-99/94, *Rec.* II-871).

B. La directive impose une obligation absolue de résultat aux États membres

631. Le caractère obligatoire est souvent lié au fait qu'une échéance, au terme d'un délai, est fixée aux États membre. Pour le reste, le caractère absolu de l'obligation de résultat résulte des interprétations logiques de celle-ci par la Cour.

1° Obligation de résultat et délai

632. Le caractère contraignant du résultat à atteindre n'est pas affecté par le délai de réalisation précisé par la directive, ni par le choix des moyens et des formes à utiliser. Au terme du délai, le résultat doit être effectif (cf. par ex. CJ 4 sept. 2014, *Commission c/ Grèce*, aff. C-351/13, ECLI:EU:C:2014:2150).

Le délai est contraignant, ce qui implique qu'un État n'ayant pas transposé, ou n'ayant pas correctement transposé (c'est-à-dire que le résultat demandé n'est pas atteint) au terme du délai sera condamné par la Cour de justice pour manquement à ses obligations. Une transposition réalisée mais dont l'entrée en vigueur est suspendue à l'adoption d'un acte ultérieur postérieur au terme du délai fixé n'est pas acceptable (CJ 18 déc. 2014, *SETAR*, aff. C-551/13, ECLI:EU:C:2014:2467).

Le terme du délai semble représenter un élément essentiel pour pouvoir apprécier le comportement de l'État, l'idée pouvant être rendue par l'image de compteurs qui seraient en quelque sorte vérifiés seulement à l'expiration de ce délai ; ce n'est cependant pas tout à fait vrai, et des contraintes ont été déduites de l'obligation de résultat avant même cette expiration du délai ; il s'agit de l'interdiction de prendre des dispositions de nature à compromettre sérieusement le résultat prescrit par la directive (CJCE 18 déc. 1997, *Inter-Environnement Wallonie*, aff. C-129/96, *Rec.* I-7411). On peut néanmoins considérer que dans une telle hypothèse, la condamnation résulte d'une sorte de présomption que le résultat ne sera pas atteint dans les délais. Ceci illustre spectaculairement, en tous cas, le fait qu'une directive, avant même sa transposition, est déjà en vigueur dans l'ordre juridique des États membres, sa date d'entrée en vigueur, suivant les règles communes, ne devant pas être confondue avec l'expiration du délai de mise en œuvre (v. ss 657). Pour une première condamnation d'un État au titre de cette jurisprudence, CJCE 14 juin 2007, *Commission c/Belgique*, af. C-422/05, *Rec.* I-4749 ; pour un rappel, CJ 26 févr. 2015, *Federconsorzi*, aff. C-104/14, ECLI:EU:C:2015:125. De même, la Cour a-t-elle indiqué que la transposition n'épuise pas l'obligation des États membres, qui peuvent être obligés, *a posteriori*, d'adapter leur régime à des circonstances nouvelles (CJCE 23 mars 2006, *Commission c/Autriche*, aff. C-209/04, *Rec.* I-2755).

2° Déclinaisons logiques de l'obligation de résultat

633. Le caractère particulièrement contraignant du résultat à atteindre résulte aussi de certaines jurisprudences déroulant la simple logique de cette obligation de résultat.

Ainsi de l'obligation des juridictions nationales d'interpréter les mesures nationales de mise en œuvre d'une directive « à la lumière du texte et de la finalité de la directive » (CJCE 10 avr. 1984, *Von Colson*, aff. 14/83, *Rec.* 1891). Les particuliers peuvent aussi invoquer, dans cette logique, une directive devant leur juge national afin que celui-ci vérifie si les autorités nationales sont restées dans les limites d'appréciation tracées par la directive (CJCE 1er févr. 1977, *VNO*, aff. 51/76, *Rec.* 113). Un État membre manquant à cette obligation de résultat ne peut « opposer aux justiciables le non accomplissement par lui-même » de cette obligation (et ne peut donc lui refuser le bénéfice de la directive si celle-ci est techniquement apte à être utilisé par le juge) (CJCE 5 avr. 1979, *Ratti*, aff. 148/78, *Rec.* 1629). Un État membre doit enfin réparer les dommages causés à des particuliers par sa non-transposition dans les délais d'une directive (CJCE 19 nov. 1991, *Francovich*, aff. C-6 et C-9/90, *Rec.* I-5403).

C. La directive offre une liberté relative quant à la forme et aux moyens

634. Certes, les États disposent d'une totale liberté dans le choix de l'acte juridique de transposition de la directive (loi, décret, arrêté, circulaire…), et la désignation des services qui seront chargés de l'appliquer ; la logique veut que la directive ne contienne qu'une obligation de résultat et non une obligation de moyen. Comme il n'existe guère de critère évident permettant d'identifier avec certitude le *résultat à atteindre*, d'une part, les *moyens*, d'autre part, la question de l'« intensité normative » des directives, qui a suscité des critiques, reste ouverte. Outre l'hypothèse du résultat qui ne peut techniquement être atteint que par un seul moyen, les institutions communautaires ont eu tendance, à une époque, à rédiger des directives de plus en plus précises et à déterminer dans le plus grand détail les modalités de la matière traitée, de sorte que le choix des moyens n'existe pas et qu'il ne reste plus aux États qu'à transposer purement et simplement cette réglementation communautaire dans leur droit interne. Finalement, et malgré certaines critiques gouvernementales (« Décalogue » du gouvernement français du 17 janv. 1966, *Bull. CE* 3/66, p. 6) ou parlementaires (à propos de la VIe directive TVA, *JO*, Ass. nat., débats, séance du 30 nov. 1978, p. 8571), il faut bien être conscient que le choix des moyens – virtuellement réservé aux États membres destinataires – dépend étroitement de la finalité poursuivie par la directive concernée : à quoi bon s'étonner, par exemple, du caractère extraordinairement détaillé de la VIe directive TVA du 17 mai 1977, dès lors que son objet non dissimulé est de réaliser l'assiette *uniforme* de cet impôt ? N'est-ce pas ce que veut dire la Cour de justice : « Il ressort de l'article 189, alinéa 3, du traité *[désormais art. 288, al. 3, FUE]* que la compétence laissée aux États membres, en ce qui concerne la forme et les moyens des mesures à prendre par les instances nationales, est fonction du résultat que le Conseil ou la Commission entendent voir atteindre » (CJCE 23 nov. 1977, *Enka*, aff. 38/77, *Rec.* 2212) ?

635. On peut voir là, d'une part, la confirmation de l'idée que cette compétence est une « adaptation » visant en tant que telle l'efficacité du résultat, et non une possibilité de défendre, dans un espace garanti, des intérêts nationaux spécifiques ; on peut, par ailleurs, considérer que cette conception de la Cour est tout à fait imprégnée du caractère relatif de la compétence nationale de mise en œuvre.

Ce caractère relatif, qui correspond finalement à la nécessaire orientation de la mise en œuvre nationale vers le résultat prescrit, se traduit par un contrôle de la Cour selon plusieurs axes.

Pour la Cour, les États doivent choisir « les formes et les moyens les plus appropriés en vue d'assurer l'effet utile des directives » (CJCE 8 avr. 1976, *Royer*, aff. 48/75, *Rec.* 497 ; CJCE 4 juill. 2006, *Adeneler*, aff. C-212/04, *Rec.* I-6057), ce qui permet déjà un indiscutable contrôle, allant au-delà de la vérification du respect d'un éventuel espace, domaine de liberté.

Mais le souci le plus évident de la Cour est que la possibilité de choix des États membres corresponde à une souplesse facilitant la réalisation du résultat, et non une flexibilité relativisant l'effet contraignant de la directive, et qui serait aussi source d'ambiguïté et d'insécurité juridique.

Par exemple, de « simples pratiques administratives » ne sauraient être considérées comme constituant une mise en œuvre valable des obligations de transposition, par manque d'impérativité et défaut de sécurité juridique (CJCE 15 mars 1983, *Commission c/Italie*, aff. 145/82, *Rec.* 711 ; CJ 30 juin 2016, *Commission c/ Pologne*, aff. C-648/13,

ECLI:EU:C:2016:490). De même pour des pratiques jurisprudentielles (arrêt du 13 févr. 2014, *Commission c/ Royaume-Uni*, aff. C-530/11, ECLI:EU:C:2014:67).

La Cour admet cependant qu'une situation juridique préexistante assure cette mise en œuvre satisfaisante sans prise d'un acte spécifique de transposition. Ce sera le cas quand des principes généraux de droit administratif ou constitutionnel, consacrés et sanctionnés par les juridictions, garantissent l'application effective de la directive et une situation précise aux particuliers (CJCE 23 mai 1985, *Commission c/Allemagne*, aff. 29/84, *Rec.* 1661). Désormais, par une jurisprudence constante, la Cour vérifie, pour admettre une mise en œuvre par un « contexte juridique général existant » à la place d'une action expresse, positive et spécifique, si ce « contexte juridique général » assure la pleine application de la directive de façon suffisamment claire et précise. C'est très révélateur des axes de ce contrôle : CJCE 9 sept. 1999, *Commission c/Allemagne*, aff. C-217/97, *Rec.* I-5087 ; CJCE 26 juin 2003, *Commission c/France*, aff. C-233/00, *Rec.* I-6625 ; CJ 24 oct. 2013, *Commission c/ Espagne*, aff. C-151/12, ECLI:EU:C:2013:690 ; CJ 30 juin 2016, *Commission c/ Pologne*, aff. C-648/13, ECLI:EU:C:2016:490 ; ou CJ 25 janv. 2018, *Commission c/ République tchèque*, aff. C-314/16, ECLI:EU:C:2018:42 ; pour l'acceptation d'un tel cas de figure par la prise en compte de conventions internationales auxquelles adhère l'État membre, CJCE 13 févr. 2003, *Commission c/Luxembourg*, aff. C-75/01, *Rec.* I-1585.

Cette exigence de mise en œuvre « correcte » peut aussi conduire la Cour à estimer que seule une transposition globale, au niveau national, est acceptable, ce qui condamne la mise en œuvre par des mesures ponctuelles d'autorités régionales ou fédérées : CJCE 21 janv. 1999, *Commission c/Belgique*, aff. C-347/97, *Rec.* I-309 (v. ss 1028, quant aux questions de mise en œuvre des directives).

D. La directive n'est pas en principe directement applicable

636. À première vue, l'absence d'applicabilité directe semble même évidente. N'est-il pas, en effet, de la nature même de la directive d'appeler un acte national de mise en œuvre ? Les directives ne contiennent-elles pas systématiquement un article fixant le délai au terme duquel les États doivent avoir adopté les mesures nationales de transposition ? En réalité, toute la question est de savoir comment s'analyse juridiquement cette intervention nationale. S'agit-il d'un acte de « réception », c'est-à-dire d'introduction dans l'ordre juridique, à défaut duquel la directive n'y est pas d'application ? Ou d'un simple acte d'« exécution » ? De même, la directive, certes ne « lie » que les États destinataires, c'est-à-dire qu'elle n'a d'*effets obligatoires* que pour eux, mais cela veut-il dire qu'elle ne peut pas avoir d'*effets juridiques* à l'égard d'autres sujets de droit que les États membres, notamment à l'égard des particuliers ? Tout en maintenant que la vocation normale de la directive dans le système du traité est de faire l'objet d'une transposition nationale qui seule entraînera une modification de la situation juridique des particuliers (un État ne saurait exiger le respect d'une directive dont la transposition n'a pas encore eu lieu : CJCE 8 oct. 1987, *Kolpinghuis*, aff. 80/86, *Rec.* 3969), la Cour de justice a cependant admis que, dans des conditions particulières, certaines directives ne sont pas dépourvues de tout effet direct dans les États membres, ce qui estompe quelque peu la différence avec les règlements (v. ss 967 et 984). Les implications déduites du caractère absolu de l'obligation de résultat (v. ss 631) permettent déjà d'identifier ces effets découlant directement pour les particuliers d'une directive. La Cour avait aussi élargi telle quelle cette conception aux recommandations CECA (22 févr. 1990, *Busseni*, aff. 221/88, *Rec.* I-495 ; *Common Market Law Review* 1991. 415, note G. Bebr).

III. La décision

637. C'est le seul type d'acte dont le traité de Lisbonne ait modifié les caractéristiques. L'article 249 CE, jusqu'en décembre 2009, présentait la décision sobrement comme un acte « obligatoire en tous ses éléments pour les destinataires qu'elle désigne ». La décision s'est cependant révélée polymorphe et en pratique (v. ss 676) sont apparues des décisions particulières, dites décisions « *Bechluss* » (selon la terminologie spécifique allemande) sans destinataire. D'abord actes atypiques, ces décisions ont été réintégrées dans la définition générale de l'acte par le traité de Lisbonne, l'article 288, alinéa 4, FUE disposant désormais que « la décision est obligatoire dans tous ses éléments. Lorsqu'elle désigne des destinataires, elle n'est obligatoire que pour ceux-ci ». Il faut ajouter au titre des particularités du traité de Lisbonne pour les décisions que pour la PESC (où les actes législatifs sont exclus), le seul type d'acte prévu est la « décision ».

638. Il semble commode, même si l'exercice a ses limites, de concevoir la décision, comme s'opposant radicalement, d'une part, au règlement, d'autre part à la directive.

1) Au contraire du règlement, la décision, du moins à l'origine, semblait clairement ne pas avoir de portée générale. Obligatoire seulement pour ses *destinataires*, ne se présentait-elle pas comme le type même de l'acte individuel ou collectif et la Cour de justice ne se réfère-t-elle pas pour la qualifier, à son absence de caractère abstrait ? En fait, même en admettant ce trait originel selon lequel la décision doit absolument désigner un ou des destinataires, il convient de distinguer : adressée à un individu, une entreprise ou un État membre (interdisant une entente entre entreprises, constatant l'incompatibilité d'une aide étatique…), la décision vise normalement à appliquer les règles des traités aux cas particuliers ; elle est alors assimilable à l'acte administratif individuel connu en droit national et constitue, certes, entre les mains des autorités européennes, un instrument d'exécution administrative du droit de l'Union (v. ss 1051). Mais une décision peut aussi prescrire à un État ou à l'ensemble des États membres un objectif dont la réalisation passe par l'édiction de mesures nationales à portée générale (décision d'accélération du désarmement douanier, prescrivant la suppression d'une imposition) ; elle se présente alors comme un instrument de législation indirecte qui n'est pas sans rappeler la directive. Le juge communautaire a d'ailleurs déjà qualifié une décision d'acte « de portée générale » à l'égard des particuliers (TPI 13 déc. 1995, *Vereniging van Exportateurs*, aff. T-481/93 et T-484/93, *Rec.* II-2941 ; T 14 juin 2012, *Vereniging Milieudefensie*, aff. T-396/09, ECLI:EU:T:2012:301). Ce trait est d'autant plus vrai que, désormais, une décision pourra donc ne plus avoir de « destinataire » désigné.

2) Au contraire de la directive, cependant, et ce trait est constant, la décision est obligatoire *dans tous ses éléments*, et pas seulement *quant au résultat* à atteindre : elle peut donc légitimement être très détaillée et prescrire même les *moyens* d'atteindre le résultat imposé, les États ne conservant que le choix des formes juridiques de la mise en œuvre dans l'ordre national.

3) Au contraire du règlement, enfin, la catégorie des décisions ne comporte aucune unité en matière d'applicabilité directe. Expressément obligatoire pour ses *destinataires*, la décision possède, évidemment, un effet direct lorsque le destinataire est un particulier ou une entreprise, c'est-à-dire modifie par elle-même sa situation juridique ; il en va, en principe, autrement, lorsque le destinataire est un État, seules les mesures nationales d'application pouvant alors modifier la situation juridique des particuliers ; cependant, dans ce dernier cas, comme pour les directives, un certain effet interne direct est admis par la Cour de justice (v. ss 967).

IV. Les recommandations et les avis

639. Ils se distinguent de l'ensemble des autres instruments figurant à la nomenclature en ce qu'ils « ne lient pas », c'est-à-dire n'ont pas de force contraignante et ne sont donc pas des sources de droit au sens complet du terme.

Ils constituent, néanmoins, de très utiles instruments d'orientation des comportements et des législations (CJCE 10 déc. 1957, *Sté des usines à tubes de la Sarre*, aff. jtes 1 et 14/57, *Rec.* 201) (v. ss 100). Si les avis adressés par la Commission aux entreprises ou aux États n'expriment, en effet, qu'une opinion (par ex., avis du 25 sept. 1978, adressé par la Commission au gouvernement irlandais, relatif à l'harmonisation de certaines dispositions en matière sociale dans le domaine des transports par route, *JOCE* n° L 281/23 du 6 oct. 1978), les recommandations de la Commission et du Conseil sont des invitations à adopter telle ou telle règle de conduite, s'apparentent à des sortes de directives non obligatoires et jouent concrètement un rôle non négligeable de « source indirecte du rapprochement des législations nationales » (cf. P. Soldatos et G. Vandersanden, in *Les instruments du rapprochement des législations dans le cadre de la CEE*, Bruxelles, Éd. de l'Université de Bruxelles, 1976, p. 95 ; par exemple : recommandation de la Commission du 10 mai 1989, relative à une carte de citoyen européen de plus de soixante ans, *JOCE* n° L 144/59 du 27 mai 1989). La Cour estime du reste qu'elles ne sont pas dépourvues de tout effet juridique et que les juges nationaux sont tenus de les prendre en considération lorsqu'elles éclairent l'interprétation des dispositions nationales, dans le but d'assurer leur pleine mise en œuvre ou encore lorsqu'elles ont pour objet de compléter les dispositions de droit communautaire ayant un caractère contraignant (13 déc. 1989, *Grimaldi*, aff. 322/88, *Rec.* 4407 ; CJCE 11 sept. 2003, *Altair Chimica*, aff. C-207/01, *Rec.* I-8875 ; T 27 oct. 2015, *Belgique c/ Commission*, aff. T-721/14, ECLI:EU:T:2015:829). La position de la Cour est cependant que les traités, avec les recommandations, ont simplement voulu doter les institutions d'un « pouvoir d'incitation et de persuasion, distinct du pouvoir d'adopter des actes dotés d'une force obligatoire » (CJ 20 févr. 2018, *Belgique c/ Commission*, aff. C-16/16 P, ECLI:EU:C:2018:79). Ceci n'empêcherait pas qu'un tel acte, par son contenu, aille au-delà d'une « véritable recommandation », dès lors qu'il produirait, selon une analyse substantielle de son contenu, des effets de droit obligatoire. Cette position prudente tranche avec les impressionnantes conclusions rendues dans cette affaire par l'Avocat général M. Bobeck, qui avait tenté de systématiser une véritable théorie de la *soft law* en droit de l'Union et qui voulait démontrer que les recommandations, certes, ne lient pas, mais produisent des effets juridiques, tant au niveau de l'Union (les attentes suscitées et la confiance légitime ; leur rôle interprétatif ; et le fait qu'elles soient susceptibles de créer un ensemble de règles parallèles qui préemptent le processus législatif et ont donc un impact sur l'équilibre institutionnel) qu'au niveau des États membres, avec notamment l'obligation de prise en compte par les juges nationaux (jurisprudence *Grimaldi*).

Le traité de Lisbonne s'est arrêté sur le cas des recommandations, avec un article nouveau qui leur est consacré : l'article 292 FUE précise que « le Conseil adopte des recommandations. Il statue sur proposition de la Commission dans tous les cas où les traités prévoient qu'il adopte des actes sur proposition de la Commission. Il statue à l'unanimité dans les domaines pour lesquels l'unanimité est requise pour l'adoption d'un acte de l'Union. La Commission, ainsi que la Banque centrale européenne dans les cas spécifiques prévus par les traités, adoptent des recommandations ». La recommandation serait donc un instrument limité à ces trois institutions.

§ 3. Le régime d'édiction du droit dérivé

I. La compétence

640. L'utilisation par les institutions des différents instruments juridiques figurant à la nomenclature officielle répond à un certain nombre de principes qui constituent le « système législatif » de l'Union.

A. Le principe de la compétence d'attribution

641. L'utilisation des instruments juridiques de la nomenclature fut longtemps réservée à la seule Haute Autorité/Commission dans le traité CECA ainsi qu'au Conseil et à la Commission dans les traités de Rome. Le traité de Maastricht a innové sur deux points. D'abord, le Parlement européen était admis à adopter des règlements, directives et décisions conjointement avec le Conseil dans le cadre de la procédure de codécision (art. 249 CE et art. 251 CE *[désormais art. 288 et 294 FUE]*) ; ensuite, les organes de la BCE ont été admis à adopter des règlements et des décisions (mais pas des directives) ou à émettre des recommandations et des avis (art. 110 CE [*désormais art. 132 FUE*]). Mais tous les textes précisent que cet usage ne leur est ouvert que « dans les conditions prévues au présent traité » ou « conformément aux traités ». Ce n'est qu'une confirmation du *principe de la compétence d'attribution*, qui domine l'ensemble du système institutionnel de l'Union (v. ss 104) et selon lequel les institutions n'ont pas un pouvoir normatif général ; il signifie, notamment, que l'article 288 FUE ne constitue pas en lui-même une norme de compétence mais une disposition de renvoi : la compétence nécessaire pour édicter les actes qu'il énumère doit être conférée expressément ou non dans chaque cas, par d'autres dispositions des traités (art. 43 FUE en matière agricole ; art. 48 FUE en matière de sécurité sociale ; etc.).

C'est toute la problématique du choix pour chaque acte de droit dérivé de *la base juridique* qui non seulement fonde la compétence communautaire, mais encore conditionne les règles de vote (majorité qualifiée ou unanimité au sein du Conseil), voire la nature (consultation ou codécision) de la participation législative au Parlement (cf. R. Milas, « La concurrence entre les bases légales du droit communautaire », *RMC* 1994. 324 ; sur cette question, v. ss 109).

B. Le « principe de légalité »

642. La soumission au droit des actes institutionnels, qui résulte de l'article 13, § 2, UE (« chaque institution agit dans les limites des attributions qui lui sont conférées dans les traités, conformément aux procédures, conditions et fins prévues par ceux-ci ») est confirmée, de manière opérationnelle, par l'organisation d'un contrôle juridictionnel de légalité (art. 263 FUE). À ce titre, chacun des traités constitue le fondement, le cadre et les limites des pouvoirs des institutions d'édicter du droit. Avec une première précision que les autorités de l'Union doivent non seulement respecter les dispositions habilitantes sur lesquelles elles s'appuient (base juridique de l'acte), mais encore l'ensemble des prescriptions générales figurant au traité : ainsi, la Cour indique-t-elle, par exemple, que l'utilisation des pouvoirs que le Conseil tient de l'article 37 CE [*désormais art. 43 FUE*] en matière agricole doit respecter « les objectifs énoncés à l'article 33 CE [*désormais art. 39 FUE*] et doit exclure toute discrimination entre producteurs ou consommateurs de la Communauté » (34 CE [*désormais art. 40 FUE*]) et déclare-t-elle invalide un règlement qui, outre son caractère discriminatoire, n'était « pas nécessaire pour atteindre l'objectif visé » (CJCE 5 juill. 1977, *Bela-Mühle*, aff. 114/76, *Rec.* 1211). La seconde précision est que le droit dérivé doit respecter l'ensemble du « bloc de la légalité de l'Union », c'est-à-dire en outre, notamment, les engagements internationaux de l'Union et les principes généraux du droit non-écrits (v. ss 1252).

C. Le principe de non-interversion des instruments normatifs

643. Lorsque les dispositions habilitantes des traités s'abstiennent de préciser la catégorie d'actes à prendre par le Conseil ou la Commission (le Conseil « fixe » : art. 31 FUE ; il « autorise » : art. 42 FUE ; le Conseil et le Parlement « déterminent » : art. 42 FUE ; « adoptent les mesures nécessaires » : art. 48 FUE) ou lorsqu'elles laissent expressément le choix entre deux (art. 46 FUE) ou plusieurs actes mentionnés par l'article 288 FUE (par exemple l'ancien art. 37 CE), il est évident que les institutions peuvent avoir recours à l'instrument qui leur semble le plus approprié, compte tenu de la nature et du contenu des mesures envisagées (CJCE 15 mars 1967, *Cimenteries C.B.R.*, aff. 8 à 11/66, *Rec.* 93). Ainsi, le Conseil, habilité en matière de politique de conjoncture à « décider des mesures appropriées à la situation » (art. 103 CEE), pouvait-il statuer par voie de décision mais aussi de règlement (CJCE 24 oct. 1973, *Balkan*, aff. 5/73, *Rec.* 1091).

Le traité sur le fonctionnement de l'Union précise ici (art. 296) que lorsque les traités ne prévoient pas le type d'acte à adopter, les institutions choisissent au cas par cas, dans le respect des procédures applicables et du principe de proportionnalité.

Lorsqu'en revanche, les traités prévoient le type d'instrument à utiliser, l'autorité de l'Union ne dispose en principe d'aucune faculté de choix (CJCE 15 juill. 1960, *Italie c/ Haute Autorité*, aff. 20/59, *Rec.* 663). Il ne fait ainsi aucun doute que le règlement n'est pas utilisable dans toutes les hypothèses où le traité ne prévoit que l'intervention de directives (art. 50 FUE, 52 FUE, 59 FUE,...), sauf à statuer sur la base de l'article 352 FUE (v. ss 131). En revanche, il est permis de se demander si l'institution de l'Union ne pourrait pas se borner à édicter un acte de portée contraignante moindre que celui auquel l'habilite une disposition spécifique du traité, par exemple une directive, quand le traité prévoit un règlement ; la réponse positive donnée explicitement à cette question par le traité CECA (art. 14) n'est sans doute pas généralisable à Euratom et à l'Union ; quant à l'impossibilité de principe d'utiliser un acte non contraignant lorsque le traité prévoit un acte obligatoire (règlement, directive ou décision), elle doit être relativisée par l'existence d'un pouvoir général de recommandation et d'avis que l'article 211 CE reconnaissait à la Commission. Avec le traité de Lisbonne, l'article 292 FUE reconnaît expressément un pouvoir d'adopter des recommandations au Conseil, et même si l'équivalent de l'article 211 CE n'a pas été repris au profit de la Commission, l'article 292 lui reconnaît aussi un pouvoir de recommandation, qui plus est général, puisque la Banque centrale, selon les termes de la même disposition, dispose d'une telle possibilité « dans les cas spécifiques prévus par les traités », ce qui tendrait à reconnaître à la Commission et au Conseil un pouvoir d'ordre général. Il faut, de plus, admettre que s'est imposée la pratique qui conduit fréquemment les institutions à adopter des *programmes* ou *déclarations* d'intention, actes de caractère principalement politique, même lorsque le traité imposerait le recours à l'un des actes de la nomenclature (v. ss 677). La Cour de justice s'est prononcée de manière nuancée sur le phénomène. Dans l'arrêt du 25 octobre 2017, *Commission c/Conseil*, aff. C-687/15, ECLI:EU:C:2017:803, face à l'adoption de « conclusions » par le Conseil pour déterminer la position à adopter au nom de l'Union dans une négociation internationale, alors que l'article 218, § 9, FUE prévoit que le Conseil adopte « une décision » en l'espèce, la Cour considère que c'est là un vice substantiel susceptible d'entraîner l'annulation de l'acte ; pour autant, la conception non formaliste traditionnelle de la Cour (v. ss 1251) fait qu'il n'en sera ainsi que si ce changement d'instrument juridique « crée des incertitudes quant à la nature de cet acte ou à la procédure à suivre pour son adoption, compromettant ainsi la sécurité juridique ». Mais tel est bien le cas de « conclusions » dont la tonalité est non contraignante alors que l'acte prévu, une « décision », possède indiscutablement un caractère obligatoire.

D. Le principe de la hiérarchisation du droit dérivé

644. Il signifie que le processus de l'édiction du droit dérivé est susceptible d'un aménagement en deux phases hiérarchisées, conduisant à la distinction entre les mesures qui trouvent directement leur base dans le traité (*droit dérivé de premier niveau*) et celles qui sont destinées à assurer l'exécution des premières (*droit dérivé de deuxième niveau*). Il serait vain de chercher dans le système de l'Union une hiérarchie organique, alors que, de manière classique, on considère pourtant (cf. les analyses de Carré de Malberg) que l'on peut faire un parallèle entre la hiérarchie des normes et la hiérarchie des organes. Cette approche est donc inadaptée au cas de l'Union. En revanche, si l'on prend une démarche plus moderne raisonnant davantage sur les fonctions que sur les organes, l'orientation est alors plus opératoire (cf. not. D. de Béchillon, *Hiérarchie des normes et hiérarchie des fonctions normatives de l'État*, Paris, Economica, 1996) : la hiérarchie des normes découle non de la nature des organes mais de la fonction (constituante, législative, administrative) que l'organe remplit en prenant l'acte. Et une fonction administrative est apparue et s'est progressivement organisée, portant en elle des éléments de hiérarchisation postulées par l'évidence de la logique.

Outre, en effet, que l'ancien article 211 CE selon lequel la Commission « exerce les compétences que le Conseil lui confère pour l'exécution des règles qu'il établit », présupposait le droit pour celui-ci de confier à celle-là le soin d'adopter les normes d'application de ses propres règlements ou directives (dans le cadre actuel du traité de Lisbonne, on retrouve la même formule mais de façon moins nette, l'article 291 FUE admettant que

« lorsque des conditions uniformes d'exécution des actes juridiquement contraignants de l'Union sont nécessaires, ces actes confèrent des compétences d'exécution à la Commission »), on sait que la Cour a validé la pratique du Conseil consistant à étager son pouvoir normatif en se bornant à fixer dans son premier acte, selon les procédures souvent lourdes prévues au traité, les règles générales et permanentes d'une réglementation, puis à renvoyer les mesures d'application technique et/ou à caractère éphémère à des actes ultérieurs à adopter par lui-même, mais selon une procédure allégée (CJCE 17 déc. 1970, *Otto Scheer*, aff. 30/70, *Rec.* 1197).

Ainsi, de même que les systèmes normatifs nationaux distinguent habituellement entre les lois et les décrets d'application, le système communautaire a opposé de façon classique les *règlements de base*, c'est-à-dire ceux qui sont arrêtés directement en application des traités et les *règlements d'exécution*, qui sont adoptés soit par la Commission sur habilitation du Conseil, soit par le Conseil lui-même (de même la pratique fournit-elle l'exemple de *directives d'exécution* adoptées par la Commission, qui trouvent leur fondement non dans le traité mais dans un règlement ou une directive du Conseil : directive du 21 mai 1962, fondée sur l'article 29 du règlement n° 19 du Conseil : *JOCE* du 9 juin 1962, p. 1367 ; directives du 13 mai 1965 fondées sur les directives du Conseil du 26 mai 1954 : *JOCE* 1965, p. 1607).

645. Bien entendu, la dissociation entre ces deux catégories d'actes emporte leur hiérarchisation, c'est-à-dire que la légalité des mesures d'application est non seulement conditionnée par le respect des traités, mais encore par celui des dispositions habilitantes du droit dérivé de premier niveau ; ainsi, la Cour a-t-elle eu l'occasion de confirmer que les règlements d'exécution, quel que soit leur auteur, Commission ou Conseil, ne peuvent ni modifier ni méconnaître les règlements de base (10 mars 1971, *Tradax*, aff. 38/70, *Rec.* 145). Ainsi, la hiérarchie n'est pas vraiment organique, elle n'est pas non plus formelle puisque non liée indissolublement au type d'acte en cause. C'est une hiérarchie fonctionnelle.

Avec le traité de Lisbonne, cela a été vu (v. ss 611 à 614), la fonction d'exécution est plus structurée, avec les deux techniques de l'acte délégué et de l'acte d'exécution, mais ainsi que cela a été souligné, la hiérarchisation qui en découle est imparfaite puisque ne s'imposant pas, par exemple, entre un acte législatif et un acte d'exécution qui serait directement fondé sur le traité.

II. Les formes

Hen (C.), « La motivation des actes des institutions communautaires », *CDE* 1977. 49.
Schockweiller (F.), « La motivation des décisions individuelles en droit communautaire et en droit national », *CDE* 1989. 3.

646. Il est à noter que la numérotation des actes juridiques de l'Union a été unifiée à partir du 1er janvier 2015. Antérieurement, le système différait selon qu'il s'agisse d'un règlement (Règlement (UE) n° 1286/2014…) ou d'une directive ou décision (directive 2014/104/UE…). Désormais, quelle que soit la catégorie d'acte, la numérotation se fait avec le type d'acte, le nom de domaine (UE, ou Euratom, ou PESC), l'année, et un numéro d'ordre : règlement (UE) 2018/196, ou directive (UE) 2018/410…

647. Conformément aux règlements intérieurs du Conseil et de la Commission, le dispositif des actes de l'Union est normalement précédé d'un Préambule composé de :

– l'indication des dispositions en vertu desquelles ils sont arrêtés, précédée du mot « vu » ; la pluralité de bases juridiques se traduit par autant de visas que de bases, chacun étant cité sur une ligne différente ;

– le visa concernant la procédure : les propositions, avis et consultations recueillis ; ces références sont assorties d'un renvoi en note de bas de page précisant date et publication ;

– la motivation de l'acte commençant par la formule « considérant ce qui suit : », et se poursuivant par des points numérotés.

L'exigence de *visas* s'explique aisément, compte tenu de l'importance, dans le processus de décision européen, de la proposition de la Commission et des différents avis requis, exprimant chacun l'association à la prise de décision d'une certaine catégorie d'intérêts ; le visa d'une consultation n'empêche pas, naturellement, la Cour de vérifier si celle-ci a effectivement eu lieu et, à défaut, de prononcer l'invalidité de l'acte (29 oct. 1980, *Roquette*, aff. 138/79, *Rec.* 3333). L'article 296, alinéa 2, FUE est plus exigeant que l'article 253 CE, imposant désormais que les visas mentionnent « les propositions, initiatives, recommandations, demandes ou avis prévus par les traités ».

Malgré la percée du principe de *motivation* en droit français, le droit de l'Union se singularise encore par la portée tout à fait générale de l'obligation de motiver, qui s'applique non seulement aux décisions individuelles mais encore aux actes à portée générale, l'article 253 CE l'imposant pour les règlements, directives et décisions ; sans compter que dans la pratique, même les recommandations et les avis étaient spontanément motivés. L'article 296 FUE issu du traité de Lisbonne généralise l'obligation à tous les actes juridiques, du moins unilatéraux (arrêt du 24 oct. 2014, *Technische Universität Dresden*, aff. T-29/11, ECLI:EU:T:2014:912). Se dépouillant de certaines prérogatives au profit des institutions de l'Union, les États ont voulu que les motifs et les intentions de celle-ci soient systématiquement rendus publics et la Cour de justice confirme que la motivation a pour but de « donner aux parties la possibilité de défendre leurs droits, à la Cour d'exercer son contrôle et aux États membres, comme à tout ressortissant interne, de connaître les conditions dans lesquelles » les institutions font application du traité (4 juill. 1963, *Allemagne c/Commission*, aff. 24/62, *Rec.* 143).

648. En conséquence, la motivation constitue une formalité substantielle dont l'absence ou l'insuffisance entraîne l'invalidité de l'acte. La Cour impose deux exigences minimales. D'abord, la disposition précise du traité qui constitue la base juridique de l'acte doit faire l'objet d'une indication explicite dans les visas ou implicite dans les considérants (CJCE 26 mars 1987, *Commission c/Conseil*, aff. 45/86, *RTDE* 1988. 159, note J. Auvret-Fink). Ensuite, la motivation doit faire apparaître « de façon claire et non équivoque les raisons sur lesquelles l'acte est fondé » (dans une jurisprudence étoffée, cf. par exemple CJCE 9 juill. 1969, *Italie c/Commission*, aff. 1/69, *Rec.* 277, ou T. 21 mai 2010, *France e.a. c/Commission*, aff. T-425/04, T-444/04, T-450/04 et T-456/04, *Rec.* II-2099). Au-delà, tout dépendra de la nature de l'acte, de sa matière ainsi que des circonstances (T 2 mars 2010, *Evropaïki Dynamiki*, aff. T-70/05, *Rec.* II-313). Ainsi, la motivation des décisions, et spécialement de celles qui infligent des amendes aux entreprises, doit être particulièrement détaillée (dans la pratique, il n'est pas rare que les considérants tiennent dix fois plus de place que le dispositif), à l'inverse, le règlement « peut se borner à indiquer, d'une part, la situation d'ensemble qui a conduit à son adoption, d'autre part, les objectifs généraux qu'il se propose d'atteindre » (13 mars 1968, *Beus*, aff. 5/67, *Rec.* 125 ; 11 nov. 2015, *Dyson*, aff. T-544/13, ECLI:EU:T:2015:836). Pour ces décisions de la Commission infligeant une amende dans le domaine de la concurrence, une contradiction entre les motifs et le dispositif d'une décision ne constitue pas forcément un vice de motivation (la clarté du dispositif peut être un palliatif suffisant), mais ce sera un vice de motivation si cette contradiction interne porte atteinte aux droits de la défense des entreprises sanctionnées (parmi de nombreux arrêts du même jour dans la même affaire, cf. par ex., 16 déc. 2015, *Air France*, aff. T-63/11, ECLI:EU:T:2015:993. La Cour requiert encore une motivation particulièrement étoffée lorsque l'intervention de l'acte est subordonnée à l'appréciation d'une situation économique (4 juill. 1963, *Allemagne c/Commission*, préc.), ou plus largement en cas de « large pouvoir d'appréciation » (TPI 8 sept. 2009, *ETF*, aff. T-404/06 P, *Rec.* II-2841). Plus largement, la Cour souligne que le respect des garanties conférées aux opérateurs économiques par l'ordre juridique communautaire dans les procédures administratives revêt une importance fondamentale, dès lors que les institutions de l'Union disposent d'un pouvoir d'appréciation (CJCE 21 nov. 1991, *Technische Universität München*, aff. C-269/90, *Rec.* I-5469, TPI 5 mars 2002, *Azienda Agricola « Le Canne »*, aff. T-241/00, *Rec.* II-1251), ce qui est parfois présenté sous l'angle des contrôles du juge : ainsi, en raison du contrôle limité du juge, le respect par la BCE de son obligation de motivation de ses décisions revêt une importance d'autant plus fondamentale (arrêt du 4 juin 2015, *Versorgungswerk der Zahnärztekammer Schleswig-Holstein*, aff. T-376/13, ECLI:EU:T:2015:361). Un contexte politique peut également être déterminant pour apprécier le degré de contrainte de l'exigence de motivation : la Commission, quand elle rejette une initiative citoyenne, doit spécifier les différents motifs de la décision de refus eu égard à l'incidence de celle-ci sur l'exercice effectif du droit consacré par le traité. Cela découle de la nature même de ce droit qui est censé renforcer la citoyenneté européenne et améliorer le fonctionnement démocratique de l'Union par une participation des citoyens à la vie démocratique de l'Union (arrêt du 30 sept. 2015, *Anagnostakis c/Commission*, aff. T-450/12, ECLI:EU:T:2015:739 ; ou du 3 févr. 2017, *Minority SafePack*, aff. T-646/13, ECLI:EU:T:2017:59). S'agissant d'une mesure de gel de fonds, le Conseil devra mentionner les éléments de fait et de droit dont dépend la justification légale de sa mesure et les considérations qui l'ont amené à la prendre « à moins que des considérations impérieuses touchant à la sûreté de la Communauté ou de ses États membres ou à la conduite de leurs relations internationales ne s'y opposent » (arrêt du 19 mai 2010, *Pye Phyo Tay Za*, aff. T-181/08, *Rec.* II-1965).

649. La circonstance qu'il ait associé étroitement le destinataire de l'acte (État ou entreprise) à l'élaboration même de celui-ci peut autoriser l'organe de décision à une motivation moins détaillée (CJCE 11 janv. 1973, *Pays-Bas c/Commission*, aff. 13/72, *Rec.* 27 ; 11 déc. 1980, *Lucchini*, aff. 1252/79, *Rec.* 3753 ; 16 févr. 2017, *Roumanie c/ Commission*, aff. T-145/15, ECLI:EU:T:2017:86). De même, la motivation doit être adaptée à la nature de l'acte en cause et au contexte dans lequel il a été adopté. En particulier, un acte faisant grief est suffisamment motivé dès lors qu'il est intervenu dans un contexte connu de l'intéressé, qui lui permet de comprendre la portée de la mesure prise à son égard (TPI 14 oct. 2009, *Bank Melli Iran c/Conseil*, aff. T-390/08, *Rec.* II-3967 ; T 8 nov. 2017, *Klymenko*, aff. T-245/15, ECLI:EU:T:2017:792). En toute hypothèse cependant, la motivation ne doit pas consister en une formule générale et stéréotypée (par ex. arrêt du 22 mars 2018, *Stavytskyi*, aff. T-242/16, ECLI:EU:T:2018:166). Enfin, la décision « se plaçant dans la ligne d'une pratique décisionnelle constante peut être motivée d'une manière sommaire, notamment par référence à cette pratique », en revanche, en cas de modification de sa « doctrine », l'autorité de décision doit procéder à une motivation particulièrement explicite (CJCE 26 nov. 1975, *Groupement des papiers peints de Belgique*, aff. 73/74, *Rec.* 1491 ; T 14 mai 2014, *Allemagne c/Commission*, aff. T-198/12, ECLI:EU:T:2014:251). Le défaut ou l'insuffisance de motivation est un moyen d'ordre public que le juge pourra soulever d'office (CJCE 20 févr. 1997, *Commission c/Daffix*, aff. C-166/95 P, *Rec.* I-983). Il convient aussi de préciser que l'exigence de motivation est autonome par rapport à la question de l'éventuel caractère erroné des motifs (par ex. cf. T 24 nov. 2010, *Marcuccio c/Commission*, aff. T-9/09 P, ECLI:EU:T:2010:477).

L'*authentification* de l'acte, (par exemple, s'agissant d'un acte législatif ordinaire, la signature du président du Parlement européen et du président du Conseil, ou pour un acte législatif spécial, la signature du président de l'institution qui l'a adopté, ou encore pour une décision collégiale de la Commission, la signature du président et du secrétaire exécutif) est également une formalité substantielle susceptible d'entraîner l'annulation de l'acte si elle n'est pas correcte. Pouvant être soulevée d'office, la violation de l'authentification participe de la sécurité juridique (CJCE 6 avr. 2000, *Commission c/ICI*, aff. C-286/95 P, *Rec.* I-2421).

III. L'entrée en vigueur

Blatière (L.), *L'applicabilité temporelle du droit de l'Union européenne*, Montpellier, Éditions du CREAM, 2018.

Isaac (G.), « L'entrée en vigueur et l'application dans le temps du droit communautaire », in *Mélanges Marty*, Toulouse, 1978, p. 697.

650. Les solutions retenues par les traités s'inspirent davantage des règles qui ont cours dans les ordres juridiques nationaux que dans l'ordre international.

A. La publicité préalable

651. « Un principe fondamental dans l'ordre juridique communautaire exige qu'un acte émanant des pouvoirs publics ne soit pas opposable aux justiciables avant que n'existe pour ceux-ci la possibilité d'en prendre connaissance » (CJCE 25 janv. 1979, *Racke*, aff. 98/78, *Rec.* 69).

1° Notification ou publication ?

652. • ***À l'origine***, seuls les règlements CEE et Euratom (de même que les décisions et recommandations CECA à caractère général) devaient obligatoirement faire l'objet d'une *publication*. En conséquence, les décisions et directives, qui peuvent avoir un caractère *indirectement normatif* (v. ss 630 et 638) et même si elles étaient adressées à l'ensemble des États membres, étaient dispensées de publication, ce qui était contestable.

653. • ***Le traité de Maastricht*** (art. 254 CE) a réparé (au moins partiellement) cette omission : l'obligation de publication est étendue en effet, d'abord à l'ensemble des règlements, directives et décisions adoptés par le Parlement et le Conseil dans le cadre de la procédure de codécision, ensuite, aux directives du Conseil et de la Commission qui sont adressées à tous les États membres. À défaut, tous ces actes ne seraient pas « applicables » (art. 15 CECA), ne seraient pas « entrés en vigueur » (art. 254 CE). Mais le défaut de publication n'a d'effet que sur le caractère obligatoire du texte, non sur sa légalité (CJCE 29 mai 1974, *Hauptzollamt Bielefield*, aff. 185/73, *Rec.* 607) ; en outre, si les institutions ne peuvent pas appliquer un règlement non publié, elles peuvent parfaitement en préparer l'application et prendre des dispositions nécessaires à cette application, à condition que ces dernières n'entrent en vigueur qu'après que le texte principal est lui-même devenu exécutoire (CJCE 18 nov. 1975, *C.A.M.*, aff. 100/74, *Rec.* 1393).

Les autres actes du Conseil et de la Commission, c'est-à-dire toutes les décisions (y compris celles qui sont adressées à tous les États membres, ce qui doit être considéré comme une malfaçon du traité) et les directives adressées à certains États doivent seulement faire l'objet d'une *notification.* Certes, le règlement intérieur du Conseil (art. 17) prévoit que ces directives et décisions sont publiées au *JOUE* « sauf décision contraire du Conseil ou du COREPER » ; mais une telle publication n'intervient qu'à titre d'information du public et n'est nullement une condition d'entrée en vigueur. La Cour rappelle, naturellement, le cas échéant, que la publication d'une décision ne dispense pas de procéder à sa notification, qui seule la rend opposable (14 juill. 1972, *Geigy*, aff. 52/69, *Rec.* 787).

654. • ***Le traité de Lisbonne***, avec l'article 297 FUE, adapte ce régime plus qu'il ne le modifie. Les actes législatifs (règlements, directives ou décisions adoptées selon une procédure législative) sont publiés au *JOUE*, de même que les autres règlements, les directives adressées à tous les États membres, et les décisions sans destinataire. Les autres directives et les décisions indiquant un ou des destinataires sont notifiées aux destinataires et entrent en vigueur du fait de cette notification.

2° Formes de la notification et de la publication

655. Concrètement, la « *notification*... a lieu soit par un envoi postal recommandé avec accusé de réception, soit par remise contre reçu à une personne ayant qualité pour les recevoir » (Décis. n° 22-60 de la Haute Autorité du 7 sept. 1960, *JOCE* 1960, p. 1248). La notification aux États membres se fait, naturellement, par l'intermédiaire de leurs représentants permanents à Bruxelles ; pour les particuliers et les entreprises, l'envoi par la poste est le principe, mais les institutions s'efforcent aussi d'utiliser la voie diplomatique, par l'intermédiaire des ambassadeurs accrédités auprès d'elles, spécialement pour les notifications à des entreprises relevant de la juridiction de pays tiers. Il suffit que l'acte notifié parvienne ainsi régulièrement dans la « sphère interne » du destinataire, c'est-à-dire, par exemple, au siège social d'une société (CJCE 10 déc. 1957, *Société ALMA*, aff. 8/56, *Rec.* 183 ; 21 févr. 1973, *Europembalage*, aff. 6/72, *Rec.* 215) ; mais le procédé qui consisterait à notifier une décision dont une société mère est destinataire par l'intermédiaire d'une filiale établie dans la Communauté est irrégulier (CJCE 14 juill. 1972, *I.C.I.*, aff. 48/69, *Rec.* 654). Enfin, conformément aux dispositions sur le régime linguistique de l'Union (v. ss 451), les textes adressés à un État membre ou à une personne relevant de la juridiction d'un État membre doivent être notifiés dans la langue de cet État (lorsqu'une société a son siège social dans un État tiers, le choix de la langue officielle de la décision doit tenir compte du rapport établi par celle-ci, à l'intérieur du Marché commun, avec un État membre, et l'ouverture d'un bureau dans un État membre pourra être déterminante : CJCE 21 févr. 1973, *Europembalage*, préc.).

Quant à la *publication*, quand elle résulte d'une application du traité, elle se fait obligatoirement au *Journal officiel de l'Union européenne*, qui a pris la suite, lors de l'entrée en vigueur du traité de Nice, le 1er février 2003, du *Journal officiel des Communautés européennes*, qui avait lui-même succédé, le 20 avril 1958, au *Journal officiel de la CECA*. Les actes pour lesquels la publication est obligatoire figurent dans la partie L (*Législation*) de l'*Officiel*, les autres peuvent être dans la partie C (*Communications*).

Conformément aux dispositions sur le régime linguistique, le *JOUE* paraît dans les langues officielles. La pratique des *rectificatifs*, publiés sous une forme anonyme et avec effet rétroactif et qui vise à corriger, en principe, les seules erreurs matérielles, connaît un développement considérable par le fait que les risques d'erreur sont ici multipliés par vingt-quatre par les nécessités de la traduction et de la publication dans vingt-quatre recueils différents. Malgré les précautions prises par les institutions pour éviter les abus, il y a là une source non négligeable de perturbation de la sécurité juridique.

Mais la situation peut se rencontrer d'un acte de portée générale non adressé à un destinataire, n'exigeant donc pas de notification, mais pour lequel le traité ne prévoit pas non plus de publication alors que celle-ci s'impose en vertu du « principe fondamental dans l'ordre juridique de l'Union européenne exigeant qu'un acte émanant des pouvoirs publics ne soit pas opposable aux justiciables avant que n'existe pour ceux-ci la possibilité d'en prendre connaissance » ; dès lors toute forme utile de publication sera admise, ainsi pour une décision du bureau du Parlement européen relative au régime de pension des députés, la publication sur l'intranet du Parlement est suffisante (pour les députés), la publication sur Internet s'imposant à l'égard des anciens députés (arrêt du 13 mars 2013, *Lord Inglewood e.a.*, aff. T-229/11 et T-276/11, ECLI:EU:T:2013:127).

B. Les délais d'entrée en vigueur

656. Si l'entrée en vigueur des actes notifiés intervient normalement au jour de leur notification, celle des actes publiés, en revanche, ne coïncide généralement pas avec celle de leur publication, les institutions de l'Union étant habilitées à en fixer elles-mêmes, librement, la date, sous la seule réserve des règles concernant la rétroactivité ; l'article 297 FUE énonce en effet qu'ils « entrent en vigueur à la date qu'ils fixent ou, à défaut, le vingtième jour suivant leur publication ».

La Cour de justice a précisé que, par jour de la « publication », il faut entendre non pas le jour où le *JOUE* devient disponible sur le territoire de chaque État membre, mais le jour où il est disponible au siège de l'Office des publications officielles à Luxembourg, qui coïncide, sauf preuve contraire, avec la date que porte le numéro du *JOUE* contenant le texte du règlement ; toute autre solution eût compromis l'unité et l'application uniforme du droit de l'Union qui impose que l'entrée en vigueur d'un règlement survienne à la même date dans tous les États membres (25 janv. 1979, *Racke*, préc.).

Dans la pratique, les institutions prévoient fréquemment une *entrée en vigueur retardée* (c'est-à-dire postérieure au vingtième jour suivant la publication) ou même une *application différée* (c'est-à-dire une prise d'effet postérieure à l'entrée en vigueur) ce qui permet aux assujettis de ne pas être mis brutalement en face de nouvelles obligations et/ou laisse le temps aux autorités nationales ou européennes de prendre les mesures d'application requises. Ce n'est que lorsque l'entrée en vigueur présente un caractère d'urgence qu'elle est fixée avant le vingtième jour, mais, normalement, pas avant le troisième ; ce délai correspond à peu près au délai normal d'acheminement du *JOUE* sur l'ensemble du territoire de l'Union. Quant à l'*entrée en vigueur immédiate*, c'est-à-dire le jour même de la publication au *JOUE*, elle ne devrait être utilisée qu'« en cas de nécessité impérieuse, découlant notamment de l'obligation d'éviter un vide juridique ou de prévenir des spéculations » ; elle s'effectue, du reste, sous le contrôle de la Cour de justice qui exige que l'auteur de l'acte ait eu « des raisons sérieuses de considérer que tout délai entre publication et entrée en vigueur aurait pu être, en l'espèce, préjudiciable à la Communauté » (CJCE 13 déc. 1967, *Max Neumann*, aff. 17/67, *Rec.* 571). Dans la pratique, l'entrée en vigueur immédiate est systématique pour les règlements fixant les montants des perceptions à appliquer notamment aux importations et exportations de produits agricoles (restitutions, prélèvements, anciens montants compensatoires monétaires...) ; mais l'inconvénient en est atténué dans la mesure où la Commission communique par voie électronique, soit la veille, soit le jour même de la parution des textes au *JO*, les montants concernés aux services nationaux douaniers ou d'intervention agricole, qui les affichent avant de les appliquer.

657. À noter que, pour la directive, il convient de ne pas confondre la *date d'entrée en vigueur* (date de la notification ou, en principe, vingtième jour suivant la publication) et la *date de transposition*, c'est-à-dire la date (fixée dans la directive elle-même) de mise en application dans l'ordre juridique interne. C'est seulement à cette dernière date que le défaut de transposition constitue un manquement et permet, le cas échéant, de l'invoquer en justice. Pour autant, la directive n'est pas dénuée de tout effet pendant la période de transposition. D'abord, les juridictions nationales doivent, en appliquant le droit national, interpréter celui-ci à la lumière du texte et de la finalité d'une directive adoptée dans le domaine couvert, *même avant l'expiration du délai de transposition* (CJCE 8 oct. 1987, *Kolpinghuis*, aff. 80/86, *Rec.* 3969) ; ensuite, considérant « qu'une directive produit des effets juridiques à l'égard de l'État membre destinataire dès le moment de sa notification », elle en déduit que même pendant le délai de transposition les États « doivent s'abstenir de prendre des dispositions de nature à compromettre sérieusement le résultat prescrit par cette directive » (CJCE 18 déc. 1997, *Inter-Environnement Wallonie*, aff. C-129/96, *AJDA* 1998. 451, note O. Couvert-Castera) (v. ss 632).

IV. L'application dans le temps

Tavernier (P.), « Le juge communautaire et l'application dans le temps des règlements CEE », *AFDI* 1976. 169.

658. Les données du problème ne se posant pas en termes substantiellement différents en droit de l'Union, dans le silence des traités, la Cour de justice a précisé les règles de l'application intertemporelle du droit de l'Union en se référant aux principes généraux communs au droit des États membres.

A. L'« effet immédiat » des réglementations nouvelles

« Selon un principe généralement reconnu, les lois modificatives d'une disposition législative s'appliquent, sauf dérogation, aux effets futurs de situations créées sous l'empire de la loi ancienne », énonce régulièrement la Cour de justice depuis son arrêt *Westzucker* (4 juill. 1973, aff. 1/73, *Rec.* 723 ; ou Ord. du 22 janv. 2010, *Grèce c/ Commission*, aff. C-43/09 P, *Rec.* I-9*). Ceci signifie que les règlements de l'Union n'ont pas à prévoir expressément qu'ils régissent, à partir de leur entrée en vigueur, toutes les situations juridiques qui tombent dans leur champ d'application matérielle, y compris les effets actuels et futurs de situations ouvertes sous l'empire de la réglementation ancienne. Ceci confirme, en outre, que, sous réserve qu'il ne soit pas porté atteinte aux droits « définitivement acquis », sous l'empire d'une réglementation antérieure, les autorités de l'Union peuvent toujours modifier ou abroger leurs règlements (CJCE 14 mars 1973, *Westzucker*, aff. 57/72, *Rec.* 321). Le TFP a précisé ici que selon la jurisprudence, « toute règle nouvelle s'applique non seulement aux situations à naître, mais également aux effets futurs des situations nées, sans être entièrement constituées, sous l'empire de la règle ancienne » et que « les situations non entièrement constituées auxquelles renvoie cette jurisprudence visent le cas de personnes qui, à la date où une norme a été abrogée ou modifiée, ne remplissaient que partiellement les conditions requises pour que cette norme leur soit appliquée » (arrêt du 16 sept. 2013, *Wurster*, aff. F-20/12 et F-43/12, ECLI:EU:F:2013:129); on voit ici qu'il s'agit de consacrer l'application immédiate à des « situations en cours » ayant fait naître des droits, plus qu'à des « situations acquises », lesquelles bénéficient vraiment de la non-rétroactivité. Il faut cependant admettre que la jurisprudence, au-delà de la pétition de principe, semble systématiquement faire en sorte de ne jamais identifier de droits acquis susceptibles d'entraver réellement l'application immédiate des normes nouvelles (cf. L. Blatière, *op. cit.*, p. 185).

Si les intéressés n'ont donc, en principe, aucun droit acquis au maintien d'une réglementation (par exemple dans le domaine de la politique agricole commune, où la tension est importante entre la lourdeur des investissements et l'exigence pour l'Union d'adapter sa règlementation aux évolutions économiques et commerciales, cf. CJCE 15 juill. 2004, *Di Lenardo et Dilexport*, aff. C-37/02 et C-38/02, *Rec.* I-6911) même pour les opérations engagées sous l'empire de celle-ci, ils bénéficient, cependant, de la « théorie de la protection de la confiance légitime dans la réglementation existante », que la Cour de justice a directement transposée du droit allemand (*Vertrauenschutz*) : les institutions engagent, en effet, la responsabilité de l'Union lorsqu'elles suppriment ou modifient avec effet immédiat et sans avertissement une réglementation et en l'absence de mesures transitoires adéquates, au moins chaque fois qu'elles ne peuvent invoquer un intérêt public péremptoire justifiant cette suppression ou cette modification et pour autant que ces dernières n'étaient pas prévisibles pour un opérateur économique prudent (CJCE 14 mai 1975, *C.N.T.A.*, aff. 74/74, *Rec.* 533 et 8 juin 1977, *Merkur*, aff. 97/76, *Rec.* 1063) ou « normalement diligent » (TPI 10 juin 2009, *Pologne c/Commission*, aff. T-257/04, *Rec.* II-1545). La protection de la confiance légitime constitue, en effet, d'une règle supérieure de droit protégeant les particuliers, d'où, notamment, la véritable saga du contentieux SLOM, la responsabilité de l'Union étant engagée pour avoir négligé ce principe dans une nouvelle réglementation sur les quotas laitiers (CJCE 19 mai 1992, *Mulder II*, aff. C-104/89 et C-37/90, *Rec.* I-3061 ; CJCE 27 janv. 2000, *Mulder III* ; aff. C-104/89 et C-37/90, *Rec.* I-203 ; TPI 31 janv. 2001, *Bouma*, aff. T-533/93, *Rec.* II-203 ; TPI 31 janv. 2001, *Beusmans*, aff. T-73/94, *Rec.* II-223 ; CJCE 29 avr. 2004, *Bouma et Beusmans c/Conseil et Commission*, aff. C 162/01 P et C-163/01 P, *Rec.* I-4509).

À l'inverse, n'existe pas non plus une confiance légitime des opérateurs « dans une modification future et hypothétique de la législation » (TPI 11 janv. 2002, *Biret International c/Conseil*, aff. T-174/00, *Rec.* II-17).

B. Le problème de la rétroactivité

659. C'est par référence au « principe général de la sécurité juridique, règle de droit à respecter dans l'application du traité » (CJCE 6 avr. 1962, *Bosch*, aff. 13/61, *Rec.* 104), mais sans consacrer formellement un principe de non-rétroactivité, que la Cour a défini les règles de l'application rétroactive des règlements européens (principalement) ainsi que le régime du retrait.

1° Application rétroactive

660. « Si, en règle générale, le principe de la sécurité des situations juridiques s'oppose à ce que la portée dans le temps d'un acte communautaire voit son point de départ fixé à une date antérieure à sa publication, il peut en être autrement, à titre exceptionnel, lorsque le but à atteindre l'exige et lorsque la confiance légitime des intéressés est dûment respectée » (CJCE 25 janv. 1979, *Racke*, préc. ; arrêt du 24 sept. 2002, *Falck et Acciaierie di Bolzano/Commission* C-74/00 P et C-75/00 P, *Rec.* I-7869). La formulation est parfois plus exigeante, associant le caractère exceptionnel de la dérogation à la double condition qu'« un *but d'intérêt général l'exige* » et que la confiance légitime des intéressés soit dûment respectée. Le juge européen a précisé que cette jurisprudence « n'est pas fondée sur une distinction entre les décisions individuelles et les actes réglementaires. Il est vrai que les arrêts dans lesquels la Cour a rappelé le principe de non-rétroactivité concernaient des directives ou des règlements. Néanmoins, dans ces arrêts, la Cour a fait référence aux actes de l'Union dans leur ensemble, et non aux seuls actes réglementaires » (arrêt du 5 sept. 2014, *Éditions Odile Jacob SAS*, aff. T-471/11, ECLI:EU:T:2014:739).

La Cour se garde donc d'une assimilation entre le règlement et la loi nationale, qui aurait débouché sur une liberté totale pour les institutions d'arrêter des actes rétroactifs ; au contraire, la rétroactivité régulière, exceptionnelle, est subordonnée à deux conditions. Il ne suffit pas, en effet, ainsi qu'on aurait pu le redouter, que son auteur démontre que, non rétroactif, le règlement n'aurait pas pu atteindre son but ; les opérateurs économiques bénéficient, en outre, ici encore, de la « théorie de la protection de la confiance légitime dans la réglementation existante ». Cela signifie que la rétroactivité ne sera validée que lorsque leur confiance dans le maintien de la réglementation n'était pas légitime, c'est-à-dire lorsque l'intervention de mesures rétroactives était probable ou au moins prévisible : ainsi, par exemple, en matière de montants compensatoires monétaires, où les opérateurs économiques ne pouvaient méconnaître que la rétroactivité était pratiquement inhérente à la nature même du système, et, *a fortiori*, lorsque la Commission avait pris soin de faire connaître en temps utile, notamment par des télex aux administrations nationales, que des modifications à caractère rétroactif étaient en cours d'adoption (CJCE 7 juill. 1976, *I.R.C.A.*, aff. 7/76, *Rec.* 1213).

La Cour précise que les principes de sécurité juridique et de protection de la confiance légitime exigent que l'application de règles de droit matériel de l'Union à des situations acquises antérieurement à leur entrée en vigueur ne se fasse que dans la mesure où il ressort clairement de leurs termes, de leurs finalités ou de leur économie qu'un tel effet doit leur être attribué (ce qui est parfois le cas : cf. par ex. l'arrêt du 24 mars 2011, *ISD Polska sp. z o.o. e.a.*, aff. C-369/09 P, *Rec.* I-2011 ; parfois non : cf. l'arrêt de la Grande chambre du 14 févr. 2012, *Toshiba Corporation e.a.*, aff. C-17/10, ECLI:EU:C:2012:72). L'approche est donc vraiment restrictive, mais il faut bien souligner que cela ne concerne que les règles de fond, les règles matérielles, et non les règles de procédure qui, elles, « sont d'application immédiate », y compris aux situations acquises avant leur entrée en vigueur (TPI 19 nov. 2009, *Denka International c/Commission*, aff. T-334/07, *Rec.* II-4205 ; arrêt du 11 déc. 2012, *Commission c/ Espagne*, aff. C-610/10, ECLI:EU:C:2012:781 ; arrêt du 10 sept. 2015, *Schniga Srl*, aff. T-91/14 et T-92/14, ECLI:EU:T:2015:624). Il peut cependant arriver qu'une législation comporte des règles tant de procédure que de fond, qui forment un tout indissociable et dont les dispositions particulières ne peuvent être considérées isolément quant à leur effet dans le temps. Dans de telles circonstances, un effet rétroactif ne saurait être reconnu à l'ensemble des dispositions en cause, à moins que des indications suffisamment claires ne conduisent à une telle conclusion (arrêt de la Cour du 12 nov. 1981, *Meridionale Industria Salumi e.a.*, aff. 212/80 à 217/80, *Rec.* 2735 ; ou du Tribunal du 6 sept. 2013, *Globula a.s.*, aff. T-465/11, ECLI:EU:T:2013:406).

Ce n'est que dans le domaine pénal que la non-rétroactivité s'impose de manière particulièrement rigoureuse (CJCE 10 juill. 1984, *Kirk*, aff. 63/83, *Rec.* 2689), sous forme de l'interdiction de la *reformatio in pejus*.

2° Le retrait rétroactif

661. Dans le silence des traités, la Cour de justice a consacré le « principe de la révocabilité des actes illégaux », c'est-à-dire de leur retrait par l'autorité compétente, en s'inspirant des règles reconnues par les législations, la doctrine et la jurisprudence des pays membres (12 juill. 1957, *Algéra*, aff. jtes 7/56 et 3-7/57, *Rec.* 81 ; cf. Y. Vincent, « Le retrait des actes administratifs unilatéraux », *RTDE* 1974. 81).

Ainsi, comme en droit français, convient-il de distinguer entre les actes qui ont « conféré des droits subjectifs ou des avantages similaires », c'est-à-dire les actes créateurs de droits, et les autres, seule l'illégalité des actes créateurs de droits pouvant autoriser leur retrait (CJCE 22 mars 1961, *S.N.U.P.A.T.*, aff. 42 et 49/59, *Rec.* 101). Donc, le retrait à titre rétroactif d'un acte administratif *légal* qui a conféré des droits subjectifs ou des avantages similaires est contraire aux principes généraux du droit (arrêts du 22 sept. 1983, *Verli-Wallace c/ Commission*, aff. 159/82, *Rec.* 2711 ; ou du 5 déc. 2000, *Gooch c/ Commission*, aff. T-197/99, *Rec.* FP-I-A-271 ; FP-II-1247). S'agissant d'un acte *illégal* des distinctions s'imposent : il est possible de retirer rétroactivement dans un délai raisonnable un tel acte administratif favorable (arrêts du 20 nov. 2002, *Lagardère et Canal + c/ Commission*, aff. T-251/00, *Rec.* II-4825 ; ou du 15 avr. 2011, *IPK International c/ Commission*, aff. T-297/05, *Rec.* II-1859) ; mais si cet acte a créé des droits au profit de son destinataire, il faut respecter la confiance légitime du bénéficiaire qui a pu se fier à la légalité apparente de l'acte et le retrait ne doit pas enfreindre non plus le principe de sécurité juridique (par exemple CJCE 17 avr. 1997, *de Compte c/ Parlement européen*, aff. C-90/95 P, *Rec.* I-1999 ; ou arrêt du 5 mars 2003, *Ineichen c/ Commission*, aff. T-293/01, *Rec.* FP-I-A-83 ; FP-II-441). Ces conditions restrictives sont suspendues à la reconnaissance que l'acte a créé des droits subjectifs mais ne s'imposent pas s'il s'agit juste d'un acte faisant grief à son destinataire (arrêt du 16 déc. 2010, *Athinaïki Techniki c/Commission*, aff. C-362/09 P, *Rec.* I-13275). Le Tribunal a aussi considéré qu'un acte administratif illégal ou légal qui constitue, à l'égard de son destinataire, un acte lui faisant principalement grief et n'étant qu'accessoirement créateur de droits à son profit peut être retiré dans le respect des principes de confiance légitime et de sécurité juridique (arrêt du 27 juin 2017, *José Luis Ruiz Molina*, aff. T-233/16 P, ECLI:EU:T:2017:435).

V. La codification et la qualité rédactionnelle du droit dérivé

Alemano (A.), « Dans quelle mesure le mieux légiférer est-il meilleur ? Une première analyse de l'impact de la nouvelle initiative 'Mieux légiférer' sur l'Union européenne », *RDUE* 2015, n° 4, p. 509.

Beslier (S.) et Lavaggi (P.), « Les procédures de codification et de refonte en droit communautaire : une contribution à l'effort de simplification de l'environnement règlementaire », *RDUE* n° 2, 2006. 313.

Blanchet (T.), « Transparence et qualité de la législation », *RTDE* 1997. 915.

Cot (J.-P.), « La codification et la simplification du droit communautaire », in *Mélanges Hubert Thierry*, Paris, Pedone, 1998, p. 135.

Dragone (S.), « La codification communautaire : techniques et procédures », *Rev. Marché unique européen* 1998/1, p. 77.

Isaac (G.), « La codification du droit communautaire », *RTDE* 1977. 79.

Louis (J.-V.), « Mieux légiférer », *CDE* n° 5-6, 2005. 591.

Magnin (S.), « La codification du droit communautaire », *AJDA* 1997. 678.

Peraldi-Leneuf (F.) (dir.), *La légistique dans le système de l'Union européenne*, coll. « Droit de l'Union européenne, série colloques », Bruxelles, Bruylant, 2012.

Peraldi-Leneuf (F.) et De La Rosa (S.) (dir.), *L'Union européenne et l'idéal de la meilleure législation*, coll. « Cahiers européens », Paris, Pedone, 2013.

Simon (D.), « La lisibilité du droit communautaire », in *La transparence dans l'Union européenne. Mythe ou réalité ?*, J. Rideau (dir.), Paris, LGDJ, 1998, p. 79.

662. « Mieux légiférer » est devenu une préoccupation soutenue des institutions participant au processus décisionnel par réaction à l'inflation législative générée par la mise en place du marché unique et pour tenir compte des critiques d'illisibilité du droit communautaire qui se sont généralisées à l'occasion de la ratification du traité de Maastricht. Le mouvement de la « nouvelle gouvernance européenne », à l'aube des années 2000 (Livre blanc du 25 juillet 2001, COM(2001)418, *JOCE* n° C 287/1 du 12 oct. 2001), a donné une nouvelle impulsion à l'entreprise. Le travail de simplification et de codification, entre 2005 et 2009, a permis une réduction de 10 % de l'acquis, c'est-à-dire près de 1 300 actes législatifs représentant 7 800 pages au *Journal officiel* qui ont été supprimées du recueil de la législation de l'Union.

L'exercice comporte deux dimensions selon qu'il s'applique à la législation nouvelle (amélioration de la qualité rédactionnelle) ou à la législation ancienne (codification).

A. La qualité rédactionnelle de la législation

663. Le Conseil européen d'Édimbourg, en décembre 1992, constatant que le caractère technique de la plupart des textes communautaires et la nécessité de trouver un compromis entre les positions des différentes délégations nationales compliquent souvent le processus rédactionnel, demanda formellement que des mesures pratiques soient prises en vue de produire une législation communautaire plus claire et plus simple.

C'est le Conseil qui, le premier, a adopté, par sa résolution du 8 juin 1993 (*JOCE* n° C 166/1 du 17 juin 1993) dix « lignes directrices » destinées à servir de référence dans toutes les enceintes qui participent à la procédure d'élaboration des actes au sein du Conseil. Elles n'étaient, bien sûr, pas applicables au Parlement européen et à la Commission. Cette dernière, pour sa part, a adopté divers instruments internes à ses services, telles les « lignes directrices générales pour la politique législative » du 18 janvier 1996 (*Bull. UE* n° 1/2 1996, point 1.10.11).

Encore conviendrait-il que les différentes institutions agissent de manière cohérente. C'est pourquoi une *Déclaration* (n° 39) insérée à l'Acte final d'Amsterdam invite le Parlement européen, le Conseil et la Commission à arrêter d'un commun accord des lignes directrices visant à améliorer la qualité rédactionnelle de la législation. Ces trois institutions ont signé, le 22 décembre 1998, un *Accord interinstitutionnel sur les lignes directrices communes relatives à la qualité rédactionnelle de la législation communautaire* (*JOCE* n° C 73/1 du 17 mars 1999). On peut signaler l'édition, en 2000 pour la première fois, sur la base de la Déclaration commune, d'un *Guide pratique commun du Parlement européen, du conseil et de la Commission à l'intention des personnes qui contribuent à la rédaction des textes législatifs de l'Union européenne* (2e éd. 2015). Un dispositif plus complet résulte de l'accord interinstitutionnel *Mieux légiférer* du 16 décembre 2003 (*JOUE* n° C 321/1 du 31 déc. 2003), tentant notamment d'améliorer la lisibilité des textes par une démarche préventive (consultations, études d'impact) et une meilleure cohérence interinstitutionnelle dans le processus normatif. Il faisait suite à trois communications de la Commission, deux du 6 juin 2002 (*Gouvernance européenne : mieux légiférer*, COM(2002)275, et *plan d'action : simplifier et améliorer l'environnement règlementaire*, COM(2002)278), et une du 11 février 2003, *Mettre à jour et simplifier l'environnement règlementaire* (COM(2003)71) et a fait l'objet d'examens stratégiques réguliers, en 2006, 2008 et 2009.

En octobre 2005, la Commission a entamé une nouvelle phase du processus de simplification du droit de l'Union européenne en élaborant un *programme glissant* sur la base du plan d'action de 2002.

L'amélioration de la législation connaît désormais une dimension supplémentaire avec la recherche d'une *règlementation intelligente dans l'Union européenne :* communication de la Commission du 8 octobre 2010 (COM(2010)543) insistant sur des efforts tout au long du cycle d'adoption et d'application des actes de l'Union, mobilisant toutes les institutions et les États membres et reposant notamment sur des analyses d'impact et évaluations à tous les stades. La Commission a ajouté le 7 mars 2013 une communication *Réglementation intelligente – répondre aux besoins des pme (nnn)* et le Conseil *Compétitivité* à son tour a adopté des conclusions sur la réglementation intelligente le 29 mai 2013.

Le programme pour une réglementation affûtée (REFIT) a été lancé le 12 décembre 2012 par la Commission (communications *Pour une réglementation de l'UE bien affûtée*, COM(2012)746). La plateforme REFIT est un portail en ligne sur lequel chacun peut formuler des suggestions. Le programme de travail de la Commission pour 2017 faisait état de 22 avis adoptés sur base de telles suggestions et le programme pour 2018 en mentionne 36 de plus. Entre 2014 et 2017, la Commission Junker a proposé au législateur européen plus de 130 initiatives de simplification et réduction des charges réglementaires issues du système REFIT. La Commission a régulièrement perfectionné le dispositif, par exemple avec une communication du 2 octobre 2013 destinée à améliorer les méthodes d'évaluation (COM(2013)686) ou avec la communication du 19 mai 2015, *Améliorer la réglementation pour obtenir de meilleurs résultats– Un enjeu prioritaire pour l'Union européenne* (COM(2015)215).

Le 13 avril 2016 a été conclu entre les trois institutions participant au processus législatif un nouvel accord interinstitutionnel *Mieux légiférer* (*JOUE* n° L 123/1 du 12 mai 2016) remplaçant celui de 2003 qui n'avait pas forcément eu un résultat homogène sur tous les plans. Par exemple il mettait en évidence l'intérêt des analyses d'impact avant une réforme et si, entre 2007 et 2014, la Commission a produit plus de 700 études de ce type, le Parlement en a fait une vingtaine et le Conseil aucune. Les priorités de ce nouvel accord concernent notamment la programmation, l'amélioration de la réglementation et la consultation d'experts pour les actes délégués. En substance, *mieux légiférer* en 2016 signifie :

– la discussion chaque année entre les trois institutions des priorités législatives communes.

– des analyses d'impact plus complètes, en tenant compte d'aspects plus diversifiés, dont l'incidence en termes de compétitivité, en particulier pour les PME, la charge administrative et le coût de l'inaction éventuelle.

– un examen annuel de la législation existante en vue de la simplifier, éviter la réglementation excessive et les lourdeurs administratives, que ce soit pour les citoyens, les entreprises ou les administrations publiques.

– l'établissement d'une base de données commune sur l'état d'avancement des dossiers législatifs, dans un but de transparence.

B. La codification de la législation communautaire

664. Le meilleur texte, quelle que soit la qualité de sa rédaction initiale, devient illisible s'il a fait l'objet de trop nombreuses modifications dispersées dans des textes successifs. Dans le système européen, la codification vise essentiellement à faire face à cette difficulté. Elle se distingue de la consolidation et de la refonte. L'accord interinstitutionnel *Mieux légiférer* du 16 décembre 2003 (*JOUE* n° C 321/1 du 31 déc. 2003) aborde et sollicite également ces techniques.

665. La ***consolidation informative*** est la procédure la plus souple et donc la plus répandue. Elle consiste à regrouper, par des moyens techniques, les diverses modifications de l'acte de base. Le texte ainsi obtenu n'est pas juridiquement contraignant et n'est publié au *JOUE* que dans la série « C ». Le plus souvent l'opération est effectuée par l'Office des publications officielles de l'Union européenne, qui publie mensuellement un catalogue indiquant quels actes consolidés sont disponibles. Depuis le 1er juillet 1997, ces textes sont insérés progressivement dans le serveur interinstitutionnel EUROPA, où ils sont accessibles gratuitement via Internet. L'ensemble du droit dérivé a été consolidé dans pratiquement toutes les langues de l'Union, la consolidation en bulgare, en roumain, et en maltais ayant été faite en dernier lieu, en 2009.

À l'opposé, la ***refonte*** consiste à saisir l'occasion d'une modification pour réexaminer l'acte de base et le remplacer par un nouveau. L'exemple le plus célèbre de refonte est le « Code des douanes communautaire » (Règl. du 12 oct. 1992, *JOCE* n° L 302/1 du 19 janv. 1992) qui remplaça une trentaine de règlements et directives. La refonte consiste donc en une sorte de codification actualisée puisqu'à l'occasion de la modification d'un acte, elle apporte cette modification, procède à la codification de cette dernière avec les dispositions inchangées et abroge l'acte précédent. Un accord interinstitutionnel est intervenu le 28 novembre 2001 « pour un recours plus structuré à la technique de *refonte* des actes juridiques » (*JOCE* n° C 77/1 du 28 mars 2002) et il faut relever que la Commission a très souvent recours à cette technique, comme en témoigne le *programme glissant de simplification*, qui prévoit d'utiliser la refonte pour près de la moitié des initiatives de simplification envisagées. Pour autant, la technique a ses limites. Ainsi, elle ne saurait être envisagée que pour des initiatives législatives de la Commission visant à modifier la législation existante, ce qui représente en moyenne 40 % du nombre total de propositions présentées chaque année par la Commission. De plus, elle n'est pas adaptée aux textes juridiques soumis à des modifications fréquentes.

666. La ***codification***, elle, est la procédure qui vise à abroger l'acte de base et l'ensemble de ses modifications et à les remplacer par un acte unique au *JOUE* série « L », *mais qui ne comporte aucune modification de la substance desdits actes*. La codification européenne est, en effet, une codification « à droit constant ». D'où la recherche d'une procédure de codification qui évite de rouvrir la discussion sur les difficiles compromis déjà consacrés dans les textes à codifier.

Depuis les années soixante-dix, toutes les tentatives visant à arrêter une procédure de codification différente de la procédure législative normale, notamment en faisant une place privilégiée à la Commission, ont échoué. Aussi la solution a-t-elle été recherchée, après que les Conseils européens de Birmingham et d'Édimbourg eussent rendu une véritable impulsion à l'entreprise de codification, simplement dans une méthode de travail accélérée, dans le respect de la procédure normale. Tel est l'objet de *l'Accord interinstitutionnel* conclu entre les trois institutions le 20 décembre 1994 : « Méthode de travail accélérée pour la codification officielle des textes législatifs » (*JOCE* n° C 293/2 du 8 nov. 1995).

Aux termes de cet accord, la Commission s'engage à n'introduire, dans ses propositions de codification, aucune modification de substance des actes à codifier ; moyennant quoi le Conseil et le Parlement conviennent de n'apporter eux-mêmes aucune modification de substance. La proposition de la Commission est ensuite examinée sous tous ses aspects selon une procédure accélérée au sein du Conseil (examen par un groupe unique, procédure des « points I/A » au COREPER-Conseil), comme au Parlement (commission unique pour l'examen de la proposition et procédure simplifiée pour son approbation ; article 86 du règlement du Parlement européen). Malgré cette méthode accélérée, inaugurée à l'automne 1995, le rythme de la codification officielle est sans commune mesure avec celui de la consolidation : ainsi, en 1997, la Commission avait adopté 5 propositions impliquant l'abrogation de quelques 93 actes législatifs, alors qu'elle avait procédé à la consolidation informative de quelques 160 textes de base, ce qui représentait environ 800 textes législatifs traités. Si bien que la Déclaration n° 39 (préc.) demandait que des efforts supplémentaires soient faits dans ce domaine. En 2001, la Commission a annoncé la mise en place d'un *programme de codification* couvrant l'ensemble de la législation communautaire existante et portant sur plusieurs centaines d'actes juridiques. Cette opération s'est avérée particulièrement difficile, car, du fait de l'élargissement de l'Union, elle doit être réalisée dans un nombre croissant de langues. La Commission a relancé en 2006 son programme de codification, portant sur plus de 400 actes. À la fin 2008, la Commission avait codifié 227 actes et 142 de ceux-ci avaient été adoptés et publiés au *Journal officiel* de l'Union.

L'accord interinstitutionnel du 13 avril 2016 marque un engagement à utiliser plus fréquemment la technique législative de la refonte, dans le plein respect de l'accord interinstitutionnel du 28 novembre 2001 pour un recours plus structuré à la technique de la refonte des actes juridiques. Lorsque la refonte n'est pas appropriée, la Commission présentera, dès que possible après l'adoption d'un acte modificatif, une proposition conformément à l'accord interinstitutionnel du 20 décembre 1994 (Méthode de travail accélérée pour la codification officielle des textes législatifs). Si la Commission ne présente pas une telle proposition, elle devra en communiquer les raisons.

VI. La codification de la procédure administrative non contentieuse de l'Union

Auby (J.-B.) et Dutheil de La Rochère (J.) (dir.), *Droit administratif européen*, 2e éd., Bruxelles, Bruylant, 2014.

Ziller (J.), « L'émergence d'un droit administratif de l'Union européenne », *RAE* 2016, n° 2, p. 255.

667. On peut considérer que se développe depuis quelques années un véritable droit administratif de l'Union européenne dont une orientation serait, à l'image du droit administratif des États-Unis ou du droit administratif global (cf. S. Cassese, « Le droit administratif global : une introduction », *Dr. adm.*, mai 2007 ; B. Kingsbury, N. Krisch, R. Stewart, J. Wiener, « The Emergence of Global Administrative Law », *Law and Contemporary Problems*, vol. 68, Summer-Autumn 2005, n° 3-4), de mettre en évidence les garanties procédurales de la prise de décision administrative (motivation, droits de la défense, transparence) c'est-à-dire en excluant les procédures législatives de l'Union. La question serait alors d'éventuellement codifier les différentes règles vues ci-dessus pour former un équivalent de l'*Administrative Procedure Act* de 1946 aux États-Unis. La nécessité peut en être discutée, la base juridique semble aujourd'hui identifiée pour une telle entreprise, que le Parlement européen appelle itérativement de ses vœux.

668. ***La nécessité*** peut être discutée en ce que cette codification pourrait rigidifier le cadre juridique d'édiction du droit dérivé, voire induire un formalisme que refuse classiquement la Cour de justice (not. en ce qui concerne un manquement au droit d'être entendu : CJ 10 sept. 2013, *M.G et N.R.*, aff. C-383/13 PPU, ECLI:EU:C:2013:533). De plus, des codifications partielles existent déjà dans les domaines où elles sont vraiment utiles (concurrence avec le règlement n° 1/2003, fonction publique de l'Union, marque, code des douanes de l'Union). La recherche globale de rationalisation de l'action normative de l'Union semblerait pourtant avoir à gagner avec une telle codification.

669. ***La base juridique*** est désormais clairement identifiée. L'article 298 FUE prévoit que :

1. Dans l'accomplissement de leurs missions, les institutions, organes et organismes de l'Union s'appuient sur une administration européenne ouverte, efficace et indépendante.

2. Dans le respect du statut et du régime adoptés sur la base de l'article 336 [il s'agit du statut des fonctionnaires européens], le Parlement européen et le Conseil, statuant par voie de règlements conformément à la procédure législative ordinaire, fixent les dispositions à cet effet.

Ceci, on le voit, exclut de codifier par là des règles applicables aux fonctions d'exécution remplies par les administrations nationales et limiterait donc la portée de cette codification à l'action des services de l'Union *stricto sensu.*

670. ***Le Parlement européen*** par plusieurs résolutions, a invité, de manière de plus en plus pressante, la Commission à proposer l'adoption d'un tel code.

La Résolution du 6 septembre 2001 sur le rapport spécial du Médiateur européen au Parlement européen faisant suite à une enquête de propre initiative sur l'existence, au sein de chaque institution ou organe communautaire, d'un code, accessible au public, relatif à la bonne conduite administrative (*JOUE* n° C 72 E/331 du 21 mars 2002), approuvait le code européen de bonne conduite administrative élaboré par le Médiateur, et avait invité la Commission à présenter une proposition de règlement établissant un tel code de bonne conduite administrative, sur la base de l'article 308 du traité instituant la Communauté européenne ; aucune suite n'a été donnée par la Commission.

La *Résolution du 15 janvier 2013* contenant des recommandations à la Commission sur un droit de la procédure administrative de l'Union européenne (*JOUE* n° C 440/17 du 31 déc.2015) visait notamment l'article 298 FUE (« considérant qu'un droit européen de la procédure administrative permettrait de stimuler la coopération et l'échange de bonnes pratiques entre les administrations nationales et l'administration de l'Union en vue de satisfaire aux objectifs fixés à l'article 298 du traité sur le fonctionnement de l'Union européenne ; considérant que l'entrée en vigueur du traité de Lisbonne a fourni à l'Union une base juridique appropriée pour l'adoption d'un droit européen de la procédure administrative »), l'article 41 de la Charte des droits fondamentaux consacrant le principe de bonne administration, et « l'abondante jurisprudence de la Cour de justice de l'Union européenne, qui a reconnu un ensemble de principes généraux de droit administratif fondé sur les traditions constitutionnelles des États membres », prenait acte de ce que « les codes de conduite internes existants des différentes institutions ont un effet limité, diffèrent les uns des autres et ne sont pas juridiquement contraignants », que l'adoption d'un tel code aiderait à mettre fin à la confusion générée par l'existence parallèle de différents codes pour la plupart des institutions et organes de l'Union, garantirait que les institutions et organes appliquent les mêmes principes de base dans leurs relations avec les citoyens et soulignerait, tant pour les citoyens que pour les fonctionnaires, l'importance de ces principes. Le Parlement remarquait qu'un droit européen de la procédure administrative aiderait l'administration de l'Union à faire usage de son pouvoir d'organisation interne pour faciliter et promouvoir les normes les plus élevées en matière d'administration, qu'un tel droit renforcerait la légitimité de l'Union et augmenterait la confiance des citoyens dans l'administration de l'Union ; qu'il pourrait renforcer une convergence spontanée du droit administratif des différents États membres, en ce qui concerne les principes généraux de procédure et les droits fondamentaux des citoyens vis-à-vis de l'administration, et renforcer ainsi le processus d'intégration, et permettrait de stimuler la coopération et l'échange de bonnes pratiques entre les administrations nationales et l'administration de l'Union en vue de satisfaire aux objectifs fixés à l'article 298 FUE. Finalement le Parlement demandait à la Commission de soumettre, sur cette base de l'article 298 FUE, une proposition de règlement sur un *droit européen de la procédure administrative*, suivant des recommandations détaillées figurant en annexe. Ces recommandations concernaient la nécessaire codification des principes de légalité, de non-discrimination et égalité de traitement, de proportionnalité, d'impartialité, de cohérence et d'attentes légitimes, de respect de la vie privée, d'équité, de transparence, et d'efficacité et de service.

La *Résolution du 9 juin 2016* pour une administration de l'Union européenne ouverte, efficace et indépendante (2016/2610 RSP) constatait que celle de 2013 n'avait été suivie d'aucune proposition de règlement de la Commission et demandait donc à celle-ci d'examiner une proposition jointe à la Résolution (exemple inédit de véritable initiative législative du Parlement) et de l'inscrire dans son programme de travail de l'année 2017. Ce règlement aurait pour objet d'établir un ensemble de règles de procédure que l'administration de l'Union devrait respecter dans l'exercice de ses activités administratives. La proposition comprend trente articles organisés comme suit. Un premier chapitre (art. 1 à 4) établit l'objet du règlement, son champ d'application, la relation entre le règlement et les autres dispositions de droit dérivé ainsi que les définitions de termes spécifiques au règlement. Le deuxième chapitre (ouverture de la procédure, art. 5 à 7) précise les règles applicables à l'engagement d'une procédure à l'initiative de l'administration de l'Union ou à l'initiative d'un particulier. Le troisième chapitre (gestion de la procédure, art. 8 à 17) établit les droits procéduraux de caractère général et en particulier ceux qui découlent de l'obligation de diligence de l'administration, de l'obligation de coopérer à charge des particuliers, des témoins et experts, des inspections, des conflits d'intérêt, du droit à être entendu, du droit d'accès au dossier, de l'obligation de tenir en ordre les dossiers, et des limites temporelles. Le quatrième chapitre (conclusion des procédures, art. 18 à 21) traite de la forme des actes administratifs, de l'obligation de motivation, de l'indication des voies de recours et de la notification des actes. Le cinquième (rectification et retrait d'actes, art. 22 à 25) résume la jurisprudence complexe de la Cour de justice de l'Union en matière de rectification, retrait et abrogation. Le sixième chapitre (actes administratifs de portée générale, art. 26 et 27) donne quelques précisions applicables aux actes réglementaires autres que les actes délégués de l'article 290 FUE, actes d'exécution de l'article 291 FUE et actes directement basés sur les traités (lesquels sont exclus du champ d'application de la proposition). Enfin un dernier chapitre (art. 28 à 30) est consacré à l'information sur les types de procédures et aux dispositions finales.

La Commission a répondu le 4 octobre 2016. Faisant le décompte de l'existant (codes de bonne conduite, régime de la protection des données et accès aux documents, potentiel des services d'administration en ligne, « portail de la transparence », culture de l'administration européenne guidée par les principes de bonne administration, dialogue avec le Médiateur européen contre la mauvaise administration, règles sectorielles) elle considère que cette codification serait susceptible d'engendrer des problèmes de délimitation entre règles générales et spécifiques, ce qui ne rendrait pas la législation plus claire, ni les litiges plus simples, aux yeux des citoyens et des entreprises intéressés. Elle supprimerait aussi la flexibilité nécessaire à l'adaptation aux besoins particuliers.

671. Il est à signaler que sur ce thème, le 1er septembre 2014, le Réseau de recherche sur le droit administratif de l'Union européenne (ReNEUAL) a publié un ensemble de règles types de procédures administratives de l'Union européenne (J. Ziller, J.-P. Schneider, H. Hofmann (dir.), *La codification de la procédure administrative de l'Union européenne. Le modèle ReNEUAL*, Bruxelles, Bruylant, 2017).

§ 4. Les sources du droit dérivé « hors nomenclature »

Dero-Bugny (D.), « Actes atypiques », *J.-Cl. Europe*, fasc. 194, 2006
Gautier (A.), « Le Conseil d'État français et les actes « hors nomenclature » de la Communauté européenne », *RTDE* 1995. 23.
Lefevre (S.), *Les actes communautaires atypiques*, Bruxelles, Bruylant, 2006.
Tournepiche (A.-M.), « Les communications : instruments privilégiés de l'action administrative de la Communauté européenne », *RMCUE* 2002. 55.

672. La nomenclature de l'article 288 FUE n'exclut pas l'existence d'autres formes d'actes juridiques adoptés par les institutions ou organes de l'Union.

I. Les actes atypiques

673. On considèrera comme tels des actes que les traités dénomment « règlements », « directives », « décisions », « avis », « recommandations », *de manière abusive*, car ils n'ont ni la nature ni les effets des actes présentés à l'article 288 sous ces dénominations, et ne sont pas soumis au même régime d'édiction. On distinguera ce caractère atypique du cas des actes non prévus dans la nomenclature.

A. Règlements intérieurs

674. Les règlements, dont les institutions ont été invitées à se doter (240 FUE pour le Conseil ; 249 FUE pour la Commission ; 232 FUE pour l'Assemblée ; 235 FUE pour le Conseil européen ; 287 FUE pour la Cour des comptes ; 303 FUE pour le Comité économique et social ; 306 FUE pour le Comité des régions ; art. 12, § 3, du Protocole sur les statuts du système européen de banques centrales et de la Banque centrale européenne pour la BCE) ne sont, en fait, que des *règlements intérieurs* ; s'ils font partie intégrante du droit organique de l'Union, ils n'ont pas de portée générale et n'obligent que les institutions concernées. Leur portée peut cependant déborder l'ordre intérieur proprement dit, dans la mesure où ils règlent, tel celui de la Commission, à la fois le fonctionnement de la Commission elle-même et celui de ses services, ou encore les règles relatives aux possibilités de délégation qui conditionnent la validité des actes qui seraient adoptés ; aussi faut-il se réjouir que la Cour de justice ait admis de contrôler la légalité d'une décision de la Commission par rapport à son règlement intérieur (CJCE 15 juin 1994, *Commission c/ BASF*, aff. C-137/92 P, *Rec.* I-2555) et que leur publication ait eu lieu, même s'il n'y a pas là une condition de leur applicabilité (par ex. règlement intérieur de la Commission : *JOCE* n° L 308/26 du 8 déc. 2000 ; pour une décision modificative, Décis. n° 2010/138, *JOUE* n° L 55/60 du 5 mars 2010 ; règlement intérieur du Conseil : Décis. n° 2009/937 (UE) du 1er déc. 2009, *JOUE* n° L 325/36 du 11 déc. 2009). À noter que les *règlements financiers* prévus par les articles 279 CE, 183 CEEA et 78 *septimo* CECA, en rupture avec une longue pratique, ont fini par faire l'objet de règlements de l'article 249 CE *[désormais 288 FUE]* (cf. Règlement (UE, Euratom) n° 966/2012 du Parlement européen et du Conseil du 25 oct. 2012 relatif aux règles financières applicables au budget général de l'Union, *JOUE* n° L 298/1 du 26 oct. 2012) : il est vrai que certaines de leurs dispositions (obligations des organismes nationaux chargés d'exécuter les recettes et les dépenses, règles concernant les marchés) devaient être rendues opposables à l'extérieur de la sphère institutionnelle. Désormais, l'article 322 FUE, applicable à la fois à l'Union européenne et à Euratom, précise que ces règles financières doivent être adoptées « par voie de règlements ».

B. Directives, recommandations et avis à effet interne

675. *Les directives, recommandations et avis* qui sont adressés par une institution à une autre dans le cadre du mécanisme décisionnel de l'Union n'ont pas d'effet juridique hors des relations interinstitutionnelles. Ainsi en est-il des avis par lesquels le Parlement, le Comité économique et social et l'ensemble des organismes consultatifs exercent leurs fonctions ; ainsi, encore, des directives que le Conseil adresse à la Commission pour orienter les négociations qu'elle mène avec un pays tiers (art. 218, § 2, FUE) ou des directives de la Commission à l'Agence d'approvisionnement (art. 53 CEEA) ; ainsi, enfin, des recommandations que la Commission adresse au Conseil afin d'être autorisée à ouvrir des négociations (art. 218, § 3, FUE) ou dans le cadre de l'article 121, § 2, FUE (politique économique).

C. Décisions sans destinataire

676. Comme cela a été indiqué (v. ss 637), c'est là un phénomène qui s'est développé en marge de la nomenclature mais que la nouvelle rédaction de l'article 288 FUE réintroduit dans l'orthodoxie. Jusqu'en 2009, en effet, il convenait de ne pas confondre *les décisions de l'article 249 CE [désormais art. 288 FUE]*, que la version allemande du traité appellait *Entscheidunsen*, et une catégorie d'actes appelés « décisions » en langue française, mais *Beschlüsse* en langue allemande. Cette « décision », *sui generis*, se distinguait substantiellement en ce qu'elle n'avait pas de destinataires et n'était donc pas assujettie aux règles de notification de l'article 254 CE *[désormais art. 297 FUE]*. Il s'agissait des actes atypiques les plus utilisés et les plus diversifiés quant à leurs effets.

• Certaines « décisions » (*Beschlüsse*) se situent, indiscutablement, au sommet de la hiérarchie du droit dérivé, avant même les règlements de base, et leur portée normative générale ne fait aucun doute. Ce sont les actes par lesquels le Conseil met en œuvre ses pouvoirs de révision autonome des traités (v. ss 604 et 605). De telles « décisions » sont intervenues pour modifier les dispositions institutionnelles (« décisions » du 30 mars 1981 modifiant les articles des traités relatifs au nombre des juges et avocats généraux à la Cour de justice : *JOCE* n° L 100/200 du 11 avr. 1981), délimiter le champ d'application des traités (« décisions » fixant la liste des produits relevant du matériel de guerre : 296 CE *[désormais 346 FUE]* ou rendant applicables certaines dispositions du traité aux départements d'outre-mer français : 299 CE *[désormais art. 52 UE]*) ou même modifier leur contenu matériel (« décision » du 1er février 1971 fondée sur l'article 149 CE *[désormais art. 165 FUE]* et qui, définissant les nouvelles missions du Fonds social, se substitue en fait à l'article 148 CE *[désormais art. 164 FUE]*).

• Possèdent encore une portée normative les « décisions » que le Conseil choisit de prendre sur la base de dispositions habilitantes plus génériques que spécifiques (tel l'art. 352 FUE) ou lorsque cette base est incertaine (« décision » du 15 avr. 1964, définissant les modalités d'établissement des programmes économiques à moyen terme ;

et surtout, « décision » du 29 déc. 1981, « fondée sur les traités », relative aux activités de pêche, et prise à titre provisoire dans l'attente de l'adoption de mesures définitives : *JOCE* n° L 379/52 du 31 déc. 1981).

• Les autres utilisations de la « décision » ne lui confèrent que des effets plus spécifiques. Ainsi n'aura-t-elle que la portée d'un acte intérieur ou organique lorsque les institutions y recourent pour créer des organismes subsidiaires (« décision » du Conseil du 18 févr. 1974, créant le comité de politique économique, *JOCE* n° L 63 du 5 mars 1974), arrêter leur statut (« décision » du Conseil du 25 août 1960 fixant le statut du comité du Fonds social, *JOCE* n° 56 du 31 août 1960), ou encore procéder à des nominations... En matière budgétaire, si la « décision » par laquelle le Parlement donne décharge à la Commission (art. 319 FUE) n'a qu'une portée interinstitutionnelle, celle par laquelle son président constate l'« arrêt définitif » du budget (art. 314, § 9, FUE) va au-delà et crée, en outre, obligation pour les États de percevoir et de verser les ressources propres (la Cour a accepté d'en contrôler la légalité : CJCE 3 juill. 1986, *Conseil c/Parlement*, aff. 34/86, *Rec.* 2155). Quant à la « décision » utilisée pour procéder à la conclusion de certains accords externes, elle s'insère dans la procédure d'engagement international de la Communauté, sans le réaliser elle-même (v. ss 542).

II. Les actes des institutions non prévus par les traités

677. Très tôt la pratique communautaire a développé, sous la dénomination totalement neutre de *résolutions, délibérations, conclusions*, ou à peine plus expressive de *déclarations, communications*, l'utilisation d'actes que les traités ne prévoient pas, ce qui a inquiété le Parlement européen qui y voyait un risque de *faussement* du mécanisme institutionnel (cf. rapport Burger, au nom de la commission juridique, P.E., Doc. séance n° 215/68-69 du 12 mars 1969). La Cour de justice a cependant admis la légitimité de tels actes – sous réserve que, comme toutes les dispositions de droit dérivé, ils ne sauraient être autorisés à déroger aux traités constitutifs (3 févr. 1976, *Manghera*, aff. 59/75, *Rec.* 91, et 8 avr. 1976, *Defrenne*, aff. 43/75, *Rec.* 455) – et a même reconnu un caractère obligatoire à certains d'entre eux. L'apparition de ces actes a pu être analysée comme répondant au double besoin de disposer d'instruments de régulation interne de la Communauté et de vecteurs de développement d'une doctrine administrative (S. Lefèvre, thèse préc.). Dès lors que ces actes correspondent à de tels besoins, s'explique sans doute leur apparition mais aussi leur admission ou consécration. L'article 296 FUE incite les institutions « lorsque les traités ne prévoient pas le type d'acte à adopter », à le choisir « au cas par cas, dans le respect des procédures applicables », ce qui pourrait apparaître comme une incitation à rester dans le cadre des actes prévus mais doit sans doute être plutôt compris comme une reconnaissance d'un pragmatisme simplement encadré. Dans le cadre actuel issu du traité de Lisbonne, on trouve trace de ces actes extérieurs à la nomenclature de l'article 288, spécialement dans les domaines faiblement intégrés (emploi, santé, culture...), le traité évoquant des « lignes directrices », des « orientations », ou des « actions d'encouragement ».

A. Actes du Conseil

678. La pratique du Conseil, du reste officialisée par l'Acte d'adhésion de 1972 (art. 3.4.), est la plus abondante mais aussi la plus diversifiée. Les *résolutions, déclarations,* etc. visent, le plus souvent, à établir les principes fondamentaux sur lesquels l'action communautaire devra être basée à l'avenir et à fixer des délais dans lesquels cette action devra se réaliser. L'établissement de tels *programmes d'action* joue un rôle pratique considérable dans la rationalisation de l'action des institutions (Résolution établissant un programme en vue de l'élimination des entraves techniques aux échanges : *JOCE* n° C 76 du 17 juin 1969 ; résolution concernant un 2e programme de la CEE pour une politique de protection et d'information des consommateurs : *JOCE* n° C 133 du 3 juin 1981) ; certaines résolutions constituent même des événements historiques dans le développement des Communautés (Résolution du 11 mai 1966 concernant, après la crise de la « chaise vide », le financement de la politique agricole et indiquant les principales actions de relance de la Communauté ; résolution du Conseil et des représentants des gouvernements des États membres du 22 mars 1971, concernant la mise en place progressive de l'Union économique et monétaire). De tels actes ne sont que des déclarations d'intention exprimant essentiellement la « volonté politique » du Conseil ; simples documents préparatoires de futurs actes obligatoires, ils ne sauraient, en raison de leur contenu, « produire des effets de droit dont les justiciables pourraient se prévaloir en justice » (CJCE 24 oct. 1973, *Schlüter*, aff. 9/73, *Rec.* 1161) et notamment le non-respect par le Conseil d'un délai qu'il se serait ainsi fixé à lui-même ne pourrait lui être opposé (CJCE 13 nov. 1964, *Luxembourg et Belgique*, aff. 90 et 91/63, *Rec.* 1217).

679. La Cour de justice, cependant, ne s'arrête pas à la dénomination formelle de l'acte et recherche, par l'examen de son contenu, si le Conseil n'a pas manifesté l'« intention de se lier », n'a pas pris des dispositions « visant à produire des effets de droit » ; c'est ainsi qu'une simple *délibération* peut s'analyser en un acte obligatoire pour les institutions comme pour les États membres (CJCE 31 mars 1971, *Commission c/Conseil*, aff. 22/70, *Rec.* 263). De même, la *résolution* adoptée le 3 novembre 1976, connue sous le nom d'« annexe VI à la résolution de La Haye », aux termes de laquelle les États membres peuvent adopter, à titre intérimaire, les mesures appropriées pour assurer la protection des ressources situées dans la zone de pêche bordant leur rivage à condition de rechercher au préalable l'approbation de la Commission, qui devra être associée à tous les stades de la procédure, de même que la *déclaration* du 30 janvier 1980, qui la complète, présentent un caractère obligatoire pour tous les États membres et ont pu fonder des condamnations pour manquement (CJCE 4 oct. 1979, *France c/Royaume-Uni*, aff. 141/78, *Rec.* 2923 ; 10 juill. 1980, *Commission c/Royaume-Uni*, aff. 32/79, *Rec.* 2403 ; cf. aussi réponse du Conseil à la question écrite 598/81, *JOCE* n° C 267/37 du 19 oct. 1981). La Cour a également accueilli un recours à l'encontre de *conclusions* du Conseil (CJCE 13 juill. 2004, *Commission c/Conseil*, aff. C-27/04, *Rec.* I-6649). Il ne saurait être question de voir là un quelconque laxisme juridique de la Cour donnant des effets juridiques à des actes qui pourraient n'être liés qu'au caractère politique ou intergouvernemental de la composition du Conseil. Tout au contraire est-ce là une facette de l'« Union de droit » interdisant aux institutions d'échapper au contrôle de régularité juridique de leur action par l'emprunt de formes non prévues.

680. Quant aux *déclarations inscrites au procès-verbal du Conseil*, on doit les assimiler au règlement intérieur du Conseil lorsqu'elles contiennent des dispositions qui auraient pu figurer dans celui-ci (par exemple, déclaration du 22 mars 1979 relative à la procédure budgétaire, *RTDE* 1980. 33). Il ne faut pas les confondre avec les déclarations inscrites lors de l'adoption d'un acte prévu à la nomenclature (et qui souvent conditionnent cette adoption), qui peuvent émaner du Conseil, mais aussi de la Commission et des États membres, déclarations qui peuvent concerner l'interprétation de l'acte adopté, les intentions d'une institution ou d'un État membre quant à son comportement. La Cour de justice s'est toujours montrée très réservée à l'égard de telles déclarations qui ne constituent pas des actes des institutions : elle s'en est servie parfois pour confirmer une interprétation basée sur d'autres considérations (CJCE 7 févr. 1979, *Auer*, aff. 136/78, *Rec.* 450), mais elle a catégoriquement refusé de tenir compte de déclarations contenant des éléments non conformes à l'acte arrêté, et notamment de déclarations unilatérales d'un État membre (CJCE 30 janv. 1985, *Commission c/Danemark*, aff. 143/84, *Rec.* 427 ; CJCE 15 avr. 1986, *Commission c/Belgique*, aff. 237/86, *Rec.* 247).

B. Actes de la Commission

681. S'agissant de la Commission, on relèvera spécialement l'utilisation non prévue au traité de *Communications* à portée générale dans des domaines où elle s'est seulement vu attribuer un pouvoir de décision à exercer cas par cas, et qui ont pour objet de préciser, sur certains points, la doctrine qu'elle entend suivre dans l'exercice de son pouvoir discrétionnaire (cf. M. Melchior, « Les Communications de la Commission », in *Mélanges Dehousse*, Nathan, Paris, Labor, Bruxelles, 1979, t. II, p. 243). Certaines de ces communications sont présentées par la Commission elle-même comme de simples avis à caractère général (par ex., communications de 1962 relatives d'une part aux contrats de représentation exclusive et, d'autre part, aux accords de licence de brevet : *JOCE* n° 62/2921 du 24 déc. 1962, adoptée sur la base de l'article 81 CE *[ex 85]*) ; elles ne pourraient donc avoir, tout au plus, qu'une portée juridique indirecte par le biais de la mise en jeu de la responsabilité de la Communauté au titre du principe général de la confiance légitime des administrés dans le respect par l'administration de ses propres déclarations (CJCE 4 févr. 1975, *Compagnie Continentale France*, aff. 169/73, *Rec.* 117). D'autres communications, en revanche, manifestent sans équivoque la volonté de la Commission de les appliquer, sous réserve seulement de la possibilité de déroger à leur solution de principe au cas où l'État concerné se trouverait en présence d'une situation particulière non envisagée par elles (par ex., les communications de la Commission au Conseil du 26 févr. 1975, concernant les nouveaux principes de coordination pour les aides nationales à finalité régionale ; du 7 nov. 1974, relative à l'encadrement sur le plan communautaire des aides d'État en matière d'environnement). On est alors, semble-t-il, en face d'un acte qui lie juridiquement son auteur, tout à fait assimilable à la « directive » interne du droit administratif français, cette fois (C.E. 11 déc. 1970, *Crédit foncier de France*, *Leb.* 750).

Cette possibilité pour la Commission de se fixer par voie de « communications » des « règles indicatives » pour l'exercice de son pouvoir discrétionnaire, avec obligation de s'y conformer (la jurisprudence considère qu'elle « s'autolimite dans l'exercice de son pouvoir d'appréciation » : par ex. arrêt du 16 sept. 2013, *Espagne c/ Commission*, aff. T-402/06, ECLI:EU:T:2013:445 ; ou arrêt du 28 juin 2016, *Portugal Telecom SGPS*, aff. T-208/13, ECLI:EU:T:2016:368), a été validée (TPI 12 déc. 1996, *AIUFFASS*, aff. T-380/94, *Rec.* II. 2169). En revanche, la « communication » qui se bornerait à camoufler un acte dont le traité réserve l'adoption au Conseil serait annulé pour incompétence (CJCE 20 mars 1997, *France c/Commission*, aff. C-57/95, *Rec.* I-1640 ; S. Leclerc, « Les communications de la Commission et le marché intérieur », *CDE* 1998. 161).

La Cour a confirmé que des « lignes directrices » de la Commission sur son contrôle des aides d'État lient à la fois Commission et États membres (CJCE 15 oct. 1996, *Ijssel-Vliet*, aff. C-311/94, *Rec.* I-5046) pourvu que ceux-ci les aient acceptées (CJCE 18 juin 2002, *Allemagne c/Commission*, aff. C-242/00, *Rec.* I-5603). Elle a précisé que même s'il n'y a pas là une règle de droit à l'observation de laquelle l'administration serait tenue, c'est une « règle de conduite » dont elle ne peut s'écarter sans donner des raisons compatibles avec les principes généraux du droit (égalité de traitement ou protection de la confiance légitime) à condition qu'une telle approche ne soit pas contraire à d'autres règles supérieures du droit de l'Union (CJCE 28 juin 2005, *Dansk Rorindustri*, aff. C-189/02 P, C-202 à 208/02 P et C-213/02 P, *Rec.* I-5425 ; pour de telles « règles de conduite administrative », arrêt du 14 juill. 2016, *Lettonie c/ Commission*, aff. T-661/14, ECLI:EU:T:2016:412 ; ou du 19 sept. 2017, *Grèce c/ Commission*, aff. T-327/15, ECLI:EU:T:2017:631).

C. Actes interinstitutionnels

BLUMANN (C.), « Caractéristiques générales de la coopération interinstitutionnelle », in J. Auvret-Finck (dir.), *L'Union européenne, carrefour de coopérations*, Paris, LGDJ, 2002, p. 29.

BLUMANN (C.), « Accords interinstitutionnels », *J.-Cl. Europe*, fasc. 193.

CLERGERIE (J.-L.), « Le recours aux Accords interinstitutionnels dans le cadre de l'Union économique et monétaire », *Europe* juin 1999, chron. 4.

GAUTRON (J.-C.), « Les accords interinstitutionnels dans l'ordre juridique communautaire », in P. Avril et M. Verpeaux (dir.), *Les règles et principes non écrits du droit public*, Paris, LGDJ, 2000, p. 203.

HUIBAU (O.), « Les Accords interinstitutionnels dans l'UE », in *Problèmes actuels de droit communautaire*, Paris, Éd. Panthéon-Assas, LGDJ, 1998.

MOLINIER (J.), « La coopération interinstitutionnelle dans la procédure budgétaire », in J. Auvret-Finck (dir.), *L'Union européenne, carrefour de coopérations*, Paris, LGDJ, 2002, p. 87.

REICH (C.), « La mise en œuvre du TUE par les Accords interinstitutionnels », *RMC* 1994. 81.

RIDEAU (J.), « La coopération interinstitutionnelle dans le processus de décision de l'Union européenne », in J. Auvret-Finck (dir.), *L'Union européenne, carrefour de coopérations*, Paris, LGDJ, 2002, p. 61.

TOURNEPICHE (A.-M.), « La clarification du statut juridique des accords interinstitutionnels », *RTDE* 2002. 209.

TOURNEPICHE (A.-M.), *Les accords interinstitutionnels dans l'Union européenne*, Bruxelles, Bruylant, coll. « Droit de l'Union européenne, thèses », 2011.

682. La pratique de l'Union connaît enfin les *déclarations communes à plusieurs institutions*, contenant des engagements réciproques à suivre une procédure qu'elles déterminent (déclaration commune de l'Assemblée, du Conseil et de la Commission, du 4 mars 1975, instituant une procédure de concertation ; (v. ss 368), ou de respecter certains principes de fond (déclaration commune de l'Assemblée... sur le respect des droits fondamentaux : *JOCE* n° C 103, du 27 avr. 1977). Faut-il n'y voir qu'« une déclaration d'intention de caractère politique qui lie les trois institutions signataires politiquement et moralement, entre elles-mêmes et vis-à-vis du public, sans pour autant constituer une obligation juridique en tant que telle » (réponse de la Commission à la question écrite n° 170/77, *JOCE* n° 180/18 du 1er juin 1977, et du Conseil à la question écrite n° 169/77, *JOCE* n° C 159/4 du 27 oct. 1977) ou de véritables engagements juridiques lorsqu'elles contiennent des obligations précises et inconditionnelles pour les institutions comme, par exemple, l'Accord interinstitutionnel du 29 juin 1988, sur la discipline budgétaire et l'amélioration de la procédure budgétaire (*JOCE* n° L 185/33 du 15 juill. 1988 ; cf. F. Bruchert, « Le rôle des accords entre institutions communautaires pour la solution des litiges dans le cadre du budget communautaire », *LPA* 17 sept. 1997, p. 45 ; pour le regroupement en un seul document des multiples accords en la matière, cf. l'accord interinstitutionnel du 6 mai 1999 sur la discipline budgétaire et l'amélioration de la procédure budgétaire, *JOCE* n° C 172/1 du 18 juin 1999) ? En annulant une décision du Conseil pour violation d'un « arrangement » entre le Conseil et la Commission, la Cour semble bien avoir donné pleine force juridique aux accords interinstitutionnels (CJCE 19 mars 1996, *Commission c/Conseil*, aff. C-25/94, *Rec.* I-1469 ; le TPI a également admis la recevabilité d'un recours en annulation contre un tel acte : TPI, Ord. du 17 janv. 2002, *G. Stauner*, aff. T-236/00, *Rec.* II-135).

Ces actes interinstitutionnels ont été progressivement reconnus par les traités. Une déclaration annexée au traité de Nice a ainsi consacré la possibilité pour le Parlement, le Conseil et la Commission (et l'accord de ces trois institutions est obligatoire) de conclure de tels actes pour faciliter l'application des dispositions du traité, sans pouvoir modifier, ni compléter celles-ci.

Par ailleurs, pour les actes n'engageant que le Conseil et la Commission, depuis le traité sur la fusion des exécutifs de 1965 (inscrit dans les traités depuis 1992), il y avait un fondement spécifique, l'article 218, § 1, CE (dans sa numérotation depuis le traité d'Amsterdam) : « Le Conseil et la Commission procèdent à des consultations réciproques et organisent d'un commun accord les modalités de leur collaboration ». Le traité de Lisbonne, ici, a heureusement conforté et clarifié la situation juridique de ces accords avec un fondement solide et unique (abrogation de l'ancien art. 218, § 1, CE). L'article 295 FUE prévoit désormais que « Le Parlement européen, le Conseil et la Commission procèdent à des consultations réciproques et organisent d'un commun accord les modalités de leur coopération. À cet effet, ils peuvent, dans le respect des traités, conclure des accords interinstitutionnels qui peuvent revêtir un caractère contraignant ».

Section 3

Le droit issu des engagements extérieurs de l'Union et le droit international général

Analyse synthétique des accords qui lient les Communautés à des pays tiers, Commission européenne, juin 2001.

de Kerchove (G.) et Marquardt (S.), « Les accords internationaux conclus par l'Union européenne », *AFDI* 2004. 803.

Jacot-Guillarmod (O.), *Droit communautaire et droit international public*, Genève, Librairie de l'Université de Genève, 1979.

KOVAR (R.), « Les accords liant les Communautés européennes et l'ordre juridique communautaire », *RMC* 1973. 345.

NEFRAMI (E.), « Accords internationaux », *J.-Cl. Europe*, fasc. 196.

RIDEAU (J.), v° *Accords internationaux*, *Rép. communautaire*, Dalloz

RIDEAU (J.), « Les accords internationaux dans la jurisprudence de la CJCE », *RGDIP* 1990. 289.

SFDI, *Droit international et droit communautaire. Perspectives actuelles*, Paris, Pedone, 2000.

683. Différentes catégories d'engagements extérieurs de l'Union, qui se multiplient et se diversifient du fait de la participation croissante de celle-ci aux relations internationales (le répertoire des Accords internationaux en vigueur liant l'Union européenne fait état de 907 Accords avec des États tiers ou des organisations internationales. Si on ajoute les protocoles (287), ou les échanges de lettres (67), etc., on arrive à 1405 instruments), constituent des sources de droit dans l'ordre juridique de l'Union, où elles s'insèrent avec un rang spécifique tout comme le droit international général.

§ 1. LES ACCORDS CONCLUS PAR L'UNION AVEC DES ÉTATS TIERS OU DES ORGANISATIONS INTERNATIONALES

MONJAL (P.-Y.), « La Cour de justice et les accords externes conclu par la Communauté européenne : une intégration contrôlée dans l'ordre juridique communautaire », in *Mélanges en hommage à Guy Isaac*, Toulouse, Presses de l'Université de sciences sociales de Toulouse, 2004, p. 409.

684. Les accords régulièrement conclus dans le cadre de ses compétences externes par l'Union (si, jusqu'à l'entrée en vigueur du traité de Lisbonne et même depuis la création de l'Union européenne en 1992, seules les Communautés disposaient de la personnalité juridique et, dès lors, de la capacité à s'engager conventionnellement, c'est désormais l'Union qui le fait ; de plus (art. 1er FUE), elle se substitue et succède à la Communauté européenne pour les engagements passés), outre qu'ils obligent internationalement celle-ci, s'intègrent à son ordre juridique et y deviennent source de légalité. Une telle interprétation de l'article 216, § 2, FUE selon lequel de tels accords « lient les institutions de l'Union et les États membres » a été expressément confirmée par la Cour de justice à propos de l'accord d'association de la Grèce à la CEE : « les dispositions de l'accord forment partie intégrante, à partir de l'entrée en vigueur de celui-ci, de l'ordre juridique communautaire » (30 avr. 1974, *Haegeman*, aff. 131/73, *Rec.* 459). De plus, la Cour a précisé que l'effet juridique, pour les États membres, d'un accord conclu par la Communauté dans le domaine de sa compétence résulte exclusivement de l'acte de conclusion posé par la Communauté (*avis 1/76* du 26 avr. 1977, *Rec.* 741).

Ceci signifie que ces accords acquièrent par eux-mêmes, c'est-à-dire par le seul fait de leur conclusion internationale, valeur dans l'ordre de l'Union, et que la pratique du Conseil, qui consiste, on le sait (v. ss 542), pour conclure ces accords, à utiliser une « décision » ou un règlement, en annexe desquels ils sont reproduits, ne doit pas être analysée comme une « réception » de l'accord (cf. not. CJCE 14 déc. 1991, *avis 1/91*, *Rec.* I-6079).

685. Les traités ne contiennent aucune disposition concernant la *publication des accords* externes ; dès lors, ceux-ci suivaient, dans la pratique, le régime de l'acte communautaire de conclusion. Lorsque l'autorisation de conclure est donnée par voie de règlement, la publication de l'accord, annexé à celui-ci, intervient toujours avant la conclusion ; en revanche, lorsqu'elle intervient par voie de « décision », il peut arriver que la conclusion ait eu lieu avant que le Conseil n'ait décidé la publication. Mais, en tout état de cause, l'accord ne saurait être opposable aux justiciables tant qu'il n'a pas été publié (CJCE 25 janv. 1979, *Racke*, préc.). Le règlement intérieur du Conseil (art. 17) prescrit la publication des « accords internationaux conclus par l'Union ». On notera, enfin, que l'accord ne devient partie intégrante de l'ordre juridique de l'Union qu'à la date de son entrée en vigueur, les conditions de celle-ci étant normalement réglées par l'accord lui-même. C'est pourquoi le règlement ou la décision de conclusion comporte habituellement une mention expresse selon laquelle « la date de l'entrée en vigueur de l'accord sera publiée au *JOUE* », publicité qui s'effectue par voie d'« information » (cf. par ex., *JOUE* n° L 229/14 du 5 sept. 2017 pour l'entrée en vigueur d'un accord de partenariat avec l'Union des Comores).

§ 2. Les actes unilatéraux pris par les organes de certains accords externes de l'Union

GILSDORF (P.), « Les organes institués par des accords communautaires : effets juridiques de leurs décisions », *RMC* 1992. 328.

686. Nombreux sont les accords ou conventions conclus par la Communauté ou désormais par l'Union avec les États tiers qui instituent des *organes de gestion* et leur confèrent le pouvoir d'adopter des actes obligatoires unilatéraux, c'est-à-dire qui n'ont pas besoin d'une ratification ou d'une approbation pour lier les parties (conseils des accords d'association ou de coopération avec les pays de la Méditerranée ; conseil des ministres de la Convention de Lomé ; conseil international du cacao : article 12 de l'Accord international sur le cacao de 1975 ; conseil international du café ; article 15 de l'Accord international du café de 1976…).

La Cour de justice n'ayant fait aucune objection de principe à ce que de tels actes normatifs deviennent source de droit dans l'ordre juridique communautaire (5 févr. 1976, *Bresciani*, aff. 87/75, *Rec.* 129), la place qu'ils sont appelés à y tenir ne peut manquer de croître à mesure que l'Union fera usage de la capacité qui lui est désormais reconnue (v. ss 566) de devenir membre ou de participer à la création d'organisations internationales auxquelles elle peut conférer « des pouvoirs décisionnels adéquats » (Organisation des pêches de l'Atlantique du Nord-Ouest, 24 oct. 1978 ; organisation des pêches de l'Atlantique du Nord-Est, 18 nov. 1980). Le Répertoire des Accords internationaux en vigueur liant l'Union européenne recense 4261 actes de ce type en vigueur (3522 du Comité mixte UE/EEE, 68 d'autres comités mixtes, ou encore 59 de conseils d'association).

La pratique générale consiste à reprendre systématiquement de tels actes dans des règlements communautaires en annexe desquels ils sont publiés au *JOUE* (par exemple : règlement du 19 octoble 1976, « relatif à l'application » du règlement économique et des règles de contrôle adoptés le 26 juill. 1976 par le conseil international du cacao : *JOCE* n° L 321 du 10 nov. 1976 ; règlement du 18 oct. 1976, relatif à l'application du système de certificats d'origine adopté le 30 sept. 1976 par le conseil international du café : *JOCE* n° L 309 du 10 nov. 1976 ; règlement du 19 janv. 1982, concernant l'application de la décision n° 1/82 du conseil d'association CEE/Malte : *JOCE* n° L 17 du 23 janv. 1982 ; règlement n° 485/85 concernant l'application de la décision n° 2/85 du Conseil des ministres ACP-CEE, *JOCE* n° L 61/1 du 1er mars 1985).

Si bien qu'on a pu se demander si cette pratique était seulement l'expression d'un formalisme superflu ou, au contraire, une condition indispensable pour leur introduction dans l'ordre juridique de l'Union. Le doute n'est plus de mise depuis que la Cour de justice, à propos de décisions du conseil d'association CEE/Turquie qui n'avaient pas fait l'objet d'une reprise communautaire (et n'avaient même pas été publiées), a précisé : « du fait de leur rattachement direct à l'accord qu'elles mettent en œuvre, les décisions du conseil d'association font, au même titre que l'accord lui-même, partie intégrante, à partir de leur entrée en vigueur, de l'ordre juridique communautaire » (CJCE 20 sept. 1990, *Sevince*, aff. C-192/89, *Rec.* I-3461). Les décisions des organes relevant d'accords externes ou d'organisations internationales auxquelles l'Union a adhéré font partie intégrante de l'ordre juridique de celle-ci pour autant qu'elles produisent leurs effets sur l'Union en vertu des dispositions de procédure des accords en question et qu'elles aient acquis une force contraignante pour l'Union en droit international.

687. La même logique s'applique pour les *organes juridictionnels* éventuellement institués par ces accords : « Lorsqu'un accord international conclu par la Communauté prévoit un système juridictionnel propre comprenant une juridiction compétente pour régler les différends entre les parties contractantes à cet accord et, par voie de conséquence, pour en interpréter les dispositions, les décisions de cette juridiction lient les institutions de la Communauté, y compris la Cour, notamment lorsque celle-ci est appelée à statuer sur l'interprétation de l'accord, en tant que celui-ci fait partie intégrante de l'ordre juridique communautaire » (CJCE 14 déc. 1991, *avis 1/91*, *Rec.* I-6079).

§ 3. Certains traités conclus par les États membres avec des États tiers

688. Les accords externes et les actes unilatéraux pris sur leur fondement ne sont pas les seuls engagements internationaux qui produisent des effets dans l'ordre juridique de l'Union européenne ; la Cour de justice n'exclut pas, en outre, que l'Union soit liée par des accords auxquels elle n'est pas partie mais qui ont été conclus par ses États membres.

Jusqu'ici, cependant, cette possibilité est restée limitée à certaines hypothèses dans lesquelles la Communauté a été considérée comme étant « substituée » à ses États membres pour les engagements souscrits par eux dans certains traités multilatéraux antérieurs à 1958, l'argument déterminant étant le transfert par les États membres à la Communauté des compétences précédemment exercées par eux dans le domaine couvert par ces traités (12 déc. 1972, *International Fruit Company*, aff. jtes 21 à 24/72, *Rec.* 1219 ; la Cour a également précisé que s'agissant du GATT, la Communauté s'est substituée aux États membres le 1er juillet 1968, à la suite de la mise en vigueur du tarif douanier commun : CJCE 16 mars 1983, *Amministrazione delle finanze dello Stato c/SPI et SAMI*, aff. 267/81, 268/81 et 269/81, *Rec.* 801 ; en revanche, s'agissant de la convention de Chicago relative à l'Aviation civile, la Cour a considéré que le transfert n'avait pas eu lieu et que l'Union n'était pas liée par cet accord conclu par les États membres : arrêt du 21 déc. 2011, *Air Transport Association of America e.a.*, aff. C-366/10, *Rec.* I-13755). Le cas du GATT, sur lequel la Cour avait à se prononcer, représentait, il est vrai, une sorte d'hypothèse d'école particulièrement favorable. Au moment de conclure le traité CEE, les États membres étaient, en effet, tous liés par les engagements de l'Accord ; bien loin de se dégager des obligations existant ainsi à l'égard des pays tiers, ils ont au contraire montré leur volonté de les respecter tant dans les dispositions du traité (art. 110 et 234 CEE *[devenus 206 et 351 FUE]*) que dans la pratique. En transférant à la Communauté leurs compétences en matière tarifaire et commerciale, ils marquaient implicitement mais nécessairement leur volonté de la lier par les obligations contractées en vertu de l'Accord. Enfin, depuis 1958, la Communauté s'est conformée aux règles du GATT comme une partie contractante et a été considérée comme telle par ses partenaires.

Dès lors, la portée véritable de cette jurisprudence est difficile à évaluer ; si la Cour l'a étendue au cas des Conventions douanières de Bruxelles du 15 décembre 1950 (19 mars 1975, *Nederlandse Spporwegen*, aff. 38/75, *Rec.* 1439), elle s'est jusqu'ici gardée, alors qu'elle en aurait eu l'occasion, de transposer la solution à la Convention européenne de sauvegarde des droits de l'homme et des libertés fondamentales. Elle a évité de dire que la Communauté était liée par une telle convention, même ratifiée par l'ensemble des États membres, qui serait devenue une nouvelle source formelle de la légalité communautaire, se contentant de la considérer, par l'intermédiaire des principes généraux du droit, comme une source d'inspiration indirecte, au même titre que les constitutions nationales (v. ss 751). Le fait que l'Union soit partie aux accords créant l'OMC a réduit l'acuité de la question développée à partir du cas du GATT.

Il faut aussi signaler que dans l'hypothèse d'une convention internationale souscrite par les seuls États membres, la Cour considère que celle-ci « ne fait pas partie de l'ordre juridique de l'Union », mais peut y produire cependant « des effets indirects » dès lors qu'un autre traité auquel la Communauté avait souscrit commande à celle-ci de ne pas entraver les obligations des États membres en résultant (CJ 15 mars 2012, *SCF*, aff. C-135/10, ECLI:EU:C:2012:140).

§ 4. Le rang des engagements externes dans l'ordre juridique de l'Union

689. Le droit issu des engagements externes s'insère dans la hiérarchie de l'ordre juridique de l'Union à un rang inférieur au droit primaire, mais supérieur au droit dérivé. Il faut cependant préciser que conformément aux principes du droit international, les institutions de l'Union, qui sont compétentes pour négocier et conclure un accord international, peuvent convenir avec les États tiers concernés des effets que les dispositions de cet accord doivent produire dans l'ordre interne des parties contractantes. Ce n'est que si cette question n'a pas été réglée par l'accord qu'il incombe aux juridictions compétentes de l'Union de trancher cette question au même titre que toute autre question d'interprétation relative à l'application de l'accord dans l'Union (T 10 déc. 2015, *Front Polisario*, aff. T-512/12, ECLI:EU:T:2015:953).

Conclus en application des traités constitutifs, les accords externes ne sauraient en aucune façon y contrevenir : comme le droit dérivé, ils sont soumis aux principes de la compétence d'attribution et de la légalité de l'Union, c'est-à-dire qu'ils doivent respecter non seulement les dispositions attributives de compétences externes (cf. *avis 1/13* du 14 oct. 2014, ECLI:EU:C:2014:2303, point 43) et les règles de procédure régissant leur exercice, mais encore les normes matérielles des traités : le contrôle d'un accord externe consiste à « s'assurer non seulement que cet accord n'enfreint aucune disposition du droit primaire, mais également qu'il contient toute disposition exigée, le cas échéant, par celui-ci » (*avis 2/13* du 18 déc. 2014, ECLI:EU:C:2014:2454) ; plus largement encore la Cour a précisé que les dispositions d'un accord externe « doivent... être pleinement compatibles avec les traités ainsi qu'avec les principes constitutionnels qui en découlent » et que cette compatibilité englobe les « garanties consacrées par la charte » des droits fondamentaux (*avis 1/15* du 26 juill. 2017, ECLI:EU:C:2017:592). Le contrôle par rapport au traité est, du reste, possible, à titre préventif (procédure d'avis organisée par l'article 218, § 11, FUE) (v. ss 1219) et même après leur conclusion : la déclaration d'invalidité d'un accord que la Cour pourrait être conduite à prononcer, ne serait, certes, en principe, pas opposable aux cocontractants, mais aurait pour effet de le priver d'efficacité dans l'ordre de l'Union. La pratique de la Cour, pour être parfaitement en phase avec la logique interne de l'ordre juridique de l'Union, peut cependant apparaître parfois en porte-à-faux vis-à-vis de la nature internationale des accords. Ainsi lorsque la Cour a annulé une décision du Conseil concluant l'accord, ce qui revient à remettre en cause unilatéralement l'engagement souscrit au plan international (CJCE 10 mars 1998, *Allemagne c/Conseil*, aff. C-122/95, *Rec.* I-973 ; CJCE 30 mai 2006, *Parlement européen c/Conseil et Commission*, aff. C-317/04 et C-318/04, *Rec.* I-4721). Il est vrai que la position de la Cour est classique qui considère qu'un accord avec un État tiers conclu par le Conseil constitue, en ce qui concerne l'Union, un acte pris par une institution de l'Union (pour un rappel, arrêt du 10 déc. 2015, *Front Polisario*, aff. T-512/12, ECLI:EU:T:2015:953).

690. En revanche, dans la mesure où les accords externes « lient les institutions », la Cour en a déduit qu'ils doivent être respectés par celles-ci, notamment dans l'exercice de leur pouvoir normatif ; ce qui entraîne leur primauté sur le droit dérivé et spécialement les règlements de l'Union. Les règles issues des engagements extérieurs de l'Union font partie du « bloc de la légalité » dont la Cour assure le respect tant dans le cadre de sa compétence contentieuse que préjudicielle (CJCE 12 déc. 1972, *International Fruit Company*, préc.). Cette primauté emporte aussi comme conséquence l'obligation d'interpréter le droit dérivé conformément à ces accords externes (TPI 17 sept. 2007, *Microsoft c/Commission*, aff. T-201/04, *Rec.* II-3601 ; CJ 18 mars 2014, *Z*, aff. C-363/12, ECLI:EU:C:2014:159). La Cour précise cependant qu'elle ne peut procéder à l'examen de la validité d'une réglementation communautaire dérivée au regard d'un traité international que lorsque la nature et l'économie de celui-ci ne s'y opposent pas et que, par ailleurs, ses dispositions apparaissent, du point de vue de leur contenu, inconditionnelles et suffisamment précises (condition d'effet direct) (CJCE 9 sept. 2008, *FIAMM et FIAMM Technologies c/Conseil et Commission*, aff. C-120/06 P et C-121/06 P, *Rec.* I-6513 ; pour un rappel de cette position dans la perspective d'un renvoi préjudiciel en appréciation de validité opéré par une juridiction nationale, cf. l'arrêt du 21 sept. 2011, *Air Transport Association of America e.a.*, aff. C-366/10, préc. ; s'agissant du recours en annulation et de l'exception d'illégalité, cf. par ex. l'arrêt du 28 juill. 2016, *Ordre des barreaux francophones et germanophone e.a.*, aff. C-543/14, ECLI:EU:C:2016:605). Toutefois, le juge de l'Union doit pouvoir procéder au contrôle de la légalité d'un règlement au regard d'un traité international, sans vérifier au préalable si ces conditions sont remplies, lorsque ce règlement vise à mettre en œuvre une obligation imposée par ce traité international aux institutions de l'Union (arrêt du 14 juin 2012, *Stichting Natuur en Milieu*, aff. T-338/08, ECLI:EU:T:2012:300).

S'agissant de l'OMC, la Cour a développé une jurisprudence assez limitative, considérant d'une part que compte tenu de leur nature et de leur économie, l'accord OMC et les accords et mémorandums figurant dans ses annexes ne figurent pas en principe parmi les normes au regard desquelles la Cour contrôle la légalité des actes des institutions communautaires en vertu du recours en annulation. Ce serait cependant le cas par exception, dans deux cas : dans l'hypothèse où la Communauté a entendu donner exécution à une obligation particulière assumée dans le cadre de l'OMC, ou dans l'occurrence où l'acte communautaire renvoie expressément à des dispositions précises des accords et des mémorandums figurant dans les annexes de l'accord OMC (CJCE 22 juin 1989, *Fediol*, aff. 70/87, *Rec.* 1781 ; CJCE 7 mai 1991, *Nakajima*, aff. C-69/89, *Rec.* I-2069 ; ou, par ex. CJCE 9 janv. 2003, *Petrotub et Republica c/Conseil*, aff. C-76/00 P, *Rec.* I-79 ; ou CJ 16 juill. 2015, *ClientEarth*, aff. C-612/13 P, ECLI:EU:C:2015:486). La Cour souligne cependant que « ces deux exceptions n'ont été justifiées que par les particularités des accords ayant donné lieu à leur application » (CJ (Gr. ch.) 13 janv. 2015, *Conseil et Commission c/ Stichting Natuur en Milieu*, aff. C-404/12 P et C-405/12 P, ECLI:EU:C:2015:5). Quant à l'engagement éventuel de la responsabilité de l'Union, la Cour l'exclut également, en raison du lien requis avec l'illégalité du fait dommageable (CJCE 30 sept. 2003, *Biret International c/Conseil*, aff. C-93/02 P, *Rec.* I-10497).

Enfin, naturellement, cette primauté vaut tant au regard des actes antérieurs de l'Union que des actes postérieurs et n'est en aucune façon affectée par la forme (« décision » ou règlement) dans laquelle l'accord a été conclu.

§ 5. Le droit international général

I. Le rang des règles générales du droit international et de la coutume internationale

Delile (J.-F.), « Les effets de la coutume internationale dans l'ordre juridique de l'Union européenne », *CDE* 2017, n° 1, p. 159.

691. Ne pouvant s'appuyer sur une clause expresse du traité CE, comme pour le droit international conventionnel, la Cour attendra un quart de siècle avant de proclamer, dans un arrêt de principe, que les règles générales du droit international font partie de l'ordre juridique communautaire. Il ne pouvait cependant faire aucun doute que la Communauté, et désormais l'Union, en tant que sujet du droit international, non seulement peut se prévaloir de principes reconnus par celui-ci, mais encore a l'obligation de le respecter dans ses relations extérieures. Déjà, dans l'arrêt *International Fruit Company* (préc.), quoique saisie de la question préjudicielle de l'effet interne des accords du GATT, c'est-à-dire d'une source conventionnelle, elle l'avait reconnu en affirmant son désir d'examiner si la validité des actes communautaires « peut être affectée du fait de leur contrariété avec une règle de droit international », formule englobante, dont l'utilisation semblait manifester sa volonté de ne pas faire de distinction entre droit international conventionnel et d'autres formes de ce droit. Ensuite, dans l'affaire *Kramer* (CJCE 14 juill. 1976, préc.) (v. ss 529), elle a eu l'occasion de dire pour droit que la Communauté a l'obligation de respecter le droit international de la mer. Dans l'affaire *Ahlström* (CJCE 27 sept. 1988, aff. jtes 89/85 et s., *Rec.* 5193), elle autorisait la Communauté à justifier l'application des règles communautaires de la concurrence à des entreprises situées hors du territoire de la Communauté, en se fondant sur le principe de territorialité consacré par le droit international public. Mais, c'est dans son arrêt *Poulsen et Diva Navigation* (CJCE 24 nov. 1992, aff. C-286/90, *Rec.* I-6048) qu'elle a, pour la première fois imposé à la Communauté, dans l'exercice de ses compétences de pêche, le respect de conventions internationales, bien que celles-ci ne lient pas formellement la Communauté, dans la mesure cependant, où « elles codifient des règles générales consacrées par la coutume internationale » ou « sont considérées comme l'expression du droit international maritime coutumier ». Le TPI, de son côté, a jugé la Communauté liée par la règle de droit international coutumier que constitue le principe de bonne foi, codifié à l'article 18 de la Convention de Vienne du 23 mai 1969, sur le droit des traités (TPI 22 janv. 1997, *Opel Austria*, aff. T-115/94, *Rec.* II-43 ; cf. aussi l'arrêt du 17 janv. 2007, *Grèce c/ Commission*, aff. T-231/04, ECLI:EU:T:2007:9 ; ou l'arrêt du 21 déc. 2016, *Conseil c/ Front Polisario*, aff. C-104/16 P, ECLI:EU:C:2016:973).

692. Mais l'arrêt de principe (CJCE 16 juin 1998, *Racke*, aff. C-162/96, *Rec.* I-3655) a été rendu dans des circonstances particulièrement significatives, la Cour étant invitée à déclarer l'invalidité d'un règlement au seul motif qu'il aurait enfreint les règles du droit coutumier international et, plus exactement, de contrôler la validité d'une mesure de suspension d'un accord de la Communauté avec un pays tiers, par référence à la règle coutumière réservant la possibilité de faire exception à la stabilité juridique du lien conventionnel (« *pacta sunt servanda* ») au cas où il intervient un changement fondamental de circonstances (« *rebus sic stantibus* »). La Cour constate que « bien qu'elle ne lie ni la Communauté ni tous les États membres, une série de dispositions de la Convention de Vienne, dont son article 62, reflète les règles du droit international qui consacrent, sous certaines conditions, le principe selon lequel un changement de circonstances peut entraîner la caducité ou la suspension d'un traité ». Elle affirme alors solennellement que « les compétences de la Communauté doivent être exercées dans le respect du droit international. Par conséquent, celle-ci est tenue de respecter les règles du droit coutumier lorsqu'elle adopte un règlement suspendant les concessions commerciales octroyées par un accord ou en vertu d'un accord qu'elle a conclu avec un pays tiers. Il s'ensuit que les règles du droit coutumier international portant sur la cessation ou la suspension des relations conventionnelles en raison d'un changement fondamental de circonstances lient les institutions et font partie de l'ordre juridique communautaire » (pour la référence à l'article 34 de la Convention de Vienne sur l'effet relatif des traités, cf. l'arrêt du 21 déc. 2016, *Conseil c/ Front Polisario*, aff. C-104/16 P, ECLI:EU:C:2016:973).

En reprenant la formule même de l'article 300 CE *[désormais art. 216, § 2, FUE]* (« lient les institutions »), la Cour entend donc aligner le régime du droit international général sur celui du droit international conventionnel. En soulignant qu'elles « font partie de l'ordre juridique communautaire », elle précise bien que les institutions sont soumises au droit des gens non seulement dans l'ordre juridique international, dans leurs relations avec les pays tiers, mais dans l'ordre juridique de la Communauté. Enfin, en formulant une obligation à la Communauté dans l'exercice de ses compétences, elle vise le droit communautaire dérivé et laisse de côté le droit primaire.

II. Le positionnement de l'ordre juridique de l'Union vis-à-vis de l'ordre international

693. Le statut des résolutions du Conseil de sécurité de l'ONU, bénéficiant dans l'ordre international d'une valeur renforcée, a conduit le juge de l'Union à s'interroger sur le positionnement même de l'ordre juridique de l'Union européenne par rapport à l'ordre international.

Le TPI, en 2005 spécialement, a eu à juger d'actes de l'Union se présentant comme de simples actes d'exécution de listes noires de présumés terroristes directement arrêtées au niveau des Nations unies, la légalité de ces actes de l'Union étant contestée par le biais de l'invocation du non-respect des droits fondamentaux par ces résolutions du Conseil de sécurité de l'ONU (TPI 21 sept. 2005 *Yusuf, Al Barakaat et autres c/Conseil et Commission*, aff. T-306/01, *Rec.* II-2387 et TPI 21 sept. 2005, *Kadi c/Conseil et Commission*, aff. T-315/01, *Rec.* II-3649 ; TPI 12 juill. 2006, *Ayadi c/ Conseil*, aff. T-253/02, *Rec.* II-2139 ; TPI 31 janv. 2007, *Leonid Minin c/Commission*, aff. T-362/04, *Rec.* II-2003). Pour l'essentiel, la position du TPI peut être résumée de la façon suivante : les recours sont en principe irrecevables puisque les résolutions du Conseil de sécurité priment sur les droits nationaux et le droit de l'Union fut-il primaire et que le TPI n'est donc pas compétent pour examiner la compatibilité des résolutions du Conseil de sécurité au regard de ce droit de l'Union. Mais le principe ainsi posé s'accompagnait d'une exception, le TPI estimant en effet que « de manière incidente », il serait compétent pour examiner la légalité des résolutions en cause au regard des normes de *jus cogens*, et notamment du droit de propriété ou des droits de la défense. Sur le fond des affaires, il a estimé que dans toutes les espèces soumises à son contrôle, ces normes n'avaient pas été violées par les normes des Nations unies.

Cette position, toute en prudence, et d'une eau plus internationale que communautaire, a été réformée sans ménagements par la Cour de justice : CJCE 3 sept. 2008, *Yassin Abdullah Kadi et Al Barakaat International Foundation c/Conseil et Commission*, aff. C-402/05 P et C-415/05 P, *Rec.* I-6351 (cf. J. P. Jacquet, « Primauté du droit international versus protection des droits fondamentaux, note sous CJCE 3 sept. 2008, *Kadi* », *RTDE* 2009. 161). La Cour constate que le Tribunal a commis une erreur de droit en jugeant que les juridictions communautaires n'avaient, en principe, aucune compétence pour contrôler la légalité interne du règlement attaqué.

> « Le contrôle, par la Cour, de la validité de tout acte communautaire au regard des droits fondamentaux doit être considéré comme l'expression, dans une communauté de droit, d'une *garantie constitutionnelle* découlant du traité CE en tant que *système juridique autonome à laquelle un accord international ne peut pas porter atteinte* ».

On retrouve là la veine des grands arrêts de la Cour insistant sur la spécificité de l'intégration européenne et raisonnant en termes d'autonomie plus que de hiérarchie. La Cour avait d'ailleurs adopté la même perspective s'agissant de la convention des Nations unies sur le droit de la mer, du 10 décembre 1982 (convention de Montego Bay), qui « ne saurait porter atteinte à l'ordre des compétences fixé par les traités et, partant, à l'autonomie du système juridique communautaire dont la Cour assure le respect » (CJCE 30 mai 2006, *Commission c/Irlande*, aff. C-459/03, *Rec.* I-4635). Dans son *avis 2/13* du 18 déc. 2014, ECLI:EU:C:2014:2454, la Cour rappellera d'ailleurs de manière générale ce trait identitaire du système juridique de l'Union : « l'autonomie dont jouit le droit de l'Union par rapport aux droits des États membres ainsi que par rapport au droit international », précisant dans l'arrêt *Achmea* qu'une telle autonomie « se justifie en raison des caractéristiques essentielles de l'Union et de son droit » (arrêt du 6 mars 2018, aff. C-284/16, ECLI:EU:C:2018:158).

La Cour souligne encore que le contrôle de légalité assuré par le juge communautaire porte sur l'acte communautaire visant à mettre en œuvre l'accord international en cause, et non sur ce dernier en tant que tel. Un éventuel arrêt d'une juridiction communautaire, par lequel il serait décidé qu'un acte communautaire visant à mettre en œuvre une résolution du Conseil de sécurité est contraire à une norme supérieure relevant de l'ordre juridique communautaire, n'impliquerait dès lors pas une remise en cause de la primauté, au plan du droit international, de cette résolution.

La Cour conclut donc que les juridictions européennes doivent assurer un contrôle, en principe complet, de la légalité de l'ensemble des actes de l'Union au regard des droits fondamentaux lesquels font partie intégrante des principes généraux du droit de l'Union, y compris sur les actes européens qui, tel le règlement en question, visent à mettre en œuvre des résolutions du Conseil de sécurité.

694. Cette autonomie du droit de l'Union vis-à-vis du cadre international joue aussi en matière d'interprétation. Si, quand le droit primaire de l'Union fait expressément référence à des sources de droit international (ainsi de l'article 78, § 1, FUE selon lequel la politique de l'Union en matière d'asile, de protection subsidiaire et de protection temporaire « doit être conforme à la convention de Genève du 28 juillet 1951 et au protocole du 31 janvier 1967 relatifs au statut des réfugiés, ainsi qu'aux autres traités pertinents »), les actes de l'Union dérivés de ces dispositions primaires doivent être interprétés dans le respect des traités ainsi mentionnés (cf. par ex. l'arrêt du 31 janv. 2017, *Lounani*, aff. C-573/14, ECLI:EU:C:2017:71), c'est bien une interprétation « communautaire » autonome qui s'impose en l'absence d'un tel renvoi, quand bien même la notion à interpréter serait bien connue et clairement définie en droit international : c'est le cas de la notion de « conflit armé interne » utilisée dans une directive, dont l'interprétation ne doit pas être forcément celle des quatre conventions de Genève du 12 août 1949 à la base du droit international humanitaire : CJ 30 janv. 2014, *Diakité*, aff. C-285/12, ECLI:EU:C:2014:39.

Section 4

Les sources « complémentaires » du droit de l'Union

695. Par opposition au droit dérivé et au droit issu des engagements extérieurs de l'Union, qui résultent, l'un et l'autre, de l'exercice par les institutions européennes de compétences qui leur ont été attribuées par les traités, on est ici en face d'un droit résultant d'*accords entre États membres, dans les domaines de compétence nationale retenue.* Dans la mesure où leur objet se situe dans le champ ou dans le prolongement des objectifs définis par les traités sur lesquels est fondée l'Union, ils méritent le nom de « droit complémentaire » et peuvent être considérées comme du *droit de l'Union au sens large* ; mais, du fait de leur régime interétatique, ils entretiennent des relations spécifiques avec l'ordre juridique européen.

À noter que les dispositions des traités composites de Maastricht, d'Amsterdam ou de Nice (v. ss 582) régissant les coopérations intergouvernementales auraient pu être considérées, dans un certain sens, comme du *droit communautaire complémentaire*, l'article 1er UE *[ex A]* n'énonçant-il pas que les Communautés européennes sont « *complétées* par les politiques et formes de coopération » formant les deuxième et troisième piliers ? On préfèrera réserver cette catégorisation aux instruments conventionnels, aux accords entre États membres, en excluant tout acte « légiféré ».

§ 1. La composition du droit complémentaire

I. Conventions communautaires et europeennes

Hauschild (W.M.), « L'importance des conventions communautaires pour la création d'un droit communautaire pour la création d'un droit communautaire », *RTDE* 1975. 4.

Limpens-Meinertzhagen (A.), « La coordination ou l'unification du droit par voie de conventions entre États membres », in *Les instruments du rapprochement des législations dans la CEE*, Bruxelles, Éd. de l'Université de Bruxelles, 1976, p. 153.

Schwartz (I.), « Commentaire de l'article 220 CEE », in *Le droit de la CEE*, préc., vol. 15, p. 333.

696. Ces conventions correspondent à deux époques révolues de l'intégration européenne, celle de la CEE et celle de l'Union européenne composite du traité de Maastricht. Pour autant, elles restent révélatrices de l'importance du rôle des États membres dans cette intégration, de leur statut d'*acteur* du système ; par ailleurs, certaines d'entre elles ont été particulièrement importantes. Enfin, certaines sont encore d'application ou permettent de comprendre les développements récents dans le cadre de l'Espace de liberté, de sécurité et de justice (v. ss 1481).

A. Anciennes conventions communautaires

697. Les traités communautaires prévoyaient parfois expressément l'intervention de *conventions internationales formelles* pour les compléter : tel était le cas, notamment, de l'article 293 CE [*ex 220 CEE, abrogé par le traité de Lisbonne*] qui énumérait quatre matières dans le domaine du droit international privé : protection des personnes et des droits individuels ; élimination de la double imposition ; reconnaissance mutuelle des sociétés ; reconnaissance et exécution des décisions judiciaires. C'est sur cette base que les États ont conclu la *Convention* du 27 septembre 1968 *concernant la compétence judiciaire et l'exécution des décisions en matière civile et commerciale*, entrée en vigueur le 1er février 1973 entre les six États fondateurs, modifiée par les conventions d'adhésion ainsi que le protocole du 3 juin 1971, relatif à son interprétation (cf. versions consolidées in *JOCE* n° C 27 du 26 janv. 1998). De même encore, la *Convention* du 29 février 1968, *sur la reconnaissance mutuelle des sociétés et personnes morales*, complétée, ici encore, par un protocole concernant son interprétation, la *Convention relative à l'élimination des doubles impositions* en cas de correction des bénéfices d'entreprises associées, du 23 juillet 1990 (*JOCE* n° L 225/10 du 20 août 1990) et enfin la *Convention* *relative aux procédures d'insolvabilité* du 23 novembre 1995. C'est encore sur la base de l'article 220 qu'ont été mises en préparation une *Convention sur la fusion internationale des sociétés anonymes* (*Bull. CE*, suppl. 13/73) (projet sans suite), ainsi qu'une *Convention relative à la faillite* (*RTDE* 1975. 159, et L. Danièle, « Les problèmes internationaux de la faillite », *CDE* 1987. 512) (convention signée le 23 novembre 1995 mais non entrée en vigueur).

Mais rien ne pouvait, en outre, (et ceci reste toujours valable) interdire aux États, dans le cadre de leur compétence internationale résiduelle, et même si les traités ne le prévoient pas, de faciliter la bonne exécution de ceux-ci en concluant des conventions dans toutes autres matières connexes. Ainsi ont-ils conclu notamment, dans cette période initiale où tout était à faire, la *Convention de Naples*, du 7 septembre 1967, pour *l'assistance mutuelle entre les administrations douanières*, mais surtout la *Convention* de Luxembourg du 15 décembre 1975 *relative au brevet communautaire pour le Marché commun* (*JOCE* n° L 217 du 26 janv. 1976 ; cf. Mc Clellan, « La Convention sur le brevet européen », *CDE* 1978. 202) amendée et complétée par l'*Accord* en matière de brevets communautaires du 15 déc. 1989 (*JOCE* n° L 401 du 30 déc. 1989) ou encore la *Convention sur la loi applicable aux obligations contractuelles*, ouverte à la signature à Rome le 19 juin 1980 (*JOCE* n° L 266 du 9 oct. 1980 ; cf. H. Gaudemet-Tallon, « Le nouveau droit international privé européen des contrats », *RTDE* 1981. 215) entrée en vigueur entre les neuf premiers États membres le 1er janvier 1992 (cf. version consolidée au *JOCE* n° C 27 du 26 janv. 1998), ou la *convention de Dublin, relative à la détermination de l'État responsable de l'examen d'une demande d'asile présentée dans un État membre*, signée le 15 juin 1990 et entrée en vigueur le 1er septembre 1997 (*JOCE* n° C 254 du 19 août 1997). Les célèbres « accords de Schengen » des 14 juin 1985 et 19 juin 1990 participent de cette catégorie et ont été « complémentaires » jusqu'à leur intégration dans le cadre de l'Union européenne par un protocole annexé au traité d'Amsterdam, la ventilation de leur acquis entre le premier et le troisième pilier se faisant par des décisions du 20 mai 1999.

698. Ces conventions empruntent bien au droit international par le recours aux procédés classiques d'engagement que sont la signature et la ratification. Mais leur spécificité de *conventions communautaires* se manifeste d'abord au niveau de leur élaboration : l'initiative est généralement prise d'un commun accord du Conseil et de la Commission ; la négociation menée par les experts gouvernementaux se fait avec l'assistance de la Commission ; le projet élaboré par les experts est transmis au Conseil et à la Commission qui indique publiquement son opinion dans un avis formel, et, le cas échéant, ses objections (cf. avis du 4 avr. 1974, *JOCE* n° L 109/34 du 23 avr. 1974 et du 26 sept. 1975, *JOCE* n° L 261/26 du 9 oct. 1975 concernant le projet de convention sur le brevet communautaire) ; les questions restées en suspens sont réglées au niveau du Conseil, et la convention est signée par les plénipotentiaires des États à l'occasion d'une session du Conseil ; enfin, le moment venu, les instruments de ratification sont déposés auprès du Secrétariat général du Conseil. Surtout, le souci de faire de telles conventions *un droit commun à tous les États membres* conduit logiquement à les réserver aux seuls États membres, à prévoir qu'elles n'entrent en vigueur que si tous les États membres les ont signées et ratifiées, à les conclure pour une durée illimitée, comme le traité, et à garantir leur interprétation uniforme en conférant à la Cour de justice une compétence préjudicielle à cet effet (v. ss 1426). Ce modèle de *convention communautaire* se dégrade parfois, cependant, comme avec la Convention de Rome qui prévoit une entrée en vigueur avec sept ratifications seulement, une procédure de dénonciation et renvoie à un protocole le soin de décider de la compétence préjudicielle de la Cour.

B. Conventions européennes liées à l'Union « multipiliers »

699. C'est ce modèle de la convention communautaire qui a été expressément repris, lors du traité de Maastricht, et ensuite codifié par le traité d'Amsterdam à l'article 34, § 2, UE *[abrogé par le traité de Lisbonne]* pour les domaines du 3e pilier : « établissement » de la convention par « acte » du Conseil adopté à l'unanimité, puis signature et ratification par les « Hautes Parties Contractantes... États membres de l'Union européenne ». Sacrifiant l'uniformité à l'efficacité, le traité d'Amsterdam a prévu que le Conseil fixe un délai aux États membres pour engager les procédures nationales de ratification et surtout, que ces conventions entreront en vigueur à compter de leur ratification par la moitié des États membres, ce qui généralise la voie des conventions à géométrie variable, dans laquelle s'était engagée la Convention de Rome. Sauf dispositions contraires prévues par ces conventions, les éventuelles mesures d'application étaient adoptées au sein du Conseil à la majorité des 2/3 des Hautes Parties Contractantes.

Enfin, la Cour de justice était compétente, dans les conditions fixées à l'article 35 UE *[abrogé par le traité de Lisbonne]*, pour statuer à titre préjudiciel sur l'interprétation de ces conventions ainsi que sur la validité et l'interprétation de leurs mesures d'applications.

700. Ces *conventions européennes* se sont multipliées, sur le fondement de l'article K 3, § 2, UE, dans sa version du traité de Maastricht : convention, du 10 mars 1995, relative à la procédure simplifiée d'extradition entre les États membres de l'Union européenne (*JOCE* n° C 78/1 du 30 mars 1995), Convention du 26 juillet 1995 portant création d'un Office européen de police (Europol ; *JOCE* n° C 316/2 du 27 nov. 1995) ; Convention du 26 juillet 1995 sur l'emploi de l'informatique dans le domaine des douanes (*JOCE* n° C 316/33 du 27 nov. 1995) ; Convention relative à la protection des intérêts financiers des Communautés européennes du 26 juillet 1995 (C 316/33 du 27 nov. 1995) ; Convention relative à la protection des intérêts financiers des Communautés européennes du 26 juillet 1995 (*JOCE* n° C 316/49 du 27 nov. 1995) ; Protocole du 27 septembre 1996 à la Convention relative à la protection des intérêts financiers... (*JOCE* n° C 313/1 du 23 oct. 1996) ; Convention du 27 septembre 1996 relative à l'extradition entre les États membres de l'Union européenne (*JOCE* n° C 313/11 du 23 oct. 1996) ; Convention du 26 mai 1997 relative à la signification et à la notification dans les États membres de l'Union européenne des actes judiciaires et extrajudiciaires en matière civile et commerciale (*JOCE* n° C 261 du 27 août 1997) ; Convention du 26 mai 1997, relative à la lutte contre la corruption impliquant des fonctionnaires des Communautés européennes ou des États membres de l'Union européenne (*JOCE* n° C 195 du 25 juin 1997 ; rapport explicatif au *JOCE* n° C 391 du 15 déc. 1998) ; 2e Protocole du 19 juin 1997 à la Convention relative à la protection des intérêts financiers des Communautés (*JOCE* n° C 221/11 du 19 juill. 1997 ; rapport explicatif au *JOCE* n° C 91/3 du 31 mars 1999) ; Convention du 18 décembre 1997, relative à l'assistance mutuelle et à la coopération entre les administrations douanières (« Naples 2 », *JOCE* n° C 24/1 du 23 janv. 1998 ; rapport explicatif au *JOCE* n° C 189 du 17 juin 1998) ; Convention du 28 mai 1998 (« Bruxelles 2 »), concernant la compétence, la reconnaissance et l'exécution des décisions en matière matrimoniale ; Convention du 17 juin 1998, relative aux décisions de déchéance du droit de conduire (*JOCE* n° C 216/1 du 10 juill. 1998) ; Protocole du 12 mars 1999 relatif au champ d'application du blanchiment de revenu dans la Convention sur l'emploi de l'informatique dans le domaine des douanes et à l'inclusion du numéro d'immatriculation du moyen de transport dans la Convention (*JOCE* n° C 91/1 du 31 mars 1999) ; Convention du 29 mai 2000 relative à l'entraide judiciaire en matière pénale entre les États membres de l'Union européenne (*JOCE* n° C 197/1 du 12 juill. 2000) ; sans compter les nombreux Protocoles concernant l'interprétation à titre préjudiciel par la Cour de justice des Communautés européennes de ces différentes conventions, généralement sur le modèle de celui concernant la création d'un Office européen de police du 24 juillet 1996 (*JOCE* n° C 299/1 du 9 oct. 1996).

Exceptée la Convention Europol du 26 juillet 1995, aucune de ces *Conventions européennes* (ou Protocoles) n'est entrée en vigueur, faute des ratifications nécessaires avant l'entrée en vigueur du traité d'Amsterdam et la *communautarisation* de la coopération judiciaire dans les matières civiles ayant une incidence transfrontalière, ce qui a eu pour effet que plusieurs de ces *conventions européennes* (non encore en vigueur) ou des *conventions communautaires* (entrées en vigueur) pouvaient désormais être « transformées » en règlements ou directives communautaires (par exemple la convention du 27 septembre 1968 *concernant la compétence judiciaire et l'exécution des décisions en matière civile et commerciale* reprise par le Règlement n° 44/2001 du 22 déc. 2000, *JOUE* n° L 12/1 du 16 janv. 2001, *ou la* Convention du 28 mai 1998 (« Bruxelles 2 »), *concernant la compétence, la reconnaissance et l'exécution des décisions en matière matrimoniale*, qui a fait l'objet du règlement n° 1347/2000 du 29 mars 2000, *JOUE* n° L 160/19 du 30 juin 2000), réduisant d'autant, et de manière spectaculaire, le volume du *droit communautaire complémentaire* (v. ss 1481) même si dans cette « communautarisation », le caractère intergouvernemental est souvent resté prégnant, sous forme de particularités (cadre de l'Espace de liberté, de sécurité et de justice) pouvant parfois faire craindre une perte d'identité de l'intégration elle-même.

II. Les décisions et accords convenus par les représentants des gouvernements des États membres réunis au sein du Conseil

701. Très tôt, les représentants des gouvernements des États membres ont pris l'habitude de se réunir *au sein du Conseil*, en conférence diplomatique, pour prendre un certain nombre de mesures. D'abord, bien sûr, en cas de renvoi exprès des traités au *commun accord des gouvernements des États membres*, c'est-à-dire à un acte de la *collectivité des États membres* (nomination des membres de la Commission : art. 214 CE *[procédure initiale désormais modifiée]*, de la Cour de justice : 223 CE *[désormais art. 253 FUE]*, du Tribunal de première instance : 224 CE *[désormais, pour les membres du Tribunal, art. 254 FUE]* ; fixation du siège des institutions : 289 CE *[désormais art. 341 TFUE]*) ; mais surtout, spontanément, en dehors même de toute mention des traités, pour prendre les mesures requises par le bon développement des Communautés qui, compte tenu du principe de la compétence d'attribution, ne pouvaient être adoptées par les institutions communautaires elles-mêmes.

Ce procédé, que l'on doit analyser comme un exercice en commun par les États membres de leurs compétences retenues, a connu – sans préjudice d'usages abusifs qui ont pu inquiéter un temps le Parlement (rapport Burger, au nom de la commission juridique : P.E., Doc. séance n° 215/68-69) – trois types d'utilisations :

– dans des matières que le traité lui-même a réservé aux États (fixation autonome du régime douanier et commercial des échanges de produits CECA : par exemple, décision des représentants des gouvernements des États membres de la CECA du 27 juill. 1981, *JOCE* n° L 246/26 du 21 août 1981 ; accélération du désarmement douanier et de la mise en place du tarif douanier commun, réservé aux États membres par les art. 15 et 24 CEE : décisions d'accélération des 12 mai 1960 et 15 mai 1962, *JOCE* du 12 sept. 1960, 1215 et du 28 mai 1962, 1284) ;

– sur des problèmes qui ne sont pas régis par le traité (par exemple : décision du 18 déc. 1978, relative à la suppression de certaines taxes postales de présentation à la douane : *JOCE* n° L 6/26 du 10 janv. 1979) ;

– sur des problèmes qui ne sont régis qu'en partie par le traité ; le cas type est celui des *accords internes* intervenant à l'occasion de la conclusion d'accords externes mixtes (par exemple : accord interne relatif au financement et à la gestion des aides communautaires dans le cadre du second protocole financier de la quatrième convention ACP-CE, *JOCE* n° L 156/108 du 29 mai 1998). Mais la tendance, dans une telle hypothèse, est l'adoption d'*actes mixtes*, par exemple, les décisions du 8 février et du 11 avril 1967 « du Conseil et des représentants des gouvernements des États membres », établissant un programme de politique économique à moyen terme ; ou encore la décision du 20 septembre 1976, du Conseil et des représentants..., relative aux actions de coopération économique au sein du Comité mixte CEE/Canada (*JOCE* n° L 260/36 du 24 sept. 1976).

702. Ces décisions et accords sont le plus souvent adoptés, comme les actes institutionnels, sur proposition de la Commission et après consultation de l'Assemblée ; ils sont arrêtés à l'occasion d'une session du Conseil et en présence de la Commission ; ils sont habituellement publiés au *JOUE* et renvoient même, parfois aux institutions de l'Union le soin de les mettre en œuvre. Ce ne sont cependant pas des actes institutionnels car, outre qu'ils interviennent dans des domaines qui ne sont pas de la compétence des institutions, ils sont adoptés selon des modalités différentes : unanimité et non-majorité, et sont signés de l'ensemble des ministres et non du seul président (même si, souvent, la seule signature de ce dernier figure au *JO*).

Leur nature juridique véritable ne fait plus aujourd'hui de doute : il s'agit d'*actes conventionnels interétatiques :* ils doivent donc être *convenus*, c'est-à-dire consentis par chaque État membre et n'entrent en vigueur qu'après l'accomplissement des procédures le cas échéant requises à cet effet par le droit constitutionnel de chaque État membre. Leur originalité vient seulement de ce que ce consentement est généralement donné selon une procédure peu formaliste : sauf cas particulier (accords internes pris pour l'application de la Convention de Lomé), la ratification formelle est remplacée par la notification au Secrétariat général du Conseil qu'aucune procédure spéciale n'est requise par le droit national, c'est-à-dire que l'État est lié par la signature donnée par son représentant au sein du Conseil : on est en face de ce que le droit international public appelle des *accords en forme simplifiée*. Les décisions et accords convenus... au sein du Conseil lient donc les États membres et sont de nature à engager leur responsabilité, sauf s'ils ont pris la précaution de les qualifier de *gentlemen's agreement* (cf. accord des représentants des gouvernements... du 5 mars 1973, concernant l'information de la Commission sur les mesures d'urgence relatives à la protection de l'environnement ; *JOCE* n° C 9 du 15 mars 1973).

III. Les déclarations, résolutions et prises de position relatives a l'Union européenne qui sont adoptées d'un commun accord par les États membres

703. Ces actes se distinguent des précédents en ce qu'ils ne comportent aucune procédure d'engagement juridique et traduisent seulement une volonté politique des États qui leur confèrent seulement valeur d'orientation pour guider et programmer leur action. Il s'agit, le plus souvent, de dispositions adoptées au sein du Conseil sous forme d'*actes* *mixtes*, c'est-à-dire émanant *à la fois* du Conseil et des représentants des gouvernements des États membres et visant à programmer globalement une activité qui relève pour partie de la compétence des États et pour partie de la compétence des institutions (par exemple : résolution du Conseil et des représentants des gouvernements des États membres, du 22 mars 1971, concernant la réalisation par étapes d'une Union économique et monétaire : *JOCE* n° C 28 du 27 mars 1971 ; déclaration du Conseil et des représentants..., du 22 nov. 1973, concernant un programme d'action en matière d'environnement : *JOCE* n° C 112 du 20 déc. 1973 ; résolution du Conseil et des ministres de l'Éducation..., du 9 févr. 1976, comportant un programme d'action en matière d'éducation : *JOCE* n° C 38 du 19 févr. 1976). Mais de tels actes peuvent aussi être adoptés en dehors du Conseil des ministres de l'Union, et notamment par les chefs d'État et de gouvernement au sein du *Conseil européen*. On peut signaler l'exemple très particulier de la décision des chefs d'État ou de gouvernement, réunis au sein du Conseil européen, concernant un nouvel arrangement pour le Royaume-Uni dans l'Union européenne, qui prenait des engagements, notamment de révision des traités, pour l'hypothèse où le Royaume-Uni, lors du référendum du 23 juin 2016, choisirait de rester membre de l'Union (*JOUE* n° C 691/1 du 23 févr. 2016).

IV. Le renouveau des accords entre États membres prévus par les traités

704. Le renvoi des traités à la conclusion par les États membres d'accords, notamment sous forme de conventions mais pas uniquement, fonctionnellement liés à la réalisation des objectifs communs pouvait passer pour particulièrement nécessaire dans une phase première de la construction européenne, ou pendant la phase de l'Union « composite » issue du traité de Maastricht. Le sens de l'histoire est donc clairement celui d'une réduction de la catégorie du droit complémentaire. Pour autant, les aléas liés à la crise financière de la zone euro ont conduit à inscrire dans le traité FUE (Décis. n° 2011/199/UE du Conseil européen du 25 mars 2011, *JOUE* n° L 91/1 du 6 avr. 2011) un nouveau renvoi de ce type, le nouveau § 3 de l'article 136 FUE disposant :

> « Les États membres dont la monnaie est l'euro peuvent instituer un mécanisme de stabilité qui sera activé si cela est indispensable pour préserver la stabilité de la zone euro dans son ensemble. L'octroi, au titre du mécanisme, de toute assistance financière nécessaire, sera subordonné à une stricte conditionnalité ».

C'est sur cette base que les États membres de la zone euro ont conclu le 11 juillet 2011 l'accord instituant le Mécanisme européen de stabilité (MES).

§ 2. Le droit complémentaire et l'ordre juridique de l'Union

705. Bien qu'il lui demeure extérieur, le droit complémentaire est en étroite symbiose avec l'ordre juridique de l'Union.

706. Ainsi, n'ayant pas son fondement ***dans les traités constitutifs***, il ne saurait, comme le droit dérivé, se trouver vis-à-vis d'eux dans un simple rapport de subordination ;

mais sa finalité postule un rapport de compatibilité. C'est ce que prévoit expressément, par exemple, l'article 93 de la *convention sur le brevet communautaire :* « aucune disposition de la présente convention ne peut être invoquée pour faire échec à l'application du traité instituant la CEE ». De même, l'article 134 de la convention d'application des accords de Schengen stipulait que « Les dispositions de la présente Convention ne sont applicables que dans la mesure où elles sont compatibles avec le droit communautaire ». Mais la même exigence résulte, avec une portée tout à fait générale, de la lecture combinée de l'article 48 UE, selon lequel la révision ne peut intervenir que suivant les procédures prévues à cet effet dans le traité (dans ce sens, CJCE 8 avr. 1976, *Defrenne*, aff. 43/75, *Rec.* 455) et de l'article 4, § 3, UE (coopération loyale) selon lequel les États s'abstiennent de toutes mesures susceptibles de mettre en péril la réalisation des objectifs des traité. Les États, agissant par la voie de conventions ou de décisions prises au sein du Conseil, doivent toujours être présumés ne pas avoir dérogé au traité.

707. Les rapports entre le droit complémentaire ***et le droit dérivé*** sont plus divers :

– dans les domaines de compétence communautaire exclusive, le droit complémentaire n'a pas sa place et toute ingérence des États qui n'auraient pas été dûment habilités serait une violation du traité ;

– dans les domaines de compétence concurrente de l'Union et des États membres (spécialement dans le champ d'application de l'article 352 FUE), le principe est celui de la priorité du droit dérivé sur le droit complémentaire, toute autre solution portant atteinte aux compétences des institutions et au respect de la double obligation figurant à l'article 4, § 3, UE, de faciliter à l'Union l'accomplissement de sa mission et de s'abstenir de toute mesure susceptible de mettre en péril la réalisation des objectifs des traités. L'article 20 de la Convention de Rome sur la loi applicable aux obligations contractuelles, par exemple, consacrait expressément la priorité du droit dérivé antérieur ou postérieur ainsi que celle des législations nationales harmonisées en application de celui-ci ;

– dans les domaines de compétence nationale exclusive, enfin, des actes des institutions de l'Union ne peuvent intervenir que sur le fondement et pour l'exécution de l'acte de droit complémentaire et lui sont donc subordonnés : ainsi, par exemple, le règlement financier applicable au 5e FED, adopté par le Conseil sur renvoi exprès de l'*accord interne* relatif au financement et à la gestion des aides de la Communauté (*JOCE* n° L 101/12 du 11 avr. 1981) doit-il être conforme à celui-ci.

Quant à l'insertion du droit complémentaire au sein du système judiciaire de l'Union, il faut aussi faire des distinctions. Il ne fait guère de doute que la Cour de justice pourrait sanctionner, sur base des articles 258 et 259 FUE, les manquements que constitueraient l'adoption d'un acte de droit complémentaire incompatible avec les traités ou les compétences normatives des institutions ou encore le non-respect d'un tel acte, en violation de la clause de fidélité de l'article 4, § 3, TUE. En revanche, il est exclu qu'ils puissent être l'objet d'un contrôle de légalité par un recours en annulation (263 TFUE, CJCE 30 juin 1993, *Parlement c/Conseil* C-181/91 et C-248/91, *Rec.* I-3685), ou servir de base de référence pour le contrôle de légalité des actes des institutions (sauf lorsqu'ils en constituent le fondement). Enfin, il est certain que, ne constituant ni du droit primaire ni du droit dérivé, ils ne sauraient faire l'objet d'un renvoi préjudiciel (267 FUE) (CJCE 27 nov. 1973, *Vandeweghe*, aff. 130/73, *Rec.* 1329 ; 15 janv. 1986, *Hurd*, aff. 44/84, *Rec.* 29), à défaut de dispositions spéciales introduites à cet effet dans le corps même de l'acte (art. 73 de la Convention sur le brevet communautaire) ou dans un protocole (protocole du 3 juin 1971, à la Convention sur la compétence judiciaire...) ou dans les conditions fixées par l'ex article 35 UE *[abrogé par le traité de Lisbonne]* s'agissant des *conventions européennes* dans le cadre de l'ancien troisième pilier de l'Union (v. ss 1426).

Section 5

Les sources non-écrites du droit de l'Union européenne

RIDEAU (J.), « Sources non écrites », *J.-Cl. Europe*, fasc. 191.

708. Si la *coutume* est quasi inexistante (à peine peut-on citer pour exemple la reconnaissance coutumière au Parlement européen d'un droit d'avis conforme sur la fixation du budget opérationnel CECA : cf. G. Isaac, chron. fin. *RTDE* 1975. 717), la *jurisprudence* tient, en revanche, une place considérable parmi les sources du droit de l'Union européenne. À l'aptitude de l'ordre juridique européen à accueillir le droit jurisprudentiel (caractère général, imprécis et incomplet des règles contenues dans les traités ; rigidité du droit primaire due à la lourdeur de la procédure de révision ; inertie du droit dérivé résultant des blocages au sein du Conseil), correspond, en effet, l'aptitude non moins remarquable de la Cour de justice à créer du droit (égalité institutionnelle avec le Conseil et la Commission) : art 13 UE ; mission d'assurer « le respect du droit » : art. 19 UE, donc pas seulement du droit écrit ; capacité opérationnelle du fait de son monopole de l'interprétation authentique : art. 267 FUE. L'exercice par la Cour de cette *mission normative* se singularise spécialement par l'utilisation de méthodes d'interprétation très dynamiques ainsi que par un large recours aux principes généraux du droit.

§ 1. Les méthodes d'interprétation de la Cour de justice

BESSON (S.), LEVRAT (N.) et CLERC (E.) (éd.), *Interprétation en droit européen*, Bruxelles-Paris-Genève, Zurich, Bâle, Bruylant, LGDJ, Schulthess, 2011.

KUTSCHER (H.), *Méthodes d'interprétation vues par un juge à la Cour*, Rencontre judiciaire et universitaire, 27-28 sept. 1976, Luxembourg, OPOCE.

MBONGO (P.) et VAUCHEZ (A.), *Dans la fabrique du droit européen, scènes, acteurs et publics de la Cour de justice des Communautés européennes*, Bruxelles, Bruylant, 2009

MERTENS DE VILMARS (J.), « Réflexions sur les méthodes d'interprétation de la CJCE », *CDE* 1985. 5.

NAVEL (L.), « Les travaux préparatoires dans la jurisprudence de la Cour de justice de l'Union européenne », *RDP* 2016, n° 5, p. 1547.

POIARES MADURO (M.), « Interpreting European Law : judicial adjudication in a context of constitutional pluralism », *Eur. J. Legal Studies*, n° 2, vol. 1, 2007.

RIDEAU (J.), « L'Union européenne face aux défis linguistiques », in J-J. Sueur (dir.), *Interpréter et traduire*, Bruxelles, Bruylant, 2007.

SIMON (D.), *L'interprétation judiciaire des traités d'organisations internationales*, Paris, Pedone, 1981.

I. La prédilection pour les méthodes systématique et téléologique

709. Si la Cour a, dans l'ensemble, naturellement repris les modalités interprétatives que préconise l'article 31 de la *Convention de Vienne sur le droit des traités*, et selon lesquelles l'interprétation doit se faire d'après « le sens ordinaire à attribuer aux termes du traité, dans leur contexte et à la lumière de son objet et de son but », elle a également identifié les particularités, ou les difficultés de la mission d'interprétation en droit communautaire, notamment le multilinguisme des sources écrites, la terminologie propre de ce droit, le fait que les notions juridiques utilisées n'aient pas forcément le même sens en droit communautaire et dans les différents droits nationaux (CJCE 6 oct. 1982, *CILFIT*, aff. 283/81, *Rec.* 3415), de même que l'objet propre de cette interprétation qui doit être « autonome et uniforme » (CJCE 18 janv. 1984, *Ekro BV*, aff. 327/82, *Rec.* 107 ; ou, par ex. T 13 déc. 2017, *Crédit mutuel Arkéa*, aff. T-712/15, ECLI:EU:T:2017:900) et elle a rapidement montré que pour elle, à cet égard, le « contexte général » (méthode systématique), ainsi que « l'objet et le but » (méthode téléologique) prenaient le pas sur l'interprétation littérale (CJCE 16 déc. 1960, *Humblet*, aff. 6/60, *Rec.* 1125 ; l'interprétation littérale est cependant parfois retenue, spécialement lorsqu'il s'agit d'interpréter strictement une dérogation : par ex. TFP 7 oct. 2009, *Pappas c/Commission*, aff. F-101/08, *Rec.* FP-I-A-1-00399 ; FP-II-A-1-02133 ; pour une mise en perspective, cf. aussi l'arrêt du 28 sept. 2016, *Royaume-Uni c/ Commission*, aff. T-437/14, ECLI:EU:T:2016:577 : « dès lors que les interprétations littérale et historique d'un règlement, et en particulier de l'une de ses dispositions, ne permettent pas d'en apprécier la portée exacte, il y a lieu d'interpréter la réglementation en cause en se fondant tant sur sa finalité que sur son économie générale »). Si les travaux préparatoires des premiers traités communautaires n'étaient guère accessibles, il en va autrement désormais et la Cour, dès lors, n'exclut pas de se référer à la genèse d'une disposition : CJ (Assemblée plénière) 27 nov. 2012, *Pringle*, aff. C-370/12, ECLI:EU:C:2012:756 ; CJ (Gr. ch.) 3 oct. 2013, *Inuit Tapiriit Kanatami e.a.*, aff. C-583/11 P, ECLI:EU:C:2013:625 ; ou CJ 27 oct. 2016, *Commission c/ Allemagne*, aff. C-220/15, ECLI:EU:C:2016:815.

Entre l'interprétation systématique et l'interprétation téléologique, c'est-à-dire les deux vecteurs d'une interprétation dynamique, l'ordre de priorité variera selon les espèces.

A. Méthode systématique

710. C'est l'interprétation des normes dans le cadre de leur rapport systématique avec d'autres normes et avec l'ensemble de la réglementation, en tenant compte de leur place et de leur fonction dans un ensemble organisé. Un bon exemple classique en est fourni par l'arrêt *Manghéra* (CJCE 3 févr. 1976, aff. 59/75, *Rec.* 91) dans lequel la Cour affirme que le paragraphe 1er de l'article 31 CE *[désormais 37 FUE]* doit « être considéré dans son contexte, en relation avec les autres paragraphes du même article et à sa place dans le système général du traité ». À cet égard, la connexité de certaines dispositions importe moins que leurs rapports structurels (importance de l'intitulé des subdivisions du traité pour interpréter les articles qu'elles contiennent : CJCE 19 mars 1964, *Unger*, aff. 75/63, *Rec.* 347 ; de leur place à l'intérieur de ces subdivisions : CJCE 14 déc. 1962, *Commission c/Luxembourg et Belgique*, aff. 2-3/62, *Rec.* 817). Surtout, par-delà sa localisation matérielle dans le traité, c'est la place logique de la disposition en cause dans le cadre de la réglementation d'une matière et souvent même dans le cadre du traité lui-même, pris dans son ensemble, qui est déterminante. Ainsi, l'article 12 CEE doit-il être interprété « eu égard à l'économie du traité en matière de droit de douane et de taxes d'effet équivalent » (CJCE 5 févr. 1963, *Van Gend et Loos*, aff. 26/62, *Rec.* 3) ; pour reconnaître ou non un effet direct à la directive, il convient de s'attacher à « sa fonction dans le système du traité » (CJCE 17 déc. 1970, *SACE de Bergame*, aff. 33/70, *Rec.* 1213) ; la recevabilité du recours en indemnité doit être appréciée en relation avec « sa fonction particulière dans le cadre du système des voies de recours » (CJCE 28 avr. 1971, *Lütticke*, aff. 4/69, *Rec.* 325) ; de même, enfin, en l'absence de dispositions spécifiques du traité relatives à la négociation et à la conclusion d'accords internationaux en matière de transports, il convient « de se référer au système général du droit communautaire relatif aux rapports avec les États tiers » (CJCE 31 mars 1971, *Commission c/ Conseil*, aff. 22/70, *Rec.* 263). De même peut-on penser aux espèces dans lesquelles la Cour fonde une solution en droit en ce qu'elle est « inhérente au système du traité », qu'il s'agisse de l'obligation d'interprétation conforme du droit national visà-vis du droit de l'Union (par ex. CJ 6 juill. 2017, *Glencore Agriculture Hungary Kft.*, aff. C-254/16, ECLI:EU:C:2017:522), ou du principe de la responsabilité de l'État pour des dommages causés aux particuliers par des violations du droit de l'Union qui lui sont imputables (par ex. CJ 10 juill. 2014, *Ogieriakhi*, aff. C-244/13, ECLI:EU:C:2014:2068). De manière plus ponctuelle, le Tribunal a jugé que la possibilité que le Conseil n'adopte pas une proposition de règlement instituant un droit antidumping est inhérente tant au système du traité qu'au règlement de base lui-même (arrêt du 29 nov. 2000, *Eurocoton e.a.*, aff. T-213/97, *Rec.* II-3727).

B. Méthode téléologique

711. Quant au système sur lequel repose la réglementation de chaque matière, et *a fortiori*, le système général du traité, il doit être appréhendé dans le cadre des objectifs que le traité se propose d'atteindre. La méthode systématique prend une dimension nouvelle en s'appuyant sur la *méthode téléologique*, dans laquelle les buts et les objectifs servent de guide à l'interprétation qui doit tendre à leur réalisation. S'il arrive, en effet, que la Cour se réfère spécifiquement à l'obligation qu'elle aurait d'interpréter les dispositions qui lui sont soumises à la lumière de leurs « finalités » (CJCE 13 mars 1973, *Mij PPV*, aff. 61/72, *Rec.* 301 ; 21 nov. 1974, *Moulijn*, aff. 6/74, *Rec.* 1287) ou de leurs « objectifs » (CJCE 16 juin 1966, *RFA c/Commission*, aff. 52-55/65, *Rec.* 243 ; 13 févr. 1969, *Walt Wilhelm*, aff. 14/68, *Rec.* 16 ; dans le même esprit le dispositif d'un acte doit être interprété en tenant compte des motifs qui ont conduit à son adoption : T 30 nov. 2011, *Quinn Barlo e.a.*, aff. T-208/06, *Rec.* II-7953), l'utilisation conjointe des deux méthodes est aujourd'hui la plus fréquente : ainsi, sollicitée de dire si l'expression « exploiter de façon abusive une position dominante sur le marché » visait également les concentrations d'entreprises, elle estima qu'il convenait « d'envisager à la fois l'esprit, l'économie et les termes de l'article 86, compte tenu du système du traité et des finalités qui lui sont propres » (CJCE 21 févr. 1973, *Europembalage*, aff. 6/72, *Rec.* 215) ; de même, la question de l'effet direct de l'article 119 CE doit-elle être appréciée au regard de la nature du principe d'égalité des rémunérations, de l'objectif poursuivi par cette disposition et de sa place dans le système du traité (CJCE 8 avr. 1976, *Defrenne*, aff. 43/75, *Rec.* 455). La formule la plus fréquente consiste ici à rappeler qu'« aux fins d'interpréter une disposition de droit de l'Union, il y a lieu de tenir compte non seulement des termes de celle-ci, mais également de son contexte et des objectifs poursuivis par la réglementation dont elle fait partie » (par ex. CJ 25 janv. 2018, *Commission c/ République tchèque*, aff. C-314/16, ECLI:EU:C:2018:42).

712. Il y a là une orientation de la méthode téléologique vers la prise en considération des *objectifs généraux de l'intégration européenne*, assurant une cohérence que pourrait mettre à mal la seule référence à des micro-objectifs particuliers de telle ou telle disposition. On a pu qualifier cette méthode de « méta-téléologique » (cf. M. Poiares Maduro, « Interpreting European Law : judicial adjudication in a context of constitutional pluralism », *Eur. J. Legal Studies*, n° 2, vol. 1, 2007 ; L. Azoulay, « un nouveau téléologue », in *Interprétation en droit européen*, S. Besson, N. Levrat, E. Clerc, Bruylant, LGDJ, Schulthess, 2011, p. 139). Dans le même esprit, les dispositions du droit de l'Union doivent être interprétées à la lumière des droits fondamentaux en tant que principes généraux (CJ 3 juill. 2014, *Kamino International Logistics BV*, aff. C-129/13 et C-130/13, ECLI:EU:C:2014:2041). On peut même identifier, depuis quelques années, un « nouveau méta-téléologisme » reposant sur une conception générale d'une Union européenne multiconstitutionnelle, dans laquelle la recherche d'autonomie de l'interprétation du droit de l'Union le dispute à la reconnaissance des identités propres aux États membres. Le juge de l'Union, tout en affirmant l'autonomie de ses interprétations, va dès lors tenir compte des implications internes : ainsi, par exemple, des infléchissements récents de la notion d'aide d'État, pour tenir compte de la répartition du pouvoir fiscal dans certains États (CJCE 11 sept. 2008, *UGT Rioja*, aff. C-428/06 à C-434/06, *Rec.* I-6747) ou de la notion de discrimination, pour tenir compte de la répartition constitutionnelle interne du pouvoir législatif, (CJCE 16 juill. 2009, *Horvath*, aff. C-428/07, *Rec.* I-6355). Le juge de l'Union va aussi ménager une marge d'interprétation aux juges nationaux pour l'interprétation des principes et valeurs communes, de manière à ce qu'il puisse y avoir une vision nationale, pour ne pas dire une version nationale de ces principes communs. C'est le cas pour le principe de respect de la dignité humaine (CJCE 14 oct. 2004, *Oméga*, aff. C-36/02, *Rec.* I-9609), pour la position vis-à-vis des jeux de hasard (CJCE 6 mars 2007, *Placanica*, aff. C-338/04, *Rec.* I-1891) ou pour la liberté de réunion et d'expression (CJCE 12 juin 2003, *Schmidberger*, aff. C-112/00, *Rec.* I-5659).

C. Interprétation du droit primaire

713. Si la méthode systématique et téléologique est aussi utilisée régulièrement au regard du droit dérivé (ainsi convient-il de tenir compte « du système et des finalités » du règlement de base du Conseil pour préciser la nature et l'étendue des pouvoirs d'exécution de la Commission : CJCE 17 déc. 1970, *Köster*, aff. 25/70, *Rec.* 1161), il est bien évident que c'est pour l'interprétation des traités communautaires eux-mêmes qu'elle prend sa pleine dimension et toute sa portée. Outre qu'elle était la méthode naturelle pour interpréter des traités eux-mêmes essentiellement rédigés en termes d'objectifs et de buts à atteindre, le caractère systématique et dynamique de ceux-ci, tels qu'ils apparaissent, notamment, dans les articles liminaires des traités, ne pouvait pas ne pas se refléter dans la jurisprudence de la Cour qui se révèle particulièrement *constructive*. C'est en s'appuyant notamment sur les objectifs des traités qu'elle a dégagé un certain nombre de principes fondamentaux visant tous plus ou moins à promouvoir et sauvegarder le Marché commun (libre circulation, non-discrimination, unité ; cf. P. Pescatore, « Les objectifs de la CEE comme principes d'interprétation dans la jurisprudence de la Cour de justice », in *Mélanges Ganshof van der Meersch*, Bruxelles, Bruylant, 1972, p. 325), et dont elle se sert comme instruments directement opératoires tant pour interpréter restrictivement les exceptions qui peuvent leur être apportées (CJCE 21 juin 1974, *Reyners*, aff. 2/74, *Rec.* 63), que pour écarter les conséquences d'une carence normative du Conseil (CJCE 10 déc. 1974, *Charmasson*, aff. 48/74, *Rec.* 1383). Surtout, enfin, à partir des objectifs des traités, la Cour a pu remonter au « système » qui les sous-tend et mettre à jour leur « esprit », que l'on peut résumer comme la volonté de donner à la Communauté une vie propre en fonction de ses finalités d'intégration. Il s'agit là d'une « certaine idée » de la construction communautaire que, par fidélité aux intentions ainsi manifestées par les promoteurs des Communautés, la Cour non seulement a fait sienne, mais encore dont elle se considère comme dépositaire et garante, n'hésitant pas à l'ériger au rang de directive générale et de point d'ancrage permanent pour son interprétation, et ce malgré le recul qu'elle peut connaître dans l'action quotidienne des États membres. C'est encore en s'appuyant sur cette idée qu'elle a refusé de se considérer comme tenue par les principes d'interprétation du juge international.

II. Le dépassement des méthodes d'interprétation du juge international

714. Le statut de la Cour de justice dans l'ordre juridique de l'Union, son monopole d'interprétation authentique du droit de l'Union, le fait qu'elle exerce une juridiction obligatoire, ni facultative comme celle de la Cour Internationale de Justice, ni subsidiaire comme celle de la Cour européenne des droits de l'Homme ne pouvait que la conduire à adopter des méthodes d'interprétation spécifiques.

A. Le principe de souveraineté des États

715. Alors que le juge international s'estime tenu, par respect du principe de souveraineté, d'interpréter strictement les engagements des États, la Cour de justice estime, au contraire, que les finalités d'intégration des traités communautaires autorisent des interprétations qui vont contre la souveraineté des États. Symptomatiquement, elle proclame que la caducité des dispositions des traités ne se présume pas et que le retour dans la compétence des États membres d'attributions conférées à l'Union ne pourrait intervenir qu'en vertu d'une disposition expresse des traités (CJCE 14 déc. 1971, *Commission c/France*, aff. 7/71, *Rec.* 1003) ; mais, à l'inverse, n'hésite pas à affirmer que « la compétence (de la Communauté, aujourd'hui de l'Union) pour prendre des engagements internationaux peut non seulement résulter d'une attribution explicite par le traité mais également découler de manière implicite de ses dispositions » (26 avr. 1977, *avis 1/76*, *Rec.* 754). Dans le même ordre d'idée, la Cour a rejeté la règle d'interprétation (art. 31 § 3, de la Convention de Vienne) qui consiste à se référer au comportement adopté ultérieurement par les États, que ce soit pour en déduire la volonté initiale des parties ou pour constater une modification implicite du contenu du traité fondée sur la concordance de vues : ainsi, par exemple, l'efficacité de l'article 141 CE *[ex 119]* ne saurait être affectée par la circonstance que l'obligation imposée par le traité n'a pas été tenue par certains États membres et que les institutions européennes ont insuffisamment réagi contre ce manquement (CJCE 8 avr. 1976, *Defrenne*, aff. 43/75, *Rec.* 455). Admettre le contraire risquait d'ériger la violation du droit en règle d'interprétation. D'une manière générale, et quel que soit le *décalage* qui apparaît ainsi entre la jurisprudence de la Cour et la pratique des autres institutions communautaires, la Cour maintient que le non-exercice de leurs pouvoirs par les Communautés ne saurait être une règle d'interprétation sous peine de vider le traité de son contenu (CJCE 25 sept. 1979, *Commission c/France*, aff. 232/78, *Rec.* 2729).

B. La règle de l'effet utile

716. Alors que le juge international se borne, habituellement, à utiliser la « règle de l'effet utile » pour faire prévaloir de deux interprétations d'une norme, celle qui lui reconnaît une signification plutôt que celle qui est dénuée de sens, la Cour de justice ne se borne pas, elle, à écarter les interprétations d'une disposition qui lui feraient *perdre* tout effet utile (15 juill. 1960, *Fédéchar*, aff. 20/69, *Rec.* 665 ; 9 juill. 1987, *RFA c/Commission*, aff. 281/85, *RTDE* 1987. 701) ; elle rejette déjà les interprétations qui auraient simplement pour conséquence d'*affaiblir* ou de *limiter* l'effet utile d'une disposition (à propos d'une décision adressée aux États membres, elle relève que « l'effet utile d'un tel acte se trouverait affaibli si les justificables étaient empêchés de s'en prévaloir en justice » : 6 oct. 1970, *Franz Grad*, aff. 9/70, *Rec.* 825 ; à propos de l'article 39 CE *[ex 48]*, il faut éviter « que l'effet utile et la portée des dispositions du traité relatives à la libre circulation des travailleurs et à l'égalité de traitement des ressortissants de tous les États membres ne soient limités par des interprétations de la notion d'administration publique tirés du seul droit national » : 17 déc. 1980, *Commission c/Belgique*, aff. 149/79, *Rec.* 3881). Bien plus, privilégiant l'interprétation dont l'effet utile est le plus grand, elle est naturellement conduite à faire une place à l'*interprétation évolutive*, c'est-à-dire à une lecture modernisée du traité, tenant compte des besoins nouveaux apparus après sa rédaction (ainsi, si, à l'époque où le traité a été élaboré, la notion de politique commerciale commune n'englobait sans doute que les instruments de la libération des échanges, elle ne saurait aujourd'hui être conduite utilement si la Communauté n'était pas en mesure de disposer aussi des moyens d'action plus élaborés suscités par le développement du commerce international : CJCE 11 nov. 1975, *avis* 1/75, *Rec.* 1355 ; 4 oct. 1979, *avis* 1/78, *Rec.* 2771).

C. Méthode déductive

717. Alors, enfin, que le juge international se contente d'une recherche inductive de la pensée des auteurs du traité, la Cour de justice n'hésite pas, quant à elle, à aller parfois au-delà et, raisonnant *sous forme déductive*, comme un juge interne, à déduire de la notion de Communauté les conséquences qui en sont inéluctables et de l'*acquis communautaire*, c'est-à-dire de l'état d'avancement de la construction communautaire, les implications nécessaires. De la nécessité de sauvegarder l'existence même de la Communauté (ainsi que l'unité du droit communautaire qu'elle implique) découle la primauté de celui-ci (« le droit né du traité ne pourrait... en raison de sa nature spécifique originale, se voir judiciairement opposer un texte interne que qu'il soit, sans perdre son caractère communautaire et sans que soit mise en cause la base juridique de la Communauté elle-même » : 15 juill. 1964, *Costa*, aff. 6/64, *Rec.* 1141 ; « l'application intégrale et uniforme » du traité s'impose, à peine de « vider la Communauté de toute substance » : 22 juin 1965, *San Michele*, aff. 9/65, *Rec.* 1967. 37), ainsi que son autonomie (une « règle fondamentale pour l'existence de la Communauté » exclut « le recours à des règles ou notions juridiques de droit national, pour l'appréciation de la validité des actes arrêtés par les institutions de la Communauté » ou « pour limiter la portée des dispositions du droit communautaire ») (17 déc. 1970, *Internationale Handelsgesellschaft*, aff. 11/70, *Rec.* 1125 ; 17 déc. 1980, *Commission c/Belgique*, préc.).

De même, c'est de la notion de Communauté et de celle de politique commune que la Cour a déduit le nécessaire parallélisme des compétences internes et externes (« chaque fois que pour la mise en œuvre d'une politique commune prévue par le traité, la Communauté a pris des dispositions instaurant sous quelque forme que ce soit, des règles communes, les États membres ne sont plus en droit (...) de contracter avec les États tiers des obligations affectant ces règles... ; la mise en vigueur du règlement n° 543/69 du Conseil... a eu pour effet nécessaire d'attribuer à la Communauté la compétence pour conclure avec les États tiers tous accords portant sur la matière régie par le même règlement » : 31 mars 1971, *Commission c/Conseil*, aff. 22/70, *Rec.* 263), ainsi que le caractère exclusif de la compétence externe lorsque la compétence interne a été effectivement exercée (même arrêt). À partir de 1986, la Cour a développé le même raisonnement déductif à partir de la notion de « Communauté de droit » (CJCE 23 avr. 1986, *Les Verts*, aff. 294/83, *Rec.* 339 ; CJCE 14 déc. 1991, *Accord sur la création de l'Espace économique européen, avis 1/91*, *Rec.* I-6079). Si la notion d'Union et d'Union de droit (T. 24 mars 2011, *Freistaat Sachsen*, aff. T-443/08, *Rec.* II-1311) remplace désormais la référence aux notions de Communauté et de Communauté de droit, la référence au « modèle communautaire » dans ce raisonnement du juge ne doit pas être pour autant considérée comme relevant du passé.

§ 2. Les principes non-ecrits

I. Les principes généraux du droit

Bertrand (B.), « Retour sur un classique. Quelques remarques sur la catégorie des principes généraux du droit de l'Union européenne », *RFDA* 2013, n° 6, p. 1217.

Cahiers de droit européen, n° spécial 1/2016 : *Les principes généraux du droit de l'Union européenne.*

Galmot (Y.), « L'apport des principes généraux du droit communautaire à la garantie des droits dans l'ordre juridique français », *CDE* 1997. 67.

Molinier (J.), v° *Principes généraux*, *Rép. communautaire*, Dalloz.

Papadopoulou (R.-E.), *Principes généraux du droit et droit communautaire*, Bruxelles, Bruylant, 1996.

Reuter (P.), « Le recours de la Cour de justice des Communautés à des principes généraux de droit », in *Mélanges Rolin*, Paris, Pedone, 1964, p. 263.

Ruiz-Fabri (H.), « Principes généraux du droit communautaire et droit comparé », *Revue Droits* n° 45, 2007. 127.

Sauve (J.-P.) et Polge (N.), « Les principes généraux du droit en droit interne et en droit communautaire. Leçons croisées pour un avenir commun ? », in *Mélanges en l'honneur de P. Manin*, Paris, Pedone, 2010, p. 727.

Simon (D.), « Y a-t-il des principes généraux du droit communautaire ? », *Droits, Revue française de théorie juridique* n° 14, 1991. 73.

Tridimas (T.), *The General Principles of EU Law*, 2e éd., Oxford, Oxford University Press, 2007.

718. Les principes généraux du droit constituent une super légalité de l'Union dont la Cour impose le respect aux institutions (et qui possède donc une autorité supérieure à celle du droit dérivé) mais qui s'imposent aussi aux États membres pour tout acte entrant dans le champ d'application du droit de l'Union et *a fortiori* pris en exécution de celui-ci (CJCE 18 juin 1991, *ERT*, aff. 260/88, *Rec.* I-2925 ; 17 avr. 1997, *EARL de Kerlast*, aff. C 15/95, *Rec.* I-1961 ; cf. aussi Com. 23 févr. 1999, *Coopérative des vignerons de l'Île-de-France*, arrêt n° 485 D) ou plus largement dans la « mise en œuvre » de celui-ci (pour la transposition d'une directive) : CJCE 10 juill. 2003, *Booker Aquaculture Ltd*, aff. jtes C-20 et C-64/00, *Rec.* I-7411. Le Conseil d'État français a pu affirmer de manière tout à fait significative la spécificité et l'autorité des principes généraux de droit communautaire, dans son arrêt du 3 décembre 2001, *Syndicat national de l'industrie pharmaceutique (SNIP, Leb.* 624), jugeant que les principes généraux communautaires l'emportent sur la loi, ayant la même valeur juridique que les traités (ils sont déduits des traités). Il est important de préciser que le Conseil d'État refuse la primauté aux principes généraux du droit international (cf. C.E. 6 juin 1997, *Aquarone*, *AJDA* 1997. 630, pour la coutume internationale, et C.E. 28 juill. 2000, *Paulin*, n° 178834 qui ajoute les principes généraux du droit), tout en les acceptant en tant que source de droit (C.E. 23 oct. 1987, *Nachfolger navigation company*) ; cette évolution est par ailleurs conforme à la jurisprudence judiciaire.

A. Nature et origine des principes généraux du droit

719. On sait que les principes généraux du droit sont des règles non-écrites que le juge est réputé appliquer et non créer, même si la nécessaire constatation préalable qu'il doit en faire est, en réalité, largement créatrice. Il faut, en effet, souligner le rôle extrêmement actif du juge de l'Union dans la « découverte » ou l'« invention » (au sens de l'invention des trésors en droit civil, ou de l'invention des arguments en rhétorique) de ces principes. Le traité CE ne contenait en effet qu'une seule référence explicite, l'article 288 *[désormais art. 340 FUE]* renvoyant aux principes généraux communs aux droits des États membres pour le régime de la responsabilité extra contractuelle de la Communauté (On compte désormais deux renvois explicites dans les traités sur lesquels est fondée l'Union, mais le renvoi de l'article 6 UE, selon lequel les droits fondamentaux font partie du droit de l'Union en tant que principes généraux a suivi et non précédé la jurisprudence, v. ss 752). La caractéristique propre du recours aux principes généraux par la Cour de justice est qu'il lui permet de choisir, pratiquement en toute indépendance, dans les autres systèmes juridiques, et notamment dans les systèmes juridiques des États membres, les principes et les règles qu'elle décide d'appliquer, c'est-à-dire d'incorporer, dans l'ordre juridique de l'Union. Les trois catégories de sources auxquelles la Cour s'alimente lui posent toutes, bien qu'à des degrés inégaux, un double problème d'identification et de compatibilité avec l'ordre juridique de l'Union.

1° L'inspiration internationale : les principes généraux du droit international public

720. Les *principes du droit international public* se révèlent habituellement incompatibles avec la structure et les exigences du système communautaire et ne sauraient donc être reçus dans les relations internes de l'Union. Ainsi, par exemple, aux États qui avaient invoqué devant elle le principe de droit international selon lequel la partie lésée par l'inexécution des obligations incombant à une autre partie peut se dispenser de l'exécution de ses propres obligations, la Cour répondit : « Le traité ne se borne pas à créer des obligations réciproques envers les différents sujets auxquels il s'applique, mais établit un ordre juridique nouveau ; partant, en dehors des cas expressément prévus, l'économie du traité comporte interdiction pour les États membres de se faire justice à eux-mêmes » (13 nov. 1964, *Luxembourg et Belgique*, aff. 90-91/63, *Rec.* 1217). Dès lors, ce n'est qu'exceptionnellement que la Cour applique « les principes de droit international », « en tant que principe de droit international public », ou parce qu'ils sont « universellement reconnus en droit international public » ; ce fut le cas en matière de traités contradictoires (27 févr. 1962, *Commission c/Italie*, aff. 10/61, *Rec.* 22), ou bien pour la référence au « principe de droit international (qui) s'oppose à ce qu'un État refuse à ses propres ressortissants le droit d'avoir accès à son territoire et d'y séjourner » (4 déc. 1974, *Van Duyn*, aff. 41/74, *Rec.* 1227) ou encore vis-à-vis du principe de territorialité (CJCE 27 sept. 1988, *Ahlström Osakeytiö (Pâte de bois 1)*, aff. 89, 104, 114, 116 et s./85, *Rec.* 5193).

2° L'inspiration nationale : les principes généraux communs aux droits des États membres

721. On comprend, dès lors, que la Cour tire principalement son inspiration des systèmes juridiques nationaux, à travers les *principes généraux communs aux droits des États membres.* Avant même que les traités de Rome procèdent à un renvoi exprès (art. 288, § 2, CE [*désormais art. 340 FUE*]), la Cour avait, en effet, affirmé son devoir de s'inspirer « des règles reconnues par les législations, la doctrine et la jurisprudence des pays membres » (12 juill. 1957, *Algéra*, aff. 7/56, 3/57 à 7/57, *Rec.* 81). Elle invoque depuis, régulièrement, les « principes généraux généralement admis dans le droit des États membres » (21 juin 1958, *Hauts fourneaux et aciéries belges*, aff. 8/57, *Rec.* 225, à propos du principe d'égalité devant la réglementation économique) ou encore « un principe commun aux systèmes juridiques des États membres » (25 févr. 1969, *Klomp*, aff. 23/68, *Rec.* 43, à propos du principe de continuité des structures juridiques). De telles formules recouvrent une démarche originale, à base de droit comparé (cf. P. Pescatore, « Le recours, dans la jurisprudence de la CJCE, à des normes déduites de la comparaison des droits des États membres », *RIDC* 1980. 337), mais qui fait la part belle au volontarisme de la Cour.

722. La *découverte* des principes communs ne saurait procéder, en effet, d'une superposition quasi mécanique du droit de chaque État membre pour ne garder que les éléments qui se recouvrent exactement (à ce compte, l'exercice eût rapidement atteint ses limites et serait devenu impossible dans une Communauté élargie). La Cour s'efforce, au contraire, de dégager, à partir de l'esprit des droits nationaux, de leur orientation, de leur évolution, les principes qui révèlent un patrimoine commun, ce qui relève plus d'une démarche de chercheur, voire de « trouvère » au sens où Maurice Hauriou aurait pu utiliser ce terme, que d'huissier : ces principes résultent parfois de la convergence de l'ensemble des systèmes nationaux, mais, le plus souvent, de l'existence d'un courant simplement dominant ou même d'un courant minoritaire, dès lors que l'ensemble des autres États ne possèdent aucune disposition significative en la matière. À la limite, une telle démarche s'accommode même fort bien de l'introduction en droit de l'Union des conceptions juridiques en provenance d'un seul État membre (ainsi du principe de *proportionnalité* ou de la *confiance légitime*, qui n'étaient consacrés que dans le droit allemand). Tout dépend, finalement, de la valeur intrinsèque des solutions offertes par les droits nationaux et de leur degré d'adaptation aux besoins du système de l'Union. La Cour se réserve, en effet, non seulement de choisir parmi les différentes solutions offertes par les droits nationaux (la conception large de la notion d'*exercice des fonctions* par un agent public, qui avait cours dans cinq États membres sur six, est écartée au profit d'une conception étroite qui n'était retenue que dans le sixième : CJCE 10 juill. 1969, *Sayag*, aff. 9/69, *Rec.* 3219), mais encore d'écarter les principes communs qui seraient incompatibles avec les exigences communautaires (CJCE 11 juill. 1968, *Danvin*, aff. 26/67, *Rec.* 463) et, en tout état de cause, d'« adapter » les principes qu'elle transpose, conformément à la règle de l'autonomie du droit communautaire (17 déc. 1970, *Internationale Handelsgesellschaft*, aff. 11/70, *Rec.* 1125).

3° L'inspiration « communautaire »

723. Elle peut prendre deux formes : l'inspiration logique et la généralisation à partir de dispositions écrites.

a) L'inspiration logique

724. Ce sont les principes déduits de la logique du système juridique de l'Union : en tant que tel, celui-ci ne peut que respecter les principes inhérents à tout système juridique organisé ; il permet également d'identifier des principes caractérisant sa spécificité. Il y aurait donc ici projection de deux logiques substantielles de l'ordre juridique communautaire.

725. On pourrait d'abord identifier les ***principes de la Communauté de droit*** selon l'expression retenue par la Cour pour qualifier l'ordre juridique communautaire (CJCE 23 avr. 1986, *Les Verts*, aff. 294/83, *Rec.* 339), aujourd'hui de ***l'Union de droit*** (T. 24 mars 2011, *Freistaat Sachsen*, aff. T-443/08, *Rec.* II-1311) ; il s'agit des principes tels que la sécurité juridique, la bonne foi (cf. M.-C. Pujol-Réversat, « la bonne foi principe général du droit dans la jurisprudence communautaire », *RTDE* 2009. 201), la non-rétroactivité, le respect des droits acquis, ou des droits de la défense. Cette référence aux *principes généraux* **de** *droit*, c'est-à-dire aux principes communs à l'ensemble des systèmes juridiques organisés, nationaux ou internationaux, présente surtout des difficultés d'identification. S'il ne fait aucun doute, en effet, que le caractère contradictoire du procès constitue bien un tel principe (« ce serait violer un principe élémentaire du droit que de baser une décision judiciaire sur des faits et documents dont les parties elles-mêmes ou l'une d'entre elles n'ont pu prendre connaissance et sur lesquelles elles n'ont donc pas été en mesure de prendre position » : CJCE 22 mars 1961, *S.N.U.P.A.T.*, aff. 42 et 49/59, *Rec.* 156) ; il est plus malaisé, en revanche, d'identifier le contenu directement opératoire du « principe général de la sécurité juridique » (CJCE 6 avr. 1962, *Bosch*, aff. 13/61, *Rec.* 101). Le caractère très général de tels principes (qui répondent aux exigences suprêmes du droit et de la conscience collective) a pour inconvénient de réduire leur nombre et donc le recours qu'ils fournissent à la Cour ; il a, en revanche, l'avantage de les rendre d'emblée parfaitement acceptables dans l'ordre juridique de l'Union.

726. Il y a ensuite les ***principes de la Communauté, de l'Union d'intégration***, c'est-à-dire les principes qui organisent la structure et qui permettent le fonctionnement d'un ensemble intégré : « fidélité communautaire », avec ses diverses dimensions de coopération loyale et de solidarité entre États membres, équilibre institutionnel, proportionnalité et subsidiarité. Ces derniers peuvent cependant d'avantage se prévaloir de supports dans les traités et sont moins représentatifs de la catégorie des principes généraux.

b) La généralisation à partir d'une disposition écrite

727. Ce raisonnement peut être mené par le juge à partir du droit primaire comme du droit dérivé.

728. ***Pour le droit primaire***, on peut considérer comme exemplaire le cas du principe de coopération loyale pour l'identification duquel la Cour s'est appuyée sur l'article 10 CE (ex art. 5 CEE), la « généralisation » pouvant correspondre ici, selon les arrêts, à deux mécanismes. D'abord, « *l'inspiration* » (évocation dans l'arrêt du 10 février 1983, *Luxembourg c/ Parlement européen*, aff. 230/81, *Rec.* 255, de la « règle imposant aux États membres et aux institutions communautaires des devoirs réciproques de coopération loyale *qui inspire* notamment l'article 5 du traité CEE »). Ensuite, « *l'expression partielle* »: l'article 5 « est *l'expression de la règle plus générale* imposant aux États membres et aux institutions communautaires des devoirs réciproques de coopération et d'assistance loyale » (CJCE 15 janv. 1986, *Hurd*, aff. 44/84, *Rec.* 29). Ce principe général non écrit sera consacré explicitement dans toute sa dimension dans le traité de Lisbonne. Pour un autre exemple, le principe général d'égalité entre hommes et femmes déduit de l'article 119 CE ne visant que l'égalité des rémunérations (CJCE 15 juin 1978, *Defrenne*, aff. 149/77, *Rec.* 1365). Cette « promotion » en principe général peut se traduire par une portée plus large pour une disposition d'un traité : ainsi, si l'article 12 CE exprime l'interdiction des discriminations exercées en raison de la nationalité dans le cadre de ce traité, la Cour, en y voyant l'expression d'un principe général, a pu l'appliquer au cadre du traité Euratom qui ne contenait pas de disposition en l'espèce (arrêt du 27 oct. 2009, *ČEZ*, aff. C-115/08, *Rec.* I-10265).

729. ***Pour le droit dérivé***, l'arrêt *Audiolux* du 15 octobre 2009 (aff. C-101/08, *Rec.* I-9823) est intéressant, qui refuse de voir en l'égalité de traitement des actionnaires un principe général du droit communautaire. Le juge ne se place pas ici sur le terrain de la quête d'un principe général commun au droit des États membres (inspiration nationale), la question étant de voir dans quelle mesure l'on peut déduire l'existence d'un principe général à partir de dispositions de droit dérivé de l'Union (des directives et un code de conduite). La Cour semble ici décliner trois exigences. Pour qu'une disposition de droit dérivé puisse apparaître comme un indicateur valable quant à l'existence d'un principe général, elle doit d'abord être *contraignante*. Elle doit ensuite, dans son contenu, permettre d'identifier de façon *bien déterminée la substance du principe*. Pour autant, et c'est la troisième vérification que fait le juge, la disposition invoquée, dans sa portée, doit être pourvue « *du caractère général qui est par nature inhérent aux principes généraux de droit* », la difficulté de l'exercice ou la part d'appréciation du juge tenant certainement dans l'équilibre entre la deuxième et la troisième condition. Pour un intéressant débat entre le président du Tribunal et le vice-président de la Cour de justice à propos de la concrétisation du droit à un recours effectif par une directive, cf. les Ord. du 4 déc. 2014, *Vanbreda*

Risk & Benefits/Commission, aff. T-199/14 R, ECLI:EU:T:2014:1024, et du 23 avr. 2015, *Commission c/ Vanbreda Risk & Benefits*, aff. C-35/15 P(R), ECLI:EU:C:2015:275.

B. Reconnaissance des principes généraux du droit

730. Outre les indications données ci-dessus quant à l'identification d'un principe général à partir de dispositions écrites, on peut tenter d'exposer les critères que prend en compte le juge pour reconnaître un principe (là il reste le plus souvent peu explicite, se bornant à prendre acte de l'existence de tel principe), ou pour refuser une telle reconnaissance (ce type de décision est généralement un peu plus motivée ; on rencontre cependant aussi des refus très « secs » non explicites, par exemple pour le refus d'examiner la question de l'existence d'un prétendu principe de *nécessité*, cf. l'arrêt du 30 sept. 2015, *Anagnostakis*, aff. T-450/12, ECLI:EU:T:2015:739). Il faut d'abord que la norme concernée entre dans le *champ des objectifs des traités*. Par exemple, tel n'est pas le cas pour le respect du *bien-être des animaux* (CJCE 12 juill. 2001, *Jippes*, aff. C-189/01, *Rec.* I-5689). Il faut aussi que le contenu du principe soit suffisamment déterminé. Ainsi le sacro-saint principe de « *préférence communautaire* » n'est qu'une « considération à caractère politique » (CJCE 10 mars 2005, *Espagne c/ Conseil*, aff. C-342/03, *Rec.* I-1975). De même, le principe de *cohésion économique et sociale* a-t-il un caractère programmatique, renvoyant à de futures actions, et n'est pas un principe général du droit de l'Union (CJCE 23 nov. 1999, *Portugal c/ Conseil*, aff. C-149/96, *Rec.* I-8395). Les principes généraux doivent pouvoir être invoqués par les particuliers au titre de leur effet direct et donc doivent, ce qui ne laisse pas d'être quelque peu paradoxal pour un principe caractérisé par sa généralité, porter une norme inconditionnée et suffisamment précise.

C. Les principes appliqués par la Cour et leur autorité juridique

ANDRIANTSIMBAZOVINA (J.), « La Convention européenne des droits de l'Homme et la Cour de justice des Communautés européennes après le traité d'Amsterdam : de l'emprunt à l'appropriation ? », *Europe*, oct. 1998, chron. 7.

COHEN-JONATHAN (G.), « La Cour des Communautés européennes et les droits de l'Homme », *RMC* 1978. 74.

DAUSES (M.A.), « La protection des droits fondamentaux dans l'ordre juridique des CE », *Rev. aff. eur.* n° 4, 1992. 9.

DUTHEIL DE LA ROCHÈRE (J.), « The protection of fundamental rights in the EU : Comunity of values with opt-out ? », in I. Pernice et E. Tanchev (ed.), *Ceci n'est pas une constitution : constitutionalisation without a Constitution ?*, Baden-Baden, Nomos, 2009, p. 119.

ILIOPOULOU (A.), « Assurer le respect et la promotion des droits fondamentaux : un nouveau défi pour l'Union européenne », *CDE* n° 3-4, 2007. 422

JACQUÉ (J. P.), « Communauté européenne et Convention européenne des droits de l'Homme », in *Mélanges Boulouis*, p. 325.

LECLERC (S.), AKONDJI-KOMBE (J.-F.) et REDOR (M.-J.) (dir.), *L'Union européenne et les droits fondamentaux*, Bruylant, 1999.

Picod (F.), « Pour un développement durable des droits fondamentaux de l'Union européenne », in *Mélanges J. P. Jacqué*, Paris, Dalloz, 2010.

Renucci (J.-F), *Droit européen des droits de l'Homme*, 4e éd., Paris, LGDJ, 2010.

Rideau (J.), « La protection des droits fondamentaux dans l'Union européenne. Perspectives ouvertes par le traité de Lisbonne », *RAE* 2007-2008/2, p. 185.

Sudre (F.), « La Communauté européenne et les droits fondamentaux après le traité d'Amsterdam », *JCP* 1998. I. 100.

Sudre (F.) et Labayle (H.), *Réalité et perspectives du droit communautaire des droits fondamentaux*, Bruxelles, Bruylant, 2000.

731. On peut distinguer plusieurs degrés de généralité dans ces « principes ». Certains sont des principes techniques supplétifs, d'autres correspondent à des principes de rang constitutionnel, appartenant au droit primaire.

1° Les principes d'utilité supplétive

732. La Cour a dégagé un certain nombre de principes *à caractère technique*, qui n'ont qu'une valeur supplétive, en cas de lacune, et pourraient, le cas échéant, être écartés par des dispositions expresses du droit dérivé. Outre les principes régissant la responsabilité extra-contractuelle de l'Union (v. ss 1343), ainsi que le retrait rétroactif des actes illégaux (v. ss 661), on peut citer le principe du non-paiement des jours de grève (18 mars 1975, *Acton*, aff. 44, 46 et 49/74, *Rec.* 383), le principe de la distinction des impôts et des taxes ou redevances (8 févr. 1968, *Van Leeuwen*, aff. 32/67, *Rec.* 63), le principe suivant lequel une déclaration de volonté écrite produit tous ses effets dès qu'elle est régulièrement entrée dans la *sphère interne* du destinataire (10 déc. 1957, *Alma*, aff. 8/56, *Rec.* 190).

2° Les principes de rang constitutionnel

733. C'est le cas général pour les principes identifiés par la Cour de justice qui, parfois, explicitant sa méthode, en vient à refuser de reconnaître un principe général (celui d'égalité des actionnaires dans l'arrêt précité, *Audiolux*, aff. C-101/08) parce qu'il exigerait, en raison des formes différentes que peut prendre la protection des actionnaires minoritaires, des précisions d'ordre législatif alors que les principes généraux sont « de rang constitutionnel » (cf. aussi pour cette valeur « constitutionnelle », l'arrêt du 29 oct. 2009, *NCC Construction Danmark*, aff. C-174/08, *Rec.* I-10567, ainsi que l'Ord. du 22 juin 2011, *Cosimo Damiano Vino*, aff. C-161/11, *Rec.* I-91*). On peut aussi souligner que la Cour, dans le même sens, assimile nettement les principes généraux au droit primaire, par ex. dans l'arrêt du 3 septembre 2008 (*Kadi*, aff. C-402 et 415/05 P, *Rec.* I-6351), où elle précise que la primauté des engagements externes ne s'étend pas « au droit primaire et, en particulier, aux principes généraux ». Regroupant les deux approches, la classique jurisprudence sur la Communauté puis l'Union de droit issue de l'arrêt du 23 avril 1986 *Les Verts* (aff. 294/83, *Rec.* 1339) qui limitait, dans un premier temps la référence à la « charte constitutionnelle de base » aux seuls traités l'a ensuite étendue aux traités et aux principes généraux (par ex. arrêts de Grande chambre du 29 juin 2010, *E et F*, aff. C-550/09, *Rec.* I-6213 ; ou du 30 mai 2017, *Safa Nicu Sepahan Co.*, aff. C-45/15 P, ECLI:EU:C:2017:402).

734. Il faut ajouter à la capacité juridique des principes généraux que la Cour leur reconnaît l'effet direct, et même un effet direct éventuellement complet (v. ss 958). S'agissant du principe de non-discrimination en fonction de l'âge, reconnu en 2005 en tant que principe général du droit de l'Union, la Cour a jugé que ce principe « confère aux particuliers un droit subjectif invocable en tant que tel qui, même dans des litiges entre particuliers, oblige les juridictions nationales à écarter l'application des dispositions nationales non conformes audit principe » (arrêt de Grande chambre du 19 avr. 2016, *Dansk Industri*, aff. C-441/14, ECLI:EU:C:2016:278 ; cf. aussi l'arrêt du 19 janv. 2010, *Kücückdeveci*, aff. C-555/07, *Rec.* I-365). On rappellera également qu'ils s'imposent aux autorités des États membres, certes dans le champ d'application du droit de l'Union (v. ss 718).

a) Le principe de la sécurité juridique, sous ses expressions les plus diverses

735. ***Prescription et forclusion*** : les situations juridiques devant être rapidement stabilisées et ne pouvant être remises en cause à tout moment, la Cour impose des délais à l'exercice de leurs compétences par les institutions et à l'utilisation des voies de recours par les justiciables (en l'absence d'une prescription prévue par les textes, « l'exigence fondamentale de la sécurité juridique s'oppose à ce que la Commission puisse retarder indéfiniment l'exercice de son pouvoir d'infliger des amendes », 12 juill. 1972, *Azienda Colori Nazionali*, aff. 57/69, *Rec.* 934 ; la Commission doit se prononcer dans un délai de deux mois sur la compatibilité avec le traité des projets d'aides présentés par les États : 11 déc. 1973, *Lorentz*, aff. 120/73, *Rec.* 1481 ; en matière de recours en carence, les requérants doivent saisir l'institution dans un délai raisonnable, à peine de forclusion : 6 juill. 1971, *Pays-Bas*, aff. 59/70, *Rec.* 639).

736. ***Inopposabilité d'un acte*** qui n'a pas fait l'objet d'une publicité adéquate (25 janv. 1979, *Racke*, aff. 98/78, *Rec.* 69).

737. ***Non-rétroactivité*** : sauf dans des cas exceptionnels, la portée dans le temps d'un acte communautaire ne peut voir son point de départ fixé à une date antérieure à sa publication (v. ss 659) ; en outre, le souci de la sécurité juridique conduit même la Cour, dans certains cas, à limiter ou écarter l'effet rétroactif qui s'attache normalement aux interprétations ou déclarations d'invalidité qu'elle rend sur renvoi préjudiciel (8 avr. 1976, *Defrenne*, aff. 43/75, *Rec.* 455 ; 15 oct. 1980, *Roquette*, aff. 145/79, *Rec.* 1917). La Cour a considéré comme un principe général de droit de l'Union à la fois la non rétroactivité générale des lois pénales (par ex. CJ 29 juin 2010, *E et F*, aff. C-550/09, *Rec.* I-6213 ; ou T 3 mars 2011, *Areva e.a.*, aff. T-117/07 et T-121/07, *Rec.* II-633) et la rétroactivité particulière des lois pénales plus douces (3 mai 2005, *Silvio Berlusconi et a.*, aff. C-387/02, C-391/02, C-403/02, *Rec.* I-3565 ; à ce dernier égard, la Cour a précisé que « ce principe, tel que consacré à l'article 49, paragraphe 1, de la Charte, fait partie du droit primaire de l'Union. Même avant l'entrée en vigueur du traité de Lisbonne, qui a conféré à la Charte la même valeur juridique que les traités, la Cour a jugé que ce principe découlait des traditions constitutionnelles communes aux États membres et, partant, devait être considéré comme faisant partie des principes généraux du droit de l'Union que le juge national doit respecter lorsqu'il applique le droit national » : CJ 6 oct. 2016, *Paoletti e.a.*, aff. C-218/15, ECLI:EU:C:2016:748).

738. « ***Confiance légitime*** » (cf. F. Hubeau, « Le principe de la protection de la confiance légitime dans la jurisprudence de la CJCE », *CDE* 1983. 143 ; P. Mengozzi, « Évolution de la méthode suivie par la jurisprudence communautaire en matière de protection de la confiance légitime » *Rev. Marché unique européen* 1997/4, p. 13) : ce principe, transposé du droit allemand, et qui a même été situé par la Cour parmi les « principes fondamentaux de l'Union » (CJ 12 janv. 2017, *Timab Industries et CFPR*, aff. C-411/15 P, ECLI:EU:C:2017:11) protège notamment les administrés contre la modification, avec effet immédiat et sans avertissement préalable, des réglementations existantes (14 mai 1975, *C.N.T.A.*, aff. 74/74, *Rec.* 533 ; TPI 10 juin 2009, *Pologne c/Commission*, aff. T-257/04, *Rec.* II-1545), même si, dans l'absolu, il n'y a confiance légitime ni dans le maintien d'une réglementation, ni dans une évolution future de celle-ci (TPI 11 janv. 2002, *Biret International c/Conseil*, aff. T-174/00, *Rec.* II-17). La protection concerne aussi la fourniture de renseignements erronés (4 févr. 1975, *Compagnie Continentale France*, aff. 169/73, *Rec.* 117), ainsi que toute situation de laquelle il ressort que l'administration communautaire, en lui fournissant des assurances précises, a fait naître à l'égard d'un particulier des espérances fondées (par ex. CJ 24 mars 2011, *ISD Polska sp. Z o.O. e.a.*, aff. C-369/09 P, *Rec.* I-2011). Encore faut-il que ce soient des « assurances précises, inconditionnelles et concordantes, émanant de sources autorisées et fiables, que lui aurait fournies l'administration » (T 14 avr. 2011, *Visa Europe Ltd*, aff. T-461/07, ECLI:EU:T:2011:181). La protection de la confiance légitime constitue une « règle supérieure de droit » protégeant les particuliers, d'où, notamment, la véritable saga du contentieux SLOM, la responsabilité de l'Union étant engagée pour avoir négligé ce principe dans une nouvelle réglementation sur les quotas laitiers (à l'origine, CJCE 19 mai 1992, *Mulder II*, aff. C-104/89 et C-37/90, *Rec.* I-3061). Ce principe peut être invoqué également par un État membre (voir, en ce sens, arrêt du 22 avr. 2015, *Pologne c/Commission*, aff. T-290/12, ECLI:EU:T:2015:221).

739. ***Clarté et précision du droit*** : ces exigences s'opposent aux formulations ambiguës des textes fiscaux (9 juill. 1981, *Société Gondrand*, aff. 169/80, *Rec.* 1931), à la transposition des directives par la voie de simples pratiques administratives, par nature modifiables (6 mai 1980, *Commission c/Belgique*, aff. 102/79, *Rec.* 1473) ou à la communication d'une décision dans une langue que le destinataire ne comprend pas (18 févr. 1975, *Farrauto*, aff. 66/74, *Rec.* 157). Le principe, dans sa forme générale, exige que tout acte de l'administration produisant des effets juridiques soit clair et précis, afin que les intéressés puissent connaître sans ambiguïté leurs droits et obligations et prendre leurs dispositions en conséquence (par ex. T 29 nov. 2017, *Montel*, aff. T-634/16, ECLI:EU:T:2017:848). Pour une application aux lignes directrices adoptées par la Commission : T 12 févr. 2014, *Beco c/ Commission*, aff. T-81/12, ECLI:EU:T:2014:71. En matière pénale, cela correspond au *principe de légalité des délits et des peines* (par ex. CJ 31 mars 2011, *Aurubis Balgaria*, aff. C-546/09, *Rec.* I-2531).

740. La Cour a défini progressivement et prudemment une théorie de la sanction de l'***abus de droit*** (CJCE 14 déc. 2000, *Emsland Stärke GmbH*, aff. C-110/99, *Rec.* I-11569 ; sur cette gestation, cf. les analyses de D. Simon et A. Rigaux : « La technique de consécration d'un nouveau principe général du droit communautaire : l'exemple de l'abus de droit », in *Mélanges en hommage à Guy Isaac*, Presses de l'Université de sciences sociales de Toulouse, 2004, tome 2, p. 559) et a fini par consacrer un « principe général de droit communautaire selon lequel l'abus de droit est prohibé » (CJCE 5 juill. 2007,

Kofoed, aff. C-321/05, *Rec.* I-5795). Pour jouer, le principe exige un ensemble de circonstances objectives d'où il résulte que, malgré un respect formel des conditions prévues par la réglementation de l'Union, l'objectif poursuivi par cette réglementation n'a pas été atteint et, d'autre part, un élément subjectif consistant en la volonté d'obtenir un avantage résultant de la réglementation de l'Union en créant artificiellement les conditions requises pour son obtention (par ex. arrêt de la Grande chambre du 18 déc. 2014, *Mc Carthy e.a.*, aff. C-202/13, ECLI:EU:C:2014:2450 ; ou arrêt du 28 juill. 2016, *Kratzer*, aff. C-423/15, ECLI:EU:C:2016:604).

741. En revanche, s'il a été reconnu que le ***principe d'estoppel***, connu en droit anglais (mais sous plusieurs formes) et en droit international, est un principe « connexe » par rapport à la sécurité juridique (arrêt du 9 juill. 2003, *Kyowa Hakko Kogyo et Kyowa Hakko Europe c/ Commission*, aff. T 223/00, *Rec.* II 2553, ou « recoupe celui tiré de la violation du principe de sécurité juridique » (arrêt du 7 mai 1991, *Nakajima c/ Conseil*, aff. C-69/89, *Rec.* I 2069), le Tribunal a vigoureusement refusé de lui reconnaître le statut de principe général de droit de l'Union (arrêt du 22 avr. 2016, *Irlande c/ Commission*, aff. T-50/06 RENV II et T-69/06 RENV II, ECLI:EU:T:2016:227). Mais « le respect du principe de sécurité juridique requiert... que les institutions de l'Union évitent, par principe, *les incohérences* pouvant survenir dans la mise en œuvre des différentes dispositions du droit de l'Union » (T 21 mars 2012, *Irlande e.a. c/ Commission*, aff. T-50/06 RENV, T-56/06 RENV, T-60/06 RENV, T-62/06 RENV et T-69/06 RENV, ECLI:EU:T:2012:134).

b) Le principe des droits de la défense

742. Le principe des droits de la défense (cf. Ole Due, « Le respect des droits de la défense dans le droit administratif communautaire », *CDE* 1987. 383) impose notamment le respect du caractère contradictoire de la procédure non seulement devant les organes juridictionnels (22 mars 1961, S.*N.U.P.A.T.*, aff. 42 et 49/59, *Rec.* 156 ; T 12 déc. 2017, *Sony Computer entertainment Europe*, aff. T-35/16, ECLI:EU:T:2017:886), mais encore devant les organes administratifs (CJ 9 nov. 2017, *Ispas*, aff. C-298/16, ECLI:EU:C:2017:843), même purement consultatifs (11 juill. 1968, *Van Eick*, aff. 35/67, *Rec.* 481), et qu'il s'agisse de prendre des sanctions disciplinaires (4 juill. 1963, *Alvis*, aff. 32/62, *Rec.* 114) ou administratives (13 févr. 1979, *Hoffmann-Laroche*, aff. 85/76, *Rec.* 511) ou même de simples décisions « qui affectent de manière sensible (les) intérêts » des personnes concernées (23 oct. 1974, *Transocean Marine Paint Association*, aff. 17/74, *Rec.* 1080). Le droit d'être entendu avant une mesure négative (T 19 juill. 2017, *Parlement européen c/ Meyrl*, aff. T-699/16 P, ECLI:EU:T:2017:524), de pouvoir faire connaître son point de vue sur les motifs retenus contre soi (T 18 sept. 2017, *Uganda Commercial Impex Ltd*, aff. T-107/15 et T-347/15, ECLI:EU:T:2017:628), ainsi que le principe d'égalité des armes (Ord. du 12 juill. 2016, *Gutiérrez c/ Commission*, aff. C-604/15 P, ECLI:EU:C:2016:545) participent de ces droits de la défense consacrés. Pour le respect des droits de la défense dans le contexte de la lutte contre le terrorisme, CJ 13 déc. 2016, *Al-Ghabra*, aff. T-248/13, ECLI:EU:T:2016:721. C'est de plus en plus en termes de droit à une protection juridictionnelle effective, de recours effectif, ou de procès équitable que ces questions ont été abordées (CJCE 15 oct. 1987, *UNECTEF c/ Heylens*, aff. 222/86, *Rec.* 4097), avec les dimensions d'impartialité (T 31 janv. 2018, *Gyarmathy*, aff. T-196/15 P, ECLI:EU:T:2018:47), de délai raisonnable (CJ 7 avr. 2011, *Grèce c/ Commission*, aff.

C-321/09 P, *Rec.* I-I-51*), ou d'indépendance de la justice (CJ 27 févr. 2018, *Associação Sindical dos Juízes Portugueses*, aff. C-64/16, ECLI:EU:C:2018:117).

c) Le principe d'égalité et de non-discrimination

743. Le principe d'égalité, dont l'interdiction des discriminations selon la nationalité (art. 18 FUE) ou selon le sexe n'est qu'une expression spécifique, s'applique aussi à la réglementation économique édictée par les institutions de l'Union : il exige que, sauf différenciation objectivement justifiée, des situations comparables ne soient pas traitées de manière différente (21 juin 1958, *Groupement des hauts fourneaux...*, aff. 8/57, *Rec.* 223 ; 5 mars 1980, *Ferwerda*, aff. 265/78, *Rec.* 617 ; cf. K. Lenaerts, « L'égalité de traitement en droit communautaire », *CDE* 1991. 3) ou que des situations différentes ne soient pas régies par la même règle (CJCE 13 nov. 1984, *Racke*, aff. 283/83, *Rec.* 3791 ; CJCE 17 juill. 2008, *Campoli*, aff. C-71/07 P, *Rec.* I-5887). A cet égard, les situations visées doivent être comparables eu égard à l'ensemble des éléments qui les caractérisent, dont, notamment, l'objet et le but de l'acte communautaire qui institue la distinction en cause et les principes et objectifs du domaine dont relève l'acte en cause. De plus, il faut que le traitement qui a été fait ait entraîné un désavantage pour certaines personnes par rapport à d'autres (T 22 mai 2012, *Vakalis*, aff. T-317/11 P, ECLI:EU:T:2012:256). À noter, cependant, que, dans l'état actuel de l'intégration européenne, la Cour s'accommode d'une égalité seulement relative entre les opérateurs économiques qui entendent obtenir le paiement ou le remboursement de charges ou subventions de l'Union par les États membres : les différences réelles entre les législations nationales en matière de répétition de l'indu ne sont pas considérées comme discriminatoires, dès lors que lesdites législations sont appliquées dans les mêmes conditions que pour les litiges nationaux de même type et qu'elles ne rendent pas pratiquement impossible l'exercice des droits conférés par le droit de l'Union (27 févr. 1980, *Just*, aff. 68/79, *Rec.* 501) (v. ss 1092). Parmi les dernières déclinaisons du principe de non-discrimination, la non-discrimination fondée sur l'âge : CJCE 22 nov. 2005, *Mangold*, aff. C-144/04, *Rec.* I-9981 ; CJ 19 juin 2010, *Kücükdeveci*, aff. C-555/07, *Rec.* I-365. La Cour a cependant semblé parfois un peu gênée elle-même par cette consécration et s'est souvent appliquée à résoudre les nombreux problèmes contemporains posés par cette question sur le terrain du droit dérivé plutôt qu'en invoquant ledit principe général (par ex. l'arrêt du 18 juin 2009, *Hütter*, aff. C-88/08, *Rec.* I-5325). Il est vrai que la Charte des droits fondamentaux (art. 21, § 1) interdit désormais toute discrimination, notamment en raison de l'âge, avec le même champ d'application que les principes généraux, mais pas forcément la même portée (v. ss 760 et 1006). On peut également trouver la consécration de la discrimination en raison de la langue, qui s'oppose à une limitation du choix des langues dans un concours de recrutement de l'Union (T 24 sept. 2015, *Italie et Espagne c/ Commission*, aff. T-124/13 et T-191/13, ECLI:EU:T:2015:690). En revanche, le Tribunal a refusé de reconnaître l'égalité des créanciers à la fois en tant que principe général autonome et en tant que déclinaison du principe général d'égalité de traitement (T 7 oct. 2015, *Accorinti e.a. c/ BCE*, aff. T-79/13, ECLI : EU:T:2015:756). La Cour a, quant à elle, refusé de consacrer un principe général de non-discrimination en raison de l'obésité (CJ 18 déc. 2014, *FOA*, aff. C-354/13, ECLI:EU:C:2014:2463)

744. Le principe général d'égalité de traitement doit se concilier avec le respect de la légalité, selon lequel nul ne peut invoquer, à son profit, une illégalité commise en faveur d'autrui (par ex. CJ 13 sept. 2017, *Pappalardo e.a.*, aff. C-350/16 P, ECLI:EU:C:2017:672). L'alliance entre ce principe d'égalité de traitement et le principe de bonne administration doit conduire les institutions de l'Union à prendre en considération les décisions déjà prises sur des demandes similaires et à s'interroger avec une attention particulière sur le point de savoir s'il y a lieu ou non de décider dans le même sens (T 19 avr. 2016, *Costantini*, aff. T-44/14, ECLI:EU:T:2016:223).

d) Le principe de la protection contre les interventions arbitraires ou disproportionnées des autorités publiques

745. Ce principe a été abondamment concrétisé (CJCE 17 oct. 1989, *Dow Benelux*, aff. 85/87, *Rec.* 3137) et repose sur une appréciation de la proportionnalité : la substance du principe reconnu consiste en « l'exigence d'une protection contre des interventions de la puissance publique dans la sphère d'activité privée d'une personne, qu'elle soit physique ou morale, qui seraient arbitraires ou disproportionnées » (par ex. arrêt du 25 nov. 2014, *Orange c/ Commission*, aff. T-402/13, ECLI:EU:T:2014:991).

e) Le principe de bonne administration

746. Il est également revêtu, aux yeux du juge de l'Union, de la portée d'un principe général (cf. par exemple, TPI 27 févr. 2003, *Bonn Fleish Ex– und Import GmbH*, aff. T-329/00, *Rec.* II-287), la « généralité » du principe ne conduisant cependant pas le juge à en faire application dans le cadre des relations contractuelles de la Commission (T., Ord. du 8 févr. 2010, *Alisei c/Commission*, aff. T-481/08, *Rec.* II-117) (cf. D. Simon, « Le principe de bonne administration ou la bonne gouvernance concrète », in *Liber amicorum J. Raux*, Rennes, Apogée, 2006, p. 155 ; J. Lassalle, *le principe de bonne administration en droit communautaire*, thèse, Paris II, 2008).

f) Le principe de proportionnalité

747. Le principe de proportionnalité exige que toute charge imposée au destinataire des règles communautaires soit limitée à la mesure strictement nécessaire pour atteindre l'objectif recherché et requière aussi peu de sacrifices que possible de la part des opérateurs qu'elle grève (CJCE 11 juill. 1989, *Schräder*, aff. 265/87, *Rec.* 2263). La Cour le fait respecter depuis fort longtemps (arrêt du 16 juill. 1956, *Fédéchar*, aff. 8/55, *Rec.* 201) non seulement par le *pouvoir législatif* de la Communauté (sa violation l'a conduite, par exemple, à invalider un règlement du Conseil relatif à l'achat obligatoire de lait écrémé en poudre par les éleveurs : 5 juill. 1977, *Bela-Mühle*, aff. 114/76, *Rec.* 1211 ; ou des dispositions selon lesquelles la non-présentation de documents dans un certain délai étant sanctionnée par la perte intégrale de la caution : 20 févr. 1979, *Buitoni*, aff. 122/78, *Rec.* 677 ; cf. S. Néri, « Le principe de proportionnalité dans la jurisprudence de la Cour relative au droit communautaire agricole », *RTDE* 1981. 652), mais encore dans l'exercice du *pouvoir répressif* dont disposent les institutions à l'égard des entreprises (12 juill. 1962, *Modena*, aff. 6/61, *Rec.* 547) ainsi qu'à l'égard des agents des Communautés (19 mars 1964, *Schmitz*, aff. 18/63, *Rec.* 189). Elle l'utilise en outre lorsqu'elle a à contrôler l'application du droit communautaire par les autorités nationales (26 nov. 1975, *Coenen*, aff. 39/75, *Rec.* 1547 ; 28 oct. 1975, *Rutili*, aff. 36/75, *Rec.* 1219) ou que ces dernières se situent dans le cadre du droit de l'Union (pour une application du principe s'agissant d'un système national d'amendes sanctionnant des infractions, cf. CJ 22 mars 2017, *Euro-Team Kft. et Spirál-Gép Kft.*, aff. C-497/15 et C-498/15, ECLI:EU:C:2017:229).

g) Le principe de précaution

748. Après des années d'une jurisprudence ambiguë, le principe de précaution a été expressément qualifié de principe général du droit communautaire par le Tribunal : TPI 26 nov. 2002, *Artegodan*, aff. T-74/00, T-76/00, T-83/00, T-84/00, T-85/00, T-132/00, T-137/00 et T-141/00, *Rec.* II-4945. La Cour de justice, si elle utilise indiscutablement le principe de précaution, est moins nette quant à sa nature de principe *général* et le combine presque systématiquement au principe de proportionnalité (CJCE 9 sept. 2003, *Monsanto*, aff. C-236/01, *Rec.* I-8105 ; CJ 8 juill. 2010, *Afton Chemical Ltd*, aff. C-343/09, *Rec.* I-7027 ; ou CJ 9 juin 2016, *Pesce e.a.*, aff. C-78/16 et C-79/16, ECLI:EU:C:2016:428). La Cour formule ainsi le contenu du principe: « lorsque des incertitudes subsistent quant à l'existence ou à la portée de risques pour la santé des personnes, des mesures de protection peuvent être prises sans avoir à attendre que la réalité et la gravité de ces risques soient pleinement démontrées. Lorsqu'il s'avère impossible de déterminer avec certitude l'existence ou la portée du risque allégué, en raison de la nature non concluante des résultats des études menées, mais que la probabilité d'un dommage réel pour la santé publique persiste dans l'hypothèse où le risque se réaliserait, le principe de précaution justifie l'adoption de mesures restrictives » (cf. notamment, arrêt du 17 déc. 2015, *Neptune Distribution*, aff. C-157/14, ECLI:EU:C:2015:823). On peut signaler l'arrêt du Tribunal du 9 sept. 2011, *France c/ Commission*, aff. T-257/07, *Rec.* II-5827, véritable *Vade mecum* pour l'emploi de ce principe.

h) Le principe de l'interdiction de l'enrichissement sans cause

749. (v. TPI 23 nov. 2004, *Cantina sociale di Dolianova*, aff. T-166/98, *Rec.* II-3991). Le principe joue à condition que l'enrichissement soit dépourvu de toute base légale valable (pour un rappel, T 27 févr. 2015, *CESE*, aff. T-430/13 P, ECLI:EU:T:2015:122). Cette condition n'est pas remplie lorsque cet enrichissement puise sa justification dans des obligations contractuelles (T 6 oct. 2015, *Technion – Israel Institute of Technology et Technion Research & Development Foundation Ltd*, aff. T-216/12, ECLI:EU:T:2015:746).

i) Le principe d'équité matérielle

750. Le principe d'équité matérielle semble également avoir été admis au rang de principe général par le Tribunal (TPI 31 mai 2005, *Comune di Napoli c/Commission*, aff. T-272/02, *Rec.* II-1849).

D. Des principes généraux aux droits fondamentaux

1° Le développement d'une protection des droits fondamentaux *dans l'Union européenne*

751. Le contenu essentiellement économique des traités communautaires et le caractère fonctionnel des compétences attribuées aux institutions expliquent sans doute qu'ils n'aient pas été assortis d'un catalogue de droits fondamentaux propre à la Communauté.

En outre, à peine de compromettre l'application uniforme du droit communautaire, il était inévitable que la Cour refuse de contrôler la validité des actes communautaires au regard des droits fondamentaux garantis par les constitutions des États membres (« le droit communautaire ne saurait être invalidé sur la base du droit interne, fût-il constitutionnel, en vigueur dans l'un ou l'autre des États membres » : CJCE 15 juill. 1960, *Comptoirs de vente de la Ruhr*, aff. 36-38 et 40/59, *Rec.* 890 ; « l'invocation d'atteintes portées, soit aux droits fondamentaux tels qu'ils sont formulés par la constitution d'un État membre, soit aux principes d'une structure constitutionnelle nationale, ne saurait affecter la validité d'un acte de la Communauté ou son effet sur le territoire de cet État » : CJCE 17 déc. 1970, *Internationale Handelsgessellschaft*, aff. 11/70, *Rec.* 1125), la Cour en appelant aux fondamentaux du système communautaire, car la solution contraire aurait « inéluctablement pour effet de rompre l'unité du marché commun et de mettre en péril la cohésion de la Communauté » (CJCE 13 déc. 1979, *Hauer*, aff. 44/79, *Rec.* 3727).

Sauf à ruiner la légitimité démocratique de la Communauté, il était cependant impossible d'en rester là : la Cour ne pouvait dénier aux individus le droit d'invoquer leur constitution sans les faire bénéficier d'une protection comparable au niveau communautaire. Elle y parvint dans le cadre d'une construction remarquable fondée sur le recours aux principes généraux du droit (« le respect des droits fondamentaux fait partie intégrante des principes généraux du droit dont la Cour de justice assure le respect ») et, plus précisément aux principes généraux communs aux droits des États membres (« la sauvegarde de ces droits, tout en s'inspirant des traditions constitutionnelles communes aux États membres doit être assurée dans le cadre de la structure et des objectifs de la Communauté » : CJCE 17 déc. 1970, *Internationale Handelsgessellschaft*, préc.).

Quant au mécanisme de détermination du contenu concret de ces droits, l'arrêt *Nold* (14 mai 1974, aff. 4/73, *Rec.* 508) apporte trois précisions essentielles :

– la Cour, « tenue de s'inspirer des traditions constitutionnelles communes aux droits des États membres… ne saurait admettre des mesures incompatibles avec les droits reconnus et garantis par les constitutions de ces États », formule dans laquelle on voit généralement l'expression du principe du *standard maximum*, c'est-à-dire de l'application au niveau communautaire de la garantie nationale la plus élevée ;

– « les instruments internationaux concernant la protection des droits de l'Homme auxquels les États membres ont coopéré ou adhéré peuvent également fournir des indications dont il convient de tenir compte dans le cadre du droit communautaire », ce qui permet notamment l'intégration dans l'ordre juridique communautaire, à travers les principes généraux, de la Convention européenne de sauvegarde des Droits de l'Homme et des libertés fondamentales au titre de *standard minimum* européen ;

– les droits fondamentaux ne sauraient apparaître comme « des prérogatives absolues : ils doivent être considérés, comme dans le droit constitutionnel de tous les États membres, en vue de la fonction sociale des biens et activités protégés » ; il est légitime dès lors « de réserver à l'égard de ces droits l'application de certaines limites justifiées par les objectifs d'intérêt général poursuivis par la Communauté, dès lors qu'il n'est pas porté atteinte à la substance de ces droits ».

752. Cette démarche prétorienne a d'abord reçu l'adhésion des trois autres institutions (Déclaration commune du 5 avr. 1977, *JOCE* n° C 103 du 27 avr. 1977), puis a été confortée par le préambule de l'AUE lequel, au surplus, vise non seulement la Convention européenne des Droits de l'Homme mais encore la Charte sociale européenne et enfin a été codifiée par l'article F, § 2, UE *[devenu 6 UE avec le traité d'Amsterdam]* posé par le traité de Maastricht : « L'Union respecte les droits fondamentaux tels qu'ils sont garantis par la Convention européenne de sauvegarde des droits de l'Homme et des libertés fondamentales... et tels qu'ils résultent des traditions constitutionnelles communes aux États membres, en tant que principes généraux du droit communautaire. » On retrouve actuellement, à l'article 6, § 3, UE, dans sa version issue du traité de Lisbonne, la même démarche : « Les droits fondamentaux, tels qu'ils sont garantis par la Convention européenne de sauvegarde des droits de l'Homme et des libertés fondamentale et tels qu'ils résultent des traditions constitutionnelles communes aux États membres, font partie du droit de l'Union en tant que principes généraux ». On a là la mécanique typique des principes généraux du droit de l'Union, avec une double inspiration matérielle, internationale avec la Conv. EDH, nationale avec le patrimoine constitutionnel commun (au total une riche palette, ce qui est une des qualités requises pour un dispositif de déclaration de droits fondamentaux), ce dispositif étant plutôt performant même s'il relève d'une sorte de « bricolage juridique » puisque – on le sait – investis du statut de principe général du droit de l'Union, ces droits fondamentaux ont dès lors autorité sur les institutions de l'Union comme sur les autorités nationales dans le champ du droit de l'Union.

753. Dans le cadre de cette démarche, et en privilégiant manifestement le recours à la *Convention européenne* qui constitue une référence commune, la Cour a déjà eu l'occasion de préciser le contenu d'un certain nombre de *droits fondamentaux*.

Ainsi, par exemple, le *droit de propriété* est-il « garanti dans l'ordre juridique communautaire conformément aux conceptions communes aux constitutions des États membres reflétées également par le premier protocole joint à la Convention européenne... », c'est-à-dire compte tenu de la possibilité d'en réglementer l'usage en se référant à sa fonction sociale. Dans tous les États membres, de nombreux actes de législation ayant donné une expression concrète à cette fonction sociale du droit de propriété, et, notamment, tous les pays viticoles ayant des législations contraignantes en ce qui concerne la plantation des vignes, le règlement du Conseil interdisant toute plantation nouvelle de vignes à raisins de cuve pendant trois ans, qui répond à des objectifs d'intérêt général poursuivis par la Communauté, constitue une restriction légitime du droit de propriété et non une privation du droit de propriété en tant que tel (CJCE 13 déc. 1979, *Hauer*, aff. 44/79, *Rec.* 3727). En outre, si elle a laissé ouverte la question de savoir si la protection du droit de propriété s'étend ou non aux prestations de chômage (CJCE 19 juin 1980, *Testa*, aff. 41/79, *Rec.* 1979), la Cour a, en revanche, clairement précisé que la protection des biens ne saurait être étendue à la protection d'intérêts d'ordre commercial dont le caractère aléatoire est inhérent à l'essence même de l'activité économique (18 mars 1980, *Valsabbia*, aff. 154/78, *Rec.* 907). En revanche, elle s'attache à ce que le droit de propriété soit protégé, même dans un contexte de lutte contre le terrorisme (CJCE 3 sept. 2008, *Kadi et Al Barakaat International Foundation*, aff. C-402/05 P et C-415/05 P, *Rec.* I-6351).

Le libre exercice des activités économiques et professionnelles est encore un droit fondamental protégé dans l'ordre communautaire, mais lui aussi peut connaître des restrictions légitimes dans le cadre de la fonction sociale des activités protégées (CJCE 13 déc. 1979, *Hauer*, préc. ; CJCE 8 oct. 1986, *Keller*, aff. 234/85, *Rec.* 2897).

Quant au *droit au respect de la vie privée et familiale, du domicile et de la correspondance*, tel qu'énoncé à l'article 8 de la Convention de sauvegarde, il est, lui aussi, protégé dans l'ordre de l'Union, et après quelques errements, a été étendu aux entreprises et personnes morales (CJCE 14 févr. 2008, *Varec*, aff. C-450/06, *Rec.* I-581) mais, comme il n'exclut pas les ingérences des autorités publiques, prévues par la loi qui sont nécessaires à la sécurité publique..., au bien-être économique du pays..., il tolère parfaitement le pouvoir d'enquête dont dispose la Commission en matière de concurrence (CJCE 26 juin 1980, *National Panasonic*, aff. 136/79, *Rec.* 2033).

C'est la même démarche qui a conduit la Cour à ranger au nombre des droits fondamentaux garantis la *non-rétroactivité des dispositions pénales* (CJCE 10 juill. 1984, *Kent Kirk*, aff. 63/83, *Rec.* 2689) et l'élimination des *discriminations fondées sur le sexe* (CJCE 15 juin 1978, *Defrenne*, aff. 149/77, *Rec.* 1365) ainsi que le droit à un recours juridictionnel effectif et à la motivation des décisions des autorités nationales qui portent atteinte à un droit conféré par la règle communautaire (CJCE 15 mai 1986, *Johnston*, aff. 222/84, *Rec.* 1651 et 15 oct. 1987, *Heylens*, aff. 222/86, *Rec.* 4112 ; cf. L. Dubouis, « À propos de deux principes généraux du droit communautaire », *RFDA* 1988. 691 ; CJCE 3 déc. 1992, *Oleificio Borelli*, aff. C-97/91, *Rec.* I-6313).

Le respect de l'*intégrité de la personne* (CJCE 9 oct. 2001, *Pays-Bas c/Parlement et Conseil*, aff. C-377/98, *Rec.* I-7079) et de la *dignité humaine* (CJCE 14 oct. 2004, *Omega*, aff. C-36/02, *Rec.* I-9609) ont aussi été reconnus en tant que principes généraux.

754. Diverses libertés fondamentales ont été consacrées, outre que les libertés de circulation, si essentielles dans le cadre de l'Union, soient considérées comme « l'expression spécifique d'un principe général » (CJCE 12 juill. 1984, *Ordre des Avocats au barreau de Paris c/Klopp*, aff. 107/83, *Rec.* 2971) : *liberté d'expression* (CJCE 6 mars 2001, *Connolly*, aff. C-274/99 P, *Rec.* I-1611, cf. note M. Blanquet, *CMLR* vol. 39, déc. 2002, p. 1423), *liberté de réunion* (CJCE 8 juill. 1999, *Montecatini*, aff. C-235/92 P, *Rec.* I-4539), *liberté d'association* (CJCE 15 déc. 1995, *Bosman*, aff. C-415/93, *Rec.* I-4921), ou *liberté syndicale et droit de grève* (CJCE 18 déc. 2007, *Laval un Partneri*, aff. C-341/05, *Rec.* I-11767).

2° Le renouvellement de la protection des droits fondamentaux dans l'Union européenne

Benoît-Rohmer (F.), « L'adhésion à la convention européenne des droits de l'homme, un travail de Pénélope ? », *RTDE* 2015, n° 3, p. 593.

Dero-Bugny (D.), *Les rapports entre la Cour de justice de l'Union européenne et la Cour européenne des droits de l'homme*, coll. « Droit de l'Union européenne, série Monographies », Bruxelles, Bruylant, 2015.

Dubout (E.), « Une question de confiance : nature juridique de l'Union européenne et adhésion à la CEDH », *CDE* 2015. 73.

Gaudin (H.), « Si proches, si lointaines... L'Union européenne face à la Convention européenne des droits de l'homme », *AJDA* 2015, n° 19, p. 1079.

Gianelli (A.), « L'adesione dell'Unione europea alla CEDU secondo il Trattato di Lisbona », *Il dir. dell'Unione europea* 2009/3, p. 678.

Jacqué (J.-P.), « CJUE-CEDH : 2-0 », *RTDE* 2014. 823.

Jacqué (J.-P.), « *Pride and prejudice* ? Les lectures possibles de l'avis 2/13 de la Cour de justice », *CDE* 2015. 19.

Labayle (H.) et Sudre (F.), « L'avis de la Cour de justice sur l'adhésion de l'Union européenne à la Convention européenne des droits de l'homme : pavane pour une adhésion défunte ? », *RFDA* 2015, n° 1, p. 3.

Pernice (I.), « L'adhésion de l'Union européenne à la Convention européenne des droits de l'homme », *CDE* 2015. 47.
Picod (F.), « La Cour de justice a dit non à l'adhésion de l'Union européenne à la convention EDH », *JCP G* 2015, n° 6, p. 2013.
Ritleng (D.), « De l'articulation des systèmes de protection des droits fondamentaux dans l'Union », *RTDE* 2013, n° 2, p. 267.
Sudre (F.), « L'adhésion de l'Union européenne à la Convention européenne des droits de l'Homme », *ADE* 2006. 73.
Szymczak (D.), « L'avis 2/13 du 18 décembre 2014 : de l'art d'être contre-productif », *RAE* 2015, n° 1, p. 1.

755. Ce renouvellement tient à l'évolution des relations avec la Convention européenne de sauvegarde des droits de l'Homme et à l'adoption puis à la promotion de la Charte des droits fondamentaux de l'Union européenne.

a) Les relations avec la Convention européenne des droits de l'Homme

756. La Convention européenne de sauvegarde des droits de l'Homme étant dès lors une source *matérielle* des droits fondamentaux défendus dans l'ordre juridique de l'Union, la question s'est posée d'une simplification de la démarche qui consisterait à en faire une source *formelle*, c'est-à-dire que la Cour de justice aurait alors *appliqué* la Convention au lieu de simplement *s'en inspirer*. Il est vrai que l'artifice est parfois patent et qu'il arrive à la Cour de prendre en considération la Convention européenne des droits de l'Homme au-delà d'une simple source d'inspiration l'aidant à identifier des principes généraux du droit communautaire, jusqu'à se référer directement à la Convention et à la jurisprudence de la Cour européenne des droits de l'Homme (CJCE 17 déc. 1998, *Baustahlgewebe*, aff. C-185/95 P, *Rec.* I-8417 ; CJCE 6 mars 2001, *Connolly*, aff. C-273/99 P et C-274/99 P, *Rec.* I-1575 et 1611, note M. Blanquet, *CMLR*, vol. 39, déc. 2002, p. 1423). La même tendance pourrait être perçue avec le protocole annexé au traité d'Amsterdam sur le droit d'asile. Si le traité lui-même reste dans l'orthodoxie, précisant (art. 6, § 2, UE) que l'Union respecte les droits fondamentaux tels que garantis par la Convention européenne des droits de l'Homme « en tant que principes généraux du droit communautaire », ce protocole prévoit directement l'invocation par un demandeur de l'article 15 de la Convention européenne des droits de l'Homme, en tant que telle. Dès lors, on peut se demander si l'on n'a pas parfois franchi le pas séparant l'inspiration matérielle de l'application formelle.

757. D'où l'idée qu'une adhésion de la Communauté, puis de l'Union à la Convention européenne de sauvegarde des droits de l'Homme serait opportune, cette idée ayant connu plusieurs issues successives, mais identiques.

– Dans un premier temps, elle a été rejetée assez radicalement, à la fois par la Cour de justice, considérant qu'aucune compétence attribuée ou reconnue à la Communauté ne saurait lui permettre d'adhérer à un système tel que celui que met en place la Convention (CJCE 28 mars 1996, *avis 2/94*, *Rec.* I-1759) et par les États membres, le traité d'Amsterdam écartant délibérément l'adhésion à la Convention européenne des droits de l'Homme et faisant « du respect des droits de l'Homme et des libertés fondamentales ainsi que de l'État de droit » une condition d'appartenance sanctionnée à l'Union européenne (art. 6, § 1, UE, 7 UE, et 49 UE ; cf. P. Wachsmann, « Les droits de l'Homme », *RTDE* 1997. 883) (v. ss 58 et 63).

– En revanche, le traité établissant une Constitution prévoyait à son article I-9 que l'Union « *adhère à la Convention européenne des droits de l'Homme et des libertés fondamentales* » (le texte retenu en juin 2004 était même plus volontariste que celui proposé par la Convention) (« ... s'emploie à adhérer... »), cet article ajoutant aussitôt, en écho à l'*avis 2/94* (CJCE 28 mars 1996, *avis 2/94*, *Rec.* I-1759) que « cette adhésion ne modifie pas les compétences de l'Union telles qu'elles sont définies dans la Constitution ». Le traité de Lisbonne a repris ce principe dans les mêmes termes (art. 6, § 2, UE), la rendant cependant plus difficile (unanimité au lieu de la majorité qualifiée et ajout des ratifications nationales, art. 218, § 8, FUE). Du côté du Conseil de l'Europe, le protocole n° 14, entré en vigueur le 1er juin 2010, a modifié l'article 59 de la Convention afin que l'Union européenne puisse y adhérer. La réflexion a été rapidement lancée sur les modalités de cette adhésion, de manière notamment à organiser une sorte de rapport de subsidiarité entre la Charte des droits fondamentaux de l'Union et la Convention européenne des droits de l'Homme, cette réflexion étant très active au sein même de la Cour de justice (Document de réflexion du 5 mai 2010 de la Cour de justice de l'Union européenne sur certains aspects de l'adhésion de l'Union européenne à la Convention européenne de sauvegarde des droits de l'Homme et des libertés fondamentales) et au travers d'une coopération entre la Cour de justice et la Cour européenne des droits de l'Homme (CRDH) (Communication commune du 24 janvier 2011 des présidents de la Cour européenne des droits de l'Homme et de la Cour de justice de l'Union européenne). Il était prévu que les actes de l'Union européenne soient, dès l'adhésion, soumis au contrôle de la CEDH mais la règle d'épuisement des recours internes, posée par l'article 35, § 1, de la Convention devait obliger les requérants à saisir au préalable les juridictions de l'Union, dans les conditions prévues par le droit de cette dernière. Ainsi, le contrôle exercé par la CEDH aurait toujours été précédé par le contrôle interne effectué par la CJUE, ce qui constituait *a priori* une garantie pour celle-ci, et pour la Charte des droits fondamentaux. En revanche, un problème demeurait s'agissant des actions dirigées contre des actes pris par les autorités des États membres de l'Union pour l'application ou la mise en œuvre du droit de l'Union européenne. Une telle action exige en premier lieu de saisir les juridictions de l'État membre concerné, lesquelles, conformément à l'article 267 FUE, peuvent et, le cas échéant, doivent saisir la CJUE d'un renvoi préjudiciel portant sur l'interprétation et/ou la validité des dispositions litigieuses du droit de l'Union (v. ss 1412). Mais il reste possible qu'un tel renvoi n'ait pas lieu, ce qui aurait pu conduire la CEDH à devoir mettre en cause des dispositions de droit de l'Union qui n'auraient pas été contrôlées en premier par la Cour de justice, spécialement vis-à-vis de la Charte des droits fondamentaux. La réflexion s'est donc orientée vers l'adoption, lors de l'adhésion, d'un mécanisme garantissant que la CJUE puisse effectuer un tel contrôle interne avant que n'intervienne le contrôle externe exercé par la CEDH (implication préalable).

– Ces efforts n'ont pas convaincu la Cour de justice qui, dans son *avis 2/13* du 18 déc. 2014, ECLI:EU:C:2014:2454, rendu en Assemblée plénière, a abordé la question en considérant que le traité de Lisbonne n'imposait pas l'adhésion mais *définissait des conditions pour celle-ci*, ces conditions n'étant pas satisfaites selon la Cour. Il est vrai que l'article 6 UE, après avoir disposé que l'Union adhère à la Conv EDH, précise que « [c]ette adhésion ne modifie pas les compétences de l'Union telles qu'elles sont définies dans les traités ». Ensuite, le protocole n° 8 UE, qui a la même valeur juridique que les traités, prévoit notamment que l'accord d'adhésion doit refléter la nécessité de préserver les caractéristiques spécifiques de l'Union et du droit de l'Union et garantir que l'adhésion n'affecte ni les compétences de l'Union, ni les attributions de ses institutions, ni la situation particulière des États membres à l'égard de la Conv EDH, non plus que l'article 344 FUE interdisant aux États membres de soumettre un différend lié aux traités fondant l'Union à un autre mode de règlement que ceux prévu par ces traités. Enfin, par la déclaration *ad article 6, paragraphe 2* UE, la Conférence intergouvernementale qui a adopté le traité de Lisbonne a convenu que l'adhésion doit être effectuée selon des modalités permettant de préserver les spécificités de l'ordre juridique de l'Union.

La Cour a conclu que les modalités prévues dans le projet d'accord d'adhésion ne respectaient pas ces conditions et a donc refusé l'adhésion dans ces conditions, ce qui a suscité surprise, voire consternation. Au-delà des questions techniques posant problème aux yeux de la Cour de justice (possibilité des juridictions nationales de contourner le dispositif du renvoi préjudiciel par l'avis consultatif prévu au protocole 16, possibilité pour la Cour EDH de se prononcer sur la répartition des compétences entre États membres et Union dans certains cas de demande du statut de codéfendeur, contournement possible de l'article 344 FUE (interdisant aux États membres de soumettre un différend lié aux traités fondant l'Union à un autre mode de règlement que ceux prévus dans l'Union), mauvaise articulation de la question des niveaux de protection, possibilité pour la Cour EDH de se prononcer sur la question de savoir si la CJUE a déjà réglé une question pour déclencher ou non la procédure d'implication préalable, possibilité pour la Cour EDH de se prononcer sur des questions liées à la PESC pour lesquelles la CJUE est incompétente...), l'essentiel est la ***prise de position de la Cour sur la spécificité et l'autonomie du système juridique de l'Union*** :

« contrairement à toute autre Partie contractante, l'Union, du point de vue du droit international, ne peut pas, en raison de sa nature même, être considérée comme un État... la circonstance que l'Union est dotée d'un ordre juridique d'un genre nouveau, ayant une nature qui lui est spécifique, un cadre constitutionnel et des principes fondateurs qui lui sont propres, une structure institutionnelle particulièrement élaborée ainsi qu'un ensemble complet de règles juridiques qui en assurent le fonctionnement, entraîne des conséquences en ce qui concerne la procédure et les conditions d'une adhésion à la [Conv. EDH]...Une telle construction juridique repose sur la prémisse fondamentale selon laquelle chaque État membre partage avec tous les autres États membres, et reconnaît que ceux-ci partagent avec lui, une série de valeurs communes sur lesquelles l'Union est fondée, comme il est précisé à l'article 2 TUE. Cette prémisse implique et justifie l'existence de la confiance mutuelle entre les États membres dans la reconnaissance de ces valeurs et, donc, dans le respect du droit de l'Union qui les met en œuvre. Figurent d'ailleurs au cœur de cette construction juridique les droits fondamentaux, tels que reconnus par la Charte – laquelle, en vertu de l'article 6, paragraphe 1, TUE, a la même valeur juridique que les traités –, le respect de ces droits constituant une condition de la légalité des actes de l'Union, de sorte que ne sauraient être admises dans l'Union des mesures incompatibles avec ces mêmes droits... Or, l'autonomie dont jouit le droit de l'Union par rapport aux droits des États membres ainsi que par rapport au droit international impose que l'interprétation de ces droits fondamentaux soit assurée dans le cadre de la structure et des objectifs de l'Union ».

La conclusion de la Cour est donc radicalement négative :

« l'accord (d'adhésion) envisagé, en tant que:

– il est susceptible de porter atteinte aux caractéristiques spécifiques et à l'autonomie du droit de l'Union, dans la mesure où il n'assure pas la coordination entre l'article 53 de la [Conv.

EDH] et l'article 53 de la Charte, ne prévient pas le risque d'atteinte au principe de la confiance mutuelle entre les États membres dans le droit de l'Union et ne prévoit aucune articulation entre le mécanisme institué par le protocole n° 16 et la procédure de renvoi préjudiciel prévue à l'article 267 TFUE ;

– il est susceptible d'affecter l'article 344 TFUE, dans la mesure où il n'exclut pas la possibilité que des litiges entre les États membres ou entre ces derniers et l'Union, relatifs à l'application de la [Conv. EDH] dans le champ d'application matériel du droit de l'Union, soient portés devant la Cour EDH ;

– il ne prévoit pas des modalités de fonctionnement du mécanisme du codéfendeur et de la procédure de l'implication préalable de la Cour qui permettent de préserver les caractéristiques spécifiques de l'Union et de son droit, et

– il méconnaît les caractéristiques spécifiques du droit de l'Union concernant le contrôle juridictionnel des actes, actions ou omissions de l'Union en matière de PESC, dans la mesure où il confie le contrôle juridictionnel de certains de ces actes, actions ou omissions exclusivement à un organe externe à l'Union,

– n'est pas compatible avec l'article 6, paragraphe 2, TUE ni avec le protocole n° 8 UE ».

b) La Charte des droits fondamentaux de l'Union européenne

BRAIBANT (G.), *La charte des droits fondamentaux de l'Union européenne. Témoignages et commentaires*, Paris, Seuil, 2001.

BURGORGUE-LARSEN (L.), LEVADE (A.) et PICOD (F.) (dir.), *Traité établissant une Constitution pour l'Europe, commentaire article par article*, Partie 2, *La Charte des droits fondamentaux de l'Union européenne*, Bruxelles, Bruylant, 2005.

BURGORGUE-LARSEN (L.), « Ombres et lumières de la constitutionnalisation de la charte des droits fondamentaux de l'Union européenne », *CDE* 2004. 663

BURGORGUE-LARSEN (L.), *La France face à la Charte des droits fondamentaux de l'Union européenne*, Bruxelles, Bruylant, 2005.

COHEN-JONATHAN (G.) et DUTHEIL DE LA ROCHÈRE (J.), (dir.), *Vers une Charte des droits fondamentaux de l'Union européenne*, La documentation française, Regards sur l'actualité, août 2000, n° spécial 264.

DUTHEIL DE LA ROCHÈRE (J.), « Charte des droits fondamentaux de l'Union européenne », *J.-Cl. Europe*, fasc. 160.

DUTHEIL DE LA ROCHÈRE (J.), « La charte des droits fondamentaux de l'Union européenne, quelle signification pour le citoyen européen ? », in G. C. Rodriguez Iglesias, C. Yéraris, J.-P. Puissochet, V. Skouris, E. Spiliotopoulos et S. Koukoulis-Spiliotopoulos (dir.), *Problèmes d'interprétation à la mémoire de Constantinos N. Kakouris*, Athènes-Bruxelles, Sakkoulas-Bruylant, 2004, p. 103

MORICEAU (A.), « Le traité de Lisbonne et la charte des droits fondamentaux », *RMCUE* 2008. 361.

PEERS (S.) et WARD (A.) (Ed.), *The EU Charter of Fundamental Rights*, Oxford, Hart, 2004.

758. La démarche imaginée par la Cour connaissait les limites inévitables d'une protection juridictionnelle qui ne se fonde pas sur un catalogue écrit (C. Sassé, « La protection des droits fondamentaux dans la CE », in *Mélanges Dehousse*, Labor, Bruxelles, 1979, vol. II, p. 297). Sur la base d'un mandat du Conseil européen de Cologne, en juin 1999, une Convention, composée de représentants des chefs d'État ou de gouvernement, de la Commission, du Parlement européen et des Parlements des États membres a élaboré une *Charte des droits fondamentaux de l'Union européenne* qui a été signée et solennellement adoptée par le Parlement européen, le Conseil et la Commission le 7 décembre 2000, lors du Conseil européen de Nice. La Charte regroupe en six chapitres (dignité, liberté, égalité, solidarité, citoyenneté, justice) l'ensemble des droits civiques, politiques, économiques et sociaux des citoyens européens et de toutes les personnes vivant sur le territoire de l'Union (*JOCE* n° C 364/1 du 18 déc. 2000). Le Conseil européen de Nice n'a finalement pas choisi d'incorporer la référence à ce texte à l'article 6UE, lui refusant par là un statut juridique contraignant. C'était là payer un tribut à la signification politique majeure d'un tel instrument mettant particulièrement en lumière le fait que l'intégration européenne a d'ores et déjà dépassé le stade d'une union économique, d'où ces réticences nationales. Cette question a cependant été identifiée par la Déclaration relative à l'avenir de l'Union annexée au traité de Nice comme devant être débattue lors de la CIG programmée pour 2004. Il était au demeurant envisageable que la Cour, d'ores et déjà, puisse utiliser cette Charte comme source d'inspiration permettant d'identifier des principes généraux du droit communautaire. La première évocation de la Charte se trouve effectivement dans des conclusions Alber dès le 1er février 2001, soit avant même la signature du traité de Nice (conclusions sous l'arrêt du 17 mai 2001 *TNT Traco*, aff. C-340/99, *Rec.* I-4109). Le TPI, quant à lui, a mentionné la Charte dans sa jurisprudence à partir d'un arrêt du 20 février 2001, *Mannesmanuröhren*, aff. T-112/98, *Rec.* II-729. La première mention dans la jurisprudence de la Cour se trouve dans une ordonnance du président du 18 octobre 2002, *Commission c/Technische Glaswerke*, aff. C-232/02 P(R), *Rec.* I-8977 : « ... à cet égard, il convient d'observer que l'article 41... de la Charte des droits fondamentaux de l'Union européenne confirme que toute personne a le droit de voir les affaires traitées impartialement, équitablement et dans un délai raisonnable par les institutions et organes de l'Union ». On trouve également une mention, mais de pure forme (simple évocation dans les arguments des parties) dans l'arrêt de la Cour du 10 décembre 2002, *American British Tobacco*, aff. C-491/01, *Rec.* I-11453. Pour autant, les juges de Luxembourg précisaient exactement la portée et les limites de cette pratique : « S'il est vrai que la charte des droits fondamentaux de l'Union européenne a été invoquée à plusieurs reprises par le juge communautaire comme source d'inspiration pour la reconnaissance et la protection des droits des citoyens et comme critère de référence des droits garantis par l'ordre juridique communautaire, il n'en demeure pas moins qu'il s'agit, à l'heure actuelle [c'est-à-dire en février 2005], d'une déclaration qui n'est pas dotée de force juridique contraignante. » (TPI 15 févr. 2005, *Pyres c/Commission*, aff. T-256/01, *Rec.* II-99). On peut également identifier une véritable force en tant qu'argument partiel dans l'arrêt du 27 juin 2006, *Parlement c/Conseil*, aff. C-540/03, *Rec.* I-5769. Le TPI, cependant, s'est parfois permis quelques libertés, semblant contrôler certains actes de l'Union vis-à-vis de la Charte (et de la Conv EDH) (TPI 8 juill. 2008, *Franchet et Byk c/ Commission*, aff. T-48/05, *Rec.* II-1585). Le Conseil d'État français, quant à lui, pendant cette période, refusait nettement tout effet juridique à la Charte dans l'ordre juridique français (C.E. 5 janv. 2005, *Deprez et Baillard*, req. n° 257341 et n° 257534).

759. Le traité établissant une constitution pour l'Europe faisait de la Charte sa deuxième partie, de sorte que ses dispositions auraient dès lors purement et simplement appartenu au droit primaire. Le traité modificatif de Lisbonne, leçon de l'échec du traité constitutionnel oblige, a renoncé à insérer le texte de la Charte dans les deux traités sur lesquels est fondée l'Union (dimension trop ouvertement « constitutionnelle ») mais le nouvel article 6 UE indique que : « 1. L'Union reconnaît les droits, les libertés et les principes énoncés dans la Charte des droits fondamentaux du 7 décembre 2000, telle qu'adaptée le 12 décembre 2007, à Strasbourg, *laquelle a la même valeur juridique que les traités* ». La Charte a, en effet, été à nouveau proclamée le 12 décembre 2007, à l'occasion de la signature du traité modificatif et le texte figure en annexe du traité. Depuis l'entrée en vigueur du traité de Lisbonne, la Charte est donc partie intégrante du droit primaire de l'Union. Il faut cependant signaler qu'en vertu d'un Protocole, l'application de la Charte est limitée à l'égard de la Pologne et du Royaume-Uni, la République tchèque, après la conclusion du traité de Lisbonne, ayant finalement conditionné sa ratification par l'élargissement à son profit de ce protocole. Ce statut de droit positif a d'emblée permis à la portée de la Charte de dépasser le stade de complément argumentaire pour fonder de façon directe et spécifique certaines interprétations (CJCE 22 déc. 2010, *DEB*, aff. C-279/09, *Rec.* I-13849) ou même des invalidations du droit dérivé (CJCE 9 nov. 2010, *Volker*, aff. C-92 et 93/09, *Rec.* I-11063 ; note F. Picod, *JCP* n° 50, 13 déc. 2010, p. 1252).

760. Les principes généraux du droit de l'Union n'ayant servi, en quelque sorte, que de palliatif nécessaire du fait de l'absence de Charte écrite et contraignante protégeant les droits fondamentaux dans le cadre de la Communauté puis de l'Union, ils ont *a priori* perdu une large part de cette utilité dès lors qu'une telle Charte est entrée en vigueur, d'autant que le champ d'application de la Charte est très large, couvrant, au prix il est vrai d'une distinction entre les véritables « droits » et les « principes » tant les droits civils et politiques (auxquels se limite la convention EDH) que les droits sociaux (l'acceptabilité, pour nombre d'États membres, de cette extension, a été conditionnée par la limitation à un statut de « principes » pour ce type de droits, devant dès lors être concrétisés pour avoir une effectivité). De fait, la plupart des droits fondamentaux consacrés en tant que principes généraux le sont désormais par la Charte. L'évolution naturelle de la jurisprudence consiste donc à faire de plus en plus référence à celle-ci et de moins en moins à ceux-là. On peut cependant signaler trois phénomènes :

– ***La continuité de la jurisprudence*** : peu importe que tel droit fondamental soit désormais juridiquement fondé par la Charte ; cela ne fait pas disparaître la jurisprudence relative à ce droit en tant que principe général. Par exemple, la Cour, dans le cadre de son action de cassation, a jugé qu'un moyen tiré d'un droit proclamé dans la Charte, soulevé pour la première fois devant elle, n'était pas pour autant un moyen nouveau dès lors que ce droit avait été, dans la jurisprudence, reconnu par un principe général du droit de l'Union (CJ 3 mai 2012, *Legris Industries SA c/ Commission européenne*, aff. C-289/11 P, ECLI:EU:C:2012:270 ; ou CJ 3 mai 2012, *Comap SA c/ Commission européenne*, aff. C-290/11 P, ECLI:EU:C:2012:271).

– ***Le maintien de la référence au principe général*** : on aurait pu s'attendre à ce que la consécration d'un droit par la Charte conduise la Cour à se référer désormais uniquement à ce droit dans son nouveau statut d'élément de la Charte, ayant la même valeur que les traités en vertu de l'article 6 UE. Ce n'est pourtant pas la pratique systématique : ainsi, le droit à une protection juridictionnelle effective continue à apparaître comme « un principe général du droit de l'Union » avec pour simple précision qu'il est « aujourd'hui exprimé par l'article 47 de la charte des droits fondamentaux de l'Union européenne » (CJ 28 juill. 2011, *Samba Diouf*, aff. C-69/10, *Rec.* I-7151).

– ***La différence entre les « principes » de la Charte et les « principes généraux du droit »*** : La consécration d'un « principe général » est valorisante (rang constitutionnel) alors que la Charte, on l'a indiqué, distingue des *droits* et des *principes*, la qualification de « principe » étant ici dévalorisante puisque leur mise en œuvre est suspendue à l'adoption d'actes européens ou nationaux et que leur invocation devant le juge n'est admise que pour l'interprétation et le contrôle de la légalité de ces actes. Cela s'est traduit par une jurisprudence de la Cour de justice faisant clairement la distinction. Ainsi, la Cour ayant identifié en 2005 un principe général de droit de l'Union interdisant les discriminations en raison de l'âge (22 nov. 2005, *Mangold*, aff. C-144/04, *Rec.* I-9981), elle a, en 2010 (19 janv. 2010, *Kücückdeveci*, aff. C-555/07, *Rec.* I-365), jugé qu'il incombe à la juridiction nationale, saisie d'un litige mettant en cause le principe de non-discrimination en fonction de l'âge, tel que concrétisé par la directive 2000/78, d'assurer, dans le cadre de ses compétences, la protection juridique découlant pour les justiciables du droit de l'Union et de garantir le plein effet de celui-ci en laissant au besoin inappliquée toute disposition de la réglementation nationale contraire à ce principe (dans un arrêt du 19 avr. 2016, *Dansk Industri*, aff. C-441/14, ECLI:EU:C:2016:278, la Grande chambre de la Cour a confirmé que « le principe de non-discrimination en fonction de l'âge confère aux particuliers un droit subjectif invocable en tant que tel qui, même dans des litiges entre particuliers, oblige les juridictions nationales à écarter l'application des dispositions nationales non conformes audit principe »). En revanche, en 2014 (15 janv. 2014, *Association de Médiation sociale (AMS)*, aff. C-176/12, préc.), s'agissant de l'hypothèse assez comparable de la concrétisation d'un principe de la Charte (article 27 sur l'information et la consultation des travailleurs) par une directive, la Cour a clairement marqué la différence avec l'arrêt de 2010 :

> « Il ressort donc clairement du libellé de l'article 27 de la Charte, que, afin que cet article produise pleinement ses effets, il doit être précisé par des dispositions du droit de l'Union ou du droit national. Les circonstances de l'affaire au principal se distinguent de celles ayant donné lieu à l'arrêt *Kücükdeveci*... dans la mesure où le principe de non-discrimination en fonction de l'âge, en cause dans cette dernière affaire, consacré à l'article 21, paragraphe 1, de la Charte, se suffit à lui-même pour conférer aux particuliers un droit subjectif invocable en tant que tel. Partant, l'article 27 de la Charte ne saurait, en tant que tel, être invoqué dans un litige, tel que celui au principal, afin de conclure que la disposition nationale non conforme à la directive 2002/14 est à écarter ».

Au final, la Cour, obnubilée par le problème d'un éventuel contournement de l'absence d'effet direct horizontal des directives (v. ss 974), refuse que la combinaison *Principe de la Charte/Directive* conduise le juge national à écarter la disposition problématique alors que la combinaison *Principe général/ Directive* le permettait.

II. L'identification de principes fondamentaux

Blanquet (M.), « L'acquis constitutionnel », *RAE* 2001-2002, n° 8, p. 933.
Pescatore (P.), « L'aspect judiciaire de l'acquis communautaire », *RTDE* 1981 .617.

761. Au-delà des principes généraux, on peut se demander si n'existent pas, dans l'ordre juridique de l'Union, des principes encore plus fondamentaux, en ce qu'ils caractériseraient la nature et la spécificité du droit de l'Union, toute atteinte mettant dès lors en péril la base même de l'ordre juridique d'intégration. Il faut distinguer cette recherche, visant à dégager ce qui fait que l'Union et son droit forment un « ordre juridique d'un genre nouveau » (*avis 2/13* du 18 déc. 2014, ECLI:EU:C:2014:2454) de la mise en évidence des valeurs fondatrices de l'Union (art. 2 UE) qui dessinent un profil politique particulier mais non spécifique à la fois de l'Union mais surtout de ses membres (v. ss 58). Les principes fondateurs marquent ainsi plus l'identité des États membres que de l'Union, à certains égards.

762. Il s'agit ici, au-delà de toute liste de principes éminents dans les traités, d'essayer d'identifier dans la jurisprudence de la Cour des principes auxquels elle aurait reconnu une importance toute particulière en ce qu'ils exprimeraient en quelque sorte « l'identité constitutionnelle » de l'ordre juridique de l'Union en tant que système spécifique d'intégration, le distinguant spécialement des organisations pouvant exister dans l'ordre international. On peut identifier à cet égard deux démarches de la Cour.

763. Il y a d'abord une démarche quelque peu désordonnée qui, au hasard des espèces, a conduit la Cour à faire référence à la « notion de Communauté » (CJCE 15 juill. 1964, *Costa*, aff. 6/64, *Rec.* 1141 ; CJCE 13 mai 1982, *Alaimo*, aff. 16/81, *Rec.* 1559 ; CJCE 14 mars 1973, *Westzucker*, aff. 57/72, *Rec.* 321), aux « bases même de la Communauté » (CJCE 9 mars 1978, *Simmenthal*, aff. 106/77, *Rec.* 629), aux « principes de structure qui sont à la base de la Communauté » (CJCE 5 mai 1981, *Commission c/ Royaume-Uni*, aff. 804/79, *Rec.* 1045), aux « bases essentielles » (CJCE 7 févr. 1973, *Commission c/ Italie*, aff. 39/72, *Rec.* 101 ; CJCE 7 févr. 1979, *Commission c/ Royaume-Uni*, aff. 128/78, *Rec.* 419 ; CJCE 19 janv. 1993, *Commission c/Italie*, aff. C-101/91, *Rec.* I-191), ou « caractéristiques essentielles » (CJCE 14 déc.1991, *avis 1/91*, *Rec.* I-6079) de l'ordre juridique communautaire ou du droit de l'Union, à la « base juridique de la Communauté » (arrêt *Costa*, préc. ; CJCE 17 déc. 1970, *Internationale Handelgesellshaft*, aff. 11/70, *Rec.* 1125 ; CJCE 21 mai 1987, *Albako Magorinfabrik*, aff. 249/85, *Rec.* 2345), ou au risque de « désintégrer... l'œuvre communautaire... de manière irréversible » (CJCE 26 avr. 1977, *avis 1/76*, *Rec.* 741). La formulation est parfois quelque peu maladroite (« Les caractéristiques essentielles de l'ordre juridique communautaire (...) sont, en particulier, sa primauté par rapport aux droits des États membres ainsi que l'effet direct de toute une série de dispositions applicables à leurs ressortissants et à eux-mêmes » : *avis 1/91*, préc., du 14 déc. 1991). Semble s'être imposée récemment dans ce type de jurisprudence la référence aux « exigences inhérentes à la nature même du droit de l'Union » (arrêts du 22 juin 2010, *Abdeli*, aff. C-188/10 et C-189/10, ECLI:EU:C:2010:206; du 8 sept. 2010, *Winner Wetten GmbH*, aff. C-409/06, ECLI:EU:C:2010:503 ; du 26 févr. 2013, *Åklagaren c/ Hans Åkerberg Fransson*, aff. C-617/10, ECLI:EU:C:2013:105 ; du 11 sept. 2014, *A contre B e.a.*, aff. C-112/13, ECLI:EU:C:2014:2195 ; du 4 juin 2015, *Kernkraftwerke Lippe-Ems GmbH*, aff. C-5/14, ECLI:EU:C:2015:354 ; du 5 avr. 2016, *Puligienica Facility Esco SpA (PFE) c/ Airgest SpA*, aff. C-689/13, ECLI:EU:C:2016:199 ; ou du 20 déc. 2017, *Protect Natur*, aff. C-664/15, ECLI:EU:C:2017:987). En substance, il ressort de ces décisions dispersées que les principes concernés couvriraient le système régissant les compétences des institutions et des États membres, et par ailleurs la primauté, l'effet direct, l'autonomie, l'efficacité, l'uniformité d'interprétation du droit de l'Union, et les prérogatives de la Cour de justice.

764. Dans l'*avis 2/13*, la Cour de justice, de manière plus systématique, a entendu exprimer, sur le mode constitutionnel, ce qui formait la spécificité irréductible de l'Union, c'est-à-dire en somme ce que devaient respecter les modalités d'une éventuelle adhésion à la convention EDH selon le Protocole n° 8, à savoir les *caractéristiques spécifiques de l'Union et de son droit.*

– ***Au titre des caractéristiques spécifiques « relatives à la structure constitutionnelle de l'Union*** », la Cour renvoie aux articles 4, § 1, et 5, § 1 et 2, UE, ainsi qu'au cadre institutionnel défini aux articles 13 à 19 UE, soit le principe d'attribution des compétences pour délimiter les compétences de l'Union et celles des institutions de l'Union ; le principe de coopération loyale entre les institutions de l'Union ; le cadre institutionnel unique assurant la cohérence, l'efficacité et la continuité des politiques de l'Union ; les fonctions législatives et budgétaires assurées conjointement par le Conseil et le Parlement européen ; le Parlement européen élu au suffrage universel direct ; la proposition faite par le Conseil européen au Parlement européen d'un candidat à la fonction de président de la Commission, en tenant compte des élections européennes ; le Président de la Commission élu par le Parlement européen ; le Conseil européen donnant à l'Union les impulsions nécessaires à son développement et en définissant les orientations et les priorités générales sans exercer de fonction législative ; sa prise de décision par consensus (en tant que principe) ; le fait que le Conseil statue à la majorité qualifiée (en tant que principe) ; le fait que la Commission assure la promotion de l'intérêt général de l'Union ; le principe selon lequel un acte législatif de l'Union ne peut être adopté que sur proposition de l'Union (en tant que principe) ; le principe d'indépendance de la Commission ; la responsabilité de la Commission, devant le Parlement européen ; la mission de la Cour de justice de l'Union européenne assurant le respect du droit dans l'interprétation et l'application des traités ; l'obligation pour les États membres d'établir les voies de recours nécessaires pour assurer une protection juridictionnelle effective dans les domaines couverts par le droit de l'Union.

– ***Au titre des « caractéristiques spécifiques tenant à la nature même du droit de l'Union »***, la Cour souligne trois « caractéristiques essentielles » : le droit de l'Union se caractérise par le fait d'être issu d'une source autonome, constituée par les traités, par sa primauté par rapport aux droits des États membres et par l'effet direct de « toute une série de dispositions » applicables aux États membres mais aussi à leurs ressortissants.

765. Si l'intérêt didactique de ces formulations est indéniable, ont-elles aussi une portée strictement juridique ? Dans le cas particulier de l'adhésion à la Conv. EDH, on peut admettre qu'elles ont eu un caractère opératoire mais il semble difficile d'aller au-delà : il s'agit certainement là pour la Cour de justice de définir une « identité constitutionnelle » intangible au regard des influences externes et spécialement internationales, mais on ne peut y voir une sorte de « supra-constitutionnalité ». Si l'on considère parfois que les dispositions constitutionnelles bénéficiant d'une clause d'éternité, c'est-à-dire ne pouvant faire l'objet d'une révision, forment l'essence de l'identité constitutionnelle (certaines thèses limitent à ces clauses d'éternité l'identité constitutionnelle) il faut donc se demander si le pouvoir de révision des traités sur lesquels est fondée l'Union connaîtrait des limites matérielles interdisant aux « Maitres des traités » que sont les États membres de porter atteinte, par la procédure de révision qu'ils maitrisent pour l'essentiel (v. ss 598 à 600), à ces caractéristiques ontologiques de l'intégration. Le débat a été vif sur ce thème à l'occasion de *l'avis 1/91* du 14 décembre 1991 (*Rec.* I-6079), lequel identifiait dans le projet de traité d'association sur l'espace économique européen (EEE) qui lui était soumis la mise en place d'un « système juridictionnel qui porte atteinte à l'article 164 [du traité CEE] et, plus largement, *aux fondements mêmes de la Communauté* », donc une atteinte à un de ces principes fondamentaux. Mais la Cour ajoutait *qu'une révision* de l'article 138 CEE (fondement de la compétence communautaire pour conclure un accord d'association) « *ne saurait remédier à l'incompatibilité* du système juridictionnel de l'accord avec le droit communautaire », ce que d'aucuns ont pris pour la condamnation de toute révision qui irait à l'encontre d'un principe se situant au fondement du système communautaire ; il semble plus vraisemblable que la Cour, par-là, ne traçait pas de limite au pouvoir de révision mais aux accords d'association, même après révision des dispositions relatives aux accords d'association dans les traités. Les caractéristiques en cause sont donc « constitutionnelles » assurément, mais pas « supraconstitutionnelles » et si « identité constitutionnelle » il y a, elle est opposable vis-à-vis de l'extérieur (ce qui, en l'occurrence signifiait aussi opposition à l'ensemble des autres institutions de l'Union et à l'ensemble des États membres qui soutenaient l'adhésion à la Conv. EDH), mais pas au pouvoir de révision.

Chapitre 2

La portée du droit de l'Union

BEBR (G.), « Les dispositions de droit communautaire directement applicables », *CDE* 1970. 7.

BLANQUET (M.), v° *Effet direct du droit communautaire, Rép. communautaire*, Dalloz.

BLECKMANN (A.), « L'applicabilité directe du droit communautaire », in *Les recours des individus devant les instances nationales en cas de violation du droit européen*, Bruxelles, 1978, p. 91.

CARREAU (D.), « Droit communautaire et droits nationaux : concurrence ou primauté ? », *RTDE* 1978. 381.

CONSTANTINESCO (L.-J.), *L'applicabilité directe dans le droit de la CEE*, LGDJ, 1970.

DEHOUSSE (F.), « La primauté du droit communautaire sur le droit des États membres », *RTDE* 1965. 212.

GARRON (R.), « Réflexions sur la primauté du droit communautaire », *RTDE* 1969. 28.

GAUTRON (J.-C.), « Le droit directement applicable dans la jurisprudence de la CJCE », *AFDI* 1975. 905.

KOVAR (R.), « L'applicabilité directe du droit communautaire », *JDI* 1973. 279.

MOLINIER (J.), v° *Primauté du droit communautaire, Rép. communautaire*, Dalloz.

766. Instrument de l'intérêt commun des peuples et des États de l'Union, le droit de l'Union européenne n'est pas un droit étranger ni même un droit extérieur (si tel était le cas, ses caractéristiques juridiques seraient à la fois incompréhensibles et inacceptables au regard de la souveraineté étatique) : il est le droit propre de chacun des États membres, applicable sur son territoire tout autant que son droit d'origine nationale, mais c'est un droit que les États membres ont souverainement choisi d'élaborer et d'adopter en commun avec des États partenaires partageant les mêmes valeurs politiques essentielles.

767. Lorsque la Cour de justice, dans les années 1963, 1964 a posé dans les arrêts fondateurs *Van Gend & Loos* et *Costa* les bases de l'identité du système juridique communautaire, elle a marqué cette spécificité selon deux axes.

– « À la différence des traités ordinaires, le traité de la CEE a institué un ***ordre juridique propre, intégré au système juridique des États membres*** » (CJCE 15 juill. 1964, *Costa c/ ENEL*, aff. 6/64, *Rec.* 1141). Il s'agit là de situer cette spécificité dans une relation inédite entre des ordres juridiques. Le système européen est intégré, ce qui se traduit par une relation entre l'ordre juridique de l'Union et les ordres juridiques des États membres. Ce sont là des relations d'ordre juridique à ordre juridique et non des caractéristiques de telle ou telle norme de droit de l'Union. Il faut donc identifier les paramètres gouvernant cette relation d'ordre juridique à ordre juridique : c'est la question de la portée du droit de l'Union vis-à-vis de l'ordre juridique des États membres (Section 1).

– « ***L'objectif du traité CEE... est d'instaurer un marché commun dont le fonctionnement concerne directement les justiciables de la Communauté*** »... le traité « constitue plus qu'un accord qui ne créerait que des obligations mutuelles entre les États contractants... la Communauté constitue un nouvel ordre juridique de droit international dont les sujets sont non seulement les États membres ***mais également leurs ressortissants*** » (CJCE 5 févr. 1963, *Van Gend & Loos*, aff. 26/62, *Rec.* 1). La Cour démarque ici le droit communautaire du droit international, malgré l'utilisation d'outils de droit international tels que les traités, en ce que ce droit communautaire, à la différence du droit international, a une vocation naturelle à créer directement des droits ou des obligations dans le chef des particuliers. C'est donc cette portée du droit de l'Union vis-à-vis des particuliers qui constitue la deuxième caractéristique identitaire du système juridique européen (Section 2).

Section 1
La portée vis-à-vis de l'ordre juridique des États membres

768. La jurisprudence de la Cour de justice permet d'identifier les principes définissant les relations qui s'établissent dans un ensemble intégré entre l'ordre juridique du « *tout* » et l'ordre juridique des composantes : parce qu'il est « issu d'une *source autonome* » (arrêt, préc., du 15 juill. 1964, *Costa*, aff. 6/64), le droit communautaire « *fait partie intégrante, avec rang de priorité*, de l'ordre juridique applicable sur le territoire de chacun des états membres » (arrêt du 9 mars 1978, *Simmenthal*, aff. 106/77, *Rec.* 629).

Le droit de l'Union européenne bénéficie donc vis-à-vis de l'ordre juridique des États membres d'une autonomie, d'une intégration immédiate, et de la primauté.

§ 1. L'autonomie de l'ordre juridique de l'Union

Simon (D.), « Les fondements de l'autonomie du droit communautaire », in *SFDI, Droit international et droit communautaire, perspectives actuelles*, Paris, Pedone 2000, p. 209.

769. L'autonomie de l'ordre juridique de l'Union doit être rapidement et préalablement éclairée, pour en faire ressortir l'importance, en identifier la signification et en préciser les dimensions.

770. • ***Importance*** : dès lors que le droit de l'Union européenne est reconnu comme constituant un véritable ordre juridique, il ne peut exister en tant que tel qu'en vertu d'une autonomie vis-à-vis de l'ordre juridique des États membres. Cet aspect existentiel se manifeste par l'invocation de l'autonomie dès que sont en cause les caractéristiques de base du droit de l'Union, qu'il s'agisse de son effet direct (CJCE 5 févr. 1963, *Van Gend et Loos*, aff. n° 26/62, *Rec.* 3), de sa primauté (CJCE 15 juill. 1964, *Costa*, aff. 6/64, *Rec.* 1141) ou de son positionnement vis-à-vis de l'ordre international (CJCE 3 sept. 2008, *Yassin Abdullah Kadi et Al Barakaat International Foundation c/Conseil et*

Commission, aff. C-402/05 P et C-415/05 P, *Rec.* I-6351). Dans son *avis 2/13* du 18 déc. 2014, ECLI:EU:C:2014:2454, la Cour juge notamment que « le droit de l'Union se caractérise par le fait d'être issu d'une source autonome, constituée par les traités » et souligne l'importance de « l'autonomie dont jouit le droit de l'Union par rapport aux droits des États membres ainsi que par rapport au droit international », précisant plus tard qu'une telle autonomie « se justifie en raison des caractéristiques essentielles de l'Union et de son droit » (arrêt du 6 mars 2018, *Achmea*, aff. C-284/16, ECLI:EU:C:2018:158).

771. • ***Signification*** : l'autonomie signifie que l'ordre juridique de l'Union est un ordre propre, « distinct de celui des États membres » (arrêt *Costa*, préc.), que le droit de l'Union est « issu d'une source autonome » (arrêt *Costa*) et est « indépendant des États membres » (arrêt *Van Gend en Loos*, préc. ; on retrouve là la terminologie parfois peu heureuse de cet arrêt fondateur) malgré l'intégration : il n'y a, en effet, aucune contradiction à présenter l'ordre de l'Union comme à la fois distinct des ordres nationaux et formant une partie intégrante de ces derniers. Le droit de l'Union devient une source de droit national, mais *en tant que droit de l'Union*, avec ses caractéristiques propres. L'intégration sans autonomie se traduirait par une sorte de dilution du droit de l'Union dans les différents systèmes nationaux et il ne pourrait que perdre « son âme », son identité, c'est-à-dire ses caractéristiques propres, spécifiques.

Il faut donc comprendre cette autonomie comme une protection de l'intégrité et de l'identité du droit de l'Union et non comme la manifestation d'une quelconque séparation, distanciation des ordres juridiques.

Cette intégrité-autonomie du droit de l'Union prohibe tout conditionnement juridique d'origine nationale ou internationale, qu'il s'agisse d'un conditionnement de la validité, des effets ou de l'interprétation du droit de l'Union. Ceci est cohérent avec la mise en place du renvoi préjudiciel (v. ss 1412) destiné à garantir l'uniformité du droit de l'Union par le monopole de la Cour de justice en matière d'interprétation et d'appréciation de validité de ce droit.

772. • ***Dimensions*** : on peut en dégager deux, dont la première se subdivise en deux composantes.

1) *L'autonomie de validité et d'effectivité* signifie que la validité du droit de l'Union, ainsi que ses effets dans l'ordre juridique des États membres ne sauraient être affectés par une éventuelle atteinte de ce droit à des sources de droit national, qu'il s'agisse de sources écrites ou de principes généraux (ou « fondamentaux »), quand bien même ces sources auraient rang constitutionnel. La Cour l'a clairement affirmé dans l'arrêt du 17 décembre 1970, *Internationale Handelsgesellschaft* (aff. 11/70, *Rec.* 1125) : la validité du droit communautaire « ne saurait être appréciée qu'en fonction du droit communautaire ». La Cour insiste, dans cette décision, sur le fait que l'éventuelle atteinte aux droits fondamentaux formulés par une Constitution nationale, ou aux principes structurels de cette Constitution ne saurait affecter *ni la validité* d'un acte droit communautaire, *ni son effet* sur le territoire de l'État membre considéré, ce qui revient à se placer sur les deux terrains de la validité et de l'application du droit de l'Union dans les ordres juridiques internes.

2) *L'autonomie d'interprétation* concerne la signification à retenir pour les notions de droit de l'Union, c'est-à-dire ses « qualifications juridiques », lorsqu'il attache certaines conséquences juridiques à une qualification. Là encore, il n'y a pas de revendication

excluant *a priori* la référence aux systèmes des États membres pour interpréter un concept communautaire : ce serait là, en effet, une démarche liée à une idée de *séparation* des ordres juridiques, idée qui n'inspire pas, on l'a souligné, le principe d'autonomie.

Il est cependant évident qu'un renvoi de principe aux contextes nationaux ne peut que donner des traductions spécifiques aux concepts du droit de l'Union, et donc doter ce droit d'une « géométrie variable », d'une portée aléatoire incompatible avec sa nature et sa raison d'être, qui est de mettre en place un espace juridique commun et dans un premier temps un marché commun grâce à la possibilité de supprimer les barrières et consacrer des libertés de circulation puisque les règles juridiques gouvernant cet espace sont les mêmes partout. S'il n'est donc pas exclu que le droit de l'Union (ou le juge de l'Union : par ex. TPI 6 oct. 2005, *Sumitomo Chemical c/Commission*, aff. T-22/02 et T-23/02, *Rec.* II-4065) renvoie explicitement, pour telle ou telle notion, au sens retenu par les droits nationaux, ce ne sera pas le principe, ce dernier étant donc que les notions du droit communautaire ont une dimension, une portée communautaire (pour qu'elle soit vraiment commune), c'est-à-dire que leur sens est défini par le droit communautaire lui-même.

Par exemple, les notions utilisées par le traité de Rome, comme « travailleur », « taxe d'effet équivalant à des droits de douane », « mesures d'effet équivalant à des restrictions quantitatives », ou « juridiction » ont fait l'objet d'une définition dont la Cour de justice a souligné le caractère nécessairement communautaire. On comprend aisément que si le traité donne certains droits (de séjour, d'accès à l'emploi, de libre circulation…) aux « travailleurs », et si les États membres ne retiennent pas exactement la même définition pour cette notion (l'un exigeant par exemple un minimum d'heures de travail pour être un « travailleur »), ceci reviendrait à faire varier la portée de la libre circulation des travailleurs selon les États, et ceci aboutirait de surcroît à ériger des obstacles face à ce régime de libéralisation.

L'autonomie de l'ordre juridique de l'Union ne doit pas non plus être affectée par la participation de l'Union à une structure internationale qui reprendrait en substance des dispositions de droit de l'Union dévolues dans ce nouveau cadre à un nouveau dispositif d'interprétation (par exemple une juridiction prévue dans cette organisation internationale) dont les jugements auraient dès lors forcément une incidence sur l'interprétation des dispositions de droit de l'Union identiques (CJCE 14 déc. 1991, *accord sur la création de l'Espace économique européen*, avis 1/91, *Rec.* I-6079, CJCE 10 avr. 1992, *second accord sur la création de l'Espace économique européen*, avis 1/92, *Rec.* I-2821, CJCE 18 avr. 2002, *accord créant un espace aérien commun*, avis 1/00, *Rec.* I-3493).

§ 2. L'integration immediate du droit de l'Union dans l'ordre juridique des États membres

I. Le principe de l'integration immédiate

A. Les relations entre le droit international et le droit interne des États

773. Les principes du droit international (Convention de Vienne, art. 26) obligent les États à respecter les traités qui les lient et, notamment, à les faire appliquer par leurs organes législatifs, exécutifs et judiciaires, sous peine d'engager leur responsabilité, éventuellement devant le juge international, à l'égard des États envers lesquels ils se sont obligés. Mais le droit international ne règle pas lui-même les conditions dans lesquelles les normes contenues dans les traités doivent être intégrées dans l'ordre juridique des États pour y être appliquées par leurs organes et juridictions ; il abandonne la matière à chaque État, qui la règle donc souverainement, en fonction de la conception des relations entre droit international et droit interne à laquelle il adhère. On sait que deux conceptions doctrinales, inscrites dans les constitutions ou pratiquées en fait, inspirent les solutions positives.

774. La ***conception dualiste***, dont les principaux théoriciens sont italiens (D. Anzilotti, *Cours de droit international*, trad. Gidel, 1929) et allemands (H. Triepel, « Les rapports entre le droit interne et le droit international », *RCADI* 1923, t. I), mais qui a longtemps universellement prévalu, considère que l'ordre juridique international et les ordres juridiques nationaux sont des systèmes indépendants et séparés, coexistant parallèlement comme des compartiments étanches. Dès lors, un traité internationalement parfait, c'est-à-dire régulièrement ratifié, ne saurait avoir d'effet que dans l'ordre international. Pour qu'il puisse s'appliquer dans l'ordre interne de l'État contractant, il faut que celui-ci en reprenne les dispositions dans une norme nationale (le plus souvent la loi) ou l'*introduise* dans l'ordre national par une formule juridique qui en opère la *réception*. Dans l'un et l'autre cas, il y aura eu *nationalisation* du traité, c'est-à-dire que la norme internationale a subi une *transformation de nature* et n'est appliquée, notamment par le juge, qu'en qualité de règle de droit interne qu'elle est devenue et non en tant que règle de droit international.

775. La ***conception moniste***, au contraire (cf. H. Kelsen, « Les rapports de système entre le droit international et le droit interne », *RCADI* 1926. IV. 231), est fondée sur l'unité de l'ordonnancement juridique, ce qui exclut toute solution de discontinuité entre l'ordre juridique international et les ordres juridiques nationaux des États. La norme internationale s'applique immédiatement, en tant que telle, c'est-à-dire *sans réception* ni *transformation* dans l'ordre interne des États parties au traité. Le traité internationalement parfait s'intègre donc de plein droit dans le système des règles que doivent appliquer les tribunaux nationaux, et leurs prescriptions y sont applicables en leur qualité originaire de règles internationales.

B. Les relations entre le droit de l'Union et le droit interne des États membres

776. Au contraire du droit international, le droit de l'Union n'est pas indifférent au type de relations qui doivent s'établir entre lui et les droits nationaux ; il postule le *monisme* et en impose le respect par les États membres.

L'approche moniste, tout d'abord, fait l'objet de consécrations fragmentaires ou implicites dans les traités sur lesquels étaient fondées les Communautés et sur lesquels est fondée l'Union : outre l'article 249 CE *[désormais art. 288 FUE]*, qui énonce que le règlement est « directement applicable dans tout État membre », il faut citer l'article 234 CE *[désormais art. 267 FUE]* : l'institution de la procédure des questions préjudicielles, qui permet aux juridictions nationales de renvoyer devant la Cour de justice l'interprétation ou l'appréciation de la validité du droit de l'Union, présuppose, bien évidemment, que celui-ci est applicable par les juridictions internes en tant que règle de droit de l'Union. Mais le monisme découle tout autant de la nature même de l'Union, c'est-à-dire de l'ensemble du système des traités ainsi que la Cour de justice l'a clairement souligné. Le « système communautaire », spécialement dans la mesure où il comporte des attributions de pouvoir normatif aux institutions, ne peut s'accommoder que du monisme, seul compatible avec un système d'intégration : « en instituant une Communauté de durée illimitée, dotée d'attributions propres, de la personnalité, de la capacité juridique... et plus précisément de pouvoirs réels issus d'une limitation de compétence ou d'un transfert d'attributions des États à la Communauté, ceux-ci ont limité, bien que dans des domaines restreints, leurs droits souverains et créé ainsi un corps de droit applicable à leurs ressortissants et à eux-mêmes » (CJCE 15 juill. 1964, *Costa*, aff. 6/64, *Rec.* 1141). L'affirmation est particulièrement claire : « à la différence des traités internationaux ordinaires, le traité de la CEE a institué un ordre juridique propre intégré au système juridique des États membres lors de l'entrée en vigueur du traité et qui s'impose à leurs juridictions ».

777. Il faut en déduire que, si les États membres sont libres de conserver leur conception dualiste au regard du droit international, le dualisme, en revanche, est banni des relations Communautés/États membres et désormais Union/États membres et que le droit de l'Union, originaire ou dérivé, est immédiatement applicable dans l'ordre juridique interne des États membres ou, selon une meilleure formule de la Cour, fait « partie intégrante... de l'ordre juridique applicable sur le territoire de chacun des États membres » (CJCE 9 mars 1978, *Simmenthal*, aff. 106/77, *Rec.* 609), ce qui emporte trois conséquences :

– le droit de l'Union est intégré de plein droit dans l'ordre interne des États, sans nécessiter aucune formule spéciale d'introduction ;

– les normes de l'Union prennent leur place dans l'ordre juridique interne en tant que droit de l'Union ;

– les juges nationaux ont l'obligation d'appliquer le droit de l'Union.

C'est ce que l'on appellera l'*intégration immédiate* du droit de l'Union (l'expression *applicabilité immédiate* est plus classiquement utilisées en doctrine), le terme d'*intégration* correspondant exactement à l'approche de la Cour dans ces arrêts de base et le qualificatif *immédiate* pouvant être compris dans ses deux acceptions : intégration instantanée, et intégration sans mesure intermédiaire.

II. L'intégration immédiate des différentes sources du droit de l'Union

A. Les « traités », le droit primaire

778. S'agissant du droit primaire, le principe signifie moins proscription de la *réception* formelle (comment la Cour aurait-elle pu « interdire » des procédures par définition intervenues antérieurement à son intervention ?), que neutralisation de ses effets. Elle interdit aux juges d'un pays dualiste d'invoquer le non-accomplissement des procédures de réception des traités internationaux prescrites par sa constitution pour se dispenser d'appliquer un traité communautaire régulièrement ratifié, ou encore, d'appliquer un tel traité comme du droit interne et non comme du droit de l'Union, sous prétexte que la réception qui a eu lieu a transformé ce traité en droit national.

1° Les États fondateurs

779. Ainsi, s'agissant des traités institutifs des Communautés, ils ont non seulement été régulièrement ratifiés, mais encore chacun des États fondateurs les a introduits dans son ordre juridique interne conformément aux prescriptions nationales concernant les traités ordinaires. En France, et sur la base de l'article 26 de la Constitution de 1946, qui répudie expressément le dualisme – « les traités diplomatiques régulièrement ratifiés et publiés ont force de loi... sans qu'il soit besoin, pour en assurer l'application, d'autres dispositions législatives que celles qui auraient été nécessaires pour assurer leur ratification » – le traité CEE, par exemple, a été incorporé dans l'ordre interne par le seul effet de la ratification autorisée par la loi du 2 août 1957 et du décret de publication du 28 janvier 1958 (*JO* 22 févr. 1958). En revanche, ces mêmes traités on fait l'objet d'une réception formelle dans l'ordre interne des États dualistes, qui était d'autant plus inévitable que la plupart d'entre eux pratiquent une intervention parlementaire qui a pour effet, à la fois, d'autoriser l'exécutif à ratifier et d'incorporer le traité en droit interne (cf. L. du 22 déc. 1957 en Belgique ; du 27 juill. 1957 en Allemagne ; du 14 oct. 1957 en Italie). Mais la jurisprudence de la Cour de justice a *neutralisé* les effets de telles pratiques dualistes : refusant de tenir compte des conditions dans lesquelles un État membre a introduit le traité dans son droit interne, la Cour considère que la réception n'a pas eu pour effet de transformer les traités et que ceux-ci doivent être appliqués par le juge interne *en tant que droit communautaire* et non en tant que droit national (Ord. du 22 juin 1965, *San Michele*, aff. 9/65, *Rec.* 1967. 35). Compte tenu de la vigueur de la tradition dualiste du pays, ce sont les juridictions italiennes qui ont été les plus réticentes ; la Cour constitutionnelle elle-même s'y est cependant ralliée : « les exigences fondamentales de l'égalité et de la certitude juridique requièrent que les règles communautaires... soient pleinement et obligatoirement efficaces et directement appliquées dans tous les États membres, sans que les lois de réception et adaptation soient nécessaires... » (Décis. du 27 déc. 1973, *Frontini*, *RTDE* 1974. 148).

2° Les États adhérents

780. Lors de l'élargissement des Communautés à trois nouveaux États dualistes, en 1972, le caractère immédiatement applicable du droit communautaire (qui, entre temps, avait été dégagé expressément par la Cour) a été dûment pris en considération : la pratique constitutionnelle du Royaume-Uni, notamment, qui passe par l'introduction formelle du traité international, suivant la pleine procédure parlementaire, et sa mutation en règle législative interne, a été volontairement écartée : l'article 2.1 de l'*European Communities Act* du 17 octobre 1972 (cf. S. Dreyfus, *RTDE* 1973. 242) qui introduit l'ensemble des actes d'adhésion dans l'ordre interne britannique, en écarte expressément la transformation en norme interne : si le droit communautaire devient applicable en vertu d'un acte du Parlement, il ne l'est pas comme s'il émanait du Parlement. De même, l'article 3 de la loi du 11 octobre 1972, sur l'adhésion du Danemark aux Communautés, procède à l'introduction pure et simple du droit communautaire, sans transformation.

Lors des élargissements ultérieurs, la spécificité du droit de l'Union était suffisamment affirmée pour que les adhésions s'accompagnent de dispositifs destinés à intégrer ces spécificités.

La Grèce a ainsi adapté sa Constitution dans la perspective de son adhésion.

Pour l'Espagne, l'article 93 de la Constitution avait clairement été conçu spécifiquement dans la perspective de l'adhésion aux Communautés. Le Portugal a dû, quant à lui, opérer une révision spécifique en 1982.

En Finlande, l'adhésion s'est faite sous l'empire d'un Acte constitutionnel dualiste, exigeant l'adoption d'une loi d'exécution pour l'entrée en vigueur des traités, mais s'est traduite en réalité par le vote de deux lois. Une loi autorisant la ratification de l'Acte d'adhésion et une loi d'incorporation, votée à une majorité renforcée, nécessitée parce que l'adhésion emportait des conséquences contraires à la Constitution. La Suède, tout en ayant un texte constitutionnel certainement conçu dès 1974 en vue d'une adhésion a finalement opéré une révision pour avoir des dispositions spécifiques sur l'appartenance à l'Union.

Les États ayant adhéré en 2004 ou 2007 l'ont également fait en adaptant leurs procédures constitutionnelles. L'article 89 de la Constitution polonaise de 1997 était conçu dans la perspective de l'adhésion. Dans la plupart des cas, des révisions spécifiques ont eu lieu : révision constitutionnelle tchèque de 2001, la révision de 2001 en Slovaquie, révision slovène de 2003, précisant que les traités ratifiés et promulgués s'appliquent directement, ou révision roumaine de 2003. Pour son adhésion, l'Estonie a ajouté un acte additionnel à sa constitution, le 5 octobre 2003. Même chose pour la Lettonie en 2002 et la Lituanie en 2003, mais il a fallu, en plus, un acte sur l'appartenance à l'Union européenne du 13 juillet 2004. Une loi spéciale du 14 juillet 2003 a organisé l'incorporation du droit de l'Union dans l'ordre juridique maltais. La Bulgarie a intégré des dispositions spécifiques à sa constitution en 2005. L'adaptation du cadre constitutionnel croate s'est faite en juin 2010.

B. Le droit dérivé et le droit issu des relations externes de l'Union

781. C'est ici que la proscription du dualisme prend tout son sens : le droit issu de l'activité normative des institutions s'impose dans l'ordre juridique national des États sans transformation, sans ordre d'exécution ni même publication au niveau national, même s'il est inévitable que les États dualistes considèrent implicitement (Allemagne) ou explicitement (Royaume-Uni, Danemark, Irlande), qu'il y a eu réception globale et anticipée, c'est-à-dire que la loi de ratification, en introduisant le traité dans l'ordre interne, a également introduit virtuellement tout le droit dérivé qui en découlerait.

1° Règlements

782. Tout d'abord, non seulement leur *réception* dans l'ordre interne est superflue, mais elle est interdite. La Cour de justice a ainsi condamné la pratique italienne qui, même sans volonté délibérée de nationaliser des dispositions communautaires, visait à introduire dans les lois d'exécution des dispositions reproduisant plus ou moins textuellement les règlements communautaires à mettre en œuvre (CJCE 7 févr. 1973, *Commission c/Italie*, aff. 39/72, *Rec.* 101 ; 10 oct. 1973, *Variola*, aff. 34/73, *Rec.* 981 : sont interdites, qu'elles émanent des États ou d'organismes nationaux ayant un pouvoir normatif, les mesures qui prétendraient opérer une réception des dispositions d'un règlement, feraient varier, sauf autorisation, l'entrée en vigueur de celui-ci, ou auraient pour résultat de dissimuler aux justiciables la nature communautaire d'une règle juridique et les effets qui en découlent). Sensible à ces critiques, la Cour constitutionnelle italienne se rendit aux raisons des juges de Luxembourg : « … il est conforme à la logique du système communautaire que les règlements de la CEE ne doivent pas, en tant que source immédiate de droits et d'obligations… faire l'objet de mesures étatiques à caractère reproductif ou exécutif, susceptibles d'en modifier ou d'en conditionner de manière quelconque l'entrée en vigueur, et moins encore de s'y substituer, d'y déroger ou de les abroger, même partiellement » (18 déc. 1973, *Frontini*, préc. ; cf. encore, 30 oct. 1975, *RTDE* 1976. 271, note Plouvier).

A fortiori, l'applicabilité immédiate des règlements ne fait-elle aucun problème dans un pays moniste comme la *France :* « la force obligatoire qui s'attache aux dispositions qu'ils comportent n'est pas subordonnée à une intervention des autorités des États membres », affirme le Conseil constitutionnel (décisions du 30 déc. 1977, *RTDE* 1979. 142, note G. Isaac et J. Molinier). Bien plus, la dispense de publication nationale n'est pas fondée sur un texte national (on pouvait penser au décret du 14 mars 1953, relatif à la ratification des engagements internationaux souscrits par la France, *JORF* du 15 mars 1953) ; le règlement communautaire, « en vertu de l'article 189 du traité CEE *[désormais art. 288 TFUE]* s'intègre, dès sa publication, dans le droit des États membres », reconnaît le Conseil d'État (22 déc. 1978, *Syndicat des Hautes Graves de Bordeaux*, *Rec.* 526, *RTDE* 1979. 717, concl. Genevois).

2° Décisions et directives

783. Adressées aux États membres, elles appellent, certes, normalement, des mesures nationales d'application, d'exécution pour les décisions, et de mise en œuvre, ou de « transposition » selon un terme pouvant fâcheusement faire penser à une mécanique dualiste, pour les directives ; mais la compétence ainsi réservée aux autorités nationales est une compétence *d'exécution* ou en tous cas *de mise en œuvre*, et nullement une compétence de *réception*. Ces actes bénéficient, comme l'ensemble du droit de l'Union, de l'immédiateté et sont donc intégrés à l'ordre juridique des États membres par le seul effet de leur procédure d'entrée en vigueur au niveau de l'Union. Ainsi, les juridictions françaises acceptent-elles d'appliquer les décisions du Conseil sans même exiger la publication nationale, en faisant mention expresse de leur publication au *JOUE* (Crim. 22 oct. 1970, *Ramel*, *D.* 1971. 221), ou sans aucune mention de publication (C.E. 3 févr. 1975, *Rabot*, *AJDA* 1975. 467 ; 12 oct. 1979, *Syndicat des importateurs de vêtements et produits artisanaux*, *AJDA* 1980. 95). De même, en reconnaissant, dans un arrêt de principe (22 déc. 1978, *Cohn-Bendit*, *CDE* 1979. 265, obs. G. Isaac), qu'il revient aux juges nationaux de contrôler la compatibilité des mesures nationales au regard des directives dont elles sont destinées à assurer l'application, le Conseil d'État admet nécessairement que la directive fait, comme telle, partie de la légalité dont il est chargé d'assurer le respect, c'est-à-dire qu'elle contient des règles de droit intégrées dans l'ordre juridique national.

3° Accords externes

784. Enfin, l'applicabilité immédiate du *droit issu des accords externes* conclus par l'Union ne fait, elle non plus, aucun doute : la Cour a pu juger que les effets juridiques d'un tel accord pour les États membres résultent « exclusivement de la conclusion de celui-ci » par l'Union (*avis 1/76* du 26 avr. 1977, *Rec.* 741), et le Conseil d'État admet que les accords conclus par le Conseil de l'Union (en l'espèce par voie de « décision ») et publiés à l'*Officiel européen*, sont, de ce seul fait, introduits dans l'ordre juridique national, sans avoir besoin ni de ratification ni de publication nationales (CE 12 oct. 1979, *Syndicat des importateurs de vêtements*..., préc.).

§ 3. La primauté du droit de l'Union

785. Immédiatement applicable dans l'ordre juridique interne des États membres, le droit de l'Union ne peut pas ne pas y rencontrer le droit national : son impact sera bien différent selon que les inévitables conflits seront tranchés en faveur de l'un ou de l'autre. Par elle-même, en effet, l'intégration immédiate ne permettrait au droit de l'Union de déployer les effets ci-dessus indiqués qu'en l'absence de toute disposition contraire du droit national, et rien de plus. C'est grâce au renfort de la *primauté* que le droit de l'Union produit ses effets même en présence et nonobstant toute norme nationale contraire, ce qui assure à ce droit une force de pénétration irrésistible dans l'ordre juridique des États membres.

Malgré le « principe fondamental de la primauté de l'ordre juridique communautaire » (CJCE 10 oct. 1973, *Variola*, aff. 34/73, *Rec.* 981), les modes de solution des conflits entre droit de l'Union et droit des États membres retenus par les divers systèmes juridiques nationaux laissent encore à désirer et sont loin d'être uniformes malgré des progrès sensibles.

I. Le principe de la primauté du droit de l'Union

Alter (K.-J.), *Establishing the supremacy of European law*, Oxford, Oxford University Press, 2001.

Azoulai (L.) et Dubout (E.), « Repenser la primauté, l'intégration européenne et la montée de la question identitaire », in B. Bonnet (dir.), *Traité des rapports entre ordres juridiques*, Paris, LGDJ, 2016, p. 567.

Denizeau (C.), « La primauté », *ADE* 2006. 53.

Louis (J.-V.), « La primauté du droit de l'Union, un concept dépassé ? », in *Mélanges Jean Paul Jacqué*, Dalloz, 2010, p. 443.

Mehdi (R.), « Primauté du droit de l'Union européenne », *J.-Cl. Europe*, fasc. 196, 2017.

Mouton (J.-D.), « Les 50 ans de l'arrêt *Costa* : de la primauté absolue au dialogue des juges ? », *RUE* 2015, n° 593, p. 649.

Nascimbene (B.), (dir.), *Costa/ENEL : Corte costituzionale e Corte di giustizia a confronto, cinquant'anni dopo, collana di testi e documenti di diritto europeo*, Milano, Giuffrè, 2015.

Neframi (E.), « À propos du principe de primauté », in E. Brosset, C. Chevallier-Govers, V. Edjaharian et C. Schneider (dir.), *Le traité de Lisbonne. Reconfiguration ou déconstitutionnalisation de l'Union européenne*, Bruxelles, Bruylant, 2009, p. 199.

Ritleng (D.), « Le principe de primauté du droit de l'Union », *RTDE* n° 2, 2005. 285.

Ritleng (D.), « Le principe de primauté du droit de l'Union : quelle réalité ? », *RUE* 2015, n° 593, p. 630.

786. Les traités constitutifs ne contenaient pas une clause expresse de primauté comme c'est habituellement le cas dans les constitutions fédérales ou comme le prévoyait le projet de traité d'Union européenne adopté par le Parlement européen le 14 février 1984.

À défaut de toute mention explicite dans les traités, le danger était sérieux qu'assimilant le droit communautaire au droit international public, chaque État membre prétendît lui attribuer lui-même un rang dans son ordre juridique, au risque que le transfert de compétence à la Communauté et l'unité du droit communautaire restent lettre morte. À cette thèse « internationaliste », la Cour a opposé la thèse « communautaire », selon laquelle ce n'est pas le droit national, mais le droit communautaire lui-même, qui règle la matière.

On a pu se demander si le principe de la primauté n'avait pas acquis force de droit primaire dans la mesure où le Protocole sur l'application des principes de subsidiarité et de proportionnalité annexé au traité d'Amsterdam énonçait : « L'application des principes de subsidiarité et de proportionnalité ne porte pas atteinte aux principes mis au point par la Cour de justice en ce qui concerne la relation entre le droit national et le droit communautaire » mais cela restait implicite.

C'est, en tous cas, très nettement que le traité constitutionnel de 2004, dans son article I-6, indiquait que « la Constitution et le droit adopté par les institutions de l'Union dans l'exercice des compétences qui sont attribuée à celle-ci, priment le droit des États membres ». Pour autant, la jurisprudence de la Cour restait essentielle puisqu'une déclaration annexée au traité précisait que : « L'article I-6 reflète la jurisprudence existante de la Cour de justice des Communautés européennes et du Tribunal de première instance », de manière à souligner qu'il n'y avait là nulle révolution mais plutôt une clarification, voire une codification.

L'article I-6 a fait partie des dispositions du traité constitutionnel non reprises dans le traité de Lisbonne, sans doute parce que portant trop clairement la « marque » constitutionnelle. Pour autant, la solution retenue, pour être moins nette, n'en souligne pas moins l'importance du principe de primauté et de la jurisprudence de la Cour en la matière. La primauté fait en effet l'objet d'une Déclaration (n° 17) annexée au traité :

« La Conférence rappelle que, selon une jurisprudence constante de la Cour de justice de l'Union européenne, les traités et le droit adopté par l'Union sur la base des traités priment le droit des États membres, dans les conditions définies par ladite jurisprudence.

En outre, la Conférence a décidé d'annexer au présent Acte final l'avis du Service juridique du Conseil sur la primauté tel qu'il figure au document 11197/07 (JUR 260) ».

Cet avis, du 22 juin 2007, synthétise de façon particulièrement forte la signification et la portée de la jurisprudence de la Cour :

« Il découle de la jurisprudence de la Cour de justice que la primauté du droit communautaire est un principe fondamental dudit droit. Selon la Cour, ce principe est inhérent à la nature particulière de la Communauté européenne. À l'époque du premier arrêt de cette jurisprudence constante (arrêt du 15 juillet 1964 rendu dans l'affaire 6/64, *Costa c/ ENEL*), la primauté n'était pas mentionnée dans le traité. Tel est toujours le cas actuellement. Le fait que le principe de primauté ne soit pas inscrit dans le futur traité ne modifiera en rien l'existence de ce principe ni la jurisprudence en vigueur de la Cour de justice. »

787. C'est là clairement affirmer l'importance de la jurisprudence de la Cour et spécialement de l'arrêt *Costa* (15 juill. 1964, aff. 6/64, *Rec.* 1141, B. de Witte, « Retour à "*Costa*" », *RTDE* 1984. 425) dans lequel la Cour a solennellement posé le principe de la primauté. L'espèce était doublement exemplaire : d'abord parce que, s'agissant d'un conflit allégué entre diverses dispositions du traité CEE et la loi italienne de nationalisation de l'électricité, du 6 septembre 1962, elle était confrontée au conflit le plus aigu, celui entre le droit communautaire et une loi nationale postérieure ; ensuite, parce que la Cour constitutionnelle italienne, qui s'était prononcée quelques semaines plus tôt (sentence du 7 mars 1964) sur ce même conflit, l'avait résolu dans le cadre de la thèse « internationaliste », et par application de la conception dualiste italienne des rapports entre droit international et droit interne, au profit de la norme la plus récente, c'est-à-dire la loi nationale.

788. Si l'espèce était exemplaire, la Cour de justice a voulu que son arrêt le soit également, et vis-à-vis des deux questions sensibles qui se posaient, à savoir celle du *fondement* de la primauté, dès lors que les traités ne la prévoyaient pas, et celle de sa *portée*, qui restait à préciser au regard des droits nationaux.

A. Le fondement de la primauté

789. L'important, avec l'arrêt *Costa*, n'est pas tant qu'il ait consacré la primauté du droit communautaire mais qu'il l'ait fait ***selon un raisonnement spécifique et purement « communautaire »***. L'absence de fondement textuel au principe dans les traités offrait *a priori* trois possibilités à la Cour : la solution internationale, la solution nationale, ou la solution propre à l'ordre communautaire.

790. ***Le droit international*** n'est, en effet, pas sans ressource. La Convention de Vienne, à ses articles 26 et 27, prévoit respectivement que « tout traité en vigueur lie les parties et doit être exécuté par elles de bonne foi », et qu'« une partie ne peut invoquer les dispositions de son droit interne comme justifiant la non-exécution d'un traité ». C'est là reprendre une règle de droit coutumier classiquement déclinée par les instances arbitrales et juridictionnelles internationales : « c'est un principe généralement reconnu du droit des gens que, dans les rapports entre puissances contractantes d'un traité, les dispositions d'une loi interne ne sauraient prévaloir sur celles d'un traité » (avis de la CPJI du 31 juill. 1930, *Communautés Greco-Bulgares, Série A/B*, n° 37, p. 32) ; « un État qui avait valablement contracté des obligations internationales (est) tenu d'apporter à sa législation les modifications nécessaires pour assurer l'exécution des engagements pris » (CPJI 21 févr. 1925, *Echanges de populations grecques et turques*, avis consultatif, *Série B*, n° 10, p. 20) ; il faut dire que les lois nationales sont considérées, au regard du droit international, comme « de simples faits, manifestation de la volonté des États, au même titre que les décisions judiciaires ou les mesures administratives » (arrêt du 25 mai 1926, *intérêts allemands en Haute Silésie polonaise, Série A*, n° 7, p. 9 ; cf. aussi, en matière de décisions juridictionnelles internes, l'arrêt du 15 sept. 1928, *usine de Chorzow, Série A*, n° 17, p. 33). La portée d'une telle primauté, ne jouant certes *que dans l'ordre international* lui-même, est tout à fait *générale* : « il est incontestable et incontesté que le droit international est supérieur au droit interne. » (Tribunal arbitral mixte France-Mexique dans *l'affaire Georges Pinson* (1928) ; arbitre Verzjil, *R.S.A.*, V., p. 327), les choses pouvant être plus brutales : « un traité est supérieur à la Constitution » (sentence arbitrale du 26 juill. 1875 dans l'*affaire du « Montijo » (États-Unis c/ Colombie)* (Moore, *International arbitrations*, vol. 2, p. 1345). Au bilan, ***une primauté certes générale, mais incomplète***, puisque ne jouant que dans l'ordre international, et laissant dès lors les États libres d'en organiser la traduction juridique dans leur ordre interne.

791. La solution nationale aurait consisté à renvoyer aux dispositions constitutionnelles des États membres qui, justement, déterminent les conséquences nationales de l'autorité des traités internationaux (à l'image de l'article 55 de la Constitution française). On voit d'emblée l'impasse que cette solution constitue : la primauté du droit communautaire qui aurait pu en résulter aurait, certes, pu se prévaloir d'une base juridique solide mais aurait été limitée triplement dans sa portée, d'une part, en toute logique, ne pouvant jouer vis-à-vis de ces constitutions elles-mêmes, ensuite dépendant de ces dispositions et de leurs éventuelles réserves ou conditions (du type de la réserve de réciprocité), enfin variant selon les différentes solutions nationales : donc ***une primauté partielle, aléatoire et variable***.

792. On comprend donc les enjeux de l'arrêt *Costa* où la Cour a dû pallier l'absence de formulation explicite de la primauté dans le traité en donnant à ce principe un fondement tel que sa portée puisse correspondre à ce qu'exige la nature et le fonctionnement même du système juridique communautaire. Les solutions ci-dessus évoquées n'étant pas adaptées à ces exigences, il appartenait à la Cour de trouver *dans le système communautaire lui-même* le fondement du principe de primauté.

1° La démonstration

793. Elle se déploie principalement sur le terrain des arguments logiques, au sens de l'hypothèse d'une logique d'ensemble du système communautaire intégré, et de la cohérence, avec l'appui de quelques arguments textuels complémentaires. La Cour invoque donc « les termes et l'esprit du traité ».

a) La logique du système

794. Le raisonnement de la Cour repose, principalement, sur trois arguments généraux complémentaires :

– ***L'intégration immédiate***, qui resterait lettre morte si un État pouvait s'y soustraire par un acte législatif opposable aux textes communautaires :

« ... le traité de la CEE a institué un ordre juridique propre, intégré au système juridique des États membres lors de l'entrée en vigueur du traité et qui s'impose à leurs juridictions... ; cette intégration au droit de chaque pays membre de dispositions qui proviennent de source communautaire, et plus généralement, les termes et l'esprit du traité, ont pour corollaire l'impossibilité pour les États de faire prévaloir contre un ordre juridique accepté par eux sur une base de réciprocité, une mesure unilatérale ultérieure qui ne saurait lui être opposable ».

En somme, il y aurait de la part des États membres une aporie, une incohérence logique à admettre la pénétration immédiate (dès l'entrée en vigueur du traité, et on ajoutera sans aucune formalité dualiste de réception ou de transformation) du droit communautaire au sein même des ordres juridiques nationaux, si les sources nationales pouvaient faire obstacle à son application.

– ***L'attribution de compétences*** à la Communauté, limitant d'une manière correspondante les droits souverains des États :

La Cour va ici lister une série de caractéristiques indéniables de la Communauté : durée illimitée, institutions propres, personnalité, capacité juridique, capacité de représentation internationale, et « plus particulièrement », « pouvoir réels issus d'une limitation de compétence ou d'un transfert d'attributions des États à la Communauté », pour en déduire que les États membres, en instituant celle-ci, « ont limité, bien que dans des domaines restreints, leurs droits souverains ». On reconnaît là une formule de l'arrêt du 5 février 1963, *Van Gend en Loos* (aff. 26/62, *Rec.* 3). La Cour va revenir, dans la suite de l'arrêt *Costa*, sur cette idée et ajouter un détail, précisant qu'il s'agit d'une « limitation *définitive* de leurs droits souverains contre laquelle ne saurait prévaloir un acte unilatéral ultérieur incompatible avec la notion de Communauté » (cf. aussi l'arrêt du 13 juill. 1972, *Commission c/ Italie*, aff. 48/71, *Rec.* 529), ce qui est, d'une part, une avancée par rapport à l'arrêt *Van Gend en Loos*, l'étape suivante étant l'*avis 1/91* (14 déc. 1991, *Rec.* I-6079), pour lequel « les États ont limité, *dans des domaines de plus en plus étendus*, leurs droits souverains ». On peut voir dans cette conclusion en termes de refus de l'acte unilatéral ultérieur une version « communautarisée » de la formule précédemment signalée et d'une eau toute internationale, tirant la même conclusion de l'acceptation préalable et sur base de réciprocité d'un traité.

La Cour insiste sur ce caractère irrévocable sans lequel les attributions de compétences à la Communauté n'auraient aucun sens, aucune portée véritable en ajoutant que « les obligations contractées dans le traité instituant la Communauté ne seraient pas inconditionnelles mais seulement éventuelles, si elles pouvaient être mises en cause par les actes législatifs futurs des signataires », idée que l'on retrouvera dans l'arrêt *Simmenthal* (9 mars 1978, aff. 106/77, *Rec.* 629, point 18), la Cour y invoquant « le caractère effectif d'engagements inconditionnellement et irrévocablement assumés par les États membres ». La démonstration logique consiste ici à stigmatiser l'incohérence et l'inconséquence qu'il y aurait de la part des États membres à attribuer des compétences à la Communauté, de manière à ce qu'elles fassent l'objet d'un exercice en commun, tout en contrariant la mise en œuvre de cet exercice collectif du pouvoir de décision par une mesure unilatérale contraire.

– ***L'uniformité d'application du droit communautaire*** :

La force exécutive du droit communautaire ne saurait « varier d'un État à l'autre à la faveur des législations internes ultérieures, sans mettre en péril la réalisation des buts du traité ». C'est là un argument vraiment lié à la spécificité du projet communautaire, que la Cour a décliné sous de multiples formes, générales (« L'autorité du droit communautaire ne saurait varier d'un État membre à l'autre, par l'effet des législations internes, quel qu'en soit l'objet, sans que soient mises en péril l'efficacité de ce droit et l'application uniforme qu'il doit recevoir dans l'ensemble des États membres et à l'égard de tous les destinataires des dispositions en cause » (arrêt du 6 déc. 1977, *Maris*, aff. 55/77, *Rec.* 2327), ou particulières (« Les organisations communes des marchés agricoles ne peuvent remplir leurs fonctions que si les dispositions auxquelles elles donnent lieu sont appliquées de manière uniforme dans tous les États membres » (arrêt du 26 oct. 1972, *Vereenigde Oliefabrieken c/ Produktschap voor Margarine, Vetten en Olien*, aff. 26/72, *Rec.* 1031). La construction logique est assez simple : les règles *adoptées en commun* pour assurer le fonctionnement de l'espace communautaire en tant que marché commun ou unique doivent *s'appliquer de manière uniforme* dans tous les États membres sous peine de recréer des barrières entre eux, et de faire perdre tout sens à la notion même de marché commun et de droit communautaire ; or la seule garantie absolue qu'une règle commune s'appliquera partout de la même manière est d'empêcher qu'un obstacle (une règle nationale) vienne affecter dans tel ou tel des États membres, l'application de ladite règle. *Seule la primauté peut donc garantir cette uniformité.*

b) La cohérence du traité

795. Trois arguments plus particuliers cherchent à emporter l'adhésion sur ce même terrain de la logique mais en s'appuyant sur la nécessaire cohérence du traité. Deux de ces arguments relèvent de la même idée : dès lors que le *droit d'agir unilatéralement* (c'est-à-dire en poursuivant un objectif purement national) est parfois prévu dans le traité mais en vertu d'une clause spéciale précise (par exemple l'article 223 CEE autorisant les États à ne pas fournir de renseignement dont la divulgation serait contraire à leur sécurité et à prendre les mesures nécessaires à la protection des intérêts essentiels de leur sécurité en matière de production ou de commerce des armes notamment) ; dès lors, que, en second lieu et selon un modèle comparable, des *possibilités de dérogation aux obligations leur incombant* sont offertes aux États membres, mais en suivant une procédure d'autorisation particulière (par exemple la possibilité pour un État de prendre des mesures de protection en matière de mouvements de capitaux en cas de risque de perturbation : art. 73 ; ou, pendant la période de transition, l'autorisation de prendre des mesures de sauvegarde en cas de difficultés graves et susceptibles de persister dans un secteur économique : art. 226), ces procédures spécialement organisées seraient sans objet si un État membre pouvait se dispenser de respecter le droit communautaire en adoptant simplement une loi contraire. La Cour note en troisième lieu que « la prééminence du droit communautaire est confirmée par l'article 189 *[désormais 288 FUE]* aux termes duquel *les règlements ont valeur « obligatoire » et sont « directement applicables dans tout État membre »* ; que cette disposition, qui n'est assortie d'aucune réserve, serait sans portée si un État pouvait unilatéralement en annihiler les effets par un acte législatif opposable aux textes communautaires ». L'argument pourrait cependant être retourné et être mobilisé au service de la thèse d'une primauté restreinte à ces seuls instruments pour lesquels le traité prévoit explicitement le caractère contraignant et l'applicabilité directe.

c) Les ressources textuelles secondaires

796. La Cour, dans l'arrêt *Costa*, on l'aura compris, cherche davantage à convaincre qu'à démontrer. Pour autant, elle va tenter de mobiliser indirectement dans cette quête du fondement de la primauté deux dispositions du traité CEE en relevant que « ... la force exécutive du droit communautaire ne saurait... varier d'un État à l'autre à la faveur des législations internes ultérieures, sans mettre en péril la réalisation des buts du traité visés à l'article 5-2 *[devenu art. 4, § 3, al. 3, in fine, TUE]* ni provoquer une discrimination interdite par l'article 7 *[devenu art. 18 TUE] »*.

– ***L'article 5 2ᵉ alinéa*** (repris aujourd'hui par l'article 4, § 3, 3ᵉ alinéa, *in fine*, UE) disposait que les États membres « s'abstiennent de toutes mesures susceptibles de mettre en péril la réalisation des buts du présent traité ». On comprend la logique de la référence, mais pour autant il semble excessif d'affirmer qu'en vertu de l'arrêt *Costa*, la « primauté (d'application) constatée par la Cour... se trouve plus particulièrement exprimée à l'article 5 du traité CEE » (concl. Reischl, sous l'arrêt du 27 mars 1980, *Denkavit italiana Srl.*, aff. 61/79, *Rec.* 1205, cf. spéc. p. 1232.), ou plus directement encore que

« la primauté du droit communautaire sur les ordres nationaux a été fondée par la Cour sur l'article 5 » (G.-M. Ubertazzi, « L'impact du droit communautaire sur le procès pénal interne », *RTDE* 1975, p. 196). C'est là confondre deux principes cohérents mais distincts, celui de primauté et celui de coopération loyale (v. ss 175). Le premier joue en cas de conflit de normes et assure une solution devant le juge national, alors que le second peut simplement conduire à la condamnation d'un État membre pour manquement, mais dans des hypothèses, il est vrai, plus larges, puisque même sans acte national contraire au droit communautaire, il pourra suffire qu'un État membre ait une attitude « dont la généralisation... pourrait avoir des conséquences préjudiciables » pour le budget communautaire, pour qu'il soit condamné pour violation de ce devoir de loyauté (arrêt du 15 janv. 1986, *Hurd*, aff. 44/84, *Rec.* 29). En somme, deux principes assurant tous deux l'autorité du droit de l'Union et la prévalence de l'intérêt commun, mais avec des conséquences, des fonctions, et un champ d'application différents.

– La référence au ***principe de non-discrimination*** est encore moins convaincante, qui semble considérer que la situation différenciée qui résulterait de ce qu'une norme communautaire s'appliquerait intégralement dans un certain État membre, alors qu'elle serait entravée par un acte contraire dans un autre État membre provoquerait une discrimination en raison de la nationalité. Encore faudrait-il que la situation juridique résultant, dans le second État membre, de l'acte contraire, ne soit pas la même pour les ressortissants de cet État et ceux relevant d'autres États membres, ce qui n'est pas inéluctable.

2° La conclusion

797. Au terme de cette motivation surabondante, quelque peu désordonnée, et inégalement convaincante, la Cour conclut par une formule synthétique d'une exceptionnelle densité :

> « il résulte de l'ensemble de ces éléments qu'issu d'une source autonome, le droit né du traité ne pourrait donc, en raison de sa nature spécifique originale, se voir judiciairement opposer un texte interne quel qu'il soit, sans perdre son caractère communautaire et sans que soit mise en cause la base juridique de la Communauté elle-même ».

Le fondement même de la primauté est ici identifié, et joint à l'affirmation non négligeable du caractère existentiel du principe.

798. C'est en vertu de sa nature propre (« ... en raison de sa nature spécifique originale ») que le droit communautaire affirme sa primauté : celle-ci ne résulte pas d'une quelconque concession de la part du droit constitutionnel des États membres. Fondée sur la nature intrinsèque des traités communautaires et des Communautés, la primauté échappe aux aléas que lui feraient courir, si elle en dépendait, les règles divergentes qui, dans chaque État et pour chaque État, prétendent régler les conflits du droit international et du droit interne. Elle échappe également par-là à une variabilité de sa portée qui serait contraire au fondement même de l'entreprise d'intégration, et qui reviendrait à recréer des frontières entre les États membres. Si l'on peut, dans un premier temps, rester perplexe face à la « facilité » d'un fondement tiré de l'originalité, de la spécificité du droit communautaire (ne pourrait-on caricaturer le raisonnement de la Cour comme signifiant que le droit communautaire bénéficie de la primauté parce qu'il est dans sa nature de bénéficier de la primauté ?), il faut convenir à la réflexion que c'est bien l'originalité du projet spécifique communautaire, projet d'intégration juridique, projet de constitution d'un marché commun, qui interdit d'envisager toute atteinte au jeu des règles communes ; le droit international en tant que tel peut s'accommoder d'une primauté limitée dans sa traduction au seul ordre juridique international, mais le projet communautaire n'aurait plus de sens si les États membres pouvaient moduler unilatéralement l'application des règles communes, et n'encourraient ce faisant qu'un possible constat de manquement prononcé par la Cour. Cette spécificité est donc inséparable d'une autre dimension, qui apparaît nettement : le caractère existentiel de la primauté pour le droit communautaire.

799. Il ne s'agit pas simplement de souligner l'importance du principe (« principe fondamental de la primauté de l'ordre juridique communautaire », arrêt du 10 oct. 1973, *Variola*, aff.34/73, *Rec.* 981), mais son caractère véritablement existentiel. L'adjectif est souvent associé à la plume, autorisée s'il en fut, de Pierre Pescatore (*Le droit de l'intégration*, coll. « Droit de l'Union européenne », Bruxelles, Bruylant, réimpr. 2005, p. 85). C'est en effet ce type d'enjeu que révèle clairement la formulation de l'arrêt *Costa*, selon laquelle l'absence de primauté du droit communautaire ferait perdre à celui-ci « son caractère communautaire » et mettrait en cause « la base juridique de la Communauté elle-même ». La Cour le répètera solennellement dans l'arrêt *Simmenthal* (arrêt du 9 mars 1978, aff.106/77, *Rec.* 629), avec la mise « en question des bases mêmes de la Communauté », et les différentes variantes utilisées pour rendre compte de l'impossibilité absolue d'accepter que des mesures nationales entravent l'application des règles communes sont de la même veine : ce serait « contraire à la nature » du système (arrêt du 13 févr. 1969, *Walt Wilhelm*, aff.14/68, *Rec.* 15), « incompatible avec les exigences inhérentes à la nature même du droit communautaire » (arrêt du 19 juin 1990, *Factortame*, aff. C-213/89, *Rec.* I-2433). La poursuite des objectifs de la Communauté, la réalisation d'un marché commun, imposent l'application uniforme du droit communautaire, sans quoi il n'existe pas d'intégration. La primauté du droit communautaire ne lui vient donc pas d'on ne sait quelle hiérarchie entre autorités nationales et communautaires, contraire à la base de la construction européenne, mais elle se fonde sur ce que cette règle doit prévaloir sous peine de cesser d'être commune ; or, à défaut d'être commune, elle cesse d'exister et il n'y a plus de Communauté.

B. La portée de la primauté

800. La formule cardinale de l'arrêt *Costa* révèle deux traits essentiels (et existentiel) de la primauté, que la jurisprudence ultérieure ne fera que confirmer. La primauté du droit de l'Union est *générale* et *interne*, ce en quoi elle est bien un paramètre gouvernant les relations d'ordre juridique à ordre juridique dans cette architecture intégrée inédite. Ces deux caractères seraient totalement irréalistes si la primauté, telle que l'applique la Cour de justice, ne se caractérisait pas aussi par une portée *raisonnée*.

1° Une portée générale

801. La portée est doublement générale en ce que c'est « le droit né du traité », soit l'ordre juridique de l'Union dans son ensemble, qui bénéficie d'une primauté jouant à l'égard d'« un texte interne quel qu'il soit ».

a) La primauté du « droit né du traité »

802. La primauté n'est pas l'apanage du droit primaire, qui aurait pu se prévaloir de l'autorité des traités internationaux. Elle bénéficie à l'ensemble des sources du droit de l'Union, sources primaires, sources dérivées quelles qu'elles soient dès lors qu'elles ont une force contraignante, sources externes, sources non écrites. Cette généralité signifie aussi qu'elle transcende les caractéristiques particulières des normes européennes en cause, notamment le fait que ces normes aient ou non un effet direct (v. ss 1003) ; certes, cet effet commandant la possibilité pour les juges de faire application d'un acte de l'Union dans une espèce particulière, on peut comprendre que l'effet de la primauté sera plus complet s'il aboutit à l'application de l'acte européen par substitution à l'acte national. Pour autant, même en l'absence d'effet direct, la primauté imposera l'éviction de cet acte contraire.

b) La primauté sur « un texte interne quel qu'il soit »

803. La primauté est un paramètre de la relation d'ordre juridique à ordre juridique et cette dimension est ici essentielle. La primauté va jouer :

– ***quel que soit le domaine dans lequel se situe le droit national*** : tant il est vrai que l'efficacité du droit communautaire ne saurait varier selon ces différents secteurs (CJCE 21 mars 1972, *SAIL*, aff. 82/71, *Rec.* 119).

– ***quels que soient les rapports dans le temps*** : c'est-à-dire que le droit national soit antérieur ou postérieur au droit de l'Union (CJCE 29 nov. 1978, *Pigs marketing Board*, aff. 83/78, *Rec.* 2347). Ceci est déjà important puisque nombre de jurisprudences nationales, s'agissant de la relation entre les lois et le droit international, faisaient jouer cet élément en faisant prévaloir l'acte le plus récent. Mais l'essentiel se situe ailleurs :

– ***quelle que soit la nature du droit national*** : administratives, législatives, juridictionnelles, et même de niveau constitutionnel : dans un premier temps, la Cour devait affirmer que des dispositions constitutionnelles internes ne sauraient être utilisées pour mettre en échec le droit communautaire et qu'une telle action serait « contraire à l'ordre public communautaire » (22 juin 1965, *San Michele*, aff. 9/65, *Rec.* 1967, p. 35) ; puis, plus clairement encore que « ... les droits fondamentaux tels qu'ils sont formulés par la constitution d'un État membre » ou « ... les principes d'une structure constitutionnelle nationale ne (sauraient) affecter la validité d'un acte de la Communauté et son effet sur le territoire » d'un État membre (17 déc. 1970, *Internationale Handelsgesellschaft*, aff. 11/70, *Rec.* 1125). En bref, le droit constitutionnel d'un État membre ne saurait constituer un obstacle à la primauté (CJCE 13 juill. 1972, *Commission c/Italie*, aff. 48/71, *Rec.* 533 ; CJCE 11 juill. 2000, *Tanja Kreil*, aff. C-285/98, *Rec.* I-69 ; CJCE 16 déc. 2008, *Michaniki*, aff. C-213/07, *Rec.* I-9999). La Cour est désormais très explicite et privilégie deux formulations, affirmant qu'« Il est (...) de jurisprudence bien établie qu'en vertu du principe de la primauté du droit de l'Union, qui est une caractéristique essentielle de l'ordre juridique de l'Union (v. *avis 1/91*, du 14 déc. 1991, *Rec.* I-6079, point 21, et *avis 1/09*, du 8 mars 2011 *Rec.* I-1137, point 65), le fait pour un État membre d'invoquer des dispositions de droit national, fussent-elles d'ordre constitutionnel, *ne saurait affecter l'effet du droit de l'Union sur le territoire de cet État* » (arrêt du 26 févr. 2013, *Melloni*, aff. C-399/11, ECLI:EU:C:2013:107) ; ou qu'« en vertu du principe de primauté du droit de l'Union, il ne saurait être admis que les règles de droit national, fussent-elles d'ordre constitutionnel, *portent atteinte à l'unité et à l'efficacité du droit de l'Union* » (arrêt du 26 mai 2016, *Ezernieki*, aff. C-273/15, ECLI:EU:C:2016:364 ; cf. aussi CJ 8 sept. 2010, *Winner Wetten*, aff. C-409/06, *Rec.* I-8015, ou CJ 15 janv. 2013, *Križan e.a.*, aff. C-416/10, ECLI :EU:C:2013:8).

804. C'est sans doute ici que se révèle la nature même du principe de primauté, qui doit être compris comme un principe pragmatique lié au caractère de droit commun (à plusieurs États) du droit de l'Union. S'il est adopté en commun, c'est parce que les États membres ont considéré que les exigences d'un espace intégré imposaient que cette règle soit unique, soit la même dans tous les États membres. À partir de là, elle ne doit rencontrer dans son application aucun obstacle particulier qui porterait atteinte à cette uniformité d'application. Pour le dire simplement, ***la primauté n'est donc pas une relation de droit supérieur à droit inférieur, mais de droit commun à droit particulier***. Dès lors, on le comprend, tout obstacle dans un droit particulier (national) sera inacceptable et devra être écarté (ni plus, ni moins) et dans cette logique, la nature juridique de l'obstacle importe peu : un obstacle constitutionnel ne sera pas moins dirimant qu'un obstacle administratif ou législatif. La conception de la Cour est ici incontestable dans son constat du caractère général de la primauté. La relation entre le droit de l'Union et les constitutions des États membres est cependant particulièrement sensible en tant que nœud ultime reliant les ordres intégrés et on peut comprendre que cette généralité de la primauté ait pu déstabiliser et troubler, notamment, les juridictions constitutionnelles des États membres, dont la mission n'est pas, comme les autres juridictions, d'appliquer le droit, mais d'assurer la suprématie de la Constitution. Ce serait une question insoluble si l'on retenait une conception hiérarchique de la primauté. Elle doit être « gérable » avec la vision plus réaliste de la relation droit commun/droit particulier.

805. Les instruments de « gestion » de ce problème sensible, de conciliation de l'inconciliable, peuvent être d'ores et déjà identifiés dans la jurisprudence de la Cour de justice, qui, tout en restant ferme sur le principe, va le combiner avec le principe du respect de l'identité nationale des États membres, ou va accepter de prendre en considération des situations exceptionnelles spécialement en matière de droits fondamentaux. Il s'agit, dans une sorte de *multilevel constitutionalism*, de ne pas mettre de limites à la primauté mais d'en faire une application raisonnée, soit en termes de proportionnalité, soit en termes de relation Principe/exceptions (v. ss 813).

2° Une portée interne

806. La primauté du droit de l'Union ne vaut pas seulement dans l'ordre juridique de l'Union, c'est-à-dire dans les relations entre États et institutions, et notamment devant la Cour de justice, mais, également, et c'est même là sans doute l'apport fondamental de l'arrêt, dans les ordres juridiques nationaux (« primauté interne ») où elle s'impose aux juridictions nationales (« ne pourrait... se voir *judiciairement* opposer »). C'est là un élément décisif de la « force de pénétration du droit communautaire » dans les ordres nationaux : quand un État membre adopte un acte contraire au droit de l'Union, la conséquence ne sera pas une « simple » condamnation par la Cour de justice (même si ce constat de manquement reste possible), mais l'obligation pour tout juge d'écarter de sa propre autorité l'acte national contraire. On peut voir là une différence décisive avec la portée du droit international sur le droit des États, laissant à la discrétion des ordres juridiques nationaux le rôle de la fonction judiciaire étatique en la matière et ne se préoccupant que des conséquences externes, en termes d'inopposabilité, ou de responsabilité internationale.

En droit de l'Union, donc, la dimension interne de cette primauté sera également et largement « communautarisée », la primauté ne valant pas uniquement devant les juridictions européennes mais devant toutes les juridictions de tous les États membres, érigées en « juges de droit commun » du droit de l'Union, selon une expression consacrée par la Cour de justice (*avis 1/09* du 8 mars 2011, *Rec.* I-1137 ; cf. aussi, par ex. les conclusions présentées dans l'aff. C-555/07 : CJ 19 janv. 2010, *Kücükdevici*, *Rec.* I-365). On comprend aisément qu'il y ait là un facteur essentiel d'efficacité de ce droit de l'Union, et qu'il faille s'intéresser à la manière dont la Cour a précisé ce rôle des juges nationaux, ce qu'elle n'avait pas fait dans l'arrêt *Costa.*

a) Effets de l'incompatibilité

807. Ils ont été principalement élucidés par la Cour de justice dans son arrêt *Simmenthal* (9 mars 1978, aff. 106/77, *Rec.* 609, D. Carreau, article préc.). Le principe de primauté signifie que les règles directement applicable dans l'ordre interne, « en tant qu'elles font partie intégrante, avec rang de priorité, de l'ordre juridique applicable sur le territoire de chacun des États membres », doivent être appliquées dès leur entrée en vigueur, malgré l'éventuelle préexistence d'une règle nationale incompatible, et pendant toute la période où elles restent en vigueur, malgré l'adoption ultérieure d'une telle règle incompatible. Partant de là, la Cour en déduit que la règle nationale incompatible est, pour le moins, *inapplicable*, et prescrit, sans ambages, que les autorités nationales – et spécialement le juge – ont l'obligation de *la laisser inappliquée.*

808. S'agissant, il est vrai, de la sanction frappant la règle nationale incompatible, la Cour semble distinguer selon que cette dernière est antérieure ou postérieure à la norme communautaire. Dans le premier cas, sa position, restée invariable, est tout à fait explicite : « en vertu du principe de la primauté du droit communautaire, les dispositions du traité et les actes des institutions directement applicables ont pour effet, dans leurs rapports avec le droit interne des États membres... de rendre *inapplicable de plein droit*, du fait même de leur entrée en vigueur, toute disposition contraire de la législation nationale existante ». Dans le second cas, en revanche, après avoir successivement abordé le problème en termes d'« opposabilité » (15 juill. 1964, *Costa*, préc.), puis d'« applicabilité » (7 mars 1972, *Marimex*, aff. 84/71, *Rec.* 89), la Cour affirme désormais que la primauté du droit communautaire directement applicable a pour effet « *d'empêcher la formation valable de nouveaux actes législatifs nationaux* dans la mesure où ils seraient incompatibles avec des normes communautaires » antérieures. S'il n'est pas absolument sûr que la Cour ait entendu affirmer par-là l'« invalidité » des dispositions concernées (CJCE 22 oct. 1998, *IN. CO. GE. 90 ea*, aff. C-10/97 à C-22/97, *Rec.* I-6307), la formule marque un net durcissement, confirmé par le refus de leur reconnaître une « efficacité juridique quelconque ».

b) Obligations des autorités nationales

809. Quant au mode de solution du conflit éventuel entre droit de l'Union et droit national, la Cour, radicalisant sa position, ne laisse guère de choix aux systèmes juridiques nationaux.

Tout d'abord, l'application de la règle communautaire peut être facilitée, mais *n'est pas conditionnée par l'abrogation formelle de la règle nationale contraire :* si l'abrogation, qui fait disparaître le texte incompatible, est toujours utile et souhaitable, et parfois même obligatoire, pour les motifs de sécurité juridique (CJCE 4 avr. 1974, *Commission c/ France*, aff. 167/73, *Rec.* 359 ; CJCE 5 juill. 2007, *Commission c/Belgique*, aff. C-522/04, *Rec.* I-5701), il ne saurait s'agir que d'une simple formalité sans effet propre. L'inapplicabilité de la règle nationale ne lui est pas subordonnée et s'impose immédiatement à toutes les autorités nationales : « l'effet du droit communautaire (directement applicable) implique pour les autorités nationales compétentes *prohibition de plein droit* d'appliquer une prescription nationale reconnue incompatible avec le traité et, le cas échéant, *obligation de prendre toute disposition pour faciliter la réalisation du plein effet du droit communautaire* » (CJCE 13 juill. 1972, *Commission c/Italie*, aff. 48/71, *Rec.* 529). Ceci signifie que les services administratifs nationaux ont l'obligation de refuser d'appliquer les dispositions nationales, même de nature législative, et que les autorités gouvernementales sont habilitées à constater par décret (cf. Décr. n° 72/309 du 21 avr. 1972), par circulaire (cf. circulaire du 1er janvier 1975 des ministres de l'Industrie et du Commerce, *JO* 16 oct. 1975) ou même par un avis (cf. avis du secrétariat d'État aux transports, *JO* 2 mai 1975 et obs. G. Isaac, *RTDE* 1975. 801), que de telles dispositions, même de nature législative, ont cessé d'être applicables et à prescrire qu'elles ne doivent plus être appliquées.

810. Mais, c'est surtout le *juge national* qui sera habituellement mis en présence du conflit entre disposition nationale et disposition communautaire. La Cour a défini elle-même les pouvoirs minimaux qu'il a l'obligation d'exercer, même si l'organisation juridictionnelle et constitutionnelle nationale ne les prévoient pas. Dès lors que « les règles du droit communautaire doivent déployer la plénitude de leurs effets, d'une manière uniforme dans tous les États membres, à partir de leur entrée en vigueur et pendant toute la durée de leur validité », il n'existe qu'une seule solution : « le juge national chargé d'appliquer, dans le cadre de sa compétence, les dispositions du droit communautaire, a l'obligation d'assurer le plein effet de ces normes en laissant au besoin inappliquée, de sa propre autorité, toute disposition contraire de la législation nationale, même postérieure, sans qu'il ait à demander ou à attendre l'élimination préalable de celle-ci par voie législative ou par tout autre procédé constitutionnel » (CJCE 9 mars 1978, *Simmenthal*, aff. 106/77, *Rec.* 629). Ceci veut dire qu'aucun monopole ne peut être conféré à une juridiction particulière ; tout juge national, compétent pour appliquer le droit de l'Union, dispose de plein droit du pouvoir de laisser inappliqué le droit national contraire.

811. S'appuyant sur le même fondement, la Cour a encore *renforcé l'effet* immédiat de la primauté, en autorisant le juge national, sollicité de se prononcer sur la compatibilité d'une loi nationale avec le droit communautaire et qui saisit la Cour d'une question préjudicielle en interprétation en vue d'être en mesure de trancher ce problème de compatibilité, à suspendre immédiatement l'application de cette loi jusqu'au jugement de la Cour, *même si son droit national le lui interdit* (CJCE 19 juin 1990, *Factortame*, aff. C-213/89, *Rec.* I-2433, *AJDA* 1990. 832, obs. P. Le Mire ; D. Simon et A. Barav, « Le droit communautaire et la suspension provisoire des mesures nationales. Les enjeux de l'affaire *Factortame* », *RMC* 1990. 591).

On mesure le degré d'exigence vis-à-vis du juge national lorsque la Cour précise notamment que le juge devra laisser inappliquée une disposition du droit national visant à consacrer le principe de l'autorité de la chose jugée, en tant que son application fait obstacle à la récupération d'une aide d'État octroyée en violation du droit communautaire (CJCE 18 juill. 2007, *Lucchini*, aff. C-119/05, *Rec.* I-6199) (v. ss 1101).

812. Se pose enfin la *question du fondement de cette mission*, de cet *office* du juge national, qui doit agir, selon les termes de l'arrêt *Simmenthal*, à la fois « de sa propre autorité » et « en tant qu'organe d'un État membre », ce que d'aucuns ont pu trouver illogique. En réalité, si l'on peut regretter que la Cour, dans cet arrêt *Simmenthal*, n'explicite pas le fondement de cette mission, elle a eu l'occasion de le faire très clairement par la suite. Depuis l'arrêt *Factortame* du 19 juin 1990 (préc.), elle associe la référence à la jurisprudence classique *Simmenthal* au rappel des obligations de coopération loyale des États membres (exprimées à l'article 10 CE *[désormais art. 4, § 3, UE]*) (v. ss 1084) de sorte que la logique d'ensemble se dévoile : c'est effectivement au titre des obligations des États membres vis-à-vis de l'effectivité des droits conférés par le droit communautaire et vis-à-vis de la portée de ce droit que les juges nationaux doivent agir. La Cour, désormais, synthétise clairement cette mission : « tout juge national, saisi dans le cadre de sa compétence, a, en tant qu'organe d'un État membre, l'obligation, par application du principe de coopération énoncé à l'article 10 CE *[désormais art. 4, § 3, UE]*, d'appliquer intégralement le droit de l'Union directement applicable et de protéger les droits que celui-ci confère aux particuliers, en laissant inappliquée toute disposition éventuellement contraire de la loi nationale » (CJ 8 sept. 2010, *Winner Wetten*, aff. C-409/06, *Rec.* I-8015).

3° Une portée raisonnée

813. On considère habituellement que la primauté a une portée absolue, dans le modèle qu'en a défini l'arrêt *Costa*. C'est vrai dans le sens où ce caractère définit la relation d'ordre juridique à ordre juridique et ne dépend donc pas, notamment, des situations et intérêts en jeu, ou de la nature éventuellement éminente des règles nationales en cause. Pour autant, la primauté étant interne et donc concrètement appliquée par les juridictions nationales, il était impératif pour la Cour de justice d'en faire un principe cohérent avec la logique de coopération gouvernant ses relations avec ces juges « de droit commun » nationaux, au moyen d'une recherche d'équilibre. Une telle recherche, se traduisant par une primauté « raisonnée », ne serait pas possible si la primauté signifiait une hiérarchie normative entre le droit de l'Union et les droits nationaux ; elle l'est en revanche compte tenu de la dimension pragmatique de la primauté exigeant simplement que les obstacles particuliers à l'application du droit commun soient écartés.

814. C'est déjà ce souci qui a conduit la Cour de justice, après l'arrêt *Costa* et les premières réactions des juges, notamment constitutionnels, nationaux, à développer un système de protection des droits fondamentaux dans l'ordre juridique communautaire (v. ss 751), cette solution ne remettant en rien en cause le principe de primauté et étant entièrement contrôlée par la Cour elle-même puisque reposant sur un instrument de juge : les principes généraux du droit de l'Union. Ce sont les deux caractères que l'on retrouvera dans les tempéraments que va admettre la Cour de justice et qui pourront aboutir à une application « raisonnée » de la primauté. La Cour va accepter de prendre en considération certains enjeux auxquels sont particulièrement sensibles les juges nationaux (la sécurité juridique par exemple), ou spécialement les juges constitutionnels, les tempéraments en l'espèce étant alors des éléments de gestion de la délicate relation entre le droit de l'Union et les constitutions nationales ; dans ce dernier cas de figure, on pourra compter l'admission de la protection par les États membres d'éléments d'identité nationale (ces éléments pouvant être constitutionnels), ou la prise en compte de situations exceptionnelles en matière de droits fondamentaux.

815. Dans tous les cas, le principe de primauté n'est pas écarté, ni limité, mais tout en restant ferme sur ce principe, la Cour l'applique avec souplesse, soit au moyen d'un *contrôle de proportionnalité*, soit par le jeu du diptyque *principe/exception*. Même si l'on se rapproche parfois en apparence des « contre-limites » développées par les juridictions constitutionnelles de certains États membres en réaction à l'affirmation explicite du caractère général de la primauté, notamment dans l'arrêt du 17 décembre 1970, *Internationale Handelsgesellschaft* (aff. 11/70, *Rec.* 1125), et qui, pour ces juridictions nationales, marquent vraiment une limite à la primauté du droit de l'Union, limite dont ils sont les juges (v. ss 861, 876, ou 879), les tempéraments admis par la Cour de justice, au contraire, ne portent pas atteinte au principe même de primauté dans sa généralité, et sont toujours contrôlés par la Cour elle-même.

a) L'exception des considérations impérieuses de sécurité juridique

816. Dans l'arrêt du 8 septembre 2010, *Winner Wetten* (aff. C-409/06, préc.), la Cour semble être frappée par l'unanimité des observations des États membres soutenant l'idée qu'existerait un principe autorisant, dans des circonstances exceptionnelles, le maintien provisoire des effets d'une norme nationale jugée contraire à une norme du droit de l'Union. Le raisonnement, que ne réfute en rien la Cour, reposerait sur une analogie avec l'article 264, al. 2, FUE donnant à la Cour un pouvoir d'appréciation (la Cour insiste sur cet aspect) pour indiquer, dans chaque cas particulier, ceux des effets d'un acte de l'Union qu'elle annule qui doivent être considérés comme définitifs (arrêt du 3 sept. 2008, *Kadi et Al Barakaat International Foundation/Conseil et Commission*, aff. C-402/05 P et C-415/05 P, *Rec.* I-6351, points 373 à 376). La Cour, ce qui est plus discutable, du moins si l'on reste sur le terrain de la pure analogie (v. ss 1480), assimile à ce cas de figure expressément prévu dans le traité le même pouvoir d'appréciation qui lui appartiendrait en cas d'invalidation préjudicielle d'un acte (v., notamment, arrêt du 22 déc. 2008, *Régie Networks*, C-333/07, *Rec.* I-10807). La Cour, sans rejeter le prétendu principe, explique qu'il ne peut être appliqué dans cette affaire *Winner Wetten* :

> « à supposer même que des considérations similaires à celles sous-jacentes à ladite jurisprudence, développée en ce qui concerne les actes de l'Union, soient de nature à conduire, par analogie et à titre exceptionnel, à une suspension provisoire de l'effet d'éviction exercé par une règle de droit de l'Union directement applicable à l'égard du droit national contraire à celle-ci, une telle suspension, dont les conditions ne pourraient être déterminées que par la seule Cour, est à exclure d'emblée, en l'occurrence, eu égard à l'absence de considérations impérieuses de sécurité juridique propres à justifier celle-ci ».

817. La Cour admet en revanche très clairement cette exception, pourvu qu'elle soit provisoire et accordée par elle seule, dans l'arrêt du 28 juillet 2016, *Association France Nature Environnement*, aff. C-379/15, ECLI:EU:C:2016:603, point 33:

> « il ressort des points 66 et 67 de l'arrêt du 8 septembre 2010, *Winner Wetten* (...) que seule la Cour peut, à titre exceptionnel et pour des considérations impérieuses de sécurité juridique, accorder une suspension provisoire de l'effet d'éviction exercé par une règle du droit de l'Union

à l'égard du droit national contraire à celle-ci. En effet, si des juridictions nationales avaient le pouvoir de donner aux dispositions nationales la primauté par rapport au droit de l'Union contraire à celles-ci, serait-ce même à titre provisoire, il serait porté atteinte à l'application uniforme du droit de l'Union ».

On trouve également cette démarche, mais plus limitée quant au champ couvert (domaine environnemental) dans l'arrêt du 28 février 2012, *Inter-Environnement Wallonie ASBL, Terre wallonne ASBL*, aff. C-41/11, ECLI:EU:C:2012:103.

b) La protection proportionnée de l'identité nationale

Bailly (D.) : *La notion d'identité constitutionnelle de l'Etat membre de l'Union européenne. Etude de droit constitutionnel européen*, thèse, Montpellier, 2014.

Blanquet (M.), « Mêmeté et ipséité constitutionnelles dans l'Union européenne », in *Mélanges en l'honneur du Professeur Joël Molinier*, Paris, LGDJ, 2012, p. 53.

Burgorgue-Larsen (L.) (dir.), De l'identité constitutionnelle des États membres de l'Union européenne, Paris, Pedone, 2012

Millet (F.X.) : *L'Union européenne et l'identité constitutionnelle des Etats membres*, Bibliothèque de droit constitutionnel et de science politique, Paris, LGDJ, 2013.

818. Par un balancement assez habituel dans les négociations des traités européens, les ambitions extra-économiques du traité de Maastricht ont eu pour pendant un article F, § 1, UE dont d'aucuns ont pensé qu'il resterait au stade de la pétition de principe symbolique : « L'Union respecte l'identité nationale de ses États membres ». C'était sans compter avec la Cour de justice qui, dès 1996, alors même que le pays défendeur ne l'avait pas invoqué, s'est référé à cette disposition pour juger que « la sauvegarde de l'identité nationale des États membres constitue un but légitime respecté par l'ordre juridique communautaire » (CJCE 2 juill. 1996, *Commission c/ Luxembourg*, aff. C-473/93, *Rec.* I-3248). C'était là appliquer à cette identité nationale la logique pacificatrice dégagée par la jurisprudence en droit du marché intérieur, tant pour la libre circulation des marchandises, avec la jurisprudence *Cassis de Dijon* (arrêt du 20 févr. 1979, *Rewe Zentral*, aff. 120/78, *Rec.* 649) soustrayant de la rigueur de l'interdiction des restrictions les mesures nationales indistinctement applicables poursuivant une exigence impérative d'intérêt général, que pour la libre prestation de service (arrêts du 25 juill. 1991, *Gouda*, aff. C-288/89, *Rec.* I-4007, *Commission c/Pays-Bas*, aff. C-353/89, *Rec.* I-4069, et *Sager*, aff. C-76/90, *Rec.* I-4221), le droit d'établissement (arrêts du 31 mars 1993, *Kraus*, aff. C-19/92, *Rec.* I-1663, et du 30 nov. 1995, *Gebhard*, aff. C-55/94, *Rec.* I-4165), la libre circulation des travailleurs (arrêt du 15 déc. 1995, *Bosman*, aff. C-415/93, *Rec.* I-4921), et, plus tard, la libre circulation des capitaux (arrêt du 1er juin 1999, *Konle*, aff. C-302/97, *Rec.* I-3099), avec des « raisons impérieuse d'intérêt général » pouvant, donc, justifier une entrave à ces libertés de circulation. Avec cette jurisprudence, la Cour admettait, au-delà des dérogations expressément inscrites dans le traité, que les principes et objectifs du droit communautaire et spécialement les libertés fondamentales de circulation cèdent face à certains impératifs nationaux reconnus en quelque sorte comme relevant naturellement des États, ces raisons impérieuses d'intérêt général n'exprimant rien d'autre, finalement, que des missions régaliennes caractérisant le rôle de l'État, le message lancé étant donc que les États membres *restaient des États au plein sens du terme*, message au demeurant sans grand risque puisque la mise en œuvre de ces justifications légitimes était conditionnée par une stricte proportionnalité sévèrement contrôlée par la Cour. C'est dans ce moule que la Cour, en 1996, a coulé le dispositif de protection de l'identité nationale qui en reprend les équilibres.

819. Si les traités ont conservé l'expression « identité *nationale* » et si la Cour, dès lors, s'applique à rester scrupuleusement dans ce cadre, plusieurs éléments ont conduit à aborder par là une question fondamentale : le respect de l'identité *constitutionnelle* des États membres. D'abord, le discours de l'identité, en matière communautaire, est historiquement apparu sous cet angle, avec les « contre-limites » italiennes et allemandes, dans les années 70 (v. ss 876 et 879) ; ainsi dès son arrêt *Solange* du 29 mai 1974, la Cour constitutionnelle allemande refuse que « la structure fondamentale de la Constitution qui confère à celle-ci son identité, soit modifiée sans révision constitutionnelle, et notamment par la législation de l'institution interétatique ». Il s'agit là, pour ces juges constitutionnels, d'une véritable limite à la primauté, sanctuarisant un noyau central constitutionnel. Les avocats généraux de la Cour sont également passés rapidement de l'identité nationale à l'identité constitutionnelle : l'identité nationale que doit respecter l'Union aux termes des traités « comprend à l'évidence l'identité constitutionnelle de l'État membre » (concl. Poiares Maduro, arrêt du 16 déc. 2008, *Michaniki*, aff. C-213/07, *Rec.* I-9999), cette opinion catégorique étant aussi celle de l'Avocat général Bot dans ses conclusions *Melloni* (arrêt du 26 févr. 2013, aff. C-399/11, ECLI:EU:C:2013:107), évoquant « l'identité nationale des États membres, dont l'identité constitutionnelle fait assurément partie ». Enfin la nouvelle formulation adoptée par le traité de Lisbonne pousse également la problématique du respect de l'identité nationale vers les contrées constitutionnelles : l'article 4, § 2, UE dispose que l'Union respecte, s'agissant des États membres « leur identité nationale, inhérente à leurs structures fondamentales politiques et constitutionnelles… ».

820. C'est donc dans des affaires où les États membres tentent de justifier une atteinte au droit de l'Union par l'invocation d'un élément de ce qui serait leur identité constitutionnelle que la Cour de justice a développé une jurisprudence dans laquelle elle voit là une protection légitime de l'identité nationale, tout en appliquant dans un deuxième temps le principe de proportionnalité, ce qui permet bien d'avoir, vis-à-vis du droit constitutionnel des États membres, une approche tempérée. On peut illustrer cette jurisprudence par deux arrêts concernant respectivement le *respect des structures constitutionnelles* nationales (arrêt du 6 sept. 2006, *Portugal c/Commission (Açores)*, aff. C-88/03, *Rec.* I-7115) et le *respect des valeurs constitutionnelles* nationales (arrêt du 22 déc. 2010, *Sayn-Wittgenstein*, aff. C-208/09, *Rec.* I-13693.

Dans le premier, on trouve un « *juste équilibre* » entre le principe de respect de l'identité nationale interdisant à l'Union de porter atteinte à l'ordre constitutionnel d'un État membre, que celui-ci soit centralisé ou fédéral et d'influencer la répartition des compétences au sein d'un État membre, et le principe selon lequel un État membre ne saurait se fonder sur des dispositions, pratiques ou situations de son ordre juridique interne, y compris celles découlant de son organisation constitutionnelle, pour justifier l'inobservation des obligations résultant du droit communautaire. En l'occurrence, cela consiste pour la Cour à admettre l'autonomie locale conférée par l'ordre constitutionnel mais avec des exigences extrêmement détaillées relatives à l'autonomie des législateurs locaux visant à assurer que les États membres ne se dissimulent pas derrière leur ordre juridique constitutionnel et que le principe communautaire d'interdiction des aides d'État n'est pas contournée par un transfert purement formel des compétences législatives.

Dans l'affaire *Sayn-Wittgenstein* était en cause l'interdiction constitutionnelle autrichienne de mentionner les titres nobiliaires dans les patronymes, ceci traduisant le choix déterminé de l'Autriche, à un moment-clé de son histoire, de la forme républicaine de l'État dont on admettra sans conteste qu'elle participe, à l'instar de l'identité structurelle, de son identité constitutionnelle. La requérante estimait que ceci la gênait dans son exercice des libertés de circulation du marché intérieur et spécialement la liberté de prestation de service. La Cour va rappeler que « conformément à l'article 4, paragraphe 2, TUE, l'Union respecte l'identité nationale de ses États membres, dont fait aussi partie la forme républicaine de l'État » et elle va conclure, toujours dans sa logique de proportionnalité, qu'« en refusant de reconnaître les éléments nobiliaires d'un nom tel que celui de la requérante au principal, les autorités autrichiennes compétentes en matière d'état civil ne semblent pas être allées au-delà de ce qui est nécessaire pour assurer la réalisation de l'objectif constitutionnel fondamental qu'elles poursuivent ».

821. Loin des exclusives et des anathèmes de l'identité constitutionnelle en tant que contre-limite utilisée par les cours constitutionnelles, une telle jurisprudence apparaît donc comme permettant de *gérer* en souplesse cette relation complexe entre la primauté du droit de l'Union et l'éminence des constitutions, et comme dessinant les contours d'un *multilevel constitutionalism* inédit.

c) Les situations exceptionnelles en matière de droits fondamentaux

822. Les constitutions ayant notamment pour vocation naturelle de porter les dispositifs de protection des droits fondamentaux, les conflits droit de l'Union/ droit constitutionnel national vont souvent concerner ce domaine. À cet égard, l'évolution de la Cour de justice à propos du Mandat d'arrêt européen (MAE) est également à lire comme une manifestation de cette portée raisonnée de la primauté. Dans l'affaire *Melloni*, s'agissant des droits d'une personne arrêtée en Espagne et faisant l'objet d'un MAE lancé par l'Italie, où elleavait été condamnée par défaut, le standard constitutionnel espagnol garantissait à celle-ci le droit à un second procès alors que le droit de l'Union (décision-cadre sur le MAE, adopté à l'unanimité par les États membres et énumérant les raisons permettant à un État de ne pas exécuter un MAE) permettait de la priver de ce droit. C'est donc une situation dans laquelle le standard constitutionnel de protection est indiscutablement supérieur à celui offert par le droit de l'Union et la Cour a choisi une interprétation *a priori* pragmatique et conciliante mais en réalité très ferme. L'idée est que lorsqu'il s'agit de prendre des mesures nationales de mise en œuvre d'un acte de l'Union, il est permis « aux autorités et aux juridictions nationales d'appliquer des standards nationaux de protection des droits fondamentaux ». On semble se situer là dans la logique de l'article 53 de la Charte des droits fondamentaux, s'agissant du « niveau de protection », qui dispose qu'« aucune disposition de la présente Charte ne doit être interprétée comme limitant ou portant atteinte aux droits de l'homme et libertés fondamentales reconnus, dans leur champ d'application respectif, par... les constitutions des États membres ». Donc la règle de conflit du standard le plus protecteur est admise par la Cour, mais c'est là qu'intervient une sorte de contre-limite : « ...pourvu que cette application ne compromette pas le niveau de protection prévu par la Charte, telle qu'interprétée par la Cour, *ni la primauté, l'unité et l'effectivité du droit de l'Union* » (CJ 26 févr. 2013, *Melloni*, aff. C-399/11, ECLI:EU:C:2013:107 ; cf. Dubout (E.) : « Le niveau de protection des droits fondamentaux dans l'Union européenne : unitarisme constitutif versus pluralisme constitutionnel. Réflexions autour de l'arrêt *Melloni* », *CDE* 2013. 293.). La Cour estime qu'« une interprétation différente de l'article 53 de la Charte porterait atteinte au principe de la primauté du droit de l'Union, en ce qu'elle permettrait à un État membre de faire obstacle à l'application d'actes du droit de l'Union pleinement conformes à la Charte, dès lors qu'ils ne respecteraient pas les droits fondamentaux garantis par la constitution de cet État ». Cette position raide de la Cour de justice la montre comme un juge soucieux de garantir l'orthodoxie du droit de l'Union plutôt qu'un juge des droits fondamentaux, et elle a été beaucoup critiquée. Ceci explique en tous cas sans doute que dans une affaire très comparable à l'affaire *Melloni*, la Cour constitutionnelle allemande, le 15 décembre 2015 (2 BvR 2735/14), ait à la fois refusé d'appliquer l'interprétation du droit de l'Union proposée par l'arrêt *Melloni* en invoquant l'identité constitutionnelle allemande et spécialement le *principe de dignité*, et refusé de poser une question préjudicielle à la Cour de justice. Pourtant, celle-ci va lui répondre : dans un arrêt du 5 avril 2016, *Aranyosi et Căldăraru*, aff. C-404/15 et C-659/15 PPU, ECLI:EU:C:2016:198, elle confirme la décision *Melloni* mais admet que dans des *situations exceptionnelles* notamment de défaillance systémique du système judiciaire de l'État de « destination », et spécialement au nom du *principe de dignité*, il sera possible de ne pas donner suite au MAE. La Cour encadre cependant de manière très stricte la détermination d'une telle situation exceptionnelle. Dans le domaine des réfugiés et du Mécanisme « Dublin », on avait vu les démarches différentes de la Cour européenne des droits de l'homme qui, au titre de sa mission exclusive, est sensible au critère de la violation concrète et particulière des droits fondamentaux (arrêts *MSS* du 21 janv. 2011, Req. n° 30696/09, ou *Tarakhel* du 4 nov. 2014, Req. n° 29217/12), et de la Cour de justice n'admettant, conformément à son propre mandat, d'écarter le jeu normal de ce Mécanisme « Dublin » et la confiance mutuelle entre les États membres qu'en cas de défaillance systémique d'un État (arrêt du 21 déc. 2011, *NS*, aff. C-411/10 et C-493/10, *Rec.* I-13905), la Cour, dans l'*avis 2/13* du 18 déc. 2014 (ECLI:EU:C:2014:2454), limitant explicitement cette hypothèse à des « cas exceptionnels ». Ici, s'agissant dans l'arrêt *Aranyosi* d'admettre que ne soit pas exécuté un Mandat d'arrêt européen, on va retrouver, pour la définition des « situations exceptionnelles », le cumul des deux démarches qui étaient alternatives (CEDH ou CJUE) en matière de réfugiés : pour écarter le dispositif prévu par le droit de l'Union, la Cour de justice exige que soient menées deux phases successives de contrôle : d'abord un constat de défaillance systémique ou ayant une certaine généralité ; et ensuite l'existence d'un risque concret et précis pour les droits fondamentaux de l'individu en cause. Malgré ces précautions, on voit là encore les efforts de la Cour de justice pour désarmer les critiques d'un arrêt *Melloni* faisant prévaloir la primauté du droit de l'Union sur la protection des droits fondamentaux, toujours dans cette logique d'application raisonnée du principe de primauté vis-à-vis des constitutions.

823. ***Bilan*** : les caractéristiques mêmes de la primauté font que celle-ci permet et exige de trouver un équilibre entre la doctrine communautaire et les jurisprudences nationales. Elle le permet puisqu'elle ne traduit pas une relation hiérarchisée entre le droit de l'Union et le droit national (tout équilibre aurait alors été exclu) mais un principe d'éviction des obstacles nationaux à l'application du droit commun. Et c'est une exigence en raison de la portée interne de la primauté : de la même façon que la démocratie du système politique de l'Union ne peut pas se construire sans la conscience et l'adhésion des citoyens européens (v. ss 296 ou 326), de même la portée du droit de l'Union ne peut être imposée sans la participation et une forme d'adhésion des juges des États membres. Le facteur temps intervient ici pour révéler que c'est plus une recherche d'équilibre qu'un simple équilibre. Autrement dit, des ajustements se font et si, désormais, la primauté sur les actes administratifs et sur les lois ne pose plus de problème, c'est l'échelon constitutionnel, évidemment très sensible, qui est en cours d'ajustement. Trois facteurs compliquent le problème : d'abord le rôle déterminant des cours constitutionnelles avec leur mission particulière consistant à assurer la suprématie constitutionnelle ; ensuite la spécificité des constitutions, excluant de résoudre le problème par une solution pragmatique telle que la supériorité des traités sur les lois reconnue justement dans les constitutions de manière habituelle ; et enfin la charge politique des constitutions et du droit constitutionnel, ce « droit politique » faisant que, en plus de la question du temps nécessaire pour ces ajustements complexes, va pouvoir jouer, dans certains États membres, l'évolution de la ligne politique vis-à-vis de l'intégration européenne, cette évolution, éventuellement dans un sens moins favorable, étant parfois traduite par des décisions des cours constitutionnelles, ou utilisée par ces dernières pour pouvoir plus confortablement exprimer leurs réserves sur le plan juridique. D'où la nécessité de considérer l'application de la primauté dans les systèmes juridiques des vingt-huit États membres, la France étant envisagée dans un premier temps, et les autres États ensuite.

II. La primauté du droit de l'Union en France

ABRAHAM (R.), *Droit international, droit communautaire et droit français*, Paris, Hachette, 1989.

GENEVOIS (B.), « Le droit international et le droit communautaire », in *Conseil constitutionnel et Conseil d'État*, Paris, LGDJ, 1988, p. 191.

824. Compte tenu du *monisme* affiché dans les constitutions depuis 1946 (cf. J. Donnedieu de Vabres, « La Constitution de 1946 et le droit international », *D.* 1948, chron. 5) la France pouvait paraître offrir le terrain le plus favorable en la matière. En réalité, les solutions sont complexes et pas toujours satisfaisantes.

Seule la *primauté du droit communautaire sur les actes administratifs* a, dès l'origine, fait l'objet d'une consécration pleine et entière. Certes, pendant longtemps, le Conseil d'État admettait que les conventions internationales liaient l'État français tout en considérant que leur méconnaissance par l'administration était une question de responsabilité internationale de la France, ce qui le conduisait à ne pas annuler un acte administratif contraire à un traité. Mais la Constitution de 1946 ayant indiqué que les traités avaient « *force de loi* », y compris s'ils étaient contraires à des lois françaises (art. 26), et qu'ils avaient « une autorité supérieure à celle des lois internes » (art. 28), le Conseil d'État a alors accepté de vérifier leur respect par les actes administratifs : C.E. 30 mai 1952 (Ass.), *Dame Kirkwood*, *Rec.* 291. Le droit communautaire primaire a donc d'emblée bénéficié de cette position. Le Conseil d'État, s'agissant ensuite du droit dérivé, n'a même pas hésité à soulever d'office, comme touchant au champ d'application de la loi, un moyen tiré de la violation d'un règlement communautaire et a annulé, après interprétation de ce dernier texte par la Cour de justice, une décision administrative qui le méconnaissait (C.E. 10 juill. 1970, *Synacomex*, *Rec.* 477).

Il a cependant refusé d'étendre cette solution à une directive (11 janv. 1991, *SA Morgane*, *AJDA* 1991. 111), illustrant la difficulté particulière qu'il peut y avoir à admettre l'autorité d'un acte laissant une marge d'appréciation aux autorités nationales. C'est donc plus progressivement que les directives se sont imposées à l'action administrative. On peut signaler trois étapes significatives.

Le Conseil d'État a d'abord considéré qu'il y avait une obligation de *mise en œuvre correcte* de la directive : les règlements spécialement destinés à transposer une directive doivent donc, c'est bien le moins, en respecter les objectifs, c'est-à-dire ce qu'elle a de contraignant (C.E. 28 sept. 1984, *Confédération nationale des sociétés protectrices des animaux*).

Dans un deuxième temps, le Conseil a dépassé ce cadre de la mise en œuvre pour indiquer que tout règlement intervenant *dans le champ d'application d'une directive* devait respecter les objectifs de celle-ci (C.E. 7 déc. 1984, *Fédération française des sociétés de protection de la nature*).

Restaient à appréhender les règlements administratifs antérieurs à une directive, de même que l'hypothèse d'un dépassement du recours pour excès de pouvoir. Ces deux failles furent comblées par l'appel à deux théories du droit administratif, dans l'arrêt du 3 février 1989, *Compagnie Alitalia. L'obligation d'abroger les règlements illégaux* conduit à admettre qu'un règlement non attaqué dans le délai du recours pour excès de pouvoir peut faire l'objet d'une demande d'abrogation, la réponse négative (éventuellement de manière implicite) de l'administration pouvant alors être attaquée. Quant à la théorie relative *au changement de circonstances de droit ou de fait* (C.E. 10 janv. 1930, *Despujol*), son application, ici, permet d'imposer l'abrogation d'un règlement antérieur à une directive et contraire à ses objectifs.

Au total, on peut considérer que s'agissant de cette primauté des directives vis-à-vis des actes administratifs, le Conseil d'État est vraiment, désormais, dans une attitude d'orthodoxie et non de « gallicanisme » (pour reprendre les expressions utilisées par Denys Simon, *RTDE* 1992. 265).

De même, la Cour de cassation a affirmé sa compétence pour écarter un acte administratif contraire au droit communautaire sans renvoyer préjudiciellement au juge administratif (Com. 6 mai 1996, *France Telecom*).

Elle a également fait prévaloir le traité de Rome non seulement sur les conventions des parties, mais encore sur les transactions ayant acquis l'autorité de la chose jugée (Com. 26 mars 1979, *Fabry*, *RTDE* 1980. 595).

Les deux questions délicates ont consisté à appréhender la primauté du droit de l'Union ***vis-à-vis de la loi***, ce qui est désormais largement assuré, et ***vis-à-vis de la constitution***, problème qui s'est posé de façon de plus en plus sensible au fur et à mesure que l'intégration européenne dépassait à l'évidence sa dimension première de coopération économique.

A. Le droit de l'Union et la loi

Béchillon (de) (D.), « De quelques incidences du contrôle de la conventionnalité internationale des lois par le juge ordinaire. Malaise dans la constitution », *RFDA* 1998. 225.

Reuter (P.) et autres, *L'application du droit international par le juge français*, Paris, A. Colin, 1972.

825. Les juridictions françaises, longtemps retenues par une tradition constitutionnelle de soumission du juge au pouvoir législatif, ont fini par se rallier à un mécanisme de sanction de la primauté du droit de l'Union sur la loi, qui est compatible avec la jurisprudence *Simmenthal*, tout en s'appuyant sur un fondement différent de celui de la Cour de justice, dans la mesure où elles ont principalement sollicité l'article 55 de la Constitution (« Les traités ou accords régulièrement ratifiés ou approuvés ont, dès leur publication, une autorité supérieure à celle des lois, sous réserve, pour chaque traité ou accord, de son application par l'autre partie »). Une jurisprudence transversale tend cependant désormais à rattacher directement au droit de l'Union l'« office communautaire » des juges nationaux.

1°Position du Conseil constitutionnel

826. Dans sa décision du 15 janvier 1975 (*D.* 1975. 529, note L. Hamon), le Conseil était appelé à se prononcer sur la constitutionnalité de la loi sur la libéralisation de l'avortement et, en outre, à examiner si l'article 55 de la Constitution avait été violé en raison de l'incompatibilité présumée de ce projet de loi avec la *Convention européenne des Droits de l'Homme.* Il a estimé que le respect du principe de supériorité du traité sur la loi, énoncé à l'article 55, ne devait pas s'exercer dans le cadre du contrôle de conformité des lois à la constitution, que l'article 61 lui confie, au motif que « une loi contraire à un traité ne serait pas, pour autant, contraire à la Constitution ». Une véritable *différence de nature* existerait, en effet, selon lui, entre ces deux contrôles, dès lors que les décisions qu'il est amené à prendre en application de l'article 61 revêtent un caractère absolu et définitif, ainsi qu'il résulte de l'article 62, alors qu'au contraire, la supériorité des traités sur les lois « présente un caractère à la fois relatif et contingent, tenant, d'une part, à ce qu'elle est limitée au champ d'application du traité et, d'autre part, à ce qu'elle est subordonnée à une condition de réciprocité dont la réalisation peut varier selon le comportement du ou des États signataires du traité et le moment où doit s'apprécier le respect du cette condition ».

827. Cette décision n'est pas totalement convaincante (cf. notamment, les observations de J. Rideau, *CDE* 1975. 606). Spécialement, comme le professeur Rivero en a fait la démonstration (*AJDA* 1975. 136), le raisonnement suivi, qui est fondé sur le caractère relatif et contingent de la supériorité de la norme internationale par rapport à la norme interne, n'est pas valable dans tous les cas. Il existe, en effet, des normes internationales qui, comme la Convention européenne des Droits de l'Homme (il est à signaler que le Conseil (CC 22 janv. 1999, *Cour pénale internationale*) a admis que la condition de réciprocité ne s'appliquait pas dans le domaine du droit international protégeant les droits fondamentaux) ou certaines dispositions du droit communautaire, ne peuvent être regardées comme ayant un caractère relatif et contingent, en raison de leur champ d'application qui est très général et de l'existence, aussi bien dans la Convention que dans le traité de Rome, de procédures rendant sans objet la clause de réciprocité inscrite à l'article 55. Au demeurant, si le Conseil n'a pas accepté de rechercher l'inconstitutionnalité indirecte de la loi contraire au traité, il sanctionne la loi *directement contraire* à l'article 55 (du type : « la présente loi s'applique nonobstant toutes dispositions contraires » de tel ou tel traité : décision du 3 septembre 1986, *RFDA* 1987. 120, note B. Genevoix).

En tout état de cause, en refusant de se faire le gardien de l'article 55 (sauf dans le cas où, statuant comme juge électoral, il n'est pas le juge constitutionnel mais simple juge ordinaire : 21 oct. 1988, *Élections du député de la 5e circonscription de l'Oise*, *RFDA*

1988. 908), le Conseil a écarté les arguments qui tendaient à lui réserver l'exclusivité de ce rôle et ouvert la voie, puis renvoyé clairement (Décis. du 3 sept. 1986, préc.), aux juridictions ordinaires.

2° Position des juridictions judiciaires

828. Elle s'exprima longtemps dans la *doctrine Matter* (concl. du procureur général Matter, Civ. 22 déc. 1931, *D.* 1932. 1. 131). S'agissant du conflit entre un traité et une loi antérieure, la solution n'a jamais fait difficulté : par la seule force du traité, dont la ratification n'a pu intervenir, le plus souvent, qu'avec l'accord préalable du Parlement, la loi antérieure contraire se trouve abrogée : c'est ainsi, notamment, que les règlements communautaires priment les lois antérieures (Crim. 7 janv. 1972, *Guérini, D.* 1972. 497). S'il s'agit, en revanche, d'une loi postérieure au traité, la *doctrine Matter* se résumait ainsi :

– le juge doit avant tout tenter de résoudre l'apparent conflit entre la loi interne et la *loi conventionnelle* que constitue le traité, en conciliant les dispositions par voie d'interprétation ;

– si le conflit ne peut être ainsi réduit, le juge ne peut que faire prévaloir la loi sur le traité car « suivant le principe même sur lequel reposent nos institutions judiciaires », il ne peut « connaître d'autre volonté que celle de la loi ».

829. La doctrine *Matter* fut abandonnée par la Cour de cassation dans un arrêt du 24 mai 1975 (Ch. mixte, *Jacques Vabre, AJDA* 1975. 567, note J. Boulouis), où elle était saisie d'un conflit entre l'article 90 CE *[ex 95 ; désormais art. 110 FUE]* et une loi fiscale postérieure, du 14 décembre 1966. Les juges inférieurs s'étaient reconnus compétents pour appliquer l'article 55 de la Constitution, au motif qu'en contrôlant si une loi postérieure aux traités est compatible avec ces derniers, on ne confronte pas la loi à la constitution mais la loi au traité ; on ne vérifie pas la constitutionnalité de la loi, on ne fait qu'appliquer la constitution. Le procureur général Touffait, dans ses conclusions (*D.* 1975. 497), ne manqua pas de tirer de la décision du Conseil constitutionnel rendue quelques mois plus tôt, la confirmation que la responsabilité de l'application de l'article 55 incombe aux juridictions ordinaires, qui doivent l'exercer « sous peine de déni de justice ». Néanmoins, il demanda à la Cour de ne pas fonder son argumentation sur l'article 55 de la Constitution, mais sur l'ordre juridique communautaire lui-même, car la primauté de la règle communautaire est un principe inhérent à cet ordre juridique et s'impose de la même manière à tous les États membres :

> « Ce sont les raisons, Messieurs, pour lesquelles je vous demande de ne pas fonder votre argumentation sur l'article 55 de notre Constitution ; vous reconnaîtrez ainsi que le transfert opéré par les États de leur ordre juridique interne au profit de l'ordre juridique communautaire dans la limite des droits et obligations correspondant aux dispositions du traité, entraîne une limitation définitive de leurs droits souverains contre laquelle ne saurait prévaloir un acte unilatéral ultérieur incompatible avec la notion de communauté. »

830. La Cour ne suivit qu'en partie son procureur général (et à travers lui l'esprit et la lettre de l'arrêt *Costa*) : elle se réfère encore à l'article 55 (ce qui est aux antipodes de la jurisprudence *Costa*) pour affirmer que le traité CEE « en vertu de l'article susvisé de la Constitution, a une autorité supérieure à celle des lois », mais ajoute, paraphrasant là l'arrêt *Costa*, qu'il « institue un ordre juridique propre intégré à celui des États membres ; qu'en raison de cette spécificité, l'ordre juridique qu'il a créé est directement applicable aux ressortissants de ces États et s'impose à leurs juridictions ; que, dès lors, c'est à bon droit... que la cour d'appel a décidé que l'article 95 du traité devait être appliqué en l'espèce, à l'exclusion de l'article 265 du Code des douanes, bien que ce dernier soit postérieur ». Cette utilisation combinée du fondement de la constitution et de la spécificité du droit communautaire n'a pas fait l'unanimité (cf. obs. F. C. Jeantet, « La Cour de cassation et l'ordre juridique communautaire », *JCP* 1975. I. 2743) ; elle se révèle cependant opératoire et la Cour s'y tient (pour une réaffirmation, cf. Crim. 1er oct. 1979, *Rossi di Montalera*, *JCP* 1981. II. 19554, note Roux).

On remarquera, en revanche, que c'est, cette fois dans la plus parfaite orthodoxie communautaire (CJCE 13 nov. 1964, *Luxembourg et Belgique*, aff. 90 et 91/63, *Rec.* 1217) que la Cour a rejeté le moyen tiré de la réserve de réciprocité prévue à l'article 55 : « dans l'ordre juridique communautaire, les manquements d'un État membre de la CEE aux obligations qui lui incombent en vertu du traité du 25 mars 1957 étant soumis au recours prévu à l'article 170 *[devenu 227 CE ; désormais art. 259 FUE, recours en manquement actionné par un État membre]* du traité, l'exception tirée du défaut de réciprocité ne peut être invoquée devant les juridictions nationales ». En somme, la Cour commence par fonder la primauté du droit communautaire sur la constitution et sur la spécificité du droit communautaire, avant d'écarter la constitution au nom de la spécificité du droit communautaire...

3° Position du juge administratif

Boulouis (J.), « À propos de l'arrêt *Nicolo* », *RGDIP* 1990. 91.

Calvet (H.), « Le Conseil d'État et l'article 55 de la constitution : une solitude révolue », *JCP* 1990. 3429.

Coussirat-Coustère (V.), « Le juge administratif et le droit communautaire », *Pouvoirs* n° 46, 1988. 85.

Dehaussy (J.), « La supériorité des normes internationales sur les normes internes : à propos de l'arrêt *Nicolo* », *JDI* 1990. 5.

Dubouis (L.), « Le juge administratif français et les règles du droit international », *AFDI* 1971. 3.

Dubouis (L.), « L'arrêt *Nicolo* et l'intégration de la règle internationale et communautaire dans l'ordre juridique français », *RFDA* 1989. 1000.

Favoreu (L.), « L'interprétation de l'article 55 de la constitution », *RFDA* 1989. 993.

Genevois (B.), « Le Conseil d'État et l'ordre juridique communautaire », *EDCE 1979-1980*, p. 73.

Kovar (R.), « Le Conseil d'État et le droit communautaire de l'état de guerre à la paix armée », *D.* 1990. Chron. XI.

Markus (J.-C.), « Le contrôle de la conventionnalité des lois par le Conseil d'État », *AJDA* 1999. 99.

Stirn (B.), « Le Conseil d'État et l'Europe », in *Mélanges G. Braibant*, Paris, Dalloz, 1996, p. 653.

a) Refus de la primauté

831. Le Conseil d'État, au contraire, est resté bien plus longtemps attaché à la doctrine Matter, considérant que l'article 55 l'autorisait à faire prévaloir sur les seules lois antérieures les traités internationaux (C.E., Ass., 7 juill. 1978, *Croissant, Rec.* 292) et notamment le traité de Rome (22 janv. 1982, *Conseil régional de Paris de l'Ordre des experts comptables*, *AJDA* 1982. 170), auxquels il assimilait les règlements communautaires (11 déc. 1987, *Danielou*, *Rec.* 409).

Ainsi, en 1968 (C.E., Sect., 1er mars 1968, *Syndicat général des fabricants de semoules de France*, *Rec.* 149, *RTDE* 1968. 395), la Haute juridiction administrative avait refusé de faire prévaloir un règlement du Conseil sur une ordonnance (ayant force législative) postérieure, conformément aux conclusions de son commissaire du gouvernement (Mme Questiaux, *AJDA* 1968. 235), qui expliquait que préférer le traité à la loi, en vertu de l'article 55, serait se livrer à un contrôle de constitutionnalité de la loi, contrôle que précisément la Constitution, dans son article 61, avait confié au Conseil constitutionnel et non aux juges ordinaires, dont la mission « est celle, subordonnée, d'appliquer la loi ». On sait que depuis l'arrêt *Arrighi* du 6 novembre 1936 (*Leb.* 966), le Conseil d'État se considère comme incompétent pour contrôler la constitutionnalité des lois. Le Conseil d'État, par-là, sans refuser frontalement la primauté du droit communautaire sur la loi, se place sur le terrain de ses compétences juridictionnelles pour conclure qu'il n'est pas en mesure, en tant que juge administratif, d'assumer le rôle que requièrent des juges nationaux le principe de primauté.

Mais cette position a été confirmée intégralement et expressément en 1979, dans deux affaires où le Conseil d'État était saisi de moyens le conduisant à confronter la loi n° 77-729 du 7 juillet 1977 (*D.* 1977. 271), relative à l'élection des représentants à l'Assemblée des Communautés européennes, à l'article 138 du traité de Rome et à la décision du 20 septembre 1976, portant élection au suffrage universel direct des membres de l'Assemblée (C.E., Ass., 22 oct. 1979, *UDT et Élections des représentants à l'Assemblée des Communautés européennes, AJDA* 1980. 40, note B. G). L'intervention, entre temps, de la décision du Conseil constitutionnel, qui récuse sa compétence en la matière et affirme que la vérification de la non-contrariété de la loi au traité ne constitue pas un contrôle de constitutionnalité, pas plus que les jurisprudences *Jacques Vabre* et *Simmenthal* ne l'ont ébranlé et il a maintenu que la vérification de la loi par rapport au traité, quelle que soit la qualification qu'on lui donne, le conduirait, en écartant l'application de la loi postérieure contraire, à limiter les effets de la volonté du législateur, ce qui lui serait interdit par la tradition constitutionnelle française fondée sur l'article 10 de la loi des 16-24 août 1790 et à l'article 127 du Code pénal.

b) Ralliement à la primauté

832. Il a fallu attendre l'affaire *Nicolo* (C.E., Ass., 20 oct. 1989, *RTDE* 1989. 771, concl. P. Frydman, note G. Isaac, *RFDA* 1989. 823, note B. Genevois, et 1989. 1000, note L. Dubouis, *AJDA* 1989. 756, chron. E. Honorat et E. Baptiste) pour que, sollicité à nouveau comme en 1979 pour confronter la loi du 7 juillet 1977 au traité de Rome, le Conseil se montre désormais sensible aux conséquences dommageables de sa position et accepte de l'abandonner, au bénéfice d'une « relecture » de l'article 55 (que la Cour de cassation et le Conseil constitutionnel avait faite avant lui), à savoir que cet article a implicitement mais nécessairement dérogé à la loi de 1790 et au Code pénal et autorisé les juridictions ordinaires à limiter sur ce point les effets des lois, cette habilitation implicite étant constitutionnelle et leur permettant donc d'écarter le principe de la séparation des pouvoirs. Ainsi, contrairement à ce que requerrait un strict respect de la jurisprudence de la Cour de justice, c'est dans la Constitution nationale elle-même que sont placés et le fondement de la primauté du traité de Rome et la justification de sa sanction.

À ce titre, on n'oubliera pas, précisément, que celle-ci subordonne la primauté qu'elle consacre à une réserve de réciprocité (« sous réserve, pour chaque traité ou accord, de son application par l'autre partie »). Or, le Conseil d'État a confronté la loi du 7 juillet 1977 à l'article 227-1 du traité de Rome sans vérification préalable de cette exigence. Cette abstention peut s'expliquer par le fait que, considérant qu'elle n'est pas d'ordre public, le juge a estimé qu'il n'avait pas à la soulever d'office. On peut aussi penser, pour l'approuver, qu'il interprète l'article 55 comme n'imposant la condition de réciprocité que dans le cas des traités bilatéraux ou des traités-contrats et qu'elle était inopérante pour le traité de Rome. En tout cas, il n'a pas jugé opportun, comme la Cour de cassation dans l'affaire *Jacques Vabre* (où, il est vrai, elle ne pouvait esquiver sa réponse) de s'appuyer à cet effet sur la spécificité de l'ordre juridique communautaire pour la rendre sans objet. Enfin, dans son arrêt *Boisdet* (24 sept. 1990, *AJDA* 1990. 863 et 906), le Conseil d'État a étendu sa jurisprudence *Nicolo* aux règlements communautaires et dans son arrêt *SA Rothmans International France et SA Philip Morris France* (C.E. 28 févr. 1992, *AJDA* 1992. 224, concl. Laroque), il s'est déclaré compétent pour apprécier la compatibilité d'une loi avec les objectifs d'une directive et écarter l'application de cette loi. Pour une application de cette même position à l'égard d'une décision communautaire, C.E. 10 janv. 2001, *Région Guadeloupe*, req. 219139.

833. S'agissant du conflit entre une loi et un principe général de droit communautaire, le tribunal administratif de Caen avait reconnu sans ambiguïté la primauté du principe de proportionnalité sur la loi nationale (8 avr. 1997, *Périmédical, RFDA* 1997. 389, note J.-M. Favret), et le Conseil d'État a jugé, le 3 décembre 2001 (*Syndicat national de l'industrie pharmaceutique (SNIP), Lebon* 624), que les principes généraux communautaires l'emportent sur la loi, ayant la même valeur juridique que les traités. Ce n'était pas évident, connaissant sa position négative sur la primauté de la coutume et des principes généraux du droit international sur la loi (C.E., Ass., 6 juin 1997, *Aquarone, AJDA* 1997. 630 ; C.E. 28 juill. 2000, *Paulin*, n° 178834). Quoi qu'il en soit, le Conseil d'État s'est employé, ultérieurement, à tirer toutes les conséquences de cette primauté du droit communautaire, s'inspirant certainement du principe selon lequel l'administration est tenue de ne pas appliquer une réglementation illégale (C.E. 14 nov. 1958, *Ponard, Rec.* 554). Il a donc jugé que l'administration ne doit pas prendre les mesures d'application d'une loi incompatible avec les objectifs d'une directive (24 févr. 1999, *Association de patients de la médecine anthroposophique, Rec.* 29). Le Premier ministre peut même être tenu d'engager une procédure de délégalisation (Constitution, art. 37) des dispositions législatives en cause pour les mettre en conformité avec le droit communautaire (C.E. 3 déc. 1999, *Association ornithologique et mammalogique de Saône-et-Loire (AOMSL) et Rassemblement des opposants à la chasse, AJDA* 2000. 170). De plus, l'administration doit mettre en œuvre les objectifs d'une directive dans le silence de la loi (C.E. 6 févr. 1998, *Tête, Rec.* 30), ou lorsque la loi est incompatible avec le droit communautaire (C.E. 3 déc. 1999, *AOMSL et Association France Nature Environnement, AJDA* 2000. 171). Curieusement, cependant, le Conseil d'État autorise l'administration à faire une sélection parmi les dispositions d'une directive et à n'en respecter que certaines (27 juill. 2001, *Compagnie générale des eaux*, req. 229566).

4° Reconnaissance transversale du « cas particulier » du droit de l'Union européenne

834. Fonder sur le seul art. 55 la relation entre l'ordre international ou européen et l'ordre français n'est désormais guère admissible. D'abord parce que ce sont deux ordres « distincts » comme le reconnaît, depuis 2004, le Conseil constitutionnel (Décis. n° 2004-505 DC du 19 nov. 2004, *Traité établissant une Constitution pour l'Europe* : « le constituant a ... consacré l'existence d'un ordre juridique communautaire intégré à l'ordre juridique interne et distinct de l'ordre juridique international »), mais également pour deux autres raisons.

1° L'ordre de l'Union est essentiellement spécifique par rapport à l'ordre international justement du fait d'une relation différente avec l'ordre des États membres, ce que reconnaît le Conseil constitutionnel en soulignant que cet ordre est *intégré* dans l'ordre français. Il est donc peu probable que ce soit un seul et même article qui vertèbre uniformément ces relations fondamentalement différenciées.

2° La Constitution française, depuis 2012, dans sa structure même, admet que sa relation à l'ordre de l'Union européenne est spécifique et régie par des dispositions particulières, avec spécialement l'article 88-1 disposant que « La République participe à l'Union européenne constituée d'États qui ont choisi librement d'exercer en commun certaines de leurs compétences en vertu du traité sur l'Union européenne et du traité sur le fonctionnement de l'Union européenne, tels qu'ils résultent du traité signé à Lisbonne le 13 décembre 2007 ».

835. La répartition des compétences entre les deux ordres juridictionnels internes, l'ordre judiciaire et l'ordre administratif, qui reposait depuis 1923 sur une jurisprudence classique (arrêt du Tribunal des conflits du 16 juin 1923, *Septfonds*, *Leb.* 498) selon laquelle le juge judiciaire non répressif ne peut pas apprécier la légalité d'actes administratifs, a donné lieu à un revirement de la part du Tribunal des conflits, auquel tant le conseil d'État que la Cour de cassation ont emboité le pas, qui reconnaît à la fois, s'agissant de la mission des juges nationaux au titre de la primauté du droit de l'Union, un cadre spécifique et un fondement particulier. Le Tribunal des conflits (Décis. *SCEA du Cheneau* du 17 oct. 2011, *Leb.* 698), comme le Conseil d'État (arrêt du 23 mars 2012, *Fédération Sud Santé sociaux*, req. n° 331805 ; ou du 28 nov. 2014, *Union syndicale Solidaires*, req. n° 362823) et la Cour de cassation (par ex. Ch. soc., arrêt n° 1560 du 30 sept. 2013 (12-14.752 ; 12-14.964) ; ou arrêts n° 335 et 349 du 7 mars 2017 (14-27.229 et 14-23.193) ; ou arrêt du 15 juin 2017, pourvoi 16-10242) jugent que :

> « s'agissant du *cas particulier* du droit de l'Union européenne, dont le respect constitue une obligation, tant en vertu du traité sur l'Union européenne et du traité sur le fonctionnement de l'Union européenne qu'en application de l'article 88-1 de la Constitution, il résulte du principe d'effectivité issu des dispositions de ces traités, telles qu'elles ont été interprétées par la Cour de justice de l'Union européenne, que le juge national chargé d'appliquer les dispositions du droit de l'Union a l'obligation d'en assurer le plein effet en laissant au besoin inappliquée, de sa propre autorité, toute disposition contraire ».

Cela se traduit même dans les visas : « Vu l'article 88-1 de la Constitution et le principe d'effectivité issu des dispositions du Traité sur l'Union européenne et du Traité sur le fonctionnement de l'Union européenne... », (par ex. Civ. 9 nov. 2016, n° de pourvoi: 15-27357).

836. Ainsi, l'« effet d'éviction » consécutif à la primauté est relié à la fois à l'article 88-1 de la Constitution et à un fondement situé dans le droit de l'Union européenne, les juges français préférant ici se référer cependant au principe « d'effectivité » plutôt qu'au principe de primauté. On peut noter que l'autorité du principe, s'agissant du fondement européen, repose à la fois sur les traités et l'interprétation de la Cour de justice, et que la portée de cette obligation des juges nationaux est particulièrement large puisqu'il s'agit du respect *du droit de l'Union européenne* et d'une obligation d'écarter, de leur propre autorité, *toute disposition contraire*. L'orthodoxie par rapport aux jurisprudences *Costa* et *Simmenthal* est frappante.

B. Le droit de l'Union et la Constitution

BERRANGER (T. DE), *Constitutions nationales et construction communautaire*, Paris, LGDJ, 1996.

BLUMANN (C.), « L'article 54 de la constitution et le contrôle de la constitutionnalité des traités en France », *RGDIP* 1978. 535.

BOULOUIS (J.), « Observations sur CC 30 déc. 1976 », *CDE* 1977. 4. 58.

CHALTIEL (F.), *La souveraineté de l'État et l'Union européenne, l'exemple français*, Paris, LGDJ, 2000.

DORD (O. B.), « Le contrôle de constitutionnalité des actes communautaires dérivés », *Cahiers du Conseil constitutionnel* n° 4, 1998. 51.

DUBOUIS (L.), « Le juge français et le conflit entre norme constitutionnelle et norme européenne », in *Mélanges Boulouis*, Paris, Dalloz, 1991, p. 205.

DUPERE (O.), « Le contrôle de constitutionnalité du droit dérivé de l'Union européenne. Lectures croisées… », *RFDC* n° 61, 2005. 147.

GAUDIN (H.) (dir.), *Droit constitutionnel, droit communautaire. Vers un respect réciproque mutuel*, Paris, Aix, Economica, PUAM, 2001.

GENEVOIS (B.), « Le Conseil constitutionnel et le droit communautaire dérivé », *RFDA* 2004. 651.

LABAYLE (H.), « Le contrôle de constitutionnalité du droit dérivé de l'Union européenne », *RFDA* n° 3, 2003. 442.

LEVADE (A.), « Le Conseil constitutionnel aux prise avec le droit communautaire dérivé », *RDP* n° 4, 2004. 889.

LUCHAIRE (F.), « Le contrôle de constitutionnalité des engagements internationaux et ses conséquences relatives à la construction européenne », *RTDE* 1979. 391.

MAGNON (X.), « Le chemin communautaire du Conseil constitutionnel : entre ombre et lumière, principe et conséquence de la spécificité du droit communautaire », *Europe* août-sept. 2004, étude 9.

MAGNON (X.), « La singularité attendue du droit communautaire au sein de la jurisprudence IVG », *Europe* juin 2006, étude 6, p. 4.

MAGNON (X.) et SIMON (D.), « La jurisprudence communautaire du Conseil constitutionnel », juin 2004-nov. 2004, *CDE* 1/2 2005, p. 217.

MONJAL (P.-Y.), « Le Conseil constitutionnel et les directives communautaires : l'incompétence du juge suprême comme garantie de l'inopposabilité de la Constitution au droit communautaire », *RDUE* n° 3, 2004. 509.

OBERDORFF (H.), « Le Conseil constitutionnel et l'ordre juridique communautaire : coopération et contrôle », *RDP* n° 4, 2004. 869.
PICHERAL (C.), « La primauté du droit de l'Union aux termes de la décision n° 2004-505 DC du Conseil constitutionnel. Reconnaissance et méconnaissance d'un principe », *RAE* n° 1, 2005. 119.
PICOD (F.), « La constitutionnalité du droit communautaire dérivé... à la française », *Il Diritto dell'Unione europea*, IX, fasc. 4-2004.
RUZIÉ (D.), « Commentaire sur CC 19 juin 1970 », *JCP* 1970, n° 2354.
Site du Conseil constitutionnel, *dossier sur la décision n° 2004-496* du 10 juin 2004 (loi sur la confiance dans l'économie numérique).

837. C'est le type même de question pour laquelle il faut prendre conscience de la relativité des conclusions. La logique des « rapports de système » conduit à pouvoir développer des analyses contradictoires mais *a priori* aussi incontestables l'une que l'autre. En effet, selon le point de vue (national ou communautaire) que l'on adopte, on sera irrésistiblement amené à conclure à la supériorité de la référence choisie, c'est-à-dire, selon les cas, la supériorité de la constitution, ou la primauté du droit de l'Union, l'important étant de comprendre qu'elles ne sont pas forcément inconciliables.

Si l'on réfléchit à partir de l'ordre juridique national, on peut difficilement, en effet, ne pas considérer que l'engagement dans l'intégration communautaire s'est fait sur le fondement de la constitution, d'où la conclusion logique d'une supériorité de cette dernière.

Si la réflexion repose sur la perspective du système juridique de l'Union, on ne peut que refuser l'analyse précédente, en ce qu'elle implique une primauté du droit de l'Union qui serait aléatoire et à géométrie variable selon les États membres, ce qui n'est pas condamnable en soi, mais qui est, à l'évidence, contraire à la nature même du droit de l'Union. La référence, parfois considérée comme quelque peu incantatoire, à la « spécificité du droit de l'Union », ou à la « nature spécifique du droit de l'Union » (pensons à la « nature spécifique et originale » au cœur de l'arrêt *Costa*) correspond bien à un aspect fondamental de la problématique.

Si dans un premier temps, il est apparu essentiel de développer une démarche d'évitement des confrontations, celles-ci semblent désormais inévitables.

1° L'évitement de la confrontation par le contrôle *a priori*

a) Immunité et immunisation du droit primaire

838. La Constitution de 1946, sous l'empire de laquelle ont été ratifiés les traités européens était doublement accueillante au droit communautaire. D'une part, elle affirmait, dans l'alinéa 15 de son préambule : « sous réserve de réciprocité, la France consent aux limitations de souveraineté nécessaires à l'organisation et à la défense de la paix ». D'autre part, elle ne prévoyait aucun contrôle de constitutionnalité des traités internationaux (le recours introduit devant le Conseil d'État pour inconstitutionnalité de la loi de ratification, contre le décret de publication du traité de Rome fut, naturellement, déclaré irrecevable, sur la base de la théorie des actes de gouvernement : C.E. 3 mars 1961, *André, RGDIP* 1961. 426, concl. Henry).

Les auteurs de la Constitution de 1958, au contraire, animés d'une méfiance non dissimulée au regard de l'intégration communautaire (et qui n'avaient pas caché, à l'époque, leur volonté de subordonner à une révision constitutionnelle la ratification du traité instituant la CED : cf. C. Rousseau, « La Constitution de 1958 », in *Mélanges Basdevant*, Paris, Pedone, 1960, p. 468) ont consacré une conception très différente. Outre que les articles 5 et 16 accordent désormais une importance particulière à l'indépendance nationale dont le chef de l'État est le gardien, l'article 54 instaure un contrôle préalable de la constitutionnalité des engagements internationaux – confié au Conseil constitutionnel saisi par le chef de l'État (procédure initiale), le Premier ministre ou le président de l'Assemblée nationale ou du Sénat – et subordonne la ratification des traités déclarés contraires à la constitution à la révision préalable de celle-ci, c'est-à-dire à un référendum ou à un vote par le Congrès du Parlement à la majorité des 3/5ᵉ.

839. Mais ce mécanisme de contrôle ne saurait avoir d'effet rétroactif et concerner les engagements internationaux souscrits avant la mise en vigueur de la constitution : le Conseil constitutionnel a rappelé, dans sa décision du 19 juin 1970, que les traités de Paris et de Rome « régulièrement ratifiés et publiés sont, dès lors, entrés dans le champ d'application de l'article 22 de la constitution », c'est-à-dire qu'ils ont une autorité supérieure à celle des lois, même s'ils comportent des clauses contraires à la nouvelle constitution.

840. Quant aux traités communautaires ratifiés et publiés depuis 1958 (traité *de fusion* du 8 avr. 1965, traités *budgétaires* du 22 avr. 1970 et du 22 juill. 1975, Acte unique, traités de Maastricht, d'Amsterdam, de Nice, traité constitutionnel, traité de Lisbonne), ainsi que les décisions communautaires prises en application des articles 138 CEE *[élection directe de l'Assemblée]* et 201 CEE *[ressources propres]* (des 20 sept. 1976 et 22 avr. 1970) – que le Conseil constitutionnel, les assimilant à des *engagements internationaux* subordonnés à une autorisation de ratification ou d'approbation, a accepté de contrôler – ou bien ils ont fait l'objet d'un contrôle positif de constitutionnalité (CC 19 juin 1970 et 30 déc. 1976), ou bien ils n'ont pas été soumis au Conseil (Acte unique, traité de Nice), soit ils ont été considérés comme posant des problèmes vis-à-vis de la constitution (décisions du Conseil constitutionnel du 2 septembre 1992 sur le traité de Maastricht, du 31 décembre 1997 relative au traité d'Amsterdam, du 19 novembre 2004 sur le traité constitutionnel, du 20 décembre 2007 pour le traité de Lisbonne) mais, en tout état de cause, ils sont désormais à l'abri de tout reproche constitutionnel, sachant que dans le dernier cas de figure, la conciliation a toujours été trouvée par une révision de la constitution permettant de ratifier le traité et jamais par la renonciation au traité (pour les deux derniers exemples, révisions du 1ᵉʳ mars 2005, pour un traité qui, certes, n'a pas été ratifié, mais pas en raison de son inconstitutionnalité, et du 4 février 2008) ; sans compter qu'une solution différente irait à l'encontre de l'article 46 de la Convention de Vienne et de la jurisprudence de la Cour de justice des Communautés (22 juin 1965, *San Michele*, aff. 9/65, *Rec.* 1967. 35).

b) Les limites constitutionnelles à l'intégration européenne

841. Longtemps, le Conseil constitutionnel n'a déclaré contraire à la constitution aucun des textes communautaires dont il a été saisi (ni la décision du 21 avril 1970 sur les ressources propres, ni le traité du 22 avril 1970 sur les pouvoirs budgétaires, ni la décision du 20 septembre 1976 sur l'élection directe des membres de l'Assemblée), mais sa jurisprudence (Décis. nᵒ 76-71 DC du 30 déc. 1976, *JO* 31 déc.) exprimait une volonté de protection, de plus en plus tatillonne, de la souveraineté nationale dans laquelle on pouvait voir un frein à la progression de la construction communautaire, sinon même une interdiction par avance de tout renforcement de son caractère supranational.

842. Le Conseil a ainsi érigé des *obstacles d'ordre procédural.* En affirmant que « toutes transformations ou dérogations » apportées au système communautaire actuel « ne pourraient résulter que d'une nouvelle modification des traités, susceptibles de donner lieu à l'application tant des articles figurant au titre VI que de l'article 61 de la Constitution (Décis. nº 76-71 DC du 30 déc., préc.) », il ne se borne pas à condamner par avance tout schéma de renforcement communautaire sous forme coutumière ou d'accords interinstitutionnels, il s'efforce surtout de rendre son propre contrôle préalable de constitutionnalité inévitable. En accordant, *en visant l'article 61*, le droit de saisine (au-delà de ses quatre détenteurs privilégiés) à tout groupe de soixante députés ou soixante sénateurs (alors qu'à l'époque, la constitution n'avait pas encore été révisée et la saisine du conseil constitutionnel *au titre de l'article 54* pas encore élargie à un tel groupe de parlementaires), il renforce la probabilité qu'aucun traité communautaire ou décision (du type de celles exigeant une ratification des États membres, comme l'adoption d'une procédure uniforme pour les élections européennes (désormais art. 223 FUE) ou (désormais article 311 FUE) la création de ressources propres) ne puisse être ratifié sans qu'il ait été amené à en contrôler la constitutionnalité. Mais la ratification de l'Acte unique européen malgré l'échec de la tentative de saisine parlementaire du Conseil constitutionnel montre que cette probabilité peut être démentie.

843. Mais l'important concerne les *obstacles de fond* vis-à-vis d'un éventuel renforcement de l'intégration. Dans sa décision nº 76-71 DC du 30 décembre 1976 (préc.), le Conseil se faisait le théoricien d'une conception exigeante de la souveraineté nationale, qui tranchait radicalement avec celle qui prévalait sous la IVᵉ République : « si le préambule de la Constitution de 1946, confirmé par celui de la Constitution de 1958, dispose que, sous réserve de réciprocité, la France consent aux limitations de souveraineté nécessaires à l'organisation et à la défense de la paix, aucune disposition de nature constitutionnelle n'autorise le transfert de tout ou partie de la souveraineté nationale à quelque organisation internationale que ce soit ». Tout se ramenait donc pour lui à une distinction entre la *limitation de souveraineté*, prévue – et donc possible après une intervention ordinaire du Parlement – et le *transfert de souveraineté*, qui suppose une révision préalable de la Constitution. Outre qu'elle reposait sur une lecture *a contrario* du préambule de 1946 et donc qu'elle ne s'imposait pas absolument, cette distinction n'allait pas sans artifice, et paraissait, en tout état de cause, d'un maniement incertain, faute de tout critère objectif. On pouvait donc y voir avant tout une distinction forgée pour les besoins de la cause : « banaliser » les Communautés européennes, qui ne sauraient ni posséder déjà, ni être susceptibles de recevoir dans l'avenir une quelconque souveraineté, faute d'une préalable révision constitutionnelle, et conserver au Conseil constitutionnel le plus large pouvoir d'appréciation.

Cette conception restrictive est abandonnée dans la décision nº 92-308 DC du 9 avril 1992 compte tenu d'une « relecture » du quinzième alinéa du préambule de la Constitution de 1946 : « il résulte de ces textes de valeur constitutionnelle que le respect de la souveraineté nationale ne fait pas obstacle à ce que, sur le fondement des dispositions précitées du préambule de la Constitution de 1946, la France puisse conclure, sous réserve de réciprocité, des engagements internationaux en vue de participer à la création ou au développement d'une organisation internationale permanente, dotée de la personnalité juridique et investie des pouvoirs de décision par l'effet de transferts de compétences consentis par les États membres ». Par cette formule, le Conseil ne se borne pas, cependant, à abandonner la distinction entre les limitations et les transferts de souveraineté ; il singularise de façon pertinente la nature spécifique de l'intégration communautaire, fondée sur des transferts de compétences au profit d'une organisation permanente, donc définitifs ; mais encore, il valide rétroactivement la « création » des Communautés et surtout ouvre explicitement la voie à un « développement » de celles-ci.

Simultanément, le Conseil rappelle quels sont les progrès de l'intégration qui n'exigent qu'une simple autorisation législative et ceux qui requièrent au préalable une révision de la Constitution : « au cas où des engagements internationaux souscrits à cette fin contiennent une clause contraire à la Constitution ou portent atteinte aux *conditions essentielles d'exercice de la souveraineté nationale*, l'autorisation de les ratifier appelle une révision constitutionnelle ». C'est là reprendre un critère de contrôle déjà utilisé dans le passé par le Conseil, par exemple dans sa décision 70-39DC du 19 juin 1970 relative au traité budgétaire et à la décision de 1970 créant des ressources propres.

844. La « grille de contrôle » ainsi déterminé, avec quelques hésitations, concerne le contrôle *a priori* s'exerçant sur les évolutions du cadre primaire de l'Union européenne. Le dispositif s'est progressivement sophistiqué jusqu'à comporter désormais deux volets : un premier plaçant son contrôle dans une logique de reconnaissance de la spécificité de l'intégration européenne (« Tout en confirmant la place de la Constitution au sommet de l'ordre juridique interne » la Constitution permet « à la France de participer à la création et au développement d'une organisation européenne permanente, dotée de la personnalité juridique et investie de pouvoirs de décision par l'effet de transferts de compétences consentis par les États membres », « le constituant a… consacré l'existence d'un ordre juridique de l'Union européenne intégré à l'ordre juridique interne et distinct de l'ordre juridique international »), et un autre définissant, comme cela a été vu ci-dessus, les critères du contrôle : lorsque des engagements « contiennent une clause contraire à la Constitution, remettent en cause les droits et libertés constitutionnellement garantis ou portent atteinte aux conditions essentielles d'exercice de la souveraineté nationale, l'autorisation de les ratifier appelle une révision constitutionnelle » (cf. notamment, pour l'ensemble de ces éléments, la décision 2012-653 DC du 9 août 2012 relative au traité sur la stabilité, la coordination et la gouvernance au sein de l'Union économique et monétaire). On peut estimer que la clause contraire exige la révision (contradiction technique), que l'atteinte aux droits et libertés est comprise dans le critère des conditions essentielles d'exercice de la souveraineté, et que c'est vraiment ce dernier qui est déterminant. On se limitera à deux remarques quant à ce critère. L'important, en premier lieu, consiste certainement à aborder cette question de la souveraineté selon une logique *compatible* avec le phénomène de l'intégration européenne : en effet, la distinction limitation/transfert se situe dans une logique de souveraineté « une et indivisible », ce qui révèle une assimilation, pour ne pas dire une confusion, entre la souveraineté *dans l'État* (ce dont dérive l'autorité suprême dans un État, que ce soit la Nation, ou le Peuple), qui est forcément une et indivisible, et la souveraineté *de l'État*, en cause ici, et qui n'a pas à remplir les mêmes conditions, à peine de ne pouvoir admettre les contraintes dérivant des engagements internationaux ou *a fortiori* de l'intégration communautaire. Sur ce plan, le critère des conditions essentielles d'exercice est plus satisfaisant, puisque permettre des transferts de compétences alors qu'ils portent atteinte à certaines conditions non essentielles d'exercice de la souveraineté revient à adopter une démarche de divisibilité, de fragmentation entre toutes les conditions d'exercice de la souveraineté, c'est à dire finalement une approche admettant la divisibilité de la souveraineté, seule à même de rendre compte du phénomène communautaire. Pour autant on mesure la difficulté de se placer sur ce terrain de la souveraineté vis-à-vis de l'intégration dont la particularité consiste à mettre en commun, et non à perdre, l'exercice de certains droits souverains. À cet égard, le raisonnement identitaire (v. ss 849) est moins périlleux sans doute. La seconde remarque est que tous ces critères ont la même caractéristique ou fonction : ils donnent au juge constitutionnel une importante marge d'appréciation.

2° L'acceptation et la gestion de la confrontation par un contrôle *a posteriori*

845. Le contrôle des évolutions du droit primaire est important sans doute, notamment en ce qu'il peut exprimer une certaine philosophie de l'intégration. Pour autant, se développant *a priori*, il n'est pas susceptible d'avoir à trancher une contradiction normative réelle entre deux actes juridiques en vigueur. La phase de ratification permet finalement de gérer souplement d'éventuels conflits futurs. En revanche, la véritable confrontation concerne une hypothèse de conflit entre un acte de droit dérivé (qui n'est donc pas passé par cette phase de ratification) et une disposition constitutionnelle. À cet égard, la problématique a indiscutablement évolué à partir de 2004, principalement pour les jurisprudences constitutionnelle et administrative. En 2010, la QPC (question prioritaire de constitutionnalité) a permis à l'ensemble des juridictions concernées, Cour de cassation, Conseil d'État, Conseil constitutionnel, Cour de justice, de se positionner.

a) La jurisprudence constitutionnelle

Blanquet (M.), « La protection de l'identité constitutionnelle de la France », in H. Gaudin (dir.), *La constitution européenne de la France*, coll. « Thèmes et commentaires », Dalloz, 2017, p. 73.

Derosier (J.-P.), *Les limites constitutionnelles à l'intégration européenne*, coll. « Bibliothèque constitutionnelle et de science politique », Paris, LGDJ, 2015.

Quesnel (M.), *La protection de l'identité constitutionnelle de la France*, coll. « Bibliothèque parlementaire et constitutionnelle », Paris, Dalloz, 2015.

846. La problématique, ici, consiste à savoir si – et dans quelle mesure – le contrôle de constitutionnalité d'un acte national déterminé par le droit de l'Union (par exemple loi d'application d'un règlement européen, ou loi de transposition d'une directive) va pouvoir « remonter » de son objet national jusqu'à l'acte européen lui-même. En 2004, le Conseil constitutionnel a sensiblement fait évoluer sa jurisprudence, qu'il a systématisée véritablement en 2006.

847. ***Avant 2004***, le Conseil constitutionnel n'a pas développé de doctrine claire mais on pouvait synthétiser sa jurisprudence comme excluant de deux manières un tel glissement. Il a parfois semblé considérer que ce serait procéduralement *impossible* ; ainsi dans sa décision du 31 décembre 1997 relative au traité d'Amsterdam, il considère que ni l'article 54, ni l'article 61 de la Constitution ne permettent un contrôle de constitutionnalité du droit dérivé. Le passage programmé par le traité, dans certains cas, à la prise de décisions à la majorité qualifiée ne nécessitant ni acte de ratification, ni d'approbation, il serait impossible, précise le Conseil, d'exercer un contrôle de constitutionnalité d'où la censure, d'ailleurs, sur ce point. Dans d'autres espèces, le Conseil a pourtant eu à contrôler des lois mettant en œuvre un règlement incomplet (Décis. 77-89 et 90 DC du 30 déc.1977, *prélèvement isoglucose* et 2000-440 DC du 10 janv. 2001, *domaine des transports*) ou transposant une directive (Décis.78-100 DC du 29 déc. 1978, 94-348 DC du 3 août 1994, 96-383 DC du 6 nov. 1996, 98-400 DC du 20 mai 1998) et il s'est alors employé à *neutraliser* tout éventuel contrôle du droit dérivé en se concentrant sur la régularité de la procédure législative et sur la constitutionnalité des dispositions procédant du droit communautaire de manière facultative et indirecte, plus que sur l'acte communautaire lui-même, et en soulignant que ces lois ne sont que la conséquence d'engagements souscrits par la France antérieurement (Décis., préc., 77-89 et 90 DC de 1977).

848. ***L'évolution de 2004 : l'approche spécifique*** : le considérant de principe de la décision n° 2004-496 DC du 10 juin 2004, Loi pour la confiance dans l'économie numérique est le suivant :

> « Considérant qu'aux termes de l'article 88-1 de la Constitution : « La République participe aux Communautés européennes et à l'Union européenne, constituées d'États qui ont choisi librement, en vertu des traités qui les ont instituées, d'exercer en commun certaines de leurs compétences » ; qu'ainsi, la transposition en droit interne d'une directive communautaire résulte d'une exigence constitutionnelle à laquelle il ne pourrait être fait obstacle qu'en raison d'une disposition expresse contraire de la Constitution ; qu'en l'absence d'une telle disposition, il n'appartient qu'au juge communautaire, saisi le cas échéant à titre préjudiciel, de contrôler le respect par une directive communautaire tant des compétences définies par les traités que des droits fondamentaux garantis par l'article 6 du Traité sur l'Union européenne ».

Cette décision et celles que le Conseil a rendues dans le même sens permettent d'aboutir à une nouvelle synthèse.

– D'abord, le Conseil reconnaît un *fondement spécifique pour la primauté du droit communautaire :* pour autant, il s'agit d'un fondement constitutionnel : l'article 88-1 et non l'article 55, ce dernier étant effectivement plus adapté au droit international qu'au droit communautaire. C'est la logique d'une « Constitution duale » contenant un titre spécifique pour les rapports avec l'Union européenne. Il paraît cependant difficile de considérer que les États membres ne tirent leur obligation de transposer les directives de l'Union européenne que de leur constitution et non du droit de l'Union lui-même.

– Cette nouvelle jurisprudence ouverte par la décision du 10 juin 2004, par ailleurs, admet un contrôle *a posteriori* indirect des directives, c'est-à-dire qu'elle admet un *contrôle de constitutionnalité du droit communautaire dérivé*, ce qui ouvre un autre front, la Cour de justice estimant (v. ss 1442) que seul le juge communautaire peut prononcer l'invalidité d'un acte de droit dérivé : CJCE 22 oct. 1987, *Foto-Frost*, aff. 314/85, *Rec.* 4199.

– Pour autant, la *logique du fondement constitutionnel spécial* (art. 88-1) n'est pas entièrement respectée, puisque le Conseil limite la primauté du droit communautaire qui ne vaudrait pas contre une disposition constitutionnelle expresse. C'est là tout simplement détruire la cohérence d'un ancrage constitutionnel dérogatoire. L'article 88 a justement été introduit dans le texte constitutionnel pour rendre conformes à celle-ci des engagements communautaires qui n'étaient pas compatibles avec les dispositions générales de la Constitution.

– Il faut en toutes hypothèses admettre *l'ambiguïté* de cette contrariété, seule en cause, avec une disposition constitutionnelle « expresse ». On a du mal à comprendre que le droit communautaire puisse déroger aux normes constitutionnelles non-écrites, aux principes constitutionnels, et non aux normes constitutionnelles expresses. Face à ce caractère imparfait de la nouvelle solution, on ne peut s'empêcher de penser que la jurisprudence du Conseil constitutionnel contenait déjà une construction assez complexe, comparable à celle-ci à propos des normes internationales : en 1998 (Décis. *Loi Réséda* n° 98-399 DC du 5 mai 1998), le Conseil avait admis qu'une loi puisse déroger à un principe constitutionnel « dans la mesure nécessaire à la mise en œuvre d'un engagement international de la France et sous réserve qu'il ne soit pas porté atteinte aux conditions essentielles d'exercice de la souveraineté nationale ». Cette jurisprudence n'a guère prospéré parce qu'elle est problématique au regard des engagements internationaux en ce qu'elle semble admettre que ces conditions essentielles d'exercice de la souveraineté puissent être opposées à un traité déjà entré en vigueur, ce qui n'est pas cohérent avec le refus du Conseil constitutionnel de contrôler un traité déjà entré en vigueur à l'occasion du contrôle d'un traité le modifiant (refus implicite de transposer la solution de la jurisprudence *État d'urgence en nouvelle Calédonie* (CC 25 janv. 1985) valant en matière de contrôle des lois : CC 9 avr. 1992 *Maastricht*). En revanche, cette solution aurait pu constituer une base, mieux adaptée, vis-à-vis du droit dérivé.

– Implicitement, le Conseil constitutionnel, dans sa décision du 29 juillet 2004 sur la *loi bioéthique (n° 2004-498 DC)* avait peut-être cependant fourni un élément complétant le dispositif et permettant d'en identifier la véritable logique. S'agissant de l'éventuelle atteinte à l'article 11 de la Déclaration de 1789 (liberté de communication des pensées et des opinions) par la transposition d'une directive, il précise que cette liberté est *également protégée en tant que principe général du droit communautaire* sur le fondement de l'article 10 de la Convention européenne des droits de l'Homme.

La logique serait donc que fait obstacle une disposition expresse constitutionnelle au sens surtout de disposition *spécifique, propre à la Constitution française*, c'est-à-dire insusceptible d'être protégée par le juge communautaire. Il s'agirait en somme d'une subsidiarité du contrôle juridictionnel constitutionnel, qui serait uniquement maintenu pour autant que la norme considérée, sous un habillage juridique communautaire, ne bénéficierait pas d'une protection par le juge européen. Dès lors qu'une telle protection serait possible, le juge constitutionnel, comme il l'indique dans sa décision, se considèrerait comme incompétent, dans le respect d'une répartition des compétences, d'une coopération, et pour tout dire d'un *dialogue des juges*.

849. ***La systématisation de 2006 : le critère de l'identité constitutionnelle de la France*** : l'interprétation logique entrevue avec la décision « bioéthique » a été confirmée, une systématisation s'opérant autour d'un nouveau concept : après le critère incohérent de la disposition expresse, après le critère plus rationnel et plus ou moins implicite de la disposition spécifique, s'est imposé celui de l'identité constitutionnelle française : les décisions n° 2006-540 DC du 27 juillet 2006 (loi relative au droit d'auteur) et n° 2006-543 DC du 30 novembre 2006 (loi relative au secteur de l'énergie) adoptent la position suivante :

« Il résulte de l'article 88-1 de la Constitution que la transposition en droit interne d'une directive communautaire résulte d'une exigence constitutionnelle. Il appartient par suite au Conseil constitutionnel, saisi dans les conditions prévues par l'article 61 de la Constitution d'une loi ayant pour objet de transposer en droit interne une directive communautaire, de veiller au respect de cette exigence. Toutefois, le contrôle qu'il exerce à cet effet est soumis à une double limite. En premier lieu, la transposition d'une directive ne saurait aller à l'encontre d'une règle ou d'un principe *inhérent à l'identité constitutionnelle de la France*, sauf à ce que le constituant y ait consenti. En second lieu, devant statuer avant la promulgation de la loi dans le délai prévu par l'article 61 de la Constitution, le Conseil constitutionnel ne peut saisir la Cour de justice des Communautés européennes de la question préjudicielle prévue par l'article 234 *[désormais art. 267 TFUE]* du traité instituant la Communauté européenne ».

– *Quant à son origine*, ce critère était déjà décelable dans les vœux du président du Conseil constitutionnel au président de la République, le 3 janvier 2005 : « le droit européen... ne peut remettre en cause ce qui est expressément inscrit dans nos textes constitutionnels et qui nous est propre. Je veux parler ici de tout ce qui est inhérent à notre identité constitutionnelle, au double sens du terme « inhérent » : crucial et distinctif » et il importe de bien en mesurer la portée et la signification sous ces deux angles. « Crucial » car il s'agit de principes constitutionnels et si, dans certains États membres, connaissant une distinction entre deux types de dispositions constitutionnelles hiérarchisées au moyen de procédures distinctes de révision, plus ou moins lourdes, cet aspect du critère pourrait jouer, il serait difficile de faire de même en France où une telle hiérarchisation n'existe pas. Dès lors, le critère le plus opératoire reste le caractère « distinctif », ce qui confirme la répartition des rôles entre les juges, le juge constitutionnel français étant incompétent pour juger du respect d'un principe constitutionnel par une loi transposant une directive dès lors que le contrôle de la loi implique le contrôle de la directive et que le principe en cause est également consacré au niveau européen, de sorte que seule la Cour de justice pourra en vérifier le respect par la directive. En revanche, si le principe en cause est spécifique à l'ordre constitutionnel français, le juge constitutionnel en contrôlera le respect par la loi.

– *Quant à son contenu*, le nouveau dispositif repose donc sur trois éléments : la notion d'identité constitutionnelle de la France, l'appréciation d'une contrariété vis-à-vis de ce qui est « inhérent » à cette identité, et la possible validation d'une telle atteinte par le constituant. Pour les trois questions, un certain flou existe, dont on n'est pas loin de penser qu'il est entretenu par le Conseil constitutionnel, tant il est vrai qu'en la matière, l'incertitude peut se traduire en termes de marge de manœuvre pour le juge constitutionnel.

En plus de dix ans de pratique régulière de cette jurisprudence, le Conseil n'a donc jamais identifié une règle ou un principe comme faisant partie de l'identité constitutionnelle de la France, de sorte que l'on en est réduit à de multiples et variées thèses doctrinales pour sélectionner un « noyau identitaire » : comme a pu l'écrire D. Rousseau, « À chaque Professeur – ou presque – sa liste de règles et principes inhérents à l'identité constitutionnelle de la France ! » (« L'identité constitutionnelle, bouclier de l'identité nationale ou branche de l'étoile européenne », in L. Burgorgue-Larsen (dir.), *L'identité constitutionnelle saisie par les juges en Europe*, Cahiers européens n° 1, Paris, Pedone, 2011, p. 96). Au-delà de listes analytiques (A. Roux, « La libre administration des collectivités territoriales : exception française ? », in M. Fatin-Rouge Stéfanini et G. Scofoni dir., *Existe-t-il une exception française en matière de droits fondamentaux*, PUAM, 2013, p. 181 ; ou S. Platon, *La coexistence des droits fondamentaux constitutionnels et européens dans l'ordre juridique français*, LGDJ, 2008, p. 105), on identifie des thèses plus synthétiques et systématiques comme l'approche de M. Quesnel, s'appuyant sur une présomption d'appartenance à l'identité constitutionnelle pour les principes de l'article 1er de la Constitution : laïcité, indivisibilité de la République, unicité du peuple français, principe d'égalité (M. Quesnel, *La protection de l'identité constitutionnelle de la France*, Dalloz 2015, p. 166), ou celle de J.-P. Derosier (*op. cit.*) reliant les « limites constitutionnelles à l'intégration européenne » à deux types de principes constitutionnels ayant un caractère « absolu » soit structurellement (structure de l'Etat, souveraineté, forme de l'État), soit formellement avec les clauses d'éternité, ce qui, pour la France, établirait une double correspondance entre l'identité constitutionnelle et la forme républicaine du gouvernement, laquelle pourrait sans doute être élargie aux *principes de la République*, ou *l'essentiel de la République* (formule retenue par le Président Mazeaud dans son discours précurseur de 2005), conception somme toute assez communément partagée et bien rendue par l'intitulé retenu par M. Quesnel : « La Bannière républicaine », *op. cit.*, p. 154. Sur la question, cf. M. Blanquet, « La protection de l'identité constitutionnelle de la France », in H. Gaudin (dir.), *La constitution européenne de la France*, coll. « Thèmes et commentaires », Dalloz, 2017, p. 73.

S'agissant de ce qui est *inhérent* à cette identité, deux interprétations existent pour ce lien privilégié (jonction inséparable selon le *Grand dictionnaire Littré*) : une version étroite se limitant à ce qui est essentiel parmi les éléments d'identité constitutionnelle (le « noyau du noyau »), une version large pouvant couvrir des aspects externes mais reliés étroitement à cette identité (le « pourtour du noyau »).

Enfin, il est à souligner que la protection de l'identité constitutionnelle n'est pas absolue, qui s'efface si le constituant « y a consenti ». Quel pouvoir constituant ? Pouvoir originaire ou dérivé ? De nombreux auteurs refusent cette dernière option en soutenant que le pouvoir institué de révision ne pourrait valider une atteinte à l'identité de la constitution. La seule interprétation serait alors qu'est visé le pouvoir de révision se traduisant par une révision/adjonction. Par exemple on peut considérer que participe de l'identité constitutionnelle française l'article 3 de la Constitution, aux termes duquel la qualité d'électeur appartient aux « nationaux français majeurs des deux sexes, jouissant de leurs droits civils et politiques ». L'article 3 n'a pas été révisé en 1992 mais le constituant a inscrit à l'article 88-3 que « le droit de vote et d'éligibilité aux élections municipales peut être accordé aux seuls citoyens de l'Union résidant en France ». De même, selon l'article 34 de la Constitution, la loi fixe, notamment, « le régime d'émission de la monnaie ». Le traité de Maastricht a conduit à inscrire dans la Constitution l'article 88-2 selon lequel « sous réserve de réciprocité et selon les modalités prévues par le Traité sur l'Union européenne signé le 7 février 1992, la France consent aux transferts de compétences nécessaires à l'établissement de l'union économique et monétaire européenne ».

Voilà ce qui ressemble à des consentements du constituant à une atteinte à l'identité constitutionnelle française.

– *Quant à sa signification*, on peut mettre le dispositif en perspective avec la philosophie même du processus d'intégration. En adhérant à l'Union européenne, les États mettent en commun l'exercice de certaines compétences, y compris certaines liées à l'exercice de leur souveraineté. C'est là un phénomène acceptable dans la mesure où le constat et l'obligation existe pour l'ensemble des États concernés de partager certains principes, certaines valeurs essentielles qui sont à la fois fondatrices de l'Union et communes aux États membres (art. 2 UE) (v. ss 58, 63, 64, et 1565). Lorsque, dans un contrôle de constitutionnalité d'un acte interne déterminé par un acte de l'Union, le problème affectant l'acte national provient de la source européenne, soit le principe constitutionnel en cause fait partie des principes fondamentaux de l'ordre juridique de l'Union dont le juge européen peut contrôler le respect par l'acte de droit dérivé concerné, et c'est à ce niveau que le contrôle doit s'exercer, soit c'est un principe spécifique à l'ordre constitutionnel national, un élément d'identité constitutionnelle, et seul le juge constitutionnel interne peut alors protéger un tel principe, la Cour de justice n'ayant pas, dans une telle configuration, les moyens de le faire.

850. ***La protection de l'identité constitutionnelle de la France depuis 2006*** : le Conseil constitutionnel applique désormais systématiquement cette jurisprudence, que ce soit en contrôle préalable de la loi ou dans le cadre de la QPC, dès lors spécialement qu'est en cause la constitutionnalité d'une loi de transposition d'une directive (Décis. 2006-540 DC, *Loi relative au droit d'auteur et aux droits voisins dans la société de l'information* ; Décis. 2006-543 DC, *Loi relative au secteur de l'énergie* ; Décis. 2008-564 DC, *Loi relative aux organismes génétiquement modifiés* ; Décis. 2010-79 QPC, *M. Kamel D.* ; Décis. 2010-605 DC, *Loi relative à l'ouverture à la concurrence et à la régulation du secteur des jeux d'argent et de hasard en ligne* ; Décis. 2011-631 DC, *Loi relative à l'immigration, à l'intégration et à la nationalité* ; Décis. 2014-373 QPC, *Société Sephora [Conditions de recours au travail de nuit]* ; Décis. 2014-690 DC, *Loi relative à la consommation* ; Décis. 2014-694 DC, *Loi relative à l'interdiction de la mise en culture des variétés de maïs génétiquement* modifié ; Décis. 2015-520 QPC, *Société Metro Holding France SA venant aux droits de la société CRFP Cash [Application du régime fiscal des sociétés mères aux produits de titres auxquels ne sont pas attachés des droits de vote]* ; Décis. 2015-727 DC, *Loi de modernisation de notre système de santé* ; Décis. 2015-726 DC, *Loi de finances rectificative pour 2015*).

Dans le cadre des relations entre le Conseil constitutionnel et respectivement le Conseil d'État et la Cour de cassation en tant que juges du filtre pour des QPC, cette jurisprudence a été intégrée.

Lors des débuts de la QPC, le **Conseil d'État** a renvoyé au Conseil constitutionnel une question liée à la contestation d'une loi transposant une directive (arrêt du 8 oct. 2010, n° 338505). Le Conseil constitutionnel a estimé ne pas avoir à statuer sur la question dès lors que trois conditions étaient réunies : la disposition législative se bornait à transposer les dispositions d'une directive ; les dispositions de la directive étaient précises et inconditionnelles ; les droits et libertés constitutionnels invoqués n'étaient pas des principes inhérents à l'identité constitutionnelle de la France (Décis. 2010-79 QPC du 17 déc. 2010, *M. Kamel D*). À partir de là le Conseil d'État en tire les conséquences en tant que juge du filtre. Soit il se borne à ne pas renvoyer la QPC, « en l'absence de mise en cause d'une règle ou d'un principe inhérent à l'identité constitutionnelle de la France », une telle question n'étant « pas au nombre de celles qu'il appartient au Conseil d'État de transmettre au Conseil constitutionnel (C.E. 14 sept. 2015, *Notre Famille.com*, n° 389806 ; ou C.E. 3 nov. 2014, *A. et D.* n° 382619, ce qui revient pour lui à raisonner à partir de la répartition des compétences entre le Conseil constitutionnel et la Cour de justice et à prendre acte de l'incompétence du Conseil constitutionnel, soit il précise que c'est au titre de l'absence de caractère sérieux de la question (C.E. 8 juill. 2015, *M. P.*, n° 390154 ; C.E. 9 nov. 2015, *A...B*, n° 390154).

La **Cour de cassation**, quant à elle, refuse également de renvoyer au Conseil constitutionnel des dispositions législatives qui « se bornent à tirer les conséquences nécessaires de dispositions inconditionnelles et précises [d'une directive] et ne mettent en cause aucune règle ni aucun principe inhérent à l'identité constitutionnelle de la France » (cf., par ex, Soc. 15 juin 2011, QPC n° 10-27.130 et 10-27.131, *idem*, [deux arrêts] ; plus récemment, arrêt *Société Aprochim* de la chambre criminelle du 10 août 2016). La chambre criminelle est cependant allé plus loin que le Conseil constitutionnel, étendant ce raisonnement aux dispositions législatives ne mettant en cause aucune règle ni aucun principe inhérent à l'identité constitutionnelle de la France qui se bornent « à tirer les conséquences nécessaires des dispositions inconditionnelles et précises d'[un] *règlement* [européen] » (Crim. 22 févr. 2012, QPC n° 11-90.122, *Bull. crim.* 2012, n° 54. Le Conseil constitutionnel a eu à connaître en 2011 du contrôle d'une loi tirant les conséquences d'un règlement mais n'a pas étendu à ce cas son dispositif de 2006 : Décis. 2010-102 QPC du 11 févr. 2011). On peut noter un autre élargissement par rapport à la jurisprudence du Conseil constitutionnel limitée au contrôle des lois de transposition des directives avec la Chambre sociale étendant ce même dispositif pour une loi *interprétée à la lumière de directives* mais ne transposant pas ces directives (Ch. Soc. n° 1502 du 7 juill. 2015 (P) QPC, *Société Auchan France c/ M. Ciolfi*). Ces trois situations correspondent (plus que les seules lois de transposition envisagées par le Conseil constitutionnel pour l'instant) à celle des actes nationaux « déterminés » d'une manière ou d'une autre par le droit de l'Union européenne.

Pour la première fois, le Conseil constitutionnel a utilisé le concept d'identité constitutionnelle de la France dans un autre cadre que celui du contrôle des lois de transposition de directives, le 31 juillet 2017 (décision n° 2017-749 DC), s'agissant en l'espèce de contrôler la ratification par la France de l'Accord économique et commercial global entre le Canada, d'une part, et l'Union européenne et ses États membres, d'autre part (traité CETA). Visant explicitement, de manière inédite pour lui, l'*avis 2/15* de la Cour de justice du 16 mai 2017, ECLI:EU:C:2017:376, le Conseil devait se prononcer sur un autre type d'hybridité, de mixité que celle qu'illustre une loi de transposition d'une directive ; il s'agissait en l'occurrence d'un accord mixte, c'est-à-dire un traité dont les stipulations relèvent soit de la compétence des États ou des compétences partagées, soit des compétences exclusives de l'Union, ce qui impose la conclusion de la convention à la fois par l'Union et par chacun de ses États membres. Le gouvernement, dans ses observations, considérait que son contrôle ne pouvait porter sur les clauses relevant des compétences exclusives de l'Union, seule la Cour de justice pouvant les apprécier au regard du seul droit de l'Union, mais le Conseil a jugé que :

« 13. S'agissant des stipulations de l'accord qui relèvent d'une compétence partagée entre l'Union européenne et les États membres ou d'une compétence appartenant aux seuls États membres, il revient au Conseil constitutionnel, comme il est rappelé au paragraphe 11, de déterminer si ces stipulations contiennent une clause contraire à la Constitution, remettent en cause les droits et libertés constitutionnellement garantis ou portent atteinte aux conditions essentielles d'exercice de la souveraineté nationale.

14. S'agissant, en revanche, des stipulations de l'accord qui relèvent d'une compétence exclusive de l'Union européenne, il revient seulement au Conseil constitutionnel, saisi afin de déterminer si l'autorisation de ratifier cet accord implique une révision constitutionnelle, de veiller à ce qu'elles ne mettent pas en cause *une règle ou un principe inhérent à l'identité constitutionnelle de la France*. En l'absence d'une telle mise en cause, il n'appartient qu'au juge de l'Union européenne de contrôler la compatibilité de l'accord avec le droit de l'Union européenne ».

Le point 73 de la décision, sorte de « considérant balai », exonère d'inconstitutionnalité les stipulations de l'accord autres que celles qu'il a examinées en détail et révèle que le Conseil considère comme une forme de contrôle minimum celui reposant sur le critère de l'identité constitutionnelle :

« 73. Les autres stipulations de l'accord ne contiennent pas de clause contraire à la Constitution, ne remettent pas en cause les droits et libertés constitutionnellement garantis, ne portent pas atteinte aux conditions essentielles d'exercice de la souveraineté nationale et, *à plus forte raison*, ne mettent en cause aucune règle ou principe inhérent à l'identité constitutionnelle de la France ».

b) La jurisprudence administrative

Cassia (P.), « Le juge administratif, la primauté du droit de l'Union européenne et la Constitution française », *RFDA* 2005. 465.

Dubouis (L.), « Les trois logiques de la jurisprudence *Sarran* », *RFDA* 1999. 57.

Simon (D.), « L'arrêt *Sarran :* dualisme incompressible ou monisme inversé ? », *Europe* 1999, comm. 3.

Valembois (A. L.), « La prévalence des principes généraux du droit communautaire sur la loi nationale. À propos de l'arrêt du Conseil d'État du 3 décembre 2001, *Syndicat national de l'industrie pharmaceutique et autres* », *AJDA* 2002. 1219.

851. Le Conseil d'État, sur cette question des rapports entre la constitution et le droit de l'Union européenne, a successivement adopté une position ambigüe, puis a modifié son dispositif, reprenant la logique de la jurisprudence constitutionnelle.

852. ***L'ambiguïté : les arrêts Sarran et SNIP*** : on a pu se demander si l'immunité constitutionnelle de l'acquis communautaire était remise en cause par l'arrêt *Sarran* du Conseil d'État (C.E., Ass., 30 oct. 1998, *AJDA* 1998. 1039), qui a refusé de sanctionner les conséquences d'une contrariété entre des dispositions nationales à valeur constitutionnelle et des engagements internationaux ? Peut-être, en effet, si l'on estimait avec la doctrine dominante (D. Alland, « Consécration d'un paradoxe : primauté du droit interne sur le droit international », *RFDA* 1998. 1094 ; F. Raynaud et P. Fombeur, « Commentaire », *AJDA* 1998. 962), que cet arrêt consacrait le principe général de la supériorité de la constitution sur les traités et que le Conseil d'État accepterait d'écarter un traité déjà ratifié au profit de la constitution en cas de contrariété, même lorsque le traité est entré en vigueur postérieurement à la constitution. Pas nécessairement, si l'on estimait avec Denys Simon (« L'arrêt *Sarran* : dualisme incompréhensible ou monisme inversé ? », *Europe*, préc.) que le Conseil d'État se bornait à prendre acte de son défaut d'habilitation pour se livrer à un tel contrôle. Mais, en tout état de cause, rien ne permettait, suite à cette seule décision, d'anticiper que le Conseil d'État assimilerait les traités communautaires à des traité internationaux classiques. Il est intéressant de noter que la Cour de cassation, dans son arrêt *Fraisse*, du 2 juin 2000 (cf. note A. Rigaux, D. Simon, *Europe* août-sept. 2000, chron. 8), a dû se prononcer, comme le Conseil d'État, sur ce rapport entre la norme constitutionnelle et le droit international, mais aussi sur la question particulière du droit communautaire. Or, si la Cour, comme le Conseil d'État, souligne qu'elle n'a pas les moyens, dans l'ordre interne, d'assurer la primauté du droit international sur la constitution, elle prend soin de préciser que le droit invoqué en l'espèce (droit d'être inscrit sur les listes électorales) n'entre pas dans le champ d'application du droit communautaire, ce qui peut être interprété comme un discret refus de l'assimilation, de la banalisation du droit communautaire.

C'est en revanche de manière très nette, voire brutale, et quelque peu gratuite puisque sans rapport évident avec la *ratio decidendi* de l'arrêt, que le Conseil d'État, dans son arrêt *Syndicat national de l'industrie pharmaceutique (SNIP)* du 3 décembre 2001, a inséré un *obiter dictum* radical : selon le juge administratif, la primauté du droit communautaire « ne saurait conduire, au demeurant, dans l'ordre interne, à remettre en cause la suprématie de la Constitution ».

C'était là refuser la spécificité du droit communautaire en dissipant, certes, l'ambiguïté mais certainement pas une forme de malaise.

853. ***Le changement : l'arrêt Arcelor*** : dans l'arrêt du 8 février 2007, *Arcelor Atlantique et Lorraine* (req. n° 287110), le Conseil d'État reprend le raisonnement du Conseil constitutionnel dans sa logique de spécificité et de répartition des compétences juridictionnelles. En présence d'un décret qui transposait, presque mot pour mot, une directive communautaire relative au système d'échange de quotas d'émission de gaz à effet de serre mis en place dans le cadre du protocole de Kyoto et dont il était soutenu qu'il méconnaissait différents principes à valeur constitutionnelle, notamment le principe d'égalité, le Conseil d'État, s'inspirant de la jurisprudence récente du Conseil constitutionnel en matière de contrôle des lois de transposition des directives, indique que, en pareille hypothèse, le juge doit d'abord rechercher si les principes constitutionnels dont la méconnaissance est invoquée ont un équivalent dans l'ordre juridique communautaire, c'est-à-dire si le droit ou la liberté en cause est effectivement et efficacement protégé par le droit communautaire « primaire » (traités et principes généraux du droit communautaire), tel qu'interprété par la Cour de justice des Communautés européennes.

• *Dans l'affirmative*, soutenir que le décret est contraire à la Constitution revient donc à soutenir que la directive (que ce décret ne fait que transposer) est contraire au droit communautaire primaire. Le juge procède alors comme d'ordinaire lorsqu'est critiquée devant lui la validité d'une directive : si les critiques formulées à l'encontre de celle-ci ne mettent pas sérieusement en cause sa validité, le juge national peut, de lui-même, écarter ces critiques (on peut ici voir une application très intéressante dans l'arrêt du Conseil d'État du 10 avril 2008 : *Conseil national des barreaux* (req. n° 296845 et 296907), où pour la première fois, le Conseil s'est prononcé, favorablement, sur la conformité d'une directive à la Convention européenne des droits de l'Homme). Si, au contraire, il existe une difficulté sérieuse, il doit alors renvoyer la question à la Cour de justice des Communautés européennes, qui détient le monopole de l'appréciation de la validité du droit communautaire dérivé (CJCE 22 oct. 1987, *Foto-Frost*, aff. 314/85, préc.). Si la Cour déclare que la directive est contraire au droit communautaire primaire, il appartient alors au juge national d'en tirer les conséquences en annulant le décret transposant cette directive illégale.

• Si, en revanche, *le juge national n'identifie pas, dans l'ordre juridique communautaire, un principe équivalent* au principe constitutionnel invoqué par le requérant, parce que ce principe est en réalité spécifique à la constitution française, il lui appartient seulement d'examiner, comme il le fait d'ordinaire, si le décret est conforme à ce principe et, dans la négative, d'annuler le décret pour inconstitutionnalité.

En l'espèce, le Conseil d'État a estimé que le principe constitutionnel d'égalité, invoqué par la société requérante, trouvait un équivalent dans le droit communautaire.

Comme la conformité de la directive au principe communautaire d'égalité posait une difficulté sérieuse, il a donc, conformément à la méthodologie qu'il s'était lui-même fixée, décidé de renvoyer cette question à la Cour de justice des Communautés européennes, qui, le 16 décembre 2008 (aff. C-127/07, *Rec.* I-9895) a considéré que rien n'affectait la validité de la directive. Le Conseil d'État en a tiré les conséquences dans son arrêt du 3 juin 2009, *Société Arcelor* (req. n° 287110), dans lequel il indique que la Cour ayant jugé la directive conforme au principe communautaire d'égalité, il ne peut qu'écarter le moyen tiré de la méconnaissance par le décret de transposition de cette directive du principe constitutionnel d'égalité.

Les jurisprudences du Conseil constitutionnel depuis 2006 et du Conseil d'État depuis 2007 se situent dans un courant jurisprudentiel plus large parmi les juridictions des États membres (v. ss 876, 879, 894, 918, 921, 924, ou 927) dont les lignes de cohérence tiennent notamment dans cette combinaison d'une acceptation générale de la primauté du droit de l'Union européenne et d'une sanctuarisation d'une *identité* nationale que l'Union, au demeurant, est obligée de respecter (art. 4, § 2, UE), ce qui n'est que la traduction de la nature de l'Union, qui reste composée d'États, cette *identité* représentant sans doute la substance de ce statut d'État.

Qui plus est, cette approche offre l'avantage de positionner le débat des relations entre le droit de l'Union européenne et le droit constitutionnel des États membres sur le terrain du comportement et des obligations des juges, et non sur celui, « ingérable », de la détermination d'une pure et simple hiérarchie normative. Cette démarche, plus pragmatique que dogmatique, a toujours été celle de la Cour de justice dont le dispositif cardinal s'agissant de la primauté (jurisprudences *Costa* et *Simmenthal*) a toujours été d'enjoindre au juge national « d'écarter » le droit national contraire au droit de l'Union, celui-là ne devant pas faire obstacle à celui-ci, qui doit « passer » et produire ses effets de manière uniforme.

Dès lors, la question délicate, voire ultime du rapport entre le droit de l'Union et les constitutions des États membres n'a pour issue ni une « supériorité » de la constitution, ni une « supériorité » du droit de l'Union. Il y a primauté générale du droit de l'Union qui fait que même des dispositions constitutionnelles devront être écartées si elles font obstacle à l'application du droit de l'Union (par ex. CJCE 11 janv. 2000, *Tanja Kreil*, aff. C-285/98, *Rec.* I-69 ; CJCE 16 déc. 2008, *Michaniki*, aff. C-213/07, *Rec.* I-9999), cette constante montrant que la conception absolutiste de la supériorité des constitutions est clairement dépassée ou inadaptée. Pour autant, le droit de l'Union devant respecter l'identité nationale des États membres (art. 4 § 2 UE), sa primauté ne conduira, dès lors, pas le juge national à devoir écarter ce qui participe de l'identité nationale. La solution n'est donc pas hiérarchique.

c) L'« affaire » de la QPC

ANDRIANTSIMBAZOVINA (J.), BLUMANN (C.), GAUDIN (H.) et PICOD (F.) (dir.), « Question prioritaire de constitutionnalité et droits européens », *ADE* 2012, p. 3 à 149.

CASSIA (P.), « Question sur le caractère prioritaire de la question de constitutionnalité », *AJDA* 2009, Tribune. 2193.

CASSIA (P.) et SAULNIER-CASSIA (E.), « Imbroglio autour de la question prioritaire de constitutionnalité (QPC) », *D.* 2010. 1234.

DOMINGO (M.), « Question prioritaire de constitutionnalité et question préjudicielle à la Cour de justice de l'Union européenne », *RFDA* 2010. 445.

DONNAT (F.), « La Cour de justice et la QPC : chronique d'un arrêt prévisible et imprévu », *D.* 2010. 1640.

GAÏA (P.), « La Cour de cassation résiste... mal », *RFDA* 2010. 458.

GAUTIER (M.), « La question de constitutionnalité peut-elle rester prioritaire », *RFDA* 2010. 449.

GENEVOIS (B.), « Le contrôle *a priori* de constitutionnalité au service du contrôle *a posteriori* », *RFDA* 2010. 1.

LEVADE (A.), « Renvoi préjudiciel *versus* Question prioritaire de constitutionnalité : la Cour de cassation cherche le conflit ! », *D.* 2010. 1254.

LEVADE (A.), « Contrôle de constitutionnalité et contrôle de conventionnalité ne sont pas jeux de hasard : la réplique du Conseil constitutionnel à la Cour de cassation ! », *D.* 2010. 1321.

MATHIEU (B.), « La Cour de cassation tente de faire invalider la QPC par la Cour de Luxembourg », *JCP* 2010, n° 17, p. 464.

MAGNON (X.), « La QPC face au droit de l'Union : la brute, les bons et le truand », *RFDC* 2010/4 (n° 84), p. 761.

PLATON (S.), « QPC et droit de l'Union européenne, » *JCP Adm.* 2010. 2162.

ROUSSEAU (D.) et LEVY (D.), « La Cour de cassation et la QPC : pourquoi tant de méfiance ? », *Gaz. Pal.* 25-27 avr. 2010, p. 20.

SIMON (D.), « Le projet de loi organique relatif à l'application de l'article 61-1 de la Constitution : un risque d'incompatibilité avec le droit communautaire ? », *Europe* mai 2009, repère n° 5.

SIMON (D.) et RIGAUX (A.), « Drôle de drame : la Cour de cassation et la QPC », *Europe* mai 2010, étude n° 5.

854. La France s'est dotée d'un dispositif de contrôle *a posteriori* de la constitutionnalité des lois (question prioritaire de constitutionnalité) susceptible de mettre à mal les obligations d'État membre et peut-être aussi la logique de répartition des rôles entre les juges nationaux et le juge européen qui semblait s'imposer depuis quelques années. Ce dispositif résulte de la révision constitutionnelle du 23 juillet 2008 et a été organisé par une loi organique du 10 décembre 2009, qui a insisté sur ce côté « prioritaire » de la question de constitutionnalité et n'a pas retenu la proposition du gouvernement (pourtant soutenue par le vice-président du Conseil d'État, le Premier président et le Procureur général de la Cour de cassation) consistant à ne pas porter atteinte, par-là, aux obligations découlant du droit de l'Union européenne en insérant une réserve liée au respect de l'article 88-1 de la Constitution. Il est vrai que l'imprécision de cette réserve aurait pu être lue comme une remise en cause frontale de la primauté de la constitution, d'où le rejet.

La loi organique n'a pas non plus veillé à garantir que les juges nationaux pourraient continuer à saisir de questions préjudicielles la Cour de justice, malgré le caractère prioritaire du contrôle de constitutionnalité sur le contrôle de conventionalité, d'où les doutes de la Cour de cassation qui, le 16 avril 2010, sous un déluge de critiques, a saisi la Cour de justice d'une question préjudicielle destinée à vérifier la conformité de cette loi organique au regard de l'orthodoxie européenne (*Abdeli et Melki*, n° 10-40002).

Il est vrai que cet arrêt *Abdeli et Melki* de la Cour de cassation, par sa rédaction, est un peu surprenant, voire discutable, et il semble vraiment considérer, ce dont la doctrine doutait, que la QPC, telle que mise en place par la loi organique, aurait pour effet, en raison du caractère prioritaire de la question de constitutionnalité, de compromettre l'office de « juge communautaire de droit commun » du juge national en l'empêchant éventuellement de procéder à un renvoi préjudiciel. Pour autant, n'était-ce pas finalement opportun de poser la question ?

855. Le Conseil constitutionnel et le Conseil d'État ont alors fait en sorte d'exprimer leur position avant que la Cour de justice réponde. Le 12 mai, le Conseil constitutionnel, dans une décision relative à l'ouverture à la concurrence et à la régulation du secteur des jeux d'argent et de hasard en ligne (n° 2010-605 DC), s'est donc employé à préciser la distinction entre le contrôle de constitutionnalité des lois incombant au Conseil constitutionnel et le contrôle de leur conventionalité (compatibilité avec les engagements internationaux et européens de la France) qui relève des juridictions administratives et judiciaires. Ce dernier rôle n'est pas affecté par une éventuelle décision de conformité à la constitution d'une loi qui serait incompatible avec le droit de l'Union. Le juge administratif ou judiciaire ayant posé une QPC n'est pas privé de la possibilité de tout faire, y compris suspendre les effets de la loi en cause immédiatement, ou poser une question préjudicielle. Le 14 mai, c'était au tour du Conseil d'État de s'inviter dans le débat par un pur *obiter dictum*, car l'affaire ne concernait pas du tout le droit de l'Union européenne : dans l'arrêt *Rujovic* (req. n° 312305), le Conseil précise que la loi organique organisant la QPC ne fait pas obstacle à ce que le juge administratif, juge de droit commun de l'application du droit de l'Union européenne, en assure l'effectivité, à tout moment de la procédure de QPC ou au terme de cette procédure. Le Conseil ajoute que le juge administratif peut à tout moment poser une question préjudicielle.

856. La Cour de justice a répondu à la Cour de cassation le 22 juin 2010 (aff. jtes C-188/10 et C-189/10, *Melki et Abdeli*, *Rec.* I-5667) et l'arrêt, s'il décerne à la QPC un brevet de conformité au droit de l'Union européenne, ne manque pas, sur le modèle des prises de position pacificatrices du Conseil constitutionnel et du Conseil d'État, d'enfermer cette procédure dans des limites extrêmement strictes, que d'aucuns ont considéré comme dévastatrices. La Cour précise ainsi que le juge national demeure libre à tout moment de la procédure et même à l'issue d'une procédure incidente de contrôle de constitutionnalité, de poser une question préjudicielle. Elle ajoute que le juge national peut aussi laisser inappliquée une disposition législative jugée contraire au droit de l'Union quand bien même le Conseil constitutionnel l'aurait validée au regard de la Constitution.

857. Finalement, il y a là, semble-t-il, une lecture très raisonnable de la situation, une « interprétation » de la loi organique « conforme au droit de l'Union », une lecture pacificatrice réunissant la Cour de justice, le Conseil constitutionnel et le Conseil d'État répondant de concert aux inquiétudes, légitimes même si exprimées maladroitement, de la Cour de cassation. Celle-ci a cependant maintenu sa position. Le 29 juin 2010, en assemblée plénière, (arrêt *Melki*, n° 12133) elle estime, en réponse à l'arrêt de la Cour de justice, que quand elle est saisie à la fois d'une question de constitutionnalité et de conventionnalité d'une disposition législative, la procédure ne lui permet pas de prendre les mesures provisoires ou conservatrices propres à assurer la protection des droits conférés par l'ordre juridique de l'Union.

III. La primauté du droit de l'Union dans les autres États membres

Albi (A.), *EU Enlargement and the Constitutions of Central and Eastern Europe*, Cambridge, Cambridge University Press, 2005.

Astengo (F.), « L'Irlande et l'intégration européenne », *RIDC* 1997. 657.

Bauer (K.-M.), « Conditions et contrôles constitutionnels de la validité interne du droit de l'Union », *RTDE* n° 4, 2009. 799.

Bernitz (U.), « Sweden and the European Union : on Sweden's implementation and application of European law », *CMLR*, vol. 38, n° 4, août 2001, p. 903

Burgorgue-larsen (L.), « La déclaration du 13 décembre 2004 (DTC n° 1/2004) : un Solange II à l'espagnole », *Cahiers cons. const.* 2005, n° 18, p. 205.

Burgorgue-Larsen (L.) (dir.), « L'identité constitutionnelle saisie par les juges en Europe », *Cahiers européens* n° 1, Paris, Pedone, 2011.

Cour de justice de l'Union européenne, Direction de la recherche et documentation, *Bulletin «* Reflets *»*, http://curia.europa.eu/jcms/jcms/Jo2_7063/

Darmon (M.), « Juridictions constitutionnelles et droit communautaire », *RTDE* 1988. 217.

Del Valle Galvez (A.), « Constitution espagnole et traité constitutionnel européen. La Déclaration du Tribunal constitucional du 13 décembre 2004 », *CDE* 2005. 705.

Dreyfus (F.), « Les solutions du European Communities Act du 17 octobre », *RTDE* 1973. 242.

Dutheil de La Rochère (J.), « Le droit international fait-il partie du droit anglais ? », in *Mélanges Reuter*, Paris, Pedone, 1981, p. 243.

Evrigenis (D.), « Aspects juridiques de l'adhésion de la Grèce aux Communautés », in *La Grèce et la Communauté*, colloque Université libre de Bruxelles, 1977, p. 274.

Fromont (M.), « Le droit constitutionnel national et l'intégration européenne », *Rev. aff. eur.* 1997. 191.

Gangsted-Rasmussen (N.), « Primauté du droit communautaire en cas de conflit avec le droit danois », *RTDE* 1975. 700.

Hanf (D.), « L'encadrement constitutionnel de l'appartenance de l'Allemagne à l'Union européenne. L'apport de l'arrêt *Lisbonne* de la Cour constitutionnelle fédérale », *CDE* 2009. 639.

Kinder-Gest (P.), « Primauté du droit communautaire et droit anglais ou comment concilier l'inconciliable ? », *RAE* 1991/4, p. 19.

Lafaille (F.), « Il y a toujours une première fois. À propos de l'application de l'article 234 TCE par la Cour constitutionnelle italienne », *RTDE* 2009. 459.

Le Barbier-Le Bris (M.), *Le juge espagnol face au droit communautaire*, Rennes, Éditions Apogée, 1998.

Le Hardy de Beaulieu (L.), « Les nouvelles règles d'application du droit communautaire en Belgique », *RMC* 1994. 123.

Magnon (X.), « Le juge constitutionnel national, dernier obstacle au processus d'intégration eyropéennes ? Interrogations (?) autour d'une lecture de l'arrêt de la Cour constitutionnelle fédérale allemande du 30 juin 2009 sur le traité de Lisbonne », *RFDC* 2/2010, n° 82, p. 417.

Mayer (F.-C.), « Rashomon à Karlsruhe », *RTDE* n° 1, 2010. 77.
Moderne (F.), « Les rapports entre l'ordre juridique interne et l'ordre juridique européen, le traité établissant une Constitution pour l'Europe et les juridictions constitutionnelles, la question de la primauté du droit de l'Union en Espagne et au Portugal », *RFDA* n° 1, 2005. 43.
Rideau (J.), « Aspects constitutionnels comparés de l'évolution vers l'Union européenne », in *La Constitution et l'Europe*, Paris, Montchrestien, 1992.
Simon (D.), « La Cour de Karlsruhe et le traité de Lisbonne : oui, mais... », *Europe* n° 8, 2009. 1.
Skrzypek (N.), « Le Tribunal constitutionnel polonais et le droit communautaire », *CDE* 2007. 179.
Tomuschat (C.), « Les rapports entre le droit communautaire et le droit interne allemand dans la jurisprudence récente de la Cour constitutionnelle allemande », *CDE* 1989. 163.
Usher (J.), « Le droit communautaire devant les tribunaux britanniques », *CDE* 1975. 560.
Ziller (J.), « Le dialogue judiciaire et la Cour de Karlsruhe », *RTDE* n° 1, 2010. 93.

858. Inégalement préparés à l'accueillir, les ordres juridiques nationaux se sont rapidement efforcés de prendre pleinement en compte le principe de primauté de la règle communautaire, afin d'en garantir judiciairement l'application.

859. La démarche constitutionnelle est *révélatrice*, notamment en ce qu'elle admet ou pas des limitations ou des transferts de souveraineté ou simplement de compétences, selon qu'elle se place plutôt dans une logique de limitation des compétences nationales ou de transferts à l'Union, selon qu'elle explore la voie de la mise en commun, limitée ou non à l'exercice des compétences (v. ss 119 à 126). Elle est par ailleurs *déterminante* pour la mise en œuvre pratique de la primauté par les premiers concernés, c'est à dire les juges des États membres. Force est de constater que le souci de la Cour de justice de fonder la primauté sur les caractères mêmes du système de l'Union et non sur les constitutions nationales, dès l'arrêt *Costa*, est à la fois une démarche validée mais occultée dans nombre d'États membres. Validée parce que l'observation des exemples nationaux montre clairement que le passage par les constitutions nationales comme « ponts » vers l'ordre de l'Union ou comme « clés » ouvrant l'ordre constitutionnel interne sur l'ordre européen ne peut qu'affecter le principe de primauté et la portée du droit de l'Union ; occultée parce que c'est (encore ou désormais) là la tonalité dominante dans nombre d'États membres.

860. L'existence de divergences de jurisprudences entre la Cour de justice et telle juridiction nationale n'a rien de surprenant. Le phénomène est classique dès lors que voisinent, même dans un cadre purement interne, plusieurs ordres juridictionnels (conflits entre juge administratif et juge judiciaire, entre ces derniers et le juge constitutionnel). Il aurait même été très curieux que la révolution juridique et juridictionnelle constitué par l'intégration européenne, spécialement en ce qu'elle mobilise les juges des États membres dans un cadre au sein duquel leurs liens avec la Cour de justice relèvent de la coopération plus que de la subordination hiérarchique (v. ss 1126), ne se traduise pas par de telles divergences. Celles-ci, pour une part, peuvent n'être que conceptuelles, un juge national faisant primer absolument le droit de l'Union sur le droit national mais en vertu d'un raisonnement distinct de celui de la Cour de justice, notamment en fondant cette primauté sur les dispositions constitutionnelles. Pour dérangeante que puisse être cette situation, elle n'obère pas vis-à-vis des justiciables la portée du droit de l'Union et la primauté s'applique de manière satisfaisante. D'autres situations sont évolutives et provisoires : nombre d'exemples de ce type ont marqué la « préhistoire » de l'Europe communautaire, et, à l'image du cas français (jurisprudence *des Semoules* par exemple) (v. ss 831), elles ont connu une évolution toujours dans le sens de l'alignement sur la jurisprudence orthodoxe de la Cour de justice. S'agissant des cas problématiques encore observables, certains sont sans doute à ranger dans cette catégorie d'une « acclimatation progressive » des juridictions nationales à leur nouveau rôle de juge de droit commun du droit de l'Union européenne, tant il est vrai que pour les systèmes juridictionnels de presque la moitié des États membres, on se situe actuellement dans une phase historique, par rapport à leur date d'adhésion, qui était celle des juges français au moment de la jurisprudence *des semoules*, en 1968...

861. Il reste qu'existe sans doute un nouveau phénomène. Depuis longtemps, certaines juridictions constitutionnelles d'États de tradition dualiste ont mis en place des dispositifs (on parle de « contre-limites ») constituant des limites à la portée de la primauté et spécialement à sa portée générale, certaines aires des ordres juridiques nationaux (un cœur souvent peu précisément défini du patrimoine constitutionnel) étant considérées comme à l'abri de toute incidente des normes de l'Union. Ce type de jurisprudence est longtemps resté dans le champ de la rhétorique et de la posture, les occurrences de conflit à ce niveau éminent n'étant pas légion. On peut cependant observer depuis quelques années une extension de ce mouvement, une sophistication de ses instruments, et l'amorce d'utilisations opérationnelles conduisant à des relations compliquées vis-à-vis de la Cour de justice. Si le jeu reste le plus souvent à fleuret moucheté, la tendance doit cependant être soulignée, ne serait-ce que parce qu'elle pourrait apparaître comme étant en phase avec un mouvement plus politique de doute de certains États membres et de certaines opinions publiques au regard de l'intégration européenne, ces jurisprudences, surtout quand elles sont celles de cours constitutionnelles, étant la traduction ou l'instrument de ces positionnements politiques.

862. C'est pourquoi la question de la primauté du droit de l'Union sur les dispositions constitutionnelles des États membres est doublement à observer : question juridiquement complexe, elle est donc aussi politiquement sensible.

863. Seront distingués les États fondateurs, les adhérents intermédiaires, et enfin les adhérents récents, non par facilité mais parce que le temps apparaît comme un facteur décisif dans les rapports entre les jurisprudences nationales et la jurisprudence de la Cour de justice.

A. Les États fondateurs

864. On peut commencer cette revue par les trois États du Benelux, dans lesquels la primauté a été rapidement assurée dans les meilleures conditions, avant d'aborder les deux grands États de tradition dualistes, l'Allemagne et l'Italie, dans lesquels la confrontation avec l'innovation radicale qu'est la primauté du droit de l'Union a suscité plus de difficultés, notamment parce qu'ils possèdent un système de contrôle de constitutionnalité particulièrement développé.

1° Les États du Benelux

a) La Belgique

865. ***Cadre constitutionnel*** : la *Belgique* a modifié spécifiquement sa Constitution afin de procurer un fondement indiscutable aux transferts de compétence requis par la construction communautaire. L'article 25 de la Constitution de 1831 était le suivant : « Tous les pouvoirs émanent de la Nation. Ils sont exercés de la manière établie par la Constitution », ce qui ne permettait pas explicitement l'engagement dans l'intégration européenne. Une révision s'imposait, qui fut assez laborieuse : entamée en 1953, reprise en 1958 puis 1964, elle aboutit finalement en 1970 à l'ajout d'un article 25 *bis* rédigé comme suit : « L'exercice de pouvoirs déterminés peut être attribué par un traité ou par une loi à des institutions de droit international public ». C'est désormais l'article 34 de la Constitution. En revanche, à défaut de dispositions constitutionnelles, la consécration de la primauté du droit communautaire sur la loi y résulte de solutions purement jurisprudentielles.

866. ***Jurisprudence générale*** : prévalait en Belgique une jurisprudence bien établie, dans un contexte dualiste, selon laquelle les dispositions d'un traité international pouvaient être méconnues par une loi postérieure, il fallut attendre l'important arrêt de la Cour de cassation, du 27 mai 1971, *Société Fromagerie franco-suisse : Le Ski* (*CDE* 1971. 561, note P. Pescatore). L'affaire était particulièrement caractéristique : le gouvernement belge ayant été condamné devant la Cour de justice des Communautés pour avoir créé, en 1958, une taxe contraire à l'article 12 CE *[abrogé par le traité d'Amsterdam]*, celle-ci avait été supprimée, le 1er novembre 1964, mais sans effet rétroactif ; aux commerçants qui réclamaient devant leurs juges le remboursement des sommes indûment perçues de 1958 au 1er novembre 1964, le gouvernement belge opposait une loi qu'il avait spécialement fait voter le 19 mars 1968, à cet effet et qui disposait : « le paiement des sommes versées est définitivement acquis et ne peut donner lieu à contestation devant quelque autorité que ce soit ». La Cour consacre d'abord la primauté *existentielle* du droit international sur le droit national : conformément aux conclusions exemplaires de son procureur général (*RTDE* 1971. 423), pour lequel « l'obligation qu'ont les États de ne pas créer une règle de droit interne incompatible avec une règle de droit international doit avoir pour corollaire la supériorité de la norme conventionnelle du droit international sur la norme de droit interne. Nier la supériorité de la règle internationale revient à nier son existence », la Haute Juridiction affirme : « lorsque le conflit existe entre une norme de droit interne et une norme de droit international qui a des effets directs dans l'ordre juridique interne, la règle établie par le traité doit prévaloir et la prééminence de celle-ci résulte de la nature même du droit conventionnel ». La Cour consacre ensuite la primauté du droit communautaire lui-même en la fondant, conformément à la jurisprudence de la Cour de justice, sur la nature spécifique de celui-ci : « ... il en est *a fortiori* ainsi lorsque le conflit existe... entre une norme de droit interne et une norme de droit communautaire ; en effet, les traités qui ont créé le droit communautaire ont institué un nouvel ordre juridique au profit duquel les États membres ont limité l'exercice de leurs pouvoirs souverains dans les domaines que les traités déterminent ».

867. ***Question de la primauté sur la constitution*** : cette position de la Cour de cassation a été reprise par le Conseil d'État, dont le raisonnement est cependant parfois ambigu lorsqu'est en cause le conflit avec la Constitution. Ainsi, dans un arrêt du 5 novembre 1996, *Henri Orfinger c/ État belge*, *Pasicrisie belge* IV 1996 p. 124 (cf. dans le même sens et du même jour l'arrêt *Goose*), le Conseil d'État devait se prononcer sur un conflit entre une disposition de la Constitution (seuls les Belges sont admissibles aux emplois civils et militaires) et un arrêté royal s'appuyant sur une interprétation de l'article 48, § 4 CEE par la Cour de justice pour ouvrir certains emplois aux ressortissants de l'Union. Le Conseil d'État constate « qu'au moment où la Belgique a adhéré au traité de Rome, aucune incompatibilité n'apparaissait entre l'article 48 du traité de Rome et la Constitution » et que la contradiction « n'est apparue qu'à partir de 1980, date à laquelle la Cour de justice a donné de l'article 48 du traité une interprétation qui impose d'ouvrir aux ressortissants de l'Union européenne les emplois dans l'administration publique qui ne comportent aucune participation, directe ou indirecte, à l'exercice de la puissance publique et aux fonctions qui ont pour objet la sauvegarde des intérêts généraux de l'État ou des autres collectivités publiques ». Il se réfère alors à l'article 34 de la Constitution, qui permet l'attribution, par un traité ou par une loi, de l'exercice de pouvoirs déterminés à des institutions de droit international, et qui serait dès lors le fondement constitutionnel des mécanismes institutionnels que le traité a instaurés. C'est sur cet article que reposerait donc l'autorité de l'interprétation donnée au traité par la Cour de justice. L'application du traité dans l'interprétation qui en est donnée par la Cour de justice est donc la conséquence de l'adhésion de la Belgique à l'Union européenne et elle ne pourrait être écartée que si les autorités belges renonçaient à cette adhésion ou en renégociaient les conditions. Dès lors, le conseil d'État refuse de censurer l'inconstitutionnalité. Le Conseil d'État, certes, se réfère au fondement constitutionnel ; pour autant il admet dans ces arrêts la primauté du droit de l'Union, même sur des dispositions constitutionnelles.

Le cadre constitutionnel favorable au droit communautaire a pu être affaibli par la Cour d'arbitrage créée en 1980 (devenue « Cour constitutionnelle » en 2007) qui affirme sa compétence à travers le contrôle de la loi d'assentiment à un traité pour contrôler *a posteriori* la compatibilité d'un traité en vigueur par rapport à la constitution (CA, arrêts n° 26/91 du 16 oct. 1991, n° 12/94 du 3 févr. 1994, n° 33/94 du 26 avr. 1994, n° 76/94 du 18 oct. 1994 ; cf. Ph. Brouwerts et H. Simonart, « Le conflit entre la constitution et le droit international conventionnel dans la jurisprudence de la Cour d'arbitrage », *CDE* 1995. 7 ; J.-V. Louis, « La primauté, une valeur relative ? », *ibidem* 1995. 23), et une réforme de 2003 est venue protéger le droit de l'Union européenne (de même que la Convention européenne des droits de l'Homme et ses protocoles additionnels) d'un tel contrôle. Depuis 2009, dans l'hypothèse où il serait fait grief, devant une juridiction, à une loi de violer un droit fondamental à la fois garanti par la constitution et par une disposition de droit européen ou international, la juridiction devra poser de façon prioritaire la question de constitutionnalité. C'est en 2016 que la Cour constitutionnelle a infléchi sa jurisprudence pour se rapprocher des jurisprudences nationales opposant à la primauté du droit de l'Union l'intangibilité d'une identité constitutionnelle. Elle l'a cependant fait en reprenant les termes mêmes du traité sur l'Union (art. 4, § 2), son audace ne se voulant donc pas provocation (ce qui aurait été surprenant pour une juridiction entretenant un dialogue préjudiciel constant et record avec la Cour de justice) mais plutôt promotion d'une vision équilibrée et raisonnée qui ne peut, à la réflexion, qu'être l'issue de la problématique. Elle devait contrôler la loi belge portant assentiment au Traité sur la stabilité, la coordination et la gouvernance au sein de l'Union économique et monétaire (TSCG) et a interprété ainsi l'article 34 de la Constitution : « En vertu de cette disposition, l'exercice de pouvoirs déterminés peut être attribué par un traité ou par une loi à des institutions de droit international public. Il est vrai que ces institutions peuvent ensuite décider de manière autonome comment elles exercent les pouvoirs qui leur sont attribués, mais l'article 34 de la Constitution ne peut être réputé conférer un blanc-seing généralisé, ni au législateur, lorsqu'il donne son assentiment au traité, ni aux institutions concernées, lorsqu'elles exercent les compétences qui leur ont été attribuées. L'article 34 de la Constitution n'autorise en aucun cas qu'il soit porté une atteinte discriminatoire à *l'identité nationale inhérente aux structures fondamentales, politiques et constitutionnelles* ou aux valeurs fondamentales de la protection que la Constitution confère aux sujets de droit » (Décis. n° 62/2016 du 28 avr. 2016, n° de rôle 5917, 5920).

b) Les Pays-Bas

868. ***Cadre constitutionnel*** : les révisions constitutionnelles intervenues en 1953 et en 1956 ont réglé expressément, avec minutie et exhaustivité, l'ensemble du problème. La Constitution prévoit, en effet, que si le développement de l'ordre juridique international l'exige, un traité international peut déroger aux dispositions constitutionnelles (sous réserve d'être approuvé au Parlement à la majorité des 2/3 : art. 91), mais également autorise l'attribution à des organisations internationales de « compétences législative, administrative ou juridictionnelle » (art. 92). Bien plus, le juge se voit interdire d'apprécier la constitutionnalité des traités (art. 120), et, en revanche, autoriser à écarter les lois, antérieures ou postérieures, incompatibles avec le droit international directement applicable contenu dans les traités ou dans les décisions d'organisations internationales (art. 94).

869. ***Jurisprudence générale*** : les juridictions se bornent, le plus souvent, à appliquer ces dispositions constitutionnelles au profit du droit communautaire, mais n'hésitent pas, parfois, à fonder la primauté de celui-ci sur sa nature spécifique (Cass. 18 mai 1962, *Bosch, B.M.B.* 1965. 1850, ou C.E. 7 juill. 1995, *Metten, NJB-katern*, 1995, p. 426).

870. ***Question de la primauté sur la constitution*** : s'agissant de la primauté sur les dispositions constitutionnelles, on peut signaler une décision du *Centrale Raad van Beroep* du 26 novembre 1993 (*Administratiefrechtelijke beslissingen* 1994, n° 272), censurant un jugement du *Raad van Beroep 's-Hertogenbosch* car celui-ci avait annulé une décision de réduction de pension pour violation de l'article 1er de la Constitution consacrant le principe de l'égalité de traitement. Le *Centrale Raad van Beroep* souligne que l'inégalité en question (entre la population active et la population non-active) est provoquée par une disposition de droit communautaire dont l'effet ne peut pas être écarté par une disposition de droit national.

c) Le Luxembourg

871. ***S'agissant du cadre constitutionnel***, le Luxembourg a modifié spécifiquement sa constitution afin de procurer un fondement indiscutable aux transferts de compétence requis par la construction communautaire (art. 49 *bis*, ajouté en 1956 dans la Constitution du Grand-Duché : « L'exercice d'attributions réservées par la Constitution aux pouvoirs législatif, exécutif et judiciaire peut être temporairement dévolu par traité à des institutions de droit international »).

872. ***Quant à la jurisprudence générale***, Le droit communautaire a immédiatement bénéficié de la solution dégagée par la Cour supérieure de justice (14 juill. 1954, *Pagani, Pasicrisie luxembourgeoise* XVI.150) au profit du droit international et selon laquelle le traité est « d'une essence supérieure, ayant une origine plus haute que la volonté d'un organe interne » ; dès lors « en cas de conflit entre les dispositions d'un traité international et celles d'une loi nationale postérieure, la loi internationale doit prévaloir sur la loi nationale ».

873. ***Le problème vis-à-vis de la constitution*** ne s'est pas posé : l'existence, depuis 1996, d'une Cour constitutionnelle n'est pas susceptible d'interférer avec la primauté du droit de l'Union, son champ de compétence restant purement interne.

2° Les grands États de tradition dualiste

a) L'Italie

Galletta (D.-U.), « Le rapport entre Constitution italienne et normes externes et la question des soi-disant "contre-limites" », *Rivista italiana di Diritto Publico Comunitario* 2010, n° 6, p. 1633.

874. ***Cadre constitutionnel*** : il ne fut pas possible, en raison de la situation politique de l'époque, de soumettre au Parlement une loi constitutionnelle (qui eût été soumise aux mêmes conditions de majorité que les révisions constitutionnelles proprement dites : art. 138 de la Constitution) ; ainsi, l'adhésion aux Communautés, approuvée par de simples lois ordinaires, a-t-elle fait l'objet de contestations, même de nombreuses années après la ratification. C'est donc en s'appuyant sur l'article 11 de la Constitution (« L'Italie consent, dans des conditions d'égalité avec les autres États, aux limitations de souveraineté nécessaires à un ordre assurant la paix et la justice parmi les nations ») que la *Cour constitutionnelle* a affirmé (7 mars 1964, *Costa*) puis confirmé (27 déc. 1973, *Frontini, CDE* 1975. 114) la validité de la ratification du traité de Rome par une loi ordinaire. La révision constitutionnelle de 2001 a permis d'insérer une véritable « clause Europe », avec l'article 117 : « Le pouvoir législatif est exercé par l'État et les régions dans le respect de la constitution, aussi bien que des contraintes découlant de l'ordre juridique communautaire et des obligations internationales ».

875. ***Jurisprudence générale*** : la reconnaissance de la primauté du droit communautaire sur la loi postérieure allait exiger un long développement de la jurisprudence constitutionnelle, l'imprégnation de la culture dualiste rendant difficile l'adaptation au système intégré européen de logique moniste. L'évolution est donc allée de maladresses corrigées par la Cour de justice à des solutions acceptables mais sur des fondements discutables, avant peut-être de parvenir à plus de cohérence.

On sait que, dans sa décision *Costa* (7 mars 1964, arrêt n° 14, *Foro italiano*, 1964. 1. 465), la Cour refusa d'examiner si la loi de nationalisation de l'énergie électrique violait le traité CEE, au motif que ce traité, rendu applicable par une loi ordinaire, n'aurait pas une force supérieure à celle-ci et, par conséquent, cédait le pas devant une loi postérieure incompatible. La réaction de la Cour de justice amena la Cour italienne à composer, par la décision *Frontini* du 18 décembre 1973 qui, intégrant la jurisprudence de la Cour de justice des Communautés, s'appuie sur la nature spécifique du droit communautaire et notamment son applicabilité directe, pour consacrer l'intangibilité des règlements communautaires même par une loi postérieure : « il est conforme à la logique du système communautaire que les règlements de la CEE ne doivent pas faire l'objet de mesures étatiques à caractère reproductif..., et encore moins de s'y substituer, d'y déroger ou de les abroger » (Cour constitutionnelle, arrêt n° 183). Un pas supplémentaire dans la bonne direction devait être fait par la décision du 22 octobre 1975, *Industrie chimiche* (Cour constitutionnelle, arrêt n° 232 ; *RTDE* 1976. 271, note Plouvier) qui énonce clairement qu'une loi qui viole le droit communautaire viole aussi l'article 11 de la Constitution et est donc entaché d'inconstitutionnalité. Mais, simultanément, cette décision faisait rebondir la difficulté sur le plan de la procédure : contrairement à ce qu'il en est pour une loi incompatible antérieure (22 juill. 1976, *présidents du Val d'Aoste et de Sardaigne, Foro Italiano* 1976. 1. 1. 2325), la Cour en déduit que la loi postérieure incompatible avec le droit communautaire ne peut être écartée par le juge du fond, mais doit être préalablement déclarée inconstitutionnelle par elle-même sur renvoi obligatoire de celui-ci. Ce monopole ayant été condamné par la Cour de justice dans son arrêt *Simmenthal*, la Cour constitutionnelle s'inclinera en admettant que le renvoi est irrecevable et qu'il appartient au juge ordinaire lui-même d'appliquer immédiatement le règlement communautaire, nonobstant toute loi nationale contraire, fût-elle postérieure (8 juin 1984, *Granital*, Cour constitutionnelle, arrêt n° 170 ; *CDE* 1986. 185, obs. J.-V. Louis).

La Cour constitutionnelle, cependant, est parvenue dans cet arrêt *Granital* à se couler dans les exigences procédurales de la jurisprudence européenne par des contorsions conceptuelles très particulières puisqu'elle demeure dans un schéma fermement dualiste. Elle considère en effet que l'ordre juridique communautaire et l'ordre italien sont distincts, autonomes et simplement coordonnés. Et c'est paradoxalement l'étanchéité des sphères de validité respectives qui va protéger l'application des règlements européens de toute entrave par une loi nationale (la Cour constitutionnelle étendra ensuite son raisonnement au droit primaire avec l'arrêt *BECA* (arrêt n° 113 du 19 avr. 1985), puis à d'autres sources de droit dérivé comme les directives avec l'arrêt *Referendum contre les pesticides* (arrêt n° 64 du 18 janv. 1990).

On peut entrevoir, vers la fin des années 2000, une évolution de la conception de la Cour constitutionnelle. Elle a franchi en 2007 (not. arrêt n° 348 du 24 oct. 2007), un pas important en consacrant la spécificité du droit de l'Union européenne, notamment vis-à-vis de la Convention européenne des droits de l'Homme. Elle a admis le caractère supranational de l'Union, et l'atteinte à la souveraineté des États membres. Elle a aussi admis que l'ordre juridique de l'Union est intégré (et toujours coordonné avec l'ordre interne) (arrêt n° 102, *Région Sardaigne* du 13 févr. 2008). Pour autant, elle fonde toujours clairement la primauté du droit de l'Union vis-à-vis des lois italiennes sur la Constitution italienne. S'agissant des juges du fond, on peut évoquer l'arrêt du 17 novembre 2008 (n° 27310) de la Cour de cassation appliquant de manière pédagogique et orthodoxe la jurisprudence de la Cour de justice sur l'obligation d'interprétation conforme au droit de l'Union, ou celui du Conseil d'État du 9 mars 2010 (n° 1405) modifiant la règle d'alternative applicable aux recours devant le juge administratif pour tenir compte de l'effet direct des arrêts de la Cour de justice.

876. ***Question de la primauté sur la constitution*** : c'est en Italie et dès les années 60 et 70 que l'on a inventé la qualification de « contre-limite », au sens de limites protectrices qu'un ordre national maintient alors même qu'il a accepté souverainement une certaine ouverture vers l'ordre de l'Union européenne assorti de transferts éventuels de souveraineté. Ce sont donc concrètement des limites opposables à la primauté du droit de l'Union européenne, certains pans de l'édifice juridique national étant intangibles, sanctuarisés car fondamentaux ou identitaires pour l'ordre interne lui-même. Dès le 27 décembre 1965, la Cour constitutionnelle formule une réserve concernant la garantie des droits fondamentaux inscrits dans la Constitution (arrêt n° 98, *Acciaierie San Michele, Foro italiano* 1966. 1). Si l'arrêt *Frontini*, on l'a vu, admet la primauté du droit communautaire sur la loi postérieure italienne, c'est au prix d'une mâle stigmatisation du « pouvoir inadmissible de violer les principes fondamentaux de notre ordre juridique constitutionnel », la Cour constitutionnelle prévenant que « si jamais une interprétation aussi aberrante devait être donnée à l'article 189, la garantie du contrôle juridictionnel de la *Corte costituzionale* sur la persistance de la compatibilité du traité avec les principes fondamentaux susvisés demeurerait assurée ». Cette position, qui revient à ériger une réserve, notamment sur le plan du respect des droits fondamentaux (et il est vrai qu'à l'époque l'ordre juridique communautaire ne s'en souciait guère, v. ss 751) face à la primauté telle que proclamée, avec sa portée générale, par la Cour de justice quelques années plus tôt, s'est notamment exprimée très nettement, un peu plus tard et alors même que la Cour de justice avait mis en place un système communautaire de protection des droits fondamentaux ; dans l'arrêt du 13 avril 1989 *Société Fragd* (arrêt n° 232 ; *RUDH* 1989. 258) la *Consulta* maintient sa vigilance :

> « Il est vrai que l'ordre juridique communautaire [...] prévoit un système de protection juridictionnelle large et efficace des droits et des intérêts des particuliers, système dont le recours incident devant la Cour de justice au titre de l'article 177 du traité CEE constitue l'instrument le plus important [...] Mais cela ne signifie pas que la Corte de céans puisse être privée de sa compétence pour vérifier par le contrôle de constitutionnalité de la loi d'exécution si une quelconque disposition du traité, telle qu'elle est interprétée et appliquée par les institutions et les organes communautaires, n'est pas contraire aux principes fondamentaux de notre ordre constitutionnel ou ne porte pas atteinte aux droits inaliénables de la personne humaine ».

Cette réserve de constitutionnalité apparaît cependant parfois comme de principe plus que comme véritablement opératoire. Le Conseil d'État italien a essayé de l'appliquer, en développant une présentation imagée (« harmonie entre différents ») mais radicale (« les sources communautaires... restent totalement étrangères au système des sources internes « notamment quant aux contre-limites érigées par la Cour constitutionnelle ; l'espace juridique national est « totalement soustrait à l'influence du droit communautaire » ; c'est un « domaine dans lequel l'État reste pleinement souverain, à savoir indépendant, et donc libre d'avoir ses propres sources réglementaires » : arrêt n° 4205/05 du 8 août 2005). Même si la *Consulta* a mis le holà à cette prétention en rappelant qu'elle seule pouvait appliquer la théorie des contre-limites (Ord. n° 454 du 28 déc. 2006), le tableau tracé par le juge administratif suprême était assez représentatif de ce que recouvre ces contre-limites en termes de sanctuarisation d'un domaine éminent de l'ordre national (il s'agit plus ou moins consciemment de concevoir et préserver une « identité constitutionnelle » de l'État), et de méfiance vis-à-vis de la primauté du droit de l'Union.

Plus récemment, le 26 janvier 2017, la Cour constitutionnelle italienne s'est positionnée sur ce terrain ; elle a interrogé la Cour de justice (*MAS, MB*, aff. C-42/17, ECLI:EU:C:2017:936) sur la mesure dans laquelle les juridictions nationales sont tenues de se conformer à l'obligation dégagée par la Cour dans l'arrêt du 8 septembre 2015, *Taricco e.a.* (aff. C-105/14, ECLI:EU:C:2015:555), consistant à écarter, dans le cadre de procédures pénales en cours, les règles contenues à l'article 160, dernier alinéa, et à l'article 161, second alinéa, du code pénal. La Cour de justice a affirmé dans l'arrêt de 2015 que les fraudes à la taxe sur la valeur ajoutée (TVA) sont susceptibles de constituer des fraudes portant atteinte aux intérêts financiers de l'Union européenne et que les dispositions prévues par le code pénal, en introduisant notamment, en cas d'interruption de la prescription, la règle selon laquelle le délai de prescription ne peut en aucun cas être prolongé de plus d'un quart de sa durée initiale, ont pour conséquence d'aboutir, étant donné la complexité et la longueur des procédures pénales engagées contre les fraudes graves à la TVA, à l'impunité de fait de ces dernières, ces infractions étant généralement prescrites avant que la sanction pénale prévue par la loi ne puisse être infligée par une décision judiciaire devenue définitive. La Cour a donc jugé qu'une telle situation porte atteinte aux obligations mises à la charge des États membres par l'article 325, § 1 et 2, FUE (protection des intérêts financiers de l'Union) et afin d'assurer l'effectivité de la lutte contre les fraudes portant atteinte aux intérêts financiers de l'Union, elle a demandé aux juridictions nationales d'écarter, au besoin, ces dispositions. La *Corte suprema di cassazione* et la *Corte d'appello di Milano*, devant lesquelles étaient en cours des procédures portant sur des fraudes graves en matière de TVA, ont considéré que la non-application de ces dispositions du code pénal à des situations antérieures à la date de la publication de l'arrêt *Taricco e.a.* entraînerait un durcissement du régime d'incrimination de nature rétroactive, incompatible avec le principe de légalité des délits et des peines consacré à l'article 25, § 2, de la Constitution italienne. Elles ont, par conséquent, adressé à la Cour constitutionnelle une question de constitutionnalité visant l'article 2 de la loi n° 130, du 2 août 2008 en ce qu'il autorise la ratification du traité de Lisbonne et l'exécution, notamment, de l'article 325, § 1 et 2, FUE, sur la base duquel la Cour a dégagé l'obligation en cause .

Pour la Cour constitutionnelle, il semble en effet que l'obligation d'écarter ces articles du code pénal soit de nature à violer un principe suprême de l'ordre constitutionnel, le principe de légalité des délits et des peines (*nullum crimen, nulla poena sine lege*), et, ainsi, à affecter *l'identité constitutionnelle de la République italienne*.

La Cour constitutionnelle souligne que le principe de légalité des délits et des peines, tel qu'il est interprété dans l'ordre juridique italien, garantit un niveau de protection plus élevé que celui découlant de l'interprétation de l'article 49 de la charte des droits fondamentaux de l'Union européenne dans la mesure où il s'étend à la détermination des délais de prescription applicables à l'infraction et s'oppose, par conséquent, à ce que le juge national applique à une procédure en cours un délai de prescription plus long que celui prévu au moment où cette infraction a été commise (principe de non-rétroactivité de la loi pénale plus sévère). Or, la Cour constitutionnelle souligne que l'obligation dégagée par la Cour dans l'arrêt *Taricco e.a.* contraint le juge pénal italien à appliquer aux infractions commises antérieurement à la publication de cet arrêt, le 8 septembre 2015, et qui ne sont pas encore prescrites, des délais de prescription plus longs que ceux qui étaient initialement prévus au jour de la commission de ces infractions. Elle relève, en outre, que cette obligation ne repose sur aucune base juridique précise et qu'elle se fonde par ailleurs sur des critères qu'elle estime vagues. Par conséquent, cette obligation aboutirait à reconnaître au juge national une marge d'appréciation qui est susceptible d'entraîner un risque d'arbitraire et qui, en outre, outrepasserait les limites de sa fonction juridictionnelle.

Dans la mesure où la Constitution italienne garantirait un niveau de protection plus élevé des droits fondamentaux que celui reconnu dans le droit de l'Union, la Cour constitutionnelle soutient que l'article 4, § 2, UE et l'article 53 de la Charte permettent alors aux juridictions nationales de s'opposer à la mise en œuvre de l'obligation dégagée par la Cour dans l'arrêt *Taricco e.a.* et par ses trois questions préjudicielles, elle demande, par conséquent, à la Cour si l'article 325 FUE, tel qu'il a été interprété par cette dernière dans l'arrêt *Taricco e.a.*, oblige les juridictions nationales à écarter les règles de prescription en cause, même si, premièrement, ces règles relèvent, dans l'ordre juridique de l'État membre concerné, du principe de légalité des délits et des peines, et, en tant que tel, du droit pénal matériel, deuxièmement, si une telle obligation est dépourvue d'une base légale suffisamment précise et, enfin, troisièmement, si cette obligation est contraire aux principes suprêmes de l'ordre constitutionnel italien ou aux droits inaliénables de la personne tels que reconnus par la Constitution italienne. On reconnaît là la rhétorique traditionnelle des contre-limites italiennes. Et effectivement, la *Consulta* accompagne ses questions préjudicielles de suggestions quant aux réponses à leur apporter afin d'éviter l'enclenchement de la procédure des « contre-limites », ce qui constitue un chantage très clair selon lequel si jamais la Cour de justice devait maintenir son interprétation de l'article 325 FUE, dans des termes identiques à ceux formulés dans l'arrêt *Taricco e.a.*, le juge constitutionnel pourrait alors déclarer la loi nationale portant ratification et exécution du traité de Lisbonne – dans la mesure où elle ratifie et exécute l'article 325 FUE – contraire aux principes suprêmes de son ordre constitutionnel, libérant ainsi les juridictions nationales de leur obligation de se conformer à l'arrêt *Taricco e.a.* Les conclusions argumentées, subtiles mais déterminées de l'Avocat général Yves Bot étaient que l'obligation dégagée par la Cour dans l'arrêt *Taricco e.a.*, c'est à dire que le juge national applique immédiatement à une procédure en cours un délai de prescription plus long que celui prévu par la loi en vigueur au moment de la commission de l'infraction, n'est pas susceptible de porter atteinte à l'identité nationale de la République italienne. Dès lors, l'article 4, § 2, UE ne permet pas à l'autorité judiciaire d'un État membre de s'opposer à l'exécution de l'obligation dégagée par la Cour dans l'arrêt *Taricco e.a.* au motif que l'application immédiate à une procédure en cours d'un délai de prescription plus long que celui prévu par la loi en vigueur au moment de la commission de l'infraction serait de nature à affecter l'identité nationale de cet État. La réponse de la Grande chambre de la Cour, le 5 décembre 2017, évitera cependant de se placer sur le terrain de l'identité constitutionnelle, pas évoquée, et même si elle reprend sa jurisprudence ferme sur l'interdiction de porter atteinte à « la primauté, l'unité ou l'effectivité du droit de l'Union », elle juge de manière très accommodante qu'« il appartient aux juridictions nationales compétentes de s'assurer que les droits des accusés découlant du principe de légalité des délits et des peines soient garantis », et elle admet que « si le juge national était ainsi amené à considérer que l'obligation de laisser inappliquées les dispositions du code pénal en cause se heurte au principe de légalité des délits et des peines, il ne serait pas tenu de se conformer à cette obligation » (sur cette affaire, cf. N. Perlo, « L'affaire *Taricco* : la voie italienne pour préserver la collaboration des juges dans l'Union européenne », *RTDE* 2017, n° 4, p. 739).

b) L'Allemagne

Bender (P.), « Solange III ? La décision de la Cour constitutionnelle fédérale allemande du 15 décembre 2015, située dans le contexte de son contrôle d'intégration », *RAE* 2016, n° 1, p. 93.

Claesen (C.-D.), « Confiance mutuelle et identité constitutionnelle nationale. Quel avenir dans l'espace juridique européen ? À propos de la décision de la Cour constitutionnelle allemande sur le mandat d'arrêt européen du 15 décembre 2015 », *CDE* 2016. 667.

HAUFMANN (S.), « Le *Bundesverfassungsgericht* et les limites à la primauté du droit de l'Union. Confrontation ou complémentarité dans l'intégration européenne ? », *RTDE* 2017. 59.

LOUIS (J.-V.), « La Cour constitutionnelle allemande et la politique monétaire », *CDE* 2014. 267.

MAYER (F.-C.), « La décision de la Cour constitutionnelle fédérale allemande relativement au programme OMT », *RTDE* 2014, n° 3, p. 683.

MILLET (F.-X.), « Le premier renvoi préjudiciel de la Cour constitutionnelle fédérale allemande : un pas en avant, trois pas en arrière », *RDP* 2015, n° 1, p. 185.

877. ***Cadre constitutionnel*** : sans préjudice de l'article (« européen ») 23, introduit à l'occasion de la ratification du traité sur l'Union européenne, c'est l'article 24.1 de la Loi fondamentale (« La fédération peut transférer, par voie législative, des droits de souveraineté à des institutions internationales ») qui a servi à fonder la validité de l'adhésion aux Communautés et à faciliter l'affirmation de la primauté du droit communautaire, cette disposition « ouvrant » l'ordre constitutionnel allemand vers des systèmes internationaux ou, en l'occurrence, communautaire. La procédure concrétisant l'opération a pris la forme d'une loi de ratification du traité CEE, celle-ci devant être conforme aux conditions dans lesquelles la Loi fondamentale admet ces transferts de souveraineté, là étant la source de limites éventuelles apportées par le juge constitutionnel allemand à la primauté du droit de l'Union.

878. ***Jurisprudence générale*** : dès sa décision du 18 octobre 1967 (*RTDE* 1968. 203), la *Cour constitutionnelle fédérale* a reconnu la validité de la ratification des traités européens, souligné l'autonomie de l'ordre juridique communautaire et en a déduit que les règlements communautaires, n'étant pas des actes de l'autorité publique allemande, ne sauraient donc être soumis à un contrôle de constitutionnalité. Mais la reconnaissance explicite de la primauté sur les normes internes, même postérieures, n'eut lieu que par la décision du 9 juin 1971 (*CDE* 1973. 217) : les juridictions allemandes sont tenues d'appliquer… des dispositions attribuables à un pouvoir public supranational qui seraient, en vertu de la jurisprudence de la CJCE, directement applicables tout en se superposant aux dispositions nationales et en les supplantant en cas de conflit. Le raisonnement se fait, logiquement, sur la base de l'article 24.1 de la loi fondamentale.

879. ***Question de la primauté sur la constitution*** : la Cour de Karlsruhe, cependant, s'est très tôt caractérisée par la mise en place de « contre-limites » pour reprendre une expression d'origine plutôt italienne, traçant des bornes à la primauté du droit de l'Union, et ceci par plusieurs techniques : le refus que la primauté se traduise par une baisse du niveau de protection des droits fondamentaux, l'identification d'une « identité constitutionnelle » allemande sanctuarisée et à l'abri de tout impact lié à la primauté, ou le refus des actes de l'Union « *ultra vires* », c'est-à-dire débordant du champ de compétence accordé par l'Allemagne à l'Union.

– Dès sa décision de 1967, la Cour avait émis, quant à la prééminence du droit communautaire sur les droits fondamentaux constitutionnellement garantis aux citoyens allemands, une réserve, qui se matérialisa dans sa décision du 29 mai 1974 (*RTDE* 1974. 316, note Fromont ; *CDE* 1975. 149, note Cohen-Jonathan). Tout en réaffirmant le principe de la primauté générale du droit communautaire, la Cour estime que celui-ci ne saurait la dispenser d'examiner la validité des règlements communautaires au regard des droits fondamentaux garantis par la constitution depuis 1949 à tout justiciable et, le cas échéant, de les déclarer inapplicables en cas d'incompatibilité. Au moins en serait-il ainsi, ajoute-t-elle, aussi longtemps (*Solange*) que la Communauté ne disposera pas d'une liste codifiée des droits fondamentaux élaborée par une Assemblée élue au suffrage universel direct.

En même temps qu'elle ouvrait ainsi une brèche dans le principe de primauté, la Cour refusait de tenir compte de la jurisprudence de la Cour de justice des Communautés sur la sauvegarde des droits fondamentaux dans l'ordre juridique communautaire, au titre des principes communs (v. ss 751). Par une décision du 22 octobre 1986 (*Solange II*) (*RTDE* 1987. 537, note V. Constantinesco), où elle constatait que ses exigences étaient désormais satisfaites (notamment du fait des références expresses de la Cour de justice à la Convention européenne des droits de l'Homme et de la Déclaration commune sur les droits fondamentaux), la Cour fédérale levait sa réserve de constitutionnalité en déclarant qu'elle ne contrôlerait plus le droit dérivé au regard des droits fondamentaux de la Constitution aussi longtemps (*Solange*) que la Cour de justice assurerait une protection satisfaisante de ces droits, inversant en quelques sortes son raisonnement. Elle semblait être revenue sur cette solution dans sa décision du 12 octobre 1993 sur la constitutionnalité du traité de Maastricht, dans laquelle elle se déclarerait disponible non seulement pour vérifier si les actes du droit communautaire dérivé respectent « les standards inaliénables des droits fondamentaux », mais encore s'ils restent dans les limites des compétences transférées à la Communauté (cf. C. Walter, « Le contrôle de constitutionnalité du droit communautaire dérivé par la Cour constitutionnelle allemande », *RDP* 1997. 621 ; I. Schübel, « La primauté du droit communautaire en Allemagne », *RMC* 1997. 621). La Cour fédérale s'est cependant employée, dans sa décision du 7 juin 2000 (*Solange III*) à développer une attitude plus apaisée, insistant sur sa coopération avec la Cour de justice et admettant en tant que référence un standard européen de garantie des droits fondamentaux, et non le pur et simple modèle allemand (cf. commentaire W. Zimmer, *Europe* mars 2001, chron. 2). Pour autant, la renonciation au contrôle restait conditionnelle.

– La Cour, dès l'arrêt du 29 mai 1974, s'est cependant engagée dans une autre voie, celle de la protection de l'identité constitutionnelle nationale. Elle juge en effet que l'article 24 de la Loi fondamentale (l'article permettant des transferts de pouvoirs souverains à la Communauté européenne) ne permet pas que « la structure fondamentale de la Constitution qui confère à celle-ci son identité, soit modifiée sans révision constitutionnelle, et notamment par la législation de l'institution interétatique ». Cet article 24 ferait obstacle à une modification des traités communautaires qui « affecterait les structures qui forment la Constitution en vigueur en RFA et qui supprimerait de ce fait son identité ». La seule précision est ici que les droits fondamentaux font partie de cette identité. La position a été confirmée dans l'arrêt *Solange 2* de 1986 considérant que l'habilitation de l'article 24 ne permettait pas d'aliéner « l'identité de l'ordre constitutionnel » de la RFA.

C'était la première apparition de l'identité constitutionnelle en tant que contre-limite à l'intégration européenne.

L'arrêt rendu par la juridiction de Karlsruhe à propos de la ratification du traité de Lisbonne (30 juin 2009, 2 BvE 2/08 et a.) a retenu l'attention par sa vigueur extrême. Elle repose de façon centrale sur le concept d'identité constitutionnelle de l'Allemagne et fait le lien avec la « clause d'éternité » protégeant certains éléments cardinaux de la Loi fondamentale d'une révision constitutionnelle (l'article 79, alinéa 3, de la LF interdit toute révision des principes consacrés aux articles 1er et 20, de la même façon que la Constitution française interdit de réviser la forme républicaine du gouvernement ; article 20 LF : démocratie, État de droit, État social, République, État fédéral, substance des droits fondamentaux). Et le TCF d'expliquer que cette « identité constitutionnelle inaliénable », ou « identité de l'ordre constitutionnel libéral » qui n'est même pas à la disposition du pouvoir constitutionnel de révision constitue aussi une limite à la participation allemande à l'intégration européenne. Ceci conduit la juridiction de Karlsruhe à considérer que cet article 79 alinéa 3 définit une « *identité constitutionnelle non transférable et soustraite à l'intégration* ». Le raisonnement n'est cependant pas exclusif d'un autre type de contre-limite, l'exclusion des actes *ultra vires* de l'Union, c'est-à-dire excédant les limites des transferts de compétences qui ont été admis par la Constitution. Cependant, la Cour de Karlsruhe, déjà dans cette décision *Lisbonne* (où elle a créé la nouvelle expression d'« *Europarechtsfreundlichkeit* » – bienveillance juridique à l'égard de l'Europe) mais surtout dans la décision *Honeywell* du 6 juillet 2010 (2 BvR 2661/06) précise et adoucit le protocole d'emploi de l'*ultra vires* ; celui-ci, d'une part, ne peut correspondre qu'à une violation grave (manifeste, sensible) du champ des compétences ouvert par les États à l'Union, ce qui ouvre la voie à la combinaison entre l'*ultra vires* et la protection de l'identité constitutionnelle, *l'ultra vires* étant grave dès lors qu'il touche à cette identité ; le caractère manifeste signifie qu'aucun raisonnement juridique sérieux ne peut permettre de conclure à une compétence de l'Union ; il faut en plus que l'acte ait des répercussions substantielles sur les structures de l'Union, c'est-à-dire en particulier que les fondements mêmes de la répartition des compétences entre Union et États membres soient atteints ; la Cour constitutionnelle admet que la Cour de justice puisse utiliser des méthodes d'interprétation constructives et même normatives (un « droit à l'erreur » est même concédé à la Cour de justice : décision *Honeywell*, point 66, ou arrêt *Gauweiler* du 21 juin 2016, point 149), et confirme que la mise en œuvre du droit constitutionnel doit être favorable au droit de l'Union européenne (Décis. *Lisbonne*, point 241). La Cour constitutionnelle ajoute que « le contrôle doit être exercé avec retenue et en respectant les méthodes d'analyses propres au droit de l'Union liées à la particularité des traités afin de ne pas nuire au principe d'intégration supranationale ». Procéduralement, la condamnation d'un acte *ultra vires* au sens de la compétence de la Cour constitutionnelle de se réserver le dernier mot se fait de manière subsidiaire et seconde. La décision Lisbonne explique en effet que ce sera uniquement « *lorsque la protection des droits ne peut être obtenue au niveau de l'Union* », et la décision *Honeywell*, plus explicitement, exclut une telle intervention avant que la Cour de justice ait pu se prononcer préjudiciellement. Joignant en quelque sorte le geste à la parole, la Cour de Karlsruhe, en janvier 2014, pose pour la première fois à la Cour de justice une question préjudicielle dans une affaire très sensible remettant en cause un dispositif (obligations monétaires sur titres, OMT) par lequel la Banque centrale européenne avait pu calmer les marchés financiers en crise. Et la Cour allemande, dans sa question, indiquait qu'en ce qui la concernait, elle voyait là un acte *ultra vires* c'est-à-dire en simplifiant, un dispositif sortant de la compétence monétaire de l'Union européenne pour se situer dans la compétence en matière de politique économique qui, elle, n'a pas été transférée à l'Union. La Cour de justice a statué le 16 juin 2015 (*Gauweiler e.a.*, aff. C-62/14, ECLI:EU:C:2015:400) et a mis la Cour allemande devant ses responsabilités en validant l'engagement de la BCE. Le Tribunal constitutionnel fédéral a finalement refusé le conflit le 21 juin 2016 (2 BvE 13/13 e.a.), tout en maintenant son cadre de réserves constitutionnelles et c'est au nom de l'*Europarechtsfreundlichkeit* qu'il s'incline, dès lors que la Cour de justice ne s'écarte pas manifestement des méthodes d'interprétation conventionnelles, que son raisonnement reste attaché aux principes méthodologiques reconnus et qu'il ne s'agit pas d'une interprétation manifestement incompréhensible et donc objectivement arbitraire des traités (points 149, 160 et 161). Mais on sent les juges allemands assez irrités (ils jugent ainsi que la démarche de la Cour de justice peut être « tolérée ») et des reproches sont adressés à cette dernière, notamment en ce qu'elle n'aurait pas été assez critique vis-à-vis des affirmations de la BCE, ou encore qu'elle n'aurait pas répondu à la question d'une interprétation nécessairement restrictive des compétences de la BCE du fait du conflit entre son indépendance et les principes de démocratie et de souveraineté du peuple. La Cour constitutionnelle souligne à cet égard que les organes constitutionnels allemands sont tenus de s'opposer activement aux actes *ultra vires* de l'Union, en vertu de leur « responsabilité en matière d'intégration », afin de garantir que la mise en œuvre du processus de l'intégration européenne ne porte pas atteinte outre mesure au « droit à la démocratie » des citoyens allemands. L'intangibilité du pouvoir de décision notamment budgétaire du Parlement allemand est souvent au cœur du raisonnement et lui donne une dimension très politique : dans la décision *Maastricht* du 12 octobre 1993, il semblait que la Cour allemande mette de l'espoir dans la capacité du Parlement européen à combler le déficit démocratique, cet espoir n'étant plus de mise, semble-t-il, en 2009, le juge constitutionnel paraissant, dans sa décision *Lisbonne*, réserver à l'échelon étatique le label de démocratie. D'où, de manière concrète, des domaines où l'État allemand, ou le Parlement allemand, doivent conserver leur capacité d'adopter les décisions essentielles (§ 259).

– Sur le terrain sensible du mandat d'arrêt européen et le contexte de l'arrêt *Melloni* par lequel la Cour de justice appuyait fermement sur le principe de primauté, la Cour constitutionnelle, par une ordonnance du 15 décembre 2015 (2 BvR 2735/14) a jugé que l'exécution d'un mandat d'arrêt européen doit être refusée par les autorités judiciaires d'exécution allemandes, notamment, lorsqu'une telle exécution porterait atteinte à la dignité humaine et ceci sans poser de question préjudicielle. Cette ordonnance, on l'a signalé (v. ss 822) a cependant certainement engagé la Cour de justice à quelque peu atténuer sa rigueur dans l'arrêt du 5 avril 2016, *Aranyosi-Caldararu*, aff. C-404/15 et C-659/15 PPU, ECLI:EU:C:2016:198, admettant que dans des situations exceptionnelles notamment de défaillance systémique du système judiciaire de l'État de « destination », et spécialement au nom du principe de dignité, il soit possible de ne pas donner suite au Mandat d'arrêt européen. A son tour, la Cour constitutionnelle allemande a « raisonné » sa position, précisant que l'exécution d'un mandat d'arrêt européen ne saurait être refusée qu'en présence d'une atteinte directe au contenu essentiel de ce droit (Ord. du 6 sept. 2016, 2 BvR 890/16).

B. Les adhérents intermédiaires

1° Le premier élargissement

880. Parfaitement instruits des problèmes qu'avaient dû affronter les fondateurs et des exigences de la jurisprudence de la Cour, ces États, du moins ceux de la « première vague », en 1973, ont le plus souvent ouvert le chemin de leur adhésion par les révisions constitutionnelles appropriées et/ou, à tout le moins, ont inscrit dans les lois adoptées en vue de l'adhésion des dispositions destinées, entre autres, à rendre effectif le principe de la primauté. Ceci n'a cependant pas toujours permis une pleine application orthodoxe du principe de primauté.

a) Le Royaume-Uni

Ducoulombier (P.), « Le European Union Act 2011 ou la démocratie ne excuse de l'euroscepticisme », *RTDE* 2012, p. 689.

Gordon (M.) et Dougan (M.), « The United Kingdom's European Union Act 2011: who won the bloody war anyway ? », *EL Rev.* 2012, 37(1), p. 3.

Guigue (A.), « L'identité constitutionnelle du Royaume-Uni et le droit de l'Union européenne dans la jurisprudence constitutionnelle du Royaume-Uni », *RDP* 2016, n° 2, p. 597.

881. ***Cadre « constitutionnel »*** : au Royaume-Uni, un texte a paru nécessaire pour déroger au principe de la primauté de la loi postérieure, lui-même conséquence du principe de la souveraineté du Parlement (celui-ci, non lié par une constitution écrite rigide, est entièrement libre, y compris de modifier ce qu'il a décidé auparavant). Disposition inédite en droit anglais, la Loi sur les Communautés européennes (*European Communities Act*, 1972) s'efforce de garantir pragmatiquement (presque implicitement) la primauté ; d'abord, en prescrivant que les lois ultérieures doivent être interprétées de façon à les rendre compatibles avec le droit communautaire, le Parlement devant être présumé ne pas avoir voulu y déroger (Section II, 4) ; ensuite, en faisant obligation aux juges de respecter les « principes énoncés par la Cour européenne » dont, naturellement, le principe de la primauté (Section III, 1). Le fondement de la primauté du droit de l'Union est en tous cas clairement cet acte britannique. Le point faible de cette construction réside, bien sûr, dans le fait que l'*European Communities Act* pourrait lui aussi être abrogé ou faire l'objet de dérogations expresses votées par le Parlement, ce qui obligerait alors les juges à sacrifier la primauté du droit de l'Union sur l'autel de la souveraineté parlementaire (en ce sens : Court of Appeal, 19 juill. 1979, *Macarthys Litd*, *RTDE* 1980. 500 ; Lords 22 avr. 1982, *Garland*, *Commonmarket Law Reports* 1982. 174). En 2011, un nouvel Acte été adopté pour tenir compte de la suppression de la « Communauté européenne » : le *European Union Act* dont la section 18 établit le « statut du droit de l'Union européenne », confirmant que le droit de l'Union directement applicable est reconnu juridiquement valable au Royaume-Uni seulement en vertu de *l'Europan Communities Act* ou dans des cas où cette force juridique est admise par un autre acte du Parlement, le commentaire officiel de la Section précisant que son texte est purement déclaratoire.

882. ***Jurisprudence générale*** : le système, malgré ses ambiguïtés et le double handicap du dualisme combiné à la souveraineté parlementaire, fonctionne : cf. la première décision par laquelle une juridiction anglaise a fait prévaloir le droit communautaire sur le droit national postérieur, Court of Appeal, *Pickstone*, *RTDE* 1987. 667 et pour une confirmation significative : High Court, 10 mars 1989, *Common Market Law Report* 1989. 353. Pour autant, c'est dans un cadre conceptuel assez particulier : ainsi, on peut considérer que la décision du 9 juillet 1990 de la House of Lords (affaire *R vs Secretary of State for Transport, ex parte Factortame*) ([1991] 1 A.C. 603 ; the All England Law Reports 1991 Vol. 1 p. 70, p. 106-128) affirme clairement le principe de la primauté du droit communautaire au Royaume-Uni, selon lequel notamment il incombe aux juridictions de ce pays d'écarter toute règle de droit national jugée incompatible avec une règle de droit communautaire ayant un effet direct. Mais le raisonnement, pour se couler dans le moule de ce modèle britannique, consiste à déduire de l'*European Communities Act* que l'admission tacite de la primauté du droit communautaire (d'effet direct il est vrai) doit être lue implicitement dans tout acte postérieur du Parlement pourvu – et là se révèle la faille du mécanisme, du moins au regard de l'orthodoxie communautaire – dès lors que le Parlement ne réfute pas explicitement cette primauté.

Une décision du 19 février 2002 de la High Court *(Queen's Bench Division)* a conclu à propos de la relation entre le droit national et le droit de l'Union qu'une hiérarchie des actes du Parlement existe et qu'il faut distinguer les actes « ordinaires » et les actes « constitutionnels », ce dernier statut étant celui notamment de l'*European Communities Act*. Même si cela a quelque chose de paradoxal, on doit admettre la subtilité du dispositif tel que décrit : pour la High Court, l'autorité juridique du droit de l'Union découle de cet Acte et non du droit de l'Union lui-même, mais dès lors que cet Acte a valeur constitutionnelle, ce vecteur puissant impose que toute disposition britannique contraire au droit de l'Union doit être mise en conformité avec lui, l'ensemble du dispositif ne relevant pas du droit de l'Union européenne mais de la *Common law* (*Thoburn vs Sunderland City Council*, [2002] EWHC 195). On retrouve, après l'adoption de l'*European Union Act* de 2011, dans un *obiter dictum* d'un arrêt du 22 janvier 2014 de la Cour suprême (*HS2 Action Alliance Ltd vs The Secretary of State for Transport & Anor & linked cases*, [2014] UKSC 3) la confirmation que l'application de la jurisprudence de la Cour de justice, et spécialement la doctrine de la primauté du droit de l'Union dépend de l'ECA de 1972 et d'une certaine manière ne s'applique pas *per se*.

883. ***Question de la primauté sur la « constitution »*** : on pourrait s'étonner que soit abordée cette question pour un État n'étant pas doté d'une Constitution formelle. Il faut pourtant revenir sur les deux dernières décisions juridictionnelles ci-dessus évoquées. Dans l'arrêt *Thoburn vs Sunderland City Council*, la High Court avait assorti sa présentation d'un statut constitutionnel pour l'European Communities Act d'une réserve : celui-ci ne pouvait se mettre au service de l'autorité du droit de l'Union en cas de violation d'un droit fondamental ou constitutionnel. Et dans son *obiter dictum* du 22 janvier 2014, la Cour suprême ajoute que les juridictions du Royaume-Uni sont les seules compétentes pour résoudre un conflit entre le droit de l'Union et un acte constitutionnel tel que la Déclaration des droits de 1689, et qu'il est certainement possible qu'existent des instruments ou principes constitutionnels qui priment sur le droit de l'Union.

b) Le Danemark

884. ***S'agissant du cadre constitutionnel***, le traité d'adhésion a été ratifié par la loi du 11 octobre 1972, approuvée par référendum, et fondée sur l'article 20.1. de la Constitution qui énonce depuis 1953 : « Les attributions dont sont investies les autorités du Royaume aux termes de la présente Constitution peuvent être déléguées par une loi et, dans une mesure à déterminer, à des autorités en vertu d'une convention passée par accord réciproque avec d'autres États en vue de promouvoir la coopération internationale et l'ordre juridique international ».

885. ***Quant à la jurisprudence***, il est délicat de distinguer le cas général de la primauté et le cas particulier de la dimension constitutionnelle. De manière générale, les juridictions danoises appliquent sans problème le droit de l'Union européenne et on pourrait même ajouter que le droit constitutionnel danois étant peu focalisé sur la question des droits fondamentaux, le motif principal des réserves classiques des cours constitutionnelles est absent. Il se trouve cependant que le Danemark s'est caractérisé par des « accouchements difficiles » pour les différentes étapes de l'intégration : nombreuses actions en justice, infructueuses, contre la procédure d'adhésion, nécessité d'un référendum pour l'Acte unique, référendum négatif pour le traité de Maastricht, d'où un second référendum permettant la ratification en 1993. On peut ainsi relever une action contre la loi de ratification du traité de Lisbonne portée devant la Cour régionale de l'Est qui a estimé que la Déclaration n° 17 à propos de la primauté annexée au traité de Lisbonne ne touchait pas au principe selon lequel la constitution prime sur le droit de l'Union (arrêt du 15 juin 2012, B-222-11). Mais de multiples actions contre la ratification du traité de Maastricht ont surtout été portées devant la Haute Cour et la Cour suprême. Et c'est dans le cours de cette saga que la Cour suprême, le 6 avril 1998 (jugement 361/1997), a posé les bases d'une approche indiscutablement dans l'esprit des contre-limites, centrée sur un type d'*ultra vires*, la Cour suprême estimant que les juridictions danoises devaient refuser d'appliquer les actes de l'Union se situant au-delà des transferts de souveraineté admis par la loi d'adhésion.

Le rappel de cette jurisprudence est apparu suffisant aux yeux de la Cour suprême pour valider le traité de Lisbonne y compris quant à la Déclaration relative à la primauté qui lui est annexée (Décis. n° 199/2012 du 20 février 2013, IA/33305-B), mais c'était là une arme disponible en cas de divergence d'appréciation et il se trouve que la Cour suprême danoise, le 6 décembre 2016, dans l'arrêt *Ajos* (jugement 15/2014), a suivi cette voie et frontalement remis en question l'autorité des arrêts de la Cour de justice et celle des principes généraux du droit de l'Union en refusant de suivre l'arrêt du 19 avril 2016 de la Cour de justice *Dansk Industri*, aff. 441/14, ECLI:EU:C:2016:278. Le principe général en cause était celui de non-discrimination en raison de l'âge consacré par l'arrêt *Mangold* du 22 nov. 2005, aff. C-144/04, *Rec.* I-9981 et la question juridique particulière concernait la possibilité pour un particulier d'invoquer une directive ou un principe général de droit de l'Union ou la Charte des droits fondamentaux dans un litige horizontal l'opposant à un autre particulier (employeur du secteur privé). On sait que la Cour de justice ne l'admet pas pour une directive, qu'elle l'accepte cependant pour une directive concrétisant un principe général (19 janv. 2010, *Kücückdeveci*, aff. C-555/07, *Rec.* I-365), mais pas pour une directive concrétisant un principe de la Charte des droits fondamentaux (15 janv. 2014, *Association de Médiation sociale (AMS)*, aff. C-176/12, ECLI:EU:C:2014:2) (v. ss 760 et 1006). La Cour suprême a interrogé la Cour de justice car selon elle, cette situation lui imposait une interprétation *contra legem* du droit danois (aller à l'encontre d'une pratique judiciaire constante admettant la discrimination en question), et violait le principe de sécurité juridique selon lequel les particuliers ne peuvent pas être soumis à des obligations qui ne sont pas clairement énoncées par la loi (ce qui confirme que les citoyens doivent pouvoir compter sur le maintien d'une pratique juridique et judiciaire constante). La Cour de justice n'a pas vacillé et a demandé à la Cour suprême d'écarter la législation nationale contraire au principe général énoncé s'il ne lui était pas possible de l'interpréter en conformité avec ce principe. Le 6 décembre 2016, la Cour suprême a donc refusé, en jugeant que le principe général du droit interdisant les discriminations fondées sur l'âge ne peut pas s'appliquer aux employeurs du secteur privé au Danemark pour la simple raison que le Parlement danois n'a pas transféré de compétence à l'Union européenne en la matière. Pour elle, s'agissant du principe général d'égalité de traitement fondée sur l'âge, le peuple danois n'a pas transféré de souveraineté à l'Union dans ce domaine, et elle se fonde pour cela sur les Actes d'adhésion et sur leurs travaux préparatoires. En effet, selon la Cour, le législateur danois n'avait pas prévu que les principes généraux du droit et la Charte des droit fondamentaux puissent imposer des obligations aux particuliers. Et la Cour en vient à critiquer le recours de la Cour de justice aux principes généraux du droit de l'Union ; ces principes généraux seraient une « création » de la Cour de justice, ne trouvant pas leur source dans les traités alors que seules les compétences résultant des traités auraient été transférées à l'Union. Même si les principes généraux sont depuis le traité de Maastricht mentionnés à l'article 6, § 3, UE, selon les travaux préparatoires au traité ils ne feraient pas partie des actes susceptibles d'être directement applicables au Danemark. La Cour suprême donne ici une leçon à la Cour de justice sur la place qui est celle des juges : puisqu'elle estime que le Danemark n'a pas autorisé l'Union à imposer des obligations aux personnes privées par la voie de principes généraux du droit ou via la Charte, la Cour Suprême se doit de respecter la volonté du législateur sinon elle enfreindrait le principe de séparation entre le pouvoir législatif et le pouvoir judiciaire consacré par la Constitution danoise et elle se comporterait en législateur et pas en juge. On voit ici poindre l'agacement suscité par la prédilection de la Cour de justice pour les méthodes d'interprétation téléologiques et dynamiques alors que la tradition juridique au Danemark promeut plutôt l'interprétation textuelle. On retrouve aussi la tradition juridique danoise basée sur la volonté du Parlement telle qu'exprimée dans les travaux préparatoires. Quant aux principes généraux du droit, ils sont aussi peu connus au Danemark : ainsi, il n'existe pas un tel principe général d'égalité en droit constitutionnel danois, et de toutes façons les juges danois ne peuvent écarter une loi au seul motif qu'elle serait contraire aux principes généraux non écrits du droit.

c) L'Irlande

886. Pour le ***cadre constitutionnel***, en *Irlande*, une révision spécifique (3e amendement à la Constitution, 1972) écarte toute possibilité de conflit entre le droit communautaire et le droit constitutionnel : « aucune disposition de la présente constitution n'invalide les règles, actes ou mesures adoptés par l'État et rendus nécessaires par ses obligations de membre de la Communauté, ni n'empêche les règles, actes ou mesures adoptées par les Communautés ou par leurs institutions d'avoir force de loi dans l'État » (sur l'interprétation et les limites du 3e amendement, cf. K.S.C. Bradley, « L'Acte unique et la Constitution irlandaise », *RMC* 1988. 87). Désormais, depuis une révision de 2009 (28° amendement), l'article 29§ 4 de la Constitution dispose que :

> « 6° Aucune disposition de la présente Constitution n'invalide les lois promulguées, les actes accomplis ou les mesures adoptées par l'État avant, pendant ou après l'entrée en vigueur du traité de Lisbonne, en application des obligations souscrites comme membre de l'Union européenne visée au n° 5 de la présente section ou à la Communauté européenne de l'énergie atomique, ou n'empêche d'avoir force de loi dans l'État les lois promulguées, les actes accomplis et les mesures prises par : i) ladite Union européenne ou la Communauté européenne de l'énergie atomique, ou par leurs institutions, ii) les Communautés européennes ou l'Union européenne en vigueur immédiatement avant l'entrée en vigueur du traité de Lisbonne, ou leurs institutions, iii) les organes compétents selon les traités visés au présent paragraphe ».

887. ***La jurisprudence***, dans le même esprit, n'a pas posé de problème particulier au regard de la primauté du droit de l'Union (cf. Haute Cour 30 juin 1978, *Pigs and Bacon*

Commission, European Law Review 1992. 334). Les jurisprudences classiques de la Cour de justice sur la primauté du droit de l'Union et ses déclinaisons logiques sont notamment reprises sans problème par les juridictions irlandaises, parfois même en allant plus loin que la Cour de justice (notamment en matière de responsabilité de l'État pour violation du droit de l'Union).

2° L'élargissement méridional

888. Chez les adhérents de la vague suivante (entre 1981 et 1986), les dispositions constitutionnelles, sont moins spécifiques, visant les traités et organisations internationales en général, mais ils autorisent sans difficulté les limitations de compétences commandées par les traités sur lesquels est fondée l'Union. Cela n'a pas empêché des crispations, notamment quand sont en cause les dispositions constitutionnelles ou la protection des droits fondamentaux.

a) La Grèce

889. ***Cadre constitutionnel*** : la Constitution grecque date de 1975 et fut donc « pensée » dans la perspective qui se dessinait d'une adhésion aux Communautés. Pour autant, la « spécificité » de l'intégration européenne au regard du cadre international n'est pas explicite. L'article 28 de la Constitution *grecque* de 1975 permet, dans ses paragraphes 2 et 3, « d'attribuer... des compétence... à des organes d'organisations internationales », par voie de traités, ainsi que des « limitations à l'exercice de la souveraineté nationale », à condition que la loi soit adoptée à une majorité spéciale, cette majorité n'étant cependant pas la même dans les deux cas (majorité des 3/5e du nombre de députés pour le § 2 et la loi de ratification d'un traité ; majorité absolu du nombre de députés pour le § 3), ce qui n'empêche pas l'application conjointe des deux paragraphes qui semble s'imposer pour ratifier un traité opérant des transferts de compétences se traduisant par des restrictions à l'exercice de la souveraineté nationale. Une réserve est prévue s'agissant des limitations de souveraineté cependant : elles doivent être dictées par un « intérêt national important », et ne pas léser « les droits de l'homme et les fondements du régime démocratique ». On note qu'il ne s'agit pas de respecter par-là la Constitution elle-même mais des valeurs fondamentales, ce qui pourrait servir de support assez facilement à un dispositif de protection de l'identité constitutionnelle plutôt que de la Constitution. Sans modification du texte de la Constitution, une révision de 2001 a inséré une Déclaration interprétative spécifiant que « l'article 28 constitue le fondement de la participation de la Grèce au processus d'intégration européenne ».

Bien plus, la primauté du droit de l'Union sur la loi ne semble pas devoir faire difficulté, en raison des dispositions de l'article 28.1 : « les règles du droit international généralement acceptées, ainsi que les traités internationaux dès leur ratification par la loi et leur entrée en vigueur conformément à leurs dispositions, font partie intégrante du droit interne hellénique et ont une autorité supérieure à toute disposition contraire de la loi ».

890. ***Jurisprudence générale*** : le cadre constitutionnel a abouti à une situation dans laquelle les juridictions grecques ont reconnu sans problème la primauté du droit de l'Union par rapport aux lois grecques, mais sur le fondement de l'article 28 de la Constitution et non sur la base du principe communautaire lui-même.

891. ***Question de la primauté sur la constitution*** : la situation est en réalité assez originale, l'articulation du droit de l'Union et du droit constitutionnel grec s'étant faite en vertu d'un principe de tolérance constitutionnelle : ni constitution duale, ni hiérarchie des normes. Le droit de l'Union se présente comme une valeur fondamentale (la construction de l'Europe) guidant l'interprétation de la Constitution. L'intégration européenne fait partie des objets de l'article 28 (qui consacre à la fois la primauté des traités sur les lois, la possibilité d'attribuer des compétences prévues par la Constitution à des organisations internationales, et la possibilité de procéder à des restrictions de souveraineté nationale...) ce qui permet, au cas par cas, au titre de *lex specialis*, de déroger aux dispositions constitutionnelles. Le juge ordinaire grec a l'obligation de déroger à la Constitution pour assurer l'application des normes communautaires (cf. E. Neframi, « Quelques réflexions sur le rapport entre le droit communautaire et le droit constitutionnel à la lumière de la révision de la Constitution hellénique », *Revue de la recherche juridique, droit prospectif* 2003, p. 1289). Si la sécurité juridique semble ne pas sortir renforcée par cette approche originale, il faut noter qu'elle n'a pas empêché, par exemple, le Conseil d'État grec de résoudre un conflit de normes entre le droit de l'Union et une disposition spécifique de sa Constitution en faveur de cette dernière (Ass., 25 sept. 1998 *Katsarou c/Dihatsa*). De même, le 13 juin 2014, l'Assemblée plénière du Conseil d'État (Décis. 2192/2014) a jugé dans le contexte douloureux de l'assainissement des finances publiques grecques qu'une décision du Conseil de l'Union n'a pas pour effet de dispenser le législateur de son obligation de respecter la Constitution. La tonalité « internationaliste » du cadre constitutionnel est aussi à l'origine d'une position assez incompatible avec l'autonomie de l'ordre juridique de l'Union (cf. arrêt *Kadi*, v. ss 693), le Conseil d'État grec (par un avis jouant un rôle de contrôle préventif de constitutionnalité des actes administratifs) ayant conclu qu'en cas de contradiction entre une résolution du Conseil de sécurité des Nations unis et une obligation communautaire, la première l'emportait (arrêt 183/2005). On retrouve cependant l'harmonisation par le biais d'une interprétation conforme de la constitution dans l'affaire *Michaniki* ayant donné lieu à l'arrêt du 16 décembre 2008 de la Cour de justice (aff. C-213/07, *Rec.* I-9999). Face au constat de la Cour de justice que l'article 14, § 9 de la Constitution grecque était contraire au droit de l'Union, le Conseil d'État, dans son arrêt d'Assemblée 3470/2011 du 4 novembre 2011, applique finalement la primauté par le biais d'une interprétation de la Constitution guidée par l'objectif d'éviter le conflit avec le droit de l'Union. Au-delà du pragmatisme de la solution, il faut admettre que l'ambiguïté demeure, puisque par une telle interprétation, le juge n'écarte finalement pas la disposition nationale contraire, sauf à considérer (pragmatisme contre pragmatisme) que la jurisprudence *Costa* vise à écarter ce qui fait obstacle à l'application du droit de l'Union, en l'occurrence une certaine interprétation d'une règle constitutionnelle, une autre interprétation conduisant à écarter... l'obstacle.

b) L'Espagne

Llopis (A.P.), « La résistance du Tribunal constitutionnel espagnol face à l'arrêt *Melloni* de la CJUE », *RTDE* 2015, p. 230.

Martin Rodriguez (P.), « La Constitution et la Cour constitutionnelle espagnole face au droit de l'Union européenne », *RAE* 2016, n° 1, p. 11.

892. ***Cadre constitutionnel*** : la Constitution du 27 décembre 1979 dispose qu'une loi organique pourra autoriser « la conclusion de traités attribuant à une organisation ou institution internationale l'exercice de compétences dérivées de la constitution. Il incombe aux Cortès générales ou au gouvernement selon le cas, de garantir l'exécution de ces traités et des résolutions émanant des organisations internationales ou supranationales bénéficiaires de la cession. » (art. 93) ; le traité d'adhésion a donc pu être ratifié après autorisation d'une loi organique votée à la majorité absolue des membres des Cortès. La mention des organisations « supranationales » montre clairement que la Constitution a été rédigée dans la perspective de l'adhésion aux Communautés, sans pour autant que cette obligation d'exécution puisse être interprétée comme pouvant se traduire par une obligation de réviser implicitement la Constitution (Déclaration de la Cour constitutionnelle du 1er juillet 1992). L'article 96, § 1 de la Constitution, par ailleurs, dispose que « Les traités internationaux conclus valablement, une fois publiés officiellement en Espagne, sont partie intégrante de l'ordre juridique interne. Leurs dispositions pourront seulement être abrogées, révisées ou suspendues de la manière prévue par ces traités eux-mêmes ou conformément aux règles générales du droit international ».

893. ***Jurisprudence générale*** : la primauté du droit de l'Union sur les lois espagnoles est reconnue sans véritable problème par les juridictions espagnoles, son fondement étant à la fois constitutionnel et communautaire d'une certaine façon. En effet, les articles 93 et 96 de la Constitution servent souvent de fondement mais de manière spécifique. Ainsi, la Cour suprême a jugé dans un arrêt du 24 avril 1990 que les normes nationales contraires au droit communautaire et postérieures à celui-ci sont inconstitutionnelles mais que le juge ordinaire n'a pas à déclencher la procédure habituelle de contrôle de constitutionnalité en renvoyant à la Cour constitutionnelle : il peut lui-même déclarer inapplicable la norme nationale contraire. La Cour constitutionnelle, dans cette ligne, a affirmé que « en somme, la Constitution a accepté, elle-même, en vertu de son article 93, la primauté du droit de l'Union européenne ; il en est ainsi entre nous depuis l'adhésion de l'Espagne aux Communautés européennes en 1986. À cet instant s'est intégré dans l'ordre espagnol un système normatif autonome, doté d'un régime d'applicabilité spécifique, basé sur le principe de primauté de ses dispositions face à n'importe quelle disposition interne pouvant être contraire. Ce principe de primauté, construction jurisprudentielle, faisait partie de l'accord communautaire incorporé (en vertu des documents d'adhésion de l'Espagne) puisqu'il remonte à la doctrine initiée par la Cour de justice avec l'arrêt *Costa* du 15 juillet 1964 » (Déclaration n° 1/2004 du 13 décembre 2004, *BOE* n° 3 du 4 janvier 2005). La Cour constitutionnelle poursuit en faisant la liste de ses références expresses à la primauté du droit de l'Union (qu'elle aurait « reconnue pacifiquement ») : STC28/1991, FJ6 avec reproduction partielle de l'arrêt *Simmenthal* de la Cour de justice, STC 64/1991... Il s'agit donc d'un fondement constitutionnel mais aussi d'une reconnaissance spécifique pour le principe communautaire de primauté. Pour un autre exemple de cette *coordination harmonieuse*, la Cour constitutionnelle, le 5 novembre 2015, a jugé que la méconnaissance par une juridiction espagnole d'une jurisprudence de la Cour applicable au cas d'espèce, notamment lorsque le requérant l'a invoquée, constitue, outre une violation du principe de primauté du droit de l'Union, une violation du droit fondamental à la protection juridictionnelle garanti par l'article 24 de la Constitution espagnole (n° 232/2015, Recours n° 1709-2013).

894. ***Question de la primauté sur la constitution*** : la Cour constitutionnelle espagnole a, dans cette même Déclaration 1/2004 du 13 décembre 2004 statuant sur la conformité à la Constitution du traité établissant une Constitution pour l'Europe, adopté une version espagnole des « contre-limites ». Après avoir rappelé que la primauté du droit communautaire est fondée sur l'article 93 de la Constitution espagnole, le Tribunal constitutionnel précise que « le transfert constitutionnel que l'article 93 permet a, à son tour, des limites matérielles qui s'imposent au transfert lui-même. Ces limites matérielles – qui ne sont pas expressément exposées dans la disposition constitutionnelle mais qui découlent implicitement de la Constitution comme de la signification essentielle de la disposition elle-même – se traduisent dans le respect de la souveraineté de l'État, de nos *structures constitutionnelles de base* et du système de valeurs et de principes fondamentaux consacrés dans notre Constitution où les droits fondamentaux acquièrent une normativité propre ». Déjà en 1991, quand le traité de Maastricht avait donné une dimension plus politique à l'intégration européenne, le Consejo de Estado espagnol avait jugé que l'appartenance à l'Union ne pourrait conduire à « modifier ni les valeurs suprêmes de l'ordre constitutionnel, ni la forme et la structure de l'État, ni ses bases institutionnelles, ni les droits et libertés » (reconnus dans la constitution). Dans un avis du 9 avril 1992, il confirmait cette vision d'un « noyau dur » assimilable aux matières exigeant (art. 168, § 1 de la Constitution) une procédure de révision renforcée.

La Déclaration 1/2004 de la Cour constitutionnelle a développé, de plus, une conception intéressante de la primauté du droit de l'Union européenne : celle-ci n'est pas une « supériorité hiérarchique » mais une « exigence existentielle » afin d'obtenir en pratique l'effet direct et l'application uniforme. Elle distingue la *suprématie* de la Constitution, qui lui est consubstantielle, fait qu'elle occupe un rang supérieur à toute autre norme y compris les traités, est source de validité avec une conséquence d'invalidation des normes contraires, et la *primauté* du droit communautaire, qui opère dans le domaine de l'application de normes valides, ne s'appuyant pas sur une hiérarchie entre des normes valides, dont certaines, simplement, ont la capacité d'en écarter d'autres au nom de leur prévalence. La suprématie implique la primauté mais un ordre suprême peut renoncer à cette primauté au profit de normes d'un autre ordre juridique dans un domaine particulier. C'est le cas de l'Espagne qui, par l'article 93, a librement renoncé à cette primauté des normes internes au profit des normes communautaires dans leur domaine de compétence. La suprématie serait liée à un critère hiérarchique de résolution des conflits de normes et la primauté à un critère de compétence. C'est une neutralisation et « dédramatisation » de la primauté qui, notamment, ne résulte pas d'une hiérarchie mais d'une répartition des compétences librement consentie par la Constitution.

En revanche, on peut nettement ressentir une crispation de la Cour constitutionnelle espagnole lors de l'affaire *Melloni*, correspondant à son premier renvoi préjudiciel à la Cour de justice. Dans cette affaire, relative à une personne condamnée par défaut en Italie, le standard constitutionnel espagnol garantissait à celle-ci le droit à un second procès alors que le droit de l'Union (décision-cadre sur le Mandat d'arrêt européen) permettait de le priver de ce droit. Le juge constitutionnel pensait dès lors que pourrait jouer l'article 53 de la Charte des droits fondamentaux, s'agissant du « niveau de protection », qui dispose qu'« aucune disposition de la présente Charte ne doit être interprétée comme limitant ou portant atteinte aux droits de l'homme et libertés fondamentales reconnus, dans leur champ d'application respectif, par... les constitutions des États membres ». Dans son arrêt du 2013, la Cour de justice a pourtant, *in fine* jugé que lorsqu'il s'agit de prendre des mesures nationales de mise en œuvre d'un acte de l'Union, il est permis « aux autorités et aux juridictions nationales d'appliquer des standards nationaux de protection des droits fondamentaux »...« pourvu que cette application ne compromette

...ni la primauté, l'unité et l'effectivité du droit de l'Union » (arrêt du 26 févr. 2013, *Melloni*, aff. C-399/11, ECLI:EU:C:2013:107 ; v. ss 822). Concrètement, la Cour espagnole devait écarter son standard constitutionnel pour appliquer, primauté oblige, un standard européen, sans doute « suffisant » mais inférieur. On peut donc comprendre que la Cour constitutionnelle, dans un arrêt du 13 février 2013 (Sentencia 26/2014) s'incline mais en soulignant que la primauté du droit de l'Union « juridictionnellement proclamée » concerne un ordre juridique se construisant « sur les valeurs communes des Constitutions des États membres et de leurs traditions constitutionnelles communes », ce qui l'avait conduite, rappelle-t-elle, à souligner, notamment en 2004, que le droit de l'Union lui-même doit garantir ce qui est le présupposé de sa primauté, à savoir le respect des structures constitutionnelles fondamentales nationales parmi lesquelles figurent les droits fondamentaux. Elle ajoute que la Constitution exige donc que l'ordre juridique accepté comme conséquence de la cession constitutionnelle de l'article 93 « soit compatible avec ses principes et valeurs fondamentales ». Une opinion dissidente de l'un de ses juges a critiqué cette décision qui pour lui, avec ce genre de remarques, rejette l'autorité de la Cour de justice et remet même en cause la primauté du droit de l'Union.

c) Le Portugal

895. S'agissant du ***cadre constitutionnel***, l'article 8, § 3, issu de la révision constitutionnelle de 1982, qui prévoit que les normes arrêtées par les organes compétents des organisations internationales dont le Portugal est membre produisent directement leurs effets dans son ordre juridique interne, si cela est expressément établi dans les traités institutifs en cause, postule la constitutionnalité des délégations de compétence. Une révision de 2004 a mis en place une déclinaison spécifique pour l'Union européenne : l'article 8, § 4 dispose que « les dispositions des traités relatifs à l'Union européenne et les normes édictées par ses institutions, dans l'exercice de leurs compétences respectives, sont appliquées dans l'ordre interne, conformément au droit de l'Union, dans le respect des principes fondamentaux de l'État de droit démocratique ». A l'image de la situation en Grèce, ceci pourrait fonder des contre-limites classiques. On doit aussi signaler qu'une révision de 1989 a supprimé le terme « expressément » dans le texte de l'article 8, § 3 mais c'est dans un esprit très « communautaire » puisqu'il s'agissait d'empêcher une remise en cause de l'effet direct des directives, qui, en effet, n'est pas expressément prévu par les traités ; on pourrait dire la même chose de la primauté. Enfin, l'article 7 comprend des paragraphes 5 et 6 spécifiquement dédiés à l'intégration européenne :

> « 5. Le Portugal s'emploie à renforcer l'identité européenne et à intensifier l'action des États européens en faveur de la démocratie, de la paix, du progrès économique et de la justice dans les relations entre les peuples.
>
> 6. Dans des conditions de réciprocité, dans le respect des principes fondamentaux de l'État de droit démocratique et du principe de subsidiarité et en vue de la réalisation de la cohésion économique, sociale et territoriale, d'un espace de liberté, de sécurité et de justice et de la définition et de la mise en œuvre d'une politique étrangère de sécurité et de défense commune le Portugal peut passer des conventions sur l'exercice, en commun, en coopération ou par les institutions de l'Union des pouvoirs nécessaires à la construction et à l'approfondissement de l'Union européenne ».

896. ***Pour la jurisprudence***, la primauté du droit de l'Union sur les lois portugaise ne pose pas de difficultés (cf. Tribunal da Relação de Coïmbra, 30 juill. 1986,

B.M.J. 360. 607). On peut noter l'exemple d'un arrêt rendu le 9 juillet 2015 par le Tribunal constitutionnel portugais (n° 185/15), à propos de la responsabilité des juridictions nationales pour le préjudice causé du fait d'une violation du droit de l'Union. Le Tribunal constitutionnel rappelle que les principes de primauté et d'effectivité du droit de l'Union, ainsi que les exigences inhérentes à la protection des droits des particuliers qui se prévalent du droit de l'Union, imposent aux États membres que ceux-ci ne créent pas d'obstacles à la possibilité pour les particuliers d'obtenir devant une juridiction nationale réparation du préjudice causé par la violation de leurs droits du fait d'une décision d'une juridiction statuant en dernier ressort. On peut cependant identifier des ferments de possible résistance dans le contexte politiquement et socialement difficile de la mise en œuvre dans certains États membres (la Grèce spécialement) de programmes d'austérité négociés avec l'Union européenne et des institutions financières internationales. La Cour constitutionnelle, face à une loi portugaise d'application d'un tel programme, a déclaré certaines dispositions inconstitutionnelles car ne respectant pas des droits sociaux élémentaires (Décis. n° 187/2013 du 5 avr. 2013, *JO* n° 78, série I du 24 avr. 2013). Sans qu'il y ait là d'atteinte à la primauté du droit de l'Union, c'est quand même une barrière érigée face à l'application d'un programme largement européen.

3° L'élargissement septentrional

897. Pour les adhésions de 1995, l'entrée dans l'Union européenne avait été largement préparée à l'occasion de la ratification de l'Accord sur l'espace économique européen (EEE) qui a servi de banc d'essai.

a) L'Autriche

898. ***Cadre constitutionnel*** : l'*Autriche*, État fédéral, a dû réviser sa constitution par voie référendaire dans la mesure où l'adhésion mettait en cause non seulement les compétences fédérales mais encore les compétences des *Länder* (cf. A. Egger, « L'Autriche, État membre de l'UE, les effets institutionnels », *RMC* 1996. 380). Les dispositions spécifiques consacrées à l'Union européenne sont cependant essentiellement institutionnelles et la disposition centrale reste sans doute l'article 9, § 2 :

> « La Fédération peut transférer par voie législative ou par un traité approuvé selon la procédure du paragraphe premier de l'article 50, certains de ses droits de souveraineté à des institutions internationales et à leurs organes, et soumettre aux dispositions du droit international public l'activité des organes d'États étrangers sur le territoire fédéral ainsi que l'activité des organes autrichiens à l'étranger ».

899. ***Jurisprudence*** : la Cour constitutionnelle autrichienne a admis la primauté du droit de l'Union sur la constitution autrichienne (par ex. 13 oct. 2006, n° G 26/06). Elle a également soutenu une interprétation large pour le terme « certains » (droits de souveraineté) utilisé par l'article 9§ 2 de la constitution (décision 16 mars 2013, n° SV 2/12-18) pour réfuter des attaques contre le traité instituant le Mécanisme européen de stabilité. Il semble cependant que l'idée commune du noyau dur d'une identité constitutionnelle sanctuarisée pourrait être facilement acclimatée dans ce berceau du contrôle constitutionnel.

b) La Suède

900. S'agissant du ***cadre constitutionnel***, la Constitution suédoise se décompose en 4 Actes, dont « l'Instrument de gouvernement » qui comprend un chapitre X consacré aux relations internationales et, après plusieurs révisions, un article « européen » y figure (désormais article 6) intitulé « Transfert du pouvoir de décision dans le cadre de la coopération dans l'Union européenne » autorisant spécifiquement un tel transfert par un vote du Parlement à la majorité des trois quarts des votants représentant plus de la moitié de ses membres. Ce transfert est cependant doublement encadré puisqu'il ne doit pas affecter « les principes de base selon lesquels la Suède est gouvernée », et qu'il est aussi conditionné par le constat que le champ de coopération vers lequel il est fait se caractérise par une protection des droits et libertés correspondant à celle qu'assure la constitution suédoise et la convention européenne des droits de l'homme. Ce cadre constitutionnel peut donc assez naturellement ouvrir vers deux types de contre-limites, en termes d'identité constitutionnelle et de niveau de protection des droits fondamentaux.

901. La ***jurisprudence*** semble se conformer largement aux exigences du principe de primauté : pour un exemple, on peut citer l'arrêt de la Cour suprême administrative (*Regeringsrätten*) du 25 novembre 1997 (*Lassagård Ab*) : selon la réglementation et les traditions administratives nationales, il n'était pas possible de contester une décision administrative portant refus d'octroi d'une aide agricole devant une juridiction nationale. La Cour a jugé que le droit de l'Union primait les lois nationales et dès lors qu'il fallait admettre cette possibilité de recours, déduite ici de la jurisprudence de la Cour de justice et de l'article 6 de la Convention européenne des droits de l'homme, considérée comme partie intégrante du droit de l'Union.

c) La Finlande

902. Le ***cadre constitutionnel*** est pour l'essentiel déterminé à l'article 94 de la Constitution qui, au moment de l'adhésion, ne prévoyait rien de spécifique en matière de transfert de pouvoirs à une organisation internationale ou à l'Union européenne. Une révision de 2011 a corrigé cette disposition qui prévoit désormais (al. 2) que « L'acceptation d'une obligation internationale ou sa dénonciation est approuvée à la majorité des voix. Cependant, si le projet concerne la Constitution ou la modification des frontières nationales ou le transfert à l'Union européenne, une organisation internationale ou un organe international, de pouvoirs importants quant à la souveraineté de la Finlande, la décision est prise à la majorité des deux tiers des suffrages exprimés ». Il faut ajouter que dans la tradition juridique finlandaise, malgré un dualisme latent, l'Acte d'incorporation d'un traité est interprété comme signifiant que le traité en question s'applique tel qu'il a été accepté. Dès lors, l'acte d'incorporation ayant permis l'adhésion implique l'acceptation de la primauté du droit de l'Union par les juridictions. Il faut cependant mentionner l'article 106 de la Constitution prévoyant que tout tribunal est tenu d'accorder la primauté à la Constitution, si l'application d'une disposition légale au cas soumis à son examen est en évidente contradiction avec la Constitution.

903. Quant à la ***jurisprudence***, elle semble être en accord avec le principe de primauté. On peut citer l'exemple de l'arrêt de la Cour administrative suprême du 31 décembre

1996 (n° 2617/6/96 ; cf. *CDE* 1999, 680) rappelant le principe de primauté et la non-application du droit national contraire, ou l'arrêt de cette même juridiction le 30 janvier 2008 (n° 2330/3/05) à la suite d'un arrêt de la Cour de justice, confirmant la primauté d'un règlement européen sur une réglementation nationale.

C. Les adhérents récents

904. On manque encore certainement de recul pour apprécier la situation de la ***Croatie*** dont le ***Cadre constitutionnel*** adapté en juin 2010, se caractérise par la fréquente référence à la notion d'acquis communautaire. Ainsi selon l'article 145 de la Constitution, « les actes juridiques et les décisions des institutions de l'Union européenne acceptés par la République de Croatie s'appliquent en République de Croatie, conformément à l'acquis communautaire de l'Union européenne » (al. 2), « les tribunaux croates protègent les droits subjectifs basés sur l'acquis communautaire de l'Union européenne » (al. 3), et « l'exercice des droits découlant de l'acquis communautaire de l'Union européenne est égal aux droits garantis par l'ordre juridique croate » (al. 1). La condition d'acceptation des actes de l'Union peut cependant interroger. De même, selon l'article 143, si « la République de Croatie transfère aux institutions de l'Union européenne les pouvoirs nécessaires pour exercer les droits et obligations inhérents à son adhésion », c'est « conformément aux articles 140 et 141 de la Constitution », qui font référence au cadre international général (art. 140 al. 2 : « Les traités internationaux par lesquels sont délégués à une organisation ou à une union internationale les pouvoirs issus de la Constitution de la République de Croatie sont entérinés par un vote du Parlement croate à la majorité des deux tiers de tous les députés » ; art. 141 : « Les accords internationaux conclus et ratifiés conformément à la Constitution et rendus publics, et qui sont en vigueur, font partie intégrante de l'ordre juridique interne de la République de Croatie, et prévalent sur la loi »).

S'agissant des autres États ayant rejoint l'Union entre 2004 et 2007, on peut distinguer trois situations en termes de tendance dominante plus que d'approches exclusives.

1° Une primauté générale admise

a) Chypre

905. La présentation du ***cadre constitutionnel*** de Chypre évite *a priori* d'étudier la jurisprudence tant il a été mis en adéquation avec la doctrine de la primauté. La suprématie de la constitution y était pourtant posée de manière particulièrement exigeante, mais après une décision de la Cour constitutionnelle du 7 novembre 2005 (n° 294/2005) censurant la loi de transposition de la décision-cadre relative au mandat d'arrêt européen (la Cour admet la jurisprudence de la Cour de justice sur la primauté du droit de l'Union mais considère qu'il n'est pas possible d'interpréter une disposition relative au mandat d'arrêt européen de façon conforme à la constitution), une révision est intervenue (loi 127 (I) /2006 du 28 juillet 2006) qui a inséré un nouvel article 1A prévoyant qu'aucune disposition de la Constitution ne peut être considérée comme annulant des lois, des actes ou des mesures adoptés par la République afin de se conformer à ses obligations résultant de son adhésion à l'Union européenne. De même, une telle disposition ne fait pas échec à l'effet juridique des règlements, des directives ou autres actes ou mesures contraignantes adoptés par l'Union européenne ou les Communautés européennes ou leurs institutions, en vertu des traités, dans la République. La loi de révision a aussi modifié l'article 169 relatif à la primauté des accords internationaux sur le droit national par l'addition d'un nouveau paragraphe qui dispose que tous les actes existants ou futurs des institutions de l'Union européenne ou des Communautés européennes ont force obligatoire et font partie de l'ordre juridique de la République conformément aux conditions fixées par les traités UE et CE. Enfin, la primauté de la Constitution continue à exister sous réserve des dispositions de l'article 1A susmentionné. De la même manière, toutes les lois et décisions du Parlement doivent être conformes, non seulement aux dispositions de la Constitution, mais également aux obligations imposées à la République en tant qu'État membre de l'Union européenne. On reste donc un peu surpris par la décision de la Cour suprême chypriote du 7 juillet 2014 (n° 402/2012) estimant que l'annulation par la Cour de justice d'une directive n'avait aucun effet quant à la validité de la loi de transposition.

b) L'Estonie

906. S'agissant du ***cadre constitutionnel***, il était d'emblée favorable, par le choix d'une approche moniste (conformément à l'article 3, deuxième alinéa, de la Constitution, les principes et les normes universellement reconnus du droit international font partie intégrante du système juridique estonien), et parce que l'article 123 disposait que « La République d'Estonie ne conclut pas de traités internationaux contraires à la Constitution. Si les lois ou autres actes de l'Estonie sont en contradiction avec les traités internationaux ratifiés par le Riigikogu (Parlement), les dispositions du traité s'appliquent ». On peut considérer que cet article souffle le froid et le chaud. Certes il semble qu'en cas de conflit l'acte externe contraire à la Constitution l'emporte. Mais l'Estonie ne peut conclure de traités contraires à la Constitution ce qui pourrait engendrer un contrôle et une inversion de la hiérarchie. Toujours est-il qu'il est apparu nécessaire de faire précéder l'adhésion à l'Union de l'adoption d'une loi révisant la Constitution (après référendum) : Loi du 5 octobre 2003, (*RT* (*Riigi Teataja*, journal officiel) I 2003, 64, 429) qui est très explicite pour consacrer le principe de primauté : l'article 1er indique que l'Estonie peut appartenir à l'Union européenne dans le respect des principes fondamentaux de la Constitution de la République d'Estonie, ce qui pourrait être interprété de plusieurs manières il est vrai ; et l'article 2 est plus net : dès lors que l'Estonie fait partie de l'Union européenne, la Constitution de la République d'Estonie est appliquée en prenant compte des droits et obligations qui résultent du traité d'adhésion.

907. Quant à la ***jurisprudence***, pour ce qui concerne la primauté sur la loi, on peut citer une jurisprudence de la chambre administrative de la Cour suprême qui, notamment dans une décision du 5 octobre 2006, a rappelé que « conformément à une jurisprudence constante de la Cour de justice, le droit communautaire bénéficie de la primauté par rapport à la législation nationale. Le principe de primauté veut que la juridiction nationale refuse d'appliquer les dispositions d'une loi nationale contraires au droit communautaire ». Et pour la ***question des rapports avec la Constitution***, la Cour suprême a interprété les amendements de 2003 comme signifiant que dès lors que l'on se situe dans un domaine de compétence de l'Union européenne, la Constitution ne s'applique que si elle est compatible avec le droit de l'Union (Décis. du 11 mai 2006, n° 3-4-1-3-06 *Riigi Teataja* n° 19, 176).

c) La Slovénie

908. À un degré moindre, on pourra ajouter la situation de la Slovénie : la Constitution slovène de 1991 a été révisée par une loi constitutionnelle du 15 juin 2004 de manière à permettre d'adhésion à l'Union européenne. Un nouvel article 3a admet que l'État transfère l'exercice d'une partie de ses droits souverains à des organisations internationales fondées sur le respect des droits de l'homme et des libertés fondamentales, sur la démocratie et les principes d'État de droit et que les actes juridiques et les décisions adoptés dans le cadre des organisations internationales auxquelles la Slovénie transfère l'exercice d'une partie de ses droits souverains sont appliqués en Slovénie conformément au système juridique de ces organisations, ce qui doit permettre une mise en œuvre forcément non problématique de la primauté du droit de l'Union.

2° Une primauté générale douteuse

a) La Lituanie

909. Le ***cadre constitutionnel*** a été adapté préalablement à l'adhésion, par une révision de 2003, à l'exemple du voisin letton. Mais le modèle letton de la possible délégation de compétences (v. ss 917) a été refusé dans un premier temps, l'article 136 prévoyant simplement la participation aux organisations internationales pourvu qu'elles ne mettent pas en cause les intérêts et l'indépendance de l'État. On comprend la difficulté d'adhérer dans cette seule perspective (mais l'article est toujours en vigueur dans cette rédaction) et le 13 juillet 2004 a été adopté l'« Acte constitutionnel de l'adhésion de la Lituanie à l'Union européenne » (n°IX-2343) qui accepte finalement la thèse du transfert de compétences :

> « La République de Lituanie, en tant qu'État membre de l'Union européenne, dans les traités fondamentaux de l'Union européenne partage ou confère la compétence de ses institutions nationales dans les domaines prévues et au niveau nécessaire pour l'accomplissement des engagements dans ces domaines, ensemble avec d'autres États membres de l'Union européenne, et pour jouissance des droits qui sont issu de cette appartenance ».

Il faut cependant noter que le préambule de cet acte constitutionnel exprime un présupposé qui pourrait se traduire par la mise en place de contre-limites :

> « exprimant la conviction que l'Union européenne respecte les droits de l'homme et ses libertés fondamentales et que l'appartenance de la Lituanie à l'Union européenne aidera à assurer l'exercice effectif des droits et des libertés de l'homme ; notant que l'Union européenne respecte l'identité nationale et les traditions constitutionnelles de ses États membres. »

Pour autant, l'article 2 prévoit que :

> « les normes communautaires font partie intégrante du système juridique de la République de Lituanie et elles ont l'effet direct quand cela résulte des traités fondamentaux de l'Union européenne. En cas de conflit avec des normes juridiques nationales elles sont supérieures aux lois et aux autres actes juridiques de la République de Lituanie ».

Si la rédaction semble adhérer totalement à la thèse de la primauté, notamment par la référence aux « autres actes », la jurisprudence constitutionnelle a modéré cette interprétation.

910. Cette ***jurisprudence constitutionnelle***, en effet, a pleinement confirmé toutes les dimensions de la primauté sur les lois, par exemple avec un arrêt, du 7 janvier 2008 de la Cour suprême rappelant que, sur la base de la primauté du droit communautaire, les tribunaux ont l'obligation d'interpréter le droit national conformément au droit communautaire afin d'assurer son efficacité (3K-3-91/2008). En revanche, elle a exclu que cette primauté puisse affecter la suprématie de la Constitution. La Cour analyse la règle de conflit contenue dans l'Acte constitutionnel d'adhésion et confirme la primauté du droit de l'Union mais excepté au regard de la Constitution elle-même (Décis. du 14 mars 2006, IA/30313-A). Parmi d'autres arguments, on retrouve l'article 136 et les précautions qu'il prend, qui semblent peu compatibles avec la signification même de l'intégration européenne, dans sa spécificité.

b) Malte

911. Malte connaît une situation assez comparable du point de vue procédural à celle du Royaume-Uni. Un *European Union Act* a été adopté par une loi du 14 juillet 2003 qui s'efforce de traduire les exigences du système européen. L'article 3 de l'*European Union Act* prévoit donc que dès l'adhésion, les traités et les actes existants ou futurs adoptés par l'Union européenne auront force obligatoire à Malte et feront partie du droit domestique dans les conditions fixées dans le traité. Il ajoute que toute disposition d'une loi qui serait incompatible avec les obligations de Malte dérivant du traité ou qui dérogerait à un droit conféré à une personne par ou en vertu du traité doit être dans la mesure où elle est incompatible avec ces obligations ou dérogatoire envers ces droits, privée d'effet et d'exécution. L'article 65 de la Constitution, amendé par l'Acte de 2003, explique que sous réserve des dispositions de la Constitution, le Parlement peut adopter des lois pour assurer la paix, l'ordre et la bonne gouvernance de Malte en conformité avec le plein respect des droits de l'homme, des principes généralement acceptés du droit international et des obligations internationales et régionales de Malte, en particulier celles qui découlent du traité d'adhésion à l'Union européenne.

Ce corps de textes permet assurément de mettre en œuvre une primauté du droit de l'Union européenne dans des conditions satisfaisantes, du moins vis-à-vis des lois. En effet, un point essentiel souligné à l'article 6 de la Constitution est le caractère suprême de celle-ci et rien ne semble, dans les textes évoqués ci-dessus, permettre de revenir sur cette suprématie.

c) La Roumanie

912. ***Cadre constitutionnel*** : comme dans bien d'autres États de cet élargissement « historique », la Roumanie a adapté en 2003 sa Constitution dans la perspective de l'adhésion. En « creux », on peut cependant noter que certaines dispositions pouvant poser des problèmes au regard de la doctrine communautaire de la primauté figurent dans la constitution révisée : l'article 1er, § 5, rappelle le caractère obligatoire « du respect de la Constitution » et « de sa suprématie » ; l'article 11 relatif aux relations internationales admet que les traités ratifiés par le Parlement, conformément à la loi, font partie du droit interne, mais dispose que lorsqu'un traité auquel la Roumanie veut devenir partie comprend des dispositions contraires à la Constitution, il ne pourra être ratifié qu'après la révision de la Constitution. L'article 146 confirme parmi les compétences de la Cour constitutionnelle celle de se prononcer (*a priori*) sur la constitutionnalité des traités.

L'essentiel se situe à l'article 148 et on trouve l'analyse de l'adhésion à l'Union en tant que « transfert de certaines attributions envers les institutions communautaires » et un « exercice en commun avec les autres États membres des compétences prévues par ces traités », assortie de la reconnaissance d'une priorité des dispositions des traités constitutifs de l'Union européenne, ainsi que des autres réglementations communautaires à caractère obligatoire par rapport aux dispositions contraires contenues dans les lois internes.

Il faut ajouter que l'article 152 met en place des « clauses d'éternité » dont on sait qu'elles peuvent générer des contre-limites par un raisonnement assez direct : les dispositions constitutionnelles portant sur le caractère national, indépendant, unitaire et indivisible de l'État roumain, la forme républicaine de gouvernement, l'intégrité du territoire, l'indépendance de la justice, le pluralisme politique et la langue officielle ne peuvent faire l'objet d'une révision. De même aucune révision ne peut avoir pour résultat de supprimer les droits fondamentaux et les libertés fondamentales des citoyens ou leurs garanties.

913. ***La jurisprudence constitutionnelle*** semble très classiquement admettre sans problème une primauté du droit de l'Union sur les lois, mais pas sur la Constitution, alors que la Cour constitutionnelle avait analysé en 2003, à propos de la révision de la Constitution, l'intégration européenne en termes de partage moderne de souveraineté entre États, soulignant qu'il y avait des restrictions de la souveraineté liées à toute appartenance à une organisation internationale mais que « l'acte d'intégration signifie en plus le partage de l'exercice de ces attributs souverains avec les autres États composants de l'organisme international ». La Cour Constitutionnelle, pour autant, constatait « que par le biais des actes de transfert de certaines attributions vers les structures de l'Union Européenne, celles-ci n'acquièrent pas, par dotation, une "sur compétence", une souveraineté propre », cette vision « moderne » étant *a priori* susceptible d'engendrer des jurisprudences plus novatrices qui ne sont pas venues (Décis. n° 148 du 16 avr. 2003 ; *Le Moniteur officiel de la Roumanie* n° 317 du 12 mai 2003).

d) La Slovaquie

914. ***Cadre constitutionnel*** : en Slovaquie aussi la Constitution a été rendue « eurocompatible » par une révision du 23 février 2001, l'essentiel figurant à l'article 7, § 2 :

> « La République slovaque peut, par un traité international, qui sera ratifié et promulgué selon la procédure fixée par la loi, ou sur la base d'un tel traité, transférer l'exercice d'une partie de ses compétences aux Communautés européennes et à l'Union européenne. Les normes juridiquement obligatoires des Communautés européennes et de l'Union européenne jouissent de la primauté sur les lois de la République slovaque. La transposition des normes juridiquement obligatoires qui doivent être appliquées est réalisée par la loi ou par le pouvoir réglementaire, conformément à l'article 120, alinéa 2 ».

Donc le droit de l'Union l'emporte sur les lois mais rien de décisif n'est intervenu s'agissant du rapport avec la constitution.

e) La Bulgarie

915. ***Cadre constitutionnel*** : la Constitution bulgare a été révisée en 2005 dans la perspective de l'adhésion de 2007, et elle aborde parfois de manière spécifique l'appartenance à l'Union européenne, y compris au titre des « principes fondamentaux » : art. 4,

§ 3 : « La République de Bulgarie participe à la construction et au développement de l'Union européenne ». Selon une majorité renforcée, l'Assemblée peut également, désormais, ratifier « les accords internationaux qui… confèrent à l'Union européenne des pouvoirs découlant de la présente Constitution » (art. 85, § 1, point 9). En revanche, s'agissant de la hiérarchie normative, les dispositions en restent à une vision classique et non spéciale, tant pour la constitution que pour les actes de dimension externe : selon l'article 5, « la Constitution est la loi suprême et les autres lois ne peuvent la contredire » (§ 1) et « Les accords internationaux, ratifiés selon l'ordre constitutionnel, publiés et entrés en vigueur à l'égard de la République de Bulgarie, font partie du droit interne de l'État. Ils ont la priorité sur les normes de la législation interne qui sont en contradiction avec eux » (§ 4).

916. ***Jurisprudence*** : la Cour constitutionnelle bulgare, dès sa décision n° 3/2004 du 7 mai 2004 liée à l'adhésion, a développé une conception particulièrement poussée du partage de souveraineté que représente l'appartenance à l'Union, cet exercice en commun de la souveraineté faisant que la souveraineté de la Bulgarie et les responsabilités de l'Assemblée nationale ne sont pas menacées. Si la Cour ajoute que la source et les bases du principe de primauté résident justement en cet exercice en commun de la souveraineté, raisonnement *a priori* très porteur pour rejoindre la conception développée par la Cour de justice, elle ne s'est pour autant pas prononcée sur l'hypothèse d'un conflit entre la constitution et le droit de l'Union. Elle s'est également déclarée incompétente pour contrôler la conformité des lois bulgares au droit de l'Union européenne (Décis. n° 10/2008). On peut cependant noter qu'une résolution de l'Assemblée nationale qui était motivée par une prétendue contradiction entre le droit de l'Union et la Constitution bulgare a été annulée par la Cour constitutionnelle, le 28 janvier 2014 (DV n° 10 du 4 févr. 2014) pour des motifs constitutionnels internes mais aussi pour non-respect du traité d'adhésion. La Cour suprême administrative, quant à elle, se situe en confrontation directe avec l'orthodoxie communautaire, notamment dans l'utilisation du renvoi préjudiciel. Elle a cependant jugé, dans un arrêt interprétatif (n° 2) du 22 mars 2011, qu'une mesure administrative contraire à une directive devait être annulée au nom, spécialement, de la primauté du droit de l'Union. Dix-neuf juges de cette juridiction ont cependant ajouté un avis motivé particulier soutenant l'incompétence de la juridiction administrative pour cette question.

3° Une primauté générale conditionnée

a) La Lettonie

917. En Lettonie, ***le cadre constitutionnel*** a été adapté en 2002 pour faciliter l'adhésion à l'Union européenne, 3 paragraphes étant ajoutés à l'article 68 :

> « 2. En concluant des accords internationaux, la Lettonie, dans le but de consolider la démocratie, peut déléguer certaines compétences de l'État à des institutions internationales. Les accords internationaux par lesquels certaines compétences de l'État sont déléguées à des institutions internationales sont approuvés par la Saeima [le Parlement] lors de séances auxquelles deux tiers au moins des députés sont présents et une majorité des deux tiers des voix des députés présents est nécessaire à leur approbation.
>
> 3. L'adhésion de la Lettonie à l'Union européenne doit être décidée par un référendum national sur la proposition de la Saeima.

4. Les modifications importantes des conditions d'appartenance de la Lettonie à l'Union européenne sont soumises à un référendum national, si ce référendum est demandé par au moins la moitié des députés ».

On note que l'engagement et l'adhésion éventuelle à la doctrine communautaire de la primauté est moindre que dans les exemples chypriotes ou estonien. Ce caractère peu explicite pousse à considérer la jurisprudence.

918. ***La jurisprudence constitutionnelle*** s'est clairement positionnée dans la « ligne allemande » des contre-limites. La Cour constitutionnelle a jugé le 7 avril 2009 (Décis. n° 2008-35-01) que « la délégation de compétences ne peut pas l'emporter sur l'État de droit et les bases d'une République indépendante, souveraine et démocratique fondée sur les droits fondamentaux. De même elle ne peut influencer le droit des citoyens de prendre les décisions sur les questions qui sont substantielles pour un État démocratique ».

b) La Pologne

Wojtyczek (K.), « La Constitution polonaise et l'Union européenne après le traité de Lisbonne », *RUE* 2012, n° 554, p. 60.

919. ***Le cadre constitutionnel*** assure clairement la primauté sur les lois ; l'article 91 de la Constitution indique en effet que les traité ratifiés constituent une partie intégrante de l'ordre juridique national et sont directement applicables, sauf si leur application dépend de la promulgation d'une loi, et que les traités ratifiés en vertu d'une loi d'autorisation ont une autorité supérieure à celle de la loi lorsque celle-ci est incompatible avec le traité. Il ajoute que si cela résulte d'un traité ratifié par la République de Pologne instituant une organisation internationale, le droit que celle-ci crée est directement applicable et a une autorité supérieure en cas d'incompatibilité avec les lois.

L'autre pôle constitutionnel de la problématique est l'article 8, § 1 : La Constitution est la norme suprême de la République de Pologne.

Si la jurisprudence en matière de primauté vis-à-vis des lois, on va le voir, n'est donc pas surprenante, il est important de voir comment le Tribunal constitutionnel a traduit les différentes orientations de la Constitution.

920. ***La jurisprudence générale*** : Le Tribunal constitutionnel admet la « primauté d'application » du droit de l'Union vis-à-vis des lois (par exemple dans une décision P 37/05 du 19 décembre 2006 où elle décline très fidèlement la doctrine *Simmenthal*, précisant que la primauté le conduit éventuellement, en tant que juge constitutionnel, à annuler une loi contraire au droit de l'Union, mais que cette primauté impose aux juges du fond d'écarter les dispositions nationales contraires, qui ne sont pas invalidées mais simplement pas appliquées dans le champ d'application du droit de l'Union). La primauté est également bien respectée s'agissant d'un sujet pourtant sensible, la procédure juridictionnelle. La procédure polonaise prévoit que si sept juges de la Cour administrative suprême adoptent conjointement une résolution, celle-ci a force obligatoire dans l'espèce en cause mais aussi pour d'autres affaires devant des juridictions administratives. S'agissant d'une telle résolution en conflit avec un arrêt de la Cour de justice, la Cour administrative suprême elle-même a jugé le 12 juin 2013 que si une résolution est incompatible avec l'interprétation du droit de l'Union donnée par la Cour de justice, les principes d'efficacité et de primauté du droit de l'Union autorisent une juridiction nationale à ne pas appliquer les dispositions procédurales du droit national et à trancher l'affaire en s'appuyant directement sur l'arrêt de la Cour de justice (arrêt *I FSK* 146/13).

921. ***La question de la primauté sur la constitution*** : la question se pose déjà de la compétence du Tribunal constitutionnel pour contrôler le droit de l'Union. L'article 79 de la Constitution garantit que « toute personne dont les libertés ou les droits ont été violés a le droit, conformément aux principes définis par la loi, de porter plainte devant le Tribunal constitutionnel en matière de conformité à la Constitution de la loi ou d'un autre acte normatif en vertu duquel l'autorité judiciaire ou l'autorité de l'administration publique se sont définitivement prononcées sur les libertés ou les droits de cette personne ou sur ses devoirs définis par la Constitution ». La Cour constitutionnelle a jugé que les règlements de l'Union européenne revêtent la nature d'actes normatifs au sens de cet article 79 (Décis. du 16 nov. 2011, SK 45/09 ; Dz.U. Nr 254, poz. 1530) : elle souligne la nécessité de distinguer d'une part, la compétence permettant d'examiner la conformité des actes du droit dérivé de l'Union avec les traités, qui appartient exclusivement à la Cour de justice, et, d'autre part, la compétence permettant d'examiner leur conformité avec la Constitution qui relève de la Cour constitutionnelle, de manière indépendante et subsidiaire.

On peut sans doute distinguer trois tendances dans la jurisprudence du Tribunal constitutionnel.

– La première, sans doute destinée à accompagner plus qu'à fonder les jugements, se veut conciliante vis-à-vis de l'intégration européenne. Le Tribunal constitutionnel a ainsi très tôt évoqué un principe constitutionnel de « prédisposition favorable au processus d'intégration européenne » (Décis. du 31 mai 2004). Dans un autre registre, le 24 novembre 2010 (décision K 32/09), le Tribunal a considéré que le traité de Lisbonne devait se voir reconnaître une présomption de conformité avec la constitution, ne pouvant être renversée que s'il était impossible d'interpréter le traité et la constitution de façon à établir leur compatibilité. Dans cette décision, le juge constitutionnel polonais admet que la supériorité de la constitution polonaise « change de perspective » du fait de l'adhésion à l'Union européenne (parce qu'elle est la garante d'une souveraineté de la Pologne qui est désormais « intégrée »). Il existe aussi une version plus « bilatérale » et consensuelle conduisant le Tribunal constitutionnel (par exemple dans la décision K 18/04 du 11 mai 2005) à célébrer « l'influence réciproque » entre les ordres juridiques national et communautaire, même s'il y a une « autonomie relative » des deux ordres, et à invoquer « le principe de loyauté réciproque entre les institutions communautaires et celles de l'Union d'une part et les États membres de l'autre », ce principe obligeant la Cour de justice de l'Union à « être favorable envers les ordres juridiques nationaux pendant que les États membres sont tenus d'observer rigoureusement les règles communautaires ».

– La deuxième orientation, souvent décisive, va considérer comme horizon indépassable la suprématie de la Constitution. Le Tribunal, déjà, dans un arrêt (P 1/05) du 27 avril 2005, a tenu à préciser que le fait qu'une loi ait été adoptée pour transposer un acte de l'Union ne vaut pas garantie de constitutionnalité. Et c'est surtout la décision K 18/04 du

11 mai 2005 qui va expliciter cette position. Si l'on prend quelques « thèses principales de la motivation », une première remarque consiste à relever que le principe de l'interprétation du droit national « favorable au droit européen », que le Tribunal constitutionnel a jusque-là formulé dans sa jurisprudence, a ses limites. En aucun cas il ne peut entraîner des résultats contraires à la teneur explicite des règles constitutionnelles et contraires au minimum des fonctions de garantie réalisées par la Constitution. Et est vigoureusement affirmé que l'adhésion de la Pologne à l'Union européenne n'a pas mis en cause la suprématie de la Constitution à tout ordre juridique dans le champ de la souveraineté de la République de Pologne ; que le processus de l'intégration européenne, lié au transfert des compétences dans certains domaines aux organismes communautaires (de l'Union), est fondé sur la Constitution. Le mécanisme de l'adhésion de la République de Pologne à l'Union européenne trouve un fondement juridique explicite dans les dispositions constitutionnelles. Sa validité et efficacité sont soumises à la condition de satisfaction des éléments constitutionnels de la procédure d'intégration, dont la procédure de transfert des compétences. En la matière, la précision est apportée que ni l'article 90, alinéa 1er, ni non plus l'article 91, alinéa 3, de la Constitution n'autorisent à transférer à une organisation internationale les compétences en matière de création des actes juridiques ou de prise des décisions qui soient contraires à la Constitution, laquelle est « le droit suprême de la République de Pologne » (art. 8, al. 1er). Les articles susvisés n'autorisent pas non plus à transférer les compétences dans un domaine qui impliquerait que la République de Pologne ne puisse pas fonctionner comme État souverain et démocratique. Que ce soit clair, la Constitution a la primauté de force obligatoire et d'application sur le territoire de la République de Pologne en raison de sa suprématie (art. 8, al. 1er). La primauté d'application des traités ratifiés par l'autorisation légale ou approuvés par un référendum national (en vertu de l'art. 90, al. 3) n'équivaut pas à la primauté analogique à la Constitution des traités en question. Et le Tribunal constitutionnel de se lancer dans une entreprise de démolition de la spécificité de l'intégration : il relève que la catégorie des « organisations supranationales » n'est pas prévue dans la Constitution polonaise qui ne connaît que des « organisations internationales » et que cette notion d'ailleurs n'est utilisée ni par le traité d'adhésion, ni par les traités instituant les Communautés et l'Union européenne, ni par les dispositions du droit communautaire dérivé. Le traité d'adhésion a été conclu entre les États d'ores et déjà membres des Communautés et de l'Union européenne et les pays candidats, dont la Pologne. Ledit traité remplit les caractéristiques du traité au sens de l'article 90, alinéa 1er, de la Constitution. Les États membres restent des sujets souverains – parties aux traités instituant les Communautés et l'Union européenne. Lesdits États ratifient les traités conclus de façon autonome et conforme à leurs constitutions respectives et sont en droit de les dénoncer selon le mode et dans les conditions définies par la Convention de Vienne sur le droit des traités du 23 mai 1969. Le Tribunal admet simplement que l'idée et le modèle du droit communautaire ont créé une nouvelle situation dans laquelle deux ordres juridiques autonomes sont parallèlement en vigueur dans un État membre, que leur impact réciproque ne peut pas être exhaustivement décrit au moyen des théories du monisme et du dualisme traditionnelles dans la configuration : droit national – droit international. Leur autonomie relative n'exclut pas la possibilité d'un conflit entre le droit communautaire et la Constitution et ce conflit ne peut pas être aucunement résolu par la reconnaissance de la suprématie d'une règle communautaire sur une règle constitutionnelle. De même, le conflit ne pourrait pas entraîner la perte de la validité d'une règle constitutionnelle et son remplacement par une règle communautaire. La décision précitée du 11 novembre 2011, SK 45/09 se situe dans la même ligne à propos

du contrôle d'un règlement de l'Union : les articles 91 et 8 de la Constitution permettent de conclure que le règlement l'emporte sur les lois mais que la Constitution prime tous les actes de l'ordre juridique polonais, y compris les actes du droit dérivé de l'Union. Mais la Cour, dans cette décision, rappelle aussi le contexte général favorable à l'intégration (interprétation « positive ») et positionne dans cette logique un éventuel constat d'inconstitutionnalité du droit de l'Union : avant d'en arriver là, la Cour est obligée de s'assurer de la portée de l'acte en cause, notamment en demandant une interprétation de la Cour de justice, et ce n'est que si tous les moyens de résolution du conflit de normes constitutionnelles avec celles du droit de l'Union ont échoué que la décision constatant la non-conformité d'un règlement européen avec la Constitution peut être prise, celle-ci ayant donc un caractère d'*ultima ratio*.

– La troisième orientation consiste à invoquer la sanctuarisation d'une identité constitutionnelle, un peu « à l'allemande », et on peut trouver cette option notamment dans la décision *Lisbonne* du 24 novembre 2010 (K 32/09), dans laquelle le Tribunal constitutionnel affirme que des compétences situées « au cœur du système politique de l'État » sont exclues du transfert de compétences à l'Union. Il examine donc la présomption de conformité du traité à la Constitution au regard de « normes constitutionnelles supérieures » mais vise notamment « la souveraineté et... l'identité constitutionnelle de l'État » comme déterminant des compétences inaliénables. Quant à présenter une liste, le Tribunal constitutionnel s'y essaye et énonce des concepts abstraits : la souveraineté, la démocratie, l'État de droit, le principe de justice sociale, celui de subsidiarité ainsi que les principes de protection de la dignité humaine et des droits constitutionnels et libertés fondamentales. Il ajoute que le droit de l'Union connaît un concept de respect de l'identité nationale des États membres qui serait équivalent à l'identité constitutionnelle dégagée en droit constitutionnel national, à condition de lui ajouter les notions de tradition, de culture et d'histoire. En plus de cette option « identité constitutionnelle » des contre-limites, on peut trouver l'amorce d'un raisonnement possible en termes d'*ultra vires* dans la décision précitée du 11 mai 2005 quand le Tribunal soutient que la Cour de justice des Communautés européennes est le principal mais pas le seul dépositaire des compétences en matière d'application des traités dans le système juridique des Communautés et de l'Union européenne. L'interprétation du droit communautaire effectuée par la Cour de justice devrait rentrer dans le cadre des fonctions et des compétences transférées par les États membres aux Communautés, ce qui est sans doute un appel à un contrôle plus efficace du dépassement de ces transferts de compétences.

c) La Hongrie

922. ***Cadre constitutionnel*** : la Constitution a été modifiée en vue de l'adhésion le 17 décembre 2002, une nouvelle Constitution étant adoptée en 2011. Celle-ci, malgré une tonalité politique générale plus « hongroise » qu'européenne, proclame qu'« afin de contribuer à l'épanouissement de la liberté, du bien-être et de la sécurité des peuples européens, la Hongrie participe à la construction de l'Europe unie » (art. E al. 1er ; en substance, déjà dans la précédente constitution depuis une révision de 2002) et confirme que « La Hongrie, en tant que membre de l'Union européenne peut, en application d'un traité, exercer certaines compétences constitutionnelles en commun avec d'autres États membres dans la mesure nécessaire à l'exercice des droits et des obligations prévus par les traités fondateurs des Communautés européennes et de l'Union européenne ; ces compétences sont exercées séparément et par le biais des institutions de l'Union européenne » (art. E, al. 2 ; issu de la révision de 2002), et que « Le droit de l'Union européenne, dans le cadre de l'alinéa 2, peut fixer des règles générales contraignantes » (al. 3). De façon plus générale cependant, l'article Q se borne à spécifier qu'« Afin de satisfaire ses engagements contractés dans le domaine du droit international, la Hongrie garantit la compatibilité entre le droit international et son droit interne » (al. 2) et que « La Hongrie accepte les règles universellement reconnues du droit international. Les autres sources du droit international s'intègrent dans le droit hongrois par publication officielle dans un texte légal » (al. 3).

923. ***Jurisprudence générale*** : le principe de primauté est parfois pleinement respecté. Ainsi une décision du 29 mars 2012 du tribunal départemental de Debrecen *Márton Urbán* (dossier national 9.K.30.163/2012/4. Szám) dans laquelle le juge souligne que si la décision administrative attaquée était légale et justifiée au regard des dispositions nationales en vigueur à l'époque des faits, tel n'était pas le cas en ce qui concerne le droit de l'Union. Il a rappelé que, depuis l'adhésion de la Hongrie à l'Union européenne, en vertu du principe de primauté, toutes les autorités hongroises sont tenues d'assurer la pleine application et la pleine efficacité des règles de l'Union. Cette obligation, qui incombe aux juridictions, ainsi qu'aux autorités administratives, précise-t-il, exige que les autorités nationales écartent l'application des dispositions de droit interne contraires au droit de l'Union. On peut citer aussi la décision du Tribunal départemental de la capitale du 8 juin 2013 (*Édukövízig* ; dossier national 3.Kf.649954/2013/3. szám) rappelant, après un arrêt préjudiciel de la Cour de justice, que depuis l'adhésion de la Hongrie à l'Union européenne, les juridictions hongroises sont tenues, en vertu de la primauté et de l'effet direct du droit de l'Union européenne, d'appliquer le droit de l'Union, ainsi que la jurisprudence de la Cour de justice.

La jurisprudence de la Cour constitutionnelle hongroise peut, quant à elle, décontenancer. Elle n'est guère explicite quant à la primauté, refusant sa compétence en cas de conflit entre le droit de l'Union et le droit interne (arrêt n° 1053/E/2005 AB du 16 juin 2006 jugeant qu'il n'y a pas d'obligation constitutionnelle pour la loi de respecter de le droit de l'Union européenne, sans pour autant que la Cour se réfère au principe communautaire de primauté ; ou arrêt n° 32/2008 du 12 mars 2008 confirmant son incompétence pour juger un conflit entre le droit de l'Union et le droit interne, celui-là étant considéré comme partie intégrante de celui-ci). Il est intéressant de souligner cette constante de la Cour constitutionnelle, consistant à considérer le droit de l'Union (sources primaires comme dérivées), malgré leur origine internationale et conventionnelle, comme du droit interne et pas comme du droit international (cf. aussi l'arrêt n° 61/2008 du 29 avril 2008 en ce sens) ; mais elle a contrôlé un accord externe de l'Union avec des États tiers en tant que simple traité international et non en tant qu'acte de droit de l'Union (cf. arrêt n° 32/2008, préc.).

924. ***Question de la primauté sur la constitution*** : la Cour constitutionnelle s'est prononcée le 30 novembre 2016 dans un contexte politique bouillant devant sans doute conduire à relativiser la signification purement juridique de sa décision, contexte lié à la contestation par la Hongrie de la décision 2015/1601 adoptée par le Conseil de l'Union européenne le 22 septembre 2015 qui, à titre transitoire, prévoyait le transfert des personnes ayant demandé l'asile en Italie et en Grèce vers d'autres États membres, (contestation au moyen d'un recours devant la Cour de justice, rejeté le 6 septembre 2017, aff. C-643/15 et C-647/15, ECLI:EU:C:2017:631, et s'étant même traduite par l'organisation d'un référendum le 2 octobre 2016). Dans sa décision, la Cour s'intéresse à l'article E, alinéa 2 (préc.) de la Constitution hongroise ; elle dresse une liste impressionnante de décisions constitutionnelles qui selon elle érigeraient des contre-limites vis-à-vis de la primauté du droit de l'Union (exemples en France, Irlande, Italie, Lettonie, Pologne, République tchèque, Royaume-Uni, Estonie, Allemagne), et semble surtout s'inspirer de la jurisprudence allemande, soulignant notamment qu'elle doit veiller à ce que l'exercice d'une compétence commune au titre de l'article E, al. 2 de la Loi fondamentale soit sans préjudice du contenu essentiel de la dignité humaine ou d'autres droits fondamentaux. Elle considère donc devoir protéger l'identité constitutionnelle hongroise, cette identité reposant sur les valeurs constitutionnelles généralement reconnues: les libertés, la séparation des pouvoirs et la forme républicaine de gouvernement, le respect de l'indépendance judiciaire en matière civile, la liberté religieuse, l'exercice légal du pouvoir, le parlementarisme, l'égalité des droits, la reconnaissance du pouvoir judiciaire, la protection des nationalités, bref ce sur quoi se baseraient la Loi fondamentale et le système juridique hongrois.

d) La République tchèque

925. ***Cadre constitutionnel*** : l'acte constitutionnel n° 395/2001 Sb (« Euro-amendement ») du 18 octobre 2001 a réformé la Constitution, essentiellement en lui ajoutant un article 10 a selon lequel « Par un traité international certains pouvoirs des organes de la République tchèque peuvent être délégués à une organisation ou institution internationale ». De manière plus générale (art. 10), « Les traités internationaux publiés dont la ratification a été autorisée par le Parlement et qui lient la République tchèque font partie de l'ordre juridique ; si le traité international en dispose autrement que la loi, c'est le traité international qui s'applique ». Il faut aussi souligner l'article 9, avec son § 2 : « La révision des caractères essentiels de l'État de droit démocratique est inadmissible », et son § 3 : « L'interprétation des règles de droit ne peut justifier l'éviction ou la mise en cause des bases de l'État démocratique ».

926. ***Jurisprudence générale*** : la primauté du droit de l'Union a été affirmée de façon assez générale par la Cour constitutionnelle (arrêt Pl. US 19/04 du 21 févr. 2006, *Soudní rozhledy* 5/2006, p. 171 : depuis le 1er mai 2004, toute autorité publique tchèque est tenue de respecter la primauté du droit communautaire et d'appliquer ce dernier en cas d'incompatibilité avec le droit tchèque). Dans un arrêt du 3 mai 2006 (Pl. US 66/04), elle a même jugé qu'entre plusieurs interprétations envisageables de la Constitution, il fallait choisir celle qui était compatible avec les obligations liées à l'appartenance à l'Union. Dans sa décision du 8 mars 2006 (arrêt n° Pl. US 50/04, affaire des quotas sucre), la Cour souligne que le droit de l'Union détermine lui-même ce que sont ses effets dans les ordres juridiques des États membres, à la différence du droit international (Partie VI, point B).

927. ***Question de la primauté sur la constitution*** : on retrouve très nettement la tendance assez générale, déjà rencontrée dans les États plus anciens, à conditionner le respect du droit de l'Union par le fait que celui-ci respecte les *fondements essentiels* de la souveraineté tchèque et ceux de l'État de droit, la Cour considérant de manière déterminée et argumentée que la délégation de compétences faite par l'État à l'Union est conditionnée par le fait que l'Union exerce ces compétences conformément à ces fondements essentiels (arrêt n° Pl. US 50/04 du 8 mars 2006, affaire des quotas sucre) : la position est *déterminée* au sens où « selon la vision de la Cour », le transfert de pouvoirs admis par l'article 10 a de la Constitution est « naturellement un transfert conditionné », puisque le titulaire de la souveraineté et des pouvoirs en découlant demeure la République tchèque ; elle est *argumentée* car selon la même « vision de la Cour », ce caractère conditionnel « se manifeste sur deux plans » : les plan formel et substantiel, ce que résume ainsi la Cour : la délégation d'une partie des pouvoirs des organes nationaux peut persister uniquement aussi longtemps que ces pouvoirs sont exercés d'une manière compatible avec la préservation des bases de la souveraineté étatique de la République tchèque, et d'une manière qui ne menace pas l'essence même de l'État de droit.

C'est sous cet éclairage que la Cour a dû se prononcer, à deux reprises, lors de l'« épisode tchèque » ayant retardé l'entrée en vigueur du traité de Lisbonne (Décis. Pl. US 19/08 du 26 nov. 2008, et Pl. US 29/09 du 3 nov. 2009), sans que les réticences politiques de l'Exécutif tchèque trouvent là les appuis juridiques recherchés. Dans l'arrêt *Lisbonne 1*, la Cour constitutionnelle explique qu'il faut tenir compte du principe d'interprétation conforme du droit national vis-à-vis du droit de l'Union mais qu'en cas d'impossible interprétation raisonnable, le « noyau fondamental » de l'ordre constitutionnel tchèque doit l'emporter. Ce noyau serait formé « des éléments essentiels à une nation démocratique, fondée sur le droit et la stabilité, en conformité avec l'article 9§ 2 de la Constitution » ; on retrouve là le parallèle (allemand) avec les clauses d'éternité. Mais la Cour refuse de donner une liste plus précise de ce qui forme ce « noyau fondamental ». Dans l'arrêt *Lisbonne 2*, du 3 novembre 2009, la Cour était l'objet d'une demande pressante, notamment de la part du Président de la République, de rendre un arrêt « à l'allemande » au sens d'une décision listant de manière précise les éléments du « noyau fondamental » permettant selon lui de définir l'identité constitutionnelle tchèque. La Cour refusera, préférant se déterminer au cas par cas et s'abritant derrière son statut, lui interdisant de prendre des décisions politiques, ce que serait selon elle l'élaboration de ce catalogue de pouvoirs intransférables. Un débat intéressant est également ouvert dans cette décision, le Président ayant stigmatisé dans sa requête la notion de « souveraineté partagée », un non-sens selon lui, qui pourrait rendre compte de l'intégration européenne. La Cour constitutionnelle réfute en un certain sens cette approche, en rappelant le texte du *mémorandum* joint à la déclaration de candidature tchèque à l'adhésion (1er juill. 1997) : « La nation tchèque s'est seulement de manière récente réapproprié sa pleine souveraineté étatique ». Cependant, le gouvernement tchèque est arrivé à la conclusion irrévocable que « dans une évolution moderne de l'Europe, l'échange de certaines parties de la souveraineté entre États aboutissant à un partage dans une souveraineté supra-étatique et une coresponsabilité est inévitable, à la fois pour la prospérité de chacun des pays et de tous les pays d'Europe ».

C'est cette Cour constitutionnelle tchèque qui a, *a priori*, a déclenché le premier véritable conflit frontal entre une Cour constitutionnelle et la Cour de justice puisque, le 31 janvier 2012 (aff. Pl. US 5/12), dans *l'affaire des retraites slovaques*, elle n'a pas hésité à ne pas respecter un arrêt préjudiciel de la Cour de justice en le considérant comme un acte *ultra vires*. Il faut pourtant considérer que c'est là un arrêt d'humeur, qu'explique surtout le violent conflit qui opposait, dans cette affaire sensible, la Cour constitutionnelle et la Cour administrative suprême tchèque, laquelle en avait appelé à l'arbitrage de la Cour de justice, dont l'arrêt préjudiciel a donc été une sorte de victime collatérale d'un conflit juridictionnel interne.

Section 2

La portée vis-à-vis des particuliers

Constantinesco (L.-J.), *L'applicabilité directe dans le droit de la CEE*, Bruxelles, Bruylant, coll. « Droit de l'Union européenne. Grands écrits », 2006.

928. Non seulement le droit de l'Union s'insère automatiquement dans l'ordre interne des États membres, et y devient une source de droit, bénéficiant de la primauté, mais il possède une aptitude naturelle à y compléter directement le patrimoine juridique des particuliers de droits subjectifs et/ou d'obligations, tant dans leurs rapports avec d'autres particuliers (dimension *horizontale*) que dans leurs relations avec l'État dont ils relèvent (dimension *verticale*).

929. Si cette intégration immédiate fait du droit de l'Union européenne, *de façon générale*, une source de légalité en vigueur dans l'ordre juridique de chaque État membre, la portée directe de *certaines* sources de droit de l'Union vis-à-vis des particuliers en fait donc une source complète de droits, permettant aux personnes juridiques et spécialement aux particuliers d'invoquer le droit de l'Union dans leurs relations avec d'autres personnes, au besoin devant leurs juges, lesquels ont alors l'obligation d'appliquer ce droit pour la solution des litiges dont ils sont saisis. Ce lien juridique direct entre l'Union européenne et le particulier n'est pas sans résonance quant à la nature politique de cette Union (reconnaître l'effet direct, c'est garantir le statut juridique du citoyen européen), et c'est finalement aussi un marqueur de la spécificité de l'ordre juridique de l'Union au regard de la philosophie et des principes de l'ordre international.

930. La Cour de justice manifeste, il faut l'admettre, une forme d'indifférence quant au choix terminologique, s'agissant de caractériser cette portée du droit de l'Union vis-à-vis des particuliers, « applicabilité directe », « effet direct », voire « immédiateté » semblant parfois être synonymes, le multilinguisme participant sans doute de cet apparent manque de rigueur. L'*immédiateté*, comme cela a été montré (v. ss 777) doit être considérée comme signifiant que, de manière générale, le droit de l'Union est « intégré au système juridique des États membres lors de l'entrée en vigueur du traité » (CJCE 15 juill. 1964, *Costa c/ ENEL*, aff. 6/64, *Rec.* 1141), qu'il fait « partie intégrante... de l'ordre juridique applicable sur le territoire de chacun des États membres » (CJCE 9 mars 1978, *Simmenthal*, aff. 106/77, *Rec.* 629). Pour le reste, s'il est possible, voire souhaitable dans l'absolu, de distinguer une *applicabilité directe* signifiant que la norme est inconditionnelle et « complète », dès lors apte à produire ses effets sans exiger de compléments de la part des autorités législatives ou administratives, et un *effet direct* par lequel on identifierait la création directe de droits pour les particuliers, la spécificité de cet effet direct est, on le verra, de permettre au particulier, spécialement devant son juge national, une *mise en application* du droit de l'Union européenne. Dès lors, cette spécificité même de l'effet direct consiste en une capacité à être directement appliqué, de sorte que l'on admettra, en phase avec la jurisprudence de la Cour, l'indifférenciation des deux. L'expression d'effet direct sera privilégiée.

931. Une autre interrogation peut parfois être suscitée par l'évolution et le pragmatisme de la jurisprudence de la Cour, quant au rapport entre *l'effet direct* et l'*invocabilité* du droit de l'Union. En effet, la Cour a d'abord défini l'effet direct d'une disposition de droit communautaire (en le distinguant d'ailleurs de la production d'effets immédiats) comme signifiant que cette disposition « engendre des droits individuels que les juridictions nationales doivent sauvegarder » (CJCE 5 févr. 1963, *Van Gend en Loos*, aff. 26/62, *Rec.* 3). Pour être sobre, cette formule n'en est pas moins riche puisqu'y apparaissent les trois dimensions des dispositions d'effet direct : d'abord la *capacité à créer directement des droits et des obligations dans le chef des particuliers* ; la possibilité, ensuite, pour ces derniers *d'invoquer ces droits devant le juge national* qui n'est donc qu'une conséquence de l'effet direct ; *l'obligation, enfin, pour ce juge de les garantir*, deuxième degré de conséquence.

932. La doctrine puis la jurisprudence se sont ensuite davantage focalisées sur ces conséquences opératoires de l'effet direct pour le particulier devant son juge national. Ainsi Robert Lecourt (qui était membre de la Cour ayant adopté l'arrêt *Van Gend en Loos*, et qui passe pour avoir eu un rôle déterminant dans son caractère novateur) définissant l'effet direct comme « le droit pour toute personne de demander à son juge de lui appliquer traités, règlements, directives ou décisions adoptés par l'Union. C'est l'obligation pour le juge de faire usage de ces textes, quelle que soit la législation du pays dont il relève » (R. Lecourt, *L'Europe des juges*, Bruylant, Bruxelles, 1976, p. 248). La jurisprudence de la Cour a suivi la même pente et c'est donc en termes d'*invocabilité* du droit communautaire que les précisions sont venues. Ainsi, dans l'arrêt *Franz Grad* (CJCE 6 oct. 1970, *Franz Grad*, aff. n° 9/70, *Rec.* 825), l'effet direct d'une disposition est défini comme « le droit pour le *justiciable* de *s'en prévaloir en justice* ». La formule n'est pas exempte d'approximations mais doit conduire à clarifier la problématique.

933. Il est d'abord, certes, pertinent de viser en tant que bénéficiaire le « justiciable » plutôt que le « particulier » en ce que la Cour a élargi à toutes les « personnes concernées » (CJCE 5 avr. 1979, *Ministère public c/Ratti*, aff. 148/79, *Rec.* 1629) l'éventuel bénéfice de l'effet direct, ce qu'il faut traduire par « toute personne juridique », qu'il s'agisse d'organismes de droit public (CJCE 17 oct. 1989, *Ufficio distrettuale delle imposte dirette di Fiorenzusla c/Commune di Carpaneto Piacentino*, aff. jointes 321/87 et 129/88, *Rec.* 3233) ou de la Communauté elle-même (CJCE 22 févr. 1990, *Busseni*, aff. C-221/88, *Rec.* I-495).

934. Cette approche, par ailleurs, se limite à une invocabilité *devant le juge* et s'il s'agit là, certes, de l'essentiel, on sait désormais qu'à cette invocabilité en justice s'ajoute l'invocabilité devant toutes les autorités publiques et notamment l'administration (CJCE 22 juin 1989, *Fratelli Costanzo c/Commune de Milan*, aff. 103/88, *Rec.* 1839).

935. Il importe cependant surtout de faire le départ entre cette invocabilité et l'effet direct : celle-là, on l'a souligné, n'est d'abord qu'une dimension de celui-ci. De plus, à la réflexion, cette invocabilité, dans son sens général, découle plutôt de l'immédiateté (qui fait du droit de l'Union une source de droit dans les ordres internes), de sorte qu'elle n'est pas l'apanage des seules dispositions d'effet direct. « Invoquer » une disposition, notamment en s'en prévalant en justice, peut en effet recouvrir plusieurs situations selon la requête adressée au juge : obtenir du juge une interprétation du droit national conforme au droit de l'Union invoqué (invocabilité d'interprétation conforme) ; lui demander d'écarter une disposition nationale contraire au droit de l'Union invoqué (invocabilité d'exclusion ou d'éviction) ; obtenir une indemnisation du préjudice causé par une violation nationale du droit de l'Union invoqué (invocabilité de réparation) ; ou demander l'application même de la disposition invoquée à défaut ou à la place du droit national (invocabilité de substitution).

936. Ceci conduit à ***trois conclusions*** relatives à l'effet direct, à l'invocabilité et à la portée du droit de l'Union vis-à-vis des particuliers. D'abord, une norme reconnue comme ayant effet direct pourra se prévaloir de *toutes* ces dimensions de l'invocabilité : l'effet direct est donc à présenter comme une *invocabilité complète* du droit de l'Union. En second lieu, on se rend compte que les trois premiers types d'invocabilité découlent de la primauté ou de l'effectivité du droit de l'Union et ne sont pas réservés aux normes d'effet direct, de sorte que le type d'invocabilité qui est vraiment spécifique de l'effet direct est l'invocabilité de substitution permettant d'obtenir de son juge l'application de la disposition en cause. Enfin, ceci permet de reconstruire sous cet angle la problématique de la portée du droit de l'Union vis-à-vis des particuliers : si, pendant des années, cette problématique se limitait à une *summa divisio* distinguant les normes d'effet direct (ayant une portée vis-à-vis des particuliers) de celles ne bénéficiant pas de cet effet direct (n'ayant donc pas de portée vis-à-vis des particuliers), on peut désormais identifier une gradation dans cette portée, tant il est vrai que la question de l'effet du droit de l'Union vis-à-vis des particuliers ne se pose pas en termes de tout ou rien : l'effet direct correspond à une portée directe du droit de l'Union au sens où le particulier pourra obtenir devant son juge une mise en application de ladite disposition ; mais à côté de cette possible et sélective ***invocabilité de mise en application***, existent, formant une sorte de portée indirecte, des possibilités pour les particuliers de tirer profit du droit de l'Union sans pour autant que ceci exige du juge une application d'une disposition européenne, simplement en ***prenant en considération*** ce droit, en vue d'une interprétation du droit national, d'une mise à l'écart de ce droit national, ou de l'octroi de dommages et intérêts pour préjudice causé par une violation du droit de l'Union par ce droit national.

§ 1. La portée directe : l'invocabilité de mise en application

Blanquet (M.), v° *Effet direct du droit communautaire*, *Rép. communautaire*, Dalloz.

Gallo (D.), *L'efficacia diretta del diritto dell'Unione europea negli ordinamenti nazionali*, Milan, Giuffré, 2018.

Mehdi (R.), « Effet direct », *J.-Cl. Europe*, fasc. 195, 2018.

Prinssen (J.) et Schrauwen (A.) (éd.), *Direct effect : rethinking a classic of EC legal doctrine*, Groningen, Europa Law Publishing, 2002.

937. Il s'agit là du degré maximum d'invocabilité, d'une invocabilité complète, et cela correspond à la notion classique d'effet direct.

I. Une approche spécifique de l'effet direct en droit de l'Union

938. Cette spécificité vis-à-vis de l'effet des normes internationales est marquée tant quant au fondement que s'agissant du critère de cet effet direct.

A. Le fondement de l'effet direct

939. C'est plus l'aptitude à produire des effets directs que l'effet direct lui-même qui permet de prendre la mesure de la spécificité de la problématique pour le droit de l'Union européenne.

1° Effet direct et droit international

VERHOEVEN (J.), « La notion d'applicabilité directe du droit international », *RBDI* 1980. 243.

940. Nul ne conteste plus, aujourd'hui, que les traités internationaux peuvent directement accorder des droits ou imposer des obligations aux individus et non pas seulement se cantonner à produire des effets de droit à l'égard de ces sujets classiques du droit international que sont les États. Mais la conception inverse fut longtemps dominante, ainsi que le notait la Cour permanente de justice internationale dans l'*affaire de la compétence des tribunaux de Dantzig* (avis du 3 mars 1928, série B, n° 15.17) : « selon un principe de droit international bien établi, un accord international ne peut, comme tel, créer directement des droits et des obligations pour les particuliers ». Toutefois, dans cette même affaire, la Cour ajoutait : « on ne saurait contester que l'objet même d'un accord international, dans l'intention des parties contractantes, puisse être l'adoption, par les parties, de règles déterminées, créant des droits et obligations pour les individus et susceptibles d'être appliquées par les tribunaux nationaux ». Dès lors, il devait être communément admis que les traités peuvent, pour tout ou partie, produire des effets directs dans l'ordre juridique interne des États, procédé que les internationalistes qualifient généralement de « *self-executing* ».

941. Cependant, la grande majorité des traités internationaux ne revêtent pas ce caractère : le critère *décisif*, aux dires de la Cour permanente de justice internationale, étant l'intention des parties contractantes, et celle-ci ne devant pas être présumée dès lors qu'elle est une exception à la règle du droit international classique, elle est donc d'interprétation stricte, pouvant être rendue par le « critère du destinataire » affiché des règles en cause, en l'occurrence les particuliers. Ce n'est alors que de manière exceptionnelle, en quelque sorte au *compte-gouttes* que les traités internationaux ordinaires sont directement applicables : non seulement parce que l'objet propre du droit international demeure encore avant tout le règlement des relations entre États : mais même lorsque l'objet de la règle de droit international public, comme c'est le cas de plus en plus souvent, pénètre les relations internes (conventions relatives au droit d'établissement, à la protection des biens et établissements privés…) l'intention des parties n'est pas toujours évidente, ainsi que le montre l'exemple des conventions d'extradition. Il faut, à cet égard, noter la rareté des décisions de juridictions internationales concluant, postérieurement à 1928, à l'effet direct d'une disposition conventionnelle.

942. Si l'on prend en considération la théorie internationale des règles exécutoires par elles-mêmes, ou « d'effet direct », elle met en évidence trois dimensions (J. Combacau et S. Sur, *Droit international public*, 12ᵉ éd., LGDJ, 2016) : les États doivent avoir eu l'intention de permettre un effet direct ; cet effet doit être rendu effectif par des règles internes que le droit international se contente de coordonner sans pouvoir les imposer, et ces règles peuvent consister en une reprise de la norme internationale sous la forme d'une règle interne en opérant à la fois la réception et la transformation (« internisation ») ; par ailleurs, le contenu même de la règle internationale doit être suffisamment précis et complet pour pouvoir être appliqué, notamment par le juge interne, sans mesure d'exécution. On pourrait synthétiser cela par une triple exigence, l'effet direct au sens du droit international devant être voulu, permis et possible.

2° Effet direct et droit de l'Union

943. Avec les traités communautaires, ce qui était exception tend à devenir règle. Bien que le traité CEE n'ait contenu qu'une disposition incidente (art. 189 CEE [*désormais art. 288 FUE :* « règlement… directement applicable dans tout État membre »]) dont on aurait pu déduire strictement que seuls les règlements pouvaient être susceptibles d'effet direct, la jurisprudence de la Cour a, au contraire, considéré qu'il existe, dans le système des traités, *une présomption en faveur de l'effet direct.*

Dans son arrêt *Van Gend et Loos* (5 févr. 1963, aff. 26/62, *Rec.* 1), qui constitue sans doute la décision historique majeure qu'elle ait rendue, la Cour marque le divorce le plus net avec la solution traditionnelle du droit international. L'espèce était en tous points exemplaires à cet égard : la Cour était sollicitée de prendre parti sur l'applicabilité directe de l'article 12 CE *[modifié par le traité d'Amsterdam ; devenu aujourd'hui l'article 30 FUE]*, selon lequel « les États membres s'abstiennent d'introduire entre eux de nouveaux droits de douane… et d'augmenter ceux qu'ils appliquent dans leurs relations commerciales mutuelles », et qui ne fait donc aucune mention des particuliers. Se fondant sur la conception internationaliste, plusieurs gouvernements, qui avaient présenté des observations, faisaient valoir que la rédaction même de l'article 12, qui souligne que les destinataires de l'obligation qu'il crée sont les États et ne mentionne pas les particuliers, était révélatrice de la volonté non équivoque des parties de ne pas lui conférer un effet direct, et malgré le ralliement à cette thèse de son avocat général, la Cour s'écarte délibérément de l'interprétation textuelle et subjective qui lui est ainsi proposée et se détermine, au contraire, en considération des buts et du système du traité (méthode téléologique et systématique).

944. Si la solution consacrée par la Cour est différente de celle qui se serait imposée dans le cadre d'un traité international ordinaire, c'est en raison de la nature particulière du traité instituant la CEE. Le fondement de l'effet direct est la spécificité même de l'ordre juridique communautaire : c'est la finalité d'intégration qui postule l'effet direct de principe. Pour le démontrer, la Cour considère d'abord l'objectif du traité, puis replace dans cette perspective le cadre institutionnel et notamment judiciaire qu'il prévoit : « l'objectif du traité CEE… est d'instaurer un marché commun dont le fonctionnement concerne directement les justiciables de la Communauté » ; dès lors, le traité « constitue plus qu'un accord qui ne créerait que des obligations mutuelles entre les États contractants… (et) la Communauté constitue un nouvel ordre juridique… dont les sujets sont non seulement les États membres mais également leurs ressortissants ». Au surplus, comme traits caractéristiques du traité de Rome, la Cour rappelle que son préambule s'adresse aux peuples, par-delà les gouvernements nationaux et que les « citoyens… aussi bien que les États membres » sont affectés par le fonctionnement des mécanismes communautaires, et enfin et surtout, que les individus contribuent aux prises de décision en participant à des organes communautaires comme le Parlement ou le Comité économique et social. Enfin, la Cour invoque un argument judiciaire tiré de l'article 177 CEE *[désormais art. 267*

FUE : mécanisme du renvoi préjudiciel] selon lequel cette disposition « confirme que les États ont reconnu au droit communautaire une autorité susceptible d'être invoquée » devant les juridictions nationales. Elle en déduit un véritable principe général : « le droit communautaire indépendant de la législation des États membres, de même qu'il crée des charges dans le chef des particuliers, est aussi destiné à engendrer des droits qui entrent dans leur patrimoine juridique ».

945. Mais surtout, et c'est sur ce point que s'opère la rupture la plus profonde avec le système internationaliste, ces droits « naissent non seulement lorsqu'une attribution explicite en est faite par le traité, mais aussi en raison d'obligations que le traité impose d'*une manière bien définie*, tant aux particuliers qu'aux États membres et aux institutions communautaires ». Le destinataire n'est donc pas le critère déterminant des effets d'une disposition communautaire. Les personnes privées peuvent devenir titulaires de droits individuels même si elles ne sont pas expressément désignées comme les destinataires d'une disposition communautaire. Le fait de désigner « les États comme sujet de l'obligation de s'abstenir n'implique pas que leurs ressortissants ne puissent en être les bénéficiaires ». Contrairement aux traités internationaux de type classique, les traités communautaires confèrent donc aux particuliers des droits que les juridictions nationales doivent sauvegarder, non seulement lorsque les dispositions en cause les visent expressément comme sujets de droits, mais encore lorsqu'elles imposent aux États membres, aux institutions de l'Union, ou à d'autres particuliers une obligation bien définie.

946. Finalement, la Cour ne donne pas à l'effet direct du droit communautaire un autre fondement que la volonté des auteurs du traité ; au contraire, elle considère que, compte tenu de la nature spécifique du traité communautaire, la volonté des États fondateurs est présumée, une fois pour toutes et pour tout le champ d'application de ces traités, si bien qu'elle n'a plus à être établie cas par cas et ne constitue donc plus en pratique une condition de l'effet direct. Par ailleurs, ce caractère naturel, identitaire, voire existentiel de l'effet direct potentiel conduit la Cour non seulement à l'identifier mais à l'utiliser parfois en tant que sanction vis-à-vis des retards ou autres défaillances dans l'activité communautaire ou surtout nationale de mise en œuvre. L'effet direct permet, en effet, aux particuliers de se trouver, malgré l'inertie de l'État, dans la même situation que si celui-ci avait effectivement rempli ses obligations communautaires. Bien plus, alors que le traité (art. 169 et 170 CEE *[désormais art. 258 et 259 FUE]*) semblait réserver à la Commission et aux États membres le pouvoir de déclencher la sanction des manquements commis par les États, l'applicabilité directe a fait des particuliers (saisissant les juridictions nationales) un instrument – en pratique l'instrument dominant – du respect par les États membres de leurs obligations. « La vigilance des particuliers intéressés à la sauvegarde de leurs droits entraîne un contrôle efficace qui s'ajoute à celui que les articles 169 et 170 confient à la diligence de la Commission et des États membres » (CJCE, *Van Gend et Loos*, préc.) ; d'où un renforcement décisif de l'efficacité du droit de l'Union.

B. Le critère de l'effet direct

947. La détermination de l'effet direct relève du droit de l'Union et, en dernier ressort, de la Cour de justice, qui éclaire les juridictions nationales par le jeu des questions préjudicielles, ce qui en garantit l'indispensable unité d'appréciation. Pour être naturel, présumé, ou de principe en droit de l'Union européenne, l'effet direct n'y est pas pour autant général et systématique, ce qui a exigé de la Cour la formalisation opératoire d'un système de critères d'identification ou d'exclusion.

1° Perspective générale

948. On a pu synthétiser la théorie internationaliste comme conditionnant l'effet direct à une triple exigence, cet effet devant être voulu, permis et possible. En droit de l'Union, l'immédiateté étant générale, cela signifie que les deux premières conditions ne sont pas pertinentes, ou sont présumées de manière irréfragable : tout acte de droit de l'Union sera potentiellement et immédiatement une source de droit dans chaque système juridique national. En revanche, il reste que seuls les actes pour lesquels cet effet est « possible », du fait de leur contenu ou de leur fonction normative, pourront être considérés comme produisant un effet direct.

949. L'intention des États fondateurs étant toujours présumée, les critères à prendre en considération ne doivent pas, à la différence de ce contexte international, avoir pour fonction de vérifier celle-ci et la question des critères de l'effet direct se pose donc dans une toute autre perspective, celle de vérifier si telle disposition peut concrètement ou non produire par elle-même de tels effets, en aval d'une obligation « bien définie ». La Cour a ici considéré qu'il convenait de prendre en considération « non seulement la forme de l'acte en cause mais encore sa substance ainsi que sa fonction dans le système du traité » (CJCE 17 déc. 1970, *S.A.C.E. c/Ministère des finances italien*, aff. 33/70, *Rec.* 1213). On pourrait donc considérer que ce sont là trois types alternatifs de critères mais on peut plutôt penser que le *critère principal* est celui qui, dans une approche pragmatique matérielle, s'intéresse à la substance, au contenu de l'acte. C'est là le critère principal. Il est cependant des cas où la prise en considération de la nature (plutôt que la « forme ») et de la fonction de l'acte se substitue à l'analyse matérielle (effet direct du règlement), ou corrige celle-ci (effet direct des traités internationaux conclus par l'Union). Pour l'examen détaillé du jeu différencié du critère principal, v. ss 960.

2° Formalisation du critère substantiel principal

950. Bien qu'elle n'ait jamais systématisé, ni *a fortiori* figé les critères qu'elle utilise pour apprécier la substance juridique d'un acte, la Cour, après avoir attaché de l'importance au caractère *clair* et *inconditionnel* des obligations (arrêt fondateur *Van Gend en Loos* ou encore CJCE 16 juin 1966, *Lütticke c/Hauptzollamt de Sarrelouis*, aff. 57/65, *Rec.* 293), associé parfois à leur caractère *complet* et *juridiquement parfait* (au sens d'une complétude juridique, l'acte se suffisant à lui-même pour produire ses effets) (arrêt *Lütticke*, préc.), reprend désormais le plus souvent une formule binaire et synthétique, inaugurée avec l'arrêt *Ratti* (CJCE 5 avr. 1979, *Ministère public c/Ratti*, aff. 148/78, *Rec.* 1629) et améliorée depuis l'arrêt *Ursula Becker* (CJCE 19 janv. 1982, *Becker c/ Finanzamt Münster-Innenstadt*, aff. 8/81, *Rec.* 53) : il y a effet direct « … dans tous les cas où des dispositions… apparaissent comme étant, du point de vue de leur contenu, inconditionnelles et suffisamment précises » (pour des exemples plus récents, cf. l'arrêt du 21 déc. 2011, *Air Transport Association of America e.a.*, aff. C-366/10, *Rec.* I-13755), l'arrêt du 13 janv. 2015, *Conseil e.a. c/Vereniging Milieudefensie et Stichting Stop Luchtverontreiniging Utrecht*, aff. C-401/12 P à C-403/12 P, ECLI:EU:C:2015:4, l'ordonnance du 5 févr. 2015, *Jednostka Innowacyjno-Wdrożeniowa Petrol*, aff. C-275/14, ECLI:EU:C:2015:75, ou l'arrêt du 28 juill. 2016, *Ordre des barreaux francophones et germanophone e.a.*, aff. C-543/14, ECLI:EU:C:2016:605).

951. L'élément déterminant est sans doute l'***inconditionnalité***, ce que la Cour définit classiquement comme signifiant que la disposition concernée n'est « assortie d'aucune condition ni subordonnée, dans son exécution ou dans ses effets, à l'intervention d'aucun acte soit des institutions de l'Union, soit des États membres » (voir, notamment, pour les premières formulations, l'arrêt du 3 avr. 1968, *Molkerei-Zentrale Westfalen Lippe*, aff.28/67, *Rec.* 211 ; ou l'arrêt du 17 sept. 1996, *Cooperativa Agricola Zootecnica S. Antonio e.a.*, aff. C-246/94, *Rec.* I-4373 ; plus récemment, 15 mai 2014, *Almos Agrárkülkereskedelmi*, aff. C-337/13, ECLI:EU:C:2014:328, ou 12 oct. 2017, *Lombard Ingatlan Lízing Zrt*, aff. C-404/16, ECLI:EU:C:2017:759).

952. On pourrait avoir ici l'impression que cette conception est plutôt celle d'une *applicabilité directe*, puisque l'acte est applicable directement, sans que soit nécessaire un acte ultérieur d'application. En réalité, c'est bien plutôt une logique d'*effet direct* au sens où malgré le caractère synthétique de la formule privilégiée, l'important est que l'application de la disposition en cause ne soit subordonnée à aucune mesure ultérieure *comportant un pouvoir discrétionnaire*, soit des organes de l'Union, soit des États membres, soit des uns et des autres, qui *ferait écran* entre elle et le particulier.

Il en découle que certains types de règles peuvent être considérées comme ayant un *effet direct par elles-mêmes*. C'est le cas d'abord des règles d'interdiction ou, généralement, des obligations de ne pas faire, qui, « juridiquement parfaites », n'exigent, par nature, aucune mesure d'exécution ou des mesures négligeables (*absence d'écran*) (CJCE 3 avr. 1968, *Molkerei-Zentrale c/Hauptzollamt Paderborn*, aff. 28/67, *Rec.* 211 ; 27 juin 1989, *Heinz Kühne c/Finanzamt München III*, aff. 50/88, *Rec.* 1925 ; il est à noter que la Cour, dans l'arrêt *Van Gend en Loos* déjà, souligne que la disposition en cause, l'article 12 CEE, est « une obligation non pas de faire mais de ne pas faire ») ; c'est le cas ensuite des règles prescrivant l'application du « traitement national » (CJCE 21 juin 1974, *Reyners c/Belgique*, aff. 2/74, *Rec.* 631).

Mais, surtout, une disposition est encore inconditionnelle, même si elle requiert des compléments pour son application (ce qui se révélera déterminant pour l'extension de l'effet direct aux directives), dès lors que l'État ou les institutions ne jouissent d'aucun pouvoir *discrétionnaire* pour prendre la mesure d'exécution (*écran transparent*). Ainsi, l'article 95, alinéa 3 CE *[supprimé par le traité d'Amsterdam]*, demande aux États d'« éliminer » ou de « corriger » leurs dispositions fiscales qui défavorisent les produits importés des autres États membres ; mais la Cour ayant estimé que les États n'avaient pour ce faire aucun pouvoir discrétionnaire d'appréciation, ce texte a un effet direct (CJCE 16 juin 1966, *Lütticke c/ Hauptzollamt de Sarrelouis*, aff. 57/65, *Rec.* 293, spéc. 302). En revanche, la Cour a refusé l'effet direct de certaines dispositions des articles 32 et 33 CE *[abrogés par le traité d'Amsterdam]* dans la mesure où le traité ne définit ni la méthode de transformation des contingents bilatéraux en contingents globaux, ni les critères de calcul de leur valeur globale, laissant par là un important pouvoir discrétionnaire aux États membres (CJCE 19 déc. 1968, *Soc. Salgoil c/Ministère du commerce extérieur de la République italienne*, aff. 13/68, *Rec.* 661).

On peut même ajouter que dans des hypothèses où existe une compétence des États en ce qui concerne la mise en œuvre d'un droit du seul point de vue procédural (*écran opaque*), l'effet direct n'est pas entravé. Ainsi, dans l'arrêt du 12 nov. 1969, *Caisse de maladie des C.F.L. «Entr'aide médicale» et Société nationale des chemins de fer luxembourgeois*, aff. 27/69, *Rec.* 405, le renvoi d'une disposition *a priori* d'effet direct à des accords ultérieurs se bornant à régler *les modalités de son application* n'affecte pas son effet direct.

953. On doit conclure que ne peuvent se voir reconnaître un caractère conditionnel que les dispositions qui prévoient ou admettent, spécialement, au profit des États membres, un pouvoir d'aménagement du contenu même du droit conféré aux particuliers, ou tout au moins de ses caractères substantiels ou de ses conditions essentielles d'exercice.

954. Inconditionnelle, la règle ne doit être assujettie à aucun *terme* ni aucune *réserve*. Quand une obligation posée par une règle de droit de l'Union est subordonnée à l'écoulement d'un délai, tout en étant par ailleurs juridiquement parfaite, ses effets sont suspendus ; mais, à l'échéance du terme, elle devient directement applicable. Ainsi, par exemple, de l'article 13, § 2, CE *[abrogé par le traité d'Amsterdam]*, qui crée une « obligation de faire claire et précise », mais est soumis à la condition suspensive de la fin de la période de transition ou de l'expiration de délais antérieurs éventuellement fixés par la Commission dans ses directives (CJCE 17 déc. 1970, *S.A.C.E. c/Ministère des finances italien*, préc.) ou de l'article 95 alinéa 3 CE [*abrogé par le traité d'Amsterdam*] (CJCE 16 juin 1966, *Lütticke*, préc.). Plus largement, la Cour a estimé que l'expiration de la période de transition avait eu pour conséquence de rendre inconditionnelles les obligations souscrites par les États membres en vertu des articles 48, 52 et 59 CEE *[désormais art. 45, 49 et 56 FUE]* (CJCE 21 juin 1974, *Reyners c/Belgique*, aff. 2/74, *Rec.* 631).

955. Le deuxième critère est celui du contenu « ***suffisamment précis*** » d'une disposition pour qu'elle proiduise des effets directs. L'explication donnée en général par la Cour est qu'« une disposition est suffisamment précise pour être invoquée par un justiciable et appliquée par le juge lorsqu'elle énonce une obligation dans des termes non équivoques » (cf. notamment les arrêts du 23 févr. 1994, *Comitato di coordinamento per la difesa della cava e.a.*, aff. C-236/92, *Rec.* I-483 ; du 17 sept. 1996, *Cooperativa Agricola Zootecnica S. Antonio e.a.*, aff. C-246/94, *Rec.* I-4373 ; du 26 oct. 2006, *Pohl-Boskamp*, aff. C-317/05, *Rec.* I-10611 ; du 1er juill. 2010, *Susanne Gassmayr*, aff. C-194/08 *Rec.* I-386 ; ou l'Ord. du 5 févr. 2015, *Jednostka Innowacyjno-Wdrożeniowa Petrol S.C. Paczuski Maciej i Puławski Ryszard*, aff. C-275/14, ECLI:EU:C:2015:75).

956. On peut certes distinguer ce critère de précision suffisante de celui d'inconditionnalité. Mais la distinction est de degré plus que de nature. L'imprécision de la règle traduit en réalité la réserve d'un pouvoir d'appréciation au niveau de la mise en œuvre, mais c'est un pouvoir d'appréciation reconnu en quelque sorte implicitement. Le fait est que dans tous les cas où la Cour a refusé l'effet direct, les dispositions du traité soit exigeaient des mesures d'application par l'Union elle-même, soit réservaient une marge de discrétion politique aux États membres. C'est donc toujours le caractère conditionnel de la disposition en cause, plutôt que le manque de précision ou de clarté (même explicitement évoqué), qui a conduit à la conclusion du refus d'effet direct. Au demeurant, la Cour estime, logiquement, que le seul pouvoir discrétionnaire qui exclut l'effet direct est celui qui, en raison de la séparation des pouvoirs, se trouve réservé au législateur ou à l'Administration, en un mot, au pouvoir politique. En revanche, le pouvoir d'appréciation qui fait partie de l'office du juge est parfaitement compatible avec l'effet direct (CJCE 4 avr. 1968, *Fink-Frucht*, aff. 27/67, *Rec.* 327, spéc. 341), ce qui explique qu'une disposition d'effet direct puisse encore avoir besoin d'une interprétation judiciaire (CJCE 8 avr. 1976, *Defrenne*, aff. 43/75, *Rec.* 455 ; 17 mai 1990, *Barber*, aff. C-262/88, *Rec.* I-1889). N'est donc dirimant que le besoin d'interpréter les termes imprécis d'une disposition par les autorités chargées de sa mise en œuvre et non lorsque c'est le juge qui est sollicité pour le faire.

957. Finalement, comment ne pas constater que ces critères d'inconditionnalité et de précision suffisante se réduisent à une exigence d'ordre fonctionnel ? Une règle est d'effet direct pour autant que ses caractéristiques sont telles qu'elles la rendent *susceptible d'une justiciabilité complète*. Le recours à l'expression de « justiciabilité » (v. P. Pescatore, *op. cit.*, p. 174) permet en ce sens d'éclairer la jurisprudence de la Cour.

958. Cette « justiciabilité » d'une disposition va dépendre du cadre judiciaire dans lequel la question de son application se pose. À cet égard, dans un premier temps, une véritable *gradation de l'effet direct* peut être définie. S'il est logique que l'on s'intéresse surtout aux bénéficiaires des effets d'une certaine disposition, définissant une « obligation bien définie », il faut aussi admettre que la charge de cette obligation va déterminer le périmètre d'utilisation de l'effet direct. L'invocation de mise en application d'une disposition de droit de l'Union dépend donc des obligés selon cette disposition. Si l'obligation liée pèse uniquement, ce qui est souvent le cas, sur les États membres, l'effet direct ne pourra jouer que dans un conflit opposant une personne, quelle qu'elle soit, à l'État. La géométrie intuitive d'un tel contentieux conduit à parler classiquement ici d'un « *effet direct vertical* ». Si la disposition crée aussi des obligations bien définies à la charge de particuliers, son éventuel effet direct pourra être concrétisé dans un conflit opposant deux particuliers, d'où la qualification d'« *effet direct horizontal* ». Si l'on évoque ici une gradation, c'est que l'on rencontre en réalité deux situations : un effet direct uniquement vertical, que l'on peut considérer comme « *limité* », ou un effet direct ajoutant à l'effet vertical la dimension horizontale, de sorte que l'on verra là un effet direct « *complet* ».

959. Enfin, on peut ajouter que la « justiciabilité » d'une norme varie, naturellement, avec le type d'application judiciaire demandée au juge national. Lorsque le juge est sollicité d'appliquer le droit de l'Union lui-même, à défaut, voire à la place du droit national, ce qui, on l'a vu, correspond à ce que permet spécifiquement l'effet direct, on comprend que le texte invoqué doive être en tous points inconditionnel et suffisamment précis pour se prêter à cette *application/substitution*. C'est alors la condition d'une *justiciabilité complète*, à distinguer de la *justiciabilité minimale* correspondant à l'invocabilité de « prise en considération » du droit de l'Union par le juge national (v. ss 995), cette opération, dans ses diverses déclinaisons (invocabilité d'interprétation conforme, d'exclusion ou de réparation) étant admissible et praticable vis-à-vis de toute disposition de droit de l'Union, pratiquement sans condition. La notion de « justiciabilité » permet de comprendre que le droit de l'Union est applicable par le juge national aussitôt qu'il remplit les conditions suffisantes pour faire l'objet de l'utilisation judiciaire spécifique qui est sollicitée.

II. Une reconnaissance différenciée de l'effet direct du droit de l'Union

960. La portée pratique de l'effet direct varie en fonction des différentes catégories d'actes, de même que le jeu du critère substantiel. Si celui-ci est déterminant pour juger de l'effet direct des sources de droit primaire et des directives, il sera, dans la logique des trois dimensions identifiées dans l'arrêt *SACE* (préc., v. ss 949) parfois remplacé par la prise en compte de la fonction de l'acte (problématique de l'effet direct des règlements) ou complété et corrigé par la considération de la nature de l'acte (sources externes).

A. Prise en compte de la substance de l'acte

1° Le droit primaire

961. Une jurisprudence abondante, intervenue souvent très tôt, permet de regrouper les dispositions des traités de droit primaire en trois catégories.

a) Dispositions à effet direct complet

962. C'est-à-dire celles qui créent des droits et des obligations non seulement vis-à-vis des États membres (*effet direct vertical*) mais également pour les particuliers, au niveau des rapports juridiques interpersonnels (*effet direct horizontal*).

Il s'agit d'abord des dispositions du Traité (hier le traité de Rome, aujourd'hui le TFUE) en matière de concurrence (art. 101 et 102 FUE) et du traité Euratom en matière de contrôle de sécurité (art. 78, 81 et 83 CEEA), qui, visant expressément des entreprises, « se prêtent par leur nature même à produire des effets directs dans les relations entre les particuliers » (CJCE 30 janv. 1974, *B.R.T. c/Sabam*, aff. 127/73, *Rec.* 51). Elles peuvent donc être invoquées directement par une entreprise contre une autre entreprise devant les juridictions nationales (CJCE 6 avr. 1962, *Bosch*, aff. 13/61, *Rec.* 97 ; 10 juill. 1980, *Marty*, aff. 37/79, *Rec.* 2481).

Sans viser expressément les particuliers, plusieurs autres dispositions sont opposables non seulement aux États mais encore à des particuliers, pour lesquels elles engendrent des obligations directes. Ainsi en est-il des règles concernant la libre circulation et l'interdiction des discriminations tenant à la nationalité (art. 45 FUE *[ex 39 CE]*, 49 FUE *[ex 43 CE]*, 56 FUE *[ex 49 CE]* et 57 FUE *[ex 50 CE]*) qui peuvent être opposées par les travailleurs et les prestataires de services non seulement à l'encontre des règlements restrictifs émanant des pouvoirs publics, mais également des réglementations collectives du travail et notamment les règlements des fédérations sportives ainsi que les contrats de travail individuels (CJCE 12 déc. 1974, *Walrave*, aff. 36/74, *Rec.* 1420). De même, de l'article 157 FUE *[ex 141 CE]*, dont « la prohibition de discrimination entre travailleurs masculins et féminins s'impose non seulement à l'action des autorités publiques, mais s'étend également à toutes conventions visant à régler de façon collective le travail salarié, ainsi qu'aux contrats entre particuliers » (CJCE 8 avr. 1976, *Defrenne*, aff. 43/75, *Rec.* 476). De même encore, les dispositions du traité relatives à la libre circulation des marchandises et notamment l'article 34 FUE *[ex 28 CE]* peuvent être invoquées par les justiciables même à l'encontre de conventions entre particuliers (CJCE 22 janv. 1981, *Dansk Supermarked*, aff. 58/80, *Rec.* 181).

b) Dispositions à effet direct limité

963. C'est-à-dire que ces dispositions créent des droits et obligations pour les particuliers à l'égard des seuls États membres (*effet direct vertical*), et ce sont les plus nombreuses.

964. Ce sont, d'abord, celles qui contiennent des interdictions ou des obligations de ne pas faire.

– *art. 7 CEE [qui deviendra art. 6, puis art. 12 CE et qui, modifié, figure aujourd'hui à l'art. 18 FUE]*, prohibant les discriminations fondées sur la nationalité (CJCE 13 févr. 1969, *Walt Wilhelm*, aff. 14/68, *Rec.* 1 ; CJCE 20 oct. 1993, *Phil Collins*, aff. C-92/92 et C-326/92, *Rec.* I-5145) ;

– *art. 12 CEE [modifié par le traité d'Amsterdam ; aujourd'hui, cf. l'art. 30 FUE]*, prohibant les nouveaux droits de douane et taxes d'effets équivalents (CJCE 5 févr. 1963, *Van Gend et Loos*, aff. 26/62, *Rec.* 9) ;

– *art. 31 et 32, al. 1er, CE [abrogés par le traité d'Amsterdam]*, prohibant les restrictions quantitatives (CJCE 19 déc. 1968, *Salgoil*, aff. 13/68, *Rec.* 661) ;

– *art. 37.2 CEE [désormais art. 37, § 2, FUE]*, interdisant de nouvelles discriminations au titre des monopoles nationaux à caractère commercial (CJCE 15 juill. 1964, *Costa*, aff. 6/64, *Rec.* I.164) ;

– art. 53 CE *[abrogé par le traité d'Amsterdam]*, interdisant de nouvelles restrictions au droit d'établissement (CJCE 15 juill. 1964, *Costa*, préc.) ;

– *art. 73 B.1 CE [devenu art. 56 CE, désormais art. 63 FUE]*, qui proscrit toutes restrictions aux mouvements de capitaux (CJCE 14 déc. 1995, *Sanz de Lera*, aff. jointes C-163/94, 165/94 et 250/94 , *Rec.* I-4821) ;

– *art. 93 al. 3, CE [devenu art. 88 CE, désormais art. 108, § 3, FUE]*, interdisant aux États de mettre à exécution un projet d'aide nouvelle non notifié à la Commission et sur lequel elle n'a pas pris parti (CJCE 11 déc. 1973, *Lorentz*, aff. 120/73, *Rec.* 1471) ;

– *art. 95, al. 1er et 2, CE [devenu art. 90, désormais art. 110 FUE, al. 1er et 2]*, interdisant de discriminer fiscalement les produits importés (CJCE 16 juin 1966, *Lütticke*, aff. 57/65, *Rec.* 302, et 4 avr. 1968, *Fink-Frucht*, aff. 27/67, *Rec.* 341).

965. Ce sont ensuite des dispositions qui imposent aux États des obligations de faire :

– *art. 13.2 CE [abrogé par le traité d'Amsterdam]*, prescrivant la suppression des taxes d'effet équivalent (CJCE 17 déc. 1970, *S.A.C.E. de Bergame*, aff. 33/70, *Rec.* 1213) ;

– *art. 16 CE [abrogé par le traité d'Amsterdam]*, prescrivant la suppression des droits de douane à l'exportation (CJCE 26 oct. 1971, *Eunomia*, aff. 18/71, *Rec.* 811) ;

– *art. 37, al. 1er, CE [devenu art. 31, al. 1er, CE, désormais art. 37, al. 1er, FUE]*, concernant l'aménagement des monopoles nationaux à caractère commercial (CJCE 3 févr. 1976, *Manghera*, aff. 59/75, *Rec.* 91) ;

– *art. 48, 52, 59 et 60 CEE [devenus art. 39, 43, 49 et 50 CE, désormais 45, 49, 56, 57 FUE]* garantissant le traitement national, dès la fin de la période de transition aux travailleurs, prestataires de service et bénéficiaires du droit d'établissement (CJCE 4 avr. 1974, *Commission c/France*, aff. 167/73, *Rec.* 359 ; 21 juin 1974, *Reyners c/Belgique*, aff. 2/74, *Rec.* 631 ; 3 déc. 1974, *Van Binsbergen c/Bedrijfsvereniging Metaalnijverheid*, aff. 33/74, *Rec.* 1299) (v. ss 952) ;

– *art. 95, al. 3, CEE,* [*alinéa supprimé par le traité d'Amsterdam à l'article devenu 90 CE*] prescrivant la suppression ou la correction des discriminations fiscales des produits importés (CJCE 16 juin 1966, *Lütticke*, préc.).

c) Dispositions dépourvues d'effet direct

966. Se sont vu refuser l'effet direct (cf. R. Kovar, « Note sur les critères du droit communautaire non directement applicable », in *Mélanges Dehousse*, Paris, Bruxelles, Nathan, Labor, 1979, t. II, p. 227) :

– art. 2 CE, fixant les objectifs du traité *[abrogé par le traité de Lisbonne et remplacé en substance par l'art. 3 UE]* (CJCE 24 janv. 1991, *Alsthom Atlantique*, aff. C-339/89, *Rec.* I-107) ;

– art. 10 CE *[désormais art. 4, § 3, al. 2 et 3, UE]*, concernant l'obligation de fidélité communautaire (CJCE 24 oct. 1973, *Schlüter*, aff. 9/73, *Rec.* 1161) ;

– art. 13 CE posant le principe de non-discrimination pour des raisons autres que la nationalité *[transféré, modifié, à l'art. 19 FUE]* (CJCE 11 mars 2003, *Dory*, aff. C-186/01, *Rec.* I-2479 ; TPI 28 oct. 2004, *Luz Herrera c/Commission*, aff. T-219/02 et T-337/02, *Rec.* II-1407) ;

– art. 32, al. 2, et art. 33, § 1 et 2, CE *[abrogés par le traité d'Amsterdam]*, prescrivant la suppression des restrictions quantitatives (CJCE 19 déc. 1968, *Salgoil*, préc.) ;

– art. 86, § 2, CE *[désormais art. 106, § 2, FUE]*, concernant la soumission aux règles de concurrence des entreprises gérant des services d'intérêt économique général (CJCE 14 juill. 1971, *Muller-Hein*, aff. 10/71, *Rec.* 723) ;

– art. 87 et art. 88, § 1 et 2, CE [*désormais art. 107 et 108, § 1 et 2, FUE*], interdisant les aides publiques (CJCE 22 mars 1977, *Ianelli*, aff. 74/76, *Rec.* 557) ;

– art. 97 CE *[abrogé par le traité d'Amsterdam]*, autorisant les États à procéder à la fixation de taux moyens pour assurer la compensation fiscale aux frontières (CJCE 3 avr. 1968, *Molkerei Zentrale*, préc.) ;

– art. 97 CE *[désormais art. 117 FUE]*, concernant la consultation obligatoire de la Commission sur certains projets législatifs (CJCE 15 juill. 1964, *Costa*, préc.) ;

– art. 108 CE *[désormais art. 130 FUE]*, concernant les obligations des États en matière de manipulations monétaires (CJCE 24 oct. 1973, *Schlüter*, préc.) ;

– les anciens art. 117 et 118 CE (devenus, après modification par le traité d'Amsterdam, art. 136 et 140 CE *[désormais art. 151 et 156 FUE]*), concernant la politique sociale (CJCE 29 sept. 1987, *Gimenez Zaera*, aff. 126/86, *Rec.* 3697) ;

– art. 4 d, 65 et 66, § 7, du traité CECA, qui posent les règles de concurrence applicables aux entreprises (CJCE 13 avr. 1994, *Banks*, aff. C-128/92, *Rec.* I-1209 ; *RTDE* 1996. 243, obs. P. Meunier) ;

– de même l'article 255 CE *[désormais, modifié, art. 15 FUE]* sur le droit d'accès aux documents des institutions n'est pas inconditionnel (art. 15, § 3, FUE : « sous réserve des principes et conditions... »), et sa mise en œuvre dépend de mesures ultérieures : il n'a donc pas effet direct (TPI 11 déc. 2001, *Petrie e.a. c/Commission*, aff. T-191/99, *Rec.* II-3677 ; TPI 27 nov. 2007, *Athanasios Pitsiorlas*, aff. jointes T-3/00 et T-337/04, *Rec.* II-4779) ;

– les mêmes arrêts indiquent que l'article 1er, alinéa 2, du traité UE (« Le présent traité marque une nouvelle étape dans le processus créant une union sans cesse plus étroite entre les peuples de l'Europe, dans laquelle les décisions sont prises dans le plus grand respect possible du principe d'ouverture et le plus près possible des citoyens ») est dépourvu également d'effet direct, la disposition en cause n'étant pas considérée comme « claire ».

Une place à part peut être faite à l'article 18, § 1, du traité CE *[désormais art. 21 FUE]* reconnaissant des droits de libre circulation et de séjour aux citoyens européens « sous réserve des limitations et conditions prévues par le... traité et par les dispositions prises pour son application ». Ce conditionnement a d'abord conduit la Cour à refuser l'effet direct (par exemple, CJCE 11 avr. 2000, *Kaba*, aff. C-365/98, *Rec.* I-2623) puis à l'admettre, dès lors que ces limitations et conditions sont susceptibles d'un contrôle juridictionnel (CJCE 17 sept. 2002, *Baumbast*, aff. C-413/99, *Rec.* I-7091).

2° Les directives et les décisions adressées aux États

Emmert (F.) et Pereira de Azevedo (M.), « L'effet horizontal des directives », *RTDE* 1993. 503.

Galmot (Y.), « Directives et règlements en droit communautaire », *Cahiers juridiques de l'électricité et du gaz* 1990. 73.

Galmot (Y.) et Bonichot (J.-C.), « La CJCE et la transposition des directives en droit national », *RFDA* 4 (1), janv.-févr. 1988.

Haïm (V.), « La jurisprudence sur les directives communautaires ; la nécessité d'une évolution », *AJDA* 1995. 274.

Kovar (R.), « Observations sur l'intensité normative des directives », in *Du droit international au droit de l'intégration, Liber Amicorum Pierre Pescatore*, Baden-Baden, Nomos Verlag, 1987, p. 425.

Leitao (A.-R.), « L'effet direct des directives : une mythification ? », *RTDE* 1981. 425.

Louis (J.-V.), « L'effet direct des directives », in *Mélanges Baugniet*, Bruxelles, Éd. ULB, 1977, p. 471.

Manin (P.), « De l'utilisation des directives communautaires par les personnes physiques et morales », *AJDA* 1994. 259.

Pescatore (P.), « L'effet des directives communautaires : une tentative de démythification », *D.* 1980, chron. XXV.

a) Fondement spécifique

967. La doctrine dominante a longtemps considéré que le concept théorique de la directive en faisait un acte d'application médiate par nature, excluant absolument tout effet direct. La Cour de justice, en revanche, appelée à se prononcer successivement sur une décision (CJCE 6 oct. 1970, *Franz Grad*, aff. 9/70, *Rec.* 825), sur les dispositions combinées du traité et d'une directive (CJCE 17 déc. 1970, *S.A.C.E. c/Ministère des finances italien*, préc.), enfin sur une directive seule (CJCE 4 déc. 1974, *Van Duyn*, aff. 41/74, *Rec.* 1337), a réfuté cette approche et tout raisonnement formaliste, qui se fonderait sur la distinction que fait l'article 288 FUE entre le règlement et la directive ; dès lors, étendant au droit dérivé les principes d'interprétation qu'elle avait dégagés dans l'arrêt *Van Gend en Loos* (CJCE 5 févr. 1963, *Van Gend en Loos*, préc.) à propos des dispositions des traités eux-mêmes, elle s'est refusée à exclure directives et décisions du bénéfice de l'effet direct au motif qu'il serait incompatible avec « l'effet contraignant » que l'article 189 CEE *[désormais art. 288 FUE]* reconnaît à la directive et à la décision que les obligations qu'elles contiennent ne puissent être invoquées que par les institutions communautaires elles-mêmes et que, s'agissant spécialement des justiciables des États, « l'effet utile » de tels actes s'en trouverait affaibli, s'ils étaient empêchés de s'en prévaloir en justice et les juridictions nationales empêchées de les prendre en considération en tant qu'éléments du droit communautaire.

Ce raisonnement basé sur le seul « effet utile » du caractère contraignant de l'acte, a été maintenu pour la décision (CJCE 10 nov. 1992, *Hansa Fleisch*, aff. C-156/91, *Rec. I*. 5567 ; CJCE 20 nov. 2008, *Foselev Sud-Ouest SARL*, aff. C-18/08, *Rec.* I-8745). Appliqué à la directive, il exposait la Cour au reproche de remettre en cause la nature juridique de celle-ci en tant que technique de législation indirecte. Aussi a-t-il fait l'objet d'un ajustement à partir de l'arrêt *Ratti* (CJCE 5 avr. 1979, *Ministère public c/Ratti*, aff. 148/78, *Rec.* 1629). La Cour, désormais, prend soin de préciser que la directive ne produit, dans un premier temps, ni droits ni obligations pour le particulier : « dans tous les cas où une directive est correctement mise en œuvre, ses effets atteignent les particuliers par l'intermédiaire des mesures d'application prises par l'État concerné ». En revanche, « des problèmes particuliers se posent au cas où un État membre n'a pas correctement exécuté une directive et, plus spécialement, dans le cas où les dispositions d'une directive sont restées inexécutées à l'expiration du délai fixé pour sa mise en œuvre » et d'ajouter que c'est seulement dans ces circonstances que « l'État membre qui n'a pas pris dans les délais les mesures d'exécution imposées par la directive ne peut opposer aux particuliers le non-accomplissement, par lui-même, des obligations qu'elle comporte » (CJCE 19 janv. 1982, *Becker c/Finanzamt Münster-Innenstadt*, aff. 8/81, *Rec.* 53).

968. L'effet direct n'est donc pas seulement une qualité substantielle de la directive, mais une « garantie minimale », le critère matériel se doublant désormais d'un critère conjoncturel. C'est le défaut d'exécution de la directive (non transposition à l'expiration du délai ou transposition incorrecte) qui fonde, conformément aux « dispositions combinées des articles 189, alinéas 3, et 5 du traité CE » *[désormais art. 288 FUE et art. 4, § 3 UE]* (CJCE 20 sept. 1988, *Oberkreisdirektor des Kreises Borken c/Moormann*, aff. 190/87, *Rec.* 4689) le pouvoir et le devoir du juge interne de l'appliquer directement à l'encontre de l'État défaillant et constitue ainsi une condition nécessaire, qui s'ajoute au caractère inconditionnel et suffisamment précis de ses termes. La problématique même de l'effet direct présuppose donc ici, contrairement à ce qu'il en est pour le règlement, un contexte juridique particulier, c'est-à-dire en réalité « pathologique ». Se retrouvent ici les deux dimensions de l'effet direct : la caractéristique substantielle d'une disposition mais aussi la sanction au service de l'efficacité du droit de l'Union, cette dernière dimension étant désormais conçue de manière fort complète par la Cour, c'est-à-dire à la seule aune du résultat visé par la directive : « les particuliers sont fondés à invoquer devant le juge national, à l'encontre de l'État membre en cause, les dispositions d'une directive qui apparaissent, du point de vue de leur contenu, inconditionnelles et suffisamment précises, dans tous les cas où la pleine application de celle-ci n'est pas effectivement assurée, c'est-à-dire non seulement en cas d'absence de transposition ou de transposition incorrecte de cette directive, mais aussi dans le cas où les mesures nationales qui transposent correctement ladite directive ne sont pas appliquées de manière à atteindre le résultat qu'elle vise » (CJCE 11 juill. 2002, *Marks & Spencer*, aff. C-62/00, *Rec.* I-6325 ; CJCE 8 juin 2006, *Feuerbestattungsverein Halle*, aff. C-430/04, *Rec.* I-4999).

Quels que soient les avantages de leur possible effet direct, et plus largement de leur invocabilité, il demeure cependant conforme à leur nature que seule leur transposition confère aux directives l'intégralité de leurs effets internes. La reconnaissance potentielle de l'effet direct ne doit donc pas relativiser l'exigence de transposition. Dans cette même logique, la Cour a eu l'occasion d'affirmer que l'effet direct « ne saurait servir de justification à un État membre pour se dispenser de prendre, en temps utile, des mesures d'application adéquates à l'objet de chaque directive », notamment sous prétexte que sa législation (ou sa pratique administrative) serait conforme aux finalités communautaires (CJCE 6 mai 1980, *Commission c/Belgique*, aff. 102/79, *Rec.* 1473). On peut cependant signaler le cas du « contexte juridique général existant » assurant parfois, pour la Cour, la pleine application de la directive de façon suffisamment claire et précise (CJCE 9 sept. 1999, *Commission c/Allemagne*, aff. C-217/97, *Rec.* I-5087 ; CJCE 26 juin 2003, *Commission c/France*, aff. C-233/00, *Rec.* I-6625 ; CJCE 9 déc. 2004, *Commission c/France*, aff. C-177/03, *Rec.* I-11671).

b) Portée limitée

969. Compte tenu de son fondement spécifique, l'effet direct de la directive est limité et se distingue sensiblement de celui du règlement, cette différence, conforme à l'esprit comme à la lettre de l'article 288 FUE, étant cependant de plus en plus délicate à préserver.

1) L'effet direct vertical

970. Les dispositions des directives qui sont inconditionnelles et suffisamment précises, disposent d'un *effet direct vertical.* Ceci signifie qu'à défaut de toute mesure d'application prise dans les délais, les dispositions d'une directive qui remplissent les conditions de l'effet direct peuvent non seulement être invoquées à l'encontre de toutes dispositions nationales non conformes à la directive, mais surtout, telle est la substance même de l'effet direct, et en tous cas sa spécificité, en tant qu'elles créent des droits que les particuliers sont en mesure de faire valoir à l'égard de l'État (*invocabilité de substitution*) et que le juge national doit protéger (cf. pour une directive : CJCE 5 avr. 1979, *Ministère public c/Ratti*, aff. 148/78, *Rec.* 1629 ; pour une décision : CJCE 8 mars 1979, *Salumificio di Cornuda*, aff. 130/78, *Rec.* 867 ; pour une recommandation de la CECA : CJCE 22 févr. 1990, *Busseni*, aff. C-221/88, *Rec.* I.495). Cela signifie, ensuite, que, même si des mesures d'application ont été prises, les dispositions inconditionnelles et suffisamment précises peuvent être invoquées dans toute la mesure où ces mesures d'application seraient insuffisantes (CJCE 28 oct. 1975, *Rutili c/Ministre de l'Intérieur*, aff. 36/75, *Rec.* 1219).

971. Il convient de situer cet effet direct par rapport à d'autres hypothèses d'invocabilité des directives puis d'en souligner quelques particularités.

972. ***Autres types d'invocabilité des directives*** : toute directive, quel que soit son degré de conditionnalité et de précision, autrement dit, même si elle ne réunit pas les conditions pour produire un effet direct, peut être invoquée par les justiciables devant leurs juridictions nationales y compris dans un litige entre particuliers (*contrôle de compatibilité*) « dans le but de faire vérifier par celles-ci si les autorités nationales compétentes, dans l'exercice de la faculté qui leur est réservée quant à la forme et aux moyens pour la mise en œuvre de la directive, sont restées dans les limites d'application tracées par la directive » (CJCE 1er févr. 1977, *VNO*, aff. 51/76, *Rec.* 113, spéc. 127) ; de même encore, « en appliquant le droit national, et notamment les dispositions d'une loi nationale spécialement introduite en vue d'exécuter une directive, la juridiction nationale est tenue d'interpréter son droit national à la lumière du texte et de la finalité de la directive pour atteindre le résultat visé par l'article 189, alinéa 3, du traité » (CJCE 10 avr. 1984, *Von Colson et Kamann*, aff. 14/83, *Rec.* 1891 ; 20 sept. 1988, *Bentjes*, aff. 31/87, *Rec.* 4635) en vertu du *principe de l'interprétation conforme*, bientôt étendu à l'ensemble du droit interne, y compris le droit antérieur à la directive (CJCE 13 nov. 1990, *Marleasing*, aff. 106/89, *Rec.* 4135), y compris également la jurisprudence interne (CJCE 13 juill. 2000, *Centrosteel*, aff. C-456/98, *Rec.* I-6007).

S'agissant ensuite des dispositions d'une directive qui, sans être intégralement précises et inconditionnelles, permettent cependant d'identifier des droits attribués aux particuliers, elles engendrent à leur profit « un droit à obtenir réparation des dommages résultant de la non-transposition de cette directive » (CJCE 19 nov. 1991, *Francovich et Bonifaci*, aff. C-6/90 et C-9/90, *Rec.* I-5403), « car l'absence de mesure de transposition d'une directive… dans un délai imparti à cet effet constitue en elle-même une violation caractérisée du droit communautaire » (CJCE 8 oct. 1996, *Erich Dillenkorfer e.a. c/Bundesrepublik Deutschland*, aff. jtes C-178/94, C-179/94, C-188/94, C-189/94 et C-190/94, *Rec.* I-4845). Dans l'hypothèse de transposition incorrecte de la directive, le particulier lésé doit, en revanche, établir que l'État « a méconnu de manière manifeste et grave les limites qui s'imposent à ses pouvoirs. À cet égard, parmi les éléments qui peuvent être pris en considération, figurent notamment le degré de clarté et de précision de la norme violée » (CJCE 26 mars 1996, *British Telecommunications*, aff. C-392/93, *Rec.* I-1631).

Toutes ces hypothèses permettent de déduire de la primauté du droit de l'Union européenne une invocabilité des directives par les particuliers, ne consistant pas à demander le bénéfice d'un droit que celle-ci leur conférerait directement (seul l'effet direct permet ce type d'invocabilité de substitution, de mise en application), mais se limitant à demander à leur juge national de prendre en considération cette directive, pour contrôler, et éventuellement écarter le droit national, ou pour l'interpréter, ou enfin pour indemniser le particulier d'un préjudice que lui aurait causé le non-respect de la directive (sur cette invocabilité de prise en considération, (v. ss 995).

973. ***Cas particuliers de l'effet direct vertical des directives*** : on peut parfois identifier un effet direct *oblique* et un effet direct *collatéral*.

– *Effet oblique* : compte tenu de sa conception de l'invocabilité des directives comme sanction du comportement de l'État défaillant, cet effet vertical est entendu par la Cour au sens large (ce qui peut le faire pencher vers l'*oblique*), c'est-à-dire qu'une directive peut être opposée non seulement à l'État, et quelle que soit la qualité en laquelle il se présente, autorité publique ou simple employeur (CJCE 26 févr. 1986, *Marshall*, aff. 152/84, *Rec.* 723), mais encore aux divers démembrements de l'État, autorités décentralisées (démembrement territorial) comme les communes (CJCE 22 juin 1989, *Fratelli Costanzo c/Commune de Milan*, aff. 103/88, *Rec.* 1839), ainsi qu'aux entreprises publiques (démembrement fonctionnel) (CJCE 12 juill. 1990, *Foster et autres c/British Gas*, aff. C-188/89, *Rec.* I-3313) ou autres organismes, quelle que soit leur forme juridique, qui sont soumis à l'autorité ou au contrôle de l'État, *ou* qui détiennent des pouvoirs exorbitants par rapport à ceux qui résultent des règles applicables dans les relations entre particuliers. Pour l'exemple d'une société d'autoroute, CJCE 5 févr. 2004, *Rieser International Transporte*, aff. C-157/02, *Rec.* I-1477 ; pour un rappel, CJ 25 juin 2015, *« Indėlių ir investicijų draudimas » VĮ*, aff. C-671/13, ECLI:EU:C:2015:418 ; pour l'insistance sur le caractère non forcément cumulatif des deux critères de la jurisprudence *Foster*, s'agissant d'un organisme privé chargé d'indemniser les victimes de chauffards non assurés, CJ (Gr. ch.), 10 oct. 2017, *Farrell*, aff. C-413/15, ECLI:EU:C:2017:745.

– *Effet collatéral* : si une directive ne peut créer des obligations dans le chef des particuliers, il ne faut cependant pas considérer que tel serait le cas dans l'hypothèse où l'effet direct vertical d'une directive bénéficiant à un particulier serait à l'origine de « simples répercussions négatives » pour d'autres particuliers. Ces répercussions, certes horizontales, ne portent pas pour autant atteinte à la dimension verticale de l'effet direct : CJCE 7 janv. 2004, *D. Wells*, aff. C-201/02, *Rec.* I-723. Il s'agit d'une situation triangulaire dans laquelle le litige oppose un particulier à l'État n'ayant pas fait une étude d'impact imposée par une directive avant d'autoriser l'extension d'une carrière. Certes, l'exploitant de la carrière va subir des répercussions indirectes négatives. Pour autant, cela reste un effet vertical. De même pour un distributeur pharmaceutique, parfaitement habilité à obtenir de l'Administration l'annulation d'une autorisation administrative accordée à un de ses concurrents en violation d'une directive (CJCE 12 nov. 1996, *Smith & Nephew Pharmaceuticals Ltd*, aff. C-201/94, *Rec.* I-5819).

2) L'absence d'effet direct horizontal

974. Il ne fait plus de doute aujourd'hui que les directives, contrairement aux règlements et à certaines dispositions des traités, ne sauraient être invoquées à l'encontre de personnes privées. Dans son arrêt *Marshall* (préc.), la Cour rappelle que, selon l'article 249 CE *[désormais art. 288 FUE]*, le caractère contraignant d'une directive, sur lequel est fondée la possibilité de l'invoquer n'existe qu'à l'égard de « tout État membre destinataire ». Il s'ensuit « qu'une directive ne peut pas par elle-même créer d'obligations dans le chef d'un particulier et qu'une disposition d'une directive ne peut donc pas être invoquée en tant que telle à l'encontre d'une telle personne » (dans le même sens, CJCE 5 oct. 2004, *Pfeiffer*, aff. C-397 à 403/01, *Rec.* I-8835). De même, les décisions adressées aux États membres n'ont pas d'effet direct horizontal (CJCE 7 juin 2007, *Carp SNC*, aff. C-80/06, *Rec.* I-4473).

La même logique se traduit par l'impossibilité pour une directive de déterminer ou d'aggraver la responsabilité pénale de ceux qui agissent en infraction à ses dispositions (CJCE 8 oct. 1987, *Kolpinghuis Nijmegen*, aff. 80/86, *Rec.* 3969 ; pour un rappel, CJCE 11 nov. 2004, *Antonio Niselli*, aff. C-457/02, *Rec.* I-10853). Dans la mesure où elle pénalise l'État qui prétendrait imposer le respect de directives qu'il n'a pas transposées (*effet vertical inversé*, exclu ; cf. aussi sur l'exclusion de cette inversion interdite du jeu de l'effet vertical, l'arrêt du 27 févr. 2014, *OSA*, aff. C-351/12, ECLI:EU:C:2014:110) et s'oppose, par exemple, à ce que les particuliers soient sanctionnés pour avoir contrevenu à une directive non transposée (CJCE 11 juin 1987, *Pretore di Salò c/X*, aff. 14/86, *Rec.* 2545 ; 8 oct. 1987, *Kolpinghuis Nijmegen*, aff. 80/86, *Rec.* 3969), cette solution est parfaitement cohérente avec l'invocabilité/sanction des comportements de l'État défaillant.

En revanche, il faut bien constater que cette jurisprudence interdit aussi à un particulier d'invoquer à l'encontre d'un autre particulier (*effet horizontal*) les dispositions d'une directive qui rempliraient cependant les conditions de l'effet direct, ce qui prive ces particuliers d'une possibilité de défendre leurs droits (sur cette question, V. Prechal, « *Remedies after Marshall* », *Common Market Law Review* 1990. 451 ; et pour une critique, P. Manin, « L'invocabilité des directives : quelques interrogations », *RTDE* 1990. 669).

Pour être logique, cette solution présente quelques inconvénients. La conception large de l'État vis-à-vis de qui une directive peut être invoquée, signalée, ci-dessus, conduit à une curieuse situation de discrimination. En effet, un salarié du secteur public pourra invoquer une directive (imaginons une directive sur le temps de travail) à l'encontre de son employeur, en l'occurrence l'État, ce que ne pourra pas faire le salarié du secteur privé. Malgré les inconvénients évidents de cette solution, et contrairement aux conclusions de son avocat général, la Cour a confirmé solennellement son refus de consacrer l'effet direct horizontal des directives, qui remettrait en cause le système des sources du droit communautaire, puisqu'il « reviendrait à reconnaître à la Communauté le pouvoir d'édicter avec effet immédiat des obligations à la charge des particuliers, alors qu'elle ne détient cette compétence que là où lui est attribué le pouvoir d'adopter des règlements » (CJCE 14 juill. 1994, *Faccini Dori*, aff. C-91/92, *Rec.* I-3325, concl. O. Lenz, I-3328 ; 7 mars 1996, *El Corte Inglès SA*, aff. C-192/94, *Rec.* I-1281).

La Cour, de plus, insiste sur le fait que le particulier n'est pas démuni. Si l'effet direct horizontal lui est refusé, il pourra cependant bénéficier des autres formes d'invocabilité, notamment l'invocabilité d'interprétation conforme, qui s'applique même dans les litiges opposant deux particuliers (CJCE 8 oct. 1987, *Kolpinghuis Nijmegen*, aff. 80/86, *Rec.* 3969 ; 13 nov. 1990, *Marleasing*, aff. C-106/89, *Rec.* I-4135 ; 16 déc. 1993, *Theodoro Wagner Miret*, aff. C-334/92, *Rec.* I-6917 ; 7 déc. 1995, *Luigi Spano et Fiat Geotech SpA*, aff. C-472/93, *Rec.* I-4321 ; v. les conclusions de l'avocat général M. Darmon, in CJCE 8 nov. 1990, *Dekker*, aff. C-177/88, *Rec.* I-3968), ou l'invocabilité d'exclusion, qui comporte certaines hypothèses *horizontales*, notamment pour des directives procédurales (v. ss 1004), ou l'invocabilité d'indemnisation.

c) Résistances à l'effet direct des directives

975. La Cour de justice n'a pas rallié immédiatement à sa conception de l'effet direct des directives la totalité des juridictions nationales. Ainsi de la Cour financière allemande (*Bundesfinanzhof*), qui en 1981 et 1986, a refusé d'accorder un effet direct à une directive. La Cour constitutionnelle fédérale, le 8 avril 1987, a mis fin à cette opposition. En Italie, initialement, la jurisprudence de la Cour de justice se heurta tant à la Cour de cassation (7 oct.1981, *Ministre des finances c/Société Cartiere Timavo*) qu'au Conseil d'État (5 mai 1980, *Société Helen Curtis et Unipro c/Ministre de la Santé, Rec.* 639), mais la pression de la Cour constitutionnelle a permis de mettre fin à cette résistance (cf. l'arrêt du Conseil d'État du 14 avril 2008, section VI, n° 1596). Le Tribunal suprême espagnol, après un temps d'hésitation, reconnaît la jurisprudence de la Cour, tant dans sa formation civile qu'administrative. Au Royaume-Uni, la Chambre des Lords a adhéré pleinement à l'approche de la Cour par un arrêt du 18 avril 1991 (*Foster v. British Gas Plc* (HL) [1991] 2 A.C. 306).

Mais c'est surtout en France que le Conseil d'État a marqué, formellement et durablement, son désaccord, avec son arrêt *Cohn-Bendit* (C.E., Sect., 22 déc. 1978, *CDE* 1979. 265, obs. G. Isaac).

1) L'opposition de l'arrêt *Cohn-Bendit*

976. S'en tenant exclusivement à la lettre de l'article 249, alinéa 3, CE *[désormais art. 288, al. 3, FUE]*, dont découlerait « clairement » son raisonnement, le juge administratif français considère que les autorités nationales « restent seules compétentes pour décider de la forme à donner à l'exécution des directives et pour fixer elles-mêmes, sous le contrôle des juridictions nationales, les moyens propres à leur faire produire effet en droit interne » ; d'où il déduit que « quelles que soient d'ailleurs les précisions qu'elles contiennent à l'égard des États membres, les directives ne sauraient être invoquées par les ressortissants de ces États à l'appui d'un recours contre un acte administratif individuel ». Il faut bien noter que cette approche formaliste se positionne de manière explicite, voire ostensible du fait de la mise en œuvre de la théorie de l'acte clair et du mépris pour les « précisions », à l'inverse de la démarche de la Cour qui avait justement rejeté les considérations formelles au profit de l'approche matérielle, comme indiqué ci-dessus, et qui, de surcroît, avait appliqué cette méthode à la disposition en cause dans l'affaire *Cohn-Bendit* (l'article 6 de la directive n° 64/221 du 25 février 1964) pour lui reconnaître un effet direct (CJCE 28 oct. 1975, *Rutili*, aff. 36/75, *Rec.* 1219). Dans l'éventail des solutions que lui avait proposées son commissaire du gouvernement, B. Genevois, le Conseil a préféré la « guerre des juges » au « dialogue des juges », c'est-à-dire au renvoi préjudiciel à la Cour, lequel avait pourtant la préférence dans les conclusions.

2) L'érosion de la jurisprudence *Cohn-Bendit*

977. La jurisprudence ultérieure étant venue préciser cette position, et il est apparu que même si la position de principe ne variait pas, le Conseil d'État admettait de plus en plus de possibilités d'invocation d'une directive par les particuliers, ce qui, en pratique, réduisait les conséquences fâcheuses de la discordance de jurisprudence. (cf. J.-C. Bonichot, « Convergences et divergences entre le Conseil d'État et la Cour de justice des Communautés européennes », *RFDA* 1989. 579 ; D. de Bechillon, « L'applicabilité des directives communautaires selon la jurisprudence du Conseil d'État », *RDP* 1991. 759 ; D. Simon, « Le Conseil d'État et les directives communautaires : du gallicanisme à l'orthodoxie », *RTDE* 1992. 265 ; T. Dal Farra, « L'invocabilité des directives communautaires devant le juge national de la légalité », *RTDE* 1992. 631). Le Conseil d'État a ainsi admis que les justiciables peuvent contester devant leur juge national la légalité des mesures réglementaires prises pour l'application d'une directive au regard des dispositions de cette directive (C.E. 28 sept. 1984, *Confédération nationale des sociétés de protection des animaux en France*, *AJDA* 1984. 695). Le Conseil d'État a reconnu aux justiciables la possibilité de s'opposer, en utilisant toutes les voies de droit qui leur sont ouvertes, à l'application d'une règle de droit national contraire à une directive (C.E., Sect., 7 déc. 1984, *Fédération française des sociétés de protection de la nature*, *RTDE* 1985. 187), y compris en demandant à tout moment l'abrogation d'un acte réglementaire légalement pris, mais devenu incompatible avec une directive qui lui est postérieure (C.E. 3 févr. 1989, *Alitalia*, *AJDA* 1989. 387). Le Conseil d'État a admis aussi la faculté pour les justiciables d'« invoquer » la directive, même si elle est dépourvue d'effet direct, en tant que norme de référence pour l'interprétation du droit national et spécialement des mesures nationales de transposition (C.E., Ass., 22 déc. 1989, *Min. du Budget c/Cercle militaire de la caserne Mortier*, *AJDA* 1990. 328).

La Haute juridiction administrative a reconnu encore aux justiciables le droit d'obtenir réparation des dommages causés par l'Administration en violation d'une directive (C.E. 28 févr. 1992, *Soc. Arizona Tobacco Products et SA Philip Morris France, AJDA* 1992. 225, concl. M. Laroque). Le Conseil a même admis de contrôler que les mesures nationales ne compromettent pas le résultat visé par la directive, avant même l'expiration du délai de transposition (jurisprudence *Inter-Environnement Wallonie*, v. ss 632) (C.E. 10 janv. 2001, *France Nature Environnement, Europe*, mai 2001, comm. n° 152). Lorsque la directive a fait l'objet d'une mesure de transposition par voie réglementaire, le requérant a toujours pu, à l'appui du recours contre une décision individuelle, invoquer, par la voie de l'exception, la non-conformité de la mesure d'application de la directive et faire ainsi sanctionner la décision individuelle ; c'est ce « détour » qu'avait omis de suivre *Cohn-Bendit*, c'est lui en revanche, qui a permis au Sieur Stasi d'obtenir satisfaction, sur la base de la même directive, devant le tribunal administratif de Lyon (25 oct. 1979, *Rec.* 535 ; encore C.E. 8 juill. 1991, *Giuseppe Palazzi, AJDA* 1991. 827). La même protection, par le biais de l'exception, est désormais accordée lorsque la directive a fait l'objet d'une transposition législative (C.E. 17 mars 1993, *Groupement pour le développement de la coiffure, Dr. fiscal* 1993, n° 21). Le Conseil d'État est même allé jusqu'à l'extrême limite de cette méthode de l'exception d'incompatibilité en acceptant de contrôler la légalité de la règle nationale « en tant qu'elle n'aurait pas prévu » une mesure qu'exigeait une directive (C.E., Ass., 30 oct. 1996, *SA Cabinet Revert et Badelon* et *Ministre du Budget c/SA Jacques Daugeville, AJDA* 1996. 980, obs. J.-H. Stahl et D. Chauvaux), ainsi que lorsque la réglementation nationale résulte de règles jurisprudentielles, c'est-à-dire en l'absence de texte (C.E., Ass., 6 févr. 1998, *Tête, AJDA* 1998. 458, obs. F. Raynaud et P. Fombeur).

978. Mais pour autant, pendant très longtemps, le Conseil d'État n'est pas revenu sur le principe de l'arrêt *Cohn-Bendit*, refusant toujours la possibilité de se prévaloir directement d'une directive à l'encontre d'un acte administratif individuel, c'est-à-dire l'invocabilité de substitution, seule utile, au surplus, chaque fois qu'une directive n'implique pas seulement la suppression de règles existant dans le droit français mais exige l'intervention de mesures positives (C.E. 30 avr. 1982, *Roland, Rec., Tables* 547 ; 13 déc. 1985, *Zakine, Rec., Tables* 515 ; 19 mars 1986, *Cabinet J. Dangeville, Rec., Tables* 465 ; 7 mars 1994, *Ass. pour le tracé ouest du contournement de Carling, JCP* 1994. IV. 1155, obs. M.-C. Rouault ; 17 nov. 1995, *Union juridique Rhône-Méditerranée, Europe* févr. 1996, n° 67 ; 27 sept. 1998, *Ferrari, Europe* févr. 1999, n° 75 ; C.E. 28 déc. 2005, *Syndicat d'agglomération nouvelle ouest Provence*, req. n° 277128). Si, concrètement, pour le justiciable, « l'angle mort » était de plus en plus étroit sous le double effet des nuances de l'arrêt *Cohn-Bendit* lui-même, permettant le jeu de l'exception, et des possibilités d'invocabilité de prise en considération découlant de l'immédiateté, dès leur entrée en vigueur, et de la primauté des directives, le Conseil d'État demeurait rigide sur le principe et n'a pas été, pendant plus de trente ans, sensible à la conception non dogmatique de la Cour insistant sur le caractère marginal et curatif de l'effet direct des directives ; il ne semble pas non plus avoir été ébranlé par la précision de l'article 34-2-b UE [*version du traité d'Amsterdam*] qui, à propos des décisions-cadres dans le troisième pilier de l'Union, lesquelles reproduisent le même schéma de répartition des rôles entre les autorités européennes (objectifs à atteindre) et les instances nationales (compétentes quant à la forme et aux moyens) que les directives, exclut explicitement que ces actes puissent « entraîner d'effet direct », ce qui, *a contrario*, pourrait apparaître comme une validation par les rédacteurs des traités de la possibilité contraire au profit de la directive communautaire (en revanche, les autres types d'invocabilité n'étaient pas exclus pour la décision-cadre : pour l'invocabilité d'interprétation conforme : CJCE 16 juin 2005, *Pupino*, aff. C-105/03, *Rec.* I-5285). De même, le Conseil d'État n'a pas vacillé quand le Conseil constitutionnel a reconnu que les directives pouvaient contenir des dispositions « inconditionnelles et précises » (Décis. Cons. const. n° 2004-496 DC du 10 juin 2004, *Loi pour la confiance dans l'économie numérique*, *AJDA* 2004. 1534), ce qu'il l'a lui-même confirmé (C.E., Ass., 8 févr. 2007, *Société Arcelor Atlantique et Lorraine*, req. n° 287110), ou lorsque la Cour européenne des droits de l'Homme a admis que les « directives... peuvent, dans certaines circonstances, avoir un effet direct vertical » (CEDH 30 juin 2005, Gr. ch., *Bosphorus c/Irlande*, req. n° 45036/98, § 93).

3) L'abandon de la jurisprudence *Cohn-Bendit*

KOVAR (R.), « Le Conseil d'État et l'effet direct des directives : la fin d'une longue marche », *Europe*, étude 1, janv. 2010.

979. M. Guyomar, dans ses conclusions sous l'arrêt *Perreux* (C.E., Ass., 30 oct. 2009, *Mme Perreux*, n° 298348) évoqua l'attitude du Conseil d'État en ces termes : « il est des isolements splendides ; d'autres sont pathétiques ». Si, selon lui, celui du Conseil en la matière n'était ni l'un, ni l'autre, il préconisa cependant d'abandonner la jurisprudence *Cohn-Bendit*, en évoquant trois séries d'arguments. De nouvelles circonstances de droit (acceptation implicite de l'effet direct par les États membres ; transposition des directives devenue obligation constitutionnelle avec l'article 88-1 de la Constitution) ; la nouvelle conception que se fait le Conseil d'État de son office en tant que juge communautaire, c'est-à-dire le souci d'assurer l'effectivité des droits issus du droit communautaire alors qu'en 1978, et à juste titre historique, le souci était de bien marquer la répartition des compétences entre les États et la Communauté ; enfin l'irréductible utilité, dans certaines espèces, de l'effet direct, seul à comprendre la dimension d'invocabilité de substitution.

Dans son arrêt, le Conseil d'État reprend très exactement la jurisprudence de la Cour de justice :

> « tout justiciable peut se prévaloir, à l'appui d'un recours dirigé contre un acte administratif non réglementaire, des dispositions précises et inconditionnelles d'une directive, lorsque l'État n'a pas pris, dans les délais impartis par celle-ci, les mesures de transposition nécessaires. »

Par ailleurs, le Conseil d'État, s'il souligne que l'obligation de transposition est constitutionnelle au titre de l'article 88-1 de la Constitution, indique que l'obligation découle également du traité lui-même *(désormais du traité FUE)* et qu'un seul de ces fondements suffit à justifier son action en tant que juge au service de l'effectivité des droits. Pour une démarche identique : C.E. 21 mars 2011, *M. Jin et M. Thero*, n° 345978, 346612.

B. Prise en compte de la fonction ou de la nature de l'acte

980. Ceci va conduire à réduire l'emprise du seul critère substantiel dans le raisonnement du juge, d'autres considérations venant se substituer à lui ou le corriger.

1° Substitution au critère substantiel : règlements et décisions adressés aux particuliers

a) Effet direct des règlements

981. La question est ici particulière dans la mesure où le traité présente comme une caractéristique de ce type d'acte, dans l'article 288 FUE qu'il est « directement applicable dans tout État membre ». C'est même le seul cas où le traité donne cette précision. La Cour en a déduit que, *par sa nature et sa fonction*, le règlement « produit des effets immédiats et est, comme tel, apte à conférer aux particuliers des droits que les juridictions nationales ont l'obligation de protéger » (CJCE 14 déc. 1971, *Politi*, aff. 43/71, *Rec.* 1039). On peut même renforcer encore cet effet direct de principe en précisant que le règlement ayant une portée générale, visant à obliger aussi bien les particuliers que les États membres, il s'agira d'un effet direct « complet » associant les dimensions verticale mais aussi horizontale (CJCE 12 déc. 1974, *Walrave*, aff. 36/74, *Rec.* 1420).

982. La Cour a pu formuler sa conception avec beaucoup de détermination, le règlement étant présenté comme « un acte normatif... ayant de plein droit un effet direct dans son ensemble » (CJCE 4 déc. 1974, *Van Duyn*, aff. 41/74, préc.), ce qui évite donc d'avoir à raisonner disposition par disposition, article par article, comme y invite l'approche principale substantielle. Pour autant, il faut admettre que certains règlements peuvent nécessiter des actes nationaux de mise en œuvre, ce qui conduira à limiter l'effet direct à la possibilité pour les juridictions nationales « de contrôler la conformité de ces mesures nationales avec le contenu du règlement communautaire » (CJCE 27 sept. 1979, *Eridania*, aff. 230/78, *Rec.* 2749). Si l'on a longtemps pu considérer que cette éventuelle compétence nationale ne s'assortissait en toute hypothèse d'aucun pouvoir discrétionnaire d'appréciation, la Cour, de manière quelque peu surprenante, a pris acte d'une telle marge d'appréciation dans la prise de mesures nationales d'application d'un règlement pour refuser que des particuliers puissent tirer des droits du règlement lui-même, en l'absence de telles mesures (CJCE 11 janv. 2001, *Monte Arcosu Srl*, aff. C-403/98, *Rec.* I-103), cette décision proposant une inflexion inédite et inattendue à la traditionnelle position de principe de l'arrêt *Politi* :

> « si, en raison même de la nature des règlements et de leur fonction dans le système des sources du droit communautaire, les dispositions desdits règlements ont, *en général*, effet immédiat dans les ordres juridiques nationaux, sans qu'il soit besoin pour les autorités nationales de prendre des mesures d'application, certaines de leurs dispositions peuvent néanmoins nécessiter, pour leur mise en œuvre, l'adoption de mesures d'application par les États membres... eu égard à la marge d'appréciation dont disposent les États membres pour la mise en œuvre desdites dispositions, il ne saurait être considéré que des particuliers peuvent tirer des droits de ces dispositions en l'absence de mesures d'application adoptées par les États membres ».

On peut être gêné par l'approximation conceptuelle : dans cette jurisprudence, est en cause l'effet direct, la création de droits pour les particuliers, mais c'est « l'immédiateté » qui est nuancée par rapport à la formule *Politi* ; de plus, ce n'est pas la seule existence de toute règle intermédiaire d'application qui suffit à empêcher l'effet direct mais le fait que certaines de ces mesures mettent en œuvre un pouvoir discrétionnaire, ce qui devrait empêcher logiquement l'effet direct de la disposition appliquée, que les mesures nationales soient prises ou non.

Quoi qu'il en soit, la Cour, depuis, semble avoir adopté comme formule de base celle de l'arrêt *Monte Arcosu* (arrêts du 24 juin 2004, *Handlbauer*, aff. C-278/02, *Rec.* I-6171 ; du 28 oct. 2010, *SGS Belgium e.a.*, aff. C-367/09, *Rec.* I-10761 ; du 14 avr. 2011, *VlaamseDierenartsenvereniging et Janssens*, aff. C-42/10, C-45/10 et C-57/10, *Rec.* I-2975 ; du 25 oct. 2012, *Ketelä*, aff. C-592/11, ECLI: EU:C:2012:673 ; Ord. du 16 janv. 2014, *Dél-Zempléni Nektár Leader Nonprofit*, aff. C-24/13, ECLI:EU:C:2014:40 ; arrêts du 15 mai 2014, *Szatmári Malom*, aff. C-135/13, ECLI:EU:C:2014:327 ; du 7 juill. 2016, *Gorje*, aff. C-111/15, ECLI:EU:C:2016:532 ; du 15 mars 2017, *Al Chodor e.a.*, aff. C-528/15, ECLI:EU:C:2017:213 ; du 30 mars 2017, *Lingurár*, aff. C-315/16, ECLI:EU:C:2017:244 ; ou du 12 avr. 2018, *Commission c/ Danemark*, aff. C-541/16, ECLI:EU:C:2018:251) du moins quant à l'effet immédiat « en général », mais semble ne plus utiliser cette approche pour priver d'effet direct un règlement, mais pour contrôler les compléments normatifs nationaux de règlements (v. ss 1027).

983. Le Tribunal de première instance semble aussi avoir voulu consacrer cette nouvelle catégorie de règlements « imparfaits » et hétérodoxes au regard de l'article 288 FUE en jugeant que les règlements en cause dans cette affaire « ne constituent pas des dispositions dont la mise en œuvre peut se faire directement sans l'intervention de règles intermédiaires des États membres » (TPI, Ord. du 9 janv. 2007, *Lootus Teine Osaühing c/Conseil*, aff. T-127/05, *Rec.* II-1) mais la perspective n'était pas exactement la même puisque n'était pas en cause *l'effet direct* du règlement mais *l'affectation directe* des particuliers en tant que condition de leur légitimation active pour agir en annulation (v. ss 1272).

984. S'il convient donc sans doute de relativiser ce que l'on a parfois pu ressentir comme un « détricotage » de la jurisprudence classique en matière d'effet direct des règlements, il semble possible malgré tout de tenter une mise en perspective d'ensemble cohérente. Celle-ci, sur la base de cette nouvelle logique d'un règlement produisant « de manière générale » des effets directs mais pouvant dans certains cas en être dépourvu, pourrait être présentée en termes de présomption non irréfragable. C'est déjà sous cet angle que J.-V. Louis envisageait l'effet direct des règlements, même sous l'angle de la jurisprudence *Politi* (art. 189, in *Commentaire J. Mégret*, t. 10, ULB, 1993, p. 496). N'est-il pas – il est vrai – patent que l'arrêt *Politi* évoque seulement une « aptitude » naturelle à produire des effets directs ? Il y aurait donc une ***présomption d'effet direct liée à la nature du règlement*** (en phase avec la présomption générale d'effet direct reposant sur la spécificité de l'intégration européenne, cf. *Van Gend en Loos*), pouvant « dans des cas exceptionnels » (termes utilisés de manière générale par les avocats généraux ; cf. les conclusions dans les affaires précitées C-367/09 et C-278/02, ou les conclusions dans l'affaire C-434/08, arrêt du 20 mai 2010, *Harms*, *Rec.* I-4431) être renversée. La Cour avait déjà envisagé ce genre d'approche en reproduisant la jurisprudence *Politi* mais en ajoutant que l'interdiction de prendre des mesures nationales qui en découlait était « cependant levée dans la mesure où le règlement en cause laisse le soin aux États membres de prendre eux-mêmes les mesures législatives, réglementaires, administratives et financières nécessaires pour que les dispositions dudit règlement puissent être effectivement appliquées » (arrêt du 30 nov. 1978, *Bussone*, aff. 31/78, *Rec.* 2429).

Une telle approche, dans une certaine mesure, pourrait apparaître comme ***symétrique vis-à-vis de la situation des directives*** : « dans tous les cas où une directive est correctement mise en œuvre, ses effets atteignent les particuliers par l'intermédiaire des mesures d'application prises par l'État concerné » ; en revanche, « des problèmes particuliers se posent au cas où un État membre n'a pas correctement exécuté une directive et, plus spécialement, dans le cas où les dispositions d'une directive sont restées inexécutées à l'expiration du délai fixé pour sa mise en œuvre », la Cour précisant que c'est seulement dans ces circonstances que « l'État membre qui n'a pas pris dans les délais les mesures d'exécution imposées par la directive ne peut opposer aux particuliers le non-accomplissement, par lui-même, des obligations qu'elle comporte » (arrêt du 19 janv. 1982, *Becker*, aff. 8/81, préc.). ***Donc, l'effet direct n'est pas « dans la nature » de la directive sans être exclu dans des cas bien particuliers ; en revanche, il caractériserait, par nature, le règlement, sans que soit exclu, dans des cas exceptionnels, que ce dernier en soit privé.***

b) Effet direct des décisions adressées aux particuliers

985. L'effet direct consiste d'abord pour un acte à directement conférer des droits, ou directement imposer des obligations à des particuliers. L'originalité du droit de l'Union a conduit à dépasser le critère, restrictif, du destinataire retenu par le droit international pour admettre que toute obligation suffisamment bien déterminée peut générer directement des droits, au-delà de ce destinataire explicite, mais, s'agissant des décisions adressées aux particuliers, se retrouve vérifié le critère simple du destinataire : il est indéniable qu'une décision adressée à un particulier a vocation à lui conférer des droits ou lui imposer des charges. C'est donc par définition que ce type de décisions possède un effet direct dans l'ordre interne, où elles sont mêmes *exécutoires*, dans les hypothèses où elles contiennent une obligation pécuniaire (art. 299 FUE). Bien plus, elles créent des droits au profit non seulement de leurs destinataires, mais également des tiers : ainsi une entreprise victime d'une entente conclue par ses concurrents peut invoquer devant les juridictions nationales une décision de la Commission adressée aux dits concurrents et leur enjoignant de mettre fin à un accord contraire aux règles posées par le traité.

2° Correction du critère substantiel : les sources externes du droit de l'Union

BERROD (F.), « La Cour de justice refuse l'invocabilité des accords OMC : essai de régularisation de la mondialisation », *RTDE* 2000. 419.

CAEIROS (A.), « L'effet direct des accords internationaux conclus par la CEE », *RMC* 1984. 526.

GRARD (L.), « L'invocabilité communautaire du droit international », in *Mélanges en l'honneur du Professeur Philippe Manin*, Paris, Pedone, 2010, p. 657.

IMBRECHTS (L.), « Les effets internes des accords internationaux des Communautés européennes », *Revue d'intégration économique* 1986. 59.

KADDOUS (C.), « Le statut du droit de l'OMC dans l'ordre juridique communautaire : développements récents », in *Mélanges en hommage à J.-V. Louis*, Bruxelles, Université de Bruxelles, 2003, p. 107.

LAGET-ANNAMEYER (A.), « Le statut des accords OMC dans l'ordre juridique communautaire : en attendant la consécration de l'invocabilité », *RTDE* 2006. 249.

MANIN (P.), « À propos de l'accord instituant l'OMC et de l'accord sur les marchés publics : la question de l'invocabilité des accords internationaux conclus par la Communauté européenne », *RTDE* 1997. 399.

MENGOZZI (P.), « Les particularités des accords OMC et le problème de leur invocabilité devant les juges communautaires », in *Mélanges en l'honneur du Professeur Philippe Manin*, Paris, Pedone, 2010, p. 879.

TAGARAS (H.-N.), « L'effet direct des accords internationaux de la Communauté », *CDE* 1984. 15.

986. La Cour de justice n'exclut pas l'effet direct de dispositions contenues dans des accords externes conclus par l'Union, auxquels elle assimile les décisions prises par les organes de gestion de ces accords (CJCE 20 sept. 1990, *Sevince*, aff. C-192/89, *Rec.* I-3461 ; CJCE 14 mars 2000, *Kicak*, aff. jointes C-102/98 et C-211/98, *Rec.* I-1287 ; CJCE 8 mai 2003, *Wählergruppe Gemeinsam*, aff. C-171/01, *Rec.* I-4301 ; CJCE 7 juill. 2005, *Gaye Gürol*, aff. C-374/03, *Rec.* I-6199). Néanmoins, ayant leur origine dans des instruments conventionnels, y compris multilatéraux, dont les caractéristiques ne sont pas forcément les mêmes que celles des traités sur lesquels est fondée l'Union, les normes issues des engagements externes de celle-ci ne bénéficient pas de la présomption d'effet direct posée par l'arrêt *Van Gend en Loos* (CJCE 5 févr. 1963, *Van Gend en Loos*, aff. 26/62, préc.) (cf. concl. M. Darmon sur CJCE 30 sept. 1987, *Demirel*, aff. 12/86, *Rec.* 3719, spéc. 3742 ; pour des rappels très nets, CJCE 8 mai 2003, *Wählergruppe Gemeinsam*, aff. C-171/01, préc. ; CJCE 15 juill. 2004, *Syndicat professionnel Coordination des pêcheurs de l'étang de Berre c/EDF*, aff. C-213/03, *Rec.* I-7357). Certes, la Cour a refusé de consacrer une doctrine selon laquelle la nature ou l'économie de l'accord seraient suffisantes pour écarter automatiquement l'effet direct de ses clauses et la jurisprudence montre que des accords de libre-échange (CJCE 26 oct. 1982, *Hauptzollamt Mainz c/Kupferberg*, aff. 104/81, *Rec.* 3641) ou des accords de coopération (CJCE 31 janv. 1991, *Kziber*, aff. C-18/90, *Rec.* I-199), y compris des accords mixtes (A.F. Gagliardi, « *The right of individuals to invoke the provisions of mixed agreements before the national Courts* », *EL Rev.* janv. 1999. 276) peuvent contenir des dispositions d'effet direct, tout autant qu'un accord d'association (CJCE 29 avr. 1982, *Pabst c/Hauptzollamt Oldenbourg*, aff. 17/81, *Rec.* 1331 ; CJCE, Ord. du 13 juin 2006, *Echouikh*, aff. C-336/05, *Rec.* I-5223). Mais elle souligne cependant que les critères de l'effet direct, notamment le critère matériel de l'obligation claire, précise et parfaite en ce que non subordonnée, dans son exécution ou dans ses effets, à l'intervention d'un acte ultérieur, doivent être utilisés, s'agissant d'une disposition d'origine internationale, « eu égard » à ses termes ainsi qu'« à l'objet et à la nature de l'accord » (CJCE 30 sept. 1987, *Demirel*, aff. 12/86, préc. ; CJCE 27 sept. 2001, *Gloszczuk*, aff. C-63/99, *Rec.* I-6369 ; CJCE 8 mai 2003, *Wählergruppe Gemeinsam*, aff. C-171/01, préc. ; TPI 30 mars 2006, *Tarim*, aff. T-367/03, *Rec.* II-873 ; CJCE 14 déc. 2006, *Gattousi*, aff. C-97/05, *Rec.* I-11917), la référence étant parfois élargie au « contexte » de l'Accord (arrêt *Kupferberg*, aff. 104/81, préc.), ce qui revient à dire que les dispositions d'un accord, quoique rédigées en termes identiques à celles d'un article du traité FUE reconnu d'effet direct, pourraient donc se voir refuser le même effet.

987. La Cour va donc souvent, par une comparaison, s'employer à montrer en quoi les traités sur lesquels se fonde l'Union européenne ne sont pas des « traités internationaux ordinaires », ce que sont davantage les traités conclus par l'Union européenne. Par exemple, dans l'*avis 1/91* du 14 déc. 1991, *Rec.* I-6079, la Cour précise à propos de l'accord EEE que « l'identité des termes des dispositions de l'accord et des dispositions communautaires correspondantes ne signifie pas qu'elles doivent nécessairement être interprétées de façon identique », l'interprétation (et l'effet direct est une question d'interprétation) devant se faire en tenant compte des *objectifs respectifs* et de la *nature même du contexte* dans lequel s'inscrit la disposition en cause.

988. ***S'agissant des objectifs***, la Cour souligne que l'accord EEE « vise l'application d'un régime de libre-échange et de concurrence dans les relations économiques et commerciales entre les parties contractantes » alors que pour la Communauté, « en revanche, le régime de libre-échange et de concurrence, que l'accord [EEE] vise à étendre à l'ensemble du territoire des parties contractantes, s'est développé et s'insère dans l'ordre juridique communautaire, dont les objectifs vont au-delà de celui poursuivi par l'accord ». En effet, le traité CEE « vise à atteindre une intégration économique débouchant sur l'établissement d'un marché intérieur et d'une union économique et monétaire… les dispositions du traité CEE régissant la libre circulation et la concurrence, loin de représenter une finalité en soi, ne sont que des moyens pour la réalisation de ces objectifs ».

989. La Cour s'intéresse ensuite ***au contexte*** dans lequel s'inscrit l'objectif de l'accord :

> « En effet, l'Espace EE doit être réalisé sur la base d'un traité international qui ne crée, en substance, que des droits et obligations entre les parties contractantes et qui ne prévoit aucun transfert de droits souverains au bénéfice des organes intergouvernementaux qu'il institue. En revanche, le traité CEE, bien que conclu sous la forme d'un accord international, n'en constitue pas moins la charte constitutionnelle d'une communauté de droit. Selon une jurisprudence constante de la Cour de justice, les traités communautaires ont instauré un nouvel ordre juridique au profit duquel les États ont limité, dans des domaines de plus en plus étendus, leurs droits souverains et dont les sujets sont non seulement les États membres, mais également leurs ressortissants (v., notamment, arrêt du 5 févr. 1963, *Van Gend en Loos*, 26/62, *Rec.* 1). Les caractéristiques essentielles de l'ordre juridique communautaire ainsi constitué sont, en particulier, sa primauté par rapport aux droits des États membres ainsi que l'effet direct de toute une série de dispositions applicables à leurs ressortissants et à eux-mêmes ».

990. On peut parcourir la jurisprudence de la Cour de justice pour voir ce qu'elle prend en considération dans la nature et l'objet de l'accord en cause pour admettre ou non l'effet direct d'une disposition que permettrait sa rédaction (précision, inconditionnalité…), l'ordre des deux examens (caractéristiques de l'accord, caractéristiques de la disposition) n'étant pas toujours le même sans qu'il faille y attacher trop d'importance.

991. À cet égard on pourrait penser que ***s'il s'agit d'un accord d'association***, la proximité avec les accords d'intégration que sont les traités fondant l'Union permettra plus largement la reconnaissance d'un effet direct. Ce n'est pas faux mais la Cour examine dans le détail les caractéristiques et l'objectif de l'Accord. Donc le contexte pris en considération n'est pas celui de telle ou telle *catégorie d'accord* (accord d'association, accord de coopération…) mais bien celui, particulier, de *l'accord en cause*. Par exemple, dans une affaire à propos de l'Accord d'association avec la Grèce, la Cour souligne que cet accord contient des dispositions « ayant pour objet de préparer l'entrée de la Grèce dans la Communauté » (arrêt du 29 avr. 1982, *Pabst*, aff. 17/81, *Rec.* 1331), ce qui l'incite à admettre l'effet direct. La Cour sera parfois plus réservée à propos d'autres accords d'association. C'est le cas pour l'accord avec la Turquie (arrêt *Demirel*, préc.) dont l'objectif plus modeste est souligné. Ceci n'empêche pourtant pas la Cour d'admettre l'effet direct de *certaines dispositions* de l'accord avec la Turquie ou des décisions prises par le Conseil d'association gérant cet accord.

992. S'agissant d'un ***accord de libre échange et de coopération*** (Portugal), la Cour a aussi souligné l'absence de parallélisme s'agissant de dispositions comparables interdisant les restrictions aux échanges : « L'examen de l'accord permet en effet de constater que ses dispositions, bien qu'établissant la suppression inconditionnelle de certaines restrictions aux échanges entre la Communauté et le Portugal, telles les restrictions quantitatives et les mesures d'effet équivalent, n'ont pas la même finalité que le traité CEE, en ce que celui-ci vise, …, à la formation d'un marché unique réalisant des conditions aussi proches que possible de celles d'un marché intérieur » (arrêt du 9 févr. 1982, *Polydor*, aff. 270/80, *Rec.* 329).

993. Là encore, l'absence d'effet direct d'un accord conclu par l'Union (ou considéré du moins comme une source externe du droit de l'Union s'agissant du GATT) ne signifie pas pour autant qu'il serait dépourvu de toute « invocabilité ». Après avoir décidé que le GATT ne produisait pas d'effet direct en raison de la trop grande souplesse de ses dispositions, ouvrant de multiples possibilités de dérogations, et à cause de l'incomplétude de son système de règlement des différends (CJCE 12 déc. 1972, *International Fruit Company*, aff. 21 à 24/72, *Rec.* 1219), la Cour a admis, sans revenir aucunement sur l'analyse précédente, que cet accord pouvait valablement être invoqué devant elle au soutien d'un recours tendant à l'annulation d'un règlement communautaire, ou au soutien d'une exception d'illégalité dirigée contre un tel règlement, faisant ainsi la distinction entre la question de l'effet direct de substitution et celle de l'invocabilité de l'accord contre un acte normatif de valeur inférieure (CJCE 22 juin 1989, *Fediol*, aff. 70/87, *Rec.* 1781 ; CJCE 7 mai 1991, *Nakajima*, aff. C-69/89, *Rec.* I-2069). Mais dans un arrêt de synthèse (CJCE 5 oct. 1994, *Allemagne c/Conseil*, aff. C-280/93, *Rec.* I-5039 ; v. aussi CJCE 12 nov. 1998, *Italie c/Conseil*, aff. C-352/96, *Rec.* I-6937), elle a souligné que cette invocabilité était étroitement limitée au cas où le règlement attaqué avait été pris spécialement pour l'exécution des obligations résultant du GATT (jurisprudence *Nakajima*), ou lorsque l'acte communautaire renvoie expressément à des dispositions précises du GATT (jurisprudence *Fediol*). On en conclura que l'absence d'effet direct n'empêche pas de procéder au contrôle de validité d'une mesure nationale dans les cas où celle-ci se fonde sur une disposition du droit dérivé communautaire dont la conformité à l'accord a été constatée, même si l'approche de la Cour reste très restrictive. On peut également signaler la reprise du raisonnement développé vis-à-vis de directives et faisant la différence entre le strict effet direct et une prise en considération judiciaire purement procédurale (v. ss 1004), appliqué à une clause conventionnelle qui « opère non pas comme une règle de fond, en rendant inapplicable le droit matériel pertinent auquel elle se substituerait, mais comme une règle de nature quasi procédurale » (CJCE 20 sept. 2007, *Tum et Dari*, aff. C-16/05, *Rec.* I-7415).

994. Sur les mêmes bases, la Cour a pu refuser l'effet direct des accords OMC dans leur ensemble (CJCE 23 nov. 1999, *Portugal c/Conseil*, aff. C-149/96, *Rec.* I-8395 ; CJCE 12 mars 2002, *Omega Air e.a.*, aff. jointes C-27/00 et C-122/00, *Rec.* I-2569, point 93 ; CJCE 9 janv. 2003, *Petrotub et Republica c/Conseil*, aff. C-76/00 P, *Rec.* I-79, point 53 ; CJCE 30 sept. 2003, *Biret International c/Conseil*, aff. C-93/02 P, *Rec.* I-10497, point 52) mais en développant une approche tout autant diplomatique que juridique : compte tenu que le système de l'OMC ménage une place importante aux négociations entre parties, aboutissant notamment à l'obtention « d'avantages mutuels », et puisque les partenaires importants de la Communauté ne reconnaissent pas la possibilité pour leurs juridictions de vérifier la conformité de leur droit interne au regard de ces accords OMC, imposer, dès lors, au juge communautaire, de contrôler une telle conformité reviendrait à priver les organes exécutifs et législatifs de la Communauté d'une marge de manœuvre, dans leurs négociations, latitude dont disposeraient leurs partenaires commerciaux, ce qui serait préjudiciable à la réciprocité et aux intérêts communautaires. La Cour a abouti à la même conclusion négative pour des accords particuliers dans le cadre de l'OMC, comme l'accord TRIPs (CJCE 14 déc. 2000, *Dior*, aff. jtes C-300/98 et 392/98, *Rec.* I-11307), tout en admettant que les juges nationaux et communautaires avaient l'obligation d'interpréter le droit communautaire, dans la mesure du possible, conformément à ce dernier (CJCE 16 juin 1998, *Hermès*, aff. C-53/96, *Rec.* I-3603 ; CJCE 14 déc. 2000, *Dior*, préc. ; CJCE 11 sept. 2007, *Merck Genéricos*, aff. C-431/05, *Rec.* I-7001). L'absence d'effet direct des accords OMC est désormais à ce point établie par la jurisprudence que la Cour utilise la procédure rapide et répond aux juges nationaux qui poseraient encore la question par ordonnance motivée (CJCE, Ord. du 2 mai 2001, *OGT Fruchthandelsgesellschaft mbH*, aff. C-307/99, *Rec.* I-3159). Cette absence d'effet direct vaut également à l'égard des décisions de l'Organe de règlement des différends de l'OMC (TPI 20 mars 2001, *Cordis c/Commission*, aff. T-18/99, *Rec.* II-913 ; TPI 3 févr. 2005, *Chiquita Brands*, aff. T-19/01, *Rec.* II-315 ; CJCE 1er mars 2005, *Léon Van Parys NV*, aff. C-377/02, *Rec.* I-1465 ; F. Mariatte, « Le juge communautaire et l'effet des décisions de l'Organe de Règlement des Différends de l'OMC », *Europe* 2005, chron.6).

§ 2. La portée indirecte : les invocabilités de prise en considération

995. La jurisprudence de la Cour a mis en évidence une portée indirecte du droit de l'Union pour les particuliers, longtemps masquée par l'effet direct dont on pouvait croire qu'elle n'était pas détachable, mais dont il faut désormais reconnaître l'autonomie, la Cour ayant indiqué que le droit de l'Union, qu'il ait ou non effet direct, pouvait être invoqué par les particuliers devant leur juge interne, et que celui-ci devait le *prendre en considération*, permettant ainsi au justiciable de tirer profit du droit de l'Union alors même qu'il s'agirait de dispositions ne présentant pas les caractéristiques techniques suffisantes pour que le juge les « applique » sans sortir de son rôle de juge. Sans aller jusqu'à *l'invocabilité de mise en application* qui n'appartient qu'aux dispositions ayant effet direct, existe donc une *invocabilité minimale de prise en considération* pouvant se décliner en une invocabilité de régularisation du droit national, et une invocabilité de réparation qui, dans l'absolu, peut être déclinée en une invocabilité de récupération (contentieux de la répétition de l'indu) et une invocabilité d'indemnisation.

I. L'INVOCABILITÉ DE RÉGULARISATION DU DROIT NATIONAL

996. Le particulier peut solliciter son juge national pour que celui-ci, en considération du droit de l'Union, interprète ce droit national conformément au droit de l'Union, ou écarte une disposition nationale contraire, ce qui, dans les deux cas, peut être suffisant pour apporter satisfaction au plaignant. La Cour a même indiqué l'ordre logique de ces deux opérations, le juge devant donner une interprétation conforme aux exigences du droit communautaire, et devant, en cas d'impossibilité, laisser inappliquée toute règle nationale contraire (CJCE 4 févr. 1988, *Murphy*, aff. 157/86, *Rec.* 686).

A. L'invocabilité d'interprétation et d'application conforme

997. La Cour a essentiellement développé vis-à-vis des directives cette obligation des juges nationaux d'interpréter le droit national de manière à assurer l'effectivité du droit communautaire (v. ss 972). L'arrêt de principe (10 avr. 1984, *Von Colson*, aff. 14/83, préc.) explicite cette obligation d'interprétation, à la lumière du texte et de la finalité de la directive, qui a pu être affirmée ultérieurement dans des espèces où ne jouait indiscutablement pas l'éventuel effet direct de la directive (par exemple lors d'un litige entre particuliers), ce qui permet de la détacher d'un tel effet (CJCE 13 nov. 1990, *Marleasing*, aff. 106/89, *Rec.* I-4135, ou CJCE 7 déc. 1995, *Luigi Spano*, aff. C-472/93, *Rec.* I-4321). Le Conseil d'État français rappelle régulièrement cette obligation sans s'interroger sur l'effet direct éventuel de l'acte communautaire en cause (C.E. 8 déc. 2000, *Commune de Breil-sur-Roya*, n° 204756 ; C.E. 30 juill. 2003, *Association Avenir de la langue française*, n° 245076).

998. ***Fondement*** : le raisonnement de la Cour, dans l'arrêt *Von Colson*, pêche sans doute par l'interprétation tautologique qu'elle adopte quant à l'obligation de coopération loyale de l'article 5 du traité CEE (v. ss 1020). En effet, la Cour part de l'obligation des États membres d'atteindre le résultat prévu par une directive (art. 189 CEE, désormais art. 288 FUE), qu'elle conforte par le supposé devoir de ces derniers, au titre de l'article 5, de prendre toutes les mesures propres à assurer l'exécution de *cette* obligation (là est l'erreur d'interprétation, l'obligation de coopération loyale consistant pour les États membres à devoir adopter les mesures nécessaires à l'exécution *des* obligations dérivant du droit de l'Union et pas de *leurs* obligations, puisque dans une telle situation, ce devoir de coopération loyale n'ajouterait rien au caractère obligatoire préalable), ce devoir s'imposant aussi aux juridictions nationales devant dès lors interpréter le droit nationale et spécialement les actes de transposition d'une directive à la lumière du texte et de la finalité de cette directive. D'autres arrêts font dériver plus simplement l'obligation d'interprétation conforme du caractère contraignant d'un acte de droit de l'Union (par ex. CJ 28 juill. 2016, *JZ*, aff. C-294/16 PPU, ECLI:EU:C:2016:610).

Dans un deuxième temps, la Cour a affirmé que « l'exigence d'une interprétation conforme du droit national est *inhérente au système du traité* en ce qu'elle permet à la juridiction nationale d'assurer… la pleine efficacité du droit communautaire » (arrêt du 5 oct. 2004, *Pfeiffer e.a.*, aff. C-397/01 à C-403/01, *Rec.* I-8835 ; ou arrêt du 19 janv. 2010, *Kücükdeveci*, aff. C-555/07, *Rec.* I-365. Désormais, la Cour précise qu'il s'agit du « système du traité FUE » (arrêt du 24 janv. 2012, *Dominguez*, aff. C-282/10, ECLI:EU:C:2012:33 ; arrêt du 8 nov. 2016, *Ognyanov*, aff. C-554/14, ECLI:EU:C:2016:835 ; arrêt du 29 juin 2017, *Popławski*, aff. C-579/15, ECLI:EU:C:2017:503 ; ou arrêt du 6 juill. 2017,

Glencore Grain Hungary, aff. C-254/16, ECLI:EU:C:2017:522), toujours en lien avec l'objectif d'efficacité du droit de l'Union. La référence est également quasi systématique, s'agissant de préciser ce que requiert l'obligation d'interprétation conforme, à la finalité de « garantir la pleine effectivité » de la directive (arrêt du 4 juill. 2006, *Adeneler e.a.*, aff. C-212/04, *Rec.* I-6057) ou arrêt du 10 oct. 2013, *Spedition Welter*, aff. C-306/12, ECLI:EU:C:2013:650) ou de la décision-cadre (arrêt du 29 juin 2017, *Popławski*, aff. C-579/15, préc. ; ou arrêt du 28 juill. 2016, *JZ*, aff. C-294/16 PPU, préc.) en cause.

999. ***Portée*** : il faut préciser que cette dimension de l'invocabilité minimale existe aussi vis-à-vis ***d'autres actes que les directives*** (Pour une disposition relevant du droit primaire : CJCE 4 févr. 1988, *Murphy*, aff. 157/86, *Rec.* 686 ; pour une décision cadre : arrêts du 16 juin 2005, *Pupino*, aff. C-105/03, *Rec.* I-5285, du 8 nov. 2016, *Ognyanov*, aff. C-554/14, ECLI:EU:C:2016:835 du 29 juin 2017, *Popławski*, aff. C-579/15, préc. ou du 28 juill. 2016, *JZ*, aff. C-294/16 PPU, préc. ; pour un accord-cadre mis en œuvre par une directive : arrêt du 7 sept. 2017, *H.*, aff. C-174/16, ECLI:EU:C:2017:637; pour un règlement, CJCE 7 janv. 2004, *X.*, aff. C-60/02, *Rec.* I-651) et ***s'impose, au-delà des juges nationaux***, à « toutes les autorités d'un État membre » (CJCE 5 juill. 2007, *Kofoed*, aff. C-321/05, *Rec.* I-5795). L'interprétation conforme s'impose pour toutes les sources de droit interne, y compris la jurisprudence (CJCE 13 juill. 2000, *Centrosteel*, aff. C-456/98, *Rec.* I-6007 ; arrêt du 8 nov. 2016, *Ognyanov*, aff. C-554/14, préc. ; ou arrêt du 29 juin 2017, *Popławski*, aff. C-579/15, préc.). Enfin, il faut préciser que l'obligation d'interprétation conforme doit être positionnée dans un ***cadre plus large d'application du droit de l'Union*** par les autorités internes ; l'ensemble de cette jurisprudence vise en effet une obligation d'interprétation conforme pour les juges nationaux « en appliquant le droit interne » (arrêt du 6 juill. 2017, *Glencore Grain Hungary*, aff. C-254/16, préc., par exemple) ; la formulation déborde d'ailleurs parfois de la stricte interprétation pour évoquer *une interprétation et une application conformes* aux exigences du droit de l'Union (par ex. CJCE 4 févr. 1988, *Murphy*, aff. 157/86 ; CJCE 18 déc. 2007, *Frigerio Luigi & C.*, aff. C-357/06, *Rec.* I-12311 ; ou CJ 7 sept. 2017, *H.*, aff. C-174/16, préc.).

1000. ***Limites***. L'obligation d'interprétation conforme connaît certaines limites :

– On peut citer les principes généraux du droit, en particulier ceux de sécurité juridique et de non-rétroactivité (arrêts du 16 juin 2005, *Pupino*, aff. C-105/03, préc. ; du 4 juill. 2006, *Adeneler e.a.*, aff. C-212/04, préc. ; du 8 nov. 2016, *Ognyanov*, aff. C-554/14, préc. ; ou du 29 juin 2017, *Popławski*, aff. C-579/15, préc.).

– De surcroît, le principe d'interprétation conforme ne peut servir de fondement à une interprétation *contra legem* du droit national (par exemple ordonnance du 12 juin 2008, *Vasilakis e.a.*, aff. C-364/07, *Rec.* I-90* ; arrêt du 27 févr. 2014, *OSA*, aff. C-351/12, ECLI:EU:C:2014:110 ; ou arrêt du 28 juill. 2016, *JZ*, aff. C-294/16 PPU, préc.).

– Par ailleurs, « un problème spécifique se pose en ce qui concerne l'application du principe d'interprétation conforme en matière pénale » (CJCE 7 janv. 2004, *X.*, aff. C-60/02, *Rec.* I-651). En effet, cette obligation du juge national ne peut pas aboutir à mettre à mal le principe général interdisant d'alourdir un régime de répression pénale, la Cour ayant imposé cette limite vis-à-vis de l'interprétation conforme de directives (cf. notamment CJCE 11 juin 1987, *Pretore di Salo*, aff. 14/86, *Rec.* 2545), de décisions-cadres (arrêt du 16 juin 2005, *Pupino*, aff. C-105/03, préc.), comme de règlements (CJCE 7 janv. 2004, *X.*, aff. C-60/02, préc.). Plus précisément, l'interprétation conforme ne peut aggraver, sur le fondement des actes de l'Union en cause, la responsabilité pénale de ceux qui agissent en infraction à leurs dispositions (cf. aussi les arrêts du 8 oct. 1987, *Kolpinghuis Nijmegen*, aff. 80/86, *Rec.* 3969 ; du 8 nov. 2016, *Ognyanov*, aff. C-554/14, préc. ; ou du 29 juin 2017, *Popławski*, aff. C-579/15, préc.).

1001. ***Relativisation apparente.*** Enfin, une précision doit être apportée. Si les premiers arrêts, s'agissant des directives, imposaient de manière générale aux autorités nationales et spécialement au juge interne « d'interpréter son droit national à la lumière du texte et de la finalité de la directive pour atteindre le résultat visé » (arrêt *Von Colson*, préc., ou CJCE 15 mai 1986, *Johnston*, aff. 222/84, *Rec.* 1651), la Cour va ensuite moduler l'obligation, la juridiction nationale étant « tenue de le faire *dans toute la mesure du possible* » (CJCE 13 nov. 1990, *Marleasing*, aff. C-106/89, *Rec.* I-4135 ; 14 juill. 1994, *Faccini Dori*, aff. C-91/92, *Rec.* I-3325, ou CJCE 11 juill. 2002, *Marks & Spencer*, aff. C-62/00, *Rec.* I-6325 ; plus récemment CJ 7 sept. 2017, *H.*, aff. C-174/16, préc., ou arrêt du 6 juill. 2017, *Glencore Grain Hungary*, aff. C-254/16, préc.), cette formule s'imposant jusqu'à aboutir à une formulation de principe, dépassant le cas des directives : « il appartient à la juridiction nationale de donner à la loi interne qu'elle doit appliquer, dans toute la mesure du possible, une interprétation conforme aux exigences du droit communautaire. » (CJCE 27 oct. 2009, *ČEZ*, aff. C-115/08, *Rec.* I-10265).

1002. ***Gradation.*** Cette modulation ne vaut aucunement altération de l'obligation du juge : l'approche est désormais bien fixée : « Il appartient à la juridiction nationale de donner à une disposition de droit interne, dans toute la mesure où une marge d'appréciation lui est accordée par son droit national, une interprétation et une application conformes aux exigences du droit communautaire et, pour autant qu'une telle interprétation conforme ne soit pas possible, de laisser inappliquée toute disposition du droit interne qui serait contraire à ces exigences » (par ex. arrêt du 22 mai 2003, *Connect Austria*, aff. C-462/99, *Rec.* I-5197 ; CJCE 18 déc. 2007, *Frigerio Luigi & C.*, aff. C-357/06, *Rec.* I-12311) : autrement dit, c'est là simple expression de la progressivité logique dans le cadre des diverses modalités de la « régularisation » du cadre juridique national. La Cour a pu présenter sous une autre forme le lien entre interprétation conforme et éviction : dans l'arrêt du 24 janvier 2012, *Dominguez*, aff. C-282/10, précité, elle précise que « d'emblée, il y a lieu de relever que la question de savoir si une disposition nationale, dans la mesure où elle est contraire au droit de l'Union, doit être laissée inappliquée ne se pose que si aucune interprétation conforme de cette disposition ne s'avère possible », ce lien particulier entre les deux dimensions d'invocabilité étant parfois autrement mis en évidence : « avant de laisser inappliquées des dispositions nationales dans une affaire telle que celle au principal, il incombe à la juridiction nationale de vérifier, en prenant en considération non seulement lesdites dispositions mais aussi l'ensemble du droit interne et en faisant application des méthodes d'interprétation reconnues par ce droit, si elle ne peut pas parvenir à une interprétation dudit droit national qui soit conforme au texte et à la finalité de la directive en cause » (arrêt du 24 mai 2012, *Amia*, aff. C-97/11, ECLI:EU:C:2012:306). Dans l'arrêt *Connect Austria*, précité, la Cour précise avec pédagogie que « si une application du droit national conforme aux exigences de l'article 5 *bis*, paragraphe 3, de la directive 90/387 n'est pas possible, la juridiction nationale a l'obligation d'appliquer intégralement le droit communautaire et de protéger les droits que celui-ci confère aux particuliers, en laissant au besoin inappliquée toute disposition dans la mesure où son application, dans les circonstances de l'espèce, aboutirait à un résultat contraire à ladite directive, tandis que sa non-application rendrait le droit national conforme à celle-ci ».

Mais la Cour, en cas d'impossible régularisation par l'interprétation conforme, évoque aussi parfois *d'autres alternatives* qui sortent du domaine de cette « régularisation » ; par exemple l'effet direct éventuel de la disposition de droit de l'Union en cause (arrêt du 24 janv. 2012, *Dominguez*, aff. C-282/10, préc. ; ou arrêt du 25 juin 2015, *Indėlių ir investicijų draudimas*, aff. C-671/13, ECLI:EU:C:2015:418) ou l'invocabilité de réparation fondée sur la jurisprudence *Francovich* (arrêt du 26 mars 2015, *Fenoll*, aff. C-316/13, ECLI:EU:C:2015:200 ; ou arrêt du 7 juill. 2016, *Ambisig*, aff. C-46/15, ECLI:EU:C:2016:530).

B. L'invocabilité d'exclusion

Dubos (O.), « L'invocabilité d'exclusion des directives : une autonomie enfin conquise », *RFDA* 2003. 569.

1003. Les particuliers peuvent demander à leur juge de prendre en compte une disposition de droit de l'Union afin d'en déduire la mise à l'écart ou l'annulation du droit national contraire, sans pour autant *appliquer* la norme de l'Union, ce qui constitue bien une pure et simple conséquence du principe de primauté, non suspendue *a priori* à l'effet direct de la norme en question.

1004. Une claire distinction entre cette forme d'invocabilité et l'effet direct se trouve dans la jurisprudence admettant une invocabilité horizontale de certaines directives « procédurale » : CJCE 26 sept. 2000, *Unilever Italia*, aff. C-443/98, *Rec.* I-7535 ; ou CJCE 6 juin 2002, *Sapod Audic*, aff. C-159/00, *Rec.* I-5031. Une directive établissant une procédure d'élimination préventive des entraves à la libre circulation liées à des normes et règles techniques peut être invoquée par une société dans un litige l'opposant à un autre opérateur lorsqu'est en cause l'application d'une règle technique nationale adoptée au mépris de ladite procédure. La Cour souligne que ce n'est pas là un effet direct horizontal de la directive puisque celle-ci ne définit en rien le contenu matériel de la règle de droit alors appliquée par le juge. Il y a un vice de procédure de la règle nationale rendant celle-ci inapplicable, même dans un litige entre particuliers. On voit bien ici la différence entre une invocabilité de *mise en application* (applicabilité, effet direct) et une invocabilité de *prise en considération*, ici d'exclusion. On retrouve la même distinction en matière de sources externes du droit de l'Union, avec la différence que fait le juge entre le strict effet direct et une prise en considération judiciaire purement procédurale, s'agissant d'une clause conventionnelle qui « opère non pas comme une règle de fond, en rendant inapplicable le droit matériel pertinent auquel elle se substituerait, mais comme une règle de nature quasi procédurale » (CJCE 20 sept. 2007, *Tum et Dari*, aff. C-16/05, I-7415).

1005. Il faut cependant admettre que la jurisprudence, qui semblait limpide à cet égard (notamment avec certaines conclusions des avocats généraux), s'est obscurcie plus récemment, la Cour prenant parfois la peine de vérifier les conditions de l'effet direct pour conclure à l'éviction du droit national contraire (24 janv. 2012, *Maribel Dominguez*, aff. C-282/10, ECLI:EU:C:2012:33, ou 24 mai 2012, *Amia SpA*, aff. C-97/11, ECLI:EU:C:2012:306). La focalisation sur la fonction de protection des droits conduit aussi à ce rapprochement. Par exemple : « Le juge national, saisi dans le cadre de sa compétence, a, en tant qu'organe d'un État membre, l'obligation, par application du principe de coopération énoncé à l'article 10 CE, d'appliquer intégralement le droit de l'Union directement applicable et de protéger les droits que celui-ci confère aux particuliers, en laissant inappliquée toute disposition de la loi nationale contraire à une disposition du droit de l'Union » (6 sept. 2012, *PhilipsElectronics UK*, aff. C-18/11, préc.).

1006. Ce phénomène est à l'origine de décisions pouvant laisser perplexe, tant le passage du raisonnement par la question de l'effet direct semble parfois mettre en péril le principe de primauté. Ainsi de l'arrêt du 15 janvier 2014, *AMS (Association de Médiation Sociale)*, aff. C-176/12, ECLI:EU:C:2014:2 (v. ss 760). La Cour, ayant consacré en 2005 en tant que nouveau principe général de droit de l'Union la non-discrimination en raison de l'âge (arrêt du 22 nov. 2005, *Mangold*, aff. C-144/04, *Rec.* I-9981), a eu à connaître d'une situation de litige horizontal dans laquelle ce principe général se conjuguait à une concrétisation sous forme d'une directive, dont on sait que la Cour n'admet pas l'effet direct horizontal ; la Cour admet cependant qu'« *en vertu du principe de primauté du droit de l'Union*, dont bénéficie également le principe de non-discrimination en fonction de l'âge, une réglementation nationale contraire qui entre dans le champ d'application du droit de l'Union doit être laissée inappliquée » (CJ 19 juin 2010, *Kücükdeveci*, aff. C-555/07, *Rec.* I-365). Quelques années plus tard, la Cour aura à connaître, dans l'arrêt *AMS* d'une situation *a priori* comparable d'un « principe » de la Charte des droits fondamentaux (droit à l'information et consultation des travailleurs, article 27) concrétisé par une directive, le litige étant là encore entre particuliers (*Association contre Syndicat*). La disposition problématique interne était un article dérogatoire du Code du travail français, de sorte que la prise en considération d'une éventuelle contrariété avec le droit de l'Union n'impliquait en rien la « mise en application » de ce droit mais une simple mise à l'écart de la dérogation et, donc, l'application de la disposition générale du Code du travail. Pourtant, la Cour constate que l'article dérogatoire est contraire au droit de l'Union mais s'engage alors sur le terrain de la vérification de l'effet direct de la directive combinée à un principe de la Charte, jugeant que « les circonstances de l'affaire au principal se distinguent de celles ayant donné lieu à l'arrêt *Kücükdeveci*... dans la mesure où le principe de non-discrimination en fonction de l'âge, en cause dans cette dernière affaire, consacré à l'article 21, paragraphe 1, de la Charte, se suffit à lui-même pour conférer aux particuliers un droit subjectif invocable en tant que tel ». Donc l'effet direct horizontal du principe général avait pu pallier l'absence d'effet direct horizontal de la directive, ce que ne pouvait faire le « principe » énoncé dans la Charte. Au total, le juge national n'est donc pas tenu d'écarter la disposition du Code du travail contraire au droit de l'Union dans ce litige horizontal, pour des raisons liées aux conditions à réunir pour qu'un juge national applique une norme substantielle de droit de l'Union, ce qui n'était pas le cas dans cette affaire.

II. L'invocabilité de réparation

1007. Il s'agit d'un degré moindre de l'invocabilité, même si celle-ci reste précieuse sous cette forme. La Cour, dans certains arrêts, montre que sa démarche *decrescendo* consiste à d'abord rechercher s'il y a effet direct, puis, en cas d'échec, vérifier si l'interprétation conforme ne permet pas de donner une solution, et enfin, si une telle interprétation n'est pas envisageable, en venir à l'obligation de réparation, palliative en ce qu'elle ne permet pas, à la différence de l'effet direct, et des invocabilités d'interprétation conforme et d'exclusion, de mettre le cadre juridique interne en adéquation avec le droit de l'Union (cf. ainsi CJCE 16 déc. 1993, *Wagner Miret*, aff. C-334/92, *Rec.* I-6911). Cette invocabilité de réparation, un temps, s'est limitée à une *invocabilité de récupération*, par une jurisprudence sur la répétition de l'indu. Elle a pris une nouvelle dimension avec une véritable *invocabilité d'indemnisation*, au travers de la consécration d'un principe et d'un régime de responsabilité des États membres pour violation du droit de l'Union européenne.

A. Le fondement de la responsabilité des États membres pour violation du droit de l'Union

1008. La question resta longtemps posée en doctrine de savoir si le droit communautaire imposait aux États membres l'obligation de réparer les dommages subis par des particuliers du fait d'une violation du droit communautaire, et, dans l'affirmative, d'en identifier le *fondement juridique*, les auteurs balançant entre *l'effet direct* du droit communautaire non respecté ou *l'autorité d'un arrêt de la Cour de justice* constatant que l'État avait manqué à ses obligations communautaires.

1009. Si la Cour répondit tardivement, elle le fit de manière catégorique : « le droit communautaire impose le principe selon lequel les États membres sont obligés de réparer les dommages causés aux particuliers par les violations du droit communautaire qui leur sont imputables » (CJCE 19 nov. 1991, *Francovich et Bonifaci*, aff. jtes C-6/90 et C-9/90, *Rec.* I-5357, *RFDA* 1992. 1, note L. Dubouis). Cette décision permet aussi de ***découpler cette dimension de l'invocabilité par rapport à l'effet direct***, la Cour s'appuyant sur l'obligation de garantir « la pleine efficacité des normes communautaires » ainsi que sur l'obligation, découlant de l'article 10 du Traité de la CE *[désormais art. 4, § 3, UE (coopération loyale)]*, « d'effacer les conséquences illicites d'une violation du droit communautaire » ; vérifiant simplement que la disposition en question comporte attribution de droits au particulier, elle prend même soin de préciser que l'obligation de réparation est particulièrement nécessaire lorsque le caractère de précision et d'inconditionnalité n'est pas suffisant pour qu'il y ait effet direct. L'obligation de réparation existe donc qu'il y ait (CJCE 5 mars 1996, *Brasserie du Pêcheur-Factortame III*, aff. jtes C-46/93 et C-48/93, *Rec.* I-1029 ; cf. A. Rigaux, « Le roi peut mal faire en droit communautaire », *Europe* mai 1996, p. 1) ou qu'il n'y ait pas effet direct (arrêt *Francovich*, ou CJCE 16 déc. 1993, *Wagner Miret*, aff. C-334/92, *Rec.* I-6911) (v. ss 1102). Dans l'arrêt *Brasserie du Pêcheur*, le lien entre l'effet direct et cette possibilité qu'offre l'invocabilité d'indemnisation aux particuliers de tirer profit du droit de l'Union est explicité finement : « la faculté offerte aux justiciables d'invoquer devant les juridictions nationales les dispositions directement applicables ne constitue qu'une garantie minimale et ne suffit pas à assurer à elle seule l'application pleine et complète du droit communautaire. Destinée à faire prévaloir l'application de dispositions de droit communautaire à l'encontre de dispositions nationales, cette faculté n'est pas de nature, dans tous les cas, à assurer au particulier le bénéfice des droits que lui confère le droit communautaire et notamment à éviter qu'il ne subisse un préjudice du fait d'une violation de ce droit imputable à un État membre. »

1010. En revanche, l'arrêt *Francovich* évoquant un arrêt antérieur ayant constaté le manquement, on pouvait encore hésiter sur l'importance de ce facteur de l'autorité d'un arrêt de manquement, qui, avec l'effet direct, était classiquement proposé en tant que fondement d'une éventuelle responsabilité. L'arrêt *Brasserie du Pêcheur* dissipe tout doute : le droit à réparation existe même sans la « catalyse » d'un arrêt de manquement.

1011. Finalement, à l'image de son raisonnement en matière d'invocabilité d'interprétation conforme (v. ss 998), la Cour, dans l'arrêt *Francovich*, développe de manière assez maladroite un raisonnement inspiré d'une conception tautologique des obligations de coopération loyale, ces devoirs obligeant les États membres à prendre toutes mesures générales ou particulières propres à assurer l'exécution des obligations qui *leur* incombent en vertu du droit communautaire. Or, parmi ces obligations se trouverait celle d'effacer les conséquences illicites d'une violation du droit communautaire (avec une référence à l'arrêt du 16 déc. 1960, *Humblet*, aff. 6/60, *Rec.* 1125). Mais elle insiste surtout sur l'importance de la responsabilité des États membres en expliquant que ce principe « est inhérent au système du traité », à l'image de ce qu'elle a également fait dans un deuxième temps pour fonder l'obligation d'interprétation conforme (arrêt du 5 oct. 2004, *Pfeiffer e.a.*, aff. C-397/01 à C-403/01, *Rec.* I-8835). Si la Cour, depuis, reprend systématiquement cette formule (par exemple CJ 10 juill. 2014, *Ogieriakhi*, aff. C-244/13, ECLI:EU:C:2014:2068), elle ne l'a jamais explicitée, se bornant en quelques occasions à déduire de cette dimension que le principe s'applique pour tout type de violation du droit de l'Union par un État (arrêt du 26 mars 1996, *British Telecom*, aff. 392/93, *Rec.* I-1631) ou plus profondément qu'il résulte de cette « inhérence » que « le principe est valable pour toute hypothèse de violation du droit communautaire par un État membre, et ce quel que soit l'organe de l'État membre dont l'action ou l'omission est à l'origine du manquement » et que « de surcroît, eu égard à l'exigence fondamentale de l'ordre juridique communautaire que constitue l'uniformité d'application du droit communautaire..., l'obligation de réparer les dommages causés aux particuliers par les violations du droit communautaire ne saurait dépendre des règles internes de répartition des compétences entre les pouvoirs constitutionnels » (arrêt *Brasserie du Pêcheur*).

1012. Le cas de l'interprétation conforme, elle aussi « inhérente au système du traité », permet, par un parallèle (v. ss 998), de faire un lien avec les principes d'effectivité et d'efficacité, et il semble évident par ailleurs que l'ensemble de ces invocabilités de prise en considération reposent sur la logique même du principe de primauté. On se prend donc à penser que ce « système du traité » pourrait être articulé, en une version binaire de base, sur cette conjonction entre le principe de primauté et celui d'effectivité, à moins qu'il rejoigne le triptyque qu'affectionne depuis quelques années la Cour lorsqu'elle se réfère aux principes de primauté, d'unité et d'effectivité (arrêts du 26 févr. 2013, *Melloni*, aff. C-399/11, ECLI:EU:C:2013:107 ; du 26 févr. 2013, *Hans Åkerberg Fransson*, aff. C-617/10, ECLI:EU:C:2013:105 ; ou du 11 sept. 2014, *A c/ B e.a.*, aff. C-112/13, ECLI:EU:C:2014:2195 ; et *avis 2/13* du 18 déc. 2014, ECLI:EU:C:2014:2454).

B. L'engagement de la responsabilité des États membres pour violation du droit de l'Union

1013. Assez rapidement, les conditions dans lesquelles est ouvert un droit à réparation se sont précisées, deux types de considérations étant importantes. D'abord l'indifférence du type d'acte national en cause : il est évident que les régimes nationaux de responsabilité administrative du fait des lois, ou du fait des décisions de justice, sont traditionnellement plus restrictifs que les régimes de responsabilité administrative de droit commun. L'effectivité du droit de l'Union européenne ne pouvait admettre de telles variations, de sorte que sera indifférente la nature de l'acte national générateur du dommage ; ceci a conduit à la spectaculaire application de cette obligation d'indemnisation à l'hypothèse d'un préjudice causé par une décision d'une juridiction statuant en dernier ressort : CJCE 30 sept. 2003, *Köbler*, aff. C-224/01, *Rec.* I-10239 (cf. D. Simon, « La responsabilité des États membres en cas de violation du droit communautaire par une juridiction suprême », *Europe*, nov. 2003, chron. 3 ; CJCE 13 juin 2006, *Traghetti del Mediterraneo*, aff. C-173/03, *Rec.* I-5177). Ensuite, la Cour a estimé qu'il fallait se référer au régime de responsabilité extracontractuelle de la Communauté, dans la mesure où il n'y a pas lieu « de soumettre à des régimes différents la responsabilité de la Communauté et celle des États membres dans des circonstances comparables, la protection des droits que les particuliers tirent du droit communautaire ne pouvant varier en fonction de la nature nationale ou communautaire de l'autorité à l'origine du dommage » (arrêt *Brasserie du Pêcheur*, préc. ; sur les rapports entre ce régime de responsabilité et celui de la responsabilité non contractuelle de l'Union, v. ss 1382).

1014. Dès lors, trois conditions d'engagement de la responsabilité seront définies.

– ***La règle de droit de l'Union doit avoir pour objet de conférer des droits aux particuliers***, tant il est vrai qu'un fondement essentiel de cette jurisprudence repose sur la mission du juge national de sauvegarder les droits conférés par le droit de l'Union. Par exemple, des dispositions mettant en place une simple procédure d'information dans le domaine des normes et des règles relatives à la société de l'information ne confèrent pas de droits aux particuliers (arrêt du 11 juin 2015, *Berlington Hungary*, aff. C-98/14, ECLI:EU:C:2015:386).

– ***La violation du droit de l'Union doit être suffisamment caractérisée*** : ce sera souvent l'essentiel de l'appréciation à faire et elle relèvera du juge national. La Cour de justice, au risque d'encourir le grief de ne pas respecter la répartition des compétences entre elle et les juges nationaux, mais soucieuse d'éviter trop de discordance entre les solutions d'espèce, a rapidement fourni des indicateurs précis, véritable *vade-mecum* à destination des juges nationaux, leur permettant d'identifier une telle caractérisation suffisante : parmi les éléments à considérer figurent « notamment, le degré de clarté et de précision de la règle violée, le caractère intentionnel ou involontaire du manquement commis ou du préjudice causé, le caractère excusable ou inexcusable d'une éventuelle erreur de droit, la circonstance que les attitudes prises par une institution communautaire ont pu contribuer à l'adoption ou au maintien de mesures ou de pratiques nationales contraires au droit communautaire. En tout état de cause, une violation du droit communautaire est manifestement caractérisée lorsqu'elle a perduré malgré le prononcé d'un arrêt constatant le manquement reproché, d'un arrêt préjudiciel ou d'une jurisprudence bien établie de la Cour en la matière, desquels résulte le caractère infractionnel du comportement en cause » (par ex. CJCE 13 mars 2007, *Test Claimants in the Thin Cap Group Litigation*, aff. C-524/04, *Rec.* I-2107 ; cf. aussi par exemple l'arrêt du 3 sept. 2014, *X*, aff. C-318/13, ECLI:EU:C:2014:2133). S'agissant du cas particulier de la responsabilité du fait d'une décision de justice, l'arrêt *Köbler* (préc.) précise que dans un tel contexte, le juge national compétent doit, « en tenant compte de la spécificité de la fonction juridictionnelle, rechercher si cette violation présente un caractère manifeste » (cf. aussi les arrêts du 13 juin 2006, *Traghetti del Mediterraneo*, aff. C-173/03, préc. ; ou du 28 juill. 2016, *Tomášová*, aff. C-168/15, ECLI:EU:C:2016:602). L'ensemble de la jurisprudence semble cependant indiquer une forme de timidité de la Cour, ou, ce qui est compréhensible, une conception respectueuse de la spécificité de la fonction juridictionnelle. Seul peut-être l'arrêt du 9 sept. 2015, *João Filipe Ferreira da Silva e Brito e.a.*, aff. C-160/14, ECLI:EU:C:2015:565 marque une prise de position déterminée de la Cour de justice pour garantir ce principe inhérent au système des traités.

– ***Doit exister un lien de causalité entre cette violation et le préjudice subi par les particuliers*** : si l'arrêt *Francovich* se contentait de cette condition, la Cour, à partir de l'arrêt *Brasserie du Pêcheur*, exige un lien « direct » (par exemple, pour un rappel, CJ 15 nov. 2016, *Ullens de Schooten*, aff. C-268/15, ECLI:EU:C:2016:874).

C. Le régime de la responsabilité des États membres pour violation du droit de l'Union

1015. Conformément au principe d'autonomie institutionnelle et procédurale (v. ss 1021), ce sont les régimes nationaux de responsabilité de la puissance publique, qui s'appliqueront, moyennant le simple encadrement par les principes d'équivalence, et d'effectivité (v. ss 1091 à 1093). Pour autant, la Cour a pu préciser, au titre de cet encadrement, certains aspects de ces régimes, que *l'office du juge* vis-à-vis du droit de l'Union impose.

– Ainsi, le *préjudice indemnisable* devra intégrer la prise en compte du manque à gagner (ce que ne prévoyait pas la réglementation allemande dans l'affaire *Brasserie du Pêcheur*).

– Le *comportement de la victime* pourra aussi être pris en compte : dans l'arrêt *Brasserie du Pêcheur*, la Cour précise que le juge national peut vérifier si la personne lésée a fait preuve d'une diligence raisonnable pour éviter le préjudice ou en limiter la portée. La Cour a toutefois précisé qu'obliger le requérant à utiliser toutes les voies de droit disponibles ne doit pas conduire à des difficultés excessives ou déraisonnables (CJCE 24 mars 2009, *Danske Slafterier*, aff. C-445/06, *Rec.* I-2119) ; elle a également exclu que le comportement d'un tiers (ou la force majeure) puisse exonérer l'État de sa responsabilité pour défaut de transposition correcte d'une directive, l'obligation de l'État étant là complètement autonome par rapport au comportement d'un tiers (CJCE 15 juin 1999, *Rechsberger*, aff. C-140/97, *Rec.* I-3499).

– Le *délai de prescription* : l'arrêt *Danske Slagterier*, précité, a permis à la Cour d'appliquer à la question des délais de forclusion les principes d'équivalence et d'effectivité, et elle considère qu'un délai de trois ans (identique au délai national) est en soi « raisonnable » mais que si sa prévision dans l'affaire en cause n'est pas prévue avec « un degré de certitude raisonnable », il y aurait violation de la sécurité juridique et que cela serait contraire au principe d'effectivité. La Cour dans la même affaire devait répondre à la question de savoir si le principe d'effectivité n'exigeait pas que le délai de prescription soit suspendu en cas de recours en manquement porté par la Commission devant la Cour de justice. La Cour se borne à considérer que cette non-suspension, en elle-même, ne rend pas impossible ou excessivement difficile l'exercice des droits que le requérant tire du droit communautaire.

Chapitre 3

La mise en œuvre du droit de l'Union

AZOULAI (L.), « Pour un droit de l'exécution dans l'Union européenne », in Dutheil de la Rochère (J.) (dir.), *L'exécution du droit de l'Union, entre mécanismes communautaires et droits nationaux*, Bruxelles, Bruylant, coll. « Droit de l'Union européenne », 2009.

AZZI (G. C.) (dir.), *L'application du droit communautaire par les États membres*, Institut européen d'administration publique de Maastricht, 1985.

BLANQUET (M.), *L'article 5 du traité CEE Recherches sur les obligations de fidélité des États membres de la Communauté*, Paris, LGDJ, 1994.

DUBEY (A.), « Administration indirecte et fédéralisme d'exécution en Europe », *CDE* 1-2/2003, p. 87.

DUBOUT (E.) et NABLI (B.), *Droit français de l'intégration européenne*, coll. « Systèmes », Paris, LGDJ, 2015.

DUTHEIL DE LA ROCHÈRE (J.) (dir.), *L'exécution du droit de l'Union, entre mécanismes communautaires et droits nationaux*, coll. « Droit de l'Union européenne », Bruxelles, Bruylant, 2009.

KOVAR (R.), « Le droit rationnel d'exécution du droit communautaire : essai d'une théorie de l'écran communautaire », in *Mélanges Boulouis*, Paris, Dalloz, 1991, p. 341.

MEHDI (R.), « L'exécution nationale du droit communautaire. Essai d'actualisation d'une problématique au cœur des rapports de système », in *Mélanges en hommage à Guy Isaac*, Toulouse, Presses de l'Université des sciences sociales de Toulouse, 2004, tome 2, p. 615.

MENY (Y.) (dir.), « Mises en œuvre nationales des politiques communautaires », *RFAP* n° 34, avr.-juin 1985.

POELEMANS (M.), *La sanction dans l'ordre juridique communautaire*, Bruxelles, Bruylant, 2004.

SAURON (J.-L.), *L'application du droit de l'Union européenne en France*, 2e éd., Paris, La Documentation française, « Réflexe Europe », 2000.

1016. Comme toute norme juridique, la règle de droit de l'Union, pour atteindre son efficacité concrète, peut exiger un complément normatif, une application particulière et un mécanisme de sanction. Le système juridique de l'Union consacre à ces trois niveaux (Sections 2, 3, 4) des solutions différenciées, fondées sur un certain nombre de principes communs (Section 1).

Section 1
Principes régissant la mise en œuvre du droit de l'Union

§ 1. La participation des autorités nationales à la mise en œuvre du droit de l'Union

Le Barbier-Le-Bris (M.), « Les principes d'autonomie institutionnelle et procédurale et de coopération loyale. Les États membres de l'Union européenne, des États pas comme les autres », in *Liber Amicorum Jean Raux*, Rennes, Apogée, 2006, p. 419.
Neframi (E.), « Principe de coopération loyale et principe d'attribution dans le cadre de la mise en œuvre du droit de l'Union », *CDE* 2016. 221.

1017. Si l'*édiction* du droit de l'Union est concentrée entre les mains des autorités de l'Union, celles-ci ne disposent, en revanche, d'aucun monopole au niveau de sa *mise en œuvre* qui est le plus souvent confiée aux autorités des États membres – érigées au rang de relais d'exécution de l'Union – si bien que l'on a pu affirmer que le système communautaire, centralisé sur le plan législatif, serait, en revanche, *dispersé sur le plan exécutif* (P. Pescatore).

L'article 291, § 1, FUE est net : « Les États membres prennent toutes les mesures de droit interne nécessaires pour la mise en œuvre des actes juridiquement contraignants de l'Union ».

Cette dissociation entre la compétence législative et la compétence d'exécution trouve son origine dans le système communautaire de répartition des compétences, à caractère fonctionnel (v. ss 108), alors qu'aux États-Unis, par exemple, la technique matérielle conduit à investir simultanément les autorités fédérales des compétences législatives, administratives et judiciaires.

Quant à la part qui revient respectivement aux autorités de l'Union et aux autorités nationales dans la mise en œuvre du droit de l'Union, les traités, même avant la consécration du principe de subsidiarité par le traité de Maastricht, contenaient cependant un certain nombre d'indices concordants (CECA, art. 5 et 57 ; simple compétence d'attribution de la Cour de justice ; faiblesse des moyens de coercition accordés aux organes communautaires) qui faisaient apparaître une préférence pour le *procédé de la mise en œuvre indirecte*, c'est-à-dire par l'intermédiaire des autorités administratives et judiciaires nationales. Dans le concret, du reste, l'importance et la nature du rôle confié aux États membres ne peuvent être systématisées et dépendent de nombreux facteurs (cf. J. Rideau, « Le rôle des États membres dans l'application du droit communautaire », *AFDI* 1972. 864). Si ce sont parfois des contraintes juridiques qui dictent la solution (la directive appelle, par nature même, des compléments normatifs de la part des États membres ; les sanctions pénales ne peuvent être prises et appliquées que par les États membres), le plus souvent, les institutions européennes ont le choix, et ce sont des contraintes factuelles et politiques (insuffisance de l'infrastructure administrative de l'Union ; volonté de rapprocher l'administration des administrés ; déférence exagérée pour les souverainetés nationales) qui sont déterminantes. Dès lors, la répartition des rôles n'est nullement définitive et peut varier tant en fonction de la volonté des institutions d'épuiser ou non leurs pouvoirs et compétences qu'en fonction des progrès dans la réalisation des politiques communes. La coopération de l'État membre à l'application du droit de l'Union prend donc des formes et des dimensions variables : son appareil administratif est mis à la disposition de l'Union pour l'exécution de ses décisions ; sa force publique et son organisation judiciaire en assurent le respect, au besoin par la contrainte (CJCE 10 juill. 1990, *Commission c/Allemagne*, aff. C-217/88, *Rec.* I-2879 et 7 déc. 1995, *Commission c/ Rép. française*, aff. C-52/95, *Rec.* I-4443) ; enfin, ses organes législatifs et gouvernementaux interviennent pour leur apporter d'indispensables compléments. En tout état de cause, l'effectivité du droit de l'Union dépend, dans une large mesure, de l'action normative, administrative et judiciaire des États membres.

§ 2. Le devoir de coopération des États membres

1018. Les traités ne se bornent pas à prévoir la collaboration des États à la mise en œuvre du droit de l'Union ; ils leur font un devoir de s'acquitter de cette mission (sur les devoirs de coopération loyale, v. ss 175). Tel a été l'objet, notamment, de l'article 10 CE *[ex 5]* (86 CECA et 192 CEEA), dont les termes ont été repris désormais à l'article 4, § 3, al. 2 et 3, *in initio*, UE : « Les États membres prennent toute mesure, générale ou particulière, propre à assurer l'exécution des obligations découlant des traités ou résultant des actes des institutions de l'Union *[on peut voir là une obligation de coopération]*. Les États membres facilitent l'accomplissement par l'Union de sa mission [*ce serait là une obligation de collaboration*]... », ces dispositions étant complétées *in fine* par une *obligation de loyauté* (« [les États membres]... s'abstiennent de toute mesure susceptible de mettre en péril la réalisation des objectifs de l'Union »). Cet article 4, § 3, UE présente, pour la première fois de façon explicite dans le droit primaire, ces dispositions classiques, sous l'éclairage général du principe de « coopération loyale », ce qui ressortait déjà de la jurisprudence de la Cour : l'alinéa 1er du § 3, en effet, embrasse l'ensemble de la problématique en disposant de manière générale qu'« en vertu du principe de coopération loyale, l'Union et les États membres se respectent et s'assistent mutuellement dans l'accomplissement des missions découlant des traités ».

1019. L'attitude ainsi exigée des États n'est pas une soumission passive mais bien, en effet, une coopération loyale et active ; l'article 10 CE, grâce à l'interprétation dynamique de la Cour, a été la source d'engagements positifs et autonomes : c'est-à-dire que non seulement les États ont l'obligation d'adopter les mesures d'application spécifiques prescrites par les traités ou le droit dérivé, mais encore qu'ils sont tenus, le cas échéant, à une action spontanée à laquelle ils n'ont pas été spécialement invités par les institutions communautaires : « les États membres avaient le droit et, en vertu des dispositions générales de l'article 5 du traité *[devenu art. 10 CE et désormais art. 4, § 3, al. 2 et 3, FUE]*, l'obligation de tout faire pour assurer l'effet utile de l'ensemble des dispositions du règlement » (CJCE 17 déc. 1970, *Scheer*, aff. 30/70, *Rec.* 1197).

Les États sont donc investis, d'une manière générale, d'une responsabilité subsidiaire en ce qui concerne la mise en œuvre du droit de l'Union ; et cette responsabilité est susceptible d'être sanctionnée par le jeu du recours en manquement : « lorsque l'application dans chaque État membre du règlement communautaire postule l'aménagement de certains services publics, le fait que les autorités concernées s'abstiennent de prendre les mesures nécessaires est de nature à constituer un manquement au sens de l'article 169 CEE » (CJCE 17 févr. 1970, *Commission c/Italie*, aff. 31/69, *Rec.* 34).

1020. Il importe de bien comprendre qu'il ne s'agit pas ici pour les États membres de prendre les mesures nécessaires à la mise en œuvre de « leurs » obligations, ce qui reviendrait à une simple obligation de bonne foi assez classique, mais bien de prendre les mesures nécessaires à l'exécution *des* obligations découlant du droit de l'Union, quels que soient les destinataires de ces obligations, de sorte que l'action des États membres, imposée par cette obligation sanctionnée de coopération loyale, les met au service de la force impérative du droit de l'Union, ce qui prouve que les États membres ne sont pas uniquement des « sujets » du droit de l'Union, qu'ils ne sont pas seulement « soumis » au droit de l'Union, mais qu'ils sont des *acteurs du système juridique de l'Union* jouant, en tant qu'État membres, en tant que membre de l'Union, un rôle essentiel pour l'effectivité du droit de l'Union. La jurisprudence de la Cour est claire à cet égard : « selon la jurisprudence de la Cour, les relations entre les États membres et les institutions communautaires sont régies (…) par un principe de coopération loyale. Ce principe oblige (...) les États membres à prendre toutes les mesures propres à garantir la portée et l'efficacité du droit communautaire. » (CJCE 22 oct. 1998, *Kellinghusen*, aff. C-36/97 et C-37/97, *Rec.* I-6337 ; cf. aussi l'arrêt de principe CJCE 21 sept. 1989, *Commission c/Grèce*, aff. 68/88, *Rec.* 2965 ; ou CJCE 4 mars 2004, *Allemagne c/Commission*, aff. C-344/01, *Rec.* I-2081).

§ 3. L'autonomie institutionnelle et procédurale des États

Couronne (V.), « L'autonomie procédurale des États membres de l'Union européenne à l'épreuve du temps », *CDE* 2010, n° 3/4, p. 273.

Kovar (R.), « Voies de droit ouvertes aux individus devant les instances nationales en cas de violation des normes et décisions du droit communautaire », in *Les recours des individus devant les instances nationales en cas de violation du droit européen*, Bruxelles, Larcier, 1978, p. 245.

1021. Le principe de l'autonomie institutionnelle et procédurale signifie que, lorsque des mesures de mise en œuvre du droit de l'Union doivent être arrêtées par les États membres, ceux-ci se conformeront aux règles qui découlent de leur droit interne et notamment de leur droit constitutionnel, pour ce qui concerne la détermination des organes compétents et des procédures à utiliser. Responsables de la mise en œuvre du droit de l'Union, les autorités nationales se trouvent donc en face d'une obligation de résultat, non de moyen. Cette règle, dans laquelle on peut voir une expression de la souveraineté des États, et par là un indice de la nature même de l'Union européenne en tant qu'Union d'États souverains, constitue aussi un aveu de réalisme, les autorités de l'Union s'abstenant volontairement de fixer elles-mêmes les procédures que les autorités nationales devraient respecter dans leur fonction de mise en œuvre.

1022. *L'autonomie institutionnelle* au sens strict (désignation des services compétents) est complète : « lorsque les dispositions du traité ou des règlements reconnaissent des pouvoirs aux États membres ou leur imposent des obligations aux fins de l'application du droit communautaire, la question de savoir de quelle façon l'exercice de ces pouvoirs et l'exécution de ces obligations peuvent être confiés par les États membres à des organes déterminés relève uniquement du système constitutionnel de chaque État membre » (CJCE 15 déc. 1971, *International Fruit Company*, aff. 51 à 54/71, *Rec.* 1107) ; elle garantit notamment le respect de la structure décentralisée, voire fédérale des États : « chaque État membre est libre de répartir comme il le juge opportun les compétences sur le plan interne et de mettre en œuvre une directive au moyen de mesures prises par les autorités régionales ou locales » (CJCE 25 mai 1982, *Commission c/Pays-Bas*, aff. 97/81, *Rec.* 1833).

1023. S'agissant de l'*autonomie procédurale* (« dans les cas où la mise en œuvre d'un règlement communautaire incombe aux autorités nationales, il convient d'admettre qu'en principe cette application se fasse dans le respect des formes et procédures du droit national » : CJCE 11 févr. 1971, *Fleischkontor*, aff. 39/70, *Rec.* 49), il n'en va pas exactement de même, du fait des impératifs propres du droit communautaire : outre la primauté et l'applicabilité directe, la Cour affirme que le respect des formes et procédures nationales « doit se concilier avec les nécessités d'une application uniforme du droit communautaire » (CJCE 6 juin 1972, *Schlüter*, aff. 94/71, *Rec.* 307). C'est spécialement au regard de la compétence des juridictions nationales dans leur « office de juge communautaire de droit commun » que sera précisé le régime d'encadrement de cette autonomie procédurale (v. ss 1091 à 1093).

Quoi qu'il en soit, l'effectivité du droit de l'Union dépend finalement largement de la qualité des solutions juridiques dégagées dans l'ordre étatique.

§ 4. Le problème de la nature des mesures nationales de mise en œuvre du droit de l'Union

1024. En quelle qualité agissent les autorités nationales quand elles prennent des mesures d'application du droit de l'Union ? Exercent-elles une compétence étatique propre, ou, par une sorte de dédoublement fonctionnel, une compétence communautaire déléguée ?

La jurisprudence de la Cour offrant des arguments à l'appui de l'une (12 mai 1971, *Ludwig Wunsche*, aff. 76/70, *Rec.* 339) comme de l'autre (11 févr. 1971, *Fleischkontor*, préc.), la doctrine s'est divisée entre ces deux thèses (cf., notamment, M. Zuleeg, *Les répartitions des compétences entre la Communauté et ses États membres*, et R. Kovar, « L'effectivité interne du droit communautaire », in Colloque de Liège, 10-12 janvier 1973, *La Communauté et ses États membres*), certains auteurs se ralliant même à l'une ou à l'autre selon qu'il s'agit de la mise en œuvre d'un acte d'effet direct ou non directement applicable.

En réalité, on doit être conscient que le caractère subordonné et subsidiaire inhérent à la fonction d'exécution elle-même n'exclut pas nécessairement un pouvoir propre. Au surplus, la Cour de justice, même si elle a pu éviter jusqu'ici de répondre expressément (CJCE 4 avr. 1974, *Mertens*, aff. 178-180/73, *Rec.* 383), fournit au moins trois indices décisifs :

– d'abord, si les services nationaux agissaient en vertu d'une compétence communautaire, les dommages qu'ils causent dans l'application du droit communautaire devraient engager non pas leur propre responsabilité, mais celle de la Communauté, solution à laquelle la Cour de justice se refuse obstinément (7 févr. 1979, *Pays-Bas c/Commission*, aff. 11/76, *Rec.* 245 ; 13 févr. 1979, *Granaria*, aff. 101/78, *Rec.* 623 ; 12 déc. 1979, *Wagner*, aff. 12/79, *Rec.* 3657 ; dans le même sens : C.E. 2 oct. 1981, *GIE Vipal, RDP* 1982. 1122) ;

– ensuite la Cour refuse nettement de prendre en considération les éventuelles instructions de la Commission adressées aux instances nationales d'exécution, niant toute relation hiérarchique entre elles (CJCE 27 mars 1980, *Sucrimex*, aff. 133/79, *Rec.* 1299 ; CJCE 10 juin 1982, *Interagra*, aff. 217/81, *Rec.* 2233) ;

– enfin, la Cour a clairement indiqué – même si cela lui a été reproché (J. Boulouis, *AJDA* 1978. 223) – que lorsque le juge national connaît du droit communautaire, c'est « en tant qu'organe d'un État membre » et non, par le jeu d'un dédoublement fonctionnel, en tant qu'organe communautaire (CJCE 9 mars 1978, *Simmenthal*, préc.) (v. ss 812).

1025. C'est donc dans l'exercice de leur compétence originaire propre que les États participent à la mise en œuvre du droit de l'Union : cette conception semble la plus appropriée à la réalité juridique et politique actuelle de l'Union. Pour autant, il ne faut pas négliger qu'*en tant qu'État membre*, l'État met cette compétence propre au service de la réalisation des objectifs des traités. La Cour exprime de façon générale cette philosophie, s'agissant du cas particulier de la gestion des marchés agricoles : « l'organisation commune des marchés, conformément à la structure de la Communauté, repose sur une collaboration étroite entre États membres et institutions communautaires, les uns et les autres exécutant sous leur propre responsabilité les tâches qui leur incombent en vertu de la règle communautaire » (CJCE 12 mai 1971, *Ludwig Wunsche*, aff. 76/70, *Rec.* 339).

Section 2
L'exécution normative du droit de l'Union

1026. La mise en œuvre du droit de l'Union exige souvent des mesures à caractère général indispensables à son exécution qui, lorsqu'elles relèvent des États membres, leur posent de délicats problèmes de compétence comme de technique législative.

§ 1. Différentes hypothèses d'exécution normative

I. Dispositions non directement applicables des traités

1027. Certaines dispositions des traités, parce qu'elles sont insuffisamment précises ou laissent aux autorités communautaires ou nationales une marge d'appréciation discrétionnaire, impliquent nécessairement une mise en œuvre normative complémentaire, exercée, suivant les cas, par voie de règlements, directives (40 al. 1er, CE *[désormais art. 46 al. 1er, FUE]*, art. 46, § 2, CE *[désormais art. 52, § 2, FUE]*) ou mesures nationales (art. 32, al. 2, art. 33, § 1 et 2, art. 97 CE *[abrogés par le traité d'Amsterdam]*).

II. Directives et décisions adressées à des États

1028. Ici, la collaboration normative des États n'est plus l'exception mais le principe ; et elle est même inévitable, dans le cas particulier de la directive. On sait en effet que la directive, par sa nature et alors même qu'elle aurait un effet direct (v. ss 967) doit faire l'objet de mesures nationales. Il s'agira presque toujours d'une transposition par adoption postérieure à la directive de mesures normatives internes. Ce n'est qu'à des conditions très strictes, en effet, que la Cour estime cette transposition superflue et se contente d'une mise en œuvre par application de normes internes antérieures à la directive : il faut que la pleine application de la directive soit effectivement garantie par des dispositions législatives ou réglementaires ou des principes généraux de droit interne et, si elle « vise à créer des droits pour les particuliers, que la situation juridique découlant de ces principes soit suffisamment précise et claire et que les bénéficiaires soient en mesure de connaître la plénitude de leurs droits et, le cas échéant, de s'en prévaloir devant leurs juridictions nationales » (CJCE 23 mai 1985, *Commission c/RFA*, aff. 29/84, *Rec.* 1661, *RTDE* 1986. 484, observations J. Molinier ; CJCE 27 avr. 1988, *Commission c/France*, aff. 252/85, *Rec.* 2243 ; CJ 24 oct. 2013, *Commission c/ Espagne*, aff. C-151/12, ECLI:EU:C:2013:690). À ce titre, une simple pratique administrative (CJ 30 juin 2016, *Commission c/ Pologne*, aff. C-648/13, ECLI:EU:C:2016:490) ou jurisprudentielle (arrêt du 13 févr. 2014, *Commission c/ Royaume-Uni*, aff. C-530/11, ECLI:EU:C:2014:67) ne sera pas admise. Les directives, instrument privilégié de l'harmonisation des législations, prescrivent soit l'introduction de normes communautaires, soit la suppression de normes nationales déterminées soit encore l'adoption de normes nationales à déterminer : dans tous les cas, la transposition implique déjà une activité normative. Mais la mise en œuvre des directives ne consiste pas seulement dans la création d'un droit national de même contenu ; elle exige bien souvent, simultanément, la création d'un droit national complémentaire : fixation des modalités d'application ; détermination des autorités nationales compétentes pour les appliquer, des mécanismes de sanction et de contrôle ; octroi de moyens de financement.

1029. C'est en cela que cette « transposition » n'est en rien une simple « réception » dualiste mais bien une véritable « mise en œuvre » (v. ss 628).

On sait qu'en pratique, « la compétence quant à la forme et aux moyens », qui est expressément laissée aux « instances nationales » est très variable et tend à se réduire, compte tenu de la multiplication, surtout à une certaine époque, des directives précises et détaillées (v. ss 634) ; en outre, l'indication systématique de délais d'exécution à caractère impératif (26 févr. 1976, *Commission c/Italie*, aff. 52/75, *Rec.* 277) réduit encore la marge de manœuvre des autorités nationales ; sans compter que, malgré leur liberté « quant au choix des moyens », celles-ci doivent néanmoins retenir les plus aptes à assurer l'effet utile des dispositions en cause (CJCE 8 avr. 1976, *Royer*, aff. 48/75, *Rec.* 497). Quant à l'aspect organique, les autorités nationales sont en principe libres de choisir les services chargés de les appliquer ainsi que de contrôler cette application, mais la Cour peut estimer que le niveau territorial de transposition n'est pas adéquat ou du moins contrôler si une transposition délocalisée est admissible (CJCE 21 janv. 1999, *Commission c/Belgique*, aff. C-347/97, *Rec.* I-309 ; CJ 4 oct. 2012, *Commission c/ Belgique*, aff. C-391/11, ECLI:EU:C:2012:611). Même si un pouvoir discrétionnaire est parfois laissé aux États membres par une directive, au titre d'une faculté de dérogation, ils sont alors « tenus d'exercer leur pouvoir discrétionnaire dans le respect des principes généraux du droit de l'Union, parmi lesquels figure le principe de sécurité juridique. À cette fin, les dispositions permettant des dérogations facultatives aux principes posés par une directive doivent être mises en œuvre avec la précision et la clarté requises afin qu'il soit satisfait aux exigences découlant dudit principe » (CJ 21 oct. 2010, *Accardo e.a.*, aff. C-227/09, *Rec.* I-10273).

III. Règlements

1030. Bien que surprenante à première vue, car elle postule l'existence de règlements incomplets, qui ne se suffisent pas à eux-mêmes, l'exécution normative des règlements n'a pas été jugée contraire à l'article 288 FUE *[présentant le règlement comme « directement applicable dans tout État membre »]* : « l'applicabilité directe d'un règlement ne fait pas obstacle à ce que le texte même du règlement habilite une institution communautaire ou un État membre à prendre des mesures d'application » (CJCE 27 sept. 1979, *Eridania*, aff. 230/78, *Rec.* 2749). La mise en perspective générale conduit le juge à préciser que « si, en raison même de leur nature et de leur fonction dans le système des sources du droit de l'Union, les dispositions des règlements ont, en règle générale, un effet immédiat dans les ordres juridiques nationaux, sans qu'il soit nécessaire que les autorités nationales prennent des mesures d'application, certaines de leurs dispositions peuvent, toutefois, nécessiter, pour leur mise en œuvre, l'adoption de mesures d'application par les États membres » (par ex. arrêt du 21 déc. 2011, *Danske Svineproducenter*, aff. C-316/10, *Rec.* I-13721 ; Ord. du 16 janv. 2014, *Dél-Zempléni Nektár Leader Nonprofit*, aff. C-24/13, ECLI:EU:C:2014:40 ; ou arrêt du 12 avr. 2018, *Commission c/ Danemark*, aff. C-541/16, ECLI:EU:C:2018:251) (v. ss 982).

A. Compléments communautaires des règlements

1031. On sait (v. ss 644) que le Conseil a systématisé, à partir de 1964, une pratique législative nouvelle : les *règlements de base* ne contiennent généralement – d'où leur nom – que les principes directeurs et les rouages essentiels de la matière en cause et confient au Conseil lui-même ou à la Commission le soin de préciser et de mettre en œuvre ces éléments par des actes secondaires (le plus souvent des règlements) et que cette *hiérarchisation* de l'exercice des compétences normatives a été validée par la Cour de justice en s'appuyant sur l'ancien article 211 CE relatif aux fonctions exécutives de la Commission, ce qui correspond sensiblement à l'actuel article 291, § 2, FUE.

On ne reviendra pas non plus sur les procédures d'exécution normatives du droit dérivé tant par le Conseil lui-même que par la Commission (*comitologie*, v. ss 420), mais on rappellera que si la Cour contrôle les habilitations normatives que contiennent les règlements de base (17 déc. 1970, *Köster*, aff. 25/70, *Rec.* 1161), elle a fait prévaloir une conception extensive de la notion d'exécution (30 oct. 1975, *Rey Soda*, aff. 23/75, *Rec.* 1279) : le Conseil doit, certes, régler dans le règlement de base les « principes essentiels » de la matière, mais il peut renvoyer à un règlement d'exécution non seulement les modalités d'exécution, mais même l'établissement de « dérogations », dès lors que celles-ci s'inscrivent dans le cadre des objectifs du règlement de base (27 sept. 1979, *Eridania*, aff. 230/78, *Rec.* 2749).

B. Compléments nationaux des règlements

1032. Ici, il s'agit non seulement d'une déconcentration, mais d'une véritable décentralisation de l'exécution normative, avec les avantages consécutifs mais aussi les risques qui en découlent.

1033. 1) Nombreux sont les règlements du Conseil ou de la Commission qui habilitent expressément les États membres à compléter les normes communautaires établies par des modalités d'application appropriées. Comme pour les habilitations accordées à la Commission, la Cour ne fait aucune objection de principe, mais elle se montre cependant plus rigoureuse dans son contrôle : dès lors que les États membres seraient habilités non seulement à gérer une réglementation relativement détaillée ou à adopter quelques mesures d'application, mais à la compléter sur des points impliquant un réel pouvoir d'appréciation, il y a, en effet, un risque pour l'application uniforme du règlement (CJCE 14 mars 1973, *Westzucker*, aff. 57/72, *Rec.* 321), surtout lorsqu'il y a subdélégation de la part de la Commission (30 oct. 1975, *Rey Soda*, aff. 23/75, préc.). Ainsi n'est-ce pas sans réticence qu'elle a accepté, dans son arrêt *Scheer* (17 déc. 1970, aff. 30/70, préc.), que la Commission, chargée d'arrêter les modalités d'application du régime de cautionnement, ait pu, dans son règlement n° 87, prévoir que les modalités relatives à la constitution et à la perte de cette caution, ainsi qu'à son montant, seraient, jusqu'à disposition ultérieure, fixée par les États membres. Cette préoccupation la conduit habituellement à interpréter restrictivement le pouvoir d'appréciation conféré aux autorités nationales : ainsi, dans l'affaire *Synacomex* (17 déc. 1970, aff. 34/70, 1242), où le règlement n° 1028/68 de la Commission autorisait les États membres à fixer des conditions de prise en charge complémentaires en matière de céréales pour tenir compte des circonstances existant dans certains États membres ; *a fortiori* en est-il ainsi lorsque la compétence d'exécution conférée aux autorités nationales se ramène à un pouvoir de dérogation (CJCE 27 sept. 1979, *Eridania*, aff. 230/78, préc.). Enfin, lorsque le règlement n'a pas fixé les délais dans lesquels les États doivent prendre des mesures d'exécution nécessaires, celles-ci doivent intervenir dans le cadre d'un délai *raisonnable* eu égard aux finalités en cause (CJCE 8 févr. 1973, *Italie*, aff. 30/72, *Rec.* 161).

1034. 2) Dans certains cas exceptionnels un règlement ouvre expressément un certain nombre d'options que chaque État doit impérativement définir dans un délai déterminé, si bien que l'intervention nationale se rapproche beaucoup de la transposition d'une directive (cf. M. Laflandre, « Examen de quelques problèmes de méthodologie juridique rencontrés par la Commission des affaires économiques du Sénat lors de la transposition du règlement CEE n° 2137/85 relatif à l'institution d'un groupement européen d'intérêt économique », *Droit prospectif, Revue de la recherche juridique*, 1991. 951). Il est même arrivé à la Cour (v. ss 982) d'en tirer pour conséquence la remise en cause de l'invocabilité d'un règlement par les particuliers devant leur juge national (CJCE 11 janv. 2001, *Monte Arcosu Srl*, aff. C-403/98, *Rec.* I-103). On retrouve même dans la jurisprudence de la Cour l'admission d'habilitations conférant un « pouvoir discrétionnaire » aux États membres pour prendre des mesures d'exécution de règlements, moyennant, là encore, des limites et contraintes (principes généraux du droit de l'Union (pour le principe de proportionnalité, cf. l'arrêt du 30 mars 2017, *József Lingurár*, aff. C-315/16, ECLI:EU:C:2017:244), force contraignante incontestable, clarté juridique pour les sujets de droit...) à rapprocher du régime de mise en œuvre des directives : CJCE 20 juin 2002, *Mulligan*, aff. C-313/99, *Rec.* I-5719. De manière générale cependant, le cadre juridique s'est stabilisé : « les États membres peuvent adopter des mesures d'application d'un règlement s'ils n'entravent pas son applicabilité directe, s'ils ne dissimulent pas sa nature communautaire et s'ils précisent l'exercice de la marge d'appréciation qui leur est conférée par ce règlement tout en restant dans les limites de ses dispositions » (arrêt du 14 oct. 2004, *Commission c/Pays-Bas*, aff. C-113/02, *Rec.* I-9707 ; arrêt du 21 déc. 2011, *Danske Svineproducenter*, aff. C-316/10, préc. ; arrêt du 25 oct. 2012, *Anssi Ketelä*, aff. C-592/11, ECLI:EU:C:2012:673 ; arrêt du 12 avr. 2018, *Commission c/ Danemark*, aff. C-541/16,

ECLI:EU:C:2018:251). La Cour donne même la méthode de contrôle adéquate : pour déterminer si une mesure nationale d'application d'un règlement est conforme au droit de l'Union, il y a lieu de se référer aux dispositions pertinentes de ce règlement afin de vérifier si ces dispositions, interprétées à la lumière des objectifs de celui-ci, interdisent, imposent ou permettent aux États membres d'arrêter certaines mesures d'application et, notamment dans cette dernière hypothèse, si la mesure concernée s'inscrit dans le cadre de la marge d'appréciation reconnue à chaque État membre (par ex. arrêt du 7 juill. 2016, *Gorje*, aff. C-111/15, ECLI:EU:C:2016:532).

Au-delà de cette *applicabilité directe* que ne doit pas entraver une telle exécution nationale, c'est *l'intégration immédiate* et la logique moniste de l'articulation des ordres juridiques au sein de l'Union qui ne doit pas être menacée, ce que la Cour précise expressément mais dans un certain flou conceptuel : « l'applicabilité directe d'un règlement exige que son entrée en vigueur et son application en faveur ou à la charge des sujets de droit se réalisent sans aucune mesure portant réception dans le droit national. Il en est toutefois autrement si ledit règlement laisse le soin aux États membres de prendre eux-mêmes les mesures législatives, réglementaires, administratives et financières nécessaires pour que les dispositions de ce règlement puissent être effectivement appliquées » (CJ 5 mai 2015, *Espagne c/ Conseil*, aff. C-147/13, ECLI:EU:C:2015:299 ; T 14 juill. 2016, *Lettonie c/ Commission*, aff. T-661/14, ECLI:EU:T:2016:412).

1035. 3) Dans le silence du règlement, on sait que les autorités nationales ont non seulement le droit, mais le devoir d'intervenir (devoir de coopération loyale) ; cependant, leur pouvoir d'intervention n'est fondé que si l'on est en face d'une véritable *lacune* de la réglementation (CJCE 11 févr. 1971, *Fleischkontor*, aff. 39/70, préc.) ; il se limite donc aux mesures *nécessaires* à l'exécution, ce qui exclut, bien évidemment, toute possibilité de prescrire à ce titre des dérogations (CJCE 30 nov. 1972, *Granaria*, aff. 18/72, *Rec.* 1172).

§ 2. Les autorités nationales compétentes pour pourvoir à l'exécution du droit de l'Union

1036. Dans les États membres fédéraux ou régionalisés, il s'agit, d'abord, du rôle respectif de l'État, seul responsable vis-à-vis de l'Union de la mise en œuvre du droit de celle-ci (CJCE 13 déc. 1991, *Commission c/Italie*, aff. C-33/90, *Rec.* I-5987), et des entités fédérées ou régionales auxquelles la constitution reconnaît dans certaines matières une compétence normative concurrente, voire exclusive (cf. P. Malanczuk, « Les politiques communautaires et les Länder en RFA », *RFDA* 1985. 283 ; C. Colinet, « Régionalisation et droit communautaire : l'expérience italienne », *CDE* 1980. 75 ; *Integración de España en las Comunidades Europeas y las competencias de las Comunidades autónomas*, Barcelone, 1985 ; R.A.W. Rhodes, *European policy making. Implementation and subcentral governments : a survey, Institut européen d'administration publique*, Maastricht, 1986 ; B. Cottier, *Conséquences institutionnelles de l'appartenance aux Communautés européennes*, Publication de l'Institut suisse de droit comparé, Zurich, 1991). Un équilibre, relevant du respect par l'Union de l'identité constitutionnelle des États membres, entre l'autonomie de ces derniers et l'exigence d'efficacité du droit de l'Union, est géré par la Cour de justice, qui admet par exemple qu'« il n'appartient pas à la Commission de se prononcer sur la répartition des compétences par les règles institutionnelles de chaque

État membre et sur les obligations qui peuvent incomber respectivement aux autorités de la République fédérale d'Allemagne et à celles des Länder », mais explique que pour autant « cette même répartition ne saurait constituer une raison suffisante pour aménager les obligations qui incombent aux États membres envers la Communauté » dans le secteur en cause (arrêt du 4 mars 2004, *Allemagne c/ Commission*, aff. C-344/01, *Rec.* I-2081).

Dans tous les États membres, il s'agit de la place qui sera faite au parlement et au gouvernement. L'autonomie institutionnelle reconnue ici aux États ne les a guère conduits à instaurer des procédures spéciales d'exécution. Conformément à leurs règles constitutionnelles générales, celle-ci relèvera donc du législateur ou du gouvernement voire d'autres autorités administratives, en fonction de la matière concernée, de la nature des dispositions de droit de l'Union en cause, ainsi que de la portée des compléments requis. Tout au plus peut-on relever une tendance à utiliser au maximum les possibilités de délégations législatives autorisées.

I. La voie législative

Mathieu (B.), « La loi organique, acte d'application d'une directive européenne », *LPA* n° 29, 1990. 22.

1037. La démonstration des inconvénients de la procédure législative nationale pour la mise en œuvre du droit de l'Union est aisée. Tout d'abord, la lourdeur et la complexité de la procédure parlementaire, outre ses risques de retard par rapport à l'évolution économique et politique et d'application non synchronisée dans les États membres, est la cause de nombreux dépassements des délais de transposition des directives, notamment, souvent générateurs de condamnation par la Cour (par ex. 26 févr. 1976, *Commission c/ Italie*, aff. 52/75, *Rec.* 277). En outre la procédure législative rouvre le débat politique en remettant en cause le fond des problèmes. Sans compter qu'elle facilite et prolonge les pressions des intérêts concernés, comme le montre bien l'exemple du projet de loi visant à éliminer du *code du travail maritime* les dispositions discriminatoires, qui fut repoussé par le Sénat, devant la grève générale effective des marins français, ce qui conduisit, du reste, à une condamnation de la France devant la Cour de justice. (cf. G. Isaac, obs. *RTDE* 1975. 800). Enfin, il est vrai que la souveraineté parlementaire se concilie mal avec la fonction, toute subordonnée, d'exécution du droit de l'Union, le phénomène étant accentué, du reste, par la pratique du Conseil qui a pu consister à adopter des directives extrêmement précises et détaillées. Ce qui reste, bien souvent, aux parlementaires n'est qu'un simple pouvoir d'approbation, sauf à remettre en cause le gouvernement qui a accepté le texte au niveau du Conseil de l'Union. Devant cette *capitis diminutio*, des réactions de mauvaise humeur ne sont pas exclues ; l'exemple le plus célèbre est celui de l'Assemblée nationale française qui rejeta brutalement, sans examen au fond, par le vote d'une motion d'irrecevabilité, sans précédent sous la Ve République, le projet de loi visant à transposer la VIe directive (assiette uniforme) TVA (G. Isaac, « La transposition de la VIe directive en France », in *Annales de l'Université des sciences sociales de Toulouse*, Toulouse, Presses de l'Université des sciences sociales de Toulouse, 1980, p. 35). D'où les initiatives visant à protéger les prérogatives du Parlement français à travers la création (L. du 6 juill. 1979), puis le renforcement (L. du 10 mai 1990) des « délégations parlementaires pour les Communautés européennes » (cf. H. Groud, *RDP* 1991. 1309), transformées en 1994 en « délégations parlementaires pour l'Union européenne » (depuis 2008 « Commissions chargées des affaires européennes »), ainsi que la consécration à son profit d'un « droit de regard » sur les propositions législatives de la Commission des Communautés (art. 88, § 4, introduit dans la Constitution le 25 juin 1992, v. ss 389). Il faut ajouter (v. ss 170) l'intervention des Parlements nationaux dans le contrôle de la subsidiarité depuis le traité de Lisbonne.

Il n'empêche que la voie parlementaire est d'application extrêmement fréquente, compte tenu de l'ampleur des matières réservées à la loi dans certains États membres, notamment en Allemagne et en Italie ; elle est souvent même inévitable dans tous (et même en France), comme, par exemple, en matière fiscale ou pénale.

II. La voie de l'habilitation législative au gouvernement

1038. Compte tenu des remarques précédentes, on comprend l'intérêt des procédures par lesquelles le gouvernement obtient du parlement une délégation afin d'adopter les mesures comprises normalement dans le domaine de la loi et qui sont indispensables à l'exécution du droit de l'Union.

De telles délégations à l'exécutif sont parfois prévues dans la loi d'approbation des traités : ainsi, au Royaume-Uni, l'article 2.2. de l'*European Communities Act*, qui concerne les dispositions communautaires non directement applicables, prévoit un système de délégation assez étendu ; le gouvernement et les ministres sont autorisés à mettre en œuvre par voie d'*order in council* ou, même de simple *regulation* le droit de l'Union, même s'il leur faut pour cela modifier des actes du Parlement ; les mesures les plus importantes (établissement de nouveaux impôts ou sanctions graves) requièrent, cependant, toujours l'intervention du Parlement qui peut, d'autre part, abroger dans un délai de quatre-vingt-dix jours les mesures prises par l'exécutif.

Au Luxembourg, c'est une loi du 9 août 1971, concernant l'exécution et la sanction des décisions et des directives, ainsi que la sanction des règlements des Communautés, qui accorde au gouvernement des pouvoirs particulièrement complets et en permanence.

En Italie, la loi du 9 mars 1989 (« *La Pergola* ») prévoit l'intervention annuelle d'une loi « portant disposition pour l'exécution des obligations découlant de l'appartenance de l'Italie aux Communautés européennes » (« loi communautaire ») qui fait une place privilégiée aux habilitations législatives au gouvernement (cf. A. Tizzano, « La nouvelle loi italienne pour l'exécution des obligations communautaires », *RMC* 1990. 532).

Mais, le plus souvent, les gouvernements mettent à profit des habilitations antérieures à la création des Communautés ou demandent au coup par coup des habilitations spécifiques, sur la base de l'article 80 de la Loi fondamentale en Allemagne, de l'article 38 de la Constitution en France ; sur les quatre premières lois d'habilitation que le gouvernement français a fait adopter (L. n° 62-933 du 9 août 1962, en matière agricole ; L. n° 64-1231 du 14 déc. 1964, n° 66-481 du 6 juill. 1966 et n° 69-1169 du 26 déc. 1969, pour assurer l'application des directives du Conseil en matière de liberté d'établissement et de prestations de services), seule la dernière a fait l'objet d'une utilisation véritable : cf. par ex., Ord. n° 69-815 du 28 août 1969, puis n° 72-1242 du 29 déc. 1972, supprimant l'exigence de la carte de commerçant étranger, conformément aux directives n° 64/221, 223 et 224. De même, la loi n° 2000-517 du 15 juin 2000 se caractérisait par son caractère étroitement technique (adaptation par ordonnance de la valeur en euro de certains montants exprimés en francs dans des textes législatifs). En revanche, la loi n° 2001-1 du 3 janvier 2001 devait permettre au gouvernement de mettre en œuvre par ordonnances plus de soixante textes communautaires, cette ampleur sans précédent étant certainement due à la fois à l'image que voulait donner la France au moment où elle présidait l'Union, au deuxième semestre 2000, et à la crainte des nombreuses procédures en manquement engagées à son encontre, avec la désormais réelle menace de sanctions.

1039. Désormais, c'est de manière habituelle que sont prises des lois « portant diverses dispositions d'adaptation de la législation au droit de l'Union européenne », qui habilitent le gouvernement à « prendre par voie d'ordonnance les dispositions relevant du domaine de la loi nécessaires pour transposer la directive… » (loi n° 2007-1774 du 17 décembre 2007 portant diverses dispositions d'adaptation au droit communautaire dans les domaines économique et financier ; loi n° 2008-649 du 3 juillet 2008 portant diverses dispositions d'adaptation du droit des sociétés au droit communautaire ; loi n° 2008-757 relative à la responsabilité environnementale et à diverses dispositions d'adaptation au droit communautaire dans le domaine de l'environnement ; loi n° 2011-12 du 5 janvier 2011 portant diverses dispositions d'adaptation de la législation au droit de l'Union européenne ; loi n° 2014-1 du 2 janvier 2014 habilitant le Gouvernement à simplifier et sécuriser la vie des entreprises ; loi n° 2014-1662 du 30 décembre 2014 portant diverses dispositions d'adaptation de la législation au droit de l'Union européenne en matière économique et financière) ou des lois qui ratifient des ordonnances ayant transposé des directives (par ex. loi n° 2008-337 du 15 avril 2008 ratifiant l'ordonnance n° 2007-613 du 26 avril 2007 portant diverses dispositions d'adaptation au droit communautaire dans le domaine du médicament ; ou loi n° 2011-12 du 5 janvier 2011 ratifiant l'ordonnance n° 2010-1232 du 21 octobre 2010 portant diverses dispositions d'adaptation au droit de l'Union européenne en matière d'environnement).

III. La voie réglementaire directe

1040. 1) Si elle n'est pas ignorée ailleurs, ce n'est qu'en France, cependant, qu'elle prend une dimension significative, compte tenu, tout d'abord, de l'ampleur des matières ouvertes au *pouvoir réglementaire autonome* par l'article 37 de la Constitution ; on n'oubliera pas, notamment, qu'un simple décret en Conseil d'État suffit pour assortir les textes de droit de l'Union de sanctions contraventionnelles, compte tenu des articles 34 de la constitution et R. 25 du Code pénal (cf. Décr. n° 77-1041 du 14 sept. 1977 relatif aux modalités de recouvrement d'un prélèvement de coresponsabilité sur le lait, *JORF* du 17 sept. 1977, p. 4608). Nombreuses sont, en conséquence, les directives qui ont fait l'objet d'une transposition réglementaire (cf. par ex., Décr. n° 73-431 du 14 mars 1973, relatif à la mise en concurrence, dans le cadre de la Communauté, de certains marchés de travaux publics et de bâtiments, intervenu pour l'application des directives du 26 juill. 1971 ; Décr. n° 78-1109 du 23 nov. 1978, transposant la directive du 5 févr. 1979 relative au rapprochement des législations des États membres concernant les jus de fruits) ; parfois même, un simple arrêté ministériel est suffisant (arrêté du 13 oct. 1978 transposant la directive du Conseil du 29 juin 1978, concernant le rapprochement des législations des États membres relatives à la teneur en plomb de l'essence). On considère que 90 % des directives sont transposées par voie réglementaire en France.

1041. 2) Bien plus, dans son avis du 20 mai 1964, le Conseil d'État a considéré que « le gouvernement, lorsqu'il assure l'exécution des dispositions directement applicables des traités ainsi que des règlements et décisions de la CEE, étant dans la même situation que lorsqu'il applique une loi interne, il en résulte que les mesures d'application desdits actes sont normalement prises par voie réglementaire ». Ceci signifie que, s'agissant de dispositions communautaires directement applicables, il est indifférent de savoir si elles sont intervenues dans les matières réglementaires ou législatives au sens des articles 37 et 34 de la constitution, car, même dans ce dernier cas, leur exécution, comme celle de la loi, relève du *pouvoir réglementaire* (Constitution, art. 21). Encore faut-il cependant que le gouvernement se « borne à assurer l'exécution » du règlement (C.E. 22 déc. 1978, *Syndicat viticole des Hautes Graves de Bordeaux, D.* 1979. 125), c'est-à-dire qu'il s'agisse bien de simples mesures d'exécution implicitement incluses dans le règlement ; en revanche, s'il s'agissait d'assortir un règlement de sanctions correctionnelles, ou d'organiser le recouvrement de prélèvements de nature fiscale, une loi serait nécessaire (C. const. 30 déc. 1977, *RTDE* 1979. 142, obs. G. Isaac et J. Molinier).

1042. 3) Quant à la détermination exacte de l'autorité administrative compétente pour modifier, aux fins d'exécution du droit de l'Union, une disposition administrative française, prévaut, naturellement, la règle de parallélisme des compétences (C.E. 11 juill. 1988, *Conseil départemental de l'ordre des médecins des Alpes-Maritimes, RFDA* 1989. 347). Enfin, si le gouvernement a le droit de se borner à définir par décret « avec une précision suffisante les principes qu'il entendait retenir pour atteindre le résultat exigé et renvoyer à des arrêtés ministériels ultérieurs » la fixation des modalités d'application de ces principes (C.E. 28 sept. 1984, *Confédération nationale des sociétés de protection des animaux, Rec.* 512), encore faudrait-il que les arrêtés eux aussi et non pas seulement le décret soient pris dans le délai imposé pour la transposition de la directive.

§ 3. Les problèmes techniques rencontrés par les autorités nationales

Bergel (J.-L.) (dir.), « Méthodes d'intégration du droit communautaire au droit français », *Droit prospectif. Revue de la recherche juridique* 1991. 4.

Conseil d'État (étude), *Pour une meilleure insertion des normes communautaires dans le droit national*, 2007.

1043. Dans l'élaboration concrète des mesures nationales d'application, la formule la plus opportune est sûrement celle par laquelle les textes nationaux font référence *par un renvoi* aux dispositions du droit de l'Union – article, acte ou ensemble d'actes, déjà adoptés ou à adopter – qu'ils exécutent. Ce procédé, tout en attirant l'attention sur l'origine de la règle appliquée, respecte au maximum sa nature et son autonomie. Au contraire, la technique de *la reproduction* de la mesure de droit de l'Union dans un texte national conduit à une « nationalisation » susceptible d'entraver le jeu de la primauté et du renvoi préjudiciel (on sait que la reproduction est interdite, en principe, pour les règlements : CJCE 10 oct. 1973, *Variola*, aff. 34/73, *Rec.* 990). Cependant, la multiplication des références aux dispositions communautaires pouvant rendre le texte national incompréhensible, la méthode de la reproduction doit être acceptée, dès lors qu'elle ne crée pas de confusion quant à l'effet direct du règlement : la Commission recommande que figure dans les dispositions nationales la mention suivante : « considérant que si, pour assurer la cohérence et la compréhension du texte, le présent arrêté reproduit partiellement certaines dispositions du règlement sur le territoire national » (avis adressé au gouvernement néerlandais, *JOCE* n° L 57/86 du 10 mars 1971 ; cf. encore avis du 22 févr. 1982, *JOCE* n° L 65/28 du 9 mars 1982).

D'autre part, s'agissant, cette fois, des directives (cf. M. Ayral, « La transposition des directives dans les droits nationaux », *RMC* 1977. 411), la technique de la transposition par référence peut présenter parfois des inconvénients : dans l'hypothèse d'une obligation de faire, des mesures complémentaires sont nécessaires, pour lesquelles l'autorité d'exécution conserve une large marge de manœuvre ; dès lors, seules l'élaboration et la publication d'un acte complet de transposition constituera une garantie d'application intégrale. La Cour admet que la seule circonstance qu'une disposition nationale ne contienne aucune référence à une directive n'exclut pas que cette disposition puisse être considérée comme une mesure nationale transposant cette directive (CJ 22 déc. 2010, *Gavieiro Gavieiro*, aff. C-444/09 et C-456/09, ECLI:EU:C:2010:819).

1044. À tout le moins, qu'il s'agisse de règlements ou de directives, il a toujours été recommandé de viser les dispositions de droit de l'Union dans les textes nationaux pris pour leur exécution (cf. recommandation de la Commission au gouvernement allemand, *JOCE* n° L 258 du 16 nov. 1972), de manière à faciliter pour les particuliers comme pour les juridictions nationales le contrôle de la conformité de ces dispositions nationales avec le contenu des actes de l'Union (CJCE 27 sept. 1979, *Eridania*, aff. 230/78, préc.). Et il convient de relever que, rompant heureusement avec sa pratique initiale, le gouvernement français ne se refuse plus, désormais, à indiquer les directives concernées dans les visas des mesures prises pour leur application (Décr. n° 75-848, *JORF* 12 sept. 1975 ; Décr. du 28 avr. 1981, *JORF* 29 avr. 1981). Au demeurant, depuis 1990, une clause finale est systématiquement insérée dans toutes les directives du Conseil, imposant aux États membres de faire expressément référence aux directives dans les textes nationaux qu'ils adoptent pour se conformer à ces directives. Il est même devenu fréquent que la directive concernée soit mentionnée expressément dans l'intitulé même de la loi de transposition (par ex., loi n° 98-556 du 8 juillet 1998 portant transposition de la directive n° 94/47/CE du Parlement européen et du Conseil du 26 octobre 1994 concernant la protection des acquéreurs pour certains aspects des contrats sur l'acquisition d'un droit d'utilisation à temps partiel de biens immobiliers (*JORF* 9 juill. 1998, p. 10486) ; ou loi n° 2004-338 du 21 avril 2004 portant transposition de la directive n° 2000/60/CE du Parlement européen et du Conseil du 23 octobre 2000 établissant un cadre pour une politique communautaire dans le domaine de l'eau (*JORF* du 22 avr. 2004) ; que ceci vienne d'une initiative exécutive (projet de loi déposé en septembre 2010 « portant transposition de diverses directives du Parlement européen et du Conseil en matière civile et commerciale »), ou parlementaire (proposition de loi déposée le 19 févr. 2018 portant transposition de la directive (UE) 2016/943 du Parlement européen et du Conseil du 8 juin 2016 sur la protection des savoir-faire et des informations commerciales non divulguées).

Enfin, le recours aux circulaires et notes de service pour la mise en œuvre du droit de l'Union doit être manié avec précaution. La Cour a rappelé, par exemple, que les exigences générales de la sécurité juridique imposent dans tous les cas « une exécution qui corresponde pleinement aux exigences de clarté et de certitude des situations juridiques » et qu'en conséquence, les États ne sauraient s'acquitter de leurs obligations d'exécution au moyen d'une simple pratique de fait, voire d'une tolérance administrative édictée par voie de circulaire interne (6 mai 1980, *Commission c/Belgique*, préc. ; pour une directive : 4 avr. 1974, *Commission c/France*, aff. 167/73, *Rec.* 372). La circulaire, en revanche, retrouve toute sa valeur lorsqu'elle permet aux autorités nationales de lever les ambiguïtés sur l'état du droit applicable : il est souhaitable, par exemple, que les ministres utilisent de tels actes à caractère informatif pour constater l'abrogation des textes nationaux qui résulte de plein droit d'un règlement et en expliciter les conséquences (circulaire du ministre des Transports et de la marine marchande, du 1er février 1971, constatant que le règlement n° 2141/70 accordant aux bateaux des ressortissants communautaires le droit de pêche dans les eaux françaises a, *ipso facto*, abrogé pour ces bateaux, les prohibitions de la loi du 1er mars 1888).

1045. La France a cherché à surmonter ces problèmes techniques et à améliorer son dispositif procédural et institutionnel pour assurer cette mise en œuvre du droit de l'Union européenne, notamment avec la circulaire du 27 septembre 2004 relative à la procédure de transposition en droit interne des directives et décisions-cadres négociées dans le cadre des institutions européennes (*JORF* n° 230 du 2 oct. 2004, p. 16920), les circulaires du Premier ministre, du 22 novembre 2005, relative à l'application de l'article 88-4 de la Constitution et du 19 décembre 2005 relative à l'association du Parlement, des collectivités territoriales, des partenaires sociaux et de la société civile aux processus de décision européens (*JORF* n° 34 du 9 févr. 2006), et le décret du 17 octobre 2005 relatif au comité interministériel sur l'Europe (CIE) et au secrétariat général des affaires européennes (SGAE) (Décr. n° 2005-1283, publié au *JORF* du 18 oct. 2005, et se substituant au Décr. n° 58-344 du 3 avr. 1958 portant attribution des compétences pour l'application des traités instituant les Communautés européennes). On peut aussi citer le *Guide de bonnes pratiques concernant la transposition des directives européennes* publié en 2011 par le SGAE et, de manière plus générale, depuis 2005, le *Guide de légistique* élaboré par le Secrétariat général du Gouvernement et le Conseil d'État (3e éd., La documentation française, Paris, 2017) qui aborde spécifiquement la question de la transposition (Fiches 4.1.2 et 4.1.3). Les résultats ont suivi : s'agissant de la transposition des directives applicables au marché unique, la France est passée d'un déficit de transposition de 7,4 % en 1997 à un déficit de 0,3 % en 2012 (1,1 % fin 2016, ce résultat restant meilleur que la moyenne européenne fixée à 1,5 %).

1046. *Du point de vue structurel*, le SGAE (secrétariat général des affaires européennes) a remplacé le SGCI (secrétariat général du comité interministériel pour les questions de coopération économique et européenne) et pour la première fois, a vu ses missions précisées.

1047. *Quant aux procédures*, on note une obligation, pour chaque ministère, d'assumer dans son domaine la responsabilité de la préparation de la transposition du droit européen ; des communications régulières en conseil des ministres, depuis 2002, du ministre délégué aux affaires européennes relatives aux tableaux d'affichage de la Commission européenne, aux fins de rappeler la responsabilité des différents départements ministériels participant à l'opération de transposition ; l'exigence d'élaboration d'une fiche d'impact simplifiée et d'une étude d'impact pour tout projet d'acte de l'Union. Le SGAE, en 2011, a prévu la mise en place, dans chaque ministère concerné, et dès la publication d'une proposition de directive, d'une « équipe projet », éventuellement interministérielle. Un des problèmes récurrents est cependant que ces équipes, en charge principalement de la transposition, n'incluent pas forcément les personnes qui participent à la négociation. Est surtout importante la désignation d'un ministère chef de file chargé d'assurer le suivi de la transposition de chaque directive : ce ministère, dans les trois mois maximum de la transmission de la proposition, doit communiquer un « plan de transposition » au SGAE ; ce plan comprend un échéancier d'adoption des textes, un tableau de concordance (ces « tableaux de concordance » ont pour objet l'identification des objectifs, des dispositions « précises et inconditionnelles », des options ouvertes aux États membres, le recensement du droit interne applicable, l'examen de sa compatibilité avec la directive, le choix du texte de transposition ; sont également joints au dossier dans l'ensemble du cycle de transposition des « tableaux complémentaires » faisant apparaître, pour chaque article du projet de texte, les dispositions du droit de l'Union européenne que ce projet a pour objet de transposer) et la composition de l'équipe projet ; il transmet également rapidement au SGAE et au Parlement une fiche d'impact juridique simplifiée (suivie d'une fiche d'impact stratégique devant initialement être aussi transmise aux assemblées dans un délai dans les trois mois de la transmission par la Commission, mais qui désormais, depuis 2016, n'est rédigé qu'après qu'un accord politique se soit dégagé au niveau européen, c'est-à-dire après une stabilisation du texte) ; il faut ajouter la désignation, dans chaque ministère, de deux « correspondants de la transposition », un dans les services (secrétaire général ou haut fonctionnaire pour la qualité de la réglementation), l'autre au cabinet du ministre et la constitution d'un réseau interministériel de correspondants de la transposition, désormais dénommé « groupe à haut niveau de la transposition des directives » ; la réunion trimestrielle du groupe à haut niveau sous l'égide du secrétariat général du Gouvernement et du secrétariat général des affaires européennes, préparée par la tenue de réunions techniques interministérielles régulières de « suivi de la transposition », pour vérifier le respect du tableau général de transposition des directives ; la transmission semestrielle d'une synthèse de ce tableau par chaque ministère au secrétariat général du Gouvernement ; le suivi par le secrétariat général des affaires européennes, par la direction des affaires juridiques du ministère des affaires étrangères et par les ministères chefs de file, des mises en demeure ou avis motivés adressés par la Commission, et stratégie d'évitement des contentieux par la pratique des « réunions paquets » permettant de procéder régulièrement, avec la Commission, à un examen des affaires susceptibles de parvenir à un stade contentieux. À un rythme trimestriel se réunit également un « Comité de liaison » chargé de faire le point sur les travaux de transposition sous la présidence du SGAE et du Secrétariat général du Gouvernement, composé de représentants des commissions des assemblées parlementaires et des ministères concernés. Si nécessaire, le comité se réunit à plus haut niveau (avec le secrétaire général du Gouvernement, le secrétaire général des affaires européennes et les présidents des commissions chargées des affaires européennes de l'Assemblée nationale et du Sénat).

1048. Une fois le texte de transposition publié, le ministère chef de file l'adresse au SGAE qui va notifier ces « Mesures nationales d'exécution » (MNE) à la Commission européenne, par voie électronique et par le truchement de la Représentation permanente de la France.

1049. La Circulaire du 22 juin 2010 relative à la participation du Parlement national au processus décisionnel européen (*JORF* n° 142/11232 du 22 juin 2010) maintient la possibilité de demander un avis du Conseil d'État s'il apparaît, dès la présentation du projet d'acte ou au cours de sa négociation, que l'insertion dans le droit interne d'un texte examiné par le Conseil de l'Union européenne est susceptible de soulever des problèmes juridiques délicats.

1050. Des dispositifs ont aussi été mis en place pour lutter contre le phénomène de « surtransposition » ou « gold plating » c'est-à-dire des cas où les marges de manœuvre liées à la transposition d'une directive aboutissent à en étendre les effets au-delà de ce qu'elle prévoyait, ou à ne pas mettre en œuvre des possibilités de dérogation qu'elle ouvrait (cf. Le Rapport du Conseil d'État « Directives européennes : anticiper pour mieux transposer », Paris, La documentation française, 2015), sans que ceci soit voulu ou conscient (cf. le rapport. d'information n° 532 déposé le 21 déc. 2017 à l'Assemblée nationale sur les moyens de lutter contre la surtransposition des directives européennes dans le droit français).

Section 3

L'exécution administrative du droit de l'Union

1051. L'application concrète des normes de l'Union aux États membres (par exemple clauses de sauvegarde, contrôle des aides nationales...) relève des seules instances communautaires, et notamment de la Commission (art. 17 FUE) ; en revanche, vis-à-vis des particuliers, la gestion quotidienne du droit de l'Union est le plus souvent confiée aux autorités nationales, qui prêtent à l'Union le concours de leurs organes administratifs.

§ 1. L'administration directe

I. La CECA (pour mémoire) et l'Euratom

1052. *L'immédiateté administrative*, ou administration directe, qui met en contact les institutions et les particuliers, est surtout développée dans l'ancien cadre de la CECA et pour l'Euratom.

La Commission/Haute Autorité était en rapport direct avec les entreprises charbonnières et sidérurgiques : elle contrôlait de près certains aspects de leur activité (salaires, prix), elle pouvait stimuler et coordonner leurs investissements, leur octroyer des aides au profit des travailleurs menacés de chômage, leur accorder des prêts, au regard des règles de concurrence, c'est elle qui autorisait certaines ententes (65 CECA) ou les opérations de concentration (66 CECA). Enfin, et c'est là, sans doute, le modèle le plus achevé d'administration directe, la Commission disposait, en matières de *prélèvement*, principale ressource de son budget de l'ensemble des compétences et prérogatives d'une administration fiscale. Selon l'article 4 de la décision n° 2/52, les prélèvements étaient dus par chaque entreprise sur le tonnage de sa production imposable, qu'elle devait déclarer chaque mois. Pour ce faire, la Commission envoyait chaque mois à chaque entreprise un formulaire de déclaration de sa production du mois précédent ; les versements étaient exigibles le 25 de chaque mois, sur la base de cette production et étaient effectués directement à un compte bancaire que la Commission avait ouvert à cet effet dans l'État membre sur le territoire duquel l'entreprise exerçait son activité. La perception se faisait donc directement, sans passer par l'intermédiaire des administrations nationales. La Commission a organisé le contrôle de la liquidation et du versement du prélèvement ; elle a créé à cet effet, un service d'inspection qui, à défaut de déclaration ou en cas de déclaration inexacte, procédait à la taxation d'office, sans préjudice de sanctions et majorations de retard. Enfin la Commission pouvait faire procéder aux vérifications nécessaires auprès des contribuables : en vertu de l'article 86 al. 4 « les agents de la Haute Autorité chargés par elle de missions de contrôle dispos[aient], sur le territoire des États membres, et dans toute la mesure nécessaire à l'accomplissement de leur mission, des droits et des pouvoirs dévolus par les législations de ces États aux agents des administrations fiscales... ».

Les relations directes Commission/entreprises sont aussi nombreuses dans le cadre de l'*Euratom*. Dans le seul domaine du contrôle de sécurité, c'est-à-dire la protection contre les détournements d'usage des minerais et matières (77 à 85 CEEA), on relèvera les diverses déclarations et approbations que les exploitants sont tenus de faire ou d'obtenir de la Commission, l'obligation de tenir leur comptabilité à la disposition de celle-ci qui peut envoyer sur le territoire des États des inspecteurs qui ont à tout moment accès à tous lieux, à tous éléments d'information et auprès de toutes personnes qui, de par leur profession, s'occupent de matières, d'équipements ou d'installations soumis au contrôle.

II. L'Union européenne (et la Communauté européenne pour mémoire)

1053. Dans le cadre CE et désormais UE, où la pratique, en revanche, est exceptionnelle, le seul exemple notable d'administration directe concerne la gestion des dispositions du traité sur la *concurrence* (art. 101-102 FUE), telle que précisée par le règlement n° 1/2003 du 16 décembre 2002 (*JOUE* n° L 1/1 du 4 janv. 2003). C'est à la Commission que les entreprises doivent obligatoirement notifier leurs accords, décisions et pratiques concertées ; elle seule est compétente pour se prononcer sur leur validité, pour surveiller les ententes autorisées et, le cas échéant, révoquer ces autorisations ; de même, sur demande ou d'office, c'est elle qui est compétente pour constater les infractions tant en matière d'ententes que d'abus de position dominante et, si besoin, prononcer des sanctions. Ces compétences sont complétées par le pouvoir de procéder à toutes vérifications nécessaires auprès des entreprises, les agents mandatés de la Commission pouvant, le cas échéant, requérir l'assistance des pouvoirs publics nationaux.

Des relations plus ou moins directes s'établissent aussi entre la Communauté et les entreprises qui souhaitent obtenir le concours financier de certains fonds communautaires : longtemps, l'aide du FEOGA-Orientation aux projets individuels d'investissement pour l'amélioration des structures agricoles (règlement n° 17/64) en fut l'exemple type, mais, même dans ces hypothèses, les demandeurs ne sont autorisés à s'adresser à la Commission que par le biais de l'État membre intéressé et avec son accord. Au demeurant, les *actions directes* du FEOGA-Orientation ont vu leur champ d'application réduit (dans le nouveau cadre du *développement rural* et de la prise en charge par le FEADER, à partir de 2007) au profit des *actions indirectes*.

1054. Enfin, l'article 337 FUE prévoit que « pour l'accomplissement des tâches qui lui sont confiées, la Commission peut recueillir toutes informations et procéder à toutes vérifications nécessaires, dans les limites et conditions fixées par le Conseil, statuant à la majorité simple, en conformité avec les dispositions des traités » ; cette disposition, qui aurait pu servir de base à un développement des rapports directs Commission/particuliers, est restée quasiment inemployée alors même que sa logique semble privilégier ce cadre, tant il semblerait illogique de soumettre au Conseil le régime des obligations d'information pesant sur les États membres si tel était l'objet principal de cette disposition (ce seront les obligations loyales de l'article 4, § 3, FUE qui imposeront aux États membres de fournir les informations nécessaires à la Commission).

On peut cependant signaler que la Cour de justice a précisé que cet article 337 (à l'époque art. 213 CE) peut servir de base juridique pour l'adoption d'un acte (CJCE

9 nov. 1995, *Allemagne c/Conseil*, aff. C-426/93, *Rec.* I-3723), ce qui a rarement été fait, et notamment dans le domaine des statistiques, domaine ayant, depuis le traité d'Amsterdam, reçu une base juridique spécifique (désormais art. 338 FUE). De plus, à chaque fois, par exemple, que le Conseil a confié des pouvoirs d'inspection à la Commission, il ne s'est pas appuyé sur cette disposition, comme si elle avait une portée générale, mais sur des dispositions ponctuelles relevant des domaines particuliers concernés.

§ 2. L'ADMINISTRATION INDIRECTE

1055. La *Déclaration n° 43* insérée à l'Acte final d'Amsterdam a confirmé que « la mise en œuvre, sur le plan administratif, du droit communautaire incombe par principe aux États membres conformément à leur régime constitutionnel. Les compétences en matière de surveillance, de contrôle et de mise en œuvre conférées aux institutions communautaires… ne sont pas affectées ».

I. LE PRINCIPE DE LA COMPÉTENCE DES ÉTATS MEMBRES

1056. En l'état actuel de l'intégration de l'Union européenne, ce sont en principe les administrations nationales qui se sont vu confier la responsabilité d'appliquer le droit de l'Union aux particuliers. On a ainsi évité que soit constituée une immense administration communautaire chargée de faire respecter les réglementations et de prendre les mesures individuelles.

La formulation de la Cour est ici classique et très générale : « conformément aux principes généraux qui sont à la base du système institutionnel de la Communauté et qui régissent les relations entre la Communauté et les États membres, il appartient aux États membres, en vertu de l'article 5 du traité *[devenu art. 4, § 3, al. 2 et 3 TUE]*, d'assurer sur leurs territoires l'exécution des réglementations communautaires » (CJCE 21 sept. 1983, *Deutsche Milchkontor*, aff. 205 à 215/82, *Rec.* 2633 ; CJCE 2 févr. 1989, *Pays-Bas c/Commission*, aff. 262/87, *Rec.* 225 ; CJCE 12 mai 1998, *Steff-Houlberg*, aff. C-366/95 ; CJCE 16 juill. 1998, *Oelmühle*, aff. C-298/96 ; CJCE 4 mars 1999, *Hospital Ingenieure*, aff. C-258/97, *Rec.* I-1405).

1057. En matière financière, tout d'abord, le remplacement des contributions financières par des ressources propres aux Communautés (v. ss 484) ne s'est pas accompagné, comme dans la CECA, de la mise sur pied d'une administration communautaire de perception : l'article 8, § 1 de la décision du Conseil du 26 mai 2014 relative au système des ressources propres de l'Union européenne (*JOUE* n° L 168/105 du 7 juin 2014) prévoit que « les ressources propres de l'Union (…) sont perçues par les États membres conformément aux dispositions législatives, réglementaires et administratives nationales, qui sont, le cas échéant, adaptées aux exigences des règles de l'Union » ; la perception des droits de douane et des droits agricoles intervenant dans l'intérêt exclusif de l'Union, leur frais de perception, évalués forfaitairement à 20 % des rentrées, sont pris en charge par celle-ci ; la proposition de décision relative au système des ressources propres de l'Union présentée le 2 mai 2018 par la Commission (COM(2018)325) envisage de réduire ce forfait à 10 %. En France, c'est l'administration des douanes qui recouvre les droits de douane et les droits agricoles ; la cotisation sucre et la TVA relèvent de la Direction générale des impôts. Malgré la signification symbolique des « ressources propres », la contribution de la France à leur perception se matérialise dans la loi de finance par un « prélèvement sur les recettes de l'État au profit du budget de l'Union européenne » (19,9 milliards d'euros dans la loi de finance pour 2018) (v. ss 501).

1058. En matière commerciale, l'application et le contrôle aux frontières de l'ensemble des réglementations concernant les échanges (union douanière, politique commerciale commune...) et donc pas seulement la perception des droits du tarif douanier commun, relèvent des services nationaux des douanes. De même, la répartition des contingents, l'octroi des licences et certificats d'importation ou d'exportation reviennent aux services ministériels compétents dans chaque État membre.

1059. En matière agricole, le contrôle du respect des réglementations (par exemple qualité des vins, procédés d'enrichissement des moûts, conditionnalité) est effectué par divers services (en France, les services de répression des fraudes en matière agricole et alimentaire, l'Office national interprofessionnel des grandes cultures, la mission interservice de l'eau, les directions départementales des services vétérinaires, directions départementales des territoires et de la mer, les services régionaux de protection des végétaux, ou directions régionales de l'alimentation, de l'agriculture et de la forêt) ; mais, surtout, la gestion quotidienne de l'organisation commune des marchés incombe non pas à la Commission mais aux organes nationaux créés ou désignés à cet effet. Il s'agit de l'ensemble des interventions concrètes destinées à régulariser les marchés (achats et ventes, stockage, « retraits », distillation...) ainsi que de la liquidation et du paiement de la multitude des dépenses (restitutions à l'exportation, primes, indemnités) résultant de ce premier poste du budget de l'Union. Le règlement CE n° 1290/2005 du Conseil du 21 juin 2005 relatif au financement de la politique agricole commune (*JOUE* n° L 209/1 du 11 août 2005) a mis en place un cadre légal unique pour le financement des dépenses relevant de la politique agricole commune (cadre sensiblement conservé par le règlement (UE) n° 1306/2013 du Parlement européen et du Conseil du 17 décembre 2013 relatif au financement, à la gestion et au suivi de la politique agricole commune (*JOUE* n° L 347/549 du 20 déc. 2013). Il a institué deux nouveaux fonds, parties du budget général de l'Union : le fonds européen agricole de garantie (FEAGA) et le fonds européen agricole pour le développement rural (FEADER), et organisé la décentralisation des paiements individuels aux agriculteurs et aux exportateurs, dès lors que ce sont des dépenses en « gestion partagée » et non, comme c'est le cas ponctuellement, en « gestion centralisée » directement prise en charge par la Commission. Les États membres doivent pour cela désigner des « organismes payeurs », un « organisme de coordination » et un « organisme de certification ». En France, le nombre des *organismes payeurs* (« offices agricoles »), par regroupement successifs, a été fortement réduit : longtemps sept, puis six ; il en existe aujourd'hui quatre : l'ODEADOM, créé en 1984, et chargé d'œuvrer depuis le 1er avril 2009 au développement durable de l'économie agricole des cinq départements d'outre-mer, structure légère et largement obsolète, FranceAgriMer créé le 1er avril 2009 par l'ordonnance n° 2009-325, du 25 mars 2009 (*JORF* du 27 mars 2009), qui est issu de la fusion de cinq autres offices agricoles : Ofimer, Office de l'élevage, ONIGC, Onippam et Viniflhor, ODARC, l'ASP, qui a un rôle plus central ; on peut considérer qu'initialement, *l'organisme de coordination* était l'ACOFA (Agence centrale des organismes d'intervention dans le secteur agricole ; cf. M. Blanquet, « L'agence centrale des organismes d'intervention dans le secteur agricole », *RDR* 1984. 547). La loi d'orientation agricole du 5 janvier 2006 a créé une Agence unique de paiement (AUP), qui a fusionné avec le CNASEA (Centre national pour l'aménagement des structures des exploitations agricoles) le 1er avril 2009 (Ord. n° 2009-325 du 25 mars 2009) pour former l'Agence de services et de paiement (ASP). Les organismes payeurs, souvent créés spécialement pour la circonstance, sont ainsi habilités par les États membres à payer les dépenses découlant de l'organisation des marchés ; bien qu'ils se livrent souvent de manière quasi exclusive à l'exécution des réglementations de l'Union, leur coût de fonctionnement reste à la charge des États. Le contrôle des aides auprès des quatre organismes payeurs est fait par la Mission de centralisation des fonds agricoles (MCFA) et *l'organisme de certification* est la C3OP (Commission de certification des comptes des organismes payeurs des dépenses financées par le FEAGA et le FEADER), émanation de la Cour des comptes.

1060. Enfin, que les textes le prévoient expressément (comme en matière agricole : article 58 du règlement n° 1306/2013) ou non (comme en matière de ressources propres) les services nationaux ne se bornent pas à payer les dépenses ou à encaisser les recettes de la Communauté ; ils sont aussi chargés de l'ensemble des opérations de contrôle (prévenir et poursuivre les irrégularités), la Cour de justice précisant d'ailleurs que lorsqu'un texte spécifie expressément cette obligation, ce n'est là qu'un rappel des devoirs découlant déjà du principe de coopération loyale (CJCE 6 mai 1982 ; *Fromme*, aff. 54/81, *Rec.* 1449 ; ou CJCE 16 mai 1982, *Baywa*, aff. 146,192,193/81, *Rec.* 1503) et que c'est la « gestion nationale » qui comporte « toutes les fonctions de contrôle nécessaires » (CJCE 16 mai 1982, *Baywa*, aff. 146, 192,193/81, préc. ; cf. aussi l'arrêt *Deutsche Milchkontor* ou, par ex. CJCE 12 mai 1998, *Steff-Houlberg Export*, aff. C-366/95, *Rec.* I-2661). Ce sont aussi les administrations des États membres qui devront récupérer les sommes indûment payées ou éludées : la Cour de justice en a déduit que, « dans l'état actuel du droit communautaire », c'est aux services nationaux qu'il revient, le cas échéant, d'agir en justice contre les particuliers pour réclamer les ressources communautaires ou récupérer les sommes payées indûment (4 avr. 1974, *Mertens*, aff. 178/73, *Rec.* 383 ; 5 mai 1977, *Pretore di Cento*, aff. 110/76, *Rec.* 851), certains arrêt interpétant ici le principe de coopération comme impliquant une obligation de « diligence générale » dans la récupération (CJCE 11 oct. 1990, *Italie c/Commission*, aff. C-34/89, *Rec.* I-3603 ; CJCE 21 févr. 1991, *Allemagne c/Commission*, aff. C-28/89, *Rec.* I-581).

II. Le rôle complémentaire de la Commission

1061. Naturellement, administration indirecte et autonomie institutionnelle des États vont de pair ; c'est-à-dire que les États membres perçoivent les ressources de l'Union « conformément aux dispositions législatives, réglementaires et administratives nationales qui sont modifiées le cas échéant à cet effet » ; la Commission met à la disposition des États membres les crédits nécessaires pour que les services et organismes désignés procèdent « conformément aux règles communautaires et aux législations nationales » aux paiements agricoles ; les États membres prennent « conformément aux dispositions législatives, réglementaires et administratives nationales » les mesures nécessaires pour s'assurer de la réalité et de la régularité des opérations financées par le budget de l'Union, prévenir et poursuivre les irrégularités… mais cette situation n'est pas exclusive de relations extrêmement étroites entre les institutions de l'Union et les services nationaux.

1062. La Commission possède d'abord un *pouvoir d'information.*

Ainsi, *en matière de paiements agricoles*, le règlement n° 1306/2013 (préc.) prévoit la communication à la Commission de toutes les informations relatives aux organismes payeurs, de coordination ou de certification. L'article 48 ordonne, plus largement, aux États membres de tenir à disposition de la Commission toute information nécessaire au bon fonctionnement des fonds de l'Union (FEAGA et FEADER). Ils doivent également communiquer, sur la demande de la Commission, les dispositions législatives, règlementaires et administratives adoptées pour l'application des actes législatifs de l'Union ayant trait à la PAC lorsque ces actes ont une incidence financière pour les fonds européens, mais aussi les informations sur les irrégularités et les cas de fraude présumée détectés ainsi que les informations sur les mesures prises pour recouvrer les paiements indus liés à ces irrégularités et fraudes.

Quant aux ressources propres, la décision de 2014 rappelle qu'elles sont perçues par les États membres conformément aux dispositions législatives, réglementaires et administratives nationales, qui sont, le cas échéant, adaptées aux exigences des règles de l'Union et ajoute que la Commission procède à un examen des dispositions nationales qui lui sont communiquées par les États membres, notifie aux États membres les adaptations qu'elle juge nécessaires pour assurer la conformité desdites dispositions avec les règles de l'Union et, au besoin, fait rapport à l'autorité budgétaire (art. 8). Le règlement (UE, Euratom) n° 609/2014 du Conseil du 26 mai 2014 relatif aux modalités et à la procédure de mise à disposition des ressources propres traditionnelles, de la ressource propre fondée sur la TVA et de la ressource propre fondée sur le RNB et aux mesures visant à faire face aux besoins de trésorerie (*JOUE* n° L 168/39 du 7 juin 2014), modifié par le règlement (UE, Euratom) n° 2016/804 du Conseil du 17 mai 2016 (*JOUE* n° L 132/85 du 21 mai 2016) précise qu'à ce titre, les États membres communiquent notamment à la Commission la dénomination des services ou organismes responsables de la constatation, de la perception, de la mise à disposition et du contrôle des ressources propres, ainsi que les dispositions essentielles relatives au rôle et au fonctionnement de ces services et organismes ; ils doivent aussi lui transmettre les dispositions législatives, réglementaires, administratives et comptables de caractère général relatives à la constatation, à la perception et à la mise à disposition et au contrôle des ressources propres.

1063. En second lieu, la Commission dispose habituellement d'un *pouvoir étendu de vérification sur place* sur la manière dont les services nationaux s'acquittent de leurs tâches communautaires.

Ainsi *en matière de dépenses agricoles*, son emprise a toujours été importante puisque, outre le droit d'être associée aux contrôles menés par les États, elle dispose d'un pouvoir autonome de vérification directe : les agents mandatés par elle pour les vérifications sur place ont accès aux livres et tous autres documents ayant trait aux dépenses financées par le Fonds y compris les documents et leurs métadonnées établies ou reçues et conservées sur support électronique ; ils peuvent notamment vérifier la conformité des pratiques administratives avec les règles communautaires, l'existence des pièces justificatives ainsi que les conditions dans lesquelles sont réalisées et vérifiées les opérations financées par les Fonds (cf. art. 47 du règlement n° 1306/2013, préc.). Existent de même des pouvoirs d'inspection dans le domaine de la politique de la pêche ou s'agissant des contrôles vétérinaires sur les viandes.

C'est également le cas *en matière financière*, c'est-à-dire à la fois s'agissant du système des ressources propres et dans le cadre de la protection des intérêts financiers de l'Union.

L'article 2 du règlement (UE, Euratom) n° 608/2014 du Conseil du 26 mai 2014 portant mesures d'exécution du *système des ressources propres* de l'Union européenne (*JOUE* n° L 168/29 du 7 juin 2014) prévoit que les États membres, certes, procèdent aux vérifications et aux enquêtes relatives à la constatation et à la mise à disposition de ces ressources propres, mais ajoute que les États membres effectuent des contrôles supplémentaires à la demande de la Commission, et qu'ils associent la Commission, à sa demande, aux contrôles qu'ils effectuent. Il prévoit enfin que la Commission peut procéder elle-même à des vérifications sur place. Les agents mandatés par la Commission pour ces vérifications ont accès aux pièces justificatives relatives à la constatation et à la mise à disposition des ressources propres et à tout autre document approprié ayant trait à ces mêmes pièces justificatives. Ces pouvoirs sont sans préjudice de ceux de la Cour des comptes européenne qui peut également procéder à des contrôles sur place dans les États membres (art. 287, § 3, FUE).

S'agissant de la *protection des intérêts financiers de l'Union*, et de lutte contre la fraude, l'article 325 FUE donne une mission principale aux États membres, mais ceux-ci doivent organiser « avec la Commission » une collaboration entre les services des différents États membres. Mais c'est surtout l'Office européen de lutte antifraude (OLAF), créé par une décision de la Commission du 28 avril 1999, qui exerce les compétences de contrôle et vérification administrative sur place conférées initialement à la Commission par le règlement n° 2185/96 du Conseil du 11 novembre 1996 (*JOCE* n° L 292/2 du 15 nov. 1996). Ce texte a une portée générale et donne un pouvoir de contrôle pour tous les domaines non couverts par une réglementation sectorielle. C'est aujourd'hui le règlement (UE, Euratom) n° 883/2013 du Parlement européen et du Conseil du 11 septembre 2013 relatif aux enquêtes effectuées par l'Office européen de lutte antifraude (OLAF) (*JOUE* n° L 248/1 du 18 sept. 2013), modifié par le règlement (UE, Euratom) n° 2016/2030 du Parlement européen et du Conseil du 26 oct. 2016 (*JOUE* n° L 317/1 du 23 nov. 2016) qui organise les « enquêtes externes » de l'Office exerçant la compétence de la Commission en matière de contrôles et vérifications sur place dans les États membre. À la demande de l'Office, l'autorité compétente de l'État membre concerné prête l'assistance nécessaire au personnel de l'Office pour lui permettre d'exécuter efficacement ses tâches. L'État membre concerné veille à ce que le personnel de l'Office puisse avoir accès, dans les mêmes conditions que ses autorités compétentes et dans le respect de la législation nationale, à toutes les informations et à la documentation relatives aux faits faisant l'objet de l'enquête qui s'avèrent nécessaires à l'exécution efficace et efficiente des contrôles et vérifications sur place. Les États membres désignent un « service de coordination antifraude » chargé de faciliter la coopération et un échange d'information efficaces, y compris d'information de nature opérationnelle, avec l'Office.

1064. Enfin, si l'autonomie institutionnelle exclut en principe que les organes communautaires adressent aux services nationaux *des ordres de service ou des instructions* qui ne passeraient pas par les autorités gouvernementales, les exemples cependant ne manquent pas d'administrations nationales agissant en fait, pour l'exécution des règlements de l'Union, sur instruction directe de la Commission : les montants des perceptions et versements aux frontières, réajustés parfois quotidiennement, sont notifiés directement, par voie électronique, aux administrations douanières ; les services de la Commission ne refusent pas de répondre, lorsqu'ils sont sollicités directement par les administrations nationales pour fournir les explications ou les précisions utiles à l'application d'un texte. C'est au point qu'un Tribunal administratif français a pu déclarer l'incompétence des juridictions française à l'égard de ces organismes nationaux d'exécution et de paiement, qui n'agiraient pas « pour le compte et sous l'autorité de l'État français » (TA Poitiers 9 févr. 1979, *GIE Vipal*, *Lebon* 504). Le Conseil d'État a corrigé ce constat certainement réaliste mais peu compatible avec l'orthodoxie juridique actuelle, en affirmant clairement que ces établissements agissent « en qualité d'autorités nationales », d'où la compétence juridictionnelle française (C.E. 2 oct. 1981, *RDP* 1982. 1113). La Cour de justice a eu aussi à connaître de certains contentieux dans lesquels tel organisme national, mis en cause pour un acte d'exécution d'une réglementation communautaire, se défendait en exhibant un « telex » de la Commission lui enjoignant d'adopter cette position, la Cour expliquant que la Commission n'exprimait là qu'une « opinion, qui ne lie pas les autorités nationales » (CJCE 27 mars 1980, *Sucrimex*, aff. 133/79, *Rec.* 1299 ; ou CJCE 10 avr. 1982, *Interagra*, aff. 217/81, *Rec.* 2233), cette absence de pouvoir d'instruction étant dans l'incontestable logique de l'absence de pouvoir hiérarchique entre la Commission et ces « relais » nationaux de l'action européenne, tout en se situant en porte-à-faux avec la réalité d'un système vraiment intégré.

Section 4
La sanction du droit de l'Union

HAGUENAU (C.), *L'application effective du droit communautaire en droit interne*, Bruxelles, Bruylant-ULB, 1995, 2e partie : l'encadrement communautaire du pouvoir national de sanction.

POELEMANS (M.), *La sanction dans l'ordre juridique communautaire. Contribution à l'étude du système répressif de l'Union européenne*, Paris-Bruxelles, LGDJ-Bruylant, 2004.

1065. Au stade ultime de l'application du droit, pour procurer tant l'exécution des obligations que la protection des droits issus des normes de l'Union, la part prise par les autorités nationales – véritables *bras séculiers* de l'Union – est largement prépondérante.

§ 1. Sanctions des infractions au droit de l'Union

FORNASSIER (R.), « Le pouvoir répressif des Communautés européennes et la protection de leurs intérêts financiers », *RMC* 1982. 398.

GAUTIER (Y.) et RIGAUX (A.), « Deux nouveaux instruments visant à la protection des intérêts financiers des Communautés européennes : le règlement nº 2988/95 du 18 décembre 1995 et la Convention du 26 juillet 1995 », *Europe* mars 1996, p. 1.

HAGUENAU (C.), « Sanctions pénales destinées à assurer le respect du droit communautaire », *RMC* 1993. 351.

HERMANS (B.), « La sanction des règlements agricoles de la CEE », in *Mélanges Dehousse*, Nathan, Paris et Labor, Bruxelles, t. II, p. 219.

I. Sanctions administratives de l'Union

1066. Il existe, dans un certain nombre de secteurs, un système efficace de sanctions administratives proprement communautaires, c'est-à-dire établies dans l'ordre juridique européen et prononcées par les institutions de l'Union, même s'il faut s'en remettre aux États pour leur exécution forcée.

A. L'institution des sanctions

1067. Le traité CECA instituait lui-même un arsenal très complet de *sanctions pécuniaires :* les articles 47, 50, 54, 58, 59, 64, 65 et 68 conféraient à la Commission/ Haute Autorité le pouvoir d'infliger des amendes, majorations et astreintes aux entreprises et personnes physiques ou morales qui contreviendraient à des obligations leur incombant en matière d'information et de vérification, de prélèvements, d'investissements, de production, de prix, d'ententes et de concentrations et enfin de salaires. Le traité Euratom (art. 83) édicte, de son côté des *sanctions non pécuniaires* (avertissement, retrait de l'assistance financière ou de l'aide technique ; mise sous séquestre de l'entreprise, retrait total ou partiel des matières brutes ou fissiles spéciales) à l'encontre des personnes physiques ou des entreprises qui violeraient les obligations établies en matière de contrôle de sécurité (pour un exemple de mise d'une entreprise sous administration provisoire, cf. Communication de la Commission : *JOCE* n° C 46/3 du 22 févr. 1991 et CJCE 21 janv. 1993, *Advanced Nuclear Fuels*, aff. 308/90, *Rec.* I-309).

Le traité sur le fonctionnement de l'Union, (comme le traité CE avant lui) en revanche, ne crée pas lui-même de sanctions. Mais son article 103 renvoie expressément à un règlement du Conseil le soin d'instituer « des amendes et des astreintes » permettant d'assurer le respect des règles de concurrence applicables aux entreprises et, à cet effet, le règlement n° 1/2003 du Conseil du 16 décembre 2002 (*JOUE* n° L 1/1 du 4 janv. 2003) habilite la Commission à infliger aux entreprises et associations d'entreprises des amendes pour sanctionner les infractions tant aux règles de fond des articles 101 et 102 FUE (jusqu'à 10 % du chiffre d'affaire total de l'exercice précédent) qu'aux règles procédurales (jusqu'à 1 % du chiffre d'affaire total de l'exercice précédent) et notamment en cas de fourniture d'indications inexactes ou dénaturées (art. 23 du règlement) ; la Commission est aussi autorisée à décider des astreintes (jusqu'à concurrence de 5 % du chiffre d'affaires journalier moyen réalisé au cours de l'exercice social précédent par jour de retard) en vue de les contraindre à mettre fin aux infractions dont elles se seraient rendues coupables (art. 24).

1068. En outre, il est généralement admis, comme le confirme l'article 261 FUE que le Conseil peut assortir de sanctions administratives des règlements qu'il établit sur la base de dispositions habilitantes générales tels les articles 43 FUE (agriculture), 91 TFUE (transports),... ou 352 FUE (compétences de complément) ; l'objet de cette disposition étant plutôt de conférer une compétence de pleine juridiction à la Cour de justice (v. ss 1408), la question se pose de savoir si on peut voir là une habilitation générale à créer de telles sanctions, mais celles-ci sont, en tous cas, prévues dans d'autres domaines que la concurrence, notamment en matière de transports, et la Cour de justice, quand elle a eu à exercer sa compétence de pleine juridiction, n'a jamais remis en cause un tel pouvoir.

Enfin, les dispositions sur l'UEM introduites par le traité de Maastricht, si elles ne créent pas elles-mêmes de sanctions, habilitent la BCE (art. 132 FUE) à infliger aux entreprises des amendes et des astreintes en cas de non-respect de ses règlements et de ses décisions, « dans les limites et selon les conditions arrêtées par le Conseil ». Un certain nombre de règlements du Conseil viendront donc définir les incriminations et fixer les sanctions dans plusieurs domaines (l'article 19 des statuts du SBCE et de la BCE, par exemple, envisage des sanctions contre les établissements de crédit qui ne respecteraient pas les prescriptions concernant les réserves obligatoires). Le Conseil a adopté un règlement uniformisant les règles générales (limites supérieures des amendes et astreintes, critères de la sanction appropriée) et les règles de procédure et de délais pour les sanctions de la BCE (Règl. n° 2532/98 du 23 nov. 1998, *JOCE* n° L 318/4 du 27 nov. 1998), modifié par le règlement (UE) 2015/159 du conseil du 27 janv. 2015 (*JOUE* n° L 27/1 du 3 févr. 2015), précisé par un règlement de la BCE, n° 2157/1999 du 23 sept. 1999 (*JOCE* n° L 264/21 du 12 oct. 1999) et un règlement de la BCE du 10 mai 2001 (Règl. n° 985/2001, *JOCE* n° L 137 du 19 mai 2001).

Dans ce domaine de l'UEM, même si c'est dans une toute autre perspective, on se bornera à évoquer l'obligation des États membres d'éviter les déficits excessifs (art. 126 FUE). Moyennant une progressivité dont rend compte la numérotation du paragraphe concerné, des amendes peuvent, dans ce cadre, être imposées par le Conseil (art. 126, § 1 1). Ce système existait depuis le Pacte de stabilité et de croissance de 1997, mais la crise financière a conduit à en durcir le régime, notamment avec des possibilités de sanction adoptées par le Conseil selon une procédure inédite de majorité qualifiée inversée (la sanction, proposée par la Commission, ne peut être refusée par le Conseil qu'à la majorité qualifiée) en 2011 avec le « Six-pack » qui a renforcé le Pacte de stabilité et de croissance, en 2012 avec le Traité sur la stabilité, la coordination et la gouvernance au sein de l'UEM (pour vingt-cinq États), et, pour les pays de la Zone euro, par le « two-pack » de 2013.

B. La mise en œuvre des sanctions

1069. Bien que les règlements qui les édictent précisent expressément que les amendes « n'ont pas un caractère pénal », l'exercice par la Commission de son pouvoir de sanction est entouré de garanties sérieuses de procédure (Régl. n° 1/2003, art. 27), sans préjudice de la compétence de pleine juridiction, déjà signalée, qui est attribuée formellement, en application de l'article 261 FUE, à la Cour de justice pour contrôler les décisions de sanction. En outre, dans le silence des traités, les institutions ont fixé des délais de prescription pour la poursuite des infractions ainsi que pour l'exécution des sanctions (trois ou cinq ans s'agissant des sanctions au titre du règlement n° 1/2003, préc.).

Mais, même lorsque les autorités communautaires peuvent prononcer elles-mêmes les sanctions, leur *exécution forcée* appartient aux seules autorités nationales, qui ont l'obligation de prêter aux à l'Union leur force de contrainte, selon une procédure simplifiée, dispensée d'*exequatur*. Les sanctions pécuniaires sont exécutées sur la base de l'article 299 FUE :

« Les actes du Conseil, de la Commission ou de la Banque centrale européenne qui comportent à la charge des personnes autres que les États une obligation pécuniaire forment titre exécutoire.

L'exécution forcée est régie par les règles de la procédure civile en vigueur dans l'État sur le territoire duquel elle a lieu. La formule exécutoire est apposée, sans autre contrôle que celui de la vérification de l'authenticité du titre, par l'autorité nationale que le gouvernement de chacun des États membres désignera à cet effet [en France, le garde des Sceaux : Décr. nº 77-533, *JORF* 2995] (...)

Après l'accomplissement de ces formalités à la demande de l'intéressé, celui-ci peut poursuivre l'exécution forcée en saisissant directement l'organe compétent, suivant la législation nationale.

L'exécution forcée ne peut être suspendue qu'en vertu d'une décision de la Cour. Toutefois, le contrôle de la régularité des mesures d'exécution relève de la compétence des juridictions nationales ».

Quant aux sanctions *non pécuniaires* prévues à l'article 83 CEEA, ce sont encore les États qui sont tenus d'en assurer l'exécution ; les décisions de la Commission comportant obligation de livrer forment titre exécutoire et peuvent être exécutées sur le territoire des États selon la procédure ci-dessus décrite (art. 164 CEEA).

II. Sanctions administratives nationales

1070. Elles sont soit instituées spontanément par les États dans le cadre du principe de l'autonomie procédurale, soit prévues et aménagées par le droit de l'Union, les autorités nationales se bornant à les appliquer.

1071. ***Le premier cas de figure*** repose sur les obligations de coopération loyale des États membres, exprimées désormais, on le sait, à l'article 4, § 3, UE. La Cour de justice a pris ici une position de principe :

« il convient de rappeler que, selon une jurisprudence constante, lorsqu'un règlement communautaire ne comporte aucune disposition spécifique prévoyant une sanction en cas de violation ou renvoie, sur ce point, aux dispositions législatives, réglementaires et administratives nationales, l'article 5 du traité CE impose aux États membres de prendre toutes mesures propres à garantir la portée et l'efficacité du droit communautaire. À cet effet, tout en conservant le choix des sanctions, les États membres doivent notamment veiller à ce que les violations du droit communautaire soient sanctionnées dans des conditions de fond et de procédure qui soient analogues à celles applicables aux violations du droit national d'une nature et d'une importance similaires et qui, en tout état de cause, confèrent à la sanction un caractère effectif, proportionné et dissuasif » (CJCE 27 févr. 1997, *Ebony Maritime SA*, aff. C-177/95, *Rec.* I-1111 ; l'arrêt de base est ici CJCE 21 sept. 1989, *Commission c/Grèce*, aff. 68/88, *Rec.* 2965 ; cf. aussi, notamment, CJCE 10 juill. 1990, *Hansen*, aff. C-326/88, *Rec.* I-2911 ; CJCE 26 oct. 1995, *Siesse*, aff. C-36/94, *Rec.* I-3573 ; CJCE 26 sept. 1996, *Allain*, aff. C-341/94, *Rec.* I-4631 ; CJCE 8 juill. 1999, *Nunes*, aff. C-186/98, *Rec.* I-4883 ; CJ 3 mai 2005, *Berlusconi e.a.*, aff. C-387/02, C-391/02 et C-403/02, *Rec.* I-3565).

Plus récemment, on retrouve la même jurisprudence mais fondée plus explicitement sur le « principe de coopération loyale, désormais consacré à l'article 4, paragraphe 3, TUE » : arrêt du 27 mars 2014, *LCL Le Crédit Lyonnais SA*, aff. C-565/12, ECLI:EU:C:2014:190. La Cour de justice a également placé sous une logique de sanction (non pénale) liée à l'obligation de coopération loyale l'obligation des autorités nationales d'engager « toutes les actions de droit administratif, de droit fiscal ou de droit civil visant à la perception et au recouvrement des droits et taxes frauduleusement éludés ou à l'obtention de dommages et intérêts » (CJCE 15 janv. 2004, *Penycoed Farming Partnership*, aff. C-230/01, *Rec.* I-937).

Il apparaît que non seulement les États membres, au titre de leurs devoirs de coopération, doivent activer leur pouvoir de sanction, mais qu'un cadre leur est imposé, reposant sur les principes classiques d'équivalence et d'effectivité (v. ss 1091 à 1093).

1072. ***S'agissant des sanctions nationales organisées au niveau de l'Union***, elles peuvent être décidées par le Conseil mais ce pouvoir d'instituer des sanctions peut faire l'objet d'une délégation du Conseil à la Commission (CJCE 27 oct. 1992, *RFA c/Commission*, aff. C-240/90, *Rec.* I-5383). La notion de délégation ayant été balisée par la Cour de justice et matérialisée par le traité (art. 290 FUE) en lien avec la notion « d'élément essentiel » d'une législation, il faut donc considérer que la délégation à la Commission est acceptable si elle ne touche pas à de tels éléments essentiels réservés à l'appréciation du législateur. La Cour a eu l'occasion d'indiquer qu'au nombre des critères objectifs devant permettre d'identifier ces éléments essentiels, il fallait compter le risque d'atteinte aux *droits fondamentaux* des personnes (arrêt du 5 sept. 2012 *Parlement européen c/ Conseil*, aff. C-355/10, ECLI:EU:C:2012:516, ou du 10 sept. 2015, *Parlement européen c/ Conseil*, aff. C-363/14, ECLI:EU:C:2015:579) et cette appréciation de la gravité d'une telle perspective pourrait être un jour déterminante pour refuser une telle délégation s'agissant d'un régime de sanctions.

On en trouvera de nombreuses illustrations dans la politique agricole commune, d'abord pour ses mécanismes les plus classiques, qu'ils soient largement abandonnés comme les quotas, dont le dépassement se traduisait par une sanction, relevant des États membres, ou encore en vigueur comme les régimes d'échange extérieur agricole « fiabilisés » par le versement d'une caution (« garantie ») aux autorités nationales compétentes pouvant se transformer en sanction en cas de non-respect de l'engagement d'opération commerciale pris (cf. pour les exportations, le règlement (UE) n° 1308/2013 du Parlement européen et du Conseil du 17 décembre 2013 portant organisation commune des marchés des produits agricoles, *JOUE* n° L 347/671 du 20 décembre 2013, avec une délégation à la Commission pour fixer le régime de ces « garanties » que gèrent les États). C'est le cas aussi pour les développements les plus récents de la PAC : ainsi du principe, essentiel depuis 2003, de la conditionnalité des aides, qui donne lieu à un système de « sanctions administratives » confié aux États membres (cf. le Règlement délégué (UE) n° 640/2014 de la Commission du 11 mars 2014 complétant le règlement (UE) n° 1306/2013 du Parlement européen et du Conseil en ce qui concerne le système intégré de gestion et de contrôle, les conditions relatives au refus ou au retrait des paiements et les sanctions administratives applicables aux paiements directs, le soutien au développement rural et la conditionnalité, *JOUE* n° L 181/48 du 20 juin 2014 ; et le Règlement d'exécution (UE) n° 809/2014 de la Commission du 17 juillet 2014 établissant les modalités d'application du règlement (UE) n° 1306/2013 du Parlement européen et du Conseil en ce qui concerne le système intégré de gestion et de contrôle, les mesures en faveur du développement rural et la conditionnalité, *JOUE* n° L 227/69 du 31 juill. 2014).

Le règlement du Conseil du 18 décembre 1995 (*JOCE* n° L 312/1 du 23 déc. 1995) fondé sur l'article 308 CE *[désormais 352 FUE]*, dépasse le seul domaine de la politique agricole commune et instaure, pour assurer la protection des intérêts financiers des Communautés, un cadre juridique commun à tous les domaines couverts par les politiques communautaires. Il établit une définition uniforme de l'« irrégularité » au détriment du budget, un éventail complet des sanctions possibles ainsi que les principes régissant leur instauration par les institutions communautaires et les garanties procédurales à respecter par les États chargés de les appliquer. La Cour de justice a régulièrement analysé la philosophie de ce règlement et spécialement la distinction qu'il fait entre les « mesures administratives » et les « sanctions administratives » (par ex. CJ 3 sept. 2015, *FranceAgriMer*, aff. C-383/14, ECLI:EU:C:2015:541).

III. Sanctions pénales

Barav (A.), « L'incidence du droit communautaire sur le pouvoir répressif national », in Rechtsvergleichung, Europarecht und Staateintegration, in *Mélanges Léontin-Jean Constantinesco*, Köln, Heymanns, 1983, p. 9.

Biancarelli (J.) et Maidani (D.), « L'incidence du droit communautaire sur le droit pénal des États membres », *Revue de sciences criminelles* 1984. 225 et 455.

Boré (J.), « La difficile rencontre du droit pénal français et du droit communautaire », in *Mélanges A. Vitu*, Paris, Cujas, 1989, p. 25.

Bouloc (B.), « L'influence du droit communautaire sur le droit pénal interne », in *Mélanges G. Levasseur*, Paris, LexisNexis, 1992, p. 103.

Colloque du 25 octobre 1979, *Droit communautaire et droit pénal*, Université de Parme, Bruxelles-Milan, Giuffré-Bruylant, 1981.

Delmas-Marty (M.), « Union européenne et droit pénal », *CDE* 1997. 607.

Johannes (H.), « Le droit pénal et son harmonisation dans les Communautés européennes », *RTDE* 1971. 315.

Robert (J. M.), « L'incrimination par renvoi du législateur national à des règlements communautaires futurs », in *Mélanges G. Levasseur*, Paris, LexisNexis, 1992, p. 168.

A. La phase « communautaire » : la compétence pénale réservée aux États membres

1073. Dans cette configuration, le pouvoir pénal appartient pleinement aux États membres mais peut être à la fois sollicité et encadré par la Communauté.

• ***Renvoi au pouvoir pénal des États membres*** : les traités originaires ne comportaient aucune attribution expresse de compétence pénale aux Communautés, il aurait, en effet, été contraire aux traditions des États membres que des sanctions pénales puissent être créées par un organe non issu directement du suffrage populaire (le Conseil) et appliquées par un organe non juridictionnel (la Commission). L'autorité communautaire, ne disposant donc pas du pouvoir d'assortir ses règlements de sanctions pénales, devait s'en remettre aux États pour sanctionner pénalement la réglementation communautaire, ce qui pouvait être fondé sur le droit primaire, ou le droit dérivé, ou le principe de coopération loyale, plus généralement:

– Exceptionnellement, ce sont les traités eux-mêmes et plus largement le droit primaire qui, depuis l'origine parfois, établissent la compétence des États pour poursuivre des délits à contenu spécifiquement communautaire, en les obligeant à appliquer la même peine que celle prévue par la législation nationale pour des infractions analogues (art. 194 CEEA pour la violation du secret professionnel ; art. 27, protocole sur le statut de la Cour CE pour le faux témoignage devant la Cour ; art. 280, § 2, CE *[désormais art. 325, § 2, FUE]* pour la protection des intérêts financiers de la Communauté).

– Les institutions communautaires peuvent aussi, depuis l'origine, charger expressément les États de compléter les règlements qu'elles édictent au moyen de dispositions fixant les peines dont seront passibles ceux qui les violeraient (cf. par exemple, règlement n° 11/60, du 27 juin 1960, art. 16 ; règlement n° 1619/68 du 15 oct. 1968, art. 29...).

– Mais, le plus souvent, et à défaut de renvoi spécifique, les États membres y ont été obligés par leur devoir général de coopération, ainsi que le confirme la Cour de justice : « l'article 5 du traité CEE *[désormais art. 4, § 3, UE]*, en obligeant les États membres à prendre toutes mesures... pour assurer l'exécution des obligations découlant... des actes des institutions de la Communauté, laisse aux États membres le choix des mesures appropriées, y compris le choix des sanctions, même pénales » (2 févr. 1977, *Amsterdam Bulb*, aff. 50/76, *Rec.* 137). La Cour a même été particulièrement explicite : « L'article 5 du traité CE impose aux États membres de prendre toutes mesures effectives pour sanctionner des comportements qui portent atteinte aux intérêts financiers de la Communauté. De telles mesures peuvent inclure des sanctions pénales même lorsque la réglementation communautaire ne prévoit qu'une sanction de nature civile » (CJCE 8 juill. 1999, *Nunes*, aff. C-186/98, *Rec.* I-4883).

• ***Encadrement du pouvoir pénal des États membres*** : tout en admettant que la législation pénale tout comme les règles de la procédure pénale ne relèvent pas de la compétence de la Communauté (v, en ce sens, les arrêts du 11 nov. 1981, *Casati*, aff. 203/80, *Rec.* 2595, point 27, et du 16 juin 1998, *Lemmens*, aff. C-226/97, *Rec.* I-3711, point 19), la Cour a utilisé trois principes pour encadrer l'action pénale des États membres au service des objectifs communautaires : le principe de proportionnalité, le principe d'équivalence et le principe d'effectivité.

– *Proportionnalité* : s'il appartient aux États membres de déterminer librement les procédures de constatation des infractions, la nature de la peine et son quantum, c'est sous réserve que les sanctions choisies ne constituent pas des obstacles indirects à la réalisation des objectifs des traités (cf. CJCE 2 févr. 1989, *Cowan*, aff. 186/87, *Rec.* 195 ; CJCE 14 déc. 1995, *Banchero*, aff. C-387/93, *Rec.* I-4663, point 58 ; CJCE 19 janv. 1999, *Procédure pénale c/Donatella Calfa*, aff. C-348/96, *Rec.* I-1, point 17) ; ainsi l'arrêt *Donckerwolcke* (CJCE 15 déc. 1976, aff. 41/76, *Rec.* 1921) a précisé que si, dans le commerce intracommunautaire, les États membres peuvent exiger certaines déclarations de la part des importateurs, toutes sanctions disproportionnées à la nature d'une infraction purement administrative constituerait une mesure d'effet équivalent à une restriction quantitative, interdite ; de même, en matière de circulation des personnes, le fait pour un ressortissant communautaire d'avoir omis de déclarer sa présence à la police dans les trois jours ne saurait être puni d'une peine disproportionnée, telle une peine de détention (CJCE 7 juill. 1976, *Watson*, aff. 118/75, *Rec.* 1185).

– *Équivalence* : un certain nombre de renvois explicites se sont faits sous l'angle d'une équivalence avec les procédures strictement nationales. C'est le cas pour les cas précités relatifs au faux témoignage devant la Cour, à la violation du secret professionnel, ou à la protection des intérêts financiers ; pour ce dernier exemple, v. art. 325, § 2, FUE : « Les États membres prennent les mêmes mesures pour combattre la fraude portant atteinte aux intérêts financiers de l'Union que celles qu'ils prennent pour combattre la fraude portant atteinte à leurs propres intérêts financiers ».

– *Équivalence et effectivité* : la Cour estime désormais que l'obligation de coopération loyale fait obligation aux États de « veiller à ce que les violations du droit communautaire soient sanctionnées dans des conditions, de fond et de procédure, analogues à celles applicables aux violations du droit national d'une nature et d'une importance similaire et qui, en tout état de cause, confèrent à la sanction un caractère effectif, proportionné et dissuasif » (CJCE 21 sept. 1989, *Commission c/Grèce*, aff. 68/88, *Rec.* 2979, et communication de la Commission *JOCE* n° C 147/3 du 16 juin 1990 ; pour une confirmation plus récente,

CJCE 30 sept. 2003, *Inspire Art*, aff. C-167/01, *Rec.* I-10155 ; CJCE 15 janv. 2004, *Penycoed Farming Partnership*, aff. C-230/01, *Rec.* I-937 ; de même, mais – curieusement – moins nettement, CJCE 3 mai 2005, *Silvio Berlusconi et a.*, aff. C-387/02, C-391/02, C-403/02, *Rec.* I-3565). Dans l'affaire *Nunes* (préc.), la Cour a précisé que cette jurisprudence jouait spécialement dans le cas de sanctions pénales.

B. La phase d'une Union à plusieurs piliers

1074. L'Union à trois piliers mise en place en 1992 et reformatée en 1997 avec le traité d'Amsterdam comportait, dans cette nouvelle configuration, un troisième pilier organisant une coopération policière et judiciaire en matière pénale.

Si ceci a pu aboutir à certaines avancées, spécialement par voie de conventions, cette configuration a également conduit à une jurisprudence de la Cour permettant à la Communauté, c'est-à-dire dans le cadre du premier pilier, de prendre des mesures « en relation avec le droit pénal ».

1° Structuration de la coopération pénale

1075. Au-delà des avancées timides de la coopération pénale dans les traités d'Amsterdam ou de Nice (par exemple la mention parmi les objectifs de « l'action en commun » dans le domaine de la coopération judiciaire en matière pénale de l'adoption progressive des mesures instaurant des règles minimales relatives aux éléments constitutifs des infractions pénales et aux sanctions applicables dans les domaines de la criminalité organisée, du terrorisme et du trafic de drogue), on peut souligner deux éléments forts de structuration : le vecteur de l'atteinte aux intérêts financiers de l'Union, et les débuts d'une structuration institutionnelle.

1076. ***Atteinte aux intérêts financiers de l'Union***. Après que la France ait fait échouer, en 1966, du fait de son attachement au principe de territorialité, un projet extrêmement ambitieux de « convention générale » sur la recherche et la poursuite des infractions dans les domaines régis par des règlements, directives, décisions et recommandations de la CEE (cf. Van Binsbergen, « Le droit pénal des Communautés européennes », in *Droit pénal européen*, Bruxelles, 1970, p. 203), la Commission a concentré ses efforts en vue de combler par priorité certaines lacunes spécifiques résultant du principe de territorialité (chaque État ne poursuivant en général que les agissements délictueux se produisant sur son territoire), de la protection inadéquate des fonds communautaires ainsi qu'en matière de responsabilité pénale des fonctionnaires européens.

En août 1976, la Commission a transmis au Conseil deux projets de traités portant modification des traités de Paris et de Rome en vue d'adopter des réglementations communes (cf. Rinaldi Dino, *Domaine communautaire et dispositions pénales : deux projets de traités*, in Colloque de Parme, préc.) :

– sur la responsabilité et la protection en matière pénale des fonctionnaires et autres agents des Communautés (*JOCE* n° C 222 du 22 sept. 1976) ;

– sur la protection pénale des intérêts financiers des Communautés ainsi que sur la poursuite des infractions aux traités instituant les Communautés.

Les États membres ayant laissé ces projets sans suite, la Commission a profité de leur sensibilisation au thème de la fraude au budget communautaire (H. Labayle, « La protection des intérêts financiers de la Communauté », *Europe*, mars 1995, p. 1) et de la procédure des *conventions européennes* (v. ss 699) ouverte par l'article K 3, § 2, point c, du TUE *[dans sa version du traité de Maastricht]* en matière de « lutte contre la fraude de dimension internationale », pour obtenir la signature de la Convention du 26 juillet 1995, relative à la protection des intérêts financiers des Communautés européennes (*JOCE* n° C 316/48 du 27 nov. 1995). Cet instrument, entré en vigueur le 17 octobre 2002, prescrit l'introduction dans la législation pénale des États membres de l'incrimination de « fraude portant atteinte aux intérêts financiers des Communautés » préalablement définie de manière uniforme et exige pour ces comportements frauduleux (ainsi que la complicité, l'instigation et la tentative) l'application de sanctions pénales effectives, proportionnées et dissuasives, incluant, au moins dans le cas de fraude grave, des peines privatives de liberté pouvant entraîner l'extradition. Le 27 septembre 1996, les États ont signé le *1er protocole* à la Convention relative à la *protection des intérêts financiers* des Communautés (*JOCE* n° C 313/1 du 23 oct. 1996 ; rapport explicatif : *JOCE* n° C 11/5 du 15 janv. 1998) qui concerne plus particulièrement la répression des actes de corruption commis par ou envers des fonctionnaires, tant nationaux que communautaires, responsables de la perception, la gestion ou la dépense des fonds communautaires soumis à leur contrôle. Ce protocole est entré en vigueur en même temps que la Convention et en même temps que le protocole adopté le 29 nov. 1996 concernant l'interprétation de la Convention par la Cour de justice (*JOUE* n° C 151/1 du 20 mai 1997). Enfin, le 19 juin 1997, a eu lieu la signature d'un *2e protocole* (*JOCE* n° C 221/11 du 19 juill. 1997) qui concerne cette fois la responsabilité des personnes morales, la confiscation du produit du crime, le blanchiment de l'argent ainsi que le rôle de la Commission en matière de coopération entre les États membres. Les difficultés pour que tous les États entrés en 2004 dans l'Union ratifient expliquent les retards pour l'entrée en vigueur de ce deuxième Protocole, qui est intervenue le 19 mai 2009.

1077. ***Structuration institutionnelle.*** C'est sur cette base qu'aurait pu se faire un premier pas institutionnel, la Commission, lors de la négociation du traité de Nice, proposant de créer un Procureur européen indépendant chargé de la protection des intérêts financiers de l'Union. C'est une autre solution, davantage en phase avec la logique de simple coopération pénale qui a été concrétisée. Sur le modèle d'Europol, créé par le traité de Maastricht en matière de coopération policière, le Conseil européen de Tampere, en 1999, a décidé que serait créé Eurojust, une unité « composée de procureurs, magistrats ou d'officiers de police ayant des compétences équivalentes détachés, par chaque État membre conformément à son système juridique. Eurojust aura pour mission de contribuer à une bonne coordination entre les autorités nationales chargées des poursuites et d'apporter son concours dans les enquêtes relatives aux affaires de criminalité organisée, notamment sur la base de l'analyse effectuée par Europol ; cette unité devra aussi coopérer étroitement avec le Réseau judiciaire européen, afin, notamment, de simplifier l'exécution des commissions rogatoires ». Eurojust fut intégré au traité de Nice et créé par la décision du Conseil des ministres 2002/87/JAI du 28 février 2002.

2° Admission de mesures communautaires « en relation avec le droit pénal »

BROUSSY, (E.), DONNAT (F.) et LAMBERT (C.), « La Communauté européenne peut obliger les États à prévoir des sanctions pénales pour protéger l'environnement », *AJDA* 2005. 2335.

COMTE (F.), « Communication de la Commission au Parlement européen et au Conseil sur les conséquences de l'arrêt de la Cour du 13-9-2005 relatif aux "sanctions pénales" », *RDUE* n° 1, 2006. 131.

DE BELLESCIZE (R.), « La souveraineté limitée des États en matière pénale », *D* 2005. 2697.

GAUTIER (M.), « Étendue de la compétence de la Communauté pour exiger des États membres qu'ils instituent des sanctions pénales », *JCP* 2007. II. 10207, p. 36.

HAGUENAU-MOIZARD (C.), « Vers une harmonisation communautaire du droit pénal ? », *RTDE* 2006. 377.

MARCIALI (S.), « Les ambiguïtés de la compétence pénale de la Communauté européenne (à propos de l'arrêt CJCE du 23 octobre 2007, *Commission/Conseil*, aff. C-440/05) », *RDP* 2008. 1231.

MICHEL (V.), « Droit pénal communautaire : le dragon aux pieds d'argile terrassé ? », *LPA. La Loi / Le Quotidien juridique* n° 79, 2006. 4.

PICHOUSTRE (D.), « La compétence pénale de la Communauté », *JTDE* 2006, n° 125, p. 10-16

ZARKA (J.-C.), « La Communauté peut exiger des pays membres d'assurer la protection de l'environnement par des sanctions pénales », *JCP* 2005. IV. 10168.

1078. L'Union a envisagé de mettre en place un système de sanctions pénales dans le domaine de l'environnement et la Commission a soumis, le 13 mars 2001, une proposition de directive « relative à la protection de l'environnement par le droit pénal » s'inscrivant dans le cadre des compétences communautaires environnementales et reposant donc sur la base juridique (premier pilier) de l'article 175 CE *[désormais art. 192 FUE]*, qui n'a finalement pas abouti, les États membres préférant, adopter la décision-cadre n° 2003/80/JAI du Conseil du 27 janvier 2003 relative à la protection de l'environnement par le droit pénal, dans la logique intergouvernementale du troisième pilier et en adéquation avec la situation du pouvoir pénal depuis les débuts de l'intégration européenne.

Dans un arrêt rendu par la Grande chambre et opposant, d'un côté, une Commission soutenue par le Parlement européen et, de l'autre, le Conseil soutenu par rien moins que onze États membres sur quinze, ce qui révèle l'ampleur de l'enjeu, la Cour va juger que même si, en principe, la législation pénale tout comme les règles de la procédure pénale ne relèvent pas de la compétence de la Communauté, cela ne peut empêcher cette dernière de prendre les mesures nécessaires pour garantir la pleine effectivité des normes communautaires de protection de l'environnement, même si elles sont « en relation avec le droit pénal des États membres », si elles sont « nécessaires pour garantir la pleine effectivité » des normes environnementales communautaires et lorsque l'application par les autorités nationales compétentes de « sanctions pénales effectives, proportionnées et dissuasives » « constitue une mesure indispensable pour lutter contre les atteintes graves à l'environnement » (CJCE 13 sept. 2005, *Commission c/Conseil*, aff. C-176/03, *Rec.* I-7879), ce qui situe clairement cette décision dans la logique, pourtant tue, de la jurisprudence sur les devoirs de coopération loyale. La concision de l'arrêt du 13 septembre 2005 se faisait au prix de certaines imprécisions sur le lien entre la majeure matérielle (protection de l'environnement ici) et le volet pénal, incertitudes qui ont pu être exacerbées par la communication du 23 novembre 2005 de la Commission « sur les conséquences de l'arrêt de la Cour du 13 septembre 2005 » (COM(2005)583) qui proposait de lire dans cet arrêt une légitimation pour des sanctions pénales dans l'ensemble des politiques de la Communauté.

Ces incertitudes ont été largement levées par l'arrêt du 23 octobre 2007 (*Commission c/ Conseil*, aff. C-440/05, *Rec.* I-9097) dans lequel la Cour réplique à la Commission que « la détermination du type et du niveau des sanctions pénales à appliquer... ne relève pas de la compétence de la Communauté ». On peut en déduire que cette compétence se limite à imposer la prise de sanctions pénales et à définir les comportements à sanctionner, même si l'exigence de sanctions pénales « effectives, proportionnées et dissuasives » permet sans doute de prolonger l'emprise communautaire plus loin. La Cour indique ensuite assez clairement une vision procédurale de complémentarité entre des dispositions strictement communautaires pouvant, dans certains cas, imposer l'activation du pouvoir pénal des États membres et un complément sous forme de décision-cadre relevant du troisième pilier, au cas où il serait jugé nécessaire d'opérer une harmonisation au niveau européen en matière de type et de niveau des sanctions pénales.

C'est dans cette nouvelle logique qu'on a pu noter l'adoption de la directive n° 2008/99/CE du Parlement européen et du Conseil du 19 novembre 2008 relative à la protection de l'environnement par le droit pénal (*JOUE* n° L 328/28 du 6 déc. 2008), listant les infractions à punir mais laissant aux États membres le soin de fixer les peines associées. L'arrêt du 23 octobre 2007 a, quant à lui, directement conduit à l'adoption de la directive n° 2009/123/CE du Parlement européen et du Conseil du 21 octobre 2009 relative à la pollution causée par les navires et à l'introduction de sanctions en cas d'infraction (*JOUE* n° L 280/52 du 27 oct. 2009).

C. Le traité de Lisbonne et l'intervention pénale de l'Union

1079. Les difficultés liées à la gestion de la différenciation en piliers dans ce domaine pénal et la jurisprudence de 2005 et 2007 signalée ci-dessus expliquent que le traité de Lisbonne, au moment de supprimer les piliers différenciés pour la nouvelle Union européenne, et donc d'introduire dans le « droit commun de l'Union » l'ancien domaine de la coopération en matière pénale, ait admis des avancées dans *l'intervention pénale* de l'Union, à défaut de sanction pénale de l'Union.

– L'article 83, § 2, FUE inscrit d'abord dans le bronze du droit primaire la jurisprudence développée en matière d'environnement, en l'élargissant :

> « Lorsque le rapprochement des dispositions législatives et réglementaires des États membres en matière pénale s'avère indispensable pour assurer la mise en œuvre efficace d'une politique de l'Union dans un domaine ayant fait l'objet de mesures d'harmonisation, des directives peuvent établir des règles minimales relatives à la définition des infractions pénales et des sanctions dans le domaine concerné ».

– L'article 83, § 1, FUE déborde le champ des peines nécessaires aux politiques de l'Union pour admettre une intervention pénale de l'Union dès qu'une sorte de logique de subsidiarité le justifie, s'inscrivant là dans les pas de « l'action en commun » visée dès le traité d'Amsterdam:

> « Le Parlement européen et le Conseil (...) peuvent établir des règles minimales relatives à la définition des infractions pénales et des sanctions dans des domaines de criminalité particulièrement grave revêtant une dimension transfrontière résultant du caractère ou des incidences de ces infractions ou d'un besoin particulier de les combattre sur des bases communes ».

Le traité donne une liste de ces domaines : le terrorisme, la traite des êtres humains et l'exploitation sexuelle des femmes et des enfants, le trafic illicite de drogues, le trafic illicite d'armes, le blanchiment d'argent, la corruption, la contrefaçon de moyens de paiement, la criminalité informatique et la criminalité organisée.

Du point de vue procédural, pour ce domaine de « grande criminalité », le Parlement européen et le Conseil statuent par voie de directives conformément à la procédure législative ordinaire. La liste des domaines concernés peut être allongée par le Conseil, à l'unanimité et avec l'approbation du Parlement. Pour les sanctions liées aux politiques harmonisées, la procédure sera une procédure législative ordinaire ou spéciale identique à celle utilisée pour les mesures d'harmonisation requises.

Les États membres ont cependant veillé à ce que le lien traditionnel entre la répression pénale et le pouvoir d'État conserve certaines garanties. Le § 3 de l'article 83 FUE permet à un État membre, s'il estime que le projet d'une directive de ce type porterait atteinte aux aspects fondamentaux de son système de justice pénale, de saisir le Conseil européen, la procédure législative étant alors suspendue, et le Conseil européen disposant de quatre mois avant le retour à la compétence du Conseil. Pendant ce même délai, en cas de désaccord, si au moins neuf États membres souhaitent instaurer une coopération renforcée sur la base du projet de directive concerné, ils en informent le Parlement européen, le Conseil et la Commission. Dans un tel cas, l'autorisation de procéder à une coopération renforcée, est réputée accordée.

– Enfin, les alternatives d'hier (soit un Parquet européen, soit Eurojust) ont été réunies dans une relation temporelle constructive, le traité permettant, à l'article 86 FUE, que le Conseil, statuant par voie de réglements conformément à une procédure législative spéciale, puisse instituer un Parquet européen « à partir d'Eurojust » pour combattre les infractions portant atteinte aux intérêts financiers de l'Union. Il s'agit là d'un pas important puisque ce Parquet exerce devant les juridictions compétentes des États membres l'action publique relative aux infractions portant atteinte aux intérêts financiers de l'Union. On sait (v. ss 78) qu'après une proposition de création de ce Parquet en 2013, c'est sous forme de coopération renforcée à vingt États que l'idée a abouti à un accord, le règlement créant ce Parquet (à partir de 2020) étant adopté le 12 octobre 2017 (*JOUE* n° L 283/1 du 31 oct. 2017).

§ 2. La sanction (protection) des droits issus du droit de l'Union

Barav (A.), « La plénitude de compétence du juge national en sa qualité de juge communautaire », in *Mélanges Boulouis*, Paris, Dalloz, 1991, p. 1.

Debouy (C.), « Intégration communautaire et pratique procédurale du juge français », *JCP* 1992. I. 3616.

Dubos (O.), *Les juridictions nationales, juge communautaire*, Paris, Dalloz, « Nouvelle Bibliothèque de Thèses », 2001.

Grevisse (F.) et Bonichot (J.-C.), « Les incidences du droit communautaire sur l'organisation et l'exercice de la fonction juridictionnelle dans les États membres », in *Mélanges Boulouis*, Paris, Dalloz, 1991, p. 297.

LABAYLE (H.), « L'effectivité de la protection juridictionnelle des particuliers », *RFDA* 1992. 619.
MERTENS DE WILMARS (J.), « L'efficacité des différentes techniques nationales de protection contre les violations du droit communautaire par les autorités nationales et les particuliers », *CDE* 1981. 379.
OLIVER (P.), « Le droit communautaire et les voies de recours nationales », *CDE* 1992. 348.
PICOD (F.), « Le droit au juge en droit communautaire », in J. Rideau (dir.), *Le droit au juge dans l'Union européenne*, Paris, LGDJ, 1998, p. 141.
SIMON (D.), « Les exigences de la primauté du droit communautaire : continuité ou métamorphoses ? », in *Mélanges Boulouis*, Paris, Dalloz, 1991, p. 481.
VAN GERVEN (W.), « Bridging the gap between Community and National Laws : towards a principle of homogeneity in the field of legal remedies ? », *Common Market Law Review* 1995. 679.

1080. L'enjeu est essentiel et « l'office » du juge national, « juge de droit commun » du droit de l'Union, selon une expression adoptée par la Cour de justice (*avis 1/09* du 8 mars 2011, *Rec.* I-1137), présente deux volets : « Il est (...) clair depuis l'arrêt du 9 mars 1978, *Simmenthal*, que le juge national, en tant que juge communautaire de droit commun, a l'obligation d'appliquer intégralement le droit communautaire et de protéger les droits que celui-ci confère aux particuliers... » (concl. Y. Bot présentées le 7 juill. 2009 dans l'aff. C-555/07, *Kücükdevici*, arrêt du 19 janv. 2010, *Rec.* I-365). Dès lors le souci de préserver les caractères du droit de l'Union et notamment une primauté garantissant l'uniformité de son application le dispute à celui de garantir aux justiciables de l'Union, lorsqu'ils sont devant leurs juges nationaux, et pas uniquement devant les juges de l'Union, des droits qu'ils tirent directement de l'ordre juridique européen. Si la logique et des considérations pratiques ont dissuadé de créer des juridictions de l'Union sur l'ensemble du territoire communautaire et ont donc abouti à ce large renvoi aux juges nationaux, érigés en juges de l'Union, les risques d'hétérogénéité des jurisprudences ont conduit à un encadrement du principe d'autonomie institutionnelle et procédurale, cet encadrement allant parfois jusqu'à une définition par le juge de l'Union des pouvoirs des juges nationaux.

A. Renvoi au juge national

1° Fondement du renvoi

1081. Ainsi que cela a été souligné (v. ss 176), leur devoir de coopération loyale, au titre de l'article 10 CE *[désormais art. 4, § 3, al. 2 et 3, UE]* « impose aux États membres de prendre toutes mesures propres à garantir la portée et l'efficacité du droit communautaire » (avec l'arrêt de principe CJCE 21 sept. 1989, *Commission c/Grèce*, aff. 68/88, *Rec.* 2965). La Cour a rapidement précisé que ce « devoir des États membres, en vertu des articles 10 CE..., de prendre toutes mesures générales ou particulières propres à assurer l'exécution des obligations découlant du droit communautaire s'impose à toutes les autorités des États membres, y compris, dans le cadre de leurs compétences, les autorités juridictionnelles » (par ex. CJCE 27 oct. 2009, *ČEZ*, aff. C-115/08, *Rec.* I-10265). De manière générale, il apparaît donc que c'est le principe de coopération loyale qui fonde (*obligation* de coopération), et qui donc en même temps permet d'encadrer (coopération *loyale*) ce rôle de juge de droit commun ; la Cour de justice, d'ailleurs, donne un écho parfait à cet égard à la définition de ce rôle fournie par Yves Bot dans ses conclusion précitées sous l'arrêt *Kücükdevici*, aff. C-555/07 :

« tout juge national, saisi dans le cadre de sa compétence, a, en tant qu'organe d'un État membre, l'obligation, par application du principe de coopération énoncé à l'article 4, paragraphe 3, TUE, d'appliquer intégralement le droit de l'Union directement applicable et de protéger les droits que celui-ci confère aux particuliers, en laissant inappliquée toute disposition éventuellement contraire de la loi nationale » (Ord. du 24 juin 2011, *projecktart e.a.*, aff. C-476/10, *Rec.* I-5615 ; cf.aussi les arrêts du 8 sept. 2010, *Winner Wetten*, aff. C-409/06, *Rec.* I-8015, et du 6 sept. 2012, *Philips Electronics UK*, aff. C-18/11, ECLI:EU:C:2012:532).

Ceci peut être vérifié, s'agissant des juridictions, pour toutes les dimensions de l'invocabilité du droit de l'Union, que cette invocabilité résulte de l'effet direct du droit de l'Union, ou de l'invocabilité « de régularisation » du droit national (interprétation conforme et exclusion du droit national contraire), ou, enfin, de l'invocabilité de « réparation » permettant de tirer les conséquences d'une illégalité en termes de répétition de l'indu (récupération) ou d'indemnisation (v. ss 1007).

1082. ***Pour l'effet direct***, la jurisprudence est classique : « Par application du principe de coopération énoncé à l'article 5 [CEE] du traité, c'est aux juridictions nationales qu'est confié le soin d'assurer la protection juridique découlant pour les justiciables de l'effet direct des dispositions du droit communautaire » (CJCE 16 déc. 1976, *Rewe*, aff. 33/76, *Rec.* 1989, ouvrant une très longue chaîne jurisprudentielle sur cette base ; par ex. CJCE 3 févr. 2000, *Dounias*, aff. C-228/98, *Rec.* I-577 ; 14 déc. 1995, *Peterbroeck*, aff. C-312/93, *Rec.* I-4599).

1083. ***Pour l'invocabilité d'interprétation conforme***, dès l'arrêt *Von Colson* (CJCE 10 avr. 1984, aff. 14/83, *Rec.* 1891) le devoir du juge national d'interpréter le droit national conformément aux exigences du droit de l'Union est fondée sur : « l'obligation des États membres, découlant d'une directive, d'atteindre le résultat prévu par celle-ci ainsi que leur devoir, en vertu de l'article 5 du traité CE, de prendre toutes mesures générales ou particulières propres à assurer l'exécution de cette obligation ».

1084. ***Pour l'invocabilité d'exclusion***, la jurisprudence est quelque peu plus confuse, l'arrêt *Simmenthal* (CJCE 9 mars 1978, aff. 106/77, *Rec.* 609) présentant le double inconvénient de ne pas se référer explicitement à l'obligation de coopération loyale, tout en reprenant à l'évidence sa logique puisque sollicitant le juge national « en tant qu'organe d'un État membre », et de sembler viser les normes d'effet direct. On le sait (v. ss 812), à partir de 1990 (CJCE 19 juin 1990, *Factortame*, aff. C-213/89, *Rec.* 2433), la Cour enchassera dans son raisonnement l'appel à la coopération loyale pour les juridictions, d'autres arrêts montrant ensuite que l'obligation du juge ne se limite pas aux normes d'effet direct, puisqu'il appartient à la juridiction nationale de laisser inappliquée toute disposition du droit interne qui serait contraire « aux exigences du droit communautaire » de façon générale (par ex. CJCE 18 déc. 2007, *Frigerio Luigi & C.*, aff. C-357/06, *Rec.* I-12311).

1085. ***Pour l'invocabilité de récupération***, qui constitue le premier volet pour l'invocabilité de réparation, la jurisprudence est ancienne et se réfère à la même obligation de coopération pour conclure que « les litiges relatifs à la restitution de montants perçus pour compte de la Communauté relèvent de la compétence des juridictions nationales et doivent être tranchées par celles-ci en application du droit national » (CJCE 5 mars 1980, *Ferwerda*, aff. 265/78, *Rec.* 617).

1086. ***L'invocabilité d'indemnisation*** est reliée au même fondement. Dans son fameux arrêt du 19 novembre 1991, *Francovich et Bonifaci*, aff. n° C-6 et C-9/90, *Rec.* I-5357 (v. ss 1009), la Cour, soulignant là que n'est pas en cause l'effet direct, se réfère encore au même article 5 CEE [*support, à l'époque, des obligations de coopération loyale*].

2° Portée du renvoi

1087. Le principe s'appliquant ici, comme pour l'ensemble de la mise en œuvre nationale du droit de l'Union est celui de l'autonomie institutionnelle et procédurale (v. ss 1021). Il appartient ainsi, tout d'abord, à l'ordre juridique national de chaque État membre de désigner les *juridictions compétentes* et de régler les *modalités procédurales* des recours en justice destinés à assurer la sauvegarde des droits que les justiciables tirent de l'effet direct du droit communautaire.

L'autonomie institutionnelle est peu souvent en cause, de sorte que la question se résume en substance au volet « procédural », qui doit être compris de façon extensive.

En effet, certes, des *questions de procédure* sont concernées, la Cour de justice ayant, notamment, déclaré que les questions de délais (arrêt *Rewe*, préc.) ou le droit au versement d'intérêts en cas de remboursement aux opérateurs économiques de perceptions indues (CJCE 21 mai 1976, *Roquette*, aff. 26/74, *Rec.* 677 ; cf. aussi Com. 16 déc. 1980, *Ramel*, *D.* 1981. 380) relèvent des droits nationaux.

1088. Mais la *structure d'accueil* nationale du droit de l'Union comporte aussi des *éléments de fond :* c'est au droit national qu'il appartient, notamment, de régler le problème de la pertinence de la bonne foi de l'opérateur économique en face d'une demande de remboursement d'une subvention octroyée à tort (CJCE 5 mars 1980, *Ferwerda*, aff. 365/78, *Rec.* 617) ainsi que l'effet de la répercussion d'une charge sur le droit à son remboursement (CJCE 27 févr. 1980, *Just*, aff. 68/79, *Rec.* 501 ; 27 mars 1980, *Denkavit*, aff. 6/79, *Rec.* 1205). Plus largement, c'est l'ensemble du régime de la répétition de l'indu, tant des sommes perçues en vertu de dispositions nationales violant le droit communautaire que des montants perçus sur la base d'une disposition de droit de l'Union, qui relève du droit national. Dans l'arrêt du 9 novembre 1983 (*San Giorgio*, aff. 199/82, *Rec.* 3595), la Cour distingue le droit d'obtenir le remboursement des taxes nationales perçues par un État membre en violation des règles communautaires, droit relevant du droit communautaire, et d'autre part « le cadre des conditions, *de fond et de forme*, fixées par les diverses législations nationales en la matière ». De la même façon, pour l'obligation des juges nationaux de permettre à un particulier d'être indemnisé du préjudice que lui aurait causé un État en ne respectant pas le droit de l'Union, on se rend compte qu'il y a un droit, à la base, qui trouve son fondement dans le droit de l'Union (droit à réparation), les conditions de fond liées à ce droit étant déterminées par le droit de l'Union (par ex. l'exigence d'un lien de causalité entre violation et préjudice). Pour le reste, la Cour, dans l'arrêt *Francovich* (préc.), précise que « sous cette réserve, c'est dans le cadre du droit national de la responsabilité qu'il incombe à l'État de réparer les conséquences du préjudice causé. En effet (...) c'est à l'ordre juridique interne de chaque

État membre qu'il appartient de désigner les juridictions compétentes et de régler les modalités procédurales des recours en justice destinés à assurer la pleine sauvegarde des droits que les justiciables tirent du droit communautaire ». Cependant, quand il s'agit de prendre en considération ces règles nationales, la Cour vise « les conditions, *de fond et de forme*, fixées par les diverses législations nationales en matière de réparation des dommages ». C'est dire que l'autonomie « procédurale » ne se limite pas à des règles de pure procédure, de pure forme.

3° Conséquences du renvoi

1089. Le renvoi au droit national a évidemment pour conséquence que l'efficacité du droit de l'Union dépend finalement largement de la qualité des solutions juridiques dégagées dans l'ordre étatique. En outre, compte tenu du principe de l'autonomie institutionnelle et procédurale, le renvoi aux législations nationales a, en pratique, eu égard à la diversité de celles-ci, pour conséquence de faire varier la portée d'une disposition de droit de l'Union, selon l'État membre dans lequel les droits conférés sont invoqués. Des différences de traitement non négligeables peuvent en découler, par exemple, entre les contribuables, selon qu'ils disposent d'un délai très court (trois mois) ou, au contraire, de la prescription de droit commun (trente ans) pour contester une imposition incompatible avec le droit de l'Union.

La Cour de justice en a été consciente et a toujours pris soin, dès sa jurisprudence initiale (CJCE 16 déc. 1976, *Rewe*, aff. 33/76, *Rec.* 1989 ; 16 déc. 1976, *Comet*, aff. 45/76, *Rec.* 2043) de ne renvoyer au cadre procédural national que de façon subsidiaire, « en l'absence de réglementation communautaire en la matière ». Elle est même allé plus loin, dans un rôle imprévu de conseil législatif, soit constructif (elle note, dès son arrêt *Rewe* (préc.) que « les articles 100 à 102 et 235 du traité *[c'est-à-dire les dispositions autorisant la Communauté à prendre des dispositions de rapprochement des législations, et la base juridique de complément (aujourd'hui art. 352 FUE)]* permettent, le cas échéant, de prendre les mesures nécessaires pour remédier aux disparités des dispositions législatives, réglementaires ou administratives des États membres en la matière, si elles s'avéraient de nature à provoquer des distorsions ou à nuire au fonctionnement du Marché commun »), soit franchement critique : dans l'arrêt du 12 juin 1980, *Express Dairy Foods*, aff. 130/79, *Rec.* 1887, elle évoque « l'absence *regrettable* de dispositions communautaires d'harmonisation des procédures et des délais (qui) entraîne des différences de traitement à l'échelle de la Communauté ».

C'était là de la part de la Cour appeler un encadrement de ce renvoi aux juridictions nationales, qui est pourtant resté plus prétorien que législatif.

B. Encadrement par l'Union des modalités procédurales nationales

1° L'encadrement législatif

1090. Les institutions communautaires ont plus ou moins rapidement adopté un certain nombre de règlements et directives ayant pour objet spécifique d'aménager ou d'harmoniser quelques aspects procéduraux de l'exercice de certains droits. Les dispositions arrêtées à partir de 1978, dans le domaine douanier, pour l'harmonisation des règles relatives au report du paiement, à la remise ou au remboursement, au recouvrement *a posteriori*, des droits à l'importation ou à l'exportation sont reprises dans les articles consacrés à la dette douanière au sein du Code des douanes communautaires (règlement CE n° 450/2008 du Parlement européen et du Conseil du 23 avril 2008 établissant le code (modernisé) des douanes communautaires, *JOUE* n° L 145/1 du 4 juin 2008 ; remplacé par le Code des douanes de l'Union européenne, règlement (UE) n° 952/2013 du Parlement européen et du Conseil du 9 octobre 2013 (*JOUE* n° L 269/1 du 10 oct. 2013) entré en vigueur le 30 oct. 2013 mais dont les dispositions substantielles s'appliquent depuis le 1er mai 2016, après adoption du règlement délégué 2015/2446 et du règlement d'exécution 2015/2447). Mais, l'exemple le plus remarquable est sans doute fourni par les « directives recours », qui harmonisent les moyens de recours permettant de sanctionner de manière efficace et rapide la méconnaissance des règles communautaires de passation des marchés publics : directive portant coordination des dispositions législatives, réglementaires et administratives relatives à l'application des procédures de recours en matière de passation des marchés publics de fournitures et de travaux (directive n° 89/665 du Conseil du 21 déc. 1989, *JOCE* n° L 395, du 30 déc. 1989) ; directive portant coordination des dispositions relatives à l'application des règles communautaires sur les procédures de passation des marchés des entités opérant dans les secteurs de l'eau, de l'énergie, des transports et des télécommunications (directive n° 92/13 du Conseil du 25 févr. 1992, *JOCE* n° L 76, du 23 mars 1992). Ces directives ont été modifiées par la directive 2007/66/CE du Parlement européen et du Conseil du 11 décembre 2007, *JOUE* n° L 335/31 du 20 déc. 2007.

C'est donc essentiellement la Cour qui encadre l'autonomie institutionnelle et procédurale des systèmes judiciaires des États membres.

2° L'encadrement jurisprudentiel

1091. L'impératif de garantir l'« effet utile » de l'effet direct a conduit la Cour (dans une jurisprudence constante depuis ses arrêts : CJCE 16 déc. 1976, *Rewe*, aff. 33/76, *Rec.* 1989 ; 16 déc. 1976, *Comet*, aff. 45/76, *Rec.* 2043 ; 27 mars 1980, *Denkavit*, aff. 61/79, *Rec.* 1205 ; 9 nov. 1983, *San Giorgio*, aff. 199/82, *Rec.* 3595 ; 29 juin 1988, *Delville c/Administration des impôts*, aff. 240/87, *Rec.* 3513), à préciser que le renvoi au droit national, en matière de modalités procédurales, n'est pas inconditionnel. « Ces modalités ne peuvent être ni moins favorables que celles régissant des recours similaires de droit interne » (*principe d'équivalence*), « ni être aménagées de manière à rendre impossible en pratique l'exercice des droits que les juridictions nationales ont l'obligation de sauvegarder » (*principe d'effectivité*). Ces deux appellations ont été données par la Cour elle-même, dès l'arrêt du 10 juillet 1997, *Palmisani*, aff. C-261/95, *Rec.* I-4025 ; pour une présentation renouvelée, arrêt du 17 mars 2016, *Bensada Benallal*, aff. C-161/15, ECLI:EU:C:2016:175.

1092. ***Le principe du traitement national* (ou *d'équivalence*)** signifie que les voies de droit nationales doivent être mises « sans discrimination » à la disposition du droit communautaire, c'est-à-dire que l'exercice d'un droit communautaire à travers l'environnement national ne doit pas être soumis à des conditions plus rigoureuses (délais de prescription, conditions de la répétition de l'indu, modalités de preuve...) que l'exercice du droit correspondant mais purement national. Il s'ensuit, bien sûr, que « tout type d'action prévu par le droit national doit pouvoir être utilisé pour assurer le respect des règles communautaires d'effet direct dans les mêmes conditions de recevabilité et de procédure que s'il s'agissait d'assurer le respect du droit national » (CJCE 7 juill. 1981, *Rewe*, aff. 158/80, *Rec.* 1805). Il ne s'agit pas d'une exigence d'*identité* mais d'*équivalence* même si ce principe est souvent considéré comme une application particulière du principe général de non-discrimination ou d'égalité de traitement. L'important est que la situation juridique vis-à-vis des droits issus de l'ordre juridique de l'Union ne soit pas *moins avantageuse* que celle s'appliquant à des droits comparables mais purement internes. Il faut admettre que dans un grand nombre de situations, il s'agira effectivement d'une application « indifférente » de la règle nationale aux recours fondés sur des droits tirés du droit de l'Union et à ceux relatifs à la méconnaissance du droit interne ayant un objet et une cause semblables (arrêt du 27 juin 2013, *Agrokonsulting-04*, aff. C-93/12. ECLI:EU:C:2013:432). On parle aussi de « traitement égal » des recours fondés sur une violation du droit national et de ceux, similaires, fondés sur une violation du droit de l'Union (arrêt du 6 oct. 2015, *Târşia*, aff. C-69/14, ECLI:EU:C:2015:662). Mais dans certaines affaires, la mise en place de cadres procéduraux différents pour ces deux types de recours (tribunaux locaux ou départementaux selon la valeur du litige dans un cas purement national, tribunaux départementaux systématiquement dans un cas à dimension communautaire) ne sera pas contraire au principe d'équivalence, cette spécificité n'étant pas forcément défavorable au requérant (arrêt du 12 févr. 2015, *Nóra Baczó e.a.*, aff. C-567/13, ECLI:EU:C:2015:88). Ne peut être opposé aux demandeurs un délai de réclamation introduit spécifiquement, en dérogation au droit commun national, qui priverait les particuliers du droit de se faire rembourser des montants versés indûment au regard du droit communautaire (CJCE 2 févr. 1988, *Barra c/Belgique*, aff. 309/85, *Rec.* 355 ; 29 juin 1988, *Deville c/Administration des impôts*, aff. 240/87, *Rec.* 3513). Un régime de responsabilité de l'État exigeant l'épuisement des recours internes contre l'acte administratif générateur du dommage pris sur fondement d'une loi mise en cause parce que suspectée de violer un acte de l'Union, alors qu'aucune exigence comparable ne serait d'application dans l'hypothèse d'une loi violant une disposition constitutionnelle est contraire au principe d'équivalence (CJ 26 janv. 2010, *Transportes Urbanos y Servicios Generales*, aff. C-118/08, *Rec.* I-635). Le principe d'équivalence n'impose en tous cas pas à un État membre d'étendre son régime interne le plus favorable aux espèces de dimension européenne, la vérification du caractère similaire des recours en cause étant essentielle (cf. par ex. l'arrêt du 19 juill. 2012, *Littlewoods Retail Ltd e.a.*, aff. C-591/10, ECLI:EU:C:2012:478).

Dans la réalité, il arrivera qu'un cadre national soit à certains égards plus strict et à d'autres plus favorable. La Cour, dans ce cas, invite le juge national à replacer la disposition dans « l'ensemble de la procédure, de son déroulement et de ses particularités » (CJCE 14 déc. 1995, *Peterbroeck*, aff. C-312/93, *Rec.* I-4705) et à « vérifier de manière objective et abstraite la similitude des règles en cause » (16 mai 2000, *Preston*, aff. C-78/98, *Rec.* I-3201). C'est souvent, dans cette logique, au juge national que la Cour demandera d'apprécier concrètement le respect de l'équivalence, ce qui montre que même encadré, le principe d'autonomie procédurale des États membres n'est pas un leurre : ainsi la Cour renvoyant au Conseil d'État belge le soin de vérifier si le droit d'être entendu, tel que garanti par le droit belge, constitue, en soi, un principe général de droit belge, ressortissant, à ce titre, de l'ordre public interne de cet État membre ; ce n'est que si c'est bien le cas que le droit d'être entendu tel que garanti par le droit de l'Union devra être déclaré recevable même s'il est soulevé pour la première fois devant le juge de cassation (arrêt du 17 mars 2016, *Bensada Benallal*, aff. C-161/15, ECLI:EU:C:2016:175).

1093. ***Le principe du seuil minimum d'efficacité*** **(ou *principe d'effectivité*)** consiste à fixer le niveau au-dessous duquel la protection incombant au juge national ne saurait descendre. C'est le vecteur essentiel de cet encadrement, la seule garantie véritable, le principe d'équivalence n'ayant qu'une portée relative, puisque ne pouvant aller au-delà des standards nationaux, lesquels peuvent être éventuellement faibles. Ce principe d'effectivité est souvent lié au principe général de protection juridictionnelle effective même si la Cour, parfois, les distingue l'un de l'autre (cf. par ex. l'arrêt du 19 mars 2015, *E.ON Földgáz Trade Zrt*, aff. C-510/13, ECLI:EU:C:2015:189).

La mise en œuvre obligée de l'effet direct à travers l'environnement national ne saurait aboutir à annuler purement et simplement cet effet direct. Dans l'arrêt *San Giorgio* (préc.) la Cour a, pour la première fois, exercé le contrôle annoncé depuis les arrêts *Rewe* et *Comet* (préc.) sur les conditions dans lesquelles une loi nationale permettait l'exercice de droits issus du droit communautaire. Conformément à sa jurisprudence antérieure (CJCE 27 févr. 1980, *Just*, aff. 68/79, *Rec.* 501), la Cour a jugé que le droit communautaire ne faisait pas obstacle à ce qu'un système juridique national refuse une restitution de taxes indûment perçues lorsque celle-ci entraînerait un enrichissement sans cause des ayants droit. Mais elle a toutefois considéré que « seraient incompatibles avec le droit communautaire toutes modalités de preuve dont l'effet est de rendre pratiquement impossible ou excessivement difficile l'obtention du remboursement de taxes perçues en violation du droit communautaire », et ce même si ce régime de preuve était étendu par la loi à d'autres impôts et taxes nationaux et ne pouvait donc être considéré comme discriminatoire (confirmé par CJCE 25 févr. 1988, *Bianco et Girard*, aff. jtes 331, 376 et 378/85, *Rec.* 1099 ; 24 mars 1988, *Commission c/Italie*, aff. 104/86, *Rec.* 1799).

Le problème est souvent lié aux *délais*, de recours ou de forclusion. Si la Cour, de façon générale, a reconnu la compatibilité avec le droit de l'Union de la fixation de délais raisonnables de recours à peine de forclusion dans l'intérêt de la sécurité juridique qui protège à la fois le contribuable et l'administration concernés (CJCE 15 sept. 1998, *EDIS*, aff. C-231/96, *Rec.* I-4951), les problèmes sont souvent plus subtils que la pure et simple longueur suffisante d'un délai d'action ou de prescription ; par exemple, un délai de forclusion pouvant arriver à échéance avant même qu'il soit mis fin à l'infraction sera contraire au principe d'effectivité en ce que la personne qui a subi des dommages après cette échéance ne pourra jamais être indemnisée (CJCE 13 juill. 2006, *Manfredi*, aff. C-295 à C-298/04, *Rec.* I-6619), et la Cour condamnera ainsi une législation italienne fixant un délai de prescription à un an mais sans préciser quel était le *dies a quo*, la Cour estimant que si c'est cette incertitude qui explique le caractère tardif de l'action du requérant, ce serait contraire à l'effectivité puisqu'un particulier souhaitant, par exemple, engager une action en responsabilité pourrait être condamné à l'échec par les difficultés à cerner exactement ce qu'est le délai possible pour agir (CJCE 16 juill. 2009, *Visciano*, aff. C-69/08, *Rec.* I-6741).

C'est aussi à l'aune des principes d'équivalence mais surtout d'effectivité que la Cour a abordé la question sensible du *relevé d'office :* le juge national a-t-il l'obligation de soulever d'office tout moyen tiré de la violation du droit de l'Union ? Malgré quelques décisions de la Cour paraissant impliquer une telle obligation, les juridictions nationales n'avaient pas toutes la même conception (citons par exemple le Conseil d'État français refusant de soulever d'office l'illégalité d'une mesure nationale au regard des objectifs d'une directive communautaire : C.E. 11 janv. 1991, *SA Morgane*). La Cour a rendu deux arrêts sur cette question, le même jour (CJCE 14 déc. 1995, *Van Schijndel*, aff. jtes

C-430/93 et C-431/93 et *Peterbroek*, aff. C-312/93, *Rec.* I-4599 et 4705), mais la conjonction de ses deux réponses à la même question pouvait laisser quelque peu perplexe. Dans l'arrêt *Peterbroeck*, on peut lire que « le droit communautaire s'oppose à l'application d'une règle de procédure nationale qui… interdit au juge national… d'apprécier d'office la compatibilité d'un acte de droit interne avec une disposition communautaire, lorsque cette dernière n'a pas été invoquée dans un certain délai par le justiciable ». Mais, pour l'arrêt *Van Schijndel*, « le droit communautaire n'impose pas aux juridictions nationales de soulever d'office un moyen tiré de la violation de dispositions communautaires lorsque l'examen de ce moyen les obligerait à renoncer à la passivité qui leur incombe… » (au civil, aux Pays-Bas, le juge est normalement limité à l'objet du litige et aux éléments de fait tels que circonscrits par les parties, sauf intérêt public péremptoire). Sous l'apparente contradiction, il n'y a que le jeu, parfois subtil, des deux principes d'équivalence et d'effectivité, appréciés différemment dans ces deux affaires quant à l'obligation de soulever d'office un grief tiré de la violation du droit communautaire. Il s'en est suivi une jurisprudence où la Cour a parfois pu consacrer l'obligation de soulever d'office la violation du droit de l'Union (par ex., CJCE 26 oct. 2006, *Mostaza Claro*, aff. C-168/05, *Rec.* I-10421) mais pour des raisons particulières. On trouve toujours des arrêts expliquant que dès lors que ni le principe d'effectivité, ni le principe d'équivalence n'exigent le relevé d'office, le droit de l'Union ne l'impose pas (CJCE 7 juin 2007, *Van der Weerd e.a.*, aff. C-222/05 à C-225/05, *Rec.* I-4233). Dans le même arrêt, la Cour considère que le principe d'effectivité n'impose pas le relevé d'office dès lors que les parties ont par ailleurs une possibilité de soulever devant une juridiction nationale un moyen fondé sur le droit de l'Union. Elle précise cependant que la simple existence d'une voie de recours interne ne suffit pas : si l'emprunter oblige à se mettre volontairement en infraction de façon à faire l'objet d'une sanction que l'on attaque ensuite, ce ne sera pas conforme à l'exigence de protection juridictionnelle effective : CJCE 13 mars 2007, *Unibet*, aff. C-432/05, *Rec.* I-2271. Il faut admettre que la Cour semble parfois se perdre dans la subtilité de sa propre jurisprudence, confondant cette appréciation relative au relevé d'office avec la répartition des compétences entre elle et les juges nationaux dans le cadre préjudiciel (arrêt du 26 avr. 2017, *Farkas*, aff. C-564/15, ECLI:EU:C:2017:302).

C. Définition par la Cour de justice des pouvoirs du juge national

1094. La Cour de justice a commencé par affirmer, dans un premier temps, que le traité « n'a pas entendu créer devant les juridictions nationales en vue du maintien du droit communautaire, des voies de droit autres que celles établies par le droit national » (7 juill. 1981, *Rewe*, aff. 158/80, *Rec.* 1805). Le traité de Lisbonne, dans un article très significatif (art. 19 UE), ajoute pourtant à la présentation de la Cour de justice de l'Union européenne et de sa mission (§ 1) une véritable injonction adressée aux États membres : « Les États membres établissent les voies de recours nécessaires pour assurer une protection juridictionnelle effective dans les domaines couverts par le droit de l'Union » (§ 2), l'ensemble de l'article présentant une synthèse du système judiciaire global et complet de l'Union européenne, avec son juge d'attribution (Cour de justice de l'Union) et son juge de droit commun (juge national).

Il semble que la Cour, parfois, dans cet esprit, soit déjà allée au-delà d'un simple « encadrement » de l'autonomie institutionnelle et procédurale nationale, jusqu'à définir elle-même les pouvoirs du juge interne. On peut spécialement identifier ce phénomène dans deux cas.

1° Le « droit au juge »

1095. La Cour de justice va déduire des principes fondamentaux de l'ordre juridique de l'Union et de son système juridictionnel, mais aussi des valeurs politiques de base de l'Union une légitimation l'autorisant à aller très loin dans son appréciation des exigences de l'effectivité. Elle considère que l'article 19 UE « concrétise la valeur de l'État de droit affirmée à l'article 2 TUE » et « confie la charge d'assurer le contrôle juridictionnel dans l'ordre juridique de l'Union non seulement à la Cour, mais également aux juridictions nationales ». Donc, « ces juridictions remplissent ainsi, en collaboration avec la Cour, une fonction qui leur est attribuée en commun, en vue d'assurer le respect du droit dans l'interprétation et l'application des traités », et dès lors,

> « il incombe... aux États membres, notamment, en vertu du principe de coopération loyale, énoncé à l'article 4, paragraphe 3, premier alinéa, TUE, d'assurer, sur leur territoire, l'application et le respect du droit de l'Union... À ce titre, et ainsi que le prévoit l'article 19, paragraphe 1, second alinéa, TUE, les États membres établissent les voies de recours nécessaires pour assurer aux justiciables le respect de leur droit à une protection juridictionnelle effective dans les domaines couverts par le droit de l'Union. Ainsi, il appartient aux États membres de prévoir un système de voies de recours et de procédures assurant un contrôle juridictionnel effectif dans lesdits domaines (...) Le principe de protection juridictionnelle effective des droits que les justiciables tirent du droit de l'Union, auquel se réfère l'article 19, paragraphe 1, second alinéa, TUE, constitue, en effet, un principe général du droit de l'Union qui découle des traditions constitutionnelles communes aux États membres, qui a été consacré par les articles 6 et 13 de la convention européenne de sauvegarde des droits de l'homme et des libertés fondamentales, signée à Rome le 4 novembre 1950, et qui est à présent affirmé à l'article 47 de la Charte (...). L'existence même d'un contrôle juridictionnel effectif destiné à assurer le respect du droit de l'Union est inhérente à un État de droit (...) Il s'ensuit que tout État membre doit assurer que les instances relevant, en tant que « juridiction », au sens défini par le droit de l'Union, de son système de voies de recours dans les domaines couverts par le droit de l'Union satisfont aux exigences d'une protection juridictionnelle effective » (arrêt de Grande chambre du 27 févr. 2018, *Associação Sindical dos Juízes Portugueses*, aff. C-64/16, ECLI:EU:C:2018:117).

C'est dans cette perspective que la Cour a été conduite à définir elle-même, en écartant le principe de l'autonomie procédurale des États membres, certains pouvoirs du juge national.

Le principe général du *recours juridictionnel effectif* (« droit au juge ») signifie que toute personne qui s'estime lésée par un acte qui la prive d'un droit ou d'un avantage issu du droit communautaire doit pouvoir disposer d'un recours contre cet acte et bénéficier d'une protection juridictionnelle complète.

1096. ***Ce principe concerne, d'abord, la recevabilité même du recours***. Lorsqu'une décision communautaire ne peut intervenir que sur avis des autorités nationales, « il appartient... aux juridictions nationales de statuer... sur la légalité de l'acte national en cause, dans les mêmes conditions de contrôle que celles réservées à tout acte définitif qui, pris par la même autorité nationale, est susceptible de faire grief à des tiers, et, par conséquent, de considérer comme recevable le recours introduit à cette fin, même si les règles de procédure internes ne le prévoient pas en pareil cas » (CJCE 3 déc. 1992, *Oleificio Borelli*, aff. C-97/91, *Rec.* I-6313). De même « le droit communautaire s'oppose à ce que les autorités compétentes d'un État membre invoquent les règles de procédure nationales relatives aux délais de recours dans le cadre d'une action engagée à leur encontre par un particulier devant les juridictions nationales en vue de la protection des droits directement conférés (par une directive), aussi longtemps que cet État membre n'a pas transposé correctement les dispositions de cette directive dans son ordre juridique interne » (CJCE 25 juill. 1991, *Emmott*, aff. C-208/90, *Rec.* I-4269 ; cf., cependant, pour une réévaluation de cette jurisprudence, CJCE 2 déc. 1997, *Fantask*, aff. C-188/95, *Rec.* I-6783 et *AJDA* 1999. 62).

En matière de délai, par exemple, il semble que l'on soit au-delà d'une action d'*encadrement* de l'autonomie procédurale lorsque la Cour, ne se contentant pas de juger contraire au principe d'effectivité tel délai procédural national, va jusqu'à *fixer le délai « raisonnable »* satisfaisant l'exigence d'effectivité (CJCE 24 sept. 2002, *Grundig Italiana SpA*, aff. C-255/00, *Rec.* I-8003) : il semble, en effet, alors, que la Cour s'engage sur la voie de la détermination de règles procédurales communautaires.

1097. ***S'agissant ensuite du contrôle au fond***, le principe du recours juridictionnel effectif rend inapplicable toute disposition nationale qui prive le juge du pouvoir d'exiger de l'autorité compétente la communication des motifs de sa décision (CJCE 15 oct. 1987, *Heylens*, aff. 222/86, *Rec.* 4097) ou, *a fortiori*, qui prive le juge de toute possibilité de contrôle (CJCE 15 mai 1986, *Johnston*, aff. 222/84, *Rec.* 1651).

1098. Ce même principe du recours juridictionnel effectif implique, bien sûr, ***l'accès à une protection juridictionnelle complète***, y compris une *protection provisoire*, et même si les droits nationaux l'ignorent ou l'interdisent. La Cour a d'abord reconnu qu'une juridiction nationale qui l'avait saisie de questions préjudicielles en interprétation en vue d'être en mesure de trancher un problème de compatibilité d'une loi nationale avec le droit communautaire devait avoir la possibilité d'ordonner des mesures provisoires et de suspendre l'application de la loi nationale critiquée jusqu'à ce qu'elle rende son jugement au vu de l'interprétation sollicitée, quand bien même, dans la *Common Law*, une règle veuille qu'un juge ne puisse pas prendre de mesure provisoire à l'encontre de la Couronne (Reine et Gouvernement, appareil d'État) et qu'une coutume, lorsqu'une loi a été votée et est entrée en vigueur, impose que seul le Parlement puisse mettre un terme à l'application de cette loi (CJCE 19 juin 1990, *Factortame*, aff. 213/89, *Rec.* I-2433 ; et D. Simon et A. Barav, « Le droit communautaire et la suspension provisoire des mesures nationales », *RMC* 1990. 591). C'est, dans ce cas, à la limite, une simple déclinaison du principe d'effectivité du droit de l'Union puisqu'est en cause son respect. Mais la Cour a ensuite reconnu le pouvoir pour les juridictions nationales d'accorder un sursis à l'exécution d'un acte administratif national pris sur la base d'un règlement communautaire dont l'appréciation de la validité fait l'objet d'un renvoi préjudiciel (CJCE 21 févr. 1991, *Zuckerfabrik*, aff. jtes C-143/88 et C-92/89, *Rec.* I-415 ; *AJDA* 1991. 237, note P. Le Mire ; J.-M. Février, « La jurisprudence communautaire et le contentieux administratif du sursis à exécution », *AJDA* 1995. 867), puis le pouvoir de ces mêmes juridictions nationales, qui ont saisi la Cour d'une question préjudicielle en appréciation de validité d'un règlement communautaire, de prescrire par voie de référé des mesures provisoires positives visant à aménager les rapports juridiques litigieux (CJCE 9 nov. 1995, *Atlanta*, aff. C-465/93, *Rec.* I-3799). Surtout, allant bien au-delà de son arrêt *Factortame*, où elle s'était autorisée à instituer le juge national juge des référés, et fournissant le premier exemple d'une véritable harmonisation, par voie judiciaire, des procédures nationales, elle ne s'est pas bornée à ériger le juge national en juge du sursis ou du référé, mais elle en a défini elle-même minutieusement les conditions d'octroi (R. Mehdi, « Le droit communautaire et les pouvoirs du juge national de l'urgence », *RTDE* 1997. 77 ; J. Cavallini, *Le juge national du* *provisoire face au droit communautaire*, Bruylant, Bruxelles, 1995). Dans une telle configuration n'est plus en cause l'effectivité du droit de l'Union puisque c'est sa validité qui est discutée plutôt que son respect, et la Cour développe ici un principe de cohérence du système juridictionnel global de l'Union (niveau national/niveau européen). De la même façon qu'elle a pu juger que *l'intensité* du contrôle requis du juge national ne saurait dépasser celle du contrôle que développerait le juge communautaire lui-même à l'égard des institutions de la Communauté dans des affaires similaires (CJCE 21 janv. 1999, *Upjohn Ltd*, aff. C-120/97, *Rec.* I-223), elle va ici juger que la cohérence du système de protection juridictionnelle provisoire exige que le juge national puisse ordonner le sursis à l'exécution d'un acte administratif national fondé sur un règlement communautaire dont la légalité est contestée, mais l'application uniforme du droit communautaire, qui est une exigence fondamentale, implique que le sursis à l'exécution d'actes administratifs fondés sur un règlement communautaire, tout en relevant des règles de procédure nationales, en ce qui concerne notamment l'introduction et l'instruction de la demande, soit soumis dans tous les États membres, à tout le moins, à des conditions d'octroi qui soient uniformes et *les mêmes que celles du référé devant la Cour* (par ex. CJCE 6 déc. 2005, *ABNA e.a.*, aff. C-453/03, C-11/04, C-12/04 et C-194/04, *Rec.* I-10423). On voit bien en quoi, ici, par mimétisme en quelque sorte, la Cour *détermine elle-même les conditions d'octroi de ces mesures provisoires*, livrant un *vade-mecum* détaillé : pour que la juridiction nationale puisse accorder de telles mesures provisoires, il faut qu'elle ait des doutes sérieux sur la validité de l'acte communautaire et les expose dans sa décision ; que, pour le cas où la Cour ne serait pas déjà saisie de la question de validité de l'acte contesté, elle la lui renvoie elle-même ; qu'il y ait urgence, en ce sens que les mesures provisoires sont nécessaires pour éviter que la partie qui les sollicite ne subisse un préjudice grave et irréparable, et que soit dûment pris en compte l'intérêt de la Communauté. Cette prise en compte impose à la juridiction nationale de vérifier si l'acte communautaire qui est en cause ne se trouverait pas, à défaut d'application immédiate, privé de tout effet utile et de tenir compte, à cet égard, d'une éventuelle atteinte portée au régime juridique mis en place par le règlement dans toute la Communauté. Elle suppose, en outre, que cette juridiction ait la possibilité, lorsque l'octroi de mesures de référé est susceptible d'entraîner un risque financier pour la Communauté, d'exiger du requérant des garanties suffisantes. Il faut enfin que, dans l'appréciation de toutes ces conditions, la juridiction nationale respecte les décisions de la Cour ou du Tribunal de première instance statuant sur la légalité du règlement ou une ordonnance de référé visant à l'octroi, au niveau communautaire, de mesures provisoires similaires.

1099. La Cour est parfois extrêmement exigeante dans son utilisation du principe d'effectivité, jusqu'à conduire le juge national, dans un cadre défini très précisément, à devoir ***remettre en cause le caractère définitif d'une décision administrative, voire d'une décision de justice***.

1100. La Cour a d'abord considéré que le droit de l'Union impose le *réexamen voire le retrait d'une décision administrative devenue définitive* lorsque cette décision se révèle contraire à un arrêt ultérieur de la Cour, et elle a elle-même posé quatre conditions pour déterminer la balance qu'il faut alors faire entre les exigences de la sécurité juridique (conduisant à reconnaître un tel caractère définitif) et celles de l'effectivité du droit de l'Union : le droit national doit reconnaître à l'organe administratif en cause la possibilité de revenir sur sa décision ; la décision tire son caractère définitif d'une décision juridictionnelle insusceptible de recours ; cette décision de justice se fondait sur une interprétation du droit de l'Union qu'un arrêt ultérieur de la Cour de justice a révélée comme étant erronée, sans que la juridiction nationale ait posé de question préjudicielle à la Cour ; l'intéressé doit s'être adressé à l'organe administratif immédiatement après avoir pris connaissance de l'arrêt de la Cour de justice (CJCE 13 janv. 2004, *Kühne & Heintz*, aff. C-453/00, *Rec.* I-837). La Cour a encore ajouté quelques précisions dans l'arrêt du 12 février 2008, *Kempter*, aff. C-2/06, *Rec.* I-411 : le demandeur n'est pas obligé d'avoir invoqué l'atteinte au droit de l'Union dans le cadre du recours juridictionnel interne qu'il avait formé contre l'acte administratif (et pour lequel il n'y avait pas eu de renvoi préjudiciel). Par ailleurs, le droit de l'Union n'impose aucun délai pour introduire la demande de réexamen de l'acte mais les États membres peuvent imposer un délai « raisonnable ». Dans un arrêt du 4 octobre 2012, *Hristo Byankov* (aff. C-249/11, ECLI:EU:C:2012:608), la Cour révèle clairement son souci de proportionnalité dans l'équilibre entre sécurité juridique et effectivité, la Cour étant sensible ici au fait que la décision administrative devenue définitive constituait la « négation même » de la liberté de circulation, le principe de sécurité juridique ne pouvant dès lors pas se traduire par l'exigence qu'un tel acte produise ses effets juridiques pour une durée illimitée.

1101. S'agissant de *porter atteinte à l'autorité de la chose jugée*, la Cour a été plus hésitante même si en définitive va se retrouver le même souci d'équilibre proportionné. Dans l'affaire *Kapferer* (CJCE 16 mars 2006, aff. C-234/04, *Rec.* I-2585), était en cause une partie d'un jugement de première instance non frappée d'appel de sorte qu'elle avait acquis autorité de chose jugée, alors qu'elle se révélait contraire au droit de l'Union. La Cour refuse que le principe d'effectivité porte ici atteinte à la sécurité juridique en remettant en cause l'autorité de la chose jugée. Elle ne rejette cependant pas totalement le parallèle avec l'arrêt *Kühne & Heintz* en remarquant que « à supposer que les principes dégagés (dans cet arrêt) soient transposables à une décision judiciaire coulée en force de chose jugée, les conditions prévues… ne sont pas satisfaites puisque le juge compétent ne dispose pas selon le droit national du pouvoir de revenir sur cette décision ». De fait, la Cour a parfois considéré que ces conditions étaient réunies et notamment dans l'affaire *Lucchini* (CJCE 18 juill. 2007, aff. C-119/05, *Rec.* I-6199) dans laquelle la Commission avait déclaré contraires au droit de l'Union des aides versées à l'entreprise Lucchini, celle-ci ayant, avant même la décision de la Commission, saisi les juridictions italiennes pour que l'État soit condamné à lui verser les aides en cause, ce que l'Italie a fait après y avoir été contraint à la fois en première instance et en appel. Une règle du Code civil italien s'opposait à ce que l'on revienne sur la décision de la cour d'appel passée en force de chose jugée (interdiction notamment d'invoquer dans un nouveau litige des moyens déjà tranchés à titre définitif dans un premier procès) ; la Cour juge que le droit de l'Union s'oppose à l'application d'une telle disposition d'un Code civil consacrant l'autorité de la chose jugée « en tant que son application fait obstacle à la récupération d'une aide d'État octroyée en violation du droit communautaire et dont l'incompatibilité avec le marché commun a été constatée par une décision de la Commission devenue définitive ». Elle souligne l'importance particulière de l'effectivité s'agissant d'une compétence exclusive de la Commission. De même la Cour de justice estime (CJCE 3 sept. 2009, *Fallimento Olimpiclub*, aff. C-2/08, *Rec.* I-7501) que « l'interprétation du principe de l'autorité de la chose jugée selon laquelle, dans les litiges en matière fiscale, la chose jugée dans une affaire donnée, dès lors qu'elle porte sur un point fondamental commun à d'autres affaires, a, sur ce point, une portée contraignante, même si les constatations effectuées à cette occasion ont trait à une période d'imposition différente, n'est pas compatible avec le principe d'effectivité ». Dans cette affaire, la Cour a été sensible au fait que l'autorité de la chose jugée avait pour conséquence l'impossibilité d'empêcher une application fautive du droit de l'Union non seulement pour l'exercice fiscal en cause mais pour chaque nouvel exercice fiscal dans l'avenir. Et la Cour de conclure « que des obstacles *d'une telle envergure* à l'application effective des règles communautaires en matière de TVA ne peuvent pas être raisonnablement justifiés par le principe de sécurité juridique et doivent donc être considérés comme contraires au principe d'effectivité ».

La Cour de justice recherche donc un équilibre approprié entre d'une part la révérence qu'elle affiche systématiquement pour le principe de sécurité juridique et l'autorité de chose jugée, et d'autre part le fait que ceci entre dans le champ de l'autonomie institutionnelle et procédurale, et que jouent donc les principes d'équivalence et d'effectivité (et de coopération loyale comme le rappelle l'arrêt précité *Hristo Byankov*, aff. C-249/11, point 72). D'où la balance qu'établit la Cour : d'un côté, dans l'absolu, le droit de l'Union n'oblige pas à écarter le principe de l'autorité de chose jugée même si cela conduit à une situation contraire au droit de l'Union (par ex. arrêt du 6 oct. 2015, *Târşia*, aff. C-69/14, ECLI:EU:C:2015:662); mais de l'autre, si on est en présence d'un *obstacle d'une exceptionnelle envergure* (arrêts précités *Lucchini* (atteinte à une compétence exclusive) et *Fallimento Olimpiclub* ; cf. aussi l'arrêt du 11 nov. 2015, *Klausner*, aff. C-505/14, ECLI:EU:C:2015:742), le principe d'effectivité exigera d'écarter la règle issue du principe de sécurité juridique.

2° Le droit à réparation

GRANGER (M.-P.), « *Francovich* and the construction of a European Administrative *ius commune* », *EL Rev*. vol. 32, 2007. 157.

1102. S'agissant des conséquences pécuniaires de la violation par les États membres du droit communautaire, la Cour s'est contentée, dans un premier temps, de poser l'obligation pour l'État de réparer (CJCE 16 déc. 1960, *Humblet*, aff. 6/60, *Rec*. 1128) et le droit à la réparation de la victime (CJCE 22 janv. 1976, *Russo c/AIMA*, aff. 60/75, *Rec*. 45), laissant aux systèmes nationaux le soin d'en tirer eux-mêmes l'ensemble des conséquences. Renonçant à cette réserve, qui l'aurait conduite à affirmer seulement, le cas échéant, l'inapplicabilité d'un régime national de responsabilité si celui-ci devait aboutir à rendre pratiquement impossible le droit à réparation, la Cour, au motif que le droit à réparation trouve directement son fondement dans le droit communautaire, en est venue à définir elle-même les trois conditions suffisantes pour engendrer au profit des victimes le droit à réparation (CJCE 19 nov. 1991, *Francovich et Bonifaci*, aff. jtes C-6/90 et C-9/90, *Rec*. I-5403 ; *RFDA* 1992. 1, obs. L. Dubouis) : à savoir que la règle de droit violée a pour objet de leur conférer des droits, que la violation est suffisamment caractérisée, et qu'il existe un lien de causalité entre cette violation et le préjudice subi par les particuliers (CJCE 5 mars 1996, *Brasserie du pêcheur et Factortame*, aff. jtes C-46/93 et C-48/93, *Rec*. I-1029). Pour le droit à réparation, ayant manifestement quitté le terrain de l'encadrement pour celui de la définition prétorienne de l'office du juge, la Cour instaure un standard européen de protection judiciaire (pour sa présentation, v. ss 1013 à 1015) qui bouleverse bien des droits nationaux de la responsabilité de la puissance publique.

1103. – Les régimes de *responsabilité du fait des lois* reposent souvent sur une conception de celles-ci imprégnée de leur dimension politique (Mythe rousseauiste : « La volonté générale ne peut errer »), ce qui supprime ou réduit considérablement la possibilité de mettre en cause cette responsabilité du législateur, et rend, en tous cas, problématique la perspective que ce soit une responsabilité pour faute. En France, la responsabilité du fait des lois repose sur la jurisprudence du Conseil d'État (C.E. 14 janv. 1938, *Société La Fleurette*, *Lebon* 25), mettant en place une responsabilité sans faute du législateur, assise sur la rupture d'égalité devant les charges publiques, dans des conditions à ce point restrictives qu'on ne compte que trois exemples, en plus de soixante ans, de condamnation. Ce régime, en effet, et c'est ce qui le rend sans doute difficilement compatible avec l'*effectivité* exigée par le juge communautaire, prend éventuellement en considération l'intention du législateur qui pourrait avoir voulu exclure le droit à réparation. De plus, l'indemnisation est écartée, c'est une tendance lourde, si la loi est intervenue dans l'intérêt général, et spécialement dans le domaine économique. Ceci explique que le juge administratif français, qui avait même consacré avant la Cour de justice un droit à indemnisation des victimes pour violation (sans faute) du traité de Rome (C.E. 23 mars 1984, *Société Alivar*, *AJDA* 1984. 396) ait cherché à éviter de consacrer un régime de responsabilité pour faute dès lors que la loi est en cause, même au prix de raisonnements « acrobatiques », comme dans les arrêts du Conseil d'État du 28 février 1992 (*Rothmans International France* et *Arizona Tobacco Product*, *AJDA* 1992. 210) où, contre toute évidence, le Conseil va se réfugier derrière le fait générateur du préjudice pour exonérer le législateur de toute responsabilité : c'est l'acte du pouvoir réglementaire qui s'est intercalé entre la loi et l'administré qui serait le fait générateur du préjudice subi. Cet artifice était de plus en plus difficile à imposer. Déjà, la cour administrative d'appel de Paris (CAA 1er juill. 1992, *Dangeville*, *JCP* 1992. II. 1992, nº 357) avait admis la responsabilité pour faute du législateur (annulé par le Conseil d'État le 30 octobre 1996, *Dangeville*, *AJDA* 1996. 1044, une question procédurale permettant d'éviter d'affronter la question de fond). Le tribunal administratif de Paris avait aussi ouvert une brèche, le droit du Conseil de l'Europe rejoignant ici le droit communautaire, recherchant une « faute résultant de la méconnaissance de la Convention européenne de sauvegarde des droits de l'Homme par la loi », subordonnant l'engagement de la responsabilité du législateur à cette méconnaissance de la norme européenne (TA Paris 11 oct. 2002, *Société Fipp*, *AJDA* 12 mai 2003 ; cf. cependant le refus du TA de Paris d'engager la responsabilité pour la faute du législateur consistant à violer le droit communautaire, TA Paris 7 mai 2004, *Association France Nature Environnement*, nº 0116963/7), avant une nette consécration de la responsabilité pour faute du législateur par le tribunal administratif de Clermont-Ferrand (23 sept. 2004, *SA Fontanille*, *AJDA* nº 7, 2005. 385) pour violation du droit communautaire, le fondement n'étant cependant pas ici uniquement communautaire (art. 10 CE) mais aussi national (Constitution, art. 55). Le Conseil d'État a fini par admettre que doivent coexister deux régimes de responsabilité du fait du législateur. A côté du régime classique de responsabilité sans faute, désormais, la responsabilité de l'État peut être engagée du fait du préjudice causé directement par une loi « contraire aux engagements internationaux » (C.E. 8 févr. 2007, *Gardelieu*, *Lebon* 78). On remarquera que le fondement retenu expressément par le Conseil d'État n'est pas la faute, mais les « obligations (de l'État) pour assurer le respect des conventions internationales par les autorités publiques » ; pour autant, cependant, cette formulation renvoie clairement à la faute, dans le manquement à ces obligations. Enfin, même si le champ de cette jurisprudence est large (conventions internationales), il est bien évident que c'est la pression de la jurisprudence de la Cour de justice sur la responsabilité pour violation du droit de l'Union européenne qui en a été le facteur déclenchant et explicatif.

1104. – Le problème est également délicat s'agissant de la *responsabilité pouvant résulter d'une décision de justice*, les principes d'indépendance de la justice et d'autorité de la chose jugée pouvant apparaître comme menacés par un tel régime de responsabilité pour violation du droit communautaire. La Cour de justice (CJCE 30 sept. 2003, *Köbler*, aff. C-224/01, *Rec.* I-10239) (v. ss 1013) a donc choisi de rester ferme sur le principe (réparation du préjudice causé du fait d'une juridiction statuant en dernier ressort), tout en reconnaissant les particularités de la fonction judiciaire qui doivent être pris en compte par le juge national quand il apprécie si la violation du droit communautaire est « suffisamment caractérisée ».

Ceci ne l'empêche pas de déterminer de façon minutieuse ce que doit être le régime de responsabilité du fait des décisions de justice, un exemple étant fourni par l'arrêt du 13 juin 2006 (*Traghetti del Mediterraneo*, aff. C-173/03, *Rec.* I-5177) relatif aux conditions prévues par la législation italienne pour l'engagement de la responsabilité de l'État du fait de l'activité juridictionnelle. Ces conditions étaient doubles. Etait d'abord exclue la responsabilité dès lors que le juge procède à l'interprétation des règles de droit et à l'appréciation des faits et des preuves. La réponse de la Cour est ici catégorique : c'est une exclusion générale car c'est là l'essence de la fonction juridictionnelle, de sorte que cela « reviendrait à vider de sa substance même le principe selon lequel les États membres sont obligés de réparer les dommages causés aux particuliers par des violations manifestes du droit communautaire découlant d'une décision d'une juridiction nationale statuant en dernier ressort, dans la mesure où une telle exclusion ne garantirait pas aux particuliers une protection juridictionnelle effective des droits que leur confère le droit communautaire ». Le deuxième trait de ce régime étant que s'agissant de la responsabilité liée aux fonctions juridictionnelles, elle n'était possible que pour dol, faute grave ou déni de justice. La Cour donne ici une appréciation plus balancée, plus proche d'une simple tonalité d'encadrement, exprimant son accord si c'est assimilable à la notion de « violation manifeste du droit communautaire applicable », mais excluant que cela aille au-delà de cette condition posée par l'arrêt *Köbler*. Malgré cette détermination précise et détaillée de ce que le droit de l'Union impose en matière de responsabilité du fait des décisions de justice, on doit relever, une fois n'est pas coutume, que la Cour de cassation française est restée dans un quant à soi plutôt hostile (arrêt du 18 nov. 2016, *SNS Lactalis*, req. n° 15-21.438, cf. F.-V. Guiot, « La Cour de cassation et la responsabilité de l'État du fait des décisions de justice : une nouvelle illustration des faiblesses de la subsidiarité juridictionnelle », site du GDR ELSJ, 23 janv. 2017).

On peut également relever que la Cour se réfère à des principes qui peuvent difficilement être assimilés à un simple encadrement, notamment quand, à propos d'un régime de responsabilité de l'État pour violation du droit de l'Union mais concernant l'État en tant qu'employeur, la question portant sur le temps de travail des sapeurs-pompiers, elle indique que dans la relation de travail, le salarié est la partie faible et que ce serait contraire au principe d'effectivité de l'obliger à s'adresser à son employeur pour réclamer le bénéfice d'une disposition européenne avant qu'il puisse demander réparation au juge (CJ 25 nov. 2010, *Günter Fuß*, aff. C-429/09, *Rec.* I-12167).

Troisième partie

Système judiciaire de l'Union européenne

BERGERÈS (M.-C.), *Contentieux communautaire*, 3e éd., Paris, PUF, 1998.

BOULOUIS (J.), DARMON (M.) et HUGLO (J.-G.), *Contentieux communautaire*, 3e éd., Paris, Dalloz, 2006.

CHARBONNIER (G.) et SHEEHY (O.) (dir.), *Panorama des systèmes judiciaires dans l'Union européenne*, Bruxelles, Bruylant, 2008.

DEHOUSSE (R.), *La Cour de justice des Communautés européennes*, 2e éd., Paris, Montchrestien, 1998.

LAGRANGE (M.), « La Cour de justice des Communautés européennes », *EDCE* 1963. 55.

LASOK (K. P. E.) et MILLETT (T.), *Judicial control in the EU: Procedures and Principles*, Richmond, 2004.

LECOURT (R.), *L'Europe des juges*, Bruxelles, Bruylant, coll. « Droit de l'Union européenne. Grands écrits » (n° 5) (réimpr.), 2008.

LENAERTS (K.), *Le juge et la constitution aux États-Unis d'Amérique et dans l'ordre juridique européen*, Bruylant, Bruxelles, 1988.

LOTTARSKI (J.), *Droit du contentieux de l'Union européenne*, 5e éd., Paris, LGDJ, 2014.

MARIATTE (F.), RITLENG (D.) et SIMON (D.), *Contentieux de l'Union européenne 1*, coll. « Axe droit », Paris Lamy, 2011

MARIATTE (F.), MUNOZ (R.) et SIMON (D.), *Contentieux de l'Union européenne 2*, coll. « Axe droit », Paris Lamy, 2011

MOUSSE (J.), *Le contentieux des organisations internationales et de l'Union européenne*, Bruxelles, Bruylant, 1997.

MOUTON (J.-D.) et SOULARD (J.-C.), *La Cour de justice des Communautés européennes*, Paris PUF, coll. « Que sais-je ? », 2004.

MUNOZ (R.), RIGAUX (A.) et SIMON (D.), *Contentieux de l'Union européenne 3*, coll. « Axe droit », Paris, Lamy, 2011

NEVILLE-BROWN (L.) et KENNEDY (T.), *The Court of justice of the European communities*, 5e éd., Londres, Sweet and Maxwell, 2000.

RASMUSSEN (H.), *European Court of justice*, Copenhague, Gad Jura, 1998.

RIDEAU (J.), « L'Administration et le fonctionnement de la Justice communautaire », *Annuaire européen d'administration publique* 1991. 301.

SAURON (J.-L.), *Droit et pratique du contentieux communautaire*, 3e éd., Paris, La documentation française, coll. « Réflexe Europe », 2004.
SCHERMERS (H.G.) et WAELBROECK (D.), *Judicial protection in the European Communities*, 6e éd., Deventer, Kluwer, 2002.
SCHWARZE (J.), *Droit administratif européen*, 2e éd., Bruxelles, Bruylant, 2009.
VAN BARDELEBEN (E.), DONNAT (F.) et SIRITZKY (D.), *La Cour de justice de l'Union européenne et le droit du contentieux européen*, coll. « Réflexe Europe », Paris, La documentation française, 2012.
VANDERSANDEN (G.) et BARAV (A.), *Contentieux communautaire*, Bruylant, Bruxelles, 1977.
WATHELET (M.) et WILDEMEERSCH (J.), *Contentieux européen*, Bruxelles, Larcier, 2010.

1105. Ce système est constitué par l'ensemble des mécanismes de justice (juridictions et voies de droit) – où la Cour de justice de l'Union occupe une place centrale, mais pas exclusive – qui assurent la mise en œuvre et la garantie du droit de l'Union et la promotion de l'intégration.

Chapitre 1

Les traits généraux et les juridictions de l'Union

BETTATI (M.), « Le "*law-making power*" de la Cour », *Pouvoirs* n° 48, 1989. 57.

BOULOUIS (J.), « À propos de la fonction normative de la jurisprudence. Remarques sur l'œuvre jurisprudentielle de la Cour de justice des Communautés », in *Mélanges Waline*, Paris, LGDJ, 1974, tome I, p. 148.

BOUVERESSE (A.), « La Cour de justice de l'Union européenne : gardienne de ses pouvoirs », in *Europe(s), Droit(s) européen(s). Une passion d'universitaire*, Bruxelles, Bruylant, 2015, p. 109.

Cour de justice des Communautés européennes, « L'avenir du système juridictionnel de l'Union européenne », Document de réflexion présenté au Conseil de l'Union européenne le 27 mai 1999.

JACQUÉ (J. P.), « Le rôle du droit dans l'intégration européenne », *Revue Philosophie politique* 1991. 119.

JACQUÉ (J. P.) et WEILLER (J.H.), « Sur la voie de l'union européenne, une nouvelle architecture judiciaire », *RTDE* 1990. 441.

LAGRANGE (M.), « La Cour de justice des Communautés européennes du plan Schuman à l'Union européenne », in *Mélanges Dehousse*, Bruxelles, Labor, et Paris, Nathan, 1979, tome II, p. 127.

MEHDI (R.), « Justice et Europe. La conférence intergouvernementale », *Justices* n° 6, 1997. 29.

MEHDI (R.) (dir.), *L'avenir de la justice communautaire. Enjeux et perspectives*, Paris, La documentation française, 1999.

PICOD (F.), « Cour de justice. Composition. Organisation. Compétences », *Juris-Classeur Europe*, Fasc. 265, 2015.

RUIZ-COLOMER (D.), « La Cour de justice de l'Union européenne après le traité de Lisbonne », *Gaz. Pal.* 2008, n° 170-171, p. 23

SIMON (D.), « Le traité de Lisbonne et la juridiction communautaire », *Europe* 2010, n° 1, focus, p. 3

VAN DER JEUGHT (S.), « Le traité de Lisbonne et la Cour de justice de l'Union européenne », *JDE* n° 164, 2009. 297

VANDERSANDEN (G.) (dir.), *La réforme du système juridictionnel communautaire*, Bruxelles, Éd. Université de Bruxelles, 1994.

Section 1
Généralités

1106. Les besoins propres de la construction communautaire ont suscité la mise en place d'un système judiciaire tout à fait inédit dans sa nature comme dans ses structures et, au surplus, en voie d'enrichissement.

§ 1. Nature de la justice de l'Union

I. La justice internationale dépassée

1107. Les négociateurs du traité CECA, sous l'influence allemande, semble-t-il, abandonnèrent très rapidement l'idée d'un tribunal arbitral conçu dans un esprit internationaliste au profit d'une juridiction qui se comporterait, au contraire, comme un juge interne de la Communauté, faisant des États membres, des institutions communautaires et aussi des particuliers de véritables justiciables. Les principes qui sont à la base de la justice communautaire allaient s'en trouver fondamentalement différents de ceux qui inspirent les juridictions du droit des gens classique, notamment sur quatre points fondamentaux.

1108. Toute justice internationale est, en l'état actuel de la société internationale, essentiellement *volontaire*, consentie. La saisine du juge arbitral est fonction de l'existence et des dispositions du compromis arrêté par les parties. S'agissant de la *Cour internationale de justice* de La Haye, *organe judiciaire principal* des Nations unies, sa juridiction est également dans son principe volontaire. La CIJ n'est compétente que lorsque les parties se soumettent à sa juridiction. Il y a trois moyens d'y parvenir :

– les deux parties concluent un compromis, convenant de soumettre leur différend à la Cour. Ce mode de saisine se rapproche assez du compromis d'arbitrage ;

– certains traités ou conventions comportent des clauses compromissoires énonçant que les litiges concernant l'interprétation ou l'application du traité devront être soumis à la CIJ. Exemples : le traité liant les États-Unis et le Nicaragua, ce qui a donné la célèbre décision *Nicaragua c/ États-Unis* de 1986 (*Activités militaires et paramilitaires au Nicaragua et contre celui-ci*) ;

– un État peut souscrire à une déclaration facultative de juridiction obligatoire (article 36-2 du Statut de la CIJ) (67 l'ont fait, et s'ajoutent six déclarations non caduques qui avaient été données à la Cour Permanente de Justice Internationale dans les années 20 et 30). Cette déclaration peut se faire purement et simplement, ou sous condition de réciprocité, ou pour un certain délai. Des réserves (excluant certains domaines de litiges) sont également possibles. Les États peuvent revenir sur leur acceptation pour éviter l'intervention de la CIJ (ainsi la France abrogeant sa déclaration en 1974 pour éviter la juridiction de la Cour quant à des essais nucléaires), ou à la suite de cette intervention (États-Unis en 1985 après que la Cour, en 1984, se soit déclarée compétente pour juger au fond de l'affaire du Nicaragua).

Situation unique dans les relations internationales (la juridiction obligatoire avait été tentée pour la CPJI mais vigoureusement refusée par les grandes puissances et spécialement la France et le Royaume-Uni), la Cour de justice de l'Union européenne dispose en ordre principal d'une *juridiction obligatoire*, ce qui signifie non seulement qu'elle peut être saisie unilatéralement même contre les États membres (art. 258 et 259 FUE, par ex.), mais encore que dans le domaine qui lui a été assigné, sa compétence est *exclusive* de tout autre mode de règlement ; ainsi l'article 344 FUE précise-t-il : « Les États membres s'engagent à ne pas soumettre un différend relatif à l'interprétation ou à l'application des traités à un mode de règlement autre que ceux prévus par ceux-ci. » Ainsi, l'État membre qui aurait recours à un autre mode de règlement des différends sera sanctionné dans le cadre du recours en constatation de manquement (pour un exemple, v. l'affaire de l'*Usine MOX*, CJCE 30 mai 2006, *Commission c/Irlande*, aff. C-459/03, *Rec.* I-4635). La Cour souligne dans cet arrêt comme dans *l'avis 2/13* du 18 décembre 2014 (ECLI:EU:C:2014:2454) que cet engagement des États membres équivaut à respecter « les compétences de la Cour, qui constituent un trait fondamental du système de l'Union » et « doivent être comprises comme une manifestation spécifique de leur devoir plus général de loyauté qui découle de l'article 4, paragraphe 3, TUE » (point 202 de l'avis ; cf. aussi l'arrêt du 6 mars 2018, *Achmea BV*, aff. C-284/16, ECLI:EU:C:2018:158 relatif aux tribunaux arbitraux prévus dans un traité bilatéral d'investissement entre deux États membres, la Cour raisonnant plus sur l'autonomie de l'ordre juridique de l'Union et sur la procédure préjudicielle (art. 267 FUE) mais concluant que « les articles 267 et 344 TFUE doivent être interprétés en ce sens qu'ils s'opposent à une disposition contenue dans un accord international conclu entre les États membres, telle que l'article 8 du TBI, aux termes de laquelle un investisseur de l'un de ces États membres peut, en cas de litige concernant des investissements dans l'autre État membre, introduire une procédure contre ce dernier État membre devant un tribunal arbitral, dont cet État membre s'est obligé à accepter la compétence ».

1109. Le juge international supporte les effets des imperfections et lacunes du droit à appliquer, ce qui conduit à la distinction des litiges *justiciables* (« différends d'ordre juridique » : art. 36 du statut de la *Cour internationale de justice*) et *non justiciables* ainsi qu'à la pratique du *non liquet* (CIJ, *Rec.* 1966. 36 et 47). Le juge communautaire au contraire, comme un juge national, et ne serait-ce que parce que le plus souvent il est appelé à intervenir sur renvoi d'un juge national devant lequel s'opposent les parties, ne peut sous peine de déni de justice, refuser de statuer (CJCE 12 juill. 1957, *Algéra*, aff. 7/56 et 3-7/57, *Rec.* 118). À cette fin sa mission est définie comme étant d'assurer « le respect du droit dans l'interprétation et l'application des traités » (art. 19 UE), sans référence aucune à la nature des règles applicables, ce qui laisse au juge communautaire une totale indépendance pour choisir les sources juridiques sur lesquelles il appuie son interprétation des textes, y compris dans le droit national des États membres ou dans le droit international.

1110. La Cour de justice de l'Union juge les différends qu'ont les particuliers, *personnes physiques et morales*, avec les institutions, et ceux-ci y ont un accès direct, même s'il est entouré de limitations diverses, alors que, très généralement, l'individu est tenu à l'écart de la juridiction internationale et qu'il ne participe pas à la procédure devant elle. Telle est la différence fondamentale entre la juridiction de l'Union européenne ouverte à tous et la *Cour internationale de justice* de La Haye devant laquelle ne se présentent que les États (l'article 34, § 1, du statut de la CIJ dispose que « Seuls les États ont qualité pour se présenter devant la Cour »). Quant à la *Cour européenne des droits de l'Homme* de Strasbourg instituée par la Convention européenne de sauvegarde des Droits de l'Homme et des libertés fondamentales, souvenons-nous, par exemple, qu'il a fallu attendre 1981 pour que la France accepte sa saisine par des particuliers... Il faut aussi admettre que l'on se situe là dans le domaine du droit international des droits de l'Homme, c'est-à-dire une branche spéciale du droit international, qui se distingue du modèle même du droit international, de sorte que cet exemple illustre d'avantage un volet international du contentieux de défense des droits de l'Homme qu'un domaine particulier du contentieux international véritablement représentatif de celui-ci.

1111. Les juridictions internationales ne rendent, en principe, que des sentences et arrêts qui sont seulement obligatoires pour les États en cause et dans l'ordre international. Au contraire, les arrêts de la Cour de justice des Communautés ont non seulement force obligatoire, mais encore *force exécutoire sur le territoire des États membres* (art. 280 FUE et 159 CEEA). Les arrêts de condamnation des particuliers (l'exécution forcée à l'encontre des États est, naturellement, inconcevable) sont exécutés par les autorités nationales dans les mêmes conditions que les décisions comportant obligations pécuniaires de la Commission, c'est-à-dire sur simple vérification de leur authenticité, sans *exequatur*.

1112. Une dernière observation, d'ordre statistique, montre à l'évidence une différence de nature entre la CIJ et la CJUE. Entre le 22 mai 1947 et le 1er janvier 2018, 170 affaires ont été inscrites au rôle de la CIJ... S'agissant de la Cour de justice, la dimension n'est plus la même. Même si l'on évite de prendre en considération globale l'ensemble de la jurisprudence de la Cour depuis 1953 (38 063 décisions entre 1953 et fin 2017), la Cour de 1953 n'étant certainement pas celle de 2018, et si l'on se limite aux treize dernières années pour lesquelles on dispose de statistiques complètes (2005 à 2017) qui sont représentatives de la Cour de justice de l'Union européenne actuelle, c'est-à-dire avec un nombre d'États membres sensiblement égal au nombre actuel (après les adhésions de 2004 donc), 8 161 affaires ont été inscrites au rôle de la seule Cour. Et si l'on s'intéresse à l'ensemble que forme la Cour de justice avec le Tribunal et le Tribunal de la fonction publique de l'Union avant la suppression, en 2016, de ce dernier (soit la « Cour de justice de l'Union européenne »), le nombre d'affaire introduites en treize ans s'élève à 18 876... Rapporté à une moyenne annuelle, cela fait 1 452 affaires par an pour la CJUE, et à peine plus de deux par an pour la CIJ...

Tout ceci s'explique parce que la majorité des fonctions de la Cour de l'Union n'ont pas un caractère international.

II. Une conjonction inédite de fonctions judiciaires

1113. Ordre juridique soumis à un droit commun, l'Union européenne doit disposer d'un système judiciaire à la hauteur de cette ambition, c'est-à-dire garantissant non seulement le respect mais l'unité d'application du droit de l'Union, d'où la quintuple fonction de la Cour.

A. Fonction de justice administrative

Bertrand (B.), *Le juge de l'Union européenne, juge administratif*, coll. « Droit de l'Union européenne », Bruxelles, Bruylant, 2012.

de Laubadère (A.), « Traits généraux du contentieux administratif des Communautés européennes », *RCADI* 1964-I, vol. 111, p. 527.

1114. Du point de vue politique et juridique, six pays démocratiques, vivant chacun sous un État de droit, ne pouvaient pas ne pas transposer plus ou moins ce régime dans l'ordre communautaire qu'ils instituaient. Les entreprises du charbon et de l'acier ne pouvaient pas être livrées sans garanties à l'arbitraire de la Haute Autorité, d'autant que le contrôle politique de l'Assemblée parlementaire était limité. La première mission qui, chronologiquement et logiquement, justifiait la mise en place d'une justice communautaire fut donc le souci de protéger les divers sujets de droit contre les agissements illégaux ou dommageables des institutions publiques communautaires.

À cet égard, la Cour de justice apparaît d'abord comme une *transposition du Conseil d'État français*, et il n'est pas surprenant que les premières analyses de la juridiction communautaire aient présenté ce nouveau juge comme un juge administratif (cf. notamment André de Laubadère, « Traits généraux du contentieux administratif des Communautés européennes », *RCADI* 1964-I, vol. 111, p. 527), même si la signification de ce qualificatif était souvent particulière, voulant caractériser une juridiction se comportant comme une juridiction interne plutôt qu'internationale.

Toujours est-il que le système judiciaire de l'Union consacre l'arsenal à peu près complet des actions en justice que connaît en France le contentieux administratif.

Les pouvoirs de chaque institution sont fixés par le traité et le droit dérivé (art. 13, § 2, UE) ; la sanction de ce principe résidera dans la possibilité de faire annuler pour illégalité les actes normatifs des institutions (art. 263 FUE), de faire constater leurs carences illégales (art. 265 FUE) ou encore de faire apprécier leur validité par la voie de l'exception (art. 277 FUE), le cas échéant sur renvoi préjudiciel des juridictions nationales (art. 267 FUE). Un contentieux de l'excès de pouvoir en somme.

Quand la protection des intéressés l'exige, un recours de pleine juridiction, cette fois, est mis à leur disposition, pour obtenir la réparation des dommages causés (art. 268 et 340 FUE, 188 CEEA) ou réformer les sanctions prononcées (36 CECA (pour mémoire), 229 CE *[ex 172]* et 144 CEEA) : un contentieux de la responsabilité administrative

Existe enfin un contentieux particulièrement représentatif de la justice administrative, parfois qualifié à cet égard de « quintessence du contentieux administratif » (B. Bertrand, *Le juge de l'Union européenne, juge administratif*, coll. « Droit de l'Union européenne », Bruxelles, Bruylant, 2012) quoique paradoxalement quelque peu périphérique, consistant d'une part à réformer les sanctions prononcées (art. 261 FUE, et 144 CEEA), et, par ailleurs, à résoudre les litiges entre l'Union et ses agents et fonctionnaires (art. 270 FUE).

B. Fonction de justice constitutionnelle

Azoulai (L.), « Le rôle constitutionnel de la Cour de justice des Communautés européennes tel qu'il se dégage de sa jurisprudence », *RTDE* n° 1, 2008. 29.

1115. Cette fonction, aux implications multiples quant à la nature même de l'intégration européenne, et à ce titre parfois discutée, est pourtant clairement identifiable à plusieurs titres.

D'abord, et c'est une analyse formelle, il faut bien remarquer que si la Cour est juridiction administrative quand elle contrôle des actes individuels et spécialement ceux de la Commission, elle s'apparente déjà à une juridiction constitutionnelle en sanctionnant (selon les voies de droit citées ci-dessus) la conformité au droit des actes normatifs du Conseil et du couple Conseil-Parlement européen qui sont, matériellement, des actes de législation. Depuis l'entrée en vigueur du traité de Lisbonne, c'est encore plus net, puisque les articles 14 et 16 UE indiquent que le Conseil et le Parlement européen exercent conjointement « les fonctions législative et budgétaire » et que les actes adoptés par procédure législative « constituent des actes législatifs » (art. 289, § 3). Cela se traduit, par exemple, par le fait que le recours en annulation est recevable, entre autres types d'actes, à l'encontre des « actes législatifs » (art. 263 FUE), ce qui marque bien là un contentieux de type constitutionnel. On peut donc considérer que le recours en annulation est d'ordre administratif quand il vise des actes non législatifs et d'ordre constitutionnel quand il censure des actes législatifs.

En deuxième lieu, sur un mode plus matériel, attribuant des compétences à l'Union et les répartissant à l'intérieur entre les différentes institutions de celles-ci, les rédacteurs des traités ne pouvaient manquer d'instaurer, un peu à la manière de ce qui se passe dans un système fédéral, une justice constitutionnelle. Délimiter et défendre les compétences respectives des États membres et de l'Union, mais encore préserver l'équilibre des pouvoirs à l'intérieur de celles-ci, telle est aussi la mission constitutionnelle de la Cour, s'exerçant selon les mêmes voies que celles citées ci-dessus, le critère pouvant cependant ici être différent et reposer, par exemple, sur l'identification de *requérants privilégiés* qui comme *opérateurs constitutionnels* n'ont pas à justifier d'un intérêt. Ce type particulier de contentieux, celui dit « *de la base juridique appropriée* » (v. ss 109) « revêt une importance de nature constitutionnelle » (par ex. arrêt CJ 25 oct. 2017, *Commission c/ Conseil*, aff. C-687/15, ECLI:EU:C:2017:803 ; ou CJ 5 déc. 2017, *Allemagne c/ Conseil*, aff. C-600/14, ECLI:EU:C:2017:935 ; cette qualification date de l'*Avis 2/00* du 6 décembre 2001 (*Protocole de Carthagène*, *Rec.* I-9713). La nature constitutionnelle de ce type de contentieux résulte de son contenu, les conflits à trancher résultant moins de doutes sur la base juridique que de revendications opposées s'inscrivant dans le cadre de luttes de pouvoir entre institutions ou entre Union et États membres.

Troisième volet : l'ensemble de la compétence consultative de la Cour, qui lui permet de se prononcer sur la compatibilité avec les traités d'un accord international envisagé par la Communauté (art. 218, § 11, FUE, *[ex 300 CE]*) ou, pour mémoire, d'une révision du traité CECA (art. 95.3 et 4 CECA) la fait encore participer à cette mission de justice constitutionnelle (le parallèle est ainsi évident avec la procédure de contrôle de constitutionnalité de l'article 54 de la Constitution française).

En plus de ces trois fonctions indiscutablement constitutionnelles, on peut penser aussi à telle ou telle compétence spécifique, comme, par exemple, l'article 37 CECA qui l'autorisait au titre de véritables *pouvoirs de crise* à suspendre même l'application du traité, dans le cadre d'une sorte d'arbitrage entre les intérêts des États et ceux de la Communauté, en face de troubles persistants affectant l'économie d'un État membre (arrêt de la Cour du 13 juillet 1961, *Niederrheinische Bergwerks*, aff. 2 et 3/60, *Rec.* 259). Fonction constitutionnelle enfin, mais à la limite de la fonction de justice internationale lorsque la Cour tranche les conflits entre la Commission européenne, gardienne des traités et des États poursuivis pour manquements (art. 258 FUE *[ex 226 CE]*).

C. Fonction de justice internationale

1116. Imposant des obligations aux États membres, les traités se devaient de leur fournir les moyens de les faire respecter. Ainsi chaque État dispose-t-il de plein droit d'un recours devant la Cour pour faire trancher les différends qui l'opposent à ses partenaires à propos de l'application ou de l'interprétation du droit communautaire (art. 259 FUE). Mais en outre, la Cour est également compétente pour statuer sur tout différend entre États membres en connexité avec l'objet des traités, dès lors que les États décideraient de le lui soumettre, en vertu d'un compromis (273 FUE). Longtemps théorique, cette hypothèse de saisine a donné lieu à un premier arrêt de la Cour, en Grande chambre, le 12 septembre 2017, *Autriche c/ Allemagne* (aff. C-648/15, ECLI:EU:C:2017:664), la Cour, à cette occasion, interprétant largement la notion de connexité (« un lien objectivement identifiable avec l'objet des traités »), de même que l'exigence de compromis (pas forcément une clause compromissoire spécifique à ce différend, mais éventuellement une clause générale d'un accord antérieur entre les deux États), mais restant assez timide dans ses conclusions : se réfugiant derrière une information insuffisante, elle donne sa réponse sur le litige mais quant aux conséquences concrètes en termes de répétition de l'indu, elle renvoie à la coopération loyale entre les deux États membres.

D. Fonction de justice régulatrice

1117. Le traité CECA ne l'avait pas prévue (il contenait seulement un article 41 organisant le renvoi préjudiciel en appréciation de validité), si bien que la possibilité n'était pas exclue que des juridictions nationales se prononcent sur l'interprétation du droit CECA et que les interprétations rendues dans les différents États membres soient divergentes entre elles ou par rapport à celle de la Cour de justice. N'est-il pas naturel, en effet, et inévitable, que les différences de langues, de cultures juridiques, d'habitudes nationales engendrent d'un même texte autant d'interprétations que d'États membres ? Or, la nature du droit communautaire, droit commun, implique son application uniforme dans l'ensemble de cette Union, cette exigence étant existentielle pour ce type de droit quand elle ne l'est pas pour le droit international. Le risque étant sans doute apparu encore plus grand avec le traité CE, compte tenu tant de sa complexité que des développements de droit dérivé auxquels il était promis, les traités de Rome ont complété les fonctions originaires de la Cour de justice par une fonction régulatrice dont l'objet est d'assurer l'unité d'interprétation et d'application du droit communautaire, désormais de l'Union, dans l'ensemble des États membres. La fonction juridictionnelle est ici proche de celle d'un juge de cassation mais du point de vue technique, cette fonction est assurée par une coopération juridictionnelle et non une hiérarchie au sein d'un ordre juridictionnel. C'est le rôle et la logique du *renvoi préjudiciel en interprétation* (art. 267 FUE) qui centralise au profit d'une juridiction unique, la Cour de justice, la mission de procurer la seule interprétation vraiment authentique du droit de l'Union. C'est une mission du juge européen vraiment essentielle pour la nature même du droit de l'Union et qui lui a donné une réelle influence sur l'évolution de cet ordre juridique. Ceci explique que la Cour souligne régulièrement et solennellement l'importance de cette procédure. Ainsi de l'*avis 1/09* du 8 mars 2011 (*Rec.* I-1137) jugeant que « les fonctions attribuées, respectivement, aux juridictions nationales et à la Cour sont essentielles à la préservation de la nature même du droit institué par les traités », et plus encore de l'*avis 2/13* du 18 déc. 2014 (ECLI:EU:C:2014:2454) considérant, au titre de ce qu'il nomme le « cadre constitutionnel » de l'Union, que :

« Pour garantir la préservation des caractéristiques spécifiques et de l'autonomie de cet ordre juridique, les traités ont institué un système juridictionnel destiné à assurer la cohérence et l'unité dans l'interprétation du droit de l'Union. Dans ce cadre, il appartient aux juridictions nationales et à la Cour de garantir la pleine application du droit de l'Union dans l'ensemble des États membres ainsi que la protection juridictionnelle des droits que les justiciables tirent dudit droit... En particulier, la clef de voute du système juridictionnel ainsi conçu est constituée par la procédure du renvoi préjudiciel prévue à l'article 267 TFUE qui, en instaurant un dialogue de juge à juge précisément entre la Cour et les juridictions des États membres, a pour but d'assurer l'unité d'interprétation du droit de l'Union (...), permettant ainsi d'assurer sa cohérence, son plein effet et son autonomie ainsi que, en dernière instance, le caractère propre du droit institué par les traités » (points 174 à 176).

E. Fonction de « haute justice »

1118. La Cour de justice est également l'équivalent fonctionnel de la Haute Cour de justice ou de la Cour de justice de la République. L'article 247 FUE prévoit ainsi que « tout membre de la Commission, s'il ne remplit plus les conditions nécessaires à l'exercice de ses fonctions ou s'il a commis une faute grave, peut être déclaré démissionnaire par la Cour de justice, à la requête du Conseil ou de la Commission ». De même, l'article 286, § 6, FUE prévoit-il un contrôle comparable pour les membres de la Cour des comptes, mais la dimension « gouvernementale » des fonctions exercées n'est pas la même de sorte que le parallèle, significatif là, ne l'est plus ici.

III. L'existence d'un véritable pouvoir judiciaire

1119. Le système judiciaire de l'Union européenne (le juriste français, plus que tout autre, doit y être attentif) est notablement valorisé par le fait que la Cour de justice n'est ni un simple *organe judiciaire* (comme la *Cour internationale de justice :* art. 92 de la Charte des Nations unies), ni même seulement une *autorité judiciaire* (au sens de la Constitution française de 1958) mais se présente comme un véritable *pouvoir judiciaire.* La place qui lui est faite dans le système institutionnel de l'Union la mettrait même en position d'exercer un « gouvernement des juges », comportement dans lequel elle se garde de tomber, mais qui est régulièrement dénoncé.

1120. D'un pouvoir judiciaire, la Cour possède d'abord les *moyens.* Seule interprète en dernier ressort des traités, à travers l'ensemble de ses fonctions, elle possède un pouvoir suprême ; ses décisions s'imposent irrévocablement ; elle possède un pouvoir souverain. Il n'existe, en effet, aucune autorité qui serait investie du pouvoir de « condamner » une jurisprudence du juge de l'Union, ni les États membres, pour qui la méconnaissance de la chose jugée s'analyse en un manquement aux obligations découlant des traités, sanctionnable comme tel par la Cour elle-même, ni *a fortiori* les institutions, dont le pouvoir de décision, même à caractère législatif comme celui du Parlement européen et du Conseil, ne s'exerce que sous son contrôle. On sait que c'est cette soumission des institutions au contrôle de légalité de leurs actes qui a conduit la Cour de justice, à partir de 1986, à caractériser la Communauté en tant que « Communauté de droit » (arrêt du 23 avr. 1986, *Parti écologiste « Les Verts »*, aff. 294/83, *Rec.* 1339), et désormais en tant qu'Union de droit (par exemple arrêt du 30 mai 2017, *Safa Nicu Sepahan Co.*, aff. C-45/15 P, ECLI:EU:C:2017:402), ce qui confirme que la question des compétences de la Cour est indissociable de celle de la nature même de l'Union européenne et de son droit.

Le seul moyen, mais dont on sait la difficulté, serait de modifier les traités pour faire disparaître les conséquences d'une interprétation qu'en aurait donnée la Cour (la tentative, avortée, de révision du chapitre VI du traité Euratom entreprise en 1979 pour « contrer » l'interprétation contenue dans la délibération n° 1/78 de la Cour du 14 novembre 1978 en est un exemple).

1121. À constituer un véritable pouvoir judiciaire, la Cour dispose ensuite d'un *titre* incontestable. Elle n'est pas seulement, en effet, un juge auquel il appartient spécialement d'assurer, en vertu de l'article 19 UE « le respect du droit dans l'interprétation de l'application des traités », mais aussi une véritable « institution » de l'Union. Institution au même titre et au même rang que le Conseil européen, le Conseil, la Commission, et le Parlement, (la Banque centrale et la Cour des comptes sont aussi des « institutions » mais de second rang en ce que seul le TFUE et non le TUE contient les dispositions les régissant) (v. ss 186), et donc bénéficiant de l'indépendance organique, elle incarne à ce titre un pouvoir autonome. De plus, en tant que telle, il lui incombe, en vertu de l'article 13 UE de contribuer, comme l'ensemble du cadre institutionnel, à promouvoir les valeurs et poursuivre les objectifs, servir les intérêts de l'Union, comme servir l'intérêt de ses citoyens et de ses États membres, assurer la cohérence, l'efficacité et la continuité des politiques et actions de l'Union. Plus sobrement, dans les traités antérieurs au traité de Lisbonne, l'article 7 CE prévoyait que la Cour avec et comme les autres institutions devait « assurer la réalisation des tâches confiées à la Communauté ». Le statut d'aucune Cour ne contient de dispositions semblables à celles-ci.

1122. Enfin, de se comporter en véritable pouvoir judiciaire, dépositaire suprême de l'intérêt commun, les juges de la Cour ont montré qu'ils avaient la *volonté* et qu'ils ne se déroberaient à aucune des responsabilités que leur confient à ce titre les traités.

La Cour a immédiatement considéré que parmi les tâches confiées à la Communauté, il y avait un travail de longue haleine visant à encadrer l'institution économique par une construction juridique dont elle est l'instrument mais qui la dépasse ; c'est dans cette perspective qu'elle a été conduite à poser les principes de l'effet direct et de la primauté du droit communautaire (v. ss 943 et 787) ou encore du parallélisme nécessaire des compétences externes et internes (v. ss 532).

Ensuite, comme gardienne de l'orthodoxie communautaire, elle s'attache, sans faiblesse, à sauvegarder l'identité et l'intégrité du système communautaire. Ainsi n'a-t-elle pas hésité, bien sûr, à refuser toute caducité des traités(v. ss 117) mais encore à préciser, c'est-à-dire pour une large part à définir elle-même, la hiérarchie de leurs objectifs, le principe de la liberté de circulation des marchandises, par exemple, devant l'emporter sur les difficultés de la mise en place des organisations communes de marché agricole (arrêts de la Cour du 10 déc. 1974, *Charmasson*, aff. 48/74, *Rec.* 1383 ; 25 sept. 1979, *Commission c/France*, aff. 232/78, *Rec.* 2729) ou les exigences liées à la protection de la santé publique devant se voir reconnaître un caractère prépondérant par rapport aux considérations économiques (arrêt de la Cour du 17 juill. 1997, *Affish*, aff. C-183/95, *Rec.* I-4315, point 43). Notons aussi son souci de définir les principes essentiels du modèle d'intégration (avis de la Cour du 14 déc. 1991, *avis 1/91, Rec.* I-6079) et de mettre les caractères « constitutionnels » de l'ordre juridique européen à l'abri de toute atteinte de l'ordre international (arrêt de la Cour du 3 sept. 2008, *Kadi et Al Barakaat International Foundation c/Conseil et Commission*, aff. C-402/05 P et C-415/05 P, *Rec.* I-6351), y compris à l'occasion d'une éventuelle adhésion à la Convention européenne des droits de l'homme que la Cour a refusée contre toute attente parce qu'en substance, elle aurait pu porter atteinte aux « caractéristiques spécifiques de l'Union et de son droit », ces caractéristiques étant d'abord « celles relatives à la structure constitutionnelle de l'Union, qui se reflète dans le principe d'attribution des compétences visé aux articles 4, paragraphe 1, et 5, paragraphes 1 et 2, TUE, ainsi que dans le cadre institutionnel défini aux articles 13 TUE à 19 TUE », puis celles, spécifiques, « tenant à la nature même du droit de l'Union », ce droit de l'Union se caractérisant en particulier « par le fait d'être issu d'une source autonome, constituée par les traités, par sa primauté par rapport aux droits des États membres... ainsi que par l'effet direct de toute une série de dispositions applicables à leurs ressortissants et à eux-mêmes » (*avis 2/13* du 18 déc. 2014 préc.) (v. ss 757).

Bientôt, même, la Cour s'est estimée en devoir, le cas échéant, pour faire prévaloir l'accomplissement des objectifs fondamentaux des traités contre tout obstacle, de se substituer en fait aux autres institutions défaillantes, la Commission dans son pouvoir de contrôle des États, le Conseil dans la mise en œuvre de son pouvoir normatif. Ainsi, le juge communautaire prend-il sur lui de donner des solutions judiciaires à des problèmes constitutionnels (effet direct des directives ; compétence du juge national pour laisser inappliquée la législation nationale incompatible), économiques (arrêt de la Cour du 25 sept. 1979, préc.) ou politiques (délibération Euratom nº 1/78 ; on peut également penser ici au choix de société que représente le dispositif de remboursement transfrontalier des soins de santé, sur lequel le législateur européen a eu tant de mal à se positionner et ne l'a finalement fait, en 2011, que sous la pression d'une Cour de justice construisant, soumise à l'aléa des saisines contentieuses mais de manière inexorable depuis 1998, un cadre juridique sur la base du principe de libre prestation de service : arrêt de la Cour du 28 avril 1998, *Kohll c/Union des caisses de maladie*, aff. C-158/96, *Rec.* I-1931). Il s'agit là d'une solution courageuse, mais qui, la conduisant à se découvrir et à s'exposer, doit être maniée avec beaucoup de prudence ; car, finalement, le pouvoir judiciaire de la Cour est affaire de légitimité, c'est-à-dire de confiance des justiciables et d'adhésion de l'opinion publique.

§ 2. La structure du contentieux de l'Union européenne

1123. Les auteurs des traités ont voulu non seulement doter la Communauté d'un pouvoir judiciaire autonome, mais encore créer un lien organique entre la juridiction communautaire et les juridictions nationales en vue d'une application harmonieuse et d'un développement cohérent du droit communautaire. C'est pourquoi le système judiciaire de l'Union ne réside pas exclusivement dans la Cour de justice mais dans un *ensemble juridictionnel plus vaste qui englobe les juridictions des États membres et la Cour de justice*. Pour autant, n'a pas été mis en place un « ordre juridictionnel » qui supposerait d'identifier une juridiction suprême, ce que n'est pas la Cour de justice. Si cette dernière est bien la seule juridiction « de l'Union » (sous réserve de la diversité, désormais, au sein du concept global de « Cour de justice de l'Union européenne »), elle n'est donc pas le seul juge à appliquer le droit de l'Union. La structure du contentieux de l'Union européenne correspond donc à une organisation complexe, non pas tant parce qu'il existerait de multiples juridictions européennes, mais en ce que la compétence juridictionnelle de mise en œuvre des traités est partagée entre juridictions nationales et juridictions de l'Union.

Le souci d'assurer la pleine efficacité du système judiciaire de l'Union sans porter atteinte à la souveraineté judiciaire des États membres a conduit à une double répartition des compétences. Sur le plan matériel, l'*application du droit de l'Union* est partagée entre juridictions nationales et juridictions européennes ; sur le plan fonctionnel, en revanche, l'*interprétation du droit de l'Union* est, au moins en dernier ressort, monopolisée par la Cour.

I. Partage des compétences matérielles

1124. Le système judiciaire communautaire n'a eu ni pour but ni pour effet de soumettre à la Cour de justice tous les litiges mettant en jeu le droit communautaire ou désormais de l'Union. Au contraire, la Cour n'exerce qu'une *compétence d'attribution* et les juridictions nationales sont érigées en *instances de droit commun* pour l'application du droit de l'Union.

Par l'effet de la mise en vigueur des traités, la compétence des juridictions nationales des États membres a été étendue à l'ensemble des litiges mettant en cause l'application du droit de l'Union. C'est ce qui ressort d'abord, par exemple, de l'article 274 FUE : « sous réserve des compétences attribuées à la Cour de justice de l'Union européenne par les traités, les litiges auxquels l'Union est partie ne sont pas, de ce fait, soustraits à la compétence des juridictions nationales ». Ceci a pu conduire le juge de l'Union à considérer que « cette disposition confie aux juridictions nationales la compétence de droit commun pour connaître des litiges auxquels la Communauté est partie » (arrêt du Tribunal du 16 déc. 2010, *Systran et Systran Luxembourg*, aff. T-19/07, *Rec.* II-6083). C'est ce qui découle, surtout, de l'article 267 FUE qui, en organisant le renvoi préjudiciel, c'est-à-dire la saisine de la Cour de justice par les juridictions nationales, implique nécessairement la compétence juridictionnelle de celles-ci dans le domaine d'application du droit de l'Union. « Tout juge national est aussi juge communautaire. Il l'est même, dans un certain sens, plus naturellement que la Cour dont la compétence est seulement d'attribution », a pu écrire l'ancien président français de la Cour (R. Lecourt, *L'Europe des juges*, préc., p. 9). Il est désormais courant de considérer que le juge national est le « juge communautaire de droit commun », aujourd'hui *juge de droit commun du droit de l'Union européenne*, en ce qu'il a pour office d'appliquer intégralement un droit de l'Union qui fait partie intégrante du droit applicable dans l'ordre interne, de protéger les droits que celui-ci confère aux particuliers, en laissant au besoin inappliquée toute disposition nationale contraire (cf. notamment en ce sens les conclusions de l'Avocat général Yves Bot présentées le 7 juillet 2009 dans l'affaire C-555/07 (arrêt de la Cour du 19 janv. 2010, *Kücükdevici*, *Rec.* I-365 ; la Cour de justice a consacré l'expression en évoquant pour les juridictions nationales « leur mission de mise en œuvre du droit de l'Union, en tant que juges de « droit commun » de l'ordre juridique de l'Union » dans l'*avis 1/09* du 8 mars 2011, préc., point 80). Le Conseil d'État français a adopté la même approche, évoquant « le juge administratif, juge de droit commun de l'application du droit de l'Union européenne » (par ex. C.E., 27 juin 2016, *Association française des entreprises privées*, n° 399024).

1125. Au surplus, cette compétence d'attribution de la Cour de justice a été réduite au *strict minimum compatible avec l'autonomie de l'Union :* en dehors des recours en annulation et en carence contre les institutions, des recours en manquement contre les États et enfin des recours en responsabilité extra-contractuelle de l'Union attribués à la Cour, c'est l'ensemble du contentieux entre les particuliers, entre les particuliers et les États membres et même, en matière contractuelle, entre les particuliers et l'Union elle-même qui relève des juridictions nationales. Le système contentieux de l'Union se révèle ainsi spécialement respectueux des souverainetés judiciaires nationales ; non seulement il permet de faire l'économie d'un vaste appareil de juridictions européennes qui auraient rendu la justice sur le territoire des États, mais encore, le contentieux attribué à la Cour étant un contentieux *nouveau*, il ne prive les juridictions nationales d'aucune de leurs compétences naturelles. Au contraire, l'on ne peut que relever que la mission des juges nationaux au service de l'effectivité du droit de l'Union européenne les a souvent libérés, spécialement en France, des contraintes du principe de la séparation des pouvoirs, source d'une véritable inhibition de ces juges, notamment vis-à-vis du pouvoir législatif (cf. G. Canivet, « Le droit communautaire et le juge national », in D. Simon (dir.), *Le droit communautaire et les métamorphoses du droit*, Strasbourg, Presses universitaires de Strasbourg, 2003, p. 81).

En cela, le juge national se révèle, tout autant que la Cour, mais plus quotidiennement, le garant des droits que les particuliers tirent du droit de l'Union, ce qui montre que l'on ne saurait se faire une idée exacte et complète des mécanismes de protection offerts aux particuliers et de leur efficacité qu'en tenant constamment compte de l'existence de l'ensemble juridictionnel auquel collaborent les juges des États membres et la Cour de justice elle-même. Une traduction de cette logique est l'invocation du *système complet de voies de droit* qu'auraient mis en place les traités, c'est-à-dire la supposée complétude du système juridictionnel associé à l'ordre juridique de l'Union. On retrouve les deux composantes de ce dispositif complet dans la jurisprudence de la Cour comme dans les traités. Ainsi la Cour considère-t-elle que « le traité... a établi un système complet de voies de recours et de procédures destiné à assurer le contrôle de la légalité des actes des institutions, en le confiant au juge communautaire..., il incombe aux États membres de prévoir un système de voies de recours et de procédures permettant d'assurer le respect du droit à une protection juridictionnelle effective » (arrêt de la Cour du 25 juill. 2002, *Unión de Pequeños Agricultores c/Conseil*, aff. C-50/00 P, *Rec.* I-6677) et elle souligne que c'est dans ce cadre global que doit être apprécié le respect du « droit au juge ».

La structure du contentieux de l'Union se trouve également exprimée désormais à l'article 19, § 1, UE : « La Cour de justice de l'Union européenne comprend la Cour de justice, le Tribunal et des tribunaux spécialisés. Elle assure le respect du droit dans l'interprétation et l'application des traités. Les États membres établissent les voies de recours nécessaires pour assurer une protection juridictionnelle effective dans les domaines couverts par le droit de l'Union ». La Cour de justice a interprété cette disposition en mettant en évidence de manière plus claire encore le partage des compétences au sein du contentieux de l'Union : « Ainsi qu'il ressort de l'article 19, paragraphe 1, TUE, il est veillé au respect de cet ordre juridique et du système juridictionnel de l'Union par la Cour et les juridictions des États membres » (*avis 1/09*, préc., point 66). Elle a également rappelé que l'article 19 UE « confie la charge d'assurer le contrôle juridictionnel dans l'ordre juridique de l'Union non seulement à la Cour, mais également aux juridictions nationales ». Donc, « ces juridictions remplissent ainsi, en collaboration avec la Cour, une fonction qui leur est attribuée en commun, en vue d'assurer le respect du droit dans l'interprétation et l'application des traités » (arrêt de Grande chambre du 27 févr. 2018, *Associação Sindical dos Juízes Portugueses*, aff. C-64/16, ECLI:EU:C:2018:117).

II. Articulation des compétences fonctionnelles

1126. La compétence de principe reconnue aux juridictions nationales comportait un risque évident pour l'application uniforme et cohérente du droit communautaire. À laisser le contrôle de l'application et de l'interprétation des textes communautaires aux juridictions suprêmes nationales, il était évident qu'on serait vite arrivé à autant d'interprétations que d'États membres : on sait comment tant d'accords internationaux – sur les effets de commerce, par exemple – ont perdu leur intérêt du fait de jurisprudences nationales contradictoires privées de l'arbitrage d'une cour régulatrice.

Il était donc concevable de confier la régulation des normes au niveau communautaire à une juridiction communautaire suprême de révision ou de cassation. Mais cette solution aurait présenté l'inconvénient, sur le plan pratique, d'une procédure à la fois lourde et s'étendant sur de longs délais, qui aurait découragé les plaideurs les plus opiniâtres. Sur le plan des principes, elle impliquait une subordination hiérarchique des juridictions nationales à la Cour de justice, peu compatible avec le souci de ménager la souveraineté du juge national.

Aussi lui préféra-t-on le mécanisme plus souple de la procédure de *renvoi préjudiciel* organisée par l'article 267 FUE. C'est l'accomplissement de la fonction juridictionnelle elle-même qui est désormais partagé suivant une conception bien déterminée entre le niveau de l'Union et le niveau national. Au premier, la fonction d'interprétation objective : il est réservé à la juridiction européenne d'interpréter le droit de l'Union et d'apprécier la validité des actes institutionnels. Au second, celle d'application concrète : il appartient au juge interne de faire application du droit ainsi interprété et apprécié, dans la solution des litiges dont il est saisi. De cette manière, des fonctions qui, dans le procès national se trouvent étroitement liées, sont séparées et confiées à des juges distincts, certes ; mais par là même, sont aussi créées les conditions d'une coopération nécessaire. Tant il est vrai que le mécanisme technique de la question préjudicielle n'est pas ici, comme par exemple entre juridictions administratives et judiciaires en France, au service d'un partage rigide des compétences, expression d'un principe de séparation. Son objet est simplement de procurer une interprétation servant de base à des applications homogènes par les juridictions nationales ainsi intégrées dans un *processus de coopération* et non pas dans une structure hiérarchique du type de celle qui confère, par exemple, à la Cour de cassation la mission d'assurer l'unification de la jurisprudence. « Dans le cadre très particulier de la coopération judiciaire instituée par l'article 177 *[désormais art. 267 FUE]...*, juridiction nationale et Cour de justice, dans l'ordre de leurs compétences propres, sont appelées à contribuer directement et réciproquement à l'élaboration d'une décision en vue d'assurer l'application uniforme du droit communautaire dans l'ensemble des états membres », précise la Cour de justice (1er déc. 1965, *Schwarze*, aff. 16/65, *Rec.* 1094). Rappelons que pour la Cour, « la clef de voute du système juridictionnel ainsi conçu est constituée par la procédure du renvoi préjudiciel prévue à l'article 267 TFUE qui, en instaurant un dialogue de juge à juge précisément entre la Cour et les juridictions des États membres, a pour but d'assurer l'unité d'interprétation du droit de l'Union (...), permettant ainsi d'assurer sa cohérence, son plein effet et son autonomie ainsi que, en dernière instance, le caractère propre du droit institué par les traités » (*avis 2/13*, préc., point 176).

Section 2
La Cour de justice de l'Union européenne

1127. La *Cour de justice des Communautés européennes* a joué un rôle essentiel dans la consécration, le développement et la structuration d'un ordre juridique propre et original issu de l'intégration européenne. Il importe de préciser les étapes d'une évolution qui a conduit, avec le traité de Lisbonne, à une *Cour de justice de l'Union européenne* regroupant les diverses juridictions de l'Union, qu'il s'agira de présenter, le caractère composite de cette structure imposant, enfin, d'en identifier les éléments de cohérence.

§ 1. Évolution

I. Unité et unicite de la juridiction de l'Union

1128. La sauvegarde de l'unité du droit communautaire puis de l'Union impose le principe de l'unité de la juridiction européenne. Ainsi, la Cour de justice des Communautés européennes, siégeant à Luxembourg, était-elle non seulement unique, depuis 1957, pour les trois Communautés, en vertu de la *convention relative à certaines institutions communes* (indiquant qu'une Cour de justice unique, d'une part, exercerait les compétences attribuées à la Cour de justice dans chacun des deux traités CEE et CEEA, et d'autre part remplacerait la Cour de justice prévue par le traité CECA), mais est également resté longtemps la seule juridiction créée dans l'ordre communautaire (sauf à reconnaître la qualité de juridiction au *comité d'arbitrage* prévu à l'article 18 du traité CEEA, dont les décisions définitives ont entre les parties intéressées force de chose jugée et à l'égard duquel elle paraît exercer une compétence analogue à celle d'une Cour de cassation). À ce titre, elle cumulait l'ensemble des compétences juridictionnelles soustraites aux juridictions nationales et statuait toujours à la fois en premier et dernier ressort.

Mais le principe d'unité ne doit pas être confondu avec *l'unicité* de la juridiction de l'Union. Il est parfaitement compatible avec une diversification de la structure juridictionnelle européenne, se traduisant, par exemple, par la redistribution de certaines compétences précédemment détenues par la Cour de justice au profit d'autres juridictions créées pour les recevoir, à condition, bien sûr que soit sauvegardé le contrôle suprême de la Cour. Les contraintes liées au croisement entre, d'une part, les exigences de la bonne administration de la justice et du droit à une protection juridictionnelle effective et, d'autre part, l'augmentation impressionnante du nombre des affaires inscrites au rôle de la Cour (4 affaires introduites en 1953, 11 en 1955, 25 en 1960, 79 en 1970, 293 en 1980, 390 en 1990 (pour la seule Cour), 627 en 2010, 713 en 2015 (uniquement, là encore, pour la seule Cour de justice mais 1 711 pour l'ensemble des juridictions de l'Union)... ont fait que la question, longtemps restée théorique, est depuis vingt-cinq ans désormais au cœur de la problématique des réformes du système judiciaire européen.

II. Spécialisation : le projet avorté de création d'un tribunal administratif des Communautés

1129. Au cours de la réunion de la Conférence des ministres de la Justice du 26 novembre 1974, le Conseil a marqué son accord de principe sur l'opportunité, suggérée par la Cour elle-même, de la création d'une juridiction de première instance compétente pour les litiges entre les institutions et leur personnel, et a invité la Commission à lui soumettre des propositions appropriées. Cette initiative était motivée, naturellement, par la constante augmentation du nombre des affaires de tous ordres portées devant la Cour qui conduisait à l'allongement de la durée moyenne des procédures ; ainsi que, plus spécifiquement par le nombre et la nature de celles introduites par le personnel (*affaires de personnel*) qui posent le plus souvent de difficiles questions de fait et requièrent ainsi une instruction minutieuse et longue. S'y ajoutait la circonstance que, de l'avis de la Cour elle-même, une telle création aurait pu intervenir sans révision des traités, par la voie d'une simple modification du règlement portant statut des fonctionnaires et autres agents, sur le fondement de l'article 236 CE *[désormais art. 270 FUE]*.

Dans cette perspective, la Commission a présenté le 31 juillet 1978 une proposition de règlement du Conseil modifiant le statut du personnel et portant institution d'un *tribunal administratif des Communautés* (*JOCE* n° C 225/6 du 22 sept. 1978 ; cf. rapport Cointat, P.E. Doc. séance n° 37/79). Cette juridiction devait être composée paritairement d'un président choisi et nommé par la Cour de justice sur une liste présentée par les juges et de deux membres choisis et nommés par la Cour, respectivement sur une liste présentée par les Institutions et sur une liste présentée par les comités du personnel des institutions. Le tribunal connaîtrait en premier et dernier ressort des questions de fait et en premier ressort des questions de droit, dans les conditions sauvegardant la mission générale de la Cour d'assurer le respect du droit, celle-ci devenant en la matière juge de cassation. Ce mécanisme, n'autorisant la saisine de la Cour qu'aux fins d'annulation, pour des raisons de droit, des jugements du tribunal, serait, bien sûr, de nature à réduire considérablement le volume des affaires de personnel dont elle aurait à connaître et, à tout le moins, d'épargner à celle-ci l'instruction des faits. Le projet ne rencontra pas la volonté des États membres et la Commission finit par le retirer par défaut de « caractère d'actualité » (*JOUE* n° C 5/2 du 9 janv. 2004).

III. Diversification : la création du Tribunal de première instance (TPI)

1130. Suggérés à la Conférence intergouvernementale par la Cour elle-même, les articles 168 A CEE et 32 *quinto* CECA introduits par l'AUE ont totalement renouvelé les conditions de la diversification de la juridiction communautaire. Ils habilitaient en effet le Conseil, statuant à l'unanimité sur demande de la Cour et après consultation de la Commission et du Parlement européen à *adjoindre à la Cour de justice* une juridiction chargée de connaître en première instance, sous réserve d'un pourvoi devant la Cour de justice limité aux questions de droit, dans les conditions fixées par le statut, de certaines catégories de recours. La technique retenue de l'*adjonction à la Cour* préservait intégralement le principe de l'unité de la juridiction communautaire : non seulement le nouveau tribunal faisait partie intégrante de la Cour sur le plan institutionnel, mais surtout, fonctionnellement, il n'était jamais juge de dernier ressort des « questions de droit » ; un pourvoi devant la Cour était ouvert de telle manière que la création du Tribunal ne réduisit, pour aucune catégorie de plaideurs, le droit dont elle disposait jusque-là de faire dire le droit communautaire par la Cour de justice.

1131. Le TPI, d'abord créé sur cette base par la décision du Conseil du 24 octobre 1988 (*JOCE* n° L 319/1 du 25 nov. 1988) a été, depuis le traité de Maastricht, institué par le traité lui-même (art. 168 A CE, puis 225 CE après le traité d'Amsterdam, art. 256 FUE désormais). Sa création ne pouvait plus attendre car la charge de travail de la Cour était devenue peu compatible avec les exigences d'une bonne administration de la justice : de 1957 à 1987, le nombre d'affaires portées devant la Cour était passé de 21 à 416, celui des affaires pendantes au 31 décembre de chaque année de 318 (en 1980) à 527, et le temps pour les conclure, en moyenne, de 9 à 22 mois pour les recours directs et de 6 à 18 mois pour les renvois préjudiciels. Cette création n'a cependant pas mis fin à l'encombrement et aux retards de la justice communautaire, même si le TPI, de 1989 jusqu'au 31 décembre 2017, a clôturé 12 866 affaires. En 2017, malgré cette assistance, le nombre des affaires portées devant la Cour est monté à 739, celui des affaires pendantes au 31 décembre à 912 et la durée moyenne des instances à 15,7 mois pour les renvois préjudiciels et 20,3 mois pour les recours directs. Ces durées sont certes en régulière diminution depuis 2003 (25,5 mois pour les renvois préjudiciels et 24,7 mois pour les recours directs, 974 affaires pendantes) mais on voit que le problème reste sensiblement le même et en tous cas toujours préoccupant. Sans compter que, si l'on reprend les statistiques de 2010, le TPI lui-même a été saisi de 636 affaires et dénombre 1 300 affaires pendantes au 31 décembre. La durée moyenne d'une procédure (hors contentieux sur la fonction publique et sur la propriété intellectuelle) devant lui est passée de 23,4 mois en 1993 à 27,5 mois en 2000 avant de redescendre (22,6 au 31 décembre 2004) puis de remonter sensiblement (33,1 mois en 2009, mais la moyenne pour une affaire d'aide d'État était de 64,3 mois et de 60,9 mois pour les dossiers de concurrence). En 2015 encore, si la moyenne pour une affaire d'aide d'État, par exemple, était de 17,4 mois, c'était 47,7 mois pour les dossiers de concurrence. Le TPI a même été stigmatisé par la Cour pour la durée excessive d'une de ses procédures (cinq ans et six mois) en violation du « principe du délai raisonnable » découlant de l'article 6 de la Convention européenne des droits de l'Homme (CJCE 17 déc. 1998, *Baustahlgewebe c/Commission*, aff. C-185/95 P, *Rec.* I-8485) et la problématique a fini par se traduire par la mise en cause de la responsabilité de l'Union (cf. l'arrêt du 10 janv. 2017, *Gascogne Sack*, aff. T-577/14, ECLI:EU:T:2017:1. Il faut ajouter que la durée moyenne des pourvois éventuels devant la Cour était de 14 mois en 2015, 17,1 mois en 2017, après avoir connu là encore une année 2003 problématique avec une moyenne de 28,7 mois. Le bilan de cette création d'une deuxième juridiction montre donc que l'efficacité de la justice de l'Union ne réside sans doute pas seulement dans la multiplication des organes juridictionnels (cf. CJCE, *L'avenir du système juridictionnel de l'Union européenne*, document de réflexion présenté au Conseil de l'Union européenne le 27 mai 1999), mais c'est cependant cette solution qu'a privilégié le traité de Nice.

IV. Fragmentation : la création de juridictions spécialisées

1132. La création du TPI était dictée par l'encombrement de la Cour ; les mêmes maux appelant des traitements identiques, l'engorgement conjoint de la Cour et du Tribunal, déjà sensible en 2001, a conduit les rédacteurs du traité de Nice à prévoir la possibilité de créer des *chambres juridictionnelles* pour le traitement en premier ressort de contentieux spéciaux (art. 225 A CE *[désormais art. 257 FUE]*, lequel vise des *tribunaux spécialisés*). Une déclaration annexée au traité envisageait d'emblée d'utiliser la formule pour le lourd contentieux de la fonction publique communautaire.

La décision n° 2004/752 CE et Euratom du Conseil du 2 novembre 2004 (*JOUE* n° L 333/7 du 9 nov. 2004) a, en effet, institué un Tribunal de la fonction publique de l'Union européenne, adjoint au Tribunal de première instance. Composé de sept juges, il connaissait, en première instance, des litiges opposant l'Union à ses agents. Les décisions rendues (son premier arrêt date du 26 avril 2006) pouvaient faire l'objet d'un pourvoi limité aux questions de droit devant le Tribunal ou, exceptionnellement, d'un réexamen par la Cour en cas de risque sérieux d'atteinte à l'unité ou à la cohérence du droit de l'Union. Il a été supprimé à compter du 1er septembre 2016.

Dans le secteur de la propriété intellectuelle, plusieurs projets pourraient ou auraient pu aboutir à la création d'autres tribunaux spécialisés. En 2003, la proposition de créer un Tribunal du brevet communautaire (COM(2003)828) a subi les errements de la procédure de création du brevet communautaire lui-même. En 2009, des conclusions du Conseil évoquaient la mise en place d'une « Juridiction du brevet » ayant une compétence exclusive pour les litiges civils liés à la contrefaçon et à la validité des brevets de l'Union européenne et des brevets européens (qui existent sur la base d'une convention du 5 octobre 1973). Cette Juridiction du brevet devait comprendre un tribunal de première instance, une Cour d'appel et un greffe. Le projet a ensuite évolué vers une coopération renforcée (v. ss 69) dans le cadre de laquelle la juridiction unifiée en matière de brevets a été mise en place par un accord international signé le 19 février 2013 par 25 États membres (v. ss 76).

Le règlement sur la marque communautaire, adopté le 26 février 2009 (règlement (CE) n° 207/2009 du Conseil, *JOUE* n° L 78/1 du 24 mars 2009) est à l'origine d'une masse de contentieux devant le Tribunal de Première instance (représentant 30 % des recours introduits), de sorte qu'il apparaitrait opportun d'envisager la création d'un Tribunal spécialisé dans ce domaine.

V. Mise en cohérence : la Cour de justice de l'Union européenne

1133. C'est désormais l'ensemble de ces instances juridictionnelles qui forme la « juridiction de l'Union », et le traité de Lisbonne caractérise bien ce principe d'unité en identifiant, à l'article 19 UE la « Cour de justice de l'Union européenne » comme comprenant la « Cour de justice » (anciennement Cour de justice des Communautés européennes), le « Tribunal » (anciennement Tribunal de première instance), et « des tribunaux spécialisés » (anciennement chambres juridictionnelles, le Tribunal de la fonction publique de l'Union étant à ce jour le seul à avoir été créé). Cela met fin à une situation parfois ambigüe même dans les traités où l'expression « Cour de justice » désignait tantôt spécifiquement la plus ancienne des juridictions communautaires (ainsi l'article 220 CE : « La Cour de justice et le Tribunal de première instance assurent, dans le cadre de leurs compétences respectives, le respect du droit dans l'interprétation et l'application du présent traité »), tantôt l'ensemble des juridictions communautaires (c'était le cas pour les dispositions relatives aux diverses voies de droit, visant « la Cour de justice » alors qu'une attribution de compétences pouvait être faite, dans ce cadre général, pour certaines matières, au profit du Tribunal de première instance). Il était d'ailleurs arrivé à la Cour de relever, à la suite des conclusions de son avocat général, cette véritable ambiguïté : arrêt du 17 mars 2005, *Commission c/AMI e. a.*, aff. C-294/02, *Rec.* I-2175, point 49.

1134. Dans ce triptyque, la laconique appellation « Tribunal » peut surprendre. Il est vrai que la caractérisation « de première instance » présentait le double inconvénient de ne pas ou de ne plus correspondre exactement aux fonctions de cette juridiction et de ne pas renvoyer à un concept forcément connu par tous les systèmes contentieux des États membres. Pour autant, certaines versions linguistiques proposent un système terminologique plus cohérent, avec, par exemple pour la version anglaise, « *the Court of Justice* », « *the General Court* », et « *specialised courts* » ou, pour la version espagnole, « *el Tribunal de Justicia* », « *el Tribunal General* », et « *los tribunales especializados* ». Il faut également noter que l'appellation « Tribunal de l'Union européenne » semble s'être imposée dès 2010, y compris dans la jurisprudence de la Cour (cf. par exemple les ordonnances de la Cour du 22 févr. 2018, *Vassil Monev Valkov*, aff. C-701/17 P, ECLI:EU:C:2018:106, ou du Tribunal du 16 janv. 2018, *Marcuccio*, aff. T-85/17 DEP, ECLI:EU:T:2018:14).

VI. Rationalisation : la « réforme Skouris »

1135. La Cour de justice, qui a un pouvoir d'initiative en la matière, a adressé au législateur de l'Union, le 28 mars 2011, une proposition législative sur la réforme du système judiciaire de l'Union. Une part des demandes de la Cour furent satisfaites par l'adoption du règlement (UE, Euratom) n° 741/2012 du Parlement européen et du Conseil du 11 août 2012 modifiant le protocole sur le Statut de la Cour de justice de l'Union européenne et son Annexe I (*JOUE* n° L 47/20 du 24 févr. 2012). Ce règlement a introduit des éléments de rationalisation pour les trois juridictions : il a augmenté le nombre de membres de la Grande chambre de la Cour, et adapté les règles de quorum de cette Grande chambre et de l'Assemblée plénière, a institué, pour la Cour et le Tribunal, la fonction de vice-président. Il a ensuite abordé deux problèmes spécifiques respectivement au Tribunal et au Tribunal de la fonction publique. Pour le Tribunal, étaient soulignés le nombre d'affaires pendantes en augmentation systématique chaque année et l'allongement de la durée des procédures. La proposition comportait à cet égard une demande d'augmentation du nombre de juge du Tribunal (douze de plus) mais les négociations ont été extrêmement difficiles, les États membres ne parvenant pas à s'entendre sur les modalités de désignation des juges supplémentaires, et estimant trop coûteuse cette réforme. Le règlement s'est donc borné aux réformes sur l'organisation du Tribunal, renvoyant à plus tard la question de sa composition. S'agissant du Tribunal de la fonction publique, le bon fonctionnement a été considéré comme exigeant de manière urgente des modifications telles que la mise en place de juges par intérim pour en assurer le fonctionnement continu lorsque l'un des juges est empêché durablement de participer au règlement des affaires.

1136. Malgré une version plus économique tentée par le Président Skouris s'agissant de la réforme du Tribunal (neuf juges de plus), la présidence italienne, le 3 septembre 2014, a demandé une nouvelle initiative à la Cour de justice. Celle-ci a mis en avant les risques de dépenses avec les probables condamnations pour violation du délai raisonnable de jugement, et les difficultés de renouvellement des juges du TFPUE, le faible nombre de juges (sept) conduisant à des impasses à la moindre revendication d'équilibre par un État membre. D'où concrètement la proposition de modifier complètement l'architecture de la Cour de justice de l'Union en doublant en trois étapes le nombre de juges au Tribunal et en lui transférant (le 1er sept. 2016) le contentieux de la fonction publique, bref en supprimant le TFPUE. Après des débats assez vifs marqués par des visions différentes entre les présidents de la Cour et du Tribunal, la réforme a été adoptée par le règlement (UE, Euratom) 2015/2422 du Parlement européen et du Conseil du 16 décembre 2015 modifiant le protocole n° 3 sur le Statut de la Cour de justice de l'Union européenne (*JOUE* n° L 341/14 du 24 déc. 2015). Pour la suppression du Tribunal de la fonction publique, cf. le règlement (UE, Euratom) 2016/1192 du Parlement et du Conseil, du 6 juillet 2016 relatif au transfert au Tribunal de la compétence pour statuer, en première instance, sur les litiges entre l'Union européenne et ses agents (*JOUE* n° L 200/137 du 26 juill. 2016).

1137. Insistant sur l'élargissement progressif des compétences du Tribunal depuis sa création, le règlement constate que la durée des procédures est difficilement acceptable tant au regard de l'article 47 de la Charte des droits fondamentaux de l'Union européenne que vis-à-vis de l'article 6 de la Convention européenne de sauvegarde des droits de l'homme et des libertés fondamentales. Observant que la solution possible de création de tribunaux spécialisés n'a pas été utilisée, le règlement note que l'augmentation du nombre de juges au Tribunal permettrait de réduire, à bref délai, tant le volume des affaires pendantes que la durée excessive des procédures devant cette juridiction. La solution choisie consiste à multiplier par deux le nombre de juges, soit pour une Union à 28, un passage de 28 à 56 (ou 54 pour une Union à 27) à l'issue d'un processus en trois étapes : d'abord, afin de résorber rapidement l'arriéré judiciaire, douze juges supplémentaires entrant en fonction dès l'entrée en vigueur du règlement (ce qui n'a pas été fait dans les temps) ; puis en septembre 2016, transfert au Tribunal de la compétence pour connaître en première instance des affaires de la fonction publique de l'Union européenne ainsi que des sept postes des juges siégeant au Tribunal de la fonction publique de l'Union européenne, qui est alors supprimé (là encore il y a eu quelques retards) ; enfin, entrée en fonction des neuf juges restants en septembre 2019.

1138. Le règlement du 16 décembre 2015 s'est préoccupé du suivi de la réforme en prévoyant deux rapports : un, avant le 26 décembre 2017, quant à la répartition des compétences entre la Cour et le Tribunal et l'autre, trois ans plus tard, sur le fonctionnement du Tribunal. Le premier de ces rapports a été adressé par la Cour de justice au législateur de l'Union et à la Commission le 14 décembre 2017. Il conclut qu'il n'est pas nécessaire d'envisager le transfert d'une compétence préjudicielle au Tribunal mais annonce une réflexion plus large sur la répartition des compétences pour les recours directs, ainsi que sur le traitement des pourvois par la Cour.

§ 2. Cadre juridique

1139. Le cadre juridique de la Cour de justice de l'Union comporte des éléments communs et des pièces propres à chaque juridiction.

Ce sont d'abord les traités de base qui doivent être considérés ; d'abord le traité sur l'Union européenne, présentant les traits essentiels de la Cour de justice de l'Union à l'article 19, et précisant la restriction de sa compétence en matière de politique étrangère et de sécurité commune à l'article 24 ; le traité sur le fonctionnement de l'Union européenne entre ensuite dans le détail à ses articles 251 à 281.

Annexé à ces deux traités, le Protocole n° 3 établit le statut de la Cour de justice de l'Union européenne. Malgré cette inscription dans le droit primaire, et la soumission, dès lors, à la procédure de révision des traités, il est apparu nécessaire de permettre une adaptation simplifiée des règles de simple procédure, de sorte que *l'Acte unique européen* a prévu que les dispositions du titre III des statuts (procédure) pouvaient être modifiés par le Conseil statuant à l'unanimité sur demande de la Cour et après consultation de la Commission et du Parlement. *Le traité de Nice*, qui a unifié ce statut, jusque là distinct pour chacun des trois traités instituant les Communautés, a élargi le champ de ce dispositif simplifié, admettant que le statut puisse désormais être modifié par le Conseil à l'unanimité (sur demande de la Cour assortie des consultations de la Commission et du Parlement européen ou sur demande de la Commission soumise à consultation de la Cour et du Parlement) dans son ensemble à la seule exception du Titre I relatif au statut des juges et des avocats généraux (art. 245 CE). *Le traité de Lisbonne* poursuit le mouvement et prévoit que le Parlement européen et le Conseil, statuant conformément à la procédure législative ordinaire, peuvent modifier les dispositions du statut, à l'exception de son titre I et de son article 64 (le régime linguistique). Le Parlement européen et le Conseil statuent soit sur demande de la Cour de justice et après consultation de la Commission, soit sur proposition de la Commission et après consultation de la Cour de justice (art. 281 FUE).

Les traités prévoient qu'à moins que le statut de la Cour de justice de l'Union européenne n'en dispose autrement, les dispositions des traités relatives à la Cour de justice sont applicables au Tribunal (art. 254 FUE) et qu'à moins que le règlement portant création d'un tribunal spécialisé n'en dispose autrement, les dispositions des traités relatives à la Cour de justice de l'Union européenne et les dispositions du statut de la Cour de justice de l'Union européenne s'appliquent aux tribunaux spécialisés. Le titre I du statut et son article 64 s'appliquent en tout état de cause aux tribunaux spécialisés (art. 257 FUE).

En revanche, chaque juridiction, dans le cadre général de la Cour de justice de l'Union, nomme son greffier et établit son statut (ou les *instructions au greffier*) (art. 253 FUE pour la Cour de justice, art. 254 FUE pour le tribunal, cette nomination par la juridiction elle-même étant prévue dans le règlement de procédure pour les tribunaux spécialisés) et établit son propre règlement de procédure : la Cour de justice est cependant soumise à l'approbation du Conseil (art. 253 FUE), et le Tribunal comme les tribunaux spécialisés établissent leur règlement de procédure en accord avec la Cour de justice, ce règlement étant également soumis à l'approbation du Conseil (art. 254 et 257 FUE).

§ 3. Structure

I. La Cour de justice

Picod (F.), « Cour de justice. Composition. Organisation. Compétences », *J.-Cl. Europe*, fasc. 265.

1140. Si certaines similitudes sont inévitables, la composition, l'organisation et le fonctionnement de la Cour se distinguent généralement de ceux d'une cour internationale classique.

A. Composition et statut des membres

1° Composition de la Cour

1141. La Cour est aujourd'hui (avant la formalisation du Brexit) formée de vingt-huit juges assistés de onze avocats généraux, les uns et les autres étant nommés d'un commun accord par les gouvernements des États membres (art. 253, al. 1er, FUE).

Significatif au moins d'une intention, aucune disposition des traités ne prévoit que les juges aient la nationalité des États membres. Cependant, la pratique suivie a été que la Cour comprenne toujours au moins un national de chacun des États membres, ce qui peut être considéré comme souhaitable pour des raisons juridiques et non politiques, notamment afin que la Cour, lorsqu'elle délibère en formation plénière, puisse comporter un juge particulièrement familiarisé avec le système juridique de chaque État membre.

Le traité de Nice a consacré cette pratique, prévoyant explicitement que la Cour est formée d'un juge par État membre (aujourd'hui, art. 19, § 2, al. 1er, UE) alors que les versions antérieures des traités se contentaient d'indiquer un certain nombre de juges. Il faut cependant préciser que le statut de la Cour (art. 17) précise que « la Cour ne peut valablement délibérer qu'en nombre impair ».

1142. La première originalité de la composition de la Cour est la présence, à côté des *juges*, d'*avocats généraux* qui n'ont pas leur équivalent devant d'autres juridictions internationales, même si leur rôle peut être rapproché de celui de l'ex-Commission européenne des Droits de l'Homme de Strasbourg. Chargés de « présenter, publiquement, en toute impartialité et en toute indépendance, des conclusions motivées sur les affaires qui, conformément au statut de la Cour de justice de l'Union européenne, requièrent [leur] intervention » (art. 252, al. 2, FUE), ils constituent une transposition manifeste du commissaire du gouvernement devant le Conseil d'État français, justifiée au départ par l'importance du contentieux de l'annulation dans le traité CECA (cf. A. Barav, « Le commissaire du gouvernement devant le Conseil d'État français et l'avocat général près de la Cour de justice des communautés européennes », *RIDC* 1974. 809) et ne constituent en rien un parquet ou un ministère public (CJCE, Ord. du 4 févr. 2000, *Emesa Sugar et Aruba*, aff. C-17/98, *Rec.* I-665). Leur place au sein de l'instance juridictionnelle, leur indépendance et leur implication personnelle face aux décisions collectives et anonymes de la Cour apportent une dimension de transparence à l'activité de celle-ci, les avocats généraux ayant joué un rôle important pour le dynamisme et l'évolution de sa jurisprudence (cf. L. Clément-Wilz, *La fonction de l'avocat général près la Cour de justice*, Bruylant, Bruxelles, 2011).

Le rôle de l'avocat général et sa place dans la procédure étaient discutée au regard des exigences du procès équitable en ce qu'il clôture la phase orale sans possibilité de réplique de la part des parties. Il a cependant été maintenu mais une des originalités du traité de Nice, répondant certainement plus à des contraintes pratiques d'accélération de la procédure qu'au caractère inéquitable de celle-ci, a consisté à rendre facultative la présentation de conclusions par l'avocat général (art. 252, al. 2, FUE, et art. 20, al. 5, du statut) dès lors que l'affaire ne soulève aucune question de droit nouvelle : désormais, bon an mal an, c'est sensiblement la moitié des arrêts prononcés par la Cour qui le sont sans conclusions.

Si la Cour le demande, le Conseil, à l'unanimité, peut augmenter le nombre d'avocats généraux (art. 252, al. 1er, FUE).

Par-delà, le souci, politique cette fois, semble avoir prévalu, d'un équilibre global par nationalités portant à la fois sur l'effectif des juges et des avocats généraux. Dans la Cour originaire, composée de sept membres assistés de deux avocats généraux, il y avait, soit un juge et un avocat général, soit deux juges nationaux de chaque « grand » État et un juge national de chaque « petit » État. Cette pratique a continué à être suivie après le premier élargissement : un juge et un avocat général étaient ressortissants de chacun des quatre « grands » et un juge ressortissant de chacun des autres. Dans la situation actuelle, la répartition des juges étant fixée par le traité, cette dimension politique joue pour les avocats généraux. Sur les huit avocats généraux prévus à l'article 252 FUE au moment de l'entrée en vigueur du traité de Lisbonne, la pratique a été d'en nommer cinq de la nationalité des grands États membres (Allemagne, France, Royaume-Uni, Italie, Espagne), les trois autres « tournant » entre les vingt-deux autres nationalités. La pression de la Pologne pour entrer dans le « premier cercle » a conduit à ce que le traité de Lisbonne comprenne une Déclaration (n° 38) enjoignant au Conseil d'accepter une future demande de la Cour qui consisterait à prévoir trois avocats généraux de plus, la Déclaration précisant que l'un des trois serait originaire de Pologne et rejoindrait les cinq « permanents », les deux autres relevant du système de rotation. Une décision du Conseil du 25 juin 2013 a décidé du passage à neuf avocats généraux au 1er juillet 2013 et à onze au 7 octobre 2015 (en fait l'avocat général bulgare n'a été installé que le 19 septembre 2016).

2° Statut des membres

1143. Le statut des juges et avocats généraux leur permet d'assurer leur mission avec des garanties de compétence, de continuité et en pleine indépendance. Ceci conduit à envisager à la fois les *conditions de leur nomination* et leur *situation pendant la durée de leurs fonctions*.

1144. *S'agissant de leur nomination*, ils sont obligatoirement choisis, comme les membres de la Cour internationale de justice (le traité a été ici rédigé, à l'évidence, sur le modèle de l'article 2 du statut de la Cour internationale de justice), parmi des personnalités offrant toutes garanties d'indépendance et qui réunissent les conditions requises pour l'exercice dans leurs pays respectifs des plus hautes fonctions juridictionnelles, ou qui sont des jurisconsultes possédant des compétences notoires (art. 253 FUE). Selon les traditions de chaque État membre, sont surtout nommés des hauts magistrats (tel est le choix français), ou des professeurs d'Université (pensons à l'emblématique Pierre Pescatore, à Vassilios Skouris, président pendant douze ans, ou au président actuel Koen Lenaerts).

En 2018, les membres français de la Cour sont Jean-Claude Bonichot, juge depuis 2006, qui était, au moment de sa nomination, président de la sixième sous-section de la section du contentieux au Conseil d'État, et Yves Bot, avocat général, depuis 2006 et qui était auparavant procureur général près la cour d'appel de Paris.

Une condition non écrite découle de la tradition de la Cour voulant que la plupart des délibérations s'y fassent encore en français, ce qui impose le choix de candidats francophones.

Si leur compétence est ainsi, en principe, garantie, le mode de nomination a pu susciter quelque inquiétude au regard des exigences d'indépendance. En effet, s'ils sont nommés « d'un commun accord » par les gouvernements des États membres, la pratique est celle d'une nomination par « chaque » gouvernement, aucune opposition, certes juridiquement possible, ne s'étant jamais manifestée de la part des autres. De plus, l'éventuelle dépendance vis-à-vis du gouvernement est renforcée par le fait que juges et avocats généraux sont nommés pour une durée assez courte (6 ans) et qu'ils peuvent être « nommés de nouveau » (art. 253, al. 4, FUE). Les conditions de nomination dès lors essentiellement nationales sont totalement diversifiées et parfois parfaitement opaques, de sorte qu'aux doutes sur l'indépendance peuvent s'ajouter aussi, finalement, des doutes sur la prise en compte des critères de compétence.

À des solutions plus radicales (mandat allongé mais non renouvelable, harmonisation des conditions nationales de nomination, intervention du Parlement européen...) proposées mais non retenues, le traité de Lisbonne a préféré une réponse mesurée, voire en demi-teinte, à ces deux problèmes : l'article 255 FUE dispose qu'un « comité est institué afin de donner un avis sur l'adéquation des candidats à l'exercice des fonctions de juge et d'avocat général de la Cour de justice et du Tribunal avant que les gouvernements des États membres ne procèdent aux nominations ». Le comité est composé de sept personnalités choisies parmi d'anciens membres de la Cour de justice et du Tribunal, des membres de juridictions nationales suprêmes et des juristes possédant des compétences notoires, et l'un des membres est proposé par le Parlement européen. Les membres sont désignés par décision du Conseil, pour un mandat renouvelable une fois de quatre ans. Jean-Marc Sauvé, vice-président du Conseil d'État français, a été nommé en 2010 président de ce comité (le 11 février 2014, il a été reconduit pour un deuxième mandat). La compétence du comité n'est que consultative mais apparaît comme une pression supplémentaire pour que les gouvernements respectent les critères de nomination des juges et avocats généraux. Dans son rapport d'activité du 10 février 2017, le comité a indiqué avoir rendu 64 avis entre 2014 et 2016 dont 36 sur un premier mandat (8 à la cour, 28 au Tribunal), avec 6 avis négatifs (tous relatifs à un premier mandat, 5 au Tribunal, 1 à la Cour). Les gouvernements ont toujours suivi ces avis.

Juges et avocats généraux sont renouvelables sans limitation et la pratique montre qu'en moyenne ils restent en fonction à la Cour pendant deux mandats de six ans (sauf les avocats généraux participant au « tourniquet »).

Concrètement, afin d'assurer une certaine continuité dans la composition de la Cour, les renouvellements se font de manière partielle tous les trois ans (art. 253, al. 2, FUE) : selon l'article 9 du statut, le renouvellement partiel des juges porte sur la moitié des juges et la moitié des avocats généraux. Si les juges ou les avocats généraux sont en nombre impair, le nombre à remplacer est alternativement le nombre entier supérieur le plus proche et le nombre entier inférieur le plus proche du nombre total divisé par deux.

1145. *Pendant la durée de leurs fonctions*, un régime précis d'immunités et d'incompatibilités protège les membres de la Cour.

Si les articles 11 à 14 et l'article 17 du protocole sur les *privilèges et immunités* de l'Union européenne sont applicables aux juges, aux avocats généraux, au greffier et aux rapporteurs adjoints de la Cour de justice de l'Union européenne, une immunité de juridiction spécifique est prévue par le statut pour les juges et les avocats généraux en ce qui concerne les actes accomplis par eux, y compris leurs paroles et écrits, en leur qualité officielle ; ils continuent à bénéficier de l'immunité après la cessation de leurs fonctions. La Cour de justice, siégeant en assemblée plénière, peut lever l'immunité et si, dans cette situation, une action pénale est engagée contre un juge, celui-ci n'est justiciable, dans chacun des États membres, que de l'instance compétente pour juger les magistrats appartenant à la plus haute juridiction nationale (Statut, art. 3).

S'agissant des *incompatibilités*, l'article 4 du statut dispose que les juges (et c'est étendu aux avocats généraux par l'article 8) ne peuvent exercer aucune fonction politique ou administrative et qu'ils ne peuvent, sauf dérogation accordée à titre exceptionnel par le Conseil, statuant à la majorité simple, exercer aucune activité professionnelle, rémunérée ou non. Même après la cessation de leurs fonctions, ils s'engagent à respecter des devoirs d'honnêteté et de délicatesse quant à l'acceptation, de certaines fonctions ou de certains avantages, et en cas de doute, la Cour de justice décide ce qu'il en est.

Ils peuvent être relevés de leurs fonctions ou déclarés déchus de leurs droits à pension s'ils ont cessé de répondre aux conditions requises ou de satisfaire aux obligations découlant de leur charge et seulement par jugement unanime des juges et avocats généraux, l'intéressé ne participant pas à cette délibération (art. 6 du statut).

B. Organisation

1° Organisation administrative

a) Le président

1146. Contrairement aux commissaires, les juges (et eux seuls) élisent eux-mêmes en leur sein le président de la Cour, au scrutin secret, pour un mandat de trois ans renouvelable. Le juge français Robert Lecourt exerça ainsi trois mandats successifs de 1967 à 1976 et le juge grec Vassilios Skouris a accompli quatre mandats de 2003 à 2015. Le président dirige les travaux de la Cour, désignant notamment un juge rapporteur dès le dépôt de la requête dans une affaire, et préside la Grande chambre et l'assemblée plénière. Ses compétences juridictionnelles propres, qu'il exerce par voie d'ordonnances, sont limitées mais son rôle est devenu de plus en plus déterminant au fur et à mesure que les effectifs de la Cour augmentaient et que son organisation juridictionnelle se compliquait. En 2012, douze des cent dix-sept ordonnances clôturant une affaire ont été adoptées par le président de la Cour. Il n'y a plus eu d'ordonnance du Président entre 2013 et 2017, les ordonnances du vice-président prenant le relais.

b) Le vice-président

1147. La fonction de vice-président de la Cour a été prévu par le règlement (préc.) n° 741/2012 du 11 août 2012 et ses attributions juridictionnelles ont été précisées par la décision de la Cour de justice du 23 octobre 2012 (2012/671/UE ; *JOUE* n° L 300/47 du 30 oct. 2012). Désigné dans les mêmes conditions que le président (mandat de 3 ans, élu par les juges), il peut remplacer celui-ci dans ses fonctions juridictionnelles (octroi de sursis à exécution, de mesures provisoires, suspension d'exécution forcé). Ainsi en 2017, trois ordonnances sur cent dix-huit mettant fin à une instance ont été prises par le vice-président. En octobre 2012, Koen Lenaerts a été nommé et lorsqu'il est devenu président, le 8 octobre 2015, il a été remplacé par Antonio Tizzano.

c) Le premier avocat général

1148. Le règlement de procédure prévoit que la Cour désigne pour un an un premier avocat général (art. 10). Il décide de l'attribution des affaires aux avocats généraux, aussitôt après la désignation du juge rapporteur par le président. Il prend les dispositions nécessaires en cas d'absence ou d'empêchement d'un avocat général. Le statut de la Cour (art. 62) lui donne un rôle essentiel pour la procédure de réexamen. C'est à lui, lorsqu'il estime qu'il existe un risque sérieux d'atteinte à l'unité ou à la cohérence du droit de l'Union, de proposer à la Cour de justice de réexaminer une décision du Tribunal. Sans souci de continuité, le premier avocat général change chaque année, en octobre.

d) Les collaborateurs de la Cour

1149. Le *greffier* est nommé pour six ans par la Cour, les avocats généraux entendus. Ses fonctions, sans comparaison avec celles d'un greffier auprès d'une juridiction française, sont de deux ordres. D'ordre judiciaire, d'abord : le greffier assiste la Cour et ses membres dans les actes de leurs fonctions : réception, transmission, signification des documents ; assistance aux audiences ; responsabilité des archives et spécialement de la publication du *Recueil de jurisprudence* (depuis le 1er janvier 2012, en version numérique uniquement). D'ordre administratif ensuite : il assure l'administration de la Cour, sa gestion financière, etc., sous l'autorité du président. C'est de lui que relèvent, dans les mêmes conditions, les fonctionnaires et agents de la Cour, dont la plus grande partie constitue le service linguistique. Le greffier exerce donc les fonctions de secrétaire général de la Cour de justice.

1150. Chacun des juges et avocats généraux reçoit, en outre, l'assistance personnelle de trois ou quatre *référendaires*, juristes qualifiés, habituellement docteurs en droit et le plus souvent (mais pas forcément) de la même nationalité que lui. Les référendaires, attachés à la personne de chaque membre et ne dépendant que de lui, constituent son cabinet et jouent un rôle clef dans le fonctionnement de la Cour, tout spécialement auprès des avocats généraux.

2° Organisation juridictionnelle

1151. À l'origine, la Cour siégeait en principe en formation plénière. Toutefois, afin de faciliter sa tâche et d'accélérer le jugement des affaires, les traités l'autorisaient déjà à instituer en son sein des chambres composées initialement de trois ou cinq membres (art. 165 CEE *[devenu 221 CE]*). Les chambres étaient normalement chargées seulement de l'instruction des affaires, mais les traités autorisaient que leur soit confié le jugement de certaines catégories d'affaires, sauf pour celles dont la Cour était saisie par un État membre ou une institution, dans les conditions prévues par son règlement intérieur. Celui-ci a ainsi décidé, dès l'origine, que les *recours des fonctionnaires* ou des agents étaient, de plein droit, de la compétence d'une chambre. Puis, pour faire face à l'accroissement de sa charge de travail, la Cour a finalement opté pour une utilisation maximum des possibilités élargies par une modification des traités (décision du Conseil du 26 nov. 1974, *JOCE* nº L 318/22 du 28 nov. 1974) ; à la suite de la modification de son règlement (*JOCE* nº L 328 du 21 sept. 1979), la Cour pouvait désormais renvoyer aux chambres *toutes les affaires préjudicielles*, ainsi que *toutes les affaires dont elle est saisie par un particulier*, dans la mesure où elle estimait que la difficulté ou l'importance de l'affaire ne demandait pas qu'elle statuât en plénière, et pour autant qu'un État membre ou une institution ne s'y était pas opposé. En tout état de cause, la chambre saisie pouvait toujours, en vue d'assurer l'unité de jurisprudence ou en raison de l'importance de l'affaire, renvoyer le jugement à la Cour plénière. En 1988, par exemple, 115 des 208 arrêts de la Cour avaient été rendus par les chambres.

Le traité de Maastricht a tiré les conséquences de cette évolution en la prolongeant, prévoyant que la Cour siège obligatoirement en séance plénière « lorsqu'un État membre ou une institution… qui est partie à l'instance le demande », ce qui lui laisse le libre choix dans les autres cas.

Lors du passage à quinze États membres, le traité d'adhésion a diversifié la composition possible des chambres (trois, cinq, ou sept juges), la Cour ayant cependant conservé une structure à quatre chambres de trois juges et deux chambres de cinq juges. Il faut aussi noter qu'en pratique, aux côtés de la formation plénière ou *grand plenum* a été créé un *petit plenum* regroupant une petite et une Grande chambre autour du président.

Le traité de Nice et le nouveau statut ont proposé une nouvelle organisation adaptée aux perspectives puis au contexte d'élargissement. Le principe est à partir de cette étape clairement inversé, et devient celui du jugement « en chambre ou en Grande chambre » (nouvelle rédaction de l'art. 221, al. 2, CE), l'assemblée plénière étant cantonnée aux prévisions spéciales du statut.

C'est ce que reprend, avec le traité de Lisbonne, l'article 251, alinéa 1er, FUE.

1152. Le statut prévoit des *chambres à trois ou cinq juges* ; cela signifie seulement que la formation de jugement comportera trois ou cinq juges, mais les dix chambres qui existent au sein de la Cour comptent en réalité six (1re chambre), cinq (chambres 2 à 6), ou quatre (7e à 10e chambre) juges qui leur sont rattachés et parmi lesquels la formation de jugement pour chaque affaire (trois ou cinq juges) sera constituée. En 2017, sur 628 affaires clôturées, 256 l'ont été par une chambre à 3 juges (151 arrêts ou avis et 105 ordonnances mettant fin à l'instance) et 322 par une chambre à 5 juges (312 arrêts ou avis et 10 ordonnances).

La *Grande chambre* réunit quinze juges, dont le président et le vice-président de la Cour, trois présidents des chambres à cinq juges, du juge rapporteur et du nombre nécessaire de juges pour atteindre quinze. C'est en Grande chambre, et plus en plénière, que siège la Cour à la demande expresse d'un État membre ou d'une institution partie à l'instance. En 2017, 46 affaires (arrêts ou avis) ont été clôturées en Grande chambre.

L'assemblée plénière a désormais une compétence vraiment exceptionnelle, correspondant aux procédures (à ce jour inédites) visant à relever de leurs fonctions le Médiateur, les commissaires et les membres de la Cour des comptes, ou à l'hypothèse (très rare, et notamment sans aucune occurrence entre 2007 et 2010, ni en 2013, 2015 et 2016) où la Cour estime, après avoir entendu l'avocat général, qu'une affaire « revêt une importance exceptionnelle » (art. 16, 5e alinéa du statut). En 2017, l'*avis 2/15* (EU/C/2017/376) a été rendu, le 16 mai 2017 en Assemblée plénière.

C. Fonctionnement

1153. Un quorum de dix-sept juges est obligatoire en assemblée plénière, onze juges formant le quorum indispensable aux délibérations de la Grande chambre et trois juges minimum devant délibérer dans les chambres (de trois ou cinq juges).

De plus, la Cour ne peut valablement délibérer qu'en nombre impair (Statut, art. 17). Le président n'a pas voix prépondérante. Le système ne reproduit pas l'institution du « juge national » ou du « juge *ad hoc* » en vigueur devant les cours internationales ; ainsi « une partie ne peut invoquer soit la nationalité d'un juge, soit l'absence au sein de la Cour ou d'une de ses chambres d'un juge de sa nationalité pour demander la modification de la composition de la Cour ou d'une de ses chambres » (Statut, art. 18).

Le délibéré de la Cour ou des chambres a lieu en chambre du conseil et se déroule entre les seuls juges qui ont siégé lors de la procédure orale ; l'avocat général n'est pas présent. À défaut de consensus, les décisions sont acquises par un vote majoritaire, en commençant par le juge le moins ancien. L'arrêt rendu ne comporte aucune indication sur le point de savoir s'il a rallié l'unanimité ou seulement la majorité des voix. Les décisions de la Cour sont donc des décisions collectives qui l'engagent tout entière. Au contraire de ce qui se passe dans les juridictions internationales ou mêmes certaines juridictions nationales, les *opinions dissidentes* ou *concurrentes* de certains juges minoritaires ne sont pas autorisées. Cette règle, qui ne fut pas adoptée sans vives discussions lors de la négociation du traité CECA, n'est plus guère contestée aujourd'hui. Elle est généralement considérée comme préservant mieux l'indépendance des juges vis-à-vis des gouvernements mais surtout des opinions publiques, naturellement portées à faire des rapprochements entre la nationalité d'un juge et le sens de son vote, comme de nature à favoriser l'intégration des systèmes de droit en poussant aux compromis, et donc, d'une manière générale, comme favorisant l'autorité des décisions de la Cour.

II. Le Tribunal

Biancarelli (J.), « La création du TPI des Communautés européennes : un luxe ou une nécessité ? », *RTDE* 1990. 1 ; « Le règlement de procédure du TPI : le perfectionnement dans la continuité », *RTDE* 1991. 543.

Bocquillon (E.), « Tribunal. Composition. Organisation et fonctionnement. Compétences », *J.-Cl. Europe*, fasc. 300, 2017.

Bouveresse, (A.), v° *Tribunal de l'Union européenne*, *Rép. communautaire*, Dalloz.

Colloque CEDECE, Bordeaux 5 mai 1995, « Tribunal de première instance des Communautés européennes », *RMC* 1995. 563 à 612.

Coulon (E.), « L'indispensable réforme du TPI », *RAE* 2000. 262.

Darmon (M.) et Ludet (D.), « La création du TPI des Communautés européennes », *JCP* 1989. I, n° 3418.

Dubos (O.), « Quel avenir pour le Tribunal de première instance après le traité de Nice ? », *RAE* 2000. 426.

Galmot (Y.), « Le TPI des Communautés européennes », *RFDA* 1989. 579.

Lenaerts (K.), « Le tribunal de première instance des Communautés européennes : regard sur une décennie d'activités et sur l'apport du double degré d'instance en droit communautaire », *CDE* 2000. 323.

Mehdi (R.), « Justice et double degré de juridiction, l'aspect européen », *Justices* n° 4, 1996. 51.

Rigaux (A.), « Le Tribunal de première instance », *J.-Cl. Europe*, fasc. 300 et 301.

Van Ginderachter (E.), « Le TPI des Communautés européennes », *CDE* 1989. 41.

Woude (M.) Van Der, « Le TPI, les trois premières années », *Rev. Marché unique* 1992/3, p. 113.

1154. Créé, ainsi que cela a été évoqué, par la décision du Conseil du 24 octobre 1988 (*JOCE* n° L 319/1 du 25 nov. 1988), en tant que « tribunal de première instance » (TPI) et comme étant « adjoint à la Cour de justice » (art. 225 CE avant le traité de Nice), il a son siège auprès d'elle, mais le traité de Nice lui a procuré une substantielle promotion, en l'associant à la Cour dans la sobre mais essentielle mission de « respect du droit dans l'interprétation et l'application » du traité (art. 220 CE), de façon égalitaire et non plus comme « adjoint ». En substance, l'article 19 UE issu du traité de Lisbonne rappelle cette même mission mais désormais pour la « Cour de justice de l'Union européenne », ce qui renouvelle la problématique des relations entre ces composantes que sont la Cour et celui qui a pris avec le traité de Lisbonne l'appellation de « Tribunal » (v. ss 1134).

Il est régi par les traités (art. 19 UE, 254 à 256 FUE ; l'article 106 *bis* CEEA rend applicable à Euratom ces trois dispositions ; on sait également qu'à moins que le statut de la Cour de justice de l'Union européenne n'en dispose autrement, les dispositions des traités relatives à la Cour de justice sont applicables au Tribunal (art. 254 FUE), le titre IV du statut de la Cour de justice de l'Union européenne lui est consacré spécifiquement (mais d'autres dispositions de ce statut lui sont également applicables) et il établit son règlement de procédure (qu'il établit en accord avec la Cour et qui doit recevoir l'approbation du Conseil, publié au *JOUE* n° L 105/1 du 23 avr. 2015).

On se limitera ici aux questions d'organisation et de fonctionnement.

1155. ***Composition*** : le Tribunal était formé jusqu'en 2015 de 28 membres mais le parallèle apparent avec la Cour a ses limites. La spécificité et l'extension des missions du Tribunal a conduit le traité de Nice, à l'inverse de ce qu'il prévoyait pour la Cour (un juge par État membre), à une solution spécifique pour le nombre de ses juges, le nouvel article 224 indiquant alors que le TPI « compte *au moins* un juge par État membre », formule que reprend l'actuel article 19 § 2, alinéa 2, UE. C'est donc le statut de la Cour de justice (art. 48) qui indiquait que « le Tribunal est formé de vingt-huit juges ». La réforme de 2015 déjà évoquée a conduit à modifier cet article 48 qui prévoit désormais que :

« Le Tribunal est formé de : a) quarante juges à partir du 25 décembre 2015 ; b) quarante-sept juges à partir du 1er septembre 2016 ; c) deux juges par État membre à partir du 1er septembre 2019 ». En réalité, fin 2017, la première phase n'était toujours pas achevée, un des douze juges n'étant pas encore nommé. La deuxième phase, quant à elle, s'est terminée également avec retard, les 6e et 7e juges concernés entrant en fonction en juin et octobre 2017.

Une différence notable vis-à-vis de la Cour de justice consiste en ce que ces juges ne sont pas assistés par des avocats généraux. L'article 49 du statut prévoit cependant qu'un des juges peut être appelé, pour telle ou telle affaire, à remplir ce rôle, le règlement de procédure du Tribunal précisant que cette désignation, par le président de la juridiction, s'impose lorsque le Tribunal siège en formation plénière (art. 17) et peut être décidée vis-à-vis d'un jugement en chambre si la difficulté en droit ou la complexité en fait de l'affaire l'exigent (art. 18). Le juge ainsi désigné ne prend alors pas part au jugement de l'affaire.

Comme les membres de la Cour, ils sont nommés d'un commun accord, pour 6 ans, par les gouvernements des États membres, après consultation du même comité prévu à l'article 255 FUE, avec renouvellement partiel tous les trois ans et sont renouvelables. Ils sont soumis, pendant la durée de leurs fonctions, aux mêmes obligations et bénéficient des mêmes garanties, privilèges et immunités que les membres de la Cour (v. ss 1145). En revanche, il n'est pas indispensable qu'ils possèdent comme les membres de la Cour la capacité requise pour l'exercice « des plus hautes fonctions juridictionnelles » ; jusqu'au traité de Nice, il suffisait qu'ils aient la capacité requise « pour l'exercice de fonctions juridictionnelles », ce que le traité de Nice a corrigé : les conditions de nomination des juges font, depuis, référence à « la capacité requise pour l'exercice de *hautes* fonctions juridictionnelles » (désormais art. 254, al. 2, FUE).

1156. ***Organisation interne*** : les membres du Tribunal désignent parmi eux un président pour un mandat de trois ans renouvelable. Comme pour la Cour, est de même désigné depuis 2013 un vice-président.

Si le Tribunal a son siège auprès de la Cour, son indépendance fonctionnelle est garantie par l'existence d'un greffe distinct, à la tête duquel le tribunal nomme lui-même le greffier, dont il fixe le statut. L'administration du Tribunal, sa gestion financière et sa comptabilité sont assurées par le greffier, sous l'autorité du président et avec le concours des services de la Cour de justice. Le président de la Cour et le président du Tribunal fixent d'un commun accord les modalités selon lesquelles des fonctionnaires et autres agents attachés à la Cour prêtent leur service au Tribunal pour permettre d'en assurer le fonctionnement (bibliothèque, recherche, traduction, interprétation...), mais l'indépendance fonctionnelle impose que certains fonctionnaires ou autres agents (notamment collaborateurs directs du président, des juges et du greffier) relèvent du greffier du Tribunal sous l'autorité du président.

1157. ***Organisation juridictionnelle*** : s'il peut siéger, dans certains cas énumérés par le règlement de procédure, en Grande chambre (de quinze juges) le Tribunal siège normalement en chambres, composés de trois ou de cinq juges. Il existe neuf chambres, chacune comprenant une formation « normale » de deux ou trois « trios », et une formation « élargie » de cinq membres. Jusqu'en 2018 (le temps d'épuiser les pourvois portant sur les décisions du Tribunal de la fonction publique supprimé le 1er septembre 2016) existait une chambre des pourvois pour statuer sur les décisions de ce Tribunal de la fonction publique.

Depuis la modification du règlement de procédure du 17 mai 1999, le tribunal peut également siéger en formation à juge unique (cf. R. Muñoz, « Le système du juge unique pour le règlement d'un problème multiple : l'encombrement de la CJCE et du TPI », *RMC* n° 444, janv. 2001, p. 60), la désignation du juge rapporteur comme juge unique pouvant intervenir spécialement en l'absence de difficulté des questions de droit ou de fait soulevées, ou en raison de l'importance limitée de l'affaire. Un État membre ou une institution partie à l'instance peuvent s'opposer à un jugement à juge unique, cette procédure étant exclue, par ailleurs, pour certaines affaires, comme celles, spécialement, soulevant des questions relatives à la légalité d'un acte de portée générale (Pour un exemple d'impossibilité, sanctionnée par la Cour, pour le Tribunal, de statuer en formation de juge unique dès lors qu'est en cause, même incidemment, la légalité d'un acte de portée générale, CJCE 15 janv. 2002, *Libéros*, aff. C-171/00 P, *Rec.* I-451), ou relevant des règles de concurrence, de contrôle des concentrations, des aides d'État ou de défense commerciale (cf. règlement de procédure, art. 14, § 2).

En 2017, l'immense majorité des affaires (sur 895 affaires clôturées) ont été jugées par une chambre à trois juges (751), les chambres à cinq juges n'intervenant que pour dix-huit espèces, la chambre des pourvois pour 46, et le président prenant 80 ordonnances. Alors qu'il fallait remonter à 2007 pour trouver deux arrêts en Grande chambre, il y a eu deux ordonnances prises dans cette formation en 2010 (et aucune occurrence entre 2011 et 2017). De même, aucune formation à juge unique n'avait statué en 2008, ni en 2009 (deux cas en 2007), et trois arrêts ont été rendus en 2010 par un juge unique. Un arrêt et huit ordonnances en 2015, puis cinq arrêts en 2016 ont été également pris en formation à juge unique, ce qui n'est pas arrivé en 2017.

III. Les tribunaux spécialisés : le Tribunal de la fonction publique (2004-2016)

Govaere (I.) et Vandersanden (G.) (éd.), *La fonction publique communautaire. Nouvelles règles et développements contentieux*, Bruxelles, Bruylant, 2008.

Van Raepenbusch (S.), « Contentieux de la fonction publique de l'Union européenne », *J.-Cl. Europe*, fasc. 199-2.

1158. Première « chambre juridictionnelle » créée, sur la base de ce que permettait alors le traité de Nice, par la décision 2004/752 du Conseil du 2 novembre 2004 (*JOUE* n° L 333/7 du 9 nov. 2004), le Tribunal de la fonction publique reste à ce jour le seul exemple, qui plus est éphémère, de ce que l'on appelle, depuis le traité de Lisbonne, de façon moins ambigüe, les « tribunaux spécialisés ».

Le statut de la Cour prévoit que lui seront annexées les dispositions relatives aux compétences, à l'organisation et à la procédure de ces tribunaux spécialisés (art. 62 *quater*), de sorte qu'il n'a possédé, jusqu'à présent, qu'une unique annexe de 13 articles consacrés au Tribunal de la fonction publique. Cette annexe a été abrogée par le règlement (UE, Euratom) 2016/1192 du Parlement et du Conseil, du 6 juillet 2016 relatif au transfert au Tribunal de la compétence pour statuer, en première instance, sur les litiges entre l'Union européenne et ses agents (*JOUE* n° L 200/137 du 26 juill. 2016), mais en vertu de l'article 4 dudit règlement, les articles 9 à 12 de l'annexe I du protocole n° 3 sont demeurés toutefois applicables aux pourvois dont le Tribunal était saisi à la date du 31 août 2016 ou qui ont été introduits après cette date contre les décisions du Tribunal de la fonction publique.

Le cadre juridique de cette juridiction était complété par le règlement de procédure qu'il adoptait lui-même en accord avec la Cour de justice et après approbation du Conseil (art. 257, al. 5, FUE).

1159. La *composition* du Tribunal de la fonction publique comportait nombre d'originalités par rapport à la Cour et au Tribunal. Il était d'abord remarquable qu'elle comptât sept juges, ce qui est un nombre très inférieur aux vingt-huit juges de chacune des deux autres juridictions et, en tous cas, un nombre « décroché » du nombre d'États membres. L'explication tient à la nature même du contentieux de la fonction publique ; il s'agit d'un contentieux « interne » à l'Union, n'impliquant pas les États membres, de sorte qu'il n'était pas problématique d'essayer d'adapter exactement ce nombre au volume estimé pour ledit contentieux, qui était de l'ordre de 120 affaires par an. De fait, 130 affaires ont été introduites en 2005, et le nombre était de 167 pour 2015. À la demande de la Cour de justice, cependant, le Conseil, à la majorité qualifiée, pouvait augmenter ce nombre.

Originalité encore, puisque les membres étaient nommés par le Conseil à l'unanimité, c'est-à-dire par une institution de l'Union, et non d'un commun accord par les gouvernements des États membres. En revanche, c'est classiquement que leur mandat était de 6 ans renouvelables. Si le traité (art. 257, al. 4, FUE) impose comme seules exigences que les personnes nommées, classiquement, offrent « toutes les garanties d'indépendance » et, selon un discret dégradé faisant écho aux conditions de nomination des juges à la Cour et au Tribunal, possèdent « la capacité requise pour l'exercice de fonctions juridictionnelles », le statut imposait une autre contrainte : compte tenu du nombre de juges inférieur au nombre d'États membres, le Conseil devait veiller à « une composition équilibrée du Tribunal de la fonction publique sur une base géographique aussi large que possible parmi les ressortissants des États membres et en ce qui concerne les systèmes juridiques nationaux représentés » (art. 3 § 1, de l'annexe I du statut). Ceci était d'autant plus important que de manière, là encore, originale, les candidatures ne résultaient pas de propositions par les gouvernements mais de classiques appels d'offre : tout citoyen de l'Union remplissant les conditions de l'article 257, alinéa 4, FUE pouvait présenter sa candidature ; il était cependant prévu que le Conseil, statuant sur recommandation de la Cour, fixe les modalités régissant la présentation et le traitement des candidatures. Ce dispositif inédit explique qu'ait été prévu d'emblée qu'un comité composé de sept personnalités parmi d'anciens membres de la Cour de justice et du Tribunal et de juristes possédant des compétences notoires donne un avis préalable sur l'adéquation des candidats, aboutissant à une liste proposée au Conseil devant comporter un nombre de candidats retenus correspondant au moins au double du nombre de juges à nommer. On reconnaît là la préfiguration du comité que mettra en place le traité de Lisbonne (art. 255 FUE) pour les nominations à la Cour de justice et au Tribunal (cf. la décision du Conseil du 18 décembre 2008 portant nomination des membres du comité, *JOUE* n° L 24/11 du 28 janv. 2009).

1160. *S'agissant de l'organisation*, les juges désignaient parmi eux, pour un mandat de trois ans renouvelable, le président du Tribunal de la fonction publique.

Le principe était que le travail juridictionnel se déroulât au sein de chambres de trois juges, mais le règlement de procédure prévoyait le renvoi d'une affaire devant l'assemblée plénière ou la chambre de cinq juges lorsque la difficulté des questions de droit soulevées, l'importance de l'affaire ou des circonstances particulières le justifiaient ; les affaires attribuées à une chambre à trois juges pouvaient aussi, à l'inverse, être jugées par le juge rapporteur statuant en tant que juge unique, lorsqu'elles s'y prêtaient, compte tenu de l'absence de difficulté des questions de droit ou de fait soulevées, de l'importance limitée de l'affaire et de l'absence d'autres circonstances particulières. En 2015, dernière année complète de la juridiction, sur 152 affaires clôturées, 128 l'ont été par les trois chambres à trois juges, et 17 à juge unique, le reste étant constitué de 7 ordonnances du président.

Si le Tribunal de la fonction publique nommait son greffier dont il fixait le statut, il s'appuyait sur les services de la Cour de justice et du Tribunal. Le président de la Cour de justice ou, le cas échéant, le président du Tribunal fixait d'un commun accord avec le président du Tribunal de la fonction publique les modalités selon lesquelles des fonctionnaires et autres agents, attachés à la Cour ou au Tribunal, prêtaient leur service au Tribunal de la fonction publique pour permettre d'en assurer le fonctionnement.

§ 4. Cohérence

I. La répartition des compétences

1161. L'article 256 FUE donne les clés pour cette question. Il attribue des compétences particulières, en première instance, au Tribunal, à l'exception des recours attribués à un Tribunal spécialisé et de ceux que le statut réserve à la Cour de justice. Il ajoute des compétences vis-à-vis des décisions des Tribunaux spécialisés et des compétences préjudicielles que le statut devra cependant organiser.

Au total, on peut présenter ainsi les compétences de chacune des trois juridictions :

A. Compétences de la Cour de justice

1162. S'agissant des recours, elle est compétente :

• pour les recours en manquement,

• pour les recours en annulation et en carence introduits par un État membre,

– à l'encontre du Parlement européen, du Conseil ou des deux, sauf lorsque sont en cause certains actes du Conseil en matière d'aides d'État (art. 108, § 2, al. 3, FUE), de défense commerciale (art. 207 FUE), ou des actes d'exécution du Conseil (art. 291, § 2, FUE),

– à l'encontre de la Commission dans le contexte des coopérations renforcées (art. 331, § 1, FUE). La dimension politique est en effet essentielle ici,

• pour les recours en annulation et en carence introduits par une institution de l'Union contre un acte ou une abstention de statuer du Parlement européen, du Conseil, des deux conjointement, de la Commission, et de la Banque centrale européenne,

• pour les demandes de démission d'office d'un membre de la Commission, du Médiateur européen ou d'un membre de la Cour des comptes,

• pour les demandes d'avis sur la compatibilité d'un accord externe envisagé par l'Union avec le droit de l'Union,

• pour les pourvois contre les arrêts du Tribunal,

• pour les réexamens des arrêts (résiduels après 2016) de pourvois du Tribunal vis-à-vis des décisions du Tribunal de la fonction publique.

1163. La Cour reste seule compétente pour les renvois préjudiciels, puisque la possible attribution au Tribunal, depuis le traité de Nice (cf. art. 256, § 3, FUE), n'a pas été concrétisée. Le 14 décembre 2017, la Cour de justice a présenté un rapport concluant qu'il n'y avait toujours pas lieu d'opérer un tel transfert partiel. En effet, il serait compliqué d'établir une répartition matérielle des compétences préjudicielles entre les deux juridictions, les questions préjudicielles pouvant relever de plusieurs domaines, et les garanties vis-à-vis des divergences, malgré le dessaisissement du Tribunal quand il estime que la question appelle une décision de principe, ou la procédure de réexamen (les deux dispositifs étant prévus à l'article 256, § 3, FUE) ont été jugées insuffisantes, tant il est vrai que l'exigence d'unicité est certainement délicate à édulcorer pour une procédure visant l'uniformité d'interprétation et d'appréciation de validité.

Au total, ce sont des compétences dessinant le profil d'une sorte de Cour suprême, chargée d'un contentieux institutionnel ou constitutionnel, le critère étant cependant plus organique (personnalité des requérants) que matériel (nature des actes en cause), et d'une action de régulation vis-à-vis des juges nationaux comme vis-à-vis des autres juridictions de l'Union.

En 2017, ont été introduits devant la Cour 533 renvois préjudiciels, 46 recours directs, dont 41 recours en manquement, et 141 pourvois.

B. Compétences du Tribunal

1164. Initialement et jusqu'au traité de Nice, c'était le Conseil, statuant à l'unanimité, sur la demande de la Cour de justice et après consultation du Parlement européen et de la Commission qui fixait les catégories de recours relevant en première instance du Tribunal.

1165. L'article 168 A, dans sa version de l'AUE, autorisait le transfert au TPI de tous les recours formés par des personnes physiques ou morales. Mais, dans sa décision du 24 octobre 1988 (*JOCE* n° L 319/1 du 25 nov. 1988), le Conseil a seulement décidé le transfert de certaines catégories de recours grandes « mangeuses de temps », parce qu'exigeant fréquemment l'examen de faits complexes, à savoir :

– ***à titre principal***, d'abord les recours formés contre une institution des Communautés par des personnes physiques ou morales en vertu des articles 230 CE *[ex 173]* (recours en annulation) et 232 CE *[ex 175]* (recours en carence) et concernant la mise en œuvre des règles de concurrence applicables aux entreprises (*affaires de concurrence*) ; en second lieu, les recours formés contre la Commission en vertu des articles 33 et 35 CECA (recours en annulation et en carence) par les entreprises et les associations d'entreprises qui concernent des actes individuels relatifs à l'application des articles 50 et 57 à 66 CECA (prélèvements, production, prix, ententes et concentrations, *affaires* CECA).

– ***à titre accessoire***, pour des raisons évidentes de simplicité, les recours en indemnité qui tendent à la réparation de dommages causés par une institution communautaire du fait de l'action ou de l'abstention faisant l'objet d'un recours en annulation ou en carence formé par le même requérant et relevant de la compétence principale du tribunal.

Il en était attendu une réduction du tiers environ de la charge de travail de la Cour.

1166. C'est par une deuxième décision, le 8 juin 1993 (*JOCE* n° L 144/21 du 16 juin 1993) que le Conseil a transféré l'ensemble des recours (en annulation, en carence et en indemnité) introduits par les personnes physiques ou morales au titre des trois traités, y compris sur la base d'une clause compromissoire. Ce transfert devait prendre effet à compter du 1er août 1993, sauf pour les recours contre les mesures communautaires de défense commerciale (art. 74 CECA, art. 113 CE), pour lesquelles la date du 15 mars 1994 a été retenue par le Conseil à l'unanimité.

1167. Sur la base de l'article 168 A *[devenu 225 CE à partir du traité d'Amsterdam]*, enfin, le transfert pouvait dès lors être étendu, toujours par décision du Conseil, à tous les autres recours directs, c'est-à-dire ceux qui sont introduits par les États membres et les institutions, puisque le traité, désormais, ne réservait plus à la Cour que les renvois préjudiciels.

1168. Le traité de Nice est allé encore plus loin. Non seulement il a fait du TPI le véritable juge communautaire de droit commun en première instance pour tous les recours directs, même introduits par des acteurs institutionnels (art. 225, § 1, CE ; ceci est fait sous réserve, notamment, des recours réservés à la Cour par le statut), mais il a admis sa compétence « pour connaître des questions préjudicielles, [...], dans des matières spécifiques déterminées par le statut » (art. 225, § 3, CE). Si l'on ajoute que le TPI recevait compétence pour se prononcer, par pourvoi limité aux questions de droit ou, plus spécialement, en tant qu'instance d'appel, sur les décisions des chambres juridictionnelles (art. 225 A), on pouvait se demander si l'appellation même de Tribunal de première instance n'était pas, déjà, en deçà de la réalité de ses missions.

1169. Par sa décision n° 2004/407 du 26 avril 2004, portant modification des articles 51 et 54 du protocole sur le statut de la Cour de justice (*JOUE* n° L 132/5), le Conseil a encore procédé à un transfert au Tribunal de première instance de certaines compétences qui étaient jusqu'alors encore réservées à la Cour. Le Tribunal de première instance est ainsi devenu compétent pour les recours directs en annulation et en carence introduits par les États membres contre : les décisions du Conseil en matière d'aides d'État ; les actes du Conseil adoptés en vertu d'un règlement de cette institution relatif aux mesures de défense commerciale ; les actes du Conseil par lesquels ce dernier exerce directement des compétences d'exécution ; et les actes de la Banque centrale européenne et les actes de la Commission sauf ceux concernant une coopération renforcée dans le cadre du traité instituant la Communauté européenne.

1170. La situation actuelle, sur la base de l'article 256 FUE, est celle d'un Tribunal juge de droit commun au sein de la Cour de justice de l'Union européenne, mais cette compétence est considérablement altérée par les attributions spécifiques aux autres juridictions européennes.

Il est compétent pour :

– les recours en annulation et en carence introduits par les personnes physiques ou morales et dirigés contre les actes des institutions et des organes et organismes de l'Union européenne (dont elles sont les destinataires ou qui les concernent directement et individuellement) ainsi que contre les actes réglementaires (qui les concernent directement et qui ne comportent pas de mesures d'exécution) ou encore contre une abstention de statuer de ces institutions, organes et organismes ;

– les recours en annulation et en carence formés par les États membres contre la Commission, à l'exception du cadre des coopérations renforcées ;

– les recours en annulation et en carence formés par les États membres contre le Conseil concernant les actes pris dans le domaine des aides d'État, les mesures de défense commerciale (« anti-dumping ») et les actes par lesquels il exerce des compétences d'exécution ;

– les recours en responsabilité extra-contractuelle, suite à des dommages causés par les institutions de l'Union européenne ou leurs agents dans l'exercice de leurs fonctions ;

– les recours se fondant sur des contrats passés par l'Union européenne, qui prévoient expressément la compétence du Tribunal ;

– les pourvois (résiduels) à l'encontre des décisions du Tribunal de la fonction publique de l'Union européenne ;

– les recours visant à trancher les litiges entre l'Union et ses agents (depuis le 1er septembre 2016) ;

– les recours à l'encontre des décisions des chambres de recours des Offices intervenant en matière de propriété intellectuelle : Office communautaire des variétés végétales, et Office pour la propriété intellectuelle.

À titre indicatif, on peut relever qu'en 2017, sur quelques 917 affaires introduites, on comptait notamment 371 recours en annulation, 8 recours en carence, 23 recours en responsabilité extracontractuelle, 21 recours sur base d'une clause contractuelle compromissoire, et 298 recours dans le domaine de la propriété intellectuelle.

II. La prevention des erreurs et conflits de compétences

1171. La juxtaposition de la Cour et des d'un ou plusieurs tribunaux risquant de multiplier les erreurs, voire les conflits de compétence, le statut (art. 54 pour le Tribunal et art. 8 de l'annexe I pour l'ancien Tribunal de la fonction publique) met en place des procédures évitant ces situations.

Il est d'abord prévu que les confusions entre greffes commises par les plaideurs sont réparées automatiquement. La juridiction qui se déclare incompétente doit obligatoirement renvoyer à l'une des autres ; le Tribunal, auquel la Cour renvoie un recours, ne peut décliner sa compétence, ce qui évite les conflits négatifs. Il en allait de même du TFP auquel renvoie la Cour ou le Tribunal.

Enfin, dans un même souci d'économie de procédure, et pour éviter des contrariétés de jurisprudence, lorsque le Tribunal et la Cour sont saisis d'affaires ayant le même objet, ou mettant en cause l'interprétation ou la validité du même acte, la Cour ou le Tribunal peuvent décider de suspendre la procédure jusqu'au prononcé de l'arrêt de l'autre juridiction. Le Tribunal, lui, peut aussi décider, s'il s'agit d'un recours en annulation, de se dessaisir. Il doit le faire lorsqu'un tel recours est introduit à la fois par un État membre et une institution.

Quand la même situation intervenait entre le Tribunal de la fonction publique et le Tribunal, il fallait distinguer deux cas. Si était en cause la même question d'interprétation ou la validité du même acte, le TFP pouvait suspendre la procédure en attendant l'arrêt du tribunal. Si les affaires avaient le même objet, le TFP déclinait sa compétence pour que le Tribunal statue sur les deux affaires.

III. Les voies de recours

1172. La multiplication des juridictions de l'Union, dans le cadre général de la Cour de justice de l'Union, peut susciter deux soucis à certains égards contradictoires. Le souci de l'unité d'abord, conduisant à souhaiter la mise en place de voies de recours à l'encontre des décisions des tribunaux, Tribunal ou tribunal spécialisé (passé ou futur), aboutissant finalement à revenir à la compétence unique de la Cour. Le souci, cependant, de ne pas par-là réduire à néant le profit que la Cour de justice pouvait tirer de la création de ces nouvelles juridictions en terme d'allègement de son rôle.

Le traité prévoit un certain nombre de solutions qui tentent de ménager les deux considérations, notamment en axant principalement ces voies de recours sur une logique de cassation, c'est-à-dire limitée aux questions de droit, l'idée étant donc d'ouvrir de telles voies mais en tant que garantie ultime, ne jouant pas systématiquement.

S'agissant des décisions rendues par le Tribunal, l'article 256, § 1, FUE prévoit qu'elles « peuvent faire l'objet d'un pourvoi devant la Cour de justice, limité aux questions de droit ».

Pour les décisions des tribunaux spécialisés, le § 2, alinéa 1er, ajoute que « Le Tribunal est compétent pour connaître des recours qui sont formés contre les décisions des tribunaux spécialisés », ce qui est plus indéterminé, mais bénéficie de plus de précision dès l'article 257, alinéa 3 : « Les décisions des tribunaux spécialisés peuvent faire l'objet d'un pourvoi limité aux questions de droit ou, lorsque le règlement portant création du tribunal spécialisé le prévoit, d'un appel portant également sur les questions de fait, devant le Tribunal ». Le principe est donc celui, là encore, du pourvoi. Rappelons que le règlement créant le Tribunal de la fonction publique n'avait pas ouvert cette possibilité d'appel.

Le système est complété par un deuxième niveau de voies de recours, s'agissant des décisions du Tribunal rendues sur pourvoi contre une décision d'un tribunal spécialisé. L'article 256, § 2, alinéa 2, indique que « Les décisions rendues par le Tribunal en vertu du présent paragraphe peuvent exceptionnellement faire l'objet d'un réexamen par la Cour de justice, dans les conditions et limites prévues par le statut, en cas de risque sérieux d'atteinte à l'unité ou à la cohérence du droit de l'Union ».

La même procédure exceptionnelle de réexamen serait d'application au cas où, en application de l'article 256, § 3, le Tribunal se verrait attribuer une compétence préjudicielle (v. ss 1163).

A. Les pourvois

1° L'objet

1173. Il est large. Seront visés des arrêts ou ordonnances du Tribunal ou d'un tribunal spécialisé et le statut de la Cour (art. 56, 57 et annexe I pour le TFP, de manière résiduelle depuis le 1er septembre 2016) permet d'identifier lesquels pourront faire l'objet d'un pourvoi :

– décisions mettant fin à l'instance

– décisions tranchant partiellement le litige au fond

– décisions mettant fin à un incident de procédure portant sur une exception d'incompétence ou d'irrecevabilité

– décisions rejetant une demande d'intervention

– décisions prises au titre des mesures provisoires

2° L'initiative

1174. On peut ici identifier trois catégories.

Toute partie ayant partiellement ou totalement succombé en ses conclusions (art. 56, al. 2, Statut pour le Tribunal et at. 9 de l'annexe I pour le TFP). C'est là une logique de voie de recours et il y a ici une exigence d'intérêt du requérant à obtenir une issue positive à son pourvoi.

Les parties intervenantes autres que les États membres et les institutions de l'Union : elles doivent prouver que la décision en cause « les affecte directement ».

Les États membres et les institutions de l'Union : l'exigence d'être directement affecté n'existe plus et il y avait, de plus, une différence entre le pourvoi contre les décisions du Tribunal et celui à l'encontre des décisions du TFP. Pour le premier cas, les États membres et institutions peuvent former un pourvoi qu'ils aient été ou non intervenants dans le litige devant le Tribunal. Pour le TFP, la position privilégiée des États et institutions n'existait que s'ils étaient intervenus devant le TFP.

3° Les délais

1175. Le délai est de deux mois à compter de la notification de la décision attaquée, mais si est en cause une décision rejetant une demande d'intervention, il est de deux semaines.

4° Les effets

1176. Le pourvoi n'a pas d'effet suspensif. Il est cependant possible de demander un sursis à exécution ou la prescription de mesures d'urgence (dans les conditions de droit commun prévues aux articles 278 et 279 FUE).

S'agissant d'un pourvoi contre une décision du Tribunal qui aurait annulé un règlement, il y a cependant une exception à ce caractère non suspensif. Un tel arrêt, en effet, ne prend effet qu'à l'expiration du délai de pourvoi, et si un pourvoi a été formé, qu'à compter de son rejet. Existe toujours, cependant, pour la partie ayant obtenu cette annulation du règlement et en cas de préjudice grave et irréparable, la possibilité d'obtenir de la Cour une mesure provisoire de suspension des effets du règlement annulé.

5° Les moyens invocables

1177. C'est un peu le cœur du débat s'agissant d'un pourvoi qui est limité aux « questions de droit ».

Cette question de la « nature » des motifs se double de celle de la « nouveauté » des motifs.

a) La nature des moyens

1178. Le statut (article 58 pour les décisions du Tribunal, article 11 de l'annexe I pour celles du TFP) détaille cette exigence, positivement et négativement.

• Le pourvoi *peut donc être fondé* sur des moyens tirés de :
– l'incompétence du tribunal,
– une irrégularité des procédures portant atteinte aux intérêts du requérant
– la violation du droit de l'Union.
• Il *ne peut pas être fondé* uniquement sur la charge et le montant des dépens.

Il est clair que le problème se situera souvent vis-à-vis de la violation du droit de l'Union et des rapports, dans ce cadre, entre l'erreur de fait et l'erreur de droit, et doivent être distinguées les questions de constatation, d'appréciation et de qualification juridique des faits.

– La constatation des faits n'est pas contrôlée dans le cadre d'un pourvoi.

– L'appréciation des faits est souvent située sur le terrain des preuves retenues par le juge, qui aboutissent à donner un effet de droit à une question de fait. Cette appréciation, en principe, comme la constatation relève du premier juge, mais il y a une exception : cela deviendra une question de droit en cas de dénaturation, qui plus est « manifeste » des éléments de fait. Le caractère manifeste permet de respecter le principe puisque cela signifie que le juge du pourvoi n'a même pas à se livrer à une nouvelle appréciation des faits ou des preuves, la dénaturation découlant simplement des pièces du dossier (arrêt du 18 mars 2010, *Trubowest Handel et Makarov*, aff. C-419/08 P, *Rec.* I-2259).

– La qualification juridique des faits est, quant à elle, une question de droit entrant dans le champ du pourvoi.

b) La nouveauté des moyens

1179. Les moyens doivent forcément être nouveaux, sinon il s'agirait de faire juger une deuxième fois l'affaire si le requérant se bornait à reproduire sa requête initiale. Il s'agit donc spécifiquement de présenter des moyens à l'encontre de la solution donnée par le premier juge à la requête initiale. En revanche, et selon la même logique, ces moyens nouveaux ne sauraient contenir de conclusions nouvelles ni modifier l'objet même du litige initial, par exemple en soulevant un moyen qui aurait été oublié devant le premier juge.

6° Le déroulement de l'instance

1180. Le pourvoi est signifié à toutes les parties à la procédure initiale qui ont deux mois pour présenter un mémoire en réponse. Pour le reste, domine le souci de rapidité. En principe il n'y aura pas de mémoire en réplique et en duplique, sauf si le président l'autorise expressément.

La Cour ou le Tribunal peut décider de statuer sans phase orale, sauf si une partie demande expressément à être entendue.

À tout moment, une fois l'avocat général éventuellement entendu, et sur rapport du juge rapporteur, la Cour (ou le Tribunal) peut rejeter un pourvoi manifestement irrecevable ou manifestement non fondé par voie d'ordonnance.

7° L'aboutissement

a) Rejet du pourvoi

1181. Ce sera le cas dans deux types de cas. D'abord, à l'évidence, lorsqu'aucune des erreurs de droit invoquées n'est constatée. Mais le résultat sera le même si certaines de ces erreurs sont avérées, mais que le dispositif de l'arrêt attaqué reste valable en s'appuyant sur d'autres motifs. Le juge du pourvoi opère alors une substitution de motifs (par exemple, arrêt du 16 juill. 2009, *SELEX*, aff. C-481/07 P, *Rec.* I-127*).

b) Pourvoi fondé

1182. Dans ce cas, la décision du premier juge est annulée. S'il s'agit d'un pourvoi formé devant la Cour par un État membre ou une institution qui n'était pas intervenu au litige, la Cour (c'est une compensation) peut indiquer que certains effets de la décision annulée sont définitifs à l'égard des parties au litige.

De toutes façons, l'annulation peut être partielle et une nouvelle décision ne portera alors que sur une partie du litige initial.

Dans cette hypothèse de pourvoi fondé, s'ouvrent deux possibilités. Soit le litige est en état d'être jugé et la Cour, ou le Tribunal statue. Soit l'affaire est renvoyée devant le premier juge qui statuera en étant lié par les points de droit tranchés par l'arrêt sur pourvoi.

B. Le réexamen

Naome (C.), « Procédure "RX" : le réexamen, par la Cour de justice, d'affaires ayant fait l'objet d'un pourvoi devant le Tribunal », *JDE* n° 168, 2010. 104.

Rousselot (R.), « La procédure de réexamen en droit de l'Union européenne », *CDE* 2014. 535.

1183. C'est au Premier Avocat général de la Cour de voir si existe un risque sérieux d'atteinte à l'unité ou à la cohérence du droit de l'Union du fait d'une décision du Tribunal sur pourvoi (cela jouait lorsque le TFP existait mais pourrait être d'application en cas de création d'un tribunal spécialisé ou si le Tribunal recevait une compétence préjudicielle). Dans un tel cas et un délai d'un mois à partir de la décision du Tribunal, il propose à la Cour de réexaminer cette dernière, ce qui devra être fait dans un nouveau délai d'un mois, initialement dans le cadre d'une chambre spécifique (président de la Cour et quatre des présidents de chambres à cinq juges). Ceci perturbait le travail de la Cour et le nouveau règlement de procédure entré en vigueur en novembre 2012 a prévu que les deux opérations (est-ce qu'il y a lieu de réexaminer ? Puis réexamen) relèveraient d'une même chambre à cinq juges désignée pour un an comme la « chambre de réexamen ». Celle-ci pouvait cependant demander le renvoi à une formation plus importante.

La procédure est la procédure d'urgence prévue pour les renvois préjudiciels (v. ss 1473).

En cas d'atteinte à l'unité ou à la cohérence du droit de l'Union, la Cour renvoie l'affaire devant le Tribunal qui est alors lié par les points de droit réexaminés. Si la solution du litige découle des constatations de fait sur lesquelles est fondée la décision du Tribunal, la Cour statue définitivement.

Les propositions de réexamen ont été rares, la procédure est assez opaque (proposition du premier avocat non rendue publique ; rejet de la proposition par la Cour non motivée) et on peut éclairer la présentation par la première affaire ayant abouti à un réexamen. Etait en cause une décision du TFP du 19 octobre 2007, *M/EMEA*, aff. F-23/07, relative à une décision de non renouvellement d'un contrat d'un agent temporaire de l'agence européenne du médicament qui avait donné lieu à un pourvoi devant le Tribunal : arrêt du 6 mai 2009, *M/EMEA*, aff. T-12/08 P. La Cour a décidé le réexamen le 24 juin 2009, *Réexamen arrêt 12/08 P*, aff. C-197/09 RX-I et a statué en décembre : arrêt du 17 déc. 2009, *Réexamen M/EMEA*, aff. C-197/09 RX-II, *Rec.* I-12033. La Cour y constate pour la première fois avec une telle procédure que le Tribunal a porté atteinte à l'unité et à la cohérence du droit de l'Union par une interprétation erronée de la notion de « litige en état d'être jugé » et par une méconnaissance des exigences du droit à un procès équitable. Ce premier exercice permet de mesurer les critères pris en considération, notamment la violation d'acquis jurisprudentiels antérieurs bien établis, le risque de faire jurisprudence dans de nombreux domaines d'application, ou l'importance des règles violées pour une « Union de droit ».

La Cour a alors renvoyé au Tribunal, lequel a... renvoyé au TFP : arrêt du 8 juill. 2010, *M / EMA*, aff. T-12/08 P-RENV-RX. Par ordonnance du 31 mars 2011 (aff. F-23/07 RENV-RX), le Tribunal de la fonction publique a finalement procédé à un règlement amiable de l'affaire.

1184. On peut faire un tableau d'ensemble de la jurisprudence en matière de réexamen.

– ***Pour la Cour*** : Décis. du 16 avr. 2008, *Réexamen arrêt T-414/06 P*, aff. C-216/08 RX, ECLI:EU:C:2008:228 ; Décis. du 5 févr. 2009, *Réexamen arrêt affaires jointes T-90/07 P et T-99/07 P*, aff. C-21/09 RX, ECLI:EU:C:2009:57 ; Décis. du 5 juin 2009, *Réexamen arrêt T-492/07 P*, aff. C-180/09 RX, ECLI:EU:C:2009:355 ; Décis. du 24 juin 2009, *Réexamen arrêt T-12/08 P*, aff. C-197/09 RX, *Rec.* I-12033, ECLI:EU:C:2009:391 ; arrêt du 17 déc. 2009, *Réexamen arrêt M c/ EMEA*, aff. C-197/09 RX-II, *Rec.* I-12033, *Rec. FP* I-B-2-15, II-B-2-153, ECLI:EU:C:2009:804 ; Décis. du 5 mai 2010, *Réexamen arrêt T-338/07 P*, aff. C-183/10 RX, ECLI:EU:C:2010:246 ; Décis. du 27 oct. 2010, *Réexamen ordonnance T-157/09 P*, aff. C-478/10 RX, ECLI:EU:C:2010:641 ; Décis. du 8 févr. 2011, *Réexamen arrêt T-143/09 P*, aff. C-17/11 RX, *Rec.* I-299, ECLI:EU:C:2011:55 ; Décis. du 12 juill. 2012, *Réexamen Arango Jaramillo e.a. c/ BEI*, aff. C-334/12 RX, ECLI:EU:C:2012:468 ; arrêt du 28 févr. 2013, *Réexamen Arango Jaramillo e.a. c/ BEI*, aff. C-334/12 RX-II, ECLI:EU:C:2013:134 ; Décis. du 11 déc. 2012, *Réexamen Commission c/ Strack*, aff. C-579/12 RX, ECLI:EU:C:2012:785 ; arrêt du 19 sept. 2013, *Réexamen Commission c/ Strack*, aff. C-579/12 RX-II, ECLI:EU:C:2013:570 ; Décis.

du 9 sept. 2014, *Réexamen Missir Mamachi di Lusignano c/ Commission*, aff. C-417/14 RX, ECLI:EU:C:2014:2219 ; arrêt du 10 sept. 2015, *Missir Mamachi di Lusignano c/ Commission*, aff. C-417/14 RX-II, ECLI:EU:C:2015:588 ; Décis. du 29 juin 2016, *Réexamen Andres e.a. c/ BCE*, aff. C-312/16 RX, ECLI:EU:C:2016:520 ; Ord. du 19 mars 2018, *Réexamen FV c/ Conseil*, aff. C-141/18 RX, ECLI:EU:C:2018:218.

– ***Pour le Tribunal*** : Ord. du 11 mars 2010, *M c/ EMEA*, aff. T-12/08 P-RENV-RX-AJ, *Rec.* II-949, ECLI:EU:T:2010:84 ; arrêt du 8 juill. 2010, *M c/ EMA*, aff. T-12/08 P-RENV-RX, *Rec.* II-3735, ECLI:EU:T:2010:293 ; arrêt du 9 juill. 2013, *Arango Jaramillo e.a. c/ BEI*, aff. T-234/11 P RENV-RX, ECLI:EU:T:2013:348 ; arrêt du 7 déc. 2017, *Missir Mamachi di Lusignano e.a. c/ Commission*, aff. T-401/11 P RENV-RX, ECLI:EU:T:2017:874).

Section 3
La procédure devant le juge de l'Union européenne

Christianos (V.) et Picod (F.), « Les modifications récentes du règlement de procédure de la CJCE », *D.* 1991. Chron. 273.
Gaudissart (M.-A.), « La refonte du règlement de procédure de la Cour de justice », *CDE* 2012, n° 3, p. 603.
Hubeau (F.), « Changement des règles de procédure devant les juridictions communautaires », *CDE* 1991. 499.
Knaub (G.), « La procédure devant la Cour de justice des Communautés européennes », *RTDE* 1967. 269.
Rideau (J.), « Cour de justice. Procédures générales », *Juris-Cl. Europe*, fasc. 270, 2014.
Rideau (J.), « Cour de justice. Procédures particulières », *Juris-Cl. Europe*, fasc. 280, 2012.
Rideau (J.) et Picod (F.), *Code des procédures juridictionnelles de l'Union européenne*, 3e éd., Paris, Litec, 2005.
Picod (F.), « Cour de justice (procédure) », *Rép. eur.*, Dalloz, 2016.

1185. Il faut d'emblée préciser que malgré l'existence de trois (puis deux) règlements de procédure spécifiques, il est possible de faire une présentation d'ensemble, les caractères généraux de la procédure étant largement les mêmes pour les trois juridictions de l'Union. A cette identification générale succèdera l'étude de quelques dispositifs procéduraux particuliers.

§ 1. Caractères généraux

1186. La procédure devant les juridictions de l'Union européenne présente certains traits caractéristiques qu'il convient de souligner. L'examen méthodique du déroulement général de l'instance permet d'en avoir une vue significative.

I. Traits caracteristiques

1187. Largement inspirée de celle qui est en usage devant les juridictions administratives françaises et plus particulièrement devant le Conseil d'État, la procédure devant la Cour est naturellement *contradictoire* et *publique* (sauf en matière consultative) mais aussi *mixte, inquisitoire, multilingue* et *gratuite.*

– ***Procédure contradictoire*** : tout document produit par une partie est communiquée aux autres (phase écrite) ; l'existence d'une phase orale permet aussi de donner corps à ces échanges.

– ***Procédure publique*** : c'est le cas général sauf pour la procédure consultative.

– ***Procédure mixte*** : dans le cas général, la procédure comporte une phase écrite puis une phase orale.

– ***Procédure inquisitoire*** : cela signifie que le juge va pouvoir ordonner des mesures d'instruction, avec expertise, ou témoignage.

– ***Procédure multilingue*** : le régime linguistique est organisé aux articles 36 à 42 du règlement de procédure de la Cour, et articles 44 à 49 du RPT (cf. J.A. « Usher, Language and the European court of justice » *The international contract. Law and finance Review* 1981. 277). Comme l'ensemble des institutions de l'Union, la Cour est multilingue. Il y a vingt-quatre *langues officielles.* Les juges de Luxembourg, autant que les justiciables doivent, en effet, pouvoir comprendre et se faire comprendre dans la langue qui leur est habituelle ; la confiance dans la justice est à ce prix. C'est ainsi que la Cour est sensée connaître tous documents qui lui sont soumis dans une quelconque des langues officielles. De même, les témoins, experts, juges, avocats généraux, peuvent user librement à l'audience de l'une des langues officielles. Le recueil des arrêts de la Cour de justice (version papier jusqu'en 2012, version numérique depuis) est aussi publié dans toutes les langues.

Ce régime plurilingue comporte cependant un important aménagement pratique : dans chaque affaire, une seule des langues officielles est retenue comme *langue de procédure.* Le demandeur choisit librement cette langue de procédure quand le défendeur est une institution de l'Union, mais il s'agira de la langue du défendeur si celui-ci est un État membre ou un particulier ressortissant d'un État membre. Il y a cependant des possibilités d'utiliser une autre langue, par exemple sur demande conjointe des parties. C'est uniquement dans la langue de procédure que les parties et leurs avocats s'adressent à la Cour (mémoires, plaidoiries) ; c'est dans cette langue seule que les actes de procédure – et plus particulièrement les ordonnances et arrêts –, font foi. Les autres versions des documents n'ont que valeur de traduction. En effet, les membres de la Cour comme les parties peuvent toujours demander que le greffier veille à la traduction dans les langues officielles de leur choix de tout ce qui est dit ou écrit pendant la procédure devant la Cour, sauf au cours du délibéré, où il semble que le français soit utilisé. Plus largement, on peut identifier la *langue de travail interne de la Cour* dont se servent les membres de la Cour ainsi que son personnel pour les besoins pratiques des communications internes et des travaux en commun. Cette langue de travail est actuellement le français. La conséquence est que les actes de procédure, présentés dans une langue autre que le français, sont traduits en français par les services de la Cour aux fins des travaux internes de celle-ci.

– ***Procédure gratuite*** : Contrairement à ce qui se passe devant la plupart des juridictions, la procédure devant la Cour, en principe, ne comporte pas de frais, sauf travaux exceptionnels, comme certaines traductions. Ceci signifie qu'aucune taxe ou autre droit n'est dû, mais doit être ici pris en compte le régime des dépens et la possibilité d'une assistance judiciaire gratuite.

– *Les dépens* : la Cour statue sur les dépens chaque fois que sa décision – ordonnance ou arrêt – met fin à l'instance. En principe, la partie qui succombe est condamnée aux dépens et supporte alors ses propres dépens et ceux des autres parties, à l'exclusion des États membres et des institutions qui supportent leurs propres dépens lorsqu'ils sont intervenus au litige. Il convient de noter qu'a été adopté en la matière le système allemand et italien selon lequel la partie qui succombe paie les frais d'avocat de la partie adverse. Donc, parmi les frais récupérables figurent non seulement les sommes dues aux témoins et aux experts, les frais postaux et téléphoniques mais encore les frais d'avocat de la partie gagnante.

La Cour a toutefois, selon les circonstances de l'affaire, la possibilité soit de compenser les dépens en totalité ou en partie, soit de condamner même la partie gagnante, si celle-ci a exposé la partie perdante à des frais « frustratoires » (inutiles) ou « vexatoires ».

Les recours des fonctionnaires étaient soumis à un régime qui leur était propre. Aux termes de l'article 87, paragraphe 2, du règlement de procédure du Tribunal de la fonction publique, lorsque l'équité l'exigeait, le Tribunal pouvait décider qu'une partie qui succombe ne soit condamnée que partiellement aux dépens, voire qu'elle ne doive pas être condamnée à ce titre. C'est désormais repris par l'article 135 du règlement de procédure du Tribunal. Constituent des éléments permettant de justifier l'application de cette disposition le comportement de l'institution, l'importance de l'enjeu pécuniaire du litige, le caractère sérieux des arguments du requérant, le montant des frais exposés par ce dernier au regard de ses ressources et de sa situation professionnelle (TFP 4 déc. 2008, *Blais c/ BCE*, aff. F-6/08, *Rec. FP* I-A-1-401, II-A-1-2193).

– *L'assistance judiciaire gratuite* : chaque partie peut, à tout moment, demander à bénéficier de l'assistance judiciaire gratuite si elle se trouve « dans l'impossibilité de faire face en totalité ou en partie aux frais de l'instance » (art. 185 du Règlement de procédure de la Cour de justice ; cf. aussi art. 146 à 150 du règlement de procédure du Tribunal). La « caisse » de la juridiction avance alors les frais, qui seront ensuite récupérés auprès de la partie condamnée à payer les dépens, la décision juridictionnelle pouvant prononcer la « distraction au profit de la caisse » de la juridiction. La prise en charge peut également être partiellement ou en totalité définitive.

II. Déroulement général de l'instance

A. L'ouverture de l'instance

1° La présentation de la requête

1188. L'initiative se fait par une requête de la partie demanderesse adressée au greffe de la Cour par pli recommandé, fax ou fichier joint à un courriel (mais uniquement un document scanné). Il est important que la requête soit signée de façon effective, de sorte que si la transmission est faite par voie numérique ou téléphonique, la date ne sera retenue pour la computation des délais qu'à condition que l'original (identique) arrive dans les dix jours.

Cette requête doit contenir le nom des parties, l'objet du litige, les conclusions et un exposé sommaire des moyens invoqués, c'est-à-dire l'essentiel des éléments de fait et de droit de l'affaire. Une requête incomplète ne saurait être facilement complétée ultérieurement, tout moyen nouveau modifiant l'objet même du litige étant irrecevable. La requête initiale est donc importante pour fixer le périmètre de l'affaire et c'est là un élément de rigidité spécifique à la procédure devant le juge européen. Cette règle comporte cependant des assouplissements, un moyen nouveau pouvant être admis s'il s'est révélé durant la procédure, ou s'il s'agit d'un moyen d'ordre public relevant par exemple des conditions de recevabilité des recours, ou portant sur l'incompétence ou la violation des formes substantielles. Il arrive aussi qu'un moyen nouveau soit recevable s'il présente un lien étroit avec un moyen contenu dans la requête : CJ 15 avr. 2010, *Gualtieri*, aff. C-485/08 P, *Rec.* I-3009 (amplification d'un moyen du fait de la réponse à donner à un argument opposé par la Commission). De plus, bien entendu, si les moyens nouveaux sont refusés, les « arguments » nouveaux sont admis, la distinction pouvant être délicate.

Pour aider les parties, les juridictions de l'Union ont publié des « instructions pratiques aux parties ». Ainsi, la requête ne doit pas être trop longue, elle doit être claire, sans répétition ni ambiguïté car il faut réaliser que les juges la traiteront le plus souvent après traduction.

La requête est adressée (ou déposée) au Greffe. L'original doit être signé par le conseil, l'original ainsi que toutes les annexes y mentionnées devant être produits en cinq copies pour la Cour et, aux fins de la signification, en autant de copies qu'il y a de parties en cause. Ces copies doivent être certifiées conformes par la partie qui les dépose.

Pour être recevable, la requête doit être présentée dans les délais fixés par les traités pour chaque type de recours. À l'origine, existait un système complexe de délais additionnels liés à la distance, mais subsiste juste désormais un délai de distance forfaitaire de 10 jours qui se rajoute, quel que soit le lieu du domicile ou de la résidence habituelle de la partie concernée.

2° La représentation des parties

1189. Les parties doivent obligatoirement être représentées devant la Cour, même pour les recours en annulation. Les institutions de l'Union et les États membres sont représentés par des *agents :* ceux-ci sont en général pour les institutions des membres de leur service juridique et, pour les États, des fonctionnaires de services contentieux du ministère des Affaires étrangères. Quant aux personnes privées, physiques ou morales, elles doivent être représentées par un *avocat*. Il n'y a pas de barreau propre à la Cour ; peut donc signer la requête et plaider tout avocat inscrit au barreau d'un des États membres ; en outre, les professeurs de droit ressortissants des États membres dont la législation leur reconnaît le droit de plaider (Allemagne) jouissent devant la Cour des droits reconnus aux avocats. Enfin, les parties doivent être *domiciliées à Luxembourg*. En ce qui concerne les États, le domiciliataire est, normalement, leur représentant diplomatique auprès du gouvernement du Grand-Duché. Pour les particuliers, le domiciliataire – qui ne remplit en fait qu'une fonction de liaison et de « boîte aux lettres » – peut-être un avocat luxembourgeois ou toute autre personne de confiance.

B. La structure de l'instance

1190. Dès réception, la demande est inscrite au registre de la Cour et le président désigne un juge rapporteur qui aura pour tâche de suivre au plus près le déroulement de l'affaire.

1° La phase écrite

1191. La requête est signifiée à la partie adverse qui dispose d'un délai d'un mois (à la Cour) ou de deux mois (pour le Tribunal) pour présenter un mémoire en défense. Ensuite, chaque partie a la possibilité, dans un délai fixé par le président, de déposer un mémoire supplémentaire, *réplique* pour le demandeur, *duplique* pour le défendeur ; en règle générale, il y a donc deux mémoires écrits de part et d'autre. Mais ce n'est là qu'une possibilité et les parties sont incitées à y renoncer pour gagner du temps. Le président de la Cour (depuis 2000) ou du Tribunal (depuis 2001) peut décider, ce qui est assez rare, sur demande d'une partie, d'appliquer une procédure d'urgence supprimant les possibilités de réplique et duplique. Depuis la réforme de 2012 du règlement de procédure de la Cour, celle-ci (art. 58) peut imposer une longueur maximale des mémoires écrits.

À la fin de la phase écrite, une fois tous les documents traduits, le juge rapporteur fait, lors d'une réunion générale des juges un *rapport préalable*, (en même temps que le *rapport d'audience* qui se borne à présenter l'affaire) exposant les problèmes juridiques essentiels et pouvant proposer des mesures d'instruction et la désignation de telle ou telle formation de jugement. La réunion générale de la juridiction procède alors, dans le cas le plus fréquent de l'absence d'instruction, à l'attribution à une formation de jugement.

2° L'éventuelle phase d'instruction

1192. Entre les deux phases, écrite et orale, peut s'intercaler une phase d'*instruction* (c'est le principe, mais des mesures d'instruction, en fait, peuvent aussi être demandées pendant la phase orale). Conformément au caractère inquisitoire de la procédure, la juridiction peut en effet décider d'elle-même, ou sur demande d'une partie, des mesures d'instruction, donnant lieu à des ordonnances : expertise, enquête par témoins, descente sur les lieux. La juridiction, très souvent, demandera aux parties, avant l'ouverture de la procédure orale, de répondre à certaines questions, d'apporter des précisions sur certains points ou de déposer des documents supplémentaires. Soit la juridiction se charge de l'instruction, soit elle désigne à cette fin une chambre ou le juge rapporteur.

Si ces mesures d'instruction sont finalement rares devant la Cour, elles sont plus fréquentes devant le Tribunal qui doit juger d'affaires aux faits souvent complexes ou techniques.

Il est aussi possible de prendre de simples « mesures d'organisation de la procédure », dans les deux tribunaux (la Cour le fait aussi mais ce n'est pas prévu dans son règlement de procédure), qui ressemblent souvent à des mesures d'instruction (demande de renseignement complémentaire aux parties) mais qui ne visent qu'au bon déroulement de la procédure et prennent la forme d'une lettre du greffe et non d'une ordonnance.

3° La phase orale

1193. Après la clôture de la phase écrite et l'achèvement des traductions, le président fixe la date d'ouverture de la *phase orale*.

Il ne s'agit pas là de répéter une deuxième fois mais à l'oral la phase écrite, mais d'approfondir les points essentiels, ou d'aborder des éléments apparus dans la procédure depuis la clôture de la phase écrite, ou de répondre aux questions posées par la Cour.

Cette procédure orale comprenait, en principe, la lecture du *rapport d'audience* du juge rapporteur, puis les *plaidoiries* des parties, et enfin les *conclusions* de l'avocat général (à la Cour).

1194. En fait, cependant, le rapport d'audience, qui correspondait à une description succincte des faits, un rappel des règles applicables, l'indication des conclusions des parties et des moyens invoqués, l'argumentation elle-même étant très résumée, était communiqué aux parties avant l'audience (environ trois semaines avant, pour leur permettre de signaler un éventuel problème selon eux à corriger), ce qui dispensait de sa lecture publique. Le règlement de procédure de la Cour, depuis 2012, a supprimé ce rapport d'audience.

1195. Si la phase orale se déroule pleinement, elle commence par les plaidoiries (interrompues éventuellement par les juges pour des questions), puis la Cour peut poser des questions et éventuellement certains conseils peuvent reprendre la parole. Les conseils ont intérêt à adresser à l'avance un dossier aux interprètes pour que ceux-ci assurent une traduction fidèle pour les juges, les contraintes du multilinguisme étant plus gênantes dans une phase orale (traduction simultanée) que dans une phase écrite. C'est peut-être pourquoi, dans les juridictions européennes, les phases orales sont moins importantes que les phases écrites, ce qui n'est pas le cas, souvent, devant des juridictions internes.

Le temps par plaidoirie est en principe de 20 minutes (le maximum étant de 30 minutes), ou 15 devant les chambres à trois juges.

La Cour peut *omettre l'audience de plaidoiries*, sauf si un « intéressé » visé à l'article 23 du Statut qui n'a pas participé à la phase écrite (dans les trois semaines de la clôture de celle-ci) demande expressément à être entendue. Au Tribunal, l'audience de plaidoiries est organisée soit d'office soit à la demande d'une partie principale. En l'absence d'une telle demande, le Tribunal, s'il s'estime suffisamment éclairé, peut décider de statuer sans phase orale (art. 106 du règlement de procédure).

1196. À la Cour, le plus souvent, à la fin de l'audience, l'avocat général ne prononce pas ses conclusions mais indique une date à laquelle il donnera lecture du dispositif (et uniquement le dispositif) de ses conclusions. En fait, depuis quelques années, les conclusions sont présentées par écrit. Conformément au Statut (art. 20, al. 5), lorsqu'elle estime que l'affaire ne soulève aucune question de droit nouvelle, la Cour peut cependant décider, l'avocat général entendu, que l'affaire sera *jugée sans conclusions* de l'avocat général. Une fois les conclusions présentées, aucune réponse ou réplique des parties n'est recevable ce qui a pu susciter des doutes, vis-à-vis des exigences du contradictoire, qui ont été balayés par la Cour (CJCE [Ord.] 4 févr. 2000, *Emesa Sugar*, aff. C-17/98, *Rec.* I-665).

1197. Avant ou après les conclusions (à la Cour), à la demande d'une partie ou d'office, dans les deux juridictions, il peut apparaître, mais c'est là chose rare, que les juges ne sont pas en état de trancher, ou que les conclusions mettent au jour des points de droit nouveaux, auquel cas la procédure orale sera alors réouverte.

La Cour ouvre enfin son délibéré sur l'affaire, qui aboutit à la rédaction de l'arrêt rendu en audience publique.

C. La fermeture de l'instance

1° Le délibéré et l'issue de l'instance

1198. Au Tribunal, c'est immédiatement après l'audience qu'un premier échange aura lieu, qui guidera le juge rapporteur dans sa rédaction d'un *projet de motifs* ; pour la Cour, le juge rapporteur attendra les conclusions pour proposer une *note préalable*, puis un *projet de motifs*. Le délibéré se fait sur cette base, à huis clos et uniquement entre les juges, sans interprète. Les discussions se font en français.

En l'absence de consensus, la décision se prend à la majorité des juges (d'où l'exigence d'un nombre impair), mais il n'y a pas d'*opinion dissidente*, et tous signent l'arrêt.

Le résultat est un *projet d'arrêt* ou une *ordonnance* en cas d'irrecevabilité manifeste ou de pourvoi manifestement non fondé.

Le juge rapporteur rédige alors l'arrêt, le fait approuver par la formation de jugement et l'envoie aux « lecteurs d'arrêt » et aux traducteurs. C'est ensuite que l'arrêt est prononcé en séance publique, dans la langue de procédure en principe. Seul est lu le dispositif mais c'est l'ensemble de l'arrêt, motifs et dispositif, qui bénéficie de l'autorité de chose jugée.

2° La forme des décisions

1199. Sauf en matière consultative, la Cour statue par voie d'*arrêt*, pour mettre fin à la procédure devant elle, ou d'*ordonnance* (mesures d'urgence, d'instruction, règlement des dépens...). Les ordonnances sont souvent motivées plus succinctement. Le Tribunal adopte aussi des *arrêts* et des *ordonnances*. On peut présenter le contenu des arrêts ou ordonnances de manière synthétique ou plus analytique.

1200. Synthétiquement, les arrêts *comportent trois parties distinctes* dont la présentation a évolué. La *première*, longtemps intitulée « en fait », exposant les faits, le déroulement de la procédure ainsi que les moyens et arguments des parties, était développée dans le *rapport d'audience* du juge rapporteur. La *deuxième partie*, longtemps précédée de la rubrique « en droit », contient le raisonnement de la Cour, qui discute les prétentions des parties et affirme sa position (motifs) ; l'influence française avait conduit, durant plus de vingt ans, à la rédaction de cette partie sous forme d'*attendus* ; la pratique en a été progressivement abandonnée et depuis 1979 même dans la version française des arrêts. L'arrêt se termine, *troisième partie*, par le dispositif qui formule la décision de la Cour.

1201. De façon plus détaillée, et conformément aux règlements de procédure,

– les ***arrêts*** contiennent: a) l'indication qu'il est rendu par la Cour, ou par le Tribunal, b) l'indication de la formation de jugement, c) la date du prononcé, d) les noms du président et des juges qui ont pris part aux délibérations, avec l'indication du juge rapporteur, e) le nom de l'avocat général (éventuel pour le Tribunal), f) le nom du greffier, g) l'indication des parties ou, pour la Cour, des intéressés visés à l'article 23 du statut ayant participé à la procédure, h) les noms de leurs représentants, i) les conclusions des parties (s'agissant, pour la Cour, des recours directs et des pourvois), j) le cas échéant, la date de l'audience de plaidoiries, k) la mention (s'il y a lieu pour le Tribunal) que l'avocat général a été entendu et, le cas échéant, la date de ses conclusions, l) l'exposé sommaire des faits, m) les motifs, n) le dispositif, y compris, le cas échéant, la décision relative aux dépens ;

– une ***ordonnance de la Cour*** contient : a) l'indication qu'elle est rendue par la Cour, b) l'indication de la formation de jugement, c) la date de son adoption, d) l'indication de la base juridique sur laquelle elle est fondée, e) le nom du président et, le cas échéant, des juges qui ont pris part aux délibérations, avec l'indication du juge rapporteur, f) le nom de l'avocat général, g) le nom du greffier, h) l'indication des parties ou des parties au litige au principal, i) les noms de leurs représentants, j) la mention que l'avocat général a été entendu, k) le dispositif, y compris, le cas échéant, la décision relative aux dépens ;

– quand le règlement de procédure requiert une ***ordonnance motivée***, elle doit alors contenir, en plus, a) s'agissant des recours directs et des pourvois, les conclusions des parties, b) l'exposé sommaire des faits, c) les motifs ;

– ***pour le Tribunal, une ordonnance*** pouvant faire l'objet d'un pourvoi contient : a) l'indication qu'elle est rendue, selon le cas, par le Tribunal, par le président ou par le juge des référés ; b) le cas échéant, l'indication de la formation de jugement ; c) la date de son adoption ; d) l'indication de la base juridique sur laquelle elle est fondée ; e) les noms du président et, le cas échéant, des juges qui ont pris part aux délibérations, avec l'indication du juge rapporteur ; f) le nom de l'avocat général éventuellement désigné ; g) le nom du greffier ; h) l'indication des parties ; i) les noms de leurs représentants ; j) les conclusions des parties ; k) la mention, s'il y a lieu, que l'avocat général a été entendu ; l) l'exposé sommaire des faits ; m) les motifs ; n) le dispositif, y compris, le cas échéant, la décision relative aux dépens.

1202. Les arrêts de la Cour sont généralement longs (ainsi, un arrêt « fleuve » du 16 décembre 1975, *Suiker Unie e.a. c/ Commission*, aff. 40 à 48, 50, 54 à 56, 111, 113 et 114/73, *Rec.* 1663 à 2049 occupe 387 pages au *Recueil* 1975), ce qui est parfois critiqué en France. Deux facteurs notamment expliquent ce phénomène : le droit communautaire est jeune et compliqué et les parties comme la Cour éprouvent le besoin de justifier leurs positions, ce qui allonge d'autant les deux premières parties ; ensuite, il ne faut pas oublier les traditions de certains États membres (notamment l'Allemagne) favorables à une motivation « persuasive ».

Sur le style des arrêts de la Cour de justice, cf. L. Coutron, « Style des arrêts de la Cour de justice et normativité de la jurisprudence communautaire », *RTDE* n° 4, 2009. 643.

3° Signification et publication

1203. La minute de l'arrêt ou de l'ordonnance, signée par le président, les juges ayant pris part aux délibérations et le greffier, est scellée et déposée au greffe. *Pour la Cour*, une copie certifiée conforme en est signifiée à chacune des parties et, le cas échéant, à la juridiction de renvoi, aux intéressés visés à l'article 23 du statut et au Tribunal. *Pour le Tribunal*, une copie des arrêts est signifiée à chacune des parties, et quant aux ordonnances, s'ajoute le cas échéant une copie à la Cour de justice.

1204. Sont publiés au *Journal officiel de l'Union européenne* des avis contenant la date et le dispositif des arrêts et ordonnances de la Cour et du Tribunal mettant fin à l'instance, sauf, quant au Tribunal, dans le cas des décisions adoptées avant la signification de la requête au défendeur (art. 122 du règlement de procédure).

1205. Il existe un *Recueil* constituant la publication officielle, dans les langues officielles de l'Union, de la jurisprudence des juridictions formant la Cour de justice de l'Union européenne. Ce *Recueil* a longtemps été composé d'un *Recueil général* (pour la jurisprudence de la Cour et du Tribunal) et d'un *Recueil de la fonction publique* regroupant les décisions du Tribunal et du Tribunal de la fonction publique dans ce domaine particulier. Depuis le 1er septembre 2016 et la disparition du Tribunal de la fonction publique, ne subsiste plus que le *Recueil général*.

La version papier du *Recueil fonction publique* a disparu le 31 décembre 2009 et celle du *Recueil général* le 31 décembre 2011, la publication se faisant désormais en format numérique uniquement.

1206. Jusqu'en 2004, tous les arrêts, en texte intégral, de même que les conclusions étaient également publiées au *Recueil des arrêts de la Cour et du Tribunal*, dans toutes les langues. L'accroissement massif du nombre de langues a rendu écrasante cette pratique, de sorte que depuis l'élargissement du 1er mai 2004, cette publication n'est pas systématique. À partir du fascicule 2006-1, le *Recueil* a comporté, pour la Cour, une section consacrée à des informations sommaires sur les décisions non publiées (pages numérotées I-1*...), et, pour le Tribunal, à partir du fascicule 2005-9, une section consacrée à des informations sur ces décisions non publiées (pages numérotées II-1*...). Les critères sélectifs de publication au Recueil définis pour la publication papier ont été maintenus pour le *Recueil numérique*.

– ***Cour de justice*** : depuis le 1er mai 2004, sont publiés les arrêts de l'assemblée plénière et de la Grande chambre, les avis rendus au titre de l'article 218, § 11, FUE, les arrêts préjudiciels rendus par les chambres à trois ou cinq juges (sauf, depuis le mois de septembre 2011, décision contraire, à titre exceptionnel, de la chambre de jugement), et les autres arrêts des chambres à trois ou cinq juges statuant avec conclusions de l'avocat général. Les arrêts non préjudiciels des chambres à trois ou cinq juges rendus sans conclusions et les ordonnances peuvent être publiés sur décision expresse de la formation de jugement.

– ***Tribunal*** : la règle, depuis septembre 2005, est la publication des arrêts de la Grande chambre et des chambres à cinq juges. Pour les chambres à trois juges, c'est une pratique au cas par cas. En principe, il n'y aura pas de publication pour les arrêts à juge unique ni pour les ordonnances.

En cas de publication au *Recueil*, l'ensemble de la décision est disponible dans toutes les langues. S'il n'y a pas publication, la décision est cependant toujours accessible en version électronique sur le site de la Cour de justice, mais n'est pas forcément disponible alors dans toutes les langues.

§ 2. Dispositifs particuliers

I. Référé

1207. Le TFUE prévoit (art. 279) que « dans les affaires dont elle est saisie, la CJUE peut prescrire les mesures provisoires nécessaires ». Ceci est organisé dans le règlement de procédure de chacune des juridictions.

Il existe aussi un autre type de mesure provisoire, plus ciblé, l'article 278 FUE indiquant que même si les recours formés devant la CJUE n'ont pas d'effet suspensif, celle-ci peut « si les circonstances l'exigent, ordonner le sursis à l'exécution de l'acte attaqué ».

Dans ces cas, le président ou la juridiction elle-même se prononce suivant une procédure sommaire et d'urgence, dite de référé, dans la mesure où il s'agit toujours d'éviter une détérioration de la situation qui priverait la décision au principal du plus clair de son efficacité.

Le prononcé de mesures d'urgence repose sur certaines *conditions* :

– le recours principal sur lequel elles se greffent ne doit pas être manifestement irrecevable ou infondé, les moyens soulevés doivent apparaître suffisamment sérieux : c'est le *fumus boni juris* (apparence de bien-fondé) ;

– il doit y avoir une véritable urgence et un risque de préjudice grave et irréparable (ce qui exclut, en principe le cas du préjudice financier : CJCE 18 oct. 1991, Ord., *Abertal*, aff. C-213/91 R, *Rec.* I-5109) ;

– enfin les mesures demandées ne doivent pas porter atteinte, à leur tour, aux droits et intérêts du défendeur mais aussi de tiers (dont souvent l'Union elle-même), de façon grave et irréparable.

Ces trois conditions ne se situent pas tout à fait sur le même plan. En effet, quand bien même les deux premières seraient respectées, il n'y aura pas de mesure prise si elle cause un préjudice par ailleurs ; d'où la pratique consistant à effectuer d'abord cette vérification avant d'analyser ce qu'il en est des deux conditions de base.

Le référé est introduit de manière séparée et l'ordonnance du président ou de la juridiction à laquelle il donne lieu ne peut préjudicier au fond (elle ne préjuge pas du contenu de l'arrêt sur le fond). Cette ordonnance est insusceptible de recours, sauf pourvoi vis-à-vis d'une ordonnance en référé du Tribunal ou, avant sa disparition, du TFP. Pour une ordonnance de référé prise exceptionnellement en Grande chambre, dans le cadre d'une action en manquement et non au stade de la seconde action pour non-respect d'un arrêt de manquement, et envisageant le prononcé d'une astreinte en cas de non-exécution, cf. l'Ord. du 20 nov. 2017, *Commission c/ Pologne*, aff. C-441/17R, ECLI:EU:C:2017:877.

II. Intervention

Picod (F.), « L'intervention devant les juridictions communautaires », in E. Decaux et C. Pettiti, *La tierce intervention devant la Cour européenne des droits de l'Homme et en droit comparé*, Bruxelles, Bruylant, 2009, p. 75.

1208. Autorisant l'introduction d'un tiers dans un procès déjà ouvert devant la Cour, l'*intervention* consiste en ce que toute personne physique ou morale justifiant d'un intérêt à la solution d'un litige peut intervenir à ce litige. Cependant, les États et les institutions sont dispensés de la condition d'intérêt. De plus, les justiciables privés, même s'ils justifient d'un intérêt, ne peuvent intervenir dans les litiges entre États, entre institutions ou entre États et institutions.

La multiplication des interventions des États est un signe indiquant l'importance d'une affaire. Ainsi de l'arrêt de la Cour du 13 septembre 2005 (qui plus est rendu en Grande chambre, ce qui est aussi un signe d'importance) dans l'affaire C-176/03 (*Rec.* I-7879, sur un recours en annulation introduit par la *Commission européenne*, soutenue par le Parlement européen, partie intervenante, *contre le Conseil de l'Union européenne*, soutenu par le Royaume de Danemark, la République fédérale d'Allemagne, la République hellénique, le Royaume d'Espagne, la République française, l'Irlande, le Royaume des Pays-Bas, la République portugaise, la République de Finlande, le Royaume de Suède, le Royaume-Uni de Grande-Bretagne et d'Irlande du Nord, parties intervenantes : voilà quasiment une affaire *Communauté c/États membres*, puisque onze sur les quinze États membres que comptait la Communauté avaient souhaité être associés à l'instance.

Il est à préciser que l'intervenant doit le faire *au soutien de l'une des parties* : quand bien même les arguments seraient-ils différents, leur aboutissement doit rejoindre les conclusions de la partie soutenue.

Les tiers ont normalement connaissance des litiges soumis à la Cour par les avis obligatoirement publiés au *JOUE* indiquant la date d'inscription des requêtes introductives d'instance, les noms et domiciles des parties, l'objet du litige, les conclusions de la requête et les moyens et principaux arguments invoqués. Les États parties à l'accord sur l'Espace économique européen, autres que les États membres, ainsi que l'Autorité de surveillance AELE visée par ledit accord, peuvent intervenir aux litiges soumis à la Cour lorsque ceux-ci concernent un des domaines d'application de cet accord.

Longtemps, la requête en intervention était recevable jusqu'à la clôture de l'instruction, ce qui, dans certains cas, retardait considérablement l'instance. Désormais les règlements de procédure limitent le délai à six semaines à compter de la publication de l'avis au *JOUE* pour la Cour et le Tribunal ; pour la Cour, le Président peut cependant admettre un intervenant ayant introduit sa demande d'intervention après l'expiration du délai de six semaines, mais avant la décision d'ouvrir la procédure orale (art. 129, § 4, RP). L'ancien règlement de procédure du Tribunal le permettait également (ancien art. 116 § 6 ; cf. par exemple T. 13 sept. 2010, *Whirlpool Europe c/Conseil*, aff. T-314/06, *Rec.* II-5005, point 59) mais ceci a été supprimé pour des raisons de simplification dans le nouveau règlement adopté par le Tribunal le 4 mars 2015 (*JOUE* n° L 105/1 du 23 avr. 2015).

Le président statue par voie d'ordonnance. Quand l'intervention est admise, tous les actes de procédure sont alors transmis à l'intervenant, qui présente un mémoire, auquel peuvent répondre les parties.

III. Règlement amiable

1209. Cette procédure n'existait que pour le Tribunal de la fonction publique (art. 68 et s. du règlement de procédure) mais a été reprise désormais dans un Chapitre 11 *bis* du règlement de procédure du Tribunal visant spécifiquement les recours en matière de fonction publique. Le Tribunal peut, à tout moment de l'instance, examiner les possibilités d'un règlement amiable de tout ou partie du litige entre le requérant et la partie défenderesse, proposer une ou plusieurs solutions de nature à mettre fin au différend et prendre les mesures appropriées en vue de faciliter un tel règlement.

Il peut notamment :

– inviter les parties ou les tiers à fournir des informations ou renseignements ;

– inviter les parties ou les tiers à produire des documents ;

– inviter à des réunions les représentants des parties, les parties elles-mêmes ou tout fonctionnaire ou agent de l'institution habilité à négocier un éventuel accord.

Le Tribunal peut charger le juge rapporteur, assisté du greffier, de rechercher le règlement amiable d'un litige ou de mettre en œuvre les mesures qu'il a décidées à cet effet.

Lorsque le requérant et la partie défenderesse s'accordent, devant le Tribunal ou le juge rapporteur, sur la solution mettant fin au litige, les termes de cet accord peuvent être constatés dans un procès-verbal signé par le président ou par le juge rapporteur, ainsi que par le greffier, l'accord tel que constaté par le procès-verbal constituant un acte authentique. L'affaire est alors radiée du registre par ordonnance motivée du président.

IV. Voie de rétractation

1210. La Cour étant une juridiction souveraine statuant en dernier ressort, il ne peut s'agir que de voies de *rétractation* portées devant elle et devant rester exceptionnelles : il y en a cinq, identifiables par la numérotation de l'affaire qui est affectée d'une abréviation particulière (cf. les exemples ci-dessous).

– L'***opposition***, à la disposition d'une partie défaillante (qui n'a pas répondu, ou pas dans les délais) contre laquelle a été rendu un arrêt par défaut, est recevable dans le mois de la signification de l'arrêt. La juridiction peut suspendre l'exécution de l'arrêt par défaut jusqu'à ce qu'elle ait statué sur l'opposition (pour un exemple, arrêt du Tribunal du 13 juill. 2017, *Aristoteleio Panepistimio Thessalonikis*, aff. T-348/16 **OP**, ECLI:EU:T:2017:493).

– La ***tierce opposition*** contre l'arrêt préjudiciant aux droits d'un justiciable et rendu sans qu'il ait pu participer au litige principal (il ne faut pas qu'il ait négligé d'intervenir alors qu'il l'aurait pu le faire) doit être présentée dans les deux mois de la publication de l'arrêt au *JOUE* (CJCE 12 juill. 1962, *Belgique*, aff. 9 et 12/60 **TO**, *Rec.* 331) ; le sursis à l'exécution de l'arrêt attaqué peut être ordonné à la demande du tiers opposant ; c'est considéré comme tout à fait exceptionnel.

– La ***rectification des erreurs de plume, des inexactitudes évidentes et des omissions*** : s'agissant *des erreurs, des inexactitudes*, les juridictions peuvent les rectifier d'office à tout moment. Les parties peuvent le demander dans les deux semaines du prononcé de l'arrêt (pour un exemple, Ord. de la Cour du 19 juill. 2017, *Verband Sozialer Wettbewerb eV*, aff. C-422/16 **REC**, ECLI:EU:C:2017:567). Pour les *omissions de statuer* (la juridiction a oublié de statuer sur un point ou sur les dépens par exemple), seules les parties peuvent le demander (la modification d'office par la juridiction n'étant pas prévue), dans un délai d'un mois (pour un exemple, Ord. du Tribunal du 18 oct. 2017, *United Parcel Service, Inc c/ Commission*, aff. T-194/13 **OST**, ECLI:EU:T:2017:742).

– L'***interprétation d'arrêt***, en revanche, est très largement ouverte, qui permet, dans un délai de deux ans, et non seulement aux parties mais encore aux institutions justifiant d'un intérêt, d'obtenir des précisions sur le sens ou la portée d'un arrêt ou d'une ordonnance dès lors qu'il y a « difficulté ». Cela ne peut porter que sur le dispositif et les motifs de l'arrêt, et non sur une difficulté d'application ou sur les conséquences de l'arrêt (par ex., Ord. du président de la Cour du 20 avr. 2010, *Rosario Maria Pellegrini*, aff. C-114/08 P (R)-**INT**, *Rec.* I-48* : « Il découle des considérations qui précèdent que la question de savoir si les autorités et les juridictions italiennes ont violé les dispositions du droit de l'Union citées par le requérant constitue une question qui n'a pas été tranchée par l'ordonnance en cause »).

L'interprétation se fait par un arrêt, après avoir mis les parties en demeure de présenter leurs observations, après avoir « entendu » l'Avocat général. La minute de l'arrêt interprétatif est annexée à celle de l'arrêt interprété.

– La ***révision***, considérée comme « une voie de recours extraordinaire » (cf. par ex. les arrêts du 29 nov. 2007, *Meister c/OHMI*, aff. C-12/05 P-**REV**, *Rec.* I-167*, point 16, et du 2 avr. 2009, *Yedaş Tarim ve Otomotiv Sanayi ve Ticaret c/Conseil et Commission*, aff. C-255/06 P-REV, *Rec.* I-53*, point 16) permet de réouvrir la procédure à la suite de la découverte d'un fait nouveau de nature à exercer une influence décisive, qui était inconnu de la Cour et de la partie qui l'invoque avant le prononcé de l'arrêt et qui aurait pu conduire à ce que ce dernier adopte une solution différente. La demande de révision peut être faite dans les trois mois de cette découverte et à condition que l'ancienneté de l'arrêt en cause soit inférieure à dix ans (CJCE 10 mai 1960, *FERAM*, aff. 1/60, *Rec.* 351). Un premier arrêt va alors constater l'existence du fait nouveau, et déclarer la demande de révision recevable, l'examen au fond se concluant ensuite par un deuxième arrêt.

V. Procédures accélérées ou simplifiées

1211. Le Statut, outre la possibilité (art. 20, al. 5) de juger sans conclusion de l'avocat général lorsque la Cour estime, une fois l'avocat général entendu, que l'affaire ne soulève aucune question de droit nouvelle, prévoit (art. 23 *bis*) depuis la décision n° 2008/79/CE/Euratom du 20 décembre 2007 (*JOUE* n° L 24/42 du 29 janv. 2008) une *procédure accélérée* marquée par un délai plus bref que celui prévu à l'article 23 s'agissant du dépôt des mémoires ou observations écrites, et, par dérogation à l'article 20, alinéa 4, l'absence de conclusions de l'avocat général.

Les règlements de procédure permettent d'accélérer le jugement ou l'évacuation d'une affaire.

1212. S'agissant du premier cas, on peut distinguer le jugement en priorité et le jugement accéléré.

– L'article 53, § 3, du règlement de procédure de la Cour (et l'article 67, § 2, du règlement de procédure du Tribunal) permettent au président de la juridiction « au vu de circonstances particulières », de rompre avec le principe du jugement dans l'ordre défini par la clôture des instructions et de décider qu'une affaire sera jugée *en priorité*. Pour le Tribunal, la distinction est cependant moins nette puis que les affaires pour lesquelles le Tribunal statue selon une procédure accélérée « sont jugées par priorité » (art. 153 RP).

– La *procédure accélérée* a été introduite dans le règlement de procédure de la Cour en novembre 2000, et dans le règlement de procédure du Tribunal depuis octobre 2005, et il faut la rapprocher de la procédure accélérée en matière préjudicielle régie par l'article 105 du règlement de procédure (v. ss 1472).

Devant la Cour, la procédure accélérée est régie par les articles 133 à 136, que l'on peut compléter par les « instructions pratiques aux parties, relatives aux affaires portées devant la Cour » (*JOUE* n° L 31/1 du 31 janv. 2014). La demande peut provenir soit de la partie requérante, soit de la partie défenderesse ou, exceptionnellement, d'une décision d'office du président de la Cour. Le président, après avoir entendu l'autre partie, le juge rapporteur et l'avocat général, peut alors décider de soumettre une affaire à cette procédure accélérée dérogeant aux dispositions du règlement, lorsque la nature de l'affaire exige qu'il soit statué dans les plus brefs délais. La demande doit être présentée par un acte séparé lors du dépôt respectivement de la requête ou du mémoire en défense. Les « instructions pratiques » précisent que la demande doit exposer de manière détaillée les circonstances de nature à justifier la mise en œuvre d'une telle procédure. En cas d'application d'une procédure accélérée, les « instructions pratiques » indiquent que les délais ordinaires de présentation des mémoires sont raccourcis, tout comme la longueur de ces derniers. L'article 134, § 1, du règlement de procédure prévoit que dans ce cadre, pour la procédure écrite, la requête et le mémoire en défense ne peuvent être complétés par une réplique et une duplique que si le président le juge nécessaire. De même (§ 2), un mémoire en intervention n'est admis que si le président le juge nécessaire.

Une fois prise la décision de recourir à la procédure accélérée, ou dès la présentation du mémoire en défense, si la décision de recourir à cette procédure n'a pas encore été prise, le président fixe la date de l'audience qui est aussitôt communiquée aux parties. Il peut reporter la date de l'audience lorsque l'organisation de mesures d'instruction ou d'autres mesures préparatoires l'impose. Les parties peuvent compléter leur argumentation et faire des offres de preuve au cours de la procédure orale. La Cour statue, une fois l'avocat général entendu.

Pour le Tribunal (art. 151 RP), c'est la juridiction elle-même qui au vu de l'urgence particulière et des circonstances de l'affaire, sur demande soit du requérant soit du défendeur, l'autre partie principale entendue (ou exceptionnellement d'office sur proposition du juge rapporteur), peut décider de statuer selon une procédure accélérée. Sa décision peut être assortie de conditions relatives notamment au volume et à la présentation des mémoires des parties principales. La demande doit être présentée par acte séparé lors du dépôt de la requête ou du mémoire en défense et contenir une motivation précisant l'urgence particulière de l'affaire et les autres circonstances pertinentes. Il peut être indiqué dans la demande que certains moyens ou arguments ou certains passages de la requête ou du mémoire en défense ne sont présentés que pour le cas où il ne serait pas statué selon une procédure accélérée, notamment en joignant une version abrégée de la requête ainsi qu'un bordereau d'annexes et les annexes devant seules être prises en considération dans le cas où il serait statué selon une procédure accélérée. S'agissant de la phase écrite le délai pour le dépôt du mémoire en défense est d'un mois. Les mémoires en réplique et duplique ne peuvent être déposés que si le Tribunal l'autorise dans le cadre des mesures d'organisation de la procédure ; le Tribunal décide d'ouvrir la phase orale de la procédure dans les meilleurs délais après la présentation du rapport préalable par le juge rapporteur mais peut aussi décider de statuer sans phase orale lorsque les parties principales renoncent à participer à une audience et qu'il s'estime suffisamment éclairé par les pièces du dossier de l'affaire.

1213. En sens inverse, une requête « manifestement irrecevable » ou pour laquelle la Cour est « manifestement incompétente » peut conduire celle-ci à interrompre la procédure et statuer par voie d'ordonnance motivée, après avoir entendu l'avocat général (art. 53, § 2, RP). On trouve la même possibilité pour le Tribunal (art. 126 RP), avec, outre les hypothèses prévues pour la Cour, celle où le recours serait « manifestement dépourvu de tout fondement en droit ».

Chapitre 2

Les voies directes et incidentes de droit

Section 1

Le système de voies de droit

BERROD (F.), *La systématique des voies de droit communautaires*, Paris, Dalloz, 2003.
JOLIET (R.), « Le système de protection juridictionnelle dans la CEE », *D.* 1985. Chron. XIII.
LENAERTS (K.), « La systématique des voies de droit dans l'ordre juridique de l'Union européenne », in *Mélanges G. Vandersanden*, Bruxelles, Bruylant, 2008, p. 257.
PICOD (F.), « Droit au juge et voies de droit communautaire. Un mariage de raison », in *Mélanges Manin*, Paris, Pedone, 2010, p. 879.
RITLENG (D.), « Pour une systématique des contentieux au profit d'une protection juridictionnelle effective », in *Mélanges en hommage à Guy Isaac*, Toulouse, Presses de l'Université des sciences sociales de Toulouse, 2004, p. 735.

1214. Le pouvoir juridictionnel de la Cour est exercé dans le cadre d'un ensemble de voies de droit et recours de nature diversifiée et articulés entre eux selon un véritable « système général » (CJCE 28 avr. 1971, *Lütticke*, aff. 4/69, *Rec.* 325).

§ 1. DIVERSITÉ DES VOIES DE DROIT

1215. Conformément au principe des compétences d'attribution qui régit l'activité de toutes les institutions de l'Union (v. ss 104), les traités énumèrent une multiplicité de voies de droit et recours individualisés et distincts qu'il est utile, sinon toujours facile, de regrouper.

Il faut d'emblée rejeter la pertinence d'une typologie, *a priori* très simple et très utile pour les requérants, qui reposerait sur les *conditions d'accès au juge*. Elle conduirait ainsi à distinguer les *recours à accès limité* (tel le recours en manquement qui n'est actionnable que par la Commission ou par un États membre) et les *recours à accès ouvert*, accessible à la fois pour les institutions, les États membres ou les particuliers, comme cela peut être le cas du recours en annulation, du recours en carence, ou du recours en responsabilité extracontractuelle comme contractuelle. Une telle classification ne laisserait pas d'être trompeuse, car la limitation d'accès au recours en manquement, par exemple, peut être contournée indirectement par le mécanisme des plaintes adressées à la Commission ; quant à l'ouverture générale de l'accès des autres recours, elle ne tient pas compte des conditions différentes selon les requérants, qui peuvent être, comme pour le recours en annulation, privilégiés, sans avoir d'intérêt à agi à prouver, ou limités à la seule défense de leurs prérogatives, ou enfin, s'agissant des particuliers, limités à un recours contre les actes dont ils sont destinataires ou qui les concernent directement et individuellement.

Séduisante mais délicate serait également une typologie distinguant spécialement un *contentieux constitutionnel* d'un *contentieux administratif* (cf. à cet égard la thèse de B. Bertrand, *Le juge de l'Union européenne, juge administratif*, coll. « Droit de l'Union européenne », Bruxelles, Bruylant, 2012). Si une telle présentation est largement envisageable (v. ss 1114 et 1115), elle permet cependant difficilement de trancher, s'agissant par exemple du recours en annulation ou du recours en responsabilité extracontractuelle, sur le critère à mettre en œuvre, l'hésitation étant permise entre le critère du *requérant* (requérants privilégiés pour la dimension constitutionnelle, requérants individuels pour le contentieux administratif) ou celui de la *nature de l'acte* (si la jurisprudence a pu, un temps, avancer dans la distinction entre les actes de portée générale et les actes administratifs, spécialement quant au contentieux de la responsabilité, elle semble désormais plus en retrait) (v. ss 1383).

Dès lors, ce sont les approches classiques qui permettront, dans un premier temps, de déterminer le champ des voies de droit qui seront présentées, et dans un second mouvement, d'indiquer l'ordre de présentation.

I. Classification en fonction des types de saisine de la Cour

Van Raepenbusch (S.), *Le recours des particuliers devant le juge de l'Union européenne*, Bruxelles, Bruylant, 2012.

A. Attributions contentieuses

1216. Elles regroupent toutes les voies de droit dans lesquelles la Cour est directement saisie par les plaideurs eux-mêmes d'un litige qu'elle tranche elle-même totalement. Il s'agit donc d'un contentieux dont elle est saisie directement et immédiatement, le plus souvent par voie d'action, mais parfois aussi par voie d'exception, et qu'elle tranche en premier et dernier ressort (sous réserve de la répartition des compétences entre les deux juridictions formant la Cour de justice de l'Union et le jeu du pourvoi) c'est-à-dire qu'elle statue au fond et met fin elle-même totalement au litige (CJCE 1er mars 1973, *Bollmann*, aff. 62/72, *Rec.* 269).

Cette catégorie, qui correspond aux conditions normales d'intervention d'une juridiction, est naturellement la plus fournie. Elle comprend notamment les :

– recours en annulation des actes des institutions (art. 263 FUE, rendu applicable au traité Euratom par l'article 106 *bis* CEEA) ;

– recours contre la carence des institutions (art. 265 FUE, rendu applicable au traité Euratom par l'article 106 *bis* CEEA) ;

– exception d'illégalité contre les règlements (art. 277 FUE, rendu applicable au traité Euratom par l'article 106 *bis* CEEA) ;

– recours en responsabilité extra-contractuelle des Communautés (art. 268 FUE, rendu applicable au traité Euratom par l'article 106 *bis* CEEA) ;

– recours contre les sanctions prises par les autorités communautaires (art. 261 FUE, rendu applicable au traité Euratom par l'article 106 *bis* CEEA, et art. 144, b, CEEA) ;
– recours des agents (art. 270 FUE, rendu applicable au traité Euratom par l'article 106 *bis* CEEA) ;
– recours en manquement d'États (art. 258 et 259 FUE, rendus applicables au traité Euratom par l'article 106 *bis* CEEA) ;
– recours pour trancher les litiges en matière de propriété intellectuelle (art. 262 FUE ; rendu applicable au traité Euratom par l'article 106 *bis* CEEA) ;
– mais encore les différentes hypothèses de saisine de la Cour sur la base d'un compromis (art. 272 et 273 FUE, rendus applicables au traité Euratom par l'article 106 *bis* CEEA ; CJCE 8 avr. 1992, *Commission c/Feilhauer*, aff. C 209/90, *Rec.* I-2639).

B. Attributions préjudicielles

1217. Elles correspondent aux cas de saisine « médiate », c'est-à-dire non pas par le plaideur lui-même, mais à l'initiative d'une juridiction nationale qui, ayant à appliquer le droit de l'Union à un litige porté devant elle, l'interroge par la voie préjudicielle. L'intervention de la Cour ne constitue qu'un incident du litige principal, qu'elle ne tranche pas elle-même. Il s'agit du renvoi en interprétation et en appréciation de validité prévu par les articles 267 FUE, rendu applicable au traité Euratom par l'article 106 *bis* CEEA.

En 2017, le renvoi préjudiciel a représenté presque les trois quarts des affaires nouvelles introduites devant la Cour (533 sur 739).

C. Attributions consultatives

ADAM (S.), *La procédure d'avis devant la Cour de justice de l'Union*, coll. « Droit de l'Union européenne », Bruxelles, Bruylant, 2011.

CHRISTIANOS (V.), « La compétence consultative de la Cour de justice à la lumière du TUE » *RMC* 1994. 37.

DIEZ DE VELASCO (M.), « La compétence consultative de la Cour de justice des Communautés européennes », in *Du droit international au droit de l'intégration. Liber Amicorum Pierre Pescatore*, Nomos Verlag, 1987, p. 177.

KADDOUS (C.), « Commentaire article 300 CE », in I. Pingel (dir.), *Commentaire article par article des traités UE et CE*, 2e éd., Bâle, Paris, Bruxelles, Helbing Lichtenhahn, Dalloz, Bruylant, 2010, p. 1845.

KARAGIANNIS (S.), « L'expression "accord envisagé" dans l'article 228, § 6, du traité CE », *CDE* 1998. 105.

KOVAR (R.), « La compétence consultative de la Cour de justice et la procédure de conclusion des accords internationaux par la CEE », in *Mélanges Reuter*, 1981, p. 357.

RUNAVOT (M.-C.), « La construction européenne à travers le prisme des avis de la Cour de justice. Polyvalence et ambivalence de la fonction consultative », *RUE* 2013, n° 567, p. 231.

1218. Malgré leur intitulé, ces voies de droit ne correspondent pas à de simples saisines pour avis ; elles conduisent à de véritables décisions à caractère obligatoire. Ce qui les singularise, c'est qu'elles ne sont pas conditionnées, en principe, par l'existence d'un contentieux à trancher, même si c'est souvent le cas, en fait.

De telles saisines étaient prévues par l'article 95, alinéas 3 et 4, CECA (saisine obligatoire de la Cour par la Haute Autorité et le Conseil dans le cadre de la « petite révision » du traité), et le sont par l'article 218, § 11, FUE (saisine facultative par le Conseil, la Commission, un État membre ou, depuis le traité de Nice, le Parlement européen) sur la compatibilité avec le traité d'un accord externe envisagé et les articles 103 et 104 CEEA (saisine facultative par les États sur la compatibilité avec le traité de leurs projets d'accords, ou par la Commission sur celle des accords des entreprises avec un État tiers, une organisation internationale ou un ressortissant d'État tiers). Elles visent à compenser soit l'absence (95 CECA) soit les inconvénients (art. 218, § 11, FUE ; art. 103 CEEA) d'un contentieux ultérieur.

1219. La Cour a rendu :

– trois avis sur la base de l'article 95 CECA (*avis 1/59* du 17 déc. 1959, *Rec.* 533 ; *avis 1/60* du 4 mars 1960, *Rec.* 93 ; *avis 1/61* du 13 déc. 1961, *Rec.* 481) ; cf. G. Olivier, « L'adaptation du traité CECA à la crise charbonnière », *CDE* 1967. 3 ;

– vingt avis sur la base de l'article 218, § 11, FUE ou des dispositions équivalentes l'ayant précédé *[art. 300 CE, ex art. 228 CEE]* (*avis 1/75* du 11 nov. 1975, *Rec.* 741, *RTDE* 1976. 482, obs. J. Raux ; *avis 1/76* du 26 avr. 1977, *Rec.* 741, *RMC* 1978. 55, Réflexions C. Philip ; *avis 1/78* du 4 oct. 1979, *Rec.* 2871, *RMC* 1980. 4, obs. P. Brûckner ; *avis 1/91* du 14 déc. 1991, *Rec.* I-6079 ; *avis 1/92* du 10 avr. 1992, *Rec.* I-2821, cf. J. Boulouis, « Les avis de la CJCE sur la compatibilité avec le traité CE du projet d'accord créant l'Espace économique européen », *RTDE* 1992. 457 ; *avis 2/91* du 19 mars 1993, *Rec.* I-1061, J. Raux, « L'avis de la Cour du 19 mars 1993 », *RMC* 1994. 45 ; *avis 1/94* du 15 nov. 1994, *Rec.* I-5267, comm. J. Auvret-Finck, *RTDE* 1995. 322 ; *avis 2/92* du 24 mars 1995, *Rec.* I-521 ; *avis 3/94* du 13 déc. 1995, *Rec.* I-4577 ; *avis 2/94* du 28 mars 1996, *Rec.* I-1759 ; cf. comm. P. Wachsmann, *RTDE* 1996. 467 ; *avis 2/00* du 6 déc. 2001, *Rec.* I-9713 ; *avis 1/00* du 18 avr. 2002, *Rec.* I-3493 ; *avis 1/03*, du 7 févr. 2006, *Rec.* I-1145, cf. note E. Neframi, *RAE* 2006. 113 ; F. Mariatte, « Le critère et la méthode, ou la théorie des compétences externes implicites exclusives revisitée », *Europe* mai 2006, n° 20, p. 2, T. Kruger, « Opinion 1/03, Competence of the Community to Conclude the New Lugano Convention on the Jurisdiction and the Recognition and Enforcement of Judgments in Civil and Commercial Matters », *The Columbia Journal of European Law* 2006. 189 ; *avis 1/08* du 30 nov. 2009, *Rec.* I-11129, cf. D. Simon, « Compétences externes : OMC et GATS », *Europe* janv. 2010, comm. n° 5, p. 12 ; N. Lavranos et S. Adam, « How Exclusive is the Common Commercial Policy of the EU after Lisbon ? », *European Law Reporter* 2010. 263 ; J.-M. Cortés Martín, Jurisprudencia del Tribunal de Justicia de la Unión Europea, Septiembre – Diciembre 2010, *Revista de Derecho Comunitario Europeo* 2010, n° 35 p. 257-322 ; M. Cremona, « Balancing Union and Member State interests : Opinion 1/2008, Choice of Legal Base and the Common Commercial Policy under the Treaty of Lisbon », *EL Rev.* 2010, Vol. 35, Issue 5, p. 678 ; *avis 1/09* du 8 mars 2011 (*Rec.* I-1137), cf. D. Simon, « Avis négatif sur le projet de création d'une juridiction des brevets », *Europe* n° 5/2011, étude 5, p. 4 ; note D. Dero-Bugny, *JDI* 2011. 515 ; *avis 1/13* (Adhésion d'États tiers à la convention de La Haye), du 14 oct. 2014, ECLI:EU:C:2014:2303 ; *avis 2/13* (Adhésion de l'Union à la Conv. EDH), du 18 déc. 2014, ECLI:EU:C:2014:2454 ; *avis 1/15* (Accord PNR UE-Canada), du 26 juill. 2017, ECLI:EU:C:2017:592 ; *avis 2/15* (Accord de libre-échange avec Singapour), du 16 mai 2017, ECLI:EU:C:2017:376 ; *avis 3/15* (Traité de Marrakech sur l'accès aux œuvres publiées), du 14 févr. 2017, ECLI:EU:C:2017:114.

– et enfin une délibération sur la base de l'article 103 CEEA (*délibération 1/78* du 14 nov. 1978, *Rec.* 2151, *JDI* 1979. 929, note V. C. ; *CDE* 1981. 70, note C. Flaesch-Mougin).

Cette typologie permet de mettre de côté, ici, les attributions préjudicielles et consultatives, dont la signification essentielle n'est pas réductible à leur dimension contentieuse, et qui seront envisagées de façon spécifique (v. ss 1218, et 1412), l'examen des voies de droit se limitant donc dans le présent chapitre aux *voies contentieuses.*

II. Classification en fonction des pouvoirs de la Cour

1220. La distinction traditionnelle des contentieux en fonction de l'étendue des pouvoirs du juge et de la décision qu'il peut prendre après examen de la question soumise – contentieux de l'annulation, de la pleine juridiction, de la déclaration, de la répression – systématisée très tôt en droit administratif français par E. Lafférière a manifestement inspiré les traités communautaires. De ce point de vue, la qualification des voies ouvertes devant la Cour, du reste parfois malaisée, conduit à un regroupement en trois grandes catégories, étant donné l'absence de contentieux communautaire autonome de la répression, du moins dans le sens classique de cette expression (ce contentieux est explicitement inséré dans celui de la pleine juridiction), avec cette particularité que les voies de déclaration connaissent un développement inhabituel.

A. Voies de pleine juridiction

1221. Le juge y possède, selon la formule consacrée, le pouvoir d'exercer un arbitrage complet de fait et de droit sur le litige (cf. L. Plouvier, « Le contentieux de pleine juridiction devant la Cour de justice des Communautés européennes », *RMC* 1973. 365 ; P. Mengozzi, « La compétence de pleine juridiction du juge communautaire », in *Liber Amicorum en l'honneur de Bo Vesterdrof*, Bruxelles, Bruylant, 2007, p. 220). Dès lors, il peut se borner à annuler les décisions qui lui sont déférées, mais il peut aussi les réformer et non seulement quand elles sont illégales mais encore quand elles sont simplement erronées. Il peut aussi, naturellement, prononcer des condamnations pécuniaires.

Les traités ont reconnu expressément des pouvoirs de pleine juridiction à la Cour dans quatre cas :

– recours des agents instaurés par les articles 270 FUE, sur la base de l'article 91 du statut du personnel ;

– recours contre les sanctions (36 CECA [pour mémoire], 261 FUE et 144, b, CEEA) et spécialement les amendes, ce qui permet au juge de modifier leur montant ;

– recours contre les décisions de la Haute Autorité constatant le manquement d'un état ou lui infligeant des sanctions (88 CECA, pour mémoire) ;

– hypothèse spéciale prévue à l'article 144, a, CEEA (compétence de pleine juridiction pour le contentieux des licences et sous-licences).

Sont en outre, évidemment, des recours de pleine juridiction les recours en responsabilité extra-contractuelle (268 FUE, 40 CECA, pour mémoire), l'article 268 FUE s'appliquant également au cadre Euratom, même s'ils ne peuvent viser qu'à l'octroi d'une indemnité.

Quant aux recours fondés sur une clause compromissoire insérée dans un contrat ou un compromis pour régler un différend entre États, les limites des compétences de la Cour dépendent naturellement de la volonté des parties et peuvent donc atteindre la pleine juridiction.

B. Voies d'annulation

1222. Elles ne confèrent au juge que des pouvoirs limités : il ne peut qu'annuler les actes qui lui sont déférés, mais non les réformer ou leur substituer sa propre décision et son contrôle ne porte que sur la légalité et non l'opportunité des décisions entreprises. En droit de l'Union européenne, cette catégorie est essentiellement constituée du recours en annulation contre les actes des institutions (33 CECA [pour mémoire], art. 263 FUE, rendu applicable au traité Euratom par l'article 106 *bis* CEEA). Il convient d'y ajouter, pour mémoire et selon la qualification de la Cour de justice elle-même, le recours en carence prévu à l'article 35, alinéa 3, CECA qui était organisé sous la forme d'un recours en annulation d'une décision implicite de refus (23 avr. 1956, *Groupement des industries sidérurgiques luxembourgeoises*, aff. 7 et 9/54, *Rec.* 55).

C. Voies de déclaration

1223. Le juge a ici les pouvoirs les plus limités, puisqu'il est seulement appelé à émettre une simple déclaration sur la légalité d'un acte ou d'un comportement ainsi que sur la signification ou la portée d'un acte. La déclaration est susceptible de conséquences diverses ; notamment, elle peut permettre au juge qui y procède, à un autre juge ou même à un tiers de faire application de l'acte ; elle peut permettre, au contraire, au juge de ne pas faire application de l'acte dans un litige (exception d'illégalité). En aucune façon, cependant, le juge ne peut faire disparaître un acte de l'ordonnancement juridique ou prononcer une condamnation.

Expression la plus modérée du pouvoir juridictionnel, la voie de déclaration jouit dans le système de l'Union d'une faveur qu'elle ne connaît pas dans les États ; elle fait l'objet surtout d'une promotion significative depuis les traités de Rome. Outre l'ensemble des renvois préjudiciels, tant en interprétation qu'en appréciation de validité, prévus dans les traités, et les différentes hypothèses de saisine consultative de la Cour, qui ne seront pas envisagées ici, constituent des voies de déclaration :

– les recours en manquement des États membres (avec la seule exception, historique, du recours CECA) ;

– l'exception d'illégalité ;

– enfin, et malgré les incertitudes sur ce point, le recours en carence qui, au contraire de la procédure qui lui correspondait dans le traité CECA, n'assimile pas le silence des institutions à une décision implicite de rejet.

III. Classification en fonction de l'objet des recours

1224. Cette distinction doctrinale du début du XXe siècle (développée notamment par les administrativistes Léon Duguit ou Marcel Waline) repose sur la considération de la nature de la question posée.

1225. Dans le ***contentieux objectif***, la question posée au juge est celle de savoir si un acte juridique ou un fait juridique est conforme ou non au Droit. Ce sont également les litiges portant sur l'interprétation d'un acte ou d'un fait juridique. Ces questions sont objectives car elles sont indépendantes du justiciable. On se trouvera dans ce type de situation pour :
- le recours en annulation,
- le recours en carence,
- le recours en manquement,
- l'exception d'illégalité.

1226. Dans le ***contentieux subjectif***, la question posée au juge est celle de savoir si une personne est titulaire ou non d'un droit qu'elle invoque, et si la réponse est affirmative, il s'agit alors de connaître l'étendue de ce droit. Ce sera ainsi le cas pour les recours en responsabilité ou pour le contentieux contractuel. La distinction est cependant plus délicate à retenir pour établir une typologie générale, car dans le cadre d'un contentieux subjectif, une question objective de légalité peut parfois intervenir dans le raisonnement. De plus, les contentieux de la répression, de la fonction publique ou en matière de propriété intellectuelle se laissent également moins facilement saisir sous cet angle que par le biais des pouvoirs du juge.

C'est pourquoi la présentation choisie mixera ces deux approches classiques, distinguant d'abord un contentieux indiscutablement objectif qui se partage entre un contentieux de l'annulation et un contentieux de la déclaration, puis un « plein contentieux » largement subjectif, mais qui restera caractérisé par les pouvoirs étendus du juge.

§ 2. Articulation des differentes voies de droit

1227. Les différentes voies de droit énumérées dans un désordre relatif dans les traités s'ordonnent de manière cohérente en fonction du rôle qui leur revient dans le système de contrôle juridictionnel de l'Union (v. ss 1113). Il en découle une véritable autonomie des conditions d'accès à chacune de ces voies de droit, qui s'accompagne souvent d'un chevauchement matériel, dans la mesure où la Cour de justice peut se trouver saisie par des voies très différentes de questions cependant de même nature.

I. Autonomie des voies de droit

Amilhat (M.), « L'exception de recours parallèle : un outil au service de l'articulation des voies de droit », *RTDE* 2016, n° 3, p. 537.

1228. Chaque voie de droit ayant une fonction particulière dans le cadre du « système général des voies de droit instituées par le traité » (CJCE 28 avr. 1971, *Lütticke*, aff. 4/69, *Rec.* 325) est subordonnée à des conditions d'exercice conçues en vue de son objet spécifique, qui doivent être strictement respectées sous peine que soit portée « atteinte à la stabilité de ce système » (CJCE 12 oct. 1978, *Commission c/Belgique*, aff. 156/77, *Rec.* 1881 ; pour une référence très vigoureuse au « principe de l'autonomie des voies de recours », TPI 16 oct. 2003, *The Panhellenic Union of Cotton Ginners and Exporters*, aff. T-148/00, *Rec.* II-4415). Ainsi la Cour tient-elle à ce que l'exercice des différentes voies de droit s'effectue sans dénaturation ni détournement. Par exemple sera irrecevable un recours en annulation visant à obtenir une décision déclaratoire (arrêts du 10 juill. 2014, *Moallem Insurance c/Conseil*, aff. T-182/13, EU:T:2014:624, ou du 30 juin 2016, *CW c/ Conseil*, aff. T-224/14, ECLI:EU:T:2016:375).

Constituerait une dénaturation de l'action en indemnité la subordination de sa recevabilité à des conditions qui ne lui sont pas propres, par exemple l'exigence que le requérant eût été recevable à demander l'annulation de l'acte juridique générateur du dommage ou *a fortiori* qu'il ait obtenu l'annulation préalable de celui-ci (14 juill. 1961, *Vloeberghs*, aff. 9 et 12/60, *Rec.* 391 ; 28 avr. 1971, *Lütticke*, préc.).

1229. À l'inverse, les plaideurs et spécialement les particuliers ne sauraient détourner une voie de droit de sa fonction spécifique dans le but de contourner les exigences qui limitent leur accès au prétoire de la Cour.

– Ainsi du ***recours en carence*** ; il n'est pas loisible aux particuliers, lorsqu'une institution a pris un acte qu'ils estiment illégal, acte qu'ils ne peuvent pas en raison de son caractère général, ou qu'ils ne peuvent plus, à l'expiration des délais, attaquer par un recours en annulation, de lui demander de le révoquer et, en cas d'abstention, de déférer celle-ci à la Cour comme omission illégale de statuer, car cela reviendrait à leur ouvrir une voie de droit parallèle à celle de l'article 173 CE, qui ne serait plus soumise aux conditions prévues par le traité (CJCE 10 déc. 1969, *Eridania*, aff. 10 et 18/68, *Rec.* 459 ; 6 avr. 1962, *Méroni*, aff. 21 à 26/61, *Rec.* 155).

– Les particuliers n'ayant pas accès au ***recours en manquement***, ils ne sauraient tourner cette interdiction par le biais du recours en carence ou en annulation. Ainsi ne sont-ils pas recevables, après avoir demandé à la Commission de mettre en œuvre les pouvoirs qu'elle tient de l'article 258 FUE et dans le silence de celle-ci, à utiliser le recours en carence (CJCE 14 févr. 1989, *Star Fruit*, aff. 247/87, *Rec.* 291 ; Ord. du 28 févr. 2013, *H-Holding*, aff. C-235/12 P, ECLI:EU:C:2013:132 ; de même est irrecevable le recours en annulation dirigé contre l'acte par lequel la Commission refuse expressément de déclencher la procédure de manquement (CJCE 1er mars 1966, *Lütticke*, aff. 48/65, *Rec.* 28 ; Ord. du 24 nov. 2016, *Juozas Edvardas Petraitis*, aff. C-137/16 P, ECLI:EU:C:2016:904).

– ***L'exception d'illégalité***, quant à elle, ne saurait être utilisée qu'à l'encontre des actes de portée générale ; elle ne permet pas aux requérants, États comme particuliers, de se prévaloir de l'irrégularité d'actes individuels dont ils étaient les destinataires et dont la méconnaissance leur est reprochée. Il ressort clairement du système du traité, en effet, que la légalité de ces actes ne peut être mise en cause que dans les délais prévus pour le recours en annulation ; passé celui-ci, ils doivent être considérés comme définitifs (CJCE 31 mars 1965, *Macchiorlatti*, aff. 21/64, *Rec.* 244 ; 12 oct. 1978, *Commission c/Belgique*, aff. 156/77, *Rec.* 1881). En présence d'une irrégularité juridique viciant un acte, le principe de sécurité juridique est à l'évidence mieux servi par une annulation de l'acte que par une simple inapplication. Dès lors, l'autonomie des voies de droit prend ici la forme d'une subsidiarité de l'exception : si celui qui prétend la soulever avait, antérieurement, la capacité d'en demander l'annulation, il ne sera plus recevable quant à l'exception : TPI 13 sept. 1995, *TWD*, aff. T-244 et 486/93, *Rec.* II-2265. L'exception d'illégalité, en outre, ne joue que dans une procédure poursuivie devant la Cour elle-même : un requérant ne saurait donc exciper de ce qu'il conteste la légalité d'un règlement dans une procédure pendante devant une juridiction nationale pour saisir lui-même la Cour dans le cadre de l'exception d'illégalité (CJCE 14 déc. 1962, *Wöhrmann*, aff. 31-33/62, *Rec.* 979).

– Enfin, le ***recours en indemnité*** lui-même peut parfois être irrecevable lorsqu'il est fondé sur la prétendue illégalité d'un acte qui aurait pu faire l'objet d'un recours en annulation c'est-à-dire quand, par ce biais, le requérant tente d'obtenir le même résultat que par l'action en annulation désormais irrecevable (CJCE 12 déc. 1967, *Collignon*, aff. 4/67, *Rec.* 469 ; CJCE 26 févr. 1986, *Krohn*, aff. 175/84, *Rec.* 753).

II. Chevauchement des voies de droit

1230. Voulu ou non par les traités, le chevauchement des voies de droit est bien réel chaque fois que, saisie par des voies différentes, la Cour est cependant conduite à se prononcer sur les mêmes objets litigieux.

– Le chevauchement est, en quelque sorte, naturel, entre les voies de droit qui ont été évidemment conçues comme *complémentaires*, telles le recours en annulation, l'exception d'illégalité et le renvoi préjudiciel en appréciation de validité par une juridiction nationale. C'est, bien évidemment, la même question, concernant parfois le même acte, qui est soumise à la Cour ; d'où son souci naturel d'homogénéiser le contrôle qu'elle est conduite à exercer au titre de ces différentes voies ; en particulier, le contrôle de « validité » qui est mis en œuvre dans le cadre du renvoi préjudiciel correspond en tous points au contrôle de légalité formelle (CJCE 18 févr. 1964, *Internationale Crediet*, aff. 73-74/63, *Rec.* 31 ; 14 mars 1973, *Westzucker*, aff. 57/72, *Rec.* 321).

– Plus original est déjà le chevauchement qui conduit la Cour à trancher le même problème de légalité à l'occasion d'un recours de légalité et dans le cadre d'une action en responsabilité. Si les interférences sont limitées avec le recours en annulation, enfermé dans un délai très bref, il en va autrement du renvoi préjudiciel en appréciation de validité. Sollicitée presque en même temps de se prononcer sur la légalité d'un règlement dans le cadre d'un recours en indemnité et dans le cadre d'un renvoi préjudiciel, la Cour autorise même le requérant en indemnité à présenter des observations sur le renvoi préjudiciel, confie les deux affaires au même avocat général, considère comme acquise, en examinant le recours en indemnité, l'illégalité déjà constatée dans le renvoi préjudiciel et admet que quiconque s'estime lésé par des actes communautaires invalidés par une décision préjudicielle a le droit d'engager la procédure prévue aux articles 268 et 340 FUE sans avoir à exciper à nouveau de l'illégalité de l'acte (aff. des *Gritz de maïs*, CJCE 19 oct. 1977, *Moulins Pont-à-Mousson c/ ONIC*, aff. 124/76 et 20/77, *Rec.* 1795, et CJCE 4 oct. 1979, *Dumortier c/ Conseil*, aff. 64 et 113/76, 167 et 239/78, 27, 28 et 45/79, *Rec.* 3091).

– Beaucoup plus originale encore, et même tout à fait inattendue, est la complémentarité de fait qui s'est établie entre le recours en manquement d'État et le renvoi préjudiciel en interprétation. Si la fonction première de l'article 267 FUE est, en effet, d'assurer l'uniformité d'interprétation du droit communautaire, le recours préjudiciel en interprétation présente un second aspect qui n'est apparu qu'au fur et à mesure que s'accumulait l'expérience jurisprudentielle : il constitue au profit des particuliers un substitut du recours en manquement réservé aux États et à la Commission. Il en est ainsi chaque fois que le litige principal dont est saisi le juge national concerne la compatibilité entre la loi nationale et le droit communautaire. Certes, la Cour se garde bien, elle-même, dans le cadre de l'article 267, d'interpréter le droit national ou d'en contrôler la conformité, mais l'interprétation qu'elle fournit du droit communautaire est déterminante. La pratique montre que les interférences sont fréquentes, que le renvoi préjudiciel suive l'arrêt de manquement (CJCE 26 oct. 1971, *Eunomia*, aff. 18/71, *Rec.* 811) ou inversement (CJCE 17 mai 1972, *Léonésio*, aff. 93/72, *Rec.* 257) ; il arrive même que les deux recours soient simultanément pendants devant la Cour : ici encore, ils sont alors confiés au même avocat général qui renvoie à ses conclusions ou rend des conclusions communes ; les observations des différentes parties sont prises en considération dans les deux instances ; les deux arrêts sont rendus simultanément, l'un renvoyant à l'autre (affaire *Pêche maritime :* CJCE 16 févr. 1978, aff. 61/77, *Rec.* 413 et aff. 88/77, *Rec.* 473 ; affaire *Pommes de terre :* CJCE 29 mars 1979, aff. 231/78, *Rec.* 1447 et aff. 118/78, *Rec.* 1387). Il arrive même que les motifs ou le dispositif d'un arrêt interprétatif présentent une grande analogie avec le dispositif d'un arrêt de constatation de manquement (v. ss 1431).

– Enfin, le chevauchement possible de certaines procédures consultatives et de procédures contentieuses ou préjudicielles, qui n'était guère discernable à première vue, est clairement affirmé par la Cour. La question de savoir si la conclusion d'un accord déterminé relève ou non de la compétence de l'Union et si, le cas échéant, ces compétences ont été exercées de manière conforme aux traités, qui peut être soumise à la Cour par la voie consultative des articles 218, § 11, FUE et 103 CEEA, peut aussi venir devant elle soit directement au titre de l'article 258 FUE ou de l'article 263 FUE soit par la voie préjudicielle (CJCE 11 nov. 1975, *avis 1/75*, *Rec.* 1355), ce qui l'a conduite à homogénéiser le contrôle qu'elle exerce au titre de l'ensemble de ces voies de droit (CJCE 4 oct. 1979, *avis 1/78*, *Rec.* 2871 et 14 nov. 1978, *délibération 1/78*, *Rec.* 2151).

§ 3. Complétude du système des voies de droit

1231. Au-delà des relations fonctionnelles ou matérielles que peuvent entretenir, deux à deux, les voies de droit entre elles, la Cour de justice a développé en tant que méthode d'interprétation le présupposé qu'elles forment un système complet, cette vision systémique ou systématique étant d'autant plus affirmée qu'elle traduirait la nature même de la Communauté : une Communauté de droit (CJCE 23 avr. 1986, *« Les Verts » c/Parlement européen*, aff. 294/83, *Rec.* 1339), désormais une Union de droit (par exemple, arrêt (Gr. ch.) du 27 févr. 2018, *Associação Sindical dos Juízes Portugueses*, aff. C-64/16, ECLI:EU:C:2018:117).

Ce raisonnement peut jouer de manière plus ou moins formaliste et appuyer ou non le droit à une protection juridictionnelle effective. Non formaliste et favorable à ce droit est assurément le dépassement du texte des traités pour admettre, sur cette base, la légitimation passive du Parlement européen, au motif que dans une Communauté de droit, ni les États membres, ni les institutions « n'échappent au contrôle de la conformité de leurs actes à la charte constitutionnelle de base qu'est le traité » (CJCE 23 avr. 1986, *« Les Verts » c/Parlement européen*, aff. 294/83, préc.). Plus formaliste et discutable au regard du droit à une protection juridictionnelle effective est l'attitude de la Cour se réfugiant, parfois contre toute évidence, dans l'invocation de ce caractère complet pour refuser d'élargir l'accès des particuliers au recours en annulation au-delà de ce que prescrit le traité alors même que les autres ressources du « système complet » (élargi aux ressources contentieuses devant les juges des États membres) apparaîtraient vaines (CJCE 25 juill. 2002, *Unión de Pequeños Agricultores (UPA)*, aff. C-50/00 P, *Rec.* I-6719).

Section 2
Le contentieux objectif de l'annulation et de la déclaration

§ 1. Recours en annulation

Cassia (P.), *L'accès des personnes physiques ou morales au juge de la légalité des actes communautaires*, Paris, Dalloz, 2002.
Donnat (F.), *Contentieux communautaire de l'annulation*, Paris, LGDJ, coll. « Systèmes », 2008.
Legal (H.), « L'accès des particuliers au prétoire communautaire », in *Mélanges en l'honneur de Philippe Léger*, Paris, Pedone, 2006, p. 217.
Rasquin (G.) et Chevallier (R.-M.), « L'article 173 alinéa 2 du traité CEE », *RTDE* 1966. 31.
Roseren (P.), « Commentaire art. 230 CE », in I. Pingel (dir.), *Commentaire article par article des traités UE et CE*, 2e éd., Bâle, Paris, Bruxelles, Helbing Lichtenhahn, Dalloz, Bruylant, 2010, p. 1503.
Speltdoorn (O.), « Recours en annulation », *Rép. communautaire*, Dalloz, 2018.
Vandersanden (G.) et Barav (A.), *Contentieux communautaire*, *op. cit.*, p. 127.
Waelbroeck (M.), « Commentaire de l'article 173 CE », in *Le droit de la CEE*, préc., vol. 10, tome I, p. 85.
Waelbroeck (D.) et Bombois (T.), « Des requérants « privilégiés » et des autres… À propos de l'arrêt *Inuit* et de l'exigence de protection juridictionnelle effective des particuliers en droit européen », *CDE* 2014. 21

1232. Le recours en annulation des articles et 263, 264 et 266 FUE (applicable au cadre Euratom en vertu de l'article 106 *bis* CEEA) consiste à demander l'annulation d'un acte de l'Union pour illégalité et se présente, dans son mécanisme général, comme une transposition du recours pour excès de pouvoir français ; en revanche s'agissant des titulaires du droit de recours, le droit de l'Union consacre une solution tout à fait spécifique qui a pu susciter la critique, la difficulté d'accès des requérants particuliers étant présentée en termes de *déficit juridictionnel*.

I. Mécanisme général

1233. On peut en premier lieu envisager rapidement des conditions de recevabilité de base tenant au délai et au contenu de la demande.

1234. Compte tenu de son objet, le recours en annulation est enfermé dans un *délai bref*, de deux mois (c'était un mois pour le cadre CECA) qui court à compter de la publication au *JOUE* des actes généraux (même si le règlement de procédure spécifie qu'il s'agit d'une publication « au *JOUE* », la publication par internet sur le site d'une agence, dans le cadre d'une procédure particulière d'identification de substances préoccupantes est admise : CJ 26 sept. 2013, *Polyelectrolyte Producers group*, aff. C-625/11 P, ECLI:EU:C:2013:594, et du même jour, *Polyelectrolyte Producers group*, aff. C-626/11 P, ECLI:EU:C:2013:595) ou de la notification au requérant des actes individuels. Le respect du délai est impératif : c'est une question d'ordre public et le juge doit la soulever d'office. Pour autant, on doit noter trois manières d'assouplir cette exigence.

– Le ***critère subsidiaire*** : à défaut, peut être prise en considération la date de connaissance de l'acte par le requérant (ex. : pour une attribution informelle de fonds du FSE, le délai court du jour où la personne a eu une connaissance exacte du contenu et des motifs de l'acte : TPI 7 mars 1995, *Socurte*, aff. T-432 à 434/93, *Rec.* II-503).

– Les ***dérogations*** : une erreur excusable ou un cas de force majeure peuvent faire admettre une dérogation à ce délai. Par exemple, il a pu être considéré comme imprévisible que les services de la Poste luxembourgeoise mettent quarante-deux jours pour distribuer une requête : TPI 28 janv. 2009, *Centro Studi Manieri*, aff. T-125/06, *Rec.* II-69.

– Les ***règles de calcul pratique*** : une fois l'acte publié, le délai de deux mois commence en réalité à courir 24 jours après cette publication. En effet, il court à partir du quatorzième jour après la publication (art. 81, § 1, RP, CJ et art. 102, § 1, RP, T) et ces règlements de procédure de la Cour et du Tribunal ajoutent un « délai de distance » désormais forfaitaire et assez incongru de 10 jours (art. 81, § 2, RP, CJ et art. 102, § 2, RP, T).

Pour un exemple d'affaire complexe relative à la computation des délais s'étant terminée par un arrêt de Grande chambre : 23 avr. 2013, *Laurent Gbagbo e.a.*, aff. C-478/11 P à C-482/110, ECLI:EU:C:2013:258. Il faut réaliser que les règles de computation des délais participent de la sécurité juridique mais que des circonstances « tout à fait exceptionnelles » (arrêt du 14 déc. 2016, *SV Capital OÜ*, aff. C-577/15 P, ECLI:EU:C:2016:947), ou la prise en considération de l'exigence de protection juridictionnelle effective ou de la logique de l'Union de droit peuvent conduire à les écarter (cf. l'arrêt de Grande chambre du 26 juin 2012, *Pologne c/ Commission*, aff. C-336/09 P, ECLI:EU:C:2012:386).

La saisine du juge n'a *pas d'effet suspensif* (cf. par exemple pour un rappel, l'arrêt du 9 juill. 2015, *Commission c/ France*, aff. C-63/14, ECLI:EU:C:2015:458); mais, par requête séparée, le requérant peut demander le *sursis à exécution* de l'acte entrepris, comme en droit français (v. ss 1207).

1235. La demande ne peut porter que sur l'annulation d'un acte et se pose la question d'une demande d'*annulation partielle*. Celle-ci sera admise uniquement si les dispositions attaquées sont détachables du reste de l'acte puisque l'annulation elle-même ne peut être partielle qu'à cette condition (v. ss 1258) : cf. par exemple, arrêt du 28 juin 1972, *Jamet*, aff. 37/71, *Rec.* 295 ; Ord. du 10 déc. 2013, *Govierno de Aragón*, aff. T-150/11, ECLI:EU:T:2013:676 ; ou arrêt du 9 nov. 2017, *Solar World AG*, aff. C-205/16 P, ECLI:EU:C:2017:840.

A. Actes susceptibles de recours

1236. Les traités et la jurisprudence ont permis d'identifier des conditions de recevabilité tenant à l'acte attaquable et relatives à son auteur, sa nature ou son domaine. La Cour a également précisé qu'il convient de bien distinguer ce caractère attaquable de l'éventuelle illégalité de l'acte : une illégalité, quand bien même serait-elle grave ou manifeste, ne peut conduire à admettre la recevabilité d'un recours en annulation si l'acte en cause ne réunit pas les conditions requises (arrêt du 15 janv. 2003, *Philip Morris International c/Commission*, aff. T-377/00, T-379/00, T-380/00, T-260/01 et T-272/01, *Rec.* II-1).

1° Auteur de l'acte attaquable

1237. La structure institutionnelle propre de l'Union a conduit ici à des règles relativement strictes et compliquées, comme le montre l'article 263 FUE : « La Cour de justice de l'Union européenne contrôle la légalité des actes législatifs, des actes du Conseil, de la Commission et de la Banque centrale européenne, autres que les recommandations et les avis, et des actes du Parlement européen et du Conseil européen destinés à produire des effets juridiques à l'égard des tiers. Elle contrôle aussi la légalité des actes des organes ou organismes de l'Union destinés à produire des effets juridiques à l'égard des tiers. ».

1238. Seuls les actes du Conseil et de la Commission étaient attaquables dans la version originaire des traités de Rome. S'agissant du Parlement, le recours contre ses délibérations n'était prévu, dans des conditions restrictives du reste, que dans le traité CECA. Mais la Cour, procédant à une véritable « révision judiciaire du traité » (J. P. Jacqué, *RTDE* 1986. 491) a décidé que le Parlement était passible du recours en annulation dans les mêmes conditions que le Conseil et la Commission bien qu'il ne soit pas mentionné à l'article 173 CEE (actuel art. 263 FUE) (CJCE 23 avr. 1986, *Parti écologiste « Les Verts »*, aff. 294/83, *Rec.* 1339). Partant du principe que « la Communauté européenne est une communauté de droit en ce que ni ses États membres, ni ses institutions n'échappent au contrôle de la conformité de leurs actes à la charte constitutionnelle de base qu'est le traité », elle affirme que « si le Parlement européen ne figure pas expressément parmi les institutions dont les actes peuvent être attaqués, c'est parce que le traité CE dans sa version originaire ne lui conférait que des pouvoirs consutatifs et de contrôle politique et non de celui d'adopter des actes juridiques vis-à-vis des tiers ». Dès lors, à partir du moment et pour autant que les traités de Luxembourg et de Bruxelles lui ont conféré de véritables pouvoirs de décision, notamment en matière budgétaire « le recours en annulation peut être dirigé contre les actes du Parlement européen destinés à produire des effets juridiques vis-à-vis des tiers » (cf. G. Isaac, « L'insertion du Parlement européen dans le système juridictionnel des Communautés européennes », *AFDI* 1986. 794). Au surplus, le recours est ouvert non seulement contre une délibération de l'Assemblée, mais encore contre un acte du Bureau (aff. n° 294/93, préc.) ou une décision du président (CJCE 3 juill. 1986, *Conseil c/Parlement*, aff. 34/86, *Rec.* 2155 ; *RTDE* 1987. 527). Le traité de Maastricht a repris à son compte cette solution jurisprudentielle pour le Parlement et a étendu le recours aux actes des organes de décision de la BCE (autres que les recommandations et les avis), ainsi qu'aux actes conjoints du Parlement et du Conseil, pour tenir compte de la procédure de codécision, ce qui est à l'origine de l'actuelle extension, depuis le traité de Lisbonne, aux « actes législatifs ». Le traité de Lisbonne a également aligné la légitimation passive du Conseil européen sur celle du Parlement.

1239. Seuls les actes d'institutions et organes de l'Union *stricto sensu* sont susceptibles de recours. Sont donc exclus les actes émanant de la collectivité des États, même arrêtés au sein d'une institution, telles les *décisions des représentants des gouvernements des États membres* (CJCE 30 juin 1993, *Parlement c/Conseil*, aff. C-181/91 et C-248/91, *Rec.* I-3685). N'est pas non plus recevable un recours contre une « *mission* » de l'Union européenne (Ord. du Tribunal du 4 juin 2013, *Elitaliana c/ Eulex Kosovo*, aff. T-213/12, ECLI:EU:T:2013:292), ni contre l'*Eurogroupe* dont le traité ne consacre l'existence qu'en tant qu'instance informelle (CJ, Gr. ch., 20 sept. 2016, *Mallis et Malli*, aff. C-105/15 P à C-109/15 P, ECLI:EU:C:2016:702). En revanche, l'examen détaillé peut permettre au juge de considérer les actes pris dans le cadre d'une « mission » comme relevant de la Commission, notamment en raison de ses responsabilités sur l'exécution budgétaire (Ord. préc., du 4 juin 2013, aff. T-213/12), ou du Conseil (pour des actes de commandement dans le cadre de la Mission de police de l'Union européenne en Bosnie-Herzégovine, arrêt (Gr. ch.) du 19 juill. 2016, *H c/ Conseil, Commission et MPUE*, aff. C-455/14 P, ECLI:EU:C:2016:569).

De même les actes des États membres, administratifs comme judiciaires, ne peuvent faire l'objet d'un tel recours (Ord. du 5 oct. 1983, *Nevas c/Caisse des juristes à Athènes*, aff. 142/83, *Rec.* 296 ; Ord. du 27 févr. 1991, *Tsitouras e.a. c/Grèce*, aff. C-285/90, *Rec.* I-787 ; Ord. du 16 mai 2008, *Raulin c/France*, aff. C-49/08, *Rec.* I-77 ; Ord. du 19 nov. 2010, *Uznański c/Pologne*, aff. C-143/10 P, *Rec.* I-153*). Nulle dimension européenne accessoire ne saurait conduire à revenir sur cette constante, qu'il s'agisse de contrôler la règlementation nationale à la lumière du droit de l'Union européenne (Ord. du 2 juill. 2009, *Evropaïki Dynamiki c/BCE*, aff. T-279/06, *Rec.* II-99) ou d'examiner la transmission d'informations par les autorités nationales à destination de la Commission européenne (arrêt du 8 juill. 2004, *Dalmine c/Commission*, aff. T-50/00, *Rec.* II-2395).

S'agissant des « organismes » de l'Union, l'évolution est à signaler. Dans un cas particulier, la Cour avait admis que si le texte du traité CECA ne visait, s'agissant du recours en annulation, que les actes pris par la Haute Autorité, il devait s'appliquer également aux actes émanant d'organismes agissant par délégation de celle-ci. C'était le cas, notamment, des organismes dits « de Bruxelles », mis en place pour gérer le mécanisme de péréquation des ferrailles, institué dans les années cinquante. La Cour a considéré que si la Haute Autorité avait exercé elle-même ces pouvoirs, ses actes auraient été soumis au contrôle du juge et qu'il n'était pas admissible de priver les particuliers, par le jeu d'une délégation, de la protection de l'article 33 CECA (17 juill. 1959, *Snupat*, aff. 32 et 33/58, *Rec.* 275). Cette jurisprudence, dans un premier temps, n'a pas connu de développement car les organismes subsidiaires institués en vertu d'une délégation n'étaient plus habilités à prendre des décisions définitives. Transposant le mécanisme organisé dans l'article 53 CEEA pour les actes de l'*Agence d'approvisionnement*, les règlements du Conseil créant des établissements publics communautaires (v. ss 436) prévoient que leurs décisions peuvent faire l'objet d'un appel devant la Commission ; c'est la réponse de celle-ci qui était alors susceptible d'être déférée à la Cour. Cette approche n'a pas résisté à la force logique du discours sur la *Communauté de droit*. Le TPI, après quelques hésitations dans des arrêts où il avait réussi à éviter de se prononcer sur la question, a interprété l'arrêt *Les Verts* largement, en identifiant un principe général et en allant, dès lors, plus loin que la sphère des « institutions » seules visées dans l'arrêt de 1986. Dans un arrêt du 8 octobre 2008, *Sogelma c/Agence européenne pour la reconstruction* (aff. T-411/06, *Rec.* II-2771), le Tribunal pose le principe selon lequel « tout acte émanant d'un organisme communautaire destiné à produire des effets juridiques vis-à-vis des tiers doit être susceptible d'un contrôle juridictionnel », ce qui revient à admettre le recours vis-à-vis d'actes des agences de l'Union européenne (mais pour un organe créé dans le cadre de la coopération judiciaire pénale pour laquelle l'article 41 UE (avant le traité de Lisbonne) ne prévoyait pas la compétence de la Cour, la recevabilité est refusée (CJCE 15 mars 2005, *Espagne c/ Eurojust*, aff. C-160/03, *Rec.* I-2077). Il est vrai que ce n'est là que la préfiguration de ce que prévoit désormais le traité de Lisbonne pour la recevabilité du recours en annulation, la Cour contrôlant « la légalité des actes des organes et organismes de l'Union destinés à produire des effets juridiques à l'égard des tiers ».

Si la Cour des comptes n'est pas expressément visée, son statut d'institution pouvant difficilement conduire à l'assimiler purement et simplement aux « organes et organismes » de l'Union, il faut sans doute considérer que ses actes produisant des effets de droit à l'égard de tiers pourraient faire l'objet d'un recours en annulation, de la même façon qu'est recevable, de façon classique, un recours lié à sa relation avec un de ses agents (CJCE 11 mai 1989, *Maurissen et Union syndicale*, aff. 193 et 194/87, *Rec.* 1045).

Il importe également d'ajouter que le traité FUE peut incidemment modifier ces conditions de recevabilité exprimées à l'article 263. Ainsi, l'article 271 FUE élargit le recours en annulation à des recours contre les délibérations du Conseil des gouverneurs de la BEI (saisine possible par un État membre, la Commission et le Conseil d'administration), et les délibérations du Conseil d'administration de la BEI (saisine possible par les États membres ou la Commission). À l'inverse, l'article 269 FUE restreint la recevabilité des recours en annulation à l'égard des actes du Conseil européen et du Conseil dans le cadre de la procédure de suspension temporaire d'un État pour violation grave et persistante des valeurs fondatrices de l'Union : le recours ne peut ici être introduit que par l'État visé, dans un délai d'un mois, uniquement pour violation des conditions de procédure prévues à l'article 7 UE, et la Cour doit statuer dans un délai d'un mois.

2° Nature de l'acte attaqué

1240. Le traité CECA procédait par énumération (« décisions et recommandations de la Haute Autorité », art. 33, et « délibérations de l'Assemblée et du Conseil », art. 38), tandis que les traités de Rome contenaient une formule générique assortie d'une exclusion (« actes... autres que les recommandations ou avis »). La jurisprudence de la Cour a cependant rapidement unifié la notion d'acte susceptible de recours. Sont attaquables ***les actes décisoires des institutions, peu importe qu'ils soient nommés ou innommés*** ; conformément à son habitude, la Cour estime qu'en matière de qualification des actes, elle n'a pas à tenir compte de la forme ou de la dénomination que leur a donnée leur auteur ; elle ne s'attache qu'à leur contenu et à leur portée.

Sont donc attaquables les actes décisoires « nommés », c'est-à-dire énumérés à l'article 288 FUE (règlements, décisions et directives), mais encore les actes décisoires « innommés ». À l'occasion d'un recours contre une « délibération » du Conseil, la Cour a posé un véritable principe d'*universalité* du recours en annulation qui « doit être ouvert à l'égard de toutes dispositions prises par les institutions, quelles qu'en soient la nature et la forme qui visent à produire des effets de droits » (CJCE 31 mars 1971, *Commision c/Conseil*, aff. 22/70, *Rec.* 263), principe qu'elle a précisé ensuite (aff. 294/83, préc.) en spécifiant qu'il s'étend à tous les actes des institutions « visant à produire des effets juridiques vis-à-vis des tiers », ce qui sauvegarde l'autonomie interne des institutions. La caractérisation est même plus précise : seules les mesures produisant des effets juridiques obligatoires de nature à affecter les intérêts des tiers en modifiant de façon caractérisée leur situation juridique constituent des actes susceptibles de faire l'objet d'un recours en annulation (v. l'arrêt de la Cour du 11 nov. 1981, *IBM c/Commission*, aff. 60/81, *Rec.* 2639, point 9 ; ordonnance de la Cour du 4 oct. 1991, *Bosman c/Commission*, aff. C-117/91, *Rec.* I-4837, point 13 ; arrêt du TPI du 15 janv. 2003, *Philip Morris International c/Commission*, aff. T-377/00, T-379/00, T-380/00, T-260/01 et T-272/01, *Rec.* II-1, point 81 ; arrêt du TPI du 17 avr. 2008, *Cestas c/Commission*, aff. T-260/04,

Rec. II-701, point 67 ; ou ordonnance du Tribunal du 12 févr. 2010, *Commission c/Centre de traduction des organes de l'Union européenne (CdT)*, aff. T-456/07, *Rec.* II-183).

Et sont logiquement exclus du recours les recommandations et avis dans le cadre UE et Euratom, tous actes dont les traités précisent eux-mêmes qu'ils « ne lient pas ».

Au-delà, on distinguera ci-dessous trois catégories d'actes ne pouvant faire l'objet d'un recours en annulation : les actes unilatéraux *sans effet décisoire* ; les actes *purement interne* ; enfin les actes *qui ne sont pas unilatéraux.*

a) Les actes sans effet décisoire

1241. La jurisprudence de la Cour a permis de préciser que ne sont pas attaquables, car manquant d'effet décisoire.

1242. – Les ***actes préparatoires*** qui ne constituent pas une manifestation définitive de volonté (5 déc. 1963, *Sté Henricot*, aff. 23/62, *Rec.* 439 ; seul l'acte définitif que ces actes « préparent » sera attaquable (par exemple, Ord. du 8 févr. 2010, *Alisei c/Commission*, aff. T-481/08, *Rec.* II-117 ; Ord. du 7 sept. 2010, *Norilsk Nickel Harjavalta et Umicore c/ Commission*, aff. T-532/08, *Rec.* II-3959). Les évaluations scientifiques rendues par une agence de l'Union sont à cet égard des actes préparatoires vis-à-vis des actes d'autorisation de la Commission qu'ils informent (par ex., Ord. du 17 juin 2008, *FMC Chemical et Arysta Lifesciences c/EFSA*, aff. T-311/06, *Rec.* II-88). Malgré le caractère préparatoire de la décision attaquée, des « effets juridiques revêtant un caractère autonome par rapport à la décision finale » sont cependant susceptibles de justifier la recevabilité du recours (arrêts de la Cour du 30 juin 1992, *Italie c/Commission*, aff. C-47/91, *Rec.* I-4145, points 25 à 30 ; *Espagne c/Commission*, aff. C-312/90, *Rec.* I-4117, points 17 à 24, et du 9 oct. 2001, *Italie c/Commission*, aff. C-400/99, *Rec.* I-7303, points 57 à 65) ; Ord. du 25 nov. 2009, *Andersen c/Commission*, aff. T-87/09, *Rec.* II-225).

Lorsqu'il s'agit d'actes ou de décisions dont l'élaboration s'effectue en plusieurs phases, notamment au terme d'une procédure interne, ne constituent en principe un acte attaquable que les mesures qui fixent définitivement la position de l'institution au terme de cette procédure, à l'exclusion des *mesures intermédiaires* dont l'objectif est de préparer la décision finale (arrêt du 11 nov. 1981, *IBM c/ Commission*, aff. 60/81, *Rec.* 2639 ; arrêt du 10 juill. 1990, *Automec c/Commission*, aff. T-64/89, *Rec.* II-367 ; arrêt du 18 déc. 1992, *Cimenteries CBR e.a. c/Commission*, aff. T-10/92 à T-12/92 et T-15/92, *Rec.* II-2667 ; arrêt du 7 mars 2002, *Satellimages TV5 c/Commission*, aff. T-95/99, *Rec.* II-1425 ; arrêt du 12 sept. 2002, *DuPont Teijin Films Luxembourg*, aff. T-113/00, *Rec.* II-3681 ; Ord. du 21 nov. 2005, *Tramarin c/ Commission*, aff. T-426/04, *Rec.* II-4765 ; arrêt du 6 juill. 2006, *Franchet et Byk c/Commission*, aff. T-391/03 et T-70/04, *Rec.* II-2023 ; arrêt du 17 avr. 2008, *Cestas c/Commission*, aff. T-260/04, *Rec.* II-701 ; arrêt du 14 sept. 2010, *Da Silva Pinto Branco c/ Cour de justice*, aff. F-52/09, ECLI:EU:F:2010:98 ; Ord. du 14 juill. 2010, *Deutsche Post c/ Commission*, aff. T-570/08, *Rec.* II-151* ; arrêt du 7 juill. 2010, *Agrofert Holding c/ Commission*, aff. T-111/07, *Rec.* II-128*).

1243. – Les ***actes purement confirmatifs***, qui n'ajoutent rien à l'ordonnancement juridique (CJCE 25 oct. 1977, *Métro*, aff. 26/76, *Rec.* 1875). Un acte est purement confirmatif d'un acte antérieur s'il ne contient aucun élément nouveau par rapport à celui-ci et n'a pas été précédé d'un réexamen de la situation du destinataire de cet acte antérieur (arrêt du TPI du 18 sept. 2003, *Internationaler Hilfsfonds c/Commission*, aff. T-321/01, *Rec.* II-3225 ; arrêt du 12 juill. 2006, *Ayadi c/Conseil*, aff. T-253/02, *Rec.* II-2139 ; ou arrêt du 4 juill. 2017, *Systema Teknolotzis c/ Commission*, aff. T-234/15, ECLI:EU:T:2017:461). On comprend la logique d'une telle exclusion puisque pouvoir attaquer un acte se bornant à en confirmer un autre pourrait conduire à contourner les délais de recours. La situation est cependant parfois complexe lorsqu'une procédure, telle que celle de demande d'accès à des documents des institutions, autorise plusieurs requêtes, ce qui exige alors des vérifications approfondies pour vérifier qu'un deuxième refus est vraiment confirmatif (ex. Ord. du Tribunal du 8 oct. 2012, *Client Earth c/ Conseil*, aff. T-62/12, ECLI:EU:T:2012:525).

1244. – Les ***actes interprétatifs*** sont également exclus. Même si la Cour a admis que des communications interprétatives peuvent avoir une portée juridique et être opposables à leur auteur, elles restent (si elles sont vraiment « interprétatives », ce que vérifie la Cour en étudiant leur contenu en détail) des actes non créateurs de droit, et le recours en annulation n'est pas recevable (T. 20 mai 2010, *Allemagne c/Commission*, aff. T-258/06, *Rec.* II-2027). Ne fait pas grief un acte par lequel une institution se limite à donner son interprétation d'un texte réglementaire (arrêt du 10 avr. 2003, *Alessandrini e.a. c/Commission*, aff. T-93/00 et T-46/01, *Rec.* II-1635 ; Ord. du 2 sept. 2009, *E.ON Ruhrgas et E.ON Földgáz Trade c/Commission*, aff. T-57/07, *Rec.* II-132*).

En revanche, les actes, de plus en plus nombreux, par lesquels les institutions explicitent, éclairent l'interprétation d'actes normatifs peuvent devenir attaquables s'ils créent des obligations nouvelles. Ainsi *d'orientations internes* de la Commission créant des sanctions financières, mettant dès lors à la charge des États membres des obligations nouvelles (CJCE 6 avr. 2000, *Espagne c/Commission*, aff. C-443/97, *Rec.* I-2415). De même, un *code de conduite* ne se bornant pas à expliciter une obligation d'information qui découle, pour les États membres, d'un règlement, mais établit des obligations spécifiques concernant le contenu de l'information ainsi que la fréquence et les modalités de la communication de cette information à la Commission, allant au-delà de ce qui est prévu par la disposition précitée est attaquable (arrêt du 13 nov. 1991, *France c/Commission*, aff. C-303/90, *Rec.* I-5315).

1245. – Une ***manifestation d'opinion*** écrite ou une simple ***déclaration d'intention*** ne saurait constituer une décision de nature à faire l'objet d'un recours en annulation, dès lors qu'elle n'est pas susceptible de produire des effets juridiques ou qu'elle ne vise pas à produire de tels effets (v., en ce sens, arrêts de la Cour du 27 mars 1980, *Sucrimex et Westzucker c/Commission*, aff. 133/79, *Rec.* 1299, et du 27 sept. 1988, *Royaume-Uni c/Commission*, aff. 114/86, *Rec.* 5289). Ainsi des lettres de la Direction Générale Budget de la Commission réclamant à quatre États membres le versement des sommes correspondant à des ressources propres de l'Union ne représentent qu'une « opinion » dès lors que seule la Cour de justice et non la Commission peut se prononcer sur le respect de leurs obligations par les États membres (T 14 sept. 2015, *Slovénie, Slovaquie, Roumanie, Espagne c/ Commission*, aff. T-585, 779,784 et 841/14 : 4 Ord., ECLI:EU:T:2015:662, 655, 659, et 656). En revanche, quand la Commission répond de manière argumentée et par un refus à un État membre lui demandant de modifier un acte, ce n'est pas une « manifestation d'opinion » (T 24 mars 2017, *Estonie c/ Commission*, aff. T-117/15, ECLI:EU:T:2017:217).

On peut assimiler à ce cas de figure l'exclusion du recours à l'encontre des « appréciations formulées dans les motifs d'une décision » qui, en tant que telles ne font pas grief (Ord. du 28 janv. 2004, *Pays-Bas c/Commission*, aff. C-164/02, *Rec.* I-1177 ; arrêt TFP du 13 déc. 2007, *Duyster c/Commission*, aff. F-51/05 et F-18/06, ECLI:EU:F:2007:221) ou les décisions relatives à *l'engagement ou au non-engagement de procédures ;* ainsi de l'annonce à une entreprise de l'intention de ne pas ouvrir une procédure de contrôle d'aide d'État (TPI, Ord. du 30 sept. 1999, *UPS Europe*, aff. T-182/98, *Rec.* II-2857). Mais la situation est parfois complexe : s'agissant d'une décision de la Commission d'ouvrir la procédure formelle d'examen d'une aide publique, elle sera attaquable si l'aide est en cours de versement (arrêt du 23 oct. 2002, *Diputación Foral de Guipúzcoa e.a. c/ Commission*, aff. T-269/99, T-271/99 et T-272/99, *Rec.* II-4217) ; en revanche si elle est déjà intégralement versée, la décision n'a alors pas d'effet juridique autonome et le recours sera irrecevable (Ord. du 3 mars 2015, *Gemeente Nijmegen c/ Commission*, aff. T-251/13, ECLI:EU:T:2015:142).

De même, une décision de la Commission d'introduire un recours en justice devant une juridiction américaine est considérée comme non attaquable, étant en elle-même insusceptible d'affecter les intérêts des justiciables par un effet juridique obligatoire : CJCE 12 sept. 2006, *Reynolds Tobacco*, aff. C-131/03 P, *Rec.* I-7795. Dans la même logique, la décision de la Commission de saisir le comité des spécialités pharmaceutiques afin d'obtenir un avis motivé sur l'harmonisation des résumés des caractéristiques d'un produit, n'est pas un acte susceptible de recours : Ord. du 2 juin 2004, *Pfizer c/Commission*, aff. T-123/03, *Rec.* II-1631. Un acte par lequel un directeur général propose à la Commission de ne pas engager de recours en manquement n'est pas attaquable non plus : T., Ord. du 20 juill. 2010, *Perret*, aff. T-186/10, ECLI:EU:T:2010:314. Dans ce même contexte, les décisions par lesquelles la Commission classe une plainte l'informant d'un comportement d'État susceptible de donner lieu à l'engagement d'une procédure en manquement ne constituent pas des actes attaquables, et le juge généralise ici, en indiquant qu'aucun des actes de la Commission dans le cadre de la phase précontentieuse de ce recours n'est attaquable (Ord. du 19 sept. 2005, *Aseprofar et Edifa c/Commission*, aff. T-247/04, *Rec.* II-3449 ; Ord. du 5 sept. 2006, *AEPI c/Commission*, aff. T-242/05, *Rec.* II-62*).

1246. – La ***transmission d'informations*** par un organisme de l'Union n'affecte pas les intérêts des tiers en modifiant de façon caractérisée leur situation juridique. Ainsi, un acte par lequel l'Office européen de lutte antifraude (OLAF) transmet aux autorités judiciaires nationales des informations relatives à des suspicions de violation du secret professionnel et de corruption n'est pas susceptible de faire l'objet d'un recours en annulation car l'éventuelle ouverture d'une procédure judiciaire à la suite de la transmission d'informations par l'OLAF, ainsi que les actes juridiques subséquents, relève de la seule et entière responsabilité des autorités nationales (TPI 13 juill. 2004, *Comunidad Autonoma de Andalucia*, aff. T-29/03, *Rec.* II-2923 ; TPI 4 oct. 2006, *Tillack c/Commission*, aff. T-193/04, *Rec.* II-3995). Le TFP a considéré que lorsque cela concernait un fonctionnaire européen, cela pouvait avoir des conséquences évidentes sur sa situation et il a considéré qu'un recours contre une telle décision de transmission d'informations de l'OLAF aux juridictions nationales était recevable (TFP 28 avr. 2009, *Violetti*, aff. F-5/et 7/05, *Rec. FP* I-A-1-83, II-A-1-473), mais la prégnance de la jurisprudence précédente a conduit le Tribunal à annuler après pourvoi cette initiative du TFP (T. 20 mai 2010, *Violetti*, aff. T-261/09 P, ECLI:EU:T:2010:215).

b) Les mesures d'ordre intérieur

1247. De telles **mesures d'ordre intérieur** (circulaires, instructions, règlements intérieurs, actes d'exécution financière) qui, même si elles produisent des effets de droit, ne valent pas en dehors de l'administration communautaire elle-même (CJCE 19 juill. 1959, *Phœnix-Rheimrohr*, aff. 20/58, *Rec.* 163 ; 12 févr. 1960, *Geitling*, aff. 16-18/59, *Rec.* 45) sauf à examiner indirectement la légalité de tels actes à l'occasion de la contestation d'une décision individuelle qui en ferait application (CJCE 17 juill. 1959, *Snupat*, aff. 32 et 33/58, *Rec.* 275). Ainsi, les actes d'engagement, de liquidation, d'ordonnancement et de paiement de dépenses ne produisent d'effets juridiques que dans la sphère interne de l'administration (CJCE 25 févr. 1988, *Parti écologiste « Les Verts »*, aff. 190/84, *Rec.* 1017). De même, pour le Parlement européen, si l'acte par lequel le président du Parlement arrête le budget est attaquable (arrêt du 3 juill. 1986, *Conseil c/Parlement*, aff. 34/86, *Rec.* 2155), de même qu'une résolution sur le siège des institutions et le lieu de travail principal du Parlement européen (CJCE 28 nov. 1991, *Luxembourg c/Parlement*, aff. C-213/88 et C-39/89, *Rec.* I-5643), les actes relatifs à la désignation des membres et à l'élection des présidents des délégations interparlementaires. (CJCE, Ord. du 22 mai 1990, *Blot et Front national c/Parlement*, aff. C-68/90, *Rec.* I-2101), ou les actes relatifs à la constitution d'une commission d'enquête (Ord. du 4 juin 1986, *Groupe des Droites européennes c/Parlement*, aff. 78/85, *Rec.* 1753) ne concernent que l'organisation interne de ses travaux.

Un cas particulier concerne la situation des membres du Parlement européen qui ont pu être considérés, ce qui peut surprendre, comme des « tiers » au regard des effets d'un acte de leur propre assemblée, au motif que l'acte en question affectait, au-delà de l'organisation interne du Parlement, les prérogatives et donc la situation juridique des députés : TPI 25 nov. 1999, Ord., *Martinez et de Gaulle*, aff. T-222/99 R, *Rec.* II-3397, TPI 2 oct. 2001, *Martinez et de Gaulle, Front national et a.*, aff. T-222, 327, 329/99, *Rec.* II-2823, TPI 26 févr. 2002, *Rothley c/Parlement*, aff. T-17/00, *Rec.* II-579. Pour la levée de l'immunité d'un député, TPI 15 oct. 2008, *Mote c/Parlement*, aff. T-345/05, *Rec.* II-2849.

c) Les actes indissociables d'un cadre contractuel

1248. De tels actes ne peuvent faire l'objet d'un recours en annulation (Ord. du 9 juin 2005, *Helm Düngemittel c/Commission*, aff. T-265/03, *Rec.* II-2009). Il est éventuellement envisageable pour le juge de requalifier le recours comme s'il était fondé sur une clause compromissoire dudit contrat (art. 272 FUE), ce qui est cependant exclu si la volonté expresse du requérant s'y oppose ou si la requiête ne s'appuie sur aucun moyen tiré de la violation des règles régissant la relation contractuelle en cause, qu'il s'agisse des clauses contractuelles ou des dispositions de la loi nationale désignée dans le contrat (cf. par exemple l'arrêt du 17 févr. 2017, *European Dynamics Luxembourg e.a. c/ EMA*, aff. T-441/15, ECLI:EU:T:2017:104). En toutes hypothèses, le recours en annulation est irrecevable.

Il en sera notamment ainsi dans des contentieux liés à des remboursements ou récupérations de subventions (Ord. du 10 mai 2004, *Musée Grévin c/Commission*, aff. T-314/03 et T-378/03, *Rec.* II-1421 ; Ord. du 2 avr. 2008, *Maison de l'Europe Avignon Méditerranée c/Commission*, aff. T-100/03, *Rec.* II-43* ; Ord. du 10 avr. 2008, *Imelios c/Commission*, aff. T-97/07, *Rec.* II-54* ; arrêt du 10 juin 2009, *ArchiMEDES c/Commission*, aff. T-396/05 et T-397/05, *Rec.* II-70* ; Ord. du 8 févr. 2010, *Alisei c/Commission*, aff. T-481/08, *Rec.* II-117).

En revanche une injonction de payer le solde non apuré d'une amende pour infraction aux règles de concurrence infligée par une décision de la Commission, assortie de l'avertissement relatif à la mobilisation de la garantie bancaire, constitue un *acte dissociable du rapport contractuel* existant entre la banque et la Commission, c'est-à-dire la garantie bancaire (TPI 27 sept. 2006, *Ferriere Nord c/Commission*, aff. T-153/04, *Rec.* II-3889).

Lorsqu'une institution fait usage de prérogatives de puissance publique, il y a détachabilité. Pour une « note de débit » ne traduisant pas de telles prérogatives, l'acte reste couvert par le cadre contractuel et le recours est irrecevable : Ord. T 1er oct. 2013, *Evropaïki Dynamiki c/ Commission*, aff. T-554/11, ECLI:EU:T:2013:548.

Le juge se fait parfois sententieux, donnant des leçons de rigueur à la Commission à cet égard : « dans l'hypothèse où une institution, et plus particulièrement la Commission, choisit, pour allouer des contributions financières, la voie contractuelle dans le cadre de l'article 272 TFUE, elle est tenue de rester à l'intérieur de ce cadre. Ainsi, il lui incombe, notamment, d'éviter l'utilisation, dans le cadre des relations avec ses cocontractants, de formulations ambiguës susceptibles d'être perçues par ceux-ci comme relevant de pouvoirs de décision unilatéraux dépassant les stipulations contractuelles » (arrêt du 9 sept. 2015, *Lito Maieftiko Gynaikologiko kai Cheirourgiko Kentro c/Commission*, aff. C-506/13 P, ECLI:EU:C:2015:562 ou Ord. du 20 avr. 2016, *Mezhdunaroden tsentar za izsledvane na maltsinstvata i kulturnite vzaimodeystvia c/ Commission*, aff. T-819/14, ECLI:EU:T:2016:256).

Au prix d'un raisonnement discutable, les *accords interinstitutionnels* sont assimilés à un acte unilatéral d'un des protagonistes (le Parlement européen en l'espèce) et sont considérés comme attaquables : TPI, Ord. du 17 janv. 2002, *G. Stauner*, aff. T-236/00, *Rec.* II-135.

À noter que, si la recevabilité du recours en annulation contre un *accord international* conclu avec un État tiers reste incertaine, la Cour n'hésite pas, en revanche, ce qui peut susciter la perplexité d'une approche internationaliste, à annuler l'acte par lequel le Conseil a conclu l'accord (CJCE 9 août 1994, *France c/Commission*, aff. 327/91, *Rec.* 3641 ; CJCE 30 janv. 2001, *Espagne c/Conseil*, aff. C-36/98, *Rec.* I-779 ; CJCE 11 sept. 2003, *Commission c/Conseil*, aff. C-211/01, *Rec.* I-8913 ; cf. C. Kaddous, « L'arrêt *France c/ Commission* et le contrôle de la légalité des accords externes en vertu de l'article 173 », *CDE* 1996. 613, et E. Leray et A. Potteau, « Réflexion sur la cohérence du système de contrôle de la légalité des accords internationaux conclus par la CE », *RTDE* 1998. 535). Dans une affaire très politique, le Tribunal l'a fait, qui plus est à la demande d'un « particulier » (le Front Polisario), le problème étant qu'une telle annulation, malgré le caractère « détachable » de la décision de conclusion, fait disparaître l'engagement de l'Union à être liée par l'Accord lui-même (T 10 déc. 2015, *Front Polisario c/ Conseil*, aff. T-512/12, ECLI:EU:T:2015:953 ; arrêt annulé sur pourvoi par la Cour : arrêt du 21 déc. 2016, *Conseil c/ Front Polisario*, aff. C-104/16 P, ECLI:EU:C:2016:973).

B. Cas d'annulation

Rideau (J.), « Recours en annulation. Cas d'ouverture, pouvoirs du juge de l'annulation, contenu, effets et exécution des arrêts d'annulation », *J.-Cl. Europe*, fasc. 331, 2015.

1249. L'article 263 FUE contient une énumération des moyens qui peuvent être invoqués à l'appui du recours : incompétence, violation des formes substantielles, violation du traité ou de toute règle de droit relative à son application, enfin détournement de pouvoir. La transposition à partir du droit administratif français est évidente. La requête doit contenir normalement l'exposé des moyens invoqués ; mais, en cas d'imprécision, la Cour les dégage elle-même (14 mai 1974, *Nold*, aff. 4/73, *Rec.* 491).

1° Incompétence

1250. Compte tenu de ce que tant l'Union elle-même que chacune des institutions ne possèdent que des compétences d'attribution, on aurait pu penser que ce moyen jouerait un rôle fondamental pour sanctionner les actes intervenus dans des domaines non couverts par les traités ou réservés à une autre institution. Du reste, la Cour en a déduit qu'il s'agit d'un moyen d'ordre public, qu'elle examine d'office (10 mai 1960, *Allemagne*, aff. 19/58, *Rec.* 469 ; Ord. du 13 avr. 2011, *Planet c/ Commission*, aff. T-320/09, *Rec.* II-1673) (cf. R. Mehdi, « Les moyens d'ordre public dans la procédure contentieuse communautaire », in *Mélanges en l'honneur de Louis Dubouis*, Dalloz, 2002, p. 105). Pourtant rares sont les arrêts qui se prononcent formellement sur un tel grief (par exemple, CJCE 10 mai 1960, *Erzberbau*, aff. 3 à 18, 25 et 26/58, *Rec.* 367). C'est que son champ d'application se confond généralement avec celui de la violation du traité et que les requérants se placent le plus souvent sur ce second terrain. On peut cependant identifier les types classiques d'incompétence, qu'il s'agisse de l'incompétence *ratione loci* (CJCE 14 juill. 1972, *I.C.I.*, aff. 48/69, *Rec.* 619) ou de ce que l'on peut appeler l'*incompétence externe*, cas d'empiétement d'une institution de l'Union sur le domaine de compétence réservé aux États (CJCE 13 déc. 1967, *Neumann*, aff. 17/67, *Rec.* 571 ; *« Les Verts »* ; arrêt du 23 avr. 1986 ; aff. n° 294/83), ou *l'incompétence interne*, c'est-à-dire l'empiétement plus fréquent d'une institution sur le domaine d'une autre, le cas typique étant celui des actes pris par la Commission sur délégation du Conseil, la question étant alors de savoir si celle-là est restée dans les limites des « compétences d'exécution » déléguées par celui-ci (cf. par ex. l'arrêt du 23 oct. 2007, *Parlement européen c/Commission*, aff. C-403/05, *Rec.* I-9045 jugeant que la Commission a excédé les compétences d'exécution confiées par le Conseil en matière de politique de coopération au développement en prenant dans ce cadre une mesure relative à la lutte contre le terrorisme). On peut également évoquer ce que l'on appellera une *incompétence intérieure* à une institution, dans le contexte d'une délégation de l'institution à l'un de ses membres : pour l'exemple d'une délégation de la Commission à un commissaire : CJCE 23 sept. 1986, *Akzo*, aff. 5/85, *Rec.* 2585. Important et vraiment à la limite entre l'incompétence et la violation de la légalité, *le défaut de base légale* signifie que le fondement juridique utilisé par l'institution ne lui permettait pas de prendre cet acte : ainsi d'un acte fondé sur l'article 308 CE (compétences de complément (v. ss 131), aujourd'hui 352 FUE) alors que des « pouvoirs d'action » étaient organisés par le traité (CJCE 29 mars 1990, *Grèce c/Conseil*, aff. C-62/88, *Rec.* I-1527).

À noter que la distinction entre l'*incompétence interne*, qui ouvrirait seulement la voie à une annulation, et l'*incompétence externe* qui entraînerait, elle, l'inexistence de l'acte et la possibilité de constater celle-ci sans considération de délai, consacrée par la Cour dans le cadre d'un recours en manquement (10 déc. 1969, *Commission c/France*, aff. 6 et 11/69, *Rec.* 523) ne semble guère avoir d'incidence en matière de recours en annulation (cf. M.-C. Bergerès, « La théorie de l'inexistence en droit communautaire », *RTDE* 1989. 393 et 647, et CJCE 15 juin 1994, *B.A.S.F.*, aff. C-137/92, *Rec.* I-555, *AJDA* 1994. 724, note P. Le Mire).

2° Violation des formes substantielles

1251. Il s'agit encore d'un moyen d'ordre public (CJCE 21 déc. 1954, *France*, aff. 1/54, *Rec.* 7 ; arrêt du 13 déc. 2013, *Hongrie c/ Commission*, aff. T-240/10, ECLI:EU:T:2013:645) et qui, au contraire de l'incompétence, connaît un développement beaucoup plus grand qu'en droit français. La Cour a ici développé une approche fonctionnelle pour identifier le caractère substantiel, s'attachant aux objectifs poursuivis par les différentes exigences formelles. On sait que, classiquement, sont considérées comme substantielles les formes ou procédures protégeant les droits des destinataires ou des tiers, de même que celles qui sont susceptibles d'avoir une incidence sur le contenu de l'acte.

Le principal grief articulé sous ce moyen concerne la violation de l'obligation de *motivation* prescrite par les trois traités (v. ss 647 à 649). Pour autant, cette exigence doit être appréciée, et éventuellement relativisée, en fonction des circonstances de l'espèce, notamment du contenu de l'acte, de la nature des motifs invoqués et de l'intérêt que les destinataires ou d'autres personnes concernées directement et individuellement par l'acte peuvent avoir à recevoir des explications (arrêt de la Cour du 24 nov. 2005, *Italie c/Commission*, aff. C-138/03, C-324/03 et C-431/03, *Rec.* I-10043 ; TPI 2 oct. 2009, *Chypre c/ Commission*, aff. T-300/05 et T-316/05, *Rec.* II-192*).

Le juge soulève aussi d'office le défaut d'*authentification régulière* d'un acte, devant précéder sa publicité (par exemple, la signature d'une décision de la Commission selon les règles définies par son règlement intérieur) (CJCE 6 avr. 2000, *Commission c/ICI*, aff. C-286/95 P, *Rec.* I-2341) car est en cause la sécurité juridique.

Les *avis* et *consultations* expressément prévus par les textes constituent aussi des formalités substantielles : dans le cadre CECA, pour mémoire, avis du Comité consultatif (19 CECA), avis simple ou conforme du Conseil (53, 55, 73... CECA) ; dans le cadre CE puis de l'Union actuelle, avis divers du Comité économique et social, du Comité monétaire, ou autres. Mais la méconnaissance d'une règle de consultation d'un comité n'est substantielle que si elle a empêché le comité de rendre son avis en pleine connaissance de cause (arrêt du 11 sept. 2014, *Gold East Paper et Gold Huasheng Paper c/ Conseil*, aff. T-443/11, ECLI:EU:T:2014:774). Une place spéciale doit être faite aux avis du Parlement, qui ont une signification particulière dans le cadre de la procédure législative communautaire. Ainsi, si le traité prévoit la consultation du Parlement pour l'adoption des règlements de base, les règlements d'exécution, eux, peuvent en être dispensés (CJCE 17 déc. 1970, *Köster*, aff. 25/70, *Rec.* 1161). Mais, lorsqu'elle s'impose, la Cour veille spécialement à ce que la consultation soit complète (cf. rapport Jozeau-Marigné, P.E., Doc. séance, n° 110/67-68) et que l'Assemblée dispose d'un délai suffisant pour se prononcer (29 oct. 1980, *Roquette*, aff. 138/79, *Rec.* 3333, *CDE* 1982. 56, obs. Joly).

Autres formalités substantielles, les garanties liées au *respect des droits de la défense* qui s'imposent en tant que principe fondamental de droit de l'Union (v. ss 742), dans toute procédure ouverte à l'encontre d'une personne et susceptible d'aboutir à un acte faisant grief, spécialement quant au caractère contradictoire de la procédure. Ceci ne joue pas, sauf exceptions expressément prévues, pour les procédures législatives (arrêt du 16 juill. 1998, *Laboratoires pharmaceutiques Bergaderm et Goupil c/Commission*, aff. T-199/96, *Rec.* II-2805). Une constante est cependant ici que pour qu'une telle violation entraîne une annulation, il faut que la procédure eût pu aboutir à un résultat différent en l'absence de l'irrégularité (arrêt du 14 févr. 1990, *France c/Commission*, aff. C-301/87, *Rec.* I-307 ;

arrêt du 21 mars 1990, *Belgique c/Commission*, aff. C-142/87, *Rec.* I-959 ; arrêt du 5 oct. 2000, *Allemagne c/Commission*, aff. C-288/96, *Rec.* I-8237 ; arrêt du 8 juill. 2004, *Technische Glaswerke Ilmenau c/Commission*, aff. T-198/01, *Rec.* II-2717 ; arrêt du 11 janv. 2007, *Technische Glaswerke Ilmenau c/Commission*, aff. C-404/04 P, *Rec.* I-1 ; arrêt du 30 juin 2009, *CPEM c/Commission*, aff. T-444/07, *Rec.* II-2121). La partie en cause ne doit cependant pas établir une telle différence hypothétique mais seulement qu'elle aurait pu mieux assurer sa défense en l'absence de cette irrégularité (arrêt du 2 oct. 2003, *Thyssen Stahl c/Commission*, aff. C-194/99 P, *Rec.* I-10821 ; arrêt du 10 mars 2009, *Interpipe Niko Tube et Interpipe NTRP c/Conseil*, aff. T-249/06, *Rec.* II-383). Le degré d'exigence a pu varier, la Cour vérifiant parfois si le vice n'avait pas été couvert au cours de la procédure contentieuse (13 févr. 1979, *Hoffmann-Laroche*, aff. 85/76, *Rec.* 461), mais semblant désormais s'en tenir à une démarche plus stricte, refusant notamment de prendre en compte les éventuelles régularisations en cours d'instance (CJCE 8 juill. 1999, *Hercules Chemicals NV*, aff. C-51/92 P, *Rec.* I-4235).

Des éléments de procédure liés au *principe de bonne administration* peuvent constituer un principe général de droit de l'Union, comme c'est le cas pour l'exigence de respect d'un *délai raisonnable* ; la violation de cette exigence procédurale ne justifie pas pour autant, en règle générale, l'annulation de la décision prise à l'issue d'une procédure administrative. En effet, et dans la même ligne logique générale, ce n'est que lorsque l'écoulement excessif du temps est susceptible d'avoir une incidence sur le contenu même de la décision adoptée à l'issue de la procédure administrative que le non-respect du principe de délai raisonnable affecte la validité de la procédure administrative (TPI 3 avr. 2003, *Vieira et Vieira Argentina c/Commission*, aff. T-44/01, T-119/01 et T-126/01, *Rec.* II-1209 ; TFP 21 oct. 2009, *V. c/Commission*, aff. F-33/08, *Rec. FP* I-A-1-403, II-A-1-2159).

Enfin les *procédures relatives à l'adoption d'un acte* constituent des formes substantielles ; ce sera le cas des dispositions du règlement intérieur du Conseil et concernant les conditions du passage au vote ou certaines modalités de vote (par exemple par procédure écrite) qui sont de telles formalités substantielles puisque leur respect aurait pu conduire à modifier le contenu de l'acte (CJCE 23 févr. 1988, *Royaume-Uni c/Conseil*, aff. 68/86 *Rec.* 855). Il en va de même du principe de collégialité de la Commission (TPI 2 oct. 2009, *Chypre c/Commission*, aff. T-300/05 et T-316/05, *Rec.* II-192*).

3° Violation du traité ou de toute règle de droit relative à son application

BOUTAYEB (C.), « La violation de la règle de droit. Fleuron des moyens de légalité en droit communautaire », in *Mélanges Manin*, Paris, Pedone, 2010, p. 805.

1252. Équivalent de la violation de la loi dans le contentieux français de l'excès de pouvoir, ce moyen sanctionne la méconnaissance de toutes les règles – en dehors des règles de compétence, de forme et de but – qui s'imposaient à l'auteur de l'acte, c'est-à-dire, en pratique, celles qui se rapportent à son contenu même (objet de l'acte) et aux motifs de fait et de droit dont il procède. Les règles dont la violation peut être invoquée au titre de ce moyen et qui constituent ce que l'on peut appeler le *bloc de la légalité communautaire*, appartiennent à l'une quelconque des catégories de sources du droit de l'Union (v. ss 578).

Ceci est évident pour le droit primaire et dérivé ; la violation des traités eux-mêmes est visée expressément ; elle englobe, naturellement, celle de leurs annexes, protocoles, conventions, mais aussi celle des actes adoptés par les institutions de l'Union pour l'exécution des traités, car leur violation constitue en même temps une violation des dispositions des traités qui définissent leur force juridique (art. 288 FUE).

Avec cette précision qu'il existe une hiérarchie non seulement entre droit primaire et dérivé, mais encore à l'intérieur du droit dérivé. Au sommet les traités ; puis viennent les actes adoptés en application immédiate des traités : règlements, directives, décisions ; la catégorie des règlements est elle-même hiérarchisée, comme vu (v. ss 625) : les règlements d'exécution doivent être conformes aux règlements de base, qu'ils émanent de la Commission (CJCE 17 déc. 1970, *Köster*, aff. 25/70, *Rec.* 1161) ou du Conseil lui-même (CJCE 29 mars 1979, *NTN Tokyo Bearing Co*, aff. 113/77, *Rec.* 1185), ce qui n'est qu'une application du principe plus général selon lequel les institutions sont liées par leur propres règlements et ne sauraient y déroger soit par voie générale, soit par voie individuelle tant qu'elles ne les ont pas modifiés.

En acceptant d'annuler une décision du Conseil pour violation d'un « arrangement » entre le Conseil et la Commission, la Cour semble bien avoir rangé les accords interinstitutionnels au sein du bloc de la légalité communautaire (CJCE 19 mars 1996, *Commission c/Conseil*, aff. C-25/94, *Rec.* I-1497) et l'article 295 FUE confirme que ces accords peuvent « revêtir un caractère contraignant ».

Au-delà du droit primaire et dérivé, la Cour a expressément indiqué que le moyen tiré de la violation des *principes généraux du droit* est recevable dans le cadre du recours en annulation, les principes en question « faisant partie de l'ordre juridique communautaire », de sorte que leur méconnaissance constituerait une « violation du traité ou de toute règle de droit relative à son application » au sens de l'article 173 *[devenu art. 263 FUE]* (CJCE 23 nov. 1971, *Bock*, aff. 62/70, *Rec.* 897 ; 3 mai 1978, *Töpfer*, aff. 112/77, *Rec.* 1019).

L'incorporation à la légalité communautaire des règles contenues dans les *accords conclus par l'Union* ne fait aucun doute (art. 216, § 2, FUE) ; la Cour leur a même assimilé celles qui figurent dans un accord multilatéral passé par les États membres avec des tiers dans des matières qui sont devenues communautaires (v. ss 688) et elle a aussi intégré à la légalité communautaire la coutume internationale (CJCE 16 juin 1998, *Racke*, aff. C-162/96, *Rec.* I-3655). Pour autant, le juge européen est ici sensible à une approche très diplomatique et va considérer le caractère asymétrique ou vraiment réciproque et équilibré des engagements, ce dernier, dans un cadre multilatéral comme celui des accords OMC, étant susceptible de conduire le juge européen à ne pas accepter de contrôler la légalité d'un acte de l'Union au regard de ce traité dans la mesure où cela déséquilibrerait les positions des différentes parties (pour la « justiciabilité » des accords OMC, arrêt du 23 nov. 1999, *Portugal c/Conseil*, aff. C-149/96, *Rec.* I-8395 ; Ord. du 2 mai 2001, *OGT Fruchthandelsgesellschaft*, aff. C-307/99, *Rec.* I-3159 ; arrêt du 12 mars 2002, *Omega Air e.a.*, aff. C-27/00 et C-122/00, *Rec.* I-2569 ; arrêt du 9 janv. 2003, *Petrotub et Republica*, aff. C-76/00 P, *Rec.* I-79, et du 30 sept. 2003, *Biret International c/Conseil*, aff. C-93/02 P, *Rec.* I-10497 ; arrêt du 9 sept. 2008, *FIAMM c/Conseil et Commission*, aff. C-120/06 P et C-121/06 P, *Rec.* I-6513).

La formule de l'article 263 FUE (« ... ou de toute règle de droit relative à son application ») est si compréhensive qu'elle permettrait, à la limite, d'intégrer à la légalité communautaire les conventions conclues entre États membres et même les décisions des représentants des gouvernements des États membres réunis au sein du Conseil, dès lors qu'elles sont bien relatives à l'application des traités, mais la jurisprudence n'a pas eu pour l'instant encore l'occasion de franchir ce pas.

4° Détournement de pouvoir

1253. La Cour semble en avoir adopté très exactement la même définition qu'en droit français, avec les différents degrés d'illégalité allant de l'absence d'intérêt public au détournement de procédure en passant par la poursuite d'un intérêt public incorrect (cf. F. Schoekweiler, « La notion de détournement de pouvoir du droit communautaire », *AJDA* 1990. 435). La jurisprudence constante identifie donc un détournement de pouvoir quand un acte apparaît comme ayant été pris exclusivement, ou à tout le moins de manière déterminante, à des fins autres que celles au vu desquelles les pouvoirs en cause lui ont été conférés ou dans le but d'éluder une procédure spécialement prévue par le traité (v. arrêt du 21 juin 1958, *Groupement des Hauts fourneaux et aciéries belges c/Haute Autorité*, aff. 8/57, *Rec.* 223 ; pour un rappel, arrêt du 20 sept. 2017, *Tilly-Sabco SAS*, aff. C-183/16 P, ECLI:EU:C:2017:704 ; v. égal., en ce qui concerne les actes du législateur communautaire, CJCE 10 mars 2005, *Espagne c/Conseil*, aff. C-342/03, *Rec.* I-1975, point 64, et CJCE 7 sept. 2006, *Espagne c/Conseil*, aff. C-310/04, *Rec.* I-7285 ; TFP 11 juill. 2007, *Wils c/Parlement*, aff. F-105/05, *Rec. FP* I-A-1-207, II-A-1-1187 ; TFP 24 mars 2011, *Canga Fano c/Conseil*, aff. F-104/09, ECLI:EU:F:2011:29).

Souvent allégué, ce moyen a été rarement retenu, comme en droit français à cause tant de la difficulté de la preuve (la jurisprudence exige ici invariablement des *indices objectifs, pertinents et concordants*, cf. par exemple l'arrêt du 20 nov. 2017, *Voigt c/Parlement*, aff. T-618/15, ECLI:EU:T:2017:821) que du développement du contrôle des motifs de l'acte, et encore seulement dans le contentieux de la fonction publique européenne (CJCE 5 mai 1966, *Gutmann*, aff. 18 et 35/65, *Rec.* 149 ; 29 sept. 1976, *Giuffrida*, aff. 105/75, *Rec.* 1395), et sous sa forme la plus flagrante, où le but de l'acte était étranger au service. Le contentieux de la fonction publique constitue le champ dans lequel ce grief est le plus souvent soulevé, avec le domaine des règles de concurrence, dans une moindre mesure.

C. Étendue du contrôle du juge

Asso (B.), « Le contrôle de l'opportunité de la décision économique devant la Cour de justice », *RTDE* 1976. 21.

Bouveresse (A.), *Le pouvoir discrétionnaire dans l'ordre juridique communautaire*, Bruxelles, Bruylant, 2010.

Molinier (J.), « Le contrôle juridictionnel et ses limites : à propos du pouvoir discrétionnaire des institutions communautaires », in *De la Communauté à l'Union de droit, continuités et avatars européens*, LGDJ, 2000.

Ritleng (D.), *Le contrôle de la légalité des actes communautaires par la Cour de justice et le TPI*, thèse, Strasbourg, 1998.

1254. Disposant, à travers la motivation obligatoire, du pouvoir de scruter profondément les motifs et les mobiles des autorités de l'Union, n'ayant pas hésité, au moyen du principe de proportionnalité (v. ss 172) à exiger un rapport de juste proportion entre la situation, base de la décision, la finalité recherchée et la décision elle-même, le juge de la légalité des actes des institutions serait à même de mettre en œuvre un contrôle total, ne laissant à celles-ci aucun pouvoir discrétionnaire, et de se comporter, vis-à-vis d'elles, comme un véritable supérieur hiérarchique. Le risque était d'autant plus grand que, hormis dans le domaine de la fonction publique communautaire, les autorités des Communautés se voyaient, initialement, confier essentiellement des pouvoirs d'administration économique, dont les traités subordonnaient l'exercice tant à des conditions qu'à des finalités d'ordre économique, qui posent par nature de difficiles problèmes d'appréciation.

Plus qu'aucun autre, le système judiciaire européen s'est donc trouvé confronté à la question du contrôle de la légalité appliqué à l'administration économique et au respect du principe de séparation des autorités administratives et juridictionnelles. La solution a été trouvée dans un compromis original, qui consiste, d'une part, à reconnaître aux autorités de l'Union un important pouvoir discrétionnaire quant à l'opportunité des choix de politique économique, mais, d'autre part, à les sanctionner lorsqu'elles font un usage déraisonnable de celui-ci.

1255. Les auteurs du traité CECA avaient choisi d'inscrire ce compromis dans les textes et donc de l'imposer, de l'extérieur, à la Cour. Ainsi, l'article 33 CECA disposait-il : « L'examen de la Cour ne peut porter sur l'appréciation de la situation découlant des faits et circonstances économiques au vu de laquelle sont intervenues lesdites décisions ou recommandations, sauf s'il est fait grief à la Haute Autorité d'avoir commis un détournement de pouvoir ou d'avoir méconnu d'une manière patente les dispositions du traité ou toute règle de droit relative à son application. » Ceci n'interdisait nullement à la Cour de contrôler les faits et circonstances économiques, et notamment leur exactitude matérielle ; en revanche, la Haute Autorité se voyait reconnaître un pouvoir discrétionnaire pour « apprécier la situation » découlant des faits et circonstances, c'est-à-dire au niveau de la qualification juridique des faits. On ne saurait cependant admettre que ce pouvoir discrétionnaire soit exercé de manière arbitraire (d'où le maintien du contrôle du détournement de pouvoir), ou simplement de manière déraisonnable (d'où le contrôle de la méconnaissance *patente*, où l'erreur de la Haute Autorité est sanctionnée parce que sa preuve résulte en quelque sorte, d'une évidence et non pas d'une appréciation par la Cour elle-même de la situation économique en cause). Malgré l'originalité, sinon la maladresse de la formulation, il ne s'agissait donc, finalement, que d'un rappel des limites naturelles de la fonction juridictionnelle et la Cour l'a bien compris ainsi : elle l'a respecté consciencieusement.

1256. Si bien que les auteurs du traité CE n'ont pas estimé utile de le renouveler, bien que les attributions économiques de la nouvelle Communauté aient été considérablement étendues. C'est la Cour elle-même qui a délimité le pouvoir discrétionnaire des institutions et défini les modalités du contrôle qu'elle maintient sur son exercice.

Ainsi la Commission s'est-elle vue reconnaître, par exemple, un pouvoir d'appréciation important en matière de concurrence (art. 81, § 3, CE *[désormais art. 101, § 3, FUE]*) : « l'exercice des pouvoirs de la Commission comporte nécessairement des appréciations complexes en matière économique... que le contrôle juridictionnel doit respecter » (CJCE 13 juill. 1966, *Consten et Grundig*, aff. 56 et 58/64, *Rec.* 429). Spécialement dans ce secteur, cependant, l'évolution semble être allée dans le sens d'une volonté du juge de renforcer son contrôle (par ex. arrêt du 25 oct. 2002, *Tetra Laval c/Commission*, aff. T-5/02, *Rec.* II-4381).

Mais le pouvoir discrétionnaire est surtout reconnu lorsque le Conseil et la Commission prennent des *mesures de politique économique*, et notamment pour la définition et la gestion de la politique agricole commune, la Cour reliant un tel pouvoir aux « responsabilités politiques » attribuées par le traité en la matière (par ex. CJCE 12 juill. 2001, *Jippes e.a.*, aff. C-189/01, *Rec.* I-5689 ; CJCE 7 sept. 2006, *Espagne c/Conseil*, aff. C-310/04, *Rec.* I-7285). Ainsi, quant à la fixation de primes de dénaturation du sucre

« la Commission jouit d'une liberté d'appréciation importante, exclusive de tout automatisme, qui doit s'exercer à la lumière des objectifs de politique économique fixés... dans le cadre de la politique agricole commune » (CJCE 14 mars 1973, *Westzucker*, aff. 57/72, *Rec.* 321 ; de même CJCE 18 mars 1975, *Deuka*, aff. 78/74, *Rec.* 421 ; 12 juill. 1979, *Italie*, aff. 166/78, *Rec.* 2575) ; *a fortiori*, pour l'instauration et le maintien des montants compensatoires monétaires, « s'agissant de l'évaluation d'une situation économique complexe, la Commission et le comité de gestion jouissent à cet égard, d'un large pouvoir d'appréciation » (CJCE 22 janv. 1976, *Balkan*, aff. 55/75, *Rec.* 19).

On retrouve semblable approche en matière de politique commerciale commune (par ex. CJCE 19 nov. 1998, *Royaume-Uni c/Conseil*, aff. C-150/94, *Rec.* I-7235), ou de politique des transports (CJCE 17 juill. 1997, *SAM Schiffahrt*, aff. C-248 et 249/95, *Rec.* I-4494). Les choix de *politique sociale* donnent lieu à la même reconnaissance de pouvoir discrétionnaire (CJCE 12 nov. 1996, *Royaume-Uni c/Conseil*, aff. C-84/94, *Rec.* I-5755 ; cf. aussi, pour l'aménagement par le Conseil du régime communautaire de pensions, le renvoi par le Tribunal aux *responsabilités politiques* que le traité lui attribue (comme pour les responsabilités du législateur agricole : TPI 29 nov. 2006, *Campoli c/ Commission*, aff. T-135/05, *Rec. FP* I-A-2-297, II-A-2-1527).

Le caractère difficile, ou complexe des appréciations à mener semble déterminant et explique que la Cour ait également appliqué cette conception aux « évaluations techniques » (CJCE 21 nov. 1991, *Technische Universität München*, aff. C-269/90, *Rec.* I-5469 ; CJCE 6 nov. 2008, *Pays-Bas c/Commission*, aff. C-405/07 P, *Rec.* I-8301).

Le domaine des méthodes statistiques donne lieu à la même prudence du juge (voir pour l'adaptation des coefficients correcteurs des rémunérations, arrêts du TPI 8 nov. 2000, *Bareyt e.a. c/Commission*, aff. T-158/98, *Rec. FP* I-A-235 et II-1085, point 57, et 25 sept. 2002, *Ajour e.a. c/Commission*, aff. T-201/00 et T-384/00, *Rec. FP* I-A-167 et II-885, point 48).

En somme, il semble, même si les deux démarches sont souvent liées, que le juge ait ici deux soucis conduisant à limiter son contrôle : soit il ne veut pas entraver l'exercice des responsabilités politiques du législateur de l'Union, soit il est conscient de la difficulté technique qu'il y aurait à exercer un tel contrôle sur des appréciations complexes ou des décisions prises dans un « contexte d'incertitude » (arrêt du 5 mai 1998, *Royaume-Uni c/ Conseil*, aff. C-180/96, *Rec.* I-2265).

Cependant, pouvoir d'appréciation, ici encore, ne signifie pas pouvoir incontrôlé. Certes, « en contrôlant la légalité de l'exercice d'une telle liberté, les juridictions ne sauraient substituer leur appréciation en la matière à celle de l'autorité compétente » (aff. 57/72, préc.), mais la Cour examine, en pareil cas, selon une formule désormais reprise systématiquement, si la compétence exercée « n'est pas entachée d'une erreur manifeste, ou de détournement de pouvoir ou si l'autorité en question n'a pas manifestement dépassé les limites de son pouvoir d'appréciation » (aff. 55/75, préc. ; v. arrêts de la Cour du 25 janv. 1979, *Racke*, aff. 98/78, *Rec.* 69, point 5 ; du 17 janv. 1985, *Piraiki-Patraiki e.a. c/Commission*, aff. 11/82, *Rec.* 207, point 40, et du 25 oct. 2001, *Italie c/Conseil*, aff. C-120/99, *Rec.* I-7997, points 44 et 45 ; cf. aussi TFP 11 juill. 2007, *Wills c/Parlement*, aff. F-105/05, *Rec. FP* I-A-1-207, II-A-1-1187 ; TFP 1er juill. 2010, *Füller-Tomlinson c/Parlement*, aff. F-97/08, ECLI:EU:F:2010:73). Il est clair que l'on retrouve ici le même encadrement du pouvoir discrétionnaire que dans la CECA : le Conseil et la Commission ont, en principe, le dernier mot ; ce n'est que lorsqu'un seuil est franchi de manière flagrante, évidente, que le juge censure, si l'erreur d'appréciation est manifeste, si les limites du pouvoir d'appréciation sont *manifestement* dépassées. On est ici en présence d'un *contrôle restreint*, spécialement quant au cas d'ouverture « violation de la légalité communautaire » et lié à la motivation des actes, le contrôle demeurant normal vis-à-vis des trois autres cas d'ouverture. Le juge tente parfois d'aller plus loin dans la précision, distinguant un contrôle (restreint) de la motivation, un contrôle (complet) de l'exactitude matérielle des faits et un contrôle restreint de l'appréciation des faits, même s'il n'est pas toujours facile de séparer ces diverses opérations (TPI 30 janv. 2002, *Max. mobil Telekommunikation service GmbH*, aff. T-54/99, *Rec.* II-313).

À noter que les instruments ainsi forgés par la Cour permettent de contrôler le pouvoir discrétionnaire dont les autorités disposent pour apprécier l'opportunité d'agir, mais aussi pour choisir le contenu de leur décision, notamment l'efficacité ou l'adéquation de la mesure. Ainsi, s'agissant de mesures de sauvegarde, la légalité d'un acte communautaire ne saurait dépendre de considérations rétrospectives concernant son degré d'efficacité ; encore faut-il qu'« au moment où elles sont édictées, il n'apparaisse pas avec évidence qu'elles sont inaptes à concourir à la réalisation de l'objectif visé » (CJCE 7 févr. 1973, *Schroeder*, aff. 40/72, *Rec.* 125). De même encore, en face d'un pouvoir discrétionnaire, le juge assouplit le principe de proportionnalité ; mais il réserve l'hypothèse de « l'inadaptation manifeste d'une mesure à l'objectif que l'institution compétente cherche à poursuivre » (CJCE 21 févr. 1979, *Stölting*, aff. 138/78, *Rec.* 713) et sanctionne des mesures grossièrement disproportionnées par rapport au résultat poursuivi (CJCE 5 juill. 1977, *Bela-Mühle*, aff. 114/76, *Rec.* 1211, pour une mesure visant à promouvoir l'écoulement des stocks de lait écrémé, mais qui avait pour effet de multiplier par trois le prix des aliments pour le bétail ; pour un autre exemple de caractère manifestement inapproprié en matière agricole, CJCE 6 déc. 2005, *ABNA e.a.*, aff. C-453/03, *Rec.* I-10423).

D. Arrêt d'annulation

Le Mire (P.), « La limitation dans le temps des effets des arrêts de la Cour de justice des Communautés européennes », in *Mélanges Chapus*, Paris, Montchrestien, 1992, p. 367.

Paulis (E.), « Les effets des arrêts d'annulation de la CJCE », *CDE* 1987. 243.

1257. « Si le recours est fondé, la Cour de justice de l'Union européenne déclare nul et non avenu l'acte contesté. Toutefois, la Cour indique, si elle l'estime nécessaire, ceux des effets de l'acte annulé qui doivent être considérés comme définitifs » (art. 264 FUE).

« L'institution, l'organe ou l'organisme dont émane l'acte annulé [...] est tenu de prendre les mesures que comporte l'exécution de l'arrêt de la Cour de justice de l'Union européenne » (art. 266 FUE).

1° Contenu de l'arrêt

1258. Le juge ne peut qu'annuler l'acte contesté lorsqu'il se révèle illégal, ou, au contraire, rejeter la requête, ce qui revient à le confirmer : ce n'est là que logique puisque le recours en annulation ne relève pas du plein contentieux. Le juge ne peut déduire lui-même les conséquences, même les plus directes, de l'annulation ; encore que la pratique du renvoi à l'institution dont l'acte est annulé, assorti, dans les motifs, de précisions sur les mesures à prendre, y ressemble quelque peu. Il est cependant établi que la Cour ne peut adresser d'injonction aux institutions (CJCE 8 juill. 1999,

DSM c/Commission, aff. C-5/93 P, *Rec.* I-4695 ; TPI 4 févr. 2009, *Omya c/Commission*, aff. T-145/06, *Rec.* II-145 ; ou arrêt du 17 févr. 2017, *Mayer c/EFSA*, aff. T-493/14, ECLI:EU:T:2017:100).

L'annulation porte, naturellement, sur l'acte tout entier ; elle peut cependant n'être que partielle si certaines dispositions seulement de l'acte sont illégales et s'il n'y a pas indivisibilité entre elles et les autres (CJCE 15 juill. 1964, *Pays-Bas*, aff. 66/63, *Rec.* 1047 ; pour un exemple de « détachabilité » ; cf. T. 21 mai 2010, *France e. a. c/Commission*, aff. T-425/04, T-444/04, T-450/04, *Rec.* II-2099 ; pour un exemple de refus, Ord. du Tribunal du 1er févr. 2016, *SolarWorld e.a. c/Conseil*, aff. T-142/14, ECLI:EU:T:2016:68). Ainsi, telle décision est-elle annulée seulement *pour autant* que la Commission avait entendu lui conférer une portée trop générale (CJCE 13 juill. 1966, *Consten et Grundig*, aff. 56 et 58/64, *Rec.* 429) ou rétroactive (CJCE 8 avr. 1976, *Kaufhof*, aff. 29/75, *Rec.* 431).

Dans le but de limiter les perturbations qui ne manqueraient pas de découler de l'annulation rétroactive d'une disposition normative, certaines conséquences d'un règlement annulé pouvaient être sauvegardées (art. 231, § 2, CE) ; le traité de Lisbonne a élargi cela à tout « acte » annulé, mais la jurisprudence, sur la base pourtant plus étroite de l'article 231, § 2, l'avait déjà admis pour des directives (CJCE 7 juill. 1992, *Parlement c/ Conseil*, aff. C-295/90, *Rec.* I-4230) ou même des décisions (arrêt du 28 mai 1998, *Parlement c/Conseil*, aff. C-22/96, *Rec.* I-3231 ; arrêt du 30 mai 2006, *Parlement c/Conseil*, aff. C-317/04 et C-318/04, *Rec.* I-4721) ou l'acte par lequel le président du Parlement arrête le budget (CJCE 3 juill. 1986, *Conseil c/Parlement*, aff. 34/86, *Rec.* 2155). Dans des affaires où il importait d'éviter une interruption dans le versement des rémunérations des fonctionnaires communautaires, la Cour s'est ainsi fondée sur l'article 231 CE pour prescrire que les dispositions annulées d'un règlement du Conseil portant adaptation des rémunérations continueraient à s'appliquer tant que le Conseil n'aurait pas arrêté un nouveau règlement (CJCE 5 juin 1973, *Commision c/Conseil*, aff. 81/72, *Rec.* 575 ; 28 juin 1988, *Commission c/Conseil*, aff. 7/87, *Rec.* 3401 ; cf. aussi CJ 24 nov. 2010, *Commission c/Conseil*, aff. C-40/10, *Rec.* I-12043) ; cf. aussi le même souci de continuité dans le financement d'un fonds international avec l'arrêt du 3 septembre 2009, *Parlement c/Conseil*, aff. C-166/07, *Rec.* I-7135, ou l'exigence de sécurité juridique liée à la continuité des engagements internationaux de la Communauté : arrêt du 11 sept. 2003, *Commission c/Conseil*, aff. C-211/01, *Rec.* I-8913. De même, lorsqu'elle annule un règlement au motif qu'il repose sur une fausse base juridique, la Cour décide le maintien en vigueur du règlement annulé jusqu'à ce qu'il ait été remplacé (2 févr. 1989, *Commission c/Conseil*, aff. 275/87, *Rec.* 259 ; arrêt du 6 nov. 2008, *Parlement c/Conseil*, aff. C-155/07, *Rec.* I-8103 ; arrêt du 3 sept. 2009, *Parlement européen c/ Conseil*, aff. C-166/07, *Rec.* I-7135). La même solution est opportune en cas d'annulation d'un règlement pour vice de forme (problème de consultation du Parlement et maintien des effets de l'acte jusqu'à adoption d'une nouvelle version avec correcte consultation du Parlement : CJCE 16 juill. 1992, *Parlement c/Conseil*, aff. C-65/90, *Rec.* I-4593). Même opportunité lorsqu'une annulation concerne la prise de mesures prononçant un gel de certains avoirs financiers suspects, le maintien des effets de l'acte annulé jusqu'à la prise d'une autre mesure de façon régulière empêchant bien entendu les personnes concernées de retirer, entre temps, tous leurs avoirs, ce qui priverait de tout effet l'acte ensuite adopté (arrêt de la Cour du 3 sept. 2008, *Kadi et Al Barakaat*, aff. C-402/05 et 415/05 P, *Rec.* I-6351).

Il faut également préciser que l'annulation d'un acte n'affecte pas nécessairement les actes préparatoires (CJCE 12 nov. 1998, *Espagne c/Commission*, aff. C-415/96, *Rec.* I-6993). L'annulation d'un acte mettant un terme à une procédure administrative comprenant différentes phases n'entraîne pas nécessairement l'annulation de toute la procédure précédant l'adoption de l'acte attaqué indépendamment des motifs, de fond ou de procédure, de l'arrêt d'annulation (v. TPI 15 oct. 1998, *Industrie des poudres sphériques c/Conseil*, aff. T-2/95, *Rec.* II-3939). Dès lors la procédure visant à remplacer l'acte annulé peut en principe être reprise au point précis auquel l'illégalité est intervenue (par ex., arrêt du 25 juin 2010, *Imperial Chemical Industries c/Commission*, aff. T-66/01, ou arrêt du 11 déc. 2017, *Léon Van Parys*, aff. T-125/16, ECLI:EU:T:2017:884).

2° Effets de l'annulation

1259. Conformément à la nature du recours, l'annulation prononcée par le juge est rétroactive ; l'acte est censé n'avoir jamais existé (acte « non avenu ») et ses effets juridiques réalisés doivent être anéantis. C'est à l'institution concernée qu'il appartient de replacer les intéressés dans l'état dans lequel ils se seraient trouvés si la décision annulée n'avait jamais été prise (CJCE 18 févr. 1960, *Association des charbonnages du Limbourg*, aff. 30/59, *Rec.* 36. Plus récemment, par exemple, TFP 15 avr. 2010, *Angelidis c/Parlement*, aff. F-104/08, ECLI:EU:F:2010:23). La Cour peut, au maximum, comme elle y était autorisée par le traité CECA (art. 34) ou même dans le silence des traités ultérieurs, renvoyer à celle-ci (23 oct. 1974, *Transocean Marine Paint Association*, aff. 17/74, *Rec.* 1063). En tout état de cause, on le sait, « l'institution, l'organe ou l'organisme dont émane l'acte annulé [...] est tenu de prendre les mesures que comporte l'exécution de l'arrêt de la Cour de justice de l'Union européenne » (art. 266 FUE). Elle dispose, en fonction des données propres à chaque annulation, d'une liberté d'appréciation variable, mais qui s'exerce sous le contrôle de la Cour (CJCE 12 juill. 1962, *Hoogovens*, aff. 14/61, *Rec.* 485) ; ainsi, les actes pris en vertu d'une disposition annulée ne disparaissent pas pour autant, mais il perdent cependant leur force juridique et doivent être rapportés (CJCE 26 mai 1971, *Bode*, aff. 45-49/70, *Rec.* 465), bien que pas nécessairement avec effet rétroactif. De plus, « l'obligation pour les institutions de prendre les mesures nécessaires pour remédier aux illégalités constatées par le juge communautaire leur impose non seulement d'adopter les mesures législatives ou administratives indispensables, mais aussi de réparer le préjudice qui a résulté de l'illégalité commise, sous réserve que les conditions de l'article 288, deuxième alinéa, CE *[actuel art. 340 FUE]*... soient remplies » arrêt du 20 mai 1999, *H. & R. Ecroyd Holdings c/Commission*, aff. T-220/97, *Rec.* II-1677.

Enfin, l'institution concernée dispose d'un délai raisonnable pour se conformer à un arrêt annulant une de ses décisions. La question de savoir si ce délai a été « raisonnable » ou non dépend de la nature des mesures à prendre ainsi que des circonstances contingentes de l'espèce (TPI 9 juill. 2008, *Alitalia c/Commission*, aff. T-301/01, *Rec.* II-1753).

3° Autorité de la chose jugée

1260. Il importe d'abord de préciser que l'autorité de la chose jugée ne s'attache pas uniquement au dispositif de l'arrêt mais également aux motifs qui ont amené à celui-ci. Ce sont, en effet, ces motifs qui, d'une part, identifient la disposition exacte considérée comme illégale et, d'autre part, font apparaître les raisons exactes de l'illégalité constatée dans le dispositif et que l'institution concernée doit prendre en considération en remplaçant l'acte annulé (cf. par ex. TPI 1er juill. 2009, *ThyssenKrupp Stainless c/Commission*, aff. T-24/07, *Rec.* II-2309, ou T. 10 nov. 2010, *OHMI c/Simões Dos Santos*, aff. T-260/09 P, ECLI:EU:T:2010:461)

Conformément au caractère objectif du recours, l'arrêt d'annulation possède l'autorité absolue de chose jugée, c'est-à-dire qu'il est opposable à tous. La Cour oppose habituellement un non-lieu pour défaut d'objet lorsqu'un recours vise une mesure antérieurement annulée (11 févr. 1955, *Assider*, aff. 3/54, *Rec.* 127). En revanche, l'arrêt de rejet n'a qu'une autorité relative, c'est-à-dire qu'il ne signifie pas *ipso facto* que l'acte attaqué est légal ; un recours fondé sur des moyens nouveaux serait recevable (CJCE 11 févr. 1955, *I.S.A.*, aff. 4/54, *Rec.* 195). Deux situations particulières peuvent également se présenter : ainsi, en cas de modification d'une disposition d'un règlement non annulé, le recours en annulation est à nouveau possible à l'encontre de cette disposition, mais aussi vis-à-vis de celles, même non modifiées, qui « forment avec elle un ensemble » (CJCE 18 oct. 2007, *Commission c/Parlement et Conseil*, aff. C-299/05, *Rec.* I-8695) ; par ailleurs, un acte bénéficie de l'autorité de la chose jugée attachée à un acte antérieur pour autant qu'il constitue une répétition pure et simple de la partie de cet acte non frappée d'annulation : CJCE 19 févr. 2009, *Gorostiaga Atxalandabaso c/Parlement*, aff. C-308/07 P, *Rec.* I-1059.

II. Les titulaires du recours en annulation

1261. Quant à l'accès au recours, le droit de l'Union distingue les institutions européennes et les États membres (que l'on regroupera sous l'expression *opérateurs constitutionnels*) d'une part, et tous les autres requérants (que l'on appellera *particuliers*, ou *requérants ordinaires*) d'autre part.

A. Recours des opérateurs constitutionnels

1262. Depuis les traités originaires, la Commission et le Conseil, ainsi que les États membres jouissent d'une position *privilégiée*. La notion d'État membre ne vise que les seules autorités gouvernementales des États membres et ne saurait être étendue aux gouvernements de régions, de communautés autonomes, etc. (CJCE, Ord. du 21 mars 1997, *Région wallonne*, aff. 95/97, *Rec.* I-1787) qui sont considérés comme des « requérants ordinaires » (v. ss 1268). Le Traité de Lisbonne apporte cependant ici un cas particulier constituant une innovation : l'article 8 du protocole n° 2 sur l'application des principes de subsidiarité et de proportionnalité souligne la compétence de la Cour de justice de l'Union dans les conditions définies par l'article 263 FUE pour contrôler le respect de la subsidiarité par un acte législatif, le protocole précisant qu'un tel recours sera formé par un État membre ou « transmis » par celui-ci au nom de son Parlement national ou d'une chambre de celui-ci, selon des modalités relevant de l'ordre national (v. ss 171).

Le droit de recours de ces *requérants privilégiés* ne souffre, pratiquement, aucune restriction : sous réserve d'agir dans le délai prévu, ils sont recevables à attaquer tous actes décisoires et notamment règlements, directives et décisions, contre lesquels ils peuvent invoquer n'importe lequel des quatre moyens d'illégalité. Ne leur est imposée *aucune condition d'intérêt* (un État peut ainsi demander l'annulation d'une décision adressée à un autre sans avoir à établir qu'elle affecte ses intérêts : CJCE 21 mars 1955, *Pays-Bas*, aff. 6/54, *Rec.* 201). Ceci les met à même de jouer le rôle de *gardiens objectifs* de l'ordre juridique qui constitue certainement l'idée de base ayant conduit à leur conférer ces avantages. Pour autant, il n'y a pas d'obligation, par exemple, pour un État membre, et à un tel titre, d'intenter un recours en annulation au profit de l'un de ses ressortissants, même si le droit de l'Union ne s'oppose pas à ce que la réglementation nationale prévoie un tel devoir (Ord. du 20 oct. 2005, *Ten Kate Holding Musselkanaal e.a.*, aff. C-511/03, *Rec.* I-8979). Tel n'était pas le cas, initialement, du Parlement, qui n'était pas mentionné expressément par les traités en tant que requérant potentiel en annulation et que la Cour, décevant ses espoirs (cf. G. Isaac, « L'insertion du Parlement européen dans le système juridictionnel... », préc.) a refusé d'assimiler par une interprétation de l'article 173 CEE (actuel art. 263 FUE) aux institutions privilégiées (CJCE 27 sept. 1988, *Parlement c/ Conseil*, aff. 302/87, *Rec.* 5615 ; J. P. Jacqué, *RTDE* 1989. 239 ; M. Thill, « Le défaut de qualité du Parlement pour agir en annulation au titre de l'article 173 », *CDE* 1989. 367 ; J. Boulouis, « La qualité du Parlement pour agir en annulation », *RMC* 1989. 119). En revanche, elle l'a déclaré recevable à la saisir d'un recours en annulation dirigé contre un acte du Conseil ou de la Commission, à la condition que ce recours ne tende qu'à la sauvegarde de ses prérogatives et qu'il ne se fonde que sur des moyens tirés de la violation de celles-ci. Sous cette réserve, le recours en annulation du Parlement est soumis aux règles prévues par les traités pour le recours en annulation des autres institutions (CJCE 22 mai 1990, *Parlement c/Conseil*, aff. C-70/88, *Rec.* I-2041, *RTDE* 1990. 617, note J. P. Jacqué). C'est cette solution, qui place le Parlement en position d'infériorité par rapport aux autres institutions, qu'a consacrée, mot pour mot, le traité de Maastricht, en l'étendant à la BCE ; le traité d'Amsterdam l'a étendu à la Cour des comptes et on peut voir là un statut intermédiaire de *requérant institutionnel non privilégié ou semi privilégié* poursuivant un objectif subjectif de sauvegarde de ses intérêts plus que de défenseur objectif de la légalité de l'Union.

1263. Le traité de Nice a prolongé ici la montée en puissance du Parlement s'agissant de cette légitimation active, en faisant un requérant privilégié à l'image du Conseil ou de la Commission, le traité de Lisbonne se contentant d'ajouter à la liste des requérants institutionnels non privilégiés le comité des régions. Une question peut cependant se poser pour celui-ci. L'article 263 FUE légitime son recours tendant « à la sauvegarde de ses prérogatives » mais le protocole n° 2 sur l'application des principes de subsidiarité et de proportionnalité annexé au traité de Lisbonne précise que le comité peut invoquer le respect de la subsidiarité en attaquant en annulation un acte législatif pour l'adoption duquel le TFUE prévoit sa consultation. Même si les conditions prévues à l'article 263 sont visées, il peut sembler que cela soit là une hypothèse excédant celle « d'atteinte à ses prérogatives » car dans ce dernier cas, un recours ne sera possible qu'en cas d'atteinte à son rôle consultatif, alors que pour le recours pour violation de la subsidiarité cela semble envisageable même si la consultation a correctement été faite, le rôle consultatif du comité intervenant ici pour définir un champ matériel ouvert à un tel recours, intenté dès lors en tant que défenseur objectif de la subsidiarité, et non dans la perspective subjective habituelle pour les requérants institutionnels non privilégiés.

Dans la pratique, les institutions ont longtemps répugné à faire trancher leurs conflits par la voie du recours en annulation, mais les exemples se sont désormais multipliés. Les recours engagés par les États membres sont plus nombreux ; ils visent essentiellement bien sûr les actes de la Commission et du Parlement. Contre des actes du Conseil, ils sont plus rares et pourraient apparaître comme une anomalie quand l'acte attaqué avait été adopté à l'unanimité ; la Cour a donc dû préciser que le recours d'un État membre contre un acte du Conseil ne saurait être conditionné par la position favorable ou non qu'il avait adoptée au sein de cette institution lors de l'adoption de celui-ci (arrêt du 12 juill. 1979, *Italie*, aff. 166/78, *Rec.* 2575). On peut parfois ressentir l'impression que certains États membres, minoritaires dans un vote politiquement sensible du Conseil, ont intenté un recours en annulation significatif d'une forme de rejet du principe même de la décision à la majorité (cf. ainsi, à propos de la décision 2015/1601 du Conseil du 22 septembre 2015 (quotas de migrants), l'arrêt de la Grande chambre du 6 sept. 2017, *Slovaquie et Hongrie c/Conseil*, aff. C-643/15 et C-647/15, ECLI:EU:C:2017:631).

B. Recours des requérants ordinaires dans la CECA (pour mémoire)

1264. Seuls les actes de la Haute Autorité, à des conditions différentes selon qu'ils sont individuels ou généraux, à l'exclusion de ceux du Conseil (CJCE 17 mars 1977, *CFDT*, aff. 66/76, *Rec.* 304), étaient attaquables, et par les seules « entreprises CECA ».

1° Les requérants ordinaires au sens du traité CECA

1265. En dehors des opérateurs constitutionnels, l'article 33 CECA réservait le recours aux « entreprises » ou « associations » d'entreprises exerçant une activité entrant dans la juridiction de la CECA Il s'ensuit, évidemment, que le recours individuel d'un particulier agissant en son nom personnel n'était pas recevable (CJCE 4 juill. 1963, *Schlieker*, aff. 12/63, *Rec.* 179, pour l'actionnaire minoritaire d'une société sidérurgique). Mais la définition de l'entreprise, notion plus économique que juridique et surtout la délimitation des « ressortissants CECA » spécialement du côté des organismes qui n'exercent que partiellement et à titre accessoire des activités de production et de distribution dans le secteur du charbon et de l'acier, n'allaient pas sans poser de délicats problèmes (CJCE 19 mars 1964, *SOREMA*, aff. 67/63, *Rec.* 293).

2° Recours contre les décisions et recommandations individuelles

1266. L'article 33, alinéa 2, prévoyait que les entreprises sidérurgiques et charbonnières peuvent former le recours contre les décisions et recommandations individuelles « les concernant ». À la lettre, cette formule semblait ne viser que les actes présentant un caractère individuel quant au requérant, c'est-à-dire, en définitive, ceux dont il est le destinataire direct. Mais la Cour s'est livrée à un important effort d'interprétation extensive pour élargir l'accès de son prétoire. Elle a estimé que les entreprises sont recevables à demander l'annulation de toute décision ou recommandation individuelle, qu'elles en soient ou non les destinataires (23 avr. 1956, *Industries sidérurgiques luxembourgeoises*, aff. 7 et 9/54, *Rec.* 53). En revanche, l'acte attaqué doit « concerner » le requérant, c'est-à-dire que celui-ci doit avoir *intérêt* à l'attaquer (CJCE 23 févr. 1961, *Association des charbonnages du Limbourg*, aff. 30/59, *Rec.* 1). Enfin, ne se bornant pas à réintroduire la notion d'intérêt, nullement exprimée dans le traité, elle en a fait, en plus, une application particulièrement libérale : par exemple une entreprise a intérêt à obtenir l'annulation de toute décision affectant les conditions de concurrence (CJCE 15 juill. 1960, *Sidérurgie de l'Est de la France*, aff. 24 et 34/58, *Rec.* 573). Si bien qu'en définitive, les conditions de recevabilité pouvaient être assimilées à celles du recours pour excès de pouvoir français.

3° Recours contre les décisions et recommandations générales

1267. En ouvrant le recours contre les décisions et recommandations générales « qu'ils estiment entachées de détournement de pouvoir à leur égard », l'intention des auteurs du traité avait été, sans doute, de restreindre le droit de recours des justiciables ordinaires aux décisions individuelles *camouflées*. La Cour, ici encore, a choisi d'ouvrir aussi largement que les textes s'y prêtaient son prétoire aux entreprises. Elle déclarait le recours recevable même si ce n'est pas le requérant lui-même qui était visé par le détournement de pouvoir, c'est-à-dire même si celui-ci ne consistait pas dans le camouflage d'une décision individuelle sous la forme d'une décision générale (11 févr. 1955, *Assider*, aff. 3/54, *Rec.* 123). Au niveau de la recevabilité, il suffisait donc que l'entreprise allègue avec vraisemblance que la décision attaquée était entachée d'un détournement de pouvoir (CJCE 16 juill. 1956, *Fédéchar*, aff. 8/55, *Rec.* 199). Quant au fond, elle ne pouvait obtenir l'annulation qu'en prouvant la réalité du détournement de pouvoir, unique cas d'annulation qu'elle puisse invoquer. En dehors de ce cas particulier, le requérant ordinaire n'était jamais recevable à déférer à la Cour des actes généraux de la Haute Autorité. On est loin, ici, du recours pour excès de pouvoir français.

C. Recours des requérants ordinaires dans le cadre de l'Union et d'Euratom

ARNULL (A.), « Private applicants and the action for annulment under Article 173 of the EC Treaty », *Common Market Law Review* 1995. 7.

CASSIA (P.), *L'accès des personnes physiques ou morales au juge de la légalité des actes communautaires*, Paris, Dalloz, coll. « Nouvelle Bibliothèque de Thèses », 2002.

LEGAL (H.), « L'accès des particuliers au prétoire communautaire », in *Mélanges en l'honneur de Philippe Léger*, Paris, Pedone, 2006, p. 217.

MAITRE (M.-P.), *L'accès des personnes physiques et morales au juge communautaire. De la protection juridictionnelle des particuliers contre les actes illégaux des institutions communautaires*, thèse, Paris II, 2000.

MEHDI (R.), « La recevabilité des recours formés par les personnes physiques et morales à l'encontre d'un acte de portée générale : l'aggiornamento n'aura pas lieu », *RTDE* 2003. 23.

NIHOUL (P.), « La recevabilité des recours en annulation introduits par un particulier à l'encontre d'un acte communautaire de portée générale », *RTDE* 1994. 171.

VANDERSANDEN (G.), « Pour un élargissement du droit des particuliers d'agir en annulation contre des actes autres que les décisions qui leur sont adressées », *CDE* 1995. 535.

WAELBROECK (D.) et VERHEYDEN (A.-M.), « Les conditions de recevabilité des recours en annulation des particuliers contre des actes normatifs communautaires à la lumière du droit communautaire et de la Conv. EDH », *CDE* 1995. 399.

1° Problématique générale et initiale

1268. Pour les traités de Rome comme dans ceux issus du traité de Lisbonne, les requérants particuliers sont vraiment les personnes physiques et morales, d'où l'exigence d'un accès plus sélectif.

On peut se borner à signaler d'abord que certains de ces requérants particuliers seront cependant spéciaux.

En effet, sont considérés comme tels les ***collectivités territoriales*** (leurs compétences éventuelles ne sont pas prises en considération : CJCE, Ord. du 21 mars 1997, *Région wallonne*, aff. C-95/97, *Rec.* I-1787ou TPI, Ord. du 23 oct. 1998, *Regione Puglia*, aff. T-609/97, *Rec.* II-4051. Le TPI a parfois tenté de desserrer les contraintes de ce type de recevalilité : TPI 15 juin 1999, *Regione autonoma Friuli venezia Guilia*, aff. T-288/97, *Rec.* II-1871 ou TPI 18 juill. 2007, *Ente per le ville Vesuviane*, aff. T-189/02, *Rec.* II-89* mais la CJCE est venue mettre le holà à cette tendance libérale : CJCE 10 sept. 2009, *Commission c/Ente per le Ville Vesuviane*, aff. C-445/07 P et C-455/07 P, *Rec.* I-7993 : l'ente ne peut attaquer une décision de clôture d'un concours financier par la Commission, seul l'État le pouvant car il est seul « directement concerné »).

De même est considéré comme « particulier » un ***État tiers*** (T, Ord. du 7 juill. 2006, *Confédération suisse c/Commission*, aff. T-319/05, *Rec.* II-2073.

Se pose aussi la question de l'exigence de ***personnalité juridique***. Ainsi, un *Parlement régional* d'un État membre ne peut agir (TPI, Ord. du 3 avr. 2008, *Landtag Schleswig-Holstein c/Commission*, aff. T-236/06, *Rec.* II-461), car il n'a qu'une capacité juridique restreinte et pas de véritable et ample personnalité juridique). En revanche, s'est posé le problème complexe du *Front Polisario* : ce mouvement de libération nationale n'a pas de personnalité juridique mais le Tribunal a considéré que le droit du Sahara occidental est inexistant et qu'il serait difficile d'exiger de ce mouvement qu'il se coule dans le droit d'un État tiers, notamment s'il est en lutte contre lui. Il a donc accepté le recours (T 10 déc. 2015, *Front Polisario c/Conseil*, aff. T-512/12, ECLI:EU:T:2015:953). Une telle admissibilité n'est cependant envisageable que dans des « circonstances exceptionnelles » (arrêt du 6 avr. 2017, *Saremar*, aff. T-220/14, ECLI:EU:T:2017:267).

Un autre cas particulier est celui des ***groupements de particuliers***, de type associatif. On comprend la problématique : un simple « intérêt collectif des membres » ne suffit pas et il est important que les individus ne puissent, par ce biais, contourner les limites des recours individuels. Pour synthétiser une jurisprudence classique mais plus ou moins restrictive (cf. notamment CJCE 2 févr. 1988, *Van der Kooy*, aff. 67, 68, 70 / 85, *Rec.* 219 ; Ord. du 3 sept. 2014, *Schutzgemeinschaft Milch und Milcherzeugnisse c/ Commission*, aff. T-112/11, ECLI:EU:T:2014:752 ; arrêt du 13 déc. 2016, *IPSO c/BCE*, aff. T-713/14, ECLI:EU:T:2016:727 ; ou Ord. du 10 févr. 2017, *Acerga c/Conseil*, aff. T-153/16, ECLI:EU:T:2017:73) on peut considérer que ces groupements peuvent agir en annulation :

1°) quand ils se substituent à un ou plusieurs membres qui auraient eu un intérêt individuel à agir individuellement, ou

2°) quand ils ont un intérêt propre en tant qu'association, notamment parce que leur position en tant que négociateur d'un acte a été affectée par l'acte en cause,

ou encore, 3° cas, lorsqu'une disposition légale leur reconnaît expressément une série de facultés à caractère procédural.

La Cour exige d'abord un ***intérêt à agir*** non prévu par le traité ; ce dernier va, quant à lui, définir de façon restrictive la « ***qualité pour agir*** » du requérant.

a) Intérêt à agir

1269. Un recours en annulation intenté par une personne physique ou morale n'est recevable que dans la mesure où le requérant a un intérêt à voir annuler l'acte attaqué. La Cour a pu préciser très clairement que cette exigence d'intérêt à agir *ne concerne que les requérants particuliers :* « Le traité CE fait une distinction nette entre le droit de recours en annulation des institutions et des États membres, d'une part, et celui des personnes physiques et morales, d'autre part, le droit de contester par un recours en annulation la légalité des décisions de la Commission étant ouvert à tout État membre, sans que l'exercice de ce droit soit subordonné à la démonstration d'un intérêt à agir. Un État membre n'a donc pas à démontrer qu'un acte de la Commission qu'il attaque produit des effets juridiques à son égard pour que son recours soit recevable. L'intérêt à agir ne vise que les recours formés par des personnes physiques ou morales et non ceux des institutions ou des États membres » (arrêt du Tribunal du 21 mai 2010, *France e.a. c/Commission*, aff. T-425/04, T-444/04, T-450/04 et T-456/04, *Rec.* II-2099). C'est donc par nature que l'accès des particuliers au recours en annulation, au contraire de celui des opérateurs constitutionnels, n'existe que s'ils justifient d'un intérêt à obtenir cette annulation, c'est-à-dire que l'acte attaqué doit avoir une incidence sur leur situation personnelle qui se trouverait améliorée si cet acte venait à être annulé. Mais la Cour se montre libérale dans l'appréciation de cette condition d'intérêt, et donc de l'effet utile qui peut être retiré de l'annulation (29 juin 1978, *B. P.*, aff. 77/77, *Rec.* 1513 ; cf. cependant, pour un cas où l'acte attaqué n'avait aucun effet vis-à-vis du requérant : CJCE 31 mars 1977, *S.E.S.*, aff. 88/76, *Rec.* 709). (Sur l'ensemble de la problématique, cf. M. Canedo, « L'intérêt à agir dans le recours en annulation du droit communautaire », *RTDE* 2000. 451.) Souvent, ici, la question reviendra à préciser que le requérant ne peut attaquer une décision qui lui est favorable : par exemple, une entreprise ayant notifié une concentration et obtenu une décision de la Commission la déclarant compatible avec le marché commun ne peut attaquer cette décision parce que dans les motifs, il y aurait quelque chose qui lui déplairait (la Commission relevait que l'entreprise était dans une position dominante sur un marché) : TPI 22 mars 2000, *Coca Cola c/Commission*, aff. T-125 et 127/97, *Rec.* II-1733 ; cf. aussi dans le même sens, l'Ord. du 15 oct. 2013, *Andechser Molkerei Scheitz c/Commission*, aff. T-13/12, ECLI:EU:T:2013:567.

1270. Cet intérêt doit être né et actuel et s'apprécie *au jour où le recours est formé* (T. 24 mars 2011, *Freistaat Sachsen et Land Sachsen-Anhalt*, aff. T-443/08, *Rec.* II-1311 ; v. aussi TPI 14 avr. 2005, *Sniace c/Commission*, aff. T-141/03, *Rec.* II-1197, point 25, et TPI 20 sept. 2007, *Salvat père & fils e.a. c/Commission*, aff. T-136/05, *Rec.* II-4063, point 34). Cela signifie que cet intérêt peut ensuite disparaître pendant la procédure, ce qui conduit à des appréciations disparates. Tantôt le juge estime qu'il n'y a plus lieu de statuer (recours contre la décision du Parlement européen de ne pas défendre l'immunité d'un député européen attaqué pour contestation de crime contre l'humanité après que la Cour de cassation ait jugé qu'il n'y avait pas matière à poursuite : T. 19 mars 2010, *Gollnisch c/Parlement européen*, aff. T-42/06, *Rec.* II-1135), tantôt il relève une autre forme d'intérêt à agir, que ce soit en vue d'une base pour un recours en responsabilité (CJCE 5 mars 1980, *Könecke Fleischwarenfabrik*, aff. 76/79, *Rec.* 665), ou pour obtenir une remise en l'état de la situation du requérant (CJCE 6 mars 1979, *Simmenthal*, aff. 92/78, *Rec.* 777), ou pour éviter à l'avenir le risque de répétition de l'illégalité en cause (CJCE 24 juin 1986, *Akzo*, aff. 53/85, *Rec.* 1965), ou pour un tout autre intérêt ; ainsi l'intérêt à agir, s'agissant d'un recours à l'encontre de la notation d'un fonctionnaire, est moins évident une fois que celui-ci a cessé ses fonctions, mais il sera possible d'en identifier un dans un contexte de recherche d'un autre emploi : CJCE 22 déc. 2008, *Gordon c/Commission*, aff. C-198/07 P, *Rec.* I-10701 ; de même, dans le cadre du contentieux des « black lists » liées à la lutte contre le terrorisme, même si un requérant bénéficie du retrait de son nom d'une telle liste, il conserve un intérêt à ce que l'illégalité de cette inscription soit affirmée clairement, en tant que forme de réhabilitation (arrêts du 28 mai 2013, *Abdulrahim c/Conseil et Commission*, aff. C-239/12 P, ECLI:EU:C:2013:331 ; ou du 6 juin 2013, *Ayadi c/Commission*, aff. C-183/12 P, ECLI:EU:C:2013:369).

b) Qualité pour agir

1271. Ceci est et a toujours été précisé dans le traité lui-même.

Le recours était recevable, dans les traités de Rome, jusqu'au traité de Lisbonne, contre les « décisions » (au sens de l'article 249 CE, actuel art. 288 FUE) dont ces personnes étaient destinataires et, plus largement contre les « décisions qui, bien que prises sous l'apparence d'un règlement ou d'une décision adressée à une autre personne, la concernent directement et individuellement » (art. 230 CE).

Cette rédaction avait été retenue pour tenir compte de l'expérience procurée par l'interprétation jurisprudentielle des dispositions comparables du traité CECA. Réserver le recours aux seules « entreprises » « ressortissantes » CE ou Euratom eût posé des problèmes insolubles de délimitation, d'où son ouverture sans limitation à « toute personne physique ou morale ». Pour le reste, la nouvelle formulation était loin d'être favorable aux requérants privés ; au contraire, les rédacteurs de 1957 l'ont précisément choisie pour réagir contre l'interprétation libérale donnée antérieurement de l'article 33 CECA. La Cour de justice, à cet égard, a affiché immédiatement deux attitudes. Elle a d'abord implicitement fait part de ses réserves tout en expliquant qu'elle ne pouvait que s'incliner puisque tel était le traité, le juge ne pouvant « se prononcer sur les mérites de ce régime, celui-ci ressortissant clairement du texte sous examen » (arrêts du 14 déc. 1962, *Confédération nationale des producteurs de fruits et légumes*, aff. 16 et 17/62, *Rec.* 901, et *Fédération nationale de la boucherie en gros et du commerce en gros des viandes*, aff. 19 à 22/62, *Rec.* 943) ; ensuite, *a priori*, sa bonne volonté, dans l'arrêt du 15 juillet 1963, *Plaumann*, aff. 25/62, *Rec.* 199 : « la lettre et le sens grammatical de la disposition précitée justifient l'interprétation la plus large ; ...d'ailleurs, les dispositions du traité concernant le droit d'agir des justiciables ne sauraient être interprétées restrictivement ; ...partant, dans le silence du traité, une limitation à cet égard ne saurait être présumée ».

La qualité de requérant ordinaire dans les traités de Rome était donc fonction de *deux séries de conditions* relatives au type d'acte en cause et au lien entre cet acte et le requérant.

– *Les actes susceptibles d'être attaqués.* Il résultait manifestement de l'article 230, alinéa 4, CE que les particuliers étaient toujours recevables à demander l'annulation des *décisions dont ils sont destinataires* (mais la décision adressée à un particulier et qui rejette sa demande de modification ou d'établissement d'un règlement n'a pas été considérée comme une décision au sens de l'article 230 CE : CJCE 8 mars 1972, *Nordgetreide*, aff. 42/71, *Rec.* 105). Quant aux « décisions... prises sous l'apparence d'un règlement... ou... adressées à une autre personne », la Cour en a donné une interprétation favorable aux justiciables.

Elle a d'abord admis d'emblée, que les termes « sous l'apparence de... » ne constituaient pas une condition supplémentaire c'est-à-dire ne visaient pas nécessairement, ni même habituellement, un détournement de pouvoir dont le Conseil ou la Commission se serait rendu coupable. La Cour ne retient que le fait objectif de l'existence d'un règlement ou d'une décision adressée à un tiers (15 juill. 1963, *Plaumann*, aff. 25/62, *Rec.* 197).

La Cour a admis ensuite que les termes « autre personne » ne se réfèrent pas exclusivement aux autres personnes physiques ou morales et que les particuliers sont donc recevables à attaquer des décisions adressées à d'autres particuliers mais aussi à un ou plusieurs États membres (aff. 25/62, préc.), voire un État tiers (CJCE 29 juin 1994, *Fiskano*, aff. C-135/92, *Rec.* I-2885) ce qui constitue un élargissement notable.

Enfin, à première lecture, on aurait pu penser que la formule « contre les décisions qui, bien que prises sous l'apparence d'un règlement... la concernent... » signifiait que le recours contre un règlement n'était jamais recevable et que le requérant devait toujours établir au préalable que l'acte d'apparence réglementaire n'était en réalité qu'une décision. En fait, partie de cette interprétation restrictive (14 déc. 1962, *Producteurs de fruits et légumes*, aff. 16 et 17/62, *Rec.* 981), la Cour a bientôt admis qu'il n'était pas indispensable que le soi-disant règlement soit globalement et intégralement une décision, qu'il était possible « qu'un acte, tout en ayant dans son ensemble un caractère réglementaire, contienne des mesures qui s'adressent à des personnes déterminées » (13 mars 1968, *Industria Molitoria Imolese*, aff. 30/67, *Rec.* 171) ; elle a ensuite reconnu l'existence, sous le couvert d'un règlement, d'acte collectifs constitués d'un « faisceau de décisions individuelles » (13 mai 1971, *International Fruit Co*, aff. 41-44/70, *Rec.* 411). Elle a, enfin, développé une véritable théorie des *actes hybrides*, c'est-à-dire des actes normatifs dans leur généralité, mais concernant en même temps certains particuliers de manière spécifique (CJCE 18 mai 1994, *Codorniu*, aff. C-309/89, *Rec.* I-1853). Ceci ne peut que la conforter dans une tendance, déjà ancienne (16 mars 1978, *UNICME*, aff. 123/77, *Rec.* 845) à s'abstenir, en présence d'un acte ayant les apparences d'un règlement, d'en rechercher au préalable la nature réglementaire ou individuelle, pour se concentrer immédiatement sur la question de savoir si le requérant était ou non directement et individuellement concerné par l'acte qu'il attaque. Si bien que l'on doit conclure que les particuliers peuvent finalement former un recours en annulation non seulement contre les décisions mais même contre les règlements (ou les directives : CJCE 23 nov. 1995, *Asocarne*, aff. C-10/95 P, *Rec.* I-4149 ; TPI 17 juin 1998, *UEAPME*, aff. T-135/96, *Rec.* II-2335).

– *Le lien entre le requérant et l'acte attaqué.* C'est là qu'est le véritable *verrou* introduit par les traités. En effet, hormis l'hypothèse où le particulier attaque une décision dont il est le *destinataire*, c'est-à-dire qui lui est personnellement adressée (par exemple une décision de la Commission prise sur le fondement de l'article 81 CE *[actuel art. 101 FUE]*), son droit de recours est subordonné à la double exigence d'être *directement et individuellement concerné*. Or la Cour, malgré la bonne volonté affichée, a toujours interprété ces expressions de manière restrictive, posant en règle que le requérant doit démontrer que cet acte le frappe « d'une manière analogue à celle du destinataire » (aff. 16 et 17/62, ou 25/62 préc.), ou encore que les dispositions d'un règlement le frappent « d'une façon aussi directe et individuelle qu'un destinataire » (CJCE 3 mai 1978, *Töpfer*, aff. 112/77, *Rec.* 1019).

1272. L'abondante jurisprudence dans laquelle la Cour a été conduite à préciser pendant des années ces deux exigences peut être résumée ainsi :

1) Un requérant n'est *directement concerné* que si l'acte attaqué a par lui-même pour effet immédiat de le priver d'un droit ou de lui imposer une obligation, de telle sorte qu'il le met dans une situation analogue à celle dans laquelle il se trouverait s'il en était destinataire. Le caractère direct du lien entre le requérant et l'acte est absent dès qu'il est constaté que celui-ci ne produit ses effets à l'égard du requérant que par l'entremise d'une intervention discrétionnaire, subséquente d'une autorité nationale ou communautaire : ainsi, une décision refusant à un État un contingent tarifaire (CJCE 16 juin 1970, *Alcan Aluminium*, aff. 69/69, *Rec.* 385), un règlement l'habilitant à prendre

certaines mesures (CJCE 18 janv. 1979, *Usines de Beaufort*, aff. 103 à 109/78, *Rec.* 17) ne concernent pas directement les opérateurs économiques, qui ne seraient affectés que par les mesures nationales d'application ; la marge d'appréciation laissée à un État membre par une décision en matière de réduction des déficits excessifs est telle qu'une confédération syndicale ne pourra pas agir à l'encontre de la décision en cause (Ord. du 27 nov. 2012, *ADEDY e.a. c / Conseil*, T-541/10, ECLI:EU:T:2012:626). De même pour un règlement, en matière de stabilisation financière, qui se borne à établir les conditions d'octroi d'une aide à l'État, la Commission gardant une marge d'appréciation importante : les particuliers ne sont pas directement concernés : Ord. du 15 juin 2011, *Thomas Ax*, aff. T-259/10, ECLI:EU:T:2011:274. L'interposition d'un acte d'une autorité étatique cesse, cependant, de constituer un obstacle à la recevabilité lorsqu'il ne s'agit que d'un acte d'exécution purement technique et automatique (CJCE 6 mars 1979, *Simmenthal*, aff. 92/78, *Rec.* 777 ; 29 mars 1979, *NTN Tokyo Bearing Co*, aff. 113/77, *Rec.* 1185), le caractère « automatique » semblant signifier l'absence de choix pour l'État d'agir ou de ne pas agir (TPI, Ord. du 10 sept. 2002, *JapanTobacco Inc.*, aff. T-223/01, *Rec.* II-3259).

2) Un requérant n'est *individuellement concerné* que si l'acte l'atteint « à raison de certaines qualités qui (lui) sont particulières ou d'une situation de fait qui (le) caractérise par rapport à toute autre personne et, de ce fait, (l') individualise d'une manière analogue à celle du destinataire » (aff. 25/62, préc. ; c'est là la condition la plus restrictive et on parle à cet égard du « *test Plaumann* »). Concrètement, cela signifie que la circonstance qu'un acte a des effets particulièrement préjudiciables pour le requérant (CJCE 11 juill. 1968, *Zuckerfabrik Watendted*, aff. 6/68, *Rec.* 600) ou est susceptible d'exercer une influence sur les rapports de concurrence entre son destinataire et le requérant (CJCE 10 déc. 1969, *Eridania*, aff. 10-18/68, *Rec.* 480) ne suffit pas pour conclure qu'il le concerne de façon individuelle. Il en est de même de la circonstance que l'acte attaqué ne concerne qu'un petit nombre déterminé ou déterminable d'entreprises, dès lors qu'elles sont atteintes en raison de leur appartenance à une catégorie abstraite, notamment « en raison d'une activité commerciale qui, à n'importe quel moment, peut être exercée par n'importe quel sujet » (aff. 25/62, préc.). Il ne suffit pas, en effet, de pouvoir déterminer le nombre ou même l'identité des personnes auxquelles un acte s'applique, il faut encore, pour que l'exigence d'individualisation soit remplie, que les personnes identifiées soient les seules affectées par lui, à l'exclusion de toutes autres. Dès lors, hormis l'hypothèse évidente, mais particulière du règlement qui vise exclusivement les destinataires nommément désignés dans son dispositif (CJCE 29 mars 1979, *NTN Tokyo Bearing Co*, préc.), cela n'est possible que pour des actes d'application rétroactive ou, au moins, immédiate, c'est-à-dire visant un nombre déterminé d'opérateurs identifiés en raison d'un comportement individuel qu'ils ont eu, ou sont censés avoir eu, au cours d'une période déterminée antérieure à l'acte attaqué. Ainsi, l'exercice d'une certaine activité (importation de clémentines dans l'arrêt *Plaumann* par exemple), même si l'on peut identifier les entreprises se livrant à cette activité commerciale, ne suffit pas à les individualiser (une autre entreprise, demain, peut se livrer au même négoce) ; en revanche les entreprises qui ont obtenu ou demandé des certificats d'importation ou d'exportation *au cours d'une période déterminée* et close à la date de l'acte attaqué sont individualisée de manière suffisante (CJCE 1er juill. 1965, *Toepfer*, aff. 106 et 107/63, *Rec.* 532 ; 23 nov. 1971, *Bock*, aff. 62/70, *Rec.* 897 ; 18 nov. 1975, *C.A.M.*, aff. 100/74, *Rec.* 1401).

2° Évolutions et situation actuelle

1273. Concrètement, ce double obstacle dressé par le traité devant le recours des particuliers attaquant un règlement ou une décision adressée à un tiers était si élevé qu'en vingt ans (à la fin de 1979) il n'avait été franchi que huit fois par un plaideur, cette interprétation peu libérale s'expliquant sans doute parce que la Cour se trouvait ici tenue plus strictement par la lettre du traité qu'en matière CECA, la crainte d'être submergée par un flot de recours n'étant vraisemblablement pas absente non plus. Il n'empêche qu'elle pouvait difficilement maintenir une attitude aussi restrictive tout en proclamant le principe que « la CEE est une communauté de droit » (CJCE 23 avr. 1986, *Parti écologiste « Les Verts »*, aff. 294/83, *Rec.* 1339). Ce malaise s'est s'abord traduit par des assouplissements de la jurisprudence traditionnelle, puis par un véritable débat juridictionnel sur son abandon, tranché par la révision des traités et la mise en place d'un nouveau dispositif.

a) Les assouplissements de la jurisprudence Plaumann

1274. La Cour a tenté, dans certaines hypothèses extrêmes, d'assouplir la rigueur de sa jurisprudence pour la rendre supportable.

– D'abord, une victime prétendue d'une *discrimination* ne doit pas être empêchée de recourir contre la décision qui est à l'origine de cette discrimination alors que d'autres personnes également concernées par la mesure pourraient bénéficier du droit de recours (CJCE, aff. 294/83, préc., *RTDE* 1986. 501, note J. P. Jacqué).

– Ensuite, c'est dans ce cadre que la Cour a développé sa théorie des *actes hybrides* (v. ss 1271) qui seront à ce titre attaquables par certains requérants concernés spécifiquement alors qu'ils sont inattaquables parce que normatifs pour les autres, la Cour utilisant cette approche à propos des *règlements anti dumping* (arrêts du 21 févr. 1984, *Allied Corporation et a. c/Commission*, aff. 239/82 et 275/82, *Rec.* 1005 ; du 23 mai 1985, *Allied Corporation et a. c/ Conseil*, aff. 53/83, *Rec.* 1621 ; ou du 16 mai 1991, *Extramet Industrie c/Conseil*, aff. C-358/89, *Rec.* I-2501), la position spécifique étant par exemple reconnue aux entreprises à l'origine de la plainte, ou à celles identifiées dans les actes de la Commission. Elle l'a ensuite utilisée dans d'autres domaines, comme la *propriété intellectuelle* (arrêt du 18 mai 1994, *Codorniu c/Conseil*, aff. C-309/89, *Rec.* I-1853), l'ancienneté de son utilisation d'une certaine appellation individualisant une société au regard d'un règlement demeurant normatif dans son ensemble et pour les autres requérants.

– Enfin, dans tous les cas où le droit communautaire organise une procédure de « plainte », c'est-à-dire accorde aux entreprises plaignantes des *garanties procédurales* les habilitant à demander à la Commission de constater une infraction aux règles communautaires, ces entreprises ne peuvent se voir refuser le recours afin de protéger leurs intérêts légitimes ; cette solution, inaugurée en matière de concurrence (CJCE 25 oct. 1977, *Métro*, aff. 26/76, *Rec.* 1875) a été transposée dans le domaine antidumping (CJCE 20 mars 1985, *Timex*, aff. 264/82, *Rec.* 849), puis des aides nationales (CJCE 28 janv. 1986, *COFAZ*, aff. 169/84, *Rec.* 391 ; *Gaz. Pal.* 1986. I. 398), aboutissant à faire plus largement de la participation à une procédure une source d'individualisation de la situation des particuliers par un phénomène de prolongement de ces droits procéduraux sur le terrain contentieux, ou, en tous cas, un facteur favorable à la reconnaissance d'une telle individualisation, dès lors, cependant, que la réglementation communautaire leur accorde des garanties procédurales (TPI, Ord. du 9 août 1995, *Greenpeace*, aff. T-585/93, *Rec.* II-2205).

b) Le débat sur l'abandon de la jurisprudence Plaumann

1275. À la fin des années quatre-vingt-dix, certains requérants vont frontalement poser la question de la conformité de la situation résultant de cette interprétation classique vis-à-vis du principe de protection juridictionnelle effective, en écho au concept de Communauté de droit et à l'article 6 de la Convention européenne des droits de l'Homme (cf. ainsi TPI, Ord. du 23 nov. 1999, *Union de Pequeños Agricultores*, aff. T-173/98, *Rec*. II-3357), suscitant un véritable malaise au sein de la juridiction de l'Union (cf. à cet égard le tableau impressionnant tracé par l'Avocat général Jacobs dans ses conclusions sous l'arrêt du 25 juill. 2002, *Unión de Pequeños Agricultores (UPA)*, aff. C-50/00 P, *Rec*. I-6719, recensant les critiques contre la jurisprudence *Plaumann* exprimées non seulement par la doctrine mais par des membres de la Cour de justice eux-mêmes dans leurs travaux doctrinaux). Le débat va connaître plusieurs phases.

1276. ***La défense de la jurisprudence Plaumann***. L'une des premières affaires envisagées, allusivement il est vrai, sous l'angle du principe de protection juridictionnelle effective fut l'affaire *Greenpeace* (Ord. du 9 août 1995, aff. T-585/93, *Rec*. II-2205, et arrêt du 2 avr.1998, aff. C-321/95 P, *Rec*. I-1651, points 32 à 34). L'association écologiste critiquait non seulement les restrictions de la jurisprudence *Plaumann* mais la prise en compte d'intérêts purement économiques dans les assouplissements de cette jurisprudence constitués par l'hybridité des actes (contexte d'anti-dumping ou de propriété intellectuelle) ou la reconnaissance des droits procéduraux (contexte de concurrence, d'aides d'État, de concentrations, de dumping ou de subventions). Elle préconisait, devant la Cour, une nouvelle interprétation centrée sur la notion de préjudice actuel ou potentiel à cause du comportement prétendument illégal de l'institution communautaire concernée, par exemple la violation de droits des requérants particuliers en matière d'environnement ou l'atteinte à leurs intérêts en matière d'environnement. La réaction, tant du Tribunal que de la Cour, fut de défendre l'approche traditionnelle en faisant appel aux possibilités contentieuses devant les juridictions des États membres (assorties éventuellement d'un renvoi préjudiciel), l'obligation de coopération loyale imposant aux États membres de « contribuer au caractère complet du système de voies de recours et de procédures mis en place par le traité CE et destiné à confier au juge communautaire le contrôle de la légalité des actes des institutions communautaires » (Ord. du 23 nov. 1999, *UPA c/Conseil*, aff. T-173/98, *Rec*. II-3357), ce renvoi au système complet de voies de droit se doublant parfois d'un appel aux ressources du recours en indemnité (arrêt du 27 juin 2000, *Salamander e.a. c/Parlement et Conseil*, aff. T-172/98, T-175/98 à T-177/98, *Rec*. II-2487). Cette phase de défense de la position classique par l'appel au système complet de voies de droit est illustrée par les deux ordonnances du 1er février 2001, rendues dans l'affaire *Area Cova*, aff. C-300/99 P et C-388/99 P, *Rec*. I-983 ; et aff. C-301/99 P, *Rec*. I-1005, permettant à la Cour de rappeler que « la possibilité, pour les justiciables, de voir leurs droits protégés par le biais d'un recours devant les juridictions nationales, lesquelles ont la faculté de prendre des mesures provisoires et, le cas échéant, d'opérer un renvoi préjudiciel… constitue l'essence même du système communautaire de protection juridictionnelle ». « L'argument selon lequel l'une de ces voies ne serait pas effective dans le cas d'espèce… ne permet (pas) de déclarer recevable un recours en annulation formé par une personne physique ou morale qui ne satisfait pas aux conditions posées par l'article 173, quatrième alinéa, du traité ».

1277. *La tentation de modifier la jurisprudence Plaumann*. C'est d'abord *l'Avocat général Jacobs* dans ses conclusions précitées sous l'arrêt du 25 juillet 2002, *Unión de Pequeños Agricultores (UPA)*, aff. C-50/00 P, qui, de manière très argumentée, va contester vigoureusement que la sollicitation des juridictions nationales, appuyées par le renvoi préjudiciel, assure dans tous les cas une protection juridictionnelle complète et effective, mettant en évidence notamment le risque de déni de justice en l'absence de mesures d'exécution pouvant faire l'objet d'un recours. Il rejette, en tant que palliatif pour résoudre ce problème, la recevabilité *in extremis* du recours en annulation direct en l'absence de solution au plan national, et conclut que la seule solution consisterait à abandonner l'interprétation *Plaumann* de la condition d'affectation individuelle, que n'imposerait aucun argument impérieux, et à considérer qu'un particulier *est individuellement concerné par une mesure communautaire lorsque la mesure nuit, ou est susceptible de nuire à ses intérêts, de manière substantielle.*

Le Tribunal va prendre appui sur ces conclusions pour adopter une position subtilement en phase avec sa jurisprudence précédente (arrêt du 3 mai 2002, *Jégo-Quéré c/Commission*, aff. T-177/01, *Rec.* II-2365). Il commence par souligner la portée juridique du droit à une protection juridictionnelle effective en droit de l'Union, s'interroge sur les deux ressources auxquelles il s'était raccroché dans sa jurisprudence précédente, c'est-à-dire l'action devant le juge national avec éventuellement un renvoi préjudiciel et le recours en responsabilité extracontractuelle, et arrive à deux conclusions : d'abord, il admet que ces deux voies alternatives « ne peuvent plus être considérées, à la lumière des articles 6 et 13 de la Conv. EDH et de l'article 47 de la charte des droits fondamentaux, comme garantissant aux justiciables un droit de recours effectif leur permettant de contester la légalité de dispositions communautaires de portée générale qui affectent directement leur situation juridique ». Pour autant, ce constat ne saurait permettre de ne pas soumettre la recevabilité du recours en annulation d'un requérant particulier aux conditions prévues par le traité. Cependant si le juge est tenu d'appliquer le traité, il peut changer l'interprétation qu'il en fait. Et le Tribunal de considérer qu'il faut « reconsidérer l'interprétation stricte, jusqu'à présent retenue, de la notion de personne individuellement concernée ». Devant alors indiquer une interprétation alternative, il juge qu'« afin d'assurer une protection juridictionnelle effective des particuliers, une personne physique ou morale doit être considérée comme individuellement concernée par une disposition communautaire de portée générale qui la concerne directement *si la disposition en question affecte, d'une manière certaine et actuelle, sa situation juridique en restreignant ses droits ou en lui imposant des obligations* », ce qui est le cas de la société *Jégo-Quéré.*

La Cour va cependant, dans l'arrêt *UPA* précité du 25 juillet 2002 reprendre pour l'essentiel la solution première inaugurée quelques années auparavant et consistant à mettre en valeur les possibilités qu'offre dans sa globalité le système complet de voies de droit, au besoin en rappelant l'obligation des États membres d'aménager leur système judiciaire de manière de manière à assurer le respect du droit à une protection juridictionnelle effective, leurs juridictions devant – principe de coopération loyale oblige – utiliser les procédures nationales de façon à permettre aux particuliers d'agir à l'encontre de tout acte lié à l'application d'un acte communautaire de portée générale, en soulevant l'invalidité de celui-ci (dans son arrêt du 13 mars 2007, *Unibet*, C-432/05, *Rec.* I-2271, la Cour, plus largement, jugera qu'il incombe, compte tenu de l'exigence de protection juridictionnelle effective, aux juridictions des États membres, par application du principe de coopération énoncé à l'article 10 CE, d'assurer la protection juridictionnelle des droits que les justiciables tirent du droit communautaire). La Cour admet que l'affectation individuelle doive être « *interprétée à la lumière du principe d'une protection juridictionnelle effective* en tenant compte des diverses circonstances qui sont de nature à individualiser un requérant » (c'est-à-dire les jurisprudences déjà adoptées et neutralisant dans certains contentieux le test *Plaumann*) ; elle admet également, ce qui peut se lire comme une réponse aux propositions (différentes) faites par l'Avocat général Jacobs et par le Tribunal dans l'arrêt *Jégo-Quéré*, qu'un autre système de contrôle de la légalité des actes de portée générale (système « mis en place par le traité originaire et jamais modifié dans ses principes ») est « *envisageable* », mais la Cour n'ira pas plus loin. Ce serait, selon elle, excéder les compétences du juge, la nouvelle interprétation « envisagée », en effet, « ne saurait aboutir à écarter la condition en cause, qui est expressément prévue par le traité, sans excéder les compétences attribuées par celui-ci aux juridictions communautaires ». Autrement dit, et contrairement à la démonstration de l'Avocat général Jacobs dans ses conclusions *UPA*, la Cour considère que l'abandon de l'interprétation traditionnelle du traité équivaudrait à écarter la condition d'affectation individuelle, ce qui ne convainc guère, parce que ce ne serait qu'une nouvelle interprétation, non contraire aux termes du traité ; et elle y voit une révision judiciaire impensable, ce qui peut aussi laisser perplexe, le respect du traité n'ayant pas empêché naguère la Cour d'interpréter les conditions de recevabilité de manière autrement audacieuse au regard des termes mêmes de l'article 173 CEE, puis 230 CE (que l'on pense à la légitimation active et passive du Parlement européen, v. ss 1262 et 1238). L'interprétation proposée par le Tribunal pour l'affectation *individuelle*, il est vrai, pouvait apparaître comme proche de la condition d'affectation *directe*, ce qui, à certains égards, ressemblait à un passage de deux à une seule condition. Le TPI, forcément, a dû baisser pavillon (TPI, Ord. du 6 mai 2003, *Vannieuwenhuyse-Morin*, aff. T-321/02, *Rec.* II-1997 ; cf. aussi CJCE, Ord. du 12 déc. 2003, *Bactria Industriehygiene-Service Verwaltungs GmbH*, aff. C-258/02 P, *Rec.* I-15105). Ce qui a sans doute facilité cette position de la Cour était qu'au moment où était rendu l'arrêt *UPA*, travaillait depuis plusieurs mois déjà la Convention préparant une révision des traités, la Cour ne se contentant donc pas de se déclarer incompétente mais renvoyant explicitement les « maîtres des traités » à leurs responsabilités : « Si un système de contrôle de la légalité des actes communautaires de portée générale autre que celui mis en place par le traité originaire et jamais modifié dans ses principes est certes envisageable, il appartient, le cas échéant, aux États membres, conformément à l'article 48 UE, de réformer le système actuellement en vigueur » (point 45). La Cour a maintenu fermement son approche rigoureuse et formaliste : par exemple, dans une ordonnance du 24 septembre 2009, *Município de Gondomar c/Commission*, aff. C-501/08 P, *Rec.* I-152*, elle confirme que « s'il est de jurisprudence constante que les particuliers doivent pouvoir bénéficier d'une protection juridictionnelle effective des droits qu'ils tirent de l'ordre juridique communautaire… le droit à une telle protection ne saurait toutefois remettre en cause les conditions posées à l'article 230, quatrième alinéa, CE ».

c) Le dispositif révisé

1278. Le requérant UPA, c'était là le vrai problème, soulignait l'absence de voie de recours pertinente dans l'ordre national Il faut admettre qu'il peut y avoir des hypothèses, notamment lorsque l'acte attaqué ne conduit pas à prendre des mesures nationales de mise en œuvre, où le renvoi aux ressources des systèmes contentieux nationaux (avec un renvoi préjudiciel éventuel) pour compenser les faiblesses d'accès des particuliers au prétoire de Luxembourg relève de l'aveuglement. Il a pu sembler que la Cour pourrait être sensible à ce genre de considération pragmatique. Ainsi quand, sur le terrain du principe d'effectivité (v. ss 1093) elle a pris en considération la situation qui résulterait de l'inexistence de voie de recours nationale qui permettrait, même de manière incidente, d'assurer le respect des droits que les justiciables tirent du droit communautaire (arrêt du 13 mars 2007, *Unibet*, aff. C-432/05, *Rec.* I-2271). On peut aussi noter qu'en matière de responsabilité, la Cour interprète la règle de l'épuisement des recours internes comme conduisant à prendre en considération l'efficacité de ces derniers. La Cour refuse donc cette approche pour le contrôle de la légalité, ne voulant pas subordonner la recevabilité du recours en annulation à l'insuffisance dans tel État du système judiciaire, ce qui se traduirait, il est vrai, par une variabilité des conditions de recevabilité. La jurisprudence reste très ferme sur ce point : « en ce qui concerne l'argument de la requérante tiré, en substance, de la supposée ineffectivité relative du renvoi préjudiciel en l'espèce au regard du recours direct en annulation, il convient de rappeler qu'une telle allégation, à la supposer établie, ne saurait autoriser le Tribunal à se substituer au pouvoir constituant de l'Union en vue de procéder à une modification du système des voies de recours et des procédures établi par les traités et destiné à confier à la Cour et au Tribunal le contrôle de la légalité des actes des institutions. En aucun cas elle ne permet de rendre attaquables des actes qui ne le sont pas faute de produire des effets juridiques obligatoires au sens de l'article 263, premier alinéa, TFUE » (Ord. du 21 juin 2017, *Inox Mare c/Commission*, aff. T-289/16, ECLI:EU:T:2017:414).

1279. Le traité de Lisbonne, conforme sur ce point au traité établissant une constitution, tire à l'évidence les leçons de l'affaire *UPA*. Désormais, le traité, à l'article 263 FUE, prévoit que « toute personne physique ou morale peut former (...) un recours contre les actes dont elle est le destinataire ou qui la concernent directement et individuellement, *ainsi que contre les actes réglementaires qui la concernent directement et qui ne comportent pas de mesure d'exécution* » : c'est donc, désormais, la formulation clé s'agissant de l'accès des particuliers au recours en annulation. Pour autant, il ne faudrait pas négliger l'autre réponse indiscutablement apportée par les rédacteurs du traité de Lisbonne aux problèmes soulevés dans l'affaire UPA : l'appel, essentiel, on l'a vu, dans le raisonnement de la Cour, au système complet de voies de droit et au rôle des systèmes judiciaires des États membres est désormais consolidé par l'article 19 TUE, complétant le traditionnel exposé de la mission de la Cour de justice de l'Union européenne (« Elle assure le respect du droit dans l'interprétation et l'application des traités ») par un paragraphe 2 inédit : « Les États membres établissent les voies de recours nécessaires pour assurer une protection juridictionnelle effective dans les domaines couverts par le droit de l'Union ».

1280. La première remarque à faire est que, finalement, la jurisprudence *Plaumann* est toujours solidement boulonnée. En témoigne l'arrêt du Tribunal du 8 mars 2012, *Iberdrola c/Commission*, aff. T-221/10, ECLI:EU:T:2012:112, particulièrement éloquent à cet égard : « La décision attaquée… n'ayant pas été adressée à la requérante, son affectation individuelle doit être appréciée selon les critères définis dans l'arrêt de la Cour du 15 juillet 1963, *Plaumann/Commission* (25/62, *Rec.* 197, 223). Ainsi, la requérante doit démontrer que la décision attaquée l'atteint en raison de certaines qualités qui lui sont particulières ou d'une situation de fait qui la caractérise par rapport à toute autre personne et, de ce fait, l'individualise d'une manière analogue à celle dont le destinataire de cette décision le serait » (point 23 ; cf. aussi par exemple l'Ord. du 21 mars 2012, *Modelo Continente Hipermercados c/Commission*, aff. T-174/11, ECLI:EU:T:2012:143, point 20).

1281. La nouvelle condition de recevabilité ajoutée par le traité de Lisbonne et qui permet de supprimer la condition d'affectation individuelle, la seule condition d'affectation directe étant suffisante, concerne *les actes réglementaires qui ne comportent pas de mesure d'exécution*, ce qui a exigé des précisions de la part de la jurisprudence à un double titre.

1282. D'abord pour déterminer la notion *d'acte réglementaire* dont on pouvait se demander si elle s'opposait à celle d'acte législatif, dans l'esprit du traité constitutionnel, ou si elle recouvrait, plus largement, les actes de portée générale opposés aux actes à portée individuelle. Le Tribunal a déduit de la rédaction et de la genèse de l'article 263 FUE (la genèse du droit primaire est un nouveau support d'interprétation, les travaux préparatoires des traités fondateurs ayant été moins accessibles que ceux des traités plus récents) que celui-ci conduit à distinguer les actes législatifs des autres actes, de sorte que s'agissant des recours des particuliers, ils seront recevables en premier lieu vis-à-vis d'actes individuels, dont ils sont destinataires, en deuxième lieu à l'encontre des actes de portée générale (législatifs comme réglementaires) qui les concernent directement et individuellement, et en troisième lieu quand ils attaquent un acte réglementaire, *non législatif*, sans mesure d'application et qui les concerne directement. Un requérant individuel ne peut donc toujours pas attaquer un acte législatif sans mesure d'application dès lors qu'il n'est pas individuellement concerné (Ord. du 6 sept. 2011, *Inuit Tapiriit Kanatami*, aff. T-18/10, *Rec.* II-5599, point 50), le Tribunal soulignant ce caractère plus restrictif du recours à l'égard des actes législatifs, ce qui correspond, on en conviendra, à la logique même de cette hiérarchisation entre les actes législatifs et réglementaires, quand bien même cette dernière serait moins nette dans le traité de Lisbonne que dans le traité constitutionnel. Cette interprétation a été confirmée sur pourvoi par la Cour dans un arrêt du 3 octobre 2013, *Inuit Tapiriit Kanatami*, aff. C-583/11 P, ECLI:EU:C:2013:625.

1283. Ensuite pour comprendre ce que signifie exactement un acte « *ne comportant pas de mesure d'exécution* » : dès le premier arrêt qui a fait application du nouveau cas de recevabilité (25 oct. 2011, *Microban International*, aff. T-262/10, *Rec.* II-7697), le Tribunal a interprété la notion d'acte « *ne comportant pas de mesure d'exécution* », comme visant les actes ne « nécessitant pas » de telles mesures, mais pouvant néanmoins en comporter sans que cela soit pris en considération (des mesures facultatives que choisiraient de prendre les États membres ; ou des mesures que les opérateurs pourraient artificiellement obliger les États membres à prendre : arrêt du 14 janvier 2016, *Doux c/Commission*, aff. T-434/13, ECLI:EU:T:2016:7). On peut ajouter que sont certainement visées essentiellement les mesures nationales d'exécution, la nouvelle rédaction ayant pour but d'éviter que les particuliers directement mais pas individuellement concernés par un acte général sans mesure d'exécution n'aient d'autre possibilité que de se mettre en infraction, de façon à être poursuivis devant le juge national et de pouvoir soulever à ce moment le moyen de l'illégalité de l'acte général. L'ordonnance du Tribunal du 4 juin 2012 dans l'affaire *Eurofer* (aff. T-381/11, ECLI:EU:T:2012:273) a clarifié ensuite la question de savoir si le fait que la décision attaquée laisse ou non un pouvoir d'appréciation aux autorités chargées des mesures d'exécution est ou non pertinente. Cette question peut conduire à considérer que l'affectation n'est pas directe mais cela n'a rien à voir avec le fait qu'il y ait ou non des mesures d'exécution. Donc s'il y a des mesures d'exécution même en vertu d'un pouvoir lié, le nouveau dispositif ne peut s'appliquer. Pour une confirmation sur ces différents points, cf. les arrêts du 12 septembre 2013, *Anonymi Viotechni kai Emporiki*, aff. T-380/11, ECLI:EU:T:2013:420, et *Valéo Vision c/Commission*, aff. T-457/11, ECLI:EU:T:2013:414 ; ainsi que l'arrêt de Grande chambre du 28 avril 2015, *T & L Sugars et Sidul Açúcares c/Commission*, aff. C-456/13 P, ECLI:EU:C:2015:284.

1284. Ce nouveau dispositif conduit parfois à des décisions déconcertantes. Ainsi peut-on être troublé quand, par économie de moyen, le juge se concentre sur l'exigence de mesure d'exécution, ce qui lui permet de ne pas examiner la condition d'affectation directe (Ord. du Tribunal du 16 févr. 2016, *Industrias Químicas del Vallés c/Commission*, aff. T-296/15, ECLI:EU:T:2016:79), ou quand le Tribunal ne se pose pas la question d'une éventuelle applicabilité de cette nouvelle condition de recevabilité parce que le requérant n'aurait pas revendiqué la qualité d'acte réglementaire, ce qui est curieux au regard du statut d'ordre public des conditions de recevabilité (arrêt du 13 déc. 2016, *IPSO c/BCE*, aff. T-713/14, ECLI:EU:T:2016:727).

1285. Quoi qu'il en soit, malgré cette évolution, force est de conclure que le contentieux de l'annulation, par cette difficulté d'accès des particuliers, se distingue radicalement du recours pour excès de pouvoir français pour se rapprocher d'un contentieux subjectif dans lequel l'accès au recours est subordonné à la violation d'un droit subjectif. C'est sans doute une conséquence résultant de ce que, depuis cinquante ans, le droit communautaire n'a pas formellement distingué plus nettement, dans ses actes, ceux relevant d'une stature législative, et dès lors logiquement attaquables de façon restreinte uniquement par des opérateurs constitutionnels, et ceux à ranger dans une sphère administrative au sein de laquelle les particuliers auraient dû trouver des possibilités d'action contentieuse en annulation plus large.

§ 2. Le contentieux de la déclaration

I. L'exception d'illégalité

Coutron (L.), *La contestation incidente des actes de l'Union européenne*, Bruxelles, Bruylant, coll. « Droit de l'Union européenne, thèses », 2008.
Molinier (J.), « Exception d'illégalité », *J.-Cl. Europe*, fasc. 350.

1286. Dans les deux traités de Rome (art. 156 CEEA, art. 241 CE, ex art. 184), « toute partie » pouvait invoquer, à l'occasion d'un litige, l'illégalité d'un règlement du Conseil, de la Commission, de la BCE, ou codécidé par le Conseil et le Parlement européen. Dans les traités actuels, l'article 277 FUE dispose que « Nonobstant l'expiration du délai prévu à l'article 263, sixième alinéa, toute partie peut, à l'occasion d'un litige mettant en cause un acte de portée générale adopté par une institution, un organe ou un organisme de l'Union, se prévaloir des moyens prévus à l'article 263, deuxième alinéa, pour invoquer devant la Cour de justice de l'Union européenne l'inapplicabilité de cet acte ».

A. Conception générale

1287. Cette exception est l'expression d'un *principe général* qui tend à garantir que toute personne dispose ou ait disposé d'une possibilité de contester un acte de l'Union servant de fondement à une décision qui lui est opposée.

La jurisprudence permet de comprendre la logique de ce principe général. Dans l'arrêt du 6 mars 1979, *Simmenthal*, aff. 92/78, *Rec.* 777, la Cour vise le « principe général assurant à toute personne le droit de contester la validité des actes antérieurs constituant la base juridique de la décision attaquée si cette partie ne disposait pas du droit d'introduire un recours direct en annulation contre ces actes dont elle subit ainsi les conséquences sans avoir été en mesure d'en demander l'annulation » (cf. aussi arrêt 15 févr. 2001, *Nachi Europe*, aff. C-239/99, *Rec.* I-1197).

Dès lors, il apparaît clairement que l'idée essentielle est ici de compléter la procédure du recours en annulation en *compensant* ses faiblesses. Pouvant être soulevée de manière incidente par toute partie, elle n'est donc pas soumise au délai de deux mois. Par ailleurs, si la première formulation, antérieure au traité de Lisbonne, réservait aux *règlements* cette voie et si c'est actuellement réservé aux *actes de portée générale*, on comprend qu'il s'agit bien de compenser la difficulté que peuvent avoir certaines parties (les particuliers) pour attaquer en annulation un tel acte.

Enfin, le lien est très clair dans le texte même de l'article 277 qui vise expressément les moyens du recours en annulation comme étant la base sur laquelle peut prospérer une telle exception.

B. Conditions d'utilisation

1288. Elles découlent de la nature même de cette procédure et de sa philosophie générale.

1° La nature d'exception : les contraintes d'une voie incidente

1289. Autrement dit, ce n'est qu'une *procédure incidente*, ce qui a des conséquences à trois niveaux.

– Il faut se trouver, selon une autre voie contentieuse, devant la Cour ou le Tribunal. Cela suppose donc d'être dans le cadre contentieux d'un recours, en annulation, en carence, en responsabilité ou manquement, ou d'un pourvoi, et de soulever cette exception pour appuyer une requête ou en moyen de défense dans ce premier contexte ; le plus fréquemment, il s'agira d'un recours en annulation, les autres cadres (sauf celui du renvoi préjudiciel) étant concevables (le juge souligne que la nature de principe général implique ici la recevabilité d'une telle exception même si elle n'est pas prévue dans le cadre de certains contentieux, par exemple celui des marques : TPI 12 juill. 2001, *Kik c/ OHMI*, aff. T-120/99, *Rec.* II-2235 ; ou arrêt du 16 févr. 2017, *Antrax It*, aff. T-828/14 et T-829/14, ECLI:EU:T:2017:87 ; de même, dans un contexte où l'exception serait soulevée pour la première fois devant le juge, à la suite d'une procédure non-contentieuse liée à une demande de communication d'un document au public, le principe étant *a priori* ici celui de l'identité exigée entre la réclamation préalable et l'éventuelle requête ultérieure devant un juge, cette exception sera quand même recevable : arrêt du 27 oct. 2016, *BCE c/Maria Concetta Cerafogli*, aff. T-787/14 P, ECLI:EU:T:2016:633), mais plus rares (cf. cependant pour une exception appuyant un recours en indemnité, l'arrêt du 18 sept. 2014, *Aguy Clément Georgias e.a. c/Conseil et Commission*, aff. T-168/12, ECLI:EU:T:2014:781), et le champ matériel de prédilection est celui de la fonction publique de l'Union. Selon la formule de principe, la portée d'une exception d'illégalité doit être limitée à ce qui est indispensable à la solution du litige. L'acte général dont l'illégalité est soulevée doit être applicable, directement ou indirectement, à l'espèce qui fait l'objet du recours et il doit exister un *lien juridique direct* entre la décision individuelle attaquée et l'acte général en question (par ex., TPI 15 sept. 1998, *De Persio c/Commission*, aff. T-23/96, *Rec. FP* II-1413, ou TPI 22 avr. 2004, *Schintgen c/Commission*, aff. T-343/02, *Rec. FP* II-605 ; cf. aussi TFP 28 juin 2006, *Sanchez Ferriz c/Commission*, aff. F-19/05, *Rec. FP* II-A-1-135 ; ou TFP 8 oct. 2008, *Barbin c/Parlement*, aff. F-44/07, *Rec. FP* I-A-1-309, II-A-1-1679). Le cas typique est celui où l'acte attaqué est un acte d'application de l'acte vis-à-vis duquel est soulevée l'exception ou est basé juridiquement sur cet acte. L'essentiel est clair en tous cas : la légalité de l'acte attaquée doit apparaître comme subordonnée à celle de l'acte à l'encontre duquel l'exception est soulevée (TPI 29 nov. 2006, *Agne-Dapper*, aff. T-35, 61, 107, 108/05, *Rec. FP* I-A-2-291, II-A-2-1497 ; pour un rappel de cette exigence de « connexité », cf. aussi l'arrêt du 12 juin 2015, *Health Manufacturer's Association e.a.*, aff. T-296/12, ECLI:EU:T:2015:375 ; ou l'arrêt du 14 déc. 2017, *Alessandro Campo e.a.*, aff. T-577/16, ECLI:EU:T:2017:909).

– Cette voie ne correspondant pas à un droit d'action autonome, l'absence d'un droit de recours principal ou l'irrecevabilité du recours principal entraîne l'irrecevabilité de l'exception d'illégalité (TPI 26 oct. 2000, *Ripa di Meana e.a. c/Parlement*, aff. T-83/99, T-84/99 et T-85/99, *Rec.* II-3493 ; Ord. du 19 sept. 2001, *Federación de Cofradías de Pescadores de Guipúzcoa e.a. c/Conseil*, aff. T-54/00 et T-73/00, *Rec.* II-2691 ; Ord. du du 28 avr. 2015, *Dyckerhoff Polska*, aff. T-284/14, ECLI:EU:T:2015:264 ; ou arrêt du 12 juin 2015, *Plantavis GmbH et NEM*, aff. T-334/12, ECLI:EU:T:2015:376). De même, ce manque d'autonomie implique que, dès lors que le litige est déterminé par la requête introductive d'instance, une exception est irrecevable quand elle est avancée à un stade ultérieur de la procédure (arrêt du 15 sept. 2016, *La Ferla SpA*, aff. T-392/13, ECLI:EU:T:2016:478 ; pour l'irrecevabilité d'une exception soulevée au stade de la réplique : arrêt du 23 mai 2014, *European Dynamics Luxembourg c/BCE*, aff. T-553/11, ECLI:EU:T:2014:275).

– Comme il ne s'agit que d'une voie incidente, si le juge considère que cet acte général est illégal, il le déclare *inapplicable* et peut, dès lors, éventuellement annuler l'acte d'application, mais pas l'acte général lui-même (en italien, on parle d'ailleurs ici de « l'exception d'inapplication »). En aval de la déclaration contentieuse, il y a aura cependant dans ce cas, de la part de l'auteur de l'acte visé, une action naturelle de modification, d'abrogation, de retrait ou de prise d'un autre acte.

2° La logique générale : le cas de forclusion

1290. Il existe une *forclusion* du requérant selon le principe de l'autonomie des voies de recours : TPI 13 sept. 1995, *TWD (Textilwerke Deggendorf)*, T-244 et 486/93, *Rec.* II-2265. Cela signifie que dès lors que le « candidat » à l'exception d'illégalité d'un acte aurait pu demander l'annulation de celui-ci, il ne sera plus, en principe, recevable à soulever cette exception, la sécurité juridique lui imposant alors d'agir directement et dans les délais. L'exception aura alors un caractère subsidiaire.

On doit comprendre ici qu'il faut éviter que l'exception soit une sorte de recours parallèle et perpétuel permettant de contourner les délais dans lesquels est enfermé le recours en annulation. Ainsi s'agissant d'une affaire liée à des mesures restrictives prises dans le cadre de la PESC à l'encontre de la prolifération nucléaire iranienne, l'exception est irrecevable car le traité de Lisbonne, tout en maintenant une large incompétence de la Cour vis-à-vis de la PESC, admet le recours en annulation des personnes visées par de telles mesures restrictives (art. 275, al. 2, FUE) : arrêt du 11 déc. 2012, *Sina Bank*, aff. T-15/11, ECLI:EU:T:2012:661.

Il faut pourtant préciser que certains, disposant du délai de deux mois pour attaquer un acte en annulation, pourront cependant soulever l'exception ultérieurement. Ceci peut découler de plusieurs types de raisonnement du juge. Il est d'abord possible que les effets de cet acte ne soient perceptibles par les personnes en question que plus tard, à l'occasion d'une mesure d'application. Elles doivent alors pouvoir invoquer l'inapplication de cet acte de base, alors même que, logiquement, elles ont négligé d'agir directement dans le délai pour obtenir son annulation : CJCE 18 mars 1975, *Acton*, aff. 44, 46 et 49/74, *Rec.* 383.

Il est ensuite à souligner que la Cour est plutôt magnanime, jugeant notamment recevable à l'égard d'un acte normatif une exception soulevée par un particulier dès lors qu'il n'est pas *manifeste* qu'il soit individuellement et directement concerné, ce qui sera rarement le cas de manière évidente (CJCE 12 déc. 1996, *The Queen c/Intervention Board for Agricultural Produce*, aff. C-241/95, *Rec.* I-6699 ; pour un exemple, CJ 8 juill. 2010, *Afton Chemical*, aff. C-343/09, *Rec.* I-7027). Le Tribunal a ainsi précisé que cette forclusion ne saurait être opposée à un requérant qui pouvait légitimement douter de la recevabilité d'un tel recours (TPI 22 avr. 2004, *Schintgen c/Commission*, aff. T-343/02, *Rec. FP* II-605). S'agissant symétriquement d'une exception que voudrait soulever un État membre à l'encontre d'un acte contre lequel il n'a pas intenté de recours en annulation dans le délai de deux mois, la Cour est également réceptive (v. ss 1292).

C. Objet de l'exception

1291. On l'a dit, initialement, le traité visait explicitement et uniquement les « règlements ». A ici prévalu une interprétation large, par rapport à la lettre du traité, tant vis-à-vis de la nature de l'acte que de ses auteurs.

Dans le cadre CE, au-delà des « règlements » des 4 « auteurs » qui étaient visés à l'article 241 (Parlement et Conseil ; Conseil ; Commission ; BCE), l'exception a été admise à l'encontre d'un acte à valeur réglementaire émanant d'une agence de l'Union (Office pour l'harmonisation dans le marché intérieur, TPI 14 févr. 2007, *Simoes Dos Santos*, aff. T-435/04, *Rec. FP* I-A-2-61, II-A-2-427). Surtout, l'exception est acceptée au-delà des « règlements » *stricto sensu*, vis-à-vis de tout acte ayant les mêmes caractéristiques et notamment les mêmes effets sur la difficulté des particuliers à les attaquer en annulation : CJCE 6 mars 1979, *Simmenthal*, aff. 92/78, *Rec.* 777, pour un avis d'adjudication. Ainsi pour une « ligne directrice » pourtant dépourvue de portée obligatoire, en principe (TPI 10 déc. 2002, *Dr Karl Thomae*, aff. T-123/00, *Rec.* II-5193 ; TPI 13 déc. 2006, *FNCBV e.a. c/Commission*, aff. T-217/03 et T-245/03, *Rec.* II-4987), pour le règlement intérieur des institutions (TPI 20 avr. 1999, *LVM c/Commission*, aff. T-305/94, T-306/94, T-307/94, T-313/94 à T-316/94, T-318/94, T-325/94, T-328/94, T-329/94 et T-335/94, *Rec.* II-931 ; T. 17 déc. 2009, *Solvay c/Commission*, aff. T-57/01, *Rec.* II-4621) (cf. points 165-167) ; T. 17 déc. 2009, *Solvay c/Commission*, aff. T-58/01, *Rec.* II-4781), pour une communication de la Commission (TPI 26 avr. 2007, *Bolloré*, aff. T-109/02, T-118/02, T-122/02, T-125/02, T-126/02, T-128/02, T-129/02, T-132/02 et T-136/02, *Rec.* II-947 ; cf. aussi par exemple l'arrêt du 16 sept. 2013, *Mamoli Robinetteria*, aff. T-376/10, ECLI:EU:T:2013:442), ou pour les « conditions d'emploi du personnel de la Banque centrale européenne » (TPI 8 janv. 2003, *Hirsch c/BCE*, aff. T-94/01, T-152/01 et T-286/01, *Rec. FP* II-27).

Finalement, il faut retenir que l'exception devait être considérée comme recevable à l'encontre de tout acte « de caractère général » : TPI 26 oct. 1993, *Reinarz*, aff. T-6/92, *Rec.* II-1047. On sait que les directives ont pu être qualifiées d'acte à caractère général par la Cour malgré la présence d'États « destinataires » ; dès lors on ne sera pas surpris que l'exception ait été acceptée pour une directive : CJCE 11 nov. 1997, *Eurotunnel*, aff. C-408/95, *Rec.* I-6315.

Le traité de Lisbonne ne fait donc que consacrer cette double évolution, admettant (art. 277 FUE) l'exception à l'encontre de tout « acte de portée générale adopté par une institution, un organe ou un organisme de l'Union », ce qui vise aussi les actes législatifs (arrêt du 27 sept. 2011, *Whitehead*, aff. F-98/09, ECLI:EU:F:2011:156). Peut-être serait-ce aussi clair de présenter la chose négativement, en précisant que l'exception est exclue à l'encontre des décisions individuelles adressées à un particulier ou à un État membre. Ont en tous cas été repoussées toutes les tentatives des particuliers invoquant l'exception d'illégalité de *décisions individuelles* dont ils étaient destinataires et qui, comme telles, étaient attaquables au titre et dans le délai du recours en annulation (CJCE 31 mars 1965, *Macchiorlatti*, aff. 21/64, *Rec.* 244) ; sauf dans les cas de décision individuelle nulle de plein droit, c'est-à-dire inexistante (CJCE 10 déc. 1957, *Usines à tubes de la Sarre*, aff. jtes 1/57 et 14/57, *Rec.* 203) ou intégrée dans une « procédure complexe » (par exemple, le recrutement d'un fonctionnaire : CJCE 31 mars 1965, *G. Rauch*, aff. 16/64, *Rec.* 179).

D. Titulaires du droit de soulever l'exception

1292. Le traité permet, dans sa lettre (« toute partie »), aux États membres et aux institutions d'utiliser cette exception, mais la Cour semble se montrer plutôt réticente, car, à la différence des particuliers qui apparaissent comme les plus naturellement visés par cette procédure, il s'agit là de requérants qui avaient toutes facilités pour intenter un recours en annulation, ce qui aurait permis de « sécuriser » le contexte juridique.

Pour autant, des possibilités ont été admises.

Ainsi, un requérant institutionnel « semi privilégié » comme la BCE a pu soulever une exception d'illégalité à l'encontre d'un règlement alors que la Commission contestait la conformité à ce règlement d'une décision de la BCE : CJCE 10 juill. 2003, *Commission c/BCE*, aff. C-11/00, *Rec.* I-7147.

Un requérant privilégié comme un État membre a également été admis à soulever une exception mais dans un contexte où il ne pouvait pas lui être reproché d'avoir été négligent : l'État succombe dans un recours en annulation contre un règlement, puis, plus tard, à l'occasion d'un autre recours en annulation, dirigé contre un acte d'application du même règlement, soulève une exception à l'encontre de cet acte de base, sans même que puisse lui être opposée l'autorité de chose jugée du premier arrêt refusant l'annulation puisqu'il fait valoir des griefs non tranchés dans le premier arrêt : CJCE 15 mai 2008,

Espagne c/Conseil, aff. C-442/04, *Rec.* I-3517. Il est cependant important de souligner que dans cet arrêt, la Cour est allée beaucoup plus loin puisqu'elle a affirmé qu'un État peut soulever une exception d'illégalité à l'encontre d'un règlement même s'il n'a pas intenté dans le délai requis un recours en annulation à son encontre, le raisonnement étant le suivant : si ceci était exclu, cela reviendrait à toujours interdire à un État (puisque son accès au recours en annulation n'est pas restreint) de discuter la validité d'un règlement à l'occasion d'un litige ultérieur, ce qui serait contraire à la lettre de l'article 277 qui le permet à « toute partie » (cf. aussi l'arrêt du 13 déc. 2012, *Grèce c/Commission*, aff. T-588/10, ECLI:EU:T:2012:688).

1293. Il existe cependant, s'agissant des États membres, une controverse : un État faisant l'objet d'un recours en manquement peut-il, en moyen de défense, soulever l'exception d'illégalité de la disposition de l'Union qu'on lui reproche de ne pas avoir respectée. La logique générale est (v. ss 1316) que la Cour est extrêmement réticente pour admettre des moyens de défense des États membres dans ce cadre. Par ailleurs, on retrouve de très nombreuses décisions de la Cour excluant dans ce contexte toute exception d'illégalité lorsque l'acte auquel aurait manqué l'État est une décision (par ex. CJCE 20 sept. 2007, *Commission c/Espagne*, aff. C-177/06, *Rec.* I-7689 ; cependant, c'est admis lorsque l'État soutient que cette décision est intervenue dans le champ de ses compétences exclusives, en tant qu'exigence fondamentale de l'ordre juridique : CJCE 10 déc. 1969, *Commission c/France*, aff. 6 et 11/69, *Rec.* 523) ou une directive (CJCE 6 juill. 2006, *Commission c/Portugal*, aff. C-53/05, *Rec.* I-6215) au nom de la différence entre les perspectives respectives du recours en manquement et du recours en annulation, qui n'ont pas du tout les mêmes finalités.

En revanche, on peut estimer, même si cela reste implicite, et assez peu logique, que la Cour aurait admis une telle exception, dans ce cas de figure, *à l'encontre d'un règlement*, conformément, ici, à la lettre de l'article 241 CEE (aujourd'hui art. 277 FUE) : CJCE 18 sept. 1986, *Commission c/Allemagne*, aff. 116/82 R, *Rec.* 2519 : l'Allemagne soulève trois moyens d'illégalité du règlement que la Commission lui reprochait de ne pas avoir respecté et la Cour les examine au fond tous les trois et les rejette, ce qui lui permet de conclure qu'il y a bien manquement. Elle a donc admis la recevabilité de ces moyens soulevés par voie d'exception.

II. Le recours en carence

Cazet (S.), *Le recours en carence en droit de l'Union européenne*, coll. « Droit de l'Union européenne, série Thèses », Bruxelles, Bruylant, 2012.

Dony (M.) et Ronse (T.), « Réflexions sur la spécificité du recours en carence », *CDE* 2000. 593.

Mariatte Flavien et Munoz Rodolphe (Direction Denys Simon), *Contentieux de l'Union européenne/2*, coll. « Axe droit », Lamy, 2011, pp. 19 à 203.

Molinier (J.), « Recours en carence », *J.-Cl. Europe*, fasc. 340.

Roseren (P.), « Commentaire de l'article 232 CE », in I. Pingel (dir.), *Commentaire article par article des traités UE et CE*, 2e éd., Bâle, Paris, Bruxelles, Helbing Lichtenhahn, Dalloz, Bruylant, 2010, p. 1525.

Waelbroeck (M.) et Speltdoorn (O.), v° *Recours en carence*, *Rép. communautaire*, Dalloz.

1294. L'article 265 FUE prévoit que :

« Dans le cas où, en violation des traités, le Parlement européen, le Conseil européen, le Conseil, la Commission ou la Banque centrale européenne s'abstiennent de statuer, les États membres et les autres institutions de l'Union peuvent saisir la Cour de justice de l'Union européenne en vue de faire constater cette violation. Le présent article s'applique, dans les mêmes conditions, aux organes et organismes de l'Union qui s'abstiennent de statuer.

Ce recours n'est recevable que si l'institution, l'organe ou l'organisme en cause a été préalablement invité à agir. Si, à l'expiration d'un délai de deux mois à compter de cette invitation, l'institution, l'organe ou l'organisme n'a pas pris position, le recours peut être formé dans un nouveau délai de deux mois.

Toute personne physique ou morale peut saisir la Cour dans les conditions fixées aux alinéas précédents pour faire grief à l'une des institutions, ou à l'un des organes ou organismes de l'Union d'avoir manqué de lui adresser un acte autre qu'une recommandation ou un avis ».

A. Cadre général

1295. Ce recours permet de censurer non un acte, mais une absence d'acte, une abstention illégale dont s'est rendue coupable une institution qui aurait dû agir en vertu du droit de l'Union. C'est là une dimension du contrôle de légalité très complémentaire par rapport au recours en annulation, la Cour ayant d'ailleurs clairement indiqué que ces deux recours « ne forment que l'expression d'une seule et même voie de droit » (CJCE 18 nov. 1970, *Chevalley*, aff. 15/70, *Rec.* 975). La formule, sempiternellement répété en jurisprudence depuis, est sans doute excessive car s'il n'est pas douteux qu'il y ait une étroite connexion entre les deux recours (expression utilisée dans l'arrêt du 22 mai 1985, *Parlement c/Conseil*, aff. 13/83, *Rec.* 1513), il existe aussi quelques différences (v. ss 1120 et 1128).

Dernière remarque générale : le recours en carence est une procédure rarement engagée : ainsi devant le Tribunal, 5 recours en 2015 (pour 332 recours en annulation), 7 en 2016 (pour 297 recours en annulation), et 8 en 2017 (371 recours en annulation). La Cour quant à elle, n'aborde guère le recours en carence que par le biais des pourvois éventuels contre les arrêts du Tribunal. Et les constats de carence sont très rares.

B. Objet

1296. Il s'agit ici de définir ce que le juge considère comme une carence, et l'approche peut retenir deux paramètres : l'auteur de la carence et la substance de celle-ci.

1° L'auteur de la carence

1297. Les traités de Rome (art. 148 CEEA et 175 CEE *[puis 232 CE]*) réservaient, à l'origine, ce recours pour censurer les inactions du Conseil et de la Commission. Le Traité de Maastricht a ajouté le Parlement européen (ce qui était implicitement admis dès l'arrêt « *Les Verts* » de 1986, avec la légitimation passive du Parlement dans le cadre du recours en annulation) et la Banque centrale européenne (dans son domaine de compétence). En revanche, la possibilité de faire constater la carence du médiateur a été refusée : TPI (Ord.) 22 mai 2000, *Associazione delle Cantine Sociali Venete*, aff. T-103/99, *Rec.* II-4165.

Avec le traité de Lisbonne s'ajoutent le Conseil européen et les « organes et organismes de l'Union ». Si la liste apparaît désormais comme largement ouverte, peut cependant se poser la question de la Cour des comptes qui est une « institution » et non un « organe ou organisme ».

2° La substance de la carence

1298. L'article 265 FUE vise « le cas où, en violation des traités », les autorités identifiées plus haut « s'abstiennent de statuer », ces deux formules appelant commentaire.

Il faut d'abord préciser que l'illégalité est plus large que ce que semble indiquer la lettre de l'article 265 puisque c'est plus largement une violation du droit de l'Union européenne qui est en cause, et pas uniquement « des traités ». Ainsi la violation de certains principes généraux (bonne administration, atteinte à des droits fondamentaux...) est parfois invoquée.

De façon plus approfondie, on peut identifier *quatre caractéristiques* pour une « carence ».

1299. ***Il faut pouvoir identifier une obligation d'action.*** Si l'institution était dans une situation de compétence liée, il n'y a, bien sûr, aucun doute, mais la difficulté interviendra en cas d'existence d'un pouvoir d'appréciation de l'institution. Un tel pouvoir est-il susceptible d'interdire le constat d'une quelconque carence ?

Pour un véritable pouvoir discrétionnaire portant sur la substance même de la compétence de l'institution, il n'y a pas de carence possible. Par exemple, s'agissant de la compétence de la Commission d'engager un recours en manquement, la Cour a jugé qu'« il résulte de l'économie de l'article 169 du traité *[désormais art. 258 FUE]* que la Commission n'est pas tenue d'engager une procédure au sens de cette disposition, mais qu'à cet égard elle dispose au contraire d'un pouvoir d'appréciation discrétionnaire excluant le droit pour les particuliers d'exiger de cette institution qu'elle prenne position dans un sens déterminé » (CJCE 14 févr. 1989, *Star Fruit*, aff. 247/87, *Rec.* 291).

En revanche, un pouvoir d'appréciation peut être conjugué avec l'obligation de prendre certains actes de procédure et la carence pourra alors être constatée à ce titre : TPI 18 sept. 1992, *Asia Motor*, aff. T-28/90, *Rec.* II-2285.

De plus, même en cas de pouvoir d'appréciation, des requérants se trouvant dans une *situation particulière* pourront agir en carence, le risque étant de les priver d'une protection juridictionnelle effective. Ainsi, si l'on prend le pouvoir consistant pour la Commission à surveiller le comportement des États pour éviter qu'il porte atteinte à la concurrence par le biais de leurs liens avec les entreprises publiques, ou entreprises auxquelles ils confèrent des droits spéciaux ou exclusifs (art. 106, § 3, FUE), le Tribunal, dans l'absolu, a d'abord jugé que la marge d'appréciation de la Commission ne permettait pas d'identifier une obligation d'agir susceptible de donner lieu à un constat de carence : TPI 27 oct. 1994, *Ladbroke Racing*, aff. T-32/93, *Rec.* II-1015. Il a ensuite admis que la situation exceptionnelle d'un requérant (une entreprise en concurrence directe avec des entreprises auxquelles l'État accorde des avantages) doit lui permettre d'agir en carence sur la même base (art. 106, § 3, FUE) : TPI 3 juin 1999, *TF1*, aff. T-17/96, *Rec.* II-1757, la Cour ayant la même approche : CJCE 20 févr. 1997, *Bundesverband der Bilanzbuchhalter*, aff. C-107/95 P, *Rec.* I-947.

1300. ***Il faut pouvoir identifier l'action obligatoire.*** Pour qu'une carence puisse être constatée dans le cadre de la procédure de l'article 265 FUE, il faut que l'omission reprochée à l'institution porte sur des mesures dont la portée peut être suffisamment définie pour qu'elles puissent être individualisées, ce qui est doublement nécessaire, d'abord pour que la Cour puisse apprécier l'illégalité de leur non-adoption, ensuite pour que l'arrêt de carence éventuel puisse faire l'objet d'une exécution. C'est là un des apports essentiels de l'arrêt précité du 22 mai 1985, *Parlement c/Conseil*, aff. 13/83 : le Conseil estimait que la procédure du recours en carence était conçue pour les cas où une institution a l'obligation d'adopter *un acte juridique déterminé*, et ne peut être utilisée vis-à-vis de la mise en place d'une politique, c'est-à-dire quand il faut « instaurer tout un système de mesures dans le cadre d'un processus législatif complexe » (point 29). La Cour, au prix d'une analyse des différentes versions linguistiques du traité, va rejeter la vision « quantitative » de la procédure et va admettre qu'une carence puisse consister en l'absence *de plusieurs ou d'un ensemble de mesures* (point 34). Il faut cependant que l'omission reprochée à l'institution porte sur « des mesures dont la portée peut être suffisamment définie pour qu'elles puissent être individualisées et faire l'objet d' une exécution au sens de l' article 176 » (point 37) : cette individualisation sera considérée comme insuffisante au regard de l'obligation du Conseil de mettre en place la politique des transports, mais s'agissant des mesures assurant la libre prestation de service dans le domaine des transports, « l'objet et la nature » de ces mesures « peuvent être déterminés avec un degré suffisant de précision » et il y aura constat de carence.

1301. ***Il faut une véritable abstention.*** Ceci peut recouvrir deux précisions.

– D'abord, c'est basique et martelé par le juge, l'article 265 du traité FUE vise la carence de l'exécutif par l'abstention de statuer ou de prendre position et non l'adoption d'un acte différent de ce que les intéressés auraient souhaité ou estimé nécessaire. L'arrêt de base est ici celui du 13 juillet 1971, *Deutscher Komponistenverband c/Commission*, aff. 8/71, *Rec.* 705 ; cf. aussi par exemple l'Ord. du 17 déc. 2010, *Verein Deutsche Sprache c/Conseil*, aff. T-245/10, ECLI:EU:T:2010:555, ECLI:EU:T:2010:555 ; ou l'Ord. du 24 juin 2016, *Onix Asigurări c/AEAPP*, aff. T-590/15, ECLI:EU:T:2016:374. Est à noter ici l'absence de tout formalisme : une simple lettre par laquelle la Commission fait part de son intention de refuser une autorisation de mise sur le marché d'un médicament constitue une « prise de position » (arrêt du 4 juill. 2012, *Laboratoires CTRS*, aff. T-12/12, ECLI:EU:T:2012:343) (ce qui montre l'absence de symétrie intégrale vis-à-vis du recours en annulation).

– Ensuite, le recours en carence ne doit pas être un recours en annulation déguisé : un intéressé qui a demandé à l'institution dont émane un acte de révoquer celui-ci ne peut, si l'institution s'abstient de réagir, déférer cette abstention à la Cour en tant qu'omission illégale de statuer. Un tel procédé reviendrait à ouvrir aux intéressés une voie de recours parallèle à celle du recours en annulation, qui ne serait pas soumise aux conditions prévues par le traité (CJCE 10 déc. 1969, *Eridania Zuccherifici e.a. c/Commission*, aff. 10 et 18/68, *Rec.* 459).

1302. ***La carence résulte d'une abstention abusivement longue.*** La procédure du recours en carence prévoit (v. ss 1307) que le requérant invite d'abord l'institution à agir. C'est à ce moment-là qu'est ensuite appréciée par le juge la réalité de la carence au sens d'une abstention ayant duré tellement longtemps qu'elle devient illégale. Reste à admettre la subjectivité ou la relativité de l'appréciation à faire.

La Cour affiche d'emblée une attitude intransigeante refusant de prendre en considération la difficulté éventuelle de la tâche de l'institution : « en vertu de l'article 175 du traité, il appartient à la Cour, le cas échéant, de constater la violation du traité que constitue le fait, pour le Conseil ou la Commission, de s'abstenir de statuer dans une situation où cette institution y était tenue. Le degré de difficulté de l'obligation faite à l'institution en cause n'est pas pris en considération par l'article 175 » (CJCE 22 mai 1985, *Parlement c/Conseil*, aff. 13/83, préc.).

Mais il est évident que l'appréciation devra être plus fine, tout en restant ferme. Des circonstances exceptionnelles peuvent donc être prises en considération pour justifier un délai particulièrement long sans action, mais si c'est là le principe, ces circonstances (difficulté, complexité ou enjeux exceptionnels...) seront rarement reconnues et, en tous cas, ne peuvent justifier des délais non « raisonnables », comme un examen préalable d'un régime d'aide sans statuer pendant trente-et-un mois (TPI 3 juin 1999, *TF1 c/Commission*, aff. T-17/96, préc.), ou l'instruction d'une plainte pendant quarante-sept mois : TPI 9 sept. 1999, *UPS Europe*, aff. T-127/98, *Rec.* II-2633.

C. Titulaires du recours

1303. Il faut ici distinguer les requérants « institutionnels » et les autres.

1° Les requérants institutionnels

1304. Initialement, la légitimation active était réservée aux États membres et aux « autres institutions ». D'emblée, il faut noter cependant que la Cour de justice ne saurait se prévaloir de cette rédaction, en tant qu'« institution ». Il faut aussi se rendre compte que, pendant longtemps, ce recours a constitué pour le Parlement européen un moyen privilégié (parce qu'unique) d'accéder au prétoire de la Cour, le recours en annulation lui étant refusé.

Le traité de Maastricht a élargi ce cercle des requérants de deux manières. Élevant la Cour des comptes au rang d'« institution », il lui permet d'intenter ce recours (alors que celui-ci ne pouvait l'être à son encontre) ; par ailleurs, modifiant l'article 175 CE, il a expressément prévu que la Banque centrale européenne pourrait agir « dans les domaines relevant de ses compétences ». Il y avait donc des « requérants privilégiés » (États membres et institutions non juridictionnelles) et la BCE ne bénéficiait que d'un accès délimité. On pouvait présenter les choses sous l'angle d'un intérêt à agir qui ne serait pas exigé des États ou des institutions mais le serait pour la Banque centrale.

Avec le traité de Lisbonne, il n'y a plus de cas particulier, le recours étant actionnable par les États membres et les autres institutions. On sait cependant que la liste de ces dernières est plus longue (Conseil européen et BCE en font partie). Les recours en carence intentés par un État membre sont rares ; on peut signaler l'ordonnance du TPI du 10 janv. 2005, *Espagne c/Commission*, aff. T-209/04, *Rec.* II-29 ; celle rendue le 16 oct. 2012, *Espagne c/Commission*, aff. T-96/12, ECLI:EU:T:2012:546 (affaire radiée) ; ou l'arrêt du 16 déc. 2015, *Suède c/Commission*, aff. T-521/14, ECLI:EU:T:2015:976.

Le traité, s'agissant de ces requérants « institutionnels », ne limite pas le type de carence contre lequel ils peuvent s'élever (cas où les institutions s'abstiennent de statuer en violation du traité). La Cour ne l'a cependant admis s'agissant de la prise d'actes intermédiaires que quand ceux-ci constituent un préalable indispensable à la prise d'un acte décisoire. Le recours est donc admis à l'encontre de l'abstention pour la Commission de présenter une proposition normative au Conseil (préalable indispensable, bien sûr à l'adoption d'un acte décisoire par ce dernier) : TPI 17 févr. 1998, *Pharos*, aff. T-105/96, *Rec.* II-285. Même chose pour l'abstention du Conseil de se prononcer sur la base de la proposition de la Commission : CJCE 22 mai 1985, *Parlement c/Conseil*, aff. 13/83, *Rec.* 1513. En revanche, le fait pour la Commission de ne pas présenter les résultats d'une évaluation scientifique (impact de certains filets sur les cétacés) au Conseil et au Parlement ne constitue pas, selon le Tribunal, un tel préalable nécessaire : Ord. du 24 nov. 2009, *Grzegorz Szomborg c/Commission*, aff. T-228/08, *Rec.* II-224*.

2° Les requérants particuliers

1305. Le traité est particulièrement restrictif à l'égard des requérants particuliers, les personnes physiques ou morales ne pouvant que « faire grief à l'une des institutions, ou à l'un des organes ou organismes de l'Union d'avoir manqué de (leur) adresser un acte autre qu'une recommandation ou un avis ».

Ceci peut susciter trois commentaires : il apparaît d'abord que c'est exclu pour les actes non obligatoires ; cette exclusion n'est pas prévue à l'égard des requérants institutionnels qui peuvent donc agir contre la carence à prendre un acte non obligatoire (préalable, cependant, d'un acte obligatoire). En deuxième lieu il faut un intérêt à agir : cf. l'Ord. du 16 sept. 2015, *Diapharm*, aff. T-620/14, ECLI:EU:T:2015:714, ou l'arrêt du 23 nov. 2017, *Bionorica SE*, aff. C-596/15 P et C-597/15 P, ECLI:EU:C:2017:886. Enfin, cette rédaction est donc encore plus limitative que celle de l'article 263 FUE à propos du recours en annulation puisque n'est pas admis expressément le recours de particuliers « directement et individuellement concernés ». Cette action semble être réservée à répondre à l'absence d'actes qui auraient dû leur être adressés. La Cour de justice a cependant admis cet alignement sur la logique du recours en annulation : elle l'a d'abord fait assez implicitement (CJCE 14 févr. 1989, *Star Fruit*, aff. 247/87, *Rec.* 291), puis de façon très claire et très pédagogique : CJCE 26 nov. 1996, *T. Port*, aff. C-68/95, *Rec.* I-6065 ; cf. aussi TPI, Ord. du 25 juin 2003, *Pérez Escolar c/Commission*, aff. T-41/01, *Rec.* II-2157, ou Ord. du 24 nov. 2009, *Grzegorz Szomborg c/Commission*, aff. T-228/08, préc :

> « s'il est vrai que l'article 175, troisième alinéa, du traité ouvre aux personnes physiques et morales la possibilité de former un recours en carence lorsqu'une institution a manqué de leur adresser un acte autre qu'une recommandation ou un avis, la Cour n'en a pas moins jugé que les articles 173 et 175 du traité ne forment que l'expression d'une seule et même voie de droit (arrêt du 18 novembre 1970, *Chevalley/Commission*, aff. 15/70, *Rec.* 975, point 6). Il en résulte que, de même que l'article 173, quatrième alinéa, permet aux particuliers de former un recours en annulation contre un acte d'une institution dont ils ne sont pas les destinataires dès lors que cet acte les concerne directement et individuellement, de même l'article 175, troisième alinéa, doit être interprété comme leur ouvrant également la faculté de former un recours en carence contre une institution qui aurait manqué d'adopter un acte qui les aurait concernés de la même manière. La possibilité pour les particuliers de faire valoir leurs droits ne saurait en effet dépendre de l'action ou de l'inaction de l'institution visée. »

Pour la constatation (très rare) d'une carence de la Commission sur saisine d'une société (à l'encontre d'une absence d'acte de portée générale) : TPI 8 juin 2000, *Camar et Tico*, aff. T-79/96, T-260/97 et T-117/98, *Rec.* II-2193 ; ou l'arrêt du 29 sept. 2011, *Ryannair c/Commission*, aff. T-442/07, *Rec.* II-333*.

D. Aspects procéduraux

1306. Il s'agit ici d'envisager certains de ces aspects avant même qu'intervienne le constat de carence, avec les premières phases de la procédure, puis après ce constat de carence, avec les conséquences d'un tel arrêt.

1° Déroulement initial de la procédure

1307. Se déroule d'abord une phase précontentieuse ; concrètement, c'est un système de double délai. Il faut d'abord « inviter » l'institution à agir. La première exigence est d'abord que cette demande existe, ait bien été adressée à l'institution (Ord. du 17 mars 2015, *Mammoet Salvage BV*, aff. T-234/14, ECLI:EU:T:2015:166), et ait bien été reçue par l'institution (Ord. du Tribunal du 9 mars 2017, *Comprojecto-Projectos*, aff. T-22/16, ECLI:EU:T:2017:172). Mais l'essentiel, sous ce terme accorte, est le caractère explicite de la demande (parfois dénommée « mise en demeure ») montrant clairement que le demandeur réclame une action ou une prise de position de l'institution. Ainsi, quand un gouvernement informe simplement la Commission qu'à son avis un projet d'aide d'un autre État membre est incompatible avec le marché commun, ceci ne constitue aucune invitation expresse à agir : CJCE 20 mars 1984, *Allemagne c/Commission*, aff. 84/82, *Rec.* 1451.

« Une telle invitation doit, d'une part, être suffisamment explicite et précise pour permettre à l'institution de connaître de manière concrète le contenu de la décision qu'il lui est demandé de prendre et, d'autre part, faire ressortir qu'elle entend la contraindre à prendre position. Tel n'est pas le cas d'une télécopie, adressée par le requérant à la Commission, qui ne contient aucune indication en ce sens et ne révèle nullement qu'elle est censée constituer un acte préliminaire d'une procédure contentieuse, mais dans laquelle, au contraire, le requérant se borne à solliciter de la Commission certains renseignements, comme des numéros de téléphone et de télécopie des fonctionnaires et des organismes en charge de l'affaire, avec lesquels il veut, selon ses propres indications, prendre lui-même contact » : Ord. du 18 nov. 1999, *Pescados Congelados Jogamar c/Commission*, aff. C-249/99 P, *Rec.* I-8333.

Cette « invite » est également importante en ce qu'elle conditionne le cadre du futur contentieux, le recours en carence qui peut suivre ne pouvant porter que sur la même demande. Par ailleurs, le recours doit être présenté par la même personne que celle qui a formulé cette invitation : TPI, Ord. du 6 févr. 1997, *de Jorio c/Conseil*, aff. T-64/96, *Rec.* II-127.

Le traité ne prévoit pas de délai particulier pour l'invitation à agir, mais la Cour a estimé qu'il fallait la faire dans un « délai raisonnable » (sécurité juridique et cohérence avec la brièveté des deux délais qui suivent) : CJCE 6 juill. 1971, *Pays-Bas c/Commission*, aff. 59/70, *Rec.* 639 (en l'espèce, dix-huit mois d'attente ont été jugés excessifs, mais tout dépend des circonstances de l'affaire. Dans un autre arrêt, seize mois ont été considérés comme raisonnables parce que des échanges constants avaient pu conduire à penser que la situation allait pouvoir se régler : CJCE 16 févr. 1993, *ENU*, aff. C-107/91, *Rec.* I-599).

Si l'institution ne répond pas, ou fait une réponse d'attente (arguant, par exemple, d'un examen du dossier en cours) (ce qu'il faut bien distinguer d'une réponse négative, auquel cas il peut y avoir recours en annulation, mais non en carence), au bout de deux mois s'ouvre un deuxième délai de deux mois pendant lequel la juridiction compétente peut être saisie.

Sur la base de ce schéma général simple, il faut apporter deux précisions.

1308. Ceci ne jouera pas dans les cas spécifiques où le droit de l'Union prévoit explicitement que le silence d'une institution après une demande vaut décision de rejet (par exemple dans la procédure en matière de propriété intellectuelle, marque, fonction publique) ou d'acceptation (domaine de la concurrence) : dans ce cas, c'est un recours en annulation qui est éventuellement pertinent : TPI 13 déc. 1999, *SGA c/Commission*, aff. T-189/95, T-39/96 et T-123/96, *Rec.* II-3587.

1309. En second lieu, il faut réaliser que la procédure consiste à sanctionner une véritable carence ; dès lors, un refus, la prise d'une autre décision, ou encore la prise de l'acte pendant l'instance empêchent l'action en carence (irrecevabilité) ou y mettent fin (non-lieu à statuer).

Par exemple, ***une prise de position tardive*** (y compris l'adoption d'un acte différent de celui souhaité par les requérants) se traduit par un non-lieu à statuer : TPI 17 févr. 1998, *Pantochim*, aff. T-107/96, *Rec.* II-311 ; ou arrêt du 19 mai 2011, *Ryanair c/Commission*, aff. T-423/07, *Rec.* II-2397.

De même, et c'est à noter, ***la prise d'un acte insusceptible de recours en annulation*** peut mettre fin à la carence alors qu'une action en annulation ne serait pas recevable à son encontre, ce qui montre encore qu'il n'y a pas, contrairement à certaines prises de position de la Cour, identité ou total parallélisme entre ces deux voies de droit : acte préparatoire qui aurait constitué le préalable d'un acte décisoire (CJCE 18 oct. 1979, *GEMA*, aff. 125/78, *Rec.* 3173 ; TPI 27 juin 1995, *Guérin automobiles c/Commission*, aff. T-186/94, *Rec.* II-1753 ; arrêt du 23 nov. 2017, *Bionorica SE*, aff. C-596/15 P et C-597/15 P, ECLI:EU:C:2017:886), ou non décisoire (Ord. du 9 janv. 2012, *Neubrandenburger Wohnungsgesellschaft c/Commission*, aff. T-407/09, ECLI:EU:T:2012:1).

L'hypothèse du refus explicite mérite que l'on s'y arrête. On peut être troublé de lire dans l'arrêt du 27 septembre 1988, *Parlement européen c/Conseil*, aff. 302/87, *Rec.* 5615 qu'« un refus d'agir, si explicite soit-il, faisant suite à une invitation à agir, adressée au Conseil ou à la Commission en application de l'article 175 du traité (devenu art. 265 FUE) peut être déféré à la Cour sur la base dudit article, dès lors qu'il ne met pas fin à la carence ». La solution serait-elle alors que serait disponible à la fois le recours en carence et le recours en annulation (pour cette dernière possibilité, à la même époque, CJCE 15 déc. 1988, *Irish Cement Ltd*, aff. 166 et 220/86, *Rec.* 6473) ? Il faut prendre en considération le contexte très particulier de l'affaire 302/87 et le fait qu'à cette époque, le Parlement ne disposait pas du recours en annulation, l'arrêt ayant d'ailleurs pour objet de ne pas le lui reconnaître. Ceci explique sans doute que la Cour lui ait accordé le recours en carence. Cette jurisprudence d'espèce est restée relativement isolée et plus tard, c'est de manière déterminée que la Cour a parfois exclu le recours en carence lorsqu'a été pris un refus explicite, comme elle le faisait avant 1988 (CJCE 1er mars 1966, *Lütticke*, aff. 48/65, *Rec.* 27) : CJCE 24 nov. 1992, *Buckl*, aff. C-15 et C-108/91, *Rec.* I-6061 ; pour une affirmation très explicite selon laquelle un refus d'agir met fin à la carence, qui a « cessé d'exister », cf. par ex. T. (Ord.) du 5 janv. 2010, *Química Atlântica c/Commission*, aff. T-71/09, *Rec.* II-1*. Pour autant, la question n'est pas totalement claire car cette jurisprudence du 27 septembre 1988 a quand même été reprise deux fois ultérieurement (arrêt du 12 déc. 2007, *Italie c/Commission*, aff. T-308/05, *Rec.* II-5089 ; arrêt du 16 déc. 2015, *Suède c/Commission*, aff. T-521/14, ECLI:EU:T:2015:976, l'évocation de la jurisprudence de 1988 attentatoire à la systématique des contentieux étant ici d'autant plus fâcheuse qu'elle était totalement inutile puisque la réponse d'attente de la Commission permettait de recevoir le recours en carence.

2° Les suites du constat de carence

1310. L'article 266 FUE vise à la fois les conséquences d'une annulation ou d'un constat de carence. L'institution, organe ou organisme dont l'abstention a été déclarée contraire au traité est « tenu de prendre les mesures que comporte l'arrêt de la Cour de justice de l'Union européenne ». La procédure participe du contentieux de la déclaration ; c'est dire que le juge ne prend pas les mesures à la place de l'institution (TPI 8 juin 2000, *Camar et Tico c/Commission et Conseil*, aff. T-79/96, T-260/97 et T-117/98, *Rec.* II-2193) et ne délivre même pas une injonction à cette fin (TPI 9 sept. 1999, *UPS Europe c/Commission*, aff. T-127/98, *Rec.* II-2633 ; TPI 10 mai 2006, *Air One c/ Commission*, aff. T-395/04, *Rec.* II-1343 ; Ord. du 12 juill. 2012, *Mugraby c/Conseil et Commission*, aff. C-581/11 P, ECLI:EU:C:2012:466 ; Ord. du 24 nov. 2016, *Petraitis*, aff. C-137/16 P, ECLI:EU:C:2016:904 ; Ord. du 7 déc. 2017, *Techniplan*, aff. T-853/16, ECLI:EU:T:2017:928).

L'institution dispose pour ce faire d'un « délai raisonnable » : CJCE 22 mai 1985, *Parlement européen c/Conseil*, aff. 13/83, *Rec.* 1513.

On peut enfin préciser que la déclaration de carence peut aussi se prolonger par une action en responsabilité extracontractuelle de l'Union : CJCE 12 juill. 1988, *Parlement européen c/Conseil*, aff. 377/87, *Rec.* 4017 ; ou arrêt du 19 mai 2011, *Ryanair c/Commission*, aff. T-423/07, *Rec.* II-2397.

III. Recours en manquement

Audretsch (H.A.H.), *Supervision in European Communities Law*, North Holland, Amsterdam, 1986.

Bellescize (de) (D.), « L'article 169 du traité de Rome et l'efficacité du contrôle communautaire sur les manquements des États membres », *RTDE* 1977. 173.

Cahier (P.), « Les articles 169 et 171 du traité CEE à travers la pratique de la Commission et la jurisprudence de la Cour », *CDE* 1974. 3.

Candela Castillo (J.) et Mongin (B.), « Les infractions au droit communautaire commises par les États membres ; apports clés de la jurisprudence récente en matière de manquement », *RMC* 1996. 51.

Ebke (W.F.), « Les techniques contentieuses d'application du droit dans les Communautés européennes », *RTDE* 1986. 209.

Houppermans (V.A.) et Pecho (P.), « L'inflation des désistements et le pouvoir de la Commission européenne », *RTDE* 2006. 289.

Materne (T.), *La procédure en manquement d'État. Guide à la lumière de la jurisprudence de la Cour de justice de l'Union européenne*, coll. « Europe(s) », Bruxelles, Larcier, 2012.

Michel (V.), « Recours en constatation de manquement », *Rép. communautaire*, Dalloz, 2012.

Nafilyan (G.), « La position des États membres et les recours en manquement des articles 169 CEE et 141 CEEA », *RTDE* 1977. 214.

Puissochet (J.-P.), « L'action en manquement peut-elle encore se parer de ses justes vertus », in *Mélanges Iglesias*, Berlin, BWV-Berliner Wissenschafts, 2003, p. 569.

Sauron (J.-L.), « L'intégration du juge national aux procédures en manquement », in *Mélanges en hommage à Guy Isaac*, Toulouse, Presses de l'Université des sciences sociales de Toulouse, 2004, p. 867.
Simon (D.), « La condamnation indirecte du "manquement judiciaire" : le juge national doit être asservi par le législateur au respect du droit communautaire », *Europe* 2004, chron.4.

1311. On sait que les traités ont confié aux institutions des compétences de contrôle pour assurer le respect des obligations souscrites par les États (v. ss 93) et que, contrairement à ce qui se passe pour la justice internationale, la justice de l'Union est, pour les États membres, obligatoire et exclusive (v. ss 1108). Dans ce contexte, la procédure du recours en manquement confère à la Cour le pouvoir de statuer en dernier ressort pour constater qu'un État membre a manqué à une des obligations lui incombant en vertu du droit de l'Union selon des procédures significatives de la logique même d'intégration en ce que la tonalité dominante n'est en rien diplomatique puisqu'excluant les transactions ou autres contreparties caractérisant le cadre habituel des organisations internationales.

La même logique se traduit par un rôle prédominant de la Commission dans la procédure. « Dépassant de loin les règles jusqu'à présent admises en droit international classique pour assurer l'exécution des obligations des États » (CJCE 15 juill. 1960, *Italie c/ Haute Autorité*, aff. 20/59, *Rec.* 663), les Communautés puis l'Union ont toujours disposé d'une procédure institutionnalisée dans laquelle la poursuite n'est pas laissée à la seule initiative des États mais confiée à une institution indépendante, gardienne des traités, qui joue le rôle de ministère public européen.

Dans la procédure CECA, la Commission/Haute Autorité exerçait une domination absolue, car non seulement elle possédait le monopole de l'initiative de la procédure d'infraction, les autres États pouvant seulement l'inviter à agir, mais encore elle avait le pouvoir de constater elle-même, par une décision à caractère obligatoire, que l'État avait commis un manquement, la Cour de justice n'intervenant que pour contrôler cette décision.

Dans la procédure des traités de Rome, reprise par le traité de Lisbonne, en revanche, la Commission n'a ni ce pouvoir – réservé à la Cour –, ni, en droit, ce monopole – les États possédant un droit autonome pour déclencher la poursuite –, mais elle est nécessairement appelée à se prononcer sur le manquement allégué avant que les États puissent saisir la Cour, et elle conserve, bien sûr, son droit d'initiative propre pour citer les États devant le juge. De plus, ce n'est que de façon marginale que les États membres utilisent ce pouvoir d'initiative en la matière, de sorte que l'on n'est pas loin, en fait, d'une situation de monopole pour la Commission.

Certes, il ne s'agit que d'un contentieux de la déclaration mais l'étude, successivement, de la notion, de la constatation et de la sanction du manquement permet de conclure que ce recours, désormais, participe quasiment du plein contentieux tant les sanctions financières prennent de l'importance.

A. Notion de manquement

1312. Selon les traités, il s'agit de l'hypothèse où un État membre « a manqué à une des obligations qui lui incombent *en vertu des traités* » (art. 258 FUE).

La Cour a retenu ici une conception particulièrement extensive, ce qui se traduit d'une part par une conception large de la notion même de manquement et par une conception restrictive des circonstances exonératoires.

1° Conception large de la notion de manquement

1313. *Conception large quant à la nature des obligations violées :* les « obligations... en vertu du... traité » sont non seulement les obligations imposées par le droit *primaire* (y compris les *décisions* du 21 avr. 1970 et du 20 sept. 1976), mais également les obligations découlant pour les États membres du droit *dérivé* (règlement : CJCE 4 mars 1970, *Commission c/Italie*, aff. 33/69, *Rec.* 103 ; directive : CJCE 18 nov. 1970, *Commission c/Italie*, aff. 8/70, *Rec.* 966 ; décision : CJCE 10 déc. 1969, *Commission c/France*, aff. 6 et 11/69, *Rec.* 539 ; actes « hors nomenclature » à caractère obligatoire : CJCE 4 oct. 1979, *France c/Royaume-Uni*, aff. 141/78, *Rec.* 2923 ; la Cour a dû préciser que ces actes doivent évidemment s'imposer à l'État membre au moment où le manquement est suspecté, ce qui n'était pas le cas d'un règlement dans la période précédant l'adhésion d'un État candidat : arrêt du 28 octobre 2010, *Commission c/Malte*, aff. C-508/08, *Rec.* I-10589) ; ce sont aussi les obligations découlant des arrêts de la Cour de justice elle-même (méconnaissance de la chose interprétée ou de la chose jugée : CJCE 13 juill. 1972, *Commission c/Italie*, aff. 48/71, *Rec.* 535) ; ce sont également les obligations résultant des engagements externes de l'Union et notamment des accords passés par l'Union elle-même (art. 218 FUE) de même que les accords mixtes (7 oct. 2004, *Commission c/France*, aff. C-239/03, *Rec.* I-9325), du moins quant aux dispositions relevant de la compétence de l'Union (par ex., 19 mars 2002, *Commission c/Irlande*, aff. C-13/00, *Rec.* 2943). S'agissant d'obligations souscrites par les États dans un acte de *droit complémentaire* (décision des représentants des gouvernements des États membres, anciennes conventions communautaires), il n'est pas exclu que la Cour décide un jour qu'elles sont protégées par le recours en manquement, dès lors que leur contenu serait en étroite connexité avec les traités ; il est plus vraisemblable cependant que leur protection restera subordonnée à l'insertion d'une clause attribuant expressément compétence à la Cour (comme l'article 101 de la *Convention de Luxembourg* du 15 déc. 1975, relative au brevet européen pour le Marché commun, en fournit un exemple). Ainsi, même si des liens évidents existent avec le droit de l'Union, une convention internationale comme un accord de siège relatif aux Écoles européennes ne peut donner lieu à un recours en manquement : CJ 30 sept. 2010, *Commission c/Belgique*, aff. C-132/09, *Rec.* I-8695.

Les traités prévoient cependant une exception à cette appréhension extensive. L'article 126, § 10, FUE exclut le recours en manquement vis-à-vis des obligations des États membres en matière d'action contre les déficits publics résultant des paragraphes 1 à 9 de cette même disposition.

1314. ***Conception large quant à la nature de la violation*** : le manquement peut résulter tout autant d'un acte juridique interne violant le droit de l'Union (*comportement positif :* CJCE 5 mai 1970, *Commission c/Belgique*, aff. 77/69, *Rec.* 245) que d'une *abstention ou du refus de prendre les mesures juridiques requises* (CJCE 17 févr. 1970, *Commission c/Italie*, aff. 31/69, *Rec.* 33), ou encore d'*opérations matérielles* effectuées en violation des traités. Si une simple *pratique administrative* peut également constituer un manquement, elle doit cependant présenter un certain degré de constance et de généralité

(CJCE 12 mai 2005, *Commission c/Belgique*, aff. C-287/03, *Rec.* I-3761 ; CJCE 8 avr. 2008, *Commission c/Italie*, aff. C-337/05, *Rec.* I-2173 ; CJ 22 sept. 2016, *Commission c/République tchèque*, aff. C-525/14, ECLI:EU:C:2016:714). Après avoir laissé penser que l'existence d'une réglementation nationale contraire au droit de l'Union n'était pas constitutive d'un manquement, dès lors qu'elle n'était pas appliquée (CJCE 15 avr. 1970, *Commission c/Italie*, aff. 28/69, *Rec.* 187), la Cour considère désormais que le simple *maintien par un État membre d'un texte contraire* de droit interne est dans tous les cas source d'ambiguïté et donc d'insécurité juridique et constitue un manquement à l'obligation générale de collaboration que l'article 10 CE *[actuellement art. 4, § 3, UE]* met à la charge des États (4 avr. 1974, *Commission c/France*, aff. 167/73, *Rec.* 371). La *prise tardive de mesures* par l'État en tant que manquement est une question ayant, semble-t-il, également évolué. La jurisprudence classique insistait sur le maintien d'un intérêt de la Commission à mettre en évidence le manquement même en cas de régularisation tardive, l'important étant de constater qu'il y a eu manquement et le fait qu'il y soit mis fin ne privant en aucune façon d'objet ou d'intérêt ce constat : CJCE 19 déc. 1961, *Commission c/Italie*, aff. 7/61, *Rec.* 635. Il semble depuis peu que la tendance soit cependant pour la Commission à se désister de ses recours en manquement en cas de régularisation tardive de la part de l'État membre, la seule « sanction » étant alors que la Commission demande que les dépens (en principe à la charge de la partie qui se désiste selon le Règlement de Procédure) soient mis à la charge de l'État dont le comportement, du fait de son retard, serait à l'origine de la procédure et des frais. Si un tel choix relève du pouvoir d'appréciation de la Commission et a toujours pu se produire au titre de cas d'espèce, on peut se demander s'il n'y a pas là désormais un véritable choix, dont serait ainsi significative la rafale de six ordonnances de radiation prononcées le 3 janvier 2011 par la Cour (*Commission c/Luxembourg*, aff. C-246/10 ; *Commission c/Portugal*, aff. C-286/10 ; *Commission c/Italie*, aff. C-291/10 ; *Commission c/Luxembourg*, aff. C-396/10 ; *Commission c/Grèce*, aff. C-398/10 ; *Commission c/Grèce*, aff. C-410/10).

1315. ***Conception large quant à l'auteur de la violation*** : le manquement de l'État existe, et il est justiciable du recours, quel que soit l'organe dont le fait ou l'abstention est à l'origine de l'infraction, « même s'il s'agit d'une institution constitutionnellement indépendante » (CJCE 5 mai 1970, *Commission c/Belgique*, aff. 77/69, *Rec.* 244 ; 18 nov. 1970, *Commission c/Italie*, aff. 8/70, *Rec.* 967). Ce peut donc être le *gouvernement*, mais aussi le *parlement*, mais aussi une *autorité fédérée, régionale ou décentralisée*, même si son autonomie décisionnelle est constitutionnellement garantie (CJCE 21 févr. 1990, *Commission c/Belgique*, aff. C-74/89, *Rec.* I-491, pour une commune). Les agissements d'un *organisme, quel que soit son statut* et quand bien même celui-ci serait de droit privé, peuvent conduire à la constatation d'un manquement de l'État, si ce dernier exerce un contrôle direct ou indirect sur cet organisme (CJCE 24 nov. 1982, *Commission c/Irlande*, aff. 249/81, *Rec.* 4005, affaire « *Buy irish* », la campagne de promotion des produits irlandais étant menée par une SARL contrôlée par l'État). Même démarche pour le comportement d'un organisme privé allemand, créé par la loi et financé par une contribution imposée aux producteurs, chargé de décerner un label de qualité : CJCE 5 nov. 2002, *Commission c/Allemagne*, aff. C-325/00, *Rec.* I-9977.

Sans qu'il y ait des exemples de manquement sous cet angle, la Cour a indiqué dans quel cas le *comportement personnel d'un fonctionnaire* peut être imputé à l'État (et pourrait donc donner lieu à un manquement) : sont imputables à l'État les déclarations d'un fonctionnaire qui, en raison de leur forme et des circonstances, créent chez leurs destinataires l'impression qu'il s'agit de prises de position officielles de l'État, et non pas d'opinions personnelles du fonctionnaire. L'élément déterminant pour que les déclarations d'un fonctionnaire soient imputées à l'État réside dans le point de savoir si les destinataires de ces déclarations peuvent raisonnablement supposer, dans le contexte donné, qu'il s'agit de positions que le fonctionnaire prend avec l'autorité de sa fonction (CJCE 17 avr. 2007, *AGM-COS.MET*, aff. C-470/03, *Rec.* I-2749).

Le problème le plus délicat reste ici celui du cas des cours et tribunaux, cet éventuel « *manquement juridictionnel* » heurtant à la fois l'indépendance des instances judiciaires et le cas échéant l'autorité des décisions de justice. Si la condamnation de l'État pour une violation du droit communautaire commise par une juridiction était indiscutablement possible en théorie, et si, en 1985, la Commission avait ouvert formellement une procédure pour manquement du *Bundesfinanzhof* (v. ss 1443, et réponse à la question écrite n° 1907/85, *JOCE* n° C 137/7 du 4 juin 1986), celle-ci a pendant longtemps préféré, dans une telle situation, la démarche pédagogique (demande d'explications, politique de rapprochement, de contacts entre les juridictions nationales et communautaires) à l'option contentieuse.

2003 a vu évoluer cette problématique ; d'abord, *indirectement* avec l'admission d'un principe de responsabilité des États membres du fait de la décision d'une juridiction suprême (CJCE 30 sept. 2003, *Köbler*, aff. C-224/01, *Rec.* I-10239) (v. ss X1104) ; en second lieu, c'est *de manière biaisée* que la Cour a condamné, cette fois en manquement, l'Italie, du fait d'une jurisprudence de la Cour suprême de cassation : CJCE 9 déc. 2003, *Commission c/Italie*, aff. C-129/00, *Rec.* I-14637. Il apparaît en l'occurrence qu'il s'agit plus d'un manquement jurisprudentiel que juridictionnel, la Cour soulignant que le problème vient d'une « interprétation jurisprudentielle significative non démentie par la... juridiction suprême », cette exigence de répétition étant isolée par rapport aux autres configurations du manquement. Par ailleurs, la Cour ne va pas jusqu'au bout de sa logique : de manière quelque peu surprenante, elle condamne finalement le législateur italien pour n'avoir pas su empêcher, en adoptant la loi dont l'interprétation par le juge est en cause, cette interprétation non conforme, cette curieuse démarche prouvant s'il en était besoin que le manquement juridictionnel demeure un sujet délicat.

Ceci explique aussi sans doute que la première véritable constatation d'un manquement juridictionnel se soit faite *de façon anodine et subreptice*, au point de passer largement inaperçue. C'est en effet en chambre à cinq juges et sans même qu'il y ait des conclusions de l'avocat général que la Cour a constaté le premier manquement judiciaire, découlant d'une décision du Tribunal supremo espagnol (CJCE 12 nov. 2009, *Commission c/ Espagne*, aff. C-154/08, *Rec.* I-187*). Même si la formulation reste neutre (condamnation du Royaume d'Espagne, mise en cause de l'Administration...), il est clair dans cette affaire que l'origine du manquement (non assujetissement à la TVA de certaines activités des *registradores-liquidadores*) est une décision du Tribunal supremo. La lettre de mise en demeure de la Commission fait référence à l'arrêt du Tribunal Supremo et constate que, à la suite de cet arrêt, l'administration espagnole a modifié sa pratique relative à l'assujettissement à la TVA des activités des *registradores-liquidadores*. Par ailleurs, un des moyens de défense de l'Espagne et la réponse finale de la Cour sont révélateurs de ce qu'ici, il y a vraiment manquement judiciaire, l'Espagne invoquant « la difficulté... de remédier au manquement allégué par la Commission dès lors que celui-ci trouve son origine dans l'arrêt du Tribunal Supremo », ce à quoi la Cour répond sobrement qu'un manquement d'un État membre peut être, en principe, constaté quel que soit l'organe de cet État dont l'action ou l'inaction est à l'origine du manquement. Il est également à noter que dans cet arrêt, la Cour se réfère à sa décision précitée du 9 décembre 2003 dans l'affaire *Commission c/Italie*, aff. C-129/00, comme si celle-ci avait défini une doctrine en la matière, soulignant que si des décisions de justice isolées ou fortement minoritaires dans un contexte jurisprudentiel marqué par une autre orientation, ou encore une interprétation démentie par la juridiction suprême nationale, ne sauraient être prises en compte, il n'en est pas de même d'une interprétation jurisprudentielle significative non démentie par ladite juridiction suprême voire confirmée par celle-ci. La condamnation du Royaume d'Espagne se fait finalement parce qu'il aurait « considéré » que les services fournis par les *registradores* n'étaient pas soumis à la TVA, et cette « considération » étant, dans l'espèce, clairement celle du Tribunal supremo, l'arrêt apparait donc bien comme la première constatation d'un manquement judiciaire. L'occultation de cette première se perpétue, la Cour se contentant de la référence à l'arrêt du 9 décembre 2003 lorsqu'elle veut souligner la possibilité d'un manquement dès lors que la violation du droit de l'Union est commise par une juridiction nationale (cf. par ex. l'*avis 1/09* du 8 mars 2011, *Rec.* I-1137).

2° Conception restrictive des circonstances exonératoires

1316. Le recensement des diverses occurrences conduit à voir dans cette approche essentiellement restrictive un révélateur du caractère objectif de la procédure.

a) Recensement

1317. – L'État poursuivi n'est pas admis à invoquer, comme en droit international, *l'exception d'inexécution*. La Cour, dès 1964, a posé comme principe majeur du système communautaire, significatif du caractère objectif des engagements des membres, que ces derniers ne peuvent « se faire justice à eux-mêmes » (CJCE 13 nov. 1964, *Commission c/Luxembourg et Belgique*, aff. 90 et 91/63, *Rec.* 1217). Le manquement d'un autre État membre (CJCE 26 févr. 1976, *Commission c/Italie*, aff. 52/75, *Rec.* 284 ; CJCE 25 sept. 1979, *Commission c/France*, aff. 232/78, *Rec.* 2729 ; CJ 4 sept. 2014, *Commission c/ Grèce*, aff. C-351/13, ECLI:EU:C:2014:2150) ou la carence d'une institution communautaire (CJCE 13 nov. 1964, *Commission c/Luxembourg et Belgique*, aff. 90 et 91/63, préc. ; CJCE 14 déc. 1971, *Commission c/France*, aff. 7/71, *Rec.* 1003) peuvent dès lors conduire un État membre à utiliser les instruments mis à sa disposition par le droit communautaire (action en manquement, ou en carence…) pour y remédier et en aucune manière à se considérer comme délié de ses propres engagements.

1318. – L'État poursuivi se voit même généralement interdire de soulever *l'exception d'illégalité* de l'acte qu'on lui reproche d'avoir méconnu. Dans le cadre du traité CECA la Cour l'a exclu, affirmant qu'il ne convenait pas que les États puissent ignorer les décisions prises à leur égard par la Haute Autorité et attendre pour les contester que la procédure de constatation de manquement soit mise en branle (8 mars 1960, *Allemagne c/Haute Autorité*, aff. 3/59, *Rec.* 132). En matière CE, (mais l'arrêt cité ci-dessous est mixte, CEE et CECA), la Cour a semblé l'admettre (cf. CJCE 10 déc. 1969, *Commission c/France*, aff. 6 et 11/69, *Rec.* 539) mais pas dans le cadre du recours en manquement. Il faut ici parler de « réticence » de la Cour, les États ayant eu la possibilité juridique de faire vérifier la légalité de l'acte en tant que requérants privilégiés en annulation.

Comme cela a été indiqué (v. ss 1293), en fait, c'est exclu vis-à-vis de la légalité de décisions ou de directives (sauf l'hypothèse extrême d'une illégalité telle qu'elle aboutisse à l'inexistence de ces actes : CJ 29 juill. 2010, *Commission c/Autriche*, aff. C-189/09, *Rec.* I-99* ; CJ 18 oct. 2012, *Commission c/République tchèque*, aff. C-37/11, ECLI:EU:C:2012:640 ; CJ 11 oct. 2016, *Commission c/Italie*, aff. C-601/14, ECLI:EU:C:2016:759). Et la Cour ne l'a accepté que de manière implicite et isolée vis-à-vis d'un règlement : CJCE 18 sept. 1986, *Commission c/Allemagne*, aff. 116/82 R, *Rec.* 2519.

1319. – De même, le principe de *confiance légitime* ne saurait être invoqué par l'État incriminé, notamment vis-à-vis d'un retard de la Commission à sanctionner des pratiques identiques d'autres États membres (CJCE 18 janv. 2001, *Commission c/Espagne*, aff. C-83/99, *Rec.* I-445), ou au regard du fait, pour la Commission, de ne pas donner une suite immédiate à son avis motivé à l'encontre de l'État concerné (CJ 21 janv. 2010, *Commission c/Allemagne*, aff. C-546/07, *Rec.* I-439).

1320. – La *force majeure* est souvent invoquée, mais en vain, notamment pour des circonstances particulières, un certain contexte national qui aurait empêché l'État de satisfaire à son obligation, le plus souvent en l'empêchant de prendre dans les délais un acte qu'il devait adopter. La Cour précise certes qu'il n'est pas nécessaire de se heurter à une impossibilité absolue pour se prévaloir de la force majeure, qui exige néanmoins que la non-réalisation du fait en cause soit due à des circonstances étrangères à celui qui l'invoque, anormales et imprévisibles, dont les conséquences n'auraient pu être évitées malgré toutes les diligences déployées (arrêt du 4 mars 2010, *Commission c/Italie*, aff. C-297/08, *Rec.* I-1749 ; arrêt du 19 déc. 2012, *Commission c/Italie*, aff. C-68/11, ECLI:EU:C:2012:815). Pour autant, le principe est ici très net : un État membre « ne saurait exciper de dispositions, pratiques ou situations de son ordre juridique interne pour justifier l'inobservation des obligations résultant du droit de l'Union » (par exemple arrêt du 31 mars 2011, *Commission c/République hellénique*, aff. C-407/09, *Rec.* I-2467 ; arrêt du 2 déc. 2014, *Commission c/Grèce*, aff. C-378/13, ECLI:EU:C:2014:2405 ; ou arrêt du 2 mars 2017, *Commission c/Grèce*, aff. C-160/16, ECLI:EU:C:2017:161 ; pour la précision que sont également concernées les dispositions constitutionnelles, arrêt du 8 avr. 2014, *Commission c/Hongrie*, aff. C-288/12, ECLI:EU:C:2014:237). Autrement dit, il est sans pertinence que le manquement résulte de la volonté de l'État membre auquel il est imputable, de sa négligence ou bien encore de difficultés techniques auxquelles celui-ci aurait été confronté (CJ 4 mars 2010, *Commission c/Italie*, aff. C-297/08, préc.). C'est donc vainement que l'État invoquerait des circonstances politiques imprévisibles (crise ministérielle ; dissolution de la chambre) qui auraient pu paralyser l'action des pouvoirs publics au point de rendre impossible l'adoption en temps utile d'une loi (CJCE 12 févr. 1998, *Commission c/France*, aff. C-144/97, *Rec.* I-613), ou encore l'existence d'une norme interne imposant certaines formalités (CJCE 8 févr. 1973, *Commission c/Italie*, aff. 30/72, *Rec.* 171) ou, enfin, des difficultés qui auraient résulté de l'application de l'acte, d'ordre économique ou social (CJCE 7 févr. 1979, *Commission c/Royaume-Uni*, aff. 128/78, *Rec.* 728 ; 25 sept. 1979, *Commission c/France*, aff. 232/78, *Rec.* 2729) y compris dans le domaine du maintien de l'ordre (CJCE 9 déc. 1997, *Commission c/France*, aff. C-265/95, *Rec.* I-6959), ou découlant de la résistance de particuliers (arrêt du 4 mars 2010, *Commission c/Italie*, aff. C-297/08, préc.), ou de l'exigence de mener un examen au cas par cas de nombreuses situations individuelles sur une période ancienne (arrêt du 17 sept. 2015, *Commission c/Italie*, aff. C-367/14, ECLI:EU:C:2015:611). La force majeure semble d'autant plus difficile à faire admettre que pour la Cour, quand bien même un État membre rencontrerait des difficultés imprévisibles dans la mise en œuvre d'un règlement de la Commission, rendant l'exécution des obligations imposées par ce règlement absolument impossible, il lui incombe de soumettre ces problèmes à la Commission en lui proposant des solutions appropriées. Dans un tel cas, la Commission et l'État membre doivent, en vertu des devoirs réciproques de coopération loyale qui les lient, collaborer de bonne foi en vue de surmonter ces difficultés dans le plein respect des dispositions du traité. Ainsi, même dans cette hypothèse d'impossibilité absolue, le fait pour l'État d'attendre un recours en manquement pour réagir constitue, *a minima*, un manquement à ces devoirs de coopération loyale (CJCE 10 juill. 1990, *Commission c/ Allemagne*, aff. 217/88, *Rec.* 2879 ; pour un rappel, CJ 22 déc. 2010, *Commission c/Slovaquie*, aff. C-507/08, *Rec.* I-13489). En toute hypothèse, la simple crainte de difficultés internes, même insurmontables, ne permet pas de justifier un manquement (CJ 13 sept. 2017, *Commission c/Belgique*, aff. C-591/14, ECLI:EU:C:2017:670).

1321. – Quant à *l'imprécision ou l'équivoque* des normes communautaires méconnues, qui paraissait de nature à excuser un manquement (CJCE 9 juill. 1970, *Commission c/France*, aff. 26/69, *Rec.* 578), encore faut-il qu'elle concerne un « aspect essentiel » de l'obligation en cause (CJCE 12 juill. 1973, *Commission c/Allemagne*, aff. 70/72, *Rec.* 813), et que l'État n'ait pas négligé d'utiliser les recours à sa disposition (par exemple, le recours en carence) pour mettre un terme à l'incertitude dans laquelle il prétendait être (CJCE 14 déc. 1971, *Commission c/France*, aff. 7/71, *Rec.* 1018). La Cour est parfois catégorique : ainsi un État membre ne peut invoquer des difficultés liées à l'interprétation d'une directive pour en différer la transposition au-delà des délais impartis (par ex. CJ 27 oct. 2011, *Commission c/Pologne*, aff. C-311/10, *Rec.* I-159*, ou plus largement T. 12 juill. 2017, *Estonie c/Commission*, aff. T-157/15, ECLI:EU:T:2017:483).

b) Conception objective de la procédure

1322. Cette attitude restrictive de la Cour peut apparaître comme particulièrement rigide, notamment vis-à-vis de circonstances se rapprochant de la force majeure. En réalité, elle doit faire comprendre la nature et la fonction du recours en manquement : c'est un contentieux objectif, un contentieux de la déclaration, de la constatation de manquement, non un contentieux de la responsabilité. La Cour doit simplement déterminer la portée exacte des obligations des États membres en cas de divergences d'interprétation et repose donc sur la constatation objective du non-respect par un État membre des obligations que lui imposent le traité ou un acte de droit dérivé (CJCE 18 janv. 2001, *Commission c/Espagne*, aff. C-83/99, *Rec.* I-445).

Cette dimension objective connaît plusieurs traductions.

– La constatation de manquement n'exige ni faute dans le chef de l'État poursuivi (une erreur de droit commise en toute bonne foi est condamnée au même titre que le refus délibéré d'appliquer un acte : pour la non considération d'une simple erreur d'interprétation, cf. CJCE 17 nov. 1993, *Commission c/Espagne*, aff. C-73/92, *Rec.* I-5997 ; CJCE 16 sept. 2004, *Commission c/Espagne*, aff. C-227/01, *Rec.* I-8253), ni « l'existence d'un préjudice subi par les autres États membres comme condition de l'exercice de la procédure » (CJCE 14 déc. 1971, *Commisison c/France*, aff. 7/71, *Rec.* 1021). Il ne s'agit pas de prouver une quelconque inertie ou opposition de la part de l'État membre concerné, de sorte que le fait de « faire tous les efforts possibles pour s'acquitter » de l'obligation en cause est également sans incidence aucune (CJCE 8 juill. 1999, *Commission c/Grèce*, aff. C-215/98, *Rec.* I-4913). Plus largement, le caractère objectif induit qu'il est sans pertinence que le manquement résulte de la volonté de l'État membre auquel il est imputable, de sa négligence ou bien encore de difficultés techniques auxquelles celui-ci aurait été confronté (arrêt du 1er oct. 1998, *Commission c/Espagne*, aff. C-71/97, *Rec.* I-5991 ; CJCE 1er févr. 2001, *Commission c/France*, aff. C-333/99, *Rec.* I-1025 ; CJCE 24 juin 2004, *Commission c/France*, aff. C-269/02, ECLI:EU:C:2004:387 ; CJCE 30 sept. 2004, *Commission c/Belgique*, aff. C-417/03, ECLI:EU:C:2004:576 ; CJCE 14 juill. 2005, *Commission c/Danemark*, aff. C-259/03, C-260/03 et C-343/03, ECLI:EU:C:2005:458 ; CJCE 13 déc. 2007, *Commission c/Luxembourg*, aff. C-244/07, *Rec.* I-190* ; CJ 4 sept. 2014, *Commission c/Grèce*, aff. C-351/13, ECLI:EU:C:2014:2150 ; ou CJ 5 avr. 2017, *Commission c/Bulgarie*, aff. C-488/15, ECLI:EU:C:2017:267. Sans pertinence également la circonstance que l'État reconnaisse son manquement et s'engage à en réparer les éventuelles conséquences préjudiciables pour les particuliers (CJCE 22 juin 1993, *Commission c/Danemark*, aff. C-243/89, *Rec.* I-3353).

– Est indifférente, toujours à la lumière de ce caractère objectif, « l'importance de l'infraction » (par ex., CJCE 14 juill. 2005, *Commission c/Danemark*, aff. C-259/03, C-260/03 et C-343/03, préc.), autrement dit l'ampleur ou la fréquence des situations incriminées (CJCE 17 nov. 1992, *Commission c/Grèce*, aff. C-105/91, *Rec.* I-5871), un principe « *de minimis* » n'étant donc pas pertinent pour exclure le manquement.

– Artisans d'un contrôle objectif, les États membres comme la Commission n'ont pas à justifier d'un intérêt spécifique pour actionner la procédure. La Cour a précisé clairement que « dans l'exercice des compétences qu'elle tient des articles 155 [*devenu 17§ 1 UE*] et 169 [*devenu 258 FUE*] du traité, la Commission n'a pas à démontrer un intérêt à agir, puisque dans l'intérêt général communautaire elle a, d'office, pour mission de veiller à l'application du traité par les États membres et de faire constater, en vue de leur cessation, l'existence de manquements » (4 avr. 1974, *Commission c/France*, aff. 167/73, *Rec.* 359 ; CJCE 1er juin 1995, *Commission c/Italie*, aff. C-182/94, *Rec.* I-1465 ; CJCE 25 avr. 2002, *Commission c/France*, aff. C-418/00 et C-419/00, *Rec.* I-3969). Elle précise parfois, selon une autre approche, que la Commission n'a pas à faire montre d'un « intérêt spécifique à agir », le recours en manquement n'étant pas destiné à protéger les droits propres de la Commission (CJCE 10 mai 1995, *Commission c/Allemagne*, aff. C-422/92, *Rec.* I-1097 ; CJCE 10 avr. 2003, *Commission c/Allemagne*, aff. C-20/01 et C-28/01, *Rec.* I-3609 ; CJCE 21 oct. 2004, *Commission c/Allemagne*, aff. C-477/03, ECLI:EU:C:2004:656). La Cour, désormais, combine souvent les deux démarches (CJCE 2 juin 2005, *Commission c/Grèce*, aff. C-394/02, *Rec.* I-4713 ; CJCE 15 oct. 2009, *Commission c/Allemagne*, aff. C-275/08, *Rec.* I-168*). Elle précise parfois sur un mode pratique que « la Commission n'a pas à démontrer l'existence d'un intérêt à agir ni à indiquer les motifs qui l'ont amenée à introduire un recours en manquement » (arrêt du 3 mars 2016, *Commission c/Malte*, aff. C-12/14, ECLI:EU:C:2016:135).

Cet intérêt objectif disparaît, en revanche, aussitôt que l'État incriminé a mis fin au manquement. Néanmoins, si la régularisation intervient après la saisine de la Cour, il a été admis que la Commission peut conserver un intérêt à voir trancher en droit la question de savoir si le manquement a été commis (CJCE 19 déc. 1961, *Commission c/Italie*, aff. 7/61, *Rec.* 653). Mais cet intérêt n'est plus alors présumé : la Cour estime que, le manquement ayant pris fin, elle doit « examiner si cette action comporte encore un intérêt suffisant » (9 juill. 1970, *Commission c/France*, aff. 26/69, *Rec.* 577). Cet intérêt peut être soit « l'importance des problèmes soulevés », c'est-à-dire l'utilité pour la Commission de voir consacrer son interprétation du droit communautaire, soit « l'intérêt matériel » que l'arrêt peut comporter « en vue d'établir la base d'une responsabilité qu'un État membre peut être dans le cas d'encourir, en conséquence de son manquement, à l'égard d'autres États membres de la Communauté ou de particuliers » (CJCE 7 févr. 1973, *Commission c/Italie*, aff. 39/72, *Rec.* 112 ; encore : 18 mars 1992, *Commission c/Grèce*, aff. C-29/90, *Rec.* I-1971). Dans la pratique, le nombre des manquements régularisés au cours de la procédure juridictionnelle est important.

– Cette finalité objective de la procédure (faire cesser un comportement étatique contraire au droit de l'Union) conduit aussi à préciser qu'un recours en manquement ne peut pas viser des manquements futurs et éventuels ou constituer en substance une simple demande d'interprétation du droit de l'Union : arrêt du 16 oct. 2012, *Hongrie c/ Slovaquie*, aff. C-364/10, ECLI:EU:C:2012:630. Le Tribunal a eu l'occasion de faire le départ entre une procédure de notification dans le domaine des normes et réglementations techniques, relevant d'un contrôle *ex ante*, et la procédure en manquement qui « est l'exemple classique d'un contrôle *ex post* » (arrêt du 16 avr. 2015, *Schlyter*, aff. T-402/12, ECLI:EU:T:2015:209).

B. Constatation de manquement

1323. Dans le cadre CECA, la procédure était engagée et poursuivie jusqu'à son achèvement par la Commission.

Le premier acte de la procédure était une instruction contradictoire permettant à l'État incriminé de présenter ses observations et d'éviter, le cas échéant, d'aller plus loin : soit que l'État reconnaisse le manquement et y mette fin, soit que la Commission se laisse convaincre par ses explications ou justifications. Le non-respect des droits de la défense entraînerait l'illégalité de la décision subséquente (CJCE 15 juill. 1960, *Italie c/Haute Autorité*, aff. 20/59, *Rec.* 691).

La Haute Autorité était, en effet, habilitée à constater elle-même le manquement, dans une *décision motivée* ; elle possédait ainsi un véritable pouvoir d'injonction par lequel elle prescrivait à l'État les mesures que comportait la régularisation du manquement ainsi que le délai pour y procéder.

La saisine de la Cour ne dispensait pas, par elle-même, l'État condamné, de son obligation d'exécuter, mais lui permettait de demander le sursis à l'exécution de la décision, ainsi que le contrôle au fond de celle-ci. S'agissant d'un recours de pleine juridiction, le requérant pouvait invoquer « tous les moyens tirés non seulement de la légalité mais encore toutes causes justificatives du défaut d'exécution » (CJCE 15 juill. 1960, aff. 20/59, préc.) ; en outre, la Cour pouvait confirmer ou annuler la décision et, le cas échéant, la réformer, lorsque la Haute Autorité avait indiqué les mesures que l'État était tenu de prendre pour s'exécuter (CJCE 8 mars 1960, *Allemagne c/Haute Autorité*, aff. 3/59, *Rec.* 132). Institutions, États et même entreprises, dès lors qu'elles justifiaient d'un intérêt à la solution du litige, étaient admis à intervenir aux côtés de l'une ou de l'autre des parties (CJCE, Ord. du 19 févr. 1960, *Pays-Bas c/Haute Autorité*, aff. 25/59, *Rec.* 789).

Seule la Commission/Haute Autorité était compétente pour engager la procédure, mais elle pouvait y être invitée et, le cas échéant, même contrainte. Le refus exprès ou tacite d'engager la procédure était, en effet, susceptible d'un recours en carence (35 CECA) de la part du Conseil, d'un État membre (CJCE 6 juill. 1971, *Pays-Bas*, aff. 59/70, *Rec.* 651) ou même d'une entreprise (CJCE 23 avr. 1956, *Industries sidérurgiques luxembourgeoises*, aff. 7 et 9/54, *Rec.* 84). Lorsque la Cour constatait la carence de la Haute Autorité, elle ne pouvait se substituer à celle-ci pour constater le manquement de l'État et renvoyait à la Haute Autorité qui avait alors l'obligation d'y procéder (CJCE 23 févr. 1961, *Association des charbonnages du Limbourg*, aff. 30/59, *Rec.* 36).

Si la constatation du manquement est, au contraire, juridictionnelle dans le cadre de l'Union européenne (comme dans le cadre précédent des Communautés européennes hors CECA), elle est précédée d'une phase administrative tout à fait essentielle.

1° Engagement de la procédure : la phase administrative préalable

1324. La recevabilité du recours devant la Cour, seule compétente ici pour prendre une décision constatant le manquement, contrairement au précédent de la procédure CECA, est subordonnée à l'épuisement préalable d'une procédure préjuridictionnelle (dite « *procédure d'infraction* ») caractérisée par l'intervention de la Commission et offrant une chance de résoudre le différend par la seule confrontation des positions en présence, l'État membre se mettant alors volontairement en conformité avec le droit de l'Union.

Le traité prévoit, respectivement aux articles 258 et 259 FUE, deux voies principales signant l'équilibre de la procédure. Quelques procédures marginales constituent plus des particularités que des exceptions à cette logique d'ensemble.

a) Poursuite à l'initiative de la Commission

Rapport annuel de la Commission sur le contrôle de l'application du droit de l'Union européenne, COM(2017)370.

Louis (J.V.), « Le rôle de la Commission dans la procédure en manquement selon la jurisprudence de la Cour de justice », in *Du droit international au droit de l'intégration. Liber Amicorum Pierre Pescatore*, Nomos Verlag, 1987, p. 387.

Thomas (B.), « Infractions et manquements des États membres au droit communautaire », *RMC* 1991. 887.

1325. « Si la Commission estime qu'un État membre a manqué à une des obligations qui lui incombent en vertu des traités, elle émet un avis motivé à ce sujet, après avoir mis cet État en demeure de présenter ses observations.

Si l'État en cause ne se conforme pas à cet avis dans le délai déterminé par la Commission, celle-ci peut saisir la Cour de justice de l'Union européenne » (art. 258 TFUE).

1326. Différents stades de la procédure :

1) La Commission prospecte systématiquement les infractions dans tout le champ d'application des traités (v. ss 279) ; en outre, elle reçoit et instruit les *plaintes* sans formalités et sans frais des particuliers et des États. En 2016, la Commission a ouvert 520 enquêtes de sa propre initiative, en utilisant le mécanisme *EU Pilot* (578 en 2015). Elle a reçu 3 783 plaintes (3 450 en 2015 ; 17 594 depuis 2012) et en a traité 3458, notamment en lançant des enquêtes dans le cadre *EU Pilot*. Le Parlement européen, par la voie de pétitions ou de questions, a également informé la Commission sur des dossiers problématiques en matière d'environnement, de justice et consommateurs, de marchés

publics, et de fiscalité (pétition sur l'impôt relatif aux biens immobiliers). Le projet *EU Pilot* (Communication « Pour une Europe des résultats. Application du droit communautaire », COM(2007) 502), depuis 2008, consiste à améliorer la communication entre la Commission et les autorités nationales à propos des problèmes d'application du droit de l'Union, pour quinze États membres volontaires au départ, avant que ce soit généralisé à tous les États membres. Le Tribunal a eu l'occasion de valider cette procédure bien qu'elle ne soit pas prévue par le traité, dans la mesure où elle structure les démarches de la Commission dans le rôle qui est le sien pour le contrôle des traités (arrêt du 25 sept. 2014, *Spirlea c/Commission*, aff. T-306/12, ECLI:EU:T:2014:816). La Cour a également repris cette présentation de la procédure *EU Pilot* structurant les échanges entre la Commission et les États membres dans la phase informelle d'enquête relative à d'éventuelles violations du droit de l'Union, ajoutant que l'objectif est de préparer ou d'éviter une procédure en manquement (CJ 11 mai 2017, *Suède c/Commission*, aff. C-562/14 P, ECLI:EU:C:2017:356). Cette procédure ne doit cependant pas aboutir à ajouter une phase supplémentaire à la procédure de manquement. Dans sa communication C/2016/8600 de décembre 2016 « Le droit de l'Union européenne: une meilleure application pour de meilleurs résultats » (*JOUE* n° C 18/10 du 19 janv. 2017), la Commission a dans ce sens indiqué qu'elle ouvrirait des procédures d'infraction sans utiliser *EU Pilot*, sauf si ce mécanisme est utile. La clôture d'une telle procédure pilote n'est pas attaquable (Ord. du T. du 10 mars 2014, *Spirlea*, aff. T-518/12, ECLI:EU:T:2014:131). Les dossiers *EU Pilot*, qui étaient au nombre de 1502 en 2013, sont passés à 881 en 2015 et 790 en 2016 (270 à la suite de plaintes et 520 sur initiative de la Commission). Le taux de résolution des dossiers a été de 72 % en 2016 : la Commission a traité 875 dossiers sur l'année et pour 630, il n'y a pas eu de suites, le problème étant résolu. Dans 233 cas, il y a eu ouverture d'une procédure formelle d'infraction. Les États membres ont un délai standard de 70 jours pour répondre aux questions de la Commission dans le système *EU Pilot* mais les statistiques de 2016 montrent que si pour Malte, ce délai moyen a été de 57 jours, il s'élevait à 108 jours pour la France.

De façon plus générale, dans chaque État membre de l'Union, un bureau de représentation de la Commission européenne a pour rôle, non seulement d'informer les citoyens sur leurs droits individuels et collectifs, mais aussi de recueillir leurs plaintes à propos d'infractions ou de négligences commises par les administrations nationales au regard de la réglementation de l'Union. Il est également loisible aux ressortissants de l'Union de porter plainte ou de dénoncer le non-respect de la réglementation européenne directement au Secrétariat général de la Commission à Bruxelles. Les plaintes peuvent être adressées à la Commission sous forme de lettre, de télécopie ou de courriel. La Commission met à disposition des plaignants un formulaire-type publié au *Journal officiel de l'Union* et disponible auprès des services de la Commission sur simple demande ou sur le serveur Internet « Europa ».

Toute correspondance adressée au Secrétariat général de la Commission européenne fait l'objet d'un premier accusé de réception dans les quinze jours ouvrables suivant sa réception selon les règles du code de bonne conduite administrative et ces correspondances sont enregistrées dans une base de données spéciale gérée par le Secrétariat général de la Commission européenne ; les fiches afférentes à chaque plainte font l'objet de rapports d'ensemble (rapports sur la situation des *infractions présumées* aux traités) régulièrement tenus à jour et qui donnent lieu à un examen périodique au cours de réunions des chefs de cabinet des commissaires, qui font des observations à la Commission. Les plaignants bénéficient de protections, notamment du respect de leur anonymat s'ils le souhaitent. Le cadre juridique, ici, repose notamment sur le règlement (CE) n° 45/2001 du Parlement européen et du Conseil du 18 décembre 2000 relatif à la protection des personnes physiques à l'égard du traitement des données à caractère personnel par les institutions et organes communautaires et à la libre circulation de ces données (*JOCE* n° L 8/1 du 12 janv. 2001), sur l'article 15 FUE, et sur le règlement (CE) n° 1049/2001 du Parlement européen et du Conseil du 30 mai 2001 relatif à l'accès du public aux documents du Parlement européen, du Conseil de l'Union européenne et de la Commission européenne (*JOCE* n° L 145/43 du 31 mai 2001).

Dès qu'ils ont reçu communication d'éléments qui font présumer une infraction, les services de la Commission (direction générale concernée) instruisent le dossier. À ce stade déjà une discussion est engagée avec l'État pour faire le point de ce qui paraît être une infraction. Les États sont invités à s'expliquer et la Commission leur rappelle qu'il s'agit pour eux d'une obligation (par combinaison des art. 10 CE [*désormais art. 4, § 3, UE*] et 211 CE [*désormais art. 17, § 1, UE*] ; dans ce sens CJCE 6 juin 1978, *Commission c/Italie*, aff. 147/77, *Rec.* 1 307). L'ensemble de ces discussions officieuses permet dans la plupart des cas d'obtenir des États qu'ils se mettent en règle ; à défaut, la Commission, par une décision prise en collège, ouvrira la procédure formelle.

2) La procédure d'infraction débute formellement par l'envoi à l'État d'une *lettre qui le met en demeure de présenter ses observations* dans un délai déterminé (en 2016, la Commission a envoyé 986 lettres de mise en demeure dont 39 pour la France). Il s'agit là d'une importante garantie pour l'État, qui est en mesure de se justifier et, le cas échéant, de convaincre la Commission de sa position : aussi la Cour y voit-elle une formalité substantielle dont le défaut entraînerait l'irrecevabilité du recours subséquent (CJCE 17 févr. 1970, *Commission c/Italie*, aff. 31/69, *Rec.* 34 ; ou arrêt du 14 avr. 2011, *Commission c/ Roumanie*, aff. C-522/09, *Rec.* I-2963). C'est aussi une procédure très utile dans la pratique : elle permet de préciser les faits, souvent très complexes, et contribue ainsi à éviter les recours inutiles. Le délai imparti aux États est fonction des circonstances et peut être prorogé à leur demande.

3) Si l'État maintient sa position et que la Commission reste convaincue qu'il y a violation des traités, celle-ci émet un *avis motivé* par lequel elle formalise sa position et fixe le contentieux éventuel (en 2016, 292 avis motivés dont 10 pour la France). L'avis constate le manquement, invite l'État à y mettre fin et indique souvent les moyens propres à régulariser la situation (pratique validée par la Cour : 12 juill. 1973, *Commission c/Allemagne*, aff. 70/72, *Rec.* 813, même si la Commission n'est pas tenue d'indiquer ces moyens : CJ 14 oct. 2010, *Commission c/Autriche*, aff. C-535/07, *Rec.* I-9483). L'avis doit être soigneusement motivé, c'est-à-dire contenir « un exposé cohérent des raisons ayant amené la Commission à la conviction que l'État intéressé a manqué à une des obligations » qui lui incombent (CJCE 19 déc. 1961, *Commission c/Italie*, aff. 7/61, *Rec.* 654). Il fixe, pour l'exécution, un délai raisonnable tenant compte de la nature de l'infraction et des mesures nécessaires pour y mettre fin, du reste susceptible de prorogation pour permettre de tenir compte des exigences des procédures parlementaires nationales. Il s'agit donc d'un acte dont le contenu est pratiquement identique à celui de la décision motivée du traité CECA, mais qui n'a ni force obligatoire, ni force exécutoire. Cette absence de caractère contraignant de l'avis motivé exclue qu'il puisse engager la responsabilité de l'Union, à condition toutefois que la Commission reste dans sa compétence. Si, dès lors, une appréciation erronée sur l'existence du manquement (ensuite contredite par la Cour) ne peut être analysée comme un préjudice à réparer, en revanche, si la Commission sort

de son rôle, par exemple par la divulgation fautive de secrets d'affaires ou d'informations portant atteinte à la réputation d'une personne, ces appréciations ou agissements peuvent être constitutifs d'une violation de nature à engager la responsabilité de l'Union (T. 18 déc. 2009, *Arizmendi e.a. c/Conseil et Commission*, aff. T-440/03, T-121/04, T-171/04, T-208/04, T-365/04 et T-484/04, *Rec.* II-4883).

4) Si l'État ne s'est pas exécuté dans le délai fixé, la *Commission peut saisir la Cour*, ce qui ouvre la phase juridictionnelle (en 2016, 31 recours). Afin de garantir à l'État poursuivi la possibilité d'assurer sa défense, le manquement incriminé dans la lettre de mise en demeure, l'avis motivé et la requête introductive doit être le même ; les moyens et les motifs invoqués dans ces trois actes doivent être identiques (CJCE 1er déc. 1965, *Commission c/Italie*, aff. 45/64, *Rec.* 1068) même si la Commission est libre d'apporter certaines adaptations à l'appui de ses thèses (CJCE 28 mars 1985, *Commission c/Italie*, aff. 274/83, *Rec.* 1090) ; en substance, un grief nouveau sera exclu mais une extension de grief est admise (CJCE 6 déc. 2007, *Commission c/Allemagne*, aff. C-456/05, *Rec.* I-10517 ; CJ 8 juill. 2010, *Commission c/Portugal*, aff. C-171/08, *Rec.* I-6817) ; il est également loisible à la Commission de préciser ses griefs dans sa requête finale (CJ 18 nov. 2010, *Commission c/Portugal*, aff. C-458/08, *Rec.* I-11599 ; ou CJ 21 déc. 2016, *Commission c/Portugal*, aff. C-503/14, ECLI:EU:C:2016:979), ce qui relève de la même logique ayant conduit à admettre qu'elle soit plus détaillée dans son avis motivé que dans sa lettre de mise en demeure (CJ 7 avr. 2011, *Commission c/Portugal*, aff. C-20/09, *Rec.* I-2637). À défaut, la Cour exclura de la procédure les manquements sur lesquels l'État poursuivi n'avait pas eu la possibilité de présenter ses observations en réponse à la mise en demeure (17 févr. 1970, *Commision c/Italie*, aff. 31/69, *Rec.* 34) ; notamment quand, postérieurement au délai fixé dans l'avis motivé, mais avant la requête introductive d'instance, la loi incriminée a été remplacée par une autre qui laisse subsister le manquement (CJCE 10 mars 1970, *Commission c/Italie*, aff. 7/69, *Rec.* 118). La Commission peut, dans sa requête, mentionner des faits postérieurs à l'avis motivé pour autant qu'ils sont de même nature et constitutifs d'un même comportement que les faits visés par l'avis. Elle peut aussi, s'agissant d'un manquement systématique et persistant, ajouter des éléments complémentaires par rapport à l'avis pour étayer la généralité et la constance du manquement allégué (arrêt du 5 avr. 2017, *Commission c/Bulgarie*, aff. C-488/15, ECLI:EU:C:2017:26. Si l'acte de l'Union visé par la lettre de mise en demeure ou l'avis motivé a été abrogé ou modifié, la Commission, dans sa requête devant la Cour, pourra se référer aux obligations issues de cette version initiale maintenues par un nouvel acte mais ne saurait étendre l'objet du litige à des obligations n'ayant pas d'équivalent dans cette version initiale (CJ 10 sept. 2015, *Commission c/Pologne*, aff. C-36/14, ECLI:EU:C:2015:570 ; ou CJ 5 avr. 2017, *Commission c/Bulgarie*, aff. C-488/15, ECLI:EU:C:2017:267).

Le rôle de cette phase préalable de la procédure d'infraction est essentiel : en 2016 par exemple, la Commission a clôturé 520 dossiers après envoi de lettres de mise en demeure, 126 après l'envoi d'avis motivés, et 18 après avoir décidé de saisir la Cour mais sans avoir encore envoyé la requête. La Commission s'est de plus désistée dans 9 dossiers avant que la Cour se prononce.

1327. Liberté d'appréciation de la Commission :

i) La Commission jouit d'une grande liberté d'appréciation dans l'exercice des compétences que l'article 258 FUE lui confère. Aux différents stades de la procédure, qu'il s'agisse de juger des situations, du comportement des États, des suites à donner à son action, elle dispose d'un *pouvoir discrétionnaire étendu*, comme il résulte du texte même de l'article 258. La Cour rappelle souvent « que, dans le système établi par l'article 258 FUE, la Commission dispose d'un pouvoir discrétionnaire pour intenter un recours en manquement et qu'il n'appartient pas à la Cour d'apprécier l'opportunité de son exercice » : CJ 18 nov. 2010, *Commission c/Espagne*, aff. C-48/10, *Rec.* I-151* (cf. également, arrêts du 6 juill. 2000, *Commission c/Belgique*, aff. C-236/99, *Rec.* I-5657, et du 14 mai 2002, *Commission c/Allemagne*, aff. C-383/00, *Rec.* I-4219). De façon plus détaillée, elle juge qu'il « incombe à la Commission, lorsqu'elle considère qu'un État membre a manqué à ses obligations, d'apprécier l'opportunité d'agir contre cet État, de déterminer les dispositions qu'il a violées et de choisir le moment où elle initiera la procédure en manquement à son encontre, les considérations qui déterminent ce choix ne pouvant affecter la recevabilité de son recours » (CJ 6 mai 2010, *Commission c/Pologne*, aff. C-311/09, *Rec.* I-55* ; ou CJ 3 mars 2016, *Commission c/Malte*, aff. C-12/14, ECLI:EU:C:2016:135 ; cf., aussi, arrêts du 10 mars 2005, *Commission c/Allemagne*, aff. C-531/03, ECLI:EU:C:2005:159, et du 8 déc. 2005, *Commission c/Luxembourg*, aff. C-33/04, *Rec.* I-10629). La Cour a confirmé que la procédure comporte « en raison de sa nature et de son but, le pouvoir pour la Commission d'apprécier les moyens et les délais les plus appropriés en vue de mettre fin aux manquements éventuels » (14 déc. 1971, *Commission c/France*, aff. 7/71, *Rec.* 1017). Sous le seul contrôle politique du Parlement européen, la Commission est donc juge de l'opportunité d'engager la poursuite puis de passer d'un stade à l'autre ; à tous les niveaux, elle a le choix du moment et les États membres ne sont pas admis à tirer argument du délai (même de plusieurs années) qui s'est écoulé entre la matérialisation du manquement et l'engagement des poursuites, ou entre l'avis motivé et la saisine de la Cour. Tout au plus la Cour estime-t-elle parfois « quelque peu surprenant » un délai très long (CJCE 10 mai 1995, *Commission c/Allemagne*, aff. C-422/92, *Rec.* I-1097) et admet-elle que la limite serait qu'un délai particulièrement long mette l'État en difficulté pour se défendre, auquel cas il y aurait une atteinte aux droits de la défense (par exemple CJCE 18 juill. 2007, *Commission c/Allemagne*, aff. C-490/04, *Rec.* I-6095), l'État membre intéressé devant alors apporter la preuve d'une telle incidence (CJ 21 janv. 2010, *Commission c/Allemagne*, aff. C-546/07, *Rec.* I-439 ; CJ 16 avr. 2015, *Commission c/Allemagne*, aff. C-591/13, ECLI:EU:C:2015:230).

À cet égard, cependant, la Cour a parfois pu regretter une saisine tardive dans la mesure où elle doit apprécier la réalité du manquement à la date d'expiration du délai fixé dans l'avis motivé de la Commission et ne pas tenir compte des mesures prises ultérieurement par l'État (par ex. CJCE 6 mars 2003, *Commission c/Luxembourg*, aff. C-211/02, *Rec.* I-2429 ; arrêt du 28 oct. 2010, *Commission c/Grèce*, aff. C-500/09, *Rec.* I-136* ; arrêt du 10 mai 2011, *Commission c/Suède*, aff. C-479/10, *Rec.* I-70* ; arrêt du 27 avr. 2017, *Commission c/Grèce*, aff. C-202/16, ECLI:EU:C:2017:318 ; arrêt du 19 sept. 2017, *Commission c/Irlande*, aff. C-552/15, ECLI:EU:C:2017:698). Sans qu'elle s'autorise un quelconque contrôle sur l'opportunité du recours, la Cour s'est parfois permis de recommander à la Commission, en cas d'évolution ultérieure à l'expiration du délai indiqué par l'avis motivé, d'émettre un nouvel avis motivé plutôt que de décider une saisine dès lors « décalée » (CJCE 9 déc. 2004, *Commission c/France*, aff. C-177/03, *Rec.* I-11671). Lorsque la Commission a agi sur la base d'une plainte, le médiateur est également soucieux des suites réservées à cette plainte et ceci pourrait conduire à réduire le pouvoir d'appréciation, en termes d'opportunité politique, de la Commission.

ii) Au demeurant, et c'est là une des différences les plus sensibles avec le traité CECA, ni les États membres *ni les particuliers ne sont en mesure de forcer la Commission à déclencher les poursuites* ou à saisir la Cour. La procédure précontentieuse ne comportant aucun acte de la Commission revêtu de force obligatoire, son refus explicite d'agir au titre de l'article 258 FUE n'est pas susceptible de recours en annulation (CJCE 1er mars 1966, *Lütticke*, aff. 48/65, *Rec.* 77). En cas de silence gardé par elle sur une demande, le recours en carence (art. 265 FUE) n'est pas davantage recevable, ni de la part des autres États (qui disposent d'un droit propre) ni de la part des particuliers puisque ceux-ci peuvent seulement reprocher à la Commission d'avoir manqué à leur adresser une décision et que la procédure de manquement n'en comporte aucune. Les particuliers ne seraient même pas recevables à *intervenir* devant la Cour au soutien de la Commission. Ce défaut d'accès, même indirect, au recours en manquement est cependant, pour une bonne part, compensé pour eux par les moyens qu'offre le renvoi préjudiciel effectué par les juridictions nationales (v. ss 1230 et 1431).

iii) La *doctrine* de la Commission dans le maniement de la procédure d'infraction a connu un infléchissement notable vers le milieu des années soixante-dix. Alors que jusque vers 1976-1977, elle n'utilisait qu'exceptionnellement la procédure, la réservant à des « grandes affaires » (de 1958 à 1977, la Cour n'a rendu que trente-et-un arrêts en matière de manquement), depuis, le rythme s'est accéléré, la Commission ayant notamment décidé de saisir la Cour systématiquement en cas de dépassement des délais de transposition des directives et/ou de non communication des mesures nationales d'exécution des directives. Entre 2013 et 2017, la Cour de justice a été saisie de 220 recours en manquement (41 en 2017).

C'est une véritable stratégie que développe la Commission au regard du recours en manquement. Par exemple, dans sa communication C/2016/8600 de décembre 2016 « Le droit de l'Union européenne: une meilleure application pour de meilleurs résultats » (citée *supra*, *JOUE* n° C 18/10 du 19 janv. 2017), la Commission présente une approche plus stratégique et efficace, décidant de concentrer son action sur des domaines prioritaires et sur les actions apportant une réelle plus-value.

b) Poursuite à l'initiative d'un État membre

1328. « Chacun des États membres peut saisir la Cour de justice de l'Union européenne s'il estime qu'un autre État membre a manqué à une des obligations qui lui incombent en vertu des traités.

Avant qu'un membre n'introduise, contre un autre État membre, un recours fondé sur une prétendue violation des obligations qui lui incombent en vertu des traités, il doit en saisir la Commission.

La Commission émet un avis motivé après que les États intéressés ont été mis en mesure de présenter contradictoirement leurs observations écrites et orales.

Si la Commission n'a pas émis l'avis dans un délai de trois mois à compter de la demande, l'absence d'avis ne fait pas obstacle à la saisine de la Cour de justice » (art. 259 FUE).

Lorsqu'un État membre veut faire constater le manquement d'un de ses partenaires, il doit d'abord saisir la Commission en lui communiquant son intention de former un recours et les motifs qui fondent, selon lui, le manquement. La Commission doit mettre l'ensemble des parties intéressées (et pas seulement l'État incriminé) en mesure de présenter contradictoirement leurs observations, puis elle doit émettre un avis motivé. Contrairement à ce qui se passe dans le cas l'article 258 FUE, l'avis peut être négatif, c'est-à-dire conclure qu'il n'y a pas manquement ; l'avis positif ne contient pas nécessairement un délai dans lequel l'État doit s'exécuter. La saisine de la Cour est possible aussitôt que l'avis a été rendu, même si l'État incriminé s'y est conformé. L'absence d'avis dans les trois mois autorise la saisine directe de la Cour.

Dans la pratique, il est manifeste que les États répugnent à prendre formellement l'initiative de déclencher les poursuites ; ils préfèrent le procédé, plus discret, des plaintes à la Commission. Rares sont les affaires qui sont allées jusqu'à la Cour et on ne compte que quatre arrêts : 4 oct. 1979, *France c/Royaume-Uni*, aff. 141/78, *Rec.* 2923 (recours fondé) ; 16 mai 2000, *Belgique c/Espagne*, aff. C-388/95, *Rec.* I-3123 (recours rejeté) ; 12 sept. 2006, *Espagne c/Royaume-Uni*, aff. C-145/04, *Rec.* I-7917 (recours rejeté) ; 16 oct. 2012, *Hongrie c/Slovaquie*, aff. C-364/10, ECLI:EU:C:2012:630 (recours rejeté).

c) Procédures particulières

1329. Même si c'est assez marginal, deux types de particularités sont à noter : la suppression de la phase précontentieuse et l'admission de requérants spéciaux.

– *Suppression de la phase précontentieuse* : la saisine directe, sans phase précontentieuse s'explique par l'existence, dans certaines hypothèses, de phases préalables ayant déjà donné lieu à échange d'arguments. Ainsi, l'article 114, § 9, FUE permet à la Commission ou un État membre de saisir directement la Cour si un État utilise de façon irrégulière les possibilités qui lui sont offertes de déroger à une mesure d'harmonisation (il y a déjà eu un débat avec la Commission sur base de la notification de ces mesures par l'État). De même, à l'article 108, § 2, FUE, en matière de contrôle des aides d'État. La Commission, dans le cadre de son examen des aides d'État, met en demeure l'État de présenter ses observations et peut prendre une décision impliquant la suppression ou la modification de l'aide avec un délai. En cas de non application, la Commission ou un autre État membre peut saisir directement la Cour (cf. par exemple l'arrêt du 24 janv. 2013, *Commission c/Espagne*, aff. C-529/09, ECLI:EU:C:2013:31 précisant que cette procédure « ne constitue qu'une variante du recours en manquement, adaptée de manière spécifique aux problèmes particuliers que présentent les aides d'État ». La Cour juge aussi très nettement que dans ce cadre, le seul moyen de défense pouvant être invoqué par un État membre est celui tiré d'une impossibilité absolue d'exécuter la décision dont il est destinataire et d'une inexistence de la décision de récupération : CJ 13 sept. 2017, *Commission c/Belgique*, aff. C-591/14, ECLI:EU:C:2017:670). Enfin, l'article 348, alinéa 2, FUE dispense de phase préalable la Commission ou un autre État membre en cas d'abus par un État des possibilités que lui offrent les articles 346 et 347 de prendre des mesures pour sa sécurité ou pour répondre à des troubles intérieurs graves.

– *Requérants spéciaux* : l'article 271 FUE permet au Conseil d'administration de la BEI de disposer des prérogatives de la Commission dans le cadre du recours en manquement pour faire sanctionner le manquement d'un État membre aux statuts de la BEI (art. 271 a). Il prévoit aussi (271 d) que le Conseil des gouverneurs de la BCE dispose des pouvoirs reconnus à la Commission pour le recours en manquement pour agir à l'encontre des Banques centrales nationales qui ne respecteraient pas les traités, ou les statuts de la BCE et du Système européen de banques centrales (SEBC).

2° Conclusion de la procédure : la phase juridictionnelle

a) Obligation de la Commission

1330. Dans le cadre d'une procédure en manquement, il incombe à la Commission d'établir l'existence du manquement allégué. C'est elle qui doit apporter à la Cour les éléments nécessaires à la vérification par celle-ci de l'existence de ce manquement, sans pouvoir se fonder sur une présomption quelconque (jurisprudence constante, cf. notamment CJ 20 mai 2010, *Commission c/Espagne*, aff. C-308/08, *Rec.* I-4281 ; CJ 17 févr. 2011, *Commission c/Chypre*, aff. C-251/09, *Rec.* I-13* ; CJ 19 mai 2011, *Commission c/Malte*, aff. C-376/09, *Rec.* I-4017 ; CJ 20 nov. 2014, *Commission c/Pologne*, aff. C-356/13, ECLI:EU:C:2014:2386 ; ou CJ 23 déc. 2015, *Commission c/Grèce*, aff. C-180/14, ECLI:EU:C:2015:840). La Cour rejette parfois sèchement un recours de la Commission en voyant dans la requête des éléments hypothétiques, reposant sur des présomptions (CJ 22 nov. 2012, *Commission c/Allemagne*, aff. C-600/10, ECLI:EU:C:2012:737) ou critique sévèrement le manque de précision de la Commission (CJ 19 déc. 2012, *Commission c/Italie*, aff. C-68/11, ECLI:EU:C:2012:815). On peut comprendre que les États membres, ne disposant que de faibles possibilités quant aux justifications qu'ils peuvent invoquer pour leur comportement (v. ss 1316), tentent d'exploiter au maximum ce terrain des obligations procédurales de la Commission. La seule circonstance que la Commission ne dispose pas de pouvoirs d'enquête en matière de manquement d'État et le fait qu'elle dépende, pour l'instruction des dossiers, des réponses et de la collaboration des États membres ne saurait lui permettre de se soustraire à cette obligation, sauf à reprocher à l'État membre d'avoir manqué à ses obligations de coopération loyale (CJ 27 janv. 2011, *Commission c/Luxembourg*, aff. C-490/09, *Rec.* I-247 ; CJ 10 nov. 2016, *Commission c/ Grèce*, aff. C-504/14, ECLI:EU:C:2016:847). Dès lors, s'agissant notamment du contrôle des mesures nationales de transposition d'une directive, la Commission doit simplement fournir suffisamment d'éléments faisant apparaître une mauvaise application des mesures de transposition et il incombe alors à l'État membre concerné de contester de manière substantielle et détaillée les éléments ainsi présentés (CJ 28 janv. 2016, *Commission c/ Portugal*, aff. C-398/14, ECLI:EU:C:2016:61).

b) Pouvoirs de la Cour

1331. – *Mesures d'urgence.* L'avis motivé n'étant ni obligatoire ni exécutoire pour l'État en cause et le jugement au fond de la requête en constatation de manquement pouvant exiger de longs délais, la Commission est autorisée à demander à la Cour, par voie de *référé*, d'ordonner à l'État de suspendre, dans l'attente de l'arrêt au fond, l'application des mesures contestées. La Cour s'est, en effet, reconnue compétente pour statuer d'urgence, sur la base de l'article 243 CE *[désormais art. 279 FUE]*, dès lors que les conditions du référé sont remplies : doute sérieux sur la validité des mesures contestées ; risque de dommages irréparables si elles continuent à s'appliquer.

Ainsi la Cour n'a-t-elle pas hésité à enjoindre par ordonnances provisoires, au Royaume-Uni et à l'Irlande de mettre fin « sans délai » dans le premier cas et au plus tard dans le délai de cinq jours dans le second, aux mesures qui leur étaient reprochées par la Commission (Ord. du 21 mai 1977, *Commision c/Royaume-Uni*, aff. 31 et 53/77 R, *Rec.* 921 et 13 juill. 1977, *Commission c/Irlande*, aff. 61/77 R, *Rec.* 1411). Ainsi manié, le référé est un instrument redoutable, puisqu'il contraint à l'élimination (certes à titre provisoire) complète du manquement avant même qu'il ait été judiciairement constaté ; il est vrai que dans ces espèces, les deux gouvernements s'étaient mis délibérément en état de manquement par un acte positif manifestement irrégulier (cf. encore Ord. du 25 oct. 1985, *Commission c/Belgique*, aff. 293/85 R, *Rec.* 3521). Il est probable que le plus souvent la Cour n'acceptera d'ordonner que des mesures ayant un caractère conservatoire (par ex. Ord. du 4 mars 1982, *Commission c/France*, aff. 42/82 R, *Rec.* 841).

1332. – *Jugement au fond.* Dans son examen au fond de la demande de constatation de manquement, la Cour dispose des pouvoirs les plus étendus ; elle ne se contente pas de contrôler les motifs exprimés par la Commission dans son avis ; elle ne procède pas à un simple contrôle de légalité mais doit juger du comportement concret de l'État dans son ensemble et compte tenu de toutes les circonstances de l'espèce. Dans certaines circonstances délicates, et notamment quand la solution de l'affaire la contraindrait à combler une lacune du droit communautaire, elle peut tenter de promouvoir une solution politique : au lieu de condamner l'État, elle rend un arrêt interlocutoire demandant aux parties de réexaminer la matière du litige à la lumière des considérations juridiques qu'elle leur fournit, et ce n'est qu'en cas d'échec qu'elle est alors amenée à statuer au fond (27 févr. 1980, *Commission c/Royaume-Uni*, aff. 270/78, *Rec.* 415 ; 17 déc. 1980, *Commission c/ Belgique*, aff. 149/79, *Rec.* 3881).

Dans son arrêt, en revanche, la Cour ne peut que rejeter la demande ou, si elle y fait droit, constater le manquement, cette constatation ayant un caractère purement *déclaratoire*, les États pouvant et devant en tirer seuls les conséquences. La Cour ne peut, comme dans un système fédéral, procéder elle-même à la suppression de la mesure incriminée, c'est-à-dire annuler ou abroger elle-même les lois nationales ou les actes administratifs condamnés (CJCE 16 déc. 1960, *Humblet*, aff. 6/60, *Rec.* 1128). L'arrêt de manquement ne saurait davantage, dans son dispositif, contenir des injonctions à l'État condamné et notamment lui prescrire explicitement les mesures concrètes qu'il devrait prendre pour se mettre en règle. Mais il est fréquent que les motifs soient particulièrement explicites en la matière (CJCE 6 mai 1980, *Commisison c/Belgique*, aff. 102/79, *Rec.* 1473). En outre, la Cour ayant reconnu que la Commission peut, dans son avis motivé, prescrire de telles mesures, puis est recevable à faire constater qu'en omettant de les prendre l'État a manqué à ses obligations (12 juill. 1973, *Commission c/Allemagne*, aff. 70/72, *Rec.* 813), l'arrêt de manquement a alors pour effet de l'obliger à prendre les mesures ainsi déterminées. Sans avoir, pour l'instant, appliqué cette technique, la Cour a aussi admis de limiter dans le temps les effets d'un arrêt de manquement (CJCE 12 sept. 2000, *Commission c/ Royaume-Uni*, aff. C-359/97, *Rec.* I-6355).

c) Autorité des arrêts

1333. « Si la Cour de justice reconnaît qu'un État membre a manqué à une des obligations qui lui incombent en vertu des traités, cet État est tenu de prendre les mesures que comporte l'exécution de l'arrêt de la Cour » (art. 260§ 1 FUE).

i) L'arrêt de manquement a d'abord *autorité de chose jugée vis-à-vis de l'État condamné* qui est tenu de prendre toutes les mesures que comporte l'exécution de l'arrêt. L'objectif de la procédure étant « aboutir à l'élimination effective des manquements et de leurs conséquences passées et futures » (CJCE 12 juill. 1973, *Commission c/Allemagne*, aff. 70/72, *Rec.* 813), la Cour a souligné très tôt que l'État condamné est obligé aussi bien de rapporter l'acte condamné que de réparer les effets illicites qu'il a pu produire dans le passé, ce qui implique, notamment, restitution des taxes indûment perçues (16 déc. 1960, *Humblet*, aff. 6/60, *Rec.* 1128).

ii) L'arrêt de manquement a aussi autorité de chose jugée *vis-à-vis des juridictions et autorités nationales* de l'État condamné. La Cour a, en effet, affirmé que « l'effet du droit communautaire, tel qu'il avait été constaté avec autorité de chose jugée à l'égard (d'un État), impliquait pour les autorités nationales compétentes prohibition de plein droit d'appliquer une prescription nationale reconnue incompatible avec le traité et, le cas échéant, obligation de prendre toutes dispositions pour faciliter la réalisation du plein effet du droit communautaire » (13 juill. 1972, *Commission c/Italie*, aff. 48/71, *Rec.* 536). Il y a là un effet qui, même s'il ne vaut que lorsque la règle à laquelle l'État a manqué est directement applicable (CJCE 14 déc. 1982, *Comité national de lutte contre l'alcoolisme*, aff. 314 à 317/81 et 83/82, *Rec.* 4337 ; *RTDE* 1983. 463, note G. Isaac), renforce considérablement l'autorité des arrêts de manquement. Le Conseil d'État français a reconnu que les arrêts en constatations de manquement ont pour les juridictions nationales une autorité absolue, rendant inapplicable le texte ayant motivé l'arrêt (23 mars 1992, *Sté Klöckner France, Rec.* 133). Sans attendre l'intervention de l'arrêt de manquement, la Cour de cassation française invite même les juridictions pénales saisies de poursuites pour infraction à une disposition nationale que la Commission a déférée à la Cour de justice par la voie du recours en manquement, *à surseoir à statuer :* ce qui signifie que le simple engagement de la procédure de manquement tient en l'état les poursuites pénales (Crim. 1er oct. 1979, *Rossi di Montalera, JCP* 1981. II. 19554). Sans compter que dans tous les cas, violation d'une règle directement applicable ou pas, l'arrêt de manquement fournit aux particuliers un titre pour obtenir devant les juridictions nationales réparation pécuniaire du dommage qu'ils ont subi (CJCE 19 nov. 1991, *Francovich et Bonifaci*, aff. C-6/90 et C-9/90, *Rec.* I-5403).

iii) Enfin, l'arrêt de manquement a une *autorité de chose interprétée* comparable à celle des arrêts rendus sur renvoi préjudiciel ((v. ss 1474) ; l'interprétation du droit communautaire qu'il consacre s'impose aux juridictions nationales de tous les pays membres et les dégage, le cas échéant, de leur obligation de renvoi (aff. *Rossi di Montalera*, préc.).

C. Sanction du manquement

1° Evolution du dispositif

a) Situation initiale : absence de sanction

1334. Tenu de prendre les mesures que comporte l'exécution de l'arrêt, l'État condamné dispose pour ce faire d'un *délai raisonnable* ; le temps nécessaire à la régularisation varie, en effet, dans chaque cas d'espèce, selon que les mesures à adopter ont un caractère administratif ou législatif, qu'elles doivent être prises au niveau central ou régional, qu'elles nécessitent ou non la mise en place de structures parfois extrêmement complexes (par exemple, cadastre viticole). La Commission, le cas échéant, prend acte des délais jugés indispensables (réponse à la question écrite n° 1159/79, *JOCE* n° C 74/44 du 24 mars 1980). Néanmoins, l'intérêt qui s'attache à une application immédiate et uniforme du droit de l'Union exige que cette exécution soit entamée immédiatement et aboutisse dans des délais aussi brefs que possible (CJCE 30 janv. 1992, *Commission c/Grèce*, aff. C-328/90, *Rec.* I-425 ; CJ 31 mars 2011, *Commission c/Grèce*, aff. C-407/09, *Rec.* I-2467), une autre exigence étant celle d'une exécution « véritable ».

1335. En face d'un retard excessif ou d'un refus flagrant d'exécuter, on ne retrouvait pas, dans les traités de Rome, le dispositif de sanctions du traité CECA :

Le traité CECA prévoyait un système de sanctions en cas de non-exécution d'une constatation de manquement. « Si l'État n'a pas pourvu à l'exécution de son obligation dans le délai fixé par la Haute Autorité ou, en cas de recours, si celui-ci a été rejeté, la Haute Autorité peut, sur avis conforme du Conseil statuant à la majorité des 2/3 :

a) suspendre le versement des sommes dont elle serait redevable pour le compte de l'État en question en vertu du présent traité ;

b) prendre ou autoriser les autres États membres à prendre des mesures dérogatoires aux dispositions de l'article 4 en vue de corriger les effets du manquement constaté.

Un recours en pleine juridiction est ouvert, dans un délai de deux mois à compter de leur notification, contre les décisions prises en application des alinéas *a)* et *b)*.

Si les mesures ci-dessus s'avèrent inopérantes, la Haute Autorité en réfère au Conseil » (art. 88 CECA).

Ce mécanisme, ambitieux, mais aussi réaliste (puisque le dernier mot était laissé à un accord politique au sein du Conseil) n'a jamais eu l'occasion de jouer.

Dès lors, la Commission, qui comme *gardienne des traités* doit veiller à l'exécution des arrêts de manquement (CJCE 16 oct. 1985, *Commission c/Italie*, aff. 281/83, *Rec.* 3397) ne pouvait que saisir la Cour d'un second recours en manquement, cette fois pour ne pas avoir respecté l'autorité d'un arrêt de manquement (CJCE 13 juill. 1972, *Commission c/ Italie*, aff. 48/71, *Rec.* 529), la Cour présentant en des termes particulièrement vifs un tel comportement (« violation caractérisée et inadmissible de l'obligation incombant aux États membres en vertu de l'article 5, 2° alinéa du traité… (qui) affecte par là même jusqu'aux bases essentielles de l'ordre juridique communautaire » : CJCE 19 janv. 1993, *Commission c/Italie*, aff. C-101/91, *Rec.* I-191). Il n'était pas exclu, dans le cadre d'un tel recours, qu'elle demande à la Cour de prescrire sur la base de l'article 243 CE [*désormais art. 279 FUE*], des mesures d'urgence ; mais s'agissant seulement d'enjoindre à l'État d'exécuter sans délai l'arrêt de manquement, la Cour s'y est refusée, estimant que son ordonnance n'ajouterait rien à celui-ci (Ord. du 28 mars 1980, *Commission c/France*, aff. 24/80 et 97/80 R, *Rec.* 123).

La pratique a montré que les arrêts de manquement finissaient toujours par être exécutés, mais de plus en plus souvent avec des retards inadmissibles, d'où les réformes introduites par le traité de Maastricht.

b) Apport du traité de Maastricht : les sanctions consécutives

1336. En cas de non-respect d'un arrêt de manquement, le traité de Maastricht a permis à la Commission de demander à l'État ses observations ; dans cette version issue du traité de Maastricht (art. 171 CE, devenu art. 228 CE, actuellement art. 260 FUE), elle prenait alors un avis motivé indiquant en quoi l'État ne s'était pas conformé à l'arrêt et fixait un délai.

La Commission pouvait ensuite saisir la Cour en indiquant le montant de la somme forfaitaire ou de l'astreinte qui lui semble approprié, la Cour pouvant alors infliger une telle amende ou astreinte.

Pendant quelques années, il n'y a pas eu d'application mais le dispositif jouait déjà un indiscutable rôle de persuasion. La Cour a franchi le pas le 4 juillet 2000, *Commission c/Grèce*, aff. C-387/97, *Rec.* I-5047, la Grèce étant condamnée à une astreinte de 20 000 euros par jour de retard dans l'exécution d'un arrêt de manquement du 7 avril 1992. Malgré la tendance à continuer d'utiliser l'expression commode de « manquement sur manquement », la Cour souligne la spécificité de cette procédure de sanction, l'objet de cette procédure étant beaucoup plus circonscrit (inciter un État défaillant à exécuter un arrêt de manquement) que celui d'un recours en manquement (constater et faire cesser le comportement d'un État membre constituant une violation du droit de l'Union), ce qui en fait une procédure juridictionnelle spéciale d'exécution des arrêts de la Cour, c'est-à-dire une voie d'exécution (CJ 15 janv. 2014, *Commission c/Portugal*, aff. C-292/11 P, ECLI:EU:C:2014:3).

c) Apport du traité de Lisbonne : accélération des sanctions consécutives et création des sanctions intégrées

1337. S'agissant des sanctions pécuniaires, le traité de Lisbonne a d'abord accéléré la procédure classique des « sanctions consécutives », c'est-à-dire exigeant un deuxième arrêt de la Cour, en supprimant la phase intermédiaire de l'avis motivé de la Commission, cette dernière pouvant donc saisir directement la Cour après avoir mis l'État en mesure de présenter ses observations, désormais seule formalité de la phase précontentieuse (art. 260, § 2, FUE). On sait que le manquement est apprécié à l'expiration du délai fixé par l'avis motivé. La suppression de cet avis pour le « manquement sur manquement » a conduit la Cour à préciser que dans ce cadre, l'appréciation se ferait à l'expiration du délai fixée par la mise en demeure (CJ 19 déc. 2012, *Commission c/Irlande*, aff. C-279/11, ECLI:EU:C:2012:834).

Le traité de Lisbonne innove surtout en prévoyant (art. 260, § 3, FUE) que lorsqu'un manquement « initial » consiste en la non-communication de mesures de transposition d'une directive législative, il est alors possible à la Commission de demander directement le prononcé d'une amende ou d'une astreinte (appelons cela « sanction intégrée » au manquement initial), ce qui, dans ce cas particulier, fait véritablement sortir le recours en manquement du cadre du contentieux de la simple déclaration. Le traité précise que la Commission peut proposer une telle « intégration » « lorsqu'elle le considère approprié », ce qui souligne que sur ce point particulier, elle dispose de la même marge d'appréciation que celle qui caractérise son intervention de façon générale dans le cadre du recours en manquement.

Pour ce dernier cas de figure, la Commission a précisé les conditions d'application de la réforme du traité de Lisbonne dans une communication du 12 janvier 2011 (SEC [2010] 1371). Si le mode de calcul et les principes sont comparables au cadre de la « sanction consécutive », la Commission a semblé élargir la portée du nouveau dispositif « intégré », visant l'absence mais aussi le caractère imparfait des mesures de transposition communiquées. La Commission a également précisé qu'elle appliquerait cette nouvelle possibilité uniquement aux procédures engagées après la publication de cette communication, ainsi qu'à celles engagées avant mais sans que la Cour ait déjà été saisie (éventuellement avec un deuxième avis motivé complémentaire). La Commission a précisé enfin que dans le calcul de la durée des infractions (pour déterminer le montant de la sanction), elle ne tiendrait pas compte de la période antérieure à l'entrée en vigueur du traité de Lisbonne (1er déc. 2009). Si, dans sa communication de 2011, la Commission annonçait qu'elle ne demanderait qu'une astreinte pour ce cas de figure, elle a, compte-tenu de l'expérience, décidé dans sa communication déjà évoquée C/2016/8600 « Le droit de l'Union européenne: une meilleure application pour de meilleurs résultats » (*JOUE* n° C 18/10 du 19 janv. 2017) de demander systématiquement une somme forfaitaire combinée à une astreinte.

2° Pratique du dispositif

Van Rijn (T.), « Les sanctions pécuniaires de l'article 260 TFUE : 5 ans après le traité de Lisbonne », *CDE* 2015. 557.

1338. La Commission, dès 1996, a mis en place un système constituant un cadrage technique du dispositif de sanctions, que la Cour a approuvé tout en s'en démarquant quelque peu dans sa pratique.

a) Cadrage technique de la Commission

1339. En 1996, la Commission a publié une première communication concernant la mise en œuvre du dispositif (*JOCE* n° C 242/6 du 21 août 1996). En 1997, elle a publié une deuxième communication précisant plus particulièrement la méthode de calcul de l'astreinte (*JOCE* n° C 63/2 du 28 févr.1997). Les critères définis dans ces communications de 1996 et 1997 ont été largement entérinés par la Cour de justice dans son premier arrêt précité du 4 juillet 2000, *Commission c/Grèce*, aff. C-387/97, la Cour a confirmant dès cet arrêt inaugural que les critères de base qui doivent être pris en considération pour assurer la nature coercitive de l'astreinte en vue de l'application uniforme et effective du droit communautaire sont, en principe, la durée de l'infraction, son degré de gravité et la capacité de payer de l'État membre en cause, et que pour l'application de ces critères, il y a lieu de tenir compte en particulier des conséquences du défaut d'exécution sur les intérêts privés et publics et de l'urgence qu'il y a à amener l'État membre concerné à se conformer à ses obligations (cf. également CJCE 12 juill. 2005, *Commission c/France*, aff. C-304/02, *Rec.* I-6263 ; CJCE 14 mars 2006, *Commission c/France*, aff. C-177/04, *Rec.* I-2461 ; CJCE 10 janv. 2008, *Commission c/Portugal*, aff. C-70/06, *Rec.* I-1 ; CJCE 4 juin 2009, *Commission c/Grèce*, aff. C-109/08, *Rec.* I-4657 ; CJCE 7 juill. 2009, *Commission c/Grèce*, aff. C-369/07, *Rec.* I-5703). La Commission actualise régulièrement le système de calcul des sanctions : cf. la communication 2017/C 431/02 publiée au *JOUE* n° C 431/3 du 15 déc. 2017.

1340. On peut considérer que deux types de principes ont permis de dessiner le dispositif mis en place. D'une part, la finalité même des sanctions, à savoir l'application effective du droit de l'Union, a conduit à tenir compte de trois critères : la gravité de l'infraction, la durée de celle-ci, et l'exigence de caractère dissuasif de la sanction. Par ailleurs, la légalité du système exigeait le respect de sa transparence (méthode claire, prévisibilité pour les États membres), et des principes de proportionnalité et d'égalité de traitement entre les États membres.

– *Système applicable pour une astreinte* : l'astreinte à payer par l'État membre est la somme, calculée en principe par jour de retard, sanctionnant l'inexécution d'un arrêt de la Cour, sachant que cette astreinte court du jour où le deuxième arrêt de la Cour a été signifié à l'État membre incriminé jusqu'à ce que celui-ci mette fin à l'infraction. Le montant de l'astreinte journalière se calcule de la façon suivante : multiplication d'un forfait de base uniforme (désormais de 700 euros) par un coefficient de gravité (selon l'importance des règles ayant fait l'objet de l'infraction et les conséquences de cette infraction pour des intérêts généraux et particuliers, ce coefficient allant de 1 à 20) et un coefficient de durée (la durée prise en compte est celle de l'infraction à partir du premier arrêt de la Cour de justice jusqu'au moment où la Commission décide de saisir la Cour ; ce coefficient va de 1 à 3). Multiplication du résultat obtenu par un facteur fixe par pays (le facteur « n ») prenant en compte à la fois la capacité de payer de l'État membre incriminé et le nombre de voix dont il dispose au Conseil : ce « facteur n » qui est de 1 pour le Luxembourg peut aller de 0,36 pour Malte jusqu'à 20,50 pour l'Allemagne, la France ayant ici un facteur de 17,43.

– *Système applicable pour une somme forfaitaire* : lors de toute saisine de la Cour au titre de l'article 228 CE [désormais art. 260 FUE], la Commission propose au moins une somme forfaitaire fixe, déterminée pour chaque État membre en fonction du facteur « n » susmentionné et permettant d'éviter, même en cas d'absence de circonstances aggravantes, une sanction non dissuasive. Cette somme va de 208 000 euros pour Malte à 11 832 000 euros pour l'Allemagne (10 060 000 euros pour la France). Mais sous réserve que la somme forfaitaire minimale soit dépassée, la Commission proposera le plus souvent à la Cour de déterminer la somme forfaitaire par le biais de la multiplication d'un montant journalier inférieur à celui prévu pour les astreintes (actuellement 230 euros) par le nombre de jours de persistance de l'infraction intervenus entre le jour du prononcé de l'arrêt de manquement initial et le jour de la régularisation de l'infraction, ou, à défaut de régularisation, le jour du prononcé de l'arrêt sanctionnant le défaut d'exécution. Il faut alors multiplier par le coefficient de gravité et le facteur n, comme pour les astreintes. Même si ce mode de calcul rapproche le système de celui d'une astreinte, on reste dans une logique de somme forfaitaire puisque dans son arrêt, la Cour peut ici se prononcer sur une somme fixe.

b) Jurisprudence de la Cour et pratique des sanctions

1341. ***Liberté de la Cour.*** La position de la Cour est que la Commission peut effectivement adopter des lignes directrices dont l'objectif est de fixer les modalités de calcul du montant des sommes forfaitaires ou des astreintes qu'elle entend proposer à la Cour, en particulier en vue d'assurer l'égalité de traitement entre les États membres et que ces « propositions » constituent une base de référence utile, même si elles ne sauraient lier la Cour (CJCE 4 juill. 2000, *Commission c/Grèce*, aff. C-387/97, *Rec.* I-5047). La Cour a donc précisé à la fois l'utilité de ces repères publiés par la Commission et le fait qu'elle ne soit pas liée par eux.

– Elle juge donc que ces communications de la Commission contribuent à garantir la transparence, la prévisibilité et la sécurité juridique de l'action menée par cette institution (CJCE 10 janv. 2008, *Commission c/Portugal*, aff. C-70/06, *Rec.* I-1 ; CJCE 4 juin 2009, *Commission c/Grèce*, aff. C-109/08, *Rec.* I-4657 ; CJ 2 déc.

2014, *Commission c/Grèce*, aff. C-378/13, ECLI:EU:C:2014:2405 ; CJ 7 sept. 2016, *Commission c/Grèce*, aff. C-584/14, ECLI:EU:C:2016:636).

– Mais ceci ne l'empêche pas de prendre ses distances avec ces lignes directrices. Outre le principe majeur, déjà indiqué et sempiternellement rappelé, selon lequel elle n'est pas liée, la Cour a également précisé que l'exercice de son pouvoir de sanction n'est pas soumis à la condition que la Commission arrête des lignes directrices (CJCE 12 juill. 2005, *Commission c/France*, aff. C-304/02, *Rec.* I-6263). La Cour peut aussi s'écarter des propositions de la Commission et infliger à l'État concerné le paiement d'une somme forfaitaire, alors que la Commission n'avait fait aucune proposition en ce sens (CJCE 12 juill. 2005, *Commission c/France*, aff. C-304/02, préc. ; CJCE 18 juill. 2007, *Commission c/Allemagne*, aff. C-503/04, *Rec.* I-6153). S'agissant du critère de la durée de l'infraction, la Cour a aussi indiqué que le coefficient y afférent doit être déterminé sur la base d'une échelle qui n'est pas limitée par celle allant de 1 à 3 proposée par la Commission (CJCE 14 mars 2006, *Commission c/France*, aff. C-177/04, *Rec.* I-2461). Il est également à noter que dans la « sanction intégrée » (v. ss 1337), le traité dispose que la Cour inflige une astreinte ou une amende « dans la limite du montant indiqué par la Commission », ce qui réduit l'indépendance scrupuleusement affichée par la Cour jusque-là dans le cadre des sanctions « consécutives ».

1342. ***Pratique de la Cour***. S'agissant de la pratique de ces sanctions pécuniaires, tant la Cour que la Commission ont pu souligner la ***spécificité*** de chacune des deux variantes disponibles, l'astreinte et la somme forfaitaire, ce qui a pu déterminer les modalités de leur choix ou combinaison. La Cour remarque ainsi que l'imposition d'une astreinte semble particulièrement adaptée pour inciter un État membre à mettre fin, dans les plus brefs délais, à un manquement qui, en l'absence d'une telle mesure, aurait tendance à persister, l'imposition d'une somme forfaitaire reposant davantage sur l'appréciation des conséquences du défaut d'exécution des obligations de l'État membre concerné sur les intérêts privés et publics, notamment lorsque le manquement a persisté pendant une longue période depuis l'arrêt qui l'a initialement constaté (CJCE 12 juill. 2005, *Commission c/France*, aff. C-304/02, *Rec.* I-6263 ; CJCE 4 juin 2009, *Commission c/Grèce*, aff. C-568/07, *Rec.* I-4505 ; CJ 31 mars 2011, *Commission c/Grèce*, aff. C-407/09, *Rec.* I-2467).

Dans sa communication de 1996, la Commission considérait qu'« en tenant compte de l'objectif fondamental de l'ensemble de la procédure d'infraction qui est d'aboutir le plus rapidement possible à la mise en conformité… l'astreinte est l'instrument le plus approprié ». Sa pratique initiale fut dès lors de demander systématiquement l'imposition d'astreintes. La Commission a cependant révisé, dès sa communication de 2005, sa position, car dans l'hypothèse, fréquente, d'une régularisation *in extremis* de l'État membre, juste avant le prononcé de l'arrêt de sanction, il n'y a alors aucune astreinte et finalement aucune sanction. La Commission a donc décidé de coupler dans sa demande une astreinte par jour de retard postérieur à l'arrêt de sanction, et une somme forfaitaire sanctionnant en toute hypothèse la continuation de l'infraction entre le premier arrêt en manquement et l'arrêt sur la sanction pour non-exécution. L'arrêt précité de la Cour du 12 juillet 2005, *Commission c/France*, aff. C-304/02, a procédé pour la première fois à un tel ***cumul*** (cf. également CJCE 7 juill. 2009, *Commission c/Grèce*, aff. C-369/07, *Rec.* I-5703).

On peut également noter l'adoption par la Cour d'un système ***d'astreinte dégressive*** : CJCE 25 nov. 2003, *Commission c/Espagne*, aff. C-278/01, *Rec.* I-14141. Il s'agit de tenir compte des progrès accomplis. Un exemple représentatif peut être trouvé avec trois condamnations du 2 déc. 2014 à l'encontre de l'*Italie* (aff. C-196/13, ECLI:EU:C:2014:2407), et de la *Grèce* (aff. C-378/13, ECLI:EU:C:2014:2405) et du 4 déc. pour la *Suède* (aff. C-243/13, ECLI:EU:C:2014:2413) pour des décharges non-conformes aux règles environnementales. Pour la Grèce par exemple, étaient en cause 70 décharges illégales en activité et 223 désaffectées mais non réhabilitées. Dans les trois cas a été prononcé le paiement d'une somme forfaitaire (10 millions d'euros pour la Grèce) et une astreinte semestrielle (14 520 000 euros pour la Grèce) avec déduction de 40 000 euros par décharge désaffectée ou réhabilitée et de 80 000 euros par décharge désaffectée et réhabilitée. Mais ce système dégressif est refusé par la Cour lorsque les avancées dans les travaux (par exemple dans la mise en place d'un système de traitement des eaux résiduaires urbaines) n'apportent aucune amélioration à l'environnement, seul l'achèvement global de l'opération étant positif (CJ 22 juin 2016, *Commission c/Portugal*, aff. C-557/14, ECLI:EU:C:2016:471).

Il existe aussi un système byzantin ***d'astreintes semi-dégressives*** comportant une partie fixe et un volet dégressif (CJ 7 sept. 2016, *Commission c/Grèce*, aff. C-584/14, ECLI:EU:C:2016:636).

Le contentieux en matière de manquement connaît également parfois, depuis 2011, un ***3e acte*** : après l'arrêt de manquement, puis la procédure éventuelle de sanction financière, les États peuvent intenter un recours en annulation contre les décisions de la Commission procédant à la liquidation des astreintes (par ex. T 28 mars 2017, *Portugal c/Commission*, aff. T-733/15, ECLI:EU:T:2017:225).

Section 3
Le contentieux de pleine juridiction

Mengozzi (P.), « La compétence de pleine juridiction du juge communautaire », in *Liber Amicorum en l'honneur de Bo Vesterdrof*, Bruxelles, Bruylant, 2007, p. 220.

§ 1. Recours en responsabilité extra-contractuelle

Ban (B.) (du), « Les principes généraux communs et la responsabilité non contractuelle de la Communauté », *CDE* 1977. 397.
Baratta (R.), « La responsabilità aquiliana dell'Unione europea », *Il Diritto dell'Unione europea* 2013, p. 513.
Cahier (P.), « Les éléments constitutifs de la responsabilité extra-contractuelle de la CE », in *Mélanges Reuter*, Paris, Pedone, 1981, p. 127.
Capelli (F.) et Migliazza (M.), « Recours en indemnité et protection des intérêts individuels : quels sont les changements possibles et souhaitables ? », *CDE* 1995. 585.
Debard (T.), *L'action en responsabilité extra-contractuelle devant la CJCE*, thèse, Lyon, 1984.
Fines (F.), *Étude de la responsabilité extra-contractuelle de la CE*, Paris, LGDJ, 1990.
Fuss (E.W.), « La responsabilité des Communautés européennes pour le comportement illégal de leurs organes », *RTDE* 1981. 1.

Graffin (T.), « La responsabilité extra-contractuelle de la Communauté après l'arrêt *Bergaderm* », *RAE* 2001-2002. 862.

Pernice (I.), « Le recours en indemnité », *CDE* 1995. 641.

Ritleng (D.), « De l'irresponsabilité extracontractuelle de la Communauté », in *Mélanges en l'honneur de Philippe Manin*, Paris, Pedone, 2010, p. 921.

Schockweiller (F.) et Wivenes (G.), « Le régime de la responsabilité extra-contractuelle du fait d'actes juridiques dans la Communauté européenne », *RTDE* 1990. 27.

Speltdoorn (O.), « Responsabilité de l'Union européenne », *Rép. communautaire*, Dalloz, 2011.

1343. Le juge de l'Union a compétence exclusive pour connaître des actions visant à faire condamner l'Union à indemniser les dommages causés en dehors de l'inexécution d'un contrat (art. 268 FUE, applicable au cadre Euratom). En revanche, ce n'est qu'en vertu d'une éventuelle clause compromissoire contenue dans un contrat passé par l'Union ou pour son compte que la Cour serait compétente pour la responsabilité contractuelle, de sorte que ce dernier contentieux relèvera souvent d'un juge national, ou donnera lieu à l'application d'un droit national, y compris parfois devant le juge de l'Union (pour une utilisation du droit belge par le Tribunal, cf. l'arrêt du 11 déc. 2013, *Association médicale européenne*, aff. T-116/11, ECLI:EU:T:2013:634). La distinction entre la responsabilité contractuelle ou non-contractuelle est donc indispensable mais parfois délicate à établir, ce qui a conduit la Cour à indiquer une méthode consistant à essayer d'apprécier l'existence ou non d'un « contexte contractuel » de manière objective (quelle est la règle de droit violée, quelle est la nature du préjudice invoqué, quels rapports juridiques existent entre les parties en cause ?) c'est-à-dire sans être liée par les normes invoquées par les parties (qui choisiraient par là, sinon, la nature du litige). Si l'examen global exige ainsi d'interpréter le contrat, le litige sera contractuel (CJ 18 avr. 2013, *Commission c/Systran et Systran Luxembourg*, aff. C-103/11 P, ECLI:EU:C:2013:245). Par ailleurs, le cumul reste possible entre les deux types de responsabilités, mais pour qu'une responsabilité extracontractuelle s'ajoute à la responsabilité contractuelle, il faut que l'illégalité dépasse le manquement à une obligation contractuelle et que le préjudice excède celui résultant de la mauvaise exécution du contrat (T 18 nov. 2015, *Synergie Hellas*, aff. T-106/13, ECLI:EU:T:2015:860).

Quant au régime de fond applicable à la responsabilité extra-contractuelle de l'Union et de ses agents, il était clairement précisé par le traité CECA, qui réglait lui-même, directement, la matière dans son article 40 :

> « ... la Cour est compétente pour accorder, sur demande de la partie lésée, une réparation pécuniaire à la charge de la Communauté, en cas de préjudice causé dans l'exécution du présent traité par une faute de service de la Communauté. Elle est également compétente pour accorder une réparation à la charge de la Communauté en cas de préjudice causé par une faute personnelle d'un agent de celle-ci dans l'exercice de ses fonctions ».

Au contraire, l'article 340 alinéa 2 FUE se borne à un renvoi :

> « En matière de responsabilité non contractuelle, l'Union doit réparer, conformément aux principes généraux communs aux droits des États membres, les dommages causés par ses institutions ou par ses agents dans l'exercice de leurs fonctions. » (L'article 188 alinéa 2 CEEA, s'agissant de la responsabilité non contractuelle de la Communauté européenne de l'énergie atomique, est rédigé de façon semblable).

Cette disposition, dont on rappellera qu'elle constituait le seul renvoi explicite initial aux principes généraux communs (v. ss 719) ; désormais l'art. 6, § 3, UE y fait aussi référence s'agissant des droits fondamentaux), laisse ainsi à la Cour le soin de fonder cette responsabilité sur les *principes communs aux États membres en matière de responsabilité de la puissance publique*. Mais, y en a-t-il vraiment et quels sont-ils ? Les divergences des solutions nationales laissaient à la Cour une grande liberté pour élaborer une solution prétorienne. Malgré cela, sa démarche s'est révélée prudente et parfois même précautionneuse, ce qui s'explique non seulement parce qu'elle a voulu éviter toute solution de continuité entre le régime CECA et celui des deux nouvelles Communautés et de l'Union, mais surtout parce que l'élaboration jurisprudentielle du régime de la responsabilité de l'Union européenne s'effectue dans un contexte spécifique conditionné par le domaine et la nature de l'activité de celle-ci :
– sauf en matière de fonction publique, l'objet au moins dans un premier temps essentiellement économique de l'activité de la Communauté puis de l'Union confère des caractères propres tant aux préjudices qu'aux faits dommageables ;
– l'Union n'ayant pratiquement pas d'activités matérielles, au contraire d'une administration nationale, il s'agit essentiellement d'élaborer un régime de responsabilité pour les dommages causés par une activité juridique et plus spécialement normative.

Or, ces deux facteurs, en quelque sorte *structurels*, sont toujours générateurs, en matière de responsabilité, à la fois d'hésitation et de sévérité. À quoi s'ajoute le fait que la Cour a été rapidement confrontée au problème, proprement constitutionnel, et cependant passé sous silence par les traités, des dommages causés par les administrations et services des États membres dans l'exécution du droit de l'Union. Si bien que le régime de l'action en indemnité garde encore aujourd'hui un caractère largement inachevé, spécialement si on le compare à celui du recours en annulation.

I. Conditions de recevabilité

1344. La nature même de l'action en responsabilité, qui n'a pas sur l'activité des institutions la même incidence que le recours en annulation, a conduit les auteurs des traités à lui conférer une portée tout à fait générale dans le système des voies de droit et notamment à ne pas prendre à son égard les mêmes précautions que pour l'annulation. Bien plus, la Cour a interprété favorablement les conditions tenant à la qualité du requérant comme au délai. Des restrictions peuvent cependant découler d'exigences liées à la configuration ou à la cohérence du système juridictionnel de l'Union.

A. Parties

1345. ***Qui peut intenter le recours ?*** Seule compte, ici, l'existence, réelle ou prétendue, d'un dommage. Toute personne physique ou morale se prévalant d'un dommage, c'est-à-dire aussi bien un État (ce qui reste théorique à ce jour) qu'un particulier, est recevable à demander réparation. S'agissant d'une association professionnelle, elle ne pourra agir en réparation que dans le cas où elle peut faire valoir en justice ou bien un intérêt propre distinct de celui de ses membres ou bien un droit à réparation qui lui a été cédé par d'autres personnes (pour un rappel, Ord. du 5 mars 2018, *Estamede c/BCE*, aff. T-124/17, ECLI:EU:T:2018:152).

1346. ***Contre qui doit être dirigée l'action ?*** Dans le silence des textes, la Cour a écarté la thèse de la Commission qui prétendait disposer d'un mandat général de défense en ce qui concerne les recours en indemnité, par analogie avec l'article 282 CE qui lui conférait le monopole de la représentation de la Communauté devant les juridictions nationales (désormais, l'article 335 FUE reprend ce principe, cependant assorti d'une dérogation : s'agissant des questions liées à leur *fonctionnement interne*, au titre de leur autonomie administrative, chacune des institutions de l'Union représente celle-ci devant les juridictions internes). Elle a donc estimé que la Communauté poursuivie, désormais l'Union ou la CEEA, doit être représentée par la ou les institutions « à qui le fait générateur de responsabilité est reproché » (13 nov. 1973, *Werhahn*, aff. 63 à 69/72, *Rec.* 1246). Il en a découlé que les actions étaient dirigées, en fait, soit contre la Commission soit contre le Conseil, soit conjointement contre les deux, par exemple quand la mesure en cause avait été proposée par la Commission et adoptée par le Conseil. La procédure de codécision a impliqué la possibilité d'agir aussi conjointement contre le Conseil et le Parlement, ce dernier ayant aussi engagé *ut singuli* la responsabilité extra-contractuelle de la Communauté dans le cadre d'une procédure d'adjudication de marché public (TPI 17 déc. 1998, *Embassy Limousine & Services*, aff. T-203/96, *Rec.* II-4239) ; le Parlement ne saurait cependant être responsable des conséquences dommageables du comportement d'un groupe politique (CJCE 22 mars 1990, *J.-M. Le Pen*, aff. 201/89, *Rec.* I-1183). Il est également possible d'agir contre la Cour des comptes (pour une responsabilité liée à son rapport annuel : TPI 15 juin 1999, *Ismeri Europa SRL*, aff. T-277/97, *Rec.* II-1825), mais au-delà des « institutions », l'action peut aussi être dirigée contre la BEI (CJCE 2 déc. 1992, *SGEEM*, aff. 370/89, *Rec.* I-6211), ou viser la réparation d'un préjudice causé par l'action du Médiateur européen (CJCE 23 mars 2004, *Médiateur européen soutenu par Parlement européen c/Frank Lamberts*, aff. C-234/02 P, *Rec.* I-2803 ; TPI 24 sept. 2008, *M c/Médiateur*, aff. T-412/05, *Rec.* II-197* ; ou T 29 avr. 2015, *Staelen c/ Médiateur européen*, aff. T-217/11, ECLI:EU:T:2015:238) ou par un organe tel que l'OLAF (office de lutte anti-fraude) : TPI 8 juill. 2008, *Franchet et Byk*, aff. T-48/05, *Rec.* II-1585, ce qui montre que sont visées les « institutions » dans un sens très large (le Tribunal a cependant exclu naguère d'étendre la notion au Conseil européen, trop intergouvernemental sans doute : ordonnance du 17 déc. 2003, *Krikorian e. a. c/Parlement e. a.*, aff. T-346/03, *Rec.* II-6037). C'est probablement pourquoi le traité de Lisbonne, qui a, de manière générale, introduit les « organes et organismes » de l'Union dans les mécanismes contentieux, n'a pas procédé ici au même élargissement, l'article 340 FUE ne visant toujours que les « institutions » de l'Union.

Trois cas particuliers peuvent être soulignés.

– Le TFUE (art. 340 al. 3) introduit un cas particulier pour la BCE, jusque-là explicitement assimilée au cas général de la responsabilité « de l'Union », qui doit, par dérogation, réparer les dommages causés par elle-même ou par ses agents dans l'exercice de leurs fonctions, alors même qu'elle est désormais une institution de l'Union (par exemple pour un préjudice lié à la restructuration de la dette publique grecque, T 7 oct. 2015, *Accorinti c/ BCE*, aff. T-79/13, ECLI:EU:T:2015:756).

– Le cas de la responsabilité du Tribunal ou de la Cour de justice est également intéressant et a évolué récemment. S'il avait pu être considéré qu'une telle responsabilité ne pourrait, pratiquement, être mise en cause que par les fonctionnaires des juridictions européennes, la montée en puissance du principe de jugement dans un délai raisonnable a fait du recours en indemnité l'instrument le plus adapté pour concrétiser ce principe, dans la mesure notamment où le recours en annulation n'est pas approprié dès lors que le dépassement d'un délai raisonnable n'a pas forcément eu d'incidence sur la solution du litige (CJ (Gr. ch.) 16 juill. 2009, *Der Grüne Punkt*, aff. C-385/07 P, *Rec.* I-6155 ; ou CJ (Gr. ch.) 26 nov. 2013, *Gascogne Sack Deutschland c/ Commission*, aff. C-40/12 P, ECLI:EU:C:2013:768). Ceci a abouti aux premières condamnations de l'Union à indemniser un tel préjudice, lié notamment aux pertes en matière de garantie bancaire, à cause d'un délai excessif de jugement (arrêts du 10 janv. 2017, *Gascogne Sack Deutschland et Gascogne c/ Union européenne*, aff. T-577/14, ECLI:EU:T:2017:1 ; du 1er févr. 2017, *Kendrion c/ Union européenne*, aff. T-479/14, ECLI:EU:T:2017:48 ; ou du 7 juin 2017, *Guardian Europe c/ Union européenne*, aff. T-673/15, ECLI:EU:T:2017:377). En revanche, lorsque le retard est dû à la complexité de l'affaire et au comportement des parties, l'indemnisation sera exclue (arrêt du 1er févr. 2017, *Aalberts Industries c/ Union européenne*, aff. T-725/14, ECLI:EU:T:2017:47). Sur ce cas de figure d'une responsabilité de l'Union qui serait engagée du fait d'une décision d'une juridiction européenne, la précision a été apportée selon laquelle « la responsabilité de l'Union ne peut être engagée en raison du contenu d'une décision juridictionnelle qui n'a pas été rendue par une juridiction de l'Union statuant en dernier ressort et qui pouvait donc faire l'objet d'un pourvoi », ceci étant « sans préjudice de la possibilité, pour une requérante, de rechercher, dans des cas exceptionnels, la responsabilité de l'Union en raison de dysfonctionnements juridictionnels graves, notamment de nature procédurale ou administrative, affectant l'activité d'une juridiction de l'Union « » (arrêt du 7 juin 2017, *Guardian Europe c/ Union européenne*, aff. T-763/15, ECLI:EU:T:2017:377 ; ou du 23 janv. 2018, *Campailla c/ Union européenne*, aff. T-759/16, ECLI:EU:T:2018:26).

– Le dernier cas particulier concerne l'hypothèse où la responsabilité d'institutions de l'Union est mise en cause pour leur action dans un autre cadre que celui de l'Union européenne, et notamment dans le cadre du Mécanisme européen de stabilité (MES), c'est-à-dire une institution financière internationale régie par le droit international public. Face à un tel recours à l'encontre de la Commission et de la BCE, pour leur rôle en matière de restructuration du système bancaire chypriote, régi par un Protocole d'accord entre le MES et Chypre, le Tribunal s'est d'abord estimé incompétent dès lors que ces institutions de l'Union n'agissait qu'au nom du MES (Ord. du 10 nov. 2014, *Ledra Advertising*, aff. T-289/13, ECLI:EU:T:2014:981), mais sur pourvoi, la Cour a affiné l'analyse, admettant que les actes de ces institutions dans le cadre du MES ne relevaient pas de l'ordre juridique de l'Union, mais en déduisant que si cela excluait un recours en annulation à leur encontre, cela n'empêchait pas forcément un recours en indemnité dès lors que ces institutions, même dans ce cadre externe, se bornaient à exercer les attributions que leur confient les traités sur lesquels l'Union est fondée (pour la Commission, promouvoir l'intérêt général de l'Union, ou surveiller le respect du droit de l'Union) : arrêt du 20 sept. 2016, *Ledra Advertising c/ Commission et BCE*, aff. C-8/15 P à C-10/15 P, ECLI:EU:C:2016:701).

B. Délais

1347. L'action en responsabilité non contractuelle se prescrit en cinq ans « à compter de la survenance du fait qui y donne lieu » (art. 46 du statut de la Cour de justice de l'Union européenne). Cette formule n'est pas claire et ne permet pas de savoir avec certitude si la prescription se rattache à la date du fait qui est à l'origine du dommage ou à la date de naissance du droit à réparation, c'est-à-dire de la réalisation effective du préjudice. La Cour a opté pour cette seconde solution, c'est-à-dire la plus libérale (27 janv. 1982, *Birra Wührer*, aff. 256/80, *Rec.* 85 ; ou 8 nov. 2012, *Evropaïki Dynamiki c/Commission*, aff. C-469/11 P, ECLI:EU:C:2012:705) mais ne va pas jusqu'à considérer que le *dies a quo* serait celui où la victime, par exemple après expertise, acquiert une connaissance précise et circonstanciée de ce préjudice (CJCE, Ord. du 18 juill. 2002, *Autosalone Ispra*, aff. C-136/01 P, *Rec.* 6565). Classiquement, la jurisprudence fait la distinction : dans les cas où la responsabilité de l'Union trouve sa source dans un acte normatif, le délai de prescription commence à courir lorsque les effets dommageables de cet acte se sont produits, et dans les contentieux nés d'actes individuels, le délai de prescription ne commence à courir qu'à partir du moment où l'acte produit ses effets dommageables à l'égard des personnes qu'il vise (par ex. arrêt du 28 févr. 2013, *Inalca et Cremonini c/ Commission*, aff. C-460/09 P, ECLI:EU:C:2013:111). En toutes hypothèses, c'est sur des critères objectifs que sont fondées ces règles de computation du délai.

Lorsque la victime a saisi l'institution d'une réclamation – ce qui est une simple faculté, le droit communautaire ne connaissant pas la « règle de la décision préalable » propre au contentieux administratif français – et s'est heurté à un rejet implicite ou explicite de cette réclamation, l'expiration du délai de cinq ans est reportée de deux ou quatre mois selon qu'est en cause un recours en annulation ou en carence (CJCE 14 juill. 1967, *Kampffmeyer*, aff. 5, 7 et 13 à 24/66, *Rec.* 317). En revanche, le délai de distance ne concerne que les délais de procédure et non ce délai de prescription (Ord. du 22 juin 2011, *Evropaïki Dynamiki*, aff. T-409/09, *Rec.* II-3765).

Le délai sera interrompu par un recours devant la Cour ou une demande d'indemnisation adressée à une institution, mais une action devant un juge national ne l'interrompt pas (CJCE 17 juill. 2008, *Cantina sociale di Dolinova*, aff. C-51/05 P., *Rec.* I-5341 ; CJCE 11 juin 2009, *Transports Schiocchet. Excursions c/Commission*, aff. C-335/08 P, *Rec.* I-104*). Une demande d'aide judiciaire n'a pas non plus pour effet d'interrompre ce délai (arrêt du 22 avr. 2015, *Klein*, aff. C-120/14 P, ECLI:EU:C:2015:252).

Dans le cas d'un préjudice continu, la prescription s'applique, en fonction de la date de l'acte interruptif, à la période antérieure de plus de cinq ans à cette date, sans affecter d'éventuels droits nés au cours des périodes postérieures (Ord. du 14 déc. 2005, *Arizona Chemical e.a. c/Commission*, aff. T-369/03, *Rec.* II-5839). Quant à l'hypothèse d'une réparation due pour un préjudice résultant de la méconnaissance du délai raisonnable de jugement, le point de départ du délai de cinq ans est fixé à la date de la décision de justice ayant mis fin au délai de jugement litigieux (arrêt du 10 janv. 2017, *Gascogne Sack Deutschland et Gascogne c/ Union européenne*, aff. T-577/14, ECLI:EU:T:2017:1).

C. Autonomie du recours en indemnité

1° Recours en indemnité et recours de légalité

Cujo (E.), « L'autonomie du recours en indemnité par rapport au recours en annulation », *RMC* 1999. 414.

1348. En face d'un dommage causé par un acte juridique, tous les systèmes juridictionnels rencontrent inévitablement la question de la combinaison du *recours de légalité* et de l'*action en indemnité*. En droit de l'Union européenne, elle comporte une plus grande acuité, dans la mesure où les conditions d'accès au recours en indemnité sont radicalement différentes et, pour les requérants ordinaires, incomparablement plus favorables que celles qui régissent le recours en annulation.

En vérité, il n'y a pas de difficulté chaque fois que le requérant présente d'abord un recours de légalité (en annulation ou en carence) puis un recours en indemnité successif ou accessoire. De même encore s'il se présente devant le juge de la responsabilité après avoir obtenu, par le renvoi préjudiciel en appréciation de validité (v. ss 1432) la déclaration préalable de l'invalidité de l'acte concerné. Mais *quand l'illégalité qui a causé un dommage n'a pas encore été constatée*, ne court-on pas le risque que, pour bénéficier des avantages de l'action en indemnité, les particuliers ne travestissent systématiquement des actions de légalité en recours en indemnité, rompant ainsi l'équilibre du système général des voies de droit de l'Union, au détriment du bon exercice des compétences juridiques des institutions ? La Cour a choisi de faire prévaloir une solution libérale, en posant le principe de l'autonomie du recours en indemnité, tout en sanctionnant les abus dans le cadre d'une exception de recours parallèle.

1349. ***Principe de l'autonomie*** : pour restreindre les recours en indemnité, la Commission a soutenu successivement qu'ils n'étaient pas recevables tant qu'il n'y avait pas eu annulation préalable de l'acte en cause, puis que le recours n'était recevable que si les conditions de recevabilité du recours de légalité étaient remplies. Ce qui aurait conduit à refuser tout recours en indemnité chaque fois qu'était en cause un acte que le requérant n'avait pas qualité pour faire annuler : les particuliers se seraient vu interdire tout recours en indemnisation des dommages causés par des règlements ou des décisions adressées à des tiers, sauf dans les cas où ils eussent été concernés directement et individuellement, ce qui aurait réduit encore leur protection juridictionnelle. Après une hésitation (CJCE 15 juill. 1963, *Plaumann*, aff. 25/62, *Rec.* 201), la Cour a étendu au domaine du traité CE la solution qu'elle avait déjà fait prévaloir en matière CECA (14 juill. 1961, *Vloeberghs*, aff. 9 et 12/60, *Rec.* 391) : elle a posé le principe, depuis abondamment confirmé, que le recours en indemnité constitue une *voie autonome* par rapport au recours en annulation (2 déc. 1971, *Zuckerfabrik Schöppenstedt*, aff. 5/71, *Rec.* 975 ; cf. par ex. 18 sept. 2014, *Georgias e.a. c/Conseil et Commission*, aff. T-168/12, ECLI:EU:T:2014:781 ; cette autonomie n'exclut cependant pas de tenir compte de la complémentarité existant entre ces deux recours : arrêt du 20 sept. 2011, *Evropaïki Dynamiki*, aff. T-461/08, *Rec.* II-6367), et au recours en carence (28 avr. 1971, *Lütticke*, aff. 4/69, *Rec.* 325).

Peu importe, en effet, que dans certaines circonstances l'exercice du recours en indemnité puisse conduire à des résultats comparables à celui du recours en carence ou en annulation ; il demeure une différence irréductible dans les conditions et surtout dans les effets juridiques (limités au requérant), entre le premier et les seconds. Surtout, refuser l'autonomie du recours en indemnité compromettrait « l'efficacité du système général des voies de droit instituées par le traité », en affaiblissant la protection des particuliers.

1350. ***Exception de recours parallèle*** : la Cour estime que le recours en indemnité est irrecevable chaque fois qu'il existe un recours parallèle de légalité permettant d'obtenir exactement les mêmes satisfactions que le recours en indemnité et que la victime a négligé d'en faire usage.

Ainsi, par exemple, lorsqu'une décision a un effet purement pécuniaire, comme une retenue sur traitement ou le refus d'une subvention, et qu'elle est devenue définitive par expiration du délai contentieux, le requérant ne peut plus présenter une demande tendant à l'allocation de la même somme et fondée exclusivement sur l'illégalité de la décision : il n'est pas autorisé à rattraper par la voie du recours en indemnité l'erreur qu'il a commise en ne faisant pas en temps utile un recours en annulation. Si, tout à la fois, les conclusions du requérant ont la même cause juridique que celle sur laquelle auraient été fondées des conclusions en annulation dirigées contre la décision litigieuse, et si les conséquences pratiques de l'action indemnitaire sont les mêmes que celles qu'aurait eu l'action en annulation, on est en face d'une pseudo action en responsabilité, qui n'a d'autre objet que de faire revivre le recours en annulation, et donc doit être écartée (aff. 25/62, *Plaumann*, préc.). Donc, un recours en indemnité doit être déclaré irrecevable lorsqu'il tend, en réalité, au retrait d'une décision individuelle devenue définitive et qu'il aurait pour effet, s'il était accueilli, d'annihiler les effets juridiques de cette décision (voir, en ce sens, arrêts du 15 janv. 1987, *Krohn Import-Export c/Commission*, aff. 175/84, *Rec.* 97, ou du 12 mai 2016, *Holistic Innovation Institute*, aff. T-468/14, ECLI:EU:T:2016:296). Au-delà de la stricte identité du bénéfice attendu de l'action, si l'action en réparation vise un résultat plus étendu mais incluant celui qu'elle aurait pu retirer d'un arrêt d'annulation, le recours en réparation sera également irrecevable mais à la condition, ici, de constater l'existence d'un lien étroit entre le recours en indemnité et le recours en annulation (Ord. du 24 mai 2011, *Power-One Italy c/Commission*, aff. T-489/08, *Rec.* II-149).

2° Recours en indemnité et contentieux de la déclaration

1351. Conformément à une règle qui a cours dans la plupart des États membres – mais pas en France – la Cour admet le recours « en constatation de responsabilité », c'est-à-dire le recours visant à faire *constater* l'obligation pour l'Union de réparer le dommage, sans qu'il soit pour le moment demandé au juge de réparer le dommage, d'en tirer des conséquences concrètes, celles-ci pouvant ensuite être obtenues dans le cadre d'une demande d'indemnisation.

Considérant, en effet, qu'il peut s'avérer nécessaire, pour prévenir des dommages plus considérables, de saisir le juge dès que la cause du préjudice est certaine, la Cour n'oppose pas le caractère prématuré de la demande dès lors que l'action est fondée sur un dommage futur mais suffisamment certain et, plus exactement « pour dommages imminents et prévisibles avec une certitude suffisante, même si le préjudice ne peut pas encore être chiffré avec précision » (CJCE 2 juin 1976, *Kampffmeyer*, aff. 56 à 60/74, *Rec.* 711 ; TPI 8 juin 2000, *Camar et Tico c/Commission et Conseil*, aff. T-79/96, T-260/97 et T-117/98, *Rec.* II-2193 ; T 5 avr. 2017, *CPME e.a.*, aff. T-422/13, ECLI:EU:T:2017:251). Bien plus, la Cour estime que le recours est recevable lors même qu'il ne mettrait en cause que le problème du fondement juridique de la responsabilité, la causalité, la nature et l'importance du préjudice pouvant être réservées (28 mars 1979, *Granaria*, aff. 90/78, *Rec.* 1081).

Au reste, il est fréquent que le juge de l'Union, même saisi d'un véritable recours *en indemnisation*, rende un arrêt interlocutoire par lequel il constate la responsabilité de l'Union et laisse tout d'abord aux parties le soin de parvenir à un accord sur l'étendue du dommage et le montant de la réparation, quitte à reprendre la main ultérieurement à défaut d'un tel accord (9 déc. 1965, *Sté des laminoirs*, aff. 29… 51/63, *Rec.* 1124 ; 14 mai 1975, *C.N.T.A.*, aff. 74/74, *Rec.* 533 ; 4 oct. 1979, *Ireks-Arkady*, aff. 238/78, *Rec.* 2955 ; arrêt du 7 oct. 2015, *European Dynamics Luxembourg SA e.a.*, aff. T-299/11, ECLI:EU:T:2015:757).

D. Champ de compétence de la Cour

1352. Si la Cour, depuis le traité d'Amsterdam, pouvait connaître de certains recours concernant le 3e pilier, ce n'était pas le cas s'agissant du recours en indemnité (absent de la liste de l'article 35 UE), d'où l'incompétence de la Cour quant à la responsabilité qui pouvait donc découler de positions communes prises dans le cadre des Titres V et VI du TUE (2e et 3e piliers). La Cour, tout en admettant cette incompétence, a défendu cependant le principe de l'Union de droit en se référant aux possibilités d'actions devant le juge national (CJCE 27 févr. 2007, *Gestoras Pro Amnistia*, aff. C-354/04 P, *Rec.* I-1579), dans une affaire de préjudice causé à une association par son inscription sur une liste de groupes terroristes par une décision du Conseil.

Le traité de Lisbonne conserve la restriction de compétence à l'égard de la PESC, puisque dans ce domaine, la Cour ne pourra que contrôler la légalité des décisions prévoyant des mesures restrictives à l'encontre de personnes physiques ou morales adoptées par le Conseil (art. 275, al. 2, FUE et art. 24, § 1, al. 2 UE) et non, *a priori*, se prononcer sur une indemnisation. Pour l'ELSJ, l'article 276 FUE précise qu'il y a incompétence de la Cour pour statuer sur l'exercice des responsabilités incombant aux États membres pour le maintien de l'ordre public et de la sécurité intérieure, aucune restriction n'étant donc maintenue s'agissant de la responsabilité de l'Union.

La Cour a cependant retenu, comme il se doit, une interprétation restrictive de ce qui n'est qu'une « dérogation à la règle de la compétence générale que l'article 19 TUE confère à la Cour pour assurer le respect du droit dans l'interprétation et l'application des traités » (arrêts du 24 juin 2014, *Parlement c/Conseil*, aff. C-658/11, ECLI:EU:C:2014:2025, ou du 12 nov. 2015, *Elitaliana c/Eulex Kosovo*, aff. C-439/13 P, ECLI:EU:C:2015:753), les exigences de la protection juridictionnelle effective et de l'état de droit conduisant notamment à admettre, même dans le cadre de la PESC, des actions en indemnité à l'égard d'actes de gestion du personnel (arrêt du 19 juill. 2016, *H c/ Conseil, Commission et MPUE*, aff. C-455/14 P, ECLI:EU:C:2016:569) ou liées à des mesures de gel de fonds à l'encontre des personnes physiques ou morales (par ex. T 25 nov. 2014, *Safa Nicu Sepahan Co.*, aff. T-384/11, ECLI:EU:T:2014:986, ou 13 déc. 2017, *HTTS Hanseatic Trade Trust & Shipping GmbH*, aff. T-692/15, ECLI:EU:T:2017:890), ces mesures étant prises sur la base de l'article 215 FUE qui « établit une disposition passerelle entre, d'une part, les objectifs du traité UE en matière de politique étrangère et de sécurité commune (PESC) que l'Union et les États membres visent à atteindre (…) et, d'autre part, les actions de l'Union comportant l'adoption des mesures économiques ou restrictives relevant du traité FUE, et qui sont nécessaires pour atteindre lesdits objectifs » (arrêt précité dans l'affaire *HTTS Hanseatic Trade Trust & Shipping GmbH* et dans le même sens, arrêt du 28 mars 2017, *Rosneft*, aff. C-72/15, ECLI:EU:C:2017:236). En revanche, lorsqu'une telle « passerelle » est absente, par exemple pour des mesures restrictives en matière d'admission, la nature de pur acte PESC empêche tout recours en indemnité (arrêt du 18 févr. 2016, *Jannatian c/ Conseil*, aff. T-328/14, ECLI:EU:T:2016:86).

II. Difficultés d'imputabilité du préjudice

A. Responsabilité de l'Union et responsabilité des agents

1353. L'Union n'est pas responsable seulement des dommages causés par les institutions elles-mêmes ou par des « fautes de service », c'est-à-dire anonymes, mais encore des dommages causés par les fautes personnelles d'un agent, c'est-à-dire la faute commise par un agent identifié, à condition qu'elle soit intervenue « dans l'exercice de [ses] fonctions » (art. 340, al. 2, FUE).

1354. Cette notion, qui délimite à la fois la responsabilité de l'Union et la compétence de la Cour (l'action doit-elle être dirigée contre l'Union devant la Cour ou contre l'agent devant les juridictions nationales ?) a fait l'objet d'une interprétation particulièrement restrictive et finalement peu protectrice des droits des particuliers comme des agents. « La Communauté n'est responsable que de ceux des actes de ses agents qui, en vertu d'un rapport interne et direct, constituent le prolongement nécessaire des missions confiées aux institutions » (CJCE 10 juill. 1969, *Sayag*, aff. 9/69, *Rec.* 336). Si la solution est parfois indiscutable, lorsque, par exemple est refusée la responsabilité de l'Union pour une note verbale d'un fonctionnaire d'une délégation de la Commission dans un État tiers appuyant une demande de permis de séjour de l'un de ses proches (Ord. du 26 oct. 2005, *Ouariachi c/Commission*, aff. T-124/04, *Rec.* II-4653), elle peut aussi apparaitre comme très rigoureuse, puisque l'acte accompli par l'agent « dans l'exercice de ses fonctions » n'est pas tout acte accompli par lui à l'occasion de l'exercice de ses fonctions ou en vue de l'exercice de celles-ci, mais seulement l'acte qu'il accomplit au nom de l'Union et qui, par sa nature, est l'expression d'une compétence de celle-ci. Pour la Cour, il ne fait pas de doute que la règle du traité selon laquelle la responsabilité de l'Union absorbe celle de l'agent est destinée à assurer l'autonomie de l'Union (en évitant que les juridictions nationales s'immiscent dans le contrôle de l'exercice des pouvoirs et compétences des institutions) plutôt que la protection individuelle des agents. La Cour a refusé, en particulier, de considérer que l'utilisation par un agent de sa voiture personnelle pour faire visiter une installation d'Euratom à un invité officiel ait ce rapport interne direct avec les besoins du service, même lorsque l'utilisation de la voiture est expressément prévue dans l'ordre de mission (affaire *Sayag*) : dans un tel cas, la victime n'est pas recevable à demander réparation à l'Union, solution qui est plus rigoureuse que celle qui a cours dans la plupart des droits nationaux des États membres, et spécialement en France, mais qui semble, en revanche, inspirée du droit allemand.

1355. Ainsi, en cas de dommage causé par une faute personnelle d'un agent, la victime n'a aucun choix.

– Ou bien la faute a été commise *dans l'exercice des fonctions*, et la responsabilité de l'Union absorbe celle de l'agent, sans cumul possible ; c'est-à-dire que la victime doit poursuivre l'Union devant la Cour de justice, sans pouvoir demander réparation à l'agent devant le juge national ; si cette faute est une faute « grave » (en droit français faute *personnelle*), l'Union peut, certes, après avoir indemnisé la victime, se retourner contre l'agent et mettre à sa charge tout ou partie de la réparation (art. 22 du statut des fonctionnaires et agents), mais il s'agit là d'une action récursoire qui ne concerne pas la victime.

– Ou bien la faute a été commise par l'agent *en dehors de l'exercice de ses fonctions*, et la responsabilité de celui-ci n'est plus absorbée par celle de l'Union ; la victime ne peut bénéficier du cumul : elle doit diriger son action contre l'agent, en s'adressant au juge national du lieu de l'acte dommageable, qui appliquera le droit national et non le droit de l'Union. En droit, le régime est rigoureux, tant pour les agents que pour les victimes ; en fait, cependant, l'inconvénient est limité dans la mesure où les dommages susceptibles d'être causés par une faute personnelle sont rares.

B. Responsabilité de l'Union et responsabilité des États membres

Scoffoni (G.), « Le contentieux des organismes nationaux chargés en France de l'application des politiques communautaires », *CDE* 1990. 574.

1356. On sait que, conformément au principe d'« administration indirecte » qui prévaut dans le système communautaire (v. ss 1055), la plus grande partie du droit de l'Union est exécutée non par les institutions de celle-ci mais par des administrations ou organes nationaux ; il en est ainsi, singulièrement, pour la gestion de la politique agricole commune à l'intérieur de chaque État membre. Lorsque les dommages sont causés par de telles mesures d'exécution nationale du droit de l'Union, cette dernière est-elle tenue pour responsable ou, au contraire, l'État membre, ou les deux solidairement ?

Compte tenu des avantages réels du recours direct en responsabilité (rapidité de la procédure ; qualité de partie) et de la tendance des plaideurs à s'adresser à la Cour chaque fois que le droit de l'Union est impliqué, celle-ci a été rapidement conduite à délimiter, en les restreignant, les actions qui peuvent être présentées directement devant elle et celles qui doivent être portées, au moins dans un premier temps, devant les juridictions nationales. S'estimant tenue par la répartition des compétences entre le niveau européen et le niveau national, tant en matière juridictionnelle (les juges nationaux ne sont pas compétents pour engager la responsabilité de l'Union et la Cour elle-même ne saurait connaître de recours en indemnité contre les États membres) qu'en matière financière (fixation par le Conseil et la Commission des droits à prélever et des aides à payer, mais perception et versement de ceux-ci par les services des douanes et les organismes d'intervention agricole des États membres), soucieuse d'éviter les transferts de responsabilité (ne pas faire payer par l'Union ce qui doit l'être par les autorités nationales), désireuse enfin, pour des raisons pratiques d'évacuer de son prétoire le maximum de recours directs, la Cour pourchasse systématiquement les recours en responsabilité « déguisés » et renvoie le plus souvent les plaideurs devant les juridictions nationales.

La jurisprudence de la Cour, complexe et généralement critiquée, consacre une règle générale de *subsidiarité*. Un recours fondé sur les articles 268 et 340 FUE n'est ouvert aux intéressés que pour autant que ceux-ci n'ont pas la possibilité d'obtenir satisfaction moyennant une action devant les tribunaux nationaux contre les autorités de l'État membre concerné. Mais des nuances existent en fonction des trois hypothèses qui peuvent se présenter.

1° Exécution nationale irrégulière d'actes valables de l'Union

1357. En reconnaissant un seul cas de responsabilité de l'Union pour autrui, celui où le dommage est causé par un agent dans l'exercice de ses fonctions, les traités excluent implicitement que l'Union puisse être tenue pour responsable des *actes ou omissions uniquement imputables aux États membres*, même dans l'exercice de leurs obligations communautaires.

Lorsque l'acte de l'Union dont il est fait application est valable, la cause du dommage est le fait exclusif des autorités nationales qui ont méconnu soit leur droit national soit le droit de l'Union. Dans ce dernier cas, il peut s'agir d'un usage irrégulier du pouvoir discrétionnaire que leur laissait un règlement européen, par exemple pour prendre des dispositions complémentaires ou organiser les services compétents (CJCE 2 mars 1978, *Debayser*, aff. 12/77, *Rec.* 553) ou d'une méconnaissance de la portée de ce règlement (CJCE 22 janv. 1976, *Russo*, aff. 60/75, *Rec.* 45). Le plus souvent, il s'agira du refus par les organismes nationaux de payer au requérant des sommes qui lui seraient dues en vertu du droit de l'Union (CJCE 26 nov. 1975, *Sté des grands moulins des Antilles*, aff. 99/74, *Rec.* 1531). De même, lorsqu'un organisme national, à la suite d'une décision de la Commission relative à l'apurement des comptes du FEOGA, décide, de sa propre initiative, de procéder, en vertu de l'obligation générale que lui impose le règlement relatif au financement de la politique agricole commune, à la récupération d'aides octroyées irrégulièrement (arrêt 7 juill. 1987, *Étoile commerciale et CNTA c/Commission*, aff. 89 et 91/86, *Rec.* 3005 ; Ord. du 17 juill. 2008, *Pellegrini c/Commission*, aff. C-114/08 P(R), *Rec.* I-117*).

Dans toutes ces hypothèses, seules des décisions nationales sont en cause et la Cour estime que l'action en indemnité « … n'a pas pour objectif de permettre à la Cour d'examiner la validité des décisions prises par les organes nationaux chargés de la mise en œuvre de certaines mesures… ou d'apprécier les conséquences pécuniaires résultant de l'invalidité éventuelle de telles décisions » (12 déc. 1979, *Wagner*, aff. 12/79, *Rec.* 3657). Dans tous ces cas, seules les juridictions nationales sont compétentes pour statuer sur la légalité des actes nationaux incriminés pris en application du droit de l'Union, dans les formes prévues par le droit national et dans le cadre des dispositions nationales relatives à la responsabilité de l'État. Il n'y a aucune place pour une intervention de la Cour, sauf, le cas échéant, si elle était sollicitée par un renvoi préjudiciel (art. 267 FUE) pour fournir l'interprétation authentique des dispositions communautaires concernées, dont la validité n'est, par ailleurs, pas en cause.

« La question de la réparation par un organisme national des dommages causés aux personnes privées par les organismes et les agents des États membres, soit du fait d'une violation du droit communautaire, soit par une action ou une omission contraire au droit national à l'occasion de l'application du droit communautaire, ne relève pas de l'article 215 alinéa 2 [*devenu 288*] et doit être appréciée par les juridictions nationales en fonction du droit national de l'État membre concerné » (CJCE 13 févr. 1979, *Granaria*, aff. 101/78, *Rec.* 623).

S'agissant ainsi d'une application irrégulière par les autorités nationales d'actes valables de l'Union, la responsabilité de celle-ci ne pourrait être engagée que s'il s'y ajoutait un comportement fautif, par exemple de la Commission qui aurait manqué à une obligation spéciale de surveillance, c'est-à-dire si elle disposait de pouvoirs spécifiques et effectifs pour obliger les États à agir d'une certaine manière (ex art. 97, al. 2, CE : CJCE 28 avr. 1971, *Lütticke*, aff. 4/69, *Rec.* 325). La Cour a pu, dans le même esprit, admettre la recevabilité du recours quand la violation d'une directive par un acte national n'avait pu se faire qu'avec l'approbation préalable de la Commission (CJCE 8 avr. 1992, *Cato*, aff. C-55/90, *Rec.* I-2533). Ce n'est pas le cas en revanche, quand elle peut seulement s'appuyer sur l'article 258 TFUE, compte tenu, notamment, du pouvoir d'appréciation qu'il laisse à la Commission (CJCE 5 déc. 1978, *Denkavit*, aff. 14/78, *Rec.* 2497 ; 2 mars 1978, *Debayser*, aff. 12/77, *Rec.* 553).

2° Exécution nationale régulière d'actes non valables de l'Union

1358. Il s'agit ici de dommages qui sont imputables à la seule Union, même s'ils sont causés par des actes nationaux. Ces derniers ont fait une application irréprochable du droit de l'Union en vigueur, mais c'est celui-ci qui est contesté, les institutions étant accusées d'avoir pris, par exemple, un règlement illégal ou omis d'adopter des mesures qui s'imposaient ou bien encore d'avoir enjoint aux autorités nationales de prendre un acte illégal lorsque celles-ci étaient tenues de déférer à cette injonction (CJCE 26 févr. 1986, *Krohn*, aff. 175/84, *Rec.* 753). Aucune illégalité n'ayant été commise par les autorités nationales, qui sont tenues d'appliquer les actes de l'Union non annulés ni déclarés invalides, aucune responsabilité *in solidum* ou *pro quota* de l'État membre ne saurait être envisagée (dans ce sens C.E. 5 nov. 1971, *Comptoir agricole du pays bas-normand*, *D.* 1973. 481, note Grimaux).

Seule la responsabilité de l'Union peut être entreprise sur la base de l'article 340 FUE devant la Cour de justice.

1359. Encore faut-il qu'il s'agisse d'une véritable *action en responsabilité* et non pas d'une *action en paiement* d'une somme due par les autorités nationales en vertu du droit communautaire. Dans un tel cas, en effet, la Cour estime que l'action en paiement devant les juridictions nationales est seule ouverte et oppose une exception de recours parallèle. Cette règle serait le corollaire implicite de celle qui confie le plus souvent aux autorités nationales compétence pour effectuer au nom de l'Union des paiements ou des perceptions. Les particuliers doivent, en effet, s'adresser aux juridictions nationales compétentes pour faire vérifier, le cas échéant, dans le cadre d'un renvoi préjudiciel de l'article 267 FUE, si les dispositions de droit de l'Union sur lesquelles les autorités nationales fondent leur refus ne sont pas entachées d'invalidité et faire ainsi sanctionner leur droit à obtenir le paiement de sommes dues ou le remboursement de sommes indûment perçues par celles-ci. Soucieuse d'éviter toute remise en cause, même indirecte, des structures financières du système communautaire, la jurisprudence de la Cour a constamment exclu la recevabilité des recours fondés sur l'article 340 FUE *[ex art. 288 CE]* chaque fois que l'indemnisation demandée était un succédané pour une prestation découlant du droit communautaire puis de l'Union et que le requérant était en droit d'attendre et d'obtenir des autorités nationales et cela, quels que soient les inconvénients, les délais et parfois même les risques financiers de cette « longue marche » au travers de procédures devant les tribunaux nationaux et du renvoi en application de l'article 267 FUE (12 déc. 1979, *Wagner*, aff. 12/79, *Rec.* 3657).

Mais naturellement, pour que joue l'exception, il faut que, d'une part, la demande s'analyse bien en une action en paiement et, d'autre part, qu'il existe devant le juge national une action permettant effectivement d'obtenir le même résultat que la condamnation de l'Union. D'où l'importance de l'objet réel et de la qualification de la demande. Celle-ci se distingue, sans aucune confusion possible, d'une action en paiement, lorsque, par exemple, le requérant réclame la réparation des pertes résultant d'un recul de ses ventes ou d'un déficit d'exploitation (CJCE 5 déc. 1979, *Amylum*, aff. 116 et 124/77, *Rec.* 3497). La difficulté apparaît, en revanche, lorsque le requérant se borne à demander des dommages-intérêts du même montant que les sommes qu'il prétend indûment perçues par les autorités nationales ou que le versement qu'elles lui auraient refusé. La Cour examine alors s'il existe vraiment un recours parallèle, c'est-à-dire si les juridictions nationales seraient à même, le cas échéant après renvoi préjudiciel, de donner satisfaction.

– Si oui, elle déclare l'action en indemnité irrecevable et renvoie le requérant au juge national : ainsi en est-il notamment chaque fois que la demande a en fait pour objet la restitution de sommes spécifiques indûment perçues par les autorités nationales ; l'invalidité du règlement sur lequel celles-ci se sont fondées pour exiger le paiement, constatée le cas échéant sur renvoi préjudiciel, fait naître un droit au remboursement et donc une *action utile* devant le juge national (CJCE 25 oct. 1972, *Haegemann*, aff. 96/71, *Rec.* 1005 ; 27 janv. 1976, *I.B.C.*, aff. 46/75, *Rec.* 65 ; 21 mai 1976, *Roquette*, aff. 26/74, *Rec.* 677, même pour les intérêts moratoires).

– Dans tous les cas en revanche où les requérants, à supposer même qu'ils eussent réussi à faire constater l'illégalité des mesures de l'Union à l'origine du dommage, n'auraient de toute manière pas pu obtenir la prestation à laquelle ils estimaient avoir droit, sans intervention préalable du législateur européen et où la *voie nationale* est nécessairement vouée à l'échec, la Cour admet la recevabilité de l'action en indemnité : ainsi en est-il notamment chaque fois que les autorités nationales ont refusé de verser des aides, montants compensatoires, cotisations, restitutions... que les institutions ont *irrégulièrement omis de prévoir* (2 déc. 1971, *Zuckerfabrik Schöppenstedt*, aff. 5/71, *Rec.* 975 ; 13 juin 1972, *Grands Moulins de Paris*, aff. 9 et 11/71, *Rec.* 392 ; 24 oct. 1973, *Merkur*, aff. 43/72, *Rec.* 1055 ; 2 juill. 1974, *Holtz et Willemsen*, aff. 152/73, *Rec.* 675 ; 14 mai 1975, *C.N.T.A.*, aff. 74/74, *Rec.* 533 ; 10 déc. 1975, *Coopérative agricole de céréales*, aff. 95/74, *Rec.* 1615 ; 15 déc. 1977, *Dietz*, aff. 126/76, *Rec.* 243) ou *de maintenir* (4 oct. 1979, *Ireks-Arkady*, aff. 238/78, *Rec.* 2955 ; *contra* : C.E. 9 mai 1980, *ONIC*).

3° Concours de fautes de l'État membre et de l'Union

1360. Même lorsque le dommage est imputable à la fois à une institution de l'Union et à un État membre, la Cour refuse de faire prévaloir le principe d'une responsabilité *in solidum*, qui aurait permis à la victime de demander réparation pour le tout soit à l'Union devant la Cour de justice, soit à l'État devant une juridiction nationale. Pourtant, le juge de l'Union reconnaît que la responsabilité *in solidum* appartient aux principes généraux communs aux droits des États membres (T 7 déc. 2017, *Missir Mamachi di Lusognano e.a.*, aff. T-401/11 P-RENV-RX, ECLI:EU:T:2017:874).

Dans l'affaire *Kampffmeyer* (14 juill. 1967, aff. 5.../66, *Rec.* 317), en effet, où le dommage résultait non seulement de la faute commise par la Commission en confirmant les mesures allemandes de sauvegarde, mais aussi et tout autant de la faute commise par les autorités allemandes en établissant ces mesures illégales, la Cour, pour « éviter que les requérants ne soient, en raison d'appréciations différentes sur les mêmes dommages par deux juridictions appliquant les règles de droit différentes, ni insuffisamment, ni abusivement indemnisés », renvoie les victimes devant le juge national afin qu'il se prononce sur la responsabilité éventuelle de la République fédérale et se réserve d'examiner ensuite s'il demeure un préjudice non indemnisé à la charge de la Communauté. Ce faisant, elle pose, quand le dommage résulte d'un concours de faute, le double principe de la responsabilité partielle et subsidiaire de l'Union : responsabilité partielle, qui interdit à la victime de demander à l'Union réparation pour le tout ; responsabilité subsidiaire, qui impose à la victime d'épuiser les voies de droit nationales avant de saisir la Cour pour mettre en cause l'Union.

Il semble bien que la Cour ait considéré cette solution comme inévitable du fait de la séparation rigoureuse entre les ordres juridiques nationaux et l'ordre communautaire (chacun, Communauté et État, est responsable de ses propres actes ou omissions irréguliers, et devant les juridictions différentes), et spécialement parce que, en cas de responsabilité *in solidum*, la Communauté qui eût été condamnée à indemniser pour le tout n'eût pas disposé d'une action récursoire contre l'État membre devant la Cour.

En fait, cette solution comporte des inconvénients considérables attestés, notamment, par le fait que le règlement de l'affaire *Kampffmeyer* a exigé une vingtaine d'années, et elle peut conduire à une véritable impasse s'il y a désaccord entre juridictions nationales et Cour sur la part de responsabilité qui revient à l'Union et à l'État. Aussi la Cour s'est-elle systématiquement appliquée à éviter de se retrouver devant un cumul de faute (13 févr. 1979, *Granaria*, aff. 101/78, *Rec.* 263 ; CJCE 8 avr. 1992, *Cato*, aff. C-55/90, *Rec.* I-2533). Elle a aussi insisté pour que le régime d'une « coopération loyale » oblige la Commission à aider dans sa mission le juge national en lui fournissant les informations nécessaires (CJCE 26 nov. 2002, *First et Franex*, aff. C-275/00, *Rec.* I-10943). Des tempéraments ont été apportés à cette solution rigoureuse : l'épuisement des voies de recours internes n'est exigé que pour autant que ces voies assurent d'une manière efficace la protection des particuliers intéressés en étant susceptibles d'aboutir à la réparation du dommage allégué, l'irrecevabilité n'étant impérative que lorsque le non-épuisement des voies internes interdit au juge de l'Union d'identifier le caractère et le quantum du préjudice invoqué devant lui (arrêt du 18 sept. 2014, *Holcim (Romania)*, aff. T-317/12, ECLI:EU:T:2014:782).

III. Conditions d'engagement de la responsabilité

1361. La question reste marquée en jurisprudence par des évolutions plus apparentes que réelles, par certaines confusions entre le cas général et certains cas particuliers, et par des questions non encore tranchées.

Il importe donc de préciser certaines données fondamentales avant de retenir la grille d'analyse privilégiée par la Cour et d'envisager successivement et en détail l'évolution du régime presque systématiquement en cause, celui de la responsabilité pour action illicite de l'Union, et la question encore posée de la responsabilité pour action licite de l'Union.

A. Problématique générale

1362. La jurisprudence ne fournit pas de déclaration de principe listant sur le mode général l'ensemble des conditions d'engagement de la responsabilité extracontractuelle, ce genre de formule étant en revanche classique s'agissant du régime particulier (mais presque toujours d'application) de responsabilité liée à un acte illégal. La reconstruction d'une telle présentation générale conduirait sans doute à exiger la réunion de trois conditions d'engagement : un fait générateur (par exemple une illégalité), un dommage réparable, un lien de causalité entre les deux. On peut préciser que ces trois conditions doivent être cumulativement remplies, le fait que l'une d'entre elles fasse défaut étant suffisant pour rejeter un recours en indemnité dans son ensemble sans même examiner les autres ; de plus, il n'existe aucun ordre d'examen prioritaire entre les trois (arrêt du 9 sept. 1999, *Lucaccioni c/Commission*, aff. C-257/98 P, *Rec.* I-5251 ; CJ 18 mars 2010, *Trubowest Handel GmbH*, aff. C-419/08 P, *Rec.* 2259).

Les exigences générales relatives à la détermination du dommage réparable et du lien de causalité ne posent guère de problèmes, à l'inverse de l'exacte identification du fait générateur pertinent.

1° Dommage réparable et lien de causalité

1363. ***Dommage réparable*** : pour être réparable, le dommage doit être *réel et certain* ; peu importe qu'il soit actuel ou seulement futur (CJCE 14 déc. 1962, *Hauts fourneaux de Chasse*, aff. 33/59, *Rec.* 748 ; 2 juin 1965, *FERAM*, aff. 9 et 25/64, *Rec.* 414). En revanche, la Cour refuse de prendre en considération les dommages purement hypothétiques qui sont fréquemment invoqués par les opérateurs économiques (15 déc. 1965, *Hainaut-Sambre*, aff. 4/65, *Rec.* 1363 ; 16 juin 1966, *Chatillon-Commentry-Neuves Maisons*, aff. 54/65, *Rec.* 265) ; la probabilité de dommage ne suffit pas (CJCE 12 déc. 1955, *Mirassévitch*, aff. 10/55, *Rec.* 390), le dommage devant être « imminent et prévisible », ou présenter une « certitude suffisante » (T. 8 juin 2000, *Camar et Tico*, aff. T-79/96, T-260/97 et T-117/98).

Les *dommages continus*, c'est-à-dire les dommages renouvelés au cours de périodes successives et augmentant à proportion du temps écoulé peuvent être considérés comme indemnisables (arrêt du 16 déc. 2015, *Chart c/ SEAE*, aff. T-138/14, ECLI:EU:T:2015:981).

Le dommage peut être *matériel comme moral* (CJCE 12 juill. 1957, *Algéra*, aff. 7/56 et 3 à 7/57, *Rec.* 81 ; TPI 17 déc. 1998, *Embassy Limousines & Services*, aff. T-203/96, *Rec.* II-4239 ; CJ 30 mai 2017, *Safa Nicu Sepahan c/ Conseil*, aff. C-45/15 P, ECLI:EU:C:2017:402), ce qui sera souvent le cas en matière de fonction publique (par exemple, ordonnance du TFP du 19 oct. 2007, *M c/EMEA*, aff. F-23/07, *Rec. FP* I-A-1-311, II-A-1-1755, le préjudice moral consistant ici à refuser d'engager une procédure d'invalidité, l'agence européenne des médicaments ayant alors placé son agent « dans un état d'inquiétude et d'incertitude »). La réparation d'un préjudice moral peut être également « morale », et consister par exemple simplement en l'annulation d'un acte ou dans les seuls motifs de l'arrêt confirmant la responsabilité.

Une *perte de chance* ne peut être considérée comme préjudice réel et certain que dans l'hypothèse où, en l'absence du comportement fautif de la Commission, il ne ferait pas de doute que le requérant aurait obtenu un certain profit, ce qui ne sera pas forcément le cas s'agissant d'une perte de chance de se voir attribuer un marché compte-tenu des aléas résultant d'une procédure d'adjudication publique (Ord. du 22 juin 2011, *Evropaïki Dynamiki*, aff. T-409/09, *Rec.* II-3765 ; pour le même genre d'affaire mais traitée sous l'angle du *manque à gagner*, arrêt du 28 janv. 2016, *Agriconsulting Europe*, aff. T-570/13, ECLI:EU:T:2016:40) mais qui peut être admis lorque les circonstances conduisent le juge à estimer peu crédible l'hypothèse selon laquelle le pouvoir adjudicateur pouvait être amené à ne pas attribuer au requérant (soumissionnaire injustement évincé) le marché en cause (arrêt du 7 oct. 2015, *European Dynamics Luxembourg SA e.a.*, aff. T-299/11, ECLI:EU:T:2015:757). Une *perte de confiance* dans l'office du Médiateur n'est pas un préjudice (moral) réel et certain (arrêt du 4 avr. 2017, *Médiateur c/ Staelen*, aff. C-337/15 P, ECLI:EU:C:2017:256).

Le caractère *réel et certain* conduit assez naturellement à se placer sur le terrain de la preuve ; le principe est ici clair : « Il incombe au requérant d'apporter des éléments de preuve au juge de l'Union afin d'établir l'existence et l'ampleur d'un tel préjudice » (par ex. arrêt du 16 févr. 2017, *Holistic Innovation Institute*, aff. T-706/14, ECLI:EU:T:2017:89).

D'une manière générale, si la Cour admet, en principe, que *la réparation doit être totale*, c'est-à-dire couvrir non seulement la perte subie (*damnum emergens*) mais encore le manque à gagner (*lucrum cessans*), elle se montre particulièrement exigeante pour admettre la réalité et donc l'indemnisation de ce dernier, notamment quand l'opération comporte un caractère spéculatif (31 mars 1977, *Compagnie industrielle et agricole*, aff. 54 à 60/76, *Rec.* 645 ; 14 mai 1975, *C.N.T.A.*, aff. 74/74, *Rec.* 549). La Cour a précisé aussi qu'aux fins d'apprécier l'existence ou l'étendue du préjudice allégué par la victime, il faut tenir compte, le cas échéant, du fait que celle-ci a pu répercuter sur son prix de vente le désavantage dont elle réclame la réparation et qu'en outre, il résulte des principes généraux communs aux droits des États membres auxquels renvoie l'article 340 FUE [*ex 288 CE*] que, dans le cadre d'un recours en indemnité, une demande d'*intérêts moratoires* est en général admissible (4 oct. 1979, *Ireks-Arkady*, aff. 238/78, *Rec.* 2955).

À noter, enfin, qu'il est fréquent que la Cour ne procède pas elle-même au calcul de l'indemnité. Si elle estime que le dossier ne lui fournit pas des éléments d'évaluation suffisants, elle renvoie les victimes devant les institutions responsables pour fixation et liquidation de l'indemnité. Un nouveau recours est possible si l'accord ne s'est pas fait (CJCE 15 juin 1976, *C.N.T.A.*, aff. 74/74, *Rec.* 797).

Dans toutes les hypothèses où elle constate que le comportement des institutions était de nature à engager la responsabilité de la Communauté, mais ne prononce pas d'indemnisation, soit parce que la victime a été négligente, soit parce qu'elle n'a pas pu prouver le dommage, la Cour compense les dépens (aff. 169/73 et 74/74, préc.).

1364. ***Lien de causalité*** : La réparation ne s'impose que s'il existe un lien de causalité directe entre l'activité de l'Union et le dommage (CJCE 12 juill. 1962, *Worms*, aff. 18/60, *Rec.* 401). Si elle admet de manière relativement libérale l'établissement de ce lien certain et direct de cause à effet, qu'il incombe au requérant de prouver (CJCE 30 janv. 1992, *Finsider e.a. c/Commission*, C-363/88 et C-364/88, *Rec.* I-359 ; ou, par exemple, T 28 janv. 2016, *Agriconsulting Europe SA*, aff. T-570/13, ECLI:EU:T:2016:40 ; cette obligation est écartée lorsqu'un fait dommageable a pu être provoqué par plusieurs causes et que l'institution défenderesse, qui est la mieux placée, n'apporte à cet égard aucun élément probant : arrêt du 13 janv. 2010, *A et G c/ Commission*, aff. F-124/05 et F-96/06, ECLI:EU:F:2010:2), la Cour affirme qu'il n'y a pas « obligation de réparer toute conséquence préjudiciable, même éloignée, d'une situation normative illégale » ; en cas de suppression illégale de restitutions à la production, elle condamne la Communauté à rembourser celles-ci, mais considère que la fermeture, même temporaire, de certaines usines ou le dépôt de bilan d'une entreprise ne présentent pas un lien suffisamment direct avec l'acte communautaire (CJCE 4 oct. 1979, *Dumortier e.a. c/Conseil*, aff. 64/76, 113/76, 167/78, 239/78, 27/79, 28/79 et 45/79, *Rec.* 3091). Le comportement reproché doit donc constituer la *cause déterminante* du préjudice (TPI 10 mai 2006, *Galileo International Technology e.a.*, aff. T-279/03, *Rec.* II-1291 ; T 18 déc. 2009, *Arizmendi e.a. c/Conseil et Commission*, aff. T-440/03, T-121/04, T-171/04, T-208/04, T-365/04 et T-484/04, *Rec.* II-4883), le fond de l'appréciation consistant finalement à comparer la situation générée, pour le tiers concerné, par l'action fautive et la situation qui serait résultée pour lui d'un comportement de l'institution respectueux de la règle de droit (TPI 11 juill. 2007, *Schneider Electric c/Commission*, aff. T-351/03, *Rec.* II-2237 ; T 20 janv. 2010, *Sungro SA*, aff. T-252, 271 et 272/07, *Rec.* II-55).

Se faisant pédagogue, le Tribunal a constaté qu'en principe, deux théories de la causalité sont susceptibles d'être appliquées en cas de pluralité de causes d'un même dommage, à savoir la théorie de l'« équivalence des conditions » (avec des fautes simultanées ou des fautes successives) et celle de la « causalité adéquate » (où il s'agit de hiérarchiser les différentes causes envisageables pour n'en retenir que certaines en tant que « cause »), et que la tendance qui se dégage en droit de l'Union est en faveur de la causalité adéquate dès lors que la partie requérante doit établir que, sans la faute commise par l'institution en cause, le préjudice ne se serait pas produit et que cette faute est la cause déterminante du préjudice subi ; cependant, dans le cas où le préjudice découle de manière suffisamment directe de la faute de l'institution, la théorie de l'équivalence des conditions peut être appliquée (T 7 déc. 2017, *Missir Mamachi di Lusognano e.a.*, aff. T-401/11 P-RENV-RX, ECLI:EU:T:2017:874).

En outre, la Cour exige un certain degré de prudence, de vigilance, de la part des victimes, faute de quoi celles-ci peuvent se voir réduire ou refuser le droit à réparation. Ainsi l'existence d'un lien de causalité entre le comportement de l'administration et le préjudice allégué suppose que le comportement soit de nature à provoquer une erreur dans l'esprit d'un justiciable averti (CJCE 4 févr. 1975, *Compagnie Continentale France*, aff. 169/73, *Rec.* 117) ; le dommage perd son caractère direct si la victime a concouru à sa réalisation ou n'a pas empêché la formation de dommages ultérieurs (CJCE 16 déc. 1963, *Sté des aciéries du Temple*, aff. 32/62, *Rec.* 589). Spécialement, la réparation d'un manque à gagner ne saurait être totale, dès lors que les victimes « pouvaient s'apercevoir de l'erreur commise » (CJCE 14 juill. 1967, *Kampffmeyer*, préc.).

Il importe en second lieu de s'interroger sur le fait générateur, qui commande la conception même du régime de responsabilité non contractuelle de l'Union, sous le double angle des relations entre responsabilité et faute, et entre responsabilité et illégalité.

2° Fait générateur : responsabilité et faute

Couzinet (J.-F.), « La faute dans le régime de la responsabilité non contractuelle des Communautés européennes », *RTDE* 1986. 367.

a) Exigence d'une faute

1365. Il résultait du texte même des articles 34 et 40 CECA que la responsabilité non contractuelle ne pouvait être engagée qu'en présence d'une « faute de service », c'est-à-dire anonyme, de la CECA ou d'une « faute personnelle » d'un de ses agents. Au titre de l'article 288 CE *[ex 215, désormais art. 340 FUE]*, il semble bien que la Cour ait continué à estimer que la faute est la condition générale de la responsabilité de la puissance publique dans tous les droits nationaux, car elle a immédiatement réintroduit la notion de « faute » (15 juill. 1963, *Plaumann*, aff. 25/62, *Rec.* 201) et même celle de « faute de service » (14 juill. 1967, *Kampffmeyer*, aff. 5, 7.../66, *Rec.* 317), attitude qui ne s'explique pas seulement par la volonté d'unifier les régimes des différents traités, même si, tant que le traité CECA était en vigueur, ce souci légitime a pu jouer. Et, si elle s'astreint parfois à éviter toute référence explicite à la notion de faute, ceci ne signifie pas que ce fondement soit abandonné. Sous couvert de « l'illégalité du comportement reproché aux institutions » (CJCE 28 avr. 1971, *Lütticke*, aff. 4/69, *Rec.* 325), ou d'une

« méconnaissance grave et manifeste de leurs pouvoirs » (CJCE 25 mai 1978, *H.N.L.*, aff. 83 et 94/76, 4, 15 et 40/77, *Rec.* 1209) c'est à une recherche du comportement fautif qu'elle se livre régulièrement.

On peut donc considérer que la faute reste le critère logique de la responsabilité non contractuelle de l'Union, et même si formellement le terme n'apparaît que ponctuellement, voire incidemment, l'approche n'a jamais été abandonnée. Le juge européen continue régulièrement à aborder sous cet angle le comportement des institutions de l'Union, se demandant si le fait pour la Commission d'écarter dans certaines conditions un soumissionnaire dans le cadre d'une procédure d'appel d'offres communautaire « constitue une faute » (T. 9 sept. 2010, *Evropaïki Dynamiki c/Commission*, aff. T-300/07, *Rec.* II-4521), *ou constatant que* « la Commission commet une faute constitutive d'une violation caractérisée de son devoir de sollicitude lorsqu'elle oblige un fonctionnaire à travailler dans des conditions insalubres et n'adopte pas de mesures permettant de les améliorer, alors que le médecin-conseil a attiré son attention sur cette situation à plusieurs reprises » (TPI 10 déc. 2008, *Nardone c/Commission*, aff. T-57/99, *Rec. FP* I-A-2-83, II-A-2-505). Le fait, s'agissant toujours de la Commission, de choisir de ne pas intenter un recours en carence « ne saurait être considéré comme une faute pouvant donner lieu à l'indemnisation du préjudice prétendument subi par un tiers » (Ord. du 1er déc. 1999, *Schuerer c/ Commission*, aff. T-81/99, *Rec. FP* II-1193) ; de même « aucune faute ne peut être retenue à la charge de la Commission » pour avoir publié une fiche pratique d'information en matière de reconnaissance de diplômes (Ord. du 28 oct. 1998, *Goldstein c/Commission*, aff. T-100/98, *Rec.* II-4063). Les appréciations portées dans le cadre de rapports de la Cour des comptes sur des personnes tierces directement impliquées « sont de nature à constituer une faute, et donc à engager, le cas échéant, la responsabilité extra-contractuelle de la Communauté, soit si les faits relatés ne sont pas matériellement exacts, soit si l'interprétation donnée de faits matériellement exacts est erronée ou partiale » (arrêt 15 juin 1999, *Ismeri Europa c/Cour des comptes*, aff. T-277/97, *Rec.* II-1825). Plus globalement, *s*'agissant de la responsabilité non contractuelle « de la Communauté », la Cour et le Tribunal estiment que celle-ci ne saurait se voir imputer « comme faute » une prétendue insuffisance du soutien financier alloué à la Turquie, dès lors que cette insuffisance résulterait de l'opposition d'un État membre (TPI 30 mars 2006, *Yedaş Tarim ve Otomotiv Sanayive Ticaret c/Conseil et Commission*, aff. T-367/03, *Rec.* II-873 ; CJCE (Ord.) du 5 juill. 2007, *Yedaş Tarim ve Otomotiv Sanayi ve Ticaret c/Conseil et Commission*, aff. C-255/06 P, *Rec.* I-94* ; CJCE (Ord.) 17 juill. 2008, *Pellegrini c/Commission*, aff. C-114/08 P(R), *Rec.* I-117*). On peut également relever la mention d'une « omission fautive » d'adopter un acte normatif (Ord. du 15 juin 2000, *Aduanas Pujol Rubio e. a. c/ Conseil et Commission*, aff. T-614/97, *Rec.* II, 2387).

b) Consistance de la faute

1366. Pratiquement, la faute de service est constituée par toute défaillance dans l'organisation et le fonctionnement du service. S'il s'agit le plus souvent, compte tenu de l'activité des institutions communautaires, d'une faute commise dans l'élaboration d'un acte juridique (v. ss 1369), la jurisprudence fournit des exemples divers de faute de service : mauvaise organisation des services (CJCE 17 déc. 1959, *FERAM*, aff. 23/59, *Rec.* 501) ; fourniture de faux renseignements à des opérateurs économiques (CJCE 28 mai 1970, *Richez-Parise*, aff. 19.../69, *Rec.* 325 ; 4 févr. 1975, *Compagnie Continentale France*, aff. 169/73, *Rec.* 117) ; défaut de surveillance (CJCE 15 déc. 1961,

Fives-Lille Cail, aff. 19 et 21/60, *Rec.* 559) ; gestion négligente (CJCE 13 juill. 1961, *Méroni*, aff. 14... 27/60, *Rec.* 325) ; violation du principe de la protection du caractère confidentiel des informations reçues (CJCE 7 nov. 1985, *Adams*, aff. 145/83, *Rec.* 3539) ; non-respect des dispositions relatives à l'hygiène et à la sécurité du travail (CJCE 27 mars 1990, *Grifoni*, aff. 308/87, *Rec.* I-1203) ; délai excessif (CJCE 15 sept. 1994, *KYDEP c/ Conseil et Commission*, aff. C-146/91, *Rec.* I-4199). La démarche est parfois particulièrement explicite : ainsi, « le manque manifeste de diligence... constitue une faute de service de nature à engager la responsabilité non contractuelle de la Communauté » : TPI 15 mars 1995, *Cobrecaf e.a. c/Commission*, aff. T-514/93, *Rec.* II-621 ; cf. aussi l'évocation de la « divulgation fautive de secrets d'affaires ou d'informations portant atteinte à la réputation d'une personne » : T 18 déc. 2009, *Arizmendi e.a. c/Conseil et Commission*, aff. T-440/03, T-121/04, T-171/04, T-208/04, T-365/04 et T-484/04, *Rec.* II-4883.

1367. La Cour procède à une appréciation concrète de la faute de nature à engager la responsabilité des Communautés, c'est-à-dire que, dans chaque espèce, elle se demande ce qu'on était en droit d'attendre de l'institution, compte tenu de la difficulté plus ou moins grande de sa mission, des circonstances, de l'urgence. S'agissant du type de faute nécessaire, elle se refuse dès lors à systématiser, estimant par exemple que l'affirmation selon laquelle la responsabilité des organes de contrôle ne saurait, en vertu d'un principe général commun, être engagée qu'en cas de *faute lourde*, n'est pas pertinente (14 juill. 1967, *Kampffmeyer*, préc.).

Il n'empêche qu'elle est particulièrement sensible au fait que l'activité des institutions se développe moins dans un domaine purement administratif qu'en matière d'administration économique. Compte tenu des aléas de l'action économique et de la complexité des mécanismes à mettre en œuvre, la notion de faute de nature à engager la responsabilité est particulièrement restrictive. Estimant qu'il existe en la matière une large mesure d'erreur tolérable, la Cour exige, dans la pratique, une « faute suffisamment caractérisée » (CJCE 30 janv. 1992, *Finsider, Italsider*, aff. jtes C-363 et C-364/88, *Rec.* I-410) (affaire *CECA*) ; dans les rares cas où elle a reconnu que la responsabilité des Communautés était engagée, c'était en face d'une « erreur inexcusable » (aff. 27/60, préc.) ou d'un manque de « diligence manifeste » dans l'exercice d'un pouvoir de contrôle (9 déc. 1965, *Sté des laminoirs*, aff. 29... 51/63, *Rec.* 1123). *A fortiori* exige-t-elle la violation « suffisamment caractérisée d'une règle supérieure de droit » pour engager la responsabilité de la Communauté dans le domaine de la réglementation économique (v. ss 1373). Cette exigence de gravité de la faute prend parfois une autre forme, le Tribunal admettant qu'à la rigueur, la Commission ait pu commettre une « faute sur le plan administratif » sans pour autant reconnaître que celle-ci suffit à engager la responsabilité de la Communauté (TPI 6 juill. 1995, *Odigitria c/Conseil et Commission*, aff. T-572/93, *Rec.* II-2025).

Même si en l'espèce le lien avec l'illégalité est souvent assez confus, on peut relever de la part du juge, s'agissant de l'appréciation de la faute pouvant engager la responsabilité de l'Union, une démarche utilisant la technique du standard juridique : la responsabilité non contractuelle de la Communauté ne peut être engagée par « les erreurs ou les fautes qui, même si elles présentent un degré de gravité certain, ne sont pas étrangères au *comportement normal* d'une institution » dans un certain contexte (arrêt du 9 sept. 2008, *MyTravel c/Commission*, aff. T-212/03, *Rec.* II-1967). Le Tribunal a également pu prendre en considération comme pouvant engager la responsabilité de la Communauté « une irrégularité que n'aurait pas commise, dans des circonstances analogues, une *administration normalement prudente et diligente* » : TPI 12 juill. 2001, *Comafrica et Dole Fresh Fruit Europe c/Commission*, aff. T-198/95, T-171/96, T-230/97, T-174/98 et T-225/99, *Rec.* II-1975.

c) Responsabilité sans faute

1368. À la différence du traité CECA dont les articles 34 et 40 subordonnaient la responsabilité à l'existence d'une faute, les articles 288 CE *[désormais 340 FUE]* et 188 CEEA ne se réfèrent pas à cette notion. Cette omission, intentionnelle, permettait en principe de fonder la responsabilité de la CE – et aujourd'hui de l'Union – et de l'Euratom sur les notions de risque ou de rupture d'égalité devant les charges publiques. La difficulté de dégager à partir des principes communs aux droits des États certains domaines de responsabilité sans faute n'est pas insurmontable, spécialement dans la mesure où la Cour admet qu'il puisse y avoir principe « commun » même si le droit interne d'un certain nombre d'États fait exception (v. ss 722). Ainsi, y a-t-il tout lieu de penser que la Cour admettrait une responsabilité sans faute, fondée sur le risque créé, pour les dommages nucléaires qui seraient causés par les réacteurs qui fonctionnent dans les centres de recherche d'Euratom : en effet, les États membres connaissent pratiquement tous, en la matière, un régime de responsabilité objective (en particulier, quatorze d'entre eux sont parties aux Conventions de Paris et de Bruxelles du 29 septembre 1960 et du 31 janvier 1963 sur la responsabilité civile dans le domaine de l'énergie nucléaire).

Chaque fois que les particuliers ont tenté de faire consacrer une responsabilité sans faute, spécialement en invoquant un préjudice spécial et anormal, la Cour, si elle a rejeté leur demande, a pris soin de ne jamais exclure le principe d'une telle responsabilité, dans le traité CE et même, ce qui est plus surprenant, dans le domaine CECA (16 mars 1971, *FERAM*, aff. 70/69, *Rec.* 227 et *RTDE* 1972. 453, note Nafilyan, la prise en compte d'un préjudice spécial pouvant apparaître implicitement comme susceptible d'ouvrir un droit à réparation alternatif par rapport à l'hypothèse d'une faute de service).

Si la problématique est souvent abordée sous l'angle d'une responsabilité « pour action licite » (13 juin 1972, *Grands Moulins de Paris*, aff. 9 et 11/71, *Rec.* 425) (v. ss 1391), on trouve cependant des décisions se plaçant résolument sur le terrain de la responsabilité sans faute. Si c'est parfois implicite (31 mars 1977, *Compagnie industrielle et agricole*, aff. 54 à 60/76, *Rec.* 645, et *CDE* 1977. 435, note Barav), c'est parfois très net mais le juge évite de manière générale de s'engager. Ainsi, si la Cour, dans l'affaire n° 267/82 (24 juin 1986, *Développement SA*, aff. 267/82, *Rec.* 1907) distingue les deux rubriques « sur la responsabilité pour faute », puis « sur la responsabilité sans faute », elle rejette cette dernière hypothèse « sans qu'il soit besoin d'examiner si un tel principe de responsabilité sans faute existe dans l'ordre juridique communautaire ». Fréquemment, le juge laissera la question ouverte en se plaçant « dans l'hypothèse où un régime de responsabilité sans faute serait admis en droit communautaire » (CJCE 6 déc. 1984, *Biovilac c/CEE*, aff. 59/83, *Rec.* 4057 ; TPI 6 déc. 2001, *Area Cova e.a. c/Commission et Conseil*, aff. T-196/99, *Rec.* II-3597 ; TPI 10 avr. 2003, *Travelex Global and Financial Services et Interpayment Services c/Commission*, aff. T-195/00, *Rec.* II-1677 ; cf. aussi Ord. du 8 juill. 1999, *Édouard Dubois et fils c/Conseil et Commission*, aff. C-95/98 P, *Rec.* I-4835), indiquant cependant les conditions d'engagement qui seraient alors celles de cette responsabilité, « à savoir la réalité du préjudice prétendument subi, le lien de causalité entre celui-ci et l'acte reproché aux institutions de la Communauté ainsi que le caractère anormal et spécial de ce préjudice ». Le Tribunal de première instance semble cependant être allé un peu plus loin, sans pour autant consacrer la responsabilité sans faute, jugeant que « l'article 288, deuxième alinéa, CE, sur l'obligation pour la Communauté de réparer les dommages causés par ses institutions, ne restreint pas le régime de la responsabilité non contractuelle de la Communauté à sa seule responsabilité pour faute » : arrêt du 16 nov. 2006, *Masdar (UK) c/Commission*, aff. T-333/03, *Rec.* II-4377. Le Tribunal a aussi considéré qu'il ne commettait pas d'erreur de droit s'il « ne tranche pas la question de l'existence d'une responsabilité sans faute en droit de l'Union » (T 18 sept. 2014, *Holcim (Romania)*, aff. T-317/12, ECLI:EU:T:2014:782).

3° Fait générateur : illégalité et faute

1369. La responsabilité du fait de l'activité juridique constitue le volet prépondérant, sinon même, en fait, quasi exclusif, de la responsabilité de l'Union. Ne gérant pratiquement aucune activité matérielle (sauf dans le domaine de l'Euratom), celle-ci ne peut guère causer de dommages qu'à travers ses actes juridiques ou le refus de prendre de tels actes. Les particuliers étant peu protégés en la matière par les recours de légalité, qui sont étroitement réglementés par les traités eux-mêmes, tandis qu'ils laissent une grande liberté à la Cour pour élaborer le régime des recours en indemnité, on pouvait s'attendre, par un phénomène de compensation, à des solutions très libérales. Tel est bien le cas quant à l'accès au recours (v. ss 1344) ; mais, quant au fond, afin que les institutions ne soient pas handicapées par le poids d'une responsabilité trop lourde, la Cour reste exigeante, tout particulièrement dans le domaine normatif. Après avoir présenté la question essentielle, s'agissant de la responsabilité du fait d'un acte juridique, du lien entre l'illégalité et la responsabilité, il faudra présenter le régime classique prenant en considération le caractère normatif de l'acte (v. *infra*, B, 1°), la rigueur d'une telle approche expliquant sans doute l'apparition plus récente d'un régime dépendant de la marge d'appréciation dont disposait l'autorité communautaire, que l'acte soit de portée générale ou individuelle (v. *infra*, B, 2°).

La responsabilité des Communautés pour les dommages causés par leurs actes juridiques est relativement indépendante de la validité de ceux-ci ; l'élément déterminant est, en effet, la faute. Certes, ainsi qu'on l'a déjà noté, un acte invalide ou une abstention illégale est habituellement constitutif d'une faute. Mais l'illégalité n'est pas par elle-même nécessairement constitutive d'une faute susceptible d'engager la responsabilité des Communautés ; c'est-à-dire que certaines illégalités, suffisantes pour entraîner l'annulation de l'acte sur le terrain de la légalité, peuvent, compte tenu des circonstances, ne pas être considérées comme des fautes.

1370. L'éventualité d'illégalités non fautives est prévue implicitement à l'article 266 alinéa 2 FUE *[ex art. 233 CE]* et figurait explicitement à l'article 34 CECA, dans la mesure où la victime d'un dommage causé par un acte annulé pour illégalité n'a droit à être indemnisée que si la Cour reconnaît que celle-ci est constitutive d'une faute. La jurisprudence le confirme abondamment. Ainsi, dans l'affaire *Kampffmeyer* (CJCE 14 juill. 1967, aff. 5, 7 et 13 à 24/66, préc.), la Cour avait déjà censuré par l'annulation, dans un précédent arrêt, la décision de la Commission confirmant les mesures de sauvegarde adoptées par le gouvernement allemand ; elle n'en a pas moins recherché si le comportement de la Commission était fautif et n'a reconnu sa responsabilité que parce que celui-ci s'était révélé constitutif d'une « faute de service ». De même, à l'occasion de plusieurs recours en réparation des dommages causés par des règlements, la Cour a régulièrement affirmé que « la constatation qu'un acte normatif… n'est pas valide ne suffit pas en elle-même pour engager en vertu de l'article 215 la responsabilité non-contractuelle » de la Communauté (arrêt du 5 déc. 1979, *Amylum c/Conseil et Commission*, aff. 116 et 124/77, *Rec.* 3497 ; arrêt du 19 sept. 1985, *Asteris c/Commission*, aff. 194 à 206/83, *Rec.* 2815) ; arrêt du 13 mars 1992, *Vreugdenhil c/Commission*, aff. C-282/90, *Rec.* I-1937), la Cour adoptant la même position à l'égard d'une directive de coordination (CJCE 18 avr. 1991, *Assurances du Crédit c/Conseil et Commission*, aff. C-63/89, *Rec.* I-1799). On peut même citer des exemples où elle a rejeté au fond les recours en réparation de dommages causés par des règlements dont elle avait antérieurement, sur renvoi préjudiciel, constaté l'invalidité (25 mai 1978, *H.N.L.*, aff. 83 et 94/76, 4, 15 et 40/77, *Rec.* 1209 ; 5 déc. 1979, *Amylum*, aff. 116 et 124/77, préc.). Une formule synthétique consiste à remarquer qu'il découle d'une jurisprudence bien établie « que la constatation de l'illégalité d'un acte juridique de l'Union, dans le cadre par exemple d'un recours en annulation, ne suffit pas, pour regrettable qu'elle soit, pour considérer que la responsabilité non contractuelle de celle-ci, tenant à l'illégalité du comportement d'une de ses institutions, soit, de ce fait, automatiquement engagée » (arrêt du 13 déc. 2017, *HTTS Hanseatic Trade Trust & Shipping GmbH*, aff. T-692/15, ECLI:EU:T:2017:890).

1371. Inversement, un acte juridique dont la Cour a constaté la validité intrinsèque peut avoir été pris et surtout appliqué dans un contexte qui constitue un comportement fautif susceptible d'entraîner la responsabilité de la Communauté : un règlement supprimant des montants compensatoires monétaires dans lequel la Cour n'a découvert aucun chef d'illégalité engage cependant la responsabilité de la Communauté, dès lors qu'il a fait l'objet d'une application immédiate et sans avertissement, ce qui constitue une faute au regard du principe de la « confiance légitime » (CJCE 14 mai 1975, *C.N.T.A.*, aff. 74/74, *Rec.* 533). Donc l'illégalité ne suffit pas forcément à constituer une faute de nature à engager la responsabilité de l'Union et une telle faute pourrait découler d'un « reproche distinct de cette illégalité » (arrêt 21 janv. 1999, *Riviera Auto Service c/Commission*, aff. T-185/96, T-189/96 et T-190/96, *Rec.* II-93, point 90).

Pour autant, l'action de l'Union étant quasi exclusivement une activité juridique, ***le juge européen s'est focalisé sur le critère du caractère illégal*** de cette action pour envisager les questions de responsabilité et il est même arrivé au Tribunal de présenter le caractère illégal de l'acte comme conditionnant la possibilité d'une réparation : une décision de la Commission n'étant « pas constitutive d'une illégalité, de sorte qu'elle n'est pas de nature à engager la responsabilité non contractuelle de la Communauté » (Ord. du 3 juill. 1997, *Smanor et Ségaud c/Commission*, aff. T-201/96, *Rec.* II-1081 ; Ord. du 14 janv. 2004, *Makedoniko Metro et Michaniki c/Commission*, aff. T-202/02, *Rec.* II-181).

C'est en tous cas sous cet angle que la Cour a présenté de façon didactique et générale les conditions d'engagement de la responsabilité extracontractuelle de l'Union, puisqu'elle distingue désormais classiquement l'engagement de cette responsabilité « pour action illicite », ce régime étant « subordonné à la réunion d'un ensemble de conditions, à savoir l'illégalité du comportement reproché aux institutions, la réalité du dommage et l'existence d'un lien de causalité entre le comportement allégué et le préjudice invoqué » (par ex. Ord. du 12 janv. 2011, *Eriksen c/ Commission*, aff. C-205/10 P, C-217/10 P, et C-222/10 P, *Rec.* I-1* ; ou l'arrêt précité de la Grande chambre du 30 mai 2017, *Safa Nicu Sepahan c/ Conseil*, aff. C-45/15 P, ECLI:EU:C:2017:402) (cf. *infra*, B), et la question récurrente de l'éventuelle reconnaissance d'un régime de responsabilité « pour action licite » de l'Union (v. *infra*, C), cette grille de lecture étant privilégiée par rapport à celle de la responsabilité « sans faute ».

B. Évolution du régime de responsabilité pour action illicite de l'Union

1372. Ce régime s'est caractérisé par la mise en évidence d'une distinction entre les actes à caractère normatif et les actes simplement administratifs.

1° Régime classique de la réparation des dommages causés par l'activité normative de l'Union

a) Fonction normative et responsabilité

1373. Les Communautés sont-elles responsables pour les dommages causés par des actes juridiques *à portée générale*, émanant des institutions, essentiellement les *règlements* ? Si oui, le régime communautaire sera-t-il inspiré par les règles nationales sur la responsabilité du fait des règlements administratifs ou celles, beaucoup plus rigoureuses, sur la responsabilité de l'*État législateur* ? Dès le premier arrêt dans lequel elle rencontra le problème, la Cour affirma simultanément et le principe d'une telle responsabilité et les limites étroites dans lesquelles elle entendait la maintenir :

> « S'agissant d'un acte normatif qui implique des choix de politique économique, (la) responsabilité de la Communauté pour le préjudice que des particuliers auraient subi par l'effet de cet acte ne saurait être engagée, compte tenu des dispositions de l'article 215, alinéa 2 *[devenu 288 CE ; désormais art. 340 FUE]*, qu'en présence d'une violation suffisamment caractérisée d'une règle supérieure de droit protégeant les particuliers » (2 déc. 1971, *Zuckerfabrik Schöppenstedt*, aff. 5/71, *Rec.* 975 et *CDE* 1972. 674).

1374. L'aspect très positif est l'affirmation d'une responsabilité communautaire du fait des règlements – alors que celle-ci est exclue pour les dommages qui seraient causés par les traités communautaires eux-mêmes (CJCE 4 févr. 1975, *Compagnie Continentale France*, aff. 169/73, *Rec.* 117 ; TPI 29 janv. 1998, *Édouard Dubois et Fils c/Conseil et Commission*, aff. T-113/96, *Rec.* II-125 ; CJCE (Ord.) 8 juill. 1999, *Édouard Dubois et fils c/Conseil et Commission*, aff. C-95/98 P, *Rec.* I-4835 ; Ord. du 15 juin 2000, *Aduanas Pujol Rubio e.a. c/Conseil et Commission*, aff. T-614/97, *Rec.* II-2387) ; Ord. du 16 juin 2000, *Transfluvia e.a. c/Conseil et Commission*, aff. T-611/97, T-619/97 à T-627/97, *Rec.* II-2405 ; Ord. du 26 juin 2000, *Argon e.a. c/Conseil et Commission*, aff. T-12/98 et T-13/98, *Rec.* II-2473) – même dans le domaine de la politique économique, alors qu'un précédent arrêt, rendu, il est vrai, dans le domaine CECA, avait semblé exclure *a priori* de la responsabilité tout ce qui pouvait être rattaché à la politique économique proprement dite (17 déc. 1959, *FERAM*, aff. 23/59, *Rec.* 501). Qu'eût signifié, en effet, dans le domaine CEE notamment, une responsabilité restreinte aux seuls actes individuels ou même étendue aux seuls règlements proprement administratifs, c'est-à-dire pris dans le seul domaine de la fonction publique et de l'organisation et de la gestion des services ?

1375. Mais l'arrêt de la Cour signifie aussi et surtout que certains actes juridiques communautaires vont être particulièrement protégés contre les actions en indemnité. Or, sous l'expression « acte normatif », la Cour range tous les règlements communautaires, c'est-à-dire aussi bien les règlements de base du Conseil (qui sont comparables, on le sait, à des lois nationales) que des règlements tout à fait subalternes de la Commission. Quant à l'expression « qui implique des choix de politique économique », elle n'est pas non plus interprétée de manière restrictive : peu importe que les règlements interviennent dans le domaine de la politique économique proprement dite ou dans celui des transports, dans le domaine social, etc. En fait, l'élément déterminant semble bien être l'existence, au profit de l'institution communautaire, d'un large pouvoir discrétionnaire. Il s'agit de toute réglementation dans laquelle s'effectuent de véritables choix de politique dans un secteur de compétence communautaire, c'est-à-dire dans laquelle les institutions étaient en mesure de choisir librement entre plusieurs possibilités et, notamment, toute l'activité d'harmonisation des législations nationales (CJCE 18 avr. 1991, *Les Assurances du crédit*, aff. C-63/89, *Rec.* I-1799).

1376. Se refusant à opérer toute distinction organique ou fonctionnelle entre les différents types de règlements, pour s'en tenir exclusivement à des éléments matériels, la Cour ne pouvait dès lors se référer qu'aux droits des États membres en matière de *responsabilité du fait des lois*. Mais elle ne peut alors découvrir qu'un seul principe général commun : lorsque, pour mener une politique économique, le législateur dispose d'un large pouvoir discrétionnaire, il doit pouvoir s'en servir sans entraves et notamment ne doit pas être gêné « par la perspective d'actions en dommages-intérêts chaque fois qu'il est dans le cas, dans l'intérêt général, de prendre des mesures normatives susceptibles de porter atteinte aux intérêts de particuliers... les actes normatifs dans lesquels se traduisent des options de politique économique n'engagent qu'exceptionnellement et dans des circonstances singulières la responsabilité des pouvoirs publics » (CJCE 25 mai 1978, *H.N.L.*, aff. 83.../76, 4.../77, *Rec.* 1209 et *JDI* 1979. 942, note Kovar, ainsi que *CDE* 1979. 186, note Groudman). Telle est la règle directrice que la Cour retient des droits nationaux ; quant aux conditions précises qui doivent fonder cette responsabilité exceptionnelle, les solutions nationales sont trop hétérogènes et la Cour fera prévaloir des exigences communautaires spécifiques... et particulièrement rigoureuses.

b) Conditions de la responsabilité du fait des actes normatifs

1377. Si on a pu hésiter, dans un premier temps, sur le sens exact qu'il convenait de donner à la formule « violation suffisamment caractérisée d'une règle supérieure de droit protégeant les particuliers », la Cour a concrétisé ses exigences, dans un sens restrictif, à l'occasion de trois séries d'arrêt : 25 mai 1978, *H.N.L.*, préc. ; 4 oct. 1979, *Ireks-Arkady*, aff. 238/78, *Rec.* 2955, et 5 déc. 1979, *Amylum*, aff. 116 et 124/77, *Rec.* 3497. Lorsque le dommage a sa source dans un acte normatif, l'illégalité de celui-ci, même déjà constatée, ne suffit pas pour engager la responsabilité ; il faut en outre que trois conditions soient remplies, qui concernent la règle violée, le fait dommageable et enfin le dommage.

1378. *La violation d'une règle supérieure de droit protégeant les particuliers :* un acte normatif est illégal dès lors qu'il méconnaît une règle de droit quelconque, faisant partie du *bloc de la légalité communautaire* (v. ss 1252). En matière de responsabilité, en revanche, la Cour n'examine pas l'illégalité sur tous les fondements du recours en annulation ou en appréciation de validité, mais seulement au regard des *règles supérieures de* *droit protégeant les particuliers*. Il peut s'agir tout autant d'une disposition des traités, d'un règlement hiérarchiquement supérieur, d'un principe général du droit, dès lors que la règle a une « importance dans le système du traité ». Mais il convient encore que cette règle soit destinée à protéger les particuliers, par quoi la Cour se réfère explicitement à la théorie de la « norme de protection » qui prévaut en droit allemand (*Schutznormtheorie*). La violation d'une règle ne protégeant pas les particuliers, par exemple, règle de forme (non consultation du Parlement européen ; défaut de proposition de la Commission) mais aussi de répartitions des compétences entre les institutions (CJCE 13 mars 1992, *Vreng-denhil*, aff. C-282/90, *Rec.* I-1937), si elle est de nature à affecter la validité de l'acte, ne serait pas de nature à engager la responsabilité des Communautés.

Cette exigence semble bien exister même en dehors de la responsabilité pour les actes normatifs (CJCE 14 juill. 1961, *Vloeberghs*, aff. 9 et 12/60, *Rec.* 391), mais la Cour en fait ici une vérification plus systématique. Encore a-t-elle précisé, cependant, qu'il n'est pas indispensable que la règle violée ait exclusivement pour objet, dès lors qu'elle a aussi pour effet, de protéger les particuliers (14 juill. 1967, *Kampffmeyer*, préc.). De même n'est-il pas exigé qu'elle ait spécialement pour objet la protection d'une catégorie de justiciables, dont le requérant fait partie, il suffit qu'elle protège les particuliers, sans autre précision.

Ainsi ces derniers sont-ils autorisés à invoquer tout un ensemble, qui va des principes généraux à celles des règles qui, dans le système communautaire, ont valeur de principe, dès lors qu'elles concernent les intérêts subjectifs des opérateurs. Dans la pratique, la Cour a reconnu que remplissaient ces conditions notamment les principes généraux du respect des droits acquis (10 déc. 1975, *Union nationale des coopératives agricoles de céréales*, aff. 95/74, *Rec.* 1615), de proportionnalité (13 nov. 1973, *Werhahn*, aff. 63 à 69/72, *Rec.* 1229), mais surtout le principe général de non-discrimination, tel qu'il est concrétisé en particulier en matière agricole par l'article 34 CE [*désormais 40 FUE*] (arrêts *H.N.L.*, *Ireks-Arkady* et *Amylum*), le principe de la confiance légitime (CJCE 19 mai 1992, *Mulder*, aff. C-104/89, *Rec.* I-3061) ou le droit d'être entendu (arrêt du 13 déc. 1995, *Vereniging van Exporteurs in Levende Varkens et Nederlandse Bond van Waaghouders van Levend Vee c/Commission*, aff. T-481/93 et T-484/93, *Rec.* II-2941).

Au demeurant, il ne s'agit pas là de l'obstacle le plus difficile à franchir.

1379. *Une faute inexcusable* : la condition de violation suffisamment caractérisée, qui concerne la gravité de la faute, s'ajoute à l'exigence précédente : « la responsabilité non contractuelle de la Communauté pour des actes normatifs, notamment ceux regardant la politique économique, ne saurait être engagée qu'en présence d'une violation d'une règle supérieure de droit protégeant les particuliers. Si l'institution a adopté l'acte dans l'exercice d'un large pouvoir d'appréciation, l'engagement de la responsabilité de la Communauté exige, en outre, que la violation soit caractérisée, c'est-à-dire qu'elle revête un caractère manifeste et grave » (TPI 13 déc. 1995, *Vereniging van Exporteurs in Levende Varkens et Nederlandse Bond van Waaghouders van Levend Vee c/Commission*, aff. T-481/93 et T-484/93, préc.) et cette condition a été explicitée : il s'agit d'une méconnaissance, à caractère manifeste et grave, des limites du pouvoir d'appréciation des institutions (CJCE 19 sept. 1985, *Asteris c/Commission*, aff. 194 à 206/83, *Rec.* 2815 ; CJCE 8 déc. 1987, *Grands Moulins de Paris c/CEE*, aff. 50/86, *Rec.* 4833 ; CJCE 19 mai 1992, *Mulder e.a. c/Conseil et Commission*, aff. C-104/89 et C-37/90, *Rec.* I-3061 ; TPI 9 déc. 1997, *Quiller et Heusmann c/Conseil et Commission*, aff. T-195/94 et T-202/94, *Rec.* II-2247 ; TPI 21 févr. 1995, *Campo Ebro e.a. c/Conseil*, aff. T-472/93, *Rec.* II-421 ;

TPI 14 sept. 1995, *Lefebvre e.a. c/Commission*, aff. T-571/93, *Rec.* II-2379) et ceci ne peut conduire à l'engagement de la responsabilité de la Communauté que « de manière exceptionnelle » (CJCE 5 déc. 1979, *Amylum*, aff. 116 et 124/77, *Rec.* 3497 ; CJCE 8 déc. 1987, *Grands Moulins de Paris c/CEE*, aff. 50/86, préc.). La Cour, ici, ne se contente pas d'une faute même lourde. Ainsi, le mauvais usage du pouvoir discrétionnaire ne suffit pas, la responsabilité ne sera engagée que si l'organe communautaire a méconnu de manière flagrante les limites extérieures de ses pouvoirs lors de l'élaboration de l'acte et, plus exactement, ce qui est requis est « un comportement des institutions (qui) confinerait... à l'arbitraire » (CJCE 5 déc. 79, *Amylum*, aff. 116 et 124/77, préc.). Ainsi, dans l'affaire *Amylum*, la Cour avait déjà constaté, sur renvoi préjudiciel, que les charges imposées aux producteurs d'isoglucose étaient « manifestement illégales » ; cela ne signifie pas, estime-t-elle cependant, que le Conseil ait méconnu de manière grave et manifeste les limites qui s'imposent à l'exercice de son pouvoir discrétionnaire « dans la perspective de l'appréciation de l'illégalité de l'acte au regard de l'article 212 du traité [devenu *288 CE puis 340 FUE*] ».

Du reste, et en toute logique, le juge n'a reconnu qu'exceptionnellement que cette condition était remplie : dans les affaires jugées le 4 octobre 1979 (*Ireks-Arkady et autres*), le Conseil avait rompu délibérément l'égalité de traitement entre deux catégories de producteurs, égalité qui avait été respectée depuis le début de l'organisation commune des marchés dans le secteur des céréales, sans qu'il ait été à même d'en fournir la moindre justification : dépourvue de tout fondement, la nouvelle ligne de conduite confinait purement et simplement à l'arbitraire, constituant donc une faute inexcusable ; dans l'affaire *Mulder*, le législateur communautaire avait omis complètement, sans faire état d'un intérêt public supérieur, de prendre en considération la situation particulière d'une catégorie nettement distincte d'opérateurs économiques.

1380. *Un dommage anormal et spécial :* dans son arrêt *H.N.L.*, la Cour a précisé que l'exigence d'une *violation suffisamment caractérisée* concernait aussi les conséquences qui découlaient du règlement incriminé, ce qui revenait à introduire une condition supplémentaire, celle du préjudice spécial et grave. La Cour explicite parfois son raisonnement en précisant qu'« il eût fallu, pour que naquît un droit à indemnisation, qu'on se trouvât en présence d'un préjudice dépassant ce qu'il est admis qu'un particulier doive, même dans l'hypothèse où il est victime d'une illégalité, supporter sans pouvoir se faire indemniser sur les fonds publics » (TPI 14 sept. 1995, *Antillean Rice Mills e.a. c/Commission*, aff. T-480/93 et T-483/93, *Rec.* II-2305).

Le préjudice doit être *spécial*, c'est-à-dire que la victime doit pouvoir être particularisée ; il n'en était pas ainsi dans l'espèce *H.N.L.*, où le règlement touchait des catégories très larges d'opérateurs économiques (les éleveurs de bovins, porcins et poulets) ; au contraire, dans l'affaire *Ireks-Arkady*, la violation du principe de non-discrimination atteignait un groupe restreint et nettement délimité d'opérateurs : les producteurs de quellmehl utilisé dans l'alimentation humaine, les producteurs de gritz de maïs destinés à la fabrication de la bière.

Le préjudice doit être *anormal*, sinon il reste à la charge des particuliers. Il faut donc que les incidences économiques du règlement ne soient pas demeurées limitées. La Cour a estimé que cette condition était remplie dans l'affaire *Ireks-Arkady*, puisque... « le dommage... dépass(ait) les limites des risques économiques inhérents aux activités dans le secteur concerné » ; en revanche, dans l'affaire *H.N.L.*, l'augmentation des prix des fourrages n'avait pas dépassé 2 % et l'incidence du règlement sur la rentabilité des exploitations n'avait, en fin de compte, pas dépassé l'amplitude des risques économiques inhérents aux activités dans les secteurs agricoles concernés. La Cour a aussi vérifié la condition du dommage anormal dans l'arrêt *Mulder* (CJCE 19 mai 1992, aff. C-104/89 et 37/90, *Rec.* I-3061, point 17 ; de même pour le Tribunal dans l'arrêt du 9 déc. 1997, *Quiller et Heusmann c/Conseil et Commission*, aff. T-195/94 et T-202/94, *Rec.* II-2247, point 58).

Il semblait que la condition de dommage anormal et spécial soit devenue secondaire. La Cour ne la mentionne pas, notamment, dans l'arrêt du 10 décembre 2002 (*Camar et Tico*, aff. C-312/00 P, *Rec.* I-11356). La jurisprudence relative à la responsabilité des États membres pour violation du droit de l'Union, qui influence depuis peu le régime de la responsabilité extra-contractuelle de l'Union (v. ss 1382) ne la retient pas non plus. On la retrouve cependant encore dans des arrêts du TPI du 6 mars 2003 (*Banan-Kompaniet AB*, aff. T-57/00, *Rec.* II-607, et *Dole Fresh Fruit International Ltd*, aff. T-56/00, *Rec.* II-577).

1381. – *Conclusion* : finalement, ce régime communautaire accumule les conditions restrictives : on relèvera, spécialement, qu'en droit français la condition de préjudice spécial et anormal n'est requise que pour engager la responsabilité de l'État du fait des lois ou des règlements par ailleurs légaux, alors qu'ici elle se présente comme une exigence supplémentaire *dans le cadre d'un régime de responsabilité pour faute et même faute lourde*. Si bien que la jurisprudence, dans cette phase classique, n'a fourni que très peu de condamnations de la Communauté à indemniser les dommages causés par un règlement (affaire *Ireks-Arkady* et trois autres arrêts du même jour ainsi que l'affaire *Mulder* ; mais dans ce dernier cas, avec des conséquences financières considérables, le nombre des ayants-droit potentiels à l'indemnisation étant de 12 000, pour un montant global de 250 millions d'écus environ).

À noter, enfin, que la Cour justifie, au moins partiellement, sa rigueur par le fait que les particuliers disposent le plus souvent d'un recours devant les juridictions nationales de nature à les protéger de manière efficiente :

> « Dans le cas où un particulier s'estime lésé par un acte normatif communautaire qu'il considère comme illégal, il dispose de la possibilité, lorsque la mise en œuvre de l'acte est confiée aux autorités nationales, de contester, à l'occasion de cette mise en œuvre, la validité de l'acte devant une juridiction nationale dans le cadre d'un litige l'opposant à l'autorité interne. Cette juridiction peut ou même doit, dans les conditions de l'article 177 [*devenu 267 FUE*], saisir la Cour d'une question portant sur la validité de l'acte communautaire en cause » (aff. *Amylum*).

Ce qui confirme qu'à l'encontre des actes généraux, normatifs, les particuliers ont peu à attendre tant du recours en annulation que du recours en indemnité ; la seule protection pratiquement efficace est le renvoi préjudiciel en appréciation de validité par une juridiction nationale. Pour autant, le juge communautaire semble avoir fait évoluer sa jurisprudence ces dernières années, sans que cela puisse cependant traduire en rien une libéralisation des conditions d'engagement de la responsabilité de l'Union du fait de son action juridique.

2° Régime actuel de la responsabilité selon le pouvoir d'appréciation de l'Union

1382. Désormais, le régime de responsabilité non contractuelle de l'Union et spécialement l'appréciation de l'illégalité ne repose plus sur la distinction en fonction de la nature de l'acte en cause mais sur la marge d'appréciation de l'institution concernée. Deux considérations permettent sans doute de comprendre cette nouvelle orientation prise par la jurisprudence.

– D'abord, le régime classique reposant sur l'approche rigide de la Cour dès lors que l'acte en cause se caractérisait par sa nature normative faisait qu'étaient distingués les actes individuels, administratifs (tout type d'irrégularité conduisait à la mise en cause de la responsabilité de la Communauté) et les actes normatifs (n'engageant la responsabilité qu'en cas de « violation d'une règle supérieure de droit protégeant les particuliers », cette violation étant constatée en cas de méconnaissance manifeste des limites s'imposant au pouvoir d'appréciation d'une institution). Ceci n'a pu qu'inciter les requérants à revendiquer la nature administrative d'actes *a priori* de portée générale, tentant de prouver qu'ils étaient individuellement concernés, auquel cas était niée toute marge d'appréciation. On sait que la Cour a reconnu ce type d'hybridité dans le contentieux de la légalité (CJCE 18 mai 1994, *Codorniu*, aff. C-309/89, *Rec.* I-1853) ce qui a pu être à l'origine d'affaires peu cohérentes, le juge qualifiant une même mesure normative d'acte à portée individuelle pour la recevabilité du recours en annulation tout en lui refusant cette qualité dans les conditions de fond de la responsabilité (CJCE 11 févr. 1999, *Antillean Rice Mills*, aff. C-390/95, *Rec.* I-769).

– Ensuite, le développement de la jurisprudence sur la responsabilité des États membres pour violation du droit communautaire s'est dans un premier temps inspirée des traits caractérisant la responsabilité extra-contractuelle de la Communauté (la protection des droits des particuliers devant être la même quelle que soit l'autorité, nationale ou communautaire, à l'origine du préjudice), mais a abouti, alors qu'elle se fixait, et par un curieux phénomène d'aller-retour, à la considération symétrique que ce régime de responsabilité des États vis-à-vis des particuliers devait s'appliquer aussi la Communauté. Or cette jurisprudence dont on peut considérer qu'elle est nettement formalisée dès l'arrêt du 5 mars 1996, *Brasserie du Pêcheur* (aff. C-43 et 48/93, *Rec.* I-1029), repose, en plus de l'exigence classique et inchangée d'un lien de causalité entre la violation d'une règle et le dommage, sur le fait que la règle de droit violée de manière suffisamment caractérisée « ait pour objet de conférer des droits aux particuliers », ce qui revient à ne plus exiger le caractère de « règle supérieure de droit ». De plus, il est compréhensible que le juge communautaire ne veuille pas prendre en considération le caractère particulier de certains actes normatifs nationaux tels que la loi, du fait des régimes nationaux très restrictifs qui en découlent pour la « responsabilité du fait des lois », lesquels, notamment le régime français reposant sur le célèbre arrêt *La Fleurette* (C.E. 14 janv. 1938, *Société La Fleurette*, *Leb.* 25), ne satisfont pas aux exigences communautaires d'effectivité.

1383. Ceci explique que la Cour ait apparemment infléchi son approche du régime de responsabilité de la Communauté pour acte illégal sur ces deux plans, c'est-à-dire en prenant comme impératif que la règle violée ait simplement pour objet de *conférer des droits aux particuliers* et surtout en précisant que si la violation est suffisamment caractérisée en cas de méconnaissance manifeste et grave, par un État membre comme par une institution communautaire, des limites qui s'imposent à son pouvoir d'appréciation, ceci peut être précisé de deux manières.

– D'abord cela signifie que lorsque l'État membre ou l'institution en cause ne disposent que d'une marge d'appréciation réduite ou inexistante, la simple infraction au droit communautaire constitue une « violation suffisamment caractérisée ».

– Cela signifie surtout, que, contrairement à ce que l'on avait pu croire, « la nature générale ou individuelle d'un acte d'une institution n'est pas un critère déterminant pour identifier les limites du pouvoir d'appréciation dont dispose l'institution » (CJCE 4 juill. 2000, *Bergaderm et Goupil*, aff. C-352/98 P, *Rec.* I-5291 ; CJCE 10 déc. 2002, *Camar et Tico*, aff. C-312/00 P, *Rec.* I-11356 ; T 16 nov. 2017, *Acquafarm c/ Commission*, aff. T-458/16, ECLI:EU:T:2017:810), ce qui revient à renoncer, du moins formellement, à un régime spécial pour les actes normatifs dont la logique semblait jusque-là vertébrer tout le système pour retenir un régime reposant uniquement sur l'existence et le respect du pouvoir d'appréciation des institutions. Le critère ne serait donc plus la nature de l'acte mais la marge d'appréciation de l'institution, ce que la Cour confirme parfois de façon très explicite : « le critère décisif pour déterminer si l'on se trouve en présence d'une telle violation [comprendre : une violation suffisamment caractérisée] n'est pas la nature individuelle de l'acte concerné, mais la marge d'appréciation dont dispose l'institution lors de son adoption » (CJCE 10 déc. 2002, *Camar et Tico*, aff. C-312/00 P, préc. ; cf. points 53-55 ; CJCE 10 juill. 2003, *Commission c/Fresh Marine*, aff. C-472/00 P, *Rec.* I-7541 ; cf. points 25-27). La Cour, en tous cas, propose désormais une formule de principe synthétisant les conditions d'engagement de la responsabilité extracontractuelle de l'Union et les alignant sur celles précisées en matière de responsabilité des États membres :

« les conditions de mise en œuvre de la responsabilité de l'État pour les dommages causés aux particuliers en raison de la violation du droit communautaire ne doivent pas, en l'absence de justification particulière, différer de celles régissant la responsabilité de la Communauté dans des circonstances comparables. En effet, la protection des droits que les particuliers tirent du droit communautaire ne saurait varier en fonction de la nature nationale ou communautaire de l'autorité à l'origine du dommage. Or, statuant en matière de responsabilité des États membres pour des dommages causés aux particuliers, la Cour a jugé qu'un droit à réparation est reconnu par le droit communautaire dès lors que trois conditions sont réunies, à savoir que la règle de droit violée ait pour objet de conférer des droits aux particuliers, que la violation soit suffisamment caractérisée et, enfin, qu'il existe un lien de causalité direct entre la violation qui incombe à l'État et le dommage subi par les personnes lésées (...) S'agissant de la deuxième condition, tant en ce qui concerne la responsabilité de la Communauté au titre de l'article 215 du traité que pour ce qui est de la responsabilité des États membres pour des violations du droit communautaire, *le critère décisif pour considérer qu'une violation du droit communautaire est suffisamment caractérisée est celui de la méconnaissance manifeste et grave, par un État membre comme par une institution communautaire, des limites qui s'imposent à son pouvoir d'appréciation* (...) Lorsque l'État membre ou l'institution en cause ne disposent que d'une marge d'appréciation considérablement réduite, voire inexistante, la simple infraction au droit communautaire peut suffire à établir l'existence d'une violation suffisamment caractérisée » (CJCE 4 juill. 2000, *Bergaderm et Goupil*, aff. C-352/98 P, *Rec.* I-5291).

1384. Le TPI a appliqué la nouvelle démarche mais de manière hésitante. Pourtant, avant même l'arrêt *Bergaderm* de la Cour, (TPI 17 déc. 1998, *Embassy Limousine & Services*, aff. T-203/96, *Rec.* II-4239), de manière ponctuelle et à rebours de sa jurisprudence et de celle de la Cour, le TPI avait fait jouer le critère de la marge d'appréciation à propos d'un acte de nature administrative. Paradoxalement, après l'arrêt *Bergaderm*, il est arrivé au tribunal de continuer à faire jouer le critère de la nature de l'acte (TPI 24 oct. 2000, *Fresh Marine*, aff. T-178/98, *Rec.* II-3331, ou TPI 6 déc. 2001, *Area Cova*, aff. T-196/99, *Rec.* II-3597, ou TPI 11 janv. 2002, *Biret International SA*, aff. T-174/00, *Rec.* II-17) tout en s'engageant parfois dans la nouvelle démarche en évaluant la marge d'appréciation dans la mise en œuvre d'actes pourtant qualifiés d'administratifs : TPI 12 juill. 2001, *Comafrica*, aff. T-198/95, *Rec.* II-1975, ou TPI 23 oct. 2001, *Dieckmann et Hansen*, aff. T-155/99, *Rec.* II-3143.

1385. La nouvelle approche est-elle véritablement innovante ? Elle semble plutôt consister pour la Cour à promouvoir la sécurité juridique en rapprochant les régimes de responsabilité des États membres et de l'Union pour violation du droit de l'Union en revenant finalement aux véritables axes fondamentaux de la démarche initiale sans s'enfermer dans un clivage formaliste de distinction entre les actes normatifs et les actes administratifs. Le critère essentiel pour reconnaitre une violation « suffisamment caractérisée » a toujours été celui de l'éventuelle « méconnaissance manifeste et grave, par l'institution communautaire concernée, des limites qui s'imposent à son pouvoir d'appréciation » et le lien « pouvoir d'appréciation/acte normatif » ne correspondait qu'à une facilité, un tel pouvoir caractérisant certes les actes normatifs (cf. CJCE 8 déc. 1987, *Grands Moulins de Paris c/CEE*, aff. 50/86, *Rec.* 4833) mais sans pour autant que ce soit exclusif.

1386. D'ailleurs, l'arrêt *Bergaderm*, de même que la jurisprudence ultérieure, s'il retient ce même critère classique de la méconnaissance manifeste et grave des limites s'imposant au pouvoir d'appréciation d'une institution de l'Union, n'y voit qu'un « critère décisif » pour identifier une violation suffisamment caractérisée de la règle de droit et non un critère exclusif : « il convient également de prendre en compte la complexité des situations à régler, les difficultés d'application ou d'interprétation des textes, le degré de clarté et de précision de la règle violée et le caractère intentionnel ou inexcusable de l'erreur de droit commise » (TPI 26 janv. 2006, *Medici Grimm c/Conseil*, aff. T-364/03, *Rec.* II-79), le Tribunal proposant même une vision générale de la démarche du juge :

> « il n'existe aucun lien automatique entre, d'une part, l'absence de pouvoir d'appréciation de l'institution concernée et, d'autre part, la qualification de l'infraction de violation suffisamment caractérisée du droit communautaire. Bien qu'elle présente un caractère déterminant, l'étendue du pouvoir d'appréciation de l'institution communautaire concernée ne constitue pas un critère exclusif. Seule la constatation d'une irrégularité que n'aurait pas commise, dans des circonstances analogues, une administration normalement prudente et diligente permet d'engager la responsabilité de la Communauté. Il appartient dès lors au juge communautaire, après avoir déterminé, d'abord, si l'institution concernée disposait d'une marge d'appréciation, de prendre en considération, ensuite, la complexité de la situation à régler, les difficultés d'application ou d'interprétation des textes, le degré de clarté et de précision de la règle violée et le caractère intentionnel ou inexcusable de l'erreur commise » (arrêt du 3 mars 2010, *Artegodan c/Commission*, aff. T-429/05, préc. ; ou arrêt du 16 sept. 2013, *ATC e.a.*, aff. T-333/10, ECLI:EU:T:2013:451).

1387. Finalement, même dans ce nouveau cadre, la logique première, tant juridique que politique, reste la même : il ne faut pas entraver l'action d'intérêt général des institutions de l'Union, sans pour autant, dans les cas extrêmes, ignorer les intérêts particuliers, ce qu'exprime clairement le même arrêt *Artegodan* du 3 mars 2010, ou, par exemple, les arrêts du 16 sept. 2013, *ATC e.a.*, aff. T-333/10, ECLI:EU:T:2013:451, ou du 17 mars 2016, *Zoofachhandel Züpke e.a.*, aff. T-817/14, ECLI:EU:T:2016:157 :

> « l'exigence d'une violation suffisamment caractérisée du droit de l'Union vise, quelle que soit la nature de l'acte illicite en cause, à éviter que le risque d'avoir à supporter les dommages allégués par les entreprises concernées n'entrave la capacité de l'institution concernée à exercer pleinement ses compétences dans l'intérêt général, tant dans le cadre de son activité à portée

normative ou impliquant des choix de politique économique que dans la sphère de sa compétence administrative, sans pour autant laisser peser sur des particuliers la charge des conséquences de manquements flagrants et inexcusables. »

1388. Quant à l'abandon apparent de l'exigence d'une « règle supérieure de droit protégeant les particuliers » au profit de la formule « règle conférant des droits aux particuliers », il semble que la Cour considère simplement la seconde formulation comme une interprétation ou une précision de la première (cf. arrêts du 4 juill. 2000, *Bergaderm et Goupil c/Commission*, aff. C-352/98 P, préc., points 41 et 42, ainsi que du 19 avr. 2007, *Holcim (Deutschland) c/Commission*, aff. C-282/05 P, *Rec.* I-2941, point 47 ; cf. aussi notamment les arrêts du 9 sept. 2008, *FIAMM*, aff. C-120/06 P et C-121/06 P, *Rec.* I-6513, ou du 16 nov. 2017, *USFSPEI c/ Parlement européen et Conseil*, aff. T-75/14, ECLI:EU:T:2017:813, points 79 et 80). Cette notion est ainsi définie : « une règle de droit a pour objet de conférer des droits aux particuliers lorsqu'il s'agit d'une disposition qui engendre des droits que les juridictions nationales doivent sauvegarder, de sorte qu'elle a un effet direct, d'une disposition qui engendre un avantage susceptible d'être qualifié de droit acquis, d'une disposition qui a pour fonction de protéger les intérêts des particuliers ou qui procède à l'attribution de droits au profit des particuliers dont le contenu peut être suffisamment identifié » (arrêts du 16 oct. 2014, *Evropaïki Dynamiki c/Commission*, aff. T-297/12, ECLI:EU:T:2014:888 ; ou du 29 nov. 2016, *T&L Sugards et Sidul Açúcares*, aff. T-279/11, ECLI:EU:T:2016:683). Un particulier ne pourra cependant agir en matière de responsabilité que si la règle invoquée lui confère des droits et non si elle en confère uniquement à d'autres particuliers (arrêt du 3 déc. 2015, *CN c/ Parlement*, aff. T-343/13, ECLI:EU:T:2015:926).

1389. Une question intéressante à propos de cette qualification d'acte « ayant pour objet de conférer des droits aux particuliers » consiste à se demander si une règle de répartition des compétences peut être considérée comme telle. Si le Tribunal répondu négativement (arrêt préc. du 3 mars 2010, *Artegodan c/Commission*, aff. T-429/05), la Cour, sur pourvoi, a vu là une erreur de droit mais de manière ambigüe, puisque le raisonnement de la Cour vise simplement l'hypothèse où la violation d'une telle règle de répartition des compétences s'accompagnerait de celle d'une règle matérielle ayant pour objet de conférer des droits aux particuliers (arrêt du 19 avr. 2012, *Artegodan GmbH*, aff. C-221/10 P, ECLI:EU:C:2012:216), alors que dans l'absolu, il semble possible de considérer que l'attribution d'une compétence à telle ou telle autorité peut se faire dans le but d'assurer au mieux la protection des droits des particuliers. Le Tribunal a confirmé que les principes d'attribution des compétences et de subsidiarité n'ont pas pour objet de conférer des droits aux particuliers (arrêt du 3 mai 2017, *Sotiropoulou*, aff. T-531/14, ECLI:EU:T:2017:297). De même une règle d'ordre procédural afférente aux rapports entre institutions n'entre pas dans la catégorie (arrêt préc. du 29 nov. 2016, *T&L Sugards et Sidul Açúcares*, aff. T-279/11).

1390. Un autre cas particulier concerne les mesures prises par l'Union dans le but premier de restreindre certains droits de particuliers (les mesures restrictives liées à la PESC et permettant de sanctionner des particuliers notamment dans le cadre de la lutte contre le terrorisme international) : les dispositions qui énoncent, de façon limitative, les conditions dans lesquelles de telles restrictions sont permises, ont, selon le Tribunal, essentiellement pour objet, *a contrario*, de protéger les intérêts individuels des particuliers concernés, en limitant les cas d'application, l'étendue ou l'intensité des mesures restrictives auxquelles ceux-ci peuvent légalement être astreints. Ce sont donc paradoxalement des règles de droit ayant pour objet de conférer des droits aux particuliers (cf. par ex. l'arrêt du 18 févr. 2016, *Mahmoud Jannatian*, aff. T-328/14, ECLI:EU:T:2016:86).

C. Question du régime de responsabilité pour action licite de l'Union

1391. C'est sous cet angle que le débat général sur la « responsabilité sans faute » s'est considérablement développé depuis quelques années et il serait illusoire de distinguer les deux approches même si, en toute rigueur, ce serait concevable, voire préférable. Il semble en tous cas que le juge assimile totalement les deux problématiques, puisque l'on trouve en jurisprudence une présentation synthétique de ces conditions particulières d'engagement de la responsabilité de l'Union (trois conditions doivent cumulativement être remplies, à savoir la réalité du préjudice prétendument subi, le lien de causalité entre celui-ci et l'acte reproché aux institutions de l'Union ainsi que le caractère anormal et spécial de ce préjudice) associée au même « bémol » du caractère hypothétique, soit vis-à-vis d'une éventuelle responsabilité « sans faute » (TPI 6 déc. 2001, *Area Cova e.a. c/Commission et Conseil*, aff. T-196/99, *Rec.* II-3597 ; TPI 10 avr. 2003, *Travelex Global and Financial Services et Interpayment Services c/Commission*, aff. T-195/00, *Rec.* II-1677), soit, exactement dans les mêmes termes, quant à « l'action licite » de l'Union (par ex. CJCE 15 juin 2000, *Dorsch Consult c/Conseil et Commission*, aff. C-237/98 P, *Rec.* I-4549 ; TPI 2 juill. 2003, *Hameico Stuttgart e.a. c/Conseil et Commission*, aff. T-99/98, *Rec.* II-2195 ; ou TPI 10 févr. 2004, *Afrikanische Frucht-Compagnie c/Conseil*, aff. T-64/01 et T-65/01, *Rec.* II-521).

La Cour avait envisagé très tôt, sans la retenir, cette « responsabilité éventuelle du chef d'un acte normatif légal » (CJCE 13 juin 1972, *Compagnie d'approvisionnement et grands moulins de Paris c/Commission*, aff. 9/71 et 11/71, *Rec.* 391, points 45 et 46). Et c'est en se référant à ce précédent que le TPI, en 1998, s'est appliqué à ne pas exclure cette éventualité : « il résulte de la jurisprudence en la matière que, ***dans l'hypothèse de l'admission en droit communautaire d'un tel principe***, l'engagement d'une telle responsabilité supposerait, en tout état de cause, l'existence d'un préjudice anormal et spécial » (TPI 28 avr. 1998, *Dorsch Consult*, aff. T-184/95, *Rec.* II-667). L'attitude de la Cour fut alors totalement bienveillante vis-à-vis de cette perspective laissé ouverte « à bon droit » : CJCE 15 juin 2000, *Dorsch Consult/Conseil et Commission*, aff. C-237/98 P, *Rec.* I-4549, point 19). Le Tribunal est alors allé plus loin. Dans l'arrêt du 14 décembre 2005 (*FIAMM et FIAMM technologies*, aff. T-69/00, *Rec.* II-5393), il rappelle que le traité ne limite pas la responsabilité de la Communauté aux conséquences de ses actions illicites et il juge que « ***dans l'hypothèse d'un dommage engendré par un comportement des institutions de la Communauté dont le caractère illégal n'est pas démontré***, la responsabilité non contractuelle de la Communauté peut être engagée, dès lors que sont cumulativement remplies les conditions relatives à la réalité du préjudice, au lien de causalité entre celui-ci et le comportement des institutions communautaires, ainsi qu'au caractère anormal et spécial du préjudice en question » : ainsi, le caractère hypothétique ne concerne plus l'éventuelle reconnaissance d'un tel régime mais la survenance d'un dommage causé par un acte licite, qui conduirait alors à la mise en œuvre d'un régime de responsabilité semblant désormais pleinement d'application. On peut reconnaître la même approche dans les arrêts du 10 mai 2006, *Galileo International Technology* (aff. T-279/03, *Rec.* II-1291 et TPI 16 nov. 2006, *Masdar*, T-333/03, *Rec.* II-4377), décisions qui se placent incontestablement sur le terrain de la responsabilité sans faute, alors que se posaient des problèmes d'enrichissement sans cause et de gestion d'affaire, ce qui est juridiquement différent.

1392. Ce glissement insidieux d'une hypothèse à une autre explique sans doute la nouvelle position de la Cour, qui elle, refuse catégoriquement de franchir le pas. Elle a, en tous cas, réagi très vigoureusement dans l'affaire *FIAMM*, estimant que :

« la jurisprudence de la Cour consacrant, (...), l'existence du régime de responsabilité extracontractuelle de la Communauté du fait du comportement illégal de ses institutions et les conditions d'application de ce régime est (...) fermement établie. En revanche, il n'en va pas de la sorte en ce qui concerne un régime de responsabilité extracontractuelle de la Communauté en l'absence d'un tel comportement illégal. *Contrairement à ce que le Tribunal a affirmé dans les arrêts attaqués, il ne saurait tout d'abord être déduit de la jurisprudence antérieure à ces arrêts que la Cour aurait consacré le principe d'un tel régime. (...) La Cour s'est tout au contraire jusqu'à présent bornée, aux termes d'une jurisprudence constante, à préciser certaines des conditions auxquelles une telle responsabilité pourrait se trouver engagée dans l'hypothèse où le principe de la responsabilité de la Communauté du fait d'un acte licite devrait être reconnu en droit communautaire.* (...) Si l'examen comparatif des ordres juridiques des États membres a permis à la Cour de procéder très tôt au constat (...) en ce qui concerne une convergence de ces ordres juridiques dans la consécration d'un principe de responsabilité en présence d'une action ou d'une omission illégale de l'autorité, y compris d'ordre normatif, il n'en va nullement de même en ce qui concerne l'existence éventuelle d'un principe de responsabilité en présence d'un acte ou d'une omission licites de l'autorité publique, en particulier lorsque ceux-ci sont d'ordre normatif.(...). Il résulte de tout ce qui précède que, en consacrant dans les arrêts attaqués l'existence d'un régime de responsabilité extracontractuelle de la Communauté du fait de l'exercice licite par celle-ci de ses activités relevant de la sphère normative, le Tribunal a commis *une erreur de droit* » (CJCE 9 sept. 2008, *FIAMM*, aff. C-120/06 P et C-121/06 P, *Rec.* I-6513).

Dans l'affaire *Masdar*, on jugera aussi significatif le souci de la Cour (CJCE 16 déc. 2008, *Masdar*, aff. C-47/07 P, *Rec.* I-9761) de démontrer que le principe de responsabilité éventuellement admis en l'espèce constituerait plutôt un recours *sui generis* s'imposant au nom du principe de protection juridictionnelle effective. Et elle accentue le trait, soulignant que c'était bien différent du régime de responsabilité prévu par le traité, celui-ci exigeant la preuve d'un comportement illégal du défendeur.

1393. Si le Tribunal semble s'être incliné, reproduisant scrupuleusement la mise au point (véritable rappel à l'ordre) de la Cour (T. 6 mai 2010, *Comune di Napoli*, aff. T-388/07, *Rec.* II-79*), il continue cependant à parfois reproduire son approche volontariste (plus qu'hypothétique) de 2006 (« ainsi qu'il ressort d'une jurisprudence constante, *la responsabilité non contractuelle de la Communauté ne saurait être engagée du fait d'un acte licite que si trois conditions cumulatives sont remplies*, à savoir la réalité du préjudice prétendument subi, le lien de causalité entre celui-ci et l'acte reproché aux institutions de la Communauté ainsi que le caractère anormal et spécial du préjudice allégué » : T. (Ord.) 8 févr. 2010, *Alisei*, aff. T-481/08, *Rec.* II-117).

1394. Le Tribunal a également tenté d'exploiter deux « *précisions* » passées quelque peu inaperçues dans l'arrêt *FIAMM* (préc., du 9 sept. 2008, aff. C-120/06 P et C-121/06 P), tant elles étaient occultées par la vigueur de la « remise au pas » du Tribunal par la Cour : la Cour admettait que le législateur de l'Union, dans certains cas, puisse prévoir certaines formes d'indemnisation allant au-delà du régime de la responsabilité pour action illicite, dans le cadre de son pouvoir d'appréciation, et « qu'un acte normatif communautaire dont l'application conduit à des restrictions au droit de propriété et au libre exercice d'une activité professionnelle, qui porteraient une atteinte démesurée et intolérable à la substance même desdits droits, le cas échéant à défaut, précisément, d'avoir prévu une indemnisation propre à éviter ou à corriger ladite atteinte, pourrait engager la responsabilité extracontractuelle de la Communauté » (point 184). Le Tribunal, à propos de mesures d'urgence de la Commission interdisant aux pêcheurs de thons de continuer leur activité dès le mois de juin d'une année, rappelle ce point et précise que c'est notamment à la lumière de cet élément « qu'il convient d'examiner le moyen tiré de la responsabilité non contractuelle de la Communauté du fait d'un acte licite » ; et le Tribunal de s'engager résolument dans la vérification du préjudice anormal et spécial, ce qui le conduit à estimer que le critère d'anormalité n'est pas satisfait puisque « ce préjudice ne saurait être considéré comme dépassant les limites des risques inhérents au secteur de la pêche » (arrêt du 7 nov. 2012, *Syndicat des thoniers méditerranéens e.a.*, aff. T-574/08, ECLI:EU:T:2012:583). Ainsi, s'il n'y a pas, pour le Tribunal, responsabilité pour action licite, c'est uniquement parce qu'il n'y a pas préjudice anormal. La Cour, sur pourvoi, s'est sobrement bornée à réaffirmer qu'« Il est constant que, en l'état actuel du droit de l'Union, l'examen comparatif des ordres juridiques des États membres ne permet pas de consacrer l'existence d'un régime de responsabilité non contractuelle de l'Union du fait de l'exercice licite par celle-ci de ses activités relevant de la sphère normative » (CJ 14 oct. 2014, *Buono e.a.*, aff. C-12/13 P et C-13/13 P, ECLI:EU:C:2014:2284).

1395. On peut même avoir le sentiment que la Cour elle-même ne s'est pas vraiment fait une religion en la matière, puisqu'elle continue à parfois laisser la question en suspens : … « sans qu'il y ait lieu pour la Cour de se prononcer sur la possibilité d'engager la responsabilité de l'Union pour un dommage causé par un acte légal dans des circonstances telles que celles de l'espèce » (CJ 25 mars 2010, *Sviluppo Italia Basilicata*, aff. C-414/08 P, *Rec.* I-2559).

1396. La confusion est également entretenue par un souci pédagogique du juge le conduisant à rappeler de manière orthodoxe l'inexistence d'un régime de responsabilité extracontractuelle de l'Union du fait de l'exercice licite par celle-ci de ses activités relevant de la sphère normative, tout en évoquant l'exigence (en cas de reconnaissance d'un tel régime) d'un préjudice anormal et spécial, et en démontrant alors que « outre l'inexistence actuelle d'un régime de responsabilité non contractuelle de l'Union du fait d'un acte licite », cette condition n'est pas remplie, ce qui apparaît comme superfétatoire en l'espèce (arrêt du 16 sept. 2013, *ATC e.a.*, aff. T-333/10, ECLI:EU:T:2013:451). Dans le même sens, on retrouve l'argument de l'inexistence du régime et « au surplus », la vérification de ce que le préjudice n'est ni anormal et spécial quand il s'agit là de répondre à deux arguments distincts des parties (arrêt du 7 oct. 2015, *Accorinti e.a. c/ BCE*, aff. T-79/13, ECLI:EU:T:2015:756).

1397. On peut également rester un peu perplexe devant la résurgence de la distinction entre les actes individuels et les actes normatifs, écartée depuis l'arrêt *Bergaderm et Goupil* dans le cadre de la responsabilité pour acte illicite et que l'on trouve à la fois dans la jurisprudence de la Cour et du Tribunal : « Ainsi, si l'examen comparatif des ordres juridiques des États membres a permis à la Cour de constater très tôt une convergence de ces ordres juridiques dans la consécration d'un principe de responsabilité en présence d'une action ou d'une omission illégale de l'autorité, *y compris d'ordre normatif*, il n'en va nullement de même en ce qui concerne l'existence éventuelle d'un principe de responsabilité en présence d'un acte ou d'une omission licites de l'autorité publique, *en particulier lorsque ceux-ci sont d'ordre normatif* » (CJCE 9 sept. 2008, *FIAMM*, aff. C-120/06 P et C-121/06 P, préc. ; TPI 16 sept. 2009, *Pigasos*, aff. T-162/07, *Rec.* II-153*).

1398. En guise de propos conclusif sur ce recours en indemnité, il convient d'ajouter que « le juge de l'Union européenne a compétence pour imposer à la Communauté *toute forme de réparation* qui est conforme aux principes généraux communs aux droits des États membres en matière de responsabilité non contractuelle, y compris, si elle apparaît conforme à ces principes, une réparation en nature, le cas échéant sous forme d'injonction de faire ou de ne pas faire » (par ex. arrêt du 8 nov. 2011, *Idromacchine Srl e.a.*, aff. T-88/09, *Rec.* II-7833).

§ 2. Contentieux de la fonction publique

Dalle-Crode (S.), *Le fonctionnaire communautaire. Droits, obligations et régime disciplinaire*, Bruxelles, Bruylant, 2008.

Govaere (I.) et Vandersanden (G.), *La fonction publique communautaire. Nouvelles règles et développements contentieux*, Bruxelles, Bruylant, 2008.

Perill (E.) et Giacobbo Peyronnel (V.) (dir.), *Statut de la fonction publique de l'Union européenne, commentaire article par article*, Bruxelles, Bruylant, 2017.

Vandersanden (G.), « Le contentieux de la fonction publique de l'Union européenne : décision judiciaire ou règlement amiable ? », *CDE* 2010. 569.

1399. L'article 270 FUE attribue compétence à la Cour de justice de l'Union pour statuer sur tout litige entre l'Union et ses agents dans les limites et conditions déterminées par le statut des fonctionnaires de l'Union et le régime applicable aux autres agents de l'Union.

L'article 1er de l'annexe I du Statut de la Cour de justice indiquait jusqu'en 2016 que le Tribunal de la fonction publique exerçait en première instance cette compétence, y compris pour les litiges entre tout organe ou organisme et son personnel, pour lesquels la compétence est attribuée à la Cour de justice de l'Union européenne. Ainsi que cela a été exposé (v. ss 1172), le système était à triple niveau, avec le TFP en premier degré, un pourvoi possible devant le Tribunal et un réexamen devant la Cour de justice. Le règlement (UE, Euratom) 2016/1192 du Parlement et du Conseil du 6 juillet 2016 (*JOUE* n° L 200/137 du 26 juill. 2016) a abrogé cette annexe et l'article 50 bis du Statut de la Cour de justice confie désormais, depuis le 1er septembre 2016, cette compétence au Tribunal. En 2017, le Tribunal a ouvert 86 affaires de fonction publique.

Le statut des fonctionnaires traite des « voies de recours » dans son Titre VII et l'article 91 rappelle la compétence de la Cour de justice de l'Union pour tout litige entre l'Union et l'une des personnes visées au statut et portant sur la légalité d'un acte lui faisant grief. Le même article précise que dans les litiges de caractère pécuniaire, la Cour exerce une compétence de pleine juridiction. Constituent des « litiges [à] caractère pécuniaire » au sens de l'article 91, paragraphe 1, du statut non seulement les actions en responsabilité dirigées par les fonctionnaires ou agents contre une institution, mais aussi toutes celles qui tendent au versement par une institution à un fonctionnaire ou agent d'une somme que celui-ci estime lui être due en vertu du statut ou d'un autre acte qui régit leurs relations de travail (par ex. Ord. du 15 sept. 2015, *Wanègue*, aff. F-21/15, ECLI:EU:F:2015:102). Il s'agira donc d'un contentieux dans lequel se retrouveront les traits principaux du recours en annulation et du recours en responsabilité extracontractuelle, avec des particularités quant à la recevabilité ou à la procédure que définit le statut des fonctionnaires. Il faut également préciser que dans ce domaine, le contentieux de l'annulation et de l'indemnité sont plus liés que dans les autres champs du contentieux de l'Union, l'irrecevabilité ou le rejet d'une demande d'annulation impliquant le rejet de la demande d'indemnisation qui lui serait attachée (TPI 13 déc. 2005, *Cwik c/Commission*, aff. T-155/03, T-157/03 et T-331/03, *Rec. FP* I-A-411 et II-1865, point 207 ; TFP 29 sept. 2009, *Wenning c/Europol*, aff. F-114/07 ; TFP 1er juill. 2010, *Časta c/Commission*, aff. F-40/09). Autrement dit, l'illégalité suffit et les solutions (v. ss 1383) exigeant la violation suffisamment caractérisée d'une règle de droit ayant pour objet de conférer des droits aux particuliers ne jouent pas dans ce cadre. Le Tribunal a précisé, ainsi, que la jurisprudence *Bergaderm et Goupil c/Commission* (préc.) ne formule cette exigence particulière que par souci d'harmonisation et ne concerne que les régimes en cause, à savoir la responsabilité non contractuelle de la Communauté, au titre de l'article 288, deuxième alinéa, CE, (désormais art. 340 FUE) et la responsabilité des États membres pour violation du droit communautaire (T. 12 juill. 2011, *Commission c/Q*, aff. T-80/09 P, *Rec.* II-4313, point 43).

Les particularités procédurales, notamment quant à la procédure de recherche d'un règlement amiable ou quant aux dépens, ont été signalées dans la présentation générale de la procédure (v. ss 1209 et 1187) de sorte que seront uniquement présentées ici les spécificités liées à la recevabilité de ce recours.

L'article 91 du Statut et la jurisprudence permettent d'identifier 4 conditions de recevabilité : *réclamation administrative préalable*, *intérêt à agir* du fonctionnaire, devant agir contre un acte lui *faisant grief*, après avoir respecté les *délais* en la matière.

I. Exigence de la réclamation administrative préalable

1400. Ce qui caractérise ce contentieux est que la phase juridictionnelle doit être précédée d'une phase administrative sous forme d'une réclamation préalable du requérant adressée à l'Autorité investie du pouvoir de nomination (AIPN) qui doit avoir donné lieu à une décision explicite ou implicite de rejet (Statut, art. 91, § 2), ce qui revient à poser en condition de recevabilité non seulement la réclamation mais son aboutissement.

De façon générale, ainsi que la Cour l'a souligné elle-même, cette exigence « a pour objet de permettre et de favoriser un règlement amiable du différend » (CJCE 1er juill. 1976, *Sergy c/Commission*, aff. 58/75, *Rec.* 1139).

A. Portée

1) Caractère général

1401. En principe, cette exigence est générale et sera valable pour toutes les dimensions du recours. Ainsi une demande d'annulation non précédée d'une procédure administrative préalable « est irrecevable dans toutes ses conclusions » (Ord. TPI 15 févr. 1995, *Moat c/Commission*, aff. T-112/94, *Rec. FP*, II-251). Et lorsqu'un recours est strictement indemnitaire, en ce sens qu'il ne comporte aucune conclusion tendant à l'annulation d'un acte déterminé, mais tend exclusivement à la réparation de préjudices prétendument causés par une série de fautes ou d'omissions qui, en l'absence de tout effet juridique, ne peuvent être qualifiées d'actes faisant grief, la procédure administrative doit impérativement, sous peine d'irrecevabilité du recours ultérieur, commencer par une demande de l'intéressé invitant l'AIPN à réparer les préjudices allégués et se poursuivre, le cas échéant, par l'introduction d'une réclamation dirigée contre la décision de rejet de la demande (cf. par ex. l'arrêt du TFP du 12 mai 2011, *Missir Mamachi di Lusignano c/Commission*, aff. F-50/09, ECLI:EU:F:2011:55). Dans ce dernier cas, la phase administrative préalable comptera donc deux étapes, celle de la demande puis celle de la réclamation.

Il y a cependant des *exceptions*. Lorsque l'acte contesté émane d'une libre appréciation et non de celle de l'AIPN, la réclamation n'est plus un préalable imposé. Ce sera le cas quand est contesté un rapport de notation (CJCE 3 juill. 1980, *Grassi c/Conseil*, aff. 6/79 et 97/79, *Rec.* 2141) ou une décision d'un jury de concours (CJCE 26 févr. 1981, *Authié c/Commission*, aff. 34/80, *Rec.* 665). L'article 91, § 4, du Statut des fonctionnaires prévoit également une dérogation par rapport à l'exigence d'attendre une réponse explicite ou implicite à la réclamation : l'agent peut, après avoir introduit auprès de l'autorité investie du pouvoir de nomination une réclamation au sens de l'article 90, § 2, saisir immédiatement la Cour de justice d'un recours, à la condition que, à ce recours, soit jointe une requête tendant à obtenir le sursis à l'exécution de l'acte attaqué ou des mesures provisoires. Dans ce cas, la procédure au principal devant la Cour de justice est suspendue jusqu'au moment où intervient une décision explicite ou implicite de rejet de la réclamation.

2) Portée au-delà de la recevabilité

1402. La réclamation préalable, à l'image de l'avis motivé dans la procédure de manquement, va déterminer le cadre de l'éventuel recours contentieux ultérieur, les conclusions au contentieux ne pouvant qu'avoir le même objet et les chefs de contestation contenus ne pouvant qu'avoir la même cause que celles et ceux exposés dans la réclamation initiale (dans une jurisprudence constante, cf. par exemple l'arrêt du TFP du 12 mai 2011, *Missir Mamachi di Lusignano c/Commission*, aff. F-50/09, préc.). Le caractère informel de cette phase précontentieuse conduit cependant à ne pas lier trop rigoureusement le cadre du contentieux ultérieur (v. ss 1403).

B. Procédure

1403. Le fonctionnaire dispose d'un délai de trois mois pour introduire sa *réclamation* contre un acte lui faisant grief (en revanche pour une *demande* de prise d'un acte, le statut ne fixe aucun délai et la jurisprudence exige un « délai raisonnable » : Ord. du 21 juill. 2016, *Stanley*, aff. F-5/16, ECLI:EU:F:2016:183 ; ou Ord. du 22 mars 2018, *HJ c/ EMA*, aff. T-579/16, ECLI:EU:T:2018:168. La distinction entre les *demandes* et les *réclamations* relève de la seule appréciation du juge : arrêt du 13 déc. 2017, *Coedo Suárez*, aff. T-4/17, ECLI:EU:T:2017:891) et l'AIPN doit notifier sa décision motivée à l'intéressé dans un délai de 4 mois à partir de l'introduction de la réclamation, un silence de quatre mois valant décision implicite de rejet. Le juge est très strict sur le respect de ces délais, sauf admission (restrictive) d'une « erreur excusable » du fonctionnaire (TPI 9 mars 2000, *Liberos c/Commission*, aff. T-29/97, *Rec. FP* II-185 ; Ord. du 7 mars 2012, *BI*, aff. F-31/11, ECLI:EU:F:2012:28) (v. ss 1406).

En revanche, le caractère préalable et l'objectif de règlement amiable ont conduit le juge à ne pas être formaliste et à considérer, s'agissant de la notion même de « réclamation », que « le contenu de l'acte l'emporte sur la forme » (TPI Ord. du 7 juin 1991, *Weyrich c/Commission*, aff. T-14/91, *Rec.* II-235), ce qui signifie que la requête doit simplement apparaître de façon suffisamment claire (par exemple, arrêt TFP 15 févr. 2011, *Ah c/Commission*, aff. F-76/09, ECLI:EU:F:2011:12), l'administration devant, de plus, ne pas interpréter les réclamations de façon restrictive, mais, au contraire, les examiner « dans un esprit d'ouverture » (v. l'Ord. du TPI du 6 mai 2004, *Hecq c/Commission*, aff. T-34/03, *Rec. FP* I-A-143 et II-639, point 21, ou l'arrêt du TFP du 28 oct. 2010, *Cerafogli c/BCE*, aff. F-23/09, ECLI:EU:F:2010:138), la seule limite étant que la réclamation doit être suffisamment explicite pour permettre à l'institution à laquelle elle est adressée de lui donner une réponse adéquate (TPI 22 juin 1990, *Marcopoulos c/ Cour de justice*, aff. T-32/89 et T-39/89, *Rec.* II-281) sans avoir à spéculer sur ce à quoi le réclamant a voulu faire référence (arrêt du 5 mars 2015, *Gyarmathy*, aff. F-97/13, ECLI:EU:F:2015:7).

II. Intérêt à agir

1404. L'article 270 FUE vise les « agents » de l'Union et l'interprétation est plus ou moins extensive. Elle le sera pour les requêtes personnelles, le recours spécial étant recevable de la part d'anciens agents (cf. par ex. l'Ord. du 23 avr. 2015, *Vainker*, aff. F-54/14, ECLI:EU:F:2015:32) ou de candidats à la fonction publique européenne (par ex. arrêt du 21 mars 2013, *Taghani*, aff. F-93/11, ECLI:EU:F:2013:40) ; en revanche, les syndicats de fonctionnaires devront utiliser les voies de droit commun du recours en annulation ou en responsabilité, les recours spécifiques pour les agents étant conçus « exclusivement en vue des litiges individuels » (arrêt du 8 oct. 1974, *Union syndicale c/ Conseil*, aff. 175/73, *Rec.* 917 ; cf. aussi l'Ord. du 9 avr. 2014, *Colart e.a.*, aff. F-87/13, ECLI:EU:F:2014:53).

L'intérêt à agir doit être *personnel* (c'est-à-dire apprécié *in concreto* au regard de sa situation personnelle, TPI (Ord.) 28 juin 2005, *Ross c/Commission*, aff. T-147/04, *Rec. FP* I-A-171, II-771), *actuel* (TPI 24 avr. 2001, *Torre e a c/Commission*, aff. T-159/98, *Rec. FP* II-395), ce qui n'interdit pas de prendre en compte la situation financière future du fonctionnaire (CJCE 31 mai 1998, *Rousseau c/Cour des comptes*, aff. 167/86, *Rec.* 2705) et le plus souvent la problématique consistera à apprécier si, au moment d'introduire son recours, le requérant n'a pas déjà obtenu ce qu'il revendiquait dans sa réclamation préalable. Cet intérêt à agir doit aussi être *utile* au sens où il ne sera jamais reconnu dans une hypothèse de vice de forme affectant un acte pris en vertu d'une compétence liée de l'administration, de sorte que celle-ci ne pourrait, en toutes hypothèses, que reprendre la même décision sur le fond (TPI 23 avr. 2002, *Campolargo c/Commission*, aff. T-372/00, *Rec. FP* II-223). La disparition de l'intérêt à agir se traduit par un non-lieu à statuer (Ord. du 2 août 2016, *Cocchi et Falcione*, aff. F-134/11, ECLI:EU:F:2016:194).

III. Acte faisant grief

1405. La jurisprudence est ici assez classique, excluant de la catégorie les actes *confirmatifs* (TFP 28 juin 2006, *Grünheid c/Commission*, aff. F-101/05, *Rec. FP I-A-1-55, II-A-1-199*), purement *internes* (ce qui exclut les simples mesures d'organisation des services, par ex. TPI (Ord.) 17 mai 2006, *Marcuccio c/Commission*, aff. T-241/03, *Rec. FP* I-A-2-111, II-A-2-517), ou *préparatoires*. Il est à noter que seront considérés comme des actes préparatoires et ne faisant donc pas grief la décision d'ouverture d'une procédure disciplinaire (ce n'est qu'une étape et elle ne préjuge pas du résultat pour le fonctionnaire) (TPI 13 mars 2003, *Pessoa e Costa c/Commission*, aff. T-106/02, *Rec. FP* II-471), ou la clôture sans suite d'une telle procédure (TPI, Ord. du 18 déc. 1992, *Di Rocco c/ CES*, aff. T-8/92, *Rec. FP* II-2653). Même appréciation pour la décision d'ouverture ou de réouverture d'une enquête administrative (TPI, Ord. du 18 déc. 2003, *Gomez-Reino c/Commission*, aff. T-215/02, *Rec. FP* II-1685). Quant à l'issue d'une telle enquête, par exemple un rapport de l'OLAF, pouvant recommander des mesures vis-à-vis d'un agent, ce n'est pas, alors, un acte « préparatoire », étant autonome vis-à-vis de ces éventuelles suites, mais il ne fait pas grief car les autorités sont libres de suivre ou pas ses recommandations, de sorte qu'il n'affecte pas la situation juridique de l'intéressé (TPI 6 avr. 2006, *Camos Grau c/Commission*, aff. T-309/03, *Rec. FP* I-A-2-89, II-A-2-387).

IV. Respect des délais

1406. L'article 91, § 3, du statut des fonctionnaires prévoit que le recours visé à l'article 91, § 2, doit être formé dans un délai de trois mois qui est d'ordre public (par ex. Ord. du 25 nov. 2015, *Curto*, aff. F-125/14, ECLI:EU:F:2015:142) et ne souffre de dérogation que de façon exceptionnelle pour « erreur excusable » (pour cette notion, cf. par ex. l'Ord. du 13 nov. 2013, *Van Oost*, aff. F-137/12, F-138/12, F-139/12 et F-141/12, ECLI:EU:F:2013:213).

Ce délai court :

– du jour de la notification de la décision prise en réponse à la réclamation, avec certaines exigences liées à la possibilité concrète du fonctionnaire d'en prendre utilement connaisance, c'est-à-dire de rececoir et comprendre cette notification (cf. TPI 23 mars 2000, *Rudolph c/Commission*, aff. T-197/98, *Rec. FP* II-241).

– à compter de la date d'expiration du délai de réponse, lorsque le recours porte sur une décision implicite de rejet d'une réclamation présentée en application de l'article 90, § 2 ; néanmoins, lorsqu'une décision explicite de rejet d'une réclamation intervient après la décision implicite de rejet mais dans le délai de recours, elle fait à nouveau courir le délai de recours.

§ 3. Autres contentieux de pleine juridiction

I. Recours en responsabilité contractuelle

1407. C'est un contentieux peu fourni quantitativement (sur la période 2013-2017, le Tribunal a reçu de 6 à 21 recours par an reposant sur une clause compromissoire contractuelle) et peu « communautaire », en ce que sa logique dominante relève plutôt du droit international privé.

C'est donc dans cette logique, qu'il convient d'aborder la question, c'est-à-dire sous l'angle du juge compétent et celui du droit applicable.

– Pour le *juge compétent*, l'article 272 FUE indique que « La Cour de justice de l'Union européenne est compétente pour statuer en vertu d'une clause compromissoire contenue dans un contrat de droit public ou de droit privé passé par l'Union ou pour son compte ». Le traité ne précise pas la forme que doit prendre cette clause mais le Tribunal a tiré de son propre règlement de procédure la conclusion qu'elle devait être écrite (arrêt du 8 mai 2007, *Citymo c/Commission*, aff. T-271/04, *Rec.* II-1375).

Cette éventuelle compétence de la Cour étant suspendue à une clause expresse, cela sera logiquement interprété de façon restrictive (CJCE 18 déc. 1986, *Commission c/ Zoubek*, aff. 426/85, *Rec.* 4057). Il ne faut pas oublier qu'en vertu de l'article 274 FUE, les litiges auxquels l'Union est partie ne sont pas, de ce chef, soustraits à la compétence des juridictions nationales (qui est est donc le principe), « sous réserve des compétences attribuées à la Cour de justice de l'Union européenne par les traités », ce qui est donc l'exception (cf., pour un rappel explicite, l'arrêt du 25 mai 2004, *Distilleria Palma c/ Commission*, aff. T-154/01, *Rec.* II-1493).

Cependant, même si le contrat en cause renvoie, quant au droit applicable, à un droit national, celui-ci ne pourra pas s'opposer à la compétence du juge de l'Union, celle-ci étant exclusivement appréciée au vu de l'article 272 FUE (CJCE 6 avr. 1995, *Bauer c/Commission*, aff. C-299/93, *Rec.* I-839 ; TPI 8 mai 2007, *Citymo c/Commission*, aff. T-271/04, *Rec.* II-1375 ; T. 17 déc. 2010, *Commission c/Acentro Turismo*, aff. T-460/08, *Rec.* II-6351).

– S'agissant du *droit applicable*, l'article 340, alinéa 1er, FUE est clair : la responsabilité contractuelle de l'Union est régie par la loi applicable au contrat en cause. Autrement dit, cela pourra être le droit de l'Union, mais il pourra aussi bien s'agir du droit d'un État membre ou d'un État tiers.

En fait, il n'y a pas de droit de l'Union spécifique en matière de contrats et même si contrairement à la responsabilité extracontractuelle, le traité n'envisage pas spécifiquement un tel régime, la solution sera aussi d'avoir recours aux principes généraux communs en la matière (par exemple, le Tribunal a reconnu comme un principe général de droit communautaire le droit au paiement d'intérêts moratoires, arrêt du 9 oct. 2002, *Hans Fuchs c/ Commission*, aff. T-134/01, *Rec.* II-3909). Si la Cour doit intervenir pour déterminer quelle est la loi applicable, elle pourra s'inspirer notamment des critères retenus par le règlement Rome I (Règl. CE n° 593/2008 du 17 juin 2008 relatif à la loi applicable aux obligations contractuelles, *JOUE* n° L 177/6 du 4 juill. 2008) indiquant qu'un contrat est en principe régi par la loi du pays avec lequel il présente les *liens les plus étroits*, ou par le règlement Bruxelles I (Règl. (CE) n° 44/2001 du 22 déc. 2000 concernant la compétence, reconnaissance et exécution des décisions en matière civile et commerciale, *JOCE* n° L 12/1 du 16 janv. 2001) qui retient, lui, le critère du *lieu d'exécution* d'une obligation contractuelle pour déterminer ce droit applicable (pour ce renvoi au droit international privé de l'Union, cf. par ex. l'arrêt du 18 févr. 2016, *Calberson GE*, aff. T-164/14, ECLI:EU:T:2016:85).

II. Contentieux de la répression

1408. C'est le seul pour lequel le traité emploie l'expression de « pleine juridiction » et il convient d'emblée d'indiquer qu'il ne s'agit pas du « contentieux de la répression » au sens classique que lui donnait Laferrière puisqu'il ne s'agira pas, pour le juge de l'Union, d'infliger des sanctions pour des comportements répréhensibles, à la manière d'un juge pénal. Pour autant, c'est bien dans ce cadre général que le juge va intervenir et s'il ne s'agit pas pour lui de détenir un pouvoir de répression, ce contentieux sera bien celui qu'induit la répression que peut exercer l'Union européenne, l'article 261 FUE disposant que « les règlements arrêtés conjointement par le Parlement européen et le Conseil, et par le Conseil en vertu des dispositions des traités peuvent attribuer à la Cour de justice de l'Union européenne une compétence de pleine juridiction en ce qui concerne les sanctions prévues dans ces règlements ».

Ainsi, en l'espèce, il n'y a pas de compétence de plein droit du juge de l'Union puisqu'un règlement doit la prévoir expressément. C'est surtout dans le domaine de la concurrence (Règl. n° 1/2003, *JOCE* n° L 1/1 du 4 janv. 2003, art. 31), et des concentrations (Règl. n° 139/2004, *JOUE* n° L 24/1 du 29 janv. 2004, art. 16) que l'on trouvera cette situation. L'appréciation sera stricte, au sens où il devra s'agir d'une sanction et non, par exemple, d'une correction financière (arrêt du 24 avr. 2008, *Belgique c/ Commission*, aff. C-418/06 P, *Rec.* I-3047), ou d'une décision constatant simplement une infraction.

Concrètement, il s'agit, par un recours qui n'est enfermé dans aucun délai, de contrôler un acte d'une institution de l'Union prévoyant une sanction, et l'objet de l'article 261 est finalement d'étendre les pouvoirs du juge de l'annulation à la possibilité, en plus du contrôle normal de l'acte qui se fait par un recours en annulation classique, de modifier la sanction prévue par cet acte c'est-à-dire supprimer, réduire, ou majorer la sanction financière.

Plus précisément, l'attribution de cette compétence de pleine juridiction au juge de l'Union l'habilite, au-delà du simple contrôle de légalité de la sanction, à substituer son appréciation à celle de la Commission et, en conséquence, à supprimer, réduire ou majorer (ce qui avait pu être mis en doute par certains et qui, à l'évidence, ne correspond pas à la majorité des espèces) l'amende ou l'astreinte infligée (cf. CJCE 15 oct. 2002, *Limburgse Vinyl Maatschappij e.a. c/Commission*, aff. C-238/99 P, C-244/99 P, C-245/99 P, C-247/99 P, C-250/99 P à C-252/99 P et C-254/99 P, *Rec.* I-8375, point 692 ; CJCE 8 févr. 2007, *Groupe Danone c/Commission*, aff. C-3/06 P, *Rec.* I-1331, point 61).

III. Contentieux des droits de propriété intellectuelle

1409. – ***Cadre général*** : c'est un contentieux quantitativement important pour le Tribunal : en 2017, 298 affaires sur 917 introduites en relevaient, de sorte que l'histoire de la juridiction communautaire conduit à penser que pour un tel contentieux, qui plus est particulièrement technique, l'évolution devrait prendre sans doute la forme d'une prochaine création de juridiction spécialisée.

Le droit de l'Union européenne est à l'origine de droits de propriété intellectuelle : marque, dessins et modèles (Règl. (UE) 2015/2424 du Parlement européen et du Conseil du 16 déc. 2015 sur la marque de l'Union, *JOUE* n° L 341/21 du 24 déc. 2015 ; c'est là que réside le plus fort contingent d'affaires), variétés (« obtentions ») végétales (Règl. (CE) n° 2100/1994 du Conseil du 27 juill. 1994, *JOCE* n° L 227/1 du 1er sept. 1994), enregistrement et autorisation de substances chimiques (Règl. (CE) n° 1907/2006 du Parlement européen et du Conseil du 18 décembre 2006 (REACH), *JOUE* n° L 396/1 du 30 déc. 2006). Trois des « agences » de l'Union prennent des décisions dans ce domaine : l'Office de l'Union européenne pour la propriété intellectuelle (EUIPO) (ex-Office d'harmonisation dans le marché intérieur (OHMI) avant l'entrée en vigueur, le 23 mars 2016, du nouveau règlement sur la marque de l'Union), l'Office communautaire des variétés végétales (OCVV) et l'Agence européenne des produits chimiques (ECHA).

1410. – ***Phase préalable devant les chambres de recours*** : les décisions des Offices concernés peuvent être attaquées (de façon payante) devant des organes internes de ces Agences, des « chambres de recours » qui, à la fois, font partie de l'Office, mais statuent de façon indépendante par rapport à lui. Il y en a cinq à l'EUIPO (quatre pour les marques, une pour les dessins et modèles), plus une « Grande chambre de recours » qui reçoivent plus de mille cinq cent recours par an. Une seule chambre pour chacune des autres agences, pour beaucoup moins de recours (la chambre de recours de l'ECHA a ainsi rendu vingt décisions en 2017).

Ces chambres de recours n'ont pas une nature juridictionnelle mais administrative (TPI 20 avr. 2005, *Krüger c/OHMI*, aff. T-273/02, *Rec.* II-1271), mais la procédure utilisée rappelle la procédure juridictionnelle (délai de recours de deux mois (trois mois pour l'ECHA) à partir de la notification ou publication de l'acte attaqué, lequel doit avoir été adressé au requérant ou le concerner directement et individuellement ; on retrouve l'examen de mémoires, un rapporteur, une phase orale de procédure). Ces chambres de recours renvoient à l'organe décisionnel de l'agence (alors lié par leur décision) ou statuent elles-mêmes. Leurs décisions sont susceptibles d'appel devant le Tribunal, le règlement de procédure de celui-ci (Titre 4) abordant spécifiquement ce contentieux relatif aux droits de la propriété intellectuelle.

1411. – ***Recours de plein contentieux devant le Tribunal*** : c'est en réalité plutôt un recours en annulation presque classique, l'objet même du recours étant essentiellement de contrôler la validité de la décision de la chambre de recours, de sorte que le Tribunal s'autorise à se référer, par analogie, au « contentieux de l'annulation » pour en déduire, par exemple, que la légalité de l'acte attaqué doit être appréciée en fonction des éléments de fait et de droit existant à la date où l'acte a été pris (TPI 15 sept. 2005, *Citicorp c/ OHMI*, aff. T-320/03, *Rec.* II-3411 ; TPI 27 oct. 2005, *Éditions Albert René c/OHMI*, aff. T-336/03, *Rec.* II-4667). À la différence du recours en annulation, cependant, ne peut saisir le Tribunal qu'une partie dont la requête n'a pas prospéré devant une chambre de recours.

Il s'agit pourtant de plein contentieux puisque le Tribunal va pouvoir annuler mais aussi réformer la décision attaquée, ce qui signifie que le Tribunal peut exercer les compétences des instances inférieures de l'Office, dont les décisions peuvent faire l'objet d'un recours devant la chambre de recours. Ainsi, le Tribunal peut, dans ce contexte, prendre une décision qu'aurait pu prendre l'examinateur, la division d'opposition ou la division d'annulation. En revanche, il ne peut pas prendre des décisions qu'il n'appartient pas à ces instances de prendre, par exemple enregistrer une marque, cet enregistrement ne relevant de la compétence ni de l'examinateur ni de la division d'opposition (TPI, Ord. du 30 juin 2009, *Securvita c/OHMI*, aff. T-285/08, *Rec.* II-2171 ; T 17 févr. 2011, *Annco c/OHMI*, aff. T-385/09, *Rec.* II-455).

Ceci étant, il est extrêmement rare qu'il y ait réformation (pour un exemple, arrêt du 15 oct. 2008, *Powerserv Personalservice c/OHMI*, aff. T-405/05, *Rec.* II-2883), le

Tribunal, souvent, considérant que les intérêts du requérant sont, dans les circonstances de l'espèce, suffisamment sauvegardés par une annulation de la décision attaquée, sans qu'il soit nécessaire dans le cadre de l'arrêt de réformer la décision attaquée (par ex. arrêt du 18 janv. 2011, *Advance Magazine Publishers c/OHMI*, aff. T-382/08, *Rec.* II-2*).

Lorsqu'il est fait droit à un tel recours contre une décision d'une chambre de recours, le Tribunal peut ordonner que l'Office ne supportera que ses propres dépens.

Chapitre 3

La coopération judiciaire dans l'Union européenne

Section 1

Coopération entre la Cour de justice et les juridictions nationales

BARAV (A.), « Déformations préjudicielles », *Mélanges en hommage à Georges Vandersanden – Promenades au sein du droit européen*, Bruxelles, Bruylant, 2008, p. 21 et s.

BARAV (A.), *Études sur le renvoi préjudiciel dans le droit de l'Union européenne*, coll. « Droit de l'union européenne. Grands écrits », n° 9, Bruxelles, Bruylant, 2011.

BERNARD (E.), « La nouvelle procédure préjudicielle d'urgence applicable aux renvois relatifs à l'espace de liberté, de sécurité et de justice », *Europe*, étude, mai 2008, p. 5 et s.

CLÉMENT-WILZ (L.), « La procédure préjudicielle d'urgence, nouveau théâtre du procès européen ? », *CDE* 2012. 135.

CLÉMENT-WILZ (L.), « Le renvoi préjudiciel près la Cour de justice est-il menacé ? », *RAE* 2015, n° 1, p. 69.

COUZINET (J.-F.), « Le renvoi préjudiciel en appréciation de validité devant la CJCE », *RTDE* 1976. 648.

FENGER (N.) et BROBERG (M.), *Le renvoi préjudiciel à la Cour de justice de l'Union européenne*, coll. « Europe(s) », Bruxelles, Bruylant, 2013.

LAGRANGE (M.), « L'action préjudicielle dans le droit interne des États membres et dans la jurisprudence de la Cour de justice », *RTDE* 1974. 268.

NAOME (C.), *Le renvoi préjudiciel en droit européen. Guide pratique*, 2e éd., Bruxelles, Larcier, 2010.

NEFRAMI (E.) (dir.), *Renvoi préjudiciel et marge d'appréciation du juge national*, coll. de la Faculté de droit, d'économie et de finances de Luxembourg, Bruxelles, Larcier, 2015.

PERTEK (J.), *La pratique du renvoi préjudiciel en droit communautaire*, Paris, Litec, 2007.

PICOD (F.) et RIDEAU (J.), v° *Renvoi préjudiciel*, *Rép. communautaire*, Dalloz.

VANDERSANDEN (G.), *La procédure préjudicielle devant la Cour de justice de l'Union européenne*, Pratique du contentieux européen, n° 1, Bruxelles, Bruylant, 2011.

1412. Le renvoi préjudiciel prévu à l'article 267 FUE est le premier et le principal mécanisme de coopération judiciaire dans l'Union (l'article 106 *bis* CEEA le rend applicable également au cadre du traité Euratom). Il permet aux juridictions nationales, qui ont à appliquer le droit de l'Union à un litige porté devant elles, de prononcer un sursis à statuer et d'interroger la Cour sur l'interprétation ou la validité de celui-ci. L'intervention de la Cour ne constitue qu'un incident du litige principal, qu'elle ne tranche pas elle-même, mais à la solution duquel elle contribue. La Cour elle-même a clairement précisé qu'il s'agit là d'un mécanisme de « coopération judiciaire » par lequel « juridiction nationale et Cour de justice, dans l'ordre de leurs compétences propres, sont appelées à contribuer directement et réciproquement à l'élaboration d'une décision » (1er déc. 1965, *Schwarze*, aff. 16/65, *Rec.* 1081). Il s'agit donc d'une procédure « de juge à juge », non contentieuse, « préjudicielle », soit préalable à l'action de juger, les parties au principal n'étant en principe qu'invitées à se faire entendre. La Cour utilise parfois l'expression de « procédure étrangère à toute initiative des parties » (par ex. CJ 18 juill. 2013, *Consiglio nazionale dei geologi*, aff. C-136/12, ECLI:EU:C:2013:489) et elle a très tôt précisé que seul le juge, et non les parties, dans l'affaire au principal, peut poser une telle question préjudicielle (CJCE 9 déc. 1965, *Hessische Knappshaft*, aff. 44/65, *Rec.* 1191).

1413. On sait (v. ss 1126) que ce mécanisme est le procédé technique choisi par les rédacteurs des traités pour assurer l'application uniforme du droit communautaire et, plus exactement « assurer en toutes circonstances à ce droit le même effet dans tous les États membres de la Communauté » (CJCE 16 janv. 1974, *Rheinmühlen*, aff. 166/73, *Rec.* 33), ce qui, on doit l'admettre, est absolument essentiel voire existentiel pour un droit commun à plusieurs États. Or, il fallait concilier cette exigence avec l'absence de toute hiérarchie entre le juge communautaire et les juges nationaux, d'où cette logique de coopération.

1414. La Cour a souligné de manière très solennelle l'importance de ce mécanisme pour l'ordre juridique de l'Union, voyant en lui « la clef de voute du système juridictionnel » mis en place par les traités, en ce qu'il permet d'assurer l'unité d'interprétation du droit de l'Union et par là « sa cohérence, son plein effet et son autonomie ainsi que, en dernière instance, le caractère propre du droit institué par les traités » (CJ 18 déc. 2014, *avis 2/13*, ECLI:EU:C:2014:2454 ; arrêt du 6 mars 2018, *Achmea BV*, aff. C-284/16, ECLI:EU:C:2018:158), cette coopération entre juges étant finalement, donc, essentielle « à la préservation de la nature même du droit institué par les traités » (CJ 8 mars 2011, *avis 1/09*, *Rec.* I-1137).

C'est pourquoi l'objet, les conditions de mise en œuvre et de traitement des questions préjudicielles, ainsi que l'autorité des arrêts préjudiciels répondent essentiellement aux exigences et à l'importance de cette finalité.

§ 1. Objet du renvoi préjudiciel

Barav (A.), « Une anomalie préjudicielle », in *Mélanges en hommage à Guy Isaac*, Presses de l'Université des sciences sociales de Toulouse, 2004, tome 2, p. 773.

1415. Les rédacteurs des traités ont organisé une procédure couvrant aussi bien l'interprétation que l'appréciation de validité :

Art. 267 FUE : « La Cour de justice de l'Union européenne est compétente pour statuer à titre préjudiciel :
a) sur l'interprétation des traités,
b) sur la validité et l'interprétation des actes pris par les institutions, organes ou organismes de l'Union. »

Le traité CECA (art. 41), en revanche, ne prévoyait expressément le recours préjudiciel qu'en matière d'appréciation de validité :

« La Cour est seule compétente pour statuer à titre préjudiciel sur la validité des délibérations de la Haute Autorité et du Conseil dans le cas où un litige porté devant un tribunal national mettrait en cause cette validité. »

Cette lacune a été comblée par la Cour, qui, procédant à une sorte de « révision judiciaire » du traité, a affirmé sa compétence préjudicielle pour interpréter les normes se rattachant au traité CECA au motif qu'un traitement différent serait contraire à la finalité et à la cohérence des traités (CJCE 22 févr. 1990, *Busseni*, aff. 221/88, *Rec.* I-495).

C'est sur cette base que la compétence préjudicielle de la Cour a dû être précisée, quant à son champ d'application et à ses fonctions.

I. Normes susceptibles de renvoi préjudiciel

A. Le droit primaire

1416. Les sources primaires sont susceptibles de renvoi en interprétation ; en revanche, situées au sommet de l'ordre juridique de l'Union, elles ne sauraient, bien sûr, faire l'objet d'un renvoi en appréciation de validité devant une Cour instituée par eux-mêmes (par ex. CJ 5 oct. 2016, *Hoffmann-La Roche*, aff. C-572/15, ECLI:EU:C:2016:739).

1417. À l'origine, ce sont les trois traités communautaires qui ont été susceptibles de renvoi en interprétation ; leur ont été assimilés l'ensemble des annexes et protocoles qui ont été signés et sont entrés en vigueur en même temps que les traités. Par extension, les traités révisant, c'est-à-dire modifiant ou complétant, les traités originaires, tels les traités de Luxembourg et de Bruxelles de 1970 et 1975, accroissant les pouvoirs budgétaires du Parlement européen ; de même encore les « décisions » propres de 1970, 1985 et 1988 et la « décision » du 20 septembre 1976, ainsi que l'« acte portant élection des représentants de l'Assemblée au suffrage universel direct » (*JOCE* n° L 278/1 du 8 oct. 1976), qui ont fait l'objet d'une adoption par les États membres, en conformité avec leurs règles constitutionnelles respectives. À noter, cependant, que l'extension de la compétence d'interprétation de la Cour a été prévue expressément pour le traité de Bruxelles, dit de fusion des exécutifs, du 8 avril 1965 (art. 30), donc pour le Protocole, désormais unique sur les privilèges et immunités (CJCE 25 févr. 1969, *Klomp*, aff. 23/68, *Rec.* 43), de même que pour les actes d'adhésion ainsi que le titre II de l'AUE et les titres II, III, IV, ainsi que l'article 6 § 2, sous conditions, et les dispositions finales du TUE dans sa version initiale. Aujourd'hui, sont principalement visés le traité sur l'Union européenne, le traité sur le fonctionnement de l'Union européenne ainsi que le traité Euratom.

1418. Le traité de Lisbonne, en supprimant les « piliers » de l'Union mis en place en 1992, a eu pour conséquence de mettre fin à des limitations qui affectaient jusque-là la compétence préjudicielle de la Cour et qui conduisaient dans une certaine mesure à sa dénaturation. En effet, des procédures préjudicielles avaient été mises en place pour le domaine « Justice et affaires intérieures (JAI) », réparti depuis le traité d'Amsterdam entre le troisième pilier et le nouveau Titre IV du Traité CE, d'où deux procédures préjudicielles spéciales. Pour le troisième pilier, l'article 35 UE soumettait la compétence préjudicielle de la Cour à une déclaration expresse d'acceptation des États membres, ces derniers pouvant également en limiter le champ en la réservant aux juridictions statuant en dernier ressort ou en la rendant facultative pour toutes ses juridictions. L'article 68 CE, quant à lui, était moins attentatoire à la fonction « communautaire » de cette procédure puisqu'il ne lui donnait pas ce caractère facultatif et cette « géométrie variable », mais il réservait son accès aux juridictions statuant en dernier ressort et abandonnait la logique essentielle de la coopération « de juge à juge » (et même le caractère « préjudiciel ») en permettant, dans une sorte de « recours dans l'intérêt de la loi », au Conseil, à la Commission ou à un État membre d'interroger la Cour sur un problème d'interprétation.

Avec le traité de Lisbonne, le domaine JAI entre dans le droit commun, mais s'agissant de la coopération policière et judiciaire en matière pénale (ancien troisième pilier), un régime transitoire était institué jusqu'au 1er décembre 2014 (Protocole n° 36, art. 10), pendant lequel les États membres continuaient à devoir accepter la compétence de la Cour (dix-neuf l'ont fait) sur la base de l'ancien article 35 UE.

S'agissant de l'ancien deuxième pilier, la PESC demeure « sanctuarisée » et l'article 275 FUE exclut la compétence de la Cour vis-à-vis des dispositions des traités en la matière (et quant aux actes pris sur leur fondement) avec une exception : l'article 40 UE prévoit que la mise en œuvre de la PESC n'affecte pas le jeu des autres compétences de l'Union ni les attributions de ses institutions et l'article 275 FUE admet la compétence de la Cour pour contrôler cette délimitation.

1419. La Charte des droits fondamentaux a la même valeur juridique que les traités (art. 6, § 1, UE) et ses dispositions peuvent également faire l'objet de renvois en interprétation, pour autant que le cadre du litige ait un lien avec la « mise en œuvre » du droit de l'Union, ce qui est également le cas pour les principes généraux du droit de l'Union. À cet égard, on a pu observer un intérêt sans doute de bon aloi mais excessif des juges nationaux pour cet instrument moderne de protection des droits fondamentaux, d'où de nombreux renvois préjudiciels alors que l'affaire n'entrait pas dans le champ du droit de l'Union, la Cour de justice répondant patiemment dans des ordonnances d'irrecevabilité manifeste (par ex. Ord. du 7 nov. 2013, *Lorrai*, aff. C-224/13, ECLI:EU:C:2013:750 ; pour le cas des principes généraux, arrêt du 6 mars 2014, *Siragusa*, aff. C-206/13, ECLI:EU:C:2014:126).

1420. La Cour est également compétente pour interpréter un « principe inhérent à l'ordre juridique de l'Union » tel que celui de la responsabilité des États membres pour violation du droit de l'Union (arrêt, Gr. ch., du 15 nov. 2016, *Ullens de Schooten*, aff. C-268/15, ECLI:EU:C:2016:874).

B. Le droit communautaire dérivé

1421. Le champ d'application, ici, a été défini très largement par la Cour, accompagnée s'agissant de la détermination des auteurs des actes concernés, par une évolution parallèle des traités.

1° Quant à l'auteur de l'acte

1422. Initialement, étaient susceptibles tant de renvoi en interprétation qu'en appréciation de validité les « délibérations de la Haute Autorité et du Conseil », dans l'ancien cadre CECA, et les « actes pris par les institutions » de la CE et de l'Euratom. Cela signifiait donc déjà une évolution par rapport au traité CECA, le renvoi préjudiciel pouvant viser aussi bien les actes du Parlement européen (cf. P. Pescatore, *Reconnaissance et contrôle judiciaire des actes du Parlement européen*, préc.) ; quant aux arrêts de la Cour elle-même, ils peuvent faire l'objet d'un renvoi en interprétation (CJCE 16 mars 1978, *Bosch*, aff. 135/77, *Rec.* 855), mais pas en appréciation de validité (CJCE 5 mars 1986, *Wünsche*, aff. 69/85, *Rec.* 947). Le traité de Maastricht a élargi ce champ aux actes de la BCE, et le traité de Lisbonne systématise, avec la possibilité, désormais, de renvoyer préjudiciellement pour les actes « des institutions, organes et organismes de l'Union ». La question s'est posée s'agissant d'une norme technique européenne élaborée par un organisme privé de certification sur mandat de la Commission, cette norme complétant une directive d'harmonisation, et la Cour a considéré que le lien avec cet acte dérivé était suffisant pour accepter le renvoi (arrêt du 27 oct. 2016, *James Elliott Construction Ltd*, aff. C-613/14, ECLI:EU:C:2016:821).

2° Quant au type d'acte

1423. La Cour a précisé qu'il fallait entendre par là « tous les actes des institutions, sans distinction » (6 oct. 1970, *Franz Grad*, aff. 9/10, *Rec.* 825).

Peu importe, dès lors, qu'il s'agisse d'actes prévus à la « nomenclature » officielle de l'article 288 FUE (règlements, directives, etc.), d'actes prévus par les traités (règlement intérieur, règlement financier) ou non (résolution du Conseil : CJCE 3 févr. 1976, *Manghera*, aff. 59/75, *Rec.* 91). De même, les actes ou dispositions non directement applicables sont aussi concernés par le renvoi préjudiciel ; on ne saurait nier, en effet, l'intérêt, pour le juge national appelé à statuer sur les textes nationaux pris pour la transposition de directives ou de décisions adressées aux États, d'être fixé sur leur sens (CJCE 20 mai 1976, *Mazzalai*, aff. 111/75, *Rec.* 657) ou leur validité (CJCE 5 oct. 1977, *Tedeschi*, aff. 5/77, *Rec.* 1555 ; 29 nov. 1978, *Delkvist*, aff. 21/78, *Rec.* 2327). Un protocole d'accord entre la Communauté européenne et la Roumanie puisant son fondement juridique dans l'article 143 FUE, qui confère à l'Union la compétence pour accorder un concours mutuel à un État membre dont la monnaie n'est pas l'euro et qui est confronté à des difficultés ou à une menace grave de difficultés dans la balance de ses paiements constitue bien un acte pris par une institution de l'Union, au sens de l'article 267, sous b), FUE : arrêt (Gr. ch.) du 13 juin 2017, *Eugenia Florescu e.a.*, aff. C-258/14, ECLI:EU:C:2017:448.

Peu importe, enfin au moins pour ce qui est du renvoi en interprétation, que les actes des institutions soient des actes décisoires ou non : la Cour a déjà interprété une recommandation (15 juin 1976, *Frécasseti*, aff. 113/75, *Rec.* 983) ; elle ferait de même pour un avis. Le renvoi en appréciation de validité, en revanche, semble pour eux sans objet, le juge national pouvant décider, seul, d'écarter leur application. Pour un renvoi admis à l'égard d'une communication de la Communication dépourvue d'effets contraignants, cf. CJ 19 juill.2016, *Kotnik e.a.*, aff. C-526/14, ECLI:EU:C:2016:570).

On retiendra, ainsi, que tous les actes des institutions qui, par leur nature, sont susceptibles d'un contrôle de légalité, peuvent être déférés à la Cour par la voie préjudicielle, même s'ils ne sont pas susceptibles de faire l'objet d'un recours en annulation de la part de particuliers, tels les règlements ou les actes adressés à des tiers. En revanche, les actes internes à une procédure décisionnelle (avis du Comité des régions ou du Comité économique et social) ne sont pas visés.

3° Quant au domaine de l'acte

1424. Les restrictions relatives aux traités, et liées aux anciens piliers, se retrouvent pour les actes pris dans ce cadre. On renverra donc, s'agissant du domaine JAI, aux développements ci-dessus, en ajoutant qu'une réserve peut intervenir, la Cour ne pouvant exercer sa compétence dans le cadre de l'Espace de liberté, de sécurité et de justice si cela la conduit à « vérifier la validité ou la proportionnalité d'opérations menées par la police ou d'autres services répressifs dans un État membre », ou à « statuer sur l'exercice des responsabilités qui incombent aux États membres pour le maintien de l'ordre public et la sauvegarde de la sécurité intérieure » (art. 276 FUE).

Pour la PESC, le principe de l'incompétence de la Cour, on l'a vu, est posé par l'article 24, § 1, alinéa 2, UE, assorti de deux exceptions liées, pour l'une, au respect de la délimitation entre la PESC et les autres champs de compétence de l'Union, la deuxième « pour contrôler la légalité de certaines décisions visées à l'article 275, alinéa 2, FUE ». Cette disposition du TFUE confirme l'équibre de la problématique entre une incompétence de principe de la Cour à l'égard des dispositions relatives à la PESC et des actes adoptés sur leur base, et ces deux exceptions, la seconde permettant explicitement à la Cour de « se prononcer sur les recours, formés dans les conditions prévues à l'article 263, alinéa 4, du présent traité [soit le recours en annulation] concernant le contrôle de la légalité des décisions prévoyant des mesures restrictives à l'encontre de personnes physiques ou morales adoptées par le Conseil » sur la base PESC. La question, on le voit, consiste notamment à se demander si l'emporte la logique de l'article 24 UE admettant une compétence de la Cour pour le « contrôle de légalité » de certaines décisions, ou celle de l'article 275 FUE visant de façon plus limitative le recours en annulation. La Cour a fait prévaloir la première, considérant que le renvoi de l'article 24 UE à l'article 275 FUE détermine « non pas le type de procédure dans le cadre de laquelle la Cour peut contrôler la légalité de certaines décisions, mais le type de décisions dont la légalité peut être contrôlée par la Cour, dans le cadre de toute procédure ayant pour objet un tel contrôle de légalité », ce qui lui a permis, en mobilisant les principes de l'État de droit, de protection juridictionnelle effective, d'interprétation restrictive de l'exception à la compétence de la Cour, ainsi que l'objectif de la procédure préjudicielle, d'admettre sa compétence préjudicielle en appréciation de validité d'une décision PESC mettant en place des mesures restrictives à l'égard de personnes physiques et morales (CJ 28 mars 2017, *Rosneft*, aff. C-72/15, ECLI:EU:C:2017:236). Contrairement aux conclusions de l'avocat général, elle n'a pas étendu explicitement cette compétence aux questions préjudicielles en interprétation, restant sur la logique du contrôle de légalité.

C. Le droit issu des engagements extérieurs

1425. Sollicitée par la voie préjudicielle d'interpréter l'accord d'association conclu entre la CEE et la Grèce, la Cour a affirmé que : « cet accord est…, en ce qui concerne la Communauté, un acte pris par l'une des institutions de la Communauté au sens de l'article 177 *[désormais art. 267 FUE]* » (30 avr. 1974, *Haegemann*, aff. 181/73, *Rec.* 449), et depuis, elle est régulièrement conduite à interpréter de tels accords ou conventions passés avec des pays tiers (24 nov. 1977, *Razamatsimbo*, aff. 65/77, *Rec.* 2229, à propos de la Convention de Lomé I ; 30 nov. 1977, *Cayrol*, aff. 52/77, *Rec.* 2261, à propos de l'accord CEE-Espagne de 1970). Cette assimilation courageuse d'un acte bilatéral à un acte institutionnel, en étendant la garantie d'interprétation et d'application uniforme aux accords externes de la Communauté, est particulièrement bienvenue au regard des exigences spécifiques de l'ordre juridique de l'Union, tout en mettant la Cour en porte-à-faux avec l'orthodoxie du système juridique international. Si cette formule de l'arrêt *Haegemann* n'est plus reprise par la Cour, sans doute en raison de son caractère quelque peu paradoxal, la suite du raisonnement de cet arrêt (« les dispositions de l'accord forment partie intégrante...de l'ordre juridique communautaire »), qui permet d'arriver à la même conclusion, reste opératoire (cf. par ex. CJ 15 nov. 2012, *Bericap Záródástechnikai Bt.*, aff. C-180/11, ECLI:EU:C:2012:717). La procédure, bien sûr, n'est accessible qu'aux juridictions des États membres et non aux juridictions des États tiers, et l'interprétation fournie ne saurait s'imposer à ces dernières. Le raisonnement devrait logiquement valoir aussi pour l'appréciation de la validité de ces accords, le traité ne faisant ici aucune différence entre les deux types de question. Pour autant, le problème de la portée dans l'ordre international est encore plus délicat que pour l'interprétation et si invalidation il y a, elle ne pourrait valoir que dans l'ordre de l'Union et pas dans l'ordre international. A cet égard il faut relever que la Cour a déjà accepté d'annuler l'acte communautaire de conclusion d'un accord externe (CJCE 9 août 1994, *France c/Commission*, aff. C-327/91, *Rec.* 3641). Doit aussi être considérée l'existence d'une compétence préventive de contrôle qu'exerce la Cour au titre de l'article 218, § 11, FUE et qui lui permet de signaler avant même la conclusion d'un accord externe par l'Union que celui-ci n'est pas compatible avec les traités.

À plusieurs occasions, la Cour a interprété des dispositions contenues dans des *accords mixtes* (pour l'Accord sur les aspects des droits de propriété intellectuelle qui touchent au commerce (ADPIC – TRIP's), cf. CJCE 16 juin 1998, *Hermès*, aff. C-35/96, *Rec.* I-3603, illustrant la difficile dialectique entre la logique d'une compétence communautaire partielle et de la cohérence d'ensemble d'un accord). La Cour, ici, a accepté d'interpréter une disposition procédurale de cet accord au nom de la cohérence dans la mesure où cette disposition pouvait concerner tant le domaine relevant du droit de l'Union que celui relevant du droit des États membres (CJCE 14 déc. 2000, *Dior*, aff. C-300/98 et C-392/98, *Rec.* I-11307) et a ensuite accepté d'interpréter, pour le même accord, une disposition substantielle : CJCE 16 nov. 2004, *Anheuser-Bush*, aff. C-245/02, *Rec.* I-10989.

Elle a aussi clairement affirmé sa compétence pour se prononcer sur l'interprétation des décisions prises par les organes institués par un accord externe et chargé de sa mise en œuvre (CJCE 20 sept. 1990, *Sevince*, aff. C-192/89, *Rec.* I-3461), même s'il s'agit de simples recommandations sans force obligatoire (CJCE 21 janv. 1993, *Deutsche Shell*, aff. C-188/91, *Rec.* I-363).

Enfin, il semble bien que la Cour accepte la possibilité de renvoyer en interprétation les engagements qui découlent des traités multilatéraux conclus par les États membres, auxquels la Communauté n'est pas partie, mais qui la lient par effet de succession, en l'occurrence le GATT (12 déc. 1972, *International Fruit*, aff. 21 et 24/72, *Rec.* 1219). De même, le fait que des dispositions de droit de l'Union renvoient à une convention internationale conclue par ses États membres et non par elle-même (Convention de Genève sur les réfugiés) permet un renvoi préjudiciel mais uniquement pour les dispositions de la Convention auxquelles le droit de l'Union renvoie spécialement (arrêt du 17 juill. 2014, *Qurbani*, aff. C-481/13, ECLI:EU:C:2014:2101). En revanche, la Cour n'est pas compétente pour statuer sur l'interprétation de dispositions de droit international qui lient des États membres en dehors du cadre du droit de l'Union : Ord. du 12 juill. 2012, *Currà e.a.*, aff. C-466/11, ECLI:EU:C:2012:465 ; ou arrêt du 5 févr. 2015, *Nisttahuz Poclova*, aff. C-117/14, ECLI:EU:C:2015:60).

D. Les sources « complémentaires » du droit de l'Union

1426. Les actes conventionnels conclus entre États membres ne sauraient être assimilés ni aux « traités » visés par l'article 267 FUE (l'article 1er, § 2, FUE précise ici que sont seulement visés le Traité sur l'Union européenne et le traité sur le fonctionnement de l'Union et l'article 106 *bis* CEEA y ajoute le traité Euratom) ni aux « actes des institutions » et sont donc exclus du renvoi préjudiciel (CJCE 27 nov. 1973, *Vandeweghe*, aff. 130/73, *Rec.* 1329 ; 15 janv. 1986, *Hurd*, aff. 44/84, *Rec.* 29) même s'ils sont pris en relation ou en application de ces traités communautaires ou désormais des traités sur lesquels est fondée l'Union (ainsi d'un accord entre plusieurs États membres relatif à leur coopération en relation avec la mise en œuvre d'une directive : CJCE (Ord.) 11 févr. 1999, *Claasen*, aff. C-313/98, ECLI:EU:C:1999:75). Les « décisions des représentants des gouvernements des États membres réunis au sein du Conseil » ne sont pas, on le sait (v. ss 701), des actes du Conseil, mais des actes conventionnels qui échappent tant au renvoi en interprétation qu'en validité. Il en est de même des « conventions communautaires », conclues entre les États membres, même en application de l'ancien article 293 CE, qui ne sauraient donc relever de plein droit de la compétence préjudicielle de la Cour. Dès lors, pour conjurer le risque d'une application divergente des règles qu'elles contiennent, les États signataires ont prévu expressément la compétence interprétative de la Cour, dans la Convention elle-même (cf. art. 2 et 3 de l'Accord en matière de brevets communautaires du 15 décembre 1989, *JOCE* n° L 401 du 30 déc. 1989) ou dans des protocoles distincts, à l'image des deux protocoles du 3 juin 1971, pour la *Convention du 29 février 1968 sur la reconnaissance mutuelle des sociétés et des personnes morales et pour la Convention du 27 septembre 1968 concernant la compétence judiciaire et l'exécution des décisions* (*JOCE* n° L 204/28 du 2 août 1975), ou des deux protocoles du 19 décembre 1988, pour la convention du 19 juin 1980, sur la loi applicable aux obligations contractuelles (*JOCE* n° L 48 du 20 févr. 1989 et *JOCE* n° C 219 du 3 sept. 1990).

Étaient dans le même cas les conventions européennes conclues sur le fondement de l'article K 3, § 2 du TUE *[dans sa version du traité de Maastricht]* (v. ss 700), Protocoles du 24 juill. 1996, concernant la convention portant création d'Europol : *JOCE* n° C 313/1 du 23 oct. 1996 ; du 29 nov. 1996, concernant la convention relative ? la protection des intérêts financiers des Communautés : C 313/1 du 23 oct. 1996 ; du 29 nov. 1996, concernant la convention relative à la protection des intérêts financiers des Communautés : *JOCE* n° C 151/1 du 20 mai 1997 ; du 29 nov. 1996, concernant la convention sur l'emploi de l'informatique dans le domaine des douanes : *JOCE* n° C 151/15 du 20 mai 1997). S'agissant des conventions conclues sur le fondement de l'article 34 UE *[ex K 6]*, leur interprétation par la Cour était aménagée à l'article 35 UE.

E. Les renvois nationaux au droit de l'Union

1427. Il est hors de question que la Cour ait à connaître de dispositions de droit interne (CJCE 17 déc. 1975, *Jacob Adlerbum*, aff. 93/75, *Rec.* 2147). Pour autant, certaines dispositions nationales se réfèrent au droit de l'Union européenne et la Cour, privilégiant une approche matérielle et fonctionnelle plutôt que formelle, a considéré qu'« il existe un intérêt certain à ce que pour éviter des divergences d'interprétations futures, cette disposition reçoive une interprétation uniforme quelles que soient les conditions dans lesquelles elle est appelée à s'appliquer », et a accepté d'interpréter, dans le cadre d'un litige purement national, une telle norme nationale renvoyant expressément à une norme de l'Union (CJCE 18 oct. 1990, *Dzodzi*, aff. C-297/88, *Rec.* I-3763 ; CJCE 17 juill. 1997, *Leur-Bloem*, C-28/95, *Rec.* I-4161 ; CJCE 17 juill. 1997, *Giloy*, aff. C-130/95, *Rec.* I-4291 ; CJCE 16 juin 1998, *Hermès*, aff. C-53/96, *Rec.* I-3603 ; CJ 28 oct 2010, *Volvo Car Germany GmbH*, aff. C-203/09, *Rec.* I-10721 ; CJ 18 oct. 2012, *Punch Graphix Prepress Belgium NV*, aff. C-371/11, ECLI:EU:C:2012:647). Il faut cependant que le renvoi au droit de l'Union soit direct et inconditionnel, ce qui n'est assurément pas le cas quand le droit italien, à propos des exigences de publicité et transparence de l'activité administrative, se borne à faire référence aux « principes tirés de l'ordre juridique communautaire » (CJ 21 déc. 2011, *Cicala*, aff. C-482/10, ECLI:EU:C:2011:868). Le même renvoi au droit de l'Union par une convention entre particuliers aboutit à la même possibilité de question préjudicielle (CJCE 25 juin 1992, *Federconsorzi*, aff. C-88/91, *Rec.* I-4035) et au même souci de la Cour de ne pas sortir de sa compétence, c'est-à-dire, en l'espèce, en excluant de se prononcer sur les dispositions purement nationales déterminant la portée des obligations contractuelles des parties.

II. Fonctions du renvoi préjudiciel

1428. Si l'interprétation comme l'appréciation de validité contribuent finalement l'une et l'autre à définir la portée de la règle de droit et comportent ainsi une certaine similitude, il ne faut pas oublier que la seconde participe, en outre, au système de contrôle de la légalité des actes des institutions de l'Union. Et, en tout état de cause, elles relèvent de deux fonctions juridiques différentes.

A. L'interprétation

1° Interpréter...

1429. Relève de l'interprétation, d'après la jurisprudence de la Cour, tout ce qui est nécessaire pour garantir l'interprétation et l'application uniforme du droit de l'Union.

Ainsi est-elle amenée, notamment, à ce titre :

– à préciser le sens et la portée des dispositions du droit de l'Union, mais encore des notions que ces dispositions visent implicitement ou expressément (9 juill. 1969, *Portelange*, aff. 10/69, *Rec.* 309), comme les notions de non-discrimination, de force majeure...

– à déterminer si une disposition de droit de l'Union se réfère, pour le sens d'une notion qu'elle invoque, à la législation de tel état membre ou à celle d'un autre ;
– à déterminer quels sont les actes ou faits juridiques qui sont régis soit par le droit national, soit par le droit de l'Union ;
– à déterminer si la réglementation de l'Union peut ou doit être précisée ou complétée par les législations nationales (6 juin 1972, *Schlüter*, aff. 94/71, *Rec.* 307) ;
– à déterminer à partir de quel moment une norme est applicable, c'est-à-dire préciser ses effets dans le temps (11 mars 1965, *Van Dijk*, aff. 33/64, *Rec.* 132) ;
– à déterminer le champ d'application territorial et personnel du droit de l'Union, par exemple si le régime de la concurrence s'applique aussi aux entreprises qui ont leur siège social hors de l'Union (14 juill. 1972, *I.C.I.*, aff. 48/69, *Rec.* 619) ;
– à décider si une disposition du droit de l'Union a ou non un effet direct (on sait que c'est le renvoi en interprétation qui a permis à la Cour de définir les critères et les effets de l'effet direct (v. ss 943) ;
– à préciser la portée et notamment la primauté du droit de l'Union dans l'ordre juridique interne des états membres.

2° ... sans appliquer

1430. On a déjà noté (v. ss 1126) que le mécanisme préjudiciel est fondé sur une séparation des fonctions juridictionnelles entre la Cour et les juridictions nationales. L'interprétation donnée par la Cour doit donc demeurer abstraite et ne pas comporter une application du droit de l'Union à une affaire déterminée. La Cour n'est pas appelée à résoudre directement le cas soumis au juge interne ; l'utilisation de l'interprétation pour la solution du cas d'espèce relève toujours et exclusivement du juge national.

Dans la pratique, cependant, le respect strict de cette répartition des fonctions n'est pas toujours aisé, tant il est vrai qu'il est bien difficile d'interpréter sinon sans appliquer, du moins sans préjuger quelque peu de l'application. En effet, si, dans le souci de ne pas excéder sa compétence, la Cour donne une interprétation trop abstraite, celle-ci risque de rester purement académique et donc inutilisable ; l'interprétation doit être suffisamment concrète pour être utile à la juridiction de renvoi.

Ainsi, si la Cour a le plus souvent (v. ss 1456) connaissance des faits à travers la question qui lui est posée et/ou le dossier qui lui est transmis, la vérification de *l'exactitude de ces faits* échappe à son appréciation et relève du seul juge national (CJCE 16 mars 1978, *Œhlschläger*, aff. 104/77, *Rec.* 791). Elle ne saurait non plus procéder elle-même à la *qualification des faits* au regard de l'interprétation qu'elle fournit : il n'appartient qu'au juge du fond d'appliquer les critères abstraits fournis par la Cour aux mesures ou situations nationales concrètes (CJCE 27 mars 1963, *Da Costa*, aff. 28-30/62, *Rec.* 59 ; 18 juin 1975, *I.G.A.V.*, aff. 94/74, *Rec.* 712 ; 28 mars 1979, *I.C.A.P.*, aff. 222/78, *Rec.* 1163). Mais, dans tous les cas où la Cour, pour les besoins d'une réponse utile, sur la base des faits soumis par le juge national a procédé à leur qualification au regard du droit de l'Union ou chaque fois que le juge national a déjà qualifié lui-même les faits dans la question qu'il pose (ce qui est fréquent), le juge national ne dispose plus que de peu ou pas de liberté de manœuvre pour appliquer ensuite l'interprétation au cas concret (CJCE 22 juin 1972, *Frilli*, aff. 1/72, *Rec.* 457) ; certains dispositifs de décisions interprétatives sont révélateurs : « une imposition intérieure du genre de celle qui a été envisagée par la juridiction de renvoi ne saurait être considérée comme une taxe d'effet équivalent » (CJCE 4 avr. 1968, *Becher*, aff. 13/67, *Rec.* 276). De même, s'agissant de la responsabilité des

États membres pour violation du droit communautaire, « … la Cour dispose de tous les éléments nécessaires pour apprécier si les faits de l'espèce doivent être qualifiés de violation suffisamment caractérisée du droit communautaire » (CJCE 28 juin 2001, *Larsy*, aff. C-118/00, *Rec.* I-5063).

1431. De même, dans l'exercice de sa compétence préjudicielle, la Cour ne saurait, sous peine d'empiéter sur la compétence du juge du fond, statuer, on l'a déjà indiqué, sur l'*interprétation du droit national* (CJCE 19 mars 1964, *Unger*, aff. 75/63, *Rec.* 347). *A fortiori*, vérifier la *compatibilité d'une législation nationale* avec le droit de l'Union serait faire application de celui-ci, tâche qui est réservée au juge national ; la Cour doit se borner à fournir à celui-ci, en l'éclairant sur le sens et la portée du droit de l'Union, les éléments d'appréciation qui lui sont nécessaires (CJCE 15 juill. 1964, *Costa*, aff. 6/64, *Rec.* 1141 ; 12 oct. 1978, *Eggers*, aff. 13/78, *Rec.* 1935 ; CJCE 18 déc. 2007, *Asociación Profesional de Empresas de Reparto…*, aff. C-220/06, *Rec.* I-12175). Mais, malgré toutes les précautions, il est inévitable bien souvent que l'interprétation ne laisse aucun doute sur la validité des règles nationales et que la décision de la Cour préjuge en fait la solution finale qui sera donnée au litige par le juge national, d'autant que la Cour manque rarement l'occasion de rappeler à celui-ci que, dans le cas d'une incompatibilité, c'est le droit de l'Union qui doit primer (1er déc. 1965, *Dekker*, aff. 33/65, *Rec.* 1116 ; 21 mars 1972, *SAIL*, aff. 82/71, *Rec.* 136) et qu'il lui arrive dès lors de se laisser aller à affirmer directement que le droit de l'Union s'oppose à la règlementation nationale en cause (CJCE 16 déc. 2008, *Michaniki*, aff. C-213/07, *Rec.* I-9999) voire l'interdit (arrêt du 23 janv. 1997, *Eckhard Pastoors*, aff. C-29/95, *Rec.* I-285). On a déjà noté (v. ss 1230) que le renvoi préjudiciel en interprétation joue en quelque sorte le rôle d'un substitut du recours en manquement au profit des particuliers, et nombreux sont les dispositifs de décisions interprétatives qui présentent de grandes similitudes avec ceux de constatation de manquement (CJCE 16 févr. 1978, *Ministre des Pêcheries*, aff. 88/77, *Rec.* 473 ; 29 nov. 1978, *Delkvist*, aff. 21/78, *Rec.* 2327 ; 3 juill. 1979, *Van Dam*, aff. 185 à 204/78, *Rec.* 2345 ; 18 oct. 1979, *Denkavit*, aff. 5/79, *Rec.* 3203 ; 17 sept. 1987, *Feldain*, aff. 433/85, *Rec.* 3521).

B. L'appréciation de validité

1° Contrôler la légalité…

1432. Le renvoi en appréciation de validité se rattache, par sa nature, quant au fond, au *contentieux de la légalité* des actes des institutions ; aussi la Cour a-t-elle rapidement décidé d'homogénéiser le contrôle qu'elle exerce à ce titre avec celui que lui ouvre expressément le recours en annulation. Ainsi a-t-elle accepté, tout d'abord, de considérer le terme « validité » comme synonyme de « légalité » employé par l'article 263 FUE, et donc que son examen ne porte pas seulement sur la légalité formelle de l'acte mais s'étend aussi aux moyens de légalité matérielle (violation du traité ou de toute autre règle de droit relative à son application et détournement de pouvoir : 18 févr. 1964, *Internationale Crediet*, aff. 73-74/63, *Rec.* 31). De même sa compétence, dans le cadre du renvoi préjudiciel « ne comporte aucune limite quant aux causes sur la base desquelles la validité de ces actes pourrait être contestée » (CJCE 12 déc. 1972, *International Fruit*, aff. 21 à 24/72, *Rec.* 1219 ; 16 juin 1998, *Racke*, aff. C-162/96, *Rec.* I-3655) ; ce qui signifie que le *bloc de la légalité communautaire* est le même que pour le recours en annulation et comprend en particulier les règles de droit international liant l'Union, avec cette seule différence que, si le juge national lui demandait d'apprécier la validité d'un acte par référence à une disposition non directement applicable du droit de l'Union, dont le justiciable n'est donc pas en droit de se prévaloir dans l'ordre juridique national, la Cour se refuserait sans doute à procéder à la confrontation demandée.

Si bien que, finalement, la Cour procédant ici à un contrôle qui a la même intensité qu'au titre du recours en annulation, sans le soumettre aux restrictions d'accès que connaît celui-ci, notamment lorsque le requérant est un particulier, le renvoi préjudiciel en appréciation de validité se présente comme un substitut ou un complément du recours en annulation et de l'exception d'illégalité et joue un rôle essentiel dans le système des voies de droit de l'Union protégeant les particuliers. Ainsi spécialement s'agissant des règlements et autres actes de portée générale, dont seuls les *opérateurs constitutionnels* peuvent, sauf hypothèse très particulière, demander l'annulation, toute personne physique ou morale peut provoquer le contrôle par le biais de la question préjudicielle posée par une juridiction nationale. Cette même conception de la complémentarité vis-à-vis du recours en annulation a cependant poussé la Cour à créer de manière prétorienne une cause de forclusion (v. ss 1457) : une personne individuellement concernée par un acte de l'Union qui aurait omis d'en demander l'annulation dans les délais du recours contentieux ne peut en remettre en cause la validité devant le juge national (CJCE 9 mars 1994, *TWD Textil werke*, aff. C-188/92, *Rec.* I-833 ; CJCE 15 févr. 2001, *Nachi Europe*, aff. C-239/99, *Rec.* I-1197). Ceci vaut également à l'encontre des États membres destinataires d'une décision qu'ils auraient omis d'attaquer dans le délai requis (CJCE 22 oct. 2002, *National Farmers'Union*, aff. C-241/01, *Rec.* I-9079).

2° ... sans en tirer les conséquences

1433. Si la Cour procède bien ici au même type de contrôle que sur recours en annulation, celui-ci ne saurait déboucher cependant sur les mêmes conséquences. Elle se borne, le cas échéant, à « dire pour droit » (en utilisant la même formule que dans ses dispositifs d'interprétation) que l'acte « est invalide », c'est-à-dire qu'elle ne saurait prononcer son annulation, qui l'anéantirait rétroactivement.

L'acte déclaré invalide subsiste et ne peut être privé d'effets que par l'institution dont il émane, qui peut le supprimer ou le modifier de manière adéquate, qui peut indemniser les victimes des dommages qu'il aurait causés ; de même, il incombe aux seules autorités nationales de rapporter, le cas échéant, une disposition nationale qui aurait été prise sur le fondement ou pour l'application de l'acte déclaré invalide (CJCE 30 oct. 1975, *Rey-Soda*, aff. 23/75, *Rec.* 1279). Mais surtout, et c'est là le premier effet de la déclaration d'invalidité, les juridictions nationales sont habilitées à donner suite à l'exception d'illégalité qui a motivé le renvoi en écartant l'application de l'acte dans l'affaire dont elles sont saisies au principal, par exemple en annulant l'acte national qui s'appuyait sur lui, en prescrivant le remboursement des sommes dont il exigeait le paiement, etc.

Si la Cour s'interdit strictement de tirer elle-même les conséquences de l'arrêt d'invalidité, c'est-à-dire de trancher le litige au principal, elle s'autorise en revanche à *préciser les conséquences de l'arrêt d'invalidité* et notamment à :

– définir ses effets dans le temps (CJCE 27 févr. 1985, *Société des produits de maïs*, aff. 112/83, *Rec.* 719) (v. ss 1480) ;

– réserver aux seules institutions de l'Union le soin d'en tirer les conséquences en prenant les mesures appropriées pour faire disparaître l'illégalité constatée (CJCE 19 oct. 1977, *Moulins et huileries de Pont-à-Mousson*, aff. 124/76 et 20/77, *Rec.* 1795) ;

– voire à définir le régime intérimaire qui doit être appliqué dans l'attente de ces mesures appropriées (CJCE 29 juin 1988, *Van Landshoot*, aff. 300/86, *Rec.* 3443).

§ 2. Conditions du renvoi préjudiciel

1434. Si pour l'essentiel, ces conditions reviennent à identifier les institutions pouvant poser une question préjudicielle, elles conduisent à s'intéresser également au cadre procédural dans lequel s'insère ce dispositif incident.

I. Conditions tenant à l'auteur de la question

1435. La détermination générale des auteurs potentiels du renvoi est opérée par les alinéas 2 et 3 de l'article 267 FUE :

« Lorsqu'une telle question est soulevée devant une juridiction d'un des États membres, cette juridiction peut, si elle estime qu'une décision sur ce point est nécessaire pour rendre son jugement, demander à la Cour de statuer sur cette question.
Lorsqu'une telle question est soulevée dans une affaire pendante devant une juridiction nationale dont les décisions ne sont pas susceptibles d'un recours juridictionnel de droit interne, cette juridiction est tenue de saisir la Cour. »

Pour les juridictions nationales, le renvoi préjudiciel est donc toujours un droit, il est parfois une obligation.

A. Le droit de renvoyer : la limitation aux juridictions

1436. Seules les « juridictions des États membres » ont qualité pour renvoyer à la Cour ; ceci écarte, bien sûr, les juridictions internationales, mais pas une juridiction commune à plusieurs États membres, comme la *Cour de justice Benelux* : CJCE 4 nov. 1997, *Parfums C. Dior*, aff. C-337/95, *Rec.* I-6013 ; CJCE 12 févr. 2004, *Campina Melkunie*, aff. C-265/00, *Rec.* I-1699 ; CJ 20 oct. 2016, *Montis Design*, aff. C-169/15, ECLI:EU:C:2016:790 ; en revanche, la *chambre de recours des Écoles européennes*, bien qu'ayant été créée par l'ensemble des États membres ainsi que par l'Union, constitue un organe d'une organisation internationale qui, malgré les liens fonctionnels qu'elle entretient avec l'Union, reste formellement distincte de celle-ci et de ses États membres. Dès lors la question préjudicielle n'est pas recevable : CJ 14 juin 2011, *Miles*, aff. C-196/09, *Rec.* I-5105. De même, les organes arbitraux de règlement des différends prévus dans un traité bilatéral d'investissement entre deux États membres, à la différence de la Cour Benelux, ne sont pas chargés d'assurer l'uniformité dans l'application des règles juridiques communes à plusieurs États membres et la procédure devant eux ne forme pas un incident dans les procédures pendantes devant les juridictions nationales à l'issue duquel l'interprétation définitive de règles juridiques communes à ces États est établie, de sorte qu'un tel tribunal arbitral ne présente pas les mêmes liens avec les systèmes juridictionnels des États membres et ne peut être considéré comme une « juridiction commune à plusieurs États membres » (arrêt du 6 mars 2018, *Achmea BV*, aff. C-284/16, ECLI:EU:C:2018:158). Ceci écarte aussi les juridictions d'États tiers, mais surtout les organismes nationaux à caractère législatif, administratif ou consultatif, qui cependant, auraient sans doute intérêt, bien souvent, à obtenir une interprétation ou une appréciation de validité.

Mais *toutes les juridictions nationales sont concernées*, quelle que soit leur compétence matérielle (qu'elles soient civiles, pénales, commerciales, administratives, fiscales, sociales...) et quel que soit leur rang dans la hiérarchie (première instance, appel, dernier ressort), la question pouvant être abordée de façon générale ou en précisant certains cas particuliers.

1437. ***1° Approche générale*** : la Cour accepte, bien sûr, de connaître des renvois de tous les organismes qualifiés de juridictionnels par les législations nationales et, en outre, afin d'éviter les conséquences fâcheuses des disparités de celles-ci, elle reconnaît également qualité pour renvoyer à tout organisme, même s'il n'est pas reconnu comme juridiction au plan national mais correspond plutôt à un organe de type administratif, dès lors qu'il répond à des critères communs de *l'organe juridictionnel* et dès lors qu'il statue dans le cadre d'une *fonction juridictionnelle.*

– *Un organe juridictionnel :* la méthode, consistant à vérifier la réunion d'un faisceau d'indices, est désormais classique (cf. par exemple, à propos d'une « commission fédérale de surveillance » contrôlant les marchés publics, CJCE 17 sept. 1997, *Dorsch Consult*, aff. C-54/96, *Rec.* I-4961 ; ou CJCE 6 juill. 2000, *Abrahamsson*, aff. C-407/98, *Rec.* I-5539, pour une commission de recours vis-à-vis des nominations dans l'enseignement supérieur). On peut retenir six critères : une juridiction a une *origine légale*, un *caractère permanent*, elle dispose d'une *compétence obligatoire et prend des décisions ayant force obligatoire* (dans certains cas, les deux volets peuvent être disjoints : ainsi le *Tribunal Català de Contractes del Sector Públic* prend des décisions obligatoires mais ce n'est pas la seule voie de recours disponible en matière de secteur public, le requérant ayant un choix ; la Cour de manière assez souple, souligne que la saisine ne dépend pas d'un accord des parties, et, plus curieusement, qu'en pratique, malgré l'alternative offerte, les soumissionnaires choisissent généralement cette voie, ce qui la conduit à accepter la question préjudicielle : arrêt (Gr. ch.) du 6 oct. 2015, *Consorci Sanitari del Maresme*, aff. C-203/14, ECLI:EU:C:2015:664), elle *statue en droit*, sa procédure respecte le *principe du contradictoire* (même si ce n'est pas à tous les stades ; à cet égard, ce cinquième critère fait l'objet d'une interprétation souple, qui va parfois jusqu'à l'écarter. La Cour considère en tous cas qu'il ne s'agit pas d'une exigence absolue (CJCE 17 sept. 1997, *Dorsch Consult*, aff. C-54/96, préc.), même si elle va dans le sens d'une bonne administration de la justice (CJCE 17 mai 1994, *Corsica Ferries*, aff. C-18/93, *Rec.* I-1783). Le fait d'entendre les parties suffit à satisfaire le critère).

Plus récemment, la Cour a ajouté un sixième critère : *l'indépendance de l'organe.* Cette exigence est particulièrement importante lorsqu'il s'agit d'une instance administrative contrôlant l'administration, le caractère juridictionnel étant incompatible avec un éventuel lien organique ou fonctionnel vis-à-vis de l'administration contrôlée ; ainsi, le Directeur des impôts, compétent en France pour statuer sur les réclamations des contribuables, n'est pas une juridiction car il appartient complètement à l'administration contrôlée (CJCE 30 mars 1993, *Corbiau*, aff. C-24/92, *Rec.* I-1277). L'angle des *garanties d'indépendance* est souvent déterminant, un office n'étant pas considéré comme une juridiction du fait de l'absence de telles garanties pour son président dans la loi de création (Ord. du 14 nov. 2013, *MF 7 a.s.*, aff. C-49/13, ECLI:EU:C:2013:767) ; on retrouve cette prise en considération de l'absence de garantie en matière de révocation des membres pour un organe de règlement des différends dans le domaine des réseaux et télécommunications, assortie d'un autre volet pour l'indépendance : *l'indépendance par rapport aux intérêts en présence* qui est absente dès lors que l'organisme en question est partie défenderesse si un recours est intenté à l'encontre de ses décisions devant les juridictions judiciaires, ce qui montre bien que l'on n'est pas dans une logique de voie de recours vis-à-vis d'une décision juridictionnelle (arrêt du 9 oct. 2013, *TDC A/S*, aff. C-222/13, ECLI:EU:C:2014:2265). En revanche, la commission danoise des recours en matière de marchés publics bénéficie de l'indépendance d'une majorité de ses membres (en tant que magistrats), est autonome, et a la qualité de tiers par rapport aux parties au litige, ce qui lui donne la qualité d'organe juridictionnel (arrêt du 24 mai 2016, *MT Højgaard A/S*, aff. C-396/14, ECLI:EU:C:2016:347). La Cour de justice a souligné de manière particulièrement solennelle, en faisant un lien avec l'importance des valeurs communes de l'article 2 UE, que l'indépendance doit caractériser une « juridiction » au sens du droit de l'Union européenne, sous peine de l'exclure de la coopération caractérisant le système judiciaire de l'Union européenne (arrêts de la Grande chambre du 27 févr. 2018, *Associação Sindical dos Juízes Portugueses*, aff. C-64/16, ECLI:EU:C:2018:117, et du 25 juill. 2018, *LM*, aff. C-216/18 PPU, ECLI:EU:C:2018:586 ; v. ss 64).

– *Un organe juridictionnel statuant dans le cadre d'une fonction juridictionnelle :* une fois identifié un organe de type juridictionnel, encore faut-il vérifier qu'il prétend poser une question préjudicielle dans le cadre d'une fonction juridictionnelle, pour trancher un litige, puisqu'il peut arriver qu'une institution respectant les critères organiques généraux exerce plusieurs missions distinctes, de natures différentes. Si une « juridiction » intervient en tant qu'autorité administrative, elle ne peut pas utiliser la procédure préjudicielle, ce qui sera le cas s'il s'agit pour elle de nommer un liquidateur (CJ 12 janv. 2010, *Amiraike Berlin*, aff. C-497/08, *Rec.* I-101) ou simplement de constater le respect d'exigences légales de publicité pour une entreprise (CJCE 15 janv. 2002, *Lutz*, aff. C-182/00, *Rec.* I-547). Si en France, les conseils d'ordres professionnels peuvent ainsi renvoyer lorsqu'ils statuent en matière disciplinaire, ils ne sauraient avoir accès à la Cour lorsqu'ils interviennent au titre d'autres compétences (CJCE (Ord) 18 juin 1980, *Borker*, aff. 138/80, *Rec.* 1975 ; l'analyse peut cependant être affinée : si l'inscription au tableau de l'ordre correspond en général, pour le conseil d'un ordre professionnel, à une fonction administrative, un conseil national ayant à se prononcer sur un refus d'inscription opposé à un candidat par un conseil local exerce bien là une fonction juridictionnelle : arrêt (Gr. ch.) du 17 juill. 2014, *Torresi*, aff. C-58/13 et C-59/13, ECLI:EU:C:2014:2088). Dans le même sens, si le ministère public auprès d'une juridiction a organiquement un statut juridictionnel, sa mission ne consiste pas à trancher un litige et il ne peut donc poser de question préjudicielle (CJCE 12 déc. 1996, *X*, aff. C-74/95 et C-129/95, *Rec.* I-6609). De même pour le *secretario judicial* d'une juridiction auquel doit s'adresser une partie en cas de litige sur les honoraires de son avocat. Malgré les conclusions de l'avocat général montrant qu'il s'agissait là de trancher un litige, et que cette action en paiement aboutissait à une décision ayant les mêmes effets qu'une décision de justice et suivant le même régime d'exécution que ces décisions juridictionnelles, la Cour a refusé de voir là une fonction juridictionnelle, faisant la distinction entre cette action en paiement et l'injonction à payer pouvant être obtenue selon une voie vraiment juridictionnelle, et concluant que la décision prise n'avait pas l'autorité de la chose jugée, avec une curieuse référence au fait que c'était aussi l'avis de la Cour constitutionnelle espagnole (arrêt du 16 févr. 2017, *Margarit Panicello*, aff. C-503/15, ECLI:EU:C:2017:126).

Mais dès lors que c'est dans ce cadre de la fonction juridictionnelle, les particularités procédurales ne jouent pas, la Cour ayant précisé qu'il importait peu, au regard du droit de renvoyer, que la juridiction statue ou non en référé dans le cadre d'une procédure sommaire ou d'urgence (12 nov. 1969, *Stauder*, aff. 29/69, *Rec.* 419 ; 24 mai 1977, *Hoffmann-La Roche*, aff. 107/76, *Rec.* 957) et même que la procédure ait ou non atteint le stade du contradictoire (21 févr. 1974, *Birra-Dreher*, aff. 162/73, *Rec.* 201). L'approche est cependant pragmatique ici en ce que ce caractère d'urgence ne doit pas empêcher le juge de tenir compte ultérieurement de la réponse de la Cour (CJCE 21 avr. 1988, *Pardini*, aff. 338/85, *Rec.* 2041: la décision prise en urgence peut à la fois octroyer une mesure d'urgence et poser la question préjudicielle, laquelle sera possible si, ultérieurement, le juge national a la possibilité de confirmer, modifier ou supprimer la mesure provisoire prise).

1438. ***2° Cas particuliers***. On peut en signaler trois.

– *Les instances d'arbitrage :* de manière générale, c'est-à-dire quand les parties concluent entre elles, sans obligation et sans intervention des autorités publiques, une convention d'arbitrage, le renvoi est irrecevable (CJCE 23 mars 1982, *Entreprise Nordsee*, aff. 102/81, *Rec.* 1095 ; CJCE 27 janv. 2005, *Denuit et Cordenier*, aff. C-125/04, *Rec.* I-923). En revanche, si les parties se voient imposer la composition de l'organe et sa compétence, c'est envisageable (CJCE 17 oct. 1989, *Danfoss*, aff. 109/88, *Rec.* 3199). Autrement dit seul un tribunal arbitral purement « conventionnel » sera exclu. La question est d'importance dans un contexte de développement des formules alternatives de règlement des différends, et la Cour se montre plutôt conciliante, de manière à accompagner ce mouvement, notamment en ce qui concerne le caractère permanent, acceptant les renvois préjudiciels dès lors qu'existe une forme d'institutionnalisation (par ex., Ord. du 13 févr. 2014, *Merck Canada*, aff. C-555/13, ECLI:EU:C:2014:92 ; ou arrêt du 12 juin 2014, *Ascendi Beiras Litoral e Alta*, aff. C-377/13, ECLI:EU:C:2014:1754). S'agissant de la dimension externe et spécialement des tribunaux arbitraux prévus dans des traités bilatéraux d'investissement conclus entre États membres, la Cour a refusé de voir en eux des éléments du système juridictionnel de ces États membres mais n'a pas suivi son avocat général dans l'examen détaillé de la nature et des fonctions de ces tribunaux, préférant se positionner d'emblée sur le critère géographique (il ne s'agit pas de la juridiction *d'un des États membres*) (arrêt du 6 mars 2018, *Achmea BV*, aff. C-284/16, ECLI:EU:C:2018:158) (v. ss 1436).

– *Les autorités nationales en matière de concurrence* : dans le cadre du règlement n° 1/2003 du Conseil du 16 décembre 2002 relatif à la mise en œuvre des règles de concurrence prévues aux articles 81 et 82 du traité CE (*JOCE* n° L 1/1 du 4 janv. 2003), ces autorités nationales forment un réseau avec la Commission et jouent un rôle essentiel pour le respect du droit de la concurrence de l'Union. Il apparaît alors souhaitable qu'elles puissent largement accéder à la coopération avec la Cour et celle-ci avait d'abord semblé adhérer à cette idée en ne soumettant pas une de ces autorités au système habituel de critères à vérifier (CJCE 16 juill. 1992, *Asociacion Española de Banca Privada*, aff. C-67/91, *Rec.* I-4785), mais elle a finalement opté, ce que d'aucuns peuvent regretter, pour une approche plus restrictive, refusant à l'autorité grecque l'accès à cette procédure pour non-respect de l'un des critères de la juridiction, l'indépendance (CJCE 31 mai 2005, *Syfait*, aff. C-53/03, *Rec.* I-4609).

– *Les juridictions constitutionnelles* (cf. M. Blanquet, « Le dialogue entre les juges constitutionnels et la Cour de justice : enfin des mots, toujours des maux ? », in *L'identité du droit de l'Union européenne. Mélanges en l'honneur de Claude Blumann*, Bruxelles, Bruylant, 2015, p. 289) : les instances nationales de contrôle de constitutionnalité peuvent-elles utiliser le renvoi préjudiciel ? L'ambiance générale a longtemps été à la réticence, sans doute en raison du caractère économique voire technique du droit communautaire des premiers temps, ne plaçant pas celui-ci sur le terrain d'action des juges constitutionnels, mais aussi parce que les juridictions constitutionnelles ont une autre mission que celle qui caractérise l'ensemble des autres juridictions, c'est-à-dire interpréter et appliquer le droit en vigueur ; pour ces cours, la mission existentielle est autre, et consiste à assurer la supériorité de la constitution dans l'ordre interne. Cette spécificité ontologique avait ainsi conduit très tôt la Cour constitutionnelle italienne (n. 13 de 1960, *Giur. cost.*, 1960, p. 123 et s.) à juger qu'elle ne pouvait être « incluse parmi les organes judiciaires, ordinaires ou spéciaux tant sont nombreuses et profondes les différences entre le devoir [qui lui est confié], sans précédent dans l'ordonnancement italien, et ceux bien connus et historiquement consolidés qui caractérisent les organes juridictionnels », ce dont elle a déduit qu'elle n'avait pas vocation à saisir la Cour de justice d'une question préjudicielle. On doit cependant relever que l'article 267 ne vise pas uniquement les « juridictions d'application » du droit de l'Union mais toutes celles estimant qu'une décision sur l'interprétation des traités ou sur la validité et l'interprétation des actes de droit dérivé de l'Union est nécessaire pour rendre leur jugement. D'autres juridictions constitutionnelles, comme le Conseil constitutionnel français, se sont placés sur un plan plus pratique pour tirer la même conclusion négative, notamment dans la décision du 27 juillet 2006, *Loi relative au droit d'auteur*, Décis. n° 2006-543 DC, où le Conseil exclut très clairement d'utiliser le renvoi préjudiciel, en raison du décalage entre le « temps constitutionnel » (il dispose d'un délai d'un mois pour se prononcer) et le « temps préjudiciel » (la durée moyenne en 2006 pour une procédure préjudicielle était de 19,8 mois).

C'est d'abord très timidement que sont apparus les premiers renvois, en 1997, avec celle qui était encore la Cour d'arbitrage belge (elle n'est devenue Cour constitutionnelle qu'en 2007), ce qui n'était donc pas vraiment représentatif, et avec la Cour constitutionnelle d'un land allemand (land de Hesse), ce caractère régional relativisant aussi l'évènement. En revanche, en 1999, c'est une Cour parmi les plus anciennes et à l'origine même du modèle européen de Cour constitutionnelle qui a posé une question préjudicielle à la Cour de justice, la Cour constitutionnelle autrichienne (10 mars 1999, *Adria-Wien Pipeline GmbH*). Dès 2007, après l'élargissement historique, c'est la Cour de Lituanie qui ouvre un dialogue préjudiciel.

À partir de 2008 s'opère un virage et une sorte d'emballement du phénomène, plus qualitatif que quantitatif cependant, au sens où des cours constitutionnelles importantes n'ayant jamais opéré un tel renvoi ou ayant même exclu de le faire vont poser des questions à la Cour de justice. La Cour italienne (Ord. n° 102 et 103 du 13 févr. 2008) est la première à rompre avec sa pratique et sa doctrine de 25 ans. C'est ensuite, en 2011, le Tribunal constitutionnel espagnol (Ord. n° 86/2011 du 9 juin 2011) dans l'affaire *Melloni* ; puis le Conseil constitutionnel français, le 4 avr. 2013 (Décis. n° 2013-314 P QPC, *Jérémy F.* ; cf. par ex. J. Roux, « Premier renvoi préjudiciel du Conseil constitutionnel à la Cour de justice et conjonction de dialogues des juges autour du mandat d'arrêt européen », *RTDE* 2013, n° 3, p. 531 ; C. Geslot : « Une fois n'est pas coutume, le Conseil constitutionnel saisit la Cour de justice », *RUE* 2013, n° 572, p. 537), sans que cela contredise sa position de 2006 puisqu'il s'agissait ici non du contrôle *a priori* qui était le seul à exister en 2006 mais de la nouvelle procédure de Question Prioritaire de Constitutionnalité pour laquelle il dispose d'un délai plus long, compatible avec les délais moyens des procédures accélérées ou d'urgence de la Cour de justice. Enfin en janvier 2014, une Cour constitutionnelle ayant une audience particulièrement importante, notamment auprès des juges constitutionnels des pays du Centre et de l'Est européen, se décidait à poser une question préjudicielle : le Tribunal constitutionnel fédéral allemand (affaire *Gauweiler e.a.*, v. ss 879). Pour autant, s'il est désormais indéniable que les cours constitutionnelles sont recevables à poser une question préjudicielle (la Cour de justice s'applique même à banaliser la chose en ne soulevant même pas la question de la recevabilité), la jurisprudence reste assez limitée. À l'exception de la Cour belge qui, entre 1997 et 2017, a posé 34 questions, les autres en sont souvent restées à 1 ou 2 et au total, entre 1952 et 2017, sur les 10 149 renvois préjudiciels, 50 seulement ont été faits par une juridiction constitutionnelle (outre les renvois belges, 5 renvois autrichiens, 3 italiens, 2 allemands, et un seul pour la France, l'Espagne, la Lituanie, le Luxembourg, la Pologne et la Slovénie). Ce dialogue préjudiciel « de haut niveau » traduit sans doute l'évolution du droit de l'Union européenne, mais, pour limité qu'il soit, il est surtout au cœur de la nouvelle dimension de celui-ci, la question de la primauté, ceci a été vu (v. ss 803), se posant désormais frontalement vis-à-vis des constitutions des États membres. S'il est donc précieux et utile, ce dialogue peut également exprimer une certaine tension sur ces sujets, avec le développement des « contre-limites » érigées par les cours constitutionnelles (v. ss 815, 819, 861, 876, 879, 894, 918, 921, 924, 927).

B. L'obligation de renvoyer : la distinction selon les juridictions

1° Détermination de l'obligation de renvoyer

Guiot (F.-V.), « La responsabilité des juridictions suprêmes dans le renvoi préjudiciel : *with great(er) power, (at last) comes great responsability* ? », *CDE* 2016, n° 2, p. 575.

Kornezov (A.), « The new format of the Acte Clair doctrine and its consequences », *CMLR* 2016, n° 5, p. 1317.

1439. Purement facultatif, le renvoi préjudiciel eût risqué de ne pas remplir pleinement son rôle d'instrument d'uniformisation ; obligatoire sans exception, il eût conduit à un allongement généralisé des instances ainsi qu'à l'encombrement du prétoire de la Cour. Un compromis original a été retenu par les rédacteurs des traités de Rome qui étaient surtout préoccupés de prévenir les contradictions jurisprudentielles entre les États membres, c'est-à-dire au niveau des juridictions suprêmes : considérant que les contradictions inévitables entre les juridictions inférieures ne mettent pas en péril la construction juridique communautaire et qu'au surplus, confiance doit être faite aux juridictions supérieures pour assurer l'unité d'application dans le cadre national, les traités prévoient que :

– seules les *juridictions* « dont les décisions ne sont pas susceptibles d'un recours juridictionnel de droit interne » sont en principe *tenues de renvoyer*. Sont visées, à ce titre, l'ensemble des juridictions suprêmes, dans chacun des États membres, et spécialement en France la Cour de cassation et le Conseil d'État. Mais le renvoi obligatoire ne vise pas uniquement les juridictions suprêmes ; la Cour a toujours admis qu'il concerne toutes les juridictions de dernier ressort, même de niveau subalterne (15 juill. 1964, *Costa*, aff. 6/64, *Rec.* 1141), sauf si elles statuent seulement en référé, car, dans cette hypothèse, les plaideurs conservent la possibilité de réclamer à nouveau le renvoi préjudiciel dans le cadre de la procédure principale au fond (24 mai 1977, *Hoffmann-La Roche*, aff. 107/76, *Rec.* 957). Les recours externes devant la Cour européenne des droits de l'homme ne sont pas pris en considération pour refuser de voir là une juridiction de dernier ressort, et la Cour de justice a aussi apporté quelques précisions quant aux recours internes éventuels. Ainsi, le fait que la juridiction devant laquelle un recours est possible puisse en refuser la recevabilité n'empêche pas qu'il y ait recours juridictionnel possible (CJ 4 juin 2002, *Lyckeskog*, aff. C-99/00, *Rec.* I-4839) ; de même si un pourvoi en cassation n'a pas été examiné suite au désistement du requérant (CJ 15 mars 2017, *Aquino*, aff. C-3/16, ECLI:EU:C:2017:209). En revanche, une juridiction restera considérée comme de dernier ressort même si ses décisions peuvent faire l'objet d'un recours dès lors que celui-ci est limité au contrôle des droits et libertés garanties par la constitution (CJ 15 janv. 2013, *Križan e.a.*, aff. C-416/10, ECLI:EU:C:2013:8).

– le renvoi est simplement *facultatif*, en revanche, pour les *autres juridictions*, l'intérêt des plaideurs étant sauvegardé, puisque, par le jeu des voies de recours, ils peuvent toujours, finalement, porter leur litige devant une juridiction tenue au renvoi ;

Deux précisions doivent être apportées, conduisant à nuancer le tableau contrasté de cette dichotomie que proposeraient les traités.

a) Une obligation relative pour les juridictions de dernier ressort

1440. La Cour de justice a considérablement relativisé l'obligation de renvoi qui pèse sur les juridictions de dernier ressort, ce qui revient sans doute à les responsabiliser, dans la logique de coopération vertébrant le mécanisme préjudiciel. Selon une formule désormais classique, la Cour de justice assortit son rappel de l'obligation de saisine d'une juridiction de dernier ressort de trois réserves, cette obligation s'imposant à une telle juridiction « à moins qu'elle n'ait constaté que la question soulevée n'est pas pertinente ou que la disposition communautaire en cause a déjà fait l'objet d'une interprétation de la part de la Cour ou que l'application correcte du droit communautaire s'impose avec une telle évidence qu'elle ne laisse place à aucun doute raisonnable » (CJ 6 oct. 1982, *CILFIT*, aff. 283/81, *Rec.* 3415 ; *RTDE* 1983. 155, note Lagrange ; *CDE* 1983. 186, note Lenaerts ; ainsi que CJ 18 oct. 2011, *Boxus e.a.*, aff. C-128/09 à C-131/09, C-134/09 et C-135/09, *Rec.* I-9711 ; ou CJ 1er oct. 2015, *AIFA*, aff. C-452/14, ECLI:EU:C:2015:644). Si on laisse de côté la première hypothèse (la réponse n'est pas nécessaire), il en reste deux : soit la réponse a été déjà été donnée par la Cour de justice (acte « éclairé »), soit elle est objectivement évidente (acte « clair »), le souci d'une bonne administration de la justice et d'une bonne coopération entre juges permettant alors de ne pas poser de question préjudicielle (mais il n'y a pas là d'obligation inversée : même dans ces hypothèses, le juge national, s'il le veut, pourra saisir la Cour : arrêt préc. *Boxus e.a.*, aff.C-128/09 à C-131/09, C-134/09 et C-135/09).

– Il y a d'abord les *effets des décisions antérieures de la Cour de justice*. Les juridictions même suprêmes ont d'abord été dispensées de renvoyer dans la mesure où la question soulevée devant elles avait déjà été tranchée dans une décision préjudicielle antérieure, à condition, certes, de faire application de la réponse que la Cour avait fournie (CJCE 27 mars 1963, *Da Costa*, 28 à 30/62, *Rec.* 59) : ce n'est là que la conséquence de la portée générale des arrêts préjudiciels (v. ss 1476) ; le Conseil d'État français a pu, un temps, révéler une tendance à « solliciter » abusivement le sens des décisions préjudicielles pour leur faire dire plus ou autre chose que ce qu'elles contiennent, tout en se retranchant derrière elles pour ne pas renvoyer (C.E. 27 janv. 1967, *Syndicat national des importateurs de produits laitiers*, *RDP* 1967. 788 ; 27 juill. 1979, *Syndicat national des fabricants de spiritueux*, *RDP* 1980. 214, note Drago ; *AJDA* n° 11, 1979. 37, concl. Genevois). En revanche, la Cour de cassation française, par exemple, a semblé très tôt considérer que l'interprétation qui dispense du renvoi est non seulement celle qui résulte d'un arrêt préjudiciel mais même celle qui découlerait d'une procédure en manquement pendante devant la Cour (Crim. 1er oct. 1979, *Rossi di Montaléra*, *JCP* 1981. II. 19554). La Cour de justice a confirmé cette vision extensive, élargissant la levée de l'obligation de saisine aux cas où existe « une jurisprudence établie de la Cour résolvant le point de droit en cause, quelle que soit la nature des procédures qui ont donné lieu à cette jurisprudence » (arrêt du 6 oct. 1982, *CILFIT*, aff. 283/81, préc.). Désormais, cette dérogation est donc formulée de façon sobre et générale : la juridiction de dernier ressort est libérée de son obligation de saisine lorsque « la disposition du droit de l'Union en cause a déjà fait l'objet d'une interprétation de la part de la Cour » (par ex. CJ 1er oct. 2015, *AIFA*, aff. C-452/14, ECLI:EU:C:2015:644).

– Il y a ensuite la question du *maintien d'une compétence d'appréciation pour le juge national*. L'article 267 FUE signifie-t-il que le juge de dernier ressort est tenu de renvoyer *automatiquement*, en quelque sorte « les yeux fermés », dans tous les cas où une disposition de droit de l'Union est invoquée devant lui, ou bien dispose-t-il d'une certaine marge d'appréciation ? La réponse donnée à cette question est fondamentale car elle conditionne l'efficacité du mécanisme d'application uniforme du droit de l'Union.

Il ne fait aucun doute, tout d'abord, comme on l'a indiqué, conformément à la nature même du mécanisme des questions préjudicielles, et afin d'écarter les demandes de renvoi purement dilatoires, que le juge national conserve la faculté d'apprécier la pertinence de la demande de renvoi et donc de refuser celui-ci dans tous les cas où l'issue du litige dont il est saisi ne dépend pas d'une règle de droit de l'Union (C.E. 5 nov. 1971, *Comptoir agricole du pays bas normand*, *D.* 1973. 481), sauf si la pertinence du renvoi dépend elle-même du sens à donner à une disposition de ce droit (C.E. 22 déc. 1978, *Cohn-Bendit*, *CDE* 1979. 267, obs. Isaac).

Mais convient-t-il d'aller plus loin, et d'admettre en outre que l'obligation de renvoi figurant à l'article 267 FUE s'accommode aussi de la liberté d'appréciation découlant de la « théorie de l'acte clair » ? On sait que, selon cette théorie, qu'appliquent traditionnellement en droit interne les juridictions françaises, le juge devant qui est soulevée une exception préjudicielle n'est tenu de renvoyer à la juridiction compétente pour la trancher que s'il existe une « difficulté réelle » d'interprétation ou de validité, s'il existe un *doute sérieux* sur le sens ou la validité de la disposition concernée ; si le sens de l'acte est « clair », si la validité est évidente, le juge peut l'appliquer immédiatement (E. Laffèrière, *Traité de la juridiction administrative*, 2e éd., 1896, p. 498).

Le Conseil d'État, pour sa part, affirma bien vite et solennellement que le mécanisme préjudiciel mis en place par le traité de Rome ne remettait pas en cause cette théorie et qu'« une juridiction nationale dont les décisions ne sont pas susceptibles de recours juridictionnel de droit interne… n'est tenue de surseoir à statuer sur une affaire pendante devant elle et de saisir la Cour de justice… que si une « question » relative à l'interprétation du traité est « soulevée » dans cette affaire… ; qu'il ne saurait en être ainsi que dans le cas où il existe un doute sur le sens ou la portée d'une ou plusieurs clauses du traité applicables au litige et si, de la solution de cette difficulté, dépend l'issue du litige » (19 juin 1964, *Shell-Berre*, *Rec.* 344, *RDP* 1964. 1019, concl. Questiaux). Une telle conception, qui permet d'éviter des renvois dilatoires ainsi que de respecter la faculté de discernement de juridictions au demeurant situées au sommet de la hiérarchie, introduit dans le mécanisme du renvoi obligatoire un utile élément de *souplesse*. Aussi n'est-il pas étonnant qu'elle ait été reprise par la Cour de cassation (Crim. 29 juin 1966, *D.* 1966. 595) ainsi que par plusieurs juridictions étrangères.

Le fait que cette théorie relève à la fois du bon sens, de la logique de coopération juridictionnelle, et d'un souci de bonne administration de la justice explique que la Cour de justice elle-même l'ait admise, dans le cas où « l'application correcte du droit communautaire s'impose avec une telle évidence qu'elle ne laisse place à aucun doute raisonnable » (CJ 6 oct. 1982, *CILFIT*, aff. 283/81, préc.). La Cour, cependant, dès cet arrêt, a tracé un cadre très strict de mise en œuvre, dans lequel l'équilibre est tenté entre la responsabilisation du juge national en tant que juge de droit commun de l'application du droit de l'Union, son appréciation subjective, et le caractère objectif du constat d'évidence : la juridiction de dernier ressort dont donc « être convaincue que la même évidence s'imposerait également aux juridictions des autres États membres et à la Cour de justice », et son appréciation doit se faire « en fonction des caractéristiques propres au droit communautaire, des difficultés particulières que présente son interprétation et du risque de divergences de jurisprudence à l'intérieur de la Communauté ». À cet égard, la Cour a précisé que « l'existence, à elle seule, de décisions contradictoires rendues par d'autres juridictions nationales ne saurait constituer un élément déterminant susceptible d'imposer l'obligation énoncée à l'article 267, troisième alinéa, TFUE. La juridiction statuant en dernier ressort peut en effet estimer, nonobstant une interprétation déterminée d'une disposition du droit de l'Union effectuée par des juridictions subordonnées, que l'interprétation qu'elle se propose de donner de ladite disposition, différente de celle à laquelle se sont livrées ces juridictions, s'impose sans aucun doute raisonnable » (arrêt du 9 sept. 2015, *João Filipe Ferreira da Silva e Brito e.a.*, aff. C-160/14, ECLI:EU:C:2015:565). Autrement dit, le juge suprême pourra conserver sa marge d'appréciation quand bien même des juridictions inférieures auraient développé des jurisprudences divergentes (de même si une juridiction inférieure a posé une question préjudicielle encore pendante (CJ 9 sept. 2015, *X*, aff. C-72/14 et C-197/14, ECLI:EU:C:2015:564). En revanche – et on voit bien là le souci de la Cour de justice d'éviter les divergences entre les différents États membres – l'existence d'interrogations de la part de nombreuses juridictions dans plusieurs États membres, se traduisant par plusieurs saisines préjudicielles de la Cour révèle « non seulement…l'existence de difficultés d'interprétation, mais également…la présence de risques de divergences de jurisprudence au niveau de l'Union » et dans ce cas, le juge de dernier ressort doit saisir la Cour (arrêt préc. *João Filipe Ferreira da Silva e Brito e.a.*.).

1441. À cet égard, on ne cachera pas que le Conseil d'État français a fait une application trop souvent abusive de la théorie de l'acte clair, s'en servant comme d'un prétexte pour retenir plus ou moins systématiquement certaines questions et faire prévaloir sa propre interprétation du droit de l'Union. Que d'arrêts dans lesquels il a affirmé imperturbablement la « clarté » de dispositions au sens cependant particulièrement incertain et dont ses commissaires du gouvernement, outre les parties, sollicitaient eux-mêmes l'interprétation par la Cour (cf. spéc. 12 oct. 1979, *Syndicat national des importateurs de vêtements*, *AJDA* 1980. 95, ou 28 juill. 2000, *Société Schering-Plough*, *Europe* nov. 2000, comm. 340). L'« acte clair », dans cette lecture, semblait être moins pour lui celui qui ne pose aucune question d'interprétation que celui qu'il s'estime aussi éclairé que la Cour de justice pour interpréter raisonnablement, le plus souvent en se référant aux principes d'interprétation généralement appliqués par celle-ci (C.E. 29 févr. 1977, *Soulès*, *Rec.* 116 ; 9 mars 1979, *Oullier*, *Rec.* 102), mais aussi, le cas échéant, en violation manifeste d'une précédente décision préjudicielle de celle-ci (C.E. 22 déc. 1978, *Cohn-Bendit*, *CDE* 1979. 265, obs. G. Isaac) (sur l'attitude du Conseil d'État, cf. C.-A. Colliard, « Le juge administratif français et le droit communautaire », in *Mélanges Waline*, LGDJ, 1974, T. II, p. 187 ; B. Genevoix, « Le Conseil d'État et l'ordre juridique communautaire », *EDCE* 1979. 1980, 73 ; G. Isaac, « Les effets des décisions de la Cour de justice en France », in *Les effets des décisions de la CJCE dans les États membres*, Éd. U.G.A., 1983). Peut être jugé significatif de cette attitude le fait qu'entre 1952 et 2004, le Conseil d'État ait adressé vingt-huit questions préjudicielles à la Cour de justice, alors que la Cour de cassation utilisait soixante-dix fois cette procédure. Dans un deuxième temps, la position générale du Conseil d'État vis-à-vis du droit de l'Union a sensiblement évolué (v. ss 832, 835, ou 853), les dernières années paraissant marquer, y compris au regard du renvoi préjudiciel, un net infléchissement d'attitude, le nombre de renvois du Conseil d'État rejoignant quasiment celui des questions posées par la Cour de cassation : entre 1952 et 2017, la Cour de cassation a posé 127 questions et le Conseil d'État 125. Cf. S. Platon, « La pratique du Conseil d'État en matière de questions préjudicielles à la Cour de justice de l'Union européenne », *AJDA* 2015, n° 5, p. 260.

b) Une liberté relative pour les juridictions ne statuant pas en dernier ressort

1442. Malgré la rédaction de l'article 267, alinéa 2, FUE, la solution diffère en fonction de l'objet du renvoi.

– S'agissant du *renvoi en interprétation*, il est seulement facultatif pour les juridictions qui ne statuent pas en dernier ressort, ce qui signifie qu'elles ont le choix : elles peuvent renvoyer et permettre ainsi aux parties d'obtenir immédiatement une décision de la Cour, attitude qui ne saurait être qu'encouragée, ou bien considérer qu'il est plus opportun de trancher elles-mêmes les questions soulevées. Cette liberté est d'ordre public et des conventions privées ne sauraient la faire disparaître (CJCE 22 nov. 1978, *Mattheus*, aff. 93/78, *Rec.* 2203) ; mais ici encore, l'autorité d'une décision préjudicielle antérieure de la Cour est de nature à modifier les pouvoirs des juridictions inférieures : celles-ci perdent en effet la faculté de résoudre elles-mêmes une question préjudicielle sans renvoyer à la Cour, au cas où elles auraient l'intention de s'écarter de la réponse que la Cour a déjà donnée (v. ss 1476).

– S'agissant du *renvoi en appréciation de validité*, qui est une modalité du contrôle de légalité, en revanche, il était difficilement compréhensible que sa mise en œuvre soit laissée au libre choix des juridictions. Du reste, le traité CECA (art. 41) faisait expressément obligation à toutes les juridictions même inférieures de renvoyer quand elles rencontrent une question de validité. L'inadvertance commise par les rédacteurs du traité de Rome a été corrigée par la Cour (d'où l'absence de révision par les traités ultérieurs) : par son arrêt *Foto-Frost* (22 oct. 1987, aff. 314/85, *Rec.* 4199), elle maintient le pouvoir des juridictions nationales, si elles n'estiment pas fondés les moyens d'invalidité que les parties invoquent devant elles, de rejeter ces moyens en concluant que l'acte est pleinement valide ; en revanche, invoquant la nécessaire cohérence du système de protection juridictionnelle institué par le traité, elle interdit à toutes les juridictions, même inférieures, de déclarer invalides les actes des institutions et leur fait obligation de renvoyer dès qu'elles éprouvent des doutes sur leur validité.

Cependant, afin de procurer aux plaideurs une protection immédiate, malgré l'attente de la décision de la Cour seule compétente pour déclarer l'invalidité d'un règlement communautaire, rien n'interdit aux juridictions nationales de prononcer le sursis à exécution de l'acte national fondé sur le règlement qu'elles estiment invalide (CJCE 21 févr. 1991, *Zuckerfabrik Süderdith Marschen*, aff. jtes C-143/88 et C-92/89, *Rec.* I-415 et *AJDA* 1991. 237, note P. Le Mire).

2° Sanction de l'omission de renvoyer

1443. La méconnaissance par une juridiction nationale de son obligation de renvoi constitue une violation de l'article 267 et autorise la Commission, en application de l'article 258 FUE, à déclencher la procédure de manquement d'État et à saisir la Cour afin de faire condamner celui-ci. Cependant, cette procédure est à la discrétion de la Commission qui, si elle s'est réservée la possibilité de l'utiliser (réponse aux questions écrites n° 100/67 : *JOCE* n° 270/2 ; 28/68 : n° C 71/1 ; 349/69 ; *JOCE* 1970, n° C 20/4), a longtemps fait preuve d'une prudence bien compréhensible et s'est bornée, dans les cas les plus flagrants, à faire part aux gouvernements concernés de sa préoccupation en leur demandant de présenter leurs observations (ainsi, notamment, à la suite de l'arrêt *Cohn-Bendit* du Conseil d'État). Pour la première fois la Commission a ouvert formellement une procédure pour manquement contre l'Allemagne à la suite du refus réitéré du *Bundesfinanzhof* de respecter des décisions préjudicielles de la Cour (v. ss 1315).

On sait que la jurisprudence de la Cour a évolué depuis 2003 (CJCE 9 déc. 2003, *Commission c/Italie*, aff. C-129/00, *Rec.* I-14637 ; CJCE 12 nov. 2009, *Commission c/ Espagne*, aff. C-154/08, *Rec.* I-187* ; v. ss 1315), mais, à supposer même qu'un État membre soit un jour condamné pour manquement d'une de ses juridictions à l'obligation de renvoi, ceci ne permettrait ni aux parties concernées d'obtenir l'intervention de la Cour à laquelle elles avaient droit, ni à cette dernière de fournir l'interprétation authentique des dispositions en cause. Aussi la Cour elle-même a-t-elle pu estimer qu'une modification des traités devrait apporter aux particuliers en cas de violation de l'article 267 FUE une « garantie appropriée… au moyen soit d'un recours devant la Cour de justice par les parties au principal soit d'une procédure obligatoire de manquement soit d'une action en réparation contre l'État concerné à la requête de la partie lésée… (« suggestions sur l'Union européenne »).

En toutes hypothèses, et sur un autre terrain, la responsabilité d'un État membre est engagée, on le sait, quel que soit l'organe dont l'action ou l'inaction est à l'origine du manquement et la Cour a précisé que la violation d'une obligation de renvoi constitue une « violation suffisamment caractérisée » du droit communautaire pouvant dès lors engager la responsabilité de l'État membre (CJCE 30 sept. 2003, *Köbler*, aff. C-224/01, *Rec.* I-10239 ; ou, par ex. arrêt du 28 juill. 2016, *Tomášová*, aff. C-168/15, ECLI:EU:C:2016:602).

II. Conditions tenant au cadre procédural de la question

1444. Le droit au renvoi que détient la juridiction nationale en vertu des traités ne saurait en aucune façon être affecté par les règles nationales de procédure ; il n'empêche que sa mise en œuvre doit compter avec celles-ci.

Deux points sont à souligner ici : la question de la détermination du moment opportun et celle de la liberté de choix qui doit rester au juge.

A. Choix du moment opportun du renvoi

1445. La maîtrise du juge sur cet instrument à sa disposition couvre le choix du moment, ce qui a pu poser parfois la question de savoir s'il pouvait renvoyer à la Cour lors de phases préliminaires d'une procédure. La Cour l'a admis (par ex. arrêt du 7 avr. 2016, *Degano Trasporti Sas di Ferrucio Degano & C.*, aff. C-546/14, ECLI:EU:C:2016:206), tout en signalant que ce caractère préliminaire pouvait conduire à admettre à un tel stade des présomptions sur certains faits, qu'il conviendrait ensuite éventuellement de vérifier (CJCE 17 juill. 2008, *Coleman*, aff. C-303/06, *Rec.* I-5603).

Ceci l'a aussi conduite à estimer qu'il peut être avantageux, selon les circonstances, que les problèmes de pur droit national soient tranchés au moment du renvoi à la Cour (CJCE 10 mars 1981, *Irish Creamery Milk Suppliers Association e.a.*, aff. 36/80 et 71/80, *Rec.* 735, point 6).

Le renvoi est généralement demandé par l'une des parties au litige principal : mais, s'agissant d'une procédure d'ordre public, le juge doit toujours pouvoir soulever lui-même d'office la question (CJCE 16 juin 1981, *Salonia*, aff. 126/80, *Rec.* 1563), le cas échéant même sans respecter le principe du contradictoire. Mais la Cour de justice elle-même ne cache pas qu'il est le plus souvent de l'intérêt d'une bonne justice que la question préjudicielle ne soit posée qu'à la suite d'un débat contradictoire (28 juin 1978, *Simmenthal*, aff. 70/77, *Rec.* 1453) et, de toute manière, les principes généraux du droit français imposent au juge de mettre les parties en mesure de présenter leurs observations dans tous les cas où le renvoi n'est pas obligatoire (C.E. 12 oct. 1979, *Rassemblement des nouveaux avocats de France*, *AJDA* 1980. 248, note Debouy).

À noter, enfin, que la question préjudicielle n'a pas à être soulevée obligatoirement en première instance ; elle peut parfaitement être invoquée et, le cas échéant, posée, pour la première fois en appel ou même en cassation.

B. Respect de la liberté de renvoi

1446. Le principe ici est que « les juridictions nationales ont la faculté la plus étendue de saisir la Cour si elles considèrent qu'une affaire pendante devant elles soulève des questions comportant une interprétation ou une appréciation en validité des dispositions du droit de l'Union nécessitant une décision de leur part » (par exemple CJ 22 juin 2010, *Abdéli et Melki*, affaires jointes C-188/10 et C-189/10, *Rec.* I-5667).

On peut confronter ce principe à deux types de contraintes pouvant découler pour un juge de l'organisation des contentieux dans son système national : contrainte liée à une juridiction supérieure ou contrainte liée à une juridiction spécialisé.

1° Contraintes liées à l'autorité d'une juridiction supérieure

1447. Les décisions par lesquelles une juridiction surseoit à statuer et renvoie à la Cour à titre préjudiciel, quelle que soit leur forme (arrêt, jugement, ordonnance) sont des mesures *interlocutoires* qui restent soumises aux voies normales prévues par le droit national. Notamment, la possibilité pour l'une des parties de contester un renvoi purement dilatoire et totalement dépourvu de pertinence en interjetant immédiatement appel contre la décision du juge du premier degré ne fait pas de doute (CJCE 12 févr. 1974, *Rheinmühlen*, aff. 146/73, *Rec.* 139). Cependant, le juge qui a décidé de renvoyer n'est pas tenu d'attendre, pour saisir la Cour de justice, que sa décision soit devenue définitive, même s'il peut juger préférable d'agir ainsi ; de même, un appel immédiat ou un pourvoi contre la décision de renvoi ne lui interdirait de saisir la Cour que si celui-ci a un effet suspensif (cf. cependant, la pratique des tribunaux administratifs français qui s'abstiennent de saisir la Cour tant que le Conseil d'État ne s'est pas prononcé sur l'appel). Mais, de toute manière, le pouvoir de contrôle des juridictions supérieures ne saurait vider de son contenu le droit pour le juge inférieur de saisir la Cour : ainsi doit-il s'incliner si l'annulation ou la cassation de son jugement de renvoi se fonde sur des motifs tirés du droit national ou sur le défaut de pertinence du renvoi ; en revanche, si le juge supérieur a pris position sur des questions de droit de l'Union, il peut refuser de s'incliner et renvoyer à nouveau à la Cour de justice (CJCE 16 janv. 1974, *Rheinmühlen*, aff. 166/73, *Rec.* 33 ; CJCE 16 déc. 2008, *Cartesio*, aff. C-210/06, *Rec.* I-9641 ; CJ 5 oct. 2010, *Elchinov*, aff. C-173/09, *Rec.* I-8889). La juridiction qui ne statue pas en dernière instance doit être libre, notamment si elle considère que l'appréciation en droit faite au degré supérieur pourrait l'amener à rendre un jugement contraire au droit de l'Union, de saisir la Cour des questions qui la préoccupent (CJ 9 mars 2010, *ERG e.a.*, aff. C-378/08, *Rec.* I-1919). De même, la Cour estime contraire au droit de l'Union une disposition de droit national selon laquelle une chambre d'une juridiction statuant en dernier ressort, lorsqu'elle ne partage pas l'orientation définie par une décision de l'assemblée plénière de cette juridiction, doit renvoyer cette question à ladite assemblée plénière et est ainsi empêchée de s'adresser à titre préjudiciel à la Cour : arrêt (Gr. ch.) du 5 avr. 2016, *Puligienica Facility Esco SpA (PFE)*, aff. C-689/13, ECLI:EU:C:2016:199.

2° Contraintes liées à la compétence d'une juridiction spécialisée

1448. Cette question recouvre les hypothèses où une juridiction nationale saisie d'un litige concernant le droit de l'Union considère qu'une disposition nationale est non seulement contraire au droit de l'Union, mais également affectée de vices d'inconstitutionnalité ; la Cour a précisé que cette juridiction n'est pas privée de la faculté ou dispensée de l'obligation, prévues à l'article 267 FUE, de saisir la Cour de justice de questions concernant l'interprétation ou la validité du droit de l'Union du fait que la constatation de l'inconstitutionnalité d'une règle du droit interne est soumise à un recours obligatoire devant la cour constitutionnelle. En effet, l'efficacité du droit de l'Union se trouverait menacée si l'existence d'un recours obligatoire devant la cour constitutionnelle pouvait empêcher le juge national, saisi d'un litige régi par le droit de l'Union, d'exercer la faculté qui lui est attribuée par l'article 267 FUE de soumettre à la Cour de justice les questions portant sur l'interprétation ou sur la validité du droit de l'Union, afin de lui permettre de juger si une règle nationale est ou non compatible avec celui-ci (v. arrêt du 27 juin 1991, *Mecanarte*, aff. C-348/89, *Rec.* I-3277). De même, la cour suprême slovaque peut et même doit saisir préjudiciellement la Cour de justice, y compris si cela la conduit à écarter les appréciations de la Cour constitutionnelle (CJ 15 janv. 2013, *Križan e.a.*, aff. C-416/10, ECLI:EU:C:2013:8).

1449. C'est donc dans cette logique traditionnelle que la Cour a abordé le problème de la Question prioritaire de constitutionnalité (QPC). Ce dispositif français, issu d'une révision constitutionnelle du 23 juillet 2008 a été précisé par une loi organique du 10 décembre 2009, qui lui a donné son caractère « prioritaire » sans qu'aient été retenues les propositions visant à instaurer une réserve liée au respect des obligations liées à l'appartenance à l'Union européenne (cf., sur cette question, v. ss 854). C'est spécialement au regard de l'incidence de cette procédure sur la possibilité des juges de poser la question préjudicielle que la Cour de cassation a renvoyé à la Cour de justice (C. cass. 16 avr. 2010, *Abdéli et Melki*, n° 10-40002). Celle-ci (CJCE 22 juin 2010, *Abdéli et Melki*, aff. C-188/10 et C-189/10, *Rec.* I-5667) a jugé que l'article 267 FUE :

> « *s'oppose* à une législation d'un État membre qui instaure une procédure incidente de contrôle de constitutionnalité des lois nationales, pour autant que le caractère prioritaire de cette procédure a pour conséquence d'empêcher, tant avant la transmission d'une question de constitutionnalité à la juridiction nationale chargée d'exercer le contrôle de constitutionnalité des lois que, le cas échéant, après la décision de cette juridiction sur ladite question, toutes les autres juridictions nationales d'exercer leur faculté ou de satisfaire à leur obligation de saisir la Cour de questions préjudicielles.
>
> En revanche, l'article 267 FUE *ne s'oppose pas* à une telle législation nationale, pour autant que les autres juridictions nationales restent libres :
>
> – de saisir, à tout moment de la procédure qu'elles jugent approprié, et même à l'issue de la procédure incidente de contrôle de constitutionnalité, la Cour de toute question préjudicielle qu'elles jugent nécessaire,
>
> – d'adopter toute mesure nécessaire afin d'assurer la protection juridictionnelle provisoire des droits conférés par l'ordre juridique de l'Union, et
>
> – de laisser inappliquée, à l'issue d'une telle procédure incidente, la disposition législative nationale en cause si elles la jugent contraire au droit de l'Union.
>
> Il appartient à la juridiction de renvoi de vérifier si la législation nationale en cause au principal peut être interprétée conformément à ces exigences du droit de l'Union ».

Et la Cour, en l'espèce, après avoir rappelé l'obligation du juge national de faire une telle interprétation conforme, a suggéré que deux décisions du Conseil constitutionnel et du Conseil d'État français montraient que cela semblait possible. En effet, ces deux instances (v. ss 855) avaient tenu à se prononcer avant même la réponse de la Cour. Le 12 mai 2010, le Conseil constitutionnel, dans une décision relative à l'ouverture à la concurrence et à la régulation du secteur des jeux d'argent et de hasard en ligne (n° 2010-605 DC), avait soutenu que le contrôle de conventionnalité incombant aux juridictions administratives et judiciaires n'est pas entravé par une éventuelle décision de conformité à la constitution d'une loi qui serait incompatible avec le droit de l'Union. De même, le Conseil d'État (C.E. 14 mai 2010, *Rujovic*, req. n° 312305) s'est placé dans son rôle de juge de droit commun de l'application du droit de l'Union européenne, estimant que la loi organique organisant la QPC ne fait pas obstacle à cet office, le juge administratif pouvant toujours assurer l'effectivité du droit de l'Union, à tout moment de la procédure de QPC ou à son terme. Le Conseil ajoute que le juge administratif peut à tout moment poser une question préjudicielle. La Cour reprend désormais classiquement cette jurisprudence face aux procédures incidentes de contrôle de constitutionnalité (Ord. du

1er mars 2011, *Chartry*, aff. C-457/09, *Rec.* I-819 ; du 21 févr. 2013, *Ajdini*, aff. C-312/12, ECLI:EU:C:2013:103 ; ou arrêt du 4 juin 2015, *Kernkraftwerke Lippe-Ems GmbH*, aff. C-5/14, ECLI:EU:C:2015:354).

§ 3. Traitement des questions préjudicielles par la Cour

1450. Pendant longtemps, la Cour de justice a bénéficié d'une compétence exclusive en matière préjudicielle parfaitement adaptée à la fonction de cette procédure, l'unicité du juge compétent garantissant l'unicité de l'interprétation authentique. Le traité de Nice a cependant admis la compétence du tribunal de première instance pour connaître des questions préjudicielles « dans des matières spécifiques déterminées par le statut » (art. 256, § 3, FUE). Une telle détermination n'étant jamais intervenue, cette extension au Tribunal reste potentielle, et la Cour reste seule compétente, ce qui est peut-être préférable au regard de la logique de la coopération préjudicielle et de l'impératif d'unicité d'interprétation.

La Cour doit réceptionner les questions des juges nationaux avant d'envisager de leur répondre.

I. Réception des questions préjudicielles

1451. S'il s'agit, à l'image des mécanismes strictement contentieux, d'envisager la recevabilité des questions préjudicielles, il faut également examiner la prise en compte de leur libellé, ce qui est sans doute plus révélateur de la nature même de cette procédure.

A. Recevabilité de la question

1452. Quant à l'*identification* des conditions de recevabilité, la plupart se déduisent de la logique de la coopération juridictionnelle, mais il en est une, spécifique à la recevabilité des questions préjudicielles en appréciation de validité, qui découle de l'exigence de cohérence du système juridictionnel.

1453. Quant à l'*appréciation* de la recevabilité, la position de la Cour est inégalement exigeante, et peut apparaitre comme déconcertante pour le commentateur comme pour le juge national.

1° Conditions de recevabilité déduites de la logique de la coopération juridictionnelle

1454. La Cour estime qu'elle est tenue de répondre à toute question posée par une juridiction nationale, à la seule condition que celle-ci soit de sa compétence, autrement dit qu'elle porte sur l'interprétation ou l'appréciation du droit de l'Union (il est à préciser qu'il n'appartient pas à la Cour, eu égard à la répartition des fonctions entre elle et les juridictions nationales, de vérifier si la décision par laquelle elle a été saisie a été prise conformément aux règles d'organisation, de procédure, et de compétence de droit national (CJ 22 juin 2016, *Mennens*, aff. C-255/15, ECLI:EU:C:2016:472). Dans une formulation désormais traditionnelle (par exemple 29 nov. 1978, *Pigs Marketing Board*, aff. 83/78, *Rec.* 2347), elle précise :

« Dans le cadre de la répartition des fonctions juridictionnelles entre les juridictions nationales et la Cour par l'article 177 du traité *[devenu art. 267 FUE]*, le juge national, qui est seul à avoir une connaissance directe des faits de l'affaire, comme aussi des arguments mis en avant par les parties et qui devra assumer la responsabilité de la décision à intervenir, est mieux placé pour apprécier en pleine connaissance de cause la pertinence des questions de droit soulevées par le litige dont il se trouve saisi et la nécessité d'une décision préjudicielle pour être en mesure de rendre son jugement. Cependant, il reste réservé à la Cour de justice, en présence de questions éventuellement formulées de manière impropre ou dépassant le cadre des fonctions qui lui sont dévolues par l'article 177 [*devenu art. 267 FUE*], d'extraire de l'ensemble des éléments fournis par la juridiction nationale et notamment de la motivation de l'acte portant renvoi, les éléments de droit communautaire qui appellent une interprétation ou, le cas échéant, une appréciation de validité, compte tenu de l'objet du litige. »

Cette approche équilibrée permet d'identifier un certain nombre de conditions de recevabilité des questions préjudicielles.

a) Réalité et pertinence de la question

1455. La question doit d'abord être *réelle :* les juridictions d'un État membre peuvent poser une question préjudicielle, à condition que ce soit à l'occasion d'un véritable litige, d'une contestation et il ne faut pas d'un *« litige construit », fictif*, d'une affaire artificiellement montée par des parties que n'oppose pas une véritable contestation, le renvoi n'ayant d'autre objet que d'interroger la Cour : CJCE 11 mars 1980, *Foglia*, aff. 104/79, *Rec.* 745 ; cf. A. Barav, « Imbroglio préjudiciel », *RTDE* 1982. 431). Le seul accord des parties ne suffit cependant pas à prouver ce caractère artificiel (CJCE 9 févr. 1994, *Leclerc c/TF1*, aff. C-412/93, *Rec.* I-179) qui exige en plus que soient en cause des personnes privées et une règlementation d'un autre État que celui sur le territoire duquel siège le juge posant la question.

Il ne faut pas non plus d'un *litige hypothétique* (CJCE 16 juill. 1992, *Méilicke*, aff. C-83/91, *Rec.* I-4871) : la Cour, à cet égard, rappelle qu'elle n'est pas là pour délivrer des consultations juridiques, « formuler des opinions consultatives sur des questions générales ou hypothétiques » (CJCE 7 juin 2005, *VEMW e. a.*, aff. C-17/03, *Rec.* I-4983) ou formuler son opinion sur le droit à élaborer dans le futur (CJCE 22 nov. 1978, *Mattheus*, aff. 93/78, *Rec.* 2203).

La Cour a cependant pu considérer qu'une question portant sur une directive non encore transposée n'était pas pour autant hypothétique (juste « future »), contrairement à ce que soutenaient le Parlement et la Commission (CJ 8 juill. 2010, *Afton Chemical*, aff. C-343/09, *Rec.* I-7027).

La question doit ensuite être *pertinente :* le traité, à l'article 267, précise que la juridiction nationale, selon les cas, peut ou doit poser une question préjudicielle lorsqu'une décision sur l'interprétation ou l'appréciation de validité du droit de l'Union « est nécessaire pour rendre son jugement ». La Cour se refuse donc à apprécier aussi bien la pertinence de la question aux fins de la solution du litige principal que son opportunité même (CJCE 5 févr. 1963, *Van Gend et Loos*, aff. 26/62, *Rec.* 1 ; 5 oct. 1977, *Tedeschi*, aff. 5/77, *Rec.* 1555 ; 16 mars 1978, *Pierick*, aff. 117/77, *Rec.* 825), considérant que dès lors que la question porte bien sur le droit de l'Union, il y a « une présomption de pertinence » (par ex. CJ 16 déc. 2010, *Skoma-Lux s. r. o.*, aff. C-339/09, *Rec.* I-13251 ; CJ 1er juin 2010, *Blanco Perez*, aff. C-570 et 571/07, *Rec.* I-4629 ; CJCE 7 juin 2007, *van der Weerd e.a.*, aff. C-222/05 à C-225/05, *Rec.* I-4233 ; CJCE 15 mai 2003, *Salzmann*, aff. C-300/01,

Rec. I-4899 ; CJCE 13 mars 2001, *PreussenElektra*, aff. C-379/98, *Rec.* I-2099 ; CJCE 5 déc. 2006, *Cipolla e.a.*, aff. C-94/04 et C-202/04, *Rec.* I-11421). Cette présomption repose sur la logique de coopération et la responsabilité du juge national mais sera écartée s'il apparaît *de manière manifeste* que l'interprétation sollicitée du droit de l'Union n'a aucun rapport avec la réalité ou l'objet du litige au principal (CJCE 16 juin 1981, *Salonia*, aff. 126/80, *Rec.* 1563 ; 28 nov. 1991, *Durighello*, aff. C-186/90, *Rec.* I-5773). Pour une systématisation de la position de la Cour, cf. les conclusions de l'avocat général Lenz dans l'affaire *Bosman* (CJCE 15 déc. 1995, aff. C-415/93, *Rec.* I-4921, concl. p. 4953).

S'agissant de la nécessité d'une telle question pour « rendre le jugement », la Cour a précisé qu'il fallait retenir ici une interprétation extensive, cette notion comprenant « l'entier processus de création du jugement, y inclus toutes les questions relatives à la charge des frais de procédure » (CJ 17 févr. 2011, *Weryński*, aff. C-283/09, *Rec.* I-601).

Dans la même logique de question réelle, pertinente et de réponse nécessaire, on pourrait estimer que la question doit être *nouvelle*. Certes, la Cour pourra selon une procédure simplifiée se prononcer sur une question « identique à une question sur laquelle la Cour a déjà statué » par simple ordonnance motivée (art. 99 du règlement de procédure). Pour autant, « même en présence d'une jurisprudence de la Cour résolvant le point de droit en cause, les juridictions nationales conservent l'entière liberté de saisir la Cour si elles l'estiment opportun (v. arrêt *CILFIT*, aff. 283/81, ECLI:EU:C:1982:335, points 13 à 15), sans que la circonstance que les dispositions dont l'interprétation est demandée ont déjà été interprétées par la Cour ait pour conséquence de faire obstacle à ce que la Cour statue de nouveau » (par ex. arrêt (Gr. ch.) du 17 juill. 2014, *Torresi*, aff. C-58/13 et C-59/13, ECLI:EU:C:2014:2088).

b) Précision du cadre factuel et juridique de la question

1456. Le statut de la Cour énonce seulement : « ... la décision de la juridiction nationale qui suspend la procédure et saisit la Cour est notifié à celle-ci à la diligence de cette juridiction nationale », et la Cour elle-même n'a imposé aucune condition particulière concernant la forme dans laquelle la juridiction nationale devrait présenter sa demande de décision préjudicielle (6 avr. 1962, *Bosch*, aff. 13/61, *Rec.* 89) ; celle-ci reste libre, notamment, de « libeller sa demande dans une forme directe et simple qui laisse à la Cour le soin de statuer sur cette demande dans les limites de sa compétence » (CJCE 12 mai 1964, *Wagner*, aff. 101/63, *Rec.* 383). Dans la pratique, la décision de surseoir à statuer et de renvoyer est inégalement motivée, selon les habitudes nationales. Mais il est recommandé d'indiquer les dispositions à interpréter ou à contrôler, et d'énoncer sur quel point l'interprétation est précisément demandée ou les griefs d'invalidité.

Plus précisément, deux règles résultent désormais de la jurisprudence de la Cour concernant la motivation de la décision de renvoi :

– d'une part, les informations fournies dans celle-ci ne doivent pas seulement permettre à la Cour de donner des réponses utiles, mais également servir à donner aux gouvernements des États membres et aux autres personnes intéressées la possibilité de présenter des observations conformément à l'article 23 du statut de la Cour (CJCE 1er avr. 1982, *Holdijk*, aff. 141/81, *Rec.* 1299) ;

– d'autre part, la nécessité de parvenir à une interprétation du droit communautaire qui soit utile pour le juge national exige que celui-ci définisse le cadre factuel et réglementaire dans lequel s'insèrent les questions qu'il pose ou qu'à tout le moins il explique les hypothèses factuelles sur lesquelles ces questions sont fondées (CJCE 26 janv. 1993, *Télémarsicabruzzo*, aff. C-320/90, *Rec.* I-393).

Est ainsi révélatrice de la démarche de la Cour l'ordonnance du 16 novembre 2007 (*Autostrada dei Fiori*, aff. C-12/07, *Rec.* I-162*) dans laquelle la Cour refuse la recevabilité sur cette base, relevant que le juge *a quo* n'a pas défini de manière suffisante le cadre factuel dans lequel s'insère la demande de décision préjudicielle, n'a pas fourni d'élément spécifique sur les faits qui sont à la base de ce litige, n'a pas non plus exposé clairement l'objet de ce litige ; qu'en deuxième lieu, le juge de renvoi s'est borné à commenter certaines des modifications apportées à la réglementation nationale sans que ressorte de la décision de renvoi le cadre législatif dans lequel ces modifications se situent. Enfin, en troisième lieu, cette juridiction ne donne aucune précision sur les raisons qui l'ont conduite à faire état des dispositions communautaires dont elle demande l'interprétation ni sur le lien qu'elle établit entre ces dispositions et la législation nationale évoquée dans le litige qui lui est soumis.

On peut estimer que la présentation du contexte factuel est sans doute plus utile pour l'interprétation que pour l'appréciation d'une validité qui ne dépend, quant à elle, pas de ce contexte. On trouve pourtant de sèches ordonnances d'irrecevabilité pour insuffisance de présentation de ce cadre dans des appréciations de validité (cf. Ord du 18 avr. 2013, *Adiamix*, aff. C-368/12, ECLI:EU:C:2013:257), ce qui s'explique par la première fonction indiquée ci-dessus, à savoir permettre des observations s'inscrivant dans la procédure.

La Cour, en Grande chambre, a dû préciser que cette présentation du cadre factuel et juridique de l'affaire à la Cour de justice « répond à l'exigence de coopération inhérente au mécanisme du renvoi préjudiciel et ne saurait enfreindre, en soi, ni le droit à accéder à un tribunal impartial, consacré à l'article 47, deuxième alinéa, de la Charte, ni le droit à la présomption d'innocence, garanti par l'article 48, paragraphe 1, de celle-ci », ce qui l'a conduite à condamner une règle nationale et l'action d'un Ministère public réclamant le dessaisissement d'une juridiction parce que celle-ci aurait manqué à ces principes en exposant les circonstances de fait et de droit à l'occasion d'un renvoi préjudiciel (arrêt du 5 juill. 2016, *Ognyanov*, aff. C-614/14, ECLI:EU:C:2016:514).

**2° Condition de recevabilité
déduite de la cohérence du système juridictionnel**

1457. Il existe une réserve s'agissant de la possibilité pour un requérant devant un juge national d'invoquer l'invalidité d'un acte de l'Union dont il a négligé de demander l'annulation dans le délai du recours en annulation devant le juge de l'Union, alors qu'il aurait eu la possibilité de le faire. C'est une clause de forclusion introduite dans le silence du traité par la Cour d'abord au regard des décisions (CJCE 9 mars 1994, *TWD*, aff. C-188/92, *Rec.* I-833) puis quant aux règlements et directives (CJCE 15 févr. 2001, *Nachi Europe*, aff. C-239/99, *Rec.* I-1197). Cela peut concerner les particuliers comme les États membres (pour ce dernier cas : CJCE 22 oct. 2002, *National Farmers Union*, aff. C-241/01, *Rec.* I-9079). Encore faut-il que le requérant ait été « sans aucun doute » recevable vis-à-vis du recours en annulation (cf., pour un rappel intégrant l'ouverture du traité de Lisbonne en matière d'accès des particuliers au recours en annulation l'arrêt du 14 mars 2017, *A e.a.*, aff. C-158/14, ECLI:EU:C:2017:202), ce qui ne sera pas le cas pour un requérant « non privilégié » à l'égard d'un acte de portée générale (cf. CJCE 2 juill.

2009, *Bavaria NV et Bavaria Italia*, aff. C-343/07, *Rec.* I-5491 ; CJ 8 juill. 2010, *Afton Chemical*, aff. C-343/09, *Rec.* I-7027) et ce qui rend finalement ce cas de figure assez marginal. Ceci va avoir une possible incidence sur le renvoi préjudiciel car si le requérant ne peut plus, en raison de cette jurisprudence, soulever une exception d'illégalité du droit de l'Union devant le juge national, ce dernier ne peut pas non plus, dans un tel contexte, susciter une question en appréciation de validité. Si l'on comprend parfaitement la logique de cette subsidiarité dans le cadre du système contentieux, on ne peut que relever que son extension à un dispositif non contentieux comme la coopération juridictionnelle est plus discutable, ne serait-ce que parce la question est posée par le juge et non les parties.

3° L'appréciation des conditions de recevabilité

1458. L'appréciation des conditions de recevabilité peut décourager toute entreprise de systématisation, tant il serait risqué d'aller au-delà du constat selon lequel la Cour est plus ou moins exigeante selon les cas. Tout au plus peut-on tenter d'identifier quelques tendances.

– La Cour, cela a été souligné (v. ss 1442, *Foto-Frost*, 22 oct. 1987, aff. 314/85, *Rec.* 4199) impose au juge national ne statuant pas en dernier ressort de lui poser une question préjudicielle en cas de doute sur la validité du droit de l'Union, au-delà même de ce que prévoit le traité. Ce souci manifeste de son monopole en la matière est révélateur d'une tendance assez naturelle à être peut-être moins regardante sur la recevabilité des questions préjudicielles en appréciation de validité.

– Il est également possible d'identifier une évolution dans le temps. À une époque parfois marquée de très sèches irrecevabilités, dans les années 80 et 90, l'attitude de la Cour étant telle que certains commentateurs ont pu identifier là une véritable « doctrine de l'irrecevabilité préjudicielle » (A. Rigaux, *Europe*, oct. 1994, comm. 354), a succédé une situation plus « apaisée », la Cour, on l'a vu, abordant la recevabilité ou la pertinence des questions en termes de présomption de pertinence ou de problème « manifeste » de recevabilité, et soulignant à l'envie le caractère tout à fait exceptionnel de l'irrecevabilité (cf. not. CJCE 13 juill. 2000, *Ideal Tourisme*, aff. C-36/99, *Rec.* I-6049 ; 26 sept. 2000, *Kachelmann*, aff. C-322/98, *Rec.* I-7505). Si l'on pouvait tenter d'expliquer la phase de sévérité par l'inquiétude face au risque d'encombrement de son prétoire (le nombre des renvois préjudiciels introduits devant la Cour est passé de 1 en 1961 à 141 en 1990 et 224 en 2000), la poursuite de cette progression (385 en 2010) sans aggravation parallèle des exigences de la Cour prouve que ce n'était pas là le seul facteur à considérer.

– Des considérations pédagogiques peuvent aussi conduire la Cour à être moins exigeantes pour certains juges à certaines périodes. Elle a ainsi pu répondre à une question manifestement hors de propos, l'affaire étant interne et ne relevant pas, dès lors, du moins à l'époque, des libertés de circulation communautaires, parce qu'il s'agissait d'une juridiction d'un nouvel État membre (CJCE 21 oct. 1999, *Jägershiöld*, aff. C-97/98, *Rec.* I-7319).

– Il faut également envisager les changements du cadre juridique ou contentieux national qui pourraient conduire la Cour, après une recevabilité admise dans un premier temps, à renoncer à répondre à la question et prononcer un non-lieu à statuer. Le fait que la décision de renvoi ait été frappée d'appel ou d'un autre recours devant une juridiction supérieure ne fait pas disparaître, estime-t-elle cependant, son obligation de répondre : la Cour se considère comme valablement saisie et donc obligée de statuer aussi longtemps que la demande du juge national n'a pas été retirée par lui (la Cour surseoit à statuer lorsque le juge national auteur de la question l'informe du recours dont a été frappé son jugement ainsi que du caractère suspensif qui s'y attache), ou mise à néant par la juridiction d'appel ou de cassation (prévenue de la réformation ou de la cassation, la Cour décide que la procédure dont elle est saisie n'a plus d'objet : 30 janv. 1974, *SABAM*, aff. 127/73, *Rec.* 51 ; 16 juin 1970, *Chanel*, aff. 31/68, *Rec.* 403). Dans une hypothèse de désistement du requérant dans l'affaire au principal, qui avait pourtant conduit le juge *a quo* à confirmer expressément qu'il maintenait la question malgré cette circonstance, la Cour, peut-être en raison du fait qu'était également intervenue une décision de la Cour constitutionnelle belge annulant une loi de 2009 qui pérennisait la solution retenue par celle faisant l'objet de la question préjudicielle, a considéré qu'elle ne se trouvait plus « en mesure de statuer sur la question » qui lui avait été posée (arrêt du 9 déc. 2010, *Fluxys SA*, aff. C-241/09, *Rec.* I-12773). De même, et avec la même marque de complexité (appréciations différentes dans les deux cas de l'avocat général et de la Cour), la Cour rejette une question relative à un décret royal espagnol abrogé après le renvoi préjudiciel, alors que le juge *a quo* avait confirmé sa question (arrêt du 15 sept. 2011, *Unió de Pagesos de Catalunya*, aff. C-197/10, *Rec.* I-8495).

– La Cour, pour faciliter la recevabilité de questions qui, par certains côtés, outrepasseraient les limites de ses attributions, n'hésitera pas à faire un tri, pour ne retenir que ce qui relève de sa compétence. Ainsi, dans le cas où la demande mêle à des questions d'interprétation du droit communautaire des questions d'application (11 avr. 1973, *Michel*, aff. 76/72, *Rec.* 457 ; 16 déc. 1976, *Vito Inzirillo*, aff. 63/76, *Rec.* 2057), et surtout lorsque le juge national lui demande de se prononcer sur l'interprétation ou la validité de dispositions nationales (3 juill. 1974, *Donato Casagrande*, aff. 9/74, *Rec.* 773 ; 1er déc. 1977, *Kuyten*, aff. 66/77, *Rec.* 2311 ; 12 oct. 1978, *Eggers*, aff. 13/78, *Rec.* 1935 ; 12 juill. 1979, *Grosoli*, aff. 223/78, *Rec.* 2621). Ceci conduit à envisager plus largement la manière dont la Cour se tient pour liée par le libellé des questions préjudicielles.

– Quand la question est manifestement irrecevable, le règlement de procédure, depuis 2012, permet à la Cour, l'avocat général entendu, de décider à tout moment de statuer par voie d'ordonnance motivée, sans poursuivre la procédure (art. 53, § 2).

B. Prise en compte du libellé de la question

1459. Le principe est ici que la substance et le périmètre de la question posée sont déterminés par le juge national et que la Cour doit le respecter, même si les parties au principal, par exemple, soulèvent d'autres points. La Cour s'en tient donc à la question posée et si des points nouveaux ou différents sont suggérés par les parties ou les observations produites, le juge national, explique la Cour, doit poser une nouvelle question (cf., par exemple CJCE 3 oct. 1985, *CBEM*, aff. 311/84, *Rec.* 3261, ou CJCE 12 févr. 2004, *Slob*, aff. C-236/02, *Rec.* I-1861).

On peut cependant relativiser cette position de principe, toute en respect de la répartition des rôles dans la « coopération judiciaire » et reposant également sur les exigences de la mise à disposition des questions pour les parties intéressées afin qu'elles présentent des observations (ce qui exige ensuite de s'en tenir à ce qui a été produit comme base possible d'intervention). La raison fondamentale est que la Cour se doit de donner une « réponse utile » (cf. M.G. Bergères, « La reformulation des questions préjudicielles en interprétation par la CJCE », *D.* 1985, chron. XXVII), et ce souci l'amène de plus en plus souvent à s'appuyer, pour reformuler la question, sur les informations fournies par les parties, voire par l'avocat général (CJCE 22 avr. 1997, *Eunice Sutton*, aff. C-66/95, *Rec.* I-2163 ; et 18 déc. 1997, *Didier Trabouillot*, aff. C-284/96, *Rec.* I-7471), ce qui n'est pas cohérent avec le caractère « de juge à juge » du renvoi préjudiciel.

Toujours est-il que cela va la conduire à « écorner » la pétition de principe exposée ci-dessus de six manières au moins.

1460. ***Clarification et remise en ordre de la question*** : lorsque les questions ne sont pas formulées en termes clairs, la Cour s'estime en devoir de dégager elle-même les points sur lesquels le juge de renvoi lui semble désirer recevoir une réponse (6 mai 1971, *Cadillon*, aff. 1/71, *Rec.* 351 ; 14 juill. 1971, *Muller*, aff. 10/71, 723). De même, en cas de pluralité de questions, se reconnaît-elle le pouvoir d'en inverser l'ordre ou celui de les bloquer pour y répondre globalement (4 févr. 1965, *Albatros*, aff. 20/64, *Rec.* 4), ou encore celui de ne pas répondre à une question devenue sans objet du fait de la réponse fournie à une autre (4 avr. 1968, *Tivoli*, aff. 20/67, *Rec.* 294).

1461. ***Relevé d'office d'une question*** : la Cour adopte parfois la technique du « relevé d'office », et accepte de répondre bien au-delà de ce qui est demandé (1er déc. 1965, *Schwarze*, aff. 16/65, *Rec.* 1081), dépassant le cadre de la question posée pour identifier, par exemple dans les observations des parties, les éventuels problèmes qu'il faudrait éclairer pour l'avenir : c'est ainsi le cas dans un arrêt du 25 févr. 1999, *Carbonari*, aff. C-131/97, *Rec.* I-1103, comportant une formule révélatrice : « en l'absence de question préjudicielle sur ce point, il suffit de rappeler... ». La formule constante ici est que « selon une jurisprudence constante, il reste réservé à la Cour, en présence de questions formulées de manière imprécise, d'extraire de l'ensemble des éléments fournis par la juridiction nationale et du dossier du litige au principal les éléments de droit communautaire qui appellent une interprétation, compte tenu de l'objet du litige » (par exemple CJCE 13 déc. 1984, *Haug-Adrion*, aff. 251/83, *Rec.* 4277).

1462. ***Élargissement des dispositions faisant l'objet de la question*** : selon une jurisprudence constante, le fait que la question ne fasse pas référence à une certaine disposition de droit de l'Union « ne fait pas obstacle à ce que la Cour fournisse à la juridiction nationale tous les éléments d'interprétation du droit communautaire qui peuvent être utiles au jugement de l'affaire dont elle est saisie », y compris sans référence explicite de la part du juge interne (v. notamment, en ce sens, les arrêts du 12 déc. 1990, *SARPP*, aff. C-241/89, *Rec.* I-4695 ou du 6 oct. 2010, *Base e. a.*, aff. C-389/08, *Rec.* I-9073, le juge national demandant l'interprétation de l'article 12 d'une directive et la Cour expliquant que l'interprétation de l'article 13 est également intéressante pour l'affaire ; pour le même procédé à l'égard de deux articles d'un règlement, arrêt du 30 mai 2013, *Worten*, aff. C-342/12, ECLI:EU:C:2013:355). Même attitude de la Cour lorsque le juge l'interroge sur le droit dérivé alors que la solution à son problème se trouve dans le traité lui-même (18 janv. 1979, *Agents artistiques*, aff. 110 et 111/78, *Rec.* 35 ; CJCE 15 juill. 2004, *Marie Lindfors*, aff. C-365/02, *Rec.* I-7183), ou sur tel règlement, alors que la solution réside dans telle directive (CJCE 12 juill. 1979, *Union laitière normande*, aff. 244/78, *Rec.* 2663).

1463. ***« Transmutation » de la question*** : il s'agit du cas où la juridiction nationale demande l'interprétation d'une certaine disposition et que la Cour transforme le renvoi en question en appréciation de validité de cette disposition : CJCE 15 oct. 1980, *Roquette*, aff. 145/79, *Rec.* 2917. La Cour s'autorise ainsi à examiner d'office (en se fondant sur de simples doutes évoqués par la juridiction dans les motifs de son renvoi) la validité d'un règlement dont celle-ci lui demandait seulement l'interprétation (13 déc. 1979, *Liselotte Hauer*, aff. 44/79, *Rec.* 3727) et, le cas échéant, à déclarer d'office non valide une disposition qu'elle avait seulement à interpréter (3 févr. 1977, *Strehl*, aff. 62/76, *Rec.* 211). Le même souci de répondre utile et d'*économiser* un nouveau renvoi la conduit à accepter d'examiner des griefs d'illégalité ne figurant pas dans le libellé de la décision de renvoi mais évoqués, lors de la procédure se déroulant devant elle, par les parties au principal et qu'elle semble dès lors relever d'office (13 mars 1968, *Beus*, aff. 5/67, *Rec.* 125 ; 10 janv. 1973, *Lütticke*, aff. 41/72, *Rec.* 57 ; 25 févr. 1999, *Carbonari*, aff. C-131/97, *Rec.* I-1103).

À l'inverse, se dispense-t-elle, chaque fois qu'elle le peut, de se prononcer sur la validité d'une disposition au motif que l'interprétation qui doit en être admise, et qu'elle fournit d'office, rend sans objet l'examen de validité (12 nov. 1969, *Stauder*, aff. 29/69, *Rec.* 419 ; 28 mai 1974, *Niemann*, aff. 191/73, *Rec.* 571).

1464. ***Changement du motif d'invalidité*** : c'est une licence moins audacieuse, qui voit la Cour ne pas se contenter des griefs d'invalidation mentionnés par le juge national dans sa question mais en examiner d'autres, notamment évoqués au cours de la procédure : CJCE 17 juill. 1997, *Affish*, aff. C-183/95, *Rec.* I-4315.

1465. ***Correction du cadre factuel*** : c'est *a priori* plus surprenant tant semble claire la répartition des compétences entre le juge *a quo* dont dépend la résolution du litige « concret » et le juge *ad quem* de Luxembourg se bornant à « dire le droit ». Pourtant, et même si, logiquement, la Cour multiplie ici le rappel de ce principe (par ex. : CJ 24 juin 2010, *Pontini*, aff. C-375/08, *Rec.* I-5767 : « en vertu de l'article 234 CE *[désormais art. 267 FUE]*, fondé sur une nette séparation des fonctions entre les juridictions nationales et la Cour, celle-ci est uniquement habilitée à se prononcer sur l'interprétation ou la validité d'un texte communautaire à partir des faits qui lui sont indiqués par la juridiction nationale » ; cf. aussi, notamment, CJCE 19 févr. 2009, *Schwarz*, aff. C-321/07, *Rec.* I-1113), cela ne l'a pas empêché, parfois, de corriger une erreur du juge national. Par exemple dans une affaire d'importation de véhicules, la question ne visait que l'importation en provenance d'un État membre alors que les faits concernaient aussi une importation en provenance des États-Unis, ce que la Cour a pris en compte (CJCE 18 déc. 1997, *Tabouillot*, aff. C-284/96, *Rec.* I-7471).

II. Réponse aux questions préjudicielles : procédure applicable

1466. Cette procédure se démarque de la procédure habituelle devant la Cour en ce qu'elle n'est pas contentieuse. En tant qu'incident se greffant sur une procédure principale devant un juge national, elle présente, de plus, l'inconvénient de ralentir le cours des procès, de sorte qu'ont été développés divers aménagements permettant de l'accélérer.

A. Particularités de la procédure

1467. « Les auteurs de l'article 177 *[devenu 267 FUE]* ont voulu instituer une coopération directe entre la Cour de justice et les juridictions nationales au sein d'une procédure non contentieuse étrangère à toute initiative des parties et au cours de laquelle celles-ci sont seulement invitées à se faire entendre » (CJCE 9 déc. 1965, *Hessische Knappschaft*, aff. 44/65, *Rec.* 1191).

La procédure propre aux affaires préjudicielles, que réglemente l'article 23 du statut de la Cour, déroge donc aux règles générales applicables devant la Cour, tant pour ce qui est de la saisine que du déroulement proprement dit de la procédure.

1468. ***Saisine*** : le renvoi préjudiciel est un renvoi « de juge à juge », c'est-à-dire que c'est non seulement la juridiction nationale qui décide de surseoir à statuer et de renvoyer, mais c'est elle encore qui seule est compétente pour saisir effectivement la Cour : les parties au principal ne sauraient se substituer à elle (CJCE 14 déc. 1962, *Milchwerke Wöhrmann*, aff. 31 et 33/62, *Rec.* 965), pas plus qu'elles ne seraient recevables, une fois la décision préjudicielle rendue, à s'adresser à nouveau à la Cour afin de faire préciser celle-ci (CJCE 18 oct. 1979, *Siréna*, aff. 40/70, *Rec.* 3169). Matériellement, la saisine de la Cour s'effectue de greffe à greffe, par transmission du jugement ou de l'ordonnance de renvoi ; bien que certaines juridictions administratives françaises y soient longtemps resté attachées, il n'est nul besoin de passer par l'intermédiaire du ministère des Affaires étrangères ou du ministère de la Justice (cf. circulaire du garde des Sceaux du 24 mars 1975). À noter enfin que la pratique s'est instituée de communiquer à la Cour le dossier complet de la procédure devant la juridiction nationale, afin qu'elle apprécie mieux le cadre et les limites des questions posées (19 juin 1973, *Capolongo*, aff. 77/72, *Rec.* 611). La Cour, dans des « Recommandations à l'attention des juridictions nationales, relatives à l'introduction de procédures préjudicielles » (*JOUE* n° C 439/1 du 25 nov. 2016), conseille les juges nationaux sur le meilleur *modus operandi*.

1469. ***Déroulement de la procédure*** : le caractère d'ordre public du mécanisme préjudiciel, qui conduit à une décision de portée générale, seule authentique, concernant le droit de l'Union, explique à la fois le rôle limité des parties à l'instance principale et la présence des institutions et des États membres.

L'article 23 du statut de la Cour prescrit, en effet, au greffe, après en avoir fait assurer la traduction dans toutes les langues officielles (si le jugement fait plus de 25 pages, il est possible de ne traduire qu'un résumé, les questions posées devant, quant à elles, être traduites *in extenso*. Les « Recommandations » précitées de la Cour insistent sur la nécessité (en raison des exigences de traduction) de rédiger les questions de manière « simple, claire et précise, sans élément superflu » et la Cour ajoute qu'une dizaine de pages sont souvent suffisantes), de notifier toute demande de décision préjudicielle aux parties en cause dans le recours originel (y compris les intervenants ayant eu cette qualité avant que soit posée la question préjudicielle) mais aussi à la Commission et aux États membres ainsi qu'à l'institution, l'organe ou l'organisme de l'Union ayant adopté l'acte en cause. Il existe aussi des cas où la notification devra être étendue aux États membres de l'AELE ou à des États tiers liés par Convention à l'Union. Une publication est également faite, par communication de la Cour au *JOUE* (parties en cause et questions posées). La notification est importante puisqu'elle conditionne la possibilité, dans un délai de deux mois, de présenter des observations. La Cour est ici très stricte et refusera des observations produites par des personnes ou organes non destinataires de la notification. Elle a pour ce motif refusé une intervention du Contrôleur européen de la protection des données (CJCE, Ord. du 12 sept. 2007, *Satakunnan Markkinapörssi*, aff. C-73/07, *Rec.* I-7075) ou celle d'un particulier invoquant pourtant une atteinte à ses droits fondamentaux (CJ, Ord.

du 13 janv. 2010, *Volker und Markus Schecke*, aff. C-92 et C-93/09, *Rec.* I-11063). Ceci s'explique parce qu'il ne faut pas analyser ces interventions comme celles que l'on rencontre dans une procédure vraiment contentieuse : ici, elles n'ont pour but que d'éclairer la Cour et ne peuvent modifier la portée des questions posées. Si, face à cette possibilité de présenter des observations, l'attitude des États membres est très variable, la Commission, comme gardienne institutionnelle des traités, s'estime tenue de le faire systématiquement dans toutes les affaires. La Cour peut aussi demander des informations supplémentaires à la juridiction *a quo*, lesquelles sont alors traduites et notifiées également, d'où de nouvelles possibles observations.

Un juge rapporteur fait un premier examen de l'affaire et la Cour décide si des mesures d'instruction sont éventuellement à prendre. Puis, au cours de la phase orale de la procédure, les parties, la Commission, les autres organes de l'Union ou les États membres peuvent se présenter à la barre et exposer une nouvelle fois leurs points de vue en ayant alors connaissance de toutes les observations qui ont été faites sur l'affaire. Les observations écrites et orales des parties doivent, naturellement, se situer « dans le cadre juridique tracé par la juridiction nationale » (CJCE 1er mars 1973, *Bollmann*, aff. 62/72, *Rec.* 269) ; elles ne sauraient leur permettre de changer la teneur de la question formulée par le juge national, de lui en ajouter d'autres (CJCE 5 oct. 1988, *Alsatel*, aff. 247/86, *Rec.* 5987), *a fortiori* de la faire déclarer sans objet (CJCE 15 juin 1972, *Fratelli Grassi*, aff. 5/72, *Rec.* 443 ; 18 juin 1975, *IGAV*, aff. 94/74, *Rec.* 713). La même règle vaut pour les institutions et les États (CJCE 26 nov. 1975, *Coenen*, aff. 39/75, *Rec.* 1547). Ce n'est que de manière restrictive qu'il peut être décidé de rouvrir la procédure orale après le prononcé des conclusions de l'avocat général (cf. notamment CJCE 19 févr. 2002, *Wouters et a.*, aff. C-309/99, *Rec.* I-1577) et, en toutes hypothèses, les parties ne peuvent déposer d'observations en réponse au prononcé de ces conclusions (CJCE, Ord. du 4 févr. 2000, *Emesa Sugar c/ Aruba*, aff. C-17/98, *Rec.* I-665 ; pour un rappel, CJCE 14 déc. 2004, *Arnold André*, aff. C-434/02, *Rec.* I-11825).

La procédure présente enfin certaines particularités qui découlent de son caractère d'*incident d'un litige au principal pendant devant une juridiction nationale.* Ainsi, les règles concernant la comparution et la représentation des parties sont assouplies et la Cour applique celles qui ont cours devant la juridiction qui a procédé au renvoi. Aucune élection de domicile à Luxembourg n'est requise. La langue de procédure est obligatoirement la langue nationale de la juridiction de renvoi. La décision sur les dépens est renvoyée au juge national.

B. Aménagements de la procédure

1470. L'évolution a conduit à prévoir trois types d'aménagements de la procédure, qu'il s'agisse d'alléger la charge de la Cour ou de répondre à une urgence liée au fond de l'affaire : on distingue une procédure simplifiée, une procédure accélérée, et une procédure d'urgence.

1471. ***La procédure simplifiée*** existe depuis 2000, est actuellement organisée par l'article 99 du règlement de procédure de la Cour et permet de supprimer quelques étapes de la procédure ordinaire (audition des parties par exemple) et de statuer par ordonnance motivée (et non par arrêt) à tout moment, une fois l'avocat général entendu, lorsque la question posée est identique à une autre posée précédemment ou lorsque la réponse (même si la question est nouvelle) peut se déduire clairement de la jurisprudence de la Cour. On recense une trentaine de mises en œuvre de cette procédure chaque année.

1472. Date également de 2000 ***la procédure accélérée*** (article 105 du règlement de procédure de la Cour), qui comporte toutes les étapes de la procédure ordinaire, mais simplement menées en priorité par rapport aux autres affaires pendantes, ce qui conduit à un délai de l'ordre de deux à quatre mois (seize mois pour la durée moyenne habituelle). Le juge national peut demander cette accélération que doit accepter le président de la Cour si est prouvée « l'urgence extraordinaire » qu'il y a à statuer. La Cour n'admet que rarement ce cas de figure (trois exemples entre 2000 et 2009, sur la base de 48 demandes, 9 admissions entre 2013 et 2017 sur 101 demandes). En 2010, dans la fameuse affaire de la QPC, l'urgence extraordinaire a été admise par ordonnance du président le 12 mai 2010 (aff. C-188/10 et C-189/10, *Melki et Abdéli*), parce que le caractère important de la question se combinait avec le délai de trois mois imposé par la procédure de la QPC à la juridiction nationale de « filtrage », ici la Cour de cassation. Deux affaires ayant donné lieu à une ordonnance le 15 juillet 2010 permettent de se faire une idée de la philosophie de la Cour (Ord. du 15 juill. 2010, *Kita*, aff. C-264/10, et *Purrucker*, aff. C-296/10). Dans l'affaire *Kita*, un détenu attendait cette décision pour savoir dans quel pays il allait purger sa peine. Pour la Cour, il n'y a pas urgence extraordinaire car sa décision n'aura aucune incidence sur la durée de sa détention. En revanche, dans l'affaire *Purrucker*, le sort de deux jumeaux séparés depuis 3 ans à cause d'un divorce des parents, dépendait indirectement de la décision, d'où l'acceptation de l'urgence à statuer (jugement le 9 novembre 2010).

1473. Enfin depuis le 1er mars 2008 existe une ***procédure d'urgence*** dans le seul cadre de l'ELSJ, qui fait l'objet des articles 107 à 114 du règlement de procédure de la Cour et a été consacré par le traité de Lisbonne : si la question est posée par une juridiction dans une affaire relative à une personne détenue, la Cour de justice statue « dans les plus brefs délais » (art. 267, *in fine*, FUE), à la demande du juge national ou sur initiative du président de la Cour (CJ 22 déc. 2010, *Aguirre Zarraga*, aff. C-491/10 PPU, *Rec.* I-14247). La rapidité est ici obtenue par trois moyens (auxquels s'ajoute la possibilité théorique dans les cas d'extrême urgence d'omettre la phase écrite : art. 111RP). D'abord, la réduction du cercle des intervenants (uniquement les parties, l'État membre concerné et l'institution en cause). Les autres États sont simplement informés. Ce cercle restreint permet aussi de limiter le temps consacré aux traductions (mais ces États pourront quand même participer à la phase orale). En second lieu, une chambre (qui « tourne » entre les dix chambres) est spécialement chargée de ce type de procédure, ce qui permet de ne pas attendre pour prononcer l'urgence la réunion générale hebdomadaire de tous les juges et avocats généraux, et enfin toutes les communications dans cette procédure se font par voie électronique, par un système de « boîtes fonctionnelles » spéciales. Il se trouve qu'en 2011 a été développé un dispositif général informatique permettant le dépôt et la signification des actes de procédure par voie électronique (système *e-Curia*) ; il a cependant été décidé alors de maintenir le système particulier pour les procédures préjudicielles d'urgence, cette individualisation étant propice à la rapidité qui est la raison d'être de cette procédure. Entre 2013 et 2017, 24 PPU ont été admises sur 49 demandes ; la durée moyenne a varié sur cette période de 1,9 mois en 2015 à 2,9 en 2017.

§ 4. Autorite des arrêts préjudiciels

Isaac (G.), « La modulation par la CJCE des effets dans le temps de ses arrêts d'invalidité », *CDE* 1987. 444.

Labayle (H.), « La CJCE et les effets d'une déclaration d'invalidité », *RTDE* 1982. 484.

Le Mire (P.), « La limitation dans le temps des effets des arrêts de la Cour de justice des Communautés européennes », in *Mélanges Chapus*, Paris, Montchrestien, 1992, p. 367.

Simon (D.), « L'effet dans le temps des arrêts préjudiciels de la Cour de justice », in *Du droit international au droit de l'intégration. Liber Amicorum Pierre Pescatore*, préc., p. 651.

Trabucchi (A.), « L'effet *erga omnes* des décisions préjudicielles rendues par la Cour de justice des CE », *RTDE* 1974. 56.

1474. Les traités ne l'ayant pas définie, la doctrine s'est efforcée, dans un premier temps, de la préciser par analogie avec l'autorité des décisions préjudicielles dans le cadre national et s'est partagée entre les partisans de l'autorité *absolue* ou de l'autorité *relative* de *chose jugée*. La Cour a refusé les schémas préétablis et a dégagé de la finalité particulière de la procédure – fournir une réponse authentique permettant d'assurer l'uniformité d'application du droit dans l'ensemble de l'Union –, ainsi que son aménagement propre – réponse rendue sous une forme abstraite (« la Cour dit pour droit... »), dans une procédure sans parties et dépourvue de tout caractère contentieux mais à caractère d'ordre public (possibilité pour les États et les institutions de présenter des observations, compétence exclusive de la Cour) – une autorité spécifique adaptée qui se caractérise par trois effets : obligatoire, général et rétroactif.

I. Force obligatoire

1475. Il n'a jamais été discuté que, conformément à la logique de toute procédure préjudicielle, la décision de la Cour donne une réponse définitive et obligatoire à la question qui lui a été posée dans le cadre de la procédure au principal par le juge de renvoi et lie celui-ci ainsi que toutes les juridictions ayant à en connaître par le jeu des voies de recours, sauf à interroger à nouveau la Cour, s'ils ne s'estiment pas suffisamment éclairés par sa réponse. Bien avant la confirmation expresse de la Cour (24 juin 1968, *Milch-Fett et Eierkontor*, aff. 25/67, *Rec.* 305) les juridictions nationales l'avaient bien compris ainsi (par ex. Crim. 23 juin 1977, *Crémieux, Bull. crim.* 590).

La Cour a ultérieurement précisé, en la renforçant, la force obligatoire de ses arrêts préjudiciels (CJCE, Ord. du 5 mars 1986, *Wünsche*, aff. 69/85, *Rec.* 947) : si elle confirme en effet que l'arrêt préjudiciel « lie le juge national pour la solution du litige au principal », elle précise pour la première fois que c'est « avec l'autorité de chose jugée » ce qui ne va pas de soi s'agissant d'une procédure *pre judicium* ; si elle confirme ensuite que l'autorité dont est revêtu son arrêt ne fait pas obstacle à ce que le juge national saisisse une nouvelle fois la Cour avant de trancher le litige au principal, elle définit le cadre et les limites de la faculté de réinterrogation : « lorsque le juge national se heurte à des difficultés de compréhension ou d'application de l'arrêt, lorsqu'il pose à la Cour une nouvelle question de droit, ou encore lorsqu'il lui soumet de nouveaux éléments d'appréciation susceptibles de conduire la Cour à répondre différemment à une question déjà posée » ; mais cette faculté ne saurait permettre de contester la validité de l'arrêt déjà rendu.

II. Portée générale

1476. La décision préjudicielle n'a pas qu'une simple autorité relative ; elle a des effets au-delà des juridictions saisies du litige principal, à l'égard des parties à d'autres litiges devant n'importe quelle juridiction de l'ensemble des États membres, ce phénomène pouvant faire penser, dans une certaine mesure, à l'autorité de « précédents ».

1° Cette solution a été dégagée d'abord pour les ***décisions d'interprétation*** (CJCE 27 mars 1963, *Da Costa*, 28 à 30/62, *Rec.* 59). Elle se résume en deux propositions complémentaires.

L'interprétation fournie par la Cour dans une décision préjudicielle s'impose à l'ensemble des juridictions de l'Union qui doivent l'appliquer scrupuleusement à l'ensemble des affaires dans lesquelles le texte concerné est invoqué, ce qui garantit l'application uniforme de celui-ci.

Mais la Cour se refuse à considérer que son interprétation est irrévocable et qu'elle ne pourrait elle-même la modifier, ni que les juridictions nationales ne pourraient solliciter, par un nouveau renvoi, assorti le cas échéant de nouveaux arguments, un infléchissement de sa position, ce qui écarte le risque que constituerait une cristallisation de sa jurisprudence. La Cour se réserve, en effet, de préciser et même de modifier sa jurisprudence à l'occasion d'une nouvelle saisine (9 juill. 1969, *Portelange*, aff. 10/69, *Rec.* 309) ou bien de réfuter longuement les arguments nouveaux invoqués contre sa première interprétation (3 avr. 1968, *Molkerei-Zentrale*, aff. 28/67, *Rec.* 229) et se garde bien de déclarer la nouvelle saisine irrecevable, même si la question est matériellement identique à la précédente, quitte, le plus souvent, à renvoyer, dans une motivation succincte et expéditive à sa décision précédente (9 déc. 1965, *Hessische Knappschaft*, aff. 44/65, *Rec.* 1200), tout en reprenant tel quel son dispositif, dès lors que le nouveau renvoi « n'a révélé aucune circonstance de fait ou de droit de nature à conduire à une interprétation différente » (28 mars 1979, *I.C.A.P.*, aff. 222/78, *Rec.* 1168).

L'interprétation donnée par la Cour fait donc corps, en quelque sorte, avec la règle interprétée elle-même, aussi longtemps qu'elle n'a pas été modifiée par la Cour ; si bien que les juridictions nationales sont mises en face d'une option : appliquer d'emblée la disposition telle qu'interprétée – et un tel choix dispense même les juridictions de dernier ressort de leur obligation de renvoi (arrêt *Da Costa*, préc. ; Com. 8 mai 1973, *Garoche*, *JCP* 1973, n° 17, p. 497) – ou bien surseoir à statuer pour tenter d'obtenir, par un nouveau renvoi, un infléchissement.

2° La procédure et la finalité du renvoi étant identiques, la Cour a fini par décider que les principes ci-dessus valent aussi, dans les mêmes conditions, pour les ***décisions rendues en appréciation de validité*** (13 mai 1981, *International Chemichal Corporation*, aff. 66/80, *Rec.* 1191). La solution s'imposait, en quelque sorte *a fortiori*, car des actes de l'Union ne doivent pas pouvoir être considérés comme valides par les uns et non valides par les autres. La réponse préjudicielle concernant la validité d'un acte a une portée générale, qu'elle soit positive ou négative.

En fait, la Cour ne déclare jamais un acte légal ; elle se borne à déclarer non fondés les griefs allégués contre lui (1er déc. 1965, *Schwarze*, aff. 16/65, *Rec.* 1081). Dès lors, toutes les juridictions nationales doivent le considérer comme légal, sauf à soulever dans un nouveau renvoi d'autres griefs d'invalidité (CJCE 10 mars 1971, *Deutsche Tradax*, aff. 38/70, *Rec.* 156) qui conduiront le cas échéant la Cour à prononcer l'invalidité.

Si la Cour a déclaré l'acte invalide, la décision a aussi une portée générale, c'est-à-dire que tous les juges nationaux auront l'obligation, chaque fois qu'une exception d'illégalité est soulevée devant eux, de refuser d'en faire application. L'effet général joue également devant la Cour elle-même, saisie d'une demande en réparation du dommage causé par cet acte au bénéfice de toutes les victimes, dispensées d'établir son illégalité (CJCE 25 mai 1978, *H.N.L.*, aff. 83 et 94/76, 15 et 40/77, *Rec.* 1209 ; 28 mars 1979, *Granaria*, aff. 90/78, *Rec.* 1081). À noter que, même dans cette hypothèse, la possibilité pour un juge national de soulever à nouveau une question déjà tranchée par la Cour est maintenue : la Cour précise que le juge national pourrait y trouver un intérêt s'il subsistait des questions relatives aux motifs, à l'étendue et éventuellement aux conséquences de l'invalidité précédemment établie (aff. 66/80, préc.).

3° ***Le Conseil d'État français***, en refusant de reconnaître la portée générale des arrêts préjudiciels (C.E. 13 juin 1986, *O.N.I.C.*, *RTDE* 1986. 533, concl. Bonichot), a longtemps été la seule juridiction de l'Union à refuser la logique de cette procédure. Il semble désormais avoir renoncé à cette attitude, de manière quelque peu subreptice d'abord (C.E. 12 mai 2004, *Société Gillot*, *AJDA* n° 27/2004, p. 1487) puis plus nettement (C.E. 11 déc. 2006, *Société de Groot*, n° 234560).

III. Portee retroactive

A. Interprétation

1477. La Cour a affirmé expressément la validité « *ex tunc* » de l'*interprétation* donnée, qui découle évidemment de la nature purement déclarative de la décision préjudicielle :

> « l'interprétation que, dans l'exercice de sa compétence préjudicielle, la Cour de justice donne du droit communautaire éclaire et précise, lorsque besoin en est, la signification et la portée de cette règle telle qu'elle doit ou aurait dû être comprise et appliquée depuis le moment de sa mise en vigueur. Il en résulte que la règle ainsi interprétée doit être appliquée par tous les juges de la Communauté, même à des rapports juridiques nés et constitués avant l'arrêt statuant sur la demande d'interprétation, si, par ailleurs les conditions permettant de porter devant les juridictions compétentes un litige relatif à l'application de ladite règle se trouvent réunies » (CJCE 27 mars 1980, *Denkavit*, aff. 61/79, *Rec.* 1205) (cf. aussi, notamment, CJCE 10 févr. 2000, *Schröder*, aff. C-50/96, *Rec.* I-743).

L'inapplicabilité de l'interprétation de la Cour à des rapports juridiques antérieurs équivaudrait, en effet, en quelque sorte, à donner une signification différente à la règle au regard du passé, ce qui n'est pas possible. Une question délicate concerne les actes et situations devenus définitifs par expiration des délais de recours : la Cour a considéré que le droit de l'Union impose le réexamen voire le retrait d'une décision administrative devenue définitive lorsque cette décision se révèle contraire à une interprétation préjudicielle ultérieure de la Cour, sous réserve que quatre conditions soient réunies : le droit national doit reconnaître à l'organe administratif en cause la possibilité de revenir sur sa décision, la décision tire son caractère définitif d'une décision juridictionnelle insusceptible de recours, cette décision de justice se fondait sur une interprétation du droit de l'Union qu'un arrêt ultérieur de la Cour de justice a révélée comme étant erronée, sans que la juridiction nationale ait posé de question préjudicielle à la Cour, l'intéressé doit s'être adressé à l'organe administratif immédiatement après avoir pris connaissance de l'arrêt de la Cour de justice (CJCE 13 janv. 2004, *Kühne & Heintz*, aff. C-453/00, *Rec.* I-837 ; cf. aussi, pour une synthèse et quelques précisions, CJCE 12 févr. 2008, *Kempter*, aff. C-2/06, *Rec.* I-411) (v. ss 1100).

1478. Toutefois, *exception est faite* à ce principe, lorsque l'application rétroactive d'une interprétation entraînerait de graves conséquences économiques ou sociales. Par application du principe général de sécurité juridique, en tenant compte des troubles graves que sa décision pourrait entraîner pour le passé dans les relations juridiques établies de bonne foi, la Cour s'estime autorisée à limiter la possibilité pour tout intéressé d'invoquer la disposition ainsi interprétée en vue de remettre en cause ces situations juridiques ; la Cour présente le risque de troubles graves et la bonne foi des milieux intéressés comme les deux critères à réunir (par ex. CJCE 10 janv. 2006, *Skov et Bilka*, aff. C-402/03, *Rec.* I-199 ; ou CJ 21 oct. 2010, *Albron Catering*, aff. C-242/09, *Rec.* I-10309). En revanche, de simples conséquences financières lourdes pour un État membre ne sauraient justifier de revenir sur la rétroactivité de l'interprétation (CJCE 15 mars 2005, *Bidar*, aff. C-209/03, *Rec.* I-2119). Elle peut ainsi décider soit que son interprétation ne vaudra que pour l'avenir, soit que son effet rétroactif est limité au cas d'espèce et aux cas dont les juridictions sont saisies à la date de sa décision (8 avr. 1976, *Defrenne*, aff. 43/73, *Rec.* 455 ; cf. Van Gerven, « Contribution de l'arrêt *Defrenne* au développement du droit communautaire », *CDE* 1977. 131). Mais pareille limitation ne saurait être qu'exceptionnelle et ne saurait être admise que dans l'arrêt même qui statue sur l'interprétation sollicitée, l'exigence fondamentale d'une application générale et uniforme du droit communautaire impliquant, en effet, qu'il appartient à la seule Cour de justice de décider des limitations intra-temporelles à apporter à l'interprétation qu'elle donne. *A posteriori* on se rend compte que c'est de manière très parcimonieuse (la Cour souligne que c'est à titre « tout à fait exceptionnel ») que la Cour accepte d'ainsi moduler les effets dans le temps de ses interprétations (cf. par exemple, pour des refus, CJCE 29 nov. 2001, *Griesmar*, aff. C-366/99, *Rec.* I-9383 ; ou CJ 22 sept. 2016, *Microsoft Mobile Sales International Oy e.a.*, aff. C-110/15, ECLI:EU:C:2016:717).

B. Appréciation de validité

1479. Les *décisions qui confirment ou infirment la validité* d'un acte ont également un effet rétroactif ; seul, du reste, ce caractère étant de nature à autoriser le recours en indemnisation de dommages antérieurs à la déclaration d'invalidité. À noter que le caractère rétroactif des effets d'une déclaration d'invalidité n'a pas pour conséquence de l'assimiler à une annulation ; simplement, le juge national est autorisé à donner un effet rétroactif à l'inopposabilité de l'acte qui devient inapplicable rétroactivement à la situation juridique qui fait l'objet du litige (à cet égard, l'arrêt du C.E. 9 mai 1980, *O.N.I.C.*, préc., doit être approuvée).

1480. Là encore, la Cour a considéré qu'elle pouvait porter atteinte à ce caractère rétroactif des appréciations de validité, et elle l'a d'abord fait sur le fondement principal et peu convaincant de la simple analogie avec le régime du recours en annulation, lequel admet (art. 264, al. 2, FUE) qu'en cas d'annulation d'un règlement, la Cour puisse indiquer les effets du règlement annulé devant être considérés comme définitifs ; l'analogie a donc permis à la Cour de réserver à l'avenir les conséquences de son invalidation (CJCE 15 oct.1980, *Providence agricole de la Champagne*, aff. 4/79, *Rec.* 2917). Au-delà de la méfiance que peut inspirer une telle méthode d'analogie entre des procédures aux résultats différents (il n'y a pas d'annulation ici), on peut être gêné par le fait qu'il s'agit finalement de *tirer les conséquences d'une invalidation*, ce qui, dans la logique de répartition des rôles et de coopération entre la Cour de justice et le juge national, relève en principe du juge national. On n'est donc pas surpris que certaines juridictions nationales (Tribunaux administratifs et d'Instance) aient refusé de suivre cet aspect de la réponse de la Cour (les conduisant, il est vrai, à admettre la pertinence des requêtes d'une entreprise tout en lui refusant d'en tirer des conséquences financières, très élevées de surcroît : cf. par ex. TI Lille, 15 juill. 1981, *D.* 1982. 2, note Boulouis). Ces « accidents contentieux » ont conduit la Cour à assouplir sa position (CJCE 27 févr. 1985, *Société des produits du maïs*, aff. 112/83, *Rec.* 2883) : la Cour se réfère désormais à d'« impérieuses considérations de sécurité juridique » et permet à l'arrêt de jouer pour les personnes ayant déjà introduit un recours (cf. sur ce point CJ 28 avr. 2016, *Borealis Polyolefine*, aff. C-191/14, C-192/14, C-295/14, C-389/14 et C-391/14 à C-393/14, ECLI:EU:C:2016:311). La Cour, surtout, ne fonde plus dans cette décision son raisonnement sur cette « analogie » peu convaincante (et omniprésente dans les observations produites dans cette affaire), mais sur la cohérence même du renvoi préjudiciel, le but de ce dernier étant l'uniformité, laquelle serait mise en péril si le juge communautaire n'apportait pas ces précisions. Il apparaît cependant que depuis 2001, la Cour se réfère à nouveau à l'analogie avec le recours en annulation (par ex. arrêt du 9 nov. 2010, *Volker und Markus Schecke et Eifert*, aff. C-92/09 et C-93/09, *Rec.* I-11063, ou du 9 févr. 2017, *Raffinerie Tirlemontoise*, aff. C-585/15, ECLI:EU:C:2017:105). On peut relever que lorsqu'est en cause une illégalité du droit de l'Union, la Cour a tendance à adopter cette attitude et préserver les droits de ceux ayant introduit une action au moment du prononcé de l'arrêt préjudiciel par une limitation « ciblée » de l'effet rétroactif. En revanche, quand il s'agit d'une violation du droit de l'Union par un État membre, la Cour aura tendance à refuser toute altération du caractère rétroactif, par souci des droits des particuliers.

Section 2

Coopération entre les juridictions des États membres

LEROYER (A.-M.) et JEULAND (E.) (dir.), *Quelle cohérence pour l'espace judiciaire européen ?*, Paris, Dalloz, coll. « Thèmes et commentaires », 2004.

GARCIA-JOURDAN (S.), *L'émergence d'un espace européen de liberté, de sécurité et de justice*, Bruxelles, Bruylant, 2005.

JAULT-SESEKE (F.), LELIEUR (J.) et PIGACHE (C.) (dir.), *L'espace judiciaire européen civile et pénal-Regards croisés*, Paris, Dalloz, 2009.

LABAYLE (H.), « L'Espace de liberté, sécurité et justice : la nouvelle frontière ? », in D. Simon (dir.), *Le traité de Lisbonne, oui, non, mais à quoi ?*, *Europe* 7/2008, dossier spécial, étude n° 10.

MONAR (J.), « La mise en œuvre de l'espace de liberté, de sécurité et de justice : un défi pour l'Union européenne et les États membres », *RFAP* 2009. 15.

RANCE (P.) et BAYNAST (O.) (DE), *L'Europe judiciaire*, Dalloz, 2001.

SINAY-CYTERMANN (A.), « La coopération judiciaire en Europe », in *Union européenne : intégration et coopération*, Paris, PUF, 1995, p. 87.

1481. La question est paradoxale. Depuis cinquante ans, c'est une Europe du droit qui s'est construite, et dans laquelle les juges des États membres jouent un rôle tout à fait essentiel (« juges de droit commun » du droit de l'Union européenne). Pour autant, pendant longtemps, ces mêmes juridictions ne coopéraient pas entre elles, de sorte qu'étaient maintenues des frontières de plus en plus incongrues au fur et à mesure des progrès de l'intégration, et qui faisaient de tout litige, civil ou pénal, relatif à plusieurs États membres un simple cas d'application du droit international privé, en tant que litige « transfrontalier », exactement comme si l'intégration européenne n'existait pas. Cette coopération judiciaire a commencé à prendre une dimension « communautaire », sans pour autant revêtir les caractères originaux d'un droit de l'intégration, en tant que droit communautaire complémentaire (conventions de l'ancien article 293 CE), puis le traité de Maastricht consacra le troisième pilier de l'Union européenne qu'il créait à la *Coopération en matière de justice et d'affaires intérieures* (Titre VI du TUE dans sa rédaction du traité de Maastricht), toujours dans une logique dominante intergouvernementale. Le traité d'Amsterdam marqua une étape importante, donnant à l'Union un nouvel objectif, celui de maintenir et de développer un « espace de liberté de sécurité et de justice » au sein duquel est assurée la libre circulation des personnes, en liaison avec des mesures appropriées en matière de contrôle des frontières extérieures, d'asile, d'immigration ainsi que de prévention de la criminalité et de lutte contre ce phénomène. Dans ce nouveau cadre, l'architecture de l'Union évolua, le traité d'Amsterdam intégrant dans le pilier communautaire un nouveau titre IV intitulé « Visa, asile, Immigration et autres politiques liées à la Libre circulation des personnes » (art. 61 à 69) qui faisait passer la coopération judiciaire civile, jusque-là abordée dans le troisième pilier, dans ce pilier communautaire (communautarisation partielle du 3e pilier), le 3e pilier étant réduit à la coopération policière et judiciaire en matière pénale. Dès lors, la différence était donc sensible entre la coopération judiciaire civile (premier pilier) et la coopération judiciaire pénale, cet éclatement étant unanimement condamné. Le traité de Lisbonne opère donc une réunification bienvenue, consacrant le titre V du TFUE (art. 67 à 89) à un « Espace de liberté de sécurité et de Justice » distribué en cinq chapitres : dispositions générales, politiques relatives au contrôle aux frontières, à l'asile et l'immigration, coopération judiciaire en matière civile, coopération judiciaire en matière pénale et enfin coopération policière. Malgré cette mise en cohérence, il reste opportun de présenter successivement la coopération judiciaire civile et la coopération judiciaire pénale.

1482. Si la présentation de ces deux corps normatifs peut apparaître comme relevant du droit matériel et spécial de l'Union européenne (et si dès lors elle adoptera une approche synthétique), elle est abordée ici en raison de l'importance de l'Europe judiciaire pour l'ensemble de l'intégration européenne, étant entendu qu'il faut se garder de tout malentendu. Le développement de cette Europe judiciaire emprunte progressivement les méthodes de l'intégration, s'agissant du moins de la prise de décision, mais avec encore de nombreux freins, de nombreuses réserves. Quant aux méthodes utilisées pour la substance même de cette coopération, elles restent largement apparentées à celles, classiques, du droit international privé. Ce développement marque donc une *progression de l'intégration* européenne, précieuse car ce secteur important était particulièrement en retard, mais pas forcément un *progrès de l'intégration.*

§ 1. La coopération judiciaire en matière civile

Gaudemet-Tallon (H.), *Les Conventions de Bruxelles et de Lugano*, 2e éd., LGDJ, 1995.

Goldman (B.), « Un traité fédérateur : la Convention entre les États membres de la CEE sur la reconnaissance et l'exécution des décisions en matière civile et commerciale », *RTDE* 1971. 1.

Paulino Pereira (F.R.), « La Convention relative à la signification et à la notification dans les États membres de l'UE des actes judiciaires et extrajudiciaires en matière civile et commerciale », *RMC* 1998. 111.

Sturlise (B.), « La signature de la Convention de Bruxelles 2, ou quand l'Europe se préoccupe des conflits familiaux », *JCP* 1998. I. 145.

1483. L'article 81 du TFUE dispose que « 1. L'Union développe une coopération judiciaire dans les matières civiles ayant une incidence transfrontière, fondée sur le principe de reconnaissance mutuelle des décisions judiciaires et extrajudiciaires. Cette coopération peut inclure l'adoption de mesures de rapprochement des dispositions législatives et réglementaires des États membres ».

I. La compétence judiciaire et l'exécution des décisions

A. La compétence judiciaire et l'exécution des décisions en matière civile ou commerciale (Bruxelles I)

1° Phase 1 : la Convention de Bruxelles

1484. Un marché commun, caractérisé par l'intensification des échanges commerciaux, ne pouvait s'accommoder des obstacles et discriminations découlant du cloisonnement des organisations judiciaires nationales et avait besoin d'une véritable libre circulation des jugements, par laquelle l'opérateur économique qui a obtenu un jugement contre un adversaire étranger puisse aisément faire reconnaître ce jugement et le faire exécuter dans les autres pays de la Communauté. À cette fin, l'article 293 CE *[ex 220]* prévoyait que les États membres engageraient entre eux des négociations en vue d'assurer en faveur de leurs ressortissants « la simplification des formalités auxquelles sont subordonnées la reconnaissance et l'exécution réciproques des décisions judiciaires, ainsi que des sentences arbitrales ». La *Convention de Bruxelles du 27 septembre 1968, concernant la compétence judiciaire et l'exécution des décisions en matière civile et commerciale* (v. ss 697), exploitant au maximum la confiance et la coopération réciproque des juges des différents États membres a adopté une solution beaucoup moins timide que celle suggérée par l'article 293 CE *[ex 220]*.

a) Traits essentiels

1485. – La Convention était une *convention double*, c'est-à-dire qu'elle ne réglait pas seulement la reconnaissance et l'exécution des jugements, mais encore et préalablement, la *compétence internationale des juridictions des États membres*. La difficulté essentielle que peut rencontrer l'accueil des jugements étrangers est, en effet, le contrôle de la compétence internationale du juge d'origine : imposer des règles uniformes de compétence permet de supprimer ce contrôle au moment de la reconnaissance et de l'exécution, d'où une simplification majeure.

Ainsi, le Titre II de la Convention désignait-t-il les États dont les tribunaux étaient compétents pour connaître des litiges internationaux, c'est-à-dire comportant un élément d'extranéité : une personne domiciliée dans un État membre était attraite, quelle que soit sa nationalité, devant les juridictions de cet État. La portée de *ce principe du domicile du défendeur* était précisée minutieusement, ainsi que les dérogations qu'il comportait.

1486. – La procédure de reconnaissance et d'exécution prévue dans la Convention s'appliquait à tout jugement rendu dans un État contractant, quelle que soit la nature de la juridiction (même répressive ou administrative) et quelle que soit la nationalité des parties (même pour les ressortissants d'États tiers), dans les matières couvertes par la Convention. Il s'agissait de toutes les matières civiles et commerciales, à l'exclusion de l'état et la capacité des personnes, des régimes matrimoniaux, testaments et successions, des faillites, concordats et autres procédures analogues, de la sécurité sociale et enfin de l'arbitrage.

1487. – L'application uniforme de la Convention, et notamment des dispositions complexes sur la compétence internationale, qui devaient être appliquées d'office par les magistrats nationaux, était assurée par l'attribution à la Cour de justice d'une compétence préjudicielle d'interprétation (v. ss 1426).

b) Quant au fond

1488. On aurait pu, théoriquement, concevoir que les jugements rendus dans un État membre soient reconnus et exécutés dans les autres États sans plus de conditions ni restrictions que sur le territoire de l'État d'origine ; mais, cette libre circulation absolue – que le traité lui-même prescrit, on le sait, pour les arrêts de la Cour de justice et les décisions de la Commission portant condamnation pécuniaire (v. ss 1069) – aurait représenté une atteinte sans doute excessive à la souveraineté judiciaire des États. À défaut, la Convention consacrait, cependant, des règles très libérales comparées à celles du droit commun des États membres. Ce libéralisme s'exprimait, d'une part, par la simplification de la procédure d'*exequatur*, d'autre part, par une limitation des motifs qui peuvent autoriser le refus de reconnaissance ou d'exécution.

1489. – *Procédure d'exequatur simplifiée*. Les décisions rendues dans un État contractant bénéficiaient dans les autres d'une *reconnaissance* de plein droit, c'est-à-dire que leurs bénéficiaires pouvaient s'en prévaloir auprès de tout intéressé, personne privée, autorité administrative ou juridiction, sans qu'il soit nécessaire de recourir à aucune procédure (art. 26) ; mais, en cas de contestation, la procédure prévue pour l'exécution était applicable à la reconnaissance.

La Convention imposait à tous les États contractants une procédure d'*exequatur* se caractérisant par sa rapidité et sa simplicité : pour atteindre ce résultat, c'est une *procédure sur requête* qui avait été retenue, c'est-à-dire non contradictoire dans un premier temps, et ne le devenant qu'en cas de refus d'exécution ou d'opposition de fond de la partie contre laquelle l'exécution est poursuivie.

La Convention fixait, pour chaque pays, la juridiction compétente pour statuer sur la demande d'*exequatur :* en France, le président du tribunal de grande instance (et non le tribunal lui-même, comme en droit commun) ; territorialement, la juridiction devant être saisie était celle du domicile de la partie contre laquelle l'exécution était demandée ou, à défaut, celle du lieu de l'exécution.

Le requérant devait faire élection de domicile dans le ressort de la juridiction saisie ; aucune caution ou dépôt, sous quelque dénomination que ce soit, ne pouvait lui être demandé, en raison de sa qualité d'étranger ou du fait qu'il n'avait pas de domicile ou de résidence dans le pays où l'exécution était demandée.

La juridiction compétente statuait à bref délai sans que la partie contre laquelle l'exécution était demandée puisse présenter d'observations. La décision rendue sur requête était portée à la connaissance du requérant.

Si l'exécution était autorisée, la formule exécutoire était apposée ; mais la mise en œuvre des voies d'exécution forcée n'était pas immédiate. En effet, la décision devait être signifiée à la partie contre laquelle l'exécution était demandée, qui disposait d'un délai de un ou deux mois, selon les cas, pour présenter un recours devant une juridiction supérieure (en France, la cour d'appel). Pendant le délai du recours et jusqu'à ce qu'il ait été statué sur celui-ci, il ne pouvait être procédé qu'à des mesures conservatoires. Ensuite seulement les actes d'exécution sur les biens étaient possibles.

Si la requête était rejetée, le demandeur pouvait, lui aussi, intenter un recours : la partie contre laquelle l'exécution était demandée était appelée à comparaître. Sur recours, la procédure acquerrait donc toujours un caractère contradictoire ; ensuite, le recours en cassation seul restait ouvert.

1490. – *Procédure d'exequatur facilitée.* La Convention reposant sur l'acceptation et le respect réciproque, par les États contractants, de leurs systèmes juridictionnels respectifs, la juridiction requise n'était autorisée à procéder qu'à un contrôle limité par rapport au droit commun. Étaient ainsi exclus non seulement la révision au fond mais encore le contrôle de la compétence de la juridiction d'origine (sauf manquement aux cas de compétence dérogatoires ou exclusives : art. 7 à 16).

L'*exequatur* ne pouvait être refusé que dans les cas suivants :

– si la reconnaissance ou l'exécution sont contraires à l'ordre public de l'État requis ;

– si l'acte introductif d'instance n'a pas été signifié ou notifié au défendeur, régulièrement et en temps utile pour qu'il puisse se défendre ;

– si la décision est inconciliable avec une décision rendue entre les mêmes parties dans l'État requis.

2° Phase 2 : le Règlement Bruxelles I

1491. Lancée dès 1997, l'entreprise de révision de la Convention a tenu compte de la communautarisation de cette coopération judiciaire civile par le traité d'Amsterdam, et a abouti à l'adoption, le 22 décembre 2000, d'un règlement du Conseil (*JOCE* n° L 12/1 du 16 janv. 2001) qui a pris la suite de la Convention à partir du 1er mars 2002, pour l'ensemble des États membres (« *opt in* » du Royaume-Uni et de l'Irlande) à l'exception du Danemark, les relations avec celui-ci continuant dans un premier temps à être régies par la Convention jusqu'à un accord international du 19 octobre 2005 aboutissant, après approbation le 27 avril 2006, à l'application du règlement au Danemark à partir du 1er juillet 2007.

Du point de vue de son champ d'application, le règlement couvrait la matière civile et commerciale, mais ni l'état et la capacité des personnes physiques, les régimes matrimoniaux, les testaments, les successions, ni les faillites, ni la sécurité sociale, et ni l'arbitrage.

Le règlement Bruxelles I a rempli deux offices principaux. D'une part en permettant de déterminer la juridiction compétente ; en second lieu en mettant en place un système de reconnaissance et d'exécution des décisions judiciaires.

a) Détermination de la juridiction compétente

1492. – Le ***principe*** était que la juridiction compétente serait celle de l'État membre où le *défendeur* a son domicile, quelle que soit sa nationalité, la détermination du domicile se faisant conformément à la loi de l'État membre du tribunal saisi. Pour une partie n'ayant pas de domicile dans l'État membre dont les tribunaux étaient saisis, le juge, pour déterminer si elle avait un domicile dans un autre État membre, devait appliquer la loi de cet État membre. Pour les personnes morales ou les sociétés, le domicile était défini en fonction du lieu de leur siège statutaire, de leur administration centrale ou de leur principal établissement.

1493. – Le règlement a prévu des ***exceptions***, c'est-à-dire des cas où le tribunal compétent ne serait pas celui du défendeur. Il en est ainsi dans des cas énumérés par le règlement : la compétence spéciale ou exclusive, la compétence en matière d'assurance, les contrats de consommateurs et les contrats individuels de travail.

1494. *Compétences spéciales* : d'autres règles, spéciales, déterminant la compétence juridictionnelle s'appliquaient en matière contractuelle (en général, compétence du tribunal du lieu où l'obligation a été ou doit être exécutée), en matière d'obligations alimentaires (en général, compétence du tribunal du lieu où le créancier d'aliments réside), et en matière délictuelle (compétence du tribunal du lieu où le fait dommageable s'est produit).

1495. *Compétences exclusives* : le principe général (domicile du défendeur) a aussi été écarté en cas de compétence exclusive d'un tribunal, ce qui est le cas en matière de droits réels immobiliers et de baux, d'immeubles (compétence du tribunal de l'État membre où l'immeuble se situe), en matière de validité, de nullité ou de dissolution des sociétés ou personnes morales ou des décisions de leurs organes (compétence du tribunal où la personne morale a son siège), en matière de validité des inscriptions sur les registres publics (est compétent le tribunal de l'État membre ou les registres sont tenus), en matière d'inscription ou de validité des brevets, marques, dessins et modèles ou droits analogues (compétence des juridictions de l'État membre sur le territoire duquel le dépôt ou l'enregistrement a été demandé ou a été effectué au termes d'un instrument communautaire ou d'une convention internationale), et en matière d'exécution des décisions (compétence des tribunaux de l'État membre du lieu de l'exécution).

1496. *Domaine des assurances* : l'assureur pouvait être attrait devant les tribunaux de l'État membre où il a son domicile, ou dans l'autre État membre où le demandeur a son domicile si les actions étaient intentées par le preneur d'assurance, l'assuré ou un bénéficiaire. Pour une assurance en responsabilité ou portant sur des immeubles, l'assureur pouvait être attrait devant le tribunal du lieu où le fait dommageable s'est produit.

1497. *Contrats conclus par les consommateurs* : il s'agissait de protéger les contractants qui concluent, avec un professionnel, une convention en dehors de leur propre activité professionnelle. Tous les contrats de ce type ont été visés, à quelques exceptions près (dans le domaine des transports notamment). Si un consommateur intente une action en justice, il était prévu qu'il pourrait le faire soit devant le tribunal de l'État membre sur le territoire où le défendeur se trouve, soit devant le tribunal de l'État membre où le consommateur (le demandeur) est domicilié. Pour un professionnel poursuivant un consommateur, l'action pouvait être portée uniquement devant les tribunaux des États membres sur le territoire duquel le consommateur était domicilié.

1498. *Contrats individuels de travail* : avec la même logique de protection, la règle a été ici qu'un travailleur pourrait attraire son employeur soit devant les tribunaux de l'État membre où celui-ci a son domicile, soit dans un autre État membre devant le tribunal du lieu où le travailleur accomplit habituellement son travail. Quand ce dernier n'accomplit pas habituellement son travail dans un même pays, serait compétent le tribunal du lieu où siège l'établissement qui a embauché le travailleur. Un employeur qui n'est pas domicilié dans un État membre mais y possède une succursale, une agence ou tout autre établissement, serait considéré comme ayant son domicile dans cet État membre. Quant à l'employeur, il ne pouvait entamer une action contre le travailleur que devant les tribunaux sur le territoire duquel le travailleur a son domicile.

b) Reconnaissance et exécution

1499. Les décisions rendues par une juridiction dans un État membre, quelles que soient leur dénomination, ont été reconnues dans les autres États membres, sans qu'il faille recourir à une procédure complémentaire.

Par exception, une décision n'était pas reconnue si la reconnaissance était manifestement contraire à l'ordre public de l'État membre requis ; si l'acte introductif d'instance n'avait pas été notifié au défendeur en temps utile et de manière qu'il puisse se défendre ; si elle était inconciliable avec une décision rendue entre les mêmes parties dans l'État membre requis ; ou si elle était inconciliable avec une décision rendue antérieurement dans un autre État membre ou dans un État tiers entre les mêmes parties dans un litige ayant le même objet et la même cause.

Le règlement a prévu que les décisions soient mises à l'exécution dans un autre État membre après y avoir été déclarées exécutoires sur requête de toute partie intéressée. Il y avait apposition quasi-automatique de la formule exécutoire, moyennant un simple contrôle formel. Un contrôle ultérieur pouvait cependant avoir lieu en cas de contestation par le défendeur, ceci étant alors susceptible de créer un obstacle réel à la reconnaissance et l'exécution de la décision judiciaire.

3° Phase 3 : le Règlement Bruxelles I *bis*

1500. Le règlement Bruxelles I a fait l'objet d'une évaluation et la Commission a déposé une proposition de règlement le 14 décembre 2010 (COM(2010)748 final) en constituant une refonte visant à poursuivre le développement de l'espace européen de justice, en supprimant les derniers obstacles à la libre circulation des décisions judiciaires.

Quatre grands points faibles ont été relevés.

La procédure de reconnaissance et d'exécution d'une décision dans un autre État membre, déjà considérablement allégée, entraînait encore des coûts inutiles et des retards pour les parties intéressées et dissuadait les entreprises et les citoyens de profiter pleinement du marché intérieur. Toute procédure d'exequatur devait donc être abolie, à l'exception des décisions rendues dans les affaires de diffamation et les actions collectives en indemnisation.

L'accès à la justice dans l'Union était encore peu satisfaisant dans l'ensemble lorsque les litiges faisaient intervenir des défendeurs établis à l'extérieur de l'Union. En effet, à quelques exceptions près, le règlement ne s'appliquait que lorsque le défendeur était domicilié dans l'Union. Dès lors, ce sont les droits nationaux qui continueraient à régir, dans une grande diversité, l'accès à la justice lorsqu'un des protagonistes était originaire d'un pays tiers. La proposition devait donner aux entreprises et aux citoyens la possibilité de poursuivre dans l'Union des défendeurs originaires de pays tiers, pour permettre notamment une meilleure garantie des règles de protection des consommateurs ou des salariés.

L'efficacité des accords d'élection de for restait à améliorer, en ce qu'elle autorisait des manœuvres dilatoires de parties de mauvaise foi. En effet, le règlement obligeait la juridiction désignée par les parties dans un tel accord à surseoir à statuer si une autre juridiction avait été saisie en premier lieu. La proposition visait à permettre à la juridiction désignée par les parties de se prononcer sur sa compétence, qu'elle ait été saisie en premier ou en second lieu, toute autre juridiction devant surseoir à statuer jusqu'à ce que la juridiction désignée se saisisse ou – si l'accord est nul – se dessaisisse.

L'arbitrage était exclu du champ d'application du règlement Bruxelles I mais en contestant une convention d'arbitrage devant un tribunal, une partie pouvait véritablement en saper les effets, ce qui créait des possibilités de retard et encourageait les manœuvres judiciaires. La proposition obligeait une juridiction saisie d'un litige à surseoir à statuer si sa compétence était contestée en vertu d'une convention d'arbitrage et si un tribunal arbitral avait été saisi de l'affaire ou si une action en justice portant sur la convention d'arbitrage avait été engagée dans l'État membre du siège de l'arbitrage.

1501. Le Règlement (UE) n° 1215/2012 du Parlement européen et du Conseil du 12 décembre 2012 concernant la compétence judiciaire, la reconnaissance et l'exécution des décisions en matière civile et commerciale (*JOUE* n° L 351/1 du 20 déc. 3012), dit « Bruxelles I *bis* » est entré en vigueur le 10 janvier 2015 (cf. aussi l'accord entre la Communauté européenne (*sic*) et le Royaume du Danemark sur la compétence judiciaire, la reconnaissance et l'exécution des décisions en matière civile et commerciale (*JOUE* n° L 79/4 du 21 mars 2013, p. 4).

Plusieurs nouveautés sont donc instaurées par la refonte du règlement :

– Il élargit la compétence judiciaire européenne et le champ d'application du règlement : le critère de la domiciliation du défendeur reste valable mais si le litige concerne une société, existe désormais un choix entre le siège statutaire, l'administration centrale ou le principal établissement pour saisir la juridiction concernée. Dans le domaine des litiges professionnels (droit du travail), l'employeur domicilié dans un État tiers est assimilé à un employeur domicilié dans un État membre lorsque par exemple une société étrangère a embauché un travailleur et que le travail s'accomplit habituellement sur le territoire d'un État membre.

– Le règlement renforce également la clause attributive de compétence dans les contrats internationaux. Cette clause est désormais autonome vis-à-vis du contrat qui la contient, les questions de nullité éventuelles la concernant étant distinguées des questions de nullité du contrat qui la porte. Est, de plus, supprimée l'exigence de domiciliation d'une des parties sur le territoire d'un État membre pour l'application de cette clause attributive de compétence.

– Le règlement refondu harmonise et simplifie aussi les règles de connexité et de litispendance, ce qui facilite la coordination des litiges transnationaux en évitant des déclarations d'incompétence et la multiplication de litiges identiques ou très proches.

– Le nouveau règlement simplifie surtout l'exécution des jugements. Désormais, le stade éventuel du recours contre la formule exécutoire, qui pouvait, on l'a vu, retarder la reconnaissance te l'exécution des décisions judiciaires est supprimé. Le principe est celui de la force exécutoire du jugement dans tous les États membres. En cas de contestation, le juge pourra demander à l'autorité chargée de l'exécution de la décision originelle de limiter celle-ci, par exemple, à des mesures conservatoires ou de la suspendre, intégralement ou partiellement, ce qui correspond à un véritable renversement du procédé de reconnaissance et à une plus grande marge de manœuvre pour le juge.

B. Le domaine du droit de la famille

1° La reconnaissance et l'exécution des décisions en matière matrimoniale et de responsabilité parentale

a) L'approche initiale

1502. Signée le 28 mai 1998 (*JCP* 1998. III. 20099), sur le fondement de l'article K 3 UE, la *Convention de Bruxelles II* réalisait, trente ans après, l'extension au domaine familial des principes consacrés dans la *Convention de Bruxelles*. La nouvelle Convention s'étendait, en effet, au contentieux relatif à la validité du mariage ainsi qu'à la séparation de corps et au divorce, y compris les mesures relatives aux enfants (garde, droit de visite), c'est-à-dire que les questions relatives à la filiation et aux successions avaient été écartées.

L'architecture de la Convention, comme celle de 1968, était celle d'une *convention double* en ce qu'elle comprenait à la fois des dispositions réglant la compétence des juridictions et des dispositions sur la reconnaissance et l'exécution.

Sur le premier point, elle prévoyait qu'un ou les deux époux pouvaient introduire une demande de dissolution de mariage auprès de la juridiction de leur résidence habituelle ou dans l'État membre dont tous les deux ont la nationalité, le juge du divorce étant en outre compétent pour se prononcer sur la situation des enfants.

Cette compétence du juge d'origine ainsi que la loi applicable ne pouvaient plus être contestées ; le contrôle de la régularité internationale était ainsi limité, comme dans la Convention de 1968, à la compatibilité avec l'ordre public, au respect des droits de la défense et à l'absence d'inconciliabilité avec une autre décision.

Les décisions rendues dans un État contractant qui remplissaient ces conditions de régularité devaient être *reconnues de plein droit* dans tous les autres États sans qu'une procédure soit nécessaire. Ainsi, le remariage et les mentions de mise à jour des actes de naissance et de mariage pouvaient être réalisés à l'étranger sans *exequatur*, sur la base de cette reconnaissance de plein droit.

Non ratifiée par les États membres, cette Convention a été transformée en règlement communautaire, dès lors que le traité d'Amsterdam avait inscrit la coopération judiciaire en matière civile dans le cadre du premier pilier. Un règlement du 29 mai 2000 (*JOCE* n° L 160/19 du 30 juin 2000) (*Bruxelles II*), entré en vigueur le 1er mars 2001, a repris le contenu de la Convention et en a assuré la continuité.

b) L'approche globale du divorce et de la responsabilité parentale

1503. L'investissement du droit de la famille par le droit communautaire ne pouvait que continuer à progresser, certaines situations douloureuses étant particulièrement choquantes dans un espace intégré, et il faut relever, à cet égard, l'initiative française, en juillet 2000, visant à l'adoption d'un règlement relatif à l'exécution mutuelle des décisions concernant le droit de visite des enfants (*JOCE* n° C 234 du 15 août 2000). En septembre 2001, la Commission présentait une proposition de règlement sur la responsabilité parentale (retirée lorsque sera décidée une action globale). Finalement, le règlement 2201/2003 du Conseil (*JOUE* n° L 338 du 23 déc. 2003), en vigueur au 1er août 2004, abroge le règlement *Bruxelles II* du 29 mai 2000 et aborde de manière globale les questions de divorce et de responsabilité parentale (*Bruxelles II bis*). Un tel instrument doit faciliter le travail des juges, mais aussi permettre de régler les problèmes de droit de visite transfrontalier et, par-là, éviter les cas traumatisants d'enlèvements d'enfants.

1504. Le règlement concerne tout d'abord toutes les procédures relatives à la dissolution du lien conjugal (annulation, divorce, séparation de corps) mais ne porte ni sur les effets patrimoniaux ni sur les obligations alimentaires (qui relèvent du règlement *Bruxelles I*). Le règlement couvre aussi la responsabilité parentale (attribution de la responsabilité parentale, délégation, retrait total ou partiel, droit de garde et de visite).

– S'agissant de la *juridiction compétente*, le règlement adopte (contrairement au règlement *Bruxelles I*) une série de critères objectifs de compétence non hiérarchisés, notamment la résidence habituelle des époux, dernière résidence habituelle dans la mesure où l'un des époux y réside encore. En matière de responsabilité parentale, le principe est celui de la compétence de la juridiction du lieu où réside habituellement l'enfant. Des règles particulières sont prévues en cas d'enlèvement d'enfant.

– En ce qui concerne *la reconnaissance et l'exécution* : le principe est qu'un jugement rendu dans un État membre sera reconnu dans un autre État membre sans aucune procédure spéciale (notamment en ce qui concerne le droit de visite des enfants). Pour les décisions matrimoniales, l'effet du règlement est le plus automatique : une décision rendue dans un autre État membre en matière de divorce, de séparation de corps ou d'annulation du mariage ne nécessite aucune procédure pour être reconnue dans un autre État membre. En revanche, vis-à-vis des décisions rendues sur l'exercice de la responsabilité parentale à l'égard d'un enfant, la procédure n'est pas aussi aboutie que dans le règlement *Bruxelles I* car pour que la décision puisse emporter des effets au profit de son bénéficiaire, celui-ci doit introduire une requête en déclaration de constatation de force exécutoire devant les juridictions de l'État d'exécution. Celles-ci peuvent d'elles-mêmes ou à la suite d'une contestation de l'exequatur par le défendeur, refuser la reconnaissance (toutefois, les motifs de refus sont limités).

2° Le règlement sur les obligations alimentaires

1505. Le règlement CE n° 4/2009 du Conseil du 18 décembre 2008 relatif à la compétence, la loi applicable, la reconnaissance et l'exécution des décisions et la coopération en matière d'obligations alimentaires (*JOUE* n° L 7/1 du 10 janv. 2009) régit les questions de compétence, de détermination de la loi applicable et les questions d'exécution des décisions en matière d'obligation alimentaire. Il supprime l'exequatur comme dans le règlement *Bruxelles I*, et son apport principal est d'introduire des mécanismes d'exécution forcée, tels que la saisie-arrêt sur salaire, ou le gel des comptes.

3° Le règlement sur les successions

1506. Le règlement (UE) n° 650/2012 du Parlement européen et du Conseil du 4 juillet 2012 relatif à la compétence, la loi applicable, la reconnaissance et l'exécution des décisions, et l'acceptation et l'exécution des actes authentiques en matière de successions et à la création d'un certificat successoral européen (*JOUE* n° L 201/107 du 27 juill. 2012) concerne à la fois la reconnaissance mutuelle et l'exécution des décisions et la question de la loi applicable. Ce dernier point sera examinée plus loin (v. ss 1527). Il est entré en vigueur le 5 juillet 2012. L'objectif en est d'accélérer les procédures mais plus fondamentalement de permettre aux personnes résidant dans l'Union européenne d'organiser à l'avance leur succession et de garantir d'une manière efficace les droits des héritiers et/ou légataires, et des autres personnes liées au défunt ainsi que des créanciers de la succession. Tous les avoirs constituant une succession sont ainsi régis par une loi unique, ce qui permet de réduire les risques de décisions contradictoires entre les différents États membres, et une autorité unique est compétente pour régler la succession. Enfin, la reconnaissance mutuelle est applicable aux décisions et aux actes authentiques dans les affaires de succession. Le règlement crée un *certificat successoral européen* permettant à une personne de prouver ses qualités héréditaires ou ses pouvoirs d'administrateur ou d'exécuteur d'une succession sans autres formalités. C'est un document optionnel émis par l'autorité traitant la succession. Une fois émis, le CSE est reconnu dans tous les pays de l'Union sans qu'aucune procédure ne soit nécessaire et contrairement aux certificats successoraux nationaux qui peuvent avoir des effets différents selon l'État d'émission, le CSE a les mêmes effets (établis dans le règlement) dans tous les États membres.

C. Les procédures d'insolvabilité

1507. La Convention de Bruxelles ne couvrant pas les faillites, concordats et procédures analogues, une Convention communautaire du 23 novembre 1995 envisageait ces procédures lorsqu'elles ont des effets transfrontaliers. Celle-ci n'ayant pu entrer en vigueur, c'est un règlement CE du 29 mai 2000 (*JOCE* n° L 160/1 du 30 juin 2000) qui a tenté d'améliorer et d'accélérer ces procédures collectives fondées sur l'insolvabilité du débiteur. Le principe majeur est celui de l'universalité de la procédure, la possibilité étant maintenue, cependant, d'ouvrir des procédures secondaires limitées au territoire de l'État membre concerné. Le règlement déterminait la juridiction compétente pour ouvrir la procédure (la loi où se trouvent le centre des intérêts principaux du débiteur, c'est-à-dire en principe le siège statutaire pour les personnes morales). Les autres principes cardinaux étaient que la loi de l'État membre d'ouverture de la procédure régit tous les effets de la procédure d'insolvabilité, et qu'en matière de reconnaissance et d'exécution s'appliquent les solutions retenues pour le règlement *Bruxelles I*. Ce règlement a été remplacé par le Règlement (UE) 2015/848 du Parlement européen et du Conseil du 20 mai 2015 relatif aux procédures d'insolvabilité (*JOUE* n° L 141/19 du 5 juin 2015), s'appliquant depuis le 26 juin 2017 qui instaure des procédures plus efficaces. Les États membres doivent ainsi publier les informations relatives aux affaires d'insolvabilité transfrontalières dans un registre en ligne accessible à tous, ces registres étant interconnectés avec le portail européen *e-Justice*. Le règlement crée aussi un cadre juridique spécial pour traiter l'insolvabilité des membres d'un groupe de sociétés, avec des règles obligeant les divers praticiens de l'insolvabilité et les juridictions concernées à coopérer et à communiquer entre eux, des droits de participation limités pour un praticien de l'insolvabilité dans une procédure concernant un autre membre du même groupe, et un système particulier pour la coordination des procédures concernant le même groupe de sociétés (procédures d'insolvabilité de groupes de société).

D. La reconnaissance mutuelle des mesures de protection

1508. Le Règlement (UE) n° 606/2013 du Parlement européen et du Conseil du 12 juin 2013 relatif à la reconnaissance mutuelle des mesures de protection en matière civile (*JOUE* n° L 181 du 29 juin 2013) est entré en vigueur le 11 janvier 2015 ; il met en place un système simple de reconnaissance des mesures de protection en matière civile ordonnées dans les États membres de l'Union. Il s'agit de permettre aux victimes de violences (domestiques, harcèlement, violences sur enfant par exemple) ou aux personnes dont l'intégrité physique ou psychologique ou encore dont la liberté sont menacées et qui bénéficient d'une mesure de protection dans un pays de l'Union ce même niveau de protection dans les autres États membres dans lesquels elles sont amenées à voyager ou résider.

E. La médiation en matière civile et commerciale

1509. La directive n° 2008/52/CE du Parlement européen et du Conseil du 21 mai 2008, sur certains aspects de la médiation en matière civile et commerciale (*JOUE* n° L 136/3 du 24 mai 2008) vise à encourager le recours à la médiation en tant que moyen de règlement des litiges en matière civile et commerciale. Les États membres doivent instaurer une procédure par laquelle un accord peut être, à la demande des parties, confirmé par un jugement, une décision ou un instrument authentique d'une juridiction ou d'une autorité publique. Cette procédure permet ainsi la reconnaissance mutuelle et l'exécution des accords transactionnels dans toute l'Union européenne, aux mêmes conditions que celles établies pour les jugements et les décisions judiciaires.

II. La coopération judiciaire

A. Le réseau judiciaire en matière civile et commerciale

1510. Ce réseau, créé, à l'imitation de celui existant déjà en matière pénale, par décision du Conseil du 28 mai 2001 (*JOCE* n° L 174/25 du 27 juin 2001) applicable à partir du 1er décembre 2002 (une révision a été opérée par une décision n° 568/2009 du PE et du Conseil du 18 juin 2009), se compose de points de contact, c'est-à-dire qu'il réunit des autorités centrales compétentes, des magistrats de liaison et toute autorité ayant des responsabilités dans le domaine de la coopération judiciaire désignés par leur État membre ; depuis 2009, il est ouvert aux avocats, notaires et huissiers de justice. Le réseau fonctionne par la mise en contact de ses membres et a une double mission : faciliter la coopération judiciaire en matière civile et commerciale (réunions régulières, échange d'informations, identification de problèmes...), et mettre des informations à disposition du public (mise en place d'un système d'information, élaboration de fiches pratiques...). La Commission joue un rôle moteur dans l'animation du réseau et a élaboré un site internet qui offre un accès au droit de l'Union et au droit et à l'organisation judiciaire de chaque État membre.

B. L'obtention des preuves en matière civile et commerciale

1511. C'est le domaine de l'instruction qui est ici touché, avec un règlement du 28 mai 2001 (*JOCE* n° L 174/1 du 27 juin 2001) applicable à partir de 2004, qui permet, selon des formes précises, à une juridiction d'un État membre (hormis le Danemark), de demander à une autre juridiction, dans un autre État membre, de procéder à un acte d'instruction, ou de demander à procéder elle-même à cet acte, toujours dans le seul but d'obtenir des preuves.

C. La signification et la notification des actes judiciaires et extrajudiciaires en matière civile et commerciale

1512. Le 26 mai 1997, le Conseil a adopté (*JOCE* n° C 261 du 27 août 1997, avec un rapport explicatif), sur la base de l'article K 3 du Traité sur l'Union européenne, une Convention se présentant comme un complément pratique aux deux *Conventions de Bruxelles* (elle remplaçait, notamment, le système inabouti envisagé dans l'article IV du *Protocole annexé à la Convention de 1968*). Son champ d'application, cependant, dépassait celui de ces deux Conventions, puisqu'il englobe notamment l'ensemble des domaines de l'état et de la capacité des personnes, des régimes matrimoniaux, des testaments et successions.

Elle visait à améliorer, dans les rapports entre les États contractants, le dispositif existant qui résulte de la *Convention de La Haye* du 15 novembre 1965, en instituant des rapports plus directs entre les autorités (tribunaux, huissiers de justice...), en facilitant la tâche des praticiens par le recours aux moyens modernes de transmission ainsi que l'utilisation de formulaires *ad hoc*, tout en garantissant les droits des justiciables.

Cette Convention n'a finalement pas été ratifiée par les États membres, et là encore, le traité d'Amsterdam a permis d'envisager une solution strictement communautaire : le 29 mai 2000, c'est donc un règlement, entré en vigueur le 31 mai 2001, qui a été adopté par le Conseil (*JOCE* n° L 160/37 du 30 juin 2000). Pour accélérer la transmission des actes judiciaires ou extrajudiciaires, des relations plus directes sont instituées entre les personnes ou les autorités responsables de leur transmission et celles chargées de procéder ou de faire procéder à leur signification ou notification. Pour ce faire, chaque État membre désigne des entités d'origine et requises chargées respectivement de transmettre et de recevoir les actes en question. De plus, chaque État membre désigne une entité centrale chargée entre autres de fournir des informations et de résoudre les problèmes liés à la transmission des actes. Pour faciliter les échanges, l'acte est accompagné d'un formulaire dont le modèle figure en annexe du règlement. La signification ou la notification de l'acte se fait selon la législation de l'État membre requis ou selon la forme demandée par l'entité d'origine si cela est possible. La Commission établit un manuel contenant notamment les adresses des entités et les langues qui peuvent être utilisées pour la transmission du dossier, ainsi qu'un lexique dans les langues officielles de l'Union européenne. Ce manuel est régulièrement mis à jour.

Ce règlement a été abrogé par le règlement n° 1393/2007 du Parlement européen et du Conseil du 13 novembre 2007 relatif à la signification et à la notification dans les États membres des actes judiciaires et extrajudiciaires en matière civile ou commerciale (*JOUE* n° L 324/79 du 10 déc. 2007) qui en améliore le dispositif, notamment en posant la règle selon laquelle l'entité requise doit prendre toutes les mesures nécessaires pour signifier ou notifier l'acte dans les meilleurs délais et, en tout état de cause, dans un délai d'un mois à compter de la réception, ou en mettant en place un nouveau formulaire type pour informer le destinataire de son droit de refuser de recevoir l'acte à signifier ou à notifier, soit au moment de la signification ou de la notification, soit en retournant l'acte à l'entité requise dans un délai d'une semaine ; autre amélioration, la détermination de conditions uniformes pour la signification ou la notification des actes par l'intermédiaire des services postaux (lettre recommandée avec accusé de réception ou envoi équivalent).

D. L'Identifiant européen de la législation (ELI) et de la jurisprudence (ECLI)

1513. La manière dont les informations juridiques sont organisées et classifiées varie selon les systèmes juridiques, ce qui n'aide pas à la structuration d'un espace juridique et judiciaire commun. Des Conclusions du Conseil préconisant l'introduction d'un identifiant européen de la législation (ELI) ont été adoptée en 2012 (*JOUE* n° C 325/3 du 26 oct. 2012) invitant les États membres à adopter le système ELI, ce qui va permettre de référencer les textes législatifs de l'Union européenne et nationaux de façon harmonisée dans les systèmes législatifs. ELI repose sur l'utilisation d'un identifiant uniforme de ressources unique servant à identifier un emplacement internet associé à un acte législatif, une série de métadonnées structurées destinées au référencement des textes législatifs de l'Union et nationaux, et la mise en place d'un langage spécifique pour échanger ces informations dans des formats lisibles par les systèmes informatiques afin de mieux les réutiliser. La mise en place d'ELI est facultative, volontaire et progressive et des conclusions du Conseil du 6 novembre 2017 sur l'identifiant européen de la législation (*JOUE* n° C 441/8 du 22 déc. 2017) ont fait le point sur les progrès et la marche à suivre pour approfondir la démarche.

1514. S'agissant de la jurisprudence, cf. les Conclusions du Conseil préconisant l'introduction d'un identifiant européen de la jurisprudence et un ensemble minimal de métadonnées uniformes pour la jurisprudence (*JOUE* n° C 127 du 29 avr. 2011). Les États membre doivent mettre en place, sur une base volontaire l'identifiant européen de la jurisprudence (ECLI): code standard en cinq parties permettra d'identifier plus facilement les décisions de justice ; un ensemble minimal de métadonnées uniformes. Le Conseil définit dans ces conclusions une liste de métadonnées, telles que le pays dans lequel siège la juridiction et la date de la décision, qui devront accompagner chaque document correspondant à un jugement. Chaque État membre participant doit désigner une organisation gouvernementale ou judicaire comme coordinateur national ECLI. Les différentes juridictions internes nationales peuvent rejoindre le système à tout moment. Un identifiant européen doit être attribué à tous les jugements rendus et pas seulement à ceux publiés sur internet. Ce système ECLI a été retenu dans le présent manuel pour se référer spécialement aux décisions de la Cour de justice de l'Union européenne depuis la disparition, en 2012, du Recueil papier.

E. La coopération en matière d'indemnisation des victimes de la criminalité

1515. Faisant suite à un Livre vert, la directive n° 2004/80 du Conseil, du 29 avril 2004, (*JOUE* n° L 261 du 6 août 2004) met en place un système de coopération visant à faciliter aux victimes de la criminalité l'accès à l'indemnisation dans les situations transfrontalières, s'agissant des régimes d'indemnisation publique destinés à pallier les difficultés à obtenir une indemnisation par l'auteur de l'infraction, ces régimes étant fréquents mais très disparates. Les victimes d'une infraction commise en dehors de leur État membre de résidence habituelle peuvent s'adresser à une autorité de l'État membre dans lequel elles résident (autorité chargée de l'assistance) pour obtenir les informations sur l'introduction d'une demande d'indemnisation. L'autorité de l'État membre de résidence habituelle transmet directement la demande à l'autorité de l'État membre où l'infraction a été commise (autorité de décision) qui est responsable de l'examen de la demande et du versement de l'indemnité.

La directive prévoit la création d'un système de points de contact centraux dans chaque État membre visant à faciliter cette coopération. Divers instruments facilitent le fonctionnement de celle-ci : formulaires types pour la transmission des demandes et des décisions relatives à l'indemnisation des victimes, et manuel, accessible sur internet, que doivent utiliser les autorités chargées de l'assistance.

Cf. aussi la directive 2012/29/UE du Parlement européen et du Conseil du 25 octobre 2012 établissant des normes minimales concernant les droits, le soutien et la protection des victimes de la criminalité et remplaçant la décision-cadre 2001/220/JAI du Conseil (*JOUE* n° L 315 du 14 nov. 2012) qui vise à promouvoir le droit à la dignité, à la vie, à l'intégrité physique et mentale, à la liberté et à la sécurité, au respect de la vie privée et familiale, le droit de propriété, le principe de non-discrimination, le principe d'égalité entre les femmes et les hommes, les droits de l'enfant, des personnes âgées et des personnes handicapées, ainsi que le droit à un procès équitable, c'est-à-dire à établir des normes minimales applicables à la protection des victimes de la criminalité au sein de l'Union.

F. Règles minimales en matière d'aide judiciaire

1516. La directive n° 2003/8 du Conseil du 27 janvier 2003 (*JOUE* n° L 26 du 31 janv. 2003 et correctif au *JOUE* n° L 32 du 7 févr. 2003), vise à améliorer l'accès à la justice dans les affaires transfrontalières par l'établissement de règles minimales communes relatives à l'aide judiciaire accordée dans le cadre de telles affaires en essayant d'assurer qu'une aide judiciaire appropriée soit accordée, sous certaines conditions, aux personnes qui ne peuvent faire face aux charges d'une procédure en raison de leur situation financière ; le but est de faciliter la compatibilité des droits nationaux à ce sujet et établir des mécanismes de coopération entre les autorités des États membres.

1517. On terminera ce panorama des instruments censés améliorer cette coopération judiciaire en mentionnant les Recommandations du Conseil : « Promouvoir le recours à la visioconférence transfrontière dans le domaine de la justice et l'échange de bonnes pratiques en la matière dans les États membres et au niveau de l'Union européenne » (*JOUE* n° C 250/1 du 31 juill. 2015), ainsi que la stratégie européenne en faveur de l'*e-justice* (Plan d'action européen pluriannuel relatif à la justice en ligne 2014-2018 reposant notamment sur le portail *e-Justice*, *JOUE* n° C 182/2 du 14 juin 2014).

III. L'amorce d'une harmonisation

1518. À certains égards on va voir apparaître une harmonisation au niveau européen, voire la mise en place de procédures ou de titres proprement européens.

A. Le titre exécutoire européen pour les créances incontestées

1519. Le règlement n° 805/2004 du 21 avril 2004 (*JOUE* n° L 143 du 30 avr. 2004), entré en vigueur le 21 janvier 2005 et en application le 21 octobre 2008, établit des normes minimales afin que les décisions, transactions judiciaires et actes authentiques portant sur des créances incontestées puissent circuler librement. Cela signifie la suppression de l'*exequatur*, c'est-à-dire la reconnaissance et l'exécution automatique, sans procédure intermédiaire ni motif de refus d'exécution, des décisions rendues dans un autre État membre. Ce règlement s'applique en matière civile et commerciale et ne recouvre notamment pas les matières fiscales, douanières ou administratives. Il est applicable dans tous les États membres à l'exception du Danemark.

B. La procédure européenne d'injonction de payer

1520. Le règlement CE n° 1896/2006 du Parlement européen et du Conseil du 12 décembre 2006 (*JOUE* n° L 399/1 du 30 déc. 2006) a institué une « procédure européenne d'injonction de payer ». Le mécanisme est le suivant ; en présence d'une créance pécuniaire liquide et exigible et dans le cadre d'un conflit transfrontalier, un créancier peut s'adresser à une juridiction compétente (au sens du Règlement Bruxelles I) afin d'adresser une demande d'injonction de payer fondée uniquement sur la description des preuves étayant la créance. Si la juridiction estime la demande fondée elle émet, sans appeler en cause le demandeur, une injonction de payer européenne. Le défendeur a trente jours pour s'y opposer (à dater de la notification). Passé ce délai et à défaut d'opposition, la juridiction d'origine déclare l'injonction de payer exécutoire. Celle-ci peut alors être exécutée sans aucune procédure de reconnaissance ni d'exequatur comme s'il s'agissait d'une décision nationale de l'État d'exécution. En revanche en cas d'opposition de la part du débiteur, le litige reprend un cours normal devant la juridiction compétente. La procédure a été adaptée par le règlement 2015/2421 réformant la procédure européenne de règlement des petits litiges (cf. ci-dessous).

C. La procédure européenne de règlement des petits litiges

1521. Dans un premier temps s'est appliquée une procédure prévue par le règlement 861/2007 à partir du 1er janvier 2009 dans tous les États membres de l'Union européenne sauf le Danemark (*JOUE* n° L 199/1 du 31 juill. 2007). Étaient en cause les litiges transfrontaliers dont l'enjeu ne dépassait pas 2 000 euros au moment de la réception de la demande par la juridiction compétente, hors intérêts, frais et débours. La décision rendue dans le cadre de cette procédure, valant par sa facilité (pas d'avocat requis) et sa rapidité (des délais brefs sont imposés) était reconnue et exécutée dans les autres États membres, sans qu'il soit nécessaire de rendre une déclaration constatant sa force exécutoire. Le recours éventuel contre une décision rendue dans le cadre d'une procédure européenne de règlement des petits litiges se déroulait selon le droit procédural des États membres. La procédure était facultative et s'ajoutait aux possibilités prévues par la législation des États membres.

1522. À partir du 14 juillet 2017, s'applique une nouvelle procédure portée par le règlement (UE) 2015/2421 du Parlement européen et du Conseil du 16 décembre 2015 (*JOUE* n° L 341/1 du 24 déc. 2015). La Procédure européenne de règlement des petits litiges peut désormais être utilisée en matière civile et commerciale, quelle que soit la nature de la juridiction et lorsque plus d'un pays de l'Union est impliqué dès lors que le montant d'une demande ne dépasse pas 5 000 euros. Dans la mesure du possible, la procédure en reste au stade écrit. Les audiences ne sont tenues exceptionnellement que lorsqu'il n'est pas possible de rendre la décision sur la base des preuves écrites ou lorsqu'une juridiction accepte la demande d'une partie.

D. L'ordonnance européenne de saisie conservatoire des comptes bancaires

1523. Le Règlement (UE) n° 655/2014 du Parlement européen et du Conseil du 15 mai 2014 portant création d'une procédure d'ordonnance européenne de saisie conservatoire des comptes bancaires, destinée à faciliter le recouvrement transfrontière de créances en matière civile et commerciale (*JOUE* n° L 189/59 du 27 juin 2014), entré en vigueur pour l'essentiel le 18 janvier 2017, concerne le recouvrement transfrontalier de créances en matière civile et commerciale. Il met en place une nouvelle procédure permettant à un créancier d'obtenir une ordonnance européenne de saisie conservatoire des comptes bancaires (OESC) pour bloquer des fonds détenus par un débiteur sur un ou plusieurs comptes bancaires d'un ou plusieurs autres États membres de l'Union (excepté le Danemark et le Royaume-Uni). Il ne concerne que les créances financières civiles et commerciales et ne peut jouer en matère fiscale, douanière, administrative ou de sécurité sociale, ni pour les litiges touchant des questions matrimoniales, ou successorales, ni lorsque des procédures de faillite, de liquidation, ou concordat ont été engagées. Une OESC délivrée dans un État membre est reconnue et exécutoire dans les autres États membres sans qu'une procédure spéciale ou une déclaration constatant sa force exécutoire soient requises, et la banque est dans l'obligation de déclarer, grâce à un formulaire spécifique, si l'OESC a permis la saisie conservatoire des fonds du débiteur.

IV. La détermination de la loi applicable

A. La loi applicable aux obligations contractuelles (Rome I)

1524. Dès la mise en place d'un marché commun, source d'une multiplication de contrats transfrontaliers, on comprend la difficulté à admettre que les règles de résolution des conflits de lois varient d'un pays à l'autre, l'incertitude sur la loi applicable à une situation contractuelle donnée étant un évident frein au développement de ces relations contractuelles. C'est la raison pour laquelle a été adoptée la Convention de Rome sur la loi applicable aux obligations contractuelles du 19 juin 1980. Cette convention a été elle aussi « communautarisée » et est devenue le règlement *Rome I* (Règl. n° 593/2008 du Parlement européen et du Conseil du 17 juin 2008 sur la loi applicable aux obligations contractuelles, *JOUE* n° L 177/6 du 4 juill. 2008). Le principe est celui de la liberté de choix par les parties de la loi applicable mais lorsque les parties n'ont pas choisi la loi applicable aux contrats de vente de biens, de prestation de services, de franchise ou de distribution, elle sera déterminée sur la base du pays de résidence du principal exécutant du contrat. Pour des contrats particuliers et dans une optique de protection de la partie faible, des options de sélection de la loi applicable sont faites et est déterminée la loi à appliquer en l'absence de choix (par exemple, pour un contrat de transport de marchandises, en l'absence de choix, la loi applicable sera celle du pays de résidence du transporteur, à condition que le lieu de chargement ou le lieu de livraison ou encore la résidence de l'expéditeur se situe aussi dans ce pays. Si cette condition n'est pas remplie, le contrat sera régi par la loi du pays de livraison. Pour un contrat entre consommateurs et professionnels, la loi applicable est celle du pays de résidence du consommateur, à condition que le professionnel exerce ses activités ou dirige ses activités dans ce pays. Les parties peuvent également, au titre de la liberté de choix, appliquer une autre loi, à condition que cette loi apporte le même niveau de protection au consommateur que celle de son pays de résidence).

B. La loi applicable aux obligations non contractuelles (Rome II)

1525. Le règlement CE n° 864/2007 du Parlement européen et du Conseil du 11 juillet 2007 sur la loi applicable aux obligations non contractuelles (*JOUE* n° L 199/40 du 31 juill. 2007) s'applique depuis le 11 janvier 2009 dans tous les États membres sauf le Danemark et couvre la responsabilité du fait des produits, la gestion d'affaires ou la *« culpa in contrahendo »* (obligations non contractuelles découlant de tractations menées avant la conclusion d'un contrat). Il s'agit d'harmoniser les règles de conflit de lois et non le droit matériel des États en matière d'obligations non contractuelles. L'objectif est donc que soit désignée la même loi nationale applicable à une obligation non contractuelle, quel que soit l'État membre dans lequel l'action est introduite. Le règlement prévoit des règles spécifiques pour certains domaines tels que la responsabilité des produits défectueux ou la propriété intellectuelle, mais on peut dégager néanmoins de ses règles générales que la loi applicable est la loi du pays où le dommage survient, ou à défaut la loi du pays où la personne responsable et la personne lésée ont toutes les deux leur résidence habituelle au moment de la survenance du dommage, ou à défaut la loi du pays avec lequel la situation présente des liens manifestement plus étroits que les pays précités.

Le règlement autorise aussi les parties à choisir d'un commun accord la loi applicable à leur obligation.

C. La loi applicable au divorce (Rome III)

1526. Plutôt que de proposer un instrument juridique distinct en matière de loi applicable aux divorces, la Commission a d'abord proposé de modifier le règlement *Bruxelles II bis* afin d'y intégrer des dispositions concernant la loi applicable au divorce et à la séparation de corps, ce qui aurait ainsi permis de disposer d'un instrument complet comportant les règles de désignation de la juridiction compétente, de conflits de loi, et d'exécution (Proposition de règlement du Conseil, du 17 juillet 2006, modifiant le règlement CE n° 2201/2003 en ce qui concerne la compétence et instituant des règles relatives à la loi applicable en matière matrimoniale, COM(2006)399) mais les positions des États membres se sont révélées inconciliables et un accord n'a pu être obtenu au niveau du Conseil. À la demande de neuf États membres, la Commission a adopté le 23 mars 2010 une proposition de règlement du Parlement européen et du Conseil mettant en œuvre une coopération renforcée (la première du genre) dans le domaine de la loi applicable au divorce et à la séparation de corps (COM(2010)105). L'objectif est de renforcer la sécurité juridique et la prévisibilité, avec un système dans lequel la loi applicable, à défaut de choix des parties, serait déterminée en fonction d'une échelle de critères de rattachements, parmi lesquels la loi de résidence habituelle des époux avant la séparation. Il s'agit aussi d'empêcher les situations dans lesquelles l'un des époux demande le divorce en premier pour faire en sorte qu'il soit soumis à une loi qu'il estime être plus favorable à ses intérêts. Finalement, le 20 décembre 2010 a été adopté le règlement (UE) n° 1259/2010 du Conseil mettant en œuvre une coopération renforcée dans le domaine de la loi applicable au divorce et à la séparation de corps (dit « règlement *Rome III* » ; *JOUE* n° L 343/10 du 29 déc. 2010). Ce règlement permet aux époux dans le cadre de la procédure de divorce et de séparation de corps de déterminer la loi applicable et le tribunal compétent sur la base de critères objectifs. La question de la compétence judiciaire demeure, quant à elle, régie par le règlement n° 2201/2003 du 27 novembre 2003. La coopération renforcée concerne à ce jour seize États membres dont la France, et s'applique depuis le 21 juin 2012.

D. La loi applicable en matière de successions

1527. Le règlement (UE) n° 650/2012 du Parlement européen et du Conseil du 4 juillet 2012 relatif à la compétence, la loi applicable, la reconnaissance et l'exécution des décisions, et l'acceptation et l'exécution des actes authentiques en matière de successions et à la création d'un certificat successoral européen (*JOUE* n° L 201/107 du 27 juill. 2012) concerne à la fois, on l'a dit (v. ss 1506) la reconnaissance mutuelle et l'exécution des décisions, et la question de la loi applicable. Sur ce dernier point, le règlement prévoit que la juridiction du pays de l'Union où le défunt résidait au moment de son décès aura la compétence de statuer sur l'ensemble de la succession. En règle générale, la loi applicable à la succession est la loi du pays (État membre ou État tiers) dans lequel le défunt résidait au moment de son décès. Toutefois, avant leur décès, les personnes peuvent choisir que la loi applicable sera la loi du pays dont elles possèdent la nationalité et s'il s'agit de la nationalité d'un pays de l'Union, les parties concernées par la succession peuvent convenir que la juridiction de cet État doit statuer sur la succession plutôt que celle du pays de résidence du défunt. La même loi s'applique à toute la succession, quels que soient les biens (mobiliers ou immobiliers) concernés ou le pays où ils se situent.

E. Les accords d'élection de for entre parties à des opérations internationales

1528. La convention de La Haye du 30 juin 2005 sur les accords d'élection de for vise à assurer l'efficacité des accords d'élection de for (également dénommés « clauses d'élection de for ») entre les parties à des opérations commerciales internationales. Elle apporte ainsi une plus grande sécurité juridique aux entreprises développant des activités transfrontières. Les entreprises de l'Union qui font des affaires avec des entreprises de pays tiers pourront avoir l'assurance que leur accord d'élection de for sera respecté par les tribunaux des pays ayant ratifié la convention, et que le jugement rendu par le tribunal élu sera reconnu et exécuté dans les pays qui appliquent la convention. Cette convention internationale a été établie par un groupe de pays et de blocs commerciaux tels que l'Union européenne, les États-Unis, le Canada, le Japon, la Chine et la Russie, tous membres de la conférence de La Haye de droit international privé qui élabore des instruments juridiques multilatéraux. Elle a vocation à constituer une base juridique mondiale pour la reconnaissance et l'exécution des jugements rendus en application d'accords d'élection de for entre l'Union européenne et ces pays. La convention a été signée par l'Union en 2009 et la refonte du Règlement *Bruxelles I* a permis sa ratification en garantissant la cohérence des règles internes européennes avec la convention : décision 2014/887/UE du 4 décembre 2014 ratifiant la convention de 2005 sur les accords d'élection de for (*JOUE* n° L 353/5 du 10 déc. 2014).

§ 2. La coopération judiciaire en matière pénale

Charpentier (J.), « Vers un espace judiciaire européen », *AFDI* 1978. 927.

Crabit (E.), *Recherches sur la notion d'espace judiciaire européen*, thèse, Bordeaux, 1987.

de Kerchove (G.) et Weyemberghe (A.) (éd.), *Vers un espace judiciaire pénal européen – Towards a European Judicial Criminal Area*, coll. « IEE », Bruxelles, Éd. de l'Université de Bruxelles, 2001.

Favoreu (L.) et Labayle (H.) (dir.), *Code de droit pénal de l'Union européenne*, 2e éd., Bruxelles, Bruylant, 2011.

Fontanaud (D.), « La coopération judiciaire en Europe », *Problèmes politiques et sociaux*, La documentation française, 1998.

Gautier (Y.), « La convention du 27 septembre 1996 relative à l'extradition entre les États membres de l'Union européenne », *Europe* déc. 1996, chron. 1.

Gouttes (R.) (de), « Variations sur l'espace judiciaire européen », *D.* 1990, chron. XLI, et « De l'espace judiciaire pénal européen à l'espace pénal paneuropéen », in *Mélanges Levasseur*, Paris, Litec, 1992.

Kessedjian (C.), « La circulation des jugements pénaux dans l'Europe communautaire », in *Mélanges Levasseur*, Paris, Litec, 1992.

Philip (C.), *Rapport d'information sur le rapprochement, la reconnaissance mutuelle et l'exécution des sanctions pénales dans l'Union européenne*, Assemblée nationale, Rapport n° 1730, 13 juill. 2004.

Rouchereau (F.), « L'espace judiciaire européen », *Regards sur l'actualité* nov. 1997, p. 12, La documentation française.

Soulier (G.), « Le traité d'Amsterdam et la coopération policière et judiciaire en matière pénale », *Rev. de science criminelle* 1998. 237.

Tyrrel (A.), *Rapport sur l'espace judiciaire européen*, P.E., Doc. séance, n° I.318/82.

1529. L'idée de la mise en œuvre d'un *espace judiciaire (pénal) européen*, en tant que dimension nouvelle à développer à côté de la perspective presque exclusivement économique et commerciale des traités communautaires revient au président Valéry Giscard d'Estaing qui l'exprima à l'occasion du Conseil européen de Bruxelles en décembre 1977. La libre circulation des personnes et la disparition progressive des mesures de contrôle rendaient en effet indispensable la coopération répressive afin que les frontières, qui n'arrêtent pas les criminels, n'arrêtent pas non plus les juges.

Plusieurs initiatives visant à faire face à l'internationalisation croissante des activités terroristes et plus largement criminelles ont été prises, en marge des traités communautaires, d'abord dans le cadre de la *coopération politique*, puis avec le Traité sur l'Union européenne, dans le cadre du *3e pilier* (Titre VI « Coopération dans les domaines de la justice et des affaires intérieures », qui est devenu « Coopération policière et judiciaire en matière pénale », avec le traité d'Amsterdam), mais toujours dans le cadre de méthodes intergouvernementales. Force est de constater que, pendant longtemps cet *espace judiciaire européen* est resté largement virtuel, aucune des conventions signées n'étant entrée en vigueur faute des ratifications nécessaires. Le Conseil européen de Tampere, en octobre 1999, notamment en prévoyant la création d'Eurojust, ou en insistant sur le principe de reconnaissance mutuelle (sur ce principe, cf. la communication COM(2000)495 de la Commission, et le programme de mesures établi par la Commission et le Conseil ; *JOCE* n° C du 12 au 15 janv. 2001), a cependant donné un nouvel élan à l'entreprise, mais ce qui a certainement été décisif fut le traumatisme créé par les attentats de 2001 à New-York, 2004 à Madrid et 2005 à Londres. La sécurité européenne devint alors un enjeu majeur, ce qui a conduit à développer d'une part la coopération policière, mais également la coopération judiciaire pénale.

I. La reconnaissance mutuelle des décisions de justice en matière pénale

A. Le mandat d'arrêt européen

1530. La décision-cadre n° 2002/584/JAI du Conseil, du 13 juin 2002 (*JOUE* n° L 190 du 18 juill. 2002) met en place le mandat d'arrêt européen qui vise à remplacer le système antérieur de l'extradition en imposant à chaque autorité judiciaire nationale (autorité judiciaire d'exécution) de reconnaître, *ipso facto*, et moyennant des contrôles minimums, la demande de remise d'une personne formulée par l'autorité judiciaire d'un autre État membre (autorité judiciaire d'émission). À partir du 1er janvier 2004, la décision-cadre devait donc être substituée aux textes existants en la matière tels que la Convention européenne d'extradition de 1957 ainsi que la Convention européenne pour la répression du terrorisme de 1978 en ce qui concerne l'extradition, l'accord du 26 mai 1989 entre les douze États membres, relatif à la simplification de la transmission des demandes d'extradition, la Convention sur l'extradition simplifiée de 1995, la Convention sur l'extradition signée le 27 septembre 1996 (*JOCE* n° C 313/12 du 23 oct. 1996), et les dispositions de l'accord de Schengen faisant référence à cette matière.

Il s'agit d'une décision judicaire d'un État membre « l'État d'émission » en vue de l'arrestation d'une personne dans un autre État membre « l'État d'exécution » et de sa remise, soit en vue de l'exécution d'une peine, soit pour l'exercice de poursuites pénales.

Le mandat est applicable en présence d'une condamnation définitive à une peine d'emprisonnement ou une mesure de sûreté ayant, au moins, une durée de quatre mois, ou d'une infraction pour laquelle une peine d'emprisonnement ou une mesure de sûreté d'un maximum supérieure à un an est prévue. Si les faits à l'origine du mandat d'arrêt européen constituent selon la législation de l'État d'émission une infraction entrant dans une liste de trente-deux infractions et sont punis d'une peine d'emprisonnement supérieure à trois années, la double incrimination ne peut plus être exigée. Si les faits n'entrent pas dans cette liste ou sont punis d'une peine inférieure à trois ans l'État d'exécution peut choisir d'opposer la double incrimination. Suite à l'arrestation de la personne, l'autorité judiciaire de l'État d'exécution dispose d'un délai total de quatre-vingt-dix jours pour statuer sur sa remise.

B. La reconnaissance mutuelle des peines et mesures privatives de liberté

1531. C'est la décision-cadre 2008/909/JAI du Conseil du 27 novembre 2008 (*JOU*E n° L 327/27 du 5 déc. 2008) qui applique le principe de reconnaissance mutuelle aux jugements en matière pénale prononçant des peines ou des mesures privatives de liberté aux fins de leur exécution dans l'Union européenne. L'État d'émission, après s'être assuré que l'exécution de la condamnation dans l'État d'exécution contribuera à la réalisation de l'objectif consistant à faciliter la réinsertion sociale et la réintégration de la personne condamnée, transmet le jugement à l'État d'exécution qui doit décider, dans les quatre-vingt-dix jours, s'il reconnaît le jugement et s'il exécute la condamnation. Il peut aussi décider de se prévaloir d'un des motifs de non-reconnaissance et de non-exécution prévus par la décision-cadre.

La décision-cadre établit une liste d'infractions donnant lieu à la reconnaissance et à l'exécution d'un jugement sans contrôle de la double incrimination si elles sont punies d'une peine ou d'une mesure privative de liberté d'une durée maximale d'au moins trois ans dans l'État d'émission. Pour les autres infractions, l'État d'exécution pourra exiger qu'elles constituent aussi une infraction dans son droit national pour reconnaître le jugement et exécuter la condamnation. L'État d'exécution peut adapter la peine mais celle-ci, dans la mesure du possible, doit correspondre à la condamnation initiale et ne doit en aucun cas être plus sévère.

C. La reconnaissance mutuelle des peines et mesures non privatives de liberté

1532. La décision cadre n° 2008/947/JAI du Conseil du 27 novembre 2008 (*JOUE* n° L 337/102 du 16 déc. 2008) applique le principe de reconnaissance mutuelle à l'exécution des peines non privatives de liberté. Sont concernés, sur le modèle général quant à la procédure, ou le sort de la double incrimination, les jugements et les mesures de probation et les peines de substitution. La décision-cadre encourage les États membres à coopérer davantage, à consigner dans leurs registres nationaux la prise en charge de la surveillance des mesures et des peines ainsi qu'à protéger les données à caractère personnel ; elle a été complétée par une décision cadre n° 2009/299/JAI du 26 février 2009 (*JOUE* n° L 81/24 du 27 mars 2009) renforçant les droits procéduraux des personnes et favorisant l'application du principe de reconnaissance mutuelle aux décisions rendues en l'absence de la personne concernée lors du procès.

D. La reconnaissance mutuelle des mesures de contrôle judiciaire

1533. La décision-cadre n° 2009/829/JAI du 23 octobre 2009 sur la Reconnaissance mutuelle des décisions de contrôle judiciaire en tant qu'alternative à la détention provisoire (*JOUE* n° L 294/20 du 11 nov. 2009) vise à faciliter le contrôle des personnes poursuivies qui résident dans un pays autre que le pays où aura lieu le procès. Par un mécanisme classique de transmission des mesures de contrôle et de reconnaissance, assorti d'un suivi des mesures de contrôle et de la remise d'une personne qui n'aurait pas respecté les mesures de contrôle auxquelles elle était assujettie, le système permet de garantir la comparution de la personne concernée et de promouvoir le recours aux mesures non privatives de liberté au cours d'une procédure pénale dans un État membre de l'Union autre que celui réside où la personne concernée, c'est-à-dire de limiter le recours à la détention provisoire pour les personnes objet d'une procédure pénale dans un pays dont elles ne sont pas résidents.

E. La prise en compte des condamnations antérieures

1534. La décision-cadre 2008/675/JAI du Conseil du 24 juillet 2008 (*JOUE* n° L 220/32 du 15 août 2008) est relative à la prise en compte des décisions de condamnation entre les États membres de l'Union européenne à l'occasion d'une nouvelle procédure pénale. Elle établit une obligation minimale imposant aux États membres de tenir compte des condamnations antérieures prononcées dans un État membre dans le cadre d'une nouvelle procédure pénale engagée à l'encontre d'une même personne pour des faits différents. Cette décision-cadre remplace l'article 56 de la Convention européenne du 28 mai 1970 sur la valeur internationale des jugements répressifs pour ce qui est des relations entre les États membres. Pour un bilan de l'application de ce régime, cf. COM(2014)312 du 2 juin 2014.

F. La reconnaissance mutuelle des mesures de confiscation

1535. La décision-cadre 2006/783/JAI du Conseil du 6 octobre 2006 (*JOUE* n° L 328/59 du 24 nov. 2006) relative à l'application du principe de reconnaissance mutuelle aux décisions de confiscation, favorise l'exécution directe des décisions de confiscation des produits du crime en fixant des procédures simplifiées pour la reconnaissance de ces décisions entre les États membres. Elle fixe des règles permettant le partage des avoirs confisqués entre l'État membre qui demande la confiscation et celui qui l'exécute, c'est-à-dire l'État membre au sein duquel la personne concernée (physique ou morale) possède des biens ou des revenus, ou a sa résidence habituelle ou son siège.

G. La reconnaissance mutuelle des sanctions pécuniaires

1536. La décision-cadre n° 2005/214/JAI du Conseil du 24 février 2005 (*JOUE* n° L 76/16 du 22 mars 2005), adoptée à l'initiative du Royaume-Uni, de la France et de la Suède, fait application du principe cardinal de la reconnaissance mutuelle aux sanctions pécuniaires, du type amende. Ceci concerne les infractions routières mais également la participation à une organisation criminelle, le terrorisme, la traite des êtres humains, le trafic d'armes, l'escroquerie, le trafic des véhicules volés ou le viol. Le système vise à supprimer le principe de double incrimination même si une certaine ambiguïté donne la mesure des difficultés dues à la diversité des approches nationales.

H. Le gel de biens ou d'éléments de preuve et le mandat européen d'obtention de preuves

1537. La décision-cadre n° 2003/577/JAI relative au gel de biens ou d'éléments de preuve adoptée le 22 juillet 2003 (*JOUE* n° L 196/45 du 2 août 2003), suite à une initiative de la Belgique, de la France et de la Suède, a pour objet de fixer les règles selon lesquelles un État membre reconnaît et exécute sur son territoire une décision de gel émise par une autorité judiciaire d'un autre État membre dans le cadre d'une procédure pénale. Il s'agit donc d'étendre le principe de la reconnaissance mutuelle aux décisions précédant la phase de jugement, en vue d'empêcher la destruction ou le déplacement d'un bien, et protéger des éléments de preuve. La décision-cadre prévoit un certificat pour procéder à la demande d'exécution. Ce certificat est transmis par l'autorité judiciaire qui a pris la décision à l'autorité compétente pour son exécution dans l'autre État membre. Les autorités judiciaires de l'État d'exécution reconnaissent toute décision de gel sans qu'aucune formalité ne soit requise et prennent sans délai les mesures nécessaires à l'exécution immédiate. L'État qui exécute la décision observe les formalités et procédures expressément indiquées par l'État qui a pris la décision afin d'obtenir des éléments de preuve valables, sauf si ces formalités et procédures sont contraires à ses principes fondamentaux.

Toujours dans cette phase précédant le jugement est intervenue la décision-cadre n° 2008/978/JAI du 18 décembre 2008 (*JOUE* n° L 350/72 du 30 déc. 2008), mettant en place le mandat européen d'obtention de preuves, à transposer avant le 19 janvier 2011, et qui remplaçait le système d'entraide judiciaire en matière pénale entre les États membres pour l'obtention d'objets, de documents et de données en vue de leur utilisation dans le cadre de procédures pénales. Le dispositif prévoyait que lorsque l'autorité compétente d'un État d'émission (juge, une juridiction, un magistrat instructeur, un procureur ou une autre autorité judiciaire) est fondée à croire que des preuves pertinentes se trouvent sur le territoire d'un autre État membre, elle peut transmettre le mandat européen d'obtention de preuves à l'autorité compétente de cet État membre. L'autorité d'exécution reconnaît le mandat européen d'obtention de preuves sans aucune autre formalité et prend les mesures nécessaires pour exécuter le mandat, sauf à se prévaloir d'un motif de non-reconnaissance, de non-exécution ou de report.

Cette décision-cadre a été remplacée par la directive 2014/41/UE (*JOUE* n° L 130/1 du 1er mai 2014) qui met en place la décision d'enquête européenne permettant aux autorités judiciaires d'un pays de l'Union européenne (État d'émission) de demander l'obtention et la transmission d'éléments de preuves (perquisitions, interrogatoire de témoins, etc.) à partir d'un autre pays de l'Union (État d'exécution). Cette DEE repose sur le principe de reconnaissance mutuelle, chaque pays de l'Union étant tenu de reconnaître et de donner suite à une telle demande, sans délai et sans aucune autre formalité. Le régime de la DDE fixe des délais stricts pour l'obtention des éléments de preuve sollicités (90 jours) et limite les motifs de refus admissibles, par exemple si la demande est contraire aux principes fondamentaux du droit de ce pays ou nuit à ses intérêts nationaux en matière de sécurité. Tous les coûts liés à une demande doivent être supportés par l'État d'exécution.

II. Les structures et procédures de coopération en matière pénale

A. Le réseau judiciaire européen

1538. Créé par une action commune du Conseil (3e pilier) du 29 juin 1998 (action n° 98/428 JAI, *JOCE* n° L 191 du 7 juill. 1998), ce réseau regroupe les autorités centrales responsables, dans les État membres, de la coopération judiciaire internationale, plusieurs *points de contact* dans chaque État membre, et les *magistrats de liaison* prévus par une autre action commune du 22 avril 1996 (*JOCE* n° L 105/1 du 27 avr. 1996). L'objectif est de faciliter l'établissement de liens appropriés entre ces *points de contact*, d'organiser des réunions périodiques des représentants des État membres, et de fournir des informations de base, par un réseau de télécommunication adéquat. La progression spectaculaire des principes d'entraide judiciaire et de reconnaissance mutuelle des décisions judiciaires en matière pénale, ainsi que l'élargissement de l'Union en 2004 et 2007 ont alourdi le rôle du Réseau judiciaire européen et le besoin de le renforcer est devenu impératif, ce qu'a fait la décision du Conseil n° 2008/976/JAI du 16 décembre 2008 concernant le Réseau judiciaire européen (*JOUE* n° L 348/130 du 24 déc. 2008), qui fournit des dispositions pour la poursuite des activités du Réseau, notamment en l'articulant mieux par rapport à Eurojust, tout en abrogeant l'action commune qui l'avait créé.

B. Eurojust

1539. Le Conseil européen de Tampere, en octobre 1999, a décidé que serait créée une unité (Eurojust) ayant pour objet de coordonner les activités menées par les autorités nationales chargées de la lutte contre la criminalité organisée. La mise en place d'Eurojust a fait l'objet de deux initiatives, respectivement de l'Allemagne (*JOCE* n° C 206 du 19 juill. 2000), et du Portugal, de la France, de la Suède et de la Belgique (*JOCE* n° C 243 du 24 août 2000), et a pu bénéficier d'une base juridique dans les traités puisque le traité de Nice le visait expressément. Eurojust, organe de l'Union doté de la personnalité juridique a été créée par la décision n° 2002/18 JAI du Conseil du 28 février 2002 (*JOUE* n° L 63 du 6 mars 2002). Chaque État membre doit nommer un membre national d'Eurojust ayant la qualité de procureur, de juge ou d'officier de police (ce dernier doit avoir des compétences équivalentes à celles de juge ou de procureur). L'emprise des États reste certaine, puisque ces membres nationaux sont soumis au droit national de l'État membre qui les a nommés et que chaque État membre fixe la durée du mandat ainsi que la nature des pouvoirs judiciaires conférés à son représentant national. Eurojust est compétent en ce qui concerne les enquêtes et les poursuites touchant au moins deux États membres relatives à la criminalité grave pour promouvoir la coordination entre les autorités compétentes des différents États membres et faciliter la mise en œuvre de l'entraide judiciaire internationale et l'exécution des demandes d'extradition. L'organisme peut accomplir ses tâches par l'intermédiaire d'un ou de plusieurs membres nationaux ou de manière collégiale. Il peut demander, entre autres, aux autorités des États membres concernés d'entreprendre des poursuites ou une enquête, ou de mettre en place une équipe commune d'enquête. Afin d'accomplir ses missions, Eurojust entretient des relations privilégiées avec le réseau judiciaire européen, l'Office européen de police (Europol), l'Office européen de lutte antifraude (OLAF), l'Agence européenne aux frontières extérieures (Frontex) et le Centre de situation conjoint de l'Union européenne. La coopération entre États reposant largement sur des échanges d'information, la décision qui institue Eurojust contient une réglementation minutieuse visant à assurer un niveau de protection des données à caractère personnel. Eurojust s'est imposée comme l'interlocuteur de l'Union européenne en matière d'entraide judiciaire en matière pénale.

C. Le Parquet européen

1540. Après un Livre vert concernant la mise en place d'un Procureur européen (COM(2001)715), le traité de Lisbonne a repris l'idée d'un « parquet européen » qui serait créé à partir d'Eurojust (art. 86 FUE) et qui serait compétent pour combattre les infractions portant atteinte aux intérêts financiers de l'Union (cf. l'étude du Conseil d'État « Réflexions sur l'institution d'un parquet européen », 25 mai 2011). La Commission a fait une proposition en ce sens, avec un Parquet européen spécialisé en matière de fraudes affectant les finances européennes, dans une communication du 26 mai 2011 (Communication sur la protection des intérêts financiers de l'Union européenne par le droit pénal et les enquêtes administratives. Une politique intégrée pour protéger l'argent des contribuables, COM(2011)293). L'échec de la proposition et les possibilités inscrites à l'article 86 FUE en ce qui concerne le recours à une coopération renforcée en la matière (v. ss 78) a permis une telle proposition à la fin de l'année 2016. Le Règlement (UE) 2017/1939 du Conseil mettant en œuvre une coopération renforcée concernant la création du Parquet européen a été adopté le 12 octobre 2017 (*JOUE* n° L 283/1 du 31 oct. 2017). La coopération concerne vingt États membres. Le Parquet, qui sera créé en 2020 et se situera à Luxembourg, comprendra un Procureur par État membre et des Procureurs européens délégués dans chaque État membre, chargés de conduire les investigations et de traduire en justice les auteurs d'infractions préjudiciables aux intérêts financiers européens (fraudes à la TVA, ou en matière de PAC ou de fonds structurels).

1541. Au titre des structures de coopération pouvant toucher au domaine pénal, on peut signaler le comité permanent de coopération opérationnelle en matière de sécurité intérieure créé par la décision 2010/131/UE du conseil du 25 févr. 2010 (*JOUE* n° L 52 du 3 mars 2010). Il contribue à assurer la cohérence de l'action d'Eurojust, d'Europol, et de Frontex et veille à l'efficacité de la coopération et de la coordination dans les domaines couverts par la coopération policière, par la coopération douanière et par les autorités de contrôle des frontières extérieures. Il peut également couvrir la coopération judiciaire pénale pour ce qui est de la coopération opérationnelle dans le domaine de la sécurité intérieure.

D. Les dispositifs facilitant la coopération

1542. La décision-cadre n° 2009/315/JAI du Conseil du 26 février 2009 concernant l'organisation et le contenu des échanges d'informations extraites du casier judiciaire entre les États membres (*JOUE* n° L 93/23 du 7 avr. 2009) vise à définir les modalités selon lesquelles un État membre dans lequel est prononcée une condamnation transmet les informations relatives à cette condamnation à l'État membre de la nationalité de la personne condamnée ; elle précise les obligations qui incombent à l'État membre de nationalité pour conserver des informations sur les condamnations et les modalités que cet État membre doit respecter lorsqu'il répond à une demande d'informations à propos de ses ressortissants et établit un cadre qui permettra de développer un système informatisé d'échange d'informations sur les condamnations.

Sur la base de cette décision-cadre, la décision n° 2009/316/JAI du Conseil du 6 avril 2009 relative à la création du système européen d'information sur les casiers judiciaires (ECRIS), en application de l'article 11 de la décision-cadre n° 2009/315/JAI (*JOUE* n° L 93/33 du 7 avr. 2009) a créé le système européen d'information sur les casiers judiciaires (ECRIS) permettant l'interconnexion des casiers judiciaires par voie électronique, dans le cadre d'échanges d'informations sur les condamnations entre les États membres de manière uniforme et informatisée.

Une autre décision-cadre (décision-cadre n° 2009/948/JAI du 30 novembre 2009 relative à la prévention et au règlement des conflits en matière d'exercice de la compétence dans le cadre des procédures pénales, *JOUE* n° L 328/42 du 15 déc. 2009) vise à renforcer la coopération judiciaire entre les pays de l'Union européenne en vue de prévenir des procédures pénales parallèles inutiles en ce qui concerne les mêmes faits et la même personne. La décision-cadre fixe les modalités selon lesquelles les autorités nationales compétentes se contactent lorsqu'elles soupçonnent qu'une procédure est menée en parallèle dans un autre pays de l'Union. Elle établit également les modalités selon lesquelles ces autorités engagent des consultations directes en cas de procédures parallèles, en vue de trouver une solution visant à éviter les conséquences négatives de ces procédures.

1543. Un acte du Conseil du 29 mai 2000 a établi la convention relative à l'entraide judiciaire en matière pénale entre les États membres de l'Union européenne (*JOUE* n° C 197/1 du 12 juill. 2000) visant à encourager et faciliter l'entraide entre les autorités judiciaires, policières et douanières en matière pénale.

1544. Signalons également la décision du Conseil du 27 juin 2006 concernant la signature de l'accord entre l'Union européenne et la République d'Islande et le Royaume de Norvège relatif à la procédure de remise entre les États membres de l'Union européenne et l'Islande et la Norvège (*JOUE* n° L 292/1 du 21 oct. 2006) qui permet d'accélérer les transferts de suspects et de détenus via un système de remise ainsi que de mieux contrôler les décisions relatives à l'exécution des mandats d'arrêt.

III. Les droits des justiciables et des victimes

A. Le statut des victimes

1545. La décision-cadre n° 2001/220/JAI du Conseil du 15 mars 2001 (*JOUE* n° L 82/1 du 22 mars 2001) relative au statut des victimes dans le cadre de procédures pénales prévoyait des droits minimaux et une assistance pour les victimes de la criminalité avant, pendant et après les procédures pénales l'assistance des victimes de la criminalité avant, pendant et après les procédures pénales. Elle fixait les dispositions selon lesquelles les victimes se voient garantir le droit d'être entendues, la possibilité de participer aux procédures (également lorsque l'infraction a été commise dans un autre État membre), une protection, une réparation et un accès à la médiation et à toute information pertinente.

1546. Elle a été remplacée par la directive 2012/29/UE du Parlement européen et du Conseil du 25 octobre 2012 établissant des normes minimales concernant les droits, le soutien et la protection des victimes de la criminalité (*JOUE* n° L 315/57 du 14 nov. 2012), dite directive « victimes » ; celle-ci a pour objet de garantir, par des normes minimales pour toutes les victimes de criminalité, indépendamment de leur nationalité ou de leur statut de résident, que ces victimes reçoivent des informations, un soutien et une protection adéquats et puissent participer à la procédure pénale dès lors que l'infraction a été commise dans l'Union européenne. Les victimes doivent avoir le droit d'être entendues par un tribunal, de demander le réexamen d'une décision de ne pas poursuivre, d'obtenir le remboursement de leurs frais, de bénéficier de l'aide juridictionnelle, et de se voir restituer les biens qui leur ont été volés. Par ailleurs, les autorités nationales doivent réduire au minimum les difficultés rencontrées lorsque la victime réside dans un État membre autre que celui où l'infraction pénale a été commise.

1547. Ajoutons que s'applique également la directive n° 2004/80 du Conseil du 29 avril 2004, (*JOUE* n° L 261 du 6 août 2004) qui met en place un système de coopération visant à faciliter aux victimes de la criminalité l'accès à l'indemnisation et qui a été présentée plus haut (v. ss 1515).

B. Les droits procéduraux des personnes suspectées ou poursuivies

1548. Une « feuille de route » a été adoptée en 2009 pour renforcer les droits procéduraux des suspects ou des personnes poursuivies dans le cadre des procédures pénales (*JOUE* n° C 295/1 du 4 déc. 2009). Les actes suivants correspondent à la mise en œuvre progressive de cette feuille de route.

1549. ***Le droit à l'interprétation et à la traduction dans les procédures pénales*** : la directive n° 2010/64/UE du Parlement européen et du Conseil du 20 octobre 2010 relative au droit à l'interprétation et à la traduction dans le cadre des procédures pénales (*JOUE* n° L 280/1 du 26 oct. 2010) pourrait être présentée sous l'angle de la reconnaissance mutuelle ou de la coopération puisqu'elle contribue au bon fonctionnement de la coopération judiciaire au sein de l'Union et facilite la reconnaissance mutuelle des décisions judiciaires en matière pénale. Mais elle améliore également la protection des droits des citoyens en définissant des normes minimales pour le respect du droit à un procès équitable et des droits de la défense garantis par la Convention européenne de sauvegarde des droits de l'Homme et des libertés fondamentales et la Charte des droits fondamentaux de l'Union européenne.

1550. ***Le droit à l'information dans les procédures pénales*** : la directive 2012/13/UE du Parlement européen et du Conseil du 22 mai 2012 relative au droit à l'information dans le cadre des procédures pénales (*JOUE* n° L 142/1 du 1er juin 2012) établit des normes minimales applicables dans tous les pays de l'Union quels que soient le statut juridique, la citoyenneté et la nationalité des personnes concernées. Les personnes soupçonnées ou poursuivies doivent être informées rapidement, de manière orale ou par écrit, de leurs droits procéduraux, ces droits comprenant la consultation d'un avocat, le droit de bénéficier de conseils juridiques gratuits, le droit pour la personne d'être informée des accusations portées contre elle, le droit de bénéficier d'un service d'interprétation et de traduction, et le droit de garder le silence. Les personnes arrêtées doivent rapidement recevoir aussi des autorités judiciaires (police ou ministère de la justice selon les pays) une déclaration des droits rédigée dans un langage simple et fournissant des informations sur tout autre droit tel que le droit de consulter le dossier de procédure, le droit d'informer une personne et de contacter les autorités consulaires, le droit à des soins médicaux d'urgence, le droit de connaître la période maximale en heures et en jours pendant laquelle elles pourront être détenues avant d'être présentées à une autorité judiciaire, et la possibilité ou non de contester la légalité de l'arrestation. Toute personne soupçonnée ou poursuivie doit être rapidement informée de l'infraction pénale qu'elle est soupçonnée d'avoir commise et doit en outre pouvoir consulter le dossier de procédure afin d'exercer son droit de défense.

1551. ***Le droit à une aide juridictionnelle dans le cadre des procédures pénales*** : la troisième mesure concrétisant la feuille de route a été la directive 2013/48/UE du Parlement européen et du Conseil du 22 octobre 2013 relative au droit d'accès à un avocat dans le cadre des procédures pénales et des procédures relatives au mandat d'arrêt européen, au droit d'informer un tiers dès la privation de liberté et au droit des personnes privées de liberté de communiquer avec des tiers et avec les autorités consulaires (*JOUE* n° L 294/1 du 6 nov. 2013) qui définit notamment des règles minimales concernant le droit d'accès à un avocat dans le cadre des procédures pénales et des procédures visant à exécuter un mandat d'arrêt européen. On peut aussi citer la Recommandation de la Commission du 27 novembre 2013 relative au droit à l'aide juridictionnelle accordée aux personnes soupçonnées ou poursuivies dans le cadre de procédures pénales (*JOUE* n° C 378 du 24 déc. 2013).

1552. ***Le renforcement de certains aspects de la présomption d'innocence et du droit à assister à son propre procès*** : c'est la directive 2016/343 du Parlement européen et du Conseil du 9 mars 2016 (*JOUE* n° L 65/1 du 11 mars 2016) qui a assuré ce renforcement du droit à un procès équitable, notamment en demandant aux États membres de faire en sorte qu'il soit garanti que, dans les informations transmises, ou la manière de montrer en public les suspects et personnes poursuivies, celles-ci ne soient pas présentées comme étant coupables, même du point de vue de l'apparence (menottes, boxes vitrés, cages, entraves de métal, uniforme de prisonnier) tant que leur culpabilité n'est pas légalement établie. La directive aborde aussi des questions telles que la charge de la preuve pour établir la culpabilité, qui doit reposer sur l'accusation, le doute profitant à l'accusé, le droit de garder le silence, le droit de ne pas s'incriminer soi-même, et les conditions dans lesquelles un procès peut se tenir en l'absence du prévenu.

1553. ***La protection des personnes vulnérables soupçonnées ou poursuivies*** a fait l'objet de la directive (UE) 2016/800 du Parlement européen et du Conseil du 11 mai 2016 relative à la mise en place de garanties procédurales en faveur des enfants qui sont des suspects ou des personnes poursuivies dans le cadre des procédures pénales (*JOUE* n° L 132/1 du 21 mai 2016), cinquième application de la feuille de route de 2009. Les enfants doivent bénéficier du droit d'accès à un avocat et du droit d'être assisté d'un avocat. Un enfant qui n'a pas bénéficié de l'assistance d'un avocat au cours des audiences ne peut pas être condamné à une peine de prison. La privation de liberté, et en particulier la détention, ne doit être imposée à l'égard des enfants qu'à titre de mesure de dernier ressort et pour une durée appropriée aussi brève que possible. Dans un tel cas, les enfants sont séparés des adultes, à moins qu'il ne soit considéré dans l'intérêt supérieur de l'enfant de ne pas procéder de la sorte. On trouve aussi des droits tels que celui de communiquer les informations à un parent ou à un autre adulte approprié et d'être accompagnés par cette personne pendant les audiences ainsi qu'au cours des autres étapes de la procédure.

Nature de l'Union européenne

Azoulai (L.), « La nature juridique de l'Union européenne », in Cohen-Jonathan (G.) et Duteil de la Rochère (J.) (dir.), *Constitution européenne, démocratie et droits de l'Homme*, Bruxelles, Bruylant, 2003, p. 97.

Azoulai (L.), et Picod (F.), « L'Union européenne », in Chagnollaud (D.), Troper (M.) (dir), *Traité international de droit constitutionnel*, Paris, Dalloz, coll. « Traités Dalloz », tome 2, 2012, p. 77.

Beaud (O.), *La puissance de l'État*, Paris, PUF, 1994.

Blanquet (M.), « commentaire de l'article I-5 », in Burgorgue-Larsen (L.), Levade (A.) et Picod (F.) (dir.), *Traité établissant une Constitution pour l'Europe, commentaire article par article*, t. 1, Bruylant, 2007, p. 96.

Constantinesco (L.J.), « La nature juridique des Communautés européennes », *Annales de la Faculté de droit, d'économie et de sciences sociales de Liège*, 1979, p. 151.

Croisat (M.) et Quermone (J.-L.), *L'Europe et le fédéralisme*, Montchrestien, coll. « Clefs », 1996.

Cursoux-Bruyère (S.), « La nature de l'Union européenne : réflexion autour de sa personnalité juridique », *LPA* 2015, n° 204, p. 10.

Dagtoglou (P.D.), « La nature juridique de la Communauté européenne », in *30 ans de droit communautaire*, préc., p. 35.

Denizeau (C.), *L'idée de puissance publique à l'épreuve de l'Union européenne*, Paris, LGDJ, « Bibl. de droit public », 2004.

Dubos (O.), « L'Union européenne, sphynx ou énigme ? », in *Les dynamiques du droit européen en début de siècle. Études en l'honneur de Jean-Claude Gautron*, Paris, Pedone, 2004, p. 29.

Dubouis (L.), « La nature de l'Union européenne », in Cohen-Jonathan (G.) et Duteil de la Rochère (J.) (dir.), *Constitution européenne, démocratie et droits de l'Homme*, Bruxelles, Bruylant, 2003, p. 94.

Leben (C.), « À propos de la nature juridique des Communautés européennes », *Revue française de théorie juridique* 1991. 61.

Mengozzi (P.), « L'identité de l'Union européenne », *RDUE* 2012, n° 1, p. 15.

Molinier (J.), « La notion de *pouvoir public commun* et la nature des Communautés européennes », in *Mélanges en hommage à Guy Isaac*, Toulouse, Presses de l'Université des sciences sociales de Toulouse, 2004, p. 191.

Monjal (P.-Y.), « La nature juridique de l'Union européenne, en attendant Godot », *LPA* 12 mai 1995, p. 16.

Pliakos (A.D.), « La nature juridique de l'Union européenne », *RTDE* 1993. 187.
Ricard-Nihoul (G.), *Pour une fédération européenne d'États-nations. La vision de Jacques Delors revisitée*, Bruxelles, Larcier, 2012.
Rideau (J.), « Union européenne. Nature, valeurs et caractères généraux », *J.-Cl. Europe*, fasc. 110, 2015.
Roland (S.) et Runavot (M.-C.) (dir.), « La nature politico-juridique de l'Union européenne », *ADUE* 2014, pp. 67 à 224.
Roland (S.), « Quelques réflexions méthodologiques sur la qualification de la nature juridico-politique de l'Union européenne » in *L'identité du droit de l'Union européenne. Mélanges en l'honneur de Claude Blumann*, Bruxelles, Bruylant, 2015, p. 247.

1554. Au terme de ce livre, peut-on qualifier l'Union européenne, en la rangeant dans une des catégories traditionnelles de regroupements d'États, ou, en cas d'échec d'une telle tentative, en identifiant sa nature particulière ?

I. Caractère irréductiblement atypique

A. Des modèles fédéraux inadaptés

1555. Subjectivement et *a priori*, il faut d'abord admettre les ambiguïtés dès l'origine du projet européen. Sans remonter aux dissensions, lors du Congrès de La Haye, entre fédéralistes et unionistes (v. ss 2), on sait que Jean Monnet, dans ses écrits, semble considérer comme synonymes « supranational » et « fédéral ». De même, la Déclaration fondatrice de R. Schuman, le 9 mai 1950, évoque une « organisation » qui constituerait la « première étape de la Fédération européenne », ou les « premières assises concrètes d'une Fédération européenne ».

1556. Objectivement et *a posteriori*, cependant, on peut dire que l'Union ne se coule parfaitement dans aucune des formes classiques de la démarche fédérale. D'abord, elle n'atteint pas, tout en le dépassant, le stade de la *confédération*. Elle ne l'atteint pas parce qu'elle ne possède pas les compétences habituelles de la confédération : politique étrangère et défense, mais il est patent qu'une réelle progression existe en ce domaine. En revanche, outre qu'elle dispose désormais d'une monnaie unique, l'Union a dépassé le stade de la confédération par son système institutionnel, notamment la possibilité de décisions à la majorité, la présence d'une assemblée élue, et surtout par les rapports directs qu'elle entretient avec les citoyens (et sujets de droits) des États membres.

En outre, si elle présente certaines caractéristiques de l'*État fédéral* (partage des compétences, même internes ; immédiateté normative et juridictionnelle ; assemblée élue, notamment), l'Union en diffère radicalement sur d'autres points. L'Union trouve son origine et son statut dans des traités, actes de droit international, et non dans une constitution, acte de droit interne ; la question, cependant (v. ss 595) mérite une approche plus nuancée. L'État fédéral monopolise, en principe, la qualité de sujet du droit des gens que les États membres lui abandonnent ; en revanche, les États membres de l'Union n'ont pas renoncé à leur capacité d'agir comme sujets de droit international, et ils conservent, dans l'ordre international, leur pleine capacité, sous réserve des engagements souscrits par eux dans les traités. Surtout, l'Union, au contraire de l'État fédéral, ne détient pas de compétence générale ou le pouvoir de déterminer la répartition des compétences entre elle-même et ses États membres, quand bien même, là encore, il convient d'observer que ce sera souvent en fonction des objectifs de l'Union, et non des dispositions constitutionnelles internes, que la Cour de justice déterminera exactement ce qu'il en est de la répartition des compétences.

B. Un modèle international inapproprié

1557. ***Le schisme originel*** : contrairement à ce que pourrait faire penser l'image d'Épinal d'une Europe construite « par le droit » et « par les juristes », c'est sur un mode très pragmatique que la CECA commence à fonctionner et c'est dans un deuxième temps et sous l'impulsion déterminée du Directeur du service juridique de la Haute Autorité CECA, Michel Gaudet, que l'on va tenter de créer une discipline juridique associée à cette organisation (sur ce temps fondateur du droit communautaire, cf. J. Bailleux, *Penser l'Europe par le droit. L'invention du droit communautaire en France*, Paris, Dalloz, 2014). Les juristes sollicités pour être les hussards de cette nouvelle discipline sont les internationalistes, pour l'influence qu'on leur prête sur les milieux du pouvoir du fait de leur activité de jurisconsultes, mais lors du Congrès international d'études sur la CECA, organisé à Stresa du 31 mai au 10 juin 1957 pour donner une substance juridique au modèle communautaire, et plus précisément au sein de la commission chargée de réfléchir à la nature de la CECA (où l'on trouve Roberto Ago [président], Paul de Visscher, ou Charles Rousseau), ces internationalistes vont refuser que cette forme de modernité que représente la CECA échappe à un droit international au plus mal après la deuxième guerre mondiale qu'il n'avait pas réussi à empêcher malgré tous les espoirs mis en lui dans l'entre-deux guerres. C'est donc davantage pour ne pas condamner le droit international en le privant d'une formule originale et prometteuse, que sur la base d'une véritable analyse des caractéristiques du nouveau modèle que la commission « La CECA et les États membres » conclut à la nature d'organisation internationale pour la première Communauté, tout en admettant qu'en termes d'effectivité au regard des sujets de droit, cette organisation va plus loin que les autres organisations internationales. Il faut se rendre compte de ce qu'était alors le véritable enjeu, à savoir les méthodes d'interprétation envisageables quant au traité CECA : sa nature purement internationale condamnait à s'en tenir à des interprétations respectueuses de la volonté des parties et de leur souveraineté ; une autre nature permettait des interprétations téléologiques beaucoup plus constructives, notamment au regard de cette souveraineté.

1558. ***Les débats récurrents*** : chacun convient désormais que l'Union ne saurait être assimilée à des *organisations internationales ordinaires*. L'indépendance de ses institutions par rapport aux États, l'institutionnalisation de la création et de l'application du droit et surtout les relations directes avec les particuliers à travers l'immédiateté normative et juridictionnelle, l'en distinguent. Mais le consensus ne va pas plus loin.

Pour certains (*théorie internationaliste*), quelles que soient leurs particularités, l'Union, créée par des traités internationaux, demeure entièrement dans le champ d'application du droit international, une organisation particulière, mais une organisation internationale, quand même.

Pour d'autres (*théorie initialement supranationaliste*), il y aurait non pas une simple différence de degré, mais une différence de nature entre l'Union européenne et les organisations internationales. Bien qu'elles soient toutes créées par voie de traité, il conviendrait, en effet, de distinguer entre les organisations de *coopération* (organisations internationales proprement dites) et les organisations d'*intégration* (organisations supranationales). Alors que les premières ont simplement une fonction de coopération, n'affectent en rien les compétences internes de leurs membres, et laissent donc intacte la structure fondamentale de la société internationale contemporaine composée d'États souverains, les secondes « ont en vue l'unification – au moins partielle et sectorielle – des territoires et des populations des États qui les composent » (M. Virally, « La notion de fonction dans la théorie de l'organisation internationale », in *Mélanges Rousseau*, Paris, Pedone, 1974, p. 290) ; à cet effet, elles disposent de pouvoirs de type étatique (législation, juridiction...) qu'elles exercent aux lieu et place des organes étatiques, sur le territoire des États et sur les personnes qui s'y trouvent. Battant ainsi inévitablement en brèche l'*exclusivisme territorial*, « noyau dur » de la souveraineté des États, ce type d'organisation met, au moins partiellement, en cause la structure de la société interétatique, conduit à un « réaménagement des souverainetés » et entraîne donc le rejet de la conception traditionnelle de l'indivisibilité de la souveraineté (cf. P. Pescatore, *Le droit de l'intégration*, Leyde, Sijthoff, 1972, p. 31). Une telle conception suggère aussi que des espèces nouvelles peuvent apparaître dans le genre des regroupements d'États et que certaines structures politiques peuvent avoir quitté la zone de l'international sans entrer pour autant déjà dans la zone de l'étatique. Si la possession de pouvoirs remettant en cause l'exclusivisme territorial des États est le critère, l'Union (même si ce n'est pas pour l'ensemble de ses activités) entre bien dans cette seconde catégorie d'organisations.

C. Un modèle supranational abandonné

1559. Le méta-concept initial était indiscutablement celui de supranationalité. Et les rapports avec l'ordre international, à cette époque, prenaient la forme simpliste d'une alternative entre la nature internationale et la nature supranationale. On peut considérer que la supranationalité correspond à un modèle organisationnel identifiable, qui n'est cependant pas celui sur lequel s'est construit le système politique et juridique de l'Union européenne d'aujourd'hui.

1560. La supranationalité est l'indiscutable bannière du modèle CECA. Dans sa préface à l'ouvrage fondateur de Paul Reuter (*La CECA*, Paris, LGDJ, 1953), Robert Schuman n'a pas de doute : « aucun vocable ne saurait mieux rendre l'idée nouvelle qu'il s'agit d'exprimer, en la distinguant de toutes les catégories traditionnelles » ; Paul Reuter lui-même est plus mesuré, admettant que cette notion « recouvre une réalité valable » mais dans ce qui se veut la première analyse juridique de la CECA, il ne consacre pas plus de trois pages à ce concept, sans doute plus slogan politique que principe juridique. Le modèle supranational se définissait par une subordination des États membres à des organes communs indépendants (Haute Autorité, Cour de justice) et par la décision à la majorité au Conseil des ministres. C'est là une approche très différente de celle qui s'imposera à partir des arrêts fondateurs des années 1963-1964 (arrêts du 5 févr. 1963, *Van Gend & Loos*, aff. 26/62, *Rec.* 3 ; et du 15 juill. 1964, *Costa*, aff. 6/64, *Rec.* 1141) en ce qu'elle reste dans l'institutionnel et n'aborde même pas la question des rapports entre ordres juridiques, et en ce qu'elle insiste sur ce rapport de subordination, de hiérarchie, plus que sur le sens de la mise en commun.

1561. Ce n'est en tous cas pas sur ce concept que la Cour de justice a construit sa vision des Communautés et de l'Union européenne. Une étude de la jurisprudence de la Cour en 2018 montre que les quelques occurrences du terme « supranational » ne se trouvent que dans des conclusions, des observations des parties, ou des citations de textes notamment allemands qui évoquent le concept (avec un triptyque « national, international ou supranational ») ; mais jamais la Cour n'a utilisé ce concept dans un raisonnement juridique, y compris dans les années cinquante.

II. Autonomie et nouveauté vs Identité

1562. Dans les années cruciales pour l'ordre juridique de l'Union, années des grands arrêts historiques (arrêts précités *Van Gend en Loos* et *Costa*) insistant sur la différence entre les traités fondant la Communauté et les « traités internationaux ordinaires », on se rend compte que le mot d'ordre est de souligner le caractère « nouveau » de cet ordre juridique et son « autonomie », tant vis-à-vis des ordres juridiques nationaux qu'à l'égard de l'ordre international (certes l'arrêt *Van Gend en Loos* n'utilise pas le terme d'autonomie mais il évoque un « droit communautaire, indépendant de la législation des États membres » ; quant à l'autonomie au regard de l'ordre international, elle est pour le moins très relative dans la formulation de l'arrêt *Van Gend & Loos* qui évoque un nouvel ordre juridique « de droit international » mais il est significatif que ce rattachement maladroit ait ensuite disparu à jamais de la jurisprudence de la Cour). La jurisprudence plus récente de la Cour en reste à ces fondamentaux : ainsi de l'*avis 2/13* du 18 déc. 2014, ECLI:EU:C:2014:2454 dans lequel la Cour (dans la formation exceptionnelle de l'Assemblée plénière) rappelle que l'Union « est dotée d'un ordre juridique d'un genre nouveau » et souligne « l'autonomie dont jouit le droit de l'Union par rapport aux droits des États membres ainsi que par rapport au droit international ». Il faut admettre que définir un objet par sa nouveauté et son autonomie présente un inconvénient, à moins que ce ne soit son principal avantage : *cela n'indique rien sur sa nature* et il est donc difficile d'établir sur cette base une véritable théorie générale. Les conclusions de l'Avocat général Maurice Lagrange dans l'affaire *Costa* sont révélatrices de la démarche :

> « Sans vouloir faire appel à des conceptions doctrinales, trop sujettes à controverse, sur la nature des Communautés européennes, ni prendre parti entre « l'Europe fédérale » et « l'Europe des patries », ou entre le « supranational » et l' « international », le juge (c'est son rôle) ne peut que considérer le traité tel qu'il est. Or — c'est là une simple constatation — le traité instituant la CEE, comme les deux autres traités dits européens, crée un ordre juridique propre, distinct de l'ordre juridique de chacun des États membres, mais qui s'y substitue partiellement selon des règles précises édictées par le traité lui-même et qui consistent dans des transferts de compétence consentis à des institutions communes ».

On trouvait déjà cette volonté de ne pas se prononcer sur la nature du phénomène avec le choix du terme « Communauté » ; on le devrait à Paul Reuter (même si, dans les négociations proprement dites du traité CECA, l'intervention du représentant allemand C.F. Ophüls passe pour avoir été déterminante) et dans une note à Robert Schuman, Reuter explique que l'avantage de ce terme est qu'il « ne signifie rien en droit » tout en étant « lourd d'avenir » et évocateur « d'une association étroite ». On pourrait tenir le même propos à propos du terme « Union »...

III. Recherches d'identité

1563. Il était difficile de s'en tenir à cette caractérisation neutre (« nouveau et autonome ») et la Cour de justice a développé selon plusieurs modes cette recherche d'identification de la nature de l'Union, que l'on peut tenter de prolonger.

A. Identité et pouvoir public commun

1564. Compte tenu du caractère souvent académique et par nature conventionnel des catégories de regroupement d'États et, dès lors qu'il n'est pas impossible que la Communauté en constitue une espèce originale, ce n'est ni facilité ni complaisance que de rappeler la qualification en quelque sorte *existentielle* de la Communauté, telle qu'elle résulte de la volonté de ses fondateurs, dans l'éclairage procuré par la jurisprudence de la Cour de justice.

À cet égard, le terme « Communauté » ne saurait être banalisé. « Marché commun », dans les trois traités ; « objectifs communs », dans le traité CECA ; « politiques communes », « principes généraux communs », dans le traité CEE ; cette prolifération du qualificatif « commun » ne saurait être sans signification.

Aussi ne faut-il pas s'étonner que la seule formule institutionnelle utilisée par la Cour de justice pour qualifier la Communauté soit celle de « pouvoir public commun » (14 nov. 1978, *délibération 1/78*, *Rec.* 2178, à propos de la CEEA).

Le recours à la formule « pouvoir public » se situe, indiscutablement dans le prolongement des arrêts de la Cour selon lesquels les États fondateurs ont attribué à la Communauté des compétences de type étatique, et notamment, à caractère législatif (on sait que la Cour analyse même ces attributions en termes de « transfert » de « droits souverains », v. ss 127). La formule s'éclaire aussi au regard de la jurisprudence selon laquelle les sujets de l'ordre juridique communautaire « sont non seulement les États mais également leurs ressortissants » (v. ss 944). « Pouvoir public » signifie que la Communauté se distingue évidemment d'un simple *service public* ; elle se situe au niveau supérieur, c'est-à-dire dans *l'ordre du politique*, sinon de la politique. La Communauté constitue, dès lors une forme d'organisation de la société politique ; si elle se distingue radicalement d'un État, qui est le pouvoir public initial et complet, en ce qu'il a une vocation générale, elle n'en possède pas moins comme lui certains pouvoirs lui permettant de régler directement la vie des hommes en société.

1565. La Communauté est un pouvoir public « commun », et, comme tel, indépendant, bien sûr des États ; mais qui, par son aménagement, ne devient pas un pouvoir étranger, voire un pouvoir « apatride », et demeure un pouvoir légitime. On aurait tort, en effet, de minimiser l'originalité du système institutionnel sur lequel repose la construction communautaire. Les compétences attribuées aux Communautés ne sont pas abandonnées, mais *exercées en commun :* elles sont confiées à des « institutions communes » qui, par leur composition et/ou leurs modalités de fonctionnement, sont agencées de telle manière que tous les partenaires aient conscience d'y participer et puissent admettre leur objectivité. À ce titre, on l'a remarqué (v. ss 129) les restrictions que les États subissent dans leurs compétences doivent s'analyser moins comme une véritable perte de substance que comme la conséquence d'une mutation dans les conditions d'exercice de cette compétence, liée à l'institutionnalisation du processus de décision en commun. Enfin, bien sûr, c'est cet « exercice en commun des souverainetés » qui légitime et rend supportable les inévitables limitations de souveraineté inhérentes à la mise en place du système communautaire. Il faut rappeler bien entendu que ce phénomène inédit n'est concevable que parce que l'ensemble des partenaires partagent (ou le devraient) les mêmes valeurs politiques (v. ss 58) : dans l'*avis 2/13* (préc.), la Cour de justice, après avoir présenté les traits identitaires du système juridique caractérisant l'Union européenne, ajoute à cet égard qu'« une telle construction juridique repose sur la prémisse fondamentale selon laquelle chaque État membre partage avec tous les autres États membres, et reconnaît que ceux-ci partagent avec lui, une série de valeurs communes sur lesquelles l'Union est fondée » (point 168).

B. Identité et caractéristiques essentielles

1566. Si la Cour de justice, donc, a été avare de *qualification* pour la Communauté ou l'Union, elle s'est en revanche souvent lancée dans une entreprise de *caractérisation*, toujours pour en faire ressortir les caractéristiques essentielles, c'est-à-dire à la fois celles auxquelles il est impossible de toucher sans porter atteinte à l'ensemble du processus, et celles qui sont spécifiques à l'intégration européenne et la distinguent, notamment, de l'ordre international.

1567. On passera sur la jurisprudence quelque peu hétéroclite et purement analytique par laquelle la Cour a pu rattacher tel ou tel principe à la « notion de Communauté », aux « bases même de la Communauté », aux « principes de structure qui sont à la base de la Communauté », aux « bases essentielles », ou « caractéristiques essentielles » de l'ordre juridique communautaire ou du droit de l'Union (v. ss 761) même si on peut tenter, une fois cette jurisprudence dégagée, d'en faire la synthèse.

1568. La Cour elle-même, souvent de manière maladroite, a fait parfois cet effort de première synthèse (partielle cependant) pour dégager les caractéristiques essentielles de l'ordre juridique de l'Union : « Les caractéristiques essentielles de l'ordre juridique communautaire (...) sont, *en particulier*, sa primauté par rapport aux droits des États membres ainsi que l'effet direct de *toute une série de* dispositions applicables à leurs ressortissants et à eux-mêmes » (*avis 1/91* du 14 déc. 1991, *Rec.* I-6079). L'avis 1/09 du 8 mars 2011, *Rec.* I-1137, a tenté d'allier la dimension institutionnelle à cette approche purement juridique : « Il résulte d'une jurisprudence constante de la Cour que les traités fondateurs de l'Union ont, à la différence des traités internationaux ordinaires, instauré un nouvel ordre juridique, doté d'institutions propres, au profit duquel les États ont limité, dans des domaines de plus en plus étendus, leurs droits souverains et dont les sujets sont non seulement les États membres, mais également leurs ressortissants (...). Les caractéristiques essentielles de l'ordre juridique de l'Union ainsi constitué sont, en particulier, sa primauté par rapport aux droits des États membres ainsi que l'effet direct de toute une série de dispositions applicables à leurs ressortissants et à eux-mêmes ». Enfin la Cour, dans l'*avis 2/13* du 18 décembre 2014 (préc.), ajoute l'autonomie : « le droit de l'Union se caractérise par le fait d'être issu d'une source autonome, constituée par les traités, par sa primauté par rapport aux droits des États membres (...) ainsi que par l'effet direct de toute une série de dispositions applicables à leurs ressortissants et à eux-mêmes ». Dans l'arrêt *Achmea* (arrêt du 6 mars 2018, aff. C-284/16, ECLI:EU:C:2018:158) sera établi sous un autre angle ce lien entre la recherche des caractéristiques essentielles et le principe d'autonomie, en ce que celle-ci « se justifie en raison des caractéristiques essentielles de l'Union et de son droit ».

C. Identité constitutionnelle

1569. La Cour a visiblement voulu donner un caractère plus achevé, plus complet, à cette démarche identitaire lorsqu'elle a eu, avec l'*avis 2/13* (préc.), à contrôler que le projet d'accord d'adhésion de l'Union à la Convention EDH respectait les termes du *Protocole 8* annexé au traité de Lisbonne, c'est-à-dire qu'un tel accord reflétait bien « la nécessité de préserver les caractéristiques spécifiques de l'Union et du droit de l'Union », et elle l'a fait en termes constitutionnels, mettant en évidence les caractéristiques « relatives à la structure constitutionnelle de l'Union », et les caractéristiques spécifiques « tenant à la nature même du droit de l'Union ».

1570. Si, s'agissant de la seconde catégorie, elle reprend la démarche classique relative aux caractéristiques essentielles de l'ordre juridique de l'Union, en ajoutant l'autonomie ainsi que cela a été noté, (autonomie, primauté, et large effet direct), ce qui est finalement très synthétique et se concentre sur des paramètres essentiels de la portée du droit de l'Union vis-à-vis des ordres juridiques des États membres (autonomie et primauté) comme vis-à-vis des particuliers (effet direct), en revanche sa caractérisation structurelle devient très analytique. En effet, elle situe, sur ce plan, les caractéristiques essentielles dans le principe des compétences d'attribution (ce qui est très acceptable car très significatif), mais aussi dans le « cadre institutionnel » défini aux articles 13 TUE à 19 TUE », ce qui correspond quasiment à l'ensemble des traits du système institutionnel de l'Union (pour une présentation analytique, v. ss 764), ce qui s'éloigne d'une démarche d'identification de la nature de l'Union et de définition de celle-ci.

D. Définition d'une Union d'États

1571. À cet égard, il semble que l'article 4 UE issu du traité de Lisbonne permette d'identifier les paramètres gouvernant les relations entre les pouvoirs publics de l'Union et ceux des États membres, cet article proposant peut-être la première définition opérationnelle de ce type particulier de regroupement d'États que constitue l'Union européenne. À défaut de le qualifier, il semble possible désormais de le définir.

Article 4

1. Conformément à l'article 5, toute compétence non attribuée à l'Union dans les traités appartient aux États membres.

2. L'Union respecte l'égalité des États membres devant les traités ainsi que leur identité nationale, inhérente à leurs structures fondamentales politiques et constitutionnelles, y compris en ce qui concerne l'autonomie locale et régionale. Elle respecte les fonctions essentielles de l'État, notamment celles qui ont pour objet d'assurer son intégrité territoriale, de maintenir l'ordre public et de sauvegarder la sécurité nationale. En particulier, la sécurité nationale reste de la seule responsabilité de chaque État membre.

3. En vertu du principe de coopération loyale, l'Union et les États membres se respectent et s'assistent mutuellement dans l'accomplissement des missions découlant des traités.

Les États membres prennent toute mesure générale ou particulière propre à assurer l'exécution des obligations découlant des traités ou résultant des actes des institutions de l'Union.
Les États membres facilitent l'accomplissement par l'Union de sa mission et s'abstiennent de toute mesure susceptible de mettre en péril la réalisation des objectifs de l'Union.

L'article 4 regroupe en effet une série de principes essentiels qui gouvernent les relations entre les États membres et l'Union : principe de la compétence d'attribution de l'Union ; principe d'égalité des États membres devant les traités ; principe de respect par l'Union de l'identité nationale des États membres, dans une dimension structurelle, mais aussi fonctionnelle : respect par l'Union des fonctions essentielles des États membres ; principe de coopération loyale, enfin, entre l'Union et les États membres et entre États membres.

Au-delà de la dimension « relationnelle », il faut admettre que ce sont là des principes fondamentaux déterminant les rapports entre l'Union et les composantes de celle-ci, ce qui leur donne une portée « existentielle » pour l'Union. Cet article 4 UE est l'héritier direct de l'article I-5 du traité établissant une constitution pour l'Europe, et cet article figurait alors dans un Titre « Définition et objectifs de l'Union » regroupant les articles I-1 à I-8 ; les objectifs de l'Union étant clairement déterminés à l'article I-3, l'article I-5 participait donc de la « définition de l'Union ».

1572. Cette définition structurelle de l'Union complète alors efficacement la définition de son ordre juridique articulée sur les principes d'autonomie, de primauté et d'effet direct pour dégager la spécificité d'un système dans lequel les objectifs communs sont privilégiés, mais dans lequel, également, et c'est là toute l'originalité, mais aussi l'intérêt et la difficulté de l'entreprise, les composantes, tout en étant des « États membres », conservent leur statut d'État.

Table des décisions de jurisprudence citées

Cour de justice des Communautés européennes (Cour de justice à partir du 1er décembre 2009)

Dates	Parties	Affaires	§
1954	Arrêt du 21.12.1954, ***France***	aff. 1/54	1251
1955	Arrêt du 11.2.1955, ***Assider***	aff. 3/54	1260, 1267
	Arrêt du 11.2.1955, ***I.S.A.***	aff. 4/54	1260
	Arrêt du 12.12.1955, ***Mirassévitch***	aff. 10/55	1363
	Arrêt du 21.3.1955, ***Pays-Bas***	aff. 6/54	1262
1956	Arrêt du 23.4.1956, ***Groupement des industries sidérurgiques luxembourgeoises***	aff. 7 et 9/54	1222, 1266, 1323
	Arrêt du 16.7.1956, ***Fédéchar***	aff. 8/55	747, 1267
	Arrêt du 29.11.1956, ***Fédération charbonnière de Belgique***	aff. 8/55	135
1957	Arrêt du 12.7.1957, ***Algera***	aff. jtes 7/56 et 3 à 7/57	84, 661, 721, 1109, 1363
	Arrêt du 10.12.1957, ***Société des usines à tubes de la Sarre***	aff. jtes 1 et 14/57	639, 1291
	Arrêt du 10.12.1957, ***Alma***	aff. 8/56	655, 732
1958	Arrêt du 13.6.1958, ***Méroni***	aff. 9/56	191, 439, 440, 586
	Arrêt du 21.6.1958, ***Groupement des hauts fourneaux et aciéries belges***	aff. 8/57	590, 721, 743, 1253
	Arrêt du 21.6.1958, ***Wirtschaftvtsvereinigung Eisen-und-Stahlindustrie***	aff. 13/57	625
1959	Arrêt du 20.3.1959, ***Firma I. Nold***	aff. 18/57	625
	Arrêt du 17.7.1959, ***Snupat***	aff. 32 et 33/58	1239, 1247

	Arrêt du 19.7.1959, ***Phoenix-Rheimrohr***	aff. 20/58	1247
	Avis du 17.12.1959, n° 1/59		1219
	Arrêt du 17.12.1959, ***FERAM***	aff. 23/59	1366, 1374
1960	Arrêt du 12.2.1960, ***Geitling***	aff. 16-18/59	1247
	Ord. du 18.2.1960, ***Association des Charbonnages du Limbourg***	aff. 30/59	1259
	Ord. du 19.2.1960, ***Pays-Bas c/ Haute-Autorité***	aff. 25/59	1323
	Avis du 4.3.1960 Avis n° 1/60		1219
	Arrêt du 8.3.1960, ***Allemagne c/ Haute Autorité***	aff. 3/59	1318, 1323
	Arrêt du 10.5.1960, ***Allemagne***	aff. 19/58	1250
	Arrêt du 10.5.1960, ***Erzberbau***	aff. 3 à 18, 25 et 26/58	1250
	Arrêt du 10.5.1960, ***FERAM***	aff. 1/60	1210
	Arrêt du 10.5.1960, ***Hauts Fourneaux de Givors***	aff. 27 à 29/58	586
	Arrêt du 15.7.1960, ***Comptoirs de vente de la Rühr***	aff. 36-38 et 40/59	751
	Arrêt du 15.7.1960, ***Fédéchar***	aff. 20/59	716
	Arrêt du 15.7.1960, ***Sidérurgie de l'Est de la France***	aff. 24 et 34/58	1266
	Arrêt du 15.7.1960, ***Italie c/ Haute Autorité***	aff. 20/59	135, 643, 1311, 1323
	Arrêt du 15.7.1960, ***Lachmüller***	aff. jtes 43-48/59	84
	Arrêt du 16.12.1960, ***Humblet***	aff. 6/60	709, 1011, 1102, 1332, 1333
	Arrêt du 16.12.1960, ***Fiddelaar***	aff. 44/59	84
1961	Arrêt du 23.2.1961, ***Association des Charbonnages du Limbourg***	aff. 30/59	1259, 1266, 1323
	Arrêt du 22.3.1961, ***S.N.U.P.A.T.***	aff. 42 et 49/59	661, 725, 742
	Arrêt du 13.7.1961, ***Niederrheimische Bergwerks***	aff. 2 et 3/60	1115
	Arrêt du 13.7.1961, ***Méroni***	aff. 14... 27/60	1366
	Arrêt du 14.7.1961, ***Vloeberghs***	aff. 9 et 12/60	1228, 1349, 1378
	Avis du 13.12.1961 Avis n° 1/61		1219

	Arrêt du 15.12.1961, ***Fives-Lille Cail***	aff. 19 et 21/60	1366, 1367
	Arrêt du 19.12.1961, ***Commission c/ Italie***	aff. 7/61	1314, 1322, 1326
1962	Arrêt du 27.2.1962, ***Commission c/ Italie***	aff. 10/61	597, 720
	Arrêt du 6.4.1962, ***Méroni***	aff. 21 à 26/61	1229
	Arrêt du 6.4.1962, ***Bosch***	aff. 13/61	659, 725, 962, 1456
	Arrêt du 18.5.1962, ***Comptoirs de vente de la Rühr***	aff. 13/60	586
	Arrêt du 12.7.1962, ***Hoogovens***	aff. 14/61	1259
	Arrêt du 12.7.1962, ***Modena***	aff. 6/61	747
	Arrêt du 12.7.1962, ***Worms***	aff. 18/60	1364
	Arrêt du 12.7.1962, ***Belgique***	aff. 9 et 12/60	1210
	Arrêt du 14.12.1962, ***Hauts fourneaux de Chasse***	aff. 33/59	1363
	Arrêt du 14.12.1962, ***Commission c/ Luxembourg et Belgique***	aff. 2-3/62	710
	Arrêt du 14.12.1962, ***Fédération nationale de la boucherie***	aff. jtes 19-22/62	625, 1271
	Arrêt du 14.12.1962, ***Confédération nationale des producteurs de fruits et légumes***	aff. 16 et 17/62	586, 623, 1271
	Arrêt du 14.12.1962, ***Milchwerke Wöhrmann***	aff. 31 et 33/62	1229, 1468
1963	Arrêt du 5.2.1963, ***Van Gend et Loos***	aff. 26/62	127, 577, 590, 710, 767, 770, 771, 794, 931, 932, 943, 946, 950, 952, 964, 967, 984, 986, 989, 1455, 1560, 1562
	Arrêt du 27.3.1963, ***Da Costa***	aff. 28-30/62	1430, 1440, 1476
	Arrêt du 4.7.1963, ***Allemagne c/ Commission***	aff. 24/62	647
	Arrêt du 4.7.1963, ***Alvis***	aff. 32/62	742
	Arrêt du 4.7.1963, ***Schlieker***	aff. 12/63	1265
	Arrêt du 15.7.1963, ***Plaumann***	aff. 25/62	623, 1271, 1272, 1275, 1276, 1277, 1280, 1349, 1350, 1365

	Arrêt du 5.12.1963, ***Sté Henricot***	aff. 23/62	1242
	Arrêt du 16.12.1963, ***Sté des Aciéries du Temple***	aff. 32/62	1364
1964	Arrêt du 18.2.1964, ***Internationale Crediet***	aff. 73-74/63	1230, 1432
	Arrêt du 4.3.1964, ***Lassale***	aff. 15/63	466
	Arrêt du 19.3.1964, ***Schmitz***	aff. 18/63	747
	Arrêt du 19.3.1964, ***Unger***	aff. 75/63	710, 1431
	Arrêt du 19.3.1964, ***SOREMA***	aff. 67/63	1265
	Arrêt du 12.5.1964, ***Wagner***	aff. 101/63	311, 1456
	Arrêt du 15.7.1964, ***Costa***	aff. 6/64	49, 114, 127, 129, 577, 717, 763, 767, 768, 770, 771, 776, 787, 789, 792, 794, 796, 799, 800, 806, 808, 813, 814, 830, 836, 837, 853, 859, 874, 875, 891, 893, 930, 964, 1431, 1439, 1560, 1562
	Arrêt du 15.7.1964, ***Pays-Bas***	aff. 66/63	1258
	Arrêt du 13.11.1964, ***Commission c/ Luxembourg et Belgique***	aff. jtes 90 et 91/63	577
1965	Arrêt du 4.2.1965, ***Albatros***	aff. 20/64	1460
	Arrêt du 11.3.1965, ***Van Dijk***	aff. 33/64	1429
	Arrêt du 31.3.1965, ***Macchiorlatti***	aff. 21/64	1229, 1291
	Arrêt du 31.3.1965, ***G. Rauch***	aff. 16/64	1291
	Arrêt du 2.6.1965, ***FERAM***	aff. 9 et 25/64	1363
	Ord. du 22.6.1965, ***San Michele***	aff. 9/65	717, 779, 803, 840
	Arrêt du 1.7.1965, ***Toepfer***	aff. 106 et 107/63	1272
	Arrêt du 1.12.1965, ***Schwarze***	aff. 16/65	1126, 1412, 1461, 1476
	Arrêt du 1.12.1965, ***Commission c/Italie***	aff. 45/64	1326
	Arrêt du 1.12.1965, ***Dekker***	aff. 33/65	1431
	Arrêt du 9.12.1965, ***Sté des Laminoirs***	aff. 29… 51/63	1351, 1367
	Arrêt du 9.12.1965, ***Hessische Knappschaft***	aff. 44/65	1412, 1467, 1476

	Arrêt du 10.7.1969, ***Sayag***	aff. 9/69	722, 1354
	Arrêt du 12.11.1969, ***Caisse de maladie des CFL***	aff. 27/69	952
	Arrêt du 12.11.1969, ***Stauder***	aff. 29/69	452, 1437, 1463
	Arrêt du 10.12.1969, ***Eridania***	aff. 10 et 18/68	1229, 1272, 1301
	Arrêt du 10.12.1969, ***Commission c/ France***	aff. 6 et 11/69	1250, 1293, 1313, 1318
1970	Arrêt du 17.2.1970, ***Commission c/ Italie***	aff. 31/69	1019, 1314, 1326
	Arrêt du 4.3.1970, ***Commission c/ Italie***	aff. 33/69	1313
	Arrêt du 10.3.1970, ***Commission c/ Italie***	aff. 7/69	1326
	Arrêt du 15.4.1970, ***Commission c/ Italie***	aff. 28/69	1314
	Arrêt du 5.5.1970, ***Commission c/ Belgique***	aff. 77/69	1314, 1315
	Arrêt du 28.5.1970, ***Richez-Parise***	aff. 19/69	1366
	Arrêt du 16.6.1970, ***Alcan Aluminium***	aff. 69/69	1272
	Arrêt du 16.6.1970, ***Chanel***	aff. 31/68	1458
	Arrêt du 24.6.1970, ***Oehlmann***	aff. 73/69	172
	Arrêt du 9.7.1970, ***Commission c/ France***	aff. 26/69	1321, 1322
	Arrêt du 6.10.1970, ***Franz Grad***	aff. 9/70	716, 932, 967, 1423
	Arrêt du 18.11.1970, ***Chevalley***	aff. 15/70	1295, 1305
	Arrêt du 18.11.1970, ***Commission c/ Italie***	aff. 8/70	1313, 1315
	Arrêt du 17.12.1970, ***S.A.C.E. de Bergame***	aff. 33/70	710, 949, 960, 965
	Arrêt du 17.12.1970, ***Internationale Handelsgesellschaft***	aff. 11/70	172, 717, 722, 751, 763, 772, 803, 815
	Arrêt du 17.12.1970, ***Otto Scheer***	aff. 30/70	176, 644, 1019, 1033
	Arrêt du 17.12.1970, ***Köster***	aff. 25/70	172, 191, 423, 608, 713, 1031, 1251, 1252
	Arrêt du 17.12.1970, ***Synacomex***	aff. 34/70	1033

	Arrêt du 18.3.1975, ***Acton***	aff. 44, 46 et 49/74	732, 1290
	Arrêt du 18.3.1975, ***Deuka***	aff. 78/74	1256
	Arrêt du 19.3.1975, ***Gillet***	aff. 28/74	455
	Arrêt du 19.3.1975, ***Nederlandse Spporwegen***	aff. 38/75	688
	Arrêt du 14.5.1975, ***C.N.T.A.***	aff. 74/74	658, 738, 1351, 1359, 1363, 1371
	Arrêt du 18.6.1975, ***I.G.A.V.***	aff. 94/74	1430, 1469
	Arrêt du 28.10.1975, ***Rutili***	aff. 36/75	192, 747, 970, 976
	Arrêt du 29.10.1975, ***Marenco***	aff. 81/74	466
	Arrêt du 30.10.1975, ***Rey Soda***	aff. 23/75	1031, 1033, 1433
	Avis du 11.11.1975, n° 1/75		127, 150, 521, 716, 1219, 1230
	Arrêt du 18.11.1975, ***C.A.M.***	aff. 100/74	653, 1272
	Arrêt du 26.11.1975, ***Coenen***	aff. 39/75	747, 1469
	Arrêt du 26.11.1975, ***Sté des grands moulins des Antilles***	aff. 99/74	1357
	Arrêt du 26.11.1975, ***Groupement des papiers peints de Belgique***	aff. 73/74	649
	Arrêt du 10.12.1975, ***Union nationale des coopératives agricoles de céréales***	aff. 95/74	1359, 1378
	Arrêt du 16.12.1975, ***Suiker Unie e.a.***	aff. 40 à 48, 50, 54 à 56, 111, 113 et 114/73	1202
	Arrêt du 17.12.1975, ***Jacob Adlerbum***	aff. 93/75	1427
1976	Arrêt du 22.1.1976, ***Balkan***	aff. 55/75	1256, 1257
	Arrêt du 22.1.1976, ***Russo***	aff. 60/75	1057, 1102
	Arrêt du 27.1.1976, ***I.B.C.***	aff. 46/75	1359
	Arrêt du 3.2.1976, ***Manghéra***	aff. 59/75	677, 710, 965, 1423
	Arrêt du 5.2.1976, ***Bresciani***	aff. 87/75	686
	Arrêt du 26.2.1976, ***Commission c/ Italie***	aff. 52/75	1029, 1037, 1317
	Arrêt du 26.2.1976, ***SADAM***	aff. 88 à 90/75	266
	Arrêt du 8.4.1976, ***Kaufhof***	aff. 29/75	1258
	Arrêt du 8.4.1976, ***Royer***	aff. 48/75	635, 1029
	Arrêt du 8.4.1976, ***Defrenne***	aff. 43/75	603, 677, 706, 711, 715, 737, 956, 962, 1478

	Arrêt du 20.5.1976, ***Mazzalai***	aff. 111/75	1423
	Arrêt du 21.5.1976, ***Roquette***	aff. 26/74	1087, 1359
	Arrêt du 2.6.1976, ***Kampffmeyer***	aff. 56 à 60/74	1351
	Arrêt du 15.6.1976, ***C.N.T.A.***	aff. 74/74	1363
	Arrêt du 15.6.1976, ***Frécasseti***	aff. 113/75	1423
	Arrêt du 1.7.76, ***Sergy***	aff. 58/75	1400
	Arrêt du 7.7.1976, ***Watson***	aff. 118/75	1073
	Arrêt du 7.7.1976, ***I.R.C.A.***	aff. 7/76	660
	Arrêt du 14.7.1976, ***Kramer***	aff. 3, 4, 6/76	127, 145, 151, 529, 532, 566, 691
	Arrêt du 29.9.1976, ***Giuffrida***	aff. 105/75	1253
	Arrêt du 2.11.1976, ***Petersen***	aff. 102/75	455
	Arrêt du 15.12.1976, ***Donckerwolcke***	aff. 41/76	150, 521, 1073
	Arrêt du 16.12.1976, ***Rewe***	aff. 33/76	1082, 1087, 1089, 1091, 1093
	Arrêt du 16.12.1976, ***Comet***	aff. 45/76	1089, 1091, 1093
	Arrêt du 16.12.1976, ***Vito Inzirillo***	aff. 63/76	1458
1977	Arrêt du 1.2.1977, ***V.N.O.***	aff. 51/76	633, 972
	Arrêt du 2.2.1977, ***Amsterdam Bulb***	aff. 50/76	145, 176, 1073
	Arrêt du 3.2.1977, ***Strehl***	aff. 62/76	1463
	Arrêt du 3.3.1977, ***Kerry Milk***	aff. 80/76	452
	Arrêt du 16.3.1977, ***Commission c/France***	aff. 68/76	145
	Arrêt du 17.3.1977, ***C.F.D.T.***	aff. 66/76	1264
	Arrêt du 22.3.1977, ***Ianelli***	aff. 74/76	966
	Arrêt du 31.3.1977, ***S.E.S.***	aff. 88/76	1269
	Arrêt du 31.3.1977, ***Compagnie industrielle et agricole***	aff. 54 à 60/76	1363, 1368
	Avis du 26.4.1977, n° 1/76		136, 439, 529, 532, 566, 597, 684, 715, 763, 784, 1219
	Arrêt du 5.5.1977, ***Pretore di Cento***	aff. 110/76	1060
	Arrêt du 18.5.1977, ***Van der Hazel***	aff. 111/76	145

	Ord. du 21.5.1977, ***Commission c/ Royaume-Uni***	aff. 31 et 53/77 R	1331
	Arrêt du 24.5.1977, ***Hoffman-Laroche***	aff. 107/76	1437, 1439
	Arrêt du 8.6.1977, ***Merkur***	aff. 97/76	658
	Arrêt du 5.7.1977, ***Bela-Mühle***	aff. 114/76	642, 747, 1256
	Ord. du 13.7.1977, ***Commission c/ Irlande***	aff. 61/77 R	1331
	Arrêt du 5.10.1977, ***Tedeschi***	aff. 5/77	424, 1423, 1455
	Arrêt du 19.10.1977, ***Moulins et huileries de Pont-à-Mousson***	aff. 124/76 et 20/77	1230, 1433
	Arrêt du 25.10.1977, ***Métro***	aff. 26/76	1243, 1274
	Arrêt du 23.11.1977, ***Enka***	aff. 38/77	634
	Arrêt du 24.11.1977, ***Razamatsimbo***	aff. 65/77	1425
	Arrêt du 30.11.1977, ***Cayrol***	aff. 52/77	1425
	Arrêt du 6.12.1977, ***Maris***	aff. 55/77	794
	Arrêt du 1.12.1977, ***Kuyten***	aff. 66/77	1458
	Arrêt du 15.12.1977, ***Dietz***	aff. 126/76	1359
1978	Arrêt du 16.2.1978, ***Commission c/ Irlande***	aff. 61/77	145, 627, 1230
	Arrêt du 16.2.1978, ***Ministre des pêcheries***	aff. 88/77	1230, 1431
	Arrêt du 2.3.1978, ***Debayser***	aff. 12/77	1357
	Arrêt du 9.3.1978, ***Simmenthal***	aff. 106/77	114, 176, 608, 763, 768, 777, 794, 799, 807, 810, 830, 1084
	Arrêt du 16.3.1978, ***UNICME***	aff. 123/77	1271
	Arrêt du 16.3.1978, ***Bosch***	aff. 135/77	1422
	Arrêt du 16.3.1978, ***Piérick***	aff. 117/77	1455
	Arrêt du 16.3.1978, ***Oehlschläger***	aff. 104/77	1430
	Arrêt du 3.5.1978, ***Töpfer***	aff. 112/77	1252, 1271
	Arrêt du 25.5.1978, ***H.N.L.***	aff. 83 et 94/76, 4, 15 et 40/77	1365, 1370, 1376, 1476
	Arrêt du 6.6.1978, ***Commission c/ Italie***	aff. 147/77	1326
	Arrêt du 15.6.1978, ***Defrenne***	aff. 149/77	728, 753
	Arrêt du 28.6.1978, ***Simmenthal***	aff. 70/77	1445

	Arrêt du 29.6.1978, ***B.P.***	aff. 77/77	1269
	Arrêt du 12.10.1978, ***Commission c/ Belgique***	aff. 156/77	1228, 1229
	Arrêt du 12.10.1978, ***Eggers***	aff. 13/78	1431, 1458
	Délibération du 14.11.1978, n° 1/78		181, 539, 552, 555, 571, 586, 597, 1120, 1122, 1219, 1230, 1564
	Arrêt du 22.11.1978, ***Mattheus***	aff. 93/78	57, 1442, 1455
	Arrêt du 29.11.1978, ***Redmond***	aff. 83/78	145
	Arrêt du 29.11.1978, ***Delkvist***	aff. 21/78	1423, 1431
	Arrêt du 29.11.1978, ***Pigs Marketing Board***	aff. 83/78	803, 1454
	Arrêt du 30.11.1978, ***Bussone***	aff. 31/78	984
	Arrêt du 5.12.1978, ***Denkavit***	aff. 14/78	1357
1979	Arrêt du 18.1.1979, ***Usines de Beaufort***	aff. 103 à 109/78	1272
	Arrêt du 18.1.1979, ***Agents artistiques***	aff. 110 et 111/78	1462
	Arrêt du 25.1.1979, ***Racke***	aff. 98/78	651, 656, 660, 685, 736, 1256
	Arrêt du 1.2.1979, ***Desharmes***	aff. 17/78	458
	Arrêt du 7.2.1979, ***Auer***	aff. 136/78	680
	Arrêt du 7.2.1979, ***Pays-Bas c/ Commission***	aff. 11/76	1024
	Arrêt du 7.2.1979, ***Commission c/ Royaume-Uni***	aff. 128/78	763, 1320
	Arrêt du 13.2.1979, ***Granaria***	aff. 101/78	1024, 1357, 1360
	Arrêt du 13.2.1979, ***Hoffmann-Laroche***	aff. 85/76	742, 1251
	Arrêt du 20.2.1979, ***Rewe Zentral***	aff. 120/78	818
	Arrêt du 20.2.1979, ***Buitoni***	aff. 122/78	747
	Arrêt du 21.2.1979, ***Stölting***	aff. 138/78	1256
	Arrêt du 6.3.1979, ***Simmenthal***	aff. 92/78	1270, 1272, 1287, 1291
	Arrêt du 8.3.1979, ***Salumificio di Cornuda***	aff. 130/78	970
	Arrêt du 28.3.1979, ***Granaria***	aff. 90/78	1351, 1476
	Arrêt du 28.3.1979, ***I.C.A.P.***	aff. 222/78	1430, 1476

	Arrêt du 29.3.1979, ***N.T.N. Tokyo Bearing Co***	aff. 113/77	1252, 1272
	Arrêt du 29.3.1979, ***Commission c/ Royaume-Uni***	aff. 231/78	1230
	Arrêt du 5.4.1979, ***Ratti***	aff. 148/78	633, 933, 950, 967, 970
	Arrêt du 26.6.1979, ***Pigs and Bacon***	aff. 177/78	145
	Arrêt du 3.7.1979, ***Van Dam***	aff. 185 à 204/78	1431
	Arrêt du 12.7.1979, ***Italie***	aff. 166/78	1256, 1263
	Arrêt du 12.7.1979, ***Grosoli***	aff. 223/78	145, 1458
	Arrêt du 12.7.1979, ***Union laitière normande***	aff. 244/78	1462
	Arrêt du 25.9.1979, ***Commission c/ France***	aff. 232/78	145, 715, 1122, 1320
	Arrêt du 27.9.1979, ***Éridania***	aff. 230/78	982, 1030, 1031, 1033, 1044
	Arrêt du 4.10.1979, ***France c/ Royaume-Uni***	aff. 141/78	151, 679, 1313, 1328
	Arrêt du 4.10.1979, ***Ireks-Arkady***	aff. 238/78	1351, 1359, 1363, 1377 à 1381
	Arrêt du 4.10.1979, ***Dumortier e.a. c/Conseil***	aff. 64/76, 113/76, 167/78, 239/78, 27/79, 28/79 et 45/79	1230, 1364
	Avis du 4.10.1979, n° 1/78		135, 521, 552, 716, 1219, 1230
	Arrêt du 18.10.1979, ***GEMA***	aff. 125/78	1309
	Arrêt du 18.10.1979, ***Denkavit***	aff. 5/79	1431
	Arrêt du 18.10.1979, ***Siréna***	aff. 40/70	1468
	Arrêt du 5.12.1979, ***Amylum***	aff. 116 et 124/77	1359, 1370, 1377, 1378, 1379, 1381
	Arrêt du 12.12.1979, ***Wagner***	aff. 12/79	1024, 1357, 1359
	Arrêt du 13.12.1979, ***Hauer***	aff. 44/79	751, 753, 1463
1980	Arrêt du 17.1.1980, ***Kefer et Delmelle***	aff. 95 et 96/79	145
	Arrêt du 26.2.1980, ***Vriend***	aff. 94/79	145
	Arrêt du 27.2.1980, ***Just***	aff. 68/79	743, 1088, 1093
	Arrêt du 27.2.1980, ***Commission c/ Royaume-Uni***	aff. 270/78	1332
	Arrêt du 5.3.1980, ***Ferwerda***	aff. 265/78	743, 1085

	Arrêt du 5.3.1980, ***Könecke Fleischwarenfabrik***	aff. 76/79	1270
	Arrêt du 11.3.1980, ***Foglia***	aff. 104/79	1455
	Arrêt du 18.3.1980, ***Valsabbia***	aff. 154/78	753
	Arrêt du 27.3.1980, ***Sucrimex***	aff. 133/79	1024, 1064, 1245
	Arrêt du 27.3.1980, ***Denkavit***	aff. 6/79	796, 1091, 1477
	Ord. du 28.3.1980, ***Commission c/ France***	aff. 24/80 et 97/80 R	1335
	Arrêt du 6.5.1980, ***Commission c/ Belgique***	aff. 102/79	739, 968, 1332
	Arrêt du 12.6.1980, ***Express Dairy Foods***	aff. 130/79	1089
	Ord. du 18.6.1980, ***Borker***	aff. 138/80	1437
	Arrêt du 19.6.1980, ***Testa***	aff. 41/79	753
	Arrêt du 26.6.1980, ***National Panasonic***	aff. 136/79	753
	Arrêt du 3.7.1980, ***Grassi c/ Conseil***	aff. 6/79 et 97/79	1401
	Arrêt du 10.7.1980, ***Commission c/ Royaume-Uni***	aff. 32/79	116, 151, 181, 679
	Arrêt du 10.7.1980, ***Marty***	aff. 37/79	962.0
	Arrêt du 15.10.1980, ***Roquette***	aff. 145/79	737
	Arrêt du 15.10.1980, ***Sté « Providence Agricole de Champagne »***	aff. 4/79	1480
	Arrêt du 29.10.1980, ***Roquette***	aff. 138/79	191, 192, 367, 647, 1251
	Arrêt du 11.12.1980, ***Lucchini***	aff. 1252/79	649
	Arrêt du 17.12.1980, ***Commission c/ Belgique***	aff. 149/79	716, 1332
1981	Arrêt du 22.1.1981, ***Dansk Supermarked***	aff. 58/80	962
	Arrêt du 26.2.1981, ***Authié***	aff. 34/80	1401
	Arrêt du 10.3.1981, ***Irish Creamery Milk Suppliers Association e.a.***	aff. 36/80 et 71/80	1445
	Arrêt du 5.5.1981, ***Commission c/Royaume-Uni***	aff. 804/79	116, 151, 176, 763
	Arrêt du 13.5.1981, ***International Chemical Corp***	aff. 66/80	1476
	Arrêt du 14.5.1981, ***Romano***	aff. 98/80	439, 440

	Arrêt du 16.6.1981, ***Salonia***	aff. 126/80	1445, 1455
	Arrêt du 7.7.1981, ***Rewe***	aff. 158/80	1092, 1094
	Arrêt du 9.7.1981, ***Sté Gondrand***	aff. 169/80	739
	Arrêt du 15.9.1981, ***Lord Bruce***	aff. 208/80	182
	Arrêt du 11.11.1981, ***Casati***	aff. 203/80	1073
	Arrêt du 11.11.1981, ***IBM***	aff. 60/81	1240, 1242
1982	Arrêt du 19.1.1982, ***Becker***	aff. 8/81	950, 967, 984
	Arrêt du 27.1.1982, ***Birra Wührer***	aff. 256/80	1347
	Arrêt du 4.2.1982, ***Adam***	aff. 828/79	393
	Arrêt du 9.2.1982, ***Polydor***	aff. 270/80	992
	Ord. du 4.3.1982, ***Commission c/ France***	aff. 42/82 R	1331
	Arrêt du 23.3.1982, ***Entreprise Nordsee***	aff. 102/81	1438
	Arrêt du 1.4.1982, ***Holdijk***	aff. 141/81	1456
	Arrêt du 29.4.1982, ***Pabst***	aff. 17/81	986, 991
	Arrêt du 6.5.1982, ***Fromme***	aff. 54/81	1060
	Arrêt du 16.5.1982, ***Baywa***	aff. 146, 192, 193/81	1060
	Arrêt du 25.5.1982, ***Commission c/ Pays-Bas***	aff. 97/81	1022
	Arrêt du 10.6.1982, ***Interagra***	aff. 217/81	1024, 1064
	Arrêt du 6.7.1982, ***France, Italie, Royaume-Uni***	aff. 188 à 190/80	279
	Arrêt du 6.10.1982, ***CILFIT***	aff. 283/82	709, 1440, 1455
	Arrêt du 26.10.1982, ***Kupferberg***	aff. 104/81	986
	Arrêt du 24.11.1982, ***Commission c/ Irlande***	aff. 249/81	1315
	Arrêt du 14.12.1982, ***Comité national de lutte contre l'alcoolisme***	aff. 314 à 317/81 et 83/82	1333
1983	Arrêt du 10.2.1983, ***Luxembourg c/ Parlement européen***	aff. 230/81	175, 182, 191, 327, 449, 728
	Arrêt du 15. 3. 1983, ***Commission c/ Italie***	aff. 145/82	635

	Arrêt du 16.3.1983, ***Amministrazione delle finanze dello Stato c/SPI et SAMI***	aff. 267/81, 268/81 et 269/81	688
	Arrêt du 21.9.1983, ***Deutsche Milchkontor***	aff. 205 à 215/82	1056
	Arrêt du 22.9.1983, ***Verli-Wallace c/ Commission***	aff. 159/82	661
	Ord. du 5.10.1983, ***Nevas***	aff. 142/83	1239
	Arrêt du 9.11.1983, ***San Giorgio***	aff. 199/82	1088, 1091
1984	Arrêt du 18.1.1984, ***Ekro BV***	aff. 327/82	709
	Arrêt du 14.2.1984, ***Commission c/ Allemagne***	aff. 325/82	117
	Arrêt du 21.2.1984, ***Allied Corporation e.a.***	aff. 239/82 et 275/82	1274
	Arrêt du 22.2.1984, ***Kloppenburg***	aff. 70/83	630
	Arrêt du 20.3.1984, ***Allemagne c/ Commission***	aff. 84/82	1307
	Arrêt du 28.3.1984, ***Pluimreeslachterij***	aff. 47 et 48/83	176
	Arrêt du 10.4.1984, ***Von Colson et Kamann***	aff. 14/83	633, 972, 997, 998, 1001, 1083
	Arrêt du 10.4.1984, ***Luxembourg c/ Parlement européen***	aff. 108/83	449
	Arrêt du 10.7.1984, ***Kent Kirk***	aff. 63/83	660, 753
	Arrêt du 12.7.1984, ***Klopp***	aff. 107/83	754
	Arrêt du 13.11.1984, ***Racke***	aff. 283/83	743
	Arrêt du 6.12.1984, ***Biovilac***	aff. 59/83	1368
	Arrêt du 13.12.1984, ***Haug-Adrion***	aff. 251/83	1461
1985	Arrêt du 10.1.1985, ***Leclerc***	aff. 229/83	181
	Arrêt du 17.1.1985, ***Piraiki-Patraiki e.a. c/ Commission***	aff. 11/82	1256
	Arrêt du 30.1.1985, ***Commission c/ Danemark***	aff. 143/84	680
	Arrêt du 27.2.1985, ***Sté des produits de maïs***	aff. 112/83	1433
	Arrêt du 20.3.1985, ***Timex***	aff. 264/82	1274
	Arrêt du 28.3.1985, ***Commission c/ Italie***	aff. 274/83	1326

	Arrêt du 22.5.1985, ***Parlement c/ Conseil***	aff. 13/83	1295, 1300, 1302, 1304, 1310
	Arrêt du 23.5.1985, ***Allied Corporation e.a.***	aff. 53/83	1274
	Arrêt du 23.5.1985, ***Commission c/ RFA***	aff. 29/84	635, 1028
	Arrêt du 19.9.1985, ***Asteris c/Commission***	aff. 194 à 206/83	1370, 1379
	Arrêt du 3.10.1985, ***CBEM***	aff. 311/84	1459
	Arrêt du 16.10.1985, ***Commission c/ Italie***	aff. 281/83	1335
	Ord. du 25.10.1985, ***Commission c/ Belgique***	aff. 293/85 R	1331
	Arrêt du 7.11.1985, ***Adams***	aff. 145/83	1366
	Arrêt du 11.12.1985, ***Commission c/ Grèce***	aff. 192/84	177, 279
1986	Arrêt du 15.1.1986, ***Hurd***	aff. 44/84	175, 182, 707, 728, 796, 1426
	Arrêt du 28.1.1986, ***C.O.F.A.Z.***	aff. 169/84	1274
	Arrêt du 26.2.1986, ***Marschall***	aff. 152/84	973
	Arrêt du 26.2.1986, ***Krohn***	aff. 175/84	1229, 1350, 1358
	Ord. du 5.3.1986, ***Wünsche***	aff. 69/85	1422, 1475
	Arrêt du 15.4.1986, ***Commission c/ Belgique***	aff. 237/86	680
	Arrêt du 23.4.1986, ***Parti Écologiste « Les Verts »***	aff. 294/83	46, 49, 595, 717, 725, 733, 1120, 1231, 1238, 1240, 1273, 1274
	Arrêt du 15.5.1986, ***Johnston***	aff. 222/84	753, 1001, 1097
	Ord. du 4.6.1986, ***Groupe des droites européennes***	aff. 78/85	1247
	Arrêt du 24.6.1986, ***Développement SA***	aff. 267/82	1368
	Arrêt du 3.7.1986, ***Conseil c/ Parlement***	aff. 34/86	357, 676, 1238, 1247, 1258
	Arrêt du 10.7.1986, ***Wybot***	aff. 149/85	191, 311
	Arrêt du 18.9.1986, ***Commission c/ Allemagne***	aff. 116/82 R	1293, 1318
	Arrêt du 23.9.1986, ***AKZO Chemie***	aff. 5/85	262,1250
	Arrêt du 8.10.1986, ***Keller***	aff. 234/85	753

	Arrêt du 18.12.1986, ***Commission c/ Zoubek***	aff. 426/85	1407
1987	Arrêt du 15.1.1987, ***Krohn Import-Export***	aff. 175/84	1350
	Arrêt du 26.3.1987, ***Commission c/ Conseil***	aff. 45/86	91, 135, 521, 537, 648
	Arrêt du 7.5. 1987, ***Commission c/ Belgique***	aff. 186/85	177
	Arrêt du 21.5.1987, ***Albako Magorinfabrik***	aff. 249/85	763
	Arrêt du 11.6.1987, ***Pretore di Salò***	aff. 14/86	974, 1000
	Arrêt du 16.6.1987, ***Commission c/Italie***	aff. 118/85	181
	Arrêt du 7.7.1987, ***Étoile commerciale et CNTA c/ Commission***	aff. 89 et 91/86	1357
	Arrêt du 9.7.1987, ***Allemagne, France, Pays-Bas, Danemark et Royaume-Uni c/Commission***	aff. 281, 283, 284, 285 et 287/85	138, 157
	Arrêt du 17.9.1987, ***Feldain***	aff. 433/85	1431
	Arrêt du 29.9.1987, ***Gimenez Zaera***	aff. 126/86	966
	Arrêt du 30.9.1987, ***Demirel***	aff. 12/86	527, 986
	Arrêt du 8.10. 1987, ***Kolpinghuis***	aff. 80/86	636, 657, 974, 1000
	Arrêt du 15.10.1987, ***Heylens***	aff. 222/86	742, 753, 1097
	Arrêt du 22.10.1987, ***Foto-Frost***	aff. 314/85	848, 853, 1442, 1458
	Arrêt du 8.12.1987, ***Grands Moulins de Paris c/ CEE***	aff. 50/86	1379, 1385
	Arrêt du 15.12.1987, ***Deutsche Babcock***	aff. 328/85	586
1988	Arrêt du 2.2.1988, ***Barra***	aff. 309/85	1092
	Arrêt du 4.2.1988, ***Murphy***	aff. 157/86	996, 999
	Arrêt du 23.2.1988, ***Royaume-Uni c/ Conseil***	aff. 68/86	1251
	Arrêt du 25.2.1988, ***Parti Écologiste « Les Verts »***	aff. 190/84	1247
	Arrêt du 25.2.1988, ***Bianco et Girard***	aff. 331, 376 et 378/85	1093
	Arrêt du 24.3.1988, ***Commission c/ Italie***	aff. 104/86	1093

	Arrêt du 24.3.1988, ***Commission c/ Grèce***	aff. 240/86	279
	Arrêt du 21.4.1988, ***Pardini***	aff. 338/85	1437
	Arrêt du 27.4.1988, ***Commission c/ France***	aff. 252/85	1028
	Arrêt du 28.4.1988, ***SA Laissa***	aff. jtes 31 et 35/86	582
	Arrêt du 28.6.1988, ***Commission c/ Conseil***	aff. 7/87	1058
	Arrêt du 29.6.1988, ***Van Landschoot***	aff. 300/86	1433
	Arrêt du 29.6.1988, ***Delville***	aff. 240/87	1091, 1092
	Arrêt du 12.7.1988, ***Parlement c/ Conseil***	aff. 377/87	359, 1310
	Arrêt du 14.7.1988, ***Fédiol***	aff. 188/85	271
	Arrêt du 20.9.1988, ***Moormann***	aff. 190/87	968
	Arrêt du 20.9. 1988, ***Bentjes***	aff. 31/87	972
	Arrêt du 22.9.1988, ***France c/ Parlement européen***	aff. 358/85	449
	Arrêt du 27.9.1988, ***Ahlström***	aff. jtes 89/85 et s.	691, 720
	Arrêt du 27.9.1988, ***Grèce c/ Conseil***	aff. 204/86	175
	Arrêt du 27.9.1988, ***Matteucci***	aff. 235/87	179
	Arrêt du 27.9.1988, ***Commission c/ Conseil***	aff.165/87	138
	Arrêt du 27.9.1988, ***Parlement c/ Conseil***	aff. 302/87	428, 1262, 1309
	Arrêt du 27.9.1988, ***Royaume-Uni c/ Commission***	aff. 114/86	1245
	Arrêt du 5.10.1988, ***Alsatel***	aff. 247/86	1469
	Arrêt du 15.12.1988, ***Irish Cement Ltd***	aff. 166 et 220/86	1309
1989	Arrêt du 2.2.1989, ***Commission c/ Conseil***	aff. 275/87	1258
	Arrêt du 2.2.1989, ***Pays-Bas c/ Commission***	aff. 262/87	1056
	Arrêt du 2.2.1989, ***Cowan***	aff. 186/87	1073
	Arrêt du 14.2.1989, ***Star Fruit***	aff. 247/87	1229, 1299, 1305
	Arrêt du 11.5.1989, ***Maurissen et Union syndicale***	aff. 193 et 194/87	1239
	Arrêt du 22.6.1989, ***Fratelli Costanzo***	aff. 103/88	934, 973

	Arrêt du 11.10.1990, ***Italie c/ Commission***	aff. C-34/89	1060
	Arrêt du 18.10.1990, ***Dzodzi***	aff. C-297/88	1427
	Arrêt du 8.11.1990, ***Dekker***	aff. C-177/88	974
	Arrêt du 13.11.1990, ***Fedesa ea***	aff. C-331/88	172, 174
	Arrêt du 13.11.1990, ***Marleasing***	aff. 106/89	972, 974, 997, 1001
	Arrêt du 12.12.1990, ***SARPP***	aff. C-241/89	1462
1991	Arrêt du 24.1.1991, ***Alsthom Atlantique***	aff. C-339/89	966
	Arrêt du 31.1.1991, ***Kziber***	aff. C-18/90	986
	Arrêt du 21.2.1991, ***Zuckerfabrik***	aff. jtes C-143/88 et C-92/89	1098, 1442
	Arrêt du 21.2.1991, ***Allemagne c/ Commission***	aff. C-28/89	1060
	Ord. du 27.2.1991, ***Tsitouras e.a. c/ Grèce***	aff. C-285/90	1239
	Arrêt du 28.2.1991, ***Delimitis***	aff. C-234/89	178
	Arrêt du 18.4.1991, ***Les Assurances du crédit***	aff. C-63/89	1370, 1375
	Arrêt du 7.5.1991, ***Nakajima***	aff. C-69/89	690, 741, 993
	arrêtdu 16.5.1991, ***Extramet Industrie***	aff. C-358/89	1274
	Arrêt du 11.6.1991, ***Athanasopoulos***	aff. C-251/89	178
	Arrêt du 11.6.1991, ***Commission c/ Conseil (Dioxyde de titane)***	aff. C-300/89	110, 192
	Arrêt du 18.6.1991, ***ERT***	aff. 260/88	718
	Arrêt du 27.6.1991, ***Mecanarte***	aff. C-348/89	1448
	Arrêt du 9.7.1991, ***Commission c/ Royaume-Uni***	aff. C-146/89	117
	Arrêt du 25.7.1991, ***Gouda***	aff. C-288/89	818
	Arrêt du 25.7.1991, ***Commission c/ Pays-Bas***	aff. C-353/89	818
	Arrêt du 25.7.1991, ***Säger***	aff. C-76/90	174, 818
	Arrêt du 25.7.1991, ***Emmot***	aff. C-208/90	1096
	Ord. du 4.10.1991, ***Bosmann***	aff. C-117/91	1240
	Ord. du 18.10.1991, ***Abertal***	aff. C-213/91 R	1207
	Arrêt du 13.11.1991, ***France c/ Commission***	aff. C-303/90	138, 1244

	Arrêt du 16.7.1992, ***Parlement c/ Conseil***	aff. 65/90	192, 367, 1258
	Arrêt du 16.7.1992, ***Asociacion Española de Banca Privada***	aff. C-67/91	1438
	Arrêt du 16.7.1992, ***Meilicke***	aff. C-83/91	1455
	Arrêt du 27.10.1992, ***Allemagne c/ Commission***	aff. C-240/90	1072
	Arrêt du 10.11.1992, ***Hansa Fleisch***	aff. C-156/91	967
	Arrêt du 17.11.1992, ***Commission c/ Grèce***	aff. C-105/91	1322
	Arrêt du 24.11.1992, ***Poulsen et Diva Navigation***	aff. C-286/90	691
	Arrêt du 24.11.1992, ***Buckl***	aff. C-15 et C-108/91	1309
	Arrêt du 2.12.1992, ***SGEEM***	aff. 370/89	441, 1346
	Arrêt du 3.12.1992, ***Oleificio Borelli***	aff. C-97/91	753, 1096
1993	Arrêt du 19.1.1993, ***Commission c/ Italie***	aff. C-101/91	763, 1335
	Arrêt du 21.1.1993, ***Advanced Nuclear Fuels***	aff. 308/90	1067
	Arrêt du 21.1.1993, ***Deutsch Shell***	aff. C-188/91	1425
	Arrêt du 26.1.1993, ***Télémarsicabruzzo***	aff. C-320/90	1456
	Arrêt du 16.2.1993, ***ENU c/ Commission***	aff. C-107/91	1307
	Arrêt du 17.3.1993, ***Commission c/ Conseil***	aff. C-155/91	110
	Avis du 19.3.1993, n° 2/91		145, 534, 552, 568, 571, 573, 1219
	Arrêt du 30.3.1993, ***Corbiau***	aff. C-24/92	1437
	Arrêt du 31.3.1993, ***Kraus***	aff. C-19/92	818
	Arrêt du 22.6.1993, ***Commission c/ Danemark***	aff. C-243/89	1322
	Arrêt du 30.6.1993, ***Parlement c/ Conseil***	aff. C-181/91 et C-248/91	707, 1239
	Arrêt du 20.10.1993, ***Phil Collins***	aff. C-92/92 et C-326/92	964
	Arrêt du 17.11.1993, ***Commission c/ Espagne***	aff. C-73/92	1322

	Arrêt du 1.6.1995, ***Commission c/ Italie***	aff. C-182/94	1322
	Arrêt du 17.10.1995, ***Werner***	aff. C-70/94	560
	Arrêt du 17.10.1995, ***Leiffer***	aff. C-93/94	560
	Arrêt du 26.10.1995, ***Siesse***	aff. C-36/94	176, 1071
	Arrêt du 9.11.1995, ***Atlanta***	aff. C-465/93	1098
	Arrêt du 9.11.1995, ***Allemagne c/ Conseil***	aff. C-426/93	1054
	Ord. du 23.11.1995, ***Asocarne***	aff. C-10/95 P	1271
	Arrêt du 30.11.1995, ***Gebhard***	aff. C-55/94	818
	Arrêt du 7.12.1995, ***Conseil c/ Parlement européen***	aff. C-41/95	474
	Arrêt du 7.12.1995, ***Commission c/ Rép. française***	aff. C-52/95	1017
	Arrêt du 7.12.1995, ***Luigi Spano***	aff. C-472/93	974, 997
	Avis du 13.12.1995, n° 3/94		1219
	Arrêt du 14.12.1995, ***Peterbroek***	aff. C-312/93	1082, 1092, 1093
	Arrêt du 14.12.1995, ***Banchero***	aff. C-387/93	1073
	Arrêt du 14.12.1995, ***Van Schijndel***	aff. jtes C-430/93 et C-431/93	1093
	Arrêt du 14.12.1995, ***Sanz de Lera***	aff. jtes C-163/94, C-165/94 et C-250/94	964
	Arrêt du 15.12.1995, ***Bosman***	aff. C-415/93	754, 818, 1455
1996	Arrêt du 12.2.1996, ***Reisebüro Broede***	aff. C-3/95	174
	Arrêt du 5.3.1996, ***Brasserie du pêcheur***	aff. C-46/93 et C-48/93	1009, 1010, 1011, 1013, 1014, 1015, 1102, 1382
	Arrêt du 7.3.1996, ***El Corte Inglès SA***	aff. C-192/94	974
	Arrêt du 19.3.1996, ***Commission c/ Conseil***	aff. C-25/94	576, 682, 1252
	Arrêt du 26.3.1996, ***British Telecommunications***	aff. C-392/93	972, 1011
	Avis du 28.3.1996, n° 2/94		105, 133, 757, 1219
	Arrêt du 30.4.1996, ***Pays-Bas c/ Conseil***	aff. C-58/94	410
	Arrêt du 2.7.1996, ***Commission c/ Luxembourg***	aff. C-473/93	818

	Arrêt du 13.5.1997, ***Allemagne c/ Parlement européen et Conseil***	aff. C-233/94	165, 167
	Arrêt du 10.7.1997, ***Palmisani***	aff. C-261/95	1091
	Arrêt du 17.7.1997, ***Affish***	aff. C-183/95	1122, 1464
	Arrêt du 17.7.1997, ***Leur-Bloem***	aff. C-28/95	1427
	Arrêt du 17.7.1997, ***Giloy***	aff. C-130/95	1427
	Arrêt du 17.7.1997, ***SAM Schiffahrt***	aff. C-248 et 249/95	1256
	Arrêt du 17.9.1997, ***Dorsh Consult***	aff. C-54/96	1437
	Arrêt du 1.10.1997, ***France c/ Parlement européen***	aff. C-345/95	327, 450
	Arrêt du 4.11.1997, ***Parfums C. Dior***	aff. C-337/95	1436
	Arrêt du 11.11.1997, ***Eurotunnel***	aff. C-408/95	1291
	Arrêt du 2.12.1997, ***Fantask***	aff. C-188/95	1096
	Arrêt du 9.12.1997, ***Commission c/France***	aff. C-265/95	1320
	Arrêt du 18.12.1997, ***Inter-Environnement Wallonie***	aff. C-129/96	632, 657, 977
	Arrêt du 18.12.1997, ***Didier Trabouillot***	aff. C-284/96	1459
1998	Arrêt du 12.2.1998, ***Commission c/ France***	aff. C-144/97	1320
	Arrêt du 10.3.1998, ***Allemagne c/ Conseil***	aff. C-122/95	689
	Arrêt du 28.4.1998, ***Kohll***	aff. C-158/96	1122
	Arrêt du 5.5.1998, ***The Queen (National Farmers Union)***	aff. C-157/96	173, 174
	Arrêt du 5.5.1998, ***Royaume-Uni c/ Conseil***	aff. C-180/96	1256
	Arrêt du 12.5.1998, ***Royaume-Uni c/ Commission***	aff. C-106/96	356
	Arrêt du 12.5.1998, ***Commission c/ Conseil***	aff. C-170/96	587
	Arrêt du 12.5.1998, ***Steff-Houlberg***	aff. C-366/95	1056, 1060
	Arrêt du 28.5.1998, ***Parlement c/ Conseil***	aff. C-22/96	1258

	Arrêt du 8.7.1999, ***Hercules Chemicals NV***	aff. C-51/92 P	1251
	Arrêt du 8.7.1999, ***DSM***	aff. C-5/93 P	1258
	Arrêt du 8.7.1999, ***Nunes***	aff. C-186/98	176, 1071, 1073
	Arrêt du 8.7.1999, ***Parlement européen c/ Conseil***	aff. C-164 et 165/97	375
	Ord. du 8.7.1999, ***Édouard Dubois et fils c/ Conseil et Commission***	aff. C-95/98 P	1368, 1374
	Arrêt du 8.7.1999, ***Montecatini***	aff. C-235/92 P	754
	Arrêt du 8.7.1999, ***Commission c/ Grèce***	aff. C-215/98	1322
	Arrêt du 9.9.1999, ***Lucaccioni c/ Commission***	aff. C-257/98 P	1362
	Arrêt du 9.9.1999, ***Commission c/ Allemagne***	aff. C-217/97	635, 968
	Arrêt du 14.9.1999, ***Commission c/ Belgique***	aff. C-170/98	597
	Arrêt du 21.10.1999, ***Jägershiöld***	aff. C-97/98	1458
	Ord. du 18.11.1999, ***Pescados Congelados Jogamar c/ Commission***	aff. C-249/99 P	1307
	Arrêt du 23.11.1999, ***Portugal c/ Conseil***	aff. C-149/96	730, 994, 1252
2000	Arrêt du 27.1.2000, ***Mulder III***	aff. C-104/89 et C-37/90	658
	Arrêt du 3.2.2000, ***Dounias***	aff. C-228/98	1082
	Ord. du 4.2.2000, ***Emesa Sugar et Aruba***	aff. C-17/98	1142, 1196, 1469
	Arrêt du 10.2.2000, ***Schröder***	aff. C-50/96	1477
	Arrêt du 9.3.2000, ***Evanlischer***	aff. C-437/97	452
	Arrêt du 14.3.2000, ***Kicak***	aff. jtes C-102/98 et C-211/98	986
	Arrêt du 4.4.2000, ***Commission c/ Conseil***	aff. C-269/97	91, 110
	Arrêt du 6.4.2000, ***Commission c/ ICI***	aff. C-286/95 P	649, 1251
	Arrêt du 6.4.2000, ***Espagne c/ Commission***	aff. C-443/97	1244
	Arrêt du 11.4.2000, ***Kaba***	aff. C-365/98	966

	Arrêt du 16.5.2000, ***Belgique c/ Espagne***	aff. C-388/95	1328
	Arrêt du 16.5.2000, ***Preston***	aff. C-78/98	1092
	Arrêt du 15.6.2000, ***Dorsch Consult***	aff. C-237/98 P	1391
	Arrêt du 4.7.2000, ***Commission c/ Grèce***	aff. C-387/97	1336, 1339, 1341
	Arrêt du 4.7.2000, ***Commission c/ Portugal***	aff. C-62/98	597
	Arrêt du 4.7.2000, ***Commission c/ Portugal***	aff. C-84/98	597
	Arrêt du 4.7.2000, ***Bergaderm et Goupil***	aff. C-352/98 P	1383, 1384, 1386, 1388, 1397, 1399
	Arrêt du 6.7.2000, ***Commission c/ Belgique***	aff. C-236/99	1327
	Arrêt du 6.7.2000, ***Abrahamsson***	aff. C-407/98	1437
	Arrêt du 11.7.2000, ***Tanja Kreil***	aff. C-285/98	803, 853
	Arrêt du 13.7.2000, ***Centrosteel***	aff. C-456/98	972, 999
	Arrêt du 13.7.2000, ***Idéal Tourisme***	aff. C-36/99	1458
	Arrêt du 12.9.2000, ***Commission c/Royaume-Uni***	aff. C-359/97	1332
	Arrêt du 19.9.2000, ***Ampafrance et Sanofi***	aff. C-177/99 et C-181/99	172
	Arrêt du 26.9.2000, ***Kachelmann***	aff. C-322/98	1458
	Arrêt du 26.9.2000, ***Unilever Italia***	aff. C-443/98	1004
	Arrêt du 26.9.2000, ***Engelbrecht***	aff. C-262/97	176
	Arrêt du 5.10.2000, ***Allemagne c/ Commission***	aff. C-288/96	1251
	Arrêt du 14.12.2000, ***Dior***	aff. C-300 et 392/98	994, 1425
	Arrêt du 14.12.2000, ***Emsland Stärke GmbH***	aff. C-110/99	740
2001	Arrêt du 11.1.2001, ***Monte Arcosu Srl***	aff. C-403/98	982, 1034
	Arrêt du 18.1.2001, ***Commission c/ Espagne***	aff. C-83/99	1319, 1322
	Arrêt du 30.1.2001, ***Espagne c/ Conseil***	aff. C-36/98	110, 1248

	Ord. (2) du 1.2.2001, ***Area Cova***	aff. C-300 et C-388/99 P et aff. C-301/99 P	1276
	Arrêt du 1.2.2001, ***Commission c/ France***	aff. C-333/99	1322
	Arrêt du 15.2.2001, ***Nachi Europe***	aff. C-239/99	1287, 1432, 1457
	Arrêt du 6.3.2001, ***Connolly***	aff. C-273/99 P et C-274/99 P	756
	Arrêt du 13.3.2001, ***PreussenElektra***	aff. C-379/98	1455
	Ord. du 2.5.2001, ***OGT Fruchthandelsgesellschaft mbH***	aff. C-307/99	994, 1252
	Arrêt du 17.5.2001, ***TNT Traco***	aff. C-340/99	758
	Arrêt du 28.6.2001, ***Larsy***	aff. C-118/00	1430
	Arrêt du 12.7.2001, ***Jippes***	aff. C-189/01	174, 730, 1256
	Arrêt du 27.9.2001, ***Gloszczuk***	aff. C-63/99	986
	Arrêt du 9.10.2001, ***Italie c/ Commission***	aff. C-400/99	1242
	Arrêt du 9.10.2001, ***Royaume des Pays-Bas c/ Parlement européen et Conseil***	aff. C-377/98	171, 753
	Arrêt du 25.10.2001, ***Italie c/ Conseil***	aff. C-120/99	1256
	Arrêt du 29.11.2001, ***Griesmar***	aff. C-366/99	1478
	Avis du 6.12.2001, ***Protocole de Carthagène***, n° 2/00		109, 552, 1115, 1219
2002	Arrêt du 15.1.2002, ***Libéros***	aff. C-171/00 P	1157
	Arrêt du 15.1.2002, ***Lutz***	aff. C-182/00	1437
	Arrêt du 15.1.2002, ***Weidacher***	aff. C-179/00	174
	Arrêt du 19.2.2002, ***Wouters et a.***	aff. C-309/99	1469
	Arrêt du 12.3.2002, ***Omega Air e.a.***	aff. jointes C-27/00 et C-122/00	994, 1252
	Arrêt du 19.3.2002, ***Commission c/ Irlande***	aff. C-13/00	1313
	Avis du 18.4.2002, n° 1/00		91, 597, 772, 1219
	Arrêt du 25.4.2002, ***Commission c/ France***	aff. C-418/00 et C-419/00	1322
	Arrêt du 14.5.2002, ***Commission c/ Allemagne***	aff. C-383/00	1327

	Arrêt du 5.11.2002, ***Commission c/ Allemagne***	aff. C-476/98	533
	Ord. du 5.11.2002, ***Agrana Zucker***	aff. C-321/01 P	582
	Arrêt du 5.11.2002, ***Commission c/ Allemagne***	aff. C-325/00	1315
	Arrêt du 26.11.2002, ***First et Franex***	aff. C-275/00	1360
	Arrêt du 10.12.2002, ***Camar et Tico***	aff. C-312/00 P	1380, 1383
	Arrêt du 10.12.2002, ***British American Tobacco et Imperial Tobacco***	aff. C-491/01	171, 172, 174, 758
	Arrêt du 12.12. 2002, ***Commission c/ Conseil***	aff. C-281/01	110
2003	Arrêt du 9.1.2003, ***Petrotub et Republica***	aff. C-76/00 P	690, 994, 1252
	Arrêt du 21.1.2003, ***Commission c/ Parlement européen et Conseil***	aff. C-378/00	429
	Arrêt du 13.2.2003, ***Commission c/ Luxembourg***	aff. C-75/01	635
	Arrêt du 6.3.2003, ***Commission c/ Luxembourg***	aff. C-211/02	1327
	Arrêt du 11.3.2003, ***Dory***	aff. C-186/01	966
	Arrêt du 10.4.2003, ***Commission c/ Allemagne***	aff. C-20 et C-28/01	1322
	Arrêt du 8.5.2003, ***Wählergruppe Gemeinsam***	aff. C-171/01	986
	Arrêt du 15.5.2003, ***Salzmann***	aff. C-300/01	1455
	Arrêt du 22.5.2003, ***Connect Austria***	aff. C-462/99	1002
	Arrêt du 22.5.2003, ***Commission c/ Allemagne***	aff. C-103/01	171
	Arrêt du 12.6.2003, ***Schmidberger***	aff. C-112/00	712
	Arrêt du 26.6.2003, ***Commission c/ France***	aff. C-233/00	635, 968
	Arrêt du 10.7.2003, ***Booker Aquaculture Ltd***	aff. jtes C-20 et C-64/00	718
	Arrêt du 10.7.2003, ***Commission c/ Fresh Marine***	aff. C-472/00 P	1383, 1384

2005	Arrêt du 18.1.2005, ***Commission c/ Conseil***	aff. C-257/01	290
	Arrêt du 27.1.2005, ***Denuit et Cordenier***	aff. C-125/04	1438
	Arrêt du 1.3.2005, ***Léon Van Parys NV***	aff. C-377/02	994
	Arrêt du 10.3.2005, ***Espagne c/ Conseil***	aff. C-342/03	730, 1253
	Arrêt du 10.3.2005, ***Commission c/ Allemagne***	aff. C-531/03	1327
	Arrêt du 15.3.2005, ***Espagne c/ Eurojust***	aff. C-160/03	1239
	Arrêt du 15.3.2005, ***Bidar***	aff. C-209/03	1478
	Arrêt du 17.3.2005, ***Commission c/ AMI e. a.***	aff. C-294/02	1133
	Arrêt du 3.5.2005, ***Silvio Berlusconi et a.***	aff. C-387/02, C-391/02 et C-403/02	737, 1071, 1073
	Arrêt du 12.5.2005, ***Commission c/ Belgique***	aff. C-287/03	1314
	Arrêt du 12.5.2005, ***Commission c/ Grèce***	aff. C-415/03	175
	Arrêt du 31.5.2005, ***Syfait***	aff. C-53/03	1438
	Arrêt du 2.6.2005, ***Commission c/ Luxembourg***	aff. C-266/03	117, 571
	Arrêt du 2.6.2005, ***Commission c/ Grèce***	aff. C-394/02	1322
	Arrêt du 7.6.2005, ***VEMW e.a.***	aff. C-17/03	1455
	Arrêt du 16.6.2005, ***Pupino***	aff. C-105/03	175, 978, 999, 1000
	Arrêt du 28.6.2005, ***Dansk Rorindustri***	aff. C-189/02 P, C-202 à 208/02 P et C-213/02 P	681
	Arrêt du 7.7.2005, ***Gaye Gürol***	aff. C-374/03	986
	Arrêt du 12.7. 2005, ***Commission c/ France***	aff. C-304/02	1339, 1341, 1342
	Arrêt du 12.7.2005, ***Alliance for Natural Health e. a.***	aff. C-154 et 155/04	171
	Arrêt du 14.7.2005, ***Commission c/ Danemark***	aff. C-259/03, C-260/03 et C-343/03	1322
	Arrêt du 14.7.2005, ***Commission c/ Allemagne***	aff. C-433/03	571
	Arrêt du 13.9.2005, ***Commission c/ Conseil***	aff. C-176/03	111, 1078

	Arrêt du 20.10.2005, ***Ten Kate Holding Musselkanaal e.a.***	aff. C-511/03	182, 1262
	Arrêt du 22.11.2005, ***Mangold***	aff. C-144/04	743, 760, 885, 1006
	Arrêt du 24.11.2005, ***Italie c/ Commission***	aff. C-138/03, C-324/03 et C-431/03	1251
	Arrêt du 6.12.2005, ***ABNA e.a.***	aff. C-453/03, C-11/04, C-12/04 et C-194/04	1098
	Arrêt du 8.12.2005, ***Commission c/Luxembourg***	aff. C-33/04	1327
2006	Arrêt du 10.1.2006, ***Commission c/ Conseil***	aff. C-94/03	110
	Arrêt du 10.1.2006, ***Skov et Bilka***	aff. C-402/03	1478
	Arrêt du 10.1.2006, ***Commission c/ Parlement et Conseil***	aff. C-178/03	110
	Avis du 7.2.2006, n° 1/03		136, 534, 1219
	Arrêt du 14.3.2006, ***Commission c/France***	aff. C-177/04	1339, 1341
	Arrêt du 16.3.2006, ***Kapferer***	aff. C-234/04	1101
	Arrêt du 23.3.2006, ***Unitymark***	aff. C-535/03	172
	Arrêt du 23.3.2006, ***Commission c/ Autriche***	aff. C-209/04	632
	Arrêt du 30.5.2006, ***Parlement européen c/ Conseil et Commission***	aff. C-317/04 et C-318/04	111, 689, 1258
	Arrêt du 30.5.2006, ***Commission c/ Irlande***	aff. C-459/03	91, 534, 571, 693, 1108
	Arrêt du 8.6.2006, ***Feuerbestattungsverein Halle***	aff. C-430/04	968
	Arrêt du 13.6.2006, ***Traghetti del Mediterraneo***	aff. C-173/03	1013, 1014, 1104
	Ord. du 13.6.2006, ***Echouikh***	aff. C-336/05	986
	Arrêt du 27.6.2006, ***Parlement c/ Conseil***	aff. C-540/03	758
	Arrêt du 4.7.2006, ***Adeneler***	aff. C-212/04	635, 998, 1000
	Arrêt du 6.7.2006, ***Commission c/ Portugal***	aff. C-53/05	1293
	Arrêt du 11.7.2006, ***Commission c/ Edith Cresson***	aff. C-432/04	258
	Arrêt du 13.7.2006, ***Manfredi***	aff. C-295 à C-298/04	1093

	Arrêt du 16.7.2009, ***Der Grüne Punkt***	aff. C-385/07 P	1346
	Arrêt du 16.7.2009, ***Visciano***	aff. C-69/08	1093
	Arrêt du 16.7.2009, ***Horvath***	aff. C-428/07	712
	Arrêt du 16.7.2009, ***SELEX***	aff. C-481/07 P	1181
	Arrêt du 3.9.2009, ***Parlement c/ Conseil***	aff. C-166/07	110, 1258
	Arrêt du 3.9.2009, ***Fallimento Olimpiclub***	aff. C-2/08	1101
	Arrêt du 8. 9.2009, ***Commission c/ Parlement et Conseil***	aff. C-411/06	171
	Arrêt du 10.9.2009, ***Commission c/ Ente per le Ville Vesuviane***	aff. C-445/07 P et C-455/07 P	1268
	Ord. du 24.9.2009, ***Município de Gondomar c/ Commission***	aff. C-501/08 P	1277
	Arrêt du 15.10.2009, ***Audiolux***	aff. C-101/08	729, 733
	Arrêt du 15.10.2009, ***Commission c/ Allemagne***	aff. C-275/08	1322
	Arrêt du 27.10.2009, ***ČEZ***	aff. C-115/08	728, 1001, 1081
	Arrêt du 29.10.2009, ***NCC Construction Danmark***	aff. C-174/08	733
	Arrêt du 12.11.2009, ***Commission c/ Espagne***	aff. C-154/08	1315, 1443
	Avis du 30.11.2009, n° 1/08		1219
	Arrêt du 17.12.2009, ***Réexamen M/EMEA***	aff. C-197/09 RX-II	1184
	Arrêt du 23.12.2009, ***Serrantoni***	aff. C-376/08	407
2010	Arrêt du 12.1.2010, ***Amiraike Berlin***	aff. C-497/08	1437
	Ord. du 13.1.2010, ***Volker und Markus Schecke***	aff. C-92 et C-93/09	1469
	Arrêt du 19.1.2010, ***Kücükdevici***	aff. C-555/07	734, 743, 806, 885, 998, 1006, 1080, 1081
	Arrêt du 21.1.2010, ***Commission c/ Allemagne***	aff. C-546/07	1319, 1327
	Ord. du 22.1.2010, ***Grèce c/ Commission***	aff. C-43/09 P	658
	Arrêt du 26.1.2010, ***Transportes Urbanos y Servicios Generales***	aff. C-118/08	1092

	Arrêt du 24.11.2010, ***Commission c/ Conseil***	aff. C-40/10	1258
	Arrêt du 25.11.2010, ***Günter Fuß***	aff. C-429/09	1104
	Arrêt du 9.12.2010, ***Fluxys SA***	aff. C-241/09	1458
	Arrêt du 16.12.2010, ***Skoma-Lux s. r. o.***	aff. C-339/09	1455
	Arrêt du 16.12.2010, ***Athinaïki Techniki c/ Commission***	aff. C-362/09 P	661
	Arrêt du 22.12.2010, ***DEB***	aff. C-279/09	759
	Arrêt du 22.12.2010, ***Commission c/ Slovaquie***	aff. C-507/08	1320
	Arrêt du 22.12.2010, ***Sayn-Wittgenstein***	aff. C-208/09	820
	Arrêt du 22.12.2010, ***Gavieiro Gavieiro***	aff. C-444/09 et C-456/09	1043
	Arrêt du 22.12.2010, ***Aguirre Zarraga***	aff. C-491/10 PPU	1473
2011	Ord. du 3.1.2011, ***Commission c/ Luxembourg***	aff. C-246/10	1314
	Ord. du 3.1.2011, ***Commission c/ Portugal***	aff. C-286/10	1314
	Ord. du 3.1.2011, ***Commission c/ Grèce***	aff. C-410/10	1314
	Ord. du 3.1.2011, ***Commission c/ Grèce***	aff. C-398/10	1314
	Ord. du 3.1.2011, ***Commission c/ Luxembourg***	aff. C-396/10	1314
	Ord. du 3.1.2011, ***Commission c/ Italie***	aff. C-291/10	1314
	Ord. du 12.1.2011, ***Eriksen c/ Commission***	aff. C-205/10 P, C-217/10 P, et C-222/10 P	1371
	Arrêt du 27.1.2011, ***Commission c/ Luxembourg***	aff. C-490/09	1330
	déc. de réexamen du 8.2.2011	aff. C-17/11 RX	1184
	Arrêt du 17.2.2011, ***Commission c/ Chypre***	aff. C-251/09	1330
	Arrêt du 17.2.2011, ***Weryński***	aff. C-283/09	1455
	Ord. du 1.3.2011, ***Chartry***	aff. C-457/09	1449

	Arrêt du 15.11.2011, ***Commission c/ Allemagne***	aff. C-539/09	395
	Arrêt du 21.12.2011, ***Danske Svineproducenter***	aff. C-316/10	1030, 1034
	Arrêt du 21.12.2011, ***Air Transport Association of America e.a.***	aff. C-366/10	668, 690, 950
	Arrêt du 21.12.2011, ***NS***	aff. C-411/10 et C-493/10	822
	Arrêt du 21.12.2011, ***Cicala***	aff. C-482/10	1427
2012	Arrêt du 24.1.2012, ***Dominguez***	aff. C-282/10	998, 1005
	Arrêt du 14.2.2012, ***Toshiba Corporation e.a.***	aff. C-17/10	660
	Arrêt du 28.2.2012, ***Inter-Environnement Wallonie ASBL, Terre wallonne ASBL***	aff. C-41/11	817
	Arrêt du 15.3.2012, ***SCF***	aff. C-135/10	688
	Arrêt du 19.4.2012, ***Artegodan***	aff. C-221/10 P	91, 191, 1389
	Arrêt du 3.5.2012, ***Legris Industries SA c/Commission européenne***	aff. C-289/11 P	757
	Arrêt du 3.5.2012, ***Comap SA c/Commission européenne***	aff. C-290/11 P	757
	Arrêt du 24.5.2012, ***Amia***	aff. C-97/11	1002, 1005
	Ord. du 26.6.2012, ***Pologne c/Commission***	aff. C-336/09 P	1234
	Arrêt du 28.6.2012, ***Commission c/Éditions Odile Jacob***	aff. C-404/10 P	412
	Ord. du 12.7.2012, ***Currà e.a.***	aff. C-466/11	1425
	Ord. du 12.7.2012, ***Mugraby c/Conseil et Commission***	aff. C-581/11 P	1310
	déc. de réexamen du 12.7.2012	aff. C-334/12 RX	1184
	Arrêt du 19.7.2012, ***Parlement c/Conseil***	aff. C-130/10	111, 563
	Arrêt du 19.7.2012, ***Littlewoods Retail Ltd e.a.***	aff. C-591/10	1092
	Arrêt du 6.9.2012, ***Philips Electronics UK***	aff. C-18/11	176, 1081
	Arrêt du 5.9.2012, ***Parlement européen c/Conseil***	aff. C-355/10	1072
	Arrêt du 4.10.2012, ***Hristo Byankov***	aff. C-249/11	1100

	Arrêt du 3.7.2014, ***Conseil c/in't Veld***	aff. C-350/12 P	412
	Arrêt du 3.7.2014, ***Kamino International Logistics BV***	aff. C-129/13 et C-130/13	712
	Arrêt du 10.7.2014, ***Ogieriakhi***	aff. C-244/13	710, 1011
	Arrêt du 17.7.2014, ***Torresi***	aff. C-58/13 et C-59/13	1437, 1455
	Arrêt du 17.7.2014, ***Qurbani***	aff. C-481/13	1425
	Arrêt du 3.9.2014, ***X***	aff. C-318/13	1013
	Arrêt du 4.9.2014, ***Espagne c/Commission***	aff. C-197/13 P	176
	Arrêt du 4.9.2014, ***Commission c/Grèce***	aff. C-351/13	632, 1317, 1322
	déc. de réexamen du 9.9.2014	aff. C-417/14 RX	1184
	Arrêt du 11.9.2014, ***A contre B e.a.***	aff. C-112/13	763, 1012
	Arrêt du 7.10.2014, ***Allemagne c/Conseil***	aff. C-399/12	573
	Avis du 14.10.2014	n° 1/13	689, 1219
	Arrêt du 14.10.2014, ***Buono e.a.***	aff. C-12/13 P et C-13/13 P	1394
	Arrêt du 20.11.2014, ***Commission c/Pologne***	aff. C-356/13	1330
	Arrêt du 2.12.2014, ***Commission c/Italie***	aff. C-196/13	1342
	Arrêt du 2.12.2014, ***Commission c/Grèce***	aff. C-378/13	1320, 1341, 1342
	Arrêt du 4.12.2014, ***Commission c/Suède***	aff. C-243/13	1342
	Avis du 18.12.2014	n° 2/13	58, 91, 577, 689, 693, 757, 761, 770, 822, 1012, 1108, 1117, 1219, 1414, 1562
	Arrêt du 18.12.2014, ***Mc Carthy e.a.***	aff. C-202/13	740
	Arrêt du 18.12.2014, ***FOA***	aff. C-354/13	743
	Arrêt du 18.12.2014, ***SETAR***	aff. C-551/13	632
	Arrêt du 18.12.2014, ***Abdida***	aff. C-562/13	193
2015	Arrêt du 13.1.2015, ***Conseil e.a. c/Vereniging Milieudefensie et Stichting Stop Luchtverontreiniging Utrecht***	aff. C-401/12 P à C-403/12 P	950

	Arrêt du 16.7.2015, ***Commission c/Conseil***	aff. C-425/13	541
	Arrêt du 16.7.2015, ***ClientEarth***	aff. C-612/13 P	690
	Arrêt du 3.9.2015, ***FranceAgriMer***	aff. C-383/14	1072
	Arrêt du 8.9.2015, ***Taricco e.a.***	aff. C-105/14	876
	Arrêt du 9.9.2015, ***X***	aff. C-72/14 et C-197/14	1440
	Arrêt du 9.9.2015, ***João Filipe Ferreira da Silva e Brito e.a.***	aff. C-160/14	1014, 1440
	Arrêt du 10.9.2015, ***Commission c/Pologne***	aff. C-36/14	1326
	Arrêt du 10.9.2015, ***Parlement européen c/Conseil***	aff. C-363/14	1072
	Arrêt du 10.9.2015, ***Wojciechowski***	aff. C-408/14	182
	Arrêt du 10.9.2015, ***Missir Mamachi di Lusignano c/Commission***	aff. C-417/14 RX-II	1184
	Arrêt du 17.9.2015, ***Commission c/Italie***	aff. C-367/14	1320
	Arrêt du 1.10.2015, ***AIFA***	aff. C-452/14	1440
	Arrêt du 6.10.2015, ***Târşia***	aff. C-69/14	1092, 1101
	Arrêt du 6.10.2015, ***Conseil c/Commission***	aff. C-73/14	513
	Arrêt du 6.10.2015, ***Consorci Sanitari del Maresme***	aff. C-203/14	1437
	Arrêt du 6.10.2015, ***Schrems***	aff. C-362/14	193
	Arrêt du 11.11.2015, ***Klausner***	aff. C-505/14	1101
	Arrêt du 17.12.2015, ***Neptune Distribution***	aff. C-157/14	748
	Arrêt du 23.12.2015, ***Commission c/Grèce***	aff. C-180/14	1330
2016	Arrêt du 28.1.2016, ***Commission c/Portugal***	aff. C-398/14	1330
	Arrêt du 3.3.2016, ***Commission c/Malte***	aff. C-12/14	1322, 1327
	Arrêt du 3.3.2016, ***Commission c/Malte***	aff. C-12/14	1322, 1327
	Arrêt du 17.3.2016, ***Parlement européen c/Commission***	aff. C-286/14	612

	Arrêt du 17.3.2016, ***Bensada Benallal***	aff. C-161/15	1091, 1092
	Arrêt du 5.4.2016, ***Puligienica Facility Esco SpA (PFE) c/Airgest SpA***	aff. C-689/13	763, 1447
	Arrêt du 5.4.2016, ***Aranyosi et Căldăraru***	aff. C-404/15 et C-659/15 PPU	64, 822, 879
	Arrêt du 7.4.2016, ***Degano Trasporti Sas di Ferrucio Degano & C.***	aff. C-546/14	1445
	Arrêt du 19.4.2016, ***Dansk Industri***	aff. C-441/14	734, 760, 885
	Arrêt du 28.4.2016, ***Borealis Polyolefine***	aff. C-191/14, C-192/14, C-295/14, C-389/14 et C-391/14 à C-393/14	1480
	Arrêt du 4.5.2016, ***Pologne c/Parlement et Conseil***	aff. C-358/14	171
	Arrêt du 4.5.2016, ***Philip Morris Brands e.a.***	aff. C-547/14	171
	Arrêt du 24.5.2016, ***MT Højgaard A/S***	aff. C-396/14	1437
	Arrêt du 26.5.2016, ***NN (L) International***	aff. C-48/15	176
	Arrêt du 26.5.2016, ***Ezernieki***	aff. C-273/15	803
	Arrêt du 9.6.2016, ***Pesce e.a.***	aff. C-78/16 et C-79/16	748
	Arrêt du 14.6.2016, ***Parlement c/Conseil***	aff. C-263/14	545
	Arrêt du 22.6.2016, ***Commission c/Portugal***	aff. C-557/14	1342
	Arrêt du 22.6.2016, ***Mennens***	aff. C-255/15	1454
	déc. de réexamen du 29.6.2016	aff. C-312/16 RX	1184
	Arrêt du 30.6.2016, ***Commission c/Pologne***	aff. C-648/13	635, 1028
	Arrêt du 7.7.2016, ***Ambisig***	aff. C-46/15	1002
	Arrêt du 7.7.2016, ***Gorje***	aff. C-111/15	982, 1034
	Ord. du 12.7.2016, ***Gutiérrez c/Commission***	aff. C-604/15 P	742
	Arrêt du 14.7.2016, ***Sea Handling SpA***	aff. C-271/15 P	412
	Arrêt du 19.7.2016, ***H c/Conseil, Commission et MPUE***	aff. C-455/14 P	1239, 1352
	Arrêt du 19.7.2016, ***Kotnik e.a.***	aff. C-526/14	1423

	Arrêt du 28.7.2016, ***Conseil c/Commission***	aff. C-660/13	191, 511
	Arrêt du 28.7.2016, ***Ordre des barreaux francophones et germanophone e.a.***	aff. C-543/14	690, 950
	Arrêt du 28.7.2016, ***Tomášová***	aff. C-168/15	1014, 1443
	Arrêt du 28.7.2016, ***Association France Nature Environnement***	aff. C-379/15	817
	Arrêt du 28.7.2016, ***Kratzer***	aff. C-423/15	740
	Arrêt du 28.7.2016, ***JZ***	aff. C-294/16 PPU	998
	Arrêt du 7.9.2016, ***Commission c/Grèce***	aff. C-584/14	1341, 1342
	Arrêt du 20.9.2016, ***Ledra Advertising c/Commission et BCE***	aff. C-8/15 P à C-10/15 P	448, 1346
	Arrêt du 20.9.2016, ***Mallis et Malli***	aff. C-105/15 P à C-109/15 P	1239
	Arrêt du 22.9.2016, ***Commission c/République tchèque***	aff. C-525/14	1314
	Arrêt du 22.9.2016, ***Microsoft Mobile Sales International Oy e.a.***	aff. C-110/15	1478
	Arrêt du 5.10.2016, ***Hoffmann-La Roche***	aff. C-572/15	1416
	Arrêt du 6.10.2016, ***Paoletti e.a.***	aff. C-218/15	737
	Arrêt du 11.10.2016, ***Commission c/Italie***	aff. C-601/14	1318
	Arrêt du 20.10.2016, ***Montis Design***	aff. C-169/15	1436
	Arrêt du 27.10.2016, ***James Elliott Construction Ltd***	aff. C-613/14	1422
	Arrêt du 27.10.2016, ***Commission c/Allemagne***	aff. C-220/15	709
	Arrêt du 8.11.2016, ***Ognyanov***	aff. C-554/14	998, 999
	Arrêt du 10.11.2016, ***Commission c/Grèce***	aff. C-504/14	1330
	Arrêt du 15.11.2016, ***Ullens de Schooten***	aff. C-268/15	1014, 1420
	Ord. du 24.11.2016, ***Juozas Edvardas Petraitis***	aff. C-137/16 P	1229, 1310

	Arrêt du 14.12.2016, ***SV Capital OÜ***	aff. C-577/15 P	1234
	Arrêt du 21.12.2016, ***Commission c/Portugal***	aff. C-503/14	1326
	Arrêt du 21.12.2016, ***Conseil c/Front Polisario***	aff. C-104/16 P	691,692, 1248
2017	Arrêt du 11.1.2017, ***Typke c/Commission***	aff. C-491/15 P	412
	Arrêt du 12.1.2017, ***Timab Industries et CFPR***	aff. C-411/15 P	738
	Arrêt du 31.1.2017, ***Lounani***	aff. C-573/14	694
	Arrêt du 9.2.2017, ***Raffinerie Tirlemontoise***	aff. C-585/15	1480
	Avis du 14.2.2017	n° 3/15	1219
	Arrêt du 16.2.2017, ***Margarit Panicello***	aff. C-503/15	1437
	Arrêt du 2.3.2017, ***Commission c/Grèce***	aff. C-160/16	1320
	Arrêt du 14.3.2017, ***A e.a.***	aff. C-158/14	1457
	Arrêt du 15.3.2017, ***Al Chodor e.a.***	aff. C-528/15	982
	Arrêt du 15.3.2017, ***Commission c/Espagne***	aff. C-563/15	177
	Arrêt du 15.3.2017, ***Aquino***	aff. C-3/16	1439
	Arrêt du 22.3.2017, ***Euro-Team Kft. et Spirál-Gép Kft.***	aff. C-497/15 et C-498/15	747
	Arrêt du 28.3.2017, ***Rosneft***	aff. C-72/15	193, 1352, 1424
	Arrêt du 30.3.2017, ***Lingurár***	aff. C-315/16	982, 1034
	Arrêt du 4.4.2017, ***Médiateur européen c/Staelen***	aff. C-337/15 P	399, 400, 1363
	Arrêt du 5.4.2017, ***Commission c/Bulgarie***	aff. C-488/15	1322, 1326
	Arrêt du 26.4.2017, ***Farkas***	aff. C-564/15	1093
	Arrêt du 27.4.2017, ***Commission c/Grèce***	aff. C-202/16	1327
	Arrêt du 11.5.2017, ***Suède c/Commission***	aff. C-562/14 P	1326
	Avis du 16.5.2017	n° 2/15	522, 553, 850, 1219
	Arrêt du 30.5.2017, ***Safa Nicu Sepahan Co.***	aff. C-45/15 P	733, 1120, 1363, 1371
	Arrêt du 13.6.2017, ***Eugenia Florescu e.a.***	aff. C-258/14	1423

	Arrêt du 29.6.2017, ***Popławski***	aff. C-579/15	998
	Arrêt du 6.7.2017, ***Glencore Agriculture Hungary Kft.***	aff. C-254/16	710, 998
	Arrêt du 18.7.2017, ***Commission c/Breyer***	aff. C-213/15 P	412
	Ord. du 19.7.2017, ***Verband Sozialer Wettbewerb eV***	aff. C-422/16 REC	1210
	Avis du 26.7.2017	n° 1/15	689, 1219
	Arrêt du 6.9.2017, ***Slovaquie et Hongrie c/Conseil***	aff. C-643/15 et C-647/15	191, 924, 1264
	Arrêt du 7.9.2017, ***H***	aff. C-174/16	999
	Arrêt du 12.9.2017, ***Autriche c/Allemagne***	aff. C-648/15	1116
	Arrêt du 13.9.2017, ***Commission c/Belgique***	aff. C-591/14	1320, 1329
	Arrêt du 13.9.2017, ***Pappalardo e.a.***	aff. C-350/16 P	744
	Arrêt du 19.9.2017, ***Commission c/Irlande***	aff. C-552/15	1327
	Arrêt du 20.9.2017, ***Tilly-Sabco c/Commission***	aff. C-183/16 P	433, 1253
	Arrêt du 10.10.2017, ***Farrell***	aff. C-413/15	973
	Arrêt du 12.10.2017, ***Lombard Ingatlan Lízing Zrt***	aff. C-404/16	951
	Arrêt du 25.10.2017, ***Commission c/Conseil***	aff. C-389/15	549
	Arrêt du 25.10.2017, ***Commission c/Conseil***	aff. C-687/15	191, 643, 1115
	Arrêt du 9.11.2017, ***Solar World AG***	aff. C-205/16 P	1235
	Arrêt du 9.11.2017, ***Ispas***	aff. C-298/16	742
	Ord. du 20.11.2017, ***Commission c/Pologne***	aff. C-441/17 R	1207
	Arrêt du 23.11.2017, ***Bionorica SE***	aff. C-596/15 P et C-597/15 P	1305, 1309
	Arrêt du 5.12.2017, ***Allemagne c/Conseil***	aff. C-600/14	536, 1115
	Arrêt du 5.12.2017, ***MAS, MB***	aff. C-42/17	876
	Arrêt du 20.12.2017, ***Protect Natur***	aff. C-664/15	763

2018	Arrêt du 25.1.2018, ***Commission c/République tchèque***	aff. C-314/16	635, 711
	Arrêt du 20.2.2018, ***Belgique c/Commission***	aff. C-16/16 P	639
	Ord. du 22.2.2018, ***Vassil Monev Valkov***	aff. C-701/17 P	1134
	Arrêt du 27.2.2018, ***Associação Sindical dos Juízes Portugueses***	aff. C-64/16	64, 176, 193, 742, 1095, 1125, 1231
	Arrêt du 6.3.2018, ***Achmea***	aff. C-284/16	91, 693, 770, 1108, 1414, 1436, 1438, 1568
	Ord. du 19.3.2018, ***Réexamen FV c/Conseil***	aff. C-141/18 RX	1184
	Arrêt du 12.4.2018, ***Commission c/Danemark***	aff. C-541/16	982, 1030
	Arrêt du 21.6.2018, ***Pologne c/ Parlement et Conseil***	aff. C-5/16	191
	Arrêt du 25.7.2018, ***LM***	aff. C-216/18 PPU	64

Tribunal de première instance (Tribunal à partir du 1er décembre 2009)

Dates	Parties	Affaires	§
1990	Arrêt du 22.6.1990, ***Marcopoulos c/ Cour de justice***	aff. T-32/89 et T-39/89	1403
	Arrêt du 10.7.1990, ***Automec c/ Commission***	aff. T-64/89	1242
1991	Ord. du 7.6.1991, ***Weyrich c/ Commission***	aff. T-14/91	1403
1992	Arrêt du 18.9.1992, ***Asia Motor***	aff. T-28/90	1299
	Ord. du 18.12.1992, ***Di Rocco c/ CES***	aff. T-8/92	1405
	Arrêt du 18.12.1992, ***Cimenteries CBR e.a. c/ Commission***	aff. T-10/92 à T-12/92 et T-15/92	1242
1993	Arrêt du 26.10.1993, ***Reinarz***	aff. T-6/92	1291
1994	Ord. du 14.7.1994, ***Roujansky***	aff. T-584/93	215
	Ord. du 20.10.1994, ***Asocarne***	aff. T-99/94	630
	Arrêt du 27.10.1994, ***Ladbroke Racing***	aff. T-32/93	1299

1995	Ord. du 15.2.1995, ***Moat c/ Commission***	aff. T-112/94	1401
	Arrêt du 21.2.1995, ***VSOB***	aff. T-29/92	165
	Arrêt du 21.2.1995, ***Campo Ebro e.a. c/ Conseil***	aff. T-472/93	1379
	Arrêt du 7.3.1995, ***Socurte***	aff. T-432 à 434/93	1234
	Arrêt du 15.3.1995, ***Cobrecaf e.a.***	aff. T-514/93	1366
	Arrêt du 27.6.1995, ***Guérin automobiles c/ Commission***	aff. T-186/94	1309
	Arrêt du 6.7.1995, ***Odigitria c/ Conseil et Commission***	aff. T-572/93	1367
	Ord. du 9.8.1995, ***Greenpeace***	aff. T-585/93	1274, 1276
	Arrêt du 13.9.1995, ***TWD (Textilwerke Deggendorf)***	aff. T-244 et 486/93	1229, 1290
	Arrêt du 14.9.1995, ***Lefebvre e.a. c/ Commission***	aff. T-571/93	1379
	Arrêt du 14.9.1995, ***Antillean Rice Mills e.a. c/ Commission***	aff. T-480/93 et T-483/93	1380
	Arrêt du 19.10.1995, ***Carvel***	aff. T-194/94	409
	Arrêt du 13.12.1995, ***Vereniging van Exporteurs***	aff. T-481/93 et T-484/93	638, 1378, 1379
1996	Arrêt du 5.6.1996, ***NMB e.a. c/ Commission***	aff. T-162/94	172, 174
	Arrêt du 12.12.1996, ***AIUFFASS***	aff. T-380/94	681
1997	Arrêt du 22.1.1997, ***Opel Austria***	aff. T-115/94	691
	Ord. du 6.2.1997, ***de Jorio c/ Conseil***	aff. T-64/96	1307
	Arrêt du 5.3.1997, ***WWF UK***	aff. T-105/95	409
	Ord. du 3.7.1997, ***Smanor et Ségaud c/ Commission***	aff. T-201/96	1371
	Arrêt du 9.12.1997, ***Quiller et Heusmann c/ Conseil et Commission***	aff. T-195/94 et T-202/94	1379, 1380
1998	Arrêt du 29.1.1998, ***Édouard Dubois et Fils c/ Conseil et Commission***	aff. T-113/96	1374
	Arrêt du 17.2.1998, ***Pharos***	aff. T-105/96	1304
	Arrêt du 17.2.1998, ***Pantochim***	aff. T-107/96	1309
	Arrêt du 3.3.1998, ***Carlsen***	aff. T-610/97	409

	Arrêt du 2.4.1998, ***Greenpeace***	aff. C-321/95 P	1276
	Arrêt du 28.4.1998, ***Dorsch Consult***	aff. T-184/95	1391
	Arrêt du 17.6.1998, ***UEAPME***	aff. T-135/96	196, 1271
	Arrêt du 17.6.1998, ***Svenka Journalist förbundet***	aff. T-174/95	409
	Arrêt du 16.7.1998, ***Laboratoires pharmaceutiques Bergaderm et Goupil c/ Commission***	aff. T-199/96	1251
	Arrêt du 15.9.1998, ***De Persio c/ Commission***	aff. T-23/96	1289
	Arrêt du 15.10.1998, ***Industrie des poudres sphériques c/ Conseil***	aff. T-2/95	1258
	Ord. du 23.10.1998, ***Regione Puglia***	aff. T-609/97	1268
	Ord. du 28.10.1998, ***Goldstein c/ Commission***	aff. T-100/98	1365
	Arrêt du 17.12.1998, ***Embassy Limousine & Services***	aff. T-203/96	1346, 1363, 1384
1999	Arrêt du 21.1.1999, ***Riviera Auto Service c/ Commission***	aff. T-185/96, T-189/96 et T-190/96	1371
	Arrêt du 20.4.1999, ***LVM c/ Commission***	aff. T-305/94, T-306/94, T-307/94, T-313/94 à T-316/94, T-318/94, T-325/94, T-328/94, T-329/94 et T-335/94	1291
	Arrêt du 20.5.1999, ***H. & R. Ecroyd Holdings c/ Commission***	aff. T-220/97	1259
	Arrêt du 3.6.1999, ***TF1 c/ Commission***	aff. T-17/96	1299, 1302
	Arrêt du 15.6.1999, ***Regione autonoma Friuli venezia Guilia***	aff. T-288/97	1268
	Arrêt du 15.6.1999, ***Ismeri Europa SRL***	aff. T-277/97	1346, 1365
	Arrêt du 19.7.1999, ***Rothmans International BV***	aff. T-188/97	420
	Arrêt du 9.9.1999, ***UPS Europe***	aff. T-127/98	1302, 1310
	Ord. du 30.9.1999, ***UPS Europe***	aff. T-182/98	1245

	Ord. du 23.11.1999, ***Union de pequeños agricultores***	aff. T-173/98	1275, 1276
	Ord. du 25.11.1999, ***Martinez et de Gaulle***	aff. T-222/99 R	1247
	Ord. du 1.12.1999, ***Schuerer c/ Commission***	aff. T-81/99	1365
	Arrêt du 13.12.1999, ***SGA c/ Commission***	aff. T-189/95, T-39/96 et T-123/96	1308
2000	Arrêt du 9.3.2000, ***Liberos c/ Commission***	aff. T-29/97	1403
	Arrêt du 22.3.2000, ***Coca Cola c/ Commission***	aff. T-125 et 127/97	1269
	Arrêt du 23.3.2000, ***Rudolph c/ Commission***	aff. T-197/98	1406
	Ord. du 22.5.2000, ***Associazione delle Cantine Sociali Venete***	aff. T-103/99	399, 1297
	Arrêt du 8.6.2000, ***Camar et Tico***	aff. T-79/96, T-260/97 et T-117/98	1305, 1310, 1351, 1363
	Ord. du 15.6.2000, ***Aduanas Pujol Rubio e. a. c/ Conseil et Commission***	aff. T-614/97	1365, 1374
	Ord. du 16.6.2000, ***Transfluvia e.a. c/ Conseil et Commission***	aff. T-611/97, T-619/97 à T-627/97	1374
	Ord. du 26.6.2000, ***Argon e.a. c/ Conseil et Commission***	aff. T-12/98 et T-13/98	1374
	Arrêt du 27.6.2000, ***Salamander e.a.***	aff. T-172/98, T-175/98 à T-177/98	1276
	Arrêt du 29.9.2000, International Potash Company	aff. T-87/98	172
	Arrêt du 24.10.2000, ***Fresh Marine***	aff. T-178/98	1384
	Arrêt du 26.10.2000, ***Ripa di Meana e.a. c/ Parlement***	aff. T-83/99, T-84/99 et T-85/99	1289
	Arrêt du 8.11.2000, ***Bareyt e.a. c/ Commission***	aff. T-158/98	1256
	Arrêt du 29.11.2000, ***Eurocoton***	aff. T-213/97	710
	Arrêt du 5.12.2000, ***Gooch c/ Commission***	aff. T-197/99	661
2001	Arrêt du 31.1.2001, ***Bouma***	aff. T-533/93	658
	Arrêt du 31.1.2001, ***Beusmans***	aff. T-73/94	658

	Arrêt du 20.2.2001, ***Mannesmanuröhren***	aff. T-112/98	758
	Arrêt du 20.3.2001, ***Cordis***	aff. T-18/99	994
	Arrêt du 24.4.2001, ***Torre e. a. c/ Commission***	aff. T-159/98	1404
	Arrêt du 7.6.2001, ***Agrana Zucker***	aff. T-187/99	582
	Arrêt du 12.7.2001, ***Comafrica***	aff. T-198/95, T-171/96, T-230/97, T-174/98 et T-225/99	1367, 1384
	Arrêt du 12.7.2001, ***Kik c/ OHMI***	aff. T-120/99	1289
	Ord. du 19.9.2001, ***Federación de Cofradías de Pescadores de Guipúzcoa e.a. c/ Conseil***	aff. T-54/00 et T-73/00	1289
	Arrêt du 2.10.2001, ***Martinez et de Gaulle, Front national et a.***	aff. T-222, 327, 329/99	1247
	Arrêt du 23.10.2001, ***Dieckmann et Hansen***	aff. T-155/99	1384
	Arrêt du 6.12.2001, ***Area Cova***	aff. T-196/99	174, 1368, 1384, 1391
	Arrêt du 11.12.2001, ***Petrie e.a. c/ Commission***	aff. T-191/99	407, 966
2002	Arrêt du 11.1.2002, ***Biret International SA***	aff. T-174/00	658, 738, 1384
	Ord. du 17.1.2002, ***G. Stauner***	aff. T-236/00	682, 1248
	Arrêt du 30.1.2002, ***Max.mobil Telekommunikation service GmbH***	aff. T-54/99	408, 1257
	Arrêt du 26.2.2002, ***Rothley c/ Parlement***	aff. T-17/00	1247
	Arrêt du 5.3.2002, ***Azienda Agricola « Le Canne »***	aff. T-241/00	648
	Arrêt du 7.3.2002, ***Satellimages TV5 c/ Commission***	aff. T-95/99	1242
	Arrêt du 23.4.2002, ***Campolargo***	aff. T-372/00	1404
	Arrêt du 3.5.2002, ***Jégo-Quéré***	aff. T-177/01	1277
	Ord. du 10.9.2002, ***JapanTobacco Inc.***	aff. T-223/01	1272
	Arrêt du 11.9.2002, ***Pfizer Animal Health c/ Conseil***	aff. T-13/99	172

	Arrêt du 12.9.2002, ***DuPont Teijin Films Luxembourg***	aff. T-113/00	1242
	Arrêt du 25.9.2002, ***Ajour e.a. c/ Commission***	aff. T-201/00 et T-384/00	1256
	Arrêt du 9.10.2002, ***Hans Fuchs c/ Commission***	aff. T-134/01	1407
	Arrêt du 23.10.2002, ***Diputación Foral de Guipúzcoa e.a.***	aff. T-269/99, T-271 et 272/99	1245
	Arrêt du 25.10.2002, ***Tetra Laval c/ Commission***	aff. T-5/02	1256
	Arrêt du 20.11.2002, ***Lagardère et Canal+***	aff. T-251/00	661
	Arrêt du 26.11.2002, ***Artegodan***	aff. T-74/00, T-76/00, T-83/00, T-84/00, T-85/00, T-132/00, T-137/00 et T-141/00	748
	Arrêt du 10.12.2002, ***Dr Karl Thomae***	aff. T-123/00	1291
2003	Arrêt du 8.1.2003, ***Hirsch c/ BCE***	aff. T-94/01, T-152/01 et T-286/01	1291
	Arrêt du 15.1.2003, ***Philip Morris International c/ Commission***	aff. T-377/00, T-379/00, T-380/00, T-260/01 et T-272/01	1236, 1240
	Arrêt du 27.2.2003, ***Bonn Fleish Ex– und Import GmbH***	aff. T-329/00	746
	Arrêt du 5.3.2003, ***Ineichen c/ Commission***	aff. T-293/01	661
	Arrêt du 6.3.2003, ***Banan-Kompaniet AB***	aff. T-57/00	1380
	Arrêt du 6.3.2003, ***Dole Fresh Fruit International Ltd***	aff. T-56/00	1380
	Arrêt du 12.3.2003, ***Maja***	aff. T-254/99	262
	Arrêt du 13.3.2003, ***Pessoa e Costa c/ Commission***	aff. T-106/02	1405
	Arrêt du 3.4.2003, ***Vieira et Vieira Argentina c/ Commission***	aff. T-44/01, T-119/01 et T-126/01	1251
	Arrêt du 10.4.2003, ***Alessandrini e.a. c/ Commission***	aff. T-93/00 et T-46/01	1244
	Arrêt du 10.4.2003, ***Travelex Global***	aff. T-195/00	1368, 1391

	Arrêt du 13.7.2004, ***Comunidad Autonoma de Andalucia***	aff. T-29/03	1246
	Arrêt du 28.10.2004, ***Luz Herrera***	aff. T-219/02 et T-337/02	966
	Arrêt du 23.11.2004, ***Cantina sociale di Dolianova***	aff. T-166/98	749
2005	Ord. du 10.1.2005, ***Espagne c/Commission***	aff. T-209/04	1304
	Arrêt du 3.2.2005, ***Chiquita Brands***	aff. T-19/01	174, 994
	Arrêt du 31.5.2005, ***Comune di Napoli c/ Commission***	aff. T-272/02	750
	Arrêt du 20.4.2005, ***Krüger c/ OHMI***	aff. T-273/02	1410
	Arrêt du 26.4.2005, ***Sison***	aff. T-110, 150 et 405/03	410
	Arrêt du 14.4.2005, ***Sniace c/ Commission***	aff. T-141/03	1270
	Arrêt du 13.4.2005, ***Verein für Konsumentenin-formation***	aff. T-2/03	410
	Ord. du 9.6.2005, ***Helm Düngemittel c/ Commission***	aff. T-265/03	1248
	Ord. du 28.6.2005, ***Ross c/ Commission***	aff. T-147/04	1404
	Arrêt du 15.9.2005, ***Citicorp c/ OHMI***	aff. T-320/03	1411
	Ord. du 19.9.2005, ***Aseprofar et Edifa c/ Commission***	aff. T-247/04	1245
	Arrêt du 21.9.2005, ***Yusuf, Al Barakaat et autres***	aff. T-306/01	561, 693
	Arrêt du 21.9.2005, ***Kadi***	aff. T-315/01	132, 561, 693
	Arrêt du 6.10.2005, ***Sumitomo Chemical c/ Commission***	aff. T-22/02 et T-23/02	772
	Ord. du 26.10.2005, ***Ouariachi c/ Commission***	aff. T-124/04	1354
	Arrêt du 27.10.2005, ***Éditions Albert René c/ OHMI***	aff. T-336/03	1411
	Ord. du 21.11.2005, ***Tramarin c/ Commission***	aff. T-426/04	1242
	Arrêt du 13.12.2005, ***Cwik c/ Commission***	aff. T-155/03, T-157/03 et T-331/03	1399

	Arrêt du 14.12.2005, ***FIAMM et FIAMM Technologies c/ Conseil et Commission***	aff. T-69/00	1391
	Ord. du 14.12.2005, ***Arizona Chemical e.a.***	aff. T-369/03	1347
2006	Arrêt du 26.1.2006, ***Medici Grimm c/ Conseil***	aff. T-364/03	1386
	Arrêt du 30.3.2006, ***Yedaş Tarim ve Otomotiv Sanayi ve Ticaret c/ Conseil et Commission***	aff. T-367/03	986, 1365
	Arrêt du 6.4.2006, ***Camos Grau c/ Commission***	aff. T-309/03	1405
	Arrêt du 10.5.2006, ***Galileo International Technology e.a.***	aff. T-279/03	1364, 1391
	Arrêt du 10.5.2006, ***Air One c/ Commission***	aff. T-395/04	1310
	Ord. du 17.5.2006, ***Marcuccio c/ Commission***	aff. T-241/03	1405
	Arrêt du 6.7.2006, ***Franchet et Byk c/ Commission***	aff. T-391/03 et T-70/04	1242
	Ord. du 7.7.2006, ***Confédération suisse c/ Commission***	aff. T-319/05	1268
	Arrêt du 12.7.2006, ***Hassan***	aff. T-49/04	111, 561
	Arrêt du 12.7.2006, ***Ayadi c/ Conseil***	aff. T-253/02	111, 561, 693, 1243
	Ord. du 5.9.2006, ***AEPI c/ Commission***	aff. T-242/05	1245
	Arrêt du 27.9.2006, ***GlaxoSmithKline Services c/ Commission***	aff. T-168/01	171
	Arrêt du 27.9.2006, ***Ferriere Nord c/ Commission***	aff. T-153/04	1248
	Arrêt du 4.10.2006, ***Tillack c/ Commission***	aff. T-193/04	1246
	Arrêt du 16.11.2006, ***Masdar (UK) c/ Commission***	aff. T-333/03	1368
	Arrêt du 29.11.2006, ***Campoli c/ Commission***	aff. T-135/05	1256
	Arrêt du 29.11.2006, ***Agne-Dapper***	aff. T-35, 61, 107, 108/05	1289
	Arrêt du 12.12.2006, ***OMPI***	aff. T-228/02	561

	Arrêt du 13.12.2006, ***FNCBV e.a. c/ Commission***	aff. T-217/03 et T-245/03	1291
2007	Ord. du 9.1. 2007, ***Lootus Teine Osaühing***	aff. T-127/05	983
	Arrêt du 17.1.2007, ***Grèce c/ Commission***	aff. T-231/04	691
	Arrêt du 31.1.2007, ***Leonid Minin***	aff. T-362/04	111, 561, 693
	Arrêt du 14 févr. 2007, ***Simoes Dos Santos***	aff. T-435/04	1291
	Arrêt du 26.4.2007, ***Bolloré***	aff. T-109/02, T-118/02, T-122/02, T-125/02, T-126/02, T-128/02, T-129/02, T-132/02 et T-136/02	1291
	Arrêt du 8.5.2007, ***Citymo c/ Commission***	aff. T-271/04	1407
	Arrêt du 10.5.2007, ***Royaume d'Espagne c/ Commission***	aff. T-99/05	91, 110
	Arrêt du 11.7.2007, ***Sison c/ Conseil***	aff. T-47/0	561
	Arrêt du 11.7.2007, ***Stichting***	aff. T-327/03	561
	Arrêt du 11.7.2007, ***Schneider Electric c/ Commission***	aff. T-351/03	1364
	Arrêt du 18.7.2007, ***Ente per le ville Vesuviane***	aff. T-189/02	1268
	Arrêt du 12.9.2007, ***Association de la presse internationale c/ Commission***	aff. T-36/04	410
	Arrêt du 17.9.2007, ***Microsoft c/ Commission***	aff. T-201/04	690
	Arrêt du 17.9.2007, ***France c/ Commission***	aff. T-240/04	138
	Arrêt du 20.9.2007, ***Salvat père & fils e.a. c/ Commission***	aff. T-136/05	1270
	Arrêt du 27.11.2007, ***Athanasios Pitsiorlas***	aff. jointes T-3/00 et T-337/04	966
	Arrêt du 12.12.2007, ***Italie c/ Commision***	aff. T-308/05	1309
2008	Ord. du 3.4.2008, ***Landtag Schleswig-Holstein c/ Commission***	aff. T-236/06	1268

	Ord. du 2.4.2008, ***Maison de l'Europe Avignon Méditerranée c/ Commission***	aff. T-100/03	1248
	Ord. du 10.4.2008, ***Imelios c/ Commission***	aff. T-97/07	1248
	Arrêt du 17.4.2008, ***Cestas c/ Commission***	aff. T-260/04	1240, 1242
	Ord. du 17.6.2008, ***FMC Chemical et Arysta Lifesciences c/ EFSA***	aff. T-311/06	1242
	Arrêt du 8.7.2008, ***Franchet et Byk***	aff. T-48/05	758, 1346
	Arrêt du 9.7.2008, ***Alitalia c/ Commission***	aff. T-301/01	1259
	Arrêt du 9.9.2008, ***MyTravel c/ Commission***	aff. T-212/03	1367
	Arrêt du 24.9.2008, ***M. c/ Médiateur***	aff. T-412/05	399, 1346
	Ord. du 26.9.2008, ***Ellinikos Niognomon***	aff. T-312/08 R	171
	Arrêt du 8.10.2008, ***Sogelma c/ Agence européenne pour la reconstruction***	aff. T-411/06	440, 1239
	Arrêt du 15.10.2008, ***Powerserv Personalservice c/ OHMI***	aff. T-405/05	1411
	Arrêt du 15.10.2008, ***Mote c/ Parlement***	aff. T-345/05	1247
	Arrêt du 10.12.2008, ***Nardone c/ Commission***	aff. T-57/99	1365
2009	Arrêt du 28.1.2009, ***Centro Studi Manieri***	aff. T-125/06	1234
	Arrêt du 4.2.2009, ***Omya c/ Commission***	aff. T-145/06	1258
	Arrêt du 10.3.2009, ***Interpipe Niko Tube et Interpipe NTRP c/ Conseil***	aff. T-249/06	1251
	Arrêt du 6.5.2009, ***M/EMEA***	aff. T-12/08 P	1183
	Arrêt du 10.6.2009, ***Pologne c/ Commission***	aff. T-257/04	174, 658, 738
	Arrêt du 10.6.2009, ***ArchiMEDES c/ Commission***	aff. T-396/05 et T-397/05	1248
	Arrêt du 30.6.2009, ***CPEM c/ Commission***	aff. T-444/07	1251

	Ord. du 30.6.2009, ***Securvita c/ OHMI***	aff. T-285/08	1411
	Arrêt du 1.7.2009, ***ThyssenKrupp Stainless c/ Commission***	aff. T-24/07	1260
	Ord. du 2.7.2009, ***Evropaïki Dynamiki c/ BCE***	aff. T-279/06	1239
	Arrêt du 9.7.2009, ***Melli Bank c/ Conseil***	aff. T-246/08 et T-332/08	172
	Ord. du 2.9.2009, ***E.ON Ruhrgas et E.ON Földgáz Trade c/ Commission***	aff. T-57/07	1244
	Arrêt du 3.9.2009, ***Cheminova e. a.***	aff. T-326/07	171
	Arrêt du 8.9.2009, ***ETF***	aff. T-404/06 P	648
	Arrêt du 16.9.2009, ***Pigasos***	aff. T-162/07	1397
	Arrêt du 2.10.2009, ***République de Chypre c/ Commission***	aff. T-300/05 et T-316/05	174, 1251
	Arrêt du 14.10.2009, ***Bank Melli Iran c/ Conseil***	aff. T-390/08	111, 650
	Arrêt du 19.11.2009, ***Denka International c/ Commission***	aff. T-334/07	660
	Ord. du 24.11.2009, ***Grzegorz Szomborg c/ Commission***	aff. T-228/08	1304, 1305
	Ord. du 25.11.2009, ***Andersen c/ Commission***	aff. T-87/09	1242
	Arrêts du 17.12.2009, ***Solvay c/ Commission***	aff. T-57/01 et T-58/01	1291
	Arrêt du 18.12.2009, ***Arizmendi e.a. c/ Conseil et Commission***	aff. T-440/03, T-121/04, T-171/04, T-208/04, T-365/04 et T-484/04	1326, 1364, 1366
2010	Ord. du 5.1.2010, ***Química Atlântica c/ Commission***	aff. T-71/09	1309
	Arrêt du 20.1.2010, ***Sungro SA***	aff. T-252, 271 et 272/07	1364
	Ord. du 8.2.2010, ***Alisei c/ Commission***	aff. T-481/08	746, 1242, 1248, 1393
	Ord. du 12.2.2010, ***Commission c/ Centre de traduction des organes de l'Union européenne (CdT)***	aff. T-456/07	1240

	Arrêt du 13.9.2010, ***Grèce c/ Commission***	aff. T-415, 416 et 423/05	175
	Arrêt du 10.11.2010, ***OHMI c/ Simões Dos Santos***	aff. T-260/09 P	1260
	Arrêt du 24.11.2010, ***Marcuccio c/ Commission***	aff. T-9/09 P	649
	Arrêt du 16.12.2010, ***Systran et Systran Luxembourg***	aff. T-19/07	1124
	Arrêt du 17.12.2010, ***Commission c/ Acentro Turismo***	aff. T-460/08	1407
	Ord. du 17.12.2010, ***Verein Deutsche Sprache c/ Conseil***	aff. T-245/10	1301
2011	Arrêt du 18.1.2011, ***Advance Magazine Publishers c/ OHMI***	aff. T-382/08	1411
	Arrêt du 17.2.2011, ***Annco c/ OHMI***	aff. T-385/09	1411
	Arrêt du 3.3.2011, ***Areva e.a.***	aff. T-117/07 et T-121/07	737
	Arrêt du 24.3.2011, ***Freistaat Sachsen***	aff. T-443/08	717, 725, 1270
	Ord. du 13.4.2011, ***Planet c/ Commission***	aff. T-320/09	1250
	Arrêt du 14.4.2011, ***Visa Europe Ltd***	aff. T-461/07	738
	Arrêt du 15.4.2011, ***IPK International c/ Commission***	aff. T-297/05	661
	Arrêt du 19.5.2011, ***Ryannair c/ Commission***	aff. T-423/07	1309, 1310
	Arrêt du 24.5.2011, ***Batchelor c/ Commission***	aff. T-250/08	412
	Ord. du 24.5.2011, ***Power-One Italy c/ Commission***	aff. T-489/08	1350
	Ord. du 15.6.2011, ***Thomas Ax***	aff. T-259/10	1272
	Ord. du 22.6.2011, ***Evropaïki Dynamiki***	aff. T-409/09	1347, 1363
	Arrêt du 12.7.2011, ***Commission c/ Q***	aff. T-80/09 P	1399
	Ord. du 6.9.2011, ***Inuit Tapiriit Kanatami***	aff. T-18/10	1282
	Arrêt du 9.9.2011, ***France c/ Commission***	aff. T-257/07	748
	Arrêt du 20.9.2011, ***Evropaïki Dynamiki***	aff. T-461/08	1349

	Arrêt du 13.12.2012, ***Grèce c/Commission***	aff. T-588/10	1292
2013	Arrêt du 13.3.2013, ***Lord Inglewood e.a.***	aff. T-229/11 et T-276/11	655
	Ord. du 4.6.2013, ***Elitaliana c/Eulex Kosovo***	aff. T-213/12	1239
	Arrêt du 9.7.2013, ***Arango Jaramillo e.a. c/BEI***	aff. T-234/11 P RENV-RX	1184
	Arrêt du 6.9.2013, ***Globula a.s.***	aff. T-465/11	660
	Arrêt du 12.9.2013, ***Anonymi Viotechni kai Emporiki***	aff. T-380/11	1283
	Arrêt du 12.9.2013, ***Valéo Vision c/Commission***	aff. T-457/11	1283
	Arrêt du 13.9.2013, ***Pays-Bas c/Commission***	aff. T-380/08	412
	Arrêt du 16.9.2013, ***Espagne c/Commission***	aff. T-402/06	681
	Arrêt du 16.9.2013, ***ATC e.a. c/Commission***	aff. T-333/10	174, 1386, 1387, 1396
	Arrêt du 16.9.2013, ***Mamoli Robinetteria***	aff. T-376/10	1291
	Ord. du 1.10.2013, ***Evropaïki Dynamiki c/Commission***	aff. T-554/11	1248
	Ord. du 15.10.2013, ***Andechser Molkerei Scheitz c/Commission***	aff. T-13/12	1269
	Ord. du 10.12.2013, ***Govierno de Aragón***	aff. T-150/11	1235
	Arrêt du 11.12.2013, ***Association médicale européenne***	aff. T-116/11	1343
	Arrêt du 13.12.2013, ***Hongrie c/Commission***	aff. T-240/10	1251
2014	Arrêt du 12.2.2014, ***Beco c/Commission***	aff. T-81/12	739
	Ord. du 10.3.2014, ***Spirlea***	aff. T-518/12	1326
	Arrêt du 8.4.2014, ***ABN Amro Group c/Commission***	aff. T-319/11	172
	Arrêt du 30.4.2014, ***Euris Consult c/Parlement***	aff. T-637/11	172, 174
	Arrêt du 14.5.2014, ***Allemagne c/Commission***	aff. T-198/12	649
	Arrêt du 23.5.2014, ***European Dynamics Luxembourg c/BCE***	aff. T-553/11	1289

	Arrêt du 4.6.2015, ***Versorgungswerk der Zahnärztekammer Schleswig-Holstein***	aff. T-376/13	648
	Arrêt du 12.6.2015, ***Health Manufacturer's Association e.a.***	aff. T-296/12	1289
	Arrêt du 12.6.2015, ***Plantavis GmbH et NEM***	aff. T-334/12	1289
	Arrêt du 10.9.2015, ***Schniga Srl***	aff. T-91/14 et T-92/14	660
	Ord. du 14.9.2015, ***Slovénie c/Commission***	aff. T-585/14	1245
	Ord. du 14.9.2015, ***Slovaquie c/Commission***	aff. 779/14	1245
	Ord. du 14.9.2015, ***Roumanie c/Commission***	aff. 784/14	1245
	Ord. du 14.9.2015, ***Espagne c/Commission***	aff. 841/14	1245
	Ord. du 16.9.2015, ***Diapharm***	aff. T-620/14	1305
	Arrêt du 24.9.2015, ***Italie et Espagne c/Commission***	aff. T-124/13 et T-191/13	743
	Arrêt du 30.9.2015, ***Anagnostakis***	aff. T-450/12	111, 648, 730
	Arrêt du 6.10.2015, ***Technion***	aff. T-216/12	749
	Arrêt du 7.10.2015, ***European Dynamics Luxembourg SA e.a.***	aff. T-299/11	1351, 1363
	Arrêt du 7.10.2015, ***Accorinti e.a. c/BCE***	aff. T-79/13	743, 1346, 1396
	Ord. du 27.10.2015, ***Belgique c/Commission***	aff. T-721/14	639
	Arrêt du 11.11.2015, ***Dyson***	aff. T-544/13	648
	Arrêt du 13.11.2015, ***ClientEarth c/Commission***	aff. T-424/14 et T-425/14	400
	Arrêt du 18.11.2015, ***Synergie Hellas***	aff. T-106/13	1343
	Arrêt du 3.12.2015, ***CN c/Parlement***	aff. T-343/13	1388
	Arrêt du 10.12.2015, ***Front Polisario***	aff. T-512/12	688, 689, 1248, 1268
	Arrêt du 16.12.2015, ***Air France***	aff. T-63/11	648
	Arrêt du 16.12.2015, ***Chart c/SEAE***	aff. T-138/14	1363

	Arrêt du 16.12.2015, ***Suède c/Commission***	aff. T-521/14	1304, 1309
2016	Arrêt du 14.1.2016, ***Doux c/Commission***	aff. T-434/13	1283
	Arrêt du 28.1.2016, ***Agriconsulting Europe***	aff. T-570/13	1363, 1364
	Ord. du 1.2.2016, ***SolarWorld e.a. c/Conseil***	aff. T-142/14	1258
	Ord. du 16.2.2016, ***Industrias Químicas del Vallés c/Commission***	aff. T-296/15	1284
	Arrêt du 18.2.2016, ***Calberson GE***	aff. T-164/14	1407
	Arrêt du 18.2.2016, ***Jannatian c/Conseil***	aff. T-328/14	1352, 1390
	Arrêt du 17.3.2016, ***Zoofachhandel Züpke e.a.***	aff. T-817/14	1387
	Arrêt du 19.4.2016, ***Costantini***	aff. T-44/14	111, 276, 744
	Ord. du 20.4.2016, ***Mezhdunaroden tsentar za izsledvane na maltsinstvata i kulturnite vzaimodeystvia c/Commission***	aff. T-819/14	1248
	Arrêt du 22.4.2016, ***Irlande c/Commission***	aff. T-50/06 RENV II et T-69/06 RENV II	741
	Arrêt du 26.4.2016, ***Strack c/Commission***	aff. T-221/08	412
	Arrêt du 10.5.2016, ***Balázs-Árpád Izsák***	aff. T-529/13	111
	Arrêt du 12.5.2016, ***Holistic Innovation Institute***	aff. T-468/14	1350
	Ord. du 24.6.2016, ***Onix Asigurări c/AEAPP***	aff. T-590/15	1301
	Arrêt du 28.6.2016, ***Portugal Telecom SGPS***	aff. T-208/13	681
	Arrêt du 30.6.2016, ***CW c/Conseil***	aff. T-224/14	1228
	Arrêt du 14.7.2016, ***Lettonie c/Commission***	aff. T-661/14	681, 1034
	Arrêt du 15.9.2016, ***La Ferla SpA***	aff. T-392/13	1289
	Arrêt du 15.9.2016, ***Smith Freehills LLP***	aff. T-710/14	374

	Arrêt du 20.9.2016, ***PAN Europe c/Commission***	aff. T-51/15	412
	Arrêt du 21.9.2016, ***Secolux c/Commission***	aff. T-363/14	412
	Arrêt du 28.9.2016, ***Royaume-Uni c/Commission***	aff. T-437/14	709
	Arrêt du 27.10.2016, ***BCE c/Maria Concetta Cerafogli***	aff. T-787/14 P	1289
	Arrêt du 29.11.2016, ***T&L Sugards et Sidul Açúcares***	aff. T-279/11	1388
	Arrêt du 13.12.2016, ***Al-Ghabra***	aff. T-248/13	742
	Arrêt du 13.12.2016, ***IPSO c/BCE***	aff. T-713/14	1268, 1284
2017	Arrêt du 10.1.2017, ***Gascogne Sack***	aff. T-577/14	1131, 1346, 1347
	Arrêt du 1.2.2017, ***Kendrion c/Union européenne***	aff. T-479/14	1346
	Arrêt du 1.2.2017, ***Aalberts Industries c/Union européenne***	aff. T-725/14	1346
	Arrêt du 3.2.2017, ***Minority SafePack***	aff. T-646/13	648
	Ord. du 10.2.2017, ***Acerga c/Conseil***	aff. T-153/16	1268
	Arrêt du 16.2.2017, ***Holistic Innovation Institute***	aff. T-706/14	1363
	Arrêt du 16.2.2017, ***Antrax It***	aff. T-828/14 et T-829/14	1289
	Arrêt du 16.2.2017, ***Roumanie c/Commission***	aff. T-145/15	648
	Arrêt du 17.2.2017, ***European Dynamics Luxembourg e.a. c/EMA***	aff. T-441/15	1248
	Arrêt du 17.2.2017, ***Mayer c/EFSA***	aff. T-493/14	1258
	Ord. du 9.3.2017, ***Comprojecto-Projectos***	aff. T-22/16	1307
	Arrêt du 24.3.2017, ***Estonie c/Commission***	aff. T-117/15	1245
	Arrêt du 28.3.2017, ***Portugal c/Commission***	aff. T-733/15	1342
	Arrêt du 5.4.2017, ***CPME e.a.***	aff. T-422/13	1351
	Arrêt du 6.4.2017, ***Saremar***	aff. T-220/14	1268

	Arrêt du 12.12.2017, ***Sony Computer entertainment Europe***	aff. T-35/16	742
	Arrêt du 13.12.2017, ***HTTS Hanseatic Trade Trust & Shipping GmbH***	aff. T-692/15	1352, 1370
	Arrêt du 13.12.2017, ***Crédit mutuel Arkéa***	aff. T-712/15	709
	Arrêt du 13.12.2017, ***Coedo Suárez***	aff. T-4/17	1403
	Arrêt du 14.12.2017, ***Alessandro Campo e.a.***	aff. T-577/16	1289
2018	Ord. du 16.1.2018, ***Marcuccio***	aff. T-85/17 DEP	1134
	Ord. du 23.1.2018, ***Campailla c/Union européenne***	aff. T-759/16	1346
	Arrêt du 31.1.2018, ***Gyarmathy***	aff. T-196/15 P	742
	Ord. du 5.3.2018, ***Estamede c/BCE***	aff. T-124/17	1345
	Arrêt du 7.3.2018, ***Jean-Marie Le Pen c/Parlement européen***	aff. T-140/16	314
	Arrêt du 22.3.2018, ***De Capitani***	aff. T-540/15	374, 412
	Arrêt du 22.3.2018, ***Stavytskyi***	aff. T-242/16	649
	Ord. du 22.3.2018, ***HJ c/EMA***	aff. T-579/16	1403

Tribunal de la fonction publique de l'Union européenne

Dates	Parties	Affaires	§
2006	Arrêt du 28.6.2006, ***Sanchez Ferriz c/ Commission***	aff. F-19/05	1289
	Arrêt du 28.6.2006, ***Grünheid c/ Commission***	aff. F-101/05	1405
2007	Arrêt du 11.7.2007, ***Wils c/ Parlement***	aff. F-105/05	1253, 1256
	Ord. du 19.10.2007, ***M. c/ EMEA***	aff. F-23/07	1183, 1363
	Arrêt du 13.12.2007, ***Duyster c/ Commission***	aff. F-51/05 et F-18/06	1245
2008	Arrêt du 8.10.2008, ***Barbin c/ Parlement***	aff. F-44/07	1289

2015	Arrêt du 5.3.2015, ***Gyarmathy***	aff. F-97/13	1403
	Ord. du 23.4.2015, ***Vainker***	aff. F-54/14	1404
	Ord. du 15.9.2015, ***Wanègue***	aff. F-21/15	1399
	Ord. du 25.11.2015, ***Curto***	aff. F-125/14	1406
2016	Ord. du 21.7.2016, ***Stanley***	aff. F-5/16	1403
	Ord. du 2.8.2016, ***Cocchi et Falcione***	aff. F-134/11	1404

Juridictions nationales (sélection)

Dates	Parties	§
BELGIQUE		
	Cour de cassation	
27.5.1971	***Fromagerie franco-suisse : Le ski***	866
	Conseil d'État	
5.11.1996	***Henri Orfinger***	867
5.11.1996	***Goose***	867
	Cour d'arbitrage (devenue Cour constitutionnelle)	
16.10.1991	***n° 26/91***	867
3.2.1994	***n° 12/94***	867
26.4.1994	***n° 33/94***	867
18.10.1994	***n° 76/94***	867
28.4.2016	***n° 62/2016***	867
ITALIE		
	Cour constitutionnelle	
23.3.1960	***n° 13***	1438
7.3.1964	***Costa***	874, 875
27.12.1965	***San Michele***	876
27.12.1973	***Frontini***	874, 875, 876
22.10.1975	***Industrie chimiche***	875
22.7.1976	***Président du Val d'Aoste…***	875
8.6.1984	***Granital***	875
19.4.1985	***BECA***	875
21.4.1989	***Fragd***	876
18.1.1990	***Referendum contre les pesticides***	875
28.12.2006	***Ord. n° 454***	876

19.2.2002	***Thoburn vs Sunderland City Council***	882, 883
FRANCE		
Conseil constitutionnel		
19.6.1970	***Ressources propres***	839, 840, 843
15.1.1975	***IVG***	826, 831
30.12.1976	***Élection du Parlement européen***	840, 841, 842, 843
30.12.1977	***Prélèvement Isoglucose***	782, 847
29.12.1978	***Loi de finance rectificative pour 1978***	847
25.1.1985	***État d'urgence en Nouvelle-Calédonie***	848
3.9.1986	***Entrée et séjour des étrangers***	827
21.10.1988	***Élections du député de la 5ᵉ circonscription de l'Oise***	827
9.4.1992	***Traité de Maastricht 1***	843, 848
2.9.1992	***Traité de Maastricht 2***	840
3.8.1994	***Loi relative à la protection sociale complémentaire des salariés***	847
6.11.1996	***Loi relative à l'information et à la consultation des salariés***	847
31.12.97	***Traité d'Amsterdam***	840, 847
5.5.1998	***Loi Réséda***	848
20.5.1998	***Loi organique déterminant les conditions d'application de l'article 88-3 de la Constitution***	847
22.1.1999	***Cour pénale internationale***	827
10.1.2001	***Loi d'adaptation au droit communautaire dans le domaine du transport***	847
3.4.2003	***Élection des conseillers régionaux et des représentants au Parlement européen***	295
10.6.2004	***Loi pour la confiance dans l'Économie numérique***	848, 978
29.7.2004	***Loi bioéthique***	848, 849
19.11.2004	***Traité établissant une constitution pour l'Europe***	834
27.7.2006	***Loi relative au droit d'auteur***	849, 850, 1438
30.11.2006	***Loi relative au secteur de l'énergie***	849, 850

5.11.1971	***Comptoir agricole du pays bas-normand***	1358
3.2.1975	***Rabot***	783
29.2.1977	***Soulès***	1441
7.7.1978	***Croissant***	831
22.12.1978	***Cohn-Bendit***	783, 975, 976, 977, 978, 979, 1440, 1441, 1443
22.12.1978	***Syndicat des Hautes Graves de Bordeaux***	782
9.3.1979	***Oullier***	1441
27.7.1979	***Syndicat national des fabricants de spiritueux***	1440
12.10.1979	***Syndicat des importateurs de vêtements et produits artisanaux***	783, 784, 1441
12.10.1979	***Rassemblement des nouveaux avocats de France***	1445
22.10.1979	***U.D.T.***	831
9.5.1980	***O.N.I.C***	1359, 1479
2.10.1981	***GIE Vipal***	1024
22.1.1982	***Ordre des experts comptables***	831
30.4.1982	***Roland***	978
23.3.1984	***Société Alivar***	1103
28.9.1984	***Confédération nationale des sociétés de protection des animaux***	824, 977, 1042
7.12.1984	***Fédération française des sociétés de protection de la nature***	824, 977
13.12.1985	***Zakine***	978
19.3.1986	***Cabinet J. Dangeville***	978
13.6.1986	***O.N.I.C.***	1476
23.10.1987	***Nachfolger navigation company***	718
11.12.1987	***Danielou***	831
11.7.1988	***Conseil départemental de l'ordre des médecins des Alpes-Maritimes***	1042
3.2.1989	***Alitalia***	824, 977
20.10.1989	***Nicolo***	832
22.12.1989	***Min. du Budget c/ Cercle militaire de la caserne Mortier***	977
24.9.1990	***Boisdet***	832
8.7.1991	***Giuseppe Palazzi***	977

11.1.1991	***SA Morgane***	824, 1093
28.2.1992	***Soc. Arizona Tobacco Products et SA Philip Morris France***	977, 1103
28.2.1922	***SA Rothmans International France et SA Philip Morris France***	832, 1103
23.3.1992	***Sté Klöckner France***	1333
17.3.1993	***Groupement pour le développement de la coiffure***	977
7.3.1994	***Ass. pour le tracé du contournement de Carling***	978
17.11.1995	***Union juridique Rhône-Méditerranée***	978
30.10.1996	***SA Cabinet Revert et Badelon*** et ***Ministre du Budget c/ SA Jacques Dangeville*** (deux arrêts)	977
8.4.1997	***Périmédical***	833
6.6.1997	***Aquarone***	718, 833
6.2.1998	***Tête***	833, 977
27.9.1998	***Ferrari***	978
30.10.1998	***Sarran***	852
24.2.1999	***Association de patients de la médecine anthroposophique***	833
3.12.1999	***Association ornithologique et mammalogique de Saône-et-Loire (AOMSL) et Rassemblement des opposants à la chasse***	833
3.12.1999	***AOMSL et Association France Nature Environnement***	833
28.7.2000	***Société Schering-Plough***	1441
28.7.2000	***Paulin***	718, 833
8.12.2000	***Commune de Breil-sur-Roya***	997
10.1.2001	***France Nature Environnement***	977
10.1.2001	***Région Guadeloupe***	832
27.7.2001	***Compagnie générale des eaux***	833
3.12.2001	***SNIP***	718, 833, 852
30.7.2003	***Association Avenir de la langue française***	997
12.5.2004	***Société Gillot***	1476
5.1.2005	***Deprez et Baillard***	758

30.9.2013	***Syndicat du spectacle***	835
7.7.2015	***Société Auchan France***	850
10.8.2016	***Société Aprochim***	850
9.11.2016	***X***	835
7.3.2017	***AG2R***	835
7.3.2017	***Pascal X.***	835
15.6.2017	***AG2R***	835
	Tribunal des conflits	
16.6.1923	***Septfonds***	835
17.10.2011	***SCEA du Cheneau***	835

Jurisprudences nationales (autres)

Pays	§
Jurisprudence autrichienne	899, 1438
Jurisprudence bulgare	916
Jurisprudence chypriote	905
Jurisprudence danoise	885
Jurisprudence espagnole	893, 894, 975
Jurisprudence estonienne	907
Jurisprudence finlandaise	903
Jurisprudence grecque	891
Jurisprudence hongroise	923, 924
Jurisprudence irlandaise	887
Jurisprudence lettonne	918
Jurisprudence lituanienne	910, 1438
Jurisprudence luxembourgeoise	872
Jurisprudence néerlandaise	869, 870
Jurisprudence polonaise	920, 921
Jurisprudence portugaise	896
Jurisprudence roumaine	913
Jurisprudence suédoise	901
Jurisprudence tchèque	926, 927

Juridictions internationales

Dates	Affaires	§
	Cour permanente de justice internationale	
21.2.1925	***Échanges de populations grecques et turques (avis)***	790
25.5.1926	***Intérêts allemands en Haute Silésie polonaise***	790
3.3.1928	***Compétence des tribunaux de Dantzig (avis)***	940
15.9.1928	***Usine de Chorzow***	790
31.7.1930	***Communautés Greco-Bulgares (avis)***	790
	Cour internationale de justice	
11.4.1949	***Réparation des dommages subis au service des Nations-Unies (avis)***	85, 135
	Cour européenne des droits de l'Homme	
7.12.1976	***Handyside***	192
13.8.1981	***Young, James et Webster***	192
30.6.2005	***Bosphorus c/ Irlande***	978
21.1.2011	***MSS***	822
4.11.2014	***Tarakhel***	822

Index alphabétique

Les chiffres renvoient aux numéros des paragraphes.

E

Table des matières

PREMIÈRE PARTIE

SYSTÈME INSTITUTIONNEL DE L'UNION EUROPÉENNE

DEUXIÈME PARTIE

SYSTÈME JURIDIQUE DE L'UNION EUROPÉENNE

TROISIÈME PARTIE

SYSTÈME JUDICIAIRE DE L'UNION EUROPÉENNE

718003 - (I) CSB G 80– JOU – (HCH)
Achevé d'imprimer en septembre 2018
par CPI Bussière à Saint-Amand-Montrond
Dépôt légal : octobre 2018 – N° d'impression : 2039147

Imprimé en France